Wiebe/Imhof/Kreutz
Datenrecht

Datenrecht

Handbuch

Herausgegeben von

Prof. Dr. Andreas Wiebe, LL.M. (Virginia)
o. Professor an der Georg-August-Universität Göttingen
Lehrstuhl für Bürgerliches Recht, Wettbewerbs- und Immaterialgüterrecht,
Medien- und Informationsrecht

Prof. Dr. Ralf Imhof
o. Professor für Wirtschaftsprivatrecht mit dem Vertiefungsgebiet Recht der Informations- und Kommunikationstechnologie an der Ostfalia Hochschule für angewandte Wissenschaften
Of Counsel, Schulz Noack Bärwinkel Rechtsanwälte in Hamburg

Prof. Dr. Oliver Kreutz, LL.M.
o. Professor für Zivilrecht, Immaterialgüterrecht, Recht der Digitalisierung und Wettbewerbsrecht an der Ostfalia Hochschule für angewandte Wissenschaften

Bearbeitet von den Herausgebern und

Prof. Dr. Udo Wolfgang Becker; Prof. Dr. Michael Beurskens, LL.M. (University of Chicago), LL.M. (Gew. Rechtsschutz); Prof. Dr. Werner Brannath; Prof. Dr. Felix Buchmann; Prof. Dr. Kai Cornelius, LL.M.; Elisabeth Herzog; Darwin Kayser; Prof. Dr. Peter Mann; Prof. Dr. Mary-Rose McGuire, M. Jur. (Göttingen); Marieke Merkle; Dr. Flemming Moos; Chiara Panfili, LL.M.; Prof. Dr. Anne Paschke; Sebastian Rockstroh; Dr. Nico Schur; Thorsten Sörup; Dr. Markus Spitz; Prof. Dr. Fabian Stancke; Dr. Cathrin Wentzel, LL.M. (University of Sussex)

2026

C.H.BECK

Zitiervorschlag: Wiebe/Imhof/Kreutz DatenR-HdB/Brannath Kap. 3 Rn. 1

beck.de

ISBN PRINT 978 3 406 82727 3

Wilhelmstraße 9, 80801 München
info@beck.de
Druck und Bindung: Beltz Grafische Betriebe GmbH
Am Fliegerhorst 8, 99947 Bad Langensalza
Satz: Druckerei C.H.Beck Nördlingen
Umschlag: Druckerei C.H.Beck Nördlingen

chbeck.de/nachhaltig
produktsicherheit.beck.de

Gedruckt auf säurefreiem, alterungsbeständigem Papier
(hergestellt aus chlorfrei gebleichtem Zellstoff)

Vorwort

Im digitalen Zeitalter werden Daten zum Herzstück der Wirtschaft. Entsprechend ihrer wirtschaftlichen Bedeutung wächst auch die Herausforderung, sie rechtlich zutreffend einzuordnen und angemessen zu behandeln. Gerade in der Rechtsberatung erfordert die rasante Entwicklung im Datenrecht eine präzise und fundierte Auseinandersetzung mit dieser Thematik.

Dieses Handbuch zum Datenrecht stellt sich dieser Aufgabe. Die Konzeptionierung und Umsetzung des Werkes sind das Ergebnis einer fruchtbaren Zusammenarbeit zwischen den Herausgebern als Wissenschaftlern auf dem Gebiet des das Datenrecht umschließenden Digitalrechts. Sie haben ihre Expertise von den theoretischen Grundlagen bis hin zu der rechtlichen Behandlung aktueller Probleme und Entwicklungen gebündelt und in diesem Handbuch umgesetzt. Ihre vielfältigen Projekterfahrungen und Forschungsinitiativen flossen in das einzigartige Konzept des Handbuchs ein. Damit vereint das Werk sowohl theoretische als auch praktische Aspekte des Datenrechts. Resultat ist die Orientierung an einem phasenbezogenen, am Lifecycle von Daten orientierten Ansatz, der den praktischen Problemstellungen besonders entgegenkommt und das Auffinden von Problemen und Lösungen stark erleichtert.

Neben dem Fachwissen der Herausgeber enthält das Handbuch auch die Beiträge zahlreicher weiterer Experten. Wissenschaftler aus der Statistik, ausgewiesene Praktiker aus der Rechtsberatung und Juristen aus der Digitalwirtschaft haben an dem Projekt mitgewirkt. Die Verbindung von technischem und juristischem Wissen mit praktischer Erfahrung verleiht dem Werk seine besondere Tiefe und Vielseitigkeit. Resultat ist ein umfassendes und nuanciertes Bild der rechtlichen Herausforderungen und Chancen im Umgang mit Daten, das nicht nur wissenschaftliche Tiefe bietet, sondern auch praxisrelevante Einblicke und Lösungen für aktuelle rechtliche Fragestellungen im Datenbereich. Die einzigartige Mischung aus Theorie und Praxis, ergänzt durch die vielfältigen praktischen Erfahrungen der Beteiligten, verleiht dem Buch seine besondere Relevanz und Nützlichkeit.

Wir sind überzeugt, dass dieses Handbuch einen wertvollen Beitrag zur praktischen Anwendung des Datenrechts ebenso wie zur wissenschaftlichen Diskussion zu leisten. Möge es als wertvolle Ressource für alle dienen, die sich mit den komplexen und dynamischen Fragen des Datenrechts in der Praxis auseinandersetzen wollen.

Wir danken den beteiligten Instituts- und Lehrstuhlmitarbeitern für die wertvolle Unterstützung bei der Erstellung dieses Werkes.

Göttingen, Bremen und Hannover im Juli 2026

Andreas Wiebe
Ralf Imhof
Oliver Kreutz

Bearbeitungsverzeichnis

I. Nach Kapiteln

Kapitel 1.	Wiebe/Imhof/Kreutz
Kapitel 2.	Wiebe
Kapitel 3.	Brannath
Kapitel 4.	Merkle/Wentzel
Kapitel 5.	Paschke
Kapitel 6.	McGuire
Kapitel 7.	Stancke
Kapitel 8. I.	Herzog
Kapitel 8. II.	Wiebe/Kreutz
Kapitel 8. III.	Herzog
Kapitel 9.	Imhof
Kapitel 10. I.	Beurskens
Kapitel 10. II.	Moos
Kapitel 10. III.	McGuire
Kapitel 10. IV.	Cornelius/Spitz
Kapitel 10. V.	Schur
Kapitel 10. VI.	Kreutz
Kapitel 11. I.	Imhof
Kapitel 11. II.	Schur
Kapitel 11. III.	Buchmann/Panfili
Kapitel 11. IV.	Imhof/Wiebe
Kapitel 12. I.	Imhof
Kapitel 12. II.	Schur
Kapitel 12. III.	Moos
Kapitel 12. IV.	Kayser
Kapitel 12. V.	Wiebe
Kapitel 13. I.	Stancke
Kapitel 13. II.	Imhof
Kapitel 13. III.	Kreutz
Kapitel 13. IV.	Sörup
Kapitel 14. I.	Imhof
Kapitel 14. II.	Rockstroh
Kapitel 14. III.	Moos
Kapitel 15.	Paschke
Kapitel 16.	Mann
Kapitel 17.	Moos
Kapitel 18.	Mann
Kapitel 19.	Kreutz
Kapitel 20.	Moos
Kapitel 21.	Rockstroh
Kapitel 22.	McGuire
Kapitel 23.	Sörup
Kapitel 24.	Becker

II. In alphabetischer Ordnung

Dr. Cathrin Wentzel, LL. M. (University of Sussex), Rechtsanwältin, Frankfurt a. M.	Kapitel 4.
Prof. Dr. Andreas Wiebe, LL.M. (Virginia), Lehrstuhl für Bürgerliches Recht, Wettbewerbs- und Immaterialgüterrecht, Medien- und Informationsrecht, Georg-August-Universität Göttingen	Kapitel 1., 2., 8. II., 11. IV., 12. V.

Inhaltsübersicht

Inhaltsverzeichnis

Abkürzungsverzeichnis

aA .... anderer Ansicht
aE .... am Ende
aF .... alte Fassung
aM .... anderer Meinung
ABl. .... Amtsblatt, insbes. Amtsblatt der Europäischen Union
Abs. .... Absatz
abw. .... abweichend
AEUV .... Vertrag über die Arbeitsweise der Europäischen Union (Fassung aufgrund des am 1.12.2009 in Kraft getretenen Vertrages von Lissabon (Konsolidierte Fassung bekanntgemacht im ABl. 2008 C 115, 47) zuletzt geändert durch die Akte über die Bedingungen des Beitritts der Republik Kroatien und die Anpassungen des Vertrags über die Europäische Union, des Vertrags über die Arbeitsweise der Europäischen Union und des Vertrags zur Gründung der Europäischen Atomgemeinschaft (ABl. 2012 L 112, 21) mWv 1.7.2013)
AG .... Amtsgericht
AGB .... Allgemeine Geschäftsbedingungen
AI Act .... Artificial Intelligence Act, Verordnung (EU) 2024/1689 des Europäischen Parlaments und des Rates vom 13.6.2024 zur Festlegung harmonisierter Vorschriften für künstliche Intelligenz und zur Änderung der Verordnungen (EG) Nr. 300/2008, (EU) Nr. 167/2013, (EU) Nr. 168/2013, (EU) 2018/858, (EU) 2018/1139 und (EU) 2019/2144 sowie der Richtlinien 2014/90/EU, (EU) 2016/797 und (EU) 2020/1828 (Verordnung über künstliche Intelligenz)
AktG .... Aktiengesetz vom 6.9.1965 (BGBl. I 1089), das zuletzt durch Artikel 6 des Gesetzes vom 19.6.2023 (BGBl. 2023 I Nr. 154) geändert worden ist
allg. .... allgemein
Alt. .... Alternative
amtl. .... amtlich
Anh. .... Anhang
Anm. .... Anmerkung
App .... Application, engl. Application software; im deutschen Sprachgebrauch meist Anwendungssoftware für Mobil- Geräte etwa Smartphones
Art. .... Artikel
ASP .... Application Service Providing
Auff. .... Auffassung
Aufl. .... Auflage
ausf. .... ausführlich
AWS .... Amazon Web Services

Bd. .... Band
BDSG .... Bundesdatenschutzgesetz vom 30.6.2017 (BGBl. I 2097), das zuletzt durch Artikel 10 des Gesetzes vom 23.6.2021 (BGBl. I 1858; 2022 I 1045) geändert worden ist
Begr. .... Begründung
BfArM .... Bundesinstitut für Arzneimittel und Medizinprodukte

BGB	Bürgerliches Gesetzbuch
BGB-Info V	Verordnung über Informations- und Nachweispflichten nach bürgerlichem Recht
BGBl. I (II, III)	Bundesgesetzblatt Teil I (II, III)
BGH	Bundesgerichtshof
BGHZ	Amtliche Sammlung der Entscheidungen des BGH in Zivilsachen
BR-Drs.	Bundesrats-Drucksache
BSI	Bundesamt für Sicherheit in der Informationstechnik
BT-Drs.	Bundestags-Drucksache
CISG	Convention in Conctracs for the International Sale of Goods bzw. UN-Kaufrechts-Übereinkommen (Übereinkommen der Vereinten Nationen über Verträge über den internationalen Warenkauf vom 11.4.1980, BGBl. 1989 II 586 (588), ber. 1990 II 1699)
Copyright	offizielles Publikationsorgan der WIPO, englische Ausgabe
CPU	Central Processing Unit
CRA	Cyber Resilience Act, Verordnung (EU) 2024/2847 des Europäischen Parlaments und des Rates vom 23.10.2024 über horizontale Cybersicherheitsanforderungen für Produkte mit digitalen Elementen und zur Änderung der Verordnungen (EU) Nr. 168/2013 und (EU) 2019/1020 und der Richtlinie (EU) 2020/1828 (Cyberresilienz-Verordnung)
CSA	Rechtsakt zur Cybersicherheit (Verordnung (EU) 2019/881 des Europäischen Parlaments und des Rates vom 17.4.2019 über die ENISA (Agentur der Europäischen Union für Cybersicherheit) und über die Zertifizierung der Cybersicherheit von Informations- und Kommunikationstechnik und zur Aufhebung der Verordnung (EU) Nr. 526/2013)
DA	Data Act, Verordnung (EU) 2023/2854 des Europäischen Parlaments und des Rates vom 13.12.2023 über harmonisierte Vorschriften für einen fairen Datenzugang und eine faire Datennutzung sowie zur Änderung der Verordnung (EU) 2017/2394 und der Richtlinie (EU) 2020/1828 (Datenverordnung)
dh	das heißt
ders.	derselbe
DGA	Data Governance Act, Verordnung (EU) 2022/868 des Europäischen Parlaments und des Rates vom 30.5.2022 über europäische Daten-Governance und zur Änderung der Verordnung (EU) 2018/1724 (Daten-Governance-Rechtsakt)
DID-RL	Digitale-Inhalte-Richtlinie, Richtlinie (EU) 2019/770 des Europäischen Parlaments und des Rates vom 20.5.2019 über bestimmte vertragsrechtliche Aspekte der Bereitstellung digitaler Inhalte und digitaler Dienstleistungen
DIN	Deutsche Industrienorm
Diss.	Dissertation
DORA	Digital Operational Resilience for the Financial Sector, „DORA-VO", Verordung (EU) 2022/2554 des Europäischen Parlaments und des Rates vom 14.12.2022 über die digitale operationale Resilienz im Finanzsektor und zur Änderung der Verordnungen (EG) Nr. 1060/2009, (EU) Nr. 648/2012, (EU) Nr. 600/2014, (EU) Nr. 909/2014 und (EU) 2016/1011
DPMA	Deutsches Patent- und Markenamt

DSA .... Digital Services Act, Verordnung (EU) 2022/2065 des Europäischen Parlaments und des Rates vom 19.10.2022 über einen Binnenmarkt für digitale Dienste und zur Änderung der Richtlinie 2000/31/EG (Gesetz über digitale Dienste)
DS-GVO .... Datenschutz-Grundverordnung, Verordnung (EU) 2016/679 des Europäischen Parlaments und des Rates vom 27.4.2016 zum Schutz natürlicher Personen bei der Verarbeitung personenbezogener Daten, zum freien Datenverkehr und zur Aufhebung der Richtlinie 95/46/EG
DV .... Datenverarbeitung
DVD .... Digital Versatile Disk

EDPB .... European Data Protection Board
EDSA .... Europäischer Datenschutzausschuss
EDV .... Elektronische Datenverarbeitung
EG .... Europäische Gemeinschaft
EGV .... Vertrag zur Gründung der Europäischen Gemeinschaft (früher Vertrag zur Gründung der Europäischen Wirtschaftsgemeinschaft)
Einl. .... Einleitung
einsch. .... einschränkend
ENISA .... Agentur der Europäischen Union für Cybersicherheit
Entsch. .... Entscheidung
entspr. .... entsprechend
EPA .... Europäisches Patentamt
EPG .... Einheitliches Patentgericht der Europäischen Union
EPÜ .... Europäisches Patentübereinkommen
ERP .... Enterprise Ressource Planning
EU .... Europäische Union
EuG .... Gericht erster Instanz der Europäischen Gemeinschaft
EuGH .... Europäischer Gerichtshof
EuGVÜ .... übereinkommen der Europäischen Gemeinschaften über die gerichtliche Zuständigkeit und die Vollstreckung gerichtlicher Entscheidungen in Zivil- und Handelssachen
EuGV-VO .... Verordnung (EU) Nr. 1215/2012 über die gerichtliche Zuständigkeit und die Anerkennung und Vollstreckung von Entscheidungen in Zivil- und Handelssachen
EUIPO .... European Union Intellectual Property Office
EVB-IT .... Ergänzende Vertragsbedingungen für die Beschaffung von IT-Leistungen; EVB-IT Kauf, EVB-IT Typ A, EVB-IT Typ B, EVB-IT Instandhaltung, EVB-IT Dienstleistung
EWG .... Europäische Wirtschaftsgemeinschaft
EWiR .... Entscheidungen zum Wirtschaftsrecht
EWR .... Europäischer Wirtschaftsraum

f./ff. .... folgende Seite/n
FS .... Festschrift
Fn. .... Fußnote

G .... Gesetz
GBl. .... Gesetzblatt
gem. .... gemäß
GEMA .... Gesellschaft für musikalische Aufführungs- und mechanische Vervielfältigungsrechte

ggf. .... gegebenenfalls
GlNr. .... Gliederungsnummer
GmbHG .... Gesetz betreffend die Gesellschaften mit beschränkter Haftung in der im Bundesgesetzblatt Teil III, Gliederungsnummer 4123-1, veröffentlichten bereinigten Fassung, das zuletzt durch Artikel 9 des Gesetzes vom 22.2.2023 (BGBl. 2023 I Nr. 51) geändert worden ist
GPL .... General Public License
GrCH .... Charta der Grundrechte der Europäischen Union (2012/C 326/02)
grdl. .... grundlegend
grds. .... grundsätzlich
GWB .... Gesetz gegen Wettbewerbsbeschränkungen

hA .... herrschende Ansicht
hM .... herrschende Meinung
HalblSchG .... Gesetz über den Schutz der Topographien von mikroelektronischen Halbleitererzeugnissen 22.10.1987 (BGBl. I 2294), das zuletzt durch Artikel 9 des Gesetzes vom 10.8.2021 (BGBl. I 3490) geändert worden ist
Hs. .... Halbsatz
Hbd. .... Halbband
HdB .... Handbuch
HGB .... Handelsgesetzbuch
HGB .... Handelsgesetzbuch in der im Bundesgesetzblatt Teil III, Gliederungsnummer 4100-1, veröffentlichten bereinigten Fassung, das zuletzt durch Artikel 1 des Gesetzes vom 19.6.2023 (BGBl. 2023 I Nr. 154) geändert worden ist
Hrsg., hrsg. .... Herausgeber, herausgegeben
HTML .... Hypertext Markup Language

idF .... in der Fassung
idR .... in der Regel
ieS .... im engeren Sinne
iErg .... im Ergebnis
iSd .... im Sinne des
IKT .... Informations- und Kommunikationstechnologien
ISO .... International Organization for Standardization
iSv .... im Sinne von
iVm .... in Verbindung mit
InfoSoc-RL .... Urheberrechtsrichtlinie, Richtlinie 2001/29/EG des Europäischen Parlaments und des Rates vom 22.5.2001 zur Harmonisierung bestimmter Aspekte des Urheberrechts und der verwandten Schutzrechte in der Informationsgesellschaft
insbes. .... insbesondere
InsO .... Insolvenzordnung vom 5.10.1994 (BGBl. I 2866), die zuletzt durch Artikel 11 des Gesetzes vom 20.7.2022 (BGBl. I 1166) geändert worden ist
int. .... international
IoT .... Internet of Things
IT .... Informationstechnik

K, KB .... Kilobyte
Kap. .... Kapitel

KG	Kammergericht
KI-VO	Verordnung (EU) 2024/1689 des Europäischen Parlaments und des Rates vom 13.6.2024 zur Festlegung harmonisierter Vorschriften für künstliche Intelligenz und zur Änderung der Verordnungen (EG) Nr. 300/2008, (EU) Nr. 167/2013, (EU) Nr. 168/2013, (EU) 2018/858, (EU) 2018/1139 und (EU) 2019/2144 sowie der Richtlinien 2014/90/EU, (EU) 2016/797 und (EU) 2020/1828 (Verordnung über künstliche Intelligenz)
Klausel-RL	RL 93/13/EWG des Rates vom 5.4.1993 über mißbräuchliche Klauseln in Verbraucherverträgen, ABl. 1993 L 95, 29
Komm.	Kommentar
krit.	kritisch
LAN	Local Area Network
LG	Landgericht
LGPL	Lesser General Public License
Ls.	Leitsatz
MarkenG	Gesetz über den Schutz von Marken und sonstigen Kennzeichen
mE	meines Erachtens
mwN	mit weiteren Nachweisen
MDR	Medical Device Regulation, Verordnung (EU) 2017/745 des Europäischen Parlaments und des Rates vom 5.4.2017 über Medizinprodukte, zur Änderung der Richtlinie 2001/83/EG, der Verordnung (EG) Nr. 178/2002 und der Verordnung (EG) Nr. 1223/2009 und zur Aufhebung der Richtlinien 90/385/EWG und 93/42/EWG des Rates
nF	neue Fassung, neue Folge
NIS-RL	Richtlinie (EU) 2016/1148 des Europäischen Parlaments und des Rates vom 6.7.2016 über Maßnahmen zur Gewährleistung eines hohen gemeinsamen Sicherheitsniveaus von Netz- und Informationssystemen in der Union
NIS-2-RL	Richtlinie (EU) 2022/2555 des Europäischen Parlaments und des Rates vom 14.12.2022 über Maßnahmen für ein hohes gemeinsames Cybersicherheitsniveau in der Union, zur Änderung der Verordnung (EU) Nr. 910/2014 und der Richtlinie (EU) 2018/1972 sowie zur Aufhebung der Richtlinie (EU) 2016/1148 (NIS-2-Richtlinie)
NIST	National Institute of Standards and Technology
o.	oben
OEM	Original Equipment Manufacturer
OLG	Oberlandesgericht
OLGZ	Entscheidungen der OLGe in Zivilsachen
OSD	Open Source Definition
OSS	Open Source Software
PC	Personal Computer
PD	Public Domain
PDF	Portable Document Format
ProdHaftRL	Produkthaftungsrichtlinie, Richtlinie 85/374/EWG des Rates vom 25.7.1985 zur Angleichung der Rechts- und Verwaltungsvorschriften der Mitgliedstaaten über die Haftung für fehlerhafte Produkte)

PSD2	Richtlinie (EU) 2015/2366 des Europäischen Parlaments und des Rates vom 25.11.2015 über Zahlungsdienste im Binnenmarkt, zur Änderung der Richtlinien 2002/65/EG, 2009/110/EG und 2013/36/EU und der Verordnung (EU) Nr. 1093/2010 sowie zur Aufhebung der Richtlinie 2007/64/EG
RAM	Random Access Memory
Rn.	Randnummer
RG	Reichsgericht
RGZ	Entscheidungen des Reichsgerichts in Zivilsachen
Rom I-VO	Verordnung (EG) Nr. 593/2008 des Europäischen Parlaments und des Rates vom 17.6.2008 über das auf vertragliche Schuldverhältnisse anzuwendende Recht
Rom II-VO	Verordnung (EG) Nr. 864/2007 des Europäischen Parlaments und des Rates vom 11.7.2007 über das auf außervertragliche Schuldverhältnisse anzuwendende Recht
Rspr.	Rechtsprechung
s.	siehe
S.	Seite, Satz (bei Rechtsnormen)
st.	ständig
SUMS	Software Update Management System
teilw.	teilweise
Tz.	Textziffer
u.	unten
ua	unter anderen (m), und andere
uö	und öfter
uU	unter Umständen
UKlaG	Unterlassungsklagengesetz in der Fassung der Bekanntmachung vom 27.8.2002 (BGBl. I 3422, 4346), das zuletzt durch Artikel 10 des Gesetzes vom 8.10.2023 (BGBl. 2023 I Nr. 272) geändert worden ist
umstr.	umstritten
UrhG	Urheberrechtsgesetz vom 9.9.1965 (BGBl. I 1273), das zuletzt durch Artikel 25 des Gesetzes vom 23.6.2021 (BGBl. I 1858) geändert worden ist
Urt.	Urteil
UWG	Gesetz gegen den unlauteren Wettbewerb
v.	vom, von
VersR	Versicherungsrecht
vgl.	vergleiche
Vorb.	Vorbemerkung
WCT	WIPO Copyright Treaty
WCT	WIPO Copyright Treaty/WIPO-Urheberrechtsvertrag
WIPO	World Intellectual Property Organization (Weltorganisation für geistiges Eigentum, Genf; frz. Abk.: OMPI)
WKRL	Warenkauf-Richtlinie, Richtlinie (EU) 2019/771 des Europäischen Parlaments und des Rates vom 20.5.2019 über bestimmte vertragsrechtliche Aspekte des Warenkaufs, zur Änderung der Verordnung

	(EU) 2017/2394 und der Richtlinie 2009/22/EG sowie zur Aufhebung der Richtlinie 1999/44/EG
WPPT	WIPO Performance and Phonograms Treaty
WRP	Wettbewerb in Recht und Praxis
WUA	Welturheberrechtsabkommen
WWW	World Wide Web
zB	zum Beispiel
zT	zum Teil
ZPO	Zivilprozessordnung
zust.	zustimmend

Literaturverzeichnis

Ahlberg/Götting/Lauber-Rönsberg, Beck'scher Online-Kommentar Urheberrecht, 41. Aufl. 2024.

Ahrens/Büscher/Goldmann/McGuire, Praxis des Geistigen Eigentums: Festschrift für Henning Harte-Bavendamm zum 70. Geburtstag, 2020.

Ahrens/McGuire, Modellgesetz für Geistiges Eigentum: Normtext und Begründung, 2012.

Albers, Informationelle Selbstbestimmung, 2005.

Alexander, Lauterkeitsrecht. Mit Schutz von Geschäftsgeheimnissen, 3. Aufl. 2022.

Alpaydin, Maschinelles Lernen, 2. Aufl. 2014.

Angwin/Larson/Mattu/Kirchner, Machine bias: There's software used across the country to predict future criminals. And it's biased against blacks, 2016.

Appl, Technische Standardisierung und Geistiges Eigentum, 2012.

Appl/Kreutz/Helmschrot, Daten – Information – Recht: Festschrift für Andreas Wiebe zum 65. Geburtstag, 2025.

Auer-Reinsdorff/Conrad, Handbuch IT- und Datenschutzrecht, 3. Aufl. 2019.

Außner, Rechtliche Aspekte des digitalen Privatvermögens in Bezug auf Dateien und Plattformkonten. Zugleich eine rechtsvergleichende Untersuchung des deutschen und US-amerikanischen Rechts zu den Themen Zweitmarkt gebrauchter Dateien und Zugang Dritter zu Plattformkonten, 2020 (zugl. Diss. Frankfurt am Main 2019).

Bacher/Hempel/Wagner-von Papp, Beck'scher Online-Kommentar KartellR, 14. Ed. 2024.

Bacher/Pöge/Wenzig, Clusteranalyse – Anwendungsorientierte Einführung in Klassifikationsverfahren, 3. Aufl. 2010.

Bauer/Rahlmeyer, Handbuch Vertriebskartellrecht, 2. Aufl. 2024.

Bechtold/Bosch, Gesetz gegen Wettbewerbsbeschränkungen, 11. Aufl. 2025.

Beyerer/León/Frese/Meyer, Automatische Sichtprüfung – Grundlagen, Methoden und Praxis der Bildgewinnung und Bildauswertung, 2. Aufl. 2016.

Bien/Käseberg/Klumpe/Körber/Ost, Die 10. GWB-Novelle, 2021.

Bien/Meier-Beck/Montag/Säcker, Münchener Kommentar zum Wettbewerbsrecht, 4. Aufl. 2023.

Binder/Vesting, Beck'scher Kommentar zum Rundfunkrecht, 5. Aufl. 2024.

Bisges, Handbuch Urheberrecht, 2. Aufl. 2022.

Bomhard/Pieper/Wende, KI-VO, 2025.

Bomhard/Schmidt-Kessel, EU Data Act, 2026.

Borges/Hilber, Beck'scher Online-Kommentar IT-Recht, 22. Ed. 2026.

Borges/Keil, Big Data. Grundlagen, Rechtsfragen, Vertragspraxis, 2024.

Botsch, Maschinelles Lernen – Grundlagen und Anwendungen – Mit Beispielen in Python, 2023.

Bräutigam/Kraul, Internet of Things, 2021.

Bröhmer, Transparenz als Verfassungsprinzip, 2004.

Brönneke/Buchmann/Rott/Tonner, Verbraucherrecht, 4. Aufl. 2026.

Brox/Walker, Allgemeiner Teil des BGB, 48. Aufl. 2024.

Bunte/Stancke, Kartellrecht, 4. Aufl. 2022.

Burandt/Rojahn, Erbrecht, 3. Aufl. 2019.

Büscher, Gesetz gegen den unlauteren Wettbewerb, 3. Aufl. 2024.

Callies/Ruffert/Weiß, EUV/AEUV, 6. Aufl. 2022.

Chapelle/Schölkopf/Zien, Semi-Supervised Learning, 2006.

Chibanguza/Kuß/Steege, Künstliche Intelligenz, Rechtshandbuch, 2022.
Cobe/Hense/Laoutoumai, Der schmale Grat zwischen grüner Werbung und Greenwashing. Rechtliche Grundlagen, Grenzen, Folgen, 2023.
Cornelius, Verweisungsbedingte Akzessorietät bei Straftatbeständen, 2016.
Czychowski/Lettl/Steinrötter, Data Act, 2025.
Dauner-Lieb/Heidel/Ring, NomosKommentar Bürgerliches Gesetzbuch, 4. Aufl. 2021.
Dauses/Ludwigs, Handbuch des EU-Wirtschaftsrechts, 61. Aufl. 2024.
Derclaire, Research Handbook on the Future of EU Copyright, 2009.
Dreier/Brosius-Gersdorf, Grundgesetz-Kommentar, Band 2, 3. Aufl. 2015.
Dreier/Schulze, Urheberrechtsgesetz, 8. Aufl. 2025.
Dreschder/Fleischer/Schmidt, Münchener Kommentar zum Handelsgesetzbuch, Band 5 (§§ 343–406 HGB, CISG), 6. Aufl. 2025.
Drexl, Position Statement of the Max Planck Institute for Innovation and Competition of 25 May 2022 on the Commission's Proposal of 23 February 2022 for a Regulation on Harmonised Rules on Fair Access to and Use of Data (Data Act), 2022.
Druey, Information als Gegenstand des Rechts: Entwurf einer Grundlegung, 1995.
Dölling/Duttge/König/Rössner, NomosKommentar Gesamtes Strafrecht, 5. Aufl. 2022.
Duden, IPR für eine bessere Welt, 2022.
Ebenroth/Boujong, Handelsgesetzbuch, Joost/Strohn/Poelzig/Sander, Band 2 (§§ 343-457h HGB, Transportrecht, Bank- und Börsenrecht), 5. Aufl. 2024.
Ebers/Heinze/Steinrötter, Künstliche Intelligenz und Robotik, 2. Aufl. 2025.
Ehmann/Selmayr, Datenschutz-Grundverordnung, 3. Aufl. 2024.
Ehring/Taeger, Produkthaftungs- und Produktsicherheitsrecht, 2022.
Erb/Schäfer, Münchener Kommentar zum Strafgesetzbuch, Band 4: §§ 185–262, 4. Aufl. 2021.
Erman, BGB. Kommentar mit Nebengesetzen (AGG, BeurkG, BVersTG, EGBGB, ErbbauRG, ProdhaftG, VBVG, VersAusglG, WEG – teils in Auszügen) und Internationalem Privatrecht, 17. Aufl. 2023.
Fezer/Büscher/Obergfell, Lauterkeitsrecht, 3. Aufl. 2016.
Fischer, Strafgesetzbuch mit Nebengesetzen, 72. Aufl. 2025.
Fleischer/Goette, Münchener Kommentar zum Gesetz betreffend die Gesellschaften mit beschränkter Haftung, 4. Aufl. 2023.
Foerste/Graf von Westphalen, Produkthaftungshandbuch, 4. Aufl. 2024.
Forgó/Helfrich/Schneider, Betrieblicher Datenschutz, 3. Aufl. 2019.
Foster, Generatives Deep Learning: Maschinen das Malen, Schreiben und Komponieren beibringen, 2020.
Frank/Reufels, Münchner Anwaltshandbuch Arbeitsrecht, 6. Aufl. 2025.
Frenz, Handbuch Industrie 4.0: Recht, Technik, Gesellschaft, 2020.
Fritzsche/Münker/Stollwerk, Beck'scher Online-Kommentar UWG, 26. Ed. 2024.
Fromm/Nordemann, Urheberrecht, 13. Aufl. 2024.
Fuchs/Weitbrecht, Handbuch Private Kartellrechtsdurchsetzung, 2019.
Fuhlrott/Hiéramente, Beck'scher Online-Kommentar GeschGehG, 22. Ed. 2024.
Fußeder, Soziale Netzwerke im Nachlass. Eine Untersuchung zum postmortalen Geheimnisschutz, 2019.
Geppert/Schütz, Beck'scher Kommentar zum TKG, 5. Aufl. 2023.
Gerke/Brunst, Praxisbuch Internetstrafrecht, 2. Aufl. 2023.
Gloy/Loschelder/Danckwerts, Handbuch des Wettbewerbsrechts, 5. Aufl. 2019.
Godzierz, Compliance-Checklisten, 6. Aufl. 2025.
Goette/Habersack/Kalss, Münchener Kommentar zum Aktiengesetz, 6. Aufl. 2023.
Gola/Heckmann, DS-GVO – BDSG, 3. Aufl. 2022.
Golla/Brodowski, IT-Sicherheitsforschung und IT-Strafrecht, 2023.
Goodfellow/Bengio/Courville, Deep Learning, 2016.
Graf/Jäger/Wittig, Wirtschafts- und Steuerstrafrecht, 3. Aufl. 2024.

Graf von Westphalen/Thüsing/Pamp, Vertragsrecht und AGB-Klauselwerke, 50. Aufl. 2024.
Gräber, Rechte an Accounts und virtuellen Gütern. Eine Untersuchung zu Fragen der Rechtsbeziehungen zu Accounts und virtuellen Gütern in Online-Computerspielen am Beispiel des Browserspiels OGame, 2009.
Gruber/Schenk/Schierholz/Kreuter/Kauermann, Sources of Uncertainty in Supervised Machine Learning – A Statisticians' View, 2023.
Grüneberg, Bürgerliches Gesetzbuch, 84. Aufl. 2025.
Grützmacher/Rieder/Schütze/Weipert, Münchener Vertragshandbuch, Band 3: Wirtschaftsrecht II, 8. Aufl. 2021.
Gsell/Krüger/Lorenz/Reymann, beck-online.GROSSKOMMENTAR zum Zivilrecht, 2025.
Harte-Bavendamm/Henning-Bodewig, Gesetz gegen den unlauteren Wettbewerb (UWG), 5. Aufl. 2021.
Harte-Bavendamm/Ohly/Kalbfus, Gesetz zum Schutz von Geschäftsgeheimnissen, 2. Aufl. 2024.
Hasselblatt, Münchener Anwaltshandbuch Gewerblicher Rechtsschutz, 6. Aufl. 2022.
Hau/Poseck, Beck'scher Online-Kommentar BGB, 72. Ed. 2024.
Hauschka/Mossmayer/Lösler, Corporate Compliance. Handbuch der Haftungsvermeidung im Unternehmen, 3. Aufl. 2016.
Heckmann/Paschke, Cyber Resilience Act, 2025.
Heermann/Schlingloff, Münchener Kommentar zum Lauterkeitsrecht, Band 1, 3. Aufl. 2020.
Heermann/Schlingloff, Münchener Kommentar zum Lauterkeitsrecht, Band 2, 3. Aufl. 2022.
von Heintschel-Heinegg/Kudlich, Beck'scher Online-Kommentar StGB, 64. Ed. 2025.
Heinze/Steinrötter, KI und Daten: Datenregulierung auf dem Höhepunkt? – Tagungsband zur DSRI-Herbstakademie 2024, 2024.
Henssler, beck-online.GROSSKOMMENTAR zum Aktienrecht, 2025.
Herberger/Martinek/Rüßmann/Werth/Würdinger, juris PraxisKommentar BGB Band 2 – Schuldrecht, 9. Aufl. 2020.
Herzog, Die internationale Zuständigkeit bei digitalen Gütern, 2025.
Hilber/Borges, Beck'scher Online-Kommentar IT-Recht, 17. Ed. 2025.
Hilgendorf/Frank/Valerius, Computer und Internetstrafrecht, 2005.
Hilgendorf/Hörnle/Nestler, Leipziger Kommentar Strafgesetzbuch, Band 10: §§ 174–210, 13. Aufl. 2023.
Hilbig-Lugani/Jakob/Mäsch/Reuß/Schmid, Zwischenbilanz – Festschrift für Dagmar Coester-Waltjen zum 70. Geburtstag, 2015.
Hoeren/Münker, Gesetz zum Schutz von Geschäftsgeheimnissen, 2021.
Hoeren/Sieber/Holznagel, Handbuch Multimedia-Recht, 62. Aufl. 2024.
Hölters, Handbuch Unternehmenskauf, 10. Aufl. 2022.
Hoppe/Oldekop, Geschäftsgeheimnisse, 2. Aufl. 2022.
Hopt, Handelsgesetzbuch, 44. Aufl. 2025.
Hornung/Schallbruch, IT-Sicherheitsrecht, 2. Aufl. 2024
Immenga/Mestmäcker, Wettbewerbsrecht, 7. Aufl. 2025.
Jaeger/Metzger, Open Source Software, 5. Aufl. 2020.
Jandt/Steidle, Datenschutz im Internet, 2. Aufl. 2025.
Jansen/Seibel, VOB/B, Vergabe- und Vertragsordnung für Bauleistung Teil B, 6. Aufl. 2025.
Jansen/Zimmermann, Commentaries on European Contract Laws, 2018.
Jarass, Bundes-Immissionsschutzgesetz, unter Berücksichtigung der Bundes-Immissionsschutzverordnungen, der TA Luft sowie der TA Lärm, 15. Aufl. 2024.
Jauernig, Bürgerliches Gesetzbuch, 19. Aufl. 2023.

Jennessen, Datenschuldrecht. Die Einwilligung als Instrument der kommerziellen (Bild-) Datenverarbeitung, 2023.
Jung, Maschinelles Lernen – Die Grundlagen, 2024.
Junklewitz/Hamon/André/Evast/Soler Garrido/Sanchez Martin, Cybersecurity of Artificial Intelligence in the AI Act, Publications Office of the European Union, 2023.
Jülicher, Medizininformationsrecht, 2018.
Kapoor, Produkthaftungsgesetz, 2023.
Karner/Magnus/Spier/Widmer, Essays in Honour of Helmut Koziol, 2020.
Keller/Schönknecht/Glinke, Geschäftsgeheimnisschutzgesetz, 2021.
Kiel/Lunk/Oetker, Münchener Handbuch zum Arbeitsrecht, Band 2: Individualarbeitsrecht II, 6. Aufl. 2024.
Kindhäuser/Hilgendorf, Lehr- und Praxiskommentar Strafgesetzbuch, 10. Aufl. 2025.
Kindhäuser/Neumann/Paeffgen/Saliger, NomosKommentar Strafgesetzbuch, 6. Aufl. 2023.
Kinzig/Bosch/Eisele/Eser/Hecker/Perron/Schittenhelm/Schuster/Sternberg-Lieben/Weißer, Tübinger Kommentar Strafgesetzbuch, 31. Aufl. 2025.
Kipker, Cybersecurity, 2. Aufl. 2023.
Kipker/Reusch/Ritter, Recht der Informationssicherheit, 2023.
Klaas/Momsen/Wybitul, Datenschutzsanktionenrecht, Handbuch für die Unternehmens- und Anwaltspraxis, 2023.
Klindt, Produktsicherheitsgesetz, 3. Aufl. 2021.
Kloepfer, Informationsrecht, 2002.
Koch, Aktiengesetz, 19. Aufl. 2025.
Köhler/Feddersen, Gesetz gegen den unlauteren Wettbewerb, 43. Aufl. 2025.
Koller/Kindler/Drüen, Handelsgesetzbuch, 10. Aufl. 2023.
Koreng/Lachenmann, Formularhandbuch Datenschutzrecht, 3. Aufl. 2021.
Krätzschel/Falkner/Döbereiner, Nachlassrecht, 12. Aufl. 2022.
Kroiß/Horn/Solomon, NomosKommentar Nachfolgerecht. Erbrechtliche Spezialgesetze, 2. Aufl. 2019.
Kroppenberg, Privatautonomie von Todes wegen. Verfassungs- und zivilrechtliche Grundlagen der Testierfreiheit im Vergleich zur Vertragsfreiheit unter Lebenden, 2008.
Kühling/Buchner, DS-GVO BDSG, 4. Aufl. 2024.
Kutscher, Der digitale Nachlass, 2015.
Lackner/Kühl/Heger, Strafgesetzbuch, 30. Aufl. 2023.
Lange, Erbrecht, 3. Aufl. 2022.
Laue/Nink, Datenschutzrecht in der betrieblichen Praxis, 3. Aufl. 2024.
Leffer/Leicht, Datenschutzrechtliche Herausforderungen beim Einsatz von Trainingsdaten für KI-Systeme, In Recht DIGITAL – 25 Jahre IRIS: Tagungsband des 25. Internationalen Rechtsinformatik Symposions IRIS 2022 / Recht DIGITAL – 25 Jahre IRIS: Proceedings of the 25th Legal Informatics Symposium IRIS 2022, Österreichische Computer Gesellschaft, S. 8998, 2022.
Leitner/Rosenau, Nomos Kommentar Wirtschafts- und Steuerstrafrecht, 2. Aufl. 2022.
Leipold/Tsambikakis/Zöller, AnwaltKommentar StGB, 3. Aufl. 2020.
Leistner/Antoine, IPR and the use of open data and data sharing initiatives by public and private actors, 2022.
Leistner/Antoine/Sagstetter, Big Data, 2021.
Leupold/Wiebe/Glossner, IT-Recht, 4. Aufl. 2021.
Leuschner, AGB-Recht im unternehmerischen Rechtsverkehr, 2021.
von Lewinski/Rüpke/Eckhardt, Datenschutzrecht, 2. Aufl. 2022.
Loewenheim, Handbuch des Urheberrechts, 3. Aufl. 2021.
Lohsse/Schulze/Staudenmeyer, Private Law and the Data Act, 2024.
Lohsse/Schulze/Staudenmayer, Smart Products, 2022.
Mankiw/Taylor, Grundzüge der Volkswirtschaftslehre, 7. Aufl. 2018.

Margoni/Ducuing/Schirru, Data Property, Data Governance and Common European Data Spaces, Computerrecht: Tijdschrift voor Informatica, Telecommunicatie en Recht, 2023.
Marly, Praxishandbuch Softwarerecht. Rechtsschutz und Vertragsgestaltung, 8. Aufl. 2024.
Martens, Schuldrechtsdigitalisierung. Einführung in die Änderungen des Kauf- und Verbraucherrechts, insbesondere in die Regelungen der Verträge über digitale Produkte (§§ 327 ff. BGB), 2022.
Martini/Möslein/Rostalski, Recht der Digitalisierung, 2024.
Martini/Wendehorst, KI-VO, 2024.
Matt/Renzikowski, StGB, 2. Aufl. 2020.
McGuire, Die Lizenz: Eine Einordnung in die Systemzusammenhänge von BGB und Zivilprozessrecht, 2012.
Moll/Eckhoff/Reufels/Altenburg, Münchener Anwaltshandbuch Arbeitsrecht, 6. Aufl. 2025.
Moos, Datenschutz und Datennutzung. Verträge, Datenschutzklauseln, Datenschutzerklärungen, 4. Aufl. 2024.
Moos/Schefzig/Arning, Praxishandbuch DSGVO, 2. Aufl. 2021.
Moosmayer/Lösler, Corporate Compliance, 4. Aufl. 2024.
Moscon, Data Access Rules, Copyright and Protection of Technological Protection Measures in the EU. A Wave of Propertisation of Information, 2023.
Mühlhoff, Die Macht der Daten. Warum künstliche Intelligenz eine Frage der Ethik ist, 2023.
Musielak/Voit/Heinrich, ZPO, 21. Aufl. 2024.
Ohly/Sosnitza, Gesetz gegen den unlauteren Wettbewerb, 8. Aufl. 2023
Paal/Kumkar, Beck'scher Online-Kommentar Informations- und Medienrecht, 35. Ed. 2022.
Paal/Pauly, Datenschutz-Grundverordnung, 3. Aufl. 2021.
Papp/Toth/Munro, Handbuch Data Science und KI – Mit Machine Learning und Datenanalyse Wert aus Daten generieren, 3. Aufl. 2025.
Paschke/Schumacher, EU Data Act, 2026.
Pepe, The Statistical Evaluation of Medical Tests for Classification and Prediction, 2004.
Perkić, Unsterbliche Daten. Der digitale Nachlass im Spannungsverhältnis zwischen Erbrecht und postmortalem Persönlichkeitsrecht unter besonderer Berücksichtigung des erbrechtlichen Vermögensbegriffs, 2023.
Pertot, Rechte an Daten, 2020.
Peukert, Güterzuordnung als Rechtsprinzip, 2008.
Peukert, Urheberrecht, 19. Aufl. 2023.
Pierson/Ahrens/Fischer, Recht des geistigen Eigentums. Gewerblicher Rechtsschutz, Urheberrecht, Wettbewerbsrecht, 4. Aufl. 2018.
Piovano/Hess, Das neue europäische Produkthaftungsrecht, 2024.
Piovano/Schucht/Wiebe, Produktbeobachtung in der Digitalisierung, 2023.
Pockrandt, Digitaler Nachlass. Die Übergangsfähigkeit und -weise digitaler Daten unter Berücksichtigung der Rechte Dritter, 2020.
Preis, Der Arbeitsvertrag. Handbuch der Vertragsgestaltung, 6. Aufl. 2020.
Prütting/Wegen/Weinreich, Bürgerliches Gesetzbuch,19. Aufl. 2024.
Raue, Digitale Resilienz: Effektives Recht auf sichere Software, Schriften des IRDT, 2024.
Rauscher/Krüger, Münchener Kommentar zur Zivilprozessordnung mit Gerichtsverfassungsgesetz und Nebengesetzen, Band 3 (§§ 946–1120 ZPO, EGZPO, GVG, EGGVG, UKlaG, Internationales und Europäisches Zivilprozessrecht), 6. Aufl. 2022.
Redeker, IT-Recht, 8. Aufl. 2023.
Rehmann/Wagner, MP-VO, 4. Aufl. 2023.
Reinfeld, Das neue Gesetz zum Schutz von Geschäftsgeheimnissen, 2019.

Remmertz/Kast, Digital Escrow. Rechtsschutz durch Hinterlegung digitaler Wirtschaftsgüter, 2022.
Reusch/Kipker, Beck'scher Online-Kommentar Produktrecht, 2. Ed. 2025.
Richter, Information als Infrastruktur: zu einem wettbewerbs- und innovationsbezogenen Ordnungsrahmen für Informationen des öffentlichen Sektors, 2021.
Richter, Informationsweiterverwendungsgesetz, 2018.
Röhricht/Graf von Westphalen/Haas, Handelsgesetzbuch, 5. Aufl. 2019.
Sachs, Grundgesetz, 10. Aufl. 2024.
Säcker/Rixecker/Oetker/Limperg/Schubert, Münchener Kommentar zum Bürgerlichen Gesetzbuch, Band 1 (§§ 1-240a BGB, AllgPersönlR, StiftR. ProstG, AGG), 10. Aufl. 2025.
Säcker/Rixecker/Oetker/Limperg/Schubert, Münchener Kommentar zum Bürgerlichen Gesetzbuch, Band 2 (§§ 241–310 BGB), 9. Aufl. 2022.
Säcker/Rixecker/Oetker/Limperg/Schubert, Münchener Kommentar zum Bürgerlichen Gesetzbuch, Band 3 (§§ 311–432 BGB), 9. Aufl. 2022.
Säcker/Rixecker/Oetker/Limperg/Schubert, Münchener Kommentar zum Bürgerlichen Gesetzbuch, Band 4/1 (§§ 433–480 BGB, CISG), 9. Aufl. 2024.
Säcker/Rixecker/Oetker/Limperg/Schubert, Münchener Kommentar zum Bürgerlichen Gesetzbuch, Band 5 (§§ 535-630h BGB, BetrKV, HeizkostenV, WärmeLV, EFZG, TzBfG, KSchG, MiLoG), 9. Aufl. 2023.
Säcker/Rixecker/Oetker/Limperg/Schubert, Münchener Kommentar zum Bürgerlichen Gesetzbuch, Band 6 (§§ 631–704 BGB), 9. Aufl. 2023.
Säcker/Rixecker/Oetker/Limperg/Schubert, Münchener Kommentar zum Bürgerlichen Gesetzbuch, Band 7 (§§ 705–853 BGB, PartGG, ProdHaftG), 9. Aufl. 2024.
Säcker/Rixecker/Oetker/Limperg/Schubert, Münchener Kommentar zum Bürgerlichen Gesetzbuch, Band 13 IPR II, Internationales Wirtschaftsrecht, Art. 50–253 EGBGB, WBVG), 9. Aufl. 2025.
Säcker/Rixecker/Oetker/Limperg/Schubert, Münchener Kommentar zum Wettbewerbsrecht, Band 1/1 und 1/2: Europäisches Wettbewerbsrecht, 4. Aufl. 2022.
Säcker/Rixecker/Oetker/Limperg/Schubert, Münchener Kommentar zum Wettbewerbsrecht, Band 2: Deutsches Wettbewerbsrecht. Gesetz gegen Wettbewerbsbeschränkungen (GWB) §§ 1–96, 185, 186, 4. Aufl. 2022.
Sassenberg/Faber, Rechtshandbuch Industrie 4.0 und Internet of Things, 2. Aufl. 2020.
Sattler/Zech, The Data Act: First Assessments, 2024.
Satzger/Schluckebier/Werner, StGB-Kommentar, 6. Aufl. 2024.
Schefzig/Kilian, BeckOK KI-Recht, 6. Ed. 2026.
Scherer, Münchener Anwaltshandbuch Erbrecht, 5. Aufl. 2018.
Schmidt, Zugang zu Daten nach europäischem Kartellrecht, 2020.
Schmitt/Herrmann, Vertragsklauseln im Wirtschaftsrecht, 2018.
Schönke/Schröder, Strafgesetzbuch, 30. Aufl. 2019.
Schreiber/Pommerening/Schoel, Der neue Data Act, 2023.
Schreiber/Pommerening/Schoel, New Data Governance Act, 2023.
Schucht/Wiebe, EU-Produktsicherheitsverordnung, 2025.
Schulze et al., Bürgerliches Gesetzbuch, 12. Aufl. 2024.
Schulze/Staudenmayer, EU Digital Law, 2020.
Schumann/Mosbacher/König, NomosKommentar Medienstrafrecht, 2023.
Schur, Die Lizenzierung von Daten: Einordnung, Grenzen und Möglichkeiten von vertraglichen Zugangs- und Datenschutzrechten in der digitalen Ökonomie, 2020.
Schuster/Grützmacher, IT-Recht, 2. Aufl. 2025.
Seidler, Digitaler Nachlass. Das postmortale Schicksal elektronischer Kommunikation, 2016.
Simitis/Hornung/Spiecker gen. Döhmann, Datenschutzrecht, 2. Auflage 2025.
Specht-Riemenschneider/Hennemann, Data Act Data Governance Act, 2. Aufl. 2025.

Specht-Riemenschneider/Werry/Werry, Datenrecht in der Digitalisierung, 2019.
Spickhoff, Medizinrecht, 4. Aufl. 2022.
Spindler/Schuster, Recht der elektronischen Medien, 4. Aufl. 2019.
Staudinger, J. von Staudingers Kommentar zum Bürgerlichen Gesetzbuch: Staudinger BGB – Buch 1: Allgemeiner Teil: §§ 90–124; §§ 130–133 (Sachbegriff, Geschäftsfähigkeit, Willenserklärung, Anfechtung, Auslegung), 2021.
Staudinger, J. von Staudingers Kommentar zum Bürgerlichen Gesetzbuch: Staudinger BGB – Buch 2: Recht der Schuldverhältnisse: §§ 826–829; ProdHaftG, 2021.
Staudinger, J. von Staudingers Kommentar zum Bürgerlichen Gesetzbuch: Staudinger BGB – Buch 5: Erbrecht: Einleitung zum Erbrecht; §§ 1922–1966 (Erbfolge), 2017.
Staudinger/Artz, Neues Kaufrecht und Verträge über digitale Produkte, 2022.
Steege/Chibanguza, Metaverse Rechtshandbuch, 2023.
Steinhausen/Langer, Clusteranalyse – Einführung in Methoden und Verfahren der automatischen Klassifikation, 1977.
Steinmüller, Informationstechnologie und Gesellschaft: Einführung in die angewandte Informatik, 1993.
Steinrötter, Europäische Plattformregulierung, 2023.
Stoffels, AGB-Recht, 5. Aufl. 2024.
Streinz, AEUV, 3. Aufl. 2018.
Sutton/Barto, Reinforcement Learning: An Introduction, 2. Ed. 2018.
Sydow/Marsch, DS-GVO/BDSG, 3. Aufl. 2022.
Taeger/Gabel, DSGVO – BDSG – TTDSG, 4. Aufl. 2022.
Taeger/Pohle, Computerrechts-Handbuch, 39. Aufl. 2024.
Thiesen, Daten in der Erbmasse. Der digitale Nachlass zwischen Erbgang und Rechtsdurchsetzung, 2017.
Toutenberg/Heumann, Deskriptive Statistik, 6. Aufl. 2008.
Ulmer/Brandner/Hensen, AGB-Recht. Kommentar zu den §§ 305–310 BGB und zum UKlaG, 13. Aufl. 2022.
Vorwerk/Wolf, Beck'scher Online-Kommentar ZPO, 55. Ed. 2024.
Wabnitz/Janovsky, Handbuch Wirtschafts- und Steuerstrafrecht, 6. Aufl. 2025.
Walker, Erbrecht, 30. Aufl. 2024.
Wandt, Gesetzliche Schuldverhältnisse. Deliktsrecht, Schadensrecht, Bereicherungsrecht, GoA, 11. Aufl. 2022.
Wandtke/Bullinger, Praxiskommentar Urheberrecht, 6. Aufl. 2022.
Weitnauer/Mueller-Stöfen, Beck'sches Formularbuch IT-Recht, 6. Aufl. 2025.
von Weizsäcker, Die Einheit der Natur: Studien, 1971.
Wessels/Beulke/Satzger, Strafrecht Allgemeiner Teil – Die Straftat und ihr Aufbau, 54. Aufl. 2024.
Wicke, Gesetz betreffend die Gesellschaften mit beschränkter Haftung, 5. Aufl. 2024.
Wiebe, Das neue Recht der Cyberresilienz, 2025.
Wiebe, Die elektronische Willenserklärung: Kommunikationstheoretische und rechtsdogmatische Grundlagen des elektronischen Geschäftsverkehrs, 2002.
Wiedemann, Handbuch des Kartellrechts, 5. Aufl. 2025.
Wielsch, Zugangsregeln: die Rechtsverfassung der Wissensteilung, 2008.
Wischmeyer, Informationssicherheit, 2023.
Witte, Testmanagement und Softwaretext, 2. Aufl. 2029.
Wolf/Lindacher/Pfeiffer, AGB-Recht, 7. Aufl. 2020.
Wolff/Brink/Ungern-Sternberg, Beck'scher Online-Kommentar Datenschutzrecht, 51. Ed. 2024.
Wolter, Systematischer Kommentar zum Strafgesetzbuch, Band 5: §§ 242–302, 9. Aufl. 2019.
Wolter/Hoyer, Systematischer Kommentar zum Strafgesetzbuch, Band 6: §§ 303–358, 10. Aufl. 2023.

Zech, Information als Schutzgegenstand, 2012.
Zhao/Lai/Leung/Zhang, Feature Learning and Understanding – Algorithms and Applications, 2020.
Zieschang/Brand, Leipziger Kommentar Strafgesetzbuch, Band 13: §§ 267–283d, 13. Aufl. 2023.
Zöller, Zivilprozessordnung, 35. Aufl. 2024.

Teil A. Allgemeines

Kapitel 1. Einführung

Im heutigen Wirtschaftsalltag spielen **Daten** eine zentrale Rolle für den Erfolg von Unternehmen. Sie sind nicht nur ein wertvolles **Handelsgut,** sondern auch eine **entscheidende Ressource,** die es Unternehmen ermöglicht, fundierte Entscheidungen zu treffen, ihre Produkte und Dienstleistungen zu optimieren und ihre Zielgruppen besser zu verstehen. Datenanalysen helfen Unternehmen, Trends zu erkennen, Kundenverhalten vorherzusagen und personalisierte Marketingstrategien zu entwickeln. 1

Die wirtschaftliche Bedeutung von Daten erfordert eine **klare und rechtssichere Behandlung.** Diese Aufgabe hat das inzwischen auch begrifflich etablierte Datenrecht übernommen. Die Entwicklung des Datenrechts folgt der Digitalisierung und der zunehmenden Bedeutung von Daten in der modernen Gesellschaft. Die Bedeutung und Komplexität der rechtlichen Bewertung des Umgangs mit Daten haben das Datenrecht zu einem eigenen Rechtsgebiet werden lassen. 2

Das Datenrecht umfasst verschiedenste Rechtsbereiche und Themen, die sich mit unterschiedlichen Aspekten des Umgangs mit Daten befassen. Die Entstehung eines Datenrechts im weiteren Sinne begann in den 1970er Jahren mit den ersten **Datenschutzgesetzen,** die auf die wachsende Sorge um den Schutz personenbezogener Daten reagierten. Die Einführung des Bundesdatenschutzgesetzes in Deutschland[1] markierte einen ersten wichtigen Schritt der gesetzlichen Regelung des Umgangs mit personenbezogenen Daten auf nationaler Ebene. Darauf aufbauend wurden unter dem Dach „Informationsrecht" die Fragen der Haftung, des Schutzes und der Verträge für und von Informationen und Daten diskutiert, bis hin zu Konzepten einer Zusammenfassung in einem Informationsgesetzbuch. 3

Mit der wirtschaftlichen Bedeutung personenbezogener Daten wuchs auch die Regulierung in diesem Bereich stark an. Im Jahr 2016 trat in der EU die **Datenschutz-Grundverordnung** (DS-GVO)[2] in Kraft, einer der bedeutendsten legislatorischen Meilensteine der letzten Jahre. Die seit Mai 2018 wirksame DS-GVO hat EU-weit strenge Richtlinien für die Erhebung, Verarbeitung und Speicherung personenbezogener Daten eingeführt und stellt sicher, dass Unternehmen die Zustimmung der Nutzer einholen und ihnen das Recht auf Auskunft, Berichtigung und Löschung ihrer Daten gewähren.[3] 4

Der nächste wichtige Meilenstein in der Entwicklung des Datenrechts folgte mit der **Europäischen Digitalstrategie,** die im Februar 2020 vorgestellt wurde.[4] Ihr Ziel ist es, die EU zu einem globalen Vorreiter in der datengesteuerten Wirtschaft und Verwaltung zu machen und den Binnenmarkt für Daten zu stärken. Die Strategie soll insbesondere dafür sorgen, dass Daten in Europa sicher, effizient und unter Einhaltung ethischer und rechtlicher Standards genutzt werden können. Der europäische Weg der Digitalisierung steht dabei auf dem Fundament einer Digitalen Souveränität als Alternative zu staatszentrierten und marktgetriebenen Modellen. Für Unternehmen, die datenbasierte Geschäftsmodelle betreiben, bietet sie erweiterte Möglichkeiten durch den verbesserten Zugang zu Daten und die Entwicklung neuer Datenräume. Die Strategie will Unternehmen und Organisationen dazu befähigen, durch den Zugang zu und die Nutzung von Daten innovative Geschäftsmodelle zu entwickeln. Insbesondere kleine und mittelständische Unternehmen (KMUs) sollen von 5

---

1 BGBl. 1977 I 201.
2 VO (EU) 2016/679 (DS-GVO).
3 Vgl. die Überblicksaufsätze Schantz NJW 2016, 1841; Albrecht CR 2016, 88.
4 COM(2020) 66 final.

einem besseren Zugang zu Daten profitieren. Gleichzeitig steigen jedoch die regulatorischen Anforderungen, was Investitionen in Compliance und Datenschutz notwendig macht.

6 Zur Umsetzung der Strategie wurde eine Reihe neuer Rechtsvorschriften erlassen:

Der **Data Governance Act (DGA)**[5] hat zum Ziel, einen rechtlichen Rahmen für die gemeinsame Nutzung von Daten in der EU zu schaffen und dabei das Vertrauen in den Datenaustausch zu stärken sowie klare Regeln für den Zugang und die Nutzung von Daten festzulegen. Die Verordnung legt die Grundlagen für einheitliche und transparente Standards im Umgang mit Daten, insbesondere im Kontext von Datenzugang, -nutzung und -weitergabe.

7 Der **Digital Services Act (DSA)**[6] ist eine Verordnung, die den digitalen Binnenmarkt stärken und einen sicheren, transparenten und fairen Online-Raum schaffen soll. Sein Hauptziel ist es, die Verantwortlichkeiten von Online-Diensten klarer zu regeln und die Verbreitung illegaler Inhalte sowie die Risiken durch algorithmische Systeme und gezielte Werbung zu reduzieren. Der DSA richtet sich an eine Vielzahl von Akteuren, von kleinen Plattformen bis hin zu großen Online-Marktplätzen.[7] Er ist am 16.11.2022 in Kraft getreten, die Vorschriften galten allerdings gestaffelt: Für sehr große Online-Plattformen (VLOPs) und sehr große Online-Suchmaschinen (VLOSMs), die über 45 Millionen Nutzer in der EU haben, galten die Regeln bereits seit dem 25.8.2023, für alle anderen betroffenen Online-Dienste galten die Vorschriften erst seit dem 17.2.2024.

8 Der **Digital Markets Act (DMA)**[8] ist eine Verordnung, die darauf abzielt, faire Wettbewerbsbedingungen im digitalen Markt zu schaffen. Er richtet sich vor allem an sogenannte „Gatekeeper", also große Online-Plattformen, die eine starke Marktstellung innehaben und den Zugang zu digitalen Märkten kontrollieren. Der DMA ist am **1.11.2022** in Kraft getreten, die Bestimmungen werden seit dem **2.5.2023** angewendet. Gatekeeper wurden bis September 2023 identifiziert und hatten anschließend sechs Monate Zeit, um die vorgeschriebenen Maßnahmen umzusetzen. Der DMA soll sicherstellen, dass kleinere Unternehmen und neue Marktteilnehmer eine faire Chance haben, im digitalen Raum zu konkurrieren. Für Unternehmen bedeutet dies klare Regeln und Pflichten, die ihren Einfluss auf den digitalen Markt einschränken.[9]

9 Der **Data Act** ist am 11.1.2024 in Kraft getreten und entfaltet seine Wirksamkeit seit dem 12.9.2025.[10] Er ist ein Kernelement in der europäischen Strategie, die darauf zielt, einen echten Binnenmarkt für Daten zu schaffen und Europa zu einem weltweit führenden Akteur in der datenagilen Wirtschaft durch die Förderung von Wettbewerb und Innovation mittels eines optimalen Zugangs zu Daten zu entwickeln. Ergänzend zum DGA soll der Data Act eine faire und innovative Datenwirtschaft in Europa fördern. Ziel ist es, die Informationsversorgung vor allem auf Sekundärmärkten zu verbessern, um zusätzliche Dienstleistungen und Produkte im Interesse der Innovation zu fördern. Der Ansatz ist dabei, Datenzugangsrechte für den Nutzer zu etablieren und diese durch ein im Wesentlichen vertragsrechtlich orientiertes Konzept zu implementieren. Der Data Act basiert dabei auf einem Modell mit den drei Rollen Dateninhaber, Nutzer und Datenempfänger. Die Zuordnung der Rollen, der Umfang der Zugangsansprüche sowie der Anwendungsbereich des Data Acts führen jedoch theoretisch und praktisch zu vielen Unsicherheiten und Abgrenzungsfragen, die die praktische Umsetzung und Wirksamkeit beeinträchtigen können.[11]

---

[5] VO (EU) 2022/868 (Data Governance Act, DGA).
[6] VO (EU) 2022/2065 (Digital Services Act, DSA).
[7] Vgl. die Überblicksaufsätze Dregelies MMR 2022, 1033; Raue/Heesen NJW 2022, 3537.
[8] VO (EU) 2022/1925 (Digital Markets Act, DMA).
[9] Vgl. den Überblicksaufsatz Podszun/Bongartz/Kirk NJW 2022, 3249.
[10] VO (EU) 2023/2854 (Data Act).
[11] Vgl. die Überblicksaufsätze Hennmenn/Steinrötter NJW 2024, 1; Rockstroh/Katko ZdiW 2023, 101; Wiebe GRUR 2023, 1569.

Der **Artificial Intelligence Act (AI Act)**[12] ist eine weitere Verordnung der Europäischen Union, die eine einheitliche Regulierung für die Entwicklung und Nutzung von Künstlicher Intelligenz (KI) in der EU schaffen soll. Der AI Act zielt darauf ab, eine Balance zwischen Innovation und Sicherheit zu finden, indem er Risiken identifiziert und klare Regelungen für die Entwicklung und den Einsatz von KI-Systemen schafft, was gleichzeitig auch Innovationen fördern soll. Er wurde 2023 beschlossen und wird stufenweise seit Februar 2025 wirksam.[13] Diese Verordnung ist weltweit eine der ersten umfassenden Regelungen zur Nutzung von KI und hat daher eine besondere Bedeutung für Unternehmen, die KI-basierte Geschäftsmodelle betreiben. **10**

Die EU plant zudem die Entwicklung von neun wichtigen **Datenräumen,** darunter solche für Gesundheit, Energie, Mobilität, Industrie, Landwirtschaft und Finanzdienstleistungen.[14] Diese Räume sollen den sicheren und transparenten Austausch von Daten innerhalb bestimmter Sektoren erleichtern. **GAIA-X** ist ein europäisches Projekt zur Entwicklung einer offenen, interoperablen und sicheren Dateninfrastruktur.[15] Es soll europäische Standards fördern und sicherstellen, dass Daten innerhalb eines vertrauenswürdigen Rahmens genutzt werden. Die Förderung der Datennutzung und der Aufbau gemeinsamer Infrastrukturen wie GAIA-X schaffen neue Geschäftsmöglichkeiten, insbesondere im Bereich der Datenintermediäre, Plattformen und datenbasierten Dienstleistungen. **11**

Grundvoraussetzung für eine funktionierende Datenwirtschaft ist ein hohes Niveau an **Cybersicherheit.** Aus diesem Grund hat die EU parallel zur Markt- und Datenregulierung auch den Rechtsrahmen zur digitalen Sicherheit fundamental modernisiert. Sie hat in den letzten Jahren ihre Bemühungen intensiviert, um eine angemessene Cybersicherheit zu gewährleisten und den digitalen Binnenmarkt zu schützen. Im Jahr 2020 wurde eine aktualisierte **Cybersicherheitsstrategie** vorgestellt, die den Schutz kritischer Infrastrukturen und die Stärkung der Zusammenarbeit zwischen den Mitgliedstaaten betont.[16] Die **NIS-2-Richtlinie (Network and Information Security Directive 2)**[17] wurde im Dezember 2022 verabschiedet und modernisiert die ursprüngliche NIS-Richtlinie von 2016. Sie erweitert den Anwendungsbereich auf mehr Sektoren und Unternehmen, verschärft die Sicherheitsanforderungen und stärkt die Meldepflichten bei Cybervorfällen. So soll eine Erhöhung der Widerstandsfähigkeit kritischer Infrastrukturen und die Stärkung der Cybersicherheit in einer breiteren Palette von Sektoren erreicht werden. Anfang 2024 wurde der **Cyber Resilience Act (CRA)**[18] verabschiedet, der ab 2027 Anwendung findet. Der CRA wird künftig die Cybersicherheitsanforderungen für Produkte mit digitalen Elementen regeln und ist insoweit als komplementäre Regelungen zur NIS-2-Richtlinie zu sehen, die sich im Schwerpunkt mit der betriebsbezogenen Cybersicherheit befasst. Hersteller und Anbieter von Software und Hardware müssen sicherstellen, dass ihre Produkte während des gesamten Lebenszyklus sicher bleiben. Es gibt verpflichtende Sicherheitsanforderungen und Meldepflichten für Schwachstellen. So soll der Schutz von Verbrauchern und Unternehmen vor unsicheren Produkten und Cyberangriffen sichergestellt werden. Der CRA legt großen Wert auf die Verantwortung der Hersteller für die Cybersicherheit ihrer Produkte.[19] Mit der Verordnung über die digitale operationale Resilienz im Finanzsektor **(Digital Operational Resilience Act, DORA)**[20] hat die Europäische Union eine finanzsektorweite Regulierung für die Themen Cybersicherheit, IKT-Risiken und digitale operationale Resilienz geschaffen. Diese Verordnung trägt wesentlich dazu bei, den europäischen Finanzmarkt gegenüber **12**

---

[12] VO (EU) 2024/1689 (Artificial Intelligence Act, AI Act).
[13] Vgl. die Überblicksaufsätze von Welser GRUR-Prax 2024, 485; Möller-Klapperich NJ 2024, 337.
[14] Europäische Kommission, Gemeinsame europäische Datenräume, abrufbar unter: digital-strategy.ec.europa.eu/de/policies/data-spaces.
[15] Website GAIA-X, abrufbar unter: gaia-x.eu/about/.
[16] JOIN(2020) 18 final.
[17] RL (EU) 2022/2555 (Network and Information Security Directive).
[18] VO (EU) 2024/2847 (Cyber Resilience Act, CRA).
[19] Vgl. die Überblicksaufsätze Schöttle MMR 2024, 741; Biendl/Füllsack CR 2024, 376.
[20] VO (EU) 2022/2554 (Digital Operational Resilience Act, DORA).

Cyberrisiken und Vorfällen der Informations- und Kommunikationstechnologie (IKT) zu stärken und gilt für Banken, Versicherungen, Finanzinstitute und andere Akteure des Finanzsektors.[21] Der DORA wurde im Dezember 2022 verabschiedet und ist ab dem 17.1.2025 anzuwenden. Auch der AI Act enthält Vorschriften, die eng mit der Cybersicherheit verknüpft sind, insbesondere in Bezug auf KI-Systeme mit hohem Risiko. Hier spielen Sicherheitstests und die Absicherung vor Manipulationen eine wichtige Rolle.[22]

13 Mit der rasanten digitalen Transformation und der globalen Vernetzung bildet das Datenrecht ein komplexes und dynamisches Feld, das sich kontinuierlich weiterentwickelt, um den Herausforderungen der digitalen Welt gerecht zu werden und die Rechte von Einzelpersonen sowie die Integrität der Datenverarbeitung zu schützen. Für die wissenschaftliche **Forschung** stellt sich die Frage nach der Angemessenheit und Kohärenz der Regelungen. Mit umfassenden Regelungen für die Gewinnung, Verarbeitung, Speicherung und Nutzung von Daten beeinflusst das Datenrecht auch vielfältige Bereiche der Rechtsberatung. Die in der **Rechtsberatung** Tätigen müssen über aktuelle gesetzliche Anforderungen und technologische Entwicklungen informiert sein, um ihre Mandanten effektiv unterstützen zu können und sicherzustellen, dass alle rechtlichen Verpflichtungen erfüllt und alle rechtlichen Möglichkeiten genutzt werden. In der Folge wird die Beratungspraxis in den nächsten Jahren vor der Herausforderung stehen, die Vielzahl der neuen Regelungen zu verstehen, sie miteinander in Einklang zu bringen und sie sachgerecht anzuwenden. Der komplexe gesetzliche Rahmen mit seinen anspruchsvollen Anforderungen an den Umgang mit Daten wird die Beschaffung, Verarbeitung und Verwertung von Daten zu einer zentralen Aufgabe für jedes Unternehmen werden lassen. Die neuen gesetzlichen Bestimmungen werden dazu führen, dass ohne solide Kenntnisse im Bereich des Datenrechts eine umfassende Beratung nicht mehr möglich sein wird.

14 Um hier eine Hilfestellung zu geben, bietet das vorliegende Werk eine **strukturierte und praxisorientierte Analyse des Datenrechts** und erörtert die oft fragmentierte Rechtslage konzentriert aus einer Hand. Handbücher haben im Vergleich zu Kommentaren und Lehrbüchern den Vorteil, dass in ihnen Querbezüge hergestellt und dass übergeordnete Themen unabhängig davon dargestellt werden konnten, in welcher Norm eines Gesetzes sie ihre Grundlage haben. So können Zusammenhänge aufgezeigt, Übersichten geschaffen und Zusammenfassungen sinnvoll präsentiert werden. Sie vermitteln im Gegensatz zu Lehrbüchern **nicht zwingend Grundlagenwissen,** sondern bauen auf Grundkenntnissen auf, um detailliert auf Spezialfragen, aktuelle Entwicklungen und Rechtsprechung eingehen zu können. Ein juristisches Handbuch richtet sich zwar in erster Linie an Praktiker wie Anwälte, Richter und Unternehmensjuristen und dient als Nachschlagewerk für den konkreten Einsatz in der täglichen Arbeit, jedoch bietet das vorliegende Werk auch Wissenschaftlern eine Möglichkeit, um spezifische Detailfragen zu vertiefen. Konzeptionell konzentriert sich das Handbuch im Aufbau am **Lifecycle-Ansatz.** Diese bisher einzigartige Struktur ist darauf ausgelegt, dass die Leser aus praktischer Perspektive gezielt Informationen zu spezifischen Rechtsfragen finden. Der **Lifecycle-Ansatz** von Daten beschreibt die verschiedenen Phasen, die Daten während ihrer „Lebensdauer" durchlaufen – von der **Erzeugung über die Verarbeitung bzw. Nutzung, Aufbewahrung bis zur Löschung.** Dieses Modell unterstützt Unternehmen dabei, den gesamten Umgang mit Daten effizient, sicher und rechtskonform zu gestalten. Durch die Berücksichtigung aller Phasen des Datenlebenszyklus können rechtliche Risiken minimiert und Prozesse optimiert werden. Besonders in stark regulierten Branchen oder datenintensiven Geschäftsmodellen ist dieser Ansatz unerlässlich, um den rechtlichen Anforderungen gerecht zu werden und gleichzeitig den Wert der Daten voll auszuschöpfen. Durch die Erörterung der rechtlich relevanten Probleme in diesem Lebenszyklus bietet das Werk tiefgehende Einblicke in die rechtlichen Anforderungen und Herausforderungen, die mit dem Umgang von Daten in jeder Phase ihres Lebenszyklus

21 Vgl. die Überblicksaufsätze Dittrich/Heinelt RDi 2023, 164; Voigt/Ritter-Döring CR 2023, 82.
22 Vgl. ua Art. 15 AI Act: Glugla RDi 2024, 421; Ehtechami/Gilch ZfPC 2024, 206.

verbunden sind. Die Orientierung am Lifecycle-Ansatz sorgt dafür, dass die Leser ein umfassendes Verständnis für den Umgang mit Daten über ihren gesamten Lebenszyklus erhalten, sowohl in wirtschaftlicher als auch rechtlicher Hinsicht. So finden die Leser zudem schnell die relevanten Informationen und erhalten ausgehend vom Praxisfall querschnittsartig den Zugang zur hochkomplexen Datenregulierung vor allem der EU.

Beginnend mit der Erläuterung der Informationstheorie und der Rechtsnatur von Daten **15** sowie der Untersuchung der Technik der Datenübermittlung, der Bestimmung der Datenqualität und abschließend der Möglichkeiten zur Auswertung von Daten wird in **Teil A Kap. 2** der Frage von **Daten als relevantes Gut** nachgegangen.

In **Teil B** wird der **Zugang von Daten** behandelt, bevor sich **Teil C** der **Erzeugung/** **16** **Gewinnung von Daten** widmet. Hier wird insbesondere die **Rechtsinhaberschaft** im Zusammenhang mit Daten und die **Verkehrsfähigkeit** eben solcher untersucht. **Teil D** betrachtet die **Nutzung von Daten,** wobei das **Vertragsrecht,** die **Analyse und Aufbereitung** von Daten sowie die Nutzung von Daten im **Vertrieb** genauer untersucht werden, bevor schließlich die **deliktische Haftung** für **fehlerhafte Daten** sowie das **Steuerrecht** betrachtet wird. Die **Aufbewahrung und Archivierung** von Daten ist Thema im **Teil E,** die **Vernichtung und Löschung** von Daten wird in **Teil F** behandelt. Im Zusammenhang mit dem Datenrecht gibt es einige **Sonderthemen,** die nicht unmittelbar sinnvoll am Lebenszyklus erläutert werden können. Diese Themen werden in **Teil G** behandelt, insbesondere die Informationssicherheit, internationale sowie prozessuale Aspekte.

Kapitel 2. Daten als Gut

Übersicht

I. Informationstheorie

1. Daten und Information

1 Mit der in den letzten Jahren erfolgten Digitalisierung aller gesellschaftlichen Bereiche ist die rechtliche Behandlung von Information bzw. Daten zu einem zentralen rechtlichen Thema geworden. Um das Verhältnis von Daten und Information zu klären und für die rechtliche Behandlung fruchtbar zu machen, bedarf es eines interdisziplinären Ansatzes. Die Versuche der Verbindung von Sprachtheorie, Informationswissenschaft und Rechtswissenschaft gehen bis in die siebziger Jahre und die Diskussion zur Rechtsinformatik zurück.[1] Der **Informationsbegriff** ist vielfältig, abhängig vom wissenschaftlichen Kontext bis hin zur Philosophie,[2] und entzieht sich einer einheitlichen Definition.[3] In der Informationstheorie steht die Zeichenebene im Vordergrund, und die Nachrichtenübertragung wird mathematisch beschrieben, mit dem Merkmal der „Entropie" im Mittelpunkt.[4]

2 Obwohl der mathematische Ansatz großen Einfluss auf andere Wissenschaftsbereiche hatte, erwies er sich wegen des fehlenden Bezugs auf den Inhalt sowie den Kommunikationsvorgang als nicht verallgemeinerungsfähig. Als zum Recht anschlussfähige „Brücke" bietet sich die **Semiotik** an, also die Lehre von den Zeichen.[5] Zech hat dies in seiner Habilitationsschrift erstmals systematisch aufgearbeitet und für die Frage des Schutzgegenstands nutzbar gemacht[6]. Mittlerweile ist die theoretische Analyse der Konzepte von Daten und Information Gegenstand der juristischen Diskussion.[7]

3 Die Semiotik als Lehre von den Zeichen hat die Unterscheidung von Zeichen und Bedeutung herausgearbeitet, vor allem durch die Einführung des Beobachters und des semiotischen Dreiecks von Zeichen, Begriff und Gegenstand.[8] Damit wird auch der Wert von Information thematisiert, was wiederum eine wichtige Querverbindung zum Recht darstellt.[9] Für die interdisziplinäre Arbeit erscheint das **dreidimensionale Informationskonzept** der Semiotik weiterführend. Das Konzept der Information lässt sich danach in drei hierarchische Ebenen unterteilen:

---

1 Vgl. Steinmüller, Grundfragen des Datenschutzes. Gutachten im Auftrag des Bundesministeriums des Innern, BT-Drs. VI/3826, Anlage 1, 1971, 4 f.; Druey, Information als Gegenstand des Rechts, 1995, 6 ff.; Steinbuch GRUR 1987, 579 ff.; Spinner, Die Wissensordnung, 1994, S. 111 ff. Zur Rechtsinformatik als interdisziplinärer Ansatz vgl. Kilian, Idee und Wirklichkeit der Rechtsinformatik, CR 2017, 202 ff.

2 Eingehend aufgefächert bei Zech, 2012, 13 ff.; Schur S. 13 ff.; Spiecker gen. Döhmann RW 2010, 247 (251).

3 Vgl. Druey S. 1 ff.; Dreier, Regulating Information in Drexl/Hilty/Boy/Godt/Remiche FS Ullrich, 2009, 35 (37).

4 Shannon/Weaver, Mathematical Theory of Communication, S. 7. Eingehend Schur, Die Lizenzierung von Daten, 2020, S. 24 ff.

5 Bereits Wiebe, Information als Schutzgegenstand im System des geistigen Eigentums in Fiedler/Ullrich, Information als Wirtschaftsgut, 1997, 93, 99 ff.; Sieber NJW 1989, 2569 (2572); Pohle, Die immer noch aktuellen Fragen des Datenschutzes in Garstka/Coy GS Wilhelm Steinmüller, 2014, 45 (49 f.). Vgl. ferner Wiebe, Die semiotische Analyse als interdisziplinäre Methode in Lewinsky/Wittmann, Urheberrecht!, FS Walter, 2018, 13 ff.; Zech, Semiotik und Immaterialgüterrecht in Appl/Kreutz/Helmschrot, Daten-Information-Recht, FS Wiebe, 2024, 441 ff.

6 Zech, Information als Schutzgegenstand, 2012, S. 13 ff.; vgl. auch Zech, Semiotik und Immaterialgüterrecht in FS Wiebe, 2024, 441 (442 ff.), dort 446, auch zum Einsatz bei der Analyse von KI-Systemen.

7 Vgl. Gerpott CR 2022, 271; Amstutz AcP 2018, 438 (444); Grützmacher CR 2016, 485 (486); Heymann CR 2016, 650; Rockstroh/Katko ZdiW 2023, 101; Zech, Information als Schutzgegenstand, 2012, 24 ff., 32 ff.; Schur, 13 ff.; Richter, Information als Infrastruktur, 2021, S. 54 ff.; Kitchin, The Data Revolution, 2014, S. 9 ff.

8 Zurückgehend auf Morris, Grundlagen der Zeichentheorie, 1988; Eco, Einführung in die Semiotik, 1972, S. 28 ff.; Carnap, Introduction to Semantics, 3d ed. 1948. Vgl. auch Steinmüller, Informationstechnologie und Gesellschaft, 1993, S. 202 f.; Pombriant, Data, Information, Knowledge, CRi 2013, 97; Kloepfer, Informationsrecht, 2002, § 1 Rn. 53. Weitere Nachweise bei Zech, Information als Schutzgegenstand, 2012, 25.

9 Vgl. Druey, Information als Gegenstand des Recht, 1995, 6 ff. Zur Ökonomik von Informationen eingehend Richter, 2021, S. 59 ff.

- Syntaktik
  Beschränkter Blick auf den Informationskanal mit der Möglichkeit der Quantifizierung („Entropie"); Aufbau und Strukturierung von Zeichen nach formalen Regeln (Rechtschreibung, Grammatik)
- Semantik
  Bedeutung eines Zeichens oder Zeichenfolge und Beziehung zum Bezeichneten; Entnahme der Bedeutung durch Decodierung;[10]
- Pragmatik
  Wirkung der Zeichen im Verwendungszusammenhang; Zwecke, die die Information aus Seiten von Sender und Empfänger erfüllen soll; hier werden Kontext und Hintergrundwissen von Bedeutung.

Für die rechtliche Betrachtung ist die pragmatische Ebene zentral.[11] Recht löst mensch- **4**
liche Interessenkonflikte, die auf menschliche Zweckverfolgung bezogen sind. Aus der Bedeutung der pragmatischen Ebene ergibt sich, dass für die **rechtliche Behandlung** der Informationsbegriff in allen drei Ebenen heranzuziehen ist.[12] Davon zu unterscheiden ist der körperliche Datenträger oder –speicher. *Zech* blendet die pragmatische Dimension weitgehend aus und ergänzt die „strukturelle Information" bezogen auf die Verkörperung, als beobachtbare Struktur körperlicher Gegenstände.[13] Den Vorgang des Speicherns bezeichnet er als Fixierung syntaktischer Information als struktureller Information, den Speicher syntaktischer Information als Informationsträger zweiter Ordnung.[14]

Für die Frage nach dem Verhältnis von **Information und Daten** ergibt sich aus der **5**
semiotischen Betrachtung: Daten sind der syntaktischen Ebene zuzuordnen, Information umfasst alle drei Ebenen.[15] Für das Konzept der Daten ergibt sich der Bezug zum digitalen Kommunikationskanal. Nach ISO/IEC 2382-1 (1993) sind Daten aus informationstechnischer Sicht „a reinterpretable representation of information...in a formalized manner suitable for communication, interpretation, or processing", dh, das Konzept der Daten bezeichnet Informationen im Speicher- und Transportzustand. Die Datenebene bezeichnet Information in der Phase des Transports und der Speicherung, der Computer ist (vorerst) eine „perfekte Syntaxmaschine". Dies wird noch deutlicher, wenn man phasen- oder schichtenbezogene Kommunikationsmodelle heranzieht.[16] Aus dieser Unterscheidung ergibt sich zugleich die Gemeinsamkeit: die Datenebene ist Teil des Informationskonzepts, die rechtliche Behandlung der Datenebene betrifft auch die Information insgesamt.[17] Es bleibt als wichtige Erkenntnis, dass Daten und Information unterschiedliche Konzepte sind, die aber eng zusammenhängen.

2. Juristischer Datenbegriff

Auf nationaler Ebene gibt es unterschiedliche Verwendungen des Datenbegriffs.[18] Auf **6**
europäischer Ebene hat sich nunmehr eine einheitliche **Definition** herausgebildet, die

---

10 Die Beziehung des Zeichens zum abgebildeten realen Gegenstand wird teilweise als „Sigmatik" einer vierten Ebene zugeordnet, überwiegend aber als Teil der Semantik angesehen, vgl. Wiebe, 1995, S. 101 mwN.

11 Vgl. auch Kloepfer § 1 Rn. 55.

12 Vgl. auch Druey, Information als Gegenstand des Recht, 1995, 10: „pragmatische Ebene als dem Ort, wo rechtliche Informationsinteressen gemessen werden".

13 Zech S. 16 ff., 35 ff., unter Bezug auf v.Weizsäcker, Der Aufbau der Physik, 1985, 167.

14 Zech, 2012, S. 42.

15 Vgl. auch Kloepfer § 1 Rn. 58.

16 Vgl. Wiebe, Die elektronische Willenserklärung, 2002, 297 ff. mwN; Benkler FedCommLJ 52 (2000), 561 (562); Lessig, The Future of Ideas, S. 23; Peukert FS Schricker, 2005, 149 (152).

17 Zugleich wird darauf hingewiesen, dass aus ökonomischer Sicht diese Unterscheidung keine große Rolle mehr spielt, vgl. Mayer-Schönberger/Cukier, Big Data, 2013, 73 ff.; Richter, 2021, S. 58.

18 Aus dem Bereich der Gesetzgebung zum Informationszugang vgl. Richter IWG § 2 Rn. 54; Lederer, Open Data, 2015, 228 ff.

sowohl in Art. 2(1) DA enthalten ist als auch in Art. 2(1) Data Governance Act[19] und Art. 2 (24) Digital Markets Act[20]:

„jede digitale Darstellung von Handlungen, Tatsachen oder Informationen sowie jede Zusammenstellung solcher Handlungen, Tatsachen oder Informationen auch in Form von Ton-, Bild- oder audiovisuellem Material".

7 Man muss dabei jeweils beachten, dass die Begriffsverwendungen von Daten und Information nicht einheitlich sind. Gerade im Bereich Open Data werden die Begriffe oft austauschbar benutzt. Art. 2(6) der Open Data-Richtlinie 2019/1024 bezieht den Anwendungsbereich auf „Dokumente" und definiert diese als Inhalte „unabhängig von der Form des Datenträgers", § 1 IWG bezog sich auf „Informationen", das nunmehr geltende DNG gilt für „Daten".

8 Es ist daher jeweils darauf abzustellen, welche der **Ebenen des Informationsbegriffs** angesprochen sind.[21] Dies gilt vor allem für die Bestimmung des Anwendungsbereichs der jeweiligen Gesetze. So sind Gegenstand der DS-GVO nach Art. 4 Nr. 1 Informationen, da der Personenbezug ja Anwendungsvoraussetzung ist und dieser nur auf der semantischen Ebene identifizierbar ist.[22] Auf der anderen Seite beziehen sich die relevanten Verarbeitungsvorgänge auf Daten als Informationen im Zustand von Transport und Speicherung. Die Typgenehmigungsverordnung 2018/858 verpflichtet zur Gewährung von Zugang zu In-Bord-Diagnose-Informationen.

9 Beim Data Act ist der Gegenstand der Zugangsansprüche vom Gerät generierte **Rohdaten.** Wegen des Bezugs auf die Generierung könnte man hier an die Ebene der „strukturellen Information"[23] denken. Jedoch bezieht sich letztere auf Information auf die Struktur körperlicher Gegenstände, die an den Gegenstand gebunden ist und nur kopiert werden kann. Die erzeugten Rohdaten können aber weitergeleitet werden, ohne dass sie ihre Identität verlieren.[24] Daher ist davon auszugehen, dass hier die syntaktische Ebene angesprochen ist, unabhängig vom Inhalt der Informationen.

10 In diesem Sinne ist die **„digitale Darstellung"** in der Datendefinition zu verstehen. Die Bedeutung der weiteren Merkmale „Handlungen, Tatsachen oder Informationen" ist nicht klar, noch weniger die Nennung von Ton-, Bild- oder audiovisuellem Material.[25] Erwgr. 16 stellt darüber hinaus klar, dass Daten für häufig urheberrechtsgeschützte Inhalte (Text, Audio, audiovisuelle Inhalte) und Geräte zum Aufzeichnen, Anzeigenlassen, Abspielen und Übermittlung solcher Inhalte nicht vom Data Act umfasst sein sollen.

3. Datenarten

11 Darüber hinaus ist es hilfreich, Datenarten oder -kategorien zu unterscheiden.[26] Es werden vielfältige **Abgrenzungen von Datenarten** vertreten.[27] Hier soll vor allem auf für das Datenrecht relevante Unterscheidungen eingegangen werden.

---

19 Verordnung (EU) 2022/868 des Europäischen Parlaments und des Rates vom 30.5.2022 über europäische Daten-Governance und zur Änderung der Verordnung (EU) 2018/1724 (Daten-Governance-Rechtsakt), ABl. 2022 L 152, 1.

20 Verordnung (EU) 2022/1925 vom 14.9.2022 über bestreitbare und faire Märkte im digitalen Sektor und zur Änderung der Richtlinien (EU) 2019/1937 und (EU) 2020/1828 (Gesetz über digitale Märkte), ABl. 2022 L 265, 1.

21 Vgl. auch Rockstroh/Katko ZdiW 2023, 101 (102 f.). Für eine Analyse der immaterialgüterrechtlichen Schutzsysteme aus semiotischer Sicht vgl. Wiebe FS Walter, 2018, 13 (16 ff.).

22 Vgl. auch Rockstroh/Katko ZdiW 2023, 101 (103).

23 Zech, 2012, S. 41.

24 Genau genommen handelt es sich beim Generieren um Speichern „syntaktischer Information" iSv Zech, vgl. Zech, Information als Schutzgegenstand, 2012, S. 42.

25 Vgl. auch Rockstroh/Katko ZdiW 2023, 101 (102); Niehaus/Siems ZDiW 2024, 50 (52).

26 Vgl. etwa Schur S. 30 ff.

27 Vgl. nur Kirchin, The Data Revolution, 2014, S. 8.

a) Maschinengenerierte Daten (Machine generated data (MGD)

Hinsichtlich der Datengenerierung lassen sich **maschinen- und sensorgenerierte Daten** unterscheiden.[28] Erstere sind direktes Resultat von Computer- und Softwareanwendungen und -prozessen. Letztere werden von Sensoren erfasst und beziehen sich entweder auf die Maschine selbst oder auf die Umgebung. Üblicherweise gehört auch die fehlende menschliche Intervention zur Definition. 12

In einer Mitteilung der EU-Kommission von 2017 wurden MGD definiert als data 'created without the direct intervention of a human by computer processes, applications or services, or by sensors processing information received from equipment, software or machinery, whether virtual or real'.[29] In der Literatur wurde darauf hingewiesen, dass immer ein gewisser Grad an **menschlicher Intervention** vorhanden sei und eine breitere Definition befürwortet: „data generated by 'connected devices', being connected to other devices or persons".[30] 13

In einer Begleitstudie zum Data Act 2023 wurde folgende **Definition** befürwortet: 14

'MGD is defined as data recorded, collected, or generated independent of direct and economically significant human intervention by:
- *sensors processing information received from equipment, software or machinery, whether virtual or real*
- *computer processes, applications or services.*
- *Sensor-generated data in IoT environment would include:*
- *data generated by sensors about the sensor and machine itself, e. g. data on machine performance;*
- *data generated/observed by sensors observing the environment in which sensors and machines operate, e. g. information on the soil recorded by sensors in smart tractors;*
- *the data resulted from the aggregations and processing of the two types of data above'.*[31]

Diese Definition bezieht die unterschiedlichen **Funktionen von Sensoren** ein, einschließlich von „pre-processing activities" wie Datenkompression und Datenkodierung. Strukturierte Daten in data warehouses sollten nicht umfasst sein.

Maschinendaten bestimmen auch den Anwendungsbereich des Data Act. Jedoch nimmt der **Data Act** abgeleitete und aggregierte Daten vom Anwendungsbereich aus.[32] Dadurch ergeben sich nicht nur Unterschiede zu sektorspezifischen Zugangsregeln, etwa im Automobilbereich.[33] In der Praxis werden MGD häufig sofort bearbeitet und **formatiert,** kategorisiert, häufig bereits in den Maschinen und Sensoren, die sie generieren. Diese Vorgänge sind nur schwer von der Generierung zu trennen.[34] Auch erscheint die Einbeziehung von abgeleiteten und aggregierten Daten etwa in Zugangsrechte notwendig, um den Schutzzweck zu fördern.[35] 15

---

[28] Vgl. Schur S. 31 ff.
[29] EU-Kommission, Communication 'Building A European Data Economy', 2017.
[30] J Drexl, 'Connected Devices – an Unfair Competition Law Approach to Data Access Rights of Users' [2021] Max Planck Institute for Innovation and Competition Research Paper No. 20–22, 6.
[31] C Moreno et al, Study to support an impact assessment for the review of the Database Directive, Final Report (Brussels, 2022) pp 32 et seqq.
[32] Erwgr. 15: „Dagegen sollten aus solchen Daten gefolgerte oder abgeleitete Informationen, die das Ergebnis zusätzlicher Investitionen in die Zuweisung von Werten oder Erkenntnissen aus den Daten sind (insbesondere mittels komplexer proprietärer Algorithmen, einschließlich solcher, die Teil proprietärer Software sind), nicht in den Anwendungsbereich dieser Verordnung fallen...Zu diesen Daten könnten insbesondere Informationen gehören, die durch Sensorfusion gewonnen werden, bei der Daten von mehreren Sensoren abgeleitet oder gefolgert werden, die in dem vernetzten Produkt unter Verwendung komplexer proprietärer Algorithmen erhoben werden und möglicherweise Rechten des geistigen Eigentums unterliegen.".
[33] See Regulation (EU) 2018/858 of the European Parliament and of the Council of 30 May 2018 on the approval and market surveillance of motor vehicles and their trailers, and of systems, components and separate technical units intended for such vehicles, amending Regulations (EC) No 715/2007 and (EC) No 595/2009 and repealing Directive 2007/46/EC [2018] OJ L 151, art 61.
[34] Accompanying Study (n 14).
[35] See also R Podszun and C Pfeifer GRUR 953, 961.

16 Zu beachten bleibt dabei, dass das allgemeine Konzept von MGD breiter ist als der auf IoT-generierte Daten eingeschränkte Anwendungsbereich des Data Act. **Zusätzliche Kategorien bei MGD** sind: durch interne Geschäftssysteme generierte Daten über Produkte, Dienstleistungen, Verkaufszahlen, Logistik, Kunden und Lieferanten (CRM); Daten generiert durch externe Interaktion mit Nutzer, Cookies, Webtracking; Daten aus Crowdsourcing and Web collaboration data.[36]

17 IoT-Anwendungen ermöglichen es, Gegenstände der physischen Welt mit der digitalen Welt zu verbinden und die Möglichkeit einer Interaktion zu schaffen. Zugleich werden immer mehr Maschinendaten verfügbar. Kennzeichen der **Industrie 4.0** ist es, vertikale Integration im Unternehmen und der Produktion und horizontale Integration über Unternehmensgrenzen hinweg zu bewirken.[37] Zentral ist dabei auch die Verfügbarkeit der Daten in Echtzeit, und zwar zunehmend als Zugang direkt an der Quelle.[38]

b) Personenbezogene Daten

18 Gemäß Art. 4 Nr. 1 DS-GVO handelt es sich bei personenbezogenen Daten um alle Informationen, die sich auf eine identifizierte oder identifizierbare natürliche Person beziehen. **Identifizierbar** ist eine Person, die direkt oder indirekt, insbesondere mittels Zuordnung zu einer Kennung wie einem Namen, zu einer Kennnummer, zu Standortdaten, zu einer Online-Kennung oder zu einem oder mehreren besonderen Merkmalen, die Ausdruck der physischen, physiologischen, genetischen, psychischen, wirtschaftlichen, kulturellen oder sozialen Identität dieser natürlichen Person sind, identifiziert werden kann.

19 Dem Merkmal der Identifizierbarkeit liegt weitestgehend ein **relativer Ansatz** zugrunde, was sich primär aus Erwgr. 26 zur DS-GVO ergibt. Eine Person gilt demnach als identifizierbar, wenn sie durch den Verantwortlichen oder eine andere Person unter Einsatz von Mitteln, die nach allgemeinem Ermessen wahrscheinlich genutzt werden, identifiziert werden kann.[39] Maßgeblich ist damit nicht die absolute Identifizierbarkeit einer Person; vielmehr kommt es auf die konkreten Umstände des Einzelfalls an, und es wird die Perspektive des Verantwortlichen zugrunde gelegt.

20 Bei der Feststellung, ob ein Mittel für den Verantwortlichen nach dem allgemeinen Ermessen wahrscheinlich zur Identifizierung der Person eingesetzt wird, sind gem. Erwgr. 26 S. 4 alle **objektiven Faktoren** – etwa Kosten und Zeitaufwand der Identifizierung – zugrunde zu legen. Grundsätzlich ist der technologische Stand zum Zeitpunkt der Verarbeitung zu berücksichtigen. Neben den ausdrücklich genannten objektiven Faktoren können **weitere Kriterien** zu berücksichtigen sein, wie etwa die Erforderlichkeit der Identifizierung für den Zweck der Verarbeitung, eine mögliche Nutzungssteigerung durch die Identifizierung aber auch abschreckende Faktoren wie bspw. Vertragsstrafen.[40] Auch der EuGH verfolgt in der Tendenz einen relativen Ansatz und stellt hinsichtlich der Frage eines verhältnismäßigen Aufwands auf Zeit, Kosten und Arbeitskräfte ab.[41]

21 Der **EuGH** hat diesen Ansatz mittlerweile auch für die DS-GVO bestätigt.[42] Danach ist der Personenbezug aus Sicht des jeweiligen Verantwortlichen zu bestimmen, und ein Mittel wird wahrscheinlich nicht genutzt, wenn „das Risiko einer Identifizierung *de facto* unbedeutend erscheint, weil die Identifizierung dieser Person …praktisch nicht durchführbar ist,

36 Everis Benelux, Study on data sharing between companies in Europe, carried out for the European Commission, Final Report (Brussels, 2018), data.europa.eu/doi/10.2759/354943.
37 Vgl. Schur S. 32 ff.
38 Schur S. 38 f.
39 Vgl. Erwgr. 26 S. 3.
40 Taeger/Gabel/Arning/Rothkegel DS-GVO Art. 4 Rn. 31. Zum Stand der Diskussion vgl. Hubert CR 2025, 77 (78 ff.).
41 EuGH 19.10.2016 – C-582/14, ECLI:EU:C:2016:779 Rn. 43 ff. – Breyer.
42 EuGH 9.11.2023 – C-19/22, ECLI:EU:C:2023:837 = CR 2023, 798 – FIN.

z. B. weil sie einen unverhältnismäßigen Aufwand an Zeit, Kosten und Arbeitskraft erfordern würde".[43] Da die Sicht des jeweils Verantwortlichen maßgebend ist, kann bei Weitergabe der Daten der Personenbezug „wieder aufleben". Auch Informationen aus dem Internet finden Berücksichtigung, wenn es wahrscheinlich und nicht unverhältnismäßig aufwendig ist, dass ein Leser aufgrund einer Internetrecherche die Information findet.[44]

Das Datenschutzrecht findet nach Erwgr. 26 S. 5 der DS-GVO keine Anwendung auf Informationen, die sich nicht auf eine identifizierte oder identifizierbare Person beziehen oder personenbezogene Daten, die derart **anonymisiert** sind, dass die betroffene Person nicht oder nicht mehr identifiziert werden kann. Diese anonymen Daten entziehen sich mithin dem Anwendungsbereich der DS-GVO. Nicht ausgeschlossen ist, dass mit der relativen Bestimmung des Personenbezugs auch bestimmte Pseudonymisierungstechniken zur Nichtanwendbarkeit des Datenschutzrechts führen.[45] **22**

II. Rechtsnatur von Daten

1. Informationen als Wirtschaftsgut

Die **ökonomischen Eigenschaften** von Informationen sind Gegenstand verschiedener Zweige der Ökonomie.[46] Unter dem ökonomischen Aspekt der Nutzengenerierung spielt die Unterscheidung von Daten und Informationen keine entscheidende Rolle.[47] Maßgeblich ist die Erwartung des informationellen Nutzens von Daten, basierend auf dem Ansatz, dass Daten Informationen enthalten, die im jeweiligen Anwendungskontext Nutzen generieren können.[48] Soweit im Folgenden auf Informationen Bezug genommen wird, gelten die Ausführungen für Daten in gleicher Weise. **23**

Die besonderen Eigenschaften von Informationen sind hinreichend auch für die juristische Diskussion aufbereitet worden: nicht ausschließbar, ubiquitär, nicht-rival in der Nutzung.[49] Hinzu kommen die Möglichkeit der Kumulation und vielseitigen Verwendbarkeit, das Vorhandensein von Informationsasymmetrien sowie das Vorhandensein hoher Fixkosten.[50] In diesen Eigenschaften ist auch die Folgerung begründet, dass eine Ausschließbarkeit erst technisch oder rechtlich hergestellt werden muss, um unter der Annahme einer Verknappung auf Märkten handelbare Güter zu erhalten.[51] **24**

Unumstritten ist, dass **Informationen als Wirtschaftsgüter** anzusehen sind, da sie für die Wirtschaftsakteure Nutzen im Rahmen der vielfältigen Verwendungsmöglichkeiten haben.[52] Sie existieren vorrechtlich und müssen keinen besonderen wirtschaftlichen Wert haben aber als nützlich angesehen werden.[53] Sie sind von der Person abtrennbar und bestehen außerhalb dieser. Der rechtliche Rahmen fördert oder begrenzt dann die Nutzungsmöglichkeiten. Ökonomisch kann die Regulierung zur Internalisierung externer Effekte führen und steht im Spannungsverhältnis von Zugang und Anreiz, das auch den Interessenausgleich im **25**

---

[43] EuGH 4.9.2025 – C-413/23 P, ECLI:EU:C:2025:645 – CEPD/CRU.
[44] EuGH 7.3.2024 – C-479/22, ECLI:EU:C:2024:215 = BeckRS 2024, 3655 Rn. 60 ff. – OLAF. Zu den verschiedenen Fallgestaltungen vgl. Hubert CR 2025, 77 (81 ff.).
[45] Vgl. etwa Roßnagel ZD 2018, 243 (245).
[46] Vgl. Fleischer, Informationsasymmetrie im Vertragsrecht, 2001, S. 93 ff.
[47] Vgl. auch Schweitzer/Peitz, Datenmärkte in der digitalisierten Wirtschaft, 2017, S. 18.
[48] Vgl. Richter, 2021, S. 38 mwN.
[49] Zech CR 2015, 137 (139); Fiedler/Ullrich, Information als Wirtschaftsgut/Wiebe, 1997, 93, 101. Näher zu diesen Eigenschaften sowie zu der in diesem Zusammenhang diskutierten Theorie der öffentlichen Güter vgl. Richter, 2021, S. 61 ff., mwN.
[50] Richter S. 63 ff. mwN.
[51] Vgl. Zech S. 117 ff.
[52] Richter S. 60; Wielsch, Zugangsregeln, 2008, S. 13; Linde, Ökonomie der Information, 2005, S. 4.
[53] Zech, 2012, S. 46 ff.; Peukert, Güterzuordnung als Rechtsprinzip, 2008, S. 38; Pethig in Fiedler/Ullrich, Information als Wirtschaftsgut, 1997, 1, 2. Zum Wert von Daten auch Schur S. 266 ff.

Immaterialgüterrecht bestimmt.[54] Heute steht die Förderung innovativer Investitionen im Vordergrund.[55] Die Bestimmung des optimalen Ausgleichs ist aber wohl pauschal unmöglich, sondern nur für den Einzelfall möglich.[56]

26 *Richter* hat die informationsbezogene **Wertschöpfungskette** der Entstehung, Verarbeitung und Nutzung von Informationen näher beleuchtet.[57] Er unterscheidet die Datenerzeugung (Datenerfassung und -erstellung), Datenbearbeitung (Datenorganisation einschl. Aggregation, Datenanalyse) und Erstellung von Informationsprodukten und –leistungen.[58]

27 Die erste Phase betrifft die **Datenerfassung bzw. -generierung.** Im Sinne der oben angeführten Definition von Maschinendaten ist sowohl die Generierung von Daten aus Softwareprozessen oder Maschinenprozessen, als auch die sensorgestützte Erfassung aus Maschinen oder der Umwelt umfasst. Dies ist mit einer Speicherung und oft mit einer ersten technischen Bearbeitung verbunden. Denkbar ist natürlich auch eine manuelle Datenerstellung, etwa die Erstellung eines Gutachtens oder eines Posts auf sozialen Medien.[59]

28 Die Bearbeitungsphase beinhaltet die **Datenorganisation** und die **Datenanalyse** als Kernelemente.[60] Ersterer bezeichnet die Strukturierung und die Kombination oder Aggregation von Daten. Beides erhöht die Nutzbarkeit und schafft Mehrwert. Die Datenanalyse beinhaltet Auswertung, Visualisierung und Validierung von Daten mithilfe verschiedener Techniken, um neue Erkenntnisse zu gewinnen.[61] Dazu gehört auch das Data Mining. Eine automatisierte Datenanalyse bildet auch die Grundlage für das Selbstlernen bei KI. Im letzten Schritt dienen die Daten der Erstellung innovativer Produkte oder Dienstleistungen mit konkreten Anwendungen in allen denkbaren Bereichen.

29 Dabei sind die einzelnen Schritte in der Wertschöpfungskette nicht immer linear, sondern komplementär und die Übergänge fließend.[62] Die Wertschöpfung ist ein mehrseitiger Prozess in **dynamischen** und **komplexen Wertschöpfungsnetzwerken.**[63] Aufgrund von Komplementarität, Kumulation, Iteration und Vernetzung ist die Wertschöpfungskette nicht mehr linear zu denken, sondern dynamisch und komplex. Richter weist auch auf die Bedeutung des Informationsgegenstands, also den inhaltlichen Bezugspunkt, hin, der für die Einordnung als Informationsgut sowie für die Regulierung von Bedeutung ist.[64] Wichtig ist auch die Unterscheidung von Haupt- und Nebenaktivität, die aber angesichts des dynamischen Charakters der Wertschöpfung zunehmend verschwimmt.

2. Rechtliche Güterzuordnung

30 Die rechtliche Zuweisung von Befugnissen hat unterschiedliche Intensität und wird mit dem Begriff der **„Stufenleiter der Güterzuordnung"** beschrieben: übertragbare absolute Recht, nicht übertragbare absolute Rechte, Rahmenrechte (§ 823 Abs. 1 BGB), bloße Abwehrrechte.[65] Zech hat dies in seiner Habilitationsschrift für Informationen eingehend untersucht und eine informationelle Zuweisungsordnung entwickelt.[66]

---

[54] Richter S. 66 ff., auch zur neueren Diskussion zum property rights-Ansatz; Wielsch, 2008, S. 16 ff.; Fleischer, 2001, S. 158 ff.; Kirchner GRUR-Int 2004, 603 (605).

[55] Lemley 83 Texas L. Rev. (2005), 1031 (1055 ff.); Wielsch, Zugangsregeln, S. 17; Leistner ZGE 2009, 403 (409 ff.).

[56] Als Annahmen für die Ermittlung eines Optimums nennt Richter S. 418 f.: keine abstrakten Aussagen möglich, keine klare Bestimmung des Marktversagens, optimale Lösung durch Kombination verschiedener institutioneller Ansätze.

[57] Richter, 2021, S. 69 ff. Vgl. auch Schur S. 30 ff.

[58] Richter S. 76 ff.

[59] Vgl. Richter S. 79.

[60] Vgl. Richter S. 80 ff.

[61] Vgl. Kitchin, The Data Revolution, 2014, 101 ff.

[62] Richter S. 86.

[63] Vgl. Schur S. 58.

[64] Richter S. 90.

[65] Zech S. 85 ff.

[66] Zech S. 91 ff.

Für **immaterielle Güter** ergibt sich die stärkste Zurechnungsform durch Immaterialgüterrechte und nicht durch das Sacheigentum. Ebenso wie Software sind auch Daten nach deutschem Recht nicht als Sachen anzusehen.[67] Trotz missverständlicher Formulierung hat der EuGH auch in der UsedSoft-Entscheidung keineswegs Software als Sachen im zivilrechtlichen Sinne anerkannt.[68] Daten unterliegen auch nicht dem Schutz als Computerprogramme, sondern sind von diesen abzugrenzen, was insbesondere wegen der Auslagerung von Programmteilen schwierig sein kann.[69] 31

Beim Schutz von Informationen lässt sich noch einmal zwischen dem eigentlichen immaterialgüterrechtlichen Schutz durch absolute Rechte, einem relativen Schutz, einem indirekten Schutz und dem allgemeinen zivilrechtlichen Schutz **differenzieren.** 32

a) Immaterialgüterrechtlicher Schutz

aa) Urheberrecht. Das Urheberrecht ist auf von Menschen geschaffene Informationen beschränkt, und ein geschütztes Werk muss ein **Mindestmaß an Kreativität** oder Individualität aufweisen. „Rohdaten", die von Sensoren gemessen oder von Maschinen erzeugt werden, werden nicht erfasst, außer in den seltenen Fällen, in denen ein menschlicher Betreiber oder der Softwareentwickler die automatische Produktion soweit bestimmt, dass die resultierenden Daten bereits ausreichend Kreativität enthalten. 33

bb) Schutz von Datenbanken sui generis. Von größerer Bedeutung ist der Schutz von Datenbanken nach der Richtlinie 96/9/EG mit seinem zweistufigen Schutzsystem. Ein urheberrechtlicher Schutz als **Datenbankwerk** kommt im Bereich der Wissenschaft und Technik aber kaum in Betracht, da die Strukturierung der Datenbank häufig durch Sachzwänge oder Standards wenig Raum für Kreativität lässt. Von größerer Bedeutung ist der Schutz durch das **Datenbankherstellerrecht** nach §§ 87a ff. UrhG, der dem Schutz der Investitionen in Einrichtung und Pflege von Datenbanken dient. 34

Allerdings hat das Datenbankherstellerrecht in Bezug auf den Schutz von Daten mehrere grundsätzliche Mängel. Es knüpft an die Entnahme von Daten aus geschützten Datenbanken an, so dass die Daten als solche nicht geschützt sind, sondern nur bei **Herkunft aus einer geschützten Datenbank.** Dies kann man bei Maschinendaten häufig noch annehmen, die meist nur aus einer Quelle stammen und beim Produzenten in Datenbanken gespeichert werden. 35

Eine gravierende Einschränkung ergibt sich aber aus der Rechtsprechung des EuGH, die zu einer strikten **Trennung** zwischen der **Generierung** und der **Erhebung** von Daten führt und jede Investition in die Datenerhebung von derjenigen in die Datensammlung abgrenzt und nur letztere als schutzbegründend ansieht.[70] Dies schließt maschinengenerierte Daten in der Regel von der Schutzbegründung aus. Auch die Aggregierung und Aufbereitung von Daten würde nur dann einbezogen, wenn diese sich auf die Speicherung in einer Datenbank beziehen würde. 36

Ins Gewicht fällt neben dem beschränkten Schutzumfang auch die Tatsache, dass diese Schutzregelung **auf Europa beschränkt** ist, was im Kontext globaler Datenströme ein Problem darstellt. Im Gegensatz zu Europa greifen andere Teile der der Welt auf delikts- 37

[67] Eingehend Schur S. 40 ff.

[68] EuGH 3.7.2012 – C-128/11, GRUR 2012, 904 – UsedSoft; dazu Berger ZGE/IPJ 8 (2016), 170 (192).

[69] Nebel/Stiemerling CR 2016, 61; Wandtke/Bullinger/Grützmacher § 69a Rn. 17.

[70] EuGH 9.11.2004 – C-203/02, GRUR-Int 2005, 247 Rn. 31 – BHB/William Hill; 9.11.2004 – C-338/02, GRUR-Int 2005, 243 Rn. 19–38 – Fixtures Marketing Ltd./Svenska Spel AB; 9.11.2004 – C-444/02, GRUR-Int 2005, 239 Rn. 38–53 – Fixtures Marketing Ltd./Organismos prognostikon agonon podosfairou AE (OPAP); 9.11.2004 – C-46/02, GRUR-Int 2005, 244 Rn. 34–49 – Fixtures Marketing Ltd./Oy Veikkaus Ab. S. auch Leistner, The Protection of Databases in Derclaire (ed.), Research Handbook on the Future of EU Copyright, 2009, p. 427, 438.

rechtliche oder wettbewerbsrechtliche Theorien der widerrechtlichen Aneignung zurück, die jedoch nicht spezifisch definiert sind und bei weitem nicht die Abdeckung eines ausschließlichen Rechts erreichen.

b) Relativer Schutz

38 Obwohl der Schutz von Geschäftsgeheimnissen und Know-how einige Merkmale des Immaterialgüterrechts aufweist, beruht er auf faktischer Geheimhaltung. Der Schutz bezieht sich auf **Informationen,** was aber angesichts des Verhältnisses von Information und Daten kein Hindernis ist, da sich die Information aus den Daten extrahieren lässt.[71]

39 Der Schutz hängt davon ab, dass technische, organisatorische und vertraglichen **Maßnahmen** getroffen werden, um die Vertraulichkeit der Informationen hinreichend zu bewahren.[72] Dieser Schutz kann auch für Daten nutzbar gemacht werden.[73] Allerdings muss sich der wirtschaftliche Wert gerade aus der Geheimhaltung ergeben, was nach wie vor eine unklare Schwelle für den Schutz darstellt. Hinsichtlich des wirtschaftlichen Werts ist wegen der Möglichkeiten der Datenanalyse sowie der Nutzung als Trainingsdaten ist aber davon auszugehen, dass es kaum triviale Informationen gibt.[74]

40 Das Problem beim Geheimnisschutz ist, dass es kein absolutes Recht auf die Information gewährt, sondern auf der **Wahrung der faktischen Geheimhaltung** beruht. Die Durchführung einer Big-Data-Analyse mit geheimen Informationen kann zu einer Offenlegung führen und somit eine Verletzung darstellen, selbst wenn der Schutzumfang durch die Erlaubnis zum Reverse Engineering gem. Art. 3 der Richtlinie 2016/943 begrenzt ist. Zusätzlich wird es vom praktischen Standpunkt aus gesehen schwieriger, Informationen in einer vernetzten Umgebung, die sich mit dem Internet der Dinge oder der Industrie 4.0 entwickelt, geheim zu halten. Hier ist man letztlich auf technische Verschlüsselungsverfahren angewiesen.[75]

c) Indirekter Schutz

41 Lange Zeit war der Schutz von Informationen in der IKT-Welt eng mit dem **Datenträger** verbunden. In Verträgen wie auch im Deliktsrecht wurden der Datenträger und sein Inhalt als eine Einheit behandelt, und die herkömmlichen Rechtstheorien in Bezug auf physischen Besitz und Eigentum konnten auch auf die Informationen angewandt werden. Mit der zunehmenden Loslösung der Informationen von einem Träger (zB Cloud Computing), funktioniert dies nicht mehr und ist keine Option für die Zukunft.

42 Eine andere Form des indirekten Schutzes besteht bei **technischen Schutzmaßnahmen.** Mit dem Rechtsschutz Schutz solcher Maßnahmennach § 95a ff. UrhG können Informationen vor unberechtigtem Zugriff geschützt werden.

d) Zivilrechtlicher Schutz

43 Insbesondere in der deutschen Rechtsdiskussion gibt es unterschiedliche Ansätze, die darauf abzielen, den Schutz von Daten in den Rahmen traditioneller zivilrechtlicher Konzepte zu stellen.[76] Als Folge der schwindenden Rolle des Datenträgers, wird der Schutz der Integrität von Daten im allgemeinen **Deliktsrecht** anerkannt (§ 823 Abs. 1 BGB). Der Schutz beschränkt sich allerdings auf die Zerstörung und Veränderung, und gewährt keine Verfügungsrechte, etwa gegen Vervielfältigung oder Nutzung. Hier wäre die strukturelle Ebene

---

71 Unter → Rn. 396.
72 Vgl. Dorner CR 2014, 617 (621).
73 Vgl. eingehend Wiebe GRUR 2023, 227 ff.
74 S. auch Erwgr. 14 der GeheimnisschutzRL 2016/943.
75 Wiebe GRUR 2023, 227 (237).
76 Vgl. Dorner CR 2014, 617 ff.; Zech CR 2015, 137 ff.

betroffen, oder, wenn man den Datenbestand unabhängig vom Träger schützt, die syntaktische Ebene.[77]

Einige Kommentatoren gehen noch einen Schritt weiter und möchten ein Eigentums- **44**
recht an Daten aus dem allgemeinen **zivilrechtlichen Eigentumsrecht** (§ 903 BGB) begründen.[78] Diese Argumentation stützt sich stark auf den strafrechtlichen Schutz von Daten gegen Hacking (§§ 202a, 303a StGB). Auch hier wird die Befugnis zum faktischen Ausschluss als Bezugspunkt für die Begründung dieser Art von Eigentum genommen. Der spezifische strafrechtliche Schutz kann jedoch nicht unmittelbar auf das Zivilrecht übertragen werden. Außerdem wäre der Umfang des zivilrechtlichen Schutzes unklar. Grundsätzlich erscheint die Analogie zum zivilrechtlichen Eigentum mit dem Besitz als zentraler Kategorie in einer digitalen Wirtschaft nicht tragfähig.

Zusammenfassend lässt sich sagen, dass der derzeitige Rechtsrahmen keine Form des Schutzes für Daten als solche bieten kann, die mit einem Recht des geistigen Eigentums vergleichbar wäre.

e) Einordnung der Zugangs- und Nutzungsrechte nach dem Data Act

Wie ist nun die Zuordnung nach dem Data Act einzuordnen? Grundsätzlich handelt es **45**
sich um **Vertragsrecht mit zwingenden Bestandteilen.** Nach Art. 7(2) DA lassen sich die Nutzerrechte auf Zugang nicht vertraglich zum Nachteil des Nutzers abändern. Art. 6 enthält Verwendungsbeschränkungen für den Datenempfänger und eine Zweckbindung. Gibt der Nutzer die Daten selbst weiter, tritt der Empfänger der Daten nicht in die Position eines Datenempfängers nach Art. 6 ein, da er nicht von der Definition erfasst wird. Für diesen gelten daher die Beschränkungen nicht. Gibt der Datenempfänger die Daten weiter, so müssen die Weitergabebeschränkungen vertraglich vereinbart werden (Art. 4(14)DA), diese haben also auch keine dingliche Wirkung. Ein Empfänger der Daten in der weiteren Verwertungskette ist in der Verwertung grundsätzlich frei, soweit er nicht vertraglich gebunden ist. Auch die Erlangung der Daten unter Verletzung gesetzlicher oder vertraglicher Weitergabeverbote ändert nichts an der freien Verfügbarkeit für den Empfänger.

Man kann also einerseits festhalten, dass keine dinglichen Verfügungsrechte an Daten **46**
begründet werden. Diese sind mangels immaterialgüterrechtlichen Schutzes – ebenso wie in der Regel die enthaltenen Informationen – grundsätzlich frei nutzbar und frei weiterzugeben. Die vertraglichen Vereinbarungen haben nur schuldrechtliche Wirkung inter partes und basieren auf faktischer Kontrolle. Andererseits wird dem Nutzer eine starke Stellung zugewiesen. Er ist nach Art. 5(1) DA in der Position, Zugangsrechte zugunsten Dritter geltend zu machen. Vor allem ist die Nutzung der Daten durch den Dateninhaber selbst nach Art. 4(13) davon abhängig, dass der Nutzer ihm dies im Rahmen eines Vertrags erlaubt. Außerdem gilt nach Art. 4(14) DA eine Zweckbindung. Man kann dies als **unvollkommene, quasi-dingliche Ausschließlichkeitsrechte** durch den Data Act bewerten.[79] Die entsprechenden Beschränkungen sind jedenfalls bei der Nutzung und Weitergabe der Daten zu beachten.

Von der rechtlichen Situation bezüglich der Daten selbst sind die Zugangsansprüche zu **47**
unterscheiden. Aus Art. 4(3), (9), 5(12), 10(13) DA, die eine gerichtliche Durchsetzung ermöglichen, kann man schließen, dass es sich um **gesetzliche Zugangsrechte** handelt. Die Zugangsrechte des Nutzers sind gesetzliche Ansprüche auf Zugang und Nutzung, ergänzt durch gesetzliche Verwendungsbeschränkungen für alle Beteiligten, die die Nut-

---

77 Vgl. auch Riehm VersR 2019, 714 (720 ff.).

78 Hoeren MMR 2013, 486 ff.

79 Vgl. Wiebe GRUR 2023, 1569 (1572). Vgl. auch Bomhard/Merkle RDI 2022, 168 (175); Hennemann/Steinrötter NJW 2022, 1481 (1483); Funk CR 2023, 421 (425). Für ein rein vertragsrechtliches Verständnis Schmidt-Kessel MMR 2024, 75 (78).

zungs- und Weitergabemöglichkeiten mit Drittwirkung einschränken. Die zivilrechtliche Behandlung ergibt sich im Übrigen aus dem nationalen Recht.

48 Gesetzliche Zugangsansprüche können nach Sinn und Zweck nicht übertragbar oder abtretbar sein. Aus Erwgr. 30 DA ergibt sich, dass die Zugangsverlangen vom Nutzer oder einem Bevollmächtigten im Namen des Nutzers geltend zu machen sind. Dazu werden auch Datenvermittlungsdienste gerechnet. Daraus könnte man schließen, dass eine Abtretung ausgeschlossen sein soll. Das Data Sharing und damit die Weitergabe der Daten ist aber Zweck des Data Act. Das spricht dafür, auch die **Zugangsansprüche als abtretbar** anzusehen, vor allem, um dem Nutzer zu ermöglichen, diese durch Dritte wie Intermediäre nutzbar zu machen.[80]

49 Vor allem kann man nicht annehmen, dass der Erwgr. die Möglichkeiten der Geltendmachung nach nationalem Recht beschränken oder dieses irgendwie determinieren wollte. Die Abtretung führt nicht zu einer Vervielfachung der Zugangsansprüche. Natürlich können Beweisprobleme auftreten, ob die Abtretung wirksam war und wer bei Abtretung Rechtsinhaber ist. Aber die **Vermarktung der Daten** durch den Nutzer ist ja gerade gewollt. Und der Data Act erwähnt selbst die Intermediäre. Ob diese dann den Zugangsanspruch im Namen des Nutzers geltend machen oder per Abtretung, führt zum gleichen Ergebnis, der Nutzungsmöglichkeit durch den Intermediär. Im Ergebnis dürfte die Erleichterung der Geltendmachung des Zugangsanspruchs durch Abtretung die sich dabei ergebenden Probleme überwiegen.

50 Nach deutschem Recht besteht die Möglichkeit einer **Einschränkung der Abtretbarkeit** der Zugangsrechte nach §§ 399, 413 BGB. Diese hat Drittwirkung. Um eine Handelbarkeit zu erleichtern, ist vorgeschlagen worden, § 398 Abs. 1 BGB zu modifizieren und die Unabtretbarkeit an objektive Kriterien zu knüpfen oder einzuschränken.[81] Damit würde man statt der Daten die vertraglichen Zugangs- und Nutzungsansprüche handelbar gestalten und größere Rechtssicherheit schaffen.

3. Rechtliche Bedeutung technischer Normen

a) Begriff und Funktion

51 **Technische Normen** definieren Standards für Produkte, Verfahren und Dienstleistungen und beeinflussen sowohl den Markt als auch regulatorische Anforderungen. Im Bereich der IT tragen Normen zur Gewährleistung von Sicherheit, Interoperabilität und Datenschutz bei. Technische Normen sind standardisierte Regeln ar, die Anforderungen an Produkte, Verfahren oder Dienstleistungen abbilden. In ihnen spiegelt sich zumeist der aktuelle Stand von Technik und/oder Wissenschaft wider und begründen insoweit ein Indiz, können aber auch hinter dem aktuellen Stand der Technik zurückbleiben.[82].

52 Für die rechtliche Bewertung ist zunächst von Bedeutung, dass technische Normen von privaten Organisationen geschaffen werden, etwa dem Deutschen Institut für Normung (DIN), dem Europäischen Komitee für Normung (CEN), dem Europäischen Komitee für elektrotechnische Normung (CENELEC) oder der International Organization for Standardization (ISO). Sie haben verschiedene **Funktionen.** Die Ordnungsfunktion beinhaltet eine Strukturierung und Vereinheitlichung auf einem bestimmten Gebiet, die auch der Transparenz dient. Wichtig ist insoweit auch die einheitliche Definition von Begriffen, Verfahren und Eigenschaften. Dies erleichtert industrielle Prozesse und fördert die Interoperabilität. Die Effizienzsteigerung ist Teil der Rationalisierungsfunktion. Weiter bündeln technische Standards Expertenwissen und ermöglichen so den Zugang zu verlässlichen Informationen für Marktteilnehmer, was wiederum Markttransparenz mit sich bringt und

---

[80] So auch Kaesling GRUR 2024, 821 (828).
[81] Schur GRUR 2020, 1142 (1150); Schur, Die Lizenzierung von Daten, 2020, S. 290 ff.
[82] BGH 14.5.1998 – VII ZR 184-97, NJW 1998, 2814 (2815); 19.1.1995 – VII ZR 131/93, NJW-RR 1995, 472 (473).

Informationsasymmetrien vorbeugt. Diese Informationsfunktion kann zudem eine einheitliche Vertrags- oder Begriffsauslegung gewährleisten.[83]

b) Rechtliche Verbindlichkeit

Als nicht von staatlichen Stellen erlassene Regelwerke sind technische Normen keine Rechtsnormen, weshalb sie als solche keine rechtlich bindende Wirkung entfalten.[84] Vielmehr handelt es sich um private technische Regeln mit Empfehlungscharakter, deren Anwendung grds. freiwillig ist.[85] Die rechtlichen Wirkungen sind von der **Art der Verweisung** abhängig. **53**

aa) Gesetzliche Verweise. Im *Kalkar*-Beschluss stellte das Bundesverfassungsgericht fest, dass der Gesetzgeber durch technische Normen die Möglichkeit hat, **stetigen Entwicklungen** im Bereich von Wissenschaft und Technik durch eine Verlagerung auf die administrative bzw. im Falle von Rechtsstreitigkeiten auf die judikative Ebene zu begegnen.[86] Dem liegt die Annahme zugrunde, dass vom Gesetzgeber kein jederzeit allgemeingültiges und umfassendes technisches oder wissenschaftliches Verständnis erwartet werden kann. Deshalb sei es notwendig, neben der Heranziehung von Sachverständigengutachten im Einzelfall, auch generell auf allgemeingültige Standards in Wissenschaft und Technik zurückzugreifen.[87] Die Bezugnahme auf von privaten Organisationen entwickelte technische Normen verstößt nicht gegen das Rechtsstaats- oder Demokratieprinzip.[88] **54**

Der Gesetzgeber hat die Möglichkeit, direkt auf technische Standards durch **explizite Nennung** der jeweiligen Norm Bezug zu nehmen.[89] Soweit die Norm in einer bestimmten Fassung direkt benannt wird, erlangt sie Gesetzesqualität. Zumeist erfolgt eine Bezugnahme aber durch **unbestimmte Rechtsbegriffe.** Unterschieden wird zumeist zwischen *anerkannten Regeln der Technik,* dem *Stand der Technik* und dem *Stand von Wissenschaft und Technik* unterschieden werden.[90] Im Rahmen der ersten Kategorie wird die herrschende Auffassung unter technischen Praktikern ermittelt und zugrunde gelegt. Es handelt sich um „diejenigen Prinzipien und Lösungen, die in der Praxis erprobt und bewährt sind und sich bei der Mehrheit der Praktiker durchgesetzt haben."[91] Hierzu zählen etwa DIN-Normen oder Empfehlungen Deutscher Interessenverbände.[92] **55**

Wird auf den *Stand der Technik* rekurriert, wie etwa in § 8a Abs. 1 S. 2 BSIG, sind auch neuere technische Entwicklungen zu berücksichtigen. Der technische Entwicklungsstand erfährt aber weniger Anerkennung und ist schwieriger zu ermitteln.[93] Den höchsten Standard bildet die dritte Kategorie des **Stands von Wissenschaft und Technik.** Mit dem Verweis auf die Wissenschaft sind nicht nur die neuesten technischen, sondern auch wissenschaftlichen Erkenntnisse im Rahmen der rechtlichen Bewertung zu berücksichtigen.[94] Es wird das gefordert, was theoretisch machbar ist, um etwa eine mögliche Gefahr zu verhüten.[95] **56**

---

83 Zum Ganzen s. Appl, Technische Standardisierung und Geistiges Eigentum, 48 ff.
84 Statt vieler BVerwG 30.9.1996 – 4 B 175/96, NVwZ-RR 1997, 214 (215).
85 BGH 14.5.1998 – VII ZR 184-97, NJW 1998, 2814; 10.3.1987 – VI ZR 144/86, NJW 1987, 2222 (2223).
86 BVerfG 8.8.1978 – 2 BvL 8/77, BVerfGE 49, 89 (135).
87 BVerfG 8.8.1978 – 2 BvL 8/77, BVerfGE 49, 89 (134 f.); Gsell WuM 2011, 491; zur Bedeutung technischer Normen im Bereich des IT-Rechts Sterz/Werner/Raabe InTer 2024, 146 (147 ff.).
88 BVerfG 8.8.1978 – 2 BvL 8/77, BVerfGE 49, 89 (134 ff.).
89 Bröhmer, Transparenz als Verfassungsprinzip, 177.
90 BVerfG 8.8.1978 – 2 BvL 8/77, BVerfGE 49, 89 (135 f.).
91 BVerwG 30.9.1996 – 4 B 175/96, NVwZ-RR 1997, 214.
92 OVG Lüneburg 6.8.1991 – 7 L 166/89, BeckRS 1991, 08367; Jansen/Seibel/Seibel VOB/B § 13 Rn. 64.
93 BVerfG 8.8.1978 – 2 BvL 8/77, BVerfGE 49, 89 (135 f.).
94 BVerfG 8.8.1978 – 2 BvL 8/77, BVerfGE 49, 89 (136).
95 Ulrich DS 2024, 294 (299).

57 **bb) Rechtliche Wirkung.** Durch **Bezugnahme in Rechtsverordnungen** können technische Normen im Bereich des öffentlichen Rechts Verbindlichkeit erlangen.[96] Hier ermöglichen Verweise auf technische Normen dem Staat, schnell auf komplexe Sachmaterien flexibel mit privatem *Know-how* reagieren zu können, ohne für zT kurzlebige Regelungsbereiche ein komplexes und langwieriges Gesetzgebungsverfahren durchzuführen. Dies ist besonders in schnelllebigen Rechtsgebieten wie dem IT-Recht von Nöten.[97]

58 **Privatrechtlich** hängt die Verbindlichkeit der technischen Normen von vertraglicher Vereinbarung oder Auslegung ab.[98] Häufig berücksichtigt die Rechtsprechung technische Standards mittelbar im Kontext der Verkehrsanschauung.[99] Im Bereich des Werkvertrags- und Kaufrechts finden die technischen Standards iRd „üblichen" Beschaffenheit oder bei dem, was „erwartet werden" kann im Rahmen des objektiven Fehlerbegriffs Berücksichtigung.[100] Anders als im Sicherheitsrecht, dem die o. g. Unterteilung entspringt, spielt im privatrechtlichen Bereich primär der Begriff der *anerkannten Regeln der Technik* eine Rolle. Hier ist aus Gründen der Rechtssicherheit für die Vertragsparteien zumeist der Standard eines Werkes oder Gegenstandes in einem konkreten Zeitpunkt von Bedeutung; es muss idR keinen fortlaufenden Entwicklungen Rechnung getragen werden.[101]. Die Rechtsprechung geht etwa im Bereich des Werkvertragsrechts auch von einer stillschweigenden Vereinbarung der anerkannten Regeln der Technik aus.[102] Für die Erfüllung dieser Regeln begründen die einschlägigen technischen Normen dann eine Vermutungswirkung.

59 Technische Regelwerke können auch zur Konkretisierung von **Verkehrssicherungspflichten** herangezogen werden, vor allem im Bereich des Sicherheitsrechts. Die ist etwa für die IT-Sicherheit sowie die Regelwerke zur Cybersicherheit von Bedeutung. Hier ist aber vor allem der europäische Regulierungsrahmen relevant.

c) Europäischer Regulierungsrahmen – vom New Approach zum New Lew Legislative Framework

60 **aa) Allgemeines.** Auf europäischer Ebene haben technische Normen eine herausragende Bedeutung erlangt. Neben europäischen Normen, also solchen, die von europäischen Normungsinstituten erlassen werden,[103] spielen insbesondere **harmonisierte Normen**[104] eine Rolle, die von europäischen Normungsorganisationen wie CEN, CENELEC und ETSI aufgrund eines Auftrags der Kommission zur Durchführung von Harmonisierungsrechtsvorschriften transparent und unter Beteiligung der Interessenträger entwickelt werden.[105] Im Rahmen des Binnenmarkts sollen Produkt- und Sicherheitsanforderungen harmonisiert werden, technische Handelshemmnisse beseitigt und die Rechtssicherheit für Unternehmen und Verbraucher gefördert werden.[106] Standardisierung und Interoperabilität dienen der Wettbewerbsfähigkeit europäischer Unternehmen der Förderung von Innovation.[107]

61 **bb) New Approach.** In Abkehr vom zunächst verfolgten Ziel der Vollharmonisierung aller Produktanforderungen, welche eine kleinteilige, detailreiche und damit unflexible Rege-

---

[96] Bayerlein DS 2008, 49 (52).
[97] Sterz/Werner/Raabe InTer 2024, 146 (147).
[98] Zur Rezeption technischer Normen im Mietrecht Gsell WuM 2011, 491 (492).
[99] So etwa BGH 7.7.2010 – VIII ZR 85/09, NJW 2010, 3088.
[100] Bayerlein DS 2008, 49 (52).
[101] Bayerlein DS 2008, 49 (51).
[102] BGH 21.4.2011 – VII ZR 130/10, NJW-RR 2011, 1240.
[103] Art. 2 Nr. 1 lit. b VO (EU) 1025/2012.
[104] Art. 2 Nr. 1 lit. c VO (EU) 1025/2012; Art. 2 Nr. 9 VO (EG) 765/2008.
[105] Zum Ganzen s. VO (EU) 1025/2012.
[106] Vgl. Europäische Kommission, Leitfaden für die Umsetzung der Produktvorschriften der EU 2022 („Blue Guide"), ABl. 2022 C 247, 1 ff.; grundlegend zum Ziel der Harmonisierung technischer Normen zur Förderung des Binnenmarktes s. Europäische Kommission, Weißbuch zur Vollendung des Binnenmarktes, Kom. (85) 310 endg., 14.6.1985.
[107] Erwgr. 3 der VO (EU) 1025/2012.

lung sämtlicher Bereiche vorgesehen hätte, entschied sich die EU im Jahre 1985 zum *New Approach*[108].[109] Damit wird das Konzept verfolgt, einen **abstrakten Rechtsrahmen** für Produktsicherheit zu schaffen und die **Normungsorganisationen** für die Definition konkreter Anforderungen einzubinden. Diese Normen werden sodann im Amtsblatt der EU veröffentlicht.[110] Die nationalen Normungsorganisationen schaffen daraufhin gleichlautende nationale Normen.[111] Erfüllt ein Hersteller eine harmonisierte Norm, so wird vermutet, dass das Produkt den Anforderungen der jeweiligen Richtlinie entspricht; eine Pflicht zur Einhaltung der Normen gibt es indes nicht. Stattdessen können Hersteller auch anderweitige Nachweise erbringen, dass ihr Produkt den rechtlichen Anforderungen genügt.[112]

Hersteller erklären nach Durchführung eines **Konformitätsbewertungsverfahrens** die Konformität des Produkts mit den wesentlichen Anforderungen, die jeweils im Gesetz aufgeführt sind. Dann kann das Produkt mit dem „CE"-Kennzeichen versehen werden. Die sich aus der Erfüllung der Normen ergebende Vermutungswirkung führt auch dazu, dass die Überwachungsbehörden für die entsprechend gekennzeichneten Produkte nachweisen müssen, dass diese den wesentlichen Anforderungen nicht entsprechen. Ein entsprechendes Verfahren ist etwa in Art. 40 ff. KI-VO Regelungen zur Konformitätsbewertung im Rahmen der Anforderungen der KI-VO 2024/1689. 62

cc) New Legislative Framework. Trotz der erfolgreichen Reduktion von Handelshemmnissen auf dem europäischen Binnenmarkt aufgrund des neuen Konzepts,[113] erfuhr der *New Approach* im Jahre 2008 mit dem *New Legislative Framework* (NLF) eine umfassende Überarbeitung und Ergänzung.[114] Dessen Regelungsbereich erstreckt sich auf so gut wie alle europäisch harmonisierten Produkte mit Ausnahme einiger weniger Kategorien wie Futtermittel oder lebende Tiere, vgl. § 15 Abs. 4 VO (EU) 765/2008. Wesentliche **Unterschiede** zum New Approach sind, dass es nun eine einheitliche Marktüberwachung, klarere Pflichten für Wirtschaftsakteure,[115] ein einheitliche Konformitätsbewertungssystem sowie die Einführung einheitlicher Produktkennzeichnungspflichten gibt.[116] 63

dd) Probleme und Herausforderungen. Problematisch ist – wie auch auf nationaler Ebene –, inwieweit der europäische Gesetzgeber derartige Entscheidungen **auf private Akteure übertragen** kann. Grds. erkennt der EuGH die Möglichkeit der Kommission an, gewisse Befugnisse auf andere Einrichtungen zu übertragen, soweit der privaten Einrichtung genau bestimmte Kompetenzen eingeräumt werden und ihnen kein eigener, weitreichender Ermessensspielrau zusteht.[117] Dies ist in der Regel der Fall.[118] Aufgrund strenger Anforderungen im jeweiligen Rechtsakt wird die Norm als Durchführungsmaßnahme und nur durch Veröffentlichung der Fundstelle durch die Kommission im Amtsblatt erlassen.[119] 64

Zunächst waren die Einflussmöglichkeiten der Kommission auf die Normen weitgehend begrenzt. In Reaktion auf das Urteil *James Elliott* werden von der Kommission harmonisierte 65

---

108 Entschließung des Rates über eine neue Konzeption auf dem Gebiet der technischen Harmonisierung und der Normung, ABl. 1985 C 136, 2 ff.

109 Klindt EuZW 2002, 133 (133 f.).

110 So im Ursprung schon Art. 5 Abs. 2, 3 RL 73/23/EWG, woran sich im Rahmen des New Approach orientiert wurde, Klindt EuZW 2002, 133 (134); Entschließung des Rates über eine neue Konzeption auf dem Gebiet der technischen Harmonisierung und der Normung, ABl. 1985 C 136, 5.

111 Kapoor/Klindt EuZW 2008, 649 (650).

112 Entschließung des Rates über eine neue Konzeption auf dem Gebiet der technischen Harmonisierung und der Normung, ABl. 1985 C 136, 5.

113 Zu den Gründen s. Kapoor/Klindt EuZW 2008, 649 (652).

114 Basiert im Wesentlichen auf VO (EG) Nr. 765/2008; Beschluss Nr. 768/2008/EG; VO (EU) 2019/1020.

115 Erwgr. 3 des Beschlusses 768/2008/EG, ABl. 2008 L 218, 82.

116 Zum Ganzen s. die Erwgr. VO (EG) 765/2008, ABl. 2008 L 218, 30 ff.

117 EuGH 13.6.1958 – C-10/56, Slg. 1958, 57 (80 ff.) – Meroni.

118 So auch Gerdemann MMR 2024, 614 (618 f.), zugleich kritisch, ob sich diese Aussage auch auf die VO (EU) 2024/1689, ABl. 2024 L 144, 1 ff. (KI-VO) übertragen lässt.

119 EuGH 27.10.2016 – C-613/14, ECLI:EU:C:2016:821 Rn. 43 – James Elliott.

Normen auf ihre Vereinbarkeit mit geltenden europäischen Rechtsvorschriften überprüft und dabei alle, nicht nur technische Aspekte berücksichtigt.[120] Damit engt die Kommission zumindest die Entscheidungsspielräume der Normungsorganisationen ein. Darüber hinaus verlangt der EuGH im *ESMA*-Urteil, dass bei Delegation von Rechtssetzungsbefugnissen eine **vollumfängliche gerichtliche Überprüfbarkeit** möglich sein muss.[121] Bei harmonisierten Normen wird mit Verweis auf die Wirkungen der Normen eine Rechtssetzung bejaht.[122] Ob der EuGH harmonisierte Normen auf ihre Rechtmäßigkeit überprüfen würde, ist bislang offen. Zumindest erachtet er sich seit dem *James Elliott*-Urteil für die Auslegung harmonisierter Normen als zuständig.[123]

66 Festzuhalten bleibt, dass es sich auch bei europäischen harmonisierten Normen um **freiwillige Standards** handelt.[124] Es gilt weiterhin, dass harmonisierte Normen aus Sicht des EuGH zwar zum Unionsrecht zählen,[125] aber keine rechtlich bindenden Normen darstellen.[126] Dennoch bietet das Einhalten harmonisierter Normen den großen Vorteil, dass dem Hersteller die Kompatibilitätsvermutung zugutekommt,[127] womit insofern auch eine gewisse Rechtswirkung einhergeht.[128] Doch auch wenn ein Hersteller eine harmonisierte Norm nicht erfüllen will, steht es ihm frei, die Vereinbarkeit seines Produktes mit europarechtlichen Vorgaben auf andere Weise nachzuweisen.

d) Zugang zu technischen Normen

67 Neuere Entwicklungen gibt es beim Zugang zu Normungsdokumenten. Der Zugang zu harmonisierten Normen des CEN nach VO (EG) 1049/2001 und VO (EG) 1367/2006 wurde von Kommission und EuG mit Verweis auf geistiges Eigentum abgelehnt.[129] Der EuGH erkannte jedoch an, dass an den bezeichneten harmonisierten Normen ein überwiegendes Interesse iSv Art. 4 Abs. 2 VO (EG) 1049/2001 bestehe.[130] Jede von einem Gesetz geschützten Person müsse überprüfen können, ob Normadressaten ihren Pflichten nachkommen.[131] Zudem verweist der EuGH grundrechtlich abgesicherten Grundsätze von **Transparenz** und **Offenheit.** Dies gelte aufgrund des Charakters als Unionsrecht auch für harmonisierte Normen, insbes. aufgrund der Rechtswirkung für Adressaten sowie der starken Einwirkungsmöglichkeiten, der Beauftragung und Letztentscheidungskompetenz und der Finanzierung durch die Kommission.[132]

68 Diese Überlegungen treffen auch für **nationale Normen** zu. Dies könnte dazu führen, dass ein **urheberrechtlicher** Schutz für – zumindest harmonisierte – Normen als amtliche Werke künftig wegfällt, was der EuGH offen gelassen hat.[133] Dies gilt insbes. auch mit Blick auf die zunehmende Bedeutung privater Normung im IT-Recht und hier in Bezug auf stetig wachsende Anforderungen im Bereich IT-Sicherheit.[134] Mit wachsender Relevanz tech-

---

120 Mitteilung der Kommission an das Europäische Parlament, den Rat und den Europäischen Wirtschafts- und Sozialausschuss, COM(2018) 764 final, 22.11.2018, 3.
121 EuGH 22.1.2014 – C-270/12, ECLI:EU:C:2014:18 Rn. 53 – ESMA.
122 So Ebers RDi 2021, 588 (593 f.).
123 EuGH 27.10.2016 – C-613/14, ECLI:EU:C:2016:821 Rn. 32 ff. – James Elliott.
124 Art. 2 Nr. 1 VO (EU) 1025/2012; Erwgr. 1 VO (EU) 1025/2012.
125 EuGH 27.10.2016 – C-613/14, ECLI:EU:C:2016:821 Rn. 40 – James Elliott.
126 EuGH 27.10.2016 – C-613/14, ECLI:EU:C:2016:821 Rn. 53 – James Elliott. Eine faktische Bindung kann entstehen, wenn von einer Norm nicht abgewichen werden kann, ohne die Voraussetzungen des Marktzugangs nicht zu erfüllen, wie etwa bei der dem Urteil zugrundeliegenden Norm des Art. 17 Abs. 5 VO (EU) 305/2011.
127 EuGH 21.10.2010 – C-185/08, ECLI:EU:C:2010:619 Rn. 31.
128 EuGH 27.10.2016 – C-613/14, ECLI:EU:C:2016:821 Rn. 49 ff. – James Elliott.
129 EuG 14.7.2021 – T-185/19, ECLI:EU:T:2021:445.
130 EuGH 5.3.2024 – C 588/21 P, ECLI:EU:C:2024:201 Rn. 81 ff.
131 EuGH 5.3.2024 – C 588/21 P, ECLI:EU:C:2024:201 Rn. 81 f.
132 EuGH 5.3.2024 – C 588/21 P, ECLI:EU:C:2024:201 Rn. 70 ff.
133 EuGH 5.3.2024 – C 588/21 P, ECLI:EU:C:2024:201 Rn. 50, 87.
134 S. Sterz/Werner/Raabe InTer 2024, 146 (147).

nischer Normung und einem stetig wachsenden Adressatenkreis steigt auch das öffentliche Interesse an einer Verbreitung der Normen, was für einen freien Zugang spricht.[135]

Nach der Rspr. des BGH war dies bisher nur der Fall, sofern Rechtsakte auf technische Normen abhoben, die öffentliche Stelle sich diese Norm also aneignete und damit das private Interesse der Normungsorganisationen hinter dem öffentlichen Interesse zurücktrat.[136] Eine entsprechende Regelung wurde sodann mit dem § 5 Abs. 3 UrhG eingeführt, nach dem allerdings eine wörtliche Wiedergabe erforderlich ist. Dem öffentlichen Interesse soll über die Einräumung einer Zwangslizenz begegnet werden, § 5 Abs. 3 S. 2 UrhG. Nunmehr wäre eine Lösungsmöglichkeit, dass **§ 5 Abs. 3 UrhG erweitert** wird und urheberrechtlichen Schutz schon bei Verweis auf die Norm entfällt.[137] **69**

e) Technische Normen im IT- und Datenrecht

Wegen der Bedeutung von Standardisierung und Interoperabilität hat die Normung auch Eingang in den **Data Act** gefunden. Art. 33 Abs. 1 enthält Anforderungen an die **Interoperabilität** von Daten oder Datendiensten in Datenräumen. Die EU-Kommission erhält nach Art. 33 Abs. 2 DA die Befugnis zur näheren Konkretisierung der wesentlichen Anforderungen und kann nach Art. 33 Abs. 4 DA europäischen Normungsorganisationen mit der Erarbeitung harmonisierter Normen beauftragen oder nach Abs. 5 unter bestimmten Voraussetzungen selbst Spezifikationen erarbeiten. Die Konformitätsvermutung ist in Art. 33 Abs. 8 DA festgelegt. **70**

Art. 35 DA enthält **spezifische Anforderungen** an die Interoperabilität von Datenverarbeitungsdiensten, insbesondere von **Cloud-Diensten.** Gleiches gilt nach Art. 35 DA für die Anbieter von **Smart Contracts.** **71**

Ansonsten werden technische Normen auch künftig im Bereich des **IT-Rechts** eine große Rolle spielen. Die folgende Tabelle enthält nur einige Beispiele. **72**

ISO/IEC 27001:2013	Anforderungen an ein Informationssicherheits-Managementsystem, das Unternehmen und Organisationen hilft, ihre Informationen systematisch zu schützen. Sie unterstützt die Umsetzung von Sicherheitsmaßnahmen zum Schutz der Vertraulichkeit, Integrität und Verfügbarkeit von Informationen.
ISO/IEC 27002:2013	Detaillierte Sicherheitsrichtlinien und -praktiken zur Implementierung eines Informationssicherheits-Managementsystems (ISMS).
ISO/IEC 27018:2019	Schutz personenbezogener Daten, die in der Cloud verarbeitet werden. Sie bietet Leitlinien zur Umsetzung der Anforderungen der DS-GVO und anderen Datenschutzgesetzen im Cloud-Umfeld.
ISO/IEC 27005:2018	Systematischer Ansatz für das Risikomanagement im Bereich der Informationssicherheit. Sie hilft Organisationen, Risiken im Zusammenhang mit Informationssicherheit zu identifizieren, zu bewerten und zu behandeln, was auch den Datenschutz umfasst.
ISO/IEC 29100:2011	Rahmenwerk für den Schutz personenbezogener Daten und die Implementierung von Datenschutzrichtlinien. Sie bietet Leitlinien zur Gestaltung und Umsetzung von Datenschutzmaßnahmen.

[135] Vgl. Sterz/Werner/Raabe InTer 2024, 146 (149).
[136] BGH 26.4.1990 – I ZR 79/88, ZUM 1990, 576.
[137] Zum Ganzen Sterz/Werner/Raabe InTer 2024, 146 (150 ff.), die als weitere Lösungsmöglichkeit vorschlagen, die Verweise auf private Normen durch kooperative Rechtsakte zu ersetzen.

Kapitel 3. Analyse von Daten: Grundlagen und Anforderungen

Übersicht

I. Einleitung

1 **Datenanalysen** gewinnen in Bereichen der Wirtschaft, Gesellschaft, Wissenschaft und Technologie zunehmend an Bedeutung. Sie sind Gegenstand einer Disziplin, die in den letzten Jahren als **„Data Science“** oder **„Data Analytics“** bezeichnet wird. Data Science befasst sich mit der Sammlung, Verarbeitung, Analyse und Interpretation von Daten, und hat das Ziel, interessante bzw. relevante und möglichst valide Erkenntnisse aus Daten zu gewinnen. Oft geht es darum, auf Basis von Daten eine verbesserte Entscheidung zu treffen. Die Data Science basiert auf zentralen Prinzipien und Konzepten für eine moderne, den heutigen Möglichkeiten und Ansprüchen gerecht werdende Datenverarbeitung und Datenanalyse. Dabei werden Methoden verwendet, die vor allem von Statistikern, Informatikern und Mathematikern aber auch zahlreichen Anwendern entwickelt und untersucht wurden.

2 Eine besondere Herausforderung in den letzten Jahrzenten ist die Verarbeitung und Analyse sog. **„Big Data“.** Man spricht von Big Data, wenn es um die Analyse sehr umfangreicher Daten geht, die so groß oder komplex sind, dass sie nicht mit Standardmethoden verarbeitet und/oder analysiert werden können und damit eine vor allem informatische aber auch statistische Herausforderung darstellen.[1] Big Data werden durch die sogenannten **„5 Vs“** charakterisiert, die die Folgenden sind:[2]

[1] Snijders/Matzat/Reips, „Big Data“: Big Gaps of Knowledge in the Field of Internet Science, 1.
[2] Husamaldin/Saeed, Big Data Analytics Correlation Taxonomy, 3 ff.

- **Volume (Menge):** Sehr große Daten, gemessen in Petabyte oder Exabyte.
- **Velocity (Geschwindigkeit):** Die Daten verändern oder erweitern sich praktisch in Echtzeit und müssen daher sehr schnell verarbeitet werden.
- **Variety (Vielfalt):** Es liegen Daten ganz unterschiedlicher Natur vor, zB in Form von Tabellen mit eindeutig definierter Art von Einträgen, oder weitgehend unstrukturiert, zB als Freitext, Bilder, oder Videos.
- **Veracity (Wahrhaftigkeit):** Die Qualität der Daten kann variieren. Es muss jedoch sichergestellt werden, dass sie möglichst korrekt und zuverlässig sind.
- **Value (Wert):** Aus den Daten muss es möglich sein, wertvolle Informationen zu gewinnen, die zu möglichst richtigen und akzeptablen Entscheidungen führen.

Data Science und Statistik befassen sich aber auch mit den Möglichkeiten und Limitierungen einer Auswertung von kleinen, oft als **„Small Data"** bezeichneten Daten, die sich zB bei der Erforschung seltener Erkrankungen oder Ereignisse ergeben können.[3] Hierbei ergeben sich weniger informatische aber dafür deutlich größere statistische Probleme, insbesondere, wenn aus diesen Daten Vorhersagen gemacht oder allgemeingültige Schlüsse gezogen werden sollen. 3

Wichtige Elemente und Schritte der Data Science sind: 4

- **Zieldefinition:** Bevor Daten ausgewählt oder erhoben und ausgewertet werden, muss klar definiert werden, welche Fragen beantwortet werden sollen bzw. welche Ziele die Auswertung verfolgt. Ohne klare Ziele kann die Analyse ineffizient oder irrelevant sein. Beispielsweise macht es einen Unterschied, ob ein Unternehmen verstehen möchte, 1) warum die Verkaufszahlen gesunken sind oder 2) für welche Kunden ein neues Produkt von besonderem Interesse ist? Für die Beantwortung der ersten Frage benötigt man historische Daten über das generelle Kaufverhalten der Kunden. Für die zweite Frage benötigt man aktuellere und wesentlich spezifischere Daten und ggf. auch Daten aus einer spezifisch für die Fragestellung durchgeführten Kundenbefragung.
- **Datenvorverarbeitung:** Bevor Daten analysiert werden können, müssen sie manchmal selektiert und/oder zusammengeführt, meist bereinigt, aufbereitet und in eine geeignete finale Form gebracht werden.
- **Datenbeschreibung und -zusammenfassung:** Um einen Überblick über die Struktur und Natur der Daten zu erlangen, ist es empfehlenswert die in den Daten enthaltenen Messungen und Beobachtungen mit Methoden der deskriptiven Statistik zusammen zu fassen bzw. graphisch darzustellen. Das geschieht in der Regel durch Maximal-, Minimal- und Mittelwerte, Standardabweichungen, Mediane und Quantile, Häufigkeits- und Kreuztabellen und illustrierende Grafiken.
- **Maschinelles Lernen und künstliche Intelligenz:** Data Scientists verwenden statistische und informatische Algorithmen, um aus Daten zu lernen und Muster zu erkennen. Auf diese Weise werden Prognosemodelle oder Klassifizierungsalgorithmen entwickelt, die zukünftige Ereignisse (und ggf. deren Verteilung) sowie Zusammenhänge vorhersagen können.
- **Finale Modellevaluationen:** Prognosemodelle und Klassifizierungsalgorithmen können die zugrundeliegenden natürlichen, technischen und/oder menschlichen Prozesse niemals vollständig erfassen. In der Regel fehlen Faktoren, die aus technischen oder Kostengründen nicht erfasst werden konnten oder prinzipiell nicht erfassbar sind (wie zB psychologische Faktoren). Prognosemodelle sind damit zwangsläufig fehlerbehaftet. Maschinelles Lernen ist daher intrinsisch mit Modellevaluationen verbunden, die bereits Teil des Lernvorgangs sind (zB bei einer Kreuzvalidierung). Um jedoch ein objektives Bild der Leistungsstärke des finalen Modells zu erhalten, ist eine abschließende Evaluation eines finalen Modells oder Klassifizierungsalgorithmus notwendig oder zumindest wünschenswert. Hierbei werden die finalen Prognosefehlerwahrscheinlichkeiten abgeschätzt und

[3] Siehe zB „Geringe Datenmengen optimal nutzen", https://uni-freiburg.de/geringe-datenmengen-optimal-nutzen/.

besondere Schwächen der Modelle untersucht und identifiziert. Medizinische Diagnoseverfahren müssen zB hinreichend evaluiert worden sein, bevor sie verwendet werden können. Das Ausmaß von Fehldiagnosen wird hier zB durch Sensitivitäten und Spezifitäten in eigenen Evaluationsstudien abgeschätzt.

- **Modellinterpretation:** Die Interpretation des finalen maschinell gelernten Modells bezieht sich auf das Verständnis und die Erklärung, wie ein Modell Vorhersagen trifft. Der Komplexität der Modelle wegen, ist das nicht automatisch der Fall und muss daher post-hoc, mit spezifischen statistischen Methoden geleistet werden. Die Modellinterpretation ist besonders wichtig zB bei Random Forests und neuronalen Netzen, die oft als „Black Box Methoden" angesehen werden. Die Interpretierbarkeit soll ein Verständnis dafür liefern, welche Faktoren die Prognosen besonders beeinflussen und wie das Modell zu spezifischen (ggf. bedenklichen) Prognosen kommt. Sie hilft auch bei der Bewertung der Zuverlässigkeit, Fairness und Robustheit eines Modells.

5 Die **Anwendung von Data Science** findet man unter anderem in der Medizin für die Analyse von großen, mittleren oder auch nur kleinen Patientendaten, die das Ziel haben, Krankheiten zu erkennen und neue Behandlungsmethoden zu entwickeln und zu untersuchen. In der Wirtschaft nutzen Unternehmen in der Regel große Datenmengen, um Kundenverhalten zu analysieren oder Trends vorherzusagen, beispielsweise mit dem Ziel Geschäftsstrategien oder Geschäftsprozesse zu verbessern und Entscheidungen zu unterstützen. In diesem Fall spricht man dann auch von „Data Analytics". Eine weitere Anwendung ist die Analyse von Sozialen Medien, bei der es zB um das Verständnis von Nutzerverhalten und deren Interaktionen geht.

6 Die **Statistik** ist eine der Kerndisziplinen des Data Science. Sie liefert konzeptionelle und mathematische Grundlagen für die Sammlung bzw. Erhebung von Daten, deren Analyse und den daraus ableitbaren Schlussfolgerungen. Die **Informatik** ist die zweite Kerndisziplin der Data Science. Sie stellt die notwendigen informatischen Werkzeuge, Technologien und Methoden bereit, um Daten effizient zu verarbeiten und zu analysieren. Wie bereits erwähnt, spielt meist auch spezifisches Fachwissen aus dem jeweiligen Anwendungsgebiet, sprich dem zu analysierenden Gegenstand, eine große Rolle, insbesondere bei der Zielsetzung und Interpretation der Daten und der Auswertungsresultate, idealerweise aber auch bei der Bildung der statistischen Modelle. Die Analyse von Daten erfolgt daher idR in einem Umfeld mit einer engen Zusammenarbeit verschiedener Disziplinen. Eine Datenauswertung ohne hinreichender statistisch-informatischer oder inhaltlicher Fachkompetenzen kann zu wenig validen und ggf. systematisch verzerrten Ergebnissen führen. Zur Beurteilung einer Datenauswertung gehört daher immer auch die Beurteilung der an der Datensammlung und Auswertung beteiligten Personen und/oder Institutionen, die stets offengelegt werden sollten.

II. Datentypen und Datenvorbereitung

7 Wie **Daten** gespeichert, verarbeitet und analysiert werden hängt ganz wesentlich von deren **Natur** ab. Es gilt hierbei zB zwischen strukturierten, tabellarischen Daten und un- bzw. nur teilweise strukturierten Daten, wie zB Text-, Sprach-, Bild- oder (Bio-)Signaldaten, zu unterscheiden, um nur einige Beispiele zu nennen.

8 **Tabellarische Daten** sind Daten, die in Form von Zeilen und Spalten organsiert sind, wie eine Tabelle in Excel oder einer Datenbank. Typischerweise enthält jede Spalte eines tabellarischen Datensatzes eine bestimmte Art von Information, wie zB das Alter oder der monatliche Umsatz eines Kunden, die oft als „Merkmale" bezeichnet werden. Die Merkmale werden in klar definierte Datentypen festgehalten, zB als numerische Zahlen, Kategorien oder Texte („Strings"). Die Zeilen repräsentieren die Beobachtungseinheiten, die zB die Kunden einer Firma, Patienten einer Klinik, die aber auch spezifische Objekte

(wie zB PKW-Modelle eines Herstellers) oder Organisationseinheiten (wie zB Städte oder bestimmte Firmen) sein können. Die Beobachtungseinheiten werden in der Literatur zum maschinellen Lernen oft auch als „Instanzen" bezeichnet.[4] Im Grunde gibt es keine Einschränkung bzgl. der Natur der Beobachtungseinheiten. Entscheidend ist, dass alle Merkmale einer Zeile einer eindeutigen Beobachtungseinheit zugeordnet werden können. Einer Beobachtungseinheit können auch mehrere Zeilen zugeordnet sein, wenn zB zeitlich veränderliche Merkmale einer Beobachtungseinheit zu unterschiedlichen Zeiten festgehalten werden sollen. Daten unterschiedlicher Typen von Beobachtungseinheiten, wie zB von Städten und deren Bewohner, werden typischerweise in verschieden Datensätzen gespeichert, die mit Fremdschlüsseln miteinander verknüpft werden können (Stichwort **„relationale Datenbank"**).

9 **Text-, Sprach-, Bild- und Signaldaten** müssen in der Regel individuell, für jede Beobachtungs- und Zeiteinheit, getrennt gespeichert und anschließend, für eine statistische oder maschinelle Auswertung, in eine tabellarische Form gebracht werden. Für eine statistische Auswertung dieser Daten von mehreren Beobachtungs- und/oder Zeiteinheiten, müssen diese Daten wiederum in einem Vorverarbeitungsschritt in wohldefinierten Merkmalen transformiert werden. Hierfür kommen oft schon Methoden der Statistik (zB Anteil spezifischer Elemente in Sprachdaten) und/oder des maschinellen Lernens (zB zum Erkennen relevanter Merkmale in Bilddaten) zur Anwendung. Das Ergebnis ist dann ein tabellarischer Datensatz, der jeder Beobachtungs- und Zeiteinheit die aus den unstrukturierten Daten extrahierten Merkmale zuordnet.

III. Methoden zur Beschreibung und Zusammenfassung von Daten

10 Bereits die Zusammenfassung und deskriptive Auswertung von Daten sollte unter Verwendung etablierter statistischer Kenngrößen, Verfahren und Prinzipien erfolgen. Hierbei gilt es zwischen zwei grundsätzlichen Typen von Größen und deren **„Skalenniveau"** zu unterscheiden: 1) **quantitativ-metrischen Größen,** dh typischerweise einem Messprozess entspringende, sich auf einen Bereich des Zahlenstrangs verteilende und algebraisch verarbeitbare Größen, und 2) **qualitative Größen,** deren Ausprägungen nur (meist wenige) Kategorien annehmen können, die sich nicht addieren oder multiplizieren lassen und sich also algebraischen Operationen entziehen. Bei Letzteren spielt auch eine Rolle, ob sich die Kategorien auf natürliche Weise ordnen lassen oder eher nicht. Im ersten Fall spricht man von „ordinalen" im letzteren von rein „kategorialen" oder „nominalen" Größen.

11 **Deskriptive Verfahren und Kennzahlen,** die nur eine Größe betreffen, werden als „univariate Verfahren und Kennzahlen" bezeichnet. Klassische univariate Kennzahlen für metrische Größen sind zB Minimal-, Maximal- und Mittelwerte sowie Standardabweichungen. Mediane, Quantile und Interquantilsabstände werden für metrische und ordinale Größen verwendet. Häufigkeitstabellen sind für qualitative Größen geeignet. Univariate Grafiken, wie zB Histogramme, Boxplots und Stabdiagramme, sind zur Veranschaulichung von Verteilungen sinnvoll. Das vollständige Bild über das statistische Verhalten von einzelnen metrischen oder ordinalen Größen lässt sich mittels empirischer Verteilungsfunktionen erfassen. Mittelwerte, Standardabweichungen und Quantile liefern, ohne zusätzliche (und selten gerechtfertigte) Annahmen, wie zB einer Normalverteilung, nur Teilaspekte der Verteilung.

12 Beispiele für Grafiken und Kennzahlen zur Beschreibung von **„bivariaten Zusammenhängen"**, dh zwei Größen betreffende Zusammenhänge, sind Streudiagramme und Korrelationskoeffizienten (nach Pearson oder Spearman) bei zwei metrischen Größen, Kreuztabellen und Assoziationsmaße für zwei kategoriale Größen. Beispiele für das Letztere

[4] Alpaydin, Maschinelles Lernen, XXI.

sind Kendalls Tau bei geordneten Kategorien oder Cramer's V für ungeordnete. Zusammenhänge zwischen zwei Größen mit unterschiedlichen Skalenniveaus, zB einem metrischen und kategorialen Merkmal, benötigen wiederum spezifische Verfahren und Kennzahlen. Bei mehr als zwei Merkmalen können Zusammenhänge mit Methoden der linearen und nichtlinearen Regression beschrieben bzw. quantifiziert werden (zB über das sog. „Bestimmtheitsmaß"). Diese müssen ebenfalls der Natur der Größen entsprechend gewählt werden. Es gibt weitere, vor allem graphische Methoden zur Veranschaulichung von Daten.[5]

13 Die oben beschriebenen, deskriptiven Methoden zur Zusammenfassung und Beschreibung von Daten sind nur ein Teil des mittlerweile sehr umfangreichen Angebots an **deskriptiven statistischen Tools.** Unsere Beschreibung ist daher unvollständig und dient lediglich zur Veranschaulichung. Sie zeigt, dass bereits im ersten, oft nur vorbereitenden, Schritt einer Datenauswertung differenziert entschieden werden muss, welche Methoden am geeignetsten und nach aktuellem Wissensstand am sinnvollsten sind.

IV. Maschinelles Lernen

14 Methoden des maschinellen Lernens werden grob in vier Kategorien eingeteilt: dem sog. „überwachten Lernen" (engl. „supervised learning"), dem „unüberwachten Lernen" (engl. „unsupervised learning"), dem „halbüberwachten Lernen" (engl. „semisupervised learning") und das „Verstärkungslernen" (engl. „reinforcement learning").

1. Überwachtes maschinelles Lernen

15 Ziel des überwachten maschinellen Lernens ist es, Algorithmen zu entwickeln, die aus vorhandenen Informationen **unbekannte oder zukünftige Größen vorhersagen** können. Die modernen und komplexen Verfahren des überwachten maschinellen Lernens können als Verallgemeinerung der linearen Regression verstanden werden, die das vermutlich einfachste Beispiel für ein maschinelles Lernverfahren ist. Die lineare Regression ist jedoch deutlich weniger flexibel als die neueren und komplexeren Verfahren und kann daher weniger gut an die Daten angepasst werden. Im Folgenden wird die lineare Regression dennoch verwendet, um die Ziele, Grundprinzipien und Schwierigkeiten des maschinellen Lernens zu beschreiben, da sie leicht verständlich ist und ihre Grenzen als Motivation für die moderneren und komplexeren Verfahren genutzt werden können. Wir werden später sehen, dass auch die moderneren Methoden nicht frei von Einschränkungen sind.

Bei der **linearen Regression** wie auch beim überwachten maschinellen Lernen geht es darum, eine bestimmte Zielvariable Y aus einem oder meist mehreren Merkmalen vorherzusagen. Bei k Merkmalen können wir diese mit X_1 bis X_k bezeichnen. Ein Beispiel ist die Vorhersage des zukünftigen Monatsumsatzes eines Kunden Y aus k Kundenmerkmalen, die mit den Kundendaten erfasst wurden. Ein Beispiel aus der Medizin ist die Vorhersage einer Niereninsuffizienz innerhalb von 30 Tagen nach Beginn eines Krankenhausaufenthalts anhand von k Patientenmerkmalen, die routinemäßig, bei Aufnahme im Krankenhaus erhoben werden. Die Zielvariable Y wird in der Statistik als „abhängige Variable" bezeichnet, weil ihre Abhängigkeit von anderen Variablen beschrieben werden soll. In der Informatik wird die Zielvariable auch als „Output (Variable)" oder „Label" bezeichnet, wobei letzteres vor allem bei qualitativen Zielvariablen (wie zB das „ja" oder „nein" beim Auftreten einer Niereninsuffizienz innerhalb von 30 Tagen seit Beginn des Krankenhausaufenthalts) verwendet wird. Die Merkmale X_1 bis X_k, die zur Vorhersage verwendet

[5] Siehe zB das umfassende Buch: Toutenberg/Heumann, Deskriptive Statistik.

werden, werden in der Statistik als „unabhängige Variablen“ und in der Informatik als „Eingangsvariablen“, „Inputs“ oder „Features“ bezeichnet. Im Folgenden werden vorwiegend die Begriffe Zielvariable und Eingangsvariable verwendet.

16 Wer die einfache lineare Regression noch aus der Schule oder dem Studium kennt, wird sich vielleicht daran erinnern, dass sie auf den Fall mit nur einer Eingangsvariablen X_1 beschränkt ist und graphisch als Gerade dargestellt werden kann. Diese sogenannte **„Regressionsgerade“,** die die Prognosen von Y in Abhängigkeit von X_1 aufzeigt, verläuft durch die Datenpunkte des Streudiagramms, dh durch die Punkte des zweidimensionalen Diagramms, in dem die Messwerte der Zielvariablen Y gegen die zugehörigen Werte der Eingangsvariablen X_1 aufgetragen sind. Die Regressionsgerade wird so bestimmt, dass die vertikalen Abstände zwischen der Geraden und den Datenpunkten, wenn sie zunächst quadriert und dann aufsummiert werden, zur kleinsten quadratischen Abweichungssumme führen. Die auf diese Weise optimal an die Daten angepasste Gerade kann durch zwei geschlossene (und relativ einfache) Formeln bestimmt werden. Diese liefern den Achsenabschnitt b_0 und die Steigung b_1 der Regressionsgerade.

17 Sobald die Gerade aus einem sog. Trainingsdatensatz bestimmt wurde, kann sie verwendet werden, um den mittleren Wert der Zielvariablen Y (zB für den zukünftigen monatlichen Umsatz eines Kunden) für einen beliebigen gegebenen Wert der Eingangsvariablen X_1 (zB Alter) vorherzusagen. Dazu muss lediglich der gewählte Wert der Eingangsvariablen in die Regressionsgleichung eingesetzt werden, die sich aus dem Achsenabschnitt und der Steigung ergibt: $y(X_1)=b_0+b_1 \cdot X_1$. Wir bezeichnen den für Y vorhergesagten Wert als $y(X_1)$, da er vom Wert X_1 der Eingangsvariablen abhängt. Zusammen mit einem stochastischen Modell für die statistischen Schwankungen um den vorhergesagten Mittelwert $y(X_1)$, die in der Statistik als die „Residuen“ bezeichnet werden, und bei der einfachen linearen Regression als normalverteilt angenommen werden, liefert die Regressionsgerade ein **„statistisches Modell“** für die Zielvariable Y bei gegebener Eingangsvariable X_1.

18 Wir sprechen bei der beschriebenen Vorgehensweise von einem **„überwachten Lernen“,** weil 1) das Anpassen der Gerade als „Lernen“ oder „Trainieren“ eines Prognosemodells verstanden werden kann und 2) zum Lernen Merkmalsträger (zB Kunden) benötigt werden, für die neben den Eingangsvariablen (z.B das Alter) auch die Zielvariable Y (zukünftiger monatlicher Umsatz) erhoben wurde. Für die Trainingsdaten müssen also die Eingangsvariablen und die Zielvariable erhoben worden sein. Bei der späteren Anwendung des Modells wird die Zielvariable allerdings unbekannt sein, denn sonst müssten wir sie ja nicht vorhersagen. Das Lernen des Modells mit den Trainingsdaten ist insofern „überwacht“, als die aus dem Modell resultierenden Prognosen mit den tatsächlich beobachten Werten vergleichen werden und das Modell entsprechend angepasst wird.

19 Die beschriebenen Vorhersagen $y(X_1)$ aus der linearen Regression haben mehrere **Schwächen,** die verstanden werden müssen und daher im Folgenden dargestellt werden.[6]

a) Epistemische Unsicherheit

20 Zunächst bestimmt sich der zukünftige monatliche Umsatz Y eines Kunden sicherlich nicht vollständig durch eine einzige Eingangsvariable (wie zB Alter), da sein zukünftiges Kaufverhalten von vielen weiteren Faktoren abhängt. Durch Hinzufügen weiterer Eingangsvariablen, nennen wir sie X_2 bis X_k, kann dieses Problem reduziert werden. Das lineare Regressionsmodell kann zB additiv um weitere lineare Terme mit den neuen Eingangsvariablen zu einem **„multiplen Regressionsmodell“** ergänzt werden: $y(X_1,\ldots,X_k)$ $=b_0+b_1 \cdot X_1+\vdots+ b_k \cdot X_k$. Hierbei sind b_2 bis b_k die Steigungen der hinzugenommenen Eingangsvariablen. Legt man nun (nach der Bestimmung von b_0 bis b_k aus Trainingsdaten) für alle bis auf eine Eingangsvariable irgendwelche Werte fest (zB für alle bis auf X_i) und trägt

---

[6] Hüllermeier/Waegeman, Aleatoric and Epistemic Uncertainty in Machine Learning: An Introduction to Concepts and Methods, 457 ff.

den Prognosewert $y(X_1,\ldots,X_k)$ über variierende Werte der verbleibenden Eingangsvariablen X_i auf, so erhält man wiederum eine Gerade und zwar mit einer Steigung b_i, die ganz unabhängig von den Werten der anderen Eingangsvariablen ist. Nur der Achsenabschnitt hängt von diesen ab. Damit ist die Gestalt der Gerade immer dieselbe, nur ihr Schnittpunkt mit der vertikalen Achse ändert sich. Letzterer kann als „Ausgangshöhe" der Gerade interpretiert werden. An dieser Stelle sei angemerkt, dass die **Konstanz der Steigungen** eine **einfache Interpretation** des Prognosemodells $y(X_1,\ldots,X_k)$ ermöglicht: Die Abhängigkeit der Zielvariabel Y von einer Eingangsvariable X_i hängt nur von der Konstante b_i ab. Ist b_i gleich Null, dann ist die Prognose von X_i unabhängig. Je stärker b_i von Null abweicht, desto stärker ist der Einfluss von X_i auf die Prognose.

21 Nun ist es nicht selbstverständlich, dass der Einfluss einer Eingangsvariablen in Form einer Geraden erfolgt, dh „linear" ist. Der monatliche Umsatz könnte beispielsweise bei jüngeren und älteren Kunden geringer ausfallen als bei Kunden im mittleren, beruflich aktiven Alter. Diese Art des Zusammenhangs kann nicht durch eine Gerade beschrieben werden. Bei einer Gerade gibt es nur zwei Möglichkeiten: entweder wächst der Monatsumsatz Y immer mit zunehmendem Alter oder er fällt immer. Um zuerst steigende und dann wieder fallende Umsätze zu modellieren, müsste das lineare Modell um entsprechende nichtlineare (zB quadratische) Terme ergänzt werden. Selbst bei einem immer wachsenden oder immer fallenden Verlauf ist die beim linearen Modell angenommene, konstante Änderungsrate b_i oft unrealistisch, denn der Einfluss einer Eingangsvariable schwächt sich meist bei großen (oder auch kleinen) Werten ab. Man spricht hier von **„Sättigungs-"** oder **„Plateau-Effekten"**. Bei hinreichend großem Datenbestand (dh Anzahl an Kunden im Datensatz) kann ein nichtlineares Verhalten mit sog. **„additiv-nichtlinearen Modellen"** recht flexibel und ohne spezifische Annahmen geschätzt werden. Hier werden im Prognosemodell $y(X_1,\ldots,X_K)$ die linearen Terme $b_i{\cdot}X_i$ durch nicht-lineare Funktionen $f_i(X_i)$ ersetzt, dh einer Funktion dessen Graph gekrümmt sein kann und zwar auf mehr oder weniger beliebige Weise.

22 Ein wichtiger Aspekt realer Zusammenhänge bleibt auch bei additiven nichtlinearen Modellen unberücksichtigt. Wie oben erwähnt, ist bei der linearen Regression die Steigung b_i und damit die Änderungsrate der Eingangsvariable X_i unabhängig von den Werten der anderen Eingangsvariablen. Nur der Achsenabschnitt und damit die Ausgangshöhe der Gerade ändert sich. Genauso verhält es sich bei additiven nichtlinearen Modellen. Hier bleibt die wesentliche Gestalt des Zusammenhangs unverändert: Bei einer Veränderung der anderen Ausgangsvariablen verschiebt sich der Graph der Funktion $f_i(X_i)$ nur nach oben oder unten. Diese Art des Zusammenspiels verschiedener Eingangsvariablen ist allerdings nicht immer zu erwarten. So könnte zB der Zusammenhang zwischen monatlichem Umsatz und Alter vom Geschlecht abhängen. Die Altersabhängigkeit könnte zB bei Frauen weniger stark ausgeprägt sein als bei Männern (oder umgekehrt). In der Statistik nennt man diese Situation eine **„Interaktion"** zwischen Alter und Geschlecht. Additive Modelle, bei denen die variablenweisen (ggf. nichtlinearen) Zusammenhänge $f_i(X_i)$ einfach aufsummiert werden, können keine Interaktionen erfassen. Man könnte weitere gemischte Terme hinzunehmen (zB zu $X_1{\cdot}X_2$ proportionale Terme), würde aber so ggf. nur Teilaspekte möglicher Interaktionen erfassen. Moderne Verfahren, wie zB **Regressionsbäume** und **neuronale Netze,** liefern Prognosemodelle, die sowohl nichtlineare Zusammenhänge wie auch allgemeine Interaktionsterme recht flexibel erfassen können. Das liefert in vielen Anwendungen deutlich bessere Prognosen, vor allem dann, wenn die Daten einer großen Zahl an Merkmalsträgern, in diesem Beispiel Kunden, zum Training verwendet werden können.

23 Abweichungen zwischen Prognose und beobachteten Wert der Zielvariable, die sich durch Hinzunahme weiterer Eingangsvariablen oder einer funktionellen Erweiterung des Models verringern lassen, werden als **„epistemische Unsicherheit"** bezeichnet.

b) Aleatorische Unsicherheit

Obwohl zusätzliche Eingangsvariablen und komplexere Modelle die epistemische Unsicherheit reduzieren können, ist eine perfekte Prognose praktisch niemals erreichbar. So gibt es vermutlich keine Kundendatenbank, die alle Einflussfaktoren auf den zukünftigen monatlichen Umsatz eines Kunden erfassen kann. Dafür gibt es schlicht zu viele Einflussfaktoren und viele sind vermutlich unbekannt oder können nicht erfasst werden (wie zB psychologische Faktoren oder unvorhersehbare Umstände). Oft kann eine Zielvariable sogar nur zu 20 oder vielleicht 50 Prozent durch die zur Verfügung stehenden Eingangsvariablen erklärt werden. Ein Erklärungsgrad von 80 Prozent wird daher oft als gut und ein Erklärungsgrad von 95 Prozent als sehr gut empfunden. Welcher **Erklärungsgrad** anstrebenswert ist, hängt vom Kontext und vom Zweck des Prognosemodells ab. Er sollte, wenn möglich, quantifiziert und bei der Interpretation der Prognose berücksichtigt werden. 24

Die Frage ist nun, wie mit der **verbleibenden Unbestimmtheit, die in der Data Science als „aleatorische Unsicherheit" bezeichnet wird,** umgegangen werden soll. Hier hilft der Blickwinkel der Statistik, der die unberücksichtigten Faktoren und damit die Zielvariable Y als zufällig ansieht. Die unberücksichtigten Einflüsse führen zu einer zufälligen Verteilung von Y, die von den verfügbaren Eingangsvariablen abhängen kann. Bei der linearen Regression und den meisten anderen Verfahren des überwachten Lernens geht man davon aus, dass die verfügbaren Eingangsvariablen den Mittelwert von Y beeinflussen, ein Maß für die zentrale der Lage der Verteilung von Y. Anders gesagt, man konzentriert sich auf den Einfluss der Eingangsvariablen auf den Mittelwert der Verteilung und betrachtet Einflüsse, die darüber hinausgehen (zB auf die Varianz) als nebensächlich. Das ergibt sich aus der oben, bei der Beschreibung der einfachen linearen Regression erwähnten Minimierung der Summe der quadrierten Abstände zwischen beobachteten und prognostizierten Wert, die den oben beschriebenen, senkrechten Abständen entsprechen. 25

2. Schwierigkeiten bei der Unterscheidung zwischen epistemischer und aleatorischer Unsicherheit

Epistemische und aleatorische Unsicherheit helfen die grundsätzlichen Schwierigkeiten beim überwachten maschinellen Lernen zu verstehen. Während die epistemische Unsicherheit durch Hinzunahme von weiteren Eingangsvariablen und zunehmend komplexeren Modellen reduziert werden kann, ist die aleatorische Unsicherheit irreduzibel und somit unvermeidbar, denn sie ergibt sich aus den unbekannten bzw. unbestimmbaren Faktoren. Die Unterscheidung in aleatorischer und epistemischer Unsicherheit ist allerdings auch umstritten.[7] Die Hauptkritik besteht darin, dass eine Trennung in epistemischer und aleatorischer Unsicherheit weniger scharf ist, als sie im ersten Moment erscheint. Was heute unbekannt oder unbestimmbar ist kann morgen bestimmbar sein, zB durch Fortschritte im Bereich der Mess- und Datenerhebungsinstrumente etwa mittels digitaler Anwendungen. Bei einem konkreten Datensatz ist es zudem unmöglich zwischen den beiden Unsicherheiten zu unterscheiden, wenn es keine inhaltlichen Anhaltspunkte für die Struktur und Komplexität des anzuwendenden Modells gibt. Diese Schwierigkeit steht im engen Zusammenhang mit dem Problem der „Überanpassung" (engl. „Overfitting"), das als nächstes beschrieben werden soll. 26

a) Das Problem der Überanpassung

Das Problem der sog. „Überanpassung" (engl. **„Overfitting"**) tritt bereits in Situationen mit nur einer Eingangsvariable X_1 auf. Wie im Abschnitt zur epistemischen Unsicherheit beschrieben, ist die Annahme eines linearen Zusammenhangs oft zu restriktiv, um realisti- 27

7 Gruber/Schenk/Schierholz/Kreuter/Kauermann, Sources of Uncertainty in Supervised Machine Learning – A Statisticians' View, 1 ff.

sche Zusammenhänge zu beschreiben. Man verwendet daher deutlich flexiblere Ansätze, die auch nichtlineare Zusammenhänge erfassen können. Allerdings sind Einschränkungen notwendig, um zu vermeiden, dass aus den Daten ein **unrealistisch irreguläres Bild** entsteht. Ein irregulärer Zusammenhang ergibt sich zB bei einer Interpolation der Daten, dh einer Kurve, die die Datenpunkte des zweidimensionalen Streudiagramms perfekt miteinander verbindet, zB mit Geraden, wie beim Malen nach Zahlen. Die Datenpunkte können aber auch mit weniger eckigen Kurven verbunden werden, die „glatter" verlaufen und dann ggf. etwas realistischer erscheinen, allerdings idR immer noch ein unrealistisches Auf und Ab aufweisen. Dateninterpolierende Kurven sind insofern hochgradig unrealistisch, weil sie bei einem neuen Datensatz vom gleichen Typ, dh einer neuen, zufälligen Stichprobe, vollständig anders aussehen würden. Das lässt sich in realen Experimenten beobachten und kann leicht mit simulierten Daten nachvollzogen werden. Dateninterpolationen sind auch dahingehend unrealistisch, weil sie einen Prognosefehler von 0 erreichen, denn bei einer Dateninterpolation stimmen die prognostizierten und beobachteten Werte von Y überein. Wie im Abschnitt zur aleatorischen Unsicherheit beschrieben, ist aber stets ein gewisser Grad an irreduzibler Unsicherheit zu erwarten, und damit ein Prognosefehler von 0 schlichtweg unrealistisch. Dieses, als „Überanpassung" bezeichnete Problem tritt nicht nur bei einer Dateninterpolation auf, sondern auch schon bei Kurven, die sich an die Daten nicht perfekt aber noch so gut anpassen, dass sie auch die zufälligen Schwankungen (dh aleatorische Unsicherheit) miterfassen, die sich bei neuen Daten nicht replizieren lassen.

28 Es kann zudem günstiger sein, einen Teil der epistemischen Unsicherheit zu erhalten, dh ein Prognosemodell zu verwenden, das nicht die gesamte vorliegende Information ausnutzt, zB nicht alle zur Verfügung stehenden Eingangsvariablen verwendet. Der Hintergrund dieser Beobachtung ist die **Instabilität komplexerer Modelle,** die (ähnliche wie Dateninterpolationen) zu stark von den jeweiligen Daten abhängen und damit an sich sehr variable ausfallen können. Stärkere **Restriktionen an die Modellklasse** stabilisiert die Schätzung und reduziert dabei die Varianz der Prognosen. Welcher Grad an Unsicherheit realistisch bzw. hinreichend stabilisierend ist, ist im Allgemeinen unbekannt und muss ebenfalls aus den Daten ermittelt werden. Dafür gib es verschieden Techniken, die im nächsten Unterkapitel angerissen werden.

29 Das Problem der Überanpassung verschärft sich noch in Situationen mit mehr als einer Eingangsvariable, weil neben dem individuellen Einfluss jeder einzelnen Variable auch deren Zusammenspiel (oft als „Interaktion" bezeichnet) eine Rolle spielen kann. Hieraus ergibt sich eine noch viele größere Zahl an Möglichkeiten zur Datenanpassung, die ebenfalls eingeschränkt werden muss, um eine Überanpassung zu vermeiden. So kann sogar ein lineares Regressionsmodell mit vielen Eingangsvariablen zu einer perfekten Anpassung (sprich Interpolation) der Trainingsdaten führen, wenn die Stichprobe zu klein ist. Das Ausmaß der Anpassungsfähigkeit eines maschinellen Lernverfahrens wird über die **Komplexität des zugrundeliegenden statistischen Modells** beschrieben. Beim linearen Regressionsmodell bestimmt sich die Komplexität des Modells zB aus der Zahl der Eingangsvariablen und zugelassenen Interaktionstermen. Die Art der Komplexität hängt von der Art des Modells ab. Die Komplexität eines neuronalen Netzes ergibt sich zB aus der Zahl seiner „Neuronen" und deren Verknüpfungen, dh der „Architektur" des Netzes. Mit den meisten maschinellen Lernverfahren kann man die Komplexität des Modells mittels sogenannter **„Hyperparameter"** (engl. „tuning parameter") einstellen. Beispiel für Hyperparameter sind die Anzahl der zu berücksichtigen Eingangsvariablen, Zahl der Neuronen in einem neuronalen Netzwerk oder die Anzahl der Bäume in einem Random Forest. Je komplexer das Modell, desto besser kann es an die Daten angepasst werden. Es steigt damit aber auch die Gefahr einer Überanpassung.

b) Methoden zur Vermeidung von Überanpassung

Wie komplex das Modell sein kann, hängt von der Natur der Daten (dh dem Daten-generierenden Prozess) und dem Umfang der Daten ab. Mit einer größeren Zahl an Beobachtungseinheiten lässt sich typischerweise ein komplexeres Modell lernen, ohne in eine Überanpassung der Daten zu geraten. Wie komplex das Modell sein kann, muss aus den Daten selbst entschieden werden. 30

Hierzu werden die Daten in sogenannte **Trainings- und Validierungsdaten** aufgeteilt, wobei mehrere Modelle mit unterschiedlicher Komplexität an die Trainingsdaten angepasst werden. Mit den Validierungsdaten wird dann die Anpassungs- oder Prognosegüte dieser Modelle überprüft, im einfachsten Fall zB durch ein Abzählen der Prognosefehler im Validierungsdatensatz. Betrachtet man dann den Verlauf der Anpassungsgüte im Validierungsdatensatz mit steigender Modellkomplexität, dann sieht man in der Regel eine sich zunächst relevant verbessernde und schließlich entweder wieder verschlechternde oder stagnierende (dh gleichbleibende oder nur mehr gering verbessernde) Anpassungsgüte. Eine sich verschlechternde oder stagnierende Anpassungsgüte kann als Hinweis auf eine Überanpassung verstanden werden. Entscheidend hierbei ist, dass die Modelle mit keinem der Validierungsdaten gelernt wurden. Nur so kann eine vom Lernprozess unabhängige und damit überanpassungsfreie Validierung der Modelle erreicht werden. Schließlich wählt man die Hyperparameter eines möglichst komplexen aber noch überanpassungsfreien Modells und trainiert das finale Modell mit diesen Hyperparametern anhand der Vereinigung der Trainings- und Validierungsdaten. 31

Da die so beschriebene **Auswahl der Hyperparameter** stark von der gewählten Aufteilung in Trainings- und Validierungsdaten abhängen kann, sollte die Aufteilung zufällig (dh mit einem numerischen Zufallsgenerator) erfolgen und der Prozess mit alternativen Aufteilungen wiederholt werden, wann immer eine solche Wiederholung technisch und zeitlich möglich ist. Die hierfür üblichste Vorgehensweise ist die sog. **„k-fache Kreuzvalidierung“.** Hierbei werden die Daten zufällig in k gleichgroße Datensätze aufgeteilt und für jeden Hyperparameter das Modell mit allen bis auf einem der k Teildatensätze gelernt. Der ausgelassene Teildatensatz wird dann zur Validierung des Modells verwendet. Die auf diese Weise mit einem Hyperparameterwert erreichten k Anpassungsgüten werden dann gemittelt. Um eine Überanpassung zu vermeiden, wird schließlich jener Hyperparameterwert gewählt, der zu einem möglichst einfachen (dh wenig komplexen) Modell gehört, aber noch zu einer guten mittleren Anpassung führt. Es gibt alternative Methoden zur Bestimmung eines geeigneten Hyperparameterwerts und der damit verbundenen Komplexität, die alle darauf abzielen, eine gute Anpassung ohne einer Überanpassung zu erreichen. 32

Nach Wahl des geeigneten Hyperparameterwerts (und damit Komplexität des Modells), wird das finale Modell mit den zugehörigen Modellparametern an den gesamten Datensatz, also den Trainings und Validierungsdaten zusammen, angepasst. 33

c) Evaluation des finalen Modells

Wie im letzten Abschnitt beschrieben, dient die Aufteilung des Datensatzes in Trainings- und Validierungsdaten zur Bestimmung der am besten geeigneten Modellkomplexität. Das Modell selbst (mit der so ausgewählten Komplexität) wird dann wieder mit dem vollständigen Datensatz trainiert. Was bei dieser Vorgehensweise verloren geht, ist die Möglichkeit zu einer unabhängigen **Überprüfung des finalen Modells,** die wiederum mit neuen Daten erfolgen muss[8], die oft als **„Testdaten“** bezeichnet werden. Eine Evaluation mittels des Datensatzes, mit dem das Modell trainiert wurde (also Trainings- und/oder Validierungsdaten), würde einen zu optimistischen Eindruck der Vorhersagegüte des Modells liefern, da das Modell (und seine Komplexität) genau an diese Daten angepasst wurde. Eine 34

[8] IMDRF/AIML WG/N88 FINAL: 2025 Good machine learning practice for medical device development: Guiding principles, 7.

vergleichbare Situation ergibt sich beim Unterrichten von Schülern in Mathematik, denen man (typischerweise) in der Klausur auch nicht jene Aufgaben gibt, mit denen sie gelernt haben, wenn man deren vertieftes Verständnis prüfen möchte. Die Testdaten sollten also möglichst unabhängig von den Trainings- und Validierungsdaten sein.

35 Die einfachste Art, einen Testdatensatz zu bekommen, ist aus den vorliegenden Daten einen zufällig ausgewählten (meist eher kleinen) Testdatensatz zu extrahieren. Nur der Rest der Daten wird dann zum Trainieren verwendet, und zwar unter erneuter Aufteilung in Trainings- und Validierungsdaten oder durch Kreuzvalidierung. Eine alternative, oft bessere, allerdings auch aufwendigere Methode zur Evaluierung des finalen Modells ist, auf weitere, externe Testdaten zu „warten" bzw. diese proaktiv in Rahmen einer Evaluationsstudie zu gewinnen[9]. Diese Vorgehensweise hat den Vorteil, neben der **„internen"** auch eine Art **„externe" Validität** zu überprüfen, dh das Modell unter zeitlich, räumlich oder anderen ggf. sich ändernden Umständen zu prüfen. Eine solche Vorgehensweise empfiehlt sich insbesondere bei klinischen Vorhersagemodellen und anderen Hochrisikosystemen. Sie steht im Einklang mit den stufenweisen Entwicklungs- und Prüfungsphasen von medizinisch-diagnostischen Verfahren[10] und Empfehlungen des International Medical Device Regulators Forum[11]. Es gibt allerdings auch Kritik an der Forderung einer externen Validierung[12]. In jedem Fall sollten die Testdaten möglichst jene Population repräsentieren, auf die das finale Modell später angewendet wird[13].

d) Modellerklärbarkeit und Fairness

36 Die **Interpretation eines Modells,** dh die Erklärbarkeit seiner Vorhersagen, spielt zunehmend eine Rolle bei der Erstellung, Anwendung und Akzeptanz maschineller Vorhersagemodelle und ist Teil der Anforderungen an eine **vertrauenswürdige KI**[14]**.** Einfache statistische Modelle wie die lineare Regression (oder allgemeiner, die verallgemeinerten linearen Modelle) sind durch ihre einfache Struktur per se gut erklärbar, dh es kann leicht ermittelt werden, welche Eingangsvariablen welchen Einfluss auf die Prognosen haben. Die Interpretation der Vorhersagen komplexerer Modelle, wie zB Random Forests oder neuronale Netze, ist deutlich schwieriger. Sie werden daher oft als **„Blackbox-Algorithmen oder -Modelle"** bezeichnet. Ansätze zur Interpretation solcher Modelle umfassen globale Methoden, die das Gesamtverhalten des Modells erklären (zB die globale Wichtigkeit einzelner Eingangsvariablen), und lokale Methoden, die einzelne Vorhersagen analysieren (zB LIME oder SHAP). Diese Techniken ermöglichen es, Einblicke in die Entscheidungsprozesse eines Modells zu gewinnen und potenzielle Verzerrungen oder Schwächen zu erkennen, was entscheidend für die Anwendung in sensiblen Bereichen wie Medizin oder Recht ist.

37 Ein weiterer Aspekt einer vertrauenswürdigen KI ist **„Fairness"**[15]**.** Hierbei geht es um das Risiko der systematischen Benachteiligung von Untergruppen, die sich durch spezifische Charakteristika (zB ethnische) auszeichnen. Allgemeiner bedeutet „Fairness" im Zusammenhang mit dem maschinellen Lernen, das Ziel, unfaire Vorhersagen zu vermeiden. Unfaire Vorhersagen können durch einen relevanten Einfluss von Eingangsvariablen ent-

---

9 Munro et al., Handbuch Data Science und KI – Mit Machine Learning und Datenanalyse Wert aus Daten generieren, 464.

10 Pepe, The Statistical Evaluation of Medical Tests for Classification and Prediction, 214 ff.

11 IMDRF/SaMD WG/N41 FINAL:2017 Software as a Medical Device (SaMD): Clinical Evaluation, 11 ff.

12 la Roi-Teeuw et al., Don't be misled: 3 misconceptions about external validation of clinical. prediction models, 1 ff.

13 IMDRF/AIML WG/N88 FINAL: 2025 Good machine learning practice for medical device development: Guiding principles, 7.

14 Unabhängige Hochrangige Expertengruppe Für Künstliche Intelligenz der EU, Ethik-Leitlinien. für eine vertrauenswürdige KI, 26, 27, 37.

15 Munro et al., Handbuch Data Science und KI – Mit Machine Learning und Datenanalyse Wert aus Daten generieren, 982 ff.

stehen, die eine ungerechtfertigte Benachteiligung zur Folge haben, wie zB ethnische Charakteristika von Straftätern bei Vorhersagemodellen für deren Rückfälligkeit[16],[17]. Es handelt sich dabei oft um Eingangsvariablen, die nicht kausal für die Unterschiede in der Zielvariable verantwortlich sind, aber mit kausalen Faktoren (wie zB dem sozio-ökonomischen Status) verbunden sind. Solche Variablen werden oft (und insbesondere in der Epidemiologie) als **„Confounder“** bezeichnet. Ein unfairer Algorithmus könnte also Folge einer Vernachlässigung von relevanten Eingangsvariablen sein. Die Vernachlässigung von Eingangsvariablen, kann aber auch dazu führen, dass wesentliche Unterschiede in der Zielvariable übersehen werden, zB geschlechtliche bei der Vorhersage von Erfolgswahrscheinlichkeiten für medizinische Therapien. Fairness kann durch eine ausgewogene und verantwortungsvolle Datenerhebung, Wahl des Modells (zB der Eingangsvariablen), und spezifischen Maßnahmen bei der Modellanpassung (zB spezifischen Datengewichtungen) erreicht werden, sollte aber in kritischen Fällen immer auch Gegenstand der Evaluation des finalen Modells sein, da ein komplexer maschineller Lernalgorithmus seiner Anpassungsfähigkeit wegen nie vollständig kontrolliert werden kann.

3. Unüberwachtes Maschinelles Lernen

Beim unüberwachten maschinellen Lernen gibt es im Datensatz keine Zielvariable Y, die **38**
durch Eingangsvariablen vorhergesagt werden soll, sondern nur einen Satz von k gleichberechtigten Variablen, X_1 bis X_k, auf deren Basis **Ähnlichkeiten und Unterschiede** zwischen den Beobachtungseinheiten erkannt werden sollen. Allgemein und etwas unspezifisch ausgedrückt, besteht das Ziel darin, Strukturen in den Trainingsdaten zu erkennen[18]. Im Folgenden werden häufige verwendete Verfahren des unüberwachten Lernens skizziert.

a) Clusteranalyseverfahren

Ein gutes Beispiel für ein unüberwachtes Lernen sind sog. „Clusteranalyseverfahren“. **39**
Hierbei geht es idR um die **Gruppierung von Beobachtungseinheiten,** deren Ausprägungen in den Variablen X_1 bis X_k hinreichend ähnlich sind, um sie als verwandt oder in einem engen Bezug zueinander zu sehen. Ein Beispiel ist die **„Marktsegmentierung“,** bei der es um die Bildung von Kundengruppen mit ähnlichen Charakteristika (zB Kaufverhalten) geht[19]. Man geht hierbei davon aus, dass sich die Daten in Form von Clustern organisieren lassen, dh in Gruppen von Beobachtungseinheiten, die sich in ihren Variablenausprägungen (zB im mit den Variablen festgehaltenen Kaufverhalten) deutlich ähnlicher sind, als sie es zu den Beobachtungseinheiten außerhalb des Clusters sind. Man spricht von einem „unüberwachten Lernen“, weil es darum geht Clusterzugehörigkeiten zu prognostizieren, die für keine der Beobachtungseinheiten bekannt oder beobachtet wurde. Der Mangel an der Kenntnis der Clusterzugehörigkeiten macht eine Überprüfung der gelernten Cluster und Zuweisungen unmöglich und kann daher nicht „überwacht“ werden. In manchen Anwendungen, zB in der Bioinformatik und aber auch Sozialwissenschaften, werden nicht die Beobachtungseinheiten, sondern die Variablen X_1 bis X_k gruppiert, und zwar in **Gruppen von stark korrelierten Variablen,** dh Variablen, die sich auf ähnliche Weise mit den Beobachtungseinheiten verändern.

Es gibt viele verschiedene Ansätze und Algorithmen für die Clusteranalyse, die sich **40**
einerseits in der Art und Weise unterscheiden, wie die Ähnlichkeit bewertet wird (idR über

[16] Angwin et al., Machine bias: There's software used across the country to predict future criminals. And it's biased against blacks, https://www.propublica.org/article/machine-bias-risk-assessments-in-criminal-sentencing.

[17] Gruber/Schenk/Schierholz/Kreuter/Kauermann, Sources of Uncertainty in Supervised Machine Learning – A Statisticians' View, 6.

[18] Siehe zB Alpaydin, Maschinelles Lernen, 12.

[19] Steinhausen/Langer, Clusteranalyse – Einführung in Methoden und Verfahren der automatischen Klassifikation, 16.

bestimmte mathematische Abstands- oder Ähnlichkeitsmaße), und andererseits unterschiedliche **statistisch-informatische Algorithmen** verwenden, mit denen die Cluster aus den Trainingsdaten gebildet werden. Zwei typische, recht unterschiedliche Algorithmen sind das k-Means-Clustering und das hierarchische Clustering, die hier lediglich zur Anschauung skizziert werden sollen.[20, 21]

41 Beim sog. **„k-Means-Clustering"** werden k Cluster um k Clustermittelpunkte gebildet, und zwar durch einen rekursiven Algorithmus. Die Zahl der Cluster wird dabei vorgegeben. Das Ziel des Algorithmus ist es, die Abstände der Beobachtungen zu ihrem Clustermittelpunkt zu minimieren. Das statistische Problem besteht darin, dass die Clustermittelpunkte unbekannt sind und daher aus den Daten selbst bestimmt werden müssen. Der rekursive Algorithmus beginnt daher mit einer zufälligen Wahl der Clustermittelpunkte und korrigiert diese und die Clusterzuweisungen der Beobachtungseinheiten schrittweise so, dass sich die Abstände verkleinern.

42 Beim **„hierarchischen Clustering"** gibt es keine vorab festgelegte Zahl an Clustern. Die Cluster werden auch hier schrittweise-rekursiv gebildet. Man beginnt zB mit der größtmöglichen Zahl an Clustern, nämlichen mit jenen Clustern, die genau eine Beobachtung beinhalten. In jedem Schritt werden genau zwei der vorliegenden Cluster zusammengeführt, und zwar jene zwei, die den kleinsten Abstand voneinander haben. Wie der Abstand zwischen zwei Clustern definiert wird (insbesondere bei Clustern mit mehr als zwei Beobachtungseinheiten), hängt vom Algorithmus ab. Die Zahl der Cluster nimmt auf diese Weise mit jedem Schritt ab, bis schließlich nur noch ein großes Cluster (mit allen Beobachtungen) existiert. Für die finale Auswahl der Cluster und zugehörigen Clusterzahl gibt es verschiedene (recht komplexe) Verfahren, die darauf abzielen, zu große Abstände innerhalb der Cluster zu vermeiden.[22]

43 Es gibt auch Verfahren, bei denen die Einheiten nicht strikt den gebildeten Clustern zugeordnet werden, sondern für jede Beobachtung entschieden wird, mit welcher Wahrscheinlichkeit sie einem Cluster angehört. Man spricht in diesem Fall von einem „weichen Clusteranalyseverfahren"[23] (eng. „weak clustering") oder **„probabilistischen Clusteranalyseverfahren"**.[24] Letzteres hat den Vorteil, mehr Informationen zu liefern als sog. „harte Clusterverfahren"[25] oder „deterministische Clusteranalyseverfahren",[26] bei denen jede Einheit genau einem Cluster zugeordnet wird. Ein weiches Clusterverfahren kann auch leicht zu einem harten Clusterverfahren gemacht werden, zB durch Zuordnung der Beobachtungseinheit zum für sie wahrscheinlichsten Cluster. Aus den Wahrscheinlichkeiten lassen sich aber zB auch Einheiten identifizieren, die sich nur schwer zuordnen lassen, weil mehrere Clusterwahrscheinlichkeiten sehr ähnlich ausfallen. Bei einem harten Clusterverfahren sind Schwierigkeiten bei der Zuweisung nur durch zusätzliche Überlegungen oder Analysen erkennbar. Probabilistische Clusterverfahren basieren zudem oft auf statistischen Modellen, deren Anpassung an die Daten mit Standardmethoden der Statistik geprüft werden können, was ein weiterer Vorteil ist.

44 Die mit einem Verfahren gebildeten **Cluster sollten kritisch geprüft und hinterfragt werden,** denn ein statistisches Clusterverfahren kennt (ohne vom Nutzer zusätzlich implementierte Einschränkungen) keine inhaltlichen Zusammenhänge und hält sich ausschließlich an die (meist aus rein technischen Gründen) festgelegten mathematischen Ähnlichkeitsmaße und Algorithmen. Die Ergebnisse eines Clusterverfahrens sollten daher

[20] Botsch, Maschinelles Lernen – Grundlagen und Anwendungen, 147 ff.

[21] Bacher/Pöge/Wenzig, Clusteranalyse – Anwendungsorientierte Einführung in Klassifikationsverfahren, 299 ff.

[22] Siehe Bacher/Pöge/Wenzig, Clusteranalyse – Anwendungsorientierte Einführung in Klassifikationsverfahren, 241 ff.

[23] Jung, Maschinelles Lernen – Die Grundlagen, 181.

[24] Bacher/Pöge/Wenzig, Clusteranalyse – Anwendungsorientierte Einführung in Klassifikationsverfahren, 351.

[25] Jung, Maschinelles Lernen – Die Grundlagen, 173.

[26] Botsch, Maschinelles Lernen – Grundlagen und Anwendungen, 147.

validiert werden, und zwar auf hinreichende Homogenität der Einheiten innerhalb eines Clusters und Heterogenität der Einheiten verschiedener Cluster und einer hinreichenden Angepasstheit des Clustermodells an die Daten (zB einen relevanten Anteil der Variabilität der Daten erklären können). Zudem sollte eine gute inhaltlichen Interpretierbarkeit der Cluster möglich sein, und eine hinreichende Korrelation der Cluster mit Variablen vorliegen, von denen inhaltlich ein Zusammenhang mit den Clustern erwartet wird, die aber nicht in das Verfahren zur Clusterbildung eingegangen sind. Schließlich sollte die Clusterbildung stabil bezüglich leichter Veränderungen der Daten sein.[27]

b) Methoden zur Dimensionsreduktion und zum Merkmalslernen

Die im letzten Unterkapitel beschriebe Clusteranalyse liefert eine Zusammenfassung der oft 45
großen Zahl k an Variablen in eine kleinere Zahl m von Clustern (m<k), da jede Beobachtungseinheit, in Abhängigkeit ihrer Werte von X_1 bis X_k, jedem der m Cluster mit einer bestimmten Wahrscheinlichkeit zugeordnet wird. Auf diese Weise werden also die k Eingangswerte der Variablen X_1 bis X_k, die man sich als Punkt in einen k-dimensionalen Raum (dem sog. „Datenraum“) vorstellen kann, in nur m (<k) Wahrscheinlichkeiten umgewandelt, die man sich als Punkt in einem nur m-dimensionalen Raum vorstellen kann. Das Clusterverfahren kann damit als Methode zur „Dimensionsreduktion“ aufgefasst werden. Es gibt viele andere Verfahren zur Dimensionsreduktion, dh zur Reduktion der k Eingangsvariablen in eine kleinere Zahl an Ausgangsvariablen. Klassische Beispiele sind die **Hauptkomponenten- und Faktorenanalyse,** die zur Reduktion von metrischen Variablen geeignet und bereits bei einer nur mittelmäßig großen Zahl an Beobachtungseinheiten anwendbar sind.[28] Sie beruhen allerdings auf der Annahme, dass sich die Daten mittels wenigen (m<k) linearer Funktionen zusammenfassen lassen, dh sich die Datenpunkte des k dimensionalen Variablenraums in der Nähe einer niedrigdimensionalen Hyperebene aufhalten und die Reduktion der Daten auf diese niedrig-dimensionale Hyperebene keinen wesentlichen Informationsverlust bedeutet. Es kann nicht grundsätzlich davon ausgegangen werden, dass sich die Daten in der Nähe einer Hyperebene befinden, sondern vielmehr in der Nähe einer ggf. gekrümmten, niedrigdimensionaleren Teilmenge des k-dimensionalen Datenraums aufhalten, der oft als „Mannigfaltigkeit“ bezeichnet wird. Entsprechend gibt es Methoden des maschinellen Lernens, wie zB Isomaps oder lokal lineare Einbettungen, die versuchen, die in den Daten zugrundeliegende (oder die Daten hinreichend approximierende), niedrig-dimensionale Mannigfaltigkeit zu schätzen. Die Methoden werden auch mit dem Begriff **„Manifold Learning“** zusammengefasst.[29] Die Hauptkomponentenanalyse kann auch als ein „Merkmalslernen“ (engl. **„Feature Learning“**) verstanden werden, bei dem es darum geht die originalen k Variablen des Datensatzes in nur wenige (m<k) Variablen („Features“) zusammenzufassen, die die Daten hirneichend gut approximieren. Auch hier gibt es eine Vielzahl von Verallgemeinerungen und alternativen Methoden, die auch nicht-lineare Zusammenfassungen der Variablen zulassen.[30]

Eine **Dimensionsreduktion** kann das Ziel haben, intrinsische, niedrig-dimensionale 46
Strukturen in den Daten zu identifizieren, wie zB Kanten und andere geometrische Strukturen in pixelweisen Bilddaten. Letztere sind für sich genommen zu umfangreich und zu wenig aussagekräftig, um sie ohne ein Feature Learning interpretieren zu können. In anderen Anwendungen geht es darum, wenig relevante bzw. irrelevante Bestandteile der Daten (wie zB weißes Rauschen) zu reduzieren. Beim überwachten Lernen kann die

---

[27] Bacher/Pöge/Wenzig, Clusteranalyse – Anwendungsorientierte Einführung in Klassifikationsverfahren, 164 ff.

[28] Alpaydin, Maschinelles Lernen, 119 ff.

[29] Siehe zB Munro et al., Handbuch Data Science und KI – Mit Machine Learning und Datenanalyse Wert aus Daten generieren, 433 ff.

[30] Siehe zB Zhao/Lai/Leung/Zhang, Feature Learning and Understanding – Algorithms and Applications, 1 ff.

Anwendung einer Dimensionsreduktion bzw. Feature Learning auf die Eingangsvariablen X_1 bis X_k eine Überanpassung des Vorhersagemodells vorbeugen, da eine Reduktion der Zahl an Eingangsvariablen mit einer Reduktion der Komplexität des Modells einhergeht.

4. Halbüberwachtes Lernen

47 Man spricht von halbüberwachtem Lernen, wenn ein Vorhersagemodell mit Daten angepasst wird, bei denen die Zielvariable Y zusammen mit den Eingangsvariablen X_1 bis X_k nur für Teile der Beobachtungseinheiten vorhanden ist, und für einen anderen Teil nur die Eingangsvariablen vorliegen. Daten mit Ziel- und Eingangsvariablen werden oft als **„beschriftete"** oder **„gelabelte"** (engl. „labelled") Daten bezeichnet, während die Daten ohne Zielvariable als **„unbeschriftet"** oder **„unlabeled"** bezeichnet werden. Es gibt mehrere Ansätze für eine Berücksichtigung von unbeschrifteten Daten beim Lernen eines Vorhersagemodells, wobei zwischen Methoden unterschieden wird, die einerseits nur zum Lernen der fehlenden Zielvariablenwerte für die unbeschrifteten Daten **(„transduktives Lernen")** und andererseits dem Lernen einer allgemeinen Vorhersagefunktion aus den beschrifteten und unbeschrifteten Daten **(„induktives Lernen")** dienen.[31, 32] Ein Beispiel für Methoden zum induktiven Lernen sind die sog. „Wrapper-Methoden", bei denen ein Vorhersagemodell zunächst nur mit den beschrifteten Daten gelernt und das gelernte Modell dann auf die unbeschrifteten Daten angewendet wird. Die als verlässlich eingestuften Vorhersagen der unbeschrifteten Daten werden dann als sog. Pseudo-Vorhersagen übernommen. Derselbe oder ein anderer Lernalgorithmus wird dann auf die um die Pseudo-Vorhersagen angereicherten beschrifteten Daten angewendet. Bei anderen Verfahren werden die unbeschrifteten Daten nur in einem Vorschritt zur Dimensionsreduktion bzw. zum Merkmalslernen verwendet.

48 Ob die Hinzunahme von unbeschrifteten Daten die Anpassung des Modells verbessert, hängt von gewissen **Annahmen** ab, die in vielen Fällen plausibel sind, aber nichts zwangsläufig erfüllt sein müssen.[33] Ein Beispiel für eine eher plausible Annahme ist, dass die Zielvariable im Mittel auf stetige (und nicht sprunghafte) Weise von den Eingangsvariablen abhängt, so dass Beobachtungseinheiten mit ähnlichen Eingangsvariablen im Mittel ähnliche Zielvariablen haben werden. Eine andere Annahme ist, dass sich die Eingangsvariablen und deren Einfluss auf Y auf niedrig-dimensionale Strukturen reduzieren lassen, die auch aus den unbeschrifteten Daten gelernt werden können. Zudem sollten die beschrifteten und unbeschrifteten Daten möglichst derselben Quelle entstammen. Da eine Verbesserung der Modellanpassung durch die Hinzunahem von unbeschrifteten Daten nicht garantiert ist, sollten die angepassten Modelle stets kritisch geprüft und mit Modellen verglichen werden, die ohne die unbeschrifteten Daten gelernt wurden.

5. Verstärkungslernen

49 Beim „Verstärkungslernen" (engl. **„reinforcement learning"**) geht es um mathematische Algorithmen, die durch eine wiederkehrende Interaktion mit ihrer Umgebung lernen.[34, 35] Diese Algorithmen repräsentieren sog. **„Agenten"**, die auf Basis spezifischer Informationen über den derzeitigen Zustand der Umgebung gezielt Aktionen setzen, um einerseits spezifische Ziele zu verfolgen und anderseits Informationen über ihre Umgebung zu gewinnen. Letzteres geschieht, um in den nächsten (zukünftigen) Schritten besser auf die Umgebung reagieren zu können. Der Begriff „Umgebung" ist hierbei im weitesten Sinn zu verstehen,

---

31 Chapelle/Schölkopf/Zien, Semi-Supervised Learning, 15 ff.

32 van Engelen/Hoos, A survey on semi-supervised learning, 373 ff.

33 van Engelen/Hoos, A survey on semi-supervised learning, 376 ff.

34 Munro et al., Handbuch Data Science und KI – Mit Machine Learning und Datenanalyse Wert aus Daten generieren, 459 ff.

35 Siehe auch das Buch: Sutton/Barto, Reinforcement Learning: An Introduction.

dh er umfasst alles, was die Entscheidung der nächsten Aktion des Algorithmus beeinflussen kann. In der Regel umfasst das auch den inneren Zustand des Agenten. Wir werden den Begriff „Umgebung“ daher im Folgenden durch den Begriff „System“ ersetzen.

Beispiele für eine **Anwendung von Verstärkungslernen** findet man bei der Entwick- 50
lung von selbstfahrenden Fahrzeugen, in der Robotik, der Entwicklung von Spielcomputealgorithmen wie zB AlphaGo, und in der Medizin bei der Entwicklung von dynamischen Behandlungsstrategien für eine personalisierte Medizin. Der bahnbrechende Erfolg von AlphaGo beruhte letztlich auf die Verwendung von Verstärkungslernen, und zwar ua mit den Daten, die von zwei verstärkungslernenden Algorithmen erzeugt wurden, die gegeneinander mehrere Millionen Spielzüge gespielt haben.[36, 37] Im Folgenden beschreiben wir die entscheidenden Elemente des Verstärkungslernens.[38]

Ein wichtiges Element des Verstärkungslernen sind die möglichen **Zustände des** 51
Systems, wie zB die Koordinaten der Position eines Roboters oder der Spielfiguren (aller Spieler) eines Brettspiels. Ein zweites wichtiges Element sind die möglichen Aktionen des Agenten, wie zB die Richtung der nächsten Bewegung des Roboters oder des eigenen Spielsteins. Ein weiterer wichtiger Faktor ist das Verhalten des Systems auf die Aktion des Agenten, das idR vom jeweiligen Ausgangszustand des Systems abhängt und oft ein stochastisches (sprich zufallsbehaftetes) Verhalten aufweist. Das dritte Element und eigentliche Lernziel des Agenten ist seine **Strategie** (engl. „policy“), die festlegt, welche Aktion auf welchen Zustand des Systems folgen soll.

Um zu entscheiden, welche Aktion bei gegebenen Systemzustand die beste ist, benötigt 52
der Algorithmus ein **Belohnungssystem,** mit dem eine Aktion in Abhängigkeit vom aktuellen Zustand bewertet wird. Das Belohnungssystem bewertet jede Aktion zunächst kurzfristig mit einer **„Prämie“** (engl. „Reward“). Die Prämie einer Aktion, die auch vom aktuellen Zustand abhängen kann, wird vom Entwickler des Algorithmus festgelegt und muss so gewählt werden, dass der Algorithmus das gewünschte Ziel schließlich verfolgt. Bei der Entwicklung von AlphaGo wurde eine Prämie von 1 vergeben, wenn die Aktion (dh der nächste Spielzug) direkt zum Sieg über den Gegenspieler führt. Ansonsten wurde keine Prämie (dh eine Prämie von 0) vergeben.

Die Aktion des Agenten soll aber auch langfristig bewertet werden, und zwar auf der Basis 53
einer im ersten Schritt initialen und in allen weiteren Schritten temporären (idR noch nicht optimalen) Strategie, die im Verlauf des Lernprozesses schrittweise verbessert werden soll. Bei AlphaGo wurde die initiale Strategie aus den Daten einer sehr großen Zahl an realen Spielzügen geschätzt und zwar mittels Methoden des überwachten Lernens. Die initiale Strategie war also ein Modell des Spielverhaltens menschlicher Spieler. Bei gegebener (temporärer) Strategie, wird jede (nächste) Aktion durch Bestimmung einer diskontierten Summe aller Prämien bewertet, die aus den darauffolgenden Aktionen resultieren. „Diskontiert“ bedeutet hier, dass die weiter in der Zukunft erreichten Prämien weniger gewichtet werden als die kurzfristigeren. Bei AlphaGo führte diese Art der Bewertung dazu, dass Spielzüge (Aktionen) die zu einem früheren Spielgewinn führen höher bewertet wurden, als Spielzüge die das Spiel erst später gewinnen lassen. Da die Zustände des Systems idR stochastischer Natur sind, muss zudem über den insgesamt stochastischen Verlauf des Prozesses gemittelt werden. Auf der Basis dieser **langfristigen Bewertung** einer Aktion, die als deren **„Wert“** (engl. „value“) bezeichnet wird, lernt der Agent, welche nächste Aktion auf den aktuellen Zustand des Systems folgen sollte.

In der Regel wählt der Agent die Aktion mit dem höchsten Wert und korrigiert so die von 54
ihm bisher verfolgte Strategie. Man sieht leicht ein, dass die Strategie auf diese Weise niemals verschlechtert und ggf. verbessert wird. Man kann mathematisch sogar zeigen, dass (unter

[36] Munro et al., Handbuch Data Science und KI – Mit Machine Learning und Datenanalyse Wert aus Daten generieren, 462 ff.
[37] Sutton/Barto, Reinforcement Learning: An Introduction, 441 ff.
[38] Sutton/Barto, Reinforcement Learning: An Introduction, 58 ff.

bestimmten Voraussetzungen) der Agent mit diesem Algorithmus der **optimalen Strategie** immer näherkommt. Die optimale Strategie ist hierbei jene, die die mittlere, diskontierte Prämiensumme maximiert.

55 Bei manchen Algorithmen wählt der Agent nicht immer die Aktion mit dem höchsten Wert, sondern mit einer gewissen, typischerweise kleinen (und immer kleiner werdenden) Wahrscheinlichkeit, eine beliebige Aktion rein zufällig. Das geschieht, um das System zu **„explorieren“**, denn es soll keine, sich später als besser erweisende Aktion ausgelassen werden. Dieses Explorieren kann dazu führen, dass der Algorithmus besser zur optimalen Strategie konvergiert. Das gilt insbesondere bei einer Umgebung, die sich auch zufällig verhalten kann. Ganz allgemein wissen wir, dass es hilfereich sein kann, beim Lernen einer Strategie auch einmal etwas un- oder nur wenig begründetes zu probieren. Es ist aber notwendig einen guten Kompromiss zwischen Exploration (engl. „exploration“) und Ausnutzung der derzeit vorhandenen Erkenntnisse (engl. „exploitation“) zu finden.[39] Eine zu starke Nutzung der aktuell vorhandenen Information kann sich bei der Suche nach einer guten Strategie als zu einschränkend erweisen, während ein zu exploratives Verhalten das Finden der richtigen Strategie stören oder verzögern kann. Entscheidend ist, dass sich der Grad der Exploration im Verlauf des Lernprozesses verringert. Welcher **Kompromiss zwischen Exploration und Informationsausnutzung** der richtige ist, lässt sich im Allgemeinen leider nicht entscheiden und muss auf der Basis von Erfahrungen und am Verhalten des Algorithmus beurteilt werden.

56 In der Regel ist nicht nur die optimale Strategie, sondern auch das (meist stochastische) Verhalten des Systems – in Reaktion auf die Aktionen des Agenten – unbekannt und muss während der Anpassung an die optimale Strategie mitgelernt werden. Das bedeutet, dass der Algorithmus nicht nur ein Modell für die optimale Strategie entwickelt, sondern auch ein Modell für das Verhalten des Systems erlernen muss, denn der Wert einer Aktion wird vom Verhalten des Systems mitbestimmt. Zum **Lernen des Verhaltens des Systems** werden Methoden des überachten Lernens verwendet, zum Beispiel rekurrente neuronale Netze, die wir im nächsten Kapitel beschreiben werden. Auch hierfür hilft eine gewisse Exploration, dh Zufälligkeit in der Wahl der Aktion, um das System in seiner Reaktion auf die Aktionen des Agenten hinreichend explorieren und modellieren zu können.

V. Künstliche Intelligenz und Neuronale Netze

57 Die künstliche Intelligenz (KI) ist eine schon seit mehreren Jahrzenten bestehende Disziplin der Informatik, die das Ziel hat, Algorithmen zu erzeugen, die gute maschinelle Antworten und Entscheidungen auf der Basis von Wissen liefern.[40] In den Anfängen der KI wurde das Wissen direkt in Form von sog. **„regelbasierten Entscheidungsbäumen“** kodiert, die auf logischen Zusammenhängen zB der Form „wenn A, dann B“ basieren. Man nennt diese Art der KI auch **„symbolische KI“.** Ein großer Nachteil der symbolischen KI ist, dass sie nicht automatisiert (und auf der Basis von Daten) neues Wissen integrieren kann, sondern neue Erkenntnisse durch Menschen (Programmierer) ergänzt werden müssen. Diese Schwäche, die eine Hochskalierung der Methoden erschwerte, konnte erst durch die Verwendung von Verfahren des maschinellen Lernens überwunden werden. Mit diesen Verfahren kann Wissen in Form von sehr vielen Beispielen, sprich Daten, einem Algorithmus übergeben werden, der Regel- und Gesetzmäßigkeiten aus den vielen Beispielen extrahieren und in Form von (uU sehr komplexen) mathematischen Funktionen darstellen und abrufen kann. Ein besonders erfolgreiches Verfahren zum Lernen komplexer und leistungsstarker Funktionen auf der Basis von Daten sind die ebenfalls schon seit mehreren Jahrzenten bekannten

[39] Sutton/Barto, Reinforcement Learning: An Introduction, 3.
[40] Munro et al., Handbuch Data Science und KI – Mit Machine Learning und Datenanalyse Wert aus Daten generieren, 472 ff.

„künstlichen neuronalen Netze", die im Folgenden etwas näher beschrieben werden sollen. Zuvor sollte aber festgehalten werden, dass die symbolische KI keineswegs an Bedeutung verloren hat. Sie wird auch heute noch intensiv eingesetzt und spielt insbesondere bei Verfahren, in denen sie mit Methoden des maschinellen Lernens und künstlichen neuronalen Netzen kombiniert werden, eine große Rolle.

1. Künstliche Neuronale Netze

Künstliche neuronale Netze folgen einem ähnlichen Prinzip wie biologische neuronale **58**
Netze und können als mathematisches Modell der letzteren verstanden werden. So wie biologische neuronale Netze aus Neuronen und ihren Verbindungen bestehen, bestehen künstliche neuronale Netze aus mit einander verbundenen **„Perzeptronen"**, in denen Informationen gesammelt, mit einander kombiniert und an andere Perzeptronen weitergegeben werden. Die zu verarbeitenden Informationen werden dabei als eine Reihe numerischer Werte repräsentiert, die als Werte einer bestimmten Zahl von Variablen Z_1 bis Z_k aufgefasst werden können, ähnlich zu den Eingangsvariablen von Regressionsmodellen und anderen maschinellen Lernverfahren.[41]

Jeder der eingehenden Werte Z_i wird im Perzeptron mit einer bestimmten Zahl w_i **59**
multipliziert, das als **„Gewicht"** bezeichnet wird. Die so gewichteten Eingangswerte $w_i \cdot Z_i$ werden dann zusammen mit einer als **„Bias"** bezeichneten Konstante b aufsummiert. Das Resultat $u=b+w_1 \cdot Z_1+\vdots+w_k \cdot Z_k$ ist vergleichbar mit der Vorhersage einer linearen Regression mit Achsenabschnitt b und Regressionskoeffizienten w_i. Entsprechend sind der Bias b und die Gewichte w_i die Parameter, die aus den Daten zu „lernen" sind. Der Wert u wird nun allerdings vom Perzeptron nicht direkt weitergegeben, sondern mit einer nichtlinearen Aktivierungsfunktion zu f(u) transformiert, und zwar so, dass negative Werte von u sich nur wenig bis gar nicht und positive Werte sich erkennbar auf den transformierten Wert f(u) auswirken. Durch die Verwendung nichtlinearer Aktivierungsfunktionen lassen sich nichtlineare Zusammenhänge gut lernen. Ein Beispiel für eine häufig verwendete **Aktivierungsfunktion** ist die **ReLU-Funktion,** wobei ReLU für das englische Wort „rectified linear unit" steht. Sie liefert für alle negativen u das Ergebnis $f(u)=0$ und für positive u den unveränderten Wert $f(u)=u$. Man beachte, dass sich der Bias b hier wie ein Schwellenwert auf die Linearkombination $L=w_1 \cdot Z_1+\vdots+w_k \cdot Z_k$ auswirkt: liegt die Linearkombination L unterhalb von –b, dann ist $u=L+b$ negativ und f(u) liefert den Wert 0. Damit führen nur Werte von L oberhalb von –b zu einer Veränderung des Ergebnisses f(u). Das Perzeptron verarbeitet idR die eigehenden Werte Z_1 bis Z_k auf diese Weise nicht nur einmal sondern mehrfach, um sie als ausgehende Werte an mehrere Perzeptrone weiterzugegeben. Künstliche neuronale Netze werden, wie Regressionsmodelle, zum überwachten Lernen verwendet, kommen aber auch beim unüberwachten, halb-überwachten und Verstärkungslernen zur Anwendung.

2. Vorwärtsgerichtete neuronale Netzwerke

Vorwärtsgerichtete künstliche neuronale Netzwerke (engl. **„feedforward networks"**)[42] **60**
bestehen aus **Schichten von Perzeptronen** (engl. „layers"). Diese Schichten werden hintereinandergeschaltet, dh die Perzeptronen einer Schicht geben nur Informationen an die Perzeptronen der darauffolgenden Schicht weiter. Die erste Schicht dient als Eingabe- und die letzte als Ausgabeschicht. Die Eingangsvariablen der Eingabeschicht sind die Originalvariablen aus den Daten. In der letzten Schicht wird idR keine Aktivierungsfunktion mehr angewendet. Beim überwachten Lernen liefern sie als Ausgabe eine Vorhersage y

---

[41] Munro et al., Handbuch Data Science und KI – Mit Machine Learning und Datenanalyse Wert aus Daten generieren, 436 ff.

[42] Goodfellow/Bengio/Courville, Deep Learning, 164 ff.

$(X_1,\ldots,X_k)$ für den Wert einer Zielvariable Y in Abhängigkeit der Werte der Eingangsvariablen X_1 bis X_k. Man spricht von einem „tiefen künstlichen neuronalen Netz", wenn es viele innere Schichten hat. Je tiefer das künstliche neurale Netz ist, desto komplexer kann die Vorhersage von den Eingangsvariablen abhängen. Auch die Zahl der Perzeptronen pro Schicht spielt eine Rolle. Die Zahl der Schichten, ihrer Perzeptronen und die Art ihrer Verbindungen werden als die „Architektur" des künstlichen neuronalen Netzes bezeichnet. Welche Architektur für welches Problem am besten geeignet ist, lässt sich oft nicht klar beantworten und muss Anhand von Vorerfahrungen oder den Daten selbst entschieden werden. Geht es um Aufgaben des überwachten Lernens, müssen auch hier Methoden und/ oder Maßnahmen zur Vermeidung einer Überanpassung angewendet werden.

3. Neuronale Faltungsnetzwerke

61 Neuronale Faltungsnetzwerke[43] (engl. **„Convolutional Neural Networks"**)[44],[45] werden vor allem bei der **Bild- und Sprachverarbeitung** verwendet. Sie nutzen typische Regelmäßigkeiten der entsprechenden Daten aus, zB dass diese nach einer räumlichen oder zeitlichen Verschiebung ihren Sinn nicht verlieren. Wo sich eine Katze im Bild befindet, sollte bei der Erkennung der Katze keine Rolle spielen. Ähnlich sollte der Zeitpunkt einer Sprachnachricht (neben ihrem Kontext) keinen Einfluss auf ihre Bedeutung haben. Aus diesem Grund können in einer Schicht **strukturell identische Perzeptronen** neben einander gestellt werden. Aufgrund dieser Regelmäßigkeit können viele Gewichte des neuronalen Netzwerkes identisch gewählt werden, was deren Zahl und damit die Komplexität des Netzwerkes erheblich verringert. Da auf diese Weise dasselbe Gewicht von mehrere Perzeptronen verwendet wird, spricht man hier auch von Netzwerken mit „geteilten Parametern". Durch die so erzielte Reduktion der Komplexität des künstlichen neuronalen Netzwerkes wird der Gefahr einer Überanpassung stark entgegengewirkt und es kann ggf. schon mit weniger Datenbeispielen ein gutes Ergebnis erzielt werden.

62 In neuronalen Faltungsnetzwerken werden zudem die ausgehenden Werte benachbarter Perzeptronen miteinander kombiniert (zB durch Verwendung des Größten dieser Werte), bevor sie an das jeweilige Perzeptron weitergegeben werden. Dieser als **„Pooling"** bezeichnete Schritt stabilisiert die Ausgabe bzgl. kleiner räumlicher oder zeitlicher Ungenauigkeiten in den Daten (zB bezüglich der Lage eines Auges der Katze, das durch die Pixelintensitäten nicht scharf identifizierbar ist). Pooling ermöglicht auch, dass ein und dasselbe neuronale Netzwerk mit gänzlich unterschiedlich langen Eingaben, zB unterschiedlich großen Bildern oder unterschiedlich langen Texten, trainiert werden kann, indem dem Netz ein jeweils an die Größe der Eingabe angepasster Pooling-Layer vorgeschaltet wird.

4. Rekurrente Neuronale Netzwerke

63 Rekurrente Neuronale Netzwerke[46],[47] sind ebenfalls Netzwerke mit geteilten Parametern, die besonders zur Verarbeitung von **zeitlich geordneten Daten** wie zB Sprachsignalen geeignet sind. Sie erlauben in jedem Zeitpunkt die Daten aller vorausgehenden Zeitpunkte (nennen wir sie die „historischen Daten") als Input mitzuverwenden. Dies geschieht durch eine **rekursive, strukturell immer gleichartige** (und damit immer gleich lange) **Zusammenfassung** der aktuellen Input- und historischen Daten. Das kann dann mittels eines

---

[43] Beyerer/León/Frese/Meyer, Automatische Sichtprüfung – Grundlagen, Methoden und Praxis der Bildgewinnung und Bildauswertung, 613 ff.
[44] Goodfellow/Bengio/Courville, Deep Learning, 336 ff.
[45] Munro et al., Handbuch Data Science und KI – Mit Machine Learning und Datenanalyse Wert aus Daten generieren, 440 ff.
[46] Goodfellow/Bengio/Courville, Deep Learning, 367 ff.
[47] Munro et al., Handbuch Data Science und KI – Mit Machine Learning und Datenanalyse Wert aus Daten generieren, 444 ff.

zeitlich konstanten neuronalen Netzes realisiert und so aus den Daten gelernt werden. Durch die zu jedem Zeitpunkt immer gleichartig strukturierte Zusammenfassung aller bisherigen Inputvariablen kann auch die zeitlich folgende Zielvariable mit einem neuronalen Netzwerk vorhergesagt werden, das zeitlich konstant bleibt. Auf diese Weise kommt es zu einer massiven Parameterwiederverwendung und die Zahl der zu lernenden (geteilten) Parameter bleibt trotz der zeitlich steigenden Gesamtzahl an Eingangs- und Zielvariablen konstant. Es gibt verschiedene Versionen und Verfeinerungen von rekurrenten neuronalen Netzwerken, die aber alle auf dem gleicher, oben beschriebenen Grundidee basieren.

5. Autoencoder und andere Encoder-Decoder-Systeme

Autoencoder sind neuronale Netzwerke, die niedrigdimensionale Strukturen in den Daten identifizieren sollen, dh es geht um ein unüberwachtes Lernen mit dem Ziel der Dimensionsreduktion. Sie bestehen aus zwei hintereinander geschalteten, vorwärtsgerichteten neuronalen Netzwerken, die darauf trainiert werden, die Eingabevariablen zu „kopieren", genauer gesagt, die Eingabevariablen selbst vorherzusagen, allerdings mit einer kleineren Zahl an sog. (synthetischen und unbeobachteten) **„latenten Variablen"**, dh eine Zahl von Variablen, die deutlich kleiner ist als die Zahl der Eingangsvariablen. Die latenten Variablen werden durch das erste neuronale Netzwerk, dem sog. „Encoder" gebildet, der die Daten so zu sagen niedrigdimensional „codiert". Durch das zweite neuronale Netzwerk, dem sog. „Decoder" werden die latenten Variablen wieder auf den ursprünglichen Inputraum zurück abgebildet (also „dekodiert"), so dass der Output des Autoencoders die Struktur des Inputs hat. Die zwei hintereinander geschalteten Netzwerke werden dann so trainiert, dass der Output dem jeweiligen Input möglichst ähnlich wird.[48] Dies ermöglicht zB das bereits erwähnte Manifold Learning. **64**

Da eine „Kopie" des Inputs für sich genommen keinen wirklichen Nutzen hat, liegt das Interesse am Output des Encoders. Der Decoder dient hier primär dazu, den Encoder zu trainieren. Der Output des Encoders liefert die niedrigdimensionale Repräsentation der Daten, die zB zur Datenkomprimierung oder auch zum schnellen Finden von spezifischen Datenpunkten oder Einträgen in Datenbanken, dem sog. **„Information Retrieval"**, verwendet werden kann.[49] Der Output des Encoders kann auch zur Weiterverarbeitung verwendet werden, zB für eine überwachte Lernaufgabe. Die (sich oft erfüllende) Hoffnung besteht darin, dass durch den Encoder ein unsystematischer und wenig nutzbarer Teil der Daten entfernt wird (so etwas wie ein weißes Rauschen) und die **kodierten Daten dann aussagekräftiger** sind als die Originaldaten. **65**

Encoder-Decoder Systeme haben sich ganz allgemein als sehr erfolgreiches Basiskonzept für viele Innovationen in der Sprach- und Bildverarbeitung erwiesen, zB bei sog. **Transfomer-Modellen**[50], die ursprünglich für Algorithmen zur Sprachübersetzung entwickelt und mittlerweile auch für andere Spracherkennungsaufgaben sowie bei großen Sprachmodellen angewendet bzw. für diese weiterentwickelt wurden. In diesen Anwendungen kommt dem Decoder eine deutliche bedeutendere Rolle zu: Er kopiert nicht die Eingabe, sondern prognostiziert das nächste Wort unter Verwendung der bisherigen Eingabewörter (oder allgemeiner, von kleinen Eingabeeinheiten, die als „Tokens" bezeichnet werden) und seinen vorherigen Prognosen. Der Encoder codiert die bisherigen Eingaben und übergibt diese dem Decoder. In Transformer-Modellen verwenden der Encoder und Decoder einen Ansatz, der als „Self-Attention Learning" bezeichnet wird und der es ermöglicht aus den Daten zu lernen, in welcher Weise und mit welcher Gewichtung die vorausgegangenen Eingaben und Prognosen in die nächste Prognose eingehen sollen. **66**

---

48 Goodfellow/Bengio/Courville, Deep Learning, 499 ff.
49 Goodfellow/Bengio/Courville, Deep Learning, 522.
50 Munro et al., Handbuch Data Science und KI – Mit Machine Learning und Datenanalyse Wert aus Daten generieren, 455 ff.

67 Encoder-Decoder Systeme und insbesondere Transformer bilden auch die Basis für sog. **„Multimodale Modelle“** bei denen unterschiedliche Datentypen (Daten-Modalitäten) wie zB Texte und Bilder gemeinsam verarbeitet oder ineinander übersetzt werden können. Dies gelingt durch das Lernen gemeinsamer latenter Variablen mit an die jeweilige Modalität angepassten Encoder und Decodern, die in gewisser Weise den auf die verschiedenen Modalitäten übertagbaren „Sinn“ eines Bildes und Textes codieren.

6. Generative Künstliche Intelligenz

68 Generative Modelle[51] sind statistische Modelle, die in der Lage **sind, neue, künstliche Daten** zu erzeugen, die den realen Daten sehr ähnlich sind. Mittlerweile ist das für sehr komplexe Daten, wie zB Texten, Bildern und ganzen Videosequenzen, erstaunlich gut möglich. Der Grundgedanke dieser Modelle besteht darin, die Daten nicht auf wenige wesentliche (und möglichst zufallsbefreite) Dimensionen zu reduzieren, sondern im Gegenteil, ihr grundsätzlich zufallsbehaftetes Verhalten vollständig zu erfassen, oder genauer gesagt, den sie erzeugenden zufallsbehafteten Prozess so weit wie notwendig und dabei so genau wie möglich zu modellieren. „So weit wie notwendig“ bedeutet hier, dass nicht der reale (zB physikalische, biologische oder soziologische) Prozess der Datenentstehung verstanden und nachgebildet werden muss. Es genügt lediglich, das resultierende statistische Verhalten zu modellieren. Die Wahrscheinlichkeitstheorie liefert dafür den geeigneten formalen Rahmen sowie die notwendigen Begriffe und Ansätze. Die Grundidee besteht also darin, jedem denkbaren Datenpunkt (also zB jedem denkbaren Bild) eine Wahrscheinlichkeit zuzuordnen (die auch Null sein kein), die jener möglichst nahekommt, mit der der Datenpunkt hätte beobachtet werden können. Bei sehr einfachen Daten, wie zB Daten mit den zwei Variablen, Volljährigkeit (ja/nein) und Händigkeit (rechts/links) von Kunden, ist eine Schätzung dieser Wahrscheinlichkeiten sehr einfach, nämlich einfach durch Zählen und Bestimmung der relativen Häufigkeiten, mit denen die vier möglichen Variablenkombinationen in den Daten auftreten. Diese Daten sind nicht nur wegen der geringen Zahl an Variablen (zwei) und möglichen Werte (jeweils zwei) einfach, sondern auch weil die beiden Variablen sich praktisch unabhängig voneinander verhalten: Die Händigkeit einer Person hängt (idR) nicht vom Alter ab und daher ist der Anteil der Rechtshänder bei Minder- und Volljährigen praktisch identisch. Wir können also sogar die relativen Häufigkeiten für jede Variable einzeln bestimmen und die Wahrscheinlichkeit einer Variablenkombination durch Multiplikation der Einzelwahrscheinlichkeiten rekonstruieren. Zudem können realistische Daten leicht erzeugt werden: Man muss nur die Werte der zwei Variablen mit der jeweils geschätzten Wahrscheinlichkeit zufällig (und unabhängig voneinander) auswählen, was heutzutage mittels numerischer Zufallsgeneratoren leicht möglich ist. Die Unabhängigkeit zwischen den Variablen eines Datensatzes findet man jedoch selten. Sie würde zB bei den Variablen Volljährigkeit und Jahreseinkommen sicher nicht mehr gelten.

69 Bei hochdimensionalen und komplexen Daten, wie zB Daten von Texten oder Bildern, ist eine Schätzung der Wahrscheinlichkeiten und die **Generierung von entsprechend zufälligen Daten** nicht mehr so leicht möglich. Bilddaten bestehen zB aus Farbintensitäten von Millionen von Pixeln und nur wenige der kombinatorisch möglichen Intensitäten der Pixel eines Bildes sind realistisch. Daher ist eine gute Schätzung oder Modellierung der Wahrscheinlichkeiten einzelner Bilder (und anderer Datentypen) sehr viel schwieriger und benötigt einerseits sehr viele Datenbeispiele und anderseits fortgeschrittene und komplexe Methoden der Statistik und Informatik um realistische Wahrscheinlichkeiten (und damit die den **Daten zugrundeliegende Verteilung**) zu schätzen. Zudem benötigt man Ansätze und Methoden, die uns erlauben aus der geschätzten Verteilung neue Daten zu generieren. Künstliche neuronale Netze liefern auch hier sehr erfolgreiche Methoden und Algorithmen.

---

[51] Munro et al., Handbuch Data Science und KI – Mit Machine Learning und Datenanalyse Wert aus Daten generieren, 434–435, 566–567.

Ein Beispiel sind die bereits beschriebenen Transformer-Modelle zur Sprachverarbeitung. Da die Zahl der Methoden sehr groß ist und die Entwicklung immer besserer generativer Modelle wohl noch lange nicht abgeschlossen ist, sollen hier zur Veranschaulichung nur zwei weitere grundsätzliche Ansätze vorgestellt werden.

Die erste Methode basiert auf sog. „flussbasierten generativen Modellen" (engl. **„normalizing flows"**), die k Variablen X_1 bis X_k eines Datensatzes als Transformationen von k unbeobachteten, latenten Variablen Z_1 bis Z_k verstehen, deren Verteilung bekannt bzw. festgelegt ist. Typischerweise wird angenommen, dass die latenten Variablen Z_1 bis Z_k (standard) normalverteilt sind und sich unabhängig voneinander verhalten (sowie wie Volljährig- und Händigkeit des anfänglichen Beispiels). Das statistische Modell für die beobachteten Variablen enthält man dann durch das Lernen eines Zusammenhangs zwischen den Originaldaten X_1 bis X_k und latenten Variablen Z_1 bis Z_k mittels Funktionen f_1 bis f_k, dh $X_1=f_1(Z_1,\ldots,Z_k)$ bis $X_k=f_k(Z_1,\ldots,Z_k)$. Diese Funktionen können mit neuronalen Netzen aus den Daten gelernt werden. Durch die Tatsache, dass sich jeder der latenten Variablen auf jede Ursprungsvariable X_1 bis X_k auswirkt, können komplexe Abhängigkeiten zwischen den Variablen modelliert werden. Neue, synthetische Daten können dann durch zufälliges Genieren der Werte der latenten Variablen Z_1 bis Z_k (über einem Zufallsgenerator) und ihrer Transformation zu Werten von X_1 bis X_k generiert werden. 70

Die zweite Art von Methoden bilden sog. **„Generative Adversarial Networks (GAN)"**[52],[53], die aus zwei künstlichen neuronalen Netzen bestehen: dem sog. „Generator" und „Diskriminator", die wie zwei Spieler gegeneinander spielen. Der Generator erzeugt in jeder „Spielrunde" synthetische Datenbeispiele und der Diskriminator versucht die synthetischen von den realen Datenbeispielen zu unterscheiden. Genauer gesagt, berechnet er für jedes Datenbeispiel die Wahrscheinlichkeit, dass es ein reales ist. Der Diskriminator ist zB ein vorwärtsgerichtetes neuronales Netzwerk, das in jeder Spielrunde mittels eines überwachten Lernens trainiert werden kann, denn von allen Datenbeispielen ist ja bekannt, ob sie real oder synthetisch sind. Der Generator ist ein generatives neuronales Netz das ähnlich wie ein flussbasiertes generatives Modell synthetische Daten aus einer Transformation von rein zufälligen latenten Variablen erzeugt. Der Generator wird dann jeder Spielrunde auf eine solche Weise verbessert, dass es dem Diskriminator in der nächsten Runde schwerer fallen wird, die realen von den synthetischen Daten zu unterscheiden, dh die vom Diskriminator geschätzten Wahrscheinlichkeiten weniger extrem ausfallen werden. 71

7. Große Sprachmodelle

Große Sprachmodelle wie zB ChatGPT sind generative neuronale Netze mit vielen Schichten und Milliarden bis hunderten von Milliarden Parametern, die auf Transformer-Architekturen basieren. Sie müssen mit entsprechend vielen Datenbeispielen und in mehreren Phasen trainiert werden. Typischerweise werden sie in einer Pre-Trainingsphase mit Methoden des sog. **„selbst-überwachten Lernens"** (engl. „Self-supervised Learning") trainiert, bei dem Datenpunkte, in diesem Fall Wörter, für die Trainingsdaten zufällig entfernt werden, um sie das Netzwerk vorhersagen zu lassen. Das Training kann dann wie beim überwachten Lernen erfolgen, da die ausgelassenen Datenpunkte bekannt sind. In einer weiteren Phase werden Schwächen des Modelles mit menschlichen Anweisungen gezielt reduziert und schließlich mit Methoden des Verstärkungslernen unter einfachem menschlichem Feedback verbessert.[54] 72

---

[52] Goodfellow et al., Generative Adversarial Nets, 1 ff.

[53] Munro et al., Handbuch Data Science und KI – Mit Machine Learning und Datenanalyse Wert aus Daten generieren, 451 ff.

[54] Munro et al., Handbuch Data Science und KI – Mit Machine Learning und Datenanalyse Wert aus Daten generieren, 570 ff.

Teil B. Zugang zu Daten

Kapitel 4. Data Act

Übersicht

Siehe zu diesem Themenkomplex auch
– Cloud Switching → Kap. 9 Rn. 9 ff.
– Sektorspezifische Spezialregelungen → Kap. 8 Rn. 1 ff.
– Vertragsgestaltung Data Act → Kap. 11 Rn. 11 ff.; → Kap. 13 Rn. 43 ff.
– Informationssicherheit → Kap. 21. Rn. 1 ff.

I. Einleitung

1 Die Verordnung (EU) 2023/2854 über harmonisierte Vorschriften für einen fairen Datenzugang und eine faire Datennutzung (Data Act, nachfolgend auch „DA") bildet nach Auffassung der Kommission eine zentrale Säule der **europäischen Datenstrategie**[1] und soll zur Verwirklichung des **europäischen Datenbinnenmarktes** beitragen.[2] Durch die im Data Act vorgesehene Zugänglichmachung von Industriedaten erhofft sich die Europäische Kommission wesentliche Mehrwerte für die europäische Wirtschaft.[3] So sollen auf Basis der nunmehr verfügbaren Daten gänzlich neue Services entstehen sowie wettbewerbsfähigere Preise für After-Market-Services (zB Reparaturen) ermöglicht werden.[4]

2 Um den nach Auffassung des Europäischen Gesetzgebers im Zusammenhang mit der Verwirklichung eines europäischen Datenbinnenmarktes bestehenden Hindernissen[5] zu begegnen, sieht der Data Act ua folgende **Regelungsinhalte** vor:

- Recht der Nutzer auf Zugang und Nutzung von Daten, die im Zusammenhang mit vernetzten Produkten, damit verbundenen Diensten oder virtuellen Assistenten generiert werden (Art. 1 Abs. 1 lit. a, b, 3–7 DA);
- Verbot unfairer Vertragsklauseln in standardisierten Datenlizenzverträgen und Gebot der Einhaltung von FRAND-Bedingungen[6] im Zusammenhang mit der Gewährung des Datenzugangs zwischen Unternehmen bei Bestehen einer gesetzlichen Pflicht zur Datenherausgabe (Art. 8 ff., 13 DA);
- Recht auf Datenzugang und -nutzung durch öffentliche Stellen bei Vorliegen außergewöhnlicher Umstände, die eine Bereitstellung der Daten notwendig machen (Art. 1 Abs. 1 lit. c, 14–22 DA);
- Erleichterung des Wechsels von Datenverarbeitungsdiensten (insbes. Cloud- und Edge-Anbieter) (Art. 1 Abs. 1 lit. a, d, 23 ff. DA);

---

1 Mitteilung der Kommission an das Europäische Parlament, den Europäischen Rat, den Europäischen Wirtschafts- und Sozialausschuss und den Ausschuss der Regionen, Eine Europäische Datenstrategie, COM (2020) 66 final; Europäische Kommission, Pressemitteilung, A European strategy for data, www.digital-strategy.ec.europa.eu/en/policies/strategy-data.
2 Vgl. hierzu Erwgr. 4 DA.
3 Europäische Kommission, Pressemitteilung vom 23.2.2022 zum Kommissionsentwurf, www.ec.europa.eu/commission/presscorner/detail/en/ip_22_1113.
4 Europäische Kommission, Pressemitteilung vom 23.2.2022 zum Kommissionsentwurf, www.ec.europa.eu/commission/presscorner/detail/en/ip_22_1113.
5 Siehe hierzu Erwgr. 2 DA.
6 FRAND steht für „fair, reasonable and non-discriminatory". → Rn. 128 ff.

– Anforderungen an die Interoperabilität von Datenverarbeitungsdiensten sowie Schutzmaßnahmen im Bereich internationaler Datenübertragung (Art. 1 Abs. 1 lit. e, 32, 33–35 DA).

Auch wenn der Data Act als horizontaler, sektorübergreifender Rechtsakt ausgestaltet ist, sind neben den Befugnissen der Europäischen Kommission zur Konkretisierung im Rahmen von Leitlinien und (harmonisierten) Standards (zB Art. 9 Abs. 5, Art. 17 Abs. 6 DA) gewisse **sektorspezifische Sonderregelungen** zu erwarten. So wird für bestimmte Bereiche eine Konkretisierung der Datenzugangsansprüche diskutiert – etwa für den Automotive-Bereich im Rahmen der Typgenehmigungsverordnung.[7] Zu erwähnen bleibt im Hinblick auf die Umsetzung der Anforderungen des Data Acts, dass es hinsichtlich der Ausgestaltung der nationalen Aufsicht eines entsprechenden Durchführungsgesetzes bedarf.[8] 3

Mit dem Data Act endet die auf nationaler sowie europäischer Ebene geführte Diskussion um die Frage der Etablierung eines „Dateneigentums".[9] Grund hierfür sind die im Data Act vorgesehenen Datenzugangsansprüche des Nutzers, die als Gegenentwurf zu einem Dateneigentum zu verstehen sind. **Ohne Immaterialgüterrechte** zu begründen, etabliert der Data Act gesetzliche Zugangsrechte des Nutzers – sowie eines Dritten auf Verlangen des Nutzers. Daten bleiben mithin auch im Anwendungsbereich des Data Acts gemeinfrei, unterliegen jedoch gewissen gesetzlichen Verwendungsbeschränkungen auf Seiten des Nutzers, des Dateninhabers sowie des Datenempfängers. In diesem Zusammenhang ist ferner die Bestimmung des Art. 7 Abs. 2 DA zu beachten, wonach vertragliche Bestimmungen, die zum Nachteil des Nutzers von den Art. 3–7 DA abweichen oder die Wirkung dieser Rechte abändern, für den Nutzer nicht bindend sind (→ Kap. 11 Rn. 317 ff.). 4

Der Data Act trat am **11.1.2024** in Kraft.[10] Ein Großteil der Vorschriften des Data Acts – insbesondere die Datenbereitstellungspflichten nach Art. 4 Abs. 1 und Art. 5 Abs. 1 DA sowie die Anforderungen an Datenbereitstellungsverträge – gelten ab **12.9.2025.**[11] Die die Hersteller treffenden Pflichten bzgl. der Konzeption und Entwicklung von vernetzten Produkten und verbundenen Diensten gelten hingegen ab **12.9.2026.**[12] 5

II. Akteure

Der Data Act basiert auf einer Rollenverteilung zwischen Dateninhaber, Nutzer und Dritten. Die rechtlichen Rahmenbedingungen hierfür werden in den Artikeln 3–12 des Data Act detailliert geregelt. Im Mittelpunkt steht der Nutzer, dem die rechtliche Kontrolle über den Zugang zu und die Nutzung von Daten übertragen wird.[13] Gleichzeitig wird die 6

[7] Verschiedene Institutionen und Vereine setzen sich aktiv für eine solche sektorspezifische Gesetzgebung für die Automobilbranche ein, siehe etwa European Associaction of Automotive Suppliers, Pressemitteilung vom 23.9.2024 www.clepa.eu/mediaroom/eu-co-legislators-reach-agreement-on-the-data-act-a-sector-specific-legislation-must-now-quickly-follow/.

[8] Siehe hierzu Art. 27 DA. Siehe zum Referentenentwurf des BMWK vom 5.2.2025: https://www.bundeswirtschaftsministerium.de/Redaktion/DE/Artikel/Service/Gesetzesvorhaben/20250214-entwurf-data-act-durchfuehrungsgesetz.html. Eine Auseinandersetzung mit dem Referentenentwurf erfolgt bei Dose MMR 2025, 591 sowie Dieckhoff/Hempel MMR 2025, 494.

[9] Zur Diskussion über die Schaffung eines Ausschließlichkeitsrechtes an Daten siehe Zech CR 2015, 137 (145 f.); Riehm VersR 2019, 714 (716); Sassenberg/Faber/Sattler Industrie 4.0-HdB § 2 Rn. 11 ff.; eingehend Schur, Die Lizenzierung von Daten, 2020, S. 242 ff.; ablehnend Steinrötter FS Taeger, 2020, 491 (507 f.); Wiebe GRUR-Int 2016, 877 (880 f.); befürwortend: Behling ZGE 2021, 3 (38 ff.).

[10] Verordnung (EU) 2023/2854 des Europäischen Parlaments und des Rates vom 13.12.2023 über harmonisierte Vorschriften für einen fairen Datenzugang und eine faire Datennutzung sowie zur Änderung der Verordnung (EU) 2017/2394 und der Richtlinie (EU) 2020/1828 (Datenverordnung) (ABl. L, 2023/2854).

[11] Vgl. Art. 50 Abs. 2 DA.

[12] Art. 50 Abs. 3 DA.

[13] Vgl. Specht-Riemenschneider MMR 2022, 809 (814).

faktische Kontrolle durch den Dateninhaber implizit anerkannt.[14] Diese Rollenverteilung führt in der praktischen Umsetzung jedoch zu einer Reihe von Herausforderungen.[15]

1. Verpflichtete

a) Dateninhaber

7 **Dateninhaber** ist nach Art. 2 Nr. 6 DA eine juristische oder natürliche Person, die unter dem Data Act, oder sonstigem europäischem Recht befugt oder verpflichtet ist, Daten zu nutzen und bereitzustellen. Es ist nicht notwendig, dass der Dateninhaber seinen Sitz innerhalb der Europäischen Union hat.[16]

8 Es wird allgemein angenommen, dass der Dateninhaber die Person ist, die die **faktische Kontrolle** über die Daten hat.[17] Wer Zugang geben kann, weil er die Daten faktisch kontrolliert, soll Zugang gewähren.[18] Dateninhaber kann insbesondere der Hersteller des vernetzten Produktes sein.[19] Bei verbundenen Diensten ist der Dateninhaber in der Regel der Anbieter des Dienstes.

9 Es ist nicht erforderlich, dass die Daten beim Dateninhaber gespeichert werden; es genügt, wenn der Dateninhaber **Zugriffsmöglichkeiten** auf bei Dritten gespeicherte Daten hat.[20] **Auftragsverarbeiter** iSv Art. 4 Nr. 8 DS-GVO gelten nicht als Dateninhaber.[21] Sie können jedoch von dem Dateninhaber als Verantwortlichen beauftragt werden, Daten bereitzustellen.[22]

10 Fraglich ist, ob die Stellung als Dateninhaber auch die **Kontrolle über die technische Konzeption** des vernetzten Produktes erfordert. Dies war in den Vorversionen des Data Acts so vorgesehen. Nach Art. 2 Nr. 6 DA-E des Kommissionsvorschlags war Dateninhaber von nicht-personenbezogenen Daten, wer „durch die Kontrolle über die technische Konzeption des Produktes und damit verbundener Dienste in der Lage ist, bestimmte Daten bereitzustellen".

11 Das einschränkende Merkmal des Kommissionsentwurfs, dass der Dateninhaber „Kontrolle über die technische Konzeption des Produktes" haben muss, wurde jedoch in der finalen Fassung des Data Act aufgegeben. Dies deutet darauf hin, dass der Dateninhaber nicht unbedingt direkten, technischen Zugriff auf die Daten haben muss. Siehe hierzu auch die FAQs der Europäischen Kommission zum Data Act, wonach die Bestimmung, wer Dateninhaber ist, nicht davon abhängt, wer die Hardware oder Software produziert hat, sondern davon, wer den Zugang zu den ohne Weiteres verfügbaren Daten kontrolliert.[23]

b) Hersteller vernetzter Produkte bzw. Entwickler von verbundenen Diensten

12 Art. 3 Abs. 1 DA (Access by Design) verpflichtet im Ergebnis den Hersteller des vernetzten Produktes bzw. den Entwickler des verbundenen Dienstes, da nur diese die betreffenden **Zugriffsmöglichkeiten technisch konzipieren** und umsetzen können.[24]

---

14 Specht-Riemenschneider MMR 2022, 809 (818); Metzger/Schweitzer ZEuP 2023, 42 (48).
15 Metzger/Schweitzer ZEuP 2023, 42 (51 f.); Merkle/Bomhard RDi 2022, 168 (169 ff.).
16 Art. 1 Abs. 3 lit. c DA.
17 Siehe hierzu bei Borges/Keil Big Data-HdB/Berberich § 3 Rn. 20, 56 mwN.
18 Kaesling GRUR 2024, 821 (825).
19 Erwgr. 20 DA; Etzkorn RDi 2024, 116 (118).
20 Erwgr. 22 DA.
21 Erwgr. 22 DA; Schemmel CB 2024, 301 (302); Rockstroh/Katko/Meyer DA Compliance-HdB/Schwinger Kap. 2 Rn. 90.
22 Erwgr. 22 DA; BeckOK DatenschutzR/Schild DA Art. 2 Rn. 81.
23 Vgl. Europäische Kommission, FAQs Data Act, Stand 3.2.2025, Version 1.2, Frage 21, https://digital-strategy.ec.europa.eu/en/library/commission-publishes-frequently-asked-questions-about-data-act.
24 Hartl/Vogel LTZ 2024, 104 (107); BeckOK DatenschutzR/Schemmel DA Art. 3 Rn. 6; Weinhold/Schröder ZD 2024, 306 (309); vgl. Wunner ZUM 2024, 424 (429).

Unerheblich ist auch in diesem Fall, ob der Hersteller bzw. Entwickler seinen Sitz innerhalb der europäischen Union hat. Allein ausschlaggebend ist, ob das vernetzte Produkte auf dem **Binnenmarkt** in Verkehr gebracht wurde oder im Falle verbundener Dienste dort angeboten wird.[25] **13**

c) Ausnahme für KMU

Die Pflichten gem. Art. 3–6 DA gelten gem. Art. 7 Abs. 1 DA nicht für Daten, die bei der Nutzung von vernetzten Produkten oder verbundenen Diensten generiert werden, die von einem **Kleinstunternehmen** oder einem **Kleinunternehmen** („KKU“) hergestellt oder konzipiert werden.[26] Dies gilt jedoch zum einen nicht, wenn ein KKU ein Partnerunternehmen oder ein verbundenes Unternehmen iSv Art. 3 des Anhangs der Empfehlung 2003/361/EG hat, das nicht als Kleinstunternehmen oder Kleinunternehmen gilt. Zum anderen gilt die Ausnahme dann nicht, wenn das KKU als Unterauftragnehmer mit der Herstellung oder Konzeption eines vernetzten Produkts oder der Erbringung eines verbundenen Dienstes beauftragt ist. **14**

Die Ausnahme für KKU ist jedoch in zweifacher Hinsicht unklar. Nach ihrem Wortlaut nimmt sie KKU insgesamt von den Regelungen „dieses Kapitels“, also den Art. 3–6 DA aus.[27] Allerdings wird in den Erwägungsgründen ausdrücklich klargestellt, dass ein KKU, soweit es weder Hersteller des vernetzten Produktes noch Erbringer eines verbundenen Dienstes ist, als Dateninhaber den Pflichten des Data Act unterliegen kann.[28] Zudem bezieht sich die Ausnahme des Art. 7 DA explizit nur auf Daten, die von vernetzten Produkten oder verbundenen Diensten generiert werden, die von einem KKU hergestellt oder konzipiert wurden.[29] Beides könnte dafür sprechen, dass KKU auch in den Fällen, in denen sie das vernetzte Produkt hergestellt oder den verbundenen Dienst konzipiert haben, nur in Bezug auf die Access by Design-Verpflichtung gem. Art. 3 Abs. 1 DA privilegiert werden sollten, nicht aber bezüglich der sonstigen Pflichten des Kapitels II. Dies wäre jedoch im Ergebnis misslich, da auch die sonstigen Pflichten, insbesondere die Erfüllung der Datenzugangsansprüche gem. Art. 4 und 5 DA mit erheblichen Aufwänden insbesondere für die Ausgestaltung interner Prozesse einhergehen, die KKU unter Umstände vor große Herausforderungen stellen können. Der überwiegende Teil der Literatur geht daher davon aus, dass in diesen Fällen KKU insgesamt von den Pflichten des Kapitels II freigestellt sind.[30] **15**

Unklar ist zudem, ob nur die Kleinst- oder Kleinunternehmen selbst von den Pflichten befreit sind oder jeder Dateninhaber bzw. weitere Akteur, sofern es sich um Daten handelt, die im Zusammenhang mit den von KKU hergestellten Produkten oder erbrachten Diensten stehen.[31] **16**

---

[25] Art. 1 Abs. 3 lit. a; Die Mitteilung der Kommission, Leitfaden für die Umsetzung der Produktvorschriften EU 2022 („Blue Guide“) 2022/C 247/01 diente als Inspiration für die Regelungen des Data Act bezüglich vernetzter Produkte und bietet umfassende Hinweise zu diesem Thema.

[26] Die genaue Definition ergibt sich aus der Empfehlung 2003/361/EG der Europäischen Kommission. Kriterien für Kleinstunternehmen: Weniger als 10 Mitarbeiter und maximal 2 Millionen Euro Jahresumsatz oder Jahresbilanzsumme. Kriterien für Kleinunternehmen: Weniger als 50 Mitarbeiter und maximal 10 Millionen Euro Jahresumsatz oder Jahresbilanzsumme.

[27] BeckOK DatenschutzR/Schemmel DA Art. 7 Rn. 5 mwN.

[28] Erwgr. 41 DA.

[29] Auch aus Erwgr. 41 DA geht hervor, dass sich die Ausnahme wohl nur auf die Konzeptionspflichten bezieht: „Angesichts des derzeitigen Stands der Technik wäre es zu aufwendig, Kleinstunternehmen und Kleinunternehmen weitere Konzeptionspflichten für vernetzte Produkte, die von ihnen hergestellt oder konzipiert, oder verbundene Dienste, die von ihnen erbracht werden, aufzuerlegen.“.

[30] HK-DatenR/Sattler DA Art. 7 Rn. 20; HEKLW DA/Ebner/Wienroeder S. 50; Rockstroh/Katko/Meyer DA Compliance-HdB/Frison/Katko/Schels Kap. 2 Rn. 485.

[31] So wohl BeckOK DatenschutzR/Schemmel DA Art. 7 Rn. 5, Hartmann/McGuire/Schulte-Nölke RDi 2023, 49 (58); HEKLW DA/Ebner/Wienroeder S. 50.

17 Eine entsprechende Ausnahme besteht gem. Art. 7 Abs. 1 UAbs. 2 DA für (i) von vernetzten Produkten generierten Daten, soweit diese von einem **mittleren Unternehmen**[32] hergestellt werden, das seit weniger als einem Jahr als mittleres Unternehmen eingestuft ist. Zudem besteht die Ausnahme (ii) für verbundene Dienste, die von einem solchen Unternehmen erbracht werden sowie (iii) für vernetzte Produkte für ein Jahr nach dem Zeitpunkt ihres Inverkehrbringens durch ein mittleres Unternehmen. Anders als UAbs. 1 enthält die Regelung keine Rückausnahme im Falle **verbundener Unternehmen,** bei denen es sich nicht um KMU handelt oder einer **Unterauftragnehmerkonstellation.** Allerdings scheint es sich dabei um ein gesetzgeberisches Versehen zu handeln. So ergibt sich aus Erwgr. 41 DA, dass die betreffenden Unterausnahmen auch im Falle von mittleren Unternehmen gelten. Für eine unterschiedliche Behandlung der beiden Konstellationen bestünde auch kein Grund.

Praxishinweis:

18 Die Schwellenwerte sind insbesondere im Falle von Firmenzusammenschlüssen stets im Blick zu behalten. Wird im Rahmen eines Unternehmenskaufs ein Kleinunternehmen von einem Unternehmen erworben, das nicht die Anforderungen eines KMU erfüllt, gelten sämtliche Pflichten aus Kapitel II ab Wirksamwerden des Zusammenschlusses.

2. Berechtigte

19 Anspruchsberechtigte sind die **Nutzer** der vernetzten Produkte und der verbundenen Dienste. Diese können die Bereitstellung der Daten entweder an sich selbst (Art. 4 Abs. 1 DA) oder an einen Dritten als Datenempfänger herausverlangen (Art. 5 Abs. 1 DA).

a) Nutzer

20 „Nutzer" ist nach Art. 2 Nr. 5 DA eine „natürliche oder juristische Person, die ein vernetztes Produkt besitzt oder der vertraglich zeitweilige Rechte für die Nutzung des vernetzten Produkts übertragen wurden oder die verbundenen Dienste in Anspruch nimmt." Laut den Erwägungsgründen des Data Act wird dies wie folgt konkretisiert: „die **Eigentümer** eines vernetzten Produkts oder [wer] – beispielsweise durch einen Miet- oder Leasingvertrag – **Inhaber bestimmter befristeter Rechte auf Zugang zu** Daten aus dem vernetzten Produkt oder auf deren Nutzung ist oder verbundene Dienste für das vernetzte Produkt in Anspruch nimmt."[33]

21 Überwiegend wird angenommen, dass Art. 1 Abs. 3 lit. b DA so auszulegen ist, dass Nutzer ihren Sitz oder gewöhnlichen Aufenthalt innerhalb der **Europäischen Union** haben müssen.[34] Zumindest müssen sie sich bei der Nutzung gewöhnlicherweise in einem Mitgliedsstaat befinden.[35]

22 Während die Nutzereigenschaft bei der Inanspruchnahme verbundener Dienste noch relativ leicht zu bestimmen ist – dort wird es in der Regel derjenige sein, der mit dem Anbieter des **verbundenen Dienstes** einen Vertrag über die Nutzung desselben

---

[32] Die genaue Definition ergibt sich aus der Empfehlung 2003/361/EG der Europäischen Kommission. Kriterien für mittlere Unternehmen: Weniger als 250 Mitarbeiter und maximal 50 Mio. Euro Jahresumsatz oder 43 Mio. Euro Jahresbilanzsumme.

[33] Erwgr. 18 S. 1, 5 DA.

[34] vgl. Europäische Kommission, FAQs Data Act, Stand 3.2.2025, Version 1.2, Frage 15, https://digital-strategy.ec.europa.eu/en/library/commission-publishes-frequently-asked-questions-about-data-act; Schreiber/Pommerening/Schoel Der neue DA § 3 Rn. 14.

[35] Lommatzsch/Albrecht GWR 2024, 302 (303).

schließt[36]- ist die Bestimmung des Nutzers bei vernetzten Produkten mit einigen Unklarheiten verbunden.

aa) Zeitweilige Übertragung vertraglicher Rechte in Bezug auf vernetzte Produkte. Wie eingangs ausgeführt, kann bei vernetzten Produkten sowohl die (Mit-)**Eigentümerstellung** als auch die **vertragliche Übertragung zeitweiliger Nutzungsrechte** die Eigenschaft als Nutzer begründen.[37] 23

„Vertragliche Rechte" wird dabei nicht weiter definiert. Klar ist jedoch zunächst, dass die Übertragung der Nutzungsrechte auf einer vertraglichen Vereinbarung basieren muss. Dies schließt naturgemäß den unberechtigten Besitz aus.[38]

Fraglich ist, ob damit auch **bloße Gefälligkeitsverhältnisse** ausgeschlossen sind. Solche Gefälligkeitsverhältnisse, etwa das Ausleihen eines Geräts unter Nachbarn oder die Nutzung des elterlichen Fahrzeugs durch Kinder mit genereller Zustimmung, zeichnen sich durch das Fehlen eines Rechtsbindungswillens aus. Darüber hinaus steht demjenigen, der das vernetzte Produkt aufgrund einer bloßen Gefälligkeit nutzt, auch kein Recht zu, andere von der Nutzung auszuschließen. Es spricht daher viel dafür, dass solche Gefälligkeitsverhältnisse keine Nutzereigenschaft begründen.[39] Dies ist auch konsequent, da solche Personen keine eigenen Verpflichtungen in Bezug auf das vernetzte Produkt eingehen.[40] Dies ist jedoch gerade der Grund dafür, dass der Data Act dem Nutzer bestimmte Rechte zuweist: „Der Nutzer trägt die Risiken und genießt die Vorteile der Nutzung des vernetzten Produkts und sollte auch Zugang zu den von ihm generierten Daten haben".[41] Als **konkrete Beispiele** für vertragliche Verhältnisse nennt Erwgr. 18 DA Miet- oder Leasingverträge. Dies ist jedoch nicht abschließend. Die Definition kann auch andere Vertragsverhältnisse erfassen, sofern sie dem Nutzer für die Vertragsdauer ein Nutzungsrecht einräumen. Zu den unentgeltlichen Überlassungsverträgen → Rn. 25 f. 24

bb) Entgeltlichkeit. Die Formulierung „vertraglich zeitweilige Rechte" könnte auch unentgeltliche Überlassungsverträge wie etwa die Leihe umfassen (§ 598 BGB). Überzeugender ist es jedoch, nur solche Vertragsverhältnisse einzubeziehen, die auch eine entsprechende **Gegenleistung** des Nutzers begründen.[42] 25

Der Nutzer wird als **wirtschaftlicher Akteur** verstanden, der durch finanzielle Aufwendungen (zB Miete, Leasingraten) Zugang zu den durch das vernetzte Produkt generierten Daten erhält. Diese wirtschaftliche Logik würde bei unentgeltlichen Verträgen unterlaufen, da Verleiher keine primären wirtschaftlichen Vorteile ziehen und daher nicht den Pflichten des Art. 3 Abs. 2 DA unterliegen sollten. Erwgr. 18 DA verdeutlicht, dass die Nutzerdefinition **wirtschaftliche Aufwendungen und Risiken** voraussetzt. Unentgeltliche Verträge wie Leihverträge erfüllen diese Voraussetzungen nicht, weshalb ihre Einbeziehung in die Nutzerdefinition des Data Act nicht gerechtfertigt ist. Dies zeigt sich auch in Art. 3 Abs. 2 DA, wo ausdrücklich Vermieter und Leasinggeber genannt werden, während unentgeltliche Überlassungen unberücksichtigt bleiben.[43] 26

cc) Sicherungseigentum. Nach der hier vertretenen Auffassung begründet bloßes Sicherungseigentum keine Nutzereigenschaft.[44] Wenn beispielsweise das Eigentum an einem 27

[36] Wentzel/Lutz RAW 2024, 123 (125); es wird jedoch vertreten, dass Nutzer eines verbundenen Dienstes nur derjenige sein kann, der gleichzeitig auch Nutzer des mit dem Dienst verbundenen vernetzten Produktes ist, siehe hierzu Rockstroh/Katko/Meyer DA Compliance-HdB/Meyer Kap. 2 Rn. 74.

[37] Dannhausen/Abel MMR 2024, 931.

[38] Wentzel/Lutz RAW 2024, 123 (125); Specht-Riemenschneider MMR 2022, 809 (814).

[39] HK-DatenR/Denga DA Art. 2 Rn. 53 mwN; Antoine CR 2024, 1 (4); Dannhausen/Abel MMR 2024, 931 (932).

[40] Dannhausen/Abel MMR 2024, 931 (932).

[41] Erwgr. 18 DA.

[42] Dannhausen/Abel MMR 2024, 931 (933).

[43] Siehe hierzu insgesamt Dannhausen/Abel MMR 2024, 931 (933).

[44] wohl auch kritisch Dannhausen/Abel MMR 2024, 931 Fn. 10.

vernetzten Produkt zu Sicherungszwecken auf eine Bank übertragen wird, nutzt die Bank das Produkt weder tatsächlich noch trägt sie die wirtschaftlichen Chancen und Risiken der Nutzung; diese verbleiben vollständig beim Sicherungsgeber. Das Sicherungseigentum dient eben ausschließlich zur Sicherung einer Forderung, wie etwa ein Pfandrecht. Es wäre sinnwidrig, der Bank in diesem Fällen einen Zugangsanspruch auf die Daten des vernetzten Produkts zu gewähren.

28 **dd) Erheblichkeitsschwelle/Dauer der Nutzung insbesondere bei mehreren Nutzern.** Bei vernetzten Produkten wird es bei dieser recht weiten Definition in vielen Fällen, oftmals **mehrere Nutzer** geben. So wird zB bei Leasingfahrzeugen sowohl der Leasinggeber als Eigentümer als auch der Leasingnehmer als schuldrechtlich Berechtigter Nutzer im Sinne des Data Act. Im Einzelfall kann ein einzelnes Produkt nach dieser Definition viele unterschiedliche Nutzer haben, etwa bei einem Car-Sharing Dienst.[45] Hier wäre sowohl der Car-Sharing Anbieter Nutzer als auch jeder, der den Car-Sharing Dienst aufgrund eines entsprechenden (Miet-)Vertrages nutzt – auch wenn die Nutzung ggf. nur wenige Minuten dauert.[46]

29 Teilweise wird daher eine gewisse **Erheblichkeitsschwelle** der Nutzung, etwa im Hinblick auf die Dauer, gefordert.[47] Eine solche Einschränkung sieht der Data Act jedoch nicht vor. Sie lässt sich auch nicht begründen und würde in der Praxis zu einigen Abgrenzungsschwierigkeiten führen.

30 **ee) Nutzung im Rahmen von Arbeitsverhältnissen.** Arbeitnehmer, die vernetzte Produkte zur Erfüllung der Pflichten im Rahmen ihres Arbeitsverhältnisses nutzen, sind in der Regel keine Nutzer iSd Data Act.[48] Bedient etwa ein Arbeitnehmer eine dem Arbeitgeber „gehörende" vernetzte Maschine zur Erfüllung seiner Aufgaben, so nutzt er diese im Interesse seines Arbeitgebers, nicht im Eigeninteresse. Die Grundlage für die Nutzung ist in diesen Fällen auch kein Überlassungsvertrag, wie etwa eine Miete, sondern er nutzt das vernetzte Produkt auf Grundlage entsprechender Weisungen seines Arbeitgebers. In diesen Fällen wird der Arbeitnehmer in der Regel auch kein Interesse an den von dem vernetzten Produkt generierten Daten haben. Anders sieht es zB bei Flottenleasingverträgen aus, wenn der einzelne Arbeitnehmer das Fahrzeug auch privat nutzen kann.

b) Dritter als Datenempfänger

31 „Datenempfänger" ist nach Art. 2 Nr. 14 DA eine juristische oder natürliche Person, die zu gewerblichen oder beruflichen Zwecken handelt, und der vom Dateninhaber **Daten bereitgestellt** werden, einschl. eines Dritten, dem auf Verlangen des Nutzers die Daten bereitgestellt werden.

32 Dritte haben grundsätzlich **keinen eigenständigen Anspruch** auf einen Datenzugriff. Allerdings formuliert Art. 5 Abs. 1 DA die Möglichkeit, dass Nutzer die Weitergabe ihrer Daten an Dritte vom Dateninhaber verlangen können. Dritter kann grundsätzlich jeder sein, nicht aber Gatekeeper iSd Art. 3 Digital Markets Act („DMA").[49]

33 Der Datenempfänger sollte in der **Europäischen Union** ansässig sein.[50] Da Ziel des Data Acts in erster Linie die Förderung von Datenmärkten in der Union ist[51], reicht es nicht aus,

---

45 Etzkorn RDi 2024, 116 (118); Kraft/Schumann GRUR-Prax 2024, 324 (325); Erwgr. 18 DA.

46 Ähnlich auch: BeckOK DatenschutzR/Schild DA Art. 2 Rn. 76; aA Kraft/Schumann GRUR-Prax 2024, 324 (325).

47 Antoine CR 2024, 1 (4).

48 Dannhausen/Abel MMR 2024, 931 (933); Rockstroh/Katko/Meyer DA Compliance-HdB/Meyer Kap. 2 Rn. 76; Ehmann GRUR 2025, 1240 (1245).

49 Wentzel/Lutz RAW 2024, 123 (125); Hennemann/Steinrötter NJW 2024, 1 (4).

50 Art. 1 Abs. 3 lit. d DA ist insoweit etwas unklar: „Diese Verordnung gilt für […] d) Datenempfänger in der Union, denen Daten bereitgestellt werden"; Europäische Kommission, FAQs Data Act, Stand 3.2.2025, Version 1.2, Frage 37, https://digital-strategy.ec.europa.eu/en/library/commission-publishes-frequently-asked-questions-about-data-act; BeckOK DatenschutzR/Schild DA Art. 2 Rn. 87; Rockstroh/Katko/Meyer DA Compliance-HdB/Frison/Katko/Schels Kap. 2 Rn. 455.

51 Erwgr. 26 DA.

dass dem Datenempfänger lediglich Daten „in der Union bereitgestellt werden", ohne dass er einen engeren Bezug zur Europäischen Union hat.[52]

III. Datenzugangsanspruch

1. Gegenstand des Datenzugangsanspruches

34 Im Hinblick auf den Gegenstand des Datenzugangsanspruches gilt es zwischen den Kategorien der (i) Produkt- und Dienstdaten (→ Rn. 36 ff.) sowie (ii) den ohne Weiteres verfügbaren Daten (→ Rn. 42 ff.) zu unterscheiden. Daneben bedarf es genauerer Betrachtung, in welchem technischen Zustand die betreffenden Daten dem Nutzer bzw. Dritten bereitzustellen sind (→ Rn. 45). Daten sind dabei in Art. 2 Abs. 1 DA **legaldefiniert** als „jede digitale Darstellung von Handlungen, Tatsachen oder Informationen sowie jede Zusammenstellung solcher Handlungen, Tatsachen oder Informationen auch in Form von Ton-, Bild- oder audiovisuellem Material".

a) Datenkategorien

35 Während die Verpflichtung zum Access by Design nach Art. 3 Abs. 1 DA Produktdaten und Dienstdaten erfasst (→ Rn. 72 ff.) sind die Datenzugangsansprüche nach Art. 4 Abs. 1 und Art. 5 Abs. 1 DA beschränkt auf die ohne Weiteres verfügbaren Daten (→ Rn. 95.).

36 **aa) Produktdaten, Verbundene Dienstdaten. Produktdaten** sind in Art. 2 Nr. 15 DA legaldefiniert als „Daten, die durch die Nutzung eines vernetzten Produkts generiert werden und die der Hersteller so konzipiert hat, dass sie über einen elektronischen Kommunikationsdienst, eine physische Verbindung oder einen geräteinternen Zugang von einem Nutzer, Dateninhaber oder Dritten – gegebenenfalls einschließlich des Herstellers – abgerufen werden können".[53] Nicht notwendig ist, dass der Hersteller bzw. der Dateninhaber die Daten selbst sie abruft. So wären beispielsweise in einem Fahrzeug erhobene Daten, die lediglich mittels eines Diagnosetools abgerufen werden können, das zB eine Werkstatt an das Fahrzeug anschließt, Produktdaten. Die Qualifikation als Produktdaten erfordert mithin das Vorliegen zwei konzipierender Merkmale: **(i)** die Generierung im Zusammenhang mit der Nutzung eines vernetzten Produktes, und **(ii)** die Möglichkeit zur Abrufung aufgrund der Konzeption des Produktes. Beide Merkmale werfen unterschiedliche Abgrenzungsfragen auf.

37 Unter den Begriff der Produktdaten fallen sowohl solche Daten, die bewusst aufgezeichnet werden, als auch die „beiläufige" Aufzeichnung von Nutzerhandlungen.[54] Erfasst sind sowohl Daten, die bei der **aktiven Nutzung** des Produktes als auch solche, die im **Ruhezustand** (zB Batteriestatus) erhoben werden.[55] Der Begriff der Produktdaten erfasst weiterhin **Schnittstellen- und Umweltdaten.** Soweit die Interaktion des Nutzers betroffen ist, ist es nicht ausreichend nur die Interaktion als solche (zB Login) zu erfassen, sondern vielmehr sind daneben auch gerade diejenigen Daten bereitzustellen, die infolge der Interaktion entstehen (zB erzeugte Sensordaten). Neben Daten des Produktes sind weiterhin diejenigen **eingebetteten Anwendungen** (zB Anwendungen zur Feststellung von Hardware- und/oder Funktionsstörungen) sowie etwaig angrenzender Benutzerschnittstellen erfasst.[56] Entsprechendes gilt für Umgebungsdaten (zB Temperatur, Luftfeuchtigkeit, Druck).[57]

---

[52] BeckOK DatenschutzR/Raue, 50. Ed. 1.11.2024, DA Art. 5 Rn. 3.
[53] Siehe hierzu auch Erwgr. 15 S. 3 DA.
[54] Erwgr. 15 S. 5 DA.
[55] Erwgr. 15 S. 6, 7 DA.
[56] Erwgr. 15 S. 6 DA.
[57] Erwgr. 15 S. 6 DA.

38 **Keine Produktdaten** sind rein beschreibende Informationen, die im Zusammenhang mit dem Produkt bereitgestellt werden (zB Informationen in Betriebsanleitungen).[58]

39 **Dienstdaten** sind nach Art. 2 Nr. 16 DA „Daten, die die Digitalisierung von Nutzerhandlungen oder Vorgängen im Zusammenhang mit dem vernetzten Produkt darstellen und vom Nutzer absichtlich aufgezeichnet oder als Nebenprodukt der Handlung des Nutzers während der Bereitstellung eines verbundenen Dienstes durch den Anbieter generiert werden".[59] Für das Vorliegen von Dienstdaten ist demnach ausreichend, dass es sich hierbei um eine Digitalisierung von Nutzerhandlungen oder Vorgängen im Zusammenhang mit dem vernetzten Produkt handelt. Nicht erforderlich ist – im Gegensatz zur Definition der Produktdaten – eine irgend geartete Abrufbarkeit der Daten aufgrund der Konzeption des Herstellers.

40 Unter den Begriff der Dienstdaten fallen – wie im Fall der Produktdaten – sowohl solche, die **bewusst** aufgezeichnet werden, als auch die Aufzeichnung von **Nutzerhandlungen.**[60] Der Begriff der Dienstdaten erfasst weiterhin sämtliche Daten über Nutzeraktionen, Untätigkeit des Nutzers sowie sonstige Ereignisse im Zusammenhang mit dem vernetzten Produkt während der Dauer der Bereitstellung des verbundenen Dienstes.[61] Ebenso wie im Bereich der Produktdaten ist allein die Information über die Interaktion nicht ausreichend; vielmehr sind daneben gerade diejenigen Daten bereitzustellen, die infolge der Interaktion entstehen (zB erzeugte Sensordaten). Umfasst sind ferner Daten des Dienstes (einschließlich etwaiger Funktionsstörungen) sowie angrenzender Benutzerschnittstellen.[62]

41 Der Data Act enthält keine gesonderten Bestimmungen für Daten, die durch **virtuelle Dienste** erhoben werden. Soweit diese gleichzeitig verbundene Dienste darstellen,[63] gelten die vorstehenden Ausführungen zu Dienstdaten entsprechend.

42 **bb) Ohne Weiteres verfügbare Daten.** Ohne Weiteres verfügbaren Daten sind nach Art. 2 Nr. 17 DA „Produktdaten und verbundene Dienstdaten, die ein Dateninhaber ohne unverhältnismäßigen Aufwand rechtmäßig von dem vernetzten Produkt oder verbundenen Dienst erhält oder erhalten kann, wobei über eine einfache Bearbeitung hinausgegangen wird". Ohne Weiteres verfügbare Daten stellen auf Grundlage der Definition in Art. 2 Nr. 17 DA mithin einen Ausschnitt der Produkt- bzw. Dienstdaten dar, welche der Dateninhaber selbst (i) **ohne unverhältnismäßigen Aufwand** sowie (ii) **rechtmäßig** von dem vernetzten Produkt oder verbundenen Dienst erhält bzw. erhalten kann.

43 Während das Merkmal der Rechtmäßigkeit lediglich als **Klarstellung zu** verstehen ist, dass der Dateninhaber auf Basis der Data Acts nicht zu etwas verpflichtet werden soll, wozu er aufgrund anderer Gesetze (zB der DS-GVO) nicht in der Lage ist, ist das Tatbestandsmerkmal der Verfügbarkeit **ohne unverhältnismäßigen Aufwand,** das für eine etwaige Einschränkung maßgebliche. Dem Wortlaut kann dabei keine Einschränkung entnommen werden, wonach sich der Aufwand allein auf die Kosten des Erhaltens bzw. Ausleitens bezieht vielmehr ist davon auszugehen, dass der unverhältnismäßige Aufwand sämtliche Verarbeitungsschritte umfassen kann.[64] Bzgl. der Frage, wann von einem unverhältnismäßigen Aufwand auszugehen ist, sind dem Data Act nur wenige Anhaltspunkte zu entnehmen.[65]

---

[58] Europäische Kommission, FAQs Data Act, Stand 3.2.2025, Version 1.2, Frage 4, https://digital-strategy.ec.europa.eu/en/library/commission-publishes-frequently-asked-questions-about-data-act.

[59] Siehe hinsichtlich der Definition von Dienstdaten den nahezu wortgleichen Erwgr. 15 S. 4 DA.

[60] Erwgr. 15 S. 5 DA.

[61] Europäische Kommission, FAQs Data Act, Stand 3.2.2025, Version 1.2, Frage 4, https://digital-strategy.ec.europa.eu/en/library/commission-publishes-frequently-asked-questions-about-data-act.

[62] Erwgr. 15 S. 6 DA.

[63] Vgl. Erwgr. 23 DA.

[64] Denkbar ist etwa auch, dass Aufwände für die Aufbereitung von Daten in Betracht gezogen werden können. Siehe hierzu Kim/Kwok JIPITEC (2) 2024, 139 (144 ff.); Merkle/von dem Berge in Paschke/Schumacher DA Art. 2 Rn. 139.

[65] Kim/Kwok JIPITEC (2) 2024, 139 (146).

Vor dem Hintergrund des Umstandes, dass die Verhältnismäßigkeit des Aufwandes relativ ist, begründet die Definition der ohne Weiters verfügbaren Daten damit erhebliche Rechtsunsicherheit.[66] Klarstellend sieht Art. 2 Nr. 17 DA in diesem Zusammenhang lediglich vor, dass ein unverhältnismäßiger Aufwand nicht bereits bei einfachen Bearbeitungen vorliegt, ohne weitergehend zu konkretisieren, wann eine „einfache Bearbeitung" gegeben ist.

Folgende Leitlinien können zur Beurteilung des Vorliegens ohne Weiteres verfügbarer Daten dienen: **44**

- Maßgeblich für die Beurteilung des Vorliegens ohne Weiteres verfügbarer Daten sollen auf technischer Ebene die **Konzeption des Produktes** sowie die **technischen** Mittel des Dateninhabers im Hinblick auf den Datenzugang sein.[67]
- Der Data Act beabsichtigt nicht, eine Verpflichtung zum Ausleiten bzw. Bereitstellen von Daten zu begründen, die bis dato nicht ausgeleitet wurden. So werden innerhalb vernetzter Produkte hohe Mengen „flüchtiger" Daten produziert, die nie gespeichert und/oder weiterverwertet werden.[68]
- Werden Produkt- und/oder Dienstdaten vom Dateninhaber zwar **nicht ausgeleitet,** ist dies aufgrund der technischen Konzeption des Produktes/Dienstes jedoch möglich, ist der mit der Ausleitung verbundene Aufwand maßgeblich.[69]

b) Technischer Zustand der Daten

Besteht eine Verpflichtung zur Zugänglichmachung bzw. Bereitstellung von Produktdaten, Dienstdaten oder ohne Weiteres verfügbaren Daten, so umfasst diese im Hinblick auf den **technischen Zustand** der Daten (i) Roh- bzw. Primärdaten (→ Rn. 46), (ii) aufbereitete Daten (→ Rn. 47 ff.) und (iii) zugehörige Metadaten (→ Rn. 51 ff.). Kein Zugriff muss hingegen auf verarbeitete bzw. abgeleitete Daten gewährt werden (→ Rn. 55 ff.). **45**

aa) Roh- oder Primärdaten. Den Zugangsansprüchen unterliegen zunächst Rohdaten – auch als **Quell- oder Primärdaten** bezeichnet – die sich auf Datenpunkte beziehen, die ohne jegliche weitere Form der Verarbeitung automatisch generiert werden.[70] Erfasst sind damit im Bereich der Sensordaten etwa elektrische Signale in digitalisierter Form. Das Rohdatum stellt einen reinen Messwert dar, der noch nicht im Rahmen der Kalibrierung[71] in konkrete Werte (zB Temperatur, pH-Wert, Druck) übersetzt wurde.[72] **46**

bb) Aufbereitete Daten. Neben Rohdaten sind weiterhin sogenannte aufbereitete Daten von den Zugangsansprüchen des Data Acts umfasst.[73] Unter den Begriff der aufbereiteten Daten sollen nach Erwgr. 15 DA (dort S. 8) Daten fallen, die vor der Weiterverarbeitung und Auswertung aufbereitet wurden, um sie **verständlich und nutzbar** zu machen. Da sowohl die Verständlichkeit von Daten als auch deren Nutzbarkeit keine feststehenden Begriffe sind und weiterhin vom beabsichtigten Verwendungszweck abhängen, sind diese als Merkmale der Bestimmung aufbereiteter Daten nur bedingt geeignet.[74] Als Beispiele für eine Verarbeitung zur Herstellung der Verständlichkeit und Verwendbarkeit werden in Erwgr. 15 Daten genannt, „die von einem einzelnen Sensor oder einer Gruppe miteinander ver- **47**

[66] Kim/Kwok JIPITEC (2) 2024, 139 (145).
[67] Erwgr. 20 S. 5 DA.
[68] Erwgr. 20 S. 6 DA.
[69] Vgl. hierzu die Definition des Art. 2 Nr. 17 DA, wonach es für das Vorliegen von „ohne Weiteres verfügbaren Daten" ausreicht, wenn der Dateninhaber die Daten ohne unverhältnismäßigen Aufwand rechtmäßig erhalten kann.
[70] Erwgr. 15 S. 8 DA.
[71] Zum Vorgang der Kalibrierung und dessen Einordnung im Rahmen des Data Acts → Rn. 47 f.
[72] Siehe hierzu den konzisen Überblick zur Aufbereitung von Daten, insbesondere zur Kalibrierung sowie zur Reduzierung von Rauschen bei Kim/Kwok JIPITEC (2) 2024, 139 (141 ff.).
[73] Becker RDi 2024, 615 (617 f.).
[74] Kim/Kwok JIPITEC (2) 2024, 139 (145).

bundener Sensoren erhoben wurden, um die erfassten Daten für vielfältigere Anwendungsfälle verständlich zu machen, indem eine physikalische Größe oder Eigenschaft oder die Veränderung einer physikalischen Größe, wie Temperatur, Druck, Durchflussmenge, Ton, pH-Wert, Flüssigkeitsstand, Position, Beschleunigung oder Geschwindigkeit, bestimmt wird." In technischer Hinsicht beschreibt Erwgr. 15 damit den Vorgang der **Kalibrierung** („calibration") bzw. die Umsetzung des elektrischen Signals eines Sensors aufgrund einer Kalibrierungsreferenz[75] in konkrete Werte wie Temperatur, ph-Wert, Lautstärke etc.[76] Wie gut dieser Prozess ausgestaltet ist, wird mit dem Wert der Genauigkeit („accuracy") angegeben.

48 Weiterhin kann mit guten Argumenten vertreten werden, dass eine Verarbeitung der Daten im Rahmen des **„de-noising"** – soweit hiermit keine wesentlichen Investitionen verbunden sind – ebenfalls unter den Begriff der aufbereiteten Daten fällt. Noise oder „Rauschen" sind zufällige oder stochastische Fehler, die nicht mit dem physikalischen Phänomen, das gemessen wird, zusammenhängen, sondern durch Umgebungsfaktoren (zB Störung des Sensors) entstehen.[77] Das Ausmaß des Rauschens wird mit dem Faktor der Präzision **(„precision")** angegeben.[78] Da noise gerade nicht von dem physikalischen Untersuchungsgegenstand verursacht wird, kann Rauschen im Rahmen des Kalibrierungsprozesses nicht bereinigt werden, sondern bedarf in der Regel eines separaten Bereinigungsprozesses („de-noising"), welcher die Verwendbarkeit der Daten erheblich steigert.[79]

49 Aus technischer Sicht sprechen gute Argumente dafür die Prozesse der calibration und des de-noising unter den Begriff der „aufbereiteten Daten" zu fassen, dh unter das Begriffspaar der Verarbeitung zur **Verwendbarkeit** und **Verständlichkeit.**[80] Dies ist damit zu begründen, dass alle weiteren Verarbeitungsschritte die hierauf folgen (zB Datenreduktion, Aggregation) regelmäßig von dem spezifischen Zweck abhängen, der mit den Daten verfolgt wird und damit je nach Verwender erheblich divergieren können.[81] Zur Klarstellung: Soweit mit den Verarbeitungsprozessen wesentliche Investitionen verbunden sind, ist von dem Vorliegen aufbereiteter Daten auszugehen. Der bloße Einsatz technischer Maßnahmen zum Datenschutz (privacy-enhancing technologies (PETs)), zB im Rahmen der beispielsweise Anonymisierung oder Pseudonymisierung von Daten führt nicht zum Vorliegen gefolgerter bzw. abgeleiteter Daten.[82] (Kommission FAQ Data Act, 3.2.2025, Version 1.2, Frage 13).

50 Gleichzeitig soll der Begriff der aufbereiteten Daten nicht dahingehend verstanden werden, dass er dem Dateninhaber mittelbar eine Verpflichtung auferlegt, **wesentliche Investitionen** in die Bereinigung oder Umwandlung der erhobenen Rohdaten einzugehen.[83] In der Praxis erweist sich gerade die Abgrenzung zwischen aufbereiteten Daten und den nicht erfassten abgeleiteten oder verarbeiteten Daten, die das Ergebnis wesentlicher Investitionen sind, als schwierig und zugleich entscheidend. Hinzukommt, dass bereits im Bereich der Aufbereitung von Daten eine erhebliche Bandbreite an Qualität und Aufwand hinsichtlich des Kalibrierungsprozesses sowie der Bereinigung von Daten besteht.[84] Inwieweit der Dateninhaber in der Lage ist, darzulegen, dass es sich bei den gegenständlichen Daten um abgeleitete bzw. verarbeitete Daten handelt, ist maßgeblich dafür, ob er die

---

75 Hierbei kann es sich um nützliche bzw. erforderliche Metadaten zur Verarbeitung der Metadaten handeln. Siehe hierzu Kim/Kwok JIPITEC (2) 2024, 139 (142; Fn. 43).
76 Kim/Kwok JIPITEC (2) 2024, 139 (142).
77 Kim/Kwok JIPITEC (2) 2024, 139 (143).
78 Kim/Kwok JIPITEC (2) 2024, 139 (143).
79 Kim/Kwok JIPITEC (2) 2024, 139 (143).
80 Kim/Kwok JIPITEC (2) 2024, 139 (144).
81 Vgl. Kim/Kwok JIPITEC (2) 2024, 139 (143).
82 Kommission FAQ Data Act, 3.2.2025, Version 1.2, Frage 13; Merkle/von dem Berge in Paschke/Schumacher DA Art. 2 Rn. 127.
83 Erwgr. 15 DA.
84 Siehe hierzu Kim/Kwok JIPITEC (2) 2024, 139 (145).

betreffenden Daten einem Zugriff durch Dritte entziehen kann (zur Abgrenzung zwischen aufbereiteten Daten und verarbeiteten/abgeleiteten Daten siehe die Ausführungen unter dd)).

cc) Metadaten. Die bereitzustellen Rohdaten sowie aufbereiteten Daten haben die für die Auslegung und Nutzung dieser Daten erforderlichen, relevanten **Metadaten** zu umfassen.[85] Metadaten sind nach der Legaldefinition in Art. 2 Abs. 2 DA „eine strukturierte Beschreibung der Inhalte oder der Nutzung von Daten, die das Auffinden eben jener Daten bzw. deren Verwendung erleichtert“. Da der Begriff des Metadatums kontextabhängig ist und sich damit einer allgemeinen Definition entzieht, bereitet die Bestimmung der konkreten Verpflichtungen des Dateninhabers im Hinblick auf die Bereitstellung von Metadaten erhebliche Schwierigkeiten.[86] Der Data Act macht den Begriff der Metadaten ausweislich der Definition zur Eingrenzung der Verpflichtung abhängig vom Zweck der Verwendung der Daten.[87] 51

Erfasste Metadaten sollen insbesondere den Kontext des betreffenden Datums sowie einen Zeitstempel erfassen.[88] Während der Zeitstempel – mithin der Zeitpunkt der Erhebung des Datums – eine klare Anforderung darstellt, lässt der Begriff des „Kontextes“ des Datums Raum für Interpretation. Ausgehend vom Wortlaut der Datenzugangsansprüche sollen jedoch nur die Metadaten bereitgestellt werde, die für die Auslegung und Nutzung der Daten **erforderlich** sind. Dementsprechend würde der Herausgabeanspruch nicht solche Metadaten erfassen, die lediglich dienlich für eine Weiterverarbeitung sind.[89] In Ermangelung weiterer Konkretisierung innerhalb des Data Acts, dahingehend, welche Arten von Metadaten erfasst werden, liegt eine Orientierung an vorhandenen Branchenstandard nahe. 52

Die Menge und Art der bereitzustellenden Metadaten müssen – zu Lasten des Dateninhabers – im **Einzelfall** bewertet werden. Folgende Aspekte können insoweit von Relevanz sein: Art von Daten (zB Temperatur); technische Spezifikation (Datenschemata, Datentypen, Modelle, Formate, Kategorien, Variablen, Parameter, verwendeten Annotationen); Zeitpunkt und Abstände der Erhebung; Einschränkungen bezüglich der Nutzung (zB personenbezogene Daten, Geschäftsgeheimnisse).[90] 53

Praxishinweis:

Angesichts der bestehenden Unsicherheiten im Zusammenhang mit dem Umfang der bereitzustellenden (Meta)Daten, sollte der diesbezügliche Entscheidungsweg entsprechend dokumentiert werden, um diesen im Zweifelsfall der zuständigen Behörde darlegen zu können. 54

dd) Nicht erfasste Datenarten. Nicht umfasst von den Datenzugangsansprüchen unterhalb des Data Acts sind **verarbeitete und abgeleitete Daten,** dh aus Rohdaten „gefolgerte oder abgeleitete Informationen, die das Ergebnis zusätzlicher Investitionen in die Zuweisung von Werten oder Erkenntnissen aus den Daten sind (insbesondere mittels komplexer proprietärer Algorithmen, einschließlich solcher, die Teil proprietärer Software sind) […] Zu diesen Daten könnten insbesondere Informationen gehören, die durch **Sensorfusion** gewonnen werden, bei der Daten von mehreren Sensoren abgeleitet oder 55

85 Wunner ZUM 2024, 424 (429).
86 Siehe hierzu Kim/Kwok JIPITEC (2) 2024, 139 (149 f.).
87 Vgl. Kim/Kwok JIPITEC (2) 2024, 139 (149).
88 Erwgr. 15 DA.
89 Eine Verpflichtung zur Bereitstellung von Metadaten, die beim Dateninhaber selbst nicht vorhanden sind, ist abzulehnen.
90 Über entsprechende Einschränkungen zu informieren, wird regelmäßig im Interesse des Dateninhabers liegen.

gefolgert werden, die in dem vernetzten Produkt unter Verwendung **komplexer proprietärer Algorithmen** erhoben werden und möglicherweise **Rechten des geistigen Eigentums** unterliegen."[91] Hiermit angesprochen sind insbesondere Verfahren im Bereich der Data Analytics,[92] wofür regelmäßig aggregierte Daten eingesetzt werden.[93] Aggregierte Daten sind – aufgrund der mit der Aggregation einhergehenden Verarbeitung der Daten – als abgeleitete Daten, die nicht mehr vom Datenzugangsanspruch unterhalb des Data Acts erfasst sind, anzusehen. Die Aggregation von Daten beinhaltet gerade, dass Daten auf Grundlage der vom Dateninhaber vorgegebenen Logik konsolidiert und zusammengefasst werden.

56 Wo genau die Grenze ist zwischen (i) aufbereiteten Daten und (ii) nicht vom Anwendungsbereich erfassten verarbeiteten bzw. abgeleiteten Daten liegt, bereitet erhebliche Abgrenzungsschwierigkeiten. Der Data Act führt hierzu in Erwgr. 15 aus: „Der Begriff „aufbereitete Daten" sollte nicht so ausgelegt werden, dass der Dateninhaber dazu verpflichtet ist, **wesentliche Investitionen** in die Bereinigung und Transformation der Daten vorzunehmen". Der relevante Punkt für die Abgrenzung sind demnach die Investitionen, die in die Zuweisung von Werten oder das Gewinnen von Erkenntnissen aus den Daten gemacht werden.[94] Maßgeblich sind dabei Investitionen, die mit der Verarbeitung der Daten in Verbindung stehen. Unerheblich sind hingegen Investitionen, die im Zusammenhang mit der Datenerhebung getätigt wurden.

57 Der Data Act spezifiziert nicht weiter, welche Bedingungen eine Investition erfüllen muss, um die Schwelle einer **„wesentlichen" Investition** zu erreichen. Dem Data Act können lediglich die nachfolgenden Anhaltspunkte hinsichtlich der Art der Investition entnommen werden: **(i)** Investitionen in (proprietäre) Software, die zur Weiterverarbeitung der Daten dient, können wesentliche Investitionen darstellen.[95] Der Data Act spezifiziert nicht, ob es sich um (proprietäre) Software des Dateninhabers und/oder eines Dritten handeln sollte. Im Lichte dessen kann angenommen werden, dass sowohl Investitionen in die Entwicklung eigener (proprietärer) Software als auch in Lizenzen für die Nutzung (proprietärer) Software Dritter umfasst sind, **(ii)** Investitionen im Zusammenhang mit der automatischen Verarbeitung von Daten im Falle komplexer Algorithmen, zB Sensorfusion,[96] bei denen Daten aus mehreren Sensoren abgeleitet oder erschlossen werden; (iii) Investitionen, die mit menschlichen Aktivitäten verbunden sind (zB Labeling), **(iv)** Anreicherungen der erhobenen Daten mit weiteren Informationen/Daten, die von Dritten erworben werden.

2. Zeitlicher Umfang des Datenzugangsanspruches

a) Zugriff auf historische Daten

58 Im Hinblick auf den **zeitlichen Umfang** der Datenzugangsansprüche sind zunächst nur solche Daten vom Data Act erfasst, die nach Geltung der entsprechenden Normen erhoben wurden.[97] Im Hinblick auf den Zugang zu Daten nach Art. 3 Abs. 1 DA bedeutet dies, dass nur solche Produkt- und/oder Dienstdaten erfasst sind, die von einem entsprechenden Produkt, das nach dem 12.9.2026 in den Verkehr gebracht wurde, erhoben werden. Die

---

91 Erwgr. 15 DA; Europäische Kommission, FAQs Data Act, Stand 3.2.2025, Version 1.2, Frage 4, https://digital-strategy.ec.europa.eu/en/library/commission-publishes-frequently-asked-questions-about-data-act.

92 Becker RDi 2024, 615 (618).

93 Vgl. Kim/Kwok JIPITEC (2) 2024, 139 (148).

94 Erwgr. 15 DA.

95 Vgl. Erwgr. 15 DA.

96 Erwgr. 15 DA.

97 Vgl. Europäische Kommission, FAQs Data Act, Stand 3.2.2025, Version 1.2, Frage 4, https://digital-strategy.ec.europa.eu/en/library/commission-publishes-frequently-asked-questions-about-data-act.

Ansprüche der Art. 4 Abs. 1 und Art. 5 Abs. 1 DA umfassen hingegen ohne Weiteres verfügbare Daten, die nach dem 12.9.2025 erhoben werden.

Neben der Frage, inwieweit auf Grundlage der Art. 3–5 DA ein Anspruch auf Zugang zu Daten besteht, die vor Geltung der jeweiligen Norm erhoben wurden, stellt sich die Frage, ob der Datenzugangsanspruch des Nutzers einer **zeitlichen Begrenzung** unterliegt bzw. nach Ablauf eines gewissen Zeitraums nicht mehr geltend gemacht werden kann. **59**

Beispiel:

Eine SmartHome-Anwendung generiert ab dem 12.9.2025 Produktdaten. Diese sind nicht direkt durch den Nutzer zugänglich, so dass Art. 4 Abs. 1 DA eingreift. Der Nutzer der SmartHome-Anwendung wendet sich erstmals am 12.9.2027 an den Dateninhaber und verlangt die Herausgabe sämtlicher seit dem 12.9.2025 erhobenen ohne Weiteres verfügbaren Daten. Die Daten sind beim Dateninhaber weiterhin vorhanden; mit der Bereitstellung ist jedoch ein gewisser Aufwand verbunden. **60**

Gegen eine Verpflichtung zur Herausgabe kann angeführt werden, dass die Art. 3 ff. DA grundsätzlich von einer Herausgabeverpflichtung **„in Echtzeit"** ausgehen und durch den Data Act gerade keine Verpflichtung des Dateninhabers zur Vorhaltung bzw. Speicherung bestimmter Daten statuiert werden soll. Für eine Verpflichtung zur Herausgabe auch weit über den Zeitpunkt der Erhebung hinaus spricht jedoch, dass der Data Act keine zeitliche Begrenzung des Datenzugangsanspruches vorsieht. In der Folge ist davon auszugehen, dass der Dateninhaber Rohdaten sowie aufbereitete Daten bereitzustellen hat, wenn und soweit diese bei ihm (noch) vorhanden sind. Zu der Frage, inwieweit auch solche Daten herausgegeben werden müssen, die vor dem Eintritt in die Nutzerstellung beispielsweise im Rahmen der Nutzung durch einen Voreigentümer erhoben wurden (→ Rn. 113 ff.). **61**

b) Vorhaltedauer von Daten (Dauer der Aufbewahrung)

Dem Data Act sind keine ausdrücklichen Vorgaben dahingehend zu entnehmen, über welchen Zeitraum der Dateninhaber Produktdaten, Dienstdaten bzw. ohne Weiteres verfügbare Daten **vorhalten** muss. Erwgr. 20 stellt im Hinblick auf die Definition der ohne Weiteres verfügbaren Daten lediglich klar, dass der Data Act keine Verpflichtung des Dateninhabers begründet, Daten auf einer zentralen Recheneinheit (CPU) zu speichern und somit den Kreis der erfassten Daten zu erweitern.[98] Hiermit ist jedoch keine Aussage dahingehend verbunden, wie lange Daten, die ohnehin innerhalb der CPU bzw. an anderer Stelle außerhalb der Komponente, welche die Daten erhoben hat, vorgehalten werden müssen. **62**

Gegen eine Verpflichtung entsprechende Daten vorzuhalten, können die Bestimmungen im Zusammenhang mit den Informationspflichten im Vorfeld des Vertragsschlusses über ein vernetztes Produkt bzw. einen verbundenen Dienst aufgeführt werden. Nach Art. 3 Abs. 2 lit. c, Abs. 3 lit. a u. b DA ist über eine „gegebenenfalls"[99] vorgesehene Speicherdauer zu informieren. Hierin kommt zum Ausdruck, dass es auch sein kann, dass Daten gar nicht gespeichert werden. **63**

Vor dem Hintergrund des Umstandes, dass die DS-GVO durch die Bestimmungen des Data Acts unberührt bleiben soll, steht jede Speicherung von Produktdaten, Dienstdaten sowie ohne Weiteres verfügbaren Daten, soweit es sich um personenbezogene Daten handelt, unter Berücksichtigung der **datenschutzrechtlichen Höchstspeicherfristen.**[100] **64**

---

[98] so auch Kaesling GRUR 2024, 821 (822).

[99] In der englischen Fassung „where applicable".

[100] Erwgr. 24 DA; Europäische Kommission, FAQs Data Act, Stand 3.2.2025, Version 1.2, Frage 32, https://digital-strategy.ec.europa.eu/en/library/commission-publishes-frequently-asked-questions-about-data-act.

3. Umgehung des Datenzugangsanspruches durch technische Ausgestaltung

65 Soweit auf Seiten des Dateninhabers ein Interesse an der Begrenzung des Datenzugangs durch den Nutzer bzw. den Dritten besteht, stellt sich die Frage ob, neben den im Gesetz vorgesehenen Beschränkungsmöglichkeiten (→ Rn. 147 ff.), eine Beschränkung auf technischer Ebene möglich ist. In Betracht kommt insoweit ua eine **direkte Weiterverarbeitung** der Daten innerhalb des vernetzten Produktes vor Ausleitung, etwa in Form der Aggregation der Daten.[101]

66 Eine Weiterverarbeitung der Daten, die dazu führt, dass die Daten in ihrem veränderten Zustand als abgeleitete/verarbeitete Daten anzusehen sind, hat zur Folge, dass jedenfalls der verarbeitete Datensatz nicht vom Datenzugangsanspruch nach dem Data Act erfasst ist. Hiervon unabhängig zu beurteilen ist die Frage, inwieweit die betreffenden Daten vor ihrer Verarbeitung von den Zugangsansprüchen nach dem Data Act erfasst sind.

67 Denkbar erscheint insoweit insbesondere ein **Ausschluss des indirekten Zugangsanspruchs** zu den betreffenden Daten, durch Vornahme von Verarbeitungshandlungen auf dem Produkt bzw. innerhalb der jeweiligen Komponente, die über Verarbeitungen im Bereich der Aufbereitung hinausgehen (zB Aggregation). Der indirekte Zugangsanspruch bezieht sich lediglich auf „ohne Weiteres verfügbare Daten". Der Begriff „ohne Weiteres verfügbare Daten" beschreibt Daten, die ohne unverhältnismäßigen Aufwand ausgeleitet werden können.[102] Ist dies aufgrund der technischen Gestaltung des Produkts von Anfang an nicht möglich, da nur verarbeitete Daten ausgeleitet werden könne, gelten die Daten nicht als „ohne Weiteres verfügbar" und müssen daher nicht bereitgestellt werden.

4. Die einzelnen Datenzugangsansprüche

68 Der Data Act enthält im Grunde drei unterschiedliche Verpflichtungen zur Gewährung von Datenzugang. Die Schaffung eines direkten Datenzugangs zu den Produkt- bzw. verbundenen Dienstdaten (Art. 3 Abs. 1 DA) sowie ein Anspruch des Nutzers gegen den Dateninhaber auf Herausgabe der relevanten Daten entweder an sich selbst (Art. 4 Abs. 1 DA) oder an einen Dritten als Datenempfänger (Art. 4 Abs. 1 DA).

a) Direkter Zugang (Access by Design), Art. 3 Abs. 1 DA

69 **aa) Grundsatz.** Art. 3 Abs. 1 DA regelt, dass bei der Entwicklung eines vernetzten Produktes dafür Sorge zu tragen ist, dass dieses „so **konzipiert und hergestellt**" wird, dass „die Produktdaten und verbundenen Dienstdaten […] standardmäßig für den Nutzer einfach, sicher, unentgeltlich in einem umfassenden, strukturierten, gängigen und maschinenlesbaren Format und, soweit relevant und technisch durchführbar, direkt zugänglich sind." Das gleiche gilt für die Entwicklung bzw. Erbringung von verbundenen Diensten.

70 Art. 3 Abs. 1 DA verpflichtet daher im Grunde den **Hersteller bzw. Entwickler** des vernetzten Produktes sowie den Entwickler bzw. Anbieter des verbundenen Dienstes.[103]

71 Diese Pflicht besteht gem. Art. 50 DA für alle **nach dem 12.9.2026** in Verkehr gebrachten vernetzten Produkte und mit ihnen verbundene Dienstleistungen.

72 **bb) Gegenstand des direkten Datenzugangsanspruchs.** Im Gegensatz zu dem indirekten Zugangsanspruch gilt der direkte Zugangsanspruch gem. Art. 3 Abs. 1 DA nicht nur für „ohne Weiteres verfügbare Daten", sondern für alle „Produktdaten" sowie „verbundene Dienstdaten" einschließlich der relevanten Metadaten (→ Rn. 36 ff.).

---

[101] Siehe zu Abgrenzungsschwierigkeiten bei Aufbereitung von Daten innerhalb eines vernetzten Produkts auch bei Hoeren/Pinelli Datenrecht S. 22.

[102] Rockstroh/Katko/Meyer DA Compliance-HdB/Schels/Schwinger Kap. 2 Rn. 47.

[103] Wentzel/Lutz RAW 2024, 123 (124).

cc) Direkte Zugänglichkeit und Ermessensspielraum des Herstellers/Entwicklers. 73
Grundsätzlich sieht Art. 3 Abs. 1 DA vor, dass die Daten für den Nutzer direkt zugänglich sind. Dies aber nur „soweit relevant und technisch durchführbar".

Wie der Zugang technisch zu gewähren ist, wird nicht vorgegeben. Die Regelung ist 74
technikoffen formuliert und überlässt dem Verpflichteten die Entscheidung über die konkrete Umsetzung.[104] Auch die Erwägungsgründe lassen dies weitgehend offen. Gemäß den Ausführungen der Europäischen Kommission in deren FAQ müssen die Daten für den Nutzer direkt, also insbesondere ohne Dazwischentreten des Dateninhabers zugänglich sein.[105] Wo die Daten gespeichert werden, etwa auf einem geräteinternen Speicher oder einem Remote Server des Herstellers bzw. Dateninhabers ist irrelevant.[106] Unklar ist aber, ob allein ein direkter Zugang zu den Daten, etwa über eine Schnittstelle am vernetzten Produkt selbst diese Anforderungen erfüllt oder ob beispielsweise auch der Zugang über eine mobile Anwendung auf dem Mobiltelefon oÄ ausreichend wäre, über das die Daten direkt ohne Dazwischentreten des Dateninhabers abgerufen werden können.[107]

Auch ist fraglich, ob der Zugang zu den Daten davon abhängig gemacht werden kann, 75
dass der Nutzer ein **Nutzerkonto** einrichtet.[108] → Rn. 103. In den Erwägungsgründen wird in Bezug auf vernetzte Produkte, bei denen typischerweise mehrere Personen als Nutzer gelten, festgestellt, dass deren „Konzeption […] oder [die Konzeption] der entsprechenden Schnittstelle jedem Nutzer den Zugang zu den von diesen generierten Daten ermöglichen" soll. Dies würde für die Einrichtung eines Nutzeraccounts sprechen, da so zum Beispiel die Identifizierung des Nutzers sichergestellt werden könnte.[109] Ob diese Ausführungen auch für den Access by Design-Anspruch gelten oder sich allein auf den Herausgabeanspruch nach Art. 4 Abs. 1 DA beziehen, geht aus den Erwägungsgründen nicht eindeutig hervor. Der Umstand, dass auch Art. 3 Abs. 1 DA grundsätzlich nur regelt, dass die Daten für den Nutzer (und nicht für jeden) direkt zugänglich sein sollen, könnte eher für die Einrichtung von Nutzeraccounts sprechen.[110] Dies insbesondere dann, wenn das vernetzte Produkt typischerweise von mehreren Nutzern genutzt wird.[111] → Rn. 28 ff. Allerdings stellt die Einrichtung eines Nutzeraccounts im Ergebnis ein Dazwischentreten des Herstellers dar.

Wie eingangs erwähnt, muss ein direkter Zugang nur insoweit gewährt werden, als dies 76
„relevant und technisch durchführbar" ist. Diese Formulierung gewährt Herstellern einen gewissen **Ermessensspielraum,** dessen Umfang und Grenzen jedoch rechtlich unklar sind.[112] Die Unklarheiten fangen bereits damit an, dass sich die Einschränkung sprachlich

---

[104] Heinzke/Herbers/Kraus BB 2024, 649 (651).

[105] Europäische Kommission, FAQs Data Act, Stand 3.2.2025, Version 1.2, Frage 17, www.digital-strategy.ec.europa.eu/en/library/commission-publishes-frequently-asked-questions-about-data-act.

[106] Erwgr. 22 DA; Europäische Kommission, FAQs Data Act, Stand 3.2.2025, Version 1.2, Frage 22, https://digital-strategy.ec.europa.eu/en/library/commission-publishes-frequently-asked-questions-about-data-act.: „Direct access means that the user has the technical means to access, stream or download the data in question without having to request the data holder to do so. For instance, a connected product has a digital interface where the user has control over the access mechanism, controlling the interface and workflows, and where the user can directly extract data from the connected product.".

[107] Für Letzteres HK-DatenR/Determann DA Art. 3 Rn. 68; Rockstroh/Katko/Meyer DA Compliance-HdB/Dannhausen/Rockstroh Kap. 2 Rn. 366.

[108] Hierfür sprechen etwa die Ausführungen in Erwgr. 21 DA, aus denen sich jedoch nicht klar ergibt, ob sie sich auf Art. 3 Abs. 1 DA oder Art. 4 Abs. 1 DA beziehen; Dafür auch Lommatzsch/Albrecht GWR 2024, 302 (303).

[109] HEKLW DA/Lienemann/Wienroeder S. 92.

[110] Schreiber/Pommerening/Schoel Der neue DA § 4 Rn. 54.

[111] Wentzel/Lutz RAW 2024, 123 (130).

[112] Vgl. Europäische Kommission, FAQs Data Act, Stand 3.2.2025, Version 1.2, Frage 22, https://digital-strategy.ec.europa.eu/en/library/commission-publishes-frequently-asked-questions-about-data-act; BeckOK DatenschutzR/Schemmel DA Art. 3 Rn. 34; Rockstroh/Katko/Meyer DA Compliance-HdB/Meyer/Schwarz Kap. 2 Rn. 225 ff.

lediglich auf das Merkmal „direkt" zu beziehen scheint, nicht jedoch auf den gesamten Art. 3 Abs. 1 DA. Daraus wird teilweise geschlossen, dass die Access by Design Pflicht auch bei Einschlägigkeit der Ausnahme weiterhin besteht, jedoch ohne das Merkmal der direkten Zugänglichkeit.[113] Dies hat nach diesseitiger Auffassung jedoch keinen Sinn, da andernfalls die Abgrenzung zu Art. 4 Abs. 1 DA nicht mehr klar wäre.

77 Die Begriffe „relevant" und „technisch durchführbar" bleiben zudem vage. Zwar bietet der Gesetzeswortlaut Anhaltspunkte, doch leisten die Erwägungsgründe nur wenig Klärung.

78 Die Verpflichtung endet sicher dort, wo naturwissenschaftlich-technische Beschränkungen eine Umsetzung **unmöglich** machen.[114] Ein Beispiel ist ein vernetztes Produkt mit einem begrenzten internen Speicher, der nicht ausreicht, um die Daten lokal vorzuhalten, ohne die primäre Funktionalität zu beeinträchtigen. Ein Ausbau der Infrastruktur, etwa durch die Einrichtung von Remote-Servern allein zur Erfüllung dieser Pflicht, kann jedoch nicht verlangt werden, wenn dies den Rahmen des wirtschaftlich Zumutbaren überschreitet.[115] Art. 20 DS-GVO enthält eine entsprechende Einschränkung der „technischen Machbarkeit", sodass die einschlägigen Kommentierungen zu Art. 20 DS-GVO ggf. zur Interpretation herangezogen werden können.[116]

79 Eine direkte Zugänglichkeit wird ferner dann nicht erforderlich sein, wenn die bereitgestellten Daten für den Nutzer **keinen tatsächlichen Mehrwert** bieten oder die **Kosten der Implementierung** unverhältnismäßig hoch wären.[117] Hier können etwa Kosten-Nutzen-Analysen oder betriebswirtschaftliche Erwägungen eine Rolle spielen.[118] Die Europäische Kommission scheint in ihren FAQ jedoch eine noch weitergehende Flexibilität anzunehmen („Article 3 leaves some flexibility").[119] Nach der Europäischen Kommission kann auch etwa die Einordnung der Daten als Geschäftsgeheimnisse oder IP einen relevanten Grund darstellen, keinen direkten Zugang zu den Daten zu gewähren.[120] Auch Sicherheitserwägungen können laut der Europäischen Kommission eine Rolle spielen.[121] Wo genau die Grenze verläuft, ob etwa jeder **sachliche Grund** ausreicht, wird jedoch auch hier nicht klar. Teilweise wird auch vertreten, dass der Hersteller frei entscheiden könne, ob er den Datenzugang auf direktem oder über den Weg des Art. 4 Abs. 1 DA gewährt.[122]

80 Diese Unklarheit ist äußerst misslich, da die Einrichtung eines direkten Zugangs bei der Konzeption des Produktes in der Regel mit einigen Kosten verbunden sein wird. Gleichzeitig können die Folgen einer „zu Unrecht" nicht umgesetzten Access by Design-Verpflichtung durchaus erheblich sein. Dies betrifft nicht nur eventuelle Bußgelder. In der Praxis wird problematischer sein, dass die betreffenden Produkte unter Umständen nicht die

---

113 Schreiber/Pommerening/Schoel Der neue DA § 4 Rn. 51.

114 BeckOK DatenschutzR/Schemmel, 50. Ed. 1.11.2024, DA Art. 3 Rn. 34.

115 BeckOK DatenschutzR/Schemmel, 50. Ed. 1.11.2024, DA Art. 3 Rn. 34; Rockstroh/Katko/Meyer DA Compliance-HdB/Meyer/Schwarz Kap. 2 Rn. 231 f.

116 Rockstroh/Katko/Meyer DA Compliance-HdB/Meyer/Schwarz Kap. 2 Rn. 199.

117 Vgl. Europäische Kommission, FAQs Data Act, Stand 3.2.2025, Version 1.2, Frage 22, https://digital-strategy.ec.europa.eu/en/library/commission-publishes-frequently-asked-questions-about-data-act.

118 BeckOK DatenschutzR/Schemmel DA Art. 3 Rn. 34.

119 Europäische Kommission, FAQs Data Act, Stand 3.2.2025, Version 1.2, Frage 17, 22, 24, https://digital-strategy.ec.europa.eu/en/library/commission-publishes-frequently-asked-questions-about-data-act: „Article 3 leaves some flexibility ('where relevant and technically feasible') to a manufacturer to decide whether or not to design for direct access. This is because not all products (and not all data) are designed in such a way as to make data directly accessible to users. There may be situations where data holders prefer to offer indirect access to the data. The Data Act incentivises data holders to put in place solutions that work best for them when they have to comply with the obligation of making data available to the user.".

120 Vgl. Europäische Kommission, FAQs Data Act, 3.2.2025, Version 1.2, Frage 24, https://digital-strategy.ec.europa.eu/en/library/commission-publishes-frequently-asked-questions-about-data-act.

121 Vgl. Europäische Kommission, FAQs Data Act, Stand 3.2.2025, Version 1.2, Frage 22, https://digital-strategy.ec.europa.eu/en/library/commission-publishes-frequently-asked-questions-about-data-act; aA BeckOK DatenschutzR/Schemmel DA Art. 3 Rn. 35.

122 Bomhard/Siglmüller RDi 2025, 353 (355).

Beschaffenheit aufweisen, die „bei Sachen derselben Art üblich ist" und damit mangelhaft sein können. → Rn. 185.

Praxishinweis:
Um die eigene Position zu schützen, sollten Hersteller ihre Bemühungen dokumentieren und nachvollziehbar darlegen, warum eine direkte Zugänglichkeit im Einzelfall nicht relevant oder technisch durchführbar ist. Hier sollten insbesondere alle sachlichen Gründe aufgenommen werden, die den Hersteller zu seiner Entscheidung veranlasst hat. 81

dd) Modalitäten der Bereitstellung: Standardmäßig, einfach, sicher, unentgeltlich. Die Produkt- bzw. Dienstdaten müssen für den Nutzer standardmäßig, einfach, sicher, unentgeltlich und in einem umfassenden, strukturierten, gängigen und maschinenlesbaren Format **zugänglich** sein. 82

Die Zugriffsmöglichkeit muss zunächst, **standardmäßig,** also „by default" durch entsprechende Voreinstellung seitens des Herstellers des vernetzten Produkts bzw. des Entwicklers des verbundenen Dienstes eingerichtet sein.[123] Die Zugriffsmöglichkeit muss für den Nutzer zudem **„einfach"** im Sinne von leicht zu finden und zu bedienen sein.[124] 83

Hersteller bzw. Entwickler müssen das Produkt bzw. den Dienst ferner so gestalten, dass die Vertraulichkeit, Verfügbarkeit und Integrität der Daten beim Abruf durch den Nutzer gewährleistet ist.[125] Daneben darf über den Kaufpreis, bzw. dem Mietzins oder der Leasingrate hinaus **kein** zusätzliches **Entgelt** für den Datenzugang vom Nutzer verlangt werden. 84

ee) Format, in dem die Daten bereitgestellt werden müssen: Umfassend, strukturiert, gängig und maschinenlesbar. Die Daten müssen „strukturiert, umfassend und in einem gängigen maschinenlesbaren **Forma**t" bereitgestellt werden. 85

Welche Formate diesbezüglich in Frage kommen, wird im Data Act nicht vorgegeben. Allerdings wird man sich hier an den Anforderungen in **Art. 20 DS-GVO orientieren** können[126] und auch an den Grundsätzen, die bisher in der Rechtsprechung in Bezug auf den Zugang zu RMI-Daten unter der Typgenehmigungsverordnung aufgestellt wurden. Grundsätzlich sollte das Format interoperabel sein und eine Wiederverwendung unterstützen.[127] Demnach würde etwa die Bereitstellung als PDF-Datei die Voraussetzungen nicht erfüllen, da sie sämtliche Inhalte auf einer Seite gleich einem Gesamtbild wiedergeben, und die einzelnen auf einer Seite enthaltenen Daten nicht in strukturierter Weise anzeigen.[128] 86

Was genau als **gängiges Format** gilt, wird aber im Ergebnis auch vom Kontext bzw. der relevanten Branche abhängen. Grundsätzlich sollte das Format verbreitet sein und keine teuren Lizenzen voraussetzen.[129] Denkbar sind – abhängig vom Kontext – zB Excel (xlsx, xls), CSV, SQL, Parquet, JSON, and XML.[130] 87

Ob ein eine **in situ-Zugänglichmachung** der Daten ausreicht, geht aus dem Wortlaut des Art. 3 DA nicht klar hervor. Dafür spricht grundsätzlich Erwgr. 22, wonach die Daten unter anderem auch „auf einer Rechnerinstanz des Herstellers" verarbeitet werden können. 88

---

123 BeckOK DatenschutzR/Schemmel DA Art. 3 Rn. 18.
124 Erwgr. 20 DA; BeckOK DatenschutzR/Schemmel DA Art. 3 Rn. 19.
125 BeckOK DatenschutzR/Schemmel DA Art. 3 Rn. 20, 21.
126 Weinhold/Schröder ZD 2024, 306 (310); Brorsen/Falk MMR 2025, 7 (10).
127 Brorsen/Falk MMR 2025, 7 (9).
128 Taeger/Gabel/Munz DS-GVO Art. 20 Rn. 38; EuGH 9.11.2023 – C-319/22, GRUR-RS 2023, 30962 Rn. 42 – Scania; Wentzel/Lutz RAW 2024, 123 (127).
129 Brorsen/Falk MMR 2025, 7 (9).
130 Kim/Kwok JIPITEC (2) 2024, 139 (Fn. 42); BeckOK DatenschutzR/von Lewinski DS-GVO Art. 20 Rn. 76–78.1.

In der Folge bejaht derzeit ein nicht unerheblicher Teil der Literatur die Möglichkeit eines in situ-Zugriffes nach Art. 3 Abs. 1 DA zumindest in bestimmten Fällen.[131]

89 Erwgr. 20 formuliert jedoch, dass vernetzte Produkte und verbundene Dienste so konzipiert werden sollen, dass der Nutzer die Daten „abrufen, nutzen oder weitergeben" kann. Dies spricht eher gegen die Möglichkeit, allein einen situ-Zugang bereitzustellen.

90 **Gegen** eine in-situ-Zugänglichmachung spricht auch der Vergleich mit Art. 20 DS-GVO. Nach allgemeiner Ansicht geht die Bereitstellungspflicht nach Art. 20 DS-GVO über einen reinen Lesezugriff hinaus.[132] Dies wird insbesondere mit dem in Art. 20 Abs. 1 DS-GVO geforderten Datenformat begründet, das strukturiert, gängig und maschinenlesbar sein muss.[133] Da Art. 3 Abs. 1 DA ein nahezu identisches Datenformat verlangt, könnte man annehmen, dass auch der Data Act eine Pflicht zur Bereitstellung einer vollständigen Kopie der Daten begründet. Allerdings gewährt Art. 20 DS-GVO keinen Echtzeitzugriff auf die Daten. Teilweise wird daher vermittelnd vorgeschlagen, dass ein in-situ-Zugang für Echtzeitdaten ausreichend sei, während in den Fällen, in denen der Zugang nicht kontinuierlich und in Echtzeit gewährt werden kann, ein Datenportabilitätsrecht gelten solle oder dass eine in-situ Zugänglichmachung zumindest im Ausnahmefall ausreichend sein soll.[134] In der Praxis scheint der Anspruch eher als Datenportabilitätsrecht verstanden zu werden.

b) Indirekter Zugangsanspruch (Access on Demand), Art. 4 Abs. 1 DA und Art. 5 Abs. 1 DA

91 **aa) Grundsatz.** Anders als Art. 3 Abs. 1 DA regeln die indirekten Zugangsansprüche gem. Art. 4 Abs. 1 und Art. 5 Abs. 1 DA einen wirklichen Anspruch des Nutzers auf Herausgabe, bzw. Weitergabe der relevanten Daten.

92 Normadressat des Zugangsanspruchs ist der jeweilige Dateninhaber. Dieser muss die Daten auf Verlangen des Nutzers bereitstellen.

93 **bb) Verhältnis zu Art. 3 Abs. 1 DA.** Der indirekte Zugangsanspruch gem. Art. 4 Abs. 1 ist grds. **subsidiär** zum Datenzugang „by Design". Der Anspruch besteht nur, soweit der Nutzer auf die Daten nicht direkt vom vernetzten Produkt oder verbundenen Dienst zugreifen kann.[135] Er besteht wohl auch, wenn der Zugriff zwar grds. direkt möglich ist, allerdings die weiteren Vorgaben in Art. 3 Abs. 1 nicht umgesetzt wurden. Dh auch in Fällen, in denen der Zugriff zwar möglich, aber nicht einfach, sicher oder unentgeltlich möglich ist.[136]

94 Die Pflicht auf Verlangen des Nutzers Daten an einen Dritten als Datenempfänger bereitzustellen, besteht **unabhängig davon,** ob der Zugang zu den Daten direkt möglich ist. Art. 5 Abs. 1 DA enthält anders als Art. 4 Abs. 1 DA keine entsprechende Einschränkung. Der Nutzer kann sich also **aussuchen,** ob er die Daten selbst an den Dritten weitergibt oder er den Dateninhaber entsprechend anweist. Das heißt für Dateninhaber, dass sie in jedem Falle Prozesse etablieren müssen, um Datenzugangsverlangen nachzukommen, auch wenn die vernetzten Produkte bzw. verbundenen Dienste bereits einen direkten Zugang umsetzen.

---

[131] Podszun/Pfeifer GRUR 2022, 953 (958); Kerber GRUR-Int 2023, 120 (124); Kaesling GRUR 2024, 821 (824); Steinrötter Europäische Plattformregulierung/Mendelsohn/Richter § 20 Rn. 37; Specht-Riemenschenider ZEuP 2023, 638 (669); Schreiber/Pommerening/Schoel Der neue DA § 4 Rn. 48; Hennemann/Steinrötter NJW 2024, 1 (3); offengelassen Henke VuR 2024, 403 (406); aA BeckOK DatenschutzR/Schemmel DA Art. 3 Rn. 16, 17; in Ausnahmefällen: HK-DatenR/Sattler DA Art. 5 Rn. 38; HEKLW DA/Lienemann/WienroederS. 83 f.

[132] Simitis/Hornung/Spiecker gen. Döhmann/Dix DS-GVO Art. 20 Rn. 11; BeckOK IT-Recht/Steinrötter DS-GVO Art. 20 Rn. 26.

[133] Gola/Heckmann/Piltz DS-GVO Art. 20 Rn. 10.

[134] Specht-Riemenschneider ZEuP 2023, 638 (669); Rockstroh/Katko/Meyer DA Compliance-HdB/Dannhausen/Rockstroh Kap. 2 Rn. 365; HK-DatenR/Sattler DA Art. 5 Rn. 38; HEKLW DA/Lienemann/Wienroeder S. 83 f.; Sattler/Zech Data Act/Sattler S. 107 f.

[135] Hennemann/Steinrötter NJW 2024, 1 (3); Schmidt-Kessel MMR 2024, 75 (79).

[136] Specht-Riemenschneider MMR 2022, 809 (815); BeckOK DatenschutzR/Raue DA Art. 4 Rn. 23.

cc) Gegenstand des indirekten Datenzugangsanspruchs. Der Gegenstand des indirekten Zugangsanspruchs ist **enger** als der des direkten Zugangs. Gem. Art. 4 Abs. 1, Art. 5 Abs. 1 DA sind nur die für den Dateninhaber „ohne Weiteres verfügbare Daten" → Rn. 42 ff. erfasst. 95

dd) Auf einfaches, elektronisches Verlangen, Identifizierung des Nutzers oder des Dritten als Datenempfänger. Die ohne Weiteres verfügbaren Daten sind gem. Art. 4 Abs. 1 DA – soweit technisch durchführbar – auf **einfaches, elektronisches Verlangen** zur Verfügung zu stellen. Das gewählte Verfahren sollte grundsätzlich eine automatische Ausführung ermöglichen.[137] Diese Anforderung sollte jedoch nicht dahingehend missverstanden werden, dass der Dateninhaber nicht berechtigt ist, die für die Identifikation erforderlichen Daten abzufragen oder, im Fall von entsprechenden Anhaltspunkten eine weitergehende Prüfung zu veranlassen bzw. weitergehende Informationen zu verlangen.[138] 96

Das Zugangsverlangen darf weiterhin **keiner Frist** für die Geltendmachung unterliegen.[139] Hiervon unabhängig zu beurteilen ist die Frage, inwieweit den Dateninhaber eine Vorhaltepflicht trifft (→ Rn. 62 f.). 97

Der Dateninhaber darf im Zusammenhang mit dem Zugangsverlangen dabei nur diejenigen Daten abfragen, die zur Identifikation des Nutzers (Art. 4 Abs. 5 S. 1 DA) bzw. des Dritten erforderlich sind. **Hierzu gehören wohl: (i)** Grundlage der Nutzerstellung (Eigentümer, Mieter, Leasingnehmer, sonstiges Vertragsverhältnis); ggf. Abfrage über eine Vertrags- bzw. Identifikationsnummer im Hinblick auf die vertragliche Grundlage nach Art. 4 Abs. 13 DA; **(ii)** Dauer der Nutzerstellung (bei Miet-, Pacht- oder Leasingverträgen);[140]; **(iii)** Abfrage, ob Bereitstellung an Nutzer oder an durch Nutzer bezeichneten Dritten, **(iv)** Für den Fall der **Bereitstellung an Dritte:** (a) Eignung als KMU sowie (b) Bestätigung, dass es sich nicht um einen Gatekeeper handelt); **(v)** Ggf. sicherheitsrelevante Aspekte, zur Abwehr von Gefahren für die Infrastruktur, die zur Datenbereitstellung genutzt wird; **(vi)** Für den Fall, dass mehrere **Nutzer im Hinblick auf ein vernetztes Produkt** mit dem Dateninhaber einen Vertrag nach Art. 4 Abs. 13 DA haben: Einholung der Zustimmung des weiteren Nutzers bzw. Bestätigung durch den Nutzer, dass datenschutzrechtliche Grundlage für Datennutzung besteht (vgl. Art. 4 Abs. 12 DA). Bei Ausbleiben der Zustimmung/Bestätigung ggf. Verweigerung der Bereitstellung bzw. nur eingeschränkte Bereitstellung von Daten. 98

Bei der Ausgestaltung des Antrags- und Identifikationsprozesses ist weiterhin die Bestimmung des Art. 4 Abs. 4 DA zu beachten. Der Dateninhaber darf danach den Zugang des Nutzers nicht durch Maßnahmen wie etwa **Dark Patterns** erschweren.[141] 99

[137] Vgl. Erwgr. 21 S. 8 DA.

[138] Vgl. insoweit auch Art. 11 Abs. 2 und 3 DA. Etwaige Falschangaben durch den Nutzer bzw. Dateninhaber sind vom Dateninhaber nur bei konkreten Anhaltspunkten zu überprüfen. Eine weitergehende Prüfpflicht obliegt dem Dateninhaber – angesichts der von ihm verlangten automatischen Prüfung – nicht.

[139] So bereits zum Kommissionsentwurf Specht-Riemenschneider MMR 2022, 809 (815); Kaesling GRUR 2024, 821 (823); BeckOK DatenschutzR/Raue DA Art. 4 Rn. 34.

[140] Der Data Act lässt offen, ob Nutzer auch Zugang zu Daten verlangen kann, die generiert wurden, bevor er die Stellung als Nutzer erlangt hat. Dafür könnte angeführt werden, dass dem Data Act gerade keine entsprechenden Beschränkungen zu entnehmen sind. Soweit die Daten demnach weiterhin beim Dateninhaber vorhanden sind, wären diese – unter Beachtung datenschutzrechtlicher Bestimmungen – grundsätzlich auch an den neuen Nutzer herauszugeben. Hierfür spricht Erwgr. 21 S. 7 DA, wonach der Nutzer jederzeit – insbesondere im Fall der Übertragung des Eigentums an einem vernetzten Produkt – in der Lage sein muss, die von ihm generierten Daten zu löschen. Neben der Frage des Zugangs zu historischen Daten Dritter stellt sich weiterhin die Frage, ob im Fall des Vorliegens mehrerer Nutzer jeder der Nutzer Zugriff auf alle Daten hat, die im Zusammenhang mit der Nutzung des betreffenden Produktes generiert werden, oder, ob sich der Datenzugangsanspruch auf diejenigen Daten beschränkt, die durch den konkreten Nutzer generiert wurden. Erwgr. 21 S. 1, 7 DA scheint ein Verständnis zugrunde zu liegen, wonach der Nutzer nur Zugriff auf diejenigen Daten erhalten soll, die er selber generiert hat. Während der zugrundeliegende Gedanke verständlich ist, führt ein derartiges Verständnis in der Praxis zu erheblichen Abgrenzungsschwierigkeiten. Als Beispiel hierfür seien etwa Daten aufgeführt, die erzeugt werden, wenn das vernetzte Produkt gerade nicht aktiv genutzt wird.

[141] Eine nicht erforderliche Nutzerverifikation könnte sogar als „dark pattern" iSd Art. 4 Abs. 4 DA angesehen werden, siehe Dannhausen/Abel MMR 2025, 342 (345).

100 Gem. Art. 4 Abs. 5 S. 2, Art. 5 Abs. 4 S. 2 DA darf der Dateninhaber zudem **keine Informationen** über den Zugang des Nutzers **aufbewahren** (zB Protokolldaten), die über dasjenige hinausgehen, was zur Gewährung des Zugangsverlangens sowie zur Sicherheit und Pflege der Dateninfrastruktur erforderlich ist.

101 Neben den geschilderten inhaltlich maßgeblichen Informationen ist in der Praxis von Bedeutung, dass es aus **organisatorischer Sicht** eines entsprechenden Prozesses zur **Identifikation** des Nutzers bzw. Dritten sowie der bereitzustellenden Daten bedarf. Dies betrifft ua die Fragestellung, über welches Medium bzw. welche Medien der Antragsprozess getätigt werden kann (zB über Nutzerkonten in App[142], Website). Daneben sind entsprechende Moderationsvorlagen für positive bzw. negative Entscheidungen notwendig, die dem jeweiligen Antragssteller übermittelt werden. Auch bedarf es uU gesonderter Vertragsbedingungen, unter welchen dem Antragssteller die Daten zu Verfügung gestellt werden (zB im Fall des Vorliegens von Geschäftsgeheimnissen).

102 Für den Fall, dass der Dateninhaber für den Nutzer als zusätzlichen Service eine **Speicherung der Daten** anbietet, bedarf es hierfür eines entsprechenden Vertrages.

103 Ein Verfahren zur Nutzeridentifikation – nicht jedoch zur Freigabe – ist auch im Fall des **direkten Datenzugangs** nach Art. 3 Abs. 1 DA denkbar. Dies betrifft etwa Konstellationen, in denen der Zugriff auf die Daten über einen externen Cloud-Speicher erfolgt oder die Nutzung des vernetzten Produktes eine vorherige Anmeldung erfordert. In diesen Konstellationen, findet zumindest mittelbar eine Identifikation des Nutzers statt.

104 **ee) Modalitäten der Bereitstellung: Unverzüglich, einfach, sicher, unentgeltlich, in derselben Qualität wie für den Dateninhaber.** Auch im Falle des indirekten Zugangsanspruchs ist die konkrete **technische Ausgestaltung** nicht vorgegeben. Der Zugang könnte beispielsweise über ein Webportal gewährt werden, über das der Nutzer einen Antrag auf Datenzugang stellen kann.[143]

105 Der Dateninhaber muss dem Nutzer die Daten bereitstellen. Das heißt, er muss diesem eine **eigenständige Zugriffsmöglichkeit** verschaffen.[144] Er ist nicht verpflichtet, dem Nutzer eine Datenkopie zu übermitteln, sondern muss ihm lediglich ermöglichen, die Daten abzurufen.[145]

Die Daten sind dem Nutzer **unverzüglich** nach seinem Verlangen zugänglich zu machen. Verzögerungen der Zugangsgewährung müssen demnach objektiv gerechtfertigt werden können, etwa durch technische oder organisatorische Hindernisse.

106 Der Zugang muss ferner einfach, sicher und für den Nutzer **unentgeltlich** erfolgen (gegenüber dem Datenempfänger, der die Daten auf Verlangen des Nutzers erhält, kann ein entsprechendes Entgelt verlangt werden → Rn. 137 ff.). Diese Voraussetzungen entsprechen im Wesentlichen denen des direkten Zugangs gem. Art. 3 Abs. 1 DA.

107 Die Daten müssen dem Nutzer zudem in der **gleichen Qualität** wie für den Dateninhaber bereitgestellt werden.[146] Dies heißt zum einen, dass die Daten dem Nutzer vollständig so bereitgestellt werden müssen, wie sie auch dem Dateninhaber verfügbar sind. Es

---

142 Erwgr. 21 S. 1, 3, 4 DA.

143 Vgl. Europäische Kommission, FAQs Data Act, Stand 3.2.2025, Version 1.2, Frage 17, https://digital-strategy.ec.europa.eu/en/library/commission-publishes-frequently-asked-questions-about-data-act.

144 Siehe auch in Bezug auf die Bereitstellung digitaler Inhalte: BeckOK IT-Recht/Föhlisch BGB § 327b Rn. 11 ff.

145 BeckOK DatenschutzR/Raue DA Art. 4 Rn. 24.

146 Hierzu ist festzuhalten, dass die deutsche Übersetzung von Art. 4 Abs. 1 DA wohl aufgrund eines Übersetzungsfehlers von der englischen und französischen Sprachversion abweicht. Zum einen bezieht sich in den anderen Sprachfassungen die Einschränkung „falls relevant und technisch durchführbar" nur auf die Bereitstellung in Echtzeit, nicht jedoch darauf, dass die Qualität der Daten die gleiche sein muss, wie sie der Dateninhaber erhält. Daneben fehlt in der deutschen Sprachfassung der Hinweis, dass die Daten auch in „strukturierter" Weise zur Verfügung gestellt werden müssen. Richtigerweise müssen daher sowohl in Art. 4 Abs. 1 DA als auch in Art. 5 Abs. 1 DA die Daten in der gleichen Qualität bereitgestellt werden, wie sie dem Dateninhaber zur Verfügung stehen. Zum anderen müssen die Daten unter anderem in einem strukturierten Format bereitgestellt werden.

heißt aber auch, dass der Dateninhaber die Qualität der Daten nicht verbessern muss, um dem Nutzer die Verwendung der Daten zu erleichtern. Darüber hinaus zeigt dies, dass der Dateninhaber nur die Daten zur Verfügung stellen muss, die für ihn (noch) verfügbar sind. Hat er Daten zwischenzeitlich gelöscht, hat der Nutzer auch keinen Anspruch mehr auf diese Daten → Rn. 62 ff.

ff) Format, in dem die Daten bereitgestellt werden: Umfassend, strukturiert, gängig und maschinenlesbar. Das **Format,** in dem die Daten bereitgestellt werden sollen, entspricht grundsätzlich den Anforderungen des direkten Zugangs in Art. 3 Abs. 1 DA → Rn. 82 ff. und 85 ff. 108

gg) Falls relevant und technisch durchführbar, kontinuierlich und in Echtzeit. Grundsätzlich soll ein **Echtzeit-Zugang** zu den Daten geschaffen werden. Wenn dies nicht „relevant und technisch durchführbar" ist, kann auch die Übermittlung einer **Datenkopie** ausreichen.[147] Die Einschränkung „relevant und technisch durchführbar" entspricht der in Art. 3 Abs. 1 DA. → Rn. 76 ff. Für die Relevanz ist zu beachten, ob ein Echtzeitzugang überhaupt im Interesse des Nutzers ist.[148] Das kann je nach Produkt oder Dienst unterschiedlich sein.[149] In vielen Fällen wird die Echtzeitbereitstellung der Daten für den Nutzer und auch für Dritte, die die Daten eventuell im Auftrag des Nutzers bereitgestellt bekommen, keinen Mehrwert haben. Ist dies der Fall, sollte der Dateninhaber auch nicht verpflichtet sein, die Daten in Echtzeit bereitzustellen. Als Indiz hierfür kann ggf. der Umstand herangezogen werden, ob der Dateninhaber oder Dritte auf Grundlage der in Echtzeit verfügbaren Daten Dienste anbieten.[150] 109

hh) Problem Datenzugang bei mehreren Nutzern. Wie eingangs dargelegt, kann es für ein vernetztes Produkt unter Umständen **mehrere Nutzer** geben. 110

Bei einem **Mietwagen** ist etwa das Mietwagenunternehmen als Eigentümerin des Fahrzeugs Nutzerin ebenso wie jeder Mieter, der das Fahrzeug auf Basis eines Mietvertrags nutzt → Rn. 28 f. 111

Auch im Falle mehrerer Nutzer steht **jedem der Nutzer** für die Zeit, in der er das Nutzungsrecht hat, ein **Zugangsanspruch** zu. Mietet etwa eine Person ein Fahrzeug für zwei Tage, hat sie Anspruch auf die in diesem Zeitraum erhobenen Daten. 112

Nicht ganz klar ist, ob ein Nutzer lediglich einen Anspruch auf Zugang zu den von ihm selbst erzeugten Daten, etwa durch das Fahren eines vernetzten Fahrzeugs, oder auf sämtliche durch das vernetzte Produkt generierten Daten hat. Die Erwägungsgründe des Data Act deuten auf eine mögliche Lösung durch **Nutzerkonten** hin, die es „jedem Nutzer ermöglichen sollen, auf die von ihm erzeugten Daten zuzugreifen".[151] 113

Das „Erzeugen von Daten" ist jedoch **keine rechtliche Voraussetzung** für den Anspruch auf Datenzugang. So kann beispielsweise der Eigentümer eines vernetzten Fahrzeugs auch Daten anfordern, die durch eine Person erzeugt wurden, die das Fahrzeug gemietet hat, vorbehaltlich datenschutzrechtlicher Bestimmungen. Ebenso können Daten abgerufen werden, die während einer inaktiven Phase des Produkts generiert wurden, beispielsweise wenn ein Fahrzeug geparkt ist, obwohl kein Nutzer aktiv Daten erzeugt.[152] 114

Daher ist es wahrscheinlicher, dass der Data Act jedem Nutzer zumindest ein Recht auf Zugang zu allen Produkt- und Servicedaten gewährt, einschließlich solcher Daten, die von Mitnutzern generiert werden. Andernfalls könnte dies dazu führen, dass ein Eigentümer, der ein Produkt vermietet oder verleast und es selbst nicht „nutzt", keinerlei Anspruch auf die durch das Produkt generierten Daten hätte. Dies würde beispielsweise bedeuten, dass der 115

[147] Wentzel/Lutz RAW 2024, 123 (130); Hennemann/Steinrötter NJW 2024, 1 (3).
[148] Rockstroh/Katko/Meyer DA Compliance-HdB/Dannhausen/Rockstroh Kap. 2 Rn. 355.
[149] Rockstroh/Katko/Meyer DA Compliance-HdB/Dannhausen/Rockstroh Kap. 2 Rn. 355.
[150] Rockstroh/Katko/Meyer DA Compliance-HdB/Dannhausen/Rockstroh Kap. 2 Rn. 355.
[151] Erwgr. 21 DA.
[152] Erwgr. 15 DA.

Eigentümer einer vermieteten Fahrzeugflotte praktisch keine Rechte an den erzeugten Daten hätte, obwohl er in der Regel ein größeres Interesse an den Daten hat als ein Mieter, da er zB für die Wartung und Reparatur verantwortlich ist. Der Data Act schließt jedoch ausdrücklich Eigentümer in die Nutzerkategorie ein, auch wenn sie das Produkt nicht selbst nutzen.[153] Ein etwaiger Zugang des Nutzers zu Daten, die von anderen Mitnutzern generiert wurden, hat jedoch stets im Einklang mit den Rechten ebendieser Nutzer, zB im Hinblick auf den Schutz ihrer personenbezogenen Daten, zu erfolgen.[154] In der Praxis wird es Konstellationen geben, in denen aus den Nutzungsdaten unter Umständen Rückschlüsse auf sensible Geschäftsinformationen eines Nutzers möglich sind. Dies betrifft insbesondere Fälle, in denen Maschinen oder Fahrzeuge zur geschäftlichen Nutzung vermietet oder geleast werden. So können beispielsweise aus den Nutzungsdaten von Landmaschinen, die an Landwirte vermietet werden, oder von LKW, die ein Logistikunternehmen least, Informationen über betriebliche Abläufe wie etwa die Auslastung der Fahrzeuge abgeleitet werden. Da in diesen Fällen auch das Unternehmen, das die Fahrzeuge oder Maschinen vermietet oder verleast Nutzer ist, würde ihm nach dem oben gesagten ein Zugangsanspruch in Bezug auf alle Nutzungsdaten zustehen, ohne dass es etwa den Einschränkungen gem. Art. 6 Abs. 2 lit. (e) unterliegt. Diese sensiblen Informationen stellen in der Regel auch keine geschützten Geschäftsgeheimnisse im Sinne des Gesetzes dar. Die EU-Kommission scheint dennoch den Dateninhaber in der Pflicht zu sehen, sicherzustellen, dass er sensible Informationen eines Nutzers nicht ohne Weiteres an andere Nutzer weitergibt.[155] In der Praxis ist es für den Dateninhaber allerdings schwierig, dieser Pflicht zuverlässig nachzukommen. Daher wird der Dateninhaber häufig auf vertragliche Regelungen, etwa über Bestätigungen durch den Nutzer oder Freistellungsklauseln, zurückgreifen müssen. Für Unternehmen, die Produkte, Maschinen oder Fahrzeuge im geschäftlichen Kontext mieten oder leasen, bedeutet dies, dass sie dringend in den vertraglichen Vereinbarungen mit dem Vermieter oder Leasinggeber festlegen sollten, auf welche Nutzungsdaten dieser Zugriff verlangen darf.

116 In Fällen, in denen vernetzte Produkte typischerweise von mehreren Nutzern genutzt werden, bieten sich **Accountlösungen** an.[156] Entweder soll demnach jeder Nutzer die Möglichkeit haben, einen eigenen Account einzurichten, über den er Anfragen auf Datenzugang einreichen kann oder es kann die Möglichkeit geben, dass ein Account für alle Nutzer zugänglich ist.[157] Insgesamt wirft die Konstellation, in der mehrere Personen als Nutzer eines vernetzten Produktes existieren, an vielen Stellen Probleme auf. Dies insbesondere vor dem Hintergrund, dass der Dateninhaber bereits mit allen Nutzern einen Vertrag für die Nutzung abschließen müsste, um die Daten überhaupt nutzen zu dürfen (Art. 4 Abs. 13 DA), allerdings oftmals keinen Einblick haben wird, wer Nutzer ist, bzw. wie viele Nutzer existieren. Die von der EU-Kommission eingesetzte Expertengruppe beschreibt in ihrem Entwurf der Mustervertragsklauseln als möglichen Lösungsansatz eine Art Mitteilungspflicht des „Hauptnutzers", bzw. schlägt vor, in dieser Konstellation das Risiko über vertragliche Abreden weitgehend auf eben diesen Hauptnutzer zu verlagern, soweit jedenfalls kein Nutzeraccount vorgesehen ist.[158] Gerade im B2C-Bereich wird eine solche

[153] Vgl. Europäische Kommission, FAQs Data Act, Stand 3.2.2025, Version 1.2, Frage 16, https://digital-strategy.ec.europa.eu/en/library/commission-publishes-frequently-asked-questions-about-data-act.

[154] Vgl. Europäische Kommission, FAQs Data Act, Stand 3.2.2025, Version 1.2, Frage 32, https://digital-strategy.ec.europa.eu/en/library/commission-publishes-frequently-asked-questions-about-data-act.

[155] European Commission, Draft model contracts for data sharing and cloud computing (MCTs and SCCs), version May 2025, Annex II, No 10.

[156] Erwgr. 21 DA; Europäische Kommission, FAQs Data Act, Stand 3.2.2025, Version 1.2, Frage 16, https://digital-strategy.ec.europa.eu/en/library/commission-publishes-frequently-asked-questions-about-data-act.

[157] Europäische Kommission, FAQs Data Act, Stand 3.2.2025, Version 1.2, Frage 16, https://digital-strategy.ec.europa.eu/en/library/commission-publishes-frequently-asked-questions-about-data-act; Denga ZfPW 2024, 427 (456).

[158] European Commission, Draft model contracts for data sharing and cloud computing (MCTs and SCCs), version May 2025, Annex II, No 10.

vertragliche Ausgestaltung aufgrund der strengen AGB-Kontrolle mit einigen Hürden verbunden sein.

117 Inwieweit einem Nutzer auch solche Daten zustehen, die **vor seinem Eintritt in die Nutzerstellung** generiert wurden, ist nicht ganz klar. Die Europäische Kommission führt dazu in ihren FAQ[159] aus, dass Nutzer auch auf solche Daten zugreifen können sollen (soweit verfügbar), die von früheren Nutzern erzeugt wurden. Ein berechtigtes Interesse könne beispielsweise im Hinblick auf Updates oder Vorfälle bestehen. Allerdings müssten bei der Herausgabe unter anderem die „Rechte und Interessen früherer Nutzer" gewahrt werden.[160]

118 **ii) Anwendbarkeit von Art. 4, 5 DA auf Produkte, die sich vor dem 12.9.2025 bereits im Markt befinden.** Der indirekter Zugangsanspruch besteht ab dem 12.9.2025 für alle vernetzten Produkte und verbundenen Dienste. Dies erfasst auch solche vernetzten Produkte und verbundenen Dienste, die sich **bereits im Markt** befinden. Der Data Act enthält hier, anders als in Bezug auf den direkten Zugangsanspruch, keine Übergangsregelungen.

c) Weitergabe an Dritten als Datenempfänger, Art. 5 (1) DA

119 Neben seinem Recht, die Bereitstellung der Daten an sich selbst zu verlangen, kann der Nutzer den Dateninhaber auch auffordern, die Daten **einem Dritten** als Datenempfänger **bereitzustellen.** Zum Datenempfänger → Rn. 31 ff.

120 Der Anspruch besteht auch dann, wenn der Nutzer bereits direkt auf die Daten zugreifen kann.[161]

121 Der Anspruch auf Weitergabe der Daten an Dritte entspricht vom Inhalt und Umfang her grundsätzlich dem Anspruch gem. Art. 4 Abs. 1 DA.[162] Der Anspruch ist für den Nutzer unentgeltlich, gegenüber dem Dritten kann jedoch ein Entgelt verlangt werden.

122 Art. 5 Abs. 2 DA bietet eine sachbezogene Ausnahme von der Verpflichtung zur Datenbereitstellung gem. Abs. 1. Dateninhaber sind nicht verpflichtet, Daten bereitzustellen, die mit der Prüfung neuer vernetzter Produkte, Stoffe oder Verfahren in Zusammenhang stehen und noch nicht in den Verkehr gebracht wurden.[163] Eine vertragliche Genehmigung zur Weitergabe ist jedoch möglich.[164] Diese Ausnahme ist nur in Art. 5 DA, nicht jedoch in Art. 4 DA vorgesehen. Es bleibt unklar, ob sich die genannten Testprodukte von **Prototypen** unterscheiden, die gemäß Erwgr. 14 vollständig vom Anwendungsbereich des Data Acts ausgenommen sein sollen.[165]

123 Der Zugang eines Datenempfängers zu den betreffenden Daten steht im B2B-Verhältnis nach Art. 8 Abs. 1 DA unter dem Vorbehalt der Anwendung von FRAND-Bedingungen und dem Prinzip der Transparenz sowie nach Art. 9 Abs. 1 DA unter dem Vorbehalt einer angemessenen und nicht-diskriminierenden Vergütung.[166]

124 **aa) Auf Verlangen des Nutzers.** Der Dritte hat keinen eigenen Anspruch auf Bereitstellung der Daten. Das Verlangen auf Weitergabe der Daten muss also **auf den Nutzer zurückzuführen** sein.

---

[159] Europäische Kommission, FAQs Data Act, Stand 3.2.2025, Version 1.2, Frage 32, https://digital-strategy.ec.europa.eu/en/library/commission-publishes-frequently-asked-questions-about-data-act.

[160] Europäische Kommission, FAQs Data Act, Stand 3.2.2025, Version 1.2, Frage 32, https://digital-strategy.ec.europa.eu/en/library/commission-publishes-frequently-asked-questions-about-data-act.

[161] In Art. 5 Abs. 1 DA fehlt die in Art. 4 Abs. 1 DA enthaltene Regelung zur Subsidiarität.

[162] Schmidt-Kessel MMR 2024, 75 (80); Apel/Huber JuS 2024, 410 (413).

[163] Hennemann/Steinrötter NJW 2024, 1 (2).

[164] vgl. BeckOK DatenschutzR/Raue, 50. Ed. 1.11.2024, DA Art. 5 Rn. 25.

[165] vgl. Schreiber/Pommerening/Schoel, Der neue DA, 2. Aufl. 2024, § 4 Rn. 73; Niehaus/Siems ZdiW 2024, 50 (54); Hennemann/Steinrötter NJW 2024, 1 (2).

[166] Gajeck/Hegener GRUR 2024, 1068 (1073).

125 Soweit sich der Dritte direkt an den Dateninhaber wendet, wird er daher **nachweisen** müssen, dass er im Auftrag des Nutzers handelt. Dies kann er zum Beispiel tun, in dem er eine **Bevollmächtigung** durch den Nutzer nachweist.[167] Ob auch eine Abtretung der Ansprüche des Nutzers in Frage kommt, ist umstritten.[168]

126 Die Ausgestaltung, wonach der Dritte den Anspruch direkt im Auftrag oder aus abgetretenen Recht gelten macht, wird in der **Praxis** wohl insbesondere im B2C-Bereich größere Relevanz erlangen, da Nutzer zumeist die Daten nicht selbst werden auswerten und verwenden können.[169]

127 **bb) Bereitstellung zu fairen, angemessenen und nichtdiskriminierenden Bedingungen und in transparenter Weise (Art. 8 DA).** Die näheren Bestimmungen für die Datenherausgabe durch den Dateninhaber an den Datenempfänger sind in Kapitel III, also in den Art. 8 ff. DA geregelt. Diese Regelungen beziehen sich nicht nur auf Konstellationen, in denen Daten nach Art. 5 Abs. 1 DA an Dritte herausgegeben werden müssen. Sie sollen (zukünftig) immer dann gelten, wenn ein Dateninhaber gemäß dem Unionsrecht verpflichtet ist, Daten bereitzustellen.[170]

128 Kapitel III normiert, dass der Datenzugang zu fairen, angemessenen und diskriminierungsfreien Bedingungen erfolgen muss **(FRAND-Vorgaben).**

129 Eine Bedingung ist **nicht-diskriminierend,** soweit sie nicht willkürlich zwischen gleichartigen Datenempfängern unterscheidet.[171] Das heißt, eine unterschiedliche Behandlung ist nur mit sachlichem Grund möglich.[172] Das Kriterium schließt jedoch eine Differenzierung zwischen verschiedenen Datenempfängern nicht grundsätzlich aus – im Gegenteil kann sie in bestimmten Fällen erforderlich sein.[173]

130 Die Bedingungen unter denen Datenzugang gewährt werden, dürfen ferner keine übermäßigen Anforderungen stellen und müssen im Einklang mit Marktstandards stehen, um **angemessen** zu sein. Daneben sollten die Bedingungen ausgewogen und nicht einseitig zugunsten des Dateninhabers vorteilhaft, also **fair**, gestaltet sein. Dass die Bedingungen fair ausgestaltet sind, versucht der DA insbesondere dadurch sicherzustellen, dass der Dateninhaber bei der Vertragsgestaltung keine gem. Art. 13 DA missbräuchlichen Klauseln verwenden soll (→ Rn. 144 ff.).

131 Insgesamt handelt es sich bei den FRAND-Bedingungen um unbestimmte Rechtsbegriffe, die einigen Interpretationsspielraum bieten. Teilweise wird man jedoch auch auf **Erkenntnisse aus anderen Bereichen** für die Interpretation und Anwendung im Rahmen des Data Act zurückgreifen können. Bekannt sind FRAND-Bedingungen insbesondere für standardessentielle Patente (SEP) und aus der essential facilities Rechtsprechung im Kartellrecht.[174]

132 Die Verwendung der Mustervertragsklauseln der EU-Kommission soll bei der Einhaltung der FRAND-Vorgaben unterstützen, indem sie allgemein angemessene Regelungen zur Bereitstellung von Daten treffen.

133 **cc) Regeln für den Fall vermuteter Diskriminierung (Art. 8 Abs. 3).** Ist ein Datenempfänger der Ansicht, dass die Bedingungen, unter denen ihm Daten bereitgestellt werden, diskriminierend sind, hat der Dateninhaber **darzulegen,** dass die Bereitstellung in nicht-

---

[167] Schreiber/Pommerening/Schoel Der neue DA § 4 Rn. 68; Kaesling GRUR 2024, 821 (822).
[168] Dagegen Wiebe GRUR 2023, 1569 (1572); Becker RDI 2024, 615 (621); BeckOK DatenschutzR/Raue DA Art. 4 Rn. 16a. Dafür Kaesling GRUR 2024, 821 (828); HK-DatenR/Sattler DA Art. 5 Rn. 40.
[169] Schreiber/Pommerening/Schoel Der neue DA § 4 Rn. 68.
[170] Hierbei sind die Ausnahmen bzw. Übergangsvorschiften in Art. 44 und 50 DA zu beachten; Denga ZfPW 2024, 427 (455); Staudenmayer NJW 2024, 1377 (1381).
[171] Staudenmayer NJW 2024, 1377 (1381).
[172] Erwgr. 45 DA.
[173] EuGH 27.10.2022 – C-390/21, BeckRS 2022, 28847 in Bezug auf den Zugang zu Wartungs- und Reparaturinformationen nach Art. 61 der VO 2018/858.
[174] Siehe hierzu umfassend Gajeck/Hegener GRUR 2024, 1068 ff. sowie Coenen CR 2025, 353.

diskriminierender Weise erfolgt. Mit dieser Regelung möchte der Verordnungsgeber den Mangel an Informationen des Datenempfängers über die in verschiedenen Verträgen enthaltenen Bedingungen, ausgleichen.[175]

Die relevanten Informationen hat der Dateninhaber **unverzüglich** auf die Anfrage des Datenempfängers bereitzustellen. Der Datenempfänger muss sein Ersuchen jedoch **begründen.** Es ist nicht ausreichend, wenn er ins Blaue hinein Informationen herausverlangt. Dies ist in Abgrenzung zu Art. 9 Abs. 7 DA zu sehen, wonach der Dateninhaber Datenempfängern grundsätzlich (ohne Anfrage) Informationen über die Berechnung der Vergütung bereitzustellen hat. **134**

Praxishinweis:

Generell empfiehlt sich, die Entscheidung, wie mit Anfragen umgegangen wird, gut zu dokumentieren. Da im Ergebnis nicht alle Gruppen von Datenempfängern vergleichbar sind, hat es zudem Sinn, von vorneherein verschiedene Kategorien von Datenempfängern festzulegen, etwa in Bezug auf den Umfang und die Art der Datennutzung, die dann auch vergleichbaren Bedingungen, etwa in Bezug auf die Vergütung unterliegen. **135**

dd) Gegenleistung für die Bereitstellung (Art. 9 DA). Dateninhaber dürfen eine Gegenleistung von Datenempfängern für die Bereitstellung der Daten verlangen.[176] Diese muss wiederum diskriminierungsfrei und angemessen sein. Sie darf jedoch eine Marge enthalten,[177] soweit es sich bei dem Datenempfänger nicht um ein **KMU** oder eine **gemeinnützige Forschungseinrichtung** handelt.[178] **136**

Bei der Berechnung der Vergütung können die Dateninhaber insbesondere die folgenden Positionen berücksichtigen: **137**

Angefallene Kosten für die Bereitstellung der Daten,[179] einschließlich insbesondere der notwendigen Kosten für die Formatierung der Daten, die Verbreitung auf elektronischem Wege und die Speicherung. Dabei sind Faktoren wie Häufigkeit und Dauer der Datenbereitstellung bei der Bemessung der Gegenleistung zu berücksichtigen.[180] Dies können technische Kosten sein, beispielsweise Kosten, die für die Wiedergabe, die elektronische Verbreitung und die Speicherung von Daten erforderlich sind, nicht aber die Kosten der Datensammlung oder -produktion.[181] Die technischen Kosten könnten ferner die Kosten für die Verarbeitung umfassen, die im Vorfeld der Bereitstellung der Daten erforderlich ist, einschließlich der mit der Formatierung der Daten verbundenen Kosten. Kosten im Zusammenhang mit der Bereitstellung der Daten können auch die Kosten für die Erleichterung konkreter Datenweitergabeverlangen umfassen.[182] **138**

Investitionen in die Erhebung und Generierung von Daten.[183] Die Marge kann geringer ausfallen, wenn der Dateninhaber die Daten für sein eigenes Unternehmen erhoben hat, ohne wesentliche Investitionen zu tätigen. Sie kann aber auch höher ausfallen, wenn in die Datenerhebung stark investiert werden muss.[184] **139**

---

175 Erwgr. 45 DA.
176 Weinhold/Schröder ZD 2024, 306 (310).
177 Etzkorn RDi 2024, 116 (122).
178 Art. 9 Abs. 3 DA. In diesem Fall können die Kosten auch nur teilweise weiterberechnet werden. Insgesamt gilt dies nur, soweit das Unternehmen kein Partnerunternehmen oder verbundenes Unternehmen hat, bei dem es sich nicht um ein KMU handelt.; Staudenmayer NJW 2024, 1377 (1381).
179 Weinhold/Schröder ZD 2024, 306 (310).
180 Erwgr. 47 DA.
181 Erwgr. 47 DA.
182 Erwgr. 47 DA.
183 Weinhold/Schröder ZD 2024, 306 (310).
184 Erwgr. 47 DA.

140 Die Gegenleistung kann auch von **Umfang, Format und Art der Daten** abhängen. Die Höhe der Gegenleistung kann je nach den relevanten Faktoren, die mit den Daten selbst zusammenhängen, variieren.[185]

141 Für die Vergütung kann wohl auch die **Art und der Umfang** der Nutzung der Daten durch den Dateninhaber eine Rolle spielen.[186]

Praxishinweis:

142 Dateninhaber sind verpflichtet, den Datenempfängern Informationen bereitzustellen, in denen die Grundlage für die Berechnung der Gegenleistung detailliert dargestellt wird. Dies soll den Datenempfänger in die Lage versetzen, zu beurteilen, ob die Voraussetzungen des Data Act eingehalten wurden, Art. 9 Abs. 7 DA. Gemäß Art. 9 Abs. 5 DA wird die Kommission Leitlinien für eine angemessene Berechnung der Gegenleistung entwickeln, basierend auf den Empfehlungen des Europäischen Dateninnovationsrats (EDIB).

143 **ee) Unwirksamkeit von Bedingungen, die missbräuchlich sind, oder die die Ausübung der Rechte des Nutzers beeinträchtigen oder ausschließen (Art. 8 Abs. 2 DA).** Art. 8 Abs. 2 DA stellt zudem klar, dass Klauseln, die gem. Art. 13 DA als missbräuchlich anzusehen sind, zwischen Dateninhaber und Datenempfänger **nicht bindend** sind.

144 Art. 13 DA enthält dezidierte Regelungen zu missbräuchlichen Vertragsklauseln und damit eine dem deutschen Recht ähnliche **Inhaltskontrolle im B2B-Bereich.** Ob es sich dabei um eine Rechtsgrund- oder Rechtfolgenverweisung handelt, mit der Folge, dass die Regelung des Art. 13 DA auch für Individualvereinbarungen gelten würde, wird kontrovers diskutiert.[187]

145 Daneben dürfen der Dateninhaber und der Datenempfänger keine Abreden treffen, die zum **Nachteil des Nutzers** dessen Rechte aus Kapitel II ausschließen, davon abweichen oder deren Wirkung abändern.

5. Beschränkungen des Datenzugangs

146 Der Data Act sieht für den Fall des indirekten Datenzugangs über Art. 4 Abs. 1 bzw. Art. 5 Abs. 1 DA gewisse Möglichkeiten vor, den Zugang sowie die Nutzung der Daten durch den Nutzer bzw. den Datenempfänger zu beschränkten.

147 Die Modalitäten, den Datenzugang zu beschränken, finden wohl auf den Fall des direkten Datenzugangs nach Art. 3 Abs. 1 DA keine Anwendung.[188] Vielmehr scheint es nach der Europäischen Kommission dem Dateninhaber zu obliegen, abzuwägen, inwieweit er direkten Datenzugang – der gerade kein Dazwischentreten des Dateninhabers für den Zugang bedarf – gewährt oder die Daten erst auf Anfrage des Nutzers – und Prüfung bestimmter Voraussetzungen – herausgegeben werden.[189] → Rn. 73 ff.

148 Weiterhin gilt es zu beachten, dass – unabhängig davon, ob der Dateninhaber ein besonderes Schutzinteresse an den betreffenden Daten hat – durch den Dateninhaber ein **Prozess einzurichten** ist, welcher sicherstellt, dass kein Verstoß gegen gesetzliche Schran-

---

185 Erwgr. 47 DA; Schreiber/Pommerening/Schoel Der neue DA § 4 Rn. 159.

186 Vgl. hierzu in Bezug auf Wartungs- und Reparaturinformationen nach der Typgenehmigungs-VO: EuGH 27.10.2022 – C-390/21, BeckRS 2022, 28847.

187 Schreiber/Pommerening/Schoel Der neue DA § 4 Rn. 154; Metzger/Schweitzer ZEuP 2023, 42 (70 f.).

188 Vgl. Europäische Kommission, FAQs Data Act, Stand 3.2.2025, Version 1.2, Frage 22, https://digital-strategy.ec.europa.eu/en/library/commission-publishes-frequently-asked-questions-about-data-act; Wentzel/Lutz RAW 2024, 123 (129).

189 Vgl. Europäische Kommission, FAQs Data Act, Stand 3.2.2025, Version 1.2, Frage 22, https://digital-strategy.ec.europa.eu/en/library/commission-publishes-frequently-asked-questions-about-data-act.

ken vorliegt. Dies betrifft insbesondere (i) das Verbot der Bereitstellung der Daten an Gatekeeper, (ii) kartellrechtliche Beschränkungen im Hinblick auf einen verbotenen Informationsaustausch sowie (iii) datenschutzrechtliche Anforderungen an die Verarbeitung von personenbezogenen Daten.

a) Sicherheitsanforderungen an das Produkt (Art. 4 Abs. 2 DA)

Nach Art. 4 Abs. 2 S. 1 DA können Nutzer und Dateninhaber vertraglich eine Beschrän- **149**
kung des Datenzugangs, der Nutzung sowie der Weitergabe vorsehen, wenn hierdurch anderenfalls die im Unionsrecht oder im nationalen Recht festgelegten **Sicherheitsanforderungen** des vernetzten Produkts beeinträchtigt und dies zu schwerwiegenden nachteiligen Auswirkungen auf die Gesundheit oder die Sicherheit von natürlichen Personen führen könnte. Der Wortlaut der Vorschrift sowie die Auslegung der Europäischen Kommission[190] legt nahe, dass der Datenzugang aus Gründen der Produktsicherheit nur dann verweigert werden kann, wenn dies ausdrücklich in einer vertraglichen Vereinbarung zwischen dem Nutzer und dem Dateninhaber geregelt ist.[191] Dies verwundert zunächst, da es nicht ersichtlich erscheint, wieso der Dateninhaber eine vertragliche Vereinbarung zur Verweigerung der Bereitstellung der Daten benötigt, wenn er andernfalls – bei Herausgabe der Daten – gegen bestehende nationale oder europäische Vorgaben zur Produktsicherheit verstoßen würde.[192] Bei genauerer Betrachtung des Wortlauts scheint die von Art. 4 Abs. 2 S. 1 DA geforderte vertragliche Vereinbarung allein diejenigen Fälle zu erfassen in denen lediglich eine Beeinträchtigung der Sicherheitsanforderungen und kein klarer Verstoß vorliegt.[193] Weiterhin muss eine solche Beeinträchtigung – entsprechen dem Wortlaut („könnte" bzw. „could") lediglich möglich sein.[194] Offen lässt der Data Act, was gilt, wenn eine Einigung zwischen den Parteien nach Art. 4 Abs. 2 DA scheitert. Im Fall eines drohenden **Verstoßes** gegen die im Unionsrecht oder im nationalen Recht festgelegten **Sicherheitsanforderungen** ist hingegen davon auszugehen, dass ein Dateninhaber auch ohne das Vorliegen einer entsprechenden vertraglichen Vereinbarung zur Verweigerung der Bereitstellung der Daten berechtigt ist.[195] Vor dem Hintergrund des Vorstehenden ist Dateninhabern zu empfehlen – auch wenn ein entsprechendes Bedürfnis nicht unmittelbar besteht – im Rahmen der bestehenden vertraglichen Vereinbarung mit dem Nutzer eine Bestimmung aufzunehmen, wonach eine Datenherausgabe unter den Aspekten des Art. 4 Abs. 2 S. 1 DA verweigert werden darf. Ergänzend bleibt zu erwähnen, dass – mangels einer entsprechenden Bestimmung innerhalb des Art. 5 DA – die Bestimmung des Art. 4 Abs. 2 DA im Fall einer Herausgabe auf Grundlage von Art. 5 Abs. 1 DA analog anzuwenden ist.

Verweigert der Dateninhaber die Datenherausgabe unter Verweis auf Art. 4 Abs. 2 S. 1 **150**
DA, so hat der die zuständige Behörde hierüber zu informieren (Art. 4 Abs. 2 S. 2 DA). Der Wortlaut der Vorschrift legt nahe, dass **eine Information** nicht bereits im Fall der vertraglichen Vereinbarung, sondern erst bei Verweigerung der Herausgabe **erforderlich** ist. Der Wortlaut scheint weiterhin davon auszugehen, dass eine generelle Anzeige des Dateninhabers, dass im Hinblick auf ein bestimmtes Produkt bzw. eine Produktreihe spezifische Daten aus Gründen der Produktsicherheit nicht herausgegeben werden, nicht ausreicht, sondern eine Meldung jedes einzelnen Produktes und jeden Fall der Verweigerung erforderlich ist. Letztere Auslegung scheint geeignet zu sein, zu einer Überfrachtung der zuständigen Behörden mit Meldungen zu führen. Die für die betreffenden Sektoren

190 Vgl. Europäische Kommission, FAQs Data Act, Stand 3.2.2025, Version 1.2, Frage 25, https://digital-strategy.ec.europa.eu/en/library/commission-publishes-frequently-asked-questions-about-data-act.
191 Specht-Riemenschneider/Hennemann, DA DGA, DA Art. 4 Rn. 56.
192 Vgl. Ehlen/Sebulke CR 2024, 84 Rn. 20.
193 Vgl. Ehlen/Sebulke CR 2024, 84 Rn. 20.
194 BeckOK DatenschutzR/Raue, 50. Ed. 1.11.2024, DA Art. 4 Rn. 39.
195 Specht-Riemenschneider/Hennemann, DA DGA, DA Art. 4 Rn. 56.

zuständigen Behörden können den Nutzern und Dateninhabern in diesem Zusammenhang technisches Fachwissen bereitstellen.

Praxishinweis:

151 Verweigert der Dateninhaber die Weitergabe von Daten hat er dies der zuständigen Behörde mitzuteilen. Hierfür sollten frühzeitig entsprechende Prozesse innerhalb des Unternehmens des Dateninhabers eingerichtet werden.

b) Betriebs- und Geschäftsgeheimnisse (Art. 4 Abs. 6–8, Art. 5 Abs. 9–11 DA)[196]

152 Zum Schutz von Geschäftsgeheimnissen, die möglicherweise in den gemäß Data Act bereitzustellenden Daten enthalten sind, sieht der Data Act in Art. 4 Abs. 6–8 DA und Art. 5 Abs. 9–11 DA einen Mechanismus vor, der als **„Geschäftsgeheimnis-Handbremse"** bezeichnet wird.[197] Hierdurch soll dem Dateninhaber ermöglicht werden, die Herausgabe der Daten unter bestimmten Voraussetzungen auszusetzen oder zu verweigern, wenn diese Daten Geschäftsgeheimnisse[198] des Dateninhabers oder eines Dritten (zB des Herstellers) beinhalten.[199] Der Data Act sieht hierfür folgendes abgestuftes Verfahren vor:

(1) **Vertragliche Vereinbarung zum Schutz von Geschäftsgeheimnissen vor Offenlegung:** Das Vorliegen von Geschäftsgeheimnissen steht dem Datenzugangsanspruch des Nutzers grundsätzlich nicht entgegen.[200] Um den Dateninhaber bzw. den Inhaber des Geschäftsgeheimnisses nicht schutzlos zu stellen, besteht für diese die Möglichkeit – vor einer Offenlegung der Daten – entsprechende vertragliche wie **technisch-organisatorische Schutzmaßnahmen** mit dem Nutzer bzw. dem Datenempfänger zu vereinbaren.[201]

Mögliche Schutzmaßnahmen umfassen auf vertraglicher Ebene den Abschluss der von der Kommission zu entwickelnden Standardklauseln für den Schutz von Geschäftsgeheimnissen sowie den Abschluss von Vertraulichkeitsvereinbarungen.[202] Vertragliche Vereinbarungen mit dem Nutzer bzw. dem Datenempfänger können beispielsweise eine Verpflichtung zur Führung von strikten Zugangsprotokollen, die Einhaltung von gewissen technischen Standards sowie von Verhaltenskodizes umfassen.[203]

(2) **Verweigerung der Datenbereitstellung bei Fehlen einer vertraglichen Vereinbarung oder deren Nichteinhaltung:** Der Dateninhaber ist berechtigt, die Offenlegung von Geschäftsgeheimnissen zu verweigern bzw. zeitweise aussetzen, (i) wenn und

---

196 Für den Fall der Bereitstellung der Daten an Datenempfänger: Art. 5 Abs. 9–11 DA.

197 Zum Begriff Europäische Kommission, Europäische Kommission, FAQs Data Act, Stand 3.2.2025, Version 1.2, Frage 4, https://digital-strategy.ec.europa.eu/en/library/commission-publishes-frequently-asked-questions-about-data-act; Siehe hierzu weitergehend Pauly/Wichert/Baumann MMR 2024, 211; Böken/Vocks MMR 2024, 1016.

198 Geschäftsgeheimnisse sind in Art. 2 Nr. 18 DA legaldefiniert als Geschäftsgeheimnis im Sinne von Artikel 2 Nummer 1 der Richtlinie (EU) 2016/943. Im deutschen Recht ist hiermit § 2 Abs. 1 GeschGehG adressiert.

199 Für Hersteller, die selbst nicht Dateninhaber sind, bedeutet dies, dass der Schutz von Geschäftsgeheimnissen im Rahmen der Vertriebskette sicherzustellen ist.

200 Europäische Kommission, FAQs Data Act, Stand 3.2.2025, Version 1.2, Frage 23, https://digital-strategy.ec.europa.eu/en/library/commission-publishes-frequently-asked-questions-about-data-act.

201 Art. 4 Abs. 6 S. 2 DA bzw. Art. 5 Abs. 7 DA; Erwgr. 31 DA; Europäische Kommission, FAQs Data Act, Stand 3.2.2025, Version 1.2, Frage 23, https://digital-strategy.ec.europa.eu/en/library/commission-publishes-frequently-asked-questions-about-data-act; Siehe hierzu auch Erwgr. 43 DA; Hennemann/Steinrötter NJW 2024, 1 (4).

202 Art. 4 Abs. 6 S. 2 DA bzw. Art. 5 Abs. 7 DA; Europäische Kommission, FAQs Data Act, 3.2.2025, Version 1.2, Frage 23, https://digital-strategy.ec.europa.eu/en/library/commission-publishes-frequently-asked-questions-about-data-act.

203 Europäische Kommission, FAQs Data Act, Stand 3.2.2025, Version 1.2, Frage 23, https://digital-strategy.ec.europa.eu/en/library/commission-publishes-frequently-asked-questions-about-data-act.

soweit keine Vereinbarung über den Schutz von Geschäftsgeheimnissen vorliegt bzw. erreicht wird, oder (ii) wenn der Nutzer bzw. der Datenempfänger die vereinbarten Maßnahmen nicht umsetzt (siehe Art. 4 Abs. 7 DA sowie Art. 5 Abs. 10 DA).

(3) Verweigerung der Datenbereitstellung bei Vorliegen außergewöhnlicher Umstände: Bei Vorliegen außergewöhnlicher Umstände kann der Dateninhaber die Offenlegung von Geschäftsgeheimnissen unabhängig von dem Vorliegen einer vertraglichen Vereinbarung oder deren Einhaltung verweigern, wenn er anhand objektiver Beweise nachweisen kann, dass es sehr wahrscheinlich ist, dass ihm bzw. dem Dritten, um dessen Geschäftsgeheimnisse es sich handelt, durch die Offenlegung ebendieser erhebliche wirtschaftliche Schäden entstehen würden (Art. 4 Abs. 8 DA sowie Art. 5 Abs. 11 DA).[204] Von einem erheblichen wirtschaftlichen Schaden ist auszugehen, wenn infolge der Offenlegung ein ernsthafter und irreparabler wirtschaftlicher Verlust droht.[205]

Für den Fall, dass der Dateninhaber die Bereitstellung der Daten verweigert oder aussetzt, **153** muss der Dateninhaber die **zuständige Behörde** des jeweiligen Mitgliedstaates **benachrichtigen** und die Gründe für die Entscheidung der betreffenden Behörde, dem Nutzer bzw. dem Datenempfänger unverzüglich mitteilen.[206] Der Wortlaut des Art. 4 Abs. 7 S. 3, Art. 5 Abs. 10 S. 3 DA spricht dabei dafür, dass jede einzelne Verweigerung gegenüber der zuständigen Behörde zu melden ist. Anders als im Fall einer Verweigerung im Fall sicherheitsrelevanter Daten (→ Rn. 150 ff.), kann hier eine Einzelfallmeldung im Fall des Art. 4 Abs. 6 DA begründet sein, da sie ua davon abhängt, ob die Parteien eine Einigung über die erforderlichen Schutzmaßnahmen erzielt haben. Ungeachtet dessen erscheint eine Überfrachtung der zuständigen Behörden mit entsprechenden Meldungen wahrscheinlich.[207]

Der Nutzer bzw. der Datenempfänger ist im Fall einer Verweigerung oder Beschränkung **154** des Datenzugangs durch den Dateninhaber berechtigt, gegen die Entscheidung des Dateninhabers **gerichtlich vorzugehen** (Art. 4 Abs. 9 Hs. 1, Art. 5 Abs. 12 Hs. 1 DA). Daneben besteht die Möglichkeit der **Beschwerde** bei der benannten zuständigen Behörde (Art. 4. Abs. 9 Hs. 2 lit. a, Art. 5 Abs. 12 Hs. 2 lit. a DA). Der zuständigen Behörde obliegt sodann die Entscheidung, ob und unter welchen Voraussetzungen die Datenbereitstellung fortgesetzt bzw. erstmalig gewährt werden soll (Art. 4 Abs. 9 DA sowie 5 Abs. 12 DA). Weiterhin können die Parteien vereinbaren, eine **Streitbeilegungsstelle** gem. Art. 10 DA mit der Angelegenheit zu befassen (Art. 4. Abs. 9 Hs. 2 lit. b, Art. 5 Abs. 12 Hs. 2 lit. b DA).

Soweit es sich bei dem Nutzer um einen Verbraucher handelt, wird dieser etwaige **155** technische und/oder organisatorische Schutzmaßnahmen, welche ihm der Dateninhaber auferlegen möchte, regelmäßig nicht erfüllen können. Zugang zu Daten wird der Nutzer in diesen Konstellationen nur durch Hinzuziehung eines Dritten erlangen, welcher die Daten für ihn verwahrt. In diesem Fall finden die Bestimmungen zum Schutz von Geschäftsgeheimnissen bei Weitergabe an einen Dritten als Datenempfänger Anwendung.

Zu erwähnen bleibt im Kontext des Schutzes von Geschäftsgeheimnissen, dass der Data **156** Act den Fall, dass Geschäftsgeheimnisse erst infolge einer **nachgelagerten Verarbeitung** durch den Datenempfänger bzw. Nutzer erlangt werden, zB im Wege einer Aggregation, nicht ausdrücklich erfasst. Insoweit ist mithin fraglich, ob sich der Dateninhaber auch in derartigen Fällen auf den Schutzmechanismus der Geschäftsgeheimnishandbremse berufen kann.

---

[204] Europäische Kommission, FAQs Data Act, Stand 3.2.2025, Version 1.2, Frage 23, https://digital-strategy.ec.europa.eu/en/library/commission-publishes-frequently-asked-questions-about-data-act.

[205] Europäische Kommission, FAQs Data Act, Stand 3.2.2025, Version 1.2, Frage 23, https://digital-strategy.ec.europa.eu/en/library/commission-publishes-frequently-asked-questions-about-data-act.

[206] Art. 4 Abs. 7 S. 2, 3 DA; Europäische Kommission, FAQs Data Act, Stand 3.2.2025, Version 1.2, Frage 23, https://digital-strategy.ec.europa.eu/en/library/commission-publishes-frequently-asked-questions-about-data-act.

[207] Aus dem Blickwinkel der Möglichkeit einer strategischen Überflutung der Behörden betrachtend: HK-DatenR/Sattler DA Art. 4 Rn. 109.

c) Gatekeeper

157 Der Data Act nimmt nach Art. 5 Abs. 3 DA **Torwächter**[208] iSd Digital Markets Act („DMA“)[209] von den möglichen Begünstigten eines Datenzugangsanspruches nach Art. 5 Abs. 1 DA aus. Torwächter dürfen demnach Nutzer weder dazu auffordern, Daten, welche diese nach Art. 4 Abs. 1 DA erhalten haben, weiterzugeben, noch sonstige Anreize für Nutzer schaffen, ihnen Daten auf Grundlage von Art. 5 Abs. 1 DA bereitzustellen.

158 Um die mit dem DMA verfolgten Ziele nicht zu konterkarieren, schließt der Data Act Torwächter mithin von den im Rechtsakt vorgesehenen Möglichkeiten, auf die Daten anderer Nutzer zuzugreifen, aus.[210] Nicht vom Wortlaut des Art. 5 Abs. 3 DA und damit von den Ausschlüssen der unterhalb des Data Acts statuierten Rechte erfasst, sind Konstellationen, in welchen **Torwächter selbst Nutzer** iSv Art. 2 Nr. 12 DA sind.[211] Ob Torwächter eine Nutzerstellung (zB als Eigentümer von IoT-Produkten, die massenhaft Verbrauchern zur Verfügung gestellt werden) zur Erlangung weiterer Daten ausnutzen können und damit den bezwecken Ausschluss umgehen können, verbleibt abzuwarten.

159 Datenempfängern, denen Daten auf Verlangen des Nutzers bereitgestellt wurden, ist es weiterhin untersagt, diese Daten Torwächtern bereitzustellen.[212] Zur Klarstellung: **Freiwillige Datenherausgaben** – unabhängig von den Art. 4 Abs. 1 DA sowie Art. 5 Abs. 1 DA – werden durch die Regelungen des Data Acts nicht berührt.

d) Personenbezogene Daten (Art. 4 Abs. 12, 5 Abs. 13 DA)

160 Nach Art. 4 Abs. 12 DA darf der Dateninhaber etwaige personenbezogene Daten, die Gegenstand eines Datenbereitstellungsverlangens sind, nicht zur Verfügung stellen, wenn es sich bei dem Nutzer nicht um die betroffene Person, deren personenbezogene Daten verlangt werden, handelt. In diesem Fall darf eine Bereitstellung nur erfolgen, wenn für die Verarbeitung der Daten eine **gültige Rechtsgrundlage** gem. Artikel 6 DS-GVO bzw. ggf. des Art. 9 DS-GVO vorliegt sowie die Voraussetzung von Art. 5 Abs. 3 der Richtlinie 2002/58/EG (ePrivacy-Richtlinie) erfüllt sind.

161 Art. 4 Abs. 12, Art. 5 Abs. 13 DA bürden dem Dateninhaber im Zusammenhang mit der Geltendmachung von Datenzugangsverlangen durch den Nutzer (bzw. einen Dritten) die Verpflichtung auf, **abzufragen,** ob es sich bei dem Nutzer um die **betroffene Person** handelt.[213]

e) Kartellrecht

162 Der Data Act stellt klar, dass seine Regelungen nicht dazu verwendet werden dürfen, den Wettbewerb entgegen den Vorschriften des AEUV einzuschränken.[214] Dementsprechend wird vielfach darauf hingewiesen, dass das **Verbot des kartellrechtlichen Informationsaustausches** bei der Herausgabe von Daten zu beachten sei.[215]

---

[208] Die jeweils aktuelle Liste der durch die Kommission designierten Gatekeeper kann abgerufen werden unter European Commission, Gatekeepers, www.digital-markets-act.ec.europa.eu/gatekeepers_en.

[209] Verordnung (EU) 2022/1925 des Europäischen Parlaments und des Rates vom 14.9.2022 über bestreitbare und faire Märkte im digitalen Sektor und zur Änderung der Richtlinien (EU) 2019/1937 und (EU) 2020/1828 (Gesetz über digitale Märkte), 12.10.2022, ABl. 2022 L 265, 1.

[210] Heinzke/Herbers/Kraus BB 2024, 649 (650).

[211] Vgl. hierzu auch Erwgr. 40 DA, der wesentlich weiter formuliert ist und dahingehend verstanden werden könnte, dass Torwächter auch keine Nutzer iSd Data Acts sein können: „Gemäß der Verordnung (EU) 2022/1925 und angesichts der einzigartigen Fähigkeit dieser Unternehmen, Daten zu erwerben, ist es zur Erreichung des Ziels der vorliegenden Verordnung nicht erforderlich und somit in Bezug auf die den entsprechenden Pflichten unterliegenden Dateninhaber unverhältnismäßig, solchen Torwächtern ein Datenzugangsrecht einzuräumen.“.

[212] Erwgr. 40 DA.

[213] Schemmel CB 2024, 301 (302).

[214] Erwgr. 116 DA.

[215] Schulz NZKart 2024, 426 (432).

Das Kartellrecht lässt den Austausch sensibler Geschäftsinformationen zwischen Wettbewerbern nur in engen Grenzen zu. **Sensible Geschäftsinformationen** können nicht nur aktuelle und zukünftige Preise, Preisbestandteile, identifizierte Kunden oder Produktionskosten, -mengen und -kapazitäten betreffen, sondern auch andere wettbewerbsrelevante Aspekte wie Innovationen oder eingesetzte Technologien sein.[216] Entscheidend ist, dass der Austausch ein Maß an künstlicher Transparenz über das Verhalten der Wettbewerber schaffen kann, das dem Selbstständigkeitspostulat zuwiderläuft, weil angenommen werden kann, dass das Unternehmen in Kenntnis der sensiblen Geschäftsinformationen sein Verhalten nicht mehr autonom bestimmt.[217] **163**

In welchen Konstellationen dies in der Praxis jedoch tatsächlich im Rahmen des Datenzugangs relevant werden wird, ist bisher eher fraglich.[218] Die vom Datenzugangsanspruch erfassten Datenkategorien, mithin Rohdaten und vorverarbeitete Daten, werden oftmals keinen Aufschluss über sensible Geschäftsinformationen des Dateninhabers geben. Bei demjenigen, an den diese Daten herausgegeben werden (Nutzer oder Datenempfänger), müsste es sich zudem um einen Wettbewerber des Dateninhabers in Bezug auf den Markt handeln, auf welchem die zur Verfügung gestellten Daten relevant sind.[219] **164**

Etwas naheliegender wäre, dass die relevanten Daten sensible Geschäftsinformationen über den Nutzer enthalten. Dies kann zB der Fall sein, wenn die Nutzung einer Maschine durch einen Nutzer Aufschluss über dessen Produktionskapazitäten gibt. Dieses Risiko ist im Grunde auch in Art. 4 Abs. 13 DA und Art. 5 Abs. 6 DA adressiert. In Konstellationen, in denen Daten an Dritte herausgegeben werden, wäre dann ein Informationsaustausch über Bande möglich[220], soweit es sich bei dem Dritten um einen Wettbewerber des Nutzers handelt. Neben den Wettbewerbern könnte auch der Dateninhaber für die Weiterleitung einer sensiblen Geschäftsinformation bei einem **Informationsaustausch über Bande** (Hub & Spoke-Konstellation) haftbar sein. Die Kommission nimmt diese Möglichkeit an, wenn er zur wettbewerblichen Abstimmung der Wettbewerber beitragen wollte oder diese Möglichkeit zumindest vernünftigerweise hätte vorhersehen können und sie billigend in Kauf genommen hat.[221] **165**

f) Geistiges Eigentum

Im Zusammenhang mit der Frage, inwieweit der Dateninhaber berechtigt ist, die Herausgabe von unter die Datenzugangsansprüche fallende Daten mit einem Hinweis auf das Bestehen von Rechten des Geistigen Eigentums verweigern kann, gilt es folgende Konstellationen zu unterscheiden: **166**

- Von **vorneherein nicht** vom Datenzugangsanspruch des Nutzers bzw. des Datenempfänger **umfasst,** weil es sich insoweit nicht um Produktdaten, Dienstdaten bzw. ohne Weiteres verfügbare Daten handelt, sind Nutzerinhalte in Form von Text-, Audio- oder audiovisuellen Inhalten, die regelmäßig immaterialgüterrechtlichen Schutz genießen.[222]
- Hiervon abzugrenzen ist die in Art. 43 DA adressierte Frage, ob dem Dateninhaber an den in den Anwendungsbereich des Data Acts fallenden Daten ein **Datenbankrecht** gem. Art. 7 der Richtlinie *96/9/EG* (bzw. der §§ 87a ff. UrhG) zusteht.[223] Art. 43 Da stellt

[216] Siehe Leitlinien zur Anwendbarkeit des Artikels 101 des Vertrags über die Arbeitsweise der Europäischen Union auf Vereinbarungen über horizontale Zusammenarbeit, 2022/C 164/01, „Horizontalleitlinien"; Vertikalleitlinien, 2022/C 248/01 Rn. 96 ff.
[217] Vgl. EuGH 29.7.2024 – C-298/22, NZKart 2024, 494 Rn. 52 f. mwN.
[218] Wentzel/Lutz RAW 2024, 123 (125); Schulz NZKart 2024, 426 (432).
[219] Schulz NZKart 2024, 426 (432).
[220] Vgl. Bauer/Rahlmeyer/Schöner VertriebsKartellR-HdB/Bauer § 9 Rn. 77 ff.
[221] Horizontalleitlinien Rn. 38; BeckOK KartellR/Müller AEUV Art. 101 Rn. 316.
[222] Europäische Kommission, FAQs Data Act, Stand 3.2.2025, Version 1.2, Frage 4, https://digital-strategy.ec.europa.eu/en/library/commission-publishes-frequently-asked-questions-about-data-act; Siehe hierzu ferner Erwgr. 13, 15 S. 14, 16 S. 2, 30 S. 5 DA.
[223] Siehe hierzu auch Erwgr. 112 DA.

insoweit klar, dass dem Dateninhaber an den in den Anwendungsbereich des Art. 4 und 5 DA fallenden Daten kein entsprechendes Schutzrecht sui generis zustehen kann.[224]

g) Vertragliche Beschränkungen des Datenzugangs und der -nutzung

167 Neben den skizzierten, im Data Act vorgesehenen Möglichkeiten des Dateninhabers zur Begrenzung des Datenzugangs stellt sich die Frage, ob Dateninhaber und Nutzer vertraglich eine Beschränkung des Datenzugangs nach Art. 4 Abs. 1 DA bzw. Art. 5 Abs. 1 DA vereinbaren können.[225]

168 Denkbar wären beispielsweise **unterschiedliche Preismodelle für vernetzte Produkte** – abhängig davon, ob der Nutzer mit dem Erwerb auf die betreffenden Datenzugangsrechte verzichtet, oder nicht. Für eine solche Möglichkeit des Verzichts jedenfalls in B2B-Verhältnissen kann Erwgr. 25 aufgeführt werden.[226] Dieser erwähnt eine Möglichkeit des Verzichts nur für Vertragsverhältnisse zwischen Unternehmern, im Gegenzug gegen eine angemessene Gegenleistung. Der Umstand, dass Erwgr. 25 lediglich Vereinbarungen zwischen Unternehmern in den Blick nimmt, enthält nicht zwingend ein Verbot der Vereinbarung eines Verzichts mit einem Verbraucher auf Nutzerseite.[227] Wie Erwgr. 25 im Verhältnis zu Art. 7 Abs. 2 DA steht, wonach Regelungen, die zum Nachteil des Nutzers von den Vorschriften des Kapitel II abweichen, unwirksam sind, erschließt sich nicht ohne Weiteres.[228] Insoweit könnte argumentiert werden, dass bei Vereinbarung einer angemessenen Gegenleistung keine Abweichung zum Nachteil des Nutzers gegeben ist. Sinn und Zweck des Data Acts ist gerade, den Nutzer in die Lage zu versetzen, die von ihm generierten Daten zu kommerzialisieren. Dieses Ziel wird mit einem Verzicht auf die Datenzugangsrechte – abhängig von der Angemessenheit der Gegenleistung – erreicht.

h) Technische Beschränkungsmöglichkeiten

169 Zur Frage, inwieweit der Zugang auf bestimmte Daten durch die **technische Ausgestaltung** des Produktes bzw. den Zeitpunkt und Ort der Weiterverarbeitung ausgeschlossen werden kann → Rn. 65 ff.

6. Beschränkung der Nutzung der Daten durch den Nutzer oder den Datenempfänger

170 Der Data Act enthält verschiedene Beschränkungen in Bezug auf die Nutzung der an den Nutzer oder Datenempfänger herausgegebenen Daten.

---

224 Eingehend zur Bedeutung des Art. 43 DA BeckOK DatenschutzR/Richter DA Art. 43 Rn. 1, 19 ff.; Kim MMR-Beil. 2024, 87; Grundlegend zum Schutz von Maschinendaten durch das sui-generis-Schutzrecht für Datenbanken: Wiebe GRUR 2017, 338; siehe ferner Wandtke/Bullinger/Hermes UrhG § 87a Rn. 49–51 mwN; Hennemann/Steinrötter NJW 2024, 1 (6); Müller RDi 2024, 297 (301).

225 Offenlassend Becker RDi 2024, 615 (621).

226 Erwgr. 25 DA: „Ferner steht diese Verordnung dem nicht entgegen, dass Nutzer im Falle von Geschäftsbeziehungen zwischen Unternehmen Dritten oder Dateninhabern unter jeglichen rechtmäßigen Vertragsklauseln Daten bereitstellen, unter anderem indem sie vereinbaren, eine erneute Weitergabe dieser Daten zu begrenzen oder einzuschränken, oder dass Nutzer beispielsweise für den Verzicht auf ihr Recht, diese Daten zu verwenden oder weiterzugeben, eine angemessene Gegenleistung erhalten"; Vgl. Becker RDi 2024, 615 (621).

227 Becker RDi 2024, 615 (621).

228 Schwierigkeiten wirft im B2B-Berecih ferner das Verhältnis zu den Vorschriften der Art. 6 Abs. 2 lit. h, 8 Abs. 4, 13 Abs. 5 lit. c, e DA bzgl. der Beschränkung von Exklusivitätsvereinbarungen auf. Siehe hierzu Becker RDi 2024, 615 (621).

a) Gesetzliche Wettbewerbsverbote und Verwendungsbeschränkungen des Nutzers und des Datenempfängers, Art. 4 Abs. 10, Art. 6 Abs. 2 lit. e DA

Der Data Act nennt zwei **konkrete gesetzliche Nutzungsbeschränkungen** in Bezug auf die erlangten Daten, die sowohl für den Nutzer als auch für den Datenempfänger gelten. **171**

Der Nutzer sowie der Datenempfänger dürfen die erlangten Daten **nicht zur Entwicklung eines vernetzten Produkts nutzen,** das mit dem vernetzten Produkt, von dem die Daten stammen, im Wettbewerb steht.[229] Diese Beschränkung enthält nur ein Wettbewerbsverbot in Bezug auf vernetzte Produkte. Dieses gilt explizit nicht in Bezug auf verbundene Dienste, da dies nach Ansicht des Verordnungsgebers eine „unerwünschte abschreckende Wirkung auf Innovationen hätte".[230] **172**

Ob ein vernetztes Produkt mit dem vernetzten Produkt, von dem die Daten stammen, im Wettbewerb steht, bestimmt sich nach den **kartellrechtlichen Grundsätzen.**[231] Nicht relevant scheint dagegen der räumlich relevante Markt zu sein, da Erwgr. 32 DA nur von „Produktmarkt" spricht. Die Daten dürfen demnach vom Datenempfänger bzw. Nutzer auch nicht genutzt werden, um auf einem anderen geografischen Markt ein Wettbewerbsprodukt einzuführen.[232] **173**

Daneben ist zudem die Weitergabe der Daten an einen Dritten oder die eigene Nutzung zur Erlangung eines Einblicks in die wirtschaftliche Lage, die Vermögenswerte und die Produktionsmethoden des Herstellers des vernetzten Produkts bzw. des Dateninhabers unzulässig (Art. 4 Abs. 10 Alt. 2 DA). Der Nutzer darf den Hersteller bzw. Dateninhaber also nicht mittels der erlangten Daten **ausspähen.**[233] Ein spiegelbildliches Verbot gilt für den Dateninhaber nach Art. 4 Abs. 13 DA.[234] Für Datenempfänger ist ein entsprechendes Verbot in Art. 6 Abs. 2 lit. e DA vorgesehen. **174**

b) Weitere Beschränkungen des Dritten als Datenempfänger, Art. 6 DA

Neben den bereits genannten Beschränkungen enthält Art. 6 DA weitere Verwendungsbeschränkungen, die nur den Dritten betreffen. **175**

Der Dritte darf die Daten nicht für ein **Profiling** verwenden, Art. 6 Abs. 2 lit. b DA, oder sie **einem anderen Dritten bereitstellen, soweit dies nicht ausdrücklich mit dem Nutzer vereinbart** ist, Art. 6 Abs. 2 lit. c DA. Er darf die Daten auch keinem **Gatekeeper** bereitstellen, Art. 6 Abs. 2 lit. d DA oder sie so nutzen, dass dies nachteilige **Auswirkungen auf die Sicherheit** des vernetzten Produkts oder des verbundenen Dienstes hat, Art. 6 Abs. 2 lit. f DA. Darüber hinaus hat er die vereinbarten **Maßnahmen zur Vertraulichkeit bzw. zur Wahrung von Geschäftsgeheimnissen** zu beachten, Art. 6 Abs. 2 lit. g DA. → Kap. 10 Rn. 149 ff. **176**

Verstößt der Datenempfänger gegen diese Verwendungsbeschränkungen, sehen Art. 11 Abs. 2 und 3 DA entsprechende **Rechtsfolgen** vor.[235] → Rn. 181 ff. **177**

---

229 Hennemann/Steinrötter NJW 2024, 1 (4).
230 Erwgr. 32 DA.
231 Erwgr. 32 DA.
232 BeckOK DatenschutzR/Schmidt DA Art. 6 Rn. 31.
233 Wentzel/Lutz RAW 2024, 123 (130); Heinzke/Herbers/Kraus BB 2024, 649 (654).
234 Wentzel/Lutz RAW 2024, 123 (130); Heinzke/Herbers/Kraus BB 2024, 649 (654).
235 Art. 11 Abs. 2 DA sieht verschiedene Maßnahmen, bis hin zu einer Entschädigungspflicht des Datenempfängers vor.

IV. Risiken bei Nichteinhaltung der Verpflichtungen unter dem Data Act

1. Behördliche Maßnahmen

a) Behördliche Durchsetzung und Beschwerden

178 Im Hinblick auf die **behördliche Durchsetzung** verpflichtet Art. **37 Abs. 1 DA** die Mitgliedstaaten zunächst eine oder mehrere Behörden zu bestimmen, die für die Durchsetzung des Data Acts verantwortlich sind. Soweit personenbezogene Daten betroffen sind, enthält Art. 37 Abs. 3 DA eine Klarstellung im Hinblick auf die Zuständigkeit der Datenschutzbehörden.

179 Die zuständige Behörde entscheidet über etwaige **Beschwerden (Art. 38 DA)** hinsichtlich der Umsetzung der Anforderungen des Data Acts (Art. 37 Abs. 5 lit. b[236] DA). Im Bereich der Datenzugangsansprüche betrifft dies insbesondere die Fälle einer (teilweisen) Verweigerung des Zugangs zu bestimmten Daten, zB aufgrund der Nichteinhaltung von Vorgaben zum Schutz von Geschäftsgeheimnissen durch den Nutzer und/oder den Datenempfänger (siehe etwa die ausdrücklich normierten Beschwerderechte in Art. 4 Abs. 3, 9, Art. 5 Abs. 12 DA).[237] Gegen entsprechende Behördenentscheidungen steht nach Art. 39 Abs. 1 DA der Rechtsweg zu den Gerichten offen.

b) Bußgelder und Sanktionen

180 Daneben obliegt den durch die Mitgliedstaaten zu bestimmenden Behörden „die Verhängung wirksamer, verhältnismäßiger und abschreckender finanzieller **Sanktionen,** die auch Zwangsgelder und Geldstrafen mit Rückwirkung umfassen können, oder Einleitung von Gerichtsverfahren zur Verhängung von Geldbußen“ (Art. 37 Abs. 5 lit. b, 40 Abs. 1, 2 DA). Die Mitgliedstaaten müssen die Vorschriften und Maßnahmen der Europäischen Kommission bis zum 12.9.2025 mitteilen (Art. 40 Abs. 2 DA). Die Empfehlungen des EDIB sind gem. Art. 40 Abs. 3 DA bei der Umsetzung zu berücksichtigen. Außerdem formuliert Art. 40 Abs. 3 DA umfangreiche Kriterien, die bei der Umsetzung ebenfalls zu beachten sind. Dazu gehören etwa Art, Schwere und Dauer des Verstoßes oder die durch den Verstoß erzielten finanziellen Vorteile.

c) Streitbeilegungsstellen

181 Neben der Beschwerde gem. Art. 38 DA besteht für die Beteiligten gem. **Art. 10 Abs. 1 DA** weiterhin die Möglichkeit, die von den Mitgliedsstaaten einzurichtenden zertifizierten **Streitbeilegungsstellen** anzurufen – etwa bei Streitigkeiten nach Art. 4 Abs. 3, 9 DA, Art. 5 Abs. 12 DA sowie bei Uneinigkeit hinsichtlich der Einhaltung der FRAND-Bedingungen sowie der Frage einer transparenten Art und Weise der Bereitstellung der Daten nach den Kapiteln III und IV.[238]

2. Private Rechtsdurchsetzung

182 Neben behördlichen Maßnahmen wird voraussichtlich die **private Rechtsdurchsetzung** eine größere Rolle spielen.[239] Der Umstand, dass sich der Data Act nicht ausdrücklich zur privaten Rechtsdurchsetzung verhält, genügt nicht als Argument, die Möglichkeit einer

---

236 Siehe insoweit auch Art. 40 Abs. 4 DA.

237 Für einen konzisen Überblick siehe Schreiber/Pommerening/Schoel Der neue DA § 9 Rn. 25 ff. Zur Frage der Rechtsdurchsetzung siehe ferner Schulz NZKart 2024, 426 (429 f.).

238 Siehe hierzu auch die Erwgr. 31, 42, 52–56 DA.

239 Umfassend hierzu Dresselhaus EuDIR 2025, 131; ebenfalls bejahend Schulz NZKart 2024, 426 (429); Hennemann/Steinrötter NJW 2024, 1 (8); HK-DatenR/Determann Einl. Rn. 172; Wiebe GRUR 2023, 1569 (1571).

solchen auszuschließen.[240] In der Praxis ist zu erwarten, dass die durch die Mitgliedstaaten zu benennenden Behörden nicht über ausreichend Ressourcen verfügen werden, um eine effiziente Durchsetzung des Data Acts zu gewährleisten.[241] Vielmehr ist zu erwarten, dass der privaten Rechtsdurchsetzung herausragende Bedeutung zukommt.[242]

a) Leistungsklagen

Im Fall eines Verstoßes gegen die Datenzugangsrechte nach Art. 4 Abs. 1 DA bzw. Art. 5 **183** Abs. 1 DA können Nutzer ihre Ansprüche zivilrechtlich direkt auf Grundlage des Data Acts durchsetzen. In Betracht kommen **Leistungsklagen** auf Datenzugang[243] oder auch **Feststellungsklagen** in Bezug auf den Umfang bzw. die Ausgestaltung der Datenzugangsrechte. Soweit zwischen dem Dateninhaber und dem Nutzer bzw. dem Datenempfänger (wohl eher selten) ein Vertragsverhältnis besteht, kommen bei Nichtgewährung des Datenzugangs **vertragliche Leistungs- bzw. Schadensersatzansprüche** in Betracht.

b) Gewährleistungsrechte

Bei Nichteinhaltung der Anforderung an die Konzeption von vernetzten Produkten bzw. **184** verbundenen Diensten nach **Art. 3 Abs. 1 DA** (Access by Design) → Rn. 69 ff., könnte man zu dem Schluss kommen, dass ein solches Produkt keine „Beschaffenheit aufweist, die bei Sachen derselben Art üblich ist und die der Käufer erwarten". Mithin wäre das Produkt als **mangelhaft** anzusehen,[244] soweit nicht die objektive Beschaffenheit abweichend zwischen Käufer und Verkäufer vereinbart wurde.[245] In diesem Zusammenhang ist allerdings zu beachten, dass dem Hersteller eines vernetzten Produktes bzw. verbundenen Dienstes wohl ein weitreichender Ermessenspielraum im Zusammenhang mit der Beurteilung zukommt, ob ein direkter oder indirekter Datenzugang gewährt wird.[246] → Rn. 73 ff.

c) Lauterkeitsrecht

Darüber hinausgehend kann nicht ausgeschlossen werden, dass ein in der Sache befasstes **185** Gericht die Vorschriften des Kapitels II des Data Acts bzw. Teile davon als **Marktverhaltensregelung** iSv § 3a UWG einordnet.[247] Dies hätte zur Folge, dass auch Wettbewerber die Nichteinhaltung entsprechend verfolgen könnten.

---

240 Siehe insoweit auch Schulz NZKart 2024, 426 (429) mit Verweis auf Art. 10 Abs. 13 DA.

241 Schulz NZKart 2024, 426 (429).

242 Schulz NZKart 2024, 426 (429).

243 Wiebe GRUR 2023, 1569(1571); Steinrötter GRUR 2023, 216 (225); Metzger/Schweitzer ZEuP 2023, 42 (52); Hennemann/Steinrötter NJW 2024, 1 Rn. 40; Schulz NZKart 2024, 426 (431).

244 Vgl. Metzger/Schweitzer ZEuP 2023, 42 (52); Hoeren/Pinelli, Datenrecht, S. 38 f.; Drexl et al., Position Statement of the Max Planck Institute for Innovation and Competition of 25 May 2022 on the Commission's Proposal of 23 February 2022 for a Regulation on harmonised rules on fair access to and use of data (Data Act), 25.5.2022 Rn. 74 www. ip. mpg.de/en/publications/details/position-statement-of-the-max-planck-institute-for-innovation-and-competition-of-25-may-2022-on-the-commissions-proposal-of-23-february-2022-for-a-regulation-on-harmonised-rules-on-fair-access-to-and-use-of-data-data-act.html; Offen lassend Schreiber/Pommerening/Schoel Der neue DA § 4 Rn. 59; BeckOK DatenschutzR/Schemmel DA Art. 3 Rn. 92.

245 Bei Verbrauchern wäre eine solche abweichende Vereinbarung nur unter den Voraussetzungen des § 476 Abs. 1 BGB wirksam möglich.

246 Europäische Kommission, FAQs Data Act, Stand 3.2.2025, Version 1.2, Frage 17, https://digital-strategy.ec.europa.eu/en/library/commission-publishes-frequently-asked-questions-about-data-act.

247 Für eine Einordnung von Art. 3 Abs. 1 DA als Marktverhaltensregelung Metzger/Schweitzer ZEuP 2023, 42 (52); BeckOK DatenschutzR/Schemmel DA Art. 3 Rn. 93; offen gelassen Schulz NZKart 2024, 426 (430).

3. Rechte des Dateninhabers bzw. des Nutzers gegen den Datenempfänger, Art. 11 DA

186 Eine im Bereich der Rechtsdurchsetzung wenig Beachtung findende Vorschrift des Data Acts ist Art. 11 DA. Art. 11 Abs. 2 DA ermächtigt den Dateninhaber – sowie in gewissen Konstellationen den Nutzer – zur Geltendmachung von Ansprüchen gegenüber dem Datenempfänger oder sonstigen Dritten, sofern dieser die Daten unrechtmäßig erlangt, gegen technische Schutzmaßnahmen oder gegen Nutzungs- und Weitergabeverbote verstoßen hat (Art. 11 Abs. 3 DA). Zu den in Art. 11 Abs. 2 DA aufgeführten Rechten gehört etwa das Verlangen auf **Löschung der Daten** oder – bei erheblichem Schadensrisiko und Verhältnismäßigkeit der Maßnahme – die **Einstellung** des „Herstellen[s], Anbieten[s], Inverkehrbringen[s] oder Verwenden[s] von Waren, abgeleiteten Daten oder Dienstleistungen, die auf den mit den Daten erlangten Kenntnissen beruhen, oder das Einführen, Ausführen oder Lagern von in diesem Sinne rechtsverletzenden Waren einzustellen".

V. Vorvertragliche Informationspflichten in Bezug auf den Zugang zu Daten, Art. 3 Abs. 2 und 3 DA

187 Der Data Act sieht vor, dass dem Nutzer **vor Abschluss** des entsprechenden Kauf- oder Nutzungsvertrags detaillierte Informationen bereitgestellt werden, die ihm den Datenzugang erleichtern sollen.[248]

188 Die Informationspflichten gelten unabhängig davon, ob der Nutzer direkten Zugriff gemäß Absatz 1 hat oder einen Bereitstellungsanspruch nach Art. 4 Abs. 1 DA verfolgt.

1. Inhaltliche Vorgaben

189 In Bezug auf **vernetzte Produkte** sind mindestens die folgenden Informationen bereitzustellen:
- die **Art,** das **Format** und der **geschätzte Umfang der Produktdaten,** die das vernetzte Produkt generieren kann;
- die Angabe, ob das vernetzte Produkt in der Lage ist, **Daten kontinuierlich und in Echtzeit** zu generieren;
- die Angabe, ob das vernetzte Produkt in der Lage ist, Daten auf einem **Gerät oder einem entfernten Server zu speichern,** gegebenenfalls einschließlich der **vorgesehenen Speicherungsdauer;**
- die Angabe, **wie der Nutzer auf die Daten zugreifen,** sie abrufen oder gegebenenfalls löschen kann, einschließlich der technischen Mittel hierfür sowie **die betreffenden Nutzungsbedingungen** und die **betreffende Dienstqualität.**

190 Bei **verbundenen Diensten** sind die Informationspflichten **deutlich umfangreicher.** Es müssen beispielsweise die Identität und die Kontaktdaten des Dateninhabers angegeben werden. Darüber hinaus muss der Nutzer über sein Beschwerderecht informiert werden. Außerdem sind Angaben zu eventuell in den Daten enthaltenen Geschäftsgeheimnissen erforderlich und weiteres.[249]

---

[248] Erwgr. 24 DA; Weinhold/Schröder ZD 2024, 306 (309); Etzkorn RDi 2024, 116 (119).
[249] Siehe zu den einzelnen Informationspflichten Art. 3 Abs. 3 DA.

2. Verpflichteter und konkrete Gestaltung

Die Informationspflichten treffen bei **verbundenen Diensten** den **Anbieter** des verbundenen Dienstes. Bei diesem wird es sich in der Regel auch um den Dateninhaber handeln. 191

Die Pflicht nach Art. 3 Abs. 2 DA gilt nur vor Abschluss eines Kauf-, Miet- oder Leasingvertrags. Unklar ist, ob sich die Pflicht, vorvertragliche Informationen bereitzustellen, auf diese drei Vertragstypen beschränkt. Zu bedenken ist allerdings, dass die Qualifikation der Verträge wiederum autonom vorzunehmen ist. Klar ist lediglich, dass der betreffende Vertrag dem Käufer ein Nutzungsrecht einräumen muss. Ob jedoch auch unentgeltliche Verträge, wie etwa die Leihe, die Informationspflichten auslösen, ist fraglich. Nach hiesiger Auffassung ist eine Person, die ein vernetztes Produkt auf Grundlage eines unentgeltlichen Vertrags, wie der Leihe, nutzt, nicht als Nutzer iSd Data Act anzusehen (→ Rn. 25 f.).[250] Konsequenterweise hätte es bei solchen Verträgen keinen Sinn, die vorvertraglichen Informationspflichten bereitzustellen. Dementsprechend wären nur entgeltliche Verträge einbezogen, die ein Nutzungsrecht gewähren. Teilweise wird vertreten, dass hierfür jede Art von Gegenleistung ausreiche, auch die Zahlung mit personenbezogenen Daten.[251] 192

Bei **vernetzten Produkten** muss der **Verkäufer, Vermieter oder Leasinggeber** die betreffenden Informationen bereitstellen. Hierbei wird es sich oftmals nicht um den Dateninhaber handeln. Soweit also ein Hersteller, der Dateninhaber ist, seine Produkte nicht im Wege des Direktvertriebs oder über Handelsvertreter vertreibt, trifft die Pflicht, entsprechende Informationen bereitzustellen, den betreffenden Vertriebsmittler, Vermieter oder Leasinggeber. Dieser wird jedoch in der Regel nicht über die relevanten Informationen verfügen. In der Praxis werden daher im Ergebnis die **Hersteller** der verbundenen Produkte die betreffenden Informationen **entlang der Vertriebskette zur Verfügung stellen.**[252] Die Normadressaten selbst können dies durch entsprechende vertragliche Vereinbarungen mit den Herstellern sicherstellen.[253] 193

Informationen müssen auf **klare** und **verständliche Art** und Weise bereitgestellt werden.[254] Eine konkrete Form sieht der Data Act nicht vor. Der Nutzer muss die Informationen in jedem Fall so **speichern** können, dass sie in der Folge eingesehen werden können und die **unveränderte Wiedergabe** der gespeicherten Informationen möglich ist.[255] Gem. Erwgr. 24 DA könnte die Bereitstellung zB dadurch erfolgen, „dass eine stabile URL-Adresse im Internet unterhalten wird, die als Weblink oder QR-Code verbreitet werden kann und zu den einschlägigen Informationen führt“. Es könnte sich daher anbieten, dass ein entsprechender **QR-Code auf der Verpackung** des vernetzten Produktes angebracht wird.[256] Im Online-Handel bietet es sich an, die entsprechenden Informationen in der Produktbeschreibung aufzuführen[257] oder dort zu verlinken. 194

3. Rechtsfolgen unterlassener Informationspflichten

Soweit die Informationspflichten unterlassen oder nicht korrekt erfüllt wurden, sieht der Data Act bis auf eventuelle Bußgelder des Verpflichteten gem. Art. 40 DA keine konkreten Rechtsfolgen vor. 195

---

[250] aA Rockstroh/Katko/Meyer DA Compliance-HdB/Meyer Kap. 2 Rn. 70.
[251] Specht-Riemenschneider/Hennemann, DA DGA, DA Art. 3 Rn. 94; HEKLW DA/Ebner/Wienroeder S. 58 f.
[252] BeckOK DatenschutzR/Schemmel DA Art. 3 Rn. 51.
[253] Rockstroh/Katko/Meyer DA Compliance-HdB/Schall/Wiesemann Kap. 2 Rn. 99.
[254] Etzkorn RDi 2024, 116 (119).
[255] Erwgr. 24 DA.
[256] Rockstroh/Katko/Meyer DA Compliance-HdB/Schall/Wiesemann Kap. 2 Rn. 118.
[257] Rockstroh/Katko/Meyer DA Compliance-HdB/Schall/Wiesemann Kap. 2 Rn. 119.

196 Die Wirksamkeit der geschlossenen Verträge bleibt daher unberührt.[258] Schadensersatzansprüche eines Nutzers wären nach den allgemeinen Vorschriften (wohl eher theoretisch) denkbar. Dass die Verletzung von vorvertraglichen Informationspflicht zu einer **Mangelhaftigkeit des Produktes** führt, ist in Anbetracht einer expliziten Regelung **eher nicht nachvollziehbar.**[259] Vorvertragliche Informationspflichten kennt das deutsche, bzw. europäische Recht an vielen Stellen, etwa im E-Commerce, bzw. Fernabsatzrecht. Auch dort führt die Verletzung dieser Pflichten nicht zu einer Mangelhaftigkeit des Produktes. Da die Verpflichteten bereits möglichen Bußgeldern unterliegen, ist eine solche Rechtsfolge auch nicht erforderlich, um die Einhaltung sicherzustellen.

Kapitel 5. Zugang zu Daten der öffentlichen Hand

Übersicht

[258] Hennemann/Steinrötter NJW 2022, 1481 (1483); BeckOK DatenschutzR/Schemmel DA Art. 3 Rn. 60; HEKLW Data Act/Ebner/Wienroeder S. 92.
[259] AA BeckOK DatenschutzR/Schemmel DA Art. 3 Rn. 92; Metzger/Schweitzer ZEuP 2023, 42 (52).

Siehe zu diesem Themenkomplex auch
– Sektorspezifische Spezialregelungen → Kap. 8
– Daten der öffentlichen Hand → Kap. 15

I. Herstellung von Transparenz durch Informationsfreiheit

„My Administration is committed to creating an unprecedented level of openness in Government. We will work together to ensure the public trust and establish a system of transparency, public participation, and collaboration. Openness will strengthen our democracy and promote efficiency and effectiveness in Government.“[1] 1

Mit diesen Worten unterstrich der damalige US-Präsident Barack Obama bereits im Jahr 2009 die zentrale Bedeutung von **Transparenz und Datenzugang** für eine funktionierende Demokratie. Der Zugang zu Daten spielt eine entscheidende Rolle, um Vertrauen in staatliches Handeln zu fördern, Innovationen zu ermöglichen und die Effizienz der Verwaltung zu steigern.

Auch die Europäische Union erkannte frühzeitig die Bedeutung von Open Data sowohl als wirtschaftlichen Faktor als auch als Instrument zur Förderung der gesellschaftlichen Akzeptanz staatlicher Entscheidungen. Mit der Public Sector Information-Richtlinie aus dem Jahr 2003 wurde erstmals ein rechtlicher Rahmen für die **Weiterverwendung öffentlicher Verwaltungsdaten** geschaffen. Seither wurde der Rechtsrahmen für die Herstellung von Transparenz hoheitlichen Handelns kontinuierlich ausgebaut, insbesondere durch die Open-Data-Richtlinie aus dem Jahr 2019 und den Data Governance Act aus dem Jahr 2022, die den Zugang zu staatlichen Daten weiter erleichtern und deren Nutzung für wirtschaftliche und gesellschaftliche Zwecke fördern. Die Europäische Union verfolgt dabei das Ziel, durch horizontale und sektorspezifische Regelungen eine kohärente Handhabung von Informationen und Daten zu gewährleisten, um einen einheitlichen europäischen Datenbinnenmarkt zu schaffen und den Zugang zu hoheitlichen Daten umfassend zu harmonisieren. 2

In der modernen Informationsgesellschaft kommt dem Prinzip der Transparenz eine zentrale Bedeutung für die **Legitimation staatlichen Handelns** zu.[2] Der Staat, der über den größten Bestand an Informationen verfügt, kann durch die Öffnung dieses Datenbestandes einen entscheidenden Beitrag zur Kontrolle und Akzeptanz seines Handelns leisten, vgl. Erwgr. 14 OD-RL. Eine transparente Verwaltung ermöglicht es Bürgerinnen und Bürgern, politische Entscheidungen nachzuvollziehen, zu bewerten und gegebenenfalls kritisch zu hinterfragen, was ein wesentliches Merkmal einer wehrhaften Demokratie darstellt, vgl. Erwgr. 43 OD-RL. Die Informationsfreiheitsgesetzgebung, welche den 3

[1] Obama, Open Government Initiative, 21.1.2009, https://obamawhitehouse.archives.gov/open (zuletzt abgerufen am 3.3.2026).
[2] So auch Guckelberger ZGI 2022, 55 (56).

Zugang zu staatlichen Daten erleichtert, stellt folglich ein essenzielles Instrument zur Stärkung des Vertrauens in die Verwaltung sowie zur Förderung der Beteiligung der Zivilgesellschaft dar.

4 Gleichzeitig erfährt der Zugang zu Informationen eine zunehmende wirtschaftliche Relevanz. Staatliche Daten stellen wertvolle Ressourcen dar, deren Nutzbarmachung ein bedeutendes Potenzial für **Innovationen und neue Geschäftsmodelle** in der europäischen Wirtschaft freisetzt, Erwgr. 13 OD-RL. Die öffentliche Bereitstellung dieser Daten fördert eine datengestützte Wirtschaft, stärkt die Wettbewerbsfähigkeit des Standorts Europa und eröffnet Unternehmen vielfältige Möglichkeiten, neue Produkte und Dienstleistungen zu entwickeln. Transparenz ist damit nicht nur ein Mittel zur demokratischen Legitimation, sondern auch ein wichtiger Katalysator für wirtschaftliches Wachstum und Innovation, Erwgr. 13 OD-RL.

5 Dieses Potential wurde ebenfalls von der deutschen Bundesregierung erkannt. So hat diese im Januar 2021 die weltweit erste Datenstrategie mit den Schwerpunkten leistungsfähige Dateninfrastrukturen, innovative Datennutzung, erhöhte Datenkompetenz und den Staat als Vorreiter verabschiedet[3] und in Ergänzung hierzu im Juli 2021 eine **Open-Data-Strategie** beschlossen, um staatliche Daten für die Nutzung bereitzustellen.[4] Diese verfolgt das Ziel Verwaltungsdaten als offene Daten bereitzustellen, um so Transparenz, Innovation und wirtschaftliche Wertschöpfung zu fördern. Zu diesem Zweck definiert sie Maßnahmen, um Open Data standardmäßig verfügbar zu machen, rechtliche und technische Hürden zu reduzieren und eine offene Datenkultur in der Verwaltung zu etablieren. Durch eine Optimierung der Vernetzung, die Verwendung maschinenlesbarer Formate sowie klarer Lizenzierungen soll die Nachnutzung von Daten erleichtert und ein Mehrwert für Gesellschaft, Wissenschaft und Wirtschaft generiert werden.

6 Im August 2023 wurde eine Aktualisierung der **Nationalen Datenstrategie** unter dem Titel „Fortschritt durch Datennutzung – Strategie für mehr und bessere Daten für neue effektive und zukunftsweisende Datennutzung“ beschlossen.[5] Die Intention der vorliegenden Initiative besteht in der Intensivierung der Datennutzung sowie der Optimierung der Datenqualität durch die Erhöhung der Datenverfügbarkeit, Steigerung der Datenqualität und Interoperabilität und die Förderung einer datengetriebenen Innovationskultur. Die Bundesregierung verfolgt mit dieser Strategie das Ziel, die Digitalisierung voranzutreiben, Innovationen zu fördern und Deutschland als führenden Standort für Datenökonomie und digitale Transformation zu etablieren.

II. Daten der öffentlichen Hand

7 In Deutschland liegen zahlreiche Daten in der Hoheit des Staates, die von verschiedenen Bundes- und Landesbehörden gesammelt, verwaltet und bereitgestellt werden. Diese Daten umfassen eine Vielzahl von Kategorien und dienen unterschiedlichen Zwecken, von der öffentlichen Transparenz bis hin zur Förderung von Forschung und Wirtschaft. Verwaltungshandeln deckt über die verschiedenen Ebenen der Europäischen Union, dem Bund, den Ländern und den Kommunen ganz unterschiedliche Bereiche ab. Hierzu gehört ua der Außenhandel über die Zollbehörden, finanz- und wirtschaftsrelevante Zusammenhänge

[3] Abrufbar unter https://www.publikationen-bundesregierung.de/resource/blob/2277952/1845634/1a4f7ea800bb838562e16fdfe4ffb354/datenstrategie-der-bundesregierung-download-bpa-data.pdf?download=1 (zuletzt abgerufen am 3.3.2026).

[4] Abrufbar unter https://www.bundesregierung.de/resource/blob/992814/1940386/1d269a2ad1b6346fcf60663bdea9c9f8/2021-07-07-open-data-strategie-data.pdf?download= (zuletzt abgerufen am 3.3.2026).

[5] Abrufbar unter https://www.bmv.de/SharedDocs/DE/Anlage/K/nationale-datenstrategie.pdf?__blob=publicationFile(zuletzt abgerufen am 3.3.2026).

über die Finanzbehörden, die Gesundheitsversorgung über Krankenhäuser in kommunaler Trägerschaft und Umweltzusammenhänge über Forschungseinrichtungen.

Im Gegensatz zu älteren Sekundärrechtsakten der Europäischen Union, die sich grundsätzlich nur auf nicht-personenbezogene Daten beziehen, erweitert die europäische Datenstrategie sowie jüngst erlassene Sekundärrechtsakte die zulässige Datenverarbeitung im Open Data-Zusammenhang auch auf personenbezogene Daten.[6] In diesem Kontext ist es von essentieller Bedeutung, dass die Grundrechte der Bürgerinnen und Bürger, insbesondere das **Recht auf informationelle Selbstbestimmung,** gewahrt bleiben. Gemäß dem Grundsatz des Vorrangs und Vorbehalts des Gesetzes ist es erforderlich, dass jede Verarbeitung von personenbezogenen Daten auf einer Ermächtigungsgrundlage basiert. Diese Verarbeitung personenbezogener Daten kann entweder durch ein öffentliches Interesse gerechtfertigt sein, wenn die Datenverarbeitung für die Erfüllung einer staatlichen Aufgabe erforderlich ist oder auf einer Einwilligung des Betroffenen für die Verarbeitung beruhen. **8**

Insbesondere **amtliche Statistiken** stellen als verlässliche Informationen unabdingbare Handlungsgrundlagen dar.[7] Die Resultate der untersuchten Sachverhalte stellen eine wesentliche Grundlage für den Informationsbestand einer modernen und leistungsfähigen Gesellschaft dar. Diese statistischen Daten werden von den Statistischen Bundesämtern verwaltet, vgl. ua §§ 1, 3 BStatG. Zu dieser Kategorie zählen Bevölkerungszahlen, Arbeitsmarktstatistiken, Bildungsdaten, Wirtschaftszahlen und Gesundheitsstatistiken. Über die statistischen Ämter besitzt der Staat Zugriff auf viele Daten aus dem wirtschaftlichen Bereich. Mithilfe amtlicher Statistiken werden die gesammelten Erkenntnisse der Öffentlichkeit zugänglich gemacht. Auch die verpflichtende Steuererklärung ermöglicht dem Staat Zugang zu Informationen über seine Bürgerinnen und Bürger sowie Unternehmen. Offene Datenportale wie bspw. TrendEconomy[8] und Genesis-Online[9] bieten einen umfassenden Zugang zu makroökonomischen Zeitreihen, Handelsdaten und statistischen Informationen, die als ökonomischen Daten für Unternehmen und politische Entscheidungsträger eine wesentliche Grundlage für fundierte Analysen und Prognosen darstellen. **9**

Auch **Umweltdaten** spielen eine zentrale Rolle und werden durch das Umweltbundesamt gesammelt. Diese umfassen Informationen zur Luft- und Wasserqualität, zu Emissionen, Klimadaten sowie zu Abfalldaten. Sie sind entscheidend für die Überwachung und Gestaltung von Umwelt- und Klimaschutzmaßnahmen. Das **Bundesministerium für Umwelt, Klimaschutz, Naturschutz und nukleare Sicherheit (BMUKN)** verarbeitet gemeinsam mit dem nachgeordneten Umweltbundesamt eine Vielzahl von Daten aus den Bereichen Umwelt, Landwirtschaft und Ernährung. Über das europäische Copernicus-Programm, welches umfangreiche Fernerkundungsdaten verarbeitet, werden Daten über die Atmosphäre, die Meeresumwelt, die Landüberwachung, den Klimawandel, die Sicherheit sowie das Umwelt- und Katastrophenmanagement erhoben.[10] Diese Daten können einen aktiven Beitrag zum Schutz der Natur und der öffentlichen Sicherheit leisten und werden sowohl von der Wissenschaft als auch von zivilgesellschaftlichen Projekten und dem Katastrophenschutz genutzt. **10**

Verkehrs- und Infrastrukturdaten werden durch das **Bundesministerium für Verkehr (BMV)** über die Mobilithek[11] sowie von nachgeordneten Behörden wie dem **Kraftfahrt-Bundesamt (KBA)** verwaltet. Dazu gehören Daten über Verkehrszählungen sowie die Straßeninfrastruktur, Fahrzeugzulassungsdaten und Unfallstatistiken. Diese Daten unterstützen die Verkehrsplanung und Sicherheitsanalysen im Straßenverkehr. **11**

---

[6] Roßnagel ZRP 2021, 173 (174).
[7] BT-Drs. 10/5345, 3.
[8] Abrufbar unter https://trendeconomy.com/ (zuletzt abgerufen am 3.3.2026).
[9] Abrufbar unter https://www-genesis.destatis.de/genesis/online (zuletzt abgerufen am 3.3.2026).
[10] Abrufbar unter https://www.copernicus.eu/de/ueber-copernicus/copernicus-kuerze (zuletzt abgerufen am 3.3.2026).
[11] Abrufbar unter https://mobilithek.info/ (zuletzt abgerufen am 3.3.2026).

12 Der Staat verfügt zudem über das öffentliche Gesundheitswesen über **Gesundheitsdaten,** deren Nutzung gemäß dem europäisch statuierten Ziel der Schaffung eines gemeinsamen Gesundheitsdatenraums (EHDS[12]) erfolgen soll. Das europäische Anliegen zielt darauf ab, die grenzüberschreitende Nutzung von Gesundheitsdaten innerhalb der Europäischen Union zu ermöglichen, „um den Zugang natürlicher Personen zu ihren personenbezogenen elektronischen Gesundheitsdaten und ihre Kontrolle über diese Daten im Zusammenhang mit der Gesundheitsversorgung zu gewährleisten (Primärnutzung elektronischer Gesundheitsdaten) und für andere Zwecke mit gesellschaftlichem Nutzen wie Forschung, Innovation, Politikgestaltung, Patientensicherheit, personalisierte Medizin, amtliche Statistik oder Regulierungstätigkeiten (Sekundärnutzung elektronischer Gesundheitsdaten) zu verbessern", siehe 1 Erwgr. 1 EHDS somit die Gesundheitsversorgung und Forschung in der EU zu stärken. Daher wurde ein unionsweiter Anspruch auf Zugang zu den eigenen elektronischen Gesundheitsdaten für Patienten etabliert (Primärnutzung nach Art. 3 EHDS), wobei auch Angehörige von Gesundheitsberufen einen Zugang zu den Daten erhalten sollen (Art. 34 EHDS). Die nationalen Rahmenbedingungen zur Nutzung von Gesundheitsdaten werden durch das Gesundheitsdatennutzungsgesetz[13] (GDNG) geregelt. Gemäß den Bestimmungen des §§ 1, 3 GDNG wird dem **Bundesinstitut für Arzneimittel und Medizinprodukte** die Funktion einer zentralen Datenzugangs- und Koordinierungsstelle für Gesundheitsdaten übertragen. Die Aufgabe dieser Stelle besteht darin, die Datennutzenden beim Zugang zu Gesundheitsdaten zu unterstützen, Anträge zu koordinieren und Transparenz durch einen Metadaten-Katalog sowie ein öffentliches Antragsregister zu fördern.

13 Eine weitere bedeutsame Datenkategorie umfasst **Geodaten,** die vom **Bundesamt für Kartographie und Geodäsie** (BKG) sowie den Landesvermessungsämtern zur Verfügung gestellt werden. Hierzu zählen topographische Karten, Liegenschaftskataster sowie georeferenzierte Umwelt- und Verkehrsdaten. Diese Informationen sind insbesondere für die Stadt- und Raumplanung, den Umweltschutz sowie für Verkehrsinfrastrukturen von Relevanz. Forschungseinrichtungen stellen über Plattformen wie OpenAgrar[14] und das Virtuelle Lesesaal Portal des Bundesarchives[15] ihre Ergebnisse und Daten zur Verfügung. Darunter fallen geowissenschaftliche Daten, Forschungsberichte und Bibliotheksarchive. Diese Bildungs- und Forschungsdaten fördern die wissenschaftliche Zusammenarbeit und stellen wertvolle Informationen zur Verfügung, die für Bildungseinrichtungen, die Forschung und die allgemeine Öffentlichkeit relevant sind.

III. (Proaktive) Bereitstellung amtlicher Informationen

14 Die **„Pflicht" zur Datenbereitstellung** nimmt im europäischen und nationalen Recht eine immer wichtigere Rolle ein, insbesondere im Kontext der Öffnung von öffentlichen Daten für die Wirtschaft und die Gesellschaft. Auf europäischer Ebene definieren insbesondere die RL (EU) 2019/1024 und die VO (EU) 2022/868 die Bedingungen für die Bereitstellung öffentlicher Daten mit dem Ziel, deren wirtschaftliches Potenzial zu maximieren. Auch der nationale Gesetzgeber hat Bestrebungen kodifiziert, ua im E-Government-Gesetz (EGovG) und Datennutzungsgesetz (DNG) öffentliche Stellen zur Bereitstellung von Daten zu veranlassen.

---

[12] Verordnung des europäischen Parlaments und Rates über den europäischen Raum für Gesundheitsdaten COM(2022) 197 final.

[13] Gesetz zur Nutzung von Gesundheitsdaten zu gemeinwohlorientierten Forschungszwecken und zur datenbasierten Weiterentwicklung des Gesundheitswesens v. 23.3.2024.

[14] Abrufbar unter https://www.openagrar.de/content/index.xml (zuletzt aufgerufen am 3.3.2026).

[15] Abrufbar unter https://digitaler-lesesaal.bundesarchiv.de/ (zuletzt abgerufen am 3.3.2026).

1. Open Data Richtlinie

Seit ihrer Einführung im Jahr 2003 verfolgt die **PSI-Richtlinie**[16] das Ziel, datenbasierte Geschäftsmodelle, welche auf öffentlich finanzierten Daten basieren, zu fördern, vgl. Erwgr. 5 PSI-RL. Im Jahr 2019 wurde die Richtlinie durch den europäischen Gesetzgeber neu gefasst[17], wodurch der Anwendungsbereich über öffentliche Stellen hinaus auf öffentliche Unternehmen in spezifischen Sektoren der Daseinsvorsorge ausgedehnt wurde. Des Weiteren wurden hiermit auch Forschungsdaten in den Regelungsumfang einbezogen. Die überarbeitete Fassung der **RL (EU) 2019/1024** verschärft die Vorgaben bezüglich der Begrenzung von Entgelten und spezifiziert die Voraussetzungen für die Bereitstellung dynamischer und hochwertiger Daten. Ein Recht auf Datenzugang selbst statuiert weder die PSI-RL noch die OD-RL. Vielmehr sind ausschließlich die Bedingungen der Nutzung von uneingeschränkt zugänglichen Informationen öffentlicher Stellen Regelungsgegenstand der Richtlinie.[18] 15

2. Data Governance Act

Die VO (EU) 2022/868[19] (im Folgenden DGA) begründet, ebenso wie die OD-RL, keine Pflicht öffentlicher Stellen die bei ihnen befindlichen amtlichen Informationen proaktiv bereitzustellen.[20] Vielmehr legt die Verordnung harmonisierte Rahmenbedingungen für den Fall fest, dass eine öffentliche Stelle die **Weiterverwendung von Daten,** an denen ein besonderes Schutzinteresse nach Art. 3 Abs. 1 lit. a–d DGA besteht, ermöglichen will.[21] Wenn eine öffentliche Stelle jedoch aufgrund anderer Rechtsquellen verpflichtet ist, bestimmte Daten für die Weiterverwendung zur Verfügung zu stellen, muss sie dies innerhalb des von Kapitel II DGA festgelegten Regelungsrahmens tun.[22] Wie bereits in der Open Data-Richtlinie wird auch im DGA grundsätzlich ein Verbot von Exklusivvereinbarungen festgelegt. Des Weiteren werden spezifische Bedingungen für die Weiterverwendung von Daten sowie die Modalitäten für den bedingten Zugang zu diesen definiert. Zusätzlich werden Regelungen zu den Gebühren erlassen, die für den Zugang zu und die Nutzung von Daten erhoben werden können.[23] 16

3. Bundesregelungen zum Datenzugang

Mit § 12a EGovG wird das Konzept des „Open Data" weiterverfolgt. Open Data beschriebt in diesem Zusammenhang ein Konzept nach welchem Daten in unverarbeiteter Form maschinenlesbar ohne Zugangsbeschränkungen von jedermann frei verwendet, nachgenutzt und verbreitet werden können. Auch § 12a EGovG begründet für Bürger kein subjektiv-öffentliches Recht in Form eines Anspruchs auf Bereitstellung von Daten. Es handelt sich bei der Norm vielmehr um eine **öffentlich-rechtliche Pflicht,** welche die Bundesbehörden adressiert.[24] Der in § 12a EGovG verankerte Fokus auf Bundesdaten beinhaltet die Intention, alle Regierungs- und Verwaltungsdaten in Übereinstimmung mit etablierten Open-Data-Prinzipien öffentlich zugänglich zu machen. Zu diesem Zweck initiierte die Bundes- 17

[16] RL 2003/98/EG des europäischen Parlaments und des Rates vom 17.11.2003 über die Weiterverwendung von Informationen des öffentlichen Sektors.

[17] Abgelöst durch die RL (EU) 2019/1024 des europäischen Parlaments und des Rates vom 20.6.2019 über offene Daten und die Weiterverwendung von Informationen des öffentlichen Sektors (Neufassung).

[18] Richter ZD 2022, 3 (3).

[19] Verordnung (EU) 2022/868 des Europäischen Parlaments und des Rates vom 30.5.2022 über europäische Daten-Governance und zur Änderung der Verordnung (EU) 2018/1724 (Daten-Governance-Rechtsakt).

[20] Hartl/Ludin MMR 2021, 534 (535).

[21] Paschke/Rücker/Weiden DGA Art. 3 Rn. 5.

[22] Schreiber/Pommerening/Schoel Der neue DA § 2 Rn. 2 ff.

[23] Hartl/Laudin MMR 2021, 534 (535).

[24] Richter DNG, 2. Aufl. 2023, EGovG § 12a Rn. 20.

regierung im Jahr 2017 erstmalig die Verabschiedung eines „Nationalen Aktionsplans", der die Offenlegung von Daten der unmittelbaren Bundesverwaltung als regulären Standard festlegte (Open by Default).[25] Seit 2017 hat die Bundesregierung insgesamt vier nationale Aktionspläne im Rahmen der Open Government Partnership verabschiedet.[26]

a) Datenbereitstellungspflicht für Behörden

18 Die Datenbereitstellungspflicht erstreckt sich sowohl auf Behörden der **unmittelbaren Bundesverwaltung** (ua die Bundesministerien, das Bundespräsidialamt und das Bundeskanzleramt), als auch auf solche der **mittelbaren Bundesverwaltung,** wie Körperschaften, Stiftungen und Anstalten.[27] Ausgenommen aus dem Anwendungsbereich des § 12a EGvoG sind jedoch **Selbstverwaltungskörperschaften** (ua Hochschulen, berufsständische Körperschaften wie Rechtsanwalts- oder Ärztekammern) und **Beliehene** (ua Krankenhäuser, Rentenversicherungen und Berufsgenossenschaften).

b) Art der bereitzustellenden Daten

19 § 12a Abs. 2 EGovG konkretisiert, welche unbearbeiteten Daten in den Anwendungsbereich der dort aufgeführten Regelungen fallen. In der Konsequenz sind ausschließlich Daten hiervon erfasst, die von der Behörde in **elektronischer Form gespeichert** und in **strukturierten Sammlungen** wie Tabellen oder Listen vorliegen, welche ausschließlich Tatsachen, die Verhältnisse außerhalb der Behörde betreffen enthalten. Die Daten dürfen nicht das Ergebnis einer Bearbeitung anderer Daten durch eine Bundesbehörde sein. Zudem müssen sie nach ihrer Erhebung unbearbeitet geblieben sein. Eine Ausnahme besteht, wenn die Bearbeitung der Fehlerbereinigung dient oder aus rechtlichen oder tatsächlichen Gründen erforderlich ist. Andernfalls ist eine Veröffentlichung der Daten nicht möglich.

20 Die von der Bereitstellungspflicht erfassten Behörden (vgl. → Rn. 18) sind nach § 12a Abs. 9 EGovG verpflichtet, jeweils eine Person zu bestellen, die die Aufgabe eines **Open-Data-Koordinators** wahrnimmt. Ausgenommen hiervon sind die in § 3 Nr. 8 IFG genannten Stellen, zu denen die Nachrichtendienste sowie die Behörden und sonstigen öffentlichen Stellen des Bundes gehören, soweit sie Aufgaben iSd § 10 Nr. 3 SÜG wahrnehmen, sowie Hauptzollämter oder vergleichbare örtliche Bundesbehörden. Der Koordinator übernimmt die Funktion einer **zentralen Ansprechperson** innerhalb der Behörde und trägt die Verantwortung für die Förderung der Identifikation, Bereitstellung und Wiederverwendung offener Daten der Behörde. Behörden der Bundesverwaltung, die nicht zur Benennung verpflichtet sind, haben unbeschadet hiervon die Möglichkeit, entsprechende Koordinatoren auf freiwilliger Basis zu bestimmen.

21 Sofern die Daten in einer Bundesbehörde einen **Personenbezug** aufweisen, müssen sie in der Weise umgewandelt worden sein, dass sich die Daten nicht mehr auf eine identifizierte oder identifizierbare natürliche Person beziehen oder die betroffene Person nicht oder nicht mehr identifiziert werden kann.

22 Nach § 12a Abs. 5 S. 1 EGovG sind die Daten mit **Metadaten** im nationalen Metadatenportal **GovData** bereitzustellen, um nutzbare Daten besser auffindbar zu machen.[28] Metadaten sind Daten, die Informationen über andere Daten enthalten. Klassischerweise handelt es sich hierbei insbesondere um Dateinamen, Erstellungsdaten, Zugriffsrechte und das Datum der letzten Änderung einer Datei. Überdies stellen Informationen über die Identität des ursprünglichen Urhebers bzw. des Lizenzgebers, dessen Kontaktdaten sowie Lizenz- oder Nutzungsbedingungen Metadaten in diesem Sinne dar.[29] Um Doppelstrukturen entgegen-

[25] Richter NVwZ 2017, 1408 (1409).
[26] Abrufbar unter https://www.open-government-deutschland.de/opengov-de/ogp/aktionsplaene-und-berichte (zuletzt abgerufen am 3.3.2026).
[27] Richter DNG, 2. Aufl. 2023, EGovG § 12a Rn. 21 f.
[28] Richter DNG, 2. Aufl. 2023, DNG § 7 Rn. 56.
[29] Richter DNG, 2. Aufl. 2023, DNG § 7 Rn. 59.

zuwirken sind die Daten nur dann über das Open Data-Portal des Bundes bereitzustellen, wenn diese nicht bereits anderweitig entgeltfrei über öffentliche Netze bereitgestellt werden. Dies umfasst ebenfalls die Bereitstellung von öffentlich finanzierten Forschungsdaten.[30]

c) Ausnahmen von der Bereitstellungspflicht

Die in § 12a Abs. 3 EGovG kodifizierten **Ausnahmen** von der grundsätzlichen Bereitstellungspflicht nach § 12 Abs. 1 S. 1 EGovG sind eng an der Logik des IFG angelegt. Dabei können sich aufgrund der unterschiedlichen Zielrichtungen der Gesetze Wertungsunterschiede ergeben.[31] In Abweichung zur grundsätzlichen Bereitstellungsverpflichtung gem. § 12a Abs. 1 S. 1 EGovG besteht keine Verpflichtung zur Datenbereitstellung, wenn an den Daten kein oder nur ein eingeschränktes Zugangsrecht besteht. Dies ist insbesondere der Fall, wenn ein Zugangsrecht erst nach der **Beteiligung Dritter** bestehen würde, oder wenn die Daten unter die Regelungen der §§ 3, 4 und 6 IFG fallen. 23

Ebenso entfällt die Bereitstellungspflicht, wenn die Daten ohne Auftrag der Behörde von Dritten erstellt und der Behörde ohne rechtliche Verpflichtung übermittelt wurden. Dies gilt auch für Daten, die zu **Forschungszwecken** erhoben wurden und bereits über öffentlich zugängliche Netze kostenfrei bereitgestellt sind (vgl. § 12a Abs. 3 Nr. 3 EGovG), wobei die Möglichkeit der freiwilligen Bereitstellung dazugehöriger Metadaten über das nationale Metadatenportal GovData hiervon unberührt bleibt. Auch Daten, die unter das Bankgeheimnis fallen, müssen nicht bereitgestellt werden. Des Weiteren müssen Datensätze, die personenbezogene Daten enthalten, nicht bereitgestellt werden. Der Zweck der freiwilligen Teilnahme an einer Forschungsmaßnahme bleibt hiervon jedoch unberührt. Daten, die zu Forschungszwecken erhoben wurden, unterliegen nach dem Willen des Gesetzgebers einer Privilegierung. Ihre Veröffentlichung erfolgt in der Regel erst, nachdem das die Daten generierende Forschungsvorhaben abgeschlossen wurde und der damit einhergehende Forschungszweck erreicht wurde.[32] 24

d) Form der Bereitstellung

Die durch den Open-Data Koordinator zur Bereitstellung identifizierten Daten sind in **unbearbeiteter, maschinenlesbarer Form** zur Verfügung zu stellen, wobei die Qualität der bereitgestellten Informationen maßgeblich für die Qualität von Entscheidungen ist. Sofern die Daten ungenau, intransparent, zeitlich unangemessen, unzureichend archiviert, unvollständig dokumentiert oder schwer interpretierbar sind, können sie unnötige Kosten verursachen, Ressourcen binden und Fehlentscheidungen begünstigen.[33] Um dies zu vermeiden, ist eine Bereinigung, technische Aufbereitung und Anreicherung der Daten mit umfassenden Metadaten erforderlich.[34] Die Relevanz von Daten-Governance-Strukturen manifestiert sich insbesondere im Kontext des verstärkten Einsatzes von KI-Systemen. Diese Feststellung trifft ebenfalls auf den vorgelagerten Trainingsprozess zu, in dessen Rahmen Daten öffentlicher Einrichtungen zum Einsatz kommen. Daher erfordert die Bereitstellung von „Open Government Data" eine auf Dauer **geeignete Informationsinfrastruktur,** die den zuvor beschriebenen Herausforderungen gerecht wird. In diesem Zusammenhang spricht sich ein Teil der Literatur dafür aus Datenintermediärsstrukturen zu etablieren, um so die Daten Governance zu gewährleisten.[35] Ob dies mit der Anforderung des EGovG, unbearbeitete Daten zu Verfügung zu stellen, im Einklang steht, bleibt abzuwarten. 25

---

30 BT-Drs. 19/27442, 30.
31 Richter DNG, 2. Aufl. 2023, EGovG § 12a Rn. 44.
32 BT-Drs. 19/27442, 30.
33 Brockmann/Hochmuth/Mangold/Scheu DÖV 2022, 463 (466).
34 Brockmann/Hochmuth/Mangold/Scheu DÖV 2022, 463 (466).
35 Brockmann/Hochmuth/Mangold/Scheu DÖV 2022, 463 (466).

26 Das EGovG versteht unter dem Begriff der **„unbearbeiteten Daten“** insbesondere primär erhobene Daten.[36] Darüber hinaus umfasst der Begriff auch Ergebnisse komplexer digitaler Erhebungs- und Simulationsverfahren, in welchen die für die Nutzbarkeit erforderlichen Verarbeitungsschritte – darunter die Kalibrierung, Fehlerkorrektur sowie die Metadaten-Zuweisung – bereits integriert sind.[37] Der Begriff der Maschinenlesbarkeit entspricht dem aus der RL (EU) 2019/1024. Danach liegen maschinenlesbare Daten vor, wenn diese in einem Dateiformat vorliegen, welches so strukturiert ist, dass Softwareanwendungen die Daten konkret und einfach identifizieren, erkennen und extrahieren können. Dies umfasst insbesondere **Dateiformate** wie **JSON, XML** oder **CSV.**

e) Zeitpunkt der Bereitstellung

27 Die Bereitstellung der Daten hat gem. § 12a Abs. 4 S. 1 EGovG **unverzüglich nach der Erhebung der Daten** zu erfolgen. Sofern eine unverzügliche Bereitstellung aus gewichtigen technischen oder sonstigen Gründen nicht möglich ist, ist gem. § 14 Abs. 4 S. 2 EGovG eine Verzögerung erlaubt.

f) Kosten der Bereitstellung

28 Die Modalitäten der Bereitstellung werden in § 12a Abs. 6 EGovG geregelt. Demnach ist der Abruf von Daten **entgeltfrei** zu gestalten und es sind die Voraussetzungen für eine **uneingeschränkte Weiterverwendung** der Daten durch jedermann zu schaffen. Zudem ist sicherzustellen, dass der Abruf jederzeit möglich ist, ohne dass eine verpflichtende Registrierung erforderlich ist und ohne dass eine Begründung angegeben werden muss.

g) Keine Pflicht zur proaktiven Bereitstellung von Open Government Data

29 Trotz der europäischen und nationalen Bemühungen ein **„Open Government Data by Default“** herzustellen, besteht weder auf europäischer noch auf nationaler Ebene ein subjektiv einklagbarer Anspruch des Bürgers gegenüber staatlichen Institutionen amtliche Informationen proaktiv zu veröffentlichen.

4. Datennutzungsgesetz

30 Mit dem Gesetz über die Nutzung von Daten des öffentlichen Sektors (Datennutzungsgesetz – DNG) zur Umsetzung der OD-RL, wurde das IWG abgelöst und grundlegend modernisiert. Die Bundesregierung hat eine vollständige Umsetzung der OD-PSI-RL vorgenommen.[38] Wobei auch der nationale Gesetzgeber in § 1 Abs. 2 DNG klarstellt, dass es für öffentliche Stellen, öffentliche Einrichtungen oder Unternehmen der Daseinsvorsorge im Sinne der Art. 34 iVm 8–14 RL 2014/25/EG keine Pflicht gibt Daten proaktiv bereitzustellen.

IV. Datenzugangsregelungen

31 Trotz des Fehlens einer europäischen oder nationalen Pflicht zur **proaktiven Breitstellung** amtlicher Informationen für Unternehmen und Zivilgesellschaft hat die europäische Union schon frühzeitig die Bedeutung des Zugangs zu entsprechenden Dokumenten erkannt und Bürgerinnen und Bürgern sowie Unternehmen einen Anspruch auf Zugang zu amtlichen Informationen zugesprochen.

---

36 BT-Drs. 19/27442, 28.
37 BT-Drs. 19/27442, 28.
38 BT-Drs. 19/27442, 49.

1. Datenzugang nach europäischem Recht

Unionsbürger sowie jede natürliche und juristische Person mit Wohnsitz oder satzungsmäßigem Sitz in einem Mitgliedstaat haben das **Recht auf Zugang** zu den Dokumenten der Organe, Einrichtungen und sonstigen Stellen der Union, unabhängig von der Form der für diese Dokumente verwendeten Träger.[39] 32

a) Die Transparenzverordnung

Ziel der Transparenzverordnung (Transparenz-VO)[40] ist die **Förderung von Transparenz** 33 in der Verwaltung, um die Bürgerbeteiligung an Entscheidungsprozessen zu stärken und die Legitimität, Effizienz und Verantwortlichkeit der Verwaltung gegenüber den Bürgern in einem demokratischen System zu gewährleisten. Im vorliegenden Kontext wurde ein bedingungsloser Anspruch auf Zugang zu amtlichen Dokumenten etabliert. Dieser Schritt zielt insbesondere auf die Stärkung der Grundsätze der Demokratie und der Achtung von Grundrechten ab.

aa) Anwendungsbereich. Aktivlegitimiert sind nach Art. 2 Abs. 1 Transparenz-VO 34 Unionsbürger sowie natürliche und juristische Personen mit Wohnsitz oder Sitz in einem Mitgliedstaat. Die Organe der Union können ebenfalls natürlichen oder juristischen Personen, die keinen Wohn- oder Geschäftssitz innerhalb der Union haben, Zugang zu Dokumenten gewähren. In diesem Fall finden die gleichen Grundsätze, Bedingungen und Einschränkungen Anwendung, die ebenfalls für Antragsteller gelten, die ihren Wohnsitz oder Sitz innerhalb eines Mitgliedstaates der Union haben.

Der **Dokumentenbegriff** wird in Art. 3 lit. a Transparenz-VO legaldefiniert. Danach 35 sind Inhalte unabhängig von der Form des Datenträgers (auf Papier oder in elektronischer Form, Ton-, Bild- oder audiovisuelles Material), die einen Sachverhalt im Zusammenhang mit den Politiken, Maßnahmen oder Entscheidungen aus dem Zuständigkeitsbereich des Organs betreffen, hiervon erfasst. Für die Annahme eines Dokumentes ist die Form der gedanklichen Perpetuierung irrelevant.[41]

Die **Zugangsgewährung** erstreckt sich nach dem insoweit eindeutigen Wortlaut des 36 Art. 2 Abs. 3 Transparenz-VO, allgemein nur auf vorhandene Dokumente, die sich im Besitz des betreffenden Organs befinden. Es kommt maßgeblich auf das Vorhandensein eines aufgezeichneten Inhalts an, welcher nach seiner Erstellung reproduziert oder konsultiert werden kann.[42] Auf die Art und Natur des gespeicherten Inhalts kommt es ebenso wie auf den Umfang, die Länge, Bedeutung oder Darstellung eines Inhalts nicht an.[43] Entscheidend allein ist, dass sie im Zusammenhang mit den Politiken, Maßnahmen oder Entscheidungen des fraglichen Organs stehen müssen.[44] Daher können auch **Textnachrichten** als Dokumente iSd Art. 3 lit. a Transparenz-VO darstellen, wenn sie die Arbeit der Institution betreffen und bei dieser vorhanden sind.[45]

Der Dokumentenzugang bei **sensiblen Dokumenten** ist eingeschränkt und kann nur mit 37 Zustimmung des Urhebers im Register aufgeführt oder freigegeben werden. Sensible Dokumente betreffen den Schutz grundlegender Interessen der EU oder der Mitgliedstaaten, insbesondere in den Bereichen öffentliche Sicherheit, Verteidigung und Militär, und sind als „TRÈS SECRET/TOP SECRET", „SECRET" oder „CONFIDENTIEL" eingestuft.

---

[39] EuGH 5.3.2024 – C-588/21, GeWArch 2024, 234 Rn. 66.
[40] Verordnung (EG) Nr. 1049/2001 des europäischen Parlaments und des Rates vom 30.5.2001 über den Zugang der Öffentlichkeit zu Dokumenten des europäischen Parlaments, des Rates und der Kommission.
[41] Erwgr. 1 Beschluss (EU) 2021/2121.
[42] EuG 27.2.2015 – T-188/12, NVwZ 2015, 801 Rn. 42.
[43] EuG 27.2.2015 – T-188/12, NVwZ 2015, 801 Rn. 42.
[44] EuG 27.2.2015 – T-188/12, NVwZ 2015, 801 Rn. 42.
[45] Guckelberger ZGI 2022, 55 (58).

38 **bb) Ausnahmen.** Das in Art. 2 Transparenz-VO perpetuierte Recht der Öffentlichkeit umfassenden Zugang zu den Dokumenten der Organe zu gewähren kann durch im öffentlichen oder privaten Interesse liegende Schranken eingeschränkt werden.[46] Der Systematik der Norm zufolge differenziert Art. 4 Transparenz-VO in zwei Gruppen von Ausnahmegründen. Zu der ersten Gruppe, zählen öffentliche Belange wie **Sicherheit, Verteidigung, internationale Beziehungen, Finanz-, Währungs- und Wirtschaftspolitik** sowie der **Schutz der Privatsphäre und der Integrität des Einzelnen,** insbesondere gemäß den Rechtsvorschriften der Gemeinschaft über den Schutz personenbezogener Daten.

39 Die zweite Gruppe von Ausnahmetatbeständen betrifft nach Art. 4 Abs. 2 Transparenz-VO den Schutz von **geschäftlichen Interessen** einer natürlichen oder juristischen Person, einschließlich des geistigen Eigentums, den Schutz von Gerichtsverfahren und Rechtsberatung sowie den Schutz des Zwecks von Inspektions-, Untersuchungs-, und Audit-Tätigkeiten.[47]

40 Ein besonderes öffentliches Interesse an der Verbreitung von Informationen kann den Schutz der in Art. 4 Abs. 2 genannten Rechtsgüter überwiegen, insbesondere bei harmonisierten technischen Normen, die Bestandteil des EU-Rechts sind.[48] Die Übermittlung personenbezogener Daten ist gem. Art. 9 Abs. 1 lit. a oder b sowie Art. 5 VO (EU) 2018/1725[49] nur zulässig, wenn die Voraussetzungen hierfür gegeben sind und der Antragsteller zudem nachweisen kann, dass die Übermittlung zur Erreichung eines öffentlichen Interesses erforderlich und verhältnismäßig ist.[50] Diametral zur grundsätzlichen Begründungsfreiheit des Antrags obliegt es dem Antragsteller, die Notwendigkeit der **Übermittlung personenbezogener Daten** für einen bestimmten Zweck im öffentlichen Interesse nachzuweisen.[51]

41 Die **Verweigerung der Herausgabe** von amtlichen Informationen ist grundsätzlich die **ultima ratio** dar. Der Verhältnismäßigkeitsgrundsatz gebietet, dass die ersuchte Behörde dazu angehalten ist, einen teilweisen Zugang zu den ersuchten Informationen zu gewähren, sofern dadurch das von ihr verfolgte Schutzinteresse gewahrt und eine vollständige Verweigerung vermieden werden kann.[52] Ein partieller Zugang kann versagt werden, wenn die von er ersuchten Behörde vorgenommen Prüfung des Antrages ergibt, dass der Aufwand für die Schwärzung einen unverhältnismäßigen Verwaltungsaufwand bedeuten würde oder die Dokumente dadurch die Schwärzungen weitgehend unverständlich wären.[53] Dabei ist nicht die Anzahl der zu schwärzenden Dokumente relevant, sondern das Verhältnis der geschützten zu den freigabefähigen Inhalten.[54]

42 Das um amtliche Information ersuchte Organ ist grundsätzlich dazu verpflichtet, den **Urheber** eines Dokuments zu **konsultieren,** um zu klären, ob eine der Ausnahmeregelungen des Art. 4 Abs. 1 oder 2 Transparenz-VO zur Beschränkung des Zugangs vorliegt.[55] Die Konsultationspflicht entfällt, wenn zweifelsfrei feststeht, dass das Dokument verbreitet werden muss oder nicht verbreitet werden darf.[56]

43 **cc) Verfahren und Kosten.** Art. 11 Transparenz-VO verpflichtet die Organe der europäischen Union ein **öffentliches Dokumentenregister** bereitzustellen, um den Bürgern

---

[46] EuGH 29.6.2010 – C 139/07, EuZW 2010, 624 (626 f.).
[47] Dauses/Ludwigs EU-WirtschaftsR-HdB/Heselhaus, 60. EL Februar 2024, Rn. 366 f.
[48] EuGH 5.3.2024 – C 588/21 P, GRUR-RS 2024, 3385 Rn. 85.
[49] Verordnung (EU) 2018/1725 des europäischen Parlaments und des Rates vom 23.10.2018 zum Schutz natürlicher Personen bei der Verarbeitung personenbezogener Daten durch die Organe, Einrichtungen und sonstigen Stellen der Union, zum freien Datenverkehr und zur Aufhebung der Verordnung (EG) Nr. 45/2001 und des Beschlusses Nr. 1247/2002/EG.
[50] EuG 8.5.2024 – T 275/22, ZGI 2024, 121 (122 f.).
[51] EuG 8.5.2024 – T 275/22, ZGI 2024, 121 (122 f.).
[52] EuG 7.2.2018 – T-851/16, BeckRS 2018, 876 Rn. 118.
[53] EuG 24.4.2024 – T-205/22, ZGI 2024, 219 (224 f.).
[54] EuG 24.4.2024 – T-205/22, ZGI 2024, 219 (225 f.).
[55] EuG 30.11.2004 – T-168/02, NVwZ 2005, 313 (314).
[56] EuG 30.11.2004 – T-168/02, NVwZ 2005, 313 (314).

auf diesem Wege die effiziente Ausübung seiner Zugangsrechte zu Dokumenten der Organe der Union ermöglichen zu können, Erwgr. 14 Transparenz-VO. Sind die ersuchten Dokumente in diesem Register nicht aufzufinden, so kann der Bürger einen Antrag auf Dokumentenzugang nach Art. 6 stellen und somit das in den Art. 7 bis 10 Transparenz-VO geregelte formelle Zugangsverfahren einleiten, wobei das Verfahren auf Zugang zu Dokumenten der Organe zweistufig abläuft.[57]

Die Beantragung des Zugangs zu einem Dokument hat in **schriftlicher oder elektronischer Form** in einer der in Art. 55 EUV aufgeführten Sprachen zu erfolgen, wobei der Antragsteller dazu verpflichtet ist, den Antrag so präzise zu formulieren, dass das Organ das betreffende Dokument ermitteln kann.[58] 44

Das um Zugang ersuchte Organ ist nach Art. 7 Abs. 1 Transparenz-VO dazu verpflichtet den Antrag auf Zugang zu Dokumenten **unverzüglich zu bearbeiten** und eine Einzelfallprüfung vorzunehmen, ob und in welchem Umfang Zugang zu den begehrten Informationen zu gewähren ist.[59] Von einer Unverzüglichkeit ist auszugehen, wenn das ersuchte Organ binnen einer **Frist von 15 Tagen** nach Registrierung des Antrags dem Antragsteller antwortet.[60] In Ausnahmefällen, wie dem Zugangsersuchen zu einer sehr großen Anzahl an Dokumenten, kann das Organ die Frist zur Bearbeitung eines Erstantrages um 15 Arbeitstage verlängern. Unterlässt das ersuchte Organ die Zugangsgewährung oder die Stellungnahme binnen der zuvor geschilderten Frist, hat der Antragsteller das Recht nach Art. 7 Abs. 4 Transparenz-VO einen Zweitantrag einzureichen. 45

Aufgrund der von der Verordnung intendierten **Zweistufigkeit des Antragsverfahrens** geht die Rechtsprechung des Gerichtshofs davon aus, dass die Antwort auf einen Erstantrag iSv Art. 7 Abs. 1 Transparenz-VO nur eine erste Stellungnahme darstellt, gegen welche grundsätzlich keine Klage erhoben werden kann, es sei denn dass ein Organ seinen Standpunkt durch eine solche Antwort endgültig festlegt.[61] Nach der Ablehnung des Antrags oder keiner Rückmeldung innerhalb von 15 Tagen nach Eingang des Informationsgesuchs hat der Antragsteller die Möglichkeit einen Zweitantrag zu stellen, vgl. Art. 8 Transparenz-VO. 46

Ein **Zweitantrag** ist innerhalb von 15 Arbeitstagen zu bearbeiten, mit möglicher Fristverlängerung bei umfangreichen Dokumenten und vorheriger Information des Antragstellers.[62] Bleibt eine Antwort aus, gilt dies nach Art. 8 Abs. 3 Transparenz-VO als Zugangsverweigerung. Im Falle einer Ablehnung muss das Organ die Gründe mitteilen und über Rechtsbehelfe informieren. Der Antragsteller kann nach Art. 263 AEUV eine Nichtigkeitsklage oder nach Art. 228 AEUV eine Beschwerde beim Bürgerbeauftragten einreichen. Die festgelegten Fristen dienen dem Allgemeininteresse und sind verbindlich.[63] 47

Nach Art. 10 Transparenz-VO können die angeforderten Dokumente nach Wunsch des Antragstellers entweder **vor Ort eingesehen** oder dem Antragsteller als **Kopie übersandt** werden. 48

Gewährt ein Organ Zugang zu den begehrten Dokumenten können vom Antragsteller lediglich die **Grenzkosten** verlangt werden. Die Kosten dürfen jedoch nur in Rechnung gestellt werden, wenn aufgrund des vom Ersuchenden gestellten Antrags die Übersendung von mehr als 20 DIN-A4 Seiten erforderlich ist. Erfolgt der Zugang zu den ersuchten Dokumenten vor Ort, in elektrischer Form oder über einen direkten Zugang zu dem Register ist das Organ nicht berechtigt Kosten geltend zu machen, vgl. Art. 10 Transparenz-VO. 49

---

57 EuGH 13.1.2022 – C-351/20, BeckRS 2022, 118 Rn. 63; 14.2.2014 – C-127/13, BeckRS 2014, 82013 Rn. 36.
58 So auch Knäbe EuZW 2022, 349 (352).
59 Dauses/Ludwigs EU-WirtschaftsR-HdB/Heselhaus, 60. EL Februar 2024, Rn. 365.
60 So auch Knäbe EuZW 349 (352).
61 EuGH 13.1.2022 – C-351/20, BeckRS 2022, 118 Rn. 63; 14.2.2014 – C-127/13, BeckRS 2014, 82013 Rn. 36.
62 EuG 14.12.2017 – T 136/156, BeckRS 2017, 144478 Rn. 10.
63 EuGH 2.10.2014 – C 127/13, BeckRS 2014, 82013 Rn. 25.

b) Datenzugangsregelungen des Data Governance Acts

50 Der Data Governance Act verfolgt das Ziel, den Zugang und die Nutzung von aus rechtlichen Gründen eingeschränkten oder verschlossenen Daten zu vereinfachen, indem er in Kapitel II einen einheitlichen Rechtsrahmen für den die Nutzung für nichtstaatliche Zwecke setzt.[64] Der DGA selbst begründet jedoch weder eine Pflicht der öffentlichen Verwaltung bestimmte Daten bereitzustellen[65], noch räumt er privaten das Recht ein Zugang zu bestimmten Daten zu erhalten.[66] Die Entscheidung, ob und in welchem Umfang **Daten zur Weiterverwendung** zugänglich gemacht werden obliegt dem jeweiligen Mitgliedstaat, vgl. Erwgr. 11 DGA. Kapitel II des DGA legt nur für den Fall, dass die Mitgliedstaaten eine solche Weiterverwendung gestatten, Rahmenbedingungen fest.[67] Daraus folgt, dass der DGA die Mitgliedstaaten lediglich dazu verpflichtet einen durch die EU harmonisierten Mindeststandard für den Zugang und die Nutzung solcher Daten zu gewährleisten.[68]

51 Obwohl sich der Unionsgesetzgeber für das Regulierungsinstrument der Verordnung entscheiden hat, die in den Mitgliedstaaten unmittelbare Wirkung entfaltet, verfehlt der Gesetzgeber mit dem erlassenen Rechtsakt, das von ihm beabsichtigte Ziel der europaweiten Harmonisierung des Datenzugangs insofern, als dass er durch den DGA die Mitgliedstaaten nicht zu einer Schaffung großzügiger, vereinheitlichter Datenzugangsregeln verpflichtet, sondern diese lediglich versucht hierzu anzuregen.[69]

c) Weitere Regelungen zum Datenzugang

52 Die **Aarhus-Konvention** bildet als völkerrechtlicher Vertrag auf supranationaler Ebene die Grundlage für den Zugang zu **Umweltinformationen.** Auf europäischer Ebene wird die Aarhus-Konvention durch die RL 2003/4/EG über den Zugang zu Umweltinformationen, die RL 2003/35/EG zur Öffentlichkeitsbeteiligung an umweltbezogenen Entscheidungsverfahren und die VO (EG) Nr. 1367/2006 umgesetzt. Diese regelt den Zugang zu Umweltinformationen, die von EU-Organen und -Einrichtungen gehalten werden, und ermöglicht es der Öffentlichkeit, bei umweltrelevanten Entscheidungen auf europäischer Ebene mitzuwirken. Den Zugang der Öffentlichkeit zu Umweltinformationen durch eine einheitliche Geodateninfrastruktur basiert auf der RL 2007/2/EG. Danach sollen die Mitgliedstaaten über ein von der Kommission verwaltetes Geo-Portal die Integration der nationalen Infrastrukturen in INSPIRE fördern.

53 Die RL 2006/123/EG **(Dienstleistungsrichtlinie)** sieht vor, dass die Organe und Einrichtungen der Union verpflichtet sind, relevante Umweltinformationen soweit möglich aktuell, exakt und vergleichbar systematisch und öffentlich zugänglich zu machen, vgl. Art. 4, 5 VO (EG) 1367/2006. Diese Informationen sollen insbesondere über elektronische Datenbanken und Telekommunikationstechnologien regelmäßig aktualisiert und in leicht zugänglichen Formaten bereitgestellt werden, um den Datenzugang zu erleichtern. Dabei sollen die Informationen proaktiv zugänglich gemacht werden, wobei auch Verknüpfungen zu externen Internetseiten genutzt werden können.

54 Die VO (EU) 2018/1724 (**Single Digital Gateway-Verordnung,** kurz SDG-VO) regelt den digitalen Zugang zu Verwaltungsinformationen und -verfahren in der EU und lässt sich in drei Hauptbereiche unterteilen. Der erste Regelungsbereich betrifft den **Online-Zugang zu Informationen** (Art. 4 f. SDG-VO). Hierfür dient das Portal Your Europe[70] als zentrales Zugangstor, das derzeit noch ausgebaut wird. In Anhang I der SDG-VO sind die

---

64 BeckOK DatenschutzR/Wischmeyer, 49. Ed. 1.5.2024, DGA Art. 3 Rn. 6.
65 Schreiber/Pommerening/Schoel Der neue DA § 2 Rn. 42.
66 BeckOK DatenschutzR/Wischmeyer, 49. Ed. 1.5.2024, DGA Art. 3 Rn. 6.
67 Steinrötter EU-Plattformregulierung-HdB/Savary § 19 Rn. 6.
68 BeckOK DatenschutzR/Wischmeyer, 49. Ed. 1.5.2024, DGA Art. 3 Rn. 7.
69 Paschke/Rücker/Paschke DGA Art. 3 Rn. 72.
70 https://europa.eu/youreurope/index_de.htm (zuletzt abgerufen 3.3.2026).

bereitzustellenden Informationen thematisch geordnet aufgelistet, darunter Angaben zu Reisen innerhalb der EU, Bildung und Praktika in anderen Mitgliedstaaten, medizinische Versorgung sowie zur Gründung, Führung und Schließung von Unternehmen. Die Kommission und die Mitgliedstaaten schaffen ein einheitliches digitales Zugangstor, das über eine gemeinsame Nutzerschnittstelle Zugang zu relevanten Unions- und nationalen Websites bietet. Dieses Zugangstor stellt Informationen über Rechte, Pflichten, Verfahren und Hilfsdienste im Binnenmarktbereich zur Verfügung und ist in allen Amtssprachen der Union zugänglich.[71]

2. Datenzugang nach Bundesrecht

Der Zugang zu amtlichen Informationen der Bundesverwaltung ist von zentraler Bedeutung für Transparenz und demokratische Teilhabe. Dieser Zugang wird durch Gesetze wie das **Informationsfreiheitsgesetz** (IFG) oder das **Umweltinformationsgesetz** (UIG) gewährt. Diese Regelungen schaffen die rechtlichen Rahmenbedingungen, die darauf abzielen, Bürgerinnen, Bürgern und Unternehmen den Zugang zu öffentlichen Daten zu erleichtern, um die Nachvollziehbarkeit staatlichen Handelns sowie die Nutzung des ökonomischen Potenzials staatlicher Daten zu fördern. 55

a) Informationsfreiheitsgesetz

Die Kodifizierung des Informationsfreiheitsgesetzes zielte auf die Steigerung der Transparenz des Verwaltungshandelns ab und etablierte zu diesem Zweck ein subjektives Recht auf Zugang zu amtlichen Informationen, die sich im Besitz von **Bundesbehörden** befinden.[72] 56

aa) Anspruch und Anwendungsbereich. Nach § 1 Abs. 1 S. 1 IFG, welcher als Herzstück des IFG bezeichnet wird, hat jeder gegenüber den Behörden des Bundes einen Anspruch auf Zugang zu amtlichen Informationen iSd § 2 Nr. 1 IFG.[73] Der **Anspruch auf Zugang zu amtlichen Informationen** ist ausweislich des eindeutigen Wortlautes nicht an materielle, sondern lediglich an formelle Tatbestandsvoraussetzungen geknüpft. Der Anspruch aus dem IFG ist jedoch subsidiär, wenn Regelungen in anderen Rechtsvorschriften existieren, die über denselben Sachverhalt ebenfalls einen Anspruch auf Zugang zu amtlichen Informationen gewähren.[74] 57

Rechtsträger des Anspruchs aus § 1 Abs. 1 IFG sind sowohl natürliche als auch juristische Personen des Privatrechts. Demgegenüber können sich weder juristische Personen des öffentlichen Rechts noch Bürgerinitiativen oder Verbände als solche auf den Anspruch auf Informationszugang aus dem Informationsfreiheitsgesetz berufen.[75] Während Bürgerinitiativen und Verbänden kein Zugangsrecht nach dem IFG zuteil wird, können jedoch einzelne Mitglieder einen Anspruch geltend machen.[76] Für juristische Personen des öffentlichen Rechts besteht lediglich die Möglichkeit, Informationen mittels Amtshilfe, Auskunftsrechten oder Übermittlungsbefugnissen zu erlangen.[77] 58

Der Anspruch auf Informationszugang nach dem IFG richtet sich gegen **Bundesbehörden** nach § 1 Abs. 4 VwVfG, inklusive beratender Gremien, Auslandsvertretungen und auch gegen Bundestag, Bundesrat, Bundesgerichte, Bundesbank und Bundesrechnungshof[78], sofern dort Verwaltungsaufgaben erfüllt werden.[79] Teilweise öffentlich-rechtlich tätige 59

---

[71] Vgl. jurisPK-InternetR/Heckmann/Rachut Kap. 5 Rn. 163.
[72] So auch Kugelmann NJW 2005, 3609 (3609).
[73] BeckOK InfoMedienR/Debus, 45. Ed. 1.8.2024, IFG § 1 Rn. 151.
[74] Schoch IFG § 1 Rn. 295.
[75] BT-Drs. 15/4493, 7.
[76] BT-Drs. 15/4493, 7.
[77] BT-Drs. 15/4493, 7.
[78] BVerwG 15.11.2012 – 7 C 1/12, NVwZ 2013, 431 Rn. 25.
[79] BT-Drs. 15/4493, 7.

Einrichtungen, wie etwa Bundes-Kreditinstitute, unterliegen der Auskunftspflicht nur insoweit, als dass sie Verwaltungsaufgaben erfüllen.[80] Im Falle der Beauftragung privater Verwaltungshelfer bleibt die zuständige Behörde ebenfalls auskunftspflichtig etwaigenfalls muss sie die ersuchte Information beschaffen.[81] Die Mehrheitsbeteiligung einer juristischen Person des öffentlichen Rechts an einer Gesellschaft ist in diesem Zusammenhang nicht von Relevanz.

60 Der sachliche Anwendungsbereich des Informationszugangsanspruchs aus § 1 Abs. 1 IFG erstreckt sich auf **amtliche Informationen.** Der Zugangsanspruch umfasst grundsätzlich nur solche Informationen, die bei der ersuchten Behörde vorhanden sind.[82] Eine amtliche Information ist nach der in § 2 Nr. 1 S. 1 IFG enthaltenen Legaldefinition „jede amtlichen Zwecken dienende Aufzeichnung, unabhängig von der Art ihrer Speicherung." Mit dieser technologieoffenen Formulierung sind ausweislich der Gesetzesbegründung insbesondere „Aufzeichnungen (Schriften, Tabellen, Diagramme, Bilder, Pläne und Karten sowie Tonaufzeichnungen), die elektronisch (Magnetbänder, Magnetplatten, Disketten, CD-ROMs, DVDs, USB-Sticks), optisch (Filme, Papierfotos), akustisch oder anderweitig gespeichert sind" adressiert[83], wobei die Aufzählung nicht als abschließend zu verstehen und den technischen Entwicklungen stets anzupassen ist.[84] Von dieser Technologieoffenheit ausgehend stellte das Bundesverwaltungsgericht fest, dass grundsätzlich auch auf den Servern von Online-Plattformen oder Kurznachrichtendiensten gespeicherte Nachrichten eine amtliche Information im Sinne des IFG darstellen können, wenn die Aufzeichnung gerade amtlichen Zwecken dient[85], wobei sich der Zweck der Aufzeichnung als amtliche Information entweder aus dem subjektiven Willen derjenigen Behörde ergibt, die die Aufzeichnung veranlasst hat oder der objektiven Regelung über eine ordnungsgemäße Aktenführung.[86]

61 Damit der Anspruch auf Zugang zu amtlichen Informationen erfüllt werden kann, muss die entsprechende Aufzeichnung, also das Speichermedium der Information, tatsächlich bei der ersuchten Behörde vorhanden sein.[87] Nicht ausschlaggebend ist in diesem Zusammenhang der Ort der Aufzeichnung der amtlichen Information.[88] Eine Information gilt auch dann als vorhanden, wenn sie innerhalb eines Gesamtbestands an Aufzeichnungen erst identifiziert und zusammengestellt werden muss, da eine verwaltungstechnische Aufbereitung vorhandener Informationen eine Verfahrenspflicht der Informationsstelle und keine inhaltliche Aufbereitung der Information darstellt.[89] Für den Fall, dass die ersuchte Behörde die vom Anspruchsteller begehrte Information nach Eingang des Informationsgesuchs löscht, entfernt oder den Zugangsanspruch anderweitig durch Wegschaffen der begehrten Informationen zu vereiteln versucht, besteht ein **Wiederbeschaffungsanspruch** des Antragstellers.[90] Eine tatsächliche und rechtliche Möglichkeit der Behörde zur Wiederbeschaffung der Information ist diesem Anspruch jedoch immanent. Nicht perpetuiertes Behördenwissen kann mangels Erfüllung des Tatbestands der Aufzeichnung iSd § 2 Nr. 1 IFG nicht Gegenstand eines Informationsanspruchs sein.[91]

62 Einem Antrag auf Informationszugang ist stattzugeben, sofern dies ohne Preisgabe der geheimhaltungsbedürftigen Informationen oder ohne unverhältnismäßigen Verwaltungsaufwand realisierbar ist.[92] Die **Versagung des Informationszugangs** unter dem Gesichts-

---

80 BT-Drs. 15/4493, 8.
81 BeckOK InfoMedienR/Debus, 45. Ed. 1.8.2024, IFG § 1 Rn. 158.
82 BeckOK InfoMedienR/Debus, 45. Ed. 1.8.2024, IFG § 1 Rn. 155.
83 BT-Drs. 15/4493, 9.
84 BVerwG 28.10.2021 – 10 C 3/20, NVwZ 2022, 326 (326).
85 BVerwG 28.10.2021 – 10 C 3/20, NVwZ 2022, 326 Rn. 15.
86 BVerwG 28.10.2021 – 10 C 3/20, NVwZ 2022, 326 Rn. 15.
87 Schoch NVwZ 2019, 257 (260); BVerwG 27.5.2013 – 7 B 43/12, NJW 2013, 2538 (2539).
88 Guckelberger ZGI 2022, 55 (59).
89 Schoch NVwZ 2019, 257 (260).
90 BeckOK InfoMedienR/Debus, 45. Ed. 1.8.2024, IFG § 1 Rn. 160.
91 Schiller ZGI 2022, 211 (212).
92 BVerwG 17.3.2016 – 7 C 2/15, NVwZ 2016, 1014 Rn. 19.

punkt der Unverhältnismäßigkeit stellt die **ultima ratio** dar und kommt erst dann in Betracht, wenn der Aufwand der Behörde die Funktionsfähigkeit eben dieser gefährdet.[93] Daher ist es als unzulässig zu erachten, Anträge allein aufgrund eines vermeintlich geringen Erkenntnisgewinns abzulehnen.[94]

bb) Exkurs: Zugang zu Direktnachrichten. Zur Beantwortung der Frage, ob es sich bei **Direktnachrichten**, um amtliche Informationen handelt, ist zu prüfen, ob diese Direktnachrichten aufgrund der Verpflichtung der Behörden zur **ordnungsgemäßen Aktenführung** einer solchen hinzuzufügen sind.[95] Die Anforderungen an eine ordnungsgemäße Aktenführung ergeben sich auf Bundesebene aus der Gemeinsamen Geschäftsordnung der Bundesministerien (GGO). Die GGO verweist in § 12 Abs. 2 S. 2 zur ordnungsgemäßen Aktenführung auf die Registraturrichtlinie (RegR), welche Einzelheiten der Dokumenten- und Aktenverwaltung festlegt und für das Verständnis der ordnungsgemäßen Aktenführung im Sinne des IFG maßgeblich ist.[96] Danach müssen die Akten vollständig, nachvollziehbar sein (§ 4 Abs. 1 RegR). Zudem muss das aus der Bearbeitung entstehende Schriftgut vollständig authentisch und übersichtlich sein (§ 6 Abs. 2 S. 2 RegR). Im Zusammenhang mit Twitter-Direktnachrichten vertritt das BVerwG die Auffassung, dass Twitter-Direktnachrichten, die wie (fern-)mündliche Gespräche genutzt wurden, keine Aktenrelevanz aufweisen. Diese Auffassung erweist sich indes als fragwürdig, da auch sowohl die fernmündliche als auch die digitale Kommunikation den Bestimmungen der Aktenführung aus § 4 Abs. 1 und § 6 Abs. 2 RegR unterliegen.[97] 63

cc) Antrag und Verfahren. Ausweislich § 7 Abs. 1 IFG wird der Informationszugang lediglich auf Antrag gewährt.[98] Dem Antrag wird eine doppelte Funktion in der Form zuerkannt, als das er die Einleitung des behördlichen Verfahrens betrifft und zugleich eine inhaltliche Begrenzung das Antragserfordernis des Verfahrensgegenstands zukommt.[99] § 7 Abs. 1 IFG enthält weder eine gesetzliche Formvorschrift noch inhaltliche Anforderungen an die Bestimmtheit eines Antrags, sodass der Antragsteller weder dazu verpflichtet ist, die Anspruchsgrundlage zu nennen noch den Antrag schriftlich zu stellen.[100] 64

Ungeachtet des Fehlens von gesetzlicher Vorgaben besteht Einigkeit darüber, dass der konkret hinter dem Antrag stehende **Lebenssachverhalt hinreichend bestimmt** oder zumindest **bestimmbar** sein muss, damit die Behörde überhaupt prüfen kann, ob sie die vom Antragsteller begehrten Informationen zur Verfügung stellen kann.[101] Hieran anknüpfend stellte das BVerwG fest, dass die sachgerechte Bearbeitung eines Antrags die Kenntnis der ersuchten Behörde über die **Identität der antragstellenden Person** erfordert.[102] Der ersuchenden Behörde muss, der Name des Antragstellers sowie dessen Anschrift bekannt sein, da die Prüfung der Anspruchsberechtigung eine von der Behörde zu prüfende tatbestandliche Voraussetzung darstellt.[103] 65

Zudem muss in einem Fall mit **Drittbezug** ebenfalls „der Dritte […] über die Identität des Antragstellers unterrichtet werden, bevor er über seine Zustimmung zur Freigabe seiner personenbezogenen Daten oder seine Betriebs- oder Geschäftsgeheimnisse entscheidet“.[104] 66

Ein nicht hinreichend bestimmter Antrag führt nicht automatisch zur Ablehnung des Antrags. Vielmehr ist die ersuchte Behörde verpflichtet dem Antragsteller auf Unbestimmt- 67

[93] BGH 20.3.2017 – AnwZ (Brfg) 46/15, BeckRS 2017, 106150 Rn. 21.
[94] Schoch NVwZ 2019, 257 (262).
[95] Rossi ZRP 2022, 230 (230).
[96] Schoch IFG § 1 Rn. 285.
[97] Schoch IFG § 2 Rn. 43.
[98] BeckOK InfoMedienR/Sicko, 45. Ed. 1.8.2024, IFG § 7 Rn. 4.
[99] Schoch IFG § 7 Rn. 11a.
[100] Kugelmann NJW 2005, 3609 (3613).
[101] Schoch IFG § 7 Rn. 23.
[102] BVerwG 20.3.2024 – 6 C 8.22, ZD 2024, 654 Rn. 57.
[103] BVerwG 20.3.2024 – 6 C 8.22, ZD 2024, 654 Rn. 58.
[104] BT-Drs. 15/4993, 14.

heit des Antrags hinzuweisen und ihm Gelegenheit zur Präzisierung des Antrags zu geben.[105]

68 Die von § 7 Abs. 1 S. 1, Abs. 2 S. 1 IFG geforderte behördliche Entscheidung über die Gewährung oder Ablehnung des Informationszugangs stellt einen Verwaltungsakt dar.[106] Gegen eine Ablehnung des Informationszugangs ist der **Widerspruch** und die **Verpflichtungsklage** statthaft, vgl. § 9 Abs. 4 IFG. Da es sich bei § 9 Abs. 4 IFG um zwingendes Recht handelt, ist eine Klage ohne erfolglos durchgeführtes Widerspruchsverfahren unzulässig.[107] Eine Ausnahme bestehe jedoch dann zugunsten der Prozessökonomie, „wenn die Widerspruchsbehörde selbst am Verfahren beteiligt ist und nach einer Sachprüfung zu Ausdruck bringt, dass sie einen (künftigen) Widerspruch zurückweisen" werde.[108]

69 **dd) Arten des Informationszugangs.** Die ersuchte Behörde kann den Zugang zu den amtlichen Informationen durch **Auskunftserteilung, Akteneinsicht** oder **in sonstiger Weise** nachkommen, vgl. § 1 Abs. 2 S. 1 IFG. Letztgenannter Punkt beinhaltet einen Auffangtatbestand, sofern eine Auskunftserteilung oder Akteneinsicht nicht möglich ist. Dabei stehen die drei genannten Zugangsarten in keinem Ausschlussverhältnis zueinander.[109]

70 Unter **Auskünften** ist die Wiedergabe des Inhalts amtlicher Informationen durch die informationspflichtige Stelle auf einem Informationsträger zu verstehen, wobei die Auskunft mündlich, schriftlich oder elektronisch erfolgen kann.[110] Die **Akteneinsicht** bezeichnet die unmittelbare durch eigene Sinneswahrnehmung erfolgende Einsichtnahme in amtliche Informationen durch den Antragsteller.[111] Im Gegensatz zur von der informationspflichtigen Stelle erbrachten Auskunft erhält der Antragsteller durch eigene Sinneswahrnehmung unmittelbaren Zugang zu den amtlichen Informationen. Das **Verfügbarmachen in sonstiger Weise** erfasst diejenigen Fälle, in denen der Antragsteller über die bloße Auskunft hinaus weitere Informationen wünscht, eine Einsichtnahme in Bild- oder Schriftform jedoch nicht in Betracht kommt. Als Beispiel kann hier die Tonform genannt werden, bei der eine Einsichtnahme durch Hören eines Tonbandes erfolgt.[112] Beispielhaft für einen Informationszugang in sonstiger Weise ist die Erstellung eines Ausdrucks einer elektronisch vorgehaltene amtlichen Information und die Übersendung des Papiers an den Anspruchsteller.[113]

71 Der ersuchten Behörde steht ein **Auswahlermessen** bezüglich der Art und Weise der Zurverfügungstellung der Information zu, wobei insbesondere durch die §§ 3–6 IFG bestimmte Grenzen des Ermessens gezogen werden.

72 **ee) Ablehnungsgründe.** Die **gesetzlichen Schutzgründe,** aufgrund derer dem Antragsteller der Zugang zu begehrten Informationen versagt werden kann, werden in den §§ 3–6 IFG geregelt.[114] Diese Gründe umfassen nach § 3 IFG den Schutz von besonderen öffentlichen Belangen, nach § 4 IFG den Schutz von behördlichen Entscheidungsprozessen, nach § 5 den Schutz von personenbezogenen Daten und nach § 6 IFG den Schutz des geistigen Eigentums und Betriebs- und Geschäftsgeheimnissen. Diese Ausnahmetatbestände sind aufgrund der vom Gesetzgeber gewählten dezidierten Ausgestaltung als dem Grunde nach abschließend zu betrachten.[115]

73 **i) Schutz besonderer öffentlicher Belange.** Der Systematik des Gesetzes nach ist § 3 Nr. 1 IFG zweistufig aufgebaut. Die Ablehnung des Informationszugangs gem. § 3 Nr. 1 IFG ist zulässig, wenn ein im öffentlichen Interesse liegendes Schutzgut besteht und bei

[105] So auch Schoch IFG § 7 Rn. 24.
[106] BVerwG 20.10.2016 – 7 C 6/15, NVwZ 2017, 485 Rn. 20.
[107] Schoch NVwZ 2019, 257 (262).
[108] BVerwG 22.3.2018 – 7 C 21/16, NVwZ 2018, 1229 Rn. 19.
[109] BeckOK InfoMedienR/Debus, 45. Ed. 1.8.2024, IFG § 1 Rn. 167.
[110] BeckOK InfoMedienR/Debus, 45. Ed. 1.8.2024, IFG § 1 Rn. 167.
[111] BeckOK InfoMedienR/Debus, 45. Ed. 1.8.2024, IFG § 1 Rn. 167.
[112] BT-Drs. 15/4993, 8.
[113] Schoch IFG § 1 Rn. 266.
[114] Hong NVwZ 2016, 953 (955).
[115] BeckOK InfoMedienR/Schirmer, 45. Ed. 1.8.2024, IFG § 3 Rn. 15 f.

Zulassung des Informationsbegehrens eine **Gefahr nachteiliger Auswirkungen auf dieses Schutzgut** zu befürchten ist[116], wobei die Gefahr, für die geschützten öffentlichen Belange von dem ersuchten Organ durch konkret zu benennende Umstände nachzuweisen ist.[117] Obwohl das Gesetz selbst im Wortlaut keine Erheblichkeitsschwelle enthält geht das Bundesverwaltungsgericht davon aus, dass ein bloßes Tangieren von öffentlichen Interessen nicht dazu führt, dass die ersuchte Behörde den Informationszugang verweigern kann.[118]

Der Anspruch auf Zugang zu amtlichen Informationen ist auch dann ausgeschlossen, wenn 74
das Bekanntwerden der amtlichen Informationen die **öffentliche Sicherheit** gefährden kann, § 3 Nr. 2 IFG. Der in § 3 Nr. 2 IFG normierte Ausnahmetatbestand dient in erster Linie dem Schutz der Funktionsfähigkeit staatlicher Einrichtungen. In diesem Kontext hat das Bundesverwaltungsgericht Standards entwickelt, die besagen, dass der Begriff „Funktionsfähigkeit staatlicher Einrichtungen" die Erfüllung der ihnen zugewiesenen Aufgaben bedeutet, die von geordneten internen Abläufen abhängen.[119]

§ 3 Nr. 3 IFG dient dem Schutz der **innerbehördlichen Vertraulichkeit.** Er dient 75
insbesondere dem Schutz der staatsinternen Willensbildung, die auf schriftlichem oder mündlichen Wege innerhalb einer oder zwischen mehreren Behörden erfolgt.[120]

Die Vorschrift des § 3 Nr. 4 IFG beinhaltet vier Schutzgegenstände, wobei allen Tat- 76
beständen gemein ist, dass ein Zugangsrecht dann nicht besteht, wenn die begehrte Information einem der in § 3 Nr. 4 IFG genannten besonderen Vertraulichkeitspflichten unterliegt.[121] Dazu zählen zunächst durch Rechtsvorschrift geregelte **Geheimhaltungs- und Vertraulichkeitspflichten.** Des Weiteren werden Geheimhaltungs- und Vertraulichkeitspflichten, die sich aus der allgemeinen Verwaltungsvorschrift zum materiellen und organisatorischen Schutz von Verschlusssachen ergeben, sowie **Berufsgeheimnisse** und besondere **Amtsgeheimnisse** genannt.

Laut der Gesetzesbegründung dient der Ausnahmetatbestand des § 3 Nr. 6 IFG dazu, „in 77
beiden von der Regelung erfassten Bereichen einen fairen Wettbewerb sicherzustellen".[122] Eine Bundesbehörde muss darlegen, wie das Bekanntwerden der begehrten Informationen geeignet wäre die **fiskalischen Interessen des Bundes** im Wirtschaftsverkehr oder die wirtschaftlichen Interessen der Sozialversicherungen zu beeinträchtigen[123], wobei der Beeinträchtigung der fiskalischen Interessen eine dem Wortlaut immanente **Erheblichkeit** innewohnen muss.[124]

Ein Anspruch auf Informationszugang zu vertraulich erhobenen oder übermittelten 78
Informationen besteht nach § 3 Nr. 7 IFG nicht, wenn das Interesse des Dritten an der vertraulichen Behandlung der Informationen zum Zeitpunkt des Antrags auf Informationszugang weiterhin besteht.[125]

Ein Anspruch auf Informationszugang besteht gem. § 3 Nr. 8 IFG nicht gegenüber 79
Nachrichtendiensten sowie Behörden und sonstigen öffentlichen Stellen des Bundes, soweit diese Aufgaben iSv § 10 Nr. 3 SÜG wahrnehmen.[126]

ii) Schutz behördlicher Entscheidungsprozesse. Durch die offene Formulierung des 80
§ 4 IFG schützt dieser nicht nur Verwaltungsverfahren iSd § 9 VwVfG, sondern auch die **internen Entscheidungsprozesse in der Verwaltung.**[127] Hiervon umfasst sind ins-

[116] Schoch IFG § 7 Rn. 54 mwN.
[117] BVerwG 15.11.2012 – 7 C 1/12, NVwZ 2014, 431 Rn. 43.
[118] Schoch IFG § 3 Rn. 17 mwN.
[119] BVerwG 20.10.2016 – 7 C 20/15, NVwZ 2017, 624 Rn. 13 f.
[120] Schoch IFG § 3 Rn. 175.
[121] BeckOK InfoMedienR/Schirmer, 45. Ed. 1.8.2024, IFG § 3 Rn. 136a.
[122] BT-Drs. 15/4993, 11; VG Köln 19.1.2023 – 13 K 2382/21, ZGI 2023, 145 Rn. 131.
[123] BeckOK InfoMedienR/Schirmer, 45. Ed. 1.8.2024, IFG § 3 Rn. 180.
[124] BVerwG 27.11.2014 – 7 C 12/13, NVwZ 2015, 675 Rn. 28.
[125] BVerwG 15.12.2020 – 10 C 25.19, NVwZ 2021, 890 Rn. 23.
[126] BeckOK InfoMedienR/Schirmer, 45. Ed. 1.8.2024, IFG § 3 Rn. 194.
[127] Kugelmann NJW 2005, 3609 (3612).

besondere Entwürfe und Vermerke, die der unmittelbaren Vorbereitung einer behördlichen Entscheidungsfindung dienen.[128] Nach § 4 Abs. 1 S. 2 IFG bezieht sich der Ausschlusstatbestand des § 4 Abs. 1 S. 1 IFG nicht auf Ergebnisse eine Beweiserhebung, eines Gutachtens (Fach- oder Rechtsgutachten) oder Stellungnahmen Dritter, die gerade nicht der **unmittelbaren Entscheidungsvorbereitung** dienen.[129] Ist das Verwaltungsverfahren abgeschlossen, so entfällt der Informationsverweigerungsgrund nach § 4 Abs. 1 S. 1 IFG. Über den Abschluss des Verfahrens und den nunmehr möglichen Zugang zu den zuvor vom Antragsteller begehrte Informationen, hat die Behörde diesen nach Abschluss des Verfahrens zu unterrichten.[130]

81 **iii) Schutz personenbezogener Daten.** Unter Berücksichtigung der Grundsätze der DS-GVO darf kein Informationszugang zu **personenbezogene Daten** Dritter erfolgen, ohne dass die betroffene Person in die Bereitstellung eingewilligt. Nach Art. 4 Nr. 11 EU-DS-GVO erfordert die **Einwilligung** eine freiwillige, informierte und unmissverständliche Willenserklärung der betroffenen Person zur Verarbeitung ihrer personenbezogenen Daten. Eine wirksame Einwilligung nach EU-Recht setzt danach (1) die Höchstpersönlichkeit, (2) die Freiwilligkeit, (3) die Informiertheit, (4) die Bestimmtheit und (5) die Unmissverständlichkeit voraus. Eine Einwilligungserklärung des Dritten hat in schriftlicher, elektronischer oder mündlicher Form zu erfolgen, wobei sich zu Beweiszwecken insbesondere die schriftlich oder elektronische Form anbietet.

82 Eine **Ausnahme** besteht lediglich für den Fall, dass das **Informationsinteresse des Antragstellers** dem Interesse des Dritten am Ausschluss des Informationszugangs überwiegt. In der Regel überwiegt das informationsinteresse des Antragstellers, wenn die Kenntnis der personenbezogenen Daten für die Nachvollziehbarkeit des angefragten Sachvorgangs tatsächlich erforderlich ist.[131] Das Informationsinteresse des Antragstellers überwiegt nicht, wenn Informationen begehrt werden, die einem Berufs- oder Amtsgeheimnis unterliegen. Diese Regelung betrifft insbesondere Personalakten von Beschäftigten des Bundes, unabhängig von der Art des Beschäftigungsverhältnisses.[132] Der Schutz des Mandats iSd § 5 Abs. 2 IFG umfasst ausschließlich die Legislative, nicht jedoch Mitglieder von Kommunalparlamenten als Teil der Exekutive.[133]

83 Verfahrensrechtlich wird der Dritte über § 8 Abs. 1 IFG geschützt. Danach ist dem Dritten die Möglichkeit der Stellungnahme einzuräumen, wenn die Behörde personenbezogene Daten der antragstellenden Person preisgeben will. Dieses Drittbeteiligungsverfahren ist zwingend durchzuführen.[134]

84 **iv) Schutz von geistigem Eigentum sowie Betriebs- und Geschäftsgeheimnissen.** In wirtschaftlichen Kontexten enthalten Unterlagen, die über das IFG angefragt werden, häufig **Betriebs- und Geschäftsgeheimnisse** von Unternehmen. Diese sind gem. § 6 IFG geschützt, ohne dass eine Abwägung mit dem Informationsinteresse erforderlich ist.[135] Eine Offenlegung ist lediglich zulässig, wenn das betroffene Unternehmen zuvor zugestimmt hat.[136] Daher ist in diesen Fällen stets eine Drittbeteiligung gem. § 8 Abs. 1 IFG durchzuführen.[137]

---

128 Schoch IFG § 4 Rn. 39.
129 Schoch IFG § 4 Rn. 42.
130 Schoch IFG § 4 Rn. 44 f.
131 Krüger ZRP 2018, 79 (80).
132 BeckOK InfoMedienR/Guckelberger, 45. Ed. 1.8.2024, IFG § 5 Rn. 16 f.
133 BeckOK InfoMedienR/Guckelberger, 45. Ed. 1.8.2024, IFG § 5 Rn. 18.
134 OVG Berlin-Brandenburg 5.11.2020 – OVG 12 B 11.19, BeckRS 2020, 35614 Rn. 57; Krüger ZRP 2018, 79 (79).
135 Kraetzig ZGI 2023, 259 (262); Schoch IFG § 6 Rn. 1.
136 Schoch IFG § 6 Rn. 1.
137 Krüger ZRP 2018, 79 (80).

v) Keine unzulässige Rechtsausübung. Einem Antrag auf Informationszugang nach dem Informationsfreiheitsgesetz kann grundsätzlich ferner der Einwand der **unzulässigen Rechtsausübung** entgegengehalten werden.[138] Dies gilt insbesondere dann, wenn es dem Antragsteller nicht darauf ankommt die begehrte Information zu erhalten, sondern er vielmehr ausschließlich andere und von der Rechtsordnung missbilligte Zwecke verfolgt, wie das **„Lahmlegen" der informationspflichtigen Behörde.**[139] Die Darlegungs- und Beweislast für ein solches Verhalten des Antragsteller trägt die informationspflichtige Stelle, wobei sich diese Annahme aus der Gesamtwürdigung sämtlicher Umstände des Einzelfalles ergeben.[140] Ein Indiz für die Rechtsmissbräuchlichkeit kann nach Auffassung des VG Berlin darin zu sehen sein, dass der Antragsteller eine besonders hohe Anzahl an Anfragen an die Behörde stellt.[141] Im vom VG Berlin entschiedenen Fall hat der Antragsteller in einem Zeitraum von ca. zehn Monaten 282 Anträge gestellt, was in etwa 15 Anträge pro Tag bedeutet.[142] 85

b) Zugang zu Umweltinformationen

Ziel des Umweltinformationsgesetzes (UIG) ist es, Transparenz in Bezug auf die Arbeit der Behörden, die sich mit Umweltfragen befassen, sowie auf Stellen, die im Auftrag des Staates tätig sind, zu schaffen. Zur Erreichung dieses Ziels sieht das Gesetz den freien, **individuellen Zugang zu Umweltinformationen** sowie die aktive Verpflichtung der informationspflichtigen Stellen zur Veröffentlichung vor. Das UIG definiert die rechtlichen Rahmenbedingungen für die passive Zugangsgewährung in § 3 UIG sowie für die aktive Verbreitung in § 10 UIG für die Öffentlichkeit in den durch die §§ 8 und 9 abgesteckten Grenzen.[143] Wie auch das IFG werden Behörden lediglich verpflichtet bei ihr bereits vorhandene Informationen zu veröffentlichen.[144] Eine Beschaffungspflicht für nicht vorhandene Informationen ist nicht vorgesehen. 86

aa) Umweltinformationen. Der Begriff der **Umweltinformationen** nach dem UIG ist entsprechend der europarechtlichen Vorgabe der RL 2003/4/EG weit auszulegen, sodass schon ein Umweltbezug der Information ausreichend ist.[145] Zu Umweltinformationen zählen insbesondere Informationen über die Luft/Atmosphäre, Wasser/Gewässer, Boden/Land/Landschaften, natürliche Lebensräume, Artenvielfalt/genetisch veränderte Organismen, **Immissionen** iSd BImSchG (insbes. Luftverunreinigungen, Geräusche, Erschütterungen, Licht, Wärme, Stoffe, Strahlung).[146] Dem Begriff der Umweltinformation unterfallen ferner Maßnahmen und Tätigkeiten, die sich auf Umweltbestandteile beziehen oder diese beeinflussen, Umweltberichte, ökonomische Untersuchungen und Analysen zur Vorbereitung von Maßnahmen und Tätigkeiten iSd § 2 Abs. 3 Nr. 3, Berichte zur menschlichen Gesundheit, Sicherheit und Lebensumstände. Darüber hinaus stellen umweltbezogene Subventionen eine Umweltinformation im Sinne des UIG dar.[147] 87

Unter den Begriff der **„informationspflichtigen Stelle"** nach dem UIG sind alle Einrichtungen des Bundes iSd § 1 Abs. 4 VwVfG zu verstehen, die Aufgaben der öffentlichen Verwaltung übernehmen. Ausgenommen von der Auskunftspflicht sind oberste Bundesbehörden im Rahmen der Gesetzgebung sowie die Gerichte des Bundes, vgl. § 2 Abs. 1 S. 3 Nr. 1 lit. a und b UIG. Der Anwendungsbereich des UIG erstreckt sich auch auf 88

[138] VG Berlin 9.11.2022 – 2 K 215/20, NVwZ-RR 2023, 280 Rn. 13.
[139] VG Berlin 9.11.2022 – 2 K 215/20, NVwZ-RR 2023, 280 Rn. 13.
[140] VG Berlin 9.11.2022 – 2 K 215/20, NVwZ-RR 2023, 280 Rn. 13.
[141] VG Berlin 9.11.2022 – 2 K 215/20, NVwZ-RR 2023, 280 Rn. 14.
[142] VG Berlin 9.11.2022 – 2 K 215/20, NVwZ-RR 2023, 280 Rn. 14.
[143] BeckOK InfoMedienR/Karg, 45. Ed. 1.8.2024, UIG § 1 Rn. 20.
[144] BeckOK InfoMedienR/Karg, 45. Ed. 1.8.2024, UIG § 1 Rn. 21.
[145] VGH Kassel 16.3.2006 – 12 Q 590/06, NVwZ 2006, 951.
[146] Stollwerck LKV 2016, 538 (539); BeckOK InfoMedienR/Karg, 45. Ed. 1.8.2024, UIG § 2 Rn. 74 ff.
[147] Stollwerck LKV 2016, 538 (539).

private Stellen (natürliche oder juristische Personen), sofern diese öffentliche Aufgaben im Umweltbereich wahrnehmen.[148]

89 **bb) Anspruch auf Zugang zu Umweltinformationen.** Das UIG enthält in § 3 UIG für jedermann einen Anspruch auf voraussetzungslosen Zugang zu den bei der Behörde vorhandenen Umweltinformationen. Der Anspruch wird jedoch auf die bei der Behörde zum Zeitpunkt der Antragstellung verfügbaren Informationen beschränkt. **Anspruchsberechtigt** sind natürliche Personen, sowie juristische Personen des Privatrechts.[149] Nach der Rechtsprechung des BVerwG sind darüber hinaus Bürgerinitiativen anspruchsberechtigt, wenn diese organisatorisch hinreichend verfestigt sind, was sich in einer gewissen zeitlichen, personellen und thematischen Kontinuität ausdrückt.[150] Dies umfasst insbesondere nicht rechtsfähige Personenvereinigungen wie Parteien, oder Ortsverbände einer politischen Partei.[151] Da es maßgeblich auf das Informationsbedürfnis des Antragstellers ankommt, besteht für juristische Personen des öffentlichen Rechts, insbesondere für Universitäten und Rundfunkanstalten aufgrund ihrer besonderen grundrechtlich geschützten Position heraus die Möglichkeit eigene Ansprüchen gegenüber staatlichen Hoheitsträgern geltend machen zu können.[152] Für die Geltendmachung eines Anspruchs auf Zugang zu Umweltinformationen kommt es nicht auf ein rechtliches, berechtigtes oder anders geartetes Interesse des Anspruchstellers an.[153]

90 Nach § 7 Abs. 1 S. 2 UIG sind **informationspflichtige Stellen** dazu verpflichtet, Umweltinformationen, über die sie verfügen, in elektronischen Datenbanken zu sammeln, die über elektronische Kommunikationsmittel zugänglich sind. Zudem verlangt § 10 UIG von den informationspflichtigen Stellen, die Öffentlichkeit aktiv und systematisch über Umweltaspekte zu informieren, die für ihre Aufgaben relevant sind. Dabei ist es zulässig, Umweltinformationen in vereinfachter Form bereitzustellen, um sie einer breiten Öffentlichkeit zugänglich zu machen – unabhängig von deren Bildungsstand oder Interesse an Umweltfragen.[154]

91 **cc) Antrag und Verfahren.** § 4 UIG normiert die verfahrensrechtliche Pflicht zur Antragstellung als Voraussetzung für die Zugänglichmachung von Umweltinformation. Die Identifizierung der antragstellenden Person wird in § 4 UIG nicht gefordert, sodass eine **anonyme** oder **pseudonymisierte** Antragstellung vor allem unter der Nutzung moderner Kommunikationsmedien der Regelung des § 4 UIG nicht entgegensteht.[155]

92 Die antragstellende Person ist jedoch dazu verpflichtet den Antrag so bestimmt zu formulieren, dass aus dem Antrag erkennbar ist, welche Umweltinformationen zugänglich zu machen sind.[156] Insbesondere sind die begehrten Umweltinformationen präzise zu benennen und mittels detaillierter Angaben über den Zeitraum, die Art der Information, die involvierten Personen oder Behörden zu konkretisieren.[157] Der Zugang zu den Dokumenten ist grundsätzlich so zu gewähren, wie er beantragt wurde. Hiervon darf die Behörde nur aus **gewichtigen Gründen** abweichen, welche insbesondere dann vorliegen, wenn mit der vom Antragsteller begehrten Zugangsart ein **deutlich höherer Verwaltungsaufwand** verbunden ist. Ein bloßer Mehraufwand für die ersuchte Behörde ist nicht ausreichend.[158]

148 BVerwG 23.2.2017 – 7 C 31/15, NVwZ 2017, 1775 Rn. 42.
149 BT-Drs. 15/3406, 15.
150 BVerwG 21.2.2008 – 4 C 13/07, NVwZ 2008, 791 Rn. 25.
151 BVerwG 21.2.2008 – 4 C 13/07, NVwZ 2008, 791 Rn. 25.
152 BeckOK InfoMedienR/Karg, 45. Ed. 1.8.2024, UIG § 3 Rn. 11.
153 BT-Drs. 15/3406, 15.
154 VGH Mannheim 20.7.2021 – 10 S 1585/21, ZGI 2022, 43 (44).
155 BeckOK InfoMedienR/Karg, 45. Ed. 1.8.2024, UIG § 3 Rn. 5.
156 BT-Drs. 15/3406, 15.
157 BeckOK InfoMedienR/Karg, 45. Ed. 1.8.2024, UIG § 3 Rn. 6.
158 BeckOK InfoMedienR/Karg, 45. Ed. 1.8.2024, UIG § 3 Rn. 32.

Die vom Antragsteller begehrten Umweltinformationsdaten sind diesem von der Behörde in der **Regelfrist von einem Monat** zugänglich zu machen. Sind die entsprechenden Umweltinformationen „derart umfangreich und komplex", dass die Regelfrist als nicht ausreichend erachtet werden kann, so verlängert sich die Frist zur Zugänglichmachung nach § 3 Abs. 3 Nr. 2 UIG auf zwei Monate. **93**

dd) Ablehnung des Antrags. Ein Antrag nach dem UIG darf nur dann teilweise bzw. vollständig abgelehnt werden, wenn diesem besondere öffentliche (§ 8 UIG) oder private (§ 9 UIG) Ablehnungsgründe entgegenstehen. Die Ablehnung stellt einen **Verwaltungsakt** dar.[159] Nach § 8 UIG kann der Zugang zu Umweltinformationen verweigert werden, sofern einer der in § 8 Abs. 1 S. 1 Nr. 1–4 UIG genannten Gründe gegeben ist. Dazu gehören der Schutz der Vertraulichkeit behördlicher Beratungen (§ 8 Abs. 1 Nr. 2), der Schutz laufender behördlicher und gerichtlicher Verfahren (§ 8 Abs. 1 Nr. 3) sowie der Umweltschutz, wenn die Veröffentlichung den Zustand der Umwelt oder geschützter Arten gefährden könnte (§ 8 Abs. 1 Nr. 4).[160] Der Schutz individueller Belange bei der Veröffentlichung von Umweltinformationen ist in § 9 UIG festgeschrieben. Dies betrifft insbesondere die Bereiche der **personenbezogenen Daten,** des **geistigen Eigentums** sowie der **Betriebs- und Geschäftsgeheimnisse.**[161]. Keinen Schutz nach § 9 Abs. 1 Nr. 2 UIG genießen technische Gutachten, die im Rahmen eines Genehmigungsverfahrens eingeholt worden sind.[162] Die Ablehnung des Antrags hat ausweislich des § 5 Abs. 2 UIG in der gleichen Form zu erfolgen, wie seine Einreichung. Zu Beweiszwecken ist es jedoch empfehlenswert, sowohl die Antragstellung als auch für die Ablehnung eine nachhaltig dokumentierte Form zu wählen.[163] **94**

ee) Gebühren und Auslagen. Nach § 12 Abs. 1 UIG ist die Übermittlung von Informationen eine **kostenpflichtige Leistung.** Der Begriff der Übermittlung ist weit zu verstehen, sodass hierunter sowohl der Übermittlungsvorgang als solcher wie auch vorbereitende Verwaltungshandlungen zu verstehen ist.[164] Auch wenn der Antrag eine allgemeine Formulierung aufweist und einen breiten Themenbereich abdeckt, ist es der informationspflichtigen Stelle nicht gestattet, die Gebührenanzahl dadurch zu erhöhen, dass sie ihre Entscheidung auf mehrere Verwaltungsakte aufteilt.[165] **Keine Kosten** dürfen wiederum für den Fall der **Antragsablehnung** erhoben werden.[166] **95**

c) Verbraucherinformationsgesetz

Das Verbraucherinformationsgesetz statuiert in § 2 VIG ein subjektiv-öffentliches **Jedermannsrecht auf Informationserteilung,** welches ebenso wie die Informationszugangsansprüche aus dem IFG oder dem UIG nicht an materiell-rechtliche Tatbestandsvoraussetzungen geknüpft ist.[167] **96**

aa) Gegenstand des Informationsanspruchs. Der Gegenstand des Informationsanspruchs ist ein umfassendes Recht auf **Zugang zu produktbezogenen Daten,** die für die Sicherheit und den Schutz der Verbraucher von wesentlicher Bedeutung sind.[168] Der Anspruch auf Zugang zu amtlichen Informationen umfasst neben den Verstößen gegen das Lebensmittel- und Futtergesetzbuch, die Vorschriften aus dem Produktsicherheitsgesetz und **97**

[159] BeckOK InfoMedienR/Karg, 45. Ed. 1.8.2024, UIG § 5 Rn. 4.
[160] Landmann/Rohmer UmweltR/Reidt/Schiller, 104. EL 2024, UIG § 8 Rn. 8.
[161] Stollwerck LKV 2016, 538 (541).
[162] VG Frankfurt (Oder) 15.7.2021 – VG 5 K 486/20, BeckRS 2021, 26004.
[163] BeckOK InfoMedienR/Karg, 45. Ed. 1.8.2024, UIG § 5 Rn. 20.
[164] Landmann/Rohmer UmweltR/Reidt/Schiller, 104. EL 2024, UIG § 12 Rn. 6.
[165] Landmann/Rohmer UmweltR/Reidt/Schiller, 104. EL 2024, UIG § 12 Rn. 7.
[166] Landmann/Rohmer UmweltR/Reidt/Schiller, 104. EL 2024, UIG § 12 Rn. 8.
[167] Sosnitza/Meisterernst/Heinicke, 189. EL 2024, VIG § 2 Rn. 6 f.
[168] Rossi ZGI 2023, 268 (269).

diesbezüglich unmittelbar in der Union geltende Rechtsakte sowie die von der Behörde ergriffenen Maßnahmen und Entscheidungen.[169]

98 Der Informationsanspruch besteht dabei unabhängig von der Art der Speicherung der betreffenden Daten und gilt nur, sofern keine Ausschluss- oder Beschränkungsgründe nach § 3 VIG vorliegen. Informationspflichtige Stellen nach dem VIG sind solche, die der Erfüllung der in § 1 LFGB genannten Zwecke dienen, bzw. bei Verbraucherprodukten die **Gewährleistung von Sicherheit und Gesundheit** nach Vorschriften des Produktsicherheitsgesetzes sowie der auf Grund des Produktsicherheitsgesetzes erlassenen Rechtsverordnungen überprüfen.

99 **bb) Antragserfordernis.** Die amtlichen Informationen sind grundsätzlich nur **auf Antrag** zugänglich zu machen, wobei der Antrag hinreichend bestimmt sein muss, sodass die ersuchte Behörde zweifelsfrei erkennen kann, welche Information der Antragsteller begehrt. Die Nennung von Name und Anschrift des Antragstellers ist lediglich eine „soll"-Anforderung, sodass ein Antrag nicht deswegen als unzulässig abgewiesen werden kann.

100 **cc) Informationsbereitstellung.** Die informationspflichtige Stelle kann den Informationszugang auf verschiedene Weise ermöglichen, beispielsweise durch **Auskunftserteilung** oder **Akteneinsicht.** Sie ist dazu verpflichtet, der vom Antragsteller begehrten Art der Zugänglichmachung nachzukommen, es sei denn, dem Anliegen stehen gewichtige Gründe entgegen. Des Weiteren besteht die Möglichkeit, dass die verantwortliche Stelle Informationen auch unabhängig von einem Antrag online oder auf andere Weise der Öffentlichkeit zugänglich macht. Die bereitgestellten Informationen müssen für Verbraucherinnen und Verbraucher verständlich sein.

101 **dd) Gebühren und Auslagen.** Nach § 7 VIG werden „für individuell zurechenbare öffentliche Leistungen der Behörden" **kostendeckende Gebühren und Auslagen** erhoben. Der Zugang zu Informationen nach § 2 Abs. 1 S. 1 Nr. 1 ist bis zu einem Verwaltungsaufwand von 1.000 Euro gebührenfrei, für andere Informationen bis zu 250 Euro. Liegt der Verwaltungsaufwand darüber, muss der Antragsteller vorab über die voraussichtlichen Gebühren und Auslagen informiert werden und auf die Möglichkeit hingewiesen werden, den Antrag zurückzunehmen oder einzuschränken.

d) Gesetz zum Schutz elektronischer Patientendaten

102 **Krankenkassen** sind dazu verpflichtet, ihren Mitgliedern die Führung einer **elektronischen Patientenakte** zu ermöglichen und die in § 341 Abs. 2 Nr. 1–16 SGB V genannten Daten in diese einpflegen zu lassen. Bei den in der Akte gespeicherten Daten handelt es sich um sensible personenbezogene Daten nach Art. 9 DSGVO. Der Zugang zu den in der elektronischen Patientenakte gespeicherten Daten ist lediglich im Einvernehmen mit dem Betroffenen nur für den nach § 352 SGB V genannten Personenkreis zulässig und umfasst medizinische Fachkräfte, die in die Versorgung der Versicherten eingebunden sind, darunter Ärzte, Zahnärzte, Psychotherapeuten, Apotheker, Pflegekräfte, Hebammen, Heilmittelerbringer, Notfallsanitäter und Betriebsärzte. Auch deren berufsmäßige Gehilfen oder Auszubildende dürfen unter Aufsicht und im Rahmen ihrer Tätigkeiten auf diese Daten zugreifen. Der Zugriff ist nur erlaubt, soweit er für die Versorgung der Versicherten erforderlich ist. Personen im Öffentlichen Gesundheitsdienst erhalten Zugriff auf diese Daten, wenn es zur Erfüllung ihrer behördlichen Aufgaben notwendig ist.

3. Ausgewählte Landesregelungen zum Datenzugang

103 Der **Föderalismus** entzieht dem Bundesgesetzgeber die Möglichkeit, die Landesbehörden durch ein Informationsfreiheitsgesetz dazu zu verpflichten, Zugang zu Informationen in

[169] Immel LMuR 2024, 222 (222 f.).

ihrem jeweiligen Zuständigkeitsbereich zu gewähren. Mithin ist der Datenzugang in den unterschiedlichen **Bundesländern** uneinheitlich geregelt. Den nachfolgend aufgeführten Landesregelungen ist gemein, dass der Zugang zu amtlichen Informationen lediglich nur aufgrund eines hinreichend konkreten Antrags gewährt wird und die ersuchten Behörden berechtigt sind, die ihnen durch den Antrag entstandenen Kosten in Form von Gebühren und Auslagen dem Antragsteller in Rechnung zu stellen.

a) Baden-Württemberg

§ 1 LIFG BW bildet die Grundlage für den freien Informationszugang gegenüber Behörden **104**
des Landes Baden-Württemberg. Der in § 1 Abs. 2 LIFG festgehaltene **Jedermannsanspruch** ist dabei **voraussetzungslos.** Das Gesetz findet Anwendung auf verschiedene Stellen, die öffentliche Verwaltungsaufgaben wahrnehmen, wie etwa Landesbehörden, Kommunen, juristische Personen des öffentlichen Rechts unter der Aufsicht des Landes und deren Vereinigungen. Des Weiteren findet das Gesetz Anwendung auf den Landtag, den Rechnungshof, Gerichte und öffentlich-rechtliche Rundfunkanstalten, jedoch lediglich in Bezug auf Angelegenheiten der öffentlichen Verwaltung. Bestimmte Stellen, wie das Landesamt für Verfassungsschutz, Hochschulen oder Finanzbehörden in Steuersachen, sind von dem Gesetz ausgenommen. Darüber hinaus findet das Gesetz Anwendung auf private Unternehmen, die öffentliche Aufgaben oder Dienstleistungen im Bereich der Daseinsvorsorge übernehmen und einer Kontrolle durch öffentliche Stellen unterliegen. Der Anspruch auf Informationszugang besteht nicht, wenn die Offenlegung der Informationen nachteilige Auswirkungen auf verschiedene Bereiche haben könnte, wie etwa die internationalen Beziehungen, die öffentliche Sicherheit, die Aufsicht und Kontrolle von Behörden, oder den Erfolg von Ermittlungsverfahren, vgl. § 4 LIFG. Informationen an denen ein privates Schutzinteresse besteht, dürfen von der ersuchten Behörde nur dann übermittelt werden, wenn die betroffene Person ausdrücklich hierein eingewilligt hat, vgl. § 5 LIFG.

b) Bayern

Art. 14 BayDiG adressiert den Umgang mit Open Data und verpflichtet Behörden, öffent- **105**
lich zugängliche Daten zielgruppenorientiert und **nutzerfreundlich** aufzubereiten, ohne jedoch ein subjektives Recht für den Einzelnen zu schaffen.[170] Bayern selbst hat **kein selbstständiges Informationsfreiheits- bzw. Transparenzgesetz** erlassen, sondern die Regelungen zum Zugang zu amtlichen Informationen, die sich im Besitz einer Behörde befinden in Art. 39 BayDSG und damit im **Datenschutzrecht** mit aufgenommen. Danach hat jeder das Recht auf Auskunft über Dateien und Akten öffentlicher Stellen, sofern ein berechtigtes, rechtliches, nichtkommerzielles Interesse glaubhaft gemacht wird.[171] Dies gilt unter der Voraussetzung, dass keine datenschutzrechtlichen, sicherheitsrelevanten oder anderen öffentlichen bzw. privaten Interessen entgegenstehen und der Aufwand verhältnismäßig bleibt.

c) Berlin

In § 13 EGovG Bln. normiert das Land Berlin die Pflicht zur Bereitstellung von Informatio- **106**
nen in einem **zentralen Datenportal.** Welche Daten insoweit bereitzustellen sind, wird durch § 4 OpenDataV des Landes Berlin konkretisiert. Dazu gehören nach § 4 Abs. 1 OpenDataV ua Statistiken, Geodaten, Haushalts- und Stellenpläne, Amtsblätter, Verwaltungsvorschriften, Gutachten und Studien ab einem Auftragswert von 10.000 Euro, Umweltmessungen sowie grundlegende Unternehmensdaten von landesbeteiligten Unternehmen und öffentlichen Anstalten. Zusätzlich sollen elektronisch gespeicherte Informationen

[170] jurisPK-InternetR/Heckmann/Rachut Kap. 5 Rn. 388.
[171] VG Ansbach 3.3.2021 – AN 17 E 21.00198, BeckRS 2021, 3875 Rn. 17.

der Berliner Verwaltung zu Themen wie Bevölkerung, Arbeit, Bildung, Energie, Entsorgung, Gesundheit, Gleichstellung, Integration, Infrastruktur, öffentliche Sicherheit, Stadtplanung, Verkehr, Wirtschaft und Finanzen bereitgestellt werden. Diese Daten sollen in Tabellen oder Listen vorliegen und der Öffentlichkeit zugänglich gemacht werden.

d) Brandenburg

107 Das Land Brandenburg gewährt jedem Bürger das **Recht auf Einsichtnahme in Akten,** wenn diesem Begehren nicht überwiegende öffentliche oder private Belange entgegenstehen, vgl. § 1 Abs. 1 Akteneinsichts- und Informationszugangsgesetz (AIG). Unter dem Begriff der **Akte** sind alle schriftlich, elektronisch, optisch, akustisch oder auf andere Weise aufgezeichneten Unterlagen zu verstehen, soweit diese ausschließlich amtlichen oder dienstlichen Zwecken dienen, nicht jedoch Vorentwürfe oder Notizen, die nach Abschluss des Vorgangs nicht veröffentlicht werden müssen, § 3 AIG. Eine Ablehnung der Akteneinsicht aufgrund öffentlicher Belange kann insbesondere dann angenommen werden, wenn die Offenlegung die Landesverteidigung, internationale Beziehungen, die öffentliche Sicherheit oder laufende Gerichts- und Ermittlungsverfahren gefährden könnte. Die Einsicht kann zudem abgelehnt werden, wenn sie die Durchführung behördliche Maßnahmen gefährden würde oder unvollständige Dokumente betrifft. Auch bei nicht öffentlichen Beratungen kann der Antrag abgelehnt werden, es sei denn, das Interesse an der Einsichtnahme überwiegt. Geheimhaltungspflichten bleiben unberührt. Der Schutz von privaten Interessen überwiegt, insbesondere dann wenn dem Auskunftsersuchen Schutzrechte Dritter (Schutz von personenbezogenen Daten, Schutz geistigen Eigentums oder der Schutz von Betriebs- und Geschäftsgeheimnissen) entgegenstehen, § 5 AIG.

108 Das Akteneinsichtsrecht im Land Brandenburg besteht gegenüber verschiedenen öffentlichen Institutionen, darunter Behörden und Einrichtungen des Landes, Gemeinden und kommunalen Unternehmen. Auch Privatpersonen oder -unternehmen, die im Auftrag des Landes hoheitliche Aufgaben wahrnehmen, sind informationspflichtige Stellen im Sinne des Gesetzes. Im Übrigen bestehen **Informationspflichten** auch gegenüber der Verwaltung des Landtages, des Landesrechnungshofs und anderen nicht ausdrücklich in § 2 Abs. 1 AIG genannten Behörden, Einrichtungen und Betrieben des Landes und Organen der Rechtspflege nur insoweit als sie Verwaltungsaufgaben hiermit nachkommen. Ein Anspruch auf Informationszugang gegenüber staatlichen Schulen und Universitäten besteht nur, „soweit sie nicht im Bereich von, Forschung, Lehre, Unterricht und Prüfung tätig werden", § 2 Abs. 2 S. 2 AIG.

e) Bremen

109 In Bremen sind Behörden des Landes, der Gemeinden und anderen öffentlichen Stellen, die öffentlich-rechtliche Aufgaben wahrnehmen, dazu verpflichtet **auf Antrag Zugang zu amtlichen Informationen**[172] durch Auskunft, Akteneinsicht oder auf andere Weise zu gewähren. Wobei der Zugang zu Daten, welche durch Schutzrechte Dritter geschützt werden (insbesondere personenbezogenen Daten, geistiges Eigentum oder Geschäfts- und Betriebsgeheimnisse) nur möglich ist, wenn das Informationsinteresse das Schutzinteresse überwiegt oder die betroffene Person eingewilligt hat (§§ 5, 6 BremIFG).

f) Hamburg

110 Das **Hamburger Transparenzgesetz** (HamTG) eröffnet jeder Person die Möglichkeit nach der Maßgabe des Gesetzes unverzüglichen Zugang zu allen amtlichen Informationen zu erhalten sowie auf die Veröffentlichung der in § 3 Abs. 1 HamTG genannten Informationen, § 1 Abs. 2 HamTG. Der Anwendungsbereich des Hamburgischen Transparenzgesetzes wird

---

172 Vgl. zum Begriff der amtlichen Informationen → Rn. 60.

durch § 3 Abs. 1 HamTG bestimmt und umfasst unter anderem die Entscheidungssätze von Senatsdrucksachen, Mitteilungen des Senats an die Bürgerschaft, Beschlüsse und Protokolle öffentlicher Sitzungen, Verträge zur Daseinsvorsorge sowie verschiedene Verwaltungs- und Organisationspläne. Des Weiteren sind Verwaltungsvorschriften, Ergebnisse der Landesstatistik, Tätigkeitsberichte, Gutachten und Studien zu nennen, sofern diese von der Behörde in Auftrag gegeben wurden. Zusätzlich müssen Geodaten, Umweltdaten, das Baumkataster sowie Bauleitpläne und Landschaftsprogramme veröffentlicht werden. Weiterhin umfasst die Veröffentlichungspflicht wesentliche Informationen zu erteilten Baugenehmigungen, Subventionsvergaben und Unternehmensdaten städtischer Beteiligungen einschließlich der Vergütungen für die Leitungsebene.

Ausnahmen von den Bereitstellungspflichten werden in den Vorschriften der §§ 4–9 HamTG geregelt. Danach sind insbesondere solche Daten von der **Bereitstellungsverpflichtung** ausgenommen, die dem Schutz öffentlicher Belange dienen, insbesondere solche die Behörden im Rahmen ihrer unmittelbaren Willensbildung erstellt haben, vgl. § 6 HamTG, Betriebs- und Geschäftsgeheimnisse, die unternehmensbezogenen Tatsachen enthalten, die nicht allgemein bekannt sind und ein berechtigtes Interesse an der Geheimhaltung besteht, § 7 HamTG. Ferner besteht keine Informationspflicht soweit und solange der Schutz von geistigem Eigentum der Veröffentlichung entgegensteht. Die Veröffentlichungspflicht findet ebenfalls keine Anwendung auf Verträge mit einem Volumen unter 100.000,00 Euro, Subventionen mit einer jährlichen Dotierung unter 1.000,00 Euro sowie Baugenehmigungen für Wohnbauten mit maximal fünf Wohneinheiten. Gleichfalls ausgenommen sind Daten der Kassenärztlichen und der Kassenzahnärztlichen Vereinigung Hamburg und der Hamburgischen Investitions- und Förderbank. Sofern höherrangiges Recht eine Veröffentlichung untersagt, ist lediglich die Angabe von Titel und Gegenstand im gestatteten Umfang zulässig. **111**

g) Hessen

In Hessen wurde der **subjektiv-rechtliche Jedermannsanspruch auf Informationszugang** in § 80 HDSIG normiert. Zugangsverpflichtet sind insbesondere Landesbehörden, Gerichte, Kommunen, Rundfunkanstalten und private Dritte, sofern sie Verwaltungsaufgaben übernehmen, § 81 HDSIG. Ein Anspruch auf Informationszugang besteht, sofern den ersuchten Informationen öffentliche oder private Schutzbelange entgegenstehen. Dies ist insbesondere bei Verschlusssachen (§ 2 Abs. 1 HSÜG), wenn die Bekanntgabe nachteilige Auswirkungen auf internationale Beziehungen, die öffentliche Sicherheit oder rechtliche Verfahren haben könnte, bei Berufs- oder Amtsgeheimnissen, persönlichen oder Geschäftsgeheimnissen ohne Einwilligung der betroffenen Person und bei Informationen, die nur einem wirtschaftlichen Interesse dienen, gegeben, vgl. § 82 HDSIG. Zudem kann der Schutz behördlicher Entscheidungsprozesse auch in Hessen einem Informationsbegehren entgegengehalten werden, vgl. § 84 HDSIG. **112**

h) Mecklenburg-Vorpommern

In Mecklenburg-Vorpommern besteht ein **Anspruch** von natürlichen und juristischen Personen oder Personenvereinigungen auf Zugang bei einer **Behörde vorhandenen Informationen,** § 1 Abs. 2 IFG MV. Verpflichtet sind sowohl Behörden des Landes, der Landkreise, der Ämter und Gemeinden, sonstigen Körperschaften, rechtsfähigen Anstalten und Stiftungen des öffentlichen Rechts sowie der Landtag, soweit er Verwaltungsaufgaben wahrnimmt (§ 2 Abs. 1 IFG MV), als auch natürliche oder juristische Person des Privatrechts, soweit sie Aufgaben der öffentlichen Verwaltung wahrnehmen oder dieser Person die Erfüllung öffentlicher Aufgaben übertragen wurde oder an denen eine oder mehrere der zuvor genannten juristischen Personen des öffentlichen Rechts mit einer Mehrheit der Anteile oder Stimmen beteiligt sind. Ein Anspruch besteht nicht, wenn öffentliche Belange **113**

(§ 5 IFG MV), der Schutz des behördlichen Entscheidungsprozesses (§ 6 IFG MV) oder private Schutzrechte (§§ 7, 8 IFG MV) dem Informationsanspruch entgegenstehen.

i) Niedersachsen

114 Anders als die zuvor genannten Bundesländer gibt es in Niedersachsen bisher **keine** entsprechende **gesetzliche Kodifizierung,** die den Zugang zu bei einer Behörde befindlichen amtlichen Information regelt.

j) Nordrhein-Westfalen

115 Nach § 4 Abs. 1 IFG NRW steht jeder natürlichen Person das Recht zu, Zugang zu amtlichen Informationen zu erhalten, die bei der betreffenden Behörde vorliegen. Dies ist jedoch nur unter der Prämisse zulässig, dass **keine entgegenstehenden Schutzinteressen** vorliegen. Zu den Schutzinteressen zählen insbesondere nach § 6 IFG NRW der Schutz öffentlicher Belange, der behördliche Entscheidungsprozess nach § 7 IFG NRW, der Schutz von Betriebs- und Geschäftsgeheimnisse nach § 8 IFG NRW sowie privater Interessen einschließlich personenbezogener Daten Dritter nach § 9 IFG NRW.

k) Rheinland-Pfalz

116 Rheinland-Pfalz regelt seit 2016 den Zugang zu amtlichen Informationen von transparenzpflichten Stellen im Landestransparenzgesetz (LTranspG). Dieses Gesetz kombiniert den **antragsbasierten Informationszugang** mit **proaktiven Veröffentlichungspflichten.**[173] Das LTranspG enthält in § 3 Abs. 1 Nr. 1 einen begründungsfreien Anspruch auf die Veröffentlichung von amtlichen Informationen auf der zentralen Transparenz-Plattform.[174] Der Anspruch erstreckt sich auf alle in § 7 LTranspG abschließend aufgeführten veröffentlichungspflichtigen Informationen und umfasst insbesondere Ministerratsbeschlüsse, Regierungsberichte, öffentliche Sitzungsbeschlüsse, Verträge über 20.000 Euro, Haushalts- und Organisationspläne, Verwaltungsvorschriften, Statistiken, Gutachten sowie Geodaten und Fördermittel ab 1.000 Euro. Zudem umfasst die Veröffentlichungspflicht Umweltinformationen wie Gesetze, Berichte, Umweltdaten und Umweltverträglichkeitsprüfungen.

l) Sachsen

117 Sachsen hat kein Informationsfreiheitsgesetz, sondern ein **Transparenzgesetz.** Obwohl die Landesregierung sich für die Verwendung eines anderen Begriffs entschieden hat, können die zuvor dargestellten Grundsätze bezüglich des Anspruchs auf Zugang zu amtlichen Informationen mit dem vorliegend normierten Anspruch auf Transparenz als deckungsgleich betrachtet werden.

m) Schleswig-Holstein

118 Das IFG-SH regelt den Zugang zu Informationen, die bei den öffentlichen Stellen des Landes Schleswig-Holstein vorliegen. Auch Schleswig-Holstein hat nach § 3 IZG-SH in Anlehnung an das IFG des Bundes einen **subjektiv-rechtlichen Anspruch auf Informationszugang** gegenüber öffentlichen Stellen, die Verwaltungsaufgaben übernehmen iSd § 2 Abs. 3 IZG-SH, etabliert. Anders jedoch als in den Informationsfreiheitsgesetzen anderer Länder wurde der **Zugang zu Umweltinformationen** ausdrücklich in den §§ 2 Abs. 2 und 8 IZG-SH mit aufgenommen. Auch in Schleswig-Holstein ist der Informationszugang jedoch nur insoweit zu gewähren wie Schutzrechte Dritter (privater, vgl. hierzu § 10 IZG-

[173] Richter ZGI 2023, 159 (165 f.).
[174] Abrufbar unter https://tpp.rlp.de/ (zuletzt abgerufen am 3.3.2026).

SH oder öffentlicher Natur, vgl. hierzu § 9 IZG-SH) der Zugänglichmachung nicht entgegenstehen.

n) Thüringen

Thüringen hat mit § 4 Abs. 1 ThürTG ein **Recht auf Informationszugang** normiert. **119**
Danach hat jede natürliche und juristische Personen sowie nichtrechtsfähige Vereinigungen von Bürgern einen Anspruch auf kostenlosen Zugang zu einem **Transparenzportal.** Ferner erhalten die zuvor Genannten Zugang zu amtlichen Informationen, die ua bei öffentlichen Stellen des Landes, der Gemeinden und Gemeindeverbände sowie unter Landesaufsicht stehenden juristischen Personen des öffentlichen Rechts vorhanden sind.

o) Weitere Landesregelungen

In den Bundesländern Saarland und Sachsen-Anhalt sehen die jeweiligen Informationsfrei- **120**
heitsgesetze ebenfalls einen **subjektiv-öffentlichen Anspruch** für Jedermann auf Zugang zu amtlichen Informationen vor. Die Gesetze fördern die Transparenz der Verwaltung und das Recht der Bevölkerung auf Information. Bürger können Informationen von öffentlichen Stellen verlangen, sofern nicht schützenswerte öffentliche oder private Interessen wie der Datenschutz, die öffentliche Sicherheit oder Geschäftsgeheimnisse entgegenstehen. Der Zugang zu Informationen wird folglich grundsätzlich gewährt, jedoch unter der Voraussetzung, dass keine überwiegenden Belange dem entgegenstehen. Diese Regelungen stärken das Vertrauen in staatliche Institutionen und ermöglichen eine offene Verwaltung.

4. Kommunale Informationsfreiheitssatzungen

In einigen Bundesländern gibt es auf kommunaler Ebene vereinzelt **Informationsfrei-** **121**
heitssatzungen. Dadurch haben Bürger in den folgenden **Kommunen** ebenfalls die Möglichkeit, Anfragen an Behörden zu stellen. In verschiedenen hessischen, niedersächsischen und sächsischen Landkreisen, Städten und Gemeinden wurden in der jüngeren Vergangenheit kommunale Informationsfreiheitssatzungen verabschiedet, welche den Bürgern vor Ort den Zugang zu Verwaltungsinformationen erleichtern sollen. Hier sind insbesondere Göttingen[175], Braunschweig[176], Lahn-Dill-Kreis[177], Main-Taunus-Kreis[178], Darmstadt[179], Offenbach[180], Dresden[181] und Chemnitz[182] zu nennen.

5. Sektorspezifische Datenbereitstellungspflichten

Die Bereitstellung von Daten in spezifischen Sektoren unterliegt besonderen regulatorischen **122**
Vorgaben, die den Zugang und die Nutzung von Daten in bestimmten Wirtschaftsbereichen normieren. Das Ziel dieser Regulierung besteht in der Förderung von Transparenz, Wettbewerb und Innovation. Geodaten und Mobilitätsdaten sind diesbezüglich als Beispiel zu

175 https://www.goettingen.de/medien/dokumente/1_7_informationsfreiheitssatzung_vom_9_9_2011.pdf?20210709133447 (zuletzt abgerufen am 3.3.2026).
176 https://www.braunschweig.de/politik_verwaltung/bekanntmachungen/amtsblatt/amtsblatt_stadt_braunschweig_2012_13.pdf (zuletzt abgerufen am 3.3.2026).
177 https://www.lahn-dill-kreis.de/wp-content/uploads/2022/11/1.11_Informationsfreiheitssatzung_Urfassung_Juli_2022.pdf (zuletzt abgerufen am 3.3.2026).
178 https://www.mtk.org/statics/ds_doc/downloads/2021Amtsblatt79.pdf (zuletzt abgerufen am 3.3.2026).
179 https://www.darmstadt.de/fileadmin/PDF-Rubriken/Rathaus/satzungen/170.pdf (zuletzt abgerufen am3.3.2026).
180 https://www.offenbach.de/medien/bindata/of/stadtrecht-allgemeine-verwaltung/1.090-Informationsfreiheitssatzung.pdf (zuletzt abgerufen am 3.3.2026).
181 https://www.dresden.de/media/pdf/satzungen/satzung_informationsfreiheit.pdf (zuletzt abgerufen am 3.3.2026).
182 https://www.chemnitz.de/chemnitz/media/rathaus/satzungen/10_200.pdf zuletzt abgerufen am 3.3.2026).

nennen, da sie für die Verkehrsplanung, Navigation und nachhaltige Mobilitätslösungen von zentraler Relevanz sind.

a) Geodatenzugangsgesetz

123 Geodaten und Geodatendienste, einschließlich der zugehörigen Metadaten, sind grundsätzlich öffentlich zugänglich zu machen, sofern nicht der Schutz öffentlicher oder privater Belange dem entgegenstehen. Bei **Geodaten** handelt es sich nach der Legaldefinition in § 3 Abs. 1 GeoZG um Daten mit direktem oder indirektem Bezug zu einem Standort oder geografischen Gebiet. Sie kennzeichnen sich gerade dadurch, dass sie einen Raumbezug aufweisen, über den eine Verknüpfung und Darstellung möglich ist. Sie umfassen Objekte, die durch eine Position im Raum direkt (beispielsweise durch Koordinaten) oder indirekt (beispielsweise durch Beziehungen) referenzierbar sind.[183] In diesem Zusammenhang ist auch der Begriff des **Geodatendienstes** relevant. Hierunter werden vernetzbare Anwendungen zusammengefasst, welche Geodaten und Metadaten in strukturierter Form zugänglich machen. Dies umfasst nach § 3 Abs. 3 Nr. 1.-4. GeoZG **Suchdienste** zur Suche und Anzeige von Metadaten, **Darstellungsdienste** zur Visualisierung und Navigation von Geodaten, **Downloaddienste** zum Herunterladen oder direkten Zugriff auf Geodaten sowie **Transformationsdienste** zur geodätischen Umwandlung von Geodaten.

124 **aa) Anwendungsbereich.** Dem persönlichen Anwendungsbereich des GeoZG unterfallen Behörden, iSd § 1 Abs. 4 VwVfG, insbesondere geodatenhaltende Stellen des Bundes und der bundesunmittelbaren juristischen Personen des öffentlichen Rechts sowie **natürliche und juristische Personen des Privatrechts,** sofern diese freiwillig Geodaten, Geodatendienste sowie Metadaten bereitstellen.[184] Der Geltungsbereich der GeoZG umfasst nur Daten, die noch „in Verwendung stehen". Durch diese Formulierung werden historische Geodaten, die sich bereits in staatlichen Archiven befinden vom Anwendungsbereich des Gesetzes ausgenommen.[185]

125 Der geographische Geltungsbereich umfasst nach § 4 Abs. 1 Nr. 1 GeoZG ausschließlich Geodaten, die sich auf das Hoheitsgebiet und die Wirtschaftszone Deutschlands beziehen und bei einer geodatenhaltenden Stelle oder in ihrem öffentlichen Auftrag in elektronischer Form vorliegen, § 4 Abs. 1 Nr. 2 GeoZG, unabhängig davon wo die Geodaten physikalisch gespeichert sind, § 4 Abs. 1 Nr. 3 GeoZG. Der Anwendungsbereich umfasst die in § 4 Abs. 1 Nr. 4 lit. a–z8 GeoZG genannten Daten, wie Koordinatenreferenzsysteme, geografische Bezeichnungen, Verwaltungseinheiten, Verkehrs- und Gewässernetze, Schutzgebiete, Boden- und Bodennutzung, Umweltüberwachung, meteorologische und ozeanografische Objekte sowie Energiequellen und mineralische Bodenschätze.

126 **bb) Bereitstellung von Geodaten.** Das Geodatenzugangsgesetz verpflichtet geodatenhaltende Stellen, ihre Geodaten und Metadaten über Geodatendienste zugänglich zu machen, wobei die konkrete Ausgestaltung der Zugänglichmachung den Geodatendiensten obliegt.[186] Die Bereitstellungsverpflichtung in Bezug auf Geodaten beruht auf einer Verwaltungsvereinbarung. Danach sind die Daten dem **Bundesamt für Kartographie und Geodäsie**[187] zur Verfügung zu stellen, welches die Daten über das Internet öffentlich zugänglich macht.[188] Die verschiedenen Anbieter haben darüber hinaus eine Interoperabilität zwischen den Diensten herzustellen. Nach § 5 Abs. 3 GeoZG haben „die geodaten-

183 BT-Drs. 16/10530, 14.
184 BT-Drs. 16/10530, 13.
185 BT-Drs. 16/10530, 15 f.
186 BT-Drs. 16/10530, 17.
187 Abrufbar unter https://gdz.bkg.bund.de/index.php/default/digitale-geodaten/digitale-landschaftsmodelle.html?___store=default (zuletzt abgerufen am 3.3.2026).
188 BT-Drs. 16/1530, 17.

haltenden Stellen ihre Geodaten auf einer gemeinsamen Grundlage zu erfassen und zu führen".[189]

Grundsätzlich sind Geodaten und Geodatendienste sowohl für kommerzielle als auch für nicht-kommerzielle Nutzungen **ohne Entgelt bereitzustellen,** sofern nicht besondere Rechtsvorschriften, vertragliche oder gesetzliche Rechte Dritter dem entgegenstehen. Eine solche besondere Rechtsvorschrift stellt die AdV-Gebührenrichtlinie[190] dar, welche ein Entgelt für bestimmte Datenformate und Nutzungsabsichten vorsieht. 127

b) Personenbeförderungsgesetz

Seit 2021 verpflichtet § 3a Abs. 1 PBefG Unternehmer und Vermittler von Beförderungsleistungen zu einer Bereitstellung von Mobilitätsdaten, um effizientere und klimafreundlichere Verkehrslösungen zu fördern.[191] § 3a PBefG setzt die Anforderungen der IVS-Richtlinie und weiterer EU-Rechtsakte in nationales Recht um. Diese Verpflichtung wird durch die Mobilitätsdatenverordnung konkretisiert, die auf § 57 Abs. 1 Nr. 12 PBefG basiert. Ziel ist es, die Verfügbarkeit von Mobilitätsdaten für die Entwicklung multimodaler, datenbasierter Mobilitätsdienste zu nutzen.[192] Diese Daten ermöglichen es Anbietern, Verkehrsströme zu analysieren und ihre Flotten optimal einzusetzen, wodurch neue Geschäftsmodelle und innovative Mobilitätslösungen entstehen.[193] 128

aa) Mobilitätsdaten. Gemäß § 3a PBefG besteht die Verpflichtung zur **Bereitstellung von statischen und dynamischen Daten** sowie der entsprechenden Metadaten, die im Zusammenhang mit der Beförderung von Personen im Linienverkehr nach §§ 42, 42a, 44 PBefG (etwa Fahrpläne, Störungen oder Verspätungen) sowie im Gelegenheitsverkehr nach §§ 47, 49, 50 PBefG (etwa Standorte und Stationen, inkl. deren Auslastung in Echtzeit) entstehen. 129

Die bereitzustellenden Daten sind abhängig von der **Art der Beförderung.** Im Linienverkehr besteht gem. § 3a Abs. 1 Nr. 1 lit. a–d PBefG die Verpflichtung zur Bereitstellung von Daten, zu denen Fahrpläne, Störungen und Verspätungen zählen. Im Gelegenheitsverkehr sind gem. § 3a Abs. 1 Nr. 2 lit. a und b PBefG Daten zu Standorten und Stationen, deren Anzahl sowie Informationen zur Verfügbarkeit und Auslastung von Fahrzeugen in Echtzeit an den Stationen und im Verkehr bereitzustellen. In Bezug auf die Datenarten ist eine Differenzierung erforderlich. Statische Daten, deren Inhalt sich nur selten oder gar nicht verändern, sind einmalig bereitzustellen und bei Änderungen im Geschäftsbetrieb des Verpflichteten zu aktualisieren. Dynamische Daten hingegen sind kontinuierlich in Echtzeit bereitzustellen, § 3a Abs. 2 PBefG.[194] 130

bb) Bereitstellung von Mobilitätsdaten. Gemäß § 3a Abs. 1 PBefG sind sowohl Unternehmer als auch Vermittler dazu verpflichtet, Mobilitätsdaten bereitzustellen. Unternehmer sind gem. § 3 Abs. 1, § 1 Abs. 1 PBefG natürliche oder juristische Personen, die grundsätzlich gegen Entgelt Personen mit Straßenbahnen, Oberleitungsbussen oder Kraftfahrzeugen befördern. Dies umfasst sowohl **öffentliche** als auch **private Verkehrsbetriebe.** Des Weiteren sind gem. § 1 Abs. 1a PBefG Unternehmen, welche die Organisation und vertragliche Durchführung der Beförderung kontrollieren, zur Bereitstellung verpflichtet. Vermittler sind demgegenüber Unternehmen, die Mobilitätsplattformen betreiben, über 131

---

[189] BT-Drs. 16/1530, 17.

[190] Abrufbar unter https://sg.geodatenzentrum.de/web_public/gdz/lizenz/adv_gbr_deu.pdf (zuletzt abgerufen am 3.3.2026).

[191] BT-Drs. 19/26175, 38.

[192] BT-Drs. 19/26175, 38.

[193] Wernicke/Fellenberg, Datenschutzrecht im Kontext des automatisierten und autonomen Fahrens, abrufbar unter https://doi.org/10.24355/dbbs.084–202405281138-0.

[194] Wernicke/Fellenberg, Datenschutzrecht im Kontext des automatisierten und autonomen Fahrens, abrufbar unter https://doi.org/10.24355/dbbs.084–202405281138-0.

welche Verträge für Beförderungen geschlossen werden, ohne dass sie selbst Beförderer sind (vgl. § 1 Abs. 3, § 2 Abs. 1 PBefG).

132 **Einzelunternehmen** sind von der Datenbereitstellungspflicht nach § 3a Abs. 3 PBefG ausgenommen, da der Aufwand für sie laut Gesetzesbegründung den Nutzen übersteigt, was die Verpflichtung als unverhältnismäßig erscheinen lässt. Sie können jedoch freiwillig Daten bereitstellen.

133 Die Mobilitätsdaten sind gem. § 3a Abs. 1 PBefG über den **„nationalen Zugangspunkt"** bereitzustellen. In Deutschland wurde im Sommer 2022 die **Mobilithek** als dieser nationale Zugangspunkt eingeführt.[195] Sie ist eine vom BMV betriebene Plattform für den B2B-Austausch von Mobilitätsdaten und bildet den zentralen Zugangspunkt für solche Daten. Sofern auf Länderebene Systeme zur landeseinheitlichen Zusammenführung von Mobilitätsdaten existieren, sind die Daten vorrangig an diese Systeme zu übermitteln (§ 3a Abs. 5 S. 1 PBefG).[196] Diese Systeme leiten die Daten und Metadaten anschließend umgehend an den nationalen Zugangspunkt weiter. Voraussetzung dafür ist eine funktionsfähige Schnittstelle zwischen den Landessystemen und dem nationalen Zugangspunkt (§ 3a Abs. 5 S. 4 PBefG).[197]

Kapitel 6. Geheimhaltung

Übersicht

Siehe zu diesem Themenkomplex auch
- Data Act → Kap. 4 Rn. 152 ff.
- Verkehrsfähigkeit von Daten → Kap. 10 Rn. 149
- Data Act → Kap. 13 Rn. 43 ff.
- Informationssicherheit → Kap. 21

[195] Wernicke/Fellenberg, Datenschutzrecht im Kontext des automatisierten und autonomen Fahrens, abrufbar unter https://doi.org/10.24355/dbbs.084-202405281138-0.
[196] Wernicke/Fellenberg, Datenschutzrecht im Kontext des automatisierten und autonomen Fahrens, abrufbar unter https://doi.org/10.24355/dbbs.084-202405281138-0.
[197] Wernicke/Fellenberg, Datenschutzrecht im Kontext des automatisierten und autonomen Fahrens, abrufbar unter https://doi.org/10.24355/dbbs.084-202405281138-0.

I. Das Spannungsverhältnis zwischen Datenzugang und Geheimnisschutz

Unternehmen sammeln und speichern Daten aus unterschiedlichen Gründen, teils weil sie hierzu verpflichtet sind, teils weil sie in den Daten einen (potentiellen) Mehrwert erkennen. Für die strukturierte Sammlung von Daten und deren Aufbereitung werden erhebliche Ressourcen verwendet. Um die **Investitionen zu amortisieren** zielen Unternehmen auf einen möglichst breiten Schutz dieser Datenbestände ab. Ein solcher Schutz steht dabei dem Ziel, Daten mehrfach und effizient zu nutzen, nicht notwendig entgegen. Die Zuordnung von Daten als handelbares Gut kann auch als verlässliche Basis für die rechtsgeschäftliche Verwertung dienen.[1] 1

Da der europäische Gesetzgeber aber weder personenbezogene Daten noch maschinengenerierte Daten als Dateneigentum ausgestaltet hat,[2] suchen viele Unternehmen den Schutz ihrer Daten über den **Umweg des Geschäftsgeheimnisrechts** zu erreichen.[3] Zwar stand der Schutz von Daten bei Erlass der **Richtlinie** über den Schutz vertraulichen Know-hows und vertraulicher Geschäftsinformationen (Geschäftsgeheimnisse) vor rechtswidrigem Erwerb sowie rechtswidriger Nutzung und Offenlegung (GeschGehRL)[4] vom 8.6.2016 noch nicht im Fokus, ist aber durch die Definition des Geschäftsgeheimnisses auch nicht *per se* ausgeschlossen. 2

Fest steht jedoch zugleich, dass **Zugang und Geheimnisschutz schwer vereinbar** sind: Die Sammlung von personenbezogenen und anderen nutzergenerierten Daten stellt aus der Perspektive der Person, die selbst von der Information betroffen ist oder durch ihr Verhalten zur Generierung der Daten beigetragen hat, einen **Kontrollverlust** über „ihre" Daten dar. Ihr Interesse zielt darauf ab, die Speicherung der Daten entweder zu verhindern oder diese selbst zu nutzen. Die Hersteller vernetzter Produkte und Anbieter verbundener Dienste wollen die dadurch erzeugten Daten nutzen, insbesondere Erkenntnisse über die Eigenschaften ihrer Produkte und das Nutzerverhalten ableiten, und für die weitere Geschäftstätigkeit nutzen. 3

Beide Interessen werden durch das europäische Datenrecht geschützt. Für personenbezogene Daten gilt auf Basis der **DS-GVO** (→ Kap. 1 Rn. 4), dass Unternehmen sie nicht ohne gesetzliche oder vertragliche Grundlage verarbeiten dürfen[5] und auch wenn sie rechtmäßig gespeichert werden, der betroffenen Person Zugang gewähren müssen.[6] Auch für maschinengenerierte Daten gilt künftig nach den Regeln des **Data Act** (→ Kap. 4 Rn. 1 ff. und → Kap. 13 Rn. 43 ff.), dass Unternehmen sie zwar „frei" generieren, aber nur in dem für die Erfüllung des Vertrags mit dem Nutzer erforderlichen Umfang nutzen dürfen; die Nutzung für sonstige Zwecke des Dateninhabers erfordert folglich die Zustimmung des Nutzers.[7] Demgegenüber unterfallen anonymisierte Daten nicht der DS-GVO, abgeleitete Daten nicht dem Data Act. Sofern die Unternehmen die Zustimmung zur Nutzung der personenbezogenen oder maschinengenerierten Daten einholen, können sie diese für eine weitere Wertschöpfung nutzen, die nicht mehr den Zugangsrechten der Betroffenen bzw. Nutzer oder Dritten unterliegt. 4

Die Frage, ob dieser im Datenrecht verankerte Interessenausgleich auch dann Geltung beansprucht, wenn die davon **erfassten Daten ein Geschäftsgeheimnis betreffen,** wird allerdings unterschiedlich beurteilt: 5

---

1 → Kap. 10 Rn. 158.

2 → Kap. 2 Rn. 44; → Kap. 4 Rn. 4.

3 Vgl. Hessel/Leffer MMR 2020, 647.

4 RL EU/2016/943 des Europäischen Parlaments und des Rates über den Schutz vertraulichen Know-hows und vertraulicher Geschäftsinformationen (Geschäftsgeheimnisse) vor rechtswidrigem Erwerb sowie rechtswidriger Nutzung und Offenlegung, ABl. 2016 L 157, 1.

5 Vgl. Art. 6 DS-GVO.

6 Art. 20 DS-GVO.

7 Art. 4 Abs. 13 Data Act, vgl. Staudenmayer NJW 2024, 1377 (1378), wonach der Data Act die faktische Kontrolle in eine rechtliche Kontrolle überführt.

- Die **DS-GVO** lässt den Schutz von Geschäftsgeheimnissen unberührt, erlaubt es dem Verantwortlichen also, den Zugang zu verweigern, um sein Geschäftsgeheimnis zu schützen.[8]
- Auch die **Open Data-RL** räumt dem Geschäftsgeheimnisrecht Vorrang ein, indem sie Zugangsansprüche beschränkt.[9]
- Demgegenüber werden Zugangsansprüche zu maschinengenerierten Daten nach dem **Data Act** zum Schutz von Geschäftsgeheimnissen nicht ausgeschlossen, sondern nur in ihrer Art und Weise beschränkt.[10]
- Ausnahmen können sich aus **sektorspezifischen Regelungen** (→ Kap. 8 Rn. 1 ff.), wie der Verordnung über den europäischen Gesundheitsdatenraum, ergeben.[11]

6 Während der Zugang nach der DS-GVO und der Open Data-RL also bereits dann verweigert werden kann, wenn und weil ein Geschäftsgeheimnis vorliegt, ist das **Regel-Ausnahme-Verhältnis für maschinengenerierte Daten** ein eigenständiger Regelungsgegenstand des Data Act. In der Regel wird der Zugang zwar davon abhängig gemacht, dass der Zugangsberechtigte Schutzmaßnahmen vorsieht, um den Bestand des Geschäftsgeheimnisses zu sichern. Eine Verweigerung des Zugangs zu Daten ist nach dem Gesetzestext aber nur ausnahmsweise vorgesehen und mit hohen Hürden belastet.

7 Der Anspruch auf Zugangsgewährung zu maschinengenerierten Daten wird daher trotz im Einzelfall möglichem Geheimnisschutz den Regelfall darstellen (→ Rn. 8), die Begrenzung oder der Ausschluss die seltene Ausnahme (→ Rn. 76). Da aber auch Schutzmaßnahmen die Wahrscheinlichkeit der Geheimhaltung erhöhen, aber nicht garantieren können, begrenzen die potentiell breiten Zugangsansprüche nach dem **Data Act faktisch die Schutzmöglichkeit** von Daten als **Geschäftsgeheimnis.**

II. Datenzugang versus Geheimnisschutz nach dem Data Act

1. Der Vorrang des Zugangsanspruchs vor dem Geheimnisschutz

8 Der Data Act regelt die **Zuordnung, den Zugang und die Berechtigung zur Nutzung von Daten** grundsätzlich unabhängig von der Frage, ob die Daten auch Gegenstand eines Geschäftsgeheimnisses sind. Zwar lässt der Data Act die Geschäftsgeheimnis-RL „unberührt",[12] da aber Art. 3 GeschGehRL vorsieht, dass der Erwerb, die Nutzung oder die Offenlegung eines Geschäftsgeheimnisses *„insofern als rechtmäßig gelten, als dies durch Unionsrecht oder nationales Recht vorgeschrieben oder erlaubt ist"*, beanspruchen die **Bestimmungen des Data Act** insoweit **Vorrang.**[13]

9 Ob und in welchem Umfang der Dateninhaber einem Zugangsersuchen **Geheimhaltungsinteressen als Einrede** entgegensetzen kann, ist daher nach Art. 4 Abs. 6, Art. 5 Abs. 9 und Art. 8 Abs. 6 Data Act zu beurteilen. Diese sehen vor, dass der Geheimnisinhaber den Nutzer zwar verpflichten kann, Maßnahmen zum Schutz des Geschäftsgeheimnisses zu ergreifen, die Daten aber dessen ungeachtet nicht nur dem Nutzer zugänglich gemacht, sondern ggf. auch an einen vom Nutzer bestimmten **Dritten weitergegeben** werden müssen (Art. 5 Abs. 1 Data Act).

10 Auch dieser **Dritte** kann **zu Schutzmaßnahmen verpflichtet** sein (Art. 5 Abs. 9 Data Act), die aber naturgemäß wirkungslos sind, wenn der Dateninhaber gerade gegenüber diesem Dritten sein Geheimnis wahren möchte. Der damit verbundene wirtschaftliche

8 Art. 15 Abs. 4, 20 Abs. 4 DS-GVO.
9 Vgl. Art. 1 (2d) iii RL (EU) 2019/1024.
10 Vgl. Art. 4 Abs. 6 und 5 Abs. 9 DA.
11 Vgl. Art. 52 EDHS.
12 Vgl. Erwgr. 31 Data Act.
13 So auch Siems/Repka ZdiW 2022, 441 (443); Heinzke/Herbers/Kraus BB 2024, 649 (652); aA BeckOK DatenschutzR/Raue DA Art. 5 Rn. 46.

Wertverlust des Geschäftsgeheimnisses ist hinzunehmen. Zwar ist eine Ausnahme für außergewöhnliche Umstände vorgesehen, in denen ein gravierender wirtschaftlicher Schaden droht (Art. 5 Abs. 1 Data Act).[14] Aus der Festlegung mehrerer kumulativer Voraussetzungen folgt aber zugleich, dass die **bloße Beeinträchtigung** eines Geschäftsgeheimnisses **keinen Verweigerungsgrund** bildet.

Der umgekehrte – und häufigere – Fall, dass ein **Geschäftsgeheimnis des Nutzers** 11
betroffen ist, ist nicht ausdrücklich normiert. Allerdings besteht insoweit auch kein Regelungsbedarf, als ein möglicher Interessenkonflikt zwischen Dateninhaber und Nutzer idealtypisch zu Gunsten des Nutzers aufgelöst wird, weil dieser nach Art. 4 Abs. 13 Data Act autonom über Art und Umfang der Datennutzung durch den Dateninhaber bestimmen kann. Einem Zugangsanspruch Dritter ist der Nutzer nach dem Data Act nicht ausgesetzt.

2. Zugangsanspruch als unverhältnismäßiger Eingriff?

Die Frage, ob die Datenzugangsansprüche nach dem Data Act berechtigte Interessen an der 12
Geheimhaltung beschneiden, wurde im Gesetzgebungsverfahren kontrovers diskutiert[15] und hat im Trilogverfahren zu erheblichen Änderungen geführt.[16] Dessen ungeachtet ist die nunmehr Gesetz gewordene Lösung **vehementer Kritik** ausgesetzt, die von der inkonsistenten Terminologie[17] über die mangelnde Klarheit der Voraussetzungen für die Einreden[18] bis hin zur Feststellung eines unverhältnismäßigen Eingriffs in die **Grundrechtsposition des Geheimnisinhabers**[19] reichen. Je nach Perspektive wurde argumentiert, dass Datenzugangsansprüche den Geheimnisschutz gefährden[20] oder umgekehrt Geschäftsgeheimnisse ein Hindernis für Datenzugangsansprüche sind.[21]

Um die in der Diskussion vorgebrachten Argumente für die Auslegung der in der Tat 13
schon **sprachlich ungenügenden Regelung** des Data Acts zu nutzen, dh konkrete Fallkonstellationen zu lösen, sind die Voraussetzungen der Zugangsansprüche des Data Act, die dagegen ebendort vorgesehenen Einwendungen sowie die Systematik des Geschäftsgeheimnisrechts zu berücksichtigen.

Eine **Beschränkung der Zugangsrechte durch höherrangiges Recht** kann allenfalls 14
für Geschäftsgeheimnisse gerechtfertigt werden, die auch grundrechtlichen Schutz genießen. Daher ist erstens zwischen Informationen, die als **Geschäftsgeheimnis iSd Geschäftsgeheimnis-RL** schutzfähig sind, und sonstigen vertraulichen Informationen zu unterscheiden, an denen „nur" ein legitimes Interesse an der Geheimhaltung bestehen kann. Zweitens setzt eine Begrenzung nicht nur zumindest gleichwertige, sondern auch **gegenläufige, geschützte Interessen** voraus. Daher darf das Spannungsverhältnis zwischen Geschäftsgeheimnisschutz und Datenzugang nicht vorschnell mit dem Interessengegensatz zwischen Hersteller bzw. Dateninhaber und Nutzer gleichgesetzt werden. Denn als Geheimnisinhaber kommen mehrere Akteure, insbesondere auch der Nutzer eines vernetzten Produkts oder verbundenen Dienstes, in Betracht.

---

[14] Dazu → Rn. 104.

[15] BeckOK DatenschutzR/Raue DA Art. 4 Rn. 54, Art. 5 Rn. 46; Heinzke/Herbers/Kraus BB 2024, 649 (653). Vgl. die Stellungnahme im Trilogverfahren, Council of the European Union, Proposal for a Regulation of the European Parliament and of the Council on harmonised rules on fair access to and use of data (Data Act) vom 7.7.2023, 2022/0047 (COD); kritisch Pauly/Wichert/Baumann MMR 2024, 211; vgl. auch Wiebe GRUR 2023, 1569 (1573).

[16] Im Vergleich zum Kommissionsentwurf wurde der Geheimnisschutz insbesondere durch die Ergänzung um die Art. 4 Abs. 7 und 8 sowie die gleichlaufenden Art. 5 Abs. 10 und 11 DA gestärkt.

[17] Vgl. Bomhard/Merkle RDi 2022, 168.

[18] Pauly/Wichert/Baumann MMR 2024, 211; Metzger/Schweitzer ZEuP 2023, 42 (74 f.).

[19] Rockstroh/Katko ZdiW 2023, 101 (105); Böken/Vocks MMR 2024, 1016; vgl. auch Specht-Riemenschneider Beilage zu MMR 9/2022, 816.

[20] Grapentin RDi 2023, 173.

[21] Vgl. Metzger/Schweitzer ZEuP 2023, 42 (74), die sich für den vom Data Act gewählten Ansatz aussprechen.

15 Geschäftsgeheimnisse werden durch Art. 17 Abs. 2 GRCh als Geistiges Eigentum geschützt, wenn sie die Voraussetzungen der Geschäftsgeheimnis-RL erfüllen.[22] Dieser Schutz umfasst das Recht des Geheimnisinhabers über den Erwerb, die Nutzung und die Offenlegung des Geheimnisses zu entscheiden. Muss der Geheimnisinhaber einem Dritten Zugang gewähren, wird der **wirtschaftliche Wert des Geheimnisses** beeinträchtigt und das Risiko eines **Rechtsverlusts durch Offenlegung** erhöht. Verliert der Geheimnisinhaber durch die Offenlegung der geschützten Information die Kontrolle über die Mitwisser – weil es viele Zugangsberechtigte gibt und/oder diese die Information an eine unbegrenzte Zahl von Personen weitergeben dürfen – droht ihm sogar ein Rechtsverlust. Das legt nahe, dass ein Geschäftsgeheimnis einen Zugangsanspruch beschränken und ihm – wenn andernfalls der Verlust des Geheimnisses droht – ausnahmsweise auch entgegenstehen kann.

16 Demgegenüber wird das bloße Interesse an Geheimhaltung **sonstiger Informationen zur Erhaltung der Position im Wettbewerb** von der Rechtsordnung nicht als Rechtsgut, sondern nur als Interesse anerkannt. Es wird im europäischen Datenwirtschaftsrecht – vorbehaltlich einer vertraglichen Vereinbarung – durch das allgemeine Wettbewerbsrecht (Art. 102 AEUV) oder die im Data Act vorgesehenen Wettbewerbsverbote[23] berücksichtigt. Letztere beschränken aber nicht den Zugang zu den Daten, sondern nur ihre (schwer kontrollierbare) Verwendung.

17 Eine Beschränkung von Zugangsansprüchen durch den Geheimnisschutz kommt naturgemäß nur dann in Betracht, wenn der zur Zugangsgewährung Verpflichtete sich auf ein Geschäftsgeheimnis berufen kann. Dies setzt voraus, dass es sich bei den von den Zugangsansprüchen nach dem Data Act erfassten Daten um ein **Geschäftsgeheimnis des Herstellers bzw. Dateninhabers** handelt. Ob dies der Fall ist, hängt jedoch auch vom **Bezugspunkt der Daten** ab; insbesondere also davon, ob diese sich auf das Produkt (Produkt- oder Dienstdaten, bspw. Leistungsparameter), das Nutzerverhalten (Nutzerdaten, bspw. Ort und Dauer der Nutzung) oder die vom Produkt verschiedene Objekte (Umgebungsdaten, bspw. Grundstück, Fertigungsgegenstände) beziehen.[24] Denn jedenfalls für Daten, die das Nutzerverhalten oder Eigenschaften vom Produkt verschiedener Objekte abbilden, liegt eine rechtliche Zuweisung der Daten an den Hersteller des Produkts fern. Aber auch für Produkt- und Dienstdaten legt der Data Act fest, dass über die Nutzung und Verwertung der Nutzer entscheidet (Art. 4 Abs. 13 Data Act), sodass fraglich erscheint, ob sie als Grundlage für ein Zugangsverweigerungsrecht des Herstellers in Betracht kommen (→ Rn. 47).

18 Für die Bestimmung des **Anwendungsbereichs der Zugangsansprüche** (und der Einwendungen gegen diese) scheint es zudem notwendig, genau zwischen dem Datensatz, den ein einzelnes vernetztes Produkt generiert, und der Sammlung von Daten (Datensätzen eines Geräts oder Datenpool eines Herstellers[25]), den der Dateninhaber aus den von verschiedenen vernetzten Produkten übermittelten Daten erstellt, zu differenzieren. Praktische Bedeutung hat diese Unterscheidung zudem für die Beurteilung der Geheimnisqualität, da die Offenkundigkeit einzelner Daten dem Geheimnisschutz an der Gesamtheit der Daten nicht entgegensteht[26] (dazu → Kap. 10 Rn. 190).

19 Der durch die Nutzung **generierte Datensatz** bildet die reale Nutzungshandlung in einer digitalen Form ab, die gespeichert und weiterverwendet werden kann.[27] Die darin enthaltene Information beschränkt sich etwa darauf, dass ein vernetztes Produkt zu einem bestimmten Zeitpunkt oder an einem bestimmten Ort mit bestimmten Leistungsparametern genutzt wurde. Damit die in den Rohdaten enthaltene Information verständlich ist, wird auch ihre Vorverarbeitung, bspw. die Umsetzung eines Sensorsignals in eine physikalische

22 Jarass GRCh EU-Grundrechte-Charta Art. 17 Rn. 10.
23 Art. 4 Abs. 10, Art. 6 Abs. 2e Data Act; dazu → Rn. 110.
24 Dazu → Rn. 49 f.; → Kap. 4 Rn. 37 f.
25 Dh eine Menge von (unstrukturierten) Daten, die keine Datenbank iSd § 87a UrhG darstellt. Zu Unternehmensübergreifenden Pools vgl. Schäfer GRUR 2025, 715.
26 Siems/Repka ZdiW 2022, 441 (443).
27 → Kap. 2 Rn. 12.

Größe (bspw. Temperatur, Druck, Durchflussmenge etc[28]) erfasst. Hinzu kommen **Metadaten,** die insbesondere die für die Nutzung erforderlichen Informationen über Datenformat und Messgröße der Rohdaten enthalten.

Nach der Geschäftsgeheimnis-RL sind nicht alle zufällig geheimen Informationen schutzfähig, sondern nur solche, die vom Geheimnisinhaber identifiziert werden und einen Handelswert aufweisen (dazu → Kap. 10 Rn. 194). Um aus Roh- und Metadaten eine wertvolle, **als Geschäftsgeheimnis schutzfähige Information** zu gewinnen, muss daher grundsätzlich ein weiterer Schritt hinzutreten, nämlich die Erkenntnis über den möglichen Verwendungszweck. Dieser wird sich häufig erst aus der Kombination unterschiedlicher Datensätze oder aus dem Muster ergeben, das sich aus mehreren ähnlichen Datensätzen ergibt. Ein Beispiel hierfür ist die Predictive Maintenance, dh die Ableitung einer Vorhersage über den Wartungsbedarf einer Maschine durch einen Abgleich der konkreten Daten eines Geräts mit der Erwartung, die aus den Daten von baugleichen oder ähnlichen Geräten gewonnen wurden. An die Datenerzeugung schließen sich daher regelmäßig die (technische) Bearbeitung sowie eine (menschliche) Leistung an.[29] **20**

Ob auch die durch die Nutzung eines einzelnen, vernetzten Produkts generierten Rohdaten einen potentiellen Handelswert haben, erscheint fraglich.[30] Überwiegend wird zwar angenommen, dass auch Rohdaten einen potentiellen Wert aufweisen (→ Rn. 46).[31] Für das einzelne Datum ist das kaum überzeugend.[32] Einen Wert können aber Datensätze, bspw. von einem Gerät über einen Zeitraum aufgezeichneten **Messreihen,** haben. Auch ein **Datenpool,** der beim Dateninhaber nach dessen Ordnungskriterien auf einer eigenen Struktur gespeichert wird, erfüllt diese Anforderung. **21**

Als Geschäftsgeheimnis schutzfähig ist bspw. die aus den Datensätzen über unterschiedliche Nutzungshandlungen **abgeleitete Erkenntnis,** dass die Kombination bestimmter Produkte (bspw. Düngung und Aussaat eines bestimmten Saatguts) oder Arbeitsschritte (bspw. Kontrastmittel und Bildgebungsverfahren) unerwartete Vorteile bietet. **22**

Dass ein Rohdatensatz nicht per se als Geschäftsgeheimnis schutzfähig ist und zwischen Datensätzen und Geschäftsgeheimnis zu differenzieren ist, wird durch die **Systematik der in Kapitel II Data Act** vorgesehenen Regelungen bestätigt. **23**

Nach Art. 3 Abs. 3h Data Act hat der Verkäufer den Käufer darüber zu informieren, ob ein potentieller Dateninhaber Inhaber von Geschäftsgeheimnissen ist, die „in den Daten enthalten sind, die über das vernetzte Produkt zugänglich sind oder die bei der Erbringung eines verbundenen Dienstes generiert werden".[33] Daraus folgt einerseits, dass **zwischen Daten und Geschäftsgeheimnis** zu unterscheiden ist, andererseits, dass das Geschäftsgeheimnis regelmäßig – zumindest in seiner Konzeption[34] – schon besteht, bevor das Produkt genutzt wird und Daten generiert. **24**

Da der (potentielle) Geheimnisinhaber zu diesem Zeitpunkt nur die Art und Weise der möglichen Nutzung, nicht aber die konkreten Nutzerdaten oder Umgebungsdaten (→ Rn. 62 f.) kennt, kann sich auch das Geheimnis nur auf Erstere beziehen. Das schutzwürdige Geheimnis ergibt sich dann daraus, dass der Hersteller bzw. Dateninhaber bereits identifiziert hat, welche Daten von wirtschaftlichem Wert er zu welchem Zweck **in Zukunft erheben** will. Soweit dagegen aus den durch die Nutzung erzeugten Daten Geschäftsgeheimnisse generiert werden, erfolgt dies nicht durch die bloße Aufzeichnung, **25**

---

[28] Vgl. Erwgr. 15 Data Act.

[29] → Kap. 2 Rn. 15.

[30] So auch die Studie der Europäischen Kommission, Study on the Legal Protection of Trade Secrets in the Context of Data Economy (GRO/SME/20/F/206).

[31] Wiebe GRUR 2023, 227 (232); Wiebe GRUR 2023, 1569 (1573); ähnlich Siems/Repka ZdiW 2022, 441 (443) mit dem Hinweis, dass Rohdaten jedenfalls in ihrer Gesamtheit einen hinreichenden Aussagegehalt aufweisen.

[32] So auch Heinzke BB 2023, 201 (204 f.).

[33] Zu den Informationspflichten vgl. → Kap. 4 Rn. 187.

[34] Vgl. die Definition von Produktdaten nach Art. 2 Nr. 15 DA „Daten, die durch die Nutzung eines vernetzten Produkts generiert werden und die der Hersteller so konzipiert hat".

sondern erst durch ihre Strukturierung, Aggregierung oder sonstige Auswertung. Dazu zählt auch die aus der aus vielen Datensätzen gewonnenen Prognose des potentiellen Wartungsbedarfs (*Predictive Maintenance,* → Rn. 20). Diese wertvolleren Datensätze[35] sind aber vom Zugangsanspruch nicht erfasst.

26 Wären Geschäftsgeheimnis und nutzergenerierte Daten gleichzusetzen, wäre der Nutzer demgegenüber automatisch berechtigt, das **Geschäftsgeheimnis zu verraten und dadurch zu zerstören.** Denn nach Art. 3 Abs. 1 Data Act ist der Zugang zu den Daten, soweit technisch möglich, in Echtzeit zu gewähren; der Nutzer ist frei, diese Daten selbst für beliebige Zwecke zu nutzen und an Dritte weiterzugeben. Die Vorgabe des Data Act, dass Geschäftsgeheimnisse nach Art. 4 Abs. 8 Data Act gewahrt werden, würde regelmäßig leerlaufen.

27 Unterscheidet man dagegen zwischen Geschäftsgeheimnis und nutzergenerierten Daten, ist die Regelung des Data Act funktionsfähig und zweckmäßig. Der **Zugangsanspruch** zu den Daten begründet **keine Pflicht, das Geschäftsgeheimnis zu offenbaren.** Er kann ein Geschäftsgeheimnis jedoch bedrohen.

28 Ausgesprochen realistisch ist der Fall, dass der Hersteller bzw. potentielle Dateninhaber ein Geschäftsgeheimnis hat, das **mit den zu generierenden Daten nicht identisch** ist, aber in einem Zusammenhang mit diesen steht. Insbesondere kann sich das Geheimnis auf das Produkt beziehen und in den Produktdaten „enthalten", also aus diesen **ablesbar** sein. Das Geheimnis besteht bereits, bevor das Produkt Daten generiert und ist vom Zugangsanspruch nicht umfasst, wird aber durch den Datenzugang potentiell bedroht, weil ein informierter Dritter aus den Daten Rückschlüsse auf Produkteigenschaften ziehen kann. Diesem Risiko beugen die im Data Act vorgesehenen Beschränkungen des Zugangs vor, indem der Nutzer Zugang erhält, aber technische, organisatorische oder rechtliche Maßnahmen (sog. TOM) zum Schutz gegen ein Auslesen des Geheimnisses treffen muss.

29 Bei der Bestimmung, ob und unter welchen Voraussetzungen solche **Maßnahmen „angemessen"** sind oder der Zugang durch „faire" Vertragsbedingungen begrenzt werden kann, ist zu prüfen, welches legitime Interesse die Beteiligten an der Geheimhaltung haben:

30 Betroffen sind zunächst **Interessen des Herstellers von vernetzten Produkten.** Enthalten diese datengenerierenden Sensoren oder Systeme und werden die davon erhobenen Daten an den Hersteller automatisch übermittelt (oder ermöglichen diesem auf andere Art und Weise den Zugriff), wird der Hersteller dadurch zum Dateninhaber und ist folglich verpflichtet, dem Nutzer – der zur Generierung durch den Erwerb des Produkts und die Nutzung beigetragen hat – Zugang zu gewähren (Art. 4 Abs. 1 Data Act). Dasselbe gilt für einen vom Hersteller verschiedenen Dateninhaber, der eine verbundene Dienstleistung anbietet und Zugriff auf die vom vernetzten Produkt generierten Daten hat.

31 Der Gesetzgeber geht zudem davon aus, dass der **Nutzer ein legitimes Interesse** an diesen Daten hat, um von Dritten angebotene komplementäre Dienstleistungen in Anspruch nehmen zu können.[36]

32 Damit werden **mittelbar auch die Interessen Dritter** gefördert, die vom Nutzer abgeleitete Datenzugangsansprüche geltend machen können. Dieses Ziel des Gesetzgebers, den **Wettbewerb auf dem nachgelagerten Markt** zu begünstigen, ist bei der Abwägung zu berücksichtigen. Der durch den Nutzer vermittelte Zugang zu den Daten durch Dritte (Art. 5 Abs. 1 Data Act) – und die mögliche erneute Weitergabe – bricht das bisherige faktische Monopol des Herstellers auf, um damit neue komplementäre Dienstleistungs- und Datenmärkte zu erschließen. Dass der aus Sicht des Gesetzgebers erwünschte Wettbewerb aus der Perspektive des Herstellers bzw. Dateninhabers unerwünscht ist, ist folglich als Wertung des Data Act hinzunehmen.

---

[35] Vgl. Europäische Kommission, Study on the Legal Protection of Trade Secrets in the Context of Data Economy (GRO/SME/20/F/206), S. 39, 53 f.

[36] Vgl. Erwgr. 16 Data Act „Derartige Daten sind potenziell wertvoll für den Nutzer …, unter anderem indem sie die Wartung und Reparatur der betreffenden vernetzten Produkte erleichtern.".

Als von diesem Ziel nicht mehr gedeckt und deswegen problematisch erweist es sich allerdings, wenn der Zugangsanspruch sich nicht auf die Daten beschränkt, sondern aus den Daten **Rückschlüsse auf geheime Produkteigenschaften oder Prozesse** abgeleitet werden können und dadurch wertvolles Know-how abfließt, an dessen Erlangung der Nutzer kein – vom Data Act geschütztes – legitimes Interesse hat. Das ist insbesondere dann der Fall, wenn die Weitergabe nur deswegen für den „zwischen dem Nutzer und dem Dritten vereinbarten Zweck unbedingt erforderlich ist" (Art. 5 Abs. 9 Data Act), weil Zweck dieser Vereinbarung gerade ist, nicht die Daten, sondern das darin enthaltene Geheimnis zu verwerten. Für eine objektive Begrenzung der Verpflichtung zur Weitergabe an Dritte spricht auch, dass die unbegrenzte Weitergabe an (weitere) Dritte zu einem Kontrollverlust führen würde, der das Geschäftsgeheimnis durch den Wegfall der Geheimnisqualität in seinem Bestand gefährdet (dazu → Kap. 10 Rn. 197). 33

Diese beiden Fälle sind folglich zu unterscheiden. Während das sonstige Interesse an Geheimhaltung nur durch vertragliche Vereinbarungen befriedigt wird, muss das **(grundrechtlich) geschützte Geschäftsgeheimnis** auch im Geltungsbereich des Data Act respektiert werden und kann daher den **gesetzlichen Zugangsanspruch korrigieren**[37], **begrenzen** oder – bspw. bei unlauterem Zweck (→ Rn. 110) – sogar ganz ausschließen. 34

III. Der Begriff des Geschäftsgeheimnisses

Der Data Act und (mittelbar auch) die DS-GVO nehmen bei den Ausnahmen vom Zugangsrecht auf den **Begriff des Geschäftsgeheimnisses** nach der Geschäftsgeheimnis-RL Bezug.[38] Maßgeblich ist daher nicht der (möglicherweise RL-widrig abweichende) Begriff des § 2 GeschGehG, sondern Art. 2 Nr. 1 GeschGehRL, der zugleich die Schutzvoraussetzungen für ein Geschäftsgeheimnis festlegt. 35

Um **Schutz als Geschäftsgeheimnis** zu erlangen, muss eine Information nach Art. 2 Nr. 1 GeschGehRL **drei Voraussetzungen** erfüllen: Es muss sich um eine geheime Information von wirtschaftlichem Wert handeln, die Gegenstand angemessener Geheimhaltungsmaßnahmen ist. 36

1. **Geheimnisqualität (lit. a):** Informationen sind in dem Sinne geheim, dass sie weder in ihrer Gesamtheit noch in der genauen Anordnung und Zusammensetzung ihrer Bestandteile den Personen in den Kreisen, die üblicherweise mit dieser Art von Informationen umgehen, allgemein bekannt oder ohne weiteres zugänglich sind;
2. **Wirtschaftlicher Wert (lit. b):** sie sind von kommerziellem Wert, weil sie geheim sind;
3. **Geheimhaltungsmaßnahmen (lit. c):** sie sind Gegenstand von den Umständen entsprechenden angemessenen Geheimhaltungsmaßnahmen durch die Person, die die rechtmäßige Kontrolle über die Informationen besitzt;

Nach Art. 2 Nr. 2 GeschGehRL ist **„Inhaber eines Geschäftsgeheimnisses"** jede natürliche oder juristische Person, die die rechtmäßige Kontrolle über ein Geschäftsgeheimnis besitzt. Die Definition stellt nicht auf die faktische, sondern die **rechtmäßige Kontrolle** ab (dazu → Kap. 10 Rn. 211). Der solcherart berechtigte Inhaber ist zugleich die Person, die für die angemessenen Geheimhaltungsmaßnahmen nach Art. 2 Nr. 1c GeschGehRL verantwortlich ist und bei unzureichenden Maßnahmen das Risiko des Wegfalls des Schutzes trägt. 37

---

[37] Während in Art. 5 Abs. 2 Data Act der Zugangsanspruch im Fall eines Prototyps beschränkt ist, fehlt eine entsprechende Ausnahme in Art. 4 Data Act.

[38] So ausdrücklich Art. 2 Nr. 18 Data Act. Die (vor der GeschGehRL) erlassene DS-GVO verwendet stattdessen den älteren Begriff des Berufsgeheimnisses. Anerkannt ist aber, dass dieser iSv Art. 2 GeschGehRL auszulegen ist.

IV. Produktdaten als Geschäftsgeheimnis?

1. Erfasste Datenkategorien

38 Die Regelungen des Data Act zum **Schutz von Geschäftsgeheimnissen** sind systematisch in **Kapitel II** über den Datenzugang und die Datenweitergabe bei vernetzten Produkten eingebettet. Sie sind grundsätzlich abschließend. Allerdings kann die Vereinbarung zwischen dem Nutzer und dem Dritten nach anderen Normen missbräuchlich oder nichtig sein, sodass mangels (wirksamen) Vertrags auch die Pflicht, dem Dritten nach Art. 5 Abs. 9 Data Act Zugang zu gewähren, entfällt.

39 Ergibt sich der Datenzugang dagegen aus anderen (unionsrechtlichen, bspw. sektorspezifischen) Regelungen,[39] die in **Kapitel III oder IV** in Bezug genommen werden, so ist der Interessenausgleich nach den Rechtsnormen zu beurteilen, die den Datenzugang eröffnen. Das können neben der DS-GVO sowie der Open Data-RL 2019/1024 auch sektorspezifische Regelungen[40], bspw. die EHDS-VO, oder das Wettbewerbsrecht (→ Rn. 108) sein.

40 Eine wichtige **Weichenstellung** für die Beurteilung, ob die von einem Datenzugangsanspruch nach dem Data Act erfassten Daten ein Geschäftsgeheimnis betreffen, ist der **Datenbegriff des Data Act.** Dabei ist einerseits zu beachten, dass der Data Act abweichend von den ersten Entwürfen nicht auf aggregierte Daten anwendbar ist,[41] sondern nur (aufbereitete) Rohdaten und erforderliche[42] Metadaten erfasst.[43] Andererseits ist zwischen der etwas weiter gefassten Definition von Daten (Art. 2 Nr. 1 Data Act) und dem engeren Begriff der von Art. 3 Data Act erfassten Produktdaten (Art. 2 Nr. 15 Data Act) zu unterscheiden, „die durch die Nutzung eines vernetzten Produkts generiert werden und die der Hersteller so konzipiert hat, dass sie über einen elektronischen Kommunikationsdienst eine physische Verbindung oder einen geräteinternen Zugang von einem Nutzer, Dateninhaber oder Dritten […] abgerufen werden können".

41 Für die damit angesprochene, aber unklare Abgrenzung zwischen vorverarbeiteten und aggregierten Daten sind die in Erwgr. 15 genannten Kategorien hilfreich:

42
- Es geht um Datenreihen bzw. Messreihen, die Daten über das Produkt (bspw. Leistungsparameter), das Nutzerverhalten (bspw. Ort und Dauer der Nutzung) und vom Produkt verschiedene Objekte (bspw. Grundstück, Fertigungsgegenstände), betreffen **(„observed data").** Daneben werden auch **Metadaten** (vgl. Art. 2 Nr. 2 Data Act) erfasst, dh die strukturierte Beschreibung der Inhalte oder der Nutzung von Daten, die das Auffinden eben jener Daten bzw. deren Verwendung erleichtert. Dazu zählen etwa die genutzte Maßeinheit, Zeitstempel oder Geolokalisation.
- Dagegen werden weder **aggregierte, abgeleitete oder sonst veredelte Daten**[44]**,** noch daraus abgeleitete Informationen erfasst.
- Daten, die durch das **Zusammenführen und Kombinieren** verschiedener Sensorsignale zu einem Gesamtbild entstehen (sog. Sensorfusion), werden nicht erfasst, wenn diese Aufbereitung durch proprietäre Algorithmen oder nachgelagert geschieht.
- Daraus folgt umgekehrt, dass die aus den **Datensätzen von mehreren Nutzern** aggregierten Daten nicht dem Zugangsanspruch unterworfen sind.

---

[39] Vgl. den Verweis auf das Unionsrecht in Art. 8 Abs. 1 Data Act. Vgl. dazu auch → Kap. 4 Rn. 126.
[40] Dazu → Kap. 1 Rn. 9.
[41] Dieser Begrenzung zustimmend Hennemann/Steinrötter NJW 2024, 1 (3); krit. Kerber GRUR-Int 2023, 127; Wiebe GRUR 2023, 1570; ausführlich Drexl et al, Position Statement of the Max Planck Institute for Innovation and Competition (2022) on the Commissions's Proposal for a Regulation on harmonised rules on fair access to and use of data, S. 10 ff., die den Ansatz des Data Act ganz grundsätzlich in Zweifel zieht.
[42] → Kap. 3 Rn. 52.
[43] Vgl. Erwgr. 14.
[44] Vgl. Erwgr. 15.

Eine weitere Beschränkung ergibt sich zudem daraus, dass der Dateninhaber Zugang nur zu leicht verfügbaren Daten **(readily available data)** zu gewähren hat. Da er nach dem Data Act nicht verpflichtet ist, Daten zu speichern,[45] kann er seine Zugangspflicht folglich auch durch die Designentscheidung beschränken, Daten zu überschreiben oder nicht zu übertragen.[46] **43**

Der Datenzugang ist damit im Wesentlichen auf sogenannte **Rohdaten und Metadaten** begrenzt. **44**

2. Schutz von Roh- und Metadaten als Geschäftsgeheimnis

Dass Daten – einschließlich Rohdaten – grundsätzlich als Schutzgegenstand von Geschäftsgeheimnissen iSv Art. 2 Nr. 1a GeschGehRL in Betracht kommen, steht außer Frage.[47] Die Anforderungen an eine **schutzfähige Information** sind denkbar gering, insbesondere ist weder eine Eigenart noch eine Schöpfungshöhe erforderlich (→ Kap. 10 Rn. 169). **45**

Zweifel könnten sich hinsichtlich des **wirtschaftlichen Werts** ergeben.[48] Zwar ist anerkannt, dass auch ein potentieller Wert ausreichend ist. Dieser könnte sich etwa aus der geplanten Einbringung in einen Datenpool ergeben.[49] Ob sich daraus aber bereits ein wirtschaftlicher Wert jedes einzelnen Datums ergibt, erscheint fraglich (→ Rn. 21). **46**

Weitere Voraussetzungen für die Schutzgewährung sind allerdings die **Geheimnisqualität** der Information, sowie die **Kontrolle des rechtmäßigen Geheimnisinhabers** über diese (Art. 2 Nr. 1c GeschGehRL). Beides ist in Bezug auf die für den Dateninhaber faktisch verfügbaren Produktdaten nicht selbstverständlich. Hier bedarf es der oben (→ Rn. 18) angesprochenen – oft vernachlässigten[50] – Unterscheidung zwischen dem Geschäftsgeheimnis des Herstellers und dem vom Nutzer bei der Verwendung generierten Datum. Ein Datum kommt nur dann als Gegenstand eines Geschäftsgeheimnisses in Betracht, wenn ihm auch für sich genommen ein Bedeutungsgehalt zukommt, dh es eine sinnvolle Information darstellt.[51] Das ist in der Regel zu verneinen.[52] **47**

Das zeigt folgendes **Beispiel:** Hat der Hersteller ein Verfahren entwickelt, dessen Qualität auch durch die in der Maschine verwendete Verarbeitungstemperatur beeinflusst wird, handelt es sich bei der Festlegung der optimalen Temperatur und der tolerablen Abweichung um ein Geschäftsgeheimnis des Herstellers. Kontrolliert er die Einhaltung dieser Parameter durch einen Sensor, der die Temperatur misst und bei einer bestimmten Abweichung eine Fehlermeldung abgibt,[53] so ist die in diesem Logfile enthaltene Datenreihe ein Produktdatum iSd Data Act. In diesem Fall sind die vom Nutzer generierten Daten nicht selbst das Geheimnis, sie lassen nur – insbesondere in Kombination mit anderen Informationen – Rückschlüsse auf das Geheimnis zu. Auch die rechtliche Zuordnung von Geheimnis (Hersteller) und Daten (Nutzer) fällt potentiell unterschiedlich aus (→ Kap. 10 Rn. 215). **48**

Enthalten die Daten eine wertvolle Information, setzt die **erforderliche Geheimnisqualität** voraus, dass der Kreis der Personen, die auf die Daten zugreifen können, begrenzt **49**

45 Vgl. Erwgr. 20; Macher/Ballestrem GRUR-Prax 2023, 661 (662); Hennemann/Steinrötter NJW 2024, 1 (3).
46 Vgl. Erwgr. 19.
47 Vgl. Keller/Schönknecht/Glinke/Keller GeschGehG § 2 Rn. 41; Aplin et al IIC 2023, 826 (833); Krüger/Wiencke/Koch GRUR 2020, 578 (580); Müller RDi 2024, 297 (298).
48 So die Studie der Europäischen Kommission, Study on the Protection of Trade Secrets in the Context of the Data Economy, GRO/SME/20/F/206, 89. Kritisch Grapentin RDi 2023, 173 (174).
49 So wohl Siems/Repka ZdiW 2022, 441 (444); Krüger/Wiencke/Koch GRUR 2020, 578 (580).
50 Vgl. Grapentin RDi 2023, 173 (175), die vorschnell die Daten, aus denen das Geheimnis ermittelt werden kann, als Geheimnis bezeichnet. Ähnlich Krüger/Wiencke/Koch GRUR 2020, 578 (580), wonach dies dahinstehen könne, weil Datenpools eine planmäßige Sammlung von Daten darstellen. Auch Böken/Vocks MMR 2024, 1016 gehen von einem weitgehenden Gleichlauf aus.
51 Wiebe/Schur GRUR-Int 2019, 746 (747); Heinzke BB 2023, 201 (204 f.).
52 So überzeugend Heinzke BB 2023, 201 (204 f.); Baumgartner/Paal NJW 2026, 1 (3).
53 Zu den technischen Möglichkeiten bspw. aus Fehlermeldungen medizinischer Geräte relevante Informationen abzuleiten Grapentin RDi 2023, 173; zustimmend Böken/Vocks MMR 2024, 1016 (1017).

ist (dazu → Kap. 10 Rn. 195). Diese Mindestanforderung gilt unabhängig von der Diskussion um die technisch organisatorischen Maßnahmen (dazu → Rn. 112) und der Kontroverse, ob es sinnvoll ist, hierfür eine spezifische Personenzahl festzulegen (dazu → Kap. 10 Rn. 197).

50 Eine Begrenzung ist nur dann gegeben, wenn der Geheimnisinhaber Kontrolle über den **Kreis der Mitwisser** hat und alle Personen, die rechtmäßig auf die Daten zugreifen, ihrerseits die Geheimnisqualität wahren müssen,[54] dh in der Weitergabe selbst beschränkt sind; genauer muss ihnen entweder vollständig untersagt sein, die geschützte Information weiterzugeben oder die Weitergabe muss daran gebunden sein, die weiteren Empfänger wiederum wirksam in ihrer Nutzungs- und Weitergabebefugnis zu beschränken. Diese Beschränkung darf allerdings nicht rein qualitativ (bspw. Verpflichtung zur Anwendung von Sicherungsmaßnahmen) sein, sondern muss auch eine quantitative Limitierung beinhalten, sodass der Geheimnisinhaber die Kontrolle über den Personenkreis behält.[55]

51 Ein **Geheimnisschutz von nutzergenerierten Daten** kommt also nur dann in Betracht, wenn der Dateninhaber Inhaber des Geschäftsgeheimnisses ist und den Nutzer vor der Erlangung des Zugangs zu diesen durch eine solche Geheimnisschutzvereinbarung in der Weitergabe beschränkt wird.

52 Insbesondere aus dem nach Art. 3 Data Act vorgesehenen **Regelfall des Access by Design** (dh Datenzugriff über eine App oder Schnittstelle) könnte sich damit eine erhebliche Beschränkung des Geheimnisschutzes ergeben. In der Tat stellt eine standardmäßige, einfache und direkte Zugänglichkeit der Daten das exakte Gegenteil der nach Art. 2 Nr. 1c GeschGehRL geforderten technisch-organisatorischen Maßnahmen dar. Damit gewinnt die Diskussion, ob es sich bei Art. 3 Abs. 1 Data Act um einen echten Zugangsanspruch[56] oder bloß um eine nicht einklagbare Verpflichtung des Herstellers handelt[57], praktische Bedeutung. Für ein Wahlrecht[58] spricht gerade das Ziel, Geschäftsgeheimnisse zu wahren.[59] Auch der dringend erforderliche Schutz vor Reverse Engineering spricht für die zuletzt genannte Ansicht. Die Ausnahme von der Pflicht zum Access by Design für KKU (Art. 7 Data Act)[60] könnte sich für den Geheimnisschutz positiv auswirken.

53 Der mögliche Schutz eines Geschäftsgeheimnisses des Herstellers bzw. Dateninhabers entfällt folglich, wenn zum **Zeitpunkt des Datenzugangs** zwischen ihm und dem Nutzer keine lückenlose Kette vertraglicher Vereinbarungen vorliegt, die neben technischen und organisatorischen Maßnahmen auch eine Nutzungs- und Weitergabebeschränkung enthält. Hier bietet es sich an, den Zugang zu den Daten von der **Verwendung eines Nutzerkontos** abhängig zu machen,[61] in dem der Nutzer diesen Bedingungen zustimmen muss, bevor er Zugang erhält.

54 Ist eine vorlaufende Vereinbarung tatsächlich oder technisch nicht möglich oder nicht gesichert, wäre dem Hersteller dagegen trotz des damit verbundenen organisatorischen Aufwands zu empfehlen, keinen standardmäßigen Direktzugriff ohne Registrierung bzw. Nutzerkonto vorzusehen, sondern die **Geltendmachung des Zugangsrechts** nach Art. 4 Abs. 1 Data Act durch den Nutzer **abzuwarten.**[62]

55 Ob der Hersteller einem Zugangsanspruch ein Geschäftsgeheimnis entgegenhalten kann, hängt aber auch davon ab, ob die vom Nutzer durch Einsatz des Produkts generierten Daten in der rechtmäßigen **Kontrolle des Herstellers** stehen. Das ist keine Frage des faktischen

---

54 Dazu McGuire WRP 2024, 133 (140) sowie → Kap. 10 Rn. 229.

55 Metzger/Schweitzer ZEuP 2023, 74 f.; Böken/Vocks MMR 2024, 1016 (1017), die mit diesem Argument die Ausnahmen für unzureichend halten; dagegen wohl Krüger/Wiencke/Koch GRUR 2020, 578 (581), wonach es ausreichen soll, wenn „alle Empfänger Vertraulichkeitsvereinbarungen unterschrieben haben".

56 Antoine CR 2024, 1 (4); Dregelies GRUR 2025, 1327 (1328).

57 Baumgartner/Paal NJW 2026, 1 (2).

58 Bomhard/Siglmüller RDi 2025, 353 (355).

59 Vgl. Europäische Kommission, FAQs Data Act, 3.2.2025, Version 1.2, Frage 24; → Kap. 4 Rn. 147.

60 → Kap. 4 Rn. 14.

61 So auch die FAQ der EU Kommission zum Data Act vom 3.2.2025, Frage 24; → Kap. 4 Rn. 75, 116.

62 Für ein solches Wahlrecht zwischen Art. 3 Abs. 1 Data Act und Art 4 Abs. 1 Data Act Baumgartner/Paal NJW 2026, 1 (2) mwN.

Zugriffs, sondern der **rechtlichen Zuordnung.** Zweifel daran, ob diese Voraussetzung nach Art. 2 Nr. 1c GeschGehRL erfüllt ist, ergeben sich aus Art. 4 Abs. 13 Data Act.

Ausgangspunkt des Data Act ist, dass der Hersteller bzw. Dateninhaber einen faktischen Zugriff auf die Daten hat, diese aber nach Art. 4 Abs. 13 Data Act nicht ohne Zustimmung des Nutzers verwenden darf. Der Nutzer kann über Art und Umfang der Nutzung und über die Weitergabe an Dritte bestimmen und hat die Möglichkeit, die zunächst von ihm gewährten Nutzungsrechte später durch Kündigung zu beenden.[63] Für den Fall, dass die Daten von Dritten ohne Zustimmung genutzt werden, gewährt ihm Art. 11 Abs. 3 Data Act Ansprüche auf Unterlassung, Beseitigung und Schadensersatz. Im Ergebnis erlangt der Nutzer ein „originäres Nutzungsrecht“[64], dh die **rechtliche Kontrolle** über den Zugang zu und die Nutzung von Daten.[65] **56**

Umgekehrt kann der Hersteller – vorbehaltlich einer abweichenden vertraglichen Vereinbarung zum Schutz von Gesundheit oder Sicherheit (Art. 4 Abs. 2 Data Act)[66] – dem Nutzer die Nutzung und Weitergabe an Dritte nicht verbieten (Art. 7 Abs. 2 Data Act). Welche **Ansprüche der Nutzer bei nicht genehmigter Nutzung** durch den Hersteller hat, ist Gegenstand einer vielfältigen Diskussion.[67] Konsens besteht aber hinsichtlich der Annahme, dass die Speicherung, Nutzung und Weitergabe von Produktdaten durch den Hersteller ohne vertragliche Zustimmung nach Art. 4 Abs. 13 Data Act rechtswidrig ist.[68] Die Annahme, dass der Hersteller die rechtmäßige Kontrolle über die Daten ausübt, ist damit fernliegend. **57**

Im Ergebnis wird dem Nutzer zwar kein Dateneigentum iS eines absoluten Rechts zugewiesen, die Rechtsposition ist aber doch stark, da nur der Nutzer in der Nutzung frei ist und alle übrigen von seiner Zustimmung abhängig sind.[69] Zu Recht werden die **Datenzugangsansprüche als „nutzerakzessorisch“** bezeichnet.[70] Da der Data Act gerade darauf abzielt, die faktische Kontrolle in eine rechtliche Kontrolle zu überführen,[71] werden Daten zwar nicht als absolutes Recht geschützt, den Immaterialgüterrechten aber doch stark angenähert.[72] **58**

Hinzuweisen ist darauf, dass als Nutzer auch eine juristische Person in Betracht kommt. Wird das vernetzte Produkt im **Rahmen eines Arbeitsverhältnisses** genutzt, ist Nutzer iSd Data Act nicht der konkrete Arbeitnehmer, sondern das Unternehmen. Diesem sind die Daten zugeordnet.[73] **59**

Soweit im Schrifttum hiergegen eingewendet wird, die faktische Kontrolle sei ausreichend,[74] ist dies mit Art. 2 Nr. 1c, Nr. 2 GeschGehRL nicht vereinbar (dazu → Kap. 10 Rn. 209). Offen ist allenfalls, ob eine vertragliche **Vereinbarung über die originäre Inhaberschaft** mit dem Nutzer, die dem Hersteller nicht nur ein Nutzungsrecht, sondern die rechtliche Kontrolle sichern würde, möglich ist. **60**

Während die Übertragung eines Geschäftsgeheimnisses nach der Geschäftsgeheimnis-RL zulässig ist (dazu → Kap. 10 Rn. 218), ist anzunehmen, dass eine Vereinbarung über die **61**

---

63 Erwgr. 21 Data Act.

64 Assion/Willecke MMR 2023, 805 (806).

65 → Kap. 4 Rn. 6; aA aber ohne konzise Begründung Kaesling GRUR 2024, 821 ff.

66 → Kap. 4 Rn. 149.

67 Vgl. zum Meinungsstand und dem Vorschlag autonomer Auslegung McGuire/Schulte-Nölke ZdiW 2024, 79 ff.

68 Metzger/Schweitzer ZEuP 2023, 42 (47); Schmidt-Kessel MMR 2024, 75 (76); Specht-Riemenschneider MMR 2022, 809 (814); Kaesling GRUR 2025, 821 (822).

69 Funk CR 2023, 421 ff.; Grapentin RDi 2023, 173 (178) „Exklusivrechte“; ähnlich Wiebe GRUR 2023, 1569 (1571) „wirft aber die Frage auf, ob darin eine eigentlich nicht gewollte exklusive Zuweisung der Datennutzung an den Nutzer liegt“.

70 Grapentin RDi 2023, 173 (177).

71 Staudenmayer NJW 2024, 1377 (1378).

72 McGuire/Schulte-Nölke ZdiW 2024, 79 ff.; Hennemann/Steinrötter NJW 2024, 1 (7). So (wenn auch kritisch) auch Wiebe GRUR 2023, 1569 (1572).

73 So auch → Kap. 4 Rn. 30.

74 So bspw. Müller RDi 2024, 297 (298 f., 304).

originäre Inhaberschaft der nutzergenerierten Daten an Art. 7 Abs. 2 Data Act scheitern würde, weil vertragliche Vereinbarungen, die zum Nachteil des Nutzers von den Rechten nach Kapitel 2 abweichen, für diesen nicht verbindlich sind. Der Nutzer kann Daten nach dem Data Act teilen, aber nicht übertragen. **Hersteller, Dateninhaber und Dritte erlangen nur abgeleitete Nutzungsrechte.** Die besseren Argumente sprechen daher gegen die Annahme, dass der Hersteller die rechtmäßige Kontrolle über die Produktdaten ausübt bzw. überhaupt ausüben kann.

62 Für die hier vorgeschlagene Auslegung, dass Produktdaten **entgegen der herrschenden Meinung keine Geschäftsgeheimnisse** iSv Art. 2 GeschGehRL darstellen, spricht – wie erwähnt (→ Rn. 24) auch Art. 3 Abs. 3h Data Act. Danach hat derjenige, der mit dem Nutzer einen Vertrag über die Überlassung des vernetzten Produkts schließt, diesen ***vor* Vertragsschluss** darüber zu informieren, ob „ein potentieller Dateninhaber Inhaber von Geschäftsgeheimnissen ist, die in den Produktdaten *enthalten sind,* die über das vernetzte Produkt zugänglich sind oder die bei der Erbringung eines verbundenen Dienstes generiert werden, und, wenn der potentielle Dateninhaber nicht Inhaber des Geschäftsgeheimnisses ist, die Identität des Inhabers des Geschäftsgeheimnisses." Diese Information über den Bestand und den Inhaber eines Geschäftsgeheimnisses setzen denklogisch voraus, dass das Geschäftsgeheimnis schon besteht.

63 Nach Erwgr. 6 sind Produktdaten die von mindestens zwei Akteuren, nämlich dem Entwickler bzw. Hersteller und dem Nutzer, generierten Daten. Nach Erwgr. 15 stellen Daten die „**digitalisierten Nutzerhandlungen** und -vorgänge dar", dh die mit dem vernetzten Produkt ***nach* Vertragsschluss** erfassten Daten. Folglich kann sich ein vorbestehendes Geschäftsgeheimnis weder auf nutzerbezogene Daten oder umgebungsbezogene Produktdaten beziehen, die weder der Hersteller noch der Vertragspartner des Nutzers kennen. Eine Einbeziehung auch künftiger Geschäftsgeheimnisse würde den Zweck der Informationspflicht (→ Kap. 4 Rn. 30) unterlaufen, dass der Nutzer sich vor Vertragsschluss darüber informieren kann, ob der von ihm erwartete Zugang durch Geheimhaltungsmaßnahmen beschränkt ist.

64 Demgegenüber kann sich ein Geschäftsgeheimnis des Herstellers – wie ausgeführt (→ Rn. 28) – auf Informationen beziehen, deren Geheimhaltung durch die Gewährung des Zugangs zu den Produktdaten gefährdet wäre. Zu unterscheiden ist, ob die **Information unmittelbar** oder **nur mittelbar** enthalten ist.

65 Das geschützte Geheimnis kann sich **unmittelbar aus den Produktdaten** ergeben, bspw. wenn sie die Anzahl und Art der verbauten Sensoren erkennen lassen oder die Art und Weise der Messung, die Fehlertoleranz oder das Speicherformat betreffen. Auch Metadaten können geheime Informationen enthalten. Allerdings ist hier zu beachten, dass ein Geschäftsgeheimnis Geheimnisqualität, dh einen begrenzten Kreis der Mitwisser voraussetzt (→ Rn. 50). Wird ein Produkt serienmäßig hergestellt und frei in den Markt gebracht, sodass auch Wettbewerber diese Geräte erwerben können, würde die Geheimnisqualität wohl daran scheitern, dass die Information über die Bauart, Komponenten und Funktionsweise in den relevanten Kreisen zugänglich ist.

66 Praxisrelevant erscheint aber die Konstellation, dass die zur Verfügung zu stellenden Roh- oder Metadaten das **Geschäftsgeheimnis nur mittelbar enthalten,** dh sich aus den Produktdaten lediglich Rückschlüsse auf dieses ziehen lassen.[75] So könnten sich etwa aus den Daten über Bewegungsparameter, Geschwindigkeit, Energieverbrauch etc der Wartungszeitraum oder Informationen über Effizienz, Wirkungsgrade oder Materialeinsatz erschließen lassen.

67 Besonders offenkundig ist etwa, dass der Vergleich von Daten **unterschiedlicher Produktgenerationen** Aufschluss über die technischen Innovationen und erzielte Produktverbesserungen bieten kann.

[75] So auch Macher/Ballestrem GRUR-Prax 2023, 661; Böken/Vocks MMR 2024, 1016.

Dies gilt umso mehr, als nach Art. 3 Abs. 1b GeschGehRL das sogenannte **Reverse Engineering** ausdrücklich freigestellt ist. Danach gilt der Erwerb eines Geschäftsgeheimnisses als rechtmäßig, wenn es durch „Beobachtung, Untersuchung, Rückbau oder Testen eines Produkts oder Gegenstands, das bzw. der öffentlich verfügbar gemacht wurde oder sich im rechtmäßigen Besitz des Erwerbers der Information befindet, der keiner rechtsgültigen Pflicht zur Beschränkung des Erwerbs des Geschäftsgeheimnisses unterliegt" erlangt wurde. Mit zunehmender technischer Entwicklung – bspw. Big Data Anwendungen und KI-gestützter Analyse – nimmt das Risiko des Auslesens zu.[76] 68

Hinzuweisen ist in diesem Zusammenhang darauf, dass das Reverse Engineering **vertraglich nicht ausgeschlossen werden kann,** wenn das Produkt in Verkehr gebracht wurde. Der in Art. 3 Abs. 1b GeschGehRL erwähnte vertragliche Ausschluss[77] bezieht sich nur auf Prototypen und ähnliche Forschungs- und Entwicklungskooperationen *vor* Markteintritt (→ Kap. 10 Rn. 198). Möglicherweise ein Redaktionsversehen[78], jedenfalls aber ein Defizit ist, dass eine Ausnahme zum Schutz von Prototypen nur in Art. 5 Abs. 2 Data Act vorgesehen ist, eine parallele Vorschrift in Art. 4 Data Act aber fehlt.[79] 69

In dieser Konstellation besteht ein realer Bedarf nach einer Beschränkung des Zugangs Dritter zu den Produktdaten durch Geheimnisschutzmaßnahmen, um sich **gegen Reverse Engineering zu schützen,** die aus dem physischen Produkt – häufig auch aus den Daten eines einzelnen Produkts – alleine gar nicht zu erschließen sind. Während der (private) Nutzer diesen Aufwand in der Regel scheuen wird, ist davon auszugehen, dass Mitbewerber sich vermittels des Anspruchs des Nutzers Zugang zu solchen Daten verschaffen und diese dann entsprechend analysieren werden, um wettbewerbsrelevante Informationen zu erlangen. Wenn der Dritte die Zugangsrechte mehrerer Nutzer geltend macht, kann er solche Informationen etwa durch Big Data-Analysen oder mit Hilfe eines digitalen Zwillings gewinnen.[80] 70

Auch im Schrifttum wird eine solche „mittelbare" – besser wäre, um Verwechslungen mit der mittelbaren Geheimnisschutzverletzung nach Art. 5 Abs. 4 GeschGehRL zu vermeiden, der Begriff „indirekte" – Verletzung als zentrales Risiko geschildert.[81] Ein solcher **Abfluss von wertvollem Know-how** im Zuge des Datenzugangs bzw. der Datenweitergabe entwertet das Geschäftsgeheimnis des Herstellers bzw. Dateninhabers und kann – je nach weiterem Vorgehen des Dritten – sogar zur Offenbarung des Geheimnisses führen. Durch den Wegfall der Geheimnisqualität würde dies auch formal den gesetzlichen Geheimnisschutz zu Fall bringen. 71

Festzuhalten ist daher, dass der **Überschneidungsbereich** zwischen Data Act und Geschäftsgeheimnis-RL **enger ist als im Schrifttum angenommen.** Produktdaten erfüllen die Anforderungen an Art. 2 Nr. 1 GeschGehRL regelmäßig nicht, weil die Information jedem Nutzer bekannt ist, sodass es an der Kontrolle der Mitwisser durch den Dateninhaber fehlt. Zudem fehlt es an der rechtmäßigen Kontrolle, weil diese durch Art. 4 Abs. 13 iVm Art. 7 Abs. 2 Data Act zwingend dem Nutzer zugewiesen ist. Aus demselben Grund können nutzer- und umgebungsbezogene Daten kein Geschäftsgeheimnis des Herstellers bzw. Dateninhabers sein. 72

Produktdaten sind in der Regel **nicht als Geschäftsgeheimnis zu qualifizieren.** Es handelt sich lediglich um „geschäftsgeheimnisrelevante Daten"[82], also solche, die das Risiko 73

---

[76] Böken/Vocks MMR 2024, 1016 (1017).

[77] „Der Erwerb eines Geschäftsgeheimnisses gilt als rechtmäßig, wenn das Geschäftsgeheimnis auf eine der folgenden Weisen erlangt wird: b) Beobachtung, Untersuchung, Rückbau oder Testen eines Produkts oder Gegenstands, das bzw. der öffentlich verfügbar gemacht wurde oder sich im rechtmäßigen Besitz des Erwerbers der Information befindet, der keiner rechtsgültigen Pflicht zur Beschränkung des Erwerbs des Geschäftsgeheimnisses unterliegt".

[78] Vgl. aber die Begründung für den Unterschied bei Heinzke/Herbers/Kraus BB 2024, 649 (652, 655).

[79] Niehaus/Siems ZdiW 2024, 50 (54).

[80] Macher/Graf Ballestrem GRUR Prax 2023, 661; Grapentin RDi 2023, 173 (174).

[81] Pauly/Wichert/Baumann MMR 2024, 211 (212).

[82] Vgl. Pauly/Wichert/Baumann MMR 2024, 211 (212).

bergen, ein Geschäftsgeheimnis indirekt preiszugeben. Dieses Risiko adressiert der Data Act durch Einwendungen, die dem Dateninhaber die Beschränkung oder Verweigerung des Zugangs erlauben. Berücksichtig man, dass diese nur im Einzelfall auch als Geschäftsgeheimnis in Betracht kommen, erscheint der grundsätzliche Vorrang des Zugangsanspruchs sachgerecht.

V. Geheimnisschutz als Grund für die Verweigerung oder Beschränkung des Zugangsrechts

1. Geschäftsgeheimnisse als Einwendung gegen Datenzugangsrechte

74 Ansprüche des Nutzers (oder eines Dritten) auf den Zugang zu Daten stehen häufig in Konflikt zum Interesse des Dateninhabers, diese exklusiv zu nutzen und/oder geheim zu halten. Der europäische Gesetzgeber hat diesen **Interessenkonflikt** zwischen dem Zugangsberechtigten und dem Dateninhaber gesehen, sich aber gegen einen generellen Vorrang des Geheimnisschutzes entschieden, weil ein breites Zugangsverweigerungsrecht das Ziel der europäischen Datenstrategie, Teilen und Verfügbarkeit von Daten zu fördern,[83] untergraben würde.

75 Der damit etablierte grundsätzliche **Vorrang der Datenzugangsrechte**[84] steht im Einklang mit der Geschäftsgeheimnis-RL, die nach Art. 3 Abs. 2 GeschGehRL vorsieht, dass der Erwerb, die Nutzung oder die Offenlegung eines Geschäftsgeheimnisses immer dann rechtmäßig ist, wenn dies nach nationalem oder Unionsrecht vorgeschrieben ist. Der Data Act ist damit – aus der Perspektive der Geschäftsgeheimnis-RL – eine weitere vorrangige Rechtsquelle (dazu schon → Rn. 8).

76 Statt durch einen pauschalen Vorrang versucht der Gesetzgeber den Interessenkonflikt dadurch zu lösen, dass der Datenzugang gewährt wird, der Zugangsberechtigte aber zwecks Aufrechterhaltung des Geschäftsgeheimnisses zum Schutz der Daten verpflichtet wird.[85] Zu diesem Zweck darf der Dateninhaber dem Nutzer (oder dem vom Nutzer ausgewählten Dritten) **Maßnahmen zur Wahrung der Vertraulichkeit** von Daten vorschreiben, in denen das Geschäftsgeheimnis enthalten ist. Als mögliche Maßnahmen nennt Art. 4 Abs. 6 Data Act exemplarisch die Verwendung von Mustervertragsklauseln, Vertraulichkeitsvereinbarungen, strengen Zugangsprotokollen, technischen Standards sowie die Anwendung von Verhaltenskodizes. Daraus folgt zugleich, dass der Dateninhaber immer dann, wenn der Empfänger der Daten diese Verpflichtung nicht akzeptiert oder gegen sie verstößt, den (weiteren) Zugang ausnahmsweise verweigern bzw. aussetzen kann (Art. 4 Abs. 7 Data Act).

77 Allerdings hat der Gesetzgeber durch die – dann den Dateninhaber treffende – Verpflichtung, die zuständige nationale Behörde über die Verweigerung des Zugangs zu informieren, eine **hohe Hürde** gesetzt. Eine noch höhere Schwelle ist für den Fall eingezogen, dass Anlass für die Verweigerung des Zugangs nicht das (Fehl)Verhalten des Zugangsberechtigten, sondern die Bedeutung oder der wirtschaftliche Wert der Daten ist (Art. 4 Abs. 8 Data Act). Hier setzt eine Verweigerung voraus, dass der Zugangsverpflichtete sowohl die konkrete Gefahr eines schweren wirtschaftlichen Schadens darlegt, als auch begründet, warum die vom Datenempfänger verlangten Maßnahmen keinen ausreichenden Schutz bieten (→ Rn. 82). Schließlich können Geschäftsgeheimnisse und die zu ihrem Schutz vorgesehenen Ausnahmen das Recht der betroffenen Person auf Zugang zu ihren personenbezogenen Daten nach der DS-GVO begrenzen.[86]

---

[83] Europäische Kommission, Mitteilung – eine europäische Datenstrategie v. 19.2.2020, COM(2020), 66 final.

[84] Wiebe GRUR 2023, 1569 (1573); ähnlich Siems/Repka ZdiW 2022, 441 (443).

[85] Erwgr. 31 Data Act.

[86] Vgl. bspw. Art. 15 DS-GVO i.Vm. § 29 Abs. 1 S. 2 BDSG und § 43a BRAO.

Der Gesetzgeber begründet damit ein **Regel-Ausnahme-System** von Zugang und Einwendung. Dieses Einwendungssystem[87] muss aber im Einklang mit dem Geheimnisschutz ausgelegt werden und darf nicht zur Folge haben, dass dem Inhaber eines Geschäftsgeheimnisses der daraus erwachsende Vorteil genommen oder das Geheimnis sogar in seinem Bestand gefährdet wird. Entsprechend kann ein Geschäftsgeheimnis einem aus dem europäischen Datenrecht folgenden Anspruch auf Zugang entgegengehalten werden, um den Anspruch zu beschränken oder – ausnahmsweise – sogar zur Gänze auszuschließen. Dies kommt in Betracht, wenn die Gewährung des unbeschränkten Zugangs zu den Daten das Geschäftsgeheimnis schwerwiegend beeinträchtigen oder zerstören würde. Als Beispiel ist der Zugang zu den von einem Prototypen generierten Daten zu nennen (vgl. → Rn. 69). **78**

Die Berufung auf den Geheimnisschutz setzt folglich einerseits voraus, dass der zur Zugangsgewährung Verpflichtete **Inhaber eines Geschäftsgeheimnisses** ist bzw. sich dazu verpflichtet hat, ein fremdes Geschäftsgeheimnis zu wahren. Andererseits muss eine **Beeinträchtigung eines Geschäftsgeheimnisses** drohen. Der unbeschränkte Zugang zu den Daten müsste folglich den Anspruchsgegner dazu verpflichten, ein Geschäftsgeheimnis (mittelbar) zu offenbaren oder – bspw. durch Gewährung von Zugang an mehrere Personen – dessen Kontrolle in Frage zu stellen. **79**

Die **zurückhaltenden Ausnahmen** zu Gunsten des Geheimnisschutzes greifen nicht bereits dann ein, wenn der zur Zugangsgewährung Verpflichtete Daten oder darin enthaltene Informationen geheim halten will, sondern kommen immer nur dann in Betracht, wenn sich der Verpflichtete auf ein Geschäftsgeheimnis iSd Art. 2 Nr. 1 GeschGehRL (→ Rn. 14) berufen kann. Nach dieser Richtlinie richten sich auch die weiteren für die Begrenzung des Zugangsrechts maßgeblichen Begriffe, bspw. die des Inhabers eines Geschäftsgeheimnisses (Art. 2 Nr. 2 GeschGehRL), der Anforderungen an technische und organisatorische Maßnahmen (Art. 2 Nr. 1c GeschGehRL), sowie des Reverse Engineering (Art. 3 Abs. 1b GeschGehRL).[88] **80**

2. Überblick über die Einwendungen

Die **potentielle Gefährdung von Geheimnissen** durch Zugangsansprüche adressiert der Gesetzgeber in Art. 4 Abs. 6–8 und Art. 5 Abs. 9–12 Data Act. Dabei unterscheidet er zwischen zwei unterschiedlichen Maßnahmen zu Gunsten eines Herstellers als Geschäftsgeheimnisinhaber. Als Regelfall ist vorgesehen, dass der Hersteller die Erfüllung des Zugangsanspruchs davon abhängig machen kann, dass sich der Nutzer dazu verpflichtet, die Geheimnisqualität durch technische oder organisatorische Maßnahmen zu sichern (→ Rn. 112). Als Ausnahme vorgesehen ist, dass der Hersteller im Einzelfall für „spezielle“ Daten den Zugang zu bzw. die Weitergabe von Daten ablehnen kann (Art. 4 Abs. 8 und Art. 5 Abs. 11 Data Act). **81**

Diese beiden Möglichkeiten des Herstellers stehen in einem **Stufenverhältnis.** Der Dateninhaber kann dem Zugangsrecht bzw. dem Recht auf Weitergabe grundsätzlich nur entgegentreten, wenn dem Schutz des Geschäftsgeheimnisses nicht durch die in Art. 4 Abs. 7 und Art. 5 Abs. 10 Data Act vorgesehenen Maßnahmen Rechnung getragen werden kann. Zwar ist als weitere Ausnahme vorgesehen, dass mit hoher Wahrscheinlichkeit mit schweren wirtschaftlichen Schäden zu rechnen ist.[89] Die Hürden für diese Ausnahme sind aber so hoch angesetzt, dass von einem echten Schutz zu Gunsten des Geheimnisinhabers kaum die Rede sein kann.[90] **82**

---

[87] Pauly/Wichert/Baumann MMR 2024, 211.

[88] Ausf. hierzu → Kap. 10 Rn. 234 f.

[89] Kritisch Baumgarten/Paal NJW 2026, 1 (4) mwN.

[90] Krit. Grapentin RDi 2023, 173 (176 f.); Böken/Vocks MMR 2024, 1016 (1017) „fast unmöglich“. AA Hennemann/Steinrötter NJW 2024, 1 (4), wonach die Hemmschwelle nicht allzu niedrig erscheine und die das als praxisrelevante Einrede betrachten.

83 Bei der Anwendung der Einreden ist zu beachten, dass der **Dateninhaber nicht notwendig selbst Geheimnisinhaber** ist. Immer dann, wenn der Dateninhaber dem Geheimnisinhaber zur Wahrung des Geschäftsgeheimnisses verpflichtet ist, muss er die diesem zustehende Einrede dem Zugangsersuchen entgegenhalten können. Andernfalls würde er gezwungen, gegen Art. 4 Abs. 3b GeschGehRL zu verstoßen.

84 Insgesamt entsteht der Eindruck, dass der Gesetzgeber in der Sorge, dass ein Geschäftsgeheimnis als pauschale Ausrede gegen den Datenzugang genutzt würde,[91] über das Ziel hinausgeschossen ist. Das Verweigerungsrecht wegen **drohender wirtschaftlicher Schäden** ist als ultima ratio[92] zu eng. Es liegt daher nahe, zumindest gravierende Schutzlücken zu schließen. Ob unverhältnismäßige Eingriffe in den Bestand von Geschäftsgeheimnissen über die Anerkennung des grundrechtlichen Schutzes (Art. 17 Abs. 2 GrCH[93]) als Schranke des Zugangsanspruchs abgewehrt werden können, hängt maßgeblich davon ab, ob der geforderte Zugang zu den Produktdaten tatsächlich eine Offenbarung des Geschäftsgeheimnisses erfordert. In Betracht zu ziehen ist aber jedenfalls eine **Korrektur über das Missbrauchsverbot** (zu Art. 4 Abs. 2b GeschGehRL → Rn. 110).

3. Geheimnisschutz als Grund für die Beschränkung der Weitergabe

85 Nach Art. 4 Abs. 6 S. 1 Data Act werden Geschäftsgeheimnisse gewahrt und nur offengelegt, wenn vom Dateninhaber und vom Nutzer vor der Offenlegung alle Maßnahmen getroffen worden sind, die erforderlich sind, um die Vertraulichkeit der Geschäftsgeheimnisse, insbesondere gegenüber Dritten, zu wahren. Die **Verantwortung für den Schutz** liegt dabei aber beim **Dateninhaber.** Er ist nach S. 2 gehalten, die relevanten Rohdaten oder Metadaten zu ermitteln, die zwecks Geheimnisschutz gegen die unbefugte Nutzung, Weitergabe und Offenbarung zu schützen sind. Identifikation bedeutet hier allerdings nur, dass die betroffenen Daten bezeichnet werden müssen, nicht dass auch deren Geheimnisqualität näher dargelegt werden muss. Andernfalls würde im Streitfall der nach Art. 6 GeschGehRL (in Deutschland über § 273a ZPO iVm § 16 GeschGehG) gewährte vorläufige Schutz unterlaufen. Zu Recht wird daher gefordert, dass auch für die Einrede eine Glaubhaftmachung ausreichen muss.[94]

86 Ähnliches gilt für die Vorgabe, dass der Geheimnisinhaber die hierfür erforderlichen **angemessenen technischen und organisatorischen Maßnahmen** festzulegen und mit dem Nutzer zu vereinbaren hat. S. 3 nennt als angemessene Maßnahmen beispielhaft Mustervertragsklauseln, Vertraulichkeitsvereinbarungen, strenge Zugangsprotokolle, technische Normen und die Anwendung von Verhaltenskodizes. Da die Angemessenheit nach der Geschäftsgeheimnis-RL vom Wert des Geheimnisses sowie dem Risiko der Beeinträchtigung abhängt (→ Kap. 10 Rn. 202), muss die Festlegung der erforderlichen Maßnahmen grundsätzlich dem Geheimnisinhaber freistehen.

87 Art. 4 Abs. 6 Data Act ist damit **keine Einrede gegen das Zugangsrechts des Nutzers,** sondern nur gegen die Weitergabe an Dritte. Eine Beschränkung des Zugangs auch des Nutzers ergibt sich nur mittelbar, nämlich dann, wenn der Nutzer sich weigert eine solche Geheimnisschutzvereinbarung abzuschließen. Nur in diesem Fall darf der Dateninhaber den Zugang nach Art. 4 Abs. 7 Data Act verweigern. Problematisch erscheint allerdings, dass die Geheimnisschutzvereinbarung leerlaufen könnte, weil der Nutzer die von ihm beabsichtigte Nutzung der Daten nicht offenlegen muss, sodass der Geheimnisinhaber das Risiko nicht bewerten und keine entsprechenden Vorkehrungen treffen kann.[95]

88 Eine im Wesentlichen gleichlaufende Regelung enthält Art. 5 Abs. 10 Data Act für die **Datenweitergabe durch den Nutzer an den Dritten.** Allerdings ist der Umfang der

---

[91] Vgl. Erwgr. 31 Data Act.
[92] Vgl. Assion/Willecke MMR 2023, 805 (808); Andjic ZdiW 2022, 68 (70).
[93] So Rockstroh/Katko ZdiW 2023, 103 (105 f.) mwN.
[94] Pauly/Wichert/Baumann MMR 2024, 211 (212).
[95] Andjic ZdiW 2022, 68 (72).

Offenlegung hier auf das für den zwischen dem Nutzer und dem Dritten vereinbarten Zweck „unbedingt erforderliche Maß" begrenzt. Wenngleich der Gesetzgeber damit ersichtlich eine Einschränkung im Vergleich zum Datenzugangsanspruch des Nutzers erzielen wollte, ist dies regelungstechnisch missglückt.

Problematisch ist insbesondere, dass dieser nach dem Vertrag **erforderliche Zweck vom** 89
Nutzer und dem Dritten grundsätzlich frei vereinbart werden kann. Vom Wortlaut gedeckt wäre also auch eine Vereinbarung, die auf eine Ausforschung zu Gunsten eines Wettbewerbers abzielt.[96] Aggregierte Daten erlauben aber häufig genaue Rückschlüsse auf die Funktionsweise eines Produkts, die nicht durch die bloße Produktbeobachtung erzielt werden könnten.[97] Zu Recht wird von einem Vertrag zu Lasten Dritter gesprochen.[98] Als Korrektiv bietet sich hier an, ein strenges Bestimmtheitserfordernis an die Zweckbestimmung anzulegen.[99] Dieses ist erforderlich, um sicherzustellen, dass die Handlungsverbote nach Art. 6 Abs. 2 Data Act eingehalten werden. Nur so können missbräuchliche Buy-Out Verträge verhindert werden.[100] Eine Vereinbarung mit dem – vom Data Act nicht gedeckten – Ziel der Entwicklung eines konkurrierenden Produkts (Art. 4 Abs. 10, Art. 6 Abs. 2e Data Act) oder der wettbewerbswidrigen Ausforschung wäre als missbräuchliche Verhaltensweise nach Art. 4 Abs. 2b GeschGehRL zu werten.

Um eine mögliche Diskrepanz zwischen den Erwgr. und dem Normtext zu vermeiden,[101] 90
muss eine **mit dem Ziel des Geheimnisschutzes zu vereinbarende Auslegung** daher neben dem Vertragszweck auch die Einleitungsformel „Geschäftsgeheimnisse werden gewahrt" als eigenständige Voraussetzung anerkennen. Insbesondere dann, wenn die Weitergabe an den Dritten das Geschäftsgeheimnis in seinem **Bestand gefährdet,** bspw. weil die geplante Nutzung zur Offenkundigkeit führen würde, muss dem Geheimnisinhaber eine Einrede gewährt werden. Ein solcher Fall wäre mE nach dann gegeben, wenn es sich bei dem vernetzten Produkt um ein Produkt handelt, das zwar bereits in den Markt gebracht wurde, aber weiterhin für Testreihen im Zuge der Produktentwicklung des Herstellers genutzt wird. Dafür spricht nicht nur die Vergleichbarkeit mit den in Erwgr. 14 Data Act erwähnten und in Art. 5 Abs. 2 Data Act geregelten Prototypen, sondern auch die Wertung der Geschäftsgeheimnis-RL, die vor Markteintritt einen vertraglichen Ausschluss von Reverse Engineering zulässt (dazu → Kap. 10 Rn. 198).

Für beide Fälle – Art. 4 Abs. 6 und Art. 5 Abs. 10 Data Act – gilt, dass sich die 91
Anforderungen an eine wirksame Geheimnisschutzvereinbarung nicht aus dem Data Act, sondern aus Art. 2 und 3 GeschGehRL ergeben. Art. 2 GeschGehRL legt die Voraussetzungen für die Aufrechterhaltung des Geheimnisschutzes fest, Art. 3 GeschGehRL bestimmt, unter welchen Voraussetzungen eine Verletzung der vertraglichen Verpflichtungen rechtswidrig ist (dazu → Kap. 10 Rn. 180).

Hinzuweisen ist darauf, dass die Geschäftsgeheimnis-RL eine solche **Vereinbarung mit** 92
Drittwirkung ausstattet. Denn wenn die Vereinbarung dem Nutzer eine Beschränkung oder ein Verbot der Weitergabe an Dritte auferlegt, ist die Nutzung durch diese Dritte rechtswidrig. Der Dritte ist dann – verschuldensunabhängig – zu Unterlassung und Beseitigung verpflichtet. Ob eine solche mittelbare Verletzung auch eine Schadensersatzpflicht auslöst, hängt davon ab, ob der Dritte von der Rechtswidrigkeit Kenntnis hatte oder haben musste (dazu → Kap. 10 Rn. 178). Allerdings kann diese auch nachträglich herbeigeführt werden.

Indessen ist **bei einer solchen Vereinbarung Maß** zu halten. Denn eine in einer 93
Nutzungsvereinbarung nach Art. 4 Abs. 13 Data Act enthaltene Geheimnisschutzverein-

---

[96] Vgl. Grapentin RDi 2023, 173 (175); Wiebe GRUR 2023, 227 (235); Böken/Vocks MMR 2024, 1016 (1018).
[97] Vgl. Grapentin RDi 2023, 173 (175) mit dem instruktiven Beispiel von Bildgebungsverfahren.
[98] Pauly/Wichert/Baumann MMR 2024, 211 (214).
[99] Vgl. Pauly/Wichert/Baumann MMR 2024, 211 (214), die darin die wirkungsvollste Beschränkung sehen.
[100] So auch Pauly/Wichert/Baumann MMR 2024, 211 (214).
[101] Vgl. die Kritik bei Pauly/Wichert/Baumann MMR 2024, 211.

barung ist am Maßstab des Art. 13 Data Act zu messen und darf die durch Art. 7 Abs. 2 Data Act unterstrichene Grundwertung nicht umgehen, dass der Nutzer Zugang zu den Daten erlangen soll, die er für die Inanspruchnahme weiterer Produkte und Dienstleistungen von Dritten erfordert. Demgegenüber müssen Vereinbarungen, die den Datenzugang eines Dritten begrenzen, ausweislich des Art. 4 Abs. 6 S. 1 Data Act („Geschäftsgeheimnisse werden gewahrt") zulässig bleiben.

4. Nutzungsbeschränkung für durch Zugangsrechte erlangte Daten

94 Unabhängig von der Vereinbarung, die der Dateninhaber mit dem zur Weitergabe berechtigten Nutzer und/oder dem Empfänger geschlossen hat, beschränkt Art. 4 Abs. 10 Data Act den Nutzer dahingehend, dass er die Daten weder selbst für die **Entwicklung konkurrierender Produkte** nutzen noch sie zu diesem Zweck an Dritte weitergeben darf.

95 Für Empfänger enthält Art. 6 Data Act weitergehende Beschränkungen der erlaubten Nutzung. Neben die schon erwähnte Zweckbindung an den Vertrag zwischen Nutzer und Dritten treten eine Reihe von **gesetzlichen Handlungsverboten.**

96 Dazu zählt nach Art. 6 Abs. 2c Data Act das – mit Blick auf Art. 2 Abs. 1a GeschGehRL zentrale –Verbot, die Daten ohne Zustimmung **an weitere Dritte („Vierte") weiterzugeben.** Zwar kommt es hierfür nach dem Wortlaut nur auf die „Zustimmung" seitens des Nutzers an. Dieser kann vom Geheimnisinhaber aber in der Geheimnisschutzvereinbarung dazu verpflichtet werden, einer solchen Weitergabe nicht zuzustimmen.

97 Nach Art. 6 Abs. 2e Data Act greift zu Gunsten des Dateninhabers ein **Wettbewerbsverbot,** das dem Empfänger untersagt, die Daten für die Entwicklung eines Produkts zu nutzen, das mit dem datengenerierenden vernetzten Produkt in Konkurrenz tritt. Im Ergebnis ist das ein – mit der üblichen Beweisproblematik behafteter[102] – Nachahmungsschutz. Ob sich daraus ein Verweigerungsrecht wegen drohenden wirtschaftlichen Nachteils ergibt[103], scheint zweifelhaft. Ein solches könnte allenfalls aus dem UWG bzw. dem allgemeinen Missbrauchsverbot folgen (→ Rn. 108).

98 Unzulässig ist es außerdem, die bereitgestellten Daten zu nutzen, um **Einblicke in andere Wirtschaftsparameter** zu erlangen, die regelmäßig ebenfalls Geschäftsgeheimnisse iSv Art. 2 Abs. 1 GeschGehRL darstellen werden.

99 Für den Fall der Zuwiderhandlung kommen neben den Ansprüchen aus Art. 11 Data Act auch die **Ansprüche aus Geheimnisschutzverletzung** in Betracht (dazu → Kap. 10 Rn. 177).

5. Geheimnisschutz als Grund für die Verweigerung des Zugangs

100 Art. 4 Abs. 7 Data Act trägt der Tatsache Rechnung, dass ein Geschäftsgeheimnis überhaupt nur besteht, wenn der Geheimnisinhaber **angemessene Geheimhaltungsmaßnahmen** ergreift (dazu → Kap. 10 Rn. 202). Daraus folgt notwendig, dass der Zugang nicht gewährt werden muss, bevor eine entsprechende Vereinbarung zu Stande gekommen ist (→ Rn. 54). Aus demselben Grund kann der Dateninhaber den Zugang aussetzen oder beenden, wenn die vereinbarten Maßnahmen **nicht umgesetzt** werden oder die Vertraulichkeit auf andere Art und Weise **verletzt** wird.[104] Letzteres ist jedenfalls dann der Fall, wenn der Nutzer die Daten entgegen der geschlossenen Vereinbarung für andere Zwecke nutzt oder an Dritte weitergibt. Ein solcher vertragsüberschreitender Gebrauch ist nicht nur eine Vertragsverletzung, sondern auch eine Geheimnisschutzverletzung und zieht die hierfür vorgesehenen gesetzlichen Rechtsfolgen nach sich (dazu → Kap. 10 Rn. 180).

---

[102] Krit. auch Grapentin RDi 2023, 173 (177); Böken/Vocks MMR 2024, 1016 (1018); vgl. zur erforderlichen Marktabgrenzung Schulz NZKartR 2024, 426 (432).
[103] Assion/Willecke MMR 2023, 805 (808).
[104] Pauly/Wichert/Baumann MMR 2024, 211 (212); Böken/Vocks MMR 2024, 1016 (1017).

Dasselbe **Recht zur Verweigerung** besteht nach Art. 5 Abs. 10 Data Act auch gegenüber einem Dritten, wenn keine Einigung über erforderliche Maßnahmen erzielt werden konnte, die vereinbarten Maßnahmen nicht umgesetzt werden oder die Vertraulichkeit auf andere Art und Weise verletzt wurde. Auch hier gilt, dass der Verstoß gegen die Vereinbarung seitens des Dritten zugleich eine Verletzung iSv Art. 3 GeschGehRL (bzw. § 4 Abs. 2 Nr. 2 GeschGehG) darstellt. Dasselbe gilt für den Fall, dass der Dritte die Daten entgegen dem gesetzlichen Verbot (Art. 6 Abs. 2e Data Act) für die Entwicklung eines konkurrierenden Produkts nutzt. **101**

Dieses auf den ersten Blick **zweckmäßige Regel-Ausnahmesystem** wird allerdings durch die **zu strengen formalen Anforderungen** erheblich beeinträchtigt. Denn der Dateninhaber muss im Fall der Verweigerung dies nicht nur dem Nutzer schriftlich mitteilen, sondern auch die nationale Aufsichtsbehörde informieren. Berücksichtigt man, dass es sich bei der geschäftsgeheimnisrelevanten Information etwa auch um eine Messreihe handeln kann, die von einem in einem Massenprodukt verbauten Sensor generiert wurde, wirkt diese umfassende Mitteilungspflicht unverhältnismäßig. Nur als Trostpflaster erscheint insoweit, dass der Verstoß gegen diese Pflicht zur unverzüglichen Mitteilung nicht bußgeldbewehrt sein soll.[105] **102**

Im Ergebnis geben Art. 4 Abs. 7 und Art. 5 Abs. 10 Data Act dem Dateninhaber nur eine **Einwendung** gegen den Zugang, wenn der Nutzer oder Dritte eine Geheimnisschutzvereinbarung verweigert oder sich nicht an diese hält. **103**

Ein echtes **Zugangsverweigerungsrecht** gewährt der Data Act dagegen ausnahmsweise nach Art. 4 Abs. 8 bzw. Art. 5 Abs. 11 Data Act, wenn mit **hoher Wahrscheinlichkeit ein schwerer wirtschaftlicher Schaden** droht. Das soll allerdings nur der Fall sein, wenn der Schaden „mit schweren irreparablen wirtschaftlichen Verlusten einhergeht". Als Beispiele für Faktoren, die bei der Beurteilung dieser beiden Kriterien zu berücksichtigen sind, werden die Durchsetzbarkeit in Drittstaaten, Art und Vertraulichkeitsgrad der Daten sowie die „Einzigartigkeit und Neuartigkeit" des Produkts genannt;[106] außerdem Risiken für die Cybersicherheit. Es muss sich dabei um außergewöhnliche Umstände und Einzelfälle handeln. Hinzu treten die schon genannten formalen Anforderungen einer Mitteilung an den Nutzer bzw. Dritten sowie an die Aufsichtsbehörde. **104**

Zu Recht wird moniert, dass die Voraussetzungen so streng sind, dass die Zugangsverweigerung **kaum als effizienter Mechanismus** für den Geheimnisschutz angesehen werden kann.[107] Störend ist nicht nur, dass die materiellen Anforderungen so hoch sind, sondern auch, dass die Darlegung der Voraussetzungen ihrerseits das Geschäftsgeheimnis beeinträchtigen könnte. **105**

6. Sonstige Verweigerungsrechte

Selbst unter Berücksichtigung des grundsätzlichen Vorrangs des Zugangsrechts muss ein Verweigerungsrecht jedenfalls dann gewährt werden, wenn andernfalls das Geschäftsgeheimnis in seinem Bestand bedroht ist.[108] Grundlage hierfür wäre der über **Art. 17 Abs. 2 GRCh** und die Geschäftsgeheimnis-RL als allgemeiner Grundsatz des Unionsrechts anerkannte Schutz von Geschäftsgeheimnissen,[109] der einerseits eine gesetzliche Grundlage für eine Beschränkung fordert, die andererseits erforderlich und verhältnismäßig sein muss.[110] Daraus könnte sich ein Zugangsverweigerungsrecht ergeben, wenn das Risiko für den Geschäftsgeheimnisinhaber außer Verhältnis zum Nachteil steht, der dem Zugangsberech- **106**

[105] Pauly/Wichert/Baumann MMR 2024, 211 (213).
[106] Erwgr. 31 Data Act.
[107] Pauly/Wichert/Baumann MMR 2024, 211 (213).
[108] Ausf. Böken/Vocks MMR 2024, 1016 ff.
[109] Vgl. exemplarisch EuGH 29.3.2012 – C-1/11, NVwZ 2012, 615 – Interseroh mwN.
[110] Art. 52 GRCh; vgl. zur verhältnismäßigen Beschränkung von Art. 17 EuGH 22.1.2013 – C 283/11, MMR 2013, 265 – Sky Österreich.

tigten durch die Verweigerung entsteht. Ein solches kann aber – entgegen dem Vorschlag im Schrifttum – nicht bereits angenommen werden, wenn der Geheimnisinhaber die geschützte Information gegenüber einer oder mehreren bestimmten Personen offenbaren muss. Denn die GeschGehRL sieht einen Vorbehalt gegenüber öffentlich-rechtlichen Pflichten vor. Auch die Rechtfertigung der Zugangsansprüche lässt sich nicht pauschal verneinen;[111] umso weniger, wenn man die notwendige Unterscheidung zwischen dem dem Hersteller bzw. dem Dateninhaber zugewiesenen Geschäftsgeheimnis und den dem Nutzer zugewiesenen (→ Rn. 63) Daten berücksichtigt.[112] IdR sind die Daten, zu denen Zugang zu gewähren ist, nicht selbst das Geschäftsgeheimnis, sondern lassen nur mittelbar einen Rückschluss auf diese zu. Ein Eingriff liegt daher erst dann vor, wenn das Geheimnis entweder durch den Zugang an den Berechtigten in seinem Bestand gefährdet wird (→ Rn. 50, → Rn. 90) oder der Geheimnisinhaber aufgrund der Vielzahl der Zugangsberechtigungen trotz der vorgesehenen TOM die Kontrolle über das Geheimnis verliert. Eine generelle Beschränkung der Zugangsrechte durch eine Interessenabwägung im Einzelfall[113] ist demgegenüber abzulehnen. Sie würde auch wegen des zu besorgenden „overclaiming" das Ziel des Data Act unterlaufen.

107 Als Beispiele, bei denen sich ohne Begrenzung des Zugangsrechts ein **evidenter Wertungswiderspruch** ergeben würde, ist einerseits der Fall zu nennen, dass ein Wettbewerber gezielt eine relevante Anzahl von Nutzern anspricht und sich aus den so aggregierten Daten das Risiko des *Reverse Engineering* ergibt; andererseits der schon angesprochene Fall, dass es sich bei dem vernetzten Produkt (ggf. trotz Markteinführung) um einen noch in der Testphase befindlichen Prototypen handelt (→ Rn. 69, → Rn. 90).

108 Auch das in Art. 6 Abs. 2e Data Act vorgesehene Verbot, die erhaltenen Daten zu nutzen, um ein konkurrierendes Produkt zu entwickeln oder die Daten zu diesem Zweck an einen anderen Dritten weiterzugeben, sollte – bei **begründetem Verdacht auf einen Verstoß**[114] – durch ein Verweigerungsrecht sanktioniert werden.[115]

109 Unmittelbar aus der GeschGehRL abzuleiten ist schließlich das Recht des Geheimnisinhabers, die Weitergabe durch den Zugangsberechtigten zu beschränken. Denn selbst eine umfassende Geheimnisschutzvereinbarung kann den Bestand des Geschäftsgeheimnisses nicht sichern, wenn das Geheimnis unter denselben Bedingungen an eine **unbegrenzte Zahl von Personen** weitergegeben werden kann. Das Datenzugangsrecht darf nicht als eine Art „gesetzliche Zwangslizenz"[116] an einen unbegrenzten Personenkreis verstanden werden. Andernfalls droht ein Kontrollverlust, der die Geheimnisqualität beeinträchtigt. Gerade in Sektoren, in denen es wenige Anbieter gibt, droht zudem eine allgemeine Zugänglichkeit „in den Kreisen, die üblicherweise mit dieser Art von Informationen umgehen", vgl. Art. 2 Abs. 1a GeschGehRL (→ Kap. 10 Rn. 195). Eben dieses Ergebnis ließe sich auch erzielen, wenn man die Wortfolge „oder die Vertraulichkeit der Geschäftsgeheimnisse verletzt wird" als eigenständige Variante lesen würde;[117] dagegen sprechen aber die englische und französische Fassung.

110 Bei der Frage, ob die entgegenstehende Grundrechtsposition ausnahmsweise ein (ungeschriebenes) Verweigerungsrecht begründet, sollte auch das in der Bestimmung der Zwecksetzung durch Nutzer und Dritte liegende **Missbrauchsrisiko**[118] berücksichtigt werden.[119] Das wäre etwa dann der Fall, wenn ein Mitbewerber ein Gerät gezielt selbst oder durch einen Strohmann zur Ausforschung erwirbt und die relevante Information ohne

[111] Vgl. dazu Wendehorst/Schwammberger DAR 2022, 541.
[112] Dies übersehen Böken/Vocks MMR 2024, 1016 (1019).
[113] So Böken/Vocks MMR 2024, 1016 (1020 f.).
[114] Schulz NZKartR 2024, 426 (432) für konkrete Anhaltspunkte für die kartellrechtswidrige Verwendung.
[115] So auch Assion/Willecke MMR 2023, 805 (808).
[116] So Heinzke BB 2023, 201 (205), der insoweit nicht zwischen Daten und Geschäftsgeheimnis unterscheidet.
[117] So Heinzke/Herbers/Kraus BB 2024, 649 (653).
[118] Pauly/Wichert/Baumann MMR 2024, 211 (214); Andjic ZdiW 2022, 68 (72).
[119] So im Ergebnis auch Assion/Willecke MMR 2023, 805 (808).

weiteres aus den Daten auslesen kann. Ordnet man die Wettbewerbsverbote des Data Act als Marktverhaltensregel ein,[120] ergibt sich das Verweigerungsrecht mittelbar aus § 3a UWG.

Dass die Verweigerungsrechte des Data Act im Übrigen nicht abschließend sind, ergibt sich bereits daraus, dass sowohl die **DS-GVO**[121] **als auch das Wettbewerbsrecht**[122] **unberührt** bleiben. Betreffen die Daten eine vom Nutzer verschiedene Person, wird der Zugang bereits durch Art. 4 Abs. 13 und 14 Data Act begrenzt.[123] Kann der Dateninhaber die Auskunft nach Art. 15 Abs. 4 DS-GVO oder Art. 20 Abs. 4 DS-GVO verweigern, muss auch ein Datenzugangsanspruch nach dem Data Act gesperrt sein.[124] Der Vorrang des Wettbewerbsrechts bestätigt, dass der Hersteller den Zugang außerdem verweigern kann, wenn der Austausch sensibler Information gegen das Wettbewerbsverbot nach § 1 GWB, Art. 101 AEUV verstoßen würde.[125] **111**

VI. Technische und organisatorische Maßnahmen als Auflage

Art. 2 Nr. 1b GeschGehRL fordert für den Bestand eines Geschäftsgeheimnisses, dass der rechtmäßige Inhaber **angemessene Geheimhaltungsmaßnahmen** trifft. Die Maßnahme setzt voraus, dass erkennbare Vorkehrungen getroffen werden, um eine Offenbarung zu vermeiden und die Personen, die mit dem Geheimnis in Kontakt kommen, hinsichtlich der Schutzbedürftigkeit zu warnen (→ Kap. 10 Rn. 206). **112**

Nach Art. 2 Nr. 1 GeschGehRL dient die Etablierung solcher angemessenen Maßnahmen nicht nur dem Schutz des Geschäftsgeheimnisses gegen den Verlust der Geheimnisqualität, sondern ist selbst Schutzvoraussetzung (dazu → Kap. 10 Rn. 202). Der damit geforderte **aktive Schutz** ist zugleich Ausdruck der rechtmäßigen Kontrolle des Geheimnisinhabers nach Art. 2 Nr. 2 GeschGehRL. **113**

Die **Auswahl der angemessenen Maßnahmen** liegt grundsätzlich in der Eigenverantwortung des Geheimnisinhabers. Als solche Geheimnisschutzmaßnahmen kommen technische, organisatorische und rechtliche Vorkehrungen in Betracht (dazu → Kap. 10 Rn. 204). **114**

- **Technische Maßnahmen** dienen dazu, den Zugriff Dritter auf Daten faktisch zu verhindern. Hierzu zählen bspw. alle Cybersicherheitsmaßnahmen, bspw. Antivirensoftware, Firewalls, Zugriffskontrollen, Passwortschutz, Zwei-Faktor-Identifizierung, Verschlüsselung sowie der sichere Umgang mit mobilen Speichermedien. Die wahrscheinlich wichtigste Maßnahme für den Schutz nach dem Data Act ist die Einrichtung eines Nutzerkontos für den Zugang.[126] **115**
- Mit **organisatorischen Maßnahmen** werden typischerweise unternehmensinterne Abläufe angesprochen, die die Berechtigung zum Zugriff auf die Personen begrenzen, die die Daten für ihre Tätigkeit erfordern (need-to-know). Dazu zählt aber auch die Festlegung der Verantwortlichkeit, Richtlinien für den Umgang mit Geschäftsgeheimnissen, die Einrichtung eines gesonderten Speicherorts sowie die Kennzeichnung von Geschäftsgeheimnissen und die Protokollierung des Zugangs, die neben der Sicherungs- auch eine Warnfunktion haben. Das relevanteste Beispiel dürfte eine sinnvoll begrenzte Einräumung von Zugangsberechtigungen zum o. g. Nutzerkonto sein.

---

120 Metzger/Schweitzer ZEuP 2023, 42 (52); Schulz NZKartR 2024, 426 (430).
121 Art. 1 (5) Data Act.
122 Erwgr. 116 Data Act.
123 Heinzke/Herbers/Kraus BB 2024, 649 (652).
124 So zu Recht Pauly/Wichert/Baumann MMR 2024, 211 (215) mwN.
125 Schulz NZKartR 2024, 426 (432); Merkle/Bomhard RDi 2022, 168 (172). Dazu Podszun/Pfeifer GRUR 2022, 953 (954) sowie → Kap. 4 Rn. 162 ff.
126 Vgl. Erwgr. 21 Data Act.

– Als **rechtliche Vorkehrungen** kommen vertragliche Vereinbarungen in Betracht, die sich bloß auf die Vertraulichkeit im Verhältnis zu Dritten beschränken (sog. Non-Disclosure Agreements) oder als umfassende Geheimnisschutzvereinbarung auch Art und Weise der eigenen Nutzung sowie der Weitergabe festlegen können.

116 Auch Art. 4 Abs. 6 Data Act sieht vor, dass der Dateninhaber in den Daten enthaltene Geschäftsgeheimnisse durch **angemessene Maßnahmen** schützen kann. Art. 4 Abs. 6 aE Data Act nennt als angemessene Maßnahmen beispielhaft rechtliche (Mustervertragsklauseln, Vertraulichkeitsvereinbarungen) und technische (strenge Zugangsprotokolle, technische Normen) Maßnahmen. Unklar ist, warum organisatorische Maßnahmen nicht genannt werden. Zwar erscheint problematisch, dass unternehmensinterne organisatorische Vorkehrungen (bspw. need to know-Prinzip) den Zweck des Datenzugangs unterlaufen könnten, sie sind aber nicht per se unzulässig.

117 Welche Bedeutung den ebenfalls genannten **Verhaltenskodizes** als Maßnahme zukommt, bleibt unklar. Ein Verstoß gegen einen solchen könnte zwar die Erlangung nach Art. 3 Abs. 1d GeschGehRL unrechtmäßig machen; die Existenz eines Verhaltenskodex alleine wird aber als Maßnahme kaum ausreichen, sofern sich der Nutzer (oder Dritte) nicht ausdrücklich zur Einhaltung verpflichtet.

118 Bei der Auswahl der Maßnahmen ist zu beachten, dass die Rechte des Nutzers auf Zugang und Weitergabe an Dritte nach Art. 7 Abs. 2 Data Act **nicht zum Nachteil des Nutzers** beschränkt werden dürfen. Eine Vereinbarung, die dem Nutzer zwecks Geheimnisschutz schlicht die Weitergabe an Dritte untersagt oder die faktisch die Inanspruchnahme der Dienste Dritter ausschließt, wäre für diesen nicht verbindlich (vgl. Art 7 Abs. 2 Data Act) – und ist daher als Schutzmaßnahme ungeeignet.

119 Neben die Beurteilung, ob eine Maßnahme nach der Geschäftsgeheimnis-RL ausreichend ist, tritt damit als weitere Anforderung, ob sie nach dem Data Act zulässig ist. Dabei ist fraglich, ob die **Begriffe der „angemessenen Maßnahme"** iSv Art. 2 Nr. 1c GeschGehRL und Art. 4 Abs. 6 Data Act identisch sind. Auffällig ist jedenfalls, dass die englische Fassung der Geschäftsgeheimnis-RL von „reasonable steps ... to keep it secret", die englische Fassung des Data Act von „proportionate technical and organisational measures necessary to preserve the confidentiality" spricht. Zudem ist zu berücksichtigen, dass sich die Angemessenheit der Maßnahmen nach Art. 2 Nr. 1c GeschGehRL eindeutig auf das Geheimnis, nämlich dessen Wert und Bedrohungsrisiko, bezieht. Demgegenüber legt der unterschiedliche Regelungskontext nahe, dass Maßstab für die „Angemessenheit" der Maßnahmen in Art. 4 Abs. 6 Data Act auch die Zumutbarkeit für den Vertragspartner ist.

120 Auch im Übrigen stößt die Verweisung auf die bei Anwendung der Geschäftsgeheimnis-RL **etablierten Schutzkonzepte** auf Grenzen. Unproblematisch ist zunächst, technische Schutzmaßnahmen zu fordern, dem Nutzer (oder Dritten) also aufzuerlegen, die Daten nicht öffentlich zugänglich zu machen und auch gegen Betriebsspionage und Cyberangriffe adäquat zu schützen.

121 Problematischer ist dagegen, dem Nutzer auch **entsprechende Berechtigungskonzepte,** bspw. Zugangsprotokolle abzufordern, wenn dadurch die eigene Nutzung der Daten beeinträchtigt wird. Denn auch die angemessenen Maßnahmen müssen der Prüfung nach Art. 7 Abs. 2 Data Act standhalten, nach der sie nicht zum Nachteil des Nutzers von Kapitel II abweichen dürfen. Praktische Bedeutung werden daher Berechtigungskonzepte – wie in Art. 4 Abs. 6 aE Data Act erwähnt – „insbesondere gegenüber Dritten" erlangen. Berechtigt ist etwa die Forderung, dass der Nutzer den Kreis der Dritten, denen die Daten zugänglich gemacht werden, auf das erforderliche Maß beschränkt und über diese Personen Protokoll führt, damit der Kreis der Zugangsberechtigten iSv Art. 2 Nr. 1a GeschGehRL (im Streitfall) feststellbar ist.

122 Zulässig und sinnvoll ist ferner die **Beschränkung der Weitergabe** auf einzelne Datenarten, hinsichtlich des Datenformats oder der Metadaten, sofern dadurch einerseits das Geschäftsgeheimnis (besser) gegen Offenbarung oder Reverse Engineering geschützt wird,

andererseits die legitimen Interessen des Nutzers aber gar nicht beeinträchtigt werden. In einer solchen Begrenzung der Weitergabe – die auf die Nutzung von Diensten Dritter oder den Wechsel des Anbieters ausgerichtet und datensparsam ausgestaltet ist – könnte zugleich ein wirksamer Schutz gegen die befürchteten Verträge zu Lasten Dritter, dh die Ausforschung des Geheimnisinhabers durch Wettbewerber über den Umweg der Nutzer, liegen.[127] Unproblematisch zulässig wäre außerdem, wenn der Dateninhaber die direkte Weitergabe an den Dritten vorsieht, damit er die Kontrolle über die Datenflüsse an Dritte behält.

Soweit rechtliche Maßnahmen getroffen werden, insbesondere also Geheimnisschutzver- **123**
einbarungen (dazu → Kap. 10 Rn. 229) geschlossen werden, ist darauf hinzuweisen, dass **catch-all-Klauseln** nach dem Data Act unzulässig sind. Denn der Dateninhaber oder – bei Personenverschiedenheit der Geheimnisinhaber – ist nach Art. 4 Abs. 6 und Art. 5 Abs. 8 Data Act verpflichtet, die als Geschäftsgeheimnis geschützten Daten (einschließlich der Metadaten) zu identifizieren.

Kapitel 7. Kartellrecht

Übersicht

Siehe zu diesem Themenkomplex auch
- Kartellrecht/DMA → Kap. 13 Rn. 1 ff.
- UWG → Kap. 13 Rn. 129 ff.

I. Einleitung

Sowohl das europäische als auch das deutsche Kartellrecht bieten Ansatzpunkte zur **1**
Begründung eines kartellrechtlichen **Datenzugangsanspruch** für Marktakteure.[1] Zu klären ist stets die Frage, ob der Zugang zu bestimmten Arten von Daten mit der

[127] Vgl. Europäische Kommission Study on the Legal Protection of Trade Secrets in the Context of Data Economy (GRO/SME/20/F/206), S. 55 f.

[1] Vgl. zu früheren Ansätzen EuGH 6.4.1995 – C-241/91 P und C-242/91 P, Slg. 1995, I-743 – RTE und ITP/Kommission („Magill"); EuG 17.9.2007 – T-201/04, Slg. 2007, II-3601 – Microsoft/Kommission; nunmehr stärker auf die Datenwirtschaft fokussiert Bien/Käseberg/Klumpe/Körber/Ost 10. GWB-Novelle/Brenner Rn. 80; Auer-Reinsdorff/Conrad IT- und DatenschutzR-HdB/Conrad/Licht § 39 Rn. 24 f.; Stancke, KartellR, 5. Aufl. 2026, § 9 Rn. 114.

Begründung beansprucht werden kann, die Weigerung des Dateninhabers, Zugang zu den Daten zu gewähren oder diese zu teilen, sei Ergebnis einer verbotenen Abstimmung mit anderen Marktteilnehmern oder stelle ein missbräuchliches Verhalten eines Unternehmens[2] mit Marktmacht dar.

II. Wirtschaftliche Bedeutung

2 Ob Daten nun der wesentliche „Rohstoff“ unserer Zeit[3] sind oder nicht,[4] jedenfalls sind sie Grundlage und Voraussetzung für innovative digitale und hybride Geschäftsmodelle und deren Produkte. Dateninhaber und Datenzugangspetenten sind dabei nicht mehr nur die GAFAM's und traditionelle „Datensammler“, wie Verbände oder Finanzinstitutionen. Mittlerweile entstehen im Zuge der **Verschmelzung physischer und virtueller Produkte** („Industrie 4.0“) eine Vielzahl weiterer Datenaggregatoren, die über einen sukzessive erworbenen Datenschatz verfügen. Für Unternehmen, die neue und oftmals innovative Produkte entwickeln, reicht es regelmäßig nicht mehr, die zur Verwirklichung ihrer Produktidee erforderlichen Daten in hinreichender Qualität nur aus öffentlichen Quellen, zB durch Webscraping, oder kommerziell erwerbbaren Bestandsdaten zu gewinnen.[5] Auch sukzessiver eigener Datenerwerb wird oftmals nicht hinreichend sein, zB wenn Daten Grundlage eines Produktes sind, das ohne einen Datenbestand überhaupt nicht geschaffen und angeboten werden kann.

3 Das Kartellrecht ist in diesem Zusammenhang relevant, weil die Verfügung über Daten zu einem Faktor wirtschaftlicher – und damit wettbewerblicher – Macht wird. Die **Verweigerung des Datenzugangs** kann unter bestimmten Voraussetzungen einen Marktmachtmissbrauch darstellen oder sonst wie zu antikompetitiven Ergebnissen führen.

4 Wann ein **Zugangsanspruch** entsteht, wie er durchzusetzen ist, welche Gegenleistungen ggf. zu erbringen sind[6] und ob ggf. in welcher Höhe mögliche Schäden reklamiert werden können,[7] ist noch mit Unsicherheiten behaftet.

III. Überblick zu kartellrechtlichen Datenzugangsansprüchen

5 Nach § 18 Abs. 3 Nr. 3 GWB stellt der **Zugang zu wettbewerbsrelevanten Daten** ein Bewertungskriterium für das Vorliegen einer **marktbeherrschenden Stellung** dar. Nach § 19 Abs. 2 Nr. 4 GWB kann die Verweigerung der Gewährung des Zugangs zu Daten durch ein marktbeherrschendes Unternehmen ein **Missbrauch seiner Marktmacht** darstellen.[8] Zudem stellt § 20 Abs. 1a GWB klar, dass die Verweigerung des Datenzugangs im Fall **datenbedingter Abhängigkeit** eine **unbillige Behinderung** darstellen kann. Letzteres gilt nach § 20 Abs. 1a Satz 2 GWB auch, wenn ein Geschäftsverkehr für die relevanten Daten bislang nicht eröffnet ist, also der Zugangswillige die Daten erstmalig für einen

[2] Vgl. zum kartellrechtlichen Unternehmensbegriff: Stancke, KartellR, 5. Aufl. 2026, § 3 Rn. 5 ff.
[3] In Anlehnung an den Beitrag „The world's most valuable resource is no longer oil, but data“, The Economist,6.5.2017, abrufbar unter https://fmos.link/19738.
[4] Anders als herkömmliche „Rohstoffe“ werden Daten nicht verbraucht und gewinnen nicht durch Verbrauch ihren Wert, sondern insbesondere durch Akkumulierung, vgl. auch ErwG. 1 DA: „Daten können unbegrenzt für verschiedene Zwecke verwendet und weiterverwendet werden, ohne dass dadurch Qualität oder Quantität beeinträchtigt wird“.
[5] Vgl. zB Erwg. 27 DA.
[6] Stancke, KartellR, 5. Aufl. 2026, § 9 Rn. 149.
[7] Vgl. hierzu jüngst Dewenter/Louven WuW 2023, 197 (203).
[8] Vgl. dazu im Einzelnen Stancke, Kartellrecht, 5. Aufl. 2026, § 9 Rn. 111; vgl. mit einem Bsp.: RegBegr. 10. GWB-Novelle, BT-Drs. 19/23492, 72.

digitalen Dienst, zB ein digitales Geschäftsmodell, verwenden würde.[9] Auch der **Digital Markets Act** (DMA)[10] sieht in Art. 5 und 6 Verpflichtungen zur Zugänglichmachung von Daten vor. Zudem ist es möglich, dass die Verwehrung eines Datenzugangs einen Verstoß gegen das Verbot des Marktmachtmissbrauchs nach Art. 102 AEUV darstellt und eine **Gewährung des Datenzugangs** als **Abhilfemaßnahme** in Betracht kommt. Stimmen sich Unternehmen ab, Dritten keinen Zugang zu Daten zu gewähren, kommt auch ein Verstoß gegen das Verbot abgestimmter Verhaltensweisen nach Art. 101 AEUV, § 1 GWB in Betracht. Der Verstoß des Dateninhabers gegen kartellrechtliche Verbote oder Verhaltensmaßregeln begründet nicht selbst einen **Zugangsanspruch.** Unmittelbare Folge eines Verstoßes ist die **zivilrechtliche Nichtigkeit** nach § 134 BGB und möglicherweise Art. 101 Abs. 2 AEUV. Außerdem kommt ein **Unterlassungsanspruch** nach § 33 Abs. 1 GWB in Betracht. Zudem können **kartellbehördliche Untersagungen** und **Bußgelder** drohen.[11]

1. Zivilrechtlicher Anspruch auf Datenzugang und Durchsetzung

Bei verbotener Verweigerung des Datenzugangs können sich aus §§ 33, 33a GWB **Unterlassungs- und Schadensersatzansprüche** ergeben. Ein Missbrauch durch Zugangsverweigerung kann beispielsweise zu einem **Anspruch auf Zugang** und zu einem Anspruch auf Belieferung führen.[12] Weigert sich der Dateninhaber also den Datenzugang zu gewähren, kann der Zugangswillige gegen die **Zugangsverweigerung** einen Datenzugang über einen Unterlassungsanspruch nach § 33 Abs. 1 GWB geltend machen.[13] Dieser Unterlassungsanspruch wurde auf Verstöße gegen Art. 5, 6 und 7 DMA ausgeweitet.[14] 6

Wird in einem kartellrechtlichen **Eilverfahren** eine auf Befriedigung des Beseitigungsanspruchs gerichtete Verfügung begehrt, soll der Verfügungsgrund keine existenzielle Notlage des antragstellenden Unternehmens voraussetzen. Ausreichend soll bei einem Anspruch auf Beseitigung und Unterlassung einer Behinderung zum Marktzutritt (zB eines Internet-Start-ups) sein, dass der Antragsteller so dringend auf die Erfüllung des Anspruchs angewiesen ist, dass 7

„ihm die Verweisung auf später geltend zu machenden Schadensersatz nicht zumutbar ist und dass der ihm aus der Nichterfüllung drohende Schaden außer Verhältnis zu demjenigen Schaden steht, der dem Antragsgegner aus der sofortigen Erfüllung droht“.

Auch erhebliche Umsatzverluste und die damit entfallenden Wachstumschancen des Zugangspetenten können einen Verfügungsgrund begründen. Es bedarf dann keines Vortrags zu Gewinnausfällen.[15] Dh, nach diesen Maßgaben können, bei Eilbedürftigkeit, Behinderung des Marktzutritts und drohenden erheblichen Schäden, Datenzugangsansprüche auch im Wege des Eilverfahrens geltend gemacht werden. Für die Geltendmachung kartellrechtlicher Datenzugangsansprüche gilt gem. § 32 ZPO der **Gerichtsstand am Erfolgsort** und mithin (auch) am Sitz des Zugangspetenten.[16] 8

---

[9] Bechtold/Bosch, 11. Aufl. 2025, GWB, § 20 Rn. 22a ff.
[10] VO (EU) 2022/1925.
[11] Art. 7, 23 VO (EG) Nr. 1/2003, § 81 GWB; Stancke, KartellR, 5. Aufl. 2026, § 6 Rn. 17 f., § 11 Rn. 36 ff.; Immenga/Mestmäcker, 7. Aufl. 2025, AEUV Art. 7 Rn. 1 ff., Art. 23 Rn. 1 ff.
[12] Vgl. zur einschlägigen Klageart: Wiedemann KartellR-HdB/Lübbert/Schöner § 25 Rn. 5.
[13] Für Lieferverweigerungen nach § 20 Abs. 1 GWB: Bechtold/Bosch GWB § 33 Rn. 17.
[14] RegE 1. GWB-Novelle v. 5.4.2023, S. 1.
[15] OLG Hamburg 31.8.2023 – GRUR-RS 2023, 24437; BeckOK KartellR/Stancke, 19. Ed. 1.10.2025, GWB § 19 Rn. 127.
[16] Musielak/Voit/Heinrich, 21. Aufl. 2024, ZPO § 32 Rn. 5.

2. Verhältnis zu nicht-kartellrechtlichen Ansprüchen

9 Wie das vorliegende Werk zeigt, bestehen immer mehr **Datenzugangsregeln** aus verschiedenen Rechtsbereichen (zB Datenschutzrecht,[17] Data Act[18]) oder im Hinblick auf sektorspezifische Lösungen.[19] Letzteres ist etwa für Reparaturen im Kfz-Sektor,[20] für die Interoperabilität von Zahlungsdienstleistern,[21] in der Chemie-Industrie[22] oder für Kundendaten in der Telekommunikation[23] der Fall. Es bestehen zudem Regelungen, die keine eigenen Zugangsrechte (oder Verbote der Datenvorenthaltung) enthalten, sondern lediglich den Datenverkehr erleichtern sollen und Einfluss auf Zugangsansprüche haben können, wie das Datennutzungsgesetz[24] und die Platform-to-Business-Verordnung.[25] Sektorspezifische Lösungen sind sehr viel konkreter als kartellrechtliche Generalklauseln und mögen daher einfacher durchzusetzen sein. Andererseits können kartellrechtliche Datenzugangsansprüche im Einzelfall weitergehen als Spezialansprüche. Insbesondere die gesetzlichen Wertungen zwingender vertragsrechtlicher Normen, zB des AGB-Rechts, wirtschaftsstrafrechtliche oder datenschutzrechtliche Normen sowie regulatorische Normen sind bei der Beurteilung allgemeiner kartellrechtlicher Zugangsansprüche zu beachten. Gehen kartellrechtliche Zugangsansprüche über regulatorische Ansprüche hinaus ist zu ermitteln, ob die Regulatorik eine **abschließende Regelung** trifft.[26] Auch das Verhältnis von nationalem und EU-Recht ist zu beachten. Ergibt sich ein Zugangsanspruch möglicherweise aus Marktmissbrauchsregeln wäre also zu untersuchen, ob ein Missbrauch auch dann vorliegt, wenn der Dateninhaber den Datenzugang auf das regulatorisch erforderliche Maß beschränkt.[27] Besondere Bedeutung kommt dem Data Act (VO (EU) 2023/2854) zu, der einen sektorübergreifenden Datenzugangsanspruch einführt und das Verhältnis zu kartellrechtlichen Zugangsansprüchen bislang nicht abschließend geklärt ist.

10 Neben den Regelungen des DMA sind gem. Art. 1 Abs. 6 DMA allgemeine mitgliedstaatliche und unionsrechtliche Zugangsansprüche anwendbar und können damit **über den DMA hinausgehende Zugangsansprüche** begründen.

IV. Die kartellrechtlichen Datenzugangsregelungen im Einzelnen

1. § 19 Abs. 2 Nr. 4 GWB

11 Im Zuge des GWB-Digitalisierungsgesetzes[28] wurde das Regelbeispiel des Verbots des Missbrauchs einer marktbeherrschenden Stellung gem. § 19 Abs. 2 Nr. 4 GWB, die **Essential-Facility**-Regelung, ausdrücklich um den Tatbestand der **missbräuchlichen Verweigerung des Datenzugangs** ergänzt.[29] Nach der Gesetzesbegründung sollen durch

[17] Schweitzer GRUR 2019, 569 (573 ff.); Weber WRP 2020, 559 (562 f., 564); Kerber WuW 2020, 249 (255); vgl. Schmidt, Zugang zu Daten nach europäischem Kartellrecht, 2020, S. 539 ff.
[18] VO (EU) 2023/2854.
[19] Immenga/Mestmäcker/Podszun, 7. Aufl. 2024, GWB § 20 Rn. 182.
[20] Art. 61 ff. VO (EU) 2018/858 (ersetzt Art. 6 und 7 VO (EG) Nr. 715/2005).
[21] § 675f Abs. 3 BGB (basierend auf Art. 66, 67 RL (EU) 2015/2366 (PSD2-RL); siehe auch § 58a ZAG (sog. lex Apple Pay), dazu krit. McColgan NZKart 2020, 515.
[22] Art. 5 VO (EG) Nr. 1907/2006 (REACH-VO).
[23] § 47 Abs. 1 TKG (basierend auf Art. 25 Abs. 2 RL (EG) 2002/22).
[24] Basierend auf RL (EU) 2019/1024.
[25] VO (EU) 2019/1150.
[26] Immenga/Mestmäcker/Fuchs GWB § 19 Rn. 296 ff.; Bien/Käseberg/Klumpe/Körber/Ost 10. GWB-Novelle/Brenner Kap. 1 Rn. 90.
[27] Immenga/Mestmäcker/Fuchs GWB § 19 Rn. 296.
[28] Gesetz zur Änderung des Gesetzes gegen Wettbewerbsbeschränkungen für ein fokussiertes, proaktives und digitales Wettbewerbsrecht 4.0 und anderer wettbewerbsrechtlicher Bestimmungen vom 18.1.2021, BGBl. 2021 I 2.
[29] Immenga/Mestmäcker/Fuchs GWB § 19 Rn. 299 ff.

die Norm auch strukturelle Datenzugangsprobleme auf **Anschlussmärkten** erfasst werden.[30] Die Vorschrift geht von dem Missbrauch einer marktbeherrschenden Stellung nunmehr insbesondere auch dann aus, wenn

1. sich das marktbeherrschende Unternehmen weigert, einem dritten Unternehmen Zugang zu vorhandenen Daten zu gewähren,
2. die Gewährung des Datenzugangs für eine Tätigkeit auf einem vor- oder nachgelagerten Markt objektiv notwendig ist und
3. die Weigerung des Zugangs den wirksamen Wettbewerb auf diesem Markt auszuschalten droht.[31]

Eine **marktbeherrschende Stellung** liegt vor, wenn ein Unternehmen auf einem bestimmten Markt eine solche wirtschaftliche Stärke besitzt, dass es die Fähigkeit hat, sich gegenüber Wettbewerbern, Kunden und letztlich auch den Verbrauchern weitgehend unabhängig zu verhalten.[32] Bei Datenmacht handelt es sich um die wirtschaftliche Stärke eines Unternehmens, die sich aus dem Zugang zu und der Kontrolle über Daten ergibt. Diese Form der Marktmacht ist insbesondere in der digitalen Wirtschaft von Bedeutung, wo Daten eine wesentliche Ressource für den Geschäftserfolg sind. Eine marktbeherrschende Stellung durch Datenmacht liegt vor, wenn ein Unternehmen durch den exklusiven Zugang zu großen, einzigartigen oder nicht leicht replizierbaren Datensätzen in der Lage ist, seine Marktstellung zu festigen und Wettbewerbern den Marktzugang oder die Wettbewerbsfähigkeit zu erschweren.[33] 12

Das Verbot erfasst nur die **Verweigerung des Datenzugangs** anderer Unternehmen. Soweit Verbraucher betroffen sind, greift dieses Regelbeispiel nicht und es muss auf die Generalklausel des § 19 Abs. 1 GWB zurückgegriffen werden.[34] 13

Im Hinblick auf **Daten als wesentliche Infrastruktureinrichtung** sind nach den Ausführungen in der Begründung des RegE 14

„etwa Konstellationen denkbar, in denen ein marktbeherrschendes Unternehmen den Zugang über die Nutzungsdaten einer bestimmten Person oder Maschine kontrolliert und ein anderes Unternehmen, das Zusatzdienste für den Betreiber der Maschine oder für den Nutzer eines Dienstes anbieten will, Zugang zu den individualisierten Nutzungsdaten benötigt, um seinen Dienst (Wartung, Reparatur oder innovatives komplementäres Angebot) an die Bedürfnisse des Nutzers anpassen zu können. In dieser Konstellation muss der Zugang zu individualisierten, automatisiert erzeugten Nutzungsdaten aber die datenschutzrechtlichen Anforderungen für die mit dem Zugang verbundene Verarbeitung personenbezogener Daten erfüllen, insbes. bedarf es einer Rechtsgrundlage für die Rechtmäßigkeit der Verarbeitung. In einer anderen denkbaren Konstellation könnte ein Unternehmen Zugang zu den aggregierten Nutzungsdaten einer Vielzahl von Nutzern oder Maschinen begehren, etwa zur besseren Vorhersage von Störungen einer Maschine oder der Nutzerbedürfnisse“.[35]

Für die Qualifikation als **„wesentliche Infrastruktureinrichtung“** muss also der Zugang und die Belieferung oder die Gewährung des Zugangs objektiv notwendig sein, um auf einem vor- oder nachgelagerten Markt tätig zu sein und die Weigerung muss den wirksamen Wettbewerb auf diesem Markt auszuschalten drohen. Es darf insbes. nicht 15

---

30 BT-Drs. 19/23492, 72.

31 Zur Markmacht durch Daten vgl. Specht-Riemenschneider/Werry/Werry/Fast/Schnurr/Wohlfarth, Datenrecht in der Digitalisierung, 2020, S. 745 ff.; Specht-Riemenschneider/Werry/Werry DatenR/Louven S. 779 ff.

32 Vgl. entspr. Art. 102 AEUV, EuGH 29.3.1979 – C-85/76, Slg. 1979, I-461 (516 ff.) = BeckRS 1979, 109016 – Hoffmann-LaRoche; EuG 17.9.2007 – T-201/04, Slg. 2007, II-3601 – Microsoft; Stancke, KartellR, 5. Aufl. 2026, § 5 Rn. 8.

33 Vgl. auch § 18 Abs. 3 Nr. 3 GWB.

34 BeckOK KartellR/Stancke, 19. Ed. 1.10.2025, GWB § 19 Rn. 101.

35 Begr. RegE 10. GWB-Novelle, BT-Drs. 19/23492, 72.

ökonomisch, technisch und rechtlich möglich sein, sich die Daten selbst zu beschaffen.[36] Bei Daten ist dies der Fall, wenn das eigenständige Datensourcing nach objektiver (wirtschaftlicher und technischer) Betrachtung nicht oder nicht mit wirtschaftlich vertretbarem Aufwand oder in wirtschaftlich vertretbarer Zeit gelingen kann.[37]

16 Die **„Notwendigkeit"** des Zugangsobjekts **für die Tätigkeit** ist in zwei Schritten zu prüfen. Wenn ein Unternehmen nur wegen mangelndem Know-how oder finanzieller Mittel nicht in der Lage ist, den notwendigen Aufwand zu tragen, begründet dies keinen Anspruch auf Zugang. Vielmehr muss es aus objektiven wirtschaftlichen, technischen oder rechtlichen Gründen unvernünftig sein, diesen Aufwand zu betreiben, etwa wenn der Aufwand aus betriebswirtschaftlicher Sicht (beispielsweise in Bezug auf finanzielle oder zeitliche Aspekte) keinen Sinn ergibt. Ein Zugang wäre nicht nötig, wenn es andere Möglichkeiten gäbe (Ersatzmöglichkeiten).[38] Einfach einen leichteren oder schnelleren Zugang zu einem Markt zu ermöglichen, reicht nicht aus.

17 Im Rahmen der **Unbilligkeitsprüfung** ist auch zu berücksichtigen, ob und mit welchem Bereinigungsaufwand die betreffenden Daten überhaupt im Einklang mit datenschutzrechtlichen Bestimmungen herausgegeben werden können („Data Protection Defence").[39] Sofern nicht bereits andere Zulässigkeitsgründe vorliegen, kann die Verarbeitung im Fall eines kartellrechtlichen Zugangsanspruchs jedenfalls auch wegen der *„Erfüllung einer rechtlichen Verpflichtung"* nach Art. 6 Abs. 1 lit. c DS-GVO erforderlich sein. Jedenfalls aber ist in der Interessensabwägung nach Art. 6 Abs. 1 lit. f DS-GVO zu berücksichtigen, dass die DS-GVO nicht dem Schutz der Datenverarbeiter dient, sondern der natürlichen Person, deren Daten verarbeitet werden (Art. 1 Abs. 1 und 2 DS-GVO). Es ist außerdem zu beachten, dass ein Zugriff auf *Geschäftsgeheimnisse* nicht vom Zugangsanspruch umfasst ist. Nach § 2 Abs. 1 Nr. 1 GeschGehG wird dabei ein Geschäftsgeheimnis definiert als

„eine Information, die geheim ist und daher einen wirtschaftlichen Wert innehat, welche durch angemessene Geheimhaltungsmaßnahmen geschützt wird und bei der ein berechtigtes Interesse an der Geheimhaltung besteht."

18 Allerdings ist es unerheblich, ob der Normadressat selbst die von ihm kontrollierten Daten bereits nutzt. Ein Zugangsanspruch ist nur sachgerecht im Hinblick auf Daten, die dem marktmächtigeren Unternehmen selbst zugänglich sind und die ohne unzumutbaren (Kosten-)Aufwand anderen Vertragspartnern – beispielsweise innerhalb eines Wertschöpfungsnetzwerks – zugänglich gemacht werden können. Eine **Zugangsverweigerung** kann deshalb **zulässig** sein, wenn hohe Kosten für die Zugänglichmachung bestehender Daten anfallen würden, die in keinem angemessenen Verhältnis zu dem Wertschöpfungsbeitrag des abhängigen Unternehmens stehen. Dies kann aber zumutbar sein, wenn der Zugangspetent anbietet, für die entstehenden Kosten aufzukommen.[40]

---

[36] EuGH 26.11.1998 – C-7/97, Slg. 1998, I-7791 = GRUR-Int 1999, 262 – Bronner/Mediaprint; BeckOK KartellR/Stancke, 19. Ed. 1.10.2025, GWB § 19 Rn. 108. Zumindest für Plattformen mit infrastrukturellem Charakter hat der EuGH nun die Bronner-Kriterien abgeschwächt: Um festzustellen, ob eine Zugangsbeschränkung missbräuchlich ist oder es sich um eine missbräuchliche Verweigerung einer Geschäftsbeziehung handelt, müssen danach nun zwei Fragen beantwortet werden: Erstens, wurde die relevante Infrastruktur ausschließlich für die Bedürfnisse des eigenen Geschäfts des dominanten Unternehmens entwickelt? Zweitens, wurde die Infrastruktur des dominanten Unternehmens entwickelt, um Dritten die Nutzung zu ermöglichen, was durch den bereits erfolgten Zugang für Dritte belegt wird? Eine objektive Rechtfertigung für die Weigerung besteht, wenn die Gewährung von Zugang die Sicherheit oder Integrität der Plattform gefährden würde oder aus technischen Gründen eine Interoperabilität nicht möglich ist (vgl. EuGH 25.2.2025 – C-233/23, ECLI:EU:C:2025:110 – Alphabet/AGCM). Hier geht es um den Android App-Shop, so dass eine direkte Übertragung auf eine Verweigerung der Geschäftsbeziehung im Hinblick auf Daten unsicher ist.

[37] Vgl. zB zu Mobilitätsdaten Kreutz NZKart 2023, 583 (585).

[38] Substituierbarkeit, vgl. Immenga/Mestmäcker/Fuchs GWB § 19 Rn. 283.

[39] Stancke, KartellR, 5. Aufl. 2026, § 9 Rn. 119 mwN.

[40] Stancke, KartellR, 5. Aufl. 2026, § 9 Rn. 148; BT-Drs. 19/23492, 81 f.

Eine Erfüllung des Zugangsanspruchs darf nicht eine zu weitgehende Offenlegung eines neuartigen Geschäftsmodells durch den Zugangspetenten erforderlich machen.[41] 19

Ein Missbrauch kann auch darin bestehen, dass **Daten gelöscht** werden, zu denen ein Dritter Zugang begehrt.[42] 20

Die **Beweislast** für das Vorliegen ausreichender Ablehnungsgründe, also für eine sachliche Rechtfertigung (wie fehlende Kapazität oder zu erwartende Betriebsstörungen), trägt der Dateninhaber. Dies beruht auf der Annahme, dass die möglichen Rechtfertigungsgründe hauptsächlich im Verantwortungsbereich des Dateninhabers liegen und für das zugangsuchende Unternehmen schwer nachprüfbar sind. 21

Der Zugang muss nur über ein **„angemessenes Entgelt"** gewährt werden.[43] Das Entgelt beinhaltet nicht nur den Preis, sondern auch die Konditionen. Es wird primär durch Verhandlungen zwischen den Parteien bestimmt, wobei der Schwerpunkt auf einer Verhandlungslösung liegt. Nur wenn ein marktmächtiges Unternehmen prohibitiv hohe Preise verlangt, die den Zugang verwehren würden, greift eine Preiskontrolle, die sich an üblichen Marktbedingungen orientiert. Die angemessenen Zugangsentgelte sollten die Kosten eines effektiven Wettbewerbs reflektieren, einschließlich der Kosten für Datenbankmanagement und -entwicklung sowie einen Gewinnaufschlag. Ein angemessenes Entgelt für Rohdaten liegt eher im unteren Bereich der Skala, abhängig von der Datenherkunft und deren Weiterverkaufswert. Der Wert der Daten bemisst sich auch nach ihrem Nutzwert, wobei ein Entgeltanteil zwischen 5 Prozent und 30 Prozent der Einnahmen als üblich betrachtet wird. Im Falle geringer oder keiner Einnahmen aus den Daten muss der Nutzer mindestens die Erhebungs- und Bearbeitungskosten des Datenbereitstellers decken.[44] 22

Ein **Anspruch auf Datenüberlassung** kann sich aus § 33 Abs. 1 GWB ergeben, nach dem gegen verbotene Verhaltensweisen iSd § 19 Abs. 2 Nr. 4 GWB ein Unterlassungsanspruch besteht. 23

2. § 20 Abs. 1a GWB

Nach § 20 Abs. 1, 1a GWB ist auch Unternehmen mit **relativer oder überlegener Marktmacht** ein Missbrauch dieser Marktmacht verboten. Der Dateninhaber muss insoweit nicht marktbeherrschend iSv Art. 102 AEUV bzw. § 18 GWB sein, um eine Verweigerung des Datenzugangs als verbotenes Verhalten zu qualifizieren. Voraussetzung ist also keine Marktbeherrschung, sondern eine „Abhängigkeit", was in diesem Fall eine **Abhängigkeit vom Zugang auf die begehrten Daten** bedeutet.[45] Es besteht damit eine Regelung zur Erfassung von Ungleichgewichten unterhalb der Schwelle der Marktbeherrschung.[46] Eine Abhängigkeit kann sich daraus ergeben, dass ein Unternehmen für die eigene Tätigkeit auf den Zugang zu Daten angewiesen ist, die von einem anderen Unternehmen kontrolliert werden. Besondere Bedeutung kommt § 20 Abs. 1a GWB im Verhältnis zum DMA zu,[47] da die Norm auch Unternehmen ohne Gatekeeper-Eigenschaft erfassen und somit eine Lücke im DMA-Regime schließen kann. 24

Die Verweigerung des Zugangs zu solchen Daten gegen angemessenes Entgelt kann eine **unbillige Behinderung** nach § 20 Abs. 1, 1a iVm § 19 Abs. 1, Abs. 2 Nr. 1 GWB darstellen. Dies gilt auch dann, wenn ein Geschäftsverkehr für diese Daten bislang nicht eröffnet ist. Diese Norm soll aber nicht alle Datenzugangsprobleme erfassen. Nach Ansicht 25

[41] Stancke, KartellR, 5. Aufl. 2026, § 9 Rn. 148; BT-Drs. 19/23492, 81 f.

[42] Entsprechend zu Infrastruktureinrichtungen: EuGH 12.1.2023, C-42/21 P, ECLI:EU:C:2023:12 – Lietuvos geležinkeliai/Kommission.

[43] Vgl. zur konkreten Berechnung eines „angemessenen Entgelts" Stancke, Kartellrecht, 5. Aufl. 2026, § 9 Rn. 148 sowie Stancke WuW 2023, 264.

[44] Vgl. hierzu vertieft Stancke WuW 2023, 264.

[45] Zum Grundgedanken der relativen Marktmacht in § 20 Abs. 1 GWB Kerber Journal of Competition Law & Economics, Vol. 15, Issue 4, December 2019, 381 (409).

[46] Bechtold/Bosch GWB § 20 Rn. 10a f.; Paal/Kumkar NJW 2021, 809 Rn. 30 ff.

[47] Vgl. zum DMA sogl. unter Ziff. 3.

des RegE zur 10. GWB-Novelle sollen Echtzeitdaten nicht vollumfänglich erfasst sein, da die Norm den Datenzugangsanspruch insbesondere auf die beim Anspruchsgegner vorliegenden und diesem ebenfalls zur Verfügung stehenden Daten begrenze.[48]

26 Im Übrigen entsprechen die Kriterien der Unbilligkeitskontrolle jenen des § 19 Abs. 2 Nr. 4 GWB.

27 Der Zugang muss nur über ein „angemessenes Entgelt" gewährt werden. Die Erwägungen hierzu sind die gleichen wie zu § 19 Abs. 2 Nr. 4 GWB.

3. DMA

28 Die Verordnung 2022/1925 über digitale Märkte[49] (**Digital Markets Act** – DMA) ist am 1.11.2022 in Kraft getreten. Adressaten des DMA sind nach Art. 1 Abs. 1 und 2 DMA zentrale Plattformanbieter, die mit ihren digitalen Diensten eine dauerhaft gefestigte Stellung innehaben und als kaum vermeidbare Torwächter **(„Gatekeeper")** für gewerbliche Nutzer oder Endnutzer in der EU gelten. Zu den zentralen Plattformdiensten zählen nach Art. 2 Nr. 2 DMA ua Online-Vermittlungsdienste, Online-Suchmaschinen, Soziale Netzwerke, Betriebssysteme, Webbrowser und virtuelle Assistenten. Ob ein Unternehmen tatsächlich eine solche Gatekeeper-Stellung hat, bestimmt sich nach Kriterien, die nach in einem ersten Schritt Art. 3 DMA durch die Kommission festgestellt werden müssen.

29 Die folgenden **Datenzugangsvorschriften des DMA** treffen ausschließlich die so qualifizierten Gatekeeper:

- Gem. Art. 5 Abs. 9, 10 sind Werbetreibende und Herausgeber darüber zu informieren, welche Preise für Werbung und Werbedienstleistungen von wem an wen gezahlt wurden.
- Nach Art. 6 Abs. 8 wird das Recht aus Art. 5 Abs. 9, 10 auf einen kostenlosen Zugang zu Instrumenten zur Leistungsmessung und zu den Daten erweitert, die gewerbliche Nutzer benötigen, um ihre eigene unabhängige Überprüfung des Werbeinventars vorzunehmen.
- Art. 6 Abs. 9 verpflichtet den Gatekeeper Endnutzern und von ihnen beauftragten Dritten auf ihren Antrag hin kostenlos die effektive Übertragbarkeit der Daten, die vom Endnutzer bereitgestellt oder durch die Tätigkeit des Endnutzers im Zusammenhang mit der Nutzung des betreffenden zentralen Plattformdienstes generiert werden, zu ermöglichen.
- Art. 6 Abs. 10 sieht die Gewährung eines effektiven, hochwertigen und permanenten Echtzeitzugangs und die Nutzung von Daten für gewerbliche Nutzer vor, soweit es um Daten geht, die durch die gewerblichen Nutzer oder Endnutzer im Rahmen von Transaktionen auf der jeweiligen Plattform bereitgestellt und generiert wurden. Die betroffenen Endverbraucher müssen der Nutzung ihrer persönlichen Daten zugestimmt haben.
- Art. 6 Abs. 11 verpflichtet Gatekeeper, Betreibern von Online-Suchmaschinen Zugang zu Ranking-, Such-, Klick- und Anzeigedaten zu FRAND-Bedingungen zu gewähren. Die FRAND-Bedingungen (Fair, Reasonable and Non-Discriminatory) im DMA-Kontext sind nicht deckungsgleich mit der FRAND-Dogmatik im Immaterialgüterrecht, sondern beziehen sich auf die Diskriminierungsfreiheit des Datenzugangs.

[48] BT-Drs. 19/23492, 81.
[49] VO (EU) 2022/1925.

Allgemeine mitgliedstaatliche oder unionsrechtliche kartellrechtliche Bestimmungen bleiben gem. Art. 1 Abs. 6 DMA anwendbar und können weitergehende Zugangsrechte begründen. 30

4. § 19a GWB

Mit der **besonderen Missbrauchsaufsicht** über „Unternehmen mit überragender markt- 31
übergreifender Bedeutung für den Wettbewerb" verfügt das deutsche Kartellrecht über dem DMA ähnliche Regelungen. Die Verhaltensregeln des § 19a GWB sind gem. § 19a Abs. 1 GWB nur auf solche Unternehmen anwendbar, die von der Kartellbehörde durch Verfügung als Unternehmen mit „überragender marktübergreifender Bedeutung für den Wettbewerb" qualifiziert wurden. Mit dem Machtkonzept der „überragenden marktübergreifenden Bedeutung für den Wettbewerb" werden Wettbewerbsgefährdungen durch große „digitale Ökosysteme" in den Mittelpunkt gestellt.[50] Anders als §§ 18, 19 und Art. 102 AEUV stellt § 19a GWB nicht auf eine „marktbeherrschende Stellung" ab. Entscheidend ist auch nicht die Qualifikation als „Gatekeeper" iSd Art. 3 Abs. 1 DMA. Diese Eigenschaft kann § 19a Abs. 1 S. 2 Nr. 5 GWB auch für die Feststellung einer „überragenden markübergreifenden Bedeutung für den Wettbewerb" relevant sein. Durch § 19a GWB sollen aber insbesondere Unternehmensstrukturen mit Ökosystemcharakter erfasst werden. Die Norm stellt damit die Verbundenheit von Märkten in den Mittelpunkt.[51]

Nach § 19a Abs. 2 GWB kann das BKartA Unternehmen, für das es durch Verfügung die 32
Eigenschaft der **überragenden marktübergreifenden Bedeutung** für den Wettbewerb festgestellt hat, wettbewerblich problematische Verhaltensweisen untersagen, welche sich in der Vorenthaltung von Daten realisieren können. Namentlich sind dies:

- Maßnahmen zu ergreifen, die andere Unternehmen in ihrer Geschäftstätigkeit auf Beschaffungs- oder Absatzmärkten behindern, wenn die Tätigkeit des Unternehmens für den Zugang zu diesen Märkten Bedeutung hat (§ 19a Abs. 2 Nr. 2 GWB). Eine solche Maßnahme kann auch die Vorenthaltung von Daten trotz Zugangsbegehren sein, wenn das qualifizierte Unternehmen hierfür keine Rechtfertigung hat.
- Wettbewerber auf einem Markt, auf dem das Unternehmen seine Stellung, auch ohne marktbeherrschend zu sein, schnell ausbauen kann, unmittelbar oder mittelbar zu behindern (§ 19a Abs. 2 Nr. 3 GWB). Auch eine solche Behinderung von Wettbewerbern kann durch die Verweigerung des Datenzugangs begangen werden.
- Die Interoperabilität von Produkten oder Leistungen oder die Portabilität von Daten zu verweigern oder zu erschweren und damit den Wettbewerb zu behindern (§ 19a Abs. 2 Nr. 5 GWB).
- Andere Unternehmen unzureichend über den Umfang, die Qualität oder den Erfolg der erbrachten oder beauftragten Leistung zu informieren oder ihnen in anderer Weise eine Beurteilung des Wertes dieser Leistung zu erschweren (§ 19a Abs. 2 Nr. 6 GWB).
- Behinderung der Interoperabilität von Produkten oder Dienstleistungen oder durch die Schaffung von Hürden für den Wechsel von einem Anbieter zu einem anderen (§ 19a Abs. 2 Nr. 7 GWB), was auch durch die Verweigerung des Zugangs zu Daten bewirkt werden kann.

[50] Immenga/Mestmäcker/Schweitzer, 7. Aufl. 2024, GWB § 19a Rn. 15; Käseberg/Brenner/Fülling WuW 2021, 269 (270).

[51] Immenga/Mestmäcker/Schweitzer, 7. Aufl. 2024, GWB § 19a Rn. 15.

33 § 19a GWB enthält keinen eigenständigen Zugangsanspruch anderer Marktteilnehmer und die benannten Verhaltensweisen sind auch nicht *per se* verboten. Vielmehr können sie lediglich durch das Bundeskartellamt untersagt werden. Eine Vorenthaltung von Daten ohne eine entsprechende Untersagung ist daher kein Rechtsverstoß iSd § 3a UWG – allerdings kann die Vorenthaltung von Daten eine **unbillige Behinderung** iSd UWG darstellen. Unterlassungsansprüche nach § 33 Abs. 1 GWB können erst dann greifen, wenn die qualifizierten Unternehmen gegen ein Verbot des BKartA gem. § 19a Abs. 2 GWB verstoßen.

5. Art. 102 AEUV

34 Nach Art. 102 AEUV ist – ebenfalls – der **Missbrauch einer marktbeherrschenden Stellung** verboten. Die Generalklausel des Art. 102 AEUV bietet, anders als § 19 Abs. 2 Nr. 4 GWB und § 20 Abs. 1a) GWB sowie die Regelungen des DMA, keine gesonderte Erwähnung des Datenzugangs und bereitet so im konkreten Fall eher Probleme für den Zugangspetenten als die genannten Regelungen. Dennoch kann die Vorenthaltung von Daten die Verbotsvoraussetzungen des Art. 102 AEUV erfüllen und es kann sich ein entsprechender Unterlassungsanspruch aus § 33 Abs. 1 GWB ergeben.[52] Art. 102 AEUV bleibt trotz der Spezialisierungen in § 19a GWB und im DMA von Bedeutung, da er unionsweit unmittelbar anwendbar ist und über die spezifischen Regelungen hinausgehen kann.

35 Um über Art. 102 AEUV ein Unternehmen zur Datenherausgabe zu verpflichten, muss dieses zunächst über eine marktbeherrschende Stellung – regelmäßig im betroffenen Datenmarkt oder einem vor- oder nachgelagerten Markt – verfügen. Außerdem muss das Vorenthalten der Daten als missbräuchlich angesehen werden. Der Missbrauchstatbestand ist, jenseits der Generalklausel – in Fallgruppen konkretisiert. Die Vorenthaltung von Daten kann dabei als Behinderungsmissbrauch qualifiziert werden oder der **Essential-Facilities Doktrin** unterfallen. Hier sind ähnliche Kriterien wie im deutschen Recht und im DMA anzuwenden. Eine nicht gerechtfertigte Zugangsverweigerung kann insbesondere dann als missbräuchlich qualifiziert werden, wenn der Zugang zu diesen Daten als unerlässlich für den Wettbewerb auf einem nachgelagerten Markt angesehen wird und es für die Zugangsverweigerung keine anerkennenswerte Rechtfertigung gibt.[53]

36 In der Vergangenheit wurde hinsichtlich Art. 102 AEUV zB entschieden, dass die Zugangsverweigerung eine missbräuchliche Praxis darstellen[54] und dass Wettbewerbern Zugang zu wichtigen Betriebsdaten zu gewähren sein kann, um faire Wettbewerbsbedingungen zu ermöglichen.[55]

37 Unternehmen, die über entscheidende Daten verfügen und eine dominante Marktposition einnehmen, könnten also grundsätzlich verpflichtet werden, diese Daten unter fairen, angemessenen und nichtdiskriminierenden Bedingungen zugänglich zu machen.

6. § 1 GWB, Art. 101 AEUV

38 Die Vorenthaltung von Daten kann auch unter das **Verbot wettbewerbsbeschränkender Vereinbarungen** nach § 1 GWB, Art. 101 AEUV fallen. Dies kommt dann in Betracht,

---

52 Immenga/Mestmäcker/Fuchs AEUV Art. 102 Rn. 3, 331 ff.; Schmidt, Zugang zu Daten nach europäischem Kartellrecht, 2020.

53 Monopolkommission, Data access from a competition policy Perspective Excerpt from Chapter IV of the Biennial Report XXV of the Monopolies Commission („Competition 2024") pursuant to Section 44 (1) sentence 1 of the Act Against Restraints on Competition, S. 39 f.

54 IMS Health (Fall C-418/01), hier ging es allerdings um rechtlich geschützte Daten, während bei Date, die keinem besonderen Schutz unterliegen, der Abgrenzungsbereich zu den Immaterialgüterrechten nicht berührt ist, vgl. Immenga/Mestmäcker/Podszun GWB § 20 Rn. 102.

55 BKartA 26.6.2023 – B9-144/19, BeckRS 2023, 20961 Rn. 13 – Deutsche Bahn AG.

wenn zwei oder mehr Unternehmen vereinbaren, Dritten keinen Zugang zu Daten zu gewähren. Auch diese Normen gewähren keinen direkten Zugangsanspruch. Vielmehr wäre der Unterlassungsanspruch nach § 33 Abs. 1 GWB heranzuziehen.

Ein Beispiel für eine entsprechend koordinierte Vorenthaltung von Daten wäre die mit **39**
seinem Werkstattnetz abgestimmte oder vereinbarte Weigerung eines Fahrzeugherstellers, fahrzeuggenerierte Daten für Instandsetzung und Wartung an unabhängige Marktteilnehmer, zB unabhängige Werkstätten, zu liefern. Die einschlägigen Anforderungen der Verordnung (EU) 2018/858[56] können für die Erforderlichkeit der Zugänglichmachung als Richtschnur herangezogen werden.[57] Fraglich ist auch, ob bei mangelnder Zugänglichmachung eine **Freistellung nach der Kfz-GVO**[58] in Betracht kommt.[59]

Kapitel 8. Sektorspezifische Spezialregelungen

Übersicht

Siehe zu diesem Themenkomplex auch
- Mobilitätsdaten → Kap. 8 Rn. 15 ff., Kap. 5 Rn. 131 ff.
- Gesundheitsdaten → Kap. 8 Rn. 69 ff., Kap. 5 Rn. 12

[56] VO (EU) 2018/858.

[57] Vgl. Rn. 67a II Änderung der Bekanntmachung der Kommission – Ergänzende Leitlinien für vertikale Beschränkungen in Vereinbarungen über den Verkauf und die Instandsetzung von Kraftfahrzeugen und den Vertrieb von Kraftfahrzeugersatzteilen, ABl. 2023 C 133, 1.

[58] VO (EU) Nr. 461/2010 in der Version der Bekanntmachung der Kommission – Ergänzende Leitlinien für vertikale Beschränkungen in Vereinbarungen über den Verkauf und die Instandsetzung von Kraftfahrzeugen und den Vertrieb von Kraftfahrzeugersatzteilen, ABl. 2023 C 133, 1.

[59] Vgl. dazu Kreutz NZKart 2023, 583 (585).

I. Einleitung und Überblick

1 Teil der am 19.2.2020 vorgestellten Datenstrategie der EU-Kommission[1] war neben den Initiativen zur Schaffung eines Data Governance Acts, eines Data Acts und einer KI-Verordnung auch die Initiative zur Schaffung eines „Binnenmarkts für Daten" durch sog. **„Data Spaces"**.[2] Entstehen sollen solche Data Spaces als sektorspezifische Regelungen in den Bereichen Mobilität, Gesundheit, Finanzen, Energie, Fertigung/Industrie, europäischer Grüner Deal, Landwirtschaft, der öffentlichen Verwaltung, Kompetenzen, Medien und kulturelles Erbe.[3] Darüber hinaus zählt auch die „Open Science Cloud" („Cloud für offene Wissenschaft") als Data Space,[4] und es sollen möglicherweise auch noch die Bereiche Tourismus und Bauwesen hinzukommen.[5] Zur Unterstützung des Gelingens der Initiative für Data Spaces wurde zudem mittlerweile ein Data Spaces Support Centre gegründet.[6]

2 Hintergrund der Bestrebung zur Schaffung sektorspezifischer Regelungen ist die Erkenntnis, dass in verschiedenen Bereichen zwar bereits Datensammlungen vorhanden sind, deren **Potentiale** aber noch **nicht voll ausgeschöpft** werden.[7] Von der Zugänglichmachung dieser Daten sollen Unternehmen der Privatwirtschaft, öffentliche Unternehmen und Forscher und dadurch die Wirtschaft insgesamt und zuletzt auch das Gemeinwohl profitieren können.[8] Dazu trägt bei, dass die Zugänglichmachung außer im Bereich B2B auch durch die öffentliche Verwaltung für private Unternehmen und umgekehrt erfolgen soll, wodurch sich insbesondere auch die Möglichkeiten zur Entscheidungsfindung in der Politik bzw. der öffentliche Verwaltung verbessern sollen.[9] Daneben werden die Potentiale für Verbesserungen vor allem in den Bereichen Produktivität, Wettbewerb, Gemeinwohlbelange, Transparenz und öffentlichen Diensten im Hinblick auf ihre Zweckmäßigkeit gesehen.[10]

3 Hinsichtlich dessen, was genau die Kommission mit „Data Spaces" meint, scheint sie sich selbst **unsicher** zu sein. So ist einmal die Rede davon, dass ein Data Space relevante Infrastrukturen und Governance-Rahmen zur Vereinfachung von Data Pooling und Sharing vereint.[11] Gleichzeitig definiert das Glossary des Data Spaces Support Center[12] einen Data Space als „verteiltes System, das durch einen Governance-Rahmen definiert ist, der sichere und vertrauenswürdige Datentransaktionen zwischen Teilnehmern ermöglicht und gleichzeitig Vertrauen und Datenhoheit unterstützt", und durch eine oder mehrere Infrastrukturen implementiert wird, mit einem oder mehreren Anwendungsfällen.[13] In der ersten, nur zwei

---

1 Mitteilung der Kommission „Eine europäische Datenstrategie" vom 19.2.2020 COM(2020) 66 final; Strategic Plan 2020–2024 DG Communications Networks, Content and Technology, Ref. Ares(2020) 4565545 S. 7, 10 ff.

2 COM(2020) 66 final S. 12 ff.; Strategic Plan 2020–2024 DG Communications Networks, Content and Technology, Ref. Ares(2020)4565545 S. 7, 10 ff.

3 COM(2020) 66 final S. 26 f.; Commission Staff Working Document on Common European Data Spaces vom 23.2.2022 SWD(2022) 45 final S. 36 ff.

4 COM(2020) 66 final S. 39; SWD(2022) 45 final S. 34 f.

5 Hinweise auf eine Ausweitung auf diese Bereiche in SWD(2022) 45 final S. 11.

6 SWD(2022) 45 final S. 8; Bericht über den Launch des Data Spaces Support Centre der International Data Spaces Association, 13.10.2022 (auf Englisch), https://internationaldataspaces.org/the-data-spaces-support-centre-is-now-launched/.

7 Vgl. COM(2020) 66 final S. 5.

8 Pressemitteilung der EU-Kommission „Shaping Europe's Digital Future: Commission Presents Strategies For Data And Artificial Intelligence" vom 19.2.2020. ec.europa.eu/commsion/presscorner/detail/en/ip_20_273; Taeger/Pohle ComputerR-HdB/Raji 120.5 Rn. 10, 16.

9 COM(2020) 66 final S. 1, 5; Taeger/Pohle ComputerR-HdB/Raji 120.5 Rn. 10, 16.

10 COM(2020) 66 final S. 1 f.

11 Blogbeitrag When Open Data Meets Data Spaces, data.europa.eu/en/publications/datastories/when-open-data-meets-data-spaces.

12 Version 2.0 des DSSC Glossary von 27.9.2023, https://dssc.eu/space/Glossary/176553985/DSSC+Glossary+%7C+Version+2.0+%7C+September+2023.

13 DSSC Glossary 2.0 Core Concepts vom 29.9.2023, https://dssc.eu/space/Glossary/176554052/2.+Core+Concepts.

Monate älteren, Version des Glossarys wurde ein Data Space noch bloß als Infrastruktur, welche basierend auf einem Governance-Rahmen Datentransaktionen zwischen unterschiedlichen Datenökosystemen ermöglicht, gesehen.[14] In Art. 30 lit. h DGA wiederum findet sich die Verpflichtung des Europäischen Dateninnovationsrats, Leitlinien zu unterbreiten zu „gemeinsamen europäischen Datenräumen", welche dann definiert werden als zweck- oder sektorspezifische oder auch sektorübergreifende interoperable Rahmen mit gemeinsamen Normen und Praktiken für die gemeinsame Nutzung oder Verarbeitung von Daten.[15] Festzuhalten ist jedenfalls, dass **sektorspezifische Regelungen** geschaffen werden müssen, entweder als Teil eines Data Spaces, oder um diesen zu errichten. In den Bereichen, in denen bereits einschlägiges EU-Recht besteht, soll auf dieses aufgebaut und ergänzt werden.

Gegenwärtig ist der **größte Fortschritt** hinsichtlich der Bereiche Gesundheit und 4
Mobilität zu verzeichnen, sie werden daher in den folgenden Abschnitten ausführlicher behandelt. Hinsichtlich der anderen Bereiche soll hier nur ein kurzer Überblick gegeben werden.

Der **European Green Deal Data Space**[16] soll die Verwirklichung der Maßnahmen des 5
European Green Deal[17] unterstützen und in mehreren Phasen entwickelt werden.[18] Er soll zur Entwicklung der rechtlichen, organisatorischen und technisch-operablen Bausteine für den Datenaustausch über Geodaten – hinsichtlich derer bereits mit der Umsetzung begonnen wurde – hinaus und der Erreichung der Ziele in den Bereichen Biodiversität, Widerstandsfähigkeit gegen den Klimawandel, Kreislaufwirtschaft und Strategien zur Vermeidung von Umweltverschmutzung beitragen.[19]

Der **European Data Space for Finance** hat zum Ziel, Innovationen, Markttransparenz, 6
ein nachhaltiges Finanzwesen, den Zugang zu Finanzmitteln für Unternehmen, einen stärker integrierten Markt und politische Maßnahmen von öffentlichem Interesse zu fördern.[20] Innovative Zahlungsdienste sollen auf Grundlage von Bankkontodaten von Unternehmen und Verbrauchern entstehen.[21]

Für den **European Energy Data Space** gibt es mit INTERCONNECT bereits ein groß 7
angelegtes Pilotprojekt zur Evaluation der Potentiale der gemeinsamen Datennutzung zwischen unterschiedlichen Unternehmen im Energiesektor.[22] Hier geht es neben der Erleichterung, innovative Lösungen zu finden, um die Unterstützung des Energiesystems und die weitere Integration von erneuerbaren Energien, die wiederum dazu führen soll, das Energiesystem insgesamt effizienter zu machen, und die Unterstützung anderer Sektoren bei der Umstellung hinsichtlich der durch sie genutzten Energiequellen.[23] Insgesamt soll so auch eine Reduktion des CO_2-Verbrauchs erreicht werden.[24] Mit diesem Data Space verbunden ist auch die Entwicklung von Cybersicherheitsstandards spezifisch für diesen Sektor.[25]

Der **European Industrial Data Space** soll aus zunächst getrennten Data Spaces mit 8
unterschiedlichen Anwendungsszenarien entwickelt werden, die mittelfristig zu einem einzigen Data Space werden sollen.[26] Als größte Herausforderung zur Erreichung der offensichtlichen Ziele der Förderung der Wettbewerbsfähigkeit und Leistung der Industrie

---

14 DSSC Glossary 1.0 Core concepts and roles vom 31.7.2023, https://dssc.eu/space/Glossary/27197441/2+Core+concepts+and+roles.

15 HK-DGA/Hennemann Einl. Rn. 28; DGA Art. 30 Rn. 26.

16 Weitere Informationen auf der offiziellen Seite zum Green Deal Data Space: https://green-deal-dataspace.eu/.

17 Mitteilung der Kommission Der europäische Grüne Deal vom 11.12.2019, COM(2019) 640 final.

18 COM(2020) 66 final S. 26 f.; SWD(2022) 45 final S. 14, 16 f.

19 SWD(2022) 45 final S. 14, 16 f.

20 COM(2020) 66 final S. 26 f., 35 f.

21 COM(2020) 66 final S. 35 f.

22 SWD(2022) 45 final S. 24 ff.

23 COM(2020) 66 final S. 36; SWD(2022) 45 final S. 24 ff.

24 SWD(2022) 45 final S. 24 ff.

25 SWD(2022) 45 final S. 24 ff.

26 SWD(2022) 45 final S. 12 f.

in der EU wird gesehen, wie von den bereits bestehenden Initiativen ausgehend genügend Teilnehmer angezogen werden können, weshalb entsprechende Anreize geschaffen werden sollen.[27]

9 Auch im Bereich des **European Agriculture Data Space** gibt es bereits private und öffentliche Initiativen mit Ziel der Vereinfachung und Verbesserung des Datenaustauschs.[28] Für diesen Austausch soll unter Einbezug des Maschinenbausektors zunächst ein Verhaltenskodex für die gemeinsame Nutzung von Agrardaten geschaffen werden.[29] Ziele sind hier die Verbesserung der Nachhaltigkeit, Leistung und Wettbewerbsfähigkeit, die passgenaue Anwendung von Erzeugungskonzepten schon auf Betriebsebene und nicht zuletzt eine Reduktion des Verwaltungsaufwands für Regierungen und Begünstigte.[30]

10 Der **European Data Space for Public Administration** soll sich von vornherein aus mehreren Data Spaces zusammensetzen, nämlich Recht, öffentliche Auftragsvergabe („public procurement“) und Sicherheit im Bereich der Innovation.[31] Ersterer soll die Anwendung des EU-Rechts erleichtern, indem er Daten zur Gesetzgebung und Rechtsprechung in der gesamten EU enthält, die Unterstützung durch Gov-Tech, Reg-Tech und Legal Tech ermöglichen, also Tools zur Unterstützung von Juristen, der öffentlichen Verwaltung, der Gesellschaft insgesamt und zu Recht und Rechtstaatlichkeit beitragen.[32] Im Bereich der öffentlichen Auftragsverwaltung steht die Verbesserung von Transparenz und Rechenschaftspflichten sowie der Kampf gegen Korruption im Vordergrund.[33] Der Bereich Sicherheit soll auf bereits bestehenden Rechtsinstrumenten wie bspw. Europol und eu-LISA aufbauen.[34] Er soll der Entwicklung von KI-Anwendungen im Bereich der Strafverfolgung und anderer Sicherheitsaspekte dienen und diese wiederum böswillige Eingriffe Dritter verhindern und die Abhängigkeit von Akteuren in Drittstaaten reduzieren und so zur Stärkung der nationalen Behörden beitragen.[35]

11 Der **European Data Space for Skills** soll der Bekämpfung des Fachkräftemangels dienen und Daten zu Bildung, Qualifikationen, Lernangeboten, vorhandenen Kompetenzen und dem Bedarf des Arbeitsmarktes beinhalten.[36] Er soll aber auch die Verifikation bereits erworbener Abschlüsse und die Bewerbung auf weite Bildungsmöglichkeiten und offene Stellen beinhalten.[37]

12 Durch den **European Data Space for Media**[38]**,** welcher sich aus verschiedenen Data Spaces für die jeweiligen Mediensektore zusammensetzt, soll der Schutz der Meinungsfreiheit gefördert und der Kampf gegen Fake News unterstützt werden.[39]

13 Der **European Data Space for Cultural Heritage**[40] basiert auf der „Europeana“-Plattform und ihrer Weiterentwicklung „Cultural Gems“, auf welche durch individuelle Beiträge kulturelle und kreative Orte zusammentragen soll.[41]

14 Die **Open Science Cloud** zielt auf die Zugänglichmachung von Forschungsdaten ab.[42] Die Daten sollen in einer vertrauenswürdigen, offenen und dezentralen Datenumgebung,

---

27 COM(2020) 66 final S. 26 f., 30; SWD(2022) 45 final S. 12 f.
28 SWD(2022) 45 final S. 26 ff.; weitere Informationen auf den Seiten der CEADS (Common European Agricultural Data Space): https://ceads.eu/und von Agridataspace: https://agridataspace-csa.eu/.
29 COM(2020) 66 final S. 37.
30 COM(2020) 66 final S. 26 f., 37; SWD(2022) 45 final S. 26 ff.
31 SWD(2022) 45 final S. 28 ff.
32 COM(2020) 66 final S. 26 f.; SWD(2022) 45 final S. 28 f.
33 COM(2020) 66 final S. 26 f.; SWD(2022) 45 final S. 30.
34 SWD(2022) 45 final S. 31 f.
35 SWD(2022) 45 final S. 31 f.
36 COM(2020) 66 final S. 26 f., 38 f.; SWD(2022) 45 final S. 32 f.
37 SWD(2022) 45 final S. 32 f.
38 Weitere Informationen auf der Seite des Media Data Space: https://tems-dataspace.eu/.
39 Vgl. SWD(2022) 45 final S. 36 f.
40 Weitere Informationen auf der Seite des Data Space für Cultural Heritage: https://www.dataspace-culturalheritage.eu/en.
41 SWD(2022) 45 final S. 38.
42 COM(2020) 66 final S. 39.

mit der weitere Dienste verbunden werden sollen, entsprechend der FAIR-Grundsätze zur Verfügung stehen.[43]

Siehe zu diesem Themenkomplex auch
- Übersicht Sektorspezifische Spezialregelungen → Kap. 8 Rn. 1 ff.
- Gesundheitsdaten → Kap. 8 Rn. 69 ff., Kap. 5 Rn. 12
- Geodaten/Mobilitätsdaten → Kap. 5 Rn. 126

II. Mobilität

Gerade der Bereich Mobilität ist wegen seiner gesellschaftlichen und wirtschaftlichen Bedeutung Ziel der gesetzgeberischen Bemühungen um den Zugang zu Daten. Der bereits existierende Rechtsrahmen in diesem Bereich hat bisher aber nicht zu einem nennenswerten Datenmarkt beigetragen. 15

1. European Mobility Data Space (EMDS)

Der **European Mobility Data Space (EMDS)** ist konzeptioniert **als Datenraum zu Mobilitätsdaten,** welcher durch bereichsspezifische Regeln ausgestaltet wird. **Eine konkrete Regelung zum EMDS existiert noch nicht.** Anders als zum European Health Data Space hat die Kommission auch noch keinen Entwurf veröffentlicht. Ende 2023 hat die Kommission eine Mitteilung zur Schaffung eines gemeinsamen europäischen Mobilitätsdatenraums veröffentlicht, welche sich ausführlich mit der existierenden und geplanten sektorspezifischen Regulierung auseinandersetzt.[44] Die Kommission geht davon aus, dass die verschiedenen bestehenden Regelungen zum Datenzugang, zur Datennutzung und zu Datenplattformen wichtige Bausteine für den EMDS bilden. Daran orientieren sich die folgenden Ausführungen zum europäischen Rechtsrahmen. 16

2. Überblick über den existierenden Rechtsrahmen im Mobilitätsbereich

Nicht alle vorhandenen Datenzugangsregelungen sind für die Marktakteure im Mobilitätsbereich und das Betreiben oder die Entwicklung von (innovativen) Geschäftsmodellen von Bedeutung, sondern zielen oft auf die Berechtigung von staatlichen Stellen zum Zugang zu bestimmten Mobilitätsdaten ab. Folgend wird ein Überblick über die relevanten Rechtsakte im Mobilitätsbereich gegeben. 17

a) Logistik

Im **Logistikbereich** existiert die VO (EU) 2020/1056 über elektronische Frachtbeförderungsinformationen (eFTI-VO). Sie etabliert einen Rechtsrahmen für die elektronische Übermittlung gesetzlich vorgeschriebener Informationen zwischen den betroffenen Unternehmen und den zuständigen Behörden im Zusammenhang mit der Beförderung von Gütern im Gebiet der Union (Art. 1). 18

---

[43] COM(2020) 66 final S. 39; SWD(2022) 45 final S. 34 f.
[44] COM(2023) 751 final, 14 ff.

b) Schifffahrt

19 Im Bereich der **Schifffahrt** regelt RL 2005/44/EG die Einrichtung von harmonisierten Binnenschifffahrtsinformationsdiensten (RIS). Die Richtlinie wurde zuletzt durch RL (EU) 2025/2482 grundlegend überarbeitet, wodurch insbesondere die Harmonisierung und Interoperabilität der eingesetzten Dienste gewährleistet werden sollen. Durch die Verordnung (EU) 2019/1239 wird ein technologieneutrales und interoperables europäisches Umfeld zentraler Meldeportale für den Seeverkehr eingerichtet (Art. 1).

c) Eisenbahn

20 Für den **Eisenbahnverkehr** ist die Durchführungsverordnung (EU) 2019/777 zu gemeinsamen Spezifikationen für das Eisenbahn-Infrastrukturregister (RINF) von Bedeutung, welche die Vorgaben der RL (EU) 2016/797 über die Interoperabilität des Eisenbahnsystems in der Europäischen Union näher ausgestaltet. Zudem enthält Verordnung (EU) 2021/782 über die Rechte und Pflichten der Fahrgäste im Eisenbahnverkehr die Verpflichtung für Infrastrukturbetreiber und Eisenbahnunternehmen, dynamische Verkehrs- und Reiseinformationen in Echtzeit bereitzustellen, und zwar auch an Fahrkartenverkäufer und Reiseveranstalter (Art. 10).

d) Luftverkehr

21 Im Bereich des **Luftverkehrs** wurde kürzlich die Verordnung (EU) 2024/2803 zur Verwirklichung des Einheitlichen Europäischen Luftraums beschlossen. Geregelt werden ua Flugverkehrsdatendienste (Air traffic data services, Art. 2 Nr. 7). Anbieter von Flugsicherungsdiensten, Luftraumnutzer, Flughäfen und Netzmanager werden verpflichtet, Betriebsdaten (zB voraussichtliche Ankunftszeiten) in Echtzeit und interoperabel zur Verfügung zu stellen (Art. 42). Die Kommission soll außerdem Durchführungsrechtsakte mit Preisbildungsregeln für Datendienstleister erlassen (Art. 42 Abs. 4). Darüber hinaus bestimmt die Verordnung (EU) 2023/2405 zur Gewährleistung gleicher Wettbewerbsbedingungen für einen nachhaltigen Luftverkehr in Art. 10 eine Berichtspflicht für Flugkraftstoffanbieter, welche ebenfalls Daten zur oben genannten Unionsdatenbank nach Art. 31a der RL (EU) 2018/2001 beitragen müssen. Außerdem erstattet die Agentur der EU für Flugsicherheit jährlich einen technischen Bericht (Art. 13 VO (EU) 2023/2405).

e) Verkehr

22 **aa) Intelligente Verkehrssysteme.** Ein wesentlicher Bereich der sektorspezifischen Regulierung sind die sog. **Intelligenten Verkehrssysteme (IVS).** Dabei handelt es sich um Systeme, bei denen Informations- und Kommunikationstechnologien im Straßenverkehr, einschließlich seiner Infrastrukturen, Fahrzeuge und Nutzer, sowie beim Verkehrs- und Mobilitätsmanagement und für Schnittstellen zu anderen Verkehrsträgern eingesetzt werden (Art. 4 Nr. 1 IVS-RL). Die IVS-Richtlinie[45] dient seit 2010 dazu, eine koordinierte **Einführung intelligenter Verkehrssysteme** auf der Grundlage europäischer Spezifikationen und Normen **in der gesamten EU** sicherzustellen. Die IVS-Richtlinie legt fest, dass die Mitgliedstaaten der Europäischen Union, sofern sie nach Art. 3 aufgeführte vorrangige Maßnahmen einführen, die von der Kommission erlassenen Spezifikationen anzuwenden haben. Vorrangige Bereiche im Sinne der Richtlinie sind die optimale Nutzung von Straßen-, Verkehrs- und Reisedaten, die Kontinuität der Dienste intelligenter Verkehrssysteme in den Bereichen Verkehrs- und Frachtmanagement, die Anwendungen intelligenter Verkehrssysteme für die Straßenverkehrssicherheit sowie die Verbindung zwischen Fahrzeug und Verkehrsinfrastruktur. Straßenverkehrsteilnehmern sind im Rahmen intelligenter Verkehrssysteme Straßen-, Verkehrs- und Reisedaten zur Verfügung zu stellen.

[45] RL 2010/40/EU.

Gerade die Einführung intelligenter Verkehrssysteme wird von der Kommission als wichtige Maßnahme für den Aufbau eines vernetzten und automatisierten multimodalen Mobilitätssystems genannt.[46]

Basierend auf dieser Richtlinie hat die Kommission eine Reihe delegierter Verordnungen erlassen, welche die Vorgaben näher ausgestalten. Die Delegierte VO (EU) Nr. 885/2013 regelt etwa die Erhebung und Veröffentlichung von **Daten über verfügbare Parkplätze.** In Delegierte VO (EU) Nr. 886/2013 finden sich Regeln zu **Daten betreffend die Straßenverkehrssicherheit,** wie zB zu Hindernissen auf der Fahrbahn. Die Delegierte VO (EU) 2015/962 betrifft weitere **Straßen- und Verkehrsdaten,** zB zu Sperrungen und Baustellen. In der delegierten VO (EU) 2022/670 finden sich Vorgaben zu **Echtzeitdaten** betreffend etwa das Verkehrsaufkommen. 23

Die auf der IVS-Richtlinie aufbauende Delegierte Verordnung (EU) 2017/1926[47] legt Mindestanforderungen fest, die der **Zugänglichkeit,** dem **Austausch** und der **Aktualisierung von standardisierten Reise- und Verkehrsdaten** dienen. Seit dem 1.12.2019 sind Verkehrsbehörden, Verkehrsbetreiber, Infrastrukturbetreiber und Anbieter nachfrageorientierter Verkehrsangebote verpflichtet, Reise- und Verkehrsdaten über einen **Nationalen Zugangspunkt (National Access Point – NAP)** zugänglich zu machen. Dieser Nationale Zugangspunkt ist selbst kein Auskunftssystem für Reisende und Verkehrsteilnehmende, sondern schafft vielmehr die Grundlage, dass solche Informationsdienste künftig geschaffen werden können. Ziel der Delegierten Verordnung (EU) 2017/1926 ist die grenzüberschreitende **EU-weite Versorgung Reisender mit multimodalen, hochwertigen und durchgängigen Reiseinformationen** vor und während der kompletten Reise. Die Verfügbarmachung dynamischer Daten auf Grundlage der Delegierten Verordnung (EU) 2017/1926 ist nicht verpflichtend, kann jedoch vom jeweiligen Mitgliedstaat eingefordert werden. Nur solche Daten sind verfügbar zu machen, die bereits in **maschinenlesbaren Formaten** vorliegen, dh aus der Verordnung ergibt sich keine Verpflichtung zur Erhebung neuer Daten. Die Weiterverwendung der Daten darf nicht unnötig eingeschränkt werden. Wird eine finanzielle Vergütung in Erwägung gezogen, hat diese angemessen und verhältnismäßig zu sein. 24

Die Delegierte VO wurde in der Folge durch die Delegierte Verordnung (EU) 2024/490 überarbeitet. Reisedaten müssen jetzt **in Echtzeit über nationale Zugangspunkte** verfügbar gemacht werden (Art. 4–6). Die IVS-RL wurde zuletzt geändert durch Richtlinie (EU) 2023/2661, wobei der Fokus vor allem darauf liegt, interoperable IVS in der gesamten EU einzurichten (Erwgr. 36). **Interoperabilität** ist eines der wichtigsten Ziele der sektorspezifischen Datenregulierung und findet in vielen der jüngsten Projekte Berücksichtigung. Um dieses Ziel zu erreichen, soll die Kommission gemeinsame Spezifikationen erlassen (Art. 6 IVS-RL), die auf Normen (Art. 8 IVS-RL) basieren. Außerdem wird der Begriff der kooperativen IVS (K-IVS) eingeführt, wobei es sich um IVS handeln soll, die miteinander interagieren (Art. 4 Nr. 19 IVS-RL). 25

Das Gesetz über Intelligente Verkehrssysteme im Straßenverkehr und deren Schnittstellen zu anderen Verkehrsträgern (IVSG)[48] ist am 21.6.2013 in Kraft getreten. Mit dem IVSG wurde die IVS-Richtlinie in deutsches Recht umgesetzt. Darin wird geregelt, dass die Bundesanstalt für Straßenwesen die Aufgabe als nationale Stelle wahrnimmt (§ 5 IVSG). Diese prüft die von Datenlieferanten übermittelten Daten va auf Konformität mit den Delegierten VO zur IVS-RL. Am 25.7.2017 ist das Erste Gesetz zur Änderung des IVSG in Kraft getreten.[49] Danach wurde eine „Nationale Stelle" geschaffen, um die von Datenlieferanten zur Verfügung gestellten Straßen-, Verkehrs- und Reisedaten auf Konformität zu den Anforderungen der Delegierten Verordnungen zu überprüfen. Die Zuständig- 26

[46] COM(2021) 813 final, 1.
[47] VO (EU) 2017/1926.
[48] BGBl. 2013 I 1553.
[49] BGBl. 2017 I 2640.

keit und Aufgabenwahrnehmung der „Nationalen Stelle" wurde der Bundesanstalt für Straßenwesen (BASt) übertragen.

27 Seit Juli 2022 bietet das Bundesministerium für Digitales und Verkehr (BMDV) einen neuen zentralen, einheitlichen und benutzerfreundlichen Zugang zu Mobilitätsdaten an, der den Nationalen Zugangspunkt für Mobilitätsdaten im oberen Sinne darstellt. Die **Mobilithek**[50] löst das OpenData-Portal mCLOUD und den Mobilitäts Daten Marktplatz (MDM) **als Nationalen Zugangspunkt für Mobilitätsdaten** ab. Alle Informationen, die beispielsweise für Planung und Reisen durch Deutschland notwendig sind, können zukünftig dort zentral abgerufen und in Informationsangebote integriert werden. So soll die Grundlage geschaffen werden, dass Mobilitätsdienste geschaffen werden können. Daten, die über die Mobilithek bereitgestellt werden, sind vor allem solche von besonderer verkehrspolitischer Bedeutung im Sinne der IVS-Richtlinie. Daneben bietet die Mobilithek die Möglichkeit für einen darüberhinausgehenden Datenaustausch mit individuellen Nutzungsrechten und eröffnet so insbesondere Start-Ups und Unternehmen einen einfachen Weg, um neue Geschäftsmodelle zu entwickeln und zu erproben.

28 Die IVS-Richtlinie und auch das IVSG regeln in ihrem Anwendungsbereich eine **Bereitstellungspflicht von bestimmten Mobilitätsdaten.** Die Nutzung dieser Daten ist vor allem für den Betrieb und die Entwicklung von Beförderungs- und Verkehrsdienstleistungen relevant. Unternehmen, die mit diesen Mobilitätsdaten neue Geschäftsmodelle erproben wollen, müssen sich aber die Frage stellen, wie sich Risiken mangelnder Datenqualität (vertraglich) allokieren lassen. Zum einen sollen bestimmte Daten über die bereits angesprochene Mobilithek offen und uneingeschränkt zugänglich gemacht werden (sog. Open Data). Zum anderen soll die Mobilithek als Datenmarktplatz einen privaten Datenaustausch mit individuell zu verhandelnden Nutzungsrechten ermöglichen. Da diese Plattform erst seit Juli 2022 besteht, bleibt abzuwarten, welche Standards und Best Practices sich bei der Gestaltung der zugrundeliegenden Datenlizenzen durchsetzen werden. Insgesamt ist dabei festzustellen, dass die so verfügbar gemachten Daten nicht für alle Marktakteure in der Wertschöpfungskette relevant sind und die Begrenzung der frei zugänglichen Daten und die Notwendigkeit des Abschlusses von individuellen Verträgen für eine erweiterte Datennutzung vermutlich nicht zu einem diskriminierungsfreien, chancengleichen Wettbewerb zwischen den verschiedenen Marktakteuren im Mobilitätsdatenbereich beitragen.

29 Derzeit wird auch eine **Überarbeitung der IVS-Richtlinie** diskutiert. Bei der Überarbeitung soll der Anwendungsbereich der Richtlinie erweitert werden, um neuen Diensten besser Rechnung zu tragen. Dies betrifft zB multimodale Informations-, Buchungs- und Ticketausstellungsdienste (zB Apps zur Ermittlung und Buchung von Reisen, die eine Kombination aus öffentlichen Verkehrsmitteln, Car- und Bike-Sharing nutzen), die Kommunikation zwischen Fahrzeug und Infrastruktur (für eine erhöhte Sicherheit) und die automatisierte Mobilität. Zudem sollen zentrale Daten eingeholt und wichtige Dienste bereitgestellt werden, darunter zB Echtzeit-Informationsdienste, die die Fahrerinnen und Fahrer über Unfälle oder Hindernisse auf der Straße informieren.[51]

30 Im deutschen Recht findet sich eine **Pflicht zur Bereitstellung von Mobilitätsdaten** in § 3a PBefG. Adressat der Regelung sind Unternehmer und Vermittler. Die Daten werden über den nationalen Zugangspunkt iSv § 2 Nr. 11 IVSG bereitgestellt, was seit 2022 die Datenplattform „Mobilithek" ist.[52] §§ 3b, 3c PBefG regeln die Datenverarbeitung und -löschung. § 57 Abs. 1 Nr. 12 PBefG ermächtigt die Regierung zum Erlass einer Verordnung, worauf die Mobilitätsdatenverordnung (MDV) basiert, welche weitere Vorgaben zur Datenweitergabe enthält. Ausführlich zum Personenbeförderungsgesetz in → Kap. 5 Rn. 128 ff.

---

[50] Website des nationalen Mobilitätsdatenzugangspunkts: mobilithek.info.

[51] COM(2021) 813 final.

[52] Website des nationalen Mobilitätsdatenzugangspunkts: mobilithek.info.

Die Bundesregierung hat Ende 2024 einen **Gesetzentwurf für ein Mobilitätsdatengesetz (MDG)** vorgelegt, worin die Bereitstellung und Nutzung von Mobilitätsdaten über den Nationalen Zugangspunkt geregelt werden soll (§ 1 MDG-E).[53] Damit sollen die Vorgaben der verschiedenen Delegierten VO zur IVS-RL gebündelt umgesetzt werden. Entsprechend wird die Aufhebung von §§ 3a–3c PBefG beabsichtigt, Art. 2 MDG-E. Bereitstellungspflichten sollen durch das MDG erweitert werden. Nicht erfasst sind Daten von Endnutzern oder Fahrzeugdaten, für welche der Data Act und ggf. künftig die Fahrzeugdaten-VO gelten. 31

bb) Verkehrsnetze. Hinsichtlich der europäischen **Verkehrsnetze** wurde die VO (EU) Nr. 1315/2013 durch die neue Verordnung 2024/1679 über Leitlinien für den Aufbau des Transeuropäischen Verkehrsnetzes aufgehoben. Regelungsgegenstand sind dabei unter anderem **Informations- und Kommunikationstechnologie-Systeme (IKT-Systeme) für den Datenaustausch,** insbesondere zwischen den verschiedenen Verkehrsträgern (Multimodalität), wobei erneut auch auf Interoperabilität geachtet wird (Art. 39 lit. d, Art. 45 lit. d, Erwgr. 69 ff.). Gleichzeitig ist die Bereitstellung von Daten wesentlich für den Aufbau einer Infrastruktur für alternative Kraftstoffe, Art. 1 Abs. 1 VO (EU) 2023/1804. Betreiber von öffentlich zugänglichen Ladepunkten und Zapfstellen müssen daher eine Reihe von Daten kostenfrei zur Verfügung stellen, zB zur Lage, Ladeleistung, Verfügbarkeit und zum Preis (Art. 20 VO (EU) 2023/1804). Diese Daten sollen über nationale Zugangspunkte zugänglich sein (Art. 20 Abs. 4). 32

Weitere Vorschriften wurden in diesem Zusammenhang durch RL (EU) 2023/2413 in die RL (EU) 2018/2001 zur **Förderung der Nutzung von Energie aus erneuerbaren Quellen** eingefügt. Gem. Art. 20a RL (EU) 2018/2001 werden Übertragungs- und Verteilernetzbetreiber verpflichtet, Daten über den Anteil erneuerbarer Elektrizität und den Gehalt an Treibhausgasemissionen der von ihnen gelieferten Elektrizität zur Verfügung zu stellen (zB gegenüber Betreibern von Elektrofahrzeugen, Aggregatoren und Anbietern von E-Mobilitätsdiensten und Elektrizitätsmarktteilnehmern). Außerdem müssen Fahrzeughersteller bei Elektrofahrzeugen für Eigentümer und Nutzer bestimmte Daten zur Verfügung stellen wie etwa Ladezustand, Alterungszustand der Batterie, Standort (Art. 20a Abs. 3). Schließlich soll gem. Art. 31a RL (EU) 2018/2001 eine Unionsdatenbank zu erneuerbaren Brennstoffen eingerichtet werden, wobei Wirtschaftsteilnehmer dazu verpflichtet werden, diese Daten zur Verfügung zu stellen. 33

f) Automobil

aa) Typengenehmigungsverordnung (EU) 2018/858. Bereits 2007 wurden in der Richtlinie 2007/46/EG[54], die den Rahmen für die Typgenehmigung von Fahrzeugen der Klassen M, N und O vorgab, Datenzugangsregeln verankert. So war der **Zugang zu wesentlichen Reparatur- und Wartungsinformationen und Daten** (insbesondere Fahrzeugdiagnosedaten), über welche nur die Fahrzeughersteller verfügen, normiert. Es sollte damit ein unverzerrter Wettbewerb zwischen den Fahrzeugherstellern (und ihren Vertragswerkstätten) und den unabhängigen Reparatur- und Wartungsbetrieben (sowie Ersatzteilherstellern) sichergestellt werden.[55] Die konkreten Anforderungen an die Bereitstellung von Reparatur- und Wartungsinformationen wurden in den Verordnungen (EG) Nr. 715/2007[56] und (EG) Nr. 595/2009[57] festgeschrieben. 34

Im September 2020 wurde die bisherige Richtlinie 2007/46/EG durch die neue Rahmenverordnung (EU) 2018/858[58] abgelöst, und die Anforderungen in den Delegierten 35

[53] BT-Drs. 20/13954.
[54] RL 2007/46/EG.
[55] Erwgr. 20 RL 2007/46/EG.
[56] VO (EG) Nr. 715/2007.
[57] VO (EG) Nr. 595/2009.
[58] VO (EU) 2018/858.

Verordnungen (EG) Nr. 715/2007 und (EG) Nr. 595/2009 wurden geändert. Damit ist eine grundlegende Reform des europäischen Typgenehmigungsverfahrens erfolgt. Anbieter von Ersatz- und Zusatzteilen sowie Sensoren und Software für das offene Fahrzeug müssen sich den gleichen technischen Anforderungen stellen wie bei Modellzulassungen. Als wesentlich für ein besseres Funktionieren des Binnenmarkts wurde vom Verordnungsgeber der **unbeschränkte Zugang zu Reparatur- und Wartungsinformationen mittels eines vereinheitlichten Formats zum Auffinden technischer Informationen**[59] und ein wirksamer Wettbewerb auf dem Markt für Dienstleistungen zur Bereitstellung solcher Informationen angesehen.[60]

36 Gemäß Art. 61 Abs. 1 iVm Anhang X der Rahmenverordnung (EU) 2018/858 als sektorspezifischer wettbewerblicher Regelung für den Zugriff auf Fahrzeugdaten haben Fahrzeughersteller unabhängigen Wirtschaftsakteuren gem. Art. 3 Nr. 45 (wie zB freie Reparatur- und Wartungsbetriebe) **uneingeschränkten, standardisierten und diskriminierungsfreien Zugang über die standardisierte elektronische Fahrzeugschnittstelle (OBD)**[61] auf standardisierte emissionsrelevante Fahrzeugdaten und proprietäre Fahrzeugdaten zu gewähren, insbesondere zu Fahrzeug-OBD-Informationen nach Art. 3 Nr. 49 sowie zu Reparatur- und Wartungsinformationen nach Art. 3 Nr. 48.[62] Es sind zudem einheitliche Formate der Informationsbereitstellung, regulatorische Maßnahmen mit Bezug auf die Fahrzeugsicherheit sowie eine Gebührenregelung für die Bereitstellung dieser Informationen enthalten.[63]

37 Der Zugang zu sicherheits- und diebstahlrelevanten Reparatur- und Wartungsinformationen für Kfz-Betriebe wird durch das in Anhang X beschriebene **SERMI-Schema** gewährleistet und gilt für alle Fahrzeughersteller beziehungsweise typgenehmigte Fahrzeuge, die in der EU zugelassen werden. Die OBD-Schnittstellen müssen daher auch während der Fahrt offenbleiben.[64] Dies ermöglicht es Fahrzeughaltern und unabhängigen Herstellern, auf Fahrzeugdaten zuzugreifen, zusätzliche Geräte anzuschließen (zB Telematik-Geräte) und neue Systeme zu entwickeln. Ab etwa Mitte 2023 bekommen Betriebe ohne Autorisierung keinen Zugang mehr zu diebstahl- und sicherheitsrelevanten Reparatur- und Wartungsinformationen über die Portale der Fahrzeughersteller und auch keine OBD-Informationen über deren Diagnosesysteme.[65]

38 Mit Blick auf die **Typengenehmigungsverordnung** lässt sich feststellen, dass es sich um eine **umfassende sektorspezifische Regulierung** handelt, die ein verpflichtendes Zu-

---

59 Hinsichtlich der Anforderungen an die Form der Informationen in der VO (EG) Nr. 715/2007 vor der oben genannten Anpassung hat der EuGH festgestellt, dass Automobilhersteller nicht verpflichtet waren, unabhängigen Marktteilnehmern Zugang zu Reparatur- und Wartungsinformationen für Fahrzeuge in elektronisch weiterzuverarbeitender Form zu gewähren, EuGH 19.9.2019 – C-527/18, BeckRS 2019, 21477 Rn. 37 – Gesamtverband Autoteile-Handel/KIA Motors Corporation.

60 Erwgr. 50 VO (EU) 2018/858.

61 Der normierte Standard ist OBD II. Die Fehlercodes (DTC – Diagnostic Trouble Code), auch P0-Codes genannt, sind in der Norm SAE J2012 bzw. ISO-Norm 15031-6 festgelegt, vgl. www.iso.org/standard/66369.html.

62 Vgl. VO (EU) 2018/858, Annex X, Abschnitt 2.9: freier Zugang über den OBD-Port zur Diagnose, Wartung und Reparatur; direkter Datenstrom aus dem Fahrzeug über einen seriellen Anschluss gemäß der UN-Regelung Nr. 83, Anhang 11, Anlage 1, Nummer 6.5.1.4, und der UN-Regelung Nr. 49, Anh. 9B, Nr. 4.7.3.

63 Vgl. Art. 63 VO (EU) 2018/858.

64 Art. 61 Abs. 1 S. 3, Abs. 6, Abs. 4 VO (EU) 2018/858, 2.9. Anhang X VO (EU) 2018/858 iVm UN-Regelung Nr. 83 Anh. 11 Anl. 1 Nr. 6.5.1.4 und UN-Regelung Nr. 49 Anh. 9B Nr. 4.7.3.

65 Mit „SERMA" („Secure Repair and Maintenance Autorisation") stellt der Zentralverband Deutsches Kraftfahrzeuggewerbe e. V. (ZDK) Kfz-Servicebetrieben eine Erleichterung beim Zugang zu Reparatur- und Wartungsinformationen in Aussicht. Werkstätten, die das neue, standardisierte Autorisierungsverfahren nutzen, müssen sich künftig nicht mehr bei jedem einzelnen Fahrzeughersteller – nach unterschiedlichen Kriterien – autorisieren lassen, um Zugang zu geschützten Informationen zu erhalten. SERMA beinhaltet ein neues Akkreditierungsschema, welches markenfremde Betriebe gegenüber den jeweiligen Fahrzeugherstellern als sogenannte berechtigte Dritte ausweist. Dieses Konzept ist eine Umsetzung des SERMI-Schemas des Anh. X zur VO (EU) 2018/858, vgl. hierzu www.serma.eu.

gangsregime zu den definierten Informationen (und Diagnosedaten) für unabhängige Kfz-Reparatur- und Wartungsbetriebe darstellt, welches den Wettbewerb im Bereich Reparatur- und Wartungsdienstleistungen sichern soll. Insoweit kann von einem fairen und diskriminierungsfreien Zugang zu Informationen und Daten über standardisierte technische Schnittstellen mit gebotenen Sicherheitsstandards (inklusive sicherheitsbezogenen Zertifizierungen) gesprochen werden. Die verankerte Gebührenregelung widerspricht dem grundsätzlich nicht, auch wenn die Kosten für den Zugang zu den Daten, die angemessenen (nicht abschreckend) sein sollen, aus Sicht einiger Marktakteure Hindernisse darstellen, die Einfluss auf die Marktstruktur habe und zudem die Kosten für Verbraucher wesentlich erhöhten. Häufig vorgebracht wird zudem ein hoher Verwaltungsaufwand, weil jeder Hersteller einen anderen, oftmals komplizierten Prozess für die Anmeldung verwende.[66]

Allerdings sind die so verfügbaren Daten per gesetzlicher Definition in Anhang X begrenzt **39** auf OBD- sowie Fahrzeugreparatur- und Wartungsinformationen (Repair & Maintenance Information, RMI) und der Datenaustausch findet lediglich durch den kabelgebundenen Zugriff über die OBD-Schnittstelle statt. Mit Blick auf das vernetzte Fahrzeug und den Betrieb oder die Entwicklung von fahrzeugdatenbasierten Geschäftsmodellen kommt es teilweise bereits heute und mit großer Sicherheit in naher Zukunft maßgeblich darauf an, dass ein **Datenzugang der Marktakteure per Fernzugriff** auf Fahrzeugdaten sowie -funktionen und -ressourcen per Mobilfunkschnittstelle **in kurzen Intervallen oder gar in Echtzeit** vorhanden ist. Dies ergibt sich aus der Typengenehmigungsverordnung nicht ohne Weiteres, denn sie zielt darauf ab, zB freien Werkstätten den Zugang zu notwendigen Informationen für die traditionellen Reparatur- und Wartungsdienstleistungen bezüglich eines analogen Fahrzeugs zu ermöglichen.

Es ist daher **festzustellen, dass die Informations- und Datenzugangsregulierung** **40** **der Typengenehmigungsverordnung nicht zu der neuen Technologie vernetzter Fahrzeuge passt.**[67] Ein Datenzugang für die Umsetzung digitaler, fahrzeugdatenbasierter Geschäftsmodelle ist in dem Regelungswerk nicht angelegt. Einen diskriminierungsfreien, chancengleichen Wettbewerb zwischen allen Marktakteuren im Mobilitätsdatenbereich mit Blick auf digitale Geschäftsmodelle auf Basis aktueller Fahrzeugtechnik stellt die Typengenehmigungsverordnung daher nicht sicher, sondern regelt nur für einen begrenzten Bereich innerhalb der gesamten Wertschöpfungskette einen Datenzugang, der zudem den Interessen dritter Servicedienstleister sowie der Dienstleistungsnehmer nicht vollständig gerecht wird. Zu Recht wird daher gefordert, dass diese Verordnung ein großes Update erhalten soll.[68]

---

[66] Vgl. Stellungnahme „Eingeschränkter Zugang zur OBD (On-Board-Diagnose) bei neueren Modellen" des ADAC e. V. aus 1/2022. Aus wirtschaftlicher Sicht entstehe durch diese Regelung für die Berechtigten im Hinblick auf die entstehenden Kosten für den Datenzugang ein hoher Kostenfaktor, denn für jedes Fabrikat werde ein Zugang zu dem Portal des jeweiligen Herstellers benötigt, so dass die Berechtigten für jeden Zugang und jeden Datenabruf Entgelte zahlen müssten. Auch wenn dieser Zugang zu angemessenen (nicht abschreckenden) Preisen zu gewähren sein solle, so sei dies für die Berechtigten ein Kostenfaktor, der sich nur durch eine Fokussierung auf bestimmte Marken, Modelle und Fabrikate amortisiere und eine Konzentration vieler (vor allem nicht finanzstarker) Marktteilnehmer auf ausgewählte Marken, Modelle und Fabrikate bewirke, was im Ergebnis aber zu weniger Auswahl für den Verbraucher führe.

[67] So auch Stiftung Datenschutz, Datenschutz im vernetzen Fahrzeug/Kerber/Gill, 2020, S. 85, 89. Krit. zur jüngsten Reform der Typengenehmigungs-VO vgl. ausf. Kerber/Gill JIPITEC 2019, 244 ff.

[68] Stiftung Datenschutz, Datenschutz im vernetzen Fahrzeug/Kerber/Gill, 2020, S. 85, 91; Stellungnahme des ADAC e. V. zum Vorschlag für eine Verordnung über harmonisierte Vorschriften für einen fairen Datenzugang und eine faire Datennutzung („Datengesetz") aus 05/2022, S. 1, abrufbar unter assets.adac.de/image/upload/v1660828122/ADAC-e.V./KOR/Text/PDF/202205_ADAC_Stellungnahme_VO_Datengesetz_final_sxj2t8.pdf; Positionspapier „Sicherer Zugang zum vernetzten Fahrzeug für den Aftermarket" aus 09/2021, S. 1, abrufbar unter www.gva.de/files/Newsletter/PositionspapierFahrzeugdaten.pdf; Positionspapier „ACCESS TO VEHICLE DATA, FUNCTIONS AND RESOURCES" des International Motor Vehicle Inspection Committe (CITA) aus 06/2022, abrufbar unter ec.europa.eu/info/law/better-regulation/have-your-say/initiatives/13180-Access-to-vehicle-data-functions-and-resources/F3316299_en.

41 **bb) Gruppenfreistellungsverordnung für den Kraftfahrzeugsektor (EU) 461/2010.** Nach der Gruppenfreistellungsverordnung für den Kraftfahrzeugsektor (Kfz-GVO)[69] sind **vertikale Vereinbarungen,** welche die Bedingungen betreffen, unter denen die beteiligten **Unternehmen neue Kraftfahrzeuge beziehen, verkaufen oder weiterverkaufen oder Reparatur- und Wartungsdienstleistungen für Kraftfahrzeuge erbringen** dürfen, vorbehaltlich bestimmter Beschränkungen von der Anwendung des Art. 101 Abs. 1 AEUV freigestellt. In Bezug auf Vereinbarungen über den Verkauf oder den Weiterverkauf von Kraftfahrzeugersatzteilen oder die Erbringung von Instandsetzungs- und Wartungsdienstleistungen für Kraftfahrzeuge sieht die Kfz-GVO vor, dass Art. 101 Abs. 1 AEUV nicht gilt, sofern diese Vereinbarungen die Freistellungsvoraussetzungen der allgemeinen Vorschrift erfüllen und keine der in der Kfz-GVO aufgeführten Beschränkungen enthalten, die zum Ausschluss des Rechtsvorteils der Gruppenfreistellung führen. Die Ergänzenden Leitlinien[70] enthalten Grundsätze für die Beurteilung von bestimmten, durch solche Vereinbarungen aufgeworfenen Fragen nach Art. 101 AEUV.

42 Hinsichtlich Datenzugangsregelungen sieht die KfZ-GVO einen **Zugangsanspruch zu technischen Informationen für unabhängige Marktbeteiligte** vor.[71] Zur Verfügung gestellt werden sollen sämtliche mit dem zugelassenen Netzwerk (Werkstätten und/oder Teilehändlern) geteilte Informationen. Hintergrund ist, dass gerade in den Märkten für die Erbringung von Instandsetzungs- und Wartungsdienstleistungen für Kraftfahrzeuge die Wettbewerbsfähigkeit der Marktakteure von dem ungehinderten Zugang zu wesentlichen Vorleistungen wie Ersatzteilen und technischen Informationen abhängt.[72] Bezüglich des Zugangs unabhängiger Werkstätten zu technischen Informationen und Werkzeugen soll mit den Ergänzenden Leitlinien verhindert werden, dass Kraftfahrzeuganbieter ihre zugelassenen Werkstätten gegenüber unabhängigen Werkstätten bevorzugen, wenn es um die Bereitstellung von Daten geht, die vollständig vom Fahrzeughersteller kontrolliert werden und nicht von anderen Quellen bezogen werden können. Ein fehlender Zugang zu den erforderlichen technischen Informationen würde zu einer Schwächung der Marktposition der unabhängigen Marktteilnehmer führen, was insbesondere für die Verbraucher von Nachteil wäre, da dies eine erhebliche Verringerung der Auswahl an Teilen, höhere Preise für Instandsetzungs- und Wartungsdienstleistungen, eine geringere Auswahl an Reparaturwerkstätten und möglicherweise auch Sicherheitsprobleme zur Folge hätte.[73]

43 Unklar ist insoweit, ob auch **Rohdaten,** welche dem Werkstattnetz in dieser Form in der Regel nicht zur Verfügung gestellt werden, zu den in diesem Zusammenhang zwingend herauszugebenden Informationen gehören. Dies wird aber dann der Fall sein, wenn (zukünftig) die betreffenden Informationen zur Identifikation der zu verwendenden Teile zwingend erforderlich wären[74] und auch dem Werkstattnetz in dieser Form zur Verfügung gestellt werden würden. Insgesamt soll der Begriff der technischen Informationen aber nicht starr sein, sondern sich mit den tatsächlichen Gegebenheiten und dem technischen Fortschritt weiterentwickeln.[75] Der Zugang muss in verwendungsfähiger Form ohne unangemessene zeitliche Verzögerung und zu angemessenen (nicht abschreckenden) Preisen zu gewähren sein. Die Kommission hat in diesem Zusammenhang darauf hingewiesen, dass es für die Frage, ob eine Information weiterzugeben ist, auch darauf ankommt, ob diese letztlich für die Reparatur genutzt wird.[76]

---

69 VO (EU) Nr. 461/2010.
70 ABl. 2010 C 138, 16.
71 Zu den Voraussetzungen der Kfz-GVO in den Anschlussmärkten und deren praktische Auswirkungen Wegner BB 2010, 1803; Wegner BB 2010, 1867.
72 Erwgr. 13 VO (EU) Nr. 461/2010.
73 Ergänzende Leitlinien, ABl. 2010 C 138, 16 Nr. 64.
74 Ergänzende Leitlinien, ABl. 2010 C 138, 16 Nr. 66.
75 Ergänzende Leitlinien, ABl. 2010 C 138, 16 Nr. 66.
76 Ergänzende Leitlinien, ABl. 2010 C 138, 16 Nr. 65.

Ebenso wie die Typengenehmigungsverordnung **ist auch die Kfz-GVO mit ihren derzeitigen Regelungen nicht geeignet, digitale Geschäftsmodelle innerhalb der Wertschöpfungskette im Mobilitätsdatenbereich zu fördern und diskriminierungsfreien, chancengleichen Wettbewerb zwischen allen Marktakteuren sicherzustellen.** Es werden nur beschränkte Datenzugänge hinsichtlich bestimmter Vorleistungen angesprochen, welche „unabhängige Marktbeteiligte" im Sinne der Kfz-GVO für die Instandsetzung von Fahrzeugen benötigen. Eine Evaluation der EU-Kommission kommt zu dem Ergebnis, dass die Regelungen im gegenwärtigen Rahmen für diese Märkte geeignet ist, aber möglicherweise in gewissem Maße aktualisiert werden sollte, um der zunehmenden Bedeutung von Daten Rechnung zu tragen.[77] Die Kommission schlägt vor, die bestehenden Grundsätze für die Bereitstellung von technischen Informationen, Werkzeugen und Schulungen, die für die Erbringung von Instandsetzungs- und Wartungsdienstleistungen erforderlich sind, explizit auf fahrzeuggenerierte Daten auszuweiten.[78] 44

cc) eCall-Verordnung (EU) 2015/758. Nach der eCall-Verordnung[79] müssen seit dem 31.3.2018 alle neu typgenehmigten Fahrzeuge der Klassen M1 und N1 so ausgestattet sein, dass **nach einem Unfall ein Notruf an die Nummer 112 abgesetzt und ein Minimaldatensatz automatisch an die Notrufleitstelle übermittelt** werden kann. Ziel ist es, den Zeitraum zwischen einem Unfall und dem Eintreffen der Rettungskräfte auf ein Minimum zu reduzieren. Die Verbreitung von eCall-Systemen steigt sukzessive mit der Marktdurchdringung von Fahrzeugen, die ab diesem Zeitpunkt typgenehmigt wurden. 45

Die Europäische Kommission hat als delegierten Rechtsakt die Delegierte Verordnung (EU) 2017/79[80] beschlossen. Diese Verordnung ergänzt und ändert die Verordnung (EU) 2015/758 zur Festlegung detaillierter technischer Anforderungen und Prüfverfahren für die Typgenehmigung von Kraftfahrzeugen hinsichtlich ihrer auf dem 112-Notruf basierenden bordeigenen eCall-Systeme, von auf dem 112-Notruf basierenden bordeigenen selbstständigen eCall-Einheiten und Bauteilen. Über eine Funkverbindung werden permanent dynamische Daten, die für eine Notfallrettung relevant sind, aus dem Fahrzeug ausgelesen und gesendet. Der **Minimaldatensatz ist standardisiert**[81] und enthält im Wesentlichen die Koordinaten des Unfallorts, Fahrtrichtung, Fahrzeug-Identifizierungsnummer (FIN), Typ des Fahrzeugs, Antriebstechnologie und die Angabe, ob der Notruf automatisch oder manuell ausgelöst wurde. Die Verordnung (EU) 2015/758 sowie die Delegierte Verordnung (EU) 2017/79 wurden zuletzt durch die Delegierte Verordnung (EU) 2025/1871 an neue Technologien sowie technische Spezifikationen und Normen für eCall-Systeme angepasst. 46

eCall ist ein schlafendes Notrufsystem, was bedeutet, dass Positionsdaten nur im Notfall übermittelt werden dürfen. Erst wenn das Auto einen verletzungsrelevanten Unfall registriert, wählt die SIM-Karte des Systems über das vor Ort stärkste Mobilfunknetz die 112. Ungenutzte Informationen werden kontinuierlich gelöscht. Somit kann eCall keine Bewegungsprofile erstellen. Bei vernetzten Fahrzeugen, deren SIM-Karte dauerhaft aktiv und mit dem Internet verbunden ist, ist dies aber nicht der Fall. Bei diesen Fahrzeugen lassen sich zum Beispiel im Falle eines Diebstahls jederzeit Informationen zur aktuellen Position ermitteln. Die eCall-Verordnung zieht in dieser Hinsicht eine klare Grenze, indem sie den Datenaustausch zwischen dem gesetzlich vorgeschriebenen eCall-System und herstellerspezifischen Connected-Services verbietet.[82] 47

---

[77] COM(2021) 264 final.

[78] Pressemitteilung der EU-Kommission vom 6.7.2022, Kartellrecht: Kommission ruft zur Stellungnahme zu ihren Vorschlagsentwürfen für die Zukunft der Kfz-Gruppenfreistellungsverordnung und der Ergänzenden Leitlinien auf, abrufbar unter ec.europa.eu/commission/presscorner/detail/de/IP_22_4282.

[79] VO (EU) 2015/758.

[80] Delegierte VO (EU) 2017/79.

[81] EN 15722:2020 „Intelligente Verkehrssysteme – eSicherheit – Minimaler Datensatz für den elektronischen Notruf eCall", s. Art. 5 Abs. 8 UAbs. 2 lit. d VO (EU) 2015/758.

[82] Erwgr. 15 VO (EU) 2015/758.

48 Die eCall-VO stellt insoweit eine Besonderheit dar, denn sie legt die Implementierung eines bordeigenen eCall-Systems im Fahrzeug fest, welche sich auf eine interoperable, standardisierte, sichere und frei zugängliche Plattform[83] stützen muss, womit Vorgaben an die Systemarchitektur von Telematikdiensten bei Personenfahrzeugen gestellt werden.[84] Allerdings können die so erzeugten Daten nur für den von der eCall-VO definierten Zweck verwendet werden. Ein Datenaustausch zwischen dem gesetzlich vorgeschriebenen eCall-System und herstellerspezifischen Connected-Services ist ausdrücklich untersagt. Daher stehen diese Daten im Rahmen der Wertschöpfungskette weder dem Fahrzeughersteller noch sonstigen Marktakteuren zur Verfügung.

49 **dd) Kartellrecht (AEUV und GWB).** Sowohl das europäische als auch das deutsche Kartellrecht bieten Ansatzpunkte, um einen **kartellrechtlichen Datenzugangsanspruch für die Marktakteure im Mobilitätsbereich** näher zu untersuchen. Dabei stellt ein Zugang zu Informationen über das Kartellrecht keine grundsätzliche Neuerung dar.[85] Im Hinblick auf das vernetzte Auto stellt sich die Frage, ob unabhängige Anbieter von Diensten auf Anschlussmärkten Zugang zu bestimmten Arten von fahrzeuginternen oder -generierten Daten mit der Begründung beanspruchen können, dass die Weigerung der Fahrzeughersteller, Zugang zu den Daten zu gewähren oder diese zu teilen, ein missbräuchliches Verhalten eines Unternehmens mit Marktmacht darstellt.

50 **i) Art. 102 AEUV.** Ein solcher Anspruch könnte auf das **Verbot des missbräuchlichen Verhaltens marktbeherrschender Unternehmen** nach Art. 102 AEUV gestützt werden. Zudem kommt grundsätzlich auch die Anwendung der sogenannten Essential-Facilities-Doktrin in Betracht, die jedoch bisher sehr hohen Anforderungen unterliegt.

51 **(1) Marktbeherrschende Stellung auf dem Datenmarkt.** Für die Ansprüche grundlegend ist aber zunächst das **Vorhandensein einer marktbeherrschenden Stellung** eines Unternehmens auf einem bestimmten Markt. Eine solche Bewertung wird aber eine Frage des Einzelfalles bleiben. Für die dogmatische Begründung ist eine wichtige Differenzierung vorzunehmen zwischen der Marktmacht auf dem Datenmarkt einerseits und der Marktmacht auf dem vorgelagerten Markt andererseits. Schließlich ist noch eine Abgrenzung nötig von der Position auf dem abgeleiteten (nachgelagerten) Markt.

52 **Bezogen auf Datenmärkte[86] ist bisher nicht letztgültig geklärt, wann eine marktbeherrschende Stellung anzunehmen ist.**[87] Zudem ist die Zahl denkbarer Datenzugangskonstellationen in diesem Bereich vielfältig. Sollte im jeweiligen Fall ein Hersteller auf einem definierten Markt eine beherrschende Stellung innehaben, so könnte eine Verweigerung des Datenzugangs für andere Marktakteure ein missbräuchliches Verhalten darstellen.[88] Eine marktbeherrschende Stellung auf einem (zu bestimmenden) Datenmarkt muss wohl anzunehmen sein, wenn anderen Unternehmen ohne Zugang zu den notwendi-

---

[83] Eine Plattform ist eine Infrastruktur, die es zwei oder mehr Gruppen ermöglicht, zu interagieren. Dabei positioniert sich die Plattform als Vermittlerin zwischen den unterschiedlichen Gruppen. Zudem ist sie der Ort, an dem alle Aktivitäten stattfinden, wodurch sie exklusiven Zugang zu allen Daten und Aktivitäten der Interaktionspartner erhält, vgl. Höller/Illetits-Motta/Küll/Niederländer/Stabauer/Niederländer/Katzlinger, Digital Business für Verkehr und Mobilität, 2020, Teil 7, S. 6, abrufbar unter www.idb.edu/wp-content/uploads/2021/01/CONNECTED-CARS-–-PROFITEURE-RISIKEN-UND-GESCHAeFTSFELDER.pdf.

[84] Vgl. VO (EU) 2015/758.

[85] Vgl. EuGH 6.4.1995 – C-241/91 P, C-242/91 P, GRUR Int 1995, 490 – RTE und ITP/Kommission („Magill"); EuG 17.9.2007 – T-201/04, BeckRS 2007, 70806.

[86] In diesem Zusammenhang wird häufig auch von Primärmärkten für Daten oder von Märkten der Zurverfügungstellung (der Daten) gesprochen, vgl. Peitz/Schweitzer NJW 2018, 275; MüKoWettbR/Wolf/Westermann GWB § 19 Rn. 146.

[87] Zu Daten als Marktgegenstände sowie zum Zusammenhang von Datenmacht und Marktmacht Körber NZKart 2016, 303 (304 f.).

[88] So wohl im Ergebnis Kerber Journal of Competition Law & Economics, Vol. 15, Issue 4, December 2019, 381 (406).

gen Daten der Marktzutritt verwehrt bleibt und das den Marktzugang suchende Unternehmen die benötigten Daten nicht selbst generieren oder von Dritten erwerben kann. Wenn unabhängige Diensteanbieter Zugang zu bestimmten Datensätzen im Fahrzeug haben möchten, die sich ausschließlich im Besitz der Fahrzeughersteller befinden, können letztere als marktbeherrschend angesehen werden, soweit diese Daten nicht anderweitig zugänglich sind und die Fahrzeughersteller ein Monopol auf alle diese Daten, die in den von ihnen verkauften Fahrzeugen erzeugt werden.[89] Daher ist es durchaus möglich, einen spezifischen Markt für Daten eines bestimmten Fahrzeugherstellers abzugrenzen, die erforderlich sind, um den Nutzern dieser Fahrzeuge bestimmte Dienste anzubieten. Im Hinblick auf die Marktdefinition sind diese Sekundärmärkte daher separate Märkte.[90]

Potentiell kann aber die **Inhaberschaft über Daten im Sinne eines faktischen Monopols** eine marktbeherrschende Stellung darstellen, aus der bei einer missbräuchlichen Geschäftsverweigerung ebenso eine kartellrechtliche Zwangslizenz folgen kann.[91] Dabei ist aber zu beachten, dass **Datenmacht als solche nicht grundsätzlich mit Marktmacht gleichzusetzen** ist. Eine marktbeherrschende Stellung durch Datenmacht kommt aber jedenfalls dann in Betracht, wenn das inhabende Unternehmen durch seine Entscheidung den Wettbewerb beeinflussen kann oder sich Wettbewerbsdruck entziehen kann.[92] Das ist insbesondere der Fall, wenn der Zugang zu Daten eine Marktzutrittsschwelle darstellt oder Wettbewerber in sonstiger Weise vom Markt ausgeschlossen werden können.[93] Ob dies so ist, hängt im Einzelfall von dem jeweiligen Zugangsobjekt Daten ab. 53

Käufer eines vernetzten Fahrzeugs sind in der Regel fest in das **Ökosystem des jeweiligen Fahrzeugherstellers** eingebunden. Gerade im Automobilbereich sind die herstellerbezogenen Daten, die nur durch den Fahrzeughersteller oder den direkt Berechtigten erstellt werden können, häufig aufgrund rechtlicher oder faktischer Hindernisse nicht duplizierbar. In diesem Fall verfügt der jeweilige Fahrzeughersteller über einen exklusiven Zugang zu bestimmten Daten. Dies wird im Untersuchungskontext noch zusätzlich dadurch verstärkt, dass bestimmte Dienste durch Dritte nur betrieben werden können, wenn Zugang zu diesen Daten besteht und daher für Dritte eine besondere Abhängigkeit besteht. Damit darf nicht zugleich vorschnell auf eine marktbeherrschende Stellung des datenkontrollierenden Fahrzeugherstellers geschlossen werden, denn entscheidend ist, ob die begehrten Daten nicht auch von anderen Anbietern zur Verfügung gestellt werden können. Diese wären dann ebenfalls dem relevanten Markt zuzuordnen, was die marktbeherrschende Stellung eines einzelnen Dateninhabers ausschließen könnte. Wie aufgezeigt liegt genau diese Situation aber wegen der geschlossenen Systeme der Fahrzeughersteller nicht vor und die ausschließliche Kontrolle der Fahrzeugherstellers über das jeweilige Ökosystems verleiht ihnen daher auch eine beherrschende Stellung auf dem fahrzeugherstellerspezifischen Anschlussmarkt und für ergänzende Dienste.[94] 54

(2) Essential-Facilities-Doktrin. Im Kartellrecht besteht nach der aus Art. 102 AEUV abgeleiteten sog. **Essential-Facilities-Doktrin** unter bestimmten Voraussetzungen ein **Anspruch auf Teilhabe an einer für den Marktzugang notwendigen Ressource** („essential facility").[95] Es müssen jedoch mehrere Bedingungen mit hohen Anforderungen erfüllt sein und ein Zugang kommt nach er Rechtsprechung des EuGH **nur unter „außergewöhnlichen Umständen"** in Betracht.[96] Die Annahme solcher „außergewöhnlichen Umstände" setzt danach (kumulativ) voraus, dass (1) der Zugang der Wettbewerber zu 55

[89] Kerber Journal of Competition Law & Economics, Vol. 15, Issue 4, December 2019, 381 (398).
[90] Kerber Journal of Competition Law & Economics, Vol. 15, Issue 4, December 2019, 381 (398).
[91] Louven NZKart 2018, 217 (219).
[92] Telle WRP 2016, 814 (817); Louven NZKart 2018, 217 (220).
[93] Louven NZKart 2018, 217 (220) mit Verweis auf Entsch. der EU-Kommission v. 14.5.2008 – COMP/M.4854, WuW 2009, 233 Rn. 193 ff. – TomTom/Tele Atlas.
[94] Kerber Journal of Competition Law & Economics, Vol. 15, Issue 4, December 2019, 381 (398).
[95] Zu den Grundlagen der Essential-Facilities-Doktrin Louven NZKart 2018, 217 (218).
[96] EuGH 6.4.1995 – C-241/91, C-242/91, GRUR Int 1995, 490 – RTE und ITP/Kommission („Magill").

der Einrichtung unerlässlich für den Zugang zu einem benachbarten Markt ist, (2) dass die Zugangsverweigerung jeden wirksamen Wettbewerb auf diesem Markt ausschließt, (3) dass keine objektive Rechtfertigung für die Zugangsverweigerung besteht sowie – im Falle des Zugangs zu Immaterialgüterrechten oder Geschäftsgeheimnissen – (4) zusätzlich, dass die Zugangsverweigerung das Erscheinen eines neuen Produkts verhindert.[97] Insbesondere in der Diskussion um die Verwendung der Essential-Facilities-Doktrin des Art. 102 AEUV als Instrument zur Gewährung des Datenzugangs wird in der Literatur sehr zurückhaltend bewertet, ob dies ein praktikables und empfehlenswertes Instrument sein kann.[98] Noch weitgehend ungeklärt ist unter welchen Voraussetzungen das Innehaben von größeren Datensätzen zur Marktbeherrschung führt und unter welchen Voraussetzungen der Zugang zu solchen Datensätzen als unentbehrlich angesehen werden kann.[99] Bislang gibt es zudem kaum Rechtsprechung oder behördliche Fallpraxis zur missbräuchlichen Verweigerung des Zugangs zu Daten.

56 Selbst bei Vorliegen einer marktbeherrschenden Stellung eines Fahrzeugherstellers sind hohe Voraussetzungen zu erfüllen, wenn ein Datenzugang nach der Essential-Facilities-Doktrin gewährt werden soll. So muss der gewünschte **Zugang unerlässlich sein für die Erbringung der Dienstleistung der unabhängigen Dienstleistungsanbieter.** Nach der Rechtsprechung des EuGH fehlt es an der Unentbehrlichkeit jedenfalls dann, wenn der Petent mit demselben Investitionsaufwand des Inhabers der Daten in der Lage wäre, denselben oder einen entsprechenden Datensatz zu generieren.[100] Dies impliziert, dass bei einer Unerlässlichkeit die Daten nicht über andere Kanäle beschafft werden oder durch andere Daten ersetzt werden können.[101]

57 Auch muss gerade ohne den gewünschten Zugang zu diesen Daten (oder den Zugang zum Fahrzeug) die **Gefahr bestehen, dass der Wettbewerb auf den Sekundärmärkten verhindert wird.** Der EuGH versteht die Regeln der Lizenzverweigerung als solche zum Behinderungswettbewerb, über den ein Wettbewerber vom Markt ferngehalten oder ausgeschlossen wird.[102] Voraussetzung ist deshalb, dass der Marktbeherrscher auch auf dem nachgelagerten Sekundärmarkt tätig ist.[103] Wenn die gewünschten Daten des Fahrzeugherstellers eine notwendige Ressource für das Angebot der Dienstleistungen von Dritten sind, dann würde die Verweigerung des Zugangs den Wettbewerb auf diesen Märkten ausschalten. Viele Fahrzeughersteller sind auch auf dem Sekundärmarkt aktiv, so dass sich das Geschäftsfeld, in dem sich der Zugangspetent bewegt, ganz grundsätzlich nicht von jenem des Dateninhabers auf diesem Markt unterscheidet und die Rechtsprechung zur Lizenzverweigerung auch bei der Verweigerung des Zugangs zu diesen Daten eingreifen kann.

58 Zu beachten ist aber, dass einige Fahrzeughersteller den Zugang zu den benötigten Daten über ihre eigenen Plattformen anbieten, wenn auch gegen Entgelt und in begrenztem Umfang. Auch bei Vorliegen aller Voraussetzungen der Essential-Facilities-Doktrin besteht **kein Anspruch auf eine kostenfreie Zugangsgewährung zu Datenpools,** sondern es

---

97 EuGH 29.4.2004 – C-418/01, MMR 2004, 456 Rn. 38 – IMS Health GmbH; Zur Zugangsverweigerung bei Bestehen eines gewerblichen Schutzrechtes EuGH 26.11.1998 – C-7/97, EuZW 1999, 86 Rn. 38 ff. – Bronner.

98 Vgl. Kerber Journal of Competition Law & Economics, Vol. 15, Issue 4, December 2019, 381 (396 mwN).

99 Drexl NZKart 2017, 415 (418).

100 EuGH 26.11.1998 – C-7/97, EuZW 1999, 86 Rn. 41 ff. – Bronner.

101 Schweitzer/Metzger/Blind/Richter/Niebel/Gutmann schlagen in Fällen, in denen der Datenzugang über die Möglichkeit entscheidet, innerhalb eines digitalen Ökosystems zu konkurrieren, das zu einem „bottleneck" für den Zugang zu Kunden geworden ist, vor, dass das Kriterium der Unerlässlichkeit durch eine umfassendere Interessenabwägung ersetzt wird, die der Rolle der Daten für den Wettbewerb in digitalen Ökosystemen oder Wertschöpfungsnetzen Rechnung trägt. vgl. Studie „Data access and sharing in Germany and in the EU: Towards a coherent legal framework for the emerging data economy – A legal, economic and competition policy angle" vom 8.7.2022, S. 22, abrufbar unter pure.mpg.de/rest/items/item_3457829_2/component/file_3457831/content; Dazu auch Schweitzer GRUR 2019, 569 (577).

102 EuGH 6.4.1995 – C-241/91 P, C-242/91 P, GRUR Int 1995, 490 – RTE und ITP/Kommission („Magill"); EuG 17.9.2007 – T-201/04, BeckRS 2007, 70806.

103 Drexl NZKart 2017, 415 (419).

ist nach der einschlägigen Rechtsprechung ein angemessener finanzieller Ausgleich zu leisten. Wie bereits erörtert können die Kosten für benötigte Datenzugänge aber in Summe zu einer hohen Belastung der Marktakteure führen mit der Folge, dass wegen der finanziell bedingten Spezialisierung nur wenig Angebot für bestimmte Dienste herrscht und dies Einfluss auf die Auswahl und die Preise für Verbraucher haben kann. Es ist daher in jedem Fall eine umfassende Analyse des Nutzens und der Kosten einer möglichen Datenzugangsverpflichtung erforderlich, deren Ergebnis auch stark von den spezifischen Datenbeständen abhängen kann, für die der Datenzugang gefordert wird.

Auch die Frage, ob durch den begrenzten oder verwerten Datenzugang ein **neues** **59**
Produkt verhindert wird, ist schwierig zu beantworten. Ebenfalls ist zu berücksichtigen, dass eine **Weigerung der Zugangsgewährung** sachlich gerechtfertigt ist, wenn das marktbeherrschende Unternehmen überwiegende objektive Rechtfertigungsgründe für die Zugangsverweigerung anführen kann, die mit dem Ziel des Wettbewerbsschutzes abgewogen werden müssen.[104] Die objektive Rechtfertigung der Verweigerung des Datenzugriffs ist in der vorliegend relevanten Konstellation ebenfalls nicht allgemein zu beantworten, da die Fahrzeughersteller eine Reihe von Gründen anführen können, die in jeweiligen Kontext des Einzelfalles bewertet werden müssen. Hinsichtlich der hier relevanten Fahrzeugdaten könnte vorgebracht werden, dass es sich um Betriebs- und Geschäftsgeheimnisse handeln kann.[105] Insoweit ist aber zu hinterfragen, ob nicht eine **Bereinigung der Daten** möglich ist. Ebenso könnte ein Einwand der Fahrzeughersteller sein, dass Produktions- und Produktivprozesse (zB Motorenabläufe, Schwankungsbandbreiten, mögliche Ineffizienzen etc) für Wettbewerber vollständig auslesbar werden und damit Innovationsanreize verlorengehen.[106] Mit dem sogenannten Amortisationsinteresse[107] könnten Fahrzeughersteller auch hinsichtlich des durch eine Datenzugangsverpflichtung verlorengehenden Anreizes zur Gewinnung dieser Daten bei hohen Investitionen argumentieren. Dies ist allerdings in der Digitalökonomie häufig überhaupt nicht der Fall, da Daten, insbesondere bei digitalen Geschäftsmodellen, auch als Nebenprodukt ohne große Investition anfallen können.[108] Schließlich können auch die bereits dargestellten Sicherheitsinteressen der Fahrzeughersteller in diesem Kontext relevant sein.

ii) §§ 19 Abs. 2 Nr. 4, 20 Abs. 1a GWB. Mit Blick auf nationale Regelungen im **60**
Kartellrecht sind insbesondere die Regelungen § 19 Abs. 2 Nr. 4 und § 20 Abs. 1a GWB zu untersuchen.[109] Gerade beim vernetzten Fahrzeug mit der Kontrolle des Datenzuganges durch den Fahrzeughersteller könnte es sich bei einer Verweigerung des Zuganges zu Daten um eine **missbräuchliche Verhaltensweise eines Unternehmens mit Marktbeherrschung** oder **relativer Marktmacht** handeln.

Ob und inwieweit ein Unternehmen mit marktbeherrschender Stellung iSv § 18 **61**
Abs. 1 GWB zu qualifizieren ist, kann nicht einheitlich beantwortet werden, da dies eine **marktbezogene Wertung** erfordert. Potentiell kann aber die **Inhaberschaft über Daten**

---

[104] Ausf. zur sachlichen Rechtfertigung der Verweigerung eines Datenzugangs Huerkamp/Nuys NZKart 2021, 327 (331 ff.).

[105] Zu diesem Einwand Peitz/Schweitzer NJW 2018, 275 (279); Louven NZKart 2018, 217 (221); Kerber Journal of Competition Law & Economics, Volume 15, Issue 4, December 2019, 381 (401).

[106] Vgl. Ergebnispapier „Industrie 4.0 – Kartellrechtliche Betrachtungen" des BMWi aus 02/2021, S. 22, abrufbar unter www.plattform-i40.de/IP/Redaktion/DE/Downloads/Publikation/Kartellrechtliche-Betrachtungen.pdf?__blob=publicationFile&v=5.

[107] MüKoWettbR/Wolf/Westermann GWB § 19 Rn. 168.

[108] Käseberg NZKart 2018, 441; Höppner/Weber K&R 2020, 24 (45); Kerber Journal of Competition Law & Economics, Vol. 15, Issue 4, December 2019, 381 (401) differenziert bei Daten zwischen einer nahezu kostenfreien „Ernte" von Daten als Nebenprodukt eines Dienstes bis hin zu einer möglichen teuren Produktion von Daten (zB durch spezifische Sensoren).

[109] Es kommen zudem grundsätzlich weitere kartellrechtliche Ansprüche in Betracht, wie zB das kartellrechtliche Diskriminierungsverbot gem. § 19 Abs. 2 Nr. 1 GWB oder der Konditionen- und Preismissbrauch gem. § 19 Abs. 2 Nr. 2 GWB, die jedoch im hier relevanten Untersuchungskontext keine Besonderheiten aufweisen und daher folgend nicht explizit untersucht werden.

im Sinne eines faktischen Monopols eine marktbeherrschende Stellung iSd § 18 Abs. 1 GWB darstellen, aus der bei einer missbräuchlichen Geschäftsverweigerung ebenso eine kartellrechtliche Zwangslizenz folgen kann.[110] Dabei ist aber zu beachten, dass Datenmacht als solche nicht grundsätzlich mit Marktmacht gleichzusetzen ist. Auch im nationalen Kartellrecht bestehen derzeit noch Unsicherheiten, ob die vorhandenen Normen den betroffenen Marktakteuren einen sinnvollen Datenzugangsanspruch mit Blick auf die benötigten Daten zum Betrieb oder der Entwicklung innovativer Geschäftsmodelle im Mobilitätssektor bieten. Dies beginnt bei der Bewertung der Marktstellung eines Unternehmens. Zwar hat der Gesetzgeber mit der 10. GWB-Novelle anerkannt, dass der Zugang zu wettbewerbsrelevanten Daten in die Bewertung der Marktstellung nach § 18 Abs. 3 Nr. 3 GWB ein Kriterium zur Bestimmung der Marktmacht eines Unternehmens ist. Zugleich hat er aber auch deutlich gemacht, dass **Datenhoheit nur ein Machtfaktor unter mehreren** ist.[111] Je nach Marktstruktur kann sich dann in der Folge die Frage stellen, ob die Vermutung kollektiver Marktbeherrschung nach § 18 Abs. 6 GWB greift. Hier wird es im Wesentlichen darauf ankommen, ob zwischen den einzelnen Dateninhabern Wettbewerb in Bezug auf den relevanten Markt – also die Bereitstellung von Daten – zu erwarten ist. Lehnen alle Dateninhaber eine Bereitstellung ab, spricht viel dafür, dass ein wesentlicher Wettbewerb iSv § 18 Abs. 7 Nr. 2 GWB nicht zu erwarten ist und sie deshalb gemeinsam marktbeherrschend sind.[112]

62 Im Zuge des GWB-Digitalisierungsgesetzes[113] wurde der Missbrauchstatbestand gem. § 19 Abs. 2 Nr. 4 GWB ergänzt. Diese Regelung stellt die deutsche Essential-Facility-Regelung dar. Nach der Gesetzesbegründung sollen durch die Norm auch **strukturelle Datenzugangsprobleme auf Anschlussmärkten** erfasst werden.[114] Die Vorschrift geht von dem Missbrauch einer marktbeherrschenden Stellung eines Unternehmens nunmehr insbesondere auch dann aus, wenn sich das marktbeherrschende Unternehmen weigert, einem dritten Unternehmen Zugang zu vorhandenen Daten zu gewähren, die Gewährung des Datenzugangs für eine Tätigkeit auf einem vor- oder nachgelagerten Markt objektiv notwendig ist und die Weigerung des Zugangs den wirksamen Wettbewerb auf diesem Markt auszuschalten droht.[115] Die Datenüberlassung bewirkt sodann – zur Erfüllung des Anspruchs aus § 33 Abs. 1 GWB – die Auflösung der Missbrauchshandlung.

63 Der weit gefasste Wortlaut von § 19 Abs. 2 Nr. 4 GWB („Zugang zu Daten, zu Netzen oder anderen Infrastruktureinrichtungen") soll ermöglichen, dass die Weigerung eines marktbeherrschenden Unternehmens, einem anderen Unternehmen Zugang zu Daten, Plattformen oder Schnittstellen zu gewähren, als missbräuchliches Verhalten gewertet werden kann. Zu beachten ist, dass, ebenso wie bei Art. 102 AEUV, auch bei § 19 Abs. 2 Nr. 4 GWB hohe Anforderungen an eine Zugangsgewährung gestellt werden. Die bei Art. 102 AEUV bereits erläuterten Voraussetzungen 1–3 finden sich auch in § 19 Abs. 2 Nr. 4 GWB wieder.

64 Nach aktuellem Stand ist die Begründung des Zugangsanspruchs aus § 19 Abs. 2 Nr. 4 GWB generell und so auch im Hinblick auf den Zugang zu Fahrzeugdaten noch mit **erheblichen Unsicherheiten** behaftet.[116] Ob die Verweigerung des Zugangs zu Fahrzeugdaten gegenüber dritten Servicedienstleistern eine Missbrauchshandlung iSv § 19 Abs. 2 Nr. 4 GWB darstellt, muss sich noch zeigen.[117] Der weit gefasste Wortlaut der Norm („Zugang zu Daten, zu Netzen oder anderen Infrastruktureinrichtungen") soll ermöglichen,

---

110 Louven NZKart 2018, 217 (219).
111 BT-Drs. 19/23492, 69.
112 Huerkamp/Nuys NZKart 2021, 327 (328).
113 BGBl. 2021 I 2.
114 BT-Drs. 19/23492, 72.
115 Zur Markmacht durch Daten vgl. Specht-Riemenschneider/Werry/Werry DatenR/Fast/Schnurr/Wohlfahrth S. 745 ff.; Specht-Riemenschneider/Werry/Werry DatenR/Louven S. 779 ff.
116 Zum Hintergrund der Norm Huerkamp/Nuys NZKart 2021, 327.
117 Vgl. zum Datenzugangsanspruch nach § 19 Abs. 2 Nr. 4 GWB Huerkamp/Nuys NZKart 2021, 327; Weber WRP 2020, 559.

dass die Weigerung eines marktbeherrschenden Unternehmens, einem anderen Unternehmen Zugang zu Daten, Plattformen oder Schnittstellen zu gewähren, als missbräuchliches Verhalten gewertet werden kann. Selbst nach Erstreckung der Essential-Facilities-Doktrin auf Daten infolge der 10. GWB-Novelle kann die Verweigerung des Zugangs zu den eigenen Datenpools durch ein marktbeherrschendes Unternehmen nach der Rechtsprechung des EuGH, die sich auch der BGH zu eigen gemacht hat[118], nur unter „außergewöhnlichen Umständen“ einen Machtmissbrauch darstellen. Insoweit ist auf die oberen Ausführungen zu verweisen. Zudem wäre es in diesem Kontext auch notwendig, dass Marktakteure auf nachgelagerten Märkten entlang der Wertschöpfungskette nicht nur Zugang zu (fahrzeuggenerierten) Daten erhalten, sondern auch Daten an das Fahrzeug zurücksenden können und mit dem Fahrer eines Fahrzeuges auch über alle vorhandenen Kommunikationsschnittstellen kommunizieren können. Dies wird durch § 19 Abs. 2 Nr. 4 GWB wohl nicht ermöglicht.[119] Hinsichtlich eines chancengleichen, fairen und nichtdiskriminierenden Wettbewerbs bräuchten aber die Marktakteure auf nachgelagerten Märkten einen solchen Zugang zu eben jenen Daten.

Im Zuge der genannten Novelle wurde § 20 Abs. 1a GWB in das Gesetz eingefügt, womit **65** die **Fallgruppe der datenbedingten Abhängigkeit** gesetzlich normiert ist. Nach Ansicht des Gesetzgebers wird der Datenzugang zumindest mitentscheidend für die Wettbewerbsfähigkeit einer Volkswirtschaft sein, weshalb die zuständige Wettbewerbsbehörde im Fall einer relativen Marktmacht den Datenzugang zu wettbewerbsrelevanten Daten anordnen kann.[120] Damit wird klargestellt, dass eine Abhängigkeit von einem bei einem Unternehmen vorliegenden Datenbestand unterhalb der Marktbeherrschung bestehen kann.[121] Die Verweigerung des Zugangs zu diesen Daten kann eine unbillige Behinderung iSv § 20 Abs. 1 GWB iVm § 19 Abs. 2 Nr. 1 GWB darstellen. Mit dem Bezug ist insbesondere ein Rückgriff auf die bisherige Rechtsprechung zu § 20 Abs. 1 GWB möglich. Nach § 20 Abs. 1 GWB wird missbräuchliches Verhalten auch Unternehmen untersagt, die zwar nicht marktbeherrschend sind, aber über sogenannte relative oder überlegene Marktmacht verfügen. Mit § 20 Abs. 1 GWB existiert daher eine Regelung zur Erfassung von Ungleichgewichten unterhalb der Schwelle der Marktbeherrschung. Zu dieser Norm hat sich in der Vergangenheit eine Anwendungspraxis etabliert, die kritische Datenzugangskonstellationen unterhalb der Schwelle der Marktbeherrschung erfassen kann.

Dies könnte gerade für **Reparatur- und Wartungsdienstleister** relevant sein, die sich **66** auf die Erbringung von Dienstleistungen auf den Sekundärmärkten für verbundene Geräte (Primärprodukte) bestimmter Fahrzeughersteller spezialisiert haben.[122] Aber auch andere Diensteanbieter, die Aftermarket- oder andere Dienste im Ökosystem der vernetzten Autos anbieten möchten, benötigen den Zugang zu bestimmten Datensätzen und sind diesbezüglich abhängig von den Fahrzeugherstellern mit ihrer ausschließlichen Kontrolle über die Daten, weshalb eine relative Marktmacht der Fahrzeughersteller iSd § 20 Abs. 1 GWB angenommen werden kann.[123]

Auch hinsichtlich § 20 Abs. 1a GWB ist festzustellen, dass das **Datenzugangsproblem** **67** **des Kfz-Aftermarket** mit Blick auf Echtzeitdaten **nicht vollumfänglich** erfasst wird, da die Norm den Datenzugangsanspruch insbesondere auf die beim Anspruchsgegner vorliegenden und diesem ebenfalls zur Verfügung stehenden Daten begrenzt.[124] Ebenso birgt die vorzunehmende Unbilligkeitsprüfung, bei welcher die Interessen des Normadressaten

---

[118] BGH 13.7.2004 – KZR 40/02, GRUR 2004, 966; 4.3.2008 – KVR 21/07, NJW-RR 2008, 996.
[119] Zur möglichen Ausgestaltung des Datenzugangsverhältnisses Louven NZKart 2018, 217 (222).
[120] BT-Drs. 19/23492, 80.
[121] Zum Grundgedanken der relativen Marktmacht in § 20 Abs. 1 GWB Kerber Journal of Competition Law & Economics, Vol. 15, Issue 4, December 2019, 381 (409).
[122] Hierzu ausf. Kerber Journal of Competition Law & Economics, Vol. 15, Issue 4, December 2019, 381 (410 f.).
[123] Kerber Journal of Competition Law & Economics, Vol. 15, Issue 4, December 2019, 381 (411).
[124] BT-Drs. 19/23492, 81.

und des Zugangspetenten abzuwägen sind, Unsicherheiten, auch wenn die Gesetzesbegründung explizit davon ausgeht, dass für eine Unbilligkeit der Verweigerung des Datenzugangs Umstände, wie beispielsweise ein Verschluss von Sekundärmärkten durch die Verweigerung des Zugangs oder ein erhebliches Potential für zusätzliche bzw. erhöhte Wertschöpfungsbeiträge auf Seiten des abhängigen Unternehmens sprechen.[125]

68 **ee) Vorschlag für eine Fahrzeugdaten-VO.** Die Kommission hat zudem eine Initiative für einen Vorschlag für eine Verordnung zum Zugang zu Fahrzeugdaten, -funktionen und -ressourcen (Fahrzeugdaten-VO) begonnen, welche eine **sektorspezifische Ergänzung zum Data Act** sein soll, indem die **Zugangsrechte bei Fahrzeugdaten** geregelt werden.[126] Dies betrifft insbes. die Bedingungen für den Zugang zu im Fahrzeug erzeugten Daten sowie zu deren Nutzung. Ziele sind dabei die schnellere Entwicklung von Diensten, die auf Fahrzeugdaten angewiesen sind, zB Ferndiagnose, Mobilität als Dienstleistung oder intelligentes Laden von Elektrofahrzeugen. Der Stand des Projekts ist jedoch momentan unklar, weil ein Vorschlag bzw. eine Mitteilung der Kommission bereits für 2023 geplant war und noch nicht erfolgt ist. Ähnliches gilt für eine Initiative zu Multimodalen digitalen Mobilitätsdiensten (MDMS).[127] Dieses Vorhaben wurde vom Ausschuss für Regulierungskontrolle gestoppt.[128]

Siehe zu diesem Themenkomplex auch
- Übersicht Sektorspezifische Spezialregelungen → Kap. 8 Rn. 1 ff.
- Mobilitätsdaten → Kap. 8 Rn. 15 ff.

III. Gesundheit

1. European Health Data Space (EHDS)

a) Entstehung

69 Nachdem die Covid-19-Pandemie eindrücklich die Wichtigkeit des Zugangs zu **Gesundheitsdaten** gezeigt hatte,[129] legte die EU-Kommission am 3.5.2022 ihren Vorschlag für eine Verordnung über einen europäischen Raum für Gesundheitsdaten **(EHDS-VO)**[130] vor. Rechtsgrundlage hierfür sollen Art. 16 und 114 AEUV darstellen.[131] Der Europäische Gesundheitsdatenraum, nach der englischsprachigen Bezeichnung kurz „EHDS" genannt, soll einerseits dem Einzelnen einen Zugang und eine bessere Kontrolle über die eigenen Gesundheitsdaten geben, andererseits aber auch den Zugang zu Gesundheitsdaten zur Weiterverwendung zwecks Forschung, Innovation und politischen Entscheidungsfindung verbessern.[132] Zu letzterem fördert die EU bereits das Projekt TEHDAS2[133] und ein

[125] BT-Drs. 19/23492, 81.
[126] Europäische Kommission: Zugang zu Fahrzeugdaten, -funktionen und -ressourcen, über diese Initiative vgl. ec.europa.eu/info/law/better-regulation/have-your-say/initiatives/13180-Zugang-zu-Fahrzeugdaten-funktionen-und-ressourcen_de.
[127] Europäische Kommission: Multimodale digitale Mobilitätsdienste, über diese Initiative vgl. ec.europa.eu/info/law/better-regulation/have-your-say/initiatives/13133-Multimodale-digitale-Mobilitatsdienste_de.
[128] Lippert/Schreyer-Bestmann BB 2024, 328 (334).
[129] Zahirovic/Buchmann DSRITB 2023, 239.
[130] COM(2022) 197 final, 1.
[131] COM(2022) 197 final, 7 f.
[132] WzS 2024, 172.
[133] Weitere Informationen, Website des TEHDAS2-Projektes, tehdas.eu/news/tehdas2-joint-action-to-promote-the-secondary-use-of-health-data-in-the-eu-starts/.

Pilotprojekt für eine Infrastruktur, HealthData@EU.[134] Es geht beim EHDS nicht – wie die Bezeichnung befürchten lassen könnte – um die Schaffung einer riesigen Datenbank mit Unmengen an Gesundheitsdaten von Bürgern aus der gesamten EU, sondern lediglich um die Schaffung einer (Netz-)Infrastruktur zum Datenaustausch.[135]

Der Vorschlag wurde aus verschiedenen Gründen stark kritisiert.[136] Im März 2024 konnte **70** jedoch im Trilog-Verfahren ein Kompromiss gefunden werden,[137] und das EU-Parlament nahm den Vorschlag am 24.4.2024 in erster Lesung,[138] am 17.12.2024 in der sprachlich überarbeiten Fassung in zweiter Lesung an.[139] Nach der Annahme durch den Rat im Januar 2025 wurde die EHDS-VO[140] am 5.3.2025 als **VO 2025/327** im Amtsblatt veröffentlicht, und ist **am 26.3.2025 in Kraft getreten.** Ihre Vorschriften werden gem. Art. 105 EHDS-VO **schrittweise anwendbar** sein, teilweise bereits ab 26.3.2027, zum Teil aber auch erst ab 26.3.2029, 2031 oder sogar 2035.

Die EHDS-VO regelt vornehmlich die Primärnutzung und die Sekundärnutzung elek- **71** tronischer Gesundheitsdaten. Nach Art. 2 Abs. 2 lit. d EHDS-VO handelt es sich bei der **Primärnutzung** um die Verarbeitung der Daten zum Zwecke der Gesundheitsversorgung der Person, auf welche sich die Daten beziehen. Darunter fallen ausdrücklich auch die Verschreibung, Abgabe und Bereitstellung von Arzneimitteln und Medizinprodukten, aber auch im Zusammenhang stehende Sozial-, Verwaltungs- und Erstattungsdienste.[141] **Sekundärnutzung** ist dagegen nach Art. 2 Abs. 2 lit. e EDHS-VO die Verarbeitung der Daten zu den in Kapitel IV der VO genannten Zwecken, wobei die Daten nicht ursprünglich zu diesen Zwecken erhoben oder erzeugt wurden.[142] Allerdings kommen auch die Regelungen der Primärnutzung dem Zugang und der Sekundärnutzung zugute, soweit die Regelungen über die unionsweite Einführung der elektronischen Patientenakte (ePA) die notwendigen Voraussetzungen der Vereinheitlichung der Datenformate und der Herstellung der Interoperabilität schaffen. Hier soll sich weitestgehend auf die Regelungen für den Zugang durch Dritte bzw. die Sekundärnutzung in Kapitel IV der VO beschränkt werden.

Im Folgenden sollen zunächst die durch die EHDS-VO genannten Akteure identifiziert **72** werden und genauer herausgestellt werden, zu welchen Daten überhaupt der Zugang zur Sekundärnutzung möglich sein kann (Kategorien von Daten). Danach werden die Schritte des Zugangsprozesses dargestellt. Da hier Zugang und Nutzung untrennbar sind, wird zwecks Vollständigkeit der gesamte Prozess bis zum Nutzungsende dargestellt. An den entsprechenden Stellen soll auch kurz auf die Problematik des Verhältnisses der EHDS-VO zur DS-GVO eingegangen werden. Schließlich soll das Verhältnis der EHDS-VO zum neuen Gesundheitsdatennutzungsgesetz (GDNG) in Deutschland thematisiert werden.

b) Die Akteure der Verordnung über einen European Health Data Space

Die EHDS-VO nennt verschiedene Akteure, von denen lediglich ein paar für die Sekun- **73** därnutzung relevant sind. Art. 2 Abs. 2 lit. t EHDS-VO definiert den Gesundheitsdateninhaber und lit. u den Gesundheitsdatennutzer. In Art. 55 EHDS-VO werden Regelungen über Gesundheitsdatenzugangsstellen getroffen. Darüber hinaus wird in Art. 72 EHDS-VO

---

[134] Taeger/Pohle ComputerR-HdB/Raji 120.5 Rn. 24.

[135] Gemeinsame Stellungnahme des EDSA und EDSB zum Vorschlag für eine Verordnung über den europäischen Raum für Gesundheitsdaten vom 12.7.2022 (Abk. Gemeinsame Stellungnahme EDSA und EDSB), 6; Werry/Ntanas MMR 2024, 641 (643).

[136] Ua Gemeinsame Stellungnahme EDSA und EDSB; Stellungnahme der Konferenz der unabhängigen Datenschutzaufsichtsbehörden des Bundes und der Länder vom 27.3.2023.

[137] Hofmann jurisPR-ITR 18/2024 Anm. 2.

[138] Hofmann jurisPR-ITR 18/2024 Anm. 2.

[139] Interinstitutional File 16958/24 vom 19.12.2024, abrufbar unter eur-lex.europa.eu/legal-content/EN/TXT/?uri=consil%3AST_16958_2024_INIT.

[140] Verordnung (EU) 2025/327 vom 11.2.2025 über den europäischen Gesundheitsdatenraum sowie zur Änderung der Richtlinie 2011/24/EU und der Verordnung (EU) 2024/2847, ABl. L, 2025/327.

[141] Bronner juris-PR-ITR 18/2023 Anm. 2.

[142] Bronner juris-PR-ITR 18/2023 Anm. 2.

eine Unterkategorie des Gesundheitsdateninhabers impliziert, nämlich der „vertrauenswürdige Gesundheitsdateninhaber". In Kapitel VI wird in Art. 92 EHDS-VO der European Health Data Space Ausschuss **(EHDS Ausschuss)** etabliert. Dieses hat jedoch ausweislich seiner Aufgaben bzgl. der Sekundärnutzung nach Art. 94 Abs. 2 EHDS-VO nur eine unterstützende und hinweisgebende Funktion.

74 **aa) Gesundheitsdateninhaber.** Von der Definition des Dateninhabers in Art. 2 Nr. 8 DGA abweichend,[143] definiert Art. 2 Abs. 2 lit. t EHDS-VO den **Gesundheitsdateninhaber** als „jede natürliche oder juristische Person, staatliche Behörde, Agentur oder sonstige Einrichtung des Gesundheits- oder Pflegesektors", worunter ausdrücklich auch Erstattungsdienste und natürliche und juristische Personen fallen, welche für das Gesundheitswesen und den Pflegesektor bestimmte Produkte und Dienstleistungen oder Wellness-Anwendungen entwickeln oder herstellen, oder Forschung in diesen Bereichen betreiben, oder als Mortalitätsregister fungieren. Darunter sollen in bestimmten Fällen auch Organe, Einrichtungen, Ämter und Agenturen der EU fallen.[144] Zum einen, wenn sie als (gemeinsame) **Verantwortliche** nach Unions- oder nationalem Recht zu Zwecken der Gesundheitsversorgung und der Pflege oder der öffentlichen Gesundheit, Erstattung, Forschung, Innovation, Politikgestaltung, offiziellen Statistiken, Patientensicherheit oder gesetzgeberischen Zwecken, verpflichtet sind, elektronische Gesundheitsdaten (Kategorien von Daten → Rn. 82 ff.) zu verarbeiten.[145] Zum anderen, wenn sie die **Fähigkeit** haben, **durch Kontrolle der technischen Gestaltung** eines Produkts oder der damit verbundenen Dienste nicht-personenbezogene elektronische Gesundheitsdaten (Kategorien von Daten → Rn. 82 ff.) zur Verfügung zu stellen, einschließlich diese zu registrieren, bereitzustellen oder den Zugang zu ihnen zu beschränken oder sie auszutauschen.[146] Nach Erwgr. 59 EHDS-VO macht es dabei auch keinen Unterschied, ob diese gewinnorientiert sind, oder nicht, sodass auch private Einrichtungen und Unternehmen von der Definition erfasst sind.[147] Die Definition des Gesundheitsdateninhabers ist folglich sehr weit gefasst, sodass letztlich jede kleine Praxis im Gesundheitsbereich und jede kleine Pflegeeinrichtung, genauso erfasst sind wie Universitätskliniken und andere Krankenhäuser, Biobanken, Pharmaunternehmen jeglicher Größe und sogar verschiedene Versicherungen auch über Krankenversicherungen hinaus.[148]

75 Dass dies gerade in durchschnittlichen Arzt-, Zahnarzt- und psychotherapeutischen Praxen, sowie kleineren Einrichtungen zum Beispiel zu Zwecken der Betreuung älterer Menschen oder Menschen mit Behinderung zu Unruhe führt, ist in Anbetracht der ohnehin schon hohen Belastung durch Bürokratie nachvollziehbar. Allerdings wird die überbordende Definition des Gesundheitsdateninhabers etwas eingefangen durch die **Ausnahme in Art. 50 EHDS-VO,** wonach von den Verpflichtungen des Gesundheitsdateninhabers einzelne Forscher und natürliche Personen und Kleinstunternehmen[149] ausgenommen sind.[150] Das bedeutet, dass die Verpflichtungen nur diejenigen treffen, die unter die Definition fallen und zugleich mindestens 10 Personen beschäftigen und einen Jahresumsatz von 2 Mio. EUR haben. Entsprechend dürften gerade kleine und durchschnittliche Praxen und Betreuungseinrichtungen ausgenommen sein, da sie zwar möglicherweise die Beschäf-

---

143 Raji ZD 2023, 3 (7).

144 Hoeren/Sieber/Holznagel MMR-HdB/Wehde/Brandenberg Teil 16.8 Rn. 13.

145 Bronner jurisPR-ITR 18/2023 Anm. 2.

146 Hoeren/Sieber/Holznagel MMR-HdB/Wehde/Brandenberg Teil 16.8 Rn. 13; Bronner jurisPR-ITR 18/2023 Anm. 2; Roos/Maddaloni RDi 2023, 225 (226).

147 Hoeren/Sieber/Holznagel MMR-HdB/Wehde/Brandenberg Teil 16.8 Rn. 13; Dierks PharmR 2023, 369 (371).

148 Vgl. Hoeren/Sieber/Holznagel MMR-HdB/Wehde/Brandenberg Teil 16.8 Rn. 13; Hornung/Schallbruch IT-SicherheitsR-HdB/Kuß § 28 Rn. 94; Bronner jurisPR-ITR 18/2023 Anm. 2; Roos/Maddaloni RDi 2023, 225 (226 f.).

149 Nach Art. 2 Abs. 3 des Anhang der Empfehlung der Kommission vom 6.5.2003, ABl. 2003 L 124, 36.

150 Hoeren/Sieber/Holznagel MMR-HdB/Wehde/Brandenberg Teil 16.8 Rn. 13; Bronner jurisPR-ITR 18/2023 Anm. 2; Beyer WzS 2023, 163 (166); Tschammler/Uecker ZD-Aktuell 2022, 01265.

tigtenzahl nicht selten überschritten werden, der erzielte Umsatz jedoch geringer als 2 Mio. EUR sein wird.[151] Um zu überprüfen, ob die eigene Praxis, die eigene Einrichtung oder das eigene Unternehmen die unten genannten Verpflichtungen erfüllen muss oder unter die Ausnahme fällt, sind daher grds. diese beiden Faktoren (Beschäftigtenzahl und Umsatz) heranzuziehen. Allerdings ermöglicht es Art. 50 Abs. 2 EHDS-VO den Mitgliedsstaaten, die Ausnahme für diejenigen Gesundheitsdateninhaber, die ihrer Jurisdiktion unterliegen, aufzuheben, sowie nach Abs. 3 festzulegen, dass bestimmte Dateninhaber die Verpflichtungen nicht selbst auszuführen haben, sondern Vermittlungsstellen im Sinne von **Datenintermediären** diese für sie wahrnehmen sollen. Daher ist immer auch im nationalen Recht zu überprüfen, ob der jeweilige Mitgliedstaat von diesen Öffnungsklauseln Gebrauch gemacht hat.

Die **Pflichten** des Gesundheitsdateninhabers ergeben sich aus **Art. 60 EHDS-VO** und werden im Rahmen der Darstellung des Verfahrens behandelt. 76

Art. 72 EHDS-VO schafft als Unterkategorie des Gesundheitsdateninhabers den **„vertrauenswürdigen Gesundheitsdateninhaber“.** Nach Abs. 2 können die Mitgliedstaaten ein Verfahren festlegen, nach welchem beurteilt wird, welche Gesundheitsdateninhaber als vertrauenswürdig gelten. Der Gesundheitsdateninhaber muss jedoch **zwingend** die Voraussetzungen erfüllen, dass er den **Zugang über eine gesicherte Verarbeitungsumgebung** in Einklang mit Art. 73 EHDS-VO sicherstellen kann, dass er die notwendige **Expertise** hat, Anträge auf Datenzugang und Datenanfragen zu prüfen, und dass er die notwendigen **Garantien** zur Einhaltung der EHDS-VO erfüllen kann. Das Gleiche gilt für die Festlegung von Organen, Einrichtungen und Agenturen der EU als vertrauenswürdigen Gesundheitsdateninhabern durch den **Unions-Gesundheitsdatenzugangsservice,** welcher nach Art. 75 Abs. 2 EHDS-VO das Pendant auf Unionsebene zu den Gesundheitsdatenzugangsstellen darstellt. Ein Gesundheitsdateninhaber, der zum vertrauenswürdigen Gesundheitsdateninhaber ernannt wurde, nimmt zusätzlich zu den Pflichten des Gesundheitsdateninhabers weitere Pflichten ähnlich wie eine Gesundheitsdatenzugangsstelle wahr. Ob es sich bei einem solchen vertrauenswürdigen Gesundheitsdateninhaber um einen Beliehenen nach § 1 Abs. 4 VwVfG oder einen bloßen Verwaltungshelfer handelt, ist indes nicht klar und wird sicherlich von der nationalen Ausgestaltung abhängen.[152] 77

bb) Gesundheitsdatennutzer. Art. 2 Abs. 2 lit. u EHDS-VO definiert den **„Gesundheitsdatennutzer“** als jede natürliche oder juristische Person einschließlich der Organe, Einrichtungen oder Agenturen der EU, welchen infolge einer Datengenehmigung, einer Datenanfrage oder einer Zugangsgenehmigung durch einen autorisierten Teilnehmer von HealthData@EU rechtmäßig Zugang zu elektronischen Gesundheitsdaten (Kategorien von Daten → Rn. 82 ff.) zur Sekundärnutzung gewährt wurde.[153] Dass grds. **auch Unternehmen der kommerziellen Gesundheitsforschung** Datennutzer unter dieser Definition sein können, lässt sich aus Erwgr. 61 EHDS-VO ableiten. Danach sollen öffentliche, private, nicht gewinnorientierte Unternehmen im Rahmen der Zwecke der VO von dieser profitieren und unter Forschung ausdrücklich auch privat finanzierte Forschung verstanden werden.[154] Der notwendige Prozess, um durch den Erhalt einer Datengenehmigung, einer Datenanfrage oder einer Zugangsgenehmigung Gesundheitsdatennutzer zu werden, wird, ebenso wie die Pflichten des Gesundheitsdatennutzers nach Art. 61 EHDS-VO im Rahmen der Darstellung des Verfahrens dargestellt. Es sei jedoch bereits angemerkt, dass grds. jeder einen entsprechenden Antrag stellen kann, welcher allerdings bestimmte Inhalte, wie den 78

[151] Vgl. Destatis Pressemitteilung Nr. 346 vom 31.8.2023 „Arztpraxen erzielten 2021 knapp 72 % ihrer Einnahmen aus Kassenabrechnung“, wonach durchschnittlich 9,8 Personen in Arzt- und Zahnarztpraxen arbeiten, www.destatis.de/DE/Presse/Pressemitteilungen/2023/08/PD23_346_52911.html.

[152] Hoeren/Sieber/Holznagel MMR-HdB/Wehde/Brandenberg Teil 16.8 Rn. 41.

[153] Roos/Maddaloni RDi 2023, 225 (226 f.); Dierks PharmR 2023, 360 (372).

[154] Gassner MPR 2024, 95 (95 f.); Dierks PharmR 2023, 360 (372).

Verwendungszweck, enthalten muss.[155] Während des Verfahrens der Antragstellung bis zur Erteilung der Daten- oder Zugangsgenehmigung wird der potentielle Gesundheitsdatennutzer als **Antragsteller** bezeichnet.[156]

79 Es könnte der Gedanke aufkommen, dass jeder **Datennutzer auch Dateninhaber** sein müsste. Dies ist jedoch schon deshalb nicht der Fall, da Zugang iRd EHDS-VO nicht damit gleichzusetzen ist, dass der Gesundheitsdatennutzer den Datensatz selbst erhält. Im Übrigen kann ein Gesundheitsdatennutzer jedoch zugleich auch Gesundheitsdateninhaber sein, wenn er unter beide Definitionen fällt. Eine Einschränkung, dass sich diese Eigenschaften gegenseitig ausschließen, enthält keine der beiden Definitionen, eben so wenig, wie die Definition des Gesundheitsdateninhabers eine Beschränkung auf Daten aus der Primärnutzung enthält. Eine solche erschiene ausweislich der gemeinwohlorientierten Logik der EHDS-VO auch nicht zielführend.[157] Allerdings sieht Erwgr. 57 EHDS-VO auch vor, dass Gesundheitsdatennutzer Datensätze anreichern könnten und dann wieder dem ursprünglichen Gesundheitsdateninhaber zugänglich machen sollte, der wiederum diesen veränderten Datensatz wie den ursprünglichen zugänglich machen sollte.

80 **cc) Gesundheitsdatenzugangsstelle.** Was genau eine **Gesundheitsdatenzugangsstelle** ist, definiert die EHDS-VO nicht.[158] Art. 55 EHDS-VO legt lediglich fest, dass jeder Mitgliedsstaat **eine oder mehrere** Gesundheitsdatenzugangsstellen festlegen muss, wobei es den Mitgliedsstaaten offensteht, ob sie dafür auf bestehende Einrichtungen zurückgreifen oder neue schaffen.[159] Werden mehrere Gesundheitsdatenzugangsstellen geschaffen, legt der Mitgliedstaat fest, welche davon die **Koordination** zwischen den nationalen und den Gesundheitsdatenzugangsstellen anderer Mitgliedsstaaten übernimmt. Nach Art. 56 EHDS-VO wird auch auf Unionsebene eine entsprechende Stelle („Union health data access service") geschaffen. Für Deutschland wurde erwartet, dass in jedem Bundesland eine Zugangsstelle geschaffen und die Koordination durch das Forschungsdatenzentrum Gesundheit übernommen würde.[160] Mittlerweile befindet sich aber mit der **DACO („Datenzugangs- und Koordinierungsstelle")** eine zusätzliche Stelle beim BfArM im Aufbau.[161]

81 Die Aufgaben und Pflichten der Gesundheitsdatenzugangsstellen werden in Art. 57, 58, 59 und 63 EHDS-VO festgelegt und ergeben sich zusätzlich aus weiteren Regelungen bspw. über die Gesundheitsdatenzugangsgenehmigung. Diese werden tiefergehend im Rahmen der Darstellung des Verfahrens behandelt. An dieser Stelle soll nur bereits festgestellt werden, dass die Gesundheitsdatenzugangsstellen als **Knotenpunkt und Vermittler** zwischen Gesundheitsdateninhaber und -nutzer fungieren und für den Zeitraum der Bereitstellung von Daten auch als eine Art **Treuhänder** für die Daten.[162] In dieser Funktion treffen die Gesundheitsdatenzugangsstellen nach Art. 59 EHDS-VO auch verschiedene **Veröffentlichungs- und Berichtspflichten,** bspw. darüber, wem eine Genehmigung erteilt wurde.

c) Kategorien von Daten

82 Aus der DS-GVO bekannt sind die Definitionen von **„Gesundheitsdaten"** in Art. 4 Nr. 15 DS-GVO und **„genetischen Daten"** in Art. 4 Nr. 13 DS-GVO, deren Definitionen Art. 2 Abs. 1 lit. a EHDS-VO auch ausdrücklich für anwendbar erklärt. Zusätzlich und zunächst scheinbar davon abweichend definiert aber Art. 2 Abs. 2 EHDS-VO in lit. c **„elektronische Gesundheitsdaten"** als Überbegriff zu **„personenbezogenen elektro-**

[155] Beyer WzS 2023, 163 (166).
[156] Raji ZD 2023, 3 (7).
[157] AA Dierks PharmR 2023, 360 (372), der den Begriff des Dateninhabers auf Stellen beschränken möchte, die Daten für ihre Primärnutzung erhoben haben.
[158] Raji ZD 2023, 3 (7).
[159] Roos/Maddaloni RDi 2023, 225 (226 f.); Dierks PharmR 2023, 369 (371).
[160] Roos/Maddaloni RDi 2023, 225 (226 f.); Dierks PharmR 2023, 369 (371).
[161] Informationsseite der Datenzugangs- und Koordinierungsstelle: https://www.bfarm.de/DE/Das-BfArM/Aufgaben/Datenzugangs-und-Koordinierungsstelle/_node.html.
[162] Hoeren/Sieber/Holznagel MMR-HdB/Wehde/Brandenberg Teil 16.8 Rn. 23; vgl. Raji ZD 2023, 3 (7).

nischen Gesundheitsdaten“, Art. 2 Abs. 2 lit. a EHDS-VO, und **„nicht-personenbezogenen elektronischen Gesundheitsdaten“**, Art. 2 Abs. 2 lit. b EHDS-VO.[163] Bei „personenbezogenen elektronischen Gesundheitsdaten“ handelt es sich nach Art. 2 Abs. 2 lit. a EHDS-VO um die Gesundheit betreffende Daten und genetische Daten, welche in elektronischem Format verarbeitet werden. „Nicht-personenbezogene Gesundheitsdaten“ sind dagegen elektronische Gesundheitsdaten, die keine „personenbezogenen elektronischen Gesundheitsdaten“ nach Art. 2 Abs. 2 lit. a sind, und umfassen anonymisierte Daten wie auch solche Daten, die nie einen Personenbezug aufgewiesen haben, Art. 2 Abs. 2 lit. b EHDS-VO. Damit bezieht sich die EHDS-VO nicht nur auf Daten, die vom Anwendungsbereich der DS-GVO erfasst sind, sondern ist unabhängig davon, ob die Daten Personenbezug aufweisen, zu beachten.[164] Die durch die EHDS-VO geschaffene unterschiedliche Bedeutung von „Gesundheitsdaten“ und „(nicht-)personenbezogenen elektronischen Gesundheitsdaten“ könnte allerdings in Zukunft für Verwirrung sorgen. Während die EHDS-VO nach Art. 1 Abs. 2 lit. a EHDS-VO die sich aus der DSDGVO ergebenden Rechte präzisieren und ergänzen und zugleich nach Art. 1 Abs. 3 EHDS-VO die Vorschriften der DS-GVO „unberührt“ lassen soll, könnte die Einführung der „elektronischen Gesundheitsdaten“ jedoch auch dazu führen, dass sich selbst bei „nicht-personenbezogenen elektronischen Gesundheitsdaten“ um die Einhaltung der DS-GVO bemüht werden wird, um sich nicht durch Missverständnisse der Gefahr von Sanktionen auszusetzen. Damit würde das Ziel der Vereinfachung gerade nicht erreicht.

Weitere Erkenntnisse, welche „elektronischen Gesundheitsdaten“ zur Sekundärnutzung **83**
zur Verfügung stehen können, ergeben sich aus **Art. 51 Abs. 1 EHDS-VO.** Dort werden sog. **„Mindestkategorien“** festgelegt. Es kann sich demnach handeln um:

- elektronische Gesundheitsdaten aus der **ePA** (lit. a),
- Daten über **sich auf die Gesundheit auswirkende Faktoren** – was ausweislich der genannten Beispiele weit zu verstehen ist (lit. b),
- aggregierte Daten zu **Bedarfen der Gesundheitsfürsorge,** dieser zugewiesenen **Ressourcen, Erbringung** und **Zugang** zu Gesundheitsfürsorge, **Ausgaben** und **Finanzierung** der Gesundheitsfürsorge (lit. c),
- Daten zu **Erregern** mit Auswirkungen auf die menschliche Gesundheit (lit. d),
- **Verwaltungsdaten** mit Bezug zur Gesundheitsfürsorge (lit. e),
- **humangenetische, epigenetische und genomische** Daten (lit. f),
- **andere menschliche molekulare** Daten (lit. g),
- **durch Medizinprodukte automatisch generierte** personenbezogene elektronische Gesundheitsdaten (lit. h),
- Daten von **Wellness-Anwendungen** (Apps) (lit. i),
- Daten **über medizinisches Fachpersonal,** welches in die Behandlung einer natürlichen Person involviert war (lit. j),
- Daten aus **bevölkerungsbezogenen Gesundheitsregistern** (lit. k),
- Daten von **medizinischen und Mortalitätsregistern** (lit. l),
- Daten **aus klinischen Prüfungen, Studien und Leistungsstudien** nach verschiedenen Verordnungen (lit. m),
- andere Gesundheitsdaten von **Medizinprodukten** (lit. n),
- Daten aus **Registern für Arzneimittel und Medizinprodukte** (lit. o),
- Daten aus **Forschungskohorten, Fragebögen und Erhebungen** mit Gesundheitsbezug nach der ersten Veröffentlichung ihrer Ergebnisse (lit. p), und
- Gesundheitsdaten aus **Biobanken und zugehörigen Datenbanken** (lit. q).[165]

Nach Abs. 2 ist es den Mitgliedstaaten gestattet, durch eigene Gesetzgebung weitere **84**
Kategorien hinzuzufügen. Die „Mindestkategorien“ sind ausweislich Erwg. 56 EHDS-VO

[163] Bronner juris-PR-ITR 18/2023 Anm. 2.
[164] Hoeren/Sieber/Holznagel MMR-HdB/Wehde/Brandenberg Teil 16.8 Rn. 32.
[165] Vgl. Dierks PharmR 2023, 369 (372) noch zum ursprünglichen Entwurf.

bewusst weit angelegt, um auch zukünftigen und noch nicht erkennbaren Bedürfnissen der Nutzer Rechnung zu tragen.[166] Auf die Kritik hieran wird im Rahmen des Verfahrens eingegangen. Insgesamt ist allerdings festzuhalten, dass durch diese Pflicht von Gesundheitsdateninhabern, all diese Daten bereit zu halten, ein Spannungsfeld mit der Pflicht zur Datenminimierung nach Art. 5 Abs. 1 lit. c DS-GVO entsteht.[167]

85 Welche Daten tatsächlich zur Sekundärnutzung zur Verfügung gestellt werden können, soll sich aus einem **Katalog** ergeben, welchen die Gesundheitsdatenzugangsstellen auf Grundlage von Informationen, die sie von den Gesundheitsdateninhabern erhalten, veröffentlichen, Art. 77 EHDS-VO.[168] Die Daten sollen grds. in **anonymisierter,** in Ausnahmefällen in **pseudonymisierter Form** zugänglich gemacht werden, Art. 66 Abs. 2, 3 EHDS-VO.[169] Gerade das Thema der Anonymisierung bringt jedoch noch einige Unklarheiten mit sich und bspw. die DSK hätte sich klarere Regelungen dazu, wie eine sichere Anonymisierung erreicht werden kann, gewünscht.[170] In Ermangelung solcher Regelungen ist daher auf die Erkenntnisse iRd DS-GVO zurückzugreifen.

86 Im Übrigen ist anzumerken, dass es sich bei den Daten, welche zur Verfügung gestellt werden können, nicht um eine vollständige Sammlung aller im Rahmen der Primärnutzung erhobenen Daten eines Gesundheitsdateninhabers handeln muss. Deutliche Kritik am ursprünglichen Entwurf bezog sich darauf, dass dieser den betroffenen Personen keinerlei Möglichkeit zugestand, der Verwendung ihrer Daten zu widersprechen, während zugleich die Gesundheitsdatenzugangsstellen von den Verpflichtungen nach Art. 14 DS-GVO ausgenommen wurden, wodurch im Widerspruch zur Zielsetzung der EHDS-VO die Rechte des Einzelnen zur Kontrolle über die eigenen Daten nicht gestärkt, sondern geschwächt worden wären.[171] Im Rahmen des Trilogs wurde daher in **Art. 71 EHDS-VO** ein Recht zum **„Opt-out"** von der Sekundärnutzung der eigenen personenbezogenen elektronischen Gesundheitsdaten eingeführt.[172] Übt eine oder mehrere Personen dieses Recht aus, werden deren Daten – für zukünftige Verarbeitungen, vergangene bleiben unberührt – aus dem Datensatz entfernt und entspricht dieser folglich nicht mehr dem aller Daten der Primärnutzung. Die Ausübung des „Opt-out" ist reversibel. Allerdings wurde das Recht zum Opt-out aufgeweicht, indem in Art. 71 Abs. 4 EHDS-VO eine Öffnungsklausel eingeführt wurde, die es Mitgliedstaaten erlaubt, unter bestimmten Voraussetzungen die Daten trotz eines ausgeübten Opt-out zugänglich zu machen.[173]

d) Das Verfahren nach der EHDS-VO

87 Das **Verfahren nach der EHDS-VO** kann in mehrere Schritte untergliedert werden: Zunächst werden die Daten iRd Primärnutzung erhoben, was hier nicht weiter thematisiert werden soll. Das **Antragsverfahren** umfasst neben der Antragstellung selbst auch vorbereitende Schritte: Die Pflicht des Gesundheitsdateninhabers, Informationen an die Gesundheitsdatenzugangsstelle zu übermitteln und deren Pflicht, den Katalog nach Art. 77 EHDS-VO zu veröffentlichen und zu gewissen Unterstützungsleistungen, und nach der Antragstellung zur Entscheidung über den Antrag. Schließlich folgt der **Zugang,** welcher wiederum in mehrere (datenschutzrechtlich relevante) Schritte unterteilt werden kann: die Übermittlung der Daten durch den Gesundheitsdateninhaber an die Gesundheitsdaten-

---

166 Hoeren/Sieber/Holznagel, MMR-HdB/Wehde/Brandenberg Teil 16.8 Rn. 33.
167 Zahirovic/Buchmann DSRITB 2023, 239 (249).
168 Tschammler/Uecker ZD-Aktuell 2022, 01265.
169 Zahirovic/Buchmann DSRITB 2023, 239 (250).
170 Stellungnahme der DSK vom 27.3.2023, 2 f.; Zahirovic/Buchmann DSRITB 2023, 239 (250); zur Schwierigkeit der Anonymisierung und Bedenken aufgrund dessen s. auch Wagner/Engels DSRITB 2023, 221; Kühling/Schildbach ZfDR 2024, 1 (10 f.).
171 Gemeinsame Stellungnahme des EDSA und EDSB zum Vorschlag für eine Verordnung über den europäischen Raum für Gesundheitsdaten vom 12.7.2022 Rn. 25, 33, 95.
172 Vgl. Hofmann jurisPR-ITR 18/2024 Anm. 2.
173 Vgl. Hofmann jurisPR-ITR 18/2024 Anm. 2.

zugangsstelle, die Anonymisierung oder Pseudonymisierung durch die Gesundheitsdatenzugangsstelle, die Gewährung des Zugangs an den Gesundheitsdatennutzer, die Nutzung durch diesen und schließlich die Löschung. Für alle diese Schritte mit Ausnahme der Nutzung selbst stellt die EHDS-VO eine Rechtsgrundlage iSd Art. 6 Abs. 1 lit. c, Art. 9 Abs. 2 lit. g DS-GVO dar.[174] Der Nachweis einer Rechtsgrundlage für die Nutzung obliegt dagegen dem Gesundheitsdatennutzer, worauf im Rahmen des Verfahrens eingegangen wird.

aa) Das Antragsverfahren. Nach Art. 57 Abs. 1 lit. j Ziff. i, 77 Abs. 1 EHDS-VO ist es 88
Aufgabe der **Gesundheitsdatenzugangsstellen,** mittels eines öffentlichen und standardisiert maschinenlesbaren **Katalog** Informationen über vorhandene Daten zu veröffentlichen.[175] Um diese Informationen veröffentlichen zu können, ist sie abhängig von der Mitwirkung der Gesundheitsdateninhaber. Daher auferlegt Art. 60 Abs. 3 EHDS-VO den Gesundheitsdateninhabern, eine Beschreibung ihrer Datensätze mit den in Art. 77 EHDS-VO festgelegten Angaben an die Gesundheitsdatenzugangsstelle zu übermitteln.[176] Um die Richtigkeit und Aktualität des Katalogs zu verifizieren, muss der Gesundheitsdateninhaber dies mindestens jährlich verifizieren. Hierdurch ergeben sich allerdings mehrere Probleme. Viele Einrichtungen der Gesundheitsversorgung und Pflege leiden ohnehin schon an Personalmangel und werden durch diese weitere Aufgabe noch mehr belastet. Hier kommt auch zum Tragen, dass der große Umfang der Mindestkategorien einen erheblichen Aufwand erfordern wird.[177] Hinzu kommt, dass es für viele Schwierigkeiten mit sich bringen wird, herauszufinden, zu welchen Datensätzen überhaupt Angaben zu machen sind und diese auch zu machen, geschweige denn, sie so zu machen, dass einem potentiellen Nutzer daraus die Qualität und Verwertbarkeit ersichtlich wird. Insofern wäre es sinnvoll, wenn die Gesundheitsdatenzugangsstellen potenziellen Gesundheitsdateninhabern weitere Informationen und auch Unterstützung zur Verfügung stellen würden und sie bestenfalls zur Bereitstellung festgelegter Informationen zu konkreten Datensätzen gezielt auffordern.[178]

Nach **Art. 67 Abs. 1 EHDS-VO** soll im Grundsatz jede natürliche oder juristische 89
Person bei einer Gesundheitsdatenzugangsstelle einen **Antrag** auf Datenzugang stellen können, zu den in **Art. 53 Abs. 1 EHDS-VO** festgelegten **zulässigen Zwecken** der Sekundärnutzung.[179] Allerdings beschränkt Art. 53 Abs. 2 EHDS-VO die Zugangsberechtigung für jedermann auf die Zwecke nach lit. d, e und f, da die Zwecke nach lit. a–c ausschließlich öffentlichen Einrichtungen und Organen, Einrichtungen, Ämtern und Agenturen der Union vorbehalten sind. Die Zwecke, zu denen daher jeder potenzielle Gesundheitsdatennutzer einen Antrag auf Zugang stellen kann, sind **Bildungs- und Lehrtätigkeiten** im Gesundheits- und Pflegesektor im Bereich der Berufs- und Hochschulbildung (lit. d), **wissenschaftliche Forschung** im Bereich des Gesundheits- und Pflegesektors, welche zur öffentlichen Gesundheit oder Bewertung von Gesundheitstechnologien beiträgt, oder ein hohes Niveau der Qualität und Sicherheit der Gesundheitsversorgung, von Arzneimitteln oder Medizinprodukten gewährleistet, mit dem Ziel, dass die Endnutzer davon profitieren (lit. e), und die **Verbesserung der Versorgung, der Optimierung von Behandlungen und der Gesundheitsversorgung** (lit. f). Lit. e umfasst dabei ausdrücklich Entwicklungs- und **Innovationstätigkeiten** für Produkte- und Dienstleistungen, sowie das Training, Testen und Erproben von **Algorithmen** unter Einschluss von ua KI-Systemen.[180]

Die **öffentlichen Einrichtungen vorbehaltenen** Zwecke nach Art. 53 Abs. 1 lit. a–c 90
EHDS-VO richten sich erkennbar an diese. Es handelt sich nämlich um das **öffentliche**

[174] Hoeren/Sieber/Holznagel MMR-HdB/Wehde/Brandenberg Teil 16.8 Rn. 43.
[175] Tschammler/Uecker ZD-Aktuell 2022, 01265.
[176] Tschammler/Uecker ZD-Aktuell 2022, 01265; Dierks PharmR 2023, 369 (373).
[177] Vgl. Beyer WzS 2023, 163 (165 f.).
[178] Vgl. Beyer WzS 2023, 163 (165 f.).
[179] Hoeren/Sieber/Holznagel MMR-HdB/Wehde/Brandenberg Teil 16.8 Rn. 23; Zahirovic/Buchmann DSRITB 2023, 239 (248).
[180] Zahirovic/Buchmann DSRITB 2023, 239 (248).

Interesse im Bereich der öffentlichen und Arbeitsgesundheit (lit. a), **Politikgestaltung und Regulierungstätigkeiten** zur Unterstützung von öffentlichen Stellen oder Organen, Agenturen oder Einrichtungen der Union (lit. b), und **statistische Zwecke** im Bereich des Gesundheits- und Pflegesektors (lit. c). Lit. a trägt dabei besonders den Erfahrungen aus der Covid-19-Pandemie Rechnung, indem dort als erstes von mehreren Beispielen schwerwiegende grenzüberschreitende Gesundheitsgefahren genannt werden.

91 Den zulässigen Zwecken werden in **Art. 54 EHDS-VO unzulässige Zwecke** gegenübergestellt, wobei es sich wohl nicht um eine abschließende Aufzählung handelt. Erfasst werden davon ausdrücklich **Verarbeitungen zum Nachteil einzelner oder Gruppen** von natürlichen Personen mit rechtlichen, sozialen oder wirtschaftlichen Auswirkungen für diese Personen (lit. a), Verarbeitungen in Bezug auf Arbeitsbedingungen oder schlechtere Bedingungen bei der Bereitstellung von Waren oder Dienstleistungen wie Versicherungen oder der Kreditvergabe (lit. b), aber auch Verarbeitungen zu Werbezwecken (lit. c), zur Entwicklung von Produkten oder Diensten, welche Individuen, der öffentlichen Gesundheit, oder der Gesellschaft als solcher Schaden zufügen können (lit. d), oder Aktivitäten, welche in Konflikt mit ethischen Vorgaben nach nationalem Recht stehen (lit. e).

92 Der **Antrag** auf Datenzugang muss nach **Art. 67 Abs. 2 EHDS-VO** eine ganze Reihe von Angaben enthalten:

- Informationen über die **Identität des Antragstellers,** eine Beschreibung der **beruflichen Funktionen und Tätigkeiten** einschließlich der Benennung derjenigen natürlichen Personen, die Zugang zu den Daten erhalten sollen, wobei Änderungen diesbezüglich auch noch zu einem späteren Zeitpunkt mitgeteilt werden können, lit. a,
- was der **Zweck nach Art. 53 Abs. 1 EHDS-VO** ist, zu welchem Zugang begehrt wird, lit. b,
- eine detaillierte Erklärung der beabsichtigten Nutzung und der erhofften Vorteile in Bezug darauf und die Zwecke nach Art. 53 Abs. 1 EHDS-VO, lit. c,
- eine **Beschreibung der Daten,** zu denen Zugang begehrt wird, und ggf. ob Zugang zu Daten von Gesundheitsdateninhabern in mehreren Mitgliedsstaaten oder von nach Art. 75 EHDS-VO autorisierten Teilnehmern an HealthData@EU begehrt wird, lit. d,
- die Angabe, ob die Daten in anonymisierter oder pseudonymisierter Form benötigt werden, und falls die Daten in **pseudonymisierter Form** benötigt werden, eine **Begründung,** warum die Daten in anonymisierter Form nicht geeignet sind, lit. e,[181] und nach Art. 67 Abs. 4 die Darlegung der **Rechtsgrundlage** nach Art. 6 Abs. 1 DS-GVO,[182]
- falls der Antragsteller Daten in die gesicherte Verarbeitungsumgebung einbringen möchte, eine Beschreibung dieser Daten, lit. f,
- die Beschreibung der **Sicherheitsmechanismen,** welche den Missbrauch der Daten verhindern und die Rechte und Interessen des Gesundheitsdateninhabers und der betroffenen Personen schützen sollen, lit. g,[183]
- sofern es sich nicht um öffentliche Einrichtungen oder Organe, Einrichtungen, Ämter und Agenturen der EU handelt (Art. 67 Abs. 5 EHDS-VO), eine begründete Angabe, in welchem **Zeitraum** die Daten in der gesicherten Verarbeitungsumgebung benötigt werden, lit. h,
- eine Beschreibung der für eine gesicherte Verarbeitungsumgebung benötigten Instrumente und Rechenressourcen, lit. i,[184]
- ggf. Informationen über die Bewertung ethischer Aspekte nach nationalem Recht, lit. j, und

---

[181] Hoeren/Sieber/Holznagel MMR-HdB/Wehde/Brandenberg Teil 16.8 Rn. 31.
[182] Dierks PharmR 2023, 369 (373).
[183] Hoeren/Sieber/Holznagel MMR-HdB/Wehde/Brandenberg Teil 16.8 Rn. 34; Zahirovic/Buchmann DSRITB 2023, 239 (250).
[184] Hoeren/Sieber/Holznagel MMR-HdB/Wehde/Brandenberg Teil 16.8 Rn. 34.

– falls der Antragsteller eine Ausnahme nach Art. 71 Abs. 4 EHDS-VO in Anspruch nehmen möchte, die nach nationalem Recht erforderliche Begründung, lit. k

Dem Ziel der Verordnung entsprechend, soll es, wenn Zugang zu Daten von Gesundheitsdateninhabern in mehreren Mitgliedsstaaten geht, nach Art. 67 Abs. 3 EHDS-VO nicht mehr notwendig sein, einen Antrag in jedem der betroffenen Mitgliedsstaaten zu stellen, sondern **ein einziger Antrag** soll ausreichen.[185] Dieser ist bei der Gesundheitsdatenzugangsstelle der **Hauptniederlassung des Antragstellers oder** eines der in Frage stehenden **Gesundheitsdateninhabers** zu stellen, oder über HealthData@EU nach Art. 75 EHDS-VO. Der Antrag soll dann automatisch an die weiteren betroffenen Gesundheitsdatenzugangsstellen weitergeleitet werden. Grds. ist zwar die Benennung eines Gesundheitsdateninhabers keine der notwendigen Angaben im Antrag,[186] aus der Formulierung in Art. 67 Abs. 3 S. 2 EHDS-VO lässt sich jedoch schließen, dass zumindest in diesen Fällen der oder die Gesundheitsdateninhaber zu benennen sind. Durch die Herstellung des notwendigen Bezugs der Hauptniederlassung des Antragstellers oder des Gesundheitsdateninhabers wurde die Gefahr des ursprünglichen Entwurfs, dass es hier zu Forum Shopping kommen könnte, wesentlich entschärft. Ein Problem, auf das EDSA und EDSB bereits in ihrer gemeinsamen Stellungnahme im Juli 2022 hinwiesen, besteht allerdings weiterhin: Unklar ist, welches Recht die Gesundheitsdatenzugangsstelle anzuwenden hat. Beispielsweise wenn ein Antrag im Mitgliedsstaat der Hauptniederlassung des Antragstellers für Daten aus unterschiedlichen Mitgliedsstaaten gestellt wird, kann es noch immer einen Unterschied machen, ob die Beurteilung des Antrags nach dem Recht des Antragsstellers oder der Gesundheitsdateninhaber bewertet wird.[187] Die automatische Weiterleitung an die einschlägigen Zugangsstellen und befugten Teilnehmer von HealthData@EU nach Art. 67 Abs. 3, letzter Satz EHDS-VO indiziert jedoch, dass jede Stelle ihre Beurteilung nach dem eigenen Recht trifft. Dies hat zur Folge, dass zwar nur ein Antrag zu stellen ist, die Entscheidungen der verschiedenen Stellen sich jedoch mitunter sehr unterscheiden können, was kaum hilfreich sein dürfte. **93**

Besonders wichtig ist, was aus Art. 67 Abs. 4 EHDS-VO hervorgeht: Aus der Notwendigkeit, darzulegen, was die Rechtsgrundlage für die Verarbeitung durch den Gesundheitsdatennutzer ist, ergibt sich eindeutig, dass die zulässigen Zwecke nach Art. 53 EHDS-VO nicht mit einer **Rechtsgrundlage** iSd Art. 6 Abs. 1, 9 Abs. 2 DS-GVO zu verwechseln sind. Vielmehr ist davon auszugehen, dass das Vorliegen eines zulässigen Zwecks nach Art. 53 EHDS-VO entweder mit Art. 6 Abs. 1 lit. e DS-GVO im Einklang steht oder sich bei der Interessenabwägung iRd Art. 6 Abs. 1 lit. f DS-GVO begünstigend auswirkt.[188] **94**

Nach der Antragstellung ist es Aufgabe der **Gesundheitsdatenzugangsstelle,** über den Antrag zu entscheiden. Wichtige Fragen hierbei sind, wie die Gesundheitsdatenzugangsstelle über das Vorliegen der Voraussetzungen entscheidet und ob der Antragsteller bei deren Vorliegen einen **Anspruch auf Zugang** hat, oder ob dieser bspw. wegen entgegenstehender Rechte des Geistigen Eigentums oder zum Schutz von Geschäftsgeheimnissen verweigert werden kann. **Art. 68 Abs. 1 EHDS-VO** stellt Kriterien auf, deren kumulatives Vorliegen **Voraussetzung für eine positive Beantwortung** darstellen. Ua müssen die beantragten Daten notwendig, angemessen und verhältnismäßig für die beschriebenen Zwecke sein, Art. 68 Abs. 1 lit. b EHDS-VO. Folglich ist eine **Verhältnismäßigkeitsprüfung** durchzuführen. Dies ist auch in Anbetracht dessen, dass es sich gem. der Mindestkategorien nach Art. 51 EHDS-VO um sehr sensible Daten wie Genomsequenzen handeln kann,[189] und dies ohne die Einwilligung der Betroffenen,[190] und teilweise lediglich in pseudonymisierter Form erfolgen kann, auch richtig. **95**

---

185 Vgl. Zahirovic/Buchmann DSRITB 2023, 239 (248).
186 Hoeren/Sieber/Holznagel MMR-HdB/Wehde/Brandenberg Teil 16.8 Rn. 23.
187 Gemeinsame Stellungnahme EDSA und EDSB Rn. 94.
188 Tschammler/Uecker ZD-Aktuell 2022, 01265.
189 Denga EuZW 2023, 25 (30).
190 Zahirovic/Buchmann DSRITB 2023, 239 (248).

96 In Bezug auf möglicherweise entgegenstehende **Rechte des Geistigen Eigentums** und an **Geschäftsgeheimnissen** gab es im Laufe des Verfahrens Änderungen, welche allerdings nicht zu vollständiger Klarheit geführt haben. Nach **Art. 52 EHDS-VO** müssen Gesundheitsdateninhaber Daten auch dann bereitstellen, wenn diese einem solchen Recht unterliegen. Sie müssen die Gesundheitsdatenzugangsstelle über das Vorliegen der Schutzrechte **informieren,** Art. 52 Abs. 2 EHDS-VO.[191] Diese ist dann verpflichtet, **geeignete und verhältnismäßige Maßnahmen zu deren Schutz** zu ergreifen, Art. 52 Abs. 3 EHDS-VO.[192] Welche Maßnahmen dies sein können, wird nicht spezifiziert, nur, dass sie rechtlicher, organisatorischer oder technischer Art sein können, oder es sich um eine vertragliche Vereinbarung zwischen Gesundheitsdateninhaber und -nutzer handeln kann. Die Genehmigung kann nach Art. 52 Abs. 4 EHDS-VO auch unter die Bedingung solcher Maßnahmen gestellt werden.[193] Sollte der Zugang zu den Daten ein so schwerwiegendes Risiko für die Rechte des Geistigen Eigentums oder Geschäftsgeheimnisse des Gesundheitsdateninhabers darstellen, dass es durch mögliche Schutzmaßnahmen nicht ausgeräumt werden kann, kann die Gesundheitsdatenzugangsstelle nach Art. 52 Abs. 5 EHDS-VO die Genehmigung mit entsprechender Erklärung auch verweigern.[194] Dabei sollte es sich jedoch ausweislich der Formulierung um eine Ausnahme handeln. Sowohl dem Gesundheitsdateninhaber wie dem Antragsteller steht nach Art. 52 Abs. 5 EHDS-VO ein **Beschwerderecht nach Art. 81 EHDS-VO** zu. Auch wenn es nicht ganz eindeutig ist, scheint hieraus hervorzugehen, dass die Entscheidung darüber, ob die Schutzmaßnahmen ausreichen oder das Risiko zu groß ist, durch die Gesundheitsdatenzugangsstelle getroffen wird. Dies ist sinnvoll, da es Gesundheitsdateninhabern sonst zu einfach gemacht würde, den Zugang zu den eigenen Daten zu verhindern, indem solche Rechte vorgeschoben würden. Umgekehrt soll aber auch die EHDS-VO nach Erwgr. 60 den Schutz der Rechte des Geistigen Eigentums nicht verringern oder umgehen.

97 Als Konsequenz daraus und aufgrund der Verwendung des Indikativs in Art. 68 Abs. 3 EHDS-VO („*Kommt die Zugangsstelle für Gesundheitsdaten zu dem Schluss, dass die Anforderungen in Abs. 1 erfüllt sind und die in Abs. 2 genannten Risiken hinreichend gemindert sind,* ***gewährt*** *[sie] Zugang (…) indem sie eine Datengenehmigung* ***erteilt.***“) kann geschlussfolgert werden, dass der Antragsteller einen **Anspruch auf Erteilung einer Datenzugangsgenehmigung** hat, und nach Art. 68 Abs. 11 EHDS-VO daraus folgend **auch auf den Zugang** zu den Daten in einer sicheren Verarbeitungsumgebung.[195]

98 Näheres zum **Inhalt** einer Gesundheitsdatenzugangsgenehmigung und für den Fall ihrer Verweigerung regeln **Art. 68 Abs. 4–13 EHDS-VO.** Die Genehmigung ist nach Art. 68 Abs. 4 EHDS-VO innerhalb von **drei Monaten nach Erhalt des vollständigen Antrags** zu erteilen, wobei in dem Fall, dass ein unvollständiger Antrag vorgelegt wird, eine Fristverlängerung von drei Monaten gewährt werden kann. Für den Fall der zu begründenden Ablehnung gibt Art. 68 EHDS-VO keine Frist an, weshalb davon auszugehen ist, dass die Dreimonatsfrist sich nicht nur auf die Erteilung der Genehmigung, sondern auch die ablehnende Antragsbeantwortung bezieht. Die Gesundheitsdatenzugangsgenehmigung ist für die zur Erfüllung der beschriebenen Zwecke notwendige Zeit auszustellen, allerdings darf diese zehn Jahre nicht überschreiten, Art. 68 Abs. 12 EHDS-VO. In begründeten Fällen kann eine Verlängerung von nicht mehr als zehn Jahren erfolgen.

99 Ursprünglich sollte es für den Fall, dass Daten nur eines einzigen Gesundheitsdateninhabers in einem einzigen Mitgliedsstaat begehrt werden, die Möglichkeit geben, den Antrag unmittelbar an diesen zu richten.[196] Sinnvollerweise wurde dies fallen gelassen und durch das Verfahren über den **vertrauenswürdigen Gesundheitsdateninhaber** in

---

191 Hofmannm jurisPR-ITR 18/2024 Anm. 2.
192 Werry/Ntanas MMR 2024, 641 (643).
193 Hofmann jurisPR-ITR 18/2024 Anm. 2.
194 Hofmann jurisPR-ITR 18/2024 Anm. 2; Werry/Ntanas MMR 2024, 641 (643).
195 Vgl. Hoeren/Sieber/Holznagel MMR-HdB/Wehde/Brandenberg Teil 16.8 Rn. 18 f.
196 S. bspw. Hoeren/Sieber/Holznagel MMR-HdB/Wehde/Brandenberg Teil 16.8 Rn. 20 f.

Art. 72 EHDS-VO ersetzt. Anträge können gem. Art. 72 Abs. 1 EHDS-VO **ausschließlich an die Gesundheitsdatenzugangsstellen** gerichtet werden. Betrifft ein Antrag jedoch ausschließlich Daten von einem vertrauenswürdigen Gesundheitsdateninhaber nach Art. 72 Abs. 2 EHDS-VO, kann die Gesundheitsdatenzugangsstelle den Antrag direkt an diesen vertrauenswürdigen Gesundheitsdateninhaber weiterleiten, Art. 72 Abs. 3 EHDS-VO. Letzterer prüft den Antrag gem. Art. 72 Abs. 4 EHDS-VO nach den Kriterien gem. Art. 68 Abs. 1, 2, Art. 69 Abs. 2, 3 EHDS-VO. Innerhalb von zwei Monaten nach Erhalt des Antrags durch die Gesundheitsdatenzugangsstelle legt der vertrauenswürdige Gesundheitsdateninhaber der Zugangsstelle eine **Bewertung mit einem Entscheidungsvorschlag** vor, Art. 72 Abs. 5 S. 1 EHDS-VO. Dieser Entscheidungsvorschlag hat **keine bindende Wirkung** für die Entscheidung durch die Gesundheitsdatenzugangsstelle, welche sie wiederum innerhalb von zwei Monaten ab Erhalt der Bewertung und des Entscheidungsvorschlags treffen muss, Art. 72 Abs. 5 S. 2, 3 EHDS-VO. Bei Erteilung der Genehmigung obliegt es dem vertrauenswürdigen Gesundheitsdateninhaber, die Aufgaben nach Art. 57 Abs. 1 lit. a Ziff. i und lit. b EHDS-VO auszuführen, also die beantragten Daten vorzubereiten und in der gesicherten Verarbeitungsumgebung Zugang zu gewähren, Art. 72 Abs. 6 EHDS-VO. Die Ausführungen zum Zugang bei der Gesundheitsdatenzugangsstelle gelten daher entsprechend.

Neben dem Antrag auf Zugang ist es nach Art. 69 EHDS-VO auch möglich, eine **Gesundheitsdatenanfrage** zu stellen.[197] Die zulässigen Zwecke richten sich ebenfalls nach Art. 53 EHDS-VO. Hierbei wird **kein Zugang** zu den Daten als solchen gewährt, sondern **ausschließlich eine Antwort** auf die Anfrage **in anonymisiertem statistischem Format, Art. 69 Abs. 1 EHDS-VO** erteilt.[198] Der notwendige Inhalt einer Gesundheitsdatenanfrage ergibt sich aus Art. 69 Abs. 2 EHDS-VO. Die Gesundheitsdatenzugangsstelle bewertet die Anfrage innerhalb von drei Monaten und übermittelt dem Gesundheitsdatennutzer die Ergebnisse sofern möglich innerhalb weiterer drei Monate, Art. 69 Abs. 4 EHDS-VO. 100

bb) Der Zugang. Nach Erteilung der Datenzugangsgenehmigung an den Gesundheitsdatennutzer fordert die Gesundheitsdatenzugangsstelle nach Art. 57 Abs. 1 lit. a Ziff. iii, Art. 68 Abs. 7 EHDS-VO den oder die Gesundheitsdateninhaber zur **Übermittlung der beantragten Daten** an sie auf.[199] Da der Antrag keinen Gesundheitsdateninhaber benennen muss, sondern lediglich eine Beschreibung der Daten, zu denen Zugang begehrt wird, ist es **Aufgabe der Gesundheitsdatenzugangsstelle, geeignete Gesundheitsdateninhaber** anhand der von diesen übermittelten Informationen **zu identifizieren und auszuwählen.**[200] Diese unterliegen nach Art. 60 Abs. 1 EHDS-VO einer spiegelbildlichen **Verpflichtung zur Datenübermittlung,** welche sie innerhalb einer angemessen Zeit, jedoch nicht später als drei Monate nach Erhalt der Aufforderung durch die Gesundheitsdatenzugangsstelle durchführen muss, Art. 60 Abs. 2 EHDS-VO. In Ausnahmefällen kann eine Fristverlängerung von drei Monaten durch die Gesundheitsdatenzugangsstelle erteilt werden. Erfüllt ein Gesundheitsdateninhaber seine Pflicht zur Datenübermittlung nicht, ist die Gesundheitsdatenzugangsstelle nach Art. 63 Abs. 4 EHDS-VO befugt, den Gesundheitsdateninhaber nach nationalem Recht zu **sanktionieren.** Die Verpflichtung zur Datenübermittlung stellt zugleich die Rechtsgrundlage für diese Verarbeitung im Sinne einer gesetzlichen Verpflichtung nach Art. 6 Abs. 1 lit. c DS-GVO dar, wie auch aus Erwgr. 52 EHDS-VO hervorgeht.[201] Bisher wenig beachtet ist die Regelung zur Zugangsgewährung von nicht-personenbezogenen elektronischen Gesundheitsdaten in Art. 60 Abs. 5 EHDS- 101

197 Roos/Maddaloni RDi 2023, 225 (227).
198 Roos/Maddaloni RDi 2023, 225 (227).
199 Hoeren/Sieber/Holznagel MMR-HdB/Wehde/Brandenberg Teil 16.8 Rn. 23.
200 Roos/Maddaloni RDi 2023, 225 (227).
201 Gemeinsame Stellungnahme EDSA und EDSB Rn. 22; Hoeren/Sieber/Holznagel MMR-HdB/Wehde/Brandenberg Teil 16.8 Rn. 12.

VO. Nach dieser gewähren Gesundheitsdateninhaber nicht-personenbezogener elektronischer Gesundheitsdaten Zugang zu diesen mithilfe vertrauenswürdiger offener Datenbanken, welche eine „solide, transparente und nachhaltige Governance und ein transparentes Modell für den Zugang der Nutzer" einführen müssen. Schwer abzusehen sind die Risiken, welche die jeweiligen Gesundheitsdateninhaber hierbei im Blick haben müssen werden, ebenso wie die Risiken, welche sich möglicherweise hinsichtlich Re-Identifizierung von in anonymisierter Form bereitgestellten Daten ergeben können. Zudem sind Unsicherheiten der Gesundheitsdateninhaber zu erwarten hinsichtlich der Beurteilung, ob es sich tatsächlich um nicht-personenbezogene elektronische Gesundheitsdaten handelt, zu welchen sie selbst den Vorgaben in Art. 60 Abs. 5 EHDS-VO entsprechend Zugang zu gewähren haben, oder doch ein Personenbezug vorliegt und diese Form der Zugangsgewährung gerade ausgeschlossen ist.

102 War ursprünglich noch vorgesehen, dass Gesundheitsdateninhaber und -zugangsstelle durch die Übermittlung der Daten zu gemeinsamen Verantwortlichen gem. Art. 26 DS-GVO würden,[202] sieht **Art. 74 Abs. 1 EHDS-VO** nun vor, dass der **Gesundheitsdateninhaber Verantwortlicher für die Übermittlung** ist und die **Gesundheitsdatenzugangsstelle Verantwortliche für die Datenverarbeitung in Ausführung ihrer Aufgaben** nach der EHDS-VO. Für die Verarbeitung der Daten durch den Gesundheitsdatennutzer oder der Verarbeitung zur Beantwortung einer Gesundheitsdatenanfrage, gilt der **Gesundheitsdatennutzer als Verantwortlicher** und die **Gesundheitsdatenzugangsstelle** lediglich als **Auftragsverarbeiter.**

103 Der **Datenzugang** in der **sicheren Verarbeitungsumgebung** durch den Gesundheitsdatennutzer erfolgt gem. Art. 68 Abs. 7 EHDS-VO innerhalb von zwei Monaten nachdem die Gesundheitsdatenzugangsstelle die Daten vom Gesundheitsdateninhaber erhalten hat.[203] Zuvor ist es jedoch nach Art. 57 Abs. 1 lit. b EHDS-VO Aufgabe der Gesundheitsdatenzugangsstelle, die **Daten im Regelfall zu anonymisieren oder zumindest zu pseudonymisieren,** und Verarbeitungen zur Vorbereitung des Zugangs durchzuführen.[204] Hierfür sind nach Erwgr. 65 EHDS-VO Verfahren nach dem **aktuellen Stand der Technik** anzuwenden. Die erforderlichen Informationen zur Umkehrung einer Pseudonymisierung dürfen ausschließlich der Gesundheitsdatenzugangsstelle zugänglich sein oder einer nach nationalem Recht als Treuhänder vorgesehenen Stelle, Art. 66 Abs. 3 EHDS-VO.[205] Für die Kosten, die der Gesundheitsdatenzugangsstelle für die Bereitstellung der Daten, einschließlich Anonymisierung oder Pseudonymisierung, entstehen, kann sie eine **Gebühr** verlangen, Art. 62 EHDS-VO.[206]

104 Der Zugang hat in einer **sicheren Verarbeitungsumgebung** stattzufinden, welche die in Art. 73 Abs. 1 EHDS-VO-E genannten Voraussetzungen erfüllen muss.[207] Zusammengefasst stellt die sichere Verarbeitungsumgebung sicher, dass nur genau diejenigen natürlichen Personen Zugang zu genau den Daten haben, die sie gem. ihrer Gesundheitsdatenzugangsgenehmigung Zugang haben dürfen. Sowohl der Zugang durch unberechtigte Dritte wie auch das Einspielen oder Auslesen von Daten darf nicht möglich sein. Ein **Herunterladen** von Daten darf nach Abs. 2 **ausschließlich für nicht-personenbezogene elektronische Gesundheitsdaten,** einschließlich Daten in anonymisiertem statistischem Format, möglich sein.[208] Über jeden Zugang und jede Verarbeitung in der sicheren Verarbeitungsumgebung ist eine **Aufzeichnung** zu führen, welche mindestens ein Jahr aufbewahrt werden muss. Inwiefern auf die sichere Verarbeitungsumgebung Vorschriften wie die NIS-

[202] S. bspw. Hoeren/Sieber/Holznagel MMR-HdB/Wehde/Brandenberg Teil 16.8 Rn. 51.
[203] Dierks PharmR 2023, 369 (373).
[204] Dierks PharmR 2023, 369 (373).
[205] Beyer WzS 2023, 163 (166).
[206] Hoeren/Sieber/Holznagel MMR-HdB/Wehde/Brandenberg Teil 16.8 Rn. 57.
[207] Hoeren/Sieber/Holznagel MMR-HdB/Wehde/Brandenberg Teil 16.8 Rn. 55; Tschammler/Uecker ZD-Aktuell 2022, 01265.
[208] Hoeren/Sieber/Holznagel MMR-HdB/Wehde/Brandenberg Teil 16.8 Rn. 56.

2-RL[209] oder der Cyber Resilience Act[210] anwendbar sind, lässt die EHDS-VO offen.[211]

Was genau während dem Zugang über die sichere Verarbeitungsumgebung gemacht wird, bzw. werden darf, hängt von der Gesundheitsdatenzugangsgenehmigung ab. Innerhalb von **18 Monaten nach Abschluss** der Verarbeitung in der sicheren Verarbeitungsumgebung oder Erhalt der Antwort auf eine Gesundheitsdatenanfrage muss der Gesundheitsdatennutzer die **Ergebnisse** der Sekundärnutzung Art. 61 Abs. 4 EHDS-VO entsprechend **veröffentlichen.**[212] Die Ergebnisse oder Resultate dürfen nach UAbs. 3 jedoch **nur anonyme Daten** enthalten. Dies ist insbes. deshalb von Bedeutung, dass es andernfalls zu Problemen hinsichtlich der Rechtsgrundlage für die Veröffentlichung der Daten nach DS-GVO kommen könnte. Die in der sicheren Verarbeitungsumgebung zugänglich gemachten elektronischen Gesundheitsdaten müssen nach Art. 68 Abs. 12 EHDS-VO innerhalb von **sechs Monaten nach Ablauf der Gesundheitsdatenzugangsgenehmigung gelöscht** werden.[213] Allerdings kann die **Formel zur Erstellung** dieses Datensatzes auf Antrag des Gesundheitsdatennutzers durch die Gesundheitsdatenzugangsstelle **länger gespeichert** werden. So wird die Möglichkeit der wissenschaftlichen Nachprüfbarkeit der Ergebnisse gewährleistet. 105

Art. 64 EHDS-VO verleiht den **Gesundheitsdatenzugangsstellen** die Befugnis, bei bestimmten Verstößen **Sanktionen** in Form von Bußgeldern zu verhängen. Diese müssen nach Abs. 1 wirksam, verhältnismäßig und abschreckend sein.[214] Bei der Festlegung der Höhe des Bußgeldes berücksichtigt die Gesundheitsdatenzugangsstelle unterschiedliche Faktoren, bspw. die Art, Schwere und Dauer des Verstoßes (Abs. 2 lit. a), ob andere Behörden für denselben Vorgang bereits Bußgelder verhängt haben (lit. b), den Grad des Verschuldens (lit. c), oder ob Maßnahmen zur Schadensgeringhaltung ergriffen wurden (lit. d).[215] Abs. 4 sieht eine Begrenzung der Bußgelder in bestimmten Fällen auf **max. 10 Mio. EUR oder 2 % des weltweiten Jahresumsatzes** vor, je nach dem, was höher ist.[216] Für **besonders schwerwiegende Verstöße** wie der Verwendung der Daten, zu denen mittels einer Gesundheitsdatenzugangsgenehmigung Zugang erlangt wurde, zu verbotenen Zwecken nach Art. 54 EHDS-VO (Abs. 5 lit. a), oder der (versuchten) Re-Identifizierung von natürlichen Daten (lit. c) sieht Abs. 5 eine abweichende Begrenzung auf **max. 20 Mio. EUR oder 4 % des weltweiten Jahresumsatzes** vor.[217] Die weitere Ausgestaltung von Sanktionen neben Art. 64 EHDS-VO überträgt Art. 99 EHDS-VO den Mitgliedsstaaten.[218] Dabei müssen die Mitgliedstaaten ähnliche Kriterien einbeziehen wie Art. 64 Abs. 2 EHDS-VO vorgibt. Neben den Sanktionsmechanismen gibt es nach **Art. 81 EHDS-VO** ein **Recht auf Beschwerde** für Personen, deren Rechte in Kapitel IV betroffen sind, und nach **Art. 100 EHDS-VO** ein **Recht auf Schadensersatz.**[219] 106

2. Verhältnis des Gesundheitsdatennutzungsgesetzes zur Verordnung über einen European Health Data Space

Fraglich ist, inwieweit neben der – als vollharmonisierend intendierten – EHDS-VO noch Raum für nationale Regelungen sein wird, sofern keine explizite Öffnungsklausel existiert.[220] Das seit 31.3.2024 anwendbare Gesetz zur Verbesserung der Nutzung von Gesund- 107

[209] RL (EU) 2022/2555 vom 14.12.2022, ABl. 2022 L 333, 80.
[210] VO (EU) 2024/2847 vom 23.10.2024, ABl. L, 2024/2847.
[211] Hoeren/Sieber/Holznagel MMR-HdB/Wehde/Brandenberg Teil 16.8 Rn. 56.
[212] Vgl. Hoeren/Sieber/Holznagel MMR-HdB/Wehde/Brandenberg Teil 16.8 Rn. 58.
[213] Hoeren/Sieber/Holznagel MMR-HdB/Wehde/Brandenberg Teil 16.8 Rn. 61.
[214] Hofmann jurisPR-ITR 18/2024 Anm. 2.
[215] Hofmann jurisPR-ITR 18/2024 Anm. 2.
[216] Hofmann jurisPR-ITR 18/2024 Anm. 2.
[217] Hofmann jurisPR-ITR 18/2024 Anm. 2.
[218] Hofmann jurisPR-ITR 18/2024 Anm. 2; Kühling/Schildbach ZfDR 2024, 1 (16).
[219] Hofmann jurisPR-ITR 18/2024 Anm. 2.
[220] Böning ZD-Aktuell 2024, 01695.

heitsdaten[221] soll bereits der Vorbereitung der Umsetzung der EHDS-VO dienen.[222] Es enthält hauptsächlich das Gesundheitsdatennutzungsgesetz, kurz **GDNG.**[223] Eine Antwort auf die Frage, ob das GDNG bzw. Teile davon auch nach Anwendbarkeit der EHDS-VO überhaupt noch bestehen kann, oder ob es sich dabei um ein reines „Brückengesetz"[224] handelt, lässt sich aufgrund der unterschiedlichen enthaltenen Regelungen nicht pauschal geben. Sie soll stattdessen in Zusammenhang mit einer kurzen Darstellung der Inhalte gegeben werden.

108 § 1 GDNG legt die Zwecke und den **Anwendungsbereich des GDNG** fest. Nach Abs. 2 gilt es für die Verarbeitung von Gesundheitsdaten zu Forschungszwecken, zur Verbesserung der Gesundheitsversorgung und Pflege sowie zu weiteren im Gemeinwohl liegenden Zwecken. Dies entspricht bereits den Zielen der EHDS-VO, jedoch wird deren Anwendungsbereich begrenzt auf „elektronische Gesundheitsdaten". Insofern kann davon ausgegangen werden, dass, wo es sich nicht um solche handelt, das GDNG uneingeschränkt angewendet werden kann. Wo es sich um elektronische Gesundheitsdaten iSd EHDS-VO handelt, ist dagegen nach den einzelnen Regelungen zu differenzieren.

109 Bei § 5 GDNG handelt es sich um eine datenschutzrechtliche Regelung, zur Klärung der **Datenschutzaufsicht bei länderübergreifenden Gesundheitsforschungsvorhaben.** Diese Vorschrift wird daher von der EHDS-VO ohnehin unberührt bleiben.

110 § 2 GDNG enthält **Begriffsbestimmungen,** wobei für „Gesundheitsdaten" (Nr. 1), „personenbezogene Daten" (Nr. 2) und „Forschungsvorhaben" (Nr. 5) auf die DS-GVO Bezug genommen wird. Die in § 2 Nr. 8 GDNG enthaltene **Definition der Sekundärnutzung** entspricht jener der EHDS-VO. Auch das Verständnis von **„Gesundheits- und Versorgungsforschung"** (Nr. 6) stimmt mit dem der EHDS-VO überein. Als **„datenhaltende Stelle"** definiert § 2 Nr. 3 GDNG jedoch in deutlicher Abweichung vom Begriff des Gesundheitsdateninhabers in der EHDS-VO „natürliche und juristische Personen einschließlich deren Zusammenschlüssen iSv Datenplattformen oder Dateninfrastrukturen, die berechtigt oder verpflichtet sind, Gesundheitsdaten für Forschungszwecke und weitere in diesem Gesetz genannte Zwecke Dritten zur Verfügung zu stellen",[225] wozu insbes. auch das Forschungsdatenzentrum Gesundheit nach § 303d SGB-V und das Zentrum für Krebsregisterdaten beim Robert Koch-Institut nach § 64e Abs. 9 SGB-V gehören sollen. Wesentlich näher an der Definition des Gesundheitsdatennutzers nach der EHDS-VO ist die Definition des **Datennutzenden** nach § 2 Nr. 4 GDNG, indem sie grds. übereinstimmt, die Definition aber bereits auf den Antragsteller ausweitet. Schließlich enthält § 2 Nr. 7 GDNG noch den der EHDS-VO gänzlich unbekannten Begriff der **„datenverarbeitenden Gesundheitseinrichtung",** welcher ausschließlich Einrichtungen umfasst, deren Leitung einer Art Berufsgeheimnis wie der ärztlichen Schweigepflicht unterliegt.[226] Relevanz haben diese, da das GDNG Regelungen für die Sekundärnutzung auch von Daten, die diese Einrichtungen bereits haben, enthält, während die EHDS-VO sich vornehmlich auf die Sekundärnutzung in Zusammenhang mit dem Verfahren über die Gesundheitsdatenzugangsstellen konzentriert. Entsprechende Regelungen werden daher neben der EHDS-VO Anwendung finden können. Insgesamt wird aus den hier getroffenen Definitionen ersichtlich, dass diejenigen der EHDS-VO und des GDNG nicht austauschbar verwendet werden können. Für die des GDNG bleibt nur Raum, soweit dieses bzw. eine andere Vorschrift dessen Anwendung finden kann.

111 Nach § 3 Abs. 1 GDNG wird beim BfArM eine **zentrale Datenzugangs- und Koordinierungsstelle** für Gesundheitsdaten eingerichtet, welche auch nach der EHDS-VO zu

---

221 BGBl. 2024 I Nr. 102 vom 25.3.2024.
222 WzS 2024, 172.
223 Kaufmann/Eisenmenger KrV 2024, 138.
224 Kaufmann/Eisenmenger KrV 2024, 138 (142).
225 Kühling/Schildbach ZfDR 2024, 1 (19); Werry/Ntanas MMR 2024, 641 (645).
226 Schneider/Katzenstein GuP 2024, 196 (197).

schaffen ist.[227] Dieser werden in Abs. 2 die Aufgaben übertragen, Datennutzende iSd GDNG beim Zugang zu Gesundheitsdaten zu unterstützen und zu beraten, ua durch Veröffentlichung eines öffentlichen Metadaten-Katalogs (Nr. 1), bei der Antragstellung bei datenhaltenden Stellen zu beraten (Nr. 3), Anträge entgegenzunehmen und an die zuständigen datenhaltenden Stellen zu übermitteln (Nr. 4), und ein öffentliches Antragsregister über gestellte Anträge zu führen und zu pflegen (Nr. 7).[228] Diese Aufgaben entsprechen größtenteils denen der Gesundheitsdatenzugangsstellen nach der EHDS-VO. Da nach der EHDS-VO auch bereits existierende Stellen zur Gesundheitsdatenzugangsstelle werden können, muss es möglich sein, einer solchen auch über die in der EHDS-VO festgelegten Aufgaben hinausgehende Aufgaben zu übertragen. Allerdings wird aus § 3 Abs. 2 Nr. 4 GDNG auch deutlich, dass sich Anträge auf Datenzugang iRd GDNG unmittelbar an die datenhaltende Stelle richten, nicht an die zentrale Datenzugangs- und Koordinierungsstelle.[229] Dies kann insbes. im Lichte der im Trilog vorgenommenen Änderungen, nach welchen der Antrag iRd EHDS-VO nunmehr in jedem Fall an die Gesundheitsdatenzugangsstelle zu richten ist und diese auch die endgültige Entscheidung darüber trifft, nicht Bestand haben, sondern muss durch die Regelungen der EHDS-VO überlagert werden. Im Übrigen enthalten § 3 Abs. 3 und 4 GDNG iRd EHDS-VO zulässige Regelungen zur weiteren Ausgestaltung durch die Bundesregierung und die Datenzugangs- und Koordinierungsstelle und eine Klarstellung zum Verhältnis von § 3 GDNG und § 137a Abs. 10 SGB-V.[230]

Die in § 4 GDNG vorgesehene **Verknüpfung pseudonymisierter Daten des Forschungsdatenzentrum Gesundheit** nach § 303d SGB-V **mit pseudonymisierten Daten der klinischen Krebsregister der Länder** nach § 65c SGB-V,[231] stellt eine Verarbeitung elektronischer Gesundheitsdaten iSd EHDS-VO zu Zwecken der Sekundärnutzung dar. Sie bedarf einer Genehmigung durch die Datenzugangs- und Koordinierungsstelle.[232] Die EHDS-VO regelt gerade nicht, wie eine Verknüpfung unterschiedlicher Datensätze iRd des Zugangsverfahrens von Statten gehen soll, weshalb es sich hier um eine sinnvolle Ausgestaltung handelt, die auch bei Anwendbarkeit der EHDS-VO weiter bestand haben muss. 112

§ 6 Abs. 1 S. 1 GDNG schafft eine **Rechtsgrundlage für die Sekundärnutzung** zur Qualitätssicherung und Förderung der Patientensicherheit (Nr. 1), zur medizinischen, rehabilitativen und pflegerischen Forschung (Nr. 2) oder statistischen Zwecken (Nr. 3) **durch datenverarbeitende Gesundheitseinrichtungen** iSv § 2 Nr. 7 GDNG, allerdings nur bzgl. bereits bei ihnen gespeicherten Daten. Die Datenverarbeitung muss zum Erreichen dieser Zwecke auch erforderlich sein.[233] Dadurch wird die durch die EHDS-VO gelassene Lücke, Rechtsgrundlagen zu diesen Zwecken zu schaffen, zumindest in diesem eingeschränkten Bereich gefüllt. Da auch die Vorgabe in S. 2, dass die nach S. 1 weiterverarbeiteten Daten zu pseudonymisieren sind und zu anonymisieren, sobald dies iRd Weiterverarbeitung für den jeweiligen Zweck möglich ist,[234] sich nur auf die Sekundärnutzung eigener Daten durch datenverarbeitende Gesundheitseinrichtungen bezieht,[235] handelt es sich dabei auch nicht um einen Widerspruch zur EHDS-VO, sondern eine Ergänzung. Das Gleiche gilt für § 6 Abs. 1 S. 4 GDNG, wonach die Höchstaufbewahrungsdauer der Daten 30 Jahre nach Beginn der Weiterverarbeitung beträgt und daher andernfalls von den Vorgaben der EHDS-VO abweichen würde, und den Regelungen der Abs. 2 und 4. Der 113

[227] Werry/Ntanas MMR 2024, 641 (643).
[228] Gassner MPR 2024, 95 (98).
[229] Werry/Ntanas MMR 2024, 641 (645).
[230] Gassner MPR 2024, 95 (98).
[231] Gassner MPR 2024, 95 (97); Werry/Ntanas MMR 2024, 641 (645).
[232] Werry/Ntanas MMR 2024, 641 (645).
[233] Schneider/Katzenstein GuP 2024, 196 (198).
[234] Schneider/Katzenstein GuP 2024, 196 (198).
[235] Schneider/Katzenstein GuP 2024, 196 (197).

durch das grundsätzliche Verbot der Weitergabe personenbezogener Daten an Dritte iRd Weiterverarbeitung in § 6 Abs. 3 S. 1 GDNG mit den Vorgaben der EHDS-VO entstehende Konflikt wird dadurch gelöst, dass in Abweichung von S. 1 die Weitergabe erlaubt ist, soweit unmittelbar geltende Rechtsakte der EU dies vorsehen. Insofern wurde § 6 GDNG bereits so konzipiert, dass er auch nach Anwendbarkeit der EHDS-VO noch Anwendung finden kann.

114 Unter § 7 GDNG werden im weitesten Sinne **Geheimhaltungspflichten** geregelt, indem Regelungen insbes. über die **Zulässigkeit der Weitergabe und Verwendungsverbote** getroffen werden. Besonders bemerkenswert ist, dass die Regelungen in § 7 Abs. 1 und 2 GDNG ausdrücklich auch auf Gesundheitsdaten Verstorbener erstreckt werden. Durch den Bezug der EHDS-VO auf die DS-GVO und deren ausdrücklichen Geltungsausschluss für die Daten Verstorbener in Erwgr. 27 DS-GVO handelt es sich insofern um Regelungen, die über den Regelungsgehalt der EHDS-VO hinausgehen werden. Im Übrigen steht § 7 GDNG auch mit der EHDS-VO in Einklang: So verbietet § 7 Abs. 1 Nr. 1 GDNG die Nutzung für andere Zwecke als diejenigen, zu denen die Gesundheitsdaten zugänglich gemacht wurden und Nr. 2 grds. die Weitergabe an Dritte. § 7 Abs. 2 GDNG enthält ein Re-Identifizierungsverbot,[236] Abs. 4 erlaubt die Datenweitergabe aufgrund Rechtsvorschriften des Bundes oder der Länder oder unmittelbar geltender Rechtsakte der EU. Nicht die Weitergabe, sondern nur die Zugänglichmachung oder Offenbarung für bestimmte Personen sieht Abs. 3 vor. Dies mag zunächst irritieren, da der Zugang iRd EHDS-VO ausschließlich denjenigen vorbehalten ist, die in der Gesundheitsdatenzugangsgenehmigung benannt sind. Allerdings kann es sich bei den in Abs. 3 genannten Personen genau um diejenigen handeln und es sich hierbei vielmehr um eine nationale Regelung dessen handeln, wen ein Antragsteller benennen kann.

115 Ein nur durch die Nicht-Anwendung auflösbarer Konflikt mit der EHDS-VO findet sich in § 8 GDNG. Nach Art. 61 Abs. 4 EHDS-VO besteht eine Pflicht, die Forschungsergebnisse 18 Monate nach Ende der Verarbeitungstätigkeit in der gesicherten Verarbeitungsumgebung in anonymisierter Form zu veröffentlichen. Nach § 8 S. 3 GDNG dagegen besteht eine **Veröffentlichungspflicht** innerhalb von 24 Monaten nach Abschluss des Forschungsvorhabens in anonymisierter Form und in einer für die Allgemeinheit zugänglichen Weise. Wenngleich begrüßenswert ist, eine Veröffentlichung in einer für die Allgemeinheit zugänglicher Weise zu fordern, muss hinsichtlich der Frist die kürzere der EHDS-VO vorgehen. Im Übrigen enthält § 8 GDNG Vorgaben bzgl. der Registrierung von Forschungsvorhaben, welche die EHDS-VO nicht betreffen.

116 Das GDNG schließt in § 9 GDNG mit **Strafvorschriften** für Verstöße gegen § 7 Abs. 1 und 2 GDNG.[237] Diese enthalten nicht nur die Möglichkeit der Sanktionierung durch Geldbußen, sondern auch Freiheitsstrafen und unterscheiden sich daher erheblich von den durch die EHDS-VO vorgesehenen Sanktionsmöglichkeiten. § 9 GDNG kann daher nur Anwendung finden, wo auch § 7 Abs. 1 und 2 GDNG uneingeschränkt anwendbar sind und nicht die Regelungen der EHDS-VO vorgehen.

117 Zusammenfassend lässt sich daher festhalten, dass es sich beim GDNG nicht um ein reines Brückengesetz handelt, sondern sehr wohl auch nach Anwendbarkeit der EHDS-VO ein Spielraum für die Anwendung des GDNG besteht, wenn es auch nicht völlig unkompliziert sein wird, festzustellen, wann die EHDS-VO und wann das GDNG anwendbar sind.

[236] Werry/Ntanas MMR 2024, 641 (645).
[237] Werry/Ntanas MMR 2024, 641 (645).

Teil C. Erzeugung/Gewinnung von Daten

Kapitel 9. Rechtsinhaberschaft

Übersicht

I. Rechte an Daten

Siehe zu diesem Themenkomplex auch
- Rechtsnatur von Daten → Kap. 2
- Data Act → Kap. 4 Rn. 34 ff.
- Sektorspezifische Spezialregelungen → Kap. 8 Rn. 15 ff.

- Allgemeines Deliktsrecht → Kap. 14 Rn. 1 ff.
- Datenschutz → Kap. 10 Rn. 73 ff.

1 Die Wendung „Recht an" einem Gegenstand umschreibt ein **Herrschaftsrecht,** das im Gegensatz zu einem schuldrechtlichen Verschaffungsanspruch, einem „Recht auf" etwas (→ Rn. 38), steht. Das Grundmodell hierzu ist das Eigentum, das als umfassendes Herrschaftsrecht über eine Sache[1] ausgestaltet ist. Auch wenn von einem Recht an einer Sache gesprochen wird, besteht keine Rechtsbeziehung zwischen der Sache und dem Eigentümer, sondern zwischen dem Eigentümer und anderen Personen. Diese haben die aus dem Eigentum folgenden Rechte des Eigentümers ihnen gegenüber zu beachten.[2] Der Rechtsschutz ist absolut und besteht nicht nur relativ gegenüber einem Vertragspartner.

2 Eine Übertragung dieses Konzepts auf Daten begegnet der Schwierigkeit, dass sich Daten wesentlich von Sachen unterscheiden. Im Gegensatz zu Sachen weisen Daten als kennzeichnende Wesensmerkmale eine mangelnde Rivalität, Exklusivität und Abnutzbarkeit auf.[3] Insbesondere die **Nicht-Rivalität** von Daten, dh ihre Nutzbarkeit durch einzelne Datenberechtigte[4] ohne Auswirkungen auf andere, erschweren die mit einem „Recht an Daten" verbundene Monopolisierung der Daten zugunsten des Datenberechtigten. Werden Daten kopiert, gibt es kein erkennbares Original. Daten können grundsätzlich auch leicht neu geschaffen werden. Damit stellt sich die Frage der Zuordenbarkeit der Daten zu einem Rechtsinhaber. Das ist zwar bei urheberrechtlich geschützten Werken ähnlich. Der Unterschied liegt aber in der Verknappung des Gutes „geschütztes Werk". Nicht jeder Textbestandteil, nicht jedes Element einer Grafik sind geschützt.

3 Daten müssen überhaupt **Rechtsobjekt** sein können, um Rechtswirkungen ausgesetzt zu sein oder sie hervorzurufen. Das BGB bezeichnet Rechtsobjekte grundsätzlich als Gegenstände.[5] Anerkannt ist, dass Daten keine körperlichen Gegenstände nach § 90 BGB und regelmäßig auch keine Rechte sind. Vielmehr sind Daten als **sonstige Gegenstände** einzuordnen.[6]

4 Eine weitere Herausforderung des Schutzes von Daten ist zudem die Beachtung des das Immaterialgüterrecht beherrschenden Grundsatzes, dass **Ideen nicht geschützt** werden.[7] Daten an sich bestehen außerhalb der menschlichen Wahrnehmung nicht.[8] Daten sind Zustände der Welt, denen durch den Menschen eine Bedeutung, eine Information, beigemessen wird. Information ist damit subjektrelativ,[9] sie wird konstruiert. Wenn aber Daten beliebig konstruiert werden können und zugleich als solche geschützt sind, würde ein Recht an Daten Gefahr laufen, den Grundsatz zu durchbrechen, dass Ideen nicht geschützt sind.

5 Bei der **Betrachtung des Schutzes** von Daten ist zu differenzieren, welche Aspekte von Daten durch den Schutz berührt werden. Geschützt sein kann die Integrität des Datums an sich, also des Zustandes, der, wenn auch mit technischen Hilfsmitteln, wahrnehmbar ist. Geschützt sein kann auch die durch diesen Zustand vermittelte Information. Schließlich kann der Schutz auch die Beziehung des Datums und/oder der Information zu einer Person erfassen. Soweit versucht wird, dem dadurch zu begegnen, dass nur die Daten, nicht aber die Information, geschützt wird, stellt sich die Frage, was „nur" die Daten schutzwürdig macht,

[1] Grüneberg/Herrler BGB § 903 Rn. 1.
[2] MüKoBGB/Brückner BGB § 903 Rn. 13.
[3] Zech CR 2015, 137 (139).
[4] Um nicht den im Data Act besonders definierten Begriff des Dateninhabers zu verwenden.
[5] MüKoBGB/Stresemann BGB § 90 Rn. 1.
[6] BeckOK BGB/Fritzsche BGB § 90 Rn. 30 mwN.
[7] MüKoUWG/Wiebe UWG § 4 Abs. 3 Rn. 63.
[8] Das ist durchaus streitig, weil Information auch als Naturkraft betrachtet wird, Wiebe GRUR 1994, 233.
[9] Steinmüller, Informationstechnologie und Gesellschaft, S. 198.

wenn nicht die mit ihnen verbundene Information. Daten ohne Information sind zugleich bedeutungslos und rechtlich irrelevant.

6 Daten werden gegenwärtig in einzelnen Aspekten gesetzlich geschützt → Rn. 15 ff. Die Literatur hat darüber hinaus auf verschiedenste Weise versucht, ein umfassendes, dem Eigentum vergleichbares Recht an Daten zu begründen → Rn. 25 ff. Die **Übergänge** zwischen den verschiedenen Auffassungen sind fließend, zum Teil werden die gleichen Argumente zur Begründung unterschiedlicher Ergebnisse herangezogen, was eine Zuordnung eines Arguments zu nur einer Ansicht erschwert und damit auch den Überblick über die Diskussion. Ein Vergleich mit dem Eigentumsrecht und anderen, gesetzlich absolut geschützten Rechtspositionen des Immaterialgüterrechts zeigt folgende Anforderungen an ein Recht an Daten:

7 a) Tatsächlich eindeutige **Zuordenbarkeit und Zuordnung** der Daten zu einem Rechtssubjekt (Rechtsinhaber).
Um ein Recht an Daten innehaben zu können, müssen die Daten, auf die sich das Recht bezieht, einem Rechtssubjekt zugeordnet werden. Schutzfähig sind nach allgemeiner Meinung nur materialisierte Daten. Ob sie elektromagnetisch, optisch, ortsgebunden oder auf dem Übertragungsweg materialisiert sind, ist dabei gleich. Die Materialisierung der Daten erleichtert die Zuordnung und unterscheidet sie insofern von bspw. nicht formgebundenen Forderungen, die gerade deswegen nur relativ wirken. Ist aber trotz der Materialisierung eine Zuordnung schon tatsächlich nicht möglich, erübrigt sich die Verfolgung eines rechtlichen Schutzes, da nicht bestimmt werden kann, was gegenüber wem zu wessen Gunsten geschützt wird. Das ist in erster Linie eine Frage des Nachweises der Zuordnung. In den überkommenen absoluten Rechten wird dies beachtet. Die Zuordenbarkeit des Eigentumsrechts an einer Sache wird dadurch erleichtert, dass die Sache individualisiert ist und als solche nur einmal existiert. Wer Urheber sein will, muss ein schutzfähiges, erkennbares, Werk geschaffen haben. Demgegenüber können Daten grundsätzlich beliebig vervielfältigt und erzeugt werden. Eine Zuordnung kann insoweit nicht anhand des Datums selbst, sondern nur aus dem Kontext heraus erfolgen. Bereits an diesem Punkt ergeben sich große Herausforderungen für den absoluten Schutz von Daten.

8 b) Die Zuordnung muss **für Dritte erkennbar** sein.
Mit der Zuordenbarkeit eng zusammenhängend, wenn überhaupt von ihr trennbar, ist, dass die Zuordnung durch Dritte erkannt werden können muss. Ein Recht an Daten müsste absolut gegenüber jedermann gelten. Greifen Dritte in diese Rechtsposition ein, sehen sie sich den Abwehr- und Kompensationsansprüchen des Rechtsinhabers ausgesetzt. Daher ist es erforderlich, dass Dritte erkennen können, wann sie in absolut geschützte Rechtspositionen eingreifen. Für das Eigentumsrecht wird dies anhand der Sache deutlich, die typischerweise im Eigentum einer Person steht. Einwirkungen auf die Sache sind regelmäßig auch Einwirkungen auf das Eigentumsrecht. Dieses **Publizitätsprinzip,** wonach der Besitz der „Kundbarmachung des Rechtszustandes" dient,[10] ist wesentlich für die Weite des Schutzes. Ähnlich ist es im Urheberrecht. Der Eingriff in urheberrechtlich geschützte Positionen setzt die Erkennbarkeit des geschützten Werkes und der dem Rechtsinhaber zustehenden Rechte voraus. Für den Rechtsverkehr wird daher der Schutz nicht grenzenlos gewährt. Hat das vom Anspruchsteller Geschaffene keine Werkqualität, scheidet ein urheberrechtlicher Schutz aus. Der ausschließlich berechtigte Rechtsinhaber kann aus den gleichen Erwägungen Nutzungsrechte nur insoweit geltend machen, wie sie auf konkreten und hinreichend bestimmten eigenständigen Nutzungsarten beruhen.[11] Entsprechendes muss für Rechte an Daten gelten. Nur wenn erkennbar werden kann, wann in Rechte an Daten eingegriffen wird, kann ein

[10] MüKoBGB/Oechsler BGB § 932 Rn. 5.

[11] BGH 12.12.1991 – I ZR 165/89, GRUR 1992, 310 (311); Fromm/Nordemann/J. B. Nordemann UrhG § 31 Rn. 11.

Rechtsschutz überhaupt gewährt werden. Wenn sich die Zuordenbarkeit nicht aus der Natur der Daten ergibt, was selten der Fall sein wird, ist auf den Einsatz technischer Hilfsmittel wie beispielsweise elektronischen Signaturen abzustellen.

9 c) Rechtlich **ausschließliche Zuweisung** der Herrschaftsrechte

Werden jemandem Rechte hinsichtlich Daten zugewiesen, muss die Zuweisung der Herrschaftsrechte grundsätzlich Dritte von der Herrschaft ausschließen, um von einem Recht an Daten sprechen zu können. Die dem Datenberechtigten zustehenden Rechte dürfen nicht zugleich auch anderen zustehen, soweit der Berechtigte dies nicht gestattet hat. Dabei stellen Daten das Recht vor besondere Herausforderungen. Das einzelne Datum ist zu unspezifisch, um geschützt zu sein. Werden aus einem Datensatz Daten entfernt, stellt sich die Frage, ob auch einzelne Daten geschützt sein sollen oder nur der ganze Satz? Welche Qualität oder Quantität muss dieser Satz oder einzelne Daten daraus aufweisen?[12] Wären die einer Person zugewiesenen Daten nicht auch immer **personenbezogene Daten,** da sie sich auf eine Person, den Rechtsinhaber, beziehen?[13]

Ob eine **Rechtsgemeinschaft** ähnlich dem Miteigentum bestehen kann, ist ein Frage der Praktikabilität und grundsätzlich denkbar. Probleme gibt es dann, wenn die Rechtsherrschaft beinhaltet, Nutzungsrechte abzuspalten. Das ist nur durch ein Zusammenwirken aller denkbar, die gleiche Rechte an denselben Daten haben. Im Urheberrecht wird dies allein durch die Miturhebergemeinschaft ermöglicht, die bei dem Schaffen eines Werkes entsteht. Eine dem Miteigentum vergleichbare Rechtsgemeinschaft infolge der Übertragung eines Rechts gibt es dort nicht. Denn insbesondere für die Abspaltung ausschließlicher Rechte kann es nur eine Zuständigkeit geben. Das müsste auch für Rechte an Daten gelten.

Geklärt werden muss auch, ob hinsichtlich der Rechtsfolgen Kollisionen und Konkurrenzen mit anderen Rechten bestehen. Dabei dürfte weniger auf das Urheberrecht abzustellen sein, das Daten an sich grundsätzlich nicht schützt. Der Fokus ist vielmehr auf das Geheimnisschutzrecht und den Data Act als mögliche konkurrierende Regelungen zu legen.

10 d) Inhalt der **Herrschaftsrechte**

Die dem Berechtigten zugeordneten Rechte an Daten sollten – zumindest – eine dem Eigentumsrecht als Modell der absolut geschützten Rechte vergleichbare Rechtsherrschaft vermitteln.

aa) Recht zur **Nutzung**

Hierzu gehören bei Daten die Befugnisse zur Vervielfältigung und zum Verändern, Verbreiten, Vermengen und Löschen der Daten.

bb) Rechte auf **Herausgabe**

Ein Herrschaftsrecht muss die Möglichkeit beinhalten, die verloren gegangene Herrschaft über den Gegenstand wiederzuerlangen.

cc) Rechte zur **Abwehr** von **Beeinträchtigungen**

Die klassischen Rechte zum Umgang mit Störungen sind Ansprüche auf Beseitigung und Unterlassung.

dd) Rechte zur **Kompensation** von Beeinträchtigungen

Werden die dem Datenberechtigten zustehenden Daten rechtswidrig verwendet, lassen sich die dadurch entstandenen Nachteile häufig faktisch nicht sicher ausgleichen. Sind Daten etwa aus dem Herrschaftsbereich des Datenberechtigten gelangt, sind sie nicht mehr sicher zurückzuholen.[14] Insoweit besteht eine Parallele zum Geheimnisschutz. Ebenso wie im sonstigen Immaterialgüterrecht ist der bloße Schutz des Integritätsinteresses des Rechtsinhabers oft nicht ausreichend. Schadens-

12 Ähnliche Fragen stellen sich für den Schutz von Werkteilen im Urheberrecht. Dazu Fromm/Nordemann/A. Nordemann UrhG § 2 Rn. 51.

13 Simitis/Hornung/Spiecker gen. Döhmann/Karg DS-GVO Art. 4 Nr. 1 Rn. 28 ff.

14 Zech CR 2015, 137 (139).

ersatzansprüche müssen daher auch die Abschöpfung des Verletzergewinns und die Zahlung einer fiktiven Lizenz beinhalten.

ee) Rechte zur **Verfolgung** dieser Rechte
Wie auch in anderen Bereichen des Immaterialgüterrechts muss der Rechtsinhaber zur Verfolgung seiner Rechte Ansprüche auf Auskunft der Verwendung der Daten durch den Rechtsverletzer sowie zur Vernichtung unerlaubt hergestellter Kopien haben.

ff) **Früchte** der Daten
Werden aus Daten weitere Daten abgeleitet, ist zu klären, wem diese Erzeugnisse zustehen.[15]

e) **Verkehrsfähigkeit** der Rechte 11
Die Rechte an Daten erfahren nur dann ihre volle Werthaltigkeit, wenn sie verkehrsfähig, dh vor allem, übertragbar sind. Der Rechtsinhaber muss dazu verfügungsbefugt sein, also insbesondere berechtigt, das Recht zu übertragen. Dabei folgt nicht bereits aus dem absoluten Schutz eines Rechts dessen Übertragbarkeit. Nicht alle absolut geschützten Rechte sind übertragbar. Das gilt insbesondere für die Persönlichkeitsrechte.[16] Soll das Recht im Ganzen oder Teile daraus übertragen werden können, sind die in lit. b genannten Verkehrsschutzaspekte zu berücksichtigen. Das Eigentumsrecht ist vor allem durch Abwehr-, Kompensations- und Verfügungsrechte gekennzeichnet. Würde ein Recht an Daten auf eine Analogie zum Eigentumsrecht gegründet, wäre wegen des numerus clausus‘ der sachenrechtlichen Befugnisse nur das Eigentumsrecht insgesamt übertragbar. Für Daten als immaterielle Güter können und müssen aber auch weitere Befugnisse hinzukommen, die aus dem Immaterialgüterrecht bekannt sind. Bei einer Schaffung eines Rechts an Daten de lege ferenda wäre analog zum Urheberrecht zu fragen, ob auch **Nutzungsrechte** abgespalten werden können.
Für einen **gutgläubigen Erwerb** von Rechten müsste nach allgemeinen Grundsätzen ein Rechtsscheinsträger vorhanden sein. Das wäre bei einer Registrierung der Rechte denkbar, im Immaterialgüterrecht ist der gutgläubige Erwerb aber auch bei einer Registrierung unüblich.[17] Für Daten könnte de lege ferenda auch ein hinreichend sicherer technischer Schutz einen gutgläubigen Erwerb ermöglichen.[18]

f) **Beweisbarkeit** der Zuordnung 12
Die Zuordnung der Daten zu einem Berechtigten muss von diesem beweisbar sein. Schwierigkeiten können große Datenbestände bereiten, wenn in ihnen auch Daten Dritter enthalten sind. Die Beweisbarkeit kann aus der Art der Daten, insbesondere dem Kontext, in dem sie stehen, folgen, oder aus einer technischen Maßnahme, etwa einer elektronischen Signatur. Wie beispielhaft im Urheberrechtsgesetz und im Data Act vorgesehen, muss ein rechtlicher Schutz einer solchen technischen Sicherung vor Umgehung gegeben sein, um sie wirksam zu machen.

g) **Rechtsdurchsetzung** 13
Für die Rechtsdurchsetzung im Wege der **Zwangsvollstreckung** bestehen starke Parallelen zwischen Software und Daten. Während die Identifikation von Software relativ leicht möglich ist, ist es bei Daten ungleich schwieriger. Daten können leicht versteckt und damit dem Zugriff des Gläubigers entzogen werden.[19]

h) **Grenzüberschreitender Rechtsverkehr** 14
Gerade bei einem leicht übertragbaren Gut wie Daten ist die international-rechtliche

---

15 BeckOK BGB/Fritzsche BGB § 90 Rn. 31.
16 Zech CR 2015, 137 (141).
17 Steinrötter MMR 2017, 731 (734); zu Krypto-Assets Rieländer ZEuP 2024, 769 (798).
18 Für Forderungen erlaubt § 405 BGB einen beschränkten gutgläubigen Erwerb aufgrund der Verkörperung des Rechts in einer Urkunde, MüKoBGB/Kieninger BGB § 405 Rn. 1.
19 Steinrötter MMR 2017, 731 (735 f.).

Komponente zu beachten.[20] Eine lediglich nationale Regelung von Rechten an Daten würde erheblich an Effizienz einbüßen.

1. Gesetzliche Regelungen

15 Ein **umfassender Schutz** von Daten nach den vorstehenden Anforderungen ist gesetzlich derzeit **nicht gegeben.** Allerdings werden einzelne Aspekte im Zusammenhang mit Daten gesetzlich erfasst.

a) Personenbezogene Daten

16 Seit Jahrzehnten werden personenbezogene Daten gesetzlich geschützt. Der Datenschutz ist Ausdruck des Schutzes der Persönlichkeit eines Menschen und dient nicht dem Schutz des Datums an sich. Geschützt wird nur der Kontext des Datums, der einen Bezug zum Betroffenen erfordert. Als **Ausdruck des Persönlichkeitsrechts** sind personenbezogene Daten nicht in der Weise verkehrsfähig, dass an ihnen Rechte übertragen werden können. Es besteht kein Verfügungsrecht.[21] Der Betroffene hat in der Folge kein Recht an dem Datum, sondern nur an dem Bezug zu seiner Person.[22] Diese zum nationalen Datenschutzrecht entwickelten Grundsätze können zwar nicht auf das unionsrechtlich autonom auszulegende Recht übertragen werden. Es ist aber nicht erkennbar, dass die DS-GVO sich insoweit von dem bisherigen Recht unterscheidet.[23]

b) Data Act

17 Der Data Act schützt vor allem ohne Weiteres verfügbare Daten, die in Produkten oder damit verbundenen Diensten erzeugt werden. Der Schutz erfasst jedoch nur das **Dreipersonenverhältnis** aus Datennutzer, Dateninhaber und Dritten → Kap. 13 Rn. 55. Diese und nur diese Beziehungen untereinander werden geregelt. Der Schutz ist damit relativ, sodass der Data Act kein absolut wirkendes Recht an Daten begründet.[24]

c) Geschäftsgeheimnisgesetz

18 Durch das Geschäftsgeheimnisgesetz werden Informationen von wirtschaftlichen Wert zugunsten des Inhabers dieser Informationen geschützt. Auch dieser Schutz begründet **kein absolutes Recht,** sondern nur ein Recht auf Abwehr eines unbefugten Umgangs mit dem Geheimnis → Kap. 6. Ist das Geheimnis offenbart, bestehen nur Rechte gegen den Verletzer, nicht jedoch gegen die Personen, die in der Folge das Geheimnis erfahren haben, ohne selbst Verletzer zu sein. Im Rahmen der hier erörterten Schutzmöglichkeiten von Daten nimmt der Geheimnisschutz eine Sonderrolle ein, weil er nicht das verkörperte Datum, sondern die durch das Datum verkörperte Information schützt.

d) Urheberrecht

19 Daten werden durch das Urheberrecht nur im Zusammenhang mit Datenbankwerken nach § 4 Abs. 2 UrhG oder als **Datenbanken** nach § 87a UrhG geschützt. Dabei bezieht sich der Schutz nicht auf die in den Datenbanken enthaltenen einzelnen Daten, sondern auf die Anordnung der Daten als Datenbankwerk oder die zur Erzeugung einer Datenbank getätigte wesentliche Investition.

---

20 Steinrötter MMR 2017, 731 (735).
21 Zech CR 2015, 137 (140).
22 BGH 23.6.2009 – VI ZR 196/08, NJW 2009, 2888 Rn. 30; anders Fezer ZD 2017, 99 (102).
23 So implizit auch LG Berlin 28.6.2024 – 85 O 15/24, GRUR-RS 2024, 16755 Rn. 27; LG Wiesbaden 20.1.2022 – 10 O 14/21, ZD 2022, 238 Rn. 21.
24 Hennemann/Steinrötter NJW 2024, 1 Rn. 35.

Unklar ist derzeit, wann **maschinengenerierte Daten** in den Schutzbereich des § 87a UrhG fallen. Hintergrund der Diskussion ist die Auffassung des EuGH, dass als schutzfähiger Beschaffungsaufwand nur das gilt, was zur Ermittlung von vorhandenen Elementen und deren Zusammenstellung in der Datenbank investiert wurde. Aufwände zur Erzeugung der Datenbankelemente selbst scheiden danach aus.[25] Die gesetzliche Intention sei nach Ansicht des EuGH, einen Anreiz für die Einrichtung von Systemen für die Speicherung und die Verarbeitung vorhandener Informationen zu geben und nicht für das Erzeugen von Elementen, die später in einer Datenbank zusammengestellt werden können.[26] 20

Maßgeblich kommt es nach dieser Interpretation darauf an, ob die **Informationen bereits vorhanden** sind, wenn sie in eine Datenbank aufgenommen werden. Überwiegend wird dies so verstanden, dass dieses Merkmal dann gegeben ist, wenn auch andere als der Ersteller der Datenbank diese Informationen zusammentragen könnten. Werden die Daten dagegen durch die Maschine erzeugt, ohne dass auch Dritte auf diese Daten zugreifen können, soll ein Schutz ausscheiden.[27] Hinzukommen muss, dass die Daten methodisch oder systematisch aufbereitet werden, Rohdaten an sich werden nicht geschützt, wenn sie lediglich einen Datenhaufen darstellen.[28] 21

Sollten die Anforderungen an einen Datenbankschutz dennoch erfüllt sein, ist die **Bereichsausnahme** in Art. 43 DA zu beachten. Für Daten, die von einem in den Anwendungsbereich des Data Acts fallenden vernetzten Produkts oder verbundenen Dienstes erlangt oder erzeugt wurden, gilt der Datenbankschutz nicht.[29] Zu beachten ist hierbei, dass nicht nur auf die dem Data Act unterfallenden Daten, sondern allgemein auf die Daten abgestellt wird, die von den Produkten oder Diensten stammen. Damit ist der Anwendungsbereich sehr weit. Fraglich ist indes, wie mit gemischten Daten, die einerseits nach § 87a UrhG geschützt sind und andererseits aus dem Schutzbereich herausfallen, jedoch in einem Datensatz oder -pool enthalten sind, umgegangen wird. Sollen dann nur die jeweils betroffenen Bestandteile der Datenbank aus dem Anwendungsbereich fallen, und gibt es dabei eine Geringfügigkeitsgrenze?[30] 22

e) Patentschutz

Das Patentrecht kommt im Immaterialgüterrecht dem **Schutz von Ideen** am nächsten. Bei einer Information allein fehlt es jedoch an einer Anweisung zu einem technischen Handeln. Deswegen ist die Wiedergabe von Informationen nach § 1 Abs. 3 Nr. 4 PatentG dem Patentschutz nicht zugänglich.[31] In Bezug auf den Schutz von Daten hatte der BGH in bestimmter Weise codierte Daten einem Patentschutz unterworfen, weil sie auf einem Datenträger materialisiert waren und wie körperliche Gegenstände beliebig oft bestimmungsgemäß genutzt werden konnten. Der BGH urteilte, dass die verfahrensgemäß gewonnene Datenfolge als unmittelbares Verfahrenserzeugnis Gegenstand des Verbotsrechts des Patentinhabers aus § 9 S. 2 Nr. 3 PatG ist, auch wenn sie selbst nicht als ein körperlicher Gegenstand anzusehen ist, sondern ein solcher erst durch ihre Verbindung mit einem Datenträger entsteht.[32] In Abgrenzung dazu sieht der BGH die Darstellung eines mittels eines patentgeschützten Verfahrens gewonnenen Untersuchungsbefunds und hieraus gewonnener Erkenntnisse nicht als schutzfähig an, weil die Wiedergabe von Informationen kein Erzeugnis darstelle, das Schutz nach § 9 S. 2 Nr. 3 PatG genießen kann.[33] 23

[25] EuGH 9.11.2004 – C-203/02, MMR 2005, 29 Rn. 31 – Horseracing.
[26] EuGH 9.11.2004 – C-203/02, MMR 2005, 29 Rn. 31 – Horseracing.
[27] Dazu Wiebe GRUR 2017, 338 (340).
[28] LG München 8.3.2023 – 44 O 14416/21, ZUM-RD 2023, 553.
[29] Wenn er auf diese Weise überhaupt begründet werden könnte → Rn. 21.
[30] Fromm/Nordemann/Czychowski UrhG Vor § 87a Rn. 39.
[31] Mes/Mes PatG § 1 Rn. 123.
[32] BGH 21.8.2012 – X ZR 33/10, GRUR 2012, 1230 Rn. 21 f.
[33] BGH 27.9.2016 – X ZR 124/15, GRUR 2017, 261 Rn. 18 f. Dazu auch Zech 2017, 475; Nemethova/Peters InTeR 2019, 59.

f) Daten als Früchte

24 Eine Ansicht will Daten als Früchte nach § 99 BGB betrachten und dem Eigentümer oder Rechtsinhaber einer Sache oder eines Rechts zuordnen.[34] Früchte einer Sache oder eines Rechts können nur Sachen oder Rechte sein. An der **Rechtsqualität** von Daten ändert dies nichts. Auch über § 453 Abs. 1 S. 1 BGB ist eine andere Begründung nicht möglich, da dort sonstige Gegenstände in ihrer Natur nicht geändert werden, sondern weiterhin sonstige Gegenstände bleiben, und lediglich schuldrechtlich entsprechend wie Sachen behandelt werden. Auch Früchte sonstiger Gegenstände werden durch § 453 Abs. 1 S. 1 BGB nicht zu Rechten. Zudem folgt aus § 99 BGB keine Zuweisung der Früchte zu einer Person.[35] Eine Zuweisung folgt aus Spezialnormen wie bspw. § 581 BGB für die Pacht. Der Verpächter ist verpflichtet, dem Pächter den Gebrauch den Genuss der Früchte zu gewähren. Diese Zuweisung wirkt aber nur zwischen den Vertragsparteien.

2. Analogien

25 Die vorstehend dargestellten Regeln erfassen jeweils nur verschiedene Ausschnitte des gesamten Bereichs, der typischerweise von einem Recht an einem Gegenstand erfasst wird. Damit bleibt der Schutz von Daten gegenüber dem Schutz des Eigentums zurück. Seit langem schon wird versucht, diese für viele unbefriedigende Situation durch Analogien zu bestehenden gesetzlichen Regelungen zu verbessern. Hierzu wird eine Vielzahl von Vorschlägen unterbreitet, wobei sich die Vorschläge oft nur in Nuancen unterscheiden und eine klare Abgrenzung der vertretenen Auffassungen schwierig machen. Zum Teil wird eine Analogie zum **Eigentumsrecht** für möglich gehalten, um einen umfassenden Schutz durch ein absolutes Herrschaftsrecht zu begründen. Zum Teil soll aber auch lediglich eine Berechtigung an Daten geschaffen werden, die das **Integritätsinteresse**[36] des Berechtigten schützt.[37] Der Schutz erfolgt über das Deliktsrecht in Analogie zu vergleichbar geschützten Gütern.

26 Voraussetzung für eine Analogie ist eine gesetzgeberisch planwidrige **Regelungslücke.** Ein dem Eigentumsrecht vergleichbares Recht an Daten sieht das Zivilrecht nicht vor. Damit besteht insoweit eine Lücke.[38] Dass es keine Regelung gibt, dürfte vom Gesetzgeber auch nicht gewollt sein.[39] Die Lücke kann aber nur geschlossen werden, wenn das Gesetz eine Regelung vorsieht, die auch dazu geeignet ist, diese Lücke zu schließen.[40]

a) Dateneigentum

27 Eine Ansicht will Daten in Analogie zum Eigentum schützen und versucht, ein **Dateneigentum** zu begründen.[41] Das Recht an Daten gewähre ein eigentumsähnliches Nutzungs- und Verfügungsrecht über die Kopie, auch sofern diese nicht physisch verkörpert sei. Es bestehe völlig unabhängig von der Zuweisung der in den Daten enthaltenen Informationen und beziehe sich nur auf den Datensatz, der Gegenstand der Rechtsverletzung sei.[42] Dabei wird der Bereich der geschützten Subjekte zum Teil eingeschränkt auf von natürlichen Personen generierte Daten und mit einer Grundrechtskonkretisierung des Vermögensschutzes begründet.[43] Zum

34 Grosskopf IPRB 2011, 259.
35 BeckOK BGB/Fritzsche BGB § 99 Rn. 16.
36 Dazu MüKoBGB/Oetker BGB § 249 Rn. 325 ff.
37 Darauf liegt der Fokus in der Literatur, die konkrete Begründung des Schutzes ist oft zweitrangig, vgl. MüKoBGB/Wagner BGB § 823 Rn. 384.
38 Vgl. Faust Gutachten, A 77.
39 Hoeren MMR 2013, 486 (488).
40 Dazu Larenz/Canaris Methodenlehre S. 191 ff.
41 Schuster/Grützmacher/Heydn BGB § 823 Rn. 37; MüKoBGB/Wagner BGB § 823 Rn. 378 ff.
42 MüKoBGB/Wagner BGB § 823 Rn. 381.
43 Fezer MMR 2017, 3.

Teil wird das Dateneigentum auf den strafrechtlichen Schutz in §§ 202a und 303a StGB gestützt[44] → Rn. 31.

Abgesehen von der Frage, ob § 903 BGB überhaupt analogiefähig ist oder nicht vielmehr ein Prinzip der abschließenden Regelung ausschließlicher Herrschaftsrechte eine Analogie ausschließt,[45] spricht **gegen ein Dateneigentum** vor allem, dass die erforderliche Zuweisungsfunktion bei Daten im Allgemeinen nicht gegeben ist.[46] Richtig ist zwar, dass auch andere immaterielle Güter in digitaler Form vorliegen und trotz ihres nicht-rivalen Charakters Rechtsschutz genießen können. Dieser Rechtsschutz verlangt aber eine gewisse Qualität des Gutes, wie etwa im Urheberrecht den Werkcharakter, wodurch eine Verknappung der geschützten Gegenstände erreicht und damit der Rechtsverkehr durch die grundsätzlich gegebene Erkennbarkeit als Werke entlastet wird. Der Urheber ist entsprechend damit belastet, die Schutzfähigkeit seines Werkes und seine Urheberschaft darzulegen und zu beweisen. Das kann im Einzelfall schwierig sein, ist aber grundsätzlich möglich. Demgegenüber werden von den Anhängern eines Dateneigentums an den Schutz von Daten grundsätzlich keinerlei qualitative Anforderungen gestellt. Der Nachweis einer Zuordnung zu einem Rechtssubjekt ist in den weitaus meisten Fällen deswegen nur theoretisch möglich. Jedes Datum kann jedem zustehen und die Möglichkeiten der Veränderung und insbesondere die Neukombination von Daten lassen eine Zuordnung kaum zu. Das mag in den Risikobereich desjenigen fallen, der sich eines Rechts an Daten berühmt. Aber ein System zu etablieren, dass theoretisch stimmig sein mag, praktisch aber nicht durchgeführt werden kann, ist nicht sinnvoll. 28

Die Analogie zu § 903 BGB läuft so Gefahr, auch die **reine Idee** zu schützen, weil eine Verknappung des geschützten Gutes nicht vorgesehen ist. Das sehen zwar auch die Befürworter eines umfassenden Dateneigentums und schließen einen Schutz der semantischen Ebene von Daten aus. Geschützt werden soll lediglich die syntaktische Information als die Codierung von Information in einer Menge von Zeichen. Das Eigentumsrecht an Daten beziehe sich nach dieser Ansicht nur auf den einzelnen Datensatz, nicht aber auf Kopien davon. Der „Skribent" als Erzeuger der Daten erlangt an ihnen – und nur an ihnen – das ursprüngliche Eigentumsrecht.[47] Jedoch ist das Abstellen allein auf die Daten im Herrschaftsbereich ihres Erzeugers zu wenig, um eine Anwendung der mit § 903 BGB verbundenen Herrschaftsrechte zu begründen. Nur die Tatbestandsvoraussetzungen in den Blick zu nehmen, ohne auf die praktikable Handhabung der Rechtsfolgen zu schauen, ist insoweit zu wenig. Ein Dateneigentum de lege lata kann auf dieser Basis nicht begründet werden.[48] 29

b) Recht am eigenen Datenbestand

Keine Analogie zu § 903 BGB, aber eine Einordnung als sonstiges Recht iSd § 823 Abs. 1 BGB, verfolgt eine Ansicht, die ein Recht am eigenen Datenbestand postuliert. Antrieb hierfür ist die Gewährleistung eines **deliktischen Integritäts-Schutzes.** Dieser werde durch die zunehmende dezentrale Speicherung von Daten erforderlich. Der Deliktsschutz über Einwirkungen auf den als Sache geschützten Datenträger wird in Zeiten des Cloud-Computings als unzureichend angesehen. Daten werden immer seltener verkörpert vor Ort und immer häufiger auf fremden Datenträgern über Netzwerke erreichbar gespeichert. Zum Schließen dieser Lücke wird daher verbreitet vertreten, es gebe ein **Recht am eigenen Datenbestand.**[49] Dieses sei deliktsrechtlich als **sonstiges Recht** geschützt. Die Begründungen hierzu variieren stark. Vorherrschend ist hier die haftungsrechtliche Perspektive, die auf 30

[44] Wolf MMR 2003, Heft 10, XIV (XVI); Hoeren MMR 2013, 486.
[45] Dazu Dorner CR 2014, 617 (620).
[46] Kritisch auch Grützmacher CR 2016, 485.
[47] MüKoBGB/Wagner BGB § 823 Rn. 380 f.
[48] BeckOK BGB/Fritzsche BGB § 90 Rn. 31.
[49] Prütting/Wegen/Weinreich/Schaub BGB § 823 Rn. 77; Riehm VersR 2019, 714; Meier/Wehlau NJW 1998, 1585 (1988).

die Frage begrenzt ist, ob ein „Recht an Daten" als Schutzgut des § 823 Abs. 1 BGB, also als „sonstiges Recht" anerkannt werden kann bzw. sollte. Wegen der Materialisierung von Daten auf Datenträgern bestehe eine Nähe zum deliktisch geschützten Eigentum (an dem Datenträger) und zum deliktisch geschützten Besitz (des Datenträgers).[50] Für einen solchen Schutz soll auch die Einführung der Regelung digitaler Produkte in den §§ 327 ff. BGB sprechen.[51] Hinzu komme die Anerkennung des Grundrechts auf Gewährleistung der Vertraulichkeit und Integrität informationstechnischer Systeme durch das Bundesverfassungsgericht.[52]

31 Wie bereits dargelegt, ist eine zentrale Herausforderung bei der Begründung eines absoluten Schutzes für Daten, sicherzustellen, dass das Recht jemandem zugeordnet werden kann. Gerade bei Daten besteht die Herausforderung, dass oft schwer aufklärbar ist, wer den Schutz beanspruchen kann, da die Daten selbst hierzu sehr häufig keine Auskunft geben und ein Beweis der Zuordnung dementsprechend schwierig ist. Die Anhänger der hier genannten Ansicht sehen darin indes keine Hürde. Die **Zuweisungsfunktion** des Rechts an Daten folge aus der initialen faktischen Zugriffsmöglichkeit auf gespeicherte Daten durch denjenigen, der sie als erstes gespeichert hat. Das Recht an den Daten folgt aus dem Schaffen der Daten. Es gebe hier eine Nähe zu § 950 BGB.[53] Die Zugriffsmöglichkeit erlaube dem Datenerzeuger, mit den Daten nach Belieben zu verfahren, ohne dass er daran rechtlich gehindert wäre.[54] Geschützt seien sowohl der originäre wie der abgeleitete Erwerb der Daten.[55]

32 An dieser Auffassung ist, ähnlich wie beim Dateneigentum, **zu kritisieren,** dass sie kaum Elemente des geltenden Rechts zu ihrer Begründung anführen kann. Das Schaffen von Daten allein führt zu keinem Recht. Aus § 950 BGB folgt nichts zugunsten dieser Auffassung, weil § 950 BGB die Neuzuordnung eines bestehenden Rechts regelt. Das Schaffen neuer Daten kann für sich nicht ein Recht begründen, das zuvor nicht existierte. Auch aus der Materialisierung von Daten auf Datenträgern folgt nicht, dass die Daten losgelöst vom Datenträger geschützt sind. Nur weil sich etwas auf oder in einem geschützten Gegenstand zeigt, folgt daraus noch kein eigener, vom Trägermedium unabhängiger Schutz. Auf die Anerkennung des Grundrechts auf Gewährleistung der Vertraulichkeit und Integrität informationstechnischer Systeme durch das Bundesverfassungsgericht lässt sich der Schutz von Daten allgemein ebenfalls nicht stützen. Denn das Bundesverfassungsgericht hat dieses Grundrecht als Ausprägung des Persönlichkeitsrechts ausgestaltet. Es ist als Grundrecht ein Abwehrrecht gegen den Staat und dient dem Schutz der Persönlichkeit und nicht von Vermögenswerten.[56]

c) Erweiterung des strafrechtlichen Schutzes

33 Eine verbreitete, aber im Einzelnen ebenfalls sehr divergente Ansicht, will für den Schutz von Daten an den strafrechtlichen Schutz nach §§ 303a, 202a StGB anknüpfen. Dabei wird jedoch die zivilrechtliche Einordnung häufig nicht klar. Zum Teil wird eine Nähe zur Begründung eines Dateneigentums erkennbar,[57] zum Teil wird deutlich, dass es vornehmlich um den deliktsrechtlichen Schutz von Daten geht. Die Strafrechtsnorm zeige für Daten, ähnlich wie beim sachenrechtlichen Besitz, eine Herrschaftszuweisung, die jedoch keine weitere rechtliche Beziehung zu einer Sache verlange. Die Relevanz des § 303a StGB für den zivilrechtlichen Schutz von Daten wird darin erkannt, dass sich die Norm an der tatsächlichen Handlung der Datenerstellung durch einen **„Skripturakt"** orientiere und unabhängig von Besitz und Eigentum am Datenträger ist.[58] Dieser Skripturakt sei ent-

50 Riehm VersR 2019, 714 (721).
51 Grüneberg/Sprau § 823 Rn. 9.
52 Prütting/Wegen/Weinreich/Schaub BGB § 823 Rn. 77.
53 Riehm VersR 2019, 714 (722).
54 Riehm VersR 2019, 714 (720).
55 Riehm VersR 2019, 714 (723).
56 BVerfG 27.2.2008 – 1 BvR 370/07, NJW 2008, 822 Rn. 166 ff.
57 OLG Naumburg 27.8.2014 – 6 U 3/14, ZD 2014, 628; Hoeren MMR 2013, 486; Wolf MMR 2003, Heft 10, XIV (XVI).
58 Grundlegend Hoeren MMR 2013, 486.

scheidend für den durch die Strafrechtsvorschrift vermittelten Schutz. Durch den Skripturakt erfolge die **Zuordnung der Daten** zu der Person, die sie erstellt und auf einen Datenträger schreibt, also iSd § 303a StGB scribiert.[59]

Umstritten ist, wie der zivilrechtliche **Schutz des Scribenten** ausgestaltet werden soll. **34**
Zum Teil wird sogar ein Schutz vor dem Auslesen gewährt, weil mit dem Skripturakt die rechtliche Hoheit über die Daten erlangt worden sei,[60] obwohl § 303a StGB vor dem Auslesen von Daten nicht schützt. Hoeren spricht sich für eine Anwendung der Besitzschutzregeln des BGB aus.[61] Abweichend hiervon will Riehm den Skripturakt über eine analoge Anwendung der Regeln über das Eigentum schützen.[62] Adam dagegen verlangt eine technische Absicherung gegen beliebige Zugriffe, um den Skripturakt schutzwürdig werden zu lassen. Der faktisch-technisch beschränkte Zugriff auf Daten soll rechtsbegründendes Element des Schutzes sein.[63]

Diese Begründungen können ebenfalls nicht überzeugen. Das Konzept weist viele **35**
Unstimmigkeiten auf. Bereits das Erfordernis eines Skripturaktes ist für § 303a StGB strafrechtlich nicht, auch nicht überwiegend, anerkannt.[64] Das Strafrecht schützt in § 303a StGB auch nur vor Veränderungen von – irgendwelchen – Daten, setzt jedoch kein individualisiertes Rechtssubjekt voraus, dem die Daten rechtlich ausschließlich zugewiesen sind.[65] Die Vorschrift schützt das Interesse an der unversehrten Verwendbarkeit von Daten überhaupt. Schutzgut sind die Daten anderer Personen als die des Täters.[66] Zudem haben Straf- und Zivilrecht unterschiedliche Zielrichtungen. Am relevantesten ist, dass § 303a StGB das Interesse des Verfügungsberechtigten an der unversehrten Verwendbarkeit der gespeicherten oder übermittelten Daten und damit das Grundrecht auf Integrität und Vertraulichkeit informationstechnischer Systeme schützt.[67] Letzteres ist aber ein **persönlichkeitsrechtliches** und kein vermögensrechtliches **Gut.** Daraus kann daher nicht abgeleitet werden, dass die durch § 303a StGB in Bezug genommenen Daten ähnlich dem Eigentum geschützt sein müssen.[68]

d) Schutz durch technische Herrschaft

Eine weitere Ansicht versucht, aus der technischen Herrschaft über Daten auf die Zuweisung **36**
als geschütztes Gut zu schließen. Der Schutz wird über die deliktischen Kompensationsansprüche aus § 823 BGB und die Abwehrrechte aus § 1004 BGB gewährt. Ein umfassendes absolutes Recht soll nicht geschaffen werden.[69] Gegenüber den bisher dargestellten Ansätzen hat das Abstellen auf eine faktische Herrschaft den Vorteil, dass nicht jedes Datum geschützt wird, sondern Anforderungen an denjenigen gestellt werden, der den Schutz in Anspruch nehmen möchte. Das Erfüllen dieser Anforderungen kann, je nach Ausgestaltung, die Zuordenbarkeit von Daten erleichtern und damit auch dem Verkehrsschutz dienen. So kann bereits eine eindeutige Zuordnung des Datenträgers ausreichend sein. Nur dann, wenn der Datenträger eine Zuordnung nicht zulässt, ist eine technische Absicherung sinnvoll. Dazu können **elektronische Signaturen** beitragen. Entspricht die Signatur den aktuellen Standards, ist ein ausreichender Schutz gegen Manipulationen gegeben. Die Daten sind dann verlässlich demjenigen zuzuordnen, dem die elektronische Signatur zugewiesen wurde.

---

59 Leupold/Wiebe/Glossner IT-R/Wiebe Teil 6.7 Rn. 43.
60 Specht CR 2016, 288 (289).
61 Hoeren MMR 2019, 5.
62 Riehm VersR 2019, 714.
63 Adam NJW 2020, 2063.
64 Übersicht bei BeckOK StGB/Weidemann StGB § 303a Rn. 4 ff.
65 Riehm VersR 2019, 714 (717); Schönke/Schröder/Hecker StGB § 303a Rn. 3.
66 Lackner/Kühl/Heger/Heger StGB § 303a Rn. 1.
67 BGH 8.4.2021 – 1 StR 78/21, MMR 2021, 975 (976).
68 Im Ergebnis auch Specht CR 2016, 288 (289); Wiebe/Schur ZUM 2017, 461 (463); s. auch Martini/Kolain/Neumann/Rehorst/Wagner MMR-Beil. 2021, 3 (16).
69 Adam NJW 2020, 2063; in diese Richtung auch Riehm VersR 2019, 714 und Martini/Kolain/Neumann/Rehorst/Wagner MMR-Beil. 2021, 3 (16).

Dazu müssen sie auch nicht verschlüsselt werden. Der Rechtsverkehr mit Blick auf die Daten erfolgt auf schuldrechtlicher Grundlage. Die Defizite der lediglich relativen Beziehungen werden durch die technische Herrschaft und die deliktsrechtliche Absicherung kompensiert.

37 Fraglich ist auch hier der gesetzliche Anknüpfungspunkt. Der rechtliche Schutz wird vom faktischen Schutz abhängig gemacht, ohne dass dafür eine gesetzliche Grundlage besteht.[70] Dass auch der Besitz Sachherrschaft voraussetzt, ist zweifelsohne richtig. Das ist aber auch explizit im Gesetz vorausgesetzt und behandelt. Auch der Hinweis auf die vom BGH für die Zuordnung von Daten im Zusammenhang mit der Eigentümer- und Besitzerstellung so genannte **Funktionsherrschaft** genügt nicht, um für einen Schutz von Daten völlig von den gesetzlichen Anforderungen zu abstrahieren.[71] Diese Funktionsherrschaft hatte der BGH nicht mit Blick auf die Daten, sondern zum Schutz des Persönlichkeitsrechts eingeführt. Letztlich wird die Zuweisung von Daten über das Beweisrecht, nicht über ein Datenrecht erreicht. Das ist manchmal hilfreich, generell aber nicht erforderlich, weil der Schutz auch über den Besitz zu gewährleisten ist → Kap. 14 Rn. 15 ff.

II. Rechte auf Daten

Siehe zu diesem Themenkomplex auch
- Rechtsnatur von Daten → Kap. 2 Rn. 23
- Data Act → Kap. 4 Rn. 34
- Daten der öffentlichen Hand → Kap. 5 Rn. 31.
- Sektorspezifische Spezialregelungen → Kap. 8

38 Rechte auf Daten umfassen Ansprüche auf die **Übermittlung von Daten.** Im Unterschied zu den Überlassungsverträgen (dazu → Kap. 11) steht hier die Pflicht zur Datenbereitstellung nicht im Gegenseitigkeitsverhältnis mit der vom Gläubiger zu erbringenden Leistung. Vielmehr werden im vertraglichen Bereich untergeordnete Leistungsansprüche als Nebenleistungspflichten und im Übrigen gesetzlich geregelte Auskunfts- und Einsichtsrechte sowie Ansprüche auf Bereitstellung von Daten erfasst.

1. Grenzen der Berechtigung

39 Ansprüche auf die **Übermittlung von Daten** finden ihre Grenzen in Normen, die den vorrangigen **Interessen Dritter** dienen. Auch der Freiheit, in Verträgen Regelungen zur Übermittlung von Daten aufzunehmen, setzen spezialgesetzliche Bestimmungen und allgemein die Inhaltskontrolle nach den §§ 307 ff. BGB solche Grenzen. Bei vertraglichen Herausgabeansprüchen ist zunächst deren Wirksamkeit (→ Kap. 11 Rn. 30) und dann ihre Durchsetzbarkeit zu prüfen. Konfligierende Gesetze sind nach ihrer Hierarchie zu bewerten und bei gleichem Geltungsrang nach den mit ihnen verfolgten Zielen.

a) Datenschutz

40 Personenbezogene Daten dürfen aus Art. 5 Abs. 2 DS-GVO ersichtlich nur verarbeitet und damit auch übertragen werden, wenn es dazu eine gesetzlich begründete Gestattung gibt. Der vom EuGH weit verstandene Personenbezug führt dabei zu erheblichen Unsicherheiten bei der Beurteilung der datenschutzrechtlichen Zulässigkeit von Datenbereitstellungen

[70] Geschäftsgeheimnisse werden nach § 2 GeschGehG auch nur bei angemessenen Schutzmaßnahmen geschützt, aber eben auf gesetzlicher Grundlage.
[71] BGH 13.10.2015 – VI ZR 271/14, GRUR 2016, 315 Rn. 35.

(→ Kap. 10 Rn. 76). Der Herausgabegläubiger muss die Daten auch datenschutzrechtlich herausverlangen können, der Schuldner sie herausgeben dürfen. Die Feststellung, dass keine personenbezogenen Daten verarbeitet werden, ist häufig jedoch nur noch in Ausnahmefällen mit Sicherheit möglich. Scheinbar **anonyme Vorgänge** weisen oft dennoch einen Personenbezug auf, wenn große Datenmengen verarbeitet werden und aus der Menge der Daten heraus ein Personenbezug herstellbar ist, der einzelnen Daten nicht anhaftet. Werden beispielsweise im Rahmen eines Service-Vertrages, der auch der Weiterentwicklung der Maschine durch den Hersteller dient, Daten über das Fahren einer Maschine übermittelt, sind dies regelmäßig personenbezogene Daten, wenn die Maschine von einem Menschen geführt wird. Da der Betroffene nicht Partei des Vertrages ist, lässt sich eine Verarbeitung, wenn keine Auftragsverarbeitung vorliegt, nur über Art. 6 Abs. 1 lit. f DS-GVO rechtfertigen. Dabei ist die Ungewissheit groß, ob das Interesse des Betroffenen dem des Herstellers überwiegend entgegensteht. Ob der Herausgabeanspruch wegen der fehlenden datenschutzrechtlichen Zulässigkeit gar nicht erst entsteht oder der Schuldner die Herausgabe verweigern kann, ist eine Frage des Einzelfalls. Im Kern ist zunächst zu prüfen, ob die DS-GVO für den relevanten Fall Regelungen vorsieht, die die Interessen des Betroffenen wahren.[72]

b) Geheimnisschutz

Das Interesse an der Geheimhaltung von Daten kann zu einer Unwirksamkeit einer Vereinbarung führen, diese Daten zu offenbaren. Insoweit ist § 4 GeschGehG ein Verbotsgesetz iSd § 134 BGB.[73] Auch wenn der Geheimnisinhaber Vertragspartner ist, folgt daraus nicht stets die Wirksamkeit einer Verpflichtung zur Herausgabe von Geschäftsgeheimnissen. Zwar lässt § 3 Abs. 2 GeschGehG die **Offenbarung** von Geheimnissen aufgrund eines Vertrages zu. Dies kann in AGB nach § 307 Abs. 2 Nr. 1 BGB aber nur dann wirksam sein, wenn der Vertragspartner hierdurch nicht unangemessen benachteiligt wird. Eine unangemessene Benachteiligung dürfte dann vorliegen, wenn der Verwender der AGB die Daten zur Vertragsdurchführung nicht benötigt oder alternativ in seinen Bedingungen keinen angemessenen Geheimnisschutz für diese Daten vorsieht. 41

c) Data Act

Im Anwendungsbereich des Data Acts hat der Dateninhaber oft ein Interesse daran, die **ohne Weiteres verfügbaren Daten** aus der Nutzung von IoT-Geräten für sich verwenden zu können. Der Data Act weist diese Daten indes grundsätzlich dem Datennutzer zu → Kap. 4. Der Dateninhaber darf diese Daten gem. Art. 4 Abs. 13 DA nur aufgrund eines Vertrages mit dem Datennutzer verwenden. Regelmäßig ist aber der Datennutzer mit dem Dateninhaber hinsichtlich der Erbringung des Dienstes, mit dem das vom Datennutzer genutzte Produkt verbunden ist, vertraglich verbunden. Damit kann er leicht eine Klausel in sein Vertragswerk aufnehmen, die es ihm erlaubt, die Daten des Datennutzers zu verwenden. Es würde jedoch dem Ziel des Data Acts widersprechen, wenn der Dateninhaber allein durch eine Klausel in seinen Bedingungen die Daten erlangen könnte, die mit großem gesetzgeberischem Aufwand dem Datennutzer zugewiesen und dem Zugriff Dritter nur unter engen Voraussetzungen ausgesetzt wurden. Der nur zwischen Unternehmen geltende Art. 13 DA adressiert dieses Thema nicht. Damit bleibt, die Unwirksamkeit einer solchen Klausel über § 307 Abs. 2 BGB zu begründen.[74] Dafür spricht, dass der Dateninhaber die Daten Dritten nach Art. 5 Abs. 1 S. 1 DA nur **auf Verlangen** des Datennutzers zur Verfügung stellen darf. Aus Sicht des Datennutzers ist aber auch der Dateninhaber zunächst nicht besser berechtigt, auf die Produktdaten zuzugreifen als der Dritte. Insofern ist Art. 4 Abs. 13 DA so zu interpretieren, dass der 42

72 Vgl. dazu OLG Frankfurt a. M. 24.1.2018 – 13 U 165/16, NJW-RR 2018, 887; OLG Celle 10.9.2003 – 3 U 137/03, WM 2004, 1384; MüKoBGB/Armbrüster BGB § 134 Rn. 174; Lehmann/Wancke WM 2019, 613 ff. und Lehmann/Wancke WM 2019, 665 ff.; s. auch Beyer/Beyer NZI 2016, 241 (245).

73 BeckOK UWG/Barth GeschGehG § 4 Rn. 65.

74 Dazu Czychowski/Lettl/Steinrötter/Steinrötter DA Art. 4 Rn. 66.

Datennutzer der Verwendung der Daten durch den Dateninhaber freiwillig zugestimmt haben muss. Eine vom Dateninhaber einseitig vorgegebene Klausel allein genügt damit nicht.

d) Unmöglichkeit

43 Da Unmögliches von niemandem verlangt werden kann, entfällt eine Pflicht zur Datenbereitstellung, wenn ihr ein **dauerhaftes Leistungshindernis** entgegensteht. Im Falle des Unvermögens ist abzuwägen, welche Anstrengungen dem Schuldner zur Datenbeschaffung zuzumuten sind. Im Einzelfall kann die Abgrenzung zwischen dem Entfall der Leistungspflicht (nur) des Einzelnen nach § 275 Abs. 1 BGB und der Einrede aus § 275 Abs. 2 BGB schwierig werden. Im Zweifel liegt kein Unvermögen vor. Der Schuldner dessen Handlung von der Mitwirkung eines Dritten abhängt, hat die ihm zustehenden tatsächlichen und rechtlichen Möglichkeiten auszuschöpfen, um den Dritten zu einer Mitwirkung zu bewegen. Er hat alles ihm hierzu Zumutbare zu tun und gegebenenfalls auch den Rechtsweg gegen den Dritten zu beschreiten.[75]

2. Vertragliche Ansprüche

44 Bei Rechten auf Daten ist hinsichtlich der Anspruchsgrundlage zwischen Verträgen, die die Überlassung von Daten als Hauptleistungspflicht zum Gegenstand haben (dazu → Kap. 11 Rn. 20) und vertraglichen Regelungen, bei denen die Datenüberlassung als **Nebenleistungspflicht** oder auch nur Nebenpflicht anzusehen ist, zu unterscheiden. Hauptleistungspflichten prägen den Vertragstyp. Werden Verträge geschlossen, um Daten zu erhalten, ist deren Überlassung eine Hauptleistungspflicht. Typischerweise stehen dann die Hauptleistungspflicht und die Gegenleistung im funktionellen Synallagma. Die Überlassung von Daten kann aber auch eine untergeordnete, begleitende Bedeutung haben und zu einer Nebenleistungspflicht werden. Die rechtlichen Unterschiede zwischen Hauptleistungs- und Nebenleistungspflicht sind marginal. Beide sind einklagbar, bei Letzteren fehlt allerdings regelmäßig die synallagmatische Verknüpfung mit der Gegenleistung, so dass die §§ 320 und 326 BGB nicht anwendbar sind. Relevant werden bei der Leistungsdurchführung oft auch **Nebenpflichten,** die selbständig nicht einklagbar sind, in dem hier behandelten Zusammenhang insbesondere in Gestalt von Mitwirkungspflichten → Rn. 36.

45 Im Rahmen der Vertragsfreiheit ist es zulässig und sinnvoll, die **Übermittlung** von Daten **als Neben(leistungs)pflicht** zu vereinbaren. Eine abschließende Behandlung der vertraglichen Regelung aller denkbaren Übermittlungsvorgänge ist an dieser Stelle nicht möglich, weswegen im Folgenden nur allgemeine, übergeordnete Aspekte erörtert werden. Um die Wirksamkeit solcher Vereinbarungen beurteilen zu können, sind wie stets die oft gegenläufigen Interessen der Vertragsparteien festzustellen, und es ist abzuwägen, ob das Interesse des Gläubigers auf Übermittlung der Daten nicht gegenüber einem entgegenstehenden Interesse des Schuldners zurücktreten muss. Ein wesentlicher Aspekt zur Beurteilung der Wirksamkeit solcher Verpflichtungen ist, ob der Schuldner mit einem vertragswidrigen Handeln seines Vertragspartners rechnen muss und ihm keine andere zumutbare Möglichkeit eröffnet ist, seine Interessen zu wahren.

a) Normierte vertragliche Nebenpflichten

46 Für Dienst- und Geschäftsbesorgungsverträge sieht das Gesetz regelmäßig vor, dass der Dienstnehmer oder Geschäftsführer das aus der Vertragsdurchführung Erlangte an seinem Vertragspartner herauszugeben hat.[76] Dabei differenziert die Rechtsprechung hinsichtlich der Anspruchsgrundlage zwischen dem aus der **Geschäftsbesorgung** Erlangten und dem

---

[75] BGH 18.12.2008 – I ZB 68/08, GRUR 2009, 794 Rn. 21; OLG Düsseldorf 13.5.2019 – 2 W 5/19, GRUR-RS 2019, 58376 Rn. 15.

[76] Vgl. §§ 667, 675 Abs. 1 BGB; 384 Abs. 2 HGB.

Ergebnis der Geschäftsbesorgung.[77] Ersteres fällt unter § 667 BGB, Letzteres unter die Hauptleistungspflicht des Vertrages, bei der Geschäftsbesorgung beispielsweise unter §§ 662, 675 Abs. 1 BGB.[78] Herauszugeben sind dabei nicht nur Papierunterlagen, sondern auch Daten jeglicher Art.[79] Relevant wird dies etwa bei einem Wechsel des Dienstleisters, um dem neuen die Fortführung der Arbeiten des ehemaligen Dienstleisters zu ermöglichen.[80]

Nur auf **Verlangen des Verbrauchers** hat der Unternehmer bei **digitalen Produkten** 47
nach Vertragsbeendigung gem. § 327p BGB die Inhalte, die nicht personenbezogene Daten sind, bereitzustellen. Inhaltlich beschränkt wird dieser Anspruch durch § 327p Abs. 2 S. 2 BGB. Die Inhalte müssen dem Verbraucher nach Absatz 3 Satz 3 unentgeltlich, ohne Behinderung durch den Unternehmer, innerhalb einer angemessenen Frist und in einem gängigen und maschinenlesbaren Format bereitgestellt werden. Von diesen Vorgaben kann nach § 327s Abs. 1 BGB nur abgewichen werden, wenn die Vereinbarung nach der Mitteilung des Verbrauchers über die unterbliebene Bereitstellung der Daten getroffen wurde.

b) Mitwirkung

Häufig dürfte eine Vereinbarung zur Herausgabe von Daten im Rahmen einer Mitwirkung 48
des Gläubigers erfolgen, um dem Schuldner zu ermöglichen, seine Leistung reibungslos oder überhaupt erbringen zu können. Ist beispielsweise der Schuldner verpflichtet, ein IT-System, das einem Cyberangriff zum Opfer gefallen ist, gegen zukünftige Angriffe zu schützen, ist es im Interesse des Gläubigers, die Daten zur Verfügung zu stellen, die erforderlich sind, um zu analysieren, wie der Angriff erfolgte und warum er erfolgreich war. Die Mitwirkung ist im gesetzlichen Normalfall zunächst eine **Obliegenheit** des Gläubigers. Es spricht aber im Grundsatz nichts dagegen, dass der Schuldner den Gläubiger vertraglich verpflichtet, Mitwirkungsleistungen zu erbringen. Durch eine Verpflichtung kann der Gläubiger zum Schuldner der Mitwirkungsleistung werden und in der Folge auch entsprechend haften → Rn. 50.

Mitwirkungsleistungen werden häufig im Rahmen der **Nacherfüllung** relevant, wenn 49
der Nacherfüllungsgläubiger dem Schuldner Daten zur Verfügung stellen soll, damit dieser seiner Verpflichtung vollständig nachkommen kann. Das Gesetz spricht einige Obliegenheiten inzwischen ausdrücklich an, wie § 439 Abs. 5 BGB (→ Kap. 12 Rn. 48) und § 327k Abs. 2 Nr. 2 BGB zeigen.[81]

Eine ausbleibende Mitwirkung führt in der Regel zum **Annahmeverzug** des Gläubigers 50
mit der Folge, dass der Schuldner, der die Leistung nicht vereinbarungsgemäß erbringen kann, lediglich nach § 304 BGB seinen Mehraufwand geltend machen oder, wie etwa nach § 643 BGB, den Vertrag kündigen kann. Würden Mitwirkungsleistungen dagegen als Verpflichtung des Gläubigers ausgestaltet, stünden dem Schuldner die gesamten aus der Nicht-Erbringung einer Leistung folgenden Ansprüche zu. In allgemeinen Geschäftsbedingungen muss dann darauf geachtet werden, dass die Schaffung einer **Mitwirkungspflicht** nicht zu einer unangemessenen Benachteiligung des Gläubigers führt. Würde beispielsweise der Käufer eines Elektroautos verpflichtet, bei der Rüge eines Mangels der Hauptbatterie Daten über die Ladezyklen der Batterie, insbesondere über die Art und Weise des Ladens, zur Verfügung zu stellen, könnte dies den Verkäufer in die Lage versetzen, eine Gewährleistungsverpflichtung wegen eines unzureichenden Umgangs mit der Batterie abzulehnen. Das würde jedoch die Beweislastverteilung zulasten des Käufers umkehren, wenn die Art

---

[77] BGH 11.3.2004 – IX ZR 178/03, NJW-RR 2004, 1290.

[78] MüKoBGB/F. Schäfer BGB § 667 Rn. 23.

[79] LG Itzehoe 22.7.2014 – 11 S 62/13, ZWE 2015, 414 (415); AG Böblingen 17.9.2024 – 11 C 367/24, ZWE 2024, 469 Rn. 15.

[80] Bei personenbezogenen Daten ergibt sich ein solcher Anspruch (nur) des Betroffenen aus Art. 20 DS-GVO. Für den Wechsel zwischen Datenverarbeitungsdiensten nach den Art. 23 ff. DA (Cloud Switching) → Rn. 60.

[81] Eine entsprechende Mitwirkung hat der BGH schon vor Geltung dieser Bestimmungen angenommen, BGH 10.3.2010 – VIII ZR 310/08, NJW 2010, 1448 Rn. 17.

und Weise des Ladens der Batterie nicht von ihm nachzuweisen wäre, etwa weil er sich auf die Vermutung aus §§ 327k, 477 Abs. 1 BGB stützen kann.

51 Auch aus der Obliegenheit des Gewährleistungsgläubigers resultiert keine Verpflichtung, dem Schuldner mehr zu geben, als dieser zur Untersuchung des Mangels benötigt. Der BGH verlangt im Rahmen von Kauf- und Werkverträgen lediglich die **Benennung von Symptomen,** um Gewährleistungsrechte geltend machen zu können.[82] Der Auftraggeber schuldet dem für den Mangel verantwortlichen Auftragnehmer vor dessen Inanspruchnahme nicht die objektive Klärung der Mangelursache, deren Kenntnis erst geeignete Mängelbeseitigungs- und Schadensabwendungsmaßnahmen sicher ermöglicht. Es ist vielmehr Aufgabe des Gewährleistungsschuldners, Mängelbehauptungen zu prüfen und Grund und Umfang seiner Leistungspflicht selbst zu beurteilen.[83]

c) Audits

52 Aus dem Softwarebereich sind **Vertragsklauseln** bekannt, die den Lizenzgeber berechtigen sollen zu überprüfen, ob der Lizenznehmer die Lizenzvereinbarungen beachtet. Eine solche Überprüfung ist auch in anderer Konstellation denkbar, beispielsweise dann, wenn der Mieter einer Maschine oder Anlage verpflichtet ist, diese nur in einem bestimmten Rahmen zu nutzen. Der Vermieter könnte sich dann einen Zugriff auf die Nutzungsprotokolle einräumen lassen, um die vertragsgemäße Nutzung zu überprüfen.

53 Die in der Literatur gegen die Wirksamkeit von Audit-Klauseln vorgebrachten Bedenken[84] sind auch in anderen Fällen zu berücksichtigen. Die Wirksamkeit solcher Klauseln muss sich an § 307 BGB messen lassen. Gegen eine Wirksamkeit spricht häufig, dass die Vertragsparteien grundsätzlich von der **Redlichkeit** des jeweiligen **Vertragspartners** ausgehen dürfen und, wenn auch in Grenzen, müssen. Nicht jede denkbare Rechtsverletzung rechtfertigt eine Kontrolle.[85] Andererseits bestehen in Abhängigkeit vom jeweiligen Einzelfall durchaus Kontrollrechte. So ist der Vermieter von Räumen grundsätzlich berechtigt, diese zu besichtigen, wenn es hierfür einen konkreten sachlichen Grund gibt.[86] Eine anlassloses Betretungsrecht würde bei der Vermietung den Mieter jedoch regelmäßig unangemessen benachteiligen.[87] Entsprechendes ist auf den Umgang mit Daten zu übertragen. Dem Interesse des Gläubigers zur Kontrolle des zur Leistung von Daten Verpflichteten können insbesondere Geheimhaltungsinteressen sowie Datenschutzgründe entgegenstehen. Bei der Vertragsgestaltung ist darauf zu achten, dass die jeweiligen Interessen erfasst und berücksichtigt werden.

3. Ansprüche aus Geschäftsführung ohne Auftrag

54 Ein Anspruch auf die Übermittlung von Daten kann sich auch aus einer Geschäftsführung ohne Auftrag aus §§ 667, 681 S. 2, 677 BGB ergeben. Rettet beispielsweise jemand Daten von einer Festplatte, ohne von dem hinsichtlich der Festplatte und/oder den darauf befindlichen Daten Berechtigten dazu beauftragt zu sein, hat der Berechtigte den genannten Herausgabeanspruch. Fehlvorstellungen des Geschäftsführers über den Geschäftsherrn stehen der Annahme einer Geschäftsführung ohne Auftrag nicht entgegen.[88] Führt der Geschäftsführer die dem Geschäftsherrn zugewiesenen Geschäfte im eigenen Interesse, kommen Herausgabeansprüche wegen **angemaßter Eigengeschäftsführung** aus §§ 667, 681 S. 2, 687 Abs. 2 BGB sowie §§ 678, 687 Abs. 2 BGB (→ Kap. 14 Rn. 91) in Betracht.

[82] Für Kaufverträge: BGH 18.10.2017 – VIII ZR 242/16, BeckRS 2017, 130746 Rn. 8; für Werkverträge: BGH 4.11.2020 – VII ZR 261/18, NJW-RR 2021, 147 Rn. 14 mwN.
[83] BGH 2.9.2010 – VII ZR 110/09, NJW 2010, 3649 Rn. 19.
[84] Dazu Marly SoftwareR-HdB/Dovas § 8 Rn. 138 ff.
[85] Vgl. BGH 11.3.1986 – KRB 7/85, BeckRS 1986, 31168713.
[86] BGH 26.4.2023 – VIII ZR 420/21, NJW-RR 2023, 861.
[87] BeckOK BGB/Zehelein BGB § 535 Rn. 550.
[88] BeckOK BGB/Gehrlein BGB § 677 Rn. 17.

4. Treu und Glauben

55 Der in § 242 BGB behandelte Grundsatz von Treu und Glauben durchzieht das gesamte Recht. Sich gemäß Treu und Glauben zu verhalten ist ein **fundamentales Prinzip** der Rechtsordnung und nicht nur auf zivilrechtliche Beziehungen beschränkt.[89] In dem hier interessierenden Kontext kann aus dem Grundsatz von Treu und Glauben auch die Übermittlung von Daten abgleitet werden.[90]

56 Allerdings ergibt sich ein Anspruch auf Übermittlung aus Treu und Glauben nur **in Ausnahmefällen.** Der BGH nimmt eine Pflicht über die gesetzlich normierten Fälle hinaus grundsätzlich nur dann an, wenn zwischen dem Anspruchsteller und dem zur Bereitstellung der Daten Verpflichteten eine **Sonderverbindung** besteht. Allein die Tatsache, dass jemand über Informationen verfügt, begründet keine Auskunftspflicht. Zudem muss der Berechtigte in entschuldbarer Weise über Bestehen und Umfang seines Rechts im Ungewissen sein und der Verpflichtete die zur Beseitigung der Ungewissheit erforderliche Auskunft unschwer geben können.[91]

5. Gesetzliche Ansprüche

57 Ansprüche aus Gesetz lassen sich grob nach der Art der zu überlassenden Daten unterteilen. Häufig sehen Gesetze Informations- und Auskunftsrechte vor, die nicht auf die Überlassung von (Roh-)Daten, sondern eines formatabhängigen Abbildes, etwa in Form von Urkunden, gerichtet sind. So gewährt § 810 BGB die Gestattung in die Einsicht in eine Urkunde, gibt aber keinen Anspruch auf die Überlassung von Daten.[92] Das **Datennutzungsgesetz** regelt den Umgang mit Daten, die, soweit möglich, nach dem Grundsatz „konzeptionell und standardmäßig offen" erstellt werden sollen, ohne einen Anspruch auf Daten zu begründen, wie sich aus § 1 Abs. 2 DNG ergibt. Im Folgenden werden nur Ansprüche behandelt, die den Gläubiger berechtigen, auch (Roh-)Daten herauszuverlangen.[93]

a) Bereicherungsrecht

58 Das Bereicherungsrecht dient dem Ausgleich von Vermögensverschiebungen, die ohne Rechtsgrund erfolgten. Der ungerechtfertigt bereicherte Anspruchsgegner hat das Erlangte herauszugeben. Was iSd § 812 BGB erlangt werden kann, ist umstritten. Die herrschende Meinung lässt eine bloße Vermögensmehrung nicht genügen, sondern verlangt grundsätzlich eine **gegenständliche Bereicherung.**[94] Diese soll bei der Weitergabe von Daten allein nicht vorliegen. Richtigerweise können aber auch Daten etwas Erlangtes darstellen und damit Gegenstand eines Bereicherungsausgleichs sein. Fraglich ist im Einzelfall jedoch, ob diese Bereicherung, wenn nicht durch Leistung, so doch auf Kosten des Anspruchstellers erfolgte. Daher führt beispielsweise das Erlangen von Daten durch ein Ablesen von Wasserzählern zu einer Bereicherung.[95] Ob der Ablesende diese Daten auf Kosten eines anderen erlangt hat, ist gesondert zu behandeln.[96] Eine Erlangung von Daten kann dann auf Kosten des Berechtigten erfolgen, wenn Daten als absolut geschütztes Rechtsgut angesehen würden.[97] Während die Annahme eines Zuweisungsgehaltes aus dem absoluten Schutz für einen Ausgleich nach den §§ 812 ff. BGB spricht, wird dagegen eingewandt, es würde für

---

[89] MüKoBGB/Schubert BGB § 242 Rn. 1 ff.
[90] Vgl. BGH 8.3.2006 – VIII ZR 78/05, NJW 2006, 1419 Rn. 25; 15.12.2021 – VIII ZR 66/20, BeckRS 2021, 43789 Rn. 26.
[91] Ständige Rechtsprechung, BGH 7.5.1980 – VIII ZR 120/79, NJW 1980, 2463; 2.12.2015 – IV ZR 28/15, NJW 2016, 708 Rn. 15.
[92] MüKoBGB/Habersack BGB § 810 Rn. 3.
[93] Zu Informationsansprüchen im Übrigen MüKoBGB/Habersack BGB § 810 Rn. 2.
[94] BeckOK BGB/Wendehorst BGB § 812 Rn. 54 ff., 109.
[95] MüKoBGB/Schwab BGB § 812 Rn. 22; aA OLG Naumburg 26.3.2009 – 4 U 9/08, LKV 2009, 335.
[96] Dazu MüKoBGB/Schwab BGB § 812 Rn. 305.
[97] Riehm VersR 2019, 714 (721).

Daten über den Schutz nicht-rivaler Nutzungsmöglichkeiten ein gesetzlich nicht geregeltes Immaterialgüterrecht geschaffen.[98]

59 Denkbar ist auch eine Bereicherung über die Nutzungsmöglichkeit der Daten und die damit verbundenen ersparten Aufwendungen.[99] Besteht die Bereicherung in der Erlangung einer Einwirkungsmöglichkeit auf eine **Blockchain,** wird vertreten, dass diese technische Position das Erlangte darstellt.[100]

b) Data Act und Cloud Switching

60 Aus dem Data Act ergeben sich für **ohne Weiteres verfügbare Daten** Herausgabeansprüche des Datennutzers gegen den Dateninhaber gem. Art. 4 Abs. 1 DA (→ Kap. 4 Rn. 91). Der Dateninhaber kann auch verlangen, dass die Daten an Dritte weitergegeben werden (→ Kap. 4 Rn. 119). Zur Gestaltung von Verträgen zwischen Datennutzer, Dateninhaber und Drittem → Kap. 13 Rn. 43.

61 Neben Regelungen für die Herausgabe von ohne Weiteres verfügbaren Daten enthält der Data Act in Kapitel VI auch Bestimmungen zum – nicht im Data Act, aber gemeinhin, so genannten – **Cloud Switching.** Der Kunde eines Cloud-Dienstes kann die Herausgabe oder Weitergabe von Daten und digitalen Vermögenswerten aufgrund vertraglicher Bestimmungen verlangen, deren Anforderungen in den Art. 23 ff. DA behandelt werden. Ausgangspunkt der Bestimmungen ist, dass ein Kunde die Leistungen eines **Datenverarbeitungsdienstes** in Anspruch nimmt. Der zwischen dem Anbieter der Leistungen und dem Kunden geschlossene Vertrag muss vorsehen, dass der Kunde diese Daten nach Ablauf einer Mindestkündigungsfrist jederzeit herausverlangen kann. Ähnlich wie Art. 28 DS-GVO enthalten die Art. 23 ff. DA Anforderungen an den Vertragsinhalt. Was ein Datenverarbeitungsdienst ist, ist in Art. 2 Nr. 8 DA definiert. Soweit der Data Act dies nicht anders bestimmt, gelten die Vorgaben für alle Anbieter von Datenverarbeitungsdiensten, unabhängig davon, ob ihr Kunde von ihnen fort oder zu ihnen hin wechseln möchte. Mangels einer erschöpfenden Regelung der Rechtsbeziehungen der Parteien im Data Act, wird als Auffangtatbestand in Art. 27 DA auf **Treu und Glauben** abgestellt. Nicht nur die Anbieter und deren Kunde müssen nach Treu und Glauben zusammenarbeiten, sondern alle Beteiligten, wozu aus Erwgr. 97 ersichtlich auch Dritte Dienstleister einschließlich Subunternehmern zu zählen sind. Fraglich ist, ob Art. 27 DA mit seinem autonom auszulegenden Begriff von Treu und Glauben die **Inhaltskontrolle** nach den §§ 307 ff. BGB ausschließt, die sich ebenfalls auf die Gebote von Treu und Glauben stützen.

62 Der Vollzug des Wechsels erfordert die Beachtung einer **Vielzahl technischer Aspekte,** die im Data Akt nicht detailliert angesprochen, sondern nur grob umrissen werden kann. Welche Verfahren die Parteien für den Wechsel wählen, ist ihnen grundsätzlich überlassen. Technisch kann der Wechsel in einem individuell festzulegenden Verfahren oder automatisiert erfolgen. Zur Unterstützung des automatisierten Wechsels sieht Art. 30 Abs. 2 DA vor, dass die abgebenden Anbieter unentgeltlich offene Schnittstellen bereitstellen.

63 Die Regelungen im Kapitel VI des Data Acts zum Wechsel zwischen Datenverarbeitungsdiensten sind leider in vielerlei Hinsicht unklar und nicht auf das deutsche Vertragsrecht abgestimmt. Die wesentlichen Defizite der Bestimmungen sind:

- Was unter einem **Datenverarbeitungsdienst** zu verstehen ist, ist unklar.
- Die **Form** des zu schließenden Vertrages ist fraglich.
- Nicht eindeutig geregelt ist, inwieweit die gesetzlichen Anforderungen **zwingend** sind.
- Die Regelungen zur **Beendigung des Vertragsverhältnisses** werfen Fragen zum Verhältnis zur Kündigung und zu dem anwendbaren Leistungsstörungsrecht auf.

---

[98] Riehm VersR 2019, 714 (721).

[99] Im Einzelnen sehr streitig, vgl. Grüneberg/Retzlaff BGB § 812 Rn. 4 ff.

[100] Weiss NJW 2022, 1343 Rn. 22 f.; s. auch LG Hamburg 25.1.2024 – 310 O 368/21, BKR 2024, 485 Rn. 32.

– Es fehlen Hinweise zu den **Rechtsfolgen** der Nichtbeachtung der Anforderungen.
– **Übergangsvorschriften** für bestehende Verträge fehlen.

aa) Anwendungsbereich. Die Art. 23 ff. DA gelten für **Datenverarbeitungsdienste,** die in Art. 2 Nr. 8 als eine digitale Dienstleistung definiert werden, die einen **64**

1. Netzzugang zu einem
2. gemeinsam genutzten Pool
3. konfigurierbarer,
4. **skalierbarer und**
5. **elastischer Rechenressourcen** ermöglicht, die
6. mit minimalem Verwaltungsaufwand oder minimaler Interaktion des Diensteanbieters
7. rasch bereitgestellt und freigegeben werden kann.

Welche Dienstleistungen hierunter fallen, ist im höchsten Grade unbestimmt. Problematisch ist vor allem das Tatbestandsmerkmal der skalierbaren und elastischen Rechenressourcen. Rechenressource soll nach Erwgr. 80 Ressourcen wie etwa Netze, Server oder sonstige virtuelle oder physische Infrastrukturen, Software – einschließlich Tools zur Entwicklung von Software –, Speicher, Anwendungen und Dienste meinen. Der Begriff „skalierbar" bezeichnet danach Rechenressourcen, die vom Anbieter flexibel zugewiesen werden, um Nachfrageschwankungen auszugleichen; „elastisch" dient zur Beschreibung der Rechenressourcen, die entsprechend der Nachfrage bereitgestellt und freigegeben werden, um je nach Arbeitsaufkommen zügig verfügbare Ressourcen auf bzw. abbauen zu können. Bereits hier wird nicht hinreichend klar, worin der Unterschied zwischen skalierbar und elastisch begründet liegt. In beiden Fällen geht es um die Bereitstellung von Rechenressourcen. Sinnvoll ist die Unterscheidung in dem Sinne, dass sich skalierbare Ressourcen auf eine langfristige Nutzungsplanung beziehen, während die Elastizität auf die momentane Anpassung an den Bedarf abstellt. Fraglich ist, ob ein System elastisch ist, das mit einem bestimmten Datenbankvolumen versehen ist, das derzeit nicht ausgeschöpft wird, aber ausgeschöpft werden kann. Dann wären nahezu alle solche Systeme elastisch, das Tatbestandsmerkmal wäre entbehrlich.

Im Data Act werden die Attribute durch ein „und" verbunden, was darauf hindeutet, dass sie **kumulativ** vorliegen müssen. Für Anbieter würde sich bei einem kumulativen Erfordernis der Tatbestandsmerkmale die Möglichkeit eröffnen, eines der Merkmale aus dem Leistungsangebot auszuschließen, um so dem Anwendungsbereich der Art. 23 ff. DA zu entgehen.[101] Ob das dem Ziel des Gesetzes entspricht, ist bei der Vielzahl der Merkmale und ihrer unterschiedlichen Relevanz für den Kunden höchst fraglich. Der Kunde bezahlt für die Funktionalität, gleich, aus welchen im Hintergrund laufenden Elementen sie zur Verfügung gestellt wird. Er ist typischerweise kaum in der Lage, eine Subsumtion des genutzten Dienstes unter den Begriff des Datenverarbeitungsdienstes vorzunehmen oder die Richtigkeit der Angaben des Anbieters gar zu überprüfen.[102] **65**

So würden elastische, jedoch nicht skalierbare Systeme aus dem Anwendungsbereich herausfallen. In Erwgr. 81 nennt der DA als Datenverarbeitungsdienste beispielhaft „Infrastructure-as-a-Service" (IaaS), „Platform-as-a-Service" (PaaS), „Software-as-a-Service" (SaaS), aber auch „Storage-as-a-Service" sowie „Database-as-a-Service". Da das Gesetz jedoch nicht auf Begriffe, sondern technische Aspekte abstellt, helfen diese Beispiele bei der Bestimmung des Anwendungsbereichs nicht weiter. Das Verständnis der Begrifflichkeiten wird durch den Bericht der **Experten-Gruppe** erschwert, der nicht auf Datenverarbeitungsdienste, sondern schlicht auf Cloud-Dienste („cloud services") abstellt. Ob sie den Begriff in seiner allgemeinen Bedeutung verwenden, was nach hM fehlerhaft wäre, oder als Synonym für Datenverarbeitungsdienst, ist nicht zu erkennen. Wenn schon die Experten-Gruppe den Begriff falsch versteht, wie soll ein Kunde, der auch Verbraucher sein kann, sich orientieren können? **66**

---

[101] So Niebuhr K&R 2025, 361 (363).
[102] Siglmüller MMR Beilage 2024, 112 (114).

67 Dementsprechend kann die Anwendbarkeit der Art. 23 ff. DA nicht mit der Begründung verneint werden, ASP (Application Service Providing)[103] oder Hosting[104] gelten nicht als Datenverarbeitungsdienste. Denn auf die **Bezeichnung** kann es nicht ankommen. Da unklar ist, wann ein Datenverarbeitungsdienst gegeben ist, ist für die Vertragsgestaltung wichtig, inwieweit die Definition des Data Acts konkretisiert werden kann (→ Rn. 72 ff.).

68 Nach Art. 25 Abs. 2 DA gelten die Anforderungen an Verträge unabhängig von den Bestimmungen der **Digitale Inhalte Richtlinie.** Im Verhältnis zwischen Unternehmer und Verbraucher sind daher stets auch die §§ 327 ff. BGB zu beachten.

69 **Bereichsausnahmen** zu der Anwendbarkeit der Art. 23 ff. DA sind in Art. 31 DA enthalten.[105] Insgesamt gilt Kapitel VI des Data Acts nach Art. 31 Abs. 2 DA nicht für Datenverarbeitungsdienste, die nicht als Vollversion, sondern zu Test- und Bewertungszwecken und für einen begrenzten Zeitraum bereitgestellt werden. Nach Art. 31 Abs. 1 DA gelten die Verpflichtungen aus den Art. 23 lit. d, Art. 29 und Art. 30 Abs. 1 und 3 DA nicht für **individuelle Datenverarbeitungsdienste,** bei denen die meisten zentralen Funktionen auf die spezifischen Bedürfnisse eines einzelnen Kunden zugeschnitten wurden. Die meisten bedeutet mehr als 50 %.[106] Die gleiche Ausnahme von der Anwendung der genannten Bestimmungen gilt, wenn alle Komponenten für die Zwecke eines einzelnen Kunden entwickelt wurden und diese Datenverarbeitungsdienste nicht im größeren kommerziellen Maßstab über den Dienstleistungskatalog der Anbieter von Datenverarbeitungsdiensten angeboten werden.

70 Der **räumliche Anwendungsbereich** wird nach Art. 1 Abs. 3 lit. f DA durch das **Marktortprinzip** bestimmt.[107] Der Kunde muss die Dienste innerhalb der EU in Anspruch nehmen, der Anbieter kann seiner Leistungen auch von außerhalb der EU erbringen.

71 **Zeitlich** sind die Vorschriften sofort nach ihrem Wirksamwerden zu beachten; sie gelten damit seit dem 12.9.2025. Eine Übergangsregelung für **Bestandsverträge** fehlt. Richtigerweise dürften aber auch Bestandsverträge vom Data Act erfasst werden. Sie müssen zwar nicht die Anforderungen an den – schon erfolgten – Vertragsschluss und die vorvertraglichen Informationspflichten erfüllen, wohl aber gelten die Regelungen, die nach den Art. 23 ff. DA zwar nicht in den Vertrag aufzunehmen sind, aber die Intention des Gesetzgebers verfolgen, einen Wechsel vornehmen zu können. Nicht einschlägig sind daher die Anforderungen an den Vertragsinhalt in Art. 25 DA und das Verbot in Art. 23 S. 2 DA, vertragliche Hindernisse aufzuzwingen und solche aufgezwungenen Hindernisse zu beseitigen. Die Anforderungen aus Art. 25 DA gelten nur für Neuverträge. Die in Art. 23 S. 2 DA genannten Hindernisse müssen nach dem Wortlaut nur beseitigt werden, wenn sie dem Kunden aufgezwungen wurden. Es dürfte hier jedoch ein Redaktionsversehen vorliegen (→ Rn. 72). In der Folge gilt Art. 23 DA auch für Bestandsverträge. Die Bestandsverträge müssen aber lediglich an die spezielleren Vorgaben aus Satz 2 der Norm angepasst werden. Für die Praxis ist jedoch zu empfehlen, alle betroffenen Verträge so umzustellen, dass sie den Art. 23 ff. DA entsprechen, insbesondere also auch die Vorgaben aus Art. 25 DA zu berücksichtigen.

72 **bb) Disponibilität der Vorschriften.** Die eingangs angesprochenen Defizite der Regelung des Cloud Switchings könnten überwunden werden, wenn die Bestimmungen in den Art. 23 ff. DA disponibel wären.[108] Eine ausdrückliche Regelung hierzu enthält der Data Act nicht. Erkennbar ist, dass Art. 23 S. 2 DA eine **Verbotsnorm** darstellt, nach der Anbieter ihren Vertragspartnern keine der dort näher benannten Hindernisse **aufzwingen** dürfen.

---

103 Ablehnend Niebuhr K&R 2025, 361 (363); BeckOK DatenschutzR/Schmidt-Wudy DA Art. 23 Rn. 33.
104 Ablehnend Schreiber/Pommerening/Schoel Der neue DA § 6 Rn. 27; Niebuhr K&R 2025, 361 (363).
105 Im Einzelnen dazu Rützel MMR 2025, 769.
106 BeckOK DatenschutzR/Schmidt-Wudy DA Art. 31 Rn. 14.
107 BeckOK DatenschutzR/Veil DA Art. 1 Rn. 193.
108 Dazu Wendehorst NJW 2025, 3257 (3260).

Haben sie dies dennoch getan, müssen sie nach dem Wortlaut – nur – „solche“ Hindernisse beseitigen. Diese Hindernisse wären daher nur aufgezwungene. Es scheint sich hier jedoch um eine Redaktionsversehen zu handeln. Die spanische und englische Fassung enthalten diesen Bezug nicht. Auch der – insoweit nicht maßgebliche – Entwurf zum Durchführungsgesetz behandelt die Tatbestandsmerkmale in § 18 Abs. 3 Nr. 33 alternativ („Hindernisse für einen Wechsel aufzwingt *oder* solche Hindernisse nicht beseitigt“). In diesem Sinne ist mit Blick auf die anderen Sprachfassungen der Verordnung auch Art. 23 DA zu verstehen. Ob die Bestimmungen im Vertrag aufgezwungen wurden, ist daher für die Folge irrelevant.

Ergänzend zu den Verbotsnormen enthält der Data Act inhaltliche Anforderungen an den 73 Vertrag, die beispielsweise in Art. 25 Abs. 2 und 3 DA näher benannt werden. Aus Kapitel VI ergibt sich jedoch nicht, dass bei Nichtaufnahme der geforderten Klauseln in den Vertrag ihre Geltung kraft Gesetzes folgen würde. Eine ähnliche Situation ergibt sich bei der Auftragsverarbeitung nach Art. 28 DS-GVO. Auch dort enthält das Gesetz Mindestanforderungen an den Vertragsinhalt, ohne die Rechtsfolge eines Verstoßes ausdrücklich zu regeln. Zum Teil wird angenommen, dass bei Missachtung der Anforderungen an die Vertragsgestaltung die Unwirksamkeit des Vertrages die Folge ist.[109] Richtigerweise ist aber zwischen der Wirksamkeit des Vertrages und der Rechtmäßigkeit der Datenverarbeitung zu unterscheiden. Bei Nichtbeachtung der datenschutzrechtlichen Vorgaben bleibt der Vertrag wirksam, erzielt jedoch nicht die datenschutzrechtliche Privilegierung.[110] Auf den Data Act lässt sich dies nicht übertragen. Den Art. 23 ff. DA kann zwar ein **Appell zur Aufnahme bestimmter Regelungsgegenstände** in den Vertrag entnommen werden. Es ist aber nicht ersichtlich, dass bei einer Abweichung von den Vorgaben eine Inhaltskonkretisierung kraft Gesetzes erfolgt. Nach dem Entwurf zum Durchführungsgesetz kann nach § 18 Abs. 2 Nr. 34 DA-DG-E ein Bußgeld bei Nichtbeachtung der Vorgaben aus Art. 25 DA verhängt werden. Zu den zivilrechtlichen Folgen einer Nichtbeachtung der Vorgaben → Rn. 101.

cc) Informationspflichten. Der Data Act legt den Anbietern eine Reihe von **Informationspflichten** auf, die zum Teil vorvertraglich, zum Teil im Vertragstext und zum Teil während des Wechselprozesses zu erfüllen sind. 74

Vorvertraglich muss der abgebende Anbieter, soweit passend aber auch der aufnehmende, 75

- nach Art. 29 Abs. 4 und 5 DA die dort genannten **Entgeltinformationen** auf der Webseite oder auf andere leicht zugängliche Weise gem. Art. 29 Abs. 6 DA zur Verfügung stellen;
- dem Kunden den **Vertragstext** nach Art. 25 Abs. 1 S. 1 DA so zur Verfügung stellen, dass er ihn speichern und reproduzieren kann. Eine Darstellung allein auf einer Webseite würde dem nicht entsprechen;
- auf die in Kap. VI genannten **Verpflichtungen** hinweisen, **die nicht gelten;**
- nach Art. 26 DA dem Kunden insbesondere das **Wechselverfahren** erläutern und auf ein aktuelles Online-Register[111] der Anbieter von Datenverarbeitungsdiensten[112] verweisen. Die Norm macht nicht deutlich, ob die Informationen schon vor Vertragsschluss zur Verfügung gestellt werden müssen. In Kapitel II sieht Art. 3 Abs. 2 DA vor, dass der Kunde vor Abschluss eines Vertrages für ein vernetztes Produkt informiert wird. Das sollte auch auf Art. 26 DA übertragen werden.[113] Die Informationspflicht aus Art. 26 lit. a DA hängt unmittelbar mit den nach Art. 25 im Vertrag zu behandelnden Regelungen zusammen und ergibt nur gemeinsam mit ihnen ein sinnvolles Ganzes. Da auch über Einschränkungen und technische Beschränkungen, die dem Anbieter von Datenverarbeitungsdiensten bekannt sind, informiert werden muss, muss dies jedenfalls vor Vertragsschluss erfolgen,

[109] Plath/Plath DS-GVO Art. 28 Rn. 33.
[110] Simitis/Hornung/Spiecker gen. Döhmann/Petri DS-GVO Art. 28 Rn. 7.
[111] Das Register wird im Data Act nicht näher behandelt, in den Erwägungsgründen wird dazu nichts ausgeführt.
[112] Siehe dazu auch Art. 30 Abs. 4 DA.
[113] AA BeckOK DatenschutzR/Schmidt-Wudy DA Art. 26 Rn. 11: Nach Vertragsschluss.

um den Schutzzweck erreichen zu können.[114] Aber auch während der Vertragslaufzeit sind diese Informationen zur Verfügung zu stellen, sofern sie sich geändert haben;[115]
– schließlich auf der **Webseite** des Anbieters die nach Art. 28 Abs. 1 DA erforderlichen Informationen aufführen.

76 Während der **Vertragslaufzeit** gilt die Informationspflicht aus Art. 26 DA weiter, weil insbesondere die technische Entwicklung das Wechselverfahren beeinflussen und Auswirkungen auf die Dauer der Datenübermittlung haben kann, wie auch Art. 25 Abs. 4 DA zeigt. Während der Vertragslaufzeit ist der Anbieter auch nach Art. 25 Abs. 2 lit. b DA zu verpflichten, einschlägige Informationen zur Unterstützung der Ausstiegsstrategie des Kunden bereitzustellen.

77 Während der **Übergangsfrist** muss der Anbieter ferner nach Art. 25 Abs. 2 lit. a sublit. iii DA eindeutig über bekannte Risiken für die unterbrechungsfreie Erbringung der Funktionen oder Dienste unterrichten, die auf den ursprünglichen Anbieter der Datenverarbeitungsdienste zurückgehen. Unklar ist nach dem Wortlaut, ob die Übergangsfrist in diesem Zusammenhang nur die genannten 30 Tage im Höchstfall oder auch die nach Art. 25 Abs. 4 und 5 DA mögliche Ausdehnung der Frist meint. Richtigerweise sind auch die möglichen Variationen der Übergangsfrist relevant, um den Kunden ausreichend mit den Risiken aus der Sphäre des ursprünglichen Anbieters vertraut zu machen. Aus Art. 27 DA können sich im Vorfeld, aber auch während des Wechsels, weitere Informationspflichten für alle Beteiligten, auch den Kunden und den aufnehmenden Anbieter ergeben, wenn das für den Wechsel erforderlich ist. Nach Art. 30 Abs. 1 DA ist der abgebende Anbieter bei reinen Infrastruktur-Leistungen verpflichtet, angemessene Informationen zur Unterstützung des Wechsels bereitzustellen. Für andere Leistungen sieht Art. 30 Abs. 2 DA eine Informationspflicht zu Schnittstellen[116] vor. Wem gegenüber er dies tun muss, sagt der Data Act nicht. Für die Weitergabe technischer Spezifikationen ist in der Regel nur die Information des aufnehmenden Anbieters oder eines von diesem eingeschalteten Subunternehmers sinnvoll.

78 **dd) Schriftform.** Nach Art. 25 Abs. 1 S. 1 DA sind die Vertragsklauseln für den Wechsel in einem schriftlichen Vertrag festzulegen. Unklar ist hier, ob die Schriftform entsprechend § 126 BGB eingehalten werden muss oder ob die Textform genügt.[117] Für Letzteres spricht, dass im **Massengeschäft** Verträge typischerweise nicht schriftlich geschlossen werden und ein Medienbruch den Vertragsschluss erschweren würde.[118] Andererseits verlangt der Data Act in Art. 25 Abs. 1 S. 2, dass der Anbieter dem Kunden den Vertrag vor der Vertragsunterzeichnung so bereitstellt, dass er den Vertrag speichern und reproduzieren kann. Dieses Verfahren lässt einen Medienbruch zu. Anders als bei der Auftragsverarbeitung nach Art. 28 DS-GVO fehlt auch der dort in Abs. 9 enthaltene Hinweis, dass alternativ zur Schriftform der Vertragsschluss in einem elektronischen Format erfolgen kann. Sinnvoll erscheint ein Schriftformerfordernis bei einem Gesetz, das den Verkehr mit Daten behandelt, jedoch nicht.

79 **ee) Mitwirkungsleistungen.** Mitwirkungsleistungen sind im deutschen Vertragsrecht typischerweise Obliegenheiten, die im eigenen Interesse erbracht werden und zu denen es keine Verpflichtung und damit auch keinen Gläubiger gibt. Die im Data Act genannten Unterstützungs- und Mitwirkungsleistungen sind jedoch als **Verpflichtungen** zu verstehen. Der Data Act legt nicht nur dem Kunden in Art. 27 und 25 Abs. 3 lit. a DA Mitwirkungsleistungen für den Wechsel des Anbieters auf, sondern in bspw. Art. 27 und 25 Abs. 2 lit. b DA auch dem aufnehmenden Anbieter, der solche Mitwirkungsleistungen bei der Migration in seinen Vertrag mit dem Kunden aufnehmen muss. Ob es sich um gesetzliche oder vertragliche Pflichten zur Mitwirkung handelt, ist nicht für alle Fälle zu beantworten. Soweit

[114] Rützel MMR 2025, 864 (865).
[115] Zum Inhalt der Informationen vgl. Erwgr. 95 DA.
[116] Missverständlich ist, dass nach der Vorschrift die Schnittstellen Informationen enthalten sollen. Gemeint sind Informationen über die Schnittstellen.
[117] Der Begriff der Schriftform in Art. 25 DA ist unionsrechtlich autonom auszulegen.
[118] So Czychowski/Lettl/Steinrötter/Merkle DA Art. 25 Rn. 7.

die Mitwirkung Gegenstand des Vertrages sein muss, könnte sie als vertragliche Verpflichtung gewertet werden. Fehlt eine vertragliche Regelung können die Vorschriften ohne Weiteres auch als gesetzliche Pflicht verstanden werden.

Ein Ziel des Data Acts im Rahmen des Wechselprozesses ist, dem Kunden weitestgehende **80**
Funktionsäquivalenz zu gewähren. Damit ist gemeint, dass der Kunde die Funktionalität, die er gegenüber dem abgebenden Anbieter in Anspruch nehmen konnte, auch gegenüber dem aufnehmenden Anbieter nutzen kann, soweit der Vertrag mit dem aufnehmenden Anbieter dies vorsieht. Erfasst wird insoweit nur ein Wechsel zu einem Dienst der gleichen Dienstart. Den Wechsel zu einer anderen Dienstart muss der abgebende Anbieter nur insoweit unterstützen, dass er die Daten zum Abruf bereitstellt und sie näher beschreibt.

Für die klassischen Cloud-Angebote sieht Art. 30 Abs. 2 DA vor, dass die abgebenden **81**
Anbieter nicht nur ihren Kunden,[119] sondern auch den aufnehmenden Anbietern **Informationen zu den Schnittstellen** für den Datentransfer bereitstellen. Ob beide Gläubiger der Informationsleistung sind, lässt der Data Act nicht erkennen. Sinnvoll wäre es, die Gläubigerstellung auf den Kunden als Hauptinteressenten an einem Wechsel zu beschränken. Andererseits ist auch der aufnehmende Anbieter gegenüber dem Kunden verpflichtet, den Wechsel zu unterstützen.

ff) Interoperabilität. Zur Standardisierung des Datenaustauschs zwischen Anbietern von **82**
Datenverarbeitungsdiensten enthält Art. 35 DA in den ersten drei Absätzen Anforderungen an offene Interoperabilitätsspezifikationen und harmonisierte Normen. Die **Kommission** wird in Abs. 4 ermächtigt, europäische Normungsorganisationen mit der Erstellung solcher Normen zu beauftragen. Relevanz haben die offenen Interoperabilitätsspezifikationen und harmonisierten Normen zum einen für das Cloud Switching iRd Art. 30 Abs. 3 und 5 DA. Durch die Standardisierung soll der Wechsel zwischen den Anbietern vereinfacht werden. Zum anderen sollen die Standards die parallele Nutzung von Datenverarbeitungsdiensten unterstützen. Deswegen verpflichtet Art. 34 Abs. 1 DA die Anbieter, bestimmte für den Wechsel in den Art. 23 ff. DA vorgesehene Pflichten auch für den Parallelbetrieb zu beachten.

gg) Haftung. Anders als in der DS-GVO fehlt im Data Act eine generelle Anspruchs- **83**
grundlage für eine Schadensersatzhaftung. In Art. 11 Abs. 2 lit. d DA wird lediglich die unbefugte Offenlegung von Daten sanktioniert. Daher ist die Anspruchsgrundlage den **Vorschriften des nationalen Rechts** zu entnehmen. Zu klären wird sein, ob die Bestimmungen der Art. 23 ff. DA individualschützenden Charakter haben und eine Verletzung Schadensersatzansprüche aus § 823 Abs. 2 BGB auslösen können. Dafür spricht, dass die Normen gerade dem Schutz des Kunden dienen, den Wechsel herbeizuführen.[120] Dagegen spricht jedoch, dass lediglich auf das Vertragsverhältnis zwischen Anbieter und Kunde eingewirkt und – wohl – kein gesetzlicher Wechselanspruch aufgestellt wird. Ungeachtet dessen kann sich ein am Wechselprozess beteiligter Gläubiger – das kann neben dem Kunden aus Art. 27 DA ersichtlich auch der aufnehmende Anbieter sein – auf eine Verletzung der Pflichten aus einem Schuldverhältnis und damit auf die §§ 280 ff. BGB berufen. Wenn die Art. 23 ff. nicht als Ausgestaltungen eines vertraglichen Schuldverhältnisses gesehen werden, liegt jedenfalls ein gesetzliches Schuldverhältnis vor.[121]

Die nachfolgend behandelten Bestimmungen des Data Acts beziehen sich nur auf den im **84**
Gesetz geregelten Wechselprozess und enthalten Sonderregelungen für die Haftung bei der Durchführung – nur – dieses Prozesses. **Andere** vom Anbieter erbrachte **Leistungen,** zB Datensicherungen oder Verfügbarkeitszusagen, werden hiervon nicht erfasst. Für die Vertragsgestaltung folgt daraus, dass die nicht erfassten Leistungen nach den allgemeinen Regeln ausgestaltet werden können. Die Vorgaben des Data Acts gelten hierfür nicht.

[119] Insoweit besteht eine Pflicht aus dem Vertragsverhältnis.
[120] So Czychowski/Lettl/Steinrötter/Merkle DA Vor Art. 23–31 Rn. 44.
[121] Czychowski/Lettl/Steinrötter/Merkle DA Vor Art. 23–31 Rn. 46.

85 Der Data Act unterscheidet in den Art. 23 ff. DA oft nicht zwischen abgebendem und aufnehmendem Dienstleister. Die Vorgaben zu den vertraglichen Regelungen sind in der Folge von beiden zu beachten. Ein Beispiel ist Art. 25 Abs. 2 lit. b DA, der sich sowohl an den aufnehmenden wie den abgebenden Dienstleister und ihre Vertragsbeziehungen zu dem jeweiligen Kunden richtet. In Art. 24 DA erfolgt jedoch eine **Beschränkung der Verpflichtungen** der an dem Wechsel beteiligten Dienstleister aus den Art. 23, 25, 29, 30 und 34 DA auf die Dienste, die der abgebende Dienstleister bisher erbracht hatte.[122] Auch hier ist der Wortlaut unglücklich gewählt. Denn die Verantwortlichkeit für Dienste, Verträge oder Geschäftsgepflogenheiten wirft Aspekte in einen Topf, die sich zum Teil überschneiden, zum Teil aber auch ohne Aussagegehalt sind. Was ist der Unterschied zwischen Diensten und Verträgen? Folgt daraus, dass es auch eine Verantwortlichkeit ohne Vertrag gibt, solange ein Dienst erbracht wird? Das lässt sich dem übrigen Text des Data Acts nicht entnehmen. Das Ziel ist in jedem Fall eine Verantwortlichkeit der Anbieter auf die Umsetzung der in Art. 24 DA genannten Bestimmungen auf die vom Anbieter gegenüber dem Kunden vertraglich geschuldeten Datenverarbeitungsdienste zu beschränken.

86 Als **Sorgfaltsmaßstab** verlangt Art. 25 Abs. 2 lit. a sublit. ii DA vom Diensteanbieter, mit der **gebotenen Sorgfalt** zu handeln, um die Kontinuität des Geschäftsbetriebs aufrechtzuerhalten und die Erbringung der vertragsmäßigen Funktionen oder Dienste fortzusetzen. Der Begriff der gebotenen Sorgfalt ist autonom auszulegen. Die gleiche Anforderung findet sich etwa in Art. 72 Abs. 5 EuInsVO, zu dem vertreten wird, dass sich der Sorgfaltsmaßstab nicht von dem in § 276 Abs. 1 BGB unterscheidet.[123] Da Art. 25 Abs. 2 DA **Mindestinhalte** für Vereinbarungen definiert, darf von dem Sorgfaltsmaßstab nicht zu Lasten des Kunden abgewichen werden.[124]

87 Keine Regelung findet im Data Act die **Gewährleistung.** Der Wechselprozess legt den Anbietern Pflichten auf, bei deren Schlechterfüllung zu fragen ist, welches Leistungsstörungsrecht Anwendung findet. Dem Entwurf des Abschlussberichts der Expertengruppe zu den Cloud-Computing-Verträge ist auf Seite 150 zu entnehmen, dass ein unvollständiger oder gescheiterter Wechsel gem. Art. 27 DA nach den Grundsätzen von Treu und Glauben behandelt werden soll.[125] Der Regelung in Art. 27 DA kann aber eine solche Wirkung nicht beigemessen werden. Es handelt sich um einen Auffangtatbestand für die Fälle, die in den Art. 23 ff. DA behandelt, jedoch nicht ausreichend detailliert geregelt werden. Da der Bericht keine Bindungswirkung hat, ergibt sich aus dem DA, insbesondere den Erwägungsgründen 9 und 89, die Anwendbarkeit des nationalen Rechts im Übrigen.

88 Damit ist die **Lösung im nationalen Recht** zu suchen, insbesondere, ob die Pflichtverletzung dem allgemeinen Leistungsstörungsrecht oder dem Gewährleistungsrecht eines Vertragstyps unterliegt. Ausgangspunkt muss sein, dass die vom Data Act zur Aufnahme in den Vertrag vorgesehenen Regelungen zur Transition nach Vertragsrecht zu behandeln sind. Die Folgefrage ist, ob sie die Rechtsnatur des Angebots der Datenverarbeitungsdienste teilen oder gesondert zu betrachten sind. Bereits vor der Geltung des Data Acts war es üblich, in Verträge Transitionsregeln aufzunehmen.[126] Ein Mangel der Transition kann nach dem speziellen Leistungsstörungsrecht des Vertrags über Datenverarbeitungsdienste, also in der Regel dem Mietrecht,[127] oder dem Recht der Transitionsleistung, bei Entgeltlichkeit in der Regel das Werkvertragsrecht, behandelt werden. Allerdings darf nach Art. 29 DA für den Wechsel ab 2027 kein gesondertes Entgelt mehr verlangt werden. Einen unentgeltlichen,

[122] BeckOK DatenschutzR/Schmidt-Wudy DA Art. 24 Rn. 7; Czychowski/Lettl/Steinrötter/Merkle DA Art. 24 Rn. 6.

[123] MüKoBGB/Kindler EuInsVO Art. 72 Rn. 19; s. auch Czychowski/Lettl/Steinrötter/Merkle DA Art. 25 Rn. 30.

[124] Paschke/Schumacher/Laude DA Art. 25 Rn. 125.

[125] Vgl. Info-Punkte 11 und 14 des Berichts auf Seite 150.

[126] Dazu Marly SoftwareR-HdB/Kohm/Schreiber § 9 Rn. 99 ff. und Weitnauer/Mueller-Stöfen/Imhof FormBeck IT-R E.4 Rn. 12 und 14.

[127] Weitnauer/Mueller-Stöfen/Missling FormBeck IT-R C.9 Rn. 2 und Weitnauer/Mueller-Stöfen/Imhof FormBeck IT-R E.4 Rn. 1; BGH NJW 2007, 2394.

separat wirkenden Transitionsvertrag anzunehmen, wäre dann fernliegend. Die Diensteanbieter haben nur die Möglichkeit, das Entgelt für die Transitionsleistung in die Miete der Datendienste einzurechnen. Das würde bei Annahme einer werkvertraglichen Leistung und einer Minderung des Entgelts nach § 638 BGB jedoch zu Widersprüchen gegenüber dem Verbot von Wechselentgelten nach Art. 29 DA führen. Für das auf viele Cloud-Verträge anwendbare Mietrecht würde das Gewährleistungsrecht der §§ 536 ff. BGB wiederum ausscheiden, weil die Pflicht zur gebrauchstauglichen Überlassung die Unterstützung zum Wechsel gerade nicht als allein gewährleistungspflichtige Hauptleistungspflicht beinhaltet. Die Lösung kann in der Annahme eines typengemischten Vertrages mit werkvertraglichen Elementen für die Transition ohne die Möglichkeit einer Minderung liegen. Bei Ablehnung einer solchen Konstruktion würden die allgemeinen Leistungsstörungsregeln der §§ 280 ff. BGB greifen.

Für **Verbraucherverträge** können die §§ 327 ff. BGB in der Variante zur Anwendung kommen, dass digitale Inhalte bereit gestellt werden. Denn es kommt auf die Bereitstellung der Daten an den Kunden oder den aufnehmenden Anbieter und nicht auf die Erbringung von Zugangsleistungen durch den Unternehmer an. Relevant wird der Unterschied beispielsweise bei der Bereitstellung, die in § 327 Abs. 3 und 4 für Inhalte und Dienste unterschiedlich behandelt wird. Die für die Anwendbarkeit nach § 327 Abs. 1 S. 1 BGB erforderliche Entgeltlichkeit ist regelmäßig gegeben, auch wenn der Unternehmer kein gesondertes Entgelt für den Wechselprozess verlangt,[128] solange der Datenverarbeitungsdienst selbst entgeltlich angeboten wird. Nach § 327 Abs. 3 BGB genügt für die Anwendbarkeit der Bestimmungen über digitale Produkte auch die Hingabe von personenbezogenen Daten durch den Verbraucher. Da die Unterstützung beim Wechselprozess gesetzlich verpflichtend ist, ist sie in allen Fällen in den allgemeinen Entgelten enthalten, wenn keine gesonderte Vergütung verlangt wird. Zu beachten ist, dass auch die §§ 327 ff. BGB hinsichtlich des Wechselprozesses sowohl für den abgebenden wie für den aufnehmenden Unternehmer gelten. Es ist zu erwarten, dass insbesondere die Wechselprozesse bei Datenverarbeitungsdiensten, die Verbrauchern angeboten werden, standardisiert werden, so dass in der Regel der aufnehmende Dienstleister die Daten nur noch über eine bereitgestellte Schnittstelle abzurufen braucht, 89

hh) Vertragsbeendigung. Die Möglichkeiten zur Beendigung des Vertrages im Zuge eines Wechsels sind im Data Act komplex und nicht stringent geregelt. Insbesondere fehlt eine Bestimmung zum Verhältnis zu den nationalen Normen. Nach Erwgr. 9 lässt der Data Act zwar das **nationale Vertragsrecht,** einschließlich der Vorschriften über das Zustandekommen von Verträgen, ihre Gültigkeit oder ihre Rechtsfolgen oder über die Auswirkungen der Beendigung eines Vertrags, unberührt, sofern nicht anders vorgesehen. Welche Bedeutung die Vorgaben der Art. 23 ff. DA für das Vertragsrecht haben, bleibt jedoch im Dunkeln. 90

Die hier relevanten Datenverarbeitungsdienste sind vertraglich regelmäßig als **Mietverhältnisse** ausgestaltet. In Teilen können aber auch dienst- und werkvertragliche Elemente enthalten sein. Viele Vorschriften des Mietrechts dürften dabei dem Zweck des Data Acts widersprechen. Der in Art. 25 Abs. 2 lit. a DA zum Ausdruck gebrachte Gedanke eines kurzfristig zu realisierenden Anbieterwechsels steht einem befristeten Mietverhältnis nach § 542 Abs. 2 BGB zunächst entgegen (aber → Rn. 56). 91

Umstritten ist, ob der in der deutschen Fassung des Data Acts verwendete **Begriff der Kündigung** zutreffend gewählt wurde, oder ob zwischen Kündigung und Wechselbegehren in der Weise zu unterscheiden ist, dass die Art. 23 ff. DA nur das Wechselbegehren behandeln, eine Kündigung des Vertrages dagegen nicht regeln und eine Kündigung unter 92

[128] Und jenseits von Unterstützungsleistungen nach Art. 29 DA in Form eines Wechselentgelts auch nicht verlangen darf.

Umständen auch gar nicht möglich ist.[129] Letzteres lässt sich jedoch nicht begründen. Der Data Act regelt genau das, was nach nationalem Recht Kennzeichen einer Kündigung ist: Der Kunde kann zu einem anderen Anbieter wechseln, er kann ohne Wechsel seine Daten löschen lassen und schließlich kann er die Daten auch in seine eigene IT übertragen. Etwas anderes würde sich auch im Falle einer Kündigung nicht an Möglichkeiten ergeben, so dass eine Kündigung neben dem Wechselverlangen leerlaufen würde.

93 Hinzu kommt, dass zwar nicht der regulatorische Teil des Data Acts, wohl aber Erwgr. 89 eine **Mindestvertragslaufzeit** vorsieht und erklärt, dass eine vorzeitige Kündigung des Vertrages mit einer verhältnismäßigen Sanktion verknüpft werden darf.[130] Das ergibt nur Sinn, wenn der Data Act Regelungen enthält, die einer Kündigung entsprechen. Denn nach deutschem Mietrecht ist eine ordentliche Kündigung bei einer festen Laufzeit ausgeschlossen, eine zulässige Kündigung aus wichtigem Grund kann andererseits keine Sanktion zulasten des Kündigenden auslösen. Die Ausführungen können daher nur so verstanden werden, dass das Wechselverlangen jederzeit nach Ablauf der maximalen Kündigungsfrist möglich ist, selbst bei einer Mindestvertragslaufzeit. Das ist im Data Act zwar nicht stimmig formuliert, ergibt aber nur so einen Sinn. Eine **feste Vertragslaufzeit** mit einer automatischen Beendigung des Vertragsverhältnisses ist in Erwgr. 89 ausdrücklich erwähnt, nach dem Konzept des Data Acts im Gegensatz zu einer Mindestlaufzeit aber problematisch, da sie nicht mit dem Wechselprozess kompatibel ist.

94 Der Vertrag muss zwar eine **Kündigungsfrist** enthalten. Der Ablauf der Frist beendet den Vertrag jedoch nicht. Im Data Act wird auch nicht der Begriff der Kündigung, sondern der des Wechselverlangens verwendet.[131] Der Data Act beschreibt einen im Einzelfall zeitlich variablen Wechselprozess, an dessen Ende die Vertragsbeendigung steht. Wann der Vertrag endet, ist bei Äußerung des Wechselwunsches nicht bestimmt und nicht bestimmbar. Eine solche flexible, hinsichtlich des Wechsels sogar von einem Dritten, dem aufnehmenden Anbieter, abhängige Frist zur Vertragsbeendigung, ist dem deutschen Vertragsrecht fremd.[132] Dogmatisch wäre statt der Annahme einer Kündigung, die gemeinhin unabhängig von der Zustimmung oder Mitwirkung des Erklärungsgegners wirkt, ein aufschiebend bedingter Aufhebungsvertrag passender. Denn die Beendigung des Vertrages setzt im Falle eines Wechsels nach Art. 25 Abs. 2 lit. c einen erfolgreichen Wechsel voraus. Würde der Anbieter oder der aufnehmende Dienstleister nicht mitwirken, würde das Wechselverlangen zu keinem Vertragsende führen.

95 In Art. 25 Abs. 2 lit. d DA gestattet der Data Act eine **vertragliche Kündigungsfrist** von bis zu zwei Monaten. Als beendet „gilt" der Vertrag nach Art. 25 Abs. 2 lit. c DA jedoch erst, wenn der Wechsel erfolgreich vollzogen ist oder der nicht wechselwillige Kunde seine Daten löschen lassen möchte. Dabei muss der Kunde den Anbieter gem. Art. 25 Abs. 3 DA erst nach Ablauf der Kündigungsfrist darüber informieren, ob er die Daten umziehen, löschen oder die Maßnahmen kombinieren möchte. Auf das tatsächliche Löschen der Daten kommt es nach dem Wortlaut des Gesetzes nicht an. Demnach würde im Falle des alleinigen Wunsches, die Daten zu löschen, der Vertrag gem. Art. 25 Abs. 2 lit. c sublit. ii DA nach Ablauf der Kündigungsfrist beendet sein, auch wenn die Daten nicht gelöscht sind. Dass das der Intention des Gesetzgebers entspricht, ist denkbar und wird in dem Abschlussberichts der Expertengruppe auf S. 150 über die Anwendung der Grundsätze von Treu und Glauben nach Art. 27 DA gelöst. Nach nationalem Recht hätte der Kunde nachvertragliche

[129] So Hundstein/Hunzinger, Ausgewählte Einzelprobleme des Cloud-Switching unter dem Data Act, in: Tagungsband zur DSRI-Herbstakademie 2025, Ziff. 3.1; Schreiber/Pommerening/Schoel Der neue DA § 6 Rn. 51.

[130] Dazu auch Art. 29 Abs. 4 DA.

[131] Missverständlich ist insoweit Art. 23 S. 2 lit. a DA, der davon spricht, den Vertrag nach Ablauf der Kündigungsfrist und einem erfolgten Wechsel zu kündigen. Gemeint ist die Beendigung nach Art. 25 Abs. 2 lit. c DA; dazu Rützel MMR 2025, 769 (772).

[132] Vergleichbar ist in Teilen die Vertragsbeendigung nach § 643 BGB. Dort hat der Besteller aber eine bestimmte Frist zu setzen.

Ansprüche auf das Löschen der Daten. Besser wäre es, den Vertrag bis zur Löschung fortbestehen zu lassen und dem Kunden einen Schadensersatzanspruch wegen verspäteter Löschung zu gewähren, den er etwaigen Vergütungsansprüchen entgegenhalten könnte.

Eine **Kombination** von Löschung und Umzug ist nur hinsichtlich verschiedener Daten möglich, deren rechtliche Behandlung dann zu unterscheiden ist. In Erwgr. 85 wird angesprochen, dass auch nur ein bestimmter Dienst herausgelöst werden kann, was als Möglichkeit zur **Teilbeendigung** des Vertrages verstanden werden kann.[133] **96**

Die **Kündigung aus wichtigem Grund** wird im Data Act nicht behandelt. Damit sollte sie aber nicht ausgeschlossen sein. Naturgemäß ist die Umsetzung eines Wechselprozesses in diesem Fall schwierig. Der zur Kündigung aus wichtigem Grund berechtigte Kunde könnte die ordentliche Vertragsbeendigung nach den Bestimmungen des Data Acts wählen, wobei die im Vertrag vorgesehene Kündigungsfrist entfiele und sich der Wechselzeitraum entsprechen verkürzte. Er wäre so aber an den Vertragspartner gebunden, obwohl eine weitere Zusammenarbeit unzumutbar wäre. Andererseits muss auch im Falle einer sofortigen Beendigung des Vertrages ein Wechsel erfolgen, bei dem der Anbieter mitwirken muss. Die Abwicklung einer Kündigung aus wichtigem Grund ist daher einzelfallbezogen unter Berücksichtigung der Grundsätze von Treu und Glauben gem. Art. 27 DA durchzuführen. **97**

Fraglich ist, ob der **Vertrag** eine dem Data Act entsprechende **Kündigungsfrist enthalten muss,** wenn die ohne Vereinbarung gesetzlich geltende Frist den Anforderungen des Data Acts entspricht. Relevant ist das für beispielsweise AGB-rechtlich fehlerhafte und in der Folge unwirksame vertragliche Regelungen. Der Entwurf zum Durchführungsgesetz sieht in § 18 Nr. 34 DA-DG-E ein Bußgeld für die Nichtbeachtung der Vorgaben aus § 25 Abs. 2 und damit auch der Kündigungsfrist vor. Für SaaS- und vergleichbare Angebote gilt in der Regel Mietrecht.[134] Nach § 542 Abs. 1 BGB würde ein Mietvertrag in jedem Fall mit Ablauf der sehr kurzen Kündigungsfrist aus § 580a Abs. 3 BGB enden. Es ist aber nicht nachvollziehbar, dass die im Ergebnis irrelevante Nichtbeachtung der Vereinbarung einer Kündigungsfrist eine Sanktion nach sich ziehen soll. **98**

ii) Wechselprozess. Die Entwicklung des Vertrages sowie des Anbieterwechsels und die damit zusammenhängende Vertragsbeendigung aus Sicht des abgebenden Anbieters verdeutlicht dieses **Schaubild:** **99**

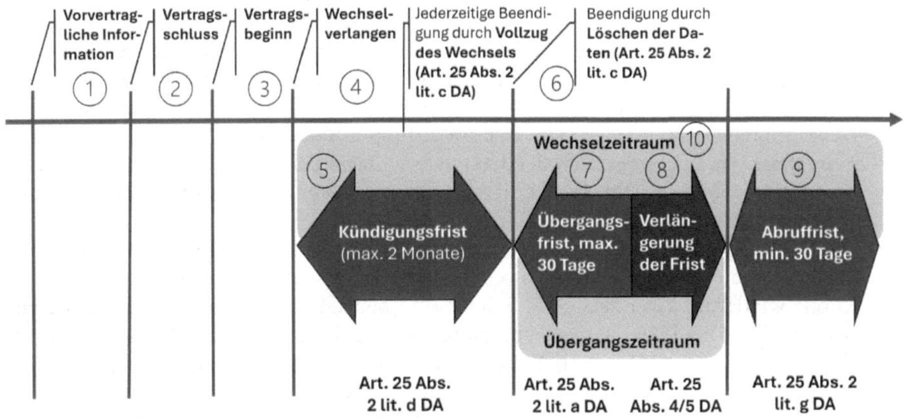

Quelle: **Abb. 9.1 – Wechselprozess.** Die Grafik zeigt den zeitlichen Ablauf des Wechsels von einem Anbieter eines Datenverarbeitungsdienstes zu einem anderen.

[133] Gegen eine Möglichkeit zur Teilkündigung Czychowski/Lettl/Steinrötter/Merkle DA Art. 23 Rn. 26.
[134] Heydn MMR 2020, 435 (437).

100 Der nachstehende Ablauf orientiert sich am Lebenszyklus des Vertrages und den von den Vertragsparteien vorzunehmenden Handlungen:

(1) **Vor Vertragsschluss** erhält der Kunde den Vertragsinhalt nach Art. 25 Abs. 1 S. 1 DA und die Informationen über die verfügbaren Wechselverfahren, ein etwaig bestehendes Online-Register nach Art. 26 DA und anfallende Wechselentgelte gem. Art. 29 Abs. 4 DA zur Verfügung gestellt. Zudem muss er nach Art. 31 Abs. 3 DA über Ausnahmen vom Anwendungsbereich des Kap. VI informiert werden.

(2) Danach erfolgt der – schriftliche (→ Rn. 78) – Vertragsschluss.

(3) Der **Vertragsbeginn** entspricht dem Vertragsschluss, sofern nicht ein anderer Zeitpunkt vereinbart wird.

(4) Das **Wechselverlangen** kann nach dem Data Act nach Vertragsschluss geltend gemacht werden. Die Kündigungsfrist darf nach Art. 25 Abs. 2 lit. d DA maximal zwei Monate betragen. Die Möglichkeit einer **Mindestvertragslaufzeit** ist nicht vorgesehen, aber auch nicht ausgeschlossen. Für eine Mindestvertragslaufzeit spricht Erwgr. 89, nach dem die Parteien nicht gehindert sind, Verträge über Datenverarbeitungsdienste mit fester Laufzeit zu vereinbaren.[135] Das Bedürfnis nach Kalkulationssicherheit spricht auf Seiten der Anbieter dafür, eine Mindestvertragslaufzeit zuzulassen, zumal der Anbieter ab dem 12.1.2027 keine Wechselentgelte mehr erheben darf. Die Mindestlaufzeit muss sich jedoch, um nicht unangemessen und damit AGB-rechtlich unwirksam zu sein, an den begründeten Bedürfnissen des Anbieters orientieren und kann nicht willkürlich vereinbart werden. Den vorrangigen Regelungen zum Verbraucherschutz, insbesondere den §§ 327m, o und p BGB ist Rechnung zu tragen.[136]

(5) Der Vertrag kann eine **Kündigungsfrist** von bis zu zwei Monaten enthalten. Die Dauer der Kündigungsfrist ist Teil des Übergangszeitraums nach Art. 25 Abs. 2 lit. a DA iVm Art. 25 Abs. 4 und 5 DA. Aus Art. 25 Abs. 2 lit. d folgt offenbar, dass sie auch kürzer sein kann.[137] Nach dem Wortlaut müsste die Kündigungsfrist ausdrücklich genannt werden, obwohl die gesetzliche Frist aus § 580a Abs. 3 BGB den Anforderungen des Data Acts genügte.

(6) Ohne Wechsel wird der Vertrag nach Art. 25 Abs. 2 lit. c DA beendet, wenn der Kunde die Daten „nach Beendigung" des Dienstes **löschen** möchte. Da der Vertrag erst nach Ablauf der maximalen Kündigungsfrist – und nicht nach Ablauf einer vereinbarten kürzeren Frist – endet, besteht für den Anbieter bis zur Erklärung des Kunden die Ungewissheit, ob ein Wechsel zu einem anderen Anbieter erfolgen wird. Der Data Act schreibt in Art. 25 Abs. 3 eine Klausel vor, nach der der Kunde den Anbieter über seine Absichten lediglich informieren kann, aber nicht muss. Es sollte aber schon aus Treu und Glauben erwartet werden dürfen, dass der Kunde den Anbieter auch konkret informiert.

(7) Dem Anbieter gewährt der Data Act zur Erfüllung seiner Verpflichtung eine **Übergangsfrist** von höchstens 30 Kalendertagen ab Ablauf der maximalen Kündigungsfrist. An anderer Stelle spricht der Data Act vom **„Übergangszeitraum".** Es ist nicht erkennbar, dass hier inhaltlich ein Unterschied bestehen soll.

(8) Diese **Übergangsfrist** kann der Anbieter nach Art. 25 Abs. 4 DA gegen eine bis zu sieben Monate dauernde Frist auswechseln, wenn dies technisch erforderlich ist. Der Kunde wiederum kann nach Abs. 5 der Norm den Übergangszeitraum, der sich gem. Art. 25 Abs. 2 lit. a DA aus der Kündigungsfrist und der Übergangsfrist zusammensetzt, einmalig verlängern. Der vom Kunden zu wählende Zeitraum kann dabei nur gem. Art. 27 DA durch Treu und Glauben begrenzt werden.

(9) Am Ende des Wechselprozesses steht der **Datenabruf** durch den Kunden selbst oder den aufnehmenden Dienstleister. Redaktionell fehlerhaft ist hier, dass die sich an den

---

135 Vgl. Czychowski/Lettl/Steinrötter/Merkle DA Art. 25 Rn. 55.

136 Czychowski/Lettl/Steinrötter/Merkle DA Art. 25 Rn. 56 f.

137 Dagegen könnte jedoch Art. 25 Abs. 2 lit. a DA sprechen, der nicht auf die vertraglich vereinbarte, sondern auf die im Gesetz genannte maximale Frist abstellt.

Übergangszeitraum anschließende Abruffrist in Art. 25 Abs. 2 lit. g nur auf Art. 25 Abs. 4 DA Bezug nimmt, nicht jedoch auch auf Abs. 5.

(10) Nach dem Wechselverlangen hat der Kunde Anspruch darauf, dass der Wechsel innerhalb des – im Zeitpunkt des Wechselverlangens nicht bestimmbaren und im Gesetz nicht definierten – **Wechselzeitraums** erfolgt. Dieser setzt sich zusammen aus der Kündigungsfrist, der Übergangsfrist von maximal 30 Tagen gem. Art. 25 Abs. 2 lit. a DA, einer alternativen Übergangsfrist auf Wunsch des Anbieters aus zwingenden technischen Gründen nach Art. 25 Abs. 4 DA von bis zu sieben Monaten und einer grundsätzlich unbegrenzten Verlängerung durch den Kunden nach Art. 25 Abs. 5 DA. Dafür, dass zum Wechselzeitraum auch die Kündigungsfrist gezählt werden kann, spricht Art. 25 Abs. 2 lit. c DA, nachdem der Vertrag als beendet gilt, wenn der Wechsel – ohne zeitliche Einschränkung – vollzogen ist, während ohne Wechsel auf den Ablauf der Kündigungsfrist abgestellt wird.

jj) Rechtsfolgen. Unklar ist die Rechtsfolge, wenn die **gesetzlichen Anforderungen nicht eingehalten** werden. Versteht man die Bestimmungen als Vorgaben für die Vertragsgestalter und nicht als gesetzliche Vertragsinhalte, kann der nicht den Anforderungen entsprechende Vertrag nicht durch die vom Gesetz geforderten Bestimmungen ergänzt werden. Die Art. 23 ff. DA typisieren, anders, als beispielsweise das BGB dies für die benannten Vertragstypen macht, keinen Vertragsinhalt. In der Mehrzahl begründen sie Verpflichtungen, Inhalte in den Vertrag einzufügen, die sich aus den gesetzlichen Regelungen nicht detailliert ergeben. Steht der Vertragsinhalt den Anforderungen des Data Acts entgegen, dürften die abweichenden Vereinbarungen **unwirksam** sein.[138] Denkbar wäre zwar, über Art. 27 DA die fehlerhaften Vertragsbestandteile durch die Bestimmungen des Data Acts zu ersetzen. Für eine präzise Normierung des Vertragsinhalts sind die Bestimmungen des Data Acts jedoch regelmäßig zu vage. Daraus ergeben sich erhebliche **Unsicherheiten** bei der Vertragsgestaltung. Die SCC können hier nur bedingt helfen, weil sie lediglich einen Anhalt geben, wie sich die Kommission den Vertragsinhalt vorstellt. Ihrer Natur nach sind sie aber unverbindlich und zudem oft nicht viel präziser als der Gesetzestext. Ein Auffüllen der Lücken durch das nationale Recht könnte im Einzelfall helfen, den Vertrag inhaltlich zu retten. Die Anforderungen des Data Acts würden dadurch aber nicht zwingend umgesetzt. Entsprechendes würde gelten, wenn die Nichtbeachtung der Vorgaben mit einem Anspruch auf Schadensersatz kompensiert würde.[139] Da der Schadensersatzanspruch primär auf Naturalrestitution gerichtet ist, müsste der ohne das schädigende Verhalten bestehende Zustand überhaupt festgestellt werden können. Die klarste, wenn auch regulatorisch unbefriedigende Lösung wäre, einen Verstoß zivilrechtlich sanktionslos zu lassen und allein die im Data Act vorgesehene Verwirkung eines Bußgeldes nach Art. 40 DA anzunehmen (dazu sogleich). 101

Eine normierte Folge der Nichtbeachtung der Vorgaben ergibt sich aus Art. 40 DA. Die nationalen Gesetzgeber können die Nichtbefolgung der gesetzlichen Anforderungen mit einem **Bußgeld** belegen.[140] Das entspricht der Regelung der Auftragsverarbeitungsverträge nach der DS-GVO. In Art. 28 Abs. 4 DS-GVO werden ebenfalls Vorgaben für Vertragsinhalte gemacht, deren Nichtbeachtung nach Art. 83 Abs. 4 lit. a DS-GVO geahndet werden können. Das Verhängen eines Bußgeldes führt aber nicht zu der gewünschten Vertragsänderung. Der Adressat des Bußgeldes müsste zur Vermeidung weiterer Nachteile einen modifizierten Vertrag schließen. Hierbei ist er jedoch auf die Zustimmung seines Vertragspartners angewiesen. Denkbar wäre, dem Vertragspartner eine Pflicht zur Zustimmung aufzuerlegen mit der Folge, dass er bei Verweigerung der Zustimmung schadensersatzpflichtig würde und verpflichtet wäre, die im Weiteren verhängten Bußgelder zu tragen. 102

[138] Im Ergebnis ebenso Wendehorst NJW 2025, 3257 (3260).
[139] In Grenzen dafür Wendehorst NJW 2025, 3257 (3261).
[140] Lensdorf/Karalias CR 2025, 425 (426).

103 **kk) Verpflichtende Vertragsinhalte.** Die Art. 23 ff. DA enthalten Vorgaben für den Inhalt einer Vereinbarung zwischen Anbieter und Kunde. Dabei beziehen sich die Regelungen sowohl auf das Verhältnis zwischen Kunde und abgebenden Anbieter als auch zwischen Kunde und aufnehmenden Anbieter. Die Regelungen müssen nach Art. 25 Abs. 1 S. 1 DA **eindeutig** sein. Eindeutig bedeutet, dass der Durchschnittskunde die Bedeutung der Bestimmungen erkennen kann.[141] Es dürfte auf die Transparenzanforderungen nach § 307 Abs. 1 S. 2 BGB abzustellen sein, wobei zu differenzieren ist, ob sich der Vertrag an Unternehmen oder Verbraucher richtet.[142] Der Vertrag ist schriftlich zu schließen (→ Rn. 78).

104 Folgende Bestandteile muss der Vertrag[143] enthalten, wobei diese Anforderungen zwingend sind (→ Rn. 72), so dass eine Behandlung im Vertrag ein formaler Akt ist:

- Eine eindeutige **Unterrichtung** des Kunden **über** bekannte **Risiken** für die unterbrechungsfreie Erbringung der Funktionen oder Dienste, sofern sie auf den ursprünglichen Anbieter der Datenverarbeitungsdienste zurückgehen (Art. 25 Abs. 2 lit. a sublit. iii DA);
- Die **Möglichkeit des Wechsels** zu einem anderen Anbieter, die **Übernahme der Daten** in ein eigenes System (Art. 25 Abs. 2. lit. a DA) oder das Löschen der Daten (das sich nur mittelbar aus Art. 25 Abs. 2. lit. c und Abs. 3 DA ergibt). In diesem Zusammenhang muss geregelt sein, dass der Kunde den Anbieter nach Ablauf der maximalen Kündigungsfrist über seine Entscheidung **unterrichten** kann (Art. 25 Abs. 3 DA). Das sollte nicht nur dem Kunden optional überlassen werden, vielmehr sollte der Vertrag vorsehen, dass der Kunde zu seinem Wechselverlangen auch das von ihm verfolgte Ziel angibt. Der Kunde muss nicht wechseln, er kann den Vertrag auch ohne Wechsel beenden. Ohne Wechselverlangen des Kunden endet das Vertragsverhältnis mit Ablauf der Kündigungsfrist. Eine Kündigungserklärung kann grundsätzlich einseitig nicht widerrufen werden, wenn sie zugegangen ist. Für das Wechselverlangen muss das nicht gelten, wenn die Erklärung nach dem Data Act nicht als bindend verstanden werden soll. Dann bestünde die Möglichkeit, das Wechselverlangen zurückzunehmen. Auch wenn die Bindungswirkung fraglich ist, sollte im Vertrag geregelt werden, ob und unter welchen Voraussetzungen das Wechselverlangen zurückgenommen werden kann.
- Die Möglichkeit einer **Teilkündigung** mit der Folge, dass bei der gleichzeitigen Inanspruchnahme von Infrastrukturleistungen (IaaS) und Software-Leistungen (zB SaaS) eine der Leistungen unabhängig von der anderen übertragen werden kann (Art. 23 S. 2 lit. e DA);
- Eine maximale **Kündigungsfrist** für die Einleitung des Wechsels, die zwei Monate nicht überschreiten darf (Art. 25 Abs. 2 lit. d DA). Die Vereinbarung einer abweichenden Kündigungsfrist inklusive einer festen Laufzeit ist nach Erwgr. 89 und aus Art. 29 Abs. 4 DA ersichtlich möglich, ändert jedoch nichts an dem jederzeitigen Kündigungsrecht des Kunden nach Maßgabe des Art. 25 Abs. 2 lit. d DA. Im Vertrag kann, wie Art. 29 Abs. 4 DA zeigt, eine Sanktion für eine vorzeitige Kündigung auferlegt werden, die den Anforderungen aus Art. 27 DA entsprechen muss;
- Nach Art. 25 Abs. 2 lit. a DA beträgt die **Übergangsfrist** höchstens 30 Kalendertage kann aber nach den Abs. 4 und 5 sowohl vom Anbieter als auch vom Kunden verlängert werden. Eine Verpflichtung des Anbieters, die ihm zustehende Verlängerungsmöglichkeit im Vertrag zu behandeln, ist nicht vorgesehen. Demgegenüber verlangt Absatz 5, dass der Vertrag eine Klausel enthält, wonach der Kunde berechtigt ist, den Übergangszeitraum einmal um einen Zeitraum zu verlängern, den er für angemessen hält, der aber durch Art. 27 DA begrenzt wird. Der Data Act sieht nicht vor, wie der Wunsch nach einer Verlängerung des Zeitraums mitzuteilen ist. Dementsprechend kann der Vertrag dies regeln.

---

[141] Auf einen objektiven Dritten abstellend BeckOK DatenschutzR/Schmidt-Wudy DA Art. 25 Rn. 13; Czychowski/Lettl/Steinrötter/Merkle DA Art. 25 Rn. 9.

[142] Zu den Anforderungen nach § 307 Abs. 1 S. 2 BGB MüKoBGB/Wurmnest BGB § 307 Rn. 69.

[143] Muster zu Saas bei Weitnauer/Mueller-Stöfen BeckFormB IT-R/Missling C.9 und zu ASP-Leistungen bei Weitnauer/Mueller-Stöfen BeckFormB IT-R/Imhof E.4.

– Eine **Mindestfrist für den Datenabruf** von mindestens 30 Kalendertagen, der nach dem Ablauf des Übergangszeitraums beginnt (Art. 25 Abs. 2 lit. g DA);
– Eine Klausel, dass der **Vertrag als beendet gilt** und der Kunde über die Kündigung unterrichtet wird, wenn der Wechsel erfolgreich vollzogen ist oder der Kunde nicht wechseln, sondern seine exportierbaren Daten und digitalen Vermögenswerte nach Beendigung des Dienstes löschen möchte und die maximale Kündigungsfrist abgelaufen ist (Art. 25 Abs. 2. lit. c DA). Da der Data Act keine Angaben dazu enthält, sollten die Bedingungen definiert werden, unter denen der Vollzug des Wechsels angenommen werden kann. Diese Definition dürfte nur deklaratorische Wirkungen erzielen können;
– Eine **erschöpfende Auflistung** aller Kategorien von **Daten** und digitalen Vermögenswerten, die während des Wechselvollzugs übertragen werden können, einschließlich mindestens aller exportierbaren Daten (Art. 25 Abs. 2 lit. e DA). Die Daten müssen nicht im einzelnen bezeichnet werden. Eine Auflistung der Kategorien von Daten genügt.[144] Der Begriff der **digitalen Vermögenswerte** ist in Art. 2 Nr. 32 DA definiert als Elemente in digitaler Form, für die der Kunde ein Nutzungsrecht hat. Das Nutzungsrecht muss nach Erwgr. 83 unabhängig von der vertraglichen Beziehung mit dem Anbieter bestehen. Dazu soll ausdrücklich Software gehören. Diese herausverlangen zu können, ist nach den Anforderungen allenfalls im Rahmen einer Beistellung der Software durch den Kunden gegenüber dem Anbieter der Datenverarbeitungsdienste denkbar. Dass dies der Fall ist, ist im Rahmen der Definition der Datenverarbeitungsdienste sehr unwahrscheinlich. Von der Liste der Daten sind nach Art. 25 Abs. 2 lit. f. DA interne Daten des Anbieters auszunehmen. Voraussetzung ist, dass anderenfalls eine Gefahr besteht, dass Geschäftsgeheimnisse verletzt werden und der Wechsel an sich nicht behindert oder verzögert wird. Unverständlich ist das Abstellen auf eine Gefahr der Verletzung von Geschäftsgeheimnissen. Da es um die zu exportierenden Daten geht, würde eine Weitergabe immer eine Verletzung von Geschäftsgeheimnissen bedeuten. Sinn ergibt die Regelung daher nur, wenn die Verletzung der Geheimnisse nicht durch eine **Geheimhaltungsvereinbarung** rechtlich ausgeschlossen ist. Hier sollte aus Anbietersicht eine Geheimhaltungsvereinbarung, unter Umständen auch mit dem aufnehmenden Anbieter, geschlossen werden, wenn anderenfalls eine Behinderung oder Verzögerung des Wechsels drohen würde. Zudem sollte eine **dynamische Regelung** in den Vertrag aufgenommen werden, dass die Angaben verändert werden können, wenn sich der Leistungsumfang während der Vertragslaufzeit geändert hat;[145]
– Die **technische Sicherheit** muss gewährleistet werden, während der Wechsel vollzogen wird (Art. 25 Abs. 2 lit. a sublit. iv DA). Dabei sind insbesondere die Datensicherheit während ihrer Übertragung und die kontinuierliche Sicherheit der Daten während des Abrufzeitraums im Einklang mit dem geltenden Recht sicherzustellen. Ausgangspunkt für die zu gewährleistende Sicherheit ist nach Erwgr. 94 das Sicherheitsniveau, zu dem sich der abgebende Anbieter in Bezug auf den Dienst verpflichtet hat. Damit ist das hohe Maß abseits spezialgesetzlicher Bestimmungen kein vom Data Act gesetzter, sondern ein der Vereinbarung zugänglicher Maßstab.
– **Unterstützungsleistungen** zum Wechsel und zum Erreichen der Funktionsäquivalenz: Art. 23 S. 2 lit. c und d DA sowie für die für die vereinbarten Dienste relevante Ausstiegsstrategie, insbesondere durch Bereitstellen von Informationen (Art. 25 Abs. 2 lit. b DA);
– Der Data Act beschränkt die Unterstützungsverpflichtung des Anbieters im Rahmen eines Wechsels auf die Herstellung einer **Funktionsäquivalenz** beim Anbieter (Art. 23 S. 2 lit. d und 30 Abs. 1 DA). Unter Funktionsäquivalenz ist nach Art. 2 Nr. 37 DA auf der Grundlage der exportierbaren Daten und digitalen Vermögenswerte des Kunden die Wiederherstellung eines Mindestmaßes an Funktionalität in der Umgebung eines neuen

[144] Czychowski/Lettl/Steinrötter/Merkle DA Art. 25 Rn. 59.
[145] Dazu auch Erwgr. 82, der eine Informationspflicht anspricht, „sobald dieser Kunde beschließt, zu einem anderen Dienst … zu wechseln".

Datenverarbeitungsdienstes der gleichen Dienstart nach dem Wechsel zu verstehen. Im Ergebnis soll der übernehmende Datenverarbeitungsdienst – für Funktionen, die er und der abgebende Anbieter erbringen – als Reaktion auf dieselbe Eingabe des Kunden ein materiell vergleichbares Ergebnis erbringen. Dem abgebenden Anbieter ist zu empfehlen, im Vertrag die Funktionalität seines Dienstes möglichst genau zu beschreiben, um die Funktionsäquivalenz bewerten zu können. Eine detaillierte Leistungsbeschreibung ist auch mit Blick auf die Aufspaltung der Leistungen bei der Inanspruchnahme mehrerer Dienstleister (Art. 23 S. 1 DA) sinnvoll, um die Unterstützungsleistungen zuordnen zu können.

– Es ist zu vereinbaren, dass alle exportierbaren Daten und digitalen Vermögenswerte, die direkt vom Kunden generiert wurden oder sich direkt auf den Kunden beziehen, nach Ablauf des Abrufzeitraums und nach erfolgreichem Vollzug des Wechsels vollständig **gelöscht** werden (Art. 25 Abs. 2. lit. h DA). Da der Kunde neben dem Wechsel auch die Möglichkeit hat, die Daten direkt löschen zu lassen, sollte dieser Fall mit behandelt werden. Die Regelung sieht vor, dass „die Klausel **garantiert**", dass alle Daten gelöscht werden, sofern der Wechsel erfolgreich vollzogen ist. Dieser Wortlaut ergibt keinen Sinn. Eine Klausel kann nichts garantieren. Gemeint ist eine Garantie des abgebenden Anbieters. Es dürfte keine selbständige Garantie verlangt sein,[146] sondern lediglich ein Erfolg, der nach allgemeinen Regeln zu behandeln ist, wenn er nicht eintritt. Gemeint ist daher die Sicherstellung der Löschung durch die Bezeichnung entsprechender technischer Verfahren und gegebenenfalls eine Bestätigung des Anbieters, die Daten auf diese Weise gelöscht zu haben. Die Garantie greift nach der Bestimmung nur, „sofern" der Wechsel erfolgreich vollzogen ist. Auch hier stellt sich die Frage, wonach der erfolgreiche Wechsel bestimmt wird. Nach nationalem Recht könnte bei einer als Nebenpflicht werkvertraglich zu behandelnden Wechselleistung eine Abnahme erfolgen (zu den Problemen der **Annahme einer werkvertraglichen Leistung** → Rn. 87). In diesem Zusammenhang ergibt sich ein Konflikt zwischen der Beendigung des Vertrages nach dem Data Act gem. Art. 25 Abs. 2 lit. c durch den erfolgreichen Vollzug des Wechsels und den werkvertraglichen Wirkungen der **Abnahme.** Würde der Vertrag bereits durch die Tatsache des erfolgreichen Wechsels beendet, fehlte der Abnahme die vertragliche Grundlage. Die Abnahme ist für die Mängelhaftung und die Fälligkeit der Vergütung maßgeblich. Hier könnte § 640 Abs. 1 Hs. 2 BGB Anwendung finden. Die Abnahme ist nach der – durch den Data Act rechtlich bestimmten – Beschaffenheit des Werkes ausgeschlossen. Dann tritt nach § 646 BGB die Vollendung des Werkes an die Stelle der Abnahme.

– Bei der Vereinbarung der **Entgelte** ist darauf zu achten, dass nach Art. 29 DA **Wechselentgelte** nur noch übergangsweise erhoben werden dürfen. Von diesem Verbot der Wechselentgelte sind Entgelte für Unterstützungsleistungen, die im Rahmen des Wechsels erbracht werden, ausgenommen. Es soll lediglich die prohibitive Wirkung der Wechselentgelte entfallen. Erforderliche Leistungen müssen und dürfen dagegen vergütet werden. Wegen des Rechts des Kunden, die Leistungen auf mehrere Anbieter zu verteilen (Art. 23 S. 1 und S. 2 lit. e DA) und den Vertrag dazu in Teilen kündigen zu können, sollten die Entgelte den Leistungen so zugeordnet werden, dass bei einer Teilkündigung bestimmt werden kann, welches Entgelt für die verbleibenden Leistungen zu entrichten ist. Aus Erwgr. 89 ersichtlich kann der Kunde jederzeit nach Ablauf der Mindestkündigungsfrist den Wechsel und damit die Beendigung des Vertrages einleiten. Das gilt selbst dann, wenn eine – zulässige – **Mindestvertragslaufzeit** vereinbart ist, die über den Zeitraum der gesetzlichen Kündigungsfrist hinausgeht. Für eine vorzeitige Beendigung kann der Anbieter im Vertrag eine angemessene entgeltliche Sanktion vorsehen, die nach Art. 2 Nr. 36 DA ausdrücklich kein unzulässiges Wechselentgelt darstellt.[147] Im Einklang mit der Zielsetzung des Data Acts dürfte eine Sanktion dann angemessen sein, wenn sie nicht prohibitiv wirkt. Zur Bestimmung der Angemessenheit sind die Mindestvertragsdauer und

---

[146] So auch Czychowski/Lettl/Steinrötter/Merkle DA Art. 25 Rn. 71.
[147] Niebuhr K&R 2025, 361 (364).

der für die vorzeitige Beendigung zu zahlende Betrag zu betrachten. Weder die Mindestvertragsdauer noch die aus der vorzeitigen Beendigung folgende Sanktion dürfen unangemessen sein.

- Eine **Haftungsbeschränkung** schließt Art. 25 Abs. 2 lit. a sublit. ii DA hinsichtlich der Gewährleistung der Aufrechterhaltung des Geschäftsbetriebs und der Erbringung der vertragsmäßigen Funktionen oder Dienste aus → Rn. 86.

ll) Vertragsbedingungen und Muster. Nach Art. 41 DA erstellt und empfiehlt die EU-Kommission unverbindliche **Standardvertragsklauseln** (Standard Contractual Clauses – **SCC**) für Verträge über Cloud-Computing, um die Parteien bei der Ausarbeitung und Aushandlung von Verträgen mit fairen, angemessenen und nichtdiskriminierenden vertraglichen Rechten und Pflichten zu unterstützen. Dass das Gesetz hier den Begriff des Cloud-Computing verwendet, während die Art. 23 ff. DA stets von Datenverarbeitungsdiensten sprechen, ist eine der späteren Einfügung der Norm geschuldete redaktionelle Ungenauigkeit ohne materiellen Gehalt.[148] Dieser Ungenauigkeit in der Begriffsverwendung setzt sich allerdings in dem Vorschlag der Expertengruppe fort, der den Titel „Final Report of the Expert Group on B2B data sharing and *cloud computing* contracts" hat. 105

Die SCC der Expertengruppe taugen nur in sehr eingeschränktem Umfang als Gestaltungsgrundlage für einen Vertrag. Hervorzuheben ist, dass sie die gesetzlichen Anforderungen erschöpfend behandeln. Sie beschränken sich dabei weitgehend auf die Wiedergabe dieser Anforderungen. Es fehlen naturgemäß Aspekte zur Verfolgung der konfligierenden Interessen von Anbieter oder Kunde. Die vorgesehenen Regelungen zu **Leistungsstörungen** sind nicht mit dem deutschen Recht deckungsgleich. Leistungsstörungen werden über Art. 27 DA gelöst. So wird als Folge eines unvollständigen Wechselprozesses in der Anmerkung zu Info Point 11 auf Seite 150 festgehalten: *„In that case, all Parties involved must act in good faith and agree on the necessary measures to successfully complete the switching and exit process."* Es ist die Aufgabe des Vertragsgestalters, im Einzelfall interessewahrende Bestimmungen aufzunehmen. 106

In diesem Zusammenhang ist die Bedeutung von Art. 27 DA für die Vertragsgestaltung und die Inhaltskontrolle anzusprechen. Wenn Art. 27 DA nach Ansicht der Expertengruppe geeignet ist, **Leistungsstörungen** zu behandeln, stellt sich die Frage, ob daneben das nationale Leistungsstörungsrecht Anwendung findet. Eine Lösung aller Probleme aus einem Wechselprozess über die Grundsätze von Treu und Glauben ist nicht sinnvoll. In diesem Sinne sollte auch Art. 27 DA nur Anwendung finden, wenn das nationale Recht keine angemessene Lösung bereitstellt. 107

Soweit die Musterbedingungen über den Gesetzeswortlaut hinausgehen, enthalten sie brauchbare Anregungen zur Konkretisierung des Vertrages. Diese sind aber darauf zu prüfen, ob sie im Einzelfall interessengerecht sind. So wird beispielsweise zum Wechselprozess in Ziff. 2.3 durch die Expertengruppe vorgeschlagen, dass der Kunde Zeitfenster für den Wechsel nennen kann. Für die Vertragsgestaltung ist das jedoch zu einseitig, da auch die Möglichkeiten des Dienstleisters berücksichtigt werden müssen. 108

Zum Teil sind die Klauselvorschläge der Expertengruppe allerdings nicht mit dem Gesetz in Übereinstimmung zu bringen. In Ziff. 3.2 sieht die Klausel zu Lasten des Kunden eine Höchstfrist für die Verlängerung des Übergangszeitraums vor. Nach Art. 25 Abs. 5 DA ist der Kunde jedoch berechtigt, den Übergangszeitraum einmal um einen Zeitraum zu verlängern, den er für seine eigenen Zwecke für angemessener hält. Eine Möglichkeit zur Beschränkung dieses Zeitraums lässt sich dem Gesetz nicht entnehmen. 109

c) Datenschutz

Der Betroffene hat aus Art. 15 DS-GVO ein Recht auf Auskunft und insbesondere aus dessen Abs. 3 einen Anspruch auf Überlassung von Kopien seiner Daten. Die Daten sind in 110

[148] BeckOK DatenschutzR/von Roenne DA Art. 41 Rn. 26.1.

einem gängigen **elektronischen Format** zur Verfügung zu stellen, sofern der Betroffene nichts anderes angibt. Ein jederzeitiges Recht auf Bereitstellung von automatisiert verarbeiteten Daten hat der Betroffene nach Art. 20 Abs. 1 DS-GVO (→ Kap. 10 Rn. 132), wenn die Verarbeitung auf einer Einwilligung gem. Art. 6 Abs. 1 lit. a DS-GVO oder Artikel 9 Abs. 2 lit. a DS-GVO oder auf einem Vertrag gem. Art. 6 Abs. 1 lit. b DS-GVO beruht. Voraussetzung ist im Unterschied zu Art. 15 DS-GVO, dass der Betroffene die Daten bereitgestellt hat.[149] Die Daten müssen dann in einem strukturierten, gängigen und maschinenlesbaren Format bereitgestellt werden. Der Betroffene kann aber auch verlangen. dass die Daten einem anderen Verantwortlichen übermittelt werden.

d) Energiewirtschaft

111 Insbesondere die Betreiber von Elektrizitätsversorgungs- und Gasversorgungsnetzen können nach § 43k EnWG **Geodaten,** die bei einer Behörde oder einem Dritten zur Erfüllung öffentlicher Aufgaben vorhanden sind, übermittelt verlangen, wenn sie sie für die Planfeststellung, die Plangenehmigung oder das Anzeigeverfahren benötigen. Den Anspruchsgegner bezeichnet das Geodatenzugangsgesetz des Bundes.[150] Wenn diese Daten besonders schutzbedürftig sind, können Betreiber von Einheiten Kritischer Infrastrukturen die Herausgabe jedoch nach § 43k S. 2 EnWG verweigern. Ein vergleichbarer Anspruch für die Bundesfachplanung und die Planfeststellung ergibt sich aus § 31 NABEG.

112 Wer zur Nutzung eines Netzanschlusses als Letztverbraucher oder Betreiber von Erzeugungsanlagen berechtigt ist, hat gegen den Betreiber der **Messstelle,** diese ist in der Regel ein Stromzähler, einen Anspruch auf Bereitstellung von Daten der Messstelle. Das Messstellenbetriebsgesetz (MsBG) behandelt diesen Anspruch in § 53 MsBG. Erfasst werden insbesondere auch die im elektronischen Speicher- und Verarbeitungsmedium gespeicherten auslesbaren Daten. Der Anspruch ist auf die Einsicht der Daten gerichtet, soweit diese nicht personenbezogen sind. Damit ist § 53 MsBG vor allem für Letztverbraucher relevant, die keine natürlichen Personen sind. Letztere müssen ihre Ansprüche hinsichtlich der personenbezogenen Daten nach der DS-GVO geltend machen.

e) Gesellschaftsrecht

113 Das Auskunftsrecht der Aktionäre aus § 131 AktG gibt keinen Anspruch auf die Überlassung von Daten, sondern lediglich auf eine sprachliche Mitteilung gegenüber allen Aktionären.[151] Demgegenüber haben Gesellschafter einer GmbH aus § 51a GmbHG einen weitreichenderen Auskunftsanspruch. Die Gesellschafter sind berechtigt, auch elektronisch gespeicherte Informationen einzusehen[152] und Kopien davon zu fertigen.[153] Eine Grenze finden diese Einsichtsrechte im Geheimnis- und Datenschutz. Ist die GmbH gegenüber einem Dritten verpflichtet, die vom Gesellschafter angeforderten Daten geheim zu halten, gibt § 51a GmbHG keine Rechtsgrundlage, um das **Geheimnis** zu offenbaren. Auch gestattet § 51a GmHG eine Übermittlung **personenbezogener Daten** nur, wenn die insoweit höherrangige DS-GVO dies gestattet. Entgegen einer verbreiteten Ansicht im Gesellschaftsrecht[154] kann dafür nicht auf Art. 6 Abs. 1 lit. c DS-GVO abgestellt werden, weil hierzu nach Art. 6 Abs. 3 S. 4 DS-GVO ein im öffentlichen Interesse liegendes Ziel verfolgt werden muss. Das ist bei § 51a GmbHG nicht der Fall.[155] Das Auskunfts- und Einsichtsrecht dient lediglich den

---

149 Dazu LG Wiesbaden 15.1.2025 – 2 O 49/24, GRUR-RS 2025, 208.

150 Dazu Theobald/Kühling/Knoll EnWG § 43k Rn. 1 ff.

151 BeckOGK/Poelzig AktG § 131 Rn. 235.

152 Michalski/Heidinger/Leible/Schmidt/Römermann GmbHG § 51a Rn. 163; Noack/Servatius/Haas/Noack GmbHG § 51a Rn. 22.

153 Michalski/Heidinger/Leible/Schmidt/Römermann GmbHG § 51a Rn. 171 für Fotokopien. Das Recht muss sich aber auch auf das Kopieren von Daten erstrecken, nur für deren Ausdruck: Noack/Servatius/Haas/Noack GmbHG § 51a Rn. 24.

154 Henssler/Strohn/Adams GmbHG § 51a Rn. 17 mwN.

155 AA Noack/Servatius/Haas/Noack GmbHG § 51a Rn. 44.

partikularen Interessen der Gesellschafter und ist damit als Rechtsgrundlage nach Art. 6 Abs. 3 S. 1 iVm Abs. 1 lit. c DS-GVO ungeeignet.[156] Weitere vergleichbare Gesellschafterrechte finden sich in §§ 118, 166 HGB.

f) Marktordnung

Die wachsende Bedeutung der Verarbeitung von Daten geht einher mit der Notwendigkeit, **114** Daten zu beschaffen, um sie für eigene Zwecke nutzen zu können. Werden benötigte Daten am Markt gar nicht oder nicht zu fairen Konditionen angeboten, kann dies ein Zeichen für ein **Marktversagen** sein, dem ordnungsrechtlich entgegenzuwirken ist. Um die Funktionsfähigkeit eines Markts zu gewährleisten, ist nach Mechanismen zu suchen, die einen angemessenen Zugang zu den benötigten Daten gewähren und zugleich die Interessen der Dateninhaber berücksichtigen.[157]

Einen Herausgabeanspruch für Daten **zur Vorbereitung von Schadensersatzklagen** **115** sieht § 33g GWB vor. Um der Beweislast gerecht werden zu können, kann der Anspruchsteller aus § 33g GWB einen Anspruch auf Übermittlung von Beweismitteln geltend machen.[158]

g) Schadensersatz

Die Art und Weise des Schadensersatzes ergibt sich regelmäßig aus § 249 BGB. Danach ist **116** der Zustand herzustellen, der bestehen würde, wenn das schädigende Ereignis nicht eingetreten wäre. Geschützt ist zunächst das **negative Interesse.** Hieraus kann sich auch ein Recht auf die Herausgabe von Daten ergeben. Als Anspruchsgrundlagen kommen zunächst solche aus vertraglichen Beziehungen in Betracht. Wird ein Vertrag, auf dessen Grundlage bereits Daten übermittelt wurden, wirksam angefochten, folgt der Anspruch auf Rückgabe der Daten neben §§ 812 ff. BGB auch aus § 122 BGB.[159] Deliktsrechtliche Ansprüche können auch auf die Rückgabe von Daten gerichtet sein, wenn die Daten entzogen, etwa unbefugt kopiert wurden (dazu → Kap. 14 Rn. 81). Werden mit den Daten auch die Datenträger entzogen, folgt der Anspruch aus der Beeinträchtigung des Eigentums und/oder des Besitzes.

h) Straßenverkehr

Aus Gründen der Überprüfbarkeit behördlicher Entscheidungen, insbesondere im Zusam- **117** menhang mit der Festsetzung von **Bußgeldern,** steht dem Betroffenen ein Anspruch auf Akteneinsicht zu, in dessen Rahmen er auch die Möglichkeit erhalten muss, auf die für die Festsetzung des Bußgeldes relevanten **Rohmessdaten** zugreifen zu können. Dabei sind dem Betroffenen auch relevante Daten zur Verfügung zu stellen, die nicht unmittelbar Inhalt der Akte sind.[160] Zu den im Zusammenhang mit der Nutzung von in Fahrzeugen anfallenden Mobilitätsdaten → Kap. 8 Rn. 15 ff.

i) Telekommunikation

Aus § 18 TDDDG ergibt sich für jedes Unternehmen ein Anspruch auf die Bereitstellung **118** von Endnutzerdaten zum Zweck der Bereitstellung von öffentlich zugänglichen Auskunftsdiensten, Diensten zur Unterrichtung über einen individuellen Gesprächswunsch eines anderen Nutzers und von Endnutzerverzeichnissen. Berechtigt sind danach nur Unternehmen, die auf die Herausgabe von **Endnutzerdaten** für die Ausübung ihrer gewerblichen

156 Simitis/Hornung/Spiecker gen. Döhmann/Roßnagel DS-GVO Art. 6 Rn. 32.
157 Fries/Scheufen MMR 2019, 721 (726).
158 Immenga/Mestmäcker/Bach GWB § 33g Rn. 22.
159 Vgl. BeckOK BGB/Wendtland BGB § 122 Rn. 7.
160 BVerfG 12.11.2020 – 2 BvR 1616/18, NJW 2021, 455 Rn. 51 f.

oder selbständigen beruflichen Tätigkeit angewiesen sind.[161] Verpflichtet ist jeder Anbieter eines nummerngebundenen interpersonellen Telekommunikationsdienstes.[162] Zu weiteren Einzelheiten → Kap. 13 Rn. 191.

j) Urheberrecht

119 Daten an sich sind grundsätzlich nicht urheberrechtlich geschützt. Ein Schutz ist aber für Sammlungen von Daten nach §§ 4 Abs. 2 und 87a UrhG denkbar. Erfasst werden vom Urheberrecht Daten jedoch insoweit, wie sie das geschützte Werk repräsentieren. Das aus Daten bestehende **digitale Abbild** eines Werkes ist, wenn es wahrnehmbar gemacht wird, in seinem Abbild geschützt. Die digitale Repräsentation des Werkes teilt den Schutz des Werkes selbst, weil eine Vervielfältigung und Veränderung der Daten in die Rechte des Urhebers eingreift.[163] Daten kann somit eine mittelbare urheberrechtliche Relevanz zukommen.

120 Ansprüche auf die Übermittlung von Daten, die urheberrechtlich geschützte Werke repräsentieren, kennt das Urheberrecht nur in Form von Auskunfts- und Vorlageansprüchen in den §§ 101 ff. UrhG und hinsichtlich Vervielfältigungsstücken in § 98 Abs. 3 UrhG. Danach kann der Verletzte die **Überlassung der Vervielfältigungsstücke,** die im Eigentum des Verletzers stehen, verlangen. Im Gegenzug hat er ihm eine angemessene Vergütung zu zahlen, welche die Herstellungskosten nicht übersteigen darf. Der Anspruch richtet sich damit auf die Bereitstellung der Daten, die die Rechtsverletzung darstellen, also die digitale Repräsentation eines Werkes oder Auszüge davon. Der Anspruch aus § 98 Abs. 3 UrhG besteht nach seinem Wortlaut nur anstelle des Anspruchs aus Abs. 1 und damit anstelle der Verpflichtung des Verletzers zur Vernichtung der rechtswidrig erstellten Vervielfältigungsstücke. Die Herausgabe der Daten muss aber auch deren nachfolgende **Vernichtung** durch den Verletzer umfassen. Da digitale Daten nicht übergeben, sondern nur kopiert werden können, ist der Anspruch aus § 98 Abs. 3 UrhG um eine Verpflichtung des Verletzers zum Löschen der Daten zu erweitern. Der Herausgabeanspruch dürfte für den Verletzten jedoch nur dann relevant sein, wenn er die herauszugebenden Daten nicht mehr im eigenen Zugriff hat oder die Daten als Beweismittel zur Verfolgung weiterer Rechte benötigt.

121 Ungeklärt ist noch, inwieweit Daten in **KI-Modellen** solche Repräsentationen von Werken darstellen können. KI-Modelle speichern grundsätzlich keine Kopien der Trainingsdaten, können aber Teile hiervon im Output wiedergeben.[164] In seltenen Fällen können auch vollständige Bilder, mit denen das Modell trainiert wurde, wiedergeben werden. Liegt darin eine Rechtsverletzung, könnte der Verletzte die Vernichtung oder Herausgabe der Daten verlangen, die das zu seinen Gunsten geschützte Werk repräsentieren. Ob sich ein solcher Anspruch technisch überhaupt umsetzen lässt, ist fraglich. Eine Vernichtung des ganzen KI-Modells wegen einer eng begrenzten Urheberrechtsverletzung dürfte generell unverhältnismäßig und damit nach § 98 Abs. 4 S. 1 UrhG ausgeschlossen sein.

6. Modalitäten der Herausgabe

122 Um seinen Herausgabeanspruch durchsetzen zu können, hat der Gläubiger die Daten so genau zu bezeichnen, dass sie Gegenstand eines vollstreckbaren Titels sein können. Sie müssen ohne Weiteres durch einen Gerichtsvollzieher identifizierbar sein. Ein Herausgabebegehren, das lediglich auf Daten, Datensammlungen, Unterlagen sowie Emails von Kunden zielt, genügt diesen Anforderungen nicht. Den zur Herausgabe von Daten

161 BeckOK InfoMedienR/Lueg TDDDG § 18 Rn. 7.
162 BeckOK InfoMedienR/Lueg TDDDG § 18 Rn. 4 ff.
163 Für computergenerierte Abbildungen Dreier/Schulze/Raue UrhG § 2 Rn. 256 f.
164 Dazu Imhof CR 2024, 648, anders LG München 11.11.2025 – 42 O 14139/24, GRUR 2025, 1917 Rn. 169 ff. zum Memorisieren von Inhalten.

Verpflichteten können hierbei zur Unterstützung des Gläubigers **Nebenleistungspflichten** aus dem Schuldverhältnis treffen. Diese Pflichten zielen oft auf eine Mitwirkung. Die Mitwirkung ist regelmäßig auf die Übermittlung von Informationen gerichtet, die der Gläubiger benötigt, um den Datentransfer durchführen zu können. Für den Gläubiger wesentlich ist beispielsweise, in welchem Format, auf welchem Übertragungsweg, mit welchem Daten-Protokoll und zu welcher Zeit die Daten zur Verfügung gestellt werden. Hierüber hat der Schuldner **Auskunft** zu geben. Soweit sich aus den Vereinbarungen der Parteien oder dem Gesetz nichts anderes ergibt, dürften die Daten dem Gläubiger gem. § 271 BGB grundsätzlich sofort und auf die Art und Weise zur Verfügung gestellt werden müssen, wie der Schuldner sie erhalten hatte. Ist das nicht aufklärbar oder im Einzelfall nicht angemessen, kann als Anhalt für eine allgemeine Regelung der Übermittlung auf § 327p Abs. 3 S. 3 BGB, Art. 20 Abs. 1 DS-GVO und Art. 4 Abs. 1 DA abgestellt werden, wonach die Daten innerhalb einer angemessenen Frist[165] und in einem strukturierten, gängigen und maschinenlesbaren Format unentgeltlich[166] bereitgestellt werden müssen.

Steht dem Gläubiger ein Anspruch auf die Herausgabe einer Vielzahl von Daten zu, **123**
kann es ihm schwer fallen zu überprüfen, ob das Geschuldete geleistet wurde. Daher kann er nach § 260 BGB vom Herausgabeschuldner ein **Verzeichnis** der herauszugebenden Gegenstände verlangen. Unter den Begriff des Gegenstandes fallen auch Daten.[167] Ein **Inbegriff** von Gegenständen setzt eine Mehrzahl von Daten voraus, die von einem einheitlichen Rechtsverhältnis zusammengefasst werden und bei der der Berechtigte nicht in der Lage ist, die einzelnen Vermögensgegenstände zu bezeichnen.[168] Das können ein Datensatz, eine Datenbank oder die Gewichtungen eines KI-Modells sein. Das Verzeichnis muss so gestaltet sein, dass es den Gläubiger in die Lage versetzt, Art und Umfang der Erfüllung des Herausgabeanspruchs überprüfen zu können.[169] Welchen Anforderungen es bei einem Anspruch auf Herausgabe von Daten genügen muss, ist noch nicht geklärt. Ein Verzeichnis muss jedenfalls **erforderlich** sein. Wenn die Daten so gespeichert sind, dass sie nur einheitlich übermittelt und ihre richtige Übermittlung leicht überprüft werden kann, scheidet ein Anspruch aus. Das kann beispielsweise der Fall sein, wenn die Daten durch einen manipulationssicher signierten Hash-Wert repräsentiert werden und der Wert dem Herausgabegläubiger bekannt ist. Es ist aber auch denkbar, dass die Daten nicht zusammengefasst werden können und entsprechend ihrer Codierung einzeln aufzuführen sind.

Der Anspruch aus § 260 BGB setzt einen **Herausgabeanspruch** voraus. Dieser kann vertraglicher, gesetzlicher oder quasivertraglicher Natur sein.[170] Die Mitwirkungspflicht des Schuldners aus § 260 BGB konkretisiert die zu leistende **Unterstützung** zur Durchsetzung von Herausgabeansprüchen, soweit sich aus den Bestimmungen zu den Ansprüchen nichts Abweichendes ergibt.[171] Dabei ist § 260 BGB auch auf Herausgabeansprüche aus EU-Verordnungen, wie beispielsweise Art. 4 Abs. 1 DA und Art. 15 Abs. 3 DS-GVO, anzuwenden, soweit dort keine Sonderregelungen getroffen werden.[172]

Geheimhaltungsinteressen stehen der Auskunftspflicht nicht entgegen, wenn sie schon **124**
nicht der Herausgabepflicht entgegenstehen.[173] Die Auskunft dient der Vorbereitung des Herausgabeanspruchs und muss daher so erfolgen, dass der Gläubiger die zur Durchsetzung

[165] Der Data Act verlangt in Art. 4 Abs. 1 sogar eine unverzügliche Bereitstellung.
[166] MüKoBGB/Krüger BGB § 260 Rn. 46.
[167] Vgl. BGH 1.7.2014 – VI ZR 345/13, MMR 2014, 704.
[168] BeckOK BGB/Lorenz BGB § 260 Rn. 5.
[169] BeckOK BGB/Lorenz BGB § 260 Rn. 1.
[170] MüKoBGB/Krüger BGB § 260 Rn. 13 ff.
[171] MüKoBGB/Krüger BGB § 260 Rn. 11; BeckOK BGB/Lorenz BGB § 260 Rn. 3.
[172] Härting InternetR A.19, aA für Art. 15 DS-GVO, LG Bonn 11.3.2022 – 9 O 224/21, ZD 2023, 161 Rn. 40 f.
[173] Wohl aA MüKoBGB/Krüger BGB § 260 Rn. 45.

erforderlichen Informationen erhält.[174] Das betrifft den Speicherort der Daten, Zugangsvoraussetzungen für den Datenzugriff, das Format der Daten und deren Volumen.

125 Aus § 260 Abs. 2 BGB ergibt sich die Verpflichtung des Schuldners, auf Verlangen des Gläubigers zu Protokoll **an Eides statt** zu versichern, dass er nach bestem Wissen den Bestand so vollständig angegeben hat, wie er dazu imstande war, wenn Grund zu der Annahme besteht, dass das Verzeichnis nicht mit der erforderlichen Sorgfalt aufgestellt worden ist. Auch nach Herausgabe der Daten kann eine solche Versicherung verlangt werden. Zweifelt der Herausgabegläubiger daran, vom Schuldner alle zu beanspruchenden Daten erhalten zu haben, ohne die Zweifel selbst zerstreuen zu können, kann er vom Schuldner analog zu § 260 Abs. 2 BGB die Abgabe einer eidesstattlichen Versicherung über die vollständige Bereitstellung der Daten verlangen.[175]

Kapitel 10. Verkehrsfähigkeit von Daten

Übersicht

[174] BeckOK BGB/Lorenz BGB § 260 Rn. 27.
[175] Vgl. LAG Köln 16.11.2023 – 6 Sa 240/23, MMR 2024, 520 Rn. 27.

I. Urheberrecht

Siehe zu diesem Themenkomplex auch
- Urheberrechtliche Schranken und Datenbankschutz → Kap. 12 Rn. 180 ff.
- Erbrecht → Kap. 10 Rn. 507 ff.
- Insolvenz → Kap. 24 Rn. 1 ff.

1. Allgemeines

1 Soweit „Daten" Gegenstand eines absoluten Schutzrechts sind (dazu → Kap. 9 Rn. 1 ff.), sollten die entsprechenden Rechte nach allgemeinen Grundsätzen an Dritte übertragen, belastet oder aufgegeben werden können. Gerade für das Urheberrecht ist die **vollständige Rechtsübertragung** außerhalb des Erbrechts (dazu → Kap. 10 Rn. 507 ff.) jedoch ausgeschlossen (§ 29 UrhG). Freilich hat für die wirtschaftliche Nutzung mit wenigen Einschränkungen die Einräumung eines ausschließlichen Nutzungsrechts („Exklusivlizenz", § 31 Abs. 1 S. 2 Var. 1, Abs. 3 S. 1 UrhG) die gleichen Folgen, weshalb diese auch in § 69b UrhG für Computersoftware und nach § 43 UrhG im Regelfall[1] auch für die Pflichtwerke[2] von gerade dazu eingestellten Kreativangestellten als vereinbart gilt. Konsequent ist eine in internationalen Verträgen durchaus übliche, nach deutschem Recht aber unwirksame „Übertragung" des Urheberrechts in aller Regel entweder nach §§ 133, 157 BGB als Einräumung eines ausschließlichen Nutzungsrechts zu verstehen[3] oder nach § 140 BGB (§ 29 UrhG stellt ein Verbotsgesetz iSv § 134 BGB dar, das zur Nichtigkeit führt) in eine solche Lizenz umzudeuten.

2 In Abgrenzung von rein schuldrechtlichen Vereinbarungen (die ggf. durch Vertragsstrafen abgesichert sind (dazu → Kap. 11 Rn. 413 f.) haben urheberrechtliche Verwertungsrechte (§ 15 UrhG) und damit auch und gerade die im Rahmen von Nutzungsrechten (Lizenzen, § 31 UrhG) auferlegten Beschränkungen **Wirkungen im Verhältnis zu beliebigen Dritten,** egal ob diese rechtmäßig oder rechtswidrig Zugang erlangt haben.[4] Lizenzen beschränken die Rechte des Urhebers in der Regel nur gegenüber dem konkreten Lizenznehmer. Dritte

1 BGH 12.5.2010 – I ZR 209/07, GRUR 2011, 59 (60) – Lärmschutzwand.
2 Zum Begriff Wandtke/Bullinger/Wandtke UrhG § 43 Rn. 17.
3 OLG Stuttgart 21.4.2009 – 8 W 155/08, MMR 2009, 434.
4 Loewenheim UrhR-HdB/Ohly § 24 Rn. 4; Wandtke/Bullinger/Wandtke UrhG § 31 Rn. 4; Stöckel/Brandi-Dohrn CR 2011, 553.

können sich auf entsprechende Rechteeinräumungen nur berufen, soweit die Lizenz übertragbar ist (was grds. zustimmungsbedürftig ist, § 34 Abs. 1 S. 1 BGB) bzw. Unterlizenzen erteilt werden dürfen. Die Lizenz entfaltet allerdings absolute Wirkung durch den Sukzessionsschutz (§ 33 UrhG), der anders als § 566 BGB keine Überleitung eines Vertragsverhältnisses bewirkt, sondern ausschließlich die Rechtsposition des bisherigen Lizenznehmers ggü. wechselnden übergeordneten Rechteinhabern in einer Rechtekette absichert.[5] Das bedeutet auch, dass Gläubiger etwaiger Lizenzgebühren (oder sonstiger Gegenleistungen) der ursprüngliche Lizenzgeber bleibt; dieser bleibt auch persönlich zu Nebenpflichten (etwa Instruktion, Mitwirkung bei Werbemaßnahmen) verpflichtet. Dementsprechend wird man bei Übertragung eines ausschließlichen Nutzungsrechts oftmals Abtretungen (§ 398 BGB)[6] oder Vertragsübernahmen im Verhältnis zu davon abhängigen einfachen Lizenznehmern vereinbaren müssen; dies ist im begrenzten Rahmen auch durch Allgemeine Geschäftsbedingungen schon bei der ursprünglichen Lizenzvereinbarung möglich.[7]

Der BGH hat neben die Lizenz als echter Rechteeinräumung in der neueren Recht- 3
sprechung wiederholt die **„schlichte Einwilligung"** des Urhebers als Rechtfertigung für potentielle Eingriffe in die Verwertungsrechte des Urhebers (§ 15 UrhG) anerkannt.[8] Bei der Einwilligung geht es allein um die Rechtfertigung bereits erfolgter Eingriffe, die Strafbarkeit (§ 106 UrhG), Beseitigungs- und Vernichtungsansprüche (§§ 97 Abs. 1 S. 1, 98 UrhG) sowie Schadensersatz (§ 97 Abs. 2 UrhG) für die Vergangenheit ausschließt.[9] Da die Einwilligung aber grundsätzlich mit Wirkung für die Zukunft zurückgenommen werden kann, sind ab dem Zugang (§ 130 Abs. 1 S. 1 BGB) dieser Rücknahmeerklärung Unterlassungsansprüche und Schadensersatzansprüche. Derjenige, der sich auf eine schlichte Einwilligung beruft, hat darüber hinaus keine eigene positive Nutzungsbefugnis und kann mangels eigener Rechtsposition auch Dritten keine Rechte einräumen und erst Recht nicht auf Grundlage einer schlichten Einwilligung gegen andere vorgehen (letzteres dürfte noch nicht einmal der Inhaber eines einfachen Nutzungsrechts).[10]

Keinesfalls übersehen werden darf allerdings, dass das Urheberrecht – selbst wenn es 4
anwendbar ist – durch den zum Teil eingeschränkten Schutzbereich (§§ 15, 23 UrhG) sowie eine Vielzahl von Schranken (§§ 44a ff. UrhG) **keinen lückenlosen Schutz** gewährleistet. Im Grundsatz ist es zwar selbstverständlich möglich, sich schuldrechtlich dazu zu verpflichten, eine Handlung zu unterlassen, die (insbes. urheberrechtlich) erlaubt wäre (§§ 311 Abs. 1 S. 1, 241 Abs. 1 S. 2 BGB ggf. auch unter einer Vertragsstrafe nach § 339 BGB).[11] Nur in einzelnen Regelungen (zB §§ 45d, 55a S. 3, 69g Abs. 2, 87e aE UrhG) sehen ausdrücklich die Nichtigkeit entgegenstehender Vereinbarungen vor. Wie die Situation außerhalb dieser (europarechtlich vorgegebenen) Regelungen ist, ist umstritten. Die strengste Auffassung geht von einem absoluten Vorrang aller Schranken aus (so dass die genannten Regelungen nur klarstellende Funktion hätten).[12] Die extreme Gegenauffassung

5 BeckOK UrhR/Soppe UrhG § 33 Rn. 6 ff.

6 BGH 19.7.2012 – I ZR 24/11, GRUR 2012, 914 Rn. 20 – Take Five; BGH 19.7.2012 – I ZR 70/10, GRUR 2012, 916 Rn. 26 f. – M2Trade.

7 In diese Richtung bereits Meyer-van Raay NJW 2012, 3691 (3693); erst Recht gilt dies, wenn man den Sukzessionsschutz schon gesetzlich in eine Vertragsübernahme umdeutet, so McGuire/Kunzmann GRUR 2014, 28 (34) – was freilich dem gesetzlichen System und dem insoweit erkennbaren Willen des Gesetzgebers widerspräche.

8 BGH 11.9.2024 – I ZR 139/23, ZUM 2025, 43 – Fototapete; BGH 29.4.2010 – I ZR 69/08, NJW 2010, 2732 (2736 f.) – Vorschaubilder I, BGH 19.10.2011 – I ZR 140/10, NJW 2012, 1886 (1888) – Vorschaubilder II.

9 Ausf. von Ungern-Sternberg GRUR 2009, 369; Klass ZUM 2013, 1; weiter Ohly GRUR 2012, 983.

10 Vgl. zur Möglichkeit von Prozesstandschaft kraft Vereinbarung BGH 21.11.1958 – I ZR 98/57, GRUR 1959, 200 (201) – Der Heiligenhof.

11 Paradigmatische Fälle sind die strafbewehrten Unterlassungserklärungen nach § 13 Abs. 1 UWG, Wettbewerbsverbote, zB BGH 11.1.2012 – XII ZR 40/10, NJW 2012, 844 oder Verschwiegenheitspflichten, BGH GRUR-RR 2015, 126.

12 Wandtke/Bullinger/Lüft UrhG Vor §§ 44a ff. Rn. 3; Loewenheim/Nordemann § 73 Rn. 51; Schack ZUM 2002, 497 (502); Geiger GRUR-Int 2004, 815 (820); Schulz GRUR 2006, 470 (475).

geht hingegen davon aus, dass der allgemeinen Vertragsfreiheit (Art. 2 Abs. 1 GG) insoweit Vorrang eingeräumt werden muss.[13] Wieder andere differenzieren je nach Schranke, insbesondere danach, wie stark dort unabdingbare Interessen der Allgemeinheit zum Ausdruck kommen.[14] Die Fragestellung dürfte nicht allein nach deutschem Recht zu beantworten sein – zum einen werden die heutigen Schranken von den Öffnungsklauseln des Art. 5 InfoSoc-RL 2001/29/EG abgeleitet, deren Reichweite einheitlich durch den EuGH auszulegen ist. Zum anderen führen Beschränkungen der Weiterverbreitung und -nutzung zu einer potentiellen Marktabschottung, die mit einem Binnenmarkt kaum vereinbar sein dürfte und gerade nicht durch den Schutz des gewerblichen und kommerziellen Eigentums (Art. 36 AEUV) zu rechtfertigen ist. Zudem ist an eine Vertikalbeschränkung entgegen Art. 101 AEUV oder den Missbrauch einer marktbeherrschenden Stellung entgegen Art. 102 AEUV (insbes. in Form des Ausbeutungs- oder Behinderungsmissbrauchs einschließlich der Zugangsverweigerung zu wesentlichen Einrichtungen) zu denken. Jedenfalls soweit die Schranken (wie im Datenhandel häufig) in Allgemeinen Geschäftsbedingungen eingeschränkt, modifiziert oder abbedungen werden, ist Vorsicht geboten, soweit man die Schranken als wesentliche gesetzliche Regelung begreift.

5 Im konkreten Zusammenhang digitaler Inhalte ist zudem auf § 95a Abs. 1 UrhG (sowie § 69f Abs. 3 UrhG) hinzuweisen, die ähnlich wie §§ 202a, 303a StGB die (in Umsetzung von Art. 6 Abs. 1 InfoSoc-RL 2001/29/EG und Art. 11 WCT) Umgehung **technischer Schutzmaßnahmen** verbieten. § 95b Abs. 1 UrhG gewährt im Hinblick auf die Durchsetzung von Schranken nur einen schuldrechtlichen Anspruch und sieht gerade kein „Right to Hack" vor. Diese Regelung führt zu zahlreichen Wertungswidersprüchen im Hinblick auf das traditionelle Schrankenregime, da sie die Positionen der Beteiligten praktisch umkehrt. Eine große Frage betrifft auch die Reichweite des urheberrechtlichen Umgehungsverbots, soweit Schutzmechanismen nicht nur für Inhalte genutzt werden, die urheber- oder datenschutzrechtlich geschützt sind, sondern für nicht bzw. nicht mehr geschützte Inhalte. Um die Wirksamkeit des Schutzes zu erhalten, liegt es nahe, auch insoweit ein Umgehungsverbot zu bejahen.

6 Das Urheberrecht bietet mit den §§ 31–44 UrhG ein seit langem etabliertes und weitgehend austariertes Lizenzvertragssystem, das auch über den unmittelbaren Anwendungsbereich (dazu sogleich) eine **Vorbildfunktion** entfalten kann. Demgegenüber gewähren insbesondere § 202a StGB (dazu → Kap. 10 Rn. 245 ff.) und das GeschGehG (dazu → Kap. 10 Rn. 149 ff.) nur einen Vorfeld- und Flankenschutz gegen Eingriffe, die einen tatsächlichen Schutz umgehen; zwar bilden Geschäftsgeheimnisse vielfach die Grundlage für Lizenzverträge, das GeschGehG selbst trifft (bis auf das Erfordernis von wirksamen Vertraulichkeitsregelungen) keine Vorgaben für derartige Vereinbarungen. Das Datenschutzrecht (dazu → Kap. 10 Rn. 73 ff.) beschränkt die Weiterverarbeitung zugunsten individuell betroffener Personen, sieht aber gerade keinen freien Handel und kein eigenes Lizenzvertragsrecht vor.

2. Anwendungsbereich des Urheberrechts

7 Unmittelbare Geltung können die urheberrechtlichen Regelungen nur entfalten, soweit die betroffenen Daten bzw. der Datenbestand (die Datenbankinstanz) überhaupt dem dortigen **Schutzregime unterliegt.** Einerseits werden entgegen einer viel verbreiteten Vorstellung digitale Inhalte nicht als „binäre Blöcke" verbreitet, sondern in aller Regel in **strukturierten Datenformaten.** Insbesondere das verbreitete XML-Format[15] ist als spezifische und vor allem vereinfachte Ausgestaltung von SGML[16] ein strukturiertes Datenformat, das gerade

[13] Schricker/Loewenheim/Vogel § 60 Rn. 5; Dreier/Schulze/Dreier Vor §§ 44a ff. Rn. 9.
[14] Gräbig GRUR 2012, 331 (334).
[15] Extensible Markup Language, vgl. W3C Recommendation vom 26.11.2008, https://www.w3.org/TR/REC-xml/.
[16] Standard Generalized Markup Language, ISO 8879, https://www.iso.org/standard/16387.html.

durch je nach Anwendungsfall spezifizierte (in der Regel durch eine Dokumententypdefinition, DTD), baumartig angeordnete Elemente mit Attributen geordnet ist. Bereits die konkrete Ausgestaltung dieser Struktur kann eine schöpferische Leistung sein, die Urheberrechtsschutz begründet (§ 4 Abs. 2 UrhG, → Rn. 9). Darüber hinaus werden aus rechtlichen Gründen (etwa: Vermeidung von Datenschutzverstößen oder strafrechtlich relevanten Inhalten), Effizienzaspekten (etwa: Vermeidung von Duplikaten, Filterung von Störwerten/Fehlern) sowie wirtschaftlichen Erwägungen (etwa: Vermeidung von Sekundärmärkten, Reduktion des zu übertragenden Datenvolumens, Bildung von Zielgruppen) Informationen bereinigt oder angereichert, was ebenfalls den Schutz als Datenbankwerk begründen kann (→ Rn. 10). Darüber hinaus können einzelne oder alle Inhalte einer Datensammlung dem Urheberrecht oder Leistungsschutzrechten unterliegen.

a) Schutz von Struktur und Auswahl als Datenbankwerke (§ 4 Abs. 2 UrhG)

Im Schrifttum wird immer wieder betont,[17] dass **„Rohdaten" und „Datenhaufen"** nach 8
allgemeiner Auffassung weder urheberrechtlich (nach § 4 UrhG) noch durch ein Leistungsschutzrecht (§ 87a UrhG) geschützt werden können. Freilich findet sich soweit ersichtlich keine gerichtliche Entscheidung, die herausgearbeitet hätte, was denn solche „Datenhaufen" überhaupt sein sollen[18] -richtigerweise dürfte es dabei um Informationen gehen, die nur als „Bits und Bytes" ohne jede vorhersehbare Systematik abgerufen werden können.[19] Es soll nicht durch die Hintertür des Datenbankschutzes ein Schutz beliebiger (Einzel-)Inhalte ermöglicht werden, da man ja auch einen Text in Sätze, Worte und Buchstaben und einen Film in einzelne Bilder unterteilen könnte, die aber keiner „Systematik" unterliegen. Wie Erwgr. 13 DatenbankRL 96/6/EG[20] betont, genügt für die Qualifikation als Datenbankwerk bzw. Datenbank nämlich jedes „elektronisches, elektromagnetisches oder elektrooptisches Verfahren", um gezielt auf ein einzelnes Element zuzugreifen. Tatsächlich soll es auch nicht auf die Form der Speicherung ankommen – wenn Daten etwa schlau indiziert sind, können sie auch als „Datenhaufen" (hoch fragmentiert, verschlüsselt, mit redundanten Daten aufgefüllt, etc) auf der Festplatte liegen. Dies ist aber selbst bei einem „Datenhaufen" in der Regel der Fall – oftmals sind die Inhalte sequentiell (insbes. chronologisch) gespeichert oder man kann sie separieren (etwa durch Whitespace, dh Leerzeichen, etc) – jedenfalls wird man aber die Inhalte in Einheiten („blockweise") verarbeiten müssen, sobald sie nicht mehr insgesamt in den Arbeitsspeicher passen. Völlig ungeordnete Daten sind praktisch kaum vorstellbar. Gerade durch die modernen Datenanalysewerkzeuge wird genau diesen Daten eine Struktur „übergestülpt", die sich nicht notwendig auf die Form der Speicherung beziehen muss.

Soweit es um die Datensammlung insgesamt geht, kann bereits die **Struktur** (das Daten- 9
bankschema), etwa die Auswahl und Formatierung von **Metadaten,** die **Indizierung** des Datensatzes, die **Modellierung** (insbes. Aufspaltung in verschiedene Datenbanktabellen und Ansichten) oder die sonstige Gestaltung eine persönliche geistige Schöpfung iSv § 4 Abs. 2 iVm Abs. 1 UrhG (Art. 3 Abs. 1 DatenbankRL 96/6/EG; Art. 10 Abs. 2 TRIPS; Art. 5 WCT) darstellen.[21] Dabei betont Art. 3 Abs. 1 S. 2 DatenbankRL 96/6/EG, dass „keine anderen Kriterien angewendet werden als die Originalität im Sinne einer geistigen Schöpfung; insbesondere sollte keine Beurteilung der Qualität oder des ästhetischen Wertes der Datenbank vorgenommen werden" (was anders als in § 69a Abs. 2 UrhG für Computerprogramme nicht explizit in deutsches Recht umgesetzt wurde, aber auch vom deutschen

[17] Witte FS Schneider, 2014, 233; Schricker/Loewenheim/Leistner UrhG § 4 Rn. 53; Dreier/Schulze/Dreier UrhG § 4 Rn. 17; Fromm/Nordemann/Czychowski UrhG § 4 Rn. 35.
[18] Einen solchen „Datenhaufen" explizit verneinend OLG Köln 15.12.2006 – 6 U 229/05, ZUM 2007, 548: „Entscheidend ist vielmehr die Verbindung des Datenbestandes mit einem Abfragesystem, das zielgerichtete Recherchen nach Einzelelementen in diesem Datenbestand ermöglicht".
[19] Wandtke/Bulliger/Marquardt § 4 Rn. 10.
[20] Darauf verweist auch EuGH 9.11.2004 – C-444/02, GRUR 2005, 254 Rn. 30 – Fixtures Marketing.
[21] Hacker GRUR 2020, 1025.

Gesetzgeber so gemeint war[22]). Die Hürde ist damit eher gering.[23] Den wirtschaftlichen Wert einer abgrenzbaren und auf dem Markt etablierten Struktur illustriert die Entscheidung des EuGH in IMS Health[24] – dort ging es um die (nach § 4 Abs. 2 UrhG schutzfähige) Aufteilung Deutschlands in 1986 Einzelbausteine, um die Erfolge von Pharmavertretern zu beurteilen. Konkurrenzanbieter, welche die gleichen Daten anders einteilten, hatten im Verhältnis zu den Pharmaunternehmen praktisch keine Chance, weil sich die konkrete Einteilung als faktischer Standard auf dem Markt durchgesetzt hatte.

10 Bei der **„Auswahl"** ist vielfach das (vermeintliche) Problem, dass überhaupt ein Gestaltungsspielraum bestehen muss.[25] Das bedeutet, dass gerade nicht Vollständigkeit[26] vorgegeben oder zumindest angestrebt ist, sondern durch den Datenbankgestalter eine bewusste Auswahl getroffen wird. Es muss dazu die Möglichkeit (oder Notwendigkeit) bestehen, gezielt etwas wegzulassen. In den meisten Konstellationen ist eine vollständige Erfassung aller denkbarer Daten auch heute noch Kapazitätsgrenzen (Arbeitsspeicher, Rechenkapazität, Bandbreite) ausgesetzt; fast immer werden Verfahren zur Verdichtung, Konsolidierung und Korrektur eingesetzt, um große Datenmengen („big data") in ein handhabbares Maß zu transferieren. Dies dient darüber hinaus der Datenqualität im weitesten Sinne. Dazu gehört etwa die Einhaltung der Anforderungen von Art. 10 Abs. 2–5 KI VO 2024/1689 (insbes. Art. 10 Abs. 2 S. 2 lit. c, lit. g) oder Art. 12 lit. d, lit. i, lit. j DGA sowie die bei personenbezogenen Daten notwendige frühzeitige Pseudonymisierung (Art. 4 Abs. 5 DS-GVO) und Anonymisierung.[27] Eine wie auch immer geartete Aufbereitung (im Bild der Daten als „Rohöl" der Informationsgesellschaft deren Raffinierung) dient auch den wirtschaftlichen Interessen der Beteiligten an einer effizienten (ressourcensparenden und rechtssicheren) eigenen Nutzung und der Begrenzung der Gefahr einer nicht erlaubten Weiternutzung durch potentielle Datenempfänger. Die „vollständigen" Daten werden allenfalls ganz im Ausnahmefall Gegenstand von Transaktionen sein (und werden oftmals noch nicht einmal aufbewahrt). Etwas anderes gilt dann, wenn der Datenverarbeiter selbst ohnehin nur den zwingend notwendigen Mindestteil an Daten (insbesondere von Dritten) erhalten hat, den er für eine bestimmte Aufgabe benötigt. In diesem Fall ist es denkbar, dass jedes Weglassen von Informationen den Datenbestand entwerten würde und der bloße Empfänger die einzelnen Elemente mangels Zugriffs auf ergänzende oder alternative Informationen den Bestand nicht austauschen oder anreichern kann. In diesem Fall scheidet eine eigene Leistung bei der Auswahl aus.

11 Unabhängig von der Auswahl kann sich die kreative Leistung auch aus der **„Anordnung"** zu ergeben. Versteht man diesen Begriff technisch, besteht (auch) im digitalen Bereich ein erheblicher Spielraum. So sind Veränderungen an der Struktur relationaler Datenbanken[28] bei komplexeren Datensammlungen fast schon in beliebiger Zahl denkbar. Erstreckt man den Begriff der „Anordnung" über die schlichte Darstellung einer Tabelle auf Papier auf komplexere Modelle, steigt die Zahl der Varianten daher enorm. Für die Ausgabe (die von Menschen oder Anwendungssystemen weiterverarbeitet wird) ist es zB irrelevant, ob man nur eine Tabelle mit vielen Spalten nutzt oder stattdessen eine stark normalisierte relationale Gestaltung wählt, die alle wiederholten Informationen jeweils in eine eigene Tabelle speichert und nur auf diese verweist. Die Gestaltung effizienter Datenbankstrukturen ist ein

22 BT-Drs. 13/7385, 43.

23 EuGH 1.3.2012 – C-604/10, GRUR 2012, 386 (387) – Football Dataco/Yahoo; schon vor der RL-Umsetzung BGH 21.11.1991 – I ZR 190/89, GRUR 1992, 382 (386) – Leitsätze.

24 EuGH 29.4.2004 – C-418/01, GRUR 2004, 524 – IMS Health.

25 OLG München 27.7.2023 – 29 U 7919/21, ZUM 2024, 67 Rn. 82.

26 OLG Düsseldorf 29.6.1999 – 20 U 85/98, MMR 1999, 729; OLG Hamburg 6.5.1999 – 3 U 246/98, GRUR 2000, 320.

27 Siehe EDSA Guidelines 01/2025 on Pseudonymisation, https://www.edpb.europa.eu/our-work-tools/documents/public-consultations/2025/guidelines-012025-pseudonymisation_de; siehe auch die Anträge des Schlussantrag GA Spielmann 6.2.2025 ECLI:EU:C:2025:59 = BeckRS 2025, 1089.

28 Zur ER-Modellierung grundlegend Pin-Shan Chen, The Entity-relationship Model – Toward a Unified View of Data, ACM Trans. Database Syst. I/1 (März 1976), S. 9 ff.

eigenes Teilgebiet der Informatik, mit dem sich in Unternehmen hochqualifizierte spezialisierte Personen befassen.

Neben einer Auswahl oder Anordnung an sich muss diese auch über eine **rein handwerkliche, schematische oder routinemäßige Tätigkeit** hinausgehen.[29] Obwohl also keine besondere künstlerische oder wissenschaftliche Qualität vorliegen muss, reicht nicht diejenige Anordnung, die sich jedermann ohne Vorkenntnis erschließen würde und die man „intuitiv" vornehmen würde. Wie immer im Urheberrecht unterliegt man dabei leicht einer „ex post bias" – denn wenn man die konkrete Anordnung kennt, erscheint diese oft naheliegend. Ein einfacher Test besteht in der Überlegung, ob es sachliche Gründe sowohl für die gewählte als auch für (mindestens) eine andere gegeben hätte; unproblematisch sind die Fälle, in denen gerade von einer sonst üblichen Praxis abgewichen wurde oder es sogar anerkannte Kritik an der gewählten Struktur gab, über die sich der konkrete Datenbankgestalter hinweggesetzt hat. 12

Dabei dürfen für die Auswahl und Anordnung selbstverständlich auch **technische Hilfsmittel** genutzt werden dürfen. So kann die Auswahl von Informationen etwa durch geschickte Datenbankabfragen oder Mustervergleiche erfolgen. Durch Datenanalysewerkzeuge können ungeordnete Informationen schnell gefiltert („ausgewählt") und in Strukturen gefasst („angeordnet") werden. Dies beginnt mit der Umwandlung von Grafiken in Text, sei es durch OCR oder Einsatz multimodaler KI-Modellen[30] und endet mit dem automatischen Einordnen in streng typisierte Datenspalten (etwa binäre Ja-/Nein-Information, Zahlen oder semantisch eingeordnete und normalisierte Ausdrücke wie Geburtsort, Nachname oder Beruf). Erst dann, wenn letztlich über ein bloßes Hilfsmittel hinaus eine vollständige Automatisierung erfolgt oder über einen Impuls hinaus keine weitere Beeinflussung mehr erfolgte, wird man eine menschliche schöpferische Tätigkeit verneinen können. Dies ist im Zeitalter generativer KI (die auch Datenbankabfragen und Strukturen auf einfache Prompts generieren kann) ein Abgrenzungsproblem, das bislang vor allem im Rechtsstreit durch denjenigen, der ein Urheberrecht behauptet, kaum zu bewältigen ist. 13

Eine schwierige Abgrenzung verbirgt sich hinter § 4 Abs. 2 S. 2 UrhG, wonach der Schutz des Datenbankwerkes von dem „zur Schaffung des Datenbankwerkes oder zur Ermöglichung des Zugangs zu dessen Elementen verwendeten **Computerprogramm**" zu unterscheiden ist.[31] Unproblematisch ist dies einerseits bei rein beschreibenden Dateiformaten, wie dem bereits erwähnten XML-Format, da es sich dabei wie bei HTML[32] um eine reine „Beschreibungssprache" handelt. Dies stellt nach allgemeiner Ansicht[33] gerade kein Computerprogramm dar. Andererseits hat das zugrundeliegende Datenbankmanagementsystem (etwa Oracle, MS SQL Server, MariaDB) keinen Bezug zu den Inhalten und deren Struktur und stellt damit sicher ein Computerprogramm iSv § 69a UrhG dar. Aber schon bei den konkreten Tabellenschemata und Ansichten (Views) ist die Grenze fließend: Ist etwa die Vorgabe, dass die Matrikelnummer ein eindeutiges Feld in einer Tabelle mit 5 Ziffern ist „Computerprogramm" oder „Tabellengestaltung", ist es eher „Computerprogramm" oder „Datenbankgestaltung", wenn der Studiengang im Personendatensatz in der Tabelle „USERS" oder in einer eigenen Tabelle „COURSES" gespeichert wird? Nutzt die Datenbank im Rahmen von Abfragen Stored Procedures oder skalar- bzw. tabellenbasierte Funktionen, ist die Grenze erst Recht verwischt – denn diese können durchaus Informationen konsolidieren, die für die Ausgabe als Teil der „Daten" erscheinen, obwohl sie in 14

[29] OLG Hamburg 6.5.1999 – 3 U 246/98S, GRUR 2000, 319 (320) – Börsendaten; Schricker/Loewenheim/Leistner § 4 Rn. 22.

[30] Zum ambivalenten Begriff Parcalabescu/Trost/Frank, What is Multimodality?, arXiv:2103.06304 (2021).

[31] OGH 28.11.2000 – 4 Ob 273/00a, ZUM-RD 2001, 544; Rehbinder/Peukert Rn. 257.

[32] Dazu etwa OLG Düsseldorf 29.6.1999 – 20 U 85/98, CR 2000, 184; OLG Frankfurt a. M. 22.3.2005 – 11 U 64/04, MMR 2005, 705 f.; OLG Rostock 27.6.2007 – 2 W 12/07, CR 2007, 737 f.; OLG Rostock 27.6.2007 – 2 W 12/07, GRUR-RR 2008, 1; OLG Hamburg 29.2.2012 – 5 U 10/10, ZUM-RD 2012, 664; Kühn/Koch CR 2018, 648 (652).

[33] Wandtke/Bullinger/Grützmacher UrhG § 69a Rn. 18; Spindler/Schuster/Wiebe § 69a Rn. 6 mwN.

Echtzeit ermittelt werden. Die Unterscheidung ist wegen der Sonderregelungen in § 55a UrhG einerseits und §§ 69a ff. UrhG durchaus praxisrelevant. Bislang haben aber weder die Rechtsprechung noch die Literatur hierzu taugliche Abgrenzungskriterien entwickelt.

b) Schutz von Investitionen durch das Datenbankhersteller-/sui generis-Recht (§ 87a UrhG)

15 Neben dem international anerkannten und staatsvertraglich abgesicherten (Art. 10 Abs. 2 TRIPS; Art. 5 WCT) Schutz der schöpferischen Leistung bei der Auswahl oder Anordnung von Daten im Rahmen des Datenbankwerkschutzes (§ 4 Abs. 2 UrhG; Art. 3 Abs. 1 DatenbankRL 96/6/EG) kennen das deutsche und das europäische Recht auch ein allein **an die Investition anknüpfenden Leistungsschutzrecht** (§ 87a UrhG; Art. 7 Abs. 1 DatenbankRL 96/6/EG; die Richtlinie spricht vom „sui generis Recht"). Ein vergleichbarer Schutz wird außerhalb der EU praktisch nicht gewährt; der Vorschlag für einen WIPO-Datenbankvertrag[34] ist bereits früh gescheitert.

16 Begünstigt werden ausschließlich Hersteller oder Rechtsinhaber, die Staatsangehörige eines **EU-Mitgliedstaates** haben oder zumindest ihren gewöhnlichen Aufenthalt bzw. Hauptverwaltung oder Hauptniederlassung in der EU oder Satzungssitz und"eine tatsächliche ständige Verbindung zu der Wirtschaft eines der Mitgliedstaaten" dort haben (§ 127a UrhG; Art. 11 DatenbankRL 96/6 EG). Damit sind insbesondere Unternehmen aus den USA, aber auch zB aus Asien oder der Schweiz schon nicht durch das Datenbankherstellerrecht erfasst. Nach den allgemeinen Regeln des Internationalen Privatrechts (Territorialitäts- und Schutzlandprinzip, vgl. nur Art. 8 Abs. 1, Abs. 3 Rom II VO) muss zudem die maßgebliche Verletzungshandlung in einem EU-Mitgliedstaat stattgefunden haben, so dass das Schutzrecht praktisch nicht gegen Unternehmen in Drittstaaten wirkt.

17 Trotz dieses in einer globalen Datenökonomie ohnehin praktisch sehr eingeschränkten Anwendungsbereich hat das sui generis Recht in den fast 30 Jahren seit seiner Einführung **wenig positive Ergebnisse,** sondern eher unerwünschte Wettbewerbsbeschränkungen zur Folge gehabt.[35] Der EuGH hatte sich dann auch weniger mit den eigentlich im Fokus des damaligen Gesetzgebers stehenden wertvollen Daten etwa der European Space Agency zu befassen, sondern mit Pferderennen und Fußballspielplänen.[36] Die Gefahren einer Monopolisierung von Informationssammlungen für den Wettbewerb haben zu einer angeregten Diskussion über die Reichweite der „essential facilities"-Doktrin im Kontext von Art. 102 AEUV[37] und deren ausdrückliche Kodifikation in § 19 Abs. 2 Nr. 4 GWB geführt.

18 **Öffentliche Einrichtungen** dürfen nach Erwgr. 61 S. 3, Art. 1 Abs. 6 Open Data-RL 2019/1024 (§ 2 Abs. 5 DNG) das Datenbankherstellerrecht nicht in Anspruch nehmen, um dadurch die Weiterverwendung von Dokumenten zu verhindern oder diese Weiterverwendung über die in dieser RL festgelegten Beschränkungen hinaus einzuschränken. Ebenso sehen dies Erwgr. 18, Art. 5 Abs. 7 S. 2 DGA vor. Ob darüber hinaus auch § 5 Abs. 1 UrhG der Entstehung eines Schutzrechts entgegensteht[38] ist umstritten.[39] Entscheidendes Problem

---

[34] Draft Treaty on Intellectual Property in Respect of Databases, CRNR/DC/6 vom 30.8.1996, https://www.wipo.int/edocs/mdocs/diplconf/en/crnr_dc/crnr_dc_6.pdf; siehe die Antworten der WIPO-Mitgliedstaaten, https://www.wipo.int/edocs/mdocs/mdocs/en/db_im/db_im_3_add-annex1.html.

[35] Europäische Kommission, First evaluation of Directive 96/9/EC, 2005 (Erster Evaluierungsbericht), S. 17 ff.; Europäische Kommission, Evaluation of Directive 96/9/EC, SWD(2018). 146 final, 2018 (Zweiter Evaluierungsbericht), S. 15 ff.

[36] EuGH 9.11.2004 – C-203/02, GRUR 2005, 244 Rn. 31, 42 – BHB-Pferdewetten; EuGH 9.11.2004 – C-338/02, GRUR 2005, 252 f. Rn. 24 – Fixtures-Fußballspielpläne I; EuGH 9.11.2004 – C-444/02, GRUR 2005, 254 Rn. 40 – Fixtures-Fußballspielpläne II; EuGH 9.11.2004 – C-203/02, GRUR-Int 2005, 244 Rn. 31 ff. – Fixtures-Fußballspielpläne III.

[37] EuGH 29.4.2004 – C-418/01, GRUR-Int 2004, 455 – IMS Health/NDC.

[38] So die Vorlagefragen des BGH 28.9.2006 – I ZR 261/03, GRUR 2007, 500 (501) – Sächsischer Ausschreibungsdienst – die Vorlage wurde jedoch später zurückgenommen BGH 22.4.2010 – I ZR 89/08, GRUR-Int 2008, 1072.

[39] Ausf. Wandtke/Bullinger/Hermes UrhG § 87a Rn. 152 ff.

dabei ist, dass Art. 9 DatenbankRL 96/6 einen abschließenden Katalog von Schranken regelt, der eine entsprechende Ausnahme nicht kennt und der EuGH jedenfalls festgestellt hat, dass sich auch Hoheitsträger grundsätzlich auf das Datenbankherstellerrecht berufen können – ohne aber eine klare Aussage zu amtlichen Datenbanken zu treffen.[40]

Sehr diffus ist die Lage bei Daten, die bei der Nutzung eines vernetzten Produkts (Art. 2 Nr. 5 DA) oder verbundenen Dienstes (Art. 2 Nr. 6 DA) im Sinne des **Data Act** erzeugt werden.[41] Nach Art. 43 DA findet das Datenbankherstellerrecht „keine Anwendung", „wenn Daten mittels eines in den Anwendungsbereich … fallenden vernetzten Produkts oder verbundenen Dienstes erlangt oder erzeugt wurden". Dem Wortlaut nach ausgenommen werden nur die unmittelbar durch Sensoren erfassten Daten („observed data"), nicht aber daraus abgeleitete („derived data") oder mit anderen, nicht von Sensoren erfassten Informationen (etwa Adressdaten, Ortsbezeichnungen) aggregierte („aggregated data") Daten.[42] Noch weitergehend könnte man überlegen, den Ausnahmetatbestand teleologisch auf Fälle des nach dem Data Act erlaubten Zugangs zu beschränken – wenn also Dritte sich (ggf. sogar unter Umgehung von technischen Schutzmaßnahmen) die Datenbank verschaffen, spricht wenig dagegen dem Datenbankhersteller („Dateninhaber" im Sinne des Data Act), der ggf. erhebliche Investitionen getätigt hat, einen Anspruch zu gewähren. Denn Art. 43 DA soll nur den freien Handel von Daten (insbes. aufgrund einer Vereinbarung nach Art. 4 Abs. 13 S. 1 DA) gewährleisten, nicht aber Daten gegenüber unerwünschten Zugriffen Dritter (die weder „Nutzer" im Sinne des Data Act sind noch unter Art. 5 DA fallen) völlig schutzlos stellen (vgl. auch Erwgr. 112 S. 1). 19

Erforderlich für den Schutz nach § 87a UrhG (Art. 7 Abs. 1 DatenbankRL 96/6/EG) ist eine quantitativ oder qualitativ wesentliche **Investition.** Dabei kommen neben Geld auch Zeit, Arbeit und Energie in Betracht (Erwgr. 40 DatenbankRL 96/6/EG).[43] Die Investition muss gerade in die Datenbank selbst erfolgen und nicht in eine andere Ware oder Dienstleistung, welche die Daten nur als Nebenprodukt generieren kann („Spin-off-Theorie").[44] Zwar muss die Investition „wesentlich" sein, die Rechtsprechung legt hier jedoch keine allzu hohen Maßstäbe an.[45] Was eine „der Art nach" (qualitativ) wesentliche Investition ist, ist weitgehend ungeklärt – allein die Originalität der Auswahl oder Anordnung kann hierfür nicht maßgeblich sein, da diese schon durch § 4 Abs. 2 UrhG (Art. 3 Abs. 1 DatenbankRL 96/6/EG) geschützt ist.[46] Auch die wettbewerbliche Eigenart (der „Innovationsvorsprung" oder das Interesse des Marktes an der Datenbank) können hier nicht maßgeblich sein; sie rechtfertigen allenfalls einen ergänzenden wettbewerblichen Leistungsschutz (§§ 3 Abs. 1, 4 Nr. 3 UWG).[47] 20

Zu den Investitionen in die **Beschaffung** zählen insbesondere Aufwendungen, um Daten von Dritten zu erwerben (inkl. Lizenzzahlungen für entsprechende Nutzungsrechte).[48] Auch die Kosten für Geräte (Sensoren) zur Erfassung derartiger Daten gehören prinzipiell zu den 21

---

40 EuGH 12.7.2012 – C-138/11, GRUR 2013, 191 Rn. 47 – Compass-Datenbank.

41 Ausf. Kim MMR 2024, 87; Antoine CR 2024, 73; Wiebe GRUR 2023, 227 (230).

42 Hennemann/Steinroetter NJW 2024, 1 (6); Metzger/Schweitzer ZEuP 2023, 42 (74); Wiebe GRUR 2023, 227 (230).

43 Siehe auch BGH 1.12.2010 – I ZR 196/08, GRUR 2011, 724 Rn. 18; Schricker/Loewenheim/Vogel Rn. 43 ff.

44 BGH 1.12.2012 – I ZR 196/08, GRUR 2011, 724 Rn. 19 – Zweite Zahnarztmeinung II; BGH 25.3.2010 – I ZR 47/08, GRUR 2010, 1004 Rn. 18 – Autobahnmaut; BGH 30.4.2009 – I ZR 191/05, GRUR 2009, 852 Rn. 23 – Elektronischer Zolltarif; BGH 21.7.2005 – I ZR 290/02, GRUR 2005, 857 – HIT BILANZ.

45 BGH 1.12.2010 – I ZR 196/08, GRUR 2011, 724 Rn. 23 – Zweite Zahnarztmeinung II; OLG München 9.5.2019 – 29 U 1048/18, ZUM-RD 2019, 464 – Bodenrichtwerte; siehe auch Hornung, Die EU-Datenbank und ihre Umsetzung in das deutsche Recht, 1998, 112; Hornung, Die EU-Datenbank und ihre Umsetzung in das deutsche Recht, 1998, 112.

46 zutreffend Schricker/Loewenheim/Vogel § 87a Rn. 59.

47 aA wohl Leistner GRUR-Int 1999, 819 (828 ff.); Wandtke/Bullinger/Hermes Rn. 69; Schricker/Loewenheim/Vogel UrhG § 87a Rn. 58 f.

48 BGH 30.4.2009 – I ZR 191/05, GRUR 2009, 852 Rn. 24 – Elektronischer Zolltarif.

relevanten Investitionen. Dabei ist die allerdings Investition in die „Beschaffung" von Informationen zu unterscheiden von einer Investition in die „Erstellung" von Informationen.[49] Freilich ist diese Abgrenzung im Kontext von Sensoren, welche die Außenwelt messen, kaum formell klar zu fassen – so hat der BGH etwa im Hinblick auf die Autobahnmaut die Erfassung von Kennzeichen, Tankkartennummern, Länge der Strecke und Datum der Fahrt ein „Beschaffen" angenommen, weil diese „auch ohne ihre Erfassung durch die Klägerin vorhanden [sind und] nur gesammelt und geordnet" werden.[50] Die EU-Kommission hat in ihrer Evaluation der Datenbankrichtlinie und vor allem in Art. 34, Erwgr. 84 des Vorschlags des Data Act[51] (der endgültige Erwgr. 112 ist deutlich vorsichtiger formuliert) diese Auslegung der EuGH-Rechtsprechung explizit abgelehnt.[52] Richtigerweise dürfte das Kriterium sein, ob die Informationen auch von Dritten (mit entsprechenden Sensoren) hätten erfasst werden können oder ausschließlich der jetzige Inhaber Zugang erhalten kann.[53] Damit werden „Umweltdaten", die von externen Sensoren erfasst werden, „beschafft", während Daten, die von internen Sensoren gemessen „erzeugt" werden.

22 Sehr viel schwieriger sind Investitionen in **„Überprüfung"** und **„Darstellung"** zu konturieren.[54] Es geht um den Aufwand, um die Richtigkeit der ermittelten Elemente bei der Erstellung der Datenbank und während des Zeitraums ihres Betriebs zu gewährleisten. Hier werden aber neben einer menschlichen Verifikation vielfach auch rechenintensive Validierungsprozesse eingesetzt – während der Generierungsaufwand nach den obigen Ausführungen nicht erfasst ist, sind Geräte, Software, Menschen und Energie für die Gewährleistung von Integrität, Repräsentation, ggf. Anonymisierungs/Pseudonymisierung, Aggregation und Datensicherheit durchaus berücksichtigungsfähig.[55] Gerade dieser Auswertungsprozess kann dann aber auch wiederum durch den Datenbankhersteller selbst maschinengenerierte Daten ihrerseits dem Schutz unterwerfen.[56] Dies führt etwa bei Modellen in der KI, einschließlich neuronaler Netze, bei denen die einzelnen Elemente „generiert" und nicht „beschafft" werden, möglicherweise doch zu einem Schutz durch die Hintertür.[57]

c) Schutz einzelner Inhalte (§§ 2, 3 UrhG)

23 Selbstverständlich werden heute vielfach urheberrechtlich geschützte **Werke in digitaler Form,** dh als „Daten", repräsentiert. Einzige Anforderung ist insoweit, dass das Werk „wahrnehmbar" im weitesten Sinne war, wozu es genügt, dass irgendein Mensch es (und sei

[49] EuGH 9.11.2004 – C-203/02, GRUR 2005, 244 Rn. 31, 42 – BHB-Pferdewetten; EuGH 9.11.2004 – C-338/02, GRUR 2005, 252 f. Rn. 24 – Fixtures-Fußballspielpläne I; EuGH 9.11.2004 – C-444/02, GRUR 2005, 254 Rn. 40 – Fixtures-Fußballspielpläne II; EuGH 9.11.2004 – C-46/02, GRUR-Int 2005, 244 Rn. 31 ff. – Fixtures-Fußballspielpläne III.

[50] BGH 25.3.2010 – I ZR 47/08, ZUM 2010, 965 Rn. 15.

[51] Vorschlag für eine Verordnung des Europäischen Parlaments und des Rates über harmonisierte Vorschriften für einen fairen Datenzugang und eine faire Datennutzung (Datengesetz) vom 23.2.2022, COM(2022) 68 final.

[52] Ausführlich zu der Frage Drexl, Data Access and Control in the Era of Connected Devices, S. 72 f.

[53] Leistner/Antoine/Sagstetter, Big Data, S. 69 ff.

[54] Sehr weit etwa Schricker/Loewenheim/Vogel UrhG § 87a Rn. 45 f.: Aufwendungen der erstmaligen Datenaufbereitung, einschließlich der Optimierung der Abfragesysteme, laufende Betriebskosten, Kosten der zur Datenbanknutzung erforderlichen Computerprogramme, Kosten für die einschlägigen Tätigkeiten des Personals, das mit der Erstellung und Pflege der Datenbank beauftragt ist, für Mieten, für die Unterhaltung des Bürobetriebs.

[55] BGH 25.3.2010 – I ZR 47/08, GRUR 2010, 1004 Rn. 19 – Autobahnmaut; BGH 22.6.2011 – I ZR 159/10, GRUR 2011, 1018 Rn. 31 – Automobil-Onlinebörse; BGH 1.12.2010 – I ZR 196/08, GRUR 2011, 724 Rn. 17 ff. – Zweite Zahnarztmeinung II; OLG Düsseldorf 7.8.2008 – I-20 W 103/08, ZUM-RD 2008, 598; fragwürdig (da es letztlich eben doch um die „Generierung" neuer Daten ging) OLG Köln 28.2.2020 – 6 U 128/19, MMR 2021, 66; evtl. aA OLG Hamburg 8.6.2017 – 5 U 54/12, CR 2018, 22.

[56] Zur Problematik ausführlich Wandtke/Bullinger/Hermes UrhG § 87a Rn. 35 ff.; Wiebe CR 2005, 169 (171); Hoeren MMR 2005, 34 (35).

[57] Zu KI-Trainingsdaten Hacker GRUR 2020, 1025 (1029); Hacker ZGE 2020, 230.

es nur mit technischen Hilfsmitteln) potentiell hätte erfassen können.[58] Freilich wirft die rein digitale Werkschöpfung Schwierigkeiten auf, soweit es um die Einordnung als „Original" oder „Vervielfältigungsstück" geht.[59] Bei den hier in Rede stehenden Bild-, Audio-, Video- und Textdateien überlagert das Urheberrecht das Datenrecht weitgehend. Es ist für das Urheberrecht anders als für den Sachbegriff des BGB (§ 90 BGB) nicht relevant, ob man ein Buch oder ein eBook erwirbt (Bedeutung hat dies allerdings für die Erschöpfung nach § 17 Abs. 2 UrhG, dazu noch → Rn. 29). Werden also einzelne (oder mehrere) Werke in digitaler Gestalt (Filme, Apps, Spiele, Musik, Texte, Software) erworben, gelten selbstverständlich die Regeln des urheberrechtlichen Lizenzvertragsrechts.

Von zunehmender Bedeutung ist die Frage, inwieweit Inhalte die **maschinell generiert** **24**
wurden (insbes. durch generative KI iSv Art. 50 Abs. 2 KI-VO), dem Urheberrechtsschutz unterliegen können. Die Frage ist im Schrifttum hoch umstritten;[60] Rechtsprechung liegt praktisch keine vor.[61] Einig ist man sich noch dahingehend, dass selbstverständlich technische Hilfsmittel bei der Erstellung der Inhalte genutzt werden dürfen – von der Autokorrektur der Textverarbeitung über die digitale Verbesserung von musikalischen Kompositionen bis hin zur Glättung, Optimierung, etc von Grafiken bei Bildbearbeitung und Computeranimationen. Auch ist man sich jedenfalls weit überwiegend einig, dass Inhalte, die ohne jeglichen menschlichen Impuls autonom und autark von einer KI generiert werden, keinem Menschen zugeordnet werden können und deshalb nicht geschützt werden (auch weil die Maschine nicht rechtsfähig ist).[62] Je geringer aber der menschliche Einfluss wird, desto schwieriger wird es, einem Menschen die Urheberschaft zuzusprechen. Genausowenig wie die Aktivitäten eines (Haus-)Tiers oder über einem Grundstück fliegende Wolken eine kreative Leistung des jeweiligen Eigentümers darstellen, kann man dem Betreiber von IT-Infrastruktur oder dem Programmierer sämtliche generierte Inhalte (vor allem mit einer Schutzfrist von 70 Jahren nach dessen Tod) zuordnen. Soweit aber eine kreative Leistung in Form der Auswahl (etwa durch wiederholte Verfeinerung der Abfragen in einem Dialog) erfolgt und die Zahl der auswählbaren Gegenstände sehr groß ist, spricht (auch vor dem Hintergrund der in § 4 Abs. 2 UrhG für Datenbankwerke sogar explizit in Bezug genommenen Auswahl und Anordnung als Aspekte schöpferischer Tätigkeit) wenig gegen einen Schutz. Die Grenzen sind hier aber fließend. Große praktische Bedeutung dürfte insoweit der Beweislast zukommen: In einem Rechtsstreit müsste derjenige, der sich auf urheberrechtlichen Schutz beruft, beweisen, dass eine menschliche Schöpfung vorliegt. Angesichts der geringen Treffergenauigkeit automatisierter Erkennungswerkzeuge und der zu erwartenden Schwierigkeiten beim Einsatz von Wasserzeichen (Art. 50 Abs. 2 KI-VO), vor allem durch die Möglichkeit, diese zu entfernen, wird man hier regelmäßig auf Zeugenaussagen oder bestenfalls Augenscheinsobjekte (Entwürfe) zurückgreifen müssen. Beweiserleichterungen[63] oder gar eine Beweislastumkehr sind in der aktuellen Rechtsprechung nicht anerkannt.

---

58 BGH 27.2.1962 – I ZR 118/60, GRUR 1962, 470 (472) – AKI; BGH 29.4.2021 – I ZR 193/20, GRUR 2021, 1290 Rn. 47 – Zugangsrecht des Architekten.

59 Eine denkbare Lösung bietet hier der Authentizitätsnachweis durch NFT, vgl. dazu Heine/Stang MMR 2021, 755; Rauer/Bibi ZUM 2022, 20; Richter NJW 2022, 3469; Spikowius/Rack MMR 2022, 256.

60 Siehe etwa Hofmann ZRP 2025, 13; Baumann NJW 2023, 3673; Maamar ZUM 2023, 481; Siems/Wiborg RDi 2025, 136; Wagner MMR 2023, 811; Wagner MMR 2024, 298; Kraetzig NJW 2024, 697; Kunitz LTZ 2025, 10; Zachrau ZM 2025, 197; Peukert GRUR 2025, 109; Raue ZUM 2024, 157; Dornis GRUR 2021, 784; Wiedemann/Stocks GRUR 2025, 360; Theodoridis NJW 2025, 689; von Welser GRUR 2024, 1406.

61 Siehe die Entscheidung des Volksgerichts Nanshang (VR China), RDi 2021, 150 (mAnm Denga) sowie die Entscheidung des Bejing Internet Court, https://english.bjinternetcourt.gov.cn/pdf/BeijingInternetCourtCivilJudgment112792023.pdf; siehe auch die FAQ des BMJ unter https://www.bmj.de/SharedDocs/Downloads/DE/Themen/Nav_Themen/240305_FAQ_KI_Urheberrecht.pdf?__blob=publicationFile&v=2.

62 So in dem (durch den Vortrag eindeutigen) Fall Thaler v. Perlmutter, No. 23–5233 (D. C. Cir. 2025).

63 Siehe zur Beweislast etwa BGH 27.5.1981 – I ZR 102/79, GRUR 1981, 820 (822): „Verteidigt sich der Bekl. demgegenüber mit dem Einwand, die Schutzfähigkeit entfalle oder der Schutzumfang sei eingeschränkt, weil der Urheber auf vorbekanntes Formengut zurückgegriffen habe, so ist es seine Sache, das Aussehen des älteren Werkes darzulegen und zu beweisen".

25 Auch eine Datensammlung, die an sich urheberrechtlich nicht schutzfähige Inhalte (etwa Wetterdaten, Messdaten von Erdbeben oder Adresslisten) enthält, kann im Einzelfall auch urheberrechtlich geschützte Werke enthalten. Dies betrifft etwa von Hand eingefügte **„Metadaten" und Annotationen,** die vielfach erst den Wert der Daten ausmachen. Gemeint sind damit nicht die Fälle der Rechtewahrnehmungsinformationen nach § 95c UrhG (Art. 7 InfoSocRL 2001/29/EG, Art. 12 WCT).[64] Vielmehr geht es um inhaltliche Erläuterungen, etwa den redaktionellen Leitsätzen bei der Veröffentlichung von Urteilen.[65] Wer nun von Hand kreative Anmerkungen verfasst, Zusammenfassungen erstellt, Schlagworte vergibt, Inhalte verknüpft, etc erbringt eine schöpferische Tätigkeit, welche (unabhängig vom Schutz der Gesamtsammlung als „Datenbankwerk", dazu → Rn. 8 ff.) auch dem so annotierten Inhalt urheberrechtliche Qualität verleiht.

26 Wenn eine Datensammlung **sowohl urheberrechtlich geschützte als auch nicht geschützte Inhalte** enthält, bedarf es nur in Bezug auf die geschützten Inhalte des Rückgriffs auf gesetzliche Schranken (§§ 44a ff. UrhG) bzw. einer Lizenz (§ 31 UrhG). Für die nicht geschützten Inhalte sind allenfalls schuldrechtliche Vorgaben, Verwendungsbeschränkungen nach dem Geschäftsgeheimnisgesetz sowie datenschutzrechtliche Beschränkungen zu beachten. Das Entfernen der urheberrechtlich geschützten Inhalte würde insoweit die Verkehrsfähigkeit des Datenpakets erheblich erleichtern; es ist auch (soweit dadurch keine nach § 23 Abs. 2 Nr. 4 UrhG zustimmungsbedürftige Bearbeitung eines Datenbankwerks erfolgt, vgl. → Rn. 35) ohne erneute Vertragsverhandlungen möglich. In der Praxis kann die Aufteilung eines Datenpakets nach geschützten und nicht geschützten Inhalten jedoch schwierig oder sogar undurchführbar sein: Ob ein Inhalt (etwa ein Text wie eine E-Mail) die nach § 2 Abs. 2 UrhG erforderliche Schöpfungshöhe erreicht, lässt sich automatisiert ebenso wenig beurteilen wie die bereits angesprochene Frage, ob der Inhalt nicht maschinell generiert war. Selbst der Ablauf der Schutzfrist lässt sich ohne genaue Kenntnis des Urhebers und des Sterbedatums kaum feststellen. Praktisch bedeutet dies, dass bei Inhalten im Zweifel davon ausgegangen werden muss, dass sie urheberrechtlich geschützt sind; insbesondere lässt sich bei einem großen Textkorpus (etwa Sammlungen von Formularen) nie ausschließen, dass er auch einzelne urheberrechtlich geschützte Inhalte umfasst. Es ist für die Verletzung von Urheberrechten zudem irrelevant, ob ein Werk einzeln oder als Bestandteil einer größeren Gesamtheit (insbes. als Datenbank) weitergegeben wird. Immerhin vor einem Ende einer durch den Urheber erteilten Hauptlizenz des Vertragspartners sind die Datennutzer durch den Sukzessionsschutz (§ 33 UrhG) weitgehend geschützt. Praktisch „infiziert" bereits ein einzelner rechtlich geschützter Inhalt den gesamten Datenbestand, soweit er nicht eindeutig identifiziert und entfernt werden kann. Da hier Rechte Dritter betroffen sein können, kann der Datennutzer bzw. -erwerber sich nur durch vertragliche Regressansprüche absichern.

27 Die obigen Ausführungen gelten entsprechend für Inhalte, die nur (oder auch) durch ein **Leistungsschutzrecht** geschützt sind. Dies betrifft insbesondere Lichtbilder (§ 72 UrhG), Laufbilder (§ 95 UrhG), den Schutz von ausübenden Künstlern (§ 125 UrhG) und Tonträgerherstellern (§ 126 UrhG). Der diesen zustehende Schutz ihrer Arbeitsergebnisse umfasst auch deren digitale Form, dh alle Daten, welche die geschützten Inhalte repräsentieren (sei es auf einem Datenträgermedium oder eben als rein digital gespeicherte und übertragene Information).

---

64 Dazu OLG Köln 20.1.2017 – 6 U 105/16, GRUR-RR 2017, 212; 2.6.2023 – 6 U 17/23, ZUM 2023, 614.

65 für deren Schutz als Bearbeitung iSv § 3 UrhG etwa BGHZ 116, 136 = NJW 1992, 1316; daran anschließend etwa OLG Köln 28.8.2008 – 6 W 110/08, MMR 2009, 198; die Orientierungssätze der Dokumentationsstelle des BVerfG sind nur wegen § 5 Abs. 1 UrhG gemeinfrei, vgl. VGH Mannheim 7.5.2013 – 10 S 281/12, NJW 2013, 2045 (2047 f.).

3. Erlaubte Nutzungshandlung vs. Verwertungsrechte

Nach § 15 UrhG (demgegenüber noch weiter einschränkend § 87b UrhG für das Datenbankherstellerrecht) stehen bestimmte **Verwertungsrechte** ausschließen dem Urheber zu; freilich ging der Gesetzgeber seinerzeit von der Vergütung der Wahrnehmung des Werks durch Menschen als Grundlage der „angemessenen Vergütung" (§ 11 S. 2 UrhG) der Urheber aus, so dass die dort genannten Konstellationen nur teilweise auf den Datenhandel passen. Hervorzuheben ist, dass die in § 15 Abs. 1 UrhG genannten „körperlichen" Verwertungsformen entgegen dem sonstigen Verständnis (etwa § 90 BGB) gerade nicht auf einzelne dauerhafte physische Vervielfältigungsstücke (etwa Kopien auf einer CD-ROM oder einer Festplatte) beschränkt sind, sondern auch nur die vorübergehend fixierte digitale Kopie in einem Netzwerk (beim bloßen Übermitteln von einzelnen Datenpaketen enthält das einzelne Paket freilich in der Regel schon mangels Größe kein schutzfähiges Werk bzw. keinen schutzfähigen Werkteil[66]) und im Arbeitsspeicher[67] (und sogar der einzelnen Information im Speicher der Grafikkarte[68]) erfassen. Nur vor diesem Hintergrund bedarf es überhaupt der Schranke des § 44a Nr. 1 UrhG, → Rn. 53 f., für Übertragungen in einem Netz; ausdrücklich umfasst § 69c Nr. 1 UrhG auch die Vervielfältigung zum „Ablaufen" eines Programms. Von Relevanz für den Datenhandel sind dabei insbesondere das Vervielfältigungsrecht (§ 16 UrhG) sowie das Recht der öffentlichen Zugänglichmachung (§ 19a UrhG). Durch die Used Soft-Entscheidung des EuGH[69] ist auch die Verbreitung (§ 17 Abs. 1 UrhG) wieder in den Fokus geraten. Ob – wie in letzter Zeit zunehmend diskutiert – das KI-Training de lege lata ein eigenes Verwertungsrecht neben der normalen Vervielfältigung (§ 16 UrhG) und der Bearbeitung (§ 23 UrhG) darstellt oder zumindest eine lizenzvertraglich eigenständig zu behandelnde Nutzungsart, ist zweifelhaft.[70] 28

a) Weitergabe (Erschöpfung, § 17 Abs. 2 UrhG)

Nach § 17 Abs. 2 UrhG (für Software § 69c Nr. 3 S. 2 UrhG) kann der Urheber die dauerhafte Weiterübertragung eines im EWR erworbenen Werkstücks weder verhindern noch steht ihm ein Anspruch auf Vergütung zu (sog. **„Erschöpfungsgrundsatz"**). Diese Erschöpfung der Befugnisse des Berechtigten ermöglicht die freie Verkehrsfähigkeit von Werkstücken und gewährleistet damit auch den Schutz des Sacheigentums des Erwerbers. Unproblematisch ist dies, wenn der Rechteinhaber einen körperlichen Gegenstand mit dem geschützten Werk in Verkehr gebracht hat – sei es ein gedrucktes Buch, eine CD-ROM oder ein Gerät, auf dem die Inhalte unmittelbar gespeichert sind. Tatsächlich werden Inhalte aber heutzutage oftmals nur zum (einmaligen) Abruf bereitgehalten (§ 19a UrhG); die erlaubte Vervielfältigung iSv § 16 UrhG (und damit die Herstellung des eigenen Werkstücks) erfolgt nicht durch den Rechteinhaber, sondern obliegt dem potentiellen Nutzer. 29

Weitgehend unstreitig ist in diesen Fällen, dass die Erschöpfung nicht die **Herstellung von weiteren Vervielfältigungsstücken** erlaubt, dh dass sich das Vervielfältigungsrecht nicht erschöpft.[71] Der Nutzer darf daher die erworbenen Inhalte nicht ohne besonders eingeräumte Befugnis nach § 31 Abs. 1 UrhG an Dritte per E-Mail versenden oder für diese auf ein Medium kopieren (CD-ROM, DVD, USB-Stick, Festplatte). Ebenso wenig erschöpft sich das Recht der öffentlichen Zugänglichmachung (§ 19a UrhG) – der Nutzer darf daher den Inhalt nicht für einen potentiellen Erwerber zum Download bereitstellen. Für 30

---

[66] Zutr. Hoeren/Sieber/Holznagel MMR-HdB/Ernst Teil 7.1 Rn. 61; Schricker/Loewenheim/Loewenheim UrhG § 16 Rn. 23; Wandtke/Bullinger/Heerma UrhG § 16 Rn. 21.
[67] BGH 3.2.2011 – I ZR 129/08, GRUR 2011, 418 Rn. 13 – Used Soft; Schricker/Loewenheim/Loewenheim § 16 Rn. 20.
[68] Marly EuZW 2014, 616.
[69] EuGH 3.7.2012 – C-128/11, GRUR 2012, 904 – Used Soft.
[70] Ausf. Ventroni MMR 2025, 253; Ventroni/Kaiser MMR 2025, 163.
[71] für Datenbanken EuGH 9.11.2004 – C-203/02, GRUR 2005, 244 Rn. 52, 58 – BHB-Pferdewetten; Wandtke/Bullinger/Heerma Rn. 32.

den Datenhandel, insbesondere den Sekundärmarkt, kann das Urheberrecht daher eine erhebliche Einschränkung bedeuten.

31 Das Ergebnis ist für diejenigen, die eine dauerhafte Lizenz für Inhalte erworben haben, die sie nur einmalig benötigten, unbefriedigend. Soweit der Nutzer die digitalen Inhalte selbst nicht mehr nutzen kann oder will, ist ihm eine **Übertragung an Dritte faktisch nicht möglich.** Im Schrifttum wurde daher schon lange eine „digitale Erschöpfung" de lege ferenda und zum Teil sogar de lege gefordert.[72] Der EuGH unterscheidet jedoch unter Hinweis auf den WCT streng formal zwischen der „Verbreitung" nach Art. 4 Abs. 1 InfoSoc RL 2001/29/EG (§ 17 Abs. 1 UrhG) und der „öffentlichen Zugänglichmachung" nach Art. 3 Abs. 1 InfoSocRL 2001/29/EG (§ 19a UrhG); nur für erstere kennt das Gesetz die Erschöpfung (Art. 4 Abs. 2 InfoSocRL 2001/29/EG; § 17 Abs. 2 UrhG).[73] Dieses Ergebnis rechtfertigt er zudem mit wirtschaftlichen Erwägungen: Eine digitale Kopie würde – anders als ein körperliches Vervielfältigungsstück – „durch den Gebrauch nicht verschlechtert, so dass die „gebrauchten" Kopien einen perfekten Ersatz für neue Kopien darstellen". Gleichzeitig bringe der Austausch digitaler Kopien deutlich weniger Aufwand mit sich als bei körperlichen Gegenständen. Daher würde eine digitale Erschöpfung für den Urheber empfindliche Einnahmeausfälle bedeuten, die dieser nicht hinzunehmen habe.

32 Nach wohl herrschender Meinung ist es weitergehend sogar unzulässig, das ursprünglich durch den Nutzer **mit Zustimmung des Rechteinhabers hergestellte konkrete Vervielfältigungsstück** (also die Kopie auf der Festplatte, einem USB-Stick oder sonstigen Speichermedium des Nutzers) mit den darauf enthaltenen Inhalten zu übereignen – vielmehr seien die Inhalte praktisch vor der Übergabe an Dritte zu löschen. Der Hintergrund ist auch hier der formale Hinweis, dass der Rechteinhaber den Inhalt nie iSv § 17 UrhG „verbreitet", sondern nur nach § 19a UrhG „öffentlich zugänglich gemacht" hat. Teleologisch greift das Argument der fehlenden Qualitätsverschlechterung durch Abnutzung auch für die digitale Kopie auf dem Datenträger; der dadurch eröffnete Sekundärmarkt würde den Urheber stärker als bei körperlichen Gegenständen beeinträchtigen. Dennoch ist nicht einsichtig, wieso der Handel mit Sachen iSv § 90 BGB derart intensiv beschränkt werden soll – denn immerhin profitiert auch der Rechteinhaber von den geringeren Kosten des konkreten Vertriebsweges (keine Kosten für Datenträger und deren Versand).[74]

33 Demgegenüber hat der EuGH in der **UsedSoft-Entscheidung**[75] für Art. 4 Abs. 2 ComputerprogrammRL 2009/24/EG (§ 69c Nr. 3 S. 2 UrhG) eine andere Auslegung vorgegeben. Soweit die Lizenz vorsieht, dass die Programmkopie nicht nur auf Zeit überlassen wird, sondern dauerhaft beim Lizenznehmer verbleiben soll, tritt die Erschöpfung auch ein, wenn Software ausschließlich online durch eigenen Download des Ersterwerbers mit Zustimmung des Rechteinhabers verkörpert wurde. In diesem Fall muss der Ersterwerber seine Kopie unbrauchbar machen und kann sein Nutzungsrecht an einen Dritten übertragen.[76] Dem Erwerber darf dann die heruntergeladene Originalkopie (auf dem entsprechenden Datenträger – dh mit dem gesamten PC oder USB-Stick) übertragen werden. Demgegenüber darf der Ersterwerber keine von ihm angefertigte Sicherungskopie weitergeben; stattdessen muss der Rechteinhaber dem Zweiterwerber bei Nachweis der Berechtigung die Möglichkeit zum erneuten Download einräumen.[77] Praktisch bereitet dieses Auseinanderfallen der Behandlung von Computerprogrammen (Software) von anderen Inhalten erhebliche Schwierigkeiten, zumal der EuGH selbst etwa den Schutz von

72 ausf. noch Peifer AfP 2013, 89 (90 ff.); Hoeren/Jakopp MMR 2014, 646; Peter ZUM 2019, 490 (500).

73 EuGH 19.12.2019 – C-263/18, GRUR 2020, 179 Rn. 139–149 – NUV ua/Tom Kabinet; ebenso bereits OLG Hamburg 24.3.2015 – 10 U 5/11, ZUM 2015, 503; OLG Hamm 15.5.2014 – 22 U 60/13, GRUR 2014, 853 (855) – Hörbuch-AGB; OLG Frankfurt a. M. 18.5.2010 – 11 U 69/09, MMR 2010, 621; OLG Stuttgart K&R 2014, 295.

74 So auch Wandtke/Bullinger/Heerma Rn. 32.

75 EuGH 3.7.2012 – C-128/11, GRUR 2012, 904 – UsedSoft.

76 BGH 17.7.2013 – I ZR 129/08, GRUR 2014, 264 – UsedSoft.

77 EuGH 12.10.2016 – C-166/15, MMR 2017, 19 – Ranks et al.

Benutzeroberflächen gerade nicht dem Softwareschutz, sondern dem allgemeinen Urheberrecht zuordnet.[78] Der EuGH meint, man könne hier auf den Schwerpunkt des jeweiligen digitalen Inhalts abstellen – der aber praktisch kaum je auszumachen sein dürfte.[79]

b) Be- und Verarbeitungen (§ 23 UrhG)

Eine zentrale Aufgabe in der Datenwirtschaft ist die **Weiterverarbeitung digitaler Inhalte.** Das Urheberrecht stellt allerdings zumindest die Veröffentlichung und Verwertung von bearbeiteten Werken unter einen Zustimmungsvorbehalt (§ 23 Abs. 1 S. 1 UrhG). Bei Inanspruchnahme einer gesetzlichen Schranke besteht ein extensives Änderungsverbot (§ 62 UrhG, im Zweifel umfasst zudem ein einfaches Nutzungsrecht nicht die Befugnis ein Werk zu ändern (§ 39 UrhG). Im Extremfall kann schließlich der Urheber aus persönlichkeitsrechtlichen Gesichtspunkten gegen eine Entstellung des Werkes vorgehen (§ 14 UrhG). Insgesamt scheint daher aus urheberrechtlicher Sicht viel dafür zu sprechen, Inhalte, die dem dortigen Schutz unterfallen, unverändert weiterzugeben. 34

Noch problematischer ist das **Bearbeitungsverbot bei Datenbankwerken** (§ 23 Abs. 2 Nr. 4 UrhG iVm § 4 Abs. 2 UrhG) und Computerprogrammen (§ 69c Nr. 2 UrhG): Dort ist nicht erst die Verwertung und Veröffentlichung von einer Zustimmung abhängig, sondern bereits die Bearbeitung als solche zustimmungsbedürftig. Wer also die Struktur anpassen will,[80] muss – unabhängig davon, ob dies die für einen eigenen Schutz nach § 3 UrhG erforderliche Schöpfungshöhe erreicht – vorher eine Zustimmung einholen. Allerdings bildet § 55a UrhG für Datenbankwerke (und § 69d Abs. 1 UrhG für Computerprogramme) eine Rückausnahme, für den Fall, dass die Bearbeitung für die übliche Benutzung der Datenbank erforderlich ist oder sogar erst den Zugang zu der Datenbank ermöglicht. 35

Neben dem Zitatrecht (§ 51 UrhG) und dem Recht, Karikaturen, Parodien und Pastiche herzustellen (§ 51a UrhG) ist insbesondere die **Privilegierung des § 23 Abs. 1 S. 2 UrhG** zu beachten. Diese wurde 2017 neu geschaffen, um den von der Europarechtswidrigkeit der früheren „freien Benutzung" (§ 24 UrhG) unberührt gebliebenen Kerngedanken der bloßen „Inspiration" weiter explizit zu regeln.[81] Maßgeblich ist der „äußere Abstand", was der Verwechslungsgefahr im Markenrecht verwandt ist: Je geringer die Individualität des Originals aus Sicht des Verkehrs, desto eher wird es verblassen.[82] Je mehr Elemente des ursprünglichen Werks im entstehenden Vergleichsobjekt erkennbar sind, desto unwahrscheinlicher wird ein Verblassen.[83] Entgegen dem Wortlaut muss es sich bei dem durch die Bearbeitung entstehenden Inhalt nicht notwendig um ein „Werk" handeln, dh es muss keine (menschliche) geistige Schöpfung mit entsprechender Schöpfungshöhe vorliegen.[84] Ergibt sich die Unterscheidung nicht objektiv aus dem Empfängerhorizont, sondern aus der Zweckrichtung des Bearbeitenden, kommen hingegen nur die gesetzlichen Schranken des Urheberrechts, insbes. § 51a UrhG (→ Rn. 55 f.) in Betracht. 36

Unklar ist die Reichweite des § 23 Abs. 3 UrhG, der **technisch bedingte Änderungen** eines Werkes von der Zustimmungspflicht ausnimmt (und praktisch auch vom Änderungsverbot bei der Schrankennutzung aus § 62 UrhG, wo es eher hätte angesiedelt werden müssen). Ausdrücklich genannt wird hier neben der Archivierung und Restauration durch Bibliotheken das Text- und Datamining, sowohl aufgrund der besonderen Wissenschaftsschranke des § 60d UrhG (→ Rn. 52) als auch aufgrund der allgemeingültigen Schranke des § 44b Abs. 2 UrhG (→ Rn. 45). Privilegiert ist aber nicht jede Änderung, die im Rahmen 37

78 EuGH 22.12.2010 – C-393/09, GRUR 2011, 220 – BSA/Kulturministerium.

79 EuGH 19.12.2019 – C-263/18, GRUR 2020, 179 – NUV ua/Tom Kabinet; zu den Problemen näher auch Grützmacher CR 2020, 154.

80 Dreier/Schulze/Schulze § 23 Rn. 24.

81 BT-Drs. 19/27426, 55; siehe etwa OLG Düsseldorf 21.10.2003–20 U 170/02, ZUM 2004, 71 (72).

82 Möhring/Nicolini/Ahlberg § 24 Rn. 8; Dreier/Schulze/Schulze § 24 Rn. 8.

83 Loewenheim UrhR-HdB/Leistner § 8 Rn. 17.

84 Zutr. Wandtke/Bullinger/Bullinger UrhG § 23 Rn. 28.

des Prozesses erfolgt, sondern nur diejenigen, die technisch erforderlich sind. Bereits die Frage, ob nicht zwingend erforderliche (unabdingbare), aber dennoch „sinnvolle" Änderungen (etwa die Entfernung von Stop-Words und die sonstige Normalisierung des Textes, etwa durch Stemming oder Lemmatization) von der Schranke umfasst sind, ist nicht eindeutig.[85]

38 Zu beachten ist, dass eine Bearbeitung zur Entstehung eines eigenen **Urheberrechtsschutzes zugunsten des Bearbeiters** führen kann (§ 3 UrhG).[86] Voraussetzung dafür ist, dass das Ergebnis der Bearbeitung zwar einerseits selbst die erforderliche Schöpfungshöhe nach § 2 Abs. 2 UrhG entfaltet, aber andererseits keinen „hinreichenden Abstand" zum benutzten Ursprungswerk (§ 23 Abs. 1 S. 2 UrhG) wahrt. Abzugrenzen ist dabei § 3 UrhG von der Aufnahme in eine Datenbank, bei der die Struktur oder Auswahl nach § 4 Abs. 2 UrhG geschützt sein kann und der Aufwand der Überprüfung und Darstellung bzw. der Beschaffung der Inhalte zu einem Datenbankherstellerrecht nach § 87a UrhG führen kann. Bei vollautomatisch erstellten derivativen Produkten wird es schon an der hierzu erforderlichen schöpferischen (menschlichen) Tätigkeit fehlen – dies betrifft etwa die Erstellung von automatischen Visualisierungen oder Abstracts durch einen Algorithmus oder ein KI-System, selbst wenn dieses System seinerseits urheberrechtlich geschützt ist.

39 Nicht jede **„Verarbeitung"** von Daten stellt automatisch auch eine Bearbeitung oder Umgestaltung iSv § 23 UrhG dar. Dies deutet § 23 Abs. 1 S. 2 UrhG an, folgt aber auch aus dem Umstand, dass der Werkgenuss (die „Nutzung" eines geschützten Inhalts)[87] gerade nicht zu den Verwertungsrechten gehört, die nach § 15 UrhG dem Urheber vorbehalten sind. Wenn ein Mensch einen Text (etwa eine Anleitung zum Programmieren oder zur Vornahme von Finanzanlagen) liest und sich diesem entsprechend verhält, ist sein Verhalten keine „Bearbeitung" des Werkes; selbst wenn ein Hobbykoch ein Rezept aus einem Kochbuch nachkocht, dürfte das entstehende Nahrungsmittel keine Bearbeitung des Sprachwerks darstellen. Im digitalen Bereich bedeutet die Übertragung dieses Gedankens, dass ein KI-Modell, in dem Quelldaten (Bilder, Texte, Sounds, Videos) ohne Rücksicht auf deren Inhalt nur als „Eindrücke" zu Vektoren verarbeitet. Selbst wenn man hier also eine „ausschließlich technisch bedingte Änderung" iSv § 23 Abs. 3 UrhG verneinen würde, wäre allein die Aufnahme in ein KI-Modell keine Bearbeitung. Ebenso wenig ist die Nutzung der Informationen im rein internen Kontext keine Bearbeitung, wird aber regelmäßig technisch eine Vervielfältigung (§ 16 UrhG) voraussetzen.[88]

40 Eine Bearbeitung iSv § 23 UrhG liegt nicht automatisch vor, wenn maschinell ein **Inhalt generiert wird, der einem vorbestehenden, urheberrechtlich geschützten Werk ähnlich oder sogar mit diesem identisch ist.** Hier gilt das vielzitierte „Infinite Monkey Theorem"[89] – wenn schon Affen bei unendlichen Versuchen Shakespeares Werke produzieren können, ist dies auch bei einem mit sehr viel mehr Daten gefütterten und schnellen Algorithmus nicht auszuschließen. Ebenso wie die menschliche unabhängige Parallelschöpfung keine Urheberrechtsverletzung darstellt, kann auch die maschinelle Generierung als solche keine Bearbeitung eines (ggf. dem System nicht bekannten) Originals darstellen.[90] Etwas anderes gilt hingegen, wenn das tatsächlich als Trainingsdatum genutzte Original im

---

[85] Dreier/Schulze/Raue UrhG § 23 Rn. 144.

[86] Fromm/Nordemann/A. Nordemann § 3 Rn. 15; zur unangenehmen Folge der wechselseitigen Rechtsbeschränkung BGH 30.11.1954 – I ZR 143/52, GRUR 1955, 351 (354) – Indeta; BGH 31.5.1960 – I ZR 53/58, GRUR 1960, 619 (626) – Künstlerlizenz bei öffentlicher Wiedergabe von Schallplatten.

[87] BGH 4.10.1990 – I ZR 139/89, GRUR 1991, 449 (453) – Betriebssystem; Schulze ZUM 2000, 126 (130).

[88] Raue EuR 2023, 364 (365).

[89] „a monkey hitting keys independently and at random on a typewriter keyboard for an infinite amount of time will almost surely type any given text, including the complete works of William Shakespeare.", zum mathematischen Hintergrund Woodcock/Falletta, A numerical evaluation of the Finite Monkeys Theorem, https://doi.org/10.1016/j.fraope.2024.100171.

[90] F. Hofmann WRP 2024, 11 Rn. 38; Steinrötter/Borchert CR 2024, 558 Rn. 29; Käde ZUM 2024, 174.

konkreten KI-Modell nachweisbar so dominant war, dass es die Ausgabe geprägt hat.[91] Das wird aber im Regelfall schwer nachweisbar sein.

c) Text- und Data-Mining (§§ 44b, 60d UrhG)

Gerade im Zusammenhang mit dem **Training von KI-Modellen** hat das „Text- und Data-Mining" enorme Bedeutung erlangt.[92] Tatsächlich wird insbesondere seitens der Verwertungsgesellschaften versucht, hier erweiterte kollektive Lizenzen als Ausweg ins Spiel zu bringen.[93] Wesentlich weniger umstritten ist die Anwendung der diesbezüglichen Schranken bei der traditionellen Datenanalyse.[94] Schon vor den europarechtlichen Vorgaben hatte sich der deutsche Gesetzgeber an einer diesbezüglichen, freilich auf die nichtkommerzielle wissenschaftliche Forschung beschränkten Schranke versucht.[95] **41**

Unter **Text- und Datamining** versteht das deutsche Urheberrecht gem. § 44b Abs. 1 UrhG „die automatisierte Analyse von einzelnen oder mehreren digitalen oder digitalisierten Werken, um daraus Informationen insbesondere über Muster, Trends und Korrelationen zu gewinnen". Die gesetzliche Definition des Text- und Datamining in § 44b Abs. 1 UrhG wurde Art. 2 Nr. 2, Erwgr. 8 DSM-RL 2019/790 entnommen. Diese Definition der Richtlinie ist für die dort vorgesehenen Schranken zwingend und sieht keinen Gestaltungsspielraum für die Mitgliedstaaten vor. Sie ist allerdings missverständlich und unklar. Denn die „Analyse" impliziert typischerweise eben nicht die Vervielfältigung, sondern wäre (wenn sie nicht maschinell erfolgen würde) schlichte persönliche Werknutzung.[96] Der Gesetzgeber hatte hier aber einen schon länger etablierten Prozess im Blick, der nach dem „Crawlen" (erfassen der Inhalte) deren Aufbereitung (etwa Normalisierung, Strukturierung, Annotation) und schließlich die Generierung eines Korpus mehrerer (in der Regel geschützter) Quellen als Grundlage für die geschilderte Analyse erfordert. Dabei erfolgen denklogisch eine Vielzahl von Vervielfältigungen[97] und Bearbeitungen.[98] **42**

Die Definition erfasst ausdrücklich („oder digitalisiert") auch die Umwandlung **analoger Inhalte** (auf Papier) in Daten.[99] Es muss zudem beim Text- und Datamining nicht notwendig um eine Vielzahl von geschützten Werken gehen – es reicht auch, wenn ein einzelnes Werk (und zwar unabhängig von dessen Umfang) zu automatischen Analysezwecken vervielfältigt wird. Ebenso irrelevant sind die verarbeiteten Werktypen – neben Texten (einschließlich Quellcode von Computerprogrammen) kommen insbesondere auch Bilder, Filme und Tonaufzeichnungen in Betracht – selbst die Strukturen von Datenbankwerken (§ 4 Abs. 2 UrhG) können Gegenstand des Data Mining sein. **43**

Die verarbeiteten Informationen können nun **für vielfältige Zwecke genutzt** werden – von soziologischen Untersuchungen („Wählen Biertrinker eher Parteien jenseits der politischen Mitte?") über epidemiologische Fragestellungen („Wo sind aktuell Grippeherde?") bis hin zum besonders heiß diskutierten Training von Modellen, die zumindest auch für generative Künstliche Intelligenz genutzt werden können. Dass der europäische Gesetzgeber **44**

---

[91] Pesch/Böhme GRUR 2023, 997 (1005).

[92] Vgl. nur Dornis/Stober, Urheberrecht und Training generativer KI-Modelle-Technologische und juristische Grundlagen, 2024; Beurskens RDi 2025, 1; Schöttle K&R 2025, 22; Bullinger/Vonthien Mitt. 2023, 446; de la Durantaye ZUM 2023, 645; Schwarz/Söbbing RDi 2023, 415; Schack NJW 2024, 113; Böhme GRUR 2023, 997; Dornis KIR 2024, 156; Käde KIR 2024, 162; Skupin GRUR-Prax 2024, 752; Dornis GRUR 2024, 1676; Leistner GRUR 2024, 1665; siehe auch Schippan ZUM 2024, 669; Hofmann ZUM 2024, 166; Wulf/Löbeth GRUR 2024, 737; rechtspolitisch Lux/Noll TLJ 2024, 111.

[93] Pukas GRUR 2023, 614.

[94] Bomhard DSRITB 2023, 255 (259); Raue ZUM 2021, 73; Schack ZUM 2016, 802.

[95] Zur Begründung BT-Drs. 18/12329, 40 zu § 60d aF.

[96] In diese Rictung Schack GRUR 2021, 904 (907); Raue ZUM 2020, 172; Raue ZUM 2019, 684 (686); Kleinkopf/Jacke/Gärtner MMR 2021, 196; BeckOK UrhG/Bomhard UrhG § 44b Rn. 12.

[97] aA wohl Söbbing/Schwarz RDi 2023, 415 (417).

[98] § 44b UrhG nennt die Bearbeitung nicht; diese wird aber über § 23 Abs. 3 UrhG erfasst; krit. Wulf/Löbeth GRUR 2024, 737 (739)).

[99] BT-Drs. 19/27426, 88.

das Training von KI-Modellen auf Grundlage dieser Schranke ermöglichen wolle, zeigt recht eindringlich Art. 105 KI-VO.[100] Das Erfassen der Inhalte ist eine Phase, bei der die spätere Nutzung, bei welcher ggf. (auch künftige) Werke der Urheber substituiert werden könnte, noch von zahlreichen weiteren Schritten abhängig ist. In der Phase des Text- und Datamining ist eine solche Zielrichtung noch gar nicht zwingend vorgegeben.

45 In Umsetzung von Art. 4 DSM-RL 2019/790 regelt § 44b Abs. 2 UrhG (und korrespondierend § 87c Abs. 1 Nr. 4 UrhG für das Datenbankherstellerrecht) die Befugnis, rechtmäßig zugänglichen Werken für das Text und Data Mining für das Text und Datamining ohne vorherige Erlaubnis iSv § 16 Abs. 1 UrhG zu vervielfältigen. Dabei findet das **Änderungsverbot** des § 62 UrhG gem. § 23 Abs. 3 UrhG keine Anwendung, soweit es um ausschließlich technisch bedingte Änderungen geht. Ebenfalls keine Anwendung findet die Pflicht zur **Quellenangabe** (die beim Text- und Datamining auch kaum praktikabel wäre), da § 63 Abs. 1 UrhG die Regelung des § 44b UrhG nicht erwähnt.

46 § 44b UrhG begünstigt **jedermann** – und zu beliebigen (insbesondere auch zu kommerziellen) Zwecken. Vor diesem Hintergrund verwundert es, dass die Schranke in keinem Fall einen Anspruch auf angemessene Vergütung (wie etwa auch das Zitatrecht, § 51 UrhG) vorsieht.[101] Erwgr. 17 der Richtlinie sieht eine solche vergütungsfreie Nutzung ausschließlich für das wissenschaftliche TDM iSv Art. 3 DSM-RL 2019/790 (§ 60d UrhG) vor. Jedenfalls bei kommerzieller Nutzung durch generative KI, welche Leistungen der Urheber substituieren kann, könnte eine Vergütungspflicht aus dem Dreistufentest (Art. 9 Abs. 2 RBÜ; Art. 13 TRIPS; Art. 10 Abs. 1 WCT; Art. 5 Abs. 4 InfoSoc-RL 2001/29/EG) folgen.[102]

47 Die Interessen der Urheber werden de lege lata nur dadurch geschützt, dass derjenige, der das Text- und Data-Mining betreibt **rechtmäßigen Zugang** zu den Inhalten haben muss. Was also in einer geschlossenen Datenbank oder Internetseite und erst recht im Intranet gespeichert ist, kann nicht als Grundlage für das Mining genutzt werden. Informationen, die erst durch Umgehung von Schutzvorrichtungen entgegen § 95a UrhG oder § 202a StGB abgerufen werden konnten, sind damit keine taugliche Grundlage. Demgegenüber ist alles, was allgemein im Internet zugänglich ist oder durch denjenigen, der das Text- und Data-Mining betreibt lizenziert wurde, erfasst.[103] Eine „Paywall" einer Nachrichtenseite schützt also zwar vor der Umgehung durch Hacker, nicht aber davor, dass derjenige, der die Inhalte per TDM erfassen will, schlicht die verlangte Gebühr für den Zugang zahlt.[104] Umstritten ist, was gilt, wenn der Inhalt ohne Zustimmung des Berechtigten durch einen Dritten zugänglich gemacht wurde. Grundsätzlich gibt es keinen gutgläubigen Erwerb im Urheberrecht. Allerdings hat der Gesetzgeber § 44b Abs. 2 S. 1 UrhG anders als § 53 Abs. 1 S. 1 UrhG formuliert. Die rechtswidrige Zugänglichmachung ist gerade nicht der Maßstab; auch ein Offensichtlichkeitskriterium wurde nicht eingeführt. Daher spricht viel dafür, auch bei illegal bereitgestellten Inhalten außerhalb der positiven Kenntnis das Weiterverarbeiten zuzulassen.[105]

48 Während bei der Lizenzerteilung allerdings grundsätzlich der Zweckübertragungsgrundsatz gilt (§ 31 Abs. 5 UrhG, → Rn. 64) gilt iRv § 44b UrhG, dass im Zweifel mit der Zugänglichmachung auch das Recht zum Text- und Data-Mining eingeräumt wird. Will man dies

---

100 LG Hamburg 27.9.2024 – 310 O 227/23, GRUR-RS 2024, 25458 (obiter dictum); Beurskens RDi 2025, 1; Käde KIR 2024, 162; Heine GRUR-Prax 2024, 87 (88); Dreier/Schulze/Dreier UrhG § 44b Rn. 5; Baumann NJW 2023, 3673 (3674); Pesch/Böhme GRUR 2023, 997 (1007); Bullinger/Vonthien Mitt. 2023, 446; de la Durantaye ZUM 2023, 645 (651); Maamar ZUM 2023, 481 (483); Bomhard DSRITB 2023, 255 (259); aA Dornis/Stober, Urheberrecht und Training generativer KI-Modelle-Technologische und juristische Grundlagen, 2024; Dornis KIR 2024, 156; Schack NJW 2024, 113 (114 f.).

101 BT-Drs. 19/27426, 88.

102 Dreier/Schulze/Dreier § 44b Rn. 14; Senftleben IIC 2023, 1535.

103 Erwgr. 18 UAbs. 2 S. 1 DSM-RL 2019/790; BT-Drs. 19/27426, 88.

104 BeckOKUrhR/Bomhard § 44b Rn. 17; Maamar ZUM 2023, 481 (483) mwN.

105 Dreier/Schulze/Dreier UrhG § 44b Rn. 8; BeckOKUrhR/Bomhard UrhG § 44b Rn. 19; Raue GRUR 2017, 11 (14).

ausschließen, muss ein ausdrücklicher **Rechtevorbehalt** erklärt werden (§ 44b Abs. 3 S. 1 UrhG). Dieser wirkt freilich nur mit Wirkung für die Zukunft – wer bereits vor der entsprechenden Ergänzung die Inhalte erfasst hat, muss sich um den Vorbehalt nicht kümmern.[106] Auch sonst wird der Rechteinhaber stark eingeengt – ähnlich wie nach der Rechtsprechung des BGH zur schlichten Einwilligung bei Vorschaubildern soll nicht jeder beliebige Vorbehalt genügen, sondern nach § 44b Abs. 3 S. 2 UrhG muss er bei „online zugänglichen Werken … in maschinenlesbarer Form" erfolgen.[107] Was „maschinenlesbar" ist, ist allerdings noch immer unklar – gerade im Zeitalter großer Sprachmodelle scheinen auch in natürlicher Sprache formulierte Freitexte durch eine Maschine auswertbar – im Schrifttum wird der Begriff aber in Anlehnung an Erwgr. 35 Open Data-RL 2019/1024 so verstanden, dass die Vorgabe technisch codiert sein muss.[108] Immerhin obliegt es demjenigen, der sich auf die Schranke beruft, darzulegen und ggf. im Streitfall zu beweisen, dass er befugten Zugang hatte und damals kein Rechtevorbehalt vorhanden war.[109] Ziel des Rechtevorbehalts wird vielfach sein, die Inhalte im Einzelfall (gegen Vergütung) zu lizenzieren.[110]

Wenig Diskussionen gab es bislang zu der Frage der **unberechtigten Rechtevorbehalte** 49
bei Inhalten, die gar nicht urheberrechtlich geschützt sind, etwa wegen Ablauf der Schutzfrist (§ 64 UrhG) oder weil sie ihrerseits KI generiert waren. Soweit derjenige, der diese Inhalte erfassen will, unternehmerisch tätig ist, kommt insoweit eine Abmahnung nach § 13 UWG (wegen §§ 8 Abs. 1 S. 1, 3 Abs. 1, 4 Nr. 4 UWG) in Betracht.

Wurden die Inhalte (nur) durch **technische Schutzmaßnahmen iSv § 95a Abs. 1** 50
UrhG vor einer Vervielfältigung geschützt, aber kein Rechtevorbehalt erklärt, können die Begünstigten nach § 95b Abs. 2 S. 1 UrhG verlangen, dass ihnen „die notwendigen Mittel zur Verfügung" gestellt werden, um von der Schranke in dem erforderlichen Maße Gebrauch machen zu können. Das vermag kaum zu überzeugen – denn das Absperren der Inhalte vor einer (jedenfalls auch automatisierten) Vervielfältigung wird in aller Regel hinreichend deutlich einen (sogar maschinenlesbaren) Vorbehalt gegen eine solche Nutzung enthalten. Jedenfalls hat der Berechtigte nach entsprechender Aufforderung hinreichend Gelegenheit, einen entsprechenden Vorbehalt zu ergänzen und so das Text- und Datamining dennoch zu verhindern.

Schwierig in der Praxis dürfte sich die Pflicht zur **Löschung der angefertigten Ver-** 51
vielfältigungen (Art. 4 Abs. 2 DSM-RL 2019/79 = § 44b Abs. 2 S. 2 UrhG) darstellen. Diese greift, wenn die entsprechenden Daten „für das Text und Data Mining nicht mehr erforderlich sind". Betroffen sind davon nur die Vervielfältigungen selbst, nicht die aus der Analyse erzielten Ergebnisse (einschließlich entsprechender Sprachmodelle, welche die Quelldaten gerade nicht enthalten). Umstritten ist zudem, wann denn das Mining derart abgeschlossen ist, dass der Rückgriff auf die Daten „nicht mehr erforderlich ist". Wenn etwa ein Modell fortlaufend ergänzt und ggf. neu trainiert wird, sind innerhalb des selben Vorgangs auch die Altdaten weiter „erforderlich". Erst Recht müssen die Daten bei Hochrisiko-KI-Systemen (Art. 11 KI-VO) und KI-Modellen mit allgemeinem Verwendungszweck mit systemischem Risiko (Art. 55 KI-VO) aufbewahrt werden, um die erforderliche Qualitätssicherung zu gewährleisten.[111] Dennoch ist die Reichweite dieser Pflicht hochgradig umstritten und im Einzelnen ungeklärt.

---

106 BT-Drs. 19/27426, 89.

107 Dies soll Erwgr. 18 UAbs. 2 S. 2 DSM-RL umsetzen; erfolgen kann es etwa durch einen Eintrag der jeweiligen Crawler in die robots.txt, vgl. de la Durantaye ZUM 2023, 645 (651); Hamann ZGE 2024, 113; Baumann NJW 2023, 3673 (3674) – zweifelnd Maamar ZUM 2023, 481 (484); BeckOKUrhR/Bomhard § 44b Rn. 33 f.; oder die Nutzung des sog. TDM Reserveration Protocol (TDMRep – https://www.w3.org/community/reports/tdmrep/CG-FINAL-tdmrep-20240202/), Maamar ZUM 2023, 481 (484); Bomhard DSRITB 2023, 255 ff.

108 BeckOKUrhR/Bomhard UrhG § 44b Rn. 31; Gausling CR 2021, 609 (611); Müller-ter Jung/Rexin CR 2022, 169 (174); Maamar ZUM 2023, 481 (484).

109 Kleinkopf/Pflüger ZUM 2021, 643 (646).

110 Raue ZUM 2020, 172 (173).

111 Zutreffend BeckOKUrhR/Bomhard UrhG § 44b Rn. 22b, 23; Bomhard InTeR 2023, 174 (177).

52 Eine noch darüber hinausgehende Möglichkeit für das Text- und Data-Mining sieht § 60d UrhG (korrespondierende § 87c Abs. 1 Nr. 5 UrhG für das Datenbankherstellerrecht) im Umsetzung von Art. 3 DSM-RL 2019/790 für die **wissenschaftliche Forschung** vor. Bemerkenswert ist dabei einerseits, dass Rechtevorbehalte anders als nach § 44b Abs. 3 UrhG keine Rolle spielen[112] und andererseits die Pflicht zur sofortigen Löschung keine Entsprechung findet. Darüber hinaus ist sogar eine (freilich sehr eingeschränkte) öffentliche Zugänglichmachung (§ 19a UrhG) des durch TDM generierten Korpus erlaubt. Die Brisanz der Regelung besteht darin, dass neben den Hochschulen, Forschungsinstitute oder sonstige Einrichtungen, die wissenschaftliche Forschung zu nicht kommerziellen Zwecken verfolgen oder – im Falle von Gewinnerzielung – ihre Gewinne in die Forschung reinvestieren oder mit einem Auftrag im öffentlichen Interesse forschen (§ 60 Abs. 2 S. 2 UrhG) ausdrücklich auch „public-private-partnerships" privilegiert (§ 60 Abs. 2 S. 3 UrhG).[113] Darüber hinaus dürfen private Dienstleister als „Erfüllungsgehilfen" (§ 278 S. 1 BGB) beim Text- und Data-Mining eingesetzt werden, solange die Kontrolle bei der Wissenschaftseinrichtung verbleibt – dies betrifft insbesondere die Nutzung von Cloud Computing und Cloud Storage Kapazitäten, aber ggf. auch reine Beratungsleistungen.[114]

d) Technisch bedingte vorübergehende Vervielfältigungen (§ 44a UrhG)

53 Mitunter genügt es zum Training auch, dass die Daten nur im „Vorbeifliegen" **(„on the fly")** erfasst werden und gerade keine dauerhafte Vervielfältigung entsteht. In diesen Fällen wird kein von § 44b UrhG (bzw. § 60d UrhG) erfasster Korpus generiert, sondern nur die Eingabe „gezählt" bzw. auf Muster untersucht. Für diese Fälle kann auf § 44a UrhG (in Umsetzung der zwingenden Schranke des Art. 5 Abs. 1 InfoSoc-RL 2001/29/EG) zurückgegriffen werden[115] – der allerdings gerade nicht den Rechtevorbehalt des § 44b Abs. 3 UrhG kennt. Hintergrund der Regelung ist, dass die entsprechenden Handlungen für den Werkgenuss zwingend erforderlich sind, aber keinen eigenständigen Wert für den Urheber oder Nutzer haben – eine Lizenz- oder Vergütungspflicht würde den digitalen Informationsfluss praktisch (schon wegen der Masse der erforderlichen Anfragen und Erklärungen) zum Erliegen bringen.

54 Das erstellte Vervielfältigungsstück darf nur **„vorübergehend"** (und zwar entweder „flüchtig" oder „begleitend") vorhanden sein. Wie bei § 44b UrhG betrifft dies nicht das Resultat der Verarbeitung, soweit dieses das verarbeitete Werk nicht mehr erkennen lässt (arg. § 23 Abs. 1 S. 2 UrhG). Letztlich greift also auch bei § 44a UrhG wie bei § 44b Abs. 2 S. 2 UrhG eine (automatische) Löschungspflicht, die allerdings an eine sehr kurze Frist gebunden ist.[116] „Flüchtig" sind vor allem Daten im Speicher der Grafikkarte oder Arbeitsspeicher des Geräts,[117] die schon durch Abschalten der Stromversorgung verschwinden und regelmäßig überschrieben werden. „Begleitend" sind Cache-Daten, die zur Beschleunigung des Abrufs genutzt und stetig überschrieben werden.[118] Die Schranke für technisch bedingte vorübergehende Vervielfältigungen ist bewusst nicht vergütungspflichtig. Sie ist zudem nicht von der Quellenangabepflicht des § 63 UrhG umfasst. Demgegenüber ist sie anders als § 44b UrhG (→ Rn. 42 ff.) nicht vom Änderungsverbot des § 62 UrhG freigestellt.

---

112 Gausling CR 2021, 659 Rn. 15.
113 Für ein sehr weites Verständnis etwa LG Hamburg 27.9.2024 – 310 O 227/23, GRUR-RS 2024, 25458.
114 Raue ZUM 2019, 684 (691); BeckOKUrhR/Bomhard UrhG § 60d Rn. 21.
115 Erwgr. 9 DSM-RL (zu Art. 5 Abs. 1 InfoSoc RL 2001/29/EG); BT-Drs. 19/27426, 88.
116 Vgl. EuGH 16.7.2009 – C-5/08, GRUR 2009, 1041 – Infopaq/Danske Dagblades Forening; KG 30.4.2004 – 5 U 98/02, GRUR-RR 2004, 228 (231) – Ausschnittdienst.
117 Schricker/Loewenheim/Loewenheim UrhG § 44a Rn. 8, 18.
118 Wandtke/Bullinger/v. Welser UrhG § 44a Rn. 4 ff.; Rössel MMR 2010, 475 (480 f.).

e) Zitate (§ 51 UrhG), Karikaturen, Parodien, Pastiche (§ 51a UrhG)

Die Einbindung fremder urheberrechtlich geschützter Werke in ein eigenes digitales Werk kann im Einzelfall als **Zitat** gerechtfertigt sein. Der gesetzliche Tatbestand des § 51 UrhG setzt Art. 5 Abs. 3 lit. d InfoSoc-RL 2001/29/EG um. Nach der zutreffenden Auffassung des EuGH ist für ein Zitat (ähnlich wie schon oben bei § 23 Abs. 1 S. 2 UrhG angesprochen, → Rn. 34 ff.) nicht erforderlich, dass das zitierende Medium seinerseits ein urheberrechtlich geschütztes Werk ist.[119] Das Bedürfnis, fremde Inhalte zur Untermauerung eigener Überlegungen oder als Diskussionsgrundlage ganz oder teilweise im Original zu verwenden, ist unstreitig auch grundrechtlich geschützt, so dass § 51 UrhG wiederholt als Auffangtatbestand herhalten musste.[120] Der EuGH hat diesen Abwägungscharakter des Zitatrechts ausdrücklich anerkannt und den Maßstab nur sehr allgemein konturiert.[121] Erforderlich ist, dass „ein Werk oder ganz allgemein ein Auszug aus einem Werk … genutzt wird, um Aussagen zu erläutern, eine Meinung zu verteidigen oder eine geistige Auseinandersetzung zwischen dem Werk und den Aussagen des Nutzers zu ermöglichen".[122] Dazu genügt es nicht, wenn man sich aus reiner Faulheit eigene Arbeit ersparen will, oder nur unterhalten will (etwa bei einer „Clipshow"). Darüber hinaus gilt, dass das Zitat „so viel wie nötig, so wenig wie möglich" des Originalwerks umfassen soll.[123] Äußerste Grenze ist die schon durch den Dreistufentest ausgeschlossene Substitution der Nutzung des Originalwerks bzw. die Beeinträchtigung berechtigter Interessen des Urhebers des Originals. Praktisch wichtig sind vor allem das Änderungsverbot des § 62 UrhG sowie die Pflicht zur Quellenangabe nach § 63 UrhG. Eine Vergütungspflicht ist demgegenüber ausdrücklich nicht vorgesehen. **55**

Die Schranke des § 51a UrhG wurde erst mit Wirkung zum 7.6.2021 eingeführt; sie setzt Art. 5 Abs. 3 lit. k InfoSoc-RL 2001/29/EG um. Sie soll die Meinungs- und Kunstfreiheit, insbes. bei Kommunikation im Internet schützen (vgl. Erwgr. 70 DSM-RL 2019/790),[124] nachdem der EuGH die frühere weite Auslegung der freien Benutzung (§ 24 UrhG aF)[125] mit dem abschließenden Schrankenkatalog des Art. 5 Abs. 5 InfoSoc-RL 2001/29/EG für unvereinbar erklärt hatte.[126] Die Norm ist einerseits sehr weit, da sie ausdrücklich vom Änderungsverbot ausgenommen ist (§ 62 Abs. 4a UrhG), eine Quellenangabe mangels Nennung in § 63 Abs. 1 UrhG nicht erforderlich ist[127] und auch eine Vergütungspflicht nicht vorgesehen ist. Während Karikatur und Parodie im Rahmen des Datenhandels eher eine geringe Bedeutung haben, hat der **Begriff des Pastiche** in der Vorstellung des Gesetzgebers eine ganz zentrale Bedeutung für das Internet – erfasst sein sollen nämlich „insbesondere Praktiken wie Remix, Meme, GIF, Mashup, Fan Art, Fan Fiction, Cover oder Sampling".[128] Ob dies wirklich zutrifft, wird jedenfalls die BGH-Vorlage in Sachen Metall-auf-Metall klären.[129] **56**

---

119 EuGH 29.7.2019 – C-516/17, GRUR 2019, 940 Rn. 6 – Spiegel Online; OLG Jena 27.2.2008 – 2 U 319/07, GRUR-RR 2008, 223 (225) – Thumbnails.

120 Exemplarisch etwa LG München I 19.1.2005 – 21 O 312/05, GRUR-RR 2006, 7 – Karl Valentin zum Schutz der Verwendung urheberrechtlich geschützter Materialien in der Hochschullehre; siehe auch OLG Brandenburg 9.11.2010 – 6 U 14/10, GRUR 2011, 141 – Literarische Collage zur Kunstfreiheit.

121 EuGH 29.7.2019 – C-516/17, GRUR 2019, 940 – Spiegel Online; EuGH 29.7.2019 – C-469/17, GRUR 2019, 934 – Funke Medien NRW.

122 EuGH 29.7.2019 – C-516/17, GRUR 2019, 940 Rn. 67 f. – Spiegel Online.

123 Schricker/Loewenheim/Spindler Rn. 41.

124 Kraetzig ZUM 2024, 1; Peters GRUR 2022, 1482; Pötzlberger GRUR 2018, 675; Stützle/Bischoff ZUM 2022, 683.

125 Zum Verhältnis des § 51a UrhG zu § 23 UrhG Haberstumpf ZUM 2020, 809; Raue GRUR 2024, 161.

126 EuGH 29.7.2019 – C-476/17, GRUR 2019, 929 Rn. 56 ff. – Metall auf Metall III.

127 EuGH 3.9.2014 – C-201/13, GRUR 2014, 972 – Vrijheidsfonds.

128 BT-Drs. 19/27426, 91; Metzger/Senftleben JIPITEC 2020, 125; zu Recht skeptisch Döhl ZGE 2020, 380; Dreier/Schulze/Dreier UrhG § 51a Rn. 19.

129 BGH 14.9.2023 – I ZR 74/22, GRUR 2023, 1531 mAnm Ohly.

f) Vervielfältigungen zum privaten und eigenen Gebrauch (§ 53 UrhG); verwaiste und nicht verfügbare Werke (§§ 61, 61d UrhG)

57 Keine größere praktische Bedeutung für den Datenhandel hat die im Urheberrecht sonst praktisch zentrale Schranke der **Privatkopie (§§ 53 Abs. 1 S. 1, § 87c Nr. 1 UrhG):** Es geht weder beim Sammeln der Daten im Wege des Text- und Data-Mining noch bei der Verarbeitung, Nutzung oder Übertragung von Daten um einen rein „privaten" und auch nicht um einen sonstigen „eigenen Gebrauch". Selbst Forschungszwecke sind ausdrücklich aus dem Anwendungsbereich der Schranke ausgenommen (vgl. §§ 60c, 60d UrhG). Bedeutung kann die Schranke allenfalls bei der Nutzung von datenbasierten KI-Systemen durch (gutgläubige) Endnutzer haben – die dabei entstehenden Vervielfältigungen möglicherweise urheberrechtlich geschützter Inhalte sind dann durch die Schranke erfasst. Etwas anderes gilt nur dann, wenn die Quelle „offensichtlich rechtswidrig" war – was insbesondere bei erheblicher negativer Presseberichterstattung denkbar erscheint.

58 Ebenfalls keine erhebliche Bedeutung für den Datenhandel dürften **§§ 61, 61d UrhG** haben. Diese begünstigen ausschließlich öffentlich zugänglichen Bibliotheken, Bildungseinrichtungen, Museen, Archiven sowie von Einrichtungen im Bereich des Film- oder Tonerbes (§ 61 Abs. 2 UrhG) bzw. Kulturerbe-Einrichtungen (§ 61d Abs. 1 UrhG). Darüber hinaus ist die Weiterverwendung der erfassten „verwaisten" bzw. „nicht verfügbaren" Werke eng umgrenzt.

4. Lizenzvertragliche Befugnisse

59 Obgleich die Einräumung von Nutzungsrechten (§ 31 UrhG) die Befugnisse der Nutzer gegenüber den ansonsten dem Urheber vorbehaltenen Verwertungsrechten (§ 15 UrhG) erweitert, kann die Nutzung – wie § 31 Abs. 1 UrhG ausdrücklich statuiert – **„räumlich, zeitlich oder inhaltlich beschränkt"** sein. Die diesbezüglichen Vorgaben sind bezüglich der geschützten Gegenstände (Struktur als Datenbankwerk iSv § 4 Abs. 2 UrhG, → Rn. 8 ff.; Gesamtinstanz als Datenbank iSv § 87a UrhG, → Rn. 15 ff.; einzelne enthaltene Elemente nach §§ 2, 3 UrhG, → Rn. 23 ff.) zwingend einzuhalten – eine Überschreitung der Befugnis stellt nicht nur eine Vertragsverletzung dar (mit den Folgen der §§ 280 ff., 323 ff. BGB sowie etwaiger Vertragsstrafen nach § 339 BGB), sondern auch eine Urheberrechtsverletzung, die neben privatrechtlichen Folgen nach §§ 97 ff. UrhG auch eine Strafbarkeit nach § 106 UrhG zur Folge haben kann.

60 Die Beschränkungen haben freilich nur dingliche Wirkung (ggü. jedermann) und können urheberrechtliche Folgen auslösen, soweit sie sich überhaupt auf **dem Lizenzgeber vorbehaltene Verwertungsrechte** beziehen. Alle anderen Vorgaben haben nur einfache schuldrechtliche Wirkung; dies gilt etwa, soweit das Recht auf Verbreitung entgegen dem Erschöpfungsgrundsatz (§ 17 Abs. 2 UrhG, → Rn. 29 ff.) beschränkt werden soll.

61 Die Rechtsprechung verlangt, dass es sich um **wirtschaftlich-technisch einheitliche und selbstständige Nutzungsarten** handelt, die von anderen klar abgrenzbar sind.[130] Das ist bei den in § 15 UrhG separat (aber nicht abschließend) genannten Verwertungsrechten grundsätzlich der Fall, so dass es möglich ist, das Recht zur Vervielfältigung vom Recht zur öffentlichen Wiedergabe zu trennen. Zwingend ist dies aber nicht – insbesondere ist bei der „Online-Nutzung" das Recht auf öffentliche Zugänglichmachung (§ 19a UrhG) praktisch nicht vom Recht auf Vervielfältigung (§ 16 UrhG) zu trennen.[131] In ähnlicher Weise muss das Recht, urheberrechtlich geschützte Gegenstände zu verbreiten denklogisch auch die

[130] BGH 12.12.1991 – I ZR 165/89, GRUR 1992, 310 (311) – Taschenbuch-Lizenz; BGH 6.7.2000 – I ZR 244/97, GRUR 2001, 153 (154) – OEM-Version; BGH 24.10.2002 – I ZR 3/00, GRUR 2003, 416 (418) – CPU-Klausel.

[131] LG München I 25.6.2009 – 7 O 4139/08, ZUM 2009, 788 (793) – MyVideo; Schaefer ZUM 2010, 150 (154); aA Dreier/Schulze/Mantz UrhG § 31 Rn. 29.

Befugnis umfassen, dafür Werbung zu machen.[132] Innerhalb eines Verwertungsrechts ist eine Differenzierung ebenfalls möglich – bedarf aber einer besonderen Rechtfertigung. Das Gesetz selbst differenziert etwa in § 17 Abs. 2, Abs. 3 UrhG explizit zwischen der „normalen" Verbreitung und der Vermietung. Auch ist die Bearbeitung durch § 23 UrhG von der „einfachen" Vervielfältigung (§ 16 UrhG) unterschieden und bedarf explizit einer eigenen Zustimmung. In diesen Kontext gehört tendenziell auch das Recht, ein Werk in Einzelteile zu untergliedern und diese separat zu verwenden; etwa einen Auszug aus einem Musikstück, einem Bild oder einem Film für derivative Produkte (zB „Buch zum Film").[133] Andererseits kann man etwa die Bereitstellung von Bildern im Internet im Allgemeinen (§ 19a UrhG) nicht von einer Zugänglichmachung unter Verhinderung von Rechtsklicks durch Skripts abgrenzen.[134] Berühmtester Fall ist die Entscheidung zu OEM-Software, in welcher der BGH klarstellte, dass der Vertrieb von Software „ausschließlich als Zubehör zu einem Originalhardware" (Original Equipment Manufacturer [Erstausrüster] = OEM) sich nicht vom sonstigen Softwarevertrieb abgrenzen lässt, selbst wenn die Verpackung schlichter ausfallen sollte und ein ausdrücklicher Hinweis aufgedruckt wird.[135] Sehr fraglich ist, ob die öffentliche Zugänglichmachung (§ 19a UrhG) über ein zentrales (serverbasiertes) Netzwerk abgegrenzt werden kann von der Verbreitung über ein dezentrales (Peer-to-Peer) Netzwerk (etwa eine Blockchain).[136]

Im Hinblick auf analog vorliegende Inhalte ist umstritten,[137] ob auch die **Digitalisierung** 62
eine über die durch § 16 Abs. 1 UrhG eingeräumte Vervielfältigungsbefugnis hinausgehende (und damit gesondert zustimmungsbedürftige) Nutzung ist. Zutreffend dürfte heute wohl sein, dass derjenige, der das Recht zur Vervielfältigung einräumt nicht nur analoge Exemplare (dh durch „Vervielfältigungen auf Papier oder einen ähnlichen Träger mittels beliebiger photomechanischer Verfahren oder anderer Verfahren mit ähnlicher Wirkung", § 95b Abs. 1 Nr. 6, § 53 Abs. 2 S. 2 Nr. 1 UrhG) meint, sondern gerade „auf beliebigen Trägern" (wie § 53 Abs. 1 S. 1 UrhG klarstellend formuliert). Bei sehr alten Verträgen mag man dies anders beurteilen, weil die digitale Nutzung damals noch eine „unbekannte Nutzungsart" war.[138] Die Bereitstellung von Werken im Internet ist gegenüber der Verbreitung im Druck schon nach dem Gesetz (§ 17 UrhG vs. § 19a UrhG) separat zu beurteilen, so dass die Onlinenutzung von einer separaten Zustimmung abhängig gemacht werden kann; entsprechend ist auch der Druck in einer (Papier-)Zeitung etwas anderes als die Bereitstellung auf einer Onlineseite.[139] Zudem kann zwischen der Zugänglichmachung über ein ausschließlich unternehmensintern zugreifbares Netzwerk (Intranet) und der Zugänglichmachung über das Internet differenziert werden.[140] In ähnlicher Weise wird man auch die Nutzung von Software (ausschließlich) über den Browser (cloudbasiert) von dem Vertrieb zur lokalen Installation auf dem Endgerät des Anwenders abgrenzen können.[141] Ebenso soll die Integration von Inhalten in eine durchsuchbare Datenbank eine gegenüber der normalen Vervielfältigung und Digitalisierung abgrenzbare Nutzungsart sein, die eine besondere Zustimmung erfordert und dementsprechend ausgeschlossen oder an weitere Bedingungen geknüpft werden kann.[142]

---

132 BGH 4.5.2000 – I ZR 256/97, GRUR 2001, 51 (54) – Parfumflakon.

133 BGHZ 9, 262 (265) – Lied der Wildbahn; LG München I 5.8.2004 – 7 O 15374/02, GRUR 2005, 574 (575) – O Fortuna; G. Schulze ZUM 1993, 255 (265).

134 BGH 15.6.2023 – I ZR 179/22, GRUR 2023, 1619 – Microstock-Portal.

135 BGH 6.7.2000 – I ZR 244/97, GRUR 2001, 153 (154) – OEM-Version.

136 AG Hamburg 31.10.2014 – 36a C 202/13, GRUR-RR 2015, 100 (101) – Internet-Rechte; **aA** (zu Recht) Jänich/Eichelberger MMR 2008, 576 (578); AG Berlin-Charlottenburg 26.5.2017 – 218 C 37/16, ZUM-RD 2017, 686 (687).

137 Für eine besondere Zustimmung Dreier/Schulze/Mantz UrhG § 31 Rn. 46.

138 BGH 5.7.2001 – I ZR 311/98, GRUR 2002, 248 (252) – Spiegel-CD-ROM.

139 LG München I ZUM 2000, 77 (79); AG Köln 14.6.2006 – 137 C 90/06, GRUR-RR 2006, 396 – E-Paper; LG Frankenthal 13.11.2012 – 6 O 258/10, ZUM-RD 2013, 138 (140).

140 OLG Hamburg 2.7.2020 – 5 U 109/18, ZUM-RD 2021, 133 (141).

141 Nägele/Jacobs ZUM 2010, 281 (288).

142 OLG Hamburg 2.7.2020 – 5 U 109/18, ZUM-RD 2021, 133 (144).

63 Lizenzvertragliche Vorgaben sind bei einer marktbeherrschenden Stellung des Anbieters insbesondere an § 19 Abs. 2 Nr. 4 GWB, bei relativer Marktmacht an § 20 Abs. 1 GWB zu messen. Darüber hinaus kommt eine **Unwirksamkeit** nach Art. 101 Abs. 2 AEUV (bzw. § 134 BGB iVm § 1 GWB) in Betracht, soweit die konkreten Lizenzbedingungen den Wettbewerb auf dem Folgemarkt beschränken. Als allgemeine Grenze greift schließlich die Sittenwidrigkeit nach § 138 Abs. 1 BGB, die freilich nur in Ausnahmefällen in Betracht kommt.[143] Allgemeine Geschäftsbedingungen unterliegen (da im Regelfall ein Unternehmergeschäft nach § 310 Abs. 1 S. 1 BGB vorliegen dürfte) der allgemeinen Inhaltskontrolle nach § 307 Abs. 1 S. 1 BGB, nicht aber den besonderen Schranken der §§ 308 f. BGB und der Einbeziehungskontrolle des § 305 Abs. 2 BGB.

64 Für die Auslegung von Lizenzvereinbarungen gilt der sog. **„Zweckübertragungsgrundsatz"** (§ 31 Abs. 5 UrhG).[144] Vereinfacht gesagt gilt danach, dass der Berechtigte so viel wie nötig, aber so wenig wie möglich einräumen will, um den jeweiligen Vertragszweck zu erreichen. Die Rechtsprechung folgert daraus auch, dass die Darlegungs- und Beweislast dafür, dass ein bestimmtes Recht (in bestimmtem Umfang) eingeräumt wurde, grundsätzlich beim (vermeintlichen) Lizenznehmer liegt.[145]

65 Insbesondere bei einer **konkludenten oder nur durch Auslegung (§§ 133, 157 BGB) angenommenen Rechteeinräumung** ist Vorsicht geboten. Dies illustriert insbesondere § 44 Abs. 1 UrhG, wonach selbst der Erwerb des Originals keine Nutzungsrechte (also insbesondere nicht die Befugnis zur Vervielfältigung oder öffentlichen Wiedergabe) einräumt – demnach räumt der Erwerb eines bloßen Vervielfältigungsstücks (einer Kopie) erst Recht nicht automatisch Befugnisse ein. Dies führt faktisch dazu, dass Lizenzverträge schon aus Beweiszwecken schriftlich fixiert werden sollten.[146] Auch die floskelhafte Einräumung „aller Rechte" ist aufgrund von § 31 Abs. 5 UrhG eng auszulegen – sie verschafft nur diejenigen Befugnisse, die erforderlich waren, um die mit dem konkreten Vertrag im Zeitpunkt der Einigung erkennbaren Zwecke zu erreichen.

66 Andererseits genügt ein vom Üblichen abweichender **geheimer Vorbehalt** (§ 106 BGB) nicht, um eine sonst übliche Rechteeinräumung zu beschränken – der Rechteinhaber ist bei der Auslegung seiner Erklärungen und seines Verhaltens nach § 157 BGB an Treu und Glauben und die Verkehrssitte gebunden und muss daher das Verständnis eines objektiven Empfängers hinnehmen. Bei im Datenhandel häufigen allgemeinen Geschäftsbedingungen greift die Auslegungsregel des § 305c Abs. 2 BGB, wonach Unklarheiten zu Lasten des Verwenders (üblicherweise des Lizenzgebers) gehen.[147]

67 Große praktische Bedeutung haben die **Creative Commons Lizenzen,** die grundsätzlich der Schaffung eines der Allgemeinheit zugänglichen Fundus an kreativen Inhalten und Wissen gewährleisten soll.[148] Unstreitig handelt es sich dabei um Allgemeine Geschäftsbedingungen, so dass die Auslegungsregel des § 305c Abs. 2 BGB (Unklarheiten gehen zu Lasten des Verwenders) Anwendung findet und eine Inhaltskontrolle nach § 307 Abs. 1 S. 1 BGB möglich ist.[149] Freilich greift auch hier die Wechselwirkung zum Zweckübertragungsgrundsatz (§ 31 Abs. 5, → Rn. 64) – Zweck der Erteilung einer CC-Lizenz ist es typischerweise, den Inhalt der Allgemeinheit ohne rechtliche oder tatsächliche Hindernisse zugänglich zu machen. Die CC-Lizenzen enthalten zudem eine ausdrückliche Regelung zum Verhältnis zu gesetzlichen Schranken – sie erklären sich insoweit für subsidiär und ver-

[143] Etwa nicht beim Verzicht auf § 13 UrhG bei Einschaltung eines „Ghost-Writers" außerhalb des wissenschaftlichen Bereichs, OLG Frankfurt a. M. 9.1.2009 – 11 U 51/08, GRUR 2010, 221 (223) – Betriebswirtschaftlicher Aufsatz.

[144] Dazu etwa BGH 29.4.2010 – I ZR 69/08, GRUR 2010, 628 Rn. 33 – Vorschaubilder I; BGH 22.9.1983 – I ZR 40/81, GRUR 1984, 119 (121) – Synchronisationssprecher.

[145] BGH 27.9.1995 – I ZR 215/93, GRUR 1996, 121 (123) – Pauschale Rechtseinräumung.

[146] Schricker/Loewenheim/Ohly Rn. 56: „Formvorschrift mit abgeschwächter Sanktionierung".

[147] OLG München 24.3.2022 – 29 U 2009/20, ZUM-RD 2022, 574 Rn. 31 ff.

[148] ausf. Bildhäuser GRUR-Prax 2018, 398; Wagner MMR 2017, 216; Koreng K&R 2015, 99; Ettig/Rauer WRP 2015, 153; Mantz GRUR-Int 2008, 20.

[149] OLG Köln 31.10.2014 – 6 U 60/14, GRUR 2015, 167 – Creative Commons Lizenz.

drängen die Schranken daher bewusst nicht (jeweils Abschnitt 2 lit. a Ziff. 2). Während frühere Fassungen (bis CC 3.0) noch jeweils lokalisierte Fassungen hatten, gilt die seit 2013 vorgestellte Version 4.0 weltweit. Die Lizenzen enthalten in Abschnitt 4 eine ausdrückliche Klarstellung zum Datenbankherstellerrecht (§ 87a UrhG, → Rn. 15 ff.), aufgrund derer für die dem Hersteller vorbehaltenen Nutzungshandlungen die gleichen Vorgaben einzuhalten sind wie für die Nutzung urheberrechtlich geschützter Inhalte. Die Lizenzen gelten weltweit (also in jedem Staat nach dessen Urheberrecht), begründen nur einfache Nutzungsrechte (also gerade keine ausschließliche Lizenz) und sind auf Dauer und unwiderruflich gewährt. Sie sind im Grundsatz unentgeltlich, wobei aufgrund des Vorrangs der nationalen Schrankenbestimmung der Anspruch auf eine angemessene Vergütung insbes. nach §§ 54 ff. UrhG jedenfalls denkbar erscheint.[150] Die Lizenzen sind medienneutral, umfassen also sowohl analoge als auch digitale Fassung. Sie umfassen praktisch alle körperlichen und unkörperlichen Verwertungshandlungen des § 15 UrhG, ohne diese einzuschränken. Ausdrücklich geregelt ist zudem die Bearbeitung (§ 23 S. 1 UrhG). Die Nichteinhaltung auch nur einer Anforderung der Lizenz wird streng durch einen automatischen Rückfall der Rechte (auflösende Bedingung iSv § 158 Abs. 2 BGB) durchgesetzt.[151] Ob freilich ein ersatzfähiger Schaden entsteht, wenn jemand das ohnehin unentgeltlich verfügbare Werk ohne Lizenz nutzt, ist in der Rechtsprechung zum Teil angezweifelt worden.[152]

Bereits die Grundlizenz **„CC-BY"**[153] stellt mit dem Erfordernis der Namensnennung (sowie der Angabe der Lizenz, eines Copyright-Vermerks und eines Haftungsausschlusses und schließlich „soweit vernünftigerweise praktikabel einen URI oder Hyperlink zum lizenzierten Material") bei der Onlinenutzung eine praktische Herausforderung auf.[154] Dies ist freilich auch im Bereich des sonstigen Rechts auf Urheberbezeichnung (arg. § 13 S. 2 UrhG, siehe auch § 63 Abs. 1 UrhG für die Inanspruchnahme von Schranken) nicht anders[155] – denn es liegt in der Natur des Internet, dass einzelne Grafikdateien auch ohne die diese einbettenden HTML-Seiten heruntergeladen werden können; eine Angabe allein als Metadaten ist für den Nutzer nicht lesbar und technische Schutzmaßnahmen sind nicht nur regelmäßig nicht hinreichend wirksam, sondern haben oft unerwünschte Nebenwirkungen (fehlende Indizierung durch Suchmaschinen, Kompatibilitätsprobleme). Im Bereich des Datenhandels und vor allem des Trainings von KI-Modellen wird eine Namensnennung (bei der konkreten Ausgabe? im Modell? bei jedem Element des Korpus?) erst Recht problematisch. Die Lizenzbedingungen sind hier bewusst offen gehalten („Sie dürfen die Bedingungen des Abschnitts 3(a)(1) in jeder angemessenen Form erfüllen, je nach Medium, Mittel und Kontext in bzw. mit dem Sie das lizenzierte Material weitergeben") – ein schlichtes Weglassen der Angaben ist damit aber keinesfalls vereinbar.[156] Die Herstellung und Verwertung von Bearbeitungen (§ 23 UrhG) ist ohne Einschränkungen zulässig; insbesondere dürfen diese auch unter eine andere Lizenz gestellt werden. 68

Die Lizenz **„CC-BY-ND"**[157] steht (ähnlich § 23 Abs. 1 S. 1 UrhG) nicht der Erstellung von Bearbeitungen entgegen, sondern nur der Weitergabe der bearbeiteten oder umgestalteten Fassung. Ausgenommen sind zudem technisch bedingte Modifikationen, „die notwendig sind, um die lizenzierten Rechte ausüben zu können, einschließlich solcher, die 69

---

[150] Zum Problem Lauber-Rönsberg ZUM 2023, 420.

[151] Siehe nur LG Frankfurt a. M. 16.8.2018 – 2–03 O 32/17, ZUM 2018, 809; OLG Köln 31.10.2014 – 6 U 60/14, GRUR 2015, 167; LG Berlin 8.10.2010 – 16 O 458/10, MMR 2011, 763; Zweifel an der Wirksamkeit dieses automatischen Rückfalls hat Maaßen GRUR-Prax 2013, 127 (128).

[152] AG Würzburg 23.7.2020 – 34 C 2436/19, BeckRS 2020, 25945; OLG Köln 31.10.2014 – 6 U 60/14, GRUR 2015, 167.

[153] Deutsche Fassung unter https://creativecommons.org/licenses/by/4.0/legalcode.de.

[154] LG München I 17.12.2014 – 37 O 8778/14, MMR 2015, 467; AG Düsseldorf 3.9.2014 – 57 C 5593/14, BeckRS 2014, 22406.

[155] Ausf. Hofmann/Handschigl ZUM 2016, 25.

[156] Wohl weiter Schricker/Loewenheim/Dietz/Peukert UrhG § 13 Rn. 33, die eine konkludente Einwilligung in die Einstellung ohne Angaben bei „üblichen Onlinenutzungen" annehmen.

[157] Deutsche Fassung unter https://creativecommons.org/licenses/by-nd/4.0/legalcode.de.

zur Umgehung wirksamer technischer Schutzmaßnahmen erforderlich sind" – und zwar zur Nutzung „in allen bekannten und zukünftig entstehenden Medien und Formaten". Betroffen sind vor allem die in § 23 Abs. 2 UrhG genannten Werke, für die dies eine Erleichterung zugunsten der Nutzer bedeutet – insbesondere nach § 4 Abs. 2 UrhG geschützte Datenbankwerke dürfen umstrukturiert werden, soweit sie unter CC-BY-ND lizenziert sind. Klargestellt wird zudem, dass die Aufnahme eines Inhalts in ein Sammelwerk oder eine Datenbank noch keine Bearbeitung darstellt.

70 Die gerade im (wissenschaftlichen) Open Access Bereich verbreitete und auch in Wikipedia dominierende Lizenz **„CC-BY-SA"**[158] ergänzt die Anforderungen um das Erfordernis, eigene Bearbeitungen, soweit sie verbreitet werden, ihrerseits zumindest auch unter eine CC-BY-SA (oder kompatible Lizenz) zu stellen. Da allerdings die Integration in eine Datenbank oder ein Sammelwerk keine Bearbeitung des Originals darstellt, hat dies keine Auswirkungen auf die Lizenz einer Datensammlung, die (auch) CC-BY-SA-lizenzierte Inhalte enthält. Zudem bleibt auch das Zitatrecht (§ 51 UrhG) selbstverständlich unberührt. Mit der CC-BY-SA-Lizenz wird der Inhalt wie bei „starken" Open Source Lizenzen (etwa der GPL) „infektiös" und zwingt auch alle abgeleiteten Werke dazu, unter offenen Lizenzbedingungen weitervertrieben zu werden. Solange die Werknutzung freilich nur intern erfolgt, bleibt dies folgenlos – auch die CC-BY-SA Lizenz begründet keine Pflicht, die Bearbeitung der Allgemeinheit zur Verfügung zu stellen, sondern beschränkt nur die Bedingungen, unter denen dies erfolgen darf (falls es gewollt ist). Eine rein interne Bearbeitung ist damit nicht nur erlaubt, sondern unterliegt zunächst einmal keiner Lizenz; sie darf geheim gehalten werden.

71 Die geschilderten drei Grundlizenzen lassen sich zudem jeweils durch das Attribut „NC" ergänzen (also: **„CC-BY-NC", „CC-BY-NC-SA", „CC-BY-NC-ND"**).[159] Diese untersagt die „kommerzielle" Vervielfältigung und Weitergabe der Inhalte. Wann eine Handlung „nicht kommerziell" ist, definiert die Lizenz selbst in Abschnitt 1 lit. h („nicht vorrangig auf einen geschäftlichen Vorteil oder eine geldwerte Vergütung gerichtet. Der Austausch von lizenziertem Material gegen anderes unter Urheberrecht oder ähnlichen Rechten geschütztes Material durch digitales File-Sharing oder ähnliche Mittel ist nicht kommerziell im Sinne der vorliegenden Public License, sofern in Verbindung damit keine geldwerte Vergütung erfolgt"). Damit ist die aktuelle Fassung 4.0 zwar geringfügig klarer als frühere Formulierungen,[160] eine handhabbare Abgrenzung ist damit aber keineswegs gewährleistet.[161]

72 Praktisch eher selten kommt die Lizenz **„CC-0"** vor,[162] die möglichst einem Rechtsverzicht nahekommen soll. Damit soll das Problem gelöst werden, dass das Urheberrecht in Deutschland nicht nur unübertragbar, sondern auch unverzichtbar ist. Dementsprechend werden soweit irgend möglich alle Ansprüche des Urhebers ausgeschlossen (einschließlich der Namensnennung und anderer Urheberpersönlichkeitsrechte sowie etwa auch Ansprüche aus Lauterkeitsrecht und anderer neben dem Urheberrecht bestehender denkbarer Rechtsgrundlagen). Inhalte unter dieser Lizenz können daher in jeder auch nur denkbaren Form ohne Einschränkung genutzt werden.

---

[158] Deutsche Fassung unter https://creativecommons.org/licenses/by-sa/4.0/legalcode.de.

[159] Deutsche Fassungen unter https://creativecommons.org/licenses/by-nc/4.0/legalcode.de, https://creativecommons.org/licenses/by-nc-nd/4.0/legalcode.de, https://creativecommons.org/licenses/by-nc-sa/4.0/legalcode.de.

[160] OLG Köln 31.10.2014 – 6 U 60/14, GRUR 2015, 167 zu CC-BY-NC 2.0.

[161] Jaeger/Mantz MMR 2014, 480 (482); siehe auch erläuternd den Defining Noncommercial report, http://mirrors.creativecommons.org/defining-noncommercial/Defining_Noncommercial_fullreport.pdf.

[162] Deutsche Fassung unter https://creativecommons.org/publicdomain/zero/1.0/legalcode.de.

II. Datenschutz

Siehe zu diesem Themenkomplex auch
- Erbrecht → Kap. 10 Rn. 507 ff.
- Analyse und Aufbereitung von Daten → Kap. 12 Rn. 125 ff.
- Deliktische Haftung → Kap. 14 Rn. 130 ff.
- Datenschutz und Informationssicherheit → Kap. 17 Rn. 1 ff.
- Vernichtung/Löschung → Kap. 20 Rn. 1 ff.

Der Datenschutz spielt bei der Frage der **Verkehrsfähigkeit von Daten** eine zentrale Rolle: Die Verkehrsfähigkeit von Daten wird maßgeblich davon geprägt, ob und unter welchen Voraussetzungen die Daten zwischen Teilnehmern am Wirtschaftsverkehr geteilt werden dürfen. Das Datenschutzrecht wirkt hier in zweierlei Weise ein: 73

- In seiner Kernfunktion begrenzt das **Datenschutzrecht** die Verkehrsfähigkeit von Daten, weil das Datenschutzrecht den **Austausch personenbezogener Daten** zwischen unterschiedlichen Stellen reglementiert und dessen Zulässigkeit an gewisse Voraussetzungen knüpft.
- In gewisser Weise unterstützt das Datenschutzrecht die Verkehrsfähigkeit von Daten aber auch; und zwar mittels des in Art. 20 DS-GVO verankerten **Rechts auf Datenübertragbarkeit,** das es betroffenen Personen gestattet, eine Freigabe ihrer Daten zu verlangen, um einen **Lock-In-Effekt** zu vermeiden.

1. Generelle Einschränkung der Verkehrsfähigkeit für personenbezogene Daten

Verschiedene Arten der **Weitergabe personenbezogener Daten** zwischen unterschiedlichen Akteuren werden von der DS-GVO begrifflich als **Offenlegung, Übermittlung, Verbreitung** oder **Bereitstellung** solcher Daten erfasst, was dazu führt, dass bei allen **Datenverkehrsgeschäften,** bei denen personenbezogene Daten weitergegeben werden sollen, die Anforderungen des Datenschutzrechts zu berücksichtigen sind. Der für die Anwendbarkeit der DS-GVO zentrale Begriff der Verarbeitung wird in Art. 4 Nr. 2 DS-GVO legaldefiniert und deckt alle vorgenannten Weitergabeszenarien ab. Alle Vorgänge, durch die Daten für Dritte zugänglich gemacht werden oder die ihnen die Möglichkeit zur Kenntnisnahme verschaffen, stellen eine „Offenlegung" im Sinne der Norm dar.[163] Typische Konstellationen sind die schlichte Übermittlung durch Weitergabe per Übersendung an individuell bestimmbare Adressaten,[164] eine Verbreitung dieser Daten an einen unbestimmten Adressatenkreis, zB im Internet oder durch TV-Übertragungen[165] oder auch die Bereitstellung durch Gewährung von Zugriff auf personenbezogene Daten bei Nutzung einer Datenbank.[166] 74

Um die **datenschutzrechtliche Zulässigkeit** entsprechender Datenverkehrsgeschäfte festzustellen, sind vor allem vier zentrale Fragestellungen zu klären: 75

- Weisen die in Rede stehenden Daten einen Personenbezug auf?
- Welche datenschutzrechtlichen Rollen nehmen die Beteiligte ein und handelt es sich demgemäß um eine erlaubnispflichtige „Übermittlung" oder eine privilegierte Datenweitergabe?

---

[163] Simitis/Hornung/Spiecker gen. Döhmann/Roßnagel DS-GVO Art. 4 Rn. 25; Sydow/Marsch/Reimer DS-GVO Art. 4 Rn. 68.
[164] Sydow/Marsch/Reimer DS-GVO Art. 4 Rn. 69.
[165] Taeger/Gabel/Arning/Rothkegel DS-GVO Art. 4 Rn. 94.
[166] Sydow/Marsch/Reimer DS-GVO Art. 4 Rn. 69.

– Greift ein Erlaubnistatbestand, der die Übermittlung rechtfertigt?
– Bewege ich mich mit der Datenweitergabe im Rahmen der festgelegten Verarbeitungszwecke?

a) Personenbezug der Daten

76 Die DS-GVO findet ausweislich ihres Art. 2 Abs. 1 DS-GVO nur auf die Verarbeitung personenbezogener Daten Anwendung. Unter den Begriff der personenbezogenen Daten fallen gem. Art. 4 Nr. 1 Hs. 1 DS-GVO alle Informationen, die sich auf eine **identifizierte oder identifizierbare natürliche Person** beziehen. Geht die Identität der Person derart unmittelbar aus der Information selbst hervor, dass die natürliche Person von anderen unterscheidbar ist, identifiziert diese Information eine natürliche Person[167], etwa wenn eine direkte **Identifikation** anhand des Namens erfolgt.[168] Zu beachten ist, dass die Identifizierbarkeit maßgeblich von den jeweiligen Umständen abhängig ist.

77 So reicht ein sehr häufig vorkommender **Familienname** für sich genommen zur Identifizierung einer Person aus der Gesamtheit der Landesbevölkerung nicht aus, während ein Schüler einer Klasse vermutlich anhand seines Familiennamens identifiziert werden kann.[169]

78 Enthält ein Datensatz keinen **direkten Identifikator,** kann dem Datensatz aber dennoch Personenbezug zukommen, denn es reicht aus, wenn eine Person identifizierbar ist. Als identifizierbar wird eine natürliche Person nach Art. 4 Nr. 1 Hs. 2 DS-GVO angesehen, die indirekt, insbesondere mittels Zuordnung zu einer Kennnummer, zu **Standortdaten,** zu einer **Online-Kennung** oder zu einem oder mehreren besonderen Merkmalen, die Ausdruck der physischen, physiologischen, genetischen, psychischen, wirtschaftlichen, kulturellen oder sozialen Identität dieser natürlichen Person sind, identifiziert werden kann. Eine indirekte Bestimmbarkeit kann sich in diesem Sinne zB durch eine **Telefonnummer** oder ein **Autokennzeichen** ergeben.[170] Von einer Identifizierbarkeit ist auch auszugehen, wenn die Information erst in Kombination mit zusätzlichen Informationen eine Zuordnung zu einer Person erlaubt.[171] Zur Feststellung der **Identifizierbarkeit** entscheidend ist somit die Frage, ob relevantes **Zusatzwissen,** das eine Identifizierung zuließe, existiert und praktisch auch erlangt werden kann. Dabei sind alle Mittel zu berücksichtigen, die von dem Verantwortlichen oder einer anderen Person nach allgemeinem Ermessen wahrscheinlich zur Identifizierung genutzt werden (Erwgr. 26 S. 3 DS-GVO). Bei der Beurteilung, ob solche Mittel zur Verfügung stehen, sind objektive Faktoren wie Kosten, Zeitaufwand und zum Zeitpunkt der Verarbeitung verfügbare Technologien und technologische Entwicklungen zu berücksichtigen (vgl. Erwgr. 26 S. 4 DS-GVO).

79 Eine dynamische **IP-Adresse** stellt für den Betreiber einer Website ein personenbezogenes Datum dar, wenn dieser über rechtliche Mittel verfügt, die es ihm ermöglichen, die betroffene Person anhand zusätzlicher Informationen, zB solcher, die der Internetzugangsanbieter besitzt und die er erlangen kann, identifizieren zu lassen.[172]

---

167 Taeger/Gabel/Arning/Rothkegel DS-GVO Art. 4 Rn. 24.
168 BeckOK DatenschutzR/Schild, 51. Ed. 1.2.2025, DS-GVO Art. 4 Rn. 16; Artikel-29-Datenschutzgruppe, WP 136, S. 15.
169 Artikel-29-Datenschutzgruppe, WP 136, S. 15.
170 BeckOK DatenschutzR/Schild, 51. Ed. 1.2.2025, DS-GVO Art. 4 Rn. 17; Artikel-29-Datenschutzgruppe, WP 136, S. 15.
171 Kühling/Buchner/Klar/Kühling DS-GVO Art. 4 Rn. 19; Artikel-29-Datenschutzgruppe, WP 136, S. 15.
172 EuGH 19.10.2016 – C-582/14, ECLI:EU:C:2016:779 = BeckRS 2016, 82520 Rn. 49.

b) Abgrenzung von anonymen Daten

80 Abzugrenzen von personenbezogenen Daten sind **anonyme Daten,** denn auf diese findet ausweislich Erwgr. 26 S. 5, 6 DS-GVO das Datenschutzrecht keine Anwendung.[173] Anonym sind Daten dann, wenn sie entweder von vorneherein keine Informationen enthalten, die sich auf eine identifizierte oder identifizierbare natürliche Person beziehen oder die personenbezogenen Daten nachträglich in einer Weise anonymisiert worden sind, dass die betroffene Person nicht oder nicht mehr identifiziert werden kann (vgl. Art. 4 Nr. 1 DS-GVO und Erwgr. 26 S. 5 DS-GVO).

81 Der EuGH lehnt eine Identifizierbarkeit ab (und geht somit von der **Anonymität** eines Datensatzes aus), wenn die Identifizierung gesetzlich verboten oder praktisch undurchführbare wäre, weil sie zB einen **unverhältnismäßigen Aufwand** an Zeit, Kosten und Arbeitskräften erfordern würde und das Risiko einer Identifizierung damit praktisch vernachlässigbar wäre[174]. Damit nimmt der EuGH einen **faktischen Anonymisierungsbegriff** an, der gerade nicht verlangt, dass eine Identifizierung technisch absolut unmöglich sein müsse.

82 Sind Daten initial personenbezogen, können sie durch Entfernung des Personenbezugs anonymisiert werden. Obgleich der Verarbeitungsbegriff in Art. 4 Nr. 2 DS-GVO die **Anonymisierung** nicht ausdrücklich umfasst, Sinn und Zweck des Datenschutzrechts eine einfache Anonymisierung grundsätzlich gebieten und die DS-GVO selbst an einigen Stellen davon ausgeht, dass man den Personenbezug von Daten ohne Weiteres entfernen kann (vgl. Art. 5 Abs. 1 lit. e DS-GVO und Art. 6 Abs. 4 lit. e DS-GVO), nehmen Datenschutzbehörden in der Regel ohne Weiteres an, dass die Anonymisierung ein **rechtfertigungsbedürftiger Verarbeitungsvorgang** sei[175]. Speziell im Zusammenhang mit der Anonymisierung personenbezogener Daten, welche im Rahmen von **KI-Anwendungen** genutzt werden sollen, weist die Aufsichtsbehörde aus Baden-Württemberg auf die Notwendigkeit einer Rechtsgrundlage dafür hin[176].

83 **Anonymisierte Daten** sind lediglich in den Sätzen 4 und 5 von Erwgr. 26 DS-GVO beschrieben; weitere Festlegungen dazu, wie eine Anonymisierung erreicht werden kann, sind in der DS-GVO nicht enthalten.[177] Es hat hier jeweils eine Betrachtung des Einzelfalles zu erfolgen.

84 Mögliche Maßnahmen zur Erreichung einer Anonymisierung sind beispielsweise die **Randomisierung,** also die Verfälschung von Daten in einer Weise, die die direkte Verbindung zwischen den Daten und der betroffenen Person trennt,[178] und die **Generalisierung,** bei der Merkmale der betroffenen Person durch die Veränderung der Größenordnung mit weniger spezifischen Werten ersetzt werden, etwa durch die Angabe einer Region statt einer Hausadresse.[179]

85 Handelt es sich um anonyme Daten, sind bei der Übermittlung dieser Daten im Rahmen von **Datenverkehrsgeschäften** die Vorschriften der DS-GVO nicht (mehr) zu berücksichtigen, da es sich insoweit nicht um eine für die DS-GVO relevante Verarbeitung iSv Art. 4 Nr. 2 DS-GVO handelt. Eine Anonymisierung empfiehlt sich daher unter anderem in

---

173 BfDI, Positionspapier zur Anonymisierung unter der DS-GVO unter besonderer Berücksichtigung der TK-Branche, Stand: 29.6.2020, S. 3.

174 EuGH 19.10.2016 – C-582/14, ECLI:EU:C:2016:779 = BeckRS 2016, 82520 Rn. 46.

175 Artikel 29 Datenschutzgruppe, Stellungnahme 5/2014 zu Anonymisierungstechniken, angenommen 10.4.2014, S. 8; BfDI, Positionspapier zur Anonymisierung unter der DS-GVO unter besonderer Berücksichtigung der TK-Branche, Stand: 29.6.2020, S. 5.

176 LfDI Baden-Württemberg, Rechtsgrundlagen im Datenschutz beim Einsatz Künstlicher Intelligenz, 7.11.2024, Version 1, S. 28.

177 BfDI, Positionspapier zur Anonymisierung unter der DS-GVO unter besonderer Berücksichtigung der TK-Branche, Stand: 29.6.2020, S. 2.

178 Artikel-29-Datenschutzgruppe, WP 216, S. 14.

179 Artikel-29-Datenschutzgruppe, WP 216, S. 19.

solchen Fällen, in denen die Übermittlung von Daten sonst nicht mit der DS-GVO vereinbar wäre, etwa weil es an einem entsprechenden **Erlaubnistatbestand** fehlt.

c) Anonymität und Pseudonymität in Datenübermittlungskonstellationen

86 Von anonymen Daten abzugrenzen sind die sog. **pseudonymen Daten.** Bei pseudonymisierten Daten iSv Art. 4 Nr. 5 DS-GVO enthält der Datensatz zwar kein direktes Identifizierungsmerkmal mehr, es besteht aber noch ein Personenbezug, weil ein solcher **direkter Identifikator** nicht gelöscht, sondern lediglich durch ein sog. Pseudonym ersetzt wurde, das aber über eine **Referenztabelle** dem Identifikator aber zugeordnet bliebt. Anders als bei anonymen Daten ist deshalb durch die Hinzuziehung des gesondert aufbewahrten Identifikators eine Identifizierung der natürlichen Person weiter möglich. Nach Erwgr. 26 S. 2 DS-GVO handelt es sich bei pseudonymen Daten deshalb, anders als bei anonymen Daten, auch um personenbezogene Daten. Pseudonymisierung wird häufig eingesetzt, um die Folgen der Verarbeitung für die betroffenen Personen abzuschwächen, zB damit eine Interessenabwägung nach Art. 6 Abs. 1 lit. f DS-GVO eingedenk dieser **Schutzmaßnahmen** letztlich zugunsten des Verantwortlichen ausfällt.[180]

87 In den für Datenverkehrsgeschäfte typischen Datenübermittlungskonstellationen können allerdings auch für den Übermittler nur pseudonyme Daten unter bestimmten Bedingungen als für den Empfänger anonyme Daten zu qualifizieren sein, denn der Personenbezug von Daten ist aus der Perspektive des jeweiligen Dateninhabers zu beurteilen.[181] Ob ein Personenbezug vorliegt hängt nicht davon ab, ob objektiv Zusatzwissen verfügbar ist, welches eine Re-Identifizierung möglich macht, sondern es ist darauf abzustellen, ob der Dateninhaber über dieses Zusatzwissen auch verfügt **(relativer Personenbezug).**[182] Der Dateninhaber verfügt dann über das Zusatzwissen, wenn er mit hinreichender Wahrscheinlichkeit die Möglichkeit hat, auf die zur Re-Identifizierung erforderlichen zusätzlichen Informationen zuzugreifen und dieser Zugriff auch faktisch durchführbar ist.[183] Wenn der Zugriff gesetzlich verboten ist oder einen unverhältnismäßigen Aufwand an Zeit, Kosten oder Arbeitskräften erfordert, ist eine **Re-Identifizierung** faktisch nicht durchführbar oder zumindest nicht hinreichend wahrscheinlich.[184] Der Dateninhaber verfügt in einem solchen Fall nicht über das zur Re-Identifizierung erforderliche **Zusatzwissen,** sodass die Daten keinen Personenbezug aufweisen und als anonym zu qualifizieren sind. Übermittelt ein Verantwortlicher deshalb einen für ihn pseudonymen Datensatz an einen Empfänger, der das Pseudonym nicht auflösen kann, weil er keinen Zugriff auf die Referenztabelle hat, kann der Datensatz für den Empfänger als anonym eingestuft werden.[185]

88 Unternehmen S. übermittelt an Unternehmen D. Daten, wobei die Identifizierung der betroffenen Personen nur anhand eines alphanumerischen Codes in Kombination mit einer **Identifizierungsdatenbank** möglich ist.[186] Unternehmen D. hat Zugriff auf die Codes, nicht jedoch auf die zugehörige Identifizierungsdatenbank. Anhand der übermittelten Daten von S. ist D. ist eine unmittelbare Re-Identifizierung nicht möglich. Bei der Kombination mit den zusätzlichen Informationen aus der Datenbank handelt es sich aufgrund der **fehlenden Zugriffsmöglichkeit** um kein rechtlich erlaubtes Mittel, welches mit hinreichender Wahrscheinlichkeit von D. zur Re-Identifizierung genutzt werden kann. Die an D. übermittelten Daten weisen damit kein Personenbezug auf und sind als anonym anzusehen. Bei der

---

180 Europäischer Datenschutzausschuss, Guidelines 01/2025 on Pseudonymisation (adopted on 16.1.2025), Rn. 27.

181 EuG 26.4.2023 – T-557/20, ECLI:EU:T:2023:219 = BeckRS 2023, 8240 Rn. 100; LG Hannover 26.2.2025 – 128 OWiLG 1/24, BeckRS 2025, 3463 Rn. 53.

182 Gola/Heckmann/Gola DS-GVO Art. 4 Rn. 8.

183 EuG 26.4.2023 – T-557/20, ECLI:EU:T:2023:219 = BeckRS 2023, 8240 Rn. 105.

184 Vgl. EuGH 19.10.2016 – C-582/14, ECLI:EU:C:2016:779 = BeckRS 2016, 82520 Rn. 46.

185 Von „anonymisierender Pseudonymisierung" sprechend, letztlich aber offen gelassen von LG Hannover 26.2.2025 – 128 OWiLG 1/24, BeckRS 2025, 3463 Rn. 55.

186 Beispiel angelehnt an EuG 26.4.2023 – T-557/20, ECLI:EU:T:2023:219 = BeckRS 2023, 8240.

Übermittlung an und die Weiterverarbeitung durch D. handelt es sich daher nicht um datenschutzrechtlich relevante Verarbeitungen.

Eine Sonderkonstellation ergibt sich im Falle einer **Auftragsverarbeitung** (dazu sogleich). Im Rahmen einer Auftragsverarbeitung sprechen gute Argumente dafür, dass die Personenbezogenheit der Daten für den Verantwortlichen dem Auftragsverarbeiter zugerechnet werden muss. 89

Dafür spricht schon der **Zirkelschluss,** dass die DS-GVO nicht auf anonyme Daten anwendbar ist – dann aber aus Sicht des vermeintlichen Auftragsverarbeiters mangels personenbezogener Daten auch keine Auftragsverarbeitung iSd DS-GVO gegeben wäre[187]. Dies kann nach Sinn und Zweck des Datenschutzrechts nicht dazu führen, dass der Verantwortliche im Umkehrschluss von seinen Pflichten aus Art. 28 DS-GVO bei Einsatz eines Auftragsverarbeiters befreit wird, obwohl die fraglichen Daten für ihn nach wie vor personenbezogen sind. 90

2. Rollen der Beteiligten als Verantwortliche oder Auftragsverarbeiter

Für die Frage, welche datenschutzrechtlichen Anforderungen bei einer Weitergabe personenbezogener Daten zwischen zwei Akteuren zu erfüllen sind, kommt es maßgeblich auch darauf an, welche **datenschutzrechtlichen Rollen** ihnen jeweils zukommen: 91

- Handelt es sich bei den beteiligten Akteuren um **Verantwortliche** iSv Art. 4 Nr. 7 DS-GVO muss die Weitergabe personenbezogener Daten von einer Erlaubnisvorschrift gedeckt sein;
- Handelt es sich bei den beteiligten Akteuren um **gemeinsam Verantwortliche,** bedarf es zusätzlich des Abschlusses eines entsprechenden Vertrages über die gemeinsame Verantwortlichkeit, Art. 26 Abs. 1 DS-GVO;
- Handelt es sich bei dem Datenempfänger um einen **Auftragsverarbeiter,** ist die Weitergabe zwar privilegiert und es bedarf keiner Erlaubnisvorschrift, es muss dann aber ein Auftragsverarbeitungsvertrag geschlossen werden, der den Anforderungen des Art. 28 Abs. 3 DS-GVO genügt.
- Im Falle der Weitergabe an einen Auftragsverarbeiter ist es zudem so, dass sich ein solcher Wissen, Mittel und Möglichkeiten des Verantwortlichen zurechnen lassen muss, was Auswirkungen darauf hat, ob die Daten für ihn als anonym oder pseudonym zu qualifizieren sind (s. oben).

a) Auftragsverarbeitung

Einen besonderen Fall der Weitergabe personenbezogener Daten stellt eine solche an einen **Auftragsverarbeiter** dar. Teilweise wird zwar vertreten, dass es bei der Offenlegung und dem Zugänglichmachen von Daten gegenüber anderen Stellen nicht darauf ankomme, ob es sich bei diesen um Dritte gem. Art. 4 Nr. 10 DS-GVO handelt oder nicht.[188] Dementsprechend sei eine gem. Art. 6 DS-GVO rechtfertigungsbedürftige Verarbeitung in Form der Offenlegung auch dann anzunehmen, wenn Daten an einen Auftragsverarbeiter iSd Art. 4 Nr. 8 DS-GVO oder an befugte Personen innerhalb der Verantwortungssphäre des Verantwortlichen oder des Auftragsverarbeiters weitergegeben werden.[189] Ein entsprechender **Erlaubnistatbestand** wird in Art. 6 Abs. 1 UAbs. 1 lit. f DS-GVO gesehen, der bei Einhaltung der Voraussetzungen des Art. 28 DS-GVO als erfüllt betrachtet wird,[190] während 92

187 So zB Geuer/Wollmann justIT 2020/6, 18 (24).
188 Kühling/Buchner/Herbst DS-GVO Art. 4 Rn. 29.
189 Kühling/Buchner/Herbst DS-GVO Art. 4 Rn. 29.
190 Taeger/Gabel/Gabel/Lutz DS-GVO Art. 28 Rn. 9.

weitere Ansichten alternativ die Einstufung von Art. 28 DS-GVO selbst als Ermächtigungsgrundlage erörtern.[191]

93 Diese Sichtweise ist jedoch mit der Mehrheit der Literaturstimmen[192] abzulehnen, die zwischen dem **Begriff des Empfängers** gem. Art. 4 Nr. 9 DS-GVO und dem **des Dritten** gem. Art. 4 Nr. 10 DS-GVO trennt: Danach ist im Fall einer Weitergabe innerhalb der verantwortlichen Stelle oder zwischen dieser und einer im Auftrag tätigen Stelle nicht von einer Übermittlung an einen Dritten, sondern lediglich an einen Empfänger auszugehen.[193] Der Verantwortliche und der Auftragsverarbeiter werden wie eine **Verarbeitungseinheit** behandelt, und da Art. 6 Abs. 1 DS-GVO nur die Weitergabe an Dritte reguliert, ist die Weitergabe von personenbezogenen Daten an Auftragsverarbeiter mithin privilegiert.[194] Da Art. 28 DS-GVO gerade im Sinn hat, den Verarbeitungsprozess zwischen dem Auftragsverarbeiter und dem Verantwortlichen von dem Rechtfertigungserfordernis des Art. 6 Abs. 1 DS-GVO zu befreien,[195] bedarf die Weitergabe der personenbezogenen Daten an einen Auftragsverarbeiter nicht der Erfüllung eines gesonderten Erlaubnistatbestandes.[196] Ungeachtet dessen ist mit dem als Auftragsverarbeiter fungierenden Datenempfänger aber ein **Auftragsverarbeitungsvertrag** nach Art. 28 Abs. 3 DS-GVO zu schließen.

94 Die Rolle als Auftragsverarbeiter unterscheidet sich von derjenigen eines Verantwortlichen dadurch, dass er keinen steuernden Einfluss auf die Zwecke und (wesentlichen) Mittel der Verarbeitung besitzt und er nur auf **Weisung** des Verantwortlichen tätig wird.[197] Auftragsverarbeiter gem. Art. 4 Nr. 8 DS-GVO verarbeiten personenbezogene Daten eben.

95 Für die Feststellung der **Bestimmungsmacht über Zwecke und Mittel** sind die tatsächlichen Gegebenheiten zu berücksichtigen: Maßgeblich ist danach keine formale Betrachtung der Verhältnisse, sondern eine Betrachtung der faktischen Einflüsse auf die Datenverarbeitung[198]. Synonym für den Zweck der Verarbeitung ist das Ziel der Verarbeitung. Bei den Mitteln der Verarbeitung unterscheidet der EDSA, zwischen **wesentlichen und unwesentlichen Mitteln** der Verarbeitung. Danach liegen wesentliche Mittel jedenfalls in der Entscheidungsmacht des Verantwortlichen, während unwesentliche Mittel auch von Auftragsverarbeitern bestimmt werden können, ohne eine datenschutzrechtliche Verantwortlichkeit auszulösen.[199] Über wesentliche Mittel entscheidet insbesondere, wer bestimmt, wessen und welche personenbezogenen Daten verarbeitet werden (Betroffenenkategorien, Datenarten), wie lange diese verarbeitet werden (Verarbeitungsdauer) und wer Empfänger der Daten ist (Kategorien von Empfängern), während sich unwesentliche Mittel auf praktische Fragen der Durchführung beziehen, wie die Nutzung bestimmter Hard- und Software zur Verarbeitung und das Vorsehen bestimmter Sicherheitsmaßnahmen.[200]

96 Als Auftragsverarbeitung ist es typischerweise zu klassifizieren, wenn der Verantwortliche Cloud-Dienstleistungen für die Speicherung **(Hosting)** oder die Verarbeitung von Daten in Anspruch nimmt.[201]

---

191 Taeger/Gabel/Gabel/Lutz DS-GVO Art. 28 Rn. 10.
192 Taeger/Gabel/Gabel/Lutz DS-GVO Art. 28 Rn. 11.
193 BeckOK DatenschutzR/Schild, 51. Ed. 1.2.2025, DS-GVO Art. 4 Rn. 49.
194 Albrecht/Jotzo, Das neue Datenschutzrecht der EU, 1. Auflage 2017, Teil 5 C Rn. 22.
195 Paal/Pauly/Martini DS-GVO Art. 28 Rn. 10a.
196 Taeger/Gabel/Gabel/Lutz DS-GVO Art. 28 Rn. 11.
197 Taeger/Gabel/Lang DS-GVO Art. 26 Rn. 66.
198 Kühling/Buchner/Hartung DS-GVO Art. 4 Nr. 7 Rn. 13.
199 EDSA, Leitlinien 07/2020 zu den Begriffen „Verantwortlicher" und „Auftragsverarbeiter" in der DS-GVO, Version 2.0, angenommen am 7.7.2021, Rn. 37 und 40.
200 EDSA, Leitlinien 07/2020 zu den Begriffen „Verantwortlicher" und „Auftragsverarbeiter" in der DS-GVO, Version 2.0, angenommen am 7.7.2021, Rn. 40.
201 BeckOK DatenschutzR/Spoerr, 49. Ed. 1.8.2024, DS-GVO Art. 28 Rn. 24c; Bayerisches Landesamt für Datenschutzaufsicht, Abgrenzungshilfe, S. 2, im Internet abrufbar unter https://www.lda.bayern.de/media/veroeffentlichungen/Abgrenzungshilfe_Auftragsverarbeitung.pdf; EDSA-Leitlinien 07/2020 zu den Begriffen „Verantwortlicher" und „Auftragsverarbeiter" in der DS-GVO, Version 2.0 7.7.2021, Rn. 84, im Internet abrufbar unter https://www.edpb.europa.eu/system/files/2023-10/edpb_guidelines_202007_controllerprocessor_final_de.pdf.

b) Übermittlung zwischen (gemeinsam) Verantwortlichen

Ergibt die Analyse der Entscheidungskompetenzen des Datenempfängers anhand der vorgenannten Kriterien, dass er über Zwecke oder wesentliche Mittel der Verarbeitung entscheidet, ist er demgemäß als Verantwortlicher zu charakterisieren. Verfolgen Übermittler und Empfänger der Daten jeweils eigene, unterschiedliche Zwecke mit den Daten, sind sie regelmäßig jeder für sich als separat Verantwortliche zu klassifizieren. Aufgrund einer insoweit recht ausufernden Rechtsprechung des EuGH gibt es aber immer häufiger Szenarien, in denen auch in solchen **Übermittlungskonstellationen** von einer gemeinsamen Verantwortlichkeit ausgegangen werden muss. 97

Von einer **gemeinsamen Verantwortlichkeit** wird gesprochen, wenn zwei oder mehr Verantwortliche gem. Art. 26 Abs. 1 S. 1 DS-GVO gemeinsam die Zwecke und (wesentlichen) Mittel der Verarbeitung festlegen. 98

Die Einordnung einer datenverarbeitenden Stelle als separater oder gemeinsamer Verantwortlicher erfolgt jeweils für einen konkreten **Datenverarbeitungsvorgang**[202], sodass selbst im Rahmen eines geschlossenen Prozesses prinzipiell für jede Verarbeitungstätigkeit bewertet werden muss, wer die Zwecke und (wesentlichen) Mittel der Verarbeitung bestimmt, wobei dies aber auch nicht zwingend ist und es durchaus auch so sein kann, dass eine Vorgangsreihe in separater Verantwortlichkeit sich auf „Makrobene" als eine übergreifende Verarbeitung mit einem gemeinsamen Zweck mit der Folge darstellt, dass eine gemeinsame Verantwortlichkeit naheliegt[203]. 99

Das entscheidende Merkmal, anhand dessen sich eine gemeinsame Verantwortlichkeit bestimmen lässt, ist die **Gemeinsamkeit** der Festlegung und Entscheidung von Zwecken und wesentlichen Verarbeitungsmitteln.[204] Das Kriterium der Gemeinsamkeit dient dabei der Abgrenzung zur Auftragsverarbeitung nach Art. 28 DS-GVO und stellt heraus, dass zwei unabhängige Verantwortliche zusammen tätig werden.[205] Für die Annahme einer gemeinsamen Verantwortlichkeit ist keine gleichrangige Beteiligung an der Festlegung der Zwecke und Mittel der Verarbeitung nötig, stattdessen kann bereits ein geringes Maß an Mitwirkung und Einflussnahme seitens der einzelnen Beteiligten genügen.[206] Das Vorliegen einer gemeinsamen Verantwortlichkeit wird im jeweiligen Einzelfall unter Anschauung aller relevanten Umstände bestimmt.[207] 100

Nach einem Urteil des EuGH vom 29.7.2019 besteht eine gemeinsame Verantwortlichkeit zwischen Facebook (jetzt Meta) und dem Betreiber einer Webseite, der dort einen Facebook **„Gefällt mir"-Button** eingebunden hat, für die Erhebung der Daten über dieses Plug-In und deren anschließende Übermittlung an Facebook.[208] Die Verantwortlichkeit des Webseitenbetreibers beschränkt sich jedoch auf die Vorgänge der Datenverarbeitung, bei denen er tatsächlich über Zwecke und Mittel entscheidet,[209] und nicht auf nachfolgende von Face- 101

---

[202] Vgl. EDSA, Leitlinien 07/2020 zu den Begriffen „Verantwortlicher" und „Auftragsverarbeiter" in der DS-GVO, V.2 vom 7.7.2021, Rn. 26.

[203] EDSA, Leitlinien 07/2020 zu den Begriffen „Verantwortlicher" und „Auftragsverarbeiter" in der DS-GVO, V.2 vom 7.7.2021, Rn. 43.

[204] Taeger/Gabel/Lang DS-GVO Art. 26 Rn. 25.

[205] BeckOK DatenschutzR/Spoerr, 49. Ed. 1.8.2024, DS-GVO Art. 26 Rn. 28.

[206] Taeger/Gabel/Lang DS-GVO Art. 26 Rn. 36.

[207] BeckOK DatenschutzR/Spoerr, 49. Ed. 1.8.2024, DS-GVO Art. 26 Rn. 30; Taeger/Gabel/Lang DS-GVO Art. 26 Rn. 36.

[208] EuGH 29.7.2019 – C-40/17, NJW 2019, 2755 Rn. 78, 80, 84; Simitis/Hornung/Spiecker gen. Döhmann/Petri/Stief DS-GVO Art. 26 Rn. 22; BeckOK DatenschutzR/Spoerr, 49. Ed. 1.8.2024, DS-GVO Art. 26 Rn. 26.

[209] EuGH 29.7.2019 – C-40/17, NJW 2019, 2755 Rn. 76, 85.

book durchgeführte Verarbeitungen wie etwa der Speicherung der personenbezogenen Daten und deren weitere Verwendung.[210]

102 Die gemeinsame Festlegung muss sich auf die **Zwecke,** also das Ziel der konkreten Verarbeitung, und die **Mittel,** das heißt alles, womit dieses Ziel erreicht werden soll, der Verarbeitung beziehen.[211] Eine gemeinsame Entscheidung über die Zwecke der Verarbeitung ist anzunehmen, wenn die beteiligten Stellen Daten zu denselben Zwecken verarbeiten,[212] eine gemeinsame Entscheidung zu den Mitteln wiederum dann, wenn zwei oder mehr Stellen Einfluss auf die Mittel der Verarbeitung ausgeübt haben.[213]

3. Vorliegen eines Erlaubnistatbestandes

103 Steht nach der vorstehenden Analyse fest, dass der Datenempfänger als – separater oder gemeinsam – Verantwortlicher fungiert und die übermittelten Daten für ihn Personenbezug aufweisen, ist gem. Art. 6 Abs. 1 UAbs. 1 DS-GVO die Datenübermittlung nur rechtmäßig, wenn eine der in der Norm genannten **Bedingungen** erfüllt ist. Die in Art. 6 Abs. 1 DS-GVO aufgeführte Liste von **Rechtfertigungsgründen** ist abschließend.[214]

104 In der Praxis relevante Rechtfertigungsgründe für die Übermittlung personenbezogener Daten im Rahmen von Datenverkehrsgeschäften sind vor allem die **Einwilligung** (Art. 6 Abs. 1 lit. a DS-GVO), die **Vertragserfüllung** (Art. 6 Abs. 1 lit. b DS-GVO) sowie die **berechtigten Interessen** (Art. 6 Abs. 1 lit. f DS-GVO).

a) Einwilligung

105 Die Verarbeitung von personenbezogenen Daten kann nach Art. 6 Abs. 1 lit. a DS-GVO (bzw. Art. 9 Abs. 2 lit. a DS-GVO im Falle besonderer Kategorien personenbezogener Daten) auf eine **Einwilligung** der betroffenen Person gestützt werden. Als Ausfluss des der DS-GVO zugrunde liegenden Autonomieprinzips kann mittels der datenschutzrechtlichen Einwilligung grundsätzlich jedwede Verarbeitung personenbezogener Daten gerechtfertigt werden. Die Einwilligung kann daher prinzipiell eine taugliche Rechtsgrundlage für alle im Rahmen von Datenverkehrsgeschäften vorzunehmenden Übermittlungen sein, gleich um welche Art von Daten es sich handelt. Entscheidend für die Frage der Rechtmäßigkeit der auf einer Einwilligung basierenden Datenübermittlung ist allein, ob die erteile Einwilligung in Bezug auf den konkreten Verarbeitungsvorgang wirksam ist.

106 Die **Wirksamkeitsvoraussetzungen** einer solchen Einwilligung sind an verschiedenen Stellen der DS-GVO zu finden.[215] Der Begriff der Einwilligung und die Anforderungen an eine solche sind in Art. 4 Nr. 11 DS-GVO definiert, welcher ganz grundlegend die **Freiwilligkeit** der von der betroffenen Person abgegebenen Einwilligungserklärung verlangt. Die Erklärung erfolgt freiwillig, wenn die Person eine echte und freie Wahl sowie keine Nachteile bei einer Verweigerung oder der Zurückziehung ihrer Einwilligung zu befürchten hat.[216]

[210] Simitis/Hornung/Spiecker gen. Döhmann/Petri/Stief DS-GVO Art. 26 Rn. 22; BeckOK DatenschutzR/Spoerr, 49. Ed. 1.8.2024, DS-GVO Art. 26 Rn. 26.
[211] Taeger/Gabel/Lang DS-GVO Art. 26 Rn. 41 ff.
[212] EDSA-Leitlinien 07/2020 zu den Begriffen „Verantwortlicher" und „Auftragsverarbeiter" in der DS-GVO, Version 2.0 7.7.2021, Rn. 59, im Internet abrufbar unter https://www.edpb.europa.eu/system/files/2023-10/edpb_guidelines_202007_controllerprocessor_final_de.pdf.
[213] EDSA-Leitlinien 07/2020 zu den Begriffen „Verantwortlicher" und „Auftragsverarbeiter" in der DS-GVO, Version 2.0 7.7.2021, Rn. 63, im Internet abrufbar unter https://www.edpb.europa.eu/system/files/2023-10/edpb_guidelines_202007_controllerprocessor_final_de.pdf.
[214] Vgl. EuGH 4.7.2023 – C-252/21, ECLI:EU:C:2023:537 = ZD 2023, 664 Rn. 90 – Meta Platforms.
[215] BeckOK DatenschutzR/Schild, 51. Ed. 1.2.2025, DS-GVO Art. 6 Rn. 32; Kühling/Buchner/Herbst DS-GVO Art. 6 Rn. 18.
[216] Erwgr. 42 S. 5 DS-GVO; BeckOK DatenschutzR/Schild, 51. Ed. 1.2.2025, DS-GVO Art. 6 Rn. 34.

Als weitere zentrale Voraussetzung muss die Einwilligung gem. Art. 4 Nr. 11 DS-GVO „in informierter Weise" erteilt werden. Es muss also dem **Transparenzgrundsatz** gem. Art. 5 Abs. 1 lit. a DS-GVO genüge getan werden.[217] Das setzt voraus, dass der betroffenen Person zuvor mindestens Informationen über den Verantwortlichen und die Zwecke der Datenverarbeitung gegeben wurden.[218] Darüber hinaus muss sich die Einwilligung auf „einen oder mehrere bestimmte Zwecke" iSd Art. 6 Abs. 1 lit. a Alt. 2 DS-GVO beziehen, also die betreffende Datenverarbeitung hinreichend spezifizieren.[219] 107

Art. 4 Nr. 11 DS-GVO verlangt zudem, dass die abgegebene Willensbekundung unmissverständlich in Gestalt einer Erklärung oder sonstigen bestätigenden Handlung zu erfolgen hat. Konkrete **Formerfordernisse** für die Abgabe dieser Erklärung sind nicht vorgeschrieben, allerdings muss die Einwilligung der betroffenen Person in die konkrete Verarbeitung ihrer personenbezogenen Daten klar erkennbar sein.[220] 108

Ein **Widerruf** ihrer Einwilligung ist der betroffenen Person gem. Art. 7 Abs. 3 S. 1 DS-GVO jederzeit möglich. Der Verarbeitung der personenbezogenen Daten wird damit für die Zukunft die Rechtsgrundlage entzogen[221], die bis zum Zeitpunkt des Widerrufs erfolgte Verarbeitung hingegen bleibt nach Art. 7 Abs. 3 S. 2 DS-GVO unberührt. 109

b) Vertrag

Gem. Art. 6 Abs. 1 lit. b DS-GVO kann eine Verarbeitung einschließlich in Form einer Übermittlung rechtmäßig sein, wenn sie für die **Erfüllung eines Vertrages,** dessen Vertragspartei die betroffene Person ist, oder zur Durchführung vorvertraglicher Maßnahmen auf Anfrage der betroffenen Person erforderlich ist. Aufgrund des Umstandes, dass die betroffene Person selbst Vertragspartei sein muss, dürfte die Heranziehung dieses Erlaubnistatbestandes im Rahmen von Datenverkehrsgeschäften weniger praxisrelevant sein. 110

Die Durchführung **vorvertraglicher Maßnahmen** bezieht sich auf das Stadium der Vertragsverhandlungen, also den Eintritt der Parteien in entsprechende Vorgespräche[222], und der Vertragsanbahnung, in der einseitig eine Partei die Initiative zum Abschluss des Vertrags ergriffen hat[223]. Die vorvertraglichen Maßnahmen müssen auf die Anfrage des Betroffenen erfolgt sein,[224] um eine Kontrolle durch die betroffene Person über die die betreffende Datenverarbeitung auch im vorvertraglichen Zeitraum zu ermöglichen.[225] 111

Der Begriff der **Erfüllung** umfasst die Herbeiführung des geschuldeten Leistungserfolges, die Erfüllung von Nebenpflichten sowie die Beendigung und mögliche nachvertragliche Sorgfaltspflichten aus dem vertraglichen Schuldverhältnis.[226] 112

Besonders praxisrelevant ist das Merkmal der **„Erforderlichkeit"**, an das der EuGH einen strengen Maßstab anlegt (dazu auch sogleich → Rn. XX): 113

„Damit eine Verarbeitung personenbezogener Daten als für die Erfüllung eines Vertrags erforderlich im Sinne dieser Bestimmung angesehen werden kann, muss sie ***objektiv unerlässlich*** *sein, um einen Zweck zu verwirklichen, der notwendiger Bestandteil der für die betroffene Person bestimmten Vertragsleistung ist. Der Verantwortliche muss somit nachweisen können, inwiefern der Hauptgegenstand des Vertrags ohne die betreffende Verarbeitung nicht erfüllt werden könnte."*[227] 114

[217] Ehmann/Selmayr/Heberlein DS-GVO Art. 6 Rn. 16.
[218] Erwgr. 42 S. 4 DS-GVO; Ehmann/Selmayr/Heberlein DS-GVO Art. 6 Rn. 16.
[219] BeckOK DatenschutzR/Schild, 51. Ed. 1.2.2025, DS-GVO Art. 6 Rn. 35.
[220] Ehmann/Selmayr/Heberlein DS-GVO Art. 6 Rn. 20.
[221] Ehmann/Selmayr/Heberlein DS-GVO Art. 6 Rn. 23.
[222] Kühling/Buchner/Buchner/Petri DS-GVO Art. 6 Rn. 35.
[223] Kühling/Buchner/Buchner/Petri DS-GVO Art. 6 Rn. 36.
[224] Simitis/Hornung/Spiecker gen. Döhmann/Schantz DS-GVO Art. 6 Rn. 41.
[225] Kühling/Buchner/Buchner/Petri DS-GVO Art. 6 Rn. 37.
[226] Kühling/Buchner/Buchner/Petri DS-GVO Art. 6 Rn. 33.
[227] EuGH 4.7.2023 – C-252/21, MMR 2023, 669 Rn. 98.

115 Die Freiheit des Verantwortlichen, in einem Vertrag beliebig bestimmte Datenweitergaben zu erlauben, ist somit in gewisser Weise eingeschränkt. Die Datenverarbeitung muss im Vertrag so deutlich angelegt sein, dass der Verantwortliche sich für die Rechtmäßigkeit der Datenverarbeitung auf die **Willensbekundung** der betroffenen Person stützen kann.[228] Es muss ein unmittelbarer Zusammenhang mit dem konkreten Zweck des Vertragsverhältnisses bestehen.[229]

116 Hierbei reicht es nicht aus, dass die Verarbeitung für die Vertragserfüllung lediglich von Nutzen ist. Stattdessen müssten die Datenverarbeitungen für die Vertragserfüllung „wesentlich" sein und es dürfe **keine praktikablen und weniger einschneidenden Alternativen** geben[230].

c) Interessenabwägung

117 Art. 6 Abs. 1 lit. f DS-GVO normiert einen weiteren praktisch sehr bedeutsamen Rechtfertigungsgrund: Danach ist die Verarbeitung rechtmäßig, wenn sie zur **Wahrung der berechtigten Interessen** des Verantwortlichen oder eines Dritten erforderlich ist, sofern nicht die Interessen oder Grundrechte und Grundfreiheiten der betroffenen Person, die den Schutz personenbezogener Daten erfordern, überwiegen, insbesondere dann, wenn es sich bei der betroffenen Person um ein Kind handelt. Für die Rechtmäßigkeit der Verarbeitung nach Art. 6 Abs. 1 lit. f DS-GVO müssen drei Voraussetzungen kumulativ vorliegen: (1) ein berechtigtes Interesse des Verantwortlichen oder eines Dritten, (2) die Erforderlichkeit der Verarbeitung zur Verwirklichung der Interessen und (3) kein höheres Gewicht der Interessen oder Grundrechte und Grundfreiheiten der betroffenen Person.[231]

118 Der **Begriff des berechtigten Interesses** ist weit auszulegen und umfasst rechtliche, wirtschaftliche und Ideelle Interessen, hinter denen oft die Grundrechte des Verantwortlichen oder Dritten stehen und mit denen über eine Interessenabwägung ein angemessener Ausgleich zu erzielen ist.[232] Berechtigt ist das Interesse dann, wenn die vom Verantwortlichen oder Dritten verfolgten Ziele der Verarbeitung mit der Rechtsordnung der Europäischen Union und des Mitgliedsstaates vereinbar sind.[233]

119 Ein berechtigtes Interesse kann beim Vorliegen einer **maßgeblichen und angemessenen Beziehung** zwischen der betroffenen Person und dem Verantwortlichen anzunehmen sein, wenn beispielsweise die Person ein **Kunde** des Verantwortlichen ist oder in dessen Diensten steht.[234]

120 Die konkrete Datenverarbeitung, an der ein berechtigtes Interesse bejaht wurde, muss auch tatsächlich erforderlich sein, was bedeutet, dass **kein milderes, gleich effektives Mittel** zur Verfügung stehen darf, mit denen die Interessen des Verantwortlichen erreicht werden können.[235]

121 Kann das Ziel der Verarbeitung zum Beispiel durch Verarbeitung von **anonymisierten Daten** genauso gut erreicht werden, mangelt es an der Erforderlichkeit.[236]

---

228 Simitis/Hornung/Spiecker gen. Döhmann/Schantz DS-GVO Art. 6 Rn. 32.
229 Gola/Heckmann/Schulz Art. 6 Rn. 39.
230 EuGH 4.7.2023 – C-252/21, ECLI:EU:C:2023:537 Rn. 98 f. – Meta Platforms u.A.; EuGH 12.9.2024 – verb. Rs. C-17/22 und C-18/22, ECLI:EU:C:2024:738 Rn. 43 f. – HTB; EuGH 9.1.2025 – C-394/23, ECLI:EU:C:2025:2 Rn. 34 – Mousse; sehr ähnlich bereits EDSA, Leitlinien 2/2019, Version 2.0, Rn. 25.
231 EuGH 4.7.2023 – C-252/21, RIW 2023, 516 Rn. 106.
232 Simitis/Hornung/Spiecker gen. Döhmann/Schantz DS-GVO Art. 6 Rn. 100.
233 Ehmann/Selmayr/Heberlein DS-GVO Art. 6 Rn. 40.
234 Erwgr. 47 S. 2 DS-GVO.
235 Kühling/Buchner/Buchner/Petri DS-GVO Art. 6 Rn. 147c.
236 Simitis/Hornung/Spiecker gen. Döhmann/Schantz DS-GVO Art. 6 Rn. 102.

Ist die Erforderlichkeit der Verarbeitung zur Wahrung der berechtigten Interessen gegeben, dürfen der Verarbeitung keine **überwiegenden Interessen, Grundrechte oder Grundfreiheiten** der betroffenen Person entgegenstehen.[237] 122

In der **Abwägung** sind auf der einen Seite die Auswirkungen der Datenverarbeitung und auf der anderen Seite die Interessen des Verantwortlichen oder Dritten miteinander in Verhältnis zu setzen.[238] Die **Darlegungs- und Beweislast** dafür, dass die Interessen der betroffenen Person nicht überwiegen, trägt der Verantwortliche.[239] Wichtige Faktoren für die Gewichtung beider Seiten sind unter anderem die Art und der Umfang der betroffenen Daten[240], der verfolgte Zweck sowie die möglichen Folgen der Verarbeitung.[241] Um etwaig festgestellte Beeinträchtigung für die betroffene Person abzumildern, kann der Verantwortliche kompensatorische Maßnahmen ergreifen.[242] 123

Solche können zum Beispiel in der **Pseudonymisierung** der Daten[243] sowie in der Gewährung eines voraussetzungslosen **Widerspruchsrechts**[244] bestehen. 124

Da das **Abwägungsgebot** explizit verlangt, dass das Interesse der betroffenen Person an dem Ausschluss der Verarbeitung nicht überwiegen darf, ist bei einer als gleichwertig einzuschätzenden Gewichtung der Interessen davon auszugehen, dass eine Verarbeitung stattfinden darf,[245] da durch die Abwägung lediglich unverhältnismäßige Folgen für die betroffene Person abgefangen werden sollen.[246] 125

d) Erforderlichkeit

Findet eine Datenverarbeitung auf Basis einer der gesetzlichen Rechtfertigungsgründe gem. Art. 6 Abs. 1 lit. b–f DS-GVO statt, muss diese die strengen Anforderungen an die Erforderlichkeit erfüllen.[247] Da diese genannten Erlaubnistatbestände eine Verarbeitung personenbezogener Daten trotz fehlender Einwilligung der betroffenen Person als rechtmäßig einstufen können, sind sie nach Vorstellung des EuGH eng auszulegen.[248] **Erforderlich** ist eine Verarbeitung dann, wenn sie objektiv unerlässlich ist, um einen Zweck zu erfüllen, der einen notwendigen Bestandteil der für die betroffene Person bestimmten Vertragsleistung darstellt.[249] Die Verarbeitung der personenbezogenen Daten durch den Verantwortlichen muss für die ordnungsgemäße Erfüllung des zwischen ihm und der betroffenen Person geschlossenen Vertrages wesentlich sein, und es dürfen keine ähnlich effektiven und weniger eingriffsintensiven Alternativen bestehen,[250] die dem Verantwortlichen zumutbar sind.[251] 126

Nach einer aktuellen Entscheidung des EuGH vom 9.1.2025 ist die **geschlechtsbasierte Personalisierung** von Inhalten nicht erforderlich, um einem Kunden bestimmte Dienste anzubieten,[252] da eine Kommunikation mit allgemeinen und inklusiven Höflichkeitsformeln 127

---

237 Ehmann/Selmayr/Heberlein DS-GVO Art. 6 Rn. 46.
238 Kühling/Buchner/Buchner/Petri DS-GVO Art. 6 Rn. 149.
239 Taeger/Gabel/Taeger DS-GVO Art. 6 Rn. 144; Kühling/Buchner/Buchner/Petri DS-GVO Art. 6 Rn. 149; aA Paal/Pauly/Frenzel DS-GVO Art. 6 Rn. 31, der dies aber nur für vertretbar erachtet, wenn zuvor mit dem berechtigten Interesse des Verantwortlichen restriktiv umgegangen wird.
240 Simitis/Hornung/Spiecker gen. Döhmann/Schantz DS-GVO Art. 6 Rn. 107.
241 BeckOK DatenschutzR/Schild, 51. Ed. 1.2.2025, DS-GVO Art. 6 Rn. 72.
242 Simitis/Hornung/Spiecker gen. Döhmann/Schantz DS-GVO Art. 6 Rn. 116.
243 Simitis/Hornung/Spiecker gen. Döhmann/Schantz DS-GVO Art. 6 Rn. 116.
244 Art. 29 Datenschutzgruppe, WP 217, S. 57.
245 Gola/Heckmann/Schulz Art. 6 Rn. 62.
246 Taeger/Gabel/Taeger DS-GVO Art. 6 Rn. 146.
247 EuGH 4.7.2023 – C-252/21, GRUR 2023, 1131 Rn. 92.
248 EuGH 4.7.2023 – C-252/21, GRUR 2023, 1131 Rn. 93.
249 EuGH 9.1.2025 – C-394/23, ZD 2025, 267 Rn. 33.
250 EuGH 9.1.2025 – C-394/23, ZD 2025, 267 Rn. 34.
251 Erwgr. 39 S. 9 DS-GVO; Gola/Heckmann/Schulz Art. 6 Rn. 20.
252 EuGH 9.1.2025 – C-394/23, ZD 2025, 267 Rn. 38 f.

ohne Zusammenhang mit der angenommenen Geschlechtsidentität des Kunden eine weniger einschneidende Alternative darstellt[253] und somit die Verarbeitung personenbezogener Daten in Bezug auf die Anrede der Kunden eines Transportunternehmens, die ihre geschäftliche Kommunikation auf Basis der Geschlechtsidentität der Kunden personalisiert, weder als objektiv unerlässlich noch als wesentlich für die ordnungsgemäße Erfüllung eines Vertrages und damit nicht als erforderlich angesehen werden könne.[254]

e) Zweckbindung

128 Datenweitergaben im Rahmen von Datenverkehrsgeschäften haben sich auch an dem Grundsatz der **Zweckbindung** der Datenverarbeitung nach Art. 5 Abs. 1 lit. b DS-GVO zu messen. Der ist häufig deshalb relevant, weil die Daten initial für andere Zwecke erhoben wurden und sich jetzt eine Verwertung der anderweitig aufgebauten Datensammlungen anschließen soll. Der Zweckbindungsgrundsatz beinhaltet, dass die für festgelegte, eindeutige und legitime Zwecke erhobenen personenbezogenen Daten nicht in einer mit diesen Zwecken unvereinbarenden Weise weiterverarbeitet werden dürfen. Im Falle der Verarbeitung aufgrund einer wirksamen Einwilligung nach Art. 6 Abs. 1 lit. a DS-GVO bedeutet dies, dass die Daten nur zu Zwecken weiterverarbeitet werden dürfen, in die die betroffene Person eingewilligt hat.

129 Mit dem Begriff **„Zweck"** wird der Zustand beschrieben, der durch die Verarbeitung der personenbezogenen Daten zu erreichen versucht wird, also das Ziel und der Grund der Datenverarbeitung.[255] Der Zweck ist vor oder spätestens zu Beginn der Datenverarbeitung festzulegen[256] und er muss eindeutig sein, also klar von anderen Zielsetzungen zu unterscheiden sein.[257] Legitim ist der Zweck, wenn er nicht der Rechtsordnung entgegensteht.[258]

130 Aus dem Gebot der Zweckbindung folgen eine Bindung der Zulässigkeit der Datenverarbeitung an den Zweck sowie ein grundsätzliches Verbot der **Zweckänderung.**[259] Eine zweckändernde Datenverarbeitung muss sämtliche Voraussetzungen erfüllen wie die erste Datenverarbeitung, es müssen also eine Einwilligung der betroffenen Person oder ein Erlaubnistatbestand vorliegen.[260] Eine solche erlaubnisbedürftige Zweckänderung liegt jedoch nur vor, wenn die Weiterverarbeitung mit dem Erhebungszweck unvereinbar ist.[261] Die Beurteilung, ob die Weiterverarbeitung zu einem anderen Zweck mit der ursprünglichen Zweckerhebung vereinbar ist, richtet sich nach den Kriterien des Art. 6 Abs. 4 DS-GVO.[262] Eine mit dem ursprünglichen Zweck vereinbare Weiterverarbeitung ist auch ohne Einwilligung oder erfüllten Erlaubnistatbestand rechtmäßig und verstößt nicht gegen den Grundsatz der Zweckbindung.[263]

131 Privilegiert sind darüber hinaus nach Art. 5 Abs. 1 lit. b Hs. 2 DS-GVO Fälle, in denen die Weiterverarbeitung für im öffentlichen Interesse liegende **Archivzwecke,** wissenschaftliche oder historische **Forschungszwecke** oder für **statistische Zwecke** erfolgt, da sie gem. Art. 89 Abs. 1 DS-GVO nicht als unvereinbar mit den ursprünglichen Zwecken gelten. Die DS-GVO stellt hier mithin eine Vermutung der Vereinbarkeit mit den ursprünglichen Zwecken auf.[264]

---

[253] EuGH 9.1.2025 – C-394/23, ZD 2025, 267 Rn. 40.
[254] EuGH 9.1.2025 – C-394/23, ZD 2025, 267 Rn. 43.
[255] Simitis/Hornung/Spiecker gen. Döhmann/Roßnagel DS-GVO Art. 5 Rn. 68.
[256] Simitis/Hornung/Spiecker gen. Döhmann/Roßnagel DS-GVO Art. 5 Rn. 73 f.
[257] Simitis/Hornung/Spiecker gen. Döhmann/Roßnagel DS-GVO Art. 5 Rn. 76.
[258] BeckOK DatenschutzR/Schantz, 51.Ed. 1.2.2025, DS-GVO Art. 5 Rn. 17.
[259] Simitis/Hornung/Spiecker gen. Döhmann/Roßnagel DS-GVO Art. 5 Rn. 92 f.
[260] Simitis/Hornung/Spiecker gen. Döhmann/Roßnagel DS-GVO Art. 5 Rn. 96.
[261] Simitis/Hornung/Spiecker gen. Döhmann/Roßnagel DS-GVO Art. 5 Rn. 97.
[262] Taeger/Gabel/Voigt DS-GVO Art. 5 Rn. 26.
[263] Taeger/Gabel/Taeger DS-GVO Art. 6 Rn. 174; Simitis/Hornung/Spiecker gen. Döhmann/Roßnagel DS-GVO Art. 6 Rn. 9.
[264] Ehmann/Selmayr/Heberlein DS-GVO Art. 6 Rn. 74.

4. Datenportabilität (Art. 20 DS-GVO)

Eine gänzlich andere Stoßrichtung hat das in Art. 20 DS-GVO verankerte Recht der betroffenen Person auf **Datenübertragkeit** (Datenportabilität). Es soll die Verkehrsfähigkeit von Daten gerade stärken und – im Bereich des Umgangs mit personenbezogenen Daten – ermöglichen. Erstaunlicherweise ist die Praxisrelevanz dieses Anspruchs bisher gering; möglicherweise ändert sich dies aber im Zuge der weiteren Ausformung des Datenwirtschaftsrechts, ua in Gestalt der Datenverordnung. 132

Gemäß Art. 20 Abs. 1 DS-GVO hat die betroffene Person das Recht auf Datenübertragbarkeit, also einen unmittelbar geltenden unionsrechtlichen Anspruch darauf,[265] die sie betreffenden und einem Verantwortlichen **bereitgestellten Daten** in einem strukturierten, gängigen und maschinenlesbaren Format selbst zu erhalten oder diese Daten einem anderen Verantwortlichen ohne Behinderung durch den ursprünglichen Verantwortlichen zu übermitteln. Dieses Recht besteht dann, wenn nach Art. 20 Abs. 1 lit. a und b DS-GVO die Verarbeitung auf einer Einwilligung iSd Art. 6 Abs. 1 lit. a oder Art. 9 Abs. 2 lit. a DS-GVO oder auf einem Vertrag gem. Art. 6 Abs. 1 lit. b DS-GVO beruht und die Verarbeitung automatisiert erfolgt. Bei technischer Machbarkeit kann die betroffene Person gem. Art. 20 Abs. 2 DS-GVO die direkte Übermittlung von einem Verantwortlichen an einen anderen verlangen. 133

Vom Anwendungsbereich umfasst sind beispielsweise die Übertragung von **Profilen auf sozialen Netzwerken**[266], die Herausgabe von **Patientendaten** an einen behandelnden Arzt[267] oder das Abrufen von musikalischen Wiedergabelisten, um die Verfügbarkeit bestimmter Musikstücke auf einer anderen Plattform zu überprüfen.[268] 134

Für den Anspruch auf Datenübertragbarkeit nach Art. 20 Abs. 1 DS-GVO müssen die vier Voraussetzungen kumulativ vorliegen,[269] wobei die **Darlegungs- und Beweislast** bei der betroffenen Person liegt.[270] 135

a) Übertragbare Daten

Übertragbare personenbezogene Daten sind solche, die sich auf die Person beziehen, welche das Recht auf Übertragbarkeit in Anspruch nimmt.[271] Eindeutig mit der Person in Zusammenhang bringbare pseudonymisierte Daten fallen darunter, nicht jedoch anonymisierte oder die Person nicht betreffende Daten.[272] 136

b) Bereitgestellte Daten

Der Anspruch gilt jedoch inhaltlich nur für solche Daten, die dem Verantwortlichen von der betroffenen Person **„bereitgestellt"** worden sind. Die Auslegung des Begriffs „bereitgestellt" ist umstritten und wird von manchen restriktiv, von anderen wiederum weit interpretiert.[273] Die Vertreter der restriktiven Ansicht sprechen sich dafür aus, nur die Daten als bereitgestellt anzusehen, die die betroffene Person aktiv und wissentlich zur Verfügung gestellt hat,[274] während die Befürworter einer weiten Auslegung zusätzlich auch beobachtete 137

[265] Ehmann/Selmayr/Kamann/Braun DS-GVO Art. 20 Rn. 1.
[266] Schantz NJW 2016, 1841 (1845).
[267] Drexl NZKart 2017, 339 (344).
[268] Art. 29-Datenschutzgruppe, Leitlinien zum Recht auf Datenübertragbarkeit, WP242 vom 5.4.2017, S. 5.
[269] BeckOK DatenschutzR/von Lewinski, 51. Ed. 1.2.2025, DS-GVO Art. 20 Rn. 28.
[270] Ehmann/Selmayr/Kamann/Braun DS-GVO Art. 20 Rn. 13.
[271] Simitis/Hornung/Spiecker gen. Döhmann/Dix DS-GVO Art. 20 Rn. 5 f.
[272] Art. 29-Datenschutzgruppe, Leitlinien zum Recht auf Datenübertragbarkeit, WP242 vom 5.4.2017, S. 10.
[273] Simitis/Hornung/Spiecker gen. Döhmann/Dix DS-GVO Art. 20 Rn. 8.
[274] Gola/Heckmann/Piltz Art. 20 Rn. 17; Ehmann/Selmayr/Kamann/Braun DS-GVO Art. 20 Rn. 14.

Daten, die von der betroffenen Person durch die Nutzung des Dienstes oder des Gerätes bereitgestellt werden, inkludieren.[275]

138 Für die enge Auslegung wird vor allem der Wortlaut der Norm herangezogen: die **„Bereitstellung"** als eine explizit genannte Form der Verarbeitung nach Art. 4 Nr. 2 DS-GVO geht von einem aktiven Verarbeiter aus, da die Beispiele des Art. 4 Nr. 2 DS-GVO nur als aktive Handlungsbeschreibungen des Verarbeitens aufgeführt werden.[276] Darüber hinaus spricht der Erwgr. 68 S. 3 DS-GVO ausdrücklich davon, dass die betroffene Person ihre personenbezogenen Daten „zur Verfügung gestellt hat", also eine aktive Handlung stattfand.[277] Die Gegenmeinung bezieht in ihre Überlegungen insbesondere die Daten ein, die das Ergebnis der Beobachtung der Tätigkeiten der betroffenen Person sind, soweit die Person um diese Datengenerierung weiß und es zulässt, dass diese Daten gegenüber dem Verantwortlichen offengelegt werden.[278] Um das Recht auf Datenübertragbarkeit nicht zu unterlaufen und seine volle Wirkfähigkeit zu gewährleisten, ist mit Bezug auf solche Daten eine weite Auslegung geboten.[279]

139 Ein Musterbeispiel ist die Aufzeichnung und Auswertung von sportlichen Aktivitäten der betroffenen Person durch ein **Fitnessarmband,** wo die Datenübermittlung in an den Hersteller nicht immer vollständig bewusst sein mag.[280]

140 Einig sind sich die Stimmen dahingehend, dass Daten, die der Verantwortliche **selbst erzeugt** hat, aus vorhandenen Daten der betroffenen Person selbst ableitet oder die den Rückschluss aus einer Auswertung der vorhandenen Daten durch den Verantwortlichen darstellen, nicht vom Begriff der Bereitstellung erfasst werden.[281]

141 Darunter fallen etwa **Kreditscores** und **Profiling-Daten.**[282]

c) Rechtsgrundlage der Bereitstellung

142 Als dritte Voraussetzung verlangt Art. 20 Abs. 1 lit. a DS-GVO, dass die Verarbeitung der Daten, auf die sich das Recht der Datenübertragbarkeit bezieht, entweder auf einer Einwilligung iSv Art. 6 Abs. 1 lit. a DS-GVO oder Art. 9 Abs. 2 lit. a DS-GVO oder auf einem Vertrag nach Art. 6 Abs. 1 lit. b DS-GVO beruht. Die Einwilligung oder der Vertrag stellen die Grundlage für die Bereitstellung der personenbezogenen Daten dar, weshalb im Fall einer **unwirksamen Einigung** oder eines **nicht geschlossenen Vertrages** auch kein Recht auf Datenübertragbarkeit existiert.[283] Ebenso ist dieses Recht nach Widerruf der Einwilligung oder nach Vertragsbeendigung ausgeschlossen, da der Verantwortliche danach auch das Recht zur Speicherung der betreffenden Daten nicht mehr besitzt.[284]

d) Rechtsfolge: Datenübertragung

143 Liegen die Voraussetzungen vor, steht der betroffenen Person das Recht zu, die sie betreffenden Daten in einem bestimmten Format zu erhalten, dass strukturiert, gängig und

[275] Art. 29-Datenschutzgruppe, Leitlinien zum Recht auf Datenübertragbarkeit, WP242 vom 5.4.2017, S. 11; Kühling/Buchner/Herbst DS-GVO Art. 20 Rn. 11.
[276] Strubel ZD 2017, 355 (357).
[277] Gola/Heckmann/Piltz Art. 20 Rn. 17.
[278] Kühling/Buchner/Herbst DS-GVO Art. 20 Rn. 11.
[279] Art. 29-Datenschutzgruppe, Leitlinien zum Recht auf Datenübertragbarkeit, WP242 vom 5.4.2017, S. 11 f.; Jülicher/Röttgen/v. Schönfeld: Das Recht auf Datenübertragbarkeit – Ein datenschutzrechtliches Novum (ZD 2016, 358 (359).
[280] Jülicher/Röttgen/v. Schönfeld ZD 2016, 358 (359).
[281] Gola/Heckmann/Piltz Art. 20 Rn. 18; Art. 29-Datenschutzgruppe, Leitlinien zum Recht auf Datenübertragbarkeit, WP242 vom 5.4.2017, S. 12.
[282] BeckOK DatenschutzR/von Lewinski, 51. Ed. 1.2.2025, DS-GVO Art. 20 Rn. 47.
[283] Gola/Heckmann/Piltz Art. 20 Rn. 20.
[284] Taeger/Gabel/Munz DS-GVO Art. 20 Rn. 32.

maschinenlesbar ist, sowie das Recht, diese ohne Behinderung durch den Erstverantwortlichen an einen anderen Verantwortlichen zu übermitteln. Art. 20 Abs. 2 DS-GVO gewährt der Person auch das Recht, vorausgesetzt dies ist technisch machbar, vom Erstverantwortlichen die direkte Übermittlung der Daten an einen anderen Verantwortlichen zu verlangen, wobei ihr ein **Wahlrecht** zwischen den Ansprüchen gem. Art. 20 Abs. 1 und Abs. 2 DS-GVO zusteht.[285]

Art. 20 Abs. 3 S. 1 DS-GVO normiert, dass das Recht auf Datenübertragbarkeit neben dem Recht auf Löschung gem. Art. 17 DS-GVO steht, weshalb der betroffenen Person das Recht auf die **Übertragung** und auch der anschließenden **Löschung** der Daten zusteht.[286] **144**

e) Ausnahmen

Die Art. 20 Abs. 3 S. 2 und Abs. 4 DS-GVO formulieren bestimmte **Ausnahmen vom Recht der Datenübertragbarkeit.** Im ersteren Fall gilt das Recht nicht für eine Verarbeitung, die für die Wahrnehmung einer Aufgabe im öffentlichen Interesse oder in Ausübung öffentlicher Gewalt, die dem Verantwortlichen übertragen wurde, erforderlich ist. Nach Art. 20 Abs. 4 DS-GVO darf das Recht auf Datenübertragung die Rechte und Freiheiten anderer Personen nicht beeinträchtigen. **145**

Letztgenannte Ausnahme ist im Rahmen von **Datenverkehrsgeschäften** praxisrelevant. Die Ausnahme erstreckt sich, anders als der Wortlaut es vermuten lässt, auch auf die Direktübermittlung nach Art. 20 Abs. 2 DS-GVO.[287] Erwgr. 68 S. 8 DS-GVO nennt ausdrücklich andere „betroffene" Personen, was sich auf natürliche Personen bezieht, und stellt klar, dass mit den geschützten Rechten und Freiheiten die Grundrechte und Grundfreiheiten gemeint sind.[288] Eine solche Situation kann Vorliegen, wo mehrere betroffene Personen unter einem einheitlichen Nutzungsvertrag einen bestimmten Service in Anspruch nehmen und deshalb der bereitgestellte Datenbestand mehrere Personen betrifft. **146**

Ein **Home-Fitnessgerät,** welches mit einem Nutzeraccount zur Teilnahme an bestimmten Online-Kursen verknüpft ist und bei dem Fitnessdaten der Nutzer im Rahmen die Kursteilnahmen gesammelt werden, ermöglicht eine Nutzung für mehrere Familienmitglieder unter einem Account. **147**

In einem solchen Fall sind bei einem Herausgabeverlangen durch den Vertragspartner des Anbieters auch Daten anderer betroffener Personen tangiert, so dass im Rahmen einer **Interessenabwägung** ermittelt werden muss, ob der Anspruch wegen Persönlichkeitsrechten Dritter abzulehnen oder einzuschränken ist.[289] Bezüglich der Abwägung kann man sich an den in der Rechtsprechung herausgebildeten Kriterien im Hinblick auf Art. 15 Abs. 4 DS-GVO orientieren. Danach gilt, dass entgegenstehende Interessen anderer den Anspruch auf Erhalt einer Datenkopie nicht pauschal ausschließen. Selbst wenn die durchzuführende Einzelabwägung zu dem Ergebnis kommt, dass schützenswerte Rechtsgüter dem Auskunftsinteresse der betroffenen Person gegenüber überwiegen, ist dem Antragssteller nach Möglichkeit eine Teilkopie zur Verfügung zu stellen[290]. Nach Rechtsprechung des BGH erfordert die Offenlegung personenbezogener Daten Dritter dem Antragssteller gegenüber zudem eine geeignete Rechtsgrundlage nach Art. 6 bzw. Art. 9 DS-GVO[291]. Da es aber regelmäßig an einer Einwilligung oder vertraglichen Erforderlichkeit (vgl. Art. 6 Abs. 1 lit. a und b DS-GVO) fehlen wird, kommt allenfalls die Verfolgung berechtigter Interessen als Rechtsgrundlage für die Offenlegung in Betracht (Art. 6 Abs. 1 lit. f DS-GVO). **148**

---

285 Simitis/Hornung/Spiecker gen. Döhmann/Dix DS-GVO Art. 20 Rn. 13 f.
286 Simitis/Hornung/Spiecker gen. Döhmann/Dix DS-GVO Art. 20 Rn. 16.
287 Simitis/Hornung/Spiecker gen. Döhmann/Dix DS-GVO Art. 20 Rn. 18.
288 Taeger/Gabel/Munz DS-GVO Art. 20 Rn. 53.
289 Taeger/Gabel/Munz DS-GVO Art. 20 Rn. 54.
290 EuGH 27.2.2025 – C-203/22, GRUR-RS 2025, 2556 Rn. 68.
291 BGH 22.2.2022 – VI ZR 14/21, ZD 2022, 326.

III. Geschäftsgeheimnisse

Siehe zu diesem Themenkomplex auch
- Data Act → Kap. 4 Rn. 1 ff.
- Zugang zu Daten/Geheimhaltung → Kap. 6 Rn. 8 ff.
- Data Act → Kap. 12 Rn. 109 ff.
- Informationssicherheit → Kap. 21 Rn. 1 ff.

1. Das Geschäftsgeheimnis als Gegenstand von Rechtsgeschäften

a) Rahmenbedingungen der rechtsgeschäftlichen Verwertung

149 Das in Umsetzung der europäischen Geschäftsgeheimnis-RL erlassene „neue" Geschäftsgeheimnisschutzgesetz (GeschGehG) führt aus der Perspektive des deutschen Rechts zu einem Systemwechsel. Die bisher dem Lauterkeitsrecht zuzurechnenden Verbote der §§ 17 ff. UWG werden durch Tatbestände ersetzt, die einen objektiven Eingriff in ein fremdes Recht sanktionieren. Besonders augenfällig wird diese Zuordnung des **Geschäftsgeheimnisses als Rechtsgut** durch die – auch im Data Act in Bezug genommene[292] – Regelung des § 2 Nr. 2 GeschGehG, der den Rechtsinhaber definiert.

150 Geschäftsgeheimnisse schützen geheime Informationen und ordnen diese einem Rechtsinhaber zu, wenn und solange dieser für den faktischen Bestand des Geheimnisses sorgt.[293] Die gewährte Rechtsposition kann an einen Dritten übertragen oder ohne Zuordnungswechsel zur Nutzung überlassen werden.[294] Die **Vollrechtsübertragung** erfolgt durch Verfügung.[295] Eine Berechtigung zur Nutzung eines fremden Geschäftsgeheimnisses wird durch Vertrag gewährt und – missverständlich, aber international üblich – als (unechte)[296] **Lizenz** bezeichnet. Ein Nutzungsrecht kann als ausschließliche, alleinige oder einfache Berechtigung erteilt werden.[297] Von der Lizenz zu unterscheiden sind Vertraulichkeits- bzw. Geheimnisschutzvereinbarungen, bei denen sich der Empfänger des faktischen Wissens einseitig zur Wahrung des Geheimnisses verpflichtet.

151 Bei einer Übertragung des Geschäftsgeheimnisses erfolgt ein **Zuordnungswechsel.**[298] Der ursprüngliche Geheimnisinhaber gibt die rechtmäßige Kontrolle über das Geschäftsgeheimnis auf, der Erwerber erlangt die rechtmäßige Kontrolle und wird zum Geheimnisinhaber.[299] Eine Besonderheit im Vergleich zur Übertragung eines Immaterialgüterrechts ergibt sich aber daraus, dass der frühere Geheimnisinhaber die durch das Geheimnis geschützte Information idR faktisch noch hat.[300] Um den Zuordnungswechsel perfekt zu machen, muss er sich daher verpflichten, die noch verfügbare Information nicht mehr zu

---

[292] Vgl. die Verweise in Art. 2 Nr. 18 und 19 sowie die Bezugnahmen in Art. 3 Abs. 3 lit. h; sowie Art. 4 Abs. 6–8 und Art. 5 Abs. 9–11 DA, die dem Geschäftsinhaber eine Einrede gegen den Zugangsanspruch gewähren.

[293] Harte-Bavendamm/Ohly/Kalbfus/Ohly Einl. A Rn. 30.

[294] Ohly/Sosnitza GeschGehG § 2 Rn. 26; Köhler/Feddersen/Alexander GeschGehG § 1 Rn. 19; Harte-Bavendamm/Ohly/Kalbfus/Harte-Bavendamm GeschGehG § 2 Rn. 76 ff.

[295] Ohly/Sosnitza GeschGehG § 2 Rn. 26; Harte-Bavendamm/Ohly/Kalbfus/Harte-Bavendamm GeschGehG § 2 Rn. 77; Köhler/Feddersen/Alexander GeschGehG § 1 Rn. 20.

[296] Vgl. McGuire WRP 2024, 133 (140).

[297] Harte-Bavendamm/Ohly/Kalbfus/Kalbfus/Harte-Bavendamm GeschGehG Einl. B Rn. 105 sowie § 2 Rn. 76.

[298] Harte-Bavendamm/Ohly/Kalbfus/Kalbfus/Harte-Bavendamm GeschGehG Einl. B Rn. 95a sowie § 2 Rn. 80.

[299] Harte-Bavendamm/Ohly/Kalbfus/Kalbfus/Harte-Bavendamm GeschGehG Einl. B Rn. 95a.

[300] Ausführlich McGuire WRP 2024, 133 (140) sowie McGuire WRP 2019, 679 (683) mit einem Klauselvorschlag.

nutzen und, sofern sie auf einem analogen oder digitalen Datenträger gespeichert ist, diese zu übergeben und/oder zu löschen.[301]

Von einem Zuordnungswechsel zu unterscheiden ist der Fall, dass der Vertragspartner lediglich zur Nutzung des fremden Geschäftsgeheimnisses berechtigt wird.[302] Sowohl der wirtschaftliche Wert dieses **Nutzungsrechts** als auch das für den Geheimnisinhaber damit verbundene Risiko[303] einer versehentlichen Offenbarung hängen nicht nur von der Verlässlichkeit des Vertragspartners, sondern insbesondere davon ab, ob diese Nutzung exklusiv erfolgen soll, dh auch den Geheimnisinhaber von der eigenen Nutzung und jede weitere Vergabe eines Nutzungsrechts ausschließen soll **(ausschließliche Lizenz)** oder ob mehrere Nutzungsrechte erteilt werden können **(einfache Lizenz).** Als Zwischenform anerkannt ist die gerade bei Geschäftsgeheimnissen häufige Vereinbarung, dass der Geheimnisinhaber nur eine Lizenz vergibt, sich aber das Recht vorbehält, das Geschäftsgeheimnis selbst weiter zu nutzen **(alleinige Lizenz[304]).** 152

Als Gegenstand von Verträgen kommen außerdem sogenannte **Non Disclosure Agreements und Geheimnisschutzvereinbarungen** (dazu → Rn. 81) in Betracht, also die Verpflichtung einer vom Geheimnisinhaber verschiedenen Person, die das Geheimnis erlangt hat, alle für den Bestand des Geheimnisses erforderlichen Maßnahmen zu ergreifen. Der Mitwisser verpflichtet sich dadurch, die Information, bspw. einen Datensatz, nur für den vorgesehenen Zweck zu nutzen, sie nicht seinerseits an Dritte weiterzugeben und gegen eine Offenbarung zu schützen. 153

Für alle angesprochenen Vereinbarungen gilt, dass sie zwar innerhalb der Europäischen Union wegen der **gemeinsamen Grundlage der Geschäftsgeheimnis-RL** einheitlich zulässig sind, ihre genauen Voraussetzungen und Rechtsfolgen aber vom jeweils anwendbaren nationalen Recht abhängen.[305] Auch für Geschäftsgeheimnisse richtet sich das internationale Privatrecht nach der Rom I- und Rom II-VO.[306] 154

Dabei ist zunächst zu fragen, ob überhaupt ein Geschäftsgeheimnis besteht. **Bestand und Zulässigkeit der Übertragung** sind notwendig nach dem Recht des Staates zu beurteilen, für das Schutz begehrt wird (Schutzlandprinzip).[307] Ob diese Regel bereits daraus folgt, dass es sich auch bei Geschäftsgeheimnissen um ein Recht des Geistigen Eigentums iSd Art. 8 Rom II-VO handelt, ist umstritten, kann aber dahinstehen. Denn aus dem Umstand, dass es sich um eine Mindestharmonisierung[308] handelt sowie der Öffnung der Geschäftsgeheimnis-RL für das jeweilige nationale Recht[309] ergibt sich, dass die GeschGehRL das Territorialitätsprinzip voraussetzt. 155

Die **rechtsgeschäftliche Verwertung** durch die Übertragung, die Gewährung eines Nutzungsrechts oder eine Geheimnisschutzvereinbarung begründen ein vertragliches Schuldverhältnis iSd Rom I-VO.[310] Die Parteien können das anwendbare Recht daher nach Art. 3 Rom I-VO wählen. Hilfsweise erfolgt eine objektive Anknüpfung nach Art. 4 Rom I-VO, die regelmäßig das Recht des Staates zur Anwendung beruft, in dem der Geheimnisinhaber seinen Sitz hat (Art. 4 Abs. 2 Rom I-VO) oder – wenn es sich nur um eine 156

301 Vgl. Harte-Bavendamm/Ohly/Kalbfus/Kalbfus/Harte-Bavendamm GeschGehG Einl. B Rn. 97 sowie § 2 Rn. 79.
302 Köhler/Feddersen/Alexander GeschGehG § 1 Rn. 21.
303 Harte-Bavendamm/Ohly/Kalbfus/Kalbfus/Harte-Bavendamm GeschGehG Einl. B Rn. 107.
304 Harte-Bavendamm/Ohly/Kalbfus/Kalbfus/Harte-Bavendamm GeschGehG Einl. B Rn. 11 sowie § 2 Rn. 81.
305 Dazu → Kap. 22 Rn. 40 ff.
306 Köhler/Feddersen/Alexander GeschGehG Vor § 1 Rn. 95; Harte-Bavendamm/Ohly/Kalbfus/Ohly GeschGehG Einl. A Rn. 250; MüKoBGB/Drexl Rom II VO Art. 6 Rn. 171, 185.
307 McGuire WRP 2023, 1 (7).
308 Art. 1 Abs. 1 S. 2 GeschGehRL.
309 Art. 3 Abs. 2 GeschGehRL.
310 Köhler/Feddersen/Alexander GeschGehG Vor § 1 Rn. 97a; Harte-Bavendamm/Ohly/Kalbfus/Ohly GeschGehG Einl. A Rn. 251.

Zusatzvereinbarung zu einem anderen Vertrag handelt – akzessorisch an diesen angeknüpft wird (Art. 4 Abs. 3 Rom I-VO).

157 Die Rechtsfolgen einer Verletzung – und dazu zählt auch der vorliegend besonders wichtige **vertragsüberschreitende Gebrauch** – sind nach der Rom II-VO zu bestimmen.[311] Ob sich der angesprochene Systemwechsel vom Lauterkeitsrecht zur Zuordnung eines Rechtsguts auch hier auswirkt, ist umstritten. Die (noch) herrschende Lehre nimmt an, dass das Geschäftsgeheimnisrecht nicht mehr als Lauterkeitsrecht qualifiziert werden kann, lehnt daher die alte Anknüpfung nach Art. 6 Rom II-VO (unlauterer Wettbewerb) ab und weicht auf die allgemeine Kollisionsnorm aus.[312] Überzeugender ist – wegen des notwendigen Gleichlaufs von Bestand und Verletzung – die Rechtsfolgen der Verletzung nach Art. 8 Rom II-VO (Geistiges Eigentum) zu bestimmen.[313] Da das Qualifikationsproblem aber gerade im Bereich der Daten noch gravierender ist, ist zu hoffen, dass der Europäische Gesetzgeber diese Problematik bei der anstehenden Reform der Rom II-VO[314] aufgreift.[315]

b) Rechtsgeschäfte, die Daten und Geschäftsgeheimnisse betreffen

158 Da Geschäftsgeheimnisse geheime Informationen schützen, liegt auf der Hand, dass auch **Daten als Gegenstand eines Geschäftsgeheimnisses** in Betracht kommen. Das gilt gleichermaßen für personenbezogene Daten als auch für maschinengenerierte Daten. Letztere können unabhängig davon als Geschäftsgeheimnis geschützt sein, ob diese dem Data Act unterfallen, nach dem Datenbankherstellerrecht Schutz erlangen oder es sich um Daten handelt, die keiner besonderen datenrechtlichen Regelung unterliegen.

159 Im Kontext der Datenwirtschaft kann das Vorliegen eines Geschäftsgeheimnisses die **Rechtsposition des Dateninhabers stärken,** sei es, weil die betroffenen Daten keine besondere rechtliche Regelung erfahren haben (bspw. abgeleitete Maschinendaten, die weder dem Data Act noch dem Datenbankherstellerrecht unterfallen), sei es, weil die nach §§ 6 ff. GeschGehG verfügbaren Rechtsfolgen bei vertragsüberschreitendem Gebrauch weiter reichen, als die nach Art. 82 DS-GVO vorgesehenen oder aus einem Verstoß gegen Art. 4 Abs. 13 Data Act resultierenden Rechtsfolgen der rechtswidrigen Nutzung. Hier ist insbesondere an den Anspruch auf Unterlassung und Beseitigung rechtsverletzender Ware aus dem Vertriebsweg zu denken (dazu → Kap. 10 Rn. 177 f.).

160 Umgekehrt können Geschäftsgeheimnisse zu Gunsten des Geschäftsgeheimnisinhabers mögliche **Einreden gegen Zugangsansprüche** des Nutzers oder von Dritten begründen.[316] Für den Fall, dass Letztere gegen eine vertragliche Verpflichtung zur Geheimhaltung verstoßen, eröffnet der Schutz als Geschäftsgeheimnis zusätzlich zu den Folgen einer Vertragsverletzung die im GeschGehG vorgesehenen Rechtsfolgen der Geheimnisschutzverletzung (§ 4 Abs. 2 Nr. 2 iVm §§ 6 ff. GeschGehG).

161 Wenig überraschend spielt daher das Geschäftsgeheimnisrecht bei der rechtsgeschäftlichen Verwertung von Daten eine zentrale Rolle. Dabei sind für das **Verhältnis von Daten und Geschäftsgeheimnissen** insbesondere drei verschiedene Konstellationen zu unterscheiden:

162 **1. Daten als Geschäftsgeheimnis:** Die Daten können unter den Voraussetzungen des § 2 Nr. 1 GeschGehG selbst als Gegenstand eines Geschäftsgeheimnisses geschützt werden. Stehen die Befugnis zur Verwertung der Daten und des Geschäftsgeheimnisses derselben Person zu, muss die von den Parteien vereinbarte Verwertung die – zum Teil unterschiedlichen – Anforderungen sowohl des Datenrechts als auch des Geschäftsgeheimnisrechts erfüllen.

---

[311] MüKoBGB/Martiny Rom I-VO Art. 1 Rn. 16; Ohly/Sosnitza GeschGehG § 1 Rn. 13.
[312] Köhler/Feddersen/Alexander GeschGehG § 1 Rn. 21; Harte-Bavendamm/Ohly/Kalbfus/Ohly GeschGehG Einl. A Rn. 264.
[313] BeckOGK/McGuire Rom II-VO Art. 8 Rn. 131; ausführlich McGuire WRP 2023, 1 ff.
[314] Bericht der Europäischen Kommission zur Rom II-VO vom 31.1.2025 COM(2025) 20 final.
[315] McGuire RabelsZ 2026, 157 (188).
[316] Art. 4 Abs. 6–8, Art. 5 Abs. 7–9 Data Act.

Beispiel:

Gegenstand eines Nutzungsrechts ist ein Geschäftsgeheimnis, das aus einer Sammlung von personenbezogenen Daten besteht. Wirtschaftliches Ziel der Vereinbarung ist eine zeitlich befristete Nutzungsüberlassung. Die Nutzung des Geschäftsgeheimnisses durch den Vertragspartner bedarf der Zustimmung des Geheimnisinhabers. Sie erfolgt im Regelfall durch eine (unechte) Lizenz, die auch den Umfang der zulässigen Nutzung festlegt.[317] Ob der Vertragspartner des Geheimnisinhabers berechtigt ist, diese personenbezogenen Daten zu nutzen, ist zusätzlich nach den Regeln der DS-GVO zu bestimmen; insbes. zu prüfen ist, ob eine Einwilligung nach Art. 6 Abs. 1 lit. a DSGVO vorliegt. **163**

2. Daten, die ein eigenes Geschäftsgeheimnis preisgeben: Die Daten können vom Geschäftsgeheimnis verschieden sein, dieses aber insoweit enthalten, als die Weitergabe der Daten durch die hierzu befugte Person ein ihr zustehendes Geschäftsgeheimnis preisgibt oder das Risiko der Offenbarung erhöht. In diesem Fall folgt die Transaktion über die Daten den Vorgaben des Datenrechts. Zusätzlich erfordert aber der Schutz des Geschäftsgeheimnisses, dass die Vertragspartei, der die Daten zur Verfügung gestellt werden, das Geschäftsgeheimnis wahrt, dh geeignete Schutzmaßnahmen ergreift und nicht ohne solche an Dritte weitergibt. Der Geheimnisschutz setzt eine lückenlose Verpflichtung voraus.[318] **164**

Beispiel:

Gegenstand der Vereinbarung ist die Weitergabe von maschinengenerierten Roh- und Metadaten durch einen Nutzer an einen Datenempfänger zum Zweck der Erbringung einer Dienstleistung, wobei sich aus den weitergegebenen Daten geheime Informationen über den Betrieb des Nutzers ableiten lassen. Damit die wirtschaftlich gewollte Weitergabe der Daten das Geschäftsgeheimnis des Nutzers nicht gefährdet, bedarf es einer Geheimnisschutzvereinbarung, dh der Verpflichtung des Datenempfängers, die Daten sowie die daraus ableitbare Information nur in dem vereinbarten Umfang für den vorgesehenen Zweck zu nutzen, nicht seinerseits weiterzugeben und gegen eine Offenbarung zu schützen. **165**

3. Daten, die ein fremdes Geschäftsgeheimnis preisgeben: Die Daten können vom Geschäftsgeheimnis verschieden sein, die Weitergabe der Daten durch die hierzu befugte Person aber ein fremdes Geschäftsgeheimnis in einer Weise gefährden, dass Art und Umfang der zulässigen Datenweitergabe durch die legitimen Interessen des Geschäftsgeheimnisinhabers beschränkt werden. In diesem Fall kann die Zulässigkeit der Transaktion über die Daten von der Einhaltung von Maßnahmen abhängig sein, die dem Schutz des fremden Geschäftsgeheimnisses dienen. **166**

Beispiel:

Der Nutzer eines vernetzten Produkts vereinbart mit einem Dritten die Weitergabe der durch seine Nutzung generierten Daten, die Rückschlüsse auf ein dem Hersteller (oder sonstigem Dateninhaber) zugeordnetes Geschäftsgeheimnis zulassen. Ob dem Hersteller ein Geschäftsgeheimnis zusteht, richtet sich nach dem GeschGehG, die Zulässigkeit der Weitergabe durch den Nutzer und die Verpflichtung des Dritten zur Einhaltung von Schutzmaßnahmen dagegen nach dem Data Act. **167**

Für die **Beurteilung der Wirksamkeit eines Rechtsgeschäfts** ist in allen genannten Konstellationen zunächst zu klären, ob ein Geschäftsgeheimnis besteht und wem dieses originär zugeordnet ist (2.). Abhängig von dem von den Parteien angestrebten wirtschaftlichen Ziel, insbesondere ob die Vertragspartei nur zur Nutzung der Daten oder auch des Geschäftsgeheimnisses berechtigt sein soll, ist zwischen der rechtsgeschäftlichen Verwertung von Geschäftsgeheimnissen durch Übertragung und Nutzungsrechte einerseits (3.) und **168**

[317] Vgl. § 4 Abs. 2 Nr. 2 GeschGehG; dazu McGuire WRP 2024, 133 (137 ff.).
[318] Dazu McGuire WRP 2024, 133 (140).

bloßen Non Disclosure Agreements oder Geheimnisschutzvereinbarungen andererseits zu unterscheiden (4.).

2. Der Schutz von Geschäftsgeheimnissen

a) Geschäftsgeheimnis-RL und GeschGehG

169 Für den Geheimnisschutz verweisen die Rechtsakte des europäischen Datenrechts[319] auf die **EU-Richtlinie** über den Schutz vertraulichen Know-hows und vertraulicher Geschäftsinformationen (Geschäftsgeheimnisse) vor rechtswidrigem Erwerb sowie rechtswidriger Nutzung und Offenlegung (Geschäftsgeheimnis-RL)[320] vom 8.6.2016, deren innerhalb von **zwei Jahren durchzuführende Umsetzung** ins nationale Recht zwischenzeitlich in allen Mitgliedstaaten der EU erfolgt ist. Das deutsche Geschäftsgeheimnisschutzgesetz (GeschGehG) ist am 26.4.2019 in Kraft getreten. Gleichzeitig wurden die §§ 17–19 UWG aF aufgehoben.

170 Die Geschäftsgeheimnis-RL und entsprechend das GeschGehG enthalten im Kern **vier Regelungsbereiche. Abschnitt 1 regelt die** Schutzvoraussetzungen (§§ 1–5 GeschGehG), Abschnitt 2 das Rechtsfolgensystem (§§ 6–14 GeschGehG), Abschnitt 3 die prozessuale Durchsetzung von Ansprüchen aus Geschäftsgeheimnisverletzung (§§ 15–22 GeschGehG) und Abschnitt 4 deren Strafbarkeit (§ 23 GeschGehG).

171 Für den Schutz von Geschäftsgeheimnissen als Gegenstand der rechtsgeschäftlichen Verwertung sowie die Frage, unter welchen Voraussetzungen Daten als Geschäftsgeheimnis geschützt werden können, ist insbesondere der erste Abschnitt über die **Schutzvoraussetzungen** von Bedeutung, der den Schutz des Geschäftsgeheimnisses als vermögenswertes Recht des Geheimnisinhabers und damit als möglichen Gegenstand von Rechtsgeschäften etabliert.

172 Die Begriffsbestimmungen (§ 2 GeschGehG) legen die **Anforderungen an ein schutzfähiges Geschäftsgeheimnis** (Nr. 1) sowie die Person des originären Rechtsinhabers (Nr. 2) fest. Oft übersehen wird, dass sich erst aus der Kombination dieser beiden Regelungen ergibt, ob überhaupt ein Geschäftsgeheimnis vorliegt und wer darüber verfügen darf. Praktische Bedeutung hat dies bspw. mit Blick auf von vernetzten Produkten generierte Roh- und Metadaten. Hier ist einerseits fraglich, ob Rohdaten eine Information mit wirtschaftlichem Wert darstellen und damit als Schutzgegenstand in Betracht kommen (→ Rn. 189). Andererseits ist zu prüfen, ob sich ein aus der Sammlung von Daten ergebendes Geheimnis dem Hersteller/Dateninhaber oder dem Nutzer zugeordnet ist (dazu → Kap. 6 Rn. 47 ff.).

173 Der durch die Anforderungen nach § 2 Nr. 1 GeschGehG etablierte Schutzgegenstand ist zugleich die Grundlage für die nachfolgende Regelung der **unerlaubten, erlaubten und gerechtfertigten Handlungen** (§§ 3–5 GeschGehG). Wie sich insbesondere aus der Definition des Rechtsverletzers (Nr. 3) sowie des rechtsverletzenden Produkts (Nr. 4), ergibt, wird der Schutz gegenüber dem älteren Konzept des Betriebs- und Geschäftsgeheimnisses nach §§ 17 ff. UWG deutlich erweitert.[321]

174 Dass auch die Herstellung und der Vertrieb von Waren und Dienstleistungen, die das Geschäftsgeheimnis selbst nicht verkörpern, aber wesentlich auf dem Geschäftsgeheimnis beruhen, einen rechtswidrigen Eingriff darstellen, könnte gerade für den **Schutz der Datenwirtschaft** Bedeutung erlangen. Hier ist etwa an das Verbot des Datenempfängers zu denken, auf Basis der auf Verlangen des Nutzers erhaltenen Daten ein konkurrierendes

[319] Vgl. Erwgr. 3 und 18, Art. 5 Abs. 12 lit. a DGA, Art. 2 Nr. 18 und 19 DA. Obwohl die DS-GVO nur kurz vor der GeschGehRL erlassen wurde und letztere zumindest im Entwurf längst vorlag, verwendet diese noch den älteren (und engeren) Begriff des Berufsgeheimnisses, vgl. Erwgr. 75, 85, 164 sowie Art. 9 Abs. 2 lit. i DS-GVO.

[320] RL (EU) 2016/943 des Europäischen Parlaments und des Rates über den Schutz vertraulichen Know-Hows und vertraulicher Geschäftsinformationen (Geschäftsgeheimnisse) vor rechtswidrigem Erwerb sowie rechtswidriger Nutzung und Offenlegung, ABl. 2016 L 157, 1.

[321] Harte-Bavendamm/Ohly/Kalbfus/Harte-Bavendamm GeschGehG § 2 Rn. 103.

Produkt zu entwickeln (Art. 4 Abs. 10 Data Act). Der verschuldensunabhängige[322] Anspruch auf Unterlassung beschränkt sich dann nicht bloß auf die weitere Datennutzung, sondern erstreckt sich auch auf das konkurrierende Produkt (§ 2 Nr. 4 iVm §§ 6 ff. GeschGehG).

Bei der Prüfung, ob eine Information als Geschäftsgeheimnis geschützt ist, ist zu beachten, dass ein Geschäftsgeheimnis stets die faktische Geheimnisqualität voraussetzt. Wird die geschützte Information rechtmäßig (bspw. aufgrund öffentlich-rechtlicher Vorschriften[323] oder eines Rechts zur Datenweitergabe[324]) oder rechtswidrig (durch vertragsüberschreitenden Gebrauch oder Betriebsspionage) offenbart, verliert das Geheimnis potentiell nicht nur seinen faktischen, sondern auch seinen rechtlichen Bestand.[325] Vor diesem Hintergrund ist von Bedeutung, dass das GeschGehG als **genuin privatrechtliche Regelung** die Normen des öffentlichen Rechts und Strafrechts unberührt lässt (§ 1 GeschGehG). Zudem wird der Schutz durch die Festlegung, dass die Erlangung derselben Information durch Doppelschöpfung und Reverse Engineering rechtmäßig ist (§ 3 GeschGehG), ganz erheblich beschränkt (dazu → Rn. 198). **175**

Positiv ausgestaltet wird der Schutzbereich von Geschäftsgeheimnissen durch die Bestimmung der **Handlungsverbote,** die zugleich die Voraussetzung für die Abwehrrechte des Geheimnisinhabers bilden. Für den Bereich des Datenrechts von Bedeutung ist insbesondere die unbefugte, dh gegen Vertrag oder Gesetz verstoßende Erlangung, Nutzung oder Offenbarung eines Geheimnisses (§ 4 Abs. 2 GeschGehG). Eine solche Handlung wird allerdings nicht sanktioniert, wenn sie durch **Rechtfertigungsgründe** gedeckt ist (§ 5 GeschGehG). **176**

Der **zweite Abschnitt** („Ansprüche bei Rechtsverletzungen") enthält ein Rechtsfolgensystem, das der europäische Gesetzgeber der Enforcement-Richtlinie[326] nachempfunden hat, sich neuerdings aber – wie Art. 11 Data Act zeigt – auch im Datenrecht findet. Wie im Urheberrecht, Markenrecht und Patentrecht sind Ansprüche auf Unterlassung (§ 6 GeschGehG) sowie auf Beseitigung, dh Vernichtung, Herausgabe, Rückruf, Entfernung und Rücknahme vom Markt (§ 7 GeschGehG) sowie ein Auskunftsanspruch (§ 8 GeschGehG) vorgesehen. **177**

Die Ansprüche auf Unterlassung und Beseitigung sind allerdings – auch diese Anleihe an die Enforcement-RL findet sich nun im Data Act – **bei Unverhältnismäßigkeit ausgeschlossen** (§ 9 GeschGehG). Ist die Verletzung ohne Verschulden erfolgt und würde die Durchsetzung für den Verletzer unverhältnismäßige Nachteile begründen, kann sie durch eine Geldzahlung abgewendet werden (§ 12 GeschGehG). Gerade im Fall der versehentlichen Überschreitung einer vertraglichen Befugnis erscheint diese Begrenzung angemessen. **178**

Bei Verschulden haftet der Rechtsverletzer dagegen nach allgemeinen Regeln auf **Schadensersatz,** wobei hier – wiederum in Anlehnung an die Regelungen für Geistiges Eigentum – neben der dreifachen Schadensberechnung auch die Ersatzfähigkeit eines Marktverwirrungs- oder sonstigen immateriellen Schadens normiert wird (§ 10 GeschGehG). Neben dem Beschäftigten haftet auch das Unternehmen (§ 11 GeschGehG). Der **Restschadensersatzanspruch** nach § 852 BGB wird RL-konform einer 6-jährigen Verjährungsfrist unterworfen (§ 13 GeschGehG). Für alle Rechtsbehelfe gilt, dass sie einem **Missbrauchsverbot** unterliegen (§ 14 GeschGehG). **179**

Mit den klassischen Schutzrechten teilt das Geschäftsgeheimnisrecht auch das Konzept, dass eine Rechtsverletzung nicht nur dann vorliegt, wenn eine Person ein Geheimnis rechtswidrig erlangt oder ohne jegliche Vereinbarung nutzt, sondern auch im Fall eines **vertragsüberschreitenden Gebrauchs,**[327] also der Nutzung durch den Vertragspartner zu **180**

---

[322] Vgl. Harte-Bavendamm/Ohly/Kalbfus/Kalbfus GeschGehG § 7 Rn. 1.
[323] Vgl. Art. 3 DGA.
[324] Vgl. Art. 4, 5 und 8 DA sowie Art. 20 DS-GVO.
[325] Köhler/Feddersen/Alexander GeschGehG § 2 Rn. 35a.
[326] RL 2004/48/EG über die Durchsetzung von Rechten des Geistigen Eigentums, ABl. 2004 L 157, 16.
[327] Köhler/Feddersen/Alexander GeschGehG § 4 Rn. 50.

einem vom Vertrag nicht vorgesehenen Zweck. In diesem Fall ist der Tatbestand der Geheimnisschutzverletzung erfüllt (§ 4 Abs. 2 Nr. 2 GeschGehG), sodass dem Geheimnisinhaber alle genannten Rechtsbehelfe zur Verfügung stehen. Da die Tatbestandsvoraussetzungen, insbesondere Verschulden und Schadenshöhe, jedoch häufig schwer nachzuweisen sind, ist in der Praxis üblich und empfehlenswert, für den Fall der vertragswidrigen Nutzung oder Weitergabe auch eine **Vertragsstrafe** vorzusehen (dazu → Rn. 238).

181 Für die prozessuale Durchsetzung der **Ansprüche aus dem GeschGehG** trifft Abschnitt 3 („Verfahren in Geschäftsgeheimnisstreitsachen") Sonderregelungen, die Vorrang vor dem GVG und der ZPO beanspruchen. Im Kontext des Datenrechts sind diese dann unmittelbar anwendbar, wenn der Anspruchsteller Ansprüche aus dem Daten- und dem Geschäftsgeheimnisrecht geltend macht. In diesem Fall ist auch die für Geheimnisstreitsachen vorgesehene Sonderregelung über die sachliche und örtliche **Zuständigkeit** einschlägig (§ 15 GeschGehG).

182 Demgegenüber bleibt es für Verfahren, in denen der Geheimnisinhaber **Ansprüche aus Vertrag** oder das Geschäftsgeheimnis als Gegenrecht geltend macht, um einen Zugangsanspruch zu beschränken, bei der Anwendung der allgemeinen Regeln. Immerhin verweist § 273a ZPO in der Fassung des jüngst in Kraft getretenen Justizstandortstärkungsgesetzes insoweit auf die §§ 16 ff. GeschGehG, sodass Geschäftsgeheimnisse auch im regulären Zivilprozess zu schützen sind.

183 Große praktische Bedeutung hat das an alle Verfahrensbeteiligten gerichtete **Verbot der Nutzung und Weitergabe** von als geheimhaltungsbedürftig eingestuften Geheimnissen und eine korrespondierende Begrenzung der Akteneinsicht (§ 16 GeschGehG). Besonders wirkungsvoll ist, dass diese Maßnahmen vom Gericht der Hauptsache bereits ab Anhängigkeit angeordnet werden können (§ 20 GeschGehG). Die **Partei- und Volksöffentlichkeit** kann in der mündlichen Verhandlung ausgeschlossen werden (§ 19 GeschGehG). Die Geheimhaltung beansprucht über die Dauer des Verfahrens hinaus Geltung (§ 18 GeschGehG). Zur Absicherung der prozessualen Pflichten sind außerdem Ordnungsmittel vorgesehen (§ 17 GeschGehG). Ergänzend treten das Recht auf **Urteilsveröffentlichung** (§ 21 GeschGehG). sowie eine **Streitwertbegünstigung** für KMU hinzu (§ 22 GeschGehG).

184 **Abschnitt 4** („Strafvorschriften") passt im Wesentlichen die **Straftatbestände** der §§ 17–19 UWG aF an die neue Rechtslage an (§ 23 GeschGehG). Über § 5 Nr. 7 StGB kann die Veränderung auch für Auslandstaten Relevanz erlangen.[328] Diese Norm könnte bei rechtswidriger Erlangung von Datenbeständen und deren Verwertung in Drittstaaten den Geltungsanspruch des Unionsrechts absichern.

b) Der Begriff des Geschäftsgeheimnisses iSv § 2 Nr. 1 GeschGehG

185 Der Begriff des Geschäftsgeheimnisses legt den Schutzbereich des Gesetzes fest.[329] Er ist in Art. 2 GeschGehRL in Anlehnung an den Begriff der **„nicht offenkundigen Information"** nach **Art. 39 Abs. 2 TRIPS** definiert. § 2 Nr. 1 GeschGehG gliedert die Norm zwar etwas abweichend, übernimmt im Übrigen den Text der RL aber **praktisch wortgleich.** Allerdings ist die vom deutschen Gesetzgeber eingefügte Voraussetzung, wonach ein berechtigtes Interesse des Geheimnisinhabers bestehen müsse (Art. 2 Nr. 1c GeschGehRL), von der RL nicht gedeckt. Da die in § 2 genannten **Definitionen abschließenden Charakter** haben,[330] muss sie folglich bei RL-konformer Auslegung auch unberücksichtigt bleiben.[331]

---

[328] Köhler/Feddersen/Alexander GeschGehG § 23 Rn. 93; Harte-Bavendamm/Ohly/Kalbfus/Harte-Bavendamm GeschGehG § 2 Rn. 6.

[329] RegE Begründung zu § 2 Nr. 1; vgl. dazu McGuire GRUR 2016, 1000 (1006).

[330] Ausführlich hierzu McGuire FS Harte-Bavendamm, 2020, 367 (371 f.); zustimmend Harte-Bavendamm/Ohly/Kalbfus/Harte-Bavendamm GeschGehG § 2 Rn. 2; aA Maaßen GRUR 2019, 352.

[331] Köhler/Feddersen/Alexander GeschGehG § 2 Rn. 5; Harte-Bavendamm/Ohly/Kalbfus/Harte-Bavendamm GeschGehG § 2 Rn. 66.

Der Terminus **Geschäftsgeheimnis** stellt nach der Richtlinie einen **Oberbegriff** für kaufmännische Geschäftsinformationen und technisches Know-how dar.[332] Unter technischem Know-how wird dabei eine Gesamtheit von technologischem Wissen und praktischen Kenntnissen verstanden, die durch Erfahrung oder Versuche gewonnen werden. Dazu zählen bspw. Formeln, Fertigungsprozesse, Abläufe oder die Produktzusammensetzung. Als technisches Geschäftsgeheimnis kommen auch maschinengenerierte Daten[333] und Algorithmen[334] in Betracht. Der Begriff der kaufmännischen Geschäftsinformationen umfasst bspw. Geschäftsdaten über Kunden und Lieferanten sowie Marktforschung und Marketingstrategien,[335] sodass auch mit der DS-GVO eine erhebliche Schnittmenge besteht. 186

Dass eine Information nur unter den in § 2 Nr. 1 GeschGehG bestimmten Voraussetzungen ein Geschäftsgeheimnis darstellt, stellt zugleich klar, dass **Schutzgegenstand** nicht die Information selbst, sondern das Geheimnis ist. Wird dieselbe Information auf andere Weise als durch Entnahme des Geheimnisses erlangt, liegt keine rechtswidrige Handlung vor.[336] 187

Beispiel:

Ein Unternehmen hat bestimmte personenbezogene Daten seiner Kunden erhoben und daraus einen wertvollen Datensatz entwickelt. Erhebt ein Mitbewerber dieselben Daten derselben Kunden selbständig, erlangt er dieselbe Information, nicht aber das Geheimnis. 188

An die vom Geheimnis geschützte Information werden **keine inhaltlichen oder formalen Anforderungen** gestellt.[337] Es ist weder eine bestimmte Schöpfungshöhe oder Eigenart erforderlich, noch ist ihre grafische Darstellbarkeit oder eine Verkörperung verlangt. Daten können analog oder digital, als Einzeldaten oder Sammlung, als Rohdaten, aufbereitete oder abgeleitete Daten umfasst sein.[338] 189

Die Definition des Geschäftsgeheimnisses entspricht im Kern dem Begriff der **„nicht offenkundigen Information"** nach **Art. 39 Abs. 2 TRIPS.** Hinzuweisen ist darauf, dass die im TRIPS vorgesehene Wortfolge „in dem Sinne geheim, dass sie entweder in ihrer Gesamtheit oder in der genauen Anordnung und Zusammenstellung ihrer Bestandteile … nicht allgemein bekannt oder leicht zugänglich sind" durch eine doppelte, aber **sinnentstellende Verneinung** umformuliert wurde. Art. 2 Nr. 1 GeschGehRL und § 2 Nr. 1 GeschGehG fordern, dass die Information „in dem Sinne geheim (ist), dass sie weder in ihrer Gesamtheit noch in der genauen Anordnung und Zusammenstellung ihrer Bestandteile … allgemein bekannt oder leicht zugänglich sind". Dadurch werden aus alternativen, scheinbar kumulative Anforderungen. In der Sache kann – schon wegen der Verpflichtung zur TRIPS-konformen Auslegung[339] – aber kein Zweifel daran bestehen, dass Informationen geschützt werden, wenn sie als solche **oder** in ihrer Anordnung bzw. Zusammenstellung nicht allgemein bekannt sind.[340] Gerade für Daten kann das von Bedeutung sein, weil sich der Wert hier häufig nicht aus der Information, sondern aus der für die weitere Verwendung aufbereiteten Anordnung oder Zusammenstellung ergibt. 190

---

[332] Harte-Bavendamm/Ohly/Kalbfus/Harte-Bavendamm GeschGehG § 2 Rn. 4.
[333] Harte-Bavendamm/Ohly/Kalbfus/Harte-Bavendamm GeschGehG § 2 Rn. 15a; Köhler/Feddersen/Alexander GeschGehG § 2 Rn. 26.
[334] OLG München 27.2.2020 – 29 U 2584/19, GRUR Prax 2021, 155; LG Halle 12.2.2025 – 6 O 195/24, GRUR-RS 2025, 1976.
[335] Erwgr. 2 GeschGehRL.
[336] Harte-Bavendamm/Ohly/Kalbfus/Ohly GeschGehG § 4 Rn. 1.
[337] RegE Begründung A. III.; vgl. Harte-Bavendamm/Ohly/Kalbfus/Harte-Bavendamm GeschGehG § 2 Rn. 14 f.
[338] Harte-Bavendamm/Ohly/Kalbfus/Harte-Bavendamm GeschGehG § 2 Rn. 15a; Köhler/Feddersen/Alexander GeschGehG § 2 Rn. 26.
[339] Harte-Bavendamm/Ohly/Kalbfus/Harte-Bavendamm GeschGehG § 2 Rn. 3.
[340] So auch Harte-Bavendamm/Ohly/Kalbfus/Harte-Bavendamm GeschGehG § 2 Rn. 22; Köhler/Feddersen/Alexander GeschGehG § 2 Rn. 35.

191 Mit Blick auf die **Verkehrsfähigkeit von Daten** als Geschäftsgeheimnis ist zu beachten, dass der Begriff des Geschäftsgeheimnisses mit dem unter Geltung der §§ 17 ff. UWG entwickelten Begriffsverständnis eine große Schnittmenge, aber keinen vollständigen Gleichlauf aufweist.[341] Daher sind ältere Entscheidungen und Beiträge nur mit Vorsicht heranzuziehen.

192 Eine – gerade auch für das Datenrecht bedeutsame – wesentliche Änderung des neuen Geschäftsgeheimnisrechts ist, dass das Geschäftsgeheimnis dem Geheimnisinhaber nicht nur faktisch, sondern rechtlich zugeordnet wird. Nur wer **Inhaber eines Geschäftsgeheimnisses** iSv § 2 Nr. 2 GeschGehG ist, kann über dieses verfügen. Er ist dafür verantwortlich, die für den Schutz erforderlichen Geheimhaltungsmaßnahmen zu treffen (bzw. treffen zu lassen) und zugleich Inhaber der Abwehrrechte.

193 Immer dort, wo die **Daten durch Data Act oder DS-GVO einer Person zugewiesen** werden, ist daher zu prüfen, ob der Geheimnisinhaber nur über das Geheimnis oder auch über die Daten verfügen darf (dazu → Rn. 77) und ob eine weitere Person kraft Gesetzes zur Nutzung und/oder Weitergabe berechtigt ist (dazu → Kap. 6 Rn. 62), sodass eine Geheimnisschutzvereinbarung (→ Rn. 229 ff.) erforderlich ist.

c) Die Voraussetzungen für den Schutz als Geschäftsgeheimnis

194 Art. 2 GeschGehRL bzw. § 2 Nr. 1 GeschGehG legen **drei Voraussetzungen für den Schutz** einer Information als Geschäftsgeheimnis fest. Erstens muss die Information geheim sein (Geheimnisqualität). Zweitens muss sie einen wirtschaftlichen Wert aufweisen (Handelswert) und drittens muss sie durch angemessene Geheimhaltungsmaßnahmen (Schutzmaßnahmen) gesichert sein. Dagegen ist ein berechtigtes wirtschaftliches Interesse an der Geheimhaltung trotz des missverständlichen Wortlauts nicht erforderlich (→ Rn. 208), sondern dient lediglich der Klarstellung des Schutzzweckes.

195 **aa) Geheimnisqualität.** Zentrale Voraussetzung für ein Geschäftsgeheimnis ist, dass die Information geheim sein muss. Diese Geheimnisqualität ist erfüllt, wenn die Information nicht allgemein bekannt oder leicht zugänglich ist. Bezugspunkt ist die geschützte Information, nicht das einzelne Datum, das möglicherweise einen Inhalt auf diese enthält. Das ist eine **Tatsachenfrage. Wird die Information offenbart, geht die Geheimnisqualität daher auch dann verloren, wenn die** Bekanntgabe rechtswidrig erfolgt ist. Der **rechtswidrige Verrat** zerstört den Geheimnischarakter allerdings nicht per se;[342] andernfalls würden der Unterlassungsanspruch und Beseitigungsanspruch regelmäßig ins Leere gehen. Ein Verlust der Geheimnisqualität ist vielmehr nur dann anzunehmen, wenn die Information in weiterer Folge einem breiteren Personenkreis bekannt gemacht wird.

196 Eine Information ist **allgemein bekannt,** wenn sie bekannt gemacht wurde, bspw. durch eine Schutzrechtsanmeldung, die Ausstellung auf einer Messe, die Angabe in der Werbung, die Beschreibung in den Zulassungsunterlagen oder in der Gebrauchsanweisung.[343] Offenkundigkeit liegt auch vor, wenn die Information im Internet (etwa in einem Nutzerforum) oder in einer öffentlich zugänglichen Datenbank publik gemacht oder über eine Schnittstelle freigegeben wurde.[344] Dagegen führt die Offenlegung gegenüber einem Nutzer, einem Dritten oder einer Behörde dann nicht zur Offenkundigkeit, wenn die Information als Geschäftsgeheimnis gekennzeichnet und der Empfänger verpflichtet ist, das Geschäftsgeheimnis im Verhältnis zu Dritten zu wahren.[345]

---

341 McGuire FS Harte-Bavendamm, 2020, 367 (377); zustimmend Harte-Bavendamm/Ohly/Kalbfus/Harte-Bavendamm GeschGehG § 2 Rn. 5.

342 Harte-Bavendamm/Ohly/Kalbfus/Harte-Bavendamm GeschGehG § 2 Rn. 29; Köhler/Feddersen/Alexander GeschGehG § 2 Rn. 35a.

343 Weitere Beispiele bei Köhler/Feddersen/Alexander GeschGehG § 2 Rn. 35.

344 Köhler/Feddersen/Alexander GeschGehG § 2 Rn. 36a.

345 Vgl. exemplarisch § 29 VwVG, § 6 IFG, § 24a AMG sowie §§ 203, 204 StGB. Harte-Bavendamm/Ohly/Kalbfus/Harte-Bavendamm GeschGehG § 2 Rn. 25.

Ohne weiteres zugänglich ist eine Information, wenn sich ein Dritter diese ohne erheblichen zeitlichen, technischen und finanziellen Aufwand erschließen kann, ohne dabei gegen eine Verschwiegenheitspflicht zu verstoßen oder eine Straftat zu begehen.[346] Ein Verlust droht folglich, wenn das Geheimnis mit Dritten geteilt wird, ohne für die vertrauliche Behandlung Vorsorge zu tragen.[347] Dasselbe gilt – unabhängig vom Vorliegen einer Vertraulichkeitspflicht –, wenn der Personenkreis so groß ist, dass der Geheimnisinhaber diesen nicht mehr kontrollieren kann.[348] **197**

Zu beachten ist, dass die Kenntnisverschaffung durch **Reverse Engineering**[349] ausdrücklich zugelassen ist. Es kann auch vertraglich nur ausgeschlossen werden, solange das Produkt nicht auf dem Markt eingeführt wurde (dazu → Kap. 6 Rn. 69). Zwar führt die Rückwärtsanalyse **einer Information aus einem Produkt für sich genommen nicht zum Wegfall der** Geheimnisqualität;[350] diese würde zusätzlich voraussetzen, dass entweder der Tester das durch die Analyse gewonnene Ergebnis weiteren Personen zugänglich macht oder eine solche Analyse von einer Vielzahl von Personen durchgeführt wird (oder werden kann). Trotzdem folgt aus der Zulässigkeit und den technischen Fortschritten beim **Reverse Engineering, dass sich der Geheimnisschutz für bestimmte Gegenstände nicht (mehr) eignet.**[351] Als Beispiel können Informationen dienen, die sich aus den von vernetzten Massenprodukten generierten Daten auslesen lassen. **198**

bb) Wirtschaftlicher Wert. Ein Geheimnis iSv § 2 Nr. 1 GeschGehG setzt voraus, dass die geschützte Information einen **wirtschaftlichen Wert** aufweist, der sich gerade aus dem geheimen Charakter ergibt. Das ist bei Unternehmen und Forschungseinrichtungen regelmäßig der Fall.[352] Ein solcher **handelbarer Wert**[353] liegt jedenfalls dann vor, wenn das Geheimnis einen **Wettbewerbsvorsprung** verkörpert, dh die Erlangung, Nutzung oder Offenlegung ohne Zustimmung des Inhabers dessen wissenschaftliches oder technisches Potential, geschäftliche oder finanzielle Interessen, seine strategische Position oder seine Wettbewerbsfähigkeit negativ beeinflussen würde. Auch ein **potentieller Wert,** sei es für die eigene Produktentwicklung[354] oder durch die rechtsgeschäftliche Verwertung, ist ausreichend.[355] **199**

Dass auch Daten einen solchen **handelbaren Wert iSd GeschGehRL** aufweisen[356], ergibt sich schon daraus, dass Geschäftsgeheimnisse als „Währung der wissensbasierten Wirtschaft“[357] bezeichnet werden, wird aber auch durch das mit der europäischen Datenstrategie gleichlaufende Ziel gestützt, Innovation und unternehmens- und grenzüberschreitende Kooperation zu fördern.[358] Aus der grundsätzlichen Schutzfähigkeit von Daten darf aber nicht vorschnell abgeleitet werden, dass jedes „einzelne“ Rohdatum *per se* schutzfähig ist. Denn ein wirtschaftlicher Wert wird sich idR erst aus der Aufbereitung und/oder Sammlung ergeben (dazu → Kap. 6 Rn. 47). **200**

---

346 Harte-Bavendamm/Ohly/Kalbfus/Harte-Bavendamm GeschGehG § 2 Rn. 32.
347 Harte-Bavendamm/Ohly/Kalbfus/Harte-Bavendamm GeschGehG § 2 Rn. 25.
348 Vgl. Harte-Bavendamm/Ohly/Kalbfus/Harte-Bavendamm GeschGehG § 2 Rn. 26.
349 Dazu Witz FS Harte-Bavendamm, 2020, 441 ff.
350 So auch Alexander WRP 2017, 1036 (1037); Köhler/Feddersen/Alexander GeschGehG § 2 Rn. 37.
351 So schon Köhler/Bornkamm/Feddersen/Köhler, 37. Aufl. 2019, UWG § 17 Rn. 8a; nun auch Köhler/Feddersen/Alexander GeschGehG § 2 Rn. 37. Vgl. auch Harte-Bavendamm/Ohly/Kalbfus/Kalbfus/Harte-Bavendamm GeschGehG Einl. B Rn. 53 mwN.
352 Vgl. Erwgr. 1 GeschGehRL.
353 Erwgr. 14 GeschGehRL; RegE, Begründung S. 17.
354 Vgl. die ähnliche Bezugnahme auf die ‚Produktion von Vertragsprodukten‘ in Art. 1 (1) lit. i GVO-TT 2014.
355 Ähnlich Heinzke CCZ 2016, 179 (182) „irgendwie kommerziell verwertbar“; Harte-Bavendamm/Ohly/Kalbfus/Harte-Bavendamm GeschGehG § 2 Rn. 26a „großzügiger Maßstab“.
356 Grapentin RDi 2023, 173 ff.
357 Erwgr. 1 GeschGehG.
358 Vgl. Mitteilung KOM(2020) 66 endg. S. 2.

201 Aus dem Begriff des „Geschäfts"geheimnisses folgt, dass ein wirtschaftlicher Wert nicht nur bei belanglosen Informationen, sondern auch bei Informationen über den **privaten Bereich fehlt.**[359] Daraus darf aber nicht abgeleitet werden, dass personenbezogene Daten per se nicht in den Schutzbereich fallen.[360] Wie das Beispiel von Kundendaten belegt, weisen diese – gerade in ihrer Summe – oft einen erheblichen wirtschaftlichen Wert auf.

202 **cc) Geheimhaltungsmaßnahme.** Nach Art. 2 GeschGehRL (§ 2 Nr. 1b GeschGehG) ist für den Bestand eines Geschäftsgeheimnisses erforderlich, dass die Person, die die rechtmäßige Kontrolle über die Informationen besitzt, das **Geheimnis aktiv** durch den Umständen entsprechende angemessene Geheimhaltungsmaßnahmen **schützt.**[361] Die bloße Geheimhaltung ohne angemessene Maßnahme bietet allenfalls faktischen, aber keinen rechtlichen Schutz.[362] Maßstab für die Angemessenheit ist neben dem Wert der geschützten Information auch das Risiko. Neben der üblichen Klassifikation der Geschäftsgeheimnisse sollten auch das Risiko eines Geheimnisbruchs sowie die Funktionalität der Maßnahme berücksichtigt werden.[363]

203 Als **angemessene Maßnahmen** kommen technische, organisatorische und rechtliche Vorkehrungen in Betracht.[364] Sie müssen flächendeckend durchgeführt und dokumentiert werden,[365] weil der Geheimnisinhaber die Schutzvoraussetzungen beweisen muss. Der damit geforderte aktive Schutz ist zugleich Ausdruck der rechtmäßigen Kontrolle des Geheimnisinhabers nach § 2 Nr. 2 GeschGehG.[366]

204
- Als Beispiel für **technische Maßnahmen** werden neben dem – für Daten wenig geeigneten – klassischen Wegsperren im Tresor vor allem Vorkehrungen der IT-Sicherheit, bspw. der Einsatz einer Firewall und eines VPN-Zugangs[367] sowie von Nutzerkonten, Passwörtern und Verschlüsselungstechnologien, empfohlen.[368]
- Als **organisatorische Maßnahme** kommt neben der Kennzeichnung[369] bspw. die Lenkung des Informationsflusses im Unternehmen auf einer *Need-to-Know*-Basis in Betracht.[370]
- Als **rechtliche Maßnahme** werden Geheimhaltungsvereinbarungen, Vertraulichkeitsvereinbarungen oder *NDAs* genannt.[371] Ihr Vorteil liegt darin, dass sie schnell und kostengünstig umzusetzen sind. Da die bloße Verpflichtung, das Geheimnis nicht zu offenbaren, unzureichend ist, weil das Geheimnis auch durch (öffentliche) Nutzung beeinträchtigt werden kann, sind Geheimnisschutzvereinbarungen vorzugswürdig (dazu → Rn. 229 ff.).

205 Kontrovers diskutiert wird, ob stets technische, organisatorische und rechtliche Maßnahmen erforderlich sind oder ob auch **Maßnahmen einer Kategorie ausreichen.** So wird teils angenommen, dass stets technische Maßnahmen erforderlich sind,[372] teils dafür

---

359 Redeker/Press/Gittinger WRP 2015, 681 (682).
360 Dazu Siems/Repka ZdiW 2022, 441 (444) mwN.
361 Dann/Markgraf NJW 2019, 1774 (1775); Thiel WRP 2019, 700 (701); Harte-Bavendamm/Ohly/Kalbfus/Harte-Bavendamm GeschGehG § 2 Rn. 40.
362 Harte-Bavendamm/Ohly/Kalbfus/Harte-Bavendamm GeschGehG § 2 Rn. 41.
363 McGuire IPRB 2018, 202 (204 f.).
364 Vgl. Baranowski/Glaßl BB 2016, 2563 (2565); Heinzke CCZ 2016, 179 (182); Alexander WRP 2017, 1034 (1039); Lejeune ITRB 2018, 140; Becker/Kussnik RAW 2018, 119 (123 f.).
365 So auch Becker/Kussnik RAW 2018, 119 (122).
366 Harte-Bavendamm/Ohly/Kalbfus/Harte-Bavendamm GeschGehG § 2 Rn. 41.
367 OLG Schleswig 28.4.2022 – 6 U 39/21, WRP 2022, 906 – Teilkostenrechnung.
368 So bspw. Böhm GRUR Prax 2018, 181 (182).
369 OLG Düsseldorf 11.3.2021 – 15 U 6/20, WRP 2021, 1080 – CAD-Rechner.
370 OLG Schleswig 28.4.2022 – 6 U 39/21, WRP 2022, 906 – Teilkostenrechnung; Bissels/Schroeders/Ziegelmeyer DB 2016, 2295; Freckmann/Schmoll BB 2017, 1780 (1782); Becker/Kussnik RAW 2018, 119 (123).
371 Bissels/Schroeders/Ziegelmeyer DB 2016, 2295 (2296); Lejeune CCZ 2016, 179 (182 f.); Freckmann/Schmoll BB 2017, 1780 (1782).
372 AA soweit ersichtlich nur Böhm GRUR Prax 2018, 181 (182), der technische Maßnahmen stets für erforderlich hält.

plädiert, dass immer ein *Non Disclosure Agreement* (und ggf. eine Vertragsstrafe) notwendig sind.[373] Die besseren Argumente sprechen dafür, dass auch diese Frage jeweils vom konkreten Geheimnis abhängt.[374] Bei einem Prototypen, der (noch) nicht vernetzt ist, ist nicht ersichtlich, warum es technischer Maßnahmen bedarf. Bei einem Einzelunternehmer ohne Mitarbeiter besteht kein Anlass, ein *NDA* abzuschließen. Immer dann, wenn mehrere Personen mit dem Geheimnis potentiell in Kontakt kommen, sind aber jedenfalls technische und rechtliche Maßnahmen erforderlich.

Bei der Beurteilung, ob eine Maßnahme angemessen ist, ist der von der RL angestrebten Innovationsförderung Rechnung zu tragen. Sie will einerseits wirtschaftlich **ineffiziente faktische Maßnahmen** entbehrlich machen,[375] andererseits die Kooperation zwischen Unternehmen fördern. Zu strenge Anforderungen wären hierfür kontraproduktiv. Voraussetzung – insbesondere für die rechtsgeschäftliche Verwertung – ist die eindeutige Identifikation des zu schützenden Geheimnisses.[376] Im Übrigen bedarf es einer für das konkrete Geheimnis angemessenen, dh dem wirtschaftlichen Wert und der potentiellen Gefährdung entsprechenden Maßnahme.[377] Maßstab für die Angemessenheit ist neben der Sorgfalt des Geheimnisinhabers auch die Erkennbarkeit für einen redlichen Dritten, dass er in ein fremdes Geheimnis eingreift (sog. **Warnfunktion**).[378] Das ist etwa der Fall, wenn der Zugang eine spezifische Zugangsberechtigung erfordert oder wenn Dokumente bzw. Dateien mit Passwörtern oder dem Hinweis „vertraulich“ oÄ versehen sind. Soweit sich die Erkennbarkeit aus der übernommenen Verpflichtung ergibt, das Geheimnis zu wahren, muss die Identifikation der davon erfassten Informationen gewährleistet sein. Maßgeblich ist die Beurteilung ex ante, nicht ex post. 206

Um den wirksam begründeten Schutz aufrecht zu erhalten, müssen die angemessenen Maßnahmen nicht nur vorgesehen, sondern **auch durchgeführt** werden.[379] Im Verhältnis zu Personen, mit denen die geschützte Information geteilt wird, setzt dies einerseits voraus, dass die Weitergabe auf das Erforderliche begrenzt wird, andererseits dass die Empfänger (Mitarbeiter oder Vertragspartner) verpflichtet sind, diese weder unautorisiert weiterzugeben noch offenzulegen.[380] Bei technischen Sicherungsmaßnahmen muss auch der Veränderung der technischen Rahmenbedingungen Rechnung getragen werden.[381] Wird die Maßnahme – bspw. ein bestimmter IT-Sicherheitsstandard – faktisch überholt, verliert sie ihre Angemessenheit. Allerdings erfordert die Angemessenheit nicht, unabhängig von Sektor und Risiko immer den neuesten Stand der Technik[382] zu fordern.[383] 207

dd) berechtigtes Interesse. Dass die Begriffsbestimmung nach § 2 Nr. 1c GeschGehG ein „berechtigtes Interesse“ erfordert, wird weder durch das TRIPS noch durch die GeschGehRL gedeckt. In der GeschGehRL wird das legitime Interesse lediglich in Erwgr. 14 der 208

[373] So bspw. Apel/Walling DB 2019, 891 (895).
[374] McGuire WRP 2019, 679 (682); Harte-Bavendamm/Ohly/Kalbfus/Kalbfus/Harte-Bavendamm GeschGehG Einl. B Rn. 79.
[375] Erwgr. 9 spricht von der „ineffizienten Kapitalallokation“.
[376] So auch Heinzke CCZ 2016, 179 (182).
[377] Baranowski/Glaßl BB 2016, 2563 (2565); Heinzke CCZ 206, 179 (182); vgl. auch Maaßen GRUR 2019, 352 (354).
[378] Vgl. McGuire GRUR 2016, 1000; McGuire WRP 2019, 682 f.; so auch Börger/Rein CB 2017, 118 sowie Partsch/Rump NJW 2020, 118 (120); zustimmend Harte-Bavendamm/Ohly/Kalbfus/Harte-Bavendamm GeschGehG § 2 Rn. 41a. Vgl. auch OLG Düsseldorf 11.3.2021 – 15 U 6/20, WRP 2021, 1080 – CAD-Rechner, wonach der Rechtevorbehalt jeden, der die Dokumente in Händen hielt, deutlich darauf aufmerksam machte, dass deren Verwendung oder Weitergabe an Dritte ohne Zustimmung der Inhaberin untersagt ist.
[379] Dazu McGuire WRP 2019, 679 (683).
[380] OLG Stuttgart 19.11.2020 – 2 U 575/19, GRUR-RS 2020, 35613 mAnm Leister GRUR Prax 2021, 91; so auch Barth/Corzelius WRP 2020, 29 (31).
[381] Vgl. die entsprechenden Vorschläge im Schrifttum, bspw Börger/Rein CB 2017, 118 ff.; McGuire IPRB 2018, 202.
[382] Zu streng daher Hoeren/Münker WRP 2018, 150 (151).
[383] So auch Harte-Bavendamm/Ohly/Kalbfus/Harte-Bavendamm GeschGehG § 2 Rn. 43.

RL als ein relevanter Faktor für die Festlegung des Geheimnisbegriffs durch den Unionsgesetzgeber benannt. Die Aufwertung dieser Begründung in eine Tatbestandsvoraussetzung ist nicht RL-konform und damit unionsrechtswidrig.[384] Eine gesonderte Prüfung ist damit entbehrlich.

d) Die Berechtigung des Geheimnisinhabers

209 In Umsetzung von Art. 2 Nr. 2 GeschGehRL definiert § 2 Nr. 2 GeschGehG den **Inhaber des Geschäftsgeheimnisses** und ordnet ihm dadurch das Geheimnis zu.[385] Der Geheimnisinhaber ist befugt, darüber zu entscheiden, wem die Information zur Kenntnis gebracht wird[386] und welche Maßnahmen zu ihrem Schutz getroffen werden – muss deren Einhaltung aber auch sicherstellen. Er ist einerseits Gläubiger der Ansprüche[387] nach §§ 6 ff. GeschGehG und zur Stellung eines Strafantrags nach § 23 GeschGehG berechtigt, andererseits aber auch Verpflichteter möglicher Zugangsansprüche.

210 Geheimnisinhaber kann jede **natürliche oder juristische Person** sein. Das umfasst auch Einrichtungen der öffentlichen Hand und damit auch alle öffentlichen Universitäten und Forschungseinrichtungen.[388]

211 Kriterium für die Identifikation des Inhabers ist, dass er die **rechtmäßige Kontrolle** über das Geheimnis ausübt. Geheimnisinhaber ist derjenige, der das Geheimnis selbst geschaffen oder von einem Dritten rechtmäßig erworben hat.[389] Rechtmäßig bedeutet, dass ihm das Geheimnis zugeordnet ist, er also zur Ausübung befugt ist. Das ist eine **Rechtsfrage.**[390] Durch die rechtmäßige Kontrolle unterscheidet sich der **Geheimnisinhaber** vom bloßen **Geheimnisträger,** der die Information erlangt hat und sie faktisch kontrollieren kann. Um Zweifel zu vermeiden, ob das Wissen mit einem Vertragspartner nur faktisch geteilt wird oder auch ein Zuordnungswechsel an diesen erfolgen soll, sollte darüber eine Vereinbarung getroffen werden.[391] Ob der Geheimnisinhaber die Kontrolle ausübt, ist demgegenüber eine **Tatsachenfrage** und wird insbesondere davon abhängen, ob angemessene Geheimhaltungsmaßnahmen getroffen wurden.

212 Die **rechtmäßige Kontrolle** setzt voraus, dass der Geheimnisinhaber über die Information berechtigt verfügen kann. Das ist regelmäßig der Fall, wenn der Geheimnisinhaber die Information entweder selbst generiert hat oder wenn ihm – sei es aufgrund eines Gesetzes oder Vertrages[392] – die Kontrolle über eine von einem Dritten erbrachte Leistung zugeordnet ist (originäre Inhaberschaft).[393]

213 Basis für die rechtmäßige Kontrolle kann neben der gesetzlichen Zuweisung auch eine **Rechtsübertragung** durch den originären Inhaber sein (derivative Inhaberschaft).[394] Als Basis hierfür kommt etwa ein Unternehmenskaufvertrag, eine F&E-Vereinbarung oder mit Bezug auf eine konkrete zu erstellende Leistung auch ein Werkvertrag in Betracht. Voraussetzung für die Übertragung, die sich bei Geltung deutschen Rechts idR nach §§ 398, 413

---

384 So auch Ohly GRUR 2019, 441 (444); Harte-Bavendamm/Ohly/Kalbfus/Harte-Bavendamm GeschGehG § 2 Rn. 69; aA Hauck WRP 2018, 1032 (1034).

385 So auch *Heinzke* CCZ 2016, 179 (180); Falce IIC 2015, 940; Ohly GRUR 2019, 441; vgl. auch Köhler/Feddersen/Alexander GeschGehG Vor. § 1 Rn. 73 ff.

386 Baranowski/Glaßl BB 2016, 2563 (2564).

387 Harte-Bavendamm/Ohly/Kalbfus/Harte-Bavendamm GeschGehG § 2 Rn. 85, 85a.

388 Alexander WRP 2017, 1030 (1039 f.); Harte-Bavendamm/Ohly/Kalbfus/Harte-Bavendamm GeschGehG § 2 Rn. 73.

389 Harte-Bavendamm/Ohly/Kalbfus/Harte-Bavendamm GeschGehG § § 2 Rn. 74; Köhler/Feddersen/Alexander GeschGehG § 2 Rn. 99.

390 So auch Ohly/Sosnitza GeschGehG § 2 Rn. 25.

391 Ausführlich hierzu McGuire WRP 2019, 679 (683) mit einem konkreten Klauselvorschlag.

392 Vgl. § 631 BGB, § 7 DesG.

393 OLG Düsseldorf 21.11.2019 – I-2 U 34/19, GRUR Prax 2020, 290 Rn. 37 – Spritzgiesswerkzeug; OLG Düsseldorf 11.3.2021 – 15 U 6/20, WRP 2021, 1080 (1085) – CAD-Rechner.

394 Harte-Bavendamm/Ohly/Kalbfus/Harte-Bavendamm GeschGehG § 2 Rn. 76.

BGB richtet, ist stets die Verfügungsbefugnis des Veräußerers über das Geschäftsgeheimnis.[395]

Demgegenüber ist der **bloß faktische Zugang** zur geschützten Information **nicht ausreichend.** Daher führt die Übertragung des Eigentums an einem Produkt, das das Geheimnis verkörpert, nicht dazu, dass der Vertriebspartner bzw. Patentlizenznehmer die rechtmäßige Kontrolle erlangt: Der Erwerber des Produkts wird nicht zum Geheimnisinhaber. Auch der zur Nutzung Berechtigte, dem die Information zugänglich gemacht wurde und der sie folglich zumindest faktisch kontrolliert, hat nur ein abgeleitetes Recht.[396] Er ist **Geheimnisträger,** nicht Geheimnisinhaber.[397] 214

Im Kontext der Datenwirtschaft ist von besonderer Bedeutung, dass das Datenrecht Einfluss auf die Frage haben kann, wer die rechtmäßige Kontrolle ausübt. Wird die rechtliche **Befugnis zur Erlangung, Nutzung oder Weitergabe** einer anderen Person (bspw. dem Betroffenen oder dem Nutzer) zugeordnet, scheidet folglich die Anerkennung dieser Daten als Geschäftsgeheimnis zu Gunsten des faktischen Dateninhabers aus (→ Kap. 6 Rn. 47 ff.). 215

Für das Datenrecht nur von untergeordneter Bedeutung sind die Abgrenzungsschwierigkeiten zum sogenannten **Erfahrungswissen von (früheren) Arbeitnehmern.** Letzteres ist dem Schutz als Geschäftsgeheimnis nicht zugänglich,[398] da der Arbeitgeber über das Wissen, das der Arbeitnehmer im Gedächtnis bewahrt, keine rechtmäßige Kontrolle ausüben kann. Allerdings geht es bei der Verwertung von Daten in der Regel nicht um einzelne Daten, die sich eine Person merken könnte, sondern um Sammlungen von personenbezogenen Daten oder Datenmengen, die durch Sensoren oder andere Geräte generiert wurden. Es ist kaum denkbar, dass ein Arbeitnehmer diese Information memoriert. Ein Konflikt zwischen dem Schutz von Geschäftsgeheimnissen an Daten und dem Recht des Arbeitnehmers, sein Erfahrungswissen für sein weiteres berufliches Fortkommen zu nutzen, kann sich allenfalls dort ergeben, wo die Daten das Geheimnis nicht enthalten, sondern nur Rückschlüsse auf dieses zulassen. Hier sind dann die allgemeinen Regeln zu beachten. 216

Der Geheimnisinhaber muss neben der rechtlichen Kontrolle auch die **faktische Kontrolle** ausüben, dh insbesondere den Bestand durch angemessene Maßnahmen sichern. Eine Überlassung der Information ohne entsprechende Beschränkung der Nutzung oder Weitergabe kann zu einem Kontrollverlust führen und dadurch das Geheimnis in seinem Bestand gefährden. 217

3. Übertragung von Geschäftsgeheimnissen und Erteilung von Nutzungsrechten

In der Lehre ist umstritten, ob es sich bei einem Geschäftsgeheimnis unter Geltung des GeschGehG um ein **(unvollkommenes) Immaterialgüterrecht** oder nur um ein dem Lauterkeitsrecht unterworfenes Immaterialgut handelt.[399] *Köhler*[400] und ihm folgend *Alexander*[401] hatten sich zunächst für die Beibehaltung der Einordnung als Lauterkeitsrecht ausgesprochen. Als Alternative steht die Qualifikation als Geistiges Eigentum im Raum, die sich primär auf die Systematik und zuordnende Funktion der GeschGehRL stützt.[402] *Ohly* hat vorgeschlagen, dem Dilemma zu entgehen, indem man Geschäftsgeheimnisse als Hybrid einordnet.[403] In Folge hat auch *Köhler* anerkannt, dass die lauterkeitsrechtliche Einordnung 218

395 Harte-Bavendamm/Ohly/Kalbfus/Kalbfus/Harte-Bavendamm GeschGehG Einl. B Rn. 94 f.
396 So auch Alexander WRP 2017, 1034 (1040).
397 Zustimmend Harte-Bavendamm/Ohly/Kalbfus/Harte-Bavendamm GeschGehG § 2 Rn. 85a; so wohl auch Hoeren/Münker WRP 2018, 150 (152).
398 Erwgr. 14 GeschGehRL.
399 Ausführlich McGuire, WRP 2023, 1.
400 Köhler/Bornkamm/Feddersen/Köhler, 37. Aufl. 2019, UWG Vor §§ 17 ff. Rn. 44.
401 Alexander WRP 2017, 1034 (1036).
402 Kiefer WRP 2018, 910 ff.; BeckOGK/McGuire Rom II-VO Art. 8 Rn. 118; Rieländer ZVglRWiss 2020, 339.
403 Ohly GRUR 2019, 441 (445).

unter Geltung der GeschGehRL nicht mehr aufrechtzuerhalten sei,[404] will das Geschäftsgeheimnis aber weiterhin nicht als Schutzrecht qualifizieren.

219 Vorzugswürdig erscheint, unmittelbar auf den neuen Gesetzeswortlaut abzustellen. Das GeschGehG sieht in § 2 Nr. 2 einen Inhaber vor, der Eingriffe nicht nur abwehren kann, sondern – wie sich § 3 Abs. 2 GeschGehG (Rechtsgeschäft) und § 11 Abs. 2 GeschGehG (Schadensersatz nach Lizenzanalogie) entnehmen lässt –, über sein Geschäftsgeheimnis auch rechtsgeschäftlich verfügen kann. Aus der Regelung, dass ein Anspruch auf Unterlassung verschuldensunabhängig besteht, folgt zugleich, dass ein Eingriff in ein fremdes Rechtsgut vorliegt.[405] Der Besonderheit, dass nicht die Information, sondern nur das Geheimnis geschützt wird, lässt sich durch die Bezeichnung als **„sonstige Schutzposition"** an Stelle eines Schutzrechts Rechnung tragen.[406]

220 Trotz dieser Kontroverse um die zivilrechtliche Einordnung sind Geschäftsgeheimnisse nach einhelliger Rechtsprechung und Lehre **verkehrsfähig.**[407] Sie können übertragen, belastet und durch Vertrag einem Dritten zur Nutzung überlassen werden.[408] Die Zulässigkeit von Lizenzen[409] ergibt sich – wie bereits erwähnt – aus der GeschGehRL.[410] Für technisches Know-how ist auch auf die Technologietransfer-GVO hinzuweisen.[411]

221 Die **Vollrechtsübertragung** erfolgt durch Verfügung.[412] Mangels abweichender Regelungen erfolgt sie bei Geltung deutschen Rechts **nach §§ 398, 413 BGB.**[413] Sie ist formfrei wirksam.

222 Ob die **Lizenzierung als Vertrag eigener Art** nur dem allgemeinen Schuldrecht unterliegt, sodass die Basis für die Lizenzierung schlicht § 241 BGB ist, oder in direkter oder analoger Anwendung dem Pachtrecht unterfällt,[414] bedarf hier keiner näheren Erörterung.[415] Denn anerkannt ist, dass die Normen des BGB zur Rechtspacht – wie die auf die Landpacht zugeschnittene Kündigungsfrist zum Ende des Kalenderjahres (§ 584 Abs. 1 BGB) belegt – für Lizenzverträge nicht passen.[416] Zielführender erscheint eine analoge Anwendung der Normen (bzw. der dazu entwickelten Grundsätze) in den Sonderschutzgesetzen, dh der §§ 27 ff. MarkenG für kaufmännische Informationen und des § 15 PatG für technisches Know-how. Allerdings ist zu beachten, dass ein Nutzungsrecht an einem fremden Geschäftsgeheimnis trotz der auch bei Know-how üblichen Bezeichnung als „Lizenz" (→ Rn. 150) – anders als bei echten Lizenzen an absoluten Schutzrechten – nicht mit Drittwirkung ausgestattet ist.[417]

223 Bei der Übertragung bzw. der Erteilung von Nutzungsrechten ist aber einer Besonderheit von Geschäftsgeheimnissen Rechnung zu tragen, die sich in einer abweichenden Gestaltung des Schutzes äußert. Grund hierfür ist nicht die erwähnte Kontroverse um die Einordnung in das System des BGB, sondern die Besonderheit, dass **Geschäftsgeheimnisse keine Sperr-**

---

404 Köhler/Feddersen/Köhler Einl. Rn. 5.33a.
405 Gärtner/Goßler MittdtPatAnw 2018, 204 (206) sprechen deshalb von einem Quasi-Schutzrecht.
406 Vgl. schon Ahrens/McGuire, Modellgesetz für Geistiges Eigentum: Normtext und Begründung, 2012, § 4 Abs. 4, § 10 Buch 1; zustimmend Harte-Bavendamm/Ohly/Kalbfus/Ohly Einl. A Rn. 30, der von einem ‚unvollkommenen Immaterialgüterrecht' spricht; so im Ergebnis auch Ann GRUR-Prax 2016, 465 (466) und Baranowski/Glaßl BB 2016, 2563 (2564).
407 Harte-Bavendamm/Ohly/Kalbfus/Kalbfus/Harte-Bavendamm GeschGehG Einl. B Rn. 91c sowie § 2 Rn. 76.
408 Ohly/Sosnitza GeschGehG § 2 Rn. 26; Köhler/Feddersen/Alexander GeschGehG § 1 Rn. 19; Harte-Bavendamm/Ohly/Kalbfus/Harte-Bavendamm GeschGehG § 2 Rn. 76 ff.
409 Harte-Bavendamm/Ohly/Kalbfus/Kalbfus/Harte-Bavendamm GeschGehG Einl. B Rn. 105 sowie § 2 Rn. 76; Köhler/Feddersen/Alexander GeschGehG § 4 Rn. 50.
410 Erwgr. 8, 30 sowie in Art. 13 Abs. 3.
411 GVO-TT.
412 Ohly/Sosnitza GeschGehG § 2 Rn. 26; Harte-Bavendamm/Ohly/Kalbfus/Harte-Bavendamm GeschGehG § 2 Rn. 77; Köhler/Feddersen/Alexander GeschGehG § 1 Rn. 20.
413 Harte-Bavendamm/Ohly/Kalbfus/Kalbfus/Harte-Bavendamm GeschGehG Einl. B Rn. 91a ff.
414 Vgl. zu der Parallelproblematik zu Hennemann RDi 2021, 61 (64).
415 Ausf. McGuire ZEuP 2025, 773 ff.
416 Dazu McGuire WRP 2024, 130 (138 f.).
417 Ausführlich hierzu McGuire, Die Lizenz (2012), 72 ff., 119 ff., 646 ff.

wirkung entfalten. Das Gesetz schützt nur das Geheimnis selbst, während die davon umfasste Information nur mittelbar erfasst wird, wenn und soweit sie tatsächlich geheim ist. Hat ein Dritter die Information auf andere Art und Weise als durch Geheimnisbruch erlangt, so kann er diese rechtmäßig nutzen.

Der Umstand, dass das Geschäftsgeheimnis keine Sperrwirkung entfaltet, dh das Gesetz **224** dem Geheimnisinhaber kein unmittelbares Abwehrrecht gegen die Nutzung der geschützten Information gewährt, wirkt sich insbesondere im Vertragsrecht aus. Die Verpflichtung des (vermeintlichen) Vertragspartners, im Fall der **Unwirksamkeit oder Beendigung der Nutzungsvereinbarung** die weitere Verwendung einzustellen und die Information zurückzugeben bzw. die vorhandenen Kopien zu löschen, muss vertraglich vereinbart werden. Hat nämlich der Geheimnisinhaber einem Dritten die Information auf vertraglicher Grundlage und damit freiwillig überlassen und stellt sich in Folge heraus, dass der Vertrag unwirksam ist, oder wird er beendet, so ändert das nichts an der rechtmäßigen Erlangung der Information durch den (vermeintlichen) Vertragspartner.

Aus demselben Grund ist bei Nutzungsrechten an Geschäftsgeheimnissen ein **Sukzessionsschutz**[418] **nicht erforderlich.** Die Weiternutzung der rechtmäßig erlangten Information ist – vorbehaltlich einer abweichenden vertraglichen Regelung (§ 4 Abs. 2 Nr. 2 GeschGehG) – gegenüber dem Erwerber des Geschäftsgeheimnisses kein rechtswidriger Eingriff. Darin besteht zugleich der wichtigste Unterschied zur Lizenz an einem Immaterialgüterrecht. **225**

Umso wichtiger ist eine **sorgfältige Vertragsgestaltung.**[419] Besonders hervorzuheben **226** ist, dass eine Nutzungsvereinbarung neben dem zur Nutzung überlassenen Vertragsgegenstand und der Gegenleistung auch für den Nutzungsberechtigten zulässige Handlungen nach Art und Umfang, die von ihm zu treffenden Geheimhaltungsmaßnahmen sowie die Beendigungsmöglichkeiten regeln sollte. Zweckmäßig erscheint außerdem, als Rechtsfolge eines Verstoßes gegen Geheimhaltungsmaßnahmen oder Nutzungsumfang eine **Vertragsstrafe** vorzusehen (→ Rn. 238).[420]

Wie bei klassischen Know-how-Verträgen kann auch an Geschäftsgeheimnissen, die **227** Daten betreffen, ein **ausschließliches, alleiniges oder einfaches Nutzungsrecht**[421] gewährt werden (→ Rn. 150). Um Missverständnisse zu vermeiden, die sich aus einer vorschnellen Übertragung der für Schutzrechte etablierten Praxis ergeben könnten, sollte außerdem klargestellt werden, dass die Gewährung eines Nutzungsrechts den Lizenznehmer weder zur Vergabe von Unterlizenzen berechtigt noch eine Befugnis zur Klageerhebung umfasst.[422] Beides würde das Risiko des Geheimnisverlusts erheblich erhöhen und ist daher regelmäßig nicht im Interesse des Geheimnisinhabers.

Soweit die vom Geschäftsgeheimnis geschützte Information Daten umfasst oder durch die **228** Weitergabe von Daten gefährdet werden könnte, sollte die Nutzungsvereinbarung den Lizenznehmer zudem dazu verpflichten, sich für den Fall der **Geltendmachung eines Zugangsrechts** (dazu → Kap. 6 Rn. 83) gegenüber dem Nutzer oder Dritten auf das Geschäftsgeheimnis zu berufen, um den Zugang zu beschränken oder zu verweigern.

4. Non Disclosure Vereinbarungen und Geheimnisschutzvereinbarungen

Der Bestand eines Geschäftsgeheimnisses setzt voraus, dass die Geheimnisqualität aufrecht- **229** erhalten wird. Immer dann, wenn die durch ein Geschäftsgeheimnis geschützte Information mit einem Vertragspartner geteilt oder diesem Daten zugänglich gemacht werden, aus denen das Geschäftsgeheimnis ausgelesen werden kann, muss dieser verpflichtet werden, die

[418] Vgl. § 15 Abs. 3 PatG, § 30 Abs. 5 MarkenG und § 33 UrhG wonach der Bestand der Lizenz weder durch einen Rechtsübergang noch eine spätere Gewährung eines Nutzungsrechts beeinträchtigt wird.
[419] Ausführlich McGuire WRP 2019, 679 ff. (mit Klauselvorschlag) sowie McGuire WRP 2024, 130 ff.
[420] Harte-Bavendamm/Ohly/Kalbfus/Kalbfus/Harte-Bavendamm GeschGehG Einl. B Rn. 79.
[421] So auch Harte-Bavendamm/Ohly/Kalbfus/Harte-Bavendamm GeschGehG § 2 Rn. 76.
[422] Vgl. den Vorschlag bei McGuire WRP 2019, 679 (683).

Geheimnisqualität zu erhalten, dh das Geheimnis nicht zu offenbaren und die vom Geschäftsgeheimnisinhaber vorgesehenen angemessenen Schutzmaßnahmen aufrecht zu erhalten. Denn sobald der Personenkreis, der Zugang zu der Information hat, nicht mehr begrenzt ist, tritt Offenkundigkeit ein.[423]

230 Dabei ist zu beachten, dass die Geheimnisqualität eine **Tatsachenfrage** ist (→ Rn. 195). Entsprechend kommt es nicht primär darauf an, ob alle Personen, die Kenntnis erlangen, wirksam zur Geheimhaltung verpflichtet sind, sondern darauf, dass sie die Vertraulichkeit wahren. Hält sich eine Partei an eine eigentlich unwirksame Vereinbarung, ist das Geheimnis gewahrt. Umgekehrt schützt auch eine wirksame Vereinbarung nicht gegen die vertragswidrige Offenbarung und den daraus folgenden Geheimnisverlust (→ Rn. 197). Dem ehemaligen Geheimnisinhaber bleiben dann lediglich Ansprüche auf Schadensersatz.

231 Im Schrifttum werden zum Schutz von Geschäftsgeheimnissen häufig Vertraulichkeitsvereinbarungen bzw. **Non-Disclosure-Agreements** (NDA) empfohlen.[424] Mit einem solchen verspricht der Vertragspartner des Geheimnisinhabers, die geschützte Information nicht an Dritte weiterzugeben oder der Öffentlichkeit zugänglich zu machen.[425] Allerdings erweisen diese sich häufig insbesondere dann als unzureichend, wenn es sich bei dem Empfänger der Information um einen (potentiellen) Mitbewerber handelt. Denn die Verpflichtung, das Geschäftsgeheimnis nicht weiterzugeben, verhindert nicht, dass er die Information für eigene, im Vertrag nicht vorgesehene Zwecke nutzt.[426] Eine Vereinbarung sollte daher auch den Nutzungsumfang sowie das Gebot der Rückgabe bzw. Löschung der Information vorsehen, sobald diese nicht mehr erforderlich ist; jedenfalls aber bei Vertragsende.

Beispiel:

232 Will der Geheimnisinhaber ein von den Daten verschiedenes, daraus aber ableitbares Geheimnis schützen, ist die Vereinbarung eines bloßen Verbots der Offenlegung mit dem Nutzer problematisch, weil durch jede weitere Art der Nutzung das Risiko der Offenbarung und des *Reverse Engineering* erhöht wird. Vor allem aber bei der Weitergabe an einen Datenempfänger, der häufig ein Mitbewerber sein wird, ist die Beschränkung von Art und Umfang der Nutzung unverzichtbar.

233 Immer dann, wenn der Geheimnisinhaber den Empfänger nicht bloß zur Vertraulichkeit, sondern umfassend zum Schutz des Geschäftsgeheimnisses verpflichten will, bedarf es einer sogenannten **Geheimnisschutzvereinbarung,**[427] die jede Form der vom Vertragszweck abweichenden Nutzung, Weitergabe und Offenlegung untersagt. Sofern sich das Produkt noch in der Entwicklung befindet bzw. Prototypen betroffen sind, sollte außerdem das *Reverse Engineering* vor Markteintritt ausgeschlossen werden.

234 Hinzuweisen ist darauf, dass *Reverse Engineering* nach § 3 Abs. 1 Nr. 2 GeschGehG auch dann zulässig ist, wenn der Geschäftspartner schon vor Markteintritt im rechtmäßigen Besitz der Information ist. Dieses vorzeitige *Reverse Engineering* ist besonders riskant, weil es den Zeitvorsprung des Innovators[428] untergräbt. Da es allerdings unter dem Vorbehalt steht, dass derjenige, der es durchführt, *„keiner Pflicht zur Beschränkung der Erlangung des Geschäftsgeheimnisses"* unterliegt, bietet es sich an, den Vertragspartner einem *Reverse Engineering*-Verbot zu unterwerfen.[429]

[423] Köhler/Feddersen/Alexander GeschGehG § 2 Rn. 34.

[424] Vgl. Köhler/Feddersen/Alexander GeschGehG § 4 Rn. 45; als Schutzmaßnahme bei Zugangsansprüchen Merkle/Bomhard RDi 2022, 168, 171; ausführlich zum Unterschied zwischen NDA und Geheimnisschutzvereinbarung McGuire WRP 2019, 679 ff. sowie McGuire WRP 2024, 130 ff.

[425] McGuire WRP 2024, 130 (137 ff.).

[426] McGuire WRP 2019, 679 (684).

[427] McGuire WRP 2019, 679 ff. (mit einem Klauselvorschlag); zur Abgrenzung zwischen Lizenz und Geheimnisschutzvereinbarung McGuire WRP 2024, 130 ff.

[428] Diese Vorreiterrendite wird in Erwgr. 1 und 4 explizit als Rechtfertigung für den Geheimnisschutz genannt.

[429] So auch Becker/Kussnik RAW 2018, 119 (127). Ausführlich McGuire WRP 2019, 679 (684) mwN und einem Klauselvorschlag.

Ein bisher nur schwer zu lösendes Problem ist, dass eine Geheimnisschutzvereinbarung – um umfassenden Schutz zu gewähren – im Vorhinein geschlossen werden muss, zu diesem Zeitpunkt das Geheimnis aber möglicherweise noch nicht besteht. Gerade mit Blick auf von Maschinen generierten Daten ist dann fraglich, wie der Gegenstand der Vereinbarung vorab festgelegt werden kann (→ Kap. 6 Rn. 25). Ein Ausweg könnte sich bieten, wenn dem Hersteller bzw. Dateninhaber ein Wahlrecht zwischen Access by Design und nachträglicher Zugangsgewährung gewährt wird (→ Kap. 6 Rn. 52). **235**

Beispiel:

Nach Art. 3 Abs. 3 lit. h Data Act soll der Anbieter eines verbundenen Dienstes den Vertragspartner darüber informieren, ob „ein potenzieller Dateninhaber Inhaber von Geschäftsgeheimnissen ist, die in den Daten enthalten sind, die über das vernetzte Produkt zugänglich sind oder die bei der Erbringung eines verbundenen Dienstes generiert werden". Nach Art. 4 Abs. 6 Data Act ermittelt der Dateninhaber die als Geschäftsgeheimnisse geschützten Daten und vereinbart mit dem Nutzer angemessene technische und organisatorische Maßnahmen, die erforderlich sind, um die Vertraulichkeit der weitergegebenen Daten, insbesondere gegenüber Dritten, zu wahren. **236**

Um beiden Anforderungen gerecht zu werden, erscheint es sinnvoll, die Geheimnisschutzvereinbarung **pauschal für bestimmte Kategorien von Informationen** zu schließen (bspw. für die von einem bestimmten Sensor generierten Daten) und zugleich festzulegen, wie das Geschäftsgeheimnis später – nämlich im Zeitpunkt der Geltendmachung des Zugangsanspruchs bzw. der Weitergabe an Dritte – identifiziert werden kann. Denn auch die Angemessenheit der Schutzmaßnahme bezieht sich auf das konkrete Geheimnis, dh seinen Wert und die Gefährdung,[430] und kann im Vorhinein kaum verlässlich festgelegt werden. **237**

Der **zweckmäßige Inhalt einer Geheimnisschutzvereinbarung**[431] ergibt sich aus den Risiken für Geschäftsgeheimnisse. Sie sollte den Gegenstand – ggf. durch Bezugnahme auf die spätere Konkretisierung – bestimmen und die Zuordnung von bei Vertragsschluss bestehenden und künftig entstehenden Geschäftsgeheimnissen festlegen. Außerdem gilt es, den zulässigen Umfang der Nutzung zu vereinbaren und jede darüber hinausgehende Nutzung oder Weitergabe sowie das *Reverse Engineering* explizit auszuschließen. Zugleich sollte der Vertragspartner dazu verpflichtet werden, die angemessenen Schutzmaßnahmen auch im Verhältnis zu Dritten aufrechtzuhalten und bei Geltendmachung eines Zugangsanspruchs die Interessen des Geheimnisinhabers zu wahren. Ernsthaftigkeit und Effizienz der Durchsetzung können durch eine Vertragsstrafe gesteigert werden.[432] **238**

Dass bei wichtigen Verträgen eine **Vereinbarung über das anwendbare Recht** und – bei Geschäftspartnern – auch über die Zuständigkeit nicht fehlen darf,[433] versteht sich von selbst (dazu → Kap. 10 Rn. 88). **239**

---

430 Begründung RegE, S. 22; Kalbfus GRUR 2017, 391; vgl. auch Alexander WRP 2017, 1034 (1040), wonach insbesondere der kommerzielle Wert und die konkrete Gefährdungslage zu berücksichtigen sei; ähnlich Heinzke CCZ 2016, 179 (182); Baranowski/Glaßl BB 2016, 2563 (2565).

431 Dazu McGuire WRP 2019, 679 ff. sowie McGuire WRP 2024, 130 ff. (nach Umsetzung der digitale Inhalte-RL).

432 Harte-Bavendamm/Ohly/Kalbfus/Kalbfus/Harte-Bavendamm GeschGehG Einl. B Rn. 79 sowie § 2 Rn. 64a.

433 Vgl. McGuire WRP 2019, 679 (685) mwN und einem Klauselvorschlag; McGuire WRP 2023, 1 ff.

IV. Strafrechtliche Aspekte im Umgang mit Daten

Siehe zu diesem Themenkomplex auch
- Informationssicherheit → Kap. 21 Rn. 8 ff.
- Deliktsrecht → Kap. 14 Rn. 11 ff.

1. Vorbemerkung

240 Das vorliegende Kapitel widmet sich dem strafrechtlichen Schutz von Daten in Deutschland und orientiert sich entsprechend der Konzeption dieses Handbuchs an den verschiedenen Phasen des Datenlebenszyklus. Unser Ziel ist es, die relevanten strafrechtlichen Bestimmungen verständlich zu erklären. Dadurch können Sie den Lebenszyklus Ihrer Daten besser schützen und wissen, welche Strafen bei Verstößen drohen.

241 Zunächst befassen wir uns mit dem **Zugang zu Daten.** Hier stehen Straftaten wie das Ausspähen und Abfangen von Daten im Fokus. Diese betreffen den unautorisierten Zugriff auf sensible Informationen und können erhebliche Schäden verursachen, wenn sie nicht sanktioniert werden.

242 Als nächstes betrachten wir die **Nutzung von Daten.** Dazu gehören Datenhehlerei, elektronische Urkundsdelikte und die missbräuchliche Nutzung oder Veränderung von Daten. Hier greifen gesetzliche Schutzmechanismen, um sicherzustellen, dass die Integrität und Authentizität digital gespeicherter Informationen gewahrt bleibt.

243 Schließlich widmet sich der abschließende Teil dieses Kapitels dem Umgang mit **besonders sensiblen Daten,** die als Geschäftsgeheimnisse einzuordnen sind.

244 Die nachfolgende Tabelle gibt einen Überblick zu den behandelten Delikten, um den Zugriff zu erleichtern:

Übersicht der Delikte			
Delikt	Geschütztes Rechtsgut	Kurzbeschreibung	Strafrahmen
§ 202a StGB – Ausspähen von Daten	Individuelles Geheimhaltungsinteresse	unbefugtes Verschaffen des Zugangs zu besonders gesicherten Daten	Freiheitsstrafe bis zu drei Jahren oder Geldstrafe
§ 202b StGB – Abfangen von Daten	Vertraulichkeit des Datenverkehrs	unbefugtes Verschaffen von Daten aus einer nichtöffentlichen Datenübermittlung oder elektromagnetischen Abstrahlung	Freiheitsstrafe bis zu zwei Jahren oder Geldstrafe
§ 202c StGB – Vorbereitungshandlungen	Schutz vor Cyberangriffen im Vorfeld	Herstellung, Erwerb, Überlassung oder Zugänglichmachen von Mitteln zur Begehung von Cyberangriffen	Freiheitsstrafe bis zu zwei Jahren oder Geldstrafe
§ 202d StGB – Datenhehlerei	Schutz des Datengeheimnisses	Verschaffen, Überlassen, Verbreiten oder Zugänglichmachen von nicht allgemein zugänglichen Daten, die ein anderer durch	Freiheitsstrafe bis zu drei Jahren oder Geldstrafe

Übersicht der Delikte			
Delikt	Geschütztes Rechtsgut	Kurzbeschreibung	Strafrahmen
		eine rechtswidrige Tat erlangt hat	
§ 268 StGB – Fälschung technischer Aufzeichnungen	Integrität und Authentizität technischer Aufzeichnungen	Verfälschen einer echten technischen Aufzeichnung, Gebrauchen einer unechten oder verfälschten technischen Aufzeichnung	Freiheitsstrafe bis zu fünf Jahren oder Geldstrafe
§ 269 StGB – Fälschung beweiserheblicher Daten	Sicherheit und Zuverlässigkeit des Beweisverkehrs	Speichern oder Verändern von Daten, so dass bei ihrer Wahrnehmung eine unechte oder verfälschte Urkunde vorliegen würde	Freiheitsstrafe bis zu fünf Jahren oder Geldstrafe
§ 303a StGB – Datenveränderung	Herrschaftsrecht an Daten	rechtswidriges Löschen, Unterdrücken, Unbrauchbarmachen oder Verändern von Daten	Freiheitsstrafe bis zu zwei Jahren oder Geldstrafe
§ 303b StGB – Computersabotage	Funktionsfähigkeit von Datenverarbeitungsanlagen	erhebliche Störung einer Datenverarbeitung durch Löschen, Unterdrücken, Unbrauchbarmachen oder Verändern von Daten, Eingabe oder Übermittlung von Daten in Schädigungsabsicht, Zerstören, Beschädigen, Unbrauchbarmachen, Beseitigen oder Verändern einer Datenverarbeitungsanlage oder eines Datenträgers	Freiheitsstrafe bis zu drei Jahren oder Geldstrafe (im Falle von Abs. 1); Freiheitsstrafe bis zu fünf Jahren oder Geldstrafe (im Falle von Abs. 2)
§ 23 GeschGehG – Deliktischer Umgang mit Geschäftsgeheimnissen	Schutz von Geschäftsgeheimnissen	rechtswidriger Erwerb, Offenlegung oder Verwendung von Geschäftsgeheimnissen	Freiheitsstrafe bis zu drei Jahren oder Geldstrafe (im Falle von Abs. 1); Freiheitsstrafe bis zu fünf Jahren oder Geldstrafe (im Falle von Abs. 2)

2. Strafbarer Zugang zu Daten

a) Ausspähen von Daten, § 202a StGB

Der § 202a StGB schützt Daten, die nicht für die Öffentlichkeit bestimmt und gegen **245**
unberechtigten Zugriff besonders gesichert sind. Die Vorschrift stellt das unbefugte Verschaffen des Zugangs zu solchen Daten unter Strafe.

246 **aa) Überblick.** Im strafrechtlichen Kontext kann im Rahmen des Lebenszyklus von Daten das Ausspähen fremder Daten eine **strafbare Datenverfügung** darstellen. Das Ausspähen bildet den unbefugten Zugang zu Daten, die nicht für den Täter bestimmt sind und die gegen ebensolchen Zugang besonders gesichert sind. Die zugehörige Strafnorm des § 202a StGB beinhaltet neben der Tatbeschreibung aus Abs. 1 eine (eigentlich einschränkende) Beschreibung des Datenbegriffs in Abs. 2. Die Vorschrift des § 202a StGB wurde in den 15. Abschnitt des Strafgesetzbuches aufgenommen, der die Delikte gegen die Vertraulichkeit und den Geheimnisschutz umfasst. Dies erfolgte aufgrund des engen Zusammenhangs zu § 201 StGB (Verletzung der Vertraulichkeit des Wortes) und § 202 StGB (Verletzung des Briefgeheimnisses), obwohl § 202a StGB keine Verletzung des persönlichen Lebens- oder Geheimbereichs voraussetzt, wie es etwa bei § 203 StGB (Verletzung von Privatgeheimnissen) der Fall ist.[434]

247 Nach § 202a StGB wird bestraft, wer unbefugt sich oder einem anderen Zugang zu Daten, die nicht für ihn bestimmt und die gegen unberechtigten Zugang besonders gesichert sind, unter Überwindung der Zugangssicherung verschafft. Mit Einfügen des § 202a StGB wollte der Gesetzgeber als **Daten** dargestellte **Informationen** in umfassenderer Weise strafrechtlich gegen Spionage und das unbefugte Eindringen in Datenverarbeitungssysteme schützen als dies bislang der Fall war und dadurch Schutzlücken schließen.[435] Der Gesetzgeber trug hierdurch dem gestiegenen Wert von Informationen Rechnung.[436] Diese Intention erscheint in einem Zeitalter, in dem Daten gemeinhin als **„das neue Öl"** angesehen werden, aktueller denn je.[437]

248 Das Rechtsgut des § 202a StGB schützt das **individuelle Geheimhaltungsinteresse** des Verfügungsberechtigten. Anders als etwa bei § 203 StGB ist es bei § 202a StGB unerheblich, ob die in den Daten verkörperten Informationen selbst Geheimnisse darstellen.[438] Die formelle Verfügungsbefugnis über die Daten obliegt unabhängig von Eigentumsfragen insbesondere an dem die Daten speichernden Datenträger oder Medium der Person, welche als **„Herrin der Daten"** ein Nutzungs- oder Zugriffsrecht an den Daten innehat.[439]

249 Ursprünglich sah der Gesetzgeber aufgrund der Befürchtung einer Überkriminalisierung davon ab, den bloß unbefugten Zugang zu besonders gesicherten Daten und den Versuch unter Strafe zu stellen.[440] Der strafrechtliche Schutz sollte erst dort greifen, wo ein Schaden oder zumindest eine Rechtsgutsbeeinträchtigung, etwa in Form der Verletzung des Verfügungsrechts über Informationen, eingetreten sind.[441] Das Hacken von Computersystemen, das sich mit dem „bloßen" Eindringen in die Systeme begnügte, sollte nach dieser ursprünglichen gesetzgeberischen Intention ausdrücklich von Strafe verschont bleiben.[442]

250 Mit dem Inkrafttreten des 41. Strafrechtsänderungsgesetzes zur Bekämpfung der Computerkriminalität änderte sich diese Intention jedoch. Entgegen der Überschrift „Ausspähen von Daten" ist für die Vollendung des § 202a StGB nunmehr nicht mehr das eigentliche Ausspähen und damit die Kenntnisnahme, geschweige denn das tatsächliche Verschaffen der Daten erforderlich, sondern lediglich, dass sich der Täter **Zugang** zu Daten, die nicht für ihn bestimmt und gegen unberechtigten Zugang gesichert sind, unter Überwindung der

---

434 BT-Drs. 10/5058, 28.

435 BT-Drs. 10/5058, 28.

436 BT-Drs. 10/5058, 28.

437 Vgl. Wandtke MMR 2017, 6, der Daten als das „Öl künftiger digitaler Produktionsweisen" und das „Rückgrat der aufkommenden Big Data-Industrie" bezeichnet.

438 Hilgendorf/Frank/Valerius, Computer- und Internetstrafrecht, 2005, Rn. 654; sprachlich anders MüKoStGB/Graf § 202a Rn. 2, der vom „formelle(n) Datengeheimnis" spricht.

439 BGH 27.7.2017 – 1 StR 412/16, NStZ 2018, 401 (403); NK-StGB/Kargl § 202a Rn. 9; teilweise wird auch auf das Recht am gedanklichen Inhalt abgestellt, so Schönke/Schröder/Eisele StGB § 202a Rn. 1a; MüKoStGB/Graf § 202a Rn. 2.

440 BT-Drs. 10/5058, 28.

441 BT-Drs. 10/5058, 28.

442 BT-Drs. 10/5058, 28.

Zugangssicherung verschafft.[443] Damit folgte der Gesetzgeber dem von Deutschland am 23.11.2001 unterzeichneten Übereinkommen des Europarats über Computerkriminalität[444] und dem Rahmenbeschlusses des Rates der Europäischen Union über Angriffe auf Informationssysteme vom 24.2.2005[445]. Mit dieser Erweiterung ist das Hacking von Systemen jetzt von § 202a StGB umfasst, mit zum Teil problematischen praktischen Konsequenzen für die Bereiche des sog. White Hacking und der IT-Sicherheitsforschung, da nun auch das Eindringen in Systeme ohne Schädigungsabsicht einem Strafbarkeitsrisiko unterliegt (hierzu → Rn. 265, 272).

bb) Objektiver Tatbestand. (i) Datenbegriff. Der Gesetzgeber hat es – trotz anhalten- **251** der Kritik[446] – bislang unterlassen, den Begriff des Datums einheitlich zu definieren, obwohl gleich mehrere strafrechtliche Vorschriften darauf abstellen (zB § 263a StGB oder § 269 StGB).[447] Insbesondere ist die Festlegung in § 202a Abs. 2 StGB keine Definition des Datenbegriffs, sondern schränkt den allgemeinen Datenbegriff lediglich ein („Daten sind […] nur solche").[448] Dass weder der Begriff der Daten noch der der Information exakt festgelegt werden, verwundert aufgrund der unterschiedlichen Verwendungsformen in den unterschiedlichen Wissenschaftsdisziplinen nicht – der Begriff des Datums hat in der Statistik, numerischen Mathematik, in internationalen Industriestandards oder in der Informationstechnik jeweils unterschiedliche Bedeutungen und wird im Datenschutzrecht (Art. 4 Nr. 1 DSGV) sogar mit dem Begriff der Information gleichgesetzt („personenbezogene Daten sind alle Informationen") (zum Informationsbegriff vgl. → Rn. 395 f.).[449]

Entgegen der Auffassung des Bundesministeriums der Justiz, das im Gesetzgebungsver- **252** fahren die Auffassung vertrat, der Datenbegriff ergebe sich aus dem Datenschutzrecht, ist der Datumsbegriff des § 202a StGB gerade nicht auf Informationen beschränkt, die sich auf eine identifizierte oder identifizierbare natürliche Person beziehen (früher „Einzelangaben über persönliche oder sachliche Verhältnisse").[450] Der strafrechtliche Datumsbegriff wird in der Regel anhand des technischen Datenbegriffs aus der DIN-Norm 44 300 (Nr. 19) definiert. Gemäß dieser Norm sind Daten als Zeichen oder kontinuierliche Funktionen zu verstehen, die zum Zweck der Weitergabe von Informationen auf Grundlage bekannter oder angenommener Abmachungen dargestellt werden. Der in der DIN-Norm ergänzte Verwendungszweck („nutzbar zur Kommunikation, Auswertung oder zur Verarbeitung") ist im strafrechtlichen Kontext jedoch nicht von Relevanz.[451]

Der **strafrechtliche Begriff des Datums** ist somit weit zu verstehen.[452] Ein Datum ist **253** eine Darstellung von Informationen, die sich als Gegenstand oder Mittel der Datenverarbeitung für eine Datenverarbeitungsanlage codieren lässt oder die das Ergebnis eines Datenverarbeitungsvorgangs ist.[453] Darunter fallen etwa Stamm-, Eingabe- oder Ausgabedaten.[454] Programme sind zusammengefügte Daten und damit auch Daten im Sinne der

---

443 Taeger/Pohle ComputerR-Hdb/Cornelius 100 Rn. 34 f.

444 Convention on Cybercrime; ETS-Nummer 185, in Kraft getreten am 1.7.2004; vgl. auch BT-Drs. 16/3656, 7.

445 EU-Rahmenbeschluss 2005/222/JI vom 24.2.2005, ABl. 2005 L 69, 67; vgl. auch BT-Drs. 16/3656, 7.

446 Vgl. Scheffler/Dressel ZRP 2000, 514 (516 f.).

447 Vgl. BT-Drs. 10/5058, 29.

448 HK-GS/Tag StGB § 202a Rn. 4; MüKoStGB/Graf § 202a Rn. 12; Scheffler/Dressel ZRP 2000, 514 (516).

449 Taeger/Pohle ComputerR-Hdb/Cornelius 39. EL 102 Rn. 9; Übersicht bei Spitz, Sekundärnutzung von Behandlungsdaten für medizinische Forschungszwecke, S. 77 ff.; kritisch zum datenschutzrechtlichen Datumsbegriff Martini et al. MMR-Beil. 2021, 3; Kilian CR 2017, 202 (208).

450 LK-StGB/Hilgendorf § 202a Rn. 8; Scheffler/Dressel ZRP 2000, 514 (517).

451 NK-StGB/Kargl § 202a Rn. 12; Taeger/Pohle ComputerR-Hdb/Cornelius 39. EL 102 Rn. 13.

452 Taeger/Pohle ComputerR-Hdb/Cornelius 39. EL 102 Rn. 14; NK-WSS/Reinbacher StGB § 202a Rn. 7; Schönke/Schröder/Eisele StGB § 202a Rn. 3; aA Gravenreuth NStZ 1989, 201 (206).

453 Schönke/Schröder/Eisele StGB Rn. 3; Taeger/Pohle ComputerR-Hdb/Cornelius 39. EL 102 Rn. 14.

454 HK-GS/Tag StGB § 202a Rn. 4; Schönke/Schröder/Eisele StGB § 202a Rn. 3.

Vorschrift.[455] Es ist unerheblich, ob die Daten einen wirtschaftlichen, wissenschaftlichen oder ideellen Wert haben, ob sie geheim oder öffentlich zugänglich sind oder ob die Daten privater oder geschäftlicher Natur sind.[456] Anders als iRv § 269 StGB muss ein Datum iRv § 202a StGB keine Gedankenerklärung beinhalten.[457] Auch muss es sich – anders als in der Richtlinie der Europäischen Union 2013/40/EU – nicht zwingend um Computerdaten handeln.[458] Zu denken ist etwa an Daten auf Mikrofilmen, Tonbändern oder CDs.[459] Der Begriff der Daten kann insoweit technologieoffen[460] auch neuere technische Erscheinungen wie etwa Kryptowährungen oder NFTs umfassen.[461]

254 **(ii) Einschränkung nach § 202a Abs. 2.** Daten iSd § 202a Abs. 2 sind nur solche, die elektronisch, magnetisch oder sonst nicht unmittelbar wahrnehmbar gespeichert sind oder übermittelt werden.

255 Unmittelbar wahrnehmbare Daten unterfallen nicht der Strafbarkeit nach § 202a StGB, da sie bereits durch die §§ 201, 202 StGB geschützt sind.[462] Daten sind **nicht unmittelbar wahrnehmbar,** wenn sie nur mittels technischer **Hilfsmittel** (zB Computer, Bildschirme, Krypto-Wallet, Drucker) im Anschluss an eine technische Transformation sinnlich erfasst werden können.[463] Das Gesetz nennt beispielhaft elektronische oder magnetische Daten.[464] Zu denken ist hier beispielsweise an Daten auf Festplatten, in Cloud-Speichern, auf Smartphones, auf SSD-Karten oder in Datenbanken; welche die früher gebräuchlichen Magnetbänder, Tonbänder und Disketten weitestgehend abgelöst haben.[465] Es kommt nicht darauf an, ob es einer Transformation in andere Zeichen bedarf oder nicht, weshalb etwa sog. Mikroficheaufnahmen, die zur optischen Wahrnehmbarkeit durch ein Mikroskop vergrößert werden müssen, nicht unmittelbar wahrnehmbar sind und somit unter § 202a StGB fallen.[466] Werden hingegen individuelle Hilfsmittel (beispielsweise Brillen oder Hörgeräte) verwendet, um ein eingeschränktes Wahrnehmungsvermögen zu kompensieren, liegt gleichwohl eine unmittelbare Wahrnehmbarkeit vor. Derartige Daten fallen unter den Ausschluss des § 202a Abs. 2 StGB.[467] Maßgeblich für das Merkmal der Wahrnehmbarkeit ist allein die visuelle Erkennbarkeit (sprich Semantik), nicht dagegen der Inhalt oder die Bedeutung der Zeichen (sprich Syntax). Barcodes, ausgedruckte QR-Codes oder Lochkarten sind daher unmittelbar sinnlich wahrnehmbar und stellen somit keine Daten iSd § 202a Abs. 2 StGB dar, da die Zeichen (etwa die Striche des Barcodes oder die aus einer quadratischen Matrix zusammengesetzten Module des QR-Codes) ohne weitere Hilfsmittel optisch wahrnehmbar sind.[468]

256 Daten sind **gespeichert,** wenn sie zum Zweck der Verarbeitung oder Nutzung dauerhaft auf einem Datenträger erfasst, aufgenommen oder aufbewahrt werden.[469] Ausweislich des Wortlauts der Vorschrift spielt es keine Rolle, auf welchem Datenträger und wie lange das

[455] Vgl. bereits BT-Drs. 10/5058, 29; MüKoStGB/Wieck-Noodt § 303a Rn. 8; aA Gravenreuth NStZ 1989, 201 (204).
[456] HK-GS/Tag StGB § 202a Rn. 4; LK-StGB/Hilgendorf § 202a Rn. 9.
[457] Kindhäuser/Hilgendorf StGB § 202a Rn. 2.
[458] BGH 27.7.2017 – 1 StR 412/16, NStZ 2018, 401 (402).
[459] Kindhäuser/Hilgendorf StGB § 202a Rn. 2.
[460] Schönke/Schröder/Eisele StGB § 202a Rn. 5.
[461] BGH 27.7.2017 – 1 StR 412/16, NStZ 2018, 401 ff.; Baier CCZ 2019, 123 (128).
[462] NK-WSS/Reinbacher StGB § 202a Rn. 8.
[463] BeckOK StGB/Weidemann § 202a Rn. 5; MüKoStGB/Graf Rn. 15; Schönke/Schröder/Eisele StGB § 202a Rn. 5.
[464] MüKoStGB/Graf § 202a Rn. 14.
[465] LK-StGB/Hilgendorf § 202a Rn. 10; MüKoStGB/Graf § 202a Rn. 17 f.
[466] Taeger/Pohle ComputerR-Hdb/Cornelius 39. EL 102 Rn. 16.
[467] MüKoStGB/Graf § 202a Rn. 15; Schönke/Schröder/Eisele StGB § 202a Rn. 5.
[468] Taeger/Pohle ComputerR-Hdb/Cornelius 39. EL 102 Rn. 16.
[469] BeckOK StGB/Weidemann § 202a Rn. 6; MüKoStGB/Graf § 202a Rn. 20; NK-StGB/Kargl § 202a Rn. 16.

Datum fixiert ist; daher sind nach herrschender Meinung auch Daten im Arbeitsspeicher eines Rechners umfasst.[470]

Das **Übermitteln** von Daten verlangt, dass diese unkörperlich an Dritte weitergegeben oder zur Einsichtnahme bzw. zum Abruf bereitgehalten werden.[471] Demzufolge ist eine Datenübermittlung im Sinne der Norm zu verneinen, wenn ein Datenträger physisch, etwa per Post, versandt wird.[472] Die Übermittlung kann unter Einsatz diverser technischer Mittel erfolgen, beispielsweise über WLAN, Bluetooth, NFC (Near Field Communication), mobile Datennetze oder das Internet.[473] Kein laufender Übermittlungsvorgang findet dagegen statt, wenn die Daten erst noch zu speichern sind oder bereits ausgedruckt wurden.[474] Nach dem Willen des Gesetzgebers soll das „Anzapfen" von Datenverarbeitungssystemen unter Strafe gestellt werden.[475] Vor diesem Hintergrund wird auch beim sogenannten Phishing, bei dem das Opfer selbst aktiv die Übermittlung von Passwörtern oder anderen Daten veranlasst, vom Täter gerade nicht in einen Übermittlungsvorgang eingegriffen, weshalb das Phishing von Zugangsdaten aus dem Anwendungsbereich des § 202a Abs. 2 StGB ausscheidet.[476] Auch das Aufspielen eines sog. Dialers scheidet aus.[477] **257**

Die Daten sind für den Täter **nicht bestimmt,** wenn sie dem Täter zum Tatzeitpunkt nach dem Willen des Verfügungsberechtigten nicht zur Verfügung stehen sollen.[478] Dabei handelt es sich dogmatisch um ein tatbestandsausschließendes Einverständnis.[479] **258**

Verfügungsberechtigt ist, wer die Daten rechtlich zurechenbar gespeichert oder – unabhängig vom äußeren Speichervorgang (sog. Skripturakt) – die Speicherung veranlasst hat.[480] Im Verarbeitungs- und Übermittlungszyklus von Daten ist regelmäßig zu Beginn die datengenerierende und anschließend speichernde Stelle verfügungsberechtigt und nach zurechenbar veranlasster Datenübermittlung der jeweilige Empfänger der Daten verfügungsbefugt.[481] Auf den Dateninhalt, die Eigentums- oder Besitzverhältnisse am Datenträger und auch ein etwaiger Personenbezug der Daten kommt es dagegen für die Verfügungsberechtigung nicht an.[482] Daher schließt auch die Einwilligung des Betroffenen im Fall personenbezogener Daten (Art. 4 Nr. 11, 7, 6 Abs. 1 UAbs. 1 lit. a DS-GVO) nicht die Strafbarkeit aus, wenn es sich etwa um Kundendaten handelt, die bei einem die Daten speichernden Unternehmen ausgespäht werden.[483] **259**

Da das **Einverständnis** den Tatbestand ausschließt, kommt es allein auf das tatsächliche Vorliegen des Einverständnisses an. Entsprechend kann das Einverständnis zur Datenübermittlung auch bedingt oder befristet erteilt werden (zB Zugang abhängig von der Entrich- **260**

---

[470] NK-WSS/Reinbacher StGB § 202a Rn. 8; Schönke/Schröder/Eisele StGB § 202a Rn. 6; Taeger/Pohle ComputerR-Hdb/Cornelius 39. EL 102 Rn. 17; Vassilaki CR 2008, 131 (134).

[471] Schönke/Schröder/Eisele StGB § 202a Rn. 6.

[472] LK-StGB/Hilgendorf § 202a Rn. 10; MüKoStGB/Graf § 202a Rn. 20; NK-StGB/Kargl § 202a Rn. 16.

[473] NK-StGB/Kargl § 202a Rn. 16; NK-WSS/Reinbacher StGB § 202a Rn. 9; Schönke/Schröder/Eisele StGB § 202a Rn. 6.

[474] Schönke/Schröder/Eisele StGB § 202a Rn. 6.

[475] BT-Drs. 10/5058, 28; Lackner/Kühl/Heger/Heger StGB § 202a Rn. 2; NK-WSS/Reinbacher StGB § 202a Rn. 9.

[476] Schönke/Schröder/Eisele StGB § 202a Rn. 6; MüKoStGB/Graf § 202a Rn. 20; Graf NStZ 2007, 129 (131); BeckOK StGB/Weidemann § 202a Rn. 18.2; Stuckenberg ZStW 118, 878 (884); aA Goeckenjan wistra 2009, 47 (50).

[477] BeckOK StGB/Weidemann § 202a Rn. 18; NK-StGB/Kargl § 202a Rn. 39; NK-WSS/Reinbacher StGB § 202a Rn. 23.

[478] BeckOK StGB/Weidemann § 202a Rn. 8; HK-GS/Tag StGB § 202a Rn. 6; Lackner/Kühl/Heger/Heger StGB § 202a Rn. 3.

[479] LK-StGB/Hilgendorf § 202a Rn. 20; NK-WSS/Reinbacher StGB § 202a Rn. 11.

[480] Taeger/Pohle ComputerR-Hdb/Cornelius 39. EL 102 Rn. 20.

[481] BeckOK StGB/Weidemann § 202a Rn. 9; NK-WSS/Reinbacher StGB § 202a Rn. 10; Schönke/Schröder/Eisele StGB § 202a Rn. 9f.

[482] MüKoStGB/Graf § 202a Rn. 22; Taeger/Pohle ComputerR-Hdb/Cornelius 39. EL 102 Rn. 20.

[483] Taeger/Pohle ComputerR-Hdb/Cornelius 100 Rn. 20.

tung eines Entgelts).[484] Ein Systemadministrator mit eingeschränkten Zugriffsrechten und rein technischen Aufgaben verschafft sich etwa unberechtigte Daten, die nicht für ihn bestimmt sind, wenn er sich unter Umgehung seiner vom Verfügungsberechtigten zuvor festgelegten Zugriffsbeschränkungen selbst in den Einstellungen erweiterte Zugriffsrechte einräumt und anschließend auf persönliche E-Mail-Postfächer zugreift, um diese zu lesen oder zu kopieren.[485]

261 Überlässt der Verfügungsberechtigte dem Täter die Daten und gewährt ihm damit **Zugriff,** untersagt ihm jedoch das Kopieren oder Weiterübermitteln der Daten, sind die Daten dem Täter dennoch bestimmungsgemäß zugänglich gemacht worden. Hieran ändert sich auch dann nichts, wenn der Täter anschließend absprachewidrig Kopien anfertigt, auch unter Überwindung von vorhandenem Kopierschutz oder die Daten an Dritte weiterreicht.[486] Die Anfertigung von **Raubkopien** oder sonstige urheberrechtlich oder auch datenschutzrechtlich untersagte Verfügungen über zugänglich gemachte Daten mögen zwar urheberrechts- oder datenschutzrechtswidrig sein und zivilrechtliche Ansprüche auslösen. Sie ändern aber nichts daran, dass hierdurch nur bestimmte Nutzungsarten der Daten – das Kopieren, Übermitteln oder Veröffentlichen – untersagt werden soll, nicht aber der Zugriff auf die Daten selbst eingeschränkt ist.[487] Somit erstreckt sich der Schutz des Rechtsguts nicht auf solche nach gewährtem Zugriff erfolgte Datenverfügungen, da der Verfügungsberechtigte lediglich das Kopieren der Daten, nicht aber den Zugriff als solchen unterbinden will.[488]

262 Dies hat auch Auswirkungen auf den betrieblichen Kontext: Steht Mitarbeitern der freie Zugriff auf bestimmte Daten zu und machen diese von diesem Zugriffsrecht unter den vom Arbeitgeber oder Dienstherrn vorgegebenen äußeren Zugriffsbedingungen Gebrauch, dringen sie nicht in die Herrschaftssphäre des Herrn der Daten ein und machen sich auch dann nicht nach § 202a StGB strafbar, wenn sie auf die Daten zu betriebsfremden Zwecken zugreifen, heimlich Kopien von Daten anfertigen oder die Daten sogar nach dem Zugriff an Dritte weitergeben (zB betriebsinterne Datenspionage durch dem Grunde nach zugangsberechtigte Mitarbeiter).[489] Anders kann dies jedoch sein, wenn der Täter früher zugriffsberechtigt war und tatsächlich auch noch Zugriff hat, nunmehr aber aufgrund der Beendigung des Beschäftigungsverhältnisses nicht mehr zugriffsbefugt ist.[490] Gleiches soll gelten, wenn der Beschäftigte außerhalb der üblichen Arbeits- oder Dienstzeiten ohne betriebliche Veranlassung auf die Daten zugreift.[491]

263 Wird das Einverständnis an einen bestimmten Nutzungszweck geknüpft und wird sich zweck- bzw. vertragswidrig Zugang verschafft, sind die Daten dennoch für den Täter bestimmt und eine Strafbarkeit entfällt. So unterfällt eine urheberrechtswidrig angefertigte Kopie von geschützten Daten (sog. Raubkopie), die zuvor vom Verfügungsberechtigten an den Täter übermittelt wurden, nicht dem Tatbestand des § 202a StGB,

264 **(iii) Tathandlung: Zugang verschaffen.** Der Täter muss eine besondere **Zugangssicherung,** die die Daten vor unberechtigtem Zugang schützen soll, überwinden, um sich Zugang zu den Daten zu verschaffen. Der Täter verschafft sich oder einem Dritten Zugang zu Daten, wenn er in ein Datenverarbeitungssystem eindringt und sich oder einem Dritten die Möglichkeit verschafft, ohne weitere Zwischenschritte auf Daten zuzugreifen.[492] Der Täter muss nicht die Verfügungsgewalt über die Daten erlangen oder diese zur Kenntnis

---

[484] MüKoStGB/Graf § 202a Rn. 23; HK-GS/Tag StGB § 202a Rn. 6; Kindhäuser/Hilgendorf StGB § 202a Rn. 3.
[485] BGH 13.5.2020 – 5 StR 614/19, MMR 2021, 411 f.
[486] LK-StGB/Hilgendorf § 202a Rn. 22.
[487] Taeger/Pohle ComputerR-Hdb/Cornelius 39. EL 102 Rn. 22; LK-StGB/Hilgendorf § 202a Rn. 22.
[488] LK-StGB/Hilgendorf § 202a Rn. 22; NK-StGB/Kargl § 202a Rn. 25.
[489] BayObLG 18.1.1999 – 5 St RR 173-98, NJW 1999, 1727 f.; Kindhäuser/Hilgendorf StGB § 202a Rn. 3; LK-StGB/Hilgendorf § 202a Rn. 22; Schönke/Schröder/Eisele StGB § 202a Rn. 11.
[490] Taeger/Pohle ComputerR-Hdb/Cornelius 39. EL 102 Rn. 23.
[491] LK-StGB/Hilgendorf § 202a Rn. 23.
[492] LK-StGB/Hilgendorf § 202a Rn. 15; MüKoStGB/Graf § 202a Rn. 62.

nehmen („Verschaffen von *Daten*"). Vielmehr genügt bereits die bloße **Möglichkeit der Verfügungsgewal**t oder Kenntnisnahme („Verschaffen des *Zugangs* zu Daten").[493] Damit unterfällt – in Übereinstimmung mit Art. 2 des EU-Rahmenbeschlusses über Angriff auf Informationssysteme und Art. 6 des Übereinkommens über Computerkriminalität – auch das sog. Hacking, also das erfolgreiche Eindringen in ein Computersystem, der Strafnorm.[494]

Bis zur Reform des § 202a StGB durch das 41. Strafrechtsänderungsgesetz zur Bekämp- **265**
fung der Computerkriminalität im Jahr 2007 war für die Strafbarkeit nach § 202a StGB das Erlangen der tatsächlichen Herrschaftsgewalt über die Daten erforderlich. Das bloße Eindringen in fremde Systeme, das sogenannte Hacking, war nach alter Rechtslage somit nicht strafbar.[495] Trotz der Aufhebung dieses „Hackerprivilegs"[496] wird teilweise kritisiert, dass aufgrund fehlender Versuchsstrafbarkeit der überwiegende Zeitbereich des Hacking im Vorfeld des Systemeinbruchs straflos bleibt, solange der Hacker erfolglos geblieben ist.[497] Andere kritisieren dagegen, dass durch die Einbeziehung des bloßen Zugriffs in den Tatbestand des § 202a StGB auch ethisch motivierte Hackingaktivitäten, wie beispielsweise das **„White Hacking"** im Rahmen der IT-Sicherheitsforschung, potenziell strafbar sind.[498] In der Praxis spielt die IT-Sicherheitsforschung eine wichtige Rolle für die Qualitätssicherung von Softwaresystemen.[499] Sicherheitsforscher identifizieren und dokumentieren Sicherheitslücken, die durch Programmier- oder Designfehler entstehen, um die IT-Sicherheit zu verbessern.[500] Diese Art selbsternannter Qualitätssicherung ist in der Praxis durchaus etabliert.[501] Durch sogenanntes „responsible disclosure" werden Softwarehersteller auf bestehende Sicherheitslücken aufmerksam gemacht, damit diese nach Möglichkeit solche Lücken schließen können.[502] Da jedoch das Ziel dieser Qualitätssicherungsmaßnahmen gerade im Auffinden von Lücken und damit – wenn auch nur vorübergehenden – Überwinden von Sicherungsmaßnahmen besteht und die Maßnahmen regelmäßig ohne das Einverständnis des verfügungsberechtigten Softwareherstellers erfolgen, erfüllt das sogenannte White Hacking regelmäßig den Tatbestand des § 202a StGB (zu Möglichkeiten der Rechtfertigung → Rn. 272).[503]

Das Verschaffen von Daten kann auch durch das Erlangen der **tatsächlichen Herr-** **266**
schaftsgewalt über die Daten erfolgen. Der Täter muss somit mindestens die Verfügungsgewalt über den Datenträger, auf dem die Daten gespeichert sind, erlangen. Datenträger können dabei Festplatten, USB-Sticks, Solid-State-Drives (SSDs), der RAM-Speicher des Computers, mobile Geräte oder auch der rein virtuelle Cloud-Speicher sein. Neben dem Zugriff auf den Datenträger selbst ist auch das Abschreiben oder Abfotografieren von Daten, die auf einem Bildschirm dargestellt werden, oder das Herbeiführen eines Bildschirmausdrucks als Verschaffen von Daten iSd § 202a StGB anzusehen.[504]

Nach neuer Gesetzeslage kann das Verschaffen des Zugangs zu Daten aber auch schon **267**
dadurch verwirklich werden, dass der Täter *nach* Überwindung einer besonderen Zugangs-

[493] NK-WSS/Reinbacher StGB § 202a Rn. 21; Ernst NJW 2007, 2661.
[494] BeckOK StGB/Weidemann § 202a Rn. 17; HK-GS/Tag StGB § 202a Rn. 8; Schönke/Schröder/Eisele StGB § 202a Rn. 18; Ernst NJW 2007, 2661.
[495] Zur alten Gesetzeslage: BT-Drs. 10/5058, 28; zur Kritik an der Strafausdehnung: NK-StGB/Kargl § 202a Rn. 11.
[496] So MüKoStGB/Graf § 202a Rn. 68.
[497] MüKoStGB/Graf § 202a Rn. 68.
[498] Heinze/Steinrötter KI und Daten/Deusch/Eggendorfer S. 391 ff.; Klaas MMR 2022, 187.
[499] Beispielsweise wird der Quellcode einer Software analysiert, um potenzielle Sicherheitslücken zu identifizieren. Dabei werden möglicherweise Zugangssicherungen umgangen, um die Funktionsweise der Software im Detail zu verstehen. Ein anderes Beispiel ist die Durchführung von Penetrationstest, um die Sicherheit eines Firmennetzwerks zu überprüfen. Im Rahmen des Tests wird ein Hackerangriff simuliert, um Schwachstellen im System aufzudecken.
[500] Heinze/Steinrötter KI und Daten/Deusch/Eggendorfer S. 391 (394).
[501] Heinze/Steinrötter KI und Daten/Deusch/Eggendorfer S. 391 (395).
[502] Heinze/Steinrötter KI und Daten/Deusch/Eggendorfer S. 391 (395).
[503] Heinze/Steinrötter KI und Daten/Deusch/Eggendorfer S. 391 (396).
[504] MüKoStGB/Graf § 202a Rn. 58.

sicherung *die* ***Möglichkeit*** *hat,* sich die Herrschaftsgewalt über die Daten zu verschaffen. Das Eindringen in Systeme kommt etwa mittels Malware (Computerviren, Backdoor-Programmen, Keyloggern, Ransomware, Botnetzen, Trojanern), Social Engineering (gezielte Täuschung und Manipulation, um die Benutzer dazu bringen, ihnen Zugang zu Daten zu gewähren), Exploiting von Sicherheitslücken, SQL-Injection (Manipulation von Datenbankabfragen zur Extraktion von Daten aus Datenbanken) extrahieren oder Brute-Force-Angriffe in Betracht.[505] Auf die tatsächliche reproduzierbare Kenntnisnahme oder das tatsächliche Erlangen der Herrschaftsmacht kommt es nun nicht mehr an.[506] Dies führt in der Praxis zu Beweiserleichterungen. Die Strafverfolgungsbehörden müssen nun dem Täter nicht mehr nachweisen, dass er tatsächlich die Herrschaftsmacht an den Daten erlangt oder tatsächlich von den Daten Kenntnis genommen hat; vielmehr genügt es, dem Täter die Überwindung der besonderen Zugangssicherung, die ihm Zugang zu den Daten gewährt, nachzuweisen.[507] Nicht ausreichend ist dagegen, dass der Täter nach Überwindung der Zugangssicherung *zu* den Daten die Daten „nur" in eigens gesondert verschlüsselter Form vorfindet. Die **Verschlüsselung** der Daten stellt für sich genommen eine weitere Zugangssicherung dar, die der Datensicherheit dient und für den Zugang zu der im Datum verkörperten Information ebenfalls überwunden werden muss.[508] Erst wenn die Verschlüsselung gebrochen (denkbar durch entsprechende Programme oder „Trial-an-Error") oder der entsprechende Schlüssel (auch vom Nichtberechtigten) erlangt worden ist, ist ein Zugang zum Datum (besser: zur im Datum verkörperten Information) möglich und die Tat vollendet.[509]

268 **cc) Subjektiver Tatbestand und Irrtum.** Der Täter muss hinsichtlich aller objektiver Tatbestandsmerkmale vorsätzlich handeln. *Dolus eventualis* genügt. Verkennt der Täter, dass es sich beim Tatobjekt um Daten handelt oder glaubt, die Daten seien für ihn bestimmt oder die Daten seien noch immer für ihn bestimmt, obwohl die Berechtigung zwischenzeitlich entzogen worden ist, unterliegt er einem **Tatbestandsirrtum,** der den Vorsatz entfallen lässt (§ 16 StGB).[510] Meint der Täter hingegen, zugriffsberechtigt zu sein oder die Datenbestimmung sei nicht wirksam widerrufen worden, unterfällt er einem **Verbotsirrtum** (§ 17 StGB).[511]

269 **dd) Rechtswidrigkeit.** Das Merkmal **„unbefugt"** erfüllt nach herrschender Meinung eine klarstellende Funktion und ist als Hinweis auf das Erfordernis der Rechtswidrigkeit und mögliche Rechtfertigungsgründe zu verstehen.[512]

270 **(i) Mutmaßliche Einwilligung.** Das Einverständnis des Verfügungsberechtigten lässt bereits die Tatbestandsmäßigkeit entfallen (hierzu → Rn. 260).Ein solches liegt etwa vor, wenn dieser einen IT-Sicherheitsdienstleister beauftragt, Sicherheitslücken im eigenen System aufzudecken.[513] Die mutmaßliche Einwilligung kann den Zugriff auf Daten rechtfertigen, wenn die tatsächliche Einwilligung des Verfügungsberechtigten **nicht rechtzeitig** eingeholt werden kann.[514] Das vom Gesetzgeber in der Gesetzesbegründung aufgeführte Beispiel, in dem eine mutmaßliche Einwilligung als Rechtfertigung in Betracht käme, wenn

---

505 Dazu im Einzelnen: BeckOK StGB/Weidemann § 202a Rn. 17 ff.; NK-StGB/Kargl § 202a Rn. 40; Schönke/Schröder/Eisele StGB § 202a Rn. 19.
506 Taeger/Pohle ComputerR-Hdb/Cornelius 39. EL 102 Rn. 32.
507 Taeger/Pohle ComputerR-Hdb/Cornelius 39. EL 102 Rn. 32.
508 MüKoStGB/Graf § 202a Rn. 59; aA Hb Medienstrafrecht/K. Schumann § 202a Rn. 44 f.
509 MüKoStGB/Graf § 202a Rn. 59.
510 BeckOK StGB/Weidemann § 202a Rn. 21; LK-StGB/Hilgendorf § 202a Rn. 37; NK-WSS/Reinbacher StGB § 202a Rn. 26.
511 LK-StGB/Hilgendorf § 202a Rn. 37; MüKoStGB/Graf § 202a Rn. 81; NK-StGB/Kargl § 202a Rn. 45.
512 NK-StGB/Kargl § 202a Rn. 46, NK-WSS/Reinbacher StGB § 202a Rn. 27; Schönke/Schröder/Eisele StGB § 202a Rn. 24; vgl. zu § 206 Hb Medienstrafrecht/Spitz/Cornelius § 206 Rn. 58 ff.
513 Kindhäuser/Hilgendorf StGB § 202a Rn. 8; NK-StGB/Kargl § 202a Rn. 46.
514 MüKoStGB/Graf § 202a Rn. 71.

ein Täter Daten, die für einen **Dritten** bestimmt sind, diesem verschafft,[515] erscheint dagegen nicht unproblematisch. Denn der Dritte, für den die Daten bestimmt sind, ist bis zur Erlangung der tatsächlichen Rechtsmacht nicht notwendigerweise selbst Herr der Daten und somit nicht Verfügungsberechtigter. Selbst wenn der bestimmungsgemäße Dritte später Verfügungsberechtigter wird, lässt seine nachträgliche Genehmigung die Tatbestands- und Rechtswidrigkeit der Tathandlung nicht entfallen.[516] Entscheidend für die Straflosigkeit in dieser Situation ist somit, ob das Verschaffen der Daten mit Einverständnis des zum Zeitpunkt der Tathandlung Verfügungsberechtigten erfolgt oder nicht.[517]

(ii) Weitere Rechtfertigungsgründe. Eine Notwehr nach § 32 StGB ist iRv § 202a StGB **271** denkbar, wenn etwa Daten in unzulässiger Weise auf Servern oder in Cloud-Speichern abgelegt werden (etwa private Daten von Arbeitnehmern auf Servern des Arbeitgebers) und hierdurch die Serverstruktur oder Serversicherheit entweder aufgrund der Menge der Daten oder aufgrund von Viren, Trojanern etc beeinträchtigt werden.[518]

Ein rechtfertigender Notstand nach § 34 StGB wird insbesondere im Bereich der **IT-Sicherheitsforschung** diskutiert.[519] Die konkrete IT-Sicherheitslücke stellt eine gegenwärtige Gefahr für die IT-Systeme von Nutzern dar. Insoweit wird die Notstandshandlung zur Gefahrenbeseitigung regelmäßig zugunsten der Gefahrenbeseitigung eines anderen erfolgen. Im konkreten Fall ist stets zu prüfen, ob die Notstandshandlung zur Gefahrenbeseitigung geeignet, erforderlich und angemessen ist. Da regelmäßig im Vorfeld der Sicherheitsforschungsmaßnahmen noch nicht sicher feststehen dürfte, dass eine Lücke vorliegt, wird man mindestens konkrete Anhaltspunkte für eine solche Lücke fordern müssen, um einem willkürlichen Eindringen in IT-Systeme vorzubeugen.[520] Das **White Hacking** und insbesondere nachfolgende Handlungen können auch noch andere Delikte verwirklichen, etwa aufgrund des nachfolgenden selbstständigen Fixierens einer zuvor aufgefundenen Lücke (hierzu §§ 303a, 303b StGB → Rn. 361 ff.) oder aufgrund der Veröffentlichung der Lücke in Blog-Beiträgen oder anderen öffentlichen Formen (hierzu § 202d StGB → Rn. 310 ff.). **272**

(iii) Gesetzliche Befugnisregelungen. Insbesondere im Bereich der Strafverfolgung kann **273** die Verschaffung des Datenzugangs nach §§ 94, 100a, 100b, 110 Abs. 3 StPO oder § 49 BKAG gerechtfertigt sein.[521] Gefahrenabwehrmaßnahmen können bei einem Eingriff in Art. 10 GG aber nicht auf die polizeirechtlichen Generalklauseln gestützt werden (zB aber auf §§ 1 Abs. 1, 3 Gesetz zu Art. 10 GG).[522] Auch der datenschutzrechtliche Auskunftsanspruch nach Art. 15 DS-GVO oder ein vertraglicher Anspruch auf Datenauskunft (etwa aus einem Behandlungsvertrag[523]) lässt die Rechtswidrigkeit nicht entfallen.[524]

ee) Täterschaft und Teilnahme. Derjenige, für den die Daten bestimmt sind, kann nicht **274** Täter sein, sehr wohl aber an der Straftat eines Dritten teilnehmen. Bei dem Erfordernis, dass die Daten nicht für den Täter bestimmt sind, handelt es sich um ein rein tatbezogenes, nicht aber ein besonderes persönliches Merkmal iSd § 28 Abs. 1 StGB.[525]

---

515 BT-Drs. 10/5058, 29.

516 BGHSt 17, 359 (360); MüKoStGB/Graf § 202a Rn. 71; LK-StGB/Hilgendorf § 202a Rn. 38; vgl. Rönnau JURA 2002, 665 (666); aA Hilgendorf JuS 1996, 702 (705).

517 MüKoStGB/Graf § 202a Rn. 71.

518 Schönke/Schröder/Eisele StGB § 202a Rn. 25.

519 Hierzu Heinze/Steinrötter KI und Daten/Deusch/Eggendorfer S. 391 (399 ff.); Klaas MMR 2022, 187 (189 ff.) mit weiterführenden Hinweisen.

520 Heinze/Steinrötter KI und Daten/Deusch/Eggendorfer S. 391 (400).

521 BeckOK StGB/Weidemann § 202a Rn. 24; LK-StGB/Hilgendorf § 202a Rn. 38; NK-StGB/Kargl § 202a Rn. 48.

522 NK-StGB/Kargl § 202a Rn. 50; Schönke/Schröder/Eisele StGB § 202a Rn. 26.

523 Vgl. Hilgendorf JuS 1996, 702 (705).

524 MüKoStGB/Graf § 202a Rn. 71; NK-StGB/Kargl § 202a Rn. 46; Schönke/Schröder/Eisele StGB § 202a Rn. 24.

525 NK-StGB/Kargl § 202a Rn. 51; Schönke/Schröder/Eisele StGB § 202a Rn. 28a.

275 **ff) Versuch und Vollendung.** Der Versuch ist mangels gesetzlicher Regelung und aufgrund des Charakters als Vergehen straflos (§§ 12 Abs. 2, 23 Abs. 1 StGB). Vorbereitungsmaßnahmen können aber nach § 202c StGB strafbar sein.[526]

276 **gg) Rechtsfolgen, Strafantrag, Konkurrenzen.** Das Gesetz sieht eine Strafe von bis zu drei Jahren Freiheitsstrafe oder Geldstrafe vor. Im Rahmen der Strafzumessung kommt es insbesondere auf die kriminelle Energie des Täters und die konkreten Tatfolgen an.[527] Die Tat wird grundsätzlich gem. § 205 Abs. 1 S. 2 StGB nur auf Antrag verfolgt, es sei denn, die Strafverfolgungsbehörden halten wegen des besonderen öffentlichen Interesses an der Strafverfolgung ein Einschreiten von Amts wegen für geboten **(relatives Antragsdelikt).** Antragsberechtigt ist gem. § 77 Abs. 1 StGB der Verletzte, hier also der Verfügungsberechtigte.[528] Der Strafantrag kann bis zum Abschluss des Strafverfahrens zurückgenommen werden (§ 77d StGB). Insoweit kann es durchaus ein geeignetes Verteidigungsmittel sein, dem verletzten Verfügungsberechtigten eine Geldzahlung als Schmerzensgeld anzubieten und ihn im Gegenzug zu bitten, den Strafantrag zurückzunehmen.[529]

277 Tateinheitlich können insbesondere § 23 GeschGehG, §§ 42, 43 BDSG, §§ 106, 108 ff. UrhG oder §§ 96, 123, 242, 246, 263a, 269, 274 Abs. 1 Nr. 2, 303a, 303b StGB verwirklicht werden.[530] Zu § 27 TDDDG[531] besteht gegenüber § 202a Idealkonkurrenz, soweit beim Abhören von Kommunikation mittels Funkanlagen Zugangssicherungen überwunden werden (etwa im Fall verschlüsselter Daten), da beide Regelungen unterschiedliche Schutzrichtungen haben.[532] Der § 202b StGB ist gegenüber § 202a StGB formell subsidiär (§ 202b Hs. 2 StGB).

b) Abfangen von Daten, § 202b StGB

278 **aa) Überblick.** Der deutsche Gesetzgeber ist durch die Schaffung des § 202b StGB und das darin geregelte Abfangen von Daten seiner Umsetzungspflicht aus Art. 3 des Übereinkommens über Computerkriminalität des Europarates nachgekommen.[533] Die Strafnorm schützt wie § 202a StGB das **formelle Geheimhaltungsinteresse** des Berechtigten.[534] Anders als bei § 202a StGB, der eine Manifestation des Geheimhaltungswillens durch eine besondere Zugangssicherung verlangt, gilt der Schutz des § 202b StGB allerdings nur, soweit sich das Geheimhaltungsinteresse aus dem allgemeinen Recht auf **Nichtöffentlichkeit** privater Kommunikation ableiten lässt.[535] Insoweit stellt § 202b StGB eine besondere Ausprägung des Telekommunikationsgeheimnisses nach Art. 10 GG dar.[536] Außerdem genügt im Gegensatz zu § 202b nicht nur das Verschaffen *des Zugangs* zu den Daten. Vielmehr müssen – wie unter § 202a StGB aF – die *Daten selbst* verschafft werden, um den Tatbestand des § 202b StGB zu verwirklichen.[537] Der Tatbestand ergänzt die Strafbarkeit gem. § 201 StGB (Abhören und Aufzeichnen von Telefongesprächen) sowie § 5 iVm § 27 Nr. 1 TDDDG (Abhören von Nachrichten mit einer Funkanlage).[538] Da § 202a StGB nur besonders

---

[526] Kritisch dazu: LK-StGB/Hilgendorf § 202a Rn. 42; MüKoStGB/Graf § 202a Rn. 109; NK-WSS/Reinbacher StGB § 202a Rn. 30.
[527] MüKoStGB/Graf § 202a Rn. 112.
[528] HK-GS/Tag StGB § 202a Rn. 12.
[529] Taeger/Pohle ComputerR-Hdb/Cornelius 39. EL 102 Rn. 37; vgl. BGH 9.5.2000 – 1 StR 106/00, StV 2000, 427.
[530] BeckOK StGB/Weidemann § 202a Rn. 25; LK-StGB/Hilgendorf § 202a Rn. 43; NK-StGB/Kargl § 202a Rn. 53 f.
[531] Hierzu Klaas/Momsen/Wybitul DatenschutzsanktionenR-HdB/Cornelius/Spitz § 23 Rn. 1 ff.
[532] Gröseling/Höfinger MMR 2007, 549 (552).
[533] BT-Drs. 16/3656, 10.
[534] Taeger/Pohle ComputerR-Hdb/Cornelius 39. EL 102 Rn. 40.
[535] Fischer StGB § 202b Rn. 2; LK-StGB/Hilgendorf § 202b Rn. 2; LK BT-Drs. 16/3656, 11.
[536] MüKoStGB/Graf § 202b Rn. 2.
[537] Hb Medienstrafrecht/K. Schumann § 202b Rn. 2.
[538] BT-Drs. 16/3656, 11; zu § 27 TDDDG (bisher § 27 TTDSG): Klaas/Momsen/Wybitul DatenschutzsanktionenR-HdB/Cornelius/Spitz § 23 Rn. 1 ff.

gesicherte Daten schützt, soll § 202b StGB bestehende Lücken schließen, indem über die Kommunikation etwa via Telefon hinaus alle nichtöffentlichen Kommunikationsvorgänge insbesondere auch über das Internet und die dabei ausgetauschten Informationen geschützt werden sollen.[539]

bb) Objektiver Tatbestand. (i) Tatobjekt: Daten aus nichtöffentlicher Datenübermittlung oder aus elektromagnetischer Abstrahlung einer Datenverarbeitungslage. 279
Tatobjekte sind **Daten,** die aus einer nichtöffentlichen Datenübermittlung oder aus der elektromagnetischen Abstrahlung einer Datenverarbeitungslage stammen, und nicht für den Täter bestimmt sind. Es ist der Datenbegriff des § 202a Abs. 2 StGB zugrunde zu legen. Damit ist das taugliche Tatobjekt auf solche Daten beschränkt, die elektronisch, magnetisch oder sonst nicht unmittelbar wahrnehmbar gespeichert sind oder übermittelt werden (vgl. hierzu → Rn. 255).[540] Eine zusätzliche Einschränkung erfährt das Tatobjekt durch das Erfordernis einer nichtöffentlichen Datenübermittlung oder einer elektromagnetischen Abstrahlung einer Datenverarbeitungsanlage. Im Unterschied zu § 202a bedarf es keiner besonderen Zugangssicherung.[541] Wie bei § 202a StGB dürfen die Daten nicht für den Täter bestimmt sein. Verfügungsberechtigter ist, wer die **formelle Verfügungsbefugnis** über die Daten besitzt (vgl. hierzu → Rn. 248).

Nichtöffentliche Datenübermittlung meint jede bewusste und zielgerichtete auf einen 280
bestimmten oder bestimmbaren Adressaten gerichtete Übertragung von Daten, sei es via E-Mail, Telefon, VPN (Virtual Private Network), Videokonferenzen (wie Skype, Teams, Zoom oder Google Meet) oder Messenger-Kommunikation (wie WhatsApp, Signal, Telegram oder Threema) etc.[542] Der Schutzbereich betrifft die Phase der Datenübermittlung, dh der Täter muss sich die Daten *während* der Datenübermittlung verschaffen.[543] Nicht geschützt sind Daten, wenn der eigentliche Kommunikationsvorgang noch nicht begonnen hat (und beispielsweise die E-Mail noch als Entwurf beim Absender liegt) oder die Daten bereits vollständig in den Machtbereich des Adressaten gelangt sind, da dann der Übertragungsprozess bereits abgeschlossen ist.[544] Insoweit ist die für die Strafbarkeit maßgebliche Kommunikationsphase vergleichbar mit § 206 StGB und folgt dem Schutzbereich aus Art. 10 GG.[545] Werden die bereits übermittelten Daten während des Übertragungsvorgangs zwischengespeichert, ohne dass der Absender diese Speichervorgänge selbst bewirkt oder beeinflussen kann, sind sie hingegen von § 202b StGB erfasst.[546] An einer Datenübermittlung fehlt es beim Phishing (im Sinne des Erlangens von Zugangsdaten durch Täuschung des Opfers), da der Täter hier keine Daten abgreift, sondern deren willentliche Übertragung bewirkt.[547] Das Phishing kann vielmehr eine Vorbereitungshandlung darstellen, für die § 202c StGB einschlägig ist (vgl. hierzu → Rn. 291).[548] Die **Nichtöffentlichkeit der Datenübermittlung** ist wie in § 201 Abs. 2 Nr. 2 StGB zu bestimmen.[549] Danach ist die Übertragung der Daten nichtöffentlich, wenn – unabhängig davon, ob Art oder Inhalt der Daten auch der Allgemeinheit bekannt wären – Adressat des Kommunikationsvorgangs nicht die Allgemeinheit, sondern ein durch persönliche oder sachliche Beziehungen miteinander

---

539 BT-Drs. 16/3656, 11; LK-StGB/Hilgendorf § 202b Rn. 1.
540 Taeger/Pohle ComputerR-Hdb/Cornelius 39. EL 102 Rn. 41.
541 NK-StGB/Kargl § 202b Rn. 4; Schönke/Schröder/Eisele StGB § 202b Rn. 3.
542 BeckOK StGB/Weidemann § 202b Rn. 5; HK-GS/Tag StGB § 202b Rn. 2.
543 MüKoStGB/Graf § 202b Rn. 9.
544 NK-StGB/Kargl § 202b Rn. 5; Schönke/Schröder/Eisele StGB § 202b Rn. 4.
545 Vgl. Hb Medienstrafrecht/Spitz/Cornelius § 206 Rn. 44.
546 BeckOK StGB/Weidemann § 202b Rn. 5; Schönke/Schröder/Eisele StGB § 202b Rn. 4; Schumann NStZ 2007, 675 (677); aA Kindhäuser/Hilgendorf StGB § 202b Rn. 2; LK-StGB/Hilgendorf § 202b Rn. 8.
547 NK-WSS/Reinbacher StGB § 202b Rn. 8; Schönke/Schröder/Eisele StGB § 202b Rn. 4.
548 Hb Medienstrafrecht/K. Schumann § 202b Rn. 17.
549 BT-Drs. 16/3656, 11; BeckOK StGB/Weidemann § 202b Rn. 6; LK-StGB/Hilgendorf § 202b Rn. 9.

verbundener, bestimmter Personenkreis ist.[550] Somit kann auch eine Übermittlung von öffentlich bekannten Daten über das Internet eine nichtöffentliche Datenübermittlung sein.[551]

281 **(ii) Tathandlung: Verschaffen von Daten.** Der Täter verschafft sich oder einer anderen Person Daten, wenn er die Verfügungsmacht über die Daten erlangt.[552] Ein **Verschaffen** liegt daher etwa vor, wenn der Täter Daten zur Kenntnis nimmt, sie umleitet, sie kopiert oder abspeichert.[553] Eine tatsächliche Kenntnisnahme von der in den Daten enthaltenen Information ist nicht erforderlich.[554] Anders als in § 202a StGB nF genügt das Verschaffen des bloßen Zugangs mit der bloßen Möglichkeit, auf Daten zuzugreifen (zB durch das Eindringen in Systeme mittels Hacking), nicht.[555] Unter § 202b StGB fällt somit etwa das Umleiten eines Chatverkehrs auf einen anderen Rechner oder ein anderes Smartphone.[556]

282 Mit dem Erfordernis der Anwendung technischer Mittel beabsichtigte der Gesetzgeber eine Einschränkung des Tatbestands zur Vermeidung einer Überkriminalisierung.[557] **Technische Mittel** können hiernach neben Vorrichtungen zur Aufzeichnung und Erfassung drahtloser Kommunikation auch Software oder Passwörter sein.[558] Auch das **Abfangen** einer Datenübermittlung durch sog. Sniffing unter Anwendung von technischen Mitteln ist mindestens über § 202b StGB strafbar.[559] Da ein Datenzugriff aber nur mit technischen Mitteln möglich ist, hat das Tatbestandsmerkmal keine praktische Relevanz.[560]

283 **cc) Vorsatz und Sonstiges.** Der Täter muss vorsätzlich handeln, *dolus eventualis* genügt.[561] Der Täter muss außerdem unbefugt handeln – insoweit kann auf § 202a StGB verwiesen werden (vgl. hierzu → Rn. 269). Der Versuch ist mangels gesetzlicher Regelung und aufgrund des Charakters als Vergehen gem. §§ 12 Abs. 1, 23 Abs. 1 StGB nicht strafbar. Auch insoweit kann aber gegebenenfalls die Vorbereitungsstrafbarkeit des § 202c StGB greifen.

284 Das Gesetz droht eine Freiheitsstrafe von zwei Jahren oder Geldstrafe an. Für die Strafzumessung kommt es vordergründig auf die kriminelle Energie des Täters und die Tatfolgen an.[562]

285 Die Tat wird gem. § 205 Abs. 1 S. 2 StGB nur auf Antrag verfolgt, es sei denn, dass die Strafverfolgungsbehörde wegen des besonderen öffentlichen Interesses an der Strafverfolgung ein Einschreiten von Amts wegen für geboten hält (vgl. → Rn. 276).

286 Die Tat wird nur bestraft, wenn die Tat nicht in anderen Vorschriften mit schwerer Strafe bedroht ist. Dabei handelt es sich um einen Fall der **formellen Subsidiarität.**[563] Insbesondere die §§ 201, 202a StGB sind gegenüber § 202b StGB vorrangig.[564]

---

550 Kindhäuser/Hilgendorf StGB § 202b Rn. 3; LK-StGB/Hilgendorf § 202b Rn. 9; MüKoStGB/Graf § 202b Rn. 10.
551 BT-Drs. 16/3656, 11.
552 BT-Drs. 16/3656, 11; Kindhäuser/Hilgendorf StGB § 202b Rn. 4; NK-WSS/Reinbacher StGB § 202b Rn. 13.
553 BeckOK StGB/Weidemann § 202b Rn. 9; LK-StGB/Hilgendorf § 202b Rn. 13; NK-StGB/Kargl § 202b Rn. 10.
554 Taeger/Pohle ComputerR-Hdb/Cornelius 39. EL 102 Rn. 45.
555 HK-GS/Tag StGB § 202b Rn. 3; Lackner/Kühl/Heger/Heger StGB § 202b Rn. 3; LK-StGB/Hilgendorf § 202b Rn. 14.
556 AG Kamen 4.7.2008 – 16 Ds 104 Js 770/07; Gercke ZUM 2009, 526 (533 f.).
557 BT-Drs. 16/3656, 11.
558 BT-Drs. 16/3656, 11.
559 Gröseling/Höfinger MMR 2007, 549 (552).
560 NK-StGB/Kargl § 202b Rn. 11; Ernst NJW 2007, 2661 (2662).
561 kritisch: Schumann NStZ 2007, 675 (677).
562 MüKoStGB/Graf § 202b Rn. 28.
563 Kindhäuser/Hilgendorf StGB § 202b Rn. 7.
564 HK-GS/Tag StGB § 202b Rn. 7; Kindhäuser/Hilgendorf StGB § 202b Rn. 7; Lackner/Kühl/Heger/Heger StGB § 202b Rn. 6.

Umstritten ist das Verhältnis zu §§ 5, 27 TDDDG (§§ 89, 148 TKG aF). Teilweise wird unter Verweis auf den mit gleicher Strafe bedrohten § 27 TDDDG, § 202b StGB als speziellere[565] oder umgekehrt § 27 TDDDG als die engere[566] Vorschrift angesehen, weshalb § 27 TDDDG verdrängt würde.[567] Die wohl herrschende Meinung geht davon aus, dass bei der Überwachung der Kommunikation mittels einer Funkanlage iSd § 27 TDDDG (Telekommunikations-Telemedien-Datenschutzgesetz) die speziellere Regelung des § 27 TDDDG dem § 202b StGB vorgeht; anders verhält es sich jedoch, wenn im Rahmen des Abhörens von Daten auch Zugangssicherungen überwunden werden. In diesem Fall ist § 202a StGB (Ausspähen von Daten) die speziellere Norm und verdrängt § 27 TDDDG (vgl. hierzu → Rn. 277) ist.[568] 287

c) Vorbereitungshandlungen, § 202c StGB

aa) Überblick. Durch die Schaffung des § 202c StGB wurde Art. 6 Abs. 1 lit. a des Übereinkommens über Computerkriminalität des Europarates eingeführt.[569] Nach § 202c StGB wird bestraft, wer das Ausspähen oder Abfangen von Daten §§ 202a, 202b StGB) vorbereitet. Auch die §§ 303a Abs. 3 und 303b Abs. 5 StGB verweisen auf § 202c StGB, sodass auch die Vorbereitung einer Datenveränderung oder einer Computersabotage unter Strafe gestellt ist. Das von § 202c StGB geschützte Rechtsgut orientiert sich aufgrund des Charakters als Vorbereitungshandlung an den jeweiligen Rechtsgütern der referenzierten Regelungen, sprich das formelle Geheimhaltungsinteresse (§§ 202a, 202b StGB) (vgl. hierzu → Rn. 248), der Nutzbarkeit der gespeicherten Daten bei § 303a StGB (hierzu → Rn. 361) bzw. dem Funktionieren der Datenverarbeitung (§ 303b StGB, vgl. hierzu → Rn. 378).[570] Der Gesetzgeber bezweckt mit der Erstreckung der Strafbarkeit auf Vorbereitungshandlungen insbesondere die Erfassung von Software in Gestalt von **Hacker-Tools,** die anonym im Internet zum Download angeboten werden.[571] Zwar stellt das Anbieten eines solchen Tools im Internet regelmäßig eine strafbare Beihilfehandlung dar; allerdings muss es hierfür auch zur Verwirklichung der entsprechenden Haupttat kommen. Damit das Anbieten solcher Tools nicht als versuchte Beihilfe straffrei bleibt, verlagert der Gesetzgeber diese in den Bereich der strafbaren Vorbereitungshandlungen.[572] 288

Die Vorschrift des § 202c StGB ist nach dem Willen des Gesetzgebers ein **abstraktes Gefährdungsdelikt.**[573] Da bereits das Herstellen etwa von entsprechender Software, die dem Eindringen in IT-Systeme dient, für die Strafbarkeit ausreichend ist, ohne dass überhaupt eine konkrete Straftat mithilfe des jeweiligen Tools geplant sein muss, ist die Einordnung als „abstraktes Gefährdungsdelikt mit überschießender Verletzungstendenz"[574] sachgerecht.[575] Entsprechend dieser Einordnung und anknüpfend an die wiederholte Feststellung in der Rechtsprechung, dass die Verwendung des Plurals nur sprachliche und keine inhaltlichen Konsequenzen hat[576], genügt es trotz der Formulierung der Tatvarianten (Passwörter/Sicherheitscodes/Computerprogramme), wenn sich die Tathandlung nur auf *ein* Passwort, Sicherheitscode oder Computerprogramm bezieht.[577] 289

---

565 So MüKoStGB/Graf § 202b Rn. 27.
566 So Schönke/Schröder/Eisele StGB § 202b Rn. 12.
567 IErg Haas/Kast ZD 2015, 72 (76).
568 BeckOK StGB/Weidemann § 202b Rn. 15; LK-StGB/Hilgendorf § 202b Rn. 21; NK-StGB/Kargl § 202b Rn. 15; Gröseling/Höfinger MMR 2007, 549 (552); Vassilaki CR 2008, 132.
569 BT-Drs. 16/3656, 11.
570 Taeger/Pohle ComputerR-Hdb/Cornelius 39. EL 102 Rn. 49.
571 BT-Drs. 16/3656, 12.
572 BT-Drs. 16/3656, 12.
573 BeckOK StGB/Weidemann § 202c Rn. 3; LK-StGB/Hilgendorf § 202c Rn. 2.
574 Popp GA 2008, 375 (378).
575 Taeger/Pohle ComputerR-Hdb/Cornelius 39. EL 102 Rn. 50.
576 RGSt 55, 101 (102); BGHSt 46, 146 (150).
577 BT-Drs. 16/3656, 12; Taeger/Pohle ComputerR-Hdb/Cornelius 39. EL 102 Rn. 50.

290 **bb) Objektiver Tatbestand. (i) Abs. 1 Nr. 1: Passwörter oder sonstige Sicherungscodes.** Nach Abs. 1 Nr. 1 wird bestraft, wer sich Passwörter oder Sicherheitscodes verschafft, die für den Zugang zu Daten nach Maßgabe von § 202a Abs. 1 StGB genutzt werden können. Passwörter sind Zeichenkombinationen, die einen Datenzugang sichern. Sonstige Sicherungscodes sind dagegen nicht auf Zeichenkombinationen beschränkt, sondern können in Form von Codekarten, Onlinebanking-Zugängen, biometrischen Schranken (wie Fingerabdruckscanner, Gesichtserkennung oder Iris-Scanner) oder sonstigen kryptografischen Zugangsbeschränkungen vorliegen.[578] Hierzu dürften auch kryptografische Schlüssel wie Passkeys zählen.

291 Die Passwörter oder Codes müssen zum Tatzeitpunkt gültig sein, um den **Zugang zu Daten** sichern.[579] Dies folgt daraus, dass die Passwörter oder der Code den Zugang zu den Daten ermöglichen müssen und ergibt sich somit letztlich auch aus dem Schutzgedanken, Vorbereitungshandlungen unter Strafe zu stellen.[580] Hieraus ergibt sich zugleich eine Einschränkung gerade mit Blick auf den sonstigen Sicherungscode: Da der Code gerade den Zugang zu Daten sichern muss, scheiden Zeichenkombinationen oder Zugangstechniken aus, die wie Türcodes oder die Codekarte dem Betreten von Räumen, etwa einer Tiefgarage oder von Schließfächern dienen.[581] Allerdings muss der Code selbst nicht in der Form des § 202a Abs. 2 StGB vorliegen, sondern kann auch in Form von Notizen, Listen oder Ausdrucken unter den Tatbestand fallen.[582] Auch das sog. **Phishing,** bei dem der Täter Passwörter oder sonstige Sicherungscodes erbeutet, indem er das Opfer über den wahren Charakter von Seiten oder Links täuscht und es so verleitet, entsprechende Passwörter oder Codes dem Täter zu offenbaren, fällt unter § 202c StGB.[583] Andere argumentieren dagegen, dass das Opfer beim Phishing das Passwort oder den Sicherungscode freiwillig, wenn auch aufgrund einer Täuschung, preisgibt und damit keine besondere Sicherung umgangen werde.[584]

292 **(ii) Abs. 1 Nr. 2: Computerprogramme.** Die Begehungsvariante aus Abs. 1 Nr. 2 setzt voraus, dass der Täter Computerprogramme herstellt oder verbreitet, deren Zweck der Begehung einer der referenzierten Taten (§§ 202a, 202b, 303a, 303b StGB) ist.[585] Teilweise wird dagegen nicht auf den Zweck des Programms, sondern auf dessen Eigenschaften abgestellt.[586]

293 Der Gesetzgeber wollte durch die Einführung einer objektiven Zweckbestimmung des Programms als Mittel zur Begehung von Straftaten nach den §§ 202a und 202b StGB dem Tatbestand Konturen verleihen, eine Überkriminalisierung verhindern und allgemeine Programmiertools, -sprachen oder sonstige Anwendungsprogramme von vorneherein aus dem objektiven Tatbestand ausschließen.[587] Dabei gedachte der Gesetzgeber eine Anlehnung an § 263a Abs. 3 StGB.[588] Nach der Gesetzesbegründung muss es sich bei den unter Abs. 1 Nr. 2 fallenden Programmen um „Hackertools" handeln, „die darauf angelegt sind, illegalen Zwecken zu dienen".[589] Zugleich verschärft der Gesetzgeber jedoch mögliche Unsicherheiten, indem nach seiner Vorstellung eine ausschließliche Bestimmung der in Rede stehenden Programme für illegale Taten nicht erforderlich sei, sondern ausreichen

578 MüKoStGB/Graf § 202c Rn. 9; BeckOK StGB/Weidemann § 202c Rn. 4.
579 Taeger/Pohle ComputerR-Hdb/Cornelius 39. EL 102 Rn. 51.
580 Ernst NJW 2007, 2661 (2663); MüKoStGB/Graf § 202c Rn. 10.
581 MüKoStGB/Graf § 202c Rn. 9.
582 LK-StGB/Hilgendorf § 202c Rn. 7; Fischer StGB § 202c Rn. 3.
583 So die hM LK-StGB/Hilgendorf § 202c Rn. 10; Schumann NStZ 2007, 675 (678); eher zweifelnd Gröseling/Höfinger MMR 2007, 626 (628).
584 MüKoStGB/Graf § 202c Rn. 10.
585 Fischer StGB § 202c Rn. 4.
586 Valerius JR 2010, 84 (85); Stuckenberg wistra 2010, 41 (44 f.); Fischer StGB § 202c Rn. 4.
587 BT-Drs. 16/3656, 12.
588 BT-Drs. 16/3656, 12; krit. zu objektiven Kriterien in diesem Kontext Cornelius CR 2007, 682 (685); Popp GA 2008, 375 (379 ff.).
589 BT-Drs. 16/3656, 12.

solle, „wenn die **objektive Zweckbestimmung des Tools** auch die Begehung einer solchen Tat ist".[590] Unter den Tatbestand fallen somit zunächst einmal Programme, die bereits nach ihrer äußeren Erscheinung und der damit verbundenen Zweckbestimmung eindeutig illegalen Zwecken dienen. Hierzu können etwa Passwort-Generatoren (KeyGen), Programme zum Überprüfen von Tastaturanschlägen (Keylogger), Trojaner oder andere Viren, die den Rechner ausspionieren sollen oder Hintertüren (Backdoors) installieren, zählen.[591]

Die Regelung ist jedoch auch und gerade vor dem Hintergrund der zum Teil widersprüchlichen gesetzgeberischen Intentionen diskutabel, gibt es doch eine Vielzahl an Programmen, die ohne weiteres sowohl für legale und legitime Zwecke als auch für illegale Zwecke verwendet werden können. Schwierig zu beurteilen bleiben somit Programme, die zwar über ein **„hohes Missbrauchspotenzial"** verfügen, jedoch sowohl für legale als auch illegale Zwecke bzw. von Berechtigten wie Unberechtigten eingesetzt werden („Dual-Use-Programme").[592] Hierzu können etwa solche Programme gehören, die von Systemadministratoren oder in der IT-Sicherheitsforschung eingesetzt werden, um Sicherheitslücken frühzeitig zu entdecken (etwa sog. Portscanner) oder die (auch) zu Test- oder Prüfungszwecken genutzt werden, um die Belastbarkeit von Systemen zu prüfen.[593] Und auch im Fall von augenscheinlich illegaler Software gibt es gerade im Bereich der IT-Sicherheitsforschung oder auch im kommerziellen IT-Sicherheitskontext Anwendungsbereiche, in denen solche Programme „verschafft" werden müssen, gerade um Sicherheitslücken aufzudecken.[594] Somit sind eine Vielzahl an Fallgestaltungen denkbar, in denen die vom Gesetzgeber intendierte objektive Einschränkung nur unzureichend erscheint.[595] **294**

Auch aus Art. 6 Abs. 1 lit. a Nr. i des Europarat-Übereinkommens, der als Vorlage und Ausgangspunkt für § 202c StGB diente, folgt die Intention einer objektivierten Betrachtungsweise.[596] So spricht Art. 6 der CCC davon, dass von der Strafbarkeit auch Computerprogramme umfasst sein sollen, „die in erster Linie dafür ausgelegt oder hergerichtet worden [sind], bestimmte Computerstraftaten zu begehen".[597] Allerdings war in der Convention on Cybercrime zudem ausdrücklich vorgesehen, dass Handlungen zum **Testen** und zum Schutz von IT-Systemen straflos bleiben sollten (Art. 6 Abs. 2 der Convention on Cybercrime).[598] Einen solchen Ausschluss sieht § 202c Abs. 1 Nr. 2 StGB nicht vor. **295**

Das BVerfG hat in seiner Entscheidung vom 18.5.2009 explizit zu § 202c StGB festgestellt: „Tatobjekt des § 202c Abs. 1 Nr. 2 StGB kann nur ein Programm sein, dessen Zweck die Begehung einer Straftat nach § 202a StGB oder § 202b StGB ist. Danach muss das Programm mit der Absicht entwickelt oder modifiziert worden sein, es zur Begehung der genannten Straftaten einzusetzen. Diese Absicht muss sich ferner **objektiv manifestiert** haben. Nach der Entstehungsgeschichte, der Systematik und dem Wortlaut des § 202c Abs. 1 Nr. 2 StGB ist es nicht ausreichend, dass ein Programm – wie das für sogenannte Dual-Use-Tools gilt – für die Begehung der genannten Computerstraftaten lediglich geeignet oder auch besonders geeignet ist."[599] **296**

Somit erstreckt sich der Tatbestand des § 202c Abs. 1 Nr. 2 zunächst einmal auf die Fälle, in denen sich die illegale Zwecksetzung aus den Eigenschaften oder dem Aufbau des **297**

---

590 BT-Drs. 16/3656, 12.
591 MüKoStGB/Graf § 202c Rn. 12.
592 Fischer StGB § 202c Rn. 5 f.; MüKoStGB/Graf § 202c Rn. 14 ff.; LK-StGB/Hilgendorf § 202c Rn. 13; die Diskussion spielt auch im Kontext von § 263a Abs. 3 StGB, § 22b Abs. 1 Nr. 3 StVG oder §§ 95a, 108b UrhG eine Rolle, hierzu auch Taeger/Pohle ComputerR-Hdb/Cornelius 39. EL 102 Rn. 58 ff.; 62.
593 Beispiele bei Hilgendorf, Anhörung BT-Rechtsausschuss, WP 16, Prot. 54. Sitzung, Anl.
594 Deusch/Eggendorfer, IT-Sicherheitsforschung, in: KI und Daten, 2024, S. 391 (398).
595 Verschiedene Auslegungsmöglichkeiten beleuchtet Taeger/Pohle ComputerR-Hdb/Cornelius 39. EL 102 Rn. 54 ff.
596 Schönke/Schröder/Eisele StGB Rn. 4.
597 Zur Convention on Cybercrime Taeger/Pohle ComputerR-Hdb/Cornelius 39. EL 102 Rn. 52 ff.
598 LK-StGB/Hilgendorf § 202c Rn. 14.
599 BVerfG 18.5.2009 – 2 BvR 2233/07, 2 BvR 1151/08, 2 BvR 1524/08, ZUM 2009, 745 (749 f.).

Programms selbst ergibt oder die Vertriebspolitik und die Bewerbung des Programms durch den Hersteller (in Form von Produktankündigungen oder Nutzungsbeschreibungen) eine klare illegale Zwecksetzung belegen.[600] Bei KI kann insoweit im Kontext von **Hochrisiko-KI-Systemen** (vgl. hierzu → Rn. 359) auch die nach Art. 11 KI-VO erforderliche technische Dokumentation oder die nach Art. 13 Abs. 2 KI-VO vorgesehene Betriebsanleitung Aufschluss über den intendierten Verwendungszweck geben. Im Grundsatz fallen somit solche Programme unter den Tatbestand, denen ihre deliktische Eignung förmlich auf die Stirn geschrieben ist, auch wenn daneben auch legale Einsatzzwecke vorstellbar sind.[601]

298 Darüber hinaus können selbst einschlägige Hacker-Tools für legitime Zwecke, etwa zum Testen und in der Folge zum Schutz von IT-Systemen eingesetzt werden.[602] Da der deutsche Gesetzgeber es versäumt hat, entsprechend sinnvolle objektive Einschränkungen in § 202c StGB einzufügen, sollte in der Praxis der **IT-Sicherheitsforschung** und anderen legitimen Bereichen, die auch Dual-Use-Programme und ggf. sogar einschlägige Hacker-Tools einsetzen, um Sicherheitslücken aufzuspüren und so gerade für mehr Sicherheit in der Folge zu sorgen, die legitimen Zwecke und einzelnen Schritte des Software-Einsatzes dokumentiert werden.[603] Rechtlich kann hierdurch entweder die subjektive Tatseite bezüglich einer Vorbereitungshandlung ausgeschlossen werden. Immerhin stellt § 202c StGB unter Strafe, „wer eine Straftat nach § 202a oder § 202b vorbereitet" und damit nicht nur objektiv Tatgegenstände nach Abs. 1 Nr. 1 oder 2 verwendet, sondern eben auch eine entsprechende Computerstraftat (subjektiv) in Aussicht nimmt.[604] Andere argumentieren, dass durch den Verweis auf die §§ 202a und 202b StGB auch das dortige Merkmal unbefugt mit einbezogen sei und somit Sicherheitsmaßnahmen, die etwa der Sicherheitsprüfung oder der Entwicklung von Sicherheitssoftware dienen, regelmäßig mit Einverständnis des Berechtigten und damit nicht unbefugt erfolgen würden.[605] Allerdings erscheint die Lösung über die subjektiven Tatbestand stimmiger.[606] Zudem würde eine Inzidenzprüfung der vorbereiteten Taten nach §§ 202a und b StGB Rechtfertigungselemente und tatbestandsausschließende Elemente vermengen, zum anderen ist die Einwilligungsfähigkeit bei § 202c StGB aufgrund des abstrakten Gefährdungscharakters ohnehin zweifelhaft.[607] Es bedarf auch keiner solcher Konstruktion, da auf (subjektiver) Tatbestandsebene unter Berücksichtigung des Wortlauts („wer eine Straftat [...] vorbereitet") bereits entsprechende Eingrenzungen möglich sind (vgl. hierzu → Rn. 305).

299 Zwar sind die genannten Unwägbarkeiten iRd § 202c StGB, die nur mithilfe einer restriktiven Auslegung der Tatbestandsmerkmale in den Griff zu bekommen sind, stets aus rechtsstaatlicher Sicht, insbesondere unter Berücksichtigung des Verhältnismäßigkeitsgrundsatzes und des Bestimmtheitsgrundsatzes, problematisch.[608] In der Praxis hat sich die Sorge um eine exzessive Strafverfolgung iRd § 202c StGB jedoch nicht bewahrheitet, sodass mit der entsprechenden Sensibilität für die Problematik insbesondere dem Bereich der IT-Sicherheitsaktivitäten (vorsichtige) Entwarnung vor einer befürchteten Kriminalisierung gegeben werden kann.[609] In der Rechtspraxis spielt die Vorschrift des § 202c StGB eine untergeordnete Rolle.[610]

---

[600] BVerfG 18.5.2009 – 2 BvR 2233/07, 2 BvR 1151/08, 2 BvR 1524/08, ZUM 2009, 745; Cornelius CR 2007, 682 (687); NK-StGB/Kargl § 202c Rn. 9; BeckOK StGB/Weidemann § 202c Rn. 7.2.
[601] AnwK-StGB/Popp § 202c Rn. 5.
[602] LK-StGB/Hilgendorf § 202c Rn. 14.
[603] Deusch/Eggendorfer, IT-Sicherheitsforschung, in: KI und Daten, 2024, S. 391 (398).
[604] BT-Drs. 16/3656, 19; LK-StGB/Hilgendorf § 202c Rn. 17; Marberth/Kubicki ITRB 2008, 17 (18).
[605] NK-StGB/Kargl § 202c Rn. 10; Böhlke/Yilmaz CR 2008, 261 (264 f.).
[606] So auch MüKoStGB/Graf § 202c Rn. 11.
[607] So auch MüKoStGB/Graf § 202c Rn. 11.
[608] So auch LK-StGB/Hilgendorf § 202c Rn. 4 ff.
[609] Taeger/Pohle ComputerR-Hdb/Cornelius 39. EL 102 Rn. 64.
[610] Vgl. die Rechtsprechungsübersicht bei https://dejure.org/dienste/lex/StGB/202c/1.html (zuletzt abgerufen am 24.1.2025).

(iii) Tathandlungen. Der Täter muss einen der in Abs. 1 Nr. 1 oder 2 genannten Tatgegenstände herstellen, sich oder einem anderen verschaffen, verkaufen, einem anderen überlassen, verbreiten oder sonst zugänglich machen. Die Handlungsvarianten „Herstellen", „Verschaffen" und „Überlassen" finden sich auch in den vergleichbaren Vorbereitungshandlungen in § 149 Abs. 1 StGB und § 263a Abs. 3 StGB. 300

„Herstellen" bezeichnet jede Form des Erzeugens, **„Verschaffen"** das Erlangen der tatsächlichen Verfügungsmacht. **„Verkaufen"** meint das Übertragen der Verfügungsmacht gegen Entgelt, **„Überlassen"** die Aufgabe der Verfügungsmacht zugunsten eines anderen.[611] Unter **„Verbreiten"** wird die Weitergabe des Tatgegenstands an einen anderen mit dem Ziel verstanden, den Gegenstand einem größeren, nicht notwendigerweise bestimmten Personenkreis zugänglich zu machen.[612] Ein **„Zugänglichmachen"** liegt vor, wenn einem anderen die Möglichkeit eines Zugriffs auf den Gegenstand eröffnet wird, was gerade bei unkörperlichen Programmen bereits durch die Bereitstellung zum Download in einer Cloud oder allgemein im Internet der Fall sein kann.[613] 301

Der deutsche Gesetzgeber verzichtet auf die Handlungsvariante **„Besitz"**, obwohl diese Variante in Art. 6 der Convention on Cybercrime enthalten ist. Der Verzicht auf diese Variante ist keineswegs bedeutungslos.[614] Es sind durchaus praktische Fälle denkbar, in denen jemand einen Tatgegenstand besitzt, ohne sich diesen zuvor iSd § 202c StGB verschafft zu haben. So kommt etwa in Betracht, dass jemand im Ausland, in dem keine dem § 202c StGB entsprechende Strafvorschrift existiert, eine Schadsoftware auf seinen Laptop lädt und damit nach Deutschland einreist.[615] Obgleich das von § 202c StGB eigentlich geschützt Rechtsgut, die besondere abstrakte Gefahr, die bereits vom Verfügen über entsprechende Tools ausgeht, durch die Strafbarkeit von Vorbereitungshandlungen einzudämmen, auch in dem vorgenannten Beispiel schützenswert erscheint, bleibt dieser Fall straflos. Gleiches gilt, wenn ein Computer von mehreren Personen genutzt wird, eine Schadsoftware jedoch nur von einer der Personen (ohne Kenntnis der anderen) verschafft und auf den Computer geladen wird, die anderen Personen dies später bemerken und dennoch die Schadsoftware nicht löschen. Die anderen Personen haben in diesem Fall zwar Besitz an der Schadsoftware, sich diese aber eben nicht verschafft.[616] 302

Schließlich gehört zur Tathandlung die **Vorbereitung**einer der genannten Straftaten. Hierunter fällt jede unmittelbare oder mittelbare Förderung einer der genannten Taten. Da die Voraussetzung bereits mit den im Gesetz genannten Handlungsvarianten erfüllt ist, kommt der Vorbereitung keine eigenständige Bedeutung zu. Dennoch kann das Merkmal gerade zur Eingrenzung der Strafbarkeit im subjektiven Tatbestand nutzbar gemacht werden. Insoweit beschreibt die Vorbereitung das subjektive Verhältnis des Täters zu den Tathandlungen.[617] 303

cc) Subjektiver Tatbestand. Neben dem objektiven Tatbestand muss auch der subjektive Tatbestand erfüllt sein, sprich Vorsatz vorliegen. Auch im Rahmen des subjektiven Tatbestands zeigt sich die Widersprüchlichkeit des Tatbestands, gerade mit Blick auf die gesetzgeberische Wertung. Einerseits soll es sich bei § 202c StGB um ein abstraktes Gefährdungsdelikt handeln (vgl. hierzu → Rn. 289). Nach der Gesetzesbegründung stelle schon die Verbreitung solcher an sich gefährlicher Tools eine „erhebliche Gefahr" dar, weshalb eine effektive Pönalisierung dieser Vorbereitungshandlung erforderlich sei.[618] Die Gefährlichkeit 304

611 LK-StGB/Hilgendorf § 202c Rn. 22.
612 LK-StGB/Hilgendorf § 202c Rn. 22; NK-StGB/Kargl § 202c Rn. 16.
613 LK-StGB/Hilgendorf § 202c Rn. 22; NK-StGB/Kargl § 202c Rn. 16.
614 Vgl. Taeger/Pohle ComputerR-Hdb/Cornelius 39. EL 102 Rn. 66; anders NK-StGB/Kargl § 202c Rn. 16.
615 Taeger/Pohle ComputerR-Hdb/Cornelius 39. EL 102 Rn. 66.
616 Taeger/Pohle ComputerR-Hdb/Cornelius 39. EL 102 Rn. 66.
617 LK-StGB/Hilgendorf § 202c Rn. 22; NK-StGB/Kargl § 202c Rn. 11.
618 BT-Drs. 16/3656, 19.

der Tathandlung selbst ist – wie stets[619] – dabei nicht Tatbestandsmerkmal, auf das sich der Vorsatz des Täters erstrecken müsste, sondern Grundlage für die Existenz der Norm.[620]

305 Zugleich soll jedoch nach der gesetzgeberischen Intention eine **besondere Innentendenz** beim Täter dergestalt hinzukommen, dass er eine Computerstraftat in Aussicht genommen hat, weshalb allein das Herstellen, Verschaffen, Verkaufen, Überlassen, Verbreiten oder sonstige Zugänglichmachen und der darauf erstreckte Vorsatz nicht ausreichend sein sollen, um den Tatbestand zu verwirklichen.[621] Dieses Erfordernis einer besonderen Innentendenz spiegelt zwar gerade nicht den Charakter des abstrakten Gefährdungsdelikts wider. Es ist jedoch in Anbetracht des Wortlauts und der ansonsten überschießenden Kriminalisierung von an sich nicht strafwürdigen Verhaltensweisen – etwa der IT-Sicherheitsforschung, die Nutzung von Programmen (ob Dual-Use oder einschlägige Schadsoftware) ausschließlich für Sicherheitsprüfungen oder zu Ausbildungs- und Forschungszwecken – im Rahmen der Auslegung des § 202c StGB in jedem Fall vorzugswürdig.[622]

306 Als Vorsatzart ausreichend ist Eventualvorsatz *(dolus eventualis)* hinsichtlich der objektiven Tatbestandsmerkmale und auch des Vorbereitungscharakters der Tat.[623] Auch bei § 263a Abs. 3 StGB, der nach dem gesetzgeberischen Willen Vorbild des § 202c StGB ist, muss der Täter die zukünftige Deliktsbegehung weder beabsichtigen noch als sicher voraussehen, sodass auch hier *dolus eventualis* ausreicht.[624]

307 **dd) Tätige Reue.** Durch den Verweis auf § 149 Abs. 2 und 3 StGB in § 202c Abs. 2 StGB kennt das Vorbereiten des Ausspähens und Abfangens von Daten auch den Strafaufhebungsgrund der tätigen Reue. Der Verweis auf die tätige Reue ist erforderlich, da die allgemeinen Rücktrittsregeln nach § 24 StGB aufgrund des Vorbereitungscharakters der Tat nicht angewendet werden können.

308 **ee) Rechtsfolgen, Strafantrag, Konkurrenzen.** Die Vorschrift des § 202c StGB sieht als Rechtsfolge Geldstrafe oder Freiheitsstrafe von bis zu zwei Jahren vor. Daneben kommt eine Sicherstellung der Tatmittel nach § 111b StPO, sprich der Passwörter, Sicherungscodes oder der entsprechenden Software oder KI, zum Zwecke der Einziehung nach § 74 StGB.

309 Die Tat ist entgegen §§ 202a und b StGB kein Antrags-, sondern **Offizialdelikt.** Der § 202c StGB tritt hinter die Verwirklichung von §§ 202a oder 202b StGB, einschließlich etwaiger Beihilfehandlungen zu §§ 202a oder 202b StGB, zurück.[625]

3. Strafbare Nutzung von Daten

a) Datenhehlerei, § 202d StGB

310 **aa) Überblick.** Beim strafrechtlichen Schutz des Zyklus der Datennutzung werden nicht nur die technisch besonders geschützten Daten, die nichtöffentlich kommunizierten Daten und die Vorbereitung rechtswidriger Taten zur Erlangung entsprechender Daten geschützt, sondern über § 202d StGB auch nach erfolgter rechtswidriger Vortat das Aufrechterhalten und Vertiefen des durch die Vortat verletzten Geheimhaltungsinteresses des Verfügungsberechtigten. Der Gesetzgeber schließt mit § 202d StGB eine Strafbarkeitslücke, die zuvor in Bezug auf vom Verfügungsberechtigten geschützte Daten bestand. Zwar stellt auch § 23 Abs. 2 GeschGehG unter Strafe, wenn jemand ein Geschäftsgeheimnis, das aus einer fremden Tat nach § 23 Abs. 1 GeschGehG stammt, nutzt oder offenlegt (vgl. hierzu

[619] Wessels/Beulke/Satzger Strafrecht AT Rn. 29 mwN.
[620] Taeger/Pohle ComputerR-Hdb/Cornelius 39. EL 102 Rn. 68.
[621] BT-Drs. 16/3656, 19.
[622] Taeger/Pohle ComputerR-Hdb/Cornelius 39. EL 102 Rn. 68.
[623] Taeger/Pohle ComputerR-Hdb/Cornelius 39. EL 102 Rn. 69.
[624] NK-StGB/Kindhäuser/Hoven § 263a Rn. 44; HK-GS/Duttge StGB § 263a Rn. 37; Matt/Renzikowski/Altenhain StGB § 263a Rn. 30; vgl. auch LK-StGB/Hilgendorf § 263a Rn. 91.
[625] Fischer StGB § 202c Rn. 7.

→ Rn. 393 ff.).[626] Allerdings erstreckt sich diese Regelung nur auf Geschäftsgeheimnisse iSd § 2 Nr. 1 GeschGehG. Um die bestehende Lücke nach erfolgter rechtswidriger Vortat zu schließen, hat der Gesetzgeber 2015 durch Art. 5 des SpeicherpflichtG § 202d StGB mit Wirkung zum 18.12.2015 eingeführt.[627]

Die Vorschrift des § 202d StGB schützt die formelle Verfügungsbefugnis über die Daten, 311 die durch die Vortat bereits beeinträchtigt worden ist, vor Vertiefung und Aufrechterhaltung der Verletzung durch **Nachtatverhalten** und damit das formelle Datengeheimnis.[628] Kriminalpolitisch hat die Strafbarkeit aus § 202d StGB zum Ziel, den Handel mit gestohlenen oder sonst rechtswidrig erlangten Daten einzudämmen.[629]

bb) Objektiver Tatbestand. (i) Tatobjekt: Nicht allgemein zugängliche Daten aus 312 **rechtswidriger Vortat.** Tatobjekte sind zunächst **Daten** iSd § 202a Abs. 2 StGB (vgl. hierzu → Rn. 251 ff.).[630] Unter den Schutzbereich fallen somit nur elektronische, magnetische oder sonst nicht unmittelbar wahrnehmbar gespeicherte Daten. Nicht unter den Tatbestand fällt somit das Weiterreichen von auf Papier ausgedruckten Informationen, die **ohne weiteres sinnlich wahrnehmbar** sind. Zusätzlich zu den Einschränkungen des § 202a Abs. 2 StGB dürfen die von § 202d StGB geschützten Daten nicht allgemein zugänglich sein (vgl. hierzu sogleich).

Die Daten dürfen **nicht allgemein zugänglich** sein. Aufgrund des Rechtsguts in Form 313 der Verfügungsberechtigung über die Daten, dürfen die in Rede stehenden Daten nicht aus allgemein zugänglichen Daten entnommen werden, da bei solchen Daten die Entscheidung, wem diese zugänglich sein sollen, ohnehin nicht (mehr) allein beim Verfügungsberechtigten liegt.[631] Allgemein zugänglich sind die Daten etwa, wenn sie vom Vortäter **zur freien Verfügung ins Internet** gestellt worden sind. Der Gesetzgeber verwies in der Gesetzesbegründung zur Definition des Merkmals nicht allgemein zugänglich auf den früheren § 10 Abs. 5 S. 2 BDSG aF, wonach im Hinblick auf automatisierte Abrufverfahren frei zugängliche Daten als solche definiert wurden, die jedermann, sei es ohne oder nach vorheriger Anmeldung, Zulassung oder Entrichtung eines Entgelts nutzen kann.[632]

Nach der Gesetzesbegründung sind somit veröffentlichte, urheberrechtlich geschützte 314 Werke auch dann allgemein zugänglich und damit dem Schutzbereich des § 202d StGB entzogen, wenn ihre Nutzung bezahlt werden muss.[633] Sofern der Vortäter die Daten durch eine **Urheberrechtsverletzung** erlangt und dann öffentlich gegen Bezahlung anbietet, sind die Daten dennoch allgemein zugänglich.[634] Dies gilt erst recht, wenn diese ohne weitere Voraussetzungen im Internet angeboten werden; dagegen nicht frei zugänglich sind Daten, die nur geschlossenen Benutzergruppen zur Verfügung stehen.[635] Bei im Darknet befindlichen Daten wird es auf die Umstände des Einzelfalls ankommen. Auch und gerade im Darknet sind geschlossene Benutzergruppen denkbar, in denen durch rechtswidrige Vortat erlangte Daten gehandelt werden. Sofern dagegen die Daten auch im **Darknet** ohne Anmeldung oder nähere Zulassungsprüfung erlangt werden können, sind auch diese Daten allgemein zugänglich.[636] Der TOR-Browser oder andere Technologien, die den Zugang zum Darknet ermöglichen, sind keine Exklusivität begründenden Zugangsbeschränkungen

---

[626] Auf den früheren § 17 Abs. 2 Nr. 2 UWG verweisend: BT-Drs. 18/5088, 25 f.
[627] Gesetz zur Einführung einer Speicherpflicht und einer Höchstspeicherfrist für Verkehrsdaten v. 10.12.2015, BGBl. I 2218.
[628] BT-Drs. 18/5088, 26, 45; MüKoStGB/Graf § 202d Rn. 4; Lackner/Kühl/Heger/Heger StGB § 202d Rn. 1.
[629] BT-Drs. 18/5088, 26.
[630] Taeger/Pohle ComputerR-Hdb/Cornelius 39. EL 102 Rn. 41.
[631] BT-Drs. 18/5088, 27.
[632] BT-Drs. 18/5088, 45; Schönke/Schröder/Eisele StGB § 202d Rn. 12; Franck RDV 2015, 180.
[633] BT-Drs. 18/5088, 45.
[634] So auch MüKoStGB/Graf § 202d Rn. 11.
[635] Schönke/Schröder/Eisele StGB § 202d Rn. 6.
[636] BeckOK StGB/Weidemann § 202d Rn. 4.1; Fischer StGB § 202d Rn. 3; Gercke ZUM 2016, 825 (827); Stam StV 2017, 488 (489 f.).

zu den Daten, sondern eher vergleichbar mit der allgemeinen Technologie aus Hard- und Software zum Zugriff auf das Internet, welche ebenfalls nichts an der allgemeinen Zugänglichkeit der Daten als solchen etwas ändert.

315 Der § 202d StGB setzt wie § 259 StGB eine tatbestandsmäßige und rechtswidrige Tat (§ 11 Abs. 1 Nr. 5 StGB) eines anderen voraus.[637] Als **Vortat** kommen alle **tatbestandsmäßig und rechtswidrig vollendeten Taten** in Betracht, die ein Strafgesetz verwirklichen.[638] Auf Schuld oder Strafverfolgungsvoraussetzungen wie das Stellen eines Strafantrags kommt es nicht an.[639] Nicht ausreichend ist es dagegen, wenn die Daten durch Verstoß gegen Nutzungsordnungen oder sonstige vertragliche Einschränkungen erlangt worden sind; gleiches gilt für Verstöße gegen Dienstanweisungen oder im Fall von Ordnungswidrigkeiten.[640] Somit kommen Datenschutzverstöße, die eine Ordnungswidrigkeit nach § 43 BDSG begründen, nicht als Vortat in Betracht.[641]

316 Als Vortat kommen dagegen neben den einschlägigen Delikten aus § 202a und b StGB auch Diebstahl (§ 242 StGB) (etwa von Datenträgern), Betrug (§ 263 StGB), Computerbetrug (§ 263a StGB), Nötigung (§ 240 StGB), die Fälschung technischer Aufzeichnungen (§ 269 StGB) sowie schließlich die Datenhehlerei (§ 202d StGB) selbst und auch die Sachhehlerei (§ 259 StGB)[642] in Betracht. Außerdem können taugliche Vortaten datenschutzrechtliche Straftaten nach § 42 BDSG sein, sofern diese sich gegen Datenschutzverletzungen richten, bei denen der Betroffene zuvor auch die **Verfügungsgewalt über die Daten** hatte.[643] Zentrale Voraussetzung ist stets, dass sich die Vortat (auch) gegen die formelle Verfügungsbefugnis des Berechtigten richten und der Vortäter hierdurch die Daten erlangt haben muss.[644]

317 Aus diesem Grund sind Delikte, die sich gegen Allgemeininteressen und nicht gegen die formelle Verfügungsbefugnis richten, keine geeigneten Vortaten; hierzu zählt etwa die Verbreitung von Pornografie durch Telemedien (§ 184d StGB). Aber auch das unbefugte, etwa weil ohne **datenschutzrechtliche Rechtsgrundlage** erfolgende Erheben oder Erfassen von Daten und nachfolgende Übermitteln, das eine Straftat nach § 42 BDSG begründen kann, stellt keine taugliche Vortat dar, wenn der Betroffene insoweit selbst nie Verfügungsmacht über die Daten hatte und damit die formelle Verfügungsbefugnis nicht beeinträchtigt werden kann. Insoweit ist hervorzuheben, dass die formelle Verfügungsbefugnis über (personenbezogene) Daten nicht gleichsteht mit der datenschutzrechtlichen Betroffenheit.[645] Freilich kann auch die strafbarkeitsbegründende Übermittlung nach § 42 BDSG (etwa nach Erhalt der Daten vom Betroffenen) selbst nicht zugleich die Datenhehlerei begründen; wie bei der Sachhehlerei zeigt die Formulierung „erlangt hat", dass die Vortat bereits vollendet sein muss.[646]

318 Die Vortat muss, wie bei der Sachhehlerei, die eines anderen sein. Der Alleintäter, mittelbare Täter oder Mittäter der Vortat kann somit nicht zugleich Hehler nach § 202d StGB sein.[647]

319 **(ii) Tathandlung.** Der Täter muss die aus der tatbestandsmäßigen und rechtswidrigen Vortat stammenden Daten **sich oder einem anderen verschaffen, einem anderen überlassen, verbreiten** oder **sonst zugänglich machen,** um sich oder einen Dritten zu bereichern oder einen anderen zu schädigen. Der Gesetzgeber verzichtete bewusst auf die

637 Vgl. Berghäuser JA 2017, 244 (247).
638 MüKoStGB/Graf § 202d Rn. 13.
639 BT-Drs. 18/5088, 45; MüKoStGB/Graf § 202d Rn. 13.
640 BT-Drs. 18/5088, 46.
641 BeckOK StGB/Weidemann § 202d Rn. 8.
642 SSW-StGB/Bosch § 202d Rn. 3.
643 BT-Drs. 18/5088, 46.
644 BT-Drs. 18/5088, 46.
645 BT-Drs. 18/5088, 46; Schönke/Schröder/Eisele StGB § 202d Rn. 8; MüKoStGB/Graf § 202d Rn. 15.
646 BT-Drs. 18/5088, 46 unter Verweis auf BGH 24.10.2012 – 5 StR 392/12, NJW 2012, 3736.
647 Schönke/Schröder/Eisele StGB § 202d Rn. 9.

Handlungsvarianten des „Ankaufens" (aus § 259 Abs. 1 StGB) und „Verkaufens" (aus § 202c StGB).[648] Dies wird damit begründet, dass der bei den vorgenannten Tatbestandsvarianten bestehende Streit darüber, ob die jeweilige Handlung bereits durch den schuldrechtlichen Abschluss des Kaufvertrags[649] erfüllt ist oder erst mit der Übertragung der Verfügungsmacht über die Daten (sodass das Ankaufen als Unterfall des „Verschaffens" zu sehen ist)[650] in § 202d StGB vermieden werden soll.[651]

Der § 202d StGB erfordert wie die Sachhehlerei nach § 259 StGB ein **einverständliches** **320** **Zusammenwirken** zwischen Vortäter und (Daten-)Hehler.[652] Der Datenhehler muss die durch den Vortäter durch seine rechtswidrige Tat geschaffene Möglichkeit, sich oder einem anderen die Daten zu verschaffen, im Einvernehmen mit dem Vortäter nutzen.[653] Folglich scheidet § 202d StGB aus, wenn der Täter sich die Daten nicht vom Vortäter verschafft oder diesen in sonstiger Form als Quelle der Datenverschaffung nutzt, sondern die Daten aus einer anderen Quelle erhält, auch wenn der Täter Kenntnis von der rechtswidrigen Vortat hat.[654] Allerdings ist ein unmittelbarer Kontakt zwischen Täter und Vortäter nicht erforderlich, sodass § 202d StGB auch beim Einbinden von Mittelsmännern erfüllt ist.[655]

Der Gesetzgeber geht zudem nicht davon aus, dass der Rückkauf von Daten durch den **321** Berechtigten selbst den Tatbestand des § 202d StGB erfüllen kann.[656] Eine andere Frage ist, ob der **datenschutzrechtlich Betroffene,** der nicht zugleich formell Verfügungsberechtigter ist, sich nach § 202d StGB strafbar machen kann, wenn er sich (die auf ihn bezogenen personenbezogenen) Daten verschafft. Dies wird unter Verweis auf die dem Betroffenen nach Art. 15 DS-GVO zustehenden Auskunfts- und bezüglich Kopien auch Herausgaberechte und auch aufgrund der regelmäßig fraglichen Bereicherungs- oder Schädigungsabsicht in Zweifel gezogen.[657] Allerdings dürfte die Frage nach einer möglichen Strafbarkeit des Betroffenen letztlich von den Umständen des Einzelfalls abhängen.[658] Denn spezifische dem Betroffenen zustehende Auskunftsansprüche haben keinen Einfluss auf die Frage, ob die Daten allgemein zugänglich sind oder nicht. Zum anderen ist es eine Frage des Einzelfalls, ob auch ein datenschutzrechtlich Betroffener mit Bereicherungs- oder Schädigungsabsicht handeln kann, etwa wenn er einen großen Datensatz erwirbt, der aus rechtswidriger Vortat stammt und der auch Daten über den Betroffenen enthält.

(iii) Tatbestandsausschluss. Der Tatbestandsausschluss nach § 202d Abs. 3 StGB greift für **322** Handlungen, die ausschließlich rechtmäßigen dienstlichen oder beruflichen Pflichten dienen. Hierunter fallen etwa Handlungen von Amtsträgern (§ 11 Abs. 1 Nr. 2 StGB) oder (externe) Beauftragter, mit denen Daten ausschließlich in einem Besteuerungsverfahren, einem Strafverfahren oder Ordnungswidrigkeitenverfahren genutzt werden sollen.[659] Der maßgebliche Anwendungsfall des Tatbestandsausschlusses ist der **Ankauf von Steuerdaten.**[660] Außerdem fallen Szenarien unter den Tatbestandsausschluss, in denen Daten ausschließlich zu journalistischen Zwecken verschafft werden (§ 53 Abs. 1 S. 1 Nr. 5 StPO). Die Regelung ist § 353b Abs. 3a StGB nachempfunden.[661]

---

648 BT-Drs. 18/5088, 46.
649 So Fischer StGB § 202c Rn. 7.
650 So LK-StGB/Hilgendorf § 202c Rn. 25.
651 BT-Drs. 18/5088, 46.
652 BT-Drs. 18/5088, 47; BeckOK StGB/Weidemann § 202d Rn. 12; MüKoStGB/Graf § 202d Rn. 24.
653 BeckOK StGB/Weidemann § 202d Rn. 12; MüKoStGB/Graf § 202d Rn. 24.
654 MüKoStGB/Graf § 202d Rn. 24.
655 BT-Drs. 18/5088, 47; BeckOK StGB/Weidemann § 202d Rn. 13.
656 BT-Drs. 18/5088, 47; krit. Stuckenberg ZIS 2016, 526 (532); Henseler NStZ 2020, 258 (263).
657 BeckOK StGB/Weidemann § 202d Rn. 15.1; Franck RDV 2015, 180 (182).
658 Für eine zumindest grundsätzlich mögliche Strafbarkeit des Betroffenen BT-Drs. 18/5088, 47; Berghäuser JA 2017, 244 (248).
659 BeckOK StGB/Weidemann § 202d Rn. 16; Berghäuser JA 2017, 244 (250).
660 BT-Drs. 18/5088, 48; Gercke ZUM 2013, 605 (605 f.).
661 BT-Drs. 18/5088, 48.

323 **cc) Subjektiver Tatbestand.** Der Täter muss **vorsätzlich** handeln. Bezüglich der objektiven Tatbestandsmerkmale genügt hierfür billigendes in Kauf nehmen. Dabei müssen dem Täter nicht die genauen Details der Vortat, ihre Art, die Umstände ihrer Begehung oder auch die Person des Vortäters bekannt sein.[662] Vielmehr muss der Täter die als möglich und nicht ganz fernliegend erkannte Tatbestandsverwirklichung zumindest billigend in Kauf nehmen.[663] Erfährt der Täter erst nach seiner Tathandlung von der illegalen Herkunft der Daten, so erfüllt er den Tatbestand nur, wenn er im Anschluss daran (erneut) tatbestandliche Handlungen vornimmt wie beispielsweise das Verbreiten der inkriminierten Daten.[664]

324 Neben Vorsatz bezüglich der objektiven Tatbestandsmerkmale muss der Täter mit der Absicht handeln, sich oder einen Dritten zu bereichern oder einen anderen zu schädigen. Aus Sicht des Gesetzgebers liegt eine (Fremd-)**Bereicherungsabsicht** vor, wenn nach der Vorstellung des Täters die Tat auf die Erlangung eines Vermögensvorteils für sich selbst oder einen Dritten gerichtet ist, wobei hinsichtlich der Bereicherung *dolus directus* 1. Grades erforderlich ist.[665]

325 **Schädigungsabsicht** liegt nach dem Willen des Gesetzgebers bei jedem vom Täter beabsichtigten, auch immateriellen Nachteil für eine andere Person (beispielsweise den Datenhandel zum Zwecke der öffentlichen Bloßstellung im Internet) vor, wobei es ihm darauf ankommen muss, einen anderen durch die Tatbestandsverwirklichung zu schädigen.[666] Allerdings muss die angestrebte Schädigung weder zum Zeitpunkt der Tathandlung bereits eingetreten sein (erforderlich ist lediglich die Absicht zur Schädigung) noch zulasten des eigentlich Verfügungsberechtigten gehen.

b) Fälschung technischer Aufzeichnungen, § 268 StGB

326 **aa) Überblick.** Der Tatbestand des § 268 StGB ist seit dem 1.9.1969 in einer Übergangsfassung und seit dem 1.4.1970 in seiner geltenden Fassung in Kraft. Mit dem Sechsten Gesetz zur Reform des Strafrechts vom 26.1.1998 wurde Abs. 3 geändert und Abs. 5 eingefügt, wodurch mit dem Verweis auf § 267 Abs. 3 und 4 StGB Qualifikationen eingeführt wurden. Die Vorschrift des § 268 StGB ist damit einer der ältesten Straftatbestände des Computerstrafrechts.[667]

327 Der § 268 StGB dient der Erweiterung des **Urkundenschutzes.** Diese Erweiterung war aus Sicht des Gesetzgebers erforderlich, da technische Fortschritte zunehmend selbstständig arbeitende Geräte in den Beweisverkehr des Rechts- und Geschäftslebens einbrachten und deren Bedeutung wuchs.[668]

328 Die Vorschrift schützt nicht die inhaltliche Wahrheit technischer Aufzeichnungen. Stattdessen liegt der Fokus auf der Herkunft der Aufzeichnung, die aus einem vorgegebenen und unbeeinflussten Prozess eines ordnungsgemäß arbeitenden Geräts stammen muss. Eine technische Aufzeichnung gilt daher nur dann als **unecht,** wenn sie durch äußere Einflüsse manipuliert wurde. Der Echtheitsbegriff unterscheidet sich somit grundlegend von dem der Urkundendelikte. Aus diesem Grund wird die Anlehnung des Tatbestands an die Urkundenfälschung gem. § 267 StGB häufig als problematisch angesehen.[669]

329 Nach § 268 StGB wird die Sicherheit und Verlässlichkeit des **Rechts- und Beweisverkehrs** geschützt, indem die Integrität der Informationsgewinnung durch technische Geräte sichergestellt wird. Erfasst sind sowohl die Herstellung unechter technischer Aufzeichnungen und die Verfälschung echter Aufzeichnungen (Abs. 1 Nr. 1) als auch die Nutzung unechter oder verfälschter technischer Aufzeichnungen (Abs. 1 Nr. 2).

662 BT-Drs. 18/5088, 47.
663 BT-Drs. 18/5088, 47 unter Verweis auf BGH 23.11.1999 – 4 StR 491/99, wistra 2000, 177 f.
664 BT-Drs. 18/5088, 47.
665 BT-Drs. 18/5088, 47.
666 BT-Drs. 18/5088, 47.
667 Taeger/Pohle ComputerR-Hdb/Cornelius 39. EL 102 Rn. 136 ff. zum Ganzen.
668 Taeger/Pohle ComputerR-Hdb/Cornelius 39. EL 102 Rn. 137.
669 Fischer StGB § 268 Rn. 2.

bb) Technische Aufzeichnung. Nach § 268 Abs. 2 StGB ist eine technische Aufzeichnung in Anlehnung an den Urkundsbegriff die Darstellung von Daten, Mess- oder Rechenwerten, Zuständen oder Ereignisabläufen, die durch ein technisches Gerät vollständig oder teilweise selbstständig erzeugt werden. Diese Darstellung muss den **Gegenstand** der Aufzeichnung entweder allgemein oder für Eingeweihte erkennbar machen und zum Beweis einer rechtlich relevanten Tatsache bestimmt sein, unabhängig davon, ob diese Bestimmung bereits bei der Herstellung oder erst später erfolgt. 330

Ähnlich wie bei Urkunden erfordert die technische Aufzeichnung eine **Perpetuierungsfunktion,** also eine gewisse Dauerhaftigkeit.[670] Daher muss die Erklärung in einer physisch verkörperten Form vorliegen, die sich vom Gerät trennen lässt. Ein sich ständig verändernder Kilometerstand genügt beispielsweise nicht.[671] Dagegen reicht die Speicherung eines Fotos auf einem Datenträger, der Daten aus einer automatischen Messvorrichtung erfasst, aus.[672] 331

Erfasst werden ausschließlich Aufzeichnungsprozesse, die durch ein technisches Gerät ganz oder teilweise **selbsttätig bewirkt** werden.[673] Wenn eine Person den Aufzeichnungsvorgang maßgeblich beeinflusst, findet § 268 StGB keine Anwendung. Wenn zweifelhaft ist, ob eine Aufzeichnung teilautomatisiert oder manuell erfolgt, ist eine Funktionsanalyse notwendig.[674] 332

Technische Geräte iSv § 268 Abs. 2 StGB sind solche, die speziell zur Erstellung technischer Aufzeichnungen konzipiert sind, auf wissenschaftlich-technischen Erkenntnissen basieren und in einem bestimmten Bereich eigenständig arbeiten.[675] Das Ergebnis des voll- oder teilautomatischen Prozesses muss einen Informationsgehalt liefern, der über die erfassten Werte hinausgeht.[676] Zudem muss der Gegenstand der Aufzeichnung (das Bezugsobjekt) erkennbar sein und klar darauf hinweisen, für welchen Zweck die technische Aufzeichnung erstellt wurde.[677] 333

Nach überwiegender Meinung in Rechtsprechung und Literatur fallen Fotokopien, Tonbandaufnahmen, Fotografien und Filme nicht unter technische Aufzeichnungen, da diese Geräte keine **neuen Informationen** erzeugen, sondern lediglich bestehende Inhalte reproduzieren. Daher gelten Digitalisierungsgeräte wie Scanner nicht als Erzeuger technischer Aufzeichnungen.[678] 334

Schließlich muss die Darstellung auf den Nachweis einer rechtlich relevanten Tatsache abzielen **(Beweisbestimmung).** Aufzeichnungen, die ausschließlich technischen, innerbetrieblichen oder wirtschaftlichen Zwecken dienen, erfüllen diese Voraussetzung nicht.[679] Die Beweisbestimmung muss sich auf Tatsachen beziehen, die für das Rechtsleben von Bedeutung sind.[680] 335

cc) Herstellen einer unechten technischen Aufzeichnung. Das Herstellen einer unechten technischen Aufzeichnung liegt vor, wenn der Täter technische Aufzeichnungsprozesse manuell oder mithilfe von Hilfsmitteln nachahmt und dadurch den Eindruck erweckt, die Aufzeichnung sei von einem selbstständig arbeitenden Gerät erzeugt worden.[681] Ein Beispiel hierfür ist das manuelle Nachzeichnen von Aufzeichnungskurven.[682] Eine Aufzeichnung gilt als **unecht** iSd § 268 StGB, wenn sie nicht das Ergebnis eines eigen- 336

[670] Taeger/Pohle ComputerR-Hdb/Cornelius 39. EL 102 Rn. 141.
[671] BGHSt 29, 204 (205 ff.); 40, 26 (28).
[672] Fischer StGB § 268 Rn. 4.
[673] Taeger/Pohle ComputerR-Hdb/Cornelius 39. EL 102 Rn. 142.
[674] Gercke/Brunst Praxishandbuch Internetstrafrecht Rn. 225.
[675] LK-StGB/Zieschang § 268 Rn. 25.
[676] LK-StGB/Zieschang § 268 Rn. 25; Schönke/Schröder/Heine/Schuster StGB § 268 Rn. 16.
[677] Gercke/Brunst Praxishandbuch Internetstrafrecht Rn. 227.
[678] LK-StGB/Zieschang § 268 Rn. 28.
[679] LK-StGB/Zieschang § 268 Rn. 38.
[680] Fischer StGB § 268 Rn. 13.
[681] SK-StGB/Hoyer § 268 Rn. 24 ff.
[682] BayObLGSt 1973, 156.

ständigen und ungestörten Aufzeichnungsprozesses ist, auch wenn ihr Inhalt und ihre Herkunft den Anschein erwecken, sie sei ordnungsgemäß erstellt worden.[683]

337 Nach § 268 Abs. 3 StGB wird die Herstellung einer unechten technischen Aufzeichnung gleichgesetzt mit einer Beeinflussung des Aufzeichnungsergebnisses durch **störende Einwirkung** auf den Aufzeichnungsvorgang. Diese Beeinflussung stellt eine Unterform des Herstellens einer unechten technischen Aufzeichnung dar, sodass technische Aufzeichnungen, die durch solche Eingriffe entstehen, stets von § 268 Abs. 1 Nr. 1 Variante 1 StGB erfasst werden.[684] Diese Regelung hat keine Entsprechung im § 267 StGB.

338 Erforderlich ist, dass der Täter den Funktionsablauf des aufzeichnenden Geräts so beeinträchtigt, dass die resultierende Aufzeichnung **inhaltlich fehlerhaft** wird.[685] Es geht dabei um gezielte Eingriffe, die den Beweiswert des Aufzeichnungsprozesses beeinträchtigen. Eine solche störende Einwirkung liegt beispielsweise vor, wenn die Mechanik oder die Softwarekonfiguration eines Geräts verändert wird.[686] Hingegen fällt die Manipulation durch das Eingeben falscher Daten in einen Computer (Inputmanipulation) nicht unter diese Tatbestandsvariante.[687]

339 **dd) Verfälschen einer technischen Aufzeichnung.** Das Verfälschen einer technischen Aufzeichnung gem. § 268 Abs. 1 Nr. 1 Variante 2 StGB setzt voraus, dass eine ursprünglich fehlerfrei erstellte technische Aufzeichnung vorliegt, die in einer beweiserheblichen Weise **manipuliert** wird, sodass der Eindruck eines ordnungsgemäßen Aufzeichnungsvorgangs entsteht.[688] Dabei können beispielsweise Aufzeichnungselemente hinzugefügt oder entfernt werden.[689]

340 Entgegen dem Wortlaut kann **Objekt** der Verfälschung nur eine echte technische Aufzeichnung sein, nicht jedoch eine bereits unechte Aufzeichnung.[690] Selbst wenn das Gerät eine inhaltlich falsche technische Aufzeichnung erstellt und der Täter diese so verändert, dass die Aufzeichnung inhaltlich korrekt wird, liegt ein Verfälschen vor.[691] Denn wie im Urkundenstrafrecht spielt die inhaltliche Wahrheit keine Rolle.[692]

341 Jedes Verfälschen einer technischen Aufzeichnung stellt zugleich eine Herstellung einer unechten technischen Aufzeichnung dar und erfüllt in der Regel auch den Tatbestand der Beschädigung einer technischen Aufzeichnung gem. § 274 Abs. 1 Nr. 1 StGB.[693] Erfolgt die Verfälschung jedoch zur Täuschung im Rechtsverkehr, tritt § 274 StGB hinter § 268 StGB zurück.[694]

342 **ee) Gebrauchen einer unechten oder verfälschten technischen Aufzeichnung.** Gemäß § 268 Abs. 1 Nr. 2 StGB kann eine technische Aufzeichnung gebraucht werden, die entweder unter die Voraussetzungen von Nr. 1 fällt oder durch die in Abs. 3 beschriebenen Einwirkungen entstanden ist.[695] Ein **Gebrauch** einer unechten oder verfälschten technischen Aufzeichnung liegt vor, wenn diese dem Beweisadressaten so zugänglich gemacht wird, dass er sie zur Kenntnis nehmen kann. Allerdings ist umstritten, ob auch der Gebrauch solcher Aufzeichnungen strafbar ist, die nicht vorsätzlich hergestellt oder verfälscht wurden.[696]

---

683 OLG Hamm 27.6.1984 – 6 Ss 1558/83, NJW 1984, 2173.
684 BGHSt 28, 303.
685 BGHSt 28, 305; Schönke/Schröder/Cramer/Heine StGB § 268 Rn. 51.
686 Gercke/Brunst Praxishandbuch Internetstrafrecht Rn. 232.
687 Hilgendorf/Frank/Valerius Computer- und Internetstrafrecht Rn. 190.
688 Schönke/Schröder/Heine/Schuster StGB § 268 Rn. 39.
689 Gercke/Brunst Praxishandbuch Internetstrafrecht Rn. 232.
690 Taeger/Pohle ComputerR-Hdb/Cornelius 39. EL 102 Rn. 150.
691 Taeger/Pohle ComputerR-Hdb/Cornelius 39. EL 102 Rn. 150.
692 LK-StGB/Zieschang § 268 Rn. 40.
693 Taeger/Pohle ComputerR-Hdb/Cornelius 39. EL 102 Rn. 151.
694 Schönke/Schröder/Heine/Schuster StGB § 274 Rn. 8a.
695 Taeger/Pohle ComputerR-Hdb/Cornelius 39. EL 102 Rn. 152.
696 Zum Streitstand LK-StGB/Zieschang § 268 Rn. 56; Schönke/Schröder/Heine/Schuster StGB § 268 Rn. 61 ff.

ff) Sonstiges. Der Täter muss zumindest mit ***dolus eventualis*** in Bezug auf die objektiven Tatbestandsmerkmale handeln und eine Täuschungsabsicht haben. Diese liegt nach herrschender Meinung bereits bei ***dolus directus*** zweiten Grades vor, also bei sicherem Wissen, dass die Täuschung im Rechtsverkehr erfolgen wird.[697] 343

Gemäß § 268 Abs. 5 StGB iVm § 267 Abs. 3 StGB wird ein **besonders schwerer Fall** der Fälschung von beweiserheblichen Daten in der Regel angenommen, wenn der Täter: 344

1. **gewerbsmäßig** oder als Mitglied einer **Bande** handelt, die sich zur fortgesetzten Begehung von Betrug oder Urkundenfälschung verbunden hat,
2. einen **Vermögensverlust** großen Ausmaßes herbeiführt,
3. durch eine **große Zahl** von unechten oder verfälschten Urkunden die Sicherheit des Rechtsverkehrs erheblich gefährdet oder
4. seine Befugnisse oder seine Stellung als **Amtsträger** oder Europäischer Amtsträger missbraucht.

Der § 268 Abs. 5 StGB verweist außerdem auf die Qualifikation des § 267 Abs. 4 StGB der gewerbsmäßigen Fälschung technischer Aufzeichnungen, wenn sie von einem Mitglied einer **Bande** begangen wird, die sich zur **fortgesetzten Begehung** von Straftaten nach den §§ 263–264 oder 267–269 StGB zusammengeschlossen hat. Aufgrund des Mindeststrafrahmens von einem Jahr handelt es sich hierbei um ein Verbrechen gem. § 12 Abs. 1 StGB. Selbst der Versuch einer Beteiligung an einer solchen Tat ist nach § 30 StGB strafbar. 345

c) Fälschung beweiserheblicher Daten, § 269 StGB

aa) Überblick. Gemäß § 269 StGB wird bestraft, wer zur **Täuschung im Rechtsverkehr** beweiserhebliche Daten so speichert oder verändert, dass diese bei ihrer Wahrnehmung wie eine unechte oder verfälschte Urkunde erscheinen oder wer solche gespeicherten oder veränderten Daten verwendet. Der Tatbestand der Fälschung beweiserheblicher Daten verfolgt im Wesentlichen denselben Zweck wie § 268 StGB, der die Fälschung technischer Aufzeichnungen regelt (hierzu → Rn. 326 ff.). In beiden Fällen steht der Schutz der Echtheit im Vordergrund, nicht die inhaltliche Richtigkeit.[698] 346

Der Tatbestand der Fälschung beweiserheblicher Daten orientiert sich eng am klassischen Straftatbestand der Urkundenfälschung. In der Rechtsanwendung wird daher ein **hypothetischer Vergleich** zwischen § 269 StGB und § 267 StGB angestellt.[699] Beide Vorschriften schützen dasselbe überindividuelle Rechtsgut: die Sicherheit und Zuverlässigkeit des Beweisverkehrs.[700] Ziel der Regelung ist es, Strafbarkeitslücken bei Urkundsdelikten zu schließen, die aufgrund der fehlenden visuell wahrnehmbaren körperlichen Gedankenerklärung bei technischer Informationsverarbeitung und elektronischen Daten entstehen können.[701] Dies betrifft insbesondere manipulierte EC- und Kreditkarten, Telefonwertkarten oder E-Mails mit gefälschten Absenderangaben, sofern diese für rechtsgeschäftliche Kommunikation genutzt werden.[702] Hinzu kommen neue Anwendungsfelder, die durch die rasche Digitalisierung und sich beschleunigende digitale Kommunikations- und Transaktionsprozesse ausgelöst werden, etwa im Bereich von Video-Ident-Verfahren oder von kontaktlosem Bezahlung durch Near-Field-Communication (NFC) unter Verzicht auf die Eingabe von PIN-Nummern.[703] Auch im Kontext von Phishing spielt diese Vorschrift eine wichtige Rolle.[704] 347

---

697 BayObLG 31.3.1998 – 2 St RR 44–98, NJW 1998, 2917.
698 Taeger/Pohle ComputerR-Hdb/Cornelius 39. EL 102 Rn. 157 zum Ganzen.
699 Fischer StGB § 269 Rn. 5 ff.
700 Wabnitz/Janovsky WirtschaftsStrafR-HdB/Bär Kap. 15 Rn. 45.
701 Klaas/Momsen/Wybitul DatenschutzsanktionenR-HdB/Eisele/Bechtel § 18 Rn. 1.
702 Hilgendorf JuS 1997, 130 (134).
703 Klaas/Momsen/Wybitul DatenschutzsanktionenR-HdB/Eisele/Bechtel § 18 Rn. 1.
704 Taeger/Pohle ComputerR-Hdb/Cornelius 39. EL 102 Rn. 158.

348 **bb) Objektiver Tatbestand. (i) Beweiserhebliche Daten.** Der Begriff der Daten entspricht zumindest bei gespeicherten Daten demjenigen in § 202a StGB (hierzu → Rn. 251 ff.).[705] Darüber hinaus erstreckt sich der Schutz auch auf Daten während der **Eingabephase;** der Schutz des § 269 StGB reicht somit weiter als der des § 202a StGB und erfasst auch Handlungen im Vorfeld der Datenspeicherung.[706] Wie bei § 202a StGB müssen auch die Daten in § 269 StGB keine personenbezogenen Daten iSd Art. 4 Nr. 2 DS-GVO sein.[707] Vielmehr müssen die Daten beweiserheblich sein. Dies ist der Fall, wenn sie eine Erklärung darstellen, die dazu geeignet und bestimmt ist, zur Klärung rechtlich relevanter Tatsachen beizutragen.[708]

349 Intern gespeicherte Daten erfüllen diese Voraussetzung nicht.[709] Dagegen können auch unsignierte E-Mails unter den Anwendungsbereich des § 269 StGB fallen.[710] Denn elektronische Dokumente können unabhängig von einer digitalen Signatur im Rahmen der freien richterlichen Beweiswürdigung in Zivilprozesse einbezogen werden. Die leichte Manipulierbarkeit unsignierter Dokumente kann dabei berücksichtigt werden.[711]

350 **(ii) Garantiefunktion.** Aufgrund der Nähe des § 269 StGB zu § 267 StGB müssen die gespeicherten oder veränderten Daten die **Garantiefunktion** des Urkundenbegriffs erfüllen.[712] Um die Garantiefunktion zu erfüllen, muss bei der Wahrnehmung der Daten klar erkennbar sein, wem diese aufgrund ihres geistigen Inhalts zugeordnet werden. In der Regel ist der Aussteller der Inhaber oder Betreiber der EDV-Anlage, nicht jedoch der Nutzer, der den Computer als Hilfsmittel bedient.[713] Eine wesentliche Voraussetzung ist, dass eine hypothetische Urkunde erstellt oder verfälscht wird. Es stellt sich die Frage, ob die Daten, abgesehen von der Verkörperung und der damit verbundenen Wahrnehmbarkeit, die Merkmale einer Urkunde aufweisen würden. Die Daten müssen daher eine Gedankenerklärung enthalten, den Aussteller erkennen lassen und dazu bestimmt und geeignet sein, im Rechtsverkehr als Beweismittel zu dienen.[714]

351 **(iii) Unecht.** Wie bei Urkunden gelten Daten dann als **unecht,** wenn sie nicht von der Person stammen, die als Aussteller erkennbar ist.[715] Löscht der Täter die Daten, handelt es sich nicht um eine Veränderung, sondern um eine Datenunterdrückung gem. § 274 Abs. 1 Nr. 2 StGB.[716] Aufgrund der Nähe zur Urkundenfälschung muss das Ergebnis der Tathandlung – unabhängig von der ausgeführten Variante – so beschaffen sein, dass bei einer visuellen Darstellung der Eindruck einer unechten Urkunde entsteht.[717]

352 **(iv) Tathandlungen.** Die strafbaren Tathandlungen nach § 269 Abs. 1 StGB bestehen darin, Daten zu speichern, zu manipulieren oder zu nutzen, sodass sie bei direkter Wahrnehmung eine unechte oder verfälschte Urkunde vorliegen würde.

353 Die Variante des **Speicherns** stellt das Äquivalent zur Herstellung einer unechten Urkunde (§ 267 Abs. 1 Var. 1 StGB) dar.[718] Unter das Speichern fällt das Erfassen, die Aufnahme und das Aufbewahren von Daten auf einem Datenträger, um sie später weiter-

[705] Taeger/Pohle ComputerR-Hdb/Cornelius 39. EL 102 Rn. 159.
[706] Klaas/Momsen/Wybitul DatenschutzsanktionenR-HdB/Eisele/Bechtel § 18 Rn. 6.
[707] Klaas/Momsen/Wybitul Datenschutzsanktionenrecht/Eisele/Bechtel § 18 Rn. 6.
[708] Klaas/Momsen/Wybitul DatenschutzsanktionenR-HdB/Eisele/Bechtel § 18 Rn. 8.
[709] Hilgendorf/Frank/Valerius Computer- und Internetstrafrecht Rn. 173.
[710] Taeger/Pohle ComputerR-Hdb/Cornelius 39. EL 102 Rn. 159; aA AG Bonn 25.10.2001 – 3 C 193/01, CR 2002, 301.
[711] Spindler/Schuster/Gercke StGB § 269 Rn. 3.
[712] Schönke/Schröder/Heine/Schuster StGB § 274 Rn. 11.
[713] Wabnitz/Janovsky WirtschaftsStrafR-HdB/Bär Kap. 15 Rn. 56.
[714] Taeger/Pohle ComputerR-Hdb/Cornelius 100 Rn. 161.
[715] Hilgendorf/Frank/Valerius Computer- und Internetstrafrecht Rn. 182.
[716] Taeger/Pohle ComputerR-Hdb/Cornelius 39. EL 102 Rn. 168.
[717] Taeger/Pohle ComputerR-Hdb/Cornelius 39. EL 102 Rn. 168.
[718] Klaas/Momsen/Wybitul DatenschutzsanktionenR-HdB/Eisele/Bechtel § 18 Rn. 10.

zuverwenden.[719] Damit sind alle Handlungen gemeint, durch die das Vorhandensein von Daten in einer EDV-Anlage durch den Täter herbeigeführt wird und zugleich die Möglichkeit geschaffen wird, diese Daten abzurufen.[720]

Verändern bedeutet die inhaltliche Umgestaltung von Daten.[721] Dies ist der Fall, wenn der Inhalt der Daten so umgestaltet wird, dass ein **Falsifikat** entsteht und die Daten in rechtlicher Hinsicht vom ursprünglichen Inhalt abweichen.[722] Voraussetzung hierfür ist, dass die Daten zuvor bereits gespeichert wurden (da andernfalls die erste Variante Anwendung findet). **354**

Gebrauchen liegt vor, wenn gespeicherten (Var. 1) oder veränderten (Var. 2) Daten einem Dritten so zugänglich gemacht werden, dass dieser auf die Daten zugreifen kann.[723] Es reicht aus, wenn dem Beweisadressaten die Möglichkeit eingeräumt wird, die Daten einzusehen; eine tatsächliche Kenntnisnahme ist nicht erforderlich.[724] **355**

cc) Subjektiver Tatbestand. Der Täter muss mindestens mit *dolus eventualis* bezüglich der objektiven Tatbestandsmerkmale handeln und Täuschungsabsicht haben.[725] Das Merkmal zur **Täuschung im Rechtsverkehr** entspricht dem des § 267 Abs. 1 StGB (unter Berücksichtigung von § 270 StGB). Dies ist nach hM bereits dann gegeben, wenn der Täter mit *dolus directus* zweiten Grades, das heißt mit sicherem Wissen über die Täuschung im Rechtsverkehr, handelt.[726] **356**

dd) Sonstiges. Fälscht der Täter Daten, um sie später zu verwenden, handelt es sich nur um eine Tat. Entscheidet er sich jedoch erst später, die gefälschten Daten zu nutzen, liegt Tatmehrheit vor.[727] Eine tateinheitliche Begehung ist möglich in Verbindung mit den §§ 263, 263a, 266, 267, 268, 274 Abs. 1 Nr. 1, 2 StGB sowie den §§ 303, 303a, 303b StGB.[728] Der Versuch ist nach § 269 Abs. 2 StGB strafbar. Durch den Verweis in § 269 Abs. 3 StGB auf § 267 Abs. 3 StGB gelten die Qualifikationen zur Urkundenfälschung auch für das Fälschen beweiserheblicher Daten. **357**

ee) Täuschung im Rechtsverkehr, § 270 StGB. Der Täuschung im Rechtsverkehr wird durch § 270 StGB die fälschliche Beeinflussung einer Datenverarbeitung im Rechtsverkehr gleichgestellt. Diese Vorschrift wurde zusammen mit der Fälschung beweiserheblicher Daten (§ 269 StGB) in das Strafgesetzbuch eingeführt. Der § 270 StGB enthält somit eine **Gleichstellungsklausel,** die die „fälschliche Beeinflussung einer Datenverarbeitung im Rechtsverkehr" der „Täuschung im Rechtsverkehr" angleicht.[729] Ziel des Gesetzgebers war es, die bei der Urkundenfälschung auftretenden Auslegungsschwierigkeiten und Strafbarkeitslücken für Fälle zu beseitigen, in denen Belege oder Daten gefälscht werden, um diese in eine Datenverarbeitungsanlage einzugeben und dadurch den Computer „zu überlisten".[730] Hierdurch sollen Konstellationen in die Strafbarkeit einbezogen werden, in denen der Täter im Rechtsverkehr anstelle des menschlichen Entscheidungsprozesses, der sich auf die Verlässlichkeit von Urkunden stützt, automatisiert ablaufende Datenverarbeitungsprozesse „täuscht".[731] Eine Voraussetzung für die Anwendbarkeit des § 270 StGB ist, dass beim **358**

---

719 Fischer StGB § 269 Rn. 6a.
720 Spindler/Schuster/Gercke StGB § 269 Rn. 4.
721 Klaas/Momsen/Wybitul DatenschutzsanktionenR-HdB/Eisele/Bechtel § 18 Rn. 32.
722 Taeger/Pohle ComputerR-Hdb/Cornelius 39. EL 102 Rn. 166.
723 Matt/Renzikowski/Maier StGB § 269 Rn. 20; Klaas/Momsen/Wybitul DatenschutzsanktionenR-HdB/Eisele/Bechtel § 18 Rn. 38.
724 Taeger/Pohle ComputerR-Hdb/Cornelius 39. EL 102 Rn. 167.
725 Taeger/Pohle ComputerR-Hdb/Cornelius 39. EL 102 Rn. 169.
726 Taeger/Pohle ComputerR-Hdb/Cornelius 39. EL 102 Rn. 169.
727 BGHSt 5, 291.
728 Taeger/Pohle ComputerR-Hdb/Cornelius 39. EL 102 Rn. 170.
729 Schönke/Schröder/Heine/Schuster StGB § 270 Rn. 1.
730 BT-Drs. 10/318, 34; zu gefälschten Überweisungsträgern, die automatisiert eingelesen werden: BGH 11.11.2015 – 2 StR 299/15, wistra 2016, 151.
731 BT-Drs. 10/318, 34.

Einsatz der Datenverarbeitung keine menschliche Kontrolle stattfindet, da andernfalls die Fälschungshandlung auch der Täuschung dient.[732]

359 Auch und gerade im Kontext **künstlicher Intelligenz** (KI) kann § 270 StGB eine gesteigerte Rolle spielen. Nach Art. 3 Nr. 1 der Verordnung über künstliche Intelligenz handelt es sich dabei um ein „maschinengestütztes System, das für einen in unterschiedlichem Grade autonomen Betrieb ausgelegt ist und das nach seiner Betriebsaufnahme anpassungsfähig sein kann und das aus den erhaltenen Eingaben für explizite oder implizite Ziele ableitet, wie Ausgaben wie etwa Vorhersagen, Inhalte, Empfehlungen oder Entscheidungen erstellt werden, die physische oder virtuelle Umgebungen beeinflussen können".[733] Denkbar ist, dass etwa gefälschte Trainingsdaten beim Anlernen der KI oder manipulierte Eingaben in die KI als Prompt zu einer fälschlichen Beeinflussung der in der KI ablaufenden Datenverarbeitung führt. Da die KI selbsttätig zu ihren Ergebnissen gelangt, sind Anwendungsfälle denkbar, in denen die Täuschung eines Menschen ausscheidet (wobei im Bereich sogenannter Hochrisiko-KI-Systeme nach Art. 14 KI-VO stets auch eine menschliche Aufsicht möglich sein muss).

360 Der § 270 StGB findet im gesamten Strafrecht bei Tatbeständen Anwendung, die das Merkmal „zur Täuschung im Rechtsverkehr" enthalten (§§ 267, 268, 269, 271 Abs. 2, 273, 281 StGB und § 152a StGB).[734] Da es sich bei § 270 StGB um eine **Gleichstellungsklausel** handelt, richtet sich die fälschliche Beeinflussung nach der Bedeutung des Begriffs „Täuschung im Rechtsverkehr" in den jeweils anderen Vorschriften.[735] Allerdings kommt § 270 StGB nach herrschender Auffassung primär eine **Klarstellungsfunktion** zu, da auch die Täuschung im Rechtsverkehr nicht notwendigerweise einen menschlichen Adressaten benötigt.[736]

d) Datenveränderung, § 303a StGB

361 **aa) Überblick.** Gemäß § 303a StGB begeht eine strafbare Datenveränderung, wer rechtswidrig Daten iSd § 202a Abs. 2 StGB (hierzu → Rn. 251 ff.) löscht, unterdrückt, unbrauchbar macht oder verändert. Durch § 303a StGB wird hierfür eine Strafe von bis zu zwei Jahren Freiheitsstrafe oder eine Geldstrafe angedroht. Nach § 303a Abs. 2 StGB ist auch der Versuch strafbar. Die Tat stellt gem. § 303c StGB ein **relatives Antragsdelikt** dar. Geschütztes Rechtsgut des § 303a StGB ist das Interesse des Verfügungsberechtigten an der unversehrten Nutzbarkeit der gespeicherten Daten, wobei eine Parallele zur Sachbeschädigung gezogen wird.[737]

362 **bb) Objektiver Tatbestand. (i) Tatobjekt: Daten.** Als geschütztes Tatobjekt kommen ausschließlich Daten iSv § 202a Abs. 2 StGB in Betracht (hierzu → Rn. 251 ff.). Eine besondere Zugangssicherung oder Beweiseignung (§ 274 Abs. 1 Nr. 2 StGB) ist nicht erforderlich. Weder die Art der Daten noch ihr wirtschaftlicher, wissenschaftlicher, künstlerischer oder ideeller Wert spielen beim Schutz durch § 303a StGB eine Rolle.[738]

363 **(ii) Fremdheit der Daten.** Um den Anwendungsbereich des § 303a StGB zu begrenzen, wird zusätzlich verlangt, dass die Daten für den Täter „fremd" sind.[739] Mangels eines Eigentums an Daten ist nach wie vor offen, wie der Bedeutungsgehalt dieses Begriffs

---

732 BT-Drs. 10/318, 34.
733 Verordnung (EU) 2024/1689 des Europäischen Parlaments und des Rates vom 13.6.2024 zur Festlegung harmonisierter Vorschriften für künstliche Intelligenz.
734 Schönke/Schröder/Heine/Schuster StGB § 270 Rn. 1; Vgl. BT-Drs. 10/5058, 27.
735 Schönke/Schröder/Heine/Schuster StGB § 270 Rn. 1.
736 Lackner/Kühl/Heger/Heger StGB § 270 Rn. 1; Schönke/Schröder/Heine/Schuster StGB § 270 Rn. 1; S/S/W-StGB/Hilgendorf § 270 Rn. 2.
737 BT-Drs. 10/5058, 34; Fischer StGB § 303a Rn. 2; LK-StGB/Wolff § 303a Rn. 4.
738 MüKoStGB/Wieck-Noodt § 303a Rn. 8.
739 Taeger/Pohle ComputerR-Hdb/Cornelius 39. EL 102 Rn. 180.

auszufüllen ist.[740] Hierzu wird vorgeschlagen, unter Anknüpfung an das geschützte Rechtsgut Daten als fremd einzuordnen, wenn eine andere Person ein **unmittelbar geschütztes Recht zur Verarbeitung, Löschung oder Nutzung der Daten** hat.[741]

Mögliche **Kriterien** zur Zuordnung dieses Rechts sind:[742] **364**

1. Die dinglichen und obligatorischen **Rechte am Datenträger** nach den Regeln des Zivilrechts.

2. Die durch das Herstellen der Daten begründete **Urheberschaft,** sei es durch Eingabe oder Speicherung. In Unternehmen können dabei die Grundsätze des Eigentumserwerbs gem. § 950 BGB oder bei Computerprogrammen die Regelungen der §§ 69a ff. UrhG entsprechend angewendet werden.

3. Bei einer **Auftragsverarbeitung** (Art. 28 DS-GVO) wird der datenschutzrechtlich Verantwortliche oder die natürliche Person, auf die sich die personenbezogenen Daten beziehen, in der Regel als verfügungsberechtigt über die übermittelten Daten anzusehen sein.

4. Im **E-Mail-Verkehr** sind entweder der Absender oder der Empfänger der Nachricht verfügungsberechtigt, nicht jedoch der Provider oder andere an der Übermittlung beteiligte Personen. Ein Wechsel der Verfügungsberechtigung vom Absender zum Empfänger erfolgt, sobald die Nachricht im elektronischen Postfach des Empfängers eingeht.

(iii) Tathandlung. Bei den in § 303a Abs. 1 StGB genannten Handlungsvarianten hat der Gesetzgeber bewusst Überschneidungen in Kauf genommen, um einen möglichst umfassenden Schutz zu gewährleisten. **365**

Löschen meint das vollständige und unwiederbringliche Unkenntlichmachen der Daten,[743] sodass die Daten nicht mehr rekonstruierbar und damit für immer verloren sind. Maßgeblich hierfür ist allein die konkrete Speicherung bzw. der konkrete Speicherort. Unerheblich ist, ob die Daten außerhalb dieses Speicherorts noch auf einer Sicherungskopie vorhanden sind.[744] **366**

Beispiele für das Löschen von Daten sind das Magnetisieren, Zerstören oder Beschädigen eines Datenträgers, das Überschreiben der vorhandenen Daten mit neuen Informationen oder das Entfernen einer Kopiersperre.[745] Ersetzt der Täter beispielsweise die auf dem Magnetstreifen seiner EC-Karte gespeicherte Kontonummer durch eine andere, wird dies als Löschen iSd § 303a StGB angesehen.[746] **367**

Unterdrückt werden Daten, wenn sie dem Zugriff des Berechtigten entzogen werden, sodass er sie nicht mehr nutzen kann, ohne dass es zu einer Datenlöschung kommt.[747] Ein vorübergehendes Entziehen ist ausreichend, sofern die Dauer eine spürbare Beeinträchtigung für den Verfügungsberechtigten darstellt. Umstritten ist, ob jede noch so kurzfristige Datenunterdrückung unter den Tatbestand fällt[748] und falls nein, wo die Grenze zu einer kurzfristigen aus dem Tatbestand fallenden Unterdrückung verläuft.[749] **368**

Praxishinweis

Mögliche Beispiele für das Unterdrücken von Daten sind das Entziehen des Datenträgers oder das Einrichten von Zugriffssperren.[750] Ob das bloße Umbenennen einer Datei als **369**

[740] Taeger/Pohle ComputerR-Hdb/Cornelius 39. EL 102 Rn. 180.
[741] Fischer StGB § 303a Rn. 4; Schönke/Schröder/Hecker StGB § 303a Rn. 3.
[742] Zum Folgenden: Taeger/Pohle ComputerR-Hdb/Cornelius 39. EL 102 Rn. 180.
[743] BT-Drs. 10/5058, 34.
[744] Schönke/Schröder/Hecker StGB § 303a Rn. 5.
[745] G/J/W/Bär StGB § 303a Rn. 16.
[746] BayObLGSt 1993, 86.
[747] Spindler/Schuster/Gercke § 303a Rn. 5.
[748] Bejahend Spindler/Schuster/Gercke § 303a Rn. 5; Binder RDV 1995, 116 (118); Altenhain JZ 1997, 752 (753); SK-StGB/Hoyer § 303a Rn. 9; Gercke ZUM 2007, 282 (286 f.).
[749] Nach einer Entscheidung des OLG Frankfurt a. M. 22.5.2006 – 1 Ss 319/05, MMR 2006, 547 (551) sollen selbst Unterdrückungen von mehreren Stunden nicht unter den Tatbestand fallen.
[750] Taeger/Pohle ComputerR-Hdb/Cornelius 39. EL 102 Rn. 185.

Unterdrücken zu werten ist, hängt vom Einzelfall ab. Wird eines der gängigen Betriebssysteme mit Volltextsuchfunktion verwendet, das ein problemloses Auffinden einer Datei auch ohne Kenntnis des Dateinamens ermöglicht, scheidet ein Unterdrücken in der Regel aus.

370 Ein Unterdrücken von Daten liegt hingegen vor, wenn ein Service-Provider Passwörter ändert, wodurch der Nutzungsberechtigte nicht mehr auf seine Daten zugreifen kann. Gleiches gilt, wenn ein Softwarehersteller Druck auf Kunden ausübt, indem er die Software mit einer Funktion ausstattet, die den Zugriff auf Daten sperrt, etwa bei ausbleibender Zahlung der Lizenzgebühr.[751]

371 Ein **Unbrauchbarmachen** von Daten liegt vor, wenn deren Nutzung nicht mehr wie vorgesehen möglich ist, ohne dass es sich um eine Löschung oder Unterdrückung handelt.[752] Die Gebrauchsfähigkeit muss soweit eingeschränkt sein, dass eine ordnungsgemäße Verwendung der Daten nicht mehr möglich ist. Das bloße Beschreiben von leerem Speicher reicht hierfür nicht aus, solange der Bedeutungsgehalt der verbleibenden Daten erhalten bleibt. Neben der Löschung und Unterdrückung bleibt für das Unbrauchbarmachen von Daten nur noch ein sehr begrenzter Anwendungsbereich.

Praxishinweis

372 Ein Unbrauchbarmachen von Daten kann durch Teillöschungen, inhaltliche Änderungen oder das Hinzufügen zusätzlicher Daten erfolgen.

373 Ein **Verändern** von Daten liegt vor, wenn sie inhaltlich modifiziert werden, wodurch sich der Informationsgehalt (Aussagegehalt) ändert und der ursprüngliche Verwendungszweck beeinträchtigt wird.[753] Dabei ist der Wille des Gesetzgebers, einen umfassenden Schutz vor Datenmanipulationen zu gewährleisten, zu berücksichtigen.[754] Deshalb reichen bereits Manipulationen aus, die den Kontext der Daten verändern, ohne die Daten selbst inhaltlich zu verändern.

Praxishinweis

374 So wird beispielsweise die Umwandlung einer Datei in den Code einer anderen Programmiersprache bereits als eine hinreichende Veränderung angesehen.[755]

375 **cc) Subjektiver Tatbestand.** Beim Vorsatz genügt *dolus eventualis.*[756] Bei der Bewertung der Verfügungsberechtigung eines Dritten ist eine Parallelwertung in der Laiensphäre ausreichend.[757] Befindet sich der Täter in der irrigen Annahme, er sei über die Daten verfügungsbefugt, so handelt es sich um einen vorsatzausschließenden Tatbestandsirrtum (§ 16 StGB).[758] Da der Gesetzgeber ausdrücklich festlegt, dass die Daten rechtswidrig verändert werden müssen, ist umstritten, ob dies lediglich als Hinweis auf das allgemeine Merkmal der Rechtswidrigkeit zu verstehen ist oder ob es eine einschränkende Wirkung auf den Tatbestand hat. Der wichtigste mögliche Rechtfertigungsgrund ist die Einwilligung des Betroffenen. Hinsichtlich der Schuld gibt es ebenfalls keine Besonderheiten.[759]

376 **dd) Sonstiges.** Durch Abs. 3 ist eine entsprechende Anwendung des § 202c StGB für die Vorbereitung einer Straftat vorgesehen (hierzu → Rn. 288 ff.).[760] Bezüglich der **Konkurrenzen** ist festzustellen, dass § 303a StGB hinter dem Qualifikationstatbestand des § 303b

[751] LG Ulm 1.12.1988 – 1 Ns 229/88-01, CR 1989, 825.
[752] Taeger/Pohle ComputerR-Hdb/Cornelius 39. EL 102 Rn. 187.
[753] Taeger/Pohle ComputerR-Hdb/Cornelius 39. EL 102 Rn. 188.
[754] G/J/W/Bär StGB § 303a Rn. 16.
[755] BayOblGSt 1993, 86.
[756] Fischer StGB § 303a Rn. 14.
[757] Spindler/Schuster/Gercke § 303a Rn. 9.
[758] Taeger/Pohle ComputerR-Hdb/Cornelius 39. EL 102 Rn. 189.
[759] Taeger/Pohle ComputerR-Hdb/Cornelius 39. EL 102 Rn. 189.
[760] BT-Drs. 16/3656, 12.

Abs. 1 Nr. 1 StGB zurücktritt. Im Falle einer Verwirklichung der §§ 263a, 269, 303 StGB ist in der Regel von einer tateinheitlichen Verwirklichung auszugehen.[761]

e) Computersabotage, § 303b StGB

aa) Überblick. Die Computersabotage (§ 303b StGB) wurde zusammen mit dem Tatbestand der Datenveränderung (§ 303a StGB) in das Strafgesetzbuch aufgenommen. Strafbar macht sich, wer eine Datenverarbeitung, die für einen anderen von wesentlicher Bedeutung ist, erheblich stört. 377

Das geschützte Rechtsgut ist das Interesse der Betreiber und Nutzer von Datenverarbeitungssystemen am ungestörten **Funktionieren der Datenverarbeitung.**[762] Ziel der Vorschrift ist der Schutz einer fremden, für eine dritte Person bedeutenden Datenverarbeitung. Ursprünglich war der Schutzbereich des § 303b StGB auf fremde Unternehmen, Betriebe oder Behörden begrenzt. Dieser wurde dann auf den Schutz von Privatpersonen ausgedehnt, während die ursprüngliche Regelung nun nur noch im Rahmen der Qualifikation des Abs.es 2 von Bedeutung ist. Der § 303b StGB schützt somit das Grundrecht auf Integrität und Vertraulichkeit informationstechnischer Systeme.[763] 378

Die Tatbegehung kann durch eine softwarebezogene Handlung gem. § 303a Abs. 1 StGB (nach § 303b Abs. 1 Nr. 1 StGB) mit unmittelbarem Einfluss auf die Daten erfolgen, durch das Eingeben und Übermitteln von Daten mit Nachteilszufügungsabsicht (§ 303b Abs. 1 Nr. 2 StGB) oder durch eine hardwarebezogene Handlung (§ 303b Abs. 1 Nr. 3 StGB, früher Nr. 2), bei der die Substanz des die Daten speichernden Gegenstandes physisch beeinträchtigt wird.[764] 379

bb) Objektiver Tatbestand. (i) Tat nach § 303a StGB (Abs. 1 Nr. 1). Zunächst kommt als Sabotagehandlung nach § 303b Abs. 1 Nr. 1 StGB eine **Qualifikation** der Datenveränderung nach § 303a StGB (hierzu → Rn. 361 ff.) in Betracht. Dies bedeutet, dass sich die Tat gegen Daten richten muss, an denen ein fremdes Nutzungs- und Verfügungsrecht besteht.[765] 380

(ii) Eingeben oder Übermitteln von Daten mit Nachteilszufügungsabsicht (Abs. 1 Nr. 2). Als weitere Sabotagehandlung kommt das Eingeben und Übermitteln von Daten mit Nachteilszufügungsabsicht in Betracht. Diese Regelung erfasst insbesondere sogenannte (Distributed) **Denial-of-Service-Attacken** (DoS).[766] Dabei verursacht der Täter gezielt eine Überlastung des Computersystems insbesondere durch große Mengen an Anfragen, wodurch das Zielsystem seine regulären Aufgaben nicht mehr erfüllen kann.[767] Da Abs. 1 Nr. 2 auf den Datenbegriff des § 202a Abs. 2 StGB verweist, bleibt unklar, ob die manuelle Eingabe von Daten unter die „Eingabe von Daten" im Sinne von Nr. 2 fällt. Denn nach § 202a Abs. 2 sind nur solche Daten tatbestandsrelevant, die bereits gespeichert sind oder übermittelt werden (hierzu → Rn. 256 f.). Zumindest soweit DoS-Attacken mithilfe des Übermittelns von Daten im Netzwerk erfolgen, die anschließend zumindest kurzzeitig im Arbeitsspeicher des Zielsystems gespeichert werden, kann ein solcher Angriff unter die Übermittlungsvariante von Nr. 2 fallen.[768] 381

(iii) Sonstige Sabotagehandlung (Abs. 1 Nr. 3). Eine Datenverarbeitungsanlage iSv § 303b Abs. 1 Nr. 3 StGB ist eine technische Einheit, die die Verarbeitung von Daten 382

---

761 Wabnitz/Janovsky WirtschaftsStrafR-HdB/Bär Kap. 15 Rn. 141.
762 BT-Drs. 16/3656, 13.
763 G/J/W/Bär StGB § 303b Rn. 4.
764 Fischer StGB § 303b Rn. 9.
765 Schönke/Schröder/Hecker StGB § 303b Rn. 3; Fischer StGB § 303b Rn. 11.
766 BT-Drs. 16/3656, 13; LG Düsseldorf 22.3.2011 – 3 KLs 1/11, MMR 2011, 624 (625) mAnm Bär; Schumann NStZ 2007, 675 (679).
767 Taeger/Pohle ComputerR-Hdb/Cornelius 39. EL 102 Rn. 198.
768 Gröseling/Höfinger MMR 2007, 626 (627); Vassilaki CR 2008, 131 (134).

ermöglicht.[769] Zu den Datenträgern zählen beispielsweise Solid-State-Drives (SSDs), Festplatten, Speicherkarten, USB-Sticks oder optische Datenträger.[770]

383 Die **Tathandlungen** gem. § 303b Abs. 1 Nr. 3 StGB können wie folgt beschrieben werden:[771]

1. **Zerstören** (Variante 1): Vollständige Aufhebung der bestimmungsgemäßen Nutzbarkeit, sodass die Anlage oder der Datenträger nicht mehr verwendet werden kann.
2. **Beschädigen** (Variante 2): Eine erhebliche Beeinträchtigung der Substanz, die den Zustand des Objekts verschlechtert.
3. **Unbrauchbarmachen** (Variante 3): Eine wesentliche Einschränkung der Funktionsfähigkeit, die eine ordnungsgemäße Nutzung unmöglich macht.
4. **Beseitigen** (Variante 4): Ein Entfernen der Datenverarbeitungsanlage oder des Datenträgers aus dem Verfügungsbereich des Berechtigten durch Veränderung des Standortes.
5. **Verändern** (Variante 5): Jede sonstige Modifikation der Hardware, die den Zustand oder die Funktionalität auf andere Weise beeinflusst.

384 **cc) Qualifikation des Abs. 2.** Für die in der Qualifikation des Abs. 2 verwendeten Begriffe „Betrieb" und „Unternehmen" ist § 14 Abs. 2 StGB maßgeblich.[772] Die Rechtsform, die Art der Tätigkeit des Betriebs oder Unternehmens oder das Vorliegen einer Gewinnerzielungsabsicht spielen keine Rolle. Als „fremd" sind diese einzuordnen, wenn der Täter weder selbst (alleiniger) Inhaber noch vertretungsberechtigter Repräsentant des Inhabers ist.[773]

Praxishinweis

385 Täter kann somit auch der angestellte Geschäftsführer oder der Mitinhaber einer GmbH sein, nicht dagegen deren Alleingesellschafter.[774]

386 **dd) Subjektiver Tatbestand.** Beim Vorsatz genügt *dolus eventualis.* Für Abs. 1 Nr. 2 muss eine Nachteilszufügungsabsicht hinzutreten. Das subjektive Moment der **Nachteilszufügungsabsicht** entspricht dem gleichlautenden Merkmal aus § 274 StGB.[775] Ein Nachteil ist jede negative Auswirkung oder Beeinträchtigung rechtmäßiger Interessen, ohne dass hierfür ein Vermögensschaden erforderlich ist.[776] Hinsichtlich der Absicht genügt es, dass der Täter sich bewusst ist, dass der Nachteil unvermeidliche oder notwendige Folge seines Handelns ist.[777]

387 **ee) Sonstiges.** Der Abs. 1 Nr. 1 ist eine **Qualifikation** des § 303a Abs. 1 StGB. Abs. 1 Nr. 3 ist eine Qualifikation des § 303 StGB, wenn körperliche Gegenstände (Hardware) iSd § 303 StGB mit dem Ziel einer Betriebsstörung beeinträchtigt werden.[778] Bezüglich Abs. 1 Nr. 3 ist die Computersabotage ein Antragsdelikt (§ 303c StGB). Bei der Verwirklichung mehrerer Varianten des Abs. 1 liegt trotz unterschiedlicher Angriffsrichtungen nur eine einzige Tat vor. Die Qualifikation nach Abs. 1 Nr. 1 verdrängt § 303a StGB. Wird eine Tat nach Abs. 1 Nr. 3 begangen und handelt es sich um ein täterfremdes Tatobjekt, so tritt eine gleichzeitig verwirklichte Sachbeschädigung gem. § 303 zurück.[779]

388 Der Abs. 4 enthält eine **Strafzumessungsregel,** die eine Strafverschärfung vorsieht, wenn ein Vermögensverlust großen Ausmaßes eintritt, die Tat gewerbsmäßig oder als

[769] Taeger/Pohle ComputerR-Hdb/Cornelius 39. EL 102 Rn. 199.
[770] Wabnitz/Janovsky WirtschaftsStrafR-HdB/Bär Kap. 15 § 303b Rn. 131.
[771] Taeger/Pohle ComputerR-Hdb/Cornelius 39. EL 102 Rn. 200.
[772] Taeger/Pohle ComputerR-Hdb/Cornelius 39. EL 102 Rn. 202.
[773] Taeger/Pohle ComputerR-Hdb/Cornelius 39. EL 102 Rn. 202.
[774] Schönke/Schröder/Hecker StGB § 303b Rn. 12.
[775] Schönke/Schröder/Hecker StGB § 303b Rn. 7.
[776] BT-Drs. 16/3656, 13; Fischer StGB § 303b Rn. 12a.
[777] Fischer StGB § 303b Rn. 12a.
[778] Taeger/Pohle ComputerR-Hdb/Cornelius 39. EL 102 Rn. 203.
[779] G/J/W/Bär StGB § 303b Rn. 31.

Mitglied einer Bande zur fortgesetzten Begehung begangen wird, die Versorgung der Bevölkerung mit lebenswichtigen Gütern oder Dienstleistungen beeinträchtigt wird oder die Sicherheit des Staates gefährdet ist. Der Abs. 5 verweist zudem auf § 202c StGB und regelt die Strafbarkeit von Vorbereitungshandlungen.

4. Strafbarer Umgang mit Geschäftsgeheimnissen (§ 23 GeschGehG)

a) Entstehungsgeschichte und Normzweck

Mit § 23 GeschGehG werden die bis dahin in den §§ 17–19 UWG aF enthaltenen Straftat- **389**
bestände in das GeschGehG eingeführt, modernisiert und an die Begriffe des GeschGehG angepasst.[780] So entfällt entsprechend der Terminologie des zivilrechtlichen Teils des GeschGehG die Unterscheidung zwischen Betriebsgeheimnis und Geschäftsgeheimnis zugunsten des einheitlichen Begriffs **Geschäftsgeheimnis.**[781] Im Gegensatz zum Schutz von Daten nach dem StGB schützt § 23 GeschGehG bestimmte Arten von Daten abhängig von den in ihnen verkörperten Informationen. Aufgrund der umfassenden Bedeutung geschäftlicher Informationen im Wirtschaftsleben stellt der Gesetzgeber mit § 23 GeschGehG dem ansonsten zivilrechtlichen Schutz des GeschGehG einen strafrechtlichen Schutz für Eingriffe mit schwerwiegendem Unrechtsgehalt zur Seite.[782] Daten in Form von Geschäftsgeheimnissen stellen gerade in einer datenbasierten Wirtschaft bedeutsame Vermögensgüter dar, die unter besonders zu schützen sind.[783] Insoweit ist es folgerichtig, dass der nationale Gesetzgeber trotz fehlender strafrechtlicher Sanktionierungspflicht aus der Geheimnisschutz-RL einem umfassenden zivilrechtlichen Schutz des Geschäftsgeheimnisses in einem **Stammgesetz** zugleich den strafrechtlichen Schutz des Geschäftsgeheimnisses zur Seite stellt.[784]

Die Anpassung des § 23 GeschGehG erfolgte aufgrund der europäischen „Richtlinie (EU) **390**
2016/943 des Europäischen Parlaments und des Rates vom 8. Juni 2016 über den Schutz vertraulichen Know-hows und vertraulicher Geschäftsinformationen (Geschäftsgeheimnisse) vor rechtswidrigem Erwerb sowie rechtswidriger Nutzung und Offenlegung“ (RL (EU) 2016/943) (kurz: Geheimnisschutz-RL). Die Geheimnisschutz-RL harmonisiert den Geschäftsgeheimnisschutz im Bereich des Zivil- und Zivilprozessrechts.[785] Die Richtlinie sieht keine Pflicht zur strafrechtlichen Sanktionierung verletzter Geschäftsgeheimnisse vor, schließt diese aber auch nicht aus.[786] Durch die Inbezugnahme der zivilrechtlichen Erlaubnis-, Verbots- und Ausnahmentatbestände der §§ 3–5 GeschGehG in § 23 GeschGehG ist die Strafvorschrift eng mit der Geheimnisschutz-RL verbunden.[787] Der strafrechtliche Geheimnisschutz muss daher, obwohl er auf einer eigenständigen Entscheidung des nationalen Gesetzgebers beruht, vor dem Hintergrund der Geheimnisschutz-RL richtlinienkonform ausgelegt und interpretiert werden, da er an die zivilrechtliche Konzeption des Geheimnisschutzes anknüpft.[788]

Der § 23 GeschGehG stellt Verstöße gegen § 4 Abs. 1 Nr. 1, Abs. 2 Nr. 1 und Abs. 2 **391**
Nr. 3 GeschGehG unter Strafe. Nicht unter Strafe gestellt werden Verstöße gegen den unter

780 BT-Drs. 19/4724, 40; Köhler/Feddersen/Alexander GeschGehG § 23 Rn. 12; vgl. zum Folgenden DatenschutzsanktionenR-HdB/Spitz/Cornelius § 24 Rn. 1 ff.
781 BT-Drs. 19/4724, 40; MüKoUWG/Krbetschek GeschGehG § 23 Rn. 1; Gramlich/Lütke wistra 2022, 97 (98).
782 Köhler/Feddersen/Alexander GeschGehG § 23 Rn. 11; vgl. Kalbfus GRUR 2016, 1009 (1016).
783 Köhler/Feddersen/Alexander GeschGehG § 23 Rn. 11.
784 BeckOK GeschGehG/Hiéramente § 23 Rn. 2; Köhler/Feddersen/Alexander GeschGehG § 23 Rn. 8.
785 BeckOK GeschGehG/Hiéramente § 23 Rn. 2.
786 BeckOK GeschGehG/Hiéramente § 23 Rn. 2; Kalbfus GRUR 2016, 1009 (1016).
787 Köhler/Feddersen/Alexander GeschGehG § 23 Rn. 10.
788 Köhler/Feddersen/Alexander GeschGehG § 23 Rn. 10, 12; im Ergebnis auch Harte-Bavendamm/Ohly/Kalbfus/Harte-Bavendamm GeschGehG § 23 Rn. 3; aA Brammsen wistra 2018, 449 (451), der der Geheimnisschutz-RL nur eine „begrenzte Orientierungsfunktion“ zuspricht.

§ 4 Abs. 1 Nr. 2 geregelten Auffangtatbestand, da dessen generalklauselartige Unbestimmtheit nicht mit dem strafrechtlichen Bestimmtheitsgebot vereinbar wäre.[789]

392 Der § 23 GeschGehG ist nicht die einzige Regelung, die das Geschäftsgeheimnis strafrechtlich schützt. Daneben sind auch die kernstrafrechtlichen Regelungen der §§ 203, 204 StGB zu beachten, die neben Geheimnissen des persönlichen Lebensbereichs auch **Betriebs- und Geschäftsgeheimnisse** einbeziehen und vor dem unbefugten Offenbaren durch Berufsgeheimnisträger schützen.[790] Gleiches gilt für § 355 Abs. 1 Nr. 2 StGB.[791] Daneben existieren weitere nebenstrafrechtliche Regelungen zum Schutz von Geschäftsgeheimnissen.[792]

b) Abs. 1: Strafbare Erlangung, Nutzung oder Offenlegung fremder Geschäftsgeheimnisse

393 Nach der gesetzgeberischen Intention entspricht § 23 Abs. 1 GeschGehG dem bisherigen § 17 Abs. 2 Nr. 1 UWG aF.[793] Die in § 17 Abs. 2 Nr. 1 UWG geregelte Tathandlung „sich verschaffen oder sichern" wurde durch das Merkmal „erlangt" ersetzt, ohne dass damit eine inhaltliche Änderung verbunden ist.[794]

394 **aa) Definition Geschäftsgeheimnis.** Das von § 23 GeschGehG geschützte Tatobjekt ist jeweils ein Geschäftsgeheimnis iSd § 2 Nr. 1 GeschGehG. Der Begriff besteht aus mehreren Teilelementen, die kumulativ vorliegen müssen.[795]

395 Zum einen muss es sich um eine Information handeln. Der Begriff Information wird in den verschiedenen Wissenschaftsbereichen unterschiedlich verwendet.[796] Eine allgemein in allen Disziplinen anerkannte Definition des **Informationsbegriffs** konnte sich bisher noch nicht herausbilden. Ob es einen solchen universell in allen wissenschaftlichen Disziplinen gleichermaßen verstandenen Informationsbegriff überhaupt geben kann oder höchstens Ähnlichkeiten zwischen diesen bestehen können, ist Gegenstand von Diskussionen.[797] Im rechtlichen Bereich informationeller Selbstbestimmung beschreibt das Bundesverfassungsgericht die Information als „Abbild sozialer Realität".[798] Damit die Information ein umfassendes Abbild der Realität bilden kann, muss der Informationsbegriff vielfältige Bedeutungsspektren abdecken.[799] Insoweit bietet sich als Anknüpfungspunkt einer rechtlichen Deutung der Information eine Orientierung am dreigliedrigen (triadischen) Zeichenbegriff der Semiotik (Zeichenlehre) an.[800] Die Information ist folglich nicht nur Inhalt oder

---

789 BeckOK IT-Recht/Renner GeschGehG § 23 Rn. 1; Harte-Bavendamm/Ohly/Kalbfus/Harte-Bavendamm GeschGehG § 23 Rn. 3; vgl. auch Ohly GRUR 2019, 441 (450); krit. zu den Folgen Gramlich/Lütke wistra 2022, 97 (105).

790 Klaas/Momsen/Wybitul DatenschutzsanktionenR-HdB/Cornelius/Spitz § 15 Rn. 6 und § 16 Rn. 5 f.

791 Klaas/Momsen/Wybitul DatenschutzsanktionenR-HdB/Cornelius/Spitz § 22 Rn. 1.

792 Hierzu Brockhaus ZIS 2020, 102 (119).

793 BT-Drs. 19/4724, 40.

794 BT-Drs. 19/4724, 40; Gramlich/Lütke wistra 2022, 97 (98).

795 Köhler/Feddersen/Alexander GeschGehG § 2 Rn. 21 f.

796 Rüpke/v. Lewinski/Eckhardt Datenschutzrecht § 3 Rn. 15 verweist auf die Vielzahl an verschiedenen Informationsdefinitionen; zum Informationsbegriff nach Capurro.

797 Zum sog. „Capurroschen Trilemma", wonach der „Informationsbegriff […] in allen Bereichen entweder genau dasselbe, oder nur etwas ähnliches, oder jeweils etwas ganz anderes" bedeutet, Fleissner/Hofkirchner Informatik Forum 1995, 126; Capurro, Einführung in den Informationsbegriff, III. Kapitel, 6. Das „Capurrosche Trilemma".

798 BVerfGE 65, 1 (44); ebenso Kloepfer, Informationsrecht, § 1 Rn. 50; krit. Albers, Informationelle Selbstbestimmung, S. 88, 95.

799 Insoweit bietet sich zur Begriffsbestimmung der Information eine grundsätzliche Orientierung am dreigliedrigen (triadischen) Zeichenbegriff der Semiotik (Zeichenlehre) an, vgl. Cornelius Verweisungsbedingte Akzessorietät S. 55 mwN; zum dreigliedrigen Zeichenmodell in der Informationswissenschaft Druey, Information als Gegenstand des Rechts, S. 6 ff.

800 Zum semiotischen Dreieck Cornelius Verweisungsbedingte Akzessorietät S. 55 mwN; zum dreigliedrigen Zeichenmodell in der Informationswissenschaft Druey Information S. 6 ff.; Jülicher, Medizininformationsrecht, S. 26.

Kommunikationsvorgang. Sie vermittelt einen Zustand des Wissens, der Kenntnis und der Informiertheit.[801]

Der **Begriff der Information** dient auch im Datenschutzrecht nach Art. 4 Nr. 1 DS- **396**
GVO als Anknüpfungspunkt für die Definition des personenbezogenen Datums und somit für den datenschutzrechtlichen Anwendungsbereich. Unter den weiten und bisweilen konturenlosen geheimnisschutzrechtlichen Informationsbegriff des § 2 Nr. 1 GeschGehG werden ebenfalls alle Angaben, Daten, Kommunikationsakte, Umstände oder sonstiges Wissen gefasst, unabhängig von der Struktur, Beschaffenheit, Verkörperung, Darstellung und Verständlichkeit der Information.[802] Auch der Umfang oder der Aufbereitungsgrad der Information spielt keine Rolle. Unter den Geschäftsgeheimnisschutz können einzelne Angaben, Datensätze, Algorithmen, umfangreiche Datenpools oder die Inhalte einer Datenbank fallen, unabhängig davon, ob es sich um aufbereitete Daten handelt oder um Rohdaten.[803] Wegen des weiten Verständnisses können auch subjektive Wertungen und Meinungen, die geäußert werden, vom Informationsbegriff umfasst sein.[804] Ebenso kommt es nicht darauf an, ob es sich um einen menschlichen Gedankeninhalt handelt. Damit fallen hierunter auch maschinengenerierte Daten, etwa solche, die durch Large Language Models oder andere Modelle künstlicher Intelligenz erzeugt werden, umfasst sind.[805]

Die Information muss weiterhin **geheim** sein.[806] Dies ergibt sich aus § 2 Nr. 1 lit. a **397**
GeschGehG. Hiernach darf die Information weder insgesamt noch in der genauen Anordnung und Zusammensetzung ihrer Bestandteile den Personen in den Kreisen, die üblicherweise mit dieser Art von Informationen umgehen, allgemein bekannt oder ohne weiteres zugänglich sein. Negativ betrachtet ist die Information dann nicht geheim, wenn sie ohne Aufwand aus **öffentlichen Quellen** jederzeit abgeleitet werden kann.[807] Dabei ist die konkrete Anordnung und Zusammensetzung der Information für ihre Einordnung als geheim ebenso entscheidend wie der Umstand, dass sie nur mit einigem Aufwand erlangt werden könnte.[808] Für den Geheimnischarakter kommt es auf die praktische Zugangsmöglichkeit für einen bestimmten Personenkreis an; das Geschäftsgeheimnis ergibt sich somit aus einem relativen Geheimnisbegriff.[809]

Die Information muss einen **wirtschaftlichen Wert** haben. Der wirtschaftliche Wert **398**
muss sich gerade aus der fehlenden Offenkundigkeit der Information ergeben.[810] Daher können belanglose Informationen kein Geheimnis im Gesetzessinne sein.[811] Dem Geheimnis selbst muss kein eigener Marktwert zukommen. Ausreichend ist, dass die Information dazu beiträgt, demjenigen, der sie erlangt, einen Vorsprung in der Entwicklung neuer Konzepte zu liefern, für die Konkurrenten zunächst weitere Investitionen tätigen müssten.[812] Die Information muss somit für die Wettbewerbsposition des Unternehmens von Bedeutung sein, wobei dieses Merkmal weit zu verstehen ist.[813]

---

801 Allgemein Druey, Information als Gegenstand des Rechts, S. 5 ff.

802 Köhler/Feddersen/Alexander GeschGehG § 2 Rn. 25; BeckOK GeschGehG/Hiéramente § 2 Rn. 2–5.

803 Köhler/Feddersen/Alexander GeschGehG § 2 Rn. 25.

804 BeckOK GeschGehG/Hiéramente § 2 Rn. 2; MüKoUWG/Brammsen, 2. Aufl. 2014, UWG § 17 Rn. 11.

805 BeckOK GeschGehG/Hiéramente § 2 Rn. 2; OLG München 27.2.2020 – 29 U 2584/19, NJW-RR 2020, 611 Rn. 29; Ohly GRUR 2019, 441 (442).

806 Köhler/Feddersen/Alexander GeschGehG § 23 Rn. 31; Ohly GRUR 2019, 441 (443).

807 Harte-Bavendamm/Ohly/Kalbfus/Harte-Bavendamm GeschGehG § 2 Rn. 22; BGH 27.4.2006 – I ZR 126/03, GRUR 2006, 1044 Rn. 19.

808 Ohly GRUR 2019, 441 (443).

809 Ohly GRUR 2019, 441 (443); Harte-Bavendamm/Ohly/Kalbfus/Harte-Bavendamm GeschGehG § 2 Rn. 22.

810 Krüger/Wiencke/Koch GRUR 2020, 578 (581); Ohly GRUR 2019, 441 (443); MüKoUWG/Hauck GeschGehG § 2 Rn. 13.

811 Vgl. Erwgr. 14 der Geheimnisschutz-RL.

812 Krüger/Wiencke/Koch GRUR 2020, 578 (581).

813 MüKoUWG/Hauck GeschGehG § 2 Rn. 14.

399 Die Information muss weiterhin Gegenstand von den Umständen nach **angemessenen Geheimhaltungsmaßnahmen** ihres rechtmäßigen Inhabers sein. Geheimnisschutz ist Zugangsschutz.[814] Wie bei § 202a StGB [vgl. → Rn. 264] muss bei § 23 GeschGehG das Datum objektiv gegen unberechtigten Zugang gesichert sein. Es handelt sich um eine Obliegenheit des Informationsinhabers.[815]

400 Wer **Inhaber** des Geschäftsgeheimnisses nach § 2 Nr. 2 GeschGehG ist, richtet sich danach, welche natürliche oder juristische Person die rechtmäßige Kontrolle über das Geschäftsgeheimnis hat. Bei Informationen im Arbeitskontext hängt die Inhaberschaft von einer Gesamtbetrachtung der physischen, technischen und organisatorischen Zugriffsmöglichkeiten ab.[816] Dabei sind insbesondere auch Weisungsrechte zu berücksichtigen, sodass selbst Informationen, über die (vorübergehend) nur einzelne wenige Mitarbeiter Zugriff haben, der rechtmäßigen Kontrolle des Arbeitgebers unterliegen.

401 Das **Angemessenheitserfordernis** setzt gerade keinen absolut wirksamen oder unüberwindlichen Schutz voraus.[817] Vielmehr müssen diejenigen Maßnahmen ergriffen werden, die dem Wert des Geheimnisses und der Größe des Unternehmens im Verhältnis zu deren Kosten und Üblichkeit entsprechen.[818] Die Beurteilung der Angemessenheit erfolgt einzelfallbezogen.[819] Das Erfordernis angemessener Geheimhaltungsmaßnahmen ist vergleichbar mit dem datenschutzrechtlich erforderlichen technischen und organisatorischen Schutz personenbezogener Daten (Art. 24, 32 DS-GVO). Auch wenn das Geschäftsgeheimnisgesetz dem wirtschaftlichen Wert technischer und organisatorischer Innovationen dient und sich damit vom datenschutzrechtlichen Schutz informationeller Selbstbestimmung und personenbezogener Daten unterscheidet, können zwischen datenschutzrechtlichen und geschäftsgeheimnisrechtlichen Schutzmaßnahmen umfangreiche Synergieeffekte genutzt werden.[820]

402 Im Arbeitsalltag spielen insbesondere **Geheimhaltungsvereinbarungen** in Arbeitsverträgen eine wichtige Rolle. Wie dargelegt, sind Unternehmen nach § 2 Nr. 2 lit. b GeschGehG nicht zu einem absolut wirksamen Geheimnisschutz verpflichtet. Allerdings stellen vertragliche Vertraulichkeitsverpflichtungen von Mitarbeitern und Geschäftspartnern Mindestanforderungen für einen angemessenen Vertraulichkeitsschutz dar.[821] Dagegen wurden zuletzt weitreichende **„Catch-All-Klauseln“,** die grenzenlos alle während eines Arbeitsverhältnisses von Mitarbeitern erhaltene betriebsbezogene Informationen erfassen, in der Rechtsprechung nicht als ausreichende Geheimhaltungsmaßnahme iSd § 2 Nr. 1 lit. b GeschGehG bewertet.[822] Vor diesem Hintergrund ist es grundsätzlich ratsam, interne betriebliche Informationen und Daten zu kategorisieren. Eine detaillierte Aufzählung, Nennung oder Kennzeichnung jeder einzelnen geheim zu haltenden Information ist dabei ausweislich der Gesetzesbegründung nicht erforderlich.[823] Sinnvoll kann jedoch eine nicht enumerative, regelmäßig aktualisierte und von den Mitarbeitern im Intranet einsehbaren Liste mit Informationskategorien sein (zB Source Code, Maschinencode, Kundenlisten, Fertigungsverfahren, Umsatzzahlen, Gewinnmargen, Gehälter, Arbeitsverträge: Vertraulich).[824]

---

814 MüKoUWG/Hauck GeschGehG § 2 Rn. 19.
815 Ohly GRUR 2019, 441 (443).
816 BeckOK IT-Recht/Renner GeschGehG § 2 Rn. 46.
817 Ohly GRUR 2019, 441 (443).
818 BT-Drs. 19/4724, 24 f.; Ohly GRUR 2019, 441 (444).
819 Vgl. BT-Drs. 19/4724, 24.
820 Chibanguza/Kuß/Steege/Wirwas/Rath Künstliche Intelligenz Kapitel F Rn. 9.
821 BeckOK GeschGehG/Fuhlrott § 2 Rn. 32.1.
822 LAG Köln 2.12.2019 – 2 SaGa 20/19, BeckRS 2019, 44850; LAG Düsseldorf 3.6.2020 – 12 SaGa 4/20, GRUR-RS 2020, 23408; ArbG Aachen 13.1.2022 – 8 Ca 1229/20, BeckRS 2022, 1697 dazu Fuhlrott/Fischer NZA 2022, 809.
823 BT-Drs. 19/4724, 24; vgl. Dann/Markgraf NJW 2019, 1774 f.; Maaßen GRUR 2019, 352 (354).
824 Vgl. BeckOK GeschGehG/Fuhlrott § 2 Rn. 51a.

Vor dem Hintergrund angemessener Geheimhaltungsmaßnahmen und eines umfangreichen Geheimnisschutzes auch über § 23 GeschGehG kann im Arbeitsalltag insbesondere der **Einsatz künstlicher Intelligenz (KI)** ein Problem darstellen. Nutzen Mitarbeiter etwa generative künstliche Intelligenz wie ChatGPT, Google Gemini, Mistral oder DeepL im Alltag und geben in diesem Zusammenhang sensible Geschäftsinformationen an den Betreiber der KI oder andere Nutzer preis, kann dies Auswirkungen auf den rechtlichen Schutz der Informationen haben.[825] Verbunden mit allgemein gehaltene Geheimhaltungsvereinbarungen mit Mitarbeitern und einer fehlenden Informationsklassifizierung nach Geheimhaltungskategorien, kann die unkontrollierte und von der Geschäftsleitung geduldete Eingabe betrieblicher Informationen in generative KI zu einem Entfallen des Geschäftsgeheimnisschutzes für solche Informationen führen.[826] Eine Weitergabe solcher Informationen von Mitarbeitern an KI-Anbieter wäre in diesem Fall nicht als Rechtsverletzung iSd § 2 Nr. 3 anzusehen und würde damit auch nicht dem Schutz des § 23 GeschGehG unterfallen. 403

Praxishinweis

Wichtig ist in diesem Zusammenhang auch, dass letztlich der Inhaber des Geschäftsgeheimnisses die Darlegungs- und Beweislast dafür trägt, ob er angemessene Geheimhaltungsmaßnahmen zum Schutz der Information ergriffen hat.[827] Somit kann auch das Unterlassen geeigneter Schutz- und Hinderungsmaßnahmen etwa beim Offenlegen vertraulicher Informationen gegenüber dem KI-Anbieter genügen, um den Geschäftsgeheimnisschutz zu untergraben.[828] 404

Im Unternehmenskontext erscheint es daher sinnvoll, im Rahmen unternehmensinterner Weisungen oder Richtlinien rund um die Nutzung von KI im Arbeitskontext ausdrücklich auf den Schutz von Geschäftsgeheimnissen und nach Möglichkeit auf vertrauliche Informationskategorien hinzuweisen und die Eingabe betrieblicher oder unternehmensbezogener Informationen in solche Anwendungen zu untersagen. Gleichzeitig sollten Mitarbeiter in einer solchen Anweisung dazu sensibilisiert werden, KI-Anwendungen ausschließlich unter Verwendung vorhandener datenschutz- und geheimnisschutzfreundlicher Voreinstellungen der jeweiligen Anwendung zu nutzen. So sieht OpenAI mittlerweile auch in der kostenfreien Version von ChatGPT die Möglichkeit vor, das Speichern von Eingaben zum nachfolgenden Trainieren der KI abzuwählen. 405

An der Geheimhaltung der Information muss weiterhin ein **berechtigtes Interesse** bestehen. Hintergrund dieser Anforderung ist vor allem, Informationen zu rechtswidrigem Verhalten aus dem Schutz des Gesetzes auszuschließen.[829] Die Information muss angesichts des Gesetzeszwecks einen Geschäfts- beziehungsweise Unternehmensbezug aufweisen.[830] Ein solcher liegt vor, wenn die Information in einem Zusammenhang mit einer bereits ausgeübten oder künftigen unternehmerischen Tätigkeit steht, so dass weder Informationen, die allein das Privatleben einer Person betreffen und sich nicht unmittelbar auf das 406

[825] Aus diesem Grund erließ etwa der südkoreanische Technologiekonzern Samsung eine interne Richtlinie, die es den eigenen Mitarbeitern verbietet, generative KI-Anwendungen wie ChatGPT im Unternehmenskontext zu nutzen, Gurman, Samsung Bans Staff's AI Use After Spotting ChatGPT Data Leak, Bloomberg, https://www.bloomberg.com/news/articles/2023-05-02/samsung-bans-chatgpt-and-other-generative-ai-use-by-staff-after-leak#xj4y7vzkg [Zugriff: 21.11.2023]. Hintergrund war das versehentliche Hochladen von internem Source Code durch Samsung-Mitarbeitende im Rahmen von ChatGPT. Auch in anderen Branchen, etwa dem Bankensektor, finden sich vergleichbare unternehmensinterne Richtlinien und Einschränkungen.

[826] Vgl. auch den Hinweis der IHK Hamburg, abrufbar unter: https://www.ihk.de/hamburg/produktmarken/beratung-service/recht-und-steuern/wirtschaftsrecht/medien-it-recht/chat-gpt-5809932.

[827] BT-Drs. 19/4724, 24; ArbG Aachen 13.1.2022 – 8 Ca 1229/20, BeckRS 2022, 1697; Harte-Bavendamm/Ohly/Kalbfus/Harte-Bavendamm GeschGehG § 2 Rn. 40.

[828] Vgl. Hauck GRUR 2022, 530 (531).

[829] Dann NJW 2019, 1774 (1776); Krüger/Wiencke/Koch GRUR 2020, 578 (582); Ohly GRUR 2019, 441 (444).

[830] Köhler/Feddersen/Alexander, UWG, GeschGehG § 23 Rn. 21; MüKoUWG/Hauck GeschGehG § 2 Rn. 17.

Unternehmen auswirken noch politische Vorgänge oder geheime Informationen staatlicher Stellen vom Schutz des § 23 GeschGehG umfasst sind.[831]

407 **bb) Besondere subjektive Voraussetzungen.** Der § 23 Abs. 1 GeschGehG beinhaltet drei Tatbestandsvarianten, bei denen jeweils eine besondere **subjektive Handlungsmotivation** des Täters bestehen muss: Förderung des Wettbewerbs, Eigennutz, Handeln zugunsten eines Dritten oder Schädigungsabsicht.

408 Die **Förderung** des eigenen oder fremden Wettbewerbs ist dann von der Handlungsmotivation des Täters umfasst, wenn sein Verhalten objektiv geeignet ist, den eigenen oder fremden Wettbewerb zum Nachteil eines anderen zu begünstigen, wobei der Handelnde mit entsprechender Absicht hierzu tätig werden muss.[832] Unschädlich ist es, wenn daneben noch weitere Beweggründe hinzukommen.[833] Das Streben kann sich auf die aktuell oder auch erst künftig eintretende Verbesserung der Wettbewerbsposition beziehen.[834]

409 Aus **Eigennutz** handelt der Täter, wenn er durch die Tathandlung eigene Vorteile, entweder materielle oder immaterielle, zu erlangen versucht.[835] Immaterielle Vorteile sind allerdings nur dann erfasst, wenn sie derart erheblich sind, dass sie mit materiellen Vorteilen vergleichbar sind.[836]

410 Das Streben des Täters nach entsprechenden Vorteilen kann auch zugunsten eines Dritten erfolgen. Dritte können neben natürlichen auch juristische Personen und Einrichtungen, etwa Unternehmen, sein.[837] Beabsichtigt der Täter hierdurch zugleich die Wettbewerbsposition dieses Dritten zu verbessern, ist zugleich die Förderung fremden Wettbewerbs (Var. 1) Handlungsmotivation des Täters.[838]

411 **Schädigungsabsicht** liegt vor, wenn der Täter zielgerichtet dem Unternehmensinhaber einen Nachteil zufügen will.[839] Auf eine Schädigung des *Geheimnis*inhabers kommt es nicht an, wenngleich dieser häufig mit dem *Geschäfts*inhaber identisch sein wird.[840] Der Schadensbegriff ist nicht auf materielle Einbußen beschränkt, sondern umfasst ebenso immaterielle Nachteile, wie etwa die Rufschädigung eines Unternehmens.[841] Der Täter muss durch sein Handeln keinen (eigenen) Vorteil erlangen. Ausreichend ist, dass der Täter durch sein Handeln den Unternehmensinhaber schädigen will, etwa auch aus Rache oder Unzufriedenheit.[842] Unerheblich ist zudem, ob die angestrebte Schädigung tatsächlich gelingt.

c) Abs. 1 Nummer 1: Betriebsspionage

412 **aa) Objektiver Tatbestand.** Der objektive Tatbestand ist verwirklicht, wenn ein Geschäftsgeheimnis entgegen dem Handlungsverbot des § 4 Abs. 1 Nr. 1 GeschGehG in einer darin vorgesehenen qualifizierten Form erlangt wird.[843] **Erlangt** ist das Geschäftsgeheimnis, wenn der Täter derart die Kontrolle hierüber erlangt, dass er es offenbaren oder sonst nutzen kann.[844] Dies wird in der Regel bereits mit der Kenntnisnahme vom Geschäftsgeheimnis der

831 Köhler/Feddersen/Alexander, UWG, GeschGehG § 2 Rn. 83 ff.
832 BGH 25.6.1992 – I ZR 60/91, GRUR 1992, 707.
833 BeckOK GeschGehG/Hiéramente § 23 Rn. 9 f.
834 Neues GeschGehG/Reinfeld § 7 Geschäftsgeheimnisstrafrecht (§ 23 GeschGehG) Rn. 26; Köhler/Feddersen/Alexander, UWG, GeschGehG § 23 Rn. 43.
835 Köhler/Feddersen/Alexander, UWG, GeschGehG § 23 Rn. 44.
836 Neues GeschGehG/Reinfeld § 7 Geschäftsgeheimnisstrafrecht (§ 23 GeschGehG) Rn. 28.
837 BeckOK GeschGehG/Hiéramente § 23 Rn. 12; Gramlich/Lütke wistra 2022, 97 (101); Köhler/Bornkamm/Feddersen/Alexander, UWG, GeschGehG § 23 Rn. 46.
838 Köhler/Feddersen/Alexander, UWG, GeschGehG § 23 Rn. 46.
839 Köhler/Feddersen/Alexander, UWG, GeschGehG § 23 Rn. 47; Gramlich/Lütke wistra 2022, 97 (101).
840 BeckOK GeschGehG/Hiéramente § 23 Rn. 13; krit. Gramlich/Lütke wistra 2022, 97 (101, 105).
841 Köhler/Bornkamm/Feddersen/Alexander, UWG, GeschGehG § 23 Rn. 47a.
842 Köhler/Feddersen/Alexander, UWG, GeschGehG § 23 Rn. 47a.
843 BeckOK GeschGehG/Hiéramente § 23 Rn. 17; Keller/Schönknecht/Glinke/Schönknecht GeschGehG § 23 Rn. 16.
844 Keller/Schönknecht/Glinke/Schönknecht GeschGehG § 23 Rn. 16.

Fall sein.[845] Damit wird die Strafbarkeit sehr weit vorverlagert. Dies liegt an der als besonders gefährlich eingestuften Wirtschaftsspionage, die hierdurch unterbunden werden soll.[846] Täter kann Jedermann sein, so dass es auf eine Beschäftigung im Unternehmen nicht ankommt.[847]

bb) Subjektiver Tatbestand. Der Tatbestand ist subjektiv verwirklicht, wenn der Täter bezüglich aller objektiven Tatbestandsmerkmale jedenfalls bedingt vorsätzlich handelt. Dies setzt voraus, dass der Täter zumindest billigend in Kauf nimmt, dass es sich bei den erlangten Informationen um Geschäftsgeheimnisse handelt.[848] Darüber hinaus muss der Täter wenigstens eine der besonderen subjektiven Handlungsmotive erfüllen. 413

d) Abs. 1 Nummer 2: Geheimnishehlerei bei eigener Vortat

aa) Objektiver Tatbestand. Während die Nutzung und Offenlegung eines Geschäftsgeheimnisses, das aus einer **fremden** Vortat erlangt wurde, unter § 23 Abs. 2 GeschGehG fällt („klassische" Geheimnishehlerei[849]), erfasst § 23 Abs. 1 Nr. 2 GeschGehG Geschäftsgeheimnisse, die durch eine eigene vollendete rechtswidrige Vortat erlangt wurden („eigeneröffnete" Geheimnishehlerei[850]). Mithin wird eine rechtswidrige Vorbereitungstat selbst vorausgesetzt, die in der Verwertungshandlung mündet.[851] Vor- und Nachtäter sind bei dieser Tatvariante identisch. Der Verstoß gegen § 4 Abs. 2 Nr. 1 lit. a GeschGehG betrifft einen vorhergehenden Verstoß des Täters selbst gegen § 4 Abs. 1 Nr. 1 GeschGehG. Täter kann jedermann sein.[852] 414

Der Täter nutzt das Geschäftsgeheimnis unerlaubt, wenn er sich oder anderen den darin verkörperten Wert ganz oder zumindest teilweise zunutze macht, das Geheimnis also **verwertet.**[853] Nicht erforderlich ist eine wirtschaftliche Nutzung.[854] Erfasst ist der Gebrauch zu gewinnorientierten, gewerblichen oder auch ideellen Zwecken.[855] Das Geheimnis muss auch nicht in seiner bisherigen Form genutzt werden, solange es im Rahmen der neuen Nutzungsform nicht unbedeutend wird.[856] Die unbefugt erlangte Kenntnis muss somit die Eigenschaften der neuen Erzeugnisse in einer Weise (mit-)bestimmen, die als nicht völlig unbedeutend einzuordnen sind.[857] Offengelegt wird das Geschäftsgeheimnis, indem es einer oder mehreren Personen, denen die Information bislang unbekannt war, zugänglich gemacht wird.[858] 415

bb) Subjektiver Tatbestand. In subjektiver Hinsicht muss neben der besonderen subjektiven Handlungsmotivation (s. oben) der Täter im Zeitpunkt der Tathandlung wenigstens **billigend** in Kauf nehmen, dass Gegenstand seines Handelns ein Geschäftsgeheimnis ist, das er durch eine eigengesteuerte Betriebsspionage erlangt hat.[859] 416

---

[845] Nach BeckOK GeschGehG/Hiéramente § 23 Rn. 18 ist die Tat spätestens in diesem Zeitpunkt vollendet.
[846] Harte-Bavendamm/Ohly/Kalbfus/Harte-Bavendamm GeschGehG § 23 Rn. 10.
[847] BeckOK GeschGehG/Hiéramente § 23 Rn. 16; Köhler/Feddersen/Alexander GeschGehG § 23 Rn. 26; Keller/Schönknecht/Glinke/Schönknecht GeschGehG § 23 Rn. 15.
[848] Harte-Bavendamm/Ohly/Kalbfus/Harte-Bavendamm GeschGehG § 23 Rn. 39; BeckOK GeschGehG/Hiéramente § 23 Rn. 20 f.
[849] Brammsen wistra 2018, 449 (455).
[850] MüKoStGB/Joecks/Miebach GeschGehG § 23 Rn. 89.
[851] Harte-Bavendamm/Ohly/Kalbfus/Harte-Bavendamm GeschGehG § 23 Rn. 14.
[852] Harte-Bavendamm/Ohly/Kalbfus/Harte-Bavendamm GeschGehG § 23 Rn. 15.
[853] Harte-Bavendamm/Ohly/Kalbfus/Harte-Bavendamm GeschGehG § 23 Rn. 16; Keller/Schönknecht/Glinke/Schönknecht GeschGehG § 23 Rn. 36.
[854] Keller/Schönknecht/Glinke/Schönknecht GeschGehG § 23 Rn. 36.
[855] MüKoStGB/Joecks/Miebach GeschGehG § 23 Rn. 118.
[856] Harte-Bavendamm/Ohly/Kalbfus/Harte-Bavendamm GeschGehG § 23 Rn. 16.
[857] BGH 19.12.1984 – I ZR 133/82, GRUR 1985, 294 (296); 19.3.2008 – I ZR 225/06, WRP 2008, 938 f.
[858] Keller/Schönknecht/Glinke/Schönknecht GeschGehG § 23 Rn. 37.
[859] BeckOK GeschGehG/Hiéramente § 23 Rn. 27; MüKoStGB/Joecks/Miebach GeschGehG § 23 Rn. 89.

e) Abs. 1 Nummer 3: Geheimnisverrat

417 **aa) Objektiver Tatbestand.** Anders als in den vorherigen Tatbestandsvarianten kann Täter von Abs. 1 Nr. 3 nur eine bei dem Unternehmen beschäftigte Person sein, der ein Geschäftsgeheimnis anvertraut oder zugänglich gemacht worden ist. Es handelt sich somit um ein echtes **Sonderdelikt.**[860] Das Beschäftigungsverhältnis ist angesichts des Schutzzwecks der Norm weit zu verstehen. Eine Weisungsgebundenheit ist nicht erforderlich,[861] sodass auch der interne Datenschutzbeauftragte hierunter fallen kann.[862] Es kommt allein darauf an, dass die Person ihre Arbeitskraft ganz oder teilweise dem Unternehmen eines anderen widmet.[863] Daher kommen als taugliche Täter auch Mitglieder des Vorstands, des Aufsichtsrats oder der Geschäftsführer einer GmbH in Betracht. Anders ist dies hinsichtlich extern beauftragter Dienstleister wie Rechtsanwälte, Steuerberater und Wirtschaftsprüfer, die nicht Täter sein können.[864] Auch Gesellschafter einer juristischen Person oder Personengesellschafter kommen nicht als Täter in Betracht.[865]

418 Das Geschäftsgeheimnis wurde dem Täter **anvertraut,** wenn ein Dritter ihm dieses verbunden mit der Verpflichtung zur Geheimhaltung mitteilt.[866] Es ist ihm zugänglich gemacht worden, sobald er von diesem auf sonstige Weise in Zusammenhang mit seinem Beschäftigungsverhältnis Kenntnis nimmt.[867] Ob die Kenntnisnahme erlaubt oder unerlaubt erfolgt, ist dabei unerheblich.[868]

419 Die Tathandlung besteht in dem **Offenlegen** dieses Geschäftsgeheimnisses während der Geltungsdauer, also des bestehenden Beschäftigungsverhältnisses.[869] Unter Offenlegen ist die Eröffnung des Geschäftsgeheimnisses gegenüber Dritten zu verstehen, denen dieses bislang unbekannt war.[870] Der Täter muss dabei wegen der Anknüpfung an § 4 Abs. 2 Nr. 3 GeschGehG gegen eine Verpflichtung, das Geschäftsgeheimnis nicht offenzulegen, verstoßen. Diese kann sich etwa aus seinem Arbeitsvertrag ergeben.[871]

420 **bb) Subjektiver Tatbestand.** In subjektiver Hinsicht muss der Täter neben der allgemein in Abs. 1 erforderlichen besonderen subjektiven Handlungsmotivation zumindest **bedingt vorsätzlich** hinsichtlich aller objektiven Tatbestandsmerkmale handeln. Der Beschäftigte muss es zumindest billigend in Kauf nehmen, dass Gegenstand seines Handelns ein Geschäftsgeheimnis ist, das ihm während seines bestehenden Beschäftigungsverhältnisses anvertraut worden oder zugänglich geworden ist.[872] Der Täter muss es zudem zumindest für möglich halten, dass eine Offenlegung nicht zulässig ist. Dies kann insbesondere dann angenommen werden, wenn der Arbeitgeber dies etwa in einer Vertragsklausel, Verpflichtungserklärung oder Zugangsberechtigung zuvor kenntlich gemacht hat.[873]

421 In der Praxis gehen entsprechende Verpflichtungserklärungen gelegentlich einher mit der **Verpflichtungserklärung** zur Einhaltung des Datenschutzes, zur Verarbeitung personen-

---

[860] Köhler/Bornkamm/Feddersen/Alexander, UWG, GeschGehG § 23 Rn. 30; BeckOK GeschGehG/Hiéramente § 23 Rn. 32.
[861] Köhler/Feddersen/Alexander, UWG, GeschGehG § 23 Rn. 32.
[862] Klaas/Momsen/Wybitul DatenschutzsanktionenR-HdB/Cornelius/Spitz § 24 Rn. 33.
[863] Neues GeschGehG/Reinfeld § 7 Geschäftsgeheimnisstrafrecht (§ 23 GeschGehG) Rn. 72 f.; BeckOK GeschGehG/Hiéramente § 23 Rn. 32.
[864] BeckOK GeschGehG/Hiéramente § 23 Rn. 32.
[865] Neues GeschGehG/Reinfeld § 7 Geschäftsgeheimnisstrafrecht (§ 23 GeschGehG) Rn. 74.
[866] BeckOK GeschGehG/Hiéramente § 23 Rn. 33; Neues GeschGehG/Reinfeld § 7 Geschäftsgeheimnisstrafrecht (§ 23 GeschGehG) Rn. 76.
[867] MüKoUWG/Krbetschek GeschGehG § 23 Rn. 16; Neues GeschGehG/Reinfeld § 7 Geschäftsgeheimnisstrafrecht (§ 23 GeschGehG) Rn. 76.
[868] Neues GeschGehG/Reinfeld § 7 Geschäftsgeheimnisstrafrecht (§ 23 GeschGehG) Rn. 76.
[869] Harte-Bavendamm/Ohly/Kalbfus/Harte-Bavendamm GeschGehG § 23 Rn. 23.
[870] MüKoUWG/Krbetschek GeschGehG § 23 Rn. 17 f.
[871] Keller/Schönknecht/Glinke/Schönknecht GeschGehG § 23 Rn. 51 f.
[872] MüKoStGB/Joecks/Miebach GeschGehG § 23 Rn. 86.
[873] Neues GeschGehG/Reinfeld § 7 Geschäftsgeheimnisstrafrecht (§ 23 GeschGehG) Rn. 83; BeckOK GeschGehG/Hiéramente § 23 Rn. 38.

bezogener Daten nach Weisung und auf Grundlage einer bestehenden Rechtsgrundlage. Zwar sieht die DS-GVO – anders als noch § 5 BDSG aF – keine unmittelbare Verpflichtung des Arbeitgebers vor, Beschäftigte auf das Datengeheimnis zu verpflichten.[874] Allerdings erscheint es in der Praxis schon aufgrund der nach Art. 24 DS-GVO geforderten technischen und organisatorischen Maßnahmen und der aus Art. 5 Abs. 2 DS-GVO folgenden Rechenschaftspflicht[875] empfehlenswert, eine entsprechende Verpflichtung zur Einhaltung des Datenschutzes gegenüber Arbeitnehmern auszusprechen, um sicherzustellen, dass Verarbeitungen den Vorgaben der DS-GVO entsprechen.[876] Die Verpflichtung des Arbeitnehmers zur ausschließlichen Verarbeitung personenbezogener Daten auf Weisung folgt schließlich auch aus Art. 29 DS-GVO.[877] Die Verpflichtung auf den Datenschutz sollte – ebenso wie die Verpflichtung auf die Wahrung des Geschäftsgeheimnis – nach Möglichkeit auch einen Ansprechpartner im Unternehmen für Fragen der Beschäftigten in diesem Zusammenhang vorsehen.

f) Abs. 2: Geheimnishehlerei

Während Abs. 1 Nr. 2 die **eigengesteuerte** Geheimnishehlerei erfasst, regelt Abs. 2 die „klassische", „fremderöffnete" Geheimnishehlerei.[878] Durch die Regelung beider Varianten der Geheimnishehlerei in unterschiedlichen Abschnitten trennt der Gesetzgeber die bisher einheitlich in § 17 Abs. 2 Nr. 2 UWG aF vorgesehene Geheimnishehlerei.[879] **422**

aa) Objektiver Tatbestand. Nach Abs. 2 ist strafbar, wer ein Geschäftsgeheimnis nutzt oder offenbart, das er durch eine **fremde Vortat** nach Abs. 1 Nr. 2 oder Nr. 3 erlangt hat. Im Gegensatz zu Abs. 1 Nr. 3 kann Abs. 2 von Jedermann erfüllt werden. Durch die Trennung der eigentätigen und fremdtätigen Begehungsvariante in Abs. 1 Nr. 2 und Abs. 2, weist Abs. 2 nun gewisse Parallelen zu § 259 StGB und auch § 202d StGB [vgl. hierzu → Rn. 318]. auf.[880] Während § 259 StGB allerdings ausdrücklich von der „gegen fremdes Vermögen gerichtete[n] rechtswidrige[n] Tat" [Herv. d. Verfasser] spricht, fordert § 23 Abs. 2 GeschGehG lediglich eine „fremde Handlung nach Abs. 1 Nummer 2 oder Nummer 3". Nach überzeugender Auffassung muss die Vortat somit wenigstens den objektiven und subjektiven Tatbestand erfüllen, was auch die besondere subjektive Handlungsmotivation des Vortäters umfasst.[881] Allerdings wird man die Verweisung auf die „Handlung nach Abs. 1 Nummer 2 oder 3" und die dortige Weiterverweisung auf §§ 4 Abs. 1 Nr. 2 und § 4 Abs. 1 Nr. 3 GeschGehG dergestalt auszulegen haben, dass die Vortat auch unbefugt und damit rechtswidrig sein muss.[882] Als Vortat scheiden insbesondere solche aus, die unter die Tatbestandsausnahme des § 5 GeschGehG fallen.[883] **423**

Durch § 23 Abs. 2 GeschGehG wird das Nutzen oder Offenlegen des Geschäftsgeheimnisses unter Strafe gestellt, das der Täter durch eine fremde Vortat nach Abs. 1 Nr. 2 (in Verbindung mit dem Verstoß gegen die Verbotsnorm des § 4 Abs. 2 Nr. 1 lit. a GeschGehG) oder Abs. 1 Nr. 3 (in Verbindung mit dem Verstoß gegen die Verbotsnorm des § 4 Abs. 2 Nr. 3 GeschGehG) erlangt hat. Bei der Vortat aus Abs. 1 Nr. 3 muss der Vortäter **beim Geheimnisverrat** eine beim Geschäftsgeheimnisinhaber beschäftigte Person sein. **424**

---

874 Münchener Anwaltshandbuch Arbeitsrecht/Dendorfer-Ditges § 35 Rn. 272.
875 Vgl. BeckOK DatenschutzR/Schantz DS-GVO Art. 5 Rn. 37 ff.
876 Münchener Anwaltshandbuch Arbeitsrecht/Dendorfer-Ditges § 35 Rn. 272.
877 Richter ArbRAktuell 2020, 613 (614).
878 Brammsen wistra 2018, 449 (455).
879 MüKoStGB/Joecks/Miebach GeschGehG § 23 Rn. 88.
880 Harte-Bavendamm/Ohly/Kalbfus/Harte-Bavendamm GeschGehG § 23 Rn. 47.
881 BeckOK GeschGehG/Hiéramente § 23 Rn. 40; BeckOK UWG/Barth § 23 Rn. 21; aA Gramlich/Lütke wistra 2022, 97 (101).
882 BeckOK GeschGehG/Hiéramente § 23 Rn. 40; Neues GeschGehG/Reinfeld § 7 Geschäftsgeheimnisstrafrecht (§ 23 GeschGehG) Rn. 88.
883 Neues GeschGehG/Reinfeld § 7 Geschäftsgeheimnisstrafrecht (§ 23 GeschGehG) Rn. 90.

Der Haupttäter aus Abs. 2 muss selbst dagegen keine besondere Täterqualifikation erfüllen.[884]

425 Das Geschäftsgeheimnis der Haupttat muss **durch** die Vortat erlangt worden sein. Dies setzt nicht nur eine kausale Verknüpfung zwischen Vor- und Haupttat voraus, sondern auch einen objektiv zurechenbaren Zusammenhang.[885] Dieser Zusammenhang besteht jedenfalls dann, wenn der Haupttäter das Geschäftsgeheimnis vom Vortäter erfahren hat.[886] Dies ist auch gegeben, wenn der Vortäter dem Haupttäter durch einen Boten oder in sonstiger objektiv zurechenbarer Weise das Geschäftsgeheimnis zur Kenntnis bringt.[887] Dagegen genügt für die „unwertvermittelnde" Vortat nicht die bloß zufällige oder gar im Wege rechtlich zulässiger Auskunftsansprüche erlangte Kenntnisnahme des Haupttäters.[888]

426 **bb) Subjektiver Tatbestand.** Der Abs. 2 fordert ebenso wie Abs. 1 eine besondere subjektive **Handlungsmotivation** vom Haupttäter selbst (s. oben). Zeitliche oder inhaltliche Kongruenz zwischen der Handlungsmotivation des Vortäters mit der des Haupttäters ist nicht erforderlich. Neben dem besonderen subjektiven Handlungsmotiv muss der Täter wenigstens mit Eventualvorsatz handeln, auch in Bezug auf das Vorliegen der rechtswidrigen Vortat und die Zurechnung des erlangten Geschäftsgeheimnisses zu dieser.

g) Abs. 3: Vorlagenfreibeuterei

427 Die Vorschrift des § 23 Abs. 3 GeschGehG entspricht § 18 UWG aF und schützt mit den geheimen Vorlagen oder Vorschriften technischer Art eine **bestimmte Kategorie** von Geschäftsgeheimnissen.[889] Mit dieser gesetzgeberischen Wertung stellt der Gesetzgeber zugleich klar, dass es sich bei der Vorlage oder Vorschrift technischer Art zugleich um ein Geschäftsgeheimnis handeln muss. Dies war noch unter Geltung des § 18 UWG aF umstritten.[890]

428 **aa) Objektiver Tatbestand.** Durch Abs. 3 wird der Sonderfall **geheimer Vorlagen** und **technischer Vorschriften** geregelt, die dem Täter im geschäftlichen Verkehr anvertraut wurden. Die Vorlagen oder technischen Vorschriften müssen dem Täter durch den Geschädigten im geschäftlichen Verkehr anvertraut werden. Dies setzt ein Außenverhältnis zwischen dem Geschädigten und dem Täter voraus; eigenen Mitarbeitern können die Tatobjekte nicht iSd Abs. 3 anvertraut werden.[891] Im Übrigen ist der Täterkreis weit gefasst, sodass neben Selbstständigen, Händlern oder Herstellern auch Freiberufler und nach hM private Endkunden vom Täterkreis erfasst sind.[892]

429 **Anvertraut** sind die Vorlagen oder Vorschriften technischer Art, wenn diese unter der konkludenten oder ausdrücklichen Auflage übergeben werden, sie vertraulich und nur im Interesse des Anvertrauenden zu behandeln. Eine solche Auflage liegt insbesondere vor, wenn zwischen dem Täter und dem Geschädigten ein Vertragsverhältnis zur Übergabe des Tatobjekts geschlossen wurde, etwa in Gestalt eines Know-how Lizenzvertrags, eines Kooperationsvertrags über Forschung und Entwicklung oder auch eine hinreichend konkrete Geheimhaltungsvereinbarung.[893] Allerdings ist das Bestehen eines Vertrags keine

---

[884] BeckOK UWG/Barth § 23 Rn. 21.
[885] BeckOK UWG/Barth § 23 Rn. 21.
[886] BeckOK GeschGehG/Hiéramente § 23 Rn. 41.
[887] BeckOK GeschGehG/Hiéramente § 23 Rn. 41.
[888] MüKo Lauterkeitsrecht/Brammsen, 2. Aufl. 2014, UWG § 17 aF Rn. 114 mwN.
[889] BT-Drs. 19/4724, 41.
[890] Neues GeschGehG/Reinfeld § 7 Geschäftsgeheimnisstrafrecht (§ 23 GeschGehG) Rn. 93, 109 mwN.
[891] MüKoUWG/Krbetschek GeschGehG § 23 Rn. 32.
[892] BeckOK GeschGehG/Hiéramente § 23 Rn. 48; MüKoUWG/Krbetschek GeschGehG § 23 Rn. 32; bei privaten Endkunden zweifelnd Neues GeschGehG/Reinfeld § 7 Geschäftsgeheimnisstrafrecht (§ 23 GeschGehG) Rn. 97.
[893] Neues GeschGehG/Reinfeld § 7 Geschäftsgeheimnisstrafrecht (§ 23 GeschGehG) Rn. 105 f.

Voraussetzung; die Auflage kann sich auch aus einem einseitigen Hinweis ergeben[894] oder aus den Umständen der Überlassung.[895]

Taugliches Tatobjekt ist ein Geschäftsgeheimnis (§ 2 Nr. 1 GeschGehG), das sich kör- **430** perlich oder elektronisch in einer **Vorlage** manifestiert hat oder Eingang in eine geheime technische Vorschrift gefunden hat.[896] Eine Vorlage ist alles, was bei der Herstellung neuer Sachen und Dienstleistungen als Vorbild oder Grundlage dient.[897] Hierunter können Zeichnungen, Modelle, Schablonen, Schnitte, Rezepte (§ 18 Abs. 1 UWG aF) und Beschreibungen fallen.[898] Entscheidend für die Einordnung als Vorlage ist in jedem Fall, dass die Vorlage in irgendeiner Weise niedergelegt ist. Eine nur mündliche Beschreibung reicht aufgrund des Bestimmtheitsgrundsatzes nicht aus, auch wenn die mündliche Beschreibung anschließend vom Empfänger perpetuiert wird.[899]

Vorschriften technischer Art sind Geschäftsgeheimnisse (§ 2 Nr. 1 GeschGehG) in **431** Gestalt von mündlichen, schriftlichen oder elektronischen Anweisungen bezüglich der Einrichtung und/oder Durchführung bestimmter technischer Arbeitsschritte oder Verfahrensabläufe.[900] Im Gegensatz zu Vorlagen kommt es bei Vorschriften technischer Art nicht auf eine irgendwie geartete Verkörperung an.[901] Beispiele für Vorschriften technischer Art sind etwa Software (sowohl als Objekt- als auch Quellcode), Werkzeugzeichnungen oder Verfahrensanweisungen.[902]

Tathandlung des § 23 Abs. 3 GeschGehG ist das **Nutzen** oder **Offenlegen** des **432** Geschäftsgeheimnisses entgegen § 4 Abs. 1 Nr. 2 oder Nr. 3 GeschGehG unter Verstoß gegen eine Verpflichtung zur beschränkten Nutzung oder einer solchen, das Geschäftsgeheimnis nicht offenzulegen.[903] Nutzen ist jede Verwertung des Geschäftsgeheimnisses.[904] Offenlegen ist das Eröffnen des Geschäftsgeheimnisses gegenüber Dritten, wodurch die Vertraulichkeit durch Kenntnisgabe verletzt wird.[905]

bb) Subjektiver Tatbestand. Im Gegensatz zu Abs. 1 und 2 fordert Abs. 3 als besondere **433** subjektive **Handlungsmotivation** lediglich die Förderung des eigenen oder fremden Wettbewerbs oder den Eigennutz. Die Handlungsmotive zugunsten eines Dritten oder in der Absicht, dem Inhaber eines Unternehmens Schaden zuzufügen, fehlen.[906]

h) Abs. 4: Qualifikationstatbestand

Der Abs. 4 entspricht § 17 Abs. 4 UWG aF, ist aber im Gegensatz zur Vorlage nicht mehr als **434** Regelbeispiel, sondern als Qualifikationstatbestand ausgestaltet.[907] Abs. 4 qualifiziert die Taten aus Abs. 1 und 2 bei Vorliegen bestimmter objektiver und subjektiver Umstände, nicht aber den Sonderfall aus Abs. 3.

---

[894] OLG Karlsruhe 23.4.1986 – 6 U 104/86, WRP 1986, 623 (624 f.).
[895] Harte-Bavendamm/Ohly/Kalbfus/Harte-Bavendamm GeschGehG § 23 Rn. 59; Neues GeschGehG/Reinfeld § 7 Geschäftsgeheimnisstrafrecht (§ 23 GeschGehG) Rn. 106.
[896] MüKoUWG/Krbetschek GeschGehG § 23 Rn. 33.
[897] KG 9.6.1987 – 5 U 6153/85, GRUR 1988, 702 (703); Hoeren/Münker/Bott/Kohlhof, Gesetz zum Schutz von Geschäftsgeheimnissen, S. 507 Rn. 91; Harte-Bavendamm/Ohly/Kalbfus/Harte-Bavendamm GeschGehG § 23 Rn. 54; BeckOK GeschGehG/Hiéramente § 23 Rn. 50.
[898] Harte-Bavendamm/Ohly/Kalbfus/Harte-Bavendamm GeschGehG § 23 Rn. 54.
[899] Harte-Bavendamm/Ohly/Kalbfus/Harte-Bavendamm GeschGehG § 23 Rn. 54; Hoppe/Oldekopp/Altenburg Geschäftsgeheimnisse Rn. 917.
[900] BeckOK GeschGehG/Hiéramente GeschGehG § 23 Rn. 51; Harte-Bavendamm/Ohly/Kalbfus/Harte-Bavendamm GeschGehG § 23 Rn. 55.
[901] Hoppe/Oldekopp/Altenburg, Geschäftsgeheimnisse, Rn. 918.
[902] Hoeren/Münker/Bott/Kohlhof, Gesetz zum Schutz von Geschäftsgeheimnissen, S. 508 Rn. 94; Neues GeschGehG/Reinfeld § 7 Geschäftsgeheimnisstrafrecht (§ 23 GeschGehG) Rn. 97.
[903] MüKoUWG/Krbetschek GeschGehG § 23 Rn. 34.
[904] Köhler/Feddersen/Alexander GeschGehG § 4 Rn. 38.
[905] MüKoUWG/Krbetschek GeschGehG § 23 Rn. 35.
[906] Krit. Gramlich/Lütke wistra 2022, 97 (105).
[907] BT-Drs. 19/4724, 41.

435 **aa) Gewerbsmäßiges Handeln (Nr. 1).** Abs. 4 Nr. 1 qualifiziert die Taten aus Abs. 1 oder 2 in Fällen **gewerbsmäßigen Handelns.** Gewerbsmäßiges Handeln liegt vor, wenn der Täter mit der Tat die Absicht verfolgt, sich durch wiederholte Tatbegehungen eine fortlaufende Einnahmequelle von einiger Dauer und Umfang zu verschaffen.[908] Sofern ein solches Streben vorliegt, ist bereits die erste mit der gefassten Absicht erfolgte Tathandlung als gewerbsmäßig einzuordnen.[909] Irrelevant ist, ob sich die beabsichtigte Gewinnerwartung tatsächlich realisiert.[910]

436 **bb) Auslandsbezug (Nr. 2 und 3).** Der Gedanken hinter Abs. 4 Nr. 2 und 3 ist der Schutz inländischer Unternehmen vor einem **Know-how-Abfluss** ins Ausland.[911] In Abgrenzung zum Begriff des Auslandes regelt § 3 StGB das Inland, welches alle Gebiete umfasst, die zum deutschen Hoheitsgebiet gehören.[912] Vom Begriff des Auslands ist im Umkehrschluss das Gebiet umfasst, das nicht zum deutschen Hoheitsgebiet gehört, einschließlich des Gebiets der anderen Mitgliedstaaten der EU, ungeachtet des in der EU bestehenden gemeinsamen Binnenmarktes.[913]

437 Nach Abs. 4 Nr. 2 werden die Taten aus Abs. 1 Nr. 2, Nr. 3 oder Abs. 2 in Fällen **qualifiziert,** in denen der Täter bei der Offenlegung des Geschäftsgeheimnisses weiß, dass das Geschäftsgeheimnis im Ausland genutzt werden wird. Ausreichend ist, dass der Täter im Zeitpunkt der Tathandlung mit der Möglichkeit einer Nutzung im Ausland rechnet; die tatsächliche Nutzung im Ausland ist dagegen nicht erforderlich.[914] Umgekehrt scheidet der Qualifikationstatbestand der Nr. 2 aus, wenn der Täter die Nutzung des Geschäftsgeheimnisses im Ausland nicht als möglich erkannt hat, obwohl eine solche Nutzung tatsächlich erfolgt.[915]

438 Zunächst setzt Abs. 4 Nr. 3 in objektiver Hinsicht voraus, dass der Täter in den Fällen des Abs. 1 Nr. 2 (eigentätige Geheimnishehlerei) oder des Abs.es 2 (fremdtätige Geheimnishehlerei) das Geheimnis im Ausland **nutzt.** Im Gegensatz zu Nr. 2 muss bei Nr. 3 die Nutzung im Ausland tatsächlich erfolgen, also wenigsten begonnen haben.[916] In subjektiver Hinsicht muss der Täter es zumindest für möglich halten, dass die Nutzung des Geschäftsgeheimnisses im Ausland erfolgt.

i) Abs. 5: Versuchsstrafbarkeit

439 Der Versuch der Taten aus Abs. 1–3 sowie der Qualifikationstatbestände aus Abs. 4 ist gem. Abs. 5 strafbar. Die Versuchsstrafbarkeit entspricht den bisherigen Regelungen der §§ 17 Abs. 3, 18 Abs. 2 und 19 UWG aF.[917] Die Normierung der **Versuchsstrafbarkeit** trägt dem erhöhten Gefährdungspotential Rechnung, das daraus folgt, dass der rechtliche Schutz von Geschäftsgeheimnissen allein von der Geheimhaltung der Information abhängt.[918] Allerdings

[908] BGH 11.10.1994 – 1 StR 522/94, NStZ 1995, 85; Gramlich/Lütke wistra 2022, 97 (102); Köhler/Feddersen/Alexander GeschGehG § 23 Rn. 83.
[909] BGH 11.10.1994 – 1 StR 522/94, NStZ 1995, 85; Köhler/Feddersen/Alexander GeschGehG § 23 Rn. 83.
[910] BGH 11.10.1994 – 1 StR 522/94, NStZ 1995, 85; MüKoStGB/Joecks/Miebach GeschGehG § 23 Rn. 131.
[911] Köhler/Feddersen/Alexander GeschGehG § 23 Rn. 84.
[912] Hierzu Schönke/Schröder/Eser/Weißer StGB Vorb. zu §§ 3–9 Rn. 60 ff.
[913] OLG Düsseldorf 9.2.2007 – 5 Ss 163/06, BeckRS 2008, 05432 mit dem schlichten Hinweis, dass es sich trotz der Zugehörigkeit von Deutschland und Frankreich zu EU bei Frankreich „rechtlich um Ausland" handele; Bott wistra 2015, 342 (343 f.), Köhler/Bornkamm/Feddersen/Alexander GeschGehG § 23 Rn. 84; Neues GeschGehG/Reinfeld § 7 Geschäftsgeheimnisstrafrecht (§ 23 GeschGehG) Rn. 36; MüKoStGB/Joecks/Miebach GeschGehG § 23 Rn. 133; aA unter Berücksichtigung einer Gesamtabwägung im Rahmen der früheren Regelbeispiele Harte-Bavendamm/Henning-Bodewig/Harte-Bavendamm, 4. Aufl. 2016, UWG § 17 aF Rn. 38.
[914] MüKoStGB/Joecks/Miebach GeschGehG § 23 Rn. 132.
[915] MüKoStGB/Joecks/Miebach GeschGehG § 23 Rn. 132.
[916] MüKoStGB/Joecks/Miebach GeschGehG § 23 Rn. 133.
[917] BT-Drs. 19/4724, 41.
[918] BT-Drs. 19/4724, 41.

kann die Abgrenzung des strafbaren unmittelbaren Ansetzens zur Tat von der straflosen Vorbereitungshandlung im Einzelfall problematisch sein.[919] Maßgeblich ist stets das Vorstellungsbild des Täters.[920] Auch der untaugliche Versuch ist strafbar. Ein solcher kommt etwa in Betracht, wenn ein Geheimnis gegenüber einer Person offengelegt wird, die bereits Kenntnis von dem Geheimnis hat oder wenn die offengelegte Information nur in der Vorstellung des Täters ein Geschäftsgeheimnis darstellt, ein solches tatsächlich aber nicht vorliegt.[921]

j) Abs. 6: Beihilfe durch Medienschaffende

In der letzten Phase des Gesetzgebungsverfahrens wurde mit Abs. 6 noch eine Rechtfertigungsgrund für Beihilfehandlungen von in § 53 Abs. 1 S. 1 Nr. 5 StPO genannte Personen aufgenommen. Voraussetzung ist, dass sich die Handlung auf Beihilfe in Gestalt der Entgegennahme, Auswertung oder Veröffentlichung des Geschäftsgeheimnisses beschränkt. Der § 53 Abs. 1 S. 1 Nr. 5 StPO sieht ein publizistisches **Zeugnisverweigerungsrecht** und nach § 97 Abs. 5 S. 1 StPO ein korrespondierendes **Beschlagnahmeverbot** für Personen vor, die bei der Vorbereitung, Herstellung oder Verbreitung von Druckwerken, Rundfunksendungen, Filmberichten oder der Unterrichtung oder Meinungsbildung dienenden Informations- und Kommunikationsdiensten berufsmäßig mitwirken oder mitgewirkt haben. Nach der gesetzgeberischen Intention wurde Abs. 6 nach dem Vorbild des § 353b Abs. 3a StGB eingeführt.[922] Der § 353b StGB regelt die Verletzung des Dienstgeheimnisses durch Beamte und andere Geheimnisträger. Durch § 353b Abs. 3a StGB wird ebenfalls ein Rechtfertigungsgrund für Personen nach § 53 Abs. 1 Nr. 5 StPO vorgesehen. Durch die Übertragung des Rechtfertigungstatbestandes in § 23 GeschGehG will der Gesetzgeber klarstellen, dass normales journalistisches Handeln keine Strafbarkeit wegen Beihilfe begründet.[923] Hierdurch soll der Befürchtung möglicher „Abschreckungseffekte auf Journalisten" begegnet werden.[924] Journalisten sollen nicht von vorneherein von der Kooperation mit Informanten abgehalten werden, die bereit sind etwaige fremde Geschäftsgeheimnisse preiszugeben.[925] **440**

Die Beihilfehandlung des Medienangehörigen iSd § 53 Abs. 1 Nr. 5 StPO muss sich auf die Entgegennahme, Auswertung oder Veröffentlichung des Geschäftsgeheimnisses beschränken. Diese Schranke ist überschritten, wenn der Medienangehörige das Geschäftsgeheimnis selbst **gewinnbringend** nutzt, sich die Beihilfehandlung auf die Beschaffung des Geschäftsgeheimnisses erstreckt oder der Medienschaffende zur Offenlegung des Geschäftsgeheimnisses anstiftet.[926] **441**

k) Rechtswidrigkeit

Die in § 5 GeschGehG vorgesehenen Ausnahmen waren im Gesetzgebungsverfahren lange als Rechtfertigungsgründe vorgesehen. Aufgrund der an dieser Konzeption geäußerten Kritik wurde § 5 GeschGehG jedoch letztlich als tatbestandsausschließende Ausnahmevorschrift konzipiert.[927] Der § 5 GeschGehG enthält nun Fallgruppen, in denen die Erlangung, Nutzung oder Offenlegung eines Geschäftsgeheimnisses nicht tatbestandsmäßig sind, wenn dies zum Schutz eines bestimmten berechtigten Interesses erfolgt.[928] Als Rechtfertigungs- **442**

[919] Gramlich/Lütke wistra 2022, 97 (103).
[920] BeckOK GeschGehG/Hiéramente GeschGehG § 23 Rn. 65.
[921] Hoeren/Münker/Bott/Kohlhof, Gesetz zum Schutz von Geschäftsgeheimnissen, S. 509 Rn. 103; Escherich EuZA 2022, 307 (323); Brockhaus ZIS 2020, 102 (115).
[922] BT-Drs. 19/8300, 15.
[923] BT-Drs. 19/8300, 15.
[924] BT-Drs. 19/8300, 15.
[925] Harte-Bavendamm/Ohly/Kalbfus/Harte-Bavendamm GeschGehG § 23 Rn. 71.
[926] Harte-Bavendamm/Ohly/Kalbfus/Harte-Bavendamm GeschGehG § 23 Rn. 72.
[927] Neues GeschGehG/Reinfeld § 7 Geschäftsgeheimnisstrafrecht (§ 23 GeschGehG) Rn. 32.
[928] BT-Drs. 19/4724, 28.

grund kann der rechtfertigende Notstand (§ 34 StGB), im Einzelfall aber auch Notwehr (§ 32 StGB) in Betracht kommen. Die Tat nach § 23 GeschGehG ist auch dann nicht rechtswidrig, wenn der Berechtigte in die jeweilige Tat wirksam einwilligt.[929]

l) Abs. 7: Auslandstaten (§ 5 StGB) und Versuch der Beteiligung (§§ 30, 31 StGB)

443 **aa) Auslandstaten.** Über den Verweis in Abs. 7 Satz 1 auf § 5 Nr. 7 StGB sind auch Straftaten, die im Ausland begangen wurden, durch § 23 GeschGehG erfasst. Voraussetzung ist, dass es sich um ein Geschäftsgeheimnis „eines im räumlichen Geltungsbereich dieses Gesetzes liegenden Betriebs, eines Unternehmens, das dort seinen Sitz hat, oder eines Unternehmens mit Sitz im Ausland, das von einem Unternehmen mit Sitz im räumlichen Geltungsbereich dieses Gesetzes abhängig ist und mit diesem einen Konzern bildet" handelt. Damit wird zum Beispiel die **auswärtige Betriebsspionage** in inländischen Betrieben oder Sitzunternehmen oder in ausländischen Tochterunternehmen inländischer Konzernmütter sanktioniert.[930]

444 **bb) Versuch der Beteiligung.** Der Abs. 7 Satz 2 ersetzt den Tatbestand des § 19 UWG aF und sieht eine entsprechende Anwendung der §§ 30, 31 StGB für Fälle vor, in denen ein Täter „zur Förderung des eigenen oder fremden Wettbewerbs oder aus Eigennutz handelt". Hierdurch kann sich schon derjenige strafbar machen, der die Anstiftung zu einer Tat iSd § 23 GeschGehG nur erfolglos versucht hat. Im Regelfall stellt das StGB nur den Versuch der Beteiligung an einem Verbrechen (§ 12 Abs. 2 StGB) unter Strafe.[931] Allerdings ist die Strafe im Falle des § 23 Abs. 7 S. 2 GeschGehG durch den Verweis auf § 30 Abs. 1 S. 2 StGB (analog) gem. § 49 Abs. 1 StGB zu mildern. Durch diesen Verweis wurden die in der „alten Fassung" in § 18 und 19 UWG bestehenden Wertungswidersprüche im Hinblick auf die Höhe der Strafe beseitigt[932], was aus Sicht des Gesetzgebers auch der Zweck des Verweises war.[933] Zudem wollte der Gesetzgeber hiermit wie bei § 23 Abs. 5 GeschGehG dem hohen Gefährdungspotential von **Vorbereitungshandlungen** im Bereich der Geschäftsgeheimnisse gerecht werden.[934]

445 Die Voraussetzung für eine Strafbarkeit ist die hinreichend **konkretisierte** Erklärung, sich zu einer Straftat verpflichten zu wollen. Die reine Kundgabe, eine (noch nicht weiter spezifizierte) Straftat begehen zu wollen, ist nicht ausreichend.[935]

m) Rechtsfolgen, Strafantrag und Verjährung

446 Alle Tatvarianten des § 23 Abs. 1 und 2 GeschGehG sind mit Freiheitsstrafe bis zu drei Jahren oder mit Geldstrafe bedroht. Die Verwirklichung der **Qualifikation** in Abs. 4 kann zu einer Erhöhung der Freiheitsstrafe auf bis zu fünf Jahre führen. Eine Verwirklichung des Tatbestands in Abs. 3 führt hingegen zu einer Freiheitsstrafe von bis zu zwei Jahren oder Geldstrafe.

447 Der § 23 GeschGehG ist **relatives Antragsdelikt:**[936] Nach Abs. 8 muss zur Verfolgung des Delikts ein Strafantrag gestellt werden. Im Übrigen kommt eine Verfolgung von Amts

[929] Neues GeschGehG/Reinfeld § 7 Geschäftsgeheimnisstrafrecht (§ 23 GeschGehG) Rn. 32.
[930] Brammsen wistra 2018, 449 (457); BeckOK GeschGehG/Hiéramente GeschGehG § 23 Rn. 87.
[931] Gramlich/Lütke wistra 2022, 97 (104); Hoeren/Münker/Bott/Kohlhof, Gesetz zum Schutz von Geschäftsgeheimnissen, S. 510 Rn. 105 f.; die weite Vorverlagerung der Strafbarkeit als „systemwidrig" bezeichnend MüKoStGB/Joecks/Miebach § 23 Rn. 136.
[932] BeckOK GeschGehG/Hiéramente GeschGehG § 23 Rn. 66.1; Keller/Schönknecht/Glinke/Schönknecht GeschGehG § 23 Rn. 141; Gramlich/Lütke wistra 2022, 97 (104).
[933] BT-Drs. 19/4724, 41.
[934] Hoppe/Oldekopp/Altenburg Geschäftsgeheimnisse Rn. 949; krit. zu Abs. 7 S. 2 Brammsen wistra 2018, 449 (457); MüKoStGB/Joecks/Miebach § 23 Rn. 136.
[935] Hoeren/Münker/Bott/Kohlhof, Gesetz zum Schutz von Geschäftsgeheimnissen, S. 510 Rn. 105; BeckOK GeschGehG/Hiéramente GeschGehG § 23 Rn. 67.2.
[936] Hoppe/Oldekopp/Altenburg Geschäftsgeheimnisse Rn. 951; Hoeren/Münker/Bott/Kohlhof, Gesetz zum Schutz von Geschäftsgeheimnissen, S. 513 Rn. 121.

wegen in Betracht, wenn dies wegen eines besonderen öffentlichen Interesses an der Strafverfolgung erforderlich ist.

Die Verfolgungsverjährung tritt bei den Tatbeständen der Abs. 1–3 sowie der Qualifikation in Abs. 4 gem. § 78 Abs. 3 Nr. 4 StGB nach fünf Jahren ein. Die Verjährungsfrist beginnt mit der Beendigung der Tat. 448

V. Schuldrechtliche Beschränkungen – die schuldrechtliche Lizenz

Siehe zu diesem Themenkomplex auch
- Überlassung auf Dauer → Kap. 11 Rn. 1
- Miete, Leihe, Leasing und Pacht → Kap. 11 Rn. 122
- Leistungsstörungen → Kap. 12 Rn. 1 und → Kap. 12 Rn. 108

1. Überblick

Inhaber von Daten können sich regelmäßig nicht auf ein Ausschließlichkeitsrecht berufen, 449
das Dritten die Nutzung oder Weitergabe verbietet. Anders als etwa ein Patent, das umfassenden Schutz gegen die Nutzung der offenbarten technischen Lehre bietet, besteht regelmäßig kein Schutz, wenn der Dateninhaber seinen Datenbestand gegenüber Dritten offenlegt. Daten können zwar insbesondere als Geschäftsgeheimnisse schutzfähig sein. Die Handlungsverbote sind in dem GeschGehG abschließend geregelt und der Dritte begeht grundsätzlich keine verbotene Handlung, wenn er die Daten nach rechtmäßiger Erlangung weitergibt oder offenbart (→ Kap. 10 Rn. 149).

Aus diesem Grund ist es für den Dateninhaber erforderlich, die Nutzung von Daten 450
vertraglich zu beschränken, die er an einen Dritten weitergeben oder zur Nutzung bereitstellen will, was ihm die **Vertragsfreiheit** grundsätzlich erlaubt (→ Rn. 452). **Schuldrechtliche Beschränkungen** in Bezug auf die Datennutzung können im Grundsatz in sämtlichen Verträgen geregelt werden. Bei Verträgen, deren Kern die Regelung der Datennutzung und die Vereinbarung schuldrechtlicher Beschränkungen in Bezug auf die Datennutzung ist, handelt es sich um sog. **Datennutzungsverträge** bzw. **Datenlizenzen** (→ Rn. 454). Auch wenn es sich hierbei nur um einen **relativen Schutz** handelt, der keine umfassende Drittwirkung vermittelt, kann die Verwendung der Daten durch den Vertrag gesteuert und insbesondere die Weitergabe an Dritte unterbunden werden. Die Kombination aus relativen schuldrechtlichen Beschränkungen, technischen Schutzmaßnahmen und dem Geschäftsgeheimnisschutz als flankierendem Schutzmechanismus kann dabei dem Schutz, den ein Ausschließlichkeitsrecht vermittelt, durchaus nahekommen. Es bedarf hierzu aber einer sorgfältigen Regelung der schuldrechtlichen Beschränkungen durch den Dateninhaber (→ Rn. 460).

Die Möglichkeit, die Nutzung von Daten gegenüber dem Vertragspartner zu beschränken, 451
besteht nicht grenzenlos (→ Rn. 475). Der **Data Act** (DA) enthält zahlreiche Regelung, die für den Dateninhaber zu berücksichtigen sind. Ferner sind das **AGB-Recht** und das **Datenschutzrecht** zentrale Grenzen.

2. Vertragsfreiheit als Ausgangspunkt

Ausgangspunkt, die Weitergabe von Daten durch Verträge zu beschränken, ist die **Vertragsfreiheit.** Im Hinblick auf mögliche Beschränkungen ist die Vertragsfreiheit in doppelter Hinsicht relevant. Zum einen erlaubt die Vertragsfreiheit die **Wahl der Ver-** 452

tragsform, zum anderen erlaubt die Vertragsfreiheit die im Grundsatz **freie Ausgestaltung** des Datenvertrags.[937]

453 Der Data Act, der das wohl zentrale Regelwerk zu dem vertraglichen Handel mit Daten darstellt, erkennt den Grundsatz der Vertragsfreiheit ausdrücklich an und nimmt diesen als Grundlage ihres vertragsrechtlich geprägten Ansatzes, siehe Erwgr. 43 DA:

Auf der Grundlage des Grundsatzes der Vertragsfreiheit sollte es den Parteien freistehen, in ihren Verträgen im Rahmen der allgemeinen Zugangsvorschriften für die Bereitstellung von Daten die genauen Bedingungen für die Bereitstellung von Daten auszuhandeln. Die Bedingungen solcher Verträge könnten sich auch auf technische und organisatorische Maßnahmen, auch in Bezug auf die Datensicherheit, erstrecken.

3. Die Datenlizenz als Vertragsform zur Regelung schuldrechtlicher Beschränkungen

454 Der Umstand, dass Daten durch Verträge gehandelt werden, darf nicht darüber hinwegtäuschen, dass sich die Vertragspraxis und das Vertragsrecht über Daten noch in der Entstehung befinden und **kein einheitliches Datenvertragsrecht** existiert.[938] Der Data Act, der den Grundstein eines europäischen Datenvertragsrechts legt, beinhaltet selbst kein disponibles Datenvertragsrecht, sondern im Wesentlichen gesetzliche Grenzen von Datenverträgen. Es gilt das nationale allgemeine Vertragsrecht, wenn es um die vertragsrechtliche Einordnung der Rechtsbeziehungen geht. Auch wenn das **Vertragsrecht des BGB** maßgeblich auf körperliche Güter zugeschnitten ist, erweist es sich als flexibel genug, um auch den Datenhandel abzubilden. Aufgrund der Vertragsfreiheit steht es den Parteien frei, Verträge über Daten abzuschließen und hierin schuldrechtliche Beschränkungen zu vereinbaren.

455 Schuldrechtliche Beschränkgen können in sämtlichen Verträgen vereinbart werden. Auch in einem **Datenkauf** können schuldrechtliche Beschränkungen vereinbart werden. Der Datenkauf (→ Rn. 500; → Kap. 11 Rn. 56) ist auf die dauerhafte (faktische) Übertragung der Daten an einen Erwerber gerichtet. Zur **Abgrenzung** zwischen Kauf und Gebrauchsüberlassung ist zunächst entscheidend, ob die Überlassung **zeitlich befristet oder unbefristet** erfolgt.[939] Allerdings können **inhaltliche Beschränkungen** (Nutzungs- bzw. Verwendungsbeschränkungen und Löschungspflichten) so weit reichen, dass es sich um keinen Kaufvertrag mehr handelt, weil die Position, die der Vertragspartner erlangt, nicht mehr dem Leitbild einer dauerhaften Übertragung der Daten entspricht (→ Kap. 11 Rn. 122).

456 Ist der Vertrag im Kern darauf gerichtet, die Rechte an Daten zwischen den Parteien zu regeln, handelt es sich in der Regel um sog. **Datennutzungsverträge oder auch Datenlizenzen.** Solche Verträge richten sich auf den Zugang zu und die Nutzung von Daten, regeln die Nutzungsrechte an den Daten und enthalten als Spiegelbild hierzu schuldrechtliche Beschränkungen.

a) Datenlizenz – allgemeines zur Interessenlage der Parteien

457 Die Datenlizenz ist durch die Besonderheit geprägt, dass ihr kein Ausschließlichkeitsrecht, sondern eine faktische Herrschaftsmacht des Dateninhabers zugrunde liegt. Letztere gründet etwa auf technische Schutzmaßnahmen oder Geheimhaltung. Die Daten sind nicht frei verfügbar und nicht zugänglich für den potenziellen Vertragspartner. Den Parteien geht es daher um die Bereitstellung andernfalls nicht verfügbarer Daten.[940] Es besteht hierbei ein **Spannungsverhältnis** zwischen dem Interesse des Dateninhabers, die Verwendung der

937 Bräutigam/Kraul IoT-HdB/Wiebe/Schur § 6 Rn. 64 ff.
938 Schur GRUR 2020, 1142 (1143).
939 Schur Die Lizenzierung von Daten S. 169.
940 Schur GRUR 2020, 1142 (1148); Schur Die Lizenzierung von Daten S. 288 f.

Daten möglichst weitgehend zu beschränkten, und dem Interesse des Datenempfängers, die Daten weitgehend nutzen zu können. Die Datenlizenz ist grundsätzlich das Mittel, um die Brücke zwischen **kontrollierter Bereitstellung der Daten und Zugang für den Datenempfänger** zu schlagen.[941] Die Datenlizenz hat also zwei Ziele: zum einen soll sie den Zugang zu einem andernfalls abgeschotteten Datenbestand ermöglichen, zum anderen gibt sie dem Dateninhaber die Möglichkeit, dem Vertragspartner schuldrechtliche Beschränkungen aufzuerlegen, um so dessen Freiheit zu begrenzen, die Daten frei zu verwerten,[942] weswegen der Dateninhaber die Daten kontrolliert offenbaren kann.[943] Zugangsgewährung und Beschränkungen gehen Hand in Hand. Die schuldrechtlichen Beschränkungen sind nichts anderes als die Bedingungen, zu denen der Zugang zu dem Datenbestand gewährt wird.

b) Unterschiede zu Lizenzen an Immaterialgüterrechten

Lizenzen an Immaterialgüterrechten beruhen auf einem Ausschließlichkeitsrecht, sodass **458**
die Ausgangslage im Gegensatz zu Datenlizenzen eine andere ist. Grundlage der Datenlizenz ist die vorgenannte faktische Ausschließlichkeit, nämlich der für den Lizenznehmer fehlende Zugang zu den Daten.[944] Die Datenlizenz kennzeichnet daher, dass der Lizenznehmer den Vertragsgegenstand zwar aus rechtlicher Sicht benutzen darf, er dies aber aus rein tatsächlichen Gründen nicht kann (sog. **unechte Lizenz**).[945] Die Vertragsform ähnelt daher der Know-how-Lizenz.[946] Da mangels Ausschließlichkeitsrecht eine Verfügung ins Leere geht und das positive Benutzungsrecht nur vertraglich begründet werden kann, ist die Datenlizenz rein schuldrechtlicher Rechtsnatur.[947]

c) Vertragstypologie

Die Datenlizenz kann vertragstypologisch entweder als **Pacht** oder als **Vertrag sui generis** **459**
erfasst werden.[948] Die Besonderheiten der Anwendung des Pachtrechts sind in → Kap. 11 Rn. 178 dargestellt. Aufgrund der Besonderheiten der Datenlizenz erscheint es vorzugswürdig, von einem Vertrag sui generis auszugehen.[949] Der Parteivereinbarung kommt aber ohnehin der zentrale Stellenwert zu.

4. Schuldrechtliche Beschränkungen

Ausgangspunkt der Vertragsgestaltung ist, dass **keine positiv definierten Verwertungs-** **460**
rechte an Daten existieren, die einer Person zugewiesen sind.[950] Im Ausgangspunkt sind also sowohl Lizenzgeber und Lizenznehmer im Grunde dazu befugt, sämtliche Verwertungshandlungen vorzunehmen.[951] Bei der Konzeption von schuldrechtlichen Beschränkungen sind zwei Herangehensweisen denkbar. Zum einen können unmittelbar schuldrechtliche Beschränkungen vertraglich vereinbart werden, sodass dem Vertragspartner alle genannten Handlungen untersagt sind. Zum anderen können **Nutzungsrechte** vereinbart werden. Die Nutzungsrechte sind **umgekehrtes Spiegelbild schuldrechtlicher Beschränkungen.** Sie legen fest, wie der Vertragspartner die Daten nutzen darf, und alle Handlungen abseits

[941] Schur GRUR 2020, 1142 (1148); Schur Die Lizenzierung von Daten S. 288 f.
[942] Schefzig DSRITB 2015, 551 (556 f.); ebenso v. Baum/Appt/Schenk DB 2017, 1824 (1827).
[943] Schur GRUR 2020, 1142 (1148); Schur Die Lizenzierung von Daten S. 288 f.
[944] Schur Die Lizenzierung von Daten S. 160.
[945] Schur GRUR 2020, 1142 (1144).
[946] Vgl. zur Know-how-Lizenz Hilty, Lizenzvertragsrecht, 2001, S. 82; McGuire Lizenz S. 75.
[947] Ausführlich Schur Die Lizenzierung von Daten S. 159 ff.
[948] Vgl. Hennemann RDi 2021, 61 (64); Schur GRUR 2020, 1142 (1145); Czychowski/Winzek ZD 2022, 81 (84); Specht, Konsequenzen der Ökonomisierung informationeller Selbstbestimmung, 2012, Rn. 523.
[949] Schur Die Lizenzierung von Daten S. 174 ff.
[950] Schefzig DSRITB 2015, 551 (557).
[951] Schefzig DSRITB 2015, 551 (557).

dieser abschließend festgelegten Rechte sind dem Vertragspartner untersagt.[952] Diese Vorgehensweise hat aus Sicht des Dateninhaber den Vorteil, nur eben diejenigen Handlungen aufzählen zu müssen, die dem Vertragspartner erlaubt sind, und vermeidet das Risiko, nicht alle beabsichtigten schuldrechtlichen Beschränkungen abschließend aufgezählt zu haben. Auch für den Vertragspartner schafft diese Regelung klare Verhältnisse.

Beispiel:

461 Die Konzeption schuldrechtlicher Beschränkungen (im Rahmen einer Datenlizenz) sollte daher wie folgt vorgenommen werden: zunächst sind dem Vertragspartner alle Handlungen in Bezug auf den Datenbestand zu verbieten. Hier sind Formulierungen ausreichen, die dies deutlich machen, wie etwa: „Der Datenlizenznehmer ist zu den folgenden Handlungen befugt: (…)." Hierdurch wird ausreichend deutlich, dass es nur die anschließend enumerative aufgezählten Handlungen sind, die erlaubt sind. Anschließend sind die Nutzungsrechte positiv zu formulieren.[953]

462 Neben den von der Europäischen Kommission veröffentlichten Mustervertrags- und Standardvertragsklauseln gibt es bereits Vertragsmuster, die eine Orientierung bieten.[954] Verträge über Daten im Allgemeinen und Datenlizenzen im Speziellen fallen vor dem Hintergrund der technischen Umstände, den betroffenen Datenkategorien und den wirtschaftlichen Interessen zwar noch sehr heterogen aus. Es lassen sich aber die folgenden **Kategorien von möglichen schuldrechtlichen Beschränkungen** ausmachen, die in einer Datenlizenz (vorbehaltlich gesetzlicher Grenzen, die in → Rn. 475 aufgeführt sind) geregelt werden können:

a) Zugang

463 Ausgangspunkt jeder vertraglicher Regelung über Daten ist die Frage nach dem **Zugang** zu Daten. Der Zugang zu Daten kann in unterschiedlichen Dimensionen Beschränkungen unterworfen werden.

464 Erstens kann der Zugang die Frage betreffen, zu welchen Daten der Zugang eröffnet wird **(„Ob" des Zugangs).** Der Dateninhaber sollten zunächst bestimmen, zu welchen Daten der Vertragspartner Zugang erhalten soll.[955] Es handelt es hierbei sich genau genommen nicht um eine schuldrechtliche Beschränkung. Die Regelung des Datenbestandes und die Konkretisierung der zu bereitstellenden Daten definiert den Vertragsgegenstand. Mit der Definition der bereitgestellten Daten kann aber zugleich eine Beschränkung verbunden sein. Denn indem der Dateninhaber bestimmt, welche Daten der Vertragspartner verwenden darf, stellt er zugleich im Sinne einer Beschränkung klar, welche Daten nicht vom Vertrag umfasst sind.[956] Diese (rein) vertragliche Regelung sollte durch entsprechende technische Maßnahmen flankiert werden, sodass auch technisch ausgeschlossen ist, dass der Vertragspartner auf die Daten zugreifen kann.

465 Zweitens betrifft die Kategorie des Zugangs die Einzelheiten, wie der Zugang gewährt wird **(„Wie" des Zugangs).** Auch auf dieser Ebene sind zahlreiche Beschränkungen möglich. Beispielsweise kann der Zugang darauf beschränkt sein, über eine Plattform auf die Daten zuzugreifen. Auch das Verfahren, wie der Zugriff erfolgt, kann geregelt werden, etwa mittels Benutzername und Passwort.

---

[952] Schefzig DSRITB 2015, 551 (558); vgl. auch Moos/Arning Datenschutz und Datennutzung § 15 Rn. 25.
[953] Schefzig DSRITB 2015, 551 (558); vgl. auch Moos/Arning Datenschutz und Datennutzung § 15 Rn. 25.
[954] Europäische Kommission, Final Report of the Expert Group on B2B data sharing and clound computing contracts, 2.4.2025, E03840 – Expert Group on B2B data sharing and cloud computing contracts; Moos/Arning Datenschutz und Datennutzung § 15 Rn. 6; BeckOF IT/Simon Apel, 21. Ed. 1.5.2024, Form. 3.7.
[955] SWD(2018) 125 final, S. 6.
[956] Schefzig DSRITB 2015, 551 (558); Moos/Arning Datenschutz und Datennutzung § 15 Rn. 20; Schur Die Lizenzierung von Daten S. 225.

b) Dateninhaberschaft

Es sollte ferner festgelegt werden, wer aus Sicht der Vertragsparteien als **Dateninhaber** anzusehen ist, sowohl im Hinblick auf die zu lizenzierenden Daten als auch im Hinblick auf die Analyseergebnisse.[957] Wenngleich diese Vereinbarung nur zwischen den Parteien wirkt, keine Drittwirkung hat und keine Zuweisung der Daten im Verhältnis zu Dritten bewirkt, ist dies in vertraglicher Hinsicht Ausgangspunkt der Regelung des Nutzungsumfangs. **466**

c) Nutzungsrechte

Die Regelung des **Nutzungsumfangs** ist das zentrale Instrument, um schuldrechtliche Beschränkungen, die Spiegelbild der ausdrücklich vertraglich gestatteten Handlungen sind, umzusetzen.[958] Neben dem Zugang, der eine Sonderstellung einnimmt (→ Rn. 463), sollten die folgenden Nutzungsrechte geregelt werden. Bei dem Nutzungsrecht kann es sich dabei – wie für Lizenzen allgemein üblich – um ein ausschließliches oder einfaches Nutzungsrecht handeln und räumlichen und zeitlichen Beschränkungen unterworfen werden. **467**

aa) Nutzung. Die Nutzung meint **jede Verarbeitung der Daten.**[959] Diese sollte zweckgebunden anhand des Einzelfalls festgelegt werden. Vor allem die Nutzung der Daten nach Vertragsende sollte geregelt werden, da der Lizenznehmer mangles Ausschließlichkeit andernfalls frei wäre, die Daten weiter zu nutzen. Auch entsprechende Löschpflichten sind ggf. zu regeln.[960] **468**

bb) Speicherung/Vervielfältigung. Unter der Speicherung bzw. Vervielfältigung ist die **permanente Speicherung auf Datenträgern** zur eigenen Verfügung ohne die bloße Zwischenspeicherung im Arbeitsspeicher – die zur Nutzung der Daten erforderlich ist – zu verstehen.[961] Der Dateninhaber kann die Speicherung und die Vervielfältigung von Daten vertraglich beschränken. Auch hier sollten technische Schutzmaßnahmen und vertragliche Regelungen in Einklang stehen und jeweils eine Speicherung bzw. Vervielfältigung verhindern. **469**

cc) Veränderung. Die Veränderung ist jede **Beeinträchtigung der Integrität der Daten.**[962] Der Dateninhaber kann unter anderem Beschränkungen vereinbaren, inwieweit Daten verändert und gelöscht werden können. **470**

dd) Weitergabe. Die Weitergabe meint die **Übermittlung an bestimmte Personen** als auch das **öffentliche Zugänglichmachen.**[963] Besonders diesbezüglich muss der Dateninhaber den Vertragspartner sorgfältig Beschränkungen unterwerfen. Da an Daten kein Ausschließlichkeitsrecht besteht, kann der Dateninhaber nicht gegen Dritte vorgehen, die die Daten (rechtmäßig, das heißt insbesondere ohne Verstoß gegen den Geschäftsgeheimnisschutz) erlangt haben. **471**

ee) Übertragbarkeit/Unterlizenzierung. Ferner sind die Befugnis des Lizenznehmers zur **Übertragung** der Zugangs- und Nutzungsrechte aus der Lizenz und die Befugnis zur **Unterlizenzierung** (oder ein entsprechendes Verbot) zu regeln.[964] **472**

---

957 Lukas ZdiW 2021, 296 (299); Moos/Arning Datenschutz und Datennutzung § 15 Rn. 26; Schefzig DSRITB 2015, 551 (558); Kraus DSRITB 2015, 537 (545 f.). Der Ausdruck Eigentümer ist dagegen zu vermeiden, vgl. Schur Die Lizenzierung von Daten S. 227.

958 Lukas ZdiW 2021, 296 (300); Moos/Arning Datenschutz und Datennutzung § 15 Rn. 32; v. Baum/Appt/Schenk DB 2017, 1824 (1827); ausführlich Schur Die Lizenzierung von Daten S. 228 ff.

959 Schefzig DSRITB 2015, 551 (559 f.).

960 Moos/Arning Datenschutz und Datennutzung § 15 Rn. 92.

961 Schefzig DSRITB 2015, 551 (559 f.).

962 Schefzig DSRITB 2015, 551 (559 f.).

963 Schefzig DSRITB 2015, 551 (559 f.).

964 Vgl. SWD(2018) 125 final, S. 6 f.; zur Übertragungs- und Unterlizenzierungsbefugnis Schur Die Lizenzierung von Daten S. 185.

473 **ff) Analyseergebnisse.** Auch die Rechte hinsichtlich der **Analyseergebnisse** sollten geregelt werden. Insbesondere sollte geregelt werden, ob beide Parteien Zugang haben und ob die Erkenntnisse weiterverwendet und weitergegeben werden dürfen.

d) Weitere mögliche Regelungen im Anschluss an schuldrechtliche Beschränkungen

474 Flankierend und ergänzend zu schuldrechtlichen Beschränkungen kommen die folgenden nicht abschließenden Punkte in Betracht:

– Als Gegenleistung kommt eine Geldleistung ebenso in Betracht die Pflicht der Parteien, sich gegenseitig Datenlizenzen erteilen (ähnlich dem „cross licensing"),
– Regelungen zur Datenqualität (→ Kap. 11 Rn. 61),[965]
– Aufrechterhaltung technischer Schutzmaßnahmen und technische Datensicherheit,[966]
– Pflicht zur Aktualisierung des Datenbestandes oder zu sonstigen Anpassungen bzw. Veränderungen,
– Vertraulichkeitsvereinbarung,[967]
– technische und organisatorische Sicherungsmaßnahmen durch den Lizenznehmer,[968]
– bei Bedarf eine Auditklausel hinsichtlich der Einhaltung des Vertrages,[969]
– Schriftform.[970]

5. Rechtliche Grenzen schuldrechtlicher Beschränkungen

a) Überblick

475 Die oben genannten schuldrechtlichen Beschränkungen unterliegen ihrerseits Grenzen. Daten sind Gegenstand einer zunehmend engmaschigen Regulierung durch den europäischen Gesetzgeber. Es kann sich hierbei um direkte Grenzen handeln, die sich unmittelbar gegen den Inhalt von Verträgen richten – zentrale Grenze für schuldrechtliche Beschränkungen ist der Data Act –, oder mittelbare Grenzen, die sich zwar nicht gegen einen bestimmten Vertragsinhalt richten, aber dennoch generell den Zugang zu oder die Verwendung von Daten betreffen und daher auch bereits bei der Vertragsgestaltung zu berücksichtigen sind – ein Beispiel ist die DS-GVO.

476 **aa) Data Act.** Der Data Act, der sowohl für personenbezogene als auch nicht-personenbezogene Daten gilt,[971] richtet sich auf sog. **Produktdaten**[972] und **verbundene Dienstdaten,**[973] die in Zusammenhang mit der Nutzung eines **vernetzten Produktes** anfallen.[974] Die Verordnung bezieht daher auf das **Internet der Dinge.**[975]

477 Das dem Data Act zugrundeliegende Regelungskonzept beruht auf der Differenzierung zwischen dem **Nutzer**[976] – bei dem es sich auch um ein Unternehmen handeln kann –, dem

---

965 Vgl. zur Diskussion um die Datenqualität Kirchner InTeR 2018, 19 (21); Hoeren CR 2016, 8; Hoeren ZD 2016, 459; Bräutigam/Kraul IoT-HdB/Wiebe/Schur § 6 Rn. 93; Leupold/Wiebe/Glossner IT-R/Schur Teil 6.9 Rn. 13; siehe bereits Spindler ZUM 1996, 533 (544).
966 Lukas ZdiW 2021, 296 (302).
967 Lukas ZdiW 2021, 296 (302); Kraus DSRITB 2015, 537 (547).
968 Schefzig DSRITB 2015, 551 (562); v. Baum/Appt/Schenk DB 2017, 1824 (1827).
969 Ausführlich Schippel CR 2021, 505 (508).
970 Schur Die Lizenzierung von Daten S. 236.
971 Art. 1 Abs. 2, Abs. 5, Art. 2 Nr. 1, 3 und 4 DA.
972 Art. 2 Nr. 15 DA.
973 Art. 2 Nr. 16 DA.
974 Art. 2 Nr. 5 DA; vgl. auch Erwgr. 15 DA; Wiebe GRUR 2023, 1569 (1570); Kaesling GRUR 2024, 821 (822); Antoine CR 2024, 1 (3).
975 Erwgr. 14 DA; Wiebe GRUR 2023, 1569 (1570).
976 Art. 2 Nr. 12 DA; Wiebe GRUR 2023, 1569 (1571); Erwgr. 18 DA; zum Begriff des Nutzers ausführlich Kaesling GRUR 2024, 821 (822); Funk CR 2023, 421 (423).

Dateninhaber[977] und dem **Datenempfänger**[978]. Der Data Act weist die rechtliche Kontrolle über den Datenzugang und die Datennutzung dem Nutzer zu.[979] Der Datenempfänger muss dem Nutzer **Zugang** zu den ohne Weiteres verfügbaren Daten gewähren[980] und der Datenempfänger wird zugleich zahlreichen Beschränkungen unterworfen, s. Art. 3–7 DA. Er kann die Daten zwar an einen Dritten weitergeben, dies allerdings nur auf Verlangen des Nutzers und unter den Vorgaben, die der Data Act in Art. 8–12 DA aufstellt. Der sog. Datenempfänger[981] unterliegt ebenfalls den Grenzen aus der Data Act.

Die Regelungen des Data Acts betreffen unmittelbar das Vertragsrecht.[982] Die zwischen **478** dem Nutzer und dem Dateninhaber bestehenden Rechte und Pflichten sind **nicht** vertraglich zum Nachteil des Nutzers **abdingbar.**[983] Auch Vertragsklauseln, die zum Nachteil einer Partei oder gegebenenfalls zum Nachteil des Nutzers die Anwendung der Art. 8–12 DA – Rechtsverhältnis zwischen Dateninhaber und Datenempfänger – ausschließt, davon abweicht oder seine Wirkung abändert, sind für diese Partei nicht bindend.[984] Betreffen Vertragsklauseln den Datenzugang, die Datennutzung, die Haftung bzw. Rechtsbehelfe bei Verletzung oder Beendigung datenbezogener Pflichten, sind diese nach Art. 8 Abs. 2 DA nicht bindend, wenn sie eine missbräuchliche Vertragsklausel im Sinne des Artikels 13 DA[985] darstellen oder wenn sie zum Nachteil des Nutzers die Ausübung der Rechte des Nutzers nach Art. 3–7 DA ausschließen, davon abweichen oder deren Wirkung abändern.[986]

Neben diesen vertraglich zwingenden Bestimmungen enthält Art. 13 DA eine – nicht **479** abdingbare[987] – **Inhaltskontrolle für Vertragsklauseln,** die einem anderen Unternehmen einseitig auferlegt werden (→ Kap. 10 Rn. 316). Vertragsklauseln in Bezug auf den Datenzugang und die Datennutzung oder die Haftung und Rechtsbehelfe bei Verletzung oder Beendigung datenbezogener Pflichten, die ein Unternehmen einem anderen Unternehmen einseitig auferlegt, sind für letzteres Unternehmen nicht bindend, wenn sie missbräuchlich sind.[988] Art. 13 DA folgt einem dreistufigen Ansatz und enthält eine Schwarze Liste, eine Graue Liste und eine Generalklausel zur Prüfung der Missbräuchlichkeit.[989]

bb) AGB-Recht. Handelt es sich bei der Datenlizenz um für eine Vielzahl von Verträgen **480** vorformulierten Vertragsbedingungen, findet das **AGB-Recht** Anwendung (→ Kap. 11 Rn. 339). Bei schuldrechtlichen Beschränkungen ist zu differenzieren: Die vertragliche Ausgestaltung des Vertragsgegenstands und des Nutzungsumfang sind als Hauptleistungspflichten grundsätzlich nicht kontrollfähig,[990] allein das Transparenzgebot ist zu beachten.[991] AGB müssen hiernach verständlich, klar und übersichtlich abgefasst sein (§ 307 Abs. 1 S. 2 BGB),[992] was auch die EU-Kommission hervorhebt.[993] Nebenpflichten sind demgegenüber voll kontrollfähig. Bei der AGB-Prüfung zwischen Unternehmern sind die Regelungen der

977 Siehe Art. 2 Nr. 13 DA; Kaesling GRUR 2024, 821 (826).
978 Art. 2 Nr. 14 DA.
979 Siehe für nicht-personenbezogene Daten insbes. Art. 4 Abs. 13 DA; s. auch Wiebe GRUR 2023, 1569 (1570).
980 Zu den Anspruchsvoraussetzungen eingehend Kaesling GRUR 2024, 821 (823).
981 Der Art. 5 DA bezieht sich zwar auf einen Dritten, hierbei handelt es sich indes um einen Unterfall des Datenempfängers, vgl. Kaesling GRUR 2024, 821 (823).
982 Wiebe GRUR 2023, 1569; Ehlen/Sebulke CR 2024, 84 (85).
983 Art. 7 Abs. 2 DA.
984 Art. 12 Abs. 2 DA.
985 Der Verweis auf Art. 13 DA enthält im Ergebnis wohl einen Rechtsfolgenverweis auf die Art. 13 Abs. 3–5 DA, vgl. Wiebe GRUR 2023, 1569 (1573).
986 Art. 8 Abs. 2 DA.
987 Art. 13 Abs. 9 DA.
988 Art. 13 Abs. 1, Abs. 3, Abs. 4 und Abs. 5 DA.
989 Wiebe GRUR 2023, 1569 (1575); Wiebe CR 2023, 777 (781).
990 MüKoBGB/Wurmnest § 307 Rn. 12.
991 MüKoBGB/Wurmnest § 307 Rn. 79.
992 MüKoBGB/Wurmnest § 307 Rn. 79.
993 SWD(2018) 125 final, S. 3.

§§ 308, 309 BGB nicht direkt anwendbar, entfalten aber Indizwirkung für eine Benachteiligung nach § 307 Abs. 1 BGB.[994]

481 Anders als Art. 13 DA fehlt es dem nationalen AGB-Recht an **datenspezifischen Regelungen.** Die Regelungen der §§ 307–309 BGB enthalten daher keine auf Daten zugeschnittene Regelungen bereit. Offen ist, ob Art. 13 DA außerhalb seines Anwendungsbereichs eine Indizwirkung entfaltet.[995]

482 Grundsätzlich dürften das **AGB-Recht** und **der Data Act nebeneinander anwendbar** sein. Kommen das nationale AGB-Recht und Art. 13 DA in seinem Anwendungsbereich zu unterschiedlichen Ergebnissen,[996] dürfte Art. 13 DA die AGB-Kontrolle grundsätzlich verdrängen.[997] Punktuell wird die Anwendung des AGB-Rechts unter Berücksichtigung der Regelungsziele und Vorgaben des Data Acts indes in Betracht kommen, soweit das Schutzniveau der Verordnung nicht unterschritten wird.[998]

483 **cc) Datenschutzrecht.** Eine weitere wesentliche Grenze schuldrechtlicher Beschränkungen bildet das **Datenschutzrecht,** wenn Gegenstand des Vertrages personenbezogene Daten sind und etwa schuldrechtliche Beschränkungen zulasten des Betroffenen wirken. Beispiel sind vertragliche Beschränkungen des Anspruchs auf Datenübertragbarkeit nach Art. 20 DS-GVO. Unabhängig von der Frage, ob Verstöße gegen die DS-GVO die Nichtigkeit von Verträgen zur Folge haben kann,[999] drohen die von der DS-GVO vorgesehenen Sanktionen, sodass es sich jedenfalls eine mittelbare Grenze von schuldrechtlichen Beschränkungen handelt.

b) Beschränkungen im Hinblick auf den Datenbestand im Lichte des Data Acts

484 Der **Data Act** setzt den oben genannten Kategorien von schuldrechtlichen Beschränkungen **Grenzen,** die aufgrund der Bedeutung des Data Acts für das Datenvertragsrecht nachfolgend im Einzelnen beschrieben werden.

485 **aa) Zugang. i) „Ob" des Zugangs.** Die Entscheidung des Dateninhabers, dem Vertragspartner (nur) bestimmte Daten zur Verfügung zu stellen und den Zugang zu anderen Daten zu beschränken **(„Ob" des Zugangs),** kann aus verschiedenen Gründen beschränkt sein. Grundsätzlich kann der Dateninhaber den Zugang nicht beschränken, wenn der Vertragspartner einen **Zugangsanspruch** hat.

486 Der zentrale Zugangsanspruch aus dem Data Act besteht seitens des **Nutzers gegenüber dem Dateninhaber.** Soweit der Nutzer nicht auf die Produktdaten zugreifen kann, stellen Dateninhaber dem Nutzer ohne Weiteres verfügbare Daten bereit.[1000] Der Data Act gewährt dem Nutzer somit einen **Zugangsanspruch.** Dieser kann nicht grundsätzlich durch schuldrechtliche Beschränkungen ausgeschlossen werden.

487 Zu berücksichtigen ist indes der beschränkte Anwendungsbereich des Zugangsanspruchs, der auf Zugang zu **„ohne Weiteres verfügbare Daten"** gerichtet ist. Dabei handelt es sich um Produktdaten und verbundene Dienstdaten, die ein Dateninhaber ohne unverhältnismäßigen Aufwand rechtmäßig von dem vernetzten Produkt oder verbundenen Dienst erhält oder erhalten kann, wobei über eine einfache Bearbeitung hinausgegangen wird.[1001] **Produktdaten** sind Daten, die durch die **Nutzung eines vernetzten Produkts** generiert und

---

994 MüKoBGB/Wurmnest § 307 Rn. 79.
995 Schwamberger MMR 2024, 96 (98).
996 Beinke/Daute RDi 2024, 69 (73).
997 Wiebe GRUR 2023, 1569 (1574); s. auch Beinke/Daute RDi 2024, 69 (73).
998 Wobei auch eine zu verwenderfeindliche Auslegung den Regelungszielen der DA zuwiderlaufen kann, vgl. Beinke/Daute RDi 2024, 69(73).
999 Vgl. OLG Frankfurt a. M. 24.1.2018 – 13 U 165/16, NJW-RR 2018, 887 Rn. 34 ff., 42; Specht, Konsequenzen der Ökonomisierung informationeller Selbstbestimmung, 2012, Rn. 565, 571; differenzierend Schur Die Lizenzierung von Daten S. 215.
1000 Art. 4 Abs. 1 DA.
1001 Kaesling GRUR 2024, 821 (823).

abgerufen werden können.[1002] **Verbundene Dienstdaten** sind Daten, die die Digitalisierung von Nutzerhandlungen oder Vorgängen im Zusammenhang mit dem vernetzten Produkt darstellen und vom Nutzer absichtlich aufgezeichnet oder als Nebenprodukt der Handlung des Nutzers während der Bereitstellung eines verbundenen Dienstes durch den Anbieter generiert werden.[1003] Mit **vernetztem Produkt** meint der Data Act einen Gegenstand, der Daten über seine Nutzung oder Umgebung erlangt, generiert oder erhebt und der Produktdaten über einen elektronischen Kommunikationsdienst, eine physische Verbindung oder einen geräteinternen Zugang übermitteln kann und dessen Hauptfunktion nicht die Speicherung, Verarbeitung oder Übertragung von Daten im Namen einer anderen Partei – außer dem Nutzer – ist.[1004]

Erfasst sind also die von einem vernetzten Produkt generierten Daten, die nicht wesentlich verändert werden, das heißt **Rohdaten** ohne jegliche weitere Form der Verarbeitung, und ferner Daten, die vor der Weiterverarbeitung und Auswertung aufbereitet wurden, um sie verständlich und nutzbar zu machen **(„pre-processed data“)**, und schließlich **Metadaten.**[1005] Nicht erfasst sind demgegenüber **abgeleitete oder aggregierte Daten,** die das Ergebnis zusätzlicher Investitionen in die Zuweisung von Werten oder Erkenntnissen aus den Daten sind.[1006] 488

Der Zugang zu **ohne Weiteres verfügbare Daten** kann nicht durch schuldrechtliche Beschränkungen ausgeschlossen werden. Der Dateninhaber kann indes den Zugang auf ebensolche Daten **beschränken** und dadurch den Zugang zu anderen Daten ausschließen, die nicht von dem Zugangsanspruch erfasst sind. 489

Auch im Hinblick auf ohne Weiteres verfügbare Daten sind – in engen Grenzen – schuldrechtliche Beschränkungen möglich. Nutzer und Dateninhaber können den Zugang vertraglich beschränken, wenn eine solche Verarbeitung die im Unionsrecht oder im nationalen Recht festgelegten **Sicherheitsanforderungen** des vernetzten Produkts beeinträchtigen und damit zu schwerwiegenden nachteiligen Auswirkungen auf die Gesundheit oder die Sicherheit von natürlichen Personen führen könnte.[1007] Ferner müssen **Geschäftsgeheimnisse** nur offengelegt werden, wenn vom Dateninhaber und vom Nutzer vor der Offenlegung alle Maßnahmen getroffen worden sind, die erforderlich sind, um die Vertraulichkeit der Geschäftsgeheimnisse, insbesondere gegenüber Dritten, zu wahren.[1008] Handelt es sich bei dem Nutzer nicht um die betroffene Person, deren personenbezogene Daten verlangt werden, so darf der Dateninhaber in Einklang mit dem Data Act vereinbaren, dass diese Daten nicht bereitgestellt werden, wenn eine gültige Rechtsgrundlage fehlt.[1009] 490

Gegenüber Dritten ist der Dateninhaber verpflichtet, diese auf Verlangen des Nutzers zur Verfügung zu stellen.[1010] **Geschäftsgeheimnisse** müssen indes nur insoweit offengelegt werden, als diese Offenlegung für den zwischen dem Nutzer und dem Dritten vereinbarten Zweck unbedingt erforderlich ist.[1011] 491

ii) Das „Wie“ des Zugangs. Der Data Act macht Vorgaben an die Bereitstellung der Daten **(„Wie des Zugangs“).** Der Dateninhaber hat dem Nutzer die ohne Weiteres verfügbare Daten unverzüglich, einfach, sicher, unentgeltlich, in einem umfassenden, gängigen und maschinenlesbaren Format und – falls relevant und technisch durchführbar – 492

1002 Art. 2 Nr. 15 DA.
1003 Art. 2 Nr. 16 DA.
1004 Art. 2 Nr. 5 DA.
1005 Erwgr. 15 DA; Wiebe GRUR 2023, 1569 (1570); Kaesling GRUR 2024, 821 (822); Antoine CR 2024, 1 (3).
1006 Erwgr. 15 Data Act; Wiebe GRUR 2023, 1569 (1570).
1007 Art. 4 Abs. 2 DA.
1008 Art. 4 Abs. 6 S. 1 DA.
1009 Nach Art. 4 Abs. 12 DA.
1010 Art. 5 Abs. 1 DA.
1011 Art. 5 Abs. 9 DA.

in der gleichen Qualität wie für den Dateninhaber kontinuierlich und in Echtzeit bereitzustellen.[1012] Dies geschieht auf einfaches Verlangen auf elektronischem Wege, soweit dies technisch durchführbar ist. Abgesehen davon sind schuldrechtliche Beschränkungen des Zugangs zulässig. Insbesondere ist es nach Art. 4 Abs. 2 Data Act zulässig, die Art und Weise des Zugangs zu beschränken, wenn dies im Lichte der dort genannten Voraussetzungen aufgrund von **Sicherheitsanforderungen** notwendig ist. Ferner kann der Dateninhaber Maßnahmen treffen, die erforderlich sind, um die Vertraulichkeit der **Geschäftsgeheimnisse,** insbesondere gegenüber Dritten, zu wahren.[1013] Der Dateninhaber kann hierzu mit dem Nutzer **angemessene technische und organisatorische Maßnahmen** vereinbaren, die erforderlich sind, um die Vertraulichkeit der weitergegebenen Daten, insbesondere gegenüber Dritten, zu wahren; dies umfasst Mustervertragsklauseln, Vertraulichkeitsvereinbarungen, strenge Zugangsprotokolle, technische Normen und die Anwendung von Verhaltenskodizes.[1014] Ein reiner **in-situ-Zugang** dürfte indes wohl nur auf Verlangen des Nutzers zulässig sein.[1015]

493 Gegenüber dem Datenempfänger sind die ohne Weiteres verfügbare Daten nach Art. 5 Abs. 1 DA bereitzustellen, also unverzüglich, für den Nutzer unentgeltlich, in derselben Qualität, die dem Dateninhaber zur Verfügung steht, einfach, sicher, in einem umfassenden, strukturierten, gängigen und maschinenlesbaren Format und, soweit relevant und technisch durchführbar, kontinuierlich und in Echtzeit.[1016] Die Daten werden ferner gemäß den Art. 8 und 9 DA bereitgestellt,[1017] also insbesondere zu **fairen, angemessenen und nichtdiskriminierenden Bedingungen** und **in transparenter Weise.**[1018] Der Dateninhaber darf in Bezug auf die Modalitäten der Bereitstellung von Daten nicht zwischen vergleichbaren Kategorien von Datenempfängern diskriminieren.[1019] Der Dateninhaber kann aber mit dem Dritten alle angemessenen technischen und organisatorischen Maßnahmen vereinbaren, die erforderlich sind, um die Vertraulichkeit der weitergegebenen Daten zu wahren.[1020]

494 Eine Beschränkung des Zugangs in der Weise, dass diese nur gegen Zugang zu den Daten der anderen Vertragspartei möglich sind, sind ferner im Umfang des **Art. 13 Abs. 5 DA** missbräuchlich.[1021] Eine Vertragsklausel gilt hiernach als missbräuchlich, wenn sie ein Recht der Partei, die die Klausel einseitig auferlegt hat, auf Zugang zu Daten der anderen Vertragspartei und deren Nutzung in einer Weise bewirkt, die den berechtigten Interessen der anderen Vertragspartei erheblich schadet, insbesondere, wenn diese Daten sensible Geschäftsdaten enthalten oder durch das Geschäftsgeheimnis oder durch Rechte des geistigen Eigentums geschützt sind.

495 **bb) Dateninhaberschaft.** Der Data Act weist dem **Nutzer** die **rechtliche Kontrolle über den Datenzugang und die Datennutzung** zu.[1022] Unabhängig von der **dogmatische Einordung der Rechtsposition des Nutzers,**[1023] sind schuldrechtliche Beschränkungen unwirksam, mit denen diese Zuweisung untergraben wird.

1012 Art. 4 Abs. 1 DA.
1013 Art. 4 Abs. 6 DA.
1014 Art. 4 Abs. 6 DA.
1015 Wiebe GRUR 2023, 1569 (1571), siehe auch Hennemann/Steinrötter NJW 2024, 1 (3).
1016 Art. 5 Abs. 1 DA.
1017 Art. 5 Abs. 1 DA.
1018 Art. 8 Abs. 1 DA.
1019 Art. 8 Abs. 3 DA.
1020 Art. 5 Abs. 9 S. 2 DA.
1021 Die Graue Liste in Art. 13 Abs. 5 DA enthält Klauseln, für die eine widerlegliche Vermutung der Missbräuchlichkeit begründet wird und die etwas offener formuliert sind, vgl. Wiebe GRUR 2023, 1569 (1575); Wiebe CR 2023, 777 (781).
1022 Siehe für nicht-personenbezogene Daten insbesondere Art. 4 Abs. 13 DA; siehe auch Wiebe GRUR 2023, 1569 (1570).
1023 Erwgr. 6 S. 3 DA; s. aber Wiebe GRUR 2023, 1569 (1571); Kaesling GRUR 2024, 821 (825); Bomhard/Merkle RDi 2022, 168 (175); Funk CR 2023, 421; Schmidt-Kessel MMR 2024, 75; Bomhard/Merkle RDi 2022, 168 (175); Hennemann/Steinrötter NJW 2024, 1 (7) mwN.

cc) Nutzung. Der **Nutzer** ist in der **Verwendung für jeden rechtmäßigen Zweck frei.**[1024] Beschränkungen kommen daher nur in engen Grenzen in Betracht. Eine Vertragsklausel gilt insbesondere dann als missbräuchlich, wenn sie die Partei, der die Klausel einseitig auferlegt wurde, daran hindert, die von ihr während der Vertragslaufzeit bereitgestellten oder generierten Daten zu nutzen.[1025] Ferner gilt eine Beschränkung der Nutzung solcher Daten insofern als missbräuchlich, als diese Partei nicht berechtigt ist, diese Daten in angemessener Weise zu nutzen, zu erfassen, darauf zuzugreifen oder sie zu kontrollieren oder zu verwerten.[1026] **496**

Entsprechend zu Beschränkungen des Zugangs können Nutzer und Dateninhaber die Nutzung von Daten vertraglich beschränken, wenn eine solche Verarbeitung die im Unionsrecht oder im nationalen Recht festgelegten **Sicherheitsanforderungen** des vernetzten Produkts beeinträchtigen und damit zu schwerwiegenden nachteiligen Auswirkungen auf die Gesundheit oder die Sicherheit von natürlichen Personen führen könnte.[1027] Der Dateninhaber kann den Nutzer zudem – in Übereinstimmung mit dem Data Act – dahingehend verpflichten, die Daten weder zur **Entwicklung eines vernetzten Produkts** nutzen, das mit dem vernetzten Produkt, von dem die Daten stammen, im Wettbewerb steht, noch die Daten zu nutzen, um Einblicke in die **wirtschaftliche Lage,** die **Vermögenswerte** und die **Produktionsmethoden** des Dateninhabers zu erlangen.[1028] **497**

Der Dateninhaber darf demgegenüber die ohne Weiteres verfügbare Daten, bei denen es sich um nicht-personenbezogene Daten handelt, nur auf der **Grundlage eines Vertrags** mit dem Nutzer nutzen.[1029] Grundlage der Datennutzung muss somit ein Vertrag sein.[1030] Der Dateninhaber darf ohne Weiteres verfügbare Daten nicht verwenden, um daraus Einblicke in die wirtschaftliche Lage, Vermögenswerte und Produktionsmethoden des Dritten oder in die Nutzung durch den Dritten auf jegliche andere Art, die die gewerbliche Position des Dritten auf den Märkten, auf denen dieser tätig ist, untergraben könnte, zu erlangen, es sei denn, der Dritte hat eine solche Nutzung genehmigt, wobei der Nutzer die technische Möglichkeit haben muss, diese Genehmigung jederzeit einfach zu widerrufen.[1031] **498**

Gegenüber dem Datenempfänger gilt der Vorrang der Vereinbarung mit dem Nutzer. Der Datenempfänger verarbeitet die ihm bereitgestellten Daten nur zu den Zwecken und unter den Bedingungen, die er mit dem Nutzer vereinbart hat.[1032] Abgesehen davon gelten die **Grenzen des Data Acts.** Es ist dem Datenempfänger untersagt, die erhaltenen Daten für das Profiling zu nutzen, es sei denn, dies ist erforderlich, um den vom Nutzer gewünschten Dienst zu erbringen.[1033] Dem Datenempfänger ist untersagt die erhaltenen Daten zu nutzen, um ein Produkt zu entwickeln, das mit dem vernetzten Produkt, von dem die Daten stammen, im Wettbewerb steht, oder die Daten zu diesem Zweck an einen anderen Dritten weiterzugeben. Dem Datenempfänger ist es ferner untersagt, ihm bereitgestellte nicht-personenbezogene Produktdaten oder verbundene Dienstdaten zu nutzen, um Einblicke in die wirtschaftliche Lage, die Vermögenswerte und die Produktionsmethoden des Dateninhabers oder die Nutzung durch den Dateninhaber zu gewinnen.[1034] Dem Datenempfänger ist untersagt, die mit dem Dateninhaber oder dem Inhaber der Geschäftsgeheimnisse gemäß Art. 5 Abs. 9 DA vereinbarten Maßnahmen zu missachten und die Vertraulichkeit von Geschäftsgeheimnissen zu untergraben.[1035] **499**

1024 Erwgr. 30 DA; Wiebe CR 2023, 777 (778); Ehlen/Sebulke CR 2024, 84 (86).
1025 Art. 13 Abs. 5 lit. c DA.
1026 Art. 13 Abs. 5 lit. c DA.
1027 Art. 4 Abs. 2 DA.
1028 Nach Art. 4 Abs. 10 DA.
1029 Art. 4 Abs. 13 DA.
1030 Staudenmayer EuZW 2022, 596 (597).
1031 Art. 5 Abs. 6 DA.
1032 Art. 6 Abs. 1 DA.
1033 Art. 6 Abs. 2 lit. b DA.
1034 Art. 6 Abs. 2 lit. e DA.
1035 Art. 6 Abs. 2 lit. g DA.

500 **dd) Speicherung/Vervielfältigung.** Auch wenn sich aus dem Data Act die **Speicherung** oder **Vervielfältigung** nicht ausdrücklich Grenzen für schuldrechtliche Beschränkungen ergeben, dürften solche schuldrechtliche Beschränkung unwirksam sein, die Regelung des Data Acts im Ergebnis umgehen. Hier ist erneut zu differenzieren:

501 Da der **Nutzer** berechtigt ist, die Daten frei zu verwenden, ist ihm die Speicherung oder Vervielfältigung der Daten grundsätzlich erlaubt. Das gilt umso mehr, als das dem Nutzer die rechtliche Kontrolle über die Daten zugewiesen ist, was untergraben würde, wenn der Dateninhaber dem Nutzer die Speicherung beziehungsweise Vervielfältigung untersagen könnte. Nach Erwgr. 30 des Data Acts sollte es dem Nutzer frei stehen, die Daten zu jedem rechtmäßigen Zweck zu verwenden. Dies würde grundsätzlich beeinträchtigt, wenn der Nutzer nicht in der Lage wäre, die Daten zu vervielfältigen oder zu speichern.

502 Anders ist die Lage im Hinblick auf den **Datenempfänger.** Der Datenempfänger darf die bereitgestellten Daten nur für die Zwecke und unter den Bedingungen nutzen, die er mit dem Nutzer vereinbart hat.[1036] Ob der Datenempfänger daher zur Speicherung oder Vervielfältigung der Daten berechtigt ist, hängt von dem Vertrag zwischen dem Nutzer und dem Datenempfänger ab. Der Dritte löscht die Daten, sobald sie für den vereinbarten Zweck nicht mehr benötigt werden, sofern mit dem Nutzer in Bezug auf nicht-personenbezogene Daten nichts anderes vereinbart wurde.[1037]

503 **ee) Veränderung.** Für die Veränderungen der Daten gelten die Grundsätze wie für die Speicherung und Vervielfältigung.

504 **ff) Weitergabe.** Der Nutzer darf die Weitergabe von Daten an Dritte fordern.[1038] Schuldrechtliche Beschränkungen, die dieses Weitergaberecht einschränken, sind unwirksam.[1039]

505 Auch die Weitergabe an sich ist ihm erlaubt. Er kann die Daten grundsätzlich frei nutzen, wozu auch zählen muss, diese selbst an Dritte weiterzugeben. Dafür spricht auch Art. 4 Abs. 2 DA, wonach Nutzer und Dateninhaber die Weitergabe von Daten vertraglich beschränken können, wenn eine solche Verarbeitung die im Unionsrecht oder im nationalen Recht festgelegten Sicherheitsanforderungen des vernetzten Produkts beeinträchtigen und damit zu schwerwiegenden nachteiligen Auswirkungen auf die Gesundheit oder die Sicherheit von natürlichen Personen führen könnte. Der Nutzer darf die Daten nicht mit der Absicht an einen Dritten weitergeben, um Einblicke in die wirtschaftliche Lage, die Vermögenswerte und die Produktionsmethoden des Herstellers oder gegebenenfalls des Dateninhabers zu erlangen.[1040] Im Umkehrschluss und abgesehen davon geht der Data Act grundsätzlich davon aus, dass ihm eine **Weitergabe erlaubt** ist.

506 Der Datenempfänger darf die erhaltenen Daten nicht einem anderen Dritten bereitzustellen, es sei denn, die Daten werden auf der Grundlage eines Vertrags mit dem Nutzer bereitgestellt, und vorausgesetzt, der andere Dritte trifft alle zwischen dem Dateninhaber und dem Dritten vereinbarten Maßnahmen, die erforderlich sind, um die Vertraulichkeit von Geschäftsgeheimnissen zu wahren.[1041] Der Datenempfänger darf die erhaltenen Daten nicht einem Unternehmen bereitstellen, das gemäß Artikel 3 der Verordnung (EU) 2022/1925 als Torwächter benannt wurde.[1042]

1036 Art. 6 Abs. 1; Wiebe GRUR 2023, 1569 (1572).
1037 Art. 6 Abs. 1 S. 2 DA.
1038 Art. 5 Abs. 1 DA.
1039 Art. 5 Abs. 1 DA.
1040 Nach Art. 4 Abs. 10 DA.
1041 Art. 6 Abs. 2 lit. c DA.
1042 Art. 6 Abs. 2 lit. d DA.

VI. Erbrecht

Siehe zu diesem Themenkomplex auch
- Rechtsnatur von Daten → Kap. 2 Rn. 23 ff.
- Data Act → Kap. 4 Rn. 1 ff.
- Vernichtung/Löschung → Kap. 20 Rn. 1 ff.
- Prozessuales → Kap. 23 Rn. 1 ff.

1. Einleitung

Durch die **beinahe ubiquitäre Nutzung des Internets** sowie digitaler Medien und 507
Dienste im Zuge der fortschreitenden Digitalisierung werden auch Daten in erheblichem Umfang zu den Vermögenswerten eines Erblassers gezählt.[1043] So kam kaum ein Verstorbener zu Lebzeiten ohne einen E-Mail-Account, eine Homepage, einen Social Media-Account, ein eBay-Konto oder zumindest Daten auf dem heimischen Rechner oder anderen lokalen Speichermedien aus. Dabei ist es nahezu unumgänglich geworden, eine Vielzahl von Zugangsdaten für sogenannte Benutzerkonten in Form von Benutzernamen und Passwörtern zu verwalten.[1044] Der aus ihnen und anderen Daten gebildete sogenannte **„digitale Nachlass"** ist folglich auch aus der Rechtswirklichkeit kaum noch wegzudenken. Dennoch wurde er im juristischen Schrifttum lange vernachlässigt, weshalb auch in Testamenten, Erbverträgen oder Vorsorgevollmachten entsprechende Regelungen nur selten bedacht werden.[1045]

Zentrale Fragen stellen sich in Konsequenz hinsichtlich der Eignung von **Daten als** 508
Erbgegenstand im Rahmen eines Nachlasses, der Identifikation der oder des rechtmäßigen Erben und etwaiger Herausgabeansprüche.[1046] Häufig sehen sich Erben oder bevollmächtigte Vertreter auch mit der Herausforderung konfrontiert, Zugang zu Benutzerkonten zu erlangen, ohne die Mitwirkung des Inhabers zu erhalten. Dies ist insbesondere erforderlich, um diese Konten zu schließen oder laufende Geschäfte abzuwickeln.[1047] Dieses Problem macht auch vor Unternehmen nicht Halt. Was passiert beispielsweise mit den Daten, die ein Angestellter auf einem privaten externen Speichermedium abgelegt hat? Oder wie erhält man Zugang zum Unternehmens-Account in sozialen Netzwerken, wenn dieser von einem Verstorbenen verwaltet wurde? Mit welchen Ansprüchen wird ein netzwerk-betreibendes Unternehmen konfrontiert und welche dieser Ansprüche muss man befriedigen?[1048] Diese und weitere Frage um den **rechtmäßigen Umgang mit Daten und Accounts** eines Erblassers werden zunehmend zum Gegenstand von Betrachtungen und Diskussionen.[1049]

2. Digitaler Nachlass und Erbrecht

a) Definition und Umfang des digitalen Nachlasses

Eine Vielzahl von Geschäften werden heute ausschließlich online abgewickelt. Auch für 509
Verträge über Benutzerkonten bei Online-Diensten gilt das Erbrecht des BGB, so der

[1043] MAH ErbR/Biermann § 50 Rn. 1.
[1044] Gloser DNotZ 2015, 4.
[1045] Herzog NJW 2013, 3745.
[1046] Vgl. Gloser DNotZ 2015, 4.
[1047] Gloser DNotZ 2015, 4.
[1048] Herzog NJW 2013, 3745.
[1049] Willems ZfPW 2016, 494 (495); Gloser DNotZ 2015, 4.

BGH in seinem Urteil vom 12.7.2018.[1050] Wer der Erbe des digitalen Nachlasses sein soll, lässt sich demnach ebenso testamentarisch festhalten, wie in der analogen Welt.

510 Da es bisher keine ausdrücklichen gesetzlichen Regelungen eines **„digitalen Sondererbrechts"** zur Behandlung des digitalen Nachlasses gibt,[1051] bedarf der erbrechtliche Umgang mit Daten einer genauen Betrachtung. Einschlägig ist in diesem Zusammenhang zuvorderst § 1922 Abs. 1 BGB. Demnach erfolgt mit dem Ableben einer Person die Übertragung des gesamten Vermögens (Erbschaft) auf einen oder mehrere Erben. Der Begriff „Erbschaft" gem. § 1922 Abs. 1 BGB umfasst hierbei sämtliche übertragbaren Rechtsverhältnisse, einschließlich etwaiger Verpflichtungen. Erbschaft umfasst auch erbrechtliche Ansprüche.[1052] Vererblich ist zudem nur, was zu dem Vermögen gem. § 1922 Abs. 1 BGB gehört.[1053] Da der erbrechtliche Vermögensbegriff aber weit zu verstehen ist,[1054] können sowohl geldwerte als auch materiell wertlose Rechtspositionen darunterfallen, sodass sich der **Grundsatz der Universalsukzession** sich ebenfalls auf den digitalen Nachlass erstreckt.[1055] Spezialgesetzliche Regelungen hinsichtlich des digitalen Nachlasses gibt es wie bereits erwähnt nicht, sodass es einer Einordnung in die allgemeinen Grundsätze des Erbrechts gem. BGB bedarf.[1056] Eine höchstrichterliche Einordnung sowie Klärung haben bisher lediglich die auftretenden Rechtsfragen um Benutzerkonten in sozialen Netzwerken beim Tod eines Kontoinhabers erfahren.[1057] So wurde in diesem Rahmen bereits festgestellt, dass Erben sich in Bezug auf Facebook-Konten in dem Benutzerkonto so bewegen können müssen, wie zuvor der Erblasser selbst. Ausgenommen davon ist lediglich eine aktive Nutzung der fremden Identität.[1058] Mit seinem Urteil vom 30.12.2024 hat das OLG Oldenburg[1059] eine andere Auffassung vertreten, indem es einer Erbin neben einem passiven Anspruch auf lesende Nutzung auch einen Anspruch auf aktive Nutzung zuspricht.[1060] In seinen Ausführungen nimmt das OLG Oldenburg explizit Bezug auf den BGH[1061]. Die Frage sei vom BGH ausdrücklich offengelassen worden.[1062] Da die Leistungen von Meta dem Kontoinhaber gegenüber nicht höchstpersönlicher Natur seien, sei das Vertragsverhältnis nicht anders zu beurteilen als Vertragsverhältnisse, denen jeweils nur eine Partei verpflichtet und berechtigt ist.[1063]

511 Angesichts dieser Ausführungen sowie der Zulassung der Revision ist künftig mit einer erneuten und möglicherweise veränderten Entscheidung des BGH zu rechnen. Bis dahin wird sich im Rahmen der folgenden Ausführungen auf die bisherigen Ausführungen des BGH gestützt.

512 Bei dem **Begriff des digitalen Nachlasses** handelt es sich um einen nicht definierten Rechtsbegriff,[1064] der zudem nicht spezialgesetzlich geregelt ist.[1065] Dennoch hat sich der Begriff derweil in der rechtswissenschaftlichen Sprache etabliert.[1066]

1050 BGH MMR 2018, 740.
1051 Alexander K&R 2016, 301 (302); BeckOGK/Preuß BGB § 1922 Rn. 381.
1052 Herzog NJW 2013, 3745 (3747).
1053 Vgl. Lange ErbR Rn. 30; Perkić Unsterbliche Daten S. 28.
1054 Perkić Unsterbliche Daten S. 54.
1055 Herzog NJW 2013, 3745 (3747); vgl. Gomille ZUM 2018, 660 (661); so auch Alexander K&R 2016, 301 (304); Bock AcP 2017, 370 (374).
1056 So auch Herzog NJW 2013, 3745 (3751); MüKoBGB/Leipold § 1922 Rn. 32.
1057 MüKoBGB/Leipold § 1922 Rn. 32.
1058 BGH 27.8.2020 – III ZB 30/20, NJW 2021, 160; Krätzschel/Falkner/Döbereiner NachlassR/Krätzschel § 1 Rn. 10.
1059 OLG Oldenburg 30.12.2024 – 13 U 116/23, BeckRS 2024, 38365.
1060 OLG Oldenburg 30.12.2024 – 13 U 116/23, BeckRS 2024, 38365 Rn. 18.
1061 BGH 27.8.2020 – III ZB 30/20, NJW 2021, 160.
1062 OLG Oldenburg 30.12.2024 – 13 U 116/23, BeckRS 2024, 38365 Rn. 21.
1063 OLG Oldenburg 30.12.2024 – 13 U 116/23, BeckRS 2024, 38365 Rn. 25 ff.
1064 NK-NachfolgeR/Herzog Teil 1 Kap. 9 Rn. 1; Herzog AnwBl Online 2018, 472; Deusch ZEV 2014, 2; Wunderlin/Bielajew IPRB 2014, 224; Hoor ZAP 2016, 1127; Lange/Holtwiesche ZErb 2016, 125; Ludyga ZEV 2018, 1.
1065 Raude ZEV 2017, 433 (434).
1066 Pockrandt Dig. Nachlass S. 19; Seidler Dig. Nachlass S. 14; Leeb K&R 2014, 693; Ludyga ZEV 2018, 1; Ludyga/Heintz jM 2018, 398.

Gegenstand des digitalen Nachlasses sind alle Rechte eines Erblassers an Rechtsobjekten informationstechnischer Systeme.[1067] Er umfasst damit eine Vielzahl digitaler Rechtspositionen des verstorbenen Internetnutzers, wodurch er nicht trennscharf definiert werden kann.[1068] Vielmehr wird er verwendet für **sämtliche digitale Rechtspositionen** wie unter anderem allgemeine Vertragsbeziehungen mit Diensteanbietern, Benutzerprofile, Urheberrechte oder auch gespeicherte Daten, E-Mail-Accounts oder Accounts in sozialen Netzwerken.[1069] Versteht man den digitalen Nachlass im Sinne der Definition von Deusch, so handelt es sich dabei um die *„Gesamtheit der Rechtsverhältnisse des Erblassers betreffend informationstechnische Systeme einschließlich des gesamten elektronischen Datenbestands des Erblassers"*.[1070] Diesem Verständnis folgend umfasst der digitale Nachlass auch Verträge mit dem Metaverse-Betreiber, den Metaverse-Account selbst sowie dort stellvertretend **durch einen Avatar vorgenommene Handlungen** des Nutzers.[1071] Somit zählen neben den reinen Zugangsdaten auch solche Daten zum digitalen Nachlass, die im Zusammenhang mit der Handlung eines Avatars sowie seiner Interaktionen gespeichert wurden.[1072] Dies wird künftig vor allem aufgrund des stark wachsenden Trends der XR-Anwendungen und der damit verbundenen signifikanten Steigerung entsprechender Anbieter von großer Bedeutung sein.[1073] Der Begriff des „digitalen Nachlasses" ist damit letztlich ein Sammelbegriff, der verschiedene Rechte und Rechtsbeziehungen des Erblassers zusammenfasst.[1074] **513**

Der digitale Nachlass lässt sich sodann in zwei Gruppen einteilen. Dies ist zum einen die Gruppe der **„Online-Daten"**[1075], welche sich im Internet befinden und auf fremden Servern gespeichert sind und zum anderen die **„Offline-Daten"**[1076] oder „digitalisierten Informationen"[1077], welche auf Datenträgern ohne Netzwerkverbindung zugänglich sind.[1078] **514**

In die Gruppe der Online-Daten eingeordnet werden dabei unter anderem eingeordnet[1079]: **515**

- Domainverträge mit der DENIC eG
- Access-Provider-Verträge mit Internetdienstanbietern
- Benutzerkontengestützte Nutzungsverhältnisse mit E-Mail-Diensteanbietern, Social-Media-Betreibern oder Online-Speicherdiensten
- Benutzerkontengestützte Nutzungsverhältnisse mit Dating-Portalen oder Zahlungsdiensteanbietern
- E-Mails, Chat-Nachrichten, Blogeinträge, Online-Adressbücher
- Urheberrechte an im Internet gespeicherten Fotos und Videos
- von Streamingdiensten erworbene Nutzungsrechte
- in Online-Spielen kreierte virtuelle Gegenstände wie etwa Spielfiguren (Avatare)
- Kryptowährungen

1067 Außner Rechtliche Aspekte des digitalen Privatvermögens S. 43.
1068 Lange ErbR Rn. 31a; MüKoBGB/Leipold § 1922 Rn. 31.
1069 Ausführlich dazu Herzog NJW 2013, 3745.
1070 Deusch ZEV 2014, 2 f.; dem folgend Steiner/Holzer ZEV 2015, 262; Klas/Möhrke-Sobolewski NJW 2015, 3473; Lange/Holtwiesche ZErb 2016, 125; Raude ZEV 2017, 433 (434); Ludyga ZEV 2018, 1 (2); Hohenstein K&R 2018, 5 (7).
1071 Steege/Chibanguza Metaverse-HdB/Meder/Theissen § 19 Rn. 7.
1072 Steege/Chibanguza Metaverse HdB/Meder/Theissen § 19 Rn. 8.
1073 Zabel/Heisenberg/O'Brien, Extended/Cross-Reality (XR) in Deutschland, 2022, S. 31.
1074 NK-NachfolgeR/Herzog Teil 1 Kap. 9 Rn. 1; Herzog AnwBI Online 2018, 472; Pockrandt Dig. Nachlass S. 19; BeckOGK/Preuß BGB § 1922 Rn. 381; Alexander K&R 2016, 301 (302); Raude ZEV 2017, 433 (434); FIST/Universität Bremen/Universität Regensburg, Der digitale Nachlass, S. 36; Herzog NJW 2013, 3745.
1075 Thiesen Daten in der Erbmasse S. 18 f.
1076 Staudinger/Kunz, 2017, BGB § 1922 Rn. 601, 606.
1077 Ludyga ZEV 2018, 1 (2).
1078 Thiesen, Daten in der Erbmasse, S. 18 f.; Staudinger/Kunz, 2017, BGB § 1922 Rn. 601, 606.
1079 Für die folgende Aufzählung: Staudinger/Kunz, 2017, BGB § 1922 Rn. 601 ff., 617; Ludyga ZEV 2018, 1 (2); auch dazu Amend-Traut/Hergenröder ZEV 2019, 113.

516 Komplementär zu den Online-Daten steht die Gruppe der Offline-Daten, in die sich folgende Daten bzw. Informationen einordnen lassen,[1080]:

- USB-Sticks
- Festplatten
- Tablet-PCs
- Smartphones
- CDs
- DVDs
- SD-Karten
- Disketten etc.

517 Die Daten/digitalisierten Informationen dieser Gruppe teilen die Eigenschaft, dass sie im Eigentum des Erblassers stehen und es daher für den Zugriff keiner Mitwirkung eines Internetanbieters bedarf.[1081]

b) Vererbbarkeit von Daten

518 Betrachtet man die Vererbbarkeit von Daten, bedarf es an dieser Stelle einer zweigeteilten Untersuchung von Online- und Offline-Daten sowie ihrer strickten Trennung. Gestaltet sich die Übertragung von Offline-Daten noch relativ unproblematisch, so kommt das Erbrecht im Umgang mit Online-Daten an einigen Stellen an seine Grenzen.

519 Die Übertragung der Daten des Verstorbenen, die auf einem physischen Speichermedium, wie beispielsweise einer PC-Festplatte oder einem USB-Stick, gespeichert sind, gestaltet sich in der Regel unproblematisch. Werden entsprechende **Hardware** gem. § 1922 Abs. 1 BGB an den Erben übertragen, umfasst das Eigentum an dem jeweiligen Speichermedium grundsätzlich auch die rechtliche Zuordnung der darauf enthaltenen Daten, ungeachtet deren immaterieller Natur.[1082] Ebenso ist die Vererbbarkeit von **Guthaben des Erblassers in Kryptowährungen** uneingeschränkt zu bejahen, wobei die praktische Herausforderung darin liegt, ob der Erbe Zugang zum erforderlichen privaten Schlüssel erlangt. Des Weiteren unterliegen **Musik-, Film- und E-Book-Dateien** der Gesamtrechtsnachfolge, sodass der Erbe über dieselben Nutzungsrechte (auch an urheberrechtlich geschützten Werken) verfügt wie der Erblasser. Allerdings gestaltet sich die Rechtslage wesentlich komplizierter im Zusammenhang mit den Accounts, die der Erblasser im Internet für digitale Kommunikation unterhielt. Hierzu zählen insbesondere **E-Mail-Konten und Konten in sozialen Netzwerken (Social Media-Accounts).**[1083] Nach Auffassung des BGH rückt der Erbe des Kontoinhabers in die schuldrechtliche Beziehung zwischen dem Erblasser und dem Netzbetreiber hinsichtlich eines Benutzer-Accounts ein. Dabei ist grundsätzlich nicht zwischen dem Account und dem Inhalt zu unterscheiden. Somit kann der Erbe vom Netzbetreiber Zugang zum vollständigen Benutzerkonto verlangen. Nicht geäußert hat sich der BGH hingegen zu der Frage, ob Erben das Konto des Erblassers auch aktiv weiter nutzen dürfen.[1084]

520 Nicht entgegen steht der Gesamtrechtsnachfolge gem. § 1922 BGB der **postmortale Persönlichkeitsrechtsschutz** des Erblassers. Dieser Schutz greift erst dann, wenn der Erbe mit den im Account vorgefundenen Texten oder Bildern das Persönlichkeitsrecht verletzt. Eine solche Verletzung läge beispielsweise vor, wenn der Inhalt von Korrespondenzen an Dritte weitergegeben oder durch Veröffentlichung zugänglich gemacht wird. Aus dem Recht auf Zugang folgt somit keineswegs ein Recht auf beliebigen Umgang mit den vorgefundenen Inhalten.[1085]

[1080] Staudinger/Kunz, 2017, BGB § 1922 Rn. 601, 606; Ludyga ZEV 2018, 1 (2).
[1081] Staudinger/Kunz, 2017, BGB § 1922 Rn. 601, 606; Thiesen Daten in der Erbmasse S. 18.
[1082] Amend-Traut/Hergenröder ZEV 2019, 113 (116).
[1083] MüKoBGB/Leipold § 1922 Rn. 31.
[1084] MüKoBGB/Leipold § 1922 Rn. 35 ff.
[1085] MüKoBGB/Leipold § 1922 Rn. 39.

aa) Online-Daten. Online-Daten stellen den bedeutendsten Teil des digitalen Nachlasses dar. Verwunderlich ist dies nicht, da der Großteil dieser Inhalte nicht auf einem entsprechenden Speichermedium wie einem USB-Stick gespeichert ist,[1086] sondern überall **im Internet zerstreut** und dadurch **auf fremden, externen Datenträgern.**[1087] **521**

Damit Daten im Rahmen der Universalsukzession gem. § 1922 Abs. 1 BGB übergehen können, bedarf es der Lösung einiger Probleme. So ist zuvorderst der Eigentumserwerb nur an Sachen möglich. Dabei sind Sachen definiert als Körperliche Gegenstände. Dieses Kriterium erfüllen Daten losgelöst vom Speichermedium nicht. Hierbei handelt es sich um eines der grundlegenden Probleme. Daten sind zwar ohne ein Speichermedium auf dem sie abgelegt und einen entsprechenden Datenträger, auf dem sie implementiert sind, nicht denkbar, dies verhilft ihnen aber nicht zur Sacheigenschaft.[1088] Vor allem im Bereich der Online-Daten fallen der Erzeuger der Daten und der Eigentümer des Speichermediums aber häufig auseinander, nicht zuletzt dadurch, dass Online-Daten als flüchtige Daten oft an vielen unterschiedlichen Orten gespeichert sind und ihren Speicherort häufig und vor allem schnell wechseln (können). Dies macht eine erbrechtliche Betrachtung der Daten unabhängig vom Speichermedium erforderlich.[1089] In diesem Kontext müssen **Daten als eigenständiges Rechtsobjekt** verstanden und entsprechend behandelt werden.[1090] **522**

Letztlich erfüllen Online-Daten das **Körperlichkeitserfordernis des Sachbegriffs** nicht.[1091] Dieser ist jedoch Grundvoraussetzung für das Bestehen eines Eigentumsrechts des Erblassers, welches im Wege der Erbrechtsfolge an seine Erben übergehen könnte. Eine analoge Anwendung des § 903 S. 1 BGB auf digitale Daten scheidet an dieser Stelle mangels planwidriger Regelungslücke oder vergleichbarer Interessenlage aus.[1092] **523**

De lege lata besteht somit kein eigenständiges Eigentumsrecht oder ein anderes absolutes Recht an Daten, unabhängig von ihrem Inhalt.[1093] Daher beschränkt sich ihre rechtliche Stellung auf die **Anerkennung als zivilrechtliches Gemeingut im Rahmen eines Vertragsgegenstandes.**[1094] Als Konsequenz haben die Rechtspositionen in Bezug auf einzelne E-Mails, andere elektronische Chatnachrichten, Speicherobjekte sowie Online-Accounts lediglich einen faktischen und schuldrechtlichen Charakter.[1095] **524**

1086 So auch Perkić Unsterbliche Daten S. 57.

1087 Sattler JZ 2017, 1036 (1037).

1088 Große Ruse-Khan/Klass/von Lewinski/Berberich, Nutzergenerierte Inhalte als Gegenstand des Privatrechts, S. 165, 182; BeckOK BGB/Fritzsche BGB § 90 Rn. 27 f.; Staudinger/Stieper, 2021, BGB § 90 Rn. 12; Müller-Hengstenberg/Kirn NJW 2007, 2370 (2373).

1089 So auch Perkić Unsterbliche Daten S. 61.

1090 Zech Information als Schutzgegenstand S. 56, 173 f.

1091 Bydlinsky AcP 1998, 287 ff.

1092 So auch Perkić Unsterbliche Daten S. 67.

1093 Dorner CR 2014, 617 (626); Zech CR 2015, 137 (144); Zech GRUR 2015, 1151 (1159); Alexander K&R 2016, 301 (303); Boehm ZEuP 2016, 358 (381 ff., 385 f.); Specht CR 2016, 288 (289); Studie des BMVI „Eigentumsordnung für Mobilitätsdaten“ S. 60; allesamt auch mit weiteren Überlegungen und Nachweisen zu verschiedenen Implikationen von Daten im deutschen Zivilrecht, teils auch de lege ferenda. Der Bericht der Arbeitsgruppe „Digitaler Neustart“ der Konferenz der Justizministerinnen und Justizminister der Länder v. 15.5.2017, S. 60, 88 f., 98 stellt in einer umfassenden Untersuchung zudem fest, dass die Schaffung eines „Dateneigentums“ oder eines sonstigen absoluten Rechts de lege ferenda auch nicht notwendig sei, da die gegenwärtige Rechtsordnung nach Art eines „Flickenteppichs“ ein hinreichend geschlossenes Schutzsystem bilde. In diese Richtung ebenso Faust NJW-Beil. 2016, 29 (32). Auch Kühling/Sackmann Rechte an Daten – Rechtsgutachten v. 20.11.2018 im Auftrag des vzbv S. 43 f. sehen für ein zu schaffendes Eigentumsrecht oder sonstiges Ausschließlichkeitsrecht an Daten kein Bedürfnis und halten diese sogar für kontraproduktiv. Aus dem Blickwinkel des digitalen Nachlasses gleichsam FIST/Universität Bremen/Universität Regensburg, Der digitale Nachlass, S. 101 f.; Ebenso spricht sich die Datenethikkommission Gutachten der Datenethikkommission der Bundesregierung von Oktober 2019 S. 18, 104 f. gegen die Schaffung eines „Dateneigentums“, „Datenerzeugerrechts“ oder „eigentumsähnlichen Verwertungsrechts“ aus.

1094 Bericht der Arbeitsgruppe „Digitaler Neustart“ der Konferenz der Justizministerinnen und Justizminister der Länder v. 15.5.2017 S. 34.

1095 Kutscher Der digitale Nachlass S. 44; Seidler Dig. Nachlass S. 72 ff.; Zech CR 2015, 137 (146).

525 Aufgrund ihrer zunehmenden Bedeutung können digitale Daten jedoch als wichtiger Wirtschaftsfaktor sowie Rohstoff[1096] und damit als immaterielles Wirtschaftsgut[1097] qualifiziert werden und Gegenstand schuldrechtlicher Verträge sein.[1098] Eine Ausnahme von der Vererblichkeit aufgrund des Persönlichkeitsrechts von Kommunikationspartnern wird indes ausgeschlossen.[1099]

526 **bb) Offline-Daten.** Wenngleich der Großteil des digitalen Nachlasses auf Online-Daten entfällt, sollten auch jene Daten Berücksichtigung finden, die **auf problemlos und unmittelbar zugänglichen Speichermedien abgelegt** wurden. Damit gemeint sind die bereits erwähnten Gruppen der Offline-Daten, wie beispielsweise USB-Sticks und externe Festplatten.[1100]

527 Im Rahmen eines Erbfalles geht das Eigentumsrecht des Erblassers an besagten verkörperten Speichermedien nach § 1922 Abs. 1 BGB auf die Erben über.[1101] Dabei folgt das Recht an den Daten jedoch nicht dem Recht am Speichermedium.[1102] Abgesehen davon, dass eine rechtliche Annexfunktion von Daten potenzielle Immaterialgüterrechte an den semantischen Bedeutungsinhalten der Daten außer Acht lassen würde, bietet auch das Sachenrecht keinen geeigneten rechtlichen Anknüpfungspunkt für eine rechtliche Gemeinschaft von Datenträgern und Daten. Was jedoch anerkannt werden muss, ist, dass der Eigentümer des Datenträgers aufgrund seiner Eigentumsrechte am Trägermedium gem. § 903 S. 1 des Bürgerlichen Gesetzbuchs (BGB) rein faktisch lediglich die Möglichkeit zum Zugriff auf die darauf gespeicherten Daten besitzt.[1103] Diese faktische Zugriffsmöglichkeit geht im Falle des Todes des Erblassers auf die Erben über.[1104] Folglich teilen Daten nicht das rechtliche Schicksal des Erblassers, sondern lediglich das faktische Schicksal des Datenträgers. Hinsichtlich der persönlichkeitsrechtlichen Belange ergibt sich keine Besonderheit, sodass auf die Ausführungen zu Online-Daten verwiesen werden kann. Befinden sich auf den Speichermedien urheberrechtlich geschützte Werke des Erblassers, so geht auch bei Offline-Daten die immaterialgüterrechtliche Stellung nach § 28 Abs. 1 UrhG iVm § 1922 Abs. 1 BGB auf die Erben über. Auch hierin besteht kein Unterschied zwischen Offline- und Online-Daten.

1096 Bundeskartellamt, Hintergrundpapier: Digitale Okonomie – Internetplattformen zwischen Wettbewerbsrecht, Privatsphäre und Verbraucherschutz S. 4; Zech CR 2015, 137 (138 f.); Taeger/Krätzschmar, Tagungsband DSRI-Herbstakademie, 2015, S. 753 spricht von der „Währung des 21. Jahrhunderts". Auch Angela Merkel bezeichnet Daten als „Rohstoffe des 21. Jahrhunderts", www.faz.net/aktuell/wirtschaft/cebit/angela-merkel-fordert-mehr-modernisierte-digitale-technologien-14120493.html.

1097 Pertot/Schmidt-Kessel/Sattler, Rechte an Daten, S. 49, 54; Dorner CR 2014, 617 (621); Zech CR 2015, 137 (138); Bericht der Arbeitsgruppe „Digitaler Neustart" der Konferenz der Justizministerinnen und Justizminister der Länder v. 15.5.2017 S. 34; Das OLG Düsseldorf 27.9.2012 – 6 U 241/11, CR 2012, 801 (802 f.) sprach der Nutzungsmöglichkeit von Kunden-E-Mail-Adressen zwecks Werbemaßnahmen einen erheblichen wirtschaftlichen Wert zu und sah die E-Mail-Adressen der Kunden und das damit verbundene Recht der Speicherung und Nutzung dieser Daten als Gegenstand eines Herausgabeanspruchs nach § 667 Alt. 1 BGB an.

1098 Pockrandt Dig. Nachlass S. 150; Alexander K&R 2016, 301 (302); Bericht der Arbeitsgruppe „Digitaler Neustart" der Konferenz der Justizministerinnen und Justizminister der Länder v. 15.5.2017 S. 34; FIST/Universität Bremen/Universität Regensburg, Der digitale Nachlass, S. 130.

1099 MüKoBGB/Leipold § 1922 Rn. 34.

1100 Ludyga ZEV 2018, 1 (2).

1101 Herzog NJW 2013, 3745 (3749).

1102 Vgl. Sorge MMR 2018, 372 (374 Fn. 35); Heun/Assion CR 2015, 812 (814).

1103 Pruns ErbR 2018, 550 (551).

1104 Röhricht/Graf von Westphalen/Haas/Specht-Riemenschneider HGB Plattformnutzungsverträge Rn. 90 („Der Erbe wird Eigentümer an Festplatten des Erblassers und faktisch auch Inhaber der dort gespeicherten Daten."); Budzikiewicz AcP 2018, 558 (573) („Den Erben ist der Zugang […] eröffnet […]").

3. Rechtliche Herausforderungen und Streitigkeiten

a) Herausgabeansprüche im Erbrecht

Im Erbfall wird der Erbe im Rahmen des sogenannten **Vonselbsterwerbs** gem. § 1922 BGB ohne Weiteres dinglich Berechtigter. Nur bedeutet das nicht, dass der Erbe diese Berechtigung auch automatisch verwirklichen kann. Dem kann entgegenstehen, dass sich der Nachlass im Besitz von Personen befindet, die eine Herausgabe zunächst verweigern. Auch können Nachlassgegenstände zwischenzeitlich vernichtet oder sogar veruntreut sein. Dem ist der Erbe jedoch nicht anspruchslos ausgeliefert. Als neuer rechtmäßiger Eigentümer kann der Erbe vom Besitzer gem. § 985 BGB **Herausgabe** verlangen. Sollte der Besitzer nicht in der Lage sein die begehrten Nachlassgegenstände herauszugeben, kann der Erbe **Schadensersatz** gem. §§ 989, 990 BGB begehren. Es gelten somit auch hier die allgemeinen sachenrechtlichen Ansprüche des BGB. Die allgemeinen erbrechtlichen Ansprüche werden ergänzt durch den **erbrechtlichen Gesamtanspruch (Erbschaftsanspruch)** gegen den Erbschaftsbesitzer gem. §§ 2018 ff. BGB und den erbrechtlichen Anspruch gegen den Vorerben, § 2130 BGB. **528**

Die Rechtslage sieht vor, dass eine Person, die Gegenstände aus dem Nachlass besitzt, in der Regel dem Erben gemäß den allgemeinen Voraussetzungen **zur Herausgabe verpflichtet** ist (§ 985 BGB) und gegebenenfalls Ersatz gemäß den §§ 987 ff. BGB zu leisten hat. Diese Verpflichtungen stellen sog. Einzelansprüche dar und beziehen sich auf einzelne Sachen. Im Gegensatz dazu ist § 2018 BGB als Gesamtanspruch konzipiert: Der Anspruchsgegenstand umfasst das, was „aus der Erbschaft erlangt ist" gem. § 2018 BGB. Gemäß § 2018 BGB kann der Erbe daher die Herausgabe der gesamten Erbschaft einschließlich der von der Erbschaftsbesitzerin erlangten Surrogate (§ 2019 BGB) sowie gezogener Nutzungen (§ 2020 BGB) verlangen. Die Ansprüche gemäß den §§ 2018 ff. BGB stehen in freier Anspruchskonkurrenz zu den Ansprüchen gemäß den §§ 985 ff. BGB. **529**

Bei einer **Klage des Erben aus dem Gesamtanspruch** (§ 2018 BGB), bedarf es einer möglichst exakten Benennung der herausverlangten Gegenstände im Klageantrag, § 253 Abs. 2 Nr. 2 ZPO. Ist es dem Erben nicht möglich die Gegenstände im Einzelnen zu benennen, ist er angewiesen auf eine Stufenklage nach § 254 ZPO. In diesem Rahmen kann in der ersten Stufe auf Auskunft nach § 2027 BGB geklagt werden. **530**

aa) Besonderheiten bei digitalen Assets und Konten. Hinsichtlich des Schutzes des Fernmeldegeheimnisses (Art. 10 GG, § 3 TDDDG) beruft sich der BGH zutreffend auf den **Grundsatz der erbrechtlichen Gesamtrechtsnachfolge.** Aufgrund dessen tritt der Erbe uneingeschränkt in sämtliche vertragliche Rechtsverhältnisse des Erblassers ein und wird infolgedessen mit dessen Tod Vertragspartner und Kontoberechtigter. Der Erbe ist demnach nicht als „anderer" iSv § 3 Abs. 3 TDDDG anzusehen, wodurch die Bereitstellung des Zugangs zum Account und den gespeicherten Telekommunikationsinhalten nicht gegen das Fernmeldegeheimnis verstößt.[1105] **531**

Ein **Anspruch des Erben auf Auskunft** gem. Art. 15 DS-GVO iVm § 34 BDSG bezüglich des Inhalts des Accounts besteht nicht. Angesichts der bestehenden zivilrechtlichen Ansprüche ist ein solcher Auskunftsanspruch jedoch auch nicht erforderlich. Hingegen kann ein Anspruch des Erben gemäß den genannten Vorschriften gegenüber den entsprechenden Netzbetreibern, die unter den gegebenen Umständen in Betracht kommen, auf Auskunft über das Bestehen eines Vertragsverhältnisses mit dem Erblasser bejaht werden.[1106] **532**

Notwendig allerdings ist die Unterscheidung in Zugang und Herausgabe. Der BGH sprach den Erben ein **Recht auf vollständigen Zugang zum Benutzerkonto** zu. Dieser Anspruch sei dabei gestützt auf den schuldrechtlichen Vertrag des Erblassers iVm § 1922 **533**

[1105] MüKoBGB/Leipold § 1922 Rn. 40.
[1106] MüKoBGB/Leipold § 1922 Rn. 43.

Abs. 1 BGB.[1107] Der Hauptleistungsanspruch aus dem Vertrag, der den Zugang zum Benutzerkonto gewährt und die „Abrufbarkeit“[1108] der Daten ermöglicht, steht den Erben in demselben Umfang zu, wie er dem Erblasser zustand. Aufgrund der erbrechtlichen Ableitung dieses Zugangsanspruchs ergibt sich somit, dass den Erben ein identischer Zugangsanspruch gewährt werden muss wie zuvor dem Erblasser.[1109] Daher ist es dem Diensteanbieter beispielsweise nicht gestattet, das Benutzerkonto aufgrund des Todes des ursprünglichen Accountinhabers ohne weiteres zu deaktivieren oder in einen inaktiven Modus zu versetzen.

534 Um Zugang zum Nutzerkonto zu erhalten und die Primärleistung in Anspruch nehmen zu können, können sich die Erben zudem mittels ihres **Nebenanspruches auf Auskunft in Bezug auf die Kennwörter und sonstige Zugangsdaten** gegen den Diensteanbieter bedienen.[1110]

535 **bb) Herausgabeansprüche aus dem Urheberrecht.** Ebenso wie in der analogen Welt genießen auch bestimmte Online-Inhalte Werkschutz nach den urheberrechtlichen Grundsätzen. Dieses Urheberrecht ist ebenfalls nach § 28 Abs. 1 UrhG iVm § 1922 Abs. 1 BGB vererblich und geht auf die Erben über. Diesen stehen dann nach § 30 UrhG grundsätzlich dieselben Rechte zu wie dem Urheber vor seinem Ableben.[1111]

536 In den elektronischen Postfächern, Speicherdiensten und sozialen Netzwerken gespeicherte Texte und Nachrichten können gem. § 2 Abs. 1 Nr. 1 UrhG grundsätzlich als **Sprachwerke** betrachtet werden.[1112] Für ihren Schutz nach dem Urheberrecht ist jedoch entscheidend, dass sie als **„persönliche geistige Schöpfungen“** gem. § 2 Abs. 2 UrhG gelten. Die Frage, ob dies der Fall ist, lässt sich nicht pauschal beantworten, sondern hängt von den Umständen des Einzelfalls ab.[1113] Der urheberrechtliche Schutz erfordert eine gewisse **Individualität** und setzt voraus, dass dem Werk ein ausreichend **kreativer Grad an Eigenart**[1114] zukommt.[1115] Je weniger die Texte einfach alltägliche Nachrichten oder Informationsweitergaben[1116] sind und je mehr sie Ausdruck der individuellen Kreativität[1117] des Verfassers darstellen, desto eher können sie als schöpferisch, original und individuell[1118] betrachtet werden.[1119]

537 Bilder, die häufig in den genannten Accounts zu finden sind, können **Lichtbildwerke** gem. § 2 Abs. 1 Nr. 5 UrhG darstellen, und Videos können **Filmwerke** gem. § 2 Abs. 1 Nr. 6 UrhG sein, sofern sie eine ausreichende Schöpfungshöhe aufweisen.[1120] Falls sie diese

---

[1107] BGH 12.7.2018 – III ZR 183/17, BGHZ 219, 243 Rn. 21; Klas/Möhrke-Sobolewski NJW 2015, 3473 (3474); Alexander K&R 2016, 301 (306).

[1108] Pruns NWB 2014, 2175 (2178).

[1109] BGH 27.8.2020 – III ZB 30/20, ZEV 2020, 714 Rn. 17, 27; jurisPK-BGB/Schmidt BGB § 1922 Rn. 75; Biermann ErbR 2020, 343 (344); Pruns ZErb 2020, 245 (249); Pruns ErbR 2021, 24 (26); Walker LMK 2020, 434336; Tendeziell auch Deusch ZEV 2020, 179 (180).

[1110] NK-NachfolgeR/Herzog Teil 1 Kap. 9 Rn. 31; DAV. Stellungnahme/Herzog Nr. 34/2013 S. 53; Herzog NJW 2013, 3745 (3749); Kutscher, Der digitale Nachlass, S. 102; Pockrandt Dig. Nachlass S. 133; Thiesen Daten in der Erbmasse S. 53; Pruns NWB 2013, 3161 (3165); Klas/Möhrke-Sobolewski NJW 2015, 3473 (3474); Alexander K&R 2016, 301 (306); Raude RNotz 2017, 17 (20); Hohenstein K&R 2018, 5 (8).

[1111] Siehe zu gewillkürten und gesetzlichen Beschränkungen Dreier/Schulze/Schulze UrhG § 30 Rn. 7 f.

[1112] Fußeder Soziale Netzwerke im Nachlass S. 26; Kutscher Der digitale Nachlass S. 30; Reinemann/Remmertz ZUM 2012, 216 (217).

[1113] Reinemann/Remmertz ZUM 2012, 216 ff.

[1114] BGH 10.12.1987 – I ZR 198/85, GRUR 1988, 533 (535); Dreier/Schulze/Schulze UrhG § 2 Rn. 20.

[1115] Dreier/Schulze/Schulze UrhG § 2 Rn. 20.

[1116] Der schlichte Transport von Fakten, Gedanken und alltäglichen Mitteilungen mittels Sprache oder Schrift erfüllt mangels geistig-literarischen Gehalts nicht die Voraussetzungen eines Sprachwerks gem. § 2 Abs. 1 Nr. 1, Abs. 2 UrhG, vgl. BeckOK UrhR/Ahlberg UrhG § 2 Rn. 75, 83 und Spindler/Schuster/Kaesling/Wiebe UrhG § 2 Rn. 16.

[1117] Peukert UrhR Rn. 187, 198 ff.

[1118] Dreier/Schulze/Schulze UrhG § 2 Rn. 18.

[1119] Fußeder Soziale Netzwerke im Nachlass S. 26; Reinemann/Remmertz ZUM 2012, 216 (217 f.).

[1120] Fußeder Soziale Netzwerke im Nachlass S. 26; Kutscher, Der digitale Nachlass, S. 30; Thiesen Daten in der Erbmasse S. 149; Berberich MMR 2010, 736; Reinemann/Remmertz ZUM 2012, 216 (219 f.).

Schwelle nicht erreichen, sind die Bilder dennoch als Lichtbilder gem. § 72 Abs. 1 UrhG geschützt,[1121] für die die entsprechenden Bestimmungen über Lichtbildwerke gelten, einschließlich der Anwendung von § 28 Abs. 1 UrhG. Videos genießen unabhängig von ihrer Gestaltungshöhe den vererblichen[1122] Leistungsschutz als **Laufbilder** gem. § 95 iVm § 94 UrhG.[1123] Ein Online-Account an sich kann jedoch nicht als Gegenstand immaterieller Rechte betrachtet werden, da er lediglich eine **einfache Zuordnungs- und Organisationsstruktur** ohne jeglichen geistigen oder schöpferischen Inhalt darstellt.[1124]

Damit stehen den Erben keine Herausgabeansprüche hinsichtlich digitaler Werkstücke auf Servern von Diensteanbietern aus geistigem Eigentum zu.[1125] Lediglich ein Zugangsrecht nach § 25 Abs. 1 UrhG können Erben für sich beanspruchen,[1126] nicht aber die Herausgabe (§ 25 Abs. 2 UrhG).[1127] In der Praxis ist dieser **Zugangsanspruch für Erben** jedoch nahezu wertlos, da die Erben konkret benennen müssen, zu welchem Werkstück sie Zugang begehren.[1128] Eine solche konkrete Benennung scheidet hinterlassenen Account-Inhalten aufgrund der Unwissenheit der Erben hinsichtlich der Inhalte meistens aus.[1129] Ein Recht auf Zugangsgewährung zu einem Account mit sämtlichen Inhalten um diesen nach geschützten Werken zu durchsuchen, kann für die Erben nicht aus dem Urheberrecht abgeleitet werden.[1130] **538**

cc) Legitimation. Bei der Feststellung der Anspruchsberechtigung hinsichtlich Online- **539** Daten können Provider in der Regel zum Nachweis der Erbschaft die Vorlage eines entsprechenden **Erbscheins** verlangen. Handelt es sich um eine öffentliche Verfügung von Todeswegen ist deren Vorlage in Verbindung mit dem Eröffnungsprotokoll ausreichend. Problematisch ist derweil die Zuordnung eines Accounts zu einem Erblasser bei kostenlosen Anbietern, da diese in der Regel keine Angabe der Kontaktdaten des Inhabers fordern, was mit einer gewissen Anonymität einhergeht. Derartige Probleme lassen sich jedoch nicht mit erbrechtlichen Instrumenten lösen. Vielmehr bedürfte es an dieser Stelle eines vom Erblasser zu Lebzeiten unterschriebenen Nachweises über die Zugehörigkeit bestimmter digitaler Assets zu seinem Vermögen.[1131]

b) Erbrechtliche Rechtsnachfolgen in schuldrechtliche Rechtsbeziehungen

Auch schuldrechtliche Rechtsbeziehungen sind regelmäßig vererblich.[1132] Ansprüche aus **540** schuldrechtlichen Verträgen gehören in der Regel ebenfalls zum Vermögen iSd § 1922

[1121] Fußeder Soziale Netzwerke im Nachlass S. 26; Kutscher Der digitale Nachlass S. 30; Berberich MMR 2010, 736; Reinemann/Remmertz ZUM 2012, 216 (219); Budzikiewicz AcP 2018, 558 (568).

[1122] Dreier/Schulze/Schulze UrhG § 94 Rn. 46.

[1123] Fußeder Soziale Netzwerke im Nachlass S. 26; Kutscher Der digitale Nachlass S. 30; Thiesen Daten in der Erbmasse S. 149; Berberich MMR 2010, 736; Reinemann/Remmertz ZUM 2012, 216 (220); Budzikiewicz AcP 2018, 558 (568).

[1124] Kutscher Der digitale Nachlass S. 42 ff.; Bock AcP 2017, 370 (377); ausführlich zur fehlenden urheberrechtlichen Schutzfähigkeit von Accounts Gräber Rechte an Accounts und virtuellen Gütern S. 62 ff.

[1125] Kutscher Der digitale Nachlass S. 38.

[1126] Wandtke/Bullinger/Bullinger UrhG § 25 Rn. 1; Dreier/Schulze/Schulze UrhG § 25 Rn. 1; Thiesen Daten in der Erbmasse S. 25.

[1127] Siehe zur einschränkenden Auslegung des § 25 Abs. 2 UrhG in besonderen Fällen KG 8.2.1983 – 5 U 376/82, GRUR 1983, 507 (508) – Totenmaske II; Wandtke/Bullinger/Bullinger UrhG § 25 Rn. 20; Dreier/Schulze/Schulze UrhG § 25 Rn. 24.

[1128] Fußeder Soziale Netzwerke im Nachlass S. 28; Kutscher Der digitale Nachlass S. 38 f.; Thiesen Daten in der Erbmasse S. 153.

[1129] Fußeder Soziale Netzwerke im Nachlass S. 28; Kutscher Der digitale Nachlass S. 38 f.; Thiesen Daten in der Erbmasse S. 153.

[1130] Thiesen Daten in der Erbmasse S. 153.

[1131] Herzog NJW 2013, 3745 (3750 f.).

[1132] Burandt/Rojahn/Große-Boymann BGB § 1922 Rn. 74; NK-NachfolgeR/Herzog Teil 1 Kap. 9 Rn. 25; DAV-Stellungnahme/Herzog Nr. 34/2013 S. 34; Herzog NJW 2013, 3745 (3747); MüKoBGB/Leipold § 1922 Rn. 25; BeckOK BGB/Müller-Christmann BGB § 1922 Rn. 33.

Abs. 1 BGB. Schuldrechtliche Verträge gehen nach 1922 über.[1133] Der Erbe tritt hier in die vertragliche Rechtsstellung mit sämtlichen Rechten und Pflichten umfassend ein.[1134]

541 Eine solche schuldrechtliche Rechtsbeziehung liegt zwischen Social-Media-Plattformen, E-Mail-Diensteanbietern sowie Online-Speicherdiensten sowie Nutzern unstreitig vor.[1135] In diesen Konstellationen liegen benutzerkontengestützte Nutzungsverhältnisse **(user-account-Verhältnisse)**[1136] als Dauerschuldverhältnisse vor.[1137] Ob und in welchem Umfang die vom digitalen Nachlass erfassten Social-Media- und E-Mail-Service-Verträge sowie Verträge mit Online-Speicherdiensten mit dem Tod des Erblassers untergehen und dadurch unvererblich sind, ist derzeit Gegenstand rechtswissenschaftlicher Debatten.[1138] Hierzu bedarf es immer einer Betrachtung des Einzelfalls, sodass an dieser Stelle keine allgemeingültige Aussage über das Erlöschen der in Rede stehenden Verträge beim Ableben des Erblassers getätigt werden kann.[1139]

c) Datenschutz im Zusammenhang mit dem digitalen Nachlass

542 Den datenschutzrechtlichen Prüfmaßstab für die Zugangsgewährung bei Nutzungskonten in sozialen Medien bildet seit dem 25.5.2018 die Datenschutz-Grundverordnung (DS-GVO).[1140] Im Erbfall problematisch ist aus datenschutzrechtlicher Sicht, dass das Erbrecht keinen Datenschutz kennt, so der BGH.[1141] So entschied er in einem Urteil, dass die Erben einen **Anspruch aus dem Nutzungsvertrag des Erblassers** mit der Klägerin geltend machen können. Schließlich seien die Rechte und Pflichten aus diesem Vertrag im Rahmen der Gesamtrechtsnachfolge gem. § 1922 Abs. 1 BGB auf die Erben übergegangen. Dabei kann zwar die Vererblichkeit von vertraglichen Rechten im Vertrag selbst ausdrücklich oder konkludent ausgeschlossen werden, dies sei aber nicht erfolgt. Ein schutzwürdiges Interesse, dass nur Kontoinhaber und nicht Dritte von den Inhalten Kenntnis erlangen, besteht nicht. Auch zu Lebzeiten des Inhabers hat dieser mit der Zugänglichmachung durch Missbrauch sowie Bereitstellung der Zugangsdaten an Dritte rechnen müssen. Verstirbt nun der Kontoinhaber, muss mit der Vererbbarkeit des Kontos gerechnet werden, was auch den **Übergang von Rechtspositionen mit höchstpersönlichem Inhalt** auf die Erben umfasst. Denkbar sind an dieser Stelle zudem ein postmortales Persönlichkeitsrecht und ein Schutz durch das **Fernmeldegeheimnis** gem. § 3 Abs. 3 TDDDG. Auch hier rückt der Erbe in die Position des Erblassers ein, sodass weder das postmortale Persönlichkeitsrecht noch das Fernmeldegeheimnis dem Anspruch der Erben entgegenstehen. Eine Kollision mit dem Datenschutzrecht scheidet indes bereits aus, da die DS-GVO nur lebende Personen schützt und die Verarbeitung der personenbezogenen Daten der Erblasserin aufgrund der Erforderlichkeit zur Vertragserfüllung nicht im Widerspruch zur DS-GVO steht. Damit hat der Erblasser de lege lata kein Recht auf postmortale Geheimhaltung gegenüber seinen Erben, §§ 2047 Abs. 2, 2373 S. 3 BGB.

[1133] Herzog NJW 2013, 3745 (3749).
[1134] BGH 12.7.2018 – III ZR 183/17, BGHZ 219, 243 Rn. 22; KG 31.5.2017 – 21 U 9/16, ZEV 2017, 386 Rn. 56.
[1135] Dazu näher Perkić Unsterbliche Daten S. 71 ff.
[1136] Staudinger/Kunz, 2017, BGB § 1922 Rn. 603.
[1137] Hoeren/Sieber MultimediaR-HdB/Holznagel/Redeker Teil 12 Rn. 10; Redeker IT-R Rn. 1098; Thiesen Daten in der Erbmasse S. 47; Härting CR 2001, 37 (41) für E-Mail-Service-Verträge.
[1138] Dazu näher Perkić Unsterbliche Daten S. 80.
[1139] Hierzu ausführlich Perkić Unsterbliche Daten S. 80 ff.; Herzog NJW 2013, 3745 (3751).
[1140] MüKoBGB/Leipold § 1922 Rn. 41.
[1141] BGH 12.7.2018 – III ZR 183/17, NJW 2018, 3178.

4. Praktische Aspekte und Handlungsempfehlungen

a) Vertragliche Vereinbarungen und Regelungen in AGB

Fraglich ist, ob die Möglichkeit besteht, den Erben durch eine Vereinbarung zwischen dem Erblasser und dem Netzwerkbetreiber von der Einsicht in den digitalen Nachlass auszuschließen. Diesen Versuch wagen einige Dienste, wie Facebook oder der E-Mail-Provider GMX.[1142] Im Zuge der Privatautonomie sollte einer solchen **Individualvereinbarung** nichts entgegenstehen. Ebenfalls denkbar ist eine Vereinbarung darüber, was mit dem Account geschehen soll bei Eintritt eines Erbfalles.[1143] Handelt es sich hingegen um Regelungen in AGB oder Formularverträgen, bedarf es einer genaueren Prüfung. Am Beispiel des **Gedenkzustandes eines Nutzungskontos** bei Facebook betont der BGH, dass zwar durch die fraglichen Klauseln bezüglich des Gedenkzustands die Vererbung des Nutzungsverhältnisses an sich nicht verhindert wird, jedoch dem Erben durch die Verwehrung des Zugangs zum Konto ein wesentlicher Hauptleistungsanspruch aus dem vererbten Nutzungsverhältnis entzogen wird. In diesem Umstand sieht der BGH zu Recht eine unangemessene Benachteiligung iSd § 307 Abs. 1 BGB, die iSd § 307 Abs. 2 Nr. 1 BGB dem wesentlichen Grundgedanken des § 1922 – Übertragung eines Schuldverhältnisses mit allen Rechten und Pflichten auf den Erben – widerspricht. Zugleich erkennt der BGH einen Verstoß gegen § 307 Abs. 2 Nr. 2 BGB, da durch die Versetzung in den Gedenkzustand wesentliche Rechte aus dem Vertragsverhältnis entfallen, wodurch der Vertragszweck nicht mehr erreicht werden kann.[1144] **543**

Dies kommt aber einem Ausschluss der genaueren Regelung der Rechtsfolgen beim Eintritt eines Erbfalls durch AGB nicht gleich. Da eine genauere Regelung auch im Interesse des Account-Inhabers bzw. seiner Erben liegen kann, bedarf es stets der Bewertung des Inhalts entsprechender Klauseln.[1145] Denkbar wäre in diesem Zuge beispielsweise eine Klausel über das Erlöschen eines Kontos nach Ablauf einer Frist, in der sich kein Erbe gemeldet hat.[1146] **544**

Die zentralen Ausführungen des BGH können, wenngleich sie sich auf einen Facebook-Account beziehen, auf Konten in anderen sozialen Netzwerken übertragen werden. Auf Grundlage dieser Ausführungen kann eine **Vererblichkeit von E-Mail-Konten** ebenfalls bejaht werden. Denkbar bei E-Mail-Konten ist sogar eine geringere Hürde, da es sich hierbei nicht von vornherein um Korrespondenzen mit starkem Persönlichkeitsrechtsbezug handelt. Entsprechende Konten dienen vielmehr oftmals geschäftlichen bzw. vermögensbezogener Kommunikation. Zu einer Differenzierung des Zugangsrechts der Erben entsprechend dem Inhalt der Nachrichten, kommt es auch in diesen Fällen nicht.[1147] **545**

Liegt bei Eintritt eines Erbfalles keine wirksame vertragliche Vereinbarung über den Umgang mit Mitgliedschaften und Konten vor, so bestimmt sich das weitere Vorgehen nach der Entscheidung des BGH und der überwiegenden Auffassung im Schrifttum gem. § 1922 BGB, sodass die Rechtsstellungen auf den/die Erben übergehen und nicht zwangsläufig auf die nahen Angehörigen.[1148] Dem stehen auch weder das Fernmeldegeheimnis noch datenschutzrechtliche Bestimmungen entgegen. **546**

[1142] Willems ZfPW 2016, 494 (496).
[1143] MüKoBGB/Leipold § 1922 Rn. 44.
[1144] MüKoBGB/Leipold § 1922 Rn. 45.
[1145] MüKoBGB/Leipold § 1922 Rn. 47.
[1146] Ebenso Lieder/Berneith FamRZ 2018, 1486 (1488); Erman/Lieder BGB § 1922 Rn. 14a.
[1147] MüKoBGB/Leipold § 1922 Rn. 48.
[1148] Bock AcP 2017, 370 (Zusammenfassung 414 f.); Klas/Möhrke-Sobolewski NJW 2015, 347; Herzog NJW 2013, 3745 (3747 ff.); Lange/Holtwiesche ZErb 2016, 157 (Zusammenfassung 162); MüKoBGB/Leipold § 1922 Rn. 31 ff.

b) Vorsorge des Erblassers für den digitalen Nachlass

547 Um eine Person unabhängig von der Erbenstellung zu begünstigen, kann der Erblasser eine **postmortale Vollmacht** erteilen, die dem Bevollmächtigten die benötigten Rechte einräumt, um im Rahmen der mit dem Provider getroffenen Vereinbarungen über den digitalen Nachlass zu verfügen. Dabei sind im Innenverhältnis stets die Interessen der Erben zu berücksichtigen.[1149]

548 Auch kann der Erblasser in einem **Testament oder Erbvertrag** dem Erben durch Auflagen vorgeben, wie mit dem digitalen Nachlass zu verfahren ist. So kann er beispielsweise vorgeben, dass Konten gelöscht werden sollen. Unmöglich ist es dem Erblasser hingegen mangels Rechtsgrundlage den Übergang des Rechtsverhältnisses auf den Erben durch testamentarische Verfügung zu verhindern. Hierzu bedarf es vielmehr eines Rechtsgeschäfts unter Lebenden. Dies kann erfolgen im ursprünglich geschlossenen Vertrag oder auch durch eine spätere einseitige Willenserklärung des Erblassers an den Netzbetreiber.[1150]

549 Letztlich sollten Erblasser, sofern die Vererblichkeit der Konten nicht durch Individualvereinbarungen ausgeschlossen wurde, dafür Sorge tragen, dass seine Erben Kenntnis von den Accounts und den dazugehörigen Zugangsdaten erhalten. Dazu empfiehlt es sich eine **Übersicht mit allen Zugangsdaten** an einem sicheren Ort zu hinterlegen. Grundsätzlich besteht hier die Möglichkeit, entsprechende Informationen in das Testament aufzunehmen. Angesichts der häufigen Veränderung und der Flüchtigkeit von Internetpräsenzen, ist dies in der Praxis kaum umsetzbar. Hier zeigt sich ein Problem zwischen notwendiger Geheimhaltung der Zugangsdaten zu Lebzeiten und entsprechender Mitteilung an die Erben, welches es künftig zu lösen gilt.[1151]

550 Es steht dem Erblasser also unstreitig frei in einem Testament oder einer Vorsorgevollmacht bindende Regelungen hinsichtlich seines digitalen Vermögens zu treffen.[1152]

1149 MüKoBGB/Leipold § 1922 Rn. 49.
1150 MüKoBGB/Leipold § 1922 Rn. 49.
1151 MüKoBGB/Leipold § 1922 Rn. 50.
1152 Herzog NJW 2013, 3745 (3750).

Teil D. Nutzung von Daten

Kapitel 11. Vertragsrecht

Übersicht

I. Überlassung von Daten auf Dauer zwischen Unternehmen

Siehe zu diesem Themenkomplex auch
- Miete, Leihe, Leasing und Pacht → Kap. 11 Rn. 122
- Verbraucherverträge → Kap. 11 Rn. 193
- Klauselkontrolle → Kap. 11 Rn. 311
- Leistungsstörungen → Kap. 12 Rn. 1
- Data Act: Vertragsbeziehungen → Kap. 13 Rn. 43

Die Überlassung von Gegenständen zur Nutzung wurde herkömmlich unterteilt nach der Überlassung auf Dauer, bei der der Nutzer den Gegenstand nicht zurückgeben musste, und der Überlassung auf Zeit, mit der eine Rückgabepflicht verbunden war. Diese Begrifflichkeiten sind durch das Verbraucherrecht, das den Terminus der dauerhaften Bereitstellung in § 327b Abs. 1 S. 2 BGB eingeführt hat, nicht mehr eindeutig. Die dauerhafte Bereitstellung nach dieser Norm ist befristet, in der herkömmlichen Terminologie liegt eine Überlassung auf Zeit vor. Nachfolgend wird die herkömmliche Terminologie beibehalten und die Überlassung von Daten im **unternehmerischen Verkehr** auf der Grundlage von Kauf-, Tausch-, Werk- und Schenkungsverträgen behandelt. 1

Die Überlassung von Daten auf Dauer wird vor allem durch den Kaufvertrag realisiert. Mit Blick auf die Erzeugung bestimmter Daten kommt auch ein Werkvertrag in Betracht. Ein Tauschvertrag wird im unternehmerischen Verkehr vor allem dann relevant, wenn die **Gegenleistung** nicht in Geld besteht, sondern wiederum in Daten oder einer Kryptowährung besteht. Unentgeltliche Verträge kommen nur selten vor. Sie bringen vor allem bei digitalen Gütern Herausforderungen bei der Zuordnung zu einem Vertragstyp mit sich. 2

1. Allgemeine Aspekte

Für die Vertragsgestaltung und in der Folge auch den Abschluss und die Durchführung von Verträgen sind die allgemeinen Bestimmungen zu beachten, für die mit Blick auf Daten als Gegenstand des Vertrages einige **Besonderheiten** in Betracht kommen können. Das gilt vor allem für den Gegenstand des Vertrages. 3

a) Daten oder Informationen

Wenn näher auf das geschaut wird, was Gegenstand der hier behandelten Austauschverträge ist, ergibt sich die Frage, ob es einen Unterschied zwischen **Daten** und **Informationen** gibt. In Verträgen wird regelmäßig von Daten gesprochen. Auch das BGB kennt inzwischen diesen Begriff, ohne ihn jedoch zu definieren. Der Data Act und andere Rechtsakte der Union verwenden Daten als Oberbegriff für Handlungen, Tatsachen oder Informationen, was mehr verwirrt als erhellt, während die DS-GVO nur Informationen behandelt, die sich auf die betroffene Person beziehen. Auch im Strafrecht wird der Begriff Daten verwendet, etwa in den §§ 202, 263a und 303a StGB. Das Informationsfreiheitsgesetz verwendet dagegen die Information als zentralen Begriff. Eine einheitliche Linie ist den gesetzlich verwendeten Begriffen nicht zu entnehmen. 4

5 In der **Informationstheorie** wird unterschieden zwischen Begriffen wie Zeichen, Symbolen, Daten, Informationen und Wissen, syntaktischen und semantischen Ebenen (dazu detailliert → Kap. 2 Rn. 1). Dort ist der Begriff der Daten kein übergeordneter, sondern Teil einer Taxonomie. Daten bestehen danach aus Zeichen und bilden die Grundlage für Informationen. Die Logik der Zeichenfolge ist Gegenstand der Syntax und die Bedeutung der Zeichen und ihrer Erscheinungsformen wird durch die Semantik betrachtet.[1]

6 Es ist fraglich, ob diese Systematik auch rechtlich eine Entsprechung findet. Die unterste syntaktische Ebene stellt nach dieser Ordnung allgemein das Zeichen dar. Daten, Informationen etc bestehen aus Zeichen. So ist die kleinste Einheit im Digitalen das Bit, das nur zwei Zustände annehmen kann. Aber bereits jeder dieser Zustände stellt ein Zeichen dar und trägt eine Information. Die informationstheoretische Ordnung ist sinnvoll, um die Komplexität im Umgang mit Informationen begrifflich zu reduzieren und es zu erleichtern, über Zusammenhänge zu sprechen. Mit Blick auf die **vertragsrechtliche Betrachtung** ist das allerdings nur am Rande relevant.[2] Die rechtliche Relevanz liegt bei Austauschverträgen wie dem Kaufvertrag in der Erbringung der versprochenen Leistungen. Sie basiert auf der von den Vertragsparteien als gleichwertig empfundenen eigenen Leistung im Verhältnis zur empfangenen Gegenleistung. Damit geht es um wirtschaftliche Werte.

7 **Information,** verstanden als ein Zustand, der für den Betrachter eine Bedeutung hat, kann ein solcher Wert sein. Der Zustand selbst ist das Datum, das Gegebene. Dem muss eine Bedeutung beigemessen werden, um relevant zu sein. Abstrakt kann ein **Datum** daher als wahrnehmbarer Zustand der Welt umschrieben werden, der eine Bedeutung erhält[3] und damit zur Information wird.[4] Information wird konstruiert[5] und ist letztlich das, was verstanden wird.[6] Zur Bestimmung der Information ist auch der Kontext des Zustandes, dem die Information beigemessen wird, relevant.

8 Informationen sind codiert. Wer den Zustand und den **Code** kennt, hat die Information. Ohne Code ist der Zustand grundsätzlich bedeutungs- und wertlos. Im Rahmen des Datenrechts erfasst der Begriff des Datums regelmäßig nur elektromagnetische und optische Zustände, die auf einer binären Codierung beruhen, auch wenn diese Codierung nur die erste Ebene weiterer Codierungen bildet.

9 Der **Wert** ergibt sich bei Austauschverträgen aus dem Nutzungszweck. Die schlichte Zahl an sich ist ohne Wert, denn sie bedeutet nichts außer ihrem Zählwert. So ist es möglich, die 12 als Bezeichnung eines Tages zu betrachten oder als Zuordnung zu einer Norm des BGB, dem Lebensalter eines Menschen oder der Einteilung des Jahres in Zeitabschnitte. Einen Wert erhält die Zahl 12 durch den Kontext, der ihr – jedenfalls – für den Empfänger Bedeutung verleiht. Daran ändert sich nichts, wenn man statt von einer Information von einem Datum spricht. Das ist eine Frage der Begrifflichkeit. Es wäre auch zulässig zu sagen, dass nicht Daten oder Informationen ausgetauscht werden, sondern Kontexte von Zuständen.

10 Für die hier interessierenden Austauschverträge ist nur die vom Gläubiger vertraglich erwartbare Bedeutung relevant, unabhängig von der granularen Einordnung. Daher werden die Begriffe **Datum und Information** im Zusammenhang mit den hier behandelten Erwerbsverträgen im Folgenden **gleichgesetzt.** Für die Vertragsgestaltung kommt es darauf an herauszuarbeiten, wo die Vertragsparteien den Wert der auszutauschenden Leistungen verorten.

---

1 Dazu Zech Information als Schutzgegenstand S. 13 ff.
2 Dazu schon Czychowski/Winzek ZD 2022, 81 (85); Steinrötter RDi 2021, 480 (481).
3 Die Bedeutung ist hier zentral, vgl. Rechenberg, Informatik Spektrum, 2003, S. 317 f.; Wiebe GRUR 1994, 233 (234).
4 Dazu Zech Information als Schutzgegenstand S. 27.
5 Steinmüller Informationstechnologie und Gesellschaft S. 178 ff., insbes. S. 198.
6 C. F. v. Weizsäcker Die Einheit der Natur S. 347 f.

b) Daten und der Sachbegriff

Das für das Vertragsrecht maßgebliche BGB war lange Zeit durch das rechtliche Ordnungssystem des 19. Jahrhunderts geprägt. Im letzten Jahrhundert wurde jedoch zunehmend erkannt, dass das **Gesetz** in vielerlei Hinsicht bei immateriellen Gütern **Defizite** aufwies. Im Fokus stand anfangs das Persönlichkeitsrecht, später dann die Einordnung von Software. Das Gesetz ließ für Software beim Kaufvertrag nur die Wahl, Software als Recht oder als Sache einzuordnen. Der BGH hatte sich bekanntermaßen dazu entschieden, Software wie eine Sache zu behandeln. 11

Auch wenn heute Daten Eingang in das BGB gefunden haben, wird bei vielen Vorschriften noch auf die Behandlung von Sachen abgestellt und damit weiterhin die Frage aufgeworfen, die beim Kauf von Software schon den BGH beschäftigt hatte, ob Daten Sachen sind, wie Sachen zu behandeln oder rechtlich anders zu qualifizieren sind. Fest steht heute, dass Daten die **Körperlichkeit** fehlt, weswegen sie keine Sachen nach § 90 BGB sind,[7] auch wenn sie einen Datenträger benötigen, um wahrnehmbar zu sein.[8] Unproblematisch ist das für das Kaufrecht. Der Kauf von Daten ist als Kauf eines **sonstigen Gegenstandes** zu betrachten und fällt damit unter § 453 BGB.[9] Das entspricht der Sichtweise der herrschenden Meinung zum Erwerb von Software,[10] der sich in jedem Fall auch als Erwerb von Daten oder Bits, aus denen Software besteht, darstellt. Das neue Verbraucherrecht hat die Begriffe **Digitales Produkt** und **Ware** eingeführt, ändert aber an der rechtlichen Qualifikation von Daten nichts. 12

Schwieriger ist die Beurteilung für den **Werkvertrag** und dabei die Abgrenzung zum Werklieferungsvertrag, die beide auch eine Grundlage für den Erwerb von Daten bilden können. Die Erzeugung von Daten, gleich, ob durch das Erheben oder Generieren, ist auf die Herstellung eines Werks gerichtet. Die vertragsgestalterische Krux für die Praxis liegt hier darin, entscheiden zu müssen, ob eine Vereinbarung zu einem reinen Werkvertrag oder zu einem Werklieferungsvertrag mit der in § 650 Abs. 1 BGB vorgesehenen Folge der Anwendung von Kaufrecht führt. Passen die vertraglichen Regelungen nicht zum Vertragstyp, droht deren Unwirksamkeit nach § 307 Abs. 2 Nr. 1 BGB.[11] 13

Schaut man auf den Prototyp des digitalen Guts, die Software, ist es hM in der Literatur, dass Software keine Sache ist, auch nicht wie eine Sache behandelt werden kann, mit der Folge, dass die Erstellung von Software nicht zu einem **Werklieferungsvertrag** mit dem Verweis ins Kaufrecht führt, sondern allein dem Werkvertragsrecht unterfällt.[12] Getrieben wird diese Einordnung von der Wertung, dass die werkvertraglichen Regelungen zur dynamischen Softwareerstellung besser passen als das Kaufrecht, das von einem definierten Produkt ausgeht. Der BGH hat Software kauf- und mietrechtlich regelmäßig zwar als Sache behandelt. Ob er das aber auch iRd § 650 BGB tun würde, ist offen.[13] Einen Vertrag zur Generierung von Adressdaten hatte das OLG Frankfurt a. M. wegen der fehlenden Sachqualität nicht als Werklieferungsvertrag angesehen.[14] Die **Übertragung** der hM in der Literatur **auf Daten** im Allgemeinen, würde zum reinen Werkvertragsrecht führen, es läge 14

---

7 LG Konstanz 10.5.1996 – 1 S 292/95, NJW 1996, 2662; OLG Rostock 21.12.2021 – 2 U 27/21, BeckRS 2021, 42957 Rn. 7; MüKoBGB/Stresemann § 90 Rn. 25; Grüneberg/Ellenberger BGB § 90 Rn. 2.

8 AA BGH 14.7.1993 – VIII ZR 147/92, NJW 1993, 2436 (2438) (für Software); Grüneberg/Ellenberger § 90 Rn. 2; Prütting/Wegen/Weinreich/Völzmann-Stickelbrock BGB § 90 Rn. 5.

9 Leupold/Wiebe/Glossner IT-R/Schur Teil 6.9 Rn. 7; Schuster/Grützmacher/Diedrich BGB § 453 Rn. 10.

10 BeckOK BGB/Faust § 453 Rn. 24; Schuster/Grützmacher/Diedrich BGB § 453 Rn. 4.

11 Dazu die Übersicht bei BeckFormIT-R/Imhof C3 Anm. 1.

12 Schuster/Grützmacher/Schuster BGB § 650 Rn. 8 ff.; Auer-Reinsdorff/Conrad IT- und DatenschutzR-HdB/Conrad/Schneider § 11 Rn. 25 ff. mit Übersicht zum Streitstand sowie MüKoBGB/Busche § 650 Rn. 15.

13 Die oft zitierte Entscheidung BGH 23.7.2009 – VII ZR 151/08, NJW 2009, 2877 stellt bei Planungsleistungen auf den Schwerpunkt des Vertrages ab; ob das auch für Software gilt, bleibt jedoch unklar; s. auch Leupold/Wiebe/Glossner IT-R/Bussche/Schelinski Teil 2.2 Rn. 42.

14 OLG Frankfurt a. M. 30.7.2004 – I-23 U 186/03, K&R 2004, 591.

mangels Sachqualität kein Werklieferungsvertrag vor. Eine vermittelnde Ansicht stellt nicht auf die (Un-)Körperlichkeit der Daten als Abgrenzungskriterium ab, sondern darauf, ob standardisierte Informationen verschafft werden sollen und inwieweit der Besteller Einfluss auf die Erzeugung nehmen kann und will.[15] Bei der Lösung dieses Problems ist nunmehr auch die Umsetzung der **Digitale-Inhalte-Richtlinie** zu berücksichtigen.

15 Aus den neuen Regeln zu digitalen Inhalten lässt sich ableiten, dass die **Erzeugung von Daten** auf der Grundlage eines **Verbrauchervertrages** eine Regelung erfahren hat, die mehr der Rechtslage beim **Kauf** als der beim Werkvertrag entspricht. Das ergibt sich für das Werkvertragsrecht aus § 650 Abs. 2 und 3, die auf die Regelungen der §§ 327 f. BGB verweisen. Die in diesem Zusammenhang passenden Regelungen des § 650 Abs. 2 Nr. 1 und Nr. 3 BGB sehen die Erzeugung digitaler Inhalte vor und führen daher aus dem Werkvertragsrecht hinaus. Diese Inhalte können etwa Parameter für eine Software zur Fotobearbeitung, beispielsweise zur Korrektur von Unzulänglichkeiten von Kamera-Objektiven oder zur Erzeugung bestimmter Effekte im Foto sein, oder Konfigurationsdaten zur Steuerung von Geräten wie Mährobotern, Heizungsanlagen oder anderen Smart-Home-Anwendungen.[16]

16 Würden solche Leistungen gegenüber einem **Unternehmer** erbracht, würde reines Werkvertragsrecht gelten, wenn Daten nicht wie Sachen behandelt würden. Der Unternehmer wäre dann hinsichtlich der Mängelhaftung der regelmäßigen Verjährungsfrist nach § 634a Abs. 1 Nr. 3 BGB unterworfen, während er gegenüber einem Verbraucher nur zwei Jahre verpflichtet wäre. Der Unternehmer als Besteller hätte das Recht zur Selbstvornahme, der Verbraucher nicht, beim Verbrauchervertrag gibt es keine Abnahme, beim Unternehmervertrag dagegen schon. Das alles trotz identischer Leistungsgegenstände.

17 Hat der an den Verbraucher liefernde Unternehmer zur Erstellung dieser Leistungen Vorleistungen anderer Unternehmer in Anspruch genommen, zB für die Herstellung eines Videos, und ist diese Leistung mangelhaft, richtet sich der **Rückgriff des Unternehmers** gegen seinen Lieferanten aufgrund der Mängelrüge des Verbrauchers nach § 327u BGB.[17] Der Unternehmer hat nach § 327u Abs. 6 BGB das Recht, seine Vorlieferanten nach den Regeln seiner Verpflichtung gegenüber dem Verbraucher in Regress zu nehmen und Aufwendungsersatz geltend zu machen.[18] Die Bestimmung des § 327u BGB verdrängt nach § 445c BGB die allgemeinen Regressregeln in der Lieferkette. Wäre der Endkunde ein Unternehmer und würde mangels Sachqualität der Daten reines Werkvertragsrecht gelten, wäre ein Rückgriff nicht möglich, weil das Werkvertragsrecht einen solchen Rückgriff nicht vorsieht. Die kaufrechtlichen Vorschriften der §§ 445a f. BGB fänden keine Anwendung, weil § 445a BGB als Endkunden einen Käufer voraussetzt, es genügt also nicht, dass der Unternehmer das Vorprodukt gekauft hat.[19] In einigen Fällen könnte dem Werkunternehmer zwar über § 439 Abs. 3 BGB geholfen werden, da er dann zumindest einen Anspruch auf Ersatz seiner Aufwendungen hätte.[20] Die weiteren Vorteile der Entbehrlichkeit der Fristsetzung gem. § 445a Abs. 2 BGB oder der Verjährungshemmung nach § 445b BGB hätte er aber nicht.

18 Diese **Ungleichbehandlung** des Rückgriffs bei der Herstellung oder Erzeugung digitaler Inhalte ist nicht nachvollziehbar begründbar und führt zu Zufälligkeiten der rechtlichen Bewertung. Unterstützt wird die Wertung, dass der Begriff der Sache bei der Einordnung von Daten nach der Schuldrechtsnovelle nicht streng iSd § 90 BGB ausgelegt und Daten

[15] Spindler/Klöhn CR 2003, 81 (83).
[16] Die Erstellung von Individualsoftware für Verbraucher würde auch hierunterfallen, wäre aber praktisch nicht wahrscheinlich, solange Software nicht in ausreichender Qualität durch KI-Systeme erzeugt werden kann.
[17] BeckOK BGB/Voit § 650 Rn. 26.
[18] MüKoBGB/Metzger § 327u Rn. 16.
[19] BGH 2.4.2014 – VIII ZR 46/13, NJW 2014, 2183 Rn. 38 zum § 478 BGB aF; HK-BGB/Ingo Saenger § 445a Rn. 5.
[20] MüKoBGB/S. Lorenz § 445a Rn. 14.

daher vom Anwendungsbereich der Normen, die sich auf Sachen beziehen, ausgeschlossen werden müssen, durch einen Blick in das **Mietrecht.** Nach § 548a BGB finden die mietrechtlichen Vorschriften nunmehr auf die Überlassung digitaler Produkte ausdrücklich entsprechende Anwendung. Das gilt auch dann, wenn der Mieter ein Unternehmer ist.[21] Damit wird die mietrechtliche Rechtsprechung des BGH aufgegriffen und erweitert, dass auf einem Datenträger verkörperte Software iSv § 535 BGB als Sache anzusehen ist.[22]

Geboten ist eine möglichst einheitliche Behandlung des Umgangs mit digitalen Gütern. 19
Im Werkvertragsrecht fehlt eine § 548a BGB entsprechende Norm. Im Wege der Auslegung können aber auch hier **Daten wie Sachen** behandelt werden. Ist der Werkunternehmer verpflichtet, Daten herzustellen oder zu erzeugen, findet § 650 Abs. 1 BGB Anwendung. Der Erwerb von Daten führt damit immer ins Kaufrecht. Übernimmt es der Unternehmer, Daten zu veredeln oder sonst wie aufzubereiten, liegt ein reiner Werkvertrag vor (→ Rn. 26).

c) Vertragstyp

Um zu einer Vereinbarung das gesetzliche Leitmodell zu finden, ist die **Bestimmung des** 20
Vertragstyps erforderlich. In der Regel unterfallen Datenverträge einem der im BGB benannten Vertragstypen.

aa) Kaufvertrag. Die Überlassung auf Dauer gegen eine Einmalzahlung wird regelmäßig 21
als **Kaufvertrag** betrachtet. Zweifelhaft kann das sein, wenn man für den Kaufvertrag verlangt, dass sich der Verkäufer des verkauften Gegenstandes dauerhaft begibt, ihn nach der Leistungserbringung also nicht mehr in seinem Vermögen hat.[23] Danach soll die Veräußerung immer mit einer **Vermögenseinbuße** verbunden sein.[24] Das, so die Bedenken, sei bei digitalen Gütern nicht gewährleistet, weil sie nicht-rival seien. Die Übertragung an einen Erwerber steht einem Konsum des vom Veräußerer erneut überlassenen Gutes durch einen anderen nicht entgegen, so dass dieser Vorgang beliebig oft wiederholt werden könnte.

Die Forderung nach einer Vermögenseinbuße beim Kauf ist unbegründet.[25] Es scheint 22
sich hierbei um eine Übertragung der Anforderungen aus der Schenkung zu handeln, bei der § 516 BGB eine Zuwendung aus dem Vermögen des Schenkenden verlangt. Aber auch dort ist dieses Tatbestandsmerkmal mit Blick auf die Daten nicht mehr relevant (→ Rn. 115). Im Kaufrecht wird bei immateriellen Gütern regelmäßig anders verfahren. Etwa im Urheberrecht, wenn beispielsweise dauerhaft einfache Nutzungsrechte eingeräumt werden. Hier liegt nach herrschender Ansicht grundsätzlich ein Kauf vor.[26] Ausreichend für die Annahme eines Kaufvertrages ist, dass sich der Verkäufer zu einer endgültigen **Mehrung des Käufervermögens** verpflichtet.[27] Daher kann der Käufer auch ohne gesonderte Abrede zur Exklusivität nicht erwarten, dass der Verkäufer die verkauften Daten bei sich löscht.

Die **Mehrung des Vermögens** kann dann zweifelhaft sein, wenn der Käufer nicht in die 23
Lage versetzt wird, vollumfänglich nach seinem Belieben mit den Daten umzugehen. Der Käufer müsse nach dem Typus des Kaufvertrages die umfassende Befugnis erhalten, über den Kaufgegenstand zu bestimmen.[28] Geschuldet sei bei einem Datenkauf neben der Übergabe nach der Verweisung von § 453 Abs. 1 S. 1 BGB auf § 433 Abs. 1 S. 1 BGB auch die Verschaffung von „Dateneigentum".[29] Diese Betrachtung lässt sich zu sehr vom Typus des

---

21 Martens Schuldrechtsdigitalisierung Rn. 454; wobei hierdurch nun der Mieter als Unternehmer bessergestellt wird als der Verbraucher, vgl. MüKoBGB/Artz § 548a Rn. 3.
22 BGH 15.11.2006 – XII ZR 120/04, MMR 2007, 243 (244).
23 So wohl Hennemann DatenR § 12 Rn. 42 f.; s. dazu auch Haberstumpf NJOZ 2015, 793 (802).
24 In diese Richtung wohl auch Fikentscher/Heinemann Schuldrecht Rn. 804: „Kaufrecht findet also Anwendung, wenn die volle Datenherrschaft übertragen werden soll.".
25 Dazu Haberstumpf NJOZ 2015, 793 (802); Pfeiffer/Raue AGB-R, Daten(lizenz)verträge Rn. 11.
26 Bisges UrheberR-HdB/Imhof Kap. 4 Rn. 11; Fromm/Nordemann/J. B. Nordemann UrhG Vor § 31 Rn. 165.
27 Haberstumpf NJOZ 2015, 793 (802).
28 Leupold/Wiebe/Glossner IT-R/Schur Teil 6.9 Rn. 9.
29 Hoeren MMR 2013, 486 (498).

Sachkaufs leiten und vernachlässigt, dass nach § 453 Abs. 1 S. 1 BGB dessen Bestimmungen lediglich „entsprechend" zur Anwendung kommen. Ein Verständnis des Kaufs dahingehend, dass eine Mehrung des Vermögens nur bei einer ausschließlichen Berechtigung an dem erworbenen Gegenstand gegeben sei, lässt sich dem Gesetz nicht entnehmen. Gekaufte urheberrechtliche Nutzungsrechte etwa können wegen § 34 UrhG nur mit Zustimmung des Urhebers weitergegeben werden.[30] Gleiches gilt für Forderungen, deren weitere Abtretung nur mit Zustimmung des Zedenten möglich ist[31] oder die Weitergabe von Immaterialgüterrechten, bei denen das Verbreitungsrecht nicht erschöpft ist.[32] Auch § 453 Abs. 1 S. 2 BGB zeigt, dass Daten als digitale Produkte Gegenstand eines Kaufvertrages sein können. Zwar werden hier nur Verbraucherverträge erfasst, es gibt aber für die grundlegende Typisierung von Datenüberlassungsverträgen keinen Grund für eine Differenzierung zwischen Verbraucher- und reinen Unternehmensverträgen.

24 Problematisch kann dagegen die Konstellation sein, bei der die Daten schon nicht in den Herrschaftsbereich des Erwerbers gelangen, sondern beim Veräußerer verbleiben. Gegeben ist dies dann, wenn die Inhalte nur eingesehen, aber nicht gespeichert oder gar weitergegeben werden können, wie dies beispielsweise beim Erwerb von Streaming-Inhalten ist, die nicht heruntergeladen, sondern nur abgerufen werden.[33] Entsprechendes gilt für E-Books, die zwar heruntergeladen, aber nicht weitergegeben werden können. Die fehlende **Möglichkeit der Weitergabe** kann gegen die Annahme eines Kaufvertrages sprechen, wenn man der Auffassung folgt, dass mit einem Kaufvertrag typischerweise die Befugnis zur Weitergabe verbunden ist.[34] Dabei dürften überwindbare gesetzliche Beschränkungen der Weitergabe wie in § 34 UrhG oder Art. 6 Abs. 2 lit. c DA der Annahme eines Kaufvertrages nicht entgegenstehen.

25 **bb) Werkvertrag.** Ein Werkvertrag beinhaltet die **Herbeiführung eines Erfolges.** Mit Blick auf Daten kann dies die Erzeugung von Daten, deren Beschaffung oder deren Aufarbeitung sein. In den beiden erstgenannten Fällen beschafft der Unternehmer die Daten und liefert sie dem Besteller. Im letztgenannten Fall stellt der Besteller oder ein Dritter die Daten zur Verfügung, die der Unternehmer dann aufbereitet.

26 Daten werden geliefert, wenn der Unternehmer die Daten selbst beschafft oder erzeugt. Das ist beispielsweise bei der Erhebung von Daten infolge von Umfragen, der Sammlung von Daten aus dem Betrieb von Maschinen, der Aufzeichnung von Umweltbedingungen, der Synthetisierung von Daten etc der Fall. In diesem Fall liegt ein **Werklieferungsvertrag** nach § 650 Abs. 1 S. 1 BGB vor.

27 Anders ist es, wenn bestehende **Daten aufbereitet** werden. Das kann durch Anreicherung mit anderen Daten, der Auswahl von Daten, die der Besteller liefert, eine Strukturierung von Daten oder auf andere Weise erfolgen. Dann liegt kein Werklieferungsvertrag vor mit der Folge, dass die werkvertraglichen Regelungen uneingeschränkt zur Anwendung kommen. Ein **reiner Werkvertrag** liegt daher beispielsweise bei dem Versehen von Trainingsdaten für KI-Modelle mit Annotationen (Labels, Tags) oder der Überprüfung von Daten auf das Vorliegen bestimmter Qualitätsmerkmale vor.

28 **cc) Tauschvertrag.** Der Tauschvertrag ist dadurch gekennzeichnet, dass der Leistungsgegenstand vom Schuldner beschafft und übergeben wird und **keine der Leistungen in Geld** erbracht wird → Rn. 102.

29 **dd) Schenkungsvertrag.** Erfolgt die Überlassung von Daten unentgeltlich, kann eine Schenkung vorliegen. Die Regelungen zum Schenkungsvertrag bereiten bei der Anwen-

---

30 Dazu Bisges UrheberR-HdB/Imhof Kap. 4 Rn. 148.
31 Vgl. BGH 11.3.1997 – X ZR 146/94, NJW 1997, 3434; BeckOK BGB/Rohe § 399 Rn. 21.
32 S. das Beispiel der gekauften eBooks bei EuGH 19.12.2019 – C-263/18, GRUR 2020, 179 Rn. 54 ff., 72 – NUV ua/Tom Kabinet mAnm Ohly.
33 Bisges UrheberR-HdB/Imhof Kap. 4 Rn. 148.
34 Grüneberger ZUM 2020, 175 (190).

dung auf die Übertragung nicht-rivaler Güter wie Daten Probleme, weil das Gesetz nach dem Wortlaut eine Leistung aus dem Vermögen des Schenkenden verlangt, was so verstanden werden kann, dass eine **Vermögensminderung** vorliegen muss (→ Rn. 116).

d) Wirksamkeitshindernisse

Wirksamkeitshindernisse stehen der Begründung einer rechtsverbindlichen Einigung entgegen. Dabei kann sich die Unwirksamkeit aus dem Gegenstand der Einigung ergeben und somit dem Rechtsgeschäft aufgrund seines Inhaltes die Wirkung versagt werden. Sie kann aber auch darauf beruhen, dass schon die Mindestanforderungen an eine Einigung nicht erfüllt sind. Jeder Vertrag verlangt zu seiner Wirksamkeit eine Einigung auf die **vertragswesentlichen Bestandteile.** Zu diesen Bestandteilen gehören neben den Hauptleistungspflichten, die den Vertragstyp charakterisieren, grundsätzlich auch die **Vertragsparteien.**[35] 30

Der Massenverkehr mit Daten wird regelmäßig online abgewickelt. Dabei kann, wie bei vielen Online-Transaktionen in anderen Bereichen auch, nicht immer gewährleistet werden, dass beide Vertragspartner hinreichend identifiziert werden können. Die **Anonymität** auch nur eines Vertragspartners kann damit der Wirksamkeit des Vertrages entgegenstehen. Bei Verträgen, bei denen die Leistungen sofort ausgetauscht werden, wird herkömmlicherweise von dem Erfordernis der Einbeziehung der Vertragsparteien in die Einigung abgesehen.[36] Das ist zulässig, denn welche Anforderungen die Parteien an die Identifizierung ihres Vertragspartners knüpfen, ist grundsätzlich ihnen überlassen. So ist es gerade im elektronischen Rechtsverkehr möglich, einen Vertrag zu schließen, auch wenn der Vertragspartner bei Vertragsschluss nicht bestimmbar ist. Voraussetzung hierfür ist jedoch, dass ein entsprechender **Wille** ausdrücklich geäußert oder im Wege der Auslegung **deutlich** wird.[37] Die Vertragspartei muss erkennbar bereit sein, das Risiko zu tragen, ihre Ansprüche wegen der nicht möglichen Bestimmung der Identität des Vertragspartners gerichtlich nicht durchsetzen zu können. 31

Handelt es sich bei dem abzuschließenden Vertrag um einen **Austauschvertrag** und wird die Gegenleistung nicht bereits bei Vertragsschluss erbracht, dürfte ein Vertragsschluss ohne hinreichende Bestimmbarkeit des Vertragspartners regelmäßig ausscheiden. Entsprechendes gilt bei der Überlassung von Daten, wenn der Nutzer **Geheimhaltungspflichten** zu erfüllen hat oder anderen Verwendungsbeschränkungen unterliegt. Denn nur die Kenntnis des anderen Vertragsteils kann die rechtliche Durchsetzung der Geheimhaltung gewährleisten. Das ist insbesondere beim Handel mit ohne Weiteres verfügbaren Daten nach dem **Data Act** von Bedeutung. 32

Unwirksam können Verträge auch dann sein, wenn sich eine Vertragspartei fehlerhafte **Vorstellungen** über ihren **Vertragspartner** macht. Das Problem wird bei dem Bezug von Apps über einen App-Store diskutiert, kann aber auch anderweitig bei der Nutzung von Plattformen zur Vertragsvermittlung auftreten. So ist aus Sicht des App-Nutzers oft nicht leicht zu erkennen, wer Vertragspartner wird. Nach den Vertragsbedingungen der Store-Betreiber kommt der Vertrag mit ihnen als Kommissionären zustande, während der Eindruck des Nutzers oft dahin geht, dass der Anbieter der App Vertragspartner wird. Diese Unklarheiten können die Unwirksamkeit des Vertragsschlusses begründen, wenn die Auslegung ergibt, dass aus Sicht des Erwerbers eine andere Person Vertragspartner werden soll, als dies beabsichtigt war.[38] 33

Haben sich die Parteien auf die vertragswesentlichen Bestandteile geeignet, kommen daneben folgende **Unwirksamkeitsgründe** in Betracht: 34

---

[35] BGH 16.10.2012 – X ZR 37/12, NJW 2013, 598 Rn. 21; MüKoBGB/Busche BGB § 145 Rn. 6.
[36] BGH 16.3.2006 – III ZR 152/05, NJW 2006, 1971 Rn. 12.
[37] Vgl. MüKoBGB/Busche § 145 Rn. 23 und vor § 145 Rn. 37 ff.
[38] Taeger/Pohle ComputerR-HdB/Ewald Kap. 32.7 Rn. 46 ff.; s. auch BGH 28.7.2005 – III ZR 3/05, MMR 2005, 597 (598).

- Eine beschränkte **Geschäftsfähigkeit** steht der Wirksamkeit nicht entgegen, wenn der Minderjährige weder Rechte aufgibt, noch Pflichten begründet.[39] Da Austauschverträge grundsätzlich Pflichten für jeden Vertragspartner beinhalten, ist zu ihrem Abschluss die Zustimmung der gesetzlichen Vertreter erforderlich. Ausnahmen bestehen bei einer **Schenkung** an den Minderjährigen und bei neutralen Geschäften.[40] Anderes gilt im Falle des § 516a BGB, weil hier der Beschenkte eine Gegenleistung erbringt. Beim Sachkauf ist die Geschäftsfähigkeit auch für das **Erfüllungsgeschäft** zur Übertragung des Eigentums relevant. Bei Datenverträgen liegt für den Datenschuldner jedoch regelmäßig nur beim schuldrechtlichen Verpflichtungsgeschäft ein Rechtsgeschäft vor. Dessen Erfüllung erfolgt typischerweise allein durch **Realakt,** soweit nicht ausnahmsweise Rechte übertragen werden müssen.
- Beim Erwerb von Daten kann sich das Wirksamkeitshindernis aus dem **Erwerbsgegenstand** selbst ergeben, wenn besonders schutzwürdige Daten übertragen werden und dadurch ein **Straftatbestand** erfüllt wird, beispielsweise die Verletzung von Verschwiegenheitspflichten. Die Unwirksamkeit resultiert dann aus § 134 BGB.[41]
- Bei **AGB** können einzelne Klauseln einer Inhaltskontrolle nicht standhalten.
- Bei der Heranziehung von **Datenschutznormen** als Verbotsgesetze iSd § 134 BGB[42] ist Zurückhaltung geboten, da die datenschutzrechtlichen Bestimmungen bereits Regelungen zu den Folgen eines Verstoßes enthalten und insofern gegenüber § 134 BGB regelmäßig als speziellere Norm Vorrang genießen.[43]
- Auch Verstöße gegen den **Data Act** können die Unwirksamkeit jedenfalls einzelner Klauseln zur Folge haben → Rn. 316.
- Stellen die Daten durch **künftiges Vermögen** oder einen Bruchteil künftigen Vermögens dar, ist ein Vertrag, durch den sich jemand verpflichtet, dieses Vermögen zu übertragen, nach § 311b Abs. 2 BGB nichtig. Das ist bei der Erzeugung von KI-Modellen oder der Zusammenstellung umfangreicher Datensammlungen denkbar. Die Vorschrift gilt auch für juristische Personen,[44] soweit sich aus anderen Gesetzen nichts Abweichendes ergibt.[45]
- Für **Aktiengesellschaften**[46] ist § 179a AktG zu beachten und bei einer Übertragung des gesamten Vermögens die Zustimmung des Aufsichtsrates einzuholen.[47]
- Für Verträge zur Erzeugung oder Übertragung von Daten bestehen keine besonderen **Formvorschriften.** Denkbar ist aber, dass die Daten nach § 311b Abs. 3 BGB das **gegenwärtige Vermögen** oder einen Bruchteil des gegenwärtigen Vermögens darstellen. Auch hier ist, wie bei § 311b Abs. 2 BGB, beispielsweise an die Erzeugung von KI-Modellen oder die Zusammenstellung umfangreicher Datensammlungen zu denken. In einem solchen Fall ist eine Verpflichtung zur Übertragung dieses Vermögens notariell zu beurkunden, um wirksam zu sein. Das jedoch nur, wenn das Vermögen in **„Bausch und Bogen"** übertragen wird.[48] Werden die zu übertragenden Vermögensgegenstände einzeln bezeichnet, findet die Vorschrift keine Anwendung. Sofern § 311b Abs. 3 BGB nicht beachtet wird, heilt die Erfüllung des Vertrages nicht den Formmangel.[49] Die

[39] Grüneberg/Ellenberger BGB § 107 Rn. 2.
[40] Grüneberg/Ellenberger BGB § 107 Rn. 7.
[41] BGH 10.7.1991 – VIII ZR 296/90, NJW 1991, 2955 (2957); Grüneberg/Ellenberger BGB § 134 Rn. 22a.
[42] Dazu OLG Frankfurt a. M. 24.1.2018 – 13 U 165/16, NJW-RR 2018, 887.
[43] OLG Celle 10.9.2003 – 3 U 137/03, WM 2004, 1384; Lehmann/Wancke WM 2019, 613 ff. und Lehmann/Wancke WM 2019, 665 ff.; s. auch Beyer/Beyer NZI 2016, 241 (245); so auch der Regierungsentwurf zur Umsetzung der Richtlinie über bestimmte vertragsrechtliche Aspekte der Bereitstellung digitaler Inhalte und digitaler Dienstleistungen, v. 13.1.2021, Begründung S. 45.
[44] Grüneberg/Grüneberg BGB § 311b Rn. 59.
[45] Beachte dazu §§ 4 Abs. 1 S. 2, 176 UmwG.
[46] Nicht aber für GmbH, BGH 8.1.2019 – II ZR 364/18, NZG 2019, 505 Rn. 9.
[47] Koch AktG § 179a Rn. 13.
[48] Dazu im Einzelnen Heckschen NZG 2006, 772.
[49] Grüneberg/Grüneberg BGB § 311b Rn. 68.

Neuregelung des **Verbraucherrechts** führt in § 516a BGB die Möglichkeit einer Gegenleistung bei der **Schenkung** ein. Die Norm gilt, wenn der Vebraucher dem Unternehmer personenbezogene Daten nach Maßgabe des § 327 Abs. 3 BGB bereitstellt oder sich hierzu verpflichtet. Im Rahmen einer solchen Verpflichtung kann die **notarielle Beurkundung** nach § 518 Abs. 1 BGB relevant werden, wenn insbesondere ein Dauerschuldverhältnis begründet wird, dass den Unternehmer zur Überlassung von Gegenständen gegen die Bereitstellung personenbezogener Daten durch den Verbraucher verpflichtet.

e) Kontrahierungszwang

Für die hier behandelten Verträge gilt grundsätzlich das Primat der Vertragsfreiheit, insbesondere der Abschlussfreiheit. Ohne sondergesetzliche Regelungen besteht keine Verpflichtung, einen Datenvertrag zu schließen. Eine Ausnahme stellt hierbei der **Data Act** dar. Ist ein Dateninhaber verpflichtet, einem Dritten auf Weisung des Datennutzers Daten zu überlassen, so müssen Dateninhaber und Datenempfänger nach Art. 8 Abs. 1 DA einen Vertrag über die Ausgestaltung der Bereitstellung der Daten zu fairen, angemessenen und nicht diskriminierenden Bedingungen schließen → Rn. 453. Einen Anspruch auf mehr als das Nötigste als Vertragsinhalt gibt der Data Act jedoch nicht.[50] Die Freiheit, den Inhalt zu bestimmen, wird aus Art. 8 Abs. 2 DA ersichtlich – nur – durch Art. 13 DA und andere Gesetze zur Inhaltskontrolle beschränkt. **35**

Daneben besteht grundsätzlich auch **kartellrechtlich** die Möglichkeit, einen Datenzugangsanspruch auf der Grundlage von Art. 102 AEUV und §§ 19, 20 GWB durchzusetzen. Voraussetzung ist die unzulässige Beeinflussung des Wettbewerbs durch marktstarke Unternehmen, die anderen Marktteilnehmern den Zugang zu Daten verweigern.[51] In diesem Fall wären die Beteiligten ebenfalls verpflichtet, einen Datenvertrag abzuschließen. **36**

Darüber hinaus gibt es Überlegungen, allgemein einen Kontrahierungszwang zu etablieren, um einen **Datenzugang,** insbesondere für das Training von KI-Modellen, zu ermöglichen.[52] **37**

f) Schutz der Daten

Der Wert von Daten hängt oft davon ab, dass die Daten nicht unkontrolliert verbreitet werden. Die Verbreitung kann technisch und/oder rechtlich beschränkt werden. Technische Anforderungen werden in § 2 Nr. 1 lit. b GeschGehG[53] und im Data Act behandelt, für personenbezogene Daten in Art. 32 DS-GVO. **38**

Für Daten, die dem **Data Act** unterfallen, sieht Art. 11 DA Bestimmungen vor, wie der Schutz von Daten ausgestaltet werden kann und darf. Als Beispiele werden dort intelligente Verträge und die Verschlüsselung der Daten genannt. Nutzer, Dritte und Datenempfänger dürfen diese technischen Schutzmaßnahmen nach Art. 11 Abs. 1 S. 3 DA nur ändern oder aufheben, wenn der Dateninhaber dem zugestimmt hat. Rechtsfolgen eines Verstoßes werden im Data Act nicht behandelt. Sollte es sich um eine drittschützende Norm handeln, stehen dem Dateninhaber Schadensersatzansprüche nach § 328 Abs. 2 BGB zu. **39**

Sollen die Daten lediglich hinsichtlich ihrer **Authentizität** geschützt werden, ist eine Verschlüsselung nicht erforderlich, es genügt die Verbindung der Daten mit einer elektronischen Signatur. **40**

aa) Vertragliche Beschränkungen (Lizenzierung). Im Zusammenhang mit der Übertragung von Daten wird oft der Begriff der Lizenzierung gebraucht. Dadurch soll eine Nähe zu der Rechteeinräumung nach dem bekannten **Immaterialgüterrecht** geschaffen werden. Es ist allerdings zweifelhaft, ob eine solche Nähe auch nur annähernd besteht. Denn die **41**

[50] AA wohl Etzkorn CR 2025, 114 Rn. 5 f.
[51] Dazu Schweitzer GRUR 2019, 569 (576).
[52] Hacker GRUR 2020, 1025 (1033).
[53] BeckOK GeschGehG/Fuhlrott GeschGehG § 2 Rn. 25 ff.

zwischen den Parteien getroffenen Vereinbarungen gelten nur im Verhältnis zwischen ihnen. Selbst der Data Act gewährt keine eigenen Abwehrrechte gegen die unbefugte Nutzung von Daten durch Dritte. In diesen Grenzen ist es jedoch möglich, einen dem Immaterialgüterrecht ähnlichen Schutz zu simulieren, indem bestimmte Aspekte des immaterialgüterrechtlichen Schutzes auch auf Datenverträge übertragen und damit im Verhältnis der Vertragsparteien zueinander relevant werden. Das gilt insbesondere für die Vereinbarung des Nutzungszwecks, der Exklusivität der Daten und der räumlichen Begrenzung ihrer Nutzung.

42 Weil die Parteien nur schuldrechtlich gebunden sind und der Verkäufer im Falle einer Nichtbeachtung der Abrede durch den Käufer kaum Möglichkeiten hat, gegen einen Dritten, dem die Daten vertragswidrig weitergegeben wurden, vorzugehen, ist auf die **Vereinbarung von Sanktionen** zu achten, die es für den Käufer unattraktiv machen, die getroffenen Vereinbarungen zu missachten (→ Rn. 97).

43 Eine gesetzliche geregelte Lizenzierung für die Verwendung von Daten findet sich in § 87b UrhG für Datenbanken.[54] Zu beachten ist hierbei, dass durch den **Datenbankschutz** nicht die einzelnen Daten an sich geschützt sind, sondern nur der Aufwand zu deren Beschaffung und Anordnung (Zu Details → Kap. 12 Rn. 204).

44 Enthalten Verträge eine **Zweckbestimmung** für die Nutzung der Daten, an die sich der Käufer zu halten hat, widerspricht dies dem grundlegenden Modell des Kaufvertrags. Für den Kaufvertrag regelt § 446 S. 2 BGB, dass dem Käufer von der Übergabe der Sache an die Nutzung gebühren. Über § 453 Abs. 1 S. 1 BGB gilt entsprechendes für Daten. Ohne eine einschränkende Regelung könnte der Käufer daher die Daten so verwenden, wie er es für sinnvoll hält. Hierin besteht ein wesentlicher Unterschied zum Immaterialgüterrecht. So darf im Urheberrecht ein Werk nur dann verwertet werden, wenn der Urheber dies durch eine Lizenz gestattet hat oder das Gesetz dem Urheber Schranken setzt, die Nutzung zu untersagen. Dementsprechend folgt aus der Veräußerung des Werkes gem. § 42 Abs. 1 UrhG entgegen der Bestimmung beim Sachkauf keine Nutzungsbefugnis. Diesen grundsätzlich anderen Ansatz hat eine Übertragung von urheberrechtlichen Regelungen zur Nutzung eines Werks auf Datenlizenzen zu beachten.

45 Es genügt daher nicht, in einem Vertrag mit dem Erwerber von Daten zu regeln, was dieser mit den Daten anfangen darf. Es ist vor allem zu regeln, was der **Erwerber nicht darf.** Während beim Urheberrecht das Gesetz diese Aufgabe übernimmt, muss dies beim Datenerwerb gesondert vereinbart werden. Das Prinzip macht folgende Klausel deutlich:

(1) Dem Käufer ist die Nutzung der Daten in anderer als der nachfolgend beschriebenen Art und Weise untersagt.
(2) Gestattet ist dem Käufer nur, die Daten inhaltlich auszuwerten, anzureichern und zu vervielfältigen, ohne sie an Dritte weiterzugeben.
(3) Die Ergebnisse aus der Nutzung der Daten darf der Käufer nur dann an Dritte weitergeben, wenn darauf nicht auf die Daten selbst geschlossen werden kann.

46 In der Vertragspraxis sind die Erlaubnistatbestände präziser zu formulieren und insbesondere Sanktionen für eine Überschreitung der erlaubten Nutzung vorzusehen → Rn. 50.

47 Für den Erwerb von Daten kann dessen **Exklusivität** bedeutsam sein. Exklusivität bedeutet dabei, dass nur der Erwerber oder allenfalls ein beschränkter Kreis von Personen die Daten auf eine definierte Art nutzen darf. Schuldrechtlich kann versucht werden, im Verhältnis der Vertragsparteien zueinander einer Situation nahe zu kommen, die der bei Ausschließlichkeitsrechten entspricht.[55] Wichtig ist hierbei, eine der urheberrechtlichen Lizenzierung vergleichbare Situation herzustellen. Dazu ist zunächst zu vereinbaren, dass eine der Exklusivität entgegenstehende Verwendung der Daten unterbleibt, also das ver-

[54] Dazu Wiebe GRUR 2017, 338.
[55] Zu schuldrechtlichen Lizenzvereinbarungen Schur GRUR 2020, 1142; Kraul GRUR-Prax 2019, 478 (479).

boten ist, was nicht erlaubt ist. Das Erlaubte muss durch die Verwendungsformen präzise bezeichnet werden,[56] sofern nicht umfassende Exklusivität in dem Sinne gewollt ist, dass der Erwerber alles und der Veräußerer nichts (mehr) mit den Daten machen darf. In diesem Fall genügt die Verpflichtung des Veräußerers, die Daten nicht anderweitig zu verwenden oder verwendet zu haben,[57] wobei eine Verpflichtung zum Löschen der Daten beim Veräußerer die Position des Erwerbers faktisch stärkt.[58] Stehen die Daten dennoch Dritten zur Verfügung oder können sie Herausgabeansprüche durchsetzen, ist die Leistung mangelhaft. Probleme können sich somit ergeben, wenn Dritte bei personenbezogenen Daten Ansprüche aus Art. 15 und 20 DS-GVO, im Übrigen aus dem Data Act, dem Geschäftsgeheimnisgesetz, aus § 327p Abs. 3 S. 1 BGB oder Auskunftsrechten wie zB § 51a GmbHG geltend machen können. Der Veräußerer sollte deswegen verpflichtet werden, auf Anforderung des Erwerbers ihm zustehende Abwehrrechte geltend zu machen und generell den Erwerber beim Schutz der Exklusivität zu unterstützen.

Im Softwarebereich finden sich oft **Weitergabeverbote,** an deren Übernahme auch für Datenverträge zu denken ist. Schuldrechtliche Weitergabeverbote geraten im Urheberrecht jedoch regelmäßig in Konflikt mit dem Erschöpfungsgrundsatz und sind in AGB unwirksam.[59] Wird eine Datenbank im Wege der Veräußerung in den Verkehr gebracht, gilt der Erschöpfungsgrundsatz aus § 17 Abs. 2 UrhG bei einem Datenbankwerk direkt, im Übrigen über § 87b Abs. 2 UrhG. Die Weitergabe dieser Datenbank kann nur individualvertraglich und nur mit schuldrechtlicher Wirkung ausgeschlossen werden. Damit besteht eine wesentliche Schwäche der Weitergabeverbote darin, dass sie nicht gegen Dritte wirken. Denkbar sind jedoch Ansprüche gegen Dritte, wenn die Weitergabe unter Verletzung der Geheimhaltungsinteressen des Berechtigten oder der ihm nach dem Data Act zugewiesenen Rechtsposition erfolgt. Ansprüche kann der Berechtigte nach dem **Geschäftsgeheimnisgesetz** gegen jeden geltend machen, der sich die Daten unbefugt verschafft hat, sofern die Daten als Geschäftsgeheimnis einzuordnen sind. Der **Data Act** selbst sieht keine Ansprüche vor. Es kommt jedoch die Einordnung der den Berechtigten schützenden Bestimmungen als Schutzgesetze nach § 823 Abs. 2 BGB in Betracht. Alternativ zu einem Weitergabeverbot könnte der Lieferant daran denken, seinen Abnehmern eine **Zweitvertragsbindung** aufzuerlegen. Ob ein Inhaber von Daten deren Weitergabe dadurch lenken kann, dass er seinem Vertragspartner vertraglich auferlegt, weitere Abnehmer durch Vereinbarungen genauso zu binden, wie er selbst gegenüber gebunden ist, ist unter kartellrechtlichen Aspekten fraglich. Eine gegen § 1 GWB und/oder Art. 101 AEUV verstoßende vertikale Vertragsbindung ist nach § 134 BGB nichtig.[60] Voraussetzung ist jedoch eine Spürbarkeit und Eignung zur Handelsbeeinträchtigung auf dem relevanten Markt.[61] 48

Die Schwäche der nur schuldrechtlichen Bindung einer Lizenzierung von Daten kann faktisch über **technische Maßnahmen** zumindest in Teilen kompensiert werden.[62] Bei Datenbeständen kommen technische Schutzmaßnahmen jedoch schnell an Grenzen, soll die Nutzbarkeit der Daten nicht eingeschränkt werden. So kann der Datenbestand insgesamt mit einem digitalen Wasserzeichen versehen werden, bei einem einzelnen Datum ist das jedoch nicht möglich. Eine Verschlüsselung von Daten verhindert oft ein Arbeiten mit den einzelnen Daten, sofern nicht der gesamte Datenbestand als Einheit betrachtet und verschlüsselt genutzt wird. 49

bb) Vertragsstrafe. Zur Absicherung der Leistungserbringung spielen Vertragsstrafen eine bedeutende Rolle. Die Vertragsstrafe bringt dem Gläubiger den Vorteil, auch ohne einen 50

56 Zum Urheberrecht Bisges UrheberR-HdB/Imhof Kap. 4 Rn. 45 ff.
57 Anders Schippel K&R 2023, 471 (474).
58 Rosenkranz/Scheufen ZfDR 2022, 159 (182).
59 LG Hamburg 25.10.2013 – 315 O 449/12, ZUM 2014, 69; Bisges UrheberR-HdB/Imhof Kap. 5 Rn. 347 f.
60 Wolf/Lindacher/Pfeiffer/Pfeiffer § 307 Rn. 62.
61 Wiedemann KartellR-HdB/Kirchhoff § 12 Rn. 43.
62 Lukas ZdiW 2021, 296 (302).

konkreten Schaden eine Sanktion für den Fall einer Pflichtverletzung durch den Schuldner bereitzuhalten. Bei der Vereinbarung einer Vertragsstrafe sind jedoch die **AGB-rechtlichen Anforderungen** zu beachten (→ Rn. 413).

51 **cc) Geschäftsgeheimnisse.** Der Verkäufer kann sein Interesse, die Daten anderen Personen, als den von ihm legitimierten, dadurch schützen, dass diese Daten als sein Geheimnis gelten.[63] Das erfolgt in der Regel auf der Grundlage von **Geheimhaltungsvereinbarungen,**[64] ergänzend durch das Geschäftsgeheimnisgesetz. Fallen die Geheimnisse unter das GeschGehG, erlangt der Inhaber des Geheimnisses einen über das Schuldverhältnis zum Käufer hinausgehenden Schutz.[65] Zu beachten ist, dass die Parteien nur mit Wirkung zwischen ihnen frei vereinbaren können, was ein Geheimnis ist. Da eine unzulässige Verschaffung oder Weitergabe nach dem GeschGehG Dritte belasten kann, gelten ihnen gegenüber nur solche Informationen als Geheimnis, die die Tatbestandsvoraussetzungen des § 2 GeschGehG erfüllen.

52 Wesentlich für die Erlangung dieses Schutzes sind **angemessene Maßnahmen** zur Geheimhaltung. Können diese nicht sichergestellt werden, bleibt den Parteien ein rein schuldrechtlich wirkender Geheimnisschutz aufgrund der vertraglichen Vereinbarungen. Ein Geheimnisinhaber kann einem anderen nicht nur Beschränkungen im Umgang mit dem Geheimnis auferlegen, sondern ihm auch gestatten, das Geheimnis unter definierten Umständen weiterzugeben. Ein Geschäftsgeheimnis kann weitergegeben werden, ohne die Geheimnisqualität zu verlieren.[66] Nach § 2 Abs. 1 lit. a GeschGehG steht der Qualifizierung als Geheimnis nur die allgemeine Kenntnis oder leichte Zugänglichkeit des Geheimnisses entgegen, die Weitergabe an einen beschränkten Empfängerkreis hingegen nicht.[67]

53 Für die Vertragsgestaltung ist zu beachten, dass nicht jedes Datum zwingend schutzwürdige Informationen trägt. Wird eine große Menge an Daten verkauft, sollte im Zweifel vertraglich bestimmt werden, auf welchen Teil der Daten sich der Geheimnisschutz bezieht.

54 Nicht ausdrücklich geregelt ist, ob auch aus Geheimnissen **abgeleitete Informationen** selbst als Geheimnisse gelten. Da Voraussetzung für ein Geheimnis dessen wirtschaftlicher Wert ist, müssen auch alle aus dem Geheimnis ableitbaren Informationen geschützt werden, soweit anderenfalls das Geheimnis entwertet würde. In einem Vertrag sollte dieser mittelbare Schutz behandelt werden, um Missverständnisse zu vermeiden. Gekaufte Daten dürfen vom Käufer (nur) dann weitergegeben werden, wenn dies die Interessen des Verkäufers nicht beeinträchtigt. Gleiches gilt für die aus den gekauften Daten abgeleiteten Informationen. Eine Klausel könnte im Rahmen eines Datenkaufvertrages so aussehen:[68]

§ 6 Geheimhaltung

(1) Die verkauften Daten geben Aufschluss über die Arbeitsweise und Auslastung des Roboters. Verkäufer und Käufer betrachten die in diesem Vertrag als Geschäftsgeheimnisse definierten Informationen als ihre Geschäftsgeheimnisse iSd § 2 GeschGehG, die nach Maßgabe der nachfolgenden Bestimmungen ergänzend zu den gesetzlichen Regelungen geschützt werden.

(2) Die Parteien tragen dafür Sorge, dass Daten nicht aufgrund eines Dritten, insbesondere Gesellschaftern, zustehenden, abdingbaren Auskunftsrechts an diese weitergegeben werden. Besteht bei Abschluss dieses Vertrages eine zwingende Verpflichtung zur Weiterleitung von Informationen, weist die verpflichtete Partei die andere Partei unverzüglich auf die Grundlage und den Umfang dieser Verpflichtung hin, soweit dies noch nicht geschehen ist.

---

63 Krüger/Wiencke/Koch GRUR 2020, 578.
64 S. dazu die Geheimhaltungsvereinbarung in BeckFormB IT-R/Imhof Form. D. 7.
65 Dazu McGuire WRP 2024, 133 Rn. 23; zum Schutz von Maschinendaten Sassenberg/Faber Industrie 4.0 und Internet-HdB/Sattler Teil 2 A Rn. 28.
66 Köhler/Bornkamm/Feddersen/Alexander GeschGehG § 2 Rn. 107.
67 Alexander WRP 2017, 1034 Rn. 70; aA McGuire WRP 2019, 679 Rn. 31 ff.
68 Aus BeckFormB IT-R/Imhof H.5.

(3) Die Parteien sind verpflichtet, angemessene Maßnahmen iSd § 2 Nr. 1 lit. b GeschGehG zu ergreifen, um die Geschäftsgeheimnisse gegen eine unbefugte Erlangung durch Dritte zu schützen. Insbesondere haben sie Mitarbeitern und Erfüllungsgehilfen nur im erforderlichen Umfang Zugang zu den Daten zu gewähren und sie vor einer Kenntniserlangung der Geschäftsgeheimnisse auf die Beachtung der Regeln dieser Vereinbarung zu verpflichten.
(4) Auf Wunsch einer Partei erläutert die andere Partei die von ihr nach Absatz 3 ergriffenen Maßnahmen. Sollte die andere Partei diese Maßnahmen für unzureichend halten, stimmen sich die Parteien über weitere Maßnahmen ab.
(5) Jeder Partei ist es untersagt, Geschäftsgeheimnisse zu vervielfältigen, soweit dies zur bestimmungsgemäßen Auswertung nicht erforderlich ist. Im Zweifel ist die Zustimmung der anderen Partei zu einer Vervielfältigung einzuholen.
(6) Die Verpflichtungen zur Geheimhaltung bestehen so lange fort, wie ein Datum oder eine abgeleitete Bewertung ein Geschäftsgeheimnis ist.
(7) Erhält eine Partei Kenntnis von einer unbefugten Weitergabe von Daten oder Bewertungen, unterrichtet sie unverzüglich die andere Partei hiervon. Dabei hat sie alle ihr bekannten Umstände der Weitergabe zu nennen, soweit die andere Partei berechtigterweise hierüber Aufklärung erwarten darf.
§ 7 Nutzungsbefugnis des Käufers
(1) Der Käufer ist berechtigt, die Daten zur bestimmungsgemäßen Auswertung im eigenen Geschäftsbetrieb zu nutzen. Er ist insbesondere berechtigt, die Daten zu diesem Zweck im erforderlichen Umfang, ganz oder teilweise, zu vervielfältigen und die Daten mit anderen Daten zu vermischen und zu verknüpfen oder anderweitig zu veredeln.
(2) Eine vollständige oder teilweise Weiterübertragung der Daten, auch in aggregierter Form, dh zusammen mit anderen Daten, ist nicht gestattet, sofern die weitergegebenen Daten Rückschlüsse auf die Betriebszustände des Roboters und auf den Verkäufer erlauben. Die Daten dürfen insbesondere nicht bereits deswegen weitergegeben werden, weil ihre Erlangung als Geschäftsgeheimnis nach § 3 Abs. 1 GeschGehG zulässig oder nach § 5 GeschGehG nicht verboten ist.
(3) Zulässig ist jede Verwendung der aus der Analyse der Daten ableitbaren Bewertungen, soweit hieraus nicht auf die Betriebszustände des vom Verkäufer eingesetzten Roboters und auf den Verkäufer geschlossen werden kann.
§ 8 Nutzungsbeschränkung des Verkäufers
Der Verkäufer darf die Daten und die ableitbaren Bewertungen nur zu betrieblichen Zwecken verwenden. Er darf sie Dritten nur zugänglich machen, soweit dies erforderlich ist, beispielsweise im Rahmen der Fernwartung, oder aufgrund einer zwingenden Verpflichtung hierzu.

dd) Schutzrechte. Beim Erwerb von Daten besteht grundsätzlich auch die Gefahr, in Rechte Dritter einzugreifen, auch wenn Daten an sich immaterialgüterrechtlich **nicht geschützt** sind. Ein Schutz kann aber nach dem Urheberrechtsgesetz bestehen, wenn Datenbankinhalte, die nach § 87a ff. UrhG oder ausnahmsweise als Datenbankwerk geschützt sind, Daten geschützter Gegenstände repräsentieren, wie etwa beim 3D-Druck[69] oder dem Building Information Modeling (BIM).[70] 55

2. Kaufvertrag

Der im unternehmerischen Verkehr am häufigsten geschlossene Vertrag ist der Kaufvertrag. 56
Auch wenn der Erwerb von Daten im Kaufrecht gegenüber dem Warenkauf noch keine größere Bedeutung erlangt hat, dürfte prognostiziert werden können, dass sich dies angesichts der stark steigenden Bedeutung von Daten auf absehbare Zeit ändern wird. Dabei ist jedoch zu berücksichtigen, dass die herkömmlichen Verträge dem **Typus des Sachkaufs**

[69] Vgl. Leupold/Wiebe/Glossner IT-R/Leupold/Glossner Teil 14.1 Rn. 6 ff.
[70] Dazu Reinholz/Kraushaar K&R 2020, 788.

folgen und für die Gestaltung von Datenkaufverträgen eine Übernahme der Regelungsinhalte des Warenkaufs, aber auch des Rechtskaufs, die Besonderheiten der Daten als sonstige Gegenstände nach § 453 Abs. 1 S. 1 BGB zu beachten hat. Für den Erwerb von Daten ist dieser Typus daher zu modifizieren.

a) Vertragsgegenstand

57 Der Vertragsgegenstand bestimmt die Leistungspflichten der Vertragsparteien. Für den Kaufvertrag gilt beim Sachkauf § 433 Abs. 1 BGB. Da Daten keine Sachen iSv § 90 BGB, aber auch keine Rechte sind, kommen die Vorschriften über den Sachkauf nach § 453 Abs. 1 S. 1 BGB entsprechend zur Anwendung.[71] Vertragsgegenstand ist damit der Erwerb eines **sonstigen Gegenstandes.**[72] Zum Teil wird vertreten, dass die Bereitstellung von Daten auf einem Datenträger vollständig dem Sachkauf unterfällt.[73] Das ist in der Praxis oft ohne Auswirkungen, kann im Detail dennoch relevant werden, wenn es um die Übertragung von Herrschaftsrechten geht. Der Verkäufer einer Sache muss dem Käufer das Eigentum verschaffen, der Verkäufer von Daten kann dies nicht. Die Entscheidung ist danach zu treffen, inwieweit die eine oder andere Betrachtung interessengerechter ist. Werden nicht nur Daten, sondern auch weitere Gegenstände erworben, ist entweder auf den Schwerpunkt des Erwerbs abzustellen oder die Erwerbsgegenstände sind separat zu betrachten.[74] Erwirbt beispielsweise der Käufer ein trainiertes **KI-Modell,** können vom Kauf neben der Software auch die Gewichtungen, mit denen das Modell arbeitet, und etwaige vor- und nachgelagerte Filtersysteme einschließlich der dazugehörigen Datenbanken erfasst sein. Da Software auch als sonstiger Gegenstand betrachtet wird, müssen sich in diesem Beispielsfall keine Besonderheiten ergeben. Anders ist es dann, **wenn auch Rechte erworben werden,** etwa zur Nutzung einer Datenbank nach § 87b UrhG, oder auch Hardware zum Kaufgegenstand gehört. Das Urheberrecht kann auch relevant werden bei dem Erwerb von Trainingsdaten. Dann sind, wenn nicht die gesetzlichen Privilegierungen greifen, entsprechende Nutzungsrechte zu erwerben und diese nach den Vorschriften des Rechtskaufs zu behandeln. Bei der Verarbeitung **personenbezogener Daten** liegt kein Rechtskauf (→ Kap. 9 Rn. 16), sondern auch der Kauf eines sonstigen Gegenstandes vor.

b) Leistungspflichten

58 Den Inhalt des Kaufvertrages und damit auch der Leistungspflichten bestimmen die Vertragsparteien.[75] Soweit sie keine zulässigen abweichenden Regelungen treffen, werden die Leistungspflichten beim Datenkauf auf der Grundlage des Sachkaufs bestimmt, dessen Regeln nicht unmittelbar, aber nach § 453 Abs. 1 S. 1 BGB entsprechend zur Anwendung kommen. Entsprechend bedeutet, dass nicht passende Vorschriften ohne Anwendung bleiben oder im Wege der Auslegung anzupassen sind.

59 Da § 433 Abs. 1 S. 1 BGB die Übereignung vorsieht, an Daten aber kein Eigentum übertragen werden kann, ist die Vorschrift insoweit ohne Anwendung. Damit gewinnt die Übergabe des Kaufgegenstandes nach § 433 Abs. 1 S. 1 BGB an Bedeutung. Im kodifizierten Datenrecht wird als Entsprechung des Begriffs der Übergabe der der **Bereitstellung** verwendet. Die Verpflichtung zur Bereitstellung von Daten ist eine Hauptleistungspflicht. Werden die Daten nicht bereitgestellt, gelten die allgemeinen Leistungsstörungsregeln.[76] Da

---

71 MüKoBGB/Maultzsch § 453 Rn. 9.

72 Grüneberg/Weidenkaff BGB § 453 Rn. 8.

73 MüKoBGB/Maultzsch BGB § 453 Rn. 9; Hoeren MMR 13, 486 (489).

74 Hoeren MMR 13, 486 (489) sieht den Kauf von Daten auf einem Datenträger immer als Sachkauf an, was aber dem Kaufgegenstand „Daten" nicht gerecht wird, vielmehr eine Differenzierung erfordert.

75 Zunehmend tendieren Rechtsprechung und Gesetzgeber aber dazu, objektiven Kriterien den Vorrang vor Vereinbarungen zu geben → Kap. 12 Rn. 22.

76 Grüneberg/Weidenkaff BGB § 433 Rn. 12.

die Bereitstellung der Daten die Gegenleistung für den Kaufpreis ist, stehen die Pflichten im funktionellen **Synallagma,** so dass auf sie die §§ 320 und 326 BGB anwendbar sind.

Der Begriff der Bereitstellung ist für Verbraucherverträge in § 327b Abs. 3 definiert. Für 60 den unternehmerischen Verkehr fehlt eine **Definition.** Der Data Act verwendet den Begriff zwar für die Datenübermittlung, definiert ihn jedoch nicht. Sachgründe, bei der Bereitstellung zwischen dem Verbraucherrecht und dem Unternehmensverkehr zu unterscheiden, sind nicht ersichtlich. Dafür spricht auch, dass in § 327t BGB, im Abschnitt zu Verträgen über digitale Produkte, für den unternehmerischen Verkehr ohne Weiteres auch der Begriff des Bereitstellens verwendet wird. Daher kann für den Inhalt des Begriffs der Bereitstellung generell auf die allgemeine Definition für Verbraucherverträge in § 327b Abs. 3 BGB abgestellt werden. Die Daten müssen dem Käufer danach zur Verfügung gestellt oder zugänglich gemacht werden. Zur Verfügung stellen meint das Übersenden eines Datenträgers, auf dem sich die Daten befinden,[77] oder den Download der Daten durch den Käufer von dem vom Verkäufer bereitgestellten Speicherplatz. Das Zugänglichmachen erfasst den Download von einem anderen, vom Verkäufer nicht betriebenen, Speicherplatz.[78]

Da die Übertragung von Daten grundsätzlich **Realakt** ist, bedarf es hierzu keines rechts- 61 geschäftlichen Willens. Fraglich ist, ob das Haben der Daten eines zumindest natürlichen **Willens** bedarf, um dem Käufer die Datenherrschaft, ähnlich wie beim Sachbesitz, zurechnen zu können. Gesetzliche Regelungen, die dies kaufrechtlich erforderlich machen, sind nicht ersichtlich. Das Bereicherungsrecht knüpft lediglich daran an, etwas erlangt zu haben. Ansprüche aus dem Geschäftsgeheimnisgesetz bestehen nur gegen den Rechtsverletzer. Auch der Data Act enthält keine Bestimmungen, die einen Willen voraussetzen, Daten im eigenen Herrschaftsbereich zu haben. Welche Voraussetzungen erfüllt sein müssen, damit die Bereitstellung der Daten bei einem Dritten Erfüllungswirkung hat, ist damit nicht an §§ 930 oder 931 BGB und dem Vorliegen eines Besitzmittlungsverhältnisses nach § 868 BGB zu messen. Es genügt, wenn die Parteien des Kaufvertrages ausdrücklich oder stillschweigend vereinbart haben, dass eine bestimmte Bereitstellung der Daten Erfüllungswirkung hat.

Der Typus des Sach-Kaufvertrages verlangt, dass der Käufer – abgesehen von gesetzlichen 62 oder wirksamen vertraglichen Beschränkungen – mit dem Kaufgegenstand nach Belieben verfahren kann. Das folgt aus der Eigentumsverschaffungspflicht des Verkäufers und damit verbunden aus § 137 S. 1 BGB, der eine Beschränkung der Befugnisse, das Eigentum insbesondere weiterzugeben, ausschließt.[79] Für Daten wird dies nur relevant, wenn das Gesetz Anforderungen an den Umgang mit den erworbenen Daten stellt. Begibt sich der Käufer freiwillig seiner Befugnisse, ist das entsprechend § 137 S. 2 BGB zulässig. Benötigt der Käufer von Daten Rechte, die ihm der Verkäufer nicht verschafft, liegt **Nichterfüllung** vor.[80] Das wird etwa relevant in dem Fall, dass ein Datenempfänger nach Art. 6 Abs. 1 DA die vertragliche Zustimmung des Datennutzers zur Weitergabe der Daten und hat dieser sie noch nicht gegeben, ist dies ein Fall der Nichterfüllung.

Der Verkäufer hat dem Käufer die Kaufsache frei von **Sach- und Rechtsmängeln** zu 63 verschaffen. Auf Daten übertragen richtet sich die Sachmangelfreiheit wie bei Sachen nach § 434 BGB, wobei auch hier die für die Verschaffung von Daten geltenden Besonderheiten zu beachten sind. Rechtsmängel sind gem. § 435 BGB Rechte Dritter, die den Käufer daran hindern, den Kaufgegenstand nach Belieben zu verwenden.

---

77 Staudinger/Artz Neues KaufR über dig. Produkte/Artz Rn. 345.
78 Redeker IT-R Rn. 751.
79 Grüneberg/Ellenberger BGB § 137 Rn. 2f.
80 Grüneberg/Weidenkaff BGB § 435 Rn. 8; für das Eigentum beim Sachkauf aA Jauernig/Berger BGB § 435 Rn. 5.

c) Leistungsbeschreibung

64 Wie bei allen Leistungsverpflichtungen, ist auch bei Datenverträgen die **genaue Beschreibung** der geschuldeten Leistung Notwendigkeit und Herausforderung zugleich. Wenn es um die Bereitstellung der Daten geht, muss mehr noch als bei körperlichen Gegenständen darauf geachtet werden, dass sie so beschrieben werden, dass die Beschreibung notfalls Gegenstand eines vollstreckbaren Titels sein kann. Das erkennende Gericht muss anhand des Vertrages den mit der Zwangsvollstreckung beauftragten Gerichtsvollzieher in die Lage versetzen, die geschuldeten Daten eindeutig identifizieren zu können. Insofern gelten die zumindest gleichen Anforderungen wie bei der Herausgabe von Software.[81]

65 Im Gegensatz zu Software bilden Daten kein organisches Ganzes. Dadurch wird die Benennung der geschuldeten Daten erschwert und oft auch unmöglich gemacht, wenn nicht auf den Datenträger abgestellt werden kann, auf dem die geschuldeten Daten – und nur diese Daten – gespeichert sind. Sind die zu übertragenden Daten bekannt, kann die Vollständigkeit der Übertragung durch technische Methoden wie **Prüfsummen** und ähnliches abgesichert werden. Sind die Daten nicht bekannt, was bei Gattungsschulden regelmäßig der Fall ist, bleibt nur, die Daten nach Art, Güte und Menge zu umschreiben. Es ist fallweise weiter danach zu differenzieren, was im Rahmen des als einheitliches Geschehen zu bewertenden Vorgangs noch erworben wird oder werden sollte. So ist zwischen dem Erwerb der Daten, dem Erwerb eines Datenträgers und einer, beispielsweise urheber-, datenschutzrechtlichen oder sonstigen Berechtigung, die Daten in der in dem Vertrag vorgesehenen Weise verwenden zu dürfen, zu unterscheiden.[82]

66 Die Identifizierung der geschuldeten Daten ist regelmäßig nur die eine relevante Seite der Medaille. Die andere ist die Qualität der Daten. Der Erwerbsvertrag muss festlegen, was übertragen wird und welche Beschaffenheit dabei geschuldet ist.

67 **aa) Beschaffenheit der Daten.** Die vertragsgemäße Beschaffenheit der Daten ist zentral für die Mangelfreiheit der Leistung des Veräußerers. Da es im Bereich des Datenhandels in weiten Teilen noch keine Praxis gibt, welche Beschaffenheit der Erwerber von Daten erwarten darf, wenn nichts dazu vereinbart ist, läuft der Erwerber Gefahr, dass das erkennende Gericht ihm im Streitfall eine Beschaffenheit zuspricht, die seinen Erwartungen nicht gerecht wird. Es ist daher beim Datenerwerb besonders geboten, die Kriterien im Vertrag möglichst genau festzulegen.[83] Die wesentliche Beschaffenheit neben der Menge und dem Code, mit dem aus Daten Informationen werden, ist die **Datenqualität.**[84]

68 Werden **synthetisierte Daten** eingesetzt, beispielsweise zum Training eines KI-Modells, besteht die Herausforderung, die Qualität dieser Daten anhand ihres Einsatzzweckes möglichst zu überprüfen. Daneben spielen technische Aspekte eine Rolle, wie das Datenformat, und für die Datenübermittlung auch das Kommunikationsprotokoll und das Kompressionsverfahren.[85] Für Daten, deren Wert aus der Einbindung in eine technische Infrastruktur folgt (beispielsweise Daten, die mittels der Blockchain-Technologie erzeugt wurden und in der Folge als besonders gegen Manipulationen gesichert gelten sollen), ist für die Beschaffenheit von Bedeutung, dass die Anforderungen dieser Technologie erfüllt sind.[86] Werden personenbezogene Daten erworben, müssen die datenschutzrechtlichen Anforderungen erfüllt sein → Rn. 84. Für die Vertragsgestaltung ist auch an die Vereinbarung des Fehlens von Beschaffenheiten zu denken wie etwa, dass es sich nicht um personenbezogene

---

[81] Dazu Imhof CR 2020, 709.
[82] Zur Einwilligung als Teil der Erfüllung s. Jennessen Datenschuldrecht S. 3.2.2 f.
[83] Dazu Auer-Reinsdorff/Conrad IT- und DatenschutzR-HdB/Sarre/Pruß § 2 Rn. 51 ff.; Bräutigam/Kraul IoT-HdB/Bomhard § 23 Rn. 39 ff., Hoeren MMR 2016, 8.
[84] Ebers/Heinze/Krügel/Steinrötter KI/Niederée/Neijdl § 2 Rn. 96 f.
[85] Vgl. Schuster/Grützmacher IT-Recht/Diedrich BGB § 434 Rn. 69.
[86] S. Schrey/Thalhofer NJW 2017, 1431.

Daten handelt, sie nicht als Datenbank urheberrechtlich geschützt sind[87] oder keinem Geheimnisschutz unterliegen.

69 Ohne die – auch nur konkludente – Vereinbarung solcher Kriterien oder das Vorliegen einer vertraglich vorausgesetzten Verwendung bestimmt sich die Beschaffenheit gem. § 434 Abs. 3 BGB regelmäßig nach den **objektiven Anforderungen** (→ Kap. 12 Rn. 30). Im Übrigen wird das Fehlen vereinbarter Beschaffenheiten zu erheblichen Problemen führen, objektive Anforderungen zu bestimmen, solange es für den Erwerb von Daten im jeweiligen Fall keinen Typus gibt.[88] Ein Vergleich mit anderen Daten zur Bestimmung dessen, was üblich ist und vom Käufer erwartet werden kann, setzt einen Markt mit unterschiedlichen Anbietern voraus,[89] der nicht immer gegeben sein wird. Auf die mit der Verwendung der Daten verfolgten einseitigen Erwartungen des Erwerbers kann bei Fehlen objektivierbarer Anhaltspunkte iRv § 434 Abs. 3 S. 1 Nr. 1 und S. 2 BGB nicht abgestellt werden.[90]

70 Von Relevanz ist dabei auch die Vereinbarung des **Fehlens von Beschaffenheiten,** etwa, dass es sich um personenbezogene Daten handelt, sie als Datenbank urheberrechtlich geschützt sind[91] oder einem Geheimnisschutz unterliegen. Diese Vereinbarung dient vor allem dazu, dem Käufer deutlich zu machen, dass er die in § 434 Abs. 3 BGB genannten objektiven Anforderungen nicht erwarten kann.

71 **bb) Datenqualität.** Besonders herausfordernd ist die Beschreibung der Datenqualität. Hier werden technische, statistische und rechtliche Aspekte relevant. Typische Qualitätskriterien sind die **Vollständigkeit,** um überhaupt quantitativ die beabsichtigten Verarbeitungserfolge erreichen zu können, die **Eindeutigkeit,** um sie in gleicher, fachlich korrekter Art und Weise verarbeiten zu können, sowie die **Validität.** Validität meint dabei, dass die Daten auch dasjenige repräsentieren, was sie repräsentieren sollen,[92] beispielsweise auf einen bestimmten Ursprung, zeitlich,[93] räumlich und gegenständlich, zurückzuführen sind. Relevant ist das beispielsweise bei Maschinendaten, die Auskunft über den Zustand einer Maschine in einer definierten Betriebssituation geben. Nur wenn die Daten aus dieser Betriebssituation stammen, sind sie valide. Einen Unterschied macht auch, ob es sich um **Rohdaten** handelt, die noch nicht aufbereitet wurden oder um Daten, die bereits bewertet und in der Folge in einer bestimmten Weise zusammengestellt wurden.[94] So können Daten, die für das Training von KI-Systemen verwendet werden sollen, bereits aufgearbeitet und nach bestimmten Kriterien gekennzeichnet – annotiert – sein („Labeling" oder „Tagging" von Daten).

72 Daneben spielen **technische Aspekte** eine Rolle, wie das Datenformat, das die Daten codiert, und für die Datenübermittlung auch das Kommunikationsprotokoll und das Kompressionsverfahren.[95] Für Daten, deren Wert aus der Einbindung in eine technische Infrastruktur folgt (beispielsweise Daten, die mittels der Blockchain-Technologie erzeugt wurden und in der Folge als besonders gegen Manipulationen gesichert gelten sollen) ist für die Beschaffenheit von Bedeutung, dass die technischen Anforderungen dieser Technologie erfüllt sind.[96] Für die Vertragsgestaltung ist auch an die Vereinbarung des Fehlens von Beschaffenheiten zu denken wie etwa, dass es sich nicht um personenbezogene Daten handelt, sie nicht als Datenbank urheberrechtlich geschützt sind[97] oder keinem Geheimnisschutz unterliegen.

87 Dazu Wiebe GRUR 2017, 338.
88 Leupold/Wiebe/Glossner IT-R/Schur Teil 6.9 Rn. 13.
89 BeckOK BGB/Faust § 434 Rn. 76 f.
90 BeckOK BGB/Faust § 434 Rn. 102.
91 Dazu Wiebe GRUR 2017, 338.
92 Damit gibt es Überschneidungen zu dem oft gebrauchten Kriterium der „Richtigkeit" von Daten.
93 Die zeitliche Komponente repräsentiert die Aktualität von Daten.
94 Ebers/Heinze/Krügel/Steinrötter KI/Niederée/Neijdl § 2 Rn. 103 ff.
95 Vgl. Schuster/Grützmacher IT-R/Diedrich BGB § 434 Rn. 69.
96 S. Schrey/Thalhofer NJW 2017, 1431.
97 Dazu Wiebe GRUR 2017, 338.

73 Zukünftig werden bei großen Datenmengen **statistische Merkmale** eine größere Bedeutung erfahren. Daten lassen sich nicht immer präzise durch feste Parameter definieren. Vielmehr werden sie über ihren Einsatzzweck beschrieben und dazu statistische Merkmale herangezogen.[98] Gesetzlich ist dies bereits durch Art. 10 KI-VO aufgegriffen worden → Rn. 75. Zu den allgemeinen statistischen Aspekten zählen Toleranzen, beispielsweise bei Messungen, die Häufigkeit des Vorkommens bestimmter Daten und deren Verteilung, um Verzerrungen erkennen und begegnen zu können, die Korrelation zwischen verschiedenen Datensätzen uvm.

74 Ohne die – auch nur konkludente – Vereinbarung solcher Kriterien oder das Vorliegen einer vertraglich vorausgesetzten Verwendung bestimmt sich die Beschaffenheit gem. § 434 Abs. 3 BGB regelmäßig nach den **objektiven Anforderungen,** die, worauf bereits hingewiesen wurde, erst dann zuverlässig bestimmt werden können, wenn die Beschaffenheit eine gewisse Typisierung im Markt gefunden hat.

75 Einen gesetzlichen Anhaltspunkt für die bei der Bestimmung der Datenqualität zu beachtenden Aspekte bietet **Art. 10 KI-VO.** Danach sollen für Hochrisiko-Systeme die Trainings-, Validierungs- und Testdatensätze im Hinblick auf die Zweckbestimmung relevant, hinreichend repräsentativ und so weit wie möglich fehlerfrei und vollständig sein. Um Verzerrungen zu vermeiden, müssen sie die geeigneten statistischen Merkmale, gegebenenfalls auch bezüglich der Personen oder Personengruppen, für die das Hochrisiko-KI-System bestimmungsgemäß verwendet werden soll, haben.[99] Die Anforderungen aus Art. 10 KI VO sind nicht nur für das Training von KI-Systemen von Bedeutung, sondern geben **allgemeine Anforderungen** an Daten wieder. Die fehlende Spezifizierung bedingt jedoch auch, dass die Kriterien für den Einzelfall präzisiert werden müssen. Zu den weiteren Kriterien können die Herkunft der Daten, ihre Menge, ihre Aktualität und ihr Format gehören.

76 Oft wird in Verträgen zur Bestimmung von Qualitätskriterien auf den **Stand der Technik** abgestellt. Zu beachten ist hierzu, dass der Begriff in zwei Bedeutungen verwendet wird. Zum einen soll er das Übliche umschreiben, im Sinne von „State of the Art". Zum anderen hat er aber auch einen rechtlich definierten Inhalt. Er beschreibt dann ein weit überdurchschnittliches Niveau.[100] In seiner Kalkar-Entscheidung hat das BVerfG den Stand der Technik so verstanden, dass hierdurch der rechtliche Maßstab für das Erlaubte oder Gebotene an die Front der technischen Entwicklung verlagert wird, da die allgemeine Anerkennung und die praktische Bewährung allein für den Stand der Technik nicht ausschlaggebend sind. Für die Feststellung und Beurteilung der maßgeblichen Tatsachen müssen die Meinungsstreitigkeiten der Techniker berücksichtigt werden, um zu ermitteln, was technisch notwendig, geeignet, angemessen und vermeidbar ist.

77 In welchem Sinne der Begriff verwendet wird, ist **durch Auslegung zu ermitteln.** Wegen der hohen technischen Anforderungen dürfte bei der Verwendung des Begriffs in Verträgen im Zweifel nicht auf den vom BVerfG definierten Inhalt abgestellt werden. Der BGH verwendet den Terminus häufig im eingangs genannten Sinn als Umschreibung dessen, was der Käufer hinsichtlich der Beschaffenheit objektiv erwarten darf.[101]

78 Werden Daten für das Training von **KI-Modellen** erworben, ist im Rahmen des Zwecks des Modells darauf zu achten, dass es zu keinem Overfitting kommt. Bei gelabelten Daten sind die Anforderungen an die Label zu definieren. Verzerrungen lassen sich grundsätzlich nicht vermeiden, da diejenigen, die die Anforderungen an das Modell definieren, dies auf einer wertenden Basis im Rahmen einer Zweckbeschreibung tun. Wertungen tragen eine **Verzerrung** gegenüber einer anderen Beurteilung stets in sich. Wird vom Arbeitgeber beispielsweise eine Kleiderordnung vorgegeben, kann das eine Benachteiligung wegen der

---

[98] Auer-Reinsdorff/Conrad IT- und DatenschutzR-HdB/Sarre/Pruß § 2 Rn. 66.

[99] Dazu Steinrötter/Markert RDi 2024, 400.

[100] Vgl. BVerfG 8.8.1978 – 2 BvL 8/77, NJW 1979, 359 (362) – Kalkar; Jarass BImSchG § 3 Rn. 115.

[101] BGH 4.3.2009 – VIII ZR 160/08, NJW 2009, 2056 Rn. 11; 16.5.2017 – VIII ZR 102/16, BeckRS 2017, 116522 Rn. 3; 24.9.1991 – X ZR 85/90, NJW-RR 1992, 556 (557).

Religion mit sich bringen, wenn Symbole der Religionszugehörigkeit danach nicht getragen werden dürfen. Die in Rede stehende Wertung ist hier, welche Symbole die Religionszugehörigkeit zeigen. Sind daher Wertungen für die Beschaffung von Daten von Bedeutung, sind die Parameter, die die Wertungen repräsentieren zu definieren und auch Varianzen zu berücksichtigen, um die Verzerrungen so weit wie möglich zu minimieren. Zu beachten ist auch, dass nicht nur die Trainingsdaten, sondern auch der Algorithmus selbst oder die Art und Weise, wie das Modell trainiert wird, zu Verzerrungen führen kann. Statistische Aspekte erlangen hier eine besondere Bedeutung. So ist zu beschreiben, nach welchen Kriterien und in welchem Maße die ausgewählten Daten die Grundgesamtheit aller potenziellen Daten repräsentieren. Werden Daten künstlich erzeugt, ist zu beachten, dass **synthetische Daten** dazu tendieren, unvollständig zu sein. Auch hier ist die statistisch gewünschte Verteilung der Eigenschaften zu definieren.

Um mit Unsicherheiten bei der Datenqualität umzugehen, können Maß und Grad von **79** Abweichungen definiert werden. Die KI-VO verlangt selbst eine absolute Qualität, die Unwägbarkeiten berücksichtigt. Die Daten müssen hinreichend repräsentativ und so weit wie möglich fehlerfrei und vollständig sein. Dazu können **Service-Level-Agreements** vereinbart werden. Das ist vor allem dann sinnvoll, wenn Fehler nicht hinreichend sicher ausgeschlossen werden können, die Verwendbarkeit der Daten aber auch keine absolute Fehlerfreiheit erfordert. Zu der Richtigkeit der Daten kann beispielsweise ein prozentualer Anteil maximal zulässiger fehlerhafter Daten vereinbart werden. Entsprechendes gilt für den Anteil fehlender Daten, die Aktualität von Daten und verschiedenem mehr. Es können auch statische Verfahren zur Sicherung der Datenqualität verwendet werden. Wesentlich hierbei ist ein angemessenes Monitoring und Reporting. Dazu sind die Intervalle der Überprüfung zu definieren und deren Art, ob also alle Daten überprüft werden oder stichprobenartig eine definierte Menge. Ergänzt werden die Qualitätsanforderungen durch Regelungen, die die Nichteinhaltung der Qualitätskriterien sanktionieren.[102]

cc) Nebenpflichten. Wenn der Käufer die Unterstützung des Verkäufers benötigt, um die **80** Daten einzupflegen, kann sich ein Anspruch darauf aus einer vertraglichen **Nebenpflicht** ergeben. Im Vertrag sollte diese Unterstützung detailliert behandelt werden, um Diskussionen über das Bestehen einer solchen Pflicht zu vermeiden. Wie § 434 Abs. 4 BGB zeigt, ändert die Unterstützung beim Einpflegen von Daten nichts am Vertragstypus. Allerdings hängt dies auch sehr vom Umfang der Nebenpflichten ab. Prägen sie das Leistungsbild, kann sich der Vertragstyp ändern, so dass am Ende ein werkvertragliches Verhältnis steht.[103] Allerdings würde dies am Ergebnis nichts ändern, wenn man, wie hier vertreten, Daten werkvertragsrechtlich wie Sachen behandelt. Dann läge ein Werklieferungsvertrag vor und über § 650 Abs. 1 BGB würden die kaufrechtlichen Vorschriften zur Anwendung kommen. Ein Unterschied ergäbe sich nur bei einer – eher fernliegenden – Einordnung als dienstvertragliche Leistung. Die Regelung in § 434 Abs. 4 BGB zeigt dabei, dass das Einpflegen der Daten zu einer **Hauptleistungspflicht** werden kann, die im funktionellen Synallagma zur Gegenleistungspflicht steht.[104] Denkbar ist auch, dass Software angepasst werden muss, um mit den Daten arbeiten zu können, indem beispielsweise **Schnittstellen** geändert oder überhaupt geschaffen werden. Typischerweise gehören Softwareanpassungen nicht zu den ohne gesonderte Vereinbarung geschuldeten Nebenpflichten des Kaufvertrages. Auch der Umgang mit den Daten, insbesondere deren Auswertung, fallen nicht hierunter. Benötigt der Käufer eine entsprechende Unterstützung, ist dies gesondert zu vereinbaren.

dd) Data Due Diligence. Der Erwerber von Daten sieht sich einer Reihe von Rechts- **81** risiken ausgesetzt, die er vertraglich nur schwer beherrschen kann. Das gilt insbesondere,

[102] Als Beispiel für SLA zur Verfügbarkeit von Datenservices BeckFormB IT-R/Imhof E.5.
[103] Dazu BeckOK BGB/Faust § 434 Rn. 135.
[104] MüKoBGB/Maultzsch § 434 Rn. 78.

wenn Rechtspositionen Dritter relevant werden. Der klassische Fall hierzu ist der Erwerb personenbezogener Daten. Zukünftig kann aber auch der Erwerb von Daten, die nur oder zudem dem **Data Act** unterliegen, für den Erwerber problematisch werden. Der Data Act selbst sieht keine Rechtsmittel für den Datennutzer vor, wenn die ihm zugeordneten Daten unbefugt in die Hände Dritter gelangen. Allerdings ist der Data Act insoweit als Schutzgesetz anzusehen und entfaltet damit über § 823 Abs. 2 BGB Wirkungen → Kap. 14 Rn. 63.

82 Besteht eine konkrete Gefahr, aufgrund des Erwerbs von Daten durch Dritte in Anspruch genommen zu werden, empfiehlt es sich, eine **Data Due Diligence** durchzuführen. Hierbei sind die Daten darauf zu untersuchen, inwieweit eine berechtigte Inanspruchnahme aufgrund der vorgenannten Umstände zu befürchten ist. Eine Pflicht oder auch nur eine Obliegenheit dazu besteht nicht.[105]

83 Wie bereits seit langem im M&A-Bereich üblich, sollte sich der Käufer hinsichtlich der Belastbarkeit der aus der Due Diligence folgenden Erkenntnisse möglichst weitgehende **Garantien** geben lassen → Rn. 99, dass eine Rechtsverletzung nicht zu erwarten ist. Da die Beurteilung der Rechtslage durch den Verkäufer regelmäßig nicht sicher möglich ist, sollten sich die Garantien auch auf die der rechtlichen Bewertung zugrunde liegenden Umstände, das heißt **Tatsachen,** beziehen. Der Garantiegeber hat dann zu erklären, ob ihm Umstände bekannt sind, die dazu führen können, dass Dritte Rechte gegenüber dem Erwerber der Daten geltend machen. Eine Garantie könnte so formuliert sein:

(1) Der Verkäufer garantiert gegenüber dem Käufer hiermit im Wege eines selbständigen, verschuldensunabhängigen Garantieversprechens, dass die in den nachstehenden Absätzen abgegebenen Erklärungen zutreffend und richtig sind.
(2) Sämtlichen Daten, die Gegenstand dieses Vertrages sind, unabhängig davon, ob und in welcher Weise sie verkörpert sind, stehen keine Rechte Dritter, die die Verwendung der Daten zu den in diesem Vertrag genannten Zwecken beeinträchtigen oder vereiteln würden, entgegen. Der Verkäufer ist uneingeschränkt berechtigt, seine Verpflichtungen aus diesem Vertrag hinsichtlich der Daten zu erfüllen.
(3) Unabhängig von der vorstehenden Garantie gilt, dass Dritten nach Kenntnis (alternativ: nach bestem Wissen) des Verkäufers keine Berechtigungen zur Nutzung dieser Daten gewährt wurden oder Dritten zustehen. Die Daten wurden in der Vergangenheit und werden bis zur Bereitstellung vor Verlust, vor Offenbarung gegenüber Dritten und vor unbefugter Verwertung geschützt. Dem Verkäufer sind (ergänzend: nach bestem Wissen) insoweit keine Umstände bekannt, die auf eine Weitergabe der Daten aus dem Machtbereich des Verkäufers an Dritte in der Vergangenheit hindeuten.

84 Relevanz erlangen bei einer Data Due Diligence die Fürsorgepflichten des Verkäufers. Der Verkäufer ist nach allgemeinen Regeln verpflichtet, den Käufer auf alle Umstände hinzuweisen, die für den Abschluss und die Durchführung des Vertrages wesentlich sind und über die der Käufer **Aufklärung** erwarten darf. Ist allerdings im Einzelfall die Erwartung gerechtfertigt, dass der Käufer bestimmte, von dem Verkäufer bereit gestellte Informationen wahrnehmen und in seine Kaufentscheidung einbeziehen wird, ist eine gesonderte Aufklärung durch den Verkäufer nicht erforderlich. Ist ein Umstand für den Käufer von ganz erheblicher Bedeutung und ist dies für den Verkäufer erkennbar, etwa weil er den Vertragszweck vereiteln oder dem Käufer ganz erheblichen wirtschaftlichen Schaden zufügen kann, kann der Käufer regelmäßig einen gesonderten Hinweis des Verkäufers erwarten. Das gilt nur dann nicht, wenn der Umstand aus den bereitgestellten Daten ohne Weiteres erkennbar ist. Der Verkäufer darf in diesem Fall nicht abwarten, ob der Käufer die nur schwer erkennbare Information aus den bereitgestellten Daten ermittelt, sondern muss diese trotz Due Diligence kommunizieren.[106]

---

[105] BGH 15.9.2023 – V ZR 77/22, NJW 2023, 3423 Rn. 36.
[106] BGH 15.9.2023 – V ZR 77/22, NJW 2023, 3423 Rn. 39.

ee) Personenbezogene Daten. Können Daten einer natürlichen Person zugeordnet werden, greifen die datenschutzrechtlichen Bestimmungen. Das hindert einen Erwerb solcher Daten grundsätzlich nicht, der Erwerber übernimmt jedoch die Verantwortung für die gesetzeskonforme Verarbeitung der Daten und muss befürchten, dies nicht zu können, weil beispielsweise der Transfer an ihn unzulässig war, die Zweckbindung die angestrebte Verarbeitung nicht gestattet[107] oder der Betroffene seine Einwilligung später widerruft oder schon widerrufen hat.[108] Das stellt gerade das Training von KI-Systemen vor Herausforderungen, weil dort sehr große Datenmengen benötigt werden und die Sicherstellung der datenschutzrechtlichen Zulässigkeit sehr komplex und aufwändig ist.[109] Helfen kann die **Anonymisierung** von Daten, die aber zunächst auch eine Verarbeitung personenbezogener Daten und damit rechtfertigungsbedürftig ist.[110] Zudem führt die Anonymisierung zu einem Datenverlust. Eine Alternative kann der Erwerb **synthetischer Daten** sein, die eine dem Verwendungszweck angemessene Repräsentanz der personenbezogenen Daten darstellen.[111] Es ist daher vertraglich zu regeln, ob klar personenbezogene, möglicherweise personenbezogene[112] oder nicht personenbezogene Daten erworben werden. Im Falle personenbezogener Daten ist ferner zu regeln, zu welchen Zwecken die Daten erhoben wurden und welche Pflichten die Vertragsparteien haben, wenn die Daten nicht mehr verwendet werden dürfen.[113] 85

Für den Fall, dass keine personenbezogenen Daten bereitgestellt werden sollten, dies aber doch geschieht, kann vereinbart werden: 86

(1) Besteht der Mangel der Daten darin, dass sie einen Personenbezug aufweisen, ist der Verkäufer zunächst verpflichtet, die Daten in anonymisierter Form in der Weise zur Verfügung zu stellen, dass die Nutzung der Daten in Übereinstimmung mit den Vertragszweck möglich ist. Sollte dies nicht umsetzbar sein, hat der Verkäufer die nach diesem Vertrag vorgesehene bestimmungsgemäße Verwendung der Daten in datenschutzkonformer Weise zu ermöglichen. Ist auch das nicht möglich, muss der Käufer sie unumkehrbar löschen und im Falle einer erfolgten Weitergabe an Dritte für die entsprechende Löschung Sorge tragen.
(2) Die Rechte des Käufers auf Erfüllung bleiben hiervon unberührt.

ff) KI-Trainingsdaten und deren Generierung. KI-Anwendungen basieren regelmäßig auf maschinellem Lernen, für das eine ausreichende Datenbasis unabdingbar ist, um dem KI-Modell die erforderlichen Fertigkeiten zu vermitteln. Das gilt unabhängig davon, ob die KI überwacht trainiert wird oder ihre Erkenntnisse unüberwacht erwirbt. Neben den Algorithmen, die die Bewertung und Verarbeitung der Trainingsdaten steuern, ist die Qualität der Daten maßgeblich für die Qualität des Ergebnisses. Schlechte Daten führen zu schlechten Ergebnissen. Mehr noch als sonst ist beim Erwerb von Trainingsdaten eine **passgenaue Beschreibung** der Datenqualität erforderlich. 87

Reicht die Datenmenge nicht aus, kann helfen, **Daten** durch KI-Systeme **zu synthetisieren.** Die Synthetisierung von Daten erfolgt durch die Erzeugung neuer Daten auf der Basis bereits vorhandener Daten. Die erzeugten Daten müssen qualitativ gleichwertig zu den Bestandsdaten sein, um nicht tolerierbaren Verzerrungen zu vermeiden. Dieses Ziel wird mit Hilfe probabilistisch arbeitender generativer Modelle erreicht.[114] Die erzeugten Daten sollen 88

[107] Roßnagel/Geminn ZD 2021, 487.
[108] Schippel K&R 2023, 471 (475).
[109] Dazu Schippel K&R 2023, 471 (475 f.).
[110] Simitis/Hornung/Spiecker gen. Döhmann/Hansen DS-GVO Art. 4 Nr. 5 Rn. 23; Hornung/Wagner ZD 2020, 223 (224); aA Thüsing/Rombey ZD 2021, 548.
[111] Dazu Kugelmann DuD 2021, 503 (506).
[112] Eine Anonymisierung kann unzureichend erfolgen und den Personenbezug nicht gänzlich aufheben. Das sollte der Erwerber berücksichtigen.
[113] Ein Vertragsmuster halten Moos/Arning in Moos, Datenschutz und Datennutzung, § 15, bereit, das jedoch um einige der hier genannten Aspekte zu ergänzen ist.
[114] Dazu Foster Generative Deep Learning S. 3 f.

mit einer definierten Wahrscheinlichkeit den Ausgangsdaten gleichwertig sein. Im Ergebnis kann dann ein KI-Modell mit Trainingsdaten, die von einem anderen KI-Modell erzeugt wurden, angelernt werden.

89 Für die Vertragsgestaltung ist hier auf ein ausreichendes Anforderungsprofil zu achten, damit die qualitativen Abweichungen der erzeugten von den Echtdaten so gering bleiben, dass die generierten Daten für die vorgesehenen Zwecke geeignet sind. Da die synthetisierten Daten nur mit einer gewissen Wahrscheinlichkeit die Qualität der Ausgangsdaten aufweisen, sind die statistisch zulässigen Abweichungen zu benennen. Zu berücksichtigen ist insbesondere, mit welcher Wahrscheinlichkeit die generierten Daten doch personenbezogen sind. Vertragsrechtlich handelt es sich um einen **Werklieferungsvertrag** → Rn. 13. Einen Anhalt für die zu beachtenden Kriterien gibt Art. 10 KI-VO, auch → Rn. 75.

90 Werden die **Echtdaten** vom Erwerber **beigestellt,** schuldet der Lieferant[115] der synthetisierten Daten ohne anderweitige Vereinbarung kein von der gelieferten Datenqualität unabhängiges Ergebnis.[116] Die Verwendung bereits im Unternehmen vorhandener personenbezogener Daten als Trainingsdaten begegnet insbesondere hinsichtlich der Zweckänderung datenschutzrechtlichen Bedenken.[117]

d) Dauerlieferungsvertrag

91 Beinhaltet der Vertrag die wiederkehrende Bereitstellung von Daten, handelt es sich um ein **Dauerschuldverhältnis.** Der Charakter als Dauerschuldverhältnis, genauer Dauerlieferungs- oder -bezugsvertrag,[118] steht der Zuordnung zum Kauf- oder Werkvertrag nicht entgegen.[119] Zu beachten ist dabei, dass sich die (Nach)erfüllungsrechte immer nur auf die einzelne Lieferung beziehen. Eine Rückabwicklung des ganzen Vertrags wegen einer mangelhaften Leistung ist ausgeschlossen. Eröffnet bleibt aber statt des Rücktritts vom ganzen Vertrag die Kündigung des Vertrages aus wichtigem Grund.

e) Sicherungsvorbehalt

92 In Kaufverträgen sehen Verkäufer zur Sicherung ihrer Kaufpreisforderung regelmäßig einen **Eigentumsvorbehalt** vor. Beim Verkauf von Daten lässt sich dieses Konzept mit Einschränkungen ebenfalls nutzbar machen. Voraussetzung ist, dass eine Bedingung nach § 158 BGB für die Wirkungen eines Rechtsgeschäfts vereinbart werden kann. Die Bedingung ist typischerweise die Erbringung der Gegenleistung.

93 Während jedoch beim Eigentumsvorbehalt das von der Bedingung abhängige Rechtsgeschäft die Einigung iRd § 929 BGB ist, die ihre Wirkungen nur entfaltet, wenn die Bedingung eingetreten ist, ist fraglich, an welches **Rechtsgeschäft** für die Bereitstellung von Daten angeknüpft werden soll. Die Bereitstellung selbst ist ein **Realakt,** der hinsichtlich seiner Wirkung nicht unter eine Bedingung gestellt werden kann. Damit bleibt nur, auf Rechtsgeschäfte abzustellen, die gerade auch den Schutz der Daten ausmachen.

94 Daten, die dem **Geschäftsgeheimnisgesetz** unterliegen, dürfen nach § 4 Abs. 1 Nr. 1 GeschGehG nicht durch unbefugten Zugang erlangt werden. Die **Zustimmung** des Berechtigten zum Zugang ist eine Willenserklärung[120] und kann damit in ihrer Wirkung an eine Bedingung geknüpft werden. Entsprechendes gilt, wenn nach Art. 6 Abs. 2 lit. c des **Data Act** die Zustimmung des Datennutzers zur Weitergabe von Daten erforderlich ist (→ Kap. 13 Rn. 73). Bedarf es zur Nutzung der Daten der **Einwilligung** des Berechtigten,

[115] Es liegt ein Werklieferungsvertrag vor → Rn. 13.
[116] Das folgt entweder aus § 650 Abs. 1 S. 2 BGB, MüKoBGB/Busche § 650 Rn. 7, oder bei nicht vertretbaren Gütern aus § 645 iVm § 650 Abs. 1 S. 3, MüKoBGB/Busche § 645 Rn. 6 f.
[117] Leffer/Leicht, Tagungsband des 25. Internationalen Rechtsinformatik Symposions IRIS 2022/Recht DIGITAL, S. 89, 92.
[118] Vgl. OLG Düsseldorf 18.11.2005 – 23 U 39/05, BeckRS 2006, 12699.
[119] MüKoBGB/Gaier § 314 Rn. 7.
[120] Köhler/Feddersen/Alexander GeschGehG § 4 Rn. 22a.

um eine deliktsrechtlich relevante Widerrechtlichkeit auszuschließen, scheidet eine Bedingung allerdings aus. Die Einwilligung im Deliktsrecht ist keine Willenserklärung[121] oder auch nur eine geschäftsähnliche Handlung, auf die die Regeln der Willenserklärung entsprechend anzuwenden wären. In der Folge kann der Überlassung von Daten nicht die Rechtswidrigkeit nach beispielsweise § 823 Abs. 1 BGB dadurch genommen werden, dass der Entfall der Rechtswidrigkeit durch Einwilligung nach Eintritt einer Bedingung erfolgt.

Der aufschiebend bedingte Erwerb des Eigentums führt zu einem **Anwartschaftsrecht.** 95
Beim Erwerb von Daten wäre ein solches Anwartschaftsrecht in vergleichbarer Weise wie beim Eigentum davon abhängig, dass der Erwerber eine Rechtsposition erlangt, die ihm vom Veräußerer einseitig nicht mehr genommen werden kann. Das Anwartschaftsrecht müsste sich jedoch auf ein Recht beziehen, dass einen Zugang zu den Daten vermittelt. Weder aus dem Data Act noch aus dem Geschäftsgeheimnisgesetz lässt sich ein solches Recht ableiten. Andere hierzu in Betracht kommende Rechte sind nicht ersichtlich.

f) Sicherung der Erfüllung

Der Schuldner erfüllt seine Verpflichtungen gem. § 362 BGB, wenn er die geschuldete 96
Leistung an den Gläubiger bewirkt (dazu auch → Kap. 12 Rn. 3). Bei digitalen Inhalten besteht die Herausforderung zu beweisen, dass der Gläubiger die Leistung erhalten oder sie als erfüllungstauglich angenommen hat.[122] Der Datenempfänger muss bei Bedarf die Mangelhaftigkeit der Daten nachweisen. Mit Blick auf die Beweisführung kann dies durch eine Kombination aus der **Nachweisbarkeit** einer späteren Manipulation der Daten mittels eines Hash-Wertes[123] in Kombination mit der Nutzung einer qualifizierten elektronischen Signatur[124] erfolgen. Die damit verbundenen Herausforderungen sollten bereits im Vertrag behandelt werden:

(1) Der Verkäufer versieht die zu liefernden Daten mit einem Hash-Wert nach dem Verfahren [Nennung des Verfahrens, zB SHA-2], um den Umfang der gelieferten Daten hinreichend sicher belegen zu können. Der aus den Daten abgeleitete Hash-Wert wird mit einer dem Verkäufer zugeordneten qualifizierten elektronischen Signatur gem. Art. 3 Nr. 12 EIDAS-VO versehen.
(2) Die Daten werden gemeinsam mit dem Hash-Wert und der für ihn erstellten Signatur auf dem vereinbarten Weg [Nennung der genutzten Infrastruktur] an den Käufer übermittelt.
(3) Der Käufer bestätigt den Empfang von Daten, Hash-Wert und Signatur durch elektronische Übermittlung in dem vereinbarten Verfahren, indem er die Bestätigungserklärung mit einem elektronischen Zeitstempel und beides mit einer ihm zugewiesenen qualifizierten elektronischen Signatur gemäß den Regeln des Signaturverfahrens verbindet.

Die Details der Vereinbarung hängen vor allem vom Volumen der zu übertragenden 97
Daten und der Teilnahme der Vertragspartner an der für die **Nutzung qualifizierter elektronische Signaturen** erforderlichen Infrastruktur ab. Im einfachsten Fall kann die Übermittlung eines Datenträgers auf einem herkömmlichen Zustellweg genügen, wenn der Verkäufer den Inhalt des Datenträgers später nachweisen kann. Dieses Verfahren versagt aber dann, wenn verkäuferseitig keine Daten zurückbehalten werden dürfen. Denkbar ist jedoch, dem Verkäufer das Vorhalten einer Kopie bis zur Bestätigung des ordnungsgemäßen Empfangs durch den Käufer zu erlauben, sofern dies gesetzlich zulässig ist. Zu beachten sind auch Nebenpflichten.

aa) Leistungssicherung. Die Vereinbarung zur Bereitstellung von Daten löst regelmäßig 98
nur schuldrechtliche Ansprüche gegenüber dem Vertragspartner aus. Leistet dieser nicht,

[121] BGH 20.12.2022 – VI ZR 375/21, NJW 2023, 1435 Rn. 23; HK-BGB/Staudinger § 823 Rn. 78.
[122] Zur allgemeinen Beweislastverteilung BeckOK BGB/Dennhardt § 363 Rn. 6.
[123] Dazu Frey GRUR-Prax 2024, 60.
[124] Dazu MüKoBGB/Einsele § 126a Rn. 11 ff.

stehen dem Gläubiger nur die gesetzlichen Rechtsbehelfe auf Geltendmachung von Schadensersatz und der Erklärung des Rücktritts zu. Gerade der Schadensersatzanspruch ist im Datenverkehr damit belastet, einen **Vermögensschaden beziffern** zu müssen und dem Schuldner nachzuweisen, dass er die Pflichtverletzung zu vertreten hat. Um seine Rechtsposition günstiger zu gestalten, sollte der Gläubiger sich hinsichtlich der Beschaffenheit der Daten eine Garantie geben lassen und den Schuldner für den Fall der Nichterbringung der Leistung zur Zahlung einer Vertragsstrafe verpflichten.

99 **bb) Garantien.** Der Wert der Daten hängt für den Erwerber von der Geeignetheit für die intendierten Zwecke ab. Wie bei allen immateriellen Gütern lassen sich viele maßgebliche Beschaffenheiten nicht leicht erkennen. Insbesondere die versprochene Exklusivität und die **Belastung** der Daten **mit Rechten Dritter** ist nicht zu überprüfen. Ein gutgläubiger lastenfreier Erwerb, wie er beim Eigentum nach § 936 BGB möglich ist, scheidet bei Rechten Dritter aus. Zur Kompensation und im Übrigen zur weiteren Absicherung von Schadensersatzansprüchen bietet sich die Übernahme einer verschuldensunabhängigen Garantie durch den Veräußerer für wesentliche Beschaffenheiten der Daten an → Rn. 83. Garantien im Zusammenhang mit dem Erwerb von Daten sind in vielen Bereichen üblich, etwa beim M&A-Transaktionen hinsichtlich der Bilanz- und Finanzdaten.[125] Eine Grenze setzt hier das AGB-Recht, weil die klauselmäßige Übernahme einer verschuldensunabhängigen Haftung durch den Vertragspartner des Verwenders eine unangemessene Benachteiligung nach § 307 Abs. 2 Nr. BGB darstellen kann → Rn. 399.

100 **cc) Versicherung.** Der Anspruch auf Bereitstellung von Daten ist noch nicht versicherbar, der in einem Datenbestand enthaltene Vermögenswert kann aber durch entsprechende Datenträger-, Daten- und **Cyberversicherungen** gegen verschiedene Gefahren, insbesondere den Datenverlust durch Hardwareausfälle, versehentliches Löschen oder Angriffe von außen geschützt werden.[126]

g) Gegenleistung

101 Die Gegenleistung des Käufers ist die Zahlung des Kaufpreises. Darunter versteht die herrschende Meinung die Leistung von Geld als Währung. Thematisiert wird dabei, ob Bitcoins und ähnliche Kryptowährungen Geld sind. Diskutiert wird zudem, ob auch Daten den Kaufpreis bilden können.[127] Zum Teil wird vertreten, dass das, was den Kaufpreis darstellt, vereinbart werden kann.[128] Dann wären nicht nur **Kryptowährungen** geeignet, sondern unter Umständen auch **andere Daten.** Für zulässig gehalten wird ferner die Ersetzung der vereinbarten Geldleistung durch eine andere Leistung an Erfüllungs statt, die auch schon bei Vertragsschluss vereinbart werden kann. Auch in diesem Fall soll es beim Kaufvertrag bleiben.[129] Nach § 365 BGB findet bei Mängeln des **an Erfüllungs statt** hingegebenen Gegenstandes Kaufrecht Anwendung, wenn es sich um eine Sache oder ein Recht handelt. Daten sind jedoch sonstige Gegenstände, so dass die Norm hier nur analog anwendbar wäre.[130] Dafür spricht, dass es anderenfalls zu einer Durchführungslücke käme. Den Parteien bliebe nur ein **Tauschgeschäft,**[131] (→ Rn. 103) bei dem der Schuldner der

---

125 Zu Bilanzgarantien Widder/Koffka NZG 2020, 1284.

126 Dazu Hoeren/Sieber/Holznagel MMR-HdB/Buchner Teil 18.41 Rn. 1 ff.

127 HM Erman/Grunewald BGB § 433 Rn. 42; MüKoBGB/Westermann § 433 Rn. 16; Grüneberg/Weidenkaff BGB § 433 Rn. 38; Spindler/Bille WM 2014, 1357 (1362); für eine Bezahlmöglichkeit im Rahmen des Kaufvertrages Heckelmann NJW 2018, 504 (508); wohl auch PWW/Wagner § 433 Rn. 31.

128 Ammann CR 2018, 379, sofern der Preis eine Wertsummenschuld abbildet.

129 BGH 18.1.1967 – VIII ZR 209/64, NJW 1967, 553; Herberger/Martinek/Rüßmann/Weth/Würdinger jurisPK-BGB/Pammler BGB § 433 Rn. 138.

130 Ohne weitere Begründung gegen eine Anwendung auf sonstige Gegenstände Herberger/Martinek/Rüßmann/Weth/Würdinger jurisPK-BGB/Kerwer BGB § 365 Rn. 3.

131 Grüneberg/Weidenkaff BGB § 433 Rn. 38; Jauernig/Berger BGB § 433 Rn. 14; Erman/Grunewald BGB § 433 Rn. 42; MüKoBGB/Westermann § 433 Rn. 16.

Gegenleistung aber, anders als bei der Ersetzungsbefugnis, keine Wahl hätte, ob er die zum Vertragstyp gehörende oder die an Erfüllungs statt hinzugebende Leistung erbringt. Würde die an Erfüllungs statt zu erbringende Leistung unmöglich, bliebe dem Schuldner noch die ursprünglich geschuldete Leistung.[132] Beim Tausch würde wegen der Unmöglichkeit § 326 Abs. 1 BGB gelten. Die Abgrenzung zwischen Annahme an Erfüllungs statt und Tausch richtet sich nach dem Parteiwillen, der im Einzelfall nicht leicht festzustellen ist.[133]

Das gilt auch, wenn die Kaufvertragsparteien vereinbaren, dass der Verkäufer eines **102** datenerzeugenden Geräts einen **Teil des Kaufpreises** in Form der noch zu erzeugenden Daten erhält. Hier ist allerdings wichtig, dass die Parteien genau festlegen, wie viele Daten zu liefern sind, weil anderenfalls die Bestimmbarkeit der Gegenleistung fehlt, die für die Annahme eines Kaufvertrages erforderlich ist.[134] Unklar ist, wie die **Durchsetzung** der Gegenleistung erfolgt, wenn **personenbezogene Daten** des Schuldners der Gegenleistung zu übermitteln sind. Die Frage ist weniger rechtlich relevant, sofern sich der Gegenleistungsschuldner wirksam vertraglich verpflichtet hat. Die Problematik liegt in der **Vollstreckung,** insbesondere dann, wenn die Daten vom Schuldner bereits hätten erzeugt oder bereitgestellt werden müssen. Für Verbraucherverträge ist hier § 327q Abs. 2 BGB zu beachten, der jedoch nur die Fälle behandelt, in denen der Schuldner den Anspruch auf die Gegenleistung datenschutzrechtlich untergehen lassen kann.

h) Leistungsstörungen

Zu der Behandlung von Leistungsstörungen → Kap. 12 Rn. 1 ff.

3. Tauschvertrag

Für Daten wird im unternehmerischen Verkehr typischerweise ein Entgelt gezahlt. Die **103** herrschende Meinung verlangt für einen Kaufvertrag nach den §§ 433 ff. BGB als Gegenleistung die Bezahlung mit Geld (→ Rn. 101). Gibt der Käufer **Daten als** vertragliche **Gegenleistung** hin, scheidet ein Kaufvertrag aus. In einem solchen Fall liegt ein Tauschvertrag vor. Auf den Tausch finden nach § 480 BGB die Vorschriften über den Kauf Anwendung. Zu den in Bezug genommenen Vorschriften gehört auch § 453 BGB.[135] Die Einordnung als Tausch ist vor allem deswegen relevant, weil beim Tausch beide Vertragsparteien für Mängel ihrer Leistung einstehen müssen.[136] Ein stillschweigender Haftungsausschluss ist beim Austausch gleichartiger Güter grundsätzlich nicht anzunehmen. Anders ist es, wenn der Tausch auf einem Gefälligkeitsverhältnis beruht, das typischerweise keine Verpflichtungen begründet. Denkbar sind solche Fälle vor allem im privaten Bereich, wenn beispielsweise über Internetforen Daten zum Betrieb von Photovoltaikanlagen, Wärmepumpen und dem Lademanagement von E-Autos ausgetauscht werden.

Problematisch kann beim Tausch, wie generell bei der Überlassung von Daten, die **104** Rückabwicklung des Leistungsaustauschs im Wege des Rücktritts oder des Bereicherungsausgleichs sein, wenn der Rückgewährschuldner den Wert der Daten bereits in sein Vermögen überführen konnte (→ Kap. 12 Rn. 73).

Ein Tausch liegt auch vor, wenn die Gegenleistung für den Kaufgegenstand aus Aus- **105** prägungen der Blockchain-Technologie, insbesondere **Kryptowährungen** wie Bitcoin, Ethereum etc, besteht. Da sich hierbei nicht um gesetzliche Zahlungsmittel handelt, scheiden sie als Kaufpreis iSv § 433 Abs. 2 BGB aus.[137]

---

132 Jauernig/Stürner BGB §§ 364, 365 Rn. 2.
133 Vgl. BGH 18.1.1967 – VIII ZR 209/64, NJW 1967, 553 (554).
134 MüKoBGB/Maultzsch § 433 Rn. 17.
135 MüKoBGB/Maultzsch § 480 Rn. 7; Spindler/Bille WM 2014, 1357 (1362).
136 HK-BGB/Ingo Saenger § 480 Rn. 3.
137 MüKoBGB/Maultzsch § 433 Rn. 16.

4. Werkvertrag

106 Durch den Werkvertrag wird der Unternehmer zur Herstellung des versprochenen Werkes und damit Herbeiführung eines Erfolges verpflichtet. Der geschuldete Erfolg kann in der Datenerhebung, beispielsweise durch Umfragen oder Recherche, in der Aufbereitung von Daten, aber auch in der Erzeugung von synthetischen Daten begründet sein.

107 Nach der hier vertretenen Auffassung führt die Verpflichtung zur Bereitstellung noch zu erzeugender Daten zu einem **Werklieferungsvertrag,** auf den trotz der fehlenden Sachqualität von Daten, die Bestimmungen des Kaufrechts Anwendung finden.[138] Um einen einheitlichen Umgang mit Daten zu gewährleisten, sind Daten **wie Sachen** zu behandeln (→ Rn. 11). Auch bei einem Werklieferungsvertrag finden trotz der Verweisung in das Kaufrecht einige Vorschriften des Werkvertragsrechts weiterhin Anwendung, wenn vom Unternehmer nicht vertretbare Daten geschuldet sind. Das sind insbesondere die Mitwirkungsobliegenheiten des Bestellers und dessen freies Kündigungsrecht aus § 648 BGB. Ob dieses Kündigungsrecht in AGB ausgeschlossen werden kann, ist umstritten.[139]

108 Ein **Werkvertrag** liegt dagegen vor, wenn Daten dazu verwendet werden, eine Sache zu warten oder zu verändern. Erfasst werden Fälle wie die Kalibrierung von Sensoren, das Aufspielen von Konfigurationsdateien für den Betrieb von Geräten, aber auch im Bereich der Softwarenutzung, wenn die Software neu parametrisiert wird. Bei der **Erstellung synthetischer Daten** auf der Basis eines vom Besteller zur Verfügung gestellten Datensatzes kann eine Veränderung dieser Daten gegeben sein, was zu einem reinen Werkvertrag führt. Die Ursprungsdaten werden dann um die synthetisierten Daten erweitert.

109 Auch eine **Veredelung** von Daten durch Annotationen, Löschen von Dubletten oder eine Verifizierung der Daten kann ein werkvertragliches Verhältnis begründen. Entsteht durch die Beschaffung, Überprüfung oder Darstellung von Daten, die eine nach Art oder Umfang wesentliche Investition erfordert, eine **Datenbank** iSv § 87a UrhG, stehen die Rechte hieran dem Hersteller zu. Hersteller ist gem. § 87 Abs. 2 UrhG, wer die Investition zur Herstellung der Datenbank trägt. Das ist bei einer Tätigkeit im Rahmen eines Werkvertrages typischerweise der Besteller. Sollte ausnahmsweise der Werkvertrag auf die Erstellung eines Werkes nach § 4 Abs. 2 UrhG gerichtet sein, entstehen die Urheberrechte zunächst beim Werkunternehmer und müssen von ihm dann nach den allgemeinen Regeln der §§ 31 ff. UrhG im Rahmen des Geschuldeten an den Besteller übertragen werden.[140] Da der Besteller über § 87a Abs. 1 UrhG die urheberrechtliche Berechtigung bereits mit Herstellung des Werkes erhält, braucht der Unternehmer ihm die Rechte nicht nach §§ 433 Abs. 1, 453 Abs. 1 S. 1 BGB erst noch zu übertragen. Werden Daten veredelt, die ohne Weiteres verfügbare Daten nach dem **Data Act** einschließlich der Metadaten sind, ist mit Blick auf das Herstellerrecht aus § 87a UrhG die einschränkende Regelung des Art. 43 DA zu beachten.[141] Aus der Erzeugung der vorgenannten Daten selbst können nach Art. 43 DA keine Recht aus § 87a UrhG abgeleitet werden. Werden solche Daten aber veredelt, steht die Norm einem Schutz der Daten als Datenbank nicht entgegen.[142]

110 Werden **aus** vom Besteller beigestellten **Daten neue,** unabhängig verwertbare **Daten erzeugt,** stellt dies nach § 650 Abs. 1 S. 1 BGB die Lieferung herzustellender oder zu erzeugender beweglicher Sachen dar und führt damit in das Kaufrecht.

111 Anders als beim Kaufvertrag wird keine Geldzahlung als **Gegenleistung** des Bestellers vorausgesetzt. Der Besteller kann daher auch Daten als Gegenleistung für die Herstellung des Werkes bereitstellen.[143]

---

138 Vgl. OLG Düsseldorf 30.7.2004 – 23 U 186/03, BeckRS 2004, 08836.

139 Für regelmäßig unzulässig hält den Ausschluss BGH 27.1.2011 – VII ZR 133/10, NJW 2011, 915 Rn. 12 ff.; aA MüKoBGB/Busche § 648 Rn. 4.

140 Wandtke/Bullinger/Hermes UrhG § 87a Rn. 135.

141 BeckOK DatenschutzR/Richter DA Art. 43 Rn. 16 ff.

142 Antoine CR 2024, 73 Rn. 26.

143 MüKoBGB/Busche § 631 Rn. 90; BeckOK BGB/Voit § 631 Rn. 88.

Der Besteller hat bei der Durchführung des Werkvertrages regelmäßig **Mitwirkungsleistungen** als Obliegenheiten auszuführen. Eine Obliegenheit führt zu keinem Leistungsanspruch des Auftragnehmers und kann in der Folge auch keine Schadensersatzpflicht des Bestellers auslösen. Der BGH sah dies in einer älteren Entscheidung anders und gewährte dem Unternehmen bei Nichtbeachtung der Obliegenheiten zur Mitwirkung einen Schadensersatzanspruch,[144] relativierte seine Entscheidung später aber.[145] 112

Für die Vertragsgestaltung ist es daher wichtig, aus Auftragnehmersicht zu überlegen, welche **Folgen** die ausbleibende oder unzureichende Mitwirkung des Auftraggebers haben wird. Muss der Unternehmer befürchten, dass er bei mangelnder Mitwirkung des Bestellers einen Vermögensnachteil erleidet, etwa indem er Mitarbeiter nicht anderweitig einsetzen und so Gewinn erzielen kann, sollte er die relevanten Mitwirkungsleistungen als echte, durchsetzbare Pflichten des Bestellers ausgestalten.[146] Eine nicht nur pauschale, sondern die Mitwirkungsleistungen einzeln aufzählende Regelung, kann auch in Allgemeinen Geschäftsbedingungen eine wirksame Verpflichtung des Bestellers begründen. 113

Im Bereich der Verarbeitung von Daten ist für die Mitwirkung im Rahmen von Werkverträgen an folgende Punkte zu denken: 114

- Rechtzeitige Zurverfügungstellung der zu verarbeitenden Daten im richtigen **Format,**
- Überprüfung der **Verarbeitungsergebnisse** während des Verarbeitungsvorgangs,
- Zugang zu den eigenen IT-Systemen und Bereitstellung einer **Kommunikationsschnittstelle,**
- **Bereitstellung von Mitarbeitern** mit den für die Leistungsdurchführung erforderlichen Kenntnissen und IT-Kompetenzen für Zugriffe auf das System sowie
- **Orte und Zeiten** der Mitwirkung.

Bei der Annahme eines Werklieferungsvertrages entfällt die **Abnahme** nach § 640 BGB. Besteht der Erfolg dagegen in der Lieferung von Daten im Zuge der Wartung oder Veränderung einer Sache oder lehnt man die Annahme eines Werklieferungsvertrages ab, ist die Leistung vom Besteller abzunehmen. Es ist sinnvoll, das Abnahmeverfahren vertraglich festzuhalten, insbesondere, wenn der Unternehmer an der Abnahme teilnehmen möchte. Im Rahmen der AGB-rechtlichen Anforderungen können auch Kriterien für abnahmehindernde Mängel und einer Zeitspanne zu deren Beseitigung vereinbart werden. 115

5. Schenkung

Die unentgeltliche Überlassung von Daten ist im unternehmerischen Rechtsverkehr die Ausnahme. Sie kommt aber dennoch insbesondere als Marketingmaßnahme zur Kundenpflege vor, beispielsweise zur Überlassung aktueller Konfigurationsdaten für Geräte und Software. Rechtlich ist die Einordnung der Überlassung von Daten als Schenkung problematisch, weil § 516 Abs. 1 BGB eine Zuwendung aus dem Vermögen des Schenkenden verlangt.[147] Schenkungen setzen nach herkömmlicher Ansicht eine Mehrung des Vermögens des Beschenkten und eine Verminderung in der Vermögenssubstanz des Schenkers in gleicher Weise voraus.[148] Das ist gerade bei immateriellen und insbesondere bei digitalen Gütern nicht der Fall. Ein Kennzeichen von Daten ist ihre Nicht-Rivalität. Die Ressourcen zur Weitergabe von Daten sind nicht beschränkt. Wenn aber die Zuwendung von Daten mangels **Vermögensminderung** keine Schenkung ist, unterfällt die Handlung keinem im BGB benannten Vertrag. Es bliebe nur die Annahme eines Vertrags eigener Art nach § 311 Abs. 1 BGB. Das ist weder sinnvoll noch erforderlich. 116

---

144 BGH 16.5.1968 – VII ZR 40/66, NJW 1968, 1873 (1874), dagegen zu Recht ablehnend BeckOK BGB/Voit § 642 Rn. 8.
145 BGH 26.10.2017 – VII ZR 16/17, NJW 2018, 544 Rn. 27.
146 BeckOK BGB/Voit § 642 Rn. 6.
147 MüKoBGB/Koch § 516 Rn. 6.
148 OLG Karlsruhe 21.1.2009 – 5 UF 186/07, BeckRS 2009, 5575; BeckOK BGB/Gehrlein BGB § 516 Rn. 2.

117 Richtigerweise liegt eine Schenkung daher auch dann vor, wenn die Zuwendung zu keiner Vermögenseinbuße auf Seiten des Schenkenden führt.[149] Im Urheberrecht ist seit langem anerkannt, dass die Einräumung von einfachen Nutzungsrechten ohne Gegenleistung eine Schenkung darstellt.[150] Im Verbraucherrecht zeigt § 516a BGB, dass der Gesetzgeber bei der Zuwendung von digitalen Produkten an Verbraucher eindeutig von einer Schenkung ausgeht. Der Begriff der Schenkung in § 516a BGB ist erkennbar derselbe wie in § 516 BGB.

118 Rechtlich relevant wird die Schenkung für den Beschenkten bei einer Mangelhaftigkeit der überlassenen Daten. In diesem Fall stehen ihm nach §§ 521 ff. BGB nur sehr eingeschränkte Leistungsstörungsrechte zur Verfügung. Ob er bei einer Beeinträchtigung der zu seinen Gunsten geschützten Rechte oder Rechtsgüter auch deliktsrechtliche Ansprüche geltend machen kann, ist eine Frage des Einzelfalls.[151]

119 Ein weiterer Aspekt ist die Pflicht zur notariellen **Beurkundung** von Schenkungsversprechen. Verspricht der Dateninhaber die zukünftige unentgeltliche Zurverfügungstellung von Daten, beispielsweise im Rahmen einer Aktualisierung, wäre dies beurkundungspflichtig und würde bei Nichtbeachtung der Form zur Unwirksamkeit des Versprechens führen. Da das Versprechen regelmäßig in Form von Allgemeinen Geschäftsbedingungen erfolgt, gilt dann § 306 BGB.

6. Besicherung von Forderungen

120 Obwohl Daten einen erheblichen Vermögenswert darstellen können, ist ihre Eignung zur Besicherung von Forderungen fraglich.[152] Das hängt vor allem mit dem geringeren Rechtsschutz zusammen, der Daten gegenüber anderen Gütern wie Eigentum, Forderungen und Immaterialgüterrechten zukommt. Die zuletzt genannten Rechtsgüter können einem Inhaber eindeutig zugewiesen und von diesem ausschließlich verwertet werden. Einen solchen **Zuweisungsgehalt** haben Daten allein nur in beschränktem Umfang. Im Zusammenhang mit den Regelungen zum Datenbankschutz, dem Schutz von Geschäftsgeheimnissen und einem Daten zugestandenen deliktsrechtlichen Schutz ist im Einzelfall eine gewisse Annäherung möglich. Soweit sich eine mit dem Immaterialgüterrechtsschutz vergleichbare Rechtslage schaffen lässt, sind dann auch Daten geeignet, zur Besicherung von Forderungen zu dienen.

121 Eine grundsätzliche Besicherung durch die im Gesetz vorgesehenen Sicherungsrechte scheidet indes aus. Sie setzen, wie insbesondere das Pfandrecht, ein Eigentumsrecht oder eine Forderung als Sicherungsgegenstand voraus. Ziel im Rahmen einer Sicherungsübertragung muss daher sein, die als Sicherheit dienenden Daten faktisch gegen den unbefugten Zugriff Dritter zu schützen und schuldrechtlich eine Verwertungsbefugnis nur durch den Sicherungsnehmer zu begründen. Der faktische Schutz kann durch die Verschlüsselung und/oder elektronische Signierung der Daten erfolgen, wie dies beispielsweise bei **Kryptowährungen** der Fall ist (→ Kap. 24 Rn. 8). Unabhängig von der rechtlichen Bewertung der durch Verschlüsselung gesicherten Datei, kann nur derjenige die Datei verwerten, der den technischen Zugang zu ihr hat.[153]

[149] Jaeger/Metzger Open Source Software Rn. 281.
[150] Fromm/Nordemann/J. B. Nordemann UrhG Vor § 31 Rn. 165; Loewenheim UrhR-HdB/J. B. Nordemann/Ohly § 65 Rn. 22.
[151] MüKoBGB/Koch § 521 Rn. 6; BeckOK BGB/Gehrlein § 521 Rn. 5.
[152] Westermann WM 2018, 1205.
[153] Dazu Skauradszun WM 2020, 1229.

II. Miete, Leihe, Leasing, Pacht

Siehe zu diesem Themenkomplex auch
- Cloud Switching → Kap. 9 Rn. 60
- Schuldrechtliche Beschränkungen → Kap. 10 Rn. 449
- Überlassung auf Dauer → Kap. 11 Rn. 1
- Leistungsstörungen → Kap. 12 Rn. 1

1. Abgrenzung zur Überlassung auf Dauer

122 Die **dauerhafte Überlassung von Daten** gegen Entgelt kann als **Kaufvertrag über sonstige Gegenstände** (§ 453 Abs. 1 Alt. 2 BGB) eingeordnet werden (ausführlich → Rn. 57). Während der Kaufvertrag über Sachen den Verkäufer verpflichtet, dem Käufer die Sache zu übergeben und das Eigentum an der Sache zu verschaffen, fehlt es Daten an einer dem Eigentum vergleichbaren Rechtsposition, zu dessen Übertragung sich der Käufer verpflichten könnte (→ Kap. 9 Rn. 11). Der **Datenkauf** wird daher durch Realakt, nämlich die technische Übertragung oder sonstige faktische Übergabe der Daten, erfüllt. Die Einzelheiten der Verpflichtung zur Übertragung richten sich nach der Parteiabrede im Einzelfall.[154] Der Kaufvertrag muss dem Käufer aber jedenfalls eine Position verschaffen, die es ihm erlaubt, die Daten dauerhaft zu verwenden, auch wenn die Übertragung der Daten derjenigen des Eigentums nicht vollkommen entsprechen muss.[155]

123 **Miete, Pacht und Leihe** sind – als Abgrenzung gegenüber dem Kauf – vertragliche (Dauer-) Schuldverhältnisse, die auf Gebrauchsgewährung gerichtet sind.[156] Aus diesem Grund wird ein Kaufvertrag von den vorgenannten Rechtsverhältnissen vor allem dadurch abgegrenzt, dass er die Verpflichtung zur zeitlich unbefristeten Überlassung begründet,[157] während Miete, Pacht und Leihe die **zeitlich beschränkte Gebrauchsüberlassung** zum Gegenstand haben.

124 Es können daneben auch weitere Kriterien ergänzend zur Abgrenzung zum Kauf herangezogen werden. Weitreichende **Nutzungs- bzw. Weitergabebeschränkungen** oder **Löschungspflichten** sind mit dem Leitbild eines Kaufvertrages, wonach der Käufer frei über den Gegenstand bestimmen kann, unvereinbar und können deshalb gegen einen Datenkauf und für eine reine Gebrauchsüberlassung sprechen.[158] Nach hier vertretener Ansicht ist zur Abgrenzung daher nicht nur in zeitlicher Hinsicht relevant, ob die Daten dauerhaft und endgültig übertragen bzw. übergeben werden,[159] sondern auch in inhaltlicher Hinsicht, ob die Daten ohne wesentliche inhaltliche Beschränkungen (hierzu → Kap. 10 Rn. 449) übergeben werden.[160] Fehlt es allerdings an einer Löschungspflicht als Pedant zur Rückgabeverpflichtung (→ Rn. 139), kann es sich anstatt um eine Datenmiete oder Datenpacht um eine Datenlizenz handeln (hierzu → Kap. 10 Rn. 459).

[154] Specht, Konsequenzen der Ökonomisierung informationeller Selbstbestimmung, 2012, Rn. 423.
[155] Vgl. Haberstumpf NJOZ 2015, 793 (802); Specht, Konsequenzen der Ökonomisierung informationeller Selbstbestimmung, 2012, Rn. 386, 423, 502.
[156] Grüneberg/Weidenkaff Einf. v. § 535 Rn. 1.
[157] Vgl. etwa Ebnet, Der Informationsvertrag, 1995, S. 53; Schneider/Spindler CR 2014, 213 (215 f.) zur UsedSoft-Rechtsprechung.
[158] Schur Die Lizenzierung von Daten S. 169 ff.; aA Ebnet Informationsvertrag S. 57.
[159] Haberstumpf NJOZ 2015, 793 (802); Ebnet Informationsvertrag S. 53.
[160] Schur Die Lizenzierung von Daten S. 169 ff.

2. Allgemeines

a) Allgemeine Abgrenzung zwischen Miete, Leihe, Pacht und Leasing

125 Bei der **Miete** handelt es sich um einen schuldrechtlichen Vertrag zur zeitweisen Gebrauchsüberlassung von Sachen sowie von digitalen Produkten.[161] Der **Pachtvertrag** richtet sich demgegenüber auf die entgeltliche Gebrauchsüberlassung von Gegenständen, worunter nicht nur Sachen, sondern auch Rechte fallen.[162] Der wesentliche Unterschied des Mietvertrags gegenüber dem Pachtvertrag ist aber das Recht des Pächters zur Fruchtziehung.[163] Der Mietvertrag unterscheidet sich vom **Leihvertrag** im Wesentlichen darin, dass die Gebrauchsüberlassung beim Mietvertrag entgeltlich erfolgt.[164]

126 Der **Leasingvertrag** nimmt eine Sonderrolle ein, als dass es sich um einen atypischen Vertrag handelt.[165] Ein Leasingvertrag ist dadurch gekennzeichnet, dass der Leasinggeber dem Leasingnehmer eine Sache oder Sachgesamtheit gegen ein in Raten zu zahlendes Entgelt zum Gebrauch überlässt, wobei die Gefahr oder Haftung für Instandhaltung, Sachmängel, Untergang und Beschädigung der Sache allein den Leasingnehmer trifft und der Leasingeber hierzu seinen Anspruch gegen Dritte dem Leasingnehmer überträgt.[166] Bei dem Leasingvertrag handelt es sich grundsätzlich um einen Mietvertrag.[167] Allerdings gibt es zahlreiche Arten des Leasings.[168] Insbesondere ist zwischen dem Operating-Leasing und dem Finanzierungsleasing zu unterscheiden. Bei dem Operating-Leasing handelt es sich einen Vertrag, mit dem der Leasinggeber die Vollamortisation des Leasinggegenstandes durch mehrfache Überlassung erreichen will, sodass der Vertrag in der Regel nach Mietvertragsrecht zu beurteilen ist.[169] Das Finanzierungsleasing dient dazu, dass der Leasingnehmer für die Amortisation der Aufwendungen und Kosten einzustehen hat, die der Leasinggeber für die Anschaffung des Leasinggegenstandes gemacht hat, wobei nach umstrittener Rechtsprechung des BGH auch das Finanzierungsleasing als Mietvertrag zu behandeln ist.[170]

b) Ausgangspunkt: Dispositives Vertragsrecht auf körperliche Güter zugeschnitten

127 Die dispositiven Regelungen des BGB zu Miete und Pacht sind auf **körperliche Sachen** zugeschnitten. Zwar existieren die Regelungen der §§ 548a, 578b BGB, wonach die Vorschriften über die Miete von Sachen auf die Miete digitaler Produkte entsprechend anzuwenden sind. Digitale Produkte sind digitale Inhalte sowie digitale Dienstleistungen.[171] Digitale Inhalte sind wiederum legaldefiniert als Daten, die in digitaler Form erstellt und bereitgestellt werden.[172] Diese Vorschriften knüpfen an die ASP-Rechtsprechung des BGH an, wonach bei der Bereitstellung von Software mittels des sog. „Application Service Providing" Mietrecht anwendbar sei, da verkörperte Standardsoftware als Sache anzusehen sei, und zwar unabhängig davon, auf welchem Informationsträger das Computerprogramm verkörpert ist.[173] Die Neuregelung in den §§ 548a, 578b BGB sah der Gesetzgeber zum einen als Klarstellung an, zum anderen aber auch als Türöffner zugunsten künftiger Entwicklungen, da es Fälle der Bereitstellung geben könnte, „die keine Verkörperung auf einem

---

161 BeckOGK/H. Schmidt BGB § 535 Rn. 26.
162 Grüneberg/Weidenkaff Einf. v. § 535 Rn. 16.
163 BeckOGK/H. Schmidt BGB § 535 Rn. 36.
164 BeckOGK/H. Schmidt BGB § 535 Rn. 45.
165 Grüneberg/Weidenkaff Einf. v. § 535 Rn. 37.
166 Grüneberg/Weidenkaff Einf. v. § 535 Rn. 37.
167 Grüneberg/Weidenkaff Einf. v. § 535 Rn. 38.
168 Siehe hierzu Grüneberg/Weidenkaff Einf. v. § 535 Rn. 37; Herberger/Martinek/Rüßmann/Weth/Würdinger/Münch jurisPK-BGB BGB § 535 Rn. 123.
169 Grüneberg/Weidenkaff Einf. v. § 535 Rn. 39.
170 BGH 14.12.1989 – IX ZR 283/88, NJW 1990, 1113; Grüneberg/Weidenkaff Einf. v. § 535 Rn. 39.
171 Vgl. § 327 Abs. 1 BGB.
172 Vgl. § 327 Abs. 1 S. 1 BGB.
173 BGH 18.11.1955 – V ZR 162/54, NJW 1956, 104.

Datenträger im Sinne der zitierten Rechtsprechung des BGH mehr erforderlich machen".[174]

Auch wenn hierdurch das **Mietrecht auch auf Daten anwendbar** ist, bleibt es dennoch stark auf körperliche Sachen ausgerichtet, sodass die Existenz des § 548a BGB nichts daran ändert, dass das Mietrecht **kaum passende dispositive Regelung** zur Erfassung eines Mietvertrages über Daten bereithält. Allein die allgemeinen Vorschriften des Mietvertragsrecht sind entsprechend und nur unter Berücksichtigung der Besonderheiten des Vertragsgegenstandes Daten anwendbar (im Einzelnen → Rn. 132 ff.). Abgesehen davon beinhaltet das Mietrecht vor allem Regelungen in Bezug auf Mietverhältnisse über Wohnraum. Aus diesem Grund kommt der Parteivereinbarung wesentliche Bedeutung zu, auch wenn das Mietrecht im Grundsatz auf Daten anwendbar ist. 128

Ähnliches gilt für das Pachtrecht. Prägend für das **Pachtrecht** ist das Recht des Pächters, Früchte zu ziehen. Die Pflicht zur Gewährung der Fruchtziehung setzt aber am Begriff der Früchte gem. § 99 BGB an, der auf körperliche Sachen (§ 99 Abs. 1 BGB) und Rechte (§ 99 Abs. 2 BGB) zugeschnitten ist. Unkörperliche Gegenstände und insbesondere Daten erfasst er demgegenüber nicht, da Daten weder Sachen sind noch an ihnen ein Ausschließlichkeitsrecht besteht.[175] Zur Anwendung des Pachtrechts bedarf es daher letztlich einer Analogie zu § 99 Abs. 2 BGB.[176] Es erscheint zweifelhaft, ob diese Analogie angesichts der klaren Beschränkung des Begriffs der Früchte auf Sachen und Rechte tragfähig ist.[177] 129

c) Parteivereinbarung

Angesichts des Umstandes, dass die Regelungen des Miet- und Pachtrechts auf körperliche Sachen zugeschnitten sind, erlangt die **Parteivereinbarung** besondere Bedeutung. Es ist hierbei zu differenzieren: In Anbetracht der **Vertragsfreiheit** steht es den Parteien frei, eine Datenmiete und eine Datenpacht zu vereinbaren. Mietrecht und Pachtrecht sind dann das Vorbild für die Ausgestaltung der Rechte und Pflichten der Parteien. Gleichzeitig hat die Vertragsgestaltung dem Umstand zu begegnen, dass kein dispositives Datenmiet- und Datenpachtrecht existiert und das dispositive Miet- und Pachtrecht auf körperliche Güter zugeschnitten ist. Es muss daher eine umfassende Parteivereinbarung geschlossen werden, die sämtliche regelungsbedürftigen Punkte regelt. 130

Datenmiete und Datenpacht sind also eher Kategorien von Datennutzungsverträgen, die ein bestimmtes Pflichtenprogramm umschreiben, als ein gefestigter und verkehrstypischer Vertragstyp. Der Ausgestaltung des Vertrags ist daher stets mit größter Sorgfalt zu begegnen. 131

3. Datenmiete

Bei der **Datenmiete** handelt es sich um einen Vertrag, mit dem Daten gegen ein Entgelt auf Zeit überlassen werden.[178] Das kann etwa der Fall sein, wenn der Vermieter des Datenbestandes Trainingsdaten für KI-Anwendungen erstellt hat, und diese zum zeitlich befristeten Gebrauch gegen Entgelt dem Entwickler einer KI zur Verfügung stellt (zu KI → Kap. 3 Rn. 57). 132

Die allgemeinen Vorschriften des Mietvertragsrechts sind auf die Datenmiete anwendbar (→ Rn. 128), allerdings sind zahlreiche Besonderheiten zu berücksichtigen, die aus der Ausrichtung des Mietrechts auf körperliche Sachen und den Unterschieden zu Daten als unkörperlichen Gegenständen ergeben: 133

---

174 BT-Drs. 19/27653, 85.
175 Rosenkranz/Scheufen ZfDR 2022, 159.
176 Specht, Konsequenzen der Ökonomisierung informationeller Selbstbestimmung, 2012, Rn. 528 ff.
177 Schur Die Lizenzierung von Daten S. 176.
178 Vgl. zu digitalen Produkten BeckOGK/H. Schmidt BGB § 548a Rn. 7.

a) Hauptleistungspflichten

134 Den Vermieter trifft die Pflicht zur **Gebrauchsgewährung** (§ 535 Abs. 1 S. 1 BGB). Verschaffen des Mietgebrauchs heißt die Mietsache so zu überlassen, dass der Mieter in der Lage ist, die Mietsache vertragsgemäß zu gebrauchen.[179] Die Verschaffung des unmittelbaren Besitzes ist kein konstitutives Element. Allein der **Mietgebrauch** muss möglich sein, was anhand des **Vertragszwecks** zu beurteilen ist.[180] Der Mietvertrag setzt daher nicht unbedingt eine Besitzverschaffung, sondern nur die **Gebrauchsüberlassung** voraus.[181] Der Vermieter ist dementsprechend verpflichtet, dem Mieter im Rahmen des Vertrages den ungehinderten Zugang zu verschaffen.[182] Er muss die Daten so bereitstellen, dass der Meter in der Lage ist, den vertraglich bestimmten Gebrauch zu machen.[183] Hierbei ist nicht nur ein Dulden des Gebrauchs, sondern vielmehr ein darüber hinausgehendes aktives Handeln durch den Vermieter geschuldet.[184] Diese Pflicht lässt sich auf die Gebrauchsüberlassung von Daten übertragen. Den Vermieter trifft insbesondere eine Pflicht zur Zugangsgewährung. Dabei spielt es keine Rolle, ob der Zugriff auf die Daten durch einen physischen Datenträger oder auf sonstige Weise gewährt wird.[185] Der Dateninhaber muss dem Vertragspartner also Zugang zu den Daten gewähren, damit letzterer diese nutzen kann.

135 Zu den Hauptleistungspflichten gehört auch die Vereinbarung eines bestimmten **Nutzungsumfangs,** also eine Regelung der Nutzungshandlungen, zu denen der Datenmieter berechtigt ist. Aus Sicht des Datenvermieters ist die Regelung des Nutzungsumfangs **Kern des Datenmietvertrages.** Da kein Ausschließlichkeitsrecht an Daten besteht, ist der Datenmieter grundsätzlich berechtigt, die vom Datenvermieter bereitgestellten Daten frei zu verwenden. Mit dem Datenmietvertrag will der Datenvermieter die Daten aber nur zeitlich und – in aller Regel – inhaltlich beschränkt bereitstellen. Die zeitliche Beschränkung kann der Datenvermieter unter anderem durch eine Löschungspflicht und/oder durch technische Maßnahmen, die einen Zugriff auf die Daten nach Vertragsende ausschließen, erzielen (→ Rn. 139). Die inhaltliche Beschränkung erreicht er über die Regelung eines gewissen Nutzungsumfangs. Da Daten grundsätzlich frei verwendet werden dürften, empfiehlt es sich, Nutzungsrechte zu vereinbaren und dem Vertragspartner alle Handlungen abseits dieser abschließend festgelegten Rechte zu untersagen. Hierzu gelten die in → Kap. 10 Rn. 460 dargestellten Grundsätze. Durch solche schuldrechtlichen Beschränkungen – vorzugsweise abgesichert durch technische Schutzmaßnahmen – kann der Dateninhaber eine unkontrollierte Nutzung und vor allem unberechtigte Weitergabe der Daten vorbeugen. Die Regelung des Nutzungsumfangs kann (noch) weiter an Relevanz gewinnen, wenn der Datenvermieter seinerseits gewissen Beschränkungen unterworfen ist. Wenn der Datenvermieter die Daten beispielsweise von einem Dritten beschafft und aufgrund eines mit dem Dritten bestehenden Vertrages bei der Weitergabe von Daten Beschränkungen unterworfen ist, muss der Datenvermieter diese Beschränkungen in dem Datenmietvertrag aufnehmen und so sicherstellen, dass die mit dem Dritten bestehenden Verpflichtungen eingehalten werden.

136 Die Pflicht aus § 535 Abs. 1 S. 2 BGB ist ebenfalls anwendbar. Der Vermieter hat die Mietsache dem Mieter in einem zum **vertragsgemäßen Gebrauch geeigneten Zustand** zu überlassen. Übertragen auf die Datenmiete bedeutet dies, dass der Vermieter die Daten so bereitstellt, dass sie sich für die vertragsgemäße Nutzung eignen, wie etwa der Datenauswertung durch einen Algorithmus oder der Verwendung der Daten als Trainings- oder Validierungsdaten zur Entwicklung einer KI-Anwendung. Insbesondere muss der Vermieter

---

[179] MüKoBGB/Häublein § 535 Rn. 79.
[180] BGH 15.11.2006 – XII ZR 120/04, NJW 2007, 2394 Rn. 19 – ASP.
[181] BGH 15.11.2006 – XII ZR 120/04, NJW 2007, 2394 Rn. 19 – ASP.
[182] BeckOK BGB/Zehelein § 535 Rn. 331.
[183] Grüneberg/Weidenkaff BGB § 535 Rn. 14.
[184] BGH 18.11.1955 – V ZR 162/54, NJW 1956, 104; MüKoBGB/Häublein § 535 Rn. 76.
[185] BeckOGK/H. Schmidt BGB § 548a Rn. 7.

die Daten in einem zur Nutzung geeigneten Format bereitstellen. Den Vermieter trifft ferner die Pflicht, die Daten im vertragsgemäßen Zustand zu halten. Der Umfang dieser Pflicht richtet sich danach, was die Parteien als vertragsgemäß vereinbart haben.[186] Fehlen konkrete Absprachen, ist die nach dem Vertrag geschuldete Beschaffenheit der Mietsache im Wege der Auslegung zu ermitteln und dabei regelmäßig auf den Standard bei Vertragsschluss abzustellen.[187] Da Daten grundsätzlich nicht abnutzbar sind, aber die in ihnen enthaltenen Informationen an Aktualität verlieren können, stellt sich die Frage, ob der Datenvermieter die Daten aktuell halten muss, ihn also eine **Aktualisierungspflicht** trifft. Das richtet sich entweder nach der ausdrücklichen Parteivereinbarung oder ist im Wege der Auslegung zu ermitteln. Da es bei der Auslegung stets auf den Einzelfall ankommt und deshalb im Streitfall Rechtsunsicherheit besteht, sollten die Parteien die Frage, ob den Datenvermieter eine Aktualisierungspflicht trifft, ausdrücklich regeln.

Die Pflicht, dass der Vermieter die auf der Mietsache ruhenden **Lasten** zu tragen hat, passt **137**
im Zusammenhang mit der Datenmiete nicht, denn der Begriff der Lasten ist auf Sachen und Rechte beschränkt. Lasten sind die auf der Sache oder dem Recht liegenden Verpflichtungen zu Leistungen, die aus der Sache oder dem Recht zu entrichten sind und den Nutzungswert mindern.[188]

Die **Gegenleistung** für die Gebrauchsüberlassung kann in Geld bestehen, kann aber auch **138**
in einer anderen Leistung des Mieters bestehen, wie etwa der gegenseitigen Bereitstellung von Daten.[189]

b) Rückgabepflicht

Dass das Mietrecht nicht ohne weiteres auf Daten passt, zeigt die **Rückgabepflicht**[190]**,** die **139**
für das Mietrecht kennzeichnend ist (§ 546 BGB). Diese ist grundsätzlich darauf gerichtet, dass der Mieter dem Vermieter den unmittelbaren Besitz verschafft. Die Kategorie des Besitzes ist aber nicht auf Daten übertragbar.[191] Eine Rückgabe ist bei Daten dadurch möglich, dass der Mieter die Daten – sofern der Vermieter nicht mehr über diese verfügt – an diesen zurück überträgt und wiederum die Daten bei sich vollständig – das heißt jegliche Kopien – löscht.[192] An die Stelle der Rückgewährung tritt also die **Löschungspflicht** aufseiten des Mieters; je nach Vertrag muss er zusätzlich die Daten zurück übertragen. Es empfiehlt sich, diese Pflicht – wenn möglich – durch entsprechende technische Maßnahmen abzusichern, wie etwa einer Zugangssperre nach Ablauf der vertraglichen Laufzeit.

c) Mängelgewährleistungsrecht

→ Kap. 12 Rn. 108. **140**

d) Sonstige Regelungen

Abgesehen von den Hauptleistungspflichten sind die allgemeinen Vorschriften (§§ 535–548 **141**
BGB) sowie die §§ 579 Abs. 1 S. 1 Alt. 2, S. 2, § 580 und § 580a Abs. 3 BGB anwendbar.[193] Die mietrechtlichen Vorschriften sollen entsprechend angewendet werden. Diese müssen aber gemäß dem Vertragsgegenstand situativ angepasst werden und können nur bei funktioneller Gleichheit angewendet werden.[194]

---

[186] jurisPK-BGB/Münch BGB § 535 Rn. 222.
[187] jurisPK-BGB/Münch BGB § 535 Rn. 222.
[188] Grüneberg/Ellenberger BGB § 103 Rn. 1.
[189] BeckOGK/H. Schmidt BGB § 548a Rn. 8.
[190] S. hierzu auch Rosenkranz/Scheufen ZfDR 2022, 159 (192, 183 f.); Imhof CR 2023, 565 (569 f.).
[191] Schur Die Lizenzierung von Daten S. 245.
[192] Rosenkranz/Scheufen ZfDR 2022, 159 (183).
[193] BeckOGK/H. Schmidt BGB § 548a Rn. 9.
[194] BeckOGK/H. Schmidt BGB § 548a Rn. 11.

142 Grundsätzlich anwendbar dürfte § 537 BGB sein, wonach der Mieter von der **Entrichtung der Miete** nicht dadurch befreit ist, dass er durch einen **in seiner Person liegenden Grund** an der Ausübung seines Gebrauchsrechts **gehindert** wird. Dies dürfte dem Zweck der Vorschrift entsprechend derart auf Daten anwendbar sein, dass Umstände, die dem Verantwortungsbereich des Mieters zuzuordnen sind und nicht Gegenstand einer ausdrücklichen Risikozuweisung im Vertrag sind, grundsätzlich nicht zu einer Befreiung der Entrichtung der Miete führen. Das ist etwa der Fall, wenn der Vermieter die Daten vertragsgemäß zur Verfügung gestellt hat, aber technische Umstände aufseiten des Mieters dazu führen, dass diese Daten nicht genutzt werden können.

143 Die Vorschrift zur **Abnutzung der Mietsache** ist auch unter Berücksichtigung der Besonderheiten von Daten gegenüber körperlichen Sachen anzuwenden (§ 538 BGB). Anders als Sachen sind Daten nicht abnutzbar,[195] weshalb die Vorschrift nicht direkt übertragbar ist. Allerdings ist die Aktualität von Daten – genauer gesagt der darin enthaltenen Informationen – ein Wertkriterium.[196] Verliert der Datenbestand an Wert, weil er nicht aktualisiert wird und den Mieter keine dahingehende Pflicht trifft, stellt dies keine vom Mieter zu vertretene Pflichtverletzung dar.

144 Der Ersatz von **Aufwendungen** nach § 539 BGB ist entsprechend anwendbar. Der Begriff der Aufwendungen umfasst sämtliche freiwilligen Vermögensopfer im Interesse eines anderen.[197] Im Gegensatz zu dem Begriff der Verwendungen, der Aufwendungen auf eine Sache meint,[198] ist der Begriff daher weit genug, um auch Vermögensopfer zu erfassen, die einem Datenbestand zugutekommen. Voraussetzung ist indes, dass die Aufwendungen nicht unter § 536 Abs. 2 Nr. 2 BGB fallen und dass die Voraussetzungen der Geschäftsführung ohne Auftrag erfüllt sind.[199] Die Vorschrift des § 539 Abs. 2 BGB dürfte aufgrund des engen Bezugs zum Sachbegriff nicht anwendbar sein. Der Begriff der Einrichtung meint eine Sache, die mit der Mietsache verbunden und dazu bestimmt ist, dem Zweck der Mietsache zu dienen.[200]

145 Entsprechend anwendbar sind ferner die §§ 540–548 BGB.

e) Parteivereinbarung

146 Angesichts der Unsicherheiten, die der starke Bezug der mietvertraglichen Regelungen zu Sachen für die Anwendbarkeit auf Daten als unkörperlichen Gegenständen mit sich bringt, ist eine **Parteivereinbarung** unverzichtbar. Die Parteien sollten sorgfältig prüfen, ob die allgemeinen Vorschriften des Mietrechts auch auf den von ihnen zu regelnden Vertragsgegenstand passen und nicht unbesehen die Regelungen des Mietvertragsrechts, die auf körperliche Güter zugeschnitten sind, übernehmen. Das gilt insbesondere für das Mangelgewährleistungsrecht der §§ 536–536d BGB (→ Kap. 12 Rn. 108).

f) Besonderheiten abhängig vom Mietgegenstand

147 **aa) Miete personenbezogener Daten.** Bei der Miete personenbezogener Daten ist zu berücksichtigen, dass sowohl der Datenvermieter als auch der Datenmieter über eine Ermächtigungsgrundlage verfügen müssen. Denn die Bereitstellung der Daten durch den Vermieter stellt ebenso eine Verarbeitung dar wie die anschließende Verwendung durch den Datenmieter (vgl. die Definition der Verarbeitung in Art. 4 Abs. 2 DS-GVO, die unter anderem das Verwenden, Offenlegen durch Übermittlung und die Bereitstellung umfasst). Allein die vertragliche Verpflichtung des Datenvermieters gegenüber dem Datenmieter,

---

195 Schur Die Lizenzierung von Daten S. 30.
196 Zech CR 2015, 137 (139).
197 Grüneberg/Grüneberg BGB § 256 Rn. 1.
198 Grüneberg/Herrler BGB § 994 Rn. 1.
199 Grüneberg/Weidenkaff BGB § 539 Rn. 5.
200 Grüneberg/Weidenkaff BGB § 539 Rn. 9.

Letzterem die Daten bereitzustellen, genügt nicht als Rechtsgrundlage (vgl. Art. 6 Abs. 1 lit. c, Abs. 3 DS-GVO).

Der Datenmieter ist hierbei selbst Verantwortlicher (Art. 4 Nr. 2 DS-GVO). Es wird sich **148** in der Regel nicht um eine Auftragsverarbeitung handeln. Der Datenmieter hat ein eigenständiges Interesse an der Datenverarbeitung und entscheidet selbst über die wesentlichen Umstände der Datenverarbeitung abgesehen von etwaigen schuldrechtlichen Beschränkungen im Hinblick auf die Datennutzung.

Verstöße gegen das Datenschutzrecht haben die in der DS-GVO vorgesehen Sanktionen **149** zur Folge. Darüber hinaus können Datenschutzverstöße auch Folgen für den Datenmietvertrag selbst haben.[201] Denn die Vermietung von personenbezogenen Daten, die ohne Einwilligung oder andere Rechtsgrundlage erhoben worden sind, kann die Nichtigkeit des Datenmietvertrages nach sich ziehen.[202]

bb) Miete von Daten, die Geschäftsgeheimhissen beinhalten. Besonderheiten beste- **150** hen weiterhin, wenn es sich bei den vermieteten Daten um Geschäftsgeheimnisse (für den Geschäftsgeheimnisschutz von Daten → Kap. 6 Rn. 1) handelt. Der Schutz von Daten als Geschäftsgeheimnis hängt vor allem von dem Geheimsein und der von den Umständen nach angemessenen Geheimhaltungsmaßnahmen ab.

Abhängig von dem Umfang, in dem der Datenvermieter die als Geschäftsgeheimnis **151** geschützten Daten vermietet, kann die Bereitstellung der Daten in Konflikt mit dem Geheimsein geraten. Stellt der Datenvermieter die Daten an zahlreiche Dritte zur Verfügung, besteht die Gefahr, dass diese ab einem gewissen Zeitpunkt als allgemein bekannt gelten.[203] Zwischen umfassender **Vernetzung** und dem **Geheimsein** besteht ein **Zielkonflikt.**[204] Ferner setzt der Schutz als Geschäftsgeheimnis angemessene Geheimhaltungsmaßnahmen durch ihren rechtmäßigen Inhaber voraus. Damit die Daten ihren Schutz als Geschäftsgeheimnisse wahren, ist es daher erforderlich, dass der Vermieter und Inhaber der Geschäftsgeheimnisse dem Datenmieter vertragliche Verpflichtungen zum Schutz der Daten gegen Zugriff von Dritten auferlegt. Diese Maßnahmen können organisatorische, vertragliche oder technische Maßnahmen (wie beispielsweise Verschlüsselung) umfassen.[205]

Der § 2 Nr. 1 lit. b GeschGehG erfordert angemessene **Geheimhaltungsmaßnahmen** **152** durch die Person, die die rechtmäßige Kontrolle ausübt, also durch ihren Inhaber. Der Datenvermieter sollte in diesem Rahmen eine Zuweisung in den Vertrag aufnehmen, dass er weiterhin Inhaber der Geschäftsgeheimnisse bleibt, auch wenn er die Daten dem Mieter bereitstellt. In diesem Zusammenhang können dann die entsprechenden Pflichten des Datenmieters zur Aufrechterhaltung der Geheimhaltung und den angemessenen Schutzmaßnahmen geregelt werden.

Durch die Bereitstellung der Daten durch den Datenvermieter erhält der Datenmieter **153** befugten Zugang zu den Daten. Er darf die Daten daher grundsätzlich nuten und – was im Hinblick auf den Geschäftsgeheimnisschutz und ein fehlendes Ausschließlichkeitsrecht an Daten problematisch ist – offenlegen (vgl. § 4 Abs. 2 Nr. 1 GeschGehG). Aus diesem Grund sollte der Datenvermieter die **Nutzung und Offenlegung vertraglich reglementieren.** Diese Regelungen haben nicht nur Relevanz in schuldrechtlicher Hinsicht zwischen den Parteien, sondern auch im Hinblick auf den gesetzlichen Geschäftsgeheimnisschutz. Denn ein Geschäftsgeheimnis darf nicht nutzen oder offenlegen, wer gegen eine Verpflichtung verstößt, die die Nutzung zur Beschränkung der Nutzung des Geschäftsgeheimnisses beschränkt (§ 4 Abs. 2 Nr. 2 GeschGehG), oder gegen eine Verpflichtung, das Geschäfts-

201 Der BGH hat jedenfalls entschieden, dass der Verstoß gegen datenschutzrechtliche Bestimmungen kein gesetzliches Abtretungsverbot begründet, BGH 27.2.2007 – XI ZR 195/05, NJW 2007, 2106 Rn. 25 ff.

202 Nach dem OLG Frankfurt a. M. ist ein Kaufvertrag über Daten, die ohne Einwilligung oder andere Rechtsgrundlage erhoben worden ist, gem. § 134 BGB nichtig, OLG Frankfurt a. M. 24.1.2018 – 13 U 165/16, NJW-RR 2018, 887 Rn. 34 ff., 42; siehe auch Specht Datenhandel Rn. 565, 571.

203 Grützmacher CR 2016, 485 (489); Zech GRUR 2015, 1151 (1156).

204 Wiebe/Schur GRUR-Int 2019, 746 (747); Müllmann WRP 2018, 1177 (1179).

205 Wiebe/Schur GRUR-Int 2019, 746 (749).

geheimnis nicht offenzulegen (§ 4 Abs. 2 Nr. 3 GeschGehG). Aus diesem Grund sollte für den Fall, dass als Geschäftsgeheimnis geschützte Daten vermietet werden, besondere Sorgfalt auf schuldrechtliche Beschränkungen gelegt werden (→ Kap. 10 Rn. 449), die die Nutzung einschränken und die Offenlegung entweder ganz untersagen oder reglementieren.

154 **cc) Miete von urheberrechtlich geschützten Datenbanken.** Vermietet der Inhaber einen als Datenbank (§ 87a UrhG) geschützten Datenbestand, sind die aus dem UrhG folgenden Besonderheiten zu beachten. Der **Datenbankhersteller** hat das ausschließliche Recht, die Datenbank insgesamt oder einen nach Art oder Umfang wesentlichen Teil der Datenbank zu vervielfältigen, zu verbreiten und öffentlich wiederzugeben (§ 87b Abs. 1 S. 1 UrhG). Die wiederholte und systematische Vervielfältigung, Verbreitung oder öffentliche Wiedergabe von nach Art und Umfang unwesentlichen Teilen der Datenbank steht dem gleich, sofern diese Handlungen einer normalen Auswertung der Datenbank zuwiderlaufen oder die berechtigten Interessen des Datenbankherstellers unzumutbar beeinträchtigen (§ 87b Abs. 1 S. 2 UrhG). In der Vermietung des Datenbestands dürfte zwar ohnehin eine konkludente Lizenzerteilung zu sehen sein, es empfiehlt sich indes, in dem Mietvertrag konkrete Nutzungsrechte im Hinblick auf das Datenbankherstellerrecht zu vereinbaren.

155 Nach § 87e UrhG ist eine vertragliche **Vereinbarung unwirksam,** durch die sich der Berechtigte gegenüber dem Datenbankhersteller verpflichtet, die Vervielfältigung, Verbreitung oder öffentliche Wiedergabe von nach Art und Umfang unwesentlichen Teilen der Datenbank zu unterlassen.[206] Dies gilt nur insoweit die Handlungen weder einer normalen Auswertung der Datenbank zuwiderlaufen noch die berechtigen Interessen des Datenbankherstellers unzumutbar beeinträchtigten. Unter Berechtigte fasst § 87e UrhG den Eigentümer eines mit Zustimmung des Datenbankherstellers durch Veräußerung in Verkehr gebrachten Vervielfältigungsstücks der Datenbank, den in sonstiger Weise zu dessen Gebrauch berechtigten sowie denjenigen, dem eine Datenbank aufgrund eines mit dem Datenbankhersteller oder eines mit dessen Zustimmung mit einem Dritten geschlossenen Vertrags zugänglich gemacht wird.[207] Unter die letztgenannte Variante fällt der Datenmieter, und zwar auch dann, wenn er seine Berechtigung nicht unmittelbar von dem Datenbankinhaber, sondern von einem zwischengeschalteten Vermieter ableitet.

156 Der § 87e UrhG bezweckt demnach eine **Beschränkung der Vertragsfreiheit** des Datenvermieters, wenn die Daten Gegenstand einer nach §§ 87a ff. UrhG geschützten Datenbank sind. Zum effektiven Schutz ist der Datenbankinhaber auf weitgehend Nutzungs- und Weitergabebeschränkungen angewiesen, um die Weitergabe und Nutzung durch Dritte zu unterbinden (→ Rn. 135). Nach § 87b Abs. 1 S. 2 UrhG kann er indes die Verbreitung oder öffentliche Wiedergabe von nach Art und Umfang unwesentlichen Teilen nur verhindern, sofern dies wiederholt und systematisch erfolgt und dies einer normalen Auswertung der Datenbank zuwiderläuft oder seine berechtigten Interessen unzumutbar beeinträchtigt (§ 87b Abs. 1 S. 2 UrhG). Dies sichert § 87e UrhG in vertraglicher Hinsicht ab.

157 Was wesentlich ist, entscheiden die **Umstände des Einzelfalls,** unter anderem unter Berücksichtigung der Frage, ob die Nutzung eines Teils einen qualitativ oder quantitativ erheblichen Schaden für die Investition verursacht (vgl. Erwgr. 42 der Datenbank-RL).[208] Als Bezugsgröße dient grundsätzlich – das heißt vorbehaltlich abgrenzbarer Untergruppen – die Datenbank als Ganzes und die Wesentlichkeit bestimmt sich durch einen Vergleich zwischen dem Volumen der entnommenen und/oder weiterverwendeten Elemente und dem Volumen des Gesamtinhalts der Datenbank.[209] Im Umkehrschluss ist es erlaubt, Teile der Datenbank, die diese Schwelle der Wesentlichkeit nicht überschreiten, frei zu ver-

---

[206] Schur Die Lizenzierung von Daten S. 201.
[207] Schur Die Lizenzierung von Daten S. 201, dort Fn. 496.
[208] Erwgr. 42 Datenbank-RL; Dreier/Schulze/Dreier UrhG § 87b Rn. 6.
[209] Dreier/Schulze/Dreier UrhG § 87b Rn. 6.

vielfältigen, zu verbreiten und öffentlich wiederzugeben. Das kann aus Sicht des Datenbankinhabers problematisch sein, wenn beispielsweise einzelne unwesentliche Teile der Datenbank bereits einen erheblichen Wert haben und sich bereits unwesentliche Teile der Datenbank – gegebenenfalls in Kombination mit anderen Daten – zum Training eines KI-Systems eignen.

Zwar besteht für einen solchen Fall Spielraum zu argumentieren, dass diesbezüglich die Rückausnahme des § 87e UrhG greift, sodass zumindest Handlungen untersagt werden können, die einer normalen Auswertung der Datenbank zuwiderlaufen und/oder die berechtigen Interessen des Datenbankherstellers unzumutbar beeinträchtigten. Da es sich bei der Umgehungsklausel um eine Ausnahme von dem Grundsatz der Freiheit zur Nutzung unwesentlicher Datenbankteile handelt, sind jedoch grundsätzlich **schwerwiegende Beeinträchtigungen** der Investition des Datenbankherstellers erforderlich, um eine Unzumutbarkeit anzunehmen.[210] Der normalen Auswertung läuft eine Nutzung insbesondere dann zuwider, wenn dem Rechtsinhaber der Abschluss von Lizenzverträgen entgeht oder erheblich erschwert wird. Unstreitig ist dies jedenfalls dann der Fall, wenn die wiederholt und systematisch entnommenen Teile zum Aufbau eines unmittelbaren Konkurrenzproduktes verwendet werden.[211] Im Ergebnis kann in einem Vertrag mit einem Endnutzer die Berechtigung zur Nutzung unwesentlicher Teile nur dann wirksam abbedungen werden, wenn die abstrakt umschriebene Nutzungshandlung die berechtigten Interessen und die normale Auswertung der Datenbank beeinträchtigt und diese Beeinträchtigung schwerwiegend ist.[212] Aufgrund der unbestimmten Rechtsbegriffe und der Abhängigkeit der Ergebnisse vom Einzelfall fallen allgemeine, abstrakt-verbindliche Aussagen indes schwer. 158

Eine weitere Möglichkeit besteht für den Datenbankinhaber darin, den Datenbestand so auszugestalten, dass er nicht unter den **Begriff der Datenbank** des Datenbankherstellerrechts in § 87a UrhG fällt. Beispielsweise setzt der Schutz als Datenbank voraus, dass die einzelnen Elemente einzeln mit Hilfe elektronischer Mittel oder auf andere Weise zugänglich sind. Handelt es sich nicht um eine geschützte Datenbank, besteht die vertragliche Verpflichtung nach § 87e UrhG nicht. Nach der Rechtsprechung des EuGH ist Art. 8 der Datenbank-RL, auf dem § 87e UrhG beruht, nämlich nicht anwendbar, wenn es sich um keine nach dem Datenbankherstellerecht sui generis geschützte Datenbank handelt.[213] Ferner ist zu berücksichtigten, dass die Datenbank-RL im Anwendungsbereich des Data Act keine Anwendung findet, Art. 43 DA. 159

dd) Vermietung von Speicherplatz zur Speicherung von Daten. (i) Allgemeines. 160
Die zeitlich beschränkte Überlassung von Speicherplatz oder Überlassung von sonstigen Datenverarbeitungsressourcen (beispielsweise Rechenkapazitäten) kann grundsätzlich (abhängig von der konkreten Parteivereinbarung) als **Mietvertrag** eingeordnet werden.[214] Folgt man der ASP-Rechtsprechung des BGH, gilt dies auch für Cloud-Umgebungen, bei denen der Nutzer gegen Entgelt Hard- und Software eines Anbieters via Internet nutzen kann.[215]

Der Data Act enthält zahlreiche Verpflichtungen für Anbieter von Datenverarbeitungsdiensten. Ein **Datenverarbeitungsdienst** ist eine digitale Dienstleistung, die einem Kunden bereitgestellt wird und einen flächendeckenden und auf Abruf verfügbaren Netzzugang zu einem gemeinsam genutzten Pool konfigurierbarer, skalierbarer und elastischer 161

[210] S. Wandtke/Bullinger/Hermes UrhG § 87b Rn. 72.
[211] Erwgr. 42; BGH 1.12.2010 – I ZR 196/08, GRUR 2011, 724 Rn. 42 – Zweite Zahnarztmeinung II; Wandtke/Bullinger/Hermes UrhG § 87b Rn. 73.
[212] EuGH 9.11.2004 – C-203/02, GRUR 2005, 244 (251) – BHB-Pferdewetten; BeckOK UrhR/Vohwinkel UrhG § 87e Rn. 9.
[213] EuGH 15.1.2015 – C-30/14, MMR 2015, 189 – Ryanair.
[214] Abhängig von den Leistungspflichten des Anbieters kann es sich auch um einen typengemischten Vertrag handeln, vgl. BeckOGK/H. Schmidt BGB § 548a Rn. 248.
[215] BeckOGK/H. Schmidt BGB § 548a Rn. 248.

Rechenressourcen zentralisierter, verteilter oder hochgradig verteilter Art ermöglicht, die mit minimalem Verwaltungsaufwand oder minimaler Interaktion des Diensteanbieters rasch bereitgestellt und freigegeben werden können.[216] Darunter zählt der Data Act Ressourcen wie etwa Netze, Server oder sonstige virtuelle oder physische Infrastrukturen, Software, Speicher, Anwendungen und Dienste.[217] Der Begriff „Datenverarbeitungsdienst" ist also ein weit gefasster Begriff und kann „Infrastructure-as-a-Service" (IaaS), „Platform-as-a-Service" (PaaS) und „Software-as-a-Service" (SaaS) zuzuordnen sein.[218] Er kann insbesondere sog. Cloud-Dienste umfassen, wobei für jeden Dienst gesondert zu prüfen ist, ob die oben genannten Voraussetzungen der Definition erfüllt sind.[219]

162 Ziel des Data Act ist es, den **Wechsel zwischen Datenverarbeitungsdiensten** zu erleichtern (Art. 1 Abs. 1 lit. d DA).[220] Der Data Act verpflichtet Anbieter von Datenverarbeitungsdiensten zu diesem Zweck,[221] Vertragsklauseln für den Wechsel zu verwenden (Art. 25 DA), Informationen bereitzustellen (Art. 26, 28, 31 Abs. 3 DA), nach Treu und Glauben zu handeln (Art. 27 DA) und Wechselentgelte schrittweise abzuschaffen (Art. 29 DA).[222] Sie enthält ferner Regelungen zu den technischen Aspekten des Wechsels (Art. 30 DA).[223] Zu Details der Bestimmungen → Kap. 9 Rn. 60 ff.

163 **(ii) Allgemeine Pflichten aus Art. 23 DA.** Der Data Act enthält zahlreiche Vorschriften im Hinblick auf das Vertragsrecht. Nach Art. 23 Abs. 1 S. 2 DA dürfen Anbieter von Datenverarbeitungsdiensten **keine Hindernisse aufzwingen** – insbesondere keine vertraglichen Hindernisse – und müssen bestehende Hindernisse beseitigen, die Kunden daran hindern,

- den Vertrag über den Datenverarbeitungsdienst nach der maximalen Kündigungsfrist und nachdem der Wechsel gem. Art. 25 DA (→ Rn. 164) erfolgreich vollzogen ist, zu kündigen,
- neue Verträge mit einem anderen Anbieter von Datenverarbeitungsdiensten für die gleiche Dienstart zu schließen,
- exportierbare Daten des Kunden und digitale Vermögenswerte zu einem anderen Anbieter von Datenverarbeitungsdiensten oder zu einer IKT-Infrastruktur in eigenen Räumlichkeiten zu übertragen,
- die Funktionsäquivalenz (s. Art. 30 DA) zu erreichen,
- die in Art. 30 Abs. 1 DA genannten Datenverarbeitungsdienste von anderen von dem Anbieter von Datenverarbeitungsdiensten erbrachten Datenverarbeitungsdiensten zu trennen, soweit dies technisch durchführbar ist.

164 **(iii) Vorgaben an Verträge (Art. 25 DA).** Die Regelung des Art. 25 DA enthält daneben konkrete Vorgaben für Verträge, die den Wechsel zwischen Datenverarbeitungsdiensten betreffen. Die Rechte des Kunden und die Pflichten des Anbieters von Datenverarbeitungsdiensten in Bezug auf den Wechsel zwischen Anbietern solcher Dienste (oder gegebenenfalls zu einer IKT-Infrastruktur in eigenen Räumlichkeiten) müssen eindeutig in einem **schriftlichen Vertrag** festgelegt werden (Art. 25 Abs. 1 S. 1 DA). Der Begriff schriftlich dürfte nicht iSd § 126 BGB, sondern autonom unionsrechtlich auszulegen sein, sodass auch Textform ausreicht, solange eine verwertbare Dokumentationslage geschaffen wird.[224] Der

[216] Art. 2 Nr. 8 DA; Erwgr. 80 der DA.
[217] S. hierzu Erwgr. 80 DA sowie Pommerening/Nickel RDi 2024, 289 (290).
[218] Erwgr. 81 der DA; der Data Act nennt daneben neue Variationen hiervon, wie etwa „Storage-as-a-Service" und „Database-as-a-Service".
[219] S. Erwgr. 80 DA; eingehend Pommerening/Nickel RDi 2024, 289 (290).
[220] Erwgr. 84 DA; zum Begriff des Wechsels vgl. Erwgr. 85 DA.
[221] Art. 1 Abs. 3 lit. f DA: „Die Verpflichtungen betreffen Anbieter von Datenverarbeitungsdiensten, unabhängig vom Ort ihrer Niederlassung, die Kunden in der Union solche Dienste anbieten.".
[222] Zu Wechselentgelten ausführlich Siara MMR 2024, 935 (938).
[223] Eingehend Pommerening/Nickel RDi 2024, 289 (293).
[224] Siara MMR 2024, 935.

Anbieter von Datenverarbeitungsdiensten muss dem Kunden diesen Vertrag vor der Vertragsunterzeichnung so bereitstellen, dass er den Vertrag speichern und reproduzieren kann (Art. 25 Abs. 1 S. 2 DA).

(iv) Wechsel- oder Übertragungsverlangen. Art. 25 Abs. 2 DA sieht zudem einen **vertraglichen Mindestinhalt** vor. Der Vertrag muss eine Klausel vorsehen, die es ermöglicht, auf Verlangen zu einem Datenverarbeitungsdienst zu wechseln, der von einem anderen Anbieter von Datenverarbeitungsdiensten angeboten wird, oder alle exportierbaren Daten und digitalen Vermögenswerte auf eine IKT-Infrastruktur in eigenen Räumlichkeiten zu übertragen (Art. 25 Abs. 2 lit. a DA). Eine bestimmte Form des Wechselverlangens ist nicht vorgesehen. Ob der Anbieter von Datenverarbeitungsdiensten eine Schriftform nach § 126 BGB vereinbaren darf, ist im Lichte der Art. 23 Abs. 1 S. 2 lit. a und b DA jedoch fraglich.[225] **165**

Erstaunlicherweise ist die Variante, dass der Kunde die **Löschung** seiner Daten verlangt, nicht in Art. 25 Abs. 2 lit. a DA genannt, obwohl dies beispielsweise in Art. 25 Abs. 2 lit. c Buchst. ii DA vorgesehen ist. Diese Variante dürfte in Art. 25 Abs. 2 lit. a DA hineinzulesen sein und sollte daher auch im Vertrag einen Niederschlag finden.[226] Der Vertrag muss ferner die Verpflichtung des Anbieters von Datenverarbeitungsdiensten enthalten, die für die vertraglich vereinbarten Dienste relevante Ausstiegsstrategie des Kunden zu unterstützen (Art. 25 Abs. 2 lit. b DA). **166**

(v) Fristen. Der Vertrag muss zunächst eine **Frist für die Einleitung des Wechsels** vorsehen, die **zwei Monate nicht überschreiten darf** (Art. 25 Abs. 2 lit. d DA). Bei dem deutschsprachigen Wortlaut der Vorschrift („eine maximale Kündigungsfrist für die Einleitung des Wechsels") dürfte es sich um einen Übersetzungsfehler handeln. Der in der englischen Sprachfassung[227] verwendete Begriff „notice period" kann nicht nur als Kündigungsfrist, sondern als Ankündigungsfrist übersetzt werden.[228] Allein das letztgenannte Verständnis deckt sich mit der (allerdings unübersichtlichen und wenig eingängigen) Systematik des Art. 25 DA.[229] Denn der Vertrag muss nach Art. 25 Abs. 3 DA Klauseln enthalten, wonach der Kunde den Anbieter von Datenverarbeitungsdiensten nach Ablauf dieser Frist über seine Entscheidung unterrichten kann, **167**

- zu einem anderen Anbieter von Datenverarbeitungsdiensten zu wechseln, wobei der Kunde in diesem Fall die erforderlichen Angaben zu diesem Anbieter macht,
- zu einer IKT-Infrastruktur in eigenen Räumlichkeiten zu wechseln, und/oder
- seine exportierbaren Daten und digitalen Vermögenswerte zu löschen.

Auch wenn dies nicht ausdrücklich aus Art. 25 Abs. 2 lit. d DA hervorgeht, dürfte die **Frist zur Einleitung des Wechsels** mit dem erstmaligen Verlangen des Kunden beginnen, zu einem anderen Anbieter von Datenverarbeitungsdiensten zu wechseln oder seine Daten auf eine IKT-Infrastruktur in eigenen Räumlichkeiten zu übertragen (Art. 25 Abs. 2 lit. a DA).[230] Art. 25 Abs. 3 DA sieht nach Ablauf dieser Frist die Möglichkeit vor, dass der Kunde sich erneut oder erstmalig (!) für eine Variante entscheiden kann. Unklar bleibt, welchen Zweck die Ankündigungsfrist hat, wenn der Kunde **nach** deren Ablauf (vgl. Art. 25 Abs. 3 DA) über seine Entscheidung unterrichten kann, welche Maßnahme er wählt. Der Wortlaut („kann") spricht sogar dafür, dass er sich einer Entscheidung enthalten kann, und eine zeitliche Beschränkung für eine Entscheidung des Nutzers ist ebenfalls nicht vorgesehen.[231] **168**

---

[225] Vgl. Siara MMR 2024, 935 (936).
[226] Siara MMR 2024, 935 (936).
[227] Diese lautet: „maximum notice period for initiation of the switching process, which shall not exceed two months".
[228] Siara MMR 2024, 935 (937); Sattler CR 2024, 215 (221).
[229] Siara MMR 2024, 935 (936); Heinzke BB 2024, 1291 (1294).
[230] Dies dürfte dem Art. 25 Abs. 4 DA entsprechen, der von der Beantragung des Wechsels spricht.
[231] Siara MMR 2024, 935 (937); Heinzke BB 2024, 1291 (1294).

169 Art. 25 Abs. 2 lit. a DA sieht dann eine weitere Frist vor, die an die Frist zur Einleitung des Wechsels gem. Art. 25 Abs. 2 lit. d DA anknüpft. Der Anbieter von Datenverarbeitungsdiensten muss **unverzüglich und innerhalb einer Übergangsfrist von höchstens 30 Kalendertagen ab Ablauf der maximalen Frist von zwei Monaten für die Einleitung des Wechsels** erfolgen. Diese Frist verschärft die Unklarheiten und systematischen Brüche nochmals. Denn die Übergangsfrist von 30 Kalendertagen beginnt unabhängig davon zu laufen, ob der Kunde sich bereits entschieden oder nach der Ankündigungsfrist nochmals umentschieden hat, was ihm nach Art. 25 Abs. 3 DA möglich sein muss.

170 Die **Frist** nach Art. 25 Abs. 2 lit. a DA bezieht sich entgegen dem sprachlich ungenauen deutschen Text des Data Act sowohl auf das Verlangen zu einem Datenverarbeitungsdienst zu wechseln als auch auf die Übertragung aller exportierbaren Daten und digitalen Vermögenswerte auf eine IKT-Infrastruktur in eigenen Räumlichkeiten. Der deutsche Text des Data Act, der sich nach seinem Wortlaut nur auf die letztgenannte Alternative bezieht,[232] steht im Widerspruch zum englischen Text[233] und hätte die durch den europäischen Gesetzgeber offensichtlich nicht gewollte Folge, dass für den Wechsel das Fristenregime der Art. 25 Abs. 2 lit. a und d DA nicht gilt.[234] Auch Art. 25 Abs. 4 DA, der den Fall betrifft, dass ein Wechsel in der vorgesehenen Frist technisch nicht durchführbar ist, nimmt auf Art. 25 Abs. 2 lit. a DA insgesamt Bezug und nicht nur auf die Übertragung auf eine IKT-Infrastruktur in eigenen Räumlichkeiten.

171 Die Vertragspraxis steht vor der Aufgabe, die misslungene Systematik des Art. 25 DA einzufangen, ohne gegen sie (und das Gebot aus Art. 23 lit. a und b DA) zu verstoßen. Eine sinnvolle **vertragliche Regelung** könnte hierbei vorsehen, dass der Kunde spätestens zum Ablauf der Frist nach Art. 25 Abs. 2 lit. d DA erklären muss, welche der aufgelisteten Maßnahmen er durchführen möchte,[235] oder dass er sich bei bereits getroffener Wahl bis zu der Frist umentscheiden kann. Es bleibt indes unklar, welche Rechtsfolgen daran geknüpft werden dürfen, wenn der Kunde die Frist nicht einhält.[236] Hat der Kunde bereits eine Wahl getroffen, so kann der Anbieter des Datenverarbeitungsdienstes mit der Maßnahme beginnen, insofern sich der Kunde in der Zwischenzeit nicht umentschieden hat. Dies kann im Vertrag festgehalten werden und der Anbieter des Datenverarbeitungsdienstes sollte vor Ablauf der Ankündigungsfrist hierauf hinweisen. Hat der Kunde bis zum Ende der Frist für die Einleitung des Wechsels keine Wahl getroffen, kann der Vertrag vorsehen, dass die Übergangsfrist nach Art. 25 Abs. 2 lit. a DA erst zu laufen beginnt bzw. solange gehemmt ist, bis der Kunde sich für eine der Maßnahmen entscheiden hat. Andernfalls würde eine Frist für eine Maßnahme laufen, die noch unbekannt ist, was nicht die Intention des Data Act sein kann. Nach Art. 27 DA arbeiten vielmehr alle Beteiligten nach Treu und Glauben zusammen, damit der Wechsel effektiv vollzogen wird, Daten rechtzeitig übertragen werden können und die Kontinuität des Datenverarbeitungsdienstes aufrechterhalten wird. Der Kunde verstößt gegen diese Pflicht, wenn er keine ausreichend konkreten Angaben zur durchzuführenden Maßnahme macht, sodass ihm die Hemmung der Übergangsfrist zumutbar ist. Angesichts der Pflichten des Anbieters von Datenverarbeitungsdiensten in den

---

[232] Art. 25 Abs. 2 lit. a DA lautet hiernach: „Klauseln, die es dem Kunden ermöglichen, auf Verlangen zu einem Datenverarbeitungsdienst zu wechseln, der von einem anderen Anbieter von Datenverarbeitungsdiensten angeboten wird, oder alle exportierbaren Daten und digitalen Vermögenswerte unverzüglich und in keinem Fall zu einem späteren Zeitpunkt als nach Ablauf der verbindlichen Übergangsfrist von höchstens 30 Kalendertagen ab Ablauf der in Buchstabe d genannten maximalen Kündigungsfrist auf eine IKT-Infrastruktur in eigenen Räumlichkeiten zu übertragen (…).".

[233] Art. 25 Abs. 2 lit. a DA lautet hiernach: „clauses allowing the customer, upon request, to switch to a data processing service offered by a different provider of data processing services or to port all exportable data and digital assets to an on-premises ICT infrastructure, without undue delay and in any event not after the mandatory maximum transitional period of 30 calendar days, to be initiated after the maximum notice period referred to in point (d) (…)".

[234] Siara MMR 2024, 935 (936).

[235] Siara MMR 2024, 935 (937).

[236] Siara MMR 2024, 935 (937).

Art. 25 Abs. 2 lit. a Buchst. i und ii, lit. b sowie Art. 27 DA muss der Anbieter des Datenverarbeitungsdienstes in diesem Fall aber auf einen Wechsel hinwirken und insbesondere in regelmäßigen Abständen nachfragen, welche Ausstiegsstrategie der Kunde wählt.

Ist der verbindliche maximale Übergangszeitraum technisch nicht durchführbar, so teilt der Anbieter von Datenverarbeitungsdiensten dies dem Kunden innerhalb von 14 Arbeitstagen nach der Beantragung des Wechsels mit und begründet ordnungsgemäß die technische Undurchführbarkeit und gibt einen alternativen Übergangszeitraum an, der sieben Monate nicht überschreiten darf, wobei die Kontinuität des Dienstes während des alternativen Übergangszeitraums gegebenenfalls sichergestellt werden muss (Art. 25 Abs. 4 DA). **172**

(vi) Pflichten des Anbieters während der Frist. Der Anbieter von Datenverarbeitungsdiensten muss innerhalb der in Art. 25 Abs. 2 lit. a DA genannten Frist Unterstützung leisten, mit der gebotenen Sorgfalt handeln, um die Kontinuität des Geschäftsbetriebs aufrechtzuerhalten und die Erbringung der vertragsmäßigen Funktionen oder Dienste fortzusetzen, eindeutig über bekannte Risiken für die unterbrechungsfreie Erbringung der Funktionen oder Dienste unterrichten, die auf den ursprünglichen Anbieter der Datenverarbeitungsdienste zurückgehen und während des Wechsels für Sicherheit sorgen (Art. 25 Abs. 2 lit. a DA). **173**

(vii) Beendigung des Vertrages und Unterrichtung des Kunden. Der Vertrag muss eine Klausel vorsehen, in der festgelegt ist, dass der Vertrag als beendet gilt und der Kunde über die Kündigung unterrichtet wird, nachdem der Wechsel erfolgreich vollzogen ist (Art. 25 Abs. 2 lit. c Buchst. i DA). Die **sprachlich missglückte Formulierung** meint, dass mit dem Wechselverlangen ein Prozess in Gang gesetzt wird, an dessen Ende die automatische Beendigung des Vertrages steht.[237] Gleiches gilt, wenn der Kunde nach Ablauf der maximalen Kündigungsfrist nicht wechseln, sondern seine exportierbaren Daten und digitalen Vermögenswerte nach Beendigung des Dienstes löschen möchte (Art. 25 Abs. 2 lit. c Buchst. ii DA). In diesem Fall endet der Vertrag also nach der in Art. 25 Abs. 2 lit. d DA genannten Kündigungsfrist (bemerkenswerterweise unabhängig von der Löschung der Daten).[238] **174**

(viii) Weiterer Inhalt. Darüber hinaus muss der Vertrag folgendes enthalten: **175**

- eine erschöpfende **Auflistung aller Kategorien von Daten** und digitalen Vermögenswerten, die während des Wechselvollzugs übertragen werden können, einschließlich mindestens aller exportierbaren Daten (Art. 25 Abs. 2 lit. e DA),
- eine erschöpfende **Liste der Datenkategorien,** die für die interne Funktionsweise des Datenverarbeitungsdienstes des Anbieters spezifisch sind und von den exportierbaren Daten ausgenommen werden, wenn die Gefahr einer Verletzung von Geschäftsgeheimnissen des Anbieters besteht, vorausgesetzt solche Ausnahmen behindern oder verzögern den Wechsel nicht (Art. 25 Abs. 2 lit. f DA),
- eine **Mindestfrist für den Datenabruf** von mindestens 30 Kalendertagen, der nach dem Ablauf des zwischen dem Kunden und dem Anbieter der Datenverarbeitungsdienste gem. Art. 25 Abs. 2 lit. a und Abs. 4 DA vereinbarten Übergangszeitraums beginnt (Art. 25 Abs. 2 lit. g DA),
- eine Klausel, die garantiert, dass alle exportierbaren **Daten und digitalen Vermögenswerte,** die direkt vom Kunden generiert werden oder sich direkt auf den Kunden beziehen, nach Ablauf der Mindestfrist für den Datenabruf oder nach Ablauf eines vereinbarten alternativen, späteren Zeitraums vollständig **gelöscht werden,** sofern der Wechsel erfolgreich vollzogen ist (Art. 25 Abs. 2 lit. h DA),

---

[237] So zutreffend Siara MMR 2024, 935 (936).
[238] Siara MMR 2024, 935 (936).

- **Wechselentgelte,** die von Anbietern von Datenverarbeitungsdiensten gemäß Art. 29 erhoben werden können (Art. 25 Abs. 2 lit. i DA),
- eine Klausel, wonach der Kunde berechtigt ist, den **Übergangszeitraum** einmal um einen Zeitraum **zu verlängern,** den er für seine eigenen Zwecke für angemessener hält (Art. 25 Abs. 5 DA).

176 **(ix) Wechselentgelte.** Entgelte für den Wechsel[239] sollen **schrittweise abgeschafft** werden (Art. 29 DA). Wechselentgelte sind andere Entgelte als Standarddienstentgelte oder Sanktionen bei vorzeitiger Kündigung, die ein Anbieter von Datenverarbeitungsdiensten bei einem Kunden für die Handlungen erhebt, die im Data Act für den Wechsel zu den Systemen eines anderen Anbieters oder IKT-Infrastruktur in eigenen Räumlichkeiten vorgeschrieben sind, einschließlich Datenextraktionsentgelten (Art. 2 Nr. 36 DA).[240] Standarddienstentgelte, also alle diejenigen Vergütungen, die der Kunde für die Inanspruchnahme der Leistungen des Datenverarbeitungsdienstes unabhängig von einem Wechsel ohnehin zahlen muss, bleiben von dem Wechsel unberührt. Leistungen, für die der Kunde zahlen muss, werden durch das Wechselverlangen nicht kostenlos.[241] Sanktionen bei vorzeitiger Kündigung sind zwar durch die in dem Data Act enthaltenen Definition umfasst, können aber gegen § 309 Abs. 6 BGB verstoßen.[242]

177 Art. 29 der DA sieht vor, dass Anbieter von Datenverarbeitungsdiensten ab dem 12.1.2027 für den Vollzug des Anbieterwechsels keine Wechselentgelte mehr erheben dürfen (Art. 29 Abs. 1 DA) und vom 11.1.2024 bis zum 12.1.2027 nur ermäßigte Wechselentgelte (Art. 29 Abs. 2 DA). Die ermäßigten Wechselentgelte dürfen die Kosten, die dem Anbieter von Datenverarbeitungsdiensten im unmittelbaren Zusammenhang mit dem betreffenden Wechsel entstehen, nicht übersteigen (Art. 29 Abs. 2 DA). Abgesehen von der Vorgabe, dass die Kosten in unmittelbaren Zusammenhang stehen müssen, enthält diese Definition keine weitere Aussage darüber, welche Kosten angesetzt werden dürfen. Anteilige **Gemeinkosten** dürften nicht von dem unmittelbaren Zusammenhang erfasst sein.[243]

4. Datenpacht

178 Wie bereits oben dargelegt (→ Rn. 127), ist das **Pachtrecht** nicht ohne Weiteres auf die Datenüberlassung übertragbar, da Daten als unkörperliche Güter keine Früchte iSd § 99 BGB darstellen. Die Anwendung des Pachtrechts selbst hätte ohnehin einen nur begrenzten Nutzen, da die allgemeinen Regelungen zum Pachtvertrag – also solche außerhalb des Landpachtvertrages – vor allem das Inventar betreffen, was nicht auf Daten passt. Auch die Regelungen der §§ 584 ff. BGB sind nur analog anwendbar. Aus diesem Grund kann die Datenpacht allenfalls als atypischer Pachtvertrag eingeordnet werden.

179 Abgesehen davon besteht Raum für eine **Datenpacht.** Denn die Miete erfasst nach seinen Hauptleistungspflichten nur die reine Gebrauchsüberlassung von Daten. Die Datenpacht dagegen erlaubt neben dem Gebrauch, der sich diese nach den Grundsätzen der Miete richtet,[244] weitergehende Nutzungen an den Daten, die solchen entsprechen, die bei körperlichen Gütern als Früchte einzuordnen wären. Die Datenpacht erfasst somit Vertragsverhältnisse, die über eine reine Gebrauchsüberlassung hinausgehen. Das sind insbesondere die Erträge aus der Weiterüberlassung an Dritte[245] als auch die Neugewinnung von Daten.[246]

239 Zur Frage, ob die Norm Löschungsentgelte erfasst, s. Siara MMR 2024, 935 (938).
240 S. auch Erwgr. 88 DA sowie Siara MMR 2024, 935 (938); Sattler CR 2024, 215 (218 f.).
241 Siara MMR 2024, 935 (938).
242 Siara MMR 2024, 935 (938).
243 Pommerening/Nickel RDi 2024, 289 (294); s. aber Siara MMR 2024, 935 (938).
244 Grüneberg/Weidenkaff BGB § 581 Rn. 7; BeckOK BGB/Wagner § 581 Rn. 19.
245 Specht, Konsequenzen der Ökonomisierung informationeller Selbstbestimmung, 2012, Rn. 524 f.
246 Specht, Konsequenzen der Ökonomisierung informationeller Selbstbestimmung, 2012, Rn. 528 ff.

Die Bedeutung der Anwendung des Pachtrechts besteht darin, die mietrechtlichen Vorschriften über § 581 Abs. 2 BGB und die Vorschriften der §§ 584 ff. BGB zur Anwendung zu bringen, soweit sie ihrem Gegenstand nach auf Daten anwendbar sind. Erneut gilt auch hier, dass der **Parteivereinbarung** der zentrale Stellenwert zukommt und die (wenigen) Regelungen aus dem Pacht- und Mietrecht, die anwendbar sind, nicht unbesehen übernommen werden sollten. **180**

5. Datenleihe

Durch den Leihvertrag wird der Verleiher einer Sache verpflichtet, dem Entleiher den Gebrauch der Sache unentgeltlich zu gestatten (§ 598 BGB). Der Mietvertrag unterscheidet sich vom Leihvertrag im Wesentlichen darin, dass die Gebrauchsüberlassung beim Mietvertrag **entgeltlich** erfolgt.[247] Auch die Leihe richtet sich auf Sachen (§ 598 BGB), allerdings dürften die Vorschriften analog auf die unentgeltliche Überlassung von Daten **(Datenleihe)** anzuwenden sein. **181**

Nach § 601 Abs. 1 BGB hat der Entleiher die **gewöhnlichen Kosten** der Erhaltung der geliehenen Sache zu tragen. Angewendet auf Daten fallen darunter etwa die Kosten, um die Daten zu speichern und ggf. solche – je nach Vereinbarung – um diese auf neustem Stand zu halten. Die Verpflichtung des Verleihers zum Ersatz anderer Verwendungen nach § 601 Abs. 2 BGB knüpft mit dem Begriff der Verwendungen an Sachen an. Es liegt zwar nahe, die Vorschrift auf die Datenleihe analog anzuwenden, gleichsam müsste man dazu den Begriff „Verwendungen" durch den Begriff „Aufwendungen" ersetzen, was vor dem Hintergrund des bewusst verwendeten Begriffs der Verwendungen selbst dann problematisch erscheint, wenn man die Leihe entgegen ihrer Ausrichtung auf körperliche Gegenstände auf Daten anwenden will. Vor dem Hintergrund der Unsicherheiten empfiehlt sich insbesondere diesbezüglich eine ausdrückliche Abrede. **182**

Zum Mängelgewährleistungsrecht → Kap. 12 Rn. 121. **183**

Veränderungen oder Verschlechterungen der geliehenen Sache, die durch den vertragsmäßigen Gebrauch herbeigeführt werden, hat der Entleiher nicht zu vertreten (§ 602 BGB). Daten sind nicht abnutzbar, allerdings ist die Aktualität der in den Daten enthaltenen Informationen ein wertbildender Faktor (→ Rn. 136). Aktualisiert der Entleiher den Datenbestand nicht und traf ihn keine dahingehende Verpflichtung, wird man § 602 BGB analog anwenden können, wodurch der Entleiher Wertverluste des Datenbestandes nicht zu vertreten hat. **184**

Der Entleiher darf von den Daten keinen anderen als den **vertragsmäßigen Gebrauch** machen (§ 603 S. 1 BGB) und er ist ohne die Erlaubnis des Verleihers nicht berechtigt, den Gebrauch der Daten einem Dritten zu überlassen (§ 603 S. 2 BGB). Besonders beim Leihvertrag sind deshalb **schuldrechtliche Beschränkungen** von besonderer Bedeutung (ausführlich hierzu → Kap. 10 Rn. 449). **185**

Auch die **Rückforderungspflicht** nach § 604 BGB ist – bei Berücksichtigung der Besonderheiten bei Daten (→ Rn. 139) – entsprechend anwendbar. Das gleiche gilt für das Kündigungsrecht nach § 605 BGB. Da Daten nicht-rival sind, das heißt eine Mehrfachnutzung von Daten möglich ist,[248] dürfte der § 605 Nr. 1 BGB allerdings nur dann Anwendung finden, wenn der Datenleiher die Daten nicht bei sich verfügbar hat. § 604 Nr. 2 und 3 BGB sind demgegenüber anwendbar. **186**

6. Datenleasing

Der **Leasingvertrag** ist in der Regel durch ein **Dreipersonenverhältnis** gekennzeichnet, wonach der Leasinggeber die Sache von einem Lieferanten beschafft (allerdings kann der **187**

[247] BeckOGK/H. Schmidt BGB § 535 Rn. 45.
[248] Schur Die Lizenzierung von Daten S. 30.

Leasinggeber auch zugleich Lieferant sein).[249] Es ist also zwischen dem eigentlichen Leasingvertrag und dem Beschaffungsvertrag zwischen Leasinggeber (ggf. auch Leasingnehmer) und dem Lieferanten zu unterscheiden.[250] Der Beschaffungsvertrag kann insbesondere ein Datenkauf sein.

188 Der **Leasingvertrag** ist ebenfalls nach **Mietrecht** zu beurteilen.[251] Den Leasinggeber trifft die Pflicht, den Gebrauch der Sache für die Vertragszeit zu verschaffen, und er hat Vorfinanzierung zu leisten.[252] Nach Übergabe ist der Leasinggeber indes nur noch verpflichtet, den Leasingnehmer nicht mehr im Besitz zu stören und ihn bei Störung durch Dritte zu unterstützen.[253] Typisch für den Leasingvertrag ist insofern, dass die Instandhaltungspflicht nach § 535 Abs. 1 S. 1 BGB sowie das Mängelgewährleistungsrecht (§§ 536–536b BGB) ausgeschlossen sind und dies durch die (unbedingt und vorbehaltslose) Abtretung der Ansprüche und Rechte des Leasinggebers gegen den Lieferanten ersetzt wird.[254]

189 Diese Grundkonzeption ist auch auf Daten anwendbar, wenn etwa der Leasinggeber Daten bei einem Dateninhaber, der die Stellung des Lieferanten einnimmt, erwirbt und einem Drittem, dem Leasingnehmer, zur Verfügung stellt. Es können zudem die Formen des Leasings zwischen Operating-Leasing und Finanzierungsleasing unterschieden werden (→ Rn. 126). Auch bei dem Datenleasing kommt der Parteivereinbarung im Einzelfall die entscheidende Bedeutung zu.

7. Abgrenzung zu lizenzvertraglichen Konstellationen

190 Datenmiete und Datenpacht stehen Datenlizenzverträgen nahe. Es bestehen erhebliche Überschneidungen zwischen den Vertragsformen, auch wenn der **Datenlizenzvertrag** als Vertrag sui generis einzuordnen sein dürfte.[255] Auch ein Datenlizenzvertrag ist ein auf die zeitlich beschränkte Überlassung von Daten gerichteter Vertrag. Die **Gebrauchsgewährungspflicht** erfasst insbesondere das Zugangselement der Datenlizenz.[256] Besonders bei dem Datenlizenzvertrag ist aber die Besonderheit zu berücksichtigen, dass die Lizenz ein **positives Benutzungsrecht** gewährt.[257] Dies gilt nicht nur für sogenannte echte Lizenzen, wie beispielsweise Lizenzen an Patenten oder Marken, sondern auch für sogenannte unechte Lizenzen, die nicht auf einem Ausschließlichkeitsrecht beruhen.[258] Durch dieses positive Benutzungsrecht muss der Lizenzgeber alles Erforderliche dafür tun, dass der Lizenznehmer den immateriellen Gegenstand nutzen kann.[259] Für die Datenmiete und Datenpacht ist die **Rückgabepflicht** charakteristisch (→ Rn. 139). Diese muss bei der Datenlizenz nicht bestehen. Es kann sich bei der Datenlizenz um einen Vertrag handeln, der die Nutzung von Daten unter Vereinbarung inhaltlicher Beschränkungen regelt, aber keine Rückgewährpflicht vorsieht. Anders als bei Miete, Pacht, Leihe und Leasing kann bei der Datenlizenz das **Zugangselement** ferner noch stärker ausgeprägt sein.[260]

191 Die Grenzen sind jedoch fließend und eine genaue Abgrenzung ist oftmals nicht erforderlich, da es an einem gesetzlich vorgegebenen Vertragsrecht jeweils fehlt. Maßgeblich bleibt stets die Vereinbarung und die dort enthaltenen Regelung.

---

249 Grüneberg/Weidenkaff BGB Einf. v. § 535 Rn. 47.
250 Grüneberg/Weidenkaff BGB Einf. v. § 535 Rn. 47.
251 Grüneberg/Weidenkaff BGB Einf. v. § 535 Rn. 50.
252 Grüneberg/Weidenkaff BGB Einf. v. § 535 Rn. 50.
253 Grüneberg/Weidenkaff BGB Einf. v. § 535 Rn. 50.
254 Grüneberg/Weidenkaff BGB Einf. v. § 535 Rn. 53.
255 Schur Die Lizenzierung von Daten S. 178.
256 Schur Die Lizenzierung von Daten S. 178.
257 Zum Begriff Schur Die Lizenzierung von Daten S. 112.
258 Schur Die Lizenzierung von Daten S. 138.
259 Schur Die Lizenzierung von Daten S. 112.
260 Hierzu Schur Die Lizenzierung von Daten S. 112.

8. Sonstiges

Hinsichtlich des Kontrahierungszwang und Wirksamkeitshindernissen gelten dieselben Grundsätze wie zum Datenkauf (→ Rn. 30, 35). 192

III. Verbraucherverträge

Siehe zu diesem Themenkomplex auch
- Data Act Zugang zu Daten → Kap. 4
- Cloud Switching → Kap. 9 Rn. 60
- Leistungsstörungen → Kap. 12 Rn. 1 → Kap. 12 Rn. 108
- Data Act Vertragsbeziehungen → Kap. 13 Rn. 43

1. Einführung und Überblick

Der wirtschaftliche Wert, der aus der Nutzung persönlicher Daten gezogen werden kann, ist erheblich. Für Unternehmer stellen **personenbezogene Daten** eine wertvolle Ressource dar, um zB durch zielgerichtete Marketingmaßnahmen die Kundenbindung zu steigern und sich so von Wettbewerbern abzuheben. Gerade im Internet sieht man daher immer häufiger, dass Unternehmer ihre Leistungen „kostenlos" anbieten. Tatsächlich gewähren die Vertragspartner in den meisten Fällen für die „kostenfrei" in Anspruch genommene Leistung – ob bewusst oder unbewusst – eine **Gegenleistung** in Form der Bereitstellung ihrer personenbezogenen Daten. 193

Das Risiko, dass durch den unternehmerseitigen (nur scheinbaren) Verzicht auf eine wertmäßig bezifferbare Gegenleistung die im B2C-Bereich geltenden verbraucherschützenden Vorschriften umgangen werden, hat der deutsche Gesetzgeber frühzeitig erkannt. Anknüpfungspunkt war § 312 Abs. 1 BGB in der ab dem 13.6.2014 bis zum 1.1.2022 geltenden Fassung, demzufolge die verbraucherschützenden Regelungen der §§ 312–312h BGB ausschließlich auf Verbraucherverträge Anwendung fanden, in denen der Unternehmer eine „entgeltliche" Leistung erbrachte. Im Rahmen des damaligen Gesetzgebungsverfahrens zur Umsetzung der Verbraucherrechterichtlinie[261] wurde eine ausdrückliche Erweiterung des § 312 Abs. 1 BGB aF auf weitere Verbraucherverträge, insbesondere auch auf unentgeltliche Verbraucherverträge, diskutiert.[262] Hiervon wurde letztendlich ua deswegen abgesehen, weil nach Ansicht des deutschen Gesetzgebers das Merkmal der **„entgeltlichen Leistung"** nicht eine Gegenleistung in Form der Zahlung eines Geldbetrags erforderte; ausreichend war nach der Gesetzesbegründung lediglich irgendeine Leistung des Verbrauchers, auch in Form der Mitteilung seiner personenbezogenen Daten und der Einwilligung in deren Speicherung, Nutzung oder Weitergabe.[263] Dieser Meinung schloss sich die überwiegende Ansicht in der Literatur an[264], ohne freilich zu bedenken, dass die Konsequenzen nicht durchdacht waren – ein Regime für den Widerruf der Einwilligung in die Datenverarbeitung sah das Gesetz nämlich nicht vor. In der Praxis blieb das Thema 194

[261] RL 2011/83/EU des Europäischen Parlaments und des Rates vom 25.10.2011 über die Rechte der Verbraucher, zur Abänderung der Richtlinie 93/13/EWG des Rates und der Richtlinie 1999/44/EG des Europäischen Parlaments und des Rates sowie zur Aufhebung der Richtlinie 85/577/EWG des Rates und der Richtlinie 97/7/EG des Europäischen Parlaments und des Rates.
[262] BT-Drs. 17/13951, 71.
[263] BT-Drs. 17/13951, 71.
[264] Vgl. MüKoBGB/Wendehorst § 312 Rn. 38; Maume NJW 2016, 1041 ff.; Staudinger/Thüsing BGB § 312 Rn. 3; Buchmann K&R 2024, 369.

irrelevant, in der einschlägigen Rechtsprechung wurde die Frage konsequenterweise nie behandelt[265]. Auf Unionsebene hat das Konzept des „Bezahlens mit Daten" bei Verbraucherverträgen erst mit der Verbraucherschutzmodernisierungs-RL[266] und der Digitale-Inhalte-Richtlinie[267] an Bedeutung gewonnen, welche Anfang 2022 im deutschen Recht umgesetzt wurden.

a) Europarechtliche Vorgaben

195 Die Bereitstellung personenbezogener Daten als Gegenleistung wurde erstmals ausdrücklich in der **Digitale-Inhalte-Richtlinie**[268] und der **Verbraucherschutzmodernisierungs-RL**[269] geregelt, die der deutsche Gesetzgeber zum 1.1.2022 im nationalen Recht umgesetzt hat.

196 **aa) Verbraucherschutzmodernisierungs-RL.** Ein Novum stellt das Konzept des **„Bezahlens mit Daten"** auch auf Unionsebene nicht dar. Erwgr. 31 der Verbraucherschutzmodernisierungs-RL, mit der ua der Anwendungsbereich der Verbraucherrechterichtlinie geändert wurde, stellt klar, dass die Verbraucherrechterichtlinie bereits zuvor auf Verträge über die Bereitstellung digitaler Inhalte anzuwenden war, bei denen der Verbraucher eine Geldzahlung leisten oder personenbezogene Daten zur Verfügung stellen musste.[270] Nicht erfasst waren demgegenüber Verträge über digitale Dienstleistungen, nach denen der Verbraucher dem Unternehmer personenbezogene Daten ohne Zahlung eines Preises zur Verfügung stellte.[271] Auf letztere waren die Verbraucherrechterichtlinie und die dort in Verbindung mit Verträgen außerhalb von Geschäftsräumen und Fernabsatzverträgen vorgesehenen verbraucherschützenden Regelungen nicht anwendbar.

197 Mit der Einführung des Art. 3 Abs. 1a wurde der Anwendungsbereich der **Verbraucherrechterichtlinie** auf Verträge über **digitale Inhalte** erweitert, die ohne physischen Datenträger geliefert oder bereitgestellt werden, sowie auf **digitale Dienstleistungen,** bei denen der Verbraucher dem Unternehmer personenbezogene Daten zur Verfügung stellt oder deren Bereitstellung zusagt. Mit Blick auf den Begriff der „personenbezogener Daten" verweist Art. 2 Abs. 1 Nr. 4a der Verbraucherrechterichtlinie auf Art. 4 Nr. 1 DS-GVO[272]. Demnach umfassen personenbezogene Daten sämtliche Informationen, die sich auf eine **identifizierte oder identifizierbare natürliche Person** beziehen; eine Person gilt dabei als identifizierbar, wenn sie direkt oder indirekt, insbesondere durch eine Kennung wie Name, Kennnummer, Standortdaten, Online-Kennung oder durch ein oder mehrere Merkmale, die ihre physische, physiologische, genetische, psychische, wirtschaftliche, kulturelle oder soziale Identität beschreiben, identifiziert werden kann.

198 Eine **Ausnahme** sieht Art. 3 Abs. 1a für Verträge vor, bei denen die vom Verbraucher bereitgestellten personenbezogenen Daten durch den Unternehmer ausschließlich zur Bereitstellung der digitalen Inhalte oder digitalen Dienstleistungen oder zur Erfüllung von vom Unternehmer einzuhaltenden rechtlichen Anforderungen und zu keinen anderen Zwecken verarbeitet werden.

---

[265] Brönneke/Föhlisch/Tonner Neues SchuldR/Tamm/Tonner § 2 Rn. 36.

[266] RL (EU) 2019/2161 v. 27.11.2019 zur Änderung der RL 93/13/EWG des Rates und der RL 98/6/EG, 2005/29/EG und 2011/83/EU des Europäischen Parlaments und des Rates zur besseren Durchsetzung und Modernisierung der Verbraucherschutzvorschriften der Union.

[267] RL (EU) 2019/770 v. 20.5.2019 über bestimmte vertragsrechtliche Aspekte der Bereitstellung digitaler Inhalte und digitaler Dienstleistungen.

[268] RL (EU) 2019/770 v. 20.5.2019 über bestimmte vertragsrechtliche Aspekte der Bereitstellung digitaler Inhalte und digitaler Dienstleistungen.

[269] RL (EU) 2019/2161 v. 27.11.2019 zur Änderung der RL 93/13/EWG des Rates und der RL 98/6/EG, 2005/29/EG und 2011/83/EU des Europäischen Parlaments und des Rates zur besseren Durchsetzung und Modernisierung der Verbraucherschutzvorschriften der Union.

[270] Erwgr. 31 der Verbraucherschutzmodernisierungs-RL.

[271] Erwgr. 31 der Verbraucherschutzmodernisierungs-RL.

[272] VO (EU) 2016/679 v. 27.4.2016 zum Schutz natürlicher Personen bei der Verarbeitung personenbezogener Daten und zum freien Datenverkehr.

Die Frage, ob der Verbraucher als Gegenleistung sich zur Bereitstellung von personenbezogenen Daten verpflichtet hat, hat auch Auswirkungen auf das ihm nach Art. 9 der Verbraucherrechterichtlinie zustehende **Widerrufsrecht.**[273] **199**

Art. 16 lit. a der Verbraucherrechterichtlinie bestimmt, dass bei Dienstleistungsverträgen das **Widerrufsrecht nicht besteht,** wenn die Dienstleistung vollständig erbracht worden ist. Bei Verträgen, die einen Verbraucher zur Zahlung eines Preises verpflichten, gilt dies zusätzlich nur, wenn der Unternehmer die Erbringung erst mit der vorherigen ausdrücklichen Zustimmung und Bestätigung des Verbrauchers, dass er zur Kenntnis genommen hat, dass er sein Widerrufsrecht mit vollständiger Vertragserfüllung durch den Unternehmer verliert, begonnen hatte. **200**

Bei Verträgen über die Bereitstellung digitaler Inhalte, die **nicht auf einem körperlichen Datenträger** geliefert werden, erlischt gem. Art. 16 lit. m der Verbraucherrechterichtlinie das Widerrufsrecht, wenn der Unternehmer mit der Vertragserfüllung begonnen hat. Sofern der Vertrag den Verbraucher zur Zahlung verpflichtet, muss der Verbraucher zusätzlich dem Beginn der Vertragserfüllung während der Widerrufsfrist ausdrücklich zugestimmt und seine Kenntnis von dem Verlust des Widerrufsrechts bestätigt haben. **201**

bb) Digitale-Inhalte-Richtlinie. Gegenstand der **Digitale-Inhalte-Richtlinie** sind gem. Art. 3 Abs. 1 UAbs. 1 alle Verträge, bei denen ein Unternehmer einem Verbraucher digitale Inhalte oder digitale Dienstleistungen zur Verfügung stellt oder deren Bereitstellung zusagt, und der Verbraucher dafür entweder einen Preis zahlt oder die Zahlung eines Preises zusagt. Zudem gilt die Richtlinie laut Abs. 1 UAbs. 2 auch dann, wenn der Verbraucher zwar keinen Preis entrichtet, dem Unternehmer aber personenbezogene Daten überlässt oder deren Bereitstellung verspricht. **202**

Mit der Digitale-Inhalte-Richtlinie hat der Unionsgesetzgeber ein spezielles, **vertragstypenunabhängiges** B2C-Regelwerk mit eigenständigen Regelungen zum Leistungsstörungsrecht geschaffen.[274] **203**

Ausgenommen sind – wie bei Art. 3 Abs. 1a der Verbraucherrechterichtlinie – auch hier Verträge, bei denen die vom Verbraucher zur Verfügung gestellten personenbezogenen Daten durch den Unternehmer ausschließlich zur Bereitstellung der digitalen Inhalte oder Dienstleistungen oder zur Erfüllung gesetzlicher Pflichten des Unternehmers genutzt werden und keine darüberhinausgehende Verarbeitung der Daten stattfindet.[275] **204**

In Art. 16 der Digitale-Inhalte-Richtlinie werden die Pflichten des Unternehmers im Falle einer **Vertragsbeendigung** geregelt. Hier wird in Abs. 2 festgehalten, dass der Unternehmer in Bezug auf personenbezogene Daten des Verbrauchers die Vorgaben der **DS-GVO** einhalten muss. **205**

b) Umsetzung im deutschen Recht

Auf nationaler Ebene finden sich die Vorgaben aus der Verbraucherschutzmodernisierungs-RL und der Digitale-Inhalte-Richtlinie, sofern sie das Konzept des „Bezahlens mit Daten" betreffen, in **§ 312 Abs. 1a BGB und § 327 Abs. 3 BGB** wieder. Die Überführung in die vorgenannten nationalen Vorschriften ist dabei mit dem am 1.1.2022 in Kraft getretenen Gesetz zur Umsetzung der Richtlinie über bestimmte vertragsrechtliche Aspekte der Bereitstellung digitaler Inhalte und digitaler Dienstleistungen[276] erfolgt. **206**

---

273 Hingegen für eine Unabhängigkeit der Rückabwicklung der Zahlung mit Daten vom Widerrufsrecht: Moss/Reyl NJW 2024, 2071 (2072).

274 Gansmeier/Kochendörfer ZfPW 2022, 1; Spindler MMR 2021, 451; Wendehorst NJW 2021, 2913; Gelbrich/Timmermann NJOZ 2021, 1249.

275 Art. 3 Abs. 1 Digitale-Inhalte-Richtlinie.

276 Gesetz zur Umsetzung der Richtlinie über bestimmte vertragsrechtliche Aspekte der Bereitstellung digitaler Inhalte und digitaler Dienstleistungen vom 25.6.2021, BGBl. I 2123 ff.

207 **aa) Umsetzung der Verbraucherschutzmodernisierungs-RL.** Obgleich die Verbraucherschutzmodernisierungs-RL überwiegend durch das Gesetz zur Änderung des BGB und des EGBGB in Umsetzung der EU-Richtlinie zur besseren Durchsetzung und Modernisierung der Verbraucherschutzvorschriften der Union[277] in nationales Recht umgesetzt wurde, wurden die den Anwendungsbereich der Verbraucherrechterichtlinie betreffenden Aspekte des **„Bezahlens mit Daten"** bereits im Rahmen des Gesetzes zur Umsetzung der Richtlinie über bestimmte vertragsrechtliche Aspekte der Bereitstellung digitaler Inhalte und digitaler Dienstleistungen ins deutsche Recht implementiert.

208 Gemäß dem in diesem Zuge eingeführten § 312 Abs. 1a BGB finden die verbraucherschützenden Vorschriften in den §§ 312–312h BGB nicht nur Anwendung auf Verbraucherverträge, bei denen der Verbraucher einen **Preis bezahlt** (§ 312 Abs. 1 BGB), sondern auch auf Verträge, bei denen der Verbraucher dem Unternehmer **personenbezogene Daten überlässt** oder sich zu deren **Bereitstellung verpflichtet.**

209 Während jedoch die Verbraucherrechterichtlinie das „Bezahlen mit Daten" nur in Verbindung mit digitalen Inhalten, die ohne physischen Datenträger geliefert oder bereitgestellt werden, sowie digitalen Dienstleistungen regelt, ist der Anwendungsbereich von § 312 Abs. 1a BGB nicht auf derartige Verträge beschränkt und erfasst **auch Verträge über „analoge" Leistungen.**[278]

210 **§ 312 Abs. 1a S. 2 BGB** setzt die in Art. 3 Abs. 1a der Verbraucherschutzmodernisierungs-RL vorgesehene **Ausnahme** um,[279] wonach der Anwendungsbereich nicht eröffnet ist, wenn der Unternehmer die bereitgestellten personenbezogenen Daten ausschließlich zur Erfüllung seiner vertraglichen Verpflichtungen oder zur Einhaltung rechtlicher Vorgaben verarbeitet, und diese Daten nicht für andere Zwecke verwendet.

211 **Art. 16 lit. a und lit. m** der Verbraucherrechterichtlinie wurden hingegen mit dem Gesetz zur Änderung des BGB und des EGBGB in Umsetzung der EU-Richtlinie zur besseren Durchsetzung und Modernisierung der Verbraucherschutzvorschriften der Union umgesetzt und finden sich heute in **§ 356 Abs. 4 und Abs. 5 Nr. 1 BGB.**[280]

212 **bb) Umsetzung der Digitale-Inhalte-Richtlinie.** Mit den **§§ 327 ff. BGB** wurden die in der Digitale-Inhalte-Richtlinie enthaltenen Regelungen über digitale Inhalte und digitale Dienstleistungen in das deutsche Recht überführt.

213 Die in den §§ 327–327s BGB vorgesehenen Vorschriften sind gem. § 327 Abs. 1 BGB auf Verbraucherverträge anwendbar, die die Bereitstellung digitaler Inhalte oder digitaler Dienstleistungen zum Gegenstand haben. Der deutsche Gesetzgeber hat sich zur besseren Lesbarkeit der Vorschriften dafür entschieden, die beiden Begriffe unter dem Oberbegriff **„digitale Produkte"** zusammenzufassen.[281]

214 Gemäß § 327 Abs. 1 BGB gelten die §§ 327 ff. BGB, wenn der betreffende Vertrag den Verbraucher zur Zahlung eines Preises, einschließlich der digitalen Darstellung eines Werts, verpflichtet. Entsprechend Art. 3 Abs. 1 der Digitale-Inhalte-Richtlinie erweitert § 327 Abs. 3 BGB deren **Anwendungsbereich** jedoch auch auf Verträge, bei denen der Verbraucher dem Unternehmer personenbezogene Daten bereitstellt oder sich verpflichtet, diese bereitzustellen. In Übereinstimmung mit Art. 3 Abs. 1 der Digitale-Inhalte-Richtlinie sieht § 327 Abs. 3 aE BGB eine Ausnahme vor und verweist insoweit auf § 312 Abs. 1a S. 2 BGB.

---

[277] Gesetz zur Änderung des Bürgerlichen Gesetzbuchs und des Einführungsgesetzes zum Bürgerlichen Gesetzbuche in Umsetzung der EU-Richtlinie zur besseren Durchsetzung und Modernisierung der Verbraucherschutzvorschriften der Union und zur Aufhebung der Verordnung zur Übertragung der Zuständigkeit für die Durchführung der VO (EG) Nr. 2006/2004 auf das Bundesministerium der Justiz und für Verbraucherschutz v. 10.8.2021, BGBl. I 3483 ff.

[278] BT-Drs. 19/27653, 34 f.

[279] BT-Drs. 19/27653, 36.

[280] BT-Drs. 19/27655, 29.

[281] BT-Drs. 19/27653, 37; zu den Auswirkungen Buchmann/Panfili K&R 2022, 73 (75 f.).

Ebenfalls neu eingeführt wurde § 327q BGB, der die rechtlichen Konsequenzen regelt, wenn ein Verbraucher seine **Rechte als Betroffener** im Datenschutz geltend macht oder eine **datenschutzrechtliche Erklärung** abgibt. 215

2. Verbraucherverträge und die Bereitstellung personenbezogener Daten als Gegenleistung

Die Vorschriften der §§ 312 ff. BGB und der §§ 327 ff. BGB verfolgen unterschiedliche – wenn auch stets verbraucherschützende – **Ziele.** Während der Schwerpunkt der **§§ 312 ff. BGB** überwiegend bei den **vor- und nachvertraglichen Informationspflichten** des Unternehmers im B2C-Bereich liegt, gerade in Verbindung mit den besonderen Vertriebsformen der außerhalb von Geschäftsräumen und der im Fernabsatz geschlossenen Verträge, stellen die **§§ 327 ff. BGB** bestimmte **inhaltliche Anforderungen** an zwischen Unternehmern und Verbrauchern geschlossene Verträge über digitale Produkte auf, und zwar unabhängig davon, ob Letztere „offline" oder etwa im Fernabsatz geschlossen wurden. 216

Gemeinsam ist allerdings diesen Vorschriften, dass der darin gewährte Verbraucherschutz über § 312 Abs. 1a BGB und § 327 Abs. 3 BGB auch Verbrauchern zusteht, die im Rahmen eines Verbrauchervertrages als **Gegenleistung personenbezogene Daten** bereitstellen. 217

a) Verbrauchervertrag

Sowohl § 312 Abs. 1a BGB als auch § 327 Abs. 3. BGB gelten nur bei Vorliegen eines **Verbrauchervertrages.** Nach der gesetzlichen **Legaldefinition in § 310 Abs. 3 BGB** muss demnach ein Vertrag zwischen einem Unternehmer und einem Verbraucher iSd §§ 13, 14 BGB vorliegen. 218

Aus § 312 Abs. 1a BGB und § 327 Abs. 3 BGB folgt, dass im Rahmen dieses Verbrauchervertrages der **Unternehmer** das **Produkt oder die Dienstleistung bereitstellen** muss, während der Verbraucher im Gegenzug seine personenbezogenen Daten bereitstellt oder sich hierzu verpflichtet. Verträge mit umgekehrter Leistungserbringungen sind nicht erfasst, was nunmehr ausdrücklich aus Art. 3 Abs. 1a der Verbraucherrechterichtlinie sowie Art. 3 UAbs. 2 der Digitale-Inhalte-Richtlinie folgt.[282] 219

b) Bereitstellung von personenbezogenen Daten

§ 312 Abs. 1a BGB und § 327 Abs. 3 BGB setzen weiter voraus, dass der **Verbraucher personenbezogene Daten bereitstellt** oder sich hierzu verpflichtet hat. 220

aa) Der Begriff der personenbezogenen Daten. Weder § 312 Abs. 1a BGB noch § 327 Abs. 3 BGB enthalten eine **Definition** für den Begriff der **personenbezogenen Daten.** Der Begriff entspricht dem in Art. 4 Ziff. 1 DS-GVO;[283] eine eigene Legaldefinition war aus Sicht des deutschen Gesetzgebers unter dem Gesichtspunkt der Einheit der Rechtsordnung nicht erforderlich.[284] 221

Gemäß Art. 4 Ziff. 1 DS-GVO umfasst der Begriff der personenbezogenen Daten alle Informationen, die sich auf eine **identifizierte oder identifizierbare natürliche Person** beziehen. Als „identifizierbar" gilt demnach eine natürliche Person, die direkt oder indirekt, insbesondere mittels Zuordnung zu einer Kennung wie einem Namen, zu einer Kennnummer, zu Standortdaten, zu einer Online-Kennung oder zu einem oder mehreren besonderen Merkmalen, die Ausdruck der physischen, physiologischen, genetischen, psy- 222

[282] Vgl. hierzu BeckOK BGB/Martens § 312 Rn. 11.
[283] MüKoBGB/Wendehorst § 312 Rn. 49; HK-BGB/Schulte-Nölke § 312 Rn. 6; Erman/Koch BGB § 312 Rn. 25.
[284] BT-Drs. 19/27653, 36.

chischen, wirtschaftlichen, kulturellen oder sozialen Identität dieser natürlichen Person sind, identifiziert werden kann.[285]

223 **bb) Bereitstellung personenbezogener Daten oder Verpflichtung zur Bereitstellung.** Weitere Voraussetzung von § 312 Abs. 1a BGB und § 327 Abs. 3 BGB ist, dass der Verbraucher dem Unternehmer personenbezogene Daten **bereitstellt** oder sich hierzu verpflichtet.

224 Der **Begriff** der „Bereitstellung" ist weit zu verstehen und umfasst alle Verarbeitungen von personenbezogenen Daten des Verbrauchers durch den Unternehmer.[286] Auf die Art und Weise der Datenverarbeitung, insbesondere also auf die Frage, ob die Daten von dem Verbraucher **aktiv übermittelt** werden oder diese die Erhebung seiner personenbezogenen Daten vielmehr **passiv duldet** (etwa über das Setzen von Cookies oder die Aufzeichnung von Metadaten), kommt es nicht an.[287]

225 Auch ist nicht entscheidend, ob die Bereitstellung bereits **zum Zeitpunkt des Vertragsschlusses** oder **während der Vertragslaufzeit** geschieht.[288] Dies verdeutlicht der Wortlaut von § 312 Abs. 1a BGB, nach dessen zweiter Alternative es genügt, dass sich der Verbraucher zur Bereitstellung (lediglich) verpflichtet hat. Ob eine derartige Verpflichtung schuldrechtlich wirksam begründet werden kann, ist dabei streitig.[289] Nach der hier vertretenen Ansicht ist dies wegen Art. 7 Abs. 1 und Abs. 4 DS-GVO und dem dort verankerten Grundsatz der Freiwilligkeit der Einwilligung zu verneinen.[290] Denn mit der in § 312 Abs. 1a BGB vorgesehenen zweiten Alternative korrespondiert grundsätzlich eine entsprechende Einwilligung des Verbrauchers in die Datenverarbeitung nach Art. 6 Abs. 1 lit. a DS-GVO.[291] Eine vertragliche Verpflichtung zur Bereitstellung personenbezogener Daten stünde im Widerspruch zur freien Widerrufbarkeit der Einwilligung nach Art. 7 Abs. 3 DS-GVO.[292] Die DS-GVO geht normenhierarchisch dem BGB dabei vor.[293] Nach anderer Ansicht schließt hingegen die datenschutzrechtliche Unwirksamkeit der Verpflichtung zur Bereitstellung von Daten nicht zwangsläufig deren schuldrechtliche Wirksamkeit aus.[294] Hierfür spreche der Schutzzweck der §§ 312 ff. BGB, da andernfalls die datenschutzrechtliche Unwirksamkeit der Verpflichtung zur Folge hätte, dass der Verbraucher keinen Schutz durch die §§ 312 ff. genießen würde.[295]

c) Ausnahmen

226 Aus § 327 Abs. 3 iVm § 312 Abs. 1a S. 2 BGB folgt, dass die §§ 312 ff. und 327 ff. BGB nicht auf Verträge anwendbar sind, bei denen der Unternehmer die vom Verbraucher bereitgestellten Daten **ausschließlich verarbeitet, um seine Leistungspflicht oder an ihn gestellte rechtliche Anforderungen zu erfüllen** und sie zu keinem anderen Zweck verarbeitet.

227 Die Ausnahmeregelung gilt für Datenverarbeitungen auf der Grundlage von Art. 6 Abs. 1 lit. b, c und e DS-GVO, sodass die Vorschrift im Lichte der entsprechenden **datenschutzrechtlichen Grundsätze auszulegen** ist.[296]

---

285 Ausführlich Taeger/Gabel/Arning/Rothkegel DS-GVO Art. 4 Rn. 8 ff.
286 BT-Drs. 19/27653, 36, 41; Erman/Koch BGB § 312 Rn. 27; MüKoBGB/Wendehorst § 312 Rn. 52.
287 BT-Drs. 19/27653, 36; BeckOGK/Busch BGB § 312 Rn. 15; BeckOK BGB/Martens § 312 Rn. 10c; ausführlich hierzu Brönneke/Föhlisch/Tonner Neues SchuldR/Kroschwald/Polenz § 6 Rn. 50 ff.
288 BT-Drs. 19/27653, 36, 41.
289 BeckOGK/Busch BGB § 312 Rn. 16.
290 BeckOK BGB/Martens § 312 Rn. 10 f.
291 Buchmann/Panfili K&R 2022, 232 (236).
292 BeckOK BGB/Martens § 312 Rn. 10 f.; eine Verpflichtung zu einer unwiderruflichen Bereitstellung bzw. Gestattung bejahend Hacker ZfPW 2019, 148 (169 f.).
293 Erwgr. 37 Digitale-Inhalte-Richtlinie.
294 BeckOGK/Busch BGB § 312 Rn. 16.
295 BeckOGK/Busch BGB § 312 Rn. 16.
296 Brönneke/Föhlisch/Tonner Neues SchuldR/Kroschwald/Polenz § 6 Rn. 54 ff.; BT-Drs. 19/27653, 36 f.

Für die erste Variante aus § 312 Abs. 1a S. 2 BGB (Verarbeitung zur Erfüllung der Leistungspflichten) ist damit unter Heranziehung der für Art. 6 Abs. 1 lit. b DS-GVO geltenden Grundsätze zu prüfen, ob die konkrete **Verarbeitung für die Erfüllung des Vertrages erforderlich** ist. Das Kriterium der Erforderlichkeit ist eng auszulegen[297] und – um eine Umgehung von Einwilligungserfordernissen zu verhindern – objektiv zu bestimmen.[298] Die Gesetzesbegründung verweist dazu auf die **Leitlinien des Europäischen Datenschutzausschusses** zu Art. 6 Abs. 1 lit. b DS-GVO[299], welche klarstellen, dass die bloße Bezugnahme oder Erwähnung der Verarbeitung von Daten in einem Vertrag gerade nicht ausreicht, um eine Verarbeitung gem. Art. 6 Abs. 1 lit. b DS-GVO zu rechtfertigen.[300] Erfasst sind von der ersten Ausnahme personenbezogene Daten wie der Name, die Postanschrift oder E-Mail-Adresse des Kunden, die der Unternehmer benötigt, um diesem die vereinbarte Leistung zukommen zu lassen.[301] Für das Vorliegen der Voraussetzungen der Ausnahmen nach § 312 Abs. 1a S. 2 BGB ist – das stellt das Gesetz durch die negative Formulierung klar – der Unternehmer beweispflichtig. 228

Unter die zweite Ausnahme in § 312 Abs. 1a S. 2 BGB, die sich auf die **Erfüllung rechtlicher Vorgaben** bezieht, fallen etwa Datenverarbeitungen, die im Steuer- oder Ordnungsrecht erforderlich sind.[302] Die europäischen Richtlinien nennen als weitere Beispiele gesetzlich vorgeschriebene Registrierungen für Sicherheits- und Identifizierungszwecke.[303] 229

Kein „Bezahlen mit Daten" liegt folglich vor, wenn die **Datenverarbeitung** dem Unternehmer **keinen wirtschaftlichen Vorteil** verschafft.[304] Die Ausnahmeregelung in § 312 Abs. 1a S. 2 BGB greift dabei nur, wenn der Unternehmer die nach Art. 6 Abs. 1 lit. b, c oder e DS-GVO verarbeiteten Daten nicht für andere Zwecke nutzt.[305] Der Gesetzgeber verweist insoweit auf den in Art. 5 Abs. 1 lit. b DS-GVO verankerten Grundsatz der Zweckbindung, wonach personenbezogene Daten nur für festgelegte, eindeutige und legitime Zwecke erhoben werden und nicht für anderweitige Zwecke weiterverarbeitet werden dürfen. Eine (ggf. erst spätere) Verarbeitung zu einem anderen Zweck als die in Art. 6 Abs. 1 lit. b, c oder e DS-GVO genannten Zwecke hat damit nicht nur datenschutzrechtliche Konsequenzen (vgl. Art. 13 Abs. 4 DS-GVO), sondern auch zur Folge, dass die Regelungen der §§ 312 ff. bzw. §§ 327 ff. BGB Anwendung finden. 230

Die Ausnahme des § 312 Abs. 1a S. 2 BGB greift auch dann nicht ein, wenn der Unternehmer neben der eigentlichen Hauptleistung in **Vorbereitung eines weiteren Vertrags** personenbezogene Daten erhebt, die für die Erfüllung von Pflichten aus diesem zusätzlichen Vertrag notwendig sind. Nur eine für die Hauptleistung erforderliche und auf sie begrenzte Datenerhebung ist nach § 312 Abs. 1a BGB privilegiert.[306] 231

d) Vertragsschluss

§ 312 Abs. 1a und § 327 Abs. 3 BGB setzen einen Verbrauchervertrag und somit einen **wirksamen Vertragsschluss** voraus. 232

In der Praxis begegnet man immer häufiger sog. **„Pur Abo Modellen"**, bei denen der Unternehmer die Einwilligung der Betroffenen in die Verarbeitung ihrer personenbezoge- 233

---

297 BT-Drs. 19/27653, 40.

298 Kühling/Buchner/Buchner/Petri DS-GVO Art. 6 Rn. 38; BeckOGK/Busch BGB § 312 Rn. 19.

299 BT-Drs. 19/27653, 37.

300 Rn. 27 der Leitlinien 2/2019 des Europäischen Datenschutzausschusses zur Verarbeitung personenbezogener Daten gem. Art. 6 Abs. 1 lit. b DS-GVO im Zusammenhang mit der Bereitstellung von Online-Diensten für betroffene Personen, abrufbar unter edpb.europa.eu/sites/default/files/files/file1/edpb_guidelines-art_6-1-b-adopted_after_public_consultation_de_0.pdf.

301 BT-Drs. 19/27653, 36.

302 BT-Drs. 19/27653, 37; MüKoBGB/Wendehorst § 312 Rn., 57.

303 Erwgr. 25 der Digitale-Inhalte-Richtlinie; Erwgr. 34 der Verbraucherschutzmodernisierungs-RL.

304 Brönneke/Föhlisch/Tonner Neues SchuldR/Kroschwald/Polenz § 6 Rn. 54.

305 Vgl. MüKoBGB/Wendehorst § 312 Rn. 54 f.

306 OLG Köln 8.12.2023 – 6 U 43/23, WRP 2024, 229 (231); BeckOK BGB/Martens § 312 Rn. 10h.1.

nen Daten für Analyse- und Marketingzwecke verlangt und im Gegenzug diesen die Nutzung des betreffenden digitalen Dienstes „kostenfrei“ (im Sinne einer fehlenden Geldzahlung) ermöglicht; Nutzern, die in eine derartige Verarbeitung nicht einwilligen möchten, wird als Alternative ein (Geld)-zahlungspflichtiges Abonnement angeboten.[307] Derartige Vertriebsmodelle begegnen in datenschutzrechtlicher Hinsicht Bedenken, insbesondere mit Blick auf die Wirksamkeit der in diesem Zuge vom Verbraucher abgegebenen datenschutzrechtlichen Einwilligung. Anknüpfungspunkt für die Bedenken ist das in Art. 7 Abs. 4 DS-GVO geregelte **Kopplungsverbot,** demzufolge es für die Beurteilung, ob eine Einwilligung freiwillig erklärt wurde, maßgeblich darauf ankommt, ob unter anderem die Erfüllung eines Vertrags, einschließlich der Erbringung einer Dienstleistung, von der Einwilligung zu einer Verarbeitung von personenbezogenen Daten abhängig ist, die für die Erfüllung des Vertrags nicht erforderlich sind.[308]

234 Sowohl die Konferenz der unabhängigen **Datenschutzaufsichtsbehörden** des Bundes und der Länder (DSK) als auch der **Europäische Datenschutzausschuss** haben sich mit diesen Modellen näher auseinandergesetzt und zu der vorgenannten Problematik **Stellung genommen.**

235 Nach Ansicht der DSK kann das Tracking des Nutzerverhaltens des Betroffenen auf eine Einwilligung nach Art. 6 Abs. 1 lit. a DS-GVO gestützt werden. Voraussetzung ist, dass dem Nutzer alternativ ein trackingfreies Modell angeboten wird.[309] Unschädlich ist, wenn dieses trackingfreie Modell kostenpflichtig ist, solange die Leistung, die der Nutzer im Rahmen des Bezahlmodells erhält, eine **gleichwertige Alternative** zu der Leistung darstellt, die er durch eine Einwilligung erlangen würde. Dabei kommt es entscheidend auf die Frage an, ob dem Nutzer gegen ein **marktübliches Entgelt** ein gleichwertiger Zugang zur gleichen Leistung ermöglicht wird.[310] Auch der Europäische Datenschutzausschuss gelangt in einer ausführlichen Stellungnahme aus dem Jahr 2024, die in Verbindung mit der Beurteilung von großen Online-Plattformen ergangen ist, zu einem entsprechenden Ergebnis.[311]

236 Praktische Unwägbarkeiten ergeben sich aber auch jenseits der oben beschriebenen „Pur Abo Modelle“ und der daran anknüpfenden datenschutzrechtlichen Fragestellungen. Denn das von dem Gesetzgeber vertretene, weite Verständnis des Begriffs der „Bereitstellung“ personenbezogener Daten (→ Rn. 223 ff.) führt zu einem vergleichsweise weiten Anwendungsbereich der §§ 312 ff. und 327 ff. BGB, mit der Folge, dass **jeder Website-Besuch** bzw. jede „Cookie-Einwilligung“ einen **Vertragsschluss** zur Folge haben könnte, sofern man objektiv und typisiert von einem Vertragsschluss ausgehen kann.[312] Die Folgen für Website-Betreiber wären angesichts des dann geltenden Regelungsregimes weitreichend.[313]

237 Sowohl die Digitale-Inhalte-Richtlinie als auch die Verbraucherschutzmodernisierungs-RL überlassen die Regelung der Frage des **Vertragsschlusses** den Mitgliedsstaaten.[314] Ob

---

[307] Jandt/Steidle Datenschutz-HdB/Steidle/Skistims V. Rn. 222.

[308] Ausführlich hierzu Nikol/Rost DSB 2023, 167.

[309] Beschluss der Datenschutzaufsichtsbehörden des Bundes und der Länder vom 22.3.2022, Bewertung von Pur-Abo-Modellen auf Websites, abrufbar unter www.datenschutzkonferenz-online.de/media/pm/DSK_Beschluss_Bewertung_von_Pur-Abo-Modellen_auf_Websites.pdf.

[310] Beschluss der Datenschutzaufsichtsbehörden des Bundes und der Länder vom 22.3.2022, Bewertung von Pur-Abo-Modellen auf Websites, abrufbar unter www.datenschutzkonferenz-online.de/media/pm/DSK_Beschluss_Bewertung_von_Pur-Abo-Modellen_auf_Websites.pdf.

[311] Europäischer Datenschutzausschuss, Stellungnahme 08/2024 zur „Wirksamkeit von Einwilligungen im Kontext von „Consent or Pay“–Modellen großer OnlinePlattformen“ vom 17.4.2024, abrufbar unter www.edpb.europa.eu/system/files/2024-11/edpb_opinion_202408_consentorpay_de.pdf; ausführlich hierzu Jandt/Steidle Datenschutz-HdB/Steidle/Hendrik V. Rn. 223 f.

[312] So jedenfalls die Ansicht des Gesetzgebers, BT-Drs. 19/27653, 36; aA Klink-Straub NJW 2021, 3217 (3219), wohl auch Spindler MMR 2021, 451 ff., die einen Rechtsbindungswillen des Verbrauchers verneinten; in Staudinger/Steinrötter BGB § 327 Rn. 25 wird ein Rechtsbindungswille hingegen bejaht.

[313] Vgl. hierzu auch Spindler MMR 2021, 451 (453); BeckOK IT-Recht/Föhlisch BGB § 327 Rn. 41; ausführlich zu der Frage, ob Cookie-Einwilligung zu einem Vertragsschluss führen, Schreiber/van Nuus RDi 2022, 246.

[314] Siehe Art. 3 Abs. 10 der Digitale-Inhalte-Richtlinie und Erwgr. 57 der Verbraucherschutzmodernisierungs-RL.

ein Vertrag nach § 312 Abs. 1a BGB bzw. § 327 BGB vorliegt, ist folglich anhand der allgemeinen Grundsätze des BGB über Verträge (i. e. nach den §§ 145 ff. BGB) zu beurteilen.[315] Entscheidendes Kriterium ist das Vorliegen eines entsprechenden **Rechtsbindungswillen** der Parteien, der gem. §§ 133, 157 BGB objektiv zu bestimmen ist.[316] Dies ist anhand der von der höchstrichterlichen Rechtsprechung[317] entwickelten Kriterien zu beurteilen, wie die Art der Gefälligkeit, ihren Grund und Zweck, ihre wirtschaftliche und rechtliche Bedeutung (insbesondere für den Empfänger) sowie die Umstände, unter denen sie erbracht wird.[318]

Um das von dem Unionsgesetzgeber erklärte und auf den Schutz der Verbraucher gerichtete Ziel[319] nicht zu konterkarieren, ist zu erwarten, dass die Gerichte bei der Beurteilung der Frage, ob ein Vertrag vorliegt, zu einer **großzügigen Auslegung** tendieren werden und einen Rechtsbindungswillen der Parteien mithin eher annehmen werden. Dies nicht zuletzt auch vor dem Hintergrund der grundrechtsrelevanten Prägung derartiger Sachverhalte.[320] **238**

Dabei erkennt der Gesetzgeber, dass der mangelnde individuelle Kontakt zwischen Verbraucher und Unternehmer bei der Nutzung von Online-Diensten bei der Ermittlung des Rechtsbindungswillen nach dem **objektiven Empfängerhorizont** Schwierigkeiten bereiten kann.[321] Nach Auffassung des Gesetzgebers soll die Auslegung deswegen typisiert erfolgen.[322] Zu berücksichtigen sei dabei, dass der Verbraucher typischerweise auf die Richtigkeit der Angaben des Unternehmers vertraut und sie häufig zur Grundlage eigener Handlungen und Dispositionen macht; für die Annahme eines Vertragsschlusses spreche zum Beispiel dafür, dass der Unternehmer den Verbraucher typischerweise durch die Leistung motivieren will, auf seiner Seite weitere Webseitenaufrufe zu tätigen oder weitere Dienste in Anspruch zu nehmen, etwa um durch Werbung Einnahmen zu generieren, die von der Nutzerfrequenz abhängen, oder um personalisierte Werbung auszuspielen.[323] **239**

Diese vom Gesetzgeber vorgeschlagene **typisierende Auslegung** ist auf **Kritik** gestoßen.[324] Es wird angeführt, dass kein allgemeiner Grundsatz existiert, wonach bei Abwesenheit eines individuellen Kontakts zwischen den Parteien zwingend eine „typisierte" Auslegung erfolgen müsse.[325] Es wird daher auch vertreten, dass es für die Anwendung der §§ 312 ff. BGB darauf ankomme, ob der Verbraucher nach einer Gesamtbewertung der Umstände des Einzelfalls nach §§ 133, 157 BGB darauf vertrauen durfte, dass sich der Unternehmer zu einer notfalls gerichtlich durchsetzbaren Leistung verpflichtet.[326] Zu beachten ist schließlich, dass ein Vertrag auch Pflichten für den Verbraucher mit sich bringt, sodass auch im für das Internet typische Massenverkehr keineswegs selbstverständlich ist, dass jeder Verbraucher eine vertragliche Bindung anstrebt.[327] **240**

e) Daten als synallagmatische Gegenleistung

Dass personenbezogene Daten eine vermögensrechtliche Komponente aufweisen und auf vielfältige Art und Weise kommerzialisiert werden können (etwa im Rahmen des Direktmarketings), steht außer Frage.[328] Personenbezogene Daten stellen, auch wenn deren **241**

---

315 BT-Drs. 19/27653, 40; Klink-Straub NJW 2021, 3217 ff.
316 BT-Drs. 19/27653, 40; Klink-Straub NJW 2021, 3217 ff.
317 Grundlegend BGH 22.6.1956 – I ZR 198/54, BGHZ 21, 102 ff = NJW 1956, 1313.
318 BT-Drs. 19/27653, 40.
319 Erwgr. 24 der Digitale-Inhalte-Richtlinie.
320 BT-Drs. 19/27653, 40; Buchmann/Panfili K&R 2022, 232 (235).
321 BT-Drs. 19/27653, 40.
322 BT-Drs. 19/27653, 40.
323 BT-Drs. 19/27653, 40.
324 MüKoBGB/Wendehorst § 312 Rn. 45 ff.; Buchmann/Panfili K&R 2022, 232 (235).
325 MüKoBGB/Wendehorst § 312 Rn. 47.
326 MüKoBGB/Wendehorst § 312 Rn. 48.
327 Buchmann/Panfili K&R 2022, 232 (235).
328 Ausführlich dazu Brönneke/Föhlisch/Tonner Neues SchuldR/Kroschwald/Polenz § 6 Rn. 16 ff.

Monetarisierung in der Regel erst zu einem der Bereitstellung folgenden Zeitpunkt erfolgt[329], in der heutigen (digitalen) Wirtschaft etwas Geldwertes dar.[330] Der europäische und der deutsche Gesetzgeber erkennen die **Bereitstellung personenbezogener Daten** nunmehr ausdrücklich als **Bezahlungsvariante** an.[331]

242 Die Tatsache, dass personenbezogene Daten als handelsbares Wirtschaftsgut zugelassen werden, wirft jedoch im Rahmen der §§ 312 Abs. 1a und 327 Abs. 3 BGB Fragen hinsichtlich der **rechtsdogmatischen Einordnung** der Bereitstellung personenbezogener Daten auf. Denn während § 327 Abs. 1 BGB von der Bereitstellung digitale Produkte „gegen" Zahlung eines Preises spricht, fehlt eine derartige (synallagmatische) Verknüpfung in § 327 Abs. 3 BGB bzw. § 312 Abs. 1a BGB.

243 Gegen eine Betrachtung von personenbezogenen Daten als Waren und demzufolge gegen eine Einordnung von personenbezogenen Daten als Gegenleistung hatte sich aus grundrechtlichen und datenschutzrechtlichen Gründen der Europäische Datenschutzbeauftragte in einer Stellungnahme des dem Jahr 2017 im Rahmen der Verhandlungen der Digitalen-Inhalte-Richtlinie ausgesprochen.[332] Der Ansicht, dass personenbezogene Daten nicht als Ware betrachtet werden können, schloss sich der Unionsgesetzgeber in Erwgr. 24 der Digitale-Inhalte-Richtlinie an, erkannte aber gleichzeitig das Bedürfnis, Verbrauchern dennoch vertragliche Rechtsbehelfe zuzusprechen. Die Frage, **ob** es sich bei der Bereitstellung personenbezogener Daten um eine **synallagmatische Gegenleistung** handelt, wurde letztlich sowohl vom Unionsgesetzgeber als auch vom deutschen Gesetzgeber – im letzten Fall sogar bewusst[333] – **offengelassen.**[334] Für die Anwendbarkeit der §§ 312 ff. und 327 ff. BGB komme es nach Ansicht des Umsetzungsgesetzgebers nicht darauf an, ob sich bei der Bereitstellung der Daten bzw. dessen Zusage um eine (Gegen-)Leistung handelt und ob diese im Gegenseitigkeitsverhältnis steht oder nicht.[335]

244 Damit lässt der Gesetzgeber allerdings eine Frage unbeantwortet, die für den Unternehmer von hoher **praktischer Relevanz** ist. Denn aus dessen Sicht macht es einen erheblichen Unterschied, ob er seine Leistungen gegen einen gerichtlich durchsetzbaren Anspruch auf Bereitstellung der personenbezogenen Daten erbringt.

245 Eine **Einklagbarkeit** wird jedoch zu Recht von der herrschenden Meinung abgelehnt[336] und würde auch mit der jederzeitigen freien Widerrufsbarkeit der Einwilligung nach Art. 7 Abs. 3 DS-GVO im Widerspruch stehen.[337] Der zwingende Vorrang der datenschutzrechtlichen Betroffenenrechte wird nicht zuletzt auch durch § 327q Abs. 1 BGB betont, demzufolge die Ausübung von datenschutzrechtlichen Betroffenenrechten und die Abgabe datenschutzrechtlicher Erklärungen des Verbrauchers nach Vertragsschluss die Wirksamkeit des Vertrags unberührt lassen, sodass eine innere Verbindung jedenfalls zwischen der datenschutzrechtlichen Einwilligung und der Bereitstellung des digitalen Produkts nicht besteht.[338]

246 Im Ergebnis dürfte der Tatbestand der Bereitstellung personenbezogener Daten als gerichtlich nicht durchsetzbare und damit ähnlich einer **„unvollkommenen Verbindlich-**

---

329 Moss/Reyl NJW 2024, 2071, mwN; Vgl. auch Kroschwald VuR 2022, 403 (406 f.).
330 Vgl. hierzu auch Buchmann/Panfili K&R 2022, 232 (234); Wandtke MMR 2017, 6 ff.; Nikol/Rost DSB 2023, 167.
331 Brönneke/Föhlisch/Tonner Neues SchuldR/Tamm/Tonner § 2 Rn. 35.
332 European Data Protection Supervisor, Stellungnahme 4/2017 zu dem Vorschlag für eine Richtlinie über bestimmte vertragsrechtliche Aspekte der Bereitstellung digitaler Inhalte, vom 14.3.2017, abrufbar unter: https://edps.europa.eu/sites/edp/files/publication/17-03-14_opinion_digital_content_de.pdf.
333 BT-Drs. 19/27653, 35.
334 Dazu näher Engeler NJW 2022, 3398 ff.; vgl. auch Kroschwald VuR 2022, 403 (404 f.).
335 BT-Drs. 19/27653, 35; Diskussion bei Mischau ZEuP 2020, 335.
336 Statt vieler Kling/Straub NJW 2021, 3217 (3219); Bieg ZD 2022, 487; aA Moss/Reyl NJW 2024, 2075 mwN; jurisPK-BGB/Kaesling BGB § 327 Rn. 25; vgl. auch Lerch/Tuschhoff RDi 2923, 11 (13 f.).
337 Vgl. hierzu auch Buchmann/Panfili K&R 2022, 232 (235 f.).
338 Klink-Straub NJW 2021, 3217 (3219 f.); vgl. hierzu auch Hacker ZfPW 2019, 148 (170 ff.); als „Grundsatz der Sphärentrennung" bezeichnet in BeckOGK/Fries BGB § 327q Rn. 4.

keit“ einzuordnen sein, wie dies etwa in den Regelungen zu Spiel und Wette in § 762 BGB normiert ist.[339]

f) Rechtmäßigkeit der Datenverarbeitung

Die Gesetzesbegründung zu § 327 Abs. 3 BGB stellt unter Hinweis auf Art. 3 Abs. 8 247
UAbs. 1 der Digitale-Inhalte-Richtlinie klar, dass die unionsrechtlichen Datenschutzregelungen auf die Verarbeitung aller personenbezogenen Daten iSv § 327 Abs. 3 BGB anwendbar sind und dass die **unionsrechtlichen Datenschutzvorschriften** Vorrang haben.[340]

Zwar betont der Gesetzgeber zugleich, dass es für die Anwendbarkeit der §§ 312 ff. und 248
327 ff. BGB auf die Frage der datenschutzrechtlichen **Rechtmäßigkeit der Datenverarbeitung** nicht ankommt und dass der Verbraucher auch dann in den Genuss der verbraucherschützenden Vorschriften kommt, wenn die Verarbeitung unter Verstoß gegen die DS-GVO erfolgt.[341] Aufgrund der ausdrücklichen Vorrangs der unionsrechtlichen Datenschutzvorschriften muss dennoch mit Blick auf die Datenverarbeitung eine Rechtsgrundlage nach Art. 6 DS-GVO vorliegen.

Insoweit hat die Konferenz der unabhängigen Datenschutzaufsichtsbehörden des Bundes 249
und der Länder zutreffend darauf hingewiesen, dass die zivilrechtlichen Vorschriften in den §§ 312 ff. und 327 ff. BGB keine eigene Rechtsgrundlage für die Verarbeitung von personenbezogenen Daten darstellen.[342] Für die Datenverarbeitung im Rahmen des Verbrauchervertrages über digitale Inhalte kommen grundsätzlich **Art. 6 Abs. 1 lit. a, b und f DS-GVO** in Betracht[343], wobei für die Anwendbarkeit von Art. 6 Abs. 1 lit. a und b DS-GVO die sich in Verbindung mit dem Kopplungsverbot respektive dem Kriterium der Erforderlichkeit ergebenen Unwägbarkeiten zu beachten sind (→ Rn. 270 und 304).

Ein Verstoß des Unternehmers gegen die sich für ihn aus der DS-GVO ergebenden 250
Pflichten hat jedoch nicht automatisch die **Unwirksamkeit des Vertrages** nach § 134 BGB zur Folge.[344] Dies ist in sich konsequent, da andernfalls der Verbraucher im Falle eines Datenschutzverstoßes nicht nur durch den DS-GVO-Verstoß belastet wäre, sondern auch durch die Nichtigkeit des Vertrages und den damit einhergehenden Verlust seiner verbraucherschutzrechtlichen Rechte. Die Unrechtmäßigkeit der Datenverarbeitung beeinträchtigt somit weder die Anwendung der §§ 312 ff. und 327 ff. BGB noch die Wirksamkeit eines bereits geschlossenen Vertrags.[345]

3. Allgemeine Grundsätze bei Verbraucherverträgen und besondere Vertriebsformen

Das Gesetz normiert in den **§§ 312, 312a BGB** bestimmte **allgemeine Grundsätze,** die 251
bei Verbraucherverträgen Anwendung finden. Für die **besonderen Vertriebsformen** der außerhalb von Geschäftsräumen und der im Fernabsatz geschlossenen Verträge gelten die speziellen Regelungen der **§§ 312b–312h BGB.**

339 Buchmann/Panfili K&R 2022, 232 (236).
340 BT-Drs. 19/27653, 41.
341 BT-Drs. 19/27653, 36, 40.
342 Beschluss der Konferenz der unabhängigen Datenschutzaufsichtsbehörden des Bundes und der Länder zu den Auswirkungen der neuen Verbrauchervorschriften über digitale Produkte im BGB auf das Datenschutzrecht (Stand: Oktober 2022), abrufbar unter www.datenschutzkonferenz-online.de/media/dskb/20221129_dskb_08_Beschluss_Verbrauchervorschriften.pdf.
343 Beschluss der Konferenz der unabhängigen Datenschutzaufsichtsbehörden des Bundes und der Länder zu den Auswirkungen der neuen Verbrauchervorschriften über digitale Produkte im BGB auf das Datenschutzrecht (Stand: Oktober 2022), abrufbar unter www.datenschutzkonferenz-online.de/media/dskb/20221129_dskb_08_Beschluss_Verbrauchervorschriften.pdf.
344 BT-Drs. 19/27653, 36, 40; siehe hierzu auch Spindler MMR 2021, 451 (452).
345 Buchmann/Panfili K&R 2022, 232 (237).

a) Allgemeines

252 § 312 Abs. 1a BGB erklärt die Vorschriften der §§ 312–312h BGB auch auf Verbraucherverträge für **anwendbar,** bei denen der Verbraucher dem Unternehmer personenbezogene Daten bereitstellt oder sich hierzu verpflichtet.

253 Anders als bei § 327 Abs. 3 BGB, der die Anwendbarkeit der §§ 327 ff. BGB und damit der besonderen Bestimmungen für Verbraucherverträge über digitale Produkte regelt, kommt es iRd § 312 Abs. 1a BGB nicht darauf an, ob ein digitales Produkt Vertragsgegenstand ist. § 312 Abs. 1a BGB ist für eine breitere Anzahl an Verträgen relevant und geht **über den Anwendungsbereich der Verbraucherrechterichtlinie hinaus** (→ Rn. 209). Der deutsche Gesetzgeber hat diese Regelung bewusst weiter gestaltet und den Anwendungsbereich damit über den der Verbraucherrechterichtlinie hinaus ausgeweitet, was Erwgr. 13 der Richtlinie gestattet.[346] Auch soweit sich in Anlehnung an den Ausnahmekatalog aus Art. 3 Abs. 3 der Verbraucherrechterichtlinie in § 312 Abs. 2 BGB Bereichsausnahmen finden, bleiben diese mit Blick auf einige Verträge hinter den Vorgaben der Verbraucherrechterichtlinie zurück.[347]

254 Auswirkungen zeigt das Konzept des „Bezahlens mit Daten" vor allem bei dem bei außerhalb von Geschäftsräumen und im Fernabsatz geschlossenen Verträge gem. § 312g BGB bestehenden **Widerrufsrecht,** dessen Voraussetzungen und Folgen sich nach den §§ 355 ff. BGB richten.

b) Allgemeine Pflichten und Grundsätze bei Verbraucherverträgen

255 Unternehmer, die personenbezogene Daten als Gegenleistung akzeptieren, haben gem. § 312 Abs. 1a die **allgemeinen Pflichten und Grundsätze aus § 312a BGB** einzuhalten. Besonderheiten ergeben sich hierbei im Vergleich zu „herkömmlichen" Verbraucherverträgen, die den Verbraucher zur Zahlung eines Preises verpflichten, nicht.

256 Die Bestimmungen des § 312a BGB setzen nicht voraus, dass der betreffende Verbrauchervertrag im Fernabsatz oder außerhalb von Geschäftsräumen angebahnt bzw. abgeschlossen wird. Auf die vom Unternehmer ausgewählte **Vertriebsform** kommt es damit nicht an.[348]

257 Zu beachten ist, dass die sich aus § 312a Abs. 1, 3, 4 und 6 BGB ergebenden **vorvertraglichen Informationspflichten und Regelungen für die Vereinbarung von Entgelten** auch auf Verbraucherverträge Anwendung finden, die unter die Bereichsausnahme aus § 312a Abs. 2 BGB fallen.[349] Auch für die weiteren, in § 312 Abs. 3–7 BGB genannten Vertragsarten ergibt sich eine teilweise Anwendbarkeit der Regelungen aus § 312a BGB.

c) Außerhalb von Geschäftsräumen geschlossene Verträge und Fernabsatzverträge

258 Spezielle verbraucherschützende Regelungen ergeben sich aus den §§ 312b–312h BGB für **außerhalb von Geschäftsräumen geschlossene Verträge und Fernabsatzverträge.** Diese sehen zulasten des Unternehmers sowohl vorvertragliche als nachvertragliche **Informationspflichten** vor (§§ 312d–312f BGB), wobei das Herzstück der Vorschriften das in § 312g Abs. 1 BGB verankerte **Widerrufsrecht** darstellt.

259 **aa) Informationspflichten bei außerhalb von Geschäftsräumen geschlossenen Verträgen und Fernabsatzverträgen, insbes. Widerrufsbelehrung.** Schließt ein Verbraucher mit einem Unternehmer einen Vertrag außerhalb von Geschäftsräumen (§ 312b BGB) oder im Fernabsatz (§ 312c BGB) und „zahlt" dieser mit seinen personenbezogenen Daten,

---

[346] BT-Drs. 19/27653, 35.
[347] BeckOGK/Busch BGB § 312 Rn. 33.
[348] MüKoBGB/Wendehorst § 312a Rn. 8.
[349] BeckOGK/Busch BGB § 312a Rn. 1.

treffen den Unternehmer gem. § 312 Abs. 1a BGB ua die Informationspflichten des § 312d BGB.[350] Der Unternehmer hat in der Folge den Verbraucher nach Maßgabe des Art. 246a EGBGB zu informieren. Die in Erfüllung dieser Pflicht gemachten Angaben werden dann Inhalt des Vertrags, es sei denn, die Vertragsparteien haben ausdrücklich etwas anderes vereinbart (§ 312d Abs. 1 S. 2 BGB). Kommt der Unternehmer seinen Informationspflichten nicht nach, kann nach den allgemeinen Grundsätzen ein Anspruch des Verbrauchers auf **Schadensersatz** aufgrund einer Pflichtverletzung in Betracht kommen (§§ 280 Abs. 1, 241 Abs. 2 BGB).[351] Auch sind Schadenersatzansprüche aus cic (§ 311 Abs. 2 BGB) oder **Unterlassungsansprüche** aus dem UKlaG oder UWG denkbar.[352] Weiter beginnt bei unterbliebener oder fehlerhafter Information nach § 312d BGB die **Widerrufsfrist** gem. § 356 Abs. 3 S. 1 BGB nicht zu laufen. § 312f Abs. 1 und Abs. 2 BGB schreiben schließlich vor, dass der Unternehmer dem Verbraucher eine Bestätigung des mit ihm abgeschlossenen Vertrages, die grundsätzlich auch die Informationen nach Art. 246a EGBGB enthält, nach Vertragsschluss zur Verfügung stellen muss.

Spezielle auf das „Bezahlen mit Daten“ gerichtete Regelungen ergeben sich unmittelbar **260**
aus dem Wortlaut der §§ 312d–312f BGB und aus Art. 246a EGBGB nicht. Als Teil der Informationspflichten nach § 312d BGB iVm Art. 246a EGBGB ist der Unternehmer jedoch auch verpflichtet, den Verbraucher **über das Widerrufsrecht** nach § 312g BGB zu **unterrichten.**

In diesem Zuge hat der Unternehmer, wenn das **Widerrufsrecht** des Verbrauchers nach **261**
§ 356 Abs. 4 und 5 BGB **vorzeitig erlöschen** kann, den Verbraucher nach Art. 246a § 1 Abs. 3 Nr. 2 EGBGB auch über die Umstände zu informieren, unter denen der Verbraucher ein zunächst bestehendes Widerrufsrecht verliert. Verbraucher, die mit ihren personenbezogenen Daten zahlen, müssen in der Folge bei Verträgen, die sie nicht zur Zahlung eines Preises verpflichten, über die besonderen Voraussetzungen für das frühzeitige Erlöschen des Widerrufsrechts informiert werden.

bb) Vorzeitiges Erlöschen des Widerrufsrechts. Vom Widerruf einer datenschutz- **262**
rechtlichen Einwilligung zu unterscheiden ist der **Widerruf des Vertrages nach § 355 Abs. 1 S. 1 BGB.** Die Ausübung dieses Widerrufs wandelt den Vertrag ex nunc in ein Abwicklungsverhältnis um.[353]

Voraussetzung eines wirksamen Widerrufs ist zuvorderst ein **Widerrufsrecht.** § 312g **263**
BGB statuiert ein solches Widerrufsrecht für im Fernabsatz und für außerhalb von Geschäftsräumen geschlossene Verträge. Wenn der Verbraucher hier den Unternehmer mit personenbezogenen Daten „bezahlt“, findet § 312g BGB über § 312 Abs. 1a BGB Anwendung.

Die Voraussetzungen und Folgen des Widerrufsrechts ergeben sich aus §§ 355 ff. BGB. **264**
§ 312g Abs. 2 BGB statuiert dabei einen **Ausnahmekatalog,** demzufolge ein Widerrufsrecht bei bestimmten Verträgen nicht besteht bzw. dieses vorzeitig, also vor Ablauf der eigentlichen Widerrufsfrist, erlöschen kann. So endet nach § 312g Abs. 2 Nr. 3 BGB bei Verträgen zur Lieferung versiegelter Waren, die aus Gründen des Gesundheitsschutzes oder der Hygiene nicht zur Rückgabe geeignet sind, das Widerrufsrecht vorzeitig im Zeitpunkt der Entfernung der Versiegelung; insoweit ist eine Handlung des Verbrauchers erforderlich, nämlich der Bruch des Siegels.[354] Ganz ausgeschlossen ist ein Widerrufsrecht hingegen nach § 312g Abs. 2 Nr. 1 BGB bei Verträgen zur Lieferung von Waren, die nicht vorgefertigt sind und nach den individuellen Vorgaben des Verbrauchers hergestellt wurden; es ist dabei unerheblich, ob der Unternehmer mit der Ausführung seiner Leistung bereits begonnen

[350] Vgl. hierzu OLG Köln 8.12.2023 – 6 U 43/23, WRP 2024, 229.
[351] RegE, BT-Drs. 17/12637, 54.
[352] Grüneberg/Grüneberg BGB § 312d Rn. 4; MüKoBGB/Wendehorst § 312a Rn. 39 f.
[353] Grüneberg/Grüneberg BGB § 355 Rn. 4; HK-BGB/Fries § 355 Rn. 2, 11 f.; Jauernig/Stadler BGB § 355 Rn. 9.
[354] Erman/Koch BGB § 312g Rn. 9.

hat[355]. Der Ausnahmenkatalog des § 312g Abs. 2 BGB ist dabei stets unabhängig von der Art der Gegenleistung anwendbar, die der Verbraucher erbracht hat.

265 Weitere **Ausnahmetatbestände** ergeben sich aus § 356 Abs. 4 und Abs. 5 BGB speziell für Dienstleistungsverträge und für Verträge über die Bereitstellung von nicht auf einem körperlichen Datenträger befindlichen digitalen Inhalten. Anders als der Ausnahmekatalog aus § 312g Abs. 2 BGB ist bei diesen allerdings die Art der Gegenleistung des Verbrauchers relevant.

266 So normiert § 356 Abs. 4 Nr. 1 BGB, dass das Widerrufsrecht bei einem Vertrag über die Erbringung von **Dienstleistungen,** der den Verbraucher nicht zur Zahlung eines Preises verpflichtet, in dem Zeitpunkt der vollständigen Leistungserbringung durch den Unternehmer erlischt. Für die Frage, ob die Leistung vollständig erbracht wurde, kommt es auf den Eintritt des Leistungserfolgs und nicht auf den Zeitpunkt der Bewirkung der Leistungshandlung an.[356] Bestehen die Pflichten des Unternehmers aus Haupt- und Nebenleistungen, muss jedenfalls die Hauptleistung erfüllt worden sein.[357] Handelt es sich bei der Dienstleistung um ein Dauerschuldverhältnis, so zum Beispiel bei einem Vertrag mit einem E-Mail-Provider oder einem Sozialen Netzwerk, ist die Dienstleistung nicht bereits bei erstmaliger Bereitstellung vollständig erbracht.[358]

267 Während bei einem Dienstleistungsvertrag, bei dem der Verbraucher mit personenbezogenen Daten bezahlt hat, die vollständige Leistungserbringung ohne weitere Voraussetzungen das Erlöschen des Widerrufsrechts zur Folge hat, ist dies bei einem Dienstleistungsvertrag, der den Verbraucher zur Zahlung eines Preises verpflichtet, anders. Hier ist nach § 356 Abs. 4 Nr. 2 BGB ergänzende Voraussetzung, dass der Verbraucher vor der Leistungserbringung **ausdrücklich seine Zustimmung** erteilt hat, dass der Unternehmer mit der Erbringung der Dienstleistung vor Ablauf der Widerrufsfrist beginnt und zusätzlich seine **Kenntnis** davon bestätigt hat, dass sein Widerrufsrecht mit vollständiger Vertragserfüllung durch den Unternehmer erlischt. Bei einem außerhalb von Geschäftsräumen geschlossenen Vertrag muss er zudem die Zustimmung hinsichtlich des Beginns der Leistungserbringung auf einem dauerhaften Datenträger übermittelt haben.

268 Ähnlich verhält es sich mit § 356 Abs. 5 BGB. Das Widerrufsrecht erlischt danach bei Verträgen über die Bereitstellung von nicht auf einem körperlichen Datenträger befindlichen **digitalen Inhalten** grundsätzlich bereits dann, wenn der Unternehmer mit der Vertragserfüllung begonnen hat. Anders als bei § 356 Abs. 4 BGB kommt es folglich nicht auf die Bewirkung des Leistungserfolgs an. Im Übrigen unterscheidet auch hier das Gesetz zwischen Verträgen ohne monetäre Gegenleistung und Verträgen, die den Verbraucher zur Zahlung eines Preises verpflichtet. Während bei Ersteren das Widerrufsrecht ohne Weiteres bereits mit Leistungsbeginn erlischt (§ 356 Abs. 5 Nr. 1 BGB), muss der Verbraucher – damit das Widerrufsrecht erlischt – bei Letzteren nach § 356 Abs. 5 Nr. 2 BGB der Leistungsausführung vor Ablauf der Widerrufsfrist **ausdrücklich zugestimmt** und seine **Kenntnis** davon bestätigt haben, dass sein Widerrufsrecht mit Leistungsbeginn erlischt (Nr. 3). Sowohl im Falle eines Fernabsatzvertrages als auch eines außerhalb von Geschäftsräumen geschlossenen Vertrags muss der Unternehmer zudem dem Verbraucher die **Bestätigung des Vertragsschlusses** gemäß den Vorgaben des § 312f BGB zur Verfügung gestellt haben.[359] Nur wenn sämtliche Voraussetzungen kumulativ vorliegen, erlischt das Widerrufrecht bei einem Vertrag über die Bereitstellung von nicht auf einem körperlichen Datenträger mit monetärer Gegenleistung frühzeitig.[360]

---

[355] EuGH 21.10.2020 – C-529/19, K&R 2020, 819 f.
[356] BeckOGK/Mörsdorf BGB § 356 Rn. 57.
[357] BGH 6.5.2021 – III ZR 169/20, NJW 2021, 2885 Rn. 21; BeckOK BGB/Müller-Christmann § 356 Rn. 25; MüKoBGB/Fritsche § 356 Rn. 40.
[358] RegE, BT-Drs. 19/27665, 29; BeckOK BGB/Müller-Christmann § 356 Rn. 25.
[359] BeckOGK/Mörsdorf BGB § 356 Rn. 79.
[360] Jauernig/Stadler BGB § 356 Rn. 9; Lang/Rösch NJW 2024, 118.

cc) Rechtsfolgen des Widerrufs. Sofern das Widerrufsrecht nicht erloschen ist und die übrigen Voraussetzungen eines Widerrufs vorliegen, insbesondere also die Widerrufsfrist eingehalten wurde, bestimmen sich dessen **Rechtsfolgen nach § 355 Abs. 3 BGB und § 357 BGB**. **269**

Gemäß § 355 Abs. 3 S. 1 BGB sind die empfangenen **Leistungen unverzüglich zurückzugewähren.** Für außerhalb von Geschäftsräumen geschlossene Verträge und Fernabsatzverträge bestimmt § 357 Abs. 1 BGB, dass die empfangenen Leistungen spätestens nach 14 Tagen zurückzugewähren sind. Die pauschale Formulierung in § 355 Abs. 3 S. 1 BGB und § 357 Abs. 1 BGB enthält angesichts der Vielzahl möglicher Leistungsgegenstände keine genauen Angaben zum Umfang dieser Rückgabepflicht.[361] Dies wirft zwangsläufig die Frage auf, ob bei einem Verbrauchervertrag, bei dem der Verbraucher als Gegenleistung personenbezogene Daten bereitgestellt hat, der Unternehmer zur **Rückgabe der erhobenen personenbezogenen Daten** verpflichtet ist. Man könnte dies unter Verweis auf Art. 13 Abs. 1 der Verbraucherrechterichtlinie verneinen. Denn gem. Art. 13 Abs. 1 der Verbraucherrechterichtlinie hat der Unternehmer (lediglich) alle „Zahlungen", die er vom Verbraucher erhalten hat, gegebenenfalls einschließlich der Lieferkosten, unverzüglich und in jedem Fall spätestens binnen 14 Tagen ab dem Zugang der Widerrufserklärung zurückzuzahlen. In Bezug auf personenbezogene Daten des Verbrauchers hat der Unternehmer allerdings gem. Art. 14 Abs. 4 der Verbraucherrechterichtlinie die Vorschriften der DS-GVO einzuhalten. Das Schicksal der vom Unternehmer verarbeiteten personenbezogenen Daten richtet sich damit ausschließlich nach der DS-GVO. Der Unternehmer wird also insbesondere prüfen müssen, ob und, wenn ja, inwieweit trotz des Widerrufs des Kunden eine (Weiter-)Verarbeitung der personenbezogenen Daten in Betracht kommt. Besondere Relevanz wird diese Prüfung vor allem bei vor Widerruf auf Art. 6 Abs. 1 lit. a DS-GVO (Einwilligung) und auf Art. 6 Abs. 1 lit. f DS-GVO (berechtigte Interessen) gestützte Datenverarbeitungen haben. Hier stellt sich nämlich die Frage, ob der **Widerruf des Vertrages** durch den Verbraucher zugleich als Widerruf der datenschutzrechtlichen Einwilligung nach Art. 7 Abs. 3 DS-GVO bzw. als Ausübung des Widerspruchsrechts nach Art. 21 DS-GVO auszulegen ist oder gar als Löschungsverlangen nach Art. 17 DS-GVO. Bedenkt man, dass im Falle einer auf Art. 6 Abs. 1 lit. a DS-GVO beruhenden Datenverarbeitung die widerrufene Willenserklärung des Verbrauchers ursprünglich (auch) auf die Erteilung seiner datenschutzrechtlichen Einwilligung gerichtet war, wird man dies jedenfalls mit Blick auf Art. 7 Abs. 3 DS-GVO wohl bejahen können. **270**

§ 357a Abs. 2 BGB sieht vor, dass der Verbraucher unter bestimmten Umständen **Wertersatz** für die bis zum Widerruf vom Unternehmer erbrachten Leistungen schuldet. Voraussetzung ist gem. § 357a Abs. 2 S. 1 Nr. 1–3 BGB ua, dass er vor Vertragsschluss über diese Wertersatzpflicht informiert wurde und der Leistungsausführung vor Ablauf der Widerrufsfrist ausdrücklich zugestimmt hat. Erfasst sind in sachlicher Hinsicht Dienstleistungsverträge, bei denen das Widerrufsrecht nach § 356 Abs. 4 BGB grundsätzlich erst mit vollständiger Leistungserbringung erlischt, sowie Verträge, die die Lieferung von Wasser, Gas oder Strom in nicht bestimmten Mengen oder nicht begrenztem Volumen oder von Fernwärme zum Gegenstand haben. Von der Wertersatzpflicht betroffen sind folglich Verträge, bei denen eine Rückgabe der vom Verbraucher empfangenen Leistungen in Natur ausgeschlossen ist.[362] Sofern es um die Rückabwicklung eines Dienstleistungsvertrags geht, besteht die Wertersatzpflicht jedoch ausweislich des Wortlauts von § 357a Abs. 2 S. 1 Alt. 1 BGB nur, wenn sich der Verbraucher zur Zahlung eines Preises verpflichtet hat. Hat der Verbraucher hingegen personenbezogene Daten bereitgestellt oder sich zu deren Bereitstellung verpflichtet, ist eine Wertersatzpflicht ausgeschlossen. **271**

---

361 BeckOGK/Mörsdorf BGB § 355 Rn. 98; für das Vorliegen einer planwidrigen Regelungslücke auch Moss/Reyl NJW 2024, 2071.

362 BeckOGK/Mörsdorf BGB § 357a Rn. 38; BeckOK BGB/Müller-Christmann § 357a Rn. 2; MüKoBGB/Fritsche § 357a Rn. 1.

4. Verbraucherverträge über digitale Produkte

272 Die §§ 327–327u BGB dienen der Umsetzung der Digitale-Inhalte-Richtlinie.[363] Sie schaffen einen **umfassenden Rechtsrahmen** für Verträge über die Bereitstellung digitaler Inhalte und Dienstleistungen zwischen Verbrauchern und Unternehmern. Vertragsgegenstand von Verträgen nach §§ 327 ff. BGB können gem. § 327 Abs. 1, Abs. 5 BGB digitale Produkte (digitale Inhalte und digitale Dienstleistungen) sein sowie körperliche Datenträger, die ausschließlich als Träger digitaler Inhalte dienen. Diese digitalen Produkte können entweder mit Geld bezahlt werden (§ 327 Abs. 1 BGB) oder mit personenbezogenen Daten (§ 327 Abs. 3 BGB).[364] Das Bezahlen mit Daten erfolgt in Form des Bereitstellens oder des Verpflichtens zur Bereitstellung der Daten.[365]

a) Systematische Einordnung

273 Die §§ 327–327s BGB sind im **Allgemeinen Teil des Schuldrechts** eingebettet. Der Gesetzgeber hat sich bewusst gegen eine Umsetzung der Vorschriften zu den digitalen Produkten in Abschnitt 8 „Einzelne Schuldverhältnisse" des Buches 2 entschieden und insoweit auf eine vertragstypologische Einordnung der Erscheinungsformen des Vertriebs digitaler Produkte verzichtet.[366] Die §§ 327 ff. BGB können damit, solange Gegenstand des Vertrages ein digitales Produkts ist, **unabhängig von der vertragstypologischen Einordnung** der vertraglichen Leistungen (Kaufvertrag, Mietvertrag, usw) anwendbar sein.[367] Diese „produktbezogene" Herangehensweise stellt eine Abweichung von der bisherigen Systematik des BGB dar und hat zur Folge, dass die §§ 327 ff. BGB keine eigenen Anspruchsgrundlagen für primäre Leistungspflichte normieren.[368] Diese werden durch den zugrundeliegenden Vertragstyp definiert, sodass ergänzend zu den §§ 327 ff. BGB die jeweils anwendbaren besonderen Vorschriften aus Abschnitt 9 des Buches 2 Anwendung finden.

b) Persönlicher Anwendungsbereich

274 In persönlicher Hinsicht sind die §§ 327 ff. BGB bei Vorliegen eines **Verbrauchervertrages** iSd § 310 Abs. 3 BGB anwendbar. Insoweit kann auf die Ausführungen unter → Rn. 218 verwiesen werden.

275 Auf **B2B-Verträge** finden die Vorschriften der §§ 327 ff. BGB keine Anwendung, auch eine analoge Anwendung scheidet aus.[369] Möglich bleibt es, einzelne Vorschriften zum Zwecke der ergänzenden Vertragsauslegung heranzuziehen, sofern sie keinen spezifischen verbraucherschützenden Charakter aufweisen.[370]

c) Sachlicher Anwendungsbereich

276 Mit Blick auf die Leistung des Verbrauchers ist der sachliche Anwendungsbereich der §§ 327 ff. BGB nach § 327 Abs. 1 S. 1 BGB eröffnet, wenn das digitale Produkt gegen Zahlung durch den Verbraucher eines **Preises** bereitgestellt wird. Erfasst sind unabhängig von dem Zahlungsmittel zunächst Geldzahlungen aller Art.[371] Nach § 327 Abs. 1 S. 2 BGB fallen unter den Begriff des „Preises" zudem auch digitale Darstellungen eines Wertes. Die

---

363 BT-Drs. 19/27653, 37; Staudinger/Steinrötter BGB § 327 Rn. 1.
364 RegE, BT-Drs. 19/27653, 38.
365 Schmitz/Buschuew MMR 2022, 171 (172).
366 RegE, BT-Drs. 19/27653, 26.
367 Insoweit sogar Verdrängung zentraler Teile des allgemeinen Kauf-, Schenkungs-, Miet- und Werkvertragsrechts durch §§ 327 ff. BGB nach MüKoBGB/Metzger Vor § 327 Rn. 19.
368 MüKoBGB/Metzger § 327 Rn. 2.
369 MüKoBGB/Metzger Vor § 327 Rn. 38; BeckOK BGB/Wendland/Soritz § 327 Rn. 26; Stiegler MMR 2021, 753.
370 MüKoBGB/Metzger vor § 327 Rn. 39.
371 MüKoBGB/Metzger § 327 Rn. 13; Jauernig/Kern BGB § 327 Rn. 8.

Digitale-Inhalte-Richtlinie nennt hier als Beispiele elektronische Gutscheine und **E-Coupons.**[372]

Zudem ist nach § 327 Abs. 3 BGB der sachliche Anwendungsbereich auch dann eröffnet, wenn der Verbraucher anstelle einer monetären Gegenleistung dem Unternehmer **personenbezogene Daten** bereitstellt oder sich zu deren Bereitstellung verpflichtet und die Voraussetzungen des § 312 Abs. 1a S. 2 BGB nicht vorliegen.[373] Insoweit gelten die Darstellungen unter → Rn. 223 ff. und → Rn. 226 ff. **277**

Gegenstand des Verbrauchervertrages muss nach § 327 Abs. 1 S. 1 BGB die Bereitstellung digitaler Inhalte oder digitaler Dienstleistungen sein, die der deutsche Gesetzgeber unter der Legaldefinition der **„digitalen Produkte“** zusammenfasst. **278**

aa) Digitale Inhalte. Digitale Inhalte sind gemäß der gesetzlichen Definition in § 327 Abs. 2 S. 1 BGB Daten, die in digitaler Form **erstellt** und bereitgestellt werden. Das Verb „erstellt“ weicht von der bisherigen Definition der digitalen Inhalte in § 312f Abs. 3 aF ab, wo noch das Verb „hergestellt“ verwendet wurde. Es soll die bereits digital erfolgende Entwicklung der Inhalte besser zum Ausdruck bringen und ist **entwicklungsoffen** mit Blick auf noch nicht absehbare künftige Technologien, gegebenenfalls auch ohne unmittelbare menschliche Intervention im Rahmen des Produktionsprozesses.[374] Ob und welchen Inhalt die Daten haben, ist nicht ausschlaggebend; es soll allein auf das Vorhandensein von Daten in digitaler Form ankommen[375], wobei unter den Begriff der „Daten“ **maschinenlesbare,** kodierte Informationen zu verstehen sind[376]. **279**

Der digitale Inhalt muss nach § 327 Abs. 2 S. 1 BGB nicht nur in digitaler Form erstellt, sondern auch in digitaler Form **bereitgestellt** werden.[377] Ausgeschlossen sind folglich Inhalte, die zwar digital erstellt werden, sodann aber in analoger Form bereitgestellt werden.[378] Umkehrt fallen unter die Vorschrift des § 327 Abs. 2 S. 1 BGB zunächst analog erstellte Inhalte, die später digitalisiert (und folglich iSv § 327 Abs. 2 S. 1 BGB „digital erstellt“) und digital bereitgestellt werden.[379] **280**

Der digitale Inhalt ist zu unterscheiden von einem gegebenenfalls zu seiner Speicherung verwendeten **Datenträger.** Eine digitale Dienstleistung kann dazu verwendet werden, einen digitalen Inhalt zugänglich machen – dies ist jedoch nicht zwingend.[380] Als Beispiele für digitale Inhalte gelten Computerprogramme, Anwendungen, Videodateien, Audiodateien, Musikdateien, digitale Spiele, elektronische Bücher und andere elektronische Publikationen.[381] **281**

bb) Digitale Dienstleistungen. Ein digitales Produkt kann auch in Form einer digitalen Dienstleistung bereitgestellt werden. Der Begriff ist **in § 327 Abs. 2 S. 2 BGB definiert** und erfasst Dienstleistungen, die dem Verbraucher die Erstellung, die Verarbeitung oder die Speicherung von Daten in digitaler Form oder den Zugang zu solchen Daten ermöglichen (§ 327 Abs. 2 S. 2 Nr. 1 BGB), oder die gemeinsame Nutzung der vom Verbraucher oder von anderen Nutzern der entsprechenden Dienstleistung in digitaler Form hochgeladenen oder erstellten Daten oder sonstige Interaktionen mit diesen Daten ermöglichen (§ 327 Abs. 2 S. 2 Nr. 2 BGB). **282**

---

372 Erwgr. 23 der Digitale-Inhalte-Richtlinie.
373 Jauernig/Kern BGB § 327 Rn. 10.
374 RegE, BT-Drs. 19/27653, 38; MüKoBGB/Metzger § 327 Rn. 7; BeckOK BGB/Wendland/Soritz § 327 Rn. 40.
375 RegE, BT-Drs. 19/27653, 38.
376 MüKoBGB/Metzger § 327 Rn. 7.
377 RegE, BT-Drs. 19/27653, 38; BeckOK BGB/Wendland/Soritz § 327 Rn. 41.
378 So zB ein digital erstelltes Buch, das in gedruckter Form vertrieben wird, vgl. RegE, BT-Drs. 19/27653, 38.
379 RegE, BT-Drs. 19/27653, 38; Buchmann/Panfili K&R 2022, 73 (75); BeckOK BGB/Wendland/Soritz § 327 Rn. 40.
380 RegE, BT-Drs. 19/27653, 38.
381 Erwgr. 19 der Digitale-Inhalte-Richtlinie; RegE, BT-Drs. 19/27653, 39; Bittner VuR 2022, 9; BeckOK BGB/Wendland/Soritz § 327 Rn. 41.1.

283 Auch der Begriff der digitalen Dienstleistungen ist weit und **offen für neue technische Entwicklungen und Geschäftsmodelle** zu interpretieren.[382] Auf die Art und Weise der technischen Umsetzung der Dienstleistung kommt es für die Anwendung der Vorschrift nicht an.[383] Als Beispiele sind in Erwgr. 19 der Digitale-Inhalte-Richtlinie Dienste angeführt, welche „die Erstellung, Verarbeitung oder Speicherung von Daten in digitaler Form sowie den Zugriff auf sie ermöglichen, einschließlich Software-as-a-Service, wie die gemeinsame Nutzung von Video- oder Audioinhalten und andere Formen des Datei-Hosting, Textverarbeitung oder Spiele, die in einer Cloud-Computing-Umgebung und in sozialen Medien angeboten werden", ohne diese den beiden aus § 327 Abs. 2 S. 2 BGB ersichtlichen Varianten konkret zuzuordnen. § 327 Abs. 2 S. 2 Nr. 1 und Nr. 2 BGB unterscheiden sich dadurch, dass im Falle der Nr. 1 nur der Verbraucher und der Unternehmer Zugriff auf die Daten haben, während im Falle der Nr. 2 üblicherweise auch Dritte (bspw. Nutzer einer Plattform) Zugriff auf die Daten haben.[384] Auf eine genaue Zuordnung zu Nr. 1 oder Nr. 2 kann aber im Ergebnis bei digitalen Dienstleistungen verzichtet werden, da eine Differenzierung zwischen den beiden Varianten für die Anwendung und Rechtsfolgen der §§ 327 ff. BGB keine Rolle spielt.[385]

284 **cc) Körperliche Datenträger.** § 327 Abs. 5 BGB erstreckt den Anwendungsbereich der §§ 327 ff. BGB auch auf Verträge über körperliche Datenträger, welche ausschließlich als Träger digitaler Inhalte dienen. § 327 Abs. 5 BGB dient, zusammen mit § 327a Abs. 2 und 3 BGB (→ Rn. 298 ff.), der **Abgrenzung zum Kaufvertrag** nach § 433 BGB.[386] Das in § 327 Abs. 5 BGB verankerte Kriterium der Ausschließlichkeit verdeutlicht, dass allein das Speichern digitaler Produkte auf einem Datenträger den Vertrag nicht zum Kaufvertrag macht, sondern ihn weiterhin als Vertrag über die Bereitstellung digitaler Produkte qualifiziert.[387]

285 Für den Begriff des körperlichen Datenträgers kann auf § 312f Abs. 3 BGB verwiesen werden. Die Digitale-Inhalte-Richtlinie nennt in Erwgr. 20 DVDs, CDs, USB-Sticks und Speicherkarten als Beispiele für einen körperlichen Datenträger. Die erfassten Datenträger müssen als **Träger digitaler Inhalte „dienen"**, es genügt daher nicht, dass sie nur als Träger dienen können.[388] Nicht eröffnet ist der Anwendungsbereich von § 327 Abs. 5 BGB bei Hardware, die zwar digitale Inhalte enthält und damit als körperlicher Datenspeicher dient, darüber hinaus aber auch andere Funktionen erfüllt (zB PCs und Laptops).[389]

286 Zu beachten ist, dass § 327 Abs. 5 BGB die Vorschriften des Untertitels mit Ausnahme der §§ 327b und 327c BGB für **anwendbar** erklärt. Die in §§ 327b und 327c BGB enthaltenen speziellen Bestimmungen über die Leistungszeit und die Rechte des Verbrauchers bei unterbliebener Bereitstellung finden keine Anwendung und es gelten mithin die allgemeinen Regelungen in den zur Umsetzung der Verbraucherrechterichtlinie erlassenen Vorschriften des BGB, also insbesondere § 475 Abs. 1 und 2 BGB.[390]

287 **dd) Paketverträge und Verträge über Sachen mit digitalen Elementen.** Gemäß § 327a Abs. 1 BGB gelten die §§ 327 ff. BGB auch in Falle von **„Paketverträgen".** Unter den in § 327a Abs. 1 S. 1 BGB legaldefinierten Begriff fallen Verbraucherverträge, die neben der Bereitstellung digitaler Produkte die Bereitstellung anderer Sachen oder die Bereitstellung anderer Dienstleistungen zum Gegenstand haben. § 327a Abs. 1 S. 1 BGB schränkt die Anwendbarkeit der §§ 327 ff. BGB auf derartige typengemischte Verträge jedoch dahin-

[382] MüKoBGB/Metzger § 327 Rn. 8; BeckOK BGB/Wendland/Soritz § 327 Rn. 42.
[383] Erwgr. 19 der Digitale-Inhalte-Richtlinie; BeckOK BGB/Wendland/Soritz § 327 Rn. 42.
[384] BeckOGK/Fries BGB § 327 Rn. 9; MüKoBGB/Metzger § 327 Rn. 8.
[385] RegE, BT-Drs. 19/27653, 39; BeckOGK/Fries BGB § 327 Rn. 12; MüKoBGB/Metzger BGB § 327 Rn. 8.
[386] MüKoBGB/Metzger § 327 Rn. 10.
[387] MüKoBGB/Metzger § 327 Rn. 10.
[388] RegE, BT-Drs. 19/27653, 42.
[389] MüKoBGB/Metzger § 327 Rn. 10; BeckOGK/Fries BGB § 327 Rn. 28 („ausschließlich").
[390] RegE, BT-Drs. 19/27653, 42; BeckOGK/Fries BGB § 327 Rn. 29.

gehend ein, dass grundsätzlich diese nur auf diejenigen Bestandteile des Paketvertrags anzuwenden sind, welche die digitalen Produkte betreffen.

Erwgr. 33 der Digitale-Inhalte-Richtlinie nennt als Beispiel den **Kauf elektronischer** **288**
Geräte inkl. Bereitstellung digitalen Fernsehens. Aber auch der Kauf eines Computers, bei dem der Kunde eine **Cloud-Option hinzubucht**[391]**,** fällt hierunter sowie die Bereitstellung einer Fitness-App durch den Betreiber eines Fitnessstudios oder die Gewährung des Zugangs zu einem geschützten Bereich einer Webseite für die Besucher eines Festivals[392].

Des Weiteren erklärt § 327a Abs. 2 BGB die §§ 327 ff. BGB auch auf Verbraucherverträge **289**
über Sachen iSv § 90 BGB für anwendbar, die digitale Produkte enthalten oder mit ihnen verbunden sind. Auch hier gilt – analog zu § 327a Abs. 1 S. 2 BGB –, dass die §§ 327 ff. BGB grundsätzlich nur auf diejenigen Bestandteile des Vertrags anzuwenden sind, welche die digitalen Produkte betreffen.[393] Auf die **rechtliche Einordnung** des Vertrages (Schenkung, Miete, Leihe, Herstellung von Sachen oder Dienstvertrag) kommt es nicht an;[394] Entsprechendes gilt für die Frage, ob die Sache und das digitale Produkt im Rahmen eines einheitlichen Vertrages bereitgestellt werden.[395] Es reicht aus, wenn die zwei Vertragsgegenstände technisch oder inhaltlich-funktional verbunden sind, wie dies beispielsweise der Fall ist, wenn ein Verbraucher eine Ferienwohnung beim Eigentümer mietet und parallel einen Vertrag mit einer Buchungsplattform abschließt.[396]

Abzugrenzen von den Verträgen über **Sachen mit digitalen Elementen** sind Kauf- **290**
verträge über Waren mit digitalen Elementen. Letztere fallen zwar grundsätzlich unter § 327a Abs. 2 BGB. § 327a Abs. 3 BGB ordnet aber für derartige Verträge an, dass die §§ 327–327u BGB keine Anwendung finden. Erfasst sind Kaufverträge über Waren, die in einer Weise digitale Produkte derart enthalten oder mit ihnen verbunden sind, dass die Waren ihre Funktionen ohne diese digitalen Produkte nicht erfüllen können. Für Verträge dieser Art gelten allein die Vorschriften des Kaufvertragsrechts (vgl. §§ 475b, 475c BGB).[397] Die Regelung setzt Art. 3 Abs. 4 Digitale-Inhalte-Richtlinie um, der die Abgrenzung zur Warenkauf-Richtlinie regelt.[398] Damit die Sache mit digitalen Elementen in den Anwendungsbereich der §§ 475b, 475c BGB fällt, muss sie ein **funktionales** und ein **vertragliches Kriterium** erfüllen. In funktionaler Hinsicht ist zu fragen, ob die Sache ohne das digitale Element ihre Funktionen erfüllen kann; das vertragliche Kriterium betrifft hingegen die Frage, ob die Bereitstellung des digitalen Elements nach dem Kaufvertrag geschuldet ist.[399]

Beispiele für derartig enthaltene oder verbundene digitale Inhalte sind **Betriebssysteme,** **291**
Anwendungen und andere Software; für digitale Dienstleistungen etwa solche, die die Erstellung, Verarbeitung, die Speicherung von oder den Zugang zu Daten in digitaler Form erlauben, die fortlaufende Bereitstellung von Verkehrsdaten in einem Navigationssystem oder die fortlaufende Bereitstellung von individuell angepassten Trainingsplänen für eine Smartwatch.[400]

Für den Verbraucher, der mit personenbezogenen Daten bezahlt, spielt die Frage, ob er **292**
mit dem Unternehmer einen Kaufvertrag über eine Ware mit digitalen Elementen nach § 327a Abs. 3 BGB abgeschlossen hat oder einen Verbrauchervertrag über ein digitales Produkt nach § 327 Abs. 1 BGB, mit Blick auf seine Rechte eine entscheidende Rolle. Denn während § 327 Abs. 3 BGB eine Gleichstellung von Zahlungen in Form von Geld und in Form von personenbezogenen Daten vorsieht und die §§ 327 ff. BGB auch für den Fall einer nicht monetären Gegenleistung für anwendbar erklärt, kennen die §§ 433 ff. BGB als

---

[391] BeckOGK/Fries BGB § 327a Rn. 5.
[392] MüKoBGB/Metzger § 327a Rn. 3.
[393] Jauernig/Kern BGB § 327a Rn. 2; HK-BGB/Schulze § 327a Rn. 5.
[394] Wendehorst NJW 2021, 2913 (2914).
[395] MüKoBGB/Metzger § 327a Rn. 8; dagegen: Gansmeier/Kochendörfer ZfPW 2022, 1 (9).
[396] MüKoBGB/Metzger § 327a Rn. 9.
[397] Gansmeier/Kochendörfer ZfPW 2022, 1 (13).
[398] RegE, BT-Drs. 19/27653, 47.
[399] RegE, BT-Drs. 19/27653, 47; Gansmeier/Kochendörfer ZfPW 2022, 1 (13 ff.).
[400] Erwgr. 14 der RL (EU) 2019/771 v. 20.5.2019 über bestimmte vertragsrechtliche Aspekte des Warenkaufs.

einzige Form der Gegenleistung des Verbrauchers die Zahlung eines Kaufpreises (§ 433 Abs. 2 BGB).[401] In der Folge bedeutet dies, dass Käufer von Waren mit digitalen Elementen, die mit personenbezogenen Daten „bezahlt" haben, im Gegensatz zu Verbrauchern, die ein digitales Produkt mit ihren Daten erworben haben, keine **Gewährleistungsrechte** geltend machen können.[402]

d) Vertragsrechtliche Folgen datenschutzrechtlicher Erklärungen des Verbrauchers

293 § 327q BGB widmet sich der Frage, welche vertragsrechtlichen Folgen im Falle der Ausübung von datenschutzrechtlichen Betroffenenrechte und der Abgabe von datenschutzrechtlichen Erklärungen durch den Verbraucher greifen. Nach dem Gesetzgeber soll der Verbraucher hierbei keine Sanktionen fürchten müssen, wenn er seine **datenschutzrechtlichen Rechte** ausübt.[403]

294 **aa) Ausübung von datenschutzrechtlichen Betroffenenrechte und Abgabe von datenschutzrechtlichen Erklärungen.** § 327q Abs. 1 BGB statuiert, dass die Ausübung von datenschutzrechtlichen Betroffenenrechten und die Abgabe datenschutzrechtlicher Erklärungen des Verbrauchers nach Vertragsschluss die **Wirksamkeit des Vertrags unberührt** lassen.

295 Zwar ist nach dem Wortlaut des § 327q BGB der Anwendungsbereich der Vorschriften nicht auf Verbraucherverträge über digitale Produkte beschränkt, bei denen der Verbraucher dem Unternehmer personenbezogene Daten bereitstellt oder sich zu deren Bereitstellung verpflichtet (§ 327 Abs. 3 BGB). Die Folgen des § 327q Abs. 1 BGB gelten somit grundsätzlich auch bei Verträgen, die auf Seiten des Verbrauchers eine monetäre Leistung vorsehen. Die praktische Relevanz und Tragweite der Regelungen in § 327q BGB zeigt sich aber besonders bei Verbraucherverträgen, denen eine **nicht monetäre Gegenleistung** zugrunde liegt.

296 Die datenschutzrechtlichen Betroffenenrechte sind in den Art. 12–23 DS-GVO geregelt. Hierunter fallen ua das Recht auf Auskunft des Betroffenen nach Art. 15 DS-GVO, aber auch „gestalterische" Rechte wie etwa das Recht auf Löschung (Art. 17 DS-GVO) oder das Recht auf Einschränkung der Verarbeitung (Art. 18 DS-GVO). Während die Ausübung des Auskunftsrechts nach Art. 15 DS-GVO sich auf die Datenverarbeitung nicht unmittelbar auswirkt, ist dies bei den weiteren, in den Art. 12–23 DS-GVO geregelten Betroffenenrechte anders zu beurteilen. So kann die Ausübung des in Art. 17 DS-GVO verankerten **„Rechts auf Vergessenwerden"** zur Folge haben, dass der Unternehmer die von ihm verarbeiteten, den Kunden betreffenden personenbezogenen Daten unwiderruflich löschen muss. Betrifft die Datenverarbeitung einen Verbrauchervertrag iSd § 327 Abs. 3 BGB, hat dies für den Unternehmer zur Folge, dass er auf die ihm von dem Verbraucher als Gegenleistung bereitgestellten Daten (nachträglich) verzichten muss.

297 § 327q Abs. 1 BGB stellt für derartige Fälle klar, dass die Ausübung der Betroffenenrechte nach Art. 12 ff. DS-GVO die Wirksamkeit des Vertrages unberührt lässt. Entsprechendes gilt mit Blick auf die Abgabe datenschutzrechtlicher Erklärungen, wie der **Widerruf einer Einwilligung** nach Art. 7 Abs. 3 DS-GVO[404] oder den Widerspruch nach Art. 21 Abs. 1 DS-GVO gegen die Datenverarbeitung auf Grundlage der Art. 6 Abs. 1 lit. e und lit. f DS-GVO.[405] Der Verbraucher soll nach der gesetzgeberischen Intention nicht in der Ausübung seiner durch das Datenschutzrecht gewährten Rechte beschränkt werden, indem er in Unsicherheit über das Schicksal des Vertrags gelassen wird.[406] Der Unternehmer, der möglicherweise die vom Verbraucher erhaltenen personenbezogenen Daten nicht mehr

---

[401] Klink-Straub NJW 2021, 3217 (3221).
[402] Mischau ZEuP 2020, 335 (353); Klink-Straub NJW 2021, 3217 (3221).
[403] BT-Drs. 19/27653, 75; HK-BGB/Schulze § 327q Rn. 1.
[404] MüKoBGB/Metzger § 327q Rn. 6.
[405] BT-Drs. 19/27653, 76; Redeker IT-R/Redeker B. Rn. 766.
[406] BT-Drs. 19/27653, 76.

verarbeiten darf, bleibt zu der vertraglich vereinbarten Leistung verpflichtet, ein Zurückbehaltungsrecht nach § 273 BGB scheidet aus.[407] Zugleich behält der Verbraucher die in den §§ 327 ff. BGB vorgesehenen Gewährleistungsrechte.

bb) Kündigungsrecht des Unternehmers. § 327q Abs. 2 BGB legt die zivilrechtlichen Folgen fest, die eintreten, wenn der Verbraucher eine von ihm erteilte datenschutzrechtliche Einwilligung gem. Art. 7 Abs. 3 DS-GVO widerruft oder einer weiteren Verarbeitung seiner personenbezogenen Daten nach Art. 21 DS-GVO widerspricht. Nach dieser Vorschrift kann der Unternehmer im Falle der Abgabe der vorgenannten datenschutzrechtlichen Erklärungen einen Vertrag, der ihn zu einer Reihe einzelner Bereitstellungen digitaler Produkte oder zur dauerhaften Bereitstellung eines digitalen Produkts verpflichtet, ohne Einhaltung einer Kündigungsfrist **kündigen,** wenn ihm unter Berücksichtigung des weiterhin zulässigen Umfangs der Datenverarbeitung und unter Abwägung der beiderseitigen Interessen die Fortsetzung des Vertragsverhältnisses bis zum vereinbarten Vertragsende oder bis zum Ablauf einer gesetzlichen oder vertraglichen Kündigungsfrist nicht zugemutet werden kann. **298**

§ 327q Abs. 2 BGB findet im Umkehrschluss **keine Anwendung,** wenn der Verbraucher seine datenschutzrechtliche Einwilligung widerruft oder der weiteren Datenverarbeitung widerspricht und es sich um eine **einmalige Bereitstellung digitaler Inhalte** handelt.[408] Folge hiervon ist, dass der Verbraucher in diesem Fall den digitalen Inhalt behalten darf. **299**

Das in § 327q Abs. 2 BGB vorgesehene besondere Kündigungsrecht des Unternehmers wurde auf **Eigeninitiative des deutschen Gesetzgebers** eingeführt. Die Vorschrift dient folglich nicht der Umsetzung der Digitale-Inhalte-Richtlinie,[409] die in Erwgr. 40 ausdrücklich klarstellt, dass die Folgen für die von ihr erfassten Verträge, die sich ergeben, wenn der Verbraucher die Einwilligung in die Verarbeitung seiner personenbezogenen Daten widerruft, nicht von ihrem Anwendungsbereich erfasst sind und dem nationalen Recht unterliegen.[410] **300**

§ 327q Abs. 2 BGB trägt dem Umstand Rechnung, dass der Unternehmer nach § 327q Abs. 1 BGB im Falle der Ausübung von datenschutzrechtlichen Betroffenenrechten und der Abgabe datenschutzrechtlicher Erklärungen durch den Verbraucher grundsätzlich zur Leistungserbringung verpflichtet bleibt. Dies gilt nicht nur im Falle einer einmaligen Bereitstellung des digitalen Produkts (zB Download eines eBooks), sondern auch, wenn der Unternehmer zu einer Reihe einzelner Bereitstellungen digitaler Produkte oder zur dauerhaften Bereitstellung eines digitalen Produkts verpflichtet ist, sich also der Vertrag nicht in einem einmaligen Leistungsaustausch erschöpft.[411] Im letzteren Fall soll der Unternehmer unter bestimmten Umständen berechtigt sein, **sich von dem Vertrag zu lösen.** Mit § 327q Abs. 2 BGB bringt der Gesetzgeber zum Ausdruck, dass die Bereitstellung personenbezogener Daten durch den Verbraucher mit Blick auf Verträge über digitale Produkte eine wesentliche Voraussetzung für die Erfüllung derselben darstellen kann.[412] **301**

Das besondere Kündigungsrecht des Unternehmers besteht jedoch nur, wenn ihm unter Berücksichtigung des weiteren zulässigen Umfangs der Datenverarbeitung und unter Abwägung der beiderseitigen Interessen die **Fortsetzung des Vertragsverhältnisses** bis zum vereinbarten Vertragsende oder bis zum Ablauf einer gesetzlichen oder vertraglichen Kündigungsfrist **nicht zugemutet** werden kann. § 327 Abs. 2 BGB erfordert somit eine umfassende Interessenabwägung, wobei aus Sicht des Unternehmers der weiterhin zulässige Umfang der Datenverarbeitung maßgeblich ist.[413] Zu prüfen ist folglich ua, ob im Falle eines **302**

[407] Buchmann/Panfili K&R 2022, 232 (238).
[408] Jauernig/Kern BGB § 327q Rn. 4.
[409] So auch MüKoBGB/Metzger § 327q Rn. 1; BeckOGK/Fries BGB § 327q Rn. 3; die sich aber dafür aussprechen, dass § 327q den Vorrang der DS-GVO vor der Digitale-Inhalte-Richtlinie umsetzt.
[410] Erwgr. 40 Digitale-Inhalte-Richtlinie.
[411] Jauernig/Kern BGB § 327q Rn. 4.
[412] BeckOGK/Fries BGB § 327q Rn. 3.
[413] BT-Drs. 19/27653, 76; MüKoBGB/Metzger § 327q Rn. 10.

Widerspruchs oder des Widerrufs einer Einwilligung die bisherige **Datenverarbeitung** auf eine andere **Rechtsgrundlage** aus Art. 6 DS-GVO gestützt werden kann. Mit Blick auf den Widerruf der datenschutzrechtlichen Einwilligung geht der deutsche Gesetzgeber dabei davon aus, dass sich eine im Vergleich dazu lediglich eingeschränkte Möglichkeit zur weiteren Datenverarbeitung aus anderen Rechtsgrundlagen ergeben kann.[414] Die Datenschutzbehörden lehnen dies hingegen ab[415], was – jedenfalls im Falle eines Widerrufs nach Art. 7 Abs. 3 DS-GVO – für ein Kündigungsrecht des Unternehmers nach § 327q Abs. 2 BGB sprechen würde[416].

303 Ob ein Kündigungsrecht nach § 327q Abs. 2 BGB besteht, ist letztlich stets eine Frage des Einzelfalles.[417] In den Fällen, in denen der Verbraucher seine datenschutzrechtliche Einwilligung für eine für die Produktbereitstellung nicht notwendige Datenverarbeitung (bspw. zu Werbezwecken) widerruft, wird die Interessenabwägung eher zugunsten des Verbrauchers ausfallen; demgegenüber wird man ein Kündigungsrecht des Unternehmers eher bejahen müssen, je wichtiger die entzogenen Datenverarbeitungsrechte für die Bereitstellung des digitalen Produkts sind.[418] Aufgrund der **grundrechtsrelevanten Prägung** solcher Sachveralte verbietet sich jedoch eine Festlegung pauschaler Abwägungskriterien.[419] Entgegen der gesetzgeberischen Intention zu § 327q Abs. 1 BGB hat das Erfordernis einer einzelfallbezogenen Abwägung aus Sicht des Verbrauchers jedenfalls zur Folge, dass dieser im Falle der Abgabe datenschutzrechtlicher Erklärungen letztlich sehr wohl über das Schicksal seines Vertrages im Unklaren gelassen wird.[420]

304 Fraglich ist, ob das besondere Kündigungsrecht in § 327q Abs. 2 BGB mit dem Kopplungsverbot gem. Art. 7 Abs. 4 DS-GVO vereinbar ist.[421] Gemäß Art. 4 Ziff. 11 DS-GVO fällt unter den Begriff der „Einwilligung" jede freiwillig für den bestimmten Fall, in informierter Weise und unmissverständlich abgegebene Willensbekundung des Betroffenen in Form einer Erklärung oder einer sonstigen eindeutig bestätigenden Handlung, mit der die betroffene Person zu verstehen gibt, dass sie mit der Verarbeitung der sie betreffenden personenbezogenen Daten einverstanden ist. Der Betroffene muss daher bei der Entscheidung, ob er die Einwilligung erteilt, eine echte, **freie Wahl** haben und auch die Möglichkeit haben, die Einwilligung zu verweigern oder zu widerrufen, ohne Nachteile zu erleiden.[422] Dementsprechend verlangt Art. 7 Abs. 4 DS-GVO, dass bei der Beurteilung, ob die Einwilligung freiwillig erteilt wurde, ua berücksichtigt werden muss, ob die Erfüllung eines Vertrags von der Einwilligung zu einer Verarbeitung von personenbezogenen Daten abhängig ist, die für die Erfüllung des Vertrags nicht erforderlich sind.[423] Nach dem dort verankerten Kopplungsverbot gilt folglich eine Einwilligung **nicht als freiwillig,** wenn der Betroffene de facto keine Alternative hat, als der Datenverarbeitung zuzustimmen, um eine Dienstleistung oder eine andere vertragliche Leistung in Anspruch nehmen zu können.[424] Die Abgabe der Einwilligung soll nicht durch einen unbilligen emotionalen oder wirtschaftlichen Druck erzwungen werden.[425] In der Folge sieht Art. 7 Abs. 3 DS-GVO vor, dass

---

414 BT-Drs. 19/27653, 76; vgl. hierzu auch Klink-Straub NJW 2021, 3217 (3221).

415 Kurzpapier Nr. 20 der DSK, Einwilligung nach der DS-GVO, S. 3, Artikel-29-Datenschutzgruppe: Leitlinien in Bezug auf die Einwilligung gem. VO 2016/679, 27.

416 Klink-Straub NJW 2021, 3217 (3221).

417 BeckOGK/Fries BGB § 327q Rn. 9; BeckOK BGB/Wendland § 327q Rn. 13; MüKoBGB/Metzger § 327q Rn. 10.

418 BeckOGK/Fries BGB § 327q Rn. 9.

419 Buchmann/Panfili K&R 2022, 232 (238).

420 Buchmann/Panfili K&R 2022, 232 (238); so auch Buchmüller/Roos ZD 2022, 8 (12).

421 Zu dieser Thematik insbes. Böning ZD-Aktuell 2021, 05556.

422 Erwgr. 42 DS-GVO; Jandt/Steidle Datenschutz-HdB/Wilmer III. Rn. 118; Gola/Heckmann/Schulz DS-GVO Art. 7 Rn. 19; Paal/Pauly/Frenzel DS-GVO Art. 7 Rn. 19.

423 Ausführlich zum Kopplungsverbot Golland MMR 2018, 130; Engeler TD 2018, 55.

424 BeckOK DatenschutzR/Stemmer DS-GVO Art. 7 Rn. 42; zumindest, sofern die Einwilligung für die Leistungserbringung nicht erforderlich ist auch Ehmann/Selmayr/Klabunde/Horváth DS-GVO Art. 4 Rn. 54.

425 Taeger/Gabel/Taeger DS-GVO Art. 7 Rn. 94.

der Betroffene das Recht hat, seine Einwilligung jederzeit zu widerrufen. Der Betroffene bleibt also auch in der Entscheidung, ob er seine Einwilligung aufrechterhalten möchte, frei; an eine einmal abgegebene Einwilligung ist er nicht unwiderruflich gebunden.[426] Eine Möglichkeit der Einschränkung dieses Widerrufsrechts sieht die DS-GVO nicht vor.[427]

Die Frage der Freiwilligkeit der Einwilligung nimmt folglich als Ausprägung des datenschutzrechtlichen Selbstbestimmungsrechts des Verbrauchers einen hohen Stellenwert ein.[428] Folge des § 327q Abs. 2 BGB ist jedoch, dass dem Verbraucher im Falle eines Widerrufs seiner datenschutzrechtlichen Einwilligungserklärung eine Kündigung seines Verbrauchervertrages droht. Im Ergebnis könnte sich ein Verbraucher, der zwar seine datenschutzrechtlichen Rechte ausüben möchte, zugleich aber eine Fortsetzung des Vertrages wünscht, faktisch gezwungen sehen, der Datenverarbeitung weiterhin zuzustimmen, selbst wenn er dies eigentlich nicht mehr möchte. Aus diesem Grund steht § 327q Abs. 2 BGB in seiner derzeitigen Fassung nicht mit Art. 7 Abs. 4 DS-GVO in Einklang, sodass die Vorschrift im Rahmen einer **europarechtskonformen Auslegung** nicht angewandt werden darf.[429] 305

cc) Ausschluss von Ersatzansprüchen des Unternehmers. § 327q Abs. 3 BGB regelt, dass **Ersatzansprüche** des Unternehmers gegen den Verbraucher wegen einer durch die Ausübung von Datenschutzrechten oder die Abgabe datenschutzrechtlicher Erklärungen bewirkten Einschränkung der zulässigen Datenverarbeitung **ausgeschlossen** sind. 306

Für den **Begriff der „Ersatzansprüche"** verweist der deutsche Gesetzgeber auf § 548 BGB.[430] Erfasst sind sowohl vereinbarte Vergütungspflichten, die im Falle des § 327 Abs. 3 BGB anstelle der Bereitstellung personenbezogener Daten treten, als auch gesetzliche Nutzungs- und Schadensersatzansprüche sowie Ansprüche aus ungerechtfertigter Bereicherung und Geschäftsführung ohne Auftrag.[431] 307

Die Regelung greift unabhängig davon, ob das Vertragsverhältnis nach § 327q Abs. 1 BGB fortgesetzt oder nach § 327q Abs. 2 BGB von dem Unternehmer gekündigt wird.[432] Der Gesetzgeber wirkt mit dieser Regelung dem Risiko entgegen, dass ein Unternehmer **indirekt** eine **Vergütung** vom Verbraucher verlangen oder diesen Ersatzansprüchen aussetzen und den Verbraucher faktisch so davon **abhalten könnte, seine datenschutzrechtlichen Rechte wahrzunehmen.**[433] 308

dd) Analoge Anwendung des § 327q BGB auf andere Verbraucherverträge? Mit Blick auf die in § 327q BGB enthaltenen Regelungen stellt sich die Frage einer **analogen Anwendbarkeit** auf andere Verbraucherverträge. Denn die Spezialvorschriften der §§ 327 ff. BGB gelten nur für Verträge, die die Bereitstellung digitaler Produkte zum Gegenstand haben, und zwar unabhängig von der rechtlichen Einordnung des der Bereitstellung zugrundeliegenden Vertrages (→ Rn. 273 f.). Für Verbraucherverträge, die dem Anwendungsbereich des § 312 Abs. 1a BGB unterfallen, jedoch keine digitalen Produkte betreffen, fehlt bislang ein eigenständiges Rechtsfolgensystem. Eine Vorschrift für die Rechtsfolgen einer datenschutzrechtlichen Erklärung des Verbrauchers bei Verträgen nach § 312 Abs. 1a BGB, die kein digitales Produkt betreffen, wie sie in § 327q BGB für digitale Produkte vorgesehen ist, hat der deutsche Gesetzgeber nicht vorgesehen. Die Gesetzesbegründung zu § 312 Abs. 1a BGB schweigt zu dieser **Regelungslücke.** 309

---

[426] Vgl. hierzu auch Kühling/Buchner/Buchner/Kühling DS-GVO Art. 7 Rn. 34; Gola/Heckmann/Schulz DS-GVO Art. 7 Rn. 54.
[427] Ausführlich dazu sowie zum diesbezüglichen Meinungsstreit Kühling/Buchner/Buchner/Kühling DS-GVO Art. 7 Rn. 38 ff.; zweifelnd hier ua BAG 19.2.2015 – 8 AZR 1011/13, ZUM-RD 2016, 208 (212).
[428] BeckOK DatenschutzR/Stemmer DS-GVO Art. 7.
[429] Ausführlich dazu Buchmann/Panfili K&R 2022, 232 (238 f.); zweifelnd zumindest Böning ZD-Aktuell 2021, 05556.
[430] BT-Drs. 19/27653, 76; MüKoBGB/Metzger § 327q Rn. 14; HK-BGB/Schulze § 327q Rn. 5.
[431] BT-Drs. 19/27653, 76; MüKoBGB/Metzger § 327q Rn. 14; HK-BGB/Schulze § 327q Rn. 5.
[432] MüKoBGB/Metzger § 327q Rn. 14; iE wohl auch Jauernig/Kern BGB § 327q Rn. 8.
[433] BT-Drs. 19/27653, 76; Jauernig/Kern BGB § 327q Rn. 8.

310 Dennoch ist die **Interessenlage** der betroffenen Parteien im Falle eines § 312 Abs. 1a BGB unterfallenden Vertrages, der nicht zugleich vom Anwendungsbereich des § 327 Abs. 3 BGB erfasst ist, **vergleichbar.**[434] Denn ein Verbraucher, der eine Ware gegen Bereitstellung seiner personenbezogenen Daten erwirbt, ist sowohl in zivilrechtlicher als auch in datenschutzrechtlicher Hinsicht unabhängig von der Art der vertragsgegenständlichen Ware schutzwürdig. Entsprechendes gilt für den Unternehmer. Auch für diesen kann es nicht entscheidend darauf ankommen, ob er sich (wie dies § 327q Abs. 2 BGB verlangt) zu einer Reihe einzelner Bereitstellungen digitaler Produkte bzw. zur dauerhaften Bereitstellung eines digitalen Produkts verpflichtet hat oder ob diese Verpflichtung mit Blick auf eine sonstige Ware besteht. Die vom Gesetzgeber bei Verträgen über die Bereitstellung digitaler Produkte anerkannte Risikolage[435] ist aus Sicht des Unternehmers in beiden Konstellationen dieselbe, sodass eine **analoge Anwendbarkeit** des § 327q BGB auch auf sonstige Verbraucherverträge iSd § 312 Abs. 1a BGB **zu bejahen** ist.

IV. Klauselkontrolle

Siehe zu diesem Themenkomplex auch
- Überlassung von Daten auf Dauer → Rn. 1
- Miete, Leihe, Leasing und Pacht → Rn. 122
- Data Act Vertragsbeziehungen → Kap. 13 Rn. 43
- Verbraucherverträge → Rn. 193
- Data Act Cloud Switching → Kap. 9 Rn. 43
- Leistungsstörungen → Kap. 12 Rn. 1

311 Wie bei allen Verträgen, ist auch für die Gestaltung von Datenverträgen zwischen dem zwingenden und dem disponiblen Recht zu unterscheiden. Zwingendes Recht lässt eine vertragliche Regelung von vornherein nicht zu mit der Folge der Unwirksamkeit einer dennoch vom Gesetz abweichenden Regelung aufgrund der Verbotsnorm oder nach § 134 BGB. Das disponible Recht unterliegt bei Datenverträgen einer allgemeinen Inhaltskontrolle nach dem **AGB-Recht** aus den §§ 307 ff. BGB und einer sonstigen Klauselkontrolle, insbesondere nach dem **Data Act** und den allgemeinen Vorschriften des BGB wie § 138 BGB.

312 Gegenüber den §§ 305 ff. BGB enthält der Data Act eine spezifische Regelung in Art. 13 DA. Im Anwendungsbereich dieser Bestimmung scheidet ein Rückgriff auf das nationale Recht aus.[436] Denn eine Unwirksamkeit nach dem zwingenden Sekundärrecht der EU kann nicht vom nationalen Recht als wirksam erkannt werden. Gleiches gilt für den umgekehrten Fall. Damit kommen im Anwendungsbereich des Data Act weder eine **konkurrierende Kontrolle** nach § 134 BGB noch eine nach § 307 BGB in Betracht.[437] Für Art. 13 DA ist zu beachten, dass er nur Verträge zwischen Unternehmen erfasst, also im Verhältnis zum Nutzer oder Datenempfänger nicht gilt, wenn mindestens eine Partei Verbraucher ist. Zudem müssen die Klauseln dem Vertragspartner einseitig auferlegt sein. Ist das nicht der Fall, scheidet eine Klauselkontrolle nach Art. 13 DA aus → Rn. 349.

313 Es bleibt dann aber die Möglichkeit der Unwirksamkeit nach anderen Bestimmungen, auch des nationalen Rechts, insbesondere nach §§ 134, 138 und 307 ff. BGB. Kann die Unwirksamkeit auf mehrere Normen zurückgeführt werden, gilt grundsätzlich keine

[434] Ausführlich dazu Buchmann/Panfili K&R 2022, 232 (239 f.).
[435] BT-Drs. 19/27653, 76.
[436] Wiebe GRUR 2023, 1569 (1570); Wendehorst NJW 2025, 3257 (2358).
[437] BeckOK DatenschutzR/Raue DA Art. 13 Rn. 7.

Hierarchie der Unwirksamkeitsgründe.[438] Relevant werden kann aber die jeweilige **Rechtsfolge.** Kommt § 139 BGB zur Geltung, ist im Zweifel der gesamte Vertrag unwirksam, im Rahmen von AGB gilt § 306 BGB, für den Data Act Art. 13 Abs. 7 DA.

1. Zwingendes Recht

Zwingende Bestimmungen lassen keine Abweichungen vom Gesetz zu und unterliegen daher nicht der Inhaltskontrolle. Das Gesetz sieht zwingende Bestimmungen mit einem **Bezug zu Datenverträgen** vor allem in diesen Bereichen vor: 314

- Verbraucherrecht → Rn. 193
- Data Act → Kap. 4 (Zugang zu Daten) und → Kap. 9 Rn. 60 (Cloud Switching)
- § 87e UrhG

a) Verbraucherrecht

Für Verbraucherverträge, die über **digitale Produkte** geschlossen werden, sieht § 327s ein weitgehendes Verbot vor, von den gesetzlichen Bestimmungen zu Lasten des Verbrauchers abzuweichen. Für Schadensersatzansprüche gelten die allgemeinen Beschränkungen, insbesondere die Inhaltskontrolle nach § 309 Nr. 7 und § 307 Abs. 2 Nr. 2 BGB (→ Rn. 73). Von den nach dem Gesetz geschützten objektiven Anforderungen an digitale Produkte kann in Verträgen nur im Rahmen der §§ 327h, 327s BGB und § 434 Abs. 3, 476 Abs. 1 S. 2 BGB abgewichen werden. Für den Rückgriff in der Lieferkette, an deren Ende ein Verbraucher steht, sehen §§ 327u und 478 Abs. 2 BGB Verbote für Beschränkungen vor. 315

b) Data Act

Der Data Act enthält eine Reihe von Bestimmungen, die die Vertragspartner darin begrenzt, Vereinbarungen zu treffen. Zum Teil behandeln die Regelungen unzulässige Vereinbarungen direkt, zum Teil kann aus den Bestimmungen des Data Act abgeleitet werden, dass Bestimmungen, die den **Verhaltensvorschriften des Gesetzes** entgegenstehen, unwirksam sein müssen. 316

aa) Ausdrückliche Anordnung der Unwirksamkeit. Bestimmungen zur Unwirksamkeit von vertraglichen Vereinbarungen enthalten 317

- Art. 7 Abs. 2 DA → Rn. 318
- Art. 8 Abs. 2 DA → Rn. 318
- Art. 12 Abs. 2 DA → Rn. 319
- Art. 13 DA → Rn. 431
- Art. 23 S. 2 DA → Rn. 320
- Art. 29 DA → Rn. 320

Ausdrücklich unwirksam sind gem. Art. 7 Abs. 2 DA Vereinbarungen, die den Nutzer in seinen Rechten aus Kapitel II des Data Act beschränken. Allerdings spricht Erwgr. 25 die Möglichkeit an, dass Nutzer, die Unternehmen sind, für den Verzicht auf ihr Recht, Produktdaten oder verbundene Dienstdaten zu verwenden oder weiterzugeben, eine angemessene Gegenleistung erhalten. Insoweit könnten sich **Nutzer selbst binden.** Der klare Wortlaut des Art. 7 Abs. 2 DA ist jedoch schwerlich mit der im Erwägungsgrund aufgezeigten Möglichkeit in Einklang zu bringen.[439] In dieselbe Richtung zielt auch Art. 8 Abs. 2 DA. Eine Klausel ist danach nicht bindend, wenn sie in Bezug auf den Datenzugang und die Datennutzung oder die Haftung und Rechtsbehelfe bei Verletzung oder Beendigung datenbezogener Pflichten die Ausübung der Rechte des Nutzers nach Kapitel II zu dessen Nachteil ausschließt, davon abweicht oder deren Wirkung abändert. Damit geht 318

[438] Wolf/Lindacher/Pfeiffer/Pfeiffer, 7. Aufl. 2020, BGB § 307 Rn. 11 ff.
[439] Gegen eine bindende Wirkung von Art. 7 Abs. 2 DA Wendehorst ZIP 2025, 3130 (3134).

Art. 8 Abs. 2 DA hinsichtlich der Haftung und der Rechtsbehelfe über den Wortlaut von Art. 7 DA hinaus. Ob es einen Unterschied im Anwendungsbereich der Bestimmungen geben soll, ist indes nicht zu erkennen und lässt sich insbesondere den Erwägungsgründen nicht entnehmen.[440] Eine Ausnahme zu diesen Beschränkungen sieht Art. 4 Abs. 2 DA für die **Weitergabe von Daten** im Verhältnis zwischen Nutzer und Dateninhaber vor, wenn die Weitergabe die im Unionsrecht oder im nationalen Recht festgelegten Sicherheitsanforderungen des vernetzten Produkts beeinträchtigen und damit zu schwerwiegenden nachteiligen Auswirkungen auf die Gesundheit oder die Sicherheit von natürlichen Personen führen könnte.

319 Einen Schutz des Nutzers vor Benachteiligungen durch **Vereinbarungen zwischen Dritten** enthält Art. 12 Abs. 2 DA. Neben Bestimmungen in Datenweitergabevereinbarungen zum Nachteil einer Partei erfasst die Norm „gegebenenfalls" auch Bestimmungen zum Nachteil des Nutzers. Das ergibt nur Sinn, wenn der Nutzer nicht Partei der Vereinbarung ist. Wie allerdings Dritte Rechte des Nutzers nach dem Data Act beeinträchtigen können, ist unklar. Allgemein gilt schon ein Verbot von Vereinbarungen zu Lasten Dritter in der Weise, dass Dritten ohne ihre Beteiligung weder Pflichten auferlegt noch Rechte genommen werden können. Berücksichtigt man, dass Dritte mit den dem Nutzer zustehenden Daten nur auf dessen Weisung in Kontakt kommen, ist ein Anwendungsbereich dieser Bestimmung, sofern sie dem Wortlaut entsprechend zu verstehen ist, nur insoweit zu sehen, dass die unzulässigen Vereinbarungen Fakten schaffen, insbesondere Daten löschen oder verändern.

320 In Art. 12 Abs. 2 DA ist zudem allgemein bestimmt, dass eine Vertragsklausel in einer **Datenweitergabevereinbarung,** die zum Nachteil einer Partei die Anwendung des Kapitels III ausschließt, davon abweicht oder seine Wirkung abändert, für diese Partei nicht bindend ist.

321 Die Besonderheiten der **Inhaltskontrolle** nach **Art. 13 DA** werden weiter unten behandelt → Rn. 431. Der Data Act sichert die Wirkung dieser Kontrolle in Art. 13 Abs. 9 DA ab. Im unternehmerischen Bereich darf ein Unternehmen zu Klauseln, die von ihm dem Vertragspartner einseitig auferlegt wurden, die Anwendung von Art. 13 DA nicht ausschließen, nicht davon abweichen und dessen Wirkungen nicht abändern.

322 **bb) Sonstige gesetzliche Verbote.** An anderen Stellen enthält der Data Act Verbote, die nach dem Wortlaut zunächst nicht auf eine unzulässige Vereinbarung, sondern auf die Vornahme oder das Unterlassen einer Handlung zielen. Ob sie Auswirkungen auf die Wirksamkeit einer Vereinbarung haben, ist im Data Act nicht behandelt. Es handelt sich vornehmlich um Bestimmungen, die dem **Schutz des Dateninhabers** als Anbieter eines IoT-Produkts dienen. In der Folge müssen sie aber auch Auswirkungen auf die Vertragsgestaltung haben. Denn die Ver- oder Gebote helfen wenig, wenn sie durch Vereinbarungen ausgehebelt werden können. Es spricht daher viel dafür, dass die Bestimmungen auch der Inhaltskontrolle von Vereinbarungen dienen und die Rechtsfolge einer unzulässigen Bestimmung deren Unwirksamkeit ist.

323 Der Data Act enthält für viele Vorschriften, die die Interessen einzelner Beteiligter schützen, keine **Rechtsfolgenregelung** bei einem Verstoß. Hier ist auf die allgemeinen Regelungen abzustellen. Für die Klauselkontrolle kommt zum einen eine Anwendung von § 134 BGB in Betracht. Europäisches Sekundärrecht kann ein **Verbotsgesetz** nach dieser Norm darstellen.[441] Will man nicht so weitgehen, die Regelungen als Verbotsgesetze einzuordnen,[442] kommt eine unangemessene Benachteiligung nach § 307 Abs. 2 Nr. 1 BGB in Frage.[443] Zu berücksichtigen ist im Einzelfall stets, ob das gesetzliche Verbot die

---

[440] Auch hier sieht Wendehorst die Möglichkeit einer vertraglichen Abweichung, ZIP 2025, 3130 (3137).
[441] MüKoBGB/Armbrüster § 134 Rn. 51.
[442] Dazu Bomhard/Schmidt-Kessel/Bomhard VO (EU)2023/2854 Art. 23 Rn. 43.
[443] Für die Leitbildfunktion von EU-Verordnungen OLG München 17.2.2022 – 29 U 747/21, GRUR-RS 2022, 48908 Rn. 34 ff.; MüKoBGB/Wurmnest § 307 Rn. 75; Ulmer/Brandner/Hensen/Fuchs BGB § 307 Rn. 209.

Nichtigkeit der vertraglichen Regelung zum Ziel hat.[444] Der Data Act verfolgt neben dem Schutz des Datennutzers durch die Übertragung eines weitgehenden Bestimmungsrechts über die Verwendung der von ihm produzierten Daten auch den Schutz des Wettbewerbs,[445] um einen geordneten Datenverkehr zu ermöglichen. Zwar kann eine Klausel, die die Zielerreichung der Ordnung des Wettbewerbs beeinträchtigt, unwirksam sein.[446] Das ist aber nur ausnahmsweise der Fall. Mit Blick auf den Data Act dürfte weniger die ordnungsrechtliche Komponente eine Unwirksamkeit begründen als vielmehr der **Individualschutz** des Nutzers. Verstößt eine Klausel gegen ein gesetzliches Verbot mit der Folge ihrer Unwirksamkeit nach § 134 BGB und ist sie zugleich unangemessen nach §§ 307 ff. BGB, greifen beide Unwirksamkeitsgründe, wobei die Unwirksamkeit nach § 134 BGB systematisch vorranging zu prüfen ist.[447]

(i) Verbot des Ausspähens. Unzulässig ist für den Dateninhaber nach Art. 4 Abs. 13 S. 2 **324**
DA die Verwendung ohne Weiteres verfügbarer Daten, um daraus **Einblicke in die wirtschaftliche Lage,** Vermögenswerte und Produktionsmethoden **des Nutzers** oder in die Nutzung durch den Nutzer auf jegliche andere Art, die die gewerbliche Position dieses Nutzers auf Märkten, auf denen dieser tätig ist, untergraben könnte, zu erlangen. Diese Regelung greift erkennbar nur, wenn der Nutzer Unternehmer ist. Fraglich ist, ob der Nutzer dem Einblick des Dateninhabers **zustimmen** kann. Dagegen spricht, dass der Data Act die Nutzung der Daten durch den Dateninhaber nach Art. 4 Abs. 13 S. 1 DA immer einer Vereinbarung mit dem Nutzer unterwirft. Diese Vereinbarung ist aber bereits Voraussetzung des Anwendungsbereichs der Verbotsnorm. Es scheint so, als könne in dieser Vereinbarung kein Dispens von dem Verbot erteilt werden. Denn nach Satz 2 dürfen „solche", also aufgrund der Vereinbarung, überlassene Daten, in der vorgenannten Weise nicht verwendet werden. Andererseits hat der Nutzer, der Unternehmer ist, nach Erwgr. 25 die Möglichkeit, seine Daten vollständig freizugeben. Versteht man die Regelung wettbewerbsrechtlich als Schutz der Wettbewerber des Nutzers und nicht als Schutz des Nutzers selbst, ergäbe ein Ausschluss der Dispositionsbefugnis des Nutzers Sinn. Dieser wettbewerbsrechtliche Aspekt muss aber nicht zur Unwirksamkeit einer von Art. 4 Abs. 13 S. 2 DA abweichenden Vereinbarung führen.[448] Die Sanktion könnte allein wettbewerbsrechtlich erfolgen.

Aus Art. 5 Abs. 6 DA folgt ein Verbot für den Dateninhaber, die Daten zu verwenden, um **325**
daraus **Einblicke in die wirtschaftliche Lage,** Vermögenswerte und Produktionsmethoden **des Dritten** oder in die Nutzung durch den Dritten auf jegliche andere Art, die die gewerbliche Position des Dritten auf den Märkten, auf denen dieser tätig ist, untergraben könnte, zu erlangen. Das gilt nicht, wenn der Dritte die Nutzung genehmigt hatte, wobei ihm die technische Möglichkeit eröffnet werden muss, diese Genehmigung jederzeit einfach zu widerrufen. Diese Regelung ist eine Parallelvorschrift zu Art. 4 Abs. 13 S. 2 DA, die ebenfalls vor einer gesetzeszweckwidrigen Nutzung der Daten schützt. Dass dieser Fall anders behandelt wird, erschließt sich nicht, wenn die Vorschrift vornehmlich wettbewerbsschützend verstanden wird.[449] Es handelt sich um kein absolutes, sondern ein lediglich schuldrechtlich wirkendes Verbot.[450] Wie bei Art. 4 Abs. 13 S. 2 DA sollte auch hier gelten, dass eine Zustimmung des Dritten die Einblicke zulässig werden lässt.[451]

Der Data Act schützt das Interesse des Herstellers eines Produkts davor, dass die zu **326**
übermittelnden Daten dazu genutzt werden, um **konkurrierende Produkte** zu erstellen.

[444] MüKoBGB/Armbrüster BGB § 134 Rn. 59 f.
[445] Paschke/Schumacher/Paschke/Schumacher DA Einl. Rn. 29.
[446] Zur Unwirksamkeit von wettbewerbswidrigen Klauseln Fezer/Büscher/Obergfell/Brönneke/Tavakoli Rn. 26 ff.
[447] Grüneberg/Grüneberg BGB Überbl v § 305 Rn. 14.
[448] So auch Wendehorst NJW 2025, 3257 (3259).
[449] Wendehorst NJW 2025, 3257 (3259).
[450] Bomhard/Schmidt-Kessel/Schmidt-Kessel DA Art. 5 Rn. 106.
[451] Wendehorst, ZIP 2025, 3130 (3137).

So darf nach Art. 4 Abs. 10 DA der Nutzer die nach Art. 4 Abs. 1 DA erlangten Daten in der dort definierten Weise nicht nutzen. Gleiches gilt nach Art. 6 Abs. 2 lit. e DA für Dritte, die die Daten auf Weisung des Nutzers erhalten. Auch ist die – nur theoretisch relevante – Frage der Zustimmungsfähigkeit zu bejahen.

327 **(ii) Zweckbindung und Vertraulichkeit.** Nach Art. 4 Abs. 14 DA besteht eine **Zweckbindung** bei der Weitergabe von Daten durch den Dateninhaber an Dritte. Der Zweck ist die Erfüllung des Vertrages zwischen Dateninhaber und Nutzer.[452] Solange sich die Definition der Vertragspflichten und -rechte im Rahmen der Klauselkontrolle im Übrigen bewegt, kann der Dateninhaber die Berechtigung zur Weitergabe der Daten selbst steuern. Damit enthält Art. 4 Abs. 14 DA selbst kein für die Klauselkontrolle relevantes Element.

328 Nach Art. 6 Abs. 1 DA darf ein Dritter die ihm nach Art. 5 bereitgestellten Daten im Wesentlichen nur zu den Zwecken und unter den Bedingungen verarbeiten, die er mit dem Nutzer vereinbart hat. Sofern es für einen Dritten nicht erforderlich ist, die vom Nutzer erhaltenen Daten für ein **Profiling** zu verwenden, um den vom Nutzer gewünschten Dienst zu erbringen, dürfte eine entgegenstehende vertragliche Vereinbarung nach Art. 6 Abs. 2 lit. b DA iVm Art. 7 Abs. 2 nicht bindend sein, sofern sie nicht entsprechend ErwG 25 im Rahmen eines Verzichts des Nutzers getroffen wird.

329 Der Dritte darf mit dem Nutzer gem. Art. 6 Abs. 2 lit. c DA auch nicht vereinbaren, dass ein weiterer Empfänger – der **„andere Dritte“**[453] – die Daten ohne Vertrag zwischen ihm und dem Nutzer erhält. Die Unwirksamkeit einer solchen Vereinbarung folgt aus Art. 7 Abs. 2 DA.

330 **(iii) Ausschluss von Vereinbarungen mit Torwächtern.** Wiederum ein Verbotsgesetz, dessen Nichtbeachtung die Unwirksamkeit einer entgegenstehenden Klausel zur Folge haben kann, ist Art. 5 Abs. 3 DA, der **Torwächtern** die aktive Gewinnung von Daten aufgrund von Vereinbarungen mit dem Nutzer verbietet. Torwächter dürfen keine Vereinbarungen mit dem Nutzer treffen, nach denen der Nutzer Daten, die er vom Dateninhaber nach Art. 4 Abs. 1 DA eingefordert hat, an sie überträgt. Ebenso wenig dürfen sie Nutzer dazu bewegen, den Dateninhaber anzuweisen, Daten an sie zu übermitteln. **Nicht behandelt** ist der Fall, dass der Nutzer die Daten nach Art. 3 Abs. 1 DA direkt, ohne entsprechende Anfrage, erhält. Eine Rechtfertigung für eine unterschiedliche Bewertung der Sachverhalte ist allerdings nicht erkennbar. Auch wenn der Nutzer die Daten direkt nach Art. 3 Abs. 1 DA erhalten hat, darf ein Torwächter ihn nicht aktiv dazu bewegen, ihm die Daten zu übermitteln. Zulässig, praktisch aber kaum vorstellbar, wäre, dass der Nutzer die Daten von sich aus weitergibt, ohne dass der Torwächter hierzu Anreize gesetzt hat. Ebenfalls nicht von Art. 5 Abs. 3 DA erfasst ist, dass der Dateninhaber aufgrund eines Verlangens des Nutzers die Daten an einen Torwächter weitergibt. Ein Dritter, der die Daten auf Weisung des Nutzers vom Dateninhaber erhalten hat, darf diese Daten nach Art. 6 Abs. 2 lit. d DA nicht einem als Torwächter benannten Unternehmen als weiteren Dritten zur Verfügung stellen. Mit Zustimmung des Nutzers sollte das jedoch mit Blick auf ErwG 25 zulässig sein.[454] Sähe man in der Regelung lediglich eine Bestimmung zum Schutz des Wettbewerbs, käme dem Nutzer jedenfalls wettbewerbsrechtlich keine Befugnis zu, Torwächter zum Nachteil marktschwächerer Wettbewerber zu begünstigen. Die Wirksamkeit der Vereinbarung wäre daran zu messen, ob der Schutz des Wettbewerbs ihre Unwirksamkeit forderte.

331 **(iv) Exklusivität.** Die dem Data Act unterfallenden Daten sind gesetzlich der Herrschaft des Datennutzers zugewiesen. Damit wird aus Ihnen jedoch noch kein absolut geschütztes **Immaterialgut.** Dennoch spricht der Data Act die Möglichkeit einer Exklusivitätsvereinbarung in Art. 6 Abs. 2 lit. h DA an. Dritte dürfen sich (nur) gegenüber **Verbrauchern**

---

[452] BeckOK DatenschutzR/Raue DA Art. 4 Rn. 94.
[453] Dazu Paschke/Schumacher/Rücker/Stuve DA Art. 6 Rn. 33.
[454] Paschke/Schumacher/Hartl/Wentzel DA Art. 5 Rn. 98.

keine Exklusivität der Datennutzung ausbedingen. Eine solche Klausel ist gemäß Art. 7 Abs. 2 DA unwirksam, wenn sie – was praktisch anders kaum vorstellbar ist – von dem Dritten stammt. Der Verbraucher ist dann nicht an das Exklusivitätsversprechen gebunden. Im Umkehrschluss folgt daraus, dass eine solche Vereinbarung im unternehmerischen Verkehr sehr wohl möglich ist.

(v) Datenverarbeitungsdienste (Cloud Switching). Die Möglichkeit des Nutzers, den **332** Anbieter von **Datenverarbeitungsdiensten** zu wechseln (Cloud Switching → Kap. 9 Rn. 60), wird in den Art. 23 ff. DA geschützt. Nach Art. 23 Abs. 1 S. 2 DA darf ein Anbieter dem Nutzer keine vorkommerziellen, gewerblichen, technischen, **vertraglichen** und organisatorischen **Hindernisse** aufzwingen, um den Nutzer zu hindern, seine Rechte aus Art. 23 DA geltend zu machen. Ob Art. 23 S. 2 DA eine Verbotsnorm darstellt, ist dem Gesetz nicht eindeutig zu entnehmen. Unklar ist bereits das Verhältnis zu Satz 1. Das „insbesondere" in Satz 2 kann für eine Konkretisierung des ersten Satzes sprechen. Während Satz 1 den Anbietern von Datenverarbeitungsdiensten aufgibt, was sie ihren Kunden ermöglichen müssen, verbietet Satz 2 ausdrücklich das Aufzwingen von vorkommerziellen, gewerblichen, technischen, vertraglichen und organisatorischen Hindernissen. In dem hier behandelten Zusammenhang relevant ist das Aufzwingen vertraglicher Hindernisse. Die Hindernisse werden im Satz 2 in der Aufzählung lit. a bis e benannt. In dieser Konkretisierung ist Satz zwei als Verbotsnorm zu verstehen, entsprechende Regelungen in einem Vertrag vorzusehen. Die Folge eines Verstoßes hiergegen ist die Unwirksamkeit der unzulässigen Vertragsklausel. Entsprechendes gilt für die Auferlegung eines Wechselentgelts entgegen dem Verbot in Art. 29 Abs. 1 DA. Zu den Rechtsfolgen eines Verstoßes durch Vertragsgestaltung im Übrigen → Kap. 9 Rn. 101.

2. Disponibles Recht

Disponibles Recht ist dadurch gekennzeichnet, dass es durch Vereinbarungen abgewandelt **333** und sogar aufgehoben werden kann. Dieser Gestaltungsfreiheit setzt das Gesetz durch eine Kontrolle von standardisierten Klauseln Grenzen. Grundsätzlich ist die **Kontrolle** durch die §§ 305 ff. BGB und die Kontrolle durch Art. 13 DA zu unterscheiden.

a) AGB-Kontrolle

Die Einschränkung der Vertragsfreiheit im Rahmen der AGB-Kontrolle rechtfertigt die **334** herrschende Meinung damit, den Vertragspartner vor unangemessenen Ergebnissen einseitig in Anspruch genommener **Vertragsgestaltungsmacht des Verwenders** zu schützen.[455] Sinn und Zweck der Inhaltskontrolle von AGB bestehen dementsprechend in der Korrektur eines Zustands, der dadurch entstanden ist, dass der Vertragspartner mit dem Verwender der Klauseln keine zureichenden Vertragsverhandlungen mit dem Ziel der Abänderung der AGB geführt hat.[456]

Die Inhaltskontrolle soll ein Abweichen des Vertrages von der auf einen gegenseitigen **335** Interessenausgleich gerichteten dispositiven **gesetzlichen Leitlinie** zulasten des Vertragspartners verhindern.[457] Ein Vertrag begünstigt regelmäßig denjenigen, der ihn gestaltet hat, und benachteiligt in der Folge den Vertragspartner. Dazu zeigt § 307 Abs. 1 BGB, dass Verträge den Vertragspartner durchaus benachteiligen dürfen. Die Grenze ist jedoch die unangemessene Benachteiligung. Eine unangemessene Benachteiligung liegt dann vor, wenn der Verwender der Klausel missbräuchlich eigene Interessen auf Kosten des Vertragspartners durchzusetzen versucht, ohne die Interessen des Vertragspartners von vornherein hinrei-

---

[455] BGH 4.7.2017 – XI ZR 562/15, NJW 2017, 2986 Rn. 64; 8.2.1978 – VIII ZR 240/76, NJW 1978, 945 (947); BeckOK BGB/H. Schmidt § 307 Rn. 1 mwN.

[456] BGH 30.11.2004 – X ZR 133/03, NJW 2005, 422 (424).

[457] BGH 4.7.2017 – XI ZR 562/15, NJW 2017, 2986 Rn. 67.

chend zu berücksichtigen.[458] Für Datenverträge mangelt es bisher sowohl an einer verbreiteten Typik der Verträge als auch an einer Auseinandersetzung von Literatur und Rechtsprechung mit den Anforderungen an eine Unangemessenheit von Bedingungen.

b) Kontrolle nach dem Data Act

336 Die Klauselkontrolle nach dem Data Act beschränkt sich auf den **unternehmerischen Geschäftsverkehr.** Nicht beschränkt ist die Kontrolle dagegen auf die nach dem Data Act im Fokus stehenden „ohne Weiteres verfügbaren Daten" aus IoT-Geräten. Denn Art. 13 DA, der den Kern der Klauselkontrolle ausmacht, ist grundsätzlich auf **alle Verträge über Daten** anwendbar. Zwar enthält der Data Act Vorgaben zur Missbräuchlichkeit von Vertragsbedingungen, Anforderungen an die Transparenz von Klauseln werden jedoch nicht zentral adressiert.

337 Grund für die Klauselkontrolle ist, dass bei der stärkeren Verhandlungsposition einer Partei die Gefahr besteht, dass sie diese Position bei Verhandlungen über den Zugang zu Daten zum Nachteil der anderen Vertragspartei ausnutzen könnte, mit dem Ergebnis, dass der Zugang zu Daten wirtschaftlich weniger tragfähig und bisweilen untragbar ist.[459] Eine Sonderrolle nimmt Art. 4 Abs. 2 DA ein, der mit Blick auf **Sicherheitsaspekte** die Beschränkung der Übermittlung von Daten vom Dateninhaber an den Nutzer durch eine Vereinbarung behandelt. Verständlich ist die Regelung nur als Privilegierung des Dateninhabers bei der Vertragsgestaltung zu Lasten des Nutzers → E.3.II Rn. 23.

3. Kontrollfähige Klauseln

338 Kontrollfähig sind Klauseln, wenn sie als AGB für eine Vielzahl von Vertragsbedingungen vorformuliert sind und von einer Vertragspartei gestellt werden. Der Data Act verlangt indes keine mehrfache Verwendungsabsicht. Nach dem **Data Act** unterliegen Klauseln gem. Art. 13 Abs. 6 DA schon dann keiner Inhaltskontrolle, wenn sie von einer Vertragspartei eingebracht wurden und die andere Vertragspartei ihren Inhalt trotz des Versuchs, hierüber zu verhandeln, nicht beeinflussen kann → Rn. 349.

a) Vorliegen von AGB

339 Nach § 305 Abs. 1 S. 1 BGB sind AGB alle für eine Vielzahl von Verträgen vorformulierten Vertragsbedingungen, die eine Vertragspartei (Verwender) der anderen Vertragspartei bei Abschluss eines Vertrags stellt. Vorformuliert sind Vertragsbedingungen, wenn sie für eine mehrfache Verwendung schriftlich aufgezeichnet oder in sonstiger Weise fixiert sind. Die **Vorformulierung** setzt voraus, dass die Vertragsbestimmungen nicht nur für den konkreten Vertragsschluss entworfen, sondern als Grundlage oder Rahmen für gleichartige Rechtsverhältnisse aufgestellt sind. Dazu genügt die beabsichtigte dreimalige Verwendung.[460] Nicht erforderlich ist, dass der Verwender selbst die Vertragsbedingungen vorformuliert hat.[461]

340 Werden Klauseln durch **Vertragsgeneratoren** erstellt, entfällt dadurch nicht der AGB-Charakter, solange die Klauseln in der Software vorgegeben sind. Bei Klauseln, die durch **generative KI** erzeugt werden, kann danach differenziert werden, ob das Ergebnis als aus den Trainingsdaten reproduziert oder nur mit einer dem System eigenen Approximationsrechnung nach Wahrscheinlichkeiten wiedergegeben angesehen wird.[462] Im ersten Fall können die Ergebnisse wegen der Reproduktion als für eine Vielzahl von Fällen vorformuliert angesehen werden. Das Landgericht München hat dies für Liedtexte angenommen, die im Rahmen des Trainings von dem KI-System **memorisiert** wurden und in der Folge, gleich

---

458 BGH 13.11.2013 – I ZR 77/12, NJW 2014, 2180 Rn. 13.
459 Erwgr. 58 ff. DA.
460 BGH 11.7.2019 – VII ZR 266/17, NJW 2019, 2997 Rn. 31.
461 MüKoBGB/Fornasier § 305 Rn. 14.
462 Zur vergleichbaren Diskussion der Speicherung personenbezogener Daten Fuchs KIR 2024, 79.

dem Abruf aus einer Datenbank, im KI-System gespeichert sind.[463] Im alternativen Fall würden die Klauseln neu erstellt. Es kommt im unternehmerischen Verkehr dann auf die Absicht des Verwenders an, sie mehrfach zu nutzen.[464] Allerdings dürfte auch hier zunächst eine **Vermutung** für eine Vorformulierung für eine Vielzahl von Fällen sprechen. Die Vorformulierung resultiert aus den zugrundeliegenden Trainingsdaten, die im KI-Modell zwar nicht gespeichert, in ihrer Essenz aber weiterhin repräsentiert werden. Aus Inhalt und Gestaltung von Vertragsklauseln kann daher auch hier der äußere Anschein folgen, dass diese Klauseln zur mehrfachen Verwendung vorformuliert wurden.[465] Auch wird die Klausel von dem Nutzer des KI-Systems gestellt, weil er sie übernimmt. Anders wäre es nur, wenn die Vertragspartner das KI-System gemeinsam veranlassen, einen Vertrag zu erstellen.[466]

Ein **Umformulieren** hilft gegen die Einordnung als AGB nicht, soweit der Regelungs- **341**
gehalt erhalten bleibt.[467] Hinzu kommt, dass bereits der erste Anschein für das Vorliegen von AGB spricht, wenn sie weitgehend allgemein und abstrakt gehalten sind.[468]

Keine kontrollfähigen AGB liegen jedoch vor, soweit der Vertrag die **Hauptleistungs-** **342**
pflichten regelt. Das gilt auch, wenn der Verwender ein Formular verwendet, das diesbezüglich eine Lücke aufweist, die bei Vertragsschluss vom Verwender gefüllt werden muss. Auch in diesem Fall liegt eine kontrollfreie Bestimmung der Hauptleistungspflicht vor, wenn ohne das Füllen der Lücke mangels Bestimmtheit oder Bestimmbarkeit des wesentlichen Vertragsinhalts ein wirksamer Vertrag nicht mehr angenommen werden kann und der Verwender diese Lücke individuell und nicht für eine Vielzahl von Fällen füllt.[469]

Nach § 305 Abs. 1 S. 3 BGB liegen keine allgemeinen Geschäftsbedingungen vor, soweit **343**
die Vertragsbedingungen zwischen den Vertragsparteien im Einzelnen **ausgehandelt** sind. Zunächst spricht eine **Vermutung** für AGB, wenn sie weitgehend allgemein und abstrakt gehalten sind.[470] Der Weg von dieser Vermutung zum Beweis eines Aushandelns, das den höchstrichterlichen Anforderungen entspricht, ist weit.

Aushandeln bedeutet nach der Rechtsprechung mehr als Verhandeln und erfordert die – **344**
vom Verwender zu beweisende – Bereitschaft, die Klauseln in ihrem gesetzesfremden Kern tatsächlich zu ändern. Der Verwender muss den gesetzesfremden Kerngehalt seiner AGB inhaltlich ernsthaft zur Disposition stellen und dem Verhandlungspartner Gestaltungsfreiheit zur Wahrung eigener Interessen einräumen. Dieser muss die reale Möglichkeit erhalten, die inhaltliche Ausgestaltung der Vertragsbedingungen zu beeinflussen, Der Verwender muss sich deutlich und ernsthaft zur gewünschten Änderung einzelner Klauseln bereit erklären.[471] Die Bitte an den Vertragspartner, Anmerkungen oder Änderungswünsche mitzuteilen, genügt hierzu grundsätzlich nicht.[472] Auch ein Abschwächen einer vorformulierten Klausel führt nicht zwingend zu einer Individualabrede, wenn der gesetzesfremde Kerngehalt der Regelung weitgehend erhalten bleibt.[473] Der BGH erwartet, dass sich eine solche Bereitschaft auch in erkennbaren Änderungen des vorformulierten Textes niederschlägt. Allenfalls unter besonderen Umständen kann ein Vertrag nach Auffassung des BGH auch dann als Ergebnis eines „Aushandelns“ gewertet werden, wenn es schließlich nach gründlicher Erörterung bei dem gestellten Entwurf verbleibt.[474] Die allgemein geäußerte Bereitschaft,

---

[463] LG München 11.11.2025 – 42 O 14139/24, GRUR 2025, 1917 Rn. 169 ff.
[464] Für Verträge mit Verbrauchern gilt § 310 Abs. 3 BGB.
[465] BGH 8.9.2016 – VII ZR 168/15, NJW 2017, 265; OLG Düsseldorf 23.11.2023 – 2 U 99/22, GRUR-RR 2024, 407 Rn. 56.
[466] BGH 27.1.2017 – V ZR 130/15, NJW 2017, 1540 Rn. 11.
[467] BGH 3.4.1998 – V ZR 6–97, NJW 1998, 2600 (2601).
[468] BGH 26.3.2015 – VII ZR 92/14, NJW 2015, 1952 Rn. 30; MüKoBGB/Fornasier § 305 Rn. 51.
[469] So zur Festlegung einer Baukostenobergrenze BGH 11.7.2019 – VII ZR 266/17, NJW 2019, 2997 Rn. 32.
[470] BGH 26.3.2015 – VII ZR 92/14, NJW 2015, 1952 Rn. 30.
[471] Vgl. BGH 22.11.2012 – VII ZR 222/12, NJW 2013, 856 Rn. 10 – bring or pay.
[472] BGH 20.1.2016 – VIII ZR 26/15, NJW 2016, 1230 Rn. 30 zur vorgelagerten Frage des Stellens der AGB.
[473] OLG Hamm 29.1.2026 – 18 U 53/25, ZVertriebsR 2026, 124 Rn. 24.
[474] BGH 22.11.2012 – VII ZR 222/12, NJW 2013, 856 Rn. 10; 3.11.1999 – VIII ZR 269/98, NJW 2000, 1110 (1111).

belastende Klauseln abzuändern, genügt jedenfalls nicht.[475] Angesichts dieser strengen Haltung des BGH steht der Verwender vor dem Risiko, dass trotz einer ernsthaften Bereitschaft zur Änderung der Bedingungen ein Aushandeln nicht vorliegt, wenn der Vertragspartner den Vorschlag ohne Weiteres akzeptiert.[476]

345 Hinzu kommt, dass nach § 305 Abs. 1 S. 3 BGB eine Individualvereinbarung nur vorliegt, soweit die Vertragsbedingungen **im Einzelnen** ausgehandelt sind. Klauseln, bei denen der Verwender keine Bereitschaft zur Änderung hatte, werden im Normalfall auch dann nicht zu Individualklauseln, wenn sich der Verwender im Gegenzug bei anderen Klauseln entgegenkommend zeigt. Der BGH erteilt solchen Paketlösungen grundsätzlich eine Absage. Es sei nicht gerechtfertigt, eine vom Verwender gestellte, konkret nicht verhandelte und unverändert in den Vertrag übernommene Vertragsbedingung als ausgehandelt anzusehen. Das Aushandeln muss sich nach dem Gesetzeswortlaut jeweils auf bestimmte Vertragsbedingungen beziehen („im Einzelnen") und führt nur in diesem Umfang („soweit") zur Nichtanwendung der §§ 305 ff. BGB.[477] Es kann aber auch hier Fallgestaltungen geben, die eine Ausnahme im Sinne einer Paketlösung rechtfertigen.[478]

346 Da das Aushandeln die Bereitschaft erfordert, den gesetzesfremden Kerngehalt zur Disposition zu stellen, liegt keine Individualvereinbarung vor, wenn sich die **Bereitschaft nur auf einen Teil der Klausel bezieht,** so dass die Regelung im Ergebnis lediglich abgeschwächt wird.[479] Andererseits ist es nicht notwendig, dass der Verwender eine Klausel „von Grund auf" zur Disposition stellt; ausreichend ist, dass der andere Teil auf die Modalitäten des gesetzesfremden Kerns Einfluss nehmen kann.[480]

347 Die Regeln über das Aushandeln gelten auch, wenn der Vertrag durch rechtliche Berater verhandelt wurde. Allein das Hinzuziehen eines Rechtsberaters führt nicht dazu, dass jede Klausel als ausgehandelt gelten kann.[481] Noch unklar ist, ob ein Aushandeln auch möglich ist, wenn die Bedingungen durch **autonome KI-Agenten** festgelegt werden. Das könnte angenommen werden, soweit der Vertragspartner die Vertragsgestaltung bewusst in die Hände seines autonom agierenden KI-Agenten legt.[482] Allerdings wird hierbei der Nachweis, der Verwender sei bereit gewesen, von dem gesetzfremden Kerngehalt der Klausel abzurücken, schwer zu erbringen sein.

348 Der **Nachweis des Aushandelns** obliegt demjenigen, der sich darauf beruft. Das ist regelmäßig der Verwender.[483] Die Anforderungen der Rechtsprechung sind dabei sehr hoch, so dass insbesondere darauf geachtet werden sollte, nachzuweisen, dass und wie der Vertragspartner des Verwenders eine tatsächliche Möglichkeit hatte, Einfluss auf die Klausel zu nehmen.[484] Dementsprechend sollte vor allem der Verwender seine Bereitschaft, die Klauseln zur Disposition zu stellen, dokumentieren. Hilfreich ist dabei nicht nur der Nachweis des Unterschiedes zwischen Ausgangsdokument und vereinbartem Text. Sinnvoll ist es auch, die an der Verhandlung beteiligten Personen Aktennotizen zu den Verhandlungsbedingungen und -erfolgen anfertigen zu lassen, um sie in einem späteren Verfahren als Gedächtnisstütze für eine Zeugenaussage nutzen zu können.[485]

---

475 BGH 28.7.2015 – XI ZR 434/14, NJW 2015, 3025 Rn. 23.
476 Vgl. Ulmer/Brandner/Hensen/Habersack BGB § 305 Rn. 50.
477 BGH 19.3.2019 – XI ZR 9/18, NJW 2019, 2080; 23.1.2003 – VII ZR 210/01, NJW 2003, 1805 (1808); aA MüKoBGB/Fornasier § 305 Rn. 43.
478 BGH 25.10.2012 – VII ZR 56/11, NJW 2013, 2027 Rn. 20.
479 BGH 7.3.2013 – VII ZR 162/12, NJW 2013, 1431 Rn. 30; 22.10.2015 – VII ZR 58/14, NZBau 2016, 213 Rn. 26 – bring or pay II.
480 BGH 25.10.2012 – VII ZR 56/11, NJW 2013, 2027 Rn. 20.
481 Vgl. LAG Hamm 11.10.2011 – 14 Sa 543/11, BeckRS 2011, 77471.
482 Zurückhaltend insoweit Groß InTer 2018, 4 (8).
483 MüKoBGB/Fornasier § 305 Rn. 51.
484 Vgl. BGH 23.1.2003 – VII ZR 210/01, NJW 2003, 1805 (1807); 14.4.2005 – VII ZR 56/04, NJW-RR 2005, 1040 (1041); 25.6.1992 – VII ZR 128/91, NJW 1992, 2759.
485 Vgl. MüKoBGB/Fornasier § 305 Rn. 54.

b) Einseitig auferlegt nach Art. 13 Abs. 6 DA

Eine wesentliche Abweichung gegenüber der bestehenden Einbeziehungskontrolle ergibt 349 sich aus der Voraussetzung, dass die Klausel von einem Unternehmen dem anderen **einseitig auferlegt** wurde.[486] Nach Art. 13 Abs. 6 DA gilt eine Vertragsklausel als einseitig auferlegt, wenn sie von einer Vertragspartei eingebracht wird und die andere Vertragspartei ihren Inhalt nicht beeinflussen kann, obwohl sie versucht hat zu verhandeln („take-it-or-leave-it-Situation").[487] Das hat die gravierende Konsequenz, dass Klauseln, die ohne Widerspruch akzeptiert wurden, nicht der Missbrauchskontrolle unterliegen (Erwgr. 59). Gleiches gilt für Klauseln, die während der Verhandlungen abgeändert wurden. Danach soll nicht die ungleiche Verhandlungsmacht, sondern deren missbräuchliche Ausübung die Missbrauchskontrolle auslösen.[488] Für die Möglichkeit der inhaltlichen Beeinflussung soll es nicht genügen, dass die einbringende Partei sich bereit erklärt, den Inhalt „zu erklären".[489] Diese Regelung ist enger als das Abstellen auf individuelle Aushandlung in der Klausel-RL und im deutschen AGB-Recht.[490] Eine echte Abänderungsbereitschaft durch den Verwender ist nicht Voraussetzung für den Ausschluss der Kontrolle.

Der engere Anwendungsbereich wird in gewisser Weise kompensiert durch die **Beweis-** 350 **lastregelung.**[491] Die Partei, die die Klausel eingeführt hat, muss beweisen, dass sie nicht einseitig auferlegt war (Art. 13 Abs. 6 S. 2 DA). Insoweit wird auf einen Vergleich der ursprünglich vorgelegten mit den endgültig vereinbarten AGB verwiesen.[492] Für eine Änderung auf Initiative der anderen Partei müsste etwa ein entsprechender E-Mail-Verkehr vorgelegt werden. Noch problematischer ist der Nachweis einer klaglosen Akzeptanz durch die andere Partei als negative Tatsache. Hier müsste wohl das Einführen eines Verhandlungsversuchs der sekundären Beweislast durch die andere Partei unterliegen. Jedenfalls erscheint eine Dokumentation der Vertragsverhandlungen notwendig, was zusätzliche Transaktionskosten verursacht.

Aus Sicht der Anbieterseite würde diese am Wortlaut orientierte Auslegung zu Möglich- 351 keiten führen, die Einbeziehungskontrolle zu vermeiden. Wenn nur ein Accept-Button angeboten wird und dieser von der anderen Partei betätigt wird, wäre Art. 13 DA nicht anwendbar.[493] Ebenso wäre es bei click-wrap-Lizenzen oder Encodierung der Bestimmungen im Code.[494] Die andere Seite müsste dann aktiv etwa eine E-Mail schreiben und dies im Zweifel auch dokumentieren, um die Missbrauchskontrolle zu erhalten. Für den Vertragspartner werden wiederum Anreize geschaffen, den Verhandlungsversuch als Formalität zu praktizieren, um sich Art. 13 DA zu erhalten.[495] Dies bedingt zum einen Nachteile für weniger erfahrenen Vertragspartner, zum anderen schafft es zusätzliche Hürden für den Vertragsschluss. Da Art. 13 Abs. 6 S. 1 DA einen **Versuch** voraussetzt, über die Vertragsklausel zu verhandeln, sollte der Verwender auch einen entsprechenden Versuch ermöglichen müssen, um sich darauf berufen zu können, dass die Klausel von ihm nicht einseitig auferlegt wurde.[496] Dies würde auch die Anreize zur Umgehung vermeiden helfen.

486 Auf die Probleme der Bestimmung in multilateralen Verträgen weisen Leistner/Antoine/Sagstetter S. 107, hin.
487 Zur Frage, ob eine pauschale Ablehnung als Verhandlungsversuch anzusehen ist, vgl. Wilkening/Müller DB 2024, 166 (171 f.).
488 Staudenmayer EuZW 2022, 596 (600).
489 Staudenmayer EuZW 2022, 596 (600).
490 Zum Vergleich mit § 305 Abs. 1 S. 3 BGB von Westphalen BB 2024, 515 (517).
491 Schwamberger MMR 2024, 96 (98).
492 Staudenmayer EuZW 2022, 596 (601); von Westphalen BB 2024, 515 (517).
493 Czychowski CR 2024, 80 (81); Wiebe CR 2023, 777 Rn. 19.
494 Vgl. Ducuing/Margonie/Schirru White Paper on the Data Act Proposal, CiTiP Working Paper, 2022, S. 46.
495 Drexl ua, Position Statement of the MPI of 25 May 2022 on the Proposal for a Data Act, Rn. 123; Schwamberger MMR 2024, 96 (98); vgl. Wilkening/Müller DB 2024, 166 (171 f.), welche die Frage aufwerfen, ob ein „qualifizierter Verhandlungsversuch" zu fordern ist.
496 BeckOK DatenschutzR/Raue DA Art. 13 Rn. 71; aA noch Wiebe GRUR 2023, 1569 (1575).

4. Änderung von AGB

352 Das Datenrecht ist eine junge Rechtsmaterie, die auch wegen der technischen Neuerungen im Fluss ist. Auch die neuen und absehbaren Rechtsakte machen eine schnelle Anpassung der Vertragsbedingungen erforderlich. Vertragsanpassungen erfolgen durch Änderungsverträge, die der Zustimmung des Vertragspartners bedürfen. Bisher wurde die Zustimmung aufgrund einer AGB-Klausel oft fingiert. Die dem Vertragspartner mitgeteilten neuen AGB sollten gelten, wenn er nicht innerhalb einer definierten Frist widerspricht. Dieses Verfahren hat der BGH jedenfalls für Hauptleistungen und im Verhältnis zu Verbrauchern als unangemessene Benachteiligung gewertet.[497] Es ist umstritten, ob und wie weit die Grundsätze des Urteils auch auf den unternehmerischen Verkehr Anwendung finden.[498] Sollte das der Fall sein, scheidet eine **fingierte Zustimmung** aus. Das Einholen eines ausdrücklichen Einverständnisses mit der AGB-Änderung ist jedoch zumindest aufwändig. Die bloße Fortsetzung der Geschäftsbeziehung in Kenntnis des Änderungswunsches dürfte nicht, auch nicht aufgrund einer AGB-Klausel, als stillschweigende Zustimmung gewertet werden können.[499] In einem die konkludente Zustimmung eines Verbrauchers betreffenden Fall hatte der BGH ein **konkludentes Verhalten** ausreichen lassen, wenn es einen einer ausdrücklichen Zustimmung entsprechenden Erklärungsinhalt hat.[500] Bei ständigen Geschäftsbeziehungen können die aktuellen AGB – anders als bei Dauerschuldverhältnissen – bei jedem neuen Auftrag vereinbart werden. Jedenfalls für den unternehmerischen Verkehr zeigt **Art. 13 Abs. 5 DA** im zweiten Unterabsatz, dass eine Änderung von AGB möglich ist, wenn dies in den AGB vorgesehen ist und die andere Vertragspartei innerhalb einer angemessenen Frist von solch einer beabsichtigten Änderung in Kenntnis gesetzt wird und es der anderen Vertragspartei freisteht, den Vertrag im Falle einer solchen Änderung unentgeltlich zu kündigen.

5. Auslegung von Vertragsklauseln

353 Der Verwender ist gesetzlich gehalten, auf die Verständlichkeit seiner Bedingungen zu achten. Unklare und damit nicht verständliche Klauseln gehen zu Lasten des Verwenders, wie § 307 Abs. 1 S. 2 BGB zeigt. Ergibt eine Auslegung der zu kontrollierenden Klausel kein eindeutiges Ergebnis, ist der Bewertung die für den Verwender ungünstigste Auslegungsvariante zugrunde zu legen. Zweifel bei der Auslegung gehen gem. § 305c Abs. 2 BGB zu Lasten des Verwenders. Das gilt auch für **Leistungsbestimmungen.**[501] Gerade in **Datenverträgen** ist die transparente Regelung der zu erbringenden Leistung eine Herausforderung. Schon gesetzliche Bestimmungen zur Datenqualität sind unklar. So spricht Art. 10 Abs. 3 KI-VO davon, dass Daten bei einem Hochrisiko-System „im Hinblick auf die Zweckbestimmung relevant, hinreichend repräsentativ und so weit wie möglich fehlerfrei und vollständig" sein müssen.[502] Nach Art. 20 Abs. 1 DS-GVO hat der Betroffene und nach Art. 3 Abs. 1 DA der Nutzer Anspruch auf Daten in einem „strukturierten, gängigen und maschinenlesbaren Format". In vertraglichen Leistungsbeschreibungen kann die Vielzahl der möglichen Leistungsparameter und deren schwierige Inhaltsbestimmung umso mehr dazu führen, dass die Regelung als nicht klar und verständlich angesehen wird.

354 Der BGH legt allgemeine Geschäftsbedingungen nach ihrem objektiven Inhalt und typischen Sinn einheitlich so aus, wie sie von verständigen und redlichen Vertragspartnern unter Abwägung der Interessen der regelmäßig beteiligten Verkehrskreise verstanden werden, wobei die **Verständnismöglichkeiten des durchschnittlichen Vertragspart-**

---

[497] BGH 27.4.2021 – XI ZR 26/20, NJW 2021, 2273.
[498] Dazu Rösler/Jordans NJW 2025, 3753; BeckOK BGB/H. Schmidt § 307 Rn. 112.1.
[499] BeckOK BGB/H. Schmidt § 306a Rn. 4.1.
[500] BGH 23.9.2025 – XI ZR 29/24, BKR 2025, 1128 Rn. 39.
[501] BeckOK BGB/H. Schmidt § 305c Rn. 44.
[502] Dazu Martini/Wendehorst/Braun Binder/Egli KI-VO Art. 10 Rn. 60.

ners zugrunde zu legen sind. Hierbei bleiben allerdings solche Verständnismöglichkeiten unberücksichtigt, die zwar theoretisch denkbar, praktisch aber fern liegend sind und für die an solchen Geschäften typischerweise Beteiligten nicht ernsthaft in Betracht kommen. Haben die Parteien der Klausel übereinstimmend eine gemeinsame Bedeutung beigelegt, gilt diese.[503] Die Verständnismöglichkeiten können bei Verträgen, die die Datenwirtschaft betreffen jedenfalls in der Leistungsbeschreibung durchaus strapaziert werden, weil die Details für einen durchschnittlichen Vertragspartner oft schwer nachvollziehbar sein werden.

Nach ständiger Rechtsprechung führt die Anwendung des § 305c Abs. 2 BGB dazu, dass **355** bei einer mehrdeutigen Klausel von den möglichen Auslegungen diejenige zugrunde zu legen ist, die zur Unwirksamkeit der Klausel führt. Denn damit ist die **kundenfeindlichste Auslegung** im Ergebnis regelmäßig die dem Kunden günstigste, weil infolge der Unwirksamkeit regelmäßig die gesetzliche Regelung zum Tragen kommt.[504] Erweist sich die Klausel in jeder relevanten Auslegung als wirksam, ist jedoch die kundenfreundlichste Variante zu wählen.[505]

Bei Leistungsbeschreibungen, die vertragswesentliche Bestandteile betreffen, würde eine **356** Unwirksamkeit der Klausel zur Unwirksamkeit des Vertrages führen. Damit wären insbesondere in diesem Bereich nachlässig formulierte Datenverträge mangels einer die Auslegung nach § 305c Abs. 2 BGB stützenden Typik gefährdet. Der BGH schützt den Vertragspartner des Verwenders vor dem Verlust des Vertrages durch eine **ergänzende Vertragsauslegung** nach §§ 133, 157 BGB.[506]

6. Geltungserhaltende Reduktion

Als Ausdruck des Verbots der geltungserhaltenden Reduktion werden unwirksame Klauseln **357** von den Gerichten nicht so ausgelegt, dass sie gerade noch AGB-rechtlich wirksam sind. Der **Verwender trägt das Risiko,** die Klausel so zu gestalten, dass sie wirksam ist. Anderenfalls würde es dem Zweck des Gesetzes zuwiderlaufen, den Vertragspartner des Verwenders vor unbilligen Klauseln zu schützen und auf einen den beiderseitigen Interessen gerecht werdenden Inhalt von AGB hinzuwirken, wenn zugelassen würde, dass der Verwender bei der Aufstellung seiner Konditionen über die Grenze des Zulässigen hinausgehen dürfte, ohne mehr befürchten zu müssen, als dass das Gericht die Benachteiligung seines Vertragspartners auf ein gerade noch zulässiges Maß zurückführen wird.[507]

Dagegen helfen auch **salvatorische Klauseln** nicht.[508] Gegenüber § 139 BGB ist die **358** Regelung des § 306 Abs. 1 BGB speziell. Dementsprechend bewirken Klauseln mit Einschränkungen wie „… soweit gesetzlich wirksam …" nicht, dass die Bestimmung durch die Gerichte entsprechend – geltungserhaltend – ausgelegt wird. Der Zusatz „soweit das gesetzlich zulässig ist" beseitigt die Unwirksamkeitsfolge der gegen die gesetzlichen Regelungen über allgemeine Geschäftsbedingungen verstoßenden Klauseln nicht.[509] Im Übrigen ist die Regelung intransparent, weil selbst im unternehmerischen Rechtsverkehr nicht erwartet werden kann, dass der Vertragspartner in der Lage ist, das gesetzlich noch Zulässige zu erkennen.[510]

---

503 BGH 2.7.2019 – VIII ZR 74/18, NJW-RR 2019, 1202 Rn. 20; 7.12.2010 – XI ZR 3/10, NJW 2011, 1801 Rn. 29.
504 BGH 21.4.2009 – XI ZR 78/08, NJW 2009, 2051 Rn. 11.
505 BGH 29.4.2008 – KZR 2/07, NJW 2008, 2172 Rn. 19.
506 MüKoBGB/Fornasier § 305c Rn. 65; zu Verbraucherverträgen BeckOK BGB/H. Schmidt § 306 Rn. 5 ff.
507 BGH 10.10.1991 – III ZR 141/90, NJW 1992, 575 (576).
508 OLG München 20.3.2024 – 7 U 5781/22, ZVertriebsR 2024, 371 Rn. 39.
509 BGH 4.2.2015 – VIII ZR 26/14, NJW-RR 2015, 738 Rn. 17.
510 BayObLG 26.10.2021 – 101 AR 148/21, MDR 2022, 86.

7. Verbraucherverträge

359 Gegenüber Verbrauchern ist § 310 Abs. 3 BGB zu beachten. Das Gesetz **vermutet** ein **Stellen** der Bedingungen durch den Unternehmer und bereits die einmalige Verwendung einer Klausel durch den Unternehmer eröffnet die Inhaltskontrolle. Für Datenverträge mit Verbrauchern sind insbesondere die zwingenden Vorschriften der Sonderregelungen in den §§ 327 ff. BGB und im Verbrauchsgüterkauf zu beachten. Nicht erfasst werden Verbraucherverträge durch den Data Act, weil insoweit die die Umsetzung der Klauselrichtlinie ausreichenden Schutz gewähren soll (Erwgr. 28 DA).

360 Auch wenn die Inhaltskontrolle nach dem **Data Act** auf Verbraucherverträge gem. Art. 13 Abs. 1 DA keine unmittelbare Anwendung findet, wirkt sie doch auf solche Verträge ein. Denn Klauseln, die zwischen Unternehmen als unangemessen angesehen werden, dürften regelmäßig auch im Verhältnis eines Unternehmers zu einem Verbraucher als unangemessen anzusehen sein.[511]

8. Leistungsbeschreibungen

361 Nach § 307 Abs. 3 S. 1 BGB erfasst die Inhaltskontrolle grundsätzlich keine Leistungsbeschreibungen. Sie unterliegen nach S. 2 lediglich der **Transparenzkontrolle.** Daraus folgt, dass sie vom Gesetz als AGB angesehen werden und zwar nicht der Inhaltskontrolle, wohl aber der Einbeziehungskontrolle unterliegen. Damit müssen sie im unternehmerischen Verkehr insbesondere den Anforderungen der §§ 305c und 307 Abs. 3 S. 2 BGB standhalten. Sie sind kontrollfrei, soweit sie Art und Umfang der vertraglichen Hauptleistungspflicht und den dafür zu zahlenden Preis unmittelbar regeln, denn deren Festlegung ist grundsätzlich Sache der Vertragsparteien.[512] Im Übrigen unterliegen Leistungsbeschreibungen aber dann der Inhaltskontrolle, wenn sie das Hauptleistungsversprechen abweichend vom Gesetz oder der nach Treu und Glauben und nach der Verkehrssitte geschuldeten Leistung einschränken, ausgestalten oder modifizieren.[513]

362 Häufig ist die Abgrenzung zwischen einer Leistungsbeschreibung und einer Haftungsbegrenzung schwierig. Das kann insbesondere bei **Verfügbarkeitsregelungen** von Datendiensten und Ähnlichem der Fall sein. Nach Ansicht des BGH genügt es, dass die Klausel nach ihrem Sinn und Zweck den Eindruck eines Haftungsausschlusses erweckt, ein ausdrücklicher Haftungsausschluss wird nicht vorausgesetzt.[514]

363 Für das **Urheberrecht** hat der BGH für die Übertragung von Nutzungsrechten eine kontrollfreie Leistungsbestimmung angenommen,[515] die nicht der Inhaltskontrolle der §§ 307 ff. BGB unterliegt.[516] Für die Beschreibung der zu erbringenden Leistungen gilt jedoch das Transparenzgebot aus § 307 Abs. 3 S. 2 iVm Abs. 1 S. 2 BGB. Das dürfte im Grundsatz auch für die **Übertragung von Daten** gelten.

364 Der **Data Act** enthält eine Sonderregelung für Leistung und Gegenleistung der Datenübertragung von einem Dateninhaber an einen Dritten in Art. 8 Abs. 1 und 9 Abs. 1 DA. Die Leistung des Dateninhabers muss den **FRAND-Anforderungen** in Art. 8 Abs. 1 DA genügen und fair, angemessen und diskriminierungsfrei sein. Für die Gegenleistung bestimmt Art. 9 Abs. 1 DA, dass sie (nur) diskriminierungsfrei und angemessen sein muss, und eine Marge enthalten darf. Ist eine Patei der Ansicht, dass diese Anforderungen nicht erfüllt sind, kann sie – nur für die Leistung, nicht aber für die Gegenleistung –eine

---

511 In diese Richtung Wiebe CR 2023, 777 Rn. 67.
512 BGH 7.5.1991 – XI ZR 244/90, NJW 1991, 1953.
513 BGH 15.11.2007 – III ZR 247/06, NJW 2008, 360 Rn. 18.
514 Vgl. BGH 12.12.2000 – XI ZR 138/00, NJW 2001, 751 (752); s. aber auch BGH 5.10.2017 – III ZR 56/17, NJW 2018, 534; Auer-Reinsdorff/Conrad IT- und DatenschutzR-HdB/Roth-Neuschild § 13 Rn. 202 ff.
515 BGH 21.4.2022 – I ZR 214/20, NJW 2022, 2614 Rn. 42; 17.10.2013 – I ZR 41/12, GRUR 2014, 556 Rn. 12.
516 Kritisch dazu Wandtke/Bullinger/Wandtke UrhG Vorb. §§ 31 ff. Rn. 116 ff.

Streitbeilegungsstelle nach Art. 10 DA anrufen. Die Einrichtung solcher Stellen erfolgt auf Antrag, eine Verpflichtung des Mitgliedsstaates zu deren Einrichtung besteht nicht (Erwgr. 52). Die Entscheidung der Streitbeilegungsstelle ist nach Art. 10 Abs. 10 DA nur dann bindend, wenn beide Parteien dies wollen, das Verfahren ist freiwillig (Erwgr. 53). Nach Art. 10 Abs. 13 DA steht es alternativ zu einem bindenden Streitbeilegungsverfahren jeder Partei frei, Rechtsschutz vor einem staatlichen Gericht zu suchen. Der Data Act regelt jedoch nicht, welche Entscheidungsbefugnisse das staatliche Gericht hat. Eine Unwirksamkeit der **Gegenleistung** bei Zugrundelegung der gesetzlichen Anforderungen würde grundsätzlich zur Unwirksamkeit des Vertrages führen, weil eine vertragswesentliche Bestimmung fehlt. Die Regelung in Art. 9 Abs. 1 DA, nach der die Gegenleistung angemessen sein muss, kann aber auch als **Anspruch des Gläubigers** auf Gewährung einer entsprechenden Gegenleistung verstanden werden. Dann wären die Gerichte befugt, ähnlich wie bei §§ 612, 632 BGB und § 32 Abs. 1 S. 3 UrhG, eine angemessene Vergütung im Rahmen einer Zahlungsklage festzusetzen. In Art. 29 DA wird das Entgelt für den **Wechsel von Datenverarbeitungsdiensten** behandelt. Anbieter solcher Dienste dürfen für den Vollzug des Anbieterwechsels nur ermäßigte und ab dem 12.1.2027 keine Wechselentgelte mehr erheben. In Art. 31 DA findet sich hierzu eine Unterausnahme für bestimmte Dienste.

Eine Herausforderung bei Datenverträgen ist oft die genaue Bezeichnung der zu über- **365**
mittelnden Daten. Ist die Leistungsbeschreibung **intransparent,** also nicht klar und verständlich, kann die Vereinbarung insoweit nach § 307 Abs. 3 S. 2 BGB unwirksam sein. Dabei ist zu beachten, dass die nach Art. 8 und 9 DA erforderlichen Elemente einer wirksamen Vereinbarung nicht zugleich nach § 307 Abs. 3 S. 2 BGB überprüft werden können. Die Verordnung enthält in ihrem Anwendungsbereich dem nationalen Recht vorranginge Bestimmungen.

Vor der Entscheidung über die Intransparenz ist die Klausel unter Beachtung von § 305c **366**
Abs. 2 BGB **auszulegen.** Ist der Leistungsinhalt dann bestimmbar, die Regelung an sich jedoch aufgrund ihrer Intransparenz unangemessen, hat dies die Unwirksamkeit nach § 307 Abs. 3 S. 2 BGB zur Folge.[517] Besteht danach die Gefahr der Unwirksamkeit des gesamten Vertrages, kommt eine ergänzende Vertragsauslegung in Betracht, um die Lücke zu schließen.[518] Abzugrenzen ist das Fehlen einer Leistungsbeschreibung von der Mangelhaftigkeit der festgestellten Leistung. Für letzteres gelten ergänzend zu den – dann regelmäßig fehlenden – vertraglichen Regelungen die Anforderungen nach den anwendbaren Nacherfüllungsregelungen.

9. Vereinbarung des Vertragstyps

Häufig stellt sich die Frage, welchem benannten Vertragstyp des BGB eine Vereinbarung **367**
zuzuordnen ist. Das ist zum einen erforderlich, um etwaige Regelungslücken im Vertrag durch die entsprechenden gesetzlichen Bestimmungen zu füllen. Zum anderen ist der Vertragstyp maßgeblich für die Inhaltskontrolle, um ein Abweichen von der gesetzlichen Leitlinie feststellen zu können. Hinzu kommt der Wunsch des Gläubigers, einen Vertrag mit einer Nacherfüllungsverpflichtung abzuschließen, während der Schuldner regelmäßig ein gegenläufiges Interesse hat und typischerweise den Dienstvertrag oder ein vergleichbares Rechtsverhältnis ohne Gewährleistungspflichten bevorzugt. Gerade im **Bereich des Datenrechts,** in dem sich noch **keine belastbare Typik** entwickeln konnte, besteht das Bedürfnis, Klarheit über die Zuweisung einer Vereinbarung zu einem Vertragstyp zu erhalten, um das relevante Leistungsstörungsrecht und die Anforderungen der maßgeblichen Inhaltskontrolle berücksichtigen zu können.

Die Wahl des Vertragstyps ist in AGB jedoch nicht möglich. Maßgeblich für die **368**
Zuordnung zu einem Typus ist der beiderseitige **Parteiwille,** wie er aus dem Inhalt der

[517] BeckOK BGB/H. Schmidt § 307 Rn. 92.
[518] BeckOK BGB/H. Schmidt § 306 Rn. 22 ff.

Verträge, aus ihrem Zweck und ihrer wirtschaftlichen Bedeutung sowie aus der Interessenlage der Vertragsparteien zum Ausdruck kommt.[519] Klauseln wie „Die Beteiligten sind sich darüber einig, dass dieser Vertrag kein Werkvertrag ist, so dass die §§ 631 ff. BGB keine Anwendung finden und dass dieser Vertrag ein Kaufvertrag ist." dienen daher allenfalls zur Ermittlung des Willens des Verwenders. Nach Ansicht des BGH kann in AGB keinesfalls eine Änderung des sich aus dem vereinbarten Leistungsaustausch ergebenden Vertragstyps vorgenommen werden.[520]

369 Der **Vertragstyp wird nicht vom Inhalt der AGB bestimmt.** Die Zulässigkeit und Wirksamkeit der von einer Seite einseitig aufgestellten Vertragsbestimmungen hängt vielmehr von dem nach den Erklärungen der Beteiligten geschlossenen Vertragstyp ab.[521] Ob im Rahmen einer Individualvereinbarung die Wahl eines Vertragstyps möglich ist, der nach den Maßstäben des Gesetzes nicht zu den auszutauschenden Leistungen passt, hat der BGH in seiner Entscheidung aus dem Jahr 1979 ausdrücklich offengelassen.

10. Gestaltung von AGB

370 Für die Vertragsgestaltung mittels allgemeiner Geschäftsbedingungen für den **unternehmerischen Verkehr** sind insbesondere die §§ 310 Abs. 1 sowie 305 Abs. 2 BGB zu beachten.

371 Zwar finden die §§ 308 und 309 BGB zunächst keine unmittelbare Anwendung, sie behalten aber eine Bedeutung, weil die mit ihnen vom Gesetzgeber zum Ausdruck gebrachten Bewertungen einer Klausel als unangemessen im Rahmen der Inhaltskontrolle nach § 307 BGB zu berücksichtigen sind. Für die Rechtsprechung haben die Regelungen der §§ 308 und 309 BGB eine hohe **Indizwirkung** bei der Unangemessenheitskontrolle.[522]

a) Die drohende Unwirksamkeit von AGB in der Vertragsgestaltung

372 Die Inhaltskontrolle bedeutet für den Verwender eine hohe Hürde für die Gestaltung von Verträgen. Der Vertragsjurist steht regelmäßig vor dem Problem, dass sich die Interessen seines Auftraggebers durch AGB nicht wirksam abbilden lassen. Eine wirksame, individualvertragliche Regelung ist jedoch im Tagesgeschäft oft nicht möglich. Der Vertragsjurist muss mit den **Unsicherheiten des AGB-Rechts** umgehen und die Verträge am Möglichen ausrichten, er darf aus taktischen Gründen aber auch die wirksame Klausel nicht aus dem Blick verlieren. Es gilt, dass am Ende nicht zählt, wer Recht hat, sondern, wer seine Interessen durchsetzen kann.

Checkliste

373 Die Überlegungen bei der Gestaltung von Verträgen mittels AGB sind:

- Bedingt die Gesetzeslage zur Durchsetzung der Interessen des Verwenders eine **abweichende vertragliche Regelung?** Erst mit einer abweichenden Regelung wird der Anwendungsbereich der Inhaltskontrolle eröffnet (§ 307 Abs. 3 S. 1 BGB).
- **Benachteiligt** die beabsichtigte AGB-Klausel den Vertragspartner – möglicherweise – **unangemessen?**
- Falls ja, gibt es eine **wirksame alternative Regelung,** die, auch wenn sie hinter dem Gewünschten zurückbleibt, angesichts des Risikos der Unwirksamkeit besser erscheint?
- Sollte es keine wirksame, den Interessen hinreichend gerecht werdende Regelung geben, ist zu prüfen, ob das **Risiko einer unwirksamen Klausel** getragen werden soll.

519 BGH 25.2.2016 – VII ZR 49/15, NJW 2016, 1572 Rn. 27.
520 BGH 10.5.1979 – VII ZR 30/78, NJW 1979, 2207 (2209); OLG Karlsruhe (Senat Freiburg) 21.2.1985 – 4 U 207/83, NJW 1985, 2035; BeckOK BGB/Voit § 650 Rn. 24 f.
521 BGH 4.3.1997 – X ZR 141/95, NJW 1997, 2043 (2045).
522 BGH 10.9.2014 – XII ZR 56/11, NJW 2014, 3722 Rn. 32; 19.9.2007 – VIII ZR 141/06, NJW 2007, 3774 Rn. 12.

- Wenn dies verneint wird, muss eine **individuelle Regelung** angestrebt werden.
- Ist auch dies nicht möglich, ist bei einem nicht zu tragenden Unwirksamkeitsrisiko zu überlegen, **von dem Vertragsschluss Abstand zu nehmen.**

Für den **Vertragspartner des Verwenders** stellt sich dagegen häufig die Frage, ob über eine Abänderung von AGB mit dem Verwender gesprochen, also verhandelt werden soll. Sofern die relevante Klausel der Inhaltskontrolle nicht standhält, ist eine Abänderung aus Sicht des Vertragspartners rechtlich nicht veranlasst. Statt der unwirksamen Klausel gilt die für den Vertragspartner regelmäßig günstigere gesetzliche Regelung. Die Unwirksamkeit kann trotz deren Kenntnis bei Vertragsschluss auch später geltend gemacht werden. Unwirksame AGB können damit aus rechtlicher Sicht unbesehen vereinbart werden. 374

b) Klauselgestaltung

Entscheidet sich der Verwender für eine Klausel, die nach § 307 BGB inhaltlich angreifbar ist, sollte versucht werden, die **Folgen einer Unwirksamkeit zu begrenzen.** Ein Ansatz dabei ist, die Regelung nicht zu komplex werden zu lassen, sondern sie in kleinere Einheiten, dh Sätze, zu gliedern. Denn wenn die Aussicht besteht, dass nur einzelne Bestandteile der Regelung unwirksam sind, können die übrigen gem. § 306 Abs. 1 BGB wirksam bleiben. 375

Allerdings bleibt ein Teil einer Regelung nicht allein deswegen wirksam, weil er in einem gesonderten Satz behandelt wird. Die Rechtsprechung betrachtet stets das Gesamtgefüge der Regelung, insbesondere mit Hilfe des so genannten **Blue-Pencil-Test.** Mit Hilfe dieses Tests soll festgestellt werden, inwieweit unwirksame und wirksame Teile einer Regelung trennbar sind, die Unwirksamkeit einer Teil-Regelung also nicht auf die Wirksamkeit einer anderen Teil-Regelung durchschlägt. Die inhaltliche Trennbarkeit einer Klausel und damit ihre Zerlegung in einen inhaltlich zulässigen und einen inhaltlich unzulässigen Teil ist immer dann gegeben, wenn der unwirksame Teil der Klausel gestrichen werden kann, ohne dass der Sinn des anderen Teils darunter leidet. Wenn allerdings durch den Wegfall eines unwirksamen Regelungsteils das Gesamtgefüge des Vertrags nicht mehr sinnvoll ist, ergreift die Unwirksamkeit der Teilklausel die Gesamtklausel.[523] 376

Bei der Klauselgestaltung ist auch darauf zu achten, dass für den Verwender selbst nachteilige Regelungen nicht der Inhaltskontrolle unterliegen. An ihnen muss sich der Verwender festhalten lassen.[524] Es kommt immer wieder vor, dass versehentlich für den Verwender nachteilige Regelungen getroffen werden, indem beispielsweise Verzugszinssätze fehlerhaft benannt werden oder die Beachtung des **Standes der Technik** versprochen wird, obwohl nach der Rechtsprechung nur die Einhaltung der anerkannten Regeln der Technik geschuldet ist.[525] Im Technikrecht hat der Begriff des Stands der Technik eine andere Bedeutung als in der Alltagssprache. Rechtlich gilt die Definition des BVerfG aus dem Kalkar-Urteil mit seinen strengen Anforderungen.[526] Im Alltag wird unter Stand der Technik häufig das Übliche, der Standard, verstanden. 377

c) Flucht aus der Klauselkontrolle

Die Klauselkontrolle des BGB ist für den unternehmerischen Bereich durch das nationale Recht geprägt. Für Verbraucherverträge führt die Klausel-RL zu einer EU-weiten Harmonisierung, Der Data Act wiederum beinhaltet eine Klauselkontrolle für den unternehmerischen Verkehr mit Daten, die über den bloßen Verkehr mit IoT-Daten hinausgeht. Eine Überlegung, um dem Anwendungsbereich dieser Vertragskontrolle zu entkommen, ist, für 378

---

523 BGH 10.10.2013 – III ZR 325/12, NJW 2014, 141 Rn. 14.
524 BGH 4.12.1986 – VII ZR 354/85, NJW 1987, 837 (838).
525 Vgl. Seibel NJW 2013, 3000.
526 BVerfG 8.8.1978 – 2 BvL 8/77, NJW 1979, 359 (362).

den Vertrag eine **Rechtsordnung** zu **wählen,** die außerhalb des Geltungsbereiches der relevanten Gesetze zur Klauselkontrolle liegt.

379 **aa) AGB-Recht.** Für die AGB-Kontrolle entspricht es der herrschenden Meinung, dass sie nicht durch eine dem deutschen Sachrecht unterliegende Vereinbarung ausgeschlossen werden kann.[527] Denkbar ist aber die Wahl einer ausländischen Rechtsordnung, die nicht die Nachteile des deutschen AGB-Rechts mit sich bringt, wenn ein **Auslandsbezug** besteht. Ohne einen solchen Bezug steht dem Abbedingen des AGB-Rechts durch die Wahl einer anderen Rechtsordnung Art. 3 Abs. 3 Rom-I VO entgegen. Denn das AGB-Recht gehört zu den zwingenden Rechtsvorschriften, von denen bei einem reinen Inlandsbezug nicht abgewichen werden kann.[528]

380 Umstritten ist, ob durch eine **Schiedsabrede** iRd § 1051 Abs. 1 ZPO zwar deutsches Recht, jedoch ohne eine AGB-Kontrolle, als anwendbar vereinbart werden kann.[529]

381 **bb) Art. 13 DA.** Auch für den Data Act stellt sich für den unternehmerischen Rechtsverkehr die Frage, ob die Parteien die Anwendung des Data Act durch vertragliche Rechtswahlklauseln vermeiden können, etwa durch Vereinbarung von U.S.-Recht. Im Hinblick auf transnationale Sachverhalte ist umstritten, ob die Regelungen zum Anwendungsbereich des Data Act nach Art. 1 Abs. 3 DA primär auf die behördliche Aufsicht gerichtet sind,[530] oder als **einseitige Kollisionsnorm** anzusehen ist.[531] Für letzteres sprechen die besseren Argumente, vor allem die Geltung auch für die privatrechtlichen Ansprüche des Data Act und die Ausgestaltung als lex specialis.[532] Als lex specialis verdrängt die Regelung im Data Act dann die Anwendung der ROM-I-VO. Die IPR-rechtliche Qualifizierung, wie im nächsten Absatz ausgeführt, würde dann nur eingreifen, soweit der DA nicht eingreift. Dies wäre etwa der Fall, soweit nicht Art. 13 DA gilt, sondern nationales AGB-Recht.

382 Folgt man der gegenteiligen Ansicht, müsste man die Zugangsrechte und deren Ausgestaltung im IPR einordnen. Für die Zugangsrechte ist eine lauterkeitsrechtliche Einordnung vorgeschlagen worden mit der Folge der Anwendung von Art. 6 Abs. 1 ROM II-VO, was im Ergebnis weitgehend der Regel von Art. 1 Abs. 3 lit. a DA entsprechen würde.[533] Gleiches würde für Art. 8 DA gelten, wenn man die FRAND-Verpflichtung als gesetzliche Pflicht ansieht. Für die vertraglichen Regelungen wäre nach Art. 3 Abs. 1 ROM I-VO eine Rechtswahl möglich.[534] Der Schutz der Verbraucher nach nationalem Recht unter Art. 6 Abs. 1 ROM IVO gilt zwar für die Klausel-RL, nicht aber für B2B-Verträge unter Art. 13 DA. Eine Einschränkung kommt nach Art. 9 Abs. 1 ROM-I-VO als Ausnahme für Eingriffsnormen in Betracht.[535] Allerdings ist die Regelung wohl nicht international zwingend ausgestaltet, was eine Voraussetzung für die Anwendung darstellt.[536] Bei grenzüberschreitenden Sachverhalten wäre insoweit nach Art. 3 Abs. 3 ROM-I-VO eine **Abwahl möglich.** Bei reinen Binnenmarktsachverhalten dürfte nach Art. 3 Abs. 4 ROM-I-VO eine Abweichung von den im DA zwingend ausgestalteten Regeln durch Rechtswahl

---

527 BGH 20.3.2014 – VII ZR 248/13, NJW 2014, 1725 Rn. 30.

528 MüKoBGB/Martiny Rom I-VO Art. 3 Rn. 88; Ulmer/Brandner/Hensen/Schmidt BGB Anh. zu § 305 Internationaler Geschäftsverkehr Rn. 2a.

529 Dafür Pfeiffer NJW 2012, 1169 und NJW 2025, 866; BeckOK ZPO/Wilske/Markert ZPO § 1051 Rn. 6; kritisch MüKoZPO/Münch ZPO § 1051 Rn. 14 Fn. 34.

530 Vgl. Drexl ua, Position Statement of the MPI of 25 May 2022 on the Proposal for a Data Act, Rn. 320 ff.; auch noch Wiebe CR 2023, 777 (783).

531 Lieberknecht ZdiW 2024, 79 (80), unter Verweis auch auf Art. 3 DS-GVO; vgl. auch Hennemann/Steinrötter NJW 2024, 1 (8).

532 Lieberknecht ZdiW 2024, 79 (80 f.).

533 Drexl ua, Position Statement of the MPI of 25 May 2022 on the Proposal for a Data Act, Rn. 326.

534 Ebenso Hennemann/Steinrötter NJW 2024, 1 (8); aA Lieberknecht ZdiW 2024, 79 (81 f.).

535 Dazu BeckOGK/Maultzsch Rom I-VO Art. 9 Rn. 20–23.

536 Vgl. Staudenmayer EuZW 2022, 596 (602); Schwamberger MMR 2024, 96; aA Lieberknecht ZdiW 2024, 79 (82).

nicht möglich sein.[537] Welche Bezüge zum Drittstaat ausreichen, ist umstritten.[538] Für das Personalstatut juristischer Personen wird das wegen der Umgehungsgefahr überwiegend abgelehnt, für einen ausländischen Abschlussort überwiegend bejaht.

11. Unangemessene Benachteiligung nach § 307 Abs. 2 BGB

Bestimmungen in (Daten-)verträgen sind nach § 307 Abs. 1 BGB unwirksam, wenn sie den Vertragspartner unangemessen benachteiligen. Nach Abs. 2 Nr. 1 BGB kann das der Fall sein, wenn die Klausel von wesentlichen Grundgedanken der gesetzlichen Regelung zum Nachteil des Vertragspartners abweicht, nach Nr. 2, wenn sie wesentliche Rechte oder Pflichten, die sich aus der Natur des Vertrags ergeben, so einschränkt, dass die Erreichung des Vertragszwecks gefährdet ist. Das gilt aber nur im Zweifel, wenn also nicht zuvor bereits aus anderen Gründen die Unwirksamkeit festgestellt werden konnte. Feststellung der Unwirksamkeit nach § 307 Abs. 2 BGB setzt voraus, dass für Datenverträge eine **Typik** besteht, um deren Grundgedanken oder Natur feststellen zu können. Das ist nur sehr bedingt der Fall. Schon gar nicht ist der **Datenvertrag** ein eigenständiger Vertragstyp. Grundsätzlich lassen sich die meisten Datenverträge einem der benannten Vertragstypen des BGB zuordnen, so dass damit bereits eine gewisse Klarheit über die Regulatorik gewonnen werden kann. Die innerhalb der Vertragstypen für das Verständnis der relevanten Normen erforderlichen Bewertungen der vertragsrelevanten Umstände sind derzeit aber allenfalls in groben Ansätzen gegeben. Für Verträge zum **Adresshandel** gibt es schon seit langer Zeit Vertragsmuster.[539] **383**

Im unternehmerischen Verkehr kommen die Regelungen der §§ 308 und 309 BGB gem. § 310 Abs. 1 BGB nicht unmittelbar zur Anwendung. Die dort enthaltenen Kriterien für eine Unwirksamkeit erhalten jedoch im Rahmen der Bewertung einer unangemessenen Benachteiligung nach über § 307 Abs. 1 und 2 BGB Bedeutung und können zur Unwirksamkeit der jeweiligen Klausel führen. Auch wenn das Gesetz ausdrücklich aufgibt, dass auf die im Handelsverkehr geltenden Gewohnheiten und Gebräuche angemessen Rücksicht zu nehmen ist, kommt insbesondere der Klauselkontrolle ohne Wertungsmöglichkeit nach § 309 BGB eine **Leitbildfunktion** zu, die dort als unwirksam angesehene Klauseln auch im unternehmerischen Verkehr als unangemessen erscheinen lassen. Nachfolgend werden einige ausgewählte, für die Vertragsgestaltung im Bereich der Datenverträge wichtige Aspekte unter AGB-rechtlichen Aspekten behandelt. **384**

a) Mängelhaftung

Das gesetzliche Leitmodell der Mängelhaftung wird durch § 309 Nr. 8b BGB gegen vertragliche Änderungen zulasten des Nacherfüllungsgläubigers weitgehend abgesichert. Die Klauselkontrolle wirkt über § 310 Abs. 1 S. 2 BGB auch in den unternehmerischen Verkehr hinein.[540] Geschützt wird nur der Käufer einer **neu hergestellten Sache** oder der Besteller von Werkleistungen. Bereits bei Software wurde diskutiert, ob diese überhaupt „nicht neu", also gebraucht sein kann. Software nutzt sich durch Gebrauch nicht ab, aber unterlassene Updates und Patches können ihre Funktionalität beeinflussen. Entsprechendes ist auch beim Erwerb von Daten zu fragen. Hintergrund der Nichteinbeziehung von gebrauchten Gegenständen durch § 309 Nr. 8b BGB ist, dass der Schuldner bei diesen Gegenständen mit Defekten rechnen muss, sie aber nicht immer leicht erkennen kann und daher dafür nicht verantwortlich gemacht werden soll. Entscheidend ist jedoch nicht, dass der Schuldner gebrauchter Gegenstände aufgrund einer Vereinbarung keinen Regressanspruch gegen seinen Lieferanten hat. Dieses Risiko ist für ihn beherrschbar. Es bleibt **385**

[537] Hennemann/Steinrötter NJW 2024, 1 (8).
[538] Vgl. BeckOGK/Wendland, 1.9.2022, Rom I-VO Art. 3 Rn. 233–239.
[539] ZB bei Moos Datenschutz § 14.
[540] Stoffels AGB-R Rn. 956.

somit als Rechtfertigung nur die fehlende Möglichkeit, die Qualität der Ware beurteilen zu können, weil gebrauchter Ware eine andere Typizität anhaftet als dies bei Neuware der Fall ist. Das Auffinden von Mängeln ist dann aufwändiger. Übertragen auf **Daten** bedeutet das, dass auch eine nach § 377 HGB gebotene stichprobenartige Untersuchung keine ausreichende Gewähr böte, die Mangelhaftigkeit der Daten festzustellen. Grundsätzlich ist das aber möglich, so dass Daten nur selten gebraucht sein können. Anders kann dies aber bei dem **Erwerb von KI-Modellen** sein, die gegenüber einem Ausgangsstandard weiterentwickelt wurden. Dann ist es dem Lieferanten nicht leicht möglich, die Abweichungen von dem Standard zu erkennen. Er liefert ein „gebrauchtes" Modell.

386 Ein **Ausschluss von Mängelrechten** soll im unternehmerischen Verkehr zulässig sein, wenn er nicht vollständig erfolgt und das Äquivalenzinteresse des Käufers oder Bestellers gewahrt bleibt.[541] Die detaillierten Regelungen des § 309 Nr. 7 und Nr. 8b stehen einem weitgehenden Ausschluss am Ende jedoch entgegen. Inwieweit Einschränkungen der Mängelrechte im unternehmerischen Verkehr zulässig sind, ist Gegenstand einer breiten Diskussion in der Literatur,[542] eine belastbare Rechtsprechung hierzu fehlt.

387 Zunächst ist zu beachten, dass der Schuldner weitgehend für schuldhafte Pflichtverletzungen einstehen muss. Eine effektive Beschränkung der Schadensersatzpflicht ist nicht möglich → Rn. 81. Da Schadensersatzansprüche aber nur greifen, wenn der Schuldner die Pflichtverletzung zu vertreten hat, muss dem Gläubiger jedenfalls bei fehlendem Vertretenmüssen ein Anspruch auf Nacherfüllung oder der Rücktritt verbleiben. Umstritten ist hier aber schon, ob der Anspruch auf Nacherfüllung und das Recht zum Rücktritt überhaupt ausgeschlossen werden können.[543] Da der Gläubiger nicht rechtlos gestellt werden darf, ergibt ein Ausschluss des oft weniger schwerwiegenden Nacherfüllungsanspruchs bei Beibehalten anderer, einschneidender Rechtsbehelfe für den Schuldner wenig Sinn. Der Ausschluss des Minderungsrechts soll zulässig sein, wenn der Rücktritt auch wegen unerheblicher Mängel offen steht,[544] was bei immateriellen Leistungen jedoch regelmäßig ebenfalls nicht im Interesse des Schuldners sein dürfte. Die **Verjährungsfrist der Nacherfüllungsansprüche** aus § 438 Abs. 1 Nr. 3 BGB und § 634 Abs. 1 Nr. 1 BGB kann auf ein Jahr verkürzt werden.[545] Da eine Verkürzung der Verjährungsfrist für Schadensersatzansprüche aus der fehlgeschlagenen Nacherfüllung nicht zulässig ist (→ Rn. 85), muss eine Regelung deutlich zwischen der Verjährung des Nacherfüllungsanspruchs und der des damit zusammenhängenden Schadensersatzanspruchs unterscheiden.

388 Wegen der nur sehr eingeschränkten Möglichkeit zur Abwandlung der Mängelhaftung ist für die Vertragsgestaltung ein besonderes Augenmerk auf die Bestimmung der Beschaffenheit der Kaufsache oder des Werkes zu legen. Insbesondere sind nicht geschuldete Beschaffenheiten zu definieren, um gar nicht erst in die Mängelhaftung zu geraten. Dabei ist wiederum das gesetzliche Leitbild zu beachten. Die zunächst nur verbraucherschützenden Bestimmungen über **digitale Produkte** der §§ 327 ff. BGB können insoweit als Leitbild herangezogen werden, wie sie die vertraglichen Beziehungen der Parteien nicht nur mit Blick auf den Verbraucherschutz, sondern mit Blick auf die sachgerechte Regelung an sich behandeln.[546]

389 Bei **Mietverträgen** kann auch im unternehmerischen Verkehr die Minderung nicht vollständig ausgeschlossen werden, zulässig ist aber, die vom Gesetz vorgesehene automatische Herabsetzung der Miete auszuschließen und den Mieter stattdessen, ohne dies

---

541 Leuschner AGB-Recht/Bach Teil 3 Gewährleistungsklauseln Rn. 37.

542 Übersicht bei Leuschner AGB-Recht/Bach Teil 3 Gewährleistungsklauseln.

543 Dagegen Ulmer/Brandner/Hensen/Christensen BGB § 309 Nr. 8 Klauselverbote ohne Wertungsmöglichkeit – Sonstige Haftungsausschlüsse bei Pflichtverletzung Rn. 46; differenzierend Leuschner AGB-Recht/Bach Teil 3 Gewährleistungsklauseln Rn. 43, 59.

544 Leuschner AGB-Recht/Bach Teil 3 Gewährleistungsklauseln Rn. 97.

545 Ulmer/Brandner/Hensen/Christensen BGB § 309 Nr. 8 Klauselverbote ohne Wertungsmöglichkeit – Sonstige Haftungsausschlüsse bei Pflichtverletzung Rn. 106.

546 So MüKoBGB/Metzger Vor § 327 Rn. 39 f.

explizit in die Klausel aufnehmen zu müssen, auf einen Bereicherungsanspruch gegen den Vermieter zu verweisen.[547] Ausgeschlossen werden kann die verschuldensunabhängige Haftung aus § 536a Abs. 1 Fall 1 BGB.[548] Durch die ausdrückliche Einbeziehung digitaler Produkte nach § 548a BGB ergeben sich gegenüber dem bereits geltenden Bewertungsmaßstäben keine Änderungen.

b) Vereinbarungen zur Verarbeitung personenbezogener Daten

Die in § 307 Abs. 2 BGB genannten Grundgedanken könnten insbesondere im Bereich des **390** Datenschutzes zu finden sein. Dabei stellt sich nicht die Frage, ob eine vereinbarte Klausel datenschutzrechtliche Wirkungen erzeugen kann. Das beantwortet allein das Datenschutzrecht. Wichtiger ist der Aspekt der AGB-rechtlichen Abschlusskontrolle und nachgelagert der Auswirkungen einer unwirksamen Klausel auf das Vertragsgefüge. So können Weiter- oder Herausgabeverbote unwirksam sein, wenn der Verpflichtete gesetzlich gebunden ist, die Daten weiter- oder herauszugeben. Hier sind beispielsweise Auskunftsansprüche oder Übertragungsansprüche, etwa aus Art. 12f. und 20 DS-GVO oder 51a GmbHG zu beachten. Mangels einer zurzeit noch kaum ausgebildeten Typizität von Datenerwerbsverträgen kann die Inhaltskontrolle allerdings Schwierigkeiten bereiten.[549] Es ist allerdings umstritten, ob ein Verstoß gegen datenschutzrechtliche Vorschriften zu einer **Unwirksamkeit der vertraglichen Klausel** führen kann oder die Sanktion allein im Datenschutzrecht zu suchen ist. In einer wettbewerbsrechtlich geprägten Entscheidung hat der EuGH allgemein geäußert, dass der Unionsgesetzgeber mit dem Erlass der DS-GVO keine umfassende Harmonisierung der Rechtsbehelfe, die bei einem Verstoß gegen die Bestimmungen der DS-GVO zur Verfügung stehen, vornehmen wollte.[550] Das spricht dafür, die Inhaltskontrolle auch bei Vereinbarungen über datenschutzrechtliche Sachverhalte zuzulassen. Für Klauseln mit Bezug zum **Data Act** ist Art. 1 Abs. 5 S. 3 DA zu beachten. Danach haben Bestimmungen der DS-GVO und im Einklang damit erlassene nationale Vorschriften Vorrang vor denen des Data Act. Die Wirksamkeit einer Bestimmung richtet sich daher in einem solchen Fall nur nach dem Maßstab des Datenschutzrechts.

c) Haftungsbeschränkung

Eine **effektive Beschränkung der Haftung** ist in AGB **nicht möglich.** Bei entgeltlichen **391** Leistungen muss im Rahmen allgemeiner Geschäftsbedingungen grundsätzlich auf den Schaden gehaftet werden, der vertragstypisch und vorhersehbar ist.

Haftungsbeschränkungen dürfen Körper- und Gesundheitsschäden (§ 309 Nr. 7a BGB) **392** sowie sonstige Schäden bei grobem Verschulden (§ 309 Nr. 7b BGB) nicht ausschließen.[551] Dies gilt gem. § 307 Abs. 1, Abs. 2 Nr. 2 BGB regelmäßig auch im Verhältnis zwischen Unternehmen.[552] Für das **Cloud-Switching** enthält Art. 25 Abs. 2 lit. a sublit. ii DA eine Sonderregelung, die eine Absenkung der Sorgfaltsanforderungen unter die der gebotenen Sorgfalt verbietet → D.1.II. Rn. 49. Nicht entschieden ist, ob eine Klausel auch dann wegen Missachtung dieser Anforderung unwirksam ist, wenn eine solche Schädigung gar nicht möglich ist, wie beispielsweise bei der Überlassung von Konfigurationsdaten für eine Kamera. In der Theorie kann der Vorwurf der Unangemessenheit nur Regelungen treffen, die überhaupt einen Anwendungsfall haben. Da das aber vorab nicht sicher festzustellen ist

---

547 BGH 12.3.2008 – XII ZR 147/05, BeckRS 2008, 11172 Rn. 20; OLG Düsseldorf 24.5.2022 – 24 U 368/20, NJW-RR 2023, 25 Rn. 24.

548 BGH 4.10.1990 – XII ZR 46/90, NJW-RR 1991, 74.

549 Dazu Graf von Westphalen IWRZ 2018, 9 (15 f.).

550 EuGH 4.10.2024 – C-21/23 (ND/DR), GRUR 2024, 1721 Rn. 60.

551 BGH 4.2.2015 – VIII ZR 26/14, NJW-RR 2015, 738; 22.11.2006 – VIII ZR 72/06, NJW 2007, 759 Rn. 10.

552 BGH 19.9.2007 – VIII ZR 141/06, NJW 2007, 3774 Rn. 13 ff.

und die Klauselkontrolle gerade nicht den Einzelfall erfasst, sondern typisiert, greift die Klauselkontrolle auch in den genannten Fällen.

393 Die Haftung für **leicht fahrlässig verursachte Schäden** kann nicht beschränkt werden, wenn Gegenstand der Pflichtverletzung eine vertragswesentliche Pflicht ist. Nach der ständigen Rechtsprechung des BGH darf eine formularmäßige Freizeichnung von der Haftung für einfache Fahrlässigkeit nicht zur Aushöhlung von vertragswesentlichen Rechtspositionen des Vertragspartners führen. Das wäre beispielsweise der Fall, wenn sie ihm solche Rechte wegnimmt oder einschränkt, die ihm der Vertrag gemäß dem Gedanken des § 307 Abs. 2 Nr. 2 BGB nach seinem Inhalt und Zweck gerade zu gewähren hat. Ferner darf die Haftungsbeschränkung nicht dazu führen, dass der Verwender von Verpflichtungen befreit wird, deren Erfüllung die ordnungsgemäße Durchführung des Vertrags überhaupt erst ermöglicht und auf deren Einhaltung der Vertragspartner regelmäßig vertraut und vertrauen darf.[553] Dazu gehört immer auch jeder Folgeschaden, wie zB der entgangene Gewinn. Eine Trennung zwischen unmittel- und mittelbaren Schäden kennt das Gesetz nicht.[554]

394 Unwirksam ist auch eine **summenmäßige Beschränkung** der Haftung im Falle der Verletzung einer vertragswesentlichen Pflicht, wenn der Höchstbetrag die vertragstypischen, vorhersehbaren Schäden nicht abdeckt.[555] Wird der vertragstypische, vorhersehbare Schaden dagegen abgedeckt, wirkt die Regelung kaum haftungsbeschränkend.

395 Eine Haftungsbeschränkung kann auch in einer **Verkürzung der Verjährungsfrist** für Schadensersatzansprüche liegen.[556] Einen Verstoß gegen § 309 Nr. 7 BGB stellt beispielsweise die Klausel „Die Verjährungsfrist für gesetzliche Mängelansprüche beträgt ein Jahr." dar. Das gilt auch im Verhältnis zu Unternehmen, da die Wertung des § 309 Nr. 7 BGB auch im unternehmerischen Verkehr zu beachten ist.[557] Ein Problem des Verwenders von AGB ist, dass der Vertragspartner sich später auch dann auf die Unwirksamkeit von Klauseln berufen kann, wenn er sie in Kenntnis ihrer Unwirksamkeit akzeptiert hat. Ihm bleibt zum Erreichen einer wirksamen Haftungsbeschränkung nur der steinige Weg zu einer Individualvereinbarung. Praktisch schwierig umzusetzen, rechtlich aber wirksam wäre es, dem Vertragspartner die AGB ohne Haftungsklausel zuzusenden und ihn zu bitten, eine ihm passende Haftungsregelung zu entwerfen. Da diese Klausel nicht vom Verwender gestellt wird, kann sich der Vertragspartner nicht auf die Inhaltskontrolle berufen. Sollte die Klausel dem Verwender der AGB nicht genügen, ist jedenfalls der Einstieg in Verhandlungen eröffnet an deren Ende eine wirksame Regelung steht. Ist die Haftungsbeschränkung für den Verwender essentiell, lässt sich aber keine Einigung oder gleichwertige Absicherung erreichen, sollte von dem Vertragsschluss Abstand genommen werden.

d) Garantien

396 **Immaterialgüterrechte** können nicht gutgläubig erworben werden. Erwerbern droht daher, nicht nur die vereinbarte Nutzungsbefugnis nicht zu erhalten, sondern unter Umständen sogar den Ansprüchen Dritter wegen einer unbefugten Nutzung ausgesetzt zu sein. Sekundäransprüche gegen den Vertragspartner helfen dem Erwerber nur bedingt. Schadensersatzansprüche setzen ein Verschulden voraus, das seitens des Veräußerers, der nicht selbst Urheber oder Hersteller der Software ist, regelmäßig nicht gegeben ist. Viele Verträge sehen zur Kompensation des Risikos eine Garantie oder die Freistellung von Ansprüchen Dritter vor.

397 Bei der Garantie steht der Garantiegeber regelmäßig dafür ein, dass der **vertragsgemäße Zustand** erreicht wird. Bei einem Freistellungsanspruch hat der Schuldner die Vermögensnachteile zu tragen, die dem Nutzer des urheberrechtlich geschützten Guts durch die

553 BGH 20.7.2005 – VIII ZR 121/04, NJW-RR 2005, 1496 (1505).
554 BGH 14.11.2000 – X ZR 211/98, NJW-RR 2001, 342 (343); MüKoBGB/Oetker § 249 Rn. 99.
555 BGH 11.11.1992 – VIII ZR 238/91, NJW 1993, 335 (336); MüKoBGB/Grundmann § 276 Rn. 184.
556 BGH 29.5.2013 – VIII ZR 174/12, NJW 2013, 2584; 22.9.2015 – II ZR 340/14, NZG 2016, 32.
557 BGH 19.6.2013 – VIII ZR 183/12, NJW 2014, 211.

Geltendmachung von Rechten Dritter entstehen. Eine Garantie geht damit regelmäßig über einen Freistellungsanspruch hinaus.

Dabei werden in AGB die Grenzen zwischen verschuldensunabhängigem Aufwendungs- und verschuldensabhängigem Schadensersatz oft nicht beachtet. Terminologisch sind Aufwendungen alle zweckbestimmten freiwilligen **Vermögensopfer** im Interesse eines anderen, während Schäden unfreiwillige Vermögensopfer darstellen.[558] In den Klauseln zu Garantien und Freistellungen geht es in den hier einschlägigen Fällen um unfreiwillige Vermögensopfer und damit um Schadens-, nicht aber um Aufwendungsersatz. Stellen die Klauseln dabei nicht auf ein Vertretenmüssen ab, liegt eine Abweichung von der gesetzlichen Leitlinie vor. Zudem gelten die Garantie- und Freistellungsansprüche oft zeitlich unbeschränkt und gehen damit über die Verjährungsfristen für Gewährleistungsansprüche hinaus.[559] Sie stellen dann den Verwender besser, als er bei Bestehen eines Nacherfüllungsanspruchs stünde. Insgesamt begegnen solche Klauseln erheblichen AGB-rechtlichen Bedenken. 398

aa) Garantien. Garantien sind im Gesetz nicht als Typus geregelt, werden jedoch an verschiedenen Stellen angesprochen. Aus § 276 Abs. 1 S. 1 BGB lässt sich entnehmen, dass eine Garantiezusage eine **strengere** als eine verschuldensabhängige **Haftung** bedeuten kann. Eine solche Zusage kann in AGB mit dem Grundsatz der Schadensersatzhaftung nur bei Vertretenmüssen der Pflichtverletzung kollidieren. Nach ständiger Rechtsprechung des BGH ist es ein auch im unternehmerischen Verkehr gültiger wesentlicher Grundgedanke der gesetzlichen Regelung iSv § 307 Abs. 2 Nr. 1 BGB, dass eine Verpflichtung zum Schadensersatz regelmäßig nur bei schuldhaftem Verhalten besteht. Eine verschuldensunabhängige Haftung kann in allgemeinen Geschäftsbedingungen nur ausnahmsweise wirksam vereinbart werden. Das ist der Fall, wenn sie durch höhere Interessen des Verwenders gerechtfertigt oder durch Gewährung rechtlicher Vorteile ausgeglichen wird.[560] 399

Bei **Datenverträgen** besteht, wie regelmäßig bei allen Transaktionen mit immateriellen Gütern, das Risiko, dass der Veräußerer die Daten nicht hat, sie nicht den Anforderungen entsprechen oder er nicht berechtigt ist, die Daten zu übertragen. Die Erwerber versuchen sich hier durch Garantien abzusichern, um so weitestgehende Sekundäransprüche zu schaffen. Damit können diese Garantien in Konflikt mit der vorgenannten Rechtsprechung treten. 400

Im **Immaterialgüterrecht** wird zur Begründung ihrer Wirksamkeit oft angeführt, dass Rechtsmängel anders als Sachmängel für den Erwerber nur schwer erkennbar seien, ihre Feststellung sich umso schwieriger und aufwändiger gestalte, je öfter über einen Gegenstand in der Rechtekette verfügt werde, und dass dem Veräußerer typischerweise mehr über Herkunft und Vorgeschichte des Erwerbsgegenstands bekannt sei als dem Erwerber. 401

Diese Risikoverteilung ist allerdings gesetzesimmanent. Eine generell verschuldensunabhängige Rechtsmängelhaftung kann hierdurch generell nicht gerechtfertigt werden. Der BGH kompensiert solche Defizite dadurch, dass **hohe Anforderungen an die Sorgfaltspflicht** des Schuldners gestellt werden.[561] 402

Für die Gestaltung von Datenverträgen lohnt ein Blick in das Recht der Unternehmenstransaktionen. Dort sind Garantien beispielsweise als **Bilanzgarantien** verbreitet.[562] Allerdings sind sie selten Gegenstand einer gerichtlichen AGB-Kontrolle, weil die Klauseln in 403

---

558 BGH 30.5.1960 – II ZR 113/58, NJW 1960, 1568; MüKoBGB/Schäfer § 670 Rn. 18 f.

559 Vgl. zum Verjährungslauf beim gesetzlichen Befreiungsanspruch aus § 257 BGB BGH 19.10.2017 – III ZR 495/16, NJW 2018, 1873.

560 BGH 17.11.2020 – XI ZR 294/19, NJW 2021, 1458 Rn. 28.

561 BGH 5.10.2005 – VIII ZR 16/05, NJW 2006, 47 Rn. 33; Ulmer/Brandner/Hensen/Ernst Teil 2 Kap. 49 Rn. 35 f.; Loewenheim UrhR-HdB/Loewenheim/J. B. Nordemann/Ohly § 68 Rn. 7 mit dem Vorschlag, in den AGB eine verschuldensunabhängige Vertrauensschadenhaftung vorzusehen; für die Wirksamkeit von Garantien OLG Hamburg 1.6.2011 – 5 U 113/09, GRUR-RR 2011, 293 (302); Grohmann GRUR-Prax 2019, 27 (28).

562 Dazu Hölters Unternehmenskauf-HdB/Weber Kap. 9 F; MüKoBGB/Maultzsch § 453 Rn. 44 f.

der Regel ausgehandelt wurden und einer Schiedsvereinbarung unterliegen. Bei Bilanzgarantien werden harte und weiche Garantien unterschieden. Bei harten Garantien steht der Garantiegeber dafür ein, dass die ausgewiesenen Bilanzdaten zutreffend sind. Bei weichen Garantien muss er – lediglich – dafür einstehen, dass die Daten in einem sorgfältig durchgeführten Verfahren ermittelt wurden. Führte das Verfahren zu fehlerhaften Daten, haftet der Garantiegeber nur für das Verfahren, nicht aber für dessen Ergebnis. Auf **Datenverträge** übertragen bedeutet diese Unterscheidung, dass eine weiche Garantie nicht als unangemessen angesehen werden kann, wenn der Garantiegeber die Richtigkeit seiner Zusage steuern kann, insbesondere, wenn er Einfluss auf die Datengewinnung hat. Demgegenüber würden harte Garantien den im Immaterialgüterrecht verbreiteten Zusagen gleichstehen und den oben genannten Bedenken begegnen.

404 **bb) Freistellungen.** Bedenklich sind auch **Freistellungsverpflichtungen**[563] infolge lediglich behaupteter Rechtsverletzungen.[564] Die verschuldensunabhängige Pflicht, Vermögensnachteile des Nutzers oder Verwerters in jedem Fall zu ersetzen, dürfte unwirksam sein.[565]

e) Geheimhaltungsvereinbarungen

405 Daten genießen anders als die meisten Immaterialgüter grundsätzlich keinen Ausschließlichkeitsschutz. In vielen Verträgen wird daher versucht, der ungewollten Verbreitung von Daten durch Geheimhaltungsvereinbarungen entgegenzuwirken. Oft sind diese Klauseln jedoch einerseits **zu unbestimmt** gehalten, um erkennen zu lassen, was geheim zu halten ist. Andererseits sind die einbezogenen Informationen häufig nicht so bedeutend, dass sie geheimhaltungswürdig sind. Das kann zur Intransparenz der Klausel und zu einer unangemessenen Benachteiligung des Vertragspartners[566] führen. Die Verpflichtung, geheim zu haltende Daten nicht zu übertragen, kann ebenfalls zu einer unangemessenen Benachteiligung führen, wenn diese Daten nicht durch das Geschäftsgeheimnisgesetz als Geheimnisse geschützt sind.[567] Zur Vermeidung einer unangemessenen Benachteiligung sollten in AGB Ausnahmen von der Geheimhaltung vorgesehen werden.[568] Der **Data Act** verpflichtet den Dateninhaber zu Übermittlung von Daten, die für ihn Geschäftsgeheimnisse darstellen, wenn er in der Lage ist, seine Geheimhaltungsinteressen durch Geheimhaltungsvereinbarungen und technische Maßnahmen zu wahren. Ist der Datennutzer oder Datenempfänger Verwender dieser Geheimhaltungsbedingungen, sind diese Bedingungen im unternehmerischen Verkehr unter Berücksichtigung der Intention des Data Act insbesondere an Art. 13 Abs. 5 lit. b DA und im Übrigen an § 307 Abs. 2 BGB und dem Geschäftsgeheimnisgesetz zu messen.

f) Vorausleistungen

406 Vorausleistungen sind in Verträgen regelmäßig Gegenstand von Vereinbarungen und in der Praxis auch üblich. Das widerspricht zwar dem gesetzlichen Modell der **Zug-um-Zug-Leistung** bei Austauschverträgen, der Leistungsaustausch lässt sich tatsächlich aber auch kaum anders abbilden.

407 Dennoch begegnen Vorausleistungspflichten erheblichen AGB-rechtlichen Bedenken, wenn sie vom gesetzlichen Standard der in §§ 273 und 320 BGB enthaltenen Wertung

---

563 Vgl. zur Rechtslage bei Unternehmenskäufen Hilgard BB 2016, 1218.
564 OLG Hamburg 1.6.2011 – 5 U 113/09, GRUR-RR 2011, 293 (302).
565 Redeker IT-R/Heymann/Lensdorf Software-Pflege Rn. 134; Ulmer/Brandner/Hensen/Ernst Teil 2 Kap. 49 Rn. 35 f.
566 Vgl. zu Arbeitsverhältnissen Preis ArbeitsV-HdB/Rolfs V 20 Verschwiegenheitspflicht Rn. 26; zum Gesellschaftsrecht OLG Stuttgart 10.10.2012 – 14 U 13/12, BeckRS 2013, 4352; AG Düsseldorf 30.7.2010 – 44 C 3557/10, NZG 2011, 229.
567 Vgl. Hille WRP 2020, 824 Rn. 24 ff.
568 Vgl. Schmitt/Herrmann Vertragsklauseln § 23 Rn. 15 f.

abweichen. Dabei hat § 309 Nr. 2 BGB für den unternehmerischen Verkehr allerdings **keine Indizwirkung.**[569]

Maßgeblich für eine Bewertung ist, ob im Falle der Vereinbarung einer gesetzlich nicht **408** vorgesehenen Vorleistungsverpflichtung eine unangemessene Benachteiligung des Vertragspartners **von vornherein ausgeschlossen** ist. Eine in AGB festgelegte Vorleistungspflicht benachteiligt dann unangemessen, wenn mit ihr nicht lediglich sichergestellt werden soll, dass der Unternehmer sein Entgelt erhält, ehe er unwiederbringlich geleistet und jedes Druckmittel verloren hat.[570]

Der **Kaufvertrag** ist nicht durch eine Vorleistungspflicht einer Vertragspartei geprägt. Das **409** Gesetz geht gem. § 320 BGB von einem Zug-um-Zug-Geschäft aus, das in der Praxis jedoch regelmäßig nicht zu realisieren ist. Typischerweise leistet der Verkäufer vor, ohne dass dies vereinbart wurde.

Beim **Werkvertrag** ist der Unternehmer von Gesetzes wegen vorleistungspflichtig. Sein **410** Werklohnanspruch wird erst nach der Abnahme durch den Besteller fällig. Dieser Regelung in § 641 Abs. 1 S. 1 BGB kommt Leitbildfunktion zu. Die Regelung ist Ausdruck eines formularmäßig nicht abänderbaren Gerechtigkeitsgebots. Der Besteller soll grundsätzlich erst zur Zahlung verpflichtet sein, wenn das Werk vollständig hergestellt ist. Anderes gilt nur dann, wenn die Leitbildabweichung sachlich gerechtfertigt ist und der gesetzliche Schutzzweck auf andere Weise sichergestellt wird.[571]

Eine Vorauszahlungspflicht ist dann zulässig, wenn sie auch die Interessen des Bestellers **411** berücksichtigt, das mit dem Zurückbehaltungsrecht des § 320 BGB verbundene **Druckmittel** nicht vollständig aus der Hand zu geben. Für die Gestaltung und Anbindung eines Internet-Auftritts in Form eines Werkvertrages mit einer Laufzeit von drei Jahren hat der BGH eine Vorauszahlungspflicht der monatlich berechneten Vergütung für ein Jahr als angemessen angesehen, weil der Dienstleister die wesentliche Leistung der Erstellung des Auftritts bereits zu Vertragsbeginn erbracht hat.[572] Umgekehrt dürfte eine Vorauszahlungsverpflichtung bei Dauerschuldverhältnissen für ein Jahr dementsprechend unangemessen benachteiligen, sofern die Vergütung allein für die noch zu erbringenden Leistungen zu entrichten ist.

g) Preisanpassungen

Werden Daten im Rahmen von Dauerschuldverhältnissen überlassen, sehen die Leistungs- **412** schuldner oft ein einseitiges Preisanpassungsrecht zu ihren Gunsten vor. Ein solches Recht kann zwar auf § 315 BGB gestützt werden, ist angesichts der von der Rechtsprechung gesetzten hohen Hürden in AGB jedoch regelmäßig unwirksam. Grund hierfür ist, dass die Rechtsprechung zwar ein schutzwürdiges Interesse des Schuldners anerkennt, den ursprünglich als gleichwertig vereinbarten Austausch von Leistungen auch während der gesamten Vertragslaufzeit gleichwertig aufrecht zu erhalten. Die verwendeten Preisanpassungsklauseln halten jedoch den strengen Anforderungen der Rechtsprechung meistens nicht stand. So hat der Sachleistungsschuldner nur ein schutzwürdiges Interesse, ihn treffende Kostensteigerungen an seinen Kunden weiterzugeben. Unangemessen ist eine Klausel aber, wenn sie bewirken würde, dass die Preiserhöhung nicht nur die gestiegenen Aufwände kompensiert, sondern auch zu einer Gewinnsteigerung führt.[573] Zudem müssen solche Klauseln auch dem **Transparenzgebot** standhalten. Dazu ist erforderlich, dass der Kunde bei Vertragsschluss grundsätzlich erkennen und später im Falle einer Erhöhung auch nachvollziehen kann, in welchem Umfang ihm Kostensteigerungen auferlegt wer-

---

[569] BeckOK BGB/Becker § 309 Nr. 2 Rn. 17.
[570] BGH 24.9.2002 – KZR 38/99, NJW-RR 2003, 834 (836).
[571] BGH 7.3.2013 – VII ZR 162/12, NJW 2013, 1431 Rn. 24 ff.
[572] BGH 4.3.2010 – III ZR 79/09, NJW 2010, 1449 Rn. 28.
[573] BGH 29.4.2008 – KZR 2/07, NJW 2008, 2172 Rn. 18.

den.[574] Auch das Einräumen eines **Kündigungsrechts** beseitigt die Unwirksamkeit nur in Ausnahmefällen, etwa dann, wenn dem Schuldner die Erfüllung der Anforderungen an die Klauselgestaltung aufgrund der Umstände des Einzelfalls nicht möglich ist.[575] Eine unwirksame Klausel wird jedenfalls nicht dadurch wirksam, dass der vertragstreue Vertragspartner das Recht erhält, seine Rechte durch Kündigung aufzugeben. In der Praxis ist es daher kaum möglich, wirksame Preisanpassungsklauseln zu gestalten. Problematisch ist dies für den Verwender typischerweise aber nur im Massengeschäft mit Verbrauchern, wenn sich eine Vielzahl von Kunden weigert, die geforderten Preise zu zahlen. Im unternehmerischen Verkehr werden Preiserhöhungen nicht deswegen akzeptiert, weil sie wirksam sind, sondern weil die Transaktionskosten für den Wechsel zu einem anderen Anbieter höher sind als die gestiegenen Entgelte.

h) Vertragsstrafen

413 Vertragsstrafen sind in Datenüberlassungsverträgen ein verbreitetes Mittel, um das fehlende Ausschließlichkeitsrecht schuldrechtlich zu kompensieren. Regelungen dazu finden sich in Verbindung mit Geheimhaltungsregelungen und Weitergabeverboten. Das gesetzliche Leitmodell der Vertragsstrafe hat in den §§ 339 ff. BGB die schuldhafte Verletzung einer Pflicht zur Grundlage. Verschuldensunabhängige Vertragsstrafen sind damit auch im unternehmerischen Geschäftsverkehr regelmäßig unwirksam. Das gilt nur dann nicht, wenn gewichtige Umstände vorliegen, die die **verschuldensunabhängige Haftung** des Vertragsstrafeschuldners durch sachliche, die Unwirksamkeitsvermutung des § 307 Abs. 2 Nr. 1 BGB ausräumende Gründe rechtfertigen.[576] Hinzu kommt, dass die **Höhe der Vertragsstrafe** im Verhältnis zum Gewicht der Pflichtverletzung stehen muss. Ist die Vertragsstrafe in unangemessener Weise zu hoch bemessen, ist sie auch im unternehmerischen Verkehr nach § 307 Abs. 1 S. 1 BGB unwirksam.[577] Gegenüber Verbrauchern gilt § 309 Nr. 6 BGB, wodurch aber die Regelung von Vertragsstrafen für die Geheimhaltung von Daten nicht berührt wird. Hierfür ist, wie im unternehmerischen Verkehr, auf § 307 Abs. 2 BGB abzustellen.

414 Eine **Herabsetzung** nach § 343 BGB kommt dann nicht mehr in Betracht, weil die Norm eine wirksame Vereinbarung voraussetzt. Hieran ändert in der Folge auch § 348 HGB nichts, der für Kaufleute die Herabsetzung nach § 343 BGB ausschließt.[578] Der im Immaterialgüter- und Wettbewerbsrecht verbreitete „neue Hamburger Brauch", die Bemessung der Vertragsstrafe dem Vertragsstrafegläubiger zu überlassen und dem Gläubiger die gerichtliche Überprüfung der Angemessenheit zu ermöglichen,[579] kann dem Problem der angemessenen Bestimmung der Höhe auch in anderen Bereichen entgegenwirken. Der uneingeschränkte Verzicht auf die Einrede des Fortsetzungszusammenhangs ist in AGB grundsätzlich unwirksam.[580] Für das **Cloud-Switching** sieht Art. 29 Abs. 4 DA ausdrücklich vor, dass für die vorzeitige Kündigung des Vertrages Sanktionen auferlegt werden können. Ob damit auch Vertragsstrafen gemeint sind, ist unklar, dürfte aber nach der Zielrichtung des Data Act, den Wechsel zu ermöglichen, zu verneinen sein. Erfasst werden nur monetäre Ausgleiche für den Verlust der bis zum Ende der Laufzeit erzielbaren Einnahmen.

---

574 Zu den Anforderungen im unternehmerischen Verkehr BGH 14.5.2014 – VIII ZR 114/13, NJW 2014, 2708 Rn. 32 ff.; allgemein zu den Anforderungen gegenüber Verbrauchern, BeckOK BGB/Becker § 309 Nr. 1 Rn. 16 ff.

575 BGH 21.9.2016 – VIII ZR 27/16, NJW 2017, 325 Rn. 22.

576 BGH 18.4.1984 – VIII ZR 50/83, NJW 1985, 57.

577 BGH 31.8.2017 – VII ZR 308/16, NJW 2017, 3145 mAnm Wais.

578 BGH 18.11.1982 – VII ZR 305/81, NJW 1983, 385 (388).

579 Vgl. BGH 13.11.2013 – I ZR 77/12, GRUR 2014, 595 Rn. 21.

580 BGH 10.12.1992 – I ZR 186/90, NJW 1993, 721.

i) Kündigung von Dauerschuldverhältnissen

Problematisch in AGB sind Klauseln, die eine vom Gesetz nicht vorgesehene Möglichkeit zur Lösung vom Vertrag regeln, insbesondere einen **wichtigen Grund** zur Kündigung definieren. Verbreitet ist das Anknüpfen der Kündigung aus wichtigem Grund an die Insolvenz des Vertragspartners des Verwenders. Das ist grundsätzlich deswegen kritisch, weil hierdurch die Befugnisse des Insolvenzverwalters, über die Fortführung von Verträgen zu entscheiden, beeinträchtigt werden. Für Dauerschuldverhältnisse hat der BGH dies an einer Umgehung des § 103 InsO festgemacht,[581] auch wenn es sich um einen Werkvertrag in Gestalt eines Dauerschuldverhältnisses handelt.[582] Wirksam kann eine Lösungsklausel dagegen sein, wenn für die vorwiegend insolvenzbedingte Kündigung bei objektiver Betrachtung ex ante zum Zeitpunkt des Vertragsabschlusses auf der Grundlage der wechselseitigen Interessen der Parteien berechtigte Gründe bestehen. Dabei spricht der BGH dem Geldleistungsgläubiger ein rein insolvenzbedingtes Kündigungsrecht ab.[583] **415**

j) Schriftformklauseln

Die meisten Verträge enthalten Schriftformklauseln, die sich entweder auf die Änderung des Vertrages oder die Abgabe von Erklärungen beziehen. Für die Vertragsänderung gilt, dass die Klauseln wegen § 305b BGB **keine Wirkung** erzielen. Denn die nicht formgerechte Einigung geht als Individualvereinbarung der Regelung in den AGB vor. Sie enthält konkludent die Aufhebung des Schriftformzwangs und führt so zu einer wirksamen formfreien Einigung.[584] **416**

Für **einseitige Erklärungen** wie insbesondere Kündigungen ist strittig, ob § 309 Nr. 13 BGB eine Indizwirkung für die Inhaltskontrolle von AGB im unternehmerischen Verkehr hat. Überwiegend wird dies verneint, womit zumindest das Erfordernis der Schriftform wirksam vereinbart werden kann.[585] **417**

k) Beweislastverteilung und Beweisverwertung

Sind entscheidungsrelevante Tatsachen umstritten, muss nach dem Gesetz grundsätzlich die Partei, für die die behaupteten Tatsachen günstig sind, die Richtigkeit ihrer Behauptung zur Überzeugung des Gerichts nachweisen. Daten, die in digitaler Form vorliegen, sind anfällig für Manipulationen. Ihr Beweiswert ist daher gering, wenn sie nicht durch elektronische Signaturen oder andere Maßnahmen geschützt sind. Das ist aufwändig und hinsichtlich der Anforderungen an die Beweismittel nicht hinreichend ausgeurteilt. Dementsprechend liegt es nahe, die gesetzliche **Beweislastverteilung** vertraglich umzugestalten. Dies kann im Zusammenhang mit dem Verkehr mit Daten vor allem für die Erfüllung von Verpflichtungen und insbesondere den Nachweis der Mangelhaftigkeit zum Zeitpunkt des Gefahrübergangs relevant werden. Für den Verkehr mit Verbrauchern schränkt § 309 Nr. 12 BGB eine abweichende Beweislastverteilung in AGB ein. Die Regelung soll auch Leitbildcharakter für den unternehmerischen Verkehr haben.[586] **418**

Einen anderen Aspekt der Beweisführung vor Gericht berührt die Frage eines **Beweisverwertungsverbots,** ob also eine Tatsache überhaupt in ein Verfahren eingeführt werden kann. Ein Beweisverwertungsverbot ist nicht nur in AGB, sondern auch in Individualverträgen unwirksam. So hat das BAG der Vereinbarung eines **Beweisverwertungsverbots** für Betriebsvereinbarungen eine Absage erteilt.[587] Die entscheidungsrelevanten Grundsätze **419**

[581] BGH 15.11.2012 – IX ZR 169/11, NJW 2013, 1159 Rn. 13.
[582] BGH 27.10.2022 – IX ZR 213/21, NJW 2023, 603 Rn. 31.
[583] BGH 27.10.2022 – IX ZR 213/21, NJW 2023, 603 Rn. 31; dazu Becker NZI 2023, 690.
[584] BGH 25.1.2017 – XII ZR 69/16, NJW 2017, 1017 Rn. 19.
[585] Vgl. MüKoBGB/Wurmnest § 309 Nr. 13 Rn. 11.
[586] Stoffels, AGB-Recht, Rn. 1049; BeckOK BGB/Becker § 309 Nr. 12 Rn. 12.
[587] BAG 29.6.2023 – 2 AZR 296/22, NZA 2023, 1105 Rn. 53.

des Urteils gelten aber auch für sonstige Vereinbarungen: Den Vertragsparteien fehlt die Regelungsmacht, ein über das formelle Verfahrensrecht der ZPO hinausgehendes Verwertungsverbot zu begründen, oder die Möglichkeit des Beweisführers wirksam zu beschränken, Tatsachenvortrag zu halten. Geheimnisse werden in einem Gerichtsverfahren nach § 16 GeschGehG geschützt.

l) Höhere Gewalt

420 Höhere Gewalt kann insbesondere bei der Datenübertragung relevant werden, wenn Strom- oder Datenleitungen ohne Zurechenbarkeit zu einer Vertragspartei getrennt werden, es zu unvermeidbaren Überspannungsschäden, zu Hardwareausfällen oder Ähnlichem kommt. Verträge enthalten für solche Fälle regelmäßig Regelungen zu Höherer Gewalt. Sie definieren den Begriff der Höheren Gewalt und/oder legen fest, welche Folgen an das Vorliegen von Höherer Gewalt geknüpft werden.[588] Höhere Gewalt Klauseln haben ihren Ursprung in ausländischen Rechtsordnungen, in denen verschuldensunabhängig für Pflichtverletzungen gehaftet wird.[589] In Verträgen, die deutschem Recht unterliegen, sind solche Klauseln **grundsätzlich entbehrlich.** Allenfalls bei termingebundenen Leistungen kann eine Hilfe zur Neubestimmung der durch Höhere Gewalt beeinträchtigten Leistungserbringung sinnvoll sein. Alle betroffenen Rechte werden im Übrigen durch das Gesetz erfasst und sind in AGB kaum abweichend zu regeln. In jedem Fall sind Regelungen AGB-rechtlich problematisch, wenn sie dazu führen, die Verantwortlichkeit des Verwenders zu beschränken oder die des Vertragspartners zu erweitern. Regelmäßig geraten Klauseln zu Höherer Gewalt in Konflikt mit den gesetzlichen Bestimmungen zur Unmöglichkeit nach § 275 BGB einschließlich aller Regelungen von Leistungserschwernissen, zu den Zurechnungsvorschriften der §§ 276 f., §§ 293 ff. BGB sowie § 313 BGB und zu weiteren Haftungsvoraussetzungen und -folgen der §§ 280 ff. und 249 ff. BGB.[590]

m) Verjährung

421 Bestimmungen zur Verjährung müssen sich abseits von § 209 Nr. 8b ff. BGB vor allem nach § 307 Abs. 2 BGB am **gesetzlichen Leitbild** messen lassen. Übersehen wird hier oft § 202 Abs. 1 BGB. Wird bei einer Verkürzung der Verjährungsfrist die Haftung wegen Vorsatzes nicht ausgenommen, droht die Unwirksamkeit der Regelung.[591] Das steht im Einklang mit § 276 Abs. 3 BGB. Dementsprechend ist unter Haftung die Verpflichtung zum Schadensersatz zu verstehen. Soweit Schadensersatzansprüche nicht berührt werden, steht § 202 Abs. 1 BGB einer Verkürzung der Verjährungsfrist auch bei vorsätzlichem Handeln nicht entgegen.

12. Die AGB-Kontrolle im Zusammenhang mit dem Data Act

422 Der Data Act lässt abseits seiner spezifischen Klauselkontrolle Raum für eine Angemessenheitsprüfung nach §§ 307 ff. BGB. Für die **Vertragsgestaltung** ist zwischen Transaktionen von ohne weiteres verfügbaren Daten, die in den Art. 4 ff. DA behandelt werden, und den Regelungen zum Cloud Switching in den Art. 23 ff. DA zu unterscheiden.

a) Ohne weiteres verfügbare Daten

423 Einen Hinweis auf eine unangemessene Benachteiligung enthält der Data Act in Art. 4 Abs. 4 DA. Der Dateninhaber kann danach die Ausübung der Wahlmöglichkeiten oder Rechte des Nutzers zur Überlassung der Daten nach Art. 4 Abs. 1 DA erschweren.

---

[588] Hierzu Weick ZEuP 2014, 281.
[589] Weick ZEuP 2014, 281 (289 ff.).
[590] Vgl. Graf v. Westphalen/Thüsing VertrR/AGB-Klauselwerke/Pamp/Thüsing Höhere Gewalt Rn. 1 ff.
[591] OLG München 20.3.2024 – 7 U 5781/22, ZVertriebsR 2024, 371 Rn. 39.

Unzulässig ist jedoch eine **unangemessene Erschwernis.** Entsprechendes gilt nach Art. 6 Abs. 2 lit. a DA für einen Dritten gegenüber dem Nutzer. Aus dem Data Act und den Erwägungsgründen ergibt sich nicht direkt, ob auch eine vertragliche Erschwernis gemeint ist. In Erwgr. 38 werden Dark Patterns und ähnliche Manipulationen angeführt. Das spricht dafür, dass nur tatsächliche Beeinträchtigungen erfasst werden. Die genannte Erschwernis der Ausübung der Rechte des Nutzers kann jedoch auch als eine vertraglicher Art verstanden werden. Wenn unwesentliche tatsächliche Manipulationen zulässig sind, sollten auch unwesentliche rechtliche Beschränkungen zulässig sein.

Fraglich ist, ob die Berechtigung des Dateninhabers zur **Nutzung der Daten** von diesem einseitig in AGB vorgesehen werden kann. Es dürfte regelmäßig der Fall sein, dass der Dateninhaber als Anbieter eines mit dem Produkt verbundenen Dienstes in Vertragsbeziehungen zu dem Datennutzer steht. Diese Beziehungen sind zunächst von der Vereinbarung zur Bereitstellung der Daten nach Art. 4 Abs. 13 S. 1 DA zu unterscheiden. Dass sich der Dateninhaber zudem noch die Berechtigung zur Nutzung der ohne Weiteres verfügbaren Daten gewähren lässt, ist nicht zwingend, aber als die Regelungen des IoT-Dienstes ergänzende Gestaltungsmöglichkeit zulässig. Könnte jedoch der Dateninhaber im Rahmen dieser, typischerweise von ihm vorgegebenen, Vertragsbestimmungen ohne weitere Inhaltskontrolle eine Klausel aufnehmen, dass er die vom Data Act dem Datennutzer zugewiesenen, ohne Weiteres verfügbaren Daten nutzen kann, würde dies dem Ziel des Data Act zuwiderlaufen. Der nur zwischen Unternehmen wirkende Art. 13 DA behandelt diesen Punkt nicht. Damit bleibt nur eine Kontrolle nach den allgemeinen Regeln der §§ 305 ff. BGB. Eine solche Klausel könnte überraschend nach § 305c Abs. 1 BGB sein. Allerdings sieht der Data Act in Art. 4 Abs. 13 S. 1 DA gerade eine solche Möglichkeit vor. Das spricht gegen eine überraschende Klausel. Andererseits darf der Dateninhaber Daten nach Art. 5 Abs. 1 S. 1 DA nur auf **Verlangen des Nutzers** an Dritte weitergeben. Aus Sicht des Nutzers ist aber kein wesentlicher Unterschied erkennbar, ob die ihm zugewiesenen Daten vom Dateninhaber genutzt oder von diesem an einen Dritten weitergegeben werden. Für die Bewertung einer Klausel zur Gestattung der Datennutzung zu berücksichtigen ist, dass sich bei einer Weitergabe an einen Dritten das Risiko eines Missbrauchs erhöht, weil die Kontrollmöglichkeiten des Nutzers erschwert werden. Daraus ist abzuleiten, dass die Berechtigung des Dateninhabers zur Nutzung der Daten in AGB nicht einfach durch eine entsprechende Klausel erlangt werden kann, sondern, wenn auch nicht unbedingt auf Verlangen des Nutzers, so doch **auf freiwilliger Basis,** entsprechend dem Grundgedanken der Einwilligung in Art. 7 DS-GVO erfolgen muss. 424

Dritte, die Daten auf der Grundlage des Data Act verarbeiten wollen, können in ihren Vertragsbedingungen mit dem Datennutzer regeln, dass sie die Abwicklung des Datentransfers mit dem Dateninhaber übernehmen. Dazu kann auch die nach Art. 4 Abs. 14 DA zur Zweckbestimmung der Weitergabe erforderliche **Vereinbarung eines Vertrags** zwischen dem Datennutzer und dem Dateninhaber gehören, auf dessen Grundlage der Dateninhaber die Daten an den Dritten überträgt. Für den Abschluss dieses Vertrages benötigt der Dritte eine **Vollmacht** des Nutzers. In Art. 5 Abs. 1 S. 1 DA lässt der Data Act zu, dass ein Dritter im Namen des Nutzers den Dateninhaber anweist, ihm die Daten zu übertragen. Auch wenn die Formulierung „im Namen eines Nutzers" auf eine Vertretungsbefugnis hinweist, handelt es sich bei diesem Verlangen, die Daten zu übertragen, nicht um ein Rechtsgeschäft, sondern um die Geltendmachung eines gesetzlichen Anspruchs des Datennutzers gegen den Dateninhaber. Damit benötigt der Dritte eine **Ermächtigung** des Datennutzers.[592] Zum Abschluss eines Vertrages zwischen Daten Nutzer und Dateninhaber bedarf es dagegen einer Bevollmächtigung. Grundsätzlich ist die Aufnahme einer Vollmacht in AGB zulässig.[593] Die 425

[592] Es dürfte eine Parallele zur Einziehungsermächtigung bestehen; dazu MüKoBGB/Bayreuther § 185 Rn. 34 ff.

[593] Wolf/Lindacher/Pfeiffer/Dammann, 7. Aufl. 2020, Teil 5 Rn. V472.

Ausgestaltung der Vollmacht unterliegt der Inhaltskontrolle nach § 307 BGB.[594] Beachtet die Vollmacht die durch den Data Act gesetzten Grenzen nicht, ist sie bereits für sich – und nicht erst der konkret geschlossene Vertrag – unangemessen und damit unwirksam.

426 Ein Dritter, dem die nicht personenbezogenen Daten vom Dateninhaber weitergegeben wurden, muss die nach Art. 6 Abs. 1 S. 2 DA löschen, wenn der **Zweck der Datenübermittlung erreicht,** entfallen ist oder nicht mehr erreicht werden kann, sofern nicht etwas anderes vereinbart wurde. Die Vereinbarung unterliegt der im unternehmerischen Verkehr der Angemessenheitskontrolle nach Art. 13 DA, gegenüber Verbrauchern nach §§ 307 ff. BGB. Eine anlasslose Vorratsdatenspeicherung würde dem Grundgedanken des Data Act zuwiderlaufen. Bei der Angemessenheitsprüfung sind die Wertungen des Art. 6 Abs. 2 DA zu berücksichtigen.

b) Cloud Switching

427 Auf das Cloud Switching (→ Kap. 9 Rn. 60 ff. und → Rn. 161) findet die spezifische Inhaltskontrolle des Data Act in Art. 13 DA **keine Anwendung.** Die Regelungen in Art. 13 DA sind nach Wortlaut und Systematik primär auf den Datenzugang und die Datennutzung nach den Art. 4 ff. DA zugeschnitten.[595]

428 Der Data Act enthält in den Art. 23 ff. DA Vorgaben zur vertraglichen Gestaltung des Wechsels des Anbieters von Datenverarbeitungsdiensten. Welche Folgen ein Verstoß gegen diese Vorgaben für den Vertrag hat, wird nicht genannt. Fraglich ist, ob auf die allgemeinen Regeln zurückgegriffen werden kann, zweifelhaft ist insbesondere, ob eine AGB-Kontrolle überhaupt möglich ist. Grund für solche Bedenken ist die Regelungssystematik des Art. 25 DA und die Bestimmung in Art. 27 DA, nach der alle Beteiligten, einschließlich der übernehmenden Anbieter von Datenverarbeitungsdiensten, nach **Treu und Glauben** zusammenarbeiten, damit der Wechsel effektiv vollzogen wird, Daten rechtzeitig übertragen werden können und die Kontinuität des Datenverarbeitungsdienstes aufrechterhalten wird. So hat die Expertengruppe in ihrem Abschlussbericht bei der Behandlung der nach Art. 41 DA zu erstellenden Mustervertragsklauseln deutlich gemacht, dass sie Leistungsstörungen über Art. 27 DA lösen will.[596] Ob das darin begründet ist, dass Art. 27 DA eine entsprechende Funktion übernehmen soll, oder die Gruppe eine Bezugnahme auf das nationale Recht vorsichtshalber vermeiden wollte, ist unklar. Die Verordnung ist insofern sicher beispiellos, weil sie tief in das Vertragsrecht eingreift, ohne eine stimmige Verzahnung zum nationalen Recht zu bieten. Bei Richtlinien gab es eine solche detaillierte Bestimmungen zu Leistungsstörungsrechten. Ein Anhaltspunkt für die Geltung nationalen Rechts kann die Bestimmung in Art. 25 Abs. 2 DA sein, die die Digitale Inhalte Richtlinie unberührt lässt, auch wenn die Richtlinie nur Unternehmerverträge erfasst. Regulatorisch spräche ebenfalls mehr dafür, auf die ausgearbeiteten nationalen Leistungsstörungsregeln abzustellen.

429 Aber auch das führte zu **Unstimmigkeiten.** Die in Art. 25 DA enthaltenen Vorgaben zur vertraglichen Gestaltung des Wechsels des Datenverarbeitungsdienstes enthalten keine Vorgaben für einen Vertragstypus. Die Nichtbeachtung dieser Vorgaben hat damit nicht zur Folge, dass die durch Art. 25 DA beabsichtigten Regelungen Vertragsinhalt werden. Aus Art. 25 DA lässt sich allein entnehmen, dass die Nichtbeachtung dazu führt, dass entgegenstehende Bestimmungen unwirksam sein können und auch sollen. Denn die im Ausführungsgesetz zum Data Act allein vorgesehene Folge eines Bußgeldes genügt nicht zum Schutz der Interessen des Kunden, weil das Bußgeld keine direkten Auswirkungen auf den Vertragsinhalt hat. Dem Kunden ist nur geholfen, wenn entgegenstehende Bestimmungen auch unwirksam sein. Diese Unwirksamkeit folgt jedoch nicht aus Art. 23 DA iVm § 134

[594] Wolf/Lindacher/Pfeiffer/Dammann, 7. Aufl. 2020, Teil 5 Rn. V475.

[595] Anders BeckOK DatenschutzR/Raue DA Art. 13 Rn. 64, wonach die Art. 25 ff. DA Spezialregelungen gegenüber Art. 13 DA sein sollen.

[596] Final-Report-of-the-Expert-Group-on-B2B-data-sharing-and-cloud-computing-contracts auf Seite 150 zu Info point 8 und 11 sowie an vielen weiteren Stellen.

BGB (→ Rn. 22), weil die Fälle des Art. 25 DA, mit Ausnahme von Art. 25 Abs. 2 lit. c i DA, dort nicht behandelt werden. Die Unwirksamkeit könnte aber auch hier aus § 134 BGB resultieren, wenn die Aufnahme von den Vorgaben des Art. 25 DA widersprechenden Vertragsinhalten als Verstoß gegen ein gesetzliches Verbot, solche Klauseln aufzunehmen, gewertet würde. Das wäre jedoch eine sehr binäre Regelung. Besser wäre es, den Vorgaben aus Art. 25 DA entgegenstehende Klauseln nach dem differenzierten Regime der §§ 305 ff. BGB zu behandeln. Das würde jedoch nur allgemeine Geschäftsbedingungen erfassen, nicht aber Individualvereinbarungen. Da jedoch Art. 25 DA nicht disponibel ist, scheidet die Anwendung der AGB-Kontrolle insgesamt aus. Es bleibt letztlich doch nur die Unwirksamkeit entgegenstehender Klauseln nach § 134 BGB. Damit ist für den Kunden mit Blick auf seine Möglichkeit, den Anbieter entsprechend der Intention des Gesetzgebers zu wechseln, wenig gewonnen. Er kann sich allein auf den Auffangtatbestand des Art. 27 DA berufen, um seinem Vertrag einen gesetzesgemäßen Inhalt zu geben. Damit wäre immerhin das auch in der AGB-Kontrolle verankerte Prinzip von Treu und Glauben in sehr rudimentärer Weise auf unzulässige Klauseln anwendbar.

c) Mustervertragsklauseln

Ob die von der Kommission nach Art. 41 DA zu entwickelnden **Mustervertragsklauseln** 430 der Inhaltskontrolle generell entzogen sind und darüber hinaus als Leitlinie für eine Angemessenheitsbeurteilung abweichender Klauseln herangezogen werden können, ist im Data Act nicht geregelt. Da der Data Act keine Rechtsetzungskompetenz für die Kommission enthält, unterliegen die Klauseln der üblichen Kontrolle vertraglicher Regelungen durch die nationalen Gerichte.[597]

13. Die Klauselkontrolle nach Art. 13 DA

Ein fest umrissener, verkehrstypischer und einheitlicher Vertragstyp hat sich für Daten- 431 nutzungsverträge noch nicht herausgebildet.[598] Gemeinsam ist allen, dass Daten Gegenstand des Vertrags sind. Ansonsten gibt es unterschiedliche Formen, die zur Einordnung als Datenkauf, Datenauswertungsvertrag oder Datennutzungs- oder –lizenzvertrag führen können. Wegen der bereits aufgezeigten Bedeutung der vertraglichen Beziehungen zwischen den Beteiligten beim Datenzugang kommt der Klauselkontrolle eine besondere Bedeutung zu. Die AGB-Kontrolle bei Verbraucherverträgen ist bereits seit langem in der Klausel-RL verankert. Nur die Hälfte der Mitgliedsstaaten weist aber eine AGB-Kontrolle bei Verträgen im **unternehmerischen Verkehr** auf.[599] In diese Lücke stößt Art. 13 DA.

a) Anwendungsbereich

Zu beachten ist zunächst der breite Anwendungsbereich von Art. 13 DA. Er umfasst nach 432 Abs. 1 alle Vertragsklauseln, die Nutzung und Zugang zu Daten oder Haftung und Ansprüche wegen Vertragsverletzung oder Beendigung von datenbezogenen Verpflichtungen in Verträgen zwischen Unternehmen betreffen.[600] Danach sind Verträge sowohl iRv Art. 4 und 5 DA als auch **sonstige Datennutzungsverträge** erfasst.[601] Weiterhin ergibt sich aber, dass Vertragsklauseln, die nicht unter diesen Katalog fallen, nicht der Kontrolle nach

597 So wohl auch BeckOK DatenschutzR/von Roenne DA Art. 41 Rn. 44.
598 Vgl. Czychowski/Winzek ZD 2022, 81 (84); Czychowski CR 2024, 80 ff.; Rosenkranz/Scheufen ZfDR 2022, 159 (170 ff.); Schur GRUR 2020, 1142.
599 Staudenmayer EuZW 2022, 596 (598).
600 Kritisch dazu Drexl ua, Position Statement of the MPI of 25 May 2022 on the Proposal for a Data Act, Rn. 126, die darauf hinweisen, dass Vereine und staatliche Akteure aus dem Anwendungsbereich der Regelung fallen. Dies., Rn. 127, weisen auch darauf hin, dass die Regelung vom Wortlaut her auf beide Parteien anwendbar erscheint, nicht nur auf den Datenempfänger.
601 Staudenmayer EuZW 2022, 596 (597); Schwamberger MMR 2024, 96 (97).

Art. 13 DA unterliegen. Auch Hauptleistungspflichten sind nach Art. 13 Abs. 8 DA der Kontrolle entzogen.

433 Daraus ergibt sich die Notwendigkeit, die jeweilige Klausel einzeln zu bewerten, dabei aber den Zusammenhang mit anderen Klauseln einzubeziehen.[602] Dies kann zu einer **gespaltenen Inhaltskontrolle** führen, die zwischen den datenbezogenen Regelungen und den sonstigen Regelungen unterscheidet.[603] Allgemeine Vertragsklauseln, die datenbezogene Verpflichtungen mit erfassen, unterliegen dann Art. 13 DA, wenn diese datenbezogene Verpflichtungen als Hauptgegenstand haben oder der Hauptgegenstand des Vertrags die Nutzung und der Zugang zu Daten ist und die betreffenden Klauseln sich darauf beziehen. In der Praxis sollte dies keine großen Probleme aufwerfen.

434 Wie bisher bei der AGB-Kontrolle nimmt Art. 13 Abs. 8 DA Klauseln von der Kontrolle aus, die den **Hauptgegenstand** des Vertrags sowie den Preis bestimmen, wobei auf die Angemessenheit des Preises im Austausch für die Daten als Hauptgegenstand abgestellt wird. Was den Preis betrifft, hat die Ausnahme vor allem Bedeutung für Verträge außerhalb der Datenzugangsrechte, da für diese der Standard mit den Vorgaben von Art. 9 DA gilt.

435 Für das deutsche Recht ergibt sich insgesamt, dass Art. 13 DA auf datenbezogene Klauseln beschränkt ist und insoweit für die AGB-Kontrolle möglicherweise unterschiedliche Regelungen auf den Vertrag anwendbar sind und im Anwendungsbereich des Data Act für die B2B-Kontrolle ein höhere Eingriffsschwelle für die Missbrauchskontrolle gilt als außerhalb.[604] Es gilt also für die Vertragsgestaltung möglichst **klar zu regeln,** welche **Klauseln datenbezogen** sind, um Unsicherheiten zu vermeiden.

b) Missbrauchskontrolle

436 Art. 13 DA folgt in der inhaltlichen Missbrauchskontrolle einem **dreistufigen Ansatz.**[605] Er enthält eine Schwarze Liste, eine Graue Liste und eine Generalklausel.

437 **aa) Schwarze Liste.** Die Klauseln in der Schwarzen Liste sind nach Art. 13 Abs. 4 DA unter allen Umständen als **missbräuchlich** anzusehen. Die Klauseln der ersten beiden Spiegelstriche sowie die Hoheit über die Auslegung nach lit. c Halbsatz 2 sind nicht spezifisch für Datennutzungsverträge, sondern finden sich auch in der allgemeinen AGB-Kontrolle.

438 Hinsichtlich der dritten Variante wird die einseitige Bestimmung der Vertragsgemäßheit der gelieferten Daten durch den Klauselsteller erfasst. Die Klausel lenkt den Blick auf die vertragliche **Vereinbarung der Datenqualität.** Diese sollte möglichst spezifisch erfolgen und zum Gegenstand einer Leistungsbeschreibung bzw. Beschaffenheitsvereinbarung gemacht werden. Für die Datenqualität sind Kriterien wie Fehlerfreiheit, Vollständigkeit, Konsistenz, Genauigkeit und Aktualität von Bedeutung.[606] Art und Umfang der bereitzustellenden Daten sollten spezifiziert werden, und auch die Verwendungszwecke sind für die Datenqualität von besonderer Bedeutung. Im Endeffekt könnten damit „as is"-Klauseln hinsichtlich der geschuldeten Datenqualität verdrängt werden.[607]

---

602 Staudenmayer EuZW 2022, 596 (600); Schwamberger MMR 2024, 96 (98).

603 Erwgr. 60 DA: Teile des Vertrags, die „mit der Bereitstellung von Daten zusammenhängen"; Wiebe, CR 2023, 777.

604 Für Angleichung an die Klausel-RL Drexl ua, Position Statement of the MPI of 25 May 2022 on the Proposal for a Data Act, Rn. 124.

605 Vgl. auch Staudenmayer EuZW 2022, 596 (598) und Schwamberger MMR 2024, 96 (99), wonach der Data Act insoweit dem inzwischen zurückgezogenen Gemeinsamen Europäischen Kaufrecht, Vorschlag v. 11.10.2011 für eine Verordnung über ein Gemeinsames Europäisches Kaufrecht, KOM(2011), 635 endg., sowie der Zahlungsverzugs-RL folgt.

606 Erwgr. 28 DA; vgl. auch ISO-IEC-Norm 25024; Czychowski ZD 2022, 81 (87); MVHdB III WirtschaftsR II/Czychowski/Siesmayer 1473 (1482); Auer-Reinsdorff/Conrad IT- und DatenschutzR-HdB/Sarre/Pruß § 2 Rn. 74; Schippel ITRB 2023, 79 (81 f.).

607 Vgl. auch Bomhard/Merkle RDi 2022, 168 (173), die dies aber bereits aus der Grauen Liste lit. a herleiten.

Dies gilt allerdings hauptsächlich für sonstige Datennutzungsverträge. Für **Verträge über Zugangsrechte** nach Art. 3–5 DA sieht das Gesetz entsprechend seinem Zweck vor, dass die Daten mit derselben Qualität bereitgestellt werden sollen wie beim Dateninhaber vorhanden. Die Schlussfolgerung müsste wohl sein, dass **„As is"** jedenfalls in diesem Bereich der Vorstellung des Gesetzgebers entspricht. 439

bb) Graue Liste. Die Graue Liste in Art. 13 Abs. 5 DA enthält Klauseln, für die eine **Vermutung der Missbräuchlichkeit** begründet wird.[608] Zu beachten bleibt, dass die aufgeführten Wirkungen entweder bezweckt oder bewirkt werden. Die Vermutung kann widerlegt werden. Der zweite Ansatz der Grauen Liste ist, dass die Klauseln relativ allgemein gehalten sind, und insoweit zwischen Schwarzer Liste und Generalklauseln stehen. Neben dem Fall einer Beschränkung der vertraglichen Haftung und Rechtsbehelfe soll lit. f eine zu kurzfristige Kündigung verhindern und damit das Switching von Daten und Diensten absichern. Die Regelung von lit. g soll einseitige Änderungsrechte hinsichtlich Preis und anderer datenbezogener Vertragsbedingungen verhindern, wenn kein valider Grund besteht und kein Kündigungsrecht des anderen Teils vorgesehen wird. Nur unter bestimmten Bedingungen ist eine einseitige Änderung zugelassen. 440

Die bedeutende Neuerung für das deutsche Recht sind vor allem die **datenbezogenen Klauseln:** 441

„b) das Recht der Partei, die die Klausel einseitig auferlegt hat, auf Zugang zu Daten der anderen Vertragspartei und deren Nutzung in einer Weise, die den berechtigten Interessen der anderen Vertragspartei erheblich schadet, insbesondere, wenn diese Daten sensible Geschäftsdaten enthalten oder durch das Geschäftsgeheimnis oder durch Rechte des geistigen Eigentums geschützt sind;„

„c) die Hinderung der Partei, der die Klausel einseitig auferlegt wurde, daran, die von ihr während der Vertragslaufzeit bereitgestellten oder generierten Daten zu nutzen, oder eine Beschränkung der Nutzung dieser Daten insofern, als diese Partei nicht berechtigt ist, diese Daten in angemessener Weise zu nutzen, zu erfassen, darauf zuzugreifen oder sie zu kontrollieren oder zu verwerten;„

„e) die Hinderung der Partei, der die Klausel einseitig auferlegt wurde, daran, während der Vertragslaufzeit oder innerhalb einer angemessenen Frist nach Kündigung des Vertrags eine Kopie der von ihr bereitgestellten oder generierten Daten zu erhalten."

Einerseits soll der Vertragspartner vor **ungerechtfertigtem Zugang** der anderen Partei zu den eigenen Daten und deren Nutzung geschützt werden. Hierbei sind natürlich die Regelungen von Art. 3 ff. und Art. 6 DA mitzudenken, die den Datenzugang des Dritten ermöglichen, aber dem Zugang und der Verwendung der Daten auch Grenzen auferlegen. Andererseits soll der Vertragspartner nicht übermäßig in der **Nutzung der Daten beschränkt** werden. Schließlich hat der Partner auch Anspruch auf eine Kopie der von ihm bereitgestellten oder generierten Daten. 442

Die Regelungen sind von grundlegender Bedeutung nicht nur für die Vertragsverhältnisse nach dem Data Act, sondern für alle Konstellationen von Datenzugangs- und Datennutzungsverträgen. Es geht um die Sicherung der Zugangsrechte einerseits und um die Vermeidung eines **Missbrauchs einer Datenabhängigkeit** andererseits. Zwar ist das Merkmal der Gefährdung der Vertragszwecke nicht angesprochen, aber eine erhebliche Schädigung der berechtigten Interessen der benachteiligten Partei hinsichtlich b) sowie eine Aushöhlung der nach Art. 7 Abs. 2 DA zwingenden Zugangs- und Nutzungsrechte in Art. 3–6 DA in Art. 13 Abs. 5 lit. c DA. 443

Insbesondere **Art. 13 Abs. 5 lit. c DA** kann in Zukunft eine **zentrale Bedeutung** zukommen.[609] Danach muss eine „angemessene" Nutzung- und Verwertungsmöglichkeit der Daten durch den Vertragspartner möglich bleiben. Hier bietet sich derzeit erheblicher 444

[608] Ausf. von Westphalen BB 2024, 515 (519 ff.).
[609] Vgl. Specht-Riemenschneider MMR 2022, 809 (817).

Spielraum für die Auslegung, wobei wie bei § 307 Abs. 2 Nr. 2 BGB mit zunehmender Standardisierung und Konkretisierung von Datenüberlassungs- und Nutzungsverträgen sich konkretere Anhaltspunkte für die Angemessenheit herausbilden werden. Zwar ist anders als bei § 307 Abs. 2 BGB eine Vertragszweckgefährdung nicht Voraussetzung, diese wird aber in die Interessenabwägung einfließen. Dabei kann es um Beschränkungen zugunsten des Dateninhabers gegenüber dem Nutzer, dem Datenempfänger oder Dritten gehen.[610] Denkbar ist aber auch, dass in Zukunft Datenintermediäre oder Datenbroker am Markt tätig werden, die entsprechende Klauseln dem Dateninhaber oder dem Nutzer vorgeben.

445 Im Kern geht es darum, den Zweck des Data Act, die **Nutzung des Wertes der Daten** am Markt zu ermöglichen, abzusichern. Hier wird es Aufgabe der Rechtsprechung sein, in Bezug auf Beschränkungen der Datennutzung den Kernbereich der Angemessenheit näher zu konkretisieren. Dabei sind einerseits die in Art. 4–6 enthaltenen gesetzlichen Nutzungsbeschränkungen sowie die zwischen Nutzer und Datenempfänger festgelegten Zweckbindungen zu beachten. Zum anderen ist hier der Zweck des DA, den Wert der Daten im Interesse der Innovation dem Markt zugänglich zu machen, einzubeziehen. Dies spricht für eine **strenge Kontrolle** entsprechender Klauseln vor dem Hintergrund des Ausgleichs von Datenabhängigkeit.

446 Zu beachten ist auch die Gesetzesfassung, die neben der Nutzung auch die angemessene Erfassung, Zugriff, Kontrolle und Verwertung aufführt. Damit sind auch Beschränkungen im Bereich des **Datenzugangs** erfasst. die zu einer Nutzungsbeschränkung führt. Auch wird zwischen Nutzung und Verwertung differenziert, so dass auch die Verwertung durch den Empfänger in angemessener Weise möglich bleiben muss, etwa durch weitere **Vermarktung,** soweit dies durch die Zweckvereinbarungen bzgl. der Nutzung der Daten zwischen Nutzer und Drittem im Rahmen von Art. 6 Abs. 1 DA abgedeckt ist.

447 Auch für Verträge, die sich nicht auf zwingende Datenzugangsrechte unter dem DA beziehen, gilt die Missbrauchskontrolle nach Art. 13 DA, wie sich auch aus Annex V der Mustervertragsklauseln ergibt.[611] Auch insoweit sollten bei Verträgen zwischen dem **(freiwilligen) Data Sharer** und dem Datenempfänger die Beschränkungen von Art. 6 DA sowie Zweckbindung zwischen Nutzer und Datenempfänger aus dem Vorverhältnis Beachtung finden, wenn der Data Sharer die Daten selbst unter Art. 4 oder 5 DA erlangt hat und bei der Datenweitergabe die entsprechenden Restriktionen zu beachten hat.[612]

448 **cc) Generalklausel.** Die Generalklausel von Art. 13 Abs. 3 DA enthält zwei **kumulative Elemente:** Danach sind Klauseln missbräuchlich, wenn

- ihre Anwendung eine grobe Abweichung von der guten Geschäftspraxis bei Datenzugang und Datennutzung darstellt
- oder gegen das Gebot von Treu und Glauben verstößt

449 Auch für die Auslegung der Generalklausel gilt, dass nicht allein ein Ungleichgewicht in der Verhandlungsposition ausreicht, sondern erst die datenbezogene Abhängigkeit die Missbräuchlichkeit auslösen soll.[613] Zwar wird in Erwgr. 58 auf eine stärkere Verhandlungsposition als Grundlage hingewiesen, aber auch auf die missbräuchliche Ausnutzung dieser Position abgestellt. Der Gesetzgeber hat dies in Erwgr. 61 noch einmal ausdrücklich hervorgehoben, wonach die wirtschaftliche Begünstigung einer Partei im Rahmen der Vertrags-

610 Vgl. Wiebe CR 2023, 777 Rn. 42 ff.

611 ANNEX to the COMMUNICATION TO THE COMMISSION Approval of the draft Commission Recommendation on non-binding model contractual terms on data access and use and non-binding standard contractual clauses for cloud computing contracts (with Annexes), annexed hereto, C(2025)7750 final, 19.11.2025, S. 91 ff.

612 ANNEX to the COMMUNICATION TO THE COMMISSION Approval of the draft Commission Recommendation on non-binding model contractual terms on data access and use and non-binding standard contractual clauses for cloud computing contracts (with Annexes), annexed hereto, C(2025)7750 final, 19.11.2025, Pkt. 5, S. 103 ff.

613 Staudenmayer EuZW 2022, 596 (599); zu möglichen Orientierungshilfen Schwamberger MMR 2024, 96 (99); vgl. auch Wiebe CR 2023, 777 Rn. 33 ff.

freiheit liegt und eine gröbliche Abweichung nur vorliegt, wenn die Fähigkeit der Vertragspartei, ihre legitimen wirtschaftlichen Interessen bezgl. der Daten zu schützen, objektiv beeinträchtigt wird. Dadurch wird eine relativ enge Fassung der Missbrauchskontrolle vorgezeichnet.[614] Der Unterschied zum Kriterium des erheblichen und ungerechtfertigten Missverhältnisses der Klausel-RL wird bei Unternehmensverträgen von einem größeren Spielraum ausgegangen und die **Eingriffsschwelle höher** gelegt als bei Verbraucherverträgen.[615] Dies ist dem deutschen Recht aber aus § 310 Abs. 1 S. 2 Hs. 2 BGB geläufig.

Die Abweichung von einer **„guten" Geschäftspraxis** lässt sich einmal beziehen auf rechtlich missbilligte Praktiken, die sich herausgebildet haben. Darüber hinaus wird man hier an die Regelungen der Art. 3–6 DA ebenso denken wie an die von der Kommission auszuarbeitenden Mustervertragsklauseln. **450**

Das Merkmal von Treu und Glauben knüpft an Art. 3 Abs. 1 Klausel-RL an.[616] Im Lichte der EuGH-Rechtsprechung liegt eine Auslegung nahe, die danach fragt, ob der Verwender von seinem Vertragspartner bei loyalem und billigem Verhalten **vernünftigerweise erwarten** durfte, dass der Partner sich nach individuellen Verhandlungen auf eine solche **Klausel einlässt.** Anders als bei der deutschen Sprachfassung („oder") geht die englische Fassung wohl von einer kumulativen Anwendung der beiden Teile der Regelung aus. Legt man dieses Verständnis zugrunde, wäre mit dem Bezug auf Treu und Glauben jeweils ein zusätzlicher Filter anzuwenden. **451**

Letztendlich kann man – anknüpfend an Herkunft der Regelung aus dem Entwurf zum Gemeinsamen Kaufrecht – für die Beurteilung der Missbräuchlichkeit eine **Gesamtbetrachtung** aller relevanten Umstände heranziehen und dabei wie im GEK die geschuldete vertragliche Leistung, die Auswirkungen der relevanten Klausel, auch im Kontext des Vertrags als Ganzes, dh im Zusammenspiel mit anderen Vertragsklauseln oder sogar mit anderen, zusammenhängenden Verträgen, die Umstände bei Vertragsschluss sowie die Folgen berücksichtigen, die die betreffende Klausel im Rahmen des auf den Vertrag anwendbaren Rechts haben kann.[617] Insofern ist auch von Bedeutung, dass nach der Rechtsprechung des EuGH auch **nationales dispositives Recht** herangezogen werden kann.[618] Andererseits hebt Erwgr. 62 hervor, dass auch für die Generalklausel die Klauseln in der Schwarzen und der Grauen Liste als „Yardstick" dienen können, was man wohl als Leitbildfunktion verstehen kann. Heranzuziehen sind auch die von der Kommission nach Art. 41 DA entwickelten **Modellvertragsklauseln.**[619] **452**

Die in Art. 8 DA in Bezug genommenen **FRAND-Standards** werden an verschiedenen Stellen der Digitalgesetzgebung einbezogen. Insoweit ist eine Einordnung als guter Geschäftspraxis bei Datenzugang/-nutzung im Einklang mit von Treu und Glauben und dem redlichen Geschäftsverkehr für FRAND-Verträge ohne weiteres anzunehmen.[620] Über die Bedeutung für die Gegenleistung im Rahmen von Art. 9 DA müssen sich aber für sonstige Vertragsklauseln entsprechende FRAND-Standards erst herausbilden.[621] **453**

---

614 Erwgr. 54 DA: „should be applied only to excessive contractual terms". Witzel CR 2022, 561 (565), weist zu Recht darauf hin, dass wegen der recht unbestimmten Fassung natürlich bei der Umsetzung wieder die nationalen Traditionen mehr oder weniger restriktiver Auslegung greifen werden.

615 Staudenmayer EuZW 2022, 596 (599).

616 Vgl. auch Staudenmayer EuZW 2022, 596 (599), mit Verweis auf die vergleichbaren Klauseln in Art. 2 Abs. 1 und 86 Abs. 1b GEK, III.-1:103 DCFR und 1.7. der UNIDROIT Principles of International Commercial Contracts.

617 Staudenmayer EuZW 2022, 596 (599), mit Verweis auf Art. 86(2) GEK sowie mit Nachweisen auf die entsprechende EuGH-Rechtsprechung zur Klausel-RL.

618 EuGH 26.1.2017 – C-421/14, ECLI:EU:C:2017:60 = NZM 2018, 130 Rn. 59 = EuZW 2017, 488 Ls. – Banco Primus; vgl. auch Jansen/Zimmermann/Jansen, Commentaries of European Contract Laws, Art. 6:201 Rn. 14; Allerdings wird es zunächst kaum dispositives nationales Recht zu Datennutzungsverträgen geben, Schwamberger MMR 2024, 96 (99); Staudenmayer NJW 2024, 1377 (1380).

619 Staudenmayer NJW 2024, 1377 (1380).

620 Vgl. Antoine CR 2024, 1 Rn. 36; umgekehrt zur Berücksichtigung der Vorgaben von Art. 13 als FRAND-Standards Schwamberger MMR 2024, 96 (97).

621 Dazu Wiebe CR 2023, 777 Rn. 53 ff., auch zu den ALI/ELI Draft Principles for a Data Economy.

c) Verbraucherverträge

454 Handelt es sich beim Nutzer um einen Verbraucher, vertraut der DA auf die vorhandenen nationalen Regelungen in Umsetzung der Klausel-RL. Auch insoweit müssen natürlich die datenbezogenen Besonderheiten hinreichend Berücksichtigung finden. Dies ließe sich durch die Rechtsprechung umsetzen, die iRv § 307 BGB den **Art. 13 DA als Orientierung** nehmen könnte.[622] Denkbar wäre, dass der europäische Gesetzgeber die entsprechenden Regelungen in Art. 13 Abs. 4 und Abs. 5 DA für Verbraucherverträge in die Klausel-RL übernimmt.[623] Zu beachten wird dann sein, dass die oben ausgeführte enge Fassung der Missbrauchsklausel für Verbraucherverträge nicht in gleicher Weise gelten kann und die **Eingriffsschwelle** daher **niedriger** liegen wird. So wird eine Koppelung der Nutzung des Produkts/verbundenen Dienstes mit einem „Total-Buy-out" einer AGB-Kontrolle kaum standhalten.[624] Dabei stehen allerdings schon Art. 7 Abs. 2 und Art. 12 Abs. 2 DA entgegen.

d) Rechtsfolgen

455 Art. 13 Abs. 1 DA bestimmt, dass missbräuchliche Klauseln **nicht bindend** sind, und diese Wirkung tritt unmittelbar ein.[625] Der **Rest des Vertrags** bleibt nach Art. 13 Abs. 7 DA **bestehen,** wenn die missbräuchliche Klausel vom Rest des Vertrags abtrennbar ist.[626] Das Gesetz will den Vertrag weitmöglichst erhalten, um den Datenzugang des Vertragspartners zu sichern. Eine geltungserhaltende Reduktion findet nicht statt. Wenn der Vertrag nicht anders zu retten ist, tritt an die Stelle der unwirksamen Klausel dispositives Recht, da ansonsten Anreize für den Anbieter geschaffen würden, solche Klauseln einzubeziehen, um Datenzugang auszuhebeln.[627] Hier wird man weitgehend Art. 6 Abs. 1 Klausel-RL sowie § 306 BGB heranziehen können. Ein Transparenzgebot, das auch die Hauptleistungspflichten betrifft (§ 307 Abs. 1 S. 2 BGB) enthält Art. 13 DA nicht. Ansonsten bestimmt Art. 13 Abs. 9 DA den zwingenden Charakter der Missbrauchskontrolle.

456 Die **Durchsetzung** der Regeln zur Missbrauchskontrolle erfolgt primär im Rahmen der privatrechtlichen Vertragsdurchsetzung.[628] Art. 10 DA sieht ein Streitschlichtungsverfahren vor, wobei die Parteien vor dem Verfahren der bindenden Wirkung der Entscheidung zugestimmt haben müssen (Art. 10 Abs. 12 DA).[629] Der Gerichtsweg steht nach Art. 10 Abs. 13 DA immer offen. Eine nationale Behörde soll als Aufsichtsbehörde benannt werden (Art. 37 DA). Deren Kompetenzen umfassen die Bearbeitung von Beschwerden (jede natürliche oder jur. Person, Art. 38) sowie die Verhängung von Bußgeldern (Art. 40). Für die behördliche Entscheidung soll der Gerichtsweg offenstehen (Art. 39 DA).

457 Da es sich um **gesetzliche Zugangsrechte** handelt,[630] besteht unabhängig von vertraglichen Ansprüchen und kumulativ die Möglichkeit, die Ansprüche nach Art. 3–5 DA **direkt einzuklagen,** was in Art. 4 Abs. 3 sowie Art. 5 Abs. 12 DA und Erwgr. 42

---

[622] Bomhard MMR 2024, 71 (74); Czychowski CR 2024, 80 Rn. 18; für die Berücksichtigung von Art. 13 (4) und (5) DA bei B2C-Verträgen für die Beurteilung der Missbräuchlichkeit nach der Klausel-RL Schwamberger MMR 2024, 96 (98).

[623] Vgl. Drexl ua, Position Statement of the MPI of 25 May 2022 on the Proposal for a Data Act, Rn. 129.

[624] Ein Koppelungsverbot sieht der Data Act nicht vor, Antoine CR 2024, 1 (6), die insoweit bei der als üblich zu erwartenden Kopplung des Produkterwerbs mit einer (einfachen) Lizenzierung der Daten für Zurückhaltung bei der AGB-Kontrolle plädiert; Ehlen/Sebulke CR 2024, 84 Rn. 15. Specht-Riemenschneider MMR 2022, 809 (817), sieht allerdings insoweit die AGB-Kontrolle als wirkungslos an; zur Interessenlage eingehend Metzger/Schweitzer ZEuP 2023, 42 (56 ff.).

[625] Staudenmayer EuZW 2022, 596 (601).

[626] Vgl. auch McGuire/Schulte-Nölke ZdiW 2024, 73 (74).

[627] Vgl. Staudenmayer EuZW 2022, 596 (602), der aber diese Fälle als seltener anzusehen scheint als bei der allgemeinen AGB-Kontrolle.

[628] Dazu Schwamberger MMR 2024, 96 (100).

[629] Ausf. zur Streitbeilegung nach Art. 10 DA Weiß MMR 2024, 101.

[630] Vgl. Drexl ua, Position Statement of the MPI of 25 May 2022 on the Proposal for a Data Act, Rn. 44.

angedeutet wird. Ansonsten wären weitere Klagemöglichkeiten nach nationalem Recht offen, etwa im Rahmen des Rechtsbruchtatbestands nach § 3a UWG oder nach § 823 Abs. 2 BGB.[631]

Kapitel 12. Analyse und Aufbereitung von Daten

Übersicht

[631] Zu außervertraglichen Ansprüchen des Nutzers vgl. McGuire/Schulte-Nölke ZdiW 2024, 73 ff.

I. Leistungsstörungen – Überlassung auf Dauer

Siehe zu diesem Themenkomplex auch
- Überlassung von Daten auf Dauer → Kap. 11 Rn. 1
- Überlassung auf Zeit → Kap. 11 Rn. 122
- Data Act: Vertragsbeziehungen → Kap. 13 Rn. 43
- Klauselkontrolle → Kap. 11 Rn. 311

1. Einleitung

1 Erbringt der Schuldner seine Leistung nicht so, wie der Gläubiger dies erwarten darf, ergeben sich nach dem **Leistungsstörungsrecht** die dem Gläubiger aus der Pflichtverletzung zustehenden Rechte. Für den Rechtsverkehr mit Daten besteht dabei die Herausforderung, die beim Kauf auf die Leistung von Sachen und beim Werkvertrag auf die Erbringung von Dienstleistungen zugeschnittenen gesetzlichen Regelungen interessengerecht auf den Umgang mit Daten anzuwenden.

2 Maßstab für das Vorliegen einer Leistungsstörung ist im Vertragsrecht die dem Schuldner aus der Vereinbarung auferlegte Leistungspflicht. Zu Datenverträgen gibt es bisher **keine Typik** der Leistungspflichten, was bei Fehlen einer fachlich ausreichenden und rechtlich wirksamen Leistungsbeschreibung zu Auslegungsfragen und entsprechenden Unsicherheiten führen kann, ob eine Leistungsstörung vorliegt. Aber auch die Bestimmung der Rechtsfolgen einer Pflichtverletzung sind im Datenrecht für die Praxis noch nicht ausreichend herausgearbeitet. Insbesondere technische Aspekte werden hier eine bedeutende Rolle spielen. Im Folgenden werden die Leistungsstörungen im **unternehmerischen Verkehr** behandelt. Zum **Verbraucherrecht** → Kap. 11 Rn. 272 ff.

2. Erfüllung

3 Erfüllung bedeutet nach § 362 BGB die Erbringung der geschuldeten Leistung an den Gläubiger. Für den **Kaufvertrag** gilt beim Sachkauf § 433 Abs. 1 BGB als Maßstab für die aus dem Vertrag folgenden Pflichten. Da Daten keine Sachen iSv § 90 BGB, aber auch keine

Rechte sind, kommen die Vorschriften über den Sachkauf nach § 453 Abs. 1 S. 1 BGB entsprechend zur Anwendung.[1]

Typischerweise wird die **Bereitstellung**[2] der geschuldeten Daten im Wege der **Datenübertragung** und nicht auf einem Datenträger erfolgen. Soweit es um die Übermittlung von Daten an sich geht, stellt dies einen **Realakt** dar. Mangels Rechtsgeschäftscharakters können an der Übertragung auch – autonome – technische Systeme teilnehmen. Welche Voraussetzungen erfüllt sein müssen, damit die Bereitstellung der Daten bei einem **Dritten** Erfüllungswirkung hat, ist wegen der Nichtgeltung der Eigentumsverschaffungspflicht aus § 433 Abs. 1 S. 1 BGB nicht an §§ 930 oder 931 BGB und dem Vorliegen eines Besitzmittlungsverhältnisses nach § 868 BGB zu messen. Es genügt, wenn die Parteien des Kaufvertrages ausdrücklich oder stillschweigend vereinbart haben, dass eine bestimmte Bereitstellung der Daten Erfüllungswirkung hat. Sollte für die Datenübertragung ein **Streckengeschäft** vorliegen, gilt Entsprechendes. Es muss angenommen werden, dass die Erfüllung im Verhältnis der an dem Streckengeschäft beteiligten Unternehmen zueinander durch die Bereitstellung der Daten an den letzten Käufer in der Kette erfolgt. Die zum Sachkauf für die Erfüllung der Eigentumsverschaffungspflicht entwickelten Regeln des Geheißerwerbs[3] sind hier entsprechend übertragbar. Mit der Bereitstellung der Daten an den Letzterwerber werden die Verkäufer in der Lieferkette so gestellt, als hätten sie die Daten ihrem Abnehmer bereitgestellt. 4

Die Erfüllung der Verkäuferpflichten beim Datenkauf erschöpft sich häufig nicht in der bloßen Bereitstellung der Daten. Es können auch **Rechte** zu übertragen sein. So kann der Inhaber eines Geschäftsgeheimnisses einem anderen nach § 3 Abs. 2 GeschGehG das Recht übertragen, das Geheimnis zu erlangen, zu nutzen oder offenzulegen.[4] Eine solche Rechtsübertragung erfolgt gem. § 413 BGB nach den Vorschriften über die Abtretung und erfordert ein Rechtsgeschäft.[5] 5

Die **Annahme an Erfüllung statt** nach § 364 Abs. 1 BGB wird im Datenverkehr dann relevant, wenn die Daten an die Stelle eines ursprünglich geschuldeten Kaufpreises treten. Durch die Vereinbarung der Ersetzungsbefugnis des Käufers ist es diesem möglich, seine Verpflichtung statt durch **Zahlung des Kaufpreises** durch die Bereitstellung von Daten zu erfüllen (→ Kap. 11 Rn. 101). 6

Bei einem **Werkvertrag** besteht die vom Unternehmer geschuldete Leistung in der Herbeiführung des vereinbarten Erfolgs. Liegt dieser Erfolg in der Beschaffung von Daten, liegt ein Werklieferungsvertrag vor, der über § 650 Abs. 1 BGB im Wesentlichen zur Anwendung des Kaufrechts führt (→ Kap. 11 Rn. 13). 7

a) Konkretisierung

Nicht jede Störung der Leistungserbringung ist für den Schuldner rechtlich relevant. In manchen Fällen befreit die Störung den Schuldner auch von seiner Leistungspflicht. Für den Gläubiger wird dann relevant, ob er seine Gegenleistung weiterhin erbringen muss, obwohl er die vom Vertragspartner geschuldete Leistung nicht mehr erhält. Die **Risikoverteilung** zwischen dem Sachschuldner und dessen Gläubiger ist zentral in § 275 Abs. 1 sowie § 326 BGB behandelt.[6] Um zu beurteilen, ob der Schuldner bei einem zufälligen Untergang oder einer zufälligen Verschlechterung der Daten nochmals leisten muss, ist der Inhalt der Schuld zu bestimmen. 8

---

1 MüKoBGB/Maultzsch § 453 Rn. 9.
2 Zu dem Begriff → Kap. 11 Rn. 59.
3 Dazu BGH 22.3.1982 – VIII ZR 92/81, NJW 1982, 2371 (2372).
4 Köhler/Feddersen/Alexander GeschGehG § 3 Rn. 65.
5 MAH GewRS/Blank § 24 Rn. 36.
6 MüKoBGB/Westermann § 446 Rn. 10 f.

9 Bei einer **Gattungsschuld** tritt Unmöglichkeit erst bei Untergang der Gattung ein. Die Vorschrift stellt nicht allein auf körperliche Gegenstände ab.[7] Zu den Gattungsschulden können **auch Daten** zählen, etwa eine Standardkonfiguration für einen Fertigungsroboter oder Trainingsdaten, die mit Hilfe eines KI-Modells synthetisiert wurden. Im Gegensatz dazu zählen zu den Stückschulden Daten, die individualisiert und damit nicht austauschbar sind, beispielsweise die Erfassung der Nutzungsfrequenz eines Supermarktes zur Optimierung der Öffnungszeiten und der Personalausstattung. Die Verpflichtung zur Leistung aus einer Gattungsschuld belastet den Schuldner nach § 243 Abs. 1 BGB damit, Sachen von **mittlerer Art und Güte** zu leisten. Was mittlerer Art und Güte bedeutet, ist im Einzelfall festzustellen. Zunächst ist für die Qualität auf die Parteivereinbarung abzustellen.[8] Ergibt sich hieraus nichts, sind Durchschnittsdaten geschuldet. Werden bereits konkretisierte Daten auf einem noch nicht konkretisierten Trägermedium bereitgestellt, folgt hieraus keine Gattungsschuld.[9]

10 Im **Handelsverkehr** ist auf § 360 HGB abzustellen. Auch hier ist der Begriff der Handelsware nicht auf körperliche Gegenstände beschränkt.[10] Im unternehmerischen Verkehr werden allerdings regelmäßig individuelle Abreden getroffen, die eine Bestimmung, was mittlere Art und Güte bedeutet, entbehrlich machen. Wie bereits angesprochen, dürfte es im Bereich der Datenwirtschaft zurzeit noch mit erheblichen Schwierigkeiten verbunden sein festzustellen, wann Daten von mittlerer Art und Güte sind. Erst wenn sich eine Typik gebildet hat, lässt sich eine durchschnittliche Qualität bestimmen.

11 Die Annahme einer **beschränkten Gattungsschuld** ist bei Daten denkbar, wenn aus einem Datenvorrat eine zufällige Auswahl geleistet werden soll, beispielsweise Bilddateien mit jeweils einem bestimmten Motiv, aber auch, wenn die Daten erst noch gewonnen werden müssen. Ein Beispiel hierzu wäre eine repräsentative Befragung irgendwelcher Besucher eines Fußballbundesligaspiels an einem definierten Spieltag, jedoch beschränkt auf ein bestimmtes Stadion. Fiele das Spiel aus, wäre eine Befragung an einem anderen Standort denkbar, jedoch durch die Vereinbarung ausgeschlossen.

12 Auch bei Daten, die zunächst nur nach Art und Güte bestimmt sind, kann eine **Konkretisierung** gem. § 243 Abs. 2 BGB eintreten, wenn der Schuldner das seinerseits Erforderliche getan hat, was sich hinsichtlich des Leistungsortes nach § 269 BGB bestimmt.

b) Leistungsort

13 Der Leistungsort bestimmt sich auch bei Daten nach § 269 BGB. Daten werden regelmäßig über Kommunikationsnetze übertragen. Ungeklärt ist hierbei noch, ob die für den Transport von Sachen entwickelten Risikozuweisungen der Hol-, Schick- und Bringschuld anwendbar sind. Der Download von Daten ist in der Regel dadurch gekennzeichnet, dass der Veräußerer die Daten zum Abruf bereithält und der Erwerber den Übertragungsvorgang anstößt. Sofern daraus auf das Vorliegen einer Holschuld geschlossen wird,[11] überzeugt das nicht. Zwar ist die Holschuld nach § 269 BGB das gesetzliche Leitbild, wenn sich im Übrigen nichts anderes ergibt.[12] Allerdings ist die Holschuld dadurch gekennzeichnet, dass der Leistungsgegenstand während des Transports typischerweise im **Risikobereich** des Gläubigers verbleibt. Das ist bei der Datenübertragung nicht interessengerecht. Aus dem technischen Ablauf lässt sich nichts für eine solche Einordnung ableiten. Bei einer Schick- oder Bringschuld ist der Übertragungsweg der gleiche. Kennzeichen einer Datenübertragung ist regelmäßig, dass diese erst dann abgeschlossen ist; wenn eine Prüfsumme bestätigt,

---

7 MüKoBGB/Emmerich § 243 Rn. 2.
8 MüKoBGB/Emmerich § 243 Rn. 19.
9 BeckOK BGB/Sutschet § 243 Rn. 3.
10 Koller/Kindler/Drüen/Roth/Huber HGB § 360 Rn. 3, dagegen MüKoHGB/Martens § 360 Rn. 8: Nur auf körperliche Gegenstände anwendbar.
11 MüKoBGB/Metzger § 327b Rn. 8.
12 MüKoBGB/Krüger BGB § 269 Rn. 49.

dass die gesamte zu übertragende Datenmenge erfolgreich empfangen wurde. Da die Beteiligten regelmäßig nicht auf die Art und Weise des Transports der an das Kommunikationsnetz übergebenen Daten Einfluss nehmen können, ist die Zuordnung zur Hol-, Schick- oder Bringschuld allein nach Wertungsgesichtspunkten vorzunehmen. Dabei spricht für die **Bringschuld** im Ergebnis die Risikoverteilung. Das rechtliche Risiko der Veränderung oder des Verlusts von Daten wird mangels abweichender Vereinbarung dem Schuldner zugewiesen, weil er typischerweise diesen Übertragungsweg vorgegeben hat. Selbst wenn der Käufer die Daten von einem Server abruft, holt er sie nicht ab, sondern lässt sie an sich übertragen. Er hat den Transport, anders als beim Sachkauf, nicht in der Hand.

c) Leistungszeit

Für den unternehmerischen Verkehr gilt auch bei Daten § 271 BGB. Der Käufer kann **14** danach die Leistung **sofort verlangen,** wenn gesetzlich nichts anderes gilt oder vereinbart ist.

d) Annahmeverzug

Der Gläubiger gerät nach § 293 BGB in Annahmeverzug, wenn er die ihm angebotene **15** Leistung nicht annimmt. Ein ausreichendes Leistungsangebot liegt dann vor, wenn der Gläubiger nur noch zuzugreifen brauchte, um die Leistung zu erhalten.[13] Werden Daten **elektronisch übertragen,** ist dieser Zeitpunkt zwar ähnlich wie bei Warenlieferungen zu bestimmen, im Einzelfall kann es aber zu Besonderheiten kommen. In jedem Fall muss der Schuldner seine Leistung am Leistungsort anbieten.

Im Fall einer **automatisierten Datenübermittlung,** die ohne einen manuellen Abruf **16** seitens des Datenempfängers erfolgt, kommt es auf die Zurechnung des technischen Prozesses zum Gläubiger an. Der Abruf erfolgt aufgrund einer Kommunikation der IT-Systeme von Gläubiger und Schuldner. Hier würde es an einem Zugreifen des Gläubigers fehlen, wenn sein System nicht empfangsbereit ist, obwohl das System des Schuldners technisch dazu auffordert. Dabei ist § 299 BGB zu beachten, wenn die Leistungszeit nicht genau bestimmt ist. In einem solchen Fall schadet eine vorübergehende Nichterreichbarkeit des Empfänger-Systems nicht. Ist der Gläubiger infolge **technischer Hindernisse** (Höhere Gewalt, fehlende Vereinbarung eines von mehreren möglichen Kommunikationsprotokollen oder Systemen zur Datenverschlüsselung etc.), die nicht in seine Risikosphäre fallen, nicht in der Lage, die Leistung entgegenzunehmen, löst dies den Annahmeverzug auch über den Anwendungsbereich von § 299 BGB nicht zwingend aus.[14] Zwar ist die Annahme nur eine Obliegenheit, deren Verletzung auch ohne Verschulden möglich ist.[15] Dennoch werden an die Nichtannahme Rechtsfolgen geknüpft (etwa in § 300 BGB), die den Gläubiger nicht in jedem Fall treffen sollten. Dementsprechend sollte auch dann, wenn die Voraussetzungen des § 299 BGB nicht vorliegen, ein Annahmeverzug **im Einzelfall ausgeschlossen** werden können.[16]

Erfolgt der Abruf nicht automatisiert, kommt es darauf an, ob eine Hol- oder eine Schick- **17** oder Bringschuld vorliegt. Nach der hier vertretenen Auffassung liegt bei der elektronischen Datenübermittlung regelmäßig eine **Bringschuld** vor. Das gilt auch dann, wenn der Gläubiger die Daten durch eine von ihm vorzunehmende Handlung abruft → Rn. 13. Danach kann im Falle einer Bringschuld ein Annahmeverzug grundsätzlich nur eintreten, wenn eine Leistungszeit bestimmt ist und der Gläubiger den Abruf der Daten zu dieser Zeit nicht einleitet. Dementsprechend genügt für den Annahmeverzug auch nicht, dass der Schuldner ein **wörtliches Angebot** macht. Anders als beim Warenkauf ist das „Abholen“

[13] Grüneberg/Grüneberg BGB § 293 Rn. 2.
[14] HM, vgl. Grüneberg/Grüneberg BGB § 293 Rn. 10 mwN.
[15] MüKoBGB/Ernst BGB § 293 Rn. 23.
[16] MüKoBGB/Ernst BGB § 299 Rn. 5.

der Daten grundsätzlich jederzeit ohne eine besondere Leistungshandlung des Schuldners möglich. Die Bekanntgabe der Abholbereitschaft soll daher – von Besonderheiten im Einzelfall abgesehen – den Gläubiger nicht in Annahmeverzug bringen können, weswegen vieles für die Bringschuld spricht. Für die Schickschuld gilt dabei Entsprechendes. Eine **Holschuld** ist bei der elektronischen Übertragung im Einzelfall denkbar. Sie bedarf aber einer Vereinbarung, die zur Vermeidung einer unangemessenen Benachteiligung des Gläubigers individuell erfolgen muss. Bei Vorliegen einer Holschuld würde nach § 295 BGB ein wörtliches Angebot genügen.

18 Bei einem zumindest einseitigen **Handelskauf** gilt § 373 HGB. Der Verkäufer, dessen Leistung der Käufer nicht annimmt, kann die Daten verwerten, um so eine Kompensation für den nicht erhaltenen Kaufpreis zu erlangen. Eine **Hinterlegung** nach § 373 Abs. 1 HGB wäre wegen der leichten Verwahrbarkeit nur dann sinnvoll, wenn der Verkäufer technische oder rechtliche Probleme hätte, die Daten länger bei sich zu halten. Allerdings sind Daten nach § 372 BGB kein hinterlegungsfähiger Gegenstand.[17] Will oder darf der Schuldner die Daten nicht bei sich speichern, könnte alternativ ein Data Escrow (→ Kap. 19), jedoch ohne die gesetzlichen Wirkungen der Hinterlegung, in Erwägung gezogen werden. Denkbar ist eine Verwertung der Daten nach § 373 Abs. 2 HGB. Der freihändige Verkauf kommt nur in Betracht, wenn die Daten einen Börsen- oder – wahrscheinlicher – Marktpreis hätten, was jedoch regelmäßig nicht der Fall sein dürfte. Alternativ besteht die Möglichkeit, nach vorgängiger Androhung die Daten öffentlich versteigern zu lassen. Der öffentlichen Versteigerung können aber Geheimhaltungsinteressen ebenso entgegenstehen, wie Datenschutzbestimmungen.

3. Unmöglichkeit

19 Hinsichtlich der **Unmöglichkeit** der Leistung ist zu beachten, dass sich Daten in digitaler Form in einem wesentlichen Punkt von körperlichen Gegenständen unterscheiden. Sie können im eigentlichen Sinne nicht übergeben, sondern nur **kopiert** werden. Dem Schuldner ist es dann bei einem Verlust der Daten auf dem Transportweg leicht möglich, die Daten erneut zu übermitteln. Wenn die vom Schuldner an den Gläubiger auf den Weg gebrachten Daten ihr Ziel nicht erreichen, sind sie nicht endgültig verloren. Sie existieren regelmäßig weiterhin auf dem Server des Schuldners. Die herkömmlichen Regeln zur Unmöglichkeit der konkretisierten Leistung einer Ware, die auf dem Transportweg zerstört wurde, passen hier nicht. Solange der Schuldner die Daten in zumutbarer Weise erneut zur Verfügung stellen kann, verbietet sich die Annahme einer Unmöglichkeit.

20 Das entspricht der Auffassung des BGH zur Unmöglichkeit der Ersatzlieferung im Rahmen der Nacherfüllung. Der BGH stellt auf die Parteivorstellungen insbesondere zur Übernahme einer Beschaffungspflicht des Verkäufers ab. Die (Nach-)Erfüllung durch Lieferung eines anderen Gegenstandes ist trotz Vorliegen einer Stückschuld möglich, wenn der Kaufgegenstand durch einen gleichartigen und gleichwertigen ersetzt werden kann.[18] Bei digitalen Gütern wäre es erst recht nicht zu begründen, warum dem Schuldner eine Pflicht zu einer leicht erneut vorzunehmenden Leistung nicht weiterhin auferlegt werden kann. Wie vom BGH aufgezeigt, wird den Gläubiger aber die **Obliegenheit** treffen, dem Schuldner den durch die erneute Leistung entstehenden Mehraufwand zu erstatten, wenn das Übermittlungsrisiko vom Gläubiger zu tragen ist.[19] Macht der Schuldner einen unverhältnismäßig hohen Aufwand geltend, der ihm eine Einrede nach § 275 Abs. 2 BGB verschafft, hat der Gläubiger die Möglichkeit, den Aufwand vollständig zu übernehmen

---

[17] So für Software Remmertz/Kast Digital Escrow/Czarnetzki Kap. 9 Rn. 32; Leupold/Wiebe/Glossner IT-R/Peters/Schelinski/v. d. Bussche Teil 12. Rn. 48.

[18] So zur Frage der Nacherfüllung BGH 21.7.2021 – VIII ZR 254/20, NJW 2021, 2958; 11.12.2019 – VIII ZR 361/18, MDR 2020, 407 Rn. 41 f.; dagegen BeckOK BGB/Faust § 439 Rn. 56 f.

[19] Vgl. hierzu auch BGH 21.7.2021 – VIII ZR 254/20, NJW 2021, 2958 Rn. 56, zur vergleichbaren Zuzahlungsobliegenheit des Käufers bei der Ersatzlieferung.

und so dem Schuldner die Einrede zu nehmen und die Leistung zu erlangen.[20] Eine Pflicht zur erneuten Leistung durch den Schuldner kann aber entsprechend den Risikozuweisungen in §§ 275 Abs. 2 S. 2 und 326 Abs. 2 S. 1 Fall 1 BGB dann entfallen, wenn der Gläubiger selbst die Leistungsstörung zu verantworten hat.

Im Einzelfall kann fraglich sein, ob Unmöglichkeit gegeben ist oder lediglich eine übermäßige **Leistungserschwernis.** Sind beispielsweise personenbezogene Daten unzulässig in der Weise gespeichert worden, dass sie mit einem größeren Datenbestand verbunden sind und technisch nicht leicht separat gelöscht werden können,[21] liegt keine Unmöglichkeit, sondern ein Leistungserschwernis vor, für das § 275 Abs. 2 BGB gilt. Entsprechendes gilt für den Fall, dass ein KI-Modell rechtswidrig mit Daten trainiert wurde, die – der Natur der Arbeitsweise von KI-Modellen entsprechend – aus dem Modell nicht mehr entfernt, sondern allenfalls heraustrainiert werden können. Stehen der Leistung rechtliche Hindernisse entgegen, etwa weil die Daten aus datenschutzrechtlichen Gründen nicht verarbeitet werden dürfen oder ein nicht überwindbarer Geheimnisschutz besteht, kann ein Fall der **rechtlichen Unmöglichkeit** vorliegen.[22] 21

4. Mangelhaftigkeit

Für die Beurteilung der Mangelfreiheit der bereitzustellenden Daten gilt über § 453 Abs. 1 S. 1 BGB die Regelung zum Sachkauf in § 434 BGB entsprechend und beim Werkvertrag § 633 BGB direkt. Auch wenn der Detaillierungsgrad bei § 434 BGB wesentlich größer ist als bei der Parallelnorm des Werkvertragsrechts, ergeben sich für die Praxis keine wesentlichen Unterschiede für den Mangelbegriff.[23] In beiden Fällen wird im Wesentlichen zwischen der vereinbarten und der objektiv erwartbaren Beschaffenheit unterschieden. 22

a) Herausforderungen bei Datenverträgen

Für Datenverträge ergeben sich mit Blick auf die Feststellung der Mangelhaftigkeit zwei Herausforderungen, die miteinander zu tun haben und voneinander abhängig sind. Die eine Herausforderung ist, dass das Gesetz mangels vertraglicher Vereinbarung auf das objektiv Erwartbare abstellt. Das, was der Gläubiger erwarten darf, ergibt sich bei Kauf- und Werkverträgen im Kern aus der gewöhnlichen Verwendung und einer üblichen Beschaffenheit. Mit Blick auf Daten lässt sich derzeit jedoch kaum sagen, was gewöhnlich und üblich ist. Auch wenn bereits viele Verträge geschlossen werden, die Daten zum Gegenstand haben, fehlt eine Rechtsprechungspraxis hierzu. 23

Eine weitere Erschwernis in diesem Zusammenhang ist die Tendenz von Rechtsprechung und Gesetzgeber, dass Rechtstatsächliche zu ignorieren und nicht auf die Praxis abzustellen, sondern auf das, was die Gerichte als Zweck des Vertrages erkannt zu haben meinen. 24

Den Anfang hat diese Rechtsprechung im **Werkvertragsrecht** genommen, indem der BGH den Grundsatz der **Funktionstauglichkeit** des Werks als Maßstab für die Fehlerfreiheit aufstellte. Ein Werk ist nach Ansicht des BGH nur dann vertragsgerecht, wenn der Auftragnehmer im Rahmen der getroffenen Vereinbarungen ein funktionstaugliches und zweckentsprechendes Werk geschaffen hat, selbst wenn eine bestimmte – andere – Ausführungsart vereinbart wurde.[24] Der vertraglich geschuldete Erfolg bestimmt sich nicht allein nach der zu seiner Erreichung vereinbarten Leistung oder Ausführungsart, sondern auch danach, welche Funktion das Werk nach dem Willen der Parteien erfüllen soll.[25] Für die 25

20 Vgl. zu dieser Wertung iRd § 275 Abs. 2 BGB MüKoBGB/Ernst § 275 Rn. 100; BeckOK BGB/Faust § 439 Rn. 153.
21 So im Fall „Deutsche Wohnen": EuGH 5.12.2023 – C-807/21, EuZW 2024, 80 mAnm Fuhlrott.
22 Dazu BeckOK BGB/Lorenz § 275 Rn. 25 ff.
23 Grüneberg/Retzlaff BGB § 633 Rn. 2; MüKoBGB/Busche § 633 Rn. 1.
24 BGH 8.5.2014 – VII ZR 203/11, NJW 2014, 3365 Rn. 14; 11.11.1999 – VII ZR 403/98, NJW-RR 2000, 465 (466).
25 BGH 8.11.2007 – VII ZR 183/05, NJW 2008, 511 Rn. 15.

Praxis liegt das Problem darin, dass die Frage der Funktionstauglichkeit in der Regel Auslegungssache ist. Die Parteien können zwar die Beschaffenheit vereinbaren, die Anforderungen an die „Funktionstauglichkeit" werden jedoch ohne Rücksicht auf die vetragliche Regelung letztendlich durch das Gericht bestimmt.[26] Ob die vom BGH für Bauverträge entwickelte und den Gläubiger bevorzugende Rechtsprechung auch auf Werkverträge übertragbar ist, die Daten zum Gegenstand haben, ist offen. Es wäre aber unstimmig, im Rahmen eines Vertragstyps nach dem Gegenstand der Leistung zu differenzieren, obwohl die Interessen der Parteien vergleichbar sind.

26 Auch wenn nach der Rechtsprechung ein Abweichen von der Anforderung, dass das Werk funktionstauglich sein muss, durch Vereinbarung kaum möglich ist, bleibt nur der Versuch, den Parteiwillen im Vertrag deutlich zu machen. Wie generell im Datenrecht ist daher auf eine genaue Beschreibung der zu erbringenden Leistungen zu achten.

27 Auf den **Kauf** von Daten finden nach § 453 Abs. 1 BGB die Vorschriften über den Sachkauf und damit hinsichtlich der Nacherfüllung die §§ 434 f. BGB entsprechende Anwendung. Für Verbraucherverträge gelten die §§ 327i f. BGB. Bedeutende Abweichungen der Mängelhaftung gibt es hierbei nicht. Sollte entgegen der hier vertretenen Auffassung (→ Kap. 11 Rn. 13) auf die Lieferung zu erzeugender Daten Werkvertragsrecht Anwendung finden, ergäbe sich aus § 633 BGB kein abweichender Mangelbegriff.[27]

28 Die zum Werkvertrag angesprochene Forderung des BGH der Funktionstauglichkeit des Werkes scheint ihren Weg auch ins Kaufrecht zu finden und zu vergleichbaren Problemen für das neue Gebiet des Datenrechts führen. Für Kaufverträge sind in § 434 Abs. 3 BGB objektive Kriterien der Mangelfreiheit genannt, bei denen ebenfalls fraglich werden kann, ob sie in AGB durch Vereinbarungen ausgeschlossen werden können, indem immer das Vereinbarte gelten soll, dadurch aber die Funktionstauglichkeit nicht erreicht werden kann.[28] Die Gesetzgebung im Verbraucherrecht erschwert bereits die Abweichung von den objektiven Anforderungen durch Vereinbarung. Für Verbraucherverträge verlangt § 327h BGB die genaue Darlegung der Abweichung, die in der Praxis kaum darstellbar ist. Das gilt insbesondere für Daten, für die sich noch keine Qualitätsstandards entwickelt haben, an denen sich der Verkäufer orientieren könnte.

29 Auch hier gilt daher, die Beschaffenheit der zu liefernden Daten so detailliert wie möglich zu beschreiben und dabei auch fehlende Beschaffenheiten ausdrücklich zu nennen → Kap. 11 Rn. 70.

b) Mangelfreiheit bei Daten

30 Die Mangelfreiheit von Daten ist im Kauf- und Werkvertragsrecht grundsätzlich dann gegeben, wenn sie den vereinbarten und im Übrigen objektiv erwartbaren Anforderungen entsprechen.

31 Wird im Vertrag zur Beschaffenheit der Daten nichts definiert, kommt es nach § 434 Abs. 3 S. 1 und 2 BGB darauf an, dass sich der Kaufgegenstand für die gewöhnliche Verwendung eignet und die übliche und erwartbare Beschaffenheit aufweist. Nach Satz 3 gehören zu dieser üblichen Beschaffenheit Menge, Qualität und sonstige Merkmale des Gegenstandes, einschließlich seiner Haltbarkeit, Funktionalität, Kompatibilität und Sicherheit. Auf diese objektiven Elemente abzustellen kann bei einem Datenkauf zu Problemen führen, solange sich ein Typus der Beschaffenheit von Daten noch nicht entwickelt hat. Anhaltspunkte zur Beschaffenheit finden sich dann in der Bedeutung der Daten für den Erwerber. Der **Zweck des Erwerbs** definiert insoweit die Anforderungen gem. § 434 Abs. 2 S. 1 Nr. 2 BGB.

[26] Kritisch zu dem Konstrukt der Funktionstauglichkeit Markus NZBau 2010, 604.
[27] Grüneberg/Retzlaff § 434 Rn. 2; einen, nicht näher erörterten Unterschied sieht MüKoBGB/Busche § 633 Rn. 11.
[28] Vgl. BeckOK BGB/Faust § 434 Rn. 11.

Ob **Rechte Dritter** bei Daten in entsprechender Anwendung von § 434 BGB und § 435 BGB Sach- oder Rechtsmängel begründen, ist unklar.[29] Relevant ist diese Zuordnung für den Zeitpunkt, in dem der Mangel vorliegen muss. Nach herrschender Auffassung ist beim Sachkauf für Rechtsmängel nicht der Gefahrübergang, sondern der Zeitpunkt der Eigentumsverschaffung maßgeblich.[30] Da an Daten kein Eigentum begründet werden kann und der Übergang der Gegenleistungsgefahr regelmäßig wegen des Vorliegens einer Bringschuld (→ Rn. 13) entsprechend §§ 446, 453 BGB erst mit der Übergabe an den Erwerber erfolgt, ist dieser Aspekt für die meisten Fälle des Datenerwerbs ohne Bedeutung. **32**

Den **Aufwand,** der dem Käufer entsteht, um die Mangelhaftigkeit festzustellen, etwa durch den Einsatz von **Gutachtern,** kann er nach § 439 Abs. 2 BGB vom Verkäufer erstattet verlangen.[31] Damit soll der Käufer die Verantwortlichkeit für einen die Nacherfüllung einschließenden Gewährleistungsanspruch klären können. Die Kosten sind oft aber kaum zu prognostizieren und werden nur durch das begrenzt, was der Käufer für erforderlich halten durfte. So kann bei der Lieferung einer **großen Datenmenge** der Aufwand für eine Untersuchung erheblich werden. Das ist insbesondere dann der Fall, wenn nur einzelne Daten fehlerhaft sind und diese in der großen Datenmenge aufgefunden werden müssen. Um dem Verkäufer Gelegenheit zur Vermeidung dieser Kosten zu geben, hat der Käufer vor dem Auslösen des Aufwands zur Mangelfeststellung gem. § 439 Abs. 5 BGB dem Verkäufer Gelegenheit zu geben, selbst tätig zu werden.[32] **33**

Zu überlegen ist in diesem Zusammenhang, ob der Kunde, der gem. § 439 Abs. 2 BGB berechtigt ist, die Mangelhaftigkeit der Leistung seines Lieferanten durch Sachverständige klären zu lassen, eine Obliegenheit zur **Aufwandsminderung** analog zu § 254 BGB hat. Das kann der Fall sein, wenn die Untersuchung der Daten nicht im IT-System des Kunden, sondern allein innerhalb der gelieferten Daten möglich wäre. War dem Kunden bei Erwerb der Daten die Datensicherung zumutbar und hätte sie die Kosten der Aufklärung deutlich gesenkt, kann der Verkäufer dies analog zu § 254 BGB dem Vertragspartner entgegenhalten.[33] **34**

aa) Personenbezug. Eine wesentliche Gefahr beim Handel mit Daten besteht darin, dass sich unter diesen Daten solche mit Personenbezug befinden und damit das Datenschutzrecht Anwendung findet (dazu auch → Kap. 9 Rn. 85 f.). Eine datenschutzrechtskonforme Behandlung der Daten ist dann nur noch sehr schwer möglich. Eine **Anonymisierung** kann eine Lösung des Problems sein, ist aber je nach Inhalt der vorliegenden Daten nicht immer möglich. Zudem führt eine Anonymisierung regelmäßig zu einem Informationsverlust und ist daher nur dann eine Lösung zur Nacherfüllung, wenn keine nach dem Vertragszweck benötigten Informationen verloren gehen. Die Anonymisierung ist zudem als Verarbeitung der Daten datenschutzrechtlich rechtfertigungspflichtig.[34] Beseitigt eine zulässige Anonymisierung den Mangel nicht, ist der Verkäufer verpflichtet, die datenschutzkonforme Nutzung der personenbezogenen Daten zu ermöglichen, was regelmäßig nur durch eine, wirksam und dauerhaft kaum zu erlangende, **Einwilligung** des Betroffenen geschehen kann und typischerweise sehr aufwändig ist. Oft wird die Herstellung der Datenschutzkonformität nur dadurch zu erreichen sein, dass der Erwerber die personenbezogenen Daten löscht, womit die Nacherfüllung in Bezug auf diese Daten unmöglich wird. Wenn es zu aufwändig ist festzustellen, welche Daten einen Personenbezug aufweisen, bleibt nur, dass der Käufer **35**

---

29 So sieht Faust der Verwendung des Kaufgegenstandes entgegenstehende Schutzrechte als Sachmangel an, vgl. BeckOK BGB/Faust § 435 Rn. 9 ff.; dagegen als Rechtsmangel HK-BGB/Ingo Saenger BGB § 435 Rn. 3.

30 Erman/Grunewald BGB § 435 Rn. 1; BeckOK BGB/Faust § 435 Rn. 10.

31 BGH 30.4.2014 – VIII ZR 275/13, NJW 2014, 2351 Rn. 15.

32 BeckOK BGB/Faust § 437 Rn. 95.

33 Vgl. beispielhaft BGH 18.10.2017 – VIII ZR 86/16, NJW 2018, 291 Rn. 27; 21.10.1994 – V ZR 12/94, NJW 1995, 395 (396); MüKoBGB/Busche § 637 Rn. 14 f.; Grüneberg/Retzlaff § 637 Rn. 6.

34 Stürmer ZD 2020, 626 (630).

alle Daten löscht. Es handelt sich dabei um eine **Mitwirkungshandlung** des Käufers gegenüber dem zur Nacherfüllung verpflichteten Verkäufer.[35]

36 **bb) Geschäftsgeheimnisse.** Der Geheimnisschutz dürfte hinsichtlich der Mängelhaftung keine große praktische Relevanz haben. Der Erwerber ist nur dann Ansprüchen des Geheimnisinhabers ausgesetzt, wenn er sich das Geheimnis durch den Kauf entweder unbefugt angeeignet oder es gem. § 4 Abs. 3 GeschGehG über eine andere Person erlangt hat. Da das Aneignen ein unbefugtes Herausnehmen aus der Sphäre des Geheimnisinhabers bedeutet, kann dies durch einen Überlassungsvertrag mit dem Geheimnisinhaber nicht geschehen, sondern nur in der Variante des Absatzes 3. Dazu muss der Erwerber von der rechtswidrigen Vortat gewusst haben oder hätte wissen müssen. In letzterem Fall ist es beim Kaufvertrag wegen § 442 BGB bei fahrlässiger Unkenntnis, die nach § 4 Abs. 3 GeschGehG bereits schädlich ist, zulässig, dass sich ein Käufer auf die Mangelhaftigkeit berufen kann. Bei grober Fahrlässigkeit behält der Käufer die Mängelrechte nur, wenn der Verkäufer arglistig gehandelt hat.

37 **cc) Fehlende Exklusivität.** Für den Erwerb von Daten kann dessen Exklusivität bedeutsam sein → Kap. 11 Rn. 47. Verspricht der Verkäufer dies,[36] stehen die Daten aber auch anderen zur Verfügung, ist die Leistung mangelhaft. Können die Daten, was die Regel sein wird, von den Dritten nicht so zurückerlangt werden, dass die Exklusivität hergestellt ist, entfällt wegen dieser **Unmöglichkeit** die Nacherfüllungspflicht hinsichtlich der Exklusivität. Probleme mit einem Exklusivitätsversprechen können sich bei Daten aus den Rechten Dritter ergeben, die Daten herauszuverlangen. Das kann bei personenbezogenen Daten aus Art. 15 und 20 DS-GVO, im Übrigen aus Art. 4 DA, aus § 327p Abs. 3 S. 1 BGB oder aus schuldrechtlichen Vereinbarungen resultieren.

38 **dd) Mangelhafte Trainingsdaten.** Werden Daten zur Modellierung eines KI-Systems verwendet, kommt der Qualität der Daten dann eine besondere Bedeutung zu, wenn eine mangelnde Qualität während des Trainings des KI-Modells nicht erkannt werden kann. Um das zu vermeiden, können aufbereitete Trainingsdaten erworben werden, denen die für das Training nützlichen oder gar erforderlichen Attribute durch **Annotationen** bereits zugeordnet sind. Auch hier ist auf eine sorgfältige Auswahl der Attribute zu achten und daran zu denken, auch nachteilige Attribute zu nennen, die den Trainingsdaten nicht anhaften sollen. Da die Beschreibung der Qualität der Trainingsdaten aufgrund der für ein KI-Modell benötigten Menge in Detail häufig schwierig ist, ist ergänzend auf den **Einsatzzweck** des KI-Modells abzustellen. Gewährleistungsrecht beantwortet sich dann die Frage nach der Mangelhaftigkeit der Daten zunächst nach dem Vereinbarten und im Übrigen nach dem objektiv Erwartbaren.

c) Rügeobliegenheit

39 Der Erwerber von Daten kann nach § 377 HGB gehalten sein, die Daten stichprobenartig zu untersuchen und Mängel zu rügen → Rn. 52.

40 Die Untersuchung der Daten muss **unverzüglich nach** deren **Ablieferung** durch den Verkäufer erfolgen, soweit dies nach ordnungsmäßigem Geschäftsgang angezeigt ist. Der Begriff der Ablieferung in § 377 HGB wird gleichgesetzt mit der Ablieferung in § 438 Abs. 2 BGB.[37] das führt jedoch zu Problemen, wenn die Abnahme nicht auch gleichzeitig die Erklärung des Gläubigers enthält, die Leistung sei gem. § 363 BGB erfüllungstauglich. Denn nur dann, wenn die Leistung als erfüllungstauglich angenommen wird, stehen dem Gläubiger überhaupt Nacherfüllungsansprüche zu. Die herrschende Lehre sieht es gleich-

---

[35] Zur vergleichbaren Situation bei Softwaremängeln Auer-Reinsdorff/Conrad IT- und DatenschutzR-HdB/Kast § 12 Rn. 213.

[36] Zu schuldrechtlichen Lizenzvereinbarungen Schur GRUR 2020, 1142.

[37] MüKoHGB/Grunewald § 377 Rn. 17.

wohl als zulässig an, Ware zur Prüfung iRd § 377 HGB anzunehmen, ohne zuvor eine Annahme als erfüllungstauglich erklärt zu haben.[38] Steht dem Erwerber der Daten daher iRd § 363 BGB ein Prüfrecht zu, fällt dieses mit der Obliegenheit zur Untersuchung der Ware aus § 377 HGB zusammen.[39]

Welche Untersuchungen vorzunehmen sind, ist eine Frage des Einzelfalls. Während eine Überprüfung hinsichtlich des Datenvolumens einfach ist, kann eine Prüfung schwierig sein, wenn es um die Datenqualität geht, insbesondere bei großen Datenmengen. **41**

Beim **Streckengeschäft** ist zu beachten, dass bei einer Direktlieferung an den Endabnehmer unter Auslassung der Belieferung der Zwischenhändler diese dennoch die Rügeobliegenheit zu beachten haben → Rn. 53. **42**

5. Nacherfüllung

Ist der gelieferte Gegenstand mangelhaft, muss der Gläubiger, gleich ob Käufer oder Besteller, dem Schuldner zunächst die Möglichkeit der Nacherfüllung geben, bevor er weitere Rechte geltend machen kann. Typischerweise dürfte sowohl bei Kaufverträgen wie auch bei Werkverträgen die Nacherfüllung in Form der Neulieferung oder Neuherstellung erfolgen, da eine „Reparatur", also der Austausch einzelner Daten, zu aufwändig wäre und vom Verkäufer verweigert werden dürfte. **43**

Das Nacherfüllungsrecht greift erst, wenn der Gläubiger die Leistung **als erfüllungstauglich angenommen** hat. Bei Kaufverträgen ist dies, anders als beim Sachkauf, erst ab dem Zeitpunkt gegeben, zu dem der Erwerber in der Lage war, die Ordnungsgemäßheit der Daten zu prüfen (→ Rn. 104). Bei Werkverträgen ist die Abnahme maßgeblich. **44**

Bei der Lieferung von Sachen wird vertreten, dass eine **Ersatzlieferung** bei der Stückschuld wegen Unmöglichkeit ausscheidet.[40] Wegen der bei digitalen Gütern bestehenden Besonderheiten (→ Rn. 19) ist jedoch regelmäßig keine Unmöglichkeit anzunehmen. Eine entsprechende Regelung kann auch klarstellend vereinbart werden. **45**

Zu den Sekundärrechten des Käufers beim Sachkauf enthält § 437 BGB eine Rechtsgrundverweisung, die gem. § 453 Abs. 1 S. 1 BGB auch beim Kauf von Daten **entsprechende Anwendung** findet. Dabei bedeutet entsprechend, dass nur diejenigen Vorschriften anzuwenden sind, die auf die Nacherfüllung bei der Überlassung von Daten passen. Bestimmungen, die nicht unverändert anwendbar sind, müssen im Wege der Auslegung angepasst werden. Bei Werkverträgen zur Verarbeitung von Daten gilt § 634 BGB direkt. Bei Werklieferungsverträgen führt § 650 Abs. 1 BGB zur Anwendung der kaufrechtlichen Regelungen (→ Kap. 11 Rn. 13). **46**

In der Regel sehen die Vertragsbedingungen der Lieferanten im unternehmerischen Verkehr in zulässiger Weise vor, dass der Lieferant die Art der Nacherfüllung bestimmen kann. Sollte dies nicht vereinbart sein, dürfte die Praxis dennoch regelmäßig zur **Nacherfüllung durch Neulieferung** führen. Denn sind andere als die geschuldeten Daten bereitgestellt worden, scheidet eine Nacherfüllung im Wege der Nachbesserung nach § 439 Abs. 1 BGB regelmäßig aus. Es dürfte zu aufwendig sein, einzelne fehlerhafte Daten auszutauschen. Das würde nicht nur die Bestimmbarkeit der fehlerhaften Daten voraussetzen, sondern auch deren Auffindbarkeit im Bestand des Erwerbers. Da die Neulieferung regelmäßig wesentlich günstiger sein dürfte, könnte sich der Lieferant dann auf sein Leistungsverweigerungsrecht aus § 439 Abs. 4 BGB berufen. Lassen sich Mängel durch eine Softwareroutine beseitigen, beispielsweise bei einer fehlerhaften Formatierung, ist eine Nacherfüllung ohne Neulieferung dagegen denkbar. Für die meisten Fälle wird aber gelten, dass eine Nacherfüllung regelmäßig nur in der Weise praktikabel erfolgen kann, dass die gesamten Daten neu zur Verfügung gestellt werden. Sind die Daten auf einen Zustand zu **47**

[38] Grüneberg/Grüneberg BGB § 363 Rn. 2; MüKoBGB/Fetzer § 363 Rn. 5.
[39] MüKoHGB/Grunewald § 377 Rn. 148.
[40] BeckOK BGB/Faust § 439 Rn. 56.

einer bestimmten Zeit bezogen, beispielsweise bei der Lieferung von Daten in Echtzeit, kann durch **Zeitablauf** bei fehlender Nachholbarkeit **Unmöglichkeit** eintreten.

48 Der Erwerber kann seine Rechte aus der Mangelhaftigkeit der gelieferten Daten nur geltend machen, wenn er die Daten dem Verkäufer auf dessen Verlangen nach § 439 Abs. 5 BGB zur Verfügung stellt.[41] Dadurch soll dem Verkäufer die **Überprüfung des** behaupteten **Mangels** ermöglicht werden. Umstritten ist, ob es sich bei der Regelung um einen Anspruch des Verkäufers oder eine Obliegenheit des Käufers handelt.[42] Nähme man einen Anspruch an, könnte sich die Situation ergeben, dass der Verkäufer Zugriff auf die Daten im IT-System des Käufers erhielte. Auch wenn der Verkäufer regelmäßig kein Interesse an der zwangsweisen Durchsetzung des Zugangs hat, wäre es jedenfalls problematisch, wenn der Zugriff zugleich die Möglichkeit eröffnete, auch auf andere Informationen des Gläubigers zuzugreifen. Es stellten sich dann Fragen des Geheimnis- und Datenschutzes. Bei der Nacherfüllung wegen der Fehlerhaftigkeit von Daten spricht viel dafür, dass dem Verkäufer kein Besichtigungsrecht zusteht, wenn er die Nacherfüllung aller Voraussicht nach nur durch eine Neulieferung von Daten leisten kann.

49 Es kann aber durchaus im Interesse des Käufers sein, dem Verkäufer Zugang zu den Daten zu verschaffen. Denn der Käufer ist für die Mangelhaftigkeit beweisbelastet. Er kann dabei über § 439 Abs. 2 BGB die zur Aufklärung der Mangelhaftigkeit erforderlichen Aufwendungen vom Verkäufer erstattet verlangen. Das gilt jedoch nicht, wenn der Verkäufer bereit ist, die Untersuchung selbst durchzuführen.

50 Im Werkvertragsrecht fehlt eine zu § 439 Abs. 5 BGB vergleichbare Bestimmung, der Besteller hat aber die Obliegenheit, bei der Nacherfüllung mitzuwirken, soweit das erforderlich ist, um dem Unternehmer die Mangelbeseitigung zu ermöglichen.[43]

a) Anwendbarkeit der Nacherfüllung im Kaufrecht

51 Für die Anwendbarkeit des Nacherfüllungsrechts ist bei Kaufverträgen umstritten, ob die Nacherfüllung erst nach der Annahme des Kaufgegenstandes als erfüllungstauglich oder bereits zum Zeitpunkt des Übergangs der Gegenleistungsgefahr geltend gemacht werden kann.[44] Beim Datenkauf werden die Daten regelmäßig ohne Datenträger, also im Wege des Downloads übermittelt. Da, wie oben gezeigt, in den meisten Fällen eine Bringschuld anzunehmen ist, dürfte es in der Praxis zu keinen größeren zeitlichen Differenzen kommen. Die Gegenleistungsgefahr geht dann gemäß den allgemeinen Regeln in dem Zeitpunkt über, in dem auch Erfüllung eintreten würde, wäre der Leistungsgegenstand mangelfrei.

b) Rügeobliegenheit

52 Im Anwendungsbereich des § 377 HGB besteht für den Käufer eine Obliegenheit zur Untersuchung der Daten und zur rechtzeitigen Rüge erkannter Mängel. Das Gesetz beschränkt die Rügeobliegenheit zwar auf Waren. Der Begriff der Ware geht aber über den der Sache hinaus. Anerkanntermaßen ist auch Software eine Ware.[45] Es ist konsequent und richtig, auch Daten wegen ihrer Vergleichbarkeit mit Software als digitalem Modellgut als Waren in diesem Sinne zu betrachten.[46] Das Ziel des Gesetzes, insbesondere den kaufmännischen Verkäufer zu begünstigen, nach Ablauf der Rügefrist nicht mehr in jedem Fall mit Nacherfüllungsansprüchen rechnen zu müssen,[47] passt auch auf den Kauf von Daten. Das

---

41 BeckOK BGB/Faust § 439 Rn. 11.
42 Dazu Kretz/Feige JuS 2024, 398.
43 MüKoBGB/Busche § 634 Rn. 15.
44 Dazu BeckOK BGB/Faust § 437 Rn. 4 ff.; MüKoBGB/Westermann § 435 Rn. 8; Erman/Grunewald BGB § 435 Rn. 7.
45 Redeker IT-Recht Rn. 580; BGH 24.1.1990 – VIII ZR 22/89, NJW 1990, 1290: „zumindest entsprechend anwendbar".
46 OLG Düsseldorf 17.2.2010 – 17 U 167/09, BeckRS 2010, 9514; OLG München 8.10.2009 – 23 U 1818/09, BeckRS 2009, 27252; MüKoHGB/Grunewald Vorb. § 373 Rn. 3.
47 Koller/Kindler/Roth/Drüen/Roth HGB § 377 Rn. 2.

zeigt auch § 327u BGB, der den § 377 HGB beim Erwerb digitaler Produkte unberührt, dh anwendbar, lässt,[48] um die mit dem Vertrag verbundenen Sekundärrechte zu wahren. Die Rügeobliegenheit wird bei einem Handelskauf über Waren ausgelöst. Wertet man den Vertrag als Werklieferungsvertrag, folgt die Anwendbarkeit des § 377 HGB aus § 381 Abs. 2 HGB.

Bei einem **Streckengeschäft** besteht in der Lieferkette regelmäßig die Herausforderung, **53** dass bei einer Direktbelieferung des Endabnehmers die Zwischenhändler keine Gelegenheit erhalten, die von Ihnen veräußerten Daten zu überprüfen. Das ist insofern unproblematisch, als der Verkäufer keine Nacherfüllungsrechte benötigt, wenn sein Abnehmer verspätet rügt. Anders ist es jedoch, wenn der letzte Abnehmer einen Verbraucher ist und ihn daher die Rügeobliegenheit nicht trifft. Probleme können auch auftreten, wenn die rechtzeitig erklärte Rüge vom Verkäufer aufgrund organisatorischer Mängel nicht rechtzeitig an seinen Lieferanten weitergegeben wird.

Im Zusammenhang mit der Lieferung von Daten kann insoweit überlegt werden, dass **54** wegen der Besonderheiten im Einzelfall eine **Rügeobliegenheit der Zwischenhändler** entfällt. Dies kann technisch bedingt sein, dem die gegen einen unbefugten Zugriff gesicherten Daten vom Hersteller nur dem letzte Abnehmer gegenüber zur Kenntnisnahme freigegeben werden.[49] Zum anderen ist an rechtliche Hürden zur Wahrnehmung der Rügeobliegenheit zu denken. Beispielsweise für den Fall, dass der Zwischenhändler ein Nutzungsrecht zur Prüfung benötigt oder die Daten Geschäftsgeheimnisse enthalten, zu deren Kenntnisnahme er nicht befugt ist. Dass die Prüfung der Daten für den Zwischenhändler technisch aufwändig ist, spricht dagegen nicht gegen die Rügeobliegenheit, denn jeder Händler ist nach Art der Ware gehalten, die Prüfung durchzuführen.[50]

c) Vermengung mangelhafter Daten

Problematisch kann im Kaufrecht die Nacherfüllung werden, wenn die gelieferten Daten **55** bereits mit anderen Daten **vermengt** wurden und nicht einfach extrahiert werden können. Der Verkäufer ist, anders als der Werkunternehmer, nicht verpflichtet, die vom Käufer in ein IT-System selbst eingefügten fehlerhaften Daten zu extrahieren und mangelfreie Daten einzupflegen.[51] Ob auf die Verbindung von mangelhaften Daten mit anderen Daten des Käufers durch diesen § 439 Abs. 3 BGB iSv § 453 Abs. 1 S. 1 BGB entsprechend anwendbar ist, ist umstritten. Nach Maultzsch ist die Regelung in § 439 Abs. 3 BGB nicht entsprechend anwendbar.[52] Gegen eine entsprechende Anwendung führt er die zu weitgehende Ausdehnung des verschuldensunabhängigen Nacherfüllungsanspruchs in Abgrenzung zum werkvertraglichen Pflichtenprogramm bzw. zu einem verschuldensabhängigen Schadensersatz nach § 437 Nr. 3 BGB iVm den §§ 280 ff. BGB an. Die Anwendung des in § 439 Abs. 3 BGB normierten Aufwendungsersatzanspruchs solle nicht ohne Not auf andere Formen von Kaufverträgen ausgedehnt werden. Die entsprechende Anwendung einer Norm kann aber nicht allein deswegen beschränkt werden, weil sie in ihrer unmittelbaren Wirkung gesetzespolitisch für verfehlt, gleichwohl für bindend, gehalten wird. Es kommt vielmehr auf die Art und Weise der entsprechenden Anwendung an. Die Bereitstellung mangelhafter Daten führt zu vergleichbaren Problemen wie die Überlassung mangelhafter Sachen. Beides ist daher gemäß der Anordnung des Gesetzes in § 453 Abs. 1 S. 1 BGB gleich zu behandeln.[53] Denkbar ist jedoch, die Bestimmung in einer Individualvereinbarung abzubedingen:

[48] S. Spindler MMR 2021, 528 (533).
[49] Ebenroth/Boujong/Achilles HGB § 377 Rn. 24.
[50] Anders Ebenroth/Boujong/Achilles HGB § 377 Rn. 24.
[51] So zum Sachkauf MüKoBGB/Maultzsch § 439 Rn. 40.
[52] MüKoBGB/Maultzsch § 439 Rn. 36, ähnlich auch Rockstroh/Peschel NJW 2020, 3345 Rn. 39.
[53] Vgl. BeckOK BGB/Faust § 439 Rn. 107 zur Installation von Software.

Hat der Käufer die Daten gemäß ihrer Art und ihrem Verwendungszweck mit anderen Daten vermengt oder anderweitig verwendet, so dass sie Teil einer Datenmenge geworden sind, schuldet der Verkäufer im Rahmen der Nacherfüllung für das Entfernen der mangelhaften Daten aus dieser Datenmenge und das Einpflegen mangelfreier Daten keinen Aufwendungsersatz.

56 Die Verwendung der mangelhaften Daten muss gemäß ihrer **Art und** ihrem **Verwendungszweck** erfolgt sein. Das bestimmt sich objektiv.[54] Nutzt der Käufer die Daten auf eine andere Weise, steht ihm der Aufwendungsersatzanspruch aus § 439 Abs. 3 BGB nicht zu. Der Käufer kann nur Ersatz der erforderlichen Aufwendungen verlangen.[55] Da die anfallenden Aufwendungen zur Nacherfüllung gehören, steht dem Verkäufer die **Einrede** aus § 439 Abs. 4 BGB zu, wenn die Kosten der Nacherfüllung insgesamt unverhältnismäßig werden. Denkbar ist dies für den Fall, dass fehlerhafte Trainingsdaten Eingang in ein KI-Modell finden und aus diesem Modell nicht anders wieder entfernt werden können als durch ein vollständiges neues Training. Entsprechendes gilt, wenn fehlerhafte Daten Eingang in eine Datenbank finden und aus diese nur durch das erneute Einpflegen von fehlerfreien Daten extrahiert werden können.

57 Der Verkäufer muss die **Kosten der Entfernung** der fehlerhaften Daten übernehmen, hat selbst aber nicht das Recht, die fehlerhaften Daten beim Käufer auszutauschen.[56] Ein Beispiel für den Anwendungsbereich der Norm ist der Fall, dass der Käufer die gelieferten Daten bereits verarbeitet und mit anderen Daten vermengt hat, so dass sich der frühere Zustand nicht mehr leicht herstellen lässt. Es stellt sich dann die Frage, ob eine solche Verarbeitung noch unter das – entsprechend anwendbare – Tatbestandsmerkmal „in eine andere Sache eingebaut oder an eine andere Sache angebracht" fällt.[57] Im Gesetzgebungsverfahren wurde geäußert, dass die Anwendung der Norm in Fällen der Vermengung oder Vermischung mit der Folge der Herstellung einer neuen Sache eine Grenze finden „dürfte".[58] Anders als bei körperlichen Sachen[59] ist bei Daten eine Trennung aber grundsätzlich mit wirtschaftlich vertretbarem Aufwand möglich, wenn die mangelhaften Daten bestimmbar sind. Zu berücksichtigen ist zudem, dass die Vorschrift nicht direkt, sondern über § 453 BGB entsprechend angewendet wird und § 439 Abs. 3 BGB auf den Einbau und das Anbringen der Sache „gemäß ihrer Art und ihrem Verwendungszweck" abstellt. Sollte es dann möglich sein, die Ausgangssituation vor der Verwendung der Daten wieder herstellen zu können oder lässt sich der Mangel anderweitig beseitigen, sind die dazu erforderlichen Aufwände vom Verkäufer zu tragen. Ob der Verkäufer diese Art der Verwendung erkennen konnte, ist irrelevant.[60] Der Verkäufer hat die Kosten bis zur Grenze der Unverhältnismäßigkeit gem. § 439 Abs. 4 zu tragen.[61]

58 Bei der Anwendung von Kaufrecht ist bei der Nacherfüllung § 439 Abs. 5 BGB zu beachten. Der Erwerber hat dem Lieferanten die erhaltenen Daten zur Verfügung zu stellen, damit dieser deren **Mangelhaftigkeit prüfen** kann.[62] Ob die Zurverfügungstellung Voraussetzung für eine wirksame Fristsetzung zur Nacherfüllung ist, ist umstritten.[63] Mangels abweichender Vereinbarung richtet sich die Art und Weise der Zurverfügungstellung grundsätzlich nach den Modalitäten der Überlassung beim ursprünglichen Leistungserfüllungsversuch. Wenn eine Übermittlung der Daten aus rechtlichen oder tatsächlichen

---

[54] Grüneberg/Weidenkaff BGB § 439 Rn. 12.
[55] BeckOK BGB/Faust § 439 Rn. 129.
[56] HM, vgl. BeckOK BGB/Faust § 439 Rn. 41 mit Übersicht zum Meinungsstand.
[57] Dazu allgemein BeckOK BGB/Faust § 439 Rn. 111 f.
[58] BT-Drs. 18/8486, 96, siehe aber auch BGH 21.6.2023 – VIII ZR 105/22, ZVertriebsR 2023, 374 Rn. 26.
[59] Dazu BeckOK BGB/Kindl § 948 Rn. 1.
[60] Grunewald in Erman, BGB, 16. Aufl. 2020, BGB § 439 Rn. 10, weiter differenzierend BeckOK BGB/Faust § 439 Rn. 94.
[61] BeckOK BGB/Faust § 439 Rn. 131.
[62] MüKoBGB/Maultzsch § 439 Rn. 43, aA BeckOK BGB/Faust § 439 Rn. 12.
[63] Dafür MüKoBGB/Maultzsch § 439 Rn. 43, dagegen BeckOK BGB/Faust § 439 Rn. 12.

Gründen nicht zulässig oder unverhältnismäßig aufwändig ist, genügt die Gewährung eines Leserechts, damit der Nacherfüllungsschuldner die Mangelhaftigkeit prüfen kann. Hat der Erwerber die Daten bereits so verarbeitet, dass er sie nicht zur Verfügung stellen kann, geht das zu seinen Lasten. Es empfiehlt sich daher, eine Sicherungskopie der vom Lieferanten erhaltenen Daten zu machen.

Im Zuge der Nacherfüllung hat der Erwerber nach § 439 Abs. 6 S. 1 BGB dem **59** Lieferanten die ursprünglich erhaltenen **Daten zurückzugewähren.** Grundsätzlich gilt auch hier, dass an die Stelle der Rückgabe der Daten deren Löschung tritt (→ Rn. 82). Sollten dem Erwerber dabei Kosten, auch durch den Einsatz eigener Leute, entstehen, sind diese vom Lieferanten zu ersetzen.

d) Leistungsort

Für den Sachkauf ist umstritten, ob der Leistungsort bei der Nacherfüllung beim Schuldner, **60** beim Gläubiger oder dort liegt, wo sich der mangelhafte Gegenstand befindet. Aus wirtschaftlicher Sicht ist der Streit regelmäßig irrelevant, weil der Schuldner in jedem Fall die **Kosten** der Nacherfüllung zu übernehmen hat.[64] Bei Daten kommt hinzu, dass die elektronische Übermittlung keine relevanten Kosten auslöst und der Schuldner zur Nacherfüllung selten beim Gläubiger vor Ort tätig werden muss, weil eine Nachbesserung im Rahmen von Datenlieferungen meistens ausscheiden wird → Rn. 47).

6. Leistungsverweigerungsrechte

Den Parteien stehen auch beim Datenkauf die Leistungsverweigerungsrechte zu, die beim **61** Sachkauf relevant sind, insbesondere die §§ 273 und 320 BGB. Die Bedeutung des § 320 BGB folgt daraus, dass der Sachleistungsgläubiger das Leistungsverweigerungsrecht zur Vermeidung von Nachteilen aus Leistungsstörungen nicht geltend gemacht werden muss, lediglich seine Voraussetzungen müssen bestehen.[65] Die Anwendbarkeit der Einrede setzt jedoch voraus, dass die in Bezug genommenen Leistungen in einem **synallagmatischen Gegenseitigkeitsverhältnis** stehen.[66] Für das Verhältnis von Zahlungsverpflichtung des Käufers und Bereitstellungspflicht des Verkäufers ist dies der Fall.

Eine besondere Verbindung zwischen Leistung und Gegenleistung verlangt das **kauf-** **62** **männische Zurückbehaltungsrecht** aus § 369 HGB nicht. Es greift jedoch bei Daten als zurückzubehaltenden Gegenstand nicht ein, da Voraussetzung eine bewegliche Sache im Besitz des Gläubigers ist, die dieser an seinen Schuldner herauszugeben hat.[67] Allerdings ist § 369 HGB dann anwendbar, wenn Gegenstand der Forderung, zu deren Durchsetzung der Gläubiger die in seinem Besitz befindlichen Sachen zurückbehält, die Bereitstellung von Daten ist.[68]

Da ohne Geltung einer Vorleistungspflicht jede Vertragspartei die eigene Leistung **63** verweigern kann, bis die andere Partei ihre Leistung anbietet, sieht das Gesetz in § 322 BGB eine **Zug-um-Zug-Leistung** vor. Zur Absicherung der Zug-um-Zug-Leistung bietet sich bei Daten die Zuhilfenahme von Smart Contracts an. **Smart Contracts** können technische Bedingungen enthalten, bei deren Eintreten sie Befehle ausführen und etwa verschlüsselte Daten oder Kryptowährungen freigeben.[69]

---

64 MüKoBGB/Krüger § 269 Rn. 37.
65 Grüneberg/Grüneberg BGB § 320 Rn. 12.
66 MüKoBGB/Emmerich § 320 Rn. 36.
67 MüKoHGB/Martens § 369 Rn. 26.
68 Zu den Anforderungen MüKoHGB/Martens § 369 Rn. 20 f.
69 Vgl. BeckOK DatenschutzR/Berberich DA Art. 36 Rn. 9.2.

7. Minderung

64 Die Minderung kann im Datenrecht beim **Tausch** zu Problemen führen. Der Grundsatz in § 441 BGB ist, dass der Kaufpreis herabgesetzt wird. Beim Tausch tritt an die Stelle des Kaufpreises aber die Sach-Gegenleistung, wie beispielsweise die Bezahlung mit Kryptowährung oder die Hingabe anderer Daten. Lässt sich die Leistung des Minderungsgläubigers teilen, erhält er im Umfang der Minderung einen geleisteten Teil zurück. Das ist bei Kryptowährungen technisch möglich. Es handelt sich insofern um eine Gattungsschuld. Entsprechendes gilt bei Daten, wenn diese gleichförmig sind, beispielsweise Fotos einer Art von Objekten. Dann kann der Schuldner auch einen Teil der – gleichartigen – Bilder verwenden. Werden heterogene Daten als Gegenleistung hingegeben, dürfte eine Teilbarkeit regelmäßig ausscheiden. In diesem Fall hat der Minderungsschuldner den Minderungsanteil in Geld zu leisten.[70]

8. Rücktritt und Schadensersatz

65 Die Rechtsbehelfe des Rücktritts und des Schadensersatzes stehen sowohl im allgemeinen wie im besonderen Leistungsstörungsrecht zur Verfügung. Voraussetzung ist stets eine Pflichtverletzung und regelmäßig auch eine Fristsetzung zur Erbringung der geschuldeten Leistung. Die **Fristsetzung** ist in einigen Fällen entbehrlich, für den Rechtsverkehr mit Daten sind insbesondere die §§ 326 Abs. 5 und 283 BGB relevant, wenn die Leistungserbringung unmöglich geworden ist. Das kann bei in Echtzeit zu liefernden Daten durch Zeitablauf, durch ein dauerhaftes rechtliches Leistungshindernis, wie etwa entgegenstehende Datenschutzbestimmungen, einen Geheimnisschutz oder die Zuweisung der Daten zu einer anderen Person nach dem Data Act der Fall sein. Da der Gläubiger damit belastet ist, den Eintritt der Unmöglichkeit zutreffend anzunehmen, ist ihm zu raten, dennoch eine Frist zur Leistung zu setzen. Nach erfolglosem Ablauf der Frist ist es irrelevant, ob die Leistung unmöglich war oder der Schuldner die mögliche Leistung nicht fristgerecht erbracht hat.

66 Die Frist zur Leistungserbringung ist so zu setzen, dass ein leistungsbereiter Schuldner in der Lage ist, die Leistung zu erbringen. Sie braucht nicht so lang bemessen zu sein, dass der Schuldner Gelegenheit hat, mit der Leistungsausweitung überhaupt erst zu beginnen. Für den Gläubiger ist es regelmäßig schwierig, die **angemessene Frist** zu bestimmen. Das gilt beim Erwerb von Daten umso mehr, als die Beschaffungswege regelmäßig nicht transparent sind. Zwar ist das Setzen einer zu kurzen Frist unschädlich, weil dann die angemessene Frist gilt. Sicher ist es für den Gläubiger aber, den Schuldner nach einer Frist zu fragen, die für ihn dann bindend ist,[71] auch wenn der Gläubiger damit rechnen muss eine längere als die angemessene Frist genannt zu bekommen.

a) Rücktritt

67 Der Gläubiger ist zum Rücktritt berechtigt, wenn die behebbare Leistungsstörung von ihm nicht hingenommen werden muss, insbesondere nach § 323 Abs. 1 BGB bei Ablauf einer angemessen gesetzten Frist zur Leistungserbringung.

68 Bei in Vollzug gesetzten **Dauerschuldverhältnissen** ist ein Rücktritt nicht zulässig. Anstelle des Rücktritts tritt die Möglichkeit, das Schuldverhältnis mit Wirkung für die Zukunft umgehend zu beenden. Bei **Sukzessivlieferungsverträgen,** die beispielsweise der Übermittlung von Daten aus IoT-Geräten zugrunde liegen können (→ Kap. 13 Rn. 58), ist für den Rücktritt auf die einzelnen Leistungen abzustellen. Eine Leistungsstörung erfasst dort regelmäßig nur den separierbaren Leistungsteil.

69 Vertraglich könnte dies, jedenfalls im Rahmen einer Individualvereinbarung, so geregelt werden:

---

70 BeckOK BGB/Faust § 441 Rn. 25.
71 BGH 13.7.2016 – VIII ZR 49/15, NJW 2016, 3654 Rn. 36; BeckOK BGB/Faust § 437 Rn. 15.

Ansprüche auf Erfüllung und Nacherfüllung beziehen sich stets nur auf die für einen Monat zu leistenden Daten und die dafür nach dem Vertrag zu entrichtende Gegenleistung. Die vertraglichen Leistungen im Übrigen bleiben hiervon unberührt.

Problematisch kann bei der pflichtwidrigen Überlassung von Daten die Feststellung **70** werden, auf welchen **Teil der Leistung** sich der Rücktritt bezieht. Das gilt jedenfalls dann, wenn der Datenbestand nicht als Einheit, sondern als teilbar angesehen wird. Nach § 323 Abs. 5 S. 1 BGB ist grundsätzlich nur der von der Pflichtwidrigkeit betroffene Teil der Leistung zurückzugewähren, es sei denn, der Gläubiger hat an der Teilleistung kein Interesse mehr.[72] Ist die Leistung nicht teilbar, kommt es darauf an, ob die Pflichtverletzung nach § 323 Abs. 5 S. 2 BGB erheblich ist.

Ist die Pflichtverletzung nur **unerheblich,** ist der Rücktritt nach § 323 Abs. 5 S. 2 BGB **71** ausgeschlossen. Bei der Verpflichtung zur Bereitstellung von Daten kann die Feststellung der Unerheblichkeit wiederum problematisch sein, wenn es sich um einen sehr großen Datenbestand handelt. Kommt ein Chargenmangel wie bei Sachen nicht in Betracht, muss der Gläubiger die Pflichtverletzung in einem erheblichen Umfang darlegen und gegebenenfalls beweisen. wird der Rücktritt im Rahmen der fehlerhaften Nacherfüllung geltend gemacht, hat der Schuldner über § 439 Abs. 2 BGB die dem Gläubiger zur Aufklärung des Umfangs der Mangelhaftigkeit entstandenen Kosten zu ersetzen.

Die Ausübung des Rücktrittsrechts führt zu einer Umgestaltung des Schuldverhältnisses in **72** ein **Rückgewährschuldverhältnis.** Jede Partei muss das ihr vom Vertragspartner Gewährte an diesen zurückgeben. Dabei ist nicht nur an die Daten, sondern auch an etwaige damit im Zusammenhang übertragene **Rechte** zu denken. Bei der Rückabwicklung von Datenaustauschverträgen hat der Gläubiger oft kein Interesse daran, die Daten zurückzuerhalten, weil sie für ihn keinen Wert darstellen. Entweder hat er die Daten selbst noch in seinem Vermögen und kann sie auch ohne Rückgewähr verwerten oder die Daten haben nur für den Rückgewährschuldner einen Wert, der ihm durch den Rücktritt genommen werden soll. Deswegen wird für den Rücktritt oft vorgeschlagen, dass der Rückgewährschuldner die **Daten** schlicht **löscht.**[73] Anders kann dies sein, wenn der Rücktritt erfolgt, weil Dritte ein Recht an den Daten haben und der Leistungsschuldner dieses Recht nicht beseitigen kann. Wenn dann Daten an diesen Dritten herauszugeben sind, kann beides erforderlich sein, die Übermittlung an den Dritten oder den gegebenenfalls seinerseits rückgabepflichtigen Verkäufer und das Löschen beim Käufer. Die Löschung personenbezogener Daten bedarf als Verarbeitungsvorgang einer datenschutzrechtlichen Rechtfertigung. Wurden neben den Daten auch Berechtigungen wie Einwilligungen oder Nutzungsrechte eingeräumt, sind auch diese – je nach ihrer Art – heraus- oder aufzugeben.[74] Da der Rückgabegläubiger kaum tatsächlich überprüfen kann, ob der Schuldner die Daten gelöscht hat, empfiehlt sich, wie bei dem Vertrieb von gebrauchter Software, eine Bestätigung über das Löschen zu verlangen:[75]

Im Falle der Rückgabe von Daten hat der Käufer/Empfänger nach der Rückgabe die bei ihm verbliebenen Kopien der Daten zu löschen. Löschen meint, sicherzustellen, dass der Käufer/Empfänger nach der Rückgabe in keiner Weise, auch nicht über Datensicherungen, auf die Daten zugreifen kann. Statt der Rückgabe kann der Verkäufer/Leistende auch nur die Löschung der betroffenen Daten im vorgenannten Sinne verlangen. Auf Wunsch des Verkäufers/Leistenden hat der Käufer/Empfänger die Löschung der Daten schriftlich (§ 126 BGB) zu versichern.

Wenn allerdings der Empfänger die Daten bereits verwertet und den durch die Daten **73** verkörperten Wert in sein Vermögen übernommen hat, versagt die unmittelbare Anwendung von § 346 Abs. 1 BGB. Zwar ordnet die Vorschrift die Herausgabe der gezogenen

[72] Dazu BeckOK BGB/Faust § 437 Rn. 51.
[73] Erman/Metzger BGB § 346 Rn. 3; Redeker IT-R Rn. 392.
[74] Dazu Kloth MMR 2023, 333 (334).
[75] Vgl. BGH 17.7.2013 – I ZR 129/08, GRUR 2014, 264 – UsedSoft II.

Nutzungen an. Nach § 100 BGB setzen Nutzungen eine Sache oder ein Recht voraus. So können zwar von einer Sache erzeugte Daten Nutzungen sein, die Verwertung von Daten selbst führt aber nicht zu Nutzungen, wollte man § 100 BGB nicht analog anwenden.

74 Eine Analogie ist jedoch nicht erforderlich, wenn die Verwendung der Daten als **Verbrauch** iSd § 346 Abs. 2 S. 1 Nr. 2 BGB angesehen wird.[76] Wie gezeigt, ist die Herausgabe der Daten selbst für den Rückgewährgläubiger regelmäßig sinnlos. Hat der Rückgewährschuldner Gelegenheit gehabt, die Daten zu verwerten, würde er ungerechtfertigt bessergestellt, wenn er, ob mit oder ohne Rückgabe der Daten, die dafür hingegebene Gegenleistung zurückerhielte.[77] können sie als verbraucht angesehen werden. Das Gesetz setzt in § 346 Abs. 2 den Wertersatz an die Stelle der Rückgabe, soweit der Gegenstand verbraucht wurde.

75 Der **Umfang des Wertersatzes** hat sich nach § 346 Abs. 2 S. 2 BGB am Wert der Gegenleistung zu orientieren, die zugrunde zu legen ist. Über das Zugrundelegen zeigt das Gesetz, dass der Wertersatz nicht immer den Wert der Gegenleistung entsprechen muss, aber eine Orientierungsgröße bietet. Der vollständige Ersatz des Wertes scheidet beispielsweise dann aus, wenn die zurück zu gewährenden Daten mangelhaft waren. Denn in diesem Falle wäre der Rückgewährschuldner regelmäßig auch berechtigt gewesen, die Gegenleistung zu mindern.[78] Um im Einzelfall den Rückgewährschuldner vor einer übermäßigen Inanspruchnahme zu schützen, kann statt auf das vertragliche Entgelt auf den objektiven Wert der Leistungen abgestellt werden, soweit dieser das vertragliche Entgelt nicht übersteigt.[79]

76 Eine weitere für die Rückabwicklung von Datenlieferungsverträgen relevante Frage bezieht sich auf die **Rücknahmepflicht** des Datenlieferanten. Anders als bei Sachen steht regelmäßig hier nicht die physische Rückgabe der Daten im Vordergrund. Denn der Rückgewährschuldner hat es in der Hand, die Daten zu löschen, sollte sich der Datenlieferant kein Interesse haben, die Daten zurückzunehmen. Allerdings ist darauf zu achten, die Daten nur dann zu löschen, wenn sicher ist, dass der Lieferant sie nicht zurückhaben möchte, weil anderenfalls eine Pflichtverletzung aus dem Rückgewährschuldverhältnis droht, wenn der Rückgewährschuldner infolge der Löschung nicht mehr in der Lage ist, die Daten zurückzugeben. Relevant kann eine Rücknahmepflicht werden, wenn die Daten **mit** den **Rechten Dritter belastet** sind und durch den Rückgewährschuldner nicht gelöscht werden dürfen und die er womöglich auch gar nicht haben darf, es sich also beispielsweise um personenbezogene Daten handelt, um Daten, die dem **Geheimnisschutz** unterliegen, oder die nach dem Data Act gegenüber Dritten geschützt sind. Abseits der Bestimmungen zum Verbrauchsgüterkauf konnte sich der BGH nicht dazu durchringen, eine allgemeine Pflicht zur Rücknahme des gelieferten Gegenstandes zu begründen. Nach seiner Ansicht kann aber die Weigerung des Verkäufers, die vom Käufer zum Zwecke der Rückgewähr in Natur gem. § 346 Abs. 1 BGB angebotene mangelhafte Kaufsache zurückzunehmen, jedenfalls unter den besonderen Umständen des Einzelfalls als Verletzung von **Rücksichtnahmepflichten** aus § 241 Abs. 2 BGB im Rückgewährschuldverhältnis anzusehen sein, die zu einem Schadensersatzanspruch des Käufers gegen den Verkäufer nach § 280 Abs. 1 BGB führen kann.[80] Unberührt von der Rücknahmepflicht bleibt die **Kostentragung.** Bei dem Rückgewährschuldverhältnis aus § 346 BGB trägt der Rückgewährschuldner die Kosten.[81] Sofern er sich nicht auf einen Schadensersatzanspruch stützen kann, steht ihm (nur) das Leistungsverweigerungsrecht aus § 275 Abs. 2 BGB zur Seite.

---

[76] Für § 346 Abs. 2 S. 1 Nr. 1 BGB: Herberger/Martinek/Rüßmann/Weth/Würdinger jurisPK-BGB/Faust BGB § 346 Rn. 47.

[77] So BGH 15.4.2010 – III ZR 218/09, NJW 2010, 2868 Rn. 21 für die Übermittlung von Kontaktvorschlägen einer Partnervermittlung; s. auch Herberger/Martinek/Rüßmann/Weth/Würdinger jurisPK-BGB/Faust BGB § 346 Rn. 47.

[78] Jauernig/Stadler BGB § 346 Rn. 6.

[79] BGH 15.4.2010 – III ZR 218/09, NJW 2010, 2868 Rn. 24.

[80] BGH 29.11.2023 – VIII ZR 164/21, NJW 2024, 1262 Rn. 39. Auf den Sachverhalt war § 439 Abs. 3 BGB nF noch nicht anwendbar.

[81] MüKoBGB/Gaier § 346 Rn. 71.

Im Falle des **Rücktritts des Verkäufers** kann dieser ein Interesse haben, dass die gelieferten Daten nicht gelöscht, sondern an ihn zurückgegeben werden. Das hängt vor allem davon ab, ob er die für ihn wertvollen Daten noch in seinem Bestand hat. Ist das nicht der Fall, ist der Rücktritt für ihn von Interesse. Auch hier stellt sich die bei komplexen Datenbeständen relevante Frage, ob der vom Rückgewährschuldner zu tragende Aufwand für die Rückgewähr zu begrenzen ist. Schadensersatzansprüche stehen dem Käufer bei einem Rücktritt des Verkäufers regelmäßig nicht zu. Es bleibt dann nur § 275 Abs. 2 BGB. **77**

Zur Klärung einer Rücknahmepflicht sollte an eine **vertragliche Regelung** gedacht werden. Das gilt insbesondere dann, wenn der Erwerber nicht sicher sein kann, die Daten behalten oder löschen zu dürfen: **78**

Variante 1
Im Falle eines Rücktritts des Erwerbers ist der Lieferant verpflichtet, die gelieferten Daten zurückzunehmen und der Erwerber berechtigt, die Daten zurückzuübertragen, wenn sich beide nicht auf ein Löschen der Daten verständigen. Die Verpflichtung des Lieferanten umfasst nach Wahl des Erwerbers auch die Extraktion der Daten aus einem größeren Datenbestand, wobei folgendes Verfahren zu beachten ist [Beschreibung des Verfahrens]. Der Daten- und Geheimnisschutz wird gewahrt [ggf. weiter ausführen].
Variante 2
Im Falle eines Rücktritts des Erwerbers ist der Lieferant nicht verpflichtet, die gelieferten Daten zurückzunehmen. Der Erwerber ist berechtigt [ergänzend: und verpflichtet], die Daten zu löschen.

b) Schadensersatz

Für Pflichtverletzungen im Zusammenhang mit der Bereitstellung von Daten gelten schadensersatzrechtlich die allgemeinen Regeln. Eine Notwendigkeit der Anpassung des Schadensersatzrechts mit Blick auf etwaige Besonderheiten des Verkehrs mit Daten ist nicht ersichtlich. Wie auch beim Rücktritt ist für den Schadensersatz statt der Leistung die **Erheblichkeit der Pflichtverletzung** gem. § 281 Abs. 1 S. 3 BGB erforderlich. Für die beim Rechtsverkehr mit Daten daraus folgenden Herausforderungen gelten die zum Rücktritt gemachten Ausführungen → Rn. 65. **79**

Die Obliegenheit zur **Datensicherung,** um eine Minderung des Schadensersatzanspruchs nach § 254 BGB wegen Mitverschuldens zu vermeiden, ist seit langem anerkannt.[82] Für den Rechtsverkehr mit Daten stellen sich jedoch im Einzelnen Sonderfragen. **80**

So ist beispielsweise die Sicherung der Gewichte in KI-Modellen üblich. Dies dient aber nicht nur dem Schutz gegen Datenverlust, sondern auch der Wiederherstellung eines früheren Standes für den Fall, dass das KI-Modell aufgrund des Trainings nicht wie gewünscht funktioniert. Gerade die zur Sicherung von KI-Modellen anfallenden **Kosten** sind wegen der sehr großen Datenmengen erheblich. Da die Datensicherung auch im Interesse des Lieferanten erfolgt und dessen Schadensersatzverpflichtung minimiert, könnte über eine finanzielle Beteiligung des Lieferanten an den Kosten der Datensicherung im Vertrag nachgedacht werden. **81**

9. Rückgabe und Löschung

Für den Fall der erfolgreichen Nacherfüllung regelt § 439 Abs. 6 S. 2 BGB, dass der Verkäufer die mangelhaften Daten auf seine Kosten zurücknehmen muss. Schlägt die (Nach-)Erfüllung fehl, stehen dem Käufer die Rechte zum Schadensersatz, Rücktritt und Minderung zur Verfügung. Bei digitalen Gütern regelmäßig problematisch ist die Durchführung des Rücktritts. Die Verpflichtung des Käufers zur Rückgewähr der erhaltenen **82**

[82] Ausführlich dazu Schuster/Grützmacher/Heydn IT-Recht § 254 BGB.

Daten läuft letztlich auf die **Löschung** dieser Daten hinaus.[83] Der Verkäufer benötigt die Daten in der Regel nicht zurück, weil er sie entweder selbst noch hat oder nicht weiterverwenden kann. Anders kann dies sein, wenn es sich um Daten handelt, die für den Lieferanten einen Wert darstellen oder von ihm an einen Dritten herauszugeben sind. Dann kann beides erforderlich sein, die Übermittlung an den Dritten oder den gegebenenfalls seinerseits rückgabepflichtigen Verkäufer und das Löschen beim Käufer.

83 Das Löschen von Daten muss **unumkehrbar** sein. Gelöschte Daten dürfen nicht wiederhergestellt werden können. Dabei ist darauf zu achten, dass alle Kopien gelöscht werden, auch die in Sicherungsdateien.[84] Letzteres kann Probleme bereiten, wenn die Sicherung aus rechtlichen Gründen nicht manipulierbar sein darf, wie beispielsweise bei der Speicherung von Geschäftsvorfällen aus handels- oder steuerlichen Gründen. Nach § 239 Abs. 3 HGB muss bei der Führung der **Handelsbücher** der ursprüngliche Inhalt immer feststellbar sein. Hier sind die Grundsätze zur ordnungsgemäßen Führung und Aufbewahrung von Büchern, Aufzeichnungen und Unterlagen in elektronischer Form sowie zum Datenzugriff (GoBD) zu beachten.[85] Es ist auch darauf zu achten, dass die im Zugriffsbereich Dritter befindlichen Daten, beispielsweise bei Cloud-Service-Anbietern, gelöscht werden.

84 Müssen die Daten zurückgegeben werden, sind sie mangels abweichender Vereinbarung in dem **Format** und der **Struktur** zurückzugeben, in der sie der Rückgabeschuldner erhalten hat. Bei einer elektronischen Übertragung sind der gleiche Übertragungsweg und das gleiche Protokoll wie bei dem Empfang der Daten zu nutzen, anderenfalls die gleiche Art von Datenträger.

85 Die Löschung **personenbezogener Daten** bedarf einer datenschutzrechtlichen Rechtfertigung, entweder nach Art. 17 oder nach Art. 5 Abs. 1 lit. e DS-GVO. Wurden neben den Daten auch Berechtigungen[86] eingeräumt, sind auch diese – je nach ihrer Art – heraus- oder aufzugeben. Der Kaufvertrag sollte für den Fall des Rücktritts eine entsprechende Regelung, insbesondere die Löschung und gegebenenfalls auch die Aufgabe einer Berechtigung, deren Bestätigung durch den Käufer[87] sowie eine Vertragsstrafe für den Fall der Nichtbeachtung dieser Pflichten vorsehen.[88] Bei Bezug der Daten über eine Lieferkette, gilt Entsprechendes. Auch hier ist regelmäßig nicht damit zu rechnen, dass die Daten zurückgegeben werden müssen.

86 Ein besonderer Fall liegt vor, wenn die Daten zwar so, wie sie der Käufer erhalten hat, noch vorhanden sind, von ihm aber zusammen mit anderen Daten **inzwischen** so **verarbeitet** wurden, dass sie in einer veredelten oder aggregierten Form vorliegen. Dann ist § 346 Abs. 2 S. 1 Nr. 2 BGB entsprechend anzuwenden mit der Folge, dass der Käufer **Wertersatz** zu leisten hat.[89] Sollten die Daten über eine Lieferkette zum Endkunden gelangt sein, stellt sich das Problem, dass die Lieferanten nicht erkennen können, ob der Endkunde Wertersatz schuldet. Es besteht dann die Gefahr, dass der Verkäufer nicht nur Wertersatz vom Endkunden, sondern auch die volle Vergütung von seinem Lieferanten erhält. Lieferanten sollten daher in den Vertrag eine entsprechende Mitteilungspflicht ihres Abnehmers aufnehmen.

---

83 Redeker, IT-Recht, Rn. 392.

84 Simitis/Hornung/Spiecker gen. Döhmann/Dix DS-GVO Art. 17 Rn. 5 f.

85 Hopt/Merkt HGB § 239 Rn. 4.

86 ZB eine schuldrechtliche Lizenz oder eine datenschutzrechtliche Einwilligung, dazu Kloth MMR 2023, 333 (334).

87 Eine vergleichbare Problematik ergibt sich bei dem Vertrieb von gebrauchter Software hinsichtlich der Darlegungslast des Erwerbers, dass der Veräußerer die Software gelöscht hat; vgl. BGH 17.7.2013 – I ZR 129/08, CR 2014, 168 – UsedSoft II.

88 § 327p Abs. 1 S. 1 BGB sieht nur eine Unterlassungspflicht des Käufers vor; nach Erwgr. 72 der Richtlinie über bestimmte vertragsrechtliche Aspekte der Bereitstellung digitaler Inhalte und digitaler Dienstleistungen soll der Verbraucher die digitalen Inhalte löschen; s. auch BT-Drs. 19/27653, 73, dort wird allerdings von einer Pflicht „muss" gesprochen.

89 Vgl. hierzu auch § 327p Abs. 2 S. 2 Nr. 3 BGB, der eine Weiternutzung aggregierter Daten von dem grundsätzlichen Nutzungsverbot ausnimmt.

Zu überlegen ist bei der Unmöglichkeit der Rückgabe der gelieferten Daten die Herausgabe des **stellvertretenden Commodums** nach § 285 BGB. Hat beispielsweise der Rückgabeschuldner Gewichtungen für ein KI Modell erhalten, das er vor dem Entstehen des Rückgabeanspruchs weiter trainiert und in der Folge verändert hat, ist die Rückgabe der ursprünglichen Daten (sofern keine Sicherungskopie mehr besteht) nicht möglich. Nimmt man dann eine wirtschaftliche Identität zwischen den gelieferten Gewichtungen und den im Rahmen der Rückgabe lieferbaren an, sind die Voraussetzungen des § 285 BGB erfüllt.[90] Allerdings ist für den Einzelfall steht zu prüfen, ob die Herausgabe der modifizierten Daten nicht zu einer Überkompensation führt. **87**

10. Rückgriff in der Lieferkette

Beim Handel mit Sachen sehen die §§ 445a ff. BGB Regelungen zur Erleichterung des Regresses gegen Lieferanten vor. Voraussetzung für die Anwendbarkeit ist nach § 445a Abs. 1 BGB der Verkauf einer neu hergestellten Sache. Umstritten ist hierbei zunächst, ob die Rückgriffsregeln auch auf sonstige Gegenstände gem. § 453 Abs. 1 S. 1 BGB entsprechend anwendbar sind.[91] Dagegen spricht nicht, dass Daten nicht **neu hergestellt** sein können. Das können Sie im Rahmen der Erhebung neuer Daten oder durch Synthetisierung von Daten durch beispielsweise KI-Modelle. Fraglich ist, wann Daten nicht neu sind. Diese bereits im Rahmen der Inhaltskontrolle (→ Kap. 11 Rn. 385) angesprochene Frage ist hier ebenso wie dort zu beantworten. Maßgeblich ist der Regelungszweck der Norm. Das Abstellen auf neu hergestellte Sachen soll einen Qualitätswechsel der Sache in der Lieferkette von „neu hergestellt“ zu „gebraucht“ verhindern. Daher gilt § 445a BGB auch nicht, wenn ein Verkäufer die Sache mehr als unerheblich verändert,[92] mit Blick auf Daten also beispielsweise veredelt oder anderweitig aufbereitet. Die Gefahr einer Qualitätsänderung durch den Gebrauch besteht im Gegensatz zu Sachen bei Daten nicht. Während bei neu hergestellten Sachen die Typizität für eine weitestgehende Fehlerfreiheit spricht, ist bei gebrauchten Sachen deren Zustand unklar und auch bei einer Untersuchung oft nur schwer erkennbar. Für Daten gilt dies nicht. Im Ergebnis ist § 445a BGB daher gem. § 453 Abs. 1 S. 1 BGB auf alle Daten entsprechend anwendbar. **88**

Lieferanten müssen in diesem Zusammenhang beachten, dass sie die anfallenden **Kosten** des Rückgriffs gegen sie in Abhängigkeit von der Art und Länge der Lieferkette nur schwer prognostizieren können. Auch die verschuldensunabhängigen Regressansprüche, insbesondere aus § 439 Abs. 3 BGB, können einen erheblichen Umfang erreichen. Dementsprechend ist dem Lieferanten zu raten, die Verwendungstauglichkeit seiner Daten präzise zu beschreiben, den Einsatz für haftungsträchtige Zwecke so weit wie möglich auszuschließen und die allgemeinen Regressmöglichkeiten des Käufers zu beschränken. Wie stets ist jedoch auch hier auf die AGB-Kontrolle zu achten,[93] insbesondere, dass die Beschaffenheitsvereinbarung nicht zu einer verdeckten und in AGB regelmäßig unwirksamen Haftungsbeschränkung wird. **89**

Zu beachten ist auch die **Rückabwicklung** in der Lieferkette für den Fall, dass der Lieferant der Daten auf ihre Rückgabe besteht. Wenn der Lieferant die Daten ursprünglich nicht weitergegeben hatte, ist – sofern nicht bereits vereinbart – sein Vertrag mit dem Abnehmer so auszulegen, dass er die Daten auch nicht bei einer Rückabwicklung erhält. Anders kann es sein, wenn der Lieferant ausnahmsweise ein berechtigtes Interesse an der Erlangung der Daten hat. Ein solches Interesse kann vorliegen, wenn die Daten vom Lieferanten an einen Dritten herauszugeben sind. **90**

---

[90] Für eine nicht zu engherzige Bewertung der Identität MüKoBGB/Emmerich § 285 Rn. 24.
[91] Dafür BeckOK BGB/Faust § 445c Rn. 3, dagegen Erman/Grunewald BGB § 453 Rn. 3.
[92] BeckOK BGB/Faust § 445a Rn. 12.
[93] MüKoBGB/S. Lorenz § 445a Rn. 78 ff.

91 Der Rückgriff steht auch dem Unternehmer im Rahmen eines **Werkvertrages** zu, wenn er von einem Lieferanten bezogene Daten zur Erstellung eines Werks verwendet hat. Dabei kommt es nicht darauf an, ob dieses Vertragsverhältnis als Werklieferungsvertrag eingeordnet wird. Für den Regress ist allein ausschlaggebend, dass das letzte Glied in der Lieferkette ein Käufer ist. Wozu der Käufer den erworbenen Gegenstand verwendet, ist irrelevant.[94]

92 Ist der letzte Abnehmer in der Lieferkette ein **Verbraucher,** so kann auch eine Verletzung der Aktualisierungspflicht für Waren mit digitalen Elementen gem. § 475b Abs. 4 BGB einen Regressanspruch auslösen. Bei einer Bereitstellung digitaler Produkte nach den §§ 327 und 327a BGB verdrängt § 327u BGB gem. § 445c BGB die Regressregeln der §§ 445a und 445b BGB. Änderungen der gesetzlichen Rückgriffsrechte zum Nachteil des unternehmerischen Käufers sind nach § 327u Abs. 4 BGB nur nach Geltendmachung des Rückgriffsanspruch zulässig.

93 Mit Blick auf die weiterbestehende **Rügeobliegenheit** aus §§ 377, 381 Abs. 2 HGB ist der Lieferant gehalten, seinen Abnehmer zu verpflichten, Rügen ihm gegenüber so frühzeitig wie möglich zu äußern, damit er selbst gegenüber seinem Lieferanten rechtzeitig rügen kann.

11. Verjährung

94 Bis zur Annahme der Leistung als erfüllungstauglich gilt für die Leistungsansprüche die **allgemeine Verjährungsfrist** des § 195 BGB. Danach ist § 438 BGB gem. § 453 Abs. 1 S. 1 BGB entsprechend anzuwenden.

95 Für die Verjährung der Ansprüche aus § 437 BGB ergeben sich aus § 438 BGB keine Unterschiede zum Sachkauf. Nimmt man bei der Erzeugung von Daten, anders als hier vertreten, die Unanwendbarkeit von § 650 Abs. 1 BGB und damit Werkvertragsrecht an, weil Daten nicht als oder wie Sachen zu behandeln sind, so dass § 634a BGB gilt, verjähren Nacherfüllungsansprüche nach § 634a Abs. 1 Nr. 3 BGB grundsätzlich in der regelmäßigen Verjährungsfrist. Werden die Daten im Rahmen eines **Werkvertrages** für die Veränderung oder Wartung einer Sache verwendet, gilt die zweijährige Verjährungsfrist des § 634a Abs. 1 Nr. 1 BGB. Erfasst werden Fälle wie die Kalibrierung von Sensoren, das Aufspielen von Konfigurationsdateien für den Betrieb von Geräten, aber auch im Bereich der Softwarenutzung, wenn die Software neu parametrisiert wird.

96 Die fünfjährige Verjährungsfrist nach § 634a Abs. 1 Nr. 2 BGB könnte bei der Verwendung von Daten im Rahmen des **Building Information Modelling** (BIM) zum Tragen kommen. Dabei werden Daten zur Planung und zum Betrieb von Gebäuden genutzt.[95] Wirken sich die fehlerhaften Daten auf die Vertragsgemäßheit des Gebäudes aus, gilt die fünfjährige Frist, wenn die Daten für die Planung und Errichtung des Gebäudes relevant sind. Wirken sich die Daten auf den Betrieb aus, weil sie im Rahmen des BIM für einen digitalen Zwilling des Gebäudes genutzt werden, kommt es darauf, ob die Nutzung der Wartung dient, dann gilt § 634a Abs. 1 Nr. 1 oder dem Betrieb im Übrigen, dann gilt Nr. 3.

97 Die **längste Verjährungsfrist** steht dem Käufer nach § 438 Abs. 1 Nr. 1 BGB dann zu, wenn der Mangel in einem dinglichen Recht eines Dritten besteht, auf Grund dessen **Herausgabe** der Kaufsache verlangt werden kann. Da die Regelung beim Datenkauf nur entsprechend anzuwenden ist, stellt sich die Frage, ob auch die Herausgabeansprüche andere sein können als die, die typischerweise auf die Herausgabe einer Sache gerichtet sind. Da die Intention des Gesetzgebers bei der Schaffung der Norm war, dem Käufer die Regressmöglichkeit gegenüber dem Verkäufer so lange zu erhalten, wie er mit der Inanspruchnahme durch einen Dritten rechnen muss,[96] ist eine entsprechende Anwendung auf Ansprüche auf

[94] MüKoBGB/S. Lorenz § 445a Rn. 17.
[95] Dazu Reinholz/Kraushaar K&R 2020, 788.
[96] MüKoBGB/Maultzsch § 438 Rn. 10.

Herausgabe von Daten gerechtfertigt. Dagegen könnte sprechen, dass der Gesetzgeber bei dieser Regelung vor allem auf die Verjährungsfrist in § 197 Abs. 1 Nr. 2 BGB abgestellt hat. Dort sind nur dingliche Herausgabeansprüche angesprochen.[97] Für eine Anwendbarkeit spricht aber, dass sich in § 438 Abs. 1 Nr. 1 BGB kein Verweis auf die Verjährungsregelung des § 197 BGB findet, sondern nur die Nennung einer Frist. Bei einer entsprechenden Anwendung könnten dem dinglichen Herausgaberecht vergleichbare Ansprüche aus § 98 Abs. 3 UrhG,[98] Art. 15 Abs. 3 DS-GVO[99] oder aus § 13 GeschGehG[100] Maßstab für die Dauer der Verjährungsfrist sein.

Die Verjährung der Ansprüche aus der mit der Nacherfüllung verbundenen Pflichten **98** beginnt nach § 438 Abs. 2 BGB mit **Ablieferung** zu laufen. Üblicherweise bedeutet die Ablieferung beim Sachkauf zugleich die Annahme der Sache als erfüllungstauglich gem. § 363 BGB. Das führt jedoch zu dem bereits bei § 377 HGB erörterten Problem (→ Rn. 40). Wie auch bei § 377 HGB liegt die Lösung darin, die Zeitpunkte der Untersuchung der Erfüllungstauglichkeit nach § 363 BGB und der Mangelhaftigkeit aus § 377 HGB miteinander zu verknüpfen.

Beim **Werkvertrag** stellt sich dieses Problem nicht, weil die Abnahme als maßgeblicher **99** Zeitpunkt für die Beweislastumkehr erklärt werden muss und die Entgegennahme der geschuldeten Daten voraussetzt. Erst mit der Abnahme beginnt die Verjährung.[101]

12. Bereicherungsrecht

Ist eine Vermögensverschiebung ohne rechtfertigenden Grund erfolgt, kann der Entreicher- **100** te nach den Vorschriften über die ungerechtfertigte Bereicherung einen Ausgleich verlangen. Zentrale Vorschrift hierbei ist § 812 Abs. 1 BGB. Stellen Daten den Gegenstand der Vermögensverschiebung dar, stellt sich die Frage, was der Anspruchsgegner erlangt hat. Die Bestimmung des **Erlangten** ist wesentlich für die Beschreibung der vom Bereicherungsschuldner zu erbringenden Leistung.

Die herrschende Meinung lässt eine bloße Vermögensmehrung nicht genügen, sondern **101** verlangt grundsätzlich eine **gegenständliche Bereicherung.**[102] Diese liegt bei der Weitergabe von Daten nicht vor. Umstritten ist ein bereicherungsrechtlicher Anspruch unter der Annahme eines deliktischen Schutzes von Daten als **absolut geschützten Rechtsgut.**[103] Während die Annahme eines Zuweisungsgehaltes aus dem absoluten Schutz für einen Ausgleich nach den §§ 812 ff. BGB spricht, wird dagegen eingewandt, es würde für Daten über den Schutz nicht-rivaler Nutzungsmöglichkeiten ein gesetzlich nicht geregeltes **Immaterialgüterrecht** geschaffen.[104]

Denkbar ist auch eine Bereicherung über die Nutzungsmöglichkeit der Daten und die **102** damit verbundenen ersparten Aufwendungen.[105] Besteht die Bereicherung in der Erlangung einer Einwirkungsmöglichkeit auf eine **Blockchain,** wird vertreten, dass die technische Position das Erlangte darstellt.[106]

---

[97] MüKoBGB/Grothe § 197 Rn. 9.

[98] Mit einer maximalen Verjährungsfrist von zehn Jahren nach § 199 Abs. 3 BGB iVm § 102 UrhG; Wandtke/Bullinger/Bohne UrhG § 102 Rn. 6 f.

[99] Ansprüche aus der DS-GVO verjähren nicht, LG Bonn 19.12.2023 – 5 S 34/2, ZD 2024, 750; Simitis/Hornung/Spiecker gen. Döhmann/Dix DS-GVO Art. 15 Rn. 39. U.

[100] Harte-Bavendamm/Ohly/Kalbfus/Harte-Bavendamm GeschGehG § 13 Rn. 9; der Anspruch verjährt in sechs Jahren.

[101] MüKoBGB/Busche § 634a Rn. 44.

[102] BeckOK BGB/Wendehorst § 812 Rn. 54 ff.

[103] Riehm VersR 2019, 714 (721).

[104] Riehm VersR 2019, 714 (721).

[105] Im Einzelnen sehr streitig, vgl. Grüneberg/Retzlaff BGB § 812 Rn. 4 ff.

[106] Weiss NJW 2022, 1343 Rn. 22 f.; s. auch LG Hamburg 25.1.2024 – 310 O 368/21, BKR 2024, 485 Rn. 32.

103 Eine Anwendung von § 816 Abs. 1 BGB scheidet im Rechtsverkehr mit Daten insoweit aus, als die Weitergabe von Daten einen Realakt und keine Verfügung darstellt. Für eine **Verfügung** ist die Einwirkung auf ein Recht erforderlich. Das ist im Datenverkehr nicht ausgeschlossen, soweit man Rechtspositionen, die aus dem Data Act, dem Geschäftsgeheimnisgesetz oder auch der DS-GVO folgen, als Rechte einordnet. Allerdings verlangt § 816 Abs. 1 BGB, dass ein Nichtberechtigter über ein Recht verfügt und diese Verfügung dem Berechtigten gegenüber wirksam ist. Da, anders als im Eigentumsrecht, ein gutgläubiger Erwerb von Rechten, die im Zusammenhang mit Daten stehen, nicht möglich ist, wäre eine Anwendbarkeit der Norm nur bei nachträglicher Genehmigung des Berechtigten denkbar.[107]

13. Beweislast

104 Grundsätzlich hat der Schuldner die Erfüllung seiner Leistungspflicht zu beweisen. Eine Beweislastumkehr gilt nach § 363 BGB dann, wenn der Gläubiger eine ihm als Erfüllung angebotene Leistung als Erfüllung angenommen hat. Beim **Kaufvertrag** ist dies regelmäßig mit der Entgegennahme des Kaufgegenstandes, beim **Werkvertrag** mit der Abnahme[108] der Fall.

105 Sinnvoll ist diese Regel jedoch nur, wenn der Gläubiger bei der Annahme überhaupt erkennen kann, ob die Leistung **erfüllungstauglich** ist. Das ist bei der Übermittlung von Daten regelmäßig nicht der Fall. Der Tatbestand des § 363 BGB setzt daher für Daten voraus, dass der Gläubiger Gelegenheit zur Prüfung der Leistung hatte.[109]

106 Greift die Beweislastumkehr nach § 363 BGB ein, hat der Erwerber zur Geltendmachung von Nacherfüllungsansprüchen nachzuweisen, dass die Leistung im Zeitpunkt des Gefahrübergangs[110] mangelhaft war. Besteht für den Datenempfänger eine **Rügeobliegenheit** nach § 377 HGB und behauptet der Datenlieferant, dass die Rügeobliegenheit nicht wahrgenommen wurde, trägt der Empfänger die Beweislast dafür, dass ein geltend gemachter Mangel bei ordnungsgemäßer Untersuchung nicht hätte entdeckt werden können oder, dass die Rüge bei später entdeckten Mängeln rechtzeitig erfolgte.[111] Bis zum Ende der dem Datenempfänger zustehenden Rügefrist, trägt der Verkäufer die Beweislast, dass geltend gemachte Mängel nicht bereits bei Gefahrübergang vorlagen.[112]

107 Die Beweisführung kann bei Daten problematisch sein, weil digitale Inhalte oft **manipulierbar,** dh ohne technische Sicherungsmaßnahmen leicht zu verändern sind. So kann bereits Streit darüber bestehen, ob die als mangelhaft gerügten Daten überhaupt vom Datenlieferanten stammen. Die Regelung des § 363 BGB hilft hier nicht weiter, weil sie voraussetzt, dass die als Erfüllung angenommenen Daten feststehen. Erklärt der Datenlieferant auf die Mängelrüge des Datenempfängers, die gerügten Daten stammen nicht oder nicht so von ihm, trägt er die Beweislast für den Gegenstand seiner Lieferung.[113] Da die Annahme als erfüllungstauglich ein für den Lieferanten günstiger Umstand ist, hat er den Nachweis zu erbringen, welche Daten von der Annahme erfasst sind und, dass der Gläubiger sie als erfüllungstauglich angenommen hat.[114] Steht fest, welche Daten der Datenempfänger als erfüllungstauglich angenommen hat, muss dieser sodann die Mangelhaftigkeit der Daten beweisen. Dass sich die Rüge des Erwerbers auf die vom Lieferanten tatsächlich überlassenen Daten bezieht, kann niederschwellig durch das Volumen der Daten oder über Prüfsummen nachgewiesen werden. Belastbarer ist die Verknüpfung der Daten mit einem ihre Eigenart

[107] Dazu Grüneberg/Retzlaff BGB § 816 Rn. 7.
[108] BeckOK BGB/Voit § 640 Rn. 2.
[109] Vgl. für andere immaterielle Güter MüKoBGB/Fetzer § 363 Rn. 5; OLG Nürnberg 14.7.1994 – 8 U 2851/93, CR 1995, 343.
[110] Es ist auf den fiktiven Gefahrübergang abzustellen, BeckOK BGB/Faust § 434 Rn. 24.
[111] BeckOK HGB/Schwartze § 377 Rn. 85.
[112] MüKoHGB/Grunewald § 377 Rn. 148.
[113] MüKoBGB/Fetzer § 363 Rn. 1.
[114] BeckOK BGB/Dennhardt § 363 Rn. 6.

kennzeichnenden Hash-Wert, der – möglichst qualifiziert – **elektronisch signiert** und damit vor einer Manipulation hinreichend geschützt ist.[115]

II. Leistungsstörungen – Mängelgewährleistungsrecht bei Miete, Leihe, Leasing, Pacht Erfüllung

Siehe zu diesem Themenkomplex auch
- Überlassung auf Zeit → Kap. 11 Rn. 122
- Klauselkontrolle → Kap. 11 Rn. 311

1. Miet- und Pachtrecht

a) Grundsätze

Das **Mängelgewährleistungsrecht** richtet sich bei der Datenmiete und bei der Datenpacht im Grundsatz nach den §§ 536 ff. BGB.[116] Ein Mangel hat hiernach eine Mietminderung zur Folge (§ 536 Abs. 1 BGB). **108**

Ob Daten mangelhaft sind, folgt in der Regel aus dem **Vereinbarten.**[117] Ein Mangel ist eine für den Mieter nachteilige Abweichung des tatsächlichen Zustands der Mietsache vom vertraglich vorausgesetzten.[118] Die Parteien müssen die **Datenqualität** vor dem Hintergrund, dass dies über die Anwendbarkeit des Mangelgewährleistungsrecht entscheidet, möglichst sorgfältig regeln. Hierzu sei auf → Kap. 11 Rn. 71 verwiesen. Im Anwendungsbericht des Data Acts ist Art. 13 Abs. 4 lit. c DA zu berücksichtigen, wonach eine Klausel als missbräuchlich gilt, wenn die Partei, die die Klausel einseitig auferlegt hat, sich ein Recht einräumt, ausschließlich darüber zu bestimmten, ob die gelieferten Daten vertragsgemäß sind. Auch grundsätzlich dürften solche Regelungen jedenfalls nach AGB-Recht problematisch sein. **109**

Ist ein Mangel iSd § 536a Abs. 1 BGB **bei Vertragsschluss** vorhanden **oder** entsteht ein solcher Mangel **später** wegen eines Umstands, den der Vermieter zu vertreten hat, oder kommt der Vermieter mit der Beseitigung eines Mangels in Verzug, so kann der Mieter zudem Schadensersatz verlangen. Die vorgenannten Rechte stehen dem Mieter nicht zu, wenn er Kenntnis von dem Mangel hatte (§ 536b BGB). Den Mieter trifft eine Pflicht zur Mängelanzeige (§ 536c Abs. 1 BGB). **110**

b) Abdingbarkeit

Im Umkehrschluss zu § 536 Abs. 4 BGB ist das **Mietminderungsrecht** grundsätzlich **abdingbar.** Unter Umständen ist es für beide Seiten angemessen, dem Vermieter ein Nachbesserungsrecht einzuräumen anstatt einer automatisch Mietminderung (auch wenn den Mieter eine Pflicht zur Mangelanzeige trifft). **111**

Die **Schadensersatzpflicht** nach § 536a Abs. 2 BGB ist grundsätzlich **abdingbar.** Abweichende **individualvertragliche** Abreden sind in den Grenzen der §§ 536d, 138, 242 BGB zulässig.[119] **112**

[115] Dazu MüKoBGB/Einsele § 126a Rn. 9 f.; Frey GRUR-Prax 2024, 60.
[116] Vgl. § 581 Abs. 2 BGB.
[117] Imhof CR 2023, 565 (569 f.) zum Erwerb von Daten.
[118] Grüneberg/Weidenkaff BGB § 536 Rn. 16.
[119] Grüneberg/Weidenkaff BGB § 536a Rn. 7; BeckOK BGB/Wiederhold § 536a Rn. 48; BeckOGK/Bieder BGB § 536a Rn. 55.

113 Hinsichtlich der Abdingbarkeit in **AGB** bieten die Grundsätze zur Wohnraummiete und Gewerberaummiete Orientierung (letzteres für das Verhältnis zwischen zwei Unternehmern).[120] Hiernach kann die verschuldensunabhängige Garantiehaftung des Vermieters nach § 536a Abs. 1 Var. 1 BGB für anfängliche Mängel grundsätzlich abbedungen werden.[121] Für die Gewerberaummiete ist der Haftungsausschluss in AGB für die verschuldensabhängige Haftung nach § 536a Abs. 1 Var. 2 BGB zudem ebenfalls anerkannt, wobei sich die Reichweite des Haftungsausschlusses mit der gebotenen Klarheit ergeben muss.[122]

114 Allerdings gelten für sämtliche Haftungsausschlüsse die aus dem **AGB-Recht** folgenden Grenzen. § 307 Nr. 7 lit. a BGB verbietet eine formularmäßige Haftungsbeschränkung gegenüber Verbrauchern für Schäden aus der Verletzung von Leben, Körper oder Gesundheit, die auf einer fahrlässigen Pflichtverletzung beruhen.[123] Weitere Grenzen formularmäßiger Haftungsfreizeichnungen ergeben sich aus § 309 Nr. 7 lit. b BGB für Schäden, die auf grober Fahrlässigkeit beruhen.[124] § 307 Nr. 7 BGB entfaltet auch im unternehmerischen Verkehr Indizwirkung.[125]

115 Eine Begrenzung der **Haftung für einfache Fahrlässigkeit** bei Wohnraummietverhältnissen ist unwirksam, da eine solche Regelung wesentliche Vertragspflichten (Kardinalpflicht) aushöhlt.[126] Die Pflicht des Vermieters, die Mietsache in einem zum vertragsgemäßen Gebrauch geeigneten Zustand zu erhalten, ist eine solche wesentliche Vertragspflicht des Mietvertrages.[127] Der Ausschluss der Haftung des Vermieters für Schäden durch Mängel der Mietsache, die der Vermieter fahrlässig zu vertreten hat, schränkt die Instandhaltungspflicht des Vermieters zum Nachteil des Mieters nicht unerheblich ein.[128]

116 Bei der **Gewerberaummiete** wird ganz überwiegend eine Beschränkung der Vermieterhaftung für Fälle der leichten Fahrlässigkeit als zulässig erachtet.[129] Hier ist also eine Beschränkung der Haftung für nicht vorsätzlich oder grob fahrlässig vom Vermieter verursachte Sachschäden formularmäßig möglich.[130]

117 Unabhängig vom Vertragsgegenstand stellt jedenfalls ein **vollständiger Haftungs- und Gewährleistungsausschluss** durch den Vermieter, selbst wenn er dem Mieter ein Nachbesserungsrecht einräumt, keinen ausgewogenen Interessenausgleich dar und ist deshalb wegen eines Verstoßes gegen § 307 Abs. 1 BGB **unwirksam.**[131] Auch eine formularmäßige Abdingbarkeit der Ansprüche des Mieters nach Abs. 2 ist wegen § 307 Abs. 2 Nr. 1 BGB unwirksam.[132]

118 Im Anwendungsbereich des **Data Acts** (zur Klauselkontrolle ausführlich → Kap. 11 Rn. 431) sind aber weitere Grenzen der Abdingbarkeit zu berücksichtigen. Nach Art. 13 Abs. 4 der DA gilt eine Vertragsklausel als missbräuchlich, wenn sie

- die Haftung der Partei, die die Klausel einseitig auferlegt hat, für vorsätzliche oder grob fahrlässige Handlungen ausschließt oder beschränkt (lit. a),
- Rechtsbehelfe ausschließt, die der Partei, der die Klausel einseitig auferlegt wurde, bei Nichterfüllung von Vertragspflichten zur Verfügung stehen (lit. b),

---

120 S. dazu BeckOK BGB/Wiederhold § 536a Rn. 48.
121 BeckOK BGB/Wiederhold § 536a Rn. 48; BeckOGK/Bieder BGB § 536a Rn. 56.
122 BGH 3.7.2002 – XII ZR 327/00, NJW 2002, 3232; BeckOK BGB/Wiederhold § 536a Rn. 49; BeckOGK/Bieder BGB § 536a Rn. 56.
123 Vgl. für die Gewerberaummiete BeckOK BGB/Wiederhold § 536a Rn. 48.
124 BGH 15.11.2006 – VIII ZR 3/06, NJW 2007, 674; OLG Hamm 10.2.2005 – 28 U 147/04, NJW-RR 2005, 1220.
125 BeckOK BGB/Becker § 309 Nr. 7 Rn. 46.
126 BGH 24.10.2001 – VIII ARZ 1/01, NJW 2002, 673.
127 BGH 24.10.2001 – VIII ARZ 1/01, NJW 2002, 673.
128 BGH 24.10.2001 – VIII ARZ 1/01, NJW 2002, 673.
129 OLG Frankfurt a. M. 19.3.2008 – 4 U 167/05, BeckRS 2008, 7166 Rn. 68; BeckOGK/Bieder BGB § 536a Rn. 56.
130 BeckOK BGB/Wiederhold § 536a Rn. 48.
131 BeckOGK/Bieder BGB § 536a Rn. 56.
132 BeckOK BGB/Wiederhold § 536a Rn. 48 mwN.

– die Haftung der Partei ausschließt, die die Klausel einseitig auferlegt hat, bei einer Verletzung dieser Pflichten (lit. b).

Ferner gilt nach Art. 13 Abs. 5 lit. a DA eine Vertragsklausel als **missbräuchlich,** wenn sie **119**
bezweckt oder bewirkt, dass

– Rechtsmittel bei Nichterfüllung von Vertragspflichten unangemessen beschränkt werden,
– die Haftung bei einer Verletzung dieser Pflichten unangemessen beschränkt wird oder
– die Haftung des Unternehmens, dem die Klausel einseitig auferlegt wurde, erweitert wird.

Während Art. 13 Abs. 5 lit. a DA das Korrektiv der Unangemessenheit enthält, sieht **120**
Art. 13 Abs. 4 DA keine solches Korrektiv vor. Vereinbaren die Parteien eine Datenmiete, steht dem Mieter grundsätzlich das automatische Minderungsrecht und die verschuldensunabhängige Haftung für Mängel vor Vertragsschluss „zur Verfügung". Aus diesem Grund und mangels Rechtsprechung sollte daher von dem Ausschluss von Rechten nur zurückhaltend Gebrauch gemacht werden. In **Anwendungsbereich des Data Acts** erscheint es daher vorzugswürdig, der automatischen Mietminderung durch die Ausgestaltung der Anzeige von Mängeln und der verschuldensunabhängigen Haftung für Mängel durch Beschaffenheitsvereinbarungen entgegenzuwirken.[133]

2. Datenleihe

Der Verleiher hat nur **Vorsatz und grobe Fahrlässigkeit** zu vertreten, vgl. § 599 BGB. **121**
Verschweigt der Verleiher arglistig einen Mangel im Recht oder einen Fehler der verliehenen Daten, so ist er verpflichtet, dem Entleiher den daraus entstehenden Schaden zu ersetzen, vgl. § 600 BGB.

Die Vereinbarung einer Datenleihe mit der vorgenannten Beschränkung der Haftung **122**
erscheint auch im Anwendungsbereich des **Data Acts** trotz der Regelungen zur Klauselkontrolle nach Art. 13 DA möglich. Die Haftung für Vorsatz und grobe Fahrlässigkeit bleibt unbeschränkt, Art. 13 Abs. 4 lit. a DA. Ferner sind die nur eingeschränkten Rechtsbehelfe bei der Leihe Ausdruck einer gesetzgeberischen Entscheidung, da der Entleiher die Sache unentgeltlich zum Gebrauch überlässt, ohne dafür ein Entgelt zu verlangen. Aus diesem Grund greifen auch die sonstigen Tatbestände des Art. 13 Abs. 4 und 5 DA, die Rechtsbehelfe und Haftung betreffen (→ Rn. 11), nicht ein.

3. Datenleasing

Typisch für den **Leasingvertrag** ist insofern, die Instandhaltungspflicht nach § 535 Abs. 1 **123**
S. 1 BGB sowie das Mängelgewährleistungsrecht (§§ 536–536b BGB) ausgeschlossen sind und dies durch die (unbedingt und vorbehaltslose) Abtretung der Ansprüche und Rechte des Leasinggebers gegen den Lieferanten ersetzt wird (→ Kap. 11 Rn. 187).

Im Anwendungsbereich des **Data Acts** erscheint dies vor dem Hintergrund des Art. 13 **124**
DA problematisch. Sowohl Art. 13 Abs. 4 lit. a und b DA als auch Art. 13 Abs. 5 lit. a DA stehen einem solchen Ausschluss grundsätzlich entgegen. Zwar lässt sich argumentieren, dass der Datenleasingnehmer im Gegenzug die Mängelgewährleistungsrechte des Leasinggebers abgetreten enthält. Während der Art. 13 Abs. 5 lit. a DA mit dem Korrektiv der Unangemessenheit Raum lässt, Rechtsbehelfe und die Haftung des Leasinggebers zu beschränken, existiert ein solches Korrektiv nicht bei vorsätzlichen oder grob fahrlässigen Handlungen des Leasinggebers (wobei dieses auch nach § 309 Nr. 7 lit. b BGB nicht ausgeschlossen werden kann) und bei einem Ausschluss von Rechtsbehelfen des Leasingnehmers bei der Nichterfüllung des Vertrages. Um diesem Problem zu begegnen, sollten Rechtsbehelfe des

[133] Zu sog. „as-is"-Klauseln Bomhard/Merkle RDi 2022, 168 (173); Wiebe GRUR 2023, 1569 (1575); Wiebe CR 2023, 777 (781).

Leasingnehmers und die Haftung des Lizenzgebers nur in der Weise beschränkt werden, dass der Leasingnehmer zunächst aus abgetretenem Recht gegen den Lieferanten vorgeht, aber subsidiär auch gegen den Leasinggeber vorgehen kann, falls ein Vorgehen gegen den Lieferanten unzumutbar oder unmöglich ist.

III. Datenschutz

Siehe zu diesem Themenkomplex auch
- Verkehrsfähigkeit von Daten/Datenschutz → Kap. 10 Rn. 73 ff.
- Erbrecht → Kap. 10 Rn. 507
- Deliktische Haftung → Kap. 14 Rn. 130
- Datenschutz und Informationssicherheit → Kap. 17 Rn. 1 ff.
- Vernichtung/Löschung → Kap. 20 Rn. 1 ff.

125 Das Datenschutzrecht stellt nicht selten eine schwierig zu umschiffende Klippe bei der Durchführung von **Datenanalysen** dar. Weil moderne Geschäftsmodelle häufig aber gerade auf einer neuartigen Generierung, Aufbereitung und Analyse von Daten beruhen, ist eine datenschutzkonforme Ausgestaltung solcher Datenanalysen besonders fundamental. Beispielhaft wäre hier zB an das **Behavioural Advertising, Predictive Maintenance** oder auch **Echtzeit-Routenplanung** zu denken.

1. Rechtsgrundlagen für Datenanalysen

126 Je nach Zweck, Analyseszenario und betroffenem Datenbestand kommen als **Rechtsgrundlage für Datenanalysen** und -aufbereitungen unterschiedliche Rechtfertigungstatbestände in Betracht. In der Praxis wird häufig in Ermangelung anderer Gestattungen die **Interessenabwägung** nach Art. 6 Abs. 1 lit. f DS-GVO herangezogen werden müssen. Auch die **Vertragsdurchführung** nach Art. 6 Abs. 1 lit. b DS-GVO kommt in bestimmten Konstellationen Betracht; in selteneren Fällen mag eine Datenanalyse sogar der **Erfüllung einer rechtlichen Verpflichtung** dienen, Art. 6 Abs. 1 lit. c DS-GVO. Rechtssicherer ist es zumeist, eine **Einwilligung der betroffenen Personen** einzuholen und die Verarbeitung auf Art. 6 Abs. 1 lit. a DS-GVO zu stützen

a) Interessenabwägung, Art. 6 Abs. 1 lit. f DS-GVO

127 Nach Art. 6 Abs. 1 lit. f DS-GVO ist die Verarbeitung personenbezogener Daten rechtmäßig, vorausgesetzt die Verarbeitung ist zur **Wahrung der berechtigten Interessen** des Verantwortlichen oder eines Dritten erforderlich, sofern nicht die Interessen oder Grundrechte und Grundfreiheiten der betroffenen Person, die den Schutz personenbezogener Daten erfordern, überwiegen.

128 Daraus lassen sich drei Voraussetzungen für die Zulässigkeit von Datenanalysen nach Art. 6 Abs. 1 lit. f DS-GVO ableiten[134]:
- Zunächst muss ein **berechtigtes Interesse** des Verantwortlichen/eines Dritten an der Datenanalyse bestehen.
- Die Datenverarbeitung muss **erforderlich** zur Wahrung des berechtigten Interesses sein.
- Im Rahmen einer **Interessenabwägung** dürfen die Interessen oder Grundrechte und Grundfreiheiten der betroffenen Person, welche der Datenverarbeitung entgegenstehen,

---

[134] EuGH 4.7.2023 – C-252/21, GRUR 2023, 1131 Rn. 106; Ehmann/Selmayr/Heberlein DS-GVO Art. 6 Rn. 40.

nicht das berechtigte Interesse des Verantwortlichen/Dritten an der Verarbeitung überwiegen.

aa) Berechtigtes Interesse. Nach dem Verständnis der Art. 29 Datenschutzgruppe zu Art. 7 lit. f der Datenschutz-Richtlinie, liegt ein **berechtigtes Interesse** im Sinne der Norm vor, wenn dieses rechtmäßig, hinreichend präzise und nicht nur spekulativ ist, sondern real verfolgt wird[135]. Art. 6 Abs. 1 lit. f DS-GVO ist zwar vom Wortlaut nicht vollkommen identisch mit Art. 7 lit. f der Datenschutz-Richtlinie. Da das grundlegende Konzept der beiden Rechtsgrundlagen im Wesentlichen dasselbe ist, lassen sich die Aussagen der Art. 29 Datenschutzgruppe aber auch zur Auslegung von Art. 6 Abs. 1 lit. f DS-GVO heranziehen – zumal der EDSA zu Art. 6 Abs. 1 lit. f DS-GVO bisher noch keine direkte Stellungname oder Richtlinie veröffentlich hat. 129

Berechtigte Interessen können daher breit gefächert sein und rechtlicher, wirtschaftlicher oder ideeller Natur sein[136]. Entscheidend ist, dass sie nicht gegen die Rechtsordnung eines Mitgliedstaates oder gegen Unionsrecht verstoßen und tatsächlich verfolgt werden, anstatt nur als Vorwand zu dienen. Dass **wirtschaftliche Interessen** berechtigt sind, ergibt sich zudem unmittelbar aus S. 7 von Erwgr. 47 zur DS-GVO und wurde vom EuGH unlängst ausdrücklich bestätigt[137]. 130

Unternehmen haben generell ein berechtigtes wirtschaftliches Interesse daran, ihre Kundendaten dahingehend zu analysieren, welche Kunden mit welchen Attributen statistisch betrachtet am geneigtesten sind, ein bestimmtes Produkt zu erwerben, um mit diesen Informationen ihren Kunden entsprechende **Online-Werbung** auszuspielen[138]. Durch die Abstimmung der beworbenen Produkte auf die prognostizierten Interessen und Bedürfnisse eines jeweiligen Kunden erhöhen die Unternehmen die Wirksamkeit ihrer Werbeausspielung und die Kunden bekommen zugleich in der Regel relevante Werbung, die sie potenziell interessieren könnte. Dieses Interesse der Unternehmen wird explizit in Erwgr. 47 S. 7 zur DS-GVO mit der Erwähnung von **Direktwerbung** als berechtigtem Interesse anerkannt. Zugleich ist dieses Interesse auch durch Art. 16 der Europäischen Grundrechte-Charta („GRCh“) geschützt, dessen Schutzbereich die wirtschaftliche Betätigungsfreiheit von Unternehmen in allen ihren Ausprägungen erfasst[139]. Hierzu gehört auch die Bewerbung ihrer Produkte[140] und die dafür erstellten **Produktaffinitäten.** 131

bb) Erforderlichkeit. Zur Sicherstellung der **Erforderlichkeit** der Datenverarbeitung für die entsprechende Zweckerreichung ist maßgeblich, dass kein weniger in die Rechte und Freiheiten der betroffenen Person eingreifendes, zumutbares Mittel zur Verfügung steht, welches den Zweck genauso effektiv verwirklichen würde[141]. 132

Interessant und äußerst praxisrelevant ist insoweit die Feststellung des OLG Köln, dass im Rahmen der Erforderlichkeitsprüfung im Zusammenhang mit der Nutzung eines Gesamtdatensatzes für Zwecke des **KI-Trainings** nicht jeder **einzelne Datenpunkt** hinterfragt werden müsse[142]. Es bestehe demnach keine Pflicht, die Erforderlichkeit 133

[135] Art. 29 Datenschutzgruppe, Stellungnahme 06/2014 zum Begriff des berechtigten Interesses des für die Verarbeitung Verantwortlichen gemäß Artikel 7 der Richtlinie 95/46/EG, WP 217, angenommen 9.4.2014, S. 32.
[136] Gola/Heckmann/Schulz DS-GVO Art. 6 Rn. 61.
[137] EuGH 4.10.2024 – C-621/22, ECLI:EU:C:2024:857 Rn. 57 – Koninklijke Nederlandse Lawn Tennisbond.
[138] Vgl. EuGH 4.7.2023 – C-252/21 GRUR 2023, 1131 Rn. 115.
[139] Calliess/Ruffert/Ruffert, 6. Aufl. 2022, EU-GRCharta Art. 16 Rn. 1.
[140] EuGH 4.5.2016 – C-477/14, BeckRS 2016, 80848 Rn. 156.
[141] EuGH 4.7.2023 – C-252/21, GRUR 2023, 1131 Rn. 108; Art. 29 Datenschutzgruppe, Stellungnahme 06/2014 zum Begriff des berechtigten Interesses des für die Verarbeitung Verantwortlichen gemäß Artikel 7 der Richtlinie 95/46/EG, WP 217, angenommen 9.4.2014, S. 37.
[142] OLG Köln 23.5.2025 – 15 UKl 2/25, GRUR-RS 2025, 10988 Rn. 59.

jedes einzelnen Datenpunktes zu belegen. Das Gerichts stützt diese Schlussfolgerung ua darauf, dass einem **Einzeldatum** kaum je ein messbarer Einfluss zukomme. Für die in Rede stehende Verwendung als Trainingsmaterial eines LLMs ist dies nachvollziehbar und verdient Zustimmung. Die Position dürfte jedoch nur mit äußerster Vorsicht auf andere Konstellationen eines KI-Trainings oder von Datenanalysen generell übertragen werden, in denen sehr selektiv nur ganz bestimmte Parameter verwendet werden; dort sollte aus Gründen der Vorsicht weiterhin eine Erforderlichkeitsprüfung auf **Einzeldatenebene** vorgenommen werden. Das Fehlen einer Signifikanz für das Ergebnis würde dann dafür sprechen, dass das Datum für das Training bzw. die Analyse nicht erforderlich ist und weggelassen werden sollte.

134 **cc) Interessenabwägung.** Für die **Interessenabwägung** muss zunächst klar sein, welche Interessen bzw. Grundrechte und Grundfreiheiten auf Seite der betroffenen Person zu berücksichtigen sind. Dabei muss das Interesse der betroffenen Person nach dem Wortlaut nicht einmal „berechtigt" sein, was für ein noch größeres Spektrum an geschützten Interessen spricht. Die Interessen und Rechte von Verantwortlichem/Dritten und betroffener Person müssen daraufhin gewichtet werden, wobei die Gewichtung wiederrum im Einzelfall anhand der konkreten Umstände des Falles vorzunehmen ist[143]. Wichtige Faktoren bei der Gewichtung und Abwägung sind vor allem die **vernünftige Erwartungshaltung** der betroffenen Person im Hinblick auf den Umgang mit ihren Daten (vgl. Erwgr. 47 S. 1 Hs. 2 zur DS-GVO), was eng im Zusammenhang mit der Beziehung der betroffenen Person zum Verantwortlichen steht (vgl. Erwgr. 47 S. 2 zur DS-GVO), und die potenziellen Folgen der Verarbeitung für die betroffene Person sowie die Eintrittswahrscheinlichkeit dieser Folgen[144]. Für letzteren Punkt ist wiederum von Bedeutung, welche Sensibilität die Daten haben (zB Art. 9 Abs. 1 DS-GVO Daten), in welcher Art und Weise diese verarbeitet werden (zB im Rahmen von Profiling) und wie viele Daten verarbeitet werden. Gleichzeitig können auch Maßnahmen zur Abmilderung von Risiken für die betroffene Person einen relevanten Faktor in der Gewichtung und Abwägung darstellen, wie zB das Einschränken der Menge an verarbeiteten Daten, die überobligatorische Bereitstellung von Informationen über die Datenverarbeitung zur Schaffung besonderer Transparenz und das Nutzen von effektiven technischen und organisatorischen Maßnahmen wie der Pseudonymisierung oder Verschlüsselung[145].

135 Was die vernünftige Erwartungshaltung der betroffenen Person anbelangt, so ist zu bewerten, ob für die betroffene Person zum Zeitpunkt der Datenerhebung in Anbetracht der konkreten Umstände eine spätere Verarbeitung zu dem bestimmten Zweck **vernünftigerweise absehbar** war (vgl. Erwgr. 47 S. 3 zur DS-GVO). Anzulegen ist hierbei ein subjektiv-objektiver Maßstab, der auf die Umstände des Einzelfalls abstellt, dabei jedoch berücksichtigt, was in dieser Situation objektiv vernünftigerweise erwartbar ist[146]. Vernünftigerweise zu erwarten bzw. absehbar dürfte daher zB eine Verarbeitung von Kundendaten sein, wenn diese in der entsprechenden Branche üblich ist[147].

136 Ganz generell wird ein durchschnittlicher Kunde, welcher entweder in einer **dauerhaften Geschäfts- oder Vertragsbeziehung** mit einem Unternehmen steht oder zumindest

[143] EuGH 4.7.2023 – C-252/21 GRUR 2023, 1131 Rn. 106; 4.5.2017 – C-13/16, BeckRS 2017, 108615 Rn. 31.

[144] Art. 29 Datenschutzgruppe, Stellungnahme 06/2014 zum Begriff des berechtigten Interesses des für die Verarbeitung Verantwortlichen gemäß Artikel 7 der Richtlinie 95/46/EG, WP 217, angenommen 9.4.2014, S. 47.

[145] Art. 29 Datenschutzgruppe, Stellungnahme 06/2014 zum Begriff des berechtigten Interesses des für die Verarbeitung Verantwortlichen gemäß Artikel 7 der Richtlinie 95/46/EG, WP 217, angenommen 9.4.2014, S. 53–54.

[146] DSK, Orientierungshilfe der Aufsichtsbehörden zur Verarbeitung von personenbezogenen Daten für Zwecke der Direktwerbung, Februar 2022, S. 4; Gola/Heckmann/Schulz DS-GVO Art. 6 Rn. 67.

[147] BeckOK DatenschutzR/Albers/Veit, 42. Ed. 1.11.2021, DS-GVO Art. 6 Rn. 72.

mehrfach in der Vergangenheit Geschäftsabschlüsse getätigt hat, sowohl zum Zeitpunkt der Datenerhebung im Rahmen der jeweiligen Vertragsabschlüsse (insbes. Stammdaten), als auch bei der Datenerhebung im Rahmen der Vertragsdurchführung (zB Berechnung von Verbräuchen, Dokumentation von Dienstnutzungen, etc) vernünftigerweise absehen können, dass das Unternehmen seine Daten grundsätzlich auch nutzen kann und wird, um Analysen vorzunehmen, die etwa darauf abzielen, ihm weitere Produkte anzubieten oder die bezogenen Produkte zu verbessern. Das Nutzen von bereits verfügbaren Daten innerhalb eines Vertragsverhältnisses, um **Zielgruppen zu analysieren** und Werbung möglichst zielgenau auszuspielen, ist in einer von Wettbewerb geprägten Marktwirtschaft üblich und erwartbar – insbesondere bei **datengetriebenen Geschäftsmodellen.** Dass ein Unternehmen Kundendaten für die vorgenannten Analysezwecke in einem gewissen Umfang nutzt, entspricht daher im Grundsatz der vernünftigen Erwartungshaltung eines durchschnittlichen Kunden.

Auf Seiten der Kunden kann der Verarbeitung ihrer personenbezogenen Daten im **137**
Rahmen von Datenanalysen jedoch entgegenstehen, dass durch die zusätzliche Verarbeitung (zumal wenn sie mit Übermittlungen an weitere Stellen einhergeht), das **Risiko von Datenschutzverletzungen** erhöht wird. Auch kann ein Interesse der Kunden daran bestehen, dass ihre Daten nicht zu (internen) **Marktforschungszwecken** benutzt werden und nicht durch Anwendung der Modelle auf ihren Datensatz Abschlusswahrscheinlichkeiten für verschiedene Produkte bezogen auf sie generiert werden. Auch diese Interessen sind grundrechtlich durch Art. 7 und Art. 8 GRCh geschützt. Denn ein Eingriff in den Schutzbereich von Art. 8 GRCh liegt bereits in der Verarbeitung personenbezogener Daten, unabhängig davon, ob diese zu einem Nachteil führt[148]. Andererseits ist auch zu berücksichtigen, dass die Datenverarbeitung mit dem Ziel relevante Werbung für den einzelnen Kunden auszuspielen auch im Interesse eines Kunden sein kann[149]: Wer nicht grundsätzlich gegenüber der Ausspielung von Werbung abgeneigt ist, hat jedenfalls einen Mehrwert von und damit ein Interesse an gezielter Werbung.

Auch Ursprung, Natur und vor allem die **Sensibilität** der personenbezogenen Daten **138**
haben einen Einfluss darauf, ob eine Datenverarbeitung vernünftigerweise erwartet werden kann oder nicht. Beispielsweise kann eine Einbeziehung von Daten aus **Drittquellen** in eine Datenanalyse objektiv unerwartet sein oder von Daten, welche in keinem erkennbaren Sachzusammenhang zum Verarbeitungszweck stehen. Das gleiche gilt für besonders intime Daten, deren Verwendung man ohne Einwilligung zu rein kommerziellen Zwecken nicht erwarten würde.

Die Erwartungshaltung kann insbesondere auch nach **Datenkategorien** variieren: Dass **139**
zB bei einer Bedarfsanalyse des Kunden Daten über Alter, Familienstand, Berufsgruppe und dem bereits erfolgten Erwerb bestimmter Produkte sowie deren Nutzung einbezogen werden, ist nicht überraschend und prinzipiell absehbar.

Zu einem Überwiegen der Rechte und Freiheiten der betroffenen Personen kann es **140**
insbesondere kommen, wo **Produktaffinitäten** anhand bestimmter persönlicher Aspekte analysiert und anschließend prognostiziert werden sollen. Denn hierin liegt nach Ansicht der Aufsichtsbehörden zumeist ein sog. **Profiling** iSd Art. 4 Nr. 4 DS-GVO, das nach Ansicht der DSK zumindest dann nicht mehr auf Art. 6 Abs. 1 lit. f DS-GVO gestützt werden könne, wenn es detailliert ist und sich daraus zusätzliche Erkenntnisse ergeben[150]. Das Profiling muss als tendenziell eingriffsintensivere Datenverarbeitung jedenfalls in die Interessenabwägung einfließen.

[148] Jarass GRCh EU-Grundrechte-Charta Art. 8 Rn. 9.
[149] Vgl. Gola/Heckmann/Schulz DS-GVO Art. 6 Rn. 76.
[150] DSK, Orientierungshilfe der Aufsichtsbehörden zur Verarbeitung von personenbezogenen Daten für Zwecke der Direktwerbung, Februar 2022, S. 5.

b) Vertragsdurchführung

141 Datenanalysen (auch unter Einsatz von KI-Modellen) können grundsätzlich rechtmäßig auch auf Grundlage von Art. 6 Abs. 1 lit. b DS-GVO durchgeführt werden, wenn dies zur **Vertragserfüllung** bzw. zur Durchführung vorvertraglicher, angefragter Maßnahmen erforderlich ist.

142 Nach Art. 6 Abs. 1 lit. b DS-GVO ist die Verarbeitung personenbezogener Daten rechtmäßig, sofern diese für die Erfüllung eines Vertrags, dessen Vertragspartei die betroffene Person ist, oder zur Durchführung vorvertraglicher Maßnahmen erforderlich ist, die auf Anfrage der betroffenen Person erfolgen. Nach den Ausführungen des EuGH, muss die Verarbeitung „objektiv unerlässlich sein, um einen Zweck zu verwirklichen, der notwendiger Bestandteil" des Vertrags ist und es dürfen zur Zweckerreichung „keine praktikablen und weniger einschneidenden Alternativen bestehen"[151].

143 Diese Voraussetzungen sind häufig bei der Durchführung von **Datenanalysen** (vermehrt mittlerweile mittels KI-Modellen) gegeben, die zB dabei unterstützt, **Vertragskorrespondenz** auszuwerten und deren Bearbeitung zu erleichtern oder zu beschleunigen. Nachrichten, welche an eine allgemeine E-Mail-Adresse gerichtet sind oder über ein elektronisches Sammelpostfach oder ein Kontaktformular eingeht, muss häufig inhaltlich analysiert werden, um an die intern zuständige Abteilung weitergeleitet werden zu können. Auch die Weiterbearbeitung der Nachricht durch die zuständige Abteilung kann weitere Auswertungen des Inhalts bedingen (zB Name und andere Identifikationsmerkmale, um Informationen in internen Datenbanken zu dem Kunden abzufragen; Kontaktdaten zur Beantwortung der Anfrage, etc). Solche Datenanalysen zur **Nachrichtenklassifizierung** sind vor diesem Hintergrund oftmals objektiv unerlässlich, um die korrekte Bearbeitung der Nachricht zu gewährleisten. Ob eine rein händische Bearbeitung überhaupt weniger eingriffsintensiv wäre, kann häufig dahinstehen, denn eine solche wäre regelmäßig nicht gleich praktikabel im Vergleich zur automatisierten Klassifizierung.

c) Erfüllung einer gesetzlichen Pflicht

144 In Einzelfällen kann es vorkommen, dass Datenanalysen sogar zur **Erfüllung einer gesetzlichen Pflicht** zum Einsatz kommen, so dass Art. 6 Abs. 1 lit. c DS-GVO als Rechtsgrundlage heranzuziehen wäre.

145 Nach Art. 6 Abs. 1 lit. c DS-GVO ist die Verarbeitung personenbezogener Daten rechtmäßig, soweit sie zur Erfüllung einer rechtlichen Verpflichtung, der der Verantwortliche unterliegt, erforderlich ist. Nach Art. 6 Abs. 3 DS-GVO muss die Rechtsgrundlage **(„rechtliche Verpflichtung")**

- auf Unions- oder mitgliedstaatlichem Recht beruhen (Abs. 3 S. 1),
- der Zweck der Verarbeitung muss in der Rechtsgrundlage festgelegt sein (Abs. 3 S. 2) und
- die Rechtsgrundlage muss ein im öffentlichen Interesse liegendes Ziel verfolgen sowie in einem angemessenen Verhältnis zu dem verfolgten legitimen Zweck stehen (Abs. 3 S. 4).

146 Umstritten ist, inwiefern die rechtliche Verpflichtung, zu deren Erfüllung eine Datenverarbeitung dienen soll, eine konkrete Verpflichtung zur Verarbeitung personenbezogener Daten enthalten muss, damit eine Datenverarbeitung auf Art. 6 Abs. 1 lit. c DS-GVO gestützt werden kann[152] oder ob Verarbeitungstätigkeiten auch dann auf Art. 6 Abs. 1 lit. c DS-GVO gestützt werden können, wenn der Verantwortliche personenbezogene Daten (nur) zur Erfüllung einer rechtlichen Verpflichtung verarbeitet, ohne dass die Datenver-

[151] EuGH 4.7.2023 – C-252/21, ECLI:EU:C:2023:537 Rn. 98 f. – Meta Platforms.

[152] Für eine ausdrückliche Ermächtigung zur Datenverarbeitung zB: LSG Hessen 29.1.2020 – L 4 SO 154/19 B, BeckRS 2020, 1442 Rn. 13; Kühling/Buchner/Buchner/Petri DS-GVO Art. 6 Rn. 76; BeckOK DatenschutzR/Albers/Veit, 49. Ed. 1.8.2024, DS-GVO Art. 6 Rn. 48.

arbeitung in dieser rechtlichen Verpflichtung aber ausdrücklich geregelt sein muss[153]. In einem kürzlich ergangenen Urteil hat der EuGH zumindest akzeptiert, dass sich die **Notwendigkeit der Datenverarbeitung** nicht aus einer expliziten gesetzlichen Verpflichtung ergeben hat, sondern aus einer **gefestigten Rechtsprechung**[154]. Voraussetzung sei jedoch, dass die Rechtsprechung klar und präzise ist und ihre Anwendung für Rechtsunterworfene vorhersehbar ist[155].

Ein praktischen Anwendungsszenario betrifft die Analyse eingehender E-Mail-Nachrichten **147**
zwecks **Klassifizierung als Spam.** Es sprechen gute Gründe für die Anwendbarkeit von Art. 6 Abs. 1 lit. c DS-GVO iVm Art. 32 DS-GVO als Rechtsgrundlage für die damit einhergehenden Datenverarbeitungen[156]. Nach Art. 32 DS-GVO sind Verantwortliche verpflichtet, die Sicherheit der Verarbeitung durch die Implementierung technischer und organisatorischer Maßnahmen zu gewährleisten, wozu auch die Nutzung von Spamerkennungs-Software gehört[157]. Denn diese ermöglicht es dem Unternehmen, schneller zu erkennen, wenn eingegangene Nachrichten wohlmöglich **Phishing-Attacken** enthalten und damit eine Gefahr für die Informationssicherheit des gesamten Unternehmens darstellen. Um unerwünschte E-Mails, welche potenziell gefährlich für die Informationssicherheit sein können, vorab als solche zu erkennen und kennzeichnen zu können, ist die Analyse der jeweiligen E-Mail und damit auch die etwaige Verarbeitung personenbezogener Daten zwingend notwendig.

d) Einwilligung

Die Nutzung einer **Einwilligung** als Rechtsgrundlage für die Durchführung von Daten- **148**
analysen ist rechtlich möglich und häufig sogar der rechtssicherste Weg.

In manchen Konstellationen ist die Einholung einer Einwilligung sogar notwendig; zB **149**
nach Maßgabe von § 25 Abs. 1 TDDDG, wenn zur Erstellung der Analysen auf Daten aus einem Nutzer-Endgerät zugegriffen werden soll. In der Praxis werden solchen Einwilligungen häufig eingeholt bei der Erstellung von **Nutzungsprofilen** auf der Basis von **Cookies** und ähnlichen Technologien, die für Zwecke der bedarfsgerechten Gestaltung der Dienste oder für die **Ausspielung zielgerichteter Werbung** verwendet werden.

Mit einer datenschutzrechtlichen Einwilligung geben betroffene Personen kund, mit der **150**
Verarbeitung der sie betreffenden personenbezogenen Daten einverstanden zu sein. Die **rechtliche Wirksamkeit** einer solchen **Einwilligung** setzt insbesondere voraus, dass sie freiwillig und für den bestimmten Fall abgegeben wird und die betroffene Person vorab über die wesentlichen Umstände der Datenverarbeitung informiert ist (vgl. Art. 4 Nr. 11, Art. 6 Abs. 1 lit. a und Art. 7 DS-GVO).

Gegen die Möglichkeit einer freiwilligen Einwilligungserteilung können sich gerade bei **151**
Datenanalysen Bedenken daraus ergeben, dass Art und Umfang der Datenverarbeitungen sehr **komplex** sind. Häufig ist es dann schwierig, die Datenverarbeitungen einerseits

[153] So VGH Mannheim 15.2.2019 – 1 S 188/19, BeckRS 2019, 2625 Rn. 20; Taeger/Gabel/Taeger DS-GVO Art. 6 Rn. 81.
[154] EuGH 12.9.2024 – C-17/22 und C-18/22, ECLI:EU:C:2024:738 Rn. 71 – HTB Neunte Immobilien Portfolio.
[155] EuGH 12.9.2024 – C-17/22 und C-18/22, ECLI:EU:C:2024:738 Rn. 72 – HTB Neunte Immobilien Portfolio.
[156] Auch für Art. 32 DS-GVO als rechtliche Verpflichtung iSv Art. 6 Abs. 1 lit. c DS-GVO Taeger/Gabel/Taeger DS-GVO Art. 6 Rn. 81.
[157] Kühling/Buchner/Jandt DS-GVO Art. 32 Rn. 24; Taeger/Pohle ComputerR-HdB/Deusch/Eggendorfer 50.1 Rn. 328.

verständlich aber auch präzise genug zu beschreiben, andererseits den **Einwilligungsumfang** noch in einem wahrnehmbaren Rahmen zu halten.

152 Bei **Beschäftigten** sind bei der Bewertung der Freiwilligkeit einer Einwilligung zudem die strukturelle Abhängigkeit zum Arbeitgeber sowie die Umstände der Einwilligungserteilung zu berücksichtigen (§ 26 Abs. 2 S. 1 BDSG). Nach § 26 Abs. 2 S. 2 BDSG kann eine freiwillige Einwilligung von Beschäftigten insbesondere vorliegen, wenn für diese ein rechtlicher oder wirtschaftlicher Vorteil erreicht wird oder Arbeitgeber und Beschäftigte gleichgelagerte Interessen verfolgen. Hier lässt sich vertreten, dass Beschäftigte durch den **Einsatz von KI-Modellen** und den damit einhergehenden Datenanalysen oftmals in ihrer Arbeit unterstützt werden und Arbeitgeber und Arbeitnehmer daher gleichgelagerte Interessen besitzen.

153 Ein Gegenbeispiel bilden **Emotionsanalysen** im **Bewerbungsverfahren.** Hierunter sind Techniken zu verstehen, die mittels Mimik- und Gestikanalyse oder Sprach- und Tonfallanalyse Rückschlüsse auf die Persönlichkeit, Motivation und potenzielle Eignung der Bewerber ziehen. Nach einer Stellungnahme des Hamburgischen Beauftragten für Datenschutz und Informationsfreiheit sind solche Emotionsanalysen im Bewerbungsverfahren datenschutzrechtlich problematisch, weil sie in der Regel nicht erforderlich sind und die Freiwilligkeit der Einwilligung zweifelhaft sei[158].

2. Einbeziehung besonderer Kategorien personenbezogener Daten als Beifang

154 Vor allem dann, wenn Datenanalysen auf einen **unstrukturierten Gesamtbestand** an Daten angewendet werden sollen, lässt sich vor der Analyse kaum verlässlich bestimmen, welche Arten personenbezogener Daten in dem Gesamtdatenbestand enthalten sind (zB ein Gesamtbestand eingegangener Nachrichten). In solchen Fällen stellt der Umgang mit potenziell einer **„besonderen Kategorie personenbezogener Daten"** zuzuordnender Daten eine erhebliche Herausforderung dar. Hintergrund ist, dass die Verarbeitung besonderer Kategorien personenbezogener Daten nach Art. 9 Abs. 1 DS-GVO prinzipiell unzulässig ist, sofern nicht eine Ausnahme nach Art. 9 Abs. 2 DS-GVO einschlägig ist. Diese Ausnahmen sind aber viel restriktiver als die generellen Erlaubnistatbestände nach Art. 6 Abs. 1 DS-GVO und gestatten eine Verarbeitung zB weder zur **Vertragsdurchführung** noch auf Basis **berechtigter Interessen.** Zu allem Überfluss ist es nach der Rechtsprechung des EuGH auch so, dass die Sondervorschrift des Art. 9 DS-GVO auf einen Gesamtdatenbestand angewendet werden muss, auch wenn nur einzelne darin enthaltene Daten solche iSv Art. 9 DS-GVO sind.

155 Nach Art. 9 Abs. 1 DS-GVO zählen zu den besonderen Kategorien personenbezogener Daten solche Daten, aus denen die **rassische und ethnische Herkunft, politische Meinungen, religiöse oder weltanschauliche Überzeugungen** oder die **Gewerkschaftszugehörigkeit** hervorgehen, sowie **genetische Daten, biometrische Daten** zur eindeutigen Identifizierung einer natürlichen Person, **Gesundheitsdaten** und **Daten zum Sexualleben** oder der **sexuellen Orientierung** einer natürlichen Person. Diese vom Unionsgesetzgeber als besonders schutzbedürftig qualifizierten Datenkategorien dürfen nur unter den zusätzlichen Voraussetzungen des Art. 9 Abs. 2 DS-GVO bzw. – soweit entsprechende Öffnungsklauseln bestehen – den besonderen mitgliedstaatlichen Gestattungen verarbeitet werden.

156 In der Rechtssache Meta Platforms hat der EuGH festgestellt, dass Art. 9 Abs. 1 DS-GVO unabhängig davon anwendbar ist, ob der Verantwortliche mit dem Ziel handelt, Informationen zu erhalten oder auszuwerten, die unter eine der in Art. 9 Abs. 1 DS-GVO

[158] Der Hamburgische Beauftragte für Datenschutz und Informationsfreiheit, Bewerberdatenschutz und Recruiting im Fokus, Stand 6.6.2024, S. 8.

aufgezählten Kategorien fallen[159]. Der EuGH befand, dass bereits die Erfassung der Tatsache, dass ein identifizierter Nutzer eine bestimmte Webseite oder App aufgerufen hatte, eine Verarbeitung von Art. 9 Daten darstellt, sofern diese Website oder App selbst einen Bezug zu den in Art. 9 Abs. 1 DS-GVO genannten Kategorien hat[160]. Die Vorlagefrage des OLG Düsseldorf bezog sich insoweit ausdrücklich auf „Webseiten oder Apps, die Bezug zu den Kriterien des Art. 9 Abs. 1 DSGVO haben, wie etwa Flirting-Apps, Homosexuellen-Partnerbörsen, Webseiten politischer Parteien, gesundheitsbezogene Webseiten".

Vor diesem Hintergrund kann die Feststellung des EuGH, es komme nicht auf die **Intention des Verantwortlichen** an, Art. 9 Daten zu verarbeiten, so verstanden werden, dass dies als „Schutzbehauptung" dann unbeachtlich sei, wenn für den Verantwortlichen absehbar ist, dass er Art. 9-Daten verarbeiten werde. Der Verantwortliche soll sich nicht darauf berufen können, eine Verarbeitung von Art. 9 Daten nicht zu beabsichtigen, wenn dieser mit Sicherheit davon ausgehen kann, strukturell Art. 9 Daten zu verarbeiten. **157**

Dasselbe dürfte für die Konstellation in der Rechtssache *Lindenapotheke* gelten, in der der EuGH die grundsätzlich enge Auslegung wiederholt hat. Dort hat der EuGH festgestellt, dass Daten über eine **Online-Bestellung** von **nicht-verschreibungspflichtigen Medikamenten Gesundheitsdaten** darstellen würden, obgleich bei nicht-verschreibungspflichtigen Medikamenten nicht mit Sicherheit gesagt werden könne, dass die Bestellung tatsächlich für die bestellende Person und nicht für einen Dritten gedacht sei[161]. Zur Begründung dieser Feststellung verweist der EuGH erneut darauf, dass es auf die Richtigkeit des Datums und die Intention des Verantwortlichen für die Qualifizierung von Art. 9 Daten nicht ankomme[162]. Auch hier war allerdings klar, dass bei der Online-Bestellung von Arzneimitteln, gleich ob verschreibungspflichtig oder nicht, bei jeder Bestellung Daten verarbeitet werden, die mit gewisser Wahrscheinlichkeit einen Rückschluss auf den Gesundheitszustand der bestellenden Person zulassen. Dass dabei strukturell sensible Daten verarbeitet werden, stand nicht zur Debatte, sondern allein die Frage der Identifizierbarkeit der Person, welchen diese Daten zuzuordnen sind. **158**

Diese Sachverhalte sind häufig nicht übertragbar auf Konstellationen **unternehmensinterner Datenanalysen,** so dass auch die rechtlichen Schlussfolgerungen nicht unbesehen übertragbar sind. Häufig fehlt es nämlich am natürlichen Konnex des Datenbestandes/des Quellsystems mit einer Art. 9-Kategorie. **159**

So müssen Unternehmen nicht davon ausgehen, strukturell Art. 9 Daten über **Sammelpostfächer** zu erhalten, wenn hierüber typischerweise allgemeine Fragen zu den Produkten und Leistungen des Unternehmens gestellt, Verträge gekündigt oder Termine vereinbart werden – jeweils soweit die Produkte und Leistungen des Unternehmens selbst keinen Bezug zu einer Art. 9-Kategorie haben (es sich also zB nicht um Gesundheitsprodukte handelt). Dass jemand wohlmöglich über solch ein Postfach einen Termin mit dem Hinweis absagt, die Grippe zu haben, oder an einer Verdi-Veranstaltung teilnehmen zu müssen, wird dann die Ausnahme sein. **160**

Bei einem derartigen **„Beifang"** solcher Daten im Rahmen einer Applikation, die nicht spezifisch der Verarbeitung solcher Daten dient (hier ein normales E-Mail-Account) kann die Anwendbarkeit von Art. 9 Abs. 1 DS-GVO deshalb mit guten Argumenten abgelehnt werden. **161**

Diese Rechtsauffassung teilt auch die Rechtsprechung und der EDSA in Bezug auf die zufällige Erfassung von Art. 9-Daten bei der **Videoüberwachung:** Wenn bei einer Videoüberwachung zum Zwecke der Prävention und Verfolgung von Straftaten zufällig Art. 9-Daten mit erfasst werden (zB weil Menschen im Rollstuhl oder Brillenträger den Kamerabereich **162**

---

[159] EuGH 4.7.2023 – C-252/21, ECLI:EU:C:2023:537 Rn. 69 – Meta Platforms.
[160] EuGH 4.7.2023 – C-252/21, ECLI:EU:C:2023:537 Rn. 73 – Meta Platforms.
[161] EuGH 4.10.2024 – C-21/23, ECLI:EU:C:2024:846 Rn. 88 – Lindenapotheke.
[162] EuGH 4.10.2024 – C-21/23, ECLI:EU:C:2024:846 Rn. 87 – Lindenapotheke.

passieren), stelle dies mangels **Auswertungsabsicht** in Bezug auf die besonderen Kategorien personenbezogener Daten – aber auch, weil eine Videoüberwachungsanlage keine Applikation darstellt, mit der gezielt Art. 9-Daten verarbeitet werden sollen – kein Anwendungsfall von Art. 9 DS-GVO dar[163].

163 In diesem Sinne hat jüngst auch das OLG Köln – eingedenk der dargestellten Urteile des EuGH, nach denen die Anwendbarkeit des Art. 9 DS-GVO gerade nicht von einer zielgerichteten Verarbeitung besonderer Kategorien personenbezogener Daten abhänge – entschieden, dass die dortigen Fallgestaltung nicht vergleichbar und die Schlussfolgerungen deshalb nicht übertragbar seien auf den Fall einer Nutzung von **Social Media Postings** für Zwecke des **KI-Trainings,** so dass hier eben doch ausnahmsweise die fehlende **Zielgerichtetheit der Verarbeitung** solcher Datenkategorien relevant sei und somit kein generelles **Verarbeitungsverbot** bestehe[164].

3. Nutzung Personenbezogener Daten als Trainingsdaten für KI-Modelle

164 Einen separaten Problemkreis stellt die Nutzung personenbezogener Daten für das **Training von KI-Modellen** dar. Die datenschutzrechtliche Kernanforderung bei der Nutzung von personenbezogenen Daten für Zwecke des Trainings eines KI-Modells besteht wiederum darin, dass entweder eine Einwilligung der betroffenen Personen vorliegen oder eine gesetzliche Erlaubnisvorschrift eingreifen muss, damit die entsprechenden Verarbeitungen überhaupt rechtmäßig sind.

165 Das Erfordernis einer solchen Rechtsgrundlage trifft regelmäßig den **Entwickler** bzw. **Anbieter des KI-Modells,** weil er typischerweise von der **Sammlung und Auswahl der Trainingsdaten** über die Konzeption der Algorithmen bis hin zum Inverkehrbringen des KI-Modells alle relevanten Entscheidungen in Bezug auf die Verarbeitung (personenbezogener) Daten trifft, was ihn zum Verantwortlichen iSd DS-GVO macht[165].

166 Ein Anwendungsunternehmen hat dagegen in der Regel keinen Einfluss darauf, mit welchen und wessen (personenbezogenen) Daten der Anbieter sein KI-Modell ursprünglich auf welche Art und Weise trainiert hat oder in Zukunft weiter trainieren wird. Soweit ein Unternehmen also nur ein bereits „fertiggestelltes" LLM nutzt, hat es selbst keinen relevanten Einfluss auf das Training und fungiert insoweit nicht als **Verantwortlicher**[166]**.** Etwas Anderes gälte freilich dann, wenn das anwendende Unternehmen, das Modell unter Nutzung personenbezogener Daten weitertrainiert, so dass es dann genauso wie beim Training von selbst entwickelten KI-Modellen eine Rechtsgrundlage für diese Verarbeitung benötigt. Auch ein Verbessern oder Spezifizieren (sog. **Fine-Tuning**) der KI, zu dem weitere oder wiederholt dieselben personenbezogenen Daten verarbeitet werden, um die Qualität der Ergebnisse des KI-Systems zu steigern, ist unter den Verarbeitungsbegriff zu fassen und löst die Rechtfertigungsnotwendigkeit aus[167].

167 In einem aufsehenerregenden Urteil hat sich das OLG Köln jüngst zu der Frage positioniert, ob die von Nutzern eines **sozialen Netzwerks** in ihrem Profil veröffentlichten personenbezogenen Daten vom Netzwerkbetreiber dazu verwendet werden dürfen, ein von ihm entwickeltes KI-Modell zu trainieren[168]. Nach Auffassung des Gerichts lässt sich die Datenverarbeitung auf Art. 6 Abs. 1 lit. f DS-GVO als Rechtsgrundlage stützen und auch das

---

163 VG Mainz 24.9.2020 – 1 K 584/19, ZD 2021, 336 Rn. 29; EDSA, Leitlinien 3/2019 zur Verarbeitung personenbezogener Daten durch Videogeräte Version 2.0, angenommen am 29.1.2020, Rn. 62 ff.; Gola/Heckmann/Schulz DS-GVO Art. 9 Rn. 13.

164 OLG Köln 23.5.2025 – 15 UKl 2/25, GRUR-RS 2025, 10988 Rn. 100 ff.

165 Hüger ZfDR 2024, 263 (271).

166 Ebenso LfDI Baden-Württemberg, Diskussionspapier: Rechtsgrundlagen im Datenschutz beim Einsatz von Künstlicher Intelligenz, Version 2.0 vom 17.10.2024, S. 11.

167 LfDI Baden-Württemberg, Rechtsgrundlagen im Datenschutz beim Einsatz Künstlicher Intelligenz, 17.10.2024, Version 2, S. 10.

168 OLG Köln 23.5.2025 – 15 UKl 2/25, GRUR-RS 2025, 10988 Rn. 46 ff.

Verarbeitungsverbot für besondere Kategorien personenbezogener Daten nach Art. 9 Abs. 1 DS-GVO greife nicht, so dass es insbesondere keiner Einwilligung der Nutzer bedürfe.

- Die Datenverarbeitung erweise sich – unter gleichzeitiger Berücksichtigung des Grundsatzes der Datenminimierung nach Art. 5 Abs. 1 lit. c DS-GVO – vor allem als erforderlich[169]. Das Gericht verneint die Verfügbarkeit von Alternativen, die weniger intensiv die in die Rechte der betroffenen Personen eingreifen könnten, wie es zB durch Rückgriff auf **synthetische Daten** oder vollständig anonymisierte Daten möglich wäre, weil diese Alternativen nicht gleich geeignet seien, die Interessen ebenso wirksam umzusetzen und letztlich zu einem „minderwertigen Produkt" führen würden.
- Die Interessen der Nutzer (und Drittbetroffenen) am Schutz ihrer Daten würden gegenüber dem Interesse von Meta am Training der KI mit den Nutzerdaten auch nicht überwiegen[170], wobei das Gericht bei der Interessenabwägung maßgeblich auf die Aspekte der Vorhersehbarkeit und der Folgen der Verarbeitung, also ihrer **Eingriffsintensität** abstellt. Gegen ein Überwiegen der Schutzinteressen der Nutzer spreche hier vor allem (1) der Umstand der öffentlichen Einsehbarkeit der Daten, was auch eine Auffindbarkeit durch Suchmaschinen implizieren, (2) die Ergreifung verschiedener, die Eingriffsintensität abschwächender Maßnahmen wie insbesondere die Entfernung diverser direkter oder indirekter Identifikatoren (Namen, E-Mail-Adressen, Telefonnummern, Anschriften, etc) und die Einräumung eines Widerspruchsrechts. Hierbei ist durchaus bemerkenswert, dass die Abwägungsentscheidung letztlich zugunsten von Meta ausgeht, weil das Gericht eine Erwartbarkeit der Verarbeitung nur für Daten annimmt, die die Nutzer nach der Ankündigung der beabsichtigten Verwendung für Trainingszwecke eingestellt haben[171] und deshalb selbst „beachtliche Beeinträchtigungen der Interessen und Grundrechte der Betroffenen" festgestellt hat[172]. Das stützt das Gericht maßgeblich darauf, dass die ergriffenen Abschwächungsmaßnahmen die Eingriffsintensität auf ein so geringes Maß reduzierten, welches einen konkreten Nachteil eines Betroffenen aus der Verarbeitung unwahrscheinlich mache[173]. Insbesondere sei die Gefahr einer unbeabsichtigten Reproduktion der Trainingsdaten bei der Nutzung des KI-Modells als Ausfluss eines Memorierens gering.

Zur Begründung stützt sich das Gericht ergänzend auf die Regelung in Art. 10 Abs. 5 KI-VO, die eine Erlaubnispflichtigkeit für die zielgerichtete Verarbeitung besonderer Kategorien personenbezogener Daten für die Entwicklung von **Hochrisikosystemen** enthalte, was den Schluss zulasse, dass der EU-Gesetzgeber für die nicht zielgerichtete Verarbeitung solcher Daten beim Training von KI keinen Regelungsbedarf gesehen habe[174]. **168**

Beachtenswert ist der Umstand, dass das OLG Köln die nach Art. 6 Abs. 1 lit. f DS-GVO notwendige Erwartbarkeit der Verarbeitung nur deshalb bejaht hat, weil Meta die Absicht der Nutzung für Trainingszwecke öffentlich angekündigt hatte. Eine generelle Erwartbarkeit der Verwendung von Daten aus sozialen Medien für KI-Trainingszwecke zur Entwicklung neuer Modelle verneint das Gericht. Das Urteil darf deshalb nicht als Freibrief verstanden werden, **öffentlich zugängliche Daten** pauschal für **KI-Trainingszwecke** verwenden zu dürfen. Immerhin macht das Gericht aber eine bedeutsame Differenzierung: Soweit es schlicht um die Verbesserung eines von einem Nutzer bereits eingesetzten KI-Modells gehe, könne durchaus eine entsprechende Erwartungshaltung der Nutzer bestehen; diese Konstellation sei anders zu bewerten als die Verwendung zur Entwicklung eines ganz neuen KI-Modells. **169**

[169] OLG Köln 23.5.2025 – 15 UKl 2/25, GRUR-RS 2025, 10988 Rn. 53 ff.
[170] OLG Köln 23.5.2025 – 15 UKl 2/25, GRUR-RS 2025, 10988 Rn. 60 ff.
[171] OLG Köln 23.5.2025 – 15 UKl 2/25, GRUR-RS 2025, 10988 Rn. 77 ff.
[172] OLG Köln 23.5.2025 – 15 UKl 2/25, GRUR-RS 2025, 10988 Rn. 81.
[173] OLG Köln 23.5.2025 – 15 UKl 2/25, GRUR-RS 2025, 10988 Rn. 88.
[174] OLG Köln 23.5.2025 – 15 UKl 2/25, GRUR-RS 2025, 10988 Rn. 104.

4. Profiling und automatisierte Einzelentscheidungen

170 Einer besonderen Beachtung bedarf bei Datenanalysen die Regelung des Art. 22 DS-GVO, der für sog. **automatisierte Entscheidungsfindungen** einschließlich **Profiling** zusätzliche Rechtmäßigkeitsanforderungen aufstellt.

171 Nach Art. 22 Abs. 1 DS-GVO hat die betroffene Person das Recht, nicht einer ausschließlich auf einer **automatisierten Verarbeitung** – einschließlich Profiling – beruhenden Entscheidung unterworfen zu werden, die ihr gegenüber **rechtliche Wirkung** entfaltet oder sie in ähnlicher Weise erheblich beeinträchtigt.

172 **„Profiling"** ist in Art. 4 Nr. 4 DS-GVO legaldefiniert als „jede Art der automatisierten Verarbeitung personenbezogener Daten, die darin besteht, dass diese personenbezogenen Daten verwendet werden, um bestimmte persönliche Aspekte, die sich auf eine natürliche Person beziehen, zu bewerten, insbesondere um Aspekte bezüglich Arbeitsleistung, wirtschaftliche Lage, Gesundheit, persönliche Vorlieben, Interessen, Zuverlässigkeit, Verhalten, Aufenthaltsort oder Ortswechsel dieser natürlichen Person zu analysieren oder vorherzusagen". Der Kern des Profiling ist also die Datenanalyse.

173 Diese Norm wird allgemein als Verbot solch einer Entscheidungsfindung (einschließlich Profiling) aufgefasst, sofern nicht die Erlaubnistatbestände des Art. 22 Abs. 2 DS-GVO einschlägig sind[175]. Die Anwendung des Verbots hängt dabei von drei kumulativen Voraussetzungen ab:

- Das **Vorliegen einer Entscheidung,**
- die ausschließlich auf einer **automatisierten Verarbeitung** (personenbezogener Daten) beruht und
- die für die betroffene Person eine besondere Wirkung hat (**rechtliche Wirkung** oder ähnlich erhebliche **tatsächliche Beeinträchtigung**)[176].

174 Der Entscheidungsbegriff ist weit auszulegen[177]. Erwgr. 71 zur DS-GVO geht zB davon aus, dass auch Maßnahmen unter diesen Begriff fallen. Zentraler Aspekt ist jedoch vielmehr, dass die Entscheidung oder Maßnahme auf einer **rein automatisierten Datenverarbeitung** beruht und ihre Wirkung für Betroffene eine **Erheblichkeitsschwelle** überschreitet. Dies setzt entweder eine rechtliche Wirkung voraus (wie zB die automatisierte Kündigung eines Vertrags) oder dass Betroffene nachhaltig oder dauerhaft in einem wesentlichen Lebensbereich beeinflusst werden[178].

175 Die letzte Voraussetzung ist in der Praxis beim Einsatz von KI-System häufig ausschlaggebend: Während die KI-gestützten Verarbeitungsverfahren zumeist rein automatisiert personenbezogene Daten verarbeiten und diese Verarbeitung weitere Folgen auslöst, so hängt es sehr stark von dem konkreten **Einsatzszenario** ab, welche rechtlichen oder erheblichen tatsächlichen Auswirkungen sich für Betroffene ergeben. Bewirkt der KI-Einsatz beispielsweise nur eine beschleunigte Bearbeitung, sind damit keine rechtlichen oder ähnlich gravierenden Folgen verbunden. Soweit in dem Prozess tatsächlich Entscheidungen mit rechtlicher oder erheblicher tatsächlicher Wirkung (zB die **Genehmigung bestimmter Anträge,** die **Sperrung eines Kontos,** etc). bewirkt werden, ist die Anwendung von Art. 22 DS-GVO nur dadurch zu vermeiden, dass diese Entscheidungen nicht durch das System sondern durch einen Menschen (zB den Sachbearbeiter) getroffen werden.

[175] Kühling/Buchner/Buchner DS-GVO Art. 22 Rn. 12.
[176] EuGH 7.12.2023 – C-634/21, ECLI:EU:C:2023:957 Rn. 43 – Schufa Scoring.
[177] Kühling/Buchner/Buchner DS-GVO Art. 22 Rn. 24.
[178] Art. 29 Datenschutzgruppe, Leitlinien zu automatisierten Entscheidungen im Einzelfall einschließlich Profiling für die Zwecke der Verordnung 2016/679, zuletzt überarbeitet und angenommen am 6.2.2018, S. 23 f.

5. Datenminimierung

Je nach einschlägiger Rechtsgrundlage kann die Rechtskonformität von Datenanalysen durch Maßnahmen der **Datenminimierung** abgesichert werden. Dazu zählt vor allem die **Pseudonymisierung** von Daten. Nach Erwgr. 29 DS-GVO sollen Pseudonymisierungsmaßnahmen eine allgemeine Analyse bei demselben Verantwortlichen ermöglichen, um Anreize für die Anwendung der Pseudonymisierung bei der Verarbeitung personenbezogener Daten zu schaffen. Mit anderen Worten bringt dieser Erwägungsgrund zum Ausdruck, dass grundsätzlich von der Zulässigkeit einer „allgemeinen Datenanalyse“ beim Verantwortlichen auszugehen sei, wenn hierbei nur pseudonyme Daten genutzt werden[179]. Voraussetzung dafür ist freilich, dass der Verantwortliche die erforderlichen technischen und organisatorischen Maßnahmen getroffen hat. **176**

6. Zweckänderung

Für die datenschutzkonforme Ausgestaltung von Datenanalysen ist es auch wichtig zu bestimmen, ob die es sich bei der Durchführung der Analysen um den **Primär-** oder einen **Sekundärzweck** der Datenverarbeitung handelt. **177**

Die Verarbeitung von personenbezogenen Daten zu einem anderen Zweck, als zu dem sie erhoben wurden, muss den zusätzlichen Voraussetzungen des Art. 6 Abs. 4 DS-GVO genügen. Während die Norm im Schrifttum teils auch als eine eigene **Rechtsgrundlage** angesehen wird[180], gehen die Datenschutzaufsichtsbehörden davon aus, dass die Voraussetzungen zusätzlich zu den Anforderungen der Rechtsgrundlage aus Art. 6 Abs. 1 lit. f DS-GVO zu berücksichtigen seien[181]. Letztlich überschneiden sich jedoch die Wertungen innerhalb der Interessenabwägung von Art. 6 Abs. 1 lit. f DS-GVO mit den Wertungen des Art. 6 Abs. 4 DS-GVO derart, dass das Vorliegen der Voraussetzungen von Art. 6 Abs. 1 lit. f DS-GVO für die Verarbeitung von Kundendaten im Rahmen von Datenanalysen die Zulässigkeit der Weiterverarbeitung dieser im Rahmen des Vertragsverhältnis erhobenen Daten nach Art. 6 Abs. 4 DS-GVO zumeist indiziert. **178**

Nach Art. 6 Abs. 4 DS-GVO dürfen personenbezogene Daten zu einem anderen Zweck weiterverarbeitet werden, als der zu dem sie erhoben wurden, wenn der neue Zweck mit dem Ausgangszweck vereinbar ist **(Zweckkompatibilität).** Art. 6 Abs. 4 lit. a–e DS-GVO stellen eine Reihe nicht abschließender Kriterien auf, die für die Beurteilung der Zweckkompatibilität von Relevanz sind. Dazu gehören die Verbindung zwischen ursprünglichem und geändertem Zweck, der Kontext der Datenerhebung, die Art der personenbezogenen Daten, mögliche Konsequenzen für die betroffenen Personen und das Vorhandensein geeigneter Garantien, wie der Verschlüsselung oder Pseudonymisierung. Erwgr. 50 zur DS-GVO nennt präzisierend zum Kontext der Erhebung die vernünftigen Erwartungen der betroffenen Person als relevanten Aspekt. **179**

IV. Urheberrecht: Nutzung von Daten zum KI-Training

Siehe zu diesem Themenkomplex auch
- Analyse von Daten → Kap. 3
- Datenschutz → Rn. 125

[179] Zu den Anforderungen an die Pseudonymisierung, → Kap. 10 Rn. 86.
[180] Gola/Heckmann/Schulz DS-GVO Art. 6 Rn. 142.
[181] DSK, Orientierungshilfe der Aufsichtsbehörden zur Verarbeitung von personenbezogenen Daten für Zwecke der Direktwerbung, Februar 2022, S. 7.

180 Gerade im Bereich der Analyse und Aufbereitung von Daten spielt das Urheberrecht eine große Rolle. Bereits seit Ende des letzten Jahrtausends enthält es mit dem Datenbankherstellerrecht explizite Regelungen im Zusammenhang mit der Beschaffung, Überprüfung und Darstellung von Daten. Mit den Regelungen zum Text und Data Mining sind **Regelungen zur automatisierten Analyse und Informationsgewinnung** hinzugekommen.

181 Im Bereich der Nutzung von Daten in Form der Analyse und Aufbereitung ist, wie in vielen anderen Bereichen, die Entwicklung und Verbreitung von KI von wesentlicher Bedeutung. Eine Problematik, die sich in den letzten Jahren rasant entwickelt hat und daher intensiv diskutiert wird, ist der mögliche **Konflikt des Einsatzes von KI** mit dem **Urheberrecht.**

1. Allgemeines

182 KI-Modelle sind darauf angewiesen, mit **sehr großen Datenmengen aus dem Internet** trainiert zu werden.[182] Dies gilt insbesondere für sog. generative KI, welche in der Lage ist, eigenständig Inhalte in Form von Text-, Audio-, Bild- oder Videoinhalten zu generieren.[183] Allein aufgrund der Menge der verwendeten Daten handelt es sich dabei oftmals zu großen Teilen um Inhalte, die **urheberrechtlich geschützte Werke** (§ 2 UrhG) darstellen oder durch ein Leistungsschutzrecht wie etwa bei Datenbanken (§§ 87a ff. UrhG) oder Lichtbildern (§ 72 UrhG) geschützt sind.[184] Vor diesem Hintergrund stellt sich vermehrt die Frage, ob es beim Prozess des KI-Trainings zu urheberrechtlichen Verletzungshandlungen kommt. Entsprechende Fragen beschäftigen mittlerweile sowohl national als auch international die Gerichte. In Deutschland sind mit den Entscheidungen des LG und des OLG Hamburg im LAION-Verfahren[185] sowie einer Entscheidung des LG München im Rechtsstreit zwischen der GEMA und Open AI[186] erste Entscheidungen zur urheberrechtlichen Beurteilung des KI-Trainings ergangen. Weitere Verfahren sind derzeit anhängig.[187] Mangels höchstrichterlicher Klärung sind jedoch momentan noch viele Fragen offen. Auf europäischer Ebene liegt eine erste Vorlage an den EuGH vor, welcher vermutlich wesentliche Weichenstellungen zur Auslegung des europäischen Urheberrechts in Bezug auf KI-Chatbots vorgeben wird.[188] Auch außerhalb der Europäischen Union – vor allem in den USA, wo viele der großen Technologiekonzerne ansässig sind – werden wegweisende Entscheidungen erwartet.[189]

2. Verletzungshandlung

183 Für die urheberrechtliche Beurteilung des KI-Trainings ist es wichtig, die verschiedenen damit verbundenen technischen Prozesse zu unterscheiden.[190] Nur so lässt sich identifizie-

[182] Maamar ZUM 2023, 481; Söbbing/Schwarz RDi 2023, 415; Hofmann WRP 2024, 11 (12); Hamann ZGE/IPJ 2024, 113; Rauer/Bibi WRP 2025, 33 (34).
[183] Zum Begriff vgl. Erwgr. 99 KI-VO; de la Durantaye ZUM 2023, 645 (646); Käde KIR 2024, 162 (163).
[184] De la Durantaye ZUM 2023, 645 (647); Dornis GRUR 2024, 1676; Hoeren/Sieber/Holznagel MMR-HdB/John/Klostermeyer Teil 29.8 Rn. 15; Grimm/Münster GRUR-Prax 2025, 443.
[185] OLG Hamburg 10.12.2025 – 5 U 104/24, GRUR 2026, 398 – LAION; LG Hamburg 27.9.2024 – 310 O 227/23, GRUR 2024, 1710 – LAION. Die Revision ist beim BGH anhängig unter Az. I ZR 281/25.
[186] LG München 11.11.2025 – 42 O 14139/24, GRUR 2025, 1917 – GEMA/Open AI.
[187] S. etwa die Musterklage der GEMA gegen Open AI, www.gema.de/de/w/gema-erhebt-klage-gegen-openai. Beim LG München ist zudem ein Verfahren der GEMA gegen Suno unter Az. 42 O 763/25 anhängig.
[188] Vorabentscheidungsersuchen Rs. C-250/25 – Like Company/Google Ireland. Zu Sachverhalt und Vorlagefragen s. LTZ 2025, 246; Lucchi, Generative AI and Copyright, 2025, S. 62 ff.
[189] Am prominentesten ist wohl das Verfahren NY Times v. Microsoft and OpenAI, Case No. 1:23-cv-11195. Für einen Überblick über eine Vielzahl der in den USA anhängigen Verfahren s. de la Durantaye AfP 2024, 9 (17).
[190] Deutlich LG Hamburg 27.9.2024 – 310 O 227/23, GRUR 2024, 1710 Rn. 46 – LAION; vgl. Maamar ZUM 2023, 481 f.; Hoeren MMR 2024, 978; Hofmann WRP 2024, 11 (12).

ren, an welchen Stellen es zu Verletzungshandlungen kommen kann.[191] Beim KI-Training lassen sich **drei Phasen** unterscheiden: Das Erstellen einer Datenbank mit Trainingsdaten (1), die Analyse dieser Daten durch das Modell (2) und die Nutzung des Modells, welches Prompts mit einem Output beantwortet (3).[192] In einem ersten Schritt werden ähnlich wie bei Suchmaschinen Webcrawler eingesetzt, welche das Internet nach frei verfügbaren Inhalten durchsuchen **(Webcrawling),** um sie zu extrahieren **(Webscraping).**[193] Die gefundenen Inhalte werden im Rahmen des Webscraping sodann zunächst heruntergeladen, bevor sie analysiert werden können, worin eine **Vervielfältigung iSv § 16 Abs. 1 UrhG** liegt.[194] Aus den gefundenen Daten wird ein Datensatz (Korpus) erstellt, der als Grundlage für das KI-Training dient.[195] Die entsprechende Speicherung stellt eine (weitere) Vervielfältigung dar.[196] Findet darüber hinaus eine Aufbereitung oder sonstige Veränderung statt, kann neben dem Vervielfältigungsrecht auch das Bearbeitungsrecht des § 23 Abs. 1 S. 1 UrhG beeinträchtigt werden.[197] Insgesamt kommt es beim KI-Training vor und während der Erstellung des Datensatzes mit Trainingsdaten in aller Regel zu einer Vielzahl von Vervielfältigungen iSv § 16 Abs. 1 UrhG. Dieser Aspekt ist im Wesentlichen unstreitig. Probleme kann in der Praxis der Nachweis bereiten, dass ein bestimmtes geschütztes Werk Teil der Trainingsdaten gewesen ist. Hier kann möglicherweise die Transparenzpflicht aus Art. 53 Abs. 1 lit. d KI-VO Abhilfe schaffen. Das Europäische Parlament hat sich jüngst außerdem dafür ausgesprochen, für den Fall der Nichteinhaltung von Transparenzpflichten eine widerlegliche Vermutung einzuführen, dass die entsprechenden Werke Teil der Trainingsdaten waren.[198]

In einem zweiten Schritt erfolgt das eigentliche **Training,** im Laufe dessen die Trainings- **184**
daten auf bestimmte Muster und Korrelationen untersucht werden, welche **als Parameter im Modell gespeichert** werden.[199] Das Ergebnis ist ein sog. neuronales Netz, welches mithilfe statistischer Wahrscheinlichkeiten etwa gängige Begriffe sowie typische Buchstaben- und Wortkombinationen (bei Large Language Models wie ChatGPT oder Gemini) oder Informationen über Bildbestandteile, Stile und Motive (bei Bildgeneratoren wie DALL-E 2 oder Midjourney) erlernt hat.[200] In der Folge ist das KI-Modell in der Lage, einen Output zu generieren, der im Hinblick auf die jeweilige Anfrage (Prompt) am wahrscheinlichsten ist.[201] Der Output der KI ist nicht bloß eine Reproduktion bereits vorhandener Daten, sondern ein neu erstellter Inhalt in Gestalt einer Antwort, eines Bildes oder auch eines Videos.[202] Die Analyse selbst durch das KI-Modell berührt das Urheberrecht dabei grundsätzlich nicht.[203] Dieser Prozess ist insofern vergleichbar mit dem reinen Werkgenuss, der keine urheberrecht-

---

[191] Allg. zum technischen Hintergrund von KI → Kap. 3 Rn. 57 ff.
[192] LG Hamburg 27.9.2024 – 310 O 227/23, GRUR 2024, 1710 Rn. 39–41 – LAION; LG München 11.11.2025 – 42 O 14139/24, GRUR 2025, 1917 Rn. 166 – GEMA/Open AI.
[193] Söbbing/Schwarz RDi 2023, 415; Bomhard DSRITB 2023, 255 f.; Dornis/Stober, Urheberrecht und Training generativer KI-Modelle, 2024, S. 54 ff.
[194] LG Hamburg 27.9.2024 – 310 O 227/23, GRUR 2024, 1710 Rn. 29 – LAION; Bomhard DSRITB 2023, 255 (258); Matras/Grosmann MMR 2024, 978 (979); Schack NJW 2024, 113 f.; Hofmann WRP 2024, 11 (12); Hoeren/Sieber/Holznagel MMR-HdB/John/Klostermeyer Teil 29.8 Rn. 15.
[195] Bomhard DSRITB 2023, 255 (258); Dreier/Schulze/Dreier UrhG § 44b Rn. 5; Dornis/Stober, Urheberrecht und Training generativer KI-Modelle, 2024, S. 54 ff.; Kunitz LTZ 2025, 10 (11 f.).
[196] Maamar ZUM 2023, 481 (483); Schack NJW 2024, 113 f.; Dornis/Stober, Urheberrecht und Training generativer KI-Modelle, 2024, S. 70; Stieper/Denga GRUR 2024, 1473 (1474); Dregelies GRUR 2024, 1484.
[197] Hofmann WRP 2024, 11 (12).
[198] Europäisches Parlament, Entschließung vom 10. März 2026 zu dem Urheberrecht und generativer künstlicher Intelligenz – Chancen und Herausforderungen, P10_TA(2026)0066, Nr. 24.
[199] Söbbing/Schwarz RDi 2023, 415; Hofmann WRP 2024, 11 (12); Dreier/Schulze/Dreier UrhG § 44b Rn. 5.
[200] Maamar ZUM 2023, 481 (482); Spindler/Schuster/Kaesling/Pesch UrhG § 44b Rn. 18; vgl. Dornis/Stober, Urheberrecht und Training generativer KI-Modelle, 2024, S. 27 ff.
[201] Hofmann WRP 2024, 11 (12).
[202] Söbbing/Schwarz RDi 2023, 415 (418); Maamar ZUM 2023, 481 (482).
[203] Maamar ZUM 2023, 481 (482); Stieper/Denga GRUR 2024, 1473 (1475).

lich relevante Verwertungshandlung darstellt (vgl. §§ 15 ff. UrhG).[204] Das lässt sich damit begründen, dass das KI-Modell nur die aus den Werken gewonnenen Informationen speichert, nicht jedoch die Werke selbst.[205] Das KI-Training selbst verletzt daher grundsätzlich keine Urheberrechte.

185 In der Literatur wurde teilweise darauf hingewiesen, dass in den Parametern der KI-Modelle trotzdem Kopien der urheberrechtlich geschützten Werke gespeichert seien, weil als Ausgabe auf bestimmte Prompts in Einzelfällen (nahezu) identische Kopien produziert werden (sog. **Memorisierungs-Effekt**).[206] Das LG München hat sich in einem **Rechtsstreit zwischen der GEMA und Open AI** dieser Einschätzung angeschlossen und nimmt an, dass auf eine Memorisierung der Werke im Modell geschlossen werden könne, wenn diese bereits bei einfach gehaltenen Prompts im Output auftauchen.[207] Diese **Memorisierung** stelle auch eine Vervielfältigung dar, da für die hierzu erforderliche **körperliche Festlegung** eine Zerlegung in Parameter ausreichen könne.[208] Für die ebenfalls notwendige, zumindest **mittelbare Wahrnehmbarkeit**[209] der Werke lässt es das LG genügen, dass diese durch die Eingabe von Prompts im Output sichtbar gemacht werden können, wobei bereits die einmalige Reproduktion ausreichend sein soll, sofern Zufall als Ursache ausgeschlossen werden kann.[210] Diese Bewertung des KI-Trainings durch das LG München vermag insgesamt nicht zu überzeugen. Sie steht jedenfalls auf den ersten Blick auch im Widerspruch zu internationalen Entscheidungen, in denen Vervielfältigungen in den Modellen aufgrund von Memorisierungen bisher abgelehnt wurden.[211] Mit seiner Argumentation, bei der das LG München aus dem Abgleich des Outputs mit den Trainingsdaten auf eine Vervielfältigung im Modell schließt, hilft es sich über die Beweisschwierigkeiten hinweg, die sich ansonsten hinsichtlich der Undurchsichtigkeit von KI-Systemen („Black Box-Problematik") ergeben. Dazu etabliert das Gericht eine Art Anscheinsbeweis.[212] Angesichts der Tatsache, dass auch in der informationstechnischen Literatur wohl noch nicht hinreichend geklärt ist, ob bei der Memorisierung tatsächlich Werkteile im Modell enthalten sind oder lediglich erhöhte Wahrscheinlichkeiten für bestimmte Outputs festgelegt werden,[213] erscheint die Annahme eines entsprechenden anerkannten Erfahrungssatzes jedoch schwierig.[214] Hier müsste untersucht werden, ob – abweichend vom LG München – zumindest eine gewisse Wiederholbarkeit oder bestimmte Wahrscheinlichkeit für die Reproduzierbarkeit zu fordern ist.[215] Auf dieser Grundlage lässt sich auch nur schwierig die vom EuGH geforderte **objektiv eindeutige Identifizierbarkeit** der Werke innerhalb des Modells[216] bejahen, wenn diese

---

[204] Käde ZUM 2024, 174 (177); Dregelies GRUR 2024, 1484 (1485 f.).

[205] Maamar ZUM 2023, 481 (483); de la Durantaye ZUM 2023, 645 (647).

[206] Dornis/Stober, Urheberrecht und Training generativer KI-Modelle, 2024, S. 74 ff.; v. Welser GRUR 2024, 1406 (1411); Sesing-Wagenpfeil ZGE 16 (2024), 212 (242 f.); s. auch mit jeweils unterschiedlichen Differenzierungen Hofmann WRP 2024, 11 (12); Dreier/Schulze/Raue UrhG § 16 Rn. 37; Spindler/Schuster/Kaesling/Pesch UrhG § 44b Rn. 21.

[207] LG München 11.11.2025 – 42 O 14139/24, GRUR 2025, 1917 Rn. 172 – GEMA/Open AI; im Ergebnis zust. Pesch KIR 2025, 457; Hofmann ZUM 2026, 63 (64); Moser NJW 2026, 125 (130); Schwartmann/Köhler NJW 2026, 711 Rn. 10 ff.; aA Peukert ZUM 2026, 17 (19); Leistner GRUR 2026, 185 (191 f.); Konertz WRP 2026, 148 Rn. 10 ff.; BeckOK IT-Recht/Paul UrhG § 16 Rn. 7.

[208] LG München 11.11.2025 – 42 O 14139/24, GRUR 2025, 1917 Rn. 176 ff., 184 – GEMA/Open AI.

[209] BGH 1.7.1982 – I ZR 119/80, NJW 1983, 1199 – Presseberichterstattung und Kunstwerkwiedergabe II; BGH 4.5.2000 – I ZR 256/97, GRUR 2001, 51 (52); 12.11.2009 – I ZR 166/07, GRUR 2010, 616 Rn. 36 – marions-kochbuch.de; BT-Drs. IV/270, 47.

[210] LG München 11.11.2025 – 42 O 14139/24, GRUR 2025, 1917 Rn. 175, 189 f. – GEMA/Open AI.

[211] S. High Court of Justice of England and Wales, Getty Images v. Stability AI, 4.11.2025, [2025] EWHC 2863 (Ch) Rn. 600; United States District Court, Northern District of California, Bartz et al v. Anthropic PBC, Case 3:24-cv-05417-WHA, Order on Fair Use, 23.6.2025, S. 11 ff.

[212] So auch Dreier/Schulze/Raue UrhG § 16 Rn. 37; krit. Leistner GRUR 2026, 185 (193).

[213] So Peukert ZUM 2026, 17 (25); Konertz WRP 2026, 148 Rn. 15 f.

[214] Moser NJW 2026, 125 (128); Leistner GRUR 2026, 185 (192 f.).

[215] In diese Richtung Hofmann ZUM 2026, 63 (65); vgl. Leistner GRUR 2026, 185 (193).

[216] EuGH 13.11.2018 – C-310/17, GRUR 2019, 73 Rn. 40 ff. – Levola/Smilde; EuGH 12.9.2019 – C-683/17, GRUR 2019, 1185 Rn. 33 – Cofemel/G-Star; EuGH 11.6.2020 – C-833/18, GRUR 2020, 736 Rn. 25 – Brompton Bicycle.

nur infolge einer bestimmten Nutzeranfrage reproduziert werden können.[217] Die Lösung des LG München führt letztlich auch zu praktisch zweifelhaften Ergebnissen. So könnten bei Anknüpfung an den Output vom Betreiber des KI-Modells eingesetzte **Output-Filter,**[218] welche die Ausgabe geschützter Werke verhindern, den Beweis einer Memorisierung unmöglich machen.[219] Hier müsste man sogar fragen, ob bei Einsatz entsprechender Filter mangels Möglichkeit der mittelbaren Wahrnehmung nicht bereits eine Vervielfältigung ausscheiden würde.[220] Schließlich stellt sich hinsichtlich der Durchsetzung – insbesondere mit Blick auf die **Verhältnismäßigkeit** entsprechender Beseitigungsansprüche – die Frage, inwiefern Memorisierungen im Modell rückgängig gemacht werden können.[221] Andernfalls könnten Betreiber bei jeder nachgewiesenen Memorisierung gezwungen sein, das Modell völlig neu zu trainieren.[222] Nimmt man zudem an, dass für Vervielfältigungen im Modell keinerlei urheberrechtliche Schranken greifen (→ Rn. 191) und sich Memorisierungen beim Training nicht völlig verhindern lassen,[223] wäre das Herstellen und Betreiben von KI-Systemen praktisch nahezu unmöglich.[224]

In der dritten Phase ist das KI-System in der Lage, auf Prompts mit einem selbständig **186**
generierten **Output** zu reagieren. In solchen Fällen kann der Output eine Vervielfältigung (§ 16 UrhG), Bearbeitung (§ 23 UrhG) oder öffentliche Zugänglichmachung (§ 19a UrhG) geschützter Werke darstellen, sofern dieser nah an den zum Training verwendeten Werken liegt.[225] Da Rechtsinhaber gegen den rechtsverletzenden Output vorgehen können, ist eine Anknüpfung an das vorangegangene KI-Training nicht geboten. Dass es beim Output zu einer Vervielfältigung oder Bearbeitung kommt, dürfte aber schon jetzt eher die Ausnahme sein.[226] Durch **Output-Filter** können die Betreiber entsprechender Systeme Urheberrechtsverletzungen verhältnismäßig einfach unterbinden.[227]

3. Schranken des Urheberrechts

a) Vorübergehende Vervielfältigungshandlungen, § 44a UrhG

Man könnte in Erwägung ziehen, dass das KI-Training unter § 44a UrhG (Art. 5 Abs. 1 **187**
InfoSoc-RL) fällt. § 44a UrhG erlaubt **vorübergehende Vervielfältigungshandlungen,** die flüchtig oder begleitend sind und einen integralen und wesentlichen Teil eines technischen Verfahrens darstellen, sofern es deren alleiniger Zweck ist, eine Übertragung in einem Netz zwischen Dritten durch einen Vermittler oder eine rechtmäßige Nutzung eines Werkes oder sonstigen Schutzgegenstands zu ermöglichen, und die keine eigenständige

[217] Aus diesem Grund krit. Leistner GRUR 2024, 1665 (1669); Rauer/Bibi K&R 2026, 59 (61); aA LG München 11.11.2025 – 42 O 14139/24, GRUR 2025, 1917 Rn. 185; Lucchi, Generative AI and Copyright, 2025, S. 45.

[218] Open AI setzt mittlerweile entsprechende Filter ein, sodass die im Verfahren vor dem LG München streitgegenständlichen Werke nicht mehr im Output erscheinen.

[219] Leistner GRUR 2026, 185 (194); vgl. Hofmann ZUM 2026, 63 (64).

[220] Käde LTZ 2026, 71 (72); Schwartmann/Köhler NJW 2026, 711 Rn. 13; aA LG München 11.11.2025 – 42 O 14139/24, GRUR 2025, 1917 Rn. 189 – GEMA/Open AI, wonach die Wahrnehmbarmachung durch Zugriff auf die Parameter ausreicht; anders auch Sesing-Wagenpfeil ZGE 16 (2024), 212 (248 f.), sofern die Filter deaktiviert oder umgangen werden können.

[221] Vgl. Sesing-Wagenpfeil ZGE 16 (2024), 212 (259 ff.); Hofmann ZUM 2026, 63 (66); Apel/Kleinert GRUR-Prax 2026, 1 Rn. 46; Konertz WRP 2026, 148 Rn. 24.

[222] Peukert ZUM 2026, 17 (19); Konertz WRP 2026, 148 Rn. 24.

[223] Pesch KIR 2025, 457 (460): „zu einem gewissen Grad immanent"; ebenso Peukert ZUM 2026, 17 (19); Apel/Kleinert GRUR-Prax 2026, 1 Rn. 46, 53; Konertz WRP 2026, 148 Rn. 17.

[224] Peukert ZUM 2026, 17 (19); Konertz WRP 2026, 148 Rn. 24.

[225] LG München 11.11.2025 – 42 O 14139/24, GRUR 2025, 1917 Rn. 234 ff., 257 ff. – GEMA/Open AI; Dornis/Stober, Urheberrecht und Training generativer KI-Modelle, 2024, S. 80; Käde ZUM 2024, 174 (178); Leistner GRUR 2024, 1665 (1669); vgl. Maamar ZUM 2023, 481 (489 f.); Hofmann WRP 2024, 11 (15 f.).

[226] Schack NJW 2024, 113 (114); Käde ZUM 2024, 174 (182); Hoeren/Sieber/Holznagel MMR-HdB/John/Klostermeyer Teil 29.8 Rn. 18 ff.

[227] Konertz WRP 2026, 148 Rn. 25.

wirtschaftliche Bedeutung haben. Für den Betreiber des KI-Modells wäre die Schranke des § 44a UrhG günstig, da sie im Gegensatz zu § 44b UrhG **nicht die Möglichkeit eines Nutzungsvorbehalts** vorsieht (→ Rn. 198 ff.).

188 Hinsichtlich der Speicherung eines Datensatzes von Trainingsdaten für das KI-Training lässt sich bereits an der **Flüchtigkeit** dieser Vervielfältigung zweifeln, sofern die Daten nicht nur kurz gespeichert und nach dem Training sofort wieder gelöscht werden. Zwar kann die Begründung des LG Hamburg, die Löschung erfolge nicht „nutzerunabhängig“, sondern aufgrund einer bewussten Programmierung des Prozesses,[228] nicht überzeugen.[229] Die für die Flüchtigkeit erforderliche automatisierte Löschung geht bei § 44a UrhG stets auf eine entsprechende Programmierung des Systems zurück.[230] Trotzdem kann einer nur flüchtigen Vervielfältigung der Umstand entgegenstehen, dass die Trainingsdaten nach der Vervielfältigung für längere Zeit gespeichert werden, wie dies etwa bei der Erstellung eines Korpus der Fall ist.[231] Auch steht in Frage, ob es sich bei der Vervielfältigung zum Zwecke des KI-Trainings noch um einen **lediglich begleitenden Vorgang** handelt oder nicht bereits um einen wesentlichen und zielgerichteten Schritt zur Vorbereitung der Datenanalyse, der nicht von § 44a UrhG abgedeckt wird.[232] In jedem Fall scheitert die Anwendung des § 44a UrhG jedoch an dem Umstand, dass die zum Zwecke des KI-Trainings erfolgten Vervielfältigungen **eigenständige wirtschaftliche Bedeutung** haben.[233] Die Lizenzierung von Daten zu Trainingszwecken ist eine Nutzungsmöglichkeit mit wirtschaftlicher Bedeutung, was nicht zuletzt der bereits existierende Markt für Trainingsdaten belegt.[234]

b) Text und Data Mining, § 44b UrhG

189 Die für das KI-Training bedeutsamste Schranke ist das in § 44b UrhG (Art. 4 InfoSoc-RL) geregelte Text und Data Mining (TDM). Vervielfältigungen von Werken zum Zwecke des TDM sind nach § 44b Abs. 2 S. 1 UrhG grundsätzlich zulässig. Anders als § 60d UrhG erfasst die Norm auch das **kommerzielle TDM.**[235] Voraussetzung ist, dass es sich bei den für das KI-Training erfolgenden Prozessen tatsächlich um TDM iSv § 44b Abs. 1 UrhG handelt (→ Rn. 190 ff.). § 44b Abs. 2 UrhG verlangt die Rechtmäßigkeit des Zugangs sowie die spätere Löschung der Informationen (→ Rn. 196 f.). In § 44b Abs. 3 UrhG ist zudem vorgesehen, dass Rechtsinhaber einen Nutzungsvorbehalt erklären können, wobei sich hier besonders für das KI-Training eine Reihe von Fragen stellt (→ Rn. 198 ff.).

190 **aa) Vorliegen von Text und Data Mining iSv § 44b Abs. 1 UrhG.** Wesentliche Frage für das Eingreifen des § 44b UrhG ist, ob es sich beim KI-Training überhaupt um TDM im Sinne der Vorschrift handelt. Nach § 44b Abs. 1 UrhG geht es beim Text und Data Mining um „die automatisierte Analyse von einzelnen oder mehreren digitalen oder digitalisierten Werken, um daraus Informationen insbesondere über Muster, Trends und Korrelationen zu gewinnen“.[236] Während vereinzelte Stimmen die Anwendung des § 44b UrhG ablehnen,[237] bejaht die ganz hM mittlerweile zu Recht die **Anwendung des § 44b**

---

[228] LG Hamburg 27.9.2024 – 310 O 227/23, GRUR 2024, 1710 Rn. 35 – LAION.

[229] Zu Recht krit. Leistner GRUR 2024, 1665 (1666); Antoine ZUM 2025, 245 (268).

[230] Leistner GRUR 2024, 1665 (1666); Rauer/Bibi WRP 2025, 33 (34).

[231] De la Durantaye ZUM 2023, 645 (647); Hofmann WRP 2024, 11 (13); Dornis/Stober, Urheberrecht und Training generativer KI-Modelle, 2024, S. 89; Kunitz LTZ 2025, 10 (13).

[232] LG Hamburg 27.9.2024 – 310 O 227/23, GRUR 2024, 1710 Rn. 37 – LAION; Matras/Grosmann MMR 2024, 978; Hofmann WRP 2024, 11 (13); Rauer/Bibi WRP 2025, 33 (34 f.); Antoine ZUM 2025, 245 (268).

[233] Hofmann WRP 2024, 11 (13); Schack NJW 2024, 113 (114); Dornis/Stober, Urheberrecht und Training generativer KI-Modelle, 2024, S. 92; Dregelies GRUR 2024, 1484 (1485); Leistner GRUR 2024, 1665 (1666); Kunitz LTZ 2025, 10 (13); Rauer/Bibi WRP 2025, 33 (35); Antoine ZUM 2025, 245 (268).

[234] Hofmann WRP 2024, 11 (13); Rauer/Bibi WRP 2025, 33 (35).

[235] Schack NJW 2024, 113 (114); Stieper/Denga GRUR 2024, 1473 (1474); → Kap. 10 Rn. 46.

[236] Allg. zu § 44b UrhG bereits → Kap. 10 Rn. 41 ff.

[237] Dornis/Stober, Urheberrecht und Training generativer KI-Modelle, 2024, S. 94; Lucchi, Generative AI and Copyright, 2025, S. 42.

UrhG beim KI-Training.[238] Dem sind das LG Hamburg und das OLG Hamburg im **LAION-Verfahren** für Verwertungshandlungen im Vorfeld des KI-Trainings gefolgt, auch wenn in der Urteilsbegründung ausdrücklich offen gelassen wurde, ob das KI-Training als TDM verstanden werden könne.[239] Im zugrunde liegenden Fall hatte ein gemeinnütziger Verein eine Datenbank mit insgesamt 5,85 Mrd. Bild-Text-Paaren kostenfrei zur Verfügung gestellt, welche eine Liste mit Hyperlinks zu im Internet öffentlich verfügbaren Bildern sowie eine Bildbeschreibung enthielt.[240] Diese Datenbank kann zum KI-Training verwendet werden, auch wenn das KI-Training selbst nicht Gegenstand der Entscheidung war. Die Anwendung von § 44b UrhG auf Vervielfältigungshandlungen im Vorfeld des KI-Trainings hat nun auch das LG München angenommen.[241]

Im Hinblick auf den **Wortlaut** lässt sich zunächst feststellen, dass im Rahmen des KI- 191
Trainings die vervielfältigten Werke auf statistische Wahrscheinlichkeiten über Wortkombinationen oder Bildzusammensetzungen und damit auf Muster und Korrelationen untersucht werden, wie § 44b Abs. 1 UrhG es fordert.[242] Die Datenanalyse zum Zwecke des KI-Trainings mag sich grundlegend vom „klassischen" TDM unterscheiden.[243] Gerade die bewusst weit formulierte Definition in § 44b Abs. 1 UrhG („insbesondere") und Art. 2 Nr. 2 DSM-RL[244] („unter anderem – aber nicht ausschließlich") zeigt jedoch, dass auch diese unter die Schranke fällt.[245] Vereinzelt wird bezweifelt, ob ein **Informationsgewinn** im Sinne der Norm stattfindet.[246] Allerdings werden im KI-Modell aus den Trainingsdaten ermittelte statistische Informationen in Form von Parametern gespeichert, welche eine neu gewonnene Information iSv § 44b Abs. 1 UrhG darstellen.[247] Es ist nicht erforderlich, dass die gewonnenen Informationen wahrnehmbar sein oder sich extrahieren lassen müssen.[248] Nimmt man mit dem LG München zudem eine Vervielfältigung durch **Memorisierung** im Modell an (→ Rn. 185), kann diese **nicht unter die Schranke des § 44b UrhG** gefasst werden, weil die Vervielfältigungen dann nicht mehr der weiteren **Datenanalyse** dienen, sondern das System in die Lage versetzen sollen, Prompts zu beantworten, was über den Zweck des TDM hinausgeht.[249] Außerdem handelt es sich bei dieser Vervielfältigung nicht mehr um TDM, welches nur die Auswertung des informationellen Gehalts der Werke, nicht jedoch deren vollständige Speicherung erfasst.[250] Hier wird die praktische Konsequenz der Lösung des LG München deutlich: Den Betreibern von KI-Systemen dürfte das Eingreifen der Schranke des § 44b UrhG für die Vorbereitung des KI-Trainings wenig helfen, wenn die

---

[238] Bomhard DSRITB 2023, 255 (259); de la Durantaye ZUM 2023, 645 (651); Hofmann WRP 2024, 11 (13); Käde KIR 2024, 162 (164); Stieper/Denga GRUR 2024, 1473 (1475); Dregelies GRUR 2024, 1484 (1486); Leistner GRUR 2024, 1665 (1666); Konertz/Schönhof WRP 2024, 289 (295); Dreier/Schulze/Dreier UrhG § 44b Rn. 5; Martini/Wendehorst/Bernsteiner/Schmitt KI-VO Art. 53 Rn. 32; Antoine ZUM 2025, 245 (271); Grimm/Münster GRUR-Prax 2025, 443 (445); BeckOK UrhR/Bomhard UrhG § 44b Rn. 11a; Spindler/Schuster/Kaesling/Pesch UrhG § 44b Rn. 17.

[239] OLG Hamburg 10.12.2025 – 5 U 104/24, GRUR 2026, 398 Rn. 57 ff., 70 ff. – LAION; LG Hamburg 27.9.2024 – 310 O 227/23, GRUR 2024, 1710 Rn. 39–41 – LAION.

[240] LG Hamburg 27.9.2024 – 310 O 227/23, GRUR 2024, 1710 – LAION.

[241] LG München 11.11.2025 – 42 O 14139/24, GRUR 2025, 1917 Rn. 196 ff. – GEMA/Open AI.

[242] LG Hamburg 27.9.2024 – 310 O 227/23, GRUR 2024, 1710 Rn. 42 – LAION; Hofmann WRP 2024, 11 (13); Käde KIR 2024, 162 (165); Dregelies GRUR 2024, 1484 (1486); Dreier/Schulze/Dreier UrhG § 44b Rn. 5.

[243] Dornis/Stober, Urheberrecht und Training generativer KI-Modelle, 2024, S. 101.

[244] Richtlinie (EU) 2019/790 des Europäischen Parlaments und des Rates vom 17.4.2019 über das Urheberrecht und die verwandten Schutzrechte im digitalen Binnenmarkt und zur Änderung der Richtlinien 96/9/EG und 2001/29/EG, ABl. 2019 L 130, 92.

[245] Rauer/Bibi WRP 2025, 33 (35); BeckOK UrhR/Bomhard UrhG § 44b Rn. 11a.

[246] Dornis/Stober, Urheberrecht und Training generativer KI-Modelle, 2024, S. 101 f.

[247] Kunitz LTZ 2025, 10 (13); BeckOK UrhR/Bomhard UrhG § 44b Rn. 11a; Spindler/Schuster/Kaesling/Pesch UrhG § 44b Rn. 19.

[248] Spindler/Schuster/Kaesling/Pesch UrhG § 44b Rn. 19.

[249] LG München 11.11.2025 – 42 O 14139/24, GRUR 2025, 1917 Rn. 206, 211 – GEMA/Open AI; Sesing-Wagenpfeil ZGE 16 (2024), 212 (251); Pesch KIR 2025, 457 (458); Hofmann ZUM 2026, 63 (66).

[250] LG München 11.11.2025 – 42 O 14139/24, GRUR 2025, 1917 Rn. 203 – GEMA/Open AI; Spindler/Schuster/Kaesling/Pesch UrhG § 44b Rn. 21.

beim Training angenommenen Memorisierungen nicht unter diese Schranke fallen. Sollte die Memorisierung beim Training nicht sicher verhindert werden können, wäre das KI-Training auf dieser Grundlage (bis zur möglichen Einführung einer neuen Schranke) folglich urheberrechtlich von keiner Schranke gedeckt.[251]

192 Das **Telos** des § 44b UrhG spricht ebenfalls nicht gegen die Anwendung beim KI-Training. Entscheidend für das TDM ist, dass nur die in den Daten verborgene Information, nicht aber der Inhalt der geistigen Schöpfung genutzt wird.[252] Dementsprechend werden beim TDM selbst genau genommen keine Verwertungsrechte verletzt. Zu Verwertungshandlungen kommt es vielmehr hauptsächlich im Vorfeld des eigentlichen TDM. Einige differenzieren hier streng zwischen Semantik und Syntax und beschränken den Anwendungsbereich von § 44b UrhG auf die Übernahme **semantischer Informationen.**[253] In der Folge wird darauf abgestellt, beim KI-Training würden auch **syntaktische Bestandteile** der in den Trainingsdaten enthaltenen Werke verwertet, da andernfalls die Herstellung von „kreativem KI-Output“ gar nicht möglich wäre.[254] Der Zugriff auf die Syntax sei sogar gerade Ziel des Trainings, damit menschliche (kreative) Leistungen optimal imitiert werden können.[255] Dieses Argument kann jedoch nur eingeschränkt überzeugen. Wenn man nicht ohnehin annehmen will, dass beim KI-Training keine Übernahme syntaktischer Informationen stattfindet,[256] lässt sich jedenfalls in Frage stellen, ob § 44b UrhG tatsächlich auf die Erfassung semantischer Informationen beschränkt ist.[257] Sofern hier darauf abgestellt wird, dass der geistige Inhalt der Werke erfasst werde, um die Generierung von inhaltsgleichen Konkurrenzerzeugnissen zu ermöglichen,[258] differenziert diese Argumentation überdies nicht hinreichend zwischen den verschiedenen Stufen des KI-Trainings und -Einsatzes (→ Rn. 183 ff.). Für die Beurteilung der urheberrechtlichen Zulässigkeit des Erstellens einer Datenbank für das KI-Training kann es nicht auf den damit im Ergebnis angestrebten KI-Output ankommen.[259] Dies muss allein schon deshalb gelten, weil zum Zeitpunkt der Datensammlung und des KI-Trainings der spätere Einsatz und Output noch nicht mit Sicherheit vorhersehbar sind.[260]

193 Auch die **Gesetzgebungsgeschichte** wird gegen eine Anwendung des § 44b UrhG auf das KI-Training ins Feld geführt. So habe der europäische Gesetzgeber bei Einführung der TDM-Schranke mit der **DSM-RL im Jahr 2019** das KI-Training noch gar nicht bedacht, was sich daran zeige, dass KI weder im Richtlinientext noch in den Erwägungsgründen Erwähnung findet.[261] Während zwar grundsätzlich eingeräumt werden kann, dass der Gesetzgeber sich im Jahr 2019 noch nicht des vollen Potentials generativer KI-Systeme bewusst war,[262] kann bereits diese Annahme in Zweifel gezogen werden. Es finden sich durchaus Dokumente aus dem Gesetzgebungsverfahren, die belegen, dass Überlegungen zum Thema Künstliche Intelligenz im Zusammenhang mit der TDM-Schranke angestellt worden sind.[263] Überdies kann lediglich aus der unterlassenen Erwähnung nicht geschlossen

---

251 Vgl. LG München 11.11.2025 – 42 O 14139/24, GRUR 2025, 1917 Rn. 209 – GEMA/Open AI; Spindler/Schuster/Kaesling/Pesch UrhG § 44b Rn. 21.
252 Söbbing/Schwarz RDi 2023, 415 (417); Schack NJW 2024, 113 (114).
253 Dornis/Stober, Urheberrecht und Training generativer KI-Modelle, 2024, S. 102.
254 Dornis/Stober, Urheberrecht und Training generativer KI-Modelle, 2024, S. 102, 105 ff.; ebenso Schack NJW 2024, 113 (114); Lucchi, Generative AI and Copyright, 2025, S. 46 f.
255 Dornis GRUR 2024, 1676 (1680).
256 Maamar ZUM 2023, 481 (483); Hofmann WRP 2024, 11 (14 f.).
257 Käde KIR 2024, 162 (166); Kuschel/Rostam ZUM 2025, 71 (73); in diese Richtung auch LG Hamburg 27.9.2024 – 310 O 227/23, GRUR 2024, 1710 Rn. 45 – LAION; Rauer/Bibi WRP 2025, 33 (36).
258 Dornis/Stober, Urheberrecht und Training generativer KI-Modelle, 2024, S. 121; Schack NJW 2024, 113 (114).
259 LG Hamburg 27.9.2024 – 310 O 227/23, GRUR 2024, 1710 Rn. 47 – LAION.
260 Vgl. LG Hamburg 27.9.2024 – 310 O 227/23, GRUR 2024, 1710 Rn. 47 – LAION.
261 Dornis/Stober, Urheberrecht und Training generativer KI-Modelle, 2024, S. 121, 123; Dornis GRUR 2024, 1676 (1683); Schack NJW 2024, 113 (114).
262 Insoweit zutr. Dornis GRUR 2024, 1676 (1683).
263 Kommission, Künstliche Intelligenz für Europa, COM(2018) 237 final, 12 Fn. 35; Rosati, The Exception for Text and Data Mining (TDM) in the Proposed Directive on Copyright in the Digital Single Market – Technical Aspects, PE 604.942, 2 f.

werden, dass neue technologische Phänomene wie KI von der Vorschrift nicht erfasst werden. Entscheidend muss vielmehr sein, ob die Vorschrift in einer Weise konzipiert wurde, die sie offen für die Erfassung neuer technischer Entwicklungen macht. Gerade dies ist bei Art. 4 DSM-RL der Fall, wie Erwgr. 18 DSM-RL belegt. Demnach soll die TDM-Schranke die Entwicklung neuer Technologien unterstützen und Innovationen fördern,[264] was entscheidend für ein **technologieoffenes Verständnis des Art. 4 DSM-RL** spricht.[265] Schon bei Umsetzung der DSM-RL im Jahr 2021 hat der deutsche Gesetzgeber außerdem die Bedeutung der TDM-Schranke für das KI-Training betont.[266]

Daneben ist die Argumentation mit dem Willen des historischen Gesetzgebers mitt- **194**
lerweile durch die weiteren gesetzgeberischen Entwicklungen überholt worden. **Art. 53 Abs. 1 lit. c KI-VO** statuiert für Anbieter von KI-Modellen mit allgemeinem Verwendungszweck die Pflicht, eine **Strategie zur Einhaltung des Urheberrechts** zu entwickeln, wobei insbesondere die Ermittlung und Einhaltung eines nach Art. 4 Abs. 3 DSM-RL erklärten Rechtsvorbehalts sichergestellt werden soll. Aus dieser Vorschrift sowie den zugehörigen Erwgr. 105, 106 KI-VO geht eindeutig hervor, dass das Erstellen eines Datensatzes zum KI-Training der Schranke des Art. 4 DSM-RL unterfällt.[267] Damit hat der europäische Gesetzgeber seinen Willen jedenfalls dahingehend aktualisiert, dass das KI-Training unter die Schranke des Art. 4 DSM-RL fallen soll.[268] Insofern wird zwar teilweise in Frage gestellt, ob die KI-VO tatsächlich den Anwendungsbereich der TDM-Schranke ausweiten solle, weil der Wortlaut von Art. 53 Abs. 1 lit. c KI-VO das Text und Data Mining nur als einen speziellen Fall benenne („insbesondere").[269] Zudem handele es sich bei der KI-VO um einen Rechtsakt aus dem Bereich des Produktsicherheitsrechts, sodass es systemwidrig wäre, dort eine weitreichende Regelung auf dem Gebiet des europäisch ohnehin stark diskutierten Urheberrechts zu verorten.[270] Umgekehrt kann aus diesem Umstand aber auch eine **bewusste Entscheidung des europäischen Gesetzgebers** zur Regelung dieses bereits im Vorfeld der DSM-RL aufgekommenen und im Rahmen des Trilogs zur KI-VO diskutierten Aspekts abgeleitet werden, die in der nun bestehenden Kompromissregelung mündete.[271] Sieht man in Art. 4 DSM-RL richtigerweise eine von vornherein technologieoffene Regelung, handelt es sich auch keineswegs um eine weitgehende Regelung, sondern eher um eine Klarstellung.

Schließlich sind auch die Voraussetzungen des **Drei-Stufen-Tests** nach Art. 7 Abs. 2 S. 1 **195**
DSM-RL iVm Art. 5 Abs. 5 InfoSoc-RL erfüllt.[272] Den Interessen des Rechtsinhabers wird durch die Möglichkeit eines Nutzungsvorbehalts (→ Rn. 198 ff.) hinreichend Rechnung getragen. Wird der erstellte Datensatz zum Training eines KI-Modells genutzt, kann der

---

264 Vgl. Erwgr. 18 UAbs. 1 S. 1 und 4 DSM-RL; s. auch BT-Drs. 19/27426, 87.

265 OLG Hamburg 10.12.2025 – 5 U 104/24, GRUR 2026, 398 Rn. 74 – LAION; de la Durantaye ZUM 2023, 645 (651); Hofmann WRP 2024, 11 (13); Leistner GRUR 2024, 1665 (1669); Grützmacher CR 2024, 756 (757 f.); Dregelies GRUR 2024, 1484 (1486); Rauer/Bibi WRP 2025, 33 (36).

266 BT-Drs. 19/27426, 60: „Diese ist für das maschinelle Lernen als Basis-Technologie für Künstliche Intelligenz von besonderer Bedeutung.".

267 OLG Hamburg 10.12.2025 – 5 U 104/24, GRUR 2026, 398 Rn. 73 – LAION; LG Hamburg 27.9.2024 – 310 O 227/23, GRUR 2024, 1710 Rn. 49 – LAION; Stieper/Denga GRUR 2024, 1473 (1475); Dregelies GRUR 2024, 1484 (1486); Dreier/Schulze/Dreier UrhG § 44b Rn. 5; Martini/Wendehorst/Bernsteiner/Schmitt KI-VO Art. 53 Rn. 32; Antoine ZUM 2025, 245 (271); BeckOK UrhR/Bomhard UrhG § 44b Rn. 11b; BeckOK KI-Recht/Schneider KI-VO Art. 53 Rn. 22; krit. Grützmacher CR 2024, 756 (757); Matras/Grosmann MMR 2024, 978 (979).

268 Leistner GRUR 2024, 1665 (1669); Rauer/Bibi WRP 2025, 33 (36).

269 Dornis/Stober, Urheberrecht und Training generativer KI-Modelle, 2024, S. 131 f.; Dornis GRUR 2024, 1676 (1684 f.); Lucchi, Generative AI and Copyright, 2025, S. 53.

270 Dornis/Stober, Urheberrecht und Training generativer KI-Modelle, 2024, S. 132 f.; Dornis GRUR 2024, 1676 (1685); vgl. de la Durantaye ZUM 2023, 645 (656): „Fremdkörper".

271 Rauer/Bibi WRP 2025, 33 (36); zur Diskussion Wendt/Wendt Das neue KI-Recht/Wendt § 11 Rn. 48.

272 OLG Hamburg 10.12.2025 – 5 U 104/24, GRUR 2026, 398 Rn. 111 ff. – LAION; LG Hamburg 27.9.2024 – 310 O 227/23, GRUR 2024, 1710 Rn. 51 ff. – LAION; Leistner GRUR 2024, 1665 (1670); Stieper/Denga GRUR 2024, 1473 (1475); aA Dornis/Stober, Urheberrecht und Training generativer KI-Modelle, 2024, S. 155; Lucchi, Generative AI and Copyright, 2025, S. 44.

durch generative KI erzeugte Output durchaus in Konkurrenz zu Werken von menschlichen Urhebern treten. Dies kann jedoch nicht dazu führen, dass bereits die Erstellung des Trainingsdatensatzes eine Beeinträchtigung der Verwertungsrechte darstellt, wenn der künftige KI-Output zu diesem Zeitpunkt noch gar nicht feststeht (→ Rn. 192).[273] Dafür spricht schließlich auch der Umstand, dass die Verwendung der durch TDM gewonnenen Informationen zum KI-Training sich nie völlig ausschließen lässt.[274]

196 **bb) Rechtmäßig zugänglich und Löschpflicht, § 44b Abs. 2 UrhG.** § 44b Abs. 2 S. 1 UrhG beschränkt die Zulässigkeit des TDM auf rechtmäßig zugängliche Werke. Ausweislich des Wortlauts kommt es dabei nicht darauf an, ob die Werke rechtmäßig zugänglich gemacht worden sind, sondern allein darauf, ob sie für Betreiber des TDM **rechtmäßig zugänglich** sind.[275] Dies ist der Fall bei frei im Internet zugänglichen sowie vom Nutzer lizenzierten Werken.[276] Aus dem **„right to read"** folgt das **„right to mine"**.[277] Es scheiden alle Fälle aus, in denen zunächst Schutzhindernisse überwunden werden müssen, um Zugang zu den Inhalten zu erlangen.[278] Vervielfältigungen dieser Werke zum Zwecke des TDM sind nach § 44b Abs. 2 S. 1 UrhG erlaubt. Anders als bei § 44a UrhG sind grundsätzlich auch Bearbeitungen von § 44b UrhG erfasst (vgl. § 23 Abs. 3 UrhG).[279] Die Norm gilt auch für die Vervielfältigung von Teilen einer Datenbank sui generis (§ 87c Abs. 1 Nr. 4 UrhG) sowie Computerprogrammen (§ 69d Abs. 4 UrhG).

197 Die angefertigten Vervielfältigungen müssen nach § 44b Abs. 2 S. 2 UrhG **gelöscht** werden, sofern sie nicht mehr für das TDM erforderlich sind. Für das KI-Training kann dies jedoch Probleme bereiten. So ist bei vielen KI-Modellen ein fortdauerndes Training notwendig, welches den wiederholten Zugriff auf die Trainingsdaten erforderlich macht.[280] Gleichzeitig ermöglicht die Aufbewahrung der Trainingsdaten deren nachträgliche Überprüfung im Hinblick auf Rechtskonformität, Repräsentativität, Genauigkeit und Vollständigkeit.[281] Insofern kann sich über die Löschverpflichtung ein Konflikt zu den aus der KI-VO folgenden **Dokumentationspflichten** ergeben, welche eine dauerhafte Speicherung voraussetzen.[282] Insbesondere Art. 53 Abs. 1 lit. d KI-VO fordert ausdrücklich eine hinreichend detaillierte Zusammenfassung der für das KI-Training verwendeten Inhalte.[283]

198 **cc) Erklärung eines Nutzungsvorbehalts, § 44b Abs. 3 UrhG.** Sieht man das KI-Training als nach § 44b UrhG zulässiges TDM an, erlangt § 44b Abs. 3 UrhG besondere Bedeutung. § 44b Abs. 3 S. 1 UrhG ermöglicht Rechtsinhabern, einen Nutzungsvorbehalt zu erklären, welcher die Nutzung der Werke für das TDM ausschließt. Rechtsinhaber können somit grundsätzlich verhindern, dass ihre geschützten Inhalte für das KI-Training

---

[273] Vgl. OLG Hamburg 10.12.2025 – 5 U 104/24, GRUR 2026, 398 Rn. 119 – LAION; LG Hamburg 27.9.2024 – 310 O 227/23, GRUR 2024, 1710 Rn. 53 – LAION.

[274] LG Hamburg 27.9.2024 – 310 O 227/23, GRUR 2024, 1710 Rn. 54 – LAION.

[275] Dreier/Schulze/Dreier UrhG § 44b Rn. 8; Bomhard DSRITB 2023, 255 (261); Hofmann WRP 2024, 11 (13); Schack NJW 2024, 113 (114); Rauer/Bibi WRP 2025, 33 (36); → Kap. 10 Rn. 47.

[276] BT-Drs. 19/27426, 88; vgl. Erwgr. 18 UAbs. 2 S. 1 DSM-RL.

[277] Maamar ZUM 2023, 481 (483); de la Durantaye ZUM 2023, 645 (659); Hofmann WRP 2024, 11 (14 f.); Rauer/Bibi WRP 2025, 33 (36); Spindler/Schuster/Kaesling/Pesch UrhG § 44b Rn. 27; zuerst wohl Murray-Rust, The Right to Read Is the Right to Mine, 1.6.2012, www.blog.okfn.org/2012/06/01/the-right-to-read-is-the-right-to-mine/.

[278] Spindler/Schuster/Kaesling/Pesch UrhG § 44b Rn. 28.

[279] Käde KIR 2024, 162; krit. für das KI-Training mit Blick auf das Merkmal „ausschließlich technisch bedingt" in § 23 Abs. 3 UrhG Dornis/Stober, Urheberrecht und Training generativer KI-Modelle, 2024, S. 135.

[280] Bomhard DSRITB 2023, 255 (262); Schack NJW 2024, 113 (114); Spindler/Schuster/Kaesling/Pesch UrhG § 44b Rn. 34; → Kap. 10 Rn. 51.

[281] Bomhard DSRITB 2023, 255 (263).

[282] Bomhard DSRITB 2023, 255 (263); Schack NJW 2024, 113 (114); Dornis/Stober, Urheberrecht und Training generativer KI-Modelle, 2024, S. 139; Spindler/Schuster/Kaesling/Pesch UrhG § 44b Rn. 34; → Kap. 10 Rn. 51.

[283] S. dazu die Vorlage der Kommission, www.digital-strategy.ec.europa.eu/en/library/explanatory-notice-and-template-public-summary-training-content-general-purpose-ai-models.

verwendet werden. Entscheidend sind daher die Voraussetzungen und Reichweite dieser auch in Art. 53 KI-VO in Bezug genommenen **Opt-out-Möglichkeit.** Hinsichtlich der Person des Erklärenden versteht das LG Hamburg den Begriff des **Rechtsinhabers** weit und will neben dem Urheber auch Rechtsnachfolger sowie Inhaber abgeleiteter Nutzungsrechte unter die Vorschrift subsumieren, wobei selbst einfache Nutzungsrechte genügen sollen, was vor allem unter praktischen Gesichtspunkten überzeugt.[284] Die Erklärung des Nutzungsvorbehalts kann als rechtsgeschäftsähnliche Handlung qualifiziert werden, für welche in entsprechender Anwendung der §§ 164 ff. BGB auch die Stellvertretung möglich ist.[285]

In richtlinienkonformer Auslegung ist im Einklang mit Art. 4 Abs. 3 DSM-RL eine **199** ausdrückliche Erklärung zu fordern, welche sich zweifelsfrei auf einen bestimmten Inhalt und eine bestimmte Nutzung bezieht.[286] Es ist dabei möglich, den Vorbehalt für sämtliche Inhalte einer Website zu erklären.[287] In formaler Hinsicht verlangt § 44b Abs. 3 S. 2 UrhG bei online zugänglichen Werken die **Maschinenlesbarkeit** des Nutzungsvorbehalts, wobei der Begriff bisher ungeklärt ist.[288] Mit Blick auf den Zweck der Vorschrift kommt es für die Maschinenlesbarkeit auf die Möglichkeit der algorithmischen Verarbeitung des Vorbehalts an.[289] Überwiegend wird die Maschinenlesbarkeit bei einem Ausschluss durch den sog. **Robots Exclusion Standard** (robots.txt-Datei) angenommen, welcher auch bisher schon verwendet wird, um den Crawlern von Suchmaschinen vorzugeben, welche Inhalte sie indexieren dürfen.[290] Jedenfalls diese Möglichkeit wird auch im „Code of Practice for General-Purpose AI Models" zur Konkretisierung des Art. 53 Abs. 1 lit. c KI-VO aufgeführt.[291] Dies kann für den Webseitenbetreiber aber nachteilhaft sein, wenn so nicht nur das TDM, sondern auch die Indexierung und damit die Auffindbarkeit über Suchmaschinen verhindert wird.[292] Perspektivisch muss sich ein entsprechender Standard, der für den Ausschluss der Indexierung bereits existiert, auch für das TDM durchsetzen.[293] Hier bietet sich das – bislang nur als Vorschlag für einen W3C-Standard existierende – TDM Reservation Protocol an.[294]

Unterschiedlich bewertet wird, ob der Vorbehalt in entsprechend codierter Form vor- **200** liegen muss[295] oder ob auch ein **Nutzungsvorbehalt in natürlicher Sprache** als maschi-

[284] LG Hamburg 27.9.2024 – 310 O 227/23, GRUR 2024, 1710 Rn. 60 – LAION; ähnlich OLG Hamburg 10.12.2025 – 5 U 104/24, GRUR 2026, 398 Rn. 89, 92 – LAION: jedenfalls bei Zustimmung des Urhebers oder Inhabers ausschließlicher Nutzungsrechte; zust. Leistner GRUR 2024, 1665 (1671); Antoine ZUM 2025, 245 (269); aA Rauer/Bibi WRP 2025, 33 (38), welche die Befugnis auf die Inhaber ausschließlicher Nutzungsrechte beschränken wollen.

[285] Leistner GRUR 2024, 1665 (1671); Rauer/Bibi WRP 2025, 33 (38).

[286] LG Hamburg 27.9.2024 – 310 O 227/23, GRUR 2024, 1710 Rn. 63 – LAION; Hamann ZGE/IPJ 2024, 113 (134); so auch BT-Drs. 19/27426, 89.

[287] LG Hamburg 27.9.2024 – 310 O 227/23, GRUR 2024, 1710 Rn. 64 – LAION.

[288] Ausf. zu den Anforderungen an die Maschinenlesbarkeit Hamann ZGE/IPJ 2024, 113 (144 ff.).

[289] OLG Hamburg 10.12.2025 – 5 U 104/24, GRUR 2026, 398 Rn. 103 – LAION; BT-Drs. 19/27426, 89; Leistner GRUR 2024, 1665 (1672); vgl. Erwgr. 18 UAbs. 2 S. 2 DSM-RL.

[290] Söbbing/Schwarz RDi 2023, 415 (418); Bomhard DSRITB 2023, 255 (267); Konertz/Schönhof WRP 2024, 289 (296); Wendt/Wendt Das neue KI-Recht/Wendt § 11 Rn. 45; Dreier/Schulze/Dreier UrhG § 44b Rn. 9; Kunitz LTZ 2025, 10 (14 f.); krit. Hamann ZGE/IPJ 2024, 113 (151 ff.).

[291] Kommission, Code of Practice for General-Purpose AI Models, 10.7.2025, https://digital-strategy.ec.europa.eu/en/policies/contents-code-gpai, Copyright Chapter, S. 5 Measure 1.3; dazu Wendt/Wendt Das neue KI-Recht/Wendt § 11 Rn. 51 ff.

[292] Bomhard DSRITB 2023, 255 (267); Schack NJW 2024, 113 (116); Wendt/Wendt Das neue KI-Recht/Wendt § 11 Rn. 45; BeckOK UrhR/Bomhard UrhG § 44b Rn. 34; Grimm/Münster GRUR-Prax 2025, 443 (445).

[293] Maamar ZUM 2023, 481 (484); Hofmann WRP 2024, 11 (14); Stieper/Denga GRUR 2024, 1473 (1475 f.).

[294] W3C Community Group Final Report, 16.2.2022, www.w3.org/community/reports/tdmrep/CG-FINAL-tdmrep-20220216/; dazu Bomhard DSRITB 2023, 255 (267 f.); BeckOK UrhR/Bomhard UrhG § 44b Rn. 35 ff.; Spindler/Schuster/Kaesling/Pesch UrhG § 44b Rn. 42.

[295] Dafür Maamar ZUM 2023, 481 (484); Hamann ZGE/IPJ 2024, 113 (131); Hoeren MMR 2024, 978; Stieper/Denga GRUR 2024, 1473 (1475 f.); Kunitz LTZ 2025, 10 (14); BeckOK UrhR/Bomhard UrhG § 44b Rn. 31; Spindler/Schuster/Kaesling/Pesch UrhG § 44b Rn. 40.

nenlesbar qualifiziert werden kann – es also ausreicht, wenn dieser maschinell erfassbar ist.[296] Es kommt entscheidend darauf an, ob ein Nutzungsvorbehalt zum Zeitpunkt der betroffenen Nutzungshandlung maschinenlesbar ist, wofür der jeweilige Stand der Technik maßgeblich ist.[297] Im Rahmen einer an einem angemessenen Interessenausgleich orientierten Auslegung sollte einerseits den Rechtsinhabern eine möglichst einfache sowie praktikable Möglichkeit zur Erklärung eines Nutzungsvorbehalts zur Verfügung stehen und sollten andererseits Vorbehalte nach dem jeweiligen Stand der Technik unter verhältnismäßigem Aufwand durch Nutzer automatisiert berücksichtigt werden können.[298] Dabei ist zu beachten, dass Art. 53 Abs. 1 lit. c KI-VO den **Einsatz modernster Technologien** verlangt, wozu auch KI-Systeme gezählt werden müssen.[299] Moderne KI-Modelle sind durchaus in der Lage, natürliche Sprache zu verarbeiten und einen entsprechenden Nutzungsvorbehalt zu berücksichtigen.[300] Dem wird teilweise entgegengehalten, die Konsequenz dieser Lösung sei, dass die Analyse auf mögliche Nutzungsvorbehalte durch ein KI-Modell seinerseits ein vorgeschaltetes TDM erfordern würde, was auf einen Zirkelschluss hinauslaufe.[301] Dieser Einwand vermag jedoch nicht zu überzeugen, da eine entsprechende Überprüfung bereits nach § 44a UrhG zulässig wäre.[302] Aufgrund der technischen Möglichkeiten zum Zeitpunkt der Nutzungshandlung (2021) hat das OLG Hamburg im Fall LAION die Maschinenlesbarkeit abgelehnt.[303] Mit Blick auf die seither erfolgten Entwicklungen gerade im Bereich KI (ChatGPT wurde Ende 2022 veröffentlicht) sprechen gute Gründe dafür, dies für spätere Nutzungshandlungen anders zu bewerten.[304] Probleme kann zwar der Umstand bereiten, dass keine standardisierten Formulierungen existieren und nicht einmal die Sprache der Erklärung festgelegt ist, was die Erfassung durch Algorithmen erschwert.[305] Hier sollte es jedoch genügen, von den Betreibern des TDM angemessene Vorkehrungen zur Berücksichtigung von Vorbehalten zu fordern. Jedenfalls bei **einfach und klar formulierten** Vorbehalten kommt eine Erfassung durch moderne KI-Modelle in Betracht. Hilfreich kann es außerdem sein, die Nutzung für Zwecke des TDM oder des KI-Trainings explizit auszuschließen.[306] In diesem Fall kann auch ein Nutzungsvorbehalt in natürlicher Sprache, der sich etwa in den AGB oder dem Impressum findet, der Voraussetzung der Maschinenlesbarkeit genügen.[307] Andernfalls besteht die Gefahr, unangemessen hohe Anforderungen an Urheber zu stellen, denen möglicherweise das technische Know-how fehlt, um einen technisch codierten Vorbehalt zu erklären, was die Wirksamkeit des Opt-out-Mechanismus gefährden würde.[308]

---

[296] Dafür OLG Hamburg 10.12.2025 – 5 U 104/24, GRUR 2026, 398 Rn. 102 – LAION (Maschinenlesbarkeit aber im konkreten Fall abgelehnt); LG Hamburg 27.9.2024 – 310 O 227/23, GRUR 2024, 1710 Rn. 67 – LAION; Grützmacher CR 2024, 756 (757); Rauer/Bibi WRP 2025, 33 (37); Antoine ZUM 2025, 245 (270 f.); Nordemann/Waiblinger NJW 2026, 738; BeckOK IT-Recht/Paul UrhG § 44b Rn. 5; in diese Richtung tendierend auch Schwartmann/Köhler NJW 2026, 711 Rn. 36 und → Kap. 10 Rn. 48.

[297] OLG Hamburg 10.12.2025 – 5 U 104/24, GRUR 2026, 398 Rn. 104 – LAION; Hoeren MMR 2026, 148 (149); Rostam GRUR 2026, 376 (378).

[298] Antoine ZUM 2025, 245 (270); Rauer/Bibi WRP 2025, 33 (37); Kuschel/Rostam ZUM 2025, 71 (73).

[299] LG Hamburg 27.9.2024 – 310 O 227/23, GRUR 2024, 1710 Rn. 68 – LAION; Leistner GRUR 2024, 1665 (1672).

[300] Leistner GRUR 2024, 1665 (1673); Rauer/Bibi WRP 2025, 33 (37).

[301] Hamann ZGE/IPJ 2024, 113 (148).

[302] LG Hamburg 27.9.2024 – 310 O 227/23, GRUR 2024, 1710 Rn. 69 – LAION; Leistner GRUR 2024, 1665 (1672); Rauer/Bibi WRP 2025, 33 (37).

[303] OLG Hamburg 10.12.2025 – 5 U 104/24, GRUR 2026, 398 Rn. 105 – LAION.

[304] Vgl. OLG Hamburg 10.12.2025 – 5 U 104/24, GRUR 2026, 398 Rn. 106 ff. – LAION; Grützmacher RDi 2026, 97 (101).

[305] Maamar ZUM 2023, 481 (484); Bomhard DSRITB 2023, 255 (266); BeckOK UrhR/Bomhard UrhG § 44b Rn. 31; Spindler/Schuster/Kaesling/Pesch UrhG § 44b Rn. 40.

[306] Dies war im zugrundeliegenden Sachverhalt der LAION-Entscheidung nicht der Fall, OLG Hamburg 10.12.2025 – 5 U 104/24, GRUR 2026, 398 Rn. 108 – LAION.

[307] Vgl. OLG Hamburg 10.12.2025 – 5 U 104/24, GRUR 2026, 398 Rn. 102 – LAION; s. auch BT-Drs. 19/27426, 89; Erwgr. 18 DSM-RL.

[308] Rauer/Bibi WRP 2025, 33 (38).

Wie der Wortlaut bereits nahelegt, trägt die **Beweislast** für das Fehlen eines Nutzungsvorbehalts der **Nutzer,** dh derjenige, der das TDM bzw. KI-Training durchführt.[309] Auch aus diesem Grund bietet sich eine längerfristige Speicherung und Dokumentierung der Trainingsdaten an.[310] Anstatt das Nichtvorliegen in jedem Einzelfall zu prüfen, kann nachgewiesen werden, dass hinreichende Vorkehrungen getroffen wurden, um Nutzungsvorbehalte zuverlässig zu erkennen.[311] Der **Rechtsinhaber** wiederum muss nachweisen, dass ein (nicht erweislich fehlender) Nutzungsvorbehalt unter angemessenem Aufwand unter Einsatz modernster Technologie aufgefunden und verarbeitet werden konnte (dh maschinenlesbar ist).[312] Für die Praxis werden neben der Umsetzung des Opt-out vor allem dessen Konsequenzen bedeutsam. Die Möglichkeit des Nutzungsvorbehalts entspricht dem erklärten Ziel der DSM-RL, den Lizenzmarkt zu stärken (vgl. Erwgr. 3, 18 DSM-RL). Beim TDM erscheint es jedoch angesichts der betroffenen Datenmengen unrealistisch, dass Anbieter von KI-Modellen in Lizenzverhandlungen mit einzelnen Urhebern treten.[313] Das Europäische Parlament hat sich zuletzt dafür ausgesprochen, zusätzliche Vorschriften für die Lizenzierung einzuführen.[314] Während der Idee einer globalen Lizenz für das KI-Training eine klare Absage erteilt wird, werden freiwillige **kollektive Lizenzen** befürwortet, wobei die Nutzung geschützter Konkurrenzangebote nur mit ausdrücklicher Zustimmung der Rechteinhaber erlaubt sein soll.[315] Zu denken ist hier auch an die **kollektiven Lizenzen mit erweiterter Wirkung** (§§ 51 ff. VGG).[316] 201

c) Text und Data Mining für Zwecke der wissenschaftlichen Forschung, § 60d UrhG

Für den Fall, dass das TDM zum Zwecke der wissenschaftlichen Forschung durchgeführt wird, ist dieses nach § 60d Abs. 1 UrhG zulässig. Die Vorschrift geht über § 44b UrhG hinaus, indem **keine Möglichkeit eines Nutzungsvorbehalts** vorgesehen ist. Im Gegenzug ist § 60d UrhG auf das **nichtkommerzielle TDM durch Forschungsorganisationen** beschränkt (vgl. § 60d Abs. 2 S. 2 Nr. 1 UrhG). Für den Fall des KI-Trainings dürfte § 60d UrhG nur ausnahmsweise zur Anwendung gelangen. Einen solchen Anwendungsfall betraf das LAION-Verfahren, da die Datenbank von einem gemeinnützigen Verein erstellt wurde (→ Rn. 190).[317] Wesentlich für das KI-Training ist, dass unter den Begriff der wissenschaftlichen Forschung auch **vorbereitende Arbeitsschritte** fallen, die einen späteren Erkenntnisgewinn erst ermöglichen sollen.[318] Die Nutzung der erstellten Datenbank durch kommerzielle Unternehmen zum KI-Training soll den nichtkommerziellen Zweck der kostenfrei angebotenen Datenbank zudem nicht beeinträchtigen, was im Sinne einer 202

---

[309] OLG Hamburg 10.12.2025 – 5 U 104/24, GRUR 2026, 398 Rn. 81 – LAION; BT-Drs. 19/27426, 89; Bomhard DSRITB 2023, 255 (264); Maamar ZUM 2023, 481 (485); Hamann ZGE/IPJ 2024, 113 (127 f.); Leistner GRUR 2024, 1665 (1674); Dreier/Schulze/Dreier UrhG § 44b Rn. 9; Wandtke/Bullinger/Bullinger UrhG § 44b Rn. 10; Grimm/Münster GRUR-Prax 2025, 443 (445); → Kap. 10 Rn. 48.

[310] Bomhard DSRITB 2023, 255 (264 f.).

[311] Bomhard DSRITB 2023, 255 (264 f.); Maamar ZUM 2023, 481 (485).

[312] OLG Hamburg 10.12.2025 – 5 U 104/24, GRUR 2026, 398 Rn. 89 – LAION; Hamann ZGE/IPJ 2024, 113 (128); Leistner GRUR 2024, 1665 (1674); Grimm/Münster GRUR-Prax 2025, 443 (445).

[313] Maamar ZUM 2023, 481 (486); Dregelies GRUR 2024, 1484 (1487).

[314] Europäisches Parlament, Entschließung vom 10. März 2026 zu dem Urheberrecht und generativer künstlicher Intelligenz – Chancen und Herausforderungen, P10_TA(2026)0066, Nr. 2, 9.

[315] Europäisches Parlament, Entschließung vom 10. März 2026 zu dem Urheberrecht und generativer künstlicher Intelligenz – Chancen und Herausforderungen, P10_TA(2026)0066, Nr. 6, 21.

[316] Ausf. Pukas GRUR 2023, 614.

[317] OLG Hamburg 10.12.2025 – 5 U 104/24, GRUR 2026, 398 Rn. 125 ff. – LAION; LG Hamburg 27.9.2024 – 310 O 227/23, GRUR 2024, 1710 Rn. 73 ff. – LAION.

[318] OLG Hamburg 10.12.2025 – 5 U 104/24, GRUR 2026, 398 Rn. 142 – LAION; LG Hamburg 27.9.2024 – 310 O 227/23, GRUR 2024, 1710 Rn. 76 – LAION; zust. Leistner GRUR 2024, 1665 (1667); Rauer/Bibi WRP 2025, 33 (38); Antoine ZUM 2025, 245 (268).

wissenschaftsfreundlichen Auslegung überzeugt.[319] Dass durch diese Betrachtung das Risiko einer Umgehung der engeren Erlaubnisnorm des § 44b UrhG geschaffen wird, ist in der Praxis wohl eher unwahrscheinlich.[320]

4. Anwendbares Recht und Durchsetzung

203 Nach dem **Schutzlandprinzip** (Art. 8 Abs. 1 Rom II-VO) bestimmt sich das anwendbare Recht danach, für welches Land ein Rechtsinhaber Schutz beansprucht. Zudem kann im Urheberrecht aufgrund des **Territorialitätsprinzips** ein inländisches Schutzrecht grundsätzlich nur durch Handlungen in diesem Land verletzt werden.[321] Daraus folgt, dass die Vorschriften der Union zum Urheberrecht grundsätzlich nicht maßgeblich sind, wenn das KI-Training in Drittstaaten stattfindet.[322] Allerdings ist zu beachten, dass in **Art. 53 Abs. 1 lit. c KI-VO** auf das Urheberrecht der Union und Art. 4 DSM-RL Bezug genommen wird. Da die KI-VO nicht nur für Anbieter mit Sitz in der Union, sondern für sämtliche Anbieter, die KI-Modelle mit allgemeinem Verwendungszweck in der Union in Verkehr bringen, Geltung entfaltet (vgl. Art. 2 Abs. 1 lit. a KI-VO), könnte dies auch für diese Anbieter die Anwendung des europäischen Urheberrechts nach dem Marktortprinzip zur Folge haben (s. auch Erwgr. 106 S. 3 KI-VO).[323] Alternativ könnte man Art. 53 Abs. 1 lit. c KI-VO nur dann anwenden, wenn nach dem einschlägigen Kollisionsrecht europäisches Urheberrecht gilt.[324] Vorzugswürdig erscheint eine differenzierte Betrachtung, wonach die Pflicht aus Art. 53 Abs. 1 lit. c KI-VO zur Entwicklung einer Strategie zur Einhaltung des Urheberrechts auf sämtliche Anbieter im Anwendungsbereich der KI-VO Anwendung findet, ohne damit jedoch die Pflicht zur Einhaltung des europäischen Urheberrechts zu verknüpfen.[325]

204 Kommt es im Rahmen des KI-Trainings zu Verletzungen geschützter Rechte – etwa weil ein Nutzungsvorbehalt nicht beachtet wurde – stehen den Rechtsinhabern Ansprüche nach **§ 97 UrhG** zu, deren praktische Umsetzung und Wirksamkeit jedoch Probleme bereitet. Aufgrund der regelmäßig angenommenen Irreversibilität des KI-Trainings dürften Unterlassungs- und Beseitigungsansprüche häufig ins Leere laufen, während sich mit Schadensersatzansprüchen nur geringe Beträge erreichen lassen.[326] Sofern die betroffenen Werke bereits zum KI-Training verwendet worden sind, ist damit auch ein nachträglich erklärter Nutzungsvorbehalt nur wenig wirkungsvoll. Aus praktischer Perspektive stellt sich schließlich die Frage, inwiefern Verletzungen der Pflichten aus Art. 53 Abs. 1 lit. c KI-VO auch im Rahmen privatrechtlicher Ansprüche geltend gemacht werden können.[327] Eine Durchsetzung über **§ 823 Abs. 2 BGB** iVm Art. 53 Abs. 1 lit. c und d KI-VO sowie **§ 3a UWG** iVm Art. 53 lit. c und d KI-VO erscheint grundsätzlich möglich, wobei neben Schadens-

---

319 OLG Hamburg 10.12.2025 – 5 U 104/24, GRUR 2026, 398 Rn. 172 – LAION; LG Hamburg 27.9.2024 – 310 O 227/23, GRUR 2024, 1710 Rn. 81 – LAION; Leistner GRUR 2024, 1665 (1667 f.); Antoine ZUM 2025, 245 (268); aA Rauer/Bibi WRP 2025, 33 (38), die fordern, dass auch (wahrscheinliche) Anschlussnutzungen nichtkommerzieller Natur sein müssen.

320 Antoine ZUM 2025, 245 (268 f.); zu möglichen Risiken vgl. Rauer/Bibi WRP 2025, 33 (38 f.); Lucchi, Generative AI and Copyright, 2025, S. 55.

321 Martini/Wendehorst/Bernsteiner/Schmitt KI-VO Art. 53 Rn. 35; Stieper/Denga GRUR 2024, 1473 (1477); Dregelies GRUR 2024, 1484 (1488); Merkle/Voßberg GRUR-Prax 2025, 93 (94).

322 De la Durantaye ZUM 2023, 645 (653); Schack NJW 2024, 113 (115); Hofmann WRP 2024, 11 (14); Stieper/Denga GRUR 2024, 1473 (1477); Leistner GRUR 2024, 1665 (1674); Antoine ZUM 2025, 245 (271 f.).

323 Dafür Maamar ZUM 2023, 481 (486); Nordemann/Rasouli ZUM 2024, 780 (781); Stieper/Denga GRUR 2024, 1473 (1479); de la Durantaye AfP 2024, 9 Rn. 40.

324 Vgl. Peukert GRUR-Int 2024, 497 (506): „minimalist interpretation".

325 Ebenso Dregelies GRUR 2024, 1484 (1490); Antoine ZUM 2025, 245 (272). Unklar wäre auch, was als „Urheberrecht der Union" zu verstehen wäre, da das Urheberrecht in der Union maßgeblich auf nicht unmittelbar anwendbaren Richtlinien beruht, Leistner GRUR 2024, 1665 (1674).

326 De la Durantaye ZUM 2023, 645 (652); → Rn. 185.

327 Dazu Dornis/Stober, Urheberrecht und Training generativer KI-Modelle, 2024, S. 174 ff.; Nordemann/Rasouli ZUM 2024, 780.

ersatz- insbesondere an Unterlassungsansprüche zu denken ist (§§ 823 Abs. 2, 1004 BGB bzw. § 8 UWG).[328]

V. Urheberrecht: Grenzen der Datenanalyse aus dem Datenbankherstellerrecht, §§ 87b ff. UrhG

Siehe zu diesem Themenkomplex auch
– Urheberrecht → Kap. 10 Rn. 15 ff.

Wie bereits oben ausgeführt,[329] ist für den Schutz von Daten de lege lata vor allem das Datenbankherstellerrecht relevant. Es soll daher im Hinblick auf die Nutzung von Daten näher dargestellt werden, wie weit der Schutz nach §§ 87b ff. UrhG reicht und wo die Grenzen liegen, insbesondere mit Blick auf die Datenanalyse, aber auch die sonstige Nutzung von Daten. **205**

1. Ausnahme Art. 43 Data Act

Der Gesetzgeber hat in **Art. 43 Data Act Maschinendaten** vom Schutz der Datenbankherstellerrecht ausgenommen.[330] Dahinter stand die Überlegung, dass die erhobenen Daten unmittelbar nach der Sammlung einer geschützten Datenbank zugeführt werden müssen und eine Anwendung des Datenbankherstellerrechts den Zugang zu den Daten stark behindern kann. Nach Art. 43 Data Act findet das Datenbankherstellerrecht **keine Anwendung,** wenn Daten mittels eines in den Anwendungsbereich des Data Act – insbesondere Art. 4 und 5 – fallenden vernetzten Produkts oder verbundenen Dienstes erlangt oder erzeugt wurden. Diese **Ausschlussklausel** ist nicht ganz klar hinsichtlich ihrer **Reichweite.**[331] An überzeugendsten ist eine Interpretation als Ausnahme vom Anwendungsbereich des Datenbankrechts für Datenbanken, die Maschinendaten enthalten, und nicht lediglich eine Einschränkung für Fälle eines konkreten Konflikts mit Zugangsrechten nach Art. 4, 5 Data Act.[332] Unklar ist, inwieweit „mixed databases", die sowohl maschinengenerierte als auch sonstige Daten enthalten, von der Ausschlussklausel erfasst werden. Dies ließe sich lösen durch eine Abgrenzung, wonach der Ausschluss eingreift, wenn nicht der Hersteller nachweist, dass die Datenbank überwiegend aus nicht-maschinengenerierten Daten besteht.[333] **206**

---

[328] Vgl. Nordemann/Rasouli ZUM 2024, 780 (785, 787); Dregelies GRUR 2024, 1484 (1491); Martini/Wendehorst/Bernsteiner/Schmitt KI-VO Art. 53 Rn. 36; aA Stieper/Denga GRUR 2024, 1473 (1483); Antoine ZUM 2025, 245 (273).

[329] → Kap. 2 Rn. 34 ff.

[330] Dies war Gegenstand der Begleitstudie zum Data Act, De Michiel ua, Study to support an impact assessment for the review of the Database Directive, Final Report, Brussels, 2022, S. 122 ff., https://digital-strategy.ec.europa.eu/en/library/impact-assessment-report-and-support-studies-accompanying-proposal-data-act; vgl. auch Wiebe GRUR 2023, 227 (228); Wiebe GRUR 2023, 1569 (1574). Eingehend zum Data Act Drexl ua, Position Statement of the MPI of 25 May 2022 on the Proposal for a Data Act; Leistner/Antoine, IPR and the use of open data and data sharing initiatives by public and private actors, 2022; Metzger/Schweitzer ZEuP 2023, 42 ff. Hennemann/Steinrötter NJW 2022, 1481 ff.; Specht-Riemenschneider MMR 2022, 809 ff.

[331] Vgl. auch Kim MMR 2024, 87 (90).

[332] Vgl. auch Sattler/Zech Data Act/Wiebe S. 149 (150 ff.); Drexl ua, 'Position Statement of the Max Planck Institute for Innovation and Competition of 25 May 2022 on the Commission's Proposal of 23 February 2022 for a Regulation on harmonised rules on fair access to and use of data (Data Act)' (2022) Max Planck Institute for Innovation and Competition Research Paper No 22-05, Rn. 256 ff.; Metzger/Schweitzer ZEuP 2023, 42 (73).

[333] Vgl. Wiebe GRUR 2023, 227 (230); vgl. auch Metzger/Schweitzer ZEuP 2023, 42 (73): MGD umfasst"predominantly"; Drexl ua, Position Statement, 2022, S. 91 Rn. 255.

Zu beachten bleibt, dass aggregierte Daten nicht vom Anwendungsbereich des Data Act und damit von der Ausschlussklausel erfasst werden.

2. Verbotene Nutzungshandlungen, § 87b UrhG

207 Die verbotenen Nutzungshandlungen werden in § 87b Abs. 1 umschrieben. Die Befugnisse des Herstellers umfassen danach die Vervielfältigung, Verbreitung und öffentliche Wiedergabe, wobei über die Aufzählung in § 15 Abs. 2 S. 2 auch das Recht der öffentlichen Zugänglichmachung umfasst ist. Die Rechtsverletzung beschränkt sich nicht auf eine Entnahme oder Weiterverwendung aus der ursprünglichen Datenbank, sondern auch eine Kopie der Datenbank kann Gegenstand unzulässiger Verwertungshandlungen sein. Nach Art. 7 Abs. 2a und b der RL ist dem Hersteller zum einen die Entnahme als ständige oder vorübergehende Übertragung der Gesamtheit oder eines wesentlichen Teils des Inhalts einer Datenbank auf einen anderen Datenträger („medium") zugeordnet.[334] Entsprechend einem **weiten Verständnis** soll es nur darauf ankommen, dass sich die Gesamtheit oder ein Teil der Datenbank auf einem anderen **Datenträger** als dem der Ursprungsdatenbank **wiederfindet.**[335] Unerheblich ist, ob die Übertragung auf technischem Wege erfolgt oder mittels eines manuellen Verfahrens, etwa Abschreibens.[336] Erfasst werden muss im Einklang mit dem Vervielfältigungsbegriff des Urheberrechts auch die Speicherung im Arbeitsspeicher.[337] Ein **Indiz** für eine Übernahme stellt es dar, wenn die materiellen und technischen Merkmale des Inhalts der geschützten Datenbank auch im Inhalt der Datenbank eines anderen Herstellers auftauchen, wenn sich diese Übereinstimmung nicht durch andere Faktoren erklären lässt.[338]

208 Anders als das Urheberrecht geht es beim Sui-generis-Recht nicht um die Übernahme in der gleichen Form, sondern um den Schutz der Investition, der im gleichen Maße berührt ist, wenn die Daten nach der Übernahme in einer anderen Anordnung dargestellt werden.[339] Dadurch ergibt sich noch kein Schutz der in den Daten enthaltenen Informationen als solchen, da diese auch anderweitig bezogen werden können und es nur um die Entnahme der Daten aus der geschützten Datenbank geht. Auch der Zweck der Übernahme, etwa die Frage, ob die andere Datenbank in Wettbewerb mit der Ursprungsdatenbank steht oder nicht, ist für das Eingreifen des Schutzes unerheblich. Erfasst ist damit auch das sog. **„Screen Scraping"**, nämlich die Übernahme etwa von Daten von Reiseveranstaltern oder Flugdaten aus fremden Angeboten, technisch oder manuell.[340]

209 Im Mittelpunkt steht der Bezug auf die geschützte Investition. In der Indexierung und Abspeicherung von Webseiten sah der EuGH eine Übertragung des Inhalts auf einen anderen Datenträger. Weiterhin erforderlich für eine Entnahme iSv § 87b UrhG ist, dass die Entnahme dazu führen muss, dem Datenbankhersteller Einnahmen zu entziehen, die es ihm ermöglichen sollen, die Kosten dieser Investition zu amortisieren.[341] Die Feststellung der Beeinträchtigung der geschützten Investition beinhaltet auch eine **Interessenabwägung,** bei der gegenläufige Interessen wie der Zugang der Allgemeinheit Berücksichtigung finden

---

[334] Auch die Übernahme von Daten in eine Zeitschrift ist als „Entnahme" anzusehen, vgl. BGH 21.4.2005 – I ZR 1/02, GRUR 2005, 940 (942) – Marktstudien.

[335] Vgl. auch EuGH 5.3.2009 – C-545/07, CR 2009, 725 (737).

[336] EuGH 9.10.2008 – C-304/07, CR 2009, 4 Rn. 33 ff. – Directmedia; EuGH 5.3.2009 – C-545/07, GRUR-Int 2009, 501 Rn. 40 – Apis-Hristovich EOOD/Lakorda AD; krit. dazu Schricker/Loewenheim/Vogel UrhG § 87b Rn. 16 ff.

[337] Vgl. Dreier/Schulze/Dreier UrhG § 87b Rn. 4; BGH 22.6.2011 – I ZR 159/10, GRUR 2011, 1018 Rn. 40 – Automobil-Onlinebörse.

[338] EuGH 5.3.2009 – C-545/07, GRUR-Int 2009, 501 Rn. 51 – Apis-Hristovich EOOD/Lakorda AD.

[339] BGH 1.12.2010 – I ZR 196/08, CR 2011, 498 Rn. 31 – Zweite Zahnarztmeinung II; BGH 22.6.2011 – I ZR 159/10, K&R 2011, 641 Rn. 38 – Automobil-Onlinebörse.

[340] OLG Frankfurt a. M. 5.3.2009 – 6 U 221/08, CR 2009, 390. Eingehend zum „Screen Scraping" Wandtke/Bullinger/Hermes UrhG § 87b Rn. 81 ff.

[341] EuGH 3.6.2021 – C-762/19, GRUR 2021, 1075 Rn. 37 ff. – CV-Online/Melons; ähnlich bereits EuGH 19.12.2013 – C-202/12, GRUR-Int 2014, 279 – Innoweb/Wegener.

können, etwa der Beitrag zur Strukturierung von Informationen, der Erleichterung der Suche im Internet und damit des reibungslosen Funktionierens des Internets.[342]

Eine Grenze des Schutzes zieht der EuGH bei der **Zugänglichmachung** der Datenbank 210 gegenüber Dritten. Bis zu diesem Zeitpunkt kann der Datenbankhersteller den Zugang vorbehalten, auch gegenüber bestimmten Personen, oder von bestimmten Voraussetzungen abhängig machen, etwa Zahlung eines Entgelts. Hat er aber die Datenbank einmal öffentlich zugänglich gemacht, kann er sich dem Abfragen „zu Informationszwecken" durch Dritte nicht mehr verweigern.

Weiterhin umfasst das Datenbankherstellerrecht die Verbreitung und öffentliche Wieder- 211 gabe der Gesamtheit oder eines wesentlichen Teils des Inhalts der Datenbank. Ausgenommen ist das Verleihen. Dies umfasst auch die Daten von Dritten, solange sich die Quelle der Daten auf die Herstellerdatenbank zurückverfolgen lässt.[343] Wie bei der Entnahme gehört es nach der CV/Melons-Entscheidung des EuGH auch bei der Weiterverwendung zu den Voraussetzungen, dass dem Datenbankhersteller durch das Verhalten Einnahmen entgehen, die es ihm ermöglichen sollen, die Kosten dieser **Investitionen** zu **amortisieren.**[344] Der **Erschöpfungsgrundsatz** gilt beim Datenbankherstellerrecht nicht für die Online-Übermittlung.[345] Der EuGH hat die für Software im UsedSoft-Fall angenommene Erschöpfung bei Online-Übermittlung[346] zentral auf die Besonderheiten der Computerprogramm-RL gestützt und für sonstige Werke in der Entscheidung „Tom Kabinet" ausgeschlossen.

Das Datenbankherstellerrecht kennt kein gesondertes **Bearbeitungsrecht.** Darauf 212 kommt es aber nicht an, weil die Entnahme von Teilen der Datenbank häufig unter einen der Tatbestände des § 87b fällt.[347] Insofern ist mittlerweile auch einhellig anerkannt, dass eine Verwertung der entnommenen Daten in veränderter Form, ein Re-Arrangement, an der Verletzung des Datenbankherstellerrechts nichts ändern kann.

3. Schutzumfang des Datenbankherstellerrechts

Die Feststellung des Vorliegens einer der umschriebenen Verwertungshandlungen ist erst der 213 erste Schritt. Weiterhin ist noch einmal nach Art und Umfang der Verwertung zu differenzieren. Nach § 87b Abs. 1 S. 1 umfasst das Recht des Datenbankherstellers zunächst die Verwertung eines nach Art und Umfang **wesentlichen Teils** der Datenbank. Hier sollen die zur Wesentlichkeit der Investition vorgenommenen Konkretisierungen entsprechend Anwendung finden.[348] Dabei wird auch eine Wechselwirkung zwischen Investition und Schutzumfang angenommen.[349] Zu berücksichtigen sind Art und Umfang des entnommenen Teils im Verhältnis zur gesamten Datenbank. In **quantitativer** Hinsicht ist abzustellen

---

[342] EuGH 3.6.2021 – C-762/19, GRUR 2021, 1075 Rn. 37 ff. – CV-Online/Melons; vgl. auch Handig GRUR-Prax 2021, 381; Stieper jurisPR-WettbR 09/2021 Anm. 1; v. Ungern-Sternberg GRUR 2022, 3 (14).

[343] EuGH 9.11.2004 – C-203/02, GRUR 2005, 244 Rn. 56–58, 64–66 – The British Horseracing Board Ltd./William Hill Organization Ltd.

[344] EuGH 3.6.2021 – C-762/19, GRUR 2021, 1075 Rn. 37 – CV-Online/Melons.

[345] EuGH 9.11.2004 – C-203/02, GRUR 2005, 244 Rn. 59 – The British Horseracing Board Ltd./William Hill Organization Ltd.; aA mit Hinweis auf den primärrechtlichen Grundsatz der Warenverkehrsfreiheit Dreier/Schulze/Dreier UrhG § 87b Rn. 18. Zur Beschränkung der Erschöpfungswirkung auf das Verbreitungsrecht vgl. BGH 21.4.2005 – I ZR 1/02, GRUR 2005, 940 (942) – Marktstudien.

[346] EuGH 3.7.2012 – C-128/11, GRUR 2012, 904 – UsedSoft; vgl. dazu etwa Schneider/Spindler CR 2012, 489 (497); Hilty CR 2012, 625 (635); Senftleben NJW 2012, 2924 (2925).

[347] Schricker/Loewenheim/Vogel UrhG § 87b Rn. 23; Dreier/Schulze/Dreier UrhG § 87b Rn. 3; EuGH 5.3.2009 – C-545/07, GRUR-Int 2009, 501 Rn. 44, 48, 55 – Apis-Hristovich EOOD/Lakorda AD; BGH 1.12.2010 – I ZR 196/08, CR 2011, 498 Rn. 31 – Zweite Zahnarztmeinung II; BGH 22.6.2011 – I ZR 159/10, K&R 2011, 641 Rn. 38 – Automobil-Onlinebörse; BGH 21.7.2005 – I ZR 290/02, MMR 2005, 754 (756) – Hit Bilanz.

[348] Vgl. Schricker/Loewenheim/Vogel UrhG § 87b Rn. 24.

[349] Vgl. Fromm/Nordemann/Czychowski UrhG § 87b Rn. 8.

auf das entnommene Volumen im Verhältnis zum Volumen der gesamten Datenbank.[350] In quantitativer Hinsicht schwankt die Rechtsprechung zwischen 75 Prozent der Informationen[351] und einem Zehntel.[352] In **qualitativer** Hinsicht hat der EuGH die Betrachtung strikt auf die in den entnommenen Teil geflossene selbständig feststellbare **Investition** beschränkt.[353] Damit kann der Wert und auch die Bedeutung für den Nutzer nicht in die Betrachtung einbezogen werden.

214 Anders als im Urheberrecht wird die **Struktur der Datenbank** nicht durch das Datenbankherstellerrecht geschützt. Diese betrifft das dahinter stehende Ordnungssystem, nicht aber die Daten selbst, und kann daher weder als wesentlicher noch als unwesentlicher Teil angesehen werden.[354] Wenn allerdings die gesamte Datenbank kopiert wird, kann man die in die Konzeption der Datenbank geflossenen Investitionen kaum ausschließen. Dann wird man die Investitionen von der Schutzbegründung in die Struktur aber als solche in die Darstellung des Datenbankinhalts ansehen müssen.

215 Ein **Datenabgleich** kann eine wesentliche Entnahme darstellen, wenn die **Abweichungen** in einer Liste festgehalten oder gleich in die Datenbank der Beklagten übernommen wurden.[355] Diese Abweichungen bezogen sich im entschiedenen Fall auf die von der Klägerin aktualisierten Daten, wobei sich ein Großteil der von der Klägerin jährlich aufgewendeten Personalkosten in Höhe von 200.000 EUR auf diese Aktualisierung bezog. Schon die einmalige Übernahme aller Änderungen reiche aus. Allerdings stellt der BGH auch hier letztendlich darauf ab, dass die Aktualisierungen den „eigentlichen wirtschaftlichen Wert" der Datenbank verkörpern, was sich nach der dargestellten Rechtsprechung des EuGH nur dann vertreten lässt, wenn es mit den in die Änderungen geflossenen Investitionen verknüpft wird.

216 **Wiederholte Zugriffe** auf Datenbanken über das Internet in automatisierter Form durch **Suchmaschinen** können auch erfasst sein. Der BGH hatte einen Fall zu entscheiden, bei der der Nutzer mittels automatisierten Verfahrens Verkaufsanzeigen auf Online-Automobilbörsen nutzen konnte, ohne die einzelnen Börsen zu besuchen.[356] Das Gericht kam zum Ergebnis, dass wegen der zwingend vorgesehenen Einschränkung durch Suchkriterien keine Entnahme eines wesentlichen Teiles vorliege. Das OLG Hamburg folgte diesem Ansatz und sah in der Entnahme von Datensätzen einzelner Flugverbindungen aus einer Flugdatenbank keine Nutzung eines wesentlichen Teils der Datenbank.[357] Entscheidend wurde darauf abgestellt, dass wegen der zwingend vorgesehenen **Einschränkung der Suche durch Suchkriterien** (mindestens Marke und Modell) keine Entnahme eines wesentlichen Teiles durch den einzelnen Nutzer vorliege. Dies gelte auch kumulativ für die Zugriffe der Nutzer, weil die Suchanfragen der einzelnen Nutzer durch die Eingabe von Suchkriterien bereits hinreichend eingeschränkt seien.[358]

217 Diese Rechtsprechung ist jedoch durch eine spätere Entscheidung des EuGH zum Anbieten einer Metasuchmaschine, zum Durchsuchen einer Vielzahl von Online-Autobörsen anhand von Nutzern eingegebener Suchkriterien **überholt.**[359] Nach Ansicht des

---

[350] EuGH 9.11.2004 – C-203/02, GRUR 2005, 244 Rn. 70 – The British Horseracing Board Ltd./William Hill Organization Ltd.; EuGH 5.3.2009 – C-545/07, GRUR-Int 2009, 501 Rn. 59 – Apis-Hristovich EOOD/Lakorda AD; vgl. auch LG München I 18.9.2001 – 7 O 6910/01, MMR 2002, 58 (59).

[351] BGH 13.8.2009 – I ZR 130/04, MMR 2010, 41 – Gedichttitelliste III.

[352] BGH 1.12.2010 – I ZR 196/08, CR 2011, 498 (499) – Zweite Zahnarztmeinung II.

[353] EuGH 9.11.2004 – C-203/02, GRUR 2005, 244 Rn. 71 f., 77 f. – The British Horseracing Board Ltd./ William Hill Organization Ltd.; vgl. auch BGH 22.6.2011 – I ZR 159/10, GRUR 2011, 1018 Rn. 62 – Automobil-Onlinebörse.

[354] OLG Frankfurt a. M. 17.9.2002 – 11 U 67/00, MMR 2003, 45 (48) – IMS Health; vgl. auch BGH 1.12.2010 – I ZR 196/08, CR 2011, 498 (499) – Zweite Zahnarztmeinung II.

[355] BGH 30.4.2009 – I ZR 191/05, CR 2009, 735 (738) – Elektronischer Zolltarif.

[356] BGH 22.6.2011 – I ZR 159/10, K&R 2011, 641 – Automobil-Onlinebörse; Vorinstanz OLG Hamburg 18.8.2010 – 5 U 62/09, CR 2011, 47 – AUTOBINGOOO II.

[357] OLG Hamburg 24.10.2012 – 5 U 38/10, BeckRS 2012, 22946.

[358] Vgl. aber Kahler/Helbig WRP 2012, 48 (51 f.).

[359] EuGH 19.12.2013 – C-202/12, GRUR-Int 2014, 279 – Innoweb/Wegener.

EuGH liegt eine Weiterverwendung der Gesamtheit oder eines **wesentlichen Teils** des Inhalts einer geschützten Datenbank vor, wenn ein Wirtschaftsteilnehmer eine spezialisierte Metasuchmaschine ins Internet stelle, sofern diese

- dem Nutzer ein Suchformular zur Verfügung stellt, das im Wesentlichen dieselben Optionen wie das Suchformular der Datenbank bietet;
- die Suchanfragen der Endnutzer „in Echtzeit" in die Suchmaschine übersetzt, mit der die Datenbank ausgestattet ist, so dass alle Daten dieser Datenbank durchsucht werden, und
- dem Endnutzer die gefundenen Ergebnisse unter dem Erscheinungsbild ihrer Webseite präsentiert […].[360]

Weil die **gesamte Datenbank dem Nutzer verfügbar** gemacht werde, komme es nicht **218** mehr auf die Zahl der tatsächlich gefundenen oder angezeigten Ergebnisse an. Auf die Schutzfreiheit der Abfrage könne sich nur der Nutzer berufen. Konsequent angewendet würde dies generell die Anwendung von § 19a auf Suchmaschinen zur Folge haben.[361] Auch Online-Reiseportale, die auf ähnliche Weise Fluginformationen aus Flugdatenbanken im Wege des **„Screen Scraping"** entnehmen und ihren Nutzern zur Verfügung stellen, dürften danach relevante Entnahme- und Weiterverwertungshandlungen vornehmen.[362] .

Auch insoweit hat aber nunmehr die **CV/Melons-Entscheidung** des EuGH eine neue **219** Lage geschaffen mit deutlicher Tendenz zur Zulässigkeit von Suchmaschinen.[363] In diesem Falle ging es um eine spezialisierte Suchmaschine, die Stellenangebote auf Websites indexiert und auf eigenen Servern gespeichert und dort mittels eines eigenen Suchformulars Suchanfragen ermöglichte. Zwar nahm der EuGH trotz der unterschiedlichen technischen Ausgestaltung auch in diesem Fall Entnahme- und Weiterverwendungshandlungen an, ergänzte dies aber durch eine **Interessenabwägung,** die den Schaden für die Investition, aber auch das Interesse der Nutzer und Wettbewerber an der Funktionsfähigkeit des Internet und Zugang zu Informationen berücksichtigt. Danach ist ein **angemessenes Gleichgewicht** herzustellen zwischen dem legitimen Interesse der Hersteller von Datenbanken, in der Lage zu sein, ihre wesentlichen Investitionen zu amortisieren, einerseits und dem Interesse der Nutzer und der Wettbewerber dieser Hersteller, Zugang zu den in diesen Datenbanken enthaltenen Informationen zu erhalten, sowie der Möglichkeit, innovative Produkte auf der Grundlage dieser Informationen zu erstellen, andererseits.[364] Berücksichtigt wurde der **Mehrwert für den Informationssektor** in der Schaffung einer einheitlichen Schnittstelle für Nutzer und der damit verbesserten Suche. Auch wenn immer eine Abwägung im Einzelfall erforderlich ist, ist der Einsatz von Suchmaschinen sehr oft im Interesse der Transparenz und Funktionsfähigkeit des Internet essentiell.[365]

Eine weitere Differenzierung des Schutzumfangs ergibt sich daraus, dass Abs. 1 Satz 2 **220** einen **Umgehungsschutz** für Fälle vorsieht, in denen durch fortdauernde Verwertung **nur unwesentlicher Teile** in der Gesamtheit betrachtet letztlich die gleiche Nutzungsintensität erreicht wird. Dazu ist eine mehrstufige Prüfung erforderlich. Zunächst muss die Nutzung unwesentlicher Teile **wiederholt und systematisch** erfolgen. Dabei kommt es auf eine gewisse Planmäßigkeit an, die in der Summe einer Verwertung wesentlicher Teile gleich zu bewerten ist.[366] Dies wird bei einem Angebot von Daten aus fremden Datenbanken im Internet meist der Fall sein, wobei das Anbieten im Internet allein bereits als „systematisch" angesehen werden kann, etwa wenn Suchmaschinen des Übernehmers fortlaufend auf konkurrierende Angebote zugreifen und sich deren Inhalt zunutze machen.

---

360 EuGH 19.12.2013 – C-202/12, GRUR-Int 2014, 279 Rn. 53 f. – Innoweb/Wegener.
361 AA v. Ungern-Sternberg GRUR 2014, 209 (218.
362 Kahler/Helbig WRP 2012, 48 (51).
363 EuGH 3.6.2021 – C-762/19, GRUR 2021, 1075 Rn. 37 – CV-Online/Melons.
364 EuGH 3.6.2021 – C-762/19, GRUR 2021, 1075 Rn. 41 f. – CV-Online/Melons.
365 Vgl. auch Wandtke/Bullinger/Hermes UrhG § 87b Rn. 100 ff., auch zur Möglichkeit des Einsatzes technischer Schutzmechanismen.
366 BGH 1.12.2010 – I ZR 196/08, MMR 2011, 676 – Zweite Zahnarztmeinung II; Haberstumpf GRUR 2003, 14 (28).

221 Der EuGH geht in der William Hill-Entscheidung von einem **engen Verständnis** als Umgehungstatbestand aus. Entscheidend ist danach, dass durch die **kumulative Wirkung** der Handlungen ein wesentlicher Teil des Inhalts der Datenbank wieder erstellt wird oder der Öffentlichkeit zur Verfügung gestellt wird und dadurch die Investition des Herstellers schwerwiegend beeinträchtigt wird.[367] Der EuGH-Entscheidung ist nicht eindeutig zu entnehmen, ob die beiden zusätzlichen alternativen Voraussetzungen noch **getrennt zu prüfen** sind oder durch die kumulative Wirkung einer wesentlichen Entnahme indiziert sind. Ersteres erscheint jedoch nach dem Gesetzeswortlaut geboten.[368] Der BGH nimmt an, dass in der fortlaufenden Entnahme kleiner Teile bereits dann eine Verletzung liege, wenn die Summe dieser Entnahmen zwar **unterhalb der Wesentlichkeitsschwelle** bleibe, aber die fortlaufenden Entnahmehandlungen auf die Entnahme wesentlicher Teile **„gerichtet"** sind und im Fall ihrer Fortsetzung dazu führen würden.[369]

222 **Zusätzlich** zu prüfende Voraussetzung für ein Verbot der Verwertung unwesentlicher Teile ist danach alternativ, dass diese einer **normalen Auswertung der Datenbank zuwiderläuft oder die berechtigten Interessen des Herstellers unzumutbar beeinträchtigt.**[370] Dabei ist zum einen eine Beeinträchtigung der Amortisation der Investition zu berücksichtigen, ohne dass aber ein konkreter Schaden nachzuweisen wäre. Zum anderen spielt die Wettbewerbssituation der geschützten Datenbank eine Rolle.[371] Der **normalen Auswertung** widerspricht es, wenn ein Konkurrenzprodukt aufgebaut wird, das die Auswertung der Datenbank beeinträchtigen kann, oder sich der Verwerter den Abschluss eines Lizenzvertrags erspart.[372] Im Rahmen einer engen Auslegung dieses Merkmals soll nicht jede denkbare zukünftige Auswertungsmöglichkeit relevant sein, sondern nur eine Verwertung im Wettbewerb auf dem gleichen Markt.[373] Ebenso stellt das automatisierte Kopieren von Daten aus einer Datenbank mittels **Web-Scraper** eine wiederholte und systematische Vervielfältigung, Verbreitung und öffentliche Zugänglichmachung von Teilen der entnommenen Datenbanken dar, da dies von einer normalen Auswertung durch Kunden abweicht und den berechtigten Interessen der Hersteller der Datenbanken zuwiderläuft.[374]

223 Das OLG Köln hatte in einem solchen Fall in einer sehr ausführlich begründeten Entscheidung über die Übernahme der **ARD Mediathek** durch einen anderen Anbieter zu befinden. Das Gericht nahm das Vorliegen einer geschützten Datenbank an, in deren Zusammenstellung und laufenden Betrieb hinreichende Investitionen fließen, etwa Kosten für die technische Infrastruktur, insbesondere die Plattform für ein einheitliches Datenformat.[375] Der Schutz der Investition war nach Ansicht des Gerichts auch dann berührt, wenn die ARD die Mediathek kostenlos anbietet, also eine unmittelbare Amortisation nicht gefährdet war, und führte dazu auch ein mittelbares Refinanzierungsinteresse in Form der Erhaltung der Attraktivität des Angebots an.[376] Im Rahmen der Interessenabwägung stellte der Senat fest, dass es kein Allgemeininteresse gäbe, die mit öffentlichen Geldern erstellte Datenbank kostenlos für parallele private Informationsdienste freizugeben. Insofern spielte auch eine Rolle, dass öffentlich-rechtliche Rundfunkanstalten nach § 2 Abs. 3 Nr. 4 DNG vom Anwendungsbereich des Datennutzungsgesetzes ausgenommen sind, das die Weiter-

---

367 EuGH 9.11.2004 – C-203/02, MMR 2005, 29 Rn. 87–94 – The British Horseracing Board Ltd./William Hill Organization Ltd.

368 Vgl. auch Schricker/Loewenheim/Vogel UrhG § 87b Rn. 61.

369 BGH 1.12.2010 – I ZR 196/08, CR 2011, 498 Rn. 35 – Zweite Zahnarztmeinung II.

370 Hier wird auch darauf abgestellt, ob die kumulative Betrachtung zur Annahme eine Verwendung wesentlicher Teile führen würde, vgl. Leistner GRUR-Int 1999, 819 (833 f.); LG München I 1.3.2002 – 21 O 9997/01, CR 2002, 452 (454); krit. dazu Hartmann/Koch CR 2002, 441 (443).

371 Vgl. Dreier/Schulze/Dreier UrhG § 87b Rn. 13.

372 Vgl. Schricker/Loewenheim/Vogel UrhG § 87b Rn. 63; BeckOK UrhR/Vohwinkel UrhG § 87b Rn. 17; Leistner GRUR-Int 1999, 819 (833) unter Hinweis auf Erwgr. 42.

373 Dreier/Schulze/Dreier UrhG § 87b Rn. 14.

374 OLG Köln 28.2.2020 – 6 U 128/19, ZUM-RD 2020, 244 –Web Scraper.

375 OLG Köln Urt. v. 27.2.2026 – 6 U 75/25, GRUR-RS 2026, 2517, Rn. 31.

376 OLG Köln Urt. v. 27.2.2026 – 6 U 75/25, GRUR-RS 2026, 2517, Rn. 70.

verwendung von Daten bei öffentlichen Institutionen fördern soll. Nach Ansicht des Gerichts lag mit der Übernahme von Inhalten und Metadaten zumindest eine wiederholte und systematische Übernahme unwesentlicher Teile vor.[377] Zusätzlich nahm das OLG auch eine wettbewerbswidrige Leistungsübernahme nach § 4 Nr. 3 lit. a UWG in Form zumindest einer mittelbaren Herkunftstäuschung an.[378]

Die Fälle, in denen die Verwertung nicht für ein direktes Konkurrenzprodukt erfolgt,[379] **224**
sondern für ein Mehrwertprodukt, können als **unzumutbare Beeinträchtigung berechtigter Interessen** angesehen werden, da der Hersteller auch an neuartigen Auswertungen beteiligt werden soll.[380] Unzumutbarkeit wird man wohl erst dann annehmen können, wenn nicht nur der Gewinn verringert wird, sondern die Amortisation ernsthaft gefährdet ist und damit der Schutz der Investition unmittelbar relevant wird. Angesichts der ökonomischen Gegebenheiten im Internet ist dabei das Erzielen von **Werbeeinnahmen** bei gleichzeitigem Zurückgehen von Werbeeinnahmen des Datenbankherstellers zu berücksichtigen.[381] Dies gilt auch dann, wenn die Werbeeinnahmen von der Anzahl der Zugriffe abhängig sind, in die auch Suchmaschinenzugriffe eingehen.[382]

Zu berücksichtigen ist auch ein **Allgemein- oder Nutzerinteresse,** vor allem am **225**
Informationszugang. Die Rechtsprechung hat verschiedentlich eine Verletzung abgelehnt, da Suchdienste eine überragende Bedeutung für das Internet hätten.[383] Daran könne auch der Verlust von Werbeeinnahmen oder die teilweise Substituierung des Angebots der Klägerin nichts ändern. Bei einem Fall des „Screen Scraping“ wurde darauf abgestellt, dass die Antragstellerin mit ihrem Angebot ein berechtigtes Bedürfnis der Verbraucher befriedige, kostengünstige Angebot aufzufinden, und der Antragsgegnerin damit letztlich auch Kunden zuführe.[384] Der EuGH hat in der **CV/Melons-Entscheidung** ein **angemessenes Gleichgewicht** gefordert zwischen dem Interesse der Hersteller an Amortisation ihrer wesentlichen Investitionen und dem Interesse der Nutzer und der Wettbewerber, Zugang zu den in diesen Datenbanken enthaltenen Informationen zu erhalten, sowie der Möglichkeit, innovative Produkte auf der Grundlage dieser Informationen zu erstellen.[385] Der Mehrwert für die Wettbewerber sowie das Allgemeininteresse an der **Funktionsfähigkeit des Internet** sind als **Gegeninteresse** zu berücksichtigen. Die EuGH-Rechtsprechung könnte dazu führen, dass in Zukunft in den meisten Fällen von **Datenanalyse** und Nutzung von Daten für das **KI-Training** die Interessenabwägung zugunsten dieser Nutzungen ausfällt. Dann käme es auf die noch immer umstrittene Anwendung der TDM-Schranke nicht mehr an.

4. Schranken des Schutzes, § 87c UrhG

Die allgemeinen urheberrechtlichen Schranken gelten für das Datenbankherstellerrecht **226**
nicht, vielmehr hat der Richtliniengeber **spezielle Schranken** vorgegeben und dabei nur geringen Spielraum gelassen. Die allgemeinen Schranken der §§ 44a ff. sind daher nicht

377 OLG Köln Urt. v. 27.2.2026 – 6 U 75/25, GRUR-RS 2026, 2517, Rn. 104.
378 OLG Köln Urt. v. 27.2.2026 – 6 U 75/25, GRUR-RS 2026, 2517, Rn. 200 ff.
379 Volkmann GRUR 2005, 200 (202).
380 Vgl. Leistner GRUR-Int 1999, 833, unter Hinweis auf Erwgr. 47; man kann darüber hinaus auch auf Erwgr. 42 verweisen, wonach sich das Datenbankrecht nicht nur auf die Herstellung eines Konkurrenzprodukts bezieht.
381 Vgl. LG Berlin 8.10.1998 – 16 O 448/98, CR 1999, 388 (389); LG Köln 26.8.1998 – 28 O 272/98, K&R 1999, 40 (41), wo der Beklagte im Gegensatz zum Kläger kostenlos anbot. Das ist aber kein alleiniges Kriterium, vgl. BGH 22.6.2011 – I ZR 159/10, K&R 2011, 641 Rn. 78 – Automobil-Onlinebörse.
382 Vgl. insoweit LG Berlin 29.9.1998 – 16 O 446/98, NJW-CoR 1999, 244; 8.10.1998 – 16 O 448/98, CR 1999, 388 (389), wo auf die Kenntnisnahme durch Nutzer abgestellt wurde.
383 OLG Hamburg 18.8.2010 – 5 U 62/09, CR 2011, 47 – AUTOBINGOOO II.
384 OLG Frankfurt a. M. 5.3.2009 – 6 U 221/08, MMR 2009, 400; OLG Hamburg 24.10.2012 – 5 U 38/10, BeckRS 2012, 22946.
385 EuGH 3.6.2021 – C-762/19, GRUR 2021, 1075 Rn. 41 f. – CV-Online/Melons.

anwendbar und auch nicht im Wege der Analogie heranzuziehen.[386] Die Schranken gelten nur für veröffentlichte Datenbanken.[387] In den drei Fällen des Abs. 1 ist nur das Vervielfältigungsrecht beschränkt. In Umsetzung der DSM-Richtlinie wurden die Schranken für **Text und Data Mining** in Abs. 1 Nr. 4, 5 eingefügt, was insbesondere für das **KI-Training** von Bedeutung ist. Bei Eingreifen der Schranke ist nur die Nutzung wesentlicher Teile, nicht aber der gesamten Datenbank erlaubt, da anders als in § 87b Abs. 1 die Datenbank insgesamt nicht vom Wortlaut umfasst ist.[388] Die **CV/Melons-Entscheidung** des EuGH kann dazu führen, dass die speziell austarierten Schranken des Datenbankherstellerrechts an Bedeutung verlieren. Durch den Bezug auf die Beeinträchtigung des Amortisationsinteresses des Herstellers sowie die Einbeziehung von Allgemeininteressen kann sich schon auf der vorgelagerten Stufe der Verletzung von § 87b eine Verneinung einer Rechtsverletzung ergeben.

227 Nach dem Wortlaut der Richtlinie kann nur der **rechtmäßige Benutzer** die Schranken in Anspruch nehmen. Der deutsche Gesetzgeber hat diese Regelung nicht ausdrücklich umgesetzt, ist jedoch im Wege der richtlinienkonformen Auslegung zugrunde zu legen.[389] Darunter fallen der Erwerb einer Kopie, die mit Zustimmung des Herstellers in Verkehr gebracht wurde und die Nutzung mit Zustimmung des Rechteinhabers aufgrund eines Vertrags oder eine sonstige Berechtigung zur Nutzung.[390] Außerdem ergibt sich aus Erwgr. 34, dass der rechtmäßige Benutzer alle zur vertragsgemäßen Nutzung erforderlichen Handlungen vornehmen darf. Hier ist eine Analogie zu §§ 55a, 69d Abs. 1 UrhG möglich.[391]

228 Die Reichweite der Schranke zum **privaten Gebrauch** stimmt mit der entsprechenden Regelung in § 53 Abs. 1 S. 1 UrhG überein, ist aber auf **analoge** bzw. nicht-elektronische Datenbanken beschränkt. Elektronische Datenbanken können daher nicht zum privaten Gebrauch vervielfältigt werden.[392] Abs. 1 Nr. 2 gestattet die Vervielfältigung eines nach Art und Umfang wesentlichen Teils einer Datenbank zu Zwecken der nicht-kommerziellen **wissenschaftlichen Forschung** gemäß §§ 60c UrhG. Soweit dort als Bezugsgröße auf „ganze Werke" Bezug genommen wird, ist im vorliegenden Kontext die ganze Datenbank gemeint. Die Schranke ist auf Vervielfältigungen beschränkt, erfasst aber elektronische wie nicht-elektronische Datenbanken.

5. Beschränkungen für Datenbankverträge, § 87e UrhG

229 Die Schutzfreiheit unwesentlicher Teile gem. § 87b Abs. 1 S. 2 wird nach § 87e gegen vertragliche Beschränkungen abgesichert. Der berechtigte Nutzer hat im Rahmen von Vertragsbeziehungen mit dem Inhaber des Datenbankherstellerrechts zwingend das **Mindestrecht,** die Datenbank in einer Weise zu nutzen, die nicht gegen § 87b Abs. 1 S. 2 verstößt. Sie entspricht damit vergleichbaren Regelungen in §§ 55a, 69d Abs. 2, 3, 69g Abs. 2. Die Regelung erfasst nur nach Art **und** Umfang unwesentliche Datenbankteile.[393] Nicht anwendbar ist die Regelung auf nicht nach § 87a geschützte Datenbanken.[394] Damit sind die vertraglichen Schutzmöglichkeiten weiter als bei geschützten Datenbanken, es sind aber die vertragsrechtlichen Rahmenbedingungen zu beachten.[395] § 87e kommt dem

[386] Vgl. Schricker/Loewenheim/Vogel UrhG § 87c Rn. 1; Dreier/Schulze/Dreier UrhG § 87c Rn. 1.
[387] Vgl. Dreier/Schulze/Dreier UrhG § 87c Rn. 4.
[388] Schricker/Loewenheim/Vogel UrhG § 87c Rn. 9; aA BeckOK UrhR/Vohwinkel UrhG § 87c Rn. 4; Raue/Bensinger MMR 1998, 507 (512).
[389] Fromm/Nordemann/Czychowski UrhG § 87c Rn. 2 ff.; Wandtke/Bullinger/Hermes UrhG § 87c Rn. 13; aA Schricker/Loewenheim/Vogel UrhG § 87c Rn. 8.
[390] Vgl. Dreier/Schulze/Dreier UrhG § 87c Rn. 4.
[391] Vgl. Dreier/Schulze/Dreier UrhG § 87c Rn. 4; Raue/Bensinger MMR 1998, 507 (511).
[392] AA Fromm/Nordemann/Czychowski UrhG § 87c Rn. 7.
[393] Wandtke/Bullinger/Hermes UrhG § 87e Rn. 12 f.; Schricker/Loewenheim/Vogel UrhG § 87e Rn. 10.
[394] EuGH 15.1.2015 – C-30/14, NJW 2015, 1231 – Ryanair.
[395] Wandtke/Bullinger/Hermes UrhG § 87e Rn. 1.

Berechtigten zugute, der seine Berechtigung vom Datenbankhersteller ableitet. Die Regelung entspricht § 55a. Bei Offline-Datenbanken kann auch die Erschöpfung am Vervielfältigungsstück eine Berechtigung begründen. Bei Online-Datenbanken werden die Nutzungsbefugnisse vom Hersteller oder dessen Rechtsnachfolger eingeräumt. Als zwingende leistungsschutzrechtliche Regelung ist die Vorschrift im Rahmen der ROM I-Verordnung auch bei Wahl ausländischen Rechts anwendbar.[396]

Kapitel 13. Vertrieb von Daten

Übersicht

[396] Wandtke/Bullinger/Hermes UrhG § 87e Rn. 2.

I. Kartellrecht/DMA

Siehe zu diesem Themenkomplex auch
– Kartellrecht → Kap. 7
– UWG → Rn. 129 ff.

1. Einleitung

1 Bei der **Vermarktung von Daten** sind, ebenso wie bei der Vermarktung aller anderen physischen oder virtuellen Produkte oder Dienstleistungen, die Leitplanken des deutschen und europäischen – und außereuropäischen – Kartellrechts zu beachten. Grundsätzlich sind auch beim **Vertrieb von Daten** die klassischen vertriebskartellrechtlichen Themen relevant. Hierbei stellt sich die Frage, ob aus Sicht des Dateninhabers überhaupt **Datenzugang** geschaffen werden soll oder muss[1] und wenn ja, zu welchen Konditionen. Beide Aspekte sollten, um rechtliche Risiken zu vermeiden, den kartellrechtlichen Anforderungen genügen.

2 Eine wesentliche Besonderheit von Daten gegenüber anderen Produkten ist, dass sie nicht verbraucht werden, sondern bis zur Löschung immer wieder verwendet und akkumuliert werden können.[2] Dies mag zur **datenbedingten Marktmacht** von Unternehmen führen.[3] Eine weitere Besonderheit ist die leichte Übertragbarkeit und breite Verwendbarkeit von Daten. Diese Umstände können aus betrieblicher Sicht spezifische vertragliche Regelungen[4] erforderlich machen, die kartellrechtlichen Anforderungen genügen müssen. Zu beachten sind hierbei vor allem das **Verbot wettbewerbsbeschränkender Vereinbarungen** – insbesondere im Vertikalverhältnis – gem. Art. 101 AEUV, § 1 GWB und das **Verbot des Missbrauchs einer marktbeherrschenden Stellung,** Art. 102 AEUV, §§ 19 ff. GWB.

---

[1] S. dazu oben Teil B.

[2] Falkhofen EuZW 2021, 787 (788); Arnold/Hildebrandt/Taş, Europäische Datenökonomie: Zwischen Wettbewerb und Regulierung, S. 8; Arrow, K. J. The economics of information: An exposition. Empirica 23, 121 (1996). Vgl. dazu auch: Economides, N. S. (2022), The Economics of Information, in: Law and Economics of the Information Society; Shapiro/Varian, (1999), Information Rules: A Strategic Guide to the Network Economy, Kapitel 1: The Unique Economics of Information, Harvard Business School Press.

[3] Vgl. nur: BKartA, Big Data und Wettbewerb, S. 4, 7; BKartA 8.9.2015 – B6-126/14 Rn. 159 – Google; BKartA Fallbericht 6.2.2019 – B6-22/16, Rn. 7 – Facebook; Arnold/Hildebrandt/Taş, Europäische Datenökonomie: Zwischen Wettbewerb und Regulierung, S. 53; Borges/Keil/König, 1. Aufl. 2024, Rechtshandbuch Big Data, § 12 Rn. 7 f.; Stancke KartellR, 5. Aufl. 2026, § 9 Rn. 51.

[4] Vgl. zB zum Vertragsrecht, u. a. im Hinblick auf die Zurverfügungsstellung von Daten: Borges/Keil, 1. Aufl. 2024, Rechtshandbuch Big Data, § 15 Rn. 1 ff.

2. Zivilrechtliche Folgen kartellrechtlich unzulässiger zivilrechtlicher Regelungen

Ein Verstoß gegen das Kartell- oder das Missbrauchsverbot gem. Art. 101 AEUV, § 1 GWB bzw. Art. 102 AEUV, §§ 19, 20 GWB führt über § 134 BGB zur **Nichtigkeit einer wettbewerbsbeschränkenden Vereinbarung.** Die Nichtigkeitssanktion richtet sich gegen die missbräuchliche Vereinbarung. Ob der Vertrag im Übrigen wirksam ist, richtet sich nach § 139 BGB. Da der nicht marktbeherrschende Vertragspartner durch die Nichtigkeitsfolge nicht geschädigt werden soll, bietet sich ggf. eine Anpassung der Reichweite der Nichtigkeitsfolge an.[5] Zudem können sich aus § 33 Abs. 1 GWB und § 33a GWB **Unterlassungs- und Schadensersatzansprüche** ergeben.[6] 3

3. Kartellrechtlich zulässige Gestaltung der Vertriebskonditionen

Die kartellrechtskonforme Angebotsgestaltung wird vor allem durch das Verbot wettbewerbsbeschränkender Vereinbarungen nach Art. 101 AEUV, § 1 GWB und das Verbot des Missbrauchs einer marktbeherrschenden Stellung nach Art. 102 AEUV, §§ 19 ff. GWB bestimmt. Wettbewerbsbeschränkungen können sich vor allem im Hinblick auf eine missbräuchliche, unzulässig abgestimmte oder diskriminierende Preisgestaltung sowie über missbräuchliche oder unzulässig abgestimmte Vertragsbedingungen ergeben. In Betracht kommen zB eine Preisüberhöhung oder eine unzulässige Preisdifferenzierung sowie unzulässiges Bundling, Exklusivitätsabreden, Geoblocking oder sonstige Verwendungsbeschränkungen. 4

a) Preishöhenmissbrauch

Die Gestaltung von Preisen hat üblicherweise in einem wettbewerblichen Verfahren zwischen Marktbeteiligten zu erfolgen,[7] soweit die Preisgestaltung nicht gesetzlich reguliert ist.[8] Es kann aber aufgrund von Wettbewerbsstörungen dazu kommen, dass die Preisfindung nicht kompetitiv erfolgt. Dies ist namentlich der Fall, wenn ein Marktbeherrscher missbräuchlich hohe Preise verlangt **(„Ausbeutungsmissbrauch“),** vgl. Art. 102 lit. a AEUV, § 19 Abs. 2 Nr. 2 GWB.[9] Für solche Fälle sieht das Kartellrecht keine eigene Preisfestsetzung, zB durch die Kartellbehörde oder ein Gericht, vor. Bewertet wird, ob überhöhte Preise vorliegen. Ist dies der Fall, ist das Preisverhalten verboten und es kann gegen den Datenlieferanten eine **Unterlassung** (§ 33 Abs. 1 GWB) und/oder ein **Schadensersatzanspruch** (§ 33a GWB) durchgesetzt werden. Dies ist dann der Fall, wenn er höhere als wettbewerbliche Preise nimmt. Ob die Preise aus wettbewerblicher Sicht überhöht sind, wird über die Ermittlung eines **„hypothetischen Wettbewerbspreises“** bestimmt.[10] Der hypothetische Wettbewerbspreis ist ein Preis, der bei funktionierendem Wettbewerb – also ohne künstliche Wettbewerbsstörung – auf einem Markt mit hoher Wahrscheinlichkeit erzielt worden wäre. Er dient als Vergleichsmaßstab, um zu prüfen, ob ein verlangter Preis eines marktbeherrschenden Unternehmens unangemessen hoch ist. Wenn es keinen tatsächlichen Wettbewerb gibt, wird dieser Preis im Rahmen eines **kontrafaktischen Szenarios** geschätzt.[11] Dabei werden Preise aus vergleichbaren Märkten oder früheren Zeiträumen als Orientierung herangezogen.[12] Der hypothetische Wettbewerbspreis basiert auf der Annahme, wie sich der Marktpreis entwickelt hätte, wenn effektiver Wettbewerb vorhanden wäre. 5

---

[5] Stancke KartellR, 5. Aufl. 2026, § 11, Rn. 71 ff.

[6] Vgl. dazu näher: Stancke, KartellR, 5. Aufl. 2026, § 11 Rn. 77 ff.; Christen/Mirzai, in: Bauer/Rahlmeyer/Schöner, 2. Aufl. 2024, Handbuch Vertriebskartellrecht, § 42 Rn. 106 ff.; BeckOK KartellR/Stancke, 19. Ed. 1.10.2025, GWB § 19 Rn. 124 ff.

[7] BeckOK KartellR/Stancke, 19. Ed. 1.10.2025, GWB § 19 Rn. 85.

[8] So zB: §§ 39 ff. PostG, § 21 EnWG, § 1 ARegV, StromPBG, GasPBG, § 37 ff. TKG.

[9] BeckOK KartellR/Stancke, 19. Ed. 1.10.2025, GWB § 19, Rn. 82.

[10] Immenga/Mestmäcker/Fuchs, 7. Aufl. 2024, Wettbewerbsrecht, § 19 Rn. 216 mwN.

[11] BGH 28.6.2005 – KVR 17/04, KommJur 2006 Heft 6, 215 (218) – Stadtwerke Mainz.

[12] Immenga/Mestmäcker/Fuchs, 7. Aufl. 2024, Wettbewerbsrecht, § 19 Rn. 220 mwN; BeckOK KartellR/Stancke, 19. Ed. 1.10.2025, GWB § 19 Rn. 86.

Im Datenhandel ist dies besonders anspruchsvoll, da sich der Wert von Daten oftmals schwer bestimmen lässt.[13] Der Tatbestand des Ausbeutungsmissbrauchs bezieht sich dabei nur auf bezifferbare Preise. Nicht-monetäre Gegenleistungen, wie die Preisgabe von Daten im Austausch,[14] fallen nicht direkt darunter, können aber über den Tatbestand des Konditionenmissbrauchs adressiert werden. Anders als bei klassischen Gütern ist der wirtschaftliche Wert von Daten zudem oft schwer zu quantifizieren, da er stark von Kontext und Nutzung abhängt. Dies erschwert die Feststellung eines Missbrauchs. Eine **hohe Marge** allein ist nicht zwingend ein Hinweis auf Missbrauch.[15] Wertbasierte Preisansätze, die sich am wahrgenommenen Nutzen orientieren **(„Value Pricing“),** können kartellrechtlich unbedenklich sein, sofern sie sachlich gerechtfertigt sind.

6 Um Preise zu bewerten, werden **Vergleichsmärkte** herangezogen.[16] Dies ist im Datenhandel oft schwierig, da vergleichbare Märkte selten existieren. Möglich sind jedoch Vergleiche mit ähnlichen Leistungen, früheren Preisen oder internationalen Märkten. Für die Preisgestaltung beim Verkauf von Daten bedeutet dies, dass marktstarke Unternehmen ihre Preismodelle kritisch hinterfragen und sicherstellen müssen, dass diese sachlich gerechtfertigt sind. Dabei sollten sie transparente Herleitungen der Preise vornehmen, idealerweise mit Bezug zu Vergleichsmärkten. **Algorithmische Preisgestaltung** sollte sensibel gehandhabt werden, um eine objektive Nachvollziehbarkeit zu gewährleisten. Durch diese Maßnahmen können Unternehmen nicht nur kartellrechtliche Risiken minimieren, sondern auch ein nachhaltiges und vertrauenswürdiges Geschäftsmodell für den Datenverkauf etablieren.

b) Unzulässige Preisdiskriminierung und diskriminierende Vertragsbedingungen

7 Das **Diskriminierungsverbot** gemäß Art. 102 lit. c AEUV, § 19 Abs. 2 Nr. 1 GWB untersagt es einem **marktbeherrschenden Unternehmen** – und § 20 Abs. 1 GWB Unternehmen mit **relativer Marktmacht** –[17] gleichartige Unternehmen ohne sachlich gerechtfertigten Grund ungleich zu behandeln. Während Unternehmen grundsätzlich frei sind, unterschiedliche Preise oder Konditionen anzubieten, wird dies bei marktbeherrschenden und relativ marktmächtigen Unternehmen, zu denen ein **Abhängigkeitsverhältnis** iSd § 20 Abs. 1 GWB besteht, eingeschränkt, um eine Verzerrung des Wettbewerbs zu verhindern.[18]

8 Für den Datenvertrieb bedeutet dies, dass ein marktbeherrschender Anbieter beispielsweise **keine willkürlichen Preisunterschiede** machen oder bestimmten Unternehmen den Zugang zu Daten verwehren darf, sofern keine sachlichen Rechtfertigungsgründe vorliegen. Unterschiedliche Marktbedingungen oder Kapazitätsgrenzen können zwar eine Differenzierung rechtfertigen, diese muss jedoch transparent und nachvollziehbar sein.[19] Andernfalls könnten diskriminierende Praktiken den Marktzugang anderer Unternehmen erschweren oder sie aus dem Wettbewerb drängen. Besonders relevant ist dies bei der Gestaltung von **Rabatten** oder individuellen Konditionen im Datenvertrieb. **Mengenrabatte,** die auf objektiven Kosteneinsparungen beruhen, können zulässig sein, während **Treuerabatte** oder **Rabattsysteme mit Anlockeffekten** problematisch sein könnten, sofern sie den Wettbewerb verzerren.[20]

---

[13] Leupold/Wiebe/Glossner/Heller, 4. Aufl. 2021, IT-R, Teil 6.4 Rn. 9; Stancke WuW 2023, Nr. 05, S. 264 ff.

[14] Vgl. dazu Leupold/Wiebe/Glossner/Heller, 4. Aufl. 2021, IT-R, Teil 6.4 Rn. 2 sowie § 327 Abs. 3 BGB bzw. Art. 3 Abs. 1 der Digitale-Inhalte-Richtlinie (EU 2019/770).

[15] BeckOK KartellR/Stancke, 19. Ed. 1.10.2025, GWB § 19 Rn. 87.

[16] MüKoEUWettbR/Wolf, GWB § 19, Rn. 92; Immenga/Mestmäcker/Fuchs, 7. Aufl. 2024, Wettbewerbsrecht, § 19 Rn. 220 mwN.

[17] Vgl. dazu Stancke KartellR, 5. Aufl. 2026, § 9 Rn. 86.

[18] Vgl. dazu Stancke KartellR, 5. Aufl. 2026, § 9 Rn. 134, 138 ff.

[19] BeckOK KartellR/Stancke, 19. Ed. 1.10.2025, GWB § 19 Rn. 73 ff. m. w. N.

[20] Stöber, WRP 2014, 1151 (1151); Hoeren/Sieber/Holznagel/Beckmann/Müller, 62. Aufl. 2024, Handbuch Multimedia-Recht, Teil 13.4. Rn. 131; BeckOK KartellR/Stancke, 19. Ed. 1.10.2025, GWB § 19 Rn. 80.

Auch **diskriminierende Vertragsbedingungen** sind kritisch zu würdigen. Diskriminierungen können in Form von **Verwendungsbeschränkungen, Exklusivitätsvereinbarungen** oder **Bundling** auftreten.[21] Zum Beispiel darf ein marktbeherrschendes Unternehmen nicht unterschiedliche Nutzungsrechte oder restriktive Klauseln einseitig nur gegenüber bestimmten Geschäftspartnern durchsetzen, um deren Wettbewerbsfähigkeit zu beeinträchtigen. Solche Vertragsbedingungen mögen dazu führen, dass benachteiligte Unternehmen in ihrer Marktfähigkeit eingeschränkt werden oder keinen Zugang zu essenziellen Daten erhalten, was den Wettbewerb erheblich beeinträchtigen kann. Darüber hinaus sind Bedingungen, die faktisch zu einem **Kontrahierungszwang** führen, problematisch. So könnte ein marktbeherrschender Anbieter durch diskriminierende Vertragsbedingungen verlangen, dass Geschäftspartner ausschließlich Daten von ihm beziehen oder keine Daten von Konkurrenten verwenden dürfen. Dies schränkt nicht nur die unternehmerische Freiheit der Geschäftspartner ein, sondern verstärkt die Marktmacht des Anbieters unzulässig. 9

In der Praxis führt das Diskriminierungsverbot dazu, dass marktbeherrschende Unternehmen ihre Preisgestaltung, Konditionen und Vertragsbedingungen sorgfältig prüfen und sachlich rechtfertigen müssen, um kartellrechtliche Verstöße zu vermeiden. **Transparenz und Nachvollziehbarkeit** bei der Vertragsgestaltung sind entscheidend, um Wettbewerbsnachteile für Geschäftspartner zu verhindern und den Wettbewerb insgesamt zu fördern. 10

c) Preisabsprachen

Preisabsprachen zwischen Unternehmen auf derselben Marktstufe, etwa zwischen Datenanbietern, die miteinander konkurrieren (sog. **„Horizontalvereinbarungen"**), sind zumeist kartellrechtlich verboten. Solche Absprachen betreffen beispielsweise die Festlegung einheitlicher Preise für den Verkauf von Daten, Mindestpreisabsprachen, um Preiskämpfe zu vermeiden, oder auch koordinierte Rabattsysteme.[22] Solche Absprachen verstoßen gegen **Art. 101 AEUV** und **§ 1 GWB,** wenn sie das Ziel haben, den Wettbewerb zu beschränken, oder eine wettbewerbsbeschränkende Wirkung entfalten. Bezweckte **Preisharmonisierungen** gelten regelmäßig als **Beschränkungen,** für die eine Freistellung nach Art. 101 Abs. 3 AEUV, § 2 Abs. 1 GWB ausgeschlossen ist.[23] Nicht jede Preisabstimmung ist jedoch automatisch verboten. Manche Abstimmungen können für **legitime Hauptzwecke** jenseits der Wettbewerbsbeschränkung erforderlich sein, ohne dass sie als bezweckte Wettbewerbsbeschränkung gelten.[24] Im Übrigen kann eine verbotene Abstimmung auch über technische Mittel wie **Preissetzungsalgorithmen** erfolgen, welche das Verhalten von Wettbewerbern beobachten und Preise automatisch anpassen. Der Einsatz von **Algorithmen** führt aber möglicherweise zu einer kartellrechtsneutralen Preisangleichung, wenn die Handlungen nicht koordiniert sind. Dies kommt zB in Betracht, wenn Unternehmen automatisiert, aber völlig unabhängig voneinander, den Markt beobachten.[25] Bei der Nutzung derselben **Preissetzungssoftware** durch verschiedene Wettbewerber könnte jedoch eine Verhaltenskoordinierung unterstellt werden, insbesondere wenn diese zu einer Preis- 11

---

21 MüKoWettbR/Kerber/Schwalble Kap. 1 Rn. 609; Bauer/Rahlmeyer/Schöner/Neuhaus/Johnston/Schöner, Handbuch Vertriebskartellrecht, § 10, Rn 56; Bauer/Rahlmeyer/Schöner/Schlimpert/Bodewig, Handbuch Vertriebskartellrecht, § 19, Rn. 80 f.

22 Allg. zu Preisabsprachen: Stancke KartellR, 5. Aufl. 2026, § 1 Rn. 33 m. w. N.; MüKo Wettbewerbsrecht/ Wagner-von Papp, 4. Aufl. 2023, Art. 101 Rn. 330 ff. m. w. N.

23 Callies/Ruffert/Weiß, 6. Aufl. 2022, EUV/AEUV Art. 101 Rn. 204; Streinz/Eilmansberger/Kruis, 3. Aufl., AEUV Art. 101 Rn. 274.

24 EuGH 2.4.2020 – C-228/18, ECLI:EU:C:2020:265 = NZKart 2020, 246 Rn. 52 – Budapest Bank.

25 Ezrachi/Stucke University of Illinois Law Review 2017, 1775 (1789 ff.), weisen aber darauf hin, dass über die Algorithmen als „Predictable Agent" möglicherweise ein „gemeinsames Verständnis" darüber entwickelt werden kann, welches Marktverhalten für alle Wettbewerber vorteilhaft ist und wie Wettbewerbsvorstöße sanktioniert werden können.

abstimmung führt.[26] Die Verwendung von **Kalkulationsschemata** ist nur dann unproblematisch, wenn sie sich darauf beschränken, die Preisgestaltungsfaktoren zu analysieren und darzustellen, ohne konkrete Kalkulationsansätze vorzugeben, die zu einer Wettbewerbsbeschränkung führen könnten.[27]

12 Preisabsprachen zwischen Unternehmen auf unterschiedlichen Marktstufen, etwa zwischen einem Datenlieferanten und seinen Distributoren oder Wiederverkäufern (sog. **„Vertikalvereinbarungen"**), unterliegen ebenfalls kartellrechtlichen Restriktionen. Beispiele hierfür sind die Festsetzung von Weiterverkaufspreisen **(„Resale Price Maintenance")** und **Mindestpreisbindungen,** die den Händlern untersagen, die Daten günstiger als den festgelegten Preis anzubieten sowie Vereinbarungen über Rabatte oder Preisstrukturen, die den Wettbewerb zwischen Distributoren beeinflussen.[28]

13 **Fest- und Mindestpreise** sind gem. Art. 4 lit. a Vertikal-GVO[29] nicht freigestellte Kernbeschränkungen. Durch Art. 4 lit. a wird die Preisbildungsfreiheit des Abnehmers gegen Fest- und Mindestpreise umfassend geschützt. Eine Kernbeschränkung liegt daher zB auch bei Vorgaben zu Skonti, Kostenumlagen und Kalkulationsschemata,[30] sowie bei sog. **„Minimum Advertised Prices"** (MAP) vor.[31] Der Einsatz eines Systems zur **Preisüberwachung** wie etwa von Preisalgorithmen stellt für sich genommen noch eine zulässige und nicht von Art. 4 lit. a erfasste Maßnahmen dar. Unzulässig ist es erst, in der Folge auf die Preissetzung der Abnehmer Einfluss zu nehmen.[32] Zu beachten ist aber, dass **vertikale Preisbindungen,** insbesondere Mindestpreisvereinbarungen, nicht automatisch als „bezweckte Wettbewerbsbeschränkungen" eingestuft werden und unzulässig sind. Unter Umständen sind sie also überhaupt nicht freistellungsbedürftig. Vielmehr muss die wettbewerbsbeschränkende Natur solcher Vereinbarungen im spezifischen wirtschaftlichen und rechtlichen Kontext der jeweiligen Vereinbarung bewertet werden.[33] So können bestimmte Mindestpreisbindungen in Ausnahmefällen erlaubt sein, wenn sie zB zur Einführung neuer Produkte oder zur Förderung eines hochwertigen Vertriebsnetzes notwendig sind.[34]

d) Automated Pricing

14 Im Handel mit Daten eröffnet die Nutzung von Algorithmen zur Preisgestaltung erhebliche Effizienzpotenziale. Algorithmen können im Wege des **„Automated Pricing"** Marktdaten analysieren, Preisanpassungen in Echtzeit vornehmen und Angebote individuell auf die Nachfrage zuschneiden. Gleichzeitig besteht jedoch das Risiko, dass der Einsatz von Algorithmen zu wettbewerbswidrigen Praktiken führt, insbesondere im Rahmen von Preisabsprachen oder abgestimmtem Verhalten. Dies fällt unter die Regelungen von Art. 101 AEUV, § 1 GWB.

15 Im Datenhandel könnten Unternehmen Algorithmen verwenden, um vereinbarte Preise für Datensätze umzusetzen. Ein Algorithmus könnte zB sicherstellen, dass die Preise zwischen Anbietern konsistent bleiben oder Preisobergrenzen nicht unterschritten werden. Solche Absprachen gelten als schwerwiegende Verstöße gegen Art. 101 AEUV, § 1 GWB und sind nicht rechtfertigungsfähig.[35]

---

26 Immenga/Mestmäcker/Zimmer, 7. Aufl. 2025, AEUV Art. 101 Abs. 1 Rn. 75; Künstner GRUR 2019, 36 und ausführlich Stancke CCZ 2019, 274 ff.; EuGH 21.1.2016 – C-74/14, ECLI:EU:C: 2016:42 Rn. 44–48 = NZKart 2016, 133 – Eturas.

27 Kom. ABl. 1980 L 62, S. 28 Rn. 23 – Stahllagerhändler.

28 MüKoEuWettbR/Wolf, 4. Aufl. 2022, AEUV, Art. 101, Rn. 559.

29 VO (EU) 2022/720.

30 MüKoEuWettbR/Zöttl, 4. Aufl. 2023, Vertikal-GVO Art. 4 Rn. 48.

31 Komm., Leitlinien für vertikale Vereinbarungen, Rn. 187 lit. d

32 Kom. ABl. 2018 C 338, 13 – Asus; Kom. ABl. 2018 C 335, 5 – Denon & Marantz; Kom. ABl. 2018 C 340, 10 – Philips; Kom. ABl. 2018 C 338, 19 – Pioneer.

33 EuGH 29.6.2023 – C-211/22, EuZW 2023, 912 – Super Bock Bebidas.

34 Kasten WuW 2007, 994 (999 ff.); Komm., Leitlinien für vertikale Vereinbarungen, Rn. 197 lit. a) und b).

35 Graf Ballestrem/Bär/Gausling/Hack/v. Oelffen Künstliche Intelligenz S. 128 ff.; Künstner GRUR 2019, 36 (40).

Selbst ohne explizite Absprache kann die Nutzung ähnlicher Algorithmen dazu führen, dass Preise im Markt aufeinander abgestimmt werden. Dies kann bei **selbstlernenden Algorithmen** passieren, die durch Marktbeobachtung unbewusst **Preisparitäten** herstellen. Im Datenhandel können solche Algorithmen wie ein Instrument der stillschweigenden Koordination wirken. 16

Beispiel:

Anbieter von Standortdaten könnten ihre Algorithmen so trainieren, dass diese automatisch auf Preisänderungen von Wettbewerbern reagieren. Das Ergebnis könnte eine „stille Preisparität" sein, die faktisch den Wettbewerb zwischen den Anbietern ausschaltet. Insbesondere im Handel mit Standortdaten, die oft eine zentrale Rolle in Geschäftsmodellen spielen, kann dies dazu führen, dass Kunden keine Wahlmöglichkeit mehr zwischen unterschiedlichen Preismodellen haben. Solche Entwicklungen stellen nicht nur eine potenzielle Verletzung der Vorschriften von Art. 101 AEUV und § 1 GWB dar, sondern können auch den Innovationsdruck im Markt verringern, da sich die Anbieter auf der Grundlage dieser Preisstabilität gegenseitig absichern. 17

Algorithmen könnten Preise auf öffentlichen Plattformen oder Marktplätzen so anpassen, dass sie als Signal für Wettbewerber dienen **(„Signalling").** Dieses Verhalten ähnelt einem impliziten Informationsaustausch und könnte dazu führen, dass Preise sich auf einem unnatürlich hohen Niveau stabilisieren.[36] 18

Algorithmenbasierte Praktiken, die zu einer Abstimmung der Preise oder zu einer Einschränkung des Wettbewerbs führen, gelten als abgestimmte Verhaltensweisen oder Vereinbarungen iSv Art. 101 AEUV, § 1 GWB.[37] Besonders relevant ist dies bei Märkten mit hoher Homogenität, wie dem Handel mit standardisierten Daten, zB geolokalen Datensätzen oder anonymisierten Kundendaten. Eine technische Plattform könnte zB durch standardisierte Einstellungen faktisch wie ein Instrument für koordinierte Preisgestaltung genutzt werden.[38] Übertragen auf den Datenhandel könnten Marktplätze für Daten ähnlich problematisch sein, wenn sie Preisvorgaben oder Standardkonditionen vorgeben. 19

Um eine Wettbewerbsbeschränkung festzustellen, prüfen Kartellbehörden folgende Aspekte: 20

- Führt der Algorithmus zu stabilen Preisen oder einer Verringerung des Preiswettbewerbs?
- Nutzen die beteiligten Unternehmen den Algorithmus bewusst, um Marktverhalten zu steuern?[39]

Dabei ist zu beachten, dass Datenmärkte oft durch hohe Standardisierung (zB identische Datentypen) und Transparenz geprägt sind. Diese Eigenschaften erleichtern es Algorithmen, Wettbewerbsverhalten zu analysieren und darauf zu reagieren. Dies erhöht die Gefahr koordinierter Preissetzung. Datenmärkte sind auch häufig von Netzwerkeffekten geprägt. Zudem werden viele Daten über zentrale Plattformen gehandelt. Wenn die Plattform selbst 21

[36] BKartA, Algorithmen und Wettbewerb, S. 9, https://www.bundeskartellamt.de/SharedDocs/Publikation/DE/Schriftenreihe_Digitales/Schriftenreihe_Digitales_6.pdf?__blob=publicationFile&v=3.

[37] ADLC/BKartA, Algorithms and Competition, 2019, S. 43 f., https://www.autoritedelaconcurrence.fr/sites/default/files/algorithms-and-competition.pdf. https://www.bundeskartellamt.de/SharedDocs/Publikation/EN/Berichte/Algorithms_and_Competition_Working-Paper.html.

[38] EuGH 21.1.2016 – C-74/14, EuZW 2016, 435 (436) – Abgestimmte Verhaltensweise eines Rundschreibens.

[39] Kom., ABl. 2023 C 259, 1 Rn. 373 ff.; BKartA, Algorithmen und Wettbewerb, S. 5, https://www.bundeskartellamt.de/SharedDocs/Publikation/DE/Schriftenreihe_Digitales/Schriftenreihe_Digitales; _6.pdf?__blob=publicationFile&v=3.

algorithmische Preismechanismen verwendet, könnte dies den Wettbewerb zwischen den Anbietern beeinträchtigen.

Beispiel:

22 Ein Datenmarktplatz, der algorithmisch Mindestpreise für verschiedene Anbieter durchsetzt, könnte als zentraler Punkt einer wettbewerbswidrigen Koordination fungieren.

23 Die Nutzung von Algorithmen zur Preisgestaltung im Datenhandel ist aber nicht *per se* wettbewerbswidrig. **Zulässig ist** sie insbesondere, wenn der Algorithmus auf individuelle Kosten und Marktbedingungen abgestimmt ist, keine faktische Abstimmung mit Wettbewerbern erfolgt oder, wenn die Preisgestaltung Effizienzgewinne bringt, die den Verbrauchern zugutekommen (Art. 101 Abs. 3 AEUV, § 2 GWB).[40]

e) Kopplung/Bundling

24 Wenn ein marktbeherrschendes Unternehmen einen Abnehmer, der bei ihm ein Produkt kauft (das „Kopplungsprodukt"), verpflichtet, auch ein anderes Produkt („gekoppeltes Produkt") von ihm zu beziehen, wird dies in der Regel als „Kopplung" bezeichnet.[41] Der Begriff der „Bündelung" bzw. des **„Bundling"** bezieht sich nach Definition der Kommission auf die Art und Weise, wie das marktbeherrschende Unternehmen seine Produkte anbietet und die Preise gestaltet. Sie unterscheidet insoweit zwischen:

- Reinem Bundling: Beide Produkte sind nur gemeinsam erhältlich.
- Gemischtem Bundling: Produkte können einzeln erworben werden, sind jedoch im Paket günstiger.

25 Solche **Produktkopplungen** können insbesondere gegen Art. 102 AEUV, §§ 19, 20 Abs. 1 GWB verstoßen, nämlich dann, wenn ein Unternehmen mit Marktmacht durch Produktkopplung versucht, seine Position auf einem anderen Markt zu stärken oder Wettbewerber auszuschließen. Diese Praxis wird im Datenhandel problematisch, wenn Kunden gezwungen werden, ein zusätzliches, möglicherweise ungewünschtes Produkt oder eine Dienstleistung zu erwerben, um Zugang zu den tatsächlich benötigten Daten zu erhalten. Dies kann dazu führen, dass Wettbewerber benachteiligt oder gänzlich vom Markt ausgeschlossen werden.

26 Damit die Produktkopplung als wettbewerbswidrig eingestuft wird, müssen mehrere **Kriterien** erfüllt sein.[42] Zunächst ist eine marktbeherrschende oder relativ marktstarke Stellung des Anbieters erforderlich. Dies ist im Datenhandel häufig der Fall, wenn ein Anbieter Zugang zu einzigartigen oder schwer ersetzbaren Daten wie Mobilitäts- oder Geolokationsdaten besitzt. Weiterhin muss ein Zwangselement vorliegen: Die Kunden dürfen keine Möglichkeit haben, die gewünschten essenziellen Daten separat zu erwerben. Zusätzlich muss die Kopplung geeignet sein, eine Wettbewerbsbeschränkung herbeizuführen, etwa indem sie den Zugang neuer Anbieter erschwert oder den Wettbewerb auf Märkten für gekoppelte Produkte oder Dienstleistungen behindert. Schließlich darf es keinen objektiven Rechtfertigungsgrund für die Kopplung geben. Rechtfertigungen könnten etwa in technologischen Interdependenzen zwischen den Daten und der gekoppelt angebotenen Dienstleistung liegen oder in nachweislichen Effizienzgewinnen, die den Verbrauchern zugutekommen.

27 Im Datenhandel kann Bundling unterschiedliche Formen annehmen. Eine Variante ist der Verkauf von Datenpaketen mit irrelevanten oder wenig nützlichen Daten. Ein Anbieter

[40] Künstner GRUR 2019, 36 (39); Kom., ABl. 2023 C 259, 1 Rn. 379.
[41] Kom., ABl. 2009 C 45, 7 Rn. 48; Immenga/Mestmäcker/Fuchs/Heinemann, 7. Aufl. 2025, AEUV Art. 102, Rn. 399.
[42] Stancke KartellR, 5. Aufl. 2026, § 7 Rn. 82 ff.

könnte essenzielle Datensätze, etwa hochauflösende **Geolokationsdaten,** nur in Kombination mit minderwertigen oder nicht benötigten Daten verkaufen. Kunden müssten für das gesamte Paket zahlen, obwohl sie nur einen spezifischen Teil benötigen. Eine weitere Form ist die Kopplung von Daten mit Dienstleistungen, etwa die Verpflichtung, beim Erwerb von Datensätzen auch Analyse- oder Softwaredienste des Anbieters in Anspruch zu nehmen.

Die kartellrechtliche Bewertung solcher Praktiken hängt stark vom Marktumfeld ab. **28** Wenn ein Anbieter eine marktbeherrschende Stellung bei essenziellen Daten innehat, ist das Bundling besonders streng zu prüfen. Kunden dürfen faktisch nicht gezwungen werden, unerwünschte Daten oder Dienstleistungen zu erwerben, weil der Anbieter essenzielle Daten nicht separat verkauft. Zudem muss geprüft werden, ob die Kopplung zu einer Marktzugangserschwernis für Wettbewerber führt, die spezialisierte oder alternative Datensätze anbieten. Bundling im Datenhandel kann allerdings zulässig sein, wenn **objektive Rechtfertigungsgründe** vorliegen. So kann die Kopplung gerechtfertigt sein, wenn technologische Interdependenzen zwischen den Daten und einer Software bestehen, beispielsweise wenn bestimmte Datensätze nur mit einer spezifischen Analyseplattform effizient genutzt werden können. Ebenso können nachweisliche Effizienzgewinne eine Rechtfertigung bieten, sofern diese den Verbrauchern zugutekommen und nicht primär den Wettbewerb einschränken. Wichtig ist außerdem, dass Transparenz und Wahlfreiheit gewährleistet sind. Vorteilhaft ist es aus wettbewerblicher Sicht jedenfalls, wenn Kunden die Möglichkeit haben, relevante Daten separat zu erwerben, um den Eindruck einer Zwangskopplung zu vermeiden.[43]

f) Exklusivitätsvereinbarungen

Vertragsklauseln, die Kunden verpflichten, ausschließlich bei einem Anbieter Daten zu **29** erwerben oder anzubieten, können wettbewerbswidrig sein. Solche **Exklusivitätsabreden** können den Marktzugang anderer Anbieter einschränken und die Vielfalt des Wettbewerbs beeinträchtigen. Die kartellrechtliche Bewertung solcher Regelungen erfolgt sowohl unter den Aspekten des Missbrauchs einer marktbeherrschenden Stellung[44] als auch im Rahmen der Vorschriften zu Vertikalvereinbarungen.[45]

Nach Art. 102 AEUV und §§ 19, 20 GWB sind marktbeherrschende oder relativ markt- **30** starke Unternehmen verpflichtet, ihre besondere Stellung nicht missbräuchlich zu nutzen. Exklusivitätsregelungen können dabei sowohl als **Behinderungsmissbrauch** als auch als **Ausbeutungsmissbrauch** qualifiziert werden. Im Rahmen eines Behinderungsmissbrauchs können solche Regelungen dazu dienen, den Marktzugang für Wettbewerber zu blockieren.[46] Im Datenhandel zeigt sich dies etwa, wenn ein Anbieter von **essenziellen Datensätzen,** beispielsweise Gesundheits- oder Mobilitätsdaten, Kunden dazu verpflichtet, diese ausschließlich bei ihm zu beziehen. Solche Praktiken können insbesondere in Märkten mit hohen Eintrittsbarrieren dazu führen, dass Wettbewerber keine ausreichende kritische Masse an Kunden erreichen, um sich am Markt zu etablieren. Gleichzeitig können **Exklusivitätsklauseln** als Ausbeutungsmissbrauch angesehen werden, wenn sie als unangemessene Vertragsbedingungen die Freiheit der Kunden unverhältnismäßig einschränken. Im Datenhandel könnte dies der Fall sein, wenn ein Anbieter seine Marktmacht nutzt, um Kunden daran zu hindern, Daten von alternativen Anbietern zu beziehen, auch wenn diese möglicherweise spezialisiertere oder kostengünstigere Angebote bereitstellen. Kunden verlieren in solchen Szenarien die Möglichkeit, von Wettbewerbsvorteilen wie günstigeren Preisen oder innovativen Dienstleistungen anderer Anbieter zu profitieren.

---

[43] Immenga/Mestmäcker/Thomas, 7. Aufl. 2025, GWB § 36, Rn. 446 f.
[44] Dauses/Ludwigs EU-WirtschaftsR-HdB/Hoffmann, 61. Aufl. 2024, Rn. 55.
[45] BeckOK InfoMedienR/Gersdorf/Paal/Kumkar AEUV Art. 101 Rn. 125.
[46] Fuchs/Weitbrecht/Inderst/Maier-Rigaud/Schwalbe, Handbuch Private Kartellrechtsdurchsetzung, Rn. 98.

31 Neben der Missbrauchsbeurteilung auf Basis von Marktbeherrschung spielen Exklusivitätsregelungen auch im Hinblick auf **vertikale** wettbewerbsbeschränkende **Vereinbarungen** nach Art. 101 AEUV und § 1 GWB eine Rolle.[47] Vertikale Exklusivitätsklauseln, also Vereinbarungen zwischen Unternehmen auf unterschiedlichen Marktstufen, können den Wettbewerb auf Märkten beeinträchtigen, wenn sie den Marktzugang für alternative Anbieter erschweren oder die Freiheit der Kunden unzulässig beschränken. Solche Klauseln könnten besonders kritisch zu bewerten sein, wenn der Anbieter auf dem relevanten Markt eine starke oder beherrschende Position innehat.

32 Im Datenhandel sind Exklusivitätsregelungen besonders kritisch zu beurteilen, da der Zugang zu Daten eine Schlüsselressource für viele Unternehmen darstellt. Eine übliche Form solcher Regelungen könnte darin bestehen, dass Anbieter essenzielle Datensätze nur unter der Bedingung anbieten, dass Kunden keine ähnlichen Daten von Wettbewerbern beziehen. Auch die Kombination von Exklusivitätsklauseln mit weiteren restriktiven Bedingungen, wie **Mindestbezugsverpflichtungen,** kann die wettbewerbsschädlichen Auswirkungen verstärken. Solche Praktiken führen dazu, dass alternative Anbieter vom Markt verdrängt werden und die Innovationsfähigkeit des Marktes insgesamt beeinträchtigt wird.

33 Exklusivitätsregelungen im Datenhandel können nach der **Vertikal-Gruppenfreistellungsverordnung**[48] zulässig sein, wenn bestimmte Voraussetzungen erfüllt sind, die sicherstellen, dass der Wettbewerb nicht erheblich beeinträchtigt wird. Im Kontext des Datenhandels dürfen die Marktanteile des Anbieters und des Abnehmers auf den relevanten Märkten nach Art. 3 Vertikal-GVO jeweils nicht mehr als 30 Prozent betragen. Zudem ist eine unbefristete Exklusivität nicht automatisch freigestellt: Die Dauer der Exklusivitätsklausel muss für eine Gruppenfreistellung auf maximal fünf Jahre begrenzt sein (Art. 5 Abs. 2 Vertikal-GVO).

34 Ist die Vertikal-GVO im konkreten Fall nicht anwendbar, wäre eine Freistellung entsprechend der allgemeinen Legalfreistellung nach Art. 101 Abs. 3 AEUV zu prüfen,[49] im deutschen Recht nach § 2 GWB. Eine Freistellung kommt danach insbesondere dann in Betracht, wenn die Exklusivität nachweislich Effizienzgewinne bringt, die den Kunden zugute kommen. Solche Gewinne könnten etwa durch Kostensenkungen bei der Datenverarbeitung oder durch eine höhere Qualität der bereitgestellten Daten erzielt werden. Eine längere Exklusivbindung eines Abnehmers als die in 30 erwähnten fünf Jahre kann per Legalfreistellung im Einzelfall – und jenseits der Gruppenfreistellung – freigestellt sein, wenn sie aufgrund erheblicher Investitionen notwendig ist, also zB während der **Abschreibungsfrist.**[50]

g) Geoblocking

35 Geoblocking-Praktiken, die häufig in Vertragsklauseln oder technischen Mechanismen verankert sind, stehen im Widerspruch zum Binnenmarktgedanken der EU, der auf die Förderung eines freien und uneingeschränkten Wettbewerbs über Ländergrenzen hinweg abzielt.[51] Art. 101 AEUV, § 1 GWB untersagen solche Vereinbarungen, wenn sie den freien Wettbewerb und grenzüberschreitende Datenströme beeinträchtigen.[52] Der DMA wiederum verbietet Gatekeepern bestimmte diskriminierende Praktiken, zB die Bevorzugung eigener Dienste oder die Einschränkung des Zugangs zu Plattformen. Wenn ein Gatekeeper etwa den Zugang zu seinem App Store oder Marktplatz geografisch einschränkt, könnte das unter die DMA-Pflichten fallen (insbesondere Art. 5 und 6 DMA). Ein solches Verhalten

47 BeckOK InfoMedienR/Gersdorf/Paal/Kumkar AEUV Art. 101 Rn. 125.
48 VO (EU) 2022/720.
49 Stancke KartellR, 5. Aufl. 2026, § 3 Rn. 126.
50 Kom., ABl. 2022 C 248, 1 Rn. 315.
51 Kohler ZEuP 2020, 253 (254); Immenga/Mestmäcker/Ellger Vertikal-GVO Art. 4 Rn. 37.
52 VO (EU) 2018/203, Erwgr. 16, 34.

kann zudem marktmachtmissbräuchlich nach Art. 102 AEUV, §§ 19ff. GWB sein. Die **Geoblocking-Verordnung** EU 2018/302 verbietet ungerechtfertigte geografische Diskriminierung beim Online-Kauf von Waren und Dienstleistungen innerhalb der EU, gilt aber unabhängig vom DMA oder den kartellrechtlichen Verbotstatbeständen und richtet sich an alle Händler, nicht nur an Gatekeeper oder Marktbeherrscher.

Geoblocking im Datenhandel kann verschiedene Formen annehmen. Beispielsweise könnten Anbieter Kunden daran hindern, auf Datensätze zuzugreifen, die in einem anderen EU-Mitgliedstaat gespeichert oder erzeugt wurden. Ebenso könnten Klauseln vorgesehen sein, die die Weiterverwendung von Daten auf bestimmte geografische Gebiete beschränken **(„Gebietsbeschränkungen“).** Diese Praktiken führen dazu, dass der Zugang zu Daten fragmentiert wird und Unternehmen daran gehindert werden, die Vorteile des Binnenmarktes voll auszuschöpfen. **36**

Ein prominentes Beispiel für die Problematik des Geoblockings ist die Entscheidung der Europäischen Kommission im Fall **Cross-border Pay-TV**[53]**,** bei dem exklusive Lizenzen an geografische Gebiete gekoppelt wurden. Die Kommission stellte fest, dass solche Vereinbarungen den freien Wettbewerb behindern, indem sie die Wahlmöglichkeiten der Verbraucher einschränken und die grenzüberschreitende Nutzung von Dienstleistungen verhindern.[54] Übertragen auf den Datenhandel könnte ein Anbieter, der den Zugang zu Daten auf spezifische Länder beschränkt, wodurch andere Unternehmen daran gehindert werden, die Daten in anderen Märkten zu verwenden, den Wettbewerb erheblich beeinträchtigen. **37**

Im Fall **„Valve“** schloss eine Online-Plattform mit Spieleverlegern Lizenzvereinbarungen ab. Durch Geoblocking wird dabei der grenzüberschreitende Absatz der Spieleverleger von den auf der Plattform verwendbaren Videospielen beschränkt. Die Plattform argumentiert, nur die technischen Möglichkeiten für eine Gebietsabgrenzung zur Verfügung gestellt, aber nicht an verbotenen Abstimmungen teilgenommen zu haben. Die Kommission und das EuG stellten darauf ab, dass der Vertrieb der Spiele ohne die von der Plattform zur Verfügung gestellte Verschlüsselungstechnologie nicht möglich gewesen wäre. Es habe daher ein gemeinsamer Wille bestanden, passiven Vertrieb über die Lizenzgebiete hinaus zu verhindern, was dem Kartellverbot unterliege.[55] **38**

Solche Praktiken können nach Art. 101 Abs. 3 AEUV, § 2 GWB nur dann gerechtfertigt sein, wenn sie erhebliche **Effizienzgewinne** bringen, die negative Wettbewerbseffekte überwiegen, und diese Vorteile den Kunden zugutekommen. Beispielsweise könnte ein Anbieter argumentieren, dass Geoblocking notwendig ist, um datenschutzrechtliche Anforderungen zu erfüllen, die in bestimmten Mitgliedstaaten strenger sind. Allerdings müssen solche Rechtfertigungen sorgfältig geprüft und transparent dargestellt werden. **39**

h) Allgemeine Geschäftsbedingungen (AGB)

Allgemeine Geschäftsbedingungen (AGB), die übermäßig einschränkende oder benachteiligende Klauseln enthalten, können nicht nur zivilrechtlich unwirksam sein, sondern auch **Kartellrechtsverstöße** darstellen.[56] Im Datenhandel, wo Vertragsbedingungen oft standardisiert sind, können AGB eine erhebliche Rolle spielen, um den Zugang zu Daten zu regulieren und die Nutzung durch Kunden zu steuern. Werden diese Bedingungen jedoch dazu genutzt, den Wettbewerb zu behindern oder unfaire Vorteile für den Anbieter zu schaffen, können sie unter Art. 101, 102 AEUV und §§ 1, 19, 20 Abs. 1 GWB problematisch sein. Ein Beispiel für solche Klauseln sind unverhältnismäßige Haftungsausschlüsse, die den Anbieter von jeglicher Verantwortung für die Qualität oder Verwendbarkeit der bereitgestellten Daten entbinden, soweit diese Eigenschaften wesentliche Vertragspflichten (Kar- **40**

[53] Kom. 26.7.2016 – AT.40023, LSK 2016, 107334 – Cross-border access to pay-TV.
[54] Kom. 26.7.2016 – AT.40023, LSK 2016, 107334 – Cross-border access to pay-TV.
[55] EuG ECLI:EU:T:2023:587 = NZKart 2023, 619 – Valve Geoblocking.
[56] Stoffels AGB-R, 2. Aufl. 2008 Rn. 410; Stancke KartellR, 5. Aufl. 2026, § 9 Rn. 84.

dinalpflichten) sind.[57] Solche Regelungen können Kunden daran hindern, Daten effektiv zu nutzen oder Innovationen auf Grundlage der Daten zu entwickeln. Ebenso problematisch können weitreichende Kontrollrechte sein, die einem Anbieter erlauben, die Nutzung der Daten durch den Kunden umfassend zu regulieren oder einzuschränken.[58] Beispielsweise könnten AGB vorsehen, dass der Anbieter einseitig entscheidet, in welchen Märkten oder für welche Anwendungen die Daten verwendet werden dürfen. Solche Klauseln können dazu dienen, den Wettbewerb in nachgelagerten Märkten zu kontrollieren, indem sie Kunden daran hindern, innovative Produkte oder Dienstleistungen auf Basis der Daten zu entwickeln.[59] Die Vertikal-GVO bietet keine Freistellung für Klauseln, die den Kunden unverhältnismäßig benachteiligen oder den Wettbewerb einschränken. Art. 4 lit. b Vertikal-GVO untersagt beispielsweise Vereinbarungen, die den Weiterverkauf von Produkten oder Dienstleistungen erheblich einschränken.

i) Verwendungsbeschränkungen

41 Vertragsklauseln, die die Nutzung von Daten auf bestimmte Zwecke einschränken, können im Datenhandel erhebliche kartellrechtliche Fragen aufwerfen. Entsprechende Klauseln, die Kunden daran hindern, erworbene Daten über den vertraglich festgelegten Zweck hinaus zu verwenden, können den Zugang zu essenziellen Ressourcen einschränken, Marktbarrieren für neue Anbieter schaffen und Innovationen behindern.[60] **Verwendungsbeschränkungen** sind aber solange zulässig, wie sie nicht den (Weiter-)Verkauf beschränken. Wird der Weiterverkauf reglementiert, hängt die kartellrechtliche Zulässigkeit maßgeblich davon ab, ob hierdurch der Wettbewerb unverhältnismäßig beschränkt wird oder ob dies durch legitime Gründe gerechtfertigt ist.[61] Dies gilt sowohl für die Frage einer verbotenen wettbewerbsbeschränkenden Vereinbarung nach Art. 101 AEUV, § 1 GWB als auch für die Frage des Missbrauchs einer marktbeherrschenden Stellung durch Auferlegung einer **Nutzungsbeschränkung**.

42 Im Datenhandel könnten Nutzungsbeschränkungen etwa darin bestehen, dass der Käufer erworbene Daten nicht in bestimmten geografischen Märkten, für spezifische Geschäftsmodelle oder in Verbindung mit anderen Produkten oder Dienstleistungen verwenden darf. Diese Klauseln könnten darauf abzielen, den Wettbewerb in angrenzenden oder nachgelagerten Märkten zu kontrollieren und neue Anbieter davon abzuhalten, innovative Produkte oder Dienstleistungen zu entwickeln. Ein besonders kritisches Szenario tritt dabei auf, wenn die Daten, die Gegenstand solcher Nutzungsbeschränkungen sind, eine **essenzielle Ressource** für den Wettbewerb darstellen.[62] Beispielsweise könnten Gesundheits- oder Verkehrsanalysedaten, die für innovative Geschäftsmodelle, wie **personalisierte Gesundheitsdienste** oder **autonome Mobilitätslösungen,** erforderlich sind, durch vertragliche Beschränkungen von der Weiterverwendung ausgeschlossen werden. Dies könnte den Marktzugang neuer Anbieter blockieren und den technologischen Fortschritt hemmen. Allerdings können Beschränkungen notwendig sein, um den **Datenschutz** oder die **Sicherheit der Daten** zu gewährleisten oder um einen fairen Wettbewerb zu fördern, indem verhindert wird, dass sensible Daten von Konkurrenten missbräuchlich verwendet werden.

---

[57] Zur quantitativen Konditionenkontrolle nach § 19 Abs. 1 GWB: BeckOK KartellR/Stancke, 19. Ed. 1.10.2025, GWB § 19 Rn. 35 mwN; zu Kardinalpflichten Auer-Reinsdorff/Conrad IT- und DatenschutzR-HdB/Thalhofer/Żdanowiecki § 19 Rn. 140 ff. mwN.

[58] Bosch NJW 2021, 1791 (1792).

[59] VO (EU) Nr. 316/2014, Erwgr. 15.

[60] Bauer/Rahlmeyer/Schöner VertriebsKartellR-HdB/Neuhaus/Johnston/Schöner, 2. Aufl. 2024, § 10 Rn. 56.

[61] Bauer/Rahlmeyer/Schöner VertriebsKartellR-HdB/Neuhaus/Johnston/Schöner, 2. Aufl. 2024, § 10 Rn. 55.

[62] Kom. 20.12.2012 – COMP/39.654, Rn. 24 ff. – Thomson Instrument Codes (RICs).

II. Überlassung von ohne Weiteres verfügbaren Daten nach dem Data Act

Siehe zu diesem Themenkomplex auch
- Zugang zu Daten/Data Act → Kap. 4
- Verträge zur Überlassung von Daten → Kap. 11 Rn. 1
- Klauselkontrolle → Kap. 11 Rn. 311

1. Einleitung

Ein sich erst noch entwickelndes Gebiet ist die **Gestaltung von Verträgen** über den Verkehr mit **ohne Weiteres verfügbare Daten** nach dem Data Act. Im Folgenden wird hierzu eine Übersicht zum diesbezüglichen Regelungsgegenstand des Data Acts und dessen Auswirkungen auf die vertragliche Regelung der Verwertung dieser Daten gegeben. Der Data Act ist ein im unternehmerischen Verkehr relevantes Datengesetz der EU mit Regelungen zum Datenzugang und zur Datennutzung. Er behandelt im Wesentlichen zwei Themenkreise: 43

1. Den **Zugang** zu so genannten ohne Weiteres verfügbaren Daten, die aus der Nutzung von Produkten entstanden sind, wenn diese Daten ausgelesen werden können, und die Regeln, nach denen diese Daten verwendet werden dürfen. Kern dieser Regeln ist die Zuweisung der Hoheit über diese Daten zum Nutzer des Produktes. Beteiligte können in diesem Kontext auch Verbraucher sein.
2. Allgemeine **Regeln** zum Umgang mit Daten **für den unternehmerischen Verkehr.** Dazu gehören die Inhaltskontrolle der auszutauschenden Leistungen, insbesondere auf ihre Angemessenheit und Diskriminierungsfreiheit, der Schutz der Interessen der Beteiligten vor einer unangemessenen Auswertung der übermittelten Informationen und eine Klauselkontrolle für Vereinbarungen zum Datenzugang und zur Datennutzung oder zur Haftung und zu Rechtsbehelfen bei Verletzung oder Beendigung datenbezogener Pflichten.

Dem Data Act liegt dabei insbesondere das Ziel zugrunde, bei vernetzten Produkten und bei mit diesen verbundenen Diensten (IoT), dem Nutzer der Produkte und Dienste den **Zugriff auf bestimmte Daten** zu ermöglichen. Stehen ihm diese Daten nicht zur Verfügung, ist der Dateninhaber, der den Datenzugang technisch beherrscht, verpflichtet, diesen Zugang zu ermöglichen. Erfasst werden nicht alle Daten des Produkts, sondern nur die, auf die der Dateninhaber ohne Weiteres zugreifen kann. Da diese Daten aus der Verwendung des Produkts oder Dienstes durch den Nutzer entstehen, weist der Data Act ihm die rechtliche Hoheit hierüber zu. Datennutzer können Verbraucher und Unternehmen sein. 44

45

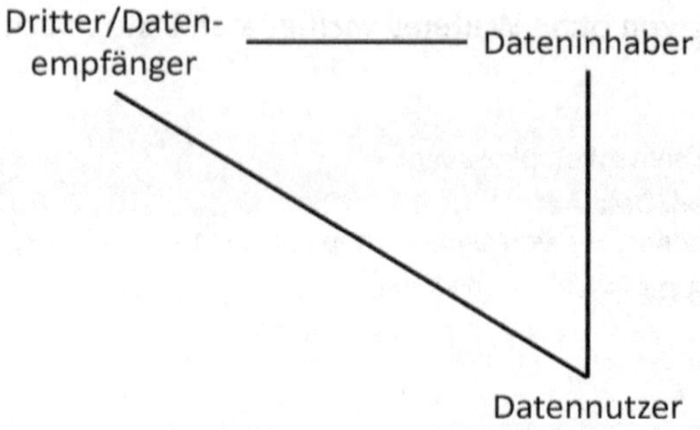

Quelle: **Abb. 13.1 – Die nach dem Data Act im Wesentlichen Beteiligten.** Der Data Act behandelt hinsichtlich der ohne Weiteres verfügbaren Daten die Rechtsbeziehungen zwischen Dateninhaber, Datennutzer und Datenempfängern bzw. Dritten.

46 Erfasst werden vom Data Act zunächst **Daten** jeglicher Art, wie sich aus der Begriffsbestimmung in Art. 2 Nr. 1 DA ergibt. Zu dem Umgang mit diesen Daten enthält der Data vor allem in den Art. 8, 9 und 13 DA für den unternehmerischen Verkehr allgemeine Bestimmungen, die auf alle Arten von Vertragsbeziehungen wirken. Von Bedeutung ist dabei insbesondere die **Klauselkontrolle** in Art. 13 DA (→ Kap. 11 Rn. 381). Über diese allgemeinen Bestimmungen zum Datenverkehr hinaus enthält der Data Act Regelungen für **ohne Weiteres verfügbare Daten,** die von unternehmerisch und nicht-unternehmerisch tätigen Datennutzern erzeugt werden. Ohne Weiteres verfügbare Daten sind nach Art. 2 Nr. 17 DA nur Produktdaten und verbundene Dienstdaten,[63] die ein Dateninhaber ohne unverhältnismäßigen Aufwand rechtmäßig von dem vernetzten Produkt oder verbundenen Dienst erhält oder erhalten kann.[64] Diese Daten müssen bei der Produktnutzung generiert werden und das vernetzte Produkt muss dafür ausgelegt sein, solche Daten außerhalb der Komponente, in der sie generiert werden, oder des vernetzten Produkts als Ganzem zu speichern oder zu übermitteln.[65] Zu diesen Daten gehören auch die für die Auslegung und Nutzung erforderlichen **Metadaten.** Diese Daten sind dem Datennutzer in einem umfassenden, gängigen und maschinenlesbaren Format zur Verfügung zu stellen. Der Datennutzer wird dadurch in seinen Interessen auf Zugriff und Nutzung weitgehend geschützt. Einschränkungen bestehen nur hinsichtlich der Geheimhaltungsinteressen des Dateninhabers.

2. Grundlagen für Verträge über Daten nach dem Data Act

47 Nachfolgend werden mit Blick auf die Gestaltung von Verträgen die wesentlichen Bestimmungen im Kontext der Nutzung eines Produkts in der gebotenen Kürze dargestellt. **Detaillierte Regelungen zum Zugang** zu ohne Weiteres verfügbaren Daten nach dem Data Act finden sich in Teil C dieses Werkes → Kap. 4. Zu den Mustervertragsklauseln der Kommission **(MCT)** → Rn. 127.

48 Dem Nutzer des Produkts, das ein Auto, eine Maschine, Industrieanlage oder auch ein Haushaltsgerät sein kann, steht nach dem Data Act das Recht zu, die Bereitstellung der Daten durch den Dateninhaber an sich oder einen **Dritten** zu verlangen. Der Data Act definiert den Begriff des Dritten nicht direkt, sondern in Art. 2 Nr. 14 DA nur den des **Datenempfängers,** der aber den Dritten einschließt. Datenempfänger ist, wem vom Dateninhaber Daten bereitgestellt werden, während ein Dritter dadurch gekennzeichnet wird, dass ihm **Daten** vom Dateninhaber **überlassen** werden **müssen,** und zwar entweder

63 Nachfolgend meint der Begriff Daten sowohl Produktdaten als auch verbundene Dienstdaten, wenn nicht anders angegeben.
64 BeckOK DatenschutzR/Schild DA Art. 2 Rn. 93 f.
65 Erwgr. 20.

auf Verlangen des Datennutzers oder einer rechtlichen Verpflichtung aus anderem Unionsrecht oder aus nationalen Rechtsvorschriften. Der Begriff des Datenempfängers ist damit weiter als der des Dritten. Der Data Act unterscheidet im regulatorischen Teil nicht immer genau zwischen diesen Bedeutungen.[66]

Der Dateninhaber darf die Daten nach Art. 4 Abs. 14 DA nur mit vertraglicher Zu- **49**
stimmung des Nutzers weitergeben. Der Dateninhaber ist ohne eine Vereinbarung mit dem Nutzer auch nicht berechtigt, die Daten selbst zu nutzen. Sollten die Daten **Geschäftsgeheimnisse** des Dateninhabers darstellen, schützt ihn der Data Act durch Maßgaben zu Art und Weise sowie Umfang der Offenlegung. Der Nutzer selbst darf die Daten unter Wahrung dieser Geschäftsgeheimnisse an jeden weitergeben.[67] Dabei ist für die Praxis jedoch zu beachten, dass sich ein Geheimnisschutz im **Massenverkehr** allein auf vertraglicher Basis nicht gewährleisten lässt, weil der Kreis der Geheimnisempfänger häufig zu groß ist und eine Beachtung der Geheimhaltungspflichten durch jeden in einem Massenmarkt nicht erwartet werden kann. Je mehr Personen ein Geheimnis kennen, desto höher ist die Wahrscheinlichkeit, dass das Geheimnis preisgegeben wird.

Der Data Act entfaltet als Verordnung der EU in den Mitgliedstaaten unmittelbare **50**
Geltung. Dabei wirkt er in die zivilrechtlichen Beziehungen zwischen den Beteiligten hinein. Die nationalen Vorschriften zum Zustandekommen und zum Inhalt von Verträgen bleiben im Übrigen aber unberührt.[68] Für die vertraglichen Beziehungen der Beteiligten untereinander gilt daher das **nationale Vertragsrecht,** soweit der Data Act oder andere Verordnungen keine Sonderregelungen vorsehen.[69] Zu beachten ist bei **personenbezogenen Daten** vor allem, dass der Data Act sie nicht erfasst, sondern ihre Behandlung vor allem der DS-GVO überlässt. Bei dem weiten Verständnis des Personenbezugs durch den EuGH dürfte es selten bis nie vorkommen, dass ohne Weiteres verfügbare Daten keinen Personenbezug aufweisen. Im Falle eines Konflikts der Regelungen des Data Acts und der DS-GVO haben deren Vorschriften nach Art. 2 Abs. 5 S. 3 DA Vorrang.

Der Data Act steht somit einer vertraglichen Regelung der Weitergabe und Nutzung von **51**
ohne Weiteres verfügbaren Daten grundsätzlich nicht im Wege. Für die **Vertragsgestaltung** ist dabei wie stets zunächst die Zuordnung einer Vereinbarung zu den im BGB normierten **Vertragstypen** wichtig,[70] um etwaige im Vertrag nicht behandelte Regelungen gesetzlich zu ergänzen. Zudem ist diese Einordnung für die BGB-Inhaltskontrolle von Bedeutung, deren Ziel es im Kern ist, festzustellen, ob der Verwender der Bedingungen zum Nachteil des Vertragspartners vom Gesetz unangemessen abweicht. Zur angemessenen Ausgestaltung von Verträgen enthält der Data Act vorrangige Bestimmungen → Kap. 11 Rn. 431.

Der Data Act entfaltet erst seit **September 2025** Wirkungen, es fehlt daher naturgemäß an **52**
Rechtsprechung zu den Möglichkeiten der vertraglichen Gestaltung in diesem Bereich. Die **Zuordnung** zu einem **Vertragstyp** kann im spezifischen Anwendungsbereich des Data Act somit im Einzelfall schwierig und diskutabel sein.

Soweit es um die ohne Weiteres verfügbaren Daten geht, müssen die **Rechtsverhältnisse** **53**
aus der Überlassung des Produkts, das die Daten erzeugt, und der Überlassung der erzeugten Daten **unterscheiden** werden. Der Kauf eines Produkts bedeutet nicht, dass auch die vom Data Act erfassten Daten gekauft werden. Der Data Act verlangt auch keine Vereinbarung über die Verpflichtung und deren Erfüllung in einem Akt. Es ist daher möglich, zwischen **Verpflichtungs- und Erfüllungsgeschäft** zu trennen. Andererseits spricht rechtlich nichts dagegen, in dem Vertrag zur Überlassung des Produkts bereits Regelungen zum Umgang mit den ohne Weiteres verfügbaren Daten zu treffen. Das Rechtsverhältnis zwischen dem Anbieter des Produkts wird im Data Act in Art. 3 Abs. 2 nur hinsichtlich der dort vorgesehenen

66 So müsste es in Art. 8 Abs. 1 DA nicht Datenempfänger, sondern Dritter heißen.
67 Erwgr. 30.
68 Erwgr. 9.
69 Erwgr. 43; Schmidt-Kessel MMR 2024, 75 (76).
70 Der Vertragstyp kann auch nicht vertraglich festgelegt werden, BGH 10.5.1979 – VII ZR 30/78, NJW 1979, 2207 (2209); BeckOK BGB/Voit § 650 Rn. 25.

Hinweispflichten behandelt. Der Abruf der Daten wird regelmäßig mittels Software, die im Verbraucherbereich typischerweise eine **App** für mobile Geräte sein wird, oder über einen Internet-Zugang per **Browser** erfolgen. Beide Zugänge werden eine Anmeldung zur Identifikation des Nutzers erfordern. Über die erstmalige Anmeldung dürfte der Vertragsschluss über die Nutzung der Dienste und bei Bedarf der Verwertung der Daten, insbesondere der nach dem Data Act relevanten „ohne Weiteres verfügbaren" Daten erfolgen.[71] Diese Applikationen können einen im Data Act **verbundenen Dienst** iSv Art. 2 Nr. 6 DA darstellen. Zwingend ist dies nach dieser Definition aber nicht. Für den verbundenen Dienst sind die in Art. 3 Abs. 3 DA verpflichtenden Hinweise zu beachten. Das Rechtsverhältnis der Überlassung der App und des Zugangs zu der Web-Schnittstelle wird im Data Act nicht behandelt, sondern folgt den allgemeinen Regeln. Für den **Datennutzer** ergeben sich daraus typischerweise drei zu unterscheidende **Rechtsbeziehungen** beim Bezug nicht ohne Weiteres verfügbarer Daten nach dem Data Act. Zum ersten den Überlassungsvertrag für das Produkt. Dieser Vertrag muss kein Dauerschuldverhältnis sein. Zum zweiten den Vertrag zur Überlassung der App oder zum Browser-basierten Zugang zu den Daten und Leistungen. Dieser Vertrag muss nicht zwingend zwischen dem Dateninhaber und dem Datennutzer geschlossen werden. Denkbar ist beispielsweise die Nutzung einer allgemeinen App mit einer Schnittstelle zum Produkt. Der Data Act enthält hierzu keine Bestimmungen. Zum dritten das vom Data Act erfasste Rechtsverhältnis zur Überlassung der ohne Weiteres verfügbaren Daten.

54

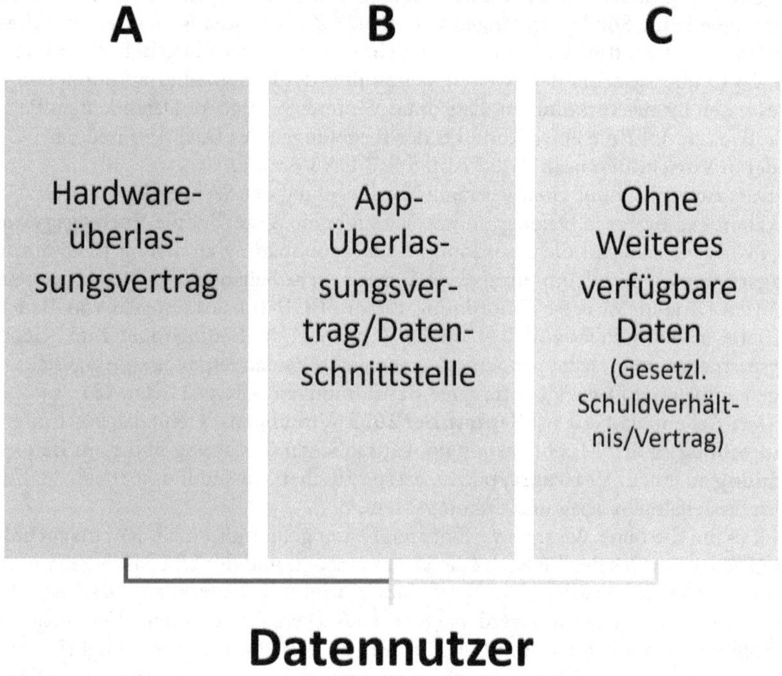

Quelle: **Abb. 13.2 – Rechtsbeziehungen zwischen Datennutzer, Hardware-Anbieter (A) und Dateninhaber (B und C).** Die Grafik stellt die typischen Rechtsbeziehungen dar, die sich für den Nutzer eines Produkts, das ohne Weiteres verfügbare Daten erzeugt, ergeben können. Eine Rechtsbeziehung besteht zu demjenigen, der das Gerät überlasst, in der Regel im Rahmen eines Kaufvertrages oder eines Miet- oder Leasingverhältnisses. Eine weitere Beziehung kann aus der Nutzung von verbundenen Diensten zu dem überlassenen Produkt mit einem Dateninhaber resultieren. Schließlich entsteht bei der Erzeugung von ohne Weiteres verfügbaren Daten durch das Produkt selbst eine Beziehung zu dem Dateninhaber, der auf diese Daten zugreifen kann.

[71] Antoine CR 2024, 1 Rn. 30.

3. Dreipersonenverhältnis

Der Data Act trifft Regelungen zu den folgenden Rechtsbeziehungen 55

- **Datennutzer und Dateninhaber**
  Der Nutzer muss das Produkt nach der Definition in Art. 2 Nr. 12 DA besitzen oder vertraglich überlassen erhalten haben. Er muss **keine Berechtigung zum Besitz** des Produkts im sachenrechtlichen Sinne haben. Denn der Data Act behandelt nur die Rechtsbeziehung zum Dateninhaber, nicht aber diejenige zu der Person, die den Besitz verschafft oder verschaffen soll. Das gilt selbst dann, wenn der Nutzer gegenüber dem Dateninhaber fehlerhaft besitzt. Die sachenrechtlichen Aspekte sind ohne Auswirkung darauf, dass die Daten vom Nutzer erzeugt werden. Die Daten sind durch den Data Act dem Nutzer des Produkts zugewiesen, gleich, ob er Eigentümer oder Besitzer ist und ob ein Recht zum Besitz besteht.[72] Denn dieses bezieht sich sachenrechtlich immer nur auf das Verhältnis zum Eigentümer. Stellt man nicht auf den Besitz, sondern auf die Verbindung zum Dateninhaber ab, trifft es zu, dass diese überhaupt bestehen muss, damit der Dateninhaber dem Datennutzer die Daten zur Verfügung stellen kann. Das macht die Besonderheit der IoT-Komponente aus. Es muss jedoch kein rechtlich bindendes Verhältnis vorliegen.[73] Solange der Nutzer das Produkt nutzen kann und dadurch Daten generiert, die unter der Kontrolle des Dateninhabers sind, steht ihm der Anspruch auf Zugang zu den Daten zu, da es sich um „seine" Daten handelt. Alles andere würde zu Rechtsfragen führen, die für die Verwirklichung der durch den Data Act verfolgten Ziele irrelevant sind. Der Data Act schützt den Zugang des Datennutzers zu den Daten, nicht seine Rechtsstellung hinsichtlich des Produkts. Ein bestimmtes „Dateninhaber-Datennutzer-Verhältnis" ist nicht gefordert.
- **Dateninhaber und Datenempfänger/Dritte**
  Ein Rechtsverhältnis zwischen Dateninhaber und Datenempfänger bzw. Drittem nach Art. 2 Nr. 14 DA darf es nur auf **gesetzlicher Grundlage** oder bei **Zustimmung des Datennutzers** geben. Der Dateninhaber darf mit den ohne Weiteres verfügbaren Daten nur umgehen, wenn ihm der Nutzer dies gestattet hat. Das betrifft vor allem die Nutzung der Daten zu eigenen Zwecken. Eine Weitergabe an einen anderen darf nur auf Verlangen des Nutzers erfolgen.
- **Datennutzer und Datenempfänger/Dritte**
  Soweit keine gem. Art. 4 Abs. 6 DA zwischen Dateninhaber und -nutzer vereinbarten Geheimhaltungsmaßnahmen zu beachten sind, darf der Datennutzer frei über die Daten verfügen.

Zum Vertragsverhältnis, das der Überlassung des Produkts zugrundeliegt, mit dem der 56
Datennutzer die Daten generiert, trifft der Data Act keine Aussagen. Der Vertragspartner des **Produkt-Überlassungsvertrages** kann mit dem Dateninhaber identisch sein, muss es aber nicht.

[72] Es ist umstritten, ob der schlichte Besitz genügt, um Nutzer nach Art. 2 Nr. 12 DA sein zu können. Wie hier wohl Czychowski/Lettl/Steinrötter/Lettl DA Art. 12 Rn. 69; anders dagegen Paschke/Schumacher/Wentzel DA Art. 2 Rn. 81 ff., Specht-Riemenschneider MMR 2022, 809 (813) und → Kap. 4 Rn. 20.

[73] Bomhard/Schmidt-Kessel/Schmidt-Kessel DA Art. 2 Nr. 12 Rn. 22.

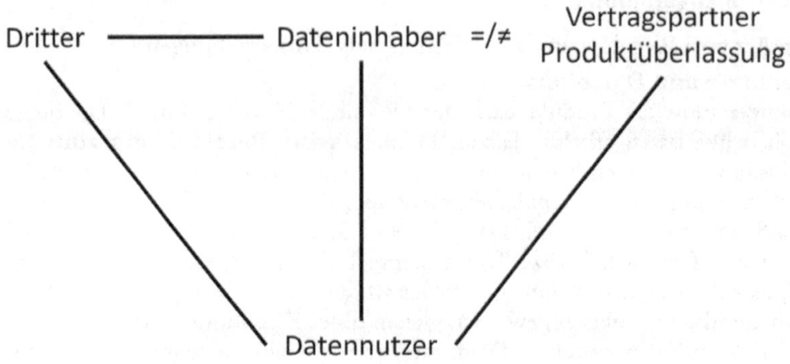

Quelle: **Abb. 13.3 – Die Beteiligten nach Art. 3 ff. des Data Acts.** Die Grafik verdeutlicht die Vielfältigkeit der sich aus der Nutzung eines Produkts nach Art. 2 Nr. 5 DA ergebenden Rechtsbeziehungen, insbesondere, dass der Dateninhaber nicht mit demjenigen identisch sein muss, der das Produkt dem Datennutzer überlassen hat.

57 Verlangt der Nutzer vom Dateninhaber, die Daten einem Dritten zur Verfügung zu stellen, liegt ein Dreipersonenverhältnis vor. Genauer handelt es sich hier um ein sogenanntes **Anweisungsverhältnis.**[74] Der Dritte erhält die Daten nicht, weil der Dateninhaber ihm diese zur Verfügung stellen darf, sondern nur, weil der Nutzer dies verlangt[75] und so den Dateninhaber zur Bereitstellung verpflichtet. Eine **Anweisung** nach § 783 BGB oder § 363 HGB liegt indes nicht vor, weil dort nur Sachen Gegenstand der Anweisung sein können. Auch ein **Streckengeschäft** scheidet aus. Denn Kennzeichen des Dreipersonenverhältnisses nach dem Data Act ist, dass die Daten gesetzlich dem Datennutzer zugewiesen sind, der allein entscheidet, wer sie erhält. Der Dateninhaber ist lediglich Transporteur der Daten.

4. Dauerschuldverhältnis

58 Der Data Act behandelt ausdrücklich auch die wiederkehrende Übermittlung von Daten, die in einem Produkt über einen Zeitraum anfallen. Nach Art. 4 Abs. 1 und Art. 5 Abs. 1 S. 1 muss der Dateninhaber die Daten **kontinuierlich** und in Echtzeit zur Verfügung stellen. Für den Fall einer vertraglichen Regelung spricht das wiederholte Tätigwerden für das Vorliegen eines Dauerschuldverhältnisses. In Betracht kommt die Qualifizierung als Dauerschuldverhältnis in der Form eines **Sukzessivlieferungsvertrages,** wenn der Umfang der insgesamt zu übermittelnden Daten bei Vertragsschluss nicht absehbar ist.[76] Möglich ist auch die Charakterisierung als Ratenlieferungsvertrag, wenn der Umfang der insgesamt zu übermittelnden Daten vorab bestimmbar ist,[77] beispielsweise bei einer Überlassung auf eine bestimmte Zeit. Die wegen der Unentgeltlichkeit der Bereitstellung gegenüber entgeltlichen Überlassungsverträgen eingeschränkten Rechte des Gläubigers beziehen sich bei Leistungsstörungen auf die jeweilige Teilleistung und regelmäßig nicht auf das gesamte Schuldverhältnis.[78]

59 Die **Beendigungsgründe** dürfen den Nutzer AGB-rechtlich nicht unangemessen lange an den Dateninhaber binden. Falls der Nutzer für die Übermittlung der Daten, wie vom Data Act für den Normalfall vorgesehen, kein Entgelt entrichtet, stehen ihm auch keine Nacherfüllungsansprüche zu. Er kann sich nur auf die allgemeinen Leistungsstörungsregeln

74 Hierzu BeckOK BGB/Gehrlein BGB § 783 Rn. 2.
75 Nach der Definition in Art. 2 Nr. 14 DA kann die Weitergabe auch auf gesetzlicher Grundlage erfolgen, die für die Vertragsgestaltung jedoch außer Acht bleiben kann.
76 BeckOK BGB/Sutschet § 241 Rn. 27.
77 BeckOK BGB/Gehrlein § 311 Rn. 12.
78 BeckOK BGB/Gehrlein § 311 Rn. 14; BeckOK BGB/Lorenz § 280 Rn. 68.

berufen. In der Folge besteht sein Interesse an einer Beendigung des Vertragsverhältnisses mit dem Dateninhaber im Falle von Pflichtverletzungen nur für den Fall, dass letzterer entgeltliche Zusatzleistungen nicht wie geschuldet erbringt.

5. Bereitstellung der Daten

Im Folgenden wird die Bereitstellung der Daten vor allem in diesem Dreipersonenverhältnis behandelt. Nicht gesondert behandelt wird der denkbare Fall, dass es zu einem Produkt **zwei Dateninhaber** für die ohne Weiteres verfügbaren Daten nach Art. 2 Nr. 17 DA gibt.[79] Zum einen denjenigen, der ohne Weiteres verfügbare Daten besitzt, die das vernetzte Produkt erzeugt, und zum anderen denjenigen, der den mit dem Produkt verbundenen Dienst betreibt. Der Data Act verlangt nicht, dass beide Datenarten stets demselben Dateninhaber zustehen müssen. Für die Vertragsgestaltung ergeben sich hieraus keine Besonderheiten, die Daten sind lediglich getrennt zu behandeln. **60**

Für die Praxis sind die **Ausnahmen** für Kleinst- und Kleinunternehmen sowie mittlere Unternehmen nach Art. 7 Abs. 1 DA zu beachten, auf die im Folgenden nicht eingegangen wird. Zu der für die Vertragsgestaltung wichtigen **Klauselkontrolle** → Kap. 11 Rn. 431. **61**

a) Datennutzer zu Dateninhaber

Das Rechtsverhältnis zwischen Datennutzer und Dateninhaber ist dadurch geprägt, dass der Dateninhaber die für ihn ohne Weiteres verfügbaren Daten dem Datennutzer bereitstellen muss, soweit der Nutzer nicht selbst Zugriff auf die Daten hat. Der Datennutzer hat somit **zwei Wege,** um an die Daten zu gelangen. Zum einen soll ihm das direkt über die Konstruktion des die Daten erzeugenden Geräts möglich sein. Der Data Act verpflichtet den Hersteller eines IoT-Produkts in Art. 3 Abs. 1 DA, sein Produkt so zu konzipieren und herzustellen, dass die Daten für den Nutzer einfach, sicher und in einem strukturierten, gängigen und maschinenlesbaren Format direkt zugänglich sind, soweit dies technisch durchführbar ist.[80] Zum anderen hat der Nutzer aus Art. 4 Abs. 1 DA einen Anspruch auf kostenlose Überlassung der für den Dateninhaber ohne Weiteres verfügbaren Daten. Gestattet der Datennutzer dem Dateninhaber die Verwendung der Daten, spricht nichts gegen die Vereinbarung einer **Gegenleistung** zugunsten des Nutzers. Wird diese Gegenleistung jedoch auf den Kaufpreis des Produktes, das die Daten generiert, angerechnet, etwa um die Bereitschaft zur Freigabe der Daten zu steigern, ergeben sich Probleme der Bestimmung des Vertragstyps → Kap. 11 Rn. 102. **62**

Versteht man die Regelung in Art. 3 Abs. 1 DA als **produktbezogene Verpflichtung** des Herstellers,[81] folgt daraus kein Anspruch des Nutzers auf Datenübermittlung gegen den Dateninhaber. Die Bestimmung hat aber mittelbar Auswirkungen auf den Inhalt des Schuldverhältnisses zwischen dem Nutzer und dem Dateninhaber, der typischerweise dessen Vertragspartner infolge der Überlassung des Produkts wird. Sie enthält insoweit eine **Beschaffenheitsanforderung** an das datenerzeugende Produkt. Für Kaufverträge gehört nach § 434 Abs. 3 S. 1 Nr. 2 BGB[82] zu den Beschaffenheiten der Kaufsache dasjenige, was der Käufer unter Berücksichtigung der Art der Sache erwarten kann. Wenn das Gesetz den Hersteller zu einer bestimmten Beschaffenheit verpflichtet, stellt dies eine objektive Anforderung im Sinne der Vorschrift dar. In der Folge muss der Verkäufer für das Vorhandensein dieser Beschaffenheit einstehen. Gleiches gilt für andere Vertragstypen, die an eine Soll-Beschaffenheit des überlassenen Gegenstandes anknüpfen. So für die mietweise Überlassung, bei der der Vermieter nach § 535 Abs. 1 S. 2 BGB verpflichtet ist, die Mietsache in einem vertragsgemäßen Zustand zu überlassen. Hierzu gehören auch stillschweigend vereinbarte Zustände.[83] Für die wohl in diesem Zusammenhang selten relevanten Werkverträge gilt § 634 Abs. 2 S. 2 Nr. 2 BGB. **63**

[79] S. Erwgr. 17 zu der Möglichkeit von zwei Dateninhabern.
[80] S. dazu auch Erwgr. 20.
[81] So BeckOK DatenschutzR/Schemmel DA Art. 3 Rn. 15.
[82] Entsprechendes gilt nach §§ 474b Abs. 4 Nr. 1 und § 327e Abs. 3 S. 1 Nr. 2 BGB für Verbraucherverträge.
[83] BeckOK BGB/Zehelein § 535 Rn. 351.

64 Der Anspruch des Nutzers auf Überlassung der Daten ist ein **gesetzlicher Anspruch** und in der Folge ist das Rechtsverhältnis zwischen Nutzer und Dateninhaber ein gesetzliches Schuldverhältnis. Es bedarf daher keines Vertrages zwischen den Parteien zur Durchführung der Datenüberlassung.[84] Für Leistungsstörungen gelten dann die allgemeinen Vorschriften der §§ 275 ff. BGB. Nicht geregelt ist im Data Act, **ob** der **Anspruch** für die jeweils geschuldeten Daten **erlischt,** wenn der Dateninhaber die Daten bereitgestellt hat oder ob der Datennutzer auch die wiederholte Bereitstellung derselben Daten verlangen kann. Relevant wird dies jedoch nur, wenn die Bereitstellung für den Dateninhaber mit Aufwand verbunden ist, beispielsweise, wenn Geheimhaltungsinteressen einzelfallbezogen zu berücksichtigen sind. Eine Kostenregelung für eine erneute Zurverfügungstellung vergleichbar zu Art. 15 Abs. 3 S. 2 DS-GVO fehlt.

65 Das Gesetz beschränkt den Nutzer in seiner Befugnis zur Verwendung der Daten in Art. 4 Abs. 6 und 10 DA. Eine Regelung dazu, inwieweit diese **Bestimmungen zwingend** sind, enthält der Data Act nicht. Mit Blick auf Erwgr. 25 und Art. 7 Abs. 2 DA dürfte ein Abweichen zumindest zugunsten des Datennutzers möglich sein.[85]

66 **aa) Modifikation des gesetzlichen Anspruchs auf Datenüberlassung.** Da das nationale Vertragsrecht unberührt bleibt[86] und der Data Act keine abschließenden Regelungen für die Gestaltung des Vertragsverhältnisses zwischen dem Nutzer und dem Dateninhaber vorsieht, ist im Rahmen der Vertragsfreiheit die **Vereinbarung ergänzender Regelungen** zulässig. Mit Blick auf den Anspruch aus Art. 4 Abs. 1 DA folgt aus einer ergänzenden Regelung aber nicht, dass der gesetzliche Anspruch zu einem vertraglichen wird.[87] Die Parteien können zusätzlich zu dem gesetzlichen Anspruch einen vertraglichen schaffen, sie können aber den gesetzlichen Anspruch aus Art. 4 Abs. 1 DA wegen Art. 7 Abs. 2 DA **nicht zum Nachteil des Datennutzers beschränken,** soweit der Data Act dies nicht explizit vorsieht, wie es in Art. 4 Abs. 2 und Abs. 6 DA der Fall ist. Interessant ist hierbei, dass die Beschränkung nach Art. 4 Abs. 2 mit Blick auf **Sicherheitsaspekte** eine Vereinbarung zwischen Dateninhaber und Nutzer vorsieht. Dazu stellt sich die Frage, ob die Norm einen Anspruch des Dateninhabers regelt, eine solche Beschränkung zu erzielen, oder ob sie lediglich eine Ausnahme zu Art. 7 Abs. 2 DA enthält[88] und damit eine Norm zur Inhaltskontrolle darstellt. Denn eine Vereinbarung zur Beschränkung des Nutzers durch den Dateninhaber – der allein ein schutzwürdiges Interesse bei der Überlassung von Daten an den Nutzer haben kann, da der Nutzer selbst Daten ohne Beschränkung dem Dateninhaber überlassen kann, aber nicht muss – ist im Rahmen der Vertragsfreiheit stets möglich. Die in Absatz 3 vorgesehenen Rechtsbehelfe des Nutzers gegen die Beschränkung nach Absatz 2 sprechen für eine Ausnahme von der Inhaltskontrolle, sofern die Tatbestandsvoraussetzungen gegeben sind. Unstimmig ist auch hier, dass Art. 4 Abs. 2 DA Beschränkungen vorsieht, die Art. 3 Abs. 1 DA nicht enthält. Zu beachten ist, dass der Nutzer nach Erwgr. 25 im Falle von Geschäftsbeziehungen zwischen Unternehmen gegen ein angemessenes Entgelt auf die Datenbereitstellung **verzichten** können soll. Das ist insoweit stimmig, wie dies Ausdruck der Vertragsfreiheit ist. Andererseits stellen sich sofort Fragen nach den Umständen des Verzichts, insbesondere nach dessen Freiwilligkeit. Abseits von Art. 7 Abs. 2 DA kann das gesetzliche Schuldverhältnis zur Überlassung der Daten unter Berücksichtigung der zwingenden Kontrollbestimmungen vertraglich modifiziert werden.

67 Im Ergebnis haben die Parteien die Möglichkeit, die Datenüberlassung nur auf gesetzlicher Grundlage oder, modifiziert, auf vertraglicher Grundlage durchzuführen, soweit dadurch dem Nutzer die vom Data Act gewährten Mindestrechte nicht entzogen werden. Ob ein solcher Vertrag auch **stillschweigend** zustandekommen kann, ist im Data Act nicht

84 Czychowski/Lettl/Steinrötter/Steinrötter DA Art. 4 Rn. 18.
85 Czychowski/Lettl/Steinrötter/Steinrötter DA Art. 4 Rn. 77, s. a. Wendehorst NJW 2025 3257.
86 Erwgr. 9.
87 AA BeckOK DatenschutzR/Raue DA Art. 4 Rn. 16.
88 So Czychowski/Lettl/Steinrötter/Steinrötter DA Art. 4 Rn. 33.

behandelt, aber nach allgemeinen Regeln zu bejahen, da eine bestimmte Form nicht vorgesehen ist. Die Anforderungen an die stillschweigenden Erklärungen sind indes hoch, weil es nicht darum geht, einen im Gesetz bereits typisierten Vertrag zustande zu bringen, sondern ein gesetzliches Schuldverhältnis – sinnvoll – zu modifizieren. Regelmäßig wird jedoch der Zugang zur Nutzung des Produkts vom Dateninhaber an die Beachtung von Formalien, wie der Anmeldung und Vergabe von Zugangsdaten geknüpft, was gegen eine Bereitschaft spricht, daneben stillschweigende Absprachen zu treffen.

In einem Vertrag können Datennutzer und Dateninhaber Regelungen treffen **68**

- zur **Überlassung** der Daten an den Datennutzer,
- zur **Nutzung** der Daten durch den Dateninhaber,
- zur **Weitergabe** der Daten durch den Dateninhaber an einen Dritten.

Diese Fälle können auch kombiniert werden.

Um diese vertraglichen Beziehungen zu schaffen, muss der vom Anbieter des Produkts **69** personenverschiedene Dateninhaber einen Vertragsabschluss mit dem Datennutzer überhaupt erreichen können.[89] Dies kann über den Absatzmittler, der dem Nutzer den Besitz am Produkt verschafft, geschehen, oder entsprechend den Gepflogenheiten im Software-Bereich durch den Abschluss einer Art End User Licence Agreements **(EULA).** Wie auch bei der Nutzung von Software kann der Datennutzer dem Dateninhaber unbekannt sein. Eine namentliche Nennung des Dateninhabers wird vom Data Act auch nicht verlangt. Dennoch können sich aus der Anonymität Probleme für den Vertragsschluss ergeben → Kap. 11 Rn. 31. **Gibt** der Datennutzer das **Produkt weiter,** ohne den Vertrag mit dem Dateninhaber entsprechend anzupassen, kann das zu einer unzulässigen Datenüberlassung an den Dateninhaber führen.[90] Es stellt sich dann auch die Frage, ob der Besitzer berechtigt ist, die Daten in jedem Fall zu erlangen. Das ist nach dem Zweck des Data Acts zu bejahen. Der Data Act schützt keine vertraglichen Beziehungen, sondern den Zugang zu den Daten[91] → Rn. 55.

bb) Berechtigung des Dateninhabers zur eigenen Nutzung. Faktisch hat der Daten- **70** inhaber den Zugriff auf die Daten, rechtlich bedarf er nach Art. 4 Abs. 13 DA aber der – **vertraglichen** – **Zustimmung** des Nutzers zur Nutzung dieser Daten.[92] Die einseitige Zustimmung genügt nicht, weil die Daten keinen immaterialgüterrechtlichen Status haben. Die unbefugte Nutzung kann damit ebenso wenig durch Zustimmung geheilt werden, wie die Befugnis auf diese Weise erteilt werden kann. Aus der **Notwendigkeit eines Vertragsschlusses** folgt, dass der Schutz maschinengenerierter, nicht-personenbezogener Daten weiter ist als der personenbezogener Daten. Denn bei diesen lässt die – gegenüber dem Data Act nach Art. 1 Abs. 5 S. 3 DA vorrangige – DS-GVO eine Nutzung auch ohne Zustimmung des Betroffenen zu.[93] Um diese Beschränkung zu unterlaufen, könnte der Dateninhaber erwägen, einen **Personenbezug** herstellen mit der Idee, eine zulässige datenschutzrechtliche Nutzung über deren Vorrang gegenüber dem Data Act anzuführen. Das würde jedoch mit dem Datensparsamkeitsgebot aus Art. 5 Abs. 1 lit. c und Art. 25 Abs. 1 DS-GVO kollidieren.[94] Anderseits ist fraglich, welche Daten überhaupt nicht-personenbezogen sein können, wenn der Dateninhaber einen Vertrag zu deren Nutzung abschließen muss und damit in der Regel weiß, wer die Daten generiert hat.[95] Will der Dateninhaber die Daten auch dauerhaft datenschutzkonform nutzen, muss er mit dem Datennutzer regelmäßig eine

---

89 Dazu Schmidt-Kessel MMR 2024, 75 (77).
90 McGuire/Schulte-Nölke ZdiW 2024, 73 (74).
91 Zur Gegenansicht → Kap. 4 Rn. 19 ff. und Specht-Riemenschneider MMR 2022, 809 (813).
92 McGuire/Schulte-Nölke ZdiW 2024, 73 (74).
93 BeckOK DatenschutzR/Raue DA Art. 4 Rn. 81.
94 Zu Art. 25 Ehmann/Selmayr/Baumgartner DS-GVO Art. 25 Rn. 1 ff.
95 Der EuGH sieht die Fahrzeugidentifikationsnummer als personenbezogen an; EuGH 9.11.2023 – C-319/22, ZD 2024, 173. Das lässt, übertragen auf die Nutzung der vom Data Act erfassten Fälle, kaum Raum für einen Ausschluss des Personenbezug.

Vereinbarung hierzu treffen. Der Datennutzer wird hierzu bereit sein, wenn ihm ein Entgelt für die Datennutzung angeboten wird. Die Vereinbarung wird in der Regel im Rahmen des Vertrages, auf dessen Grundlage das Produkt an den Nutzer überlassen wird, getroffen.[96]

71 **Grenzen** ziehen der Berechtigung zur Nutzung der Daten durch den Dateninhaber Art. 4 Abs. 13 S. 2 DA, nach dem der Dateninhaber die Daten nicht zur **Gewinnung vertraulicher Informationen** über den Nutzer verwenden darf, und Art. 4 Abs. 14 S. 1 DA, der eine über das vertraglich Vereinbarte hinausgehende Nutzung untersagt. Eine **Inhaltskontrolle** solcher Vereinbarungen findet im unternehmerischen Verkehr insbesondere über Art. 13, im Übrigen über die AGB-Kontrolle statt. Zu beachten ist, dass der Dateninhaber außerhalb seiner Geheimhaltungsinteressen den Nutzer grundsätzlich nicht einseitig verpflichten darf, die Daten nicht an andere weiterzugeben **(Exklusivität zugunsten des Dateninhabers).** Hierin läge ein Verstoß gegen die im Data Act angelegte Zuweisung der Hoheit über die Daten an den Nutzer.[97] Eine solche Klausel wäre nach Art. 7 Abs. 2 DA unwirksam.[98] Die Möglichkeit des Verzichts des Nutzers in Übereinstimmung mit Erwgr. 25 ist aber zu beachten. Unklar ist, ob die Berechtigung zur Nutzung detailliert bestimmt werden muss, also eine **Datenlizenzvereinbarung** getroffen werden muss,[99] die – vergleichbar zum Urheberrecht – die Nutzungsrechte bestimmt. Der Data Act selbst schweigt sich hierzu in Art. 4 Abs. 13 DA aus.[100] Aus Art. 4 Abs. 13 S. 2 ergibt sich eine **Nutzungsbeschränkung** und Art. 4 Abs. 14 DA beschränkt den Dateninhaber darin, die Daten nur zur Erfüllung ihres Vertrages mit dem Nutzer weiterzugeben. **Dritte** dürfen die Daten jedoch nach Art. 6 Abs. 1 DA nur zu den mit dem Nutzer vereinbarten Zwecken nutzen. Ob hieraus auch etwas für das Verhältnis von Datennutzer zu Dateninhaber abgeleitet werden kann, ist fraglich. Der Dateninhaber steht in einer anderen Beziehung zum Nutzer, weil er den faktischen Zugriff auf die Daten bereits hat. Der Nutzer muss damit rechnen, dass er bei einer Nutzungsvereinbarung auf alle diese Daten zugreift. Das ist gegenüber Dritten nicht so. Aus dem Data Act kann keine dem Immaterialgüterrecht vergleichbare Rechtslage abgeleitet werden, weil der Data Act dem Nutzer kein Ausschließlichkeitsrecht zuweist. Gewährt er dem Dateninhaber die Nutzung der Daten, kann dieser sie im Rahmen der Gesetze **unbeschränkt verwenden.** Will der Nutzer den Dateninhaber in der Verwendung beschränken, bedarf dies einer Vereinbarung, die dementsprechend nur schuldrechtlich wirkt.

72 Fraglich ist, ob die **Berechtigung** des Dateninhabers zur Nutzung der Daten von diesem einseitig **in AGB** vorgesehen werden kann. Grundlage hierfür dürfte das Angebot eines mit dem Produkt verbundenen Dienstes sein. Der Dateninhaber steht über die Überlassung des Produktes selbst regelmäßig als Anbieter eines mit diesem Produkt verbundenen Dienstes in Vertragsbeziehungen zu dem Datennutzer. Diese Beziehungen sind von der Vereinbarung zur Bereitstellung der Daten nach Art. 4 Abs. 13 S. 1 DA zu unterscheiden und rechtfertigen die Datennutzung nicht. Dass sich der Dateninhaber die Berechtigung zur Nutzung der ohne Weiteres verfügbaren Daten gewähren lässt, ist nicht zwingend, aber als die Regelungen des IoT-Dienstes ergänzende Gestaltungsmöglichkeit zulässig. Ein Interesse könnte der Dateninhaber dann haben, wenn der die Daten zur Instandhaltung (→ Rn. 125) oder Weiterentwicklung des Produktes benötigt. Könnte jedoch der Dateninhaber im Rahmen der von ihm vorgegebenen Vertragsbestimmungen eine Klausel aufnehmen, dass er die vom Data Act dem Datennutzer zugewiesenen Daten nutzen kann, würde dies dem Ziel des Data Acts zuwiderlaufen. Der – auch nur zwischen Unternehmen wirkende – Art. 13 DA behandelt diesen Punkt nicht. Damit bleibt nur eine Kontrolle nach den allgemeinen Regeln der §§ 305 ff. BGB. Eine Klausel zur Datennutzung könnte überraschend nach § 305c Abs. 1

96 Dazu Erwgr. 25.
97 BeckOK DatenschutzR/Raue DA Art. 4 Rn. 88.
98 Das folgt im Anwendungsbereich des Art. 13 DA auch aus dessen Abs. 5 lit. c und kann im Übrigen aus Art. 4 Abs. 4 DA sowie § 307 Abs. 2 BGB abgeleitet werden.
99 Dafür Falk MMR 2026, 184 (187).
100 Czychowski/Lettl/Steinrötter/Steinrötter DA Art. 4 Rn. 70 f.

BGB sein. Allerdings sieht der Data Act in Art. 4 Abs. 13 S. 1 DA gerade eine solche Möglichkeit vor. Das spricht gegen eine überraschende Klausel. Andererseits darf der Dateninhaber Daten nach Art. 5 Abs. 1 S. 1 DA nur auf **Verlangen des Nutzers** an Dritte weitergeben. Aus Sicht des Nutzers ist aber kein wesentlicher Unterschied erkennbar, ob die ihm zugewiesenen Daten vom Dateninhaber genutzt oder von diesem an einen Dritten weitergegeben werden. Für die Bewertung einer Klausel zur Gestattung der Datennutzung zu berücksichtigen ist jedoch, dass sich bei einer Weitergabe an einen Dritten das Risiko eines Missbrauchs erhöht, weil die Kontrollmöglichkeiten des Nutzers erschwert werden. Daraus ist abzuleiten, dass die Berechtigung des Dateninhabers zur Nutzung der Daten in AGB nicht einfach durch eine entsprechende Klausel erlangt werden kann, sondern, wenn auch nicht unbedingt auf Verlangen des Nutzers, so doch **auf freiwilliger Basis,** entsprechend dem Grundgedanken der Einwilligung in Art. 7 DS-GVO erfolgen muss.

cc) Berechtigung zur Überlassung an einen Dritten. Der Data Act regelt eine Überlassung der ohne Weiteres verfügbaren Daten an einen Dritten in Art. 5 Abs. 1 DA unter der Voraussetzung, dass dies **auf Verlangen des Nutzers** geschieht. Zudem erfordert die Überlassung auf dieser Grundlage nach Art. 8 Abs. 1 DA einen Vertrag zwischen dem Dateninhaber und dem Datenempfänger, der nach der Definition in Art. 2 Nr. 14 allerdings Dritter heißen müsste. Dabei sind die in Art. 8 und 9 DA enthaltenen Bedingungen zu beachten. 73

Der Data Act sieht die Berechtigung zur Weitergabe der Daten nach Art. 5 Abs. 1 nur „auf Verlangen" des Nutzers vor. Der Dateninhaber kann die **Zustimmung zur Weitergabe** daher nicht aktiv durch einen von ihm vorformulierten, mit dem Nutzer geschlossenen Vertrag einholen. Der **Impuls** zur Weitergabe muss vom Nutzer kommen. Ausreichend muss dabei sein, dass das Verlangen des Nutzers auch im Wege der Auslegung zu erkennen ist. Anderenfalls wäre der Dateninhaber gehindert, Leistungen, zu denen er sich gegenüber dem Datennutzer verpflichtet und zu deren Erbringung er ohne Weiteres verfügbaren Daten benötigt, an Erfüllungsgehilfen weiterzugeben (→ Rn. 125). Einem Verlangen entgegenstehende Regelungen der einseitigen Inanspruchnahme in AGB wären im unternehmerischen Verkehr nach Art. 13 Abs. 5 lit. b DA oder nach § 307 Abs. 2 BGB unwirksam. 74

Ein Dritter darf die erlangten Daten nach Art. 6 Abs. 2 lit. c DA einem **anderen Dritten** bereitstellen, wenn dieser ebenfalls einen Vertrag mit dem Datennutzer geschlossen hat. Die Vorschrift behandelt nicht das Erfordernis des Einverständnisses des Nutzers zur Weitergabe, denn diese ist schon nach Art. 6 Abs. 1 DA Voraussetzung für eine Weitergabe. Ein Dritter darf die Daten nur auf der Grundlage eines Vertrages mit dem Datennutzer iSv Art. 2 Nr. 7 DA verarbeiten und damit weitergeben. Es wäre auch systemfremd, wenn ein weiterer Dritter die Daten frei nutzen könnte. Das würde dem Ansatz des Data Act, dem Datennutzer die Herrschaft über die Daten zu verschaffen zuwiderlaufen. Der weitere Dritte muss dabei die Geheimhaltungsinteressen des Dateninhabers waren. 75

Der Data Act behandelt die grundlegenden Anforderungen an den **Leistungsaustausch** zwischen dem Dateninhaber und dem Dritten in den Art. 8 und 9 DA. Für beide ist Voraussetzung, dass der Dateninhaber verpflichtet ist, die Daten einem Dritten zu überlassen. Im Anwendungsbereich der Art. 8 und 9 DA ist der Dateninhaber lediglich **Transporteur.**[101] Er erhält kein Entgelt für die Daten, sondern nur für deren Übermittlung. 76

dd) Vertragstyp. Wie bereits angesprochen, besteht ohne eine weitere Vereinbarung zwischen dem Nutzer und dem Dateninhaber ein gesetzliches Schuldverhältnis, dessen Inhalt im Data Act in Teilen behandelt ist. Nach dem Data Act haben die Parteien aber auch die Möglichkeit, den Datenaustausch auf eine vertragliche Basis zu stellen, wenn dadurch die zwingenden Regelungen des Data Acts nicht unterlaufen werden. Im Ergebnis muss die Überlassung der Daten für den Nutzer daher **unentgeltlich** sein. Da der Nutzer die Daten 77

---

[101] Erwgr. 46; aA BeckOK DatenschutzR/Raue DA Art. 5 Rn. 23, der einen über die vom Data Act vorgesehene bloße Transportleistung hinausgehenden Hauptleistungsanspruch begründen möchte.

behalten darf, sie also nicht löschen muss, könnte es sich bei dem Vertragstyp um einen Schenkungsvertrag handeln. Allerdings würde der Nutzer etwas erhalten, was ihm nach dem Data Act gesetzlich zugewiesen ist. Das steht der Annahme eines Schenkungsvertrages entgegen, der eine Leistung aus dem Vermögen des Schenkenden erfordert. Näherliegend ist die Begründung eines **Verwahrungsvertrages.** Der Dateninhaber verwahrt die dem Nutzer zugewiesenen und von ihm durch die Nutzung des Produkts geschaffenen und so in den Herrschaftsbereich des Dateninhabers verbrachten Daten unentgeltlich und gibt sie ihm auf dessen Verlangen heraus. Die Verwahrung kann auch unentgeltlich erfolgen.[102] Ein Verwahrungsvertrag setzt jedoch die Übergabe einer Sache voraus, weswegen die Bestimmungen analog angewendet werden müssten.[103] Der Vertrag kann alternativ auch ganz oder teilweise als **Geschäftsbesorgungsvertrag** eingeordnet werden.[104] Für **Verbraucherverträge** gelten wegen der unentgeltlichen Bereitstellungspflicht die in den §§ 327 ff. BGB enthaltenen, den Leistungsaustausch nach den benannten Vertragstypen modifizierenden Bestimmungen, gem. § 327 Abs. 1 S. 1 BGB nicht.

78 Fraglich ist, ob die in Art. 5 Abs. 1 enthaltene Regelung das Tatbestandsmerkmal „auf Verlangen eines Nutzers" als Abgrenzungsmerkmal gegenüber anderen Gestaltungen enthält mit der Folge, dass eine Weitergabe auch ohne Verlangen des Nutzers zulässig ist, dann aber die Bestimmungen des Art. 5 nicht greifen. Anders gewendet ist zu fragen, ob das Tatbestandsmerkmal so zu lesen ist, dass es „nur auf Verlangen" heißen soll. Dann wäre jede andere Gestaltung der Datenweitergabe unzulässig. Dagegen spricht Erwgr. 25, wonach der Nutzer im unternehmerischen Geschäftsverkehr auch auf seine Rechte verzichten kann und dann der Dateninhaber in der Lage sein müsste, über die Daten frei zu verfügen. Als weitere Variante könnte sich der Dateninhaber freiwillig gegenüber dem Datennutzer zur Übermittlung der dem Datennutzer zugewiesenen Daten bereit erklären. In allen zuletzt genannten Fällen fielen dieser Vorgänge nicht unter Art. 5 Abs. 1 DA und in der Folge fänden die Art. 6, 8 und 9 mangels Verpflichtung ebenfalls keine Anwendung. Es würde dann das nationale Vertragsrecht gelten. Die Parteien unterlägen nicht den Bindungen des Data Acts hinsichtlich der Angemessenheit von Leistung und Gegenleistung. Konkret geht es um die Frage, ob es einen **numerus clausus** der Datenverkehrsberechtigungen im Data Act gibt. Dagegen sprechen jedoch die in Erwgr. 25 bereits erwähnten **Vertragsgestaltungsfreiheiten** der Beteiligten, insbesondere dass der Datennutzer auf sein Recht, die Daten zu verwenden oder weiterzugeben gegen eine angemessene Gegenleistung verzichten kann.

79 Allerdings wäre es **schwierig zu erkennen,** ob der Dateninhaber die Daten an einen Dritten überträgt, weil er nach dem Data Act dazu verpflichtet ist und der Nutzer dies verlangt, oder ob er dies auf anderer, freiwilliger Basis macht. Ein Kennzeichen dafür wäre, ob der Dateninhaber eine Leistung über das nach dem Data Act Geschuldete hinaus erbringen würde und dafür vom Datennutzer, unter Umständen auch vom Dritten, aufgrund einer Vereinbarung mit dem Datennutzer, vergütet werden würde. Der Data Act enthält in den Art. 5 ff. DA nur Regelungen zu ohne Weiteres verfügbaren Daten. Darüber hinaus sind die Parteien frei, Vereinbarungen zur Verarbeitung anderer Daten zu treffen. In jedem Fall würde das Verhältnis zwischen Dateninhaber und dem Datenempfänger/Drittem durch Art. 13 DA erfasst, wenn beide Parteien Unternehmen wären. Denn Art. 13 DA unterscheidet nicht nach dem Grund des Vertragsschlusses und auch nicht zwischen Drittem und Datenempfänger iSv Art. 2 Nr. 14 DA.

80 **ee) Vertragsinhalte.** In einem Vertrag zwischen Datennutzer und Dateninhaber sollten hinsichtlich der ohne Weiteres verfügbaren Daten insbesondere die folgenden Punkte berücksichtigt werden:

---

[102] BeckOK BGB/Gehrlein BGB § 689 Rn. 1.

[103] Für elektronische Wertpapiere gibt es eine sachenrechtliche Sonderregelung in § 2 Abs. 3 eWpG, was eine sachgerechte Analogie für das Schuldrecht eher stützt, als ihr entgegensteht; vgl. auch Imhof CR 2023, 565 Rn. 4.

[104] Schmidt-Kessel MMR 2024, 75 (81).

- Nach Erwgr. 25 steht der Data Act einer Vereinbarung im unternehmerischen Verkehr nicht entgegen, nach der Nutzer auf sein Recht, die Daten zu verwenden oder weiterzugeben, **verzichten** und dafür eine angemessene Gegenleistung erhalten. Verzichtet der Nutzer, bedarf es naturgemäß keiner weiteren Regelungen;
- Bezeichnung der zu überlassenden **Daten** einschließlich Format, Übertragungsweg und Übertragungsprotokoll, nutzerseitige Voraussetzungen für die nach Art. 4 Abs. 1 DA geschuldete **Echtzeitübertragung** sowie technischer Schutzmaßnahmen nach Art. 11 DA;
- **Zeitpunkte** der Datenbereitstellung, wenn der Datennutzer die Daten nicht jederzeit selbst abrufen kann;
- **Beschränkungen** zulasten des Nutzers nach Art. 4 Abs. 2 DA;[105]
- Etwaige Beschränkungen aufgrund von **Geheimhaltungsinteressen** des Dateninhabers gem. Art. 4 Abs. 6 DA und gegebenenfalls Vereinbarung einer Streitbelegung nach Art. 10 iVm Art. 4 Abs. 2 und 3 DA. Bei Verträgen mit Verbrauchern ist jedoch die Rechtsdurchsetzung schwierig und oft auch unverhältnismäßig aufwändig. Der Dateninhaber wird Geheimnisse nicht durch Vereinbarungen, sondern durch technische Maßnahmen schützen. Im Übrigen sollten bei Geeignetheit wegen der Schwierigkeit, einen Schaden bei unbefugter Offenbarung von Geheimnissen nachzuweisen, Vertragsstrafen vereinbart werden;[106]
- Regelung der technischen **Absicherung des Zugriffs** auf die Daten, um Dritten, insbesondere bei einem Verlust des Produkts, keinen Zugriff zu ermöglichen;
- **Erleichterung gesetzlicher Beschränkungen** aus Art. 4 Abs. 10 und Art. 4 Abs. 13 S. 2 DA;
- Gestattung oder Ausschluss der **Weitergabe** von Daten durch den Dateninhaber an Dritte. Das Erfordernis der Gestattung folgt aus Art. 4 Abs. 14 DA; bei neuen Produkten, Stoffen oder Verfahren auch nach Art. 5 Abs. 2. Gegenüber Torwächtern ist Art. 5 Abs. 3 DA zu beachten. Nach Erwgr. 25 können Unternehmen untereinander vereinbaren, dass eine erneute Weitergabe dieser Daten ausgeschlossen oder begrenzt ist;
- Unentgeltlichkeit der Überlassung durch den Dateninhaber gem. Art. 4 Abs. 1 DA und **Entgeltlichkeit** etwaiger Sonderleistungen wie Datensicherung, Aufbereitung der Daten uÄ;
- Vereinbarung der **Berechtigung des Dateninhabers,** die Daten gem. Art. 4 Abs. 13 S. 1 DA für eigene Zwecke nutzen zu können. Die Zwecke können die Datenverwendung beliebig beschränken und sind gem. Art. 4 Abs. 14 DA und Art. 5 Abs. 9 DA insbesondere für die Weitergabe der Daten an Dritte anzugeben. Es ist darauf zu achten, dass die Gestattung durch den Nutzer freiwillig erfolgt → Rn. 78;
- Berücksichtigung der **datenschutzrechtlichen Aspekte;**
- **Laufzeit,** Beendigungsgründe und etwaige **Löschungsverpflichtungen;**
- Recht des Nutzers, die **Bereitstellung** der Daten an den Dritten **auszusetzen,** wenn dieser seine dem Nutzer gegenüber geschuldete Leistung nicht erbringt. Für den Dateninhaber ist das aber problematisch, soweit er aus seinem Vertrag mit dem Dritten zur Übermittlung verpflichtet ist. Der Vertrag mit dem Dritten müsste dann entsprechend angepasst werden;
- Zu regeln ist insbesondere die **Weitergabe des Produkts** an einen Dritten, der dann als Dateninhaber die Rechte aus dem Data Act geltend machen kann und auf die von dem Vorbesitzer erzeugten und diesem zugewiesenen Daten, nicht mehr zugreifen können soll. In der Regel dürfte eine Neuregistrierung des Erwerbers erforderlich sein und er so nur noch auf die von ihm erzeugten Daten zugreifen dürfen;
- **Gewährleistung und Haftung;**

[105] Eine Beschränkung zulasten des Dateninhabers ist im Rahmen der Inhaltskontrolle stets möglich, da dieser schon keinen Anspruch auf die Verwendung der ohne Weiteres verfügbaren Daten hat.
[106] S. dazu BeckFormB IT-R/Imhof Form. D.7.

– Bei Verträgen zwischen Unternehmen Beachtung der allgemeinen Abschluss- und **Inhaltskontrolle** und der besonderen Kontrolle nach Art. 13 DA, bei Verbraucherverträgen der allgemeinen Abschluss- und Inhaltskontrolle sowie der aus den §§ 327 ff. BGB folgenden Besonderheiten;

b) Datennutzer zu Dritten

81 Dreh- und Angelpunkt der Bereitstellung von Daten an Dritte ist Art. 6 DA, der nur dann einschlägig ist, wenn dem ersten Dritten in einer Kette weiterer Empfänger die Daten nach Art. 5 Abs. 1 DA durch den Dateninhaber **auf Verlangen des Nutzers** (→ Rn. 73 ff.) zur Verfügung gestellt werden. Leitet der Datennutzer die ihm vom Dateninhaber nach Art. 4 Abs. 1 bereitgestellten oder vom Datennutzer gem. Art. 3 Abs. 1 selbst abgerufenen Daten an einen Dritten weiter, gelten die Vorschriften des Data Acts zur Weitergabe von Daten an Dritte in den Art. 5–12 DA nicht. In diesen Fällen würde auch das an den Dritten gerichtete Verbot aus Art. 6 Abs. 2 lit. c DA, die Daten an einen Torwächter weiterzugeben, nicht greifen. Allerdings unterliegen die zwischen dem Datennutzer und einem Dritten zur Überlassung von Daten abseits des von Art. 5 DA erfassten Sachverhalts der Inhaltskontrolle nach Art. 13 DA → Kap. 11 Rn. 381.

82 Werden die Daten dem Dritten durch den Dateninhaber bereitgestellt, spricht der Data Act ein Vertragsverhältnis zwischen dem Dritten und dem Nutzer in Art. 6 Abs. 1 DA insoweit an, dass der Dritte zu der Datennutzung einer **Vereinbarung mit dem Nutzer** bedarf und die Nutzung nur im Rahmen dieser Vereinbarung erfolgen darf. Insbesondere besteht eine strenge **Zweckbindung.** Das zeigt sich auch in Art. 6 Abs. 1 S. 2 DA, der den Dritten verpflichtet, die Daten bei Zweckerreichung oder -entfall nicht mehr zu nutzen und sie zu löschen. Eine – im Widerspruch zur Zweckbindung nach Satz 1 stehende – Ausnahme gilt nur, wenn die Parteien etwas anderes vereinbart haben und es sich nicht um personenbezogene Daten handelt. Der zweite Absatz enthält weitere Verwendungsbeschränkungen, die – unter Ausnahme von lit. c – im Verhältnis der Parteien nicht disponibel sind. Typischerweise wird der Dritte die Vertragsbedingungen vorgeben, unter denen der Nutzer den Dateninhaber oder einen Dritten anweist, die Daten herauszugeben. Diese Bedingungen unterliegen nicht der Kontrolle nach Art. 13 DA, wenn der Nutzer **Verbraucher** ist. Insoweit bleibt allein die Inhaltskontrolle nach den §§ 307 ff. BGB.

83 Im Verhältnis zwischen dem Dritten und dem Nutzer sind zwei Gestaltungen denkbar. Zum einen, dass der Nutzer dem Dritten die Daten unentgeltlich überlässt und insoweit zwischen den beiden ein **Schenkungsvertrag** besteht. Zum anderen, dass der Nutzer hierfür eine Vergütung erhält, womit das Vertragsverhältnis als **Kaufvertrag/Werklieferungsvertrag** zu charakterisieren ist.

84 Das Rechtsverhältnis zwischen Nutzer und Drittem entsteht regelmäßig auf Initiative des Dritten, der die Daten verwerten möchte. Schwierigkeiten bereitet dem Dritten hierbei Art. 5 Abs. 1 DA, nach dem er die Daten vom Dateninhaber nur auf Verlangen des Nutzers erhält. Dieses Verlangen muss aber kein ausdrückliches sein (→ Rn. 74). Der Dritte kann auf dieser Grundlage in seinen Bedingungen regeln, dass der Nutzer den Dateninhaber anweist, die Daten weiterzugeben. Der Regelfall dürfte jedoch sein, dass der Dritte sich in seinen Vertragsbedingungen nach Art. 5 Abs. 1 S. 1 DA die Befugnis einräumen lässt, die Daten vom Dateninhaber im Namen des Nutzers herauszuverlangen. Hierbei handelt es sich um eine **Einziehungsermächtigung,** die von der Befugnis, einen Vertrag zwischen Datennutzer und Dateninhaber zustande zu bringen, zu unterscheiden ist. Hatte der Datennutzer zu dem Zeitpunkt, zu dem der Vertrag mit dem Dritten geschlossen wird, noch keine Vereinbarung mit dem Dateninhaber getroffen, kann sich der Dritte in seinen Bedingungen eine **Vollmacht** geben lassen, um einen solchen Vertrag im Namen des Datennutzers zustande zu bringen. Jedoch ist hierbei Art. 6 Abs. 2 lit. a DA zu beachten, der verlangt, dass dem Nutzer die in Art. 5 DA vorgesehenen **Wahlmöglichkeiten** verbleiben. Damit muss der Nutzer immer auch die Möglichkeit haben, die Freigabe der Daten an den Dritten zu

verweigern. Die Einziehungsermächtigung befreit den Dritten nicht von der Beachtung der Anforderungen an die Bereitstellung der Daten auf Verlangen des Nutzers.

85 Die Weiterüberlassung der nach Art. 5 DA erlangten Daten durch den Dritten an einen anderen ist nach Art. 6 Abs. 2 lit. c DA nur auf der Grundlage eines Vertrages mit dem Nutzer möglich. Gemeint ist hiermit in Übereinstimmung mit Art. 6 Abs. 1 ein **Vertrag zwischen dem weiteren Dritten und dem Nutzer.** Der Data Act unterscheidet regulatorisch nicht nach den Handelsstufen, auf denen sich ein Dritter befindet. Alle, die nicht Nutzer sind und Daten auf dessen Verlangen vom Dateninhaber erhalten, sind Dritte.

86

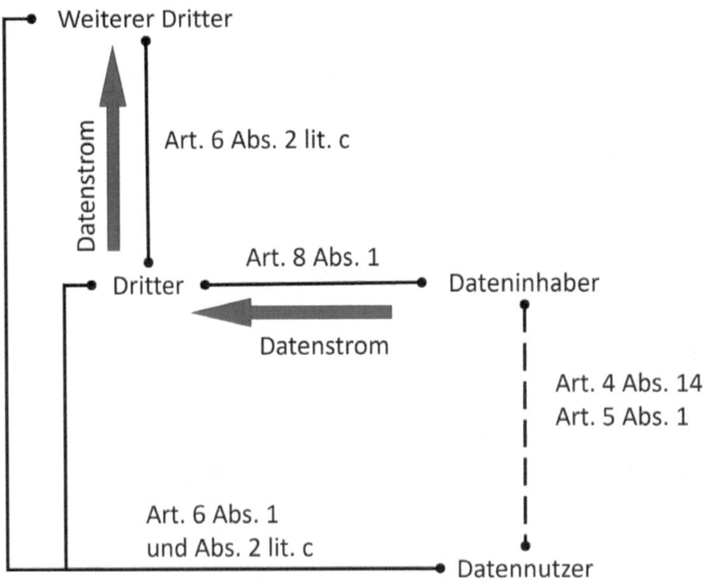

Quelle: **Abb. 13.4 – Weitergabe der Daten an Dritte über den Dateninhaber.** Die Grafik bezeichnet die wesentlichen Regelungen, die die Rechtsbeziehungen zwischen den an der Verwertung der ohne Weiteres verfügbaren Daten Beteiligten bestimmen.

87 Allerdings soll der Nutzer im unternehmerischen Verkehr, wie Erwgr. 25 zeigt, auch die ihm zugewiesenen **Daten freigeben** und damit auf die allein zu seinen Gunsten nach dem Data Act bestehenden Beschränkungen verzichten können.

88 In Art. 6 Abs. 2 lit. h DA ist festgelegt, dass der Dritte sich in dem Vertrag keine **Exklusivität** hinsichtlich der Daten gewähren lassen darf, wenn der Nutzer ein Verbraucher ist. Die Vereinbarung einer Exklusivität in anderen Fällen ist aber möglich.

89 In einer **Vereinbarung** zwischen dem Dritten und dem Datennutzer sind hinsichtlich der ohne Weiteres verfügbaren Daten zu berücksichtigen:

– Eine Regelung, ob der Dritte die Daten durch den Dateninhaber auf Verlangen des Nutzers oder vom Nutzer direkt erhält. Eine Herausgabe der Daten durch den Dateninhaber an einen **Gatekeeper** ist nach Art. 5 Abs. 3 lit. c DA jedoch unzulässig, eine Weitergabe direkt durch den Nutzer an einen Gatekeeper behandelt der Data Act nicht. Wie diese Inkonsistenz aufgelöst werden soll, ist fraglich. Es spricht viel dafür, dass der Nutzer die Daten nicht an einen Gatekeeper weitergeben darf. Regulatorisch wäre das ein Novum, weil hierdurch auch Verbraucher zu Adressaten von Wettbewerbsregeln werden. Allerdings ist zu berücksichtigen, dass Verbraucher selten von sich aus an Gatekeeper herantreten werden, um ihre Daten anzubieten;

- Bezeichnung der zu überlassenden **Daten** einschließlich Format, Übertragungsweg und Übertragungsprotokoll, nutzerseitige Voraussetzungen für eine etwaige Echtzeitübertragung sowie Berücksichtigung technischer Schutzmaßnahmen nach Art. 11 DA;
- **Zweck** der Datenüberlassung. Das ist nach Art. 4 Abs. 14 DA und Art. 5 Abs. 9 DA für die Weitergabe der Daten durch den Dateninhaber an Dritte und deren Befugnis zur Nutzung relevant;
- Etwaige Beschränkungen aufgrund von **Geheimhaltungsinteressen** des Dateninhabers. Nach Art. 4 Abs. 6 DA muss der Datennutzer die Interessen des Dateninhabers an der Geheimhaltung beachten, soweit dieser das verlangt. Fragt der Nutzer die Daten direkt aus dem Produkt ab, sieht der Data Act hierfür keine Regelung vor, insoweit muss der Dateninhaber seinen Schutz nach den Bestimmungen des Geschäftsgeheimnisgesetzes suchen;
- **Erleichterung der Beschränkungen** aus Art. 4 Abs. 10 und Art. 4 Abs. 13 S. 2 DA;
- Gestattung oder Ausschluss der **Weitergabe** von Daten durch den Dritten an andere Dritte. Das Erfordernis der Gestattung folgt aus Art. 4 Abs. 14 DA; bei neuen Produkten, Stoffen oder Verfahren auch nach Art. 5 Abs. 2. Gegenüber Torwächtern ist Art. 5 Abs. 3 DA zu beachten. Nach Erwgr. 25 können Unternehmen auch vereinbaren, dass eine erneute Weitergabe dieser Daten ausgeschlossen oder begrenzt ist;
- Weitergabe der **Kontaktdaten** des Nutzers an andere Dritte, die die Daten erhalten dürfen, damit diesen einen Vertrag mit dem Nutzer gem. At. 6 Abs. 2 lit. c DA schließen können;
- Ein etwaiges **Entgelt** sowie die Regelung, ob bei einer Weiterleitung der Daten über den Dateninhaber der Dritte die vom Dateninhaber verlangte Gegenleistung zu tragen hat oder der Nutzer;
- Berücksichtigung der **datenschutzrechtlichen Aspekte;**
- **Laufzeit,** Beendigungsgründe und etwaige **Löschungsverpflichtungen;**
- **Zurückbehaltungsrecht** für den Fall, dass der Datennutzer die Daten direkt vom Dateninhaber erhalten soll, um sie an den Dritten weiterzuleiten und der Dateninhaber die geschuldete Leistung nicht erbringt;
- **Gewährleistung und Haftung;**
- Bei Verträgen zwischen Unternehmen Beachtung der allgemeinen **Inhaltskontrolle** und der besonderen nach Art. 13 DA, bei Verbraucherverträgen nur der allgemeinen Abschluss- und Inhaltskontrolle sowie der aus den §§ 327 ff. BGB folgenden Besonderheiten;

c) Dateninhaber zu Dritten

90 Hat der Nutzer vom Dateninhaber verlangt, dass dieser die Daten einem Dritten überlässt, muss der Dateninhaber dazu mit dem Dritten nach Art. 8 Abs. 1 DA einen Vertrag schließen,[107] wenn er zur Überlassung im Rahmen von Geschäftsbeziehungen **zwischen Unternehmen** dazu verpflichtet ist. Fraglich ist nach dem Wortlaut, auf welche Geschäftsbeziehung abgestellt wird. Da aus dem Verhältnis zwischen Dateninhaber und Drittem keine Pflicht zur Bereitstellung folgt, sollte dieses Verhältnis nicht gemeint sein. Eine Verpflichtung zur Überlassung der Daten resultiert aus Art. 5 DA, also dem Verlangen des Nutzers, oder aus einer anderen Unionsvorschrift. Danach müsste die Geschäftsbeziehung zu dem Nutzer bestehen und dieser ein Unternehmen sein. Das ergibt im Gesamtkontext aber keinen Sinn. Überwiegend wird daher auf eine Geschäftsbeziehung zwischen Datenempfänger und Dateninhaber abgestellt.[108] Ist Art. 5 Abs. 1 S. 1 nicht zwingend, ist eine Vereinbarung denkbar, nach der Dateninhaber nicht auf Verlangen des Nutzers, aber mit dessen Zustimmung die Daten überlässt.

[107] Art. 8 Abs. 1 gilt auch dann, wenn andere Unionsvorschriften die Bereitstellung der Daten verlangen.
[108] Louven MMR 2024, 82.

Da Produktdaten typischerweise nur im Rahmen von Geschäftsbeziehungen an Dritte weitergegeben werden, ergibt sich für den Dateninhaber im Ergebnis stets eine Verpflichtung zum Abschluss eines Vertrages mit dem Datenempfänger. Nach dem Data Act ist die **Zahlung eines Entgelts** für die Datenübertragung nicht zwingend vorgeschrieben. Art. 9 Abs. 1 verlangt lediglich, dass das Entgelt diskriminierungsfrei und angemessen sein muss. Einer unentgeltlichen Überlassung steht der Data Act nicht entgegen. Sollten sich Fallgestaltungen zeigen, bei denen auch Verbraucher Datenempfänger sind, entfiele die in Art. 9 Abs. 1 DA enthaltene Verpflichtung, **diskriminierungsfreie und angemessene Bedingungen** zu beachten. Damit würde ein Verbraucher schlechter gestellt als ein Unternehmer, da weder die §§ 327 ff. BGB noch die §§ 305 ff. BGB eine gleichwertige Kontrolle der Bedingungen enthalten. Das entspricht allerdings dem Ansatz des Data Act, Vertragsinhalte nur im unternehmerischen Verkehr zu kontrollieren, zumal auch hier eine wettbewerbsrechtliche Komponente maßgeblich ist. **91**

Überlässt der Dateninhaber dem Dritten die Daten auf Verlangen des Nutzers, besteht zwischen dem Dateninhaber und dem Dritten typischerweise ein **Dienstvertrag,** wenn der Dritte dem Dateninhaber dafür ein Entgelt bezahlt, anderenfalls ein Auftragsverhältnis. Ein Geschäftsbesorgungsvertrag scheidet aus, weil Gegenstand des Vertrages nicht die Geschäftsbesorgung für den Vertragspartner ist. Der Vertrag zwischen dem Dateninhaber und dem Dritten wird allein in Erfüllung des Vertrages mit dem Datennutzer geschlossen. Ein Kaufvertrag zwischen dem Dateninhaber und dem Dritten scheidet deswegen ebenfalls aus, weil der Dateninhaber dem Dritten lediglich die Daten verschafft, die der Nutzer freigegeben hat. Diese Daten sind dem Nutzer zugeordnet. **92**

Denkbar wäre auch, dass nicht der Dritte, sondern der Nutzer den Aufwand des Dateninhabers vergütet, etwa, weil er mit dem Dritten eine entsprechende Vereinbarung getroffen hat und die ihm vom Dritten zu zahlende **Vergütung** beispielsweise die vom Nutzer an den Dateninhaber zu leistende Vergütung für die Datenübertragung umfasst. Der Data Act sieht dies nicht vor, steht dem aber auch nicht entgegen. **93**

Für den **Vertragsinhalt** zwischen Dateninhaber und Drittem sind hinsichtlich der ohne Weiteres verfügbaren Daten zu berücksichtigen: **94**

- Ein Vertragsschluss zwischen Dateninhaber und einem **Gatekeeper** ist nach Art. 5 Abs. 3 lit. c DA unzulässig, weil Gatekeeper nicht berechtigt sind, Daten infolge eines Herausgabeverlangens des Nutzers zu erhalten;
- Bezeichnung der zu überlassenden **Daten** einschließlich Format, Übertragungsweg und Übertragungsprotokoll, nutzerseitige Voraussetzungen für die nach Art. 4 Abs. 1 DA geschuldete Echtzeitübertragung sowie technischer Schutzmaßnahmen nach Art. 11 DA;
- Die dem Dritten gestattete Nutzung ergibt sich gem. Art. 6 Abs. 1 S. 1 DA vorrangig aus dessen Vereinbarung mit dem Nutzer. Dennoch ist ein Abgleich der **Zwecke der Datennutzung** auf der Grundlage des Vertrags zwischen Dateninhaber und Datennutzer sinnvoll. Der Dateninhaber darf die Daten nur weitergeben, soweit ihm dies in dem Vertrag mit dem Nutzer vorgesehen ist (Art. 4 Abs. 13 S. 1 DA). Der Dritte darf die Daten ebenfalls nur verwenden, soweit ihm der Datennutzer dies gestattet hat (Art. 6 Abs. 1 S. 2 DA). Wenn die Vertragsbedingungen dem Nutzer jeweils von dem Dateninhaber und dem Dritten vorgegeben wurden, kann es zu Diskrepanzen im jeweiligen Rechtsverhältnis zum Nutzer kommen. Ob das – dem Nutzer vom Dritten regelmäßig formularmäßig aufgegebene – Verlangen gegenüber dem Dateninhaber, die Daten weiterzugeben, der Vereinbarung mit dem Dateninhaber vorgeht, ist eine Frage des Einzelfalls;
- Darf der Dritte die vom Dateninhaber erhaltenen Daten nach dem Zweck des mit dem Datennutzer geschlossenen Vertrages **nicht weitergeben,** verpflichtet er den Dritten gem. Art. 4 Abs. 14 S. 2 DA gegebenenfalls entsprechend. Unklar ist, was „gegebenenfalls" bedeutet. Wenn die Weitergabe ohne Verbot im Verhältnis zum Nutzer gesetzlich verboten wäre, bedürfte es eines solchen Verbots nicht.[109] Wenn sie nicht verboten wäre,

[109] Schmidt-Kessel MMR 2024, 75 (78).

würde eine Vereinbarung zwischen dem Dateninhaber und dem Dritten dem Datennutzer nur als Vertrag zugunsten Dritter helfen. Zu beachten ist hier Art. 6 Abs. 2 lit. c DA, der jeden Dritten nur auf der Grundlage eines Vertrages mit dem Nutzer zur Verwendung der Daten berechtigt. Die Regelung in Art. 4 Abs. 14 S. 2 DA ergibt somit nur Sinn, wenn es um die Wahrung der Interessen des Dateninhabers geht, insbesondere um die Wahrung von Geschäftsgeheimnissen;

- Etwaige Beschränkungen aufgrund von **Geheimhaltungsinteressen** des Dateninhabers gem. Art. 8 Abs. 6. Hierzu im Widerspruch steht die Regelung in Art. 5 Abs. 9 DA, nach der der Dateninhaber Geschäftsgeheimnisse weitergeben muss, als diese Offenlegung für den zwischen dem Nutzer und dem Dritten vereinbarten Zweck unbedingt erforderlich ist. Danach könnten die letztgenannten Parteien den Geheimnisschutz definieren. Die Auslegung der beiden Vorschriften muss dazu führen, dass Art. 8 Abs. 6 DA primär gilt, obwohl er auf Art. 5 Abs. 9 DA verweist. Soweit danach Geschäftsgeheimnisse offen zu legen sind, darf dies nur iRv Art. 5 Abs. 9 DA erfolgen. Die Geheimhaltungsmaßnahmen sind genau zu definieren, auch, damit der Dateninhaber die Berechtigung zu dem ihm aus Art. 5 Abs. 10 DA zustehenden **Leistungsverweigerungsrecht** Gebrauch machen kann. Wegen der Schwierigkeit, einen Schaden bei einer unbefugten Offenbarung der Geheimnisse zu beziffern, sollten Vertragsstrafen vereinbart werden;[110]
- Beachtung der **FRAND**-Anforderungen (Art. 8 Abs. 1 und Abs. 3 DA → Kap. 4 Rn. 127 ff.) für die **Sachleistung** im Verhältnis zwischen Unternehmen. Ist der Dritte ein Verbraucher, gelten vor allem die §§ 327 ff. BGB. Das führt – sollte eine solche derzeit nicht wahrscheinliche Fallgestaltung relevant werden – dazu, dass der Verbraucher, der aus einer Vereinbarung mit dem Datennutzer Daten erhält, neben den (Nach-)erfüllungsrechten aus dem Überlassungsvertrag mit dem Nutzer auch vergleichbare Rechte aus dem Verbrauchervertrag mit dem Dateninhaber erlangt;
- Beachtung der Anforderungen an eine **diskriminierungsfreie und angemessene Aufwandsentschädigung** des Dateninhabers als Gegenleistung nach Art. 9 Abs. 1 DA. Ist der Dritte kein Unternehmen, unterliegt ein **Entgelt** nur den Transparenzanforderungen des § 307 Abs. 3 S. 2 BGB und der Sittenwidrigkeitsschranke des § 138 BGB;
- Berücksichtigung der **datenschutzrechtlichen Aspekte;**
- Muss der Dateninhaber die Daten an einen Dritten weitergeben, stellt sich im Einzelfall die Frage, ob er verpflichtet ist, die **Kontaktdaten** des Nutzers zu übermitteln, damit dieser den nach Art. 6 Abs. 1 DA erforderlichen Vertrag mit dem Nutzer schließen kann;
- **Exklusivität** der Datenbereitstellung;
- **Laufzeit,** Beendigungsgründe und etwaige **Löschungsverpflichtungen;**
- Recht des Dateninhabers, die Bereitstellung der Daten auszusetzen, wenn dies der Nutzer wegen einer Pflichtverletzung, die dem Nutzer ein **Leistungsverweigerungsrecht** gewährt, verlangt;
- Bei Verträgen zwischen Unternehmen Beachtung der allgemeinen Abschluss- und **Inhaltskontrolle** und der besonderen Kontrolle nach Art. 13 DA, bei Verbraucherverträgen (die in dieser Konstellation derzeit nur theoretisch denkbar sind) nur der allgemeinen nur der allgemeinen Abschluss- und Inhaltskontrolle sowie der aus den §§ 327 ff. BGB folgenden Besonderheiten;
- Keine Regelungen, die die **Rechte des Nutzers** aus Kapitel II des DA beeinträchtigen (Art. 8 Abs. 2 Fall 2 DA). Dies wäre aber per se schon ein unzulässiger Vertrag zu Lasten Dritter;
- Vereinbarung einer diskriminierungsfreien und angemessenen **Gegenleistung** (Art. 9 DA), sofern die Gegenleistung nicht nach anderen Rechtsvorschriften ausgeschlossen ist (Art. 9 Abs. 6 DA);
- **Gewährleistung und Haftung;**

[110] S. dazu BeckFormB IT-R/Imhof Form. D.7.

– Fakultative Vereinbarung eines Streitbeilegungsverfahrens nach Art. 10 DA (Art. 5 Abs. 12 lit. c DA).

6. Leistungsstörungen aus Vertragsverhältnissen

Der Data Act sieht ein **Dreipersonenverhältnis** als typisch für die Datennutzung an. Das 95
führt zu Fragen, inwieweit Leistungsstörungen in einem Vertragsverhältnis auf das weitere Vertragsverhältnis durchschlagen. Bei den Defiziten in den **Vertragsbeziehungen** sind im Wesentlichen die klassischen Fallgestaltungen zu unterscheiden. Das eine ist das vollständige Ausbleiben der Leistung mit der Folge der Rücktrittsmöglichkeit oder der Geltendmachung von Schadensersatz. Mit Blick auf den Rücktritt stellt sich das Problem, dass die Rückgabe der Daten oft nicht zielführend ist, wenn nicht auch die beim Rückgewährschuldner vorhandenen Daten dauerhaft gelöscht werden. Diese Rechtsfolge sieht Art. 6 Abs. 1 S. DA ausdrücklich nur im Verhältnis zu einem Dritten vor, sofern die Parteien nichts anderes vereinbart haben. Das zweite ist die Schlechtleistung, die regelmäßig Gewährleistungsrechte auslöst, und das dritte ist die Unwirksamkeit des Vertrages mit der Folge eines bereicherungsrechtlichen Ausgleiches.

Ohne eine vertragliche Abrede besteht zwischen Dateninhaber und Datennutzer nur ein 96
gesetzliches Schuldverhältnis nach dem Data Act aus Art. 4 Abs. 1 und den damit zusammenhängen Vorschriften. **Rechtsfolgen** eines Verstoßes behandelt der Data Act nur zugunsten des Dateninhabers in Art. 11 DA. Im Übrigen muss auf die nationalen Regelungen zurückgegriffen werden. Der Leistungsaustausch ist unentgeltlich. Ein Rücktritt scheidet daher aus, denn die Daten stehen dem Nutzer zu und können vom Dateninhaber nicht zurückverlangt werden. Das wäre nur auf Basis einer **ungerechtfertigten Bereicherung** denkbar, wenn bereits die Voraussetzungen der Überlassung nach dem Data Act nicht vorlagen → Rn. 112. Bei Nicht- oder Schlechtleistung des Dateninhabers kann der Datennutzer **Erfüllungs- und Schadensersatzansprüche** geltend machen.

a) Nichterfüllung

Im Falle der Nichterfüllung hat der Gläubiger regelmäßig die Möglichkeit, Schadensersatz zu 97
verlangen und/oder vom Vertrag zurückzutreten. Soweit die Leistungsstörung nur das Rechtsverhältnis zweier Parteien betrifft, gelten die **allgemeinen Regelungen.** Das ist in diesem Kontext der Fall, wenn der Nutzer die ihm bereits vorliegenden Daten ohne Mitwirkung des Dateninhabers an einen Dritten übermittelt oder der Datennutzer die Daten nicht weitergeben will und sie nach Art. 4 Abs. 1 und/oder einer vertraglichen Grundlage vom Dateninhaber herausverlangt. Die verschärfte Haftung des Herausgabeschuldners nach § 292 BGB für den Fall der Rechtshängigkeit dürfte dabei nur selten relevant werden.

In **Dreieckskonstellationen** wie der im Data Act vorgesehenen Überlassung von Daten 98
durch den Dateninhaber an einen Dritten auf Anweisung des Nutzers hat die Abwicklung solcher Leistungsstörungen darüber hinaus stets auch das andere verbundene Rechtsverhältnis zu betrachten:

- Der Dateninhaber leistet trotz wirksamer Anweisung durch den Nutzer nicht an den Datenempfänger.
- Der Datennutzer leistet nicht das dem Datenempfänger versprochene Entgelt; dieser hat aber bereits die von dem Dateninhaber für die Übermittlung der Daten angefallenen Kosten beglichen.
- Der Datenempfänger begleicht die Transaktionskosten gegenüber dem Dateninhaber nicht.

aa) Dateninhaber leistet nicht. Im Dreipersonenverhältnis folgt aus der Nichtleistung des 99
Dateninhabers nur dann ein Anspruch des Datenempfängers, wenn dies entweder in der Vereinbarung zwischen ihm und dem Dateninhaber so festgelegt wurde, oder wenn

zwischen Datennutzer und Dateninhaber eine Vereinbarung besteht, die als Vertrag zugunsten des Datenempfängers ausgestaltet ist. Typischerweise wird aber zu erwarten sein, dass der Nutzer dem Dritten die Verschaffung der Daten verspricht. Leistet der Dateninhaber dann nicht, stellt dies eine Pflichtverletzung des Nutzers im Verhältnis zum Dritten dar. Für Schadensersatzansprüche stellt sich die Frage, ob der Dateninhaber **Erfüllungsgehilfe** des Nutzers ist. Das ist zu bejahen, denn der Nutzer bedient sich zur Erfüllung seiner Verpflichtung gegenüber dem Dritten der Leistung des Dateninhabers.

100 **bb) Datennutzer leistet nicht.** Für das an dieser Stelle allein interessierende Dreipersonenverhältnis ist unter der Nichtleistung des Datennutzers das **Ausbleiben der Datenübermittlung** an den Dritten zu verstehen. Hierfür gilt das zuvor Gesagte.

101 **cc) Datenempfänger leistet nicht.** Der Datenempfänger kann sowohl gegenüber dem Dateninhaber zur Begleichung der vereinbarten Transaktionskosten als auch gegenüber dem Nutzer aus einem Vertrag zur Erbringung einer Gegenleistung für die Berechtigung zur Abfrage der Daten beim Dateninhaber verpflichtet sein. Zudem kann der Datenempfänger verpflichtet sein, die **Geschäftsgeheimnisse** des Dateninhabers zu wahren,

102 **Zahlt der Dritte** das Entgelt für die Übermittlungsleistung des Dateninhabers **nicht,** berührt dies das Rechtsverhältnis zwischen Nutzer und Drittem nicht. Im Verhältnis des Dateninhabers zum Nutzer kommt es darauf an, ob der Dateninhaber ein Interesse an der Geltendmachung von Sekundärrechten hat. Geht es ihm lediglich um den Entgeltanspruch, ist ein Rücktritt nicht hilfreich. Den erlittenen Verzögerungsschaden kann er nach § 286 BGB geltend machen. Anders kann die Interessenlage jedoch sein, wenn der Dateninhaber Geschäftsgeheimnisse an den Dritten weitergegeben hat. Hier könnte er ein Interesse geltend machen, diese Geheimnisse zurückzuerhalten. Nach Art. 5 Abs. 9 DA sollte der Dateninhaber auch eine Vereinbarung mit dem Dritten über den Schutz der Daten getroffen haben, die diesen Fall regelt. Zu berücksichtigen ist aber, dass der Grund für die Übermittlung der Geheimnisse nicht in der Vereinbarung mit dem Dritten, sondern in der Anweisung des Nutzers liegt, diese zu übermitteln. Insoweit ist daran zu denken, den Nutzer ersatzpflichtig für einen dem Dateninhaber entstehenden Schaden zu machen. Denn der Dritte erhält die Daten nur, weil der Dateninhaber nach dem Data Act verpflichtet ist, die Daten weiterzugeben. Allerdings sieht der Data Act auch explizit vor, dass der Dateninhaber seine Geheimhaltungsinteressen gegenüber dem Dritten wahren sollte. Eine Schadensersatzpflicht des Nutzers ist damit allenfalls in den Fällen denkbar, dass ihn ein Auswahlverschulden trifft.

103 Zahlt der Dritte dem Dateninhaber das vereinbarte Entgelt nicht, hat der Dateninhaber die **Zurückbehaltungsrechte** aus §§ 320, 273 BGB. Dass der Dritte die Daten nicht erhält, kann er insoweit dem Nutzer nicht entgegenhalten.

104 Überlässt der Dateninhaber auf eine Weisung des Nutzers Daten an den Dritten und zahlt dieser ein zwischen ihm und dem Nutzer vereinbartes Entgelt nicht, berührt der **Rücktritt des Nutzers** von dem Vertragsverhältnis mit dem Dritten die Vereinbarung des Dateninhabers mit dem Dritten nicht. In der Folge hätte der Nutzer keine Möglichkeit, die Daten zurückzuverlangen. Der Dritte zahlt allerdings dem Nutzer deswegen ein Entgelt, damit er die Daten erhält. Und nur deswegen darf der Dateninhaber dem Dritten die Daten überhaupt überlassen. Insofern könnte eine Folge der Nichtzahlung durch den Dritten sein, dass er die vom Dateninhaber erhaltenen **Daten** im Falle eines Rücktritts **löschen** muss. Dass der Dritte dem Dateninhaber eine Vergütung für die Verschaffung der Daten gezahlt hat, steht dem Rücktritt des Nutzers nicht entgegen. Denn der Rücktritt ist vom Dritten veranlasst worden.

b) Schlechterfüllung

105 Eine Schlechterfüllung kann vor allem darin begründet sein, dass durch den Dateninhaber **fehlerhafte Daten,** insbesondere falsche, zu wenige oder zu viele Daten geliefert werden. Zu viele Daten sind dann nachteilig für den Empfänger, wenn aus ihnen die geschuldeten

Daten nicht oder jedenfalls nicht leicht extrahiert werden können. Nimmt der Dritte die Daten als erfüllungstauglich an, gilt § 363 BGB, wenn der Dritte die Möglichkeit hatte, die Daten vor der Annahme zu prüfen.[111] Das dürfte regelmäßig nicht der Fall sein. In der Folge kann die bloße Annahme der Daten nicht als Erfüllung gewertet werden. Im Übrigen ist § 377 HGB zu beachten.

Mit der Bereitstellung der vom Data Act erfassten Daten für den Datenempfänger **erfüllt** 106 der Dateninhaber seine **Verpflichtung gegenüber dem Datennutzer.** Leistet der Dateninhaber nicht das Geschuldete, besteht der Leistungsanspruch des Datennutzers weiter. Auf die Frage, ob die Bereitstellungsverpflichtung des Dateninhabers nach dem Data Act erlischt, wenn er die geschuldeten Daten bereitgestellt hat, kommt es dann nicht an.

Im Verhältnis des Dateninhabers zum Dritten liegt keine **Nacherfüllungsverpflichtung** 107 vor. Denn das Vertragsverhältnis zwischen Dateninhaber und Drittem ist regelmäßig ein Dienstvertrag, der lediglich die Dienstleistung der Übertragung der Daten auf Weisung des Nutzers zum Gegenstand hat.[112]

In der hier relevanten Konstellation besteht die Schlechtleistung zum einen im Verhältnis 108 des Dateninhabers zum Nutzer. Denn in dessen Auftrag übermittelt der Dateninhaber die Daten. Zum anderen liegt im Verhältnis des Dritten zum Nutzer eine Schlechtleistung des Nutzers vor, weil der Dritte nicht die vom Nutzer versprochenen Daten erhalten hat. Der Dritte hat gegenüber dem Nutzer einen **(Nach-)Erfüllungsanspruch,** den dieser regelmäßig jedoch **nur durch den Dateninhaber erfüllen** kann. Der Nutzer hat gegen den Dateninhaber den Erfüllungsanspruch aus dem Data Act, gegebenenfalls ergänzt durch vertragliche Regelungen. Einen eigenen Nacherfüllungs- oder sonstigen Gewährleistungsanspruch gegen den Dateninhaber hat der Nutzer vorbehaltlich einer wohl nur theoretischen abweichenden Vereinbarung nicht.

c) Rechtseinheit der Verträge

Der Data Act ist dadurch gekennzeichnet, dass er bei der Überlassung von Daten an Dritte 109 von einem Dreipersonenverhältnis ausgeht. Erforderlich ist stets ein Vertrag zwischen dem Datennutzer und dem Dateninhaber sowie zwischen dem Datennutzer und dem Dritten. Diese Verträge bilden ein einheitliches Rechtsgeschäft iSd § 139 BGB. Das entscheidende Kriterium für die Annahme eines einheitlichen Rechtsgeschäfts ist der **Einheitlichkeitswille** der Parteien. Der für die Annahme eines einheitlichen Rechtsgeschäfts iSd § 139 BGB erforderliche Einheitlichkeitswille liegt vor, wenn das eine Geschäft nicht ohne das andere gewollt ist, die möglicherweise äußerlich getrennten Rechtsgeschäfte also miteinander stehen und fallen sollen.[113] Dabei kommt es auf den rechtlichen Zusammenhang, nicht auf eine wirtschaftliche Verknüpfung an.[114] In den Dreiparteienverhältnissen nach dem Data Act ist das regelmäßig der Fall. Der Dateninhaber darf die Daten nur auf der Grundlage eines Vertrages mit dem Dateninhaber nutzen. Gleiches gilt für den Dritten, der die Daten vom Dateninhaber erhält, der sie wiederum nur im Einverständnis mit dem Datennutzer weitergeben darf. Insofern sind jedenfalls die mit dem Datennutzer geschlossenen Verträge in dieser Konstellation miteinander verbunden. Die Einheitlichkeit ist von den Parteien auch gewollt, weil anderenfalls die beabsichtigte Transaktion nicht durchgeführt werden kann. Tritt daher der Datennutzer oder sein Vertragspartner von einem der Verträge zurück, bewirkt dies regelmäßig auch den Entfall des anderen Vertrages.[115] Entsprechendes gilt für die Fälle der Anfechtung oder andere Unwirksamkeitsgründe. Es steht den Parteien dann frei, den Mangel durch Abschluss neuer Vereinbarungen zu heilen. Eine **Ausnahme** muss für den Vertrag zwischen dem Dateninhaber und dem Dritten gemacht werden. Dieser

[111] Imhof CR 2023, 565 Rn. 21.
[112] Erwgr. 46.
[113] Grüneberg/Ellenberger BGB § 139 Rn. 6.
[114] BGH 4.5.2023 – IX ZR 157/21, BeckRS 2023, 13302 Rn. 25.
[115] MüKoBGB/Gaier § 346 Rn. 39.

Vertrag betrifft im Wesentlichen nur die Modalitäten der Datenbereitstellung und die Leistung einer Aufwandsentschädigung hierfür. Ein Bedürfnis für eine nachfolgende Unwirksamkeit der anderen Verträge ist nach dem Parteiwillen nicht anzunehmen. Der Dateninhaber bleibt dem Datennutzer ebenso verpflichtet wie der Dritte. Im Verhältnis des Dritten und des Dateninhabers zum Datennutzer gelten für die Unwirksamkeit des Vertrages zwischen Dateninhaber und Drittem die allgemeinen Regeln, insbesondere zu den möglichen Leistungsverweigerungsrechten.

d) Leistungsverweigerungsrechte

110 Leistungsverweigerungsrechte wirken grundsätzlich nur zwischen den Parteien eines Schuldverhältnisses, sofern das Gesetz keine Ausnahmen vorsieht. Der Data Act behandelt Leistungsverweigerungsrechte im Zusammenhang mit der **Weitergabe von Geschäftsgeheimnissen** in Art. 4 Abs. 7 gegenüber dem Datennutzer und in Art. 5 Abs. 10 gegenüber Dritten. Andere Gestaltungen werden nicht geregelt. Im BGB bestehen Ausnahmen beispielsweise für den Vertrag zugunsten Dritter in § 334 BGB, das verbundene Geschäft in § 359 S. 1 BGB oder aus § 404 BGB bei der Abtretung. Für das Dreipersonenverhältnis des Data Acts passt keine der Regelungen. Hat der Nutzer die Daten an den Dritten verkauft und zahlt dieser den Kaufpreis nicht, stellt sich die Frage, welches gesetzliche Druckmittel zur Vertragserfüllung der Nutzer, abgesehen von Rücktritt und Schadensersatz, in der Hand hat. Eine Berechtigung zur Anweisung des Dateninhabers, dem Dritten keine Daten mehr bereitzustellen, sieht der Data Act nicht vor. Dies müsste zwischen dem Nutzer und dem Dateninhaber vereinbart werden. Entsprechendes gilt für den Fall, dass der Nutzer die ihm vom Dateninhaber gelieferten Daten an einen Dritten weiterleitet und der Dateninhaber nicht leistet, weil ihm beispielsweise vorübergehend der Online-Zugriff auf die Daten fehlt.[116] Anderenfalls ist an ein Unvermögen nach § 275 Abs. 1 BGB zu denken, dass den Schuldner von seiner Verpflichtung befreit, wenn es ihm nicht möglich ist, an die Daten zu gelangen. Der Datennutzer, der einen Anspruch gegen den potenziell leistungsfähigen Dateninhaber hat, wird sich aber weniger auf ein Unvermögen als vielmehr auf eine **Leistungserschwernis** nach § 275 Abs. 2 BGB berufen können. Da es sich regelmäßig um wiederkehrende Leistungspflichten handelt, ist stets die einzelne Leistungspflicht zu betrachten.

7. Verjährung

111 Die Verjährung zivilrechtlicher Ansprüche aus nationalem Recht folgt den allgemeinen Regeln. Für Ansprüche aus dem EU-Sekundärrecht bestehen **keine Bestimmungen** über die Verjährung. Danach verjährten die Bereitstellungs- und andere Ansprüche aus dem Data Act nicht.[117] Dem steht aber die Auffassung des EuGH entgegen, dass, jedenfalls im Wettbewerbsrecht, in Anwendung der von für eine Union des Rechts charakteristischen Prinzipien das Handeln der Kommission und der nationalen Wettbewerbsbehörden verjährt.[118] Denkbar könnte aber eine Verwirkung der Rechte aufgrund von Treu und Glauben sein.

8. Bereicherungsausgleich

112 Für den Fall, dass das zwischen Nutzer und Drittem und/oder Drittem und Dateninhaber vereinbarte Vertragsverhältnis unwirksam ist oder keine wirksame Weisung des Datennutzers

---

[116] Vgl. Schmidt-Kessel MMR 2024, 75 (77).
[117] LG Bonn 19.12.2023 – 5 S 34/2, ZD 2024, 750; Simitis/Hornung/Spiecker gen. Döhmann/Dix DS-GVO Art. 15 Rn. 39.
[118] EuGH 14.1.2021 – C-450/19, BeckRS 2021, 85 Rn. 40; s. auch LG Duisburg 8.11.2024 – 2 O 31/24, ZD 2025, 408 mAnm Moormann.

vorliegt, stellt sich die Frage der Art und Weise der Durchführung eines Bereicherungsausgleichs. Da zwischen Nutzer und Dateninhaber ein **gesetzliches Schuldverhältnis** besteht, kann dieses nicht unwirksam sein. Es kann aber fehlen, wenn eine der Tatbestandsvoraussetzungen des Art. 4 Abs. 1 nicht gegeben ist.

Für die Behandlung der Unwirksamkeit des Schuldverhältnisses zwischen Nutzer und Dritten sowie zwischen Dritten und Dateninhaber ist an die Übertragung der zu den **Anweisungsfällen** entwickelten Grundsätze zu denken[119]. Die Anweisungsfälle zeichnen sich dadurch aus, dass zwischen Anweisendem (hier dem Nutzer) und dem Angewiesenen (dem Dateninhaber) eine als Deckungsverhältnis bezeichnete Rechtsbeziehung besteht und zwischen Anweisendem und Leistungsempfänger (hier dem Dritten) das so genannte Valutaverhältnis. Das zwischen Angewiesenem und Dritten bestehende Verhältnis wird als Zuwendungsverhältnis bezeichnet, es ist aber allein durch die Leistungserbringung charakterisiert. Eine vertragliche oder gesetzliche Verbindung zwischen den Parteien besteht nicht. 113

Anders als in den Anweisungsfällen bestehen bei der Übermittlung von Daten nach dem Data Act aber stets **zwei Rechtsbeziehungen** bei jedem Beteiligten. Der Nutzer ist mit dem Dateninhaber durch ein gesetzliches Schuldverhältnis und mit dem Dritten idR durch einen Vertrag verbunden. Der Dritte hat mit dem Dateninhaber einen Dienstvertrag zur Datenübermittlung geschlossen. Dass der Dritte dem Dateninhaber ein Entgelt zahlt, führt noch nicht zu einer (Gegen-)Leistung an ihn. Denn die Verbindung zwischen Dateninhaber und Dritten ist lediglich Ausfluss der Anweisung des Nutzers zur Datenübertragung an den Dritten. Zwischen Datennutzer und Drittem muss ein eigener Vertrag über die Nutzung geschlossen werden. Der Erwerber der Daten findet damit immer vom Nutzer statt. Ein zwischen Dateninhaber und Drittem vereinbartes Entgelt dient vor allem dem Ausgleich der dem Dateninhaber entstehenden Transaktionskosten. Es ist kein Entgelt für die Erlangung der Daten. Für den unternehmerischen Verkehr ist das in Erwgr. 46 ausdrücklich so beschrieben. 114

Ein weiterer Unterschied besteht darin, dass der Angewiesene in der Regel **keine Leistung aus seinem Vermögen** erbringt. Denn die Daten, die weitergegeben werden, stehen nach dem Data Act dem Dateninhaber, also dem Angewiesenen, ohne Vereinbarung mit dem Nutzer nicht zu. Anders kann es aber sein, wenn die Daten auch Geheimhaltungsinteressen des Dateninhabers berühren. Dann handelt es sich um ihm zugewiesene Vermögenswerte. 115

Grundsätzlich ist daher eine Übertragung der zu den **Anweisungsfällen** entwickelten Grundsätze möglich. Maßgeblich ist stets, aus wessen Vermögen die Leistung erfolgte. Das richtet sich in erster Linie nach dem Data Act und in zweiter Linie nach den getroffenen Vereinbarungen, insbesondere zur Geheimhaltung. 116

Wurden die Daten durch den Dateninhaber übertragen und stellt sich das Schuldverhältnis zwischen Nutzer und Dritten als unwirksam heraus, hat der Dritte die Daten auf Verlangen des Nutzers an ihn herauszugeben. Die an den Dateninhaber gezahlte **Vergütung** kann der Dritte nicht über das Bereicherungsrecht vom Nutzer zurückverlangen, da insoweit keine Leistungsbeziehung besteht. Ein Anspruch gegen den Nutzer könnte dem Dritten aus § 284 BGB oder bei einer Anfechtung des Nutzers aus § 121 BGB zustehen. 117

Wie auch bei einem Rücktritt gilt, dass die Herausgabe von Daten nicht immer zielführend ist. Der Gläubiger des Bereicherungsanspruchs hat weniger ein Interesse daran, die Daten zurückzuerhalten, als vielmehr, dem Schuldner den Zugriff auf die Daten zu nehmen. In solchen Fällen ist der Herausgabeanspruch auf **Löschung** der Daten durch den Herausgabeschuldner gerichtet. Das entspricht auch der Wertung des Art. 6 Abs. 1 S. 2 DA. Wenn die Daten schon zu löschen sind, wenn sie nach dem Vertragszweck nicht mehr benötigt werden, müssen sie erst recht gelöscht werden, wenn es keinen Vertrag (mehr) gibt. 118

[119] Wandt Gesetzl. Schuldverhältnisse § 13 III.

9. Instandhaltungsverträge

119 Der Data Act berührt mit der Zuordnung von Daten in IoT-Geräten auch die Vertragsgestaltung für Instandhaltungsleistungen. In der Praxis bieten die Dienstleister häufig Remote-Services an, bei denen sie den Zustand der Maschine oder Anlage auslesen und aus der Ferne Einstellungen vornehmen. Die Durchführung von Service- und Wartungsleistungen sowie die Instandsetzung und Verbesserung von Maschinen und Anlagen ist dabei oft nur durchführbar, wenn der Dienstleister auf Daten zugreifen darf, die auch zu den ohne Weiteres verfügbaren Daten nach Art. 2 Nr. 17 DA gehören können. Voraussetzung für die Anwendbarkeit der Vorschriften des zweiten Kapitels des Data Acts ist jedoch, dass die **Maschinen oder Anlagen** vernetzte Produkte gem. Art. 2 Nr. 5 DA sind. Es muss sich bei ihnen um einen Gegenstand handeln, der Daten über seine Nutzung oder Umgebung erlangt, generiert oder erhebt und der Produktdaten über einen elektronischen Kommunikationsdienst, eine physische Verbindung oder einen geräteinternen Zugang übermitteln kann und dessen Hauptfunktion nicht die Speicherung, Verarbeitung oder Übertragung von Daten im Namen einer anderen Partei – außer dem Nutzer – ist. Wesentlich ist hierbei, dass die Daten übertragen werden können, nicht, dass sie übertragen werden. Das ist regelmäßig gegeben. Denn es kommt nicht darauf an, dass der Zugriff über eine Fernverbindung erfolgt. Nach dem Wortlaut genügt eine Schnittstelle („geräteinterner Zugang") an dem Gerät. Erfasst werden nicht nur ortsveränderliche, sondern auch immobile Produkte, wie der Hinweis auf industrielle Anlagen in Erwgr. 14 zeigt.[120]

120 Handelt es sich bei dem Dienstleister – wie in der Praxis häufig – um den Hersteller, ist er regelmäßig auch Dateninhaber. Für den Zugriff auf die ohne Weiteres verfügbaren Daten benötigt er dann die Erlaubnis des Datennutzers gem. Art. 4 Abs. 13 S. 1 DA. Nach S. 2 darf der Dateninhaber aus diesen Daten keinen **Einblick in die Produktionsmethoden** des Nutzers erlangen. Das ist jedoch nicht selten erforderlich, um die Leistungen erbringen zu können, insbesondere, wenn es sich um Maßnahmen zur Verbesserung der Maschine oder Anlage handelt. Die Vorschrift zeigt jedoch in ihrem Auffangtatbestand für jegliche andere Art der Nutzung, dass das Verbot nur besteht, wenn dadurch die gewerbliche Position des Nutzers im Markt untergraben wird. Das ist bei den genannten Leistungen nicht der Fall, so dass für den Dienstleister auch dann kein Hindernis besteht, wenn man die Beschränkung der Datenverwendung als zwingend ansehen würde.

121 Zur Erfüllung der Anforderungen aus Art. 4 Abs. 13 DA ist in dem Vertrag zwischen Dienstleister als Dateninhaber und Auftraggeber als Datennutzer die **Zulässigkeit der Datenverwendung** zu vereinbaren. Dabei sollten, insbesondere im Interesse des Kunden, die Zwecke der Nutzung festgelegt werden, um auch Art. 4 Abs. 14 S. 1 DA Rechnung zu tragen. Eine Klausel könnte so aussehen:

(1) Der Auftraggeber gestattet dem Auftragnehmer den Zugriff auf die und die Verwendung der in der Maschine/Anlage enthaltenen Daten, soweit dies im Rahmen der Leistungserbringung nach diesem Vertrag erforderlich ist. Das gilt insbesondere auch für ohne Weiteres verfügbare Daten gem. Art. 2 Nr. 17 Data Act sowie personenbezogene Daten.
(2) Für die Einhaltung der datenschutzrechtlichen Bestimmungen ist der Auftraggeber verantwortlich. Ist zur Erfüllung der vertraglichen Pflichten die Verarbeitung personenbezogener Daten erforderlich, erfolgt diese Verarbeitung im Auftrag des Auftraggebers. Der Auftraggeber wird bei einem entsprechenden Erfordernis einen Auftragsverarbeitungsvertrag gem. Art. 28 Abs. 3 DS-GVO mit dem Auftragnehmer schließen.

122 Die **datenschutzrechtlichen Aspekte** können wegen Art. 1 Abs. 5 S. 3 DA die Datennutzung begrenzen, weswegen auf eine datenschutzkonforme Absicherung besonderes Augenmerk zu richten ist. Datennutzer ist regelmäßig der Betreiber der Maschine/Anlage. Die ohne Weiteres verfügbaren Daten werden jedoch meistens auch von einem Maschinen-

[120] AA BeckOK DatenschutzR/Schild DA Art. 2 Rn. 39.

führer erzeugt, indem er die Maschine startet, stoppt oder ihre Leistungsparameter konfiguriert.

Den **Geheimnisschutz** muss der Auftragnehmer einzelfallbezogen regeln. Hier gilt wiederum, dass eine vertragliche Regelung im Rahmen eines Massengeschäfts regelmäßig unzureichend ist. Je mehr Empfänger von geheim zuhaltenden Informationen existieren, desto größer ist, trotz aller Vorsichtsmaßnahmen, die Wahrscheinlichkeit, dass die Information doch an Unbefugte gelangt. Auch lässt sich der Kreis derjenigen, die keine Kenntnis von den Geheimnissen haben sollen, in diesen Fällen nur schwer bestimmen.[121] Der Dateninhaber wird daher bereits vorsorglich das die Daten erzeugende Produkt so gestalten, dass ohne Weiteres verfügbare Daten keine Geschäftsgeheimnisse enthalten. **123**

Ist der **Dienstleister nicht der Dateninhaber** erfolgt die Überlassung der Daten durch den Auftraggeber direkt oder über den Dateninhaber. Bei der Bereitstellung über den Dateninhaber sind die Beschränkungen aus Art. 4 Abs. 14 DA und Art. 8, 9 und 11 DA zu beachten. Bei einer direkten Überlassung gibt es keine Regelungen des Data Acts, die die Parteien zu beachten haben. Die Gestaltung der Überlassungsklauseln müssen sich jedoch auch zwischen Nutzer und Drittem an Art. 13 Abs. 4 und 5 DA messen lassen. Die Klauselkontrolle nach Art. 13 DA gilt für alle Datenüberlassungsverträge. In der Praxis beschränken Dienstleister ihre Auftraggeber gerne darin, Arbeiten an der Maschine oder Anlage durch dritte Dienstleister vornehmen zu lassen. Der Dienstleister könnte versuchen, diese Beschränkung in seinen AGB dadurch abzusichern, dass er dem Auftraggeber auferlegt, die Daten nicht durch andere Dienstleister verarbeiten zu lassen. Der Dienstleister darf die Daten jedoch nicht zu seinen Gunsten monopolisieren. Eine Klausel, nach der allein der Dienstleister berechtigt ist, die Daten im Rahmen von Instandhaltungsleistungen zu nutzen, wäre nach Art. 13 Abs. 5 lit. c DA unwirksam. **124**

Setzt der Hersteller als Dateninhaber **Subunternehmer** zur Leistungserbringung ein, unterfallen diese Subunternehmer der Definition des Datenempfängers in Art. 2 Nr. 14. In der Folge darf der Dateninhaber die Daten einem Subunternehmer nach Art. 8 Abs. 4 DA nur bereitstellen, wenn der Nutzer dies verlangt hat. Zivilrechtlich ist die Einschaltung von Subunternehmern grundsätzlich nicht an die Zustimmung des Auftraggebers gebunden. Mit der Auftragserteilung liegt daher regelmäßig auch kein Verlangen der Bereitstellung an etwaige Subunternehmer vor. Auch hier stellt sich die bereit weiter oben behandelte Frage, ob die gesetzliche Wendung „auf Verlangen" eine Weitergabe von Daten aus anderen Gründen als einem ausdrücklichen Verlangen des Nutzers ausschließt. Das würde den Datenverkehr erheblich einschränken, ohne dass die Interessen des Nutzers dies erfordern. Das ist mit den bereits gegebenen Argumenten abzulehnen (dazu → Rn. 74 und → Rn. 78). Die Bereitstellung kann auch erfolgen, wenn keine ausdrückliches Verlangen des Datennutzers gegeben ist. Der Auftragnehmer sollte jedoch die Befugnis zur Bereitstellung in seinem Vertrag mit dem Auftraggeber regeln. Die obige Klausel könnte dazu um einen Absatz erweitert werden: **125**

> (3) Der Auftragnehmer ist berechtigt, die zur Leistungserbringung nach diesem Vertrag erforderlichen Daten an Subunternehmer weiterzugeben. Etwaige ihm vom Auftraggeber auferlegt Beschränkungen der Datennutzung wird er dabei beachten und gegebenenfalls den Subunternehmer entsprechend verpflichten.

Versteht man Art. 6 Abs. 2 lit. c DA wie hier vertreten so, dass die Weitergabe von Daten durch den Dateninhaber oder Dritte an weitere Dritte nur auf der Grundlage eines Vertrages zwischen dem weiteren Dritten und dem Datennutzer erfolgen darf (→ Rn. 75), ergibt sich die Frage der Konstruktion eines solchen Vertrages. Neben einer Einschaltung des Subunternehmers nur aufgrund einer umständlich zu erreichenden Vereinbarung zur Daten- **126**

[121] Vgl. dazu OLG Stuttgart 28.7.2022 – 2 U 191/21, ZVertriebsR 2025, 115.

nutzung zwischen Subunternehmer und Dritten ist eine vertragliche Abrede durch **Stellvertretung** des Datennutzers durch den Dateninhaber (dazu → Kap. 11 Rn. 425) einfacher zu realisieren.

10. Mustervertragsklauseln

127 Der Data Act sieht in Art. 41 DA vor, dass die EU-Kommission für die Datenweitergabe und -nutzung und für Verträge zum Cloud-Computing zwischen Unternehmen noch vor dem Geltungsbeginn der Verordnung am 12.9.2025 unverbindliche Mustervertragsklauseln entwickelt und empfiehlt. Diese Klauseln sollen den Parteien dabei helfen, Verträge zu schließen, die faire, angemessene und nichtdiskriminierende Bedingungen enthalten und in transparenter Weise umgesetzt werden.[122] Nach Erwgr. 111 sollen die Mustervertragsklauseln in erster Linie eine **praktische Handhabe** bieten, um insbesondere KMU den Abschluss eines Vertrags zu erleichtern.

128 Die Mustervertragsklauseln sind jedoch **nicht kontrollfrei.** Weder sieht der Data Act Ausnahmen vor, noch gibt es eine andere Rechtsgrundlage dafür, die Klauseln einer Inhaltskontrolle zu entziehen. Die von der Kommission am 19.11.2025 vorgeschlagenen Klauseln behandeln die Rechtsbeziehungen der Beteiligten sehr umfangreich. Sie leiden jedoch darunter, dass sie naturgemäß die nationalen Besonderheiten, die die Regelungen des Data Act notwendig ergänzen müssen, nicht berücksichtigen können. Gerade aber das **Zusammenwirken der nationalen Schuldrechtsbeziehungen und der Anforderungen aus dem Data Act** stellen die Herausforderung dar, denen sich der Vertragsgestalter stellen muss. Das gilt insbesondere mit Blick auf die Frage, welche Bestimmungen des Data Act disponibel sind. Die Praxis wird sich mit den Model Contractual Terms auseinandersetzen müssen, weil sie zwar unverbindlich und nicht kontrollfrei sind, aber – da von der Kommission empfohlen – faktisch Gewicht haben werden.[123] Insgesamt ist vor einer unbesehenen **Übernahme** zu warnen.[124] In jedem Fall sind für die **Vertragsgestaltung** eine konkrete Leistungsbeschreibung, eine Behandlung der nach dem zugrundeliegenden Vertragstyp nach deutschem Recht erforderlichen und gewünschten Regelungen, deren Ergänzung durch die Berücksichtigung oder das Abbedingen der nach dem Data Act zwingenden Bestimmungen und schließlich eine Überprüfung der Klauseln nach Maßgabe des Art. 13 DA und der §§ 307, 310 Abs. 1 S. 2 BGB erforderlich.

III. UWG

Siehe zu diesem Themenkomplex auch
- Kartellrecht → Kap. 7
- Kartellrecht/DMA → Rn. 1 ff.

1. Einleitung

129 Die wirtschaftliche Nutzung von Daten hat sich zu einem zentralen Aspekt des modernen Geschäftsumfelds entwickelt und wird oft als der wichtigste Rohstoff des 21. Jahrhunderts bezeichnet. Unternehmen setzen dabei verschiedene Strategien ein, um aus Daten Kapital zu schlagen, was ihnen bedeutende Wettbewerbsvorteile verschafft. Die wachsende Bedeutung

[122] Erwgr. 42; Staudenmayer NJW 2024, 1377 (1380).
[123] Dazu Denga RDi 2026, 181 Rn. 61.
[124] Kritisch zu den MCT Denga RDi 2026, 181.

von Echtzeitdaten für die Schulung von Künstlicher Intelligenz (KI) und Analysetools eröffnet neue Geschäftsmöglichkeiten, insbesondere in innovativen Branchen wie der Automobilindustrie. Aktuell dominieren große Technologieunternehmen, insbesondere die sogenannten GAFA (Google, Apple, Facebook, Amazon), den Markt für Datensammlung und -monetarisierung. Diese Unternehmen nutzen ihre umfangreichen Ressourcen und weitverbreiteten Plattformen, um an enorme Datenmengen zu gelangen und diese für das Training von KI-Systemen oder die Entwicklung neuer Analysetools zu verwenden. Ein verbreiteter Ansatz ist die Bereitstellung „kostenloser" Dienste, bei denen Nutzer im Austausch für die Nutzung der Dienste mit ihren Daten bezahlen. Diese Praxis ermöglicht es Unternehmen, wertvolle Informationen zu sammeln, ohne direkte finanzielle Transaktionen durchzuführen.

Darüber hinaus gibt es verschiedene Möglichkeiten zur Monetarisierung von Daten, etwa **130** durch die Bereitstellung von Analyseergebnissen und die Nutzung von Open Data. Unternehmen können auf diese Weise Mehrwert aus vorhandenen Datensätzen generieren und diese für diverse Zwecke einsetzen. Ein aufkommender Trend sind Echtzeitdaten-Marktplätze, die auf Blockchain-Technologie basieren. Solche Plattformen ermöglichen es Unternehmen, Daten zu teilen, wobei die Daten im Eigentum des Erhebers bleiben und Transaktionen mittels eigens geschaffener Kryptowährungen abgewickelt werden.

Diese Entwicklungen verdeutlichen die wachsende Bedeutung von Daten als Wirtschafts- **131** gut und zeigen, dass die Zukunft der Datenmonetarisierung von innovativen Ansätzen geprägt sein wird, die eine verstärkte Zusammenarbeit und gemeinsame Nutzung von Datenressourcen fördern. **Mangels lex specialis** im Kontext des Vertriebs von Daten im Wirtschaftsrecht, sind die entsprechenden Konstellationen auch an den allgemeingültigen Vorschriften des Gesetzes gegen den unlauteren Wettbewerb (UWG) zu messen. Angesichts der Dynamik in den aufgezeigten Geschäftsfeldern stellt sich die Frage, wie das UWG mit diesen Phänomenen umgeht und welche rechtlichen Rahmenbedingungen erforderlich sind, um eine faire und transparente Monetarisierung von Daten zu gewährleisten.

2. Rechtliche Herausforderungen im Rahmen des UWG

a) Grundprinzipien und Anwendungsvoraussetzungen des UWG

Wenngleich der Terminus „unlauterer Wettbewerb" darauf hinweist, ist das Lauterkeitsrecht **132** nicht ausschließlich auf die Regulierung wettbewerbsbezogener Aktivitäten von Unternehmen beschränkt, sondern geht vielmehr über die bloße Regulierung des Marktverhaltens von Unternehmen im wirtschaftlichen Wettbewerb hinaus. Das UWG verfolgt einen umfassenderen Ansatz, indem es neben wettbewerbsbezogenen Verhaltensweisen auch die Begründung und die inhaltliche Ausgestaltung von Austauschverhältnissen sowie teilweise die Abwicklung von abgeschlossenen Verträgen bis hin zur Beendigung von Vertragsverhältnissen einschließt.[125] Die Sicherstellung der Lauterkeit des Wettbewerbs geschieht durch einen umfassenden, mehrdimensionalen **Schutz aller Marktteilnehmer** (Mitbewerber, Verbraucher, sonstige Marktteilnehmer) und des **Interesses der Allgemeinheit vor unlauterem Wettbewerbsverhalten,** § 1 Abs. 1 UWG. Damit steht eine allgemeine Schutzzweckklausel an der Spitze des Gesetzes, die für das gesamte im UWG geregelte Lauterkeitsrecht gilt.[126] Dabei kann es sowohl Individualinteressen einzelner Marktakteure als auch die Kollektivinteressen mehrerer Marktteilnehmer schützen.[127]

Für die Anwendung des UWG muss zunächst eine **geschäftliche Handlung** iSd § 2 **133** Abs. 1 Nr. 2 UWG vorliegen. Der Begriff der geschäftlichen Handlung umfasst dabei jedes

[125] Alexander LauterkeitsR Rn. 3 f.
[126] BeckOK UWG/Alexander § 1 Rn. 1 f.; Hauschka/Moosmayer/Lösler Corporate Compliance/Reiling Rn. 48.
[127] BeckOK UWG/Alexander § 1 Rn. 10.

Verhalten einer natürlichen oder juristischen Person[128], das unmittelbar und objektiv darauf abzielt, den Absatz oder Bezug von Waren oder Dienstleistungen oder den Abschluss bzw. die Durchführung eines Vertrags über Waren oder Dienstleistungen zu fördern. Eingeschlossen sind dabei Handlungen vor, während oder nach einem Geschäftsabschluss. Der Geltungsbereich erstreckt sich sowohl auf Maßnahmen zur Förderung eigener als auch fremder Unternehmen.

134 Eine solche geschäftliche Handlung ist bei der **Monetarisierung von Daten** zweifelsohne anzunehmen, unabhängig davon, ob der Akteur eine natürliche oder juristische Person ist.[129] Der Handel mit Daten stellt ein zunehmend lukratives Geschäftsfeld dar, das sowohl personenbezogene als auch nicht personenbezogene Daten umfasst. Unternehmen nutzen unterschiedliche Modelle zur Monetarisierung ihrer Datenbestände.

b) Rechtsbruch, § 3a UWG

135 Ein Verstoß gegen **gesetzliche Bestimmungen** kann als **unlautere Handlung** gem. § 3a UWG geahndet werden. Auf eine Verletzung **vertraglicher Bestimmungen** kann ein Vorsprung durch Rechtsbruch daher **nicht** gestützt werden. Ebenso sind Wettbewerbsregeln, die von Verbänden aufgestellt werden, Standesregeln, Handelsbräuche oder technische Regeln, wie DIN- oder VDI-Normen, keine gesetzlichen Vorschriften iSd § 3a UWG. § 3a UWG enthält eine Regelung, die eine Öffnungsklausel für Verstöße gegen bestimmte Rechtsnormen darstellt, die das **Marktverhalten** der Marktteilnehmer regeln. Diese Vorschrift ermöglicht es, wettbewerbsrechtliche Sanktionen auch auf solche Verstöße anzuwenden, die gegen gesetzliche Vorschriften verstoßen, sofern diese Normen eine sog. **Marktverhaltensregel** im Sinne des Lauterkeitsrechts darstellen. § 3a UWG knüpft an die Verletzung solcher Normen an, die zumindest auch den Schutz der Interessen von Marktteilnehmern bezwecken.

136 Unter **Marktverhalten** ist jede Handlung zu verstehen, die objektiv der Förderung des Absatzes oder Bezugs von Waren oder Dienstleistungen dient und durch die ein Unternehmer auf Mitbewerber, Verbraucher oder sonstige Marktteilnehmer einwirkt. Maßgeblich ist, dass die betreffende Handlung darauf abzielt, das Verhalten auf dem Markt zu beeinflussen und dadurch die Interessen der Marktteilnehmer zu regeln.[130] In diesem Zusammenhang muss jede einzelne Rechtsnorm daraufhin geprüft werden, ob sie eine solche Regelung des Marktverhaltens bezweckt. Dabei sind mittlerweile zahlreiche Normen als Marktverhaltensregeln iSd § 3a UWG anerkannt worden. Die Prüfung einer jeden Norm hinsichtlich ihrer Marktverhaltensrelevanz bleibt somit im Einzelfall erforderlich. Das Verbot eines Verhaltens über § 3a UWG kommt **nicht in Betracht,** wenn das vom Gesetzgeber vorgesehene Sanktionssystem **anderweitig abschließend** geregelt ist. Im Kontext der lauterkeitsrechtlichen Untersuchung der Monetarisierung von Daten kommt § 3a UWG in der Regel in Betracht, wenn Daten gezielt verwendet werden, um einen geschäftlichen Vorteil zu generieren und dies generell oder in einer bestimmten Art und Weise nach anderen Normen untersagt ist; es geht daher nicht um den Schutz der Daten als solche über das Lauterkeitsrecht.

137 Im Zusammenhang mit der Monetarisierung von Daten sind hier vor allem die Markterhaltensregeln der **DS-GVO** zu beachten, wozu insbesondere Art. 12, 15 DS-GVO[131] sowie Art. 5 Abs. 1 lit. c DS-GVO, Art. 25 Abs. 2 DS-GVO[132] zählen. In den letzten Jahren war dahingehend umstritten, ob es sich bei den Vorschriften der DS-GVO um Marktverhaltensregeln handelt und inwiefern die DS-GVO die Durchsetzung dieser Rechte abschließend regelt. Der EuGH hat entschieden, dass die DS-GVO nationalen Vorschriften nicht

[128] Köhler/Feddersen/Köhler UWG § 2 Rn. 2.12 f.
[129] Vgl. Gloy/Loschelder/Danckwerts WettbR-HdB § 64 Rn. 1–115.
[130] BGH 25.3.2021 – I ZR 203/19, GRUR 2021, 863.
[131] Vgl. LG Düsseldorf 15.3.2024 – 34 O 41/23, ZD 2024, 410.
[132] LG Hamburg 22.2.2024 – 327 O 250/22, K&R 2024, 363.

entgegenstehe, die Unternehmen das Recht einräumen, sich auf der Grundlage des Verbots von Handlungen unlauteren Wettbewerbs darauf zu berufen, DS-GVO-Verstöße ihrer Mitbewerber zu verfolgen.[133] Die Mitgliedstaaten können Mitbewerbern eines mutmaßlichen Verletzers von Vorschriften zum Schutz personenbezogener Daten die Möglichkeit einräumen, diesen Verstoß als verbotene unlautere Geschäftspraxis gerichtlich zu beanstanden und es obliegt somit den nationalen Gerichten in Streitfällen für jeden Einzelfall zu klären, ob Mitbewerber sich auf eigene Ansprüche berufen können. In Deutschland ist damit die Möglichkeit eröffnet, die Verletzung der DS-GVO durch Mitbewerber als unlauteren Rechtsbruch gem. § 3a UWG zu verfolgen, wenn die Voraussetzungen der Norm erfüllt sind.

Sollten Daten über Nutzer in dem Sinne monetarisiert werden, dass anhand vorhandener **138**
Informationen automatisiert personalisierte Preise angeboten werden, ist insbesondere auch § 312d BGB iVm Art. 246a § 1 Abs. 1 S. 1 Nr. 6 EGBGB zu beachten, wonach bei personalisierten Preisen gegenüber Verbrauchern eine Hinweispflicht dahingehend besteht, dass der Preis auf der Grundlage einer **automatisierten Entscheidungsfindung** personalisiert wurde. Auch hierbei handelt es sich um eine Marktverhaltensregelung iSd § 3a UWG.[134]

Auch die Vorgaben des **Data Act** könnten als Marktverhaltensregeln eingeordnet wer- **139**
den. Insbesondere Art. 3 Abs. 1 soll als Marktverhaltensregel zu qualifizieren sein.[135] Aber auch die Informationspflichten in Art. 3 Abs. 2 und 3 sollen ein Verhalten auf dem Markt beeinflussen und dadurch die Interessen der Nutzer schützen, weshalb diese ebenfalls als Marktverhaltensregel einzuordnen sind.

Bei der Monetarisierung von Daten mittels des Einsatzes von **KI** können spezifische **140**
gesetzliche Kennzeichnungs- und Verhaltenspflichten relevant sein, die Marktverhaltensregelungen darstellen können. So kann ein Verstoß gegen § 18 Abs. 3 Medienstaatsvertrag (Kennzeichnungspflicht beim Einsatz von Social Bots[136]) auch zu einem Verstoß gegen § 3a UWG führen, da die Norm ebenfalls als Marktverhaltensregel einzuordnen ist. Darüber hinaus sieht die europäische **KI-Verordnung** (KI-VO) zahlreiche **Transparenz- und Informationspflichten** vor. Insbesondere die in Art. 5 KI-VO benannten verbotenen Praktiken und die in Art. 50 KI-VO geregelte Transparenzpflicht können als Marktverhaltensregel anzusehen sein. Auch Art. 53 Abs. 1 lit. c und d KI-VO sind als solche einzuordnen.[137]

Auch im Rahmen des **Digital Services Act (DSA)** kann die Monetarisierung von Daten **141**
durch Marktverhaltensregelungen beschränkt sein. Ziel des Digital Services Act ist es, zum Schutz des Verbrauchers ein „sicheres, vorhersehbares und vertrauenswürdiges Online-Umfeld“ zu schaffen, vgl. Art. 1 DSA). Gemäß Art. 25 DSA gilt ein allgemeines **Verbot der Nutzerbeeinflussung** durch Dark-Patterns *(„maßgebliche Beeinträchtigung der Fähigkeit eines Nutzers freie Entscheidungen zu treffen, z. B. durch Täuschung oder Manipulation“)* welche für Online-Plattformen unabhängig davon gilt, ob ein Personenzug besteht oder Werbung intendiert ist (Art. 25 DSA). Gemäß Art. 26 DSA trifft die Anbieter von Online-Plattformen, die **Werbung auf ihren Online-Schnittstellen** darstellen, die **Pflicht,** ein gewisses **Transparenzniveau** gegenüber jedem Nutzer sicherzustellen. Nach Art. 28 Abs. 2 DSA gilt ein **Verbot von personalisierter Werbung gegenüber Minderjährigen** aufgrund von Profiling. Aus Art. 39 DSA ergeben sich weitere Anforderungen für „sehr große Online-Plattformen“. Insbesondere werden hier weiter **technische Vorgaben** darüber gemacht, wie die **Informationen für Nutzer verfügbar** sein müssen (zB sollen die Informationen über jede einzelne Werbung für einen Zeitraum von einem Jahr in einem

[133] EuGH 4.10.2024 – C-21/23, GRUR 2024, 1721.
[134] Vgl. OLG Köln 8.12.2023 – 6 U 43/23, MMR 2024, 342. Dazu auch Pierson/Kreutz/Pierson/Kreutz Geistiges Eigentum S. 659 f.
[135] BeckOK DatenschutzR/Schemmel DA Art. 3 Rn. 93 sowie Metzger/Schweitzer ZEuP 2023, 42 (68, 79).
[136] Zur Verwendung von Social Bots Kern KIR 2024, 94; Janal/Isikay GRUR-Prax 2018, 393.
[137] Nordemann/Rasouli ZUM 2024, 780 (787); Antoine GRUR 2025, 118 (128).

Archiv zur Verfügung stehen und durchsuchbar sein). All diese Vorgaben sollen ein Verhalten auf dem Markt beeinflussen und dadurch die Interessen der Nutzer schützen, weshalb diese ebenfalls als Marktverhaltensregel einzuordnen sind.

142 Nach der neueren Rechtsprechung des BGH[138] unterfallen **Informationspflichtverletzungen bei kommerzieller Kommunikation** allein § 5a UWG und **nicht (mehr) § 3a UWG.** Nicht von der Änderung erfasst ist eine Verletzung anderer Informationspflichten, die nicht die kommerzielle Kommunikation betreffen. Allein in den Anwendungsbereich des § 3a UWG fallen daher Informationspflichten, die auf Vorschriften des Unionsrechts beruhen, aber außerhalb des von Art. 3 der UGP-Richtlinie definierten Anwendungsbereichs dieser Richtlinie liegen und die auch keine kommerzielle Kommunikation iSv § 5b Abs. 4 UWG darstellen.[139]

c) Lauterkeitsrechtlicher Leistungsschutz

143 Der in § 4 Nr. 3 UWG geregelte ergänzende wettbewerbsrechtliche Leistungsschutz zielt in erster Linie auf einen Schutz der Mitbewerber vor unlauterer **Ausbeutung** der von diesen geschaffenen Leistungsergebnisse. Der Anwendungsbereich des UWG-Leistungsschutzes ist Gegenstand intensiver Debatten, insbesondere hinsichtlich der Frage, ob immaterialgüterrechtliche Schutzrechte eine Sperrwirkung für den lauterkeitsrechtlichen Leistungsschutz entfalten. Das **„Inselprinzip" des Immaterialgüterrechts** legt fest, dass der Schutz und die Zuordnung von Informationen die Ausnahme und nicht die Regel darstellen. Infolgedessen begrenzen geistige Eigentumsrechte den Anwendungsbereich des Lauterkeitsrechts zumindest in dem Maße, wie der spezialgesetzliche Normzweck reicht. Dennoch kann das Lauterkeitsrecht ergänzende Erwägungen anführen, die vom spezialgesetzlichen Schutz nicht abgedeckt sind. Nach dieser Norm werden im Grundsatz Leistungs- und Arbeitsergebnisse aller Art geschützt.[140] Eine Ausnutzung fremder Leistungen nach dieser Fallgruppe ist auf eine Übernahme **verkörperter Leistungen** gerichtet.[141] Diese extreme Konstellationsabhängigkeit bedeutet, dass der **Leistungsschutz für Daten auf Einzelfälle beschränkt** bleibt. In Frage kommen hierbei der Schutz von Daten „als Erzeugnisse", § 4 Nr. 3 lit. a und b UWG und der Schutz von Daten „in Erzeugnissen", § 4 Nr. 3 lit. c UWG.[142]

144 **aa) Wettbewerbliche Eigenart von Daten.** Damit Daten als Erzeugnisse Leistungsschutz gem. § 4 Nr. 3 lit. a und b UWG genießen können, müssen sie eine **wettbewerbliche Eigenart** aufweisen. Dies ist nach stRspr der Fall, wenn Waren oder Dienstleistungen geeignet sind, die interessierten Verkehrskreise auf ihre betriebliche Herkunft oder ihre Besonderheiten hinzuweisen.[143] Bei der Beurteilung der wettbewerblichen Eigenart eines Erzeugnisses können – so der BGH[144] – auch Besonderheiten zu berücksichtigen sein, die dieses im Gebrauch aufweist, auch wenn sie nicht auf den ersten Blick erkennbar sind.

145 Gerade bei Daten ist nicht ganz klar, wie und ob eine wettbewerbliche Eigenart vorliegen kann. Dies kann wohl nur dann der Fall sein, wenn die Daten nur von einem **eng umgrenzten Kreis von Inhabern** stammen können und auch die Daten selbst eine gewisse

---

[138] BGH 7.4.2022 – I ZR 143/19, GRUR 2022, 930.

[139] Feddersen WRP 2024, 1179 (1184).

[140] BGH 28.10.2010 – I ZR 60/09, GRUR 2011, 436; 22.3.2012 – I ZR 21/11, GRUR 2012, 1155; Fezer/Büscher/Obergfell/Götting/Hetmank UWG § 4 Nr. 3 Rn. 72. Zur Entwicklung, Funktion und Schutzzweck der Norm Alexander LauterkeitsR Rn. 1105 ff.

[141] Vgl. Köhler/Feddersen/Köhler/Alexander UWG § 4 Rn. 3.34. Zum wettbewerbsrechtlichen Nachahmungsschutz bei technischen Erzeugnissen ausf. Fischer GRUR 2015, 1160 ff.

[142] Borges/Keil Big Data-HdB/Rieken S. 422 Rn. 30.

[143] StRspr, ua BGH 5.3.1998 – I ZR 13/96, NJW 1998, 3773; 10.4.2003 – I ZR 276/00, GRUR 2003, 973; 22.3.2012 – I ZR 21/11, GRUR 2012, 1155; 17.7.2013 – I ZR 21/12, GRUR 2013, 1052; 19.11.2015 – I ZR 149/14, GRUR 2016, 725; 2.12.2015 – I ZR 176/14, GRUR 2016, 730.

[144] BGH 24.5.2007 – I ZR 104/04, GRUR 2007, 984.

inhaltliche Qualität aufweisen, wobei auch hier die Einzelheiten an die Anforderungen unklar sind.[145]

bb) Leistungsschutz für Daten als Erzeugnisse, § 4 Nr. 3 lit. a und b UWG. 146
(i) Daten als Ware. Um als Ware klassifiziert zu werden, müssen Daten geeignet sein als verwechslungsfähige Güter am Warenverkehr teilzunehmen **(Erzeugnisschutz)** und sich zumindest als Vorstufe zu einem Marktangebot einordnen lassen. Ein bloßer Ideenschutz ist ausgeschlossen.[146] Problematisch an dieser Stelle ist, dass es sich bei Daten typischerweise um Vorprodukte handelt und sie nur selten als Endprodukte angesehen werden. Fraglich ist also, ab wann Daten als „Ware" im Sinne des Warenbegriffs des UWG qualifiziert werden. Besteht im B2B-Bereich ein entsprechender Markt, ist eine Einordnung der Daten als Ware regelmäßig unproblematisch und vertretbar. Ebenso verhält es sich in Anlehnung an das Kartellrecht, sofern ein potenzieller Markt identifiziert werden kann. Sind Daten jedoch lediglich wesentlicher Bestandteil eines Endproduktes, ist die Einordnung dieser Daten als Ware fraglich.[147]

(ii) Daten als Dienstleistung. Daten können zwar begrifflich eine Ware sein, nicht aber 147
eine Dienstleistung. Sie können allenfalls Teil einer Dienstleistung sein.[148] **Datendienstleistungen** stellen im Bereich des Wettbewerbsrechts eine besondere Kategorie dar. Gemäß § 4 Nr. 3 UWG werden Dienstleistungen zwar als Ausnahmetatbestand geführt, doch ist die Abgrenzung zwischen der Dienstleistung selbst und dem Schutz der verwendeten Daten, die häufig als Waren behandelt werden, in der Praxis mitunter schwierig. Der Begriff „Waren oder Dienstleistungen" ist jedoch weit zu verstehen und umfasst beide als Gesamtbegriff.[149] Insbesondere im Kontext von Big Data spielen Datendienstleistungen eine wesentliche Rolle. In Anlehnung an die Definition von Michael Mattioli in den USA lassen sich **Big Data-Praktiken** als Verarbeitungsverfahren begreifen, deren Hauptziel es ist, aus großen Datenmengen effizient relevante Informationen zu extrahieren.[150] Innerhalb dieses Bereichs lassen sich verschiedene Kategorien von Datendienstleistungen identifizieren: Einerseits Suchdienste oder Datenanalysen, die auf einem eigenen Datenpool basieren, wie etwa der Abgleich von Gensequenzen von Kunden mit einem internen Patientendatenpool. Andererseits existieren wettbewerblich eigenartige Dienstleistungen, die auf öffentlichen Daten oder Daten Dritter beruhen, beispielsweise ein Dating-Dienst, der seine Mitglieder anhand spezifischer Merkmalskombinationen ihrer Facebook-Profile „matched". Solche Dienste werfen komplexe rechtliche Fragestellungen auf, insbesondere im Hinblick auf den Schutz der verwendeten Daten und die damit verbundene Wettbewerbsposition. Im hiesigen Kontext ist selbst bei Annahme einer Datendienstleistung zu beachten, dass es häufig an der **wettbewerblichen Eigenart** einer solchen Dienstleistung fehlen wird.[151]

(iii) Die Nachahmung von Daten. Für die Anwendung des § 4 Nr. 3 lit. a und b UWG 148
muss zudem eine **Nachahmung** vorliegen. Das **bloße Nachahmen** eines sondergesetzlich nicht (mehr) geschützten Schaffensergebnisses ist **grundsätzlich erlaubt** und nur bei Vorliegen besonderer, die Wettbewerbswidrigkeit begründender Umstände wettbewerbswidrig.[152] Eine Nachahmung setzt voraus, dass das Produkt oder ein Teil davon mit dem Originalprodukt übereinstimmt oder ihm zumindest so ähnlich ist, dass es sich nach dem jeweiligen Gesamteindruck in ihm wiedererkennen lässt. Dabei müssen die übernommenen Gestaltungsmittel diejenigen sein, die die wettbewerbliche Eigenart des nachgeahmten

---

145 Dazu ausf. Gloy/Loschelder/Danckwerts WettbR-HdB § 64 Rn. 47 ff.
146 MüKoUWG/Wiebe § 4 Nr. 3 Rn. 51.
147 Dazu ausf. Gloy/Loschelder/Danckwerts WettbR-HdB § 64 Rn. 36 ff.
148 Borges/Keil Big Data-HdB/Rieken S. 422 Rn. 31; Gloy/Loschelder/Danckwerts WettbR-HdB § 64 Rn. 55.
149 Köhler/Feddersen/Köhler UWG § 2 Rn. 2.42.
150 Vgl. Mattioli Articles by Maurer Faculty 2014, 535 (537).
151 Gloy/Loschelder/Danckwerts WettbR-HdB § 64 Rn. 55.
152 BT-Drs. 15/1487, 18.

Produkts begründen.[153] Der Grad der im Gesetz nicht näher bestimmten **Nachahmung** eines vorbestehenden Leistungsergebnisses kann von unterschiedlicher Intensität sein, so dass allgemein zwischen der **unmittelbare Leistungsübernahme,** bei der das fremde Leistungsergebnis unverändert übernommen wird, sowie der **nahezu identischen Leistungsübernahme,** die vorliegt, wenn sich bei einem Vergleich von Original und Nachahmung im Gesamteindruck nur kleinere, geringfügige Abweichungen ergeben, und der sog. **nachschaffende Leistungsübernahme,** bei der die fremde Leistung nicht unmittelbar oder (fast) identisch übernommen wird, sondern lediglich als Vorbild benutzt und nachschaffend unter Einsatz eigener Leistung wiederholt wird, unterschieden wird.[154]

149 Die **Nachahmung von Daten** stellt im wettbewerbsrechtlichen Kontext eine besondere Herausforderung dar. Eine **unmittelbare Nachahmung** liegt in diesem Kontext vor, wenn Daten als Waren betrachtet und fremde Daten unmittelbar kopiert werden. Dies stellt den schärfsten Tatbestand der Nachahmung dar, insbesondere wenn die identische Kopie durch technische Mittel erfolgt. In Bezug auf Datendienstleistungen kann jedoch auch eine **Nachahmung** vorliegen, ohne dass eine **direkte Kopie** erfolgt. So kann ein Mitbewerber durch den Zugriff auf fremde Daten, ohne diese zu kopieren, eine hinreichend ähnliche Dienstleistung wie der Originaldienstleister mit eigenem Datenpool anbieten.[155] Auch das Anbieten einer hinreichend ähnlichen Dienstleistung kann ausreichen, um den Nachahmungstatbestand zu erfüllen, wenn diese eigenständig schutzfähig ist.

150 Des Weiteren stellt sich die Frage, inwieweit **Folgeverwertungen oder Fortwirkungen** kopierter Daten als Nachahmung iSd § 4 Nr. 3 UWG anzusehen sind. Es ist bisher nicht entschieden, wie der Nachahmungstatbestand bei spezifischen Folgehandlungen wie der Analyse fremder Daten oder der Nutzung eigener Ergebnisse, die auf fremden Daten basieren, zu beurteilen ist. Auch der Versand von Post oder E-Mails anhand fremder Adresslisten wirft die Frage auf, ob dies eine Nachahmung darstellt. Der BGH hat in der Vergangenheit entschieden, dass eine Nachahmung vorliegt, wenn für das nachgeahmte Produkt **wesentliche Teile des Originals übernommen** werden, die dessen wettbewerbliche Eigenart ausmachen – das Original muss dabei in der Nachahmung erkennbar sein.[156] Diese Rechtsprechung könnte auch auf den Datenleistungsschutz anwendbar sein, sofern das Endprodukt am Markt angeboten wird und die verwendeten Daten darin noch erkennbar bleiben. Entscheidend für die Bewertung ist daher das **Verhältnis der Eigenleistung des Nachahmers zur Erkennbarkeit der übernommenen Daten** für die angebotenen Waren oder Dienstleistungen. Im Umkehrschluss greift der Nachahmungstatbestand daher nicht mehr ein, wenn die kopierten Daten im angebotenen Endprodukt nicht mehr als solche erkennbar sind und der Nachahmer durch erhöhte Eigenleistung ein neues, selbstständiges Produkt geschaffen hat.[157]

151 **(iv) Unlauterkeit der Nachahmung, § 4 Nr. 3 lit. a und b UWG.** Die **vermeidbare Herkunftstäuschung** nach § 4 Nr. 3 lit. a UWG zeichnet sich dadurch aus, dass der Nachahmer die Marktintransparenz gezielt fördert und nutzt.[158] Im Bereich von Daten zeigt sich jedoch ein typisches Paradoxon: Daten entfalten ihren Wert erst, wenn Informationen über ihre Herkunft und Erhebung bekannt sind, was eine extreme Kontextabhängigkeit zur Folge hat. Daher ist eine Verwechslung von Original und Nachahmung im Datenmarkt aufgrund dieser Transparenzanforderungen eher unwahrscheinlich. Ähnliches gilt für Datendienstleistungen, bei denen ebenfalls eine Verwechslung wenig naheliegt. Wahrscheinlicher, wenn auch unspezifisch, ist die Annahme einer wirtschaftlichen Verbindung zwischen dem Originalhersteller und dem Nachahmer, was im weiteren Sinne zu einer

153 Pierson/Kreutz/Pierson/Kreutz Geistiges Eigentum S. 666.
154 Pierson/Kreutz/Pierson/Kreutz Geistiges Eigentum S. 666 f.
155 Becker GRUR 2017, 346 (349).
156 Vgl. BGH 6.5.1999 – I ZR 199/96, GRUR 1999, 923; 23.9.2015 – I ZR 105/14, GRUR 2025, 2014.
157 Gloy/Loschelder/Danckwerts WettbR-HdB § 64 Rn. 66.
158 Pierson/Kreutz/Pierson/Kreutz Geistiges Eigentum S. 670 f.

Herkunftstäuschung führen könnte. Insbesondere im Bereich der Datendienstleistungen ist dieser Aspekt jedoch praktisch von geringer Relevanz und spielt im Datenmarkt keine zentrale Rolle.

Bei der **Rufausbeutung** nutzt der Nachahmer gezielt den bestehenden Goodwill zugunsten hochwertiger Originalhersteller und ihrer Produkte aus.[159] Auch im Datenmarkt kann der Nachahmer, ähnlich wie in anderen Märkten, eine geschäftliche Nähe zu bekannten Unternehmen suggerieren, um von deren Reputation zu profitieren. Ein Beispiel hierfür wäre ein unbekannter Anbieter von Verkehrsumfragen, der eine Verbindung zu renommierten Instituten vortäuscht. Dieses Geschäftsverhalten ist aber in allen Märkten verbreitet und hat keine datenspezifische Besonderheit. 152

Die **Rufbeeinträchtigung** hingegen zeichnet sich durch eine Schädigung des Prestigewerts des Originals aus, insbesondere durch langfristige Ausbeutung, wodurch negative Qualitätsvorstellungen auf das Original übertragen werden.[160] Im Datenmarkt könnte dies etwa durch die Manipulation von Daten geschehen, beispielsweise durch den Vertrieb minderwertiger Labor- oder Versuchsdaten in falschen Namen bzw. unter Nennung einer bekannten Quelle. Solche Fälle müssten jedoch drastisch ausfallen, da der **Datenmarkt weniger Graustufen** hinsichtlich der **Qualitätswahrnehmung** aufweist als der physische Produktmarkt. Insgesamt lässt sich festhalten, dass sowohl Rufausbeutung als auch Rufbeeinträchtigung im Datenmarkt nur eine **unspezifische Relevanz** besitzen. 153

cc) Leistungsschutz für Daten in Erzeugnissen, § 4 Nr. 3 lit. c UWG. Die Integration von **Daten in Produkte** kann ebenfalls unter den Schutz fallen, insbesondere wenn sie einen Bestandteil des Produktes darstellen. Dabei stellt § 4 Nr. 3 lit. c UWG eine Ausnahme zu den Tatbeständen der lit. a und b dar und betrifft die Fälle der unredlichen Kenntniserlangung durch **Erschleichung eines fremden Betriebsgeheimnisses** oder durch **Vertrauensbruch.** Vom Tatbestand der unredlichen Kenntniserlangung erfasst sind alle Formen der strafbaren Erlangung von Kenntnissen und Unterlagen, ferner Fälle, in denen die Mitteilung oder Weitergabe von Kenntnissen und Unterlagen durch Täuschung bewirkt wurde oder solche, in denen die Kenntnisse und Unterlagen zwar zunächst im Rahmen eines Vertrauensverhältnisses (zB auf der Grundlage einer Vertraulichkeitsvereinbarung) redlich erlangt wurden, dann aber unter Vertrauensbruch und damit missbräuchlich zur Nachahmung ausgenutzt werden.[161] 154

Erfasst werden konkret **produktionsrelevante Informationen,** wie etwa Anweisungen zur Herstellung von Betonsteinelementen oder das Andruckmuster zur Herstellung bedruckter Stoffe.[162] Vertretbar ist auch die Einbeziehung von Rohdaten und betriebswirtschaftlichen Informationen, aus denen entscheidende Herstellungsschritte abgeleitet werden können, wie Smart Meter-Daten, Logistikdaten oder Produktionssensordaten.[163] Schutz wird jedoch nicht für die Daten „als solche" gewährt, sondern nur gegen die spezifische unredliche Nutzung der Daten. 155

dd) Unmittelbarer wettbewerbsrechtlicher Leistungsschutz, § 3 Abs. 1 UWG. Die Nachahmung einer fremden Leistung ist nach § 4 Nr. 3 UWG nur dann unlauter, wenn weitere Umstände hinzutreten, eine Leistungsübernahme ohne eine Nachahmung kann daher kein unlauteres Verhalten nach § 4 Nr. 3 UWG darstellen. Die bloße Übernahme einer fremden Leistung kann daher nur dann unlauter sein, wenn auf der Grundlage von § 3 Abs. 1 UWG auch ein **Schutz der reinen Leistung** gewährt wird. Die Diskussion um einen **unmittelbaren Leistungsschutz** im UWG wird bereits seit Längerem geführt.[164] 156

---

159 Pierson/Kreutz/Pierson/Kreutz Geistiges Eigentum S. 671.
160 Pierson/Kreutz/Pierson/Kreutz Geistiges Eigentum S. 671.
161 Köhler/Feddersen/Köhler/Alexander UWG § 4 Rn. 3.61 f.
162 Becker GRUR 2017, 346 (351).
163 Becker GRUR 2017, 346 (351).
164 Zur früheren Rspr. des BGH Fezer/Büscher/Obergfell/Götting/Hetmank UWG § 4 Nr. 3 Rn. 133a; zur Entwicklung der Rspr. und den Novellen des UWG Sack WRP 2017, 7 ff.

Ob es einen solchen unmittelbaren Leistungsschutz auf der Grundlage von § 3 Abs. 1 UWG gibt, hat der BGH in neuerer Rechtsprechung offengelassen.[165] In der Literatur wird der unmittelbare Leistungsschutz sehr unterschiedlich bewertet.[166]

157 Wenn man einen unmittelbaren Leistungsschutz nach der Generalklausel § 3 Abs. 1 UWG noch grundsätzlich anerkennen will, so müssen nach allen Ansichten bestimmte Voraussetzungen erfüllt sein. Auch der BGH übt zwar in der Anerkennung eines unmittelbaren Leistungsschutzes Zurückhaltung, stellt aber **bestimmte Kriterien** auf, nach denen sich die Anwendung des unmittelbaren Leistungsschutzes richten könnte. So lässt sich der Rechtsprechung des BGH entnehmen, dass der unmittelbare Leistungsschutz zum einen unter dem Vorbehalt stehen solle, dass der betreffende **Interessenkonflikt nicht bereits anderweitig,** insbesondere im Recht des geistigen Eigentums oder im Sacheigentum, **erschöpfend geregelt** sein dürfe.[167] Zum anderen könne eine berechtigte Berufung auf den unmittelbaren Leistungsschutz nicht ausschließlich auf die Interessen des Originalherstellers gestützt werden. Vielmehr sei eine umfassende und an § 1 UWG ausgerichtete **Interessenabwägung** vorzunehmen.[168] Damit deutet die Rechtsprechung des BGH an, dass ein ergänzender Schutz nach der Generalklausel nur unter strikter Beachtung der Subsidiarität gegenüber den Immaterialgüterrechten und nur in Ausnahmefällen in Betracht kommt, in denen es überwiegende Interessen des Originalherstellers gibt.[169]

158 Fälle hierzu sind im Kontext des Vertriebs von Daten nicht ersichtlich und wurden noch nicht diskutiert. Überwiegende Interessen des Datenerzeugers können **erhebliche Investitionen** in das Leistungsergebnis „Daten" sein und eine **drohende Gefährdung des eigenen Geschäftsmodells** durch das Verhalten eines anderen Unternehmers, der das Leistungsergebnis ohne ersichtliche Notwendigkeit und ohne eigenen Aufwand übernimmt und Gewinne erwirtschaftet, die dem Datenerzeuger fehlen. Der Anknüpfungspunkt kann also eine **unangemessene Ausnutzung der übernommenen Leistungen** sein.[170] Danach nutzt der Übernehmer die fremde Leistung für sich aus und erspart sich durch die Übernahme eigenen Aufwand bei der Leistungserstellung, wodurch er sich einen unberechtigten Vorsprung im Wettbewerb gegenüber dem Konkurrenten verschafft und diesem jeden Anreiz für das eigene Schaffen nimmt.[171]

159 Es ist nicht fernliegend, dass ein Unternehmer sich **eigene Anstrengungen** für das Generieren oder Beschaffen von Daten erspart, wenn er **fremde Daten** übernimmt. Zu berücksichtigen ist aber, dass die Daten an sich wohl in der Regel nicht das direkte Vertriebsprodukt sein werden, sondern sie werden in der Regel benötigt, um Geschäftsmodelle zu betreiben oder zu entwickeln. Daher würde ein Unternehmer, der Daten von einem anderen Unternehmer übernimmt, dem betroffenen Unternehmer jedenfalls **nicht jeden Anreiz** für das eigene Schaffen nehmen, denn die betroffenen Daten können immer noch für eigene Geschäftsmodelle verwendet oder an andere Unternehmer für deren Geschäftsmodelle verkauft werden.

160 Will man als Kriterium für einen möglichen unmittelbaren Leistungsschutz ein **drohendes Marktversagen** bei einer Verweigerung ansetzen[172], so muss diesbezüglich feststehen, dass die Herstellung des Originalproduktes eine wesentliche Investition erfordert, das Produkt durch technische Mittel zu minimalen Kosten vervielfältigt werden kann und der Originalhersteller weder die Leistungsübernahme rechtlich oder faktisch verhindern noch seine Kosten anderweitig amortisieren kann und dadurch die Gefahr entsteht, dass weder der

165 BGH 28.10.2010 – I ZR 60/09, GRUR 2011, 436; 4.5.2016 – I ZR 58/14, GRUR 2017, 79.

166 Dazu Kreutz Online-Angebote und Werbeblockersoftware S. 312 f.

167 Vgl. BGH 28.10.2010 – I ZR 60/09, GRUR 2011, 436; dazu Ohly/Sosnitza/Ohly UWG § 4 Rn. 3/79; aA Peifer GRUR-Prax 2011, 181 (183), der in dem Urt. des BGH keine solche Begrenzung des unmittelbaren Leistungsschutzes erkennt.

168 Vgl. BGH 28.10.2010 – I ZR 60/09, GRUR 2011, 436; Dazu Ohly/Sosnitza/Ohly UWG § 4 Rn. 3/79.

169 Vgl. Ohly/Sosnitza/Sosnitza UWG § 3 Rn. 53.

170 Zu den verschiedenen Anknüpfungspunkten Sack GRUR 2016, 782 (787).

171 MüKoUWG/Wiebe § 4 Nr. 9 Rn. 68 mwN.

172 Ohly/Sosnitza/Ohly UWG § 4 Rn. 3/78b; Ohly GRUR 2010, 487 (493); Peukert WRP 2010, 316 (320).

Originalhersteller noch Konkurrenten in diesen Markt investieren.[173] Mit Blick auf den stetig wachsenden Datenmarkt und die ständig expandierenden Big-Data-Angebote lässt sich bisher kein derartiges Marktversagen feststellen.

In der **Kritik** an dem Erfordernis eines drohenden Marktversagens wird darauf hingewiesen, dass Marktversagen nicht der einzige denkbare Grund für den Schutz von Investitionen sei. Weitere Schutzgründe könnten in einem neuartigen, bislang durch bestehende Sonderschutzrechte nicht erfassten Schutzgegenstand liegen oder in der Förderung neu entstehender Märkte, wie etwa dem wachsenden Bereich der Datendienstleistungen und Big Data.[174] Verschiedene Parameter begünstigen nach dieser Ansicht den unmittelbaren Leistungsschutz von Daten. Dazu gehören nach dieser Ansicht auch Daten, die im Immaterialgüterrecht bislang kaum Berücksichtigung gefunden haben, insbesondere schwer erhebbare oder erzeugbare Daten, für deren Gewinnung der Originalhersteller erhebliche Investitionen tätigen musste.[175] Ebenso relevant sein soll die gesellschaftliche und wirtschaftliche Bedeutung dieser Daten sowie ihr Warencharakter und die Nähe zu Produkten.[176] Ein legitimes Geheimhaltungsinteresse des Herstellers und das Fehlen eines Allgemeininteresses an freier Datennutzung sollen ebenfalls eine Rolle spielen, um den unmittelbaren Leistungsschutz an Daten zu rechtfertigen.[177] 161

Angesprochen werden kann in diesem Zusammenhang noch die Fallgruppe der **Schädigung oder Beeinträchtigung von Geschäftsmodellen** iRd § 3 Abs. 1 UWG. Diese Fallgruppe ist bisher jedoch in der Literatur nicht vertieft diskutiert beziehungsweise terminologisch entwickelt worden.[178] Ihren Ursprung findet sie lediglich in Ansätzen der Rechtsprechung und mit Blick auf Konstellationen, in denen das Lauterkeitsrecht zwar nicht einschlägig ist, es jedoch möglicherweise eines wie auch immer ausgestalteten Schutzes von Geschäftsmodellen bedarf.[179] Zu nennen ist hier vor allem das sogenannte Ambush-Marketing.[180] Dass die Entwicklung einer solchen neuen Fallgruppe durch die Rechtsprechung und damit auch die Fortbildung des Rechts grundsätzlich möglich ist, zeigen insbesondere §§ 511 Abs. 4 S. 1 Nr. 1, 543 Abs. 2 S. 1 Nr. 2 ZPO, § 132 Abs. 4 GVG.[181] Zudem geht die ständige Rechtsprechung davon aus, dass ein ungeregelter Fall unlauteren Verhaltens nach § 3 Abs. 1 UWG in Betracht kommt, wenn *„die betreffende Verhaltensweise von ihrem Unlauterkeitsgehalt her den in den §§ 4 bis 7 UWG 2004 aufgeführten Beispiels- beziehungsweise Anwendungsfällen unlauteren Verhaltens entspricht (…) und zudem den anständigen Gepflogenheiten in Gewerbe und Handel zuwiderläuft."*[182] 162

In der bisherigen Rechtsprechung ist nicht zu erkennen, dass es einen grundsätzlichen und generellen Schutz von Geschäftsmodellen außerhalb der normierten Tatbestände und damit außerhalb von lauterkeitsrechtlich nicht verbotenen Mechanismen geben soll.[183] Zu Recht sieht die Rechtsprechung eine **Gefahr der möglichen Etablierung von versteckten Marktzutrittsschranken** durch einen freizügigen Schutz von Geschäftsmodellen.[184] Dies ist auch der Grund, warum in den meisten Fällen eine bloße Schädigung des Geschäftsmodells nicht zur Begründung eines Verstoßes gegen § 4 Nr. 4 UWG genügt, sondern das zu bewertende Verhalten einer der etablierten Fallgruppen unterfallen soll. Nach der Intention des Gesetzgebers soll die generalklauselartige Fassung des § 4 Nr. 4 UWG sicher- 163

173 Peukert WRP 2010, 316 (320).
174 Becker GRUR 2017, 346 (353).
175 Becker GRUR 2017, 346 (354).
176 Becker GRUR 2017, 346 (354).
177 Becker GRUR 2017, 346 (354).
178 S. lediglich die Erwähnung bei Teplitzky/Peifer/Leistner/Peifer UWG § 4 Nr. 10 Rn. 368.
179 Vgl. die Auflistung der Beispiele bei Teplitzky/Peifer/Leistner/Peifer UWG § 4 Nr. 10 Rn. 368.
180 Zum Ambush-Marketing Heermann GRUR 2015, 232; Heermann GRUR 2006, 359; Becker WRP 2015, 139; Körber/Mann GRUR 2008, 737.
181 Vgl. BVerfG 4.2.1973 – 1 BvR 112/65, NJW 1973, 1221; MüKoBGB/Säcker BGB Einl. Rn. 134 ff.
182 BGH 22.4.2009 – I ZR 176/06, GRUR 2009, 1080.
183 Teplitzky/Peifer/Leistner/Peifer UWG § 4 Nr. 10 Rn. 369.
184 Teplitzky/Peifer/Leistner/Peifer UWG § 4 Nr. 10 Rn. 369.

stellen, dass sämtliche Erscheinungsformen des Behinderungswettbewerbs umfasst sind. Diesbezüglich wollte der Gesetzgeber sicher gehen, dass an die frühere Rechtsprechung zu § 1 UWG aF angeknüpft wird.[185] Dennoch hat gerade die UWG-Reform 2004 eine starke Liberalisierung des Lauterkeitsrechts bewirkt, weshalb nicht alle von der Rechtsprechung entwickelten Fallgruppen noch Geltung beanspruchen können.[186] Zudem spricht die Liberalisierung des Lauterkeitsrechts auch gegen eine zu weite Auslegung des § 4 Nr. 4 UWG.

164 Des Weiteren ist zu berücksichtigen, dass der BGH in neuerer Rechtsprechung **strenge Voraussetzungen** für das **Vorliegen einer allgemeinen Marktbehinderung** fordert.[187] Daher hat die Rechtsprechung die früher oft vorgenommenen protektionistischen Eingriffe in den Wettbewerb aufgrund von lediglich vermuteten Gefährdungen verworfen und fordert stattdessen Nachweise für die Gefährdung des Wettbewerbsbestandes. Auch wenn der Gedanke des Schutzes von Geschäftsmodellen in bestimmten Fällen reizvoll ist, so wäre doch die Folge der Anerkennung einer solchen Fallgruppe der Generalklausel unüberschaubar und mit dem Konzept eines freien Wettbewerbs[188] wohl nicht vereinbar.

d) Aggressive geschäftliche Handlungen, § 4a UWG

165 **aa) Begriff und Anwendungsbereich von § 4a UWG.** Aggressive geschäftliche Handlungen iSv § 4a UWG umfassen Verhaltensweisen, die durch unangemessene Einflussnahme die freie Willensentscheidung der betroffenen Personen in unlauterer Weise beeinträchtigen. Ziel der Norm ist es, freie Marktentscheidungen zu ermöglichen und die wirtschaftliche Entscheidungsfreiheit der Marktteilnehmer zu schützen.[189] Der Gesetzgeber stellt hier auf eine **unzulässige psychische Einflussnahme** ab, wie Drohungen, Ausübung von Druck oder andere Formen der Nötigung. Dies gilt auch im Bereich der **Datenerhebung und Datennutzung,** wenn derartige Methoden eingesetzt werden, um Verbraucher oder sonstige Marktteilnehmer zur Preisgabe oder Nutzung ihrer Daten zu drängen.

166 **bb) Druckausübung und Nötigung im Zusammenhang mit der Datennutzung.** Im Kontext der Datennutzung können aggressive geschäftliche Handlungen durch die **Erzwingung der Datenerhebung** erfolgen. Ein Beispiel hierfür ist die Bedingung, dass der Zugang zu einer Dienstleistung nur gegen umfangreiche Preisgabe personenbezogener Daten gewährt wird, wobei der Verbraucher unter Androhung des Zugangsverlustes gezwungen wird, dieser Datenerhebung zuzustimmen. Ebenso ist es unlauter, den Verbraucher durch unangemessene Methoden zu veranlassen, einer weitergehenden Nutzung seiner personenbezogenen Daten, insbesondere für Werbezwecke oder deren Weitergabe an Dritte, zuzustimmen. Hier liegt eine unzulässige Beeinflussung der Entscheidungsfreiheit des Verbrauchers vor.

167 **cc) Fallgruppen aggressiver Datennutzung.** Eine typische Fallgruppe aggressiver geschäftlicher Handlungen ist die **unzulässige Einflussnahme durch wiederholte oder aufdringliche Werbung.** Hierunter fallen insbesondere wiederholte, unerwünschte Kontaktaufnahmen per Telefon oder E-Mail, um Einwilligungen zur Datennutzung zu erwirken. Solche Praktiken sind geeignet, den Verbraucher zu belästigen und seine Entscheidungsfreiheit zu beeinträchtigen. Ein weiteres Beispiel stellt die **Erzwingung von Vertragsverlängerungen** dar, bei denen der Verbraucher unter Druck gesetzt wird, neue

---

[185] Vgl. BT-Drs. 15/1487, 19.
[186] Ohly/Sosnitza/Ohly UWG § 4 Rn. 4/12.
[187] Vgl. BGH 20.11.2003 – I ZR 151/01, GRUR 2004, 602 (603 ff.); 20.11.2003 – I ZR 120/00, WRP 2004, 746 (748).
[188] Zum freien Wettbewerb als Referenzrahmen des Lauterkeitsrechts Hetmank GRUR 2014, 437.
[189] OLG Köln 24.6.2016 – 6 U 149/15, MMR 2017, 124; Fezer/Büscher/Obergfell/Scherer UWG § 4a Rn. 85 ff. Zur Entscheidungsfreiheit Köhler GRUR 2010, 767 (772).

Verträge abzuschließen, die mit zusätzlichen Anforderungen an die Datenerhebung verbunden sind.

dd) Verhältnis zur Datenschutz-Grundverordnung (DS-GVO). Im Zusammenhang 168
mit der Datennutzung ist auch das Verhältnis von § 4a UWG zur Datenschutz-Grundverordnung (DS-GVO) von Bedeutung. Während § 4a UWG den unlauteren Druck zur Einwilligung in die Datennutzung unterbinden soll, regelt die DS-GVO die Anforderungen an eine rechtmäßige Verarbeitung personenbezogener Daten. Ein Verstoß gegen § 4a UWG kann daher auch eine Verletzung datenschutzrechtlicher Vorschriften darstellen, wenn die Einwilligung zur Datennutzung unter unlauteren Bedingungen erlangt wurde.

ee) Abgrenzung zu anderen Tatbeständen des UWG. Eine Abgrenzung zu anderen 169
Tatbeständen des UWG ist notwendig, insbesondere zu den irreführenden geschäftlichen Handlungen nach § 5 UWG und der unzumutbaren Belästigung nach § 7 UWG. Während § 5 UWG auf falsche oder irreführende Angaben abzielt, steht bei § 4a UWG die unzulässige Beeinträchtigung der Entscheidungsfreiheit durch aggressive Einflussnahme im Vordergrund. Während § 7 UWG die Privatsphäre oder geschäftliche Sphäre der Marktteilnehmer (das Recht, nicht mit Werbebotschaften behelligt zu werden) schützen soll, schützt § 4a Abs. 1 S. 2 Nr. 1 UWG die freie und durch Belästigung unbeeinflusste geschäftliche Entscheidung und damit das wirtschaftliche Interesse.[190] Bei § 7 UWG besteht die Belästigung darin, dass geschäftliche Handlungen dem Empfänger aufgedrängt werden. Er betrifft daher die Art und Weise der als belästigend empfundenen Kontaktaufnahme, aber nicht – wie im Falle von § 4a UWG – die Frage der Einwirkung auf die geschäftliche Entscheidung.[191]

e) Möglichkeiten der Irreführung, §§ 5, 5a UWG

aa) Allgemein. Mangels lex specialis hinsichtlich der Monetarisierung von Daten sind 170
jegliche Handlungen in diesem Kontext in weiten Teilen an den allgemeingültigen Vorschriften des UWG zu messen. Von besonderer Relevanz in diesem Zusammenhang sind die §§ 3, 5 und 5a UWG. Die §§ 3, 5 und 5a UWG beruhen auf der UGP-RL, sodass eine richtlinienkonforme Auslegung notwendig ist.[192] Ebenfalls Berücksichtigung finden sollten daher die entsprechenden Leitlinien zur UGP-RL der Kommission. Dabei sind sie zwar nicht verbindlich, helfen jedoch Gerichten bei der Rechtsfindung.[193]

bb) Irreführung, § 5 UWG. § 5 UWG dient der Umsetzung des Art. 6 UGP-RL und 171
setzt in § 5 Abs. 2 UWG dessen vollharmonisierenden Katalog des Art. 6 Abs. 1 UGP-RL um. Wann eine **Irreführung** vorliegt, bemisst sich nach § 5 Abs. 2 UWG.[194] So müssen unwahre Angaben oder sonstige zur Täuschung geeignete Angaben über die in § 5 Abs. 2 Nr. 1–7 UWG aufgelisteten Umstände enthalten sein. Diese Auflistung ist nicht abschließend und bewusst offen gehalten, sodass auch spezifische Angaben zu Daten darunter erfasst werden können.[195] Im Zusammenhang mit dem Handel von Daten denkbar wäre eine **Irreführung durch falsche Angaben über die Eigenschaften oder den Nutzen von Daten.** Wird beispielsweise ein Datenpaket mit Trainingsdaten für einen bestimmten Anwendungsfall angeboten und verkauft, welches nur in geringen Teilen für diesen Anwendungsfall geeignete Trainingsdaten enthält, könnte es sich um eine Irreführung über Eigenschaften des Datenpakets und den Nutzen der enthaltenen Daten iSd § 5 UWG handeln. Ebenfalls denkbar wäre eine **Täuschung über den Ursprung generierter**

[190] BT-Drs. 18/4535, 14; ferner Köhler/Feddersen/Alexander UWG § 4a Rn. 1.38.
[191] Scherer GRUR 2016, 233 (235).
[192] BGH 12.5.2022 – I ZR 203/20, PharmR 2022, 513 (514).
[193] UGP-Leitlinien, ABl. 2021 C 526, 5.
[194] Köhler/Feddersen/Bornkamm/Feddersen UWG § 5 Rn. 1.2.
[195] BeckOK UWG/Rehart/Ruhl/Isele § 5 Rn. 61; Fezer/Büscher/Obergfell/Obergfell/Pfeifer UWG § 5 Rn. 16; Klein/Mauritz BB 2023, 323.

Daten, wenn es für den Erwerber von großer Bedeutung ist, welchen Ursprungs diese Daten sind.

172 **cc) Irreführung durch Unterlassen, § 5a UWG.** Neben der Irreführung durch aktives Tun ist auch eine Irreführung durch Unterlassung gem. § 5a Abs. 1 UWG als unlauteres Verhalten iSd § 3 Abs. 1 UWG zu definieren. Dabei geht § 5a UWG über § 5 UWG hinaus, indem keine Fehlvorstellung des durchschnittlich verständigen und informierten, situationsadäquat aufmerksamen Verbrauchers oder sonstigen Marktteilnehmers vorausgesetzt wird. Im Vordergrund steht das **Vorenthalten wesentlicher Informationen,** welche von geschäftlicher Relevanz und damit geeignet sind, den Verbraucher zu einer Entscheidung zu veranlassen, die er andernfalls nicht getroffen hätte, § 5a Abs. 1 UWG. Damit enthält § 5a Abs. 1 UWG ein **Transparenzgebot zur Sicherstellung einer angemessenen Information der Marktteilnehmer.**[196]

173 Zunächst muss dafür eine **wesentliche Information** vorliegen. Der zentrale Begriff der wesentlichen Information ist dabei nicht definiert. Übernommen aus Art. 7 Abs. 1 UGP-RL muss im Rahmen der richtlinienkonformen Auslegung jedoch die Konkretisierung in Art. 7 Abs. 4 und 5 UGP-RL berücksichtigt werden.[197] Die Wesentlichkeit kann sich dabei zum einen aus § 5a Abs. 1 Nr. 1 UWG selbst ergeben und zum anderen iVm § 5b Abs. 1 UWG, welcher bei Handlungen gegenüber Verbrauchern einen Informationskatalog ergänzt.[198] Für die Einordnung einer Information als wesentlich nach dem Verständnis des § 5a Abs. 1 Nr. 1 UWG bedarf es zunächst einer Abwägung der Belastung des Unternehmers durch die Informationspflicht einerseits und dem Gewicht der Information hinsichtlich der geschäftlichen Entscheidung des Verbrauchers oder sonstigen Marktteilnehmer andererseits. Dabei sind insbesondere (1) handlungs- und produktbezogene Umstände, (2) entscheidungsbezogene Umstände und (3) verbraucher- bzw. (4) unternehmerbezogene Umstände zu berücksichtigen.[199]

174 Wie bereits soeben erwähnt können **bestimmte Eigenschaften oder ein bestimmter Nutzen von Daten** für bestimmte Unternehmer relevant sein, je nach Verwendungszweck und Geschäftsmodell. Daher lässt sich schwer abstrakt und generell sagen, wann eine Wesentlichkeit in diesem Sinne vorliegt.

175 Betrachtet man die **handlungs- und produktbezogenen Umstände,** bei denen es um die konkrete geschäftliche Handlung und das konkrete Produkt geht, so muss beachtet werden, dass die **Komplexität des Produktes** einen Einfluss darauf hat, welche Informationen ein Verbraucher oder sonstiger Marktteilnehmer **„nach den jeweiligen Umständen"** benötigt, um eine informierte Entscheidung zu treffen.[200] Daten sind dem Grunde nach keine komplexen Produkte, sondern **klar strukturierte Einzelprodukte,** die jedoch für die allermeisten Menschen in ihrer üblichen Form nicht lesbar oder unmittelbar verständlich sind. Dies macht sie **vergleichbar mit komplizierten Produkten,** weshalb der Erwerber von Daten in der Regel auch Informationen zu ihrem Inhalt, Zusammensetzung und Verwertbarkeit benötigt, um eine informierte Entscheidung zu treffen.

176 Auch **entscheidungsbezogene Umstände** können beim Vertrieb von Daten relevant sein, wobei sich hier keine Besonderheiten im Vergleich zu anderen Konstellationen ergeben. Beachtet werden muss diesbezüglich die **Art und die Tragweite der jeweils anstehenden geschäftlichen Entscheidung.**[201] Sollen Daten von nicht unerheblichem Wert beschafft werden, so werden mehr Informationen benötigt als beim Erwerb von Daten mit geringem Wert, um eine informierte Entscheidung zu treffen.

---

196 Münker/Vlah ZLR 2022, 541 (550); Ohly/Sosnitza/Sosnitza UWG § 5a Rn. 6 ff.; BGH 16.5.2012 – I ZR 74/11, GRUR 2012, 1275 (1277).
197 Köhler/Feddersen/Feddersen UWG § 5a Rn. 2.7.
198 Ohly GRUR 2022, 763 (765 f.); Köhler/Feddersen/Köhler/Feddersen UWG § 5a Rn. 2.19.
199 Köhler/Feddersen/Köhler/Feddersen UWG § 5a Rn. 2.14 ff.
200 Köhler/Feddersen/Köhler/Feddersen UWG § 5a Rn. 2.15.
201 Köhler/Feddersen/Köhler/Feddersen UWG § 5a Rn. 2.16.

Verbraucher- oder unternehmerbezogene Umstände sind ebenfalls zu berücksichtigen. In der Regel werden im Zusammenhang mit dem Vertrieb von Daten B2B-Geschäfte vorliegen, so dass vor allem die unternehmerbezogenen Umstände in diesem Kontext relevant sind. Der Unternehmer muss nicht jede **negative Eigenschaft** seines Produkts oder Unternehmens angeben, selbst wenn dies für den Verbraucher von Interesse ist.[202] Auch ist es einem Unternehmer grundsätzlich nicht zumutbar, Betriebsinterna, wie bspw. seine Bezugsquelle und seinen Einstandspreis zu offenbaren.[203] Bezogen auf den Vertrieb von Daten muss wohl bei zwei Unternehmern, die Daten austauschen, richtigerweise eine **geringer Maßstab an die Wesentlichkeit** angelegt werden als bei Beteiligung eines Verbrauchers. Hinsichtlich der **Nennung der Bezugsquellen** kann es aber beim Vertrieb von Daten durchaus relevant sein, woher die Daten kommen und welche Bezugsquellen es gibt, wenn Datensammlungen erworben werden, da dies einen wesentlichen Wert der Daten ausmachen kann und dies für den erwerbende Unternehmer auch nicht offensichtlich ist. 177

Ferner muss die wesentliche Information **vorenthalten** worden sein. Dabei ist „vorenthalten" zu verstehen als Oberbegriff für das Unterlassen einer Information.[204] Bekommt ein Verbraucher oder sonstiger Marktteilnehmer eine Information nicht oder nicht so, wie er sie zur Berücksichtigung bei seiner geschäftlichen Entscheidung benötigt hätte, so enthält der Unternehmer ihm die Information vor. Unter „Vorenthalten" verstanden werden zudem die besonderen Fälle nach § 5a Abs. 2 Nr. 1–3 UWG. Daher gilt auch das Verheimlichen wesentlicher Informationen (Nr. 1), das Bereitstellen wesentlicher Informationen in unklarer, unverständlicher oder zweideutiger Weise (Nr. 2) sowie die nicht rechtzeitige Bereitstellung (Nr. 3) als Vorenthaltung. 178

Gerade beim **Vertrieb von großen Datensammlungen** kann ein Unternehmer möglicherweise nicht mehr genau differenzieren, woher die Daten ursprünglich kommen. Ein Unternehmer kann sich auf seine Unkenntnis jedenfalls dann nicht berufen, wenn es sich um Informationen handelt, die zu seinem **Geschäfts- und Verantwortungsbereich** gehören oder in sonstiger Weise für ihn verfügbar sind und damit zum „Standard an Fachkenntnissen" in seinem Tätigkeitsbereich gehören, deren Kenntnis von ihm nach Treu und Glauben unter Berücksichtigung der anständigen Marktgepflogenheiten billigerweise zu erwarten ist.[205] Einem Unternehmer, dessen Geschäftsmodell der Vertrieb von Datensammlungen ist, kann es durchaus zugemutet werden, dass er einen **Überblick über die Zusammensetzung und Herkunft** seines Produktes behält und dies dem Erwerber mitteilen kann. Dies ist ihm auch zumutbar, denn im Rahmen einer Interessenabwägung, bei der auch Kosten-, Arbeits- und Zeitaufwand für den durchschnittlichen Unternehmer im Hinblick auf den Wert des Kaufgegenstands und der konkrete Nutzen der Information für den Erwerber sowie dessen Möglichkeit, sich die Information selbst in zumutbarer Weise zu beschaffen, zu berücksichtigen sind[206], **überwiegen die Interessen des Erwerbers** zum Erhalt dieser Informationen. 179

IV. Vermarktung-/Vertrieb von Daten im Bereich der elektronischen Kommunikation

1. Einführung

Die **Nutzung von Daten zu Vermarktung- oder Vertriebszwecken** unterliegt im Bereich der elektronischen Kommunikation engen Grenzen. Dies folgt aus dem **besonde-** 180

[202] Köhler/Feddersen/Köhler/Feddersen UWG § 5a Rn. 2.18.
[203] Köhler/Feddersen/Köhler/Feddersen UWG § 5a Rn. 2.18.
[204] Köhler/Feddersen/Köhler/Feddersen UWG § 5a Rn. 2.27.
[205] Köhler/Feddersen/Köhler/Feddersen UWG § 5a Rn. 2.27.
[206] Köhler/Feddersen/Köhler/Feddersen UWG § 5a Rn. 2.27.

ren Schutz der Daten im Bereich der elektronischen Kommunikation, insbesondere solchen, die dem Fernmeldegeheimnis und/oder dem Datenschutz unterliegen. Nachfolgend werden die Grenzen einer Datennutzung zu Vermarktung- oder Vertriebszwecken dargestellt, die entlang der Abgrenzung Bestandsdaten versus Verkehrsdaten erfolgt. Neben telekommunikationsrechtlichen Besonderheiten sind dabei auch datenschutz- und wettbewerbsrechtliche Gesichtspunkte (zB § 7 UWG) zu beachten.

2. Abgrenzung wesentlicher Datenarten im Bereich elektronischer Kommunikation

181 Für die Nutzung von Daten zu Vermarktung- oder Vertriebszwecken in der Telekommunikation sind zunächst die im Bereich der elektronischen Kommunikation relevanten **Datenarten** zu differenzieren. Bei der Erbringung von TK-Dienstleistungen, aber auch bei Digitalen Diensten fallen – aus telekommunikationsrechtlicher Perspektive – **Bestandsdaten** und **Verkehrsdaten** bzw. **Nutzungsdaten** an. Diese unterliegen unterschiedlichen Bindungen bzw. Restriktionen.

a) Bestandsdaten

182 **„Bestandsdaten"** im Telekommunikationsbereich sind nach der Legaldefinition des TKG (§ 3 Nr. 6 TKG) Daten eines Endnutzers, die erforderlich sind für die **Begründung, inhaltliche Ausgestaltung, Änderung** oder **Beendigung eines Vertragsverhältnisses** über Telekommunikationsdienste.

183 In Bezug auf das Angebot **Digitaler Dienste** sind **Bestandsdaten** gemäß § 2 Abs. 2 Nr. 2 TDDDG personenbezogene Daten, deren Verarbeitung zum Zweck der Begründung, inhaltlichen Ausgestaltung oder Änderung eines Vertragsverhältnisses zwischen dem Anbieter Digitaler Dienste und dem Nutzer erforderlich sind. Diese Definition soll allerdings nur für den 3. Teil des TDDDG gelten, der den Datenschutz bei digitalen Diensten und Endeinrichtungen regelt.

184 Bestandsdaten nach beiden Legaldefinitionen ist mithin gemeint, dass es um Daten geht, die für die Begründung, inhaltliche Ausgestaltung, Änderung oder Beendigung eines Vertragsverhältnisses über die Erbringung elektronischer Kommunikationsdienste erforderlich sind. Hierbei kann es sich gleichzeitig um personenbezogene bzw. personenbeziehbare Daten (soweit ein Personenbezug zu einer natürlichen Person iSd DS-GVO hergestellt werden kann) handeln. Der Katalog möglicher Bestandsdaten wird durch § 172 TKG weiter konkretisiert (siehe im Einzelnen in § 172 TKG).

b) Verkehrsdaten/Nutzungsdaten/Standortdaten

185 **Verkehrsdaten** sind nach der Legaldefinition des TKG (§ 3 Nr. 70 TKG) Daten, deren Erhebung, Verarbeitung oder Nutzung bei der Erbringung eines Telekommunikationsdienstes erforderlich sind. Der Begriff des Verkehrsdatums wird telekommunikationsrechtlich dabei weiter durch § 9 TDDDG konkretisiert, der die Zulässigkeit der Verarbeitung von Verkehrsdaten im Bereich der Telekommunikation regelt. Verkehrsdaten umfassen insbesondere

1. die **Nummer oder Kennung** der beteiligten Anschlüsse oder der Endeinrichtung, **personenbezogene Berechtigungskennungen,** bei Verwendung von Kundenkarten auch die **Kartennummer,** bei mobilen Anschlüssen auch die **Standortdaten,**
2. den **Beginn und das Ende der jeweiligen Verbindung** nach Datum und Uhrzeit und, soweit die Entgelte davon abhängen, die übermittelten Datenmengen,
3. den vom Nutzer **in Anspruch genommenen Telekommunikationsdienst,**
4. die **Endpunkte von festgeschalteten Verbindungen,** ihren Beginn und ihr Ende nach Datum und Uhrzeit und, soweit die Entgelte davon abhängen, die übermittelten Datenmengen und

5. sonstige zum **Aufbau und zur Aufrechterhaltung der Telekommunikation** sowie zur **Entgeltabrechnung notwendige Verkehrsdaten.**

Demgegenüber beziehen sich sog. **Nutzungsdaten** (§ 2 Abs. 2 Nr. 3 TDDDG) auf personenbezogene Daten von Nutzern im Bereich Digitaler Dienste, deren Verarbeitung erforderlich ist, um die Inanspruchnahme von Digitalen Diensten zu ermöglichen und abzurechnen. Dazu gehören insbesondere 186

1. **Merkmale zur Identifikation** des Nutzers,
2. Angaben über **Beginn und Ende sowie über den Umfang der jeweiligen Nutzung** und
3. Angaben über die vom Nutzer **in Anspruch genommenen Digitalen Dienste.**

Die Begrifflichkeiten Nutzungsdaten und Verkehrsdaten sind insoweit weitestgehend deckungsgleich.

Standortdaten stellen in diesem Zusammenhang einen Sonderfall des Verkehrsdatums dar und beziehen sich auf Lokalisierungsdaten, die insbesondere im Bereich Mobilfunk und für die Erbringung von Dienst mit Zusatznutzen erforderlich sind. **„Dienst mit Zusatznutzen"** ist nach der Legaldefinition in § 2 Abs. 2 Nr. 5 TDDDG jeder von einem Anbieter eines Telekommunikationsdienstes bereitgehaltene zusätzliche Dienst, der die Verarbeitung von Verkehrsdaten oder anderen Standortdaten als Verkehrsdaten in einem Maße erfordert, das über das für die Übermittlung einer Nachricht oder für die Entgeltabrechnung des Telekommunikationsdienstes erforderliche Maß hinausgeht. 187

3. Vermarktung-/Vertrieb von Daten in der elektronischen Kommunikation

Abhängig von der jeweiligen Datenart – Bestandsdaten vs. Verkehrsdaten – bestehen für eine Verwendung zu **Vermarktungs- und Vertriebszwecken** unterschiedliche **Grenzen.** Dabei sind neben telekommunikationsrechtlichen Besonderheiten vor allem datenschutzrechtliche, wettbewerbsrechtliche (zB § 7 UWG) oder Gesichtspunkte des Geheimnisschutzes (zB GeschGehG) und der Vertraulichkeit (zB vertragliche Vertraulichkeitsvereinbarungen) zu beachten. Nachfolgend werden Beschränkungen außerhalb von Regelungen zur elektronischen Kommunikation (insbesondere des TKG bzw. des TDDDG) nur kursorisch angesprochen, da diese bereits in anderen Kapiteln behandelt werden. 188

a) Bestandsdaten

Bestandsdaten – also (Vertrags-)Daten, die für die Begründung, inhaltliche Ausgestaltung, Änderung oder Beendigung eines Vertragsverhältnisses erforderlich sind (→ Rn. 182 ff.) – enthalten häufig Informationen zu natürlichen Personen bzw. lässt sich ein solcher Personenbezug häufig herstellen. **Im Fall einer Personenbeziehbarkeit gelten für diese Daten mithin (auch) die Bestimmungen der DS-GVO.** Eine Verwendung der Daten zu Vermarktungs- und Vertriebszwecken kommt datenschutzrechtlich dabei nur in engen Grenzen bei Vorliegen einer entsprechenden Erlaubnisgrundlage in Betracht: zB Einwilligung (Art. 6 Abs. 1 lit. a DS-GVO), berechtigte Interessen (Art. 6 Abs. 1 lit. f DS-GVO) oder im Fall einer (zulässigen) Zweckänderung (Art. 6 Abs. 4 DS-GVO). Zudem kann im Einzelfall ggf. eine anonymisierte Verwendung von Bestandsdaten zu Vermarktungs- und Vertriebszwecken möglich sein. Eine Verarbeitung zum Zwecke der Anonymisierung stellt insoweit eine (Daten-)Verarbeitung iSd DS-GVO sowie eine Zweckänderung dar, die ihrerseits einer datenschutzrechtlichen Erlaubnisgrundlage bedarf[207]. Zur Vermeidung von 189

[207] Zur Verarbeitung von Daten zu Anonymisierungszwecken siehe Positionspapier des BFDI „Positionspapier zur Anonymisierung unter der DSGVO unter besonderer Berücksichtigung der TK-Branche" v. 29.6.2020. Die im Positionspapier angesprochenen Normen des TKG aF sind in das TDDDG als zentrale datenschutzrechtliche Regelung für den Bereich Telekommunikation übernommen worden; das Positionspapier ist abrufbar unter https://www.bfdi.bund.de/SharedDocs/Downloads/DE/Konsultationsverfahren/1_Anonymisierung/Positionspapier-Anonymisierung.pdf?__blob=publicationFile&v=6.

Wiederholungen wird auf → Kap. 12 Rn. 127 ff. (berechtigte Interessen), → Kap. 12 Rn. 148 (Einwilligung), → Kap. 12 Rn. 177 ff. (Zweckänderung) verwiesen.

190 Die datenschutzrechtlichen Grenzen der DS-GVO gelten indes nicht für **Bestandsdaten juristischer Personen,** die einen Bezug zu einer natürlichen Person nicht ermöglichen (Ausnahme zB bei Ein-Mann-GmbH[208]). In Bezug auf Daten juristischer Personen können sich Beschränkungen bzgl. einer Verwendung solcher Daten zu Vermarktungs- und Vertriebszwecken allerdings aus dem GeschGehG bzw. vertraglichen Vertraulichkeitsvereinbarungen, aber auch zB aus dem Data Act ergeben. Bezüglich des GeschGehG wird auf → Kap. 10 Rn. 169 ff. und → Kap. 10 Rn. 389 ff. verwiesen, hinsichtlich des Data Acts auf → Kap. 4 Rn. 193 ff.

191 Eine Verwendung von Bestandsdaten zu Vermarktungs- und Vertriebszwecken ist – neben den zuvor angesprochenen Grenzen – zudem im Bereich der **Herausgabe von Endnutzerverzeichnissen** gem. § 17 TDDDG möglich. Der § 17 TDDDG als nationale Umsetzungsnorm der E-Privacy-Richtlinie ist gegenüber der DS-GVO lex specialis und geht der DS-GVO vor (vgl. Art. 95 DS-GVO[209]). Gem. § 18 TDDDG ist jeder Anbieter eines nummerngebundenen interpersonellen Telekommunikationsdienstes unter Beachtung der anzuwendenden datenschutzrechtlichen Regelungen insoweit verpflichtet, jedem Unternehmen Endnutzerdaten nach § 17 Abs. 1 TDDDG auf Antrag **zum Zweck der Bereitstellung von öffentlich zugänglichen Auskunftsdiensten, Diensten zur Unterrichtung über einen individuellen Gesprächswunsch eines anderen Nutzers und von Endnutzerverzeichnissen** bereitzustellen. Diese Herausgabe bzw. Bereitstellungspflicht umfasst allerdings nur einen engen Kreis von Endnutzerdaten:

- Rufnummer, Name und Anschrift des Endnutzers, sowie
- zusätzliche Angaben wie Beruf und Branche.

192 **Die Endnutzer können dabei bestimmen, welche Angaben in den Verzeichnissen veröffentlicht werden sollen** (vgl. § 17 Abs. 1 S. 3 TDDDG).

193 In Bezug auf eine Ansprache von Kunden unter Verwendung von Bestandsdaten (insbesondere Kontaktdaten) sind bei einer Werbeansprache über elektronische Kommunikationsmittel (E-Mail, Telefon, SMS/MMS) des Weiteren die **Grenzen des § 7 UWG** als nationale Umsetzungsnorm der E-Privacy-Richtlinie zu beachten[210]. Der § 7 UWG gilt insoweit für Verbraucher (= natürliche Personen iSd § 13 BGB bzw. B2C), aber auch für sonstige Marktteilnehmer (= juristische Personen + natürliche Personen, die Unternehmen iSd § 14 BGB sind = B2B). Klassische Briefwerbung richtet sich indes – als Kommunikationsmittel außerhalb elektronischer Kommunikation – nach der DS-GVO. Hier kommt eine Werbeansprache im Rahmen berechtigter Interessen (Art. 6 Abs. 1 lit. f DS-GVO) in Betracht (zu weiteren Einzelheiten → Kap. 12 Rn. 127 ff.).

b) Verkehrsdaten/Nutzungsdaten/Standortdaten

194 **Verkehrsdaten/Nutzungsdaten/Standortdaten** unterliegen aufgrund ihrer besonderen Schutzbedürftigkeit – da sie dem Fernmeldegeheimnis unterliegen (§ 3 TDDDG) – demgegenüber weitaus engeren Grenzen als Bestandsdaten, insbesondere wenn es um eine Verwendung zu Vermarktungs- und Vertriebszwecken geht.

---

208 Kühling/Buchner/Klar/Kühling DS-GVO Art. 4 Nr. 1 Rn. 3–7; Gola/Heckmann/Gola DS-GVO Art. 4 Rn. 26–28.

209 Siehe EuGH 13.11.2025 – C-654/23 – Inteligo Media, ZD 2026, 161.

210 Siehe hierzu auch Orientierungshilfe der DSK von Februar 2022, „Orientierungshilfe der Aufsichtsbehörden zur Verarbeitung von personenbezogenen Daten für Zwecke der Direktwerbung unter Geltung der Datenschutz-Grundverordnung (DSGVO)", abrufbar unter https://www.datenschutzkonferenz-online.de/media/oh/OH-Werbung_Februar%202022_final.pdf; auch wenn die Orientierungshilfe in Bezug auf die Anforderungen des UWG und das Verhältnis UWG vs. DS-GVO teilweise zu kurz greift.

Verkehrsdaten und Standortdaten dürfen (überhaupt) nur in den engen Grenzen der §§ 9–13 TDDDG verarbeitet und verwendet werden. Dies betrifft eine Verarbeitung zu folgenden Zwecken: **195**

- § 9 TDDDG – Grundsätze zur Verarbeitung von Verkehrsdaten
- § 10 TDDDG – Verarbeitung von Verkehrsdaten zur Entgeltermittlung und Entgeltabrechnung
- § 11 TDDDG – Verarbeitung von Verkehrsdaten für die Erstellung von Einzelverbindungsnachweisen
- § 12 TDDDG – Verarbeitung von Verkehrsdaten zur Störungsbeseitigung/Missbrauchsbekämpfung
- § 13 TDDDG – Verarbeitung von Standortdaten.

Hinzukommen die Regelungen im TDDDG, die eine Verarbeitung von Verkehrsdaten zum Zwecke des **Mitteilens ankommender Verbindungen,** zur **Rufnummernanzeige und -unterdrückung** sowie zur **automatischen Anrufweiterschaltung** in den §§ 14–16 TDDDG regeln. **196**

Grundsätzlich gilt, dass **Verkehrsdaten nach Beendigung der Verbindung unverzüglich zu löschen** sind und für keinerlei weitergehende Zwecke genutzt bzw. verarbeitet werden dürfen, vgl. § 9 Abs. 1 S. 2 TDDDG. Von diesem Grundsatz unberührt bleiben soll nach § 9 Abs. 1 S. 4 TDDDG eine Verarbeitung von Verkehrsdaten aufgrund von anderen Rechtsvorschriften. Der § 9 Abs. 1 S. 4 TDDDG normiert somit ein klassisches Regel-Ausnahme-Verhältnis: Eine Verarbeitung von Verkehrsdaten ist grundsätzlich unzulässig, es sei denn, es liegen die Voraussetzungen des § 9 Abs. 1 TDDDG vor, oder andere Rechtsvorschriften erlauben – unter bestimmten Voraussetzungen – eine Verarbeitung von Verkehrsdaten. **197**

Eine solche Ausnahme bildet auch § 9 Abs. 2 TDDDG. Hiernach dürfen teilnehmerbezogene Verkehrsdaten iSd § 9 Abs. 1 TDDDG vom Anbieter des Telekommunikationsdienstes zum Zwecke der **Vermarktung von Telekommunikationsdiensten,** zur **bedarfsgerechten Gestaltung von Telekommunikationsdiensten** oder zur **Bereitstellung von Diensten mit Zusatznutzen** im dazu erforderlichen Maß und im dazu erforderlichen Zeitraum verwendet werden, wenn der Endnutzer in eine solche Verwendung gemäß der DS-GVO eingewilligt hat. Die Daten anderer Endnutzer sind unverzüglich zu anonymisieren. **198**

Eine **zielnummernbezogene Verwendung** der **Verkehrsdaten** zu den in Satz 1 genannten Zwecken ist dabei nur zulässig, wenn der Endnutzer gemäß der DS-GVO informiert wurde und er eingewilligt hat. Daten anderer Endnutzer sind unverzüglich zu anonymisieren. Außerdem ist der Endnutzer darauf hinzuweisen, dass er die Einwilligung jederzeit widerrufen kann. **199**

Zu den Voraussetzungen des § 9 Abs. 2 TDDDG im Einzelnen: **200**

- **Art der Daten:** Die Regelung gilt nur für Verkehrsdaten nach § 9 Abs. 1 S. 1 TDDDG (siehe hierzu den Positivkatalog in → Rn. 185). Dieser Katalog an Verkehrsdaten ist abschließend; er kann nicht – auch nicht im Wege einer Analogie oder Ähnliches – erweitert werden.
- **Berechtigte/Verpflichtete:** Die Erlaubnisgrundlage des § 9 Abs. 2 TDDDG gilt nach ihrem Wortlaut nur für Anbieter eines Telekommunikationsdienstes.
  „Anbieter von Telekommunikationsdiensten" ist gem. § 2 Abs. 1 TDDDG iVm § 3 Nr. 1 TKG jeder, der Telekommunikationsdienste erbringt.
  „Telekommunikationsdienste" sind gem. § 3 Nr. 61 TKG in der Regel gegen Entgelt über Telekommunikationsnetze erbrachte Dienste, die – mit der Ausnahme von Diensten, die Inhalte über Telekommunikationsnetze und -dienste anbieten oder eine redaktionelle Kontrolle über sie ausüben – folgende Dienste umfassen:
  - Internetzugangsdienste,
  - interpersonelle Telekommunikationsdienste und

  - Dienste, die ganz oder überwiegend in der Übertragung von Signalen bestehen, wie Übertragungsdienste, die für Maschine-Maschine-Kommunikation und für den Rundfunk genutzt werden.

  Nur Anbieter von Telekommunikationsdiensten dürfen iRd § 9 Abs. 2 TDDDG – unter Berücksichtigung der weiteren Tatbestandsvoraussetzungen – Verkehrsdaten zum Zwecke einer Vermarktung verarbeiten. Sie dürfen sich dabei Hilfspersonen bedienen, sofern diese im Rahmen einer Auftragsverarbeitung nach Art. 28 DS-GVO eingebunden sind[211].
- **(enge) Zweckbindung:** Die Zweckbindung des § 9 Abs. 2 TDDDG ist einzuhalten, dh die Verarbeitung darf im dazu erforderlichen Maß und im dazu erforderlichen Zeitraum nur verwendet werden
  - zum Zwecke der Vermarktung von Telekommunikationsdiensten,
  - zur bedarfsgerechten Gestaltung von Telekommunikationsdiensten, oder
  - zur Bereitstellung von Diensten mit Zusatznutzen.

Vermarktung und bedarfsgerechte Gestaltung von Telekommunikationsdiensten zielt auf die Unterbreitung/Erstellung ökonomisch und/oder technisch bessere Leistungsangebote des Anbieters von Telekommunikationsdiensten gegenüber dem Endnutzer ab[212].

201 Bereitstellung von **Diensten mit Zusatznutzen** bezieht sich auf Bereitstellung standortbezogener Dienste an Nutzer, wie zB Straßenverkehrstelematikdienste für Verkehrsinformationen oder Navigationshilfen; in diesem Zusammenhang ist auch § 13 TDDDG zu berücksichtigen.

- **Einwilligung:** Zentrale Zulässigkeitsvoraussetzung ist das Vorliegen einer Einwilligung des Endnutzers, dessen Daten zu den vorgenannten Zwecken verarbeitet werden sollen. Die Einholung der Einwilligung einschl. deren Wirksamkeit richtet sich nach der DS-GVO (hierzu → Kap. 12 Rn. 148 ff.). Der Endnutzer ist gem. § 9 Abs. 2 S. 5 TDDDG – wie auch nach der DS-GVO – darauf hinzuweisen, dass er seine Einwilligung jederzeit widerrufen kann.
- **Schutz anderer Endnutzer:** Die Interessen von anderen Endnutzern (zB Kommunikationspartnern) ist sicherzustellen, indem deren Daten (insbes. Nummern) unverzüglich anonymisiert werden (vgl. § 9 Abs. 2 S. 2 und S. 4 TDDDG).

202 Ob daneben – dh neben oder unabhängig der Voraussetzungen des § 9 Abs. 2 TDDDG – **Verkehrsmessungen auf anonymer Basis** vorgenommen werden können (zB zur Optimierung der Netzauslastung), ist strittig[213]. Hierfür spricht, dass im Fall einer unverzüglichen, starken Anonymisierung, unter Ausschluss des Risikos einer Re-Identifizierung, die schutzwürdigen Interessen des Betroffenen nicht mehr tangiert sein dürften[214]. Dies entspricht insoweit auch der Wertung des § 13 TDDDG in Bezug auf eine Verarbeitung von Standortdaten: Zur Bereitstellung von Diensten mit Zusatznutzen ist hiernach eine **Verwendung von Standortdaten zulässig, wenn diese anonymisiert wurden oder wenn der Nutzer gemäß der DS-GVO informiert wurde und in eine solche Verwendung eingewilligt hat.** Eine Verarbeitung von Standortdaten ist also anonym oder mit Einwilligung zulässig. Weshalb dies allgemein für Verkehrsdaten iRd § 9 TDDDG nicht gelten soll, erschließt sich nicht. Insbesondere da Standortdaten vom Schutzbedarf her höher einzustufen sind als Verkehrsdaten allgemein. Gegen eine solche Auslegung könnte andererseits der Wortlaut des § 9 Abs. 2 TDDDG sprechen, der die Möglichkeit einer Anonymisierung nicht

---

211 Siehe Geppert/Schütz/Braun, 5. Aufl. 2023, TTDSG § 9 Rn. 26.
212 Siehe Geppert/Schütz/Braun, 5. Aufl. 2023, TTDSG § 9 Rn. 25.
213 Für die Zulässigkeit einer anonymen Verwendung von Verkehrsdaten für Optimierungszwecke siehe Königshofen DuD 2001, 85 (88).
214 In diese Richtung der Hess. Datenschutzbeauftragte in Bezug auf Verkehrsstromanalysen/Bewegungsanalysen unter Verwendung von MAC-Adressen (WLAN-Bereich), sofern diese umgehend anonymisiert werden, siehe Jahresbericht des Hessischen Datenschutzbeauftragten 2014 (noch vor Inkrafttreten der DS-GVO), Ziffer 5.4.1, S. 197 ff., abrufbar unter https://datenschutz.hessen.de/sites/datenschutz.hessen.de/files/2022-08/2014_43_tb.pdf.

adressiert. Dies ist vermutlich von einem Verständnis des Gesetzgebers getragen, wonach Analysen zum Zwecke eine konkrete kundenbezogene Vermarktung und bedarfsgerechte Gestaltung von Telekommunikationsdiensten stets den Bezug zu einem konkreten Endnutzer bedarf. Dies greift indes zu kurz, da für Zwecke der Vermarktung und bedarfsgerechten Gestaltung von Telekommunikationsdiensten bzw. der diesbezüglichen Produktentwicklung gerade auch anonyme Auswertungen von Interesse sein können.

Die weitere Entwicklung bleibt abzuwarten. Gute Gründe sprechen dabei unter Berück- **203**
sichtigung der Wertungen des § 13 TDDDG und der DS-GVO – die auf anonyme Daten nicht anwendbar ist – für die Zulässigkeit einer Nutzung anonymisierter Verkehrsdaten für Zwecke der Vermarktung und bedarfsgerechte Gestaltung[215].

Für den Bereich der Digitalen Dienste[216] besteht eine dem § 9 Abs. 2 TDDDG vergleich- **204**
bare Regelung nicht. Eine Verarbeitung von Verkehrs- bzw. Nutzungsdaten zu Vermarktungszwecken dürfte unter Berücksichtigung der DS-GVO, aber auch der Wertungen aus § 9 Abs. 2 TDDDG (→ Rn. 198 ff.) in diesem Bereich bei Vorliegen einer Einwilligung des Endnutzers oder in anonymisierter Form ebenfalls möglich sein.

Ist eine Verwendung von Verkehrs- bzw. Nutzungsdaten zu Vermarktungszwecken von **205**
Diensteanbietern in der Telekommunikation oder bei Digitalen Diensten geplant, empfiehlt sich bei etwaigen Unklarheiten eine Abstimmung mit der zuständigen Datenschutzaufsichtsbehörde:

- Für den Bereich der geschäftsmäßigen Erbringung von Telekommunikation ist die BFDI zuständig, vgl. § 29 Abs. 1 TDDDG.
- Für den Bereich der Telemedien ist die zuständige Aufsichtsbehörde anhand des § 113 des Medienstaatsvertrages in der Fassung des Fünften Staatsvertrags zur Änderung medienrechtlicher Staatsverträge (Fünfter Medienänderungsstaatsvertrag), in Kraft seit 1.10.2024, zu bestimmen[217]. Nach § 113 S. 1 MDStV überwachen im Bereich der Telemedien die nach den allgemeinen Datenschutzgesetzen des Bundes und der Länder zuständigen Aufsichtsbehörden für ihren Bereich die Einhaltung der allgemeinen Datenschutzbestimmungen und des § 23 MDStV[218]. An dieser Zuständigkeitszuordnung hat sich auch nichts durch einen Wechsel der Terminologie von „Telemedien" zu „Digitalen Diensten" mit Einführung des Digital Services Act, der Ersetzung des TMG durch das DDG sowie der Anpassung des TTDSG zum TDDDG geändert. Zuständig für die Datenschutzaufsicht im Bereich Digitaler Dienste ist somit die jeweilige Datenschutzaufsichtsbehörde des Bundeslandes, in dem der Anbieter eines Digitalen Dienstes seinen Sitz hat. Ob nicht eine einheitliche Zuständigkeit der BFDI für den Bereich der Telekommunikation und der Digitalen Dienste eher mehr Sinn macht, mag an dieser Stelle offen bleiben

---

[215] In diese Richtung die Einschätzung des BFDI im „Positionspapier zur Anonymisierung unter der DSGVO unter besonderer Berücksichtigung der TK-Branche" vom 29.6.2020, siehe Rn. 189 mit dazugehöriger Fn.

[216] Digitale Dienste sind in Rückgriff auf die Legaldefinition in § 1 Abs. 4 Nr. 1 DDG alle Dienste iSd Art. 1 Abs. 1 lit. b der RL (EU) 2015/1535: „Digitaler Dienst" ist hiernach eine Dienstleistung der Informationsgesellschaft, dh jede in der Regel gegen Entgelt elektronisch im Fernabsatz und auf individuellen Abruf eines Empfängers erbrachte Dienstleistung.

[217] Der Medienstaatsvertrag ist abrufbar unter https://www.die-medienanstalten.de/fileadmin/user_upload/Rechtsgrundlagen/Gesetze_Staatsvertraege/Medienstaatsvertrag_MStV.pdf.

[218] Siehe Beck RundfunkR/Cornils, 5. Aufl. 2024, MStV § 113 Rn. 1–5.

Kapitel 14. Deliktische Haftung für fehlerhafte Daten

Übersicht

I. Allgemeines Deliktsrecht

Siehe zu diesem Themenkomplex auch
– Daten als Gut → Kap. 2
– Produkthaftung → Rn. 97
– Datenschutz und deliktische Haftung → Rn. 147

1 Deliktsrechtlich können Daten in zweierlei Hinsicht relevant werden. Zum einen als geschütztes Gut, dessen Verletzung Schadensersatzansprüche auslöst. Zum anderen als schadensauslösender Gegenstand, der andere Güter beeinträchtigt. Im System der im BGB normierten **unerlaubten Handlungen** kommen Schadensersatzansprüche aus der **Ver-**

letzung von Daten grundsätzlich nur aufgrund der §§ 823, 826 und 687 Abs. 2 BGB in Betracht. Im Anwendungsbereich des § 823 Abs. 1 BGB können Daten entsprechend der Systematik der Norm als Rechte oder Rechtsgüter geschützt werden oder im Rahmen von Schutzgesetzen nach Abs. 2. Der **Schutz vor schädlichen Daten,** dh die Verletzung von Rechtsgütern durch Daten, wird im allgemeinen Deliktsrecht im Wesentlichen durch die Produzentenhaftung, unternehmensbezogen durch den Schutz des eingerichteten und ausgeübten Gewerbebetriebs sowie den Schutz vor einer sittenwidrigen Schädigung gewährleistet.

1. Haftung aus § 823 Abs. 1 BGB

Anders als bei einer schuldrechtlichen Beziehung kann die deliktische Haftung wegen ihrer absoluten Wirkung jeden treffen. Das Vermögen selbst wird deliktsrechtlich nur ausnahmsweise geschützt, insbesondere, wenn es durch ein Schutzgesetz erfasst wird. In der Folge wird die mit einem Datum verbundene **Information** an sich nicht geschützt. 2

Die Haftung aus § 823 Abs. 1 BGB setzt eine Verletzung der dort genannten Rechte oder Rechtsgüter voraus. Für den Schutz gegen eine Beeinträchtigung durch Daten kommen alle in § 823 Abs. 1 BGB genannten Rechte und Rechtsgüter in Betracht. Der Schutz von Daten selbst ist in der Norm nicht angesprochen. Da Daten **kein Eigentum** iSv § 903 BGB darstellen und auch nicht unter die im Übrigen genannten Rechtsgüter fallen, bleibt nur ein Anspruch wegen der Verletzung eines sonstigen Rechts oder der mittelbare Schutz der Daten über den Datenträger, der sie verkörpert, und der durch § 823 Abs. 1 BGB geschützt wird. 3

a) Schutz von Daten

Das BGB enthält keine ausdrücklichen Regelungen zum deliktischen Schutz von Daten. Als Reflex strafrechtlicher und sonstiger Schutzgesetze können Daten über § 823 Abs. 2 BGB in Verbindung mit einem Schutzgesetz geschützt sein → Rn. 60. Hieraus ergibt sich jedoch lediglich ein für abgegrenzte Lebensbereiche relevanter Schutz. Ein allgemeiner Schutz lässt sich nur über eine zielgerichtete **Auslegung des § 823 Abs. 1 BGB** erreichen. Zur Verfolgung dieses Ziels wird eine Vielzahl unterschiedlicher Ansichten vertreten, die im Folgenden lediglich überblicksartig erwähnt werden können. 4

Eine wesentliche Herausforderung bei der Begründung eines deliktischen Schutzes von Daten ist die **Zuweisung** der Daten zum Rechtskreis des Geschädigten, in dessen schutzwürdige Interessen bei einer als unzulässig angesehenen Behandlung der Daten eingegriffen wird. Dass Daten nicht sichtbar und als **nicht-rivales Gut** auch nur schwer faktisch zuordenbar sind, kennzeichnet die hier zu lösenden Herausforderungen. 5

aa) Eigentum am Speichermedium. Bereits seit den neunziger Jahren wurde ein deliktischer **Schutz von Daten über den Eigentums- und Besitzschutz** angenommen. Geschützt werden danach nicht die Daten, sondern der Zustand des Datenträgers, dem die Daten entnommen werden können.[1] Die Daten entsprechen einem definierten Zustand des Datenträgers heruntergebrochen auf die Ebene von Bits. Eine Änderung dieser Bits bedeutet immer auch eine Änderung des Zustandes des Datenträgers. Der Zustand einer Sache ist aber über § 903 BGB in das gesetzeskonforme Belieben des Eigentümers gestellt. 6

Für den Schutz über das Eigentumsrecht spricht die Belastbarkeit und Einfachheit des Ansatzes. Das Eigentum wird originär durch § 823 Abs. 1 BGB geschützt. Der BGH hat den Eigentumsschutz so konturiert, dass er auch den Bestand und die Integrität von Daten erfassen kann. Eine **Eigentumsverletzung setzt keinen Eingriff in die Sachsubstanz** 7

[1] Dazu OLG Karlsruhe 7.11.1995 – 3 U 15/95, NJW 1996, 200; OLG Oldenburg 24.11.2011 – 2 U 98/11, ZD 2012, 177; OLG Dresden 15.6.2021 – 4 U 993/21, MMR 2021, 813 (814); Meier/Wehlau NJW 1998, 1585 (1988); Imhof/Wahl WPK Magazin 1998, 136; Spindler NJW 1999, 3737 (3738).

voraus. Bereits die Störung der dem Eigentümer zugewiesenen Ordnung seiner Sachen und die Beeinträchtigung der Freiheit, mit der Sache iRd § 903 BGB zu verfahren, können einen Schadensersatzanspruch auslösen. Das hat der BGH beispielhaft für die Fälle eines nicht beschädigten, aber wegen der Umgebungsbedingungen nicht bewegbaren Binnenschiffes,[2] für die Ordnung eines Archivs[3] und die Befüllung von Flüssiggastanks[4] entschieden. Das Eigentum am Datenträger wird daher immer dann beeinträchtigt, wenn der Eigentümer über einen relevanten Zeitraum die Sache nicht wie von ihm gewollt nutzen, etwa nicht auf die Daten zugreifen kann, insbesondere, weil sie verschlüsselt sind, oder weil der Zustand der Sache so geändert wurde, dass damit die Daten inhaltlich verändert oder gelöscht wurden.

8 **bb) Recht am eigenen Datenbestand/Dateneigentum.** Diese Anknüpfung des Schutzes von Daten an den Datenträger wurde in jüngerer Zeit als nicht ausreichend angesehen, weil Daten immer seltener verkörpert und immer häufiger in Netzwerken gespeichert werden. Zum Schließen dieser Lücke wird verbreitet vertreten, dass Daten als **sonstiges Recht** zu schützen sind. Zur Begründung wird ein **Recht am eigenen Datenbestand** angenommen[5] → Kap. 9 Rn. 30.

9 Dieses sonstige Recht wirkt absolut, ohne zwingend Ausschließlichkeit beanspruchen zu müssen.[6] Für den absoluten Schutz benötigt es jedoch eine Zuweisung zu einem Rechtssubjekt. Die **Zuweisungsfunktion** des Rechts an Daten folge nach dieser Ansicht aus der initialen faktischen Zugriffsmöglichkeit auf gespeicherte Daten durch denjenigen, der sie als erstes gespeichert hat. Die Zugriffsmöglichkeit erlaube ihm, mit den Daten nach Belieben zu verfahren, ohne dass er daran rechtlich gehindert wäre.[7] Geschützt seien sowohl der originäre wie der abgeleitete Erwerb der Daten.[8] Ein wesentlicher Vorteil der Begründung eines absolut wirkenden Eigentumsrechts an Daten ist, dass auch der **lesende Zugriff** geschützt wäre.

10 Gegen ein Eigentumsrecht und ein Recht am eigenen Datenbestand spricht vor allem die fehlende gesetzliche Grundlage für eine Analogie. Zwar besteht eine Lücke, die Regelung in § 903 BGB ist jedoch nicht auf Daten übertragbar → Kap. 9 Rn. 28. Das Recht am eigenen Datenbestand ist zu sehr durch ein Abstellen auf den **persönlichkeitsrechtlichen Aspekt des Rechts auf Vertraulichkeit und Integrität informationstechnischer Systeme** geprägt, das nur auf natürliche Personen passt → Kap. 9 Rn. 31.

11 **cc) Schutz durch Skripturakt.** Eine verbreitete, aber im Einzelnen sehr divergente Ansicht, will für den Schutz von Daten an den strafrechtlichen Schutz nach §§ 303a, 202a StGB anknüpfen.[9] Die Strafrechtsnorm zeige für Daten, ähnlich wie beim sachenrechtlichen Besitz, eine Herrschaftszuweisung, die jedoch keine weitere rechtliche Beziehung zu einer Sache verlange. Die Relevanz des § 303a StGB für den zivilrechtlichen Schutz von Daten wird darin erkannt, dass sich die Norm an der tatsächlichen Handlung der Datenerstellung durch einen **„Skripturakt"** orientiere und unabhängig von Besitz und Eigentum am Datenträger ist.[10] Dieser Skripturakt sei entscheidend für den durch die Strafrechtsvorschrift vermittelten Schutz. Durch den Skripturakt erfolge die **Zuordnung der Daten** zu der Person, die sie erstellt und auf einen Datenträger schreibt, also iSd § 303a StGB scribiert.[11]

12 Umstritten ist, **wie der zivilrechtliche Schutz** des Scribenten **ausgestaltet werden sollte.** Die Herausforderung ist, aus der strafrechtlichen Sanktion ein zivilrechtliches

---

2 BGH 21.12.1970 – II ZR 133/68, NJW 1971, 886 (888) – Fleet-Fall.
3 BGH 26.2.1980 – VI ZR 53/79, NJW 1980, 1518.
4 BGH 15.9.2003 – II ZR 367/02, NJW 2003, 3702 – Gasbelieferung I.
5 Prütting/Wegen/Weinreich/Schaub BGB § 823 Rn. 77; MüKoBGB/Wagner BGB § 823 Rn. 378 ff.; Meier/Wehlau NJW 1998, 1585 (1988).
6 Borges/Keil Big Data-Hdb/Berberich § 3 Rn. 43.
7 Riehm VersR 2019, 714 (720).
8 Riehm VersR 2019, 714 (723).
9 Dazu Hennemann DatenR § 11 Rn. 22, 47 ff.
10 Grdl. Hoeren MMR 2013, 486.
11 Leupold/Wiebe/Glossner IT-R/Wiebe Teil 6.7 Rn. 43.

Schutzgut abzuleisten. Da jedoch das Strafrecht andere Ziele verfolgt als das Zivilrecht, muss aus dem strafrechtlichen Schutz von Daten nicht deren zivilrechtlicher Schutz folgen → Kap. 9 Rn. 35.

dd) Schutz durch technische Herrschaft. Eine weitere Ansicht versucht, aus der technischen Herrschaft über Daten auf die Zuweisung als geschütztes Gut zu schließen.[12] Aber auch diese Ansicht kann nicht überzeugen. Sie macht den rechtlichen Schutz vom faktischen Schutz abhängig, ohne dass dafür eine gesetzliche Grundlage besteht.[13] Eine technische Hürde würde zu einer Verengung des Schutzbereichs von Daten führen. Letztlich wird die **Zuweisung von Daten über das Beweisrecht,** nicht über ein Datenrecht erreicht. Das ist manchmal hilfreich, generell aber nicht erforderlich, weil der Schutz auch anders zu gewährleisten ist. 13

So kann bereits eine eindeutige Zuordnung des Datenträgers ausreichend sein. Nur dann, wenn der Datenträger eine Zuordnung nicht zulässt, ist eine technische Absicherung sinnvoll. Dazu können **elektronische Signaturen** beitragen. Entspricht die Signatur den aktuellen Standards, ist ein ausreichender Schutz gegen Manipulationen gegeben. Die Daten sind dann verlässlich demjenigen zuzuordnen, dem die elektronische Signatur zugewiesen wurde. 14

ee) Besitzschutz. Wie gezeigt, ist die Begründung eines absolut geschützten Rechts ohne gesetzliche Grundlage nicht überzeugend. Die Bemühungen sind von dem richtigen Ansatz getrieben, dass Daten einen erheblichen Wert verkörpern können und in der Folge eines Schutzes bedürfen. Oft wird aber das Ergebnis zum Mittel seiner Begründung gemacht.[14] Dogmatisch stimmiger ist es, für den deliktischen Schutz von Daten **am Datenträger anzusetzen.** Konkret werden Daten **besitzrechtlich** über die Sache geschützt, auf der sie verkörpert sind. Dieser Schutz ist sehr weitgehend und er kann auf die bestehenden Regelungen gestützt werden. 15

Jedes Datum in dem hier relevanten Sinne muss materialisiert sein. Das gilt selbst für online übertragene Daten, die in Form von Licht oder elektrischer Spannung repräsentiert werden. Daten, die keinen materiellen Träger haben, sind reine Ideen, die nicht geschützt werden können. Dabei ist zutreffend, dass der Blick allein auf das Eigentum an dem Datenträger Lücken aufweist, wenn der Datenträger nicht dem Dateninhaber gehört. Im Bereich des Deliktsrechts können die Lücken aber durch ein Abstellen auf den Besitz geschlossen werden. Der **Besitz** ist, wenn auch im Einzelnen umstritten, aufgrund der mit ihm verbundenen Besitzschutzrechte grundsätzlich **als sonstiges Recht** anerkannt. Die §§ 861 und 862 BGB stellen die Basis des Schutzes dar. Insgesamt kann das Verändern, Löschen, Vorenthalten und auch das Kopieren von Daten befriedigend über den Besitzschutz iRd § 823 Abs. 1 BGB behandelt werden. 16

Im Bereich des Besitzschutzes aus § 1007 BGB ist dessen Abs. 3 S. 2 zu beachten. Besteht zwischen dem früheren Besitzer und dem gegenwärtigen Besitzer ein **Besitzer-Besitzer-Verhältnis,** weil der gegenwärtige Besitzer nicht zum Besitz berechtigt ist, gelten die §§ 987 ff. entsprechend. Aus § 993 Abs. 1 Hs. 2 BGB ergibt sich dann eine **Sperrwirkung** gegenüber dem Deliktsrecht. Der redliche Besitzer eines Datenträgers kann in der Folge nicht auf Schadensersatz in Anspruch genommen werden. 17

Der Schutz von Daten über den Besitz bleibt Schutz des Besitzes mit der Besonderheit, dass Ausdruck des Besitzes bestimmte Zustände von Sachen sind, denen eine Bedeutung zukommt, die also eine (werthaltige) Information repräsentieren. Diese Art von Datenschutz fügt sich nahtlos in das Deliktsrecht ein. Ausgangspunkt ist die Überlegung, dass die Zerstörung eines Datenträgers auch die Vernichtung der Daten beinhaltet und eine 18

---

[12] So aber Adam NJW 2020, 2063; Riehm VersR 2019, 714.

[13] Geschäftsgeheimnisse werden nach § 2 GeschGehG auch nur bei angemessenen Schutzmaßnahmen geschützt, aber eben auf gesetzlicher Grundlage.

[14] Krit. auch Heymann CR 2016, 650 ff.

Kompensation für den Datenverlust über die **Naturalrestitution** nach den §§ 249 ff. BGB zur Folge hat. Denn der Schuldner hat den Zustand herzustellen, der ohne das schädigende Ereignis bestehen würde. Kann er die Daten nicht wiederherstellen, muss er Ersatz in Geld leisten. Nichts anders muss gelten, wenn nicht der Datenträger zerstört würde, wohl aber sein Zustand so verändert, dass die Daten nicht mehr in ihrer Ursprungsqualität vorhanden sind. Es wäre nicht stimmig, die Zerstörung des Datenträgers ausreichen zu lassen, um den Verlust der darauf gespeicherten Daten zu kompensieren. Auch das reine **Löschen** der Daten wird auf diese Weise erfasst. In beiden Fällen liegt eine Substanzänderung vor, wenn sie auch in dem letzteren Fall für den Menschen nicht wahrnehmbar, aber doch nachweisbar ist.

19 Das **Entziehen** des Datenträgers ist, wenn dies ohne den Willen des Besitzers und ohne gesetzliche Gestattung erfolgt, verbotene Eigenmacht, die zu einem Anspruch aus § 861 BGB führt. Das **Verändern** von Daten durch verbotene Eigenmacht, beispielsweise durch ein Verschlüsseln, eine Formatänderung oder Ähnliches, ist eine **Störung** des Besitzes nach § 862 BGB. Dem Besitzer wird der Besitz nicht entzogen, aber er wird in seiner Befugnis beeinträchtigt, über die in seinem Besitz befindlichen Sachen – und ihre Zustände – zu entscheiden.

20 Ein Auslesen, dh **Kopieren,** von Daten, stellt auf den ersten Blick keine Besitzbeeinträchtigung dar, weil kein Eingriff in die Substanz stattfindet und die Sache dem Besitzer auch nicht vorenthalten wird. Dass ein Kopieren eine Verletzung des Besitzschutzes darstellt, kann aber mit der Rechtsprechung des BGH zum Verbot des Fertigens von **Fotografien** als Ausfluss des Eigentumsschutz aus § 1004 Abs. 1 BGB begründet werden. Der BGH ist hinsichtlich der Befugnis, Fotografien auf dem Grundstück des Eigentümers zu erstellen, in ständiger Rechtsprechung der Auffassung, dass der Eigentümer durch die Verwertung von Fotografien seines Grundstücks, die ohne seine Genehmigung innerhalb des Grundstücks aufgenommen wurden, in seinem Eigentum beeinträchtigt wird und nach § 1004 Abs. 1 BGB verlangen kann, die Verwertung solcher Fotografien zu unterlassen.[15] Das Recht des Eigentümers, über die Nutzung der Sache zu bestimmen, beruht nicht auf einer Vereinbarung, sondern auf der vom Eigentümer vorgenommenen Konkretisierung seines Eigentumsrechts. Gestattet der Eigentümer das Betreten oder Benutzen seines Eigentums nur unter bestimmten Bedingungen, ist jede Abweichung hiervon ein Eingriff in den Zuweisungsgehalt des Eigentums und damit eine Eigentumsbeeinträchtigung.[16] Diesen Schutz gegen Störungen aus § 1004 BGB kann der Besitzer aufgrund der **besitzschützenden Parallelvorschrift des § 862 BGB** ebenfalls geltend machen. Über § 862 BGB erhält der Besitzer einen Rechtsschutz, der dem des Eigentümers vergleichbar ist.[17]

21 Übertragen auf Daten, die in einer Sache gespeichert sind, bedeutet dies, dass ein Auslesen der Daten einem „Betreten" des Speichers und dem Anfertigen einer Fotografie gleichkommt und eine Störung nach § 862 BGB darstellt. Der Besitzer erlangt zwar keine Rechte an der Kopie, kann aber die **Beseitigung und** das zukünftige **Unterlassen der Beeinträchtigung verlangen.** Erfolgte die Beeinträchtigung schuldhaft, kann der Besitzer Schadensersatz geltend machen und insbesondere verlangen, dass die erlangten Daten herausgegeben und beim Schädiger gelöscht werden.

22 Die Besitzschutzrechte stehen über § 869 BGB auch dem **mittelbaren Besitzer** zu. Auf die Berechtigung zum Besitz kommt es nicht an, auch der nicht berechtigte Besitzer wird geschützt.[18] Ein davon zu unterscheidender Aspekt ist, ob auch das Deliktsrecht den nicht berechtigten Besitzer schützt.

23 Für den **unmittelbaren Besitz** ist anerkannt, dass dieser als sonstiges Recht nach § 823 Abs. 1 BGB geschützt ist. Fraglich ist hier lediglich, ob der Besitzer hierfür gegenüber dem

[15] BGH 1.3.2013 – V ZR 14/12, NJW 2013, 1809 Rn. 12 mwN – Preußische Gärten und Parkanlagen II; s. auch OLG Köln 23.5.2025 – 6 U 61/24, ZUM-RD 2025, 413 – Dombilder; auf den Besitz abstellend OLG Frankfurt a. M. 11.2.2019 – 16 U 205/17, GRUR-RR 2019, 422.
[16] BGH 1.3.2013 – V ZR 14/12, NJW 2013, 1809 Rn. 14.
[17] BeckOK BGB/Fritzsche BGB § 862 Rn. 1.
[18] BGH 21.1.1981 – VIII ZR 41/80, NJW 1981, 865 (866).

Eigentümer **zum Besitz berechtigt** sein muss. Hierzu wird eine Vielzahl differenzierter Auffassungen vertreten.[19] Es ist herrschende Meinung, dass auch der unberechtigte Besitzer gegenüber dem Eigentümer possessorischen Besitzschutz in Anspruch nehmen kann. Daraus folgt aber für die hM noch kein deliktischer Schutz. Nur wenn der Besitz dem Besitzer auch obligatorisch zugewiesen sei, könne anderes gelten.[20] Zuzugeben ist der hM, dass der Besitzer aus seinem unberechtigten Besitz keine deliktischen Ansprüche gegen den Eigentümer herleiten können soll. Dem Eigentümer gegenüber ist der unberechtigte Besitz nicht geschützt. Dem schädigenden Dritten muss der Besitzer aber auch bei fehlendem Besitzrecht eine Besitzbeeinträchtigung entgegenhalten können. Für den Schädiger, der Nicht-Eigentümer ist, ist nicht ersichtlich und auch nicht relevant, ob der Besitz berechtigt oder nicht berechtigt ist. Zudem ist zu berücksichtigen, dass der Besitzschutz in dem hier zu behandelnden Zusammenhang lediglich einen Zustand der Sache betrifft, aus dem sich ein Bestand an Daten ergibt. Jedenfalls hinsichtlich dieses Datenbestandes braucht eine Berechtigung zum Besitz der Sache nicht gegeben sein.

Wollte man, anders als hier vertreten, nach der Besitzberechtigung differenzieren, käme ein Ausgleich über die **Drittschadensliquidation** in Betracht → Rn. 38. Das kann hier angenommen werden, wenn dem Eigentümer des Datenspeichers ein Anspruch aus § 823 Abs. 1 BGB wegen einer Eigentumsverletzung zusteht. Da nicht seine Daten beeinträchtigt wurden, hat er jedoch keinen Schaden. Der nicht berechtigte Besitzer hat, wenn man der Ansicht folgt, nach der nur der berechtigte Besitzer in den Schutzbereich des § 823 Abs. 1 BGB einbezogen wird, keinen Anspruch. Dieses Auseinanderfallen von Anspruch und Schaden ist für den Schädiger zufällig. Dementsprechend wäre er auch in diesem Fall ausgleichspflichtig. **24**

Ob auch der **mittelbare Besitzer** den Schutz des Besitzes als sonstiges Recht in Anspruch nehmen kann, ist ebenfalls umstritten. Wie beim unmittelbaren Besitz auch, ist zunächst fraglich, ob der mittelbare Besitzer gegenüber dem Eigentümer zum Besitz berechtigt sein muss. Zu der Anforderung des berechtigten Besitzes ist auf die vorstehenden Ausführungen zu verweisen. **25**

Zudem wird ein deliktischer Schutz des mittelbaren gegenüber dem unmittelbaren Besitzer abgelehnt. Einer Beschränkung des Schutzes im Verhältnis von mittelbarem zu unmittelbarem Besitzer bedarf es jedoch nicht. Eine solche Beschränkung würde nur relevant, wenn das Besitzmittlungsverhältnis auf keinem Schuldverhältnis beruhen würde, was möglich, aber selten der Fall sein wird, weil bei den Beteiligten der erforderliche Besitzwille fehlen dürfte. Bestünde aber ein solches Verhältnis, bestünden auch Ansprüche aus einer Verletzung der aus diesem Verhältnis resultierenden Pflichten. Auch gesetzliche Schuldverhältnisse begründen Rücksichtnahmepflichten, deren Verletzung Schadensersatzansprüche auslösen können.[21] Eines Rückgriffs auf das Deliktsrecht bedürfte es dann nicht.[22] Im Ergebnis ist daher auch der **mittelbare Besitzer deliktsrechtlich** gegen Eingriffe in den Datenbestand auf dem Datenträger **geschützt.** Schwierigkeiten ergeben sich bei der Speicherung von Daten in **Cloud-Systemen.** Hier liegt regelmäßig kein Besitzmittlungsverhältnis mit dem Betreiber des Cloud-Services vor.[23] Der Service-Provider ist zwar unmittelbarer Besitzer der Daten-Speicher. Die Begründung eines Besitzmittlungsverhältnisses nach § 868 BGB[24] mit dem Nutzer der Services steht aber vor der Hürde, dass der Provider Fremdbesitzer sein, dem Nutzer als seinem Auftraggeber den Besitz vermitteln und schließlich einem Herausgabeanspruch des Nutzers hinsichtlich der vermieteten Sache ausgesetzt sein muss. Das ist nicht darstellbar. Darüber hilft auch § 548a BGB nicht hinweg, der sich gerade nicht auf Sachen bezieht, die hier aber dem Schutz des § 823 Abs. 1 BGB **26**

[19] Zum Meinungsstand MüKoBGB/Wagner BGB § 823 Rn. 373 f.
[20] BGH 4.11.1997 – VI ZR 348/96, NJW 1998, 377 (380); BeckOK BGB/Förster BGB § 823 Rn. 156.
[21] BGH 29.11.2023 – VIII ZR 164/21, NJW 2024, 1262 Rn. 29.
[22] BeckOK BGB/Förster § 823 Rn. 157.
[23] BGH 15.11.2006 – XII ZR 120/04, NJW 2007, 2396 Rn. 19.
[24] Dazu Grüneberg/Herrler § 868 Rn. 6 ff.

unterfallen sollen. Ein Besitzschutz lässt sich insoweit nicht zugunsten des Nutzers von Cloud-Services konstruieren.

27 Besteht ein **Besitzmittlungsverhältnis,** ist für den Schutz des mittelbaren Besitzes zu beachten, dass er besitzrechtlich nicht weiter geschützt werden kann, als der unmittelbare Besitzer betroffen ist.[25] Hat der unmittelbare Besitzer die Störung des Besitzes gestattet, scheidet ein Anspruch des mittelbaren Besitzers aus. Dieser muss sich dann aus dem Besitzmittlungsverhältnis oder aus § 1007 Abs. 3 S. 2 BGB an den unmittelbaren Besitzer halten.

28 Schwieriger gestaltet sich mit Blick auf Daten der Schutz des Mitbesitzes. Grundsätzlich ist auch der **Mitbesitz** deliktisch geschützt.[26] Werden Daten gespeichert, dürfte ein Mitbesitz nur selten vorliegen. So ist umstritten, ob bei der **Möglichkeit eines Fernzugriffs** auf Daten Mitbesitz zwischen dem unmittelbaren Besitzer und demjenigen, der die Zugriffsmöglichkeit hat, ohne dass ein Gemeinschaftsverhältnis zwischen beiden besteht, vorliegen kann. Der Streit entzündete sich an dem vom BGH entschiedenen Fall einer Mietvertragsklausel zur Möglichkeit der Fernsperrung der Nutzung einer Autobatterie. Der BGH selbst hatte die Frage offen gelassen,[27] das Schrifttum sich entsprechend kontrovers geäußert.[28] Wie immer hängt eine Beurteilung vom Einzelfall ab. Typische Gestaltungen, die das Bilden von Fallgruppen erlauben, sind noch nicht ersichtlich. Für den gesetzlich geregelten Fall der Zuweisung von ohne Weiteres verfügbarer Daten zum Datennutzer nach dem **Data Act,** dürfte ein Mitbesitz zwischen Dateninhaber und -nutzer ausscheiden. Zwar hat der Dateninhaber gerade den Zugriff auf die Daten, weil sie für ihn ohne Weiteres verfügbar sind. Es ist auch denkbar, dass er diese Daten bereits nach Art. 3 Abs. 1 DA dem Nutzer durch Technikgestaltung zur Verfügung gestellt hat und diesen Zugriff jederzeit unterbinden könnte. Dennoch setzt Mitbesitz eine **gemeinschaftliche Herrschaft** voraus.[29] Eine einseitige und dann auch noch rechtswidrige, jedenfalls vom Besitzwillen des anderen nicht getragene Zugriffsmöglichkeit kann keinen Mitbesitz begründen.[30]

29 Besteht jedoch ein Mitbesitz, stellt sich die Frage, ob im Verhältnis der Mitbesitzer zueinander wegen § 866 BGB ein Deliktsschutz nur dann gegeben ist, wenn der eine Mitbesitzer dem anderen den **Besitz vollständig entzieht.** Das ist bei Daten nur durch Entzug der Sachherrschaft auf den Datenträger, die Sperrung des Zugriffs oder das Löschen der Daten möglich. Für den Mitbesitz an einer Sache nimmt die hM einen deliktischen Schutz auch unter Mitbesitzern an.[31]

30 Problematisch kann schließlich sein, dass sich der Datenträger im **Ausland** befindet. Allgemein knüpft das Sachenrecht an den Ort der Belegenheit an. Das Sachenrechtsstatut bestimmt somit die Besitzformen und den Erwerb und die Übertragung des Besitzes.[32]

31 Insgesamt ist ein Schutz von Daten über den deliktischen Schutz des Besitzes gut zu begründen. Die Verantwortungsbeiträge der Beteiligten, sowohl des Schädigers als auch des Geschädigten im Rahmen einer Obliegenheit zur Schadensvermeidung und -minderung, hinsichtlich der betroffenen Daten lassen sich leicht in das System des deliktischen Schadensersatzrechts einfügen. Daten werden damit als **Annex zur Sachsubstanz** eigenständig geschützt. Im Ergebnis ergibt sich damit ein sehr weitgehender, allerdings nicht umfassender Schutz der auf einen Datenträger verkörperten Daten. Unsicherheiten verbleiben – je nach Auffassung, der gefolgt wird – hinsichtlich der Voraussetzung der Besitzberechtigung sowie hinsichtlich der Eingriffe in die Daten bei einem Kopieren der Daten.

---

[25] Grüneberg/Herrler BGB § 869 Rn. 1.
[26] HK-BGB/Staudinger § 823 Rn. 37.
[27] BGH 26.10.2022 – XII ZR 89/21, NJW 2022, 3575 Rn. 18.
[28] Ablehnend Oster ZfPW 2023, 387 (396); nicht ausgeschlossen hält einen Mitbesitz Beurskens RDi 2023, 1 Rn. 32 ff.
[29] MüKoBGB/F. L. Schäfer BGB § 866 Rn. 3.
[30] Laukemann WM 2023, 545 (547).
[31] BGH 26.3.1974 – VI ZR 103/72, NJW 1974, 1189 (1191); Prütting/Wegen/Weinreich/Schaub BGB § 823 Rn. 63.
[32] MüKoBGB/Wendehorst EGBGB Art. 43 Rn. 68.

Einen wesentlichen **Nachteil** bringt der Schutz von Daten über den Besitz mit sich. Der Schutz versagt dann, wenn die Daten in den Besitz von jemandem geraten, der selbst keine deliktische Handlung gegenüber dem Schutzsuchenden begangen hat. Dann bleibt dem Anspruchsteller nur der Weg über § 823 Abs. 2 BGB und das Geschäftsgeheimnisgesetz. Auch bei Cloud-Services scheidet ein Besitzschutz regelmäßig aus → Rn. 26. Diese Nachteile werden jedoch durch einen de lege lata gut begründbaren Schutz von Daten bei Weitem aufgewogen. 32

ff) Auslesen von Daten. Werden Daten von einem Datenträger **kopiert,** ohne dass in die Substanz des Datenträgers eingegriffen wird oder dessen Nutzungsmöglichkeiten beeinträchtigt werden, kommt eine Besitzstörung, wie gezeigt → Rn. 21, über die Störerhaftung nach § 862 BGB zum Tragen und kann bei Verschulden auch zu einem Ersatzanspruch führen. Die Auffassungen, die eine Dateneigentum oder ein Recht am eigenen Datenbestand → Rn. 8 annehmen, erfassen ebenfalls – und erst Recht – das Kopieren von Daten. Im Übrigen kann ein Schutz über § 823 Abs. 2 BGB iVm § 202a StGB und das Geschäftsgeheimnisgesetz erreicht werden. Zwar setzt der Tatbestand Vorsatz voraus, ein versehentliches Auslesen dürfte jedoch selten und regelmäßig ohne schadensersatzrechtliche Relevanz sein. Werden **personenbezogene Daten** kopiert, greift ebenfalls § 823 Abs. 2 BGB mit Art. 6 DS-GVO als Schutzgesetz. 33

gg) Schädigende Handlung. Der Eingriff in das geschützte Rechtsgut muss durch eine **menschliche Handlung** erfolgt sein.[33] Kann der Schädiger haftbar sein, selbst aber nicht handeln, wie dies bei juristischen Personen der Fall ist, erfolgt die Zurechnung über Repräsentanten. Das sind zunächst die Organe und dann die Personen, deren Handeln sich die juristische Person im Übrigen zurechnen lassen muss. Problematisch wird es, wenn das schadenauslösende Ereignis durch ein **autonom handelndes System** erfolgt. Dann schädigen letztlich Daten Daten. In welcher Weise solche Schadensereignisse einem Rechtssubjekt zugeordnet werden können, ist umstritten. Bei deterministischen Systemen kann die Zurechnung über eine **Verletzung von Verkehrssicherungspflichten,** insbesondere eines Auswahl- oder Betreiberverschuldens erfolgen. Bei nicht-deterministischen Systemen gilt Entsprechendes, jedoch in geringerem Umfang. Wegen der Autonomie dieser Systeme ist auch bei Anstrengung der gebotenen Sorgfalt nicht auszuschließen, dass sie Schäden verursachen. Da dann keine Verletzung einer Verkehrssicherungspflicht vorliegt, verbleiben nur die Zurechnungsmöglichkeiten über eine Gefährdungshaftung oder die Annahme, dass das System wie ein Verrichtungsgehilfe zu behandeln ist. 34

Im Rahmen der Zurechnung des Handelns autonomer Systeme über eine analoge Anwendung der Bestimmungen im Deliktsrecht zur **Gefährdungshaftung** wird häufig auf § 833 BGB abgestellt. Vergleichbar einem Tierhalter, der für die Unvernunft des Tieres und in der Folge dessen nicht vollständig steuerbares Verhalten einstehen muss, soll der Betreiber eines autonomen Systems für die von diesem verursachten Schäden einstehen müssen. Dagegen spricht aber, dass die Regelungen zur Gefährdungshaftung nicht analogiefähig sind.[34] Zudem sieht § 833 S. 2 BGB eine Privilegierung vor, die im Bereich der Haftung für autonome Systeme nicht angemessen ist.[35] 35

Demgegenüber wird die Haftung für **Verrichtungsgehilfen** aus § 831 BGB für geeigneter angesehen, im Rahmen einer analogen Anwendung die Zuweisung eines durch ein autonomes System ausgelöstes schädigendes Ereignis zu begründen. Dem steht jedoch entgegen, dass die Haftung des Geschäftsherrn letztlich eine für vermutetes Verschulden ist und ihm die Exkulpationsmöglichkeit in § 831 Abs. 1 S. 2 BGB eröffnet wird. In der Folge würde eine Haftung doch wieder an ein Verschulden des Geschäftsherrn anknüpfen und die 36

[33] MüKoBGB/Wagner § 823 Rn. 66 ff.
[34] MüKoBGB/Wagner Vor § 823 Rn. 26.
[35] Dazu MüKoBGB/Wagner § 833 Rn. 13.

spezifischen Gefahren eines autonom agierenden Systems nicht erfassen.[36] Eine Lösung, die keine Lücken lässt, ist damit im Regelungsbereich des BGB nicht in Sicht. Insoweit ist daher auf das europäische Produkthaftungsrecht auszuweichen.

37 **hh) Drittschadensliquidation.** Wie gezeigt, können sich im Deliktsrecht bei dem Umgang mit Daten Schutzlücken ergeben, wenn der Schutz der Daten nicht an den Daten selbst, sondern am Datenträger ansetzt. Es kann dann passieren, dass der hinsichtlich des Datenträgers als Sache Berechtigte einen Ersatzanspruch, aber keinen Schaden hat, da die Daten vom unmittelbaren Besitzer gespeichert wurden. Dieser wiederum hat einen Schaden, aber keinen Anspruch. In dieser Konstellation wird versucht, dem Geschädigten über die Konstruktion der Drittschadensliquidation zu helfen. Das für den Schädiger **zufällige Auseinanderfallen des Schadenseintritts** bei einer Person **und des Schadensersatzanspruchs** bei einer anderen Person kann dazu führen, dass die Person, die den Schaden erlitten hat, sich den Ersatzanspruch gem. § 285 BGB abtreten lassen und aus dem abgetretenen Recht ihren Schaden gegenüber dem Schädiger liquidieren kann.[37]

38 Nach herrschender Meinung soll eine Drittschadensliquidation bei Ansprüchen aus unerlaubter Handlung **nur im Falle einer obligatorischen Risikoverlagerung oder bei Verletzung eines Schutzgesetzes**[38] zulässig sein.[39] Eine obligatorische Risikoverlagerung ist im Bereich der Beeinträchtigung von Daten nicht relevant. Da der hier behandelte deliktische Schutz von Daten auf den Besitz am Datenträger zurückgeführt wird, kommt als Schutzgesetz § 858 BGB. Verbotene Eigenmacht wird über § 823 Abs. 2 BGB geschützt.[40] Weil sich aber eine schematische Orientierung an den Fallgruppen verbietet,[41] muss auch der Schutz des Besitzes als sonstiges Recht für eine Drittschadensliquidation ausreichen. Denn der Schutz des Besitzers setzt für die §§ 861 und 862 BGB stets verbotene Eigenmacht voraus.

b) Schutz vor schädlichen Daten

39 Werden durch Daten Dritter eigene Daten beeinträchtigt, besteht ein Schutz dieser Daten nach den oben dargelegten Grundsätzen. Für die Beeinträchtigung anderer Güter als Daten ist zu prüfen, inwieweit diese Güter deliktsrechtlich geschützt sind. Dabei ist vor allem an die in § 823 Abs. 1 BGB genannten Rechte und Rechtsgüter zu denken sowie an § 823 Abs. 2 BGB. Ergänzend tritt, insbesondere bei **Angriffen mit Schadsoftware,** eine Kompensationsmöglichkeit aus § 826 BGB hinzu mit dem Vorteil, dass auch reine Vermögensschäden ersetzt werden können. Ist der Geschädigte nicht Eigentümer, kann ein Besitzentzug oder eine Besitzstörung[42] vorliegen, die über § 823 Abs. 1 BGB wegen der Verletzung eines sonstigen Rechts kompensiert werden.

40 Die Abgrenzung, ob der Tatbestand des § 823 Abs. 1 BGB erfüllt ist, bereitet im Einzelfall Schwierigkeiten, die gerade im Zusammenhang mit Daten relevant werden. Denn **mittelbare Schädigungen Dritter** sollen durch § 823 Abs. 1 BGB nicht erfasst sein. So hat der BGH eine Eigentumsverletzung verneint, wenn eine Lokomotive wegen einer Beschädigung der Oberleitung nicht bewegt werden kann, weil die Funktionsfähigkeit der Lok nicht beeinträchtigt ist und sich die Handlung nicht gegen den Eigentümer des Schienenfahrzeuges gerichtet habe. Für mittelbare Schäden Dritter bestünde aus Deliktsrecht keine Einstandspflicht. Würden daher in einem vergleichbaren Fall fehlerhafte Daten zu einem Ausfall eines Servers bei einer Online-Anbindung von Maschinen und sonstigen Geräten führen, müsste nach der Auffassung des BGH ebenfalls nur eine nicht ausgleichsfähige

---

[36] Ebers/Heinze/Krügel/Steinrötter KI/Eichelberger § 5 Rn. 57 f.
[37] Grüneberg/Grüneberg BGB Vor § 249 Rn. 105 ff.
[38] Dazu OLG Rostock 16.5.1997 – 1 W 47–96, NJW-RR 1998, 688.
[39] Grüneberg/Grüneberg BGB Vor § 249 Rn. 106.
[40] BGH 5.6.2009 – V ZR 144/08, NJW 2009, 2530 Rn. 19; MüKoBGB/Wagner § 823 Rn. 367.
[41] MüKoBGB/Oetker § 249 Rn. 290.
[42] Vgl. BGH 26.10.2022 – XII ZR 89/21, NJW 2022, 3575 Rn. 18 – Fernabschaltung einer Autobatterie.

mittelbare Beeinträchtigung vorliegen. Diese Ansicht ist indes nicht tragfähig. Denn ein elektrisches Schienenfahrzeug ohne Strom ist genauso beeinträchtigt wie ein Binnenschiff in dem vom BGH entschiedenen Fleet-Fall. Hier ist ein Ausgleich ebenso zu gewähren, wie in dem genannten Fall des Ausfalls von – an sich funktionsfähigen Maschinen – ohne Online-Anbindung.

Die Haftung setzt eine widerrechtliche und schuldhafte Beeinträchtigung der geschützten **41** Güter voraus. Noch nicht hinreichend herausgearbeitet sind die zu beachtenden Sorgfaltspflichten bei der Herstellung und Verbreitung von Daten. Ausgangsbasis hierfür dürften die allgemeinen Anforderungen an **Verkehrssicherungspflichten** sein.

aa) Produzentenhaftung. Seit langem ist anerkannt, dass die Eröffnung einer **Gefahrenquelle** **42** dazu verpflichtet, diejenigen, die mit der Gefahrenquelle befugtermaßen in Kontakt kommen, vor Schäden zu bewahren.[43] Daten können, wenn sie in ungeeigneter Weise eingesetzt werden, zu einer Gefahrenquelle werden. Dabei bilden die Daten aus sich heraus noch keine Gefahr. Erst ihr Einsatz kann eine Gefahr schaffen, durch die andere geschädigt werden können. Aber bereits dann, wenn die nicht allzu fernliegende Möglichkeit eines Fehlgebrauchs gegeben ist, kommt eine Verkehrssicherungspflicht in Betracht. Ein Spezialfall der Verkehrssicherungspflicht ist die **Produzentenhaftung**.

Die deliktische Produzentenhaftung setzt zunächst ein **Produkt** voraus. Dabei wird der **43** Begriff im Grundsatz genauso verstanden, wie im Produkthaftungsgesetz. Er geht aber noch darüber hinaus, weil er die dort genannten Gegenstände umfasst, sich aber nicht auf sie beschränkt.[44] So war Software als Produkt im Rahmen der Produzentenhaftung bereits anerkannt,[45] bevor sie auch durch die Produkthaftungsrichtlinie geschützt wurde.

Die neue Produkthaftungsrichtlinie erwähnt **Daten** als Produkt nicht, wohl aber in Art. 6 **44** Abs. 1 lit. c Produkthaftungs-RL 2024 als geschütztes Gut. Dagegen erfasst sie digitale, datenbasierte Dienste als **Element eines Produkts** in Art. 4 Nr. 4 Produkthaftungs-RL 2024. Durch den Einbezug von datenbasierten Diensten kommen Daten damit eine Bedeutung im Rahmen der Produkthaftung zu. Je nach technischer Gestaltung können sie ursächlich für einen Produktfehler und in der Folge die Haftung des Herstellers sein. Insofern spricht viel dafür, auch Daten zu den (Teil-)Produkten zu zählen.

Für diese Einordnung spricht auch, dass Software regelmäßig nur mit Daten bestimmungs- **45** gemäß arbeiten kann. Daten bilden ein typisches Element von Software und begründen auch einen Teil ihres Schadenspotenzials. Da auch zugelieferte Teile eines Produktes bei ihrer Fehlerhaftigkeit der Produkt- und Produzentenhaftung unterfallen,[46] ist es nicht zu rechtfertigen, Daten aus dem Bereich der relevanten Produkte auszuklammern.[47] Wegen des weiten Produktverständnisses kommt es auch nicht darauf an, auf welche Art und Weise sie verkörpert sind. Auch Daten sind damit Produkte.[48]

Das Produkt muss **fehlerhaft** sein, um Ansprüche aus § 823 Abs. 1 BGB auszulösen. **46** Fehlerhaft ist das Produkt, wenn es ein nach § 823 Abs. 1 BGB geschütztes Recht oder Rechtsgut verletzt. Bei Daten können die Fehlerquellen vielfältig sein. Daten sind beispielsweise fehlerhaft, wenn sie als **Konfigurationsdateien** ein wesentliches Element von Maschinen und sonstigen Geräten, wie etwa Robotern, werden und diese Maschinen infolge der Konfiguration zu Eigentums- und Gesundheitsschäden führen. Gefahrenträchtig ist insbesondere die Verwendung von Daten für den Betrieb von **Medizinprodukten.** Auf Medizinprodukte finden neben den spezifischen Regeln aus der MP-VO und anderen Gesetzen auch die allgemeinen Vorschriften Anwendung.[49] Generell gilt, dass die Pro-

---

[43] Grüneberg/Sprau BGB § 823 Rn. 46.
[44] Grüneberg/Sprau BGB § 823 Rn. 174.
[45] Grüneberg/Sprau BGB § 823 Rn. 174.
[46] BGH 14.5.1996 – VI ZR 158/95, NJW 1996, 2224; Grüneberg/Sprau BGB § 823 Rn. 184.
[47] So auch Marly SoftwareR-HdB/Beurskens § 16 Rn. 145 für Trainingsdaten.
[48] So auch Wagner VersR 2020, 717 (726) für die bisherige Rechtslage.
[49] Rehmann/Wagner/Rehmann VO (EU) 2017/745 Einf. Rn. 62.

duzentenhaftung nicht von Spezialregelungen verdrängt wird, sondern daneben besteht.[50]

47 Fehlerhafte Daten können vor allem im unternehmerischen Bereich in **Maschinen,** insbesondere Robotern, zum Einsatz kommen und dort ihr Schadenspotenzial entfalten. Strenge Anforderungen an die Beachtung der Verkehrssicherungspflicht gelten beim Betrieb solche Maschinen für die Wahrung der **Arbeitssicherheit.** Werden Maschinen zur Unterstützung von menschlicher Arbeit eingesetzt, müssen sie den arbeitssicherheitsrechtlichen Anforderungen entsprechen. Wie diese Anforderungen zu erfüllen sind, wird häufig in technischen Regelwerken konkretisiert. Hierzu gehören auch **DIN-Normen,** die jedoch hinsichtlich der deliktischen Haftung keine normative Wirkung entfalten,[51] soweit sie nicht vom Bundesgesetzgeber mit einer entsprechenden Wirkung versehen wurden. Solche Regelwerke stellen daher nur **Mindestanforderungen** dar. Der BGH hat dies für DIN-Normen bereits mehrfach entschieden. Die Beachtung dieser technischen Normen entlastet den Verkehrssicherungspflichtigen nicht per se. Es handelt sich bei DIN-Normen – und anderen vergleichbaren Regelwerken – um auf freiwillige Anwendung ausgerichtete private technische Regelungen mit Empfehlungscharakter.[52] Sie stellen regelmäßig keine abschließenden Verhaltensanforderungen gegenüber Schutzgütern Dritter auf.[53] Da sie jedoch die **widerlegliche Vermutung** in sich tragen, den Stand der anerkannten Regeln der Technik wiederzugeben, sind sie zur Bestimmung des nach der Verkehrsauffassung Gebotenen besonders geeignet und können regelmäßig zur Feststellung von Inhalt und Umfang bestehender Verkehrssicherungspflichten herangezogen werden. Auch außerhalb ihres unmittelbaren Anwendungsbereichs kommen DIN-Normen als Maßstab für verkehrsgerechtes Verhalten in Betracht, soweit Gefahren betroffen sind, vor denen sie schützen sollen.[54] Der Verkehrssicherungspflichtige darf sich wegen des ihres Charakters als technische Mindestanforderungen nicht darauf beschränken, die Empfehlungen technischer Normen unbesehen umzusetzen. Vielmehr hat er die zur Schadensabwehr erforderlichen Maßnahmen anhand der Umstände des Einzelfalls eigenverantwortlich zu treffen.[55]

48 **Hersteller** der Daten ist, wer das Produkt in den Verkehr gebracht hat. Zulieferer von Teilprodukten unterliegen ebenfalls der Produzentenhaftung.[56] Den Hersteller treffen verschiedene Sorgfaltspflichten, insbesondere eine **Produktbeobachtungspflicht.**[57] Werden Daten nicht gemäß einer Typik vertrieben und verarbeitet, ist die Beobachtung der Wirkung der Daten auf dem Markt nur sehr eingeschränkt möglich.

49 **bb) Weiterfresserschäden.** Für das Eigentum ist anerkannt, dass eine Rechtsverletzung auch dann vorliegt, wenn sich ein begrenzter Defekt innerhalb der Sache ausweitet oder „weiterfrisst". Der BGH verlangt dafür, dass der erlittene Schaden über den Unwert hinausgeht, der der Sache aufgrund ihrer Mangelhaftigkeit bereits bei Erwerb anhaftete. Der **Mangelunwert** muss sich über die anfangs gegebene Beeinträchtigung hinaus ausgeweitet, weitergefressen, haben. Nur wenn der geltend gemachte Schaden nicht mit dem im ursprünglichen Mangel enthaltenen Unwert „stoffgleich" ist, kann ein deliktisch ausgleichsfähiger Schaden vorliegen. Fehlt die Stoffgleichheit, kann der Schaden aufgrund des Mangelunwerts grundsätzlich auch durch die deliktische Haftung abgedeckt werden, selbst wenn diese mit vertraglichen Gewährleistungs- oder Ersatzansprüchen konkurriert.[58]

50 Diese als Weiterfresserschäden bezeichnete Konstellation ist auch im Bereich des Datenrechts denkbar, wenn auch mit Einschränkungen. Eine Möglichkeit ist, dass einige Daten

---

[50] BeckOK BGB/Förster § 823 Rn. 684.
[51] Dazu MHdB ArbR/Bücker § 174 Rn. 32 ff.
[52] BGH 22.8.2019 – III ZR 113/18, NJW 2019, 3516 Rn. 15 mwN.
[53] BGH 3.6.2008 – VI ZR 223/07, NJW 2008, 3775 Rn. 18.
[54] BGH 22.8.2019 – III ZR 113/18, NJW 2019, 3516 Rn. 15.
[55] BGH 22.8.2019 – III ZR 113/18, NJW 2019, 3516 Rn. 15.
[56] BGH 14.5.1996 – VI ZR 158/95, NJW 1996, 2224; Grüneberg/Sprau BGB § 823 Rn. 184.
[57] Übersicht bei BeckOK BGB/Förster § 823 Rn. 735 ff.
[58] BGH 23.2.2021 – VI ZR 21/20, NJW 2021, 1883 Rn. 16; 11.2.2004 – VIII ZR 386/02, NJW 2004, 1032; BeckOK BGB/Förster § 823 Rn. 135.

fehlerhaft formatiert sind, weil beispielsweise Trennzeichen, die die Daten unterscheiden sollen, selbst Bestandteil der Daten sind und dadurch nachfolgende Daten des Datensatzes nicht richtig interpretiert werden können. Auch dann, wenn Daten eines Datensatzes als **Programmanweisungen zum Löschen** oder Verändern von Daten verstanden werden, kann sich der bestehende Schaden ausweiten. Überträgt man die Wertung des BGH in seiner Transistor-Entscheidung auf den Fall, dass mangelhafte Daten in einen größeren Datensatz eingepflegt werden, und nimmt man entsprechend eine Schädigung des neuen Ganzen an, würde das auch als Weiterfresserschaden gelten.

Im Gegensatz zu Sachen besteht jedoch bei Daten die Besonderheit, dass sie in ihrem Ursprung anderweitig, beispielsweise als **Sicherungskopie,** noch erhalten sein können und so selbst kaum eine Beeinträchtigung erleiden. Das Integritätsinteresse wird in solchen Fällen regelmäßig nicht berührt.[59] Der Schaden liegt dann nicht in der Beeinträchtigung der Substanz der Daten, sondern in dem Aufwand, die Daten fehlerfrei wiederherzustellen. Das ist jedoch kein typischer Weiterfresserschaden. **51**

cc) Schutz des Gewerbebetriebs. Der eingerichtete und ausgeübte Gewerbebetrieb wird iRd § 823 Abs. 1 BGB als sonstiges Recht geschützt. Der deliktische Schutz des Gewerbebetriebs ist subsidiär gegenüber anderen eine Kompensation vermittelnden Regelungen. Im Zusammenhang mit Daten kann eine Beeinträchtigung des Betriebs vor allen Dingen durch eine **Verschlüsselung** der Betriebsdaten infolge eines Ransomware-Angriffs oder durch andere Schadsoftware, die Daten löscht oder verändert, erfolgen. Da der Eingriff betriebsbezogenen erfolgen muss, fällt ein Datenverlust infolge eines Stromausfalls, etwa nach dem versehentlichen Durchtrennen der Stromzufuhr, oder der Störung von Telekommunikationsleistungen nicht in den Schutzbereich. Hierbei handelt es sich nicht um betriebsbezogene, sondern nur um mittelbare Eingriffe.[60] **52**

dd) Haftung aus § 826 BGB. Eine sittenwidrige Schädigung kommt mit Bezug zu Daten in vielfacher Hinsicht in Betracht. So stellt die Verbreitung von **Schadsoftware,** die Daten löschen oder verschlüsselt, eine sittenwidrige Schädigung dar. Aber auch die Nichtbeachtung von **Informationspflichten** kann eine Haftung nach § 826 BGB auslösen. Sie kommt etwa in Betracht, wenn eine Vertragspartei – zB hinsichtlich eines Datenbestandes – über Informationen verfügt, die für sie erkennbar für die andere Partei von erheblicher Bedeutung sind und sie sie ihr nicht offenbart.[61] **53**

Die Schädigung muss vorsätzlich erfolgen. Daher ergeben sich Schwierigkeiten für die Anwendung des § 826 BGB, wenn ein **autonomes IT-System** ein schädigendes Ereignis ausgelöst.[62] Wegen der Autonomie des Systems kann dessen Betreiber das Ereignis regelmäßig nicht vorhersehen. Auch ein billigendes in Kauf nehmen scheidet aus. Es kommt für das Unwerturteil allein auf die Repräsentanten des Haftungsschuldners an, eine mosaikartige Zusammensetzung der im Hause einer juristischen Person vorhandenen kognitiven Elemente scheide aus.[63] **54**

c) Rechtfertigungstatbestände

Eine Schadensersatzpflicht tritt nur dann ein, wenn die Verletzung des Rechtsguts widerrechtlich erfolgte. Die Widerrechtlichkeit entfällt bei Einwilligung des Geschädigten oder wenn eine gesetzliche Norm den Eingriff rechtfertigt. Im Bereich des Datenrechts sind solche Rechtfertigungsgründe regelmäßig nicht gegeben. Ausnahmsweise vorstellbar ist jedoch das Löschen von Daten zum Schutz eigener Interessen, die die des Dateninhabers überwiegen. So könnte in Analogie zu § 904 BGB das Überschreiben von Daten auf einem **55**

---

[59] So schon Spindler NJW 1999, 3737 (3738) für mangelhafte Software.
[60] Grüneberg/Sprau BGB § 823 Rn. 139.
[61] BGH 15.9.2023 – V ZR 77/22, NJW 2023, 3423 Rn. 53.
[62] Kuntz ZfPW 2022, 177 (182).
[63] BGH 8.3.2021 – VI ZR 505/19, NJW 2021, 1669 Rn. 23.

Datenträger gerechtfertigt sein, wenn die überschriebenen Daten anderweitig gesichert sind und das Überschreiben der Daten erforderlich war, um relevante **Informationen** des Handelnden **zu sichern.** Auch eine Notwehrhandlung nach § 227 BGB ist denkbar, wenn die gelöschten Daten rechtswidrig für einen Angriff auf das Persönlichkeitsrecht des in Notwehr Handelnden verwendet werden sollen. Auch ein Notstand nach § 228 BGB kommt als Rechtfertigungsgrund in Betracht, etwa wenn Daten gelöscht werden, die eine andere Person betreffen und in deren Rechtskreis rechtswidrig eingreifen, indem sie beispielsweise Informationen enthalten, die eine Kreditgefährdung nach § 824 BGB darstellen. Entsprechendes gilt, wenn staatliche Hilfe nicht rechtzeitig erlangt werden kann und daher zu Selbsthilfemaßnahmen nach § 229 BGB gegriffen werden muss.

56 Ein Rechtfertigungsgrund kann auch die **Geschäftsführung ohne Auftrag** darstellen, etwa wenn Daten gelöscht werden, deren Verarbeitung dem Inhaber der Daten Nachteile zufügen würden.[64]

d) Verschulden

57 Für das Verschulden gelten zunächst die allgemeinen Regeln. Für die Haftung genügt in den meisten Fällen die Außerachtlassung der im Verkehr erforderlichen **Sorgfalt.** Haben die Parteien den Haftungsmaßstab vertraglich modifiziert, ist das auch für die deliktische Haftung zu beachten. Werden Daten unentgeltlich zur Verfügung gestellt, ist nicht nur im Verhältnis der Parteien des Überlassungsvertrages zueinander (→ Kap. 11 Rn. 118), sondern auch gegenüber Dritten an eine **Haftungsprivilegierung** zu denken.[65] Relevant werden kann dies bei **Open Data** Angeboten. Jedenfalls sollte der Nutzer eines unentgeltlich erhaltenen Produkts den Hersteller nicht stärker in Anspruch nehmen können als für den Fall einer unentgeltlichen vertraglichen Überlassung.

58 Wie auch bei anderen geschützten Rechten und Rechtsgütern ist die Kenntnis, zu wessen Gunsten die Daten geschützt sind, nicht erforderlich. Das geschützte Recht oder Rechtsgut an sich muss aber erkennbar sein, um eine Haftung bei Beachtung der geschuldeten Sorgfalt vermeiden zu können. Daten sind regelmäßig nicht wahrnehmbar. Selbst Datenträger sind nicht immer erkennbar. Damit wird der deliktische Schutz von Daten problematisch, wenn für den Schädiger die **Erkennbarkeit** der Einwirkung auf Daten fehlt. Das ließe den Sorgfaltsverstoß entfallen. Bei einer solchen Sachlage kann der Schluss von der Nichteinhaltung der erkennbaren „äußeren" Sorgfalt, also der Erfüllung des Unrechtstatbestandes, auf eine Verletzung der „inneren" Sorgfalt, also eines Verschuldens, nicht gerechtfertigt sein.[66] Für die Haftung wegen der Herbeiführung eines Schadens an Daten oder aus der Verwendung von Daten bedeutet dies, dass der Schädiger in der Lage gewesen sein muss zu erkennen, dass eine Handlung im Zusammenhang mit einer Datenverarbeitung, und sei es auch nur von gespeicherten Daten auf einem Datenträger, steht. Vernichtet beispielsweise jemand einen USB-Stick, der als solcher nicht erkennbar ist, weil er Teil eines Kugelschreibers ist, fehlt es an einem datenbezogenen Sorgfaltspflichtverstoß. Eine Haftung kommt dann allenfalls hinsichtlich des Datenträgers an sich in Betracht.

59 Stellt man, wie hier, auf den Schutz des Besitzes am Datenträger ab, muss der Schädiger nicht erkannt haben oder erkennen können, Daten zu beeinträchtigen, es genügt die Erkennbarkeit der Einwirkung auf eine Sache. Auch hier kann es sein, dass der Schädiger die Einwirkung auf einen Datenträger und damit auf Daten nicht erkennen konnte. Das ist aber grundsätzlich auch nicht erforderlich. Die Zurechnung des unter Umständen nicht absehbaren Schadens erfolgt nach den Grundsätzen der **haftungsausfüllenden Kausalität.**

---

64 HK-BGB/Staudinger § 823 Rn. 77; BeckOK BGB/Gehrlein § 677 Rn. 20.

65 BGH 20.11.1984 – IV a ZR 104/83, NJW 1985, 794; OLG Zweibrücken 11.4.2002 – 4 U 122/0, NJW-RR 2002, 1456 (1457).

66 BGH 31.5.1994 – VI ZR 233/93, NJW 1994, 2232 (2233); OLG Koblenz 15.3.2019 – 4 U 979/18, BeckRS 2019, 8004 Rn. 28, dazu auch MüKoBGB/Wagner § 823 Rn. 30 ff.

2. Schutzgesetze

Der Schutz aus § 823 Abs. 1 BGB ist auf die dort genannten Rechte und Rechtsgüter beschränkt. Erweitert wird der deliktsrechtliche Schutz über Abs. 2 bei Verletzung eines Schutzgesetzes. Die als Schutzgesetze herangezogene Norm müssen dem Schutz der Individualinteressen des Geschädigten dienen. Auch **europäische Rechtsakte** kommen als Schutzgesetze in Betracht. Sie müssen jedoch, wie beispielsweise EU-Verordnungen, unmittelbare Wirkung gegenüber den am Verkehr teilnehmenden Rechtssubjekten entfalten. Das ist bei EU-Richtlinien nicht der Fall.[67] Sie entfalten allenfalls Wirkungen gegenüber dem Staat, der sie nicht, nicht rechtzeitig oder fehlerhaft umsetzt.[68] **60**

Nach der Rechtsprechung des BGH kann bei Verletzung eines Schutzgesetzes für solche Schadensfolgen Ersatz verlangt werden, die innerhalb des Schutzbereichs der verletzten Norm liegen. Dabei muss es sich um Folgen handeln, die in den Bereich der Gefahren fallen, um derentwillen die Rechtsnorm erlassen wurde. Zusätzlich muss ein innerer **Zusammenhang zwischen der Pflicht- oder Normverletzung und dem Schaden,** nicht nur eine mehr oder weniger zufällige äußere Verbindung bestehen.[69] **61**

Als Schutzgesetze mit Bezug zu Daten kommen insbesondere in Betracht:

- **Cyber Resilience Act**[70] **62**
  Der Cyber Resilience Act enthält aus Art. 3 Nr. 44 CRA ersichtlich die Sicherheitsvorgabe, ein Produkt mit digitalen Elementen so zu gestalten, dass sich ein Sicherheitsvorfall nicht negativ auf die Verfügbarkeit, Authentizität, Integrität oder Vertraulichkeit von Daten auswirkt. Ein Sicherheitsvorfall in diesem Bereich gilt nach Art. 14 Abs. 5 lit. a CRA als schwerwiegend und ist meldepflichtig. Nach Anhang I Teil I Abs. 2 lit. e CRA müssen Produkte mit digitalen Elementen die Vertraulichkeit gespeicherter, übermittelter oder anderweitig verarbeiteter personenbezogener oder sonstiger Daten und nach lit. f die Integrität solcher Daten vor einer vom Nutzer nicht genehmigten Manipulation oder Veränderung schützen und deren Beschädigung melden.
- **Data Act** **63**
  Der Data Act weist bestimmte Daten dem Datennutzer zu und untersagt in der Folge dem Dateninhaber, die Daten ohne Einverständnis des Nutzers an Dritte weiterzugeben. Der Dateninhaber wiederum wird vor allem in seinem Geheimhaltungsinteresse gegenüber dem Nutzer und Dritten geschützt → Kap. 10 Rn. 158. Rechtsfolgen einer Nichtbeachtung dieser Grundsätze enthält der Data Act nur in beschränktem Umfang. Insbesondere sind hinsichtlich der Zuweisung der Daten zum Nutzer keine Schadensersatzansprüche vorgesehen. Ob hierzu eine Lücke über das Deliktsrecht zu schließen ist, ist fraglich. Denn zwischen dem Datennutzer und dem Dateninhaber besteht ein Schuldverhältnis aus dem Data Act. Die Verletzung der Pflichten hieraus begründen einen Schadensersatzanspruch des Nutzers gegen den Dateninhaber aus §§ 280 ff. BGB → Kap. 13 Rn. 95 ff. Nur dann, wenn sich ein Dritter die dem Nutzer zugewiesenen Daten unbefugt verschafft, muss auf das allgemeine Deliktsrecht zurückgegriffen werden. Dafür genügt aber weitgehend der bereits oben dargestellte Schutz über den Besitz des Datennutzers an dem Produkt, das die Daten erzeugt → Rn. 15. Der Data Act verhält sich auch nicht zu Personen, die außerhalb des regulierten Dreiecks Dateninhaber-Datennutzer-Dritte stehen. Eine drittschützende Wirkung kommt dem Data Act daher nur im Verhältnis des Nutzers zu einem Dritten zu, an den der Dateninhaber die Daten rechtswidrig weitergegeben hat. Diese Weitergabe widerspräche Art. 4 Abs. 13 DA, dem insoweit eine drittschützende Wirkung zukommt. Für einen Schutz des Datenempfängers über § 823 Abs. 2 BGB hinsichtlich seines

[67] EuGH 7.6.2007 – C-80/06, EuZW 2007, 545 Rn. 20 – Carp Snc di L. Moleri e V. Corsi/Ecorad Srl.
[68] MüKoBGB/Wagner § 823 Rn. 595.
[69] BGH 5.6.2009 – V ZR 144/08, NJW 2009, 2530 Rn. 19.
[70] Ruttloff/Wagner/Stilz BB 2024, 1603 (1609): grds. jede Norm des CRA. potenziell Schutzgesetz iSd § 823 Abs. 2 BGB sein kann.

Anspruchs auf Vertragsschluss gem. Art. 8 Abs. 1 DA sprechen sich Czychowski/Üge aus.[71]

64 – **Datenschutzgrundverordnung**
Die DS-GVO basiert auf dem Verbotsprinzip. Alle Verarbeitungsvorgänge, die nach dem Gesetz nicht zulässig sind, sind verboten. In der Folge hat insbesondere Art. 6 DS-GVO eine individualschützende Funktion.[72]

65 – **EU-Maschinenverordnung**
Nach Teil B Ziff. 1.1.9 der EU-Maschinenverordnung sind Hersteller von Maschinen insbesondere verpflichtet, Daten, wenn sie für die Übereinstimmung der Maschine oder des dazugehörigen Produkts mit den einschlägigen Sicherheits- und Gesundheitsschutzanforderungen von entscheidender Bedeutung sind, als solche zu benennen und angemessen gegen unbeabsichtigte oder vorsätzliche Korrumpierung zu schützen.

66 – **KI-VO**
Anbieter von KI-Systemen mit allgemeinem Verwendungszweck müssen nach Art. 53 Abs. 1 lit. c KI-VO eine Strategie zur Einhaltung des Urheberrechts der Union und damit zusammenhängender Rechte und insbesondere zur Ermittlung und Einhaltung eines nach § 44b UhrG geltend gemachten Rechtsvorbehalts, auch durch modernste Technologien, auf den Weg bringen. Nach lit. d des Absatzes müssen sie zudem eine hinreichend detaillierte Zusammenfassung der für das Training des KI-Modells mit allgemeinem Verwendungszweck verwendeten Inhalte erstellen und veröffentlichen. Diese Anforderungen werden von einigen als Schutzgesetze eingeordnet.[73]

67 – **Medizinprodukteverordnung**
Ein Produkt, das in den Anwendungsbereich der MP-VO fällt, darf nach Art. 5 Abs. 1 MP-VO nur in Verkehr gebracht oder in Betrieb genommen werden, wenn es bei sachgemäßer Lieferung, korrekter Installation und Instandhaltung und seiner Zweckbestimmung entsprechender Verwendung, der Verordnung entspricht. Die Norm schützt damit die Individualinteressen der Patienten.[74]

68 – **Strafrecht**
Als Schutzgesetze werden angesehen § 202a StGB[75] und § 303a StGB[76]. Zu beachten ist, dass die Tatbestände nur vorsätzlich verwirklicht werden können und Voraussetzung für einen Anspruch aus § 823 Abs. 2 BGB ist.

69 – **§ 858 BGB – Verbotene Eigenmacht**
Wer dem Besitzer ohne dessen Willen den Besitz entzieht oder ihn im Besitz stört, handelt nach § 858 Abs. 1 BGB, sofern nicht das Gesetz die Entziehung oder die Störung gestattet, widerrechtlich und begeht verbotene Eigenmacht. Verbotene Eigenmacht als Schutzgesetz hat für den Beeinträchtigten den Vorteil, dass er die zur Beseitigung der Entziehung oder Störung erforderlichen Kosten im Rahmen des Selbsthilferechts aus § 859 BGB geltend machen kann, auch wenn er keinen Vermögensschaden erleidet oder sonst in wirtschaftlichen Interessen berührt ist.[77] Mit Blick auf das Verschulden genügt einfache Fahrlässigkeit.

---

71 Czychowsky/Lettl/Steinrötter/Czychowski/Üge DA Art. 8 Rn. 63.
72 LG Hamburg 13.2.2020 – 312 O 372/18, ZD 2020, 477 Rn. 41.
73 Martini/Wendehorst/Bernsteiner/Schmitt KI-VO Art. 53 Rn. 36; hinsichtlich lit. c Dregelies GRUR 2024, 1484 (1491 f.); mit guten Gründen zweifelnd Bomhard/Pieper/Wende/Beurskens KI-VO Art. 53 Rn. 39.
74 Rehmann/Wagner/Wagner VO (EU) 2017/745 Art. 5 Rn. 1–9; Spickhoff/Spickhoff 1. Rn. 78–81, s. auch BGH 27.2.2020 – VII ZR 151/18, NJW 2020, 1514.
75 OLG Celle 22.12.2010 – 7 U 49/09, NJW-RR 2011, 1047.
76 Grützmacher CR 2016, 485 (490); Prütting/Wegen/Weinreich/Schaub BGB § 823 Rn. 240.
77 BGH 5.6.2009 – V ZR 144/08, NJW 2009, 2530 Rn. 19; MüKoBGB/Wagner § 823 Rn. 367.

3. Data Act

Der Data Act enthält nur in Art. 11 Regelungen zu privatrechtlichen kompensatorischen **70** Rechtsfolgen einer Verletzung seiner Bestimmungen. Nach Art. 11 Abs. 2 lit. d DA hat ein **Datenempfänger,** der gegen seine Pflichten aus Art. 11 Abs. 3 DA verstößt, die Partei, die durch den Missbrauch oder die Offenlegung dieser unrechtmäßig abgerufenen oder genutzten Daten geschädigt wurde, zu entschädigen. Der Wortlaut begründet eine **Schadensersatzpflicht,** ohne weitere Regelungen zu enthalten, ob der Verstoß schuldhaft erfolgen muss und in welchem Umfang Ersatz zu leisten ist. Im Übrigen werden Schadenersatzansprüche im Data Act nicht behandelt. Da die Ersatzpflicht nur greift, wenn **Geschäftsgeheimnisse** betroffen sind, stellen sich die in diesem Bereich typischen Fragen des Nachweises eines Vermögensschadens. Der Ersatz dürfte nur bei Verschulden zu leisten sein, auch wenn der Data Act dies nicht ausdrücklich ausspricht. McGuire/Schulte-Nölke haben sich für eine Anwendung von Art. 11 auch zugunsten des Datennutzers für den Fall ausgesprochen, dass der Dateninhaber die Daten rechtswidrig nutzt und damit im Verhältnis zum Datennutzer zum Dritten würde.[78] Das steht jedoch im Widerspruch zum Wortlaut des Art. 11 Abs. 2 DA, der nur den Dateninhaber als Anspruchsinhaber benennt und auch zur Terminologie des Dritten und des Datenempfängers, die die Daten vom Dateninhaber erhalten. Um den Betroffenen, das heißt in der Regel den Datennutzer, nicht rechtlos zu stellen, kann und muss zur Bestimmung der Folgen auf das nationale Recht abgestellt werden. In Übereinstimmung mit den anerkannten Regeln können Bestimmungen des Data Acts Schutzgesetze nach § 823 Abs. 2 BGB sein (→ Rn. 64).

Anspruchsinhaber können der Inhaber eines Geschäftsgeheimnisses und der Daten- **71** nutzer sein. Für letzteren dürfte jedoch ein Schaden durch die Offenbarung von Geheimnissen ausscheiden, da er typischerweise Verbraucher ist und als solcher nicht in den Bereich des Geheimnisschutzes fällt. Er könnte aber Ansprüche aus Art. 82 Abs. 1 DS-GVO geltend machen. Während die DS-GVO die Verschuldensabhängigkeit der Ersatzpflicht in Art. 82 Abs. 2 DSGV deutlich macht, enthält der Data Act keine Bestimmungen dazu. Liegt zugleich ein Verstoß gegen das Geschäftsgeheimnisgesetz vor, können Ansprüche aus § 10 GeschGehG begründet sein.

4. Urheberrecht

Im Datenrecht ist die Verletzung urheberrechtlich geschützter Positionen regelmäßig nur bei **72** nach §§ 87a ff. UrhG geschützten **Datenbanken** denkbar. Daten, die dem Betrieb einer Software dienen, indem sie es erlauben, die Nutzungsmöglichkeiten der **Software** zu individualisieren, unterfallen nicht dem urheberrechtlichen Schutz, soweit diese Daten nicht die Vervielfältigung oder spätere Entstehung einer Software ermöglichen.[79]

Die **Rechtsfolgen** einer Urheberrechtsverletzung sind in den §§ 97 ff. UrhG behandelt. **73** Nach § 97 Abs. 1 UrhG stehen dem Verletzten verschuldensunabhängige Beseitigungs- und Unterlassungsansprüche zu. Nach § 97 Abs. 2 UrhG kann bei einem schuldhaften Verstoß auch Schadensersatz verlangt werden mit der Besonderheit, dass auch eine fiktive Schadensberechnung zulässig ist und der Verletzergewinn abgeschöpft werden kann.

Für Rechtsverletzungen, die durch **Arbeitnehmer oder Beauftragte** erfolgen, kann der **74** Verletzte nach § 99 UrhG die Beseitigungs- und Unterlassungsansprüche aus § 97 Abs. 1 UrhG auch gegen das Unternehmen selbst geltend machen. **Schadensersatzansprüche** aus Deliktsrecht stehen dem in seinen Rechten Verletzten dabei nur nach den allgemeinen Bestimmungen des § 831 BGB zu, während Schäden aus Handlungen von Organen über §§ 823, 31 BGB kompensiert werden.[80] Dem nach § 831 BGB in Anspruch genommenen Unternehmen steht die Exkulpationsmöglichkeit nach § 831 Abs. 1 S. 2 BGB offen.

---

[78] McGuire/Schulte-Nölke ZdiW 2024, 73 (78).
[79] EuGH 17.10.2024 – C-159/23, MMR 2025, 105 Rn. 52.
[80] Wandtke/Bullinger/Bohne UrhG § 99 Rn. 9.

5. Geschäftsgeheimnisgesetz

75 Der Inhaber eines Geschäftsgeheimnisses kann nach § 6 GeschGehG Beseitigung und Unterlassung, nach § 7 GeschGehG Vernichtung und Herausgabe der im Besitz oder Eigentum des Rechtsverletzers stehenden Dokumente, Gegenstände, Materialien, Stoffe oder elektronischen Dateien, die das Geschäftsgeheimnis enthalten oder verkörpern, und hinsichtlich des rechtsverletzenden Produkts Rückruf, Entfernung und Rücknahme vom Markt verlangen. Diese Ansprüche bestehen unabhängig von einem Verschulden. Bei Verschulden steht dem Verletzten aus § 10 GeschGehG Schadensersatz zu. Zur Durchsetzung der genannten Ansprüche kann der Geheimnisinhaber **Auskunft** nach § 9 GeschGehG verlangen. Zur Abwendung der Ansprüche zur Abwendung der Ansprüche nach den §§ 6 oder 7 GeschGehG kann der Verletzer nach § 11 GeschGehG eine Abfindung in Geld leisten. In den in § 9 GeschGehG genannten Fällen sind die Ansprüche bei Unverhältnismäßigkeit ausgeschlossen. Der Ausschluss ist von Amts wegen zu beachten.[81]

6. Schadensumfang

76 Grundsätzlich dient der deliktsrechtliche Schadensersatzanspruch gem. § 249 Abs. 1 BGB der Wiederherstellung des Zustandes, wie er ohne das schädigende Ereignis bestehen würde. Im Rahmen des § 823 Abs. 1 BGB werden reine Vermögensbeeinträchtigungen grundsätzlich nicht ausgeglichen.[82] Der Schadensersatzanspruch wegen unerlaubter Handlung richtet sich auf das **negative Interesse.** Das negative Interesse umfasst aber auch Vermögenseinbußen wie den **entgangenen Gewinn**.

a) Besitzbeeinträchtigung

77 Wird der Schadensersatzanspruch auf eine Störung oder Entziehung des Besitzes gestützt, ist fraglich, in welchen Fällen Schadensersatz zu leisten ist. Der BGH differenziert zwischen **Nutzungs- und Substanzschäden.** Nutzungsschäden, die auf der Beeinträchtigung der zeitweisen Nutzbarkeit der Sache beruhen, können bei Vorliegen der Tatbestandsvoraussetzungen im Übrigen ersetzt verlangt werden. Den Ersatz des Substanzschadens in Form der Wiederherstellung der Sache, weist der BGH dagegen regelmäßig dem Eigentümer und nicht dem Besitzer zu.[83]

78 Eine Veränderung der Daten auf dem im Übrigen unversehrten Datenträger stellt einen **Nutzungsschaden** dar. Der Besitzer wird durch das Löschen, Verändern oder Vorenthalten, insbesondere durch Verschlüsselung, von Daten in seinem Besitz gem. § 862 BGB gestört, wenn dies ohne seinen Willen und ohne Rechtfertigung durch ein Gesetz, also durch verbotene Eigenmacht nach § 858 Abs. 1 BGB geschieht. Diese Besitzstörung kann in der Folge nach herrschender Meinung als Verletzung eines sonstigen Rechts nach § 823 Abs. 1 BGB geltend gemacht werden.[84]

79 Probleme können sich ergeben, wenn der Datenträger zerstört oder so beschädigt wird, dass er wiederhergestellt werden muss. Dann liegt ein **Substanzschaden** vor, dessen Ausgleich rechtlich sowohl der Eigentümer als auch der Besitzer geltend machen könnten. Würde auch dem Besitzer das Recht zugestanden, ergäbe sich eine Anspruchskonkurrenz.[85] Ob der Substanzschaden auch vom Besitzer iRd § 823 Abs. 1 BGB geltend gemacht werden kann, ist umstritten.[86] Bisher hat der BGH hierzu keine Entscheidung getroffen. Für die Verletzung der Sachsubstanz eines Datenträgers ist jedoch zu berücksichtigen, dass die

81 Köhler/Feddersen/Alexander GeschGehG § 9 Rn. 14.
82 MüKoBGB/Wagner § 823 Rn. 472.
83 Vgl. dazu BGH 29.1.2019 – VI ZR 481/17, NJW 2019, 1669 Rn. 19.
84 Grüneberg/Herrler BGB § 862 Rn. 11.
85 Vgl. BGH 29.1.2019 – VI ZR 481/17, NJW 2019, 1669 Rn. 13 ff.
86 Dagegen Erman/Wilhelmi BGB § 823 Rn. 43; MüKoBGB/Wagner § 823 Rn. 372; dafür Jauernig/Kern BGB § 823 Rn. 16, wenn nicht in Rechtsposition des Eigentümers eingegriffen wird.

Wiederherstellung des Datenträgers nicht zugleich zur Wiederherstellung der Daten führt. Nimmt man nur die Daten als typischerweise werthaltiges Element für den Besitzer in den Fokus, ist diesem auch nur an deren Wiederherstellung gelegen. Diese Daten dürften aber nur in seltenen Fällen auch Daten des Eigentümers der Sache sein. Insofern stellt sich dann das Problem einer Anspruchskonkurrenz nicht. Es spricht daher alles dafür, dem Besitzer auch bei einer Beeinträchtigung seiner Daten durch Eingriffe in die Sachsubstanz einen Ersatzanspruch auch ohne Zustimmung des Eigentümers zu gewähren. Bei einem berechtigten Besitz sollte dem unmittelbaren Besitzer in jedem Fall zudem ein Anspruch aus dem Besitzmittlungsverhältnis gegen den Eigentümer zustehen, in die Wiederherstellung der Daten zustehen. Vorsorglich kann dazu auch eine Regelung aufgenommen werden, nach der der Nutzer zur Geltendmachung der Ersatzansprüche durch den Eigentümer ermächtigt wird:

(1) Wird der überlassene Datenträger/Speicherplatz durch eine zum Schadensersatz verpflichtende Handlung Dritter so beeinträchtigt, dass auch die dort gespeicherten Daten des Nutzers in Mitleidenschaft gezogen wurden, ermächtigt der Vertragspartner den Nutzer, Ersatzansprüche aus deliktischem Besitzschutz für den Vertragspartner im eigenen Namen, jedoch für dessen Rechnung, geltend zu machen, soweit ihm keine eigenen Ansprüche zustehen.
(2) Stehen dem Nutzer eigene Ersatzansprüche aus deliktischem Besitzschutz zu, stimmt der Vertragspartner deren Geltendmachung durch den Nutzer zu. Der Vertragspartner wird eigene Ansprüche nur in Abstimmung mit dem Nutzer geltend machen.

Im ersten Absatz wird der Nutzer entsprechend § 185 Abs. 1 BGB ermächtigt,[87] **80** Ansprüche des Eigentümers im eigenen Namen geltend zu machen. Der zweite Absatz soll zumindest formal die Bedenken ausräumen, dass der Schädiger den Ansprüchen sowohl des Eigentümers als auch des Besitzers ausgesetzt ist. Rechtlich liegt hier eine **Gesamtgläubigerschaft** nach § 428 BGB vor.

b) Herausgabe von Daten

Hat sich der Schadensersatzverpflichtete die Daten deliktisch verschafft, kann der Geschädigte die **Herausgabe der Daten** verlangen. Das gilt aber nur, wenn der Geschädigte keine Sicherungskopie hat, denn dann richtet sich der Schaden auf Rücksicherung der Daten. Soll der Schädiger die Daten nicht behalten, müsste das Deliktsrecht einen Anspruch auf **Löschung** vermitteln. Aber die **Löschung** dürfte der Geschädigte aus § 823 Abs. 1 BGB iVm § 249 Abs. 1 BGB nicht verlangen können, wenn in der deliktischen Handlung ein Eingriff in die Besitzpositionen gesehen wird. Denn auch dann ist ihm entweder nur der Schaden der Rücksicherung oder der Wiederbeschaffung der Daten entstanden. Ein Löschen der Daten würde mit Blick auf die geschützte Sache nicht der Wiederherstellung des ursprünglichen Zustands – der Sache – dienen. Anders wäre es nur, wenn die Herausgabe mit Blick auf das Ergebnis wie bei einer Sache verstanden würde. Bei deren Herausgabe behielte der Schädiger nichts zurück. Da aber der Schadensersatzanspruch nicht auf Herausgabe, sondern auf Wiederherstellung des ursprünglichen Zustandes beim Geschädigten gerichtet ist, beinhaltet die Kompensation nur die Maßnahmen, die zur Wiederherstellung erforderlich sind. Das Löschen der Daten gehört nicht dazu. Einen solchen Anspruch kann der Geschädigte nur aus § 7 GeschGehG oder, wenn die Daten in den Händen des Schädigers einen Vermögensschaden darstellen, nach § 823 Abs. 2 oder § 826 BGB verfolgen. **81**

[87] Dazu Grüneberg/Ellenberger BGB § 185 Rn. 13.

82 Nimmt man ein Recht am eigenen Datenbestand oder ein Dateneigentum an, mag das zu einem Herausgabeanspruch analog zu § 985 BGB führen. Dem Anspruchsteller bleibt im Einzelfall ein Herausgabeanspruch aus **ungerechtfertigter Bereicherung** → Kap. 9 Rn. 58 oder aus **angemaßter Eigengeschäftsführung** → Rn. 89.

c) Positives Interesse

83 Die deliktische Haftung erfasst grundsätzlich nicht das Erfüllungsinteresse oder positive Interesse, weil sie nicht an das Bestehen einer Verbindlichkeit und deren Nicht- oder Schlechterfüllung anknüpft. Sie beschränkt sich vielmehr auf das negative Interesse im Sinne eines Erhaltungsinteresses.[88] Überlagert die deliktische Haftung jedoch eine vertragliche Beziehung, kann der Ersatzanspruch ausnahmsweise auch auf das positive Interesse gerichtet sein. Denn das negative Interesse muss nicht notwendigerweise geringer sein als das positive Interesse des Geschädigten an der Vertragserfüllung. Dazu ist aber erforderlich, dass der Geschädigte bei einer deliktischen Handlung des Schädigers im Zusammenhang einem **Vertrag,** insbesondere dessen Abschluss, nachweist, dass er ohne die Handlung einen anderen, günstigeren Vertrag abgeschlossen oder einen sonstigen Vorteil erfahren hätte.[89] Regelmäßig kommt dies aber nur im Rahmen einer Haftung aus § 823 Abs. 2 BGB oder aus § 826 BGB in Betracht. Denkbar ist dies bei einer arglistigen Täuschung des Erwerbers von Daten oder der vorsätzlichen und sittenwidrigen Bereitstellung fehlerhafter Daten. Ein weiterer Fall kann dann gegeben sein, wenn der Geschädigte nachweisbar ohne das schädigende Ereignis bestimmte gewinnbringende Handlungen vorgenommen hätte.[90] Zu den ersatzfähigen Schäden können daher der aufgrund der Vorenthaltung von Daten entgangener Gewinn gehören.

84 Nach § 849 BGB kann der Berechtigte von dem Moment einer Besitzentziehung oder Beschädigung einer Sache an ohne weiteren Nachweis eines Zinsschadens **Zinsen** auf den Schadensbetrag in gesetzlicher Höhe verlangen. Entziehung und Beschädigung einer Sache sind im Zusammenhang mit Daten gegeben, wenn der Berechtigte keinen Zugriff auf den Datenträger und damit die Daten hat. Die Pflicht zur Verzinsung beginnt mit dem Schadenseintritt.[91]

d) Immaterieller Schaden und dreifache Schadensberechnung

85 Der Ersatz eines **immateriellen Schadens** muss nach § 253 BGB gesetzlich zugelassen sein, anderenfalls ist er ausgeschlossen. Einen Anspruch auf Ersatz eines immateriellen Schadens mit Bezug auf Daten sehen Art. 82 DS-GVO, § 10 Abs. 3 GeschGehG und Art. 11 Abs. 2 lit. d DA[92] vor.[93]

86 Haben die Daten lediglich einen ideellen Wert, wie dies im privaten Bereich bei **Fotos und Videos** der Fall ist, kann der Geschädigte kein Schmerzensgeld verlangen. Die **Wiederherstellung** der Daten wird durch die Vorschrift aber nicht ausgeschlossen.[94] Grundsätzlich sind die Kosten zu erstatten, die für die Wiederherstellung aufgewendet werden. Die Ersatzpflicht kann durch § 251 Abs. 2 S. 1 BGB auf einen Geldbetrag als Entschädigung beschränkt werden, wenn die Wiederherstellungskosten unverhältnismäßig hoch sind.[95]

87 Nach § 10 Abs. 1 und 2 GeschGehG kann der Verletzte Schadensersatz nach der im Immaterialgüterrecht, insbesondere § 97 Abs. 2 UrhG, üblichen **dreifachen Berech-**

---

88 StRspr, vgl. BGH 6.7.2021 – VI ZR 40/20, NJW 2021, 3041 Rn. 14 mwN.
89 BGH 6.7.2021 – VI ZR 40/20, NJW 2021, 3041 Rn. 14.
90 BGH 17.7.2001 – X ZR 65/99, NJW-RR 2001, 1599 (1600).
91 BeckOK BGB/Scheuer § 849 Rn. 5.
92 Czychowski/Lettl/Steinrötter/Pfeiffer DA Art. 11 Rn. 68.
93 Der vergleichbare Anspruch aus § 97 Abs. 2 S. 4 UrhG dürfte bei Daten keine Rolle spielen.
94 Grüneberg/Grüneberg BGB § 253 Rn. 2.
95 Dazu MüKoBGB/Oetker § 251 Rn. 48 ff.

nungsmethode verlangen. Die Geltendmachung eines Lizenzschadens ist bei der Beeinträchtigung von Geschäftsgeheimnissen jedoch regelmäßig schwierig. Der Verletzergewinn kann daneben auch nach § 97 Abs. 2 UrhG auch bei einer **angemaßten Eigengeschäftsführung** aus § 687 Abs. 2 BGB → Rn. 89 verlangt werden.

e) Mitverschulden

88 Die Ersatzpflicht des Schädigers kann durch eine **Obliegenheitsverletzung** des Geschädigten gemindert, im äußersten Fall sogar ausgeschlossen sein. Zum Mitverschulden s. auch → Kap. 12 Rn. 80.

7. Angemaßte Eigengeschäftsführung

89 Verarbeitet jemand Daten in einer Weise, wie sie nur dem **an den Daten Berechtigten** zugwiesen ist, kann ein Fall der angemaßten Eigengeschäftsführung nach § 687 Abs. 2 BGB vorliegen. Ob diese Norm dem Deliktsrecht zuzuordnen ist oder ob sie anderer Natur ist, ist umstritten.[96] Tatbestandsvoraussetzungen und Rechtsfolgen bleiben von diesem Streit aber unberührt.

90 Voraussetzung einer angemaßten Eigengeschäftsführung ist das **Führen eines fremden Geschäfts** im eigenen Interesse und gegen den wirklichen oder mutmaßlichen Willen des Geschäftsherrn. Umstritten ist, welche Art von Geschäften unter die Norm fallen. Die wohl herrschende Meinung verlangt den Eingriff in ein **absolut geschütztes Recht.**[97] Das Geschäft muss zudem in Kenntnis der Fremdheit ausgeführt werden.[98]

91 Für **Daten** bedeutet dies, dass sie nur in den Bereich des § 687 Abs. 2 BGB fallen, wenn man ihnen einen absoluten Schutz beimisst. Gegenüber dem dann ebenfalls gegebenen deliktischen Schutz der Daten erlangt die angemaßte Eigengeschäftsführung Bedeutung vor allem wegen des Herausgabeanspruchs, der regelmäßig ein Anspruch auf Löschen der Daten sein wird. Der Geschäftsführer ist nach § 678 BGB zum **Schadensersatz** verpflichtet, er muss aber zusätzlich gem. § 667 BGB alles herausgeben, was er zur Ausführung des Auftrags erhält und was er aus der Geschäftsbesorgung erlangt. In der Folge trifft den Eigengeschäftsführer ein **Herausgabeanspruch** des Geschäftsherrn hinsichtlich der erlangten Daten. Verwertet er die Daten, schuldet er dem Geschäftsherrn auch einen **Veräußerungsgewinn,** selbst wenn dieser in seinem Vermögen nicht mehr vorhanden ist.[99]

8. Störerhaftung

92 Die in § 1004 BGB behandelte Störerhaftung gilt nicht nur bei einer Beeinträchtigung des Eigentums, sondern wird entsprechend auch auf andere absolut geschützte Rechte angewendet.[100] Sieht man Daten als solchermaßen geschützt an, kommt eine Anwendung der Norm in Betracht. Nach der hier vertretenen Auffassung erfolgt der **Schutz** von Daten **über die besitzrechtlichen Vorschriften.** Zu denen gehört mit § 862 BGB die Parallelvorschrift zu § 1004 BGB, so dass sich hinsichtlich Beseitigungs- und Unterlassungsansprüchen keine Unterschiede ergeben.

9. Beweissicherung

93 Werden Daten entzogen oder sonst wie beeinträchtigt, ist oftmals eine schnelle Beweissicherung erforderlich, um eine Vernichtung oder Manipulation der Beweismittel zu ver-

[96] MüKoBGB/F. Schäfer § 687 Rn. 5.
[97] MüKoBGB/F. Schäfer § 687 Rn. 19 mwN; Prütting/Wegen/Weinreich/Fehrenbacher BGB § 687 Rn. 4.
[98] HK-BGB/Fries § 687 Rn. 3.
[99] BeckOK BGB/Gehrlein § 687 Rn. 4.
[100] Grüneberg/Herrler BGB § 1004 Rn. 4.

hindern. Die Beweissicherung ist auch im einstweiligen Rechtsschutzverfahren möglich. Eine Rechtsgrundlage zum Zugriff auf Beweismittel bietet **§ 809 BGB.** Danach kann verlangt werden, dass ein Besitzer eine Sache zur Besichtigung vorlegt oder die Besichtigung gestattet, wenn der Anspruchsteller einen Anspruch in Ansehung der Sache hat oder die Sache benötigt, um sich Gewissheit zu verschaffen, ob ihm ein solcher Anspruch zusteht.

94 Der Anspruch muss **in Ansehung der Sache** bestehen. Das ist der Fall, wenn der verfolgte Anspruch in einer rechtlichen Beziehung zur Sache steht. Der Anspruch muss nicht auf einem Recht an der Sache beruhen, sondern lediglich in irgendeiner Weise vom Bestand oder der Beschaffenheit der Sache abhängen.[101] Das Vergewissern erfordert eine gewisse Wahrscheinlichkeit für die Verletzung des Rechts, das in Ansehung der Sache besteht.[102]

95 Ausreichend ist ein Anspruch auf Herausgabe der Sache, die besichtigt werden soll.[103] In Frage kommen zudem Ansprüche aus einer Urheberrechtsverletzung oder der Verletzung anderer absolut geschützter Rechte oder Rechtsgüter. Aber auch lediglich schuldrechtliche Ansprüche sollen in Betracht kommen,[104] ebenso wie Ansprüche, die von dem Bestand der Sache oder ihrer Beschaffenheit abhängen.[105] Fraglich ist, ob es für das Interesse zur Einsicht genügt, dass die auf dem Datenträger gespeicherten **Daten** zuvor im Herrschaftsbereich des Anspruchstellers waren.[106] Das allein sollte jedoch nicht genügen. Da Daten an sich noch keine Rechte vermitteln, folgt nur aus ihrer Speicherung auf einem Datenträger noch kein Anspruch in Ansehung der Sache. Erforderlich sind **Auskunftsansprüche** hinsichtlich der Daten, wie etwa aus Art. 15 DS-GVO oder § 8 GeschGehG, **Herausgabeansprüche** aus Delikt, ungerechtfertigter Bereicherung, § 687 Abs. 2 BGB etc.

96 Der Anspruchsteller muss den Besitz der Sache durch den Anspruchsgegner, seinen Anspruch in Ansehung der Sache und die tatsächlichen Umstände, aus denen das Interesse an der Besichtigung folgt, unter **Beweis** stellen.[107] Im Eilverfahren kann nur die Besichtigung durch eine unabhängige sachkundige Person und anschließend die Hinterlegung des Berichts verlangt werden.[108] Der Anspruchsteller muss dazu insbesondere einen Bezug zu den Daten nachweisen können. Die Glaubhaftmachung genügt nicht, es ist der **Vollbeweis** zu erbringen.[109] Dazu muss er regelmäßig den zu seinen Gunsten relevanten Datenbestand aufzeigen. Geht es ihm nicht um einen Ersatzanspruch wegen der vollständigen Entziehung der Daten, sondern um andere Folgeansprüche eines rechtswidrigen Entzugs oder eine sonstige Beeinträchtigung, müssen hierzu Datensicherungen vorgelegt werden können.

II. Produkthaftung

Siehe zu diesem Themenkomplex auch
- Daten als Gut → Kap. 2 Rn. 43 f.
- Allgemeines Deliktsrecht → Rn. 1 ff.
- Datenschutz und deliktische Haftung → Rn. 130 ff.

101 Grüneberg/Retzlaff BGB § 809 Rn. 4.
102 BGH 2.5.2002 – I ZR 45/01, GRUR 2002, 1046 (1048) – Faxkarte.
103 MüKoBGB/Habersack § 809 Rn. 5.
104 LG Frankfurt a. M. 14.8.1990 – 2/11 S 112/90, NJW-RR 1991, 13.
105 MüKoBGB/Habersack § 809 Rn. 5.
106 Dafür wohl MüKoBGB/Habersack § 809 Rn. 3.
107 MüKoBGB/Habersack § 809 Rn. 16.
108 KG 11.8.2000 – 5 U 3069/90, NJW 2001, 233; Grüneberg/Retzlaff BGB § 809 Rn. 13; krit. zur Pflicht der Hinterlegung Redeker IT-R Rn. 265.
109 MüKoBGB/Habersack § 809 Rn. 16; Erman/Wilhelmi BGB § 809 Rn. 5.

1. Produkthaftung – ProdHaftG (aF)/RL (EU) 2024/2853 (ProdHaftRL) und ProdHaftG-E

Die Produkthaftung[110] ist in Deutschland im **ProdHaftG** geregelt, das auf der RL 85/374/ EWG beruht (im Folgenden auch „ProdHaftG (aF)"). Die RL 85/374/EWG wird mit Wirkung vom 9.12.2026 aufgehoben[111] und durch die **neue Produkthaftungsrichtlinie** (**RL (EU) 2024/2853** – [neue] ProdHaftRL) ersetzt. Die Ausführungen zur Umsetzung der neuen ProdHaftRL in diesem Abschnitt beziehen sich auf den „Entwurf eines Gesetzes zur Modernisierung des Produkthaftungsrechts" der Bundesregierung vom 25.2.2026 (im Folgenden „ProdHaftG-E").[112] Das ProdHaftG (aF) wird für Produkte, die bis zum 8.12.2026 in Verkehr gebracht wurden, weiterhin Anwendung finden, § 23 ProdHaftG-E.[113] Zur Produkthaftung siehe schon → Kap. 21 Rn. 110 ff. 97

An dieser Stelle soll der Frage nachgegangen werden, wann **produkthaftungsrechtliche Ansprüche** bzgl. **Schäden** bestehen, die aufgrund von **fehlerhaften Daten** eingetreten sind (→ Rn. 99 ff.) und ob **Daten** ein **produkthaftungsrechtlich geschütztes Rechtsgut** darstellen (→ Rn. 122 ff.). Zu Fragen der Informationssicherheit im Rahmen des Lebenszyklus von Daten → Kap. 21 Rn. 1 ff. und ab Rn. 110 ff. insbes. zur Produkthaftung. Der Begriff der „Daten" wird nicht einheitlich, sondern kontextabhängig verwendet.[114] Daten können insbes. funktional und nicht-funktional sein.[115] Der im Folgenden unter a) verwendete „Daten"-Begriff ist nicht beschränkt auf den unter b) verwendeten Begriff der „Daten" iSd § 1 Abs. 2 ProdHaftG-E (→ Rn. 124). 98

a) Schaden durch (fehlerhafte) Daten

Wird durch den Fehler eines Produkts jemand getötet, sein Körper oder seine Gesundheit verletzt oder eine Sache beschädigt, so ist der Hersteller des Produkts verpflichtet, dem Geschädigten den daraus entstehenden Schaden zu ersetzen, § 1 Abs. 1 S. 1 ProdHaftG (aF). Nach § 1 Abs. 1 ProdHaftG-E hat jede natürliche Person Anspruch auf Schadensersatz, die einen durch ein fehlerhaftes Produkt verursachten Schaden an einem der in § 1 Abs. 1 Nr. 1 bis 3 ProdHaftG-E genannten Rechtsgüter erleidet. Durch **(fehlerhafte) Daten** können Schäden an den genannten Rechtsgütern entstehen. Es kommt mithin entscheidend darauf an, dass ein **fehlerhaftes Produkt** vorliegt (→ Rn. 100). Der Schaden muss zudem *durch* den Fehler entstanden sein. Es bedarf mithin eines **Kausalzusammenhangs** zwischen dem Fehler und der Rechtsgutsverletzung (→ Rn. 117). 99

aa) Fehlerhaftes Produkt iSd ProdhaftG (aF)/des ProdHaftG-E. Das ProdHaftG(-E) findet Anwendung auf **Daten,** wenn diese selbst **als Produkt** iSd **ProdHaftG** einzustufen sind, wenn sie als Bestandteil des Produkts dessen Fehlerhaftigkeit beeinflussen (können) oder wenn sie als „Komponente" iSd § 4 Abs. 2 ProdHaftG-E gelten. 100

„Produkt" iSd **§ 2 ProdHaftG (aF)** ist jede bewegliche Sache, auch wenn sie einen Teil einer anderen beweglichen Sache oder einer unbeweglichen Sache bildet, sowie Elektrizität. 101

[110] Für Zwecke des Handbuchs ist lediglich ein stark vereinfachter, grober Überblick über einzelne Aspekte vorgesehen, um den Aspekt „Informationssicherheit" im Lebenszyklus der Daten darzustellen. Es wird im Übrigen auf die einschl. Literatur verwiesen.

[111] Sie gilt jedoch weiterhin für Produkte, die vor diesem Zeitpunkt in Verkehr gebracht oder in Betrieb genommen wurden, Art. 21 ProdHaftRL.

[112] BT-Drs. 21/4297.

[113] „Entwurf eines Gesetzes zur Modernisierung des Produkthaftungsrechts" der Bundesregierung vom 25. Februar 2026 (im Folgenden „ProdHaftG-E"), BT-Drs. 21/4297.

[114] Vgl. umfangreich Rockstroh/Katko ZdiW 2023, 101 (102 f.); vgl. zudem → Kap. 2 Rn. 1 ff.

[115] Zech Information S. 32 f.; Günther will zwischen funktionalen Informationsgütern (Steuerungssoftware) und kommunikativen Informationsgütern (Zeitschriften oder Online-Medien) unterscheiden EuZW 2021, 763 (765 f.) mit Verweis auf Günther Produkthaftung S. 623 ff.

102 Die Frage, ob **Software** als „Produkt" iSd ProdHaftRL und iSd ProdHaftG (aF) zu gelten hat, ist umstritten.[116] Die Diskussion wurde größtenteils geführt, ohne den Begriff „Software" einzugrenzen. Im Folgenden meint „Software" mit Zech **funktionale Daten.**[117] In der Diskussion scheint zunächst konsentiert, dass die in ein Produkt **integrierte (embedded) Software** dessen Fehlerhaftigkeit verursachen kann.[118] Die Anwendung des ProdHaftG (aF) auf **Software,** die sonst auf einem Datenträger **verkörpert** ist[119], ist bisher ebenso umstritten, wie die Anwendung auf **nicht verkörperte Software.**[120] Es geht in diesem Zusammenhang vor allem um die Frage, ob nachträglich in ein Produkt integrierte Software von der ProdHaftRL und dem ProdHaftG umfasst ist und ob der Zulieferer für die Software als (Teil)Produkt haftet.[121] Vgl. zum Ganzen auch → Kap. 21 Rn. 115.

---

[116] Statt aller MüKoBGB/Wagner ProdHaftG § 2 Rn. 21 ff. mwN; umfassend Lohsse/Schulze/Staudenmayer Smart Products/Wagner S. 157 ff.; Borges CR 2025, 1 (4) und die Nachweise in den Fn. 112 ff.

[117] Zech Information S. 33: „Software bezeichnet funktionale Daten, also Information zur Steuerung informationsverarbeitender Maschinen" sowie S. 342: „Software mit ihrer Maschinen steuernden Funktion"; Lohsse/Schulze/Staudenmayer Smart Products/Wagner S. 157: „a major part of its function is to operate hardware in space and time"; MüKoBGB/Wagner ProdHaftG § 2 Rn. 21 spricht von „Computerprogrammen"; jetzt Borges CR 2025, 1 (4): „Anweisungen zur Steuerung einer Maschine"; vgl. auch Piovano/Hess Neue ProdHaftRL/Piovano/Hess § 3 Rn. 6; vgl. zum ProdHaftRL-E Spindler CR 2022, 689 (690): „maschinenausführbare Codierung", „steuernde Software"; vgl. aber auch Grützmacher zur Unterscheidung von Computerprogramm, Software und reinen Daten in den §§ 69a ff. UrhG in Wandtke/Bullinger/Grützmacher UrhG § 69a Rn. 2 f., 17 f.; Art. 3 Nr. 4 CRA definiert „Software" jetzt als den Teil eines elektronischen Informationssystems, der aus Computercode besteht (→ Kap. 21 Rn. 144).

[118] Riehm/Meier EuCML 2019, 161 (162) mwN; MüKoBGB/Wagner ProdHaftG § 2 Rn. 7, 24 und MüKoBGB/Wagner ProdHaftG § 3 Rn. 33; Wagner JZ 2023, 1 (4) mwN; Wagner AcP 217 (2017), 706 (713 ff.); Staudinger/Oechsler ProdHaftG § 2 Rn. 64; NK-ProdR/Taeger ProdHaftG § 2 Rn. 20 mwN; Borges CR 2025, 1 (4); Rockstroh/Kunkel MMR 2017, 77 (81); Wendehorst EuZW 2024, 876 mwN; integrierte *(embedded),* das Produkt steuernde Software könnte mit dem EuGH in der Sache Krone (→ Rn. 104) als einer der dem Produkt „innewohnenden Faktoren" angesehen werden, die „insbesondere mit seiner Darbietung, seinem Gebrauch und dem Zeitpunkt seines Inverkehrbringens zusammenhängen" (EuGH NJW 2021, 2015 (2016)); dieser Faktor kann fehlerhaft sein, was zur Fehlerhaftigkeit des gesamten Produkts führt; in diese Richtung wohl auch für digitale Dienstleistungen: Seehafer/Hillebrand EuZW 2021, 1032 (1033 f.).

[119] MüKoBGB/Wagner ProdHaftG § 2 Rn. 23 weist zutreffend darauf hin, dass „[i]n Übereinstimmung mit der ‚Krone'-Entscheidung […] die bloße Verkörperung der Software auf einem gegenständlichen Datenträger […] die Qualifikation des Computerprogramms als Produkt nicht zu tragen vermag", der Standardsoftware dennoch von § 2 ProdHaftG umfasst ansieht; der Generalanwalt beim EuGH Schlussantrag v. 15.4.2021 – C-65/20, GRUR-RS 2021, 7667 Rn. 24 stellt ab auf die „Herstellung körperlicher Gegenstände und […] Schaden, der von einem physischen Defekt eines solchen Produkts herrührt"; BeckOK BGB/Förster ProdHaftG § 2 Rn. 22 und BeckOGK/Rebin ProdHaftG § 2 Rn. 56 ff., vgl. etwa Rockstroh DuD 2023, 332 (336) mwN; Weiler/Bell/Wilkens RIW 2025, 1 (2) mwN (Anm.: Änd. und Kürz. d. d. Verfasser).

[120] Bejahend und zum Meinungsstand: MüKoBGB/Wagner ProdHaftG § 2 Rn. 21 ff., insbes. Rn. 25 mwN; Wagner AcP 217 (2017), 706 (716 ff.); siehe aber auch Wagner JZ 2023, 1 (4): mit „der Entscheidung in Sachen Krone" habe „sich die Argumentationslast für den Einschluss von Software nochmals erhöht" und „Zweifel gesät", sowie Wagner NJW 2023, 1313 (1317): „Begründungslast für die Einbeziehung von Software […] erschwert"; offener auch: Wagner VersR 2025, 129 (133); Riehm/Meier EuCML 2019, 161 (162): „prevailing opinion"; nach Foerste/Graf v. Westphalen ProdHaft-HdB/McGuire § 58 Rn. 44 geht die „inzwischen wohl herrschende Lehre […] davon aus, dass Software unabhängig von der Verkörperung auf einem Datenträger ein Produkt darstellt und der Anwendungsbereich des ProdHaftG eröffnet ist"; so auch Kapoor ProdHaftG § 2 Rn. 48 mit umfangreicher Begründung sowie NK-ProdR/Taeger ProdHaftG § 2 Rn. 21 ff.; siehe auch Borges CR 2025, 1 (4) „einhellige Auffassung der Literatur"; anders etwa Finkelmeier NJW 2021, 2015 (2017); Staudinger/Oechsler ProdHaftG § 2 Rn. 64 ff. für nicht verkörperte Software; nach Schuster/Grützmacher IT-Recht Kommentar/Heydn § 2 ProdHaftG Rn. 11 ff. ist Software keine „bewegliche Sache", § 2 ProdHaftG sei aber analog anzuwenden; zur Übersicht auch Wendehorst EuZW 2024, 876 f. mwN; vgl. auch Impact Assessment Report SWD(2022) 314 final S. 14: „lack of clear liability for software providers" und S. 15 f.: „In neither case could the software manufacturer currently be held liable under the PLD", für direkt durch Software selbst verursachte Schäden an Körper oder Eigentum; vgl. auch Rockstroh/Kunkel MMR 2017, 77 (81 f.); Rockstroh DuD 2023, 332 (336) (Anm.: Kürz. d. d. Verfasser).

[121] Wagner AcP 217 (2017), 707 (716); MüKoBGB/Wagner ProdHaftG § 2 Rn. 7, 24; Foerste/Graf v. Westphalen ProdHaft-HdB/McGuire § 58 Rn. 46; Borges CR 2025, 1 (4); vgl. auch Impact Assessment Report SWD(2022) 316 final, S. 14 ff.

Werden **Produkte basierend** auf **falschen Informationen hergestellt,** können die Produkte selbst fehlerhaft werden.[122] Eine inhaltlich unrichtige **Montage- oder Gebrauchsanweisung** kann etwa als **Instruktionsfehler** einen Fehler des Produkts iSv § 3 Abs. 1 ProdHaftG (aF) darstellen.[123] Nach zT vertretener Ansicht soll(t)en **CAD-Dateien** als „Vorlage" unter das ProdHaftG (aF) fallen.[124] **103**

Es wurde zudem diskutiert, ob rein **kommunikative, nicht-funktionale Daten** bzw. **104**
bloße, nicht-funktionale Informationen[125] **dem Produkthaftungsrecht** unterfallen können, was iErg[126] – insbes. nach der Krone-Entscheidung des EuGH – abgelehnt wurde.[127] Der EuGH hat in der Sache Krone zur RL 85/374/EWG entschieden, dass „die Fehlerhaftigkeit eines Produkts anhand bestimmter Faktoren [zu ermitteln ist], die dem Produkt selbst innewohnen und insbesondere mit seiner Darbietung, seinem Gebrauch und dem Zeitpunkt seines Inverkehrbringens zusammenhängen".[128] Eine gedruckte Zeitung werde jedoch nicht dadurch fehlerhaft, dass sich „ein – an sich als Dienstleistung einzustufender – Gesundheitstipp" als unrichtig erweise.[129] Der unrichtige Ratschlag beziehe sich „nicht auf die gedruckte Zeitung […], die ihren Träger bildet" und betreffe weder die Darbietung der Zeitung, noch deren Gebrauch.[130] Der „unrichtige Ratschlag" betreffe vielmehr „den Gebrauch einer anderen körperlichen Sache".[131] Die Entscheidung wurde intensiv diskutiert.[132] Der „Grund für die Ablehnung der Produkthaftung" wurde „primär in dem **Dazwischentreten einer menschlichen Analyse** zwischen Information und dem für den Schaden kausalen Verhalten – nämlich der Befolgung der fehlerhaften Information" gesehen.[133] Zech wollte daher „die Schädigung durch einen **semantischen Informationsgehalt** unabhängig von ihrer automatisierten Verwirklichung dem Produkthaftungsrecht […] entziehen".[134] Auch **Datensätze** sollten hiernach nicht als Produkt gelten.[135] Günther wollte zwischen **funktionalen Informationsgütern** (Steuerungssoftware) und **kom-**

[122] Borges/Keil Big Data-HdB/Borges § 7 Rn. 182; Borges CR 2025, 1 (6).

[123] Borges/Keil Big Data-HdB/Borges § 7 Rn. 186 f.; Borges CR 2025, 1 (6); vgl. jetzt auch § 7 Nr. 1 ProdHaftG-E „Anleitung".

[124] Datenträger, auf dem CAD-Datei gespeichert ist: Staudinger/Oechsler ProdHaftG § 2 Rn. 64; weiter Borges CR 2025, 1 (3); BeckOK IT-Recht/Borges ProdHaftG § 2 Rn. 17 ff.; MüKoBGB/Wagner ProdHaftG § 2 Rn. 27 und § 4 Rn. 16.

[125] Der „semantische" Gehalt: MüKoBGB/Wagner ProdHaftG § 2 Rn. 17 ff. „verkörperte intellektuelle Leistungen".

[126] Für „nicht-verkörperte Informationen" vgl. etwa MüKoBGB/Wagner ProdHaftG § 2 Rn. 17 f.: „nach allgemeiner Meinung" BeckOK IT-Recht/Borges ProdHaftG § 2 Rn. 9 „herrschende Meinung"; für „verkörperte Informationen" vgl. etwa BeckOK IT-Recht/Borges § 2 Rn. 14 ff. „herrschende Meinung der Literatur" mwN; Borges CR 2025, 1 (6) „nach herrschender Ansicht"; MüKoBGB/Wagner ProdHaftG § 2 Rn. 19 f. mwN, auch mit der Gegenmeinung.

[127] EuGH 10.6.2021 – C-65/20, NJW 2021, 2015; BeckOGK/Rebin ProdHaftG § 2 Rn. 51 ff.; krit. auch BeckOK BGB/Förster ProdHaftG § 2 Rn. 19 f.; umfassend MüKoBGB/Wagner ProdHaftG § 2 Rn. 20 mwN, auch zur Gegenmeinung; Zech NJW 2022, 502 (505 ff.); Foerste/Graf v. Westphalen ProdHaft-HdB/McGuire § 58 Rn. 45 und insbes. in Fn. 88; Borges/Keil Big Data-HdB/Borges § 7 Rn. 185, jeweils mit Verweis auf EuGH 10.6.2021 – C-65/20, NJW 2021, 2015 (2016 f.); vgl. nun auch Erwgr. 13 S. 5 ProdHaftRL: „Informationen sind jedoch nicht als Produkt zu betrachten"; weitgehend Kapoor ProdHaftG § 2 Rn. 40 f., wonach Informationen – anders als digitalen und analogen Informationsgütern – die Verkehrsfähigkeit fehle.

[128] EuGH 10.6.2021 – C-65/20, NJW 2021, 2015 (2016) (Anm.: Einf. d. d. Verfasser).

[129] EuGH 10.6.2021 – C-65/20, NJW 2021, 2015 (2016).

[130] EuGH 10.6.2021 – C-65/20, NJW 2021, 2015 (2016).

[131] EuGH 10.6.2021 – C-65/20, NJW 2021, 2015 (2016).

[132] Vgl. etwa MüKoBGB/Wagner ProdHaftG § 2 Rn. 23 ff.; Staudinger/Oechsler ProdHaftG § 2 Rn. 73 ff.; Foerste/Graf v. Westphalen ProdHaft-HdB/McGuire § 58 Rn. 45; Günther EuZW 2021, 763 (765 f.); Seehafer/Hillebrand EuZW 2021, 1032; Zech NJW 2022, 502 (505 ff.).

[133] Foerste/Graf v. Westphalen ProdHaft-HdB/McGuire § 58 Rn. 45 (Anm.: Herv. d. d. Verfasser); Zech NJW 2022, 502 (506); dieses Argument ebenfalls aufgreifend Staudinger/Oechsler ProdHaftG § 2 Rn. 77; so wohl auch BeckOK BGB/Förster ProdHaftG § 2 Rn. 20 sowie Wendehorst EuZW 2024, 876 (879) zum ProdHaftRL-E.

[134] Zech NJW 2022, 502 (506) (Anm.: Kürzung durch den Verfasser).

[135] Zech NJW 2022, 502 (505 f.); Foerste/Graf v. Westphalen ProdHaft-HdB/McGuire § 58 Rn. 45, Fn. 88, mit Verweis auf Hacker ZGE 12 (2020), 239 (250).

munikativen Informationsgütern (Zeitschriften, Bücher oder Online-Medien) unterscheiden.[136]

105 **„Produkte"** iSv **§ 2 Abs. 1 ProdHaftG-E** sind nunmehr alle beweglichen Sachen, einschließlich Rohstoffen, Elektrizität, Software mit Ausnahme von freier und Open-Source-Software, die außerhalb einer Geschäftstätigkeit entwickelt oder bereitgestellt wird, oder digitale Versionen oder digitale Vorlagen einer beweglichen Sache, die die funktionalen Informationen enthalten, die zur Herstellung der Sache erforderlich sind, weil sie die automatische Steuerung von Maschinen oder Werkzeugen ermöglichen (digitale Konstruktionsunterlagen). Dabei ist unerheblich, ob das Produkt in ein anderes Produkt oder in eine unbewegliche Sache integriert oder damit verbunden ist, § 2 Abs. 2 ProdHaftG-E.

106 § 2 Abs. 1 Nr. 3 **ProdHaftG-E**[137] nennt **Software** nun ausdrücklich als Produkt.[138] Auf eine Definition des Begriffs wird verzichtet, damit er „offen für künftige technische Entwicklungen" ist.[139] **Weder die Verkörperung**[140] noch die **Art der Bereitstellung** sei entscheidend[141]: Beispielhaft genannt werden Betriebssysteme, Computerprogramme, Anwendungen oder KI-Systeme.[142]

107 **Digitale Dateien** (engl. *digital files*) sollen an sich keine Produkte iSd **neuen ProdHaftRL** sein.[143] Erfasst werden sollen jedoch **digitale Konstruktionsunterlagen,** dh digitale Versionen oder digitale Vorlagen einer beweglichen Sache, die die **funktionalen Informationen** enthalten, die zur Herstellung der Sache erforderlich sind, weil sie die **automatische Steuerung von Maschinen oder Werkzeugen** ermöglichen, § 2 Abs. 1 Nr. 4 ProdHaftG-E.[144]

108 Auch nach der **neuen ProdHaftRL** sind „Informationen […] nicht als Produkt zu betrachten, und die Produkthaftungsvorschriften sollten daher nicht für den Inhalt digitaler Dateien wie Mediendateien oder E-Books […] gelten".[145] Die deutsche Gesetzesbegründung spricht davon, dass „Informationen" nicht „vom Begriff der Software [erfasst] sind".[146]

109 **Dienstleistungen** bzw. Dienste gelten nicht als „Produkt" iSd **neuen ProdHaftRL** und des **ProdHaftG-E.**[147] Es sollen aber künftig solche **digitalen Dienste**(vgl. auch → Rn. 115) als „Komponente" vom ProdHaftG-E erfasst werden, die so in ein Produkt

---

[136] Günther EuZW 2021, 763 (765 f.); so auch zur neuen ProdHaftRL Piovano/Hess ProdHaftRL/Piovano/Hess § 3 Rn. 6.

[137] Art. 4 Abs. 1 Hs. 2 ProdHaftRL.

[138] Statt aller: MüKoBGB/Wagner ProdHaftG § 2 Rn. 22; Wagner VersR 2025, 129 (133); Wagner Ausschussdrucksache 21(6)74c, S. 6; zum ProdHaftRL-E Rockstroh DuD 2023, 332 (336).

[139] BT-Drs. 21/4297, 18, 26; Art. 3 Nr. 4 CRA definiert „Software" als den Teil eines elektronischen Informationssystems, der aus Computercode besteht (→ Kap. 21 Rn. 144).

[140] Erwgr. 13 ProdHaftRL: Im digitalen Zeitalter können Produkte körperlicher oder nicht-körperlicher Art sein; vgl. auch BT-Drs. 21/4297, 18, 26; vgl. hierzu zum ProdHaftRL-E Rockstroh DuD 2023, 332 (336 f.).

[141] Vgl. BT-Drs. 21/4297, 1, 26: „auf einem Gerät gespeichert oder zum Beispiel über Kommunikationsnetzwerke, Cloud-Technologien oder „Software-as-a-Service"-Modelle abgerufen".

[142] BT-Drs. 21/4297, 1, 18, 26 mit Verweis auf Erwgr. 13 ProdHaftRL; vgl. zur ProdHaftRL auch Thöne MMR 2025, 408 (409); Wagner VersR 2025, 129 (133 f.); Wagner Ausschussdrucksache 21(6)74c, S. 6; Freie und Open-Source-Software, die außerhalb einer Geschäftstätigkeit entwickelt oder bereitgestellt wird, ist vom Anwendungsbereich des ProdHaftG-E ausgenommen, § 2 Abs. 1 Nr. 3 ProdHaftG-E; vgl. aber auch § 4 Abs. 1 S. 1, 2 ProdHaftG-E, Erwgr. 15 ProdHaftRL und BT-Drs. 21/4297, 26.

[143] Erwgr. 16 S. 1 ProdHaftRL.

[144] Art. 4 Nr. 2 ProdHaftG-E iVm Erwgr. 16 ProdHaftRL; nach Wagner hätte es der Klarstellung nicht bedurft, da es sich um Software handele, Wagner JZ 2023, 1 (4); Wagner Ausschussdrucksache 21(6)74c, S. 5; so auch Linardatos CR 2025, 595 (601); vgl. auch BT-Drs. 21/4297, 18, 26 f.

[145] Erwgr. 13 S. 5 ProdHaftRL; es werde insoweit die Rechtsprechung des EuGH zum Krone-Urteil einbezogen (Wendehorst EuZW 2024, 867 (879)); vgl. zum Vertragsrecht Schulze/Staudenmayer/Staudenmayer Richtlinie (EU) 2019/770 Art. 8 Rn. 43: „It needs to be emphasised that the quality criterion relates to the digital content or the digital service. It does not relate to its content" (Anm.: Kürz. d. d. Verfasser).

[146] BT-Drs. 21/4297, 26 (Anm.: Einf. d. d. Verfasser).

[147] Erwgr. 17 ProdHaftRL; BT-Drs. 21/4297, 28 „Dienste"; zum ProdHaftRL-E Rockstroh DuD 2023, 332 (336); vgl. schon → Kap. 21 Rn. 127.

integriert oder so mit ihm verbunden sind, dass das Produkt ohne ihn eine oder mehrere **seiner Funktionen nicht ausführen** könnte, § 4 Abs. 1 S. 1 iVm Abs. 2 S. 1 und S. 2 ProdHaftG-E. Solche Dienste sind für die Sicherheit des Produkts genauso wichtig, wie physische Produkte oder Software.[148] Die neue ProdHaftRL und der ProdHaftG-E sprechen von **„verbundenen Diensten"**, die der „Kontrolle des Herstellers" unterliegen.[149] Als Beispiel für einen verbundenen Dienst nennt die Gesetzesbegründung die kontinuierliche Bereitstellung von Verkehrsdaten für das Navigationssystem[150] „eines autonomen Fahrzeugs"[151] (vgl. aber → Rn. 112).

„Informationen" iSv **„Inhalten"** sollen nicht in den Anwendungsbereich der Prod- **110**
HaftRL und des ProdHaftG-E fallen. „Software" ist erfasst. „Digitale Dateien"[152] sind nicht erfasst, es sei denn, es handelt sich um digitale Konstruktionsunterlagen, die die **funktionalen Informationen** enthalten, die zur Herstellung der Sache erforderlich sind, weil sie die **automatische Steuerung von Maschinen oder Werkzeugen** ermöglichen.[153] „Digitale Dienstleistungen" sollen dann als Komponente gelten, wenn sie unter der Kontrolle des Herstellers so in ein Produkt integriert oder so mit ihm verbunden sind, dass das Produkt ohne ihn eine oder mehrere **seiner Funktionen nicht ausführen** könnte. Es liegt mithin nahe, dass (auch) unter der neuen ProdHaftRL und dem ProdHaftG-E eine Abgrenzung zwischen „funktionalen Daten" und „kommunikativen Daten" (→ Rn. 104) in Betracht kommt.[154]

So soll etwa die Bereitstellung fehlerhafter Informationen (Inhalte) über eine App oder als **111**
Ausgabe einer KI, die zur **Grundlage eigener, menschlicher Handlungen** gemacht wird, nach verbreiteter Ansicht nicht von der neuen ProdHaftRL und dem ProdHaftG-E umfasst sein.[155]

Erwgr. 17 nennt als „verbundenen Dienst" iSd Art. 4 Nr. 3 ProdHaftRL aber auch allg. **112**
„die kontinuierliche Bereitstellung von Verkehrsdaten in einem Navigationssystem". Die deutsche Gesetzesbegründung nimmt hierauf Bezug.[156] Wagner greift diesen Punkt wohl auf und formuliert eine Haftung des Herstellers, wenn „das Navigationssystem eines Kfz eine falsche Geschwindigkeitsbegrenzung anzeigt und dies die Ursache eines Unfalls ist".[157] Sollte tatsächlich ein handelsübliches Navigationsgerät gemeint sein, würde dies dem oben gefundenen Ergebnis widersprechen und Zurechnungsprobleme eröffnen, denn der Fahrer muss die Information **aufnehmen, verarbeiten und in das schädigende Verhalten umsetzen.**[158] Die Ausführungen in Erwgr. 17 ProdHaftRL dürften vielmehr Daten für das

[148] Erwgr. 17 ProdHaftRL; BT-Drs. 21/4297, 28; Wagner VersR 2025, 129 (134) weist ausdrücklich auf diesen Punkt hin; vgl. auch Linardatos CR 2025, 595 (597) und zum ProdHaftRL-E Spindler CR 2022, 689 (691).

[149] „durch den Hersteller des Produkts oder mit dessen Einverständnis", § 4 Abs. 1 S. 1 ProdHaftG-E; Erwgr. 17 f. ProdHaftRL; BT-Drs. 21/4297, 27; vgl. zum ProdHaftRL-E schon Rockstroh DuD 2023, 323 (336 f.); hierzu auch Brenner/Kapoor ZfPC 2026, 43 (44).

[150] Erwgr. 17 ProdHaftRL; auch BT-Drs. 21/4297, 18, 28.

[151] BT-Drs. 21/4297, 18; COM(2022) 495 final, S. 6.

[152] Erwgr. 16 S. 1 ProdHaftRL.

[153] § 2 Abs. 1 Nr. 4 ProdHaftG-E und Erwgr. 16 ProdHaftRL.

[154] IdS wohl Wagner Ausschussdrucksache 21(6)74c, S. 6; Linardatos CR 2025, 595 (601 f.); Borges CR 2025, 1 (6 f.); vgl. auch Wendehorst EuZW 2024, 876 (879) „Informationsgehalt für Menschen", siehe aber gleich → Rn. 115.

[155] So zur ProdHaftRL etwa Thönes, MMR 2025, 408 (412); Borges CR 2025, 1 (6 f.); Linardatos CR 2025, 595 (602); Wagner JZ 2025, 129 (134) zu E-Book und App; Wagner für von Chat-Bots erzeugte, fehlerhafte Informationen in Ausschussdrucksache 21(6)74c, S. 5 f.; aA für von KI(-Chatbots) erzeugte Informationen Ebers KIR 2025, 252 (253); Schiek MMR 2026, 295 (299 f.); die EU-Kommission hat diesen Fall durchaus gesehen, vgl. Impact Assessment Report SWD(2022) 316 final, S. 66: „Software that provides only guidance or advice to an end user (e. g. software that interprets medical imaging and provides diagnoses)", aber zumindest nicht eindeutig im Richtlinientext oder den Erwägungsgründen aufgenommen.

[156] BT-Drs. 21/4297, 28.

[157] Wagner JZ 2025, 129 (137).

[158] Staudinger/Oechsler ProdHaftG § 2 Rn. 77; Foerste/Graf v. Westphalen ProdHaft-HdB/McGuire § 58 Rn. 45; Zech NJW 2022, 502 (506).

Navigationssystem eines autonom fahrenden Fahrzeugs und damit Daten für ein „steuerndes System" meinen.[159] In der Begründung zum ProdHaftRL-E heißt es dann auch, es könnten zukünftig „nicht nur Hardwarehersteller, sondern auch Softwareanbieter und Anbieter digitaler Dienste, die sich auf die Funktionsweise des Produkts auswirken (z. B. ein Navigationsdienst in einem autonomen Fahrzeug), haftbar gemacht werden".[160] In der deutschen Gesetzesbegründung ist ebenfalls von „Verkehrsdaten für das Navigationssystem eines autonomen Fahrzeugs" die Rede.[161] Auch die weiteren im Erwägungsgrund genannten Beispiele[162] haben entweder eine steuernde Funktion[163] oder den „Zweck […] Schäden zu verhindern" iSv Art. 7 Abs. 2 lit. i ProdHaftRL[164].

113 Maßgeblich ist in diesem Zusammenhang insbes. die Auslegung des Begriffs der „Funktion" in Art. 4 Nr. 3 ProdHaftRL, § 4 Abs. 2 S. 2 ProdHaftG-E, wobei neben dem Wortlaut, der Zusammenhang, in den sich die Norm einfügt, die Ziele, die mit dem Rechtsakt verfolgt werden und die Entstehungsgeschichte zu berücksichtigen sind.[165] Die EU-Kommission entscheidet sich im Impact Assessment Report für die Einbeziehung von „component software necessary for a tangible product to operate" und „safety-relevant software as a product in its own right", was „3rd-party add-on software that is not necessary for, but nevertheless influences, the operation of a tangible product (such as a downloaded 3rd-party software module for a service robot)" und „standalone software that itself may cause harm (such as medical device software)" einschließen soll.[166] In der Begründung zum ProdHaftRL-E heißt es dann, Softwareanbieter und Anbieter digitaler Dienste werden einbezogen, „die sich auf die Funktionsweise des Produkts auswirken (z. B. ein Navigationsdienst in einem autonomen Fahrzeug)" (→ Rn. 112).[167] Dies spricht dafür, dass Software – und Daten – erfasst werden sollte, die sich auf den Betrieb und die Wirkweise eines physischen Produkts auswirkt und Software, die *selbst (itself)* Schäden – auch durch „Nicht-Funktionieren" – verursacht. Von Menschen umzusetzende „Inhalte" wären nicht umfasst.

114 Diese Auslegung scheint durch den Gesetzestext und die Erwägungsgründe bestätigt zu werden. So sollen „Digitale Dateien" grds. nicht erfasst sein[168], es sei denn sie enthalten „die funktionalen Informationen", die „die automatische Steuerung von Maschinen oder Werk-

[159] IdS auch Borges CR 2025, 1 (6).
[160] COM(2022) 495 final, S. 6.
[161] BT-Drs. 21/4297, 18; vgl. auch Impact Assessment Report SWD(2022) 316 final, S. 15: „services and data can be crucial to the operation of a vehicle and its safety, such as geolocation data and its supply on a continuous basis in an autonomous vehicle"; vgl. auch Piovano/Schucht/Wiebe Produktbeobachtung S. 85 machen das Beispiel eines über eine Cloud operierenden Navigationssystems, das ein autonom fahrendes Fahrzeug auf die Gegenfahrbahn leitet oder das Bremssystems blockiert; vgl. auch HK-GPSR/Wiebe EU-Produktsicherheits-VO Art. 6 Rn. 20; siehe schon Zech NJW 2022, 502 (506) zur „Wirkung erst durch Dazwischentreten eines menschlichen Rezipienten".
[162] Erwgr. 17 S. 4; BT-Drs. 21/4297.
[163] Temperaturüberwachungsdienst, der die Temperatur eines intelligenten Kühlschranks überwacht und reguliert, oder auch ein Sprachassistent, der die Steuerung eines oder mehrerer Produkte mittels Sprachbefehlens ermöglicht (Erwgr. 17 S. 4 ProdHaftRL).
[164] § 7 S. 2 Nr. 8 ProdHaftG-E; Gesundheitsüberwachungsdienst, der sich auf die Sensoren eines physischen Produkts stützt, um die körperliche Aktivität oder Gesundheitsparameter des Nutzers nachzuverfolgen (Erwgr. 17 S. 4 ProdHaftRL); im Impact Assessment Report SWD(2022) 316 final, S. 15 f. wird das Beispiel einer „medically approved" Smartphone App gemacht, die aufgrund eines Fehlers eine notwendige Meldung an den Nutzer oder Arzt nicht macht.
[165] EuGH 10.6.2021 – C-65/20, NJW 2021, 2015 (2016).
[166] Impact Assessment Report SWD(2022), 316 final S. 15 f. „PO1a)", dort wird für „software itself" auch das Beispiel einer „medically approved" Smartphone App angeführt, die aufgrund eines Fehlers eine notwendige Meldung an den Nutzer oder Doktor nicht macht sowie das Beispiel einer fehlerhaften App, die die Computerbatterie zum Überhitzen und zum Explodieren bringt; vgl. auch S. 66 (Annex 2) „software that controls how a product works" und S. 67 (Annex 2) „digital services that controls [sic] how a product works", wohingegen „Fewer than half were in favour of including data or information per se"; S. 76: „software and digital services necessary to make a product work and to safety-relevant software".
[167] COM(2022) 495 final, S. 6.
[168] Erwgr. 16 S. 1 ProdHaftRL.

zeugen ermöglichen", § 2 Abs. 1 Nr. 4 ProdHaftG-E.[169] Der Navigationsdienst wird in Verbindung mit dem automatisierten Fahren gebracht (→ Rn. 109 und → Rn. 112), also mit einer Steuerungsfunktion. Informationen iSv „Inhalten" sollen ausdrücklich nicht erfasst sein[170]; eine Rückausnahme für solche „Informationen" als Komponenten, wie sie bei digitalen Diensten angesprochen wird[171], gibt es nicht.[172] In Wagners Stellungnahme zum ProdHaftG-E heißt es dann auch, „[d]ie Ausklammerung von Informationen im Sinne kommunikativer Inhalte aus dem Anwendungsbereich einer auf Dienstleistungen ausgeweiteten Produkthaftung" sei „richtig und wichtig".[173] All dies spricht dafür, dass Daten/Informationen im Rahmen eines Dienstes nur insoweit erfasst werden sollen, als diese selbst steuernde Funktion haben oder aber als Grundlage für eine steuernde Funktion einer Software/Hardware dienen.[174] Mit Linardatos schließt die „Variabilität der menschlichen Rezeption [...] die Produkthaftung aus".[175]

Wendehorst hingegen will keine „Unterscheidung zwischen Software einerseits und reinen Informationen bzw. möglicherweise reinen digitalen Dienstleistungen andererseits" machen, „soweit es sich um eine Komponente eines prinzipiell erfassten Produkts handelt".[176] Mit Schmidt-Kessel könnten „Daten und Informationen als solche [...] Komponenten iSv § 4 ProdHaftG-E [sein] und eine Haftung als Komponentenhersteller begründen".[177] Komponenten sind nach § 4 Abs. 2 S. 1 ProdHaftG-E „jede Sache, einschließlich Rohstoffen, sowie jeder nicht körperliche Gegenstand und jeder verbundene Dienst". Es ist äußerst fraglich, ob reine „Informationen" iSv „Inhalten" tatsächlich als „Gegenstand" idS zu betrachten sind.[178] Erwgr. 13, S. 5 ProdHaftRL spricht „Informationen" iSv „Inhalten" zudem nicht nur die Produkteigenschaft ab, sondern erklärt ausdrücklich, dass „**die Produkthaftungsvorschriften** [...] nicht für den Inhalt digitaler Dateien wie Mediendateien oder E-Books [...] gelten"[179]. Dies spricht dafür, dass „Informationen" iSv „Inhalten", die sich an einen Menschen richten, keine „Komponente" idS sind. Fraglich bleibt, ob und wann sonstige Informationen/Daten als „Komponente" gelten können. Die Produkthaftungsvorschriften sollen ausdrücklich nicht für „Informationen" in Form des „reinen Quellcode[s] von Software gelten".[180] Dies könnte darauf hindeuten, dass die 115

[169] Erwgr. 16 ProdHaftRL.

[170] Erwgr. 13 S. 5 ProdHaftRL.

[171] Erwgr. 17 S. 2, 3 ProdHaftRL: „Auch wenn diese Richtlinie nicht für Dienstleistungen als solche gelten sollte, ist es notwendig, die verschuldensunabhängige Haftung auf solche integrierten oder verbundenen digitalen Dienste auszuweiten, da sie für die Sicherheit des Produkts genauso grundlegend sind wie physische oder digitale Komponenten. Diese verbundenen Dienste sollten als Komponenten des Produkts betrachtet werden [...]" (Anm.: Kürz. d. d. Verfasser).

[172] aA wohl Wendehorst EuZW 2024, 876 (879) und Schmidt-Kessel Ausschussdrucksache 21(6)74e, S. 21 und S. 25.

[173] Wagner Ausschussdrucksache 21(6)74c, S. 6 (Anm.: Änd. d. d. Verfasser).

[174] Verkehrsdaten iSv Erwgr. 17 S. 4 ProdHaftRL müssen ebenfalls von einem System aufgenommen und verarbeitet werden; idS auch Linardatos CR 2025, 595 (601 f.); idS wohl auch Borges CR 2025, 1 (5 f.) und Wagner Ausschussdrucksache 21(6)74c, S. 6.

[175] Linardatos CR 2025, 595 (601); idS wohl auch Borges CR 2025, 1 (5 f.).

[176] Wendehorst EuZW 2024, 876 (879).

[177] Schmidt-Kessel Ausschussdrucksache 21(6)74e, S. 21 und S. 25: „digitaler Güter aller Art einschließlich Datensätze" (Anm.: Kürz. und Einf. d. d. Verfasser); so auch Spindler CR 2022, 689 (691).

[178] Der deutsche Gesetzgeber verbindet den „Rohstoff" mit „Sachen" iSv „körperlichen Gegenständen", vgl. Wortlaut der ProdHaftRL „‚Komponente' bezeichnet jeden körperlichen oder nicht-körperlichen Gegenstand" und des ProdHaftG-E „jede Sache, einschließlich Rohstoffen, sowie jeder nicht körperliche Gegenstand" (Herv. d. d. Verfasser).

[179] Anm.: Kürz. und Herv. d. d. Verfasser; ein Erwägungsgrund ist rechtlich nicht verbindlich, hat aber einen hohen Auslegungswert, „da er den Inhalt einer Bestimmung des betreffenden Rechtsakts präzisieren und den Willen des Urhebers dieses Rechtsakts erhellen kann", EuGH 5.3.2024 – C-755/21 P, EuGH ZD 2024, 450 (451).

[180] Vgl. auch hier Erwgr. 13 S. 5 ProdHaftRL: „Informationen sind jedoch nicht als Produkt zu betrachten, und die Produkthaftungsvorschriften sollten daher nicht für [...] den reinen Quellcode von Software gelten", siehe auch EuGH 10.6.2021 – C-65/20, NJW 2021, 2015 (2016) (Anm.: Herv., Änd. und Kürz. jeweils d. d. Verfasser).

Informationen, die dem Produkt „zugrunde liegen", nicht als „Komponente" umfasst sind. Es stellt sich auch die Frage, ob solche Informationen tatsächlich in das Produkt „integriert" oder mit diesem „verbunden" sind, was notwendig wäre, um als „Komponente" zu gelten.[181] Die Gesetzgeber sprechen zudem „Daten" an, die im Rahmen eines „digitalen Dienstes" bereitgestellt werden („Verkehrsdaten in einem Navigationssystem")[182] und beziehen so den *Diensteanbieter* ein. Die *Ersteller* von Informationen/Daten, die nicht zB Software oder CAD-Dateien sind, werden hingegen nicht ausdrücklich erwähnt. Insoweit ist auch entscheidend, was unter einem „verbundenen Dienst" zu verstehen ist. Die WKRL, die DIRL und das BGB unterscheiden zwischen „digitalen Inhalten" (engl. *digital content*) und „digitalen Dienstleistungen" (engl. *digital service*).[183] Der verbundene Dienst iSv Art. 4 Nr. 3 ProdHaftRL bezeichnet in der deutschen Sprachfassung (missverständlich) einen „digitalen Dienst" und in der englischen Sprachfassung einen – in WKRL/DIRL als „digitale Dienstleistung" übersetzten – *„digital service"*. Im System von WRKL/DIRL soll jedoch der „Begriff der digitalen Dienstleistungen […] auf tätigkeitsbezogene Leistungen beschränkt bleiben[184], wofür im Kontext der ProdHaftRL auch das Beispiel der *„kontinuierliche Bereitstellung* von Verkehrsdaten" spricht.[185] Keine „verbundenen Dienste" idS wären Informationen/Daten, die ausschließlich „in dem Produkt" sind oder ausschließlich auf diesem – ohne Anbindung nach „außen" im Rahmen einer Dienstleistung – verarbeitet werden.[186] Der EU-Gesetzgeber hat den Begriff „digitale Inhalte" (engl. *digital content*) gerade nicht gewählt.[187]

116 Die ProdHaftRL und der ProdHaftG-E lassen insoweit einige Fragen offen. Es ist insbes. unklar, ob heute und zukünftig – wie hier vertreten – lediglich steuernde Funktionen oder auch kommunikative – vom Menschen umzusetzenden – „Funktionen" erfasst sein sollen.[188] Zudem wird sich weiter konkretisieren müssen, welche Informationen/Daten – als „Komponente" – umfasst sind.

117 **bb) Kausalität und Zurechnung.** Die Rechtsgutsverletzung muss „durch den Fehler des Produkts" verursacht sein, § 1 Abs. 1 S. 1 ProdHaftG, § 1 Abs. 1 S. 1 ProdHaftG-E. Es bedarf mithin eines Kausalzusammenhangs zwischen dem Fehler und der Rechtsgutsverletzung.[189] Eine Einschränkung der Haftung auf Grundlage der sog. Adäquanztheorie lehnt die herrschende Auffassung ab.[190] Die „Conditio sine qua non"-Formel soll aber grds. anwendbar bleiben.[191]

118 Nach allg. Auffassung ist – einschränkend – die Lehre vom Schutzzweck der Norm heranzuziehen.[192] In der Rechtsgutsverletzung muss sich mithin gerade das Risiko der Fehlerhaftigkeit des Produkts verwirklichen.[193]

---

[181] Vgl. insoweit Art. 4 Nr. 4 DIRL; bejahend wohl für Daten(sätze), Informationen und Konstruktionszeichnungen Schmidt-Kessel Ausschussdrucksache 21(6)74e, S. 22 f., 25; für die Einbeziehung von Datensätzen für ein KI-System über „Dienste" Spindler CR 2022, 689 (691) zum ProdHaftRL-E.

[182] Erwgr. 17 S. 4 ProdHaftRL.

[183] § 327 Abs. 2 BGB; Art. 2 Nr. 6, 7 WKRL; Art. 2 Nr. 1, 2 DIRL.

[184] MüKoBGB/Metzger § 327 Rn. 8.

[185] Anm.: Herv. d. d. Verfasser, Erwgr. 17 S. 4 ProdHaftRL; idS wohl auch Piovano/Hess ProdHaftRL/Piovano/Hess § 3 Rn. 9.

[186] Insoweit wohl anders Borges CR 2025, 1 (6) oder wohl auch Wendehorst EuZW 2024, 876 (879).

[187] Wendehorst Ausschussdrucksache 21(6)74d, S. 3 f. plädiert hingegen für die Übernahme des Begriffs „digitale Produkte". Der Gesetzgeber wollte wohl aber gerade nicht alle „digitalen Produkte" mit der ProdHaftRL erfassen, sondern „nur" bestimmte digitale Inhalte und bestimmte digitale Dienstleistungen.

[188] Wagner VersR 2025, 129 (134); Thöne MMR 2025, 408 (412).

[189] MüKoBGB/Wagner ProdHaftG § 1 Rn. 19 ff.; Kapoor ProdHaftG § 1 Rn. 32; BeckOGK/Seibl ProdHaftG § 1 Rn. 58 ff.

[190] MüKoBGB/Wagner ProdHaftG § 1 Rn. 20 mwN; BeckOGK/Seibl ProdHaftG § 1 Rn. 62.

[191] Kapoor ProdHaftG § 1 Rn. 33.

[192] BeckOGK/Seibl ProdHaftG § 1 Rn. 63; MüKoBGB/Wagner § 1 Rn. 21.

[193] BeckOGK/Seibl ProdHaftG § 1 Rn. 63; MüKoBGB/Wagner § 1 Rn. 21.

Im Falle von fehlerhaften „kommunikativen Daten" entsteht der Schaden nicht unmittelbar durch die Information, sondern erst durch deren Aufnahme und Umsetzung in eine schädigende Handlung durch den „Nutzer".[194] **119**

§ 14 Abs. 2 S. 2 ProdHaftG-E stellt klar, dass „[d]ie Haftung des Ersatzpflichtigen gegenüber der geschädigten Person [...] nicht gemindert [wird], wenn der Schaden durch einen Fehler des Produkts und zugleich durch eine Handlung oder Unterlassung eines Dritten verursacht worden ist".[195] Als Beispiel wird die Ausnutzung einer Schwachstelle durch einen unbefugten Dritten genannt.[196] Der Fall, dass der Geschädigte aufgrund einer fehlerhaften Information handelt und sich selbst einen Schaden zufügt, scheint nicht angesprochen („Dritter"). **120**

§ 20 ProdHaftG-E enthält zudem verschiedene gesetzliche Vermutungen und Annahmen für den ursächlichen Zusammenhang zwischen dem Fehler und der eingetretenen Verletzung eines der in § 1 Abs. 1 Nr. 1 bis 3 ProdHaftG-E genannten Rechte oder Rechtsgüter.[197] **121**

b) Daten als geschütztes Rechtsgut

Daneben stellt sich die Frage, ob Daten ein geschütztes Rechtsgut iSd Produkthaftungsrechts darstellen können. **122**

Es ist – zumindest – unklar, ob die **Vernichtung und Beschädigung von Daten** von § 1 Abs. 1 S. 1 ProdHaftG (aF) erfasst ist (zur verschuldensabhängigen deliktischen Haftung → Kap. 14 Rn. 4 ff.). Denn neben den Rechtsgütern Leben, Körper und Gesundheit sind lediglich „Sachen" geschützt. Die englische Sprachfassung der RL 85/374/EWG spricht von „item of property". Daten sind keine Sachen in diesem Sinne.[198] ZT behalf man sich damit, die Änderung oder Löschung von Daten als Beschädigung des Eigentums am Speichermedium einzustufen.[199] **123**

Die **neue ProdHaftRL und damit der ProdHaftG-E erweitern** den Kreis der **geschützten Rechtsgüter.** Das Recht auf Schadensersatz gilt zukünftig auch für die Vernichtung oder Beschädigung von **Daten,** die **nicht für berufliche Zwecke** verwendet werden, § 1 Abs. 1 Nr. 3 ProdHaftG-E[200]. Der Begriff „Daten" meint gem. § 1 Abs. 2 ProdHaftG-E iVm Art. 2 Nr. 1 VO (EU) 2022/868 (DGA) jede digitale Darstellung von Handlungen, Tatsachen oder Informationen sowie jede Zusammenstellung solcher Handlungen, Tatsachen oder Informationen auch in Form von Ton-, Bild- oder audiovisuellem **124**

---

[194] Seehafer/Hillebrand EuZW 2021, 1032 (1034); Zech NJW 2022, 502 (506): „Dazwischentreten eines menschlichen Rezipienten".

[195] Anm.: Kürz., Änd. und Einf. d. d. Verfasser; vgl. auch BT-Drs. 21/4297, 37.

[196] BT-Drs. 21/4297, 37; Art. 13 Abs. 1 iVm Erwgr. 55 ProdHaftRL; zum ProdHaftRL-E: Rockstroh DuD 2023, 332 (337); Spindler CR 2022, 689 (698).

[197] BT-Drs. 21/4297, 40; zu den „Fehler- und Kausalitätsvermutungen des Art. 10 Abs. 2–4" ProdHaftRL siehe Wagner JZ 2025, 129 (143 f.).

[198] Becker/Bell/Meyer NJW 2024, 3745 (3746); Impact Assessment Report SWD(2022) 316 final, S. 10: „damages to digital property are not covered", siehe auch Impact Assessment Report SWD(2022) 316 final, S. 16 Fn. 77; OLG Rostock 21.12.2021 – 2 U 27/21, BeckRS 2021, 42957 Rn. 5 zu einem „digitalen Datensatz" eines Rezepts; Riehm/Meier EuCML 2019, 161 (164) „unklar"; Foerste/Graf v. Westphalen ProdHaft-HdB/Oster § 57 Rn. 17 will „eine Analogie zum Begriff des Eigentums in § 823 Abs. 1 BGB [...] bilden" (Anm.: Kürz. d. d. Verfasser); Fries versteht die digitalen Inhalte iSd § 327 Abs. 2 BGB (= Daten, die in digitaler Form erstellt und bereitgestellt werden) als eine Art „Komplementärbegriff zur Sache iSd § 90" (BeckOGK/Fries BGB § 327 Rn. 7).

[199] Zu § 823 Abs. 1 BGB: OLG Karlsruhe 7.11.1995 – 3 U 15/95, NJW 1996, 200 (201); OLG Oldenburg 24.11.2011 – 2 U 98/11, ZD 2012, 177; MüKoBGB/Wagner § 823 Rn. 285 ff., 378 ff.; Riehm/Meier EuCML 2019, 161 (163 f.); Wagner AcP 217 (2017), 706 (717); Zech AcP 219 (2019), 488 (584 f.); Wendehorst, Liability for Pure Data Loss, S. 255 ff.; Wagner hat diese Konstruktion als „Krücke" bezeichnet, um „in Wahrheit unkörperliche Gegenstände in den Schutzbereich der auf das Eigentum bezogenen Tatbestände einzubeziehen", MüKoBGB/Wagner § 823 Rn. 287; vgl. auch → Rn. 6 f.

[200] Art. 6 Abs. 1 lit. c ProdHaftRL.

Material. Sie entspricht damit der Datendefinition in Art. 2 Nr. 1 VO (EU) 2023/2854 (Data Act) und Art. 2 Nr. 24 VO (EU) 2022/1925 (DMA).[201]

125 Daten werden nur dann als Rechtsgut vom ProdHaftG-E erfasst, wenn sie **ausschließlich für nicht berufliche Zwecke** genutzt werden, § 1 Abs. 1 Nr. 3 ProdHaftG-E. Daten, die sowohl im beruflichen als auch im nicht beruflichen Umfeld genutzt werden (sog. dual use), sind nicht umfasst.[202] Daten haben an Bedeutung und an Wert gewonnen, sodass auch Schadensersatz für deren Vernichtung oder die Beschädigung gezahlt werden sollte, wie zB aus einer Festplatte gelöschte digitale Dateien.[203] Dies soll auch die Kosten für die Rettung oder Wiederherstellung dieser Daten umfassen.[204]

126 Es bestehe jedoch kein Vermögensschaden, wenn das Opfer die Daten kostenfrei wiederherstellen kann, etwa weil eine Datensicherung vorhanden ist oder die Daten erneut heruntergeladen werden können.[205] Die Vernichtung oder Beschädigung von Daten sei abzugrenzen von Datenlecks oder Verstößen gegen Datenschutzbestimmungen.[206] Der Schadensersatz für Verstöße gegen die VO (EU) 2016/679 (DS-GVO) oder die RL 2002/58/EG bleiben daher unberührt.[207]

127 § 14 Abs. 1 ProdHaftG-E ordne eine entsprechende Anwendung von § 249 Abs. 2 BGB an, damit die geschädigte Person statt der Wiederherstellung der Daten durch den Produkthersteller den zur Beseitigung des Schadens erforderlichen Geldbetrag verlangen kann.[208] So könne der Geschädigte etwa einen Experten mit der Wiederherstellung seiner Daten beauftragen oder die Kosten für das erneute Herunterladen von Musikdateien im Wege der fiktiven Schadensabrechnung ersetzt verlangen.[209]

2. Vorschlag einer Richtlinie zur außervertraglichen Haftung für KI-Systeme (KI-Haft-RL)

128 Die EU-Kommission hat im September 2022 den Vorschlag einer Richtlinie zur außervertraglichen Haftung für KI-Systeme veröffentlicht (KI-Haft-RL-E).[210] Der Vorschlag zur Richtlinie selbst enthält keine eigenständige Haftungsregelung, sondern beschränkt sich auf einen Auskunftsanspruch (Art. 3) und die Regelung einer Beweislastumkehr (Art. 4).[211] Die Haftungstatbestände ergeben sich aus dem nationalen Recht. Die KI-Haft-RL bestimmt lediglich, dass die außervertragliche Haftung gemeint ist, und insoweit die Verschuldenshaftung.[212] Der KI-Haft-RL-E wurde zurückgestellt bzw. nicht weiterverfolgt.[213]

3. VO (EU) 2016/679 (DS-GVO)

129 Ein Anspruch wegen fehlerhafter Daten kann sich zudem aus Art. 82 DS-GVO ergeben. Nach Art. 82 Abs. 1 DS-GVO hat „[j]ede Person, der wegen eines Verstoßes gegen diese

[201] → Kap. 1 Rn. 7.
[202] BT-Drs. 21/4297, 25; vgl. zur ProdHaftRL Becker/Bell/Meyer NJW 2024, 3745 (3746); Höll EuZW 2025, 12 (16); Piovano/Hess ProdHaftRL/Piovano/Hess § 5 Rn. 47; krit. Wagner VersR 2025, 129 (135); Thöne MMR 2025, 408 (412).
[203] Erwgr. 20 ProdHaftRL.
[204] Erwgr. 20 ProdHaftRL.
[205] Erwgr. 20 ProdHaftRL.
[206] Erwgr. 20 ProdHaftRL; Piovano/Hess ProdHaftRL/Piovano/Hess § 5 Rn. 51 f.; BT-Drs. 21/4297, 26; Wendehorst EuZW 2024, 867 (881).
[207] Erwgr. 20 ProdHaftRL.
[208] BT-Drs. 21/4297, 20, 36.
[209] BT-Drs. 21/4297, 36.
[210] COM(2022) 496 final.
[211] Borges/Keil Big Data-HdB/Borges § 7 Rn. 34–36; Staudenmayer NJW 2023, 894 (895) spricht von „Widerlegbarer Kausalitätsvermutung".
[212] So wohl Staudenmayer NJW 2023, 894 (896 f.); anders Borges/Keil Big Data-HdB/Borges § 7 Rn. 34–36, der auch die „Produkthaftung" nennt; vgl. auch Wagner JZ 2023, 1 (3).
[213] Nach Wagner JZ 2025, 129 (131) wurde der Vorschlag vom „EU-Parlament erneut aufgegriffen" (mwN).

Verordnung ein materieller oder immaterieller Schaden entstanden ist, […] Anspruch auf Schadenersatz gegen den Verantwortlichen oder gegen den Auftragsverarbeiter".[214] Zur DS-GVO → Rn. 130 ff.

III. Datenschutz

Siehe zu diesem Themenkomplex auch
- Daten als Gut → Kap. 2 Rn. 1 ff.
- Allgemeines Deliktsrecht → Rn. 1
- Produkthaftung → Rn. 97 ff.

Im Datenschutzrecht gilt für Daten mit Personenbezug der **Grundsatz der Richtigkeit** 130 dieser Daten. Dass die verarbeiteten personenbezogenen Daten der Wirklichkeit entsprechen, stellt das Fundament für eine dem Interesse der betroffenen Person und auch des Verantwortlichen gerecht werdende Verarbeitung dar, da sie die Grundlage für mögliche auf diesen Daten basierende Entscheidungen bilden. Der Grundsatz der Datenrichtigkeit findet sich in der DS-GVO in drei Ausprägungen:
- Art. 5 Abs. 1 lit. d DS-GVO enthält den konkreten Grundsatz der Datenrichtigkeit, der dem Verantwortlichen für die Datenverarbeitung eine generelle Verpflichtung auferlegt, nur sachlich richtige und erforderlichenfalls aktuelle personenbezogene Daten zu verarbeiten.
- Art. 16 DS-GVO gewährt der betroffenen Person einen Anspruch auf Berichtigung seiner personenbezogenen Daten, welche den Anspruchsgegner zur Korrektur von unrichtigen Daten verpflichtet.
- Auf Rechtsfolgenseite können Verstöße gegen diese Verpflichtungen ua einen Schadensersatzanspruch der betroffenen Person nach Art. 82 DS-GVO und eine behördliche Sanktion, ua in Gestalt eines Bußgeldes gem. Art. 83 Abs. 5 DS-GVO auslösen.

1. Grundsatz der Datenrichtigkeit

Art. 5 Abs. 1 lit. d DS-GVO normiert den Grundsatz der Datenrichtigkeit. Danach müssen 131 personenbezogene Daten **sachlich richtig** und, falls erforderlich, auf dem neuesten Stand sein. Darüber hinaus sind alle angemessenen Maßnahmen zu treffen, damit personenbezogene Daten, die eingedenk der Zwecke ihrer Verarbeitung unrichtig sind, unverzüglich gelöscht oder berichtigt werden, Art. 5 Abs. 1 lit. d Hs. 2 DS-GVO.

Der Verantwortliche ist verpflichtet, zur Gewährleistung der Datenrichtigkeit die Daten 132 zu überprüfen und, gleich ob nun ein darauf gerichtetes Verlangen der betroffenen Person vorliegt oder nicht, mit vertretbaren Maßnahmen die unverzügliche Berichtigung oder Löschung von unrichtigen Daten vorzunehmen.[215] Für die **„sachliche Richtigkeit"** von personenbezogenen Daten ist ein objektiver Beurteilungsmaßstab anzulegen, welcher ausschließlich auf objektiv nachprüfbaren Tatsachen und nicht auf Werturteilen sowie sonstigen Meinungsäußerungen, also subjektiven Einschätzungen, beruht.[216] Das Kriterium der Richtigkeit der personenbezogenen Daten zielt dabei auf den Kontext und den Zweck der

[214] Vgl. etwa den Fall OLG Brandenburg 26.5.2023 – 7 U 166/22, BeckRS 2023, 11534 (Anm.: Kürz. und Änd. d. d. Verfasser).
[215] Ehmann/Selmayr/Heberlein DS-GVO Art. 5 Rn. 32; Erwgr. 39 S. 11.
[216] Ehmann/Selmayr/Heberlein DS-GVO Art. 5 Rn. 32; Kühling/Buchner/Herbst DS-GVO Art. 5 Rn. 60.

Verarbeitung ab.[217] So können zum Beispiel Daten, die die Realität unvollständig wiedergeben, dennoch unrichtig sein.[218]

133 Die Angemessenheit der Maßnahmen, welche zur Gewährleistung der Richtigkeit und zur Aktualisierung vonnöten sind, sind im Einzelfall unter Berücksichtigung des Verarbeitungszwecks zu bestimmen.[219] Der Zusatz „erforderlichenfalls" stellt eine Einschränkung der **Aktualisierungspflicht** dar[220], die Daten müssen nicht immer auf dem neuesten Stand sein.[221] So sind Daten zB nicht automatisch falsch, wenn nachträgliche Veränderungen in der Wirklichkeit stattfinden, wenn es auf die ursprüngliche Situation ankommt,[222] etwa wenn sich zum Beispiel Daten über den Gesundheitszustand der betroffenen Person auf den Zeitpunkt der medizinischen Untersuchung beziehen.[223] Die „Erforderlichkeit", ob die Daten auf dem neuesten Stand sein müssen, richtet sich danach, ob die betroffene Person dies für den Zweck der Datenverarbeitung als nötig erachtet.[224] Für die Berichtigung muss es zumindest einen Anlass geben, etwa wenn die Unrichtigkeit der Daten für die betroffene Person schädlich ist.[225]

134 Schließlich belegt der Grundsatz der Datenrichtigkeit den Verantwortlichen zum einen nicht nur mit der Aufgabe, aktiv die Richtigkeit der verarbeiteten Daten zu überprüfen[226], sondern er findet auch Ausdruck in den entsprechenden Rechten der betroffenen Personen, gem. Art. 16 DS-GVO vom Verantwortlichen die unverzügliche **Berichtigung** unrichtiger und die **Vervollständigung** unvollständiger personenbezogener Daten sowie gem. Art. 17 Abs. 1 lit. a DS-GVO die unverzügliche **Löschung** sie betreffender Daten zu verlangen, wenn diese, weil unrichtig, nicht mehr für die rechtmäßigen Verarbeitungszwecke notwendig sind.[227] Für den Fall, dass die betroffene Person die Richtigkeit der personenbezogenen Daten bestreitet, steht ihr gem. Art. 18 Abs. 1 lit. a DS-GVO zur vorläufigen Absicherung des Berichtigungsanspruchs das Recht zu, vom Verantwortlichen die Einschränkung der Verarbeitung zu verlangen, bis diesem die Klärung der Richtigkeit der Daten möglich ist.[228]

2. Pflicht zur Korrektur unrichtiger Daten

135 Die Pflicht zu Datenkorrektur erfordert grundlegend das Vorliegen von unrichtigen personenbezogenen Daten.[229] Gegenstand der **Korrekturpflicht** sind deshalb in der Regel Tatsachen, also konkrete nach Raum und Zeit bestimmte Geschehnisse oder Zustände der Vergangenheit oder Gegenwart, welche der Überprüfung durch Beweis zugänglich sind, und damit nicht etwa die davon abzugrenzenden Werturteile.[230] „Unrichtig" iSd Art. 16 S. 1 DS-GVO sind Daten dann, wenn ihr Informationsgehalt nicht mit der Realität übereinstimmt, wobei der objektive Aussagehalt der Daten und nicht, was sie nach subjektiver Auffassung des Verantwortlichen aussagen soll, entscheidend ist.[231]

---

[217] Ehmann/Selmayr/Heberlein DS-GVO Art. 5 Rn. 32; Kühling/Buchner/Herbst DS-GVO Art. 5 Rn. 62.
[218] Simitis/Hornung/Spiecker gen. Döhmann/Roßnagel DS-GVO Art. 5 Rn. 139.
[219] BeckOK DatenschutzR/Schantz, 54. Ed. 1.11.2021, DS-GVO Art. 5 Rn. 29.
[220] Paal/Pauly/Frenzel, 3. Aufl. 2021, DS-GVO Art. 5 Rn. 40.
[221] BeckOK DatenschutzR/Schantz, 54. Ed. 1.11.2021, Art. 5 Rn. 29; Kühling/Buchner/Herbst DS-GVO Art. 5 Rn. 61.
[222] Simitis/Hornung/Spiecker gen. Döhmann/Roßnagel DS-GVO Art. 5 Rn. 141.
[223] Kühling/Buchner/Herbst DS-GVO Art. 5 Rn. 61.
[224] Simitis/Hornung/Spiecker gen. Döhmann/Roßnagel DS-GVO Art. 5 Rn. 141.
[225] HK-DS-GVO/BDSG/Reimer, 3. Aufl. 2022, Art. 5 Rn. 39; Eisenschmid NZM 2019, 313 (317).
[226] Gola/Heckmann/Pötters DS-GVO Art. 5 Rn. 25; Simitis/Hornung/Spiecker gen. Döhmann/Roßnagel DS-GVO Art. 5 Rn. 142.
[227] Simitis/Hornung/Spiecker gen. Döhmann/Roßnagel DS-GVO Art. 5 Rn. 144.
[228] Ehmann/Selmayr/Heberlein DS-GVO Art. 5 Rn. 33; Simitis/Hornung/Spiecker gen. Döhmann/Roßnagel DS-GVO Art. 5 Rn. 144.
[229] Gola/Heckmann/Reif DS-GVO Art. 16 Rn. 10.
[230] Gola/Heckmann/Reif DS-GVO Art. 16 Rn. 10.
[231] Ehmann/Selmayr/Kamann/Braun DS-GVO Rn. 14; Gola/Heckmann/Reif DS-GVO Art. 16 Rn. 13; BVerwG 2.3.2022 – 6 C 7.20, NVwZ 2022, 1205 Rn. 32.

Unrichtigkeit kann bei einem falsch gespeicherten Geburtsdatum[232] oder einem inhaltlich nicht korrekten Protokoll einer Klassenkonferenz[233] vorliegen. 136

Eine Ausnahme können **Werturteile** in Form von Prognosen und Korrelationen darstellen: Auch diese können faktisch falsch sein, wenn sie auf einer fehlerhaften Tatsachengrundlage aufgebaut sind, von falschen Prämissen ausgehen oder das Ergebnis unrichtiger Schlussfolgerungen wiedergeben.[234] 137

Keine Tatsachenbehauptung ist etwa ein von einer Wirtschaftsauskunftei ermittelter **Scorewert,** welcher stattdessen ein subjektives Werturteil darstellt.[235] Dieses beruht auf Tatsachen, wobei diese nach vorgegebenen Bewertungskriterien gewichtet werden und in das abgegebene Werturteil einfließen, das dadurch aber nicht selbst zu einer Tatsachenbehauptung wird.[236] Dies geschieht erst, wenn aus Sicht des Empfängers bei der Äußerung die Elemente der Stellungnahme, des Dafürhaltens oder Meinens gegenüber den zu Grunde liegenden Tatsachen in den Hintergrund treten.[237] 138

Die betroffene Person muss ihre Rechte gegenüber dem Verantwortlichen **geltend machen,** in dem sie einen Antrag auf Berichtigung stellt, aus dem für den Verantwortlichen hervorgeht, welche über die Person bei ihm gelagerten Daten aus welchen Gründen unrichtig oder unvollständig sind.[238] Art. 5 Abs. 2 DS-GVO regelt die **Beweislast,** wonach der Verantwortliche für die Einhaltung der Vorgaben aus Art. 5 Abs. 1 DS-GVO verantwortlich ist und dies auch nachweisen muss. Die betroffene Person unterliegt wiederum der Substantiierungslast für eine vorliegende Unrichtigkeit und hat diese sowie die Art der Berichtigung darzulegen.[239] 139

So wollte der Kläger in einem Fall des VGH München für einen zuvor erledigten Sorgerechtsstreit aktenmäßig getroffene Einschätzungen und Feststellungen des Jugendamtes nachprüfen lassen.[240] Das Begehren wurde vom Gericht unter anderem mit der Begründung abgelehnt, dass der Kläger nicht einfach „falsche Akteninhalte" rügen könne, sondern dass er eine **konkrete Berichtigung** fordern muss, für deren Richtigkeit er wiederum die Beweislast trägt.[241] 140

Wann die Unrichtigkeit entstanden ist, ist nicht von Relevanz, da Art. 5 Abs. 1 lit. d DS-GVO verlangt, dass die personenbezogenen Daten „erforderlichenfalls auf dem neuesten Stand" sein müssen, weshalb der relevante **Zeitpunkt der Unrichtigkeit** der Zeitpunkt der Geltendmachung des Berichtigungsantrages ist.[242] Ist die Unrichtigkeit oder Unvollständigkeit der gespeicherten personenbezogenen Daten erwiesen, ist der Verantwortliche in der Pflicht, diese **unverzüglich** zu korrigieren oder zu vervollständigen.[243] 141

3. Anwendung in der Praxis

In der Praxis können sich dabei Probleme ergeben, etwa wenn rechtliche Unsicherheiten bestehen.[244] Nach der Rechtsprechung des EuGH kann eine natürliche Person deshalb für 142

---

[232] Ehmann/Selmayr/Kamann/Braun DS-GVO Rn. 14; BVerwG 2.3.2022 – 6 C 7.20, NVwZ 2022, 1205 Rn. 33.
[233] OVG Berlin-Brandenburg 1.7.2020 – 3 S 24/20, BeckRS 2020, 14908 Rn. 6.
[234] BeckOK DatenschutzR/Schantz, 54. Ed. 1.11.2024, Art. 5 Rn. 27.
[235] LG Karlsruhe 2.8.2019 – 8 O 26/19, BeckRS 2019, 17459 Rn. 15.
[236] BGH 22.2.2011 – VI ZR 120/10, NJW 2011, 2204 Rn. 11.
[237] BGH 22.2.2011 – VI ZR 120/10, NJW 2011, 2204 Rn. 11.
[238] BeckOK DatenschutzR/Worms, 54. Ed. 1.11.2024, Art. 16 Rn. 44; Ehmann/Selmayr/Kamann/Braun DS-GVO Rn. 24.
[239] Ehmann/Selmayr/Kamann/Braun DS-GVO Rn. 22.
[240] VGH München 7.1.2025 – 5 C 24.1831, BeckRS 2025, 178.
[241] VGH München 7.1.2025 – 5 C 24.1831, BeckRS 2025, 178 Rn. 7.
[242] Ehmann/Selmayr/Kamann/Braun DS-GVO Rn. 17; Gola/Heckmann/Reif DS-GVO Art. 16 Rn. 13.
[243] BeckOK DatenschutzR/Worms, 54. Ed. 1.11.2024, Art. 16 Rn. 61 f.
[244] Diesendorf/Kramer DSB 2025, 93 (96).

die Zwecke der Ausübung ihres Rechts auf Berichtigung verpflichtet sein, relevante und hinreichende **Nachweise** vorzulegen, die zur Feststellung der Unrichtigkeit dieser Daten von ihr verlangt werden können.[245]

143 Für den Fall, dass die Richtigkeit oder Unrichtigkeit der verarbeiteten Daten nicht bewiesen werden kann, ergibt sich aus Art. 5 Abs. 2 iVm Art. 5 Abs. 1 lit. d DS-GVO, dass dies dann zulasten des Anspruchstellers geht.[246] Grund dafür ist die **Beweislast** des Verantwortlichen dafür, dass die von ihm verarbeiteten Daten sachlich richtig sind.[247] Durch die Eintragung eines Datums, dessen Richtigkeit nicht festgestellt werden kann, würde er gegen diese Pflicht verstoßen.[248]

144 Mit dieser Begründung lehnte das VG Bremen eine Pflicht zur **Korrektur des Geburtsdatums** eines guineischen Staatsangehörigen ab, weil sich die Richtigkeit des vom Antragsteller angegebenen Datums nicht feststellen ließ und die Verantwortliche durch die Verarbeitung solcher Daten gegen ihre Pflicht gem. Art. 5 Abs. 2 iVm Art. 5 Abs. 1 lit. d DS-GVO verstoßen würde.[249]

145 Vor einer besonderen Herausforderung in Bezug auf den Grundsatz der Datenrichtigkeit stehen nunmehr insbesondere **KI-Systeme.** Bei großen Sprachmodellen ist es üblich, dass die Daten, mit denen das Modell trainiert wird, aus öffentlich zugänglichen Quellen bezogen werden, wobei sich die Richtigkeit und Aktualität in den meisten Fällen nicht wirksam überprüfen lässt,[250] was die Gefahr von **Halluzinationen,** falschen Schlüssen und unzutreffenden Bewertungen nach sich ziehen kann.[251] Die Ursache liegt im Prozess der **„Tokenisierung“,** bei dem Trainingsdaten maschinell gelesen und die darin vorkommenden Wörter dann in sogenannte Tokens zerlegt werden, welche das KI-System anschließend analysiert und lernt, welches Token am wahrscheinlichsten auf das vorhergehende Token folgt.[252] Der Output des Systems stellt damit das wahrscheinlichste Ergebnis dar, nicht zwingend jedoch das faktisch richtige.

146 In einer aktuellen Beschwerde des Vereins NOYB an die österreichische Datenschutzbehörde gegen OpenAI wird gerügt, dass **ChatGPT,** wenn es nach dem Geburtsdatum des Beschwerdeführers, einer Person des öffentlichen Lebens, gefragt wurde, stets falsche Daten liefere.[253] Ursache war, dass das Geburtsdatum, anders als andere den Beschwerdeführer betreffende Daten, nicht online zu finden war, weshalb das KI-Modell versuchte, anderweitig auf das Geburtsdatum zu schließen, dabei jedoch mehrfach nicht richtig lag.[254]

4. Haftung für fehlerhafte Daten und nicht erfolgte Korrektur

147 Verstöße gegen den Grundsatz der Datenrichtigkeit nach Art. 5 Abs. 1 lit. d DS-GVO und Verstöße gegen die Pflicht zur Korrektur unrichtiger oder Vervollständigung unvollständiger Daten nach Art. 16 DS-GVO können gem. Art. 83 Abs. 5 lit. a, b DS-GVO die Verhängung einer **Geldbuße** in Höhe von maximal 20.000.000 EUR oder bei Unternehmen

[245] EuGH 13.3.2025 – C-247/23, NJW 2025, 1109 Rn. 41, 50.
[246] BVerwG 2.3.2022 – 6 C 7/20, NVwZ 2022, 1205 Rn. 52.
[247] BVerwG 2.3.2022 – 6 C 7/20, NVwZ 2022, 1205 Rn. 52.
[248] BVerwG 2.3.2022 – 6 C 7/20, NVwZ 2022, 1205 Rn. 52.
[249] VG Bremen 18.6.2024 – 4 K 446/23, ZD 2025, 242 Rn. 28 f.
[250] Baumgartner/Brunnbauer/Cross MMR 2023, 543 (546).
[251] Simitis/Hornung/Spiecker gen. Döhmann/Roßnagel DS-GVO Art. 5 Rn. 148.
[252] Baumgartner/Brunnbauer/Cross MMR 2023, 543 (546).
[253] Noyb – Europäisches Zentrum für digitale Rechte, Beschwerde gegen OpenAI, S. 2 Rn. 4, im Internet abrufbar unter https://noyb.eu/sites/default/files/2024-04/OpenAI%20Complaint_DE_geschw%C3 %A4rzt.pdf (23.5.2025).
[254] Noyb – Europäisches Zentrum für digitale Rechte, Beschwerde gegen OpenAI, S. 2 Rn. 4, im Internet abrufbar unter: https://noyb.eu/sites/default/files/2024-04/OpenAI%20Complaint_DE_geschw%C3 %A4rzt.pdf (23.5.2025).

von bis zu 4 Prozent ihres gesamten weltweit erzielten Jahresumsatzes des vorangegangen Geschäftsjahres nach sich ziehen. Falls der betroffenen Person durch die Verarbeitung sie betreffender unrichtiger Daten ein materieller oder immaterieller Schaden entsteht, kann sie gem. Art. 82 DS-GVO gegebenenfalls auch **Schadensersatzansprüche** geltend machen.[255]

a) Haftung auf Schadensersatz nach Art. 82 DS-GVO

Art. 82 Abs. 1 DS-GVO bestimmt, dass jeder Person, der wegen eines Verstoßes gegen die Datenschutzgrundverordnung ein materieller oder immaterieller Schaden entstanden ist, ein Anspruch auf **Schadensersatz** gegen den Verantwortlichen oder gegen den Auftragsverarbeiter zusteht. **148**

Höchstrichterlich geklärt ist, dass ein Anspruch auf Schadensersatz nach Art. 82 Abs. 1 DS-GVO an drei kumulative **Voraussetzungen** geknüpft ist:[256] **149**

(1) ein Verstoß gegen die DS-GVO;
(2) das Vorliegen eines materiellen oder immateriellen Schadens und
(3) das Bestehen eines Kausalzusammenhangs zwischen Verstoß und Schaden.

aa) Verstoß gegen die DS-GVO. Normgemäß muss zunächst ein **Verstoß gegen die DS-GVO** bei der Verarbeitung personenbezogener Daten stattgefunden haben.[257] Dies könnte beispielsweise der Fall sein, wenn der Verantwortliche seiner Pflicht zur Datenkorrektur gem. Art. 16 DS-GVO nicht nachkommt und deshalb DS-GVO-widrig unrichtige Daten verarbeitet. Mit anderen Worten ist ein Schadensersatzanspruch von vornherein ausgeschlossen, wenn die auf Löschung oder Berichtigung gerichteten Ansprüche unbegründet sind[258], etwa weil die als falsch bemängelten Einträge letztlich als korrekt einzustufen sind.[259] **150**

bb) Kausaler Schaden. Durch den Verstoß muss kausal[260] ein materieller **Schaden,** also eine nachteilige Veränderung eines Rechtsguts der betroffenen Person[261], oder ein immaterieller Schaden entstanden sein.[262] Den Schaden muss die betroffene Person gemäß Erwgr. 146 S. 6 DS-GVO „erlitten" haben. **151**

Den Anspruch des Art. 82 DS-GVO prägt ein weites Schadensverständnis.[263] Der Begriff des Schadens soll gemäß Erwgr. 146 S. 3 DS-GVO nach der EuGH-Rechtsprechung auf eine Art und Weise weit ausgelegt werden, die den Zielen der DS-GVO in vollem Umfang entspricht. Ungeachtet des Umstandes, dass der Schadensersatz eine reine **Kompensationsfunktion** besitzt und keine **Abschreckungs- oder Sanktionswirkung** hat,[264] verlangt der europäische Gesetzgeber in Erwgr. 146 S. 6 DS-GVO, dass die betroffenen Personen einen vollständigen und wirksamen Schadensersatz erhalten sollen.[265] **152**

---

255 Gola/Heckmann/Reif DS-GVO Art. 16 Rn. 29.

256 EuGH 4.5.2023 – C-300/21, NJW 2023, 1930 Rn. 37 – UI/Österreichische Post AG; EuGH 11.4.2024 – C-741/21, ZD 2024, 381 Rn. 34 – GP/juris GmbH; EuGH 4.10.2024 – C-507/23, NJW 2025, 141 Rn. 24 – A/Patērētāju tiesību aizsardzības centrs; BGH 11.2.2025 – IV ZR 365/22, BeckRS 2024, 29608 Rn. 12.

257 Ehmann/Selmayr/Nemitz DS-GVO Art. 82 Rn. 12.

258 Helling GRUR-PRax 2023, 107.

259 OLG Karlsruhe 30.11.2022 – 7 U 75/22, GRUR-RS 2022, 35131 Rn. 91 ff.

260 BeckOK DatenschutzR/Quaas, 54. Ed. 1.2.2025, Art. 82 Rn. 26.

261 Ehmann/Selmayr/Nemitz DS-GVO Art. 82 Rn. 15.

262 Ehmann/Selmayr/Nemitz DS-GVO Art. 82 Rn. 17.

263 Paal/Pauly/Frenzel DS-GVO Art. 82 Rn. 10; Kühling/Buchner/Bergt DS-GVO Art. 82 Rn. 17; Hartung/Büttgen WPg 2017, 1152 (1156); ArbG Dresden 26.8.2020 – 13 Ca 1046/20, ZD 2021, 54.

264 EuGH 21.12.2023 – C-667/21, ZD 2024, 146 Rn. 85 – ZQ/Medizinischer Dienst der Krankenversicherung Nordrhein; EuGH 25.1.2024 – C-687/21, NJW 2024, 2009 Rn. 48 – BL/MediaMarktSaturn Hagen-Iserlohn GmbH.

265 Vgl. insofern auch Art. 4 Abs. 3 EUV, wonach Verstöße gegen Unionsrecht von den Mitgliedstaaten wirksam sanktioniert werden müssen; Paal/Pauly/Frenzel DS-GVO Art. 82 Rn. 10.

153 Ein Schaden muss tatsächlich entstanden sein. Ein rein **hypothetisches Risiko** einer missbräuchlichen Verwendung reicht nicht aus[266]. Gemäß Erwgr. 75 und 85 DS-GVO kann es sich insbesondere bei den folgenden Beeinträchtigungen um Schäden iSv Art. 82 DS-GVO handeln:

- Diskriminierung,
- Identitätsdiebstahl oder -betrug,
- finanzieller Verlust,
- Rufschädigung,
- Verlust der Vertraulichkeit von dem Berufsgeheimnis unterliegenden personenbezogenen Daten,
- unbefugte Aufhebung der Pseudonymisierung oder
- andere erhebliche wirtschaftliche oder gesellschaftliche Nachteile.

154 Als **materieller Schaden** kommt eine Vermögenseinbuße durch eine unrichtige Datenverarbeitung in Betracht.[267] Etwaiges **Behavioral Pricing,** also eine an individuelle Merkmale angepasste Preisgestaltung, das auf unzutreffenden Daten beruht, kann durch einen erhöhten Preis für den Betroffenen zu einem materiellen Schaden führen.[268] Auch die unzulässige Verweigerung einer Datenkorrektur kann einen materiellen Schaden nach sich ziehen, wenn dadurch zB ein Geschäftsabschluss verhindert wird.[269]

155 Materielle Schäden sind insbesondere auch die **Rechtsverfolgungskosten** zur Beseitigung[270] und Feststellung des Datenschutzverstoßes, also zB Rechtsanwalts- und Gerichtskosten[271].

156 In der Praxis weitaus größere Bedeutung haben **immaterielle Schäden.** In den letzten Jahren hat ist eine umfangreiche Kasuistik entstanden mit einer Vielzahl von Gerichtsentscheidungen zu verschiedenen Arten immaterieller Schäden. Sehr häufig stehen Beeinträchtigungen in Folge von Datenpanne im Vordergrund, bei denen Unbefugten Zugang zu personenbezogenen Daten erhalten haben. Dementsprechend sind auch die Fallgruppen konkretisiert, die sich bisher herausgebildet haben; im Wesentlich sind dies:

- **Kontrollverlust** über personenbezogene Daten;
- Befürchtungen und Sorge um **Datenmissbrauch.**

157 Mittlerweile ist geklärt, dass schon ein reiner **Kontrollverlust** über personenbezogene Daten einen immateriellen Schaden darstellen kann[272]. Ein Kontrollverlust impliziert jedoch, dass die Daten unrechtmäßig von einem Dritten eingesehen oder erlangt wurden. Das liegt bei einer fehlenden Löschung oder Korrektur unrichtiger Daten nicht auf der Hand, weil beides typischerweise in der Obhut des Verantwortlichen passiert. Demgemäß ist die Rechtsprechung bisher auch eher zurückhaltend, einen immateriellen Schaden wegen eines Verstoßes gegen den Grundsatz der Datenrichtigkeit bzw. eine DS-GVO-widrig unterlassene Korrektur unrichtiger Daten anzuerkennen.

158 Das Landesgericht Karlsruhe wies mit Urteil vom 2.8.2019 eine Klage auf immateriellen Schadensersatz wegen unterlassener Korrektur eines Scorewertes einer Wirtschaftsauskunftei ab, da es an einem Beleg für einen Verstoß gegen die Datenschutzgrundverordnung

[266] EuGH 25.1.2024 – C-687/21, NJW 2024, 2009 Rn. 68 – BL/MediaMarktSaturn Hagen-Iserlohn GmbH.
[267] Vgl. weitere Beispiele bei Kühling/Buchner/Bergt DS-GVO Art. 82 Rn. 19.
[268] Ehmann/Selmayr/Nemitz DS-GVO Art. 82 Rn. 16.
[269] Vgl. Ehmann/Selmayr/Nemitz DS-GVO Art. 82 Rn. 16 mit Verweis auf EuGH 13.5.2015 – C-131/12, NJW 2014, 2257 Rn. 80 – Google Spain; Wybitul/Haß/Albrecht NJW 2018, 113 (114).
[270] Wybitul/Haß/Albrecht NJW 2018, 113 (114); ArbG Dresden 26.8.2020 – 13 Ca 1046/20, ZD 2021, 54; LG Darmstadt 26.5.2020 – 13 O 244/19, ZD 2020, 642; aA LAG Köln 14.9.2020 – 2 Sa 358/20, ZD 2021, 168.
[271] Laue/Kremer Neues DatenschutzR/Laue § 11 Rn. 5; Neun/Lubitzsch BB 2017, 2563 (2567); Wybitul/Haß/Albrecht NJW 2018, 113 (114); Wybitul/Neu/Strauch ZD 2018, 202 (205).
[272] EuGH 4.10.2024 – C-200/23, GRUR-RS 2024, 26255 Rn. 145 – Agentsia po vpisvaniyata; EuGH 11.4.2024 – C-741/21, NJW 2024, 1561 Rn. 42.

durch die Klägerin fehlte.[273] Zudem hatte die Klägerin einen immateriellen Schaden auch nicht ausreichend dargelegt, für die Verpflichtung zum Ausgleich eines immateriellen Schadens hätte eine **benennbare und tatsächliche Persönlichkeitsverletzung** vorliegen müssen.[274]

cc) Darlegungs- und Beweislast. Darlegungs- und beweisbelastet für sämtliche haftungsbegründenden Umstände, also für den haftungsauslösenden Verstoß, den eingetretenen Schaden und die Kausalität, ist nach der Rechtsprechung des EuGH und des BGH grundsätzlich der Anspruchsteller.[275] Weil die in Art. 5 Abs. 2 DS-GVO verankerte Rechenschaftspflicht aber auch eine **Beweislastregelung** für zivilgerichtliche Verfahren darstellt,[276] ergeben sich hieraus gewisse Beweiserleichterungen für den Anspruchsteller. Etwas Anderes gilt für das Verschulden. Art. 82 DS-GVO sieht eine Haftung für vermutetes Verschulden vor. Gemäß Art. 82 Abs. 3 DS-GVO können sich der Verantwortliche oder Auftragsverarbeiter von ihrer Haftung befreien, wenn sie nachweisen, in keinerlei Hinsicht für den Umstand, durch den der Schaden eingetreten ist, verantwortlich zu sein. 159

dd) Schadenshöhe. Die DS-GVO selbst enthält keine Regelungen über die Bemessung des Schadensersatzes. Die Höhe bestimmt sich somit nach nationalem Recht. Der Schadensersatz nach Art. 82 DS-GVO hat einen rein kompensatorischen Charakter. Deshalb sind Faktoren wie **Schwere oder Vorsätzlichkeit** des zugrunde liegenden DS-GVO-Verstoßes für die Höhe des Schadensersatzes irrelevant[277]. Alleinige Maßgröße für die Höhe des Ersatzanspruchs ist der konkret erlittene Schaden, der (voll) auszugleichen ist[278]. Im Falle von immateriellen Schäden zeichnet sich bei deutschen Gerichten eine eher restriktive Herangehensweise; in einer ersten Grundsatzentscheidung zum Schadensersatz für Kontrollverlust sah der BGH einen Ersatz in Höhe von 100 EUR als angemessen an[279]. 160

b) Haftung aus Vorschriften des nationalen Rechts

Neben Art. 82 DS-GVO können **weitere Haftungsvorschriften** gemäß dem Recht der Mitgliedstaaten in Betracht kommen, wie Erwgr. 146 S. 4 DS-GVO klarstellt[280]. Der Schadensersatz nach Art. 82 DS-GVO ist wegen der Beweislastumkehr für das Verschulden und der Regelung über die gesamtschuldnerische Haftung für betroffene Personen allerdings ein sehr effektives Mittel und deshalb evtl. leichter durchsetzbar als alternative mitgliedstaatliche Schadensersatzansprüche.[281] 161

c) Bußgeldhaftung nach Art. 83 DS-GVO

Art. 83 DS-GVO ermöglicht die Verhängung von **Bußgeldern** zur Durchsetzung des Datenschutzrechts und stellt das wichtigste Sanktionsinstrument der Aufsichtsbehörden dar.[282] Die Bußgeldhaftung für Verstöße gegen den Grundsatz der Datenrichtigkeit gem. Art. 5 Abs. 1 lit. d DS-GVO und die Korrekturpflicht aus Art. 16 DS-GVO richtet sich nach Art. 83 Abs. 5 lit. a und b DS-GVO. Danach muss ein Verstoß gegen diese Bestimmungen vorliegen, der mit einer Geldbuße geahndet werden kann, es müssen also konkret unrichtige 162

---

[273] LG Karlsruhe 2.8.2019 – 8 O 26/19, BeckRS 2019, 17459 Rn. 12.
[274] LG Karlsruhe 2.8.2019 – 8 O 26/19, BeckRS 2019, 17459 Rn. 17.
[275] EuGH 11.4.2024 – C-741/21, NJW 2024, 1561 Rn. 35; EuGH 25.1.2024 – C-687/21, CR 2024, 160 Rn. 60 f. – MediaMarktSaturn; BGH 18.11.2024 – VI ZR 10/24, GRUR 2024, 1910 Rn. 21.
[276] EuGH 4.5.2023 – C-60/22, BeckRS 2023, 8967 Rn. 53 – UZ/Bundesrepublik Deutschland.
[277] EuGH 4.10.2024 – C-507/23, NJW 2025, 141 Rn. 43 – A/Patērētāju tiesību aizsardzības centrs; EuGH 25.1.2024 – C-687/21, NJW 2024, 2009 Rn. 55 – BL/MediaMarktSaturn Hagen-Iserlohn GmbH; Sosna/Ligocki ZD 2024, 438 (442).
[278] EuGH 4.10.2024 – C-507/23, NJW 2025, 141 Rn. 44 – A/Patērētāju tiesību aizsardzības centrs.
[279] BGH 18.11.2024 – VI ZR 10/24, ZD 2025, 162 Rn. 100.
[280] Meyer JuS 2025, 309 (309).
[281] Ehmann/Selmayr/Nemitz DS-GVO Art. 82 Rn. 7.
[282] Simitis/Hornung/Spiecker gen. Döhmann/Boehm DS-GVO Art. 83 Rn. 1.

Daten verarbeitet und gegebenenfalls dem Berichtigungsersuchen der betroffenen Person nicht entsprochen worden sein.

163 Eine **Wirtschaftsauskunftei** hatte mehr als zwei Jahre lang insgesamt 27 falsche Anschriften und 13 unrichtige Geburtsdaten eines Beschwerdeführers gespeichert.[283] Da die Auskunftei bereits zuvor wiederholt wegen einschlägiger Verstöße verwarnt worden war und die Speicherung eines solchen unrichtigen Datensatzes nach Auffassung der Datenschutzbehörde eine erhebliche Gefährdungslage für die betroffene Person und ihre wirtschaftliche Leistungsfähigkeit darstellte, sanktionierte die Landesbeauftragte für Datenschutz und Informationsfreiheit Berlin diese Verstöße mit zwei Bußgeldern in Höhe von insgesamt 46.500 EUR.[284]

Kapitel 15. Daten der öffentlichen Hand

Übersicht

Rn.

Siehe zu diesem Themenkomplex auch
– Zugang zu Daten der öffentlichen Hand → Kap. 5 Rn. 1 ff.
– Sektorspezifische Regelungen → Kap. 8 Rn. 1 ff.
– Steuerrecht → Kap. 16 Rn. 1 ff.

1 Amtliche Informationen, wie Geo-, Register-, Sozial-, Umwelt-, Verkehrs- oder Meteorologiedaten, die sich im Besitz der öffentlichen Hand befinden, dienen nicht nur der Schaffung von Transparenz in Entscheidungsprozessen, vgl. Erwgr. 14 OD-RL, sondern haben darüber hinaus auch einen den Daten immanenten hohen **volkswirtschaftlichen Nutzen,** Erwgr. 13 OD-RL. Neben den traditionellen Anwendungsbereichen, wie der Verwendung von Geo- und Verkehrsdaten für Navigationssysteme oder Geo- und Umweltdaten für Wetterapplikationen, werden maschinenlesbare amtliche Informationen aufgrund

[283] Jahresbericht der Berliner Beauftragten für Datenschutz und Informationsfreiheit zum 31.12.2022, Kap. 12.6, S. 120.
[284] Jahresbericht der Berliner Beauftragten für Datenschutz und Informationsfreiheit zum 31.12.2022, Kap. 12.6, S. 120.

ihrer zumeist hohen Qualität eine wichtige Rolle für das maschinelle Lernen zugesprochen.[1] Dieses Potential kann sich jedoch nur dann entfalten, wenn diese Daten digital vorliegen und in maschinenlesbare Formate überführt werden.

I. Datennutzung im europäischen Rechtsrahmen

Das Konzept der „offenen Daten" umfasst nach Vorgaben des europäischen Gesetzgebers, dass Informationen des öffentlichen Sektors in einem offenen Format, die von allen zu jedem Zweck frei verwendet, weiterverwendet und weitergebenden werden können, vgl. Erwgr. 16 OD-RL. Der europäische Rechtsrahmen zu offenen Daten des öffentlichen Sektors etabliert jedoch keine allgemeine Bereitstellungspflicht zur **Weiterverwendung dieser Daten,** vgl. Erwgr. 26. Vielmehr regelt es lediglich die Bedingungen, unter welchen die Daten weiter genutzt werden dürfen, und regt öffentliche Stellen an, die amtlichen Informationen inkl. Metadaten in einem offenen, maschinenlesbaren und Interoperablen Format online zugänglich zu machen und die Weiterverwendung sicherzustellen, vgl. Erwgr. 31. Die vom EU-Gesetzgeber gewählte Art der Kodifizierung von Rahmenbedingungen in Form von Mindeststandards hat zur Folge, dass die Hoheit darüber, welche Daten die Verwaltung als offene Daten bereitstellen soll, den nationalen Gesetzgebern obliegt. 2

1. Open-Data-Richtlinie (RL (EU) 2019/1024)

Mit der im Jahr 2003 verabschiedeten RL 2003/98/EG (Public Sector Information Richtlinie im Folgenden PSI-RL) intendierte der europäische Gesetzgeber erstmalig die Schaffung eines Binnenmarkts für die **Nutzung öffentlicher Sektorinformationen,** um wirtschaftliches Wachstum und grenzüberschreitende digitale Dienste zu fördern, vgl. Erwgr. 5 PSI-RL. Die in der Richtlinie kodifizierten regulatorische Rahmenbedingungen sollen **harmonisierte Mindeststandards** für faire, angemessene und nichtdiskriminierende Bedingungen bzgl. der Weiterverwendung von Verwaltungsdaten schaffen, vgl. Erwgr. 8 PSI-RL. Die Entscheidung darüber, welche Dokumente zugänglich gemacht werden sollen, verbleibt jedoch weiterhin bei den Mitgliedstaaten selbst, vgl. Erwgr. 9 PSI-RL. 3

Die PSI-RL wurde durch die im Jahr 2019 verabschiedete **Open-Data-Richtlinie** RL (EU) 2019/1024 abgelöst, womit umfangreiche Änderungen für die Datennutzung einhergingen. Zum einen wurde der Anwendungsbereich um Unternehmen der Daseinsvorsorge erweitert. Zum anderen wurden die Regelungen insbesondere an die durch neue Schlüsseltechnologien wie die Künstliche Intelligenz entstehenden Datennutzungsbedarfe angepasst, um Innovationen im Digitalbereich zu fördern. 4

a) Anwendungsbereich

Der Anwendungsbereich der RL (EU) 2019/1024 umfasst nach Art. 1 OD-RL insbesondere öffentliche Stellen, Einrichtungen und Unternehmen der Daseinsvorsorge iSd § 2 OD-RL. Der Begriff der **öffentlichen Stelle** ist in § 2 Nr. 1 OD-RL legaldefiniert und umfasst den Staat, die Gebietskörperschaften, die Einrichtungen des öffentlichen Rechts sowie die Verbände, die sich aus einer oder mehreren dieser Körperschaften oder Einrichtungen zusammensetzen. Unter den Begriff der **Einrichtungen des öffentlichen Rechts** werden nach § 2 Nr. 2 OD-RL Institutionen subsumiert, die folgende Charakteristika aufweisen: Sie wurden mit dem besonderen Ziel gegründet, **Aufgaben im Allgemeininteresse** zu erfüllen, die **nicht kommerzieller Natur** sind. Zudem verfügen sie über eine **eigene Rechtspersönlichkeit** und werden entweder überwiegend vom Staat, von Gebietskörperschaften oder anderen Einrichtungen des öffentlichen Rechts finanziert. Alternativ können 5

[1] So auch Richter DNG, 2. Aufl. 2023, Einl. Rn. 7.

sie unter der Aufsicht solcher Stellen stehen oder ihre Verwaltungs-, Leitungs- oder Aufsichtsorgane setzen sich mehrheitlich aus Mitgliedern zusammen, die von diesen Körperschaften oder Einrichtungen ernannt wurden.

6 Darüber hinaus unterfallen **öffentliche Unternehmen** iSd § 2 Nr. 3 OD-RL dem Anwendungsbereich der Richtlinie. Ein öffentliches Unternehmen ist ein solches, das in spezifischen Sektoren der Daseinsvorsorge tätig ist und auf das öffentliche Stellen aufgrund von Eigentumsverhältnissen, finanziellen Beteiligungen oder geltenden Bestimmungen beherrschenden Einfluss ausüben können. Ein beherrschender Einfluss ist anzunehmen, wenn öffentliche Stellen entweder die **Mehrheit des gezeichneten Kapitals** halten, die **Mehrheit der Stimmrechte** besitzen oder **mehr als die Hälfte der Mitglieder des Verwaltungs-, Leitungs- oder Aufsichtsorgans** ernennen können. Dies umfasst insbesondere kommunale oder private Unternehmen aus den Bereichen Gas und Wärme, Elektrizität, Wasser, Verkehrsleitung, Häfen und Flughäfen, Post, Förderung von Öl und Gas und Exploration oder Förderung von Kohle oder anderen festen Brennstoffen, wenn diese Unternehmen auf einem Markt ohne Zugangsbeschränkungen dem unmittelbaren Wettbewerb ausgesetzt sind.[2] Dies gilt auch für **Wettbewerbe** in geografisch abgegrenzten Gebieten. Bei der Bewertung der Wettbewerbsbedingungen werden verschiedene Faktoren berücksichtigt, darunter die Eigenschaften der Waren oder Dienstleistungen, die Verfügbarkeit alternativer Angebote, die Preise sowie die Präsenz mehrerer Anbieter. Der geografische Markt wird anhand homogener Wettbewerbsbedingungen abgegrenzt, wobei Aspekte wie Eintrittsbarrieren, Verbraucherpräferenzen, Marktanteile und Preisunterschiede berücksichtigt werden.

7 Ferner sind öffentliche Einrichtungen, die **öffentliche Personenverkehrsdienste** durchführen, sowie Luftfahrtunternehmen und Gemeinschaftsreeder, die gemeinwirtschaftliche Verpflichtungen erfüllen, umfasst, Erwgr. 25 OD-RL.

8 Die Klassifizierung als öffentliches Unternehmen ist dabei unabhängig davon, ob das Unternehmen **privatrechtlich oder öffentlich-rechtlich organisiert** ist.

9 In **sachlicher Hinsicht** findet die OD-RL Anwendung auf **Dokumente** iSd § 2 Nr. 6 OD-RL, welche sich im Besitz öffentlicher Stellen befinden und für die Weiterverwendung zugänglich gemacht werden. Eine Zugänglichmachung zur Weiterverwendung liegt insbesondere vor, wenn öffentliche Stellen Lizenzen für Informationen vergeben oder Informationen verkaufen, verbreiten, austauschen oder zur Verfügung zu stellen, Erwgr. 22 OD-RL.

10 Ein Dokument im Sine der OD-RL ist jede Darstellung von Handlungen, Tatsachen oder Informationen sowie jede Zusammenstellung solcher Handlungen, Tatsachen oder Informationen, **unabhängig von der Form des Datenträgers,** auf dem es gespeichert ist, vgl. Erwgr. 30 OD-RL. Diese Klassifizierung findet Anwendung auf Inhalte, die von einer öffentlichen Stelle aufgrund eines gesetzlichen oder anderer verbindlicher Rechtsvorschriften der Mitgliedstaaten erfasst, erstellt, reproduziert und verbreitet werden, vgl. Erwgr. 21 OD-RL. Aufgrund der offenen Formulierung des Wortlautes von Art. 2 Nr. 6 OD-RL kann die Bereitstellung zur Weiternutzung auch nur einen Teil eines Dokumentes umfassen. Die Mitgliedstaaten sind verpflichtet, Dokumente zur Weiterverwendung in maschinenlesbarer Form bereitzustellen, sofern nicht der Zugang durch nationale Vorschriften eingeschränkt ist. Ein Dokument ist **maschinenlesbar,** wenn es in einem Dateiformat vorliegt, das so strukturiert ist, dass Softwareanwendungen die konkreten Daten einfach identifizieren, erkenne und extrahieren können, vgl. Erwgr. 35 OD-RL.

11 Standardmäßig **offen** sind amtlichen Informationen nach Art. 2 Nr. 13 OD-RL, wenn ein Dateiformat vorliegt, das plattformunabhängig ist und der Öffentlichkeit ohne Einschränkungen, die der Weiterverwendung von Dokumenten hinderlich wären, zugänglich gemacht wird. Die in den Mitgliedstaaten kodifizierten Regelungen über den Zugang bzw. Zugangsbeschränkungen zu Dokumenten werden durch die OD-RL nicht tangiert. So gilt

[2] Vgl. hierzu Art. 34 iVm Art. 8–14 RL 2014/25/EG.

die Richtlinie nicht in den Fällen, in denen Bürger oder juristische Personen die Dokumente nach der einschlägigen Zugangsregelung nur erhalten können, wenn sie ein besonderes Interesse nachweisen können, so bspw. bei der Einsichtnahme in Grundbücher.

b) Ausnahmen von der „Bereitstellungspflicht"

Datenkategorien, die dem Anwendungsbereich der OD-RL nicht unterfallen, werden in Art. 1 Abs. 2 OD-RL abschließen geregelt. Vom Anwendungsbereich der Richtlinie sind neben den bisherigen, bereits in der RL 2003/98/EG enthaltenen Ausnahmen (zB Geschäfts- und Betriebsgeheimnisse, Art. 1 Abs. 2 lit. d Ziff. iii OD-RL) nun ausdrücklich auch Dokumente zu kritischen Infrastrukturen ausgenommen (Art. 1 Abs. 2 lit. e OD-RL). **12**

In Übereinstimmung mit Art. 1 Abs. 2 lit. b Ziff. i OD-RL werden Dokumente, die von öffentlichen Unternehmen außerhalb der Erbringung ihrer Dienstleistungen von allgemeinem Interesse erstellt wurden, nicht in den Anwendungsbereich der Richtlinie einbezogen.

c) Bedingungen für die Weiterverwendung

Die OD-RL normiert in Kapitel III und IV die Bedingungen er Weiterverwendung der Dokumente. Die **Weiterverwendung von Dokumenten** nach Art. 6 Abs. 1 S. 1 OD-RL ist grundsätzlich **kostenfrei,** wobei nach Art. 6 Abs. 2 S. 2 OD-RL Grenzkosten für Reproduktion, Bereitstellung, Verbreitung sowie den Schutz vertraulicher Informationen erstattet werden dürfen. Ausnahmen bestehen nach Art. 6 Abs. 2 für bestimmte öffentliche Stellen, Bibliotheken, Museen, Archive und öffentliche Unternehmen, die zur Kostendeckung Einnahmen erzielen müssen. In diesen Fällen ist eine Kostenüberdeckung durch die Gesamteinnahmen sowie eine angemessene Gewinnspanne nicht zulässig, wobei objektive und transparente Kriterien Anwendung finden. **13**

Die, um amtliche Informationen ersuchte Behörde, muss die **Gebührenerhebung transparent** gestalten. Nach Art. 7 OD-RL müssen Standardgebühren für die Weiterverwendung von Dokumenten im Voraus festgelegt und möglichst elektronisch veröffentlicht werden. Bei nicht standardisierten Gebühren sind die Berechnungsfaktoren im Voraus anzugeben, und auf Anfrage muss die genaue Berechnungsweise für einen spezifischen Antrag mitgeteilt werden. **14**

Die Weiterverwendung der Informationen unterliegt grundsätzlich **keinen Bedingungen.** Den öffentlichen Stellen obliegt jedoch die Möglichkeit die Weitergabe an Bedingungen zu knüpfen, wenn dies durch ein im Allgemeininteresse liegendes Ziel gerechtfertigt ist. In einem solchen Fall müssen die Bedingungen objektiv, verhältnismäßig und nichtdiskriminierend sein. Im Übrigen dürfen die Bedingungen die Möglichkeiten der Weiterverwendung nicht unnötig einschränken. In diesem Zusammenhang ist insbesondere die Verordnung (EU) 2018/1807 (Free-Flow-of-Data-VO) zu berücksichtigen, die den **freien Datenverkehr** mit elektronischen Daten, die keinen Personenzug aufweisen, fördern soll. Unzulässig sind danach insbesondere Verpflichtungen, Verbote, Bedingungen, Beschränkungen oder sonstige Anforderungen, die in Rechts- oder Verwaltungsvorschriften enthalten sind oder sich aus allgemeinen und einheitlichen Verwaltungspraktiken ergeben und den freien Datenverkehr innerhalb der Union gefährden können. Dies gilt auch für Anforderungen, die die Datenverarbeitung im Hoheitsgebiet eines bestimmten EU-Mitgliedstaats vorschreiben oder die Verarbeitung von Daten in einem anderen Mitgliedstaat behindern. **15**

EU-Mitgliedstaaten sollen die Suche nach weiterverwendbaren Dokumenten durch Bestandslisten, Metadaten und **Internet-Portale** erleichtern und eine sprachübergreifende Suche ermöglichen. Zudem sollen sie Maßnahmen zur Bewahrung dieser Dokumente fördern. Gemeinsam mit der EU-Kommission arbeiten sie daran, den Zugang zu Datensätzen durch einheitliche Anlaufstellen und maschinenlesbare Formate zu verbessern. In **16**

Deutschland fungiert das **Portal GovData**[3] als einheitliche Anlaufstelle für den Zugang zu Verwaltungsdaten aus Bund, Ländern und Kommunen sowie zu Daten von Unternehmen der Daseinsvorsorge, Hochschulen, Forschungseinrichtungen und Forschungsförderungseinrichtungen.

d) Art der Bereitstellung

17 Die Art und Weise wie die begehrten amtlichen Informationen bereitzustellen sind, richtet sich nach der Kategorie der vorliegenden Information. Die OD-RL differenziert zwischen verschiedenen Arten von Daten, für die jeweils spezifische Regelungen gelten. Insbesondere werden dabei die Kategorien **„normale Daten"**, **„dynamische Daten"** und **„hochwertige Datensätze"** betrachtet.[4]

18 In Art. 2 Nr. 8 OD-RL werden **„dynamische Daten"** als Daten definiert, die häufig, oft in Echtzeit, aktualisiert werden. Als Beispiele können hier **Verkehrsdaten** und **Wetterdaten** genannt werden. Auch Sensordaten sind unter den Begriff der dynamischen Daten zu subsumieren, um den IoT-Entwicklungen Rechnung zu tragen.[5] Die genannten Daten sollen unmittelbar nach deren Erfassung mittels einer Schnittstelle (API) ggf. als Massendownload verfügbar gemacht werden, vgl. Art. 5 OD-RL.

19 **Hochwertige Datensätze** werden in Art. 2 Nr. 10 der OD-RL als Dokumente bezeichnet, deren Weiterverwendung erhebliche sozioökonomische Vorteile mit sich bringt. Art. 13 Abs. 1 OD -RL iVm Anhang I zu der OD-RL enthält eine Auflistung von thematischen Kategorien, die als hochwertige Datenätze gelten. Diese umfasst insbesondere Georaum-, Erdbeobachtungs- und Umweltdaten sowie meteorologische, statistische, Unternehmens- und Mobilitätsdaten. Diese Auflistung kann nach Art. 13 Abs. 2 iVm Art. 15 OD-RL von der Kommission durch einen delegierten Rechtsakt erweitert werden. Die Festlegung der spezifischen Datensätze, die sich im Besitz einer öffentlichen Stelle oder eines Unternehmens befinden und als hochwertig klassifiziert werden, wird durch die Kommission mittels **Durchführungsrechtsakt** getroffen. Die Liste der hochwertigen Datensätze, die von öffentlichen Stellen oder Unternehmen verwahrt werden, ist im Anhang der Durchführungsverordnung (EU) 2023/138 aufgeführt. Zudem werden dort die Modalitäten für deren Veröffentlichung und Weiterverwendung dargelegt.

20 Hochwertige Datensätze sind kostenlos in maschinenlesbarer Form und über eine API oder zum Massendownload zur Verfügung zu stellen. Eine Ausnahme von der grundsätzlichen kostenfreien Zurverfügungstellung von hochwertigen Datensätzen ist in Art. 14 Abs. 3, 4, 5 OD-RL kodifiziert. Eine dieser Ausnahmen, geregelt in Art. 14 Abs. 4 OD-RL, umfasst Bibliotheken, inkl. Universitätsbibliotheken, Museen und Archive. Hochwertige Datensätze, die sich wesentlich auf den Haushalt der betreffenden öffentlichen Stellen auswirken können, sind ebenfalls von der unentgeltlichen Bereitstellung ausgenommen. Zudem besteht nach Art. 14 Abs. 3 OD-RL eine Ausnahme für öffentliche Unternehmen, wenn die Bereitstellung zu einer Verzerrung des Wettbewerbs auf den entsprechenden Märkten führen würde. Hochwertige Datensätze sind nach Art. 4 Abs. 3 DurchführungsVO (EU) 2023/138 unter den **Bedingungen** einer CC-BY/CC-Namensnennung oder einer gleichwertigen oder weniger einschränkenden offenen Lizenz in einem öffentlich dokumentierten, unionsweit oder international anerkannten offenen maschinenlesbaren Format über APIs und Massendownloads in der jeweils aktuellsten Version zur Verfügung zu stellen.

21 Der Begriff **„normale Daten"** wird in der OD-RL nicht ausdrücklich erwähnt und umfasst Daten, die nicht den Kategorien der dynamischen oder hochwertigen Daten zuzuordnen sind.[6]

---

[3] GovData – das Datenportal für Deutschland ist abrufbar unter www.govdata.de/ (zuletzt abgerufen am 5.3.2026).
[4] Buchholz IR 2019, 197 (199).
[5] Fuchs ZGI 2022, 151 (153).
[6] Buchholz IR 2019, 197 (199).

2. Data Governance Act

Die Verordnung (EU) 2022/868 (Data Governance Act im folgenden DGA) fungiert als komplementärer Rechtsrahmen, der die Open-Data-Richtlinie (OD-RL) ergänzt. Während die OD-RL die Modalitäten der Weiterverwendung von Daten ohne besondere Schutzinteressen reguliert, die sich im Besitz einer der öffentlichen Stelle befinden, gilt der DGA gerade nur für solche Daten, an denen ein besonderes Schutzinteresse iSd Art. 3 DGA besteht.[7] Dies betrifft insbesondere solche Daten, deren Nutzung grundsätzlich schützenswerte Rechte von Dritten entgegenstehen. Als Beispiele können Daten genannt werden, die durch den Schutz von Geschäftsgeheimnissen, geistigem Eigentum oder personenbezogenen Informationen eingeschränkt sind. **22**

Ein weiterer wesentlicher Unterschied zur OD-RL besteht darin, dass der DGA öffentliche Stellen nicht verpflichtet, die Weiterverwendung dieser Daten zu gestatten. Stattdessen greift sie die im europäischen und nationalen Recht bestehenden Verpflichtungen auf und harmonisiert die Rahmenbedingungen, die einzuhalten sind, wenn eine Weiterverwendung erlaubt wurde.[8] Diese Anforderungen müssen öffentliche Stellen erfüllen, sobald sie sich entscheiden, die Nutzung der Daten zu ermöglichen. **23**

Obgleich diese Daten einer besonderen Schutzbedürftigkeit unterliegen, definiert der DGA verbindliche Bedingungen für deren kommerzielle und nichtkommerzielle Weiterverwendung, wobei im Einzelfall der Verordnungszweck dem berechtigten Schutzinteresse des Dateninhabers gegenüberzustellen und abzuwägen ist.[9] In diesem Kontext sind insbesondere das Verbot von Exklusivitätsvereinbarungen gem. Art. 4 DGA sowie die Festlegung und Veröffentlichung rechtlicher, technischer und organisatorischer Anforderungen für die Weiterverwendung in Art. 5 DGA von herausragender Bedeutung. Demnach müssen die Bedingungen für die Weiterverwendung von Daten in Bezug auf Datenkategorien, Nutzungszwecke und die Art der erlaubten Daten **diskriminierungsfrei, transparent, verhältnismäßig** und **objektiv gerechtfertigt** sein. Zudem dürfen sie den **Wettbewerb nicht beeinträchtigen.** Aufgrund des besonderen Schutzes der Daten ist eine Weiterverwendung nur zulässig, sofern der Betroffene in die Weiterverwendung einwilligte oder die **personenbezogenen Daten** im Vorfeld so anonymisiert oder pseudonymisiert werden, dass keine Reidentifizierung der hinter den Daten stehenden natürlichen Person möglich ist.[10] In Bezug auf die Regelung des Art. 3 Abs. 3 DGA ist festzuhalten, dass dieser die Bestimmungen der DS-GVO unberührt lässt. Folglich ist für eine Datenübermittlung stets eine Rechtfertigung gem. Art. 6 DS-GVO erforderlich.[11] Zudem unterliegt die Weiterleitung der Daten den Grundsätzen für die Verarbeitung personenbezogener Daten nach Art. 5 DS-GVO.[12] **24**

Geschäftsgeheimnisse müssen durch geeignete Maßnahmen geschützt wurden, sodass diese bei Weiterverwendung nicht offengelegt werden können.[13] Der Zugang zu den Daten erfolgt über sichere Verarbeitungsumgebungen, entweder per Fernzugriff oder bei Vorliegen besonderer Gefährdungslagen vor Ort unter hohen Sicherheitsstandards. **25**

Des Weiteren beinhaltet der DGA Bestimmungen zu **Gebühren,** die für die Weiterverwendung erhoben werden dürfen. Diese müssen ausweislich Art. 6 Abs. 2 DGA nichtdiskriminierend, verhältnismäßig und objektiv gerechtfertigt sein. Die Gebühren für die Weiterverwendung von Daten gem. Art. 3 Abs. 1 DGA werden auf die erforderlichen Kosten beschränkt, die mit der Bearbeitung des Antrags und der Bereitstellung der Daten verbunden sind. Dazu zählen insbesondere Kosten der Vervielfältigung, der Anonymisierung **26**

---

[7] Paschke/Rücker/Paschke DGA Art. 1 Rn. 8.
[8] Paschke/Rücker/Weiden DGA Art. 3 Rn. 5.
[9] Paschke/Rücker/Weiden DGA Art. 3 Rn. 1.
[10] Spindler CR 2021, 98 (100).
[11] Spindler CR 2021, 98 (100 f.).
[12] Richter ZD 2022, 3 (7).
[13] Spindler CR 2021, 98 (101).

oder sonstiger Aufbereitung personenbezogener oder vertraulicher Daten, Instandhaltung sicherer Verarbeitungsumgebungen oder die Unterstützung bei der Einholung von Einwilligungen.

3. Exkurs Smartmeter: Datennutzung nach dem Data Act

27 Der Data Act trifft ebenfalls Regelungen zur Nutzbarkeit der Daten, welche ein Datennutzer durch die Verwendung einer **IoT-Anwendung** generiert und sodann an einen Dateninhaber übermittelt werden.[14] Der Nutzer einer IoT-Anwendung hat gegenüber dem Dateninhaber einen Anspruch, die von ihm generierten Daten Dritten zur Verfügung zu stellen.[15] Es kann sich bei dem Dateninhaber auch um ein Unternehmen der Daseinseivorsorge handeln, wie etwa ein Energieversorgungsunternehmen, welches Endverbrauchern die Möglichkeit eines dynamischen Stromtarifs über einen beim Endverbraucher eingebauten dynamischen Stromzähler anbietet. In diesem Fall ist der verbaute dynamische Stromzähler ein IoT-Gerät und die hierüber vom Endverbraucher generierten Daten können **auf Verlangen des Verbrauchers** Dritte zur Verfügung gestellt werden, Art. 5 Data Act.[16]

II. Die nationale Datennutzung nach dem Datennutzungsgesetz

28 Die OD-RL wurde in Deutschland durch das **Datennutzungsgesetz** (DNG) umgesetzt, welches das zuvor geltende Informationsweiterverwendungsgesetz (IWG) ablöst. Im Unterschied zu den Vorschriften zum Datenzugangs, ua nach § 1 IFG oder § 12a EGovG, sind die Regelungen des DNG sowohl für den Bund als auch die Länder bindend.[17] Das DNG verbindet die politischen Vorgabe des vermehrten und grundsätzlich aktiven Bereitstellens von Open Data („Open Data by Default") nach § 12a EGovG mit den neuen Weiterverwendungsregelungen der OD-RL.[18]

29 Das DNG legt die Regeln für die Nutzung von Daten fest, die im Besitz von öffentlichen Stellen sowie Unternehmen der Daseinsvorsorge sind oder im Rahmen öffentlich-finanzierter Forschung entstehen.[19] Dies umfasst insbesondere Regelungen dazu, ob und zu welchen **Bedingungen** die **Datennutzung** zulässig ist. Ebenso wie die OD-RL etabliert das DNG keine originären Datenzugangsansprüche, vgl. § 1 Abs. 2 DNG.[20] Vielmehr knüpft sein Regelungsregime an bereits vorhandene gesetzliche Zugangsansprüche und -pflichten an (vgl. § 2 Abs. 2 Nr. 1 DNG), Daten proaktiv bereitzustellen (§ 2 Abs. 1 Nr. 2 DNG).[21]

30 Wird zunächst das Bestehen einer gesetzlich vorgeschriebenen Pflicht zur Datenbereitstellung festgestellt, regelt das DNG daran anknüpfend die Art und Weise der Datennutzung. Das DNG normiert ebenfalls die Datennutzung für die Fälle, in welchen ein Gesetz eine proaktive Bereitstellungspflicht, wie bspw. in § 12a EGovG **(„Open-Government Data")** anordnet.

31 Der Anwendungsbereich des DNG ist mithin regelmäßig erst eröffnet, wenn öffentliche Stellen iSd § 2 Abs. 2 Nr. 1 iVm § 3 Nr. 1 DNG oder Unternehmen der Daseinsvorsorge iSd § 2 Abs. 2 Nr. 2 iVm § 3 Nr. 2 DNG Daten – sei es kraft gesetzlicher Vorgabe, oder auf freiwilliger Basis (zB auf einem Portal) – bereitstellen.[22]

---

14 Bomhard MMR 2024, 71 (73).
15 Schmidt-Kessel MMR 2024, 75 (76).
16 Hierzu ausf. Paschke/Schumacher/Hartl/Wentzel DA Art. 5 Rn. 14 ff.
17 Fuchs ZGI 2022, 151 (154).
18 BT-Drs. 19/27442, 16.
19 BT-Drs. 19/27442, 16.
20 Richter DNG, 2. Aufl. 2023, § 1 Rn. 10.
21 Richter DNG, 2. Aufl. 2023, § 1 Rn. 14.
22 Richter DNG, 2. Aufl. 2023, § 1 Rn. 13.

1. Anwendungsbereich

Der **persönliche Anwendungsbereich** umfasst nach § 2 Abs. 2 DNG öffentliche Stellen, öffentliche Einrichtungen und nunmehr auch Unternehmen bestimmter Bereiche der Daseinsvorsorge (Sektortätigkeiten iSd § 102 GWB), wie Wasser, Energie und Verkehr. Der persönliche Anwendungsbereich des DNG geht über die Mindestanforderungen der OD-RL hinaus, da es generell sämtliche Unternehmen der Daseinsvorsorge adressiert, unabhängig davon ob deren Gesellschaftsform öffentlich-rechtlicher oder privatrechtlicher Natur ist.[23] Dabei spielt das Erreichen von Schwellenwerten keine Rolle, da diese an den geschätzten Auftragswert gekoppelt sind.[24] Erfasst werden zudem Unternehmen, die den Regelungen zur Vergabe öffentlicher Aufträge und Konzessionen unterliegen oder öffentliche Personenverkehrsdienste anbieten.[25] **32**

Für **Unternehmen der Daseinsvorsorge** gelten dabei einige der Regelungen des DNG in lediglich abgeschwächter Form so bspw. § 4 Abs. 2 DNG. Andere Vorgaben wiederum finden auf entsprechende Unternehmen keine Anwendung, zB § 2 Abs. 5, § 5 Abs. 2 § 6 Abs. 3 S. 3, 4 DNG.[26] **33**

Dem Anwendungsbereich des DNG unterfallen nach § 2 Abs. 2 Nr. 3 DNG ferner Forschungseinrichtungen, die Forschungsdaten verarbeiten. **Forschungseinrichtungen** sind Institute, Zentren oder Anstalten, deren Aufgabe darin besteht, Forschungsprojekte oder -programme durchzuführen, wobei sich die Einrichtungen ihrem niedergelegten Zweck nach der wissenschaftlichen Forschung verschrieben haben muss.[27] Hiervon ist auszugehen, wenn eine Einrichtungen eine „geistige Tätigkeit mit dem Ziele [verfolgt], in methodischer, systematischer und nachprüfbarer Weise neue Erkenntnisse zu gewinnen."[28] Neben den Forschungseinrichtungen sind vom persönlichen Anwendungsbereich des DNG ebenfalls Hochschulen und Forschungsförderungseinrichtungen, vgl. § 2 Abs. 2 Nr. 3 lit. a DNG sowie Forschende, vgl. § 2 Abs. 2 Nr. 3 lit. b DNG umfasst. **34**

Eine **öffentliche Finanzierung** von Forschung ist insbesondere dann anzunehmen, wenn die Forschung durch Forschungsgelder aus EU-, Bundes- oder Landesmitteln an die jeweilige Forschungseinrichtung vorgenommen wird. In der Regel werden Forschungsvorhaben an Universitäten durch befristete direkte Projektförderungen (durch DFG, BMBF, oder EU-Förderprogramme wie Horizon 2020 oder Horizon Europe) finanziert. Forschung kann jedoch auch durch private Gelder ua von Stiftungen finanziert werden. Es gibt ebenfalls Projekte die teilw. öffentlich und teilweise privat finanziert werden. Da weder die OD-RL noch das DNG eine überwiegende Finanzierung des Projektes durch öffentliche Mittel voraussetzt, unterfallen die in dem Forschungsprojekt generierten Daten auch dann dem Anwendungsbereich des DNG, wenn eine öffentliche Teilfinanzierung vorliegt.[29] **35**

Forschungsdaten und die dazugehörigen Metadaten sollen nach dem **FAIR-Grundsatz** (Findable, Accessible, Interoperable, Reusable) veröffentlicht werden.[30]

Der **sachliche Anwendungsbereich** des DNG erstreckt sich auf Daten, die von einer öffentlichen Stelle bereitgestellt werden. In diesem Zusammenhang definiert § 3 Nr. 3 DNG Daten als **vorhandene Aufzeichnungen,** unabhängig von der Art ihrer Speicherung. In Anlehnung an Art. 2 Nr. 6 OD-RL ist von einem weiten Verständnis des Datenbegriffs auszugehen. Dem Anwendungsbereich des DNG unterliegen Daten von Datenbereitstellern iSd § 2 Abs. 2 DNG, sofern diese auf eine der in § 2 Abs. 1 DNG genannten Arten bereitgestellt wurden. **36**

---

23 BT-Drs. 19/31014, 5.
24 BT-Drs. 19/31014, 5.
25 BT-Drs. 19/31014, 5.
26 Vgl. hierzu vertiefend Richter DNG, 2. Aufl. 2023, § 2 Rn. 140 f.
27 Richter DNG, 2. Aufl. 2023, § 2 Rn. 185.
28 BVerfG 29.5.1973 – 1 BvR 424/71 u. 325/72, NJW 1973, 1176 (1176), mit Verweis auf den Bundesbericht Forschung III BT-Drs. V/4335, 4.
29 Richter DNG, 2. Aufl. 2023, § 2 Rn. 175.
30 Richter DNG, 2. Aufl. 2023, § 2 Rn. 167.

37 Gemäß § 2 Abs. 1 Nr. 1 DNG ist der Anwendungsbereich des DNG eröffnet, sofern Rechtsgrundlagen einen voraussetzungslosen **Anspruch auf Zugang** zu Informationen gewähren. Dazu zählen beispielsweise Ansprüche, die sich aus dem Informationsfreiheitsgesetz des Bundes oder anderen uneingeschränkten Einsichtsrechten ableiten (vgl. hierzu ausführlich → Kap. 5 Rn. 17 ff.).

38 Ferner können hierunter auch Registerdaten fallen. Dies jedoch ebenfalls unter der Voraussetzung, dass der Anspruch auf Zugang zu den Informationen voraussetzungslos gewährt wird. So bspw. bei der einfachen Meldeauskunft nach § 44 BMG. Ist hingegen der Zugang zu den Daten von einem berechtigten oder rechtlichen Interesse abhängig wie, bspw. bei der erweiterten Melderegisterauskunft nach § 45 BMG oder der Einsichtnahme in das Grundbuch, § 12 GBO unterliegt die Datennutzung nicht dem Regelungsregime des DNG.

39 Dies gilt ebenfalls für Institutionen wie Archive und Museen. Auch in diesem Kontext besteht ein Anspruch auf freie Datennutzung, sofern ein Anspruch auf Zugang zu den Informationen gesetzlich verankert ist und nicht an ein berechtigtes Interesse oder die Verfolgung eines bestimmten Zwecks geknüpft ist. Diesbezüglich sei auf § 10 BArchG, § 6 Abs. 1 ArchivG NRW sowie § 9 Abs. 1 SächsArchivG verwiesen.[31] Insbesondere Archiv- und Bibliotheksgesetze stellen gegenüber dem Informationsfreiheitsgesetz (IFG) eine speziellere Regelungsmaterie dar, sodass entsprechend dem lex-specialis-Grundsatz diese Regelungen einen Anwendungsvorrang genießen.[32] Ein weiteres Beispiel für sektorspezifische Bereitstellungspflichten findet sich im Personenbeförderungsgesetz. In Bezug auf Gedächtnisinstitutionen ist festzuhalten, dass insoweit auch der Anwendungsbereich des DNG eröffnet sein kann. Dies ist insbesondere dann der Fall, wenn keine Beschränkung der Zugangsrechte oder Nutzungsbeschränkungen in Archiv- oder Bibliotheks- oder Registergesetzen des Bundes oder der Länder vorgesehen ist.

40 Nach § 2 Abs. 1 Nr. 2 DNG findet das Datennutzungsgesetz insbesondere auf Daten von öffentlichen Stellen Anwendung, die aufgrund von nicht im DNG kodifizierten gesetzlichen Bestimmungen bereitgestellt werden. Hierzu zählen insbesondere Daten des öffentlichen Sektors, die auf Grundlage der Open Government Data-Regelungen des Bundes § 12a EGovG proaktiv bereitgestellt werden sollen (vgl. hierzu ausführlich → Kap. 5 Rn. 17 ff.).

41 Letztlich erfasst § 2 Abs. 1 Nr. 3 DNG Daten, die „auf sonstige Weise öffentlich oder zur ausschließlichen Nutzung bereitgestellt werden". Nach § 2 Abs. 1 Nr. 3 Alt. 1 DNG sind hiervon insbesondere solche Daten umfasst, die der Datenbereitsteller, ohne hierfür gesetzlich verpflichtet zu sein, **freiwillig bereitstellt.** Der Zugang zu den Daten kann dabei etwa über ein Portal erfolgen, das nur registrierten Nutzern gegen Entgelt zugänglich ist und dessen Nutzung an bestimmte Bedingungen geknüpft wird.[33]

42 Hierbei handelt es sich um Konstellationen in denen öffentliche Stellen oder Unternehmen der Daseinsvorsorge bestimmte Daten zurückhalten und den Zugang für Dritte rein tatsächlich einschränken, ohne dies formal durch vertragliche Ausschließlichkeitsvereinbarungen zu regeln. Die Daten werden dabei nicht proaktiv veröffentlicht oder allgemein zugänglich gemacht, sondern nur auf **individuelle Nachfrage** an ausgewählte Nutzer weitergegeben. Häufig ist diese Weitergabe mit der **Erhebung von Entgelten** verbunden.[34] Diese Praxis führt dazu, öffentliche Stellen oder Unternehmen der Daseinsvorsorge die Beschränkungen des DNG umgehen können, indem sie selektiv entscheiden, wer Zugang zu den Daten erhält[35], mit der Folge, dass ua Entgelte für die Nutzung verlangt werden können, die den engen Zulässigkeitsvoraussetzungen der §§ 10 ff. DNG nicht entsprechen.

43 Vordergründig scheint ein solches Vorgehen die **faktisch exklusive Bereitstellung** von amtlichen Informationen zu begünstigen. Es ist jedoch zu beachten, dass das Handeln der

31 Richter DNG, 2. Aufl. 2023, § 2 Rn. 74 ff.
32 Richter DNG, 2. Aufl. 2023, § 2 Rn. 82.
33 Martini/Haußecker/Wagner NVwZ 2022, 1871 (1871).
34 Martini/Haußecker/Wagner NVwZ Extra 11/2022, 1 (7 f.).
35 Martini/Haußecker/Wagner NVwZ Extra 11/2022, 1 (8).

Verwaltung sich weiterhin am Maßstab des Art. 3 Abs. 1 GG orientieren muss. Demnach können sich Datenzugangs- und Datennutzungsansprüche – unabhängig von ihrer einfachgesetzlichen Ausgestaltung – auch aus einer Selbstbindung der Verwaltung ergeben. Ein Datenzugangsanspruch nach Art. 3 Abs. 1 GG führt in der Konsequenz dazu, dass der Datenbereitsteller über § 2 Abs. 1 Nr. 1 DNG wieder in den Anwendungsbereich des DNG zurückfällt.

2. Ausnahmen vom Anwendungsbereich

In § 2 Abs. 3 DNG werden verschiedene Sachbereiche vom Anwendungsbereich des DNG **44**
ausgeklammert. Dazu gehören insbesondere Daten, die nicht oder nur eingeschränkt zugänglich sind. Dies gilt ua für die erweiterte Melderegisterauskunft nach § 45 BMG oder die Einsichtnahme in das Grundbuch, § 12 GBO. Zudem unterliegen die in § 2 Abs. 3 Nr. 1 lit. a Hs. 2 aa–ee DNG kodifizierten Regelbeispiele etwa der Schutz personenbezogener Daten, der Schutz von Geschäftsgeheimnissen, die nationale Sicherheit, die Verteidigung oder die öffentliche Sicherheit sowie der Schutz kritischer Infrastrukturen oder die statistische Geheimhaltung nicht dem Regelungsregime des DNG.[36]

Das DNG gewährt **Unternehmen der Daseinsvorsorge** eine besondere Privilegierung. **45**
Unternehmen der Daseinsvorsorge, welche die ersuchten Daten nicht im Rahmen ihrer Sektorentätigkeiten, wie der Trinkwasserversorgung, Energieversorgung oder dem Betrieb des öffentlichen Nahverkehrs (ÖPNV) erstellt haben, fallen daher nicht in den Anwendungsbereich des DNG, wenn die Unternehmen die Daten ausschließlich zum **Zweck der Gewinnerzielung** erheben. Damit betrachtet das DNG die Datenwirtschaft an sich nicht als Bestandteil der regulierten Daseinsvorsorge.[37] Durch diese gesetzliche Differenzierung kann es in Fällen, in denen ein Unternehmen Daten sowohl für die Erfüllung von Aufgaben der Daseinsvorsorge als auch für andere Zwecke nutzt, zu Abgrenzungsproblemen kommen.[38]

Bei einer engen Auslegung des § 2 Abs. 3 Nr. 2 DNG unterliegen lediglich Daten, die **46**
ausschließlich zu **kommerziellen Zwecken** erhoben wurden und keine Verbindung zu Sektorentätigkeiten oder dem Betrieb des ÖPNV aufweisen, dem Anwendungsbereich des Gesetzes.[39] Für die Frage, ob eine spezifische Tätigkeit eines Unternehmens der Daseinsvorsorge einer Sektorentätigkeit zuzuordnen ist, kommt es maßgeblich auf die Beschreibung der Sektorentätigkeiten in § 102 GWB an.[40]

Ein anderer Anknüpfungspunkt kann über eine Privilegierung von Unternehmen der **47**
Daseinsvorsorge über die **Sektorenausnahme** des Art. 34 RL 2014/24/EG erfolgen. Für Unternehmen der Daseinsvorsorge nach den Art. 8–14 RL 2014/25/EG, die in einem Markt ohne Zugangsbeschränkungen tätig sind und dem Wettbewerb ausgesetzt sind, besteht die Möglichkeit, dass die EU-Kommission sie durch einen Freistellungsbeschluss von den Vergabevorschriften ausnimmt. Infolgedessen sind die Regelungen des DNG auf diese befreiten Unternehmen der Daseinsvorsorge nicht mehr anwendbar.[41]

Das DNG ist nach § 2 Abs. 4 DNG grundsätzlich auch auf **personenbezogene Daten** **48**
anwendbar, solange kein eingeschränkter Zugang zu den Informationen besteht, vgl. § 2 Abs. 3 Nr. 1 lit. a DNG. Regelmäßig wird jedoch aufgrund des § 2 Abs. 4 Nr. 1 lit. a sublit. aa DNG von einem eingeschränkten Zugang auszugehen sein. Ausnahmen von dem grundsätzlichen **Verbot der Datennutzung** nach § 2 Abs. 3 Nr. 1 lit. a sublit. aa DNG können durch spezialgesetzliche Vorschriften durchbrochen werden. Dies erfolgt ua bei der einfachen Meldeauskunft nach § 44 Abs. 1 BMG, welche allerdings in § 44 in Abs. 3 Nr. 2 BMG vorrangig zu beachtende ausdrückliche Nutzungsbeschränkungen normiert. Im

36 Zur Vertiefung: Richter DNG, 2. Aufl. 2023, § 2 Rn. 283 ff.
37 Martini/Haußecker/Wagner NVwZ Extra 11/2022, 1 (11).
38 Martini/Haußecker/Wagner NVwZ Extra 11/2022, 1 (11).
39 Zustimmend: Richter DNG, 2. Aufl. 2023, § 2 Rn. 614.
40 Richter DNG, 2. Aufl. 2023, § 3 Rn. 615.
41 Martini/Haußecker/Wagner NVwZ Extra 11/2022, 1 (11).

Ergebnis bleibt das DNG jedoch im Übrigen anwendbar, sodass sich insbesondere die Kosten der Zurverfügungstellung an den §§ 10, 11 DNG messen lassen müssen.[42] Die Rechtmäßigkeit der Weiterverwendung der personenbezogene Daten richtet sich, sofern sich keine Sonderregelungen bspw. aus Registergesetzen ergeben, nach Art. 6 Abs. 1 DS-GVO.

49 Ebenfalls vom Anwendungsbereich des DNG ausgenommen sind Daten, die das geistige Eigentum Dritter betreffen. Hier ist bereits im Rahmen des Datenzugangs zu prüfen, inwiefern es sich bei der begehrten Information um ein schutzwürdiges Werk eines Dritten handelt und inwieweit dieser Schutz bereits die Zurverfügungstellung und damit auch die Nutzung des Werkes verhindert.[43]

50 Die Nutzung von Daten, die spezialgesetzlichen Regelungsregimen unterfallen (ua Geodaten), richtet sich entsprechend des lex-specialis-Grundsatz nach dem speziellen Regelungsregime. So unterliegt insbesondere die (nicht-)kommerzielle Nutzung von Geodaten ausschließlich der in §§ 2, 3 GeoNutzV perpetuierten Anforderungen.[44]

51 Darüber hinaus fallen Daten, die von einem Unternehmen der Daseinsvorsorge außerhalb des öffentlichen Auftrags erstellt wurden, Logos, Wappen und Insignien, sowie Daten von öffentlich-rechtlichen Rundfunkanstalten oder deren Beauftragten, die der Wahrnehmung eines öffentlichen Programm- oder Sendeauftrags dienen, nicht unter den Anwendungsbereich des DNG.

52 Auch Daten kultureller Einrichtungen, mit Ausnahme von Bibliotheken, Museen und Archiven sind von der Regelung ausgenommen. Daten von Bildungseinrichtungen der Sekundarstufe und darunter sind hiervon ebenfalls ausgeschlossen, bei anderen Bildungseinrichtungen nur, sofern es sich nicht um Forschungsdaten handelt.

53 Dem Regelungsregime des DNG unterfallen ferner Informationen einer öffentlichen Stelle, die diese bereits von sich aus veröffentlicht hat. Das BVerwG entschied, dass eine Gemeinde verpflichtet sein kann, ihre ausschreibungsbezogenen Bekanntmachungen auf Anfrage gemäß dem Informationsweiterverwendungsgesetz bereitzustellen. Dies gilt, wenn die gezielte Übermittlung zur Weiterverwendung der Daten erforderlich ist.[45]

3. Grundsatz der uneingeschränkten Datennutzung

54 Das in § 4 Abs. 1 DNG verankerte Jedermannsrecht, wonach alle Daten im Geltungsbereich des Gesetzes grundsätzlich **„für jeden kommerziellen oder nichtkommerziellen Zweck“** genutzt werden dürfen, bildet das „Herzstück“ des DNG. Der Begriff der **Nutzung** wird in § 3 Nr. 4 DNG definiert als „jede Verwendung von Daten für kommerzielle oder nichtkommerzielle Zwecke, die über die Erfüllung öffentlicher Aufgaben oder die Erbringung gemeinwohlorientierter Dienstleistungen hinausgeht oder die neben der Erfüllung öffentlicher Aufgaben auch für **eigene kommerzielle Zwecke** erfolgt.“

55 Von einem **Verwenden** der Daten für eigene kommerzielle oder nichtkommerzielle Zwecke, die über die Erfüllung einer öffentlichen Aufgabe hinausgehen, ist bereits dann auszugehen, wenn eine öffentliche Stelle einem Privaten Informationen auch zur gewerblichen Nutzung überlässt.[46] Eine Anwendbarkeit des DNG ist nur dann ausgeschlossen, wenn der Austausch der Daten zwischen öffentlichen Stellen ausschließlich zur Erfüllung öffentlicher Aufgaben erfolgt.[47]

---

42 Richter DNG, 2. Aufl. 2023, § 2 Rn. 743.
43 Zu den einzelnen Schutzrechten ausf. Richter DNG, 2. Aufl. 2023, § 2 Rn. 307–475.
44 Richter DNG, 2. Aufl. 2023, § 2 Rn. 520 f.
45 BVerwG 14.4.2016 – 7 C 12.14, NVwZ 2016, 1183.
46 VGH Mannheim 7.5.2013 – 10 S 281/12, NJW 2013, 2045 (2051).
47 VGH Mannheim 7.5.2013 – 10 S 281/12, NJW 2013, 2045 (2051).

4. Bedingungen der Datennutzung

Die Vereinbarungen zwischen Datenbereitsteller und Datennutzer in Form von **Lizenzen** 56 ist nach § 4 Abs. 3 DNG zulässig, sofern die vergeben Lizenzen objektiv, verhältnismäßig, nichtdiskriminierend und durch ein im Allgemeininteresse liegendes Ziel gerechtfertigt sind, wobei die Nutzungsbedingungen nach § 5 Abs. 1 DNG ebenfalls nichtdiskriminierend sein müssen. Datenbereitsteller können durch die Verwendung von Lizenzen insbesondere festlegen, dass Datennutzer zur Quellenangabe verpflichtet sind, inhaltliche Änderungen untersagt sind oder Haftungsbeschränkungen für fehlerhafte Daten gelten. Öffentliche Datenbereitsteller haben zudem die Möglichkeit, einen **Lizenz-Assistenten**[48] zur Unterstützung zu nutzen.[49]

Der Grundsatz der uneingeschränkten Datennutzung und die Möglichkeit der Lizensie- 57 rung der Daten wird durch das wettbewerbsrechtlich geprägte **Diskriminierungsverbot** in § 5 DNG eingeschränkt. Dieses bestimmt, dass jeder Eingriff in die uneingeschränkte Datennutzung bspw. durch eine Konditionendiskriminierung einer Rechtfertigung bedarf.[50]

5. Entgeltregelungen des DNG

Die Entgeltregelungen des DNG basieren auf den europarechtlichen Vorgaben der Art. 6 58 Abs. 1, 2, 3 und 6 OD-RL. Mit § 10 DNG und § 11 DNG hat der nationale Gesetzgeber die Anforderungen der zuvor genannten Entgeltregelungen umgesetzt. In § 10 DNG ist der **Grundsatz der Unentgeltlichkeit** und Ausnahmen von dem Grundsatz geregelt. § 11 DNG normiert die Anforderungen an die konkrete **Bemessung der Entgelthöhe.**

Mit der Einführung des Unentgeltlichkeitsprinzips in § 10 Abs. 1 S. 1 DNG verfolgt der 59 Gesetzgeber das Ziel, Markteintrittsbarrieren für Start-ups und kleine sowie mittlere Unternehmen (KMU) zu senken und die Forschung zu fördern, indem Hindernisse für den Zugang zu staatlichen Daten abgebaut werden. Trotz des Grundsatzes der Unentgeltlichkeit können nach § 10 Abs. 1 S. 2 DNG die verursachten **Grenzkosten** erhoben werden. Dazu zählen Aufwendungen für die Reproduktion, Bereitstellung und Verbreitung von Daten sowie für die Anonymisierung personenbezogener Daten und den Schutz vertraulicher Geschäftsinformationen. Sofern im Einzelfall keine Maßnahmen zum Schutz von Persönlichkeitsrechten oder Geschäftsgeheimnissen erforderlich sind, tendieren die Grenzkosten in der Regel gegen null.

a) Ausnahmen von der Kostenfreiheit

Von der **allgemeinen Kostenfreiheit** gibt es allerdings Ausnahmen. Öffentliche Stellen, 60 die auf die Einnahmen angewiesen sind, um wesentliche Teile ihrer Kosten zur Erfüllung öffentlicher Aufgaben zu decken, können gem. § 10 Abs. 2 Nr. 1 DNG Entgelte verlangen. Dies betrifft insbesondere **kommunale Eigenbetriebe,** die als Sondervermögen vom übrigen Gemeindevermögen getrennt verwaltet werden.[51] Ebenso sind Bibliotheken, Museen und Archive nach § 10 Abs. 2 Nr. 2 DNG von der unentgeltlichen Bereitstellung ausgenommen, damit der normale Betrieb dieser Gedächtnisinstitutionen nicht beeinträchtigt wird. Auch **Unternehmen der Daseinsvorsorge,** die in einem wettbewerbsbestimmten wirtschaftlichen Umfeld tätig sind, können gem. § 10 Abs. 2 Nr. 3 DNG Entgelte erheben.

Für **hochwertige Datensätze und Forschungsdaten** gelten nach § 10 Abs. 3 S. 1 61 DNG Sonderregelungen. Für diese Datensätze dürfen grundsätzlich keine Entgelte erhoben werden. Die EU-Kommission kann jedoch gem. Art. 14 Abs. 3 OD-RL Abweichungen

---

[48] EU, Lizenz-Assistent, www.data.europa.eu/de/training/licensing-assistant (zuletzt aufgerufen am 5.3.2026).
[49] Debus ZGI 2023, 55 (58).
[50] BT-Drs. 19/27442, 39.
[51] Debus ZGI 2023, 55 (60).

festlegen, falls eine kostenlose Bereitstellung den Wettbewerb in den betroffenen Märkten verzerren würde.

62 Wenn öffentliche Stellen Entgelte erheben möchten, müssen sie dies nach § 10 Abs. 4 DNG der **Bundesnetzagentur melden,** die eine Liste der betroffenen Stellen führt und diese öffentlich zugänglich macht.[52]

b) Höhe des Entgelts für die Datenbereitstellung

63 Die Höhe der Entgelte muss gem. § 11 DNG nach objektiven, transparenten und überprüfbaren Kriterien berechnet werden. Die Entgelte dürfen die Kosten für die **Erfassung, Erstellung, Reproduktion, Verbreitung und Speicherung der Daten** sowie eine **angemessene Gewinnspanne**[53] nicht überschreiten, wobei die Kosten für die Anonymisierung und den Schutz vertraulicher Geschäftsinformationen als Grenzkosten bei der Ermittlung der Gewinnspanne unberücksichtigt bleiben. Für Hochschulen und Gedächtnisinstitutionen wie Bibliotheken, Museen und Archive können gem. § 11 Abs. 2 S. 2 DNG zusätzlich die Kosten für die Bestandserhaltung und Rechteklärung in die Entgeltberechnung einfließen. Diese können beispielsweise Aufwendungen für spezielle Aufbewahrungsmethoden umfassen.[54] Darüber hinaus dürfen bei der Bestimmung der Gewinnspanne auch Entgelte berücksichtigt werden, die im Privatsektor für die Nutzung vergleichbarer Daten erhoben werden.[55]

64 Die Entgelte müssen nach den Grundsätzen ordnungsgemäßer Buchführung berechnet werden (§ 11 Abs. 3 DNG) und gem. § 12 DNG in transparenter Weise ausgewiesen werden, um eine transparente und nichtdiskriminierende Kostenstruktur zu gewährleisten.

6. Form der Datenbereitstellung

65 Gemäß § 7 Abs. 1 DNG müssen alle angefragten und verfügbaren **Datenformate** eines Datenbereitstellers verfügbar gemacht werden. Ausweislich des insoweit klaren Wortlauts des § 7 Abs. 1 DNG ist hierbei auf § 3 Nr. 3 DNG abzustellen, sodass in der Regel das Ursprungsformat, in dem die Information erstellt und veröffentlichungsfähig gemacht wurde, erfasst ist. Mögliche Formate sind insoweit das Rich Text Format **(RTF),** das Portable Document Format **(PDF)** oder eine Strukturierung in Hypertext Markup Language **(HTML),** das eine direkte Anzeige auf Webseiten ermöglicht.[56] Nach § 7 Abs. 2 DNG erfolgt die Bereitstellung, soweit möglich und sinnvoll, in elektronischer Form sowie in offenen, maschinenlesbaren, zugänglichen, auffindbaren und interoperablen Formaten einschließlich der zugehörigen Metadaten. Diese Vorgabe soll die Interoperabilität verbessern und insbesondere die Nutzung durch Künstliche Intelligenz erleichtern.

66 Zu den **Formaten,** die elektronisch und gemäß den anerkannten Regeln der Technik offen, maschinenlesbar, zugänglich, auffindbar und interoperabel sind, zählen verschiedene etablierte Standards. Beispiele hierfür sind das Comma-Separated Values **(CSV)** und das JavaScript Object Notation **(JSON)** Format. Ein weiteres Beispiel ist die Extensible Markup Language **(XML).** Für Geodaten eignet sich speziell **GeoJSON.** Ebenfalls relevant sind Formate wie das Resource Description Framework **(RDF),** das vor allem in der semantischen Web-Technologie verwendet wird, und **SPARQL** oder **Turtle,** die speziell für die

[52] https://www.bundesnetzagentur.de/DE/Fachthemen/Digitales/Daten/DNG/start.html#:~:text=Datennutzungsgesetz%20*%20Datennutzungsgesetz.%20*%20%C3%84nderungen%20ab%209.%20Juni%202024 (zuletzt aufgerufen am 5.3.2026).

[53] ISd DNG ist eine angemessene Gewinnspanne ein Prozentsatz der Gesamtkosten, der über den zur Deckung der einschlägigen Kosten erforderlichen Betrag hinausgeht, aber höchstens 5 Prozentpunkte über dem von der Europäischen Zentralbank festgesetzten Zinssatz für Hauptrefinanzierungsgeschäfte liegt, vgl. § 3 Nr. 11 DNG.

[54] Debus ZGI 2023, 55 (60).

[55] Debus ZGI 2023, 55 (60).

[56] Keuchen/Deubner RDi 2022, 189 (194).

Abfrage und Darstellung von Linked-Data-Datenbanken entwickelt wurden. Diese Formate erleichtern insbesondere die Verarbeitung von vernetzten Daten, wie sie in Open-Data-Portalen oder für rechtliche Dokumente genutzt werden. Gemeinsam ist all diesen Formaten, dass sie von vielen Softwareanwendungen direkt genutzt werden können, ohne dass zusätzliche Konvertierungsschritte erforderlich sind, was ihre Interoperabilität verbessert. Zu beachten ist in diesem Zusammenhang jedoch, dass ein Anspruch auf die Zurverfügungstellung der Daten in einem bestimmten Format nicht besteht. Der zur Bereitstellung verpflichtete Akteur hat die Daten in dem Format bereitzustellen, welches bei ihm vorliegt.[57]

Maschinenlesbarkeit iSv § 3 Nr. 5 DNG liegt vor, wenn Daten durch Software automatisiert ausgelesen und verarbeitet werden können. Die Definition der Maschinenlesbarkeit in Art. 2 Nr. 13 der OD-RL präzisiert, dass ein maschinenlesbares Dateiformat so strukturiert sein muss, dass Software spezifische Daten und deren interne Struktur leicht identifizieren, extrahieren und verarbeiten kann. Im Vergleich zeigt sich ein Dissens zwischen den Definitionen, der richtlinienkonform dahingehend auszulegen ist, dass der menschliche Einrichtungsaufwand für die automatisierte Datenverarbeitung möglichst gering bleibt.[58] Unter dieser Prämisse sind Formate wie **PDF** oder **HTML** aufgrund des höheren Vorbereitungsaufwands nicht maschinenlesbar, wohingegen Formate wie Comma-Separated Values **(CSV),** JavaScript Object Notation **(JSON)** und Extensible Markup Language **(XML)** diese Anforderungen erfüllen.[59] Auch für Metadaten gelten gem. § 7 Abs. 2 DNG die Vorgaben für die Bereitstellung von Daten. 67

Hochwertige Datensätze[60] im Sinne der DurchführungsVO (EU) 2024/138 (vertiefend hierzu vgl. → Rn. 19) sind nach § 9 DNG in einem maschinenlesbaren Format über geeignete APIs bereitzustellen. Auch hierbei bieten sich aufgrund der hohen Interoperabilität und „Nutzerfreundlichkeit" insbesondere die Datenformate **JSON, CSV** oder **XML** an. 68

Dynamische Daten (zum Begriff der dynamischen Daten vgl. vertiefend → Rn. 18) iSd § 3 Nr. 8 DNG sind nach der Regelung des § 8 Abs. 1 DNG grundsätzlich in **Echtzeit** über APIs bereitzustellen. Diese Daten sollen direkt nach ihrer Erhebung oder Änderung bereitgestellt werden, um die Entwicklung von Internet-, Mobil- und Cloud-Anwendungen zu fördern.[61] Wenn dies aufgrund technischer oder finanzieller Einschränkungen nicht sofort möglich ist, müssen öffentliche Stellen die Daten innerhalb eines angemessenen Zeitrahmens zur Verfügung stellen, vgl. § 8 Abs. 2 DNG. Für die Feststellung eines unverhältnismäßigen Aufwandes iSd § 8 Abs. 2 DNG sind im Einklang mit der OD-RL insbesondere die Größe und das Betriebsbudget der betroffenen Einrichtung zu berücksichtigen.[62] Die Lizenzbedingungen können die rechtzeitige Verfügbarkeit von Daten festlegen. Wenn eine Verifizierung der Daten aufgrund öffentlicher Interessen notwendig ist, dürfen die Daten erst hiernach bereitgestellt werden.[63] 69

[57] BT-Drs. 19/27442, 41.
[58] Keuchen/Deubner RDi 2022, 189 (194).
[59] Keuchen/Deubner RDi 2022, 189 (194).
[60] Legaldefiniert in § 3 Nr. 9 DNG.
[61] BT-Drs. 19/27442, 42.
[62] Richter DNG, 2. Aufl. 2023, § 8 Rn. 17.
[63] BT-Drs. 19/27442, 42.

Kapitel 16. Besteuerung von Datentransaktionen

Übersicht

I. Einleitung

Siehe zu diesem Themenkomplex auch
- Insolvenzrecht → Kap. 24 Rn. 1 ff.
- Handels- und steuerrechtliche Aufbewahrungspflichten → Kap. 18 Rn. 1 ff.

1 Das Steuerrecht ist traditionell ein datenintensives Rechtsgebiet. Steuerliche Verfahren basieren wesentlich auf der **Erhebung, Verarbeitung, Auswertung und Speicherung von Daten** – und zwar in einem Umfang und einer Tiefe, wie sie in kaum einem anderen Verwaltungsbereich anzutreffen ist.

2 Von der **Einkommensteuererklärung** über die **elektronische Lohnsteuerbescheinigung** bis zu internationalen Meldepflichten oder der Nutzung und Auswertung von Daten in der Betriebsprüfung – die steuerliche Wirklichkeit ist immer datengetrieben gewesen. In den vergangenen Jahren hat die **Digitalisierung des Steuerrechts,** insbesondere der verfahrenstechnischen Abläufe, stark zugenommen. Die Finanzverwaltungen der Länder setzen immer mehr automatisierte Abläufe ein, die entsprechende Daten auswerten und die

daraus resultierenden steuerrechtlichen Konsequenzen auch automatisch ziehen. Die rechtlichen Grundlagen dafür hat der Gesetzgeber zB in § 155 Abs. 4 AO geschaffen. Danach kann ua eine Steuerfestsetzung auf der Grundlage der bei den Finanzbehörden vorliegenden Informationen und der Angaben des Steuerpflichtigen ausschließlich automationsgestützt vorgenommen werden.

Der Umfang der Daten, die im Rahmen von Steuererklärungen durch die steuerpflichti- 3
gen Personen angegeben werden müssen, ist in den letzten Jahren immer weiter gestiegen. Dies zeigt die Flut immer neuer Formulare, die geschaffen wurden. Die Angaben werden immer differenzierter verlangt, so dass immer mehr konkretere Informationen über die Steuerpflichtigen bei den Finanzämtern vorliegen.

Im Mittelpunkt der datenschutzrechtlichen Betrachtung steht dabei ein **Spannungsverhältnis:** Einerseits ist der Staat zur effizienten Steuererhebung verpflichtet, die ohne umfangreiche Datenerhebung und -verarbeitung nicht möglich wäre. Andererseits genießen die Steuerpflichtigen das verfassungsrechtlich garantierte Recht auf informationelle Selbstbestimmung, das durch die Digitalisierung steuerlicher Prozesse in neuer Weise herausgefordert wird.

Bereits die Grundstruktur des Steuerrechts verlangt die Verarbeitung personenbezogener 4
Daten: Steuerpflicht, Bemessungsgrundlagen, Abzugsbeträge, Sonderregelungen – all dies erfordert umfassende Informationen über wirtschaftliche und persönliche Verhältnisse. Das gilt für natürliche Personen im **Einkommensteuerrecht** ebenso wie für juristische Personen im **Körperschaftsteuerrecht** oder für wirtschaftliche Tätigkeiten im Rahmen der **Umsatz- oder Gewerbesteuer.**

Die dabei erhobenen Daten stammen teils vom **Steuerpflichtigen** selbst (zB über 5
ELSTER), teils von **Dritten** (zB Banken, Arbeitgeber, Versicherungen, Plattformbetreiber) – häufig verpflichtend und elektronisch übermittelt. Die Finanzverwaltung verarbeitet diese Daten automatisiert, führt Plausibilitätsprüfungen durch, nutzt Risikomanagementsysteme und trifft auf dieser Grundlage Verwaltungsentscheidungen. Damit ist die steuerliche Datenverarbeitung ein integrierter Bestandteil der Leistungsverwaltung.

Die verfahrensrechtliche Grundlage der Datenverarbeitung im Steuerrecht bildet die AO. 6
Sie regelt sowohl die Erhebungs- als auch die Übermittlungs- und Offenbarungspflichten (§§ 85 ff., §§ 90 ff., § 93, § 30 AO). Das zentrale Datenschutzinstrument ist das **Steuergeheimnis** nach § 30 AO, das als lex specialis gegenüber der Datenschutz-Grundverordnung (DS-GVO) gilt. Gleichwohl ist die DS-GVO nicht vollständig ausgeschlossen. Vielmehr bestimmt § 2a AO, dass die Vorschriften der DS-GVO für das Besteuerungsverfahren nur insoweit Anwendung finden, als das Steuerrecht keine speziellen Regelungen enthält.

Diese Normenkonkurrenz führt in der Praxis zu Unsicherheiten, etwa bei der Frage, ob 7
und in welchem Umfang Steuerpflichtige ein **Auskunftsrecht** nach Art. 15 DS-GVO gegenüber der Finanzverwaltung haben. Die Regelungssysteme von AO und DS-GVO sind strukturell unterschiedlich: Während das Steuerverfahrensrecht auf Zweckbindung und Amtsgebrauch abstellt, betont die DS-GVO individuelle Rechte wie Auskunft, Berichtigung oder Löschung. Es besteht ein Bedarf nach dogmatischer Klärung und praktischer Abstimmung.

Mit der fortschreitenden Digitalisierung und Automatisierung steuerlicher Prozesse verschärfen sich die datenrechtlichen Herausforderungen. Elektronische Steuererklärungen, E-Bilanzen, elektronische Rechnungen und Plattformmeldungen erzeugen **zentrale Datenströme,** die durch die Finanzverwaltung aggregiert, analysiert und zur Entscheidungsvorbereitung genutzt werden.

Das Steuerrecht ist längst kein rein fiskalisches Regelwerk mehr, sondern Teil eines 8
umfassenden Datenrechts, das sowohl technische Standards, **Datenschutzinteressen** als auch verwaltungspraktische Anforderungen in sich vereinen muss. Die Herausforderung der kommenden Jahre wird darin bestehen, ein ausgewogenes Verhältnis zwischen Steuerpflicht und Datenschutz, zwischen Automatisierung und Rechtsschutz zu finden.

9 Hierzu gehört nicht nur die Fortentwicklung der AO, sondern auch eine bessere Verzahnung mit dem allgemeinen Datenschutzrecht, mehr Transparenz über automatisierte Verfahren und eine differenzierte Betrachtung der verschiedenen Steuerarten im Lichte datenschutzrechtlicher Anforderungen. Das Steuerrecht hat damit eine Schlüsselfunktion im digitalen Staat – sowohl als Vorreiter technischer Modernisierung als auch als Testfall für die Bewahrung **rechtsstaatlicher Prinzipien** im digitalen Zeitalter.

10 Die Finanzverwaltungen der Bundesländer sitzen allesamt auf einem **Datenschatz,** der nicht nur wertvolle, sondern auch sensible Daten beinhaltet. In kaum einem anderen Bereich müssen sich Bürgerinnen und Bürger gegenüber dem Staat, was ihre persönlichen Lebensverhältnisse angeht, derart regelmäßig umfassend offenbaren.

II. Einkommensteuer

Das deutsche **Einkommensteuerrecht** bildet einen zentralen Pfeiler des Steuerrechts und ist im EStG geregelt. Es handelt sich um eine **direkte Steuer,** die an das wirtschaftliche Leistungsvermögen natürlicher Personen anknüpft. Sie wird als Gemeinschaftsteuer von Bund, Ländern und Gemeinden erhoben und steht damit im Zentrum der staatlichen Finanzierung.

11 Die Einkommensteuer folgt dem verfassungsrechtlichen Prinzip der Besteuerung nach der **Leistungsfähigkeit.** Dieses ergibt sich aus dem allgemeinen Gleichheitssatz des Art. 3 Abs. 1 GG und ist Leitidee für die Ausgestaltung der persönlichen und sachlichen Steuerpflicht. Die Steuer knüpft an die Fähigkeit des Einzelnen an, wirtschaftlich zum Gemeinwesen beizutragen. Dementsprechend erfolgt eine differenzierte Berücksichtigung persönlicher Umstände (zB durch Grundfreibeträge, Sonderausgaben und außergewöhnliche Belastungen) sowie eine progressive Ausgestaltung des Tarifs (§ 32a EStG). Auch das sog. **Ehegattensplitting** zählt dazu.

Die Einkommensteuer ist eine direkte Steuer, bei der Steuerschuldner und wirtschaftlich Belasteter identisch sind. Sie wird grundsätzlich im Wege der **Veranlagung zur Einkommensteuer** erhoben (§ 25 EStG), wobei zahlreiche Mechanismen zur Steuererhebung an der Quelle, etwa im Lohnsteuerabzugsverfahren (§§ 38 ff. EStG) oder bei Kapitalerträgen (§ 43 EStG), integriert sind.

1. Persönliche Steuerpflicht

12 Die Einkommensteuer knüpft an die **natürliche Person** als Steuersubjekt an (§ 1 EStG). Steuerpflichtig sind natürliche Personen mit Wohnsitz oder gewöhnlichem Aufenthalt in Deutschland (§ 1 Abs. 1 EStG – unbeschränkte Steuerpflicht). Für bestimmte Fälle (zB beschränkt Steuerpflichtige oder Doppelbesteuerungsabkommen) gelten Sonderregelungen. Die Steuerpflicht knüpft an das in einem Kalenderjahr erzielte Einkommen aus **sieben gesetzlich definierten Einkunftsarten** an (§ 2 Abs. 1 EStG). Diese untergliedern sich in:

„1. Einkünfte aus Land- und Forstwirtschaft,
2. Einkünfte aus Gewerbebetrieb,
3. Einkünfte aus selbständiger Arbeit,
4. Einkünfte aus nichtselbständiger Arbeit,
5. Einkünfte aus Kapitalvermögen,
6. Einkünfte aus Vermietung und Verpachtung
7. sonstige Einkünfte" (zB Renten).

13 Diese Einkunftsarten lassen sich weiter in zwei Gruppen gliedern:

- **Gewinneinkunftsarten** (Nr. 1–3): Maßgeblich ist der Gewinn (zB durch Betriebsvermögensvergleich oder Einnahmenüberschussrechnung),

– **Überschusseinkunftsarten** (Nr. 4–7): Maßgeblich ist der Überschuss der Einnahmen über die Werbungskosten.

Die Einkommensteuer wird nach dem Kalenderjahr als Veranlagungszeitraum erhoben (§ 2 Abs. 7 EStG). Es handelt sich somit um eine Jahressteuer, die auch für ein Kalenderjahr festgesetzt wird.

Erhebungstechnisch sind allerdings aus fiskalischen Gründen Vorauszahlungen vorgesehen. Die **Lohnsteuer** mit dem Abzugsverfahren durch die Arbeitgeber ist hier ein Beispiel. Diese besondere Erhebungsform der Einkommensteuer, bei der der Steuerschuldner und die abführende Person aufgespalten wird, führt zu einen regen Datenaustausch zwischen den Beteiligten. 14

2. Veranlagungsverfahren und Datenverarbeitung

Die Einkommensteuer wird im Rahmen der Veranlagung zur Einkommensteuer erhoben (§ 25 EStG). Diese erfolgt zunehmend digital über das **ELSTER-Portal.** Für Arbeitnehmer besteht vielfach keine Pflicht zur Abgabe, da der Lohnsteuerabzug bereits als Erhebungsform dient (§ 46 EStG). 15

Besonders datenrelevant ist die Vielzahl von elektronisch übermittelten Daten an die Finanzverwaltung (zB durch Arbeitgeber, Versicherungen, Rentenversicherungsträger), die im Rahmen der **vorausgefüllten Steuererklärung (VaSt)** abrufbar sind. 16

3. Steuerabzugsverfahren

Bei bestimmten Einkunftsarten, insbesondere der nichtselbständigen Arbeit (§§ 38 ff. EStG) und Kapitalerträgen (§§ 43 ff. EStG), erfolgt die Erhebung der Steuer durch **Steuerabzug an der Quelle.** Diese Verfahren sind vollständig digitalisiert und datenbasiert (zB Lohnsteuerbescheinigung, Kapitalertragsteuerbescheinigung). 17

4. Bedeutung der Digitalisierung und Datenverarbeitung

Die Einkommensteuer ist in besonderem Maße datengetrieben. Die Erhebung erfolgt heute nahezu vollständig elektronisch – von der vorausgefüllten Steuererklärung (VaSt) über die elektronische Lohnsteuerbescheinigung bis hin zu elektronischen Renten- und Versicherungsmitteilungen (§ 93c AO). Die Finanzverwaltung verarbeitet jährlich Millionen Datensätze, die von Dritten übermittelt werden, etwa von Arbeitgebern, Banken, Krankenkassen oder Rentenversicherungsträge. Die Bürgerinnen und Bürger haben die Möglichkeit, diese Daten über das **ELSTER-Portal** automatisiert in ihre Steuererklärung zu übernehmen. 18

Der technische Wandel hat nicht nur die Effizienz erhöht, sondern auch neue rechtliche Fragen aufgeworfen: Etwa zur Transparenz, zur informierten Einwilligung, zur Zweckbindung und zur **informationellen Selbstbestimmung.** Zwar ist die Datenverarbeitung im Steuerrecht durch die Abgabenordnung geregelt, doch die Schnittstellen zur DS-GVO sind nicht immer klar, etwa im Hinblick auf Betroffenenrechte (Art. 15 ff. DS-GVO) oder Datenportabilität. 19

5. Steuerverfahrensrecht und Datenhoheit

Die Einkommensteuerveranlagung erfolgt im Rahmen des allgemeinen Steuerverfahrensrechts, insbesondere der Vorschriften der AO. Die Datenhoheit liegt bei der Finanzverwaltung; sie entscheidet, auf Basis welcher Informationen ein Steuerbescheid ergeht. Zwar bestehen **Mitwirkungspflichten** der Steuerpflichtigen (§§ 90 ff. AO), doch stehen ihnen regelmäßig keine vollen Auskunfts- oder Einsichtsrechte im Sinne der DS-GVO zu – eine 20 bewusst gesetzgeberisch vorgenommene Einschränkung zum Zweck der effektiven Steuererhebung.

In der Praxis kommt es daher zu einem **Spannungsverhältnis:** Einerseits besteht ein hoher Automatisierungsgrad mit umfangreicher Drittmeldepflicht, andererseits bleibt der Zugriff auf diese Daten für die betroffene Person oft unklar oder begrenzt. Dies betrifft auch Fragen der **Berichtigungspflichten** bei fehlerhaften Daten (§ 153 AO) und der automatisierten Risikoprüfung.

6. Bedeutung für das Datenrecht

21 Das Einkommensteuerrecht ist damit nicht nur ein Paradebeispiel für eine **datenbasierte Verwaltungspraxis,** sondern auch ein sensibler Bereich, in dem datenschutzrechtliche, steuerrechtliche und verfassungsrechtliche Interessen miteinander verwoben sind. Die systematische Verknüpfung von Steuerdaten mit weiteren Lebensbereichen (zB bei Kindergeld, Elterngeld, Krankenversicherung) macht das Einkommensteuerrecht zu einem besonders relevanten Feld für die Analyse moderner Datenrechtsfragen.

III. Datennutzung als gewerbliche Einkünfte nach § 15 Abs. 1 EStG

22 Die gewerblichen Einkünfte iSd § 15 Abs. 1 S. 1 EStG setzen eine selbständige, nachhaltige Betätigung mit **Gewinnerzielungsabsicht** und Beteiligung am **allgemeinen wirtschaftlichen Verkehr** voraus.[1] In der digitalen Wirtschaft sind Daten eine zentrale Ressource und Vermögensquelle. Die systematische Erhebung, Auswertung, Verarbeitung und kommerzielle Verwertung von Daten hat sich zu einem tragenden Geschäftsmodell zahlreicher Unternehmen entwickelt – von Online-Plattformen über Anbieter künstlicher Intelligenz bis hin zu datenbasierten Dienstleistungsmodellen.

23 Auch aus steuerrechtlicher Sicht stellt sich daher zunehmend die Frage, wie **Einkünfte** aus der Nutzung oder Bereitstellung von Daten einzuordnen sind, insbesondere im Hinblick auf die Abgrenzung zwischen gewerblichen, freiberuflichen und sonstigen Einkünften.

Die gewerblichen Einkünfte iSd § 15 Abs. 1 S. 1 EStG setzen voraus:
- eine selbständige,
- nachhaltige Betätigung,
- mit Gewinnerzielungsabsicht,
- Beteiligung am allgemeinen wirtschaftlichen Verkehr,
- und keine Zuordnung zu einer anderen Einkunftsart im Sinne einer negativen Abgrenzung.[2]

1. Verwertung von Daten als Geschäftsmodell

Die Verwertung von Daten als Geschäftsmodell erfüllt regelmäßig diese Voraussetzungen: Die Betätigung erfolgt planmäßig und dauerhaft, sie ist auf **Gewinn** gerichtet, die Leistung erfolgt gegenüber Dritten im Markt, und sie ist nicht als freiberufliche oder vermögensverwaltende Tätigkeit einzuordnen.

24 Typische Beispiele für **gewerbliche Datennutzung** sind:
- der Verkauf anonymisierter Nutzerdaten,
- der Betrieb datenbasierter Vermittlungsplattformen (zB Vergleichsportale),
- der Handel mit Marktforschungsinformationen,
- die Bereitstellung von Daten-APIs gegen Entgelt,

[1] Kirchhof/Seer/Krumm EStG § 15 Rn. 11 ff.
[2] Kirchhof/Seer/Krumm EStG § 15 Rn. 52 ff.

– oder der algorithmisch gesteuerte Verkauf von **Zugriffsrechten** auf strukturierte Datenbanken.

Selbst bei geringem physischem Aufwand und weitgehend automatisierten Prozessen liegt kein passives Einkommen, sondern eine aktive, marktorientierte und unternehmerische Tätigkeit vor. Es liegt damit eine selbständige, nachhaltige, im Regelfall mit Gewinnerzielungsabsicht vorgenommen Tätigkeit vor. Es liegt auch eine Beteiligung am allgemeinen wirtschaftlichen Verkehr vor.

Es liegen auch keine anderen Einkunftsarten vor. Zur freiberuflichen Tätigkeit (§ 18 **25** EStG): Die Nutzung und Weitergabe von Daten erfordert regelmäßig **keine** persönliche Arbeitsleistung höherer Art (wie bei Beratern, Ingenieuren, Journalisten etc), sondern basiert auf maschineller Erhebung und Verarbeitung. Damit fehlt der für freie Berufe typische persönliche Zuschnitt.

Zur Vermögensverwaltung (§ 21, § 20 EStG): Die bloße Lizenzvergabe oder Verpachtung **26** von Daten(-banken) kann in **Ausnahmefällen** vermögensverwaltend sein. Sobald jedoch Dienstleistungen hinzutreten (zB regelmäßige Aktualisierung, Datenanalytik, Individualisierung), liegt eine gewerbliche Tätigkeit vor.

Zu sonstigen Einkünften (§ 22 EStG): **Einmalige** oder **nicht** nachhaltige Nutzungsüber- **27** lassungen von Daten – etwa durch **Privatpersonen** im Rahmen digitaler Plattformen – können als sonstige Einkünfte gelten. Für Unternehmen mit dauerhaftem Geschäftsmodell ist diese Einordnung jedoch ausgeschlossen.

2. gewerbesteuerrechtliche Aspekte

Die **gewerbliche Datenverwertung** unterliegt regelmäßig auch der Gewerbesteuer, sofern **28** kein Freiberuflervorbehalt greift und die Tätigkeit in einer inländischen Betriebsstätte ausgeübt wird (§ 2 GewStG). Dabei stellen sich insbesondere zwei Fragen:

Hinzurechnungstatbestände (§ 8 GewStG): Insbesondere bei der Nutzung von **extern** **29** **lizenzierten** Daten oder IT-Infrastrukturen können Hinzurechnungen für Miet-, Pacht- oder Lizenzaufwendungen greifen.

Zurechnung von Erträgen im Konzern: Bei gruppeninternem Datentransfer ist die **30** Ertragserfassung wirtschaftlich und steuerlich abzugrenzen; die **Verrechnungspreisdokumentation** (§ 90 Abs. 3 AO iVm § 1 AStG) spielt eine zunehmende Rolle.

IV. Körperschaftsteuer

Die **Körperschaftsteuer** ist eine der zentralen Ertragsteuern im deutschen Steuerrecht. Sie **31** betrifft – anders als die Einkommensteuer – **juristische Personen,** insbesondere **Kapitalgesellschaften,** und stellt ein zentrales Instrument zur fiskalischen Erfassung unternehmerischer Erträge dar. Ihre Bedeutung reicht weit über das Steueraufkommen hinaus: Sie prägt Fragen der Rechtsformwahl, der Gewinnverwendung und der Konzernorganisation und ist maßgeblich durch europarechtliche Einflüsse und internationale Steuerregime geprägt. Im Zeitalter der Digitalisierung rückt zugleich die datenrechtliche Perspektive verstärkt in den Vordergrund – sowohl hinsichtlich der Datenverarbeitungspflichten der Körperschaften als auch der Datenzugriffsrechte der Finanzverwaltung.

1. System und Struktur der Körperschaftsteuer

Rechtsgrundlage ist das KStG und Teile des EStG, auf das § 8 Abs. 1 KStG ausdrücklich **32** verweist. Steuerpflichtig sind juristische Personen, insbesondere Kapitalgesellschaften wie die Gesellschaft mit beschränkter Haftung (GmbH), die Aktiengesellschaft (AG) sowie Genossenschaften und rechtsfähige Vereine (§ 1 KStG). Es handelt sich um eine direkte Steuer auf den Unternehmensertrag, die – wie die Einkommensteuer – als **Gemeinschaftsteuer** von Bund, Ländern und Gemeinden erhoben wird.

Die Steuersubjektivität juristischer Personen führt zu einer Trennung von Unternehmens- und Anteilseignerebene (Trennungsprinzip). Der Gewinn der Kapitalgesellschaft unterliegt der Körperschaftsteuer (zzt. 15 % zzgl. Solidaritätszuschlag), während Ausschüttungen an Anteilseigner einer zusätzlichen Belastung auf Ebene der natürlichen Person (zB Kapitalertragsteuer) unterliegen können.

2. Persönliche und sachliche Steuerpflicht

33 Die unbeschränkte Steuerpflicht erstreckt sich auf Körperschaften mit Sitz oder Geschäftsleitung im **Inland** (§ 1 Abs. 1 Nr. 1 KStG) und erfasst sämtliche Einkünfte weltweit **(Welteinkommensprinzip).** Die beschränkte Steuerpflicht betrifft ausländische Gesellschaften mit inländischen Einkünften (§ 2 Nr. 1 KStG iVm § 49 EStG). Die Besteuerung basiert auf dem steuerlichen Einkommen, das – abgeleitet von der Handelsbilanz – unter Anwendung steuerlicher Korrekturvorschriften ermittelt wird. Besonderheiten wie verdeckte Gewinnausschüttungen (§ 8 Abs. 3 KStG) oder Steuerbefreiungen (§ 8b KStG) führen zu erheblichen Anforderungen an die steuerliche Datenaufbereitung.

3. Besteuerungsverfahren und Datenverarbeitung

34 Körperschaften sind zur elektronischen Übermittlung ihrer Steuererklärungen und Jahresabschlüsse verpflichtet. Der zentrale Datentransfer erfolgt über das **ELSTER-System.** Besonders bedeutsam ist die verpflichtende E-Bilanz, die in strukturierter Form nach der **XBRL-Taxonomie** an die Finanzverwaltung übermittelt werden muss (§ 5b EStG). Diese enthält nicht nur GuV und Bilanz, sondern auch ergänzende steuerliche Anhänge und Kennziffern.

Die Datenverarbeitung durch die Finanzverwaltung ist hochgradig standardisiert und automatisiert. Risikomanagementsysteme identifizieren Unstimmigkeiten oder Prüfungsanlässe. Gleichzeitig werden zunehmend auch verknüpfte Daten verarbeitet, zB aus dem Transparenzregister, aus internationalen Meldesystemen (DAC6, CRS) oder dem Bundesanzeiger.

4. Organschaft, Konzerne und Datenkonsolidierung

35 Eine Besonderheit im Körperschaftsteuerrecht stellt die **fiskalische Organschaft** dar (§§ 14–19 KStG). Dabei werden Tochtergesellschaften in das Besteuerungssystem des herrschenden Unternehmens (Organträgers) integriert. Die Einkünfte werden der Obergesellschaft zugerechnet, was eine Konsolidierung steuerlicher Daten voraussetzt. In der Praxis führt dies zu komplexen Datenflüssen, insbesondere im Zusammenhang mit **Gewinnabführungsverträgen,** Verrechnungspreisdokumentationen und der Ermittlung von Mehr-/Minderergebnissen.

Aus datenrechtlicher Sicht entstehen hier Herausforderungen: Welche steuerrelevanten Daten dürfen zwischen Konzernunternehmen übermittelt werden? Welche Zugriffsmöglichkeiten hat die Finanzverwaltung auf die Gesamtdatenlage? Die Grenzen zwischen interner Dokumentation und externer Offenlegung verschwimmen, insbesondere im Rahmen von Betriebsprüfungen oder internationalen Amtshilfemaßnahmen.

V. Umsatzsteuer

Zum 1.1.1968 trat das im Rahmen des Mehrwertsteuersystems modernisierte Umsatzsteuergesetz in Kraft. Durch die Einführung eines Systems der Mehrwertsteuer mit Vorsteuerabzug hatte die deutsche Umsatzsteuer ein neues Gesicht erhalten. Die **Harmonisierung** der Umsatzsteuern in der Europäischen Gemeinschaft sowie die Rechtsprechung des Europäischen Gerichtshofs und der deutschen Steuergerichte haben das Umsatzsteuerrecht maßgeblich mitgestaltet und werden es auch weiterhin tun. 36

Die Umsatzsteuer ist neben der Lohnsteuer die ergiebigste Einnahmequelle des Bundes und der Länder. Allein im Jahre 2024 betrug das **Steueraufkommen** rund 300 Mrd. EUR.[3] Sie ist damit eine der tragenden Säulen der öffentlichen Haushalte. 37

Das Umsatzsteuergesetz 1967 ist nach Inkrafttreten mehrmals geändert worden. Mit Wirkung vom 1.1.1980 wurde das deutsche Umsatzsteuerrecht an die 6. EG-Richtlinie (77/388/EWG) angepasst, die die Europäische Gemeinschaft zur Harmonisierung der Umsatzsteuer am 17.5.1977 erlassen hatte. Die 6. EG-Richtlinie ist durch die Richtlinie 2006/112/EG des Rates vom 28.11.2006, die am 1.1.2007 in Kraft getreten ist, abgelöst worden. Diese sog. **Mehrwertsteuersystemrichtlinie** enthielt ursprünglich keine inhaltlichen Änderungen des europäischen Mehrwertsteuerrechts. Die Neufassung nahm lediglich redaktionelle Änderungen vor. Eine Änderung des geltenden Rechts wurde nicht vorgenommen. 38

1. Grundlagen und System der Umsatzsteuer

Die Umsatzsteuer ist als **indirekte Steuer** ausgestaltet und soll wirtschaftlich vom Endverbrauchergetragen werden. Für die Steuergläubiger (Bund und Länder) wird die Umsatzsteuer vollständig erst beim Endverbraucher vereinnahmt. In den vorhergehenden Umsatzstufen hat die Umsatzsteuer den Charakter eines durchlaufenden Postens. Hier wird nur die jeweilige Wertschöpfung der einzelnen Umsatzstufe besteuert. Erreicht wird das durch das Instrument des Vorsteuerabzugs (§ 15 UStG). Durch den **Vorsteuerabzug** wird die Steuer bei der wirtschaftlichen Betätigung zweier Unternehmer wieder **neutralisiert.** Voraussetzung für die Neutralisierung der Steuer ist jedoch, dass der Unternehmer, der eine Leistung empfängt, selbst wieder für seine Ausgangsumsätze der Umsatzsteuer unterliegt. 39

Lieferungen und **sonstige Leistungen** sind unter dem Oberbegriff Leistung zusammengefasst. Die sonstige Leistung stellt dabei einen Auffangtatbestand dar, der alle Leistungen erfassen soll, die keine Lieferungen sind. 40

Die Einfuhr von Gegenständen in das Inland umfasst nur die Einfuhr aus dem sog. **Drittland.** Werden demgegenüber Gegenstände im Gebiet der Europäischen Union erworben und in das Inland gebracht, handelt es sich umsatzsteuerlich nicht um eine Einfuhr, sondern um einen **innergemeinschaftlichen Erwerb.**

Die beiden Sondertatbestände des § 3 Abs. 1b bzw. § 3 Abs. 9a UStG betreffen im Wesentlichen **Entnahmen** aus dem Unternehmensvermögen für private Zwecke des Unternehmers oder seines Personals oder eine entsprechende außerunternehmerische Verwendung eines Unternehmensgegenstands. 41

Die genannten Umsätze sind steuerbar und damit fällt grundsätzlich die Umsatzsteuer für diese an. Eine Steuerpflicht entfällt, wenn diese Umsätze aus bestimmten sozialpolitischen, wirtschaftlichen oder anderen vom Gesetzgeber verfolgten Gründen **steuerfrei** bleiben (§ 4 UStG). 42

Die nicht befreiten und damit steuerpflichtigen Umsätze werden grundsätzlich mit einem Steuersatz von zurzeit 19 % belegt (§ 12 Abs. 1 UStG). Bestimmte Umsätze werden nur mit einem ermäßigten Steuersatz von 7 % bzw. 0 % (seit 2023) erfasst (§ 12 Abs. 2 und 3 UStG). 43

[3] BMF-Monatsbericht Januar 2025, Schätzung für das Jahr 2024.

2. Datenrechtliche Perspektive

44 Die Erhebung der Umsatzsteuer ist in weiten Teilen ein datenbasierter Verwaltungsakt. Der Erfolg des Vorsteuerabzugs und der zutreffenden Steuerfestsetzung hängt maßgeblich von der Verfügbarkeit und Qualität steuerlich relevanter Informationen ab – zB Rechnungsdaten, Lieferscheine, Leistungsbeschreibungen oder die Steuer-ID. Diese Daten durchlaufen automatisierte Prüfverfahren innerhalb der Steuerverwaltung, zT auch unter Einsatz von **Risikomanagementsystemen** (RMS) und maschinellen Plausibilitätsprüfungen.

45 Ein zunehmend relevantes Feld ist die Übermittlungspflicht von **Plattformbetreibern** nach § 22f UStG. Hierbei werden personenbezogene Daten von Verkäufern (zB Name, Adresse, Umsätze, Bankverbindung) zentral gesammelt, gespeichert und automatisch der Steuerverwaltung zur Verfügung gestellt. Diese Verfahren werfen erhebliche Fragen der Verhältnismäßigkeit, Zweckbindung, Transparenz und Löschungspflicht auf.

VI. Gewerbesteuer

46 Die Gewerbesteuer ist eine **kommunale Realsteuer,** die auf die objektive Ertragskraft eines gewerblichen Unternehmens erhoben wird. Sie ist im Gewerbesteuergesetz (GewStG) geregelt und stellt eine der bedeutendsten Einnahmequellen der Gemeinden dar. Als solche hat sie nicht nur steuerpolitische, sondern zunehmend auch verwaltungs- und datenrechtliche Relevanz, insbesondere vor dem Hintergrund der fortschreitenden Digitalisierung des Besteuerungsverfahrens.

1. Charakter der Gewerbesteuer

47 Die Gewerbesteuer unterscheidet sich strukturell deutlich von den anderen Ertragsteuern wie der Einkommen- und Körperschaftsteuer. Sie ist **nicht personenbezogen,** sondern knüpft allein an das Unternehmen als wirtschaftliche Einheit an. Die persönliche Leistungsfähigkeit spielt für die Bemessung **keine** Rolle – eine Abweichung vom verfassungsrechtlich verankerten Leistungsfähigkeitsprinzip, die regelmäßig Gegenstand verfassungsrechtlicher Diskussionen ist. Ihre Einordnung als Realsteuer (Art. 106 Abs. 6 GG) bedeutet, dass die Einnahmen **ausschließlich den Gemeinden** zustehen, obwohl die Steuerfestsetzung in zwei Schritten erfolgt: Zunächst setzt das Finanzamt den Steuermessbetrag fest (§ 14 GewStG), anschließend erhebt die Gemeinde die Steuer unter Anwendung ihres individuellen Hebesatzes (§ 16 GewStG).

2. Steuerpflicht und Bemessungsgrundlage

48 Steuerpflichtig sind nach § 2 GewStG **Gewerbebetriebe,** wobei **Kapitalgesellschaften** kraft Rechtsform stets als gewerblich gelten. Für Einzelunternehmen und Personengesellschaften gelten die Abgrenzungskriterien des § 15 EStG. Die Bemessungsgrundlage ist der Gewerbeertrag, der auf Basis des Gewinns gemäß Einkommen- bzw. Körperschaftsteuerrecht ermittelt und durch Hinzurechnungen (§ 8 GewStG) und Kürzungen (§ 9 GewStG) angepasst wird.

Diese gesetzliche Typisierung bringt eine hohe Komplexität der Datenerfassung mit sich. Unternehmen müssen für die Gewerbesteuer zusätzliche Daten bereitstellen, die über die normale Bilanz hinausgehen. Dabei handelt es sich nicht um bloße Rechenschritte, sondern um differenzierte Sachverhaltsermittlungen, etwa im Bereich der **Finanzierungsstruktur,** der Beteiligungen oder der Nutzung von **Wirtschaftsgütern.**

3. Verfahrensrechtliche Besonderheiten und Datenflüsse

Das Besteuerungsverfahren ist zweistufig und bringt damit auch eine besonderer Datenlogik mit sich: Die Gewerbesteuererklärung wird elektronisch beim Finanzamt eingereicht – meist gemeinsam mit der Körperschaft- oder Einkommensteuererklärung – und bildet die Grundlage für den **Steuermessbescheid.** Diese Daten werden anschließend automatisiert an die zuständige Gemeinde übermittelt, die daraufhin den Gewerbesteuerbescheid erlässt. Dieses Verfahren bedingt einen geregelten Datenaustausch zwischen Landes- und Kommunalebene, der technisch über ELSTER-Module und interne Verwaltungsnetze erfolgt. 49

In der Praxis führt diese Aufgabenteilung regelmäßig zu datenschutzrechtlichen Unsicherheiten. Während das Steuergeheimnis (§ 30 AO) beim Finanzamt klar geregelt ist, fehlt es auf kommunaler Ebene häufig an einer vergleichbar **konsistenten datenschutzrechtlichen Einbettung** – insbesondere bei Erhebungsmaßnahmen, Vollstreckung, Stundungen oder dem Erlass der Steuer. Die Zuständigkeit der Kommune für Vollstreckung und Rechtsbehelfe bringt zusätzliche Anforderungen an Datenverarbeitung und Datensicherheit mit sich.

4. Digitalisierung und datenrechtliche Herausforderungen

Obwohl die Gewerbesteuer traditionell als „weniger digitalisiert" galt, ändert sich das Bild zunehmend: Die elektronische Übermittlungspflicht (§ 150 AO) gilt auch für die Gewerbesteuererklärung. Die Integration in die **E-Bilanz** sowie in strukturierte ELSTER-Formulare hat zur Standardisierung der Datenverarbeitung beigetragen. Dennoch bestehen weiterhin Medienbrüche – insbesondere bei der kommunalen Weiterverarbeitung der Daten, bei manuellen Bescheidkorrekturen oder bei fehlender Softwarekompatibilität in den Gemeindeverwaltungen. 50

Aus datenrechtlicher Perspektive stellen sich Fragen nach der Verantwortlichkeit für die Datenverarbeitung, nach dem Schutz der Daten auf kommunaler Ebene sowie nach der Rechtsgrundlage für Datenweitergaben. Während die AO als steuerverfahrensrechtlicher Rahmen auf Bundesebene eindeutig ist, fehlt für die gemeindliche Ebene teilweise eine klar umgesetzte **datenschutzrechtliche Infrastruktur.** Dies gilt insbesondere im Lichte der DS-GVO und der Datenschutzgesetze der Länder. 51

VII. Daten im steuerrechtlichen Verfahrensrecht

Das steuerrechtliche Verfahrensrecht ist in hohem Maße datenbasiert. Von der Ermittlung der Besteuerungsgrundlagen über die Abgabe der Steuererklärung bis hin zur Außenprüfung beruhen nahezu alle Verfahrensschritte auf der Erhebung, Verarbeitung und Auswertung von Daten. Die AO enthält hierfür ein eigenständiges System zur **Datenbeschaffung** (§§ 85 ff. AO), zur **Datenverarbeitung** (§§ 88 ff. AO) und zur Datennutzung durch die Finanzverwaltung. 52

Dabei stehen die **Mitwirkungspflichten** des Steuerpflichtigen – insbesondere nach §§ 90 und 93 AO – im Zentrum, ergänzt durch umfangreiche elektronische Meldepflichten Dritter (zB Banken, Arbeitgeber, Versicherungen). Zugleich unterliegt die Finanzverwaltung rechtlichen Grenzen: Datenschutz, **Steuergeheimnis** (§ 30 AO) und Verhältnismäßigkeitspflichten strukturieren den zulässigen Umgang mit steuerlich relevanten Daten. Das Zusammenspiel dieser Normen prägt das moderne Steuerverfahren und steht zunehmend im Spannungsfeld zwischen Effizienz, Digitalisierung und Grundrechtsschutz. 53

1. Änderung von Steuerbescheiden

54 Steuerbescheide entfalten grundsätzlich Bindungswirkung nach § 124 AO – sowohl für die Finanzverwaltung als auch für den Steuerpflichtigen. Gemäß § 124 Abs. 2 AO bleibt er wirksam, solange und soweit er nicht zurückgenommen, widerrufen, anderweitig aufgehoben oder durch Zeitablauf oder auf andere Weise erledigt ist. Der **Steuerbescheid** als **besondere Form** des Verwaltungsaktes unterliegt jedoch nicht ausnahmslos der Bestandskraft. Vielmehr kennt das deutsche Steuerverfahrensrecht eine Vielzahl von **Korrekturvorschriften,** die es ermöglichen, Steuerbescheide unter bestimmten Voraussetzungen nachträglich zu ändern oder aufzuheben. Diese Vorschriften dienen dem Ausgleich zwischen materieller Richtigkeit und Verfahrenssicherheit. Die Änderungsmöglichkeiten sind wegen des Massenverfahrens im Steuerrecht bei den Finanzämtern ausgeweitet. Neben den allgemeinen Korrekturvorschriften für alle Verwaltungsakte in §§ 130, 131 AO sind die Möglichkeiten der Änderung von Steuerbescheiden deutlich erweitert.

55 Die einschlägigen Normen – insbesondere §§ 129, 172 ff. AO – unterscheiden nach dem Grund der Änderung (zB offenbare Unrichtigkeit, neue Tatsachen, Änderung durch Einspruch oder Klage), dem Zeitpunkt (vor oder nach Eintritt der Bestandskraft) und dem Veranlassungszusammenhang (zB Antrag des Steuerpflichtigen, eigene Erkenntnisse der Finanzbehörde). Das System der **Bescheidänderung** bildet damit einen zentralen Bestandteil des Verfahrensrechts in der Abgabenordnung und ist für die praktische Steuerberatung wie auch für die steuerrechtliche Rechtsprechung von erheblicher Bedeutung.

2. System der Änderungsmöglichkeiten von Steuerbescheiden

56 Das deutsche Steuerverfahrensrecht folgt dem Grundsatz der Rechtssicherheit, erlaubt aber zugleich eine **nachträgliche** Änderung von **Steuerbescheiden,** wenn bestimmte Voraussetzungen erfüllt sind. Dieses System beruht auf der Einsicht, dass steuerrechtliche Entscheidungen aufgrund des **Massenverfahrens** – trotz bestmöglicher Sorgfalt der Finanzämter – fehleranfällig oder unvollständig sein können. Gleichzeitig schützt es das Vertrauen des Steuerpflichtigen durch klare Regeln zur Bestandskraft und Korrekturgrenzen.

Die AO unterscheidet dabei zwischen:

- Änderungen vor Eintritt der Bestandskraft (insbes. durch Einspruch, § 367 AO),
- Änderungen nach Eintritt der Bestandskraft, zB aufgrund:
- offenbarer Unrichtigkeiten (§ 129 AO),
- neuer Tatsachen oder Beweismittel (§ 173 AO),
- rückwirkender Ereignisse (§ 175 AO),
- vorbehaltene Nachprüfungen (§ 164 AO),
- oder durch verfahrensrechtliche Korrekturen (§§ 172 ff. AO).

Diese Regelungen bilden ein **abgestuftes Korrektursystem,** das sowohl die materielle Richtigkeit der Steuerfestsetzung als auch den Schutz des Vertrauens in die Rechtskraft steuerlicher Entscheidungen gewährleisten soll.

3. Schreib- oder Rechenfehler bei Erstellung einer Steuererklärung nach § 173a AO

57 § 173a AO sieht eine Änderungsmöglichkeit für bestandskräftige Steuerbescheide vor, wenn dem Steuerpflichtigen bei Erstellung seiner Steuererklärung **Schreib- oder Rechenfehler** unterlaufen sind und er deshalb der Finanzbehörde bestimmte, nach den Verhältnissen zum Zeitpunkt des Erlasses des Steuerbescheids rechtserhebliche Tatsachen unzutreffend mitgeteilt hat.

Die Regelung wurde im Rahmen des Gesetzes zur Modernisierung des Besteuerungsverfahrens v. 18.7.2016[4] in die AO eingefügt. Die Vorschrift ist im Zusammenhang mit der

---

[4] BGBl. 2016 I 1679, BStBl. I 2016, 694.

Möglichkeit der **voll automatisierten Abwicklung** des Besteuerungsverfahrens seitens der Finanzverwaltung zu sehen.

Im Rahmen der elektronischen Steuererklärung (ELSTER) konnten auch schon vor der Gesetzesänderung Steuerbürger ihre Steuererklärungen auf elektronischem Wege übermitteln. Neu geschaffen wurde durch das Gesetz zur Modernisierung des Besteuerungsverfahrens die Möglichkeit voll automatisierte Steuerfestsetzungen vorzunehmen.

Gemäß § 155 Abs. 4 AO können die Finanzbehörden Steuerfestsetzungen sowie Anrech- **58**
nungen von Steuerabzugsbeträgen und Vorauszahlungen auf der Grundlage der ihnen vorliegenden Informationen und der Angaben des Steuerpflichtigen **ausschließlich automationsgestützt** vornehmen, berichtigen, zurücknehmen, widerrufen, aufheben oder ändern. Es darf allerdings im Einzelfall kein Anlass gegeben sein, der eine Bearbeitung durch einen Amtsträger erforderlich macht. Mit dieser gesetzlichen Neuregelung, die ab 1.1.2017 in Kraft getreten ist, eröffnet der Gesetzgeber erstmalig die Tür für eine voll automatisierte Steuerfestsetzung durch den Computer.

Damit ist es aus Sicht der Länderfinanzbehörden möglich, Steuererklärungen abschließend zu bearbeiten, **ohne** dass ein menschlicher Bearbeiter jemals Kenntnis vom Inhalt erlangt. Vor diesem Hintergrund hat sich der Gesetzgeber dazu entschieden, gerade für diesen speziellen Fall der voll automatisierten Steuerfestsetzung die Regelung des § 173a AO zu schaffen.

Bislang wurden mechanische Fehler über § 129 AO nachträglich korrigiert. Die Vorschrift sieht zu Gunsten der Finanzbehörde vor, dass mechanische Fehler, wie Eingabe oder Übertragungsfehler **jederzeit berichtigt** werden können. Eine offenbare Unrichtigkeit nach § 129 AO kann daher beispielsweise bei einer versehentlichen Nicht- oder Falscheingaben in den Computer durch den Sachbearbeiter des Finanzamtes vorliegen (vgl. AEAO zu § 129 Nr. 1).

Die Rechtsprechung des BFH[5] hat diese Regelung zugunsten des Steuerpflichtigen auf **59**
sogenannte **Übernahmefehler** erweitert. Daher liegt auch eine offenbare Unrichtigkeit iSd § 129 AO vor, wenn das Finanzamt einen ohne weiteres erkennbaren Fehler aus der Steuererklärung in die eigene Steuerfestsetzung übernimmt. Allerdings darf es keine Anhaltspunkte dafür geben, dass der Veranlagungsbeamte rechtliche Überlegungen angestellt hat.[6]

Die Vorschrift ist beschränkt auf Schreib- oder Rechenfehler, die dem Steuerpflichtigen **60**
bei der Erstellung seiner Steuererklärung unterlaufen sind. Zu den Schreib- bzw. Rechenfehler zählen beispielsweise Rechtschreib-, Wortstellungs-, Wortverwechselungs- und Auslassungsfehler.

Rechtsirrtümer oder **Rechtsanwendungsfehler** können über § 173a AO nicht korrigiert werden. Vergleichbar mit der Rechtslage bei § 129 AO muss der Fehler eindeutig oder augenfällig sein.[7] Es muss sich für einen objektiven Dritten bei dem Fehler klar und deutlich lediglich um einen Schreib- oder Rechenfehler handeln. Diese Eingrenzung des § 173a AO auf offensichtliche Versehen ist erforderlich, um den Anwendungsbereich der Norm eindeutig von materiellen Fehlern in der Steuererklärung abzugrenzen.

Anlass zu Kritik gibt, dass § 173a AO lediglich auf Schreib- und Rechenfehler beschränkt **61**
ist. § 129 AO lässt eine Korrektur auch bei **ähnlichen offenbaren Unrichtigkeiten** zu. Darin ist ein Ungleichgewicht zum Nachteil des Steuerbürgers zu sehen. Wenn man dem

---

[5] BFH 24.7.1984 – VIII R 304/81, BStBl. II 1984, 785; 26.7.1984 – IV R 10/83, BStBl. II 1984, 786; 2.4.1987 – IV R 255/84, BStBl. II 1987, 762 (763); 31.7.1990 – I R 116/88, BStBl. II 1991, 22; 7.8.1990 – VIII R 423/83, BStBl. II 1991, 23; 27.5.2009 – X R 47/08, BStBl. II 2009, 946; 12.1.2006 – XI B 43/05, BFH/NV 2006, 1043 = BeckRS 2006, 25009629; BFH 19.1.2006 – VII S 4/06 (PKH), BFH/NV 2006, 1044 = BeckRS 2006, 25009708; BFH 4.6.2008 – X R 47/07, BFH/NV 2008, 1801 = BeckRS 2008, 25013936; BFH 10.7.2008 – VII B 194/07, BFH/NV 2008, 1802 = BeckRS 2008, 25013892; BFH 27.2.2014 – X B 157/13, BFH/NV 2014, 825 = BeckRS 2014, 94841.

[6] Vgl. Tipke/Kruse/Seer AO § 129 Rn. 14.

[7] Tipke/Kruse/Loose AO § 173a Rn. 6.

Gesetzgeber in seiner Gesetzbegründung folgt, dann soll § 173a AO die Lücke schließen, die durch eine vollständige Automatisierung des Besteuerungsverfahrens entsteht. Dann ist es aber auch nur konsequent, wenn der Gesetzgeber einen wörtlichen Gleichklang zwischen § 129 AO und § 173a AO herbeiführt. Andernfalls wird die Lücke zum Nachteil des Steuerpflichtigen **nicht** geschlossen.

Im Wege der **Auslegung** ist § 173a AO auch auf andere ähnliche offenbare Unrichtigkeiten anwendbar. Die Kasuistik des § 129 AO ist insoweit übertragbar (vgl. dazu auch Vgl. AEAO zu § 129 Nr. 1). Die Grenze der Korrekturmöglichkeit liegt aber auch bei § 173a AO wie bei § 129 AO bei Auslegungs- oder Anwendungsfehlern einer Rechtsnorm. Auch eine unvollständige Sachverhaltsdarstellung oder mangelnde Sachverhaltsaufklärung in der Sphäre des Steuerbürgers können keine Korrektur nach § 173a AO nach sich ziehen.

62 In seiner Entscheidung vom 26.5.2020[8] kommt der BFH zu dem Ergebnis, dass das schlichte Vergessen eines Übertrags selbst ermittelter Besteuerungsgrundlagen in die Steuererklärung **nicht** von § 173a AO abgedeckt ist. Es liegt danach kein Schreib- oder Rechenfehler vor, sondern eine ähnliche offenbare Unrichtigkeit, die nach dem eindeutigen Wortlaut nicht erfasst ist. Diese Entscheidung zeigt, dass zwischen § 173a AO und § 129 AO ein Wertungswiderspruch besteht. Den Schreib- und Rechenfehlern ähnliche offenbare Unrichtigkeiten werden beim Finanzamt gem. § 129 AO berücksichtigt, während dies beim Steuerpflichtigen nicht der Fall ist. Mit der Einführung eines elektronischen Verfahrens wird erheblicher Erfassungsaufwand, sei es händisch oder durch scannen erspart. Das Risiko der **Falscherfassung** der Daten verlagert sich dann aber auf die Seite des Steuerpflichtigen, so dass für ihn auch vergleichbare Regelungen gelten müssen.

Der Fehler muss dem Steuerpflichtigen bei Erstellung seiner Steuererklärung unterlaufen. Entsprechende Fehler des Bevollmächtigten sind dem Steuerpflichtigen selbstverständlich zuzurechnen. Insoweit wirken sich im Rahmen der Korrektur nach § 173a AO auch die Fehler eines Bevollmächtigten aus.

63 Fehler bei der Übertragung der Daten sind durch § 173a AO nicht abgedeckt. Fehlt es daher an einer Übertragung der Besteuerungsgrundlagen durch den Steuerpflichtigen oder Steuerberater liegt regelmäßig kein Fehler iSd § 173a AO vor. Beachtlich ist in diesem Zusammenhang die Rechtsprechung des BFH im Urteil v. 10.2.2015 – IX R 18/14, BStBl. II 2017, 7. Darin hat der BFH entschieden, dass das schlichte Vergessen eines Übertrags selbst ermittelter Besteuerungsgrundlagen in eine Anlage grundsätzlich **nicht grob fahrlässig** iSd § 173 Abs. 1 Nr. 2 AO ist. Nach der Entscheidung sind Fehler und Nachlässigkeiten, die üblicherweise vorkommen und mit den immer gerechnet werden muss, keine grobe Fahrlässigkeit. Das Vergessen von Eintragungen in elektronische Eingabemasken ist ein bloßer Übertragungs- oder Eingabefehler. Es handelt dabei sich um die zuvor genannten üblichen Nachlässigkeiten.

64 Bei der Übertragung von Daten im Rahmen einer elektronischen Steuererklärung können allerdings weitere Fehler auftreten, soweit die Übermittlung über das Internet erfolgt. Rein technisch denkbar ist, dass nach Übermittlung durch den Steuerpflichtigen eine **Veränderung** der Daten, sei es durch Dritte oder durch **fehlerhafte Software** eintritt. Auch diesen Fall der fehlerhaften Übermittlung deckt § 173a AO nicht ab. Insoweit liegt eine Lücke im Gesetz vor, die ggf. durch den Gesetzgeber geschlossen werden muss.

65 Der BFH hat in seinem Beschluss vom 27.4.2022 – IX B 57/21, BeckRS 2022, 12543 zudem entschieden, dass Fehler oder Unvollständigkeiten im Rahmen der Datenübertragung an die Finanzverwaltung von der Vorschrift nicht erfasst werden. Das **Übermittlungsrisiko,** wenn zB ein Abbruch der Internetverbindung oder Fehler in der genutzten Software vorliegen, trägt damit allein der Steuerpflichtige. Dieses Ergebnis erscheint äußerst fragwürdig, da auch die Finanzverwaltung ein Interesse an der elektronischen Übermittlung hat, da dies den Ablauf im Finanzamt erleichtert. Besonderes in den Fällen, in denen keine Verpflichtung zur elektronischen Übermittlung besteht, ist das Ergebnis nicht sachgerecht.

---

[8] BFH 26.5.2020 – IX R 30/19, DStRE 2020, 1332.

Sofern der Fehler durch einen Bug in der Finanzverwaltungssoftware ELSTER hervorgerufen sein sollte, ist die Wertung völlig unbillig. Es ist dann zu prüfen, ob eine Korrektur ggf. im Billigkeitswege zu beantragen ist.

Für eine Korrektur nach § 173a AO muss es sich um eine **rechtserhebliche Tatsache** 66
handeln, die durch den Fehler unzutreffend mitgeteilt wurde. Daher ist es für § 173a AO nicht ausreichend, wenn irrige oder nicht durch die Finanzverwaltung geteilt Rechtsansichten Grund für eine Änderung sind. Vielmehr muss eine Tatsache Tatsche vorliegen. Der Tatsachenbegriff ist identisch mit dem des § 173 AO. Tatsache ist jeder Lebensvorgang, der insgesamt oder teilweise den gesetzlichen Steuertatbestand oder ein einzelnes Merkmal desselben erfüllt.[9]

Der Begriff der **Rechtserheblichkeit** setzt darüber hinaus voraus, dass die Tatsache zum Zeitpunkt des Erlasses des Steuerbescheids kausal für eine anderweitige Entscheidung der Finanzbehörde gewesen sein muss. Dies bedeutet, dass die Steuerbehörde bei Kenntnis von der Tatsache eine andere Entscheidung in der Sache getroffen hätte und somit zu einer anderen Steuerfestsetzung gelangt wäre.[10]

---

[9] Tipke/Kruse/Loose AO § 173a Rn. 9.
[10] Im Einzelnen Tipke/Kruse/Loose AO § 173a Rn. 56.

Teil E. Aufbewahrung und Archivierung von Daten

Kapitel 17. Datenschutz bei der Aufbewahrung und Archivierung von Daten

Übersicht

I. Datenschutz und Informationssicherheit

Siehe zu diesem Themenkomplex auch
– Strafrechtliche Aspekte → Kap. 10 Rn. 240 ff.
– Informationssicherheit → Kap. 21 Rn. 1 ff.

1 Die Aufbewahrung und Archivierung von Daten ist für unternehmerische Geschäftspraktiken häufig unumgänglich; sei es, weil gesetzliche **Aufbewahrungspflichten** einzuhalten sind (dazu sogleich unter → Rn. 38 ff.), sei es, weil solche (historischen) Datensammlungen wirtschaftlichen Nutzen stiften bei der Generierung von Erkenntnissen aus Datenanalysen. Die Aufbewahrung von Daten stellt deshalb einen bedeutenden Teil des Lebenszyklus von Daten dar. Für Unternehmen ist es daher unumgänglich, die rechtlichen Möglichkeiten und Grenzen der Aufbewahrung und Archivierung von Daten zu kennen.

2 Das Datenschutzrecht wirkt hierbei ganz generell begrenzend, indem es Anforderungen und Grenzen für eine (fortgesetzte) Aufbewahrung und Archivierung von Daten enthält. Verwunderlich ist hierbei, dass die Datenschutzgrundverordnung (DS-GVO) nur wenig spezifische Vorgaben für die Aufbewahrung von personenbezogenen Daten macht. Die Regelungen zur Aufbewahrung personenbezogener Daten sind ganz überwiegend nur in Gestalt eher allgemein gehaltener Grundsätze formuliert; namentlich dem Grundsatz der **Speicherbegrenzung** (Art. 5 Abs. 1 lit. e DS-GVO), dem **Zweckbindungsgrundsatz**

(Art. 5 Abs. 1 lit. b DS-GVO) und dem Grundsatz der **Datenminimierung** (Art. 5 Abs. 1 lit. c DS-GVO). Ein wenig konkretisiert werden diese Vorgaben nur durch das Kriterium der **„Erforderlichkeit"** jeglicher Datenverarbeitung als bedeutsame Anforderung für die Zulässigkeit der Verarbeitung personenbezogener Daten (Art. 6 Abs. 1 DS-GVO). Ergänzend fordert die DS-GVO in Art. Art. 32 DS-GVO die Gewährleistung der Informationssicherheit, womit die faktische Sicherheit der Daten – auch während der Aufbewahrung – gewährleistet werden soll.

3 Die Orientierung an den Datenschutzgrundsätzen bedeutet einerseits, dass die Rechtmäßigkeit der Aufbewahrung meist nicht anhand von starren Fristen überprüft werden kann, was mit Rechtsunsicherheit für die Unternehmen verbunden ist. Andererseits bietet solch eine einzelfallabhängige Regelung auch Gestaltungsspielraum bei der Aufbewahrung von Daten und der Festlegung von **Löschfristen.**

1. Begrifflichkeiten

a) Aufbewahrung und Archivierung

4 Im alltäglichen Sprachgebrauch werden die Begriffe der Aufbewahrung und der **Archivierung** meist synonym verwendet. Im rechtlichen Kontext bedeutet Archivierung die dauerhafte Aufbewahrung von Daten[1]. Die Archivierung ist also prinzipiell zeitlich unbegrenzt und erfolgt häufig als Grundlage für wissenschaftliche oder historische Forschung. Der Begriff der **„Aufbewahrung"** von Daten ist breiter und meint allgemein eine fortgesetzte oder längerfristige Speicherung. Zumeist spricht man von einer Aufbewahrung dann, wenn der initiale Zweck für die Erhebung der Daten bereits erfüllt oder obsolet ist und die fortdauernde Speicherung dann nur noch **Sekundärzwecken** wie zB der **Nachvollziehbarkeit** oder **Beweisbarkeit** der Verarbeitungen dient oder zu Erfüllung von gesetzlichen Aufbewahrungspflichten[2].

b) Speicherung

5 Die DS-GVO verwendet keinen der beiden Begriffe, sondern spricht allgemein von einer **Speicherung** von Daten. Die Speicherung von personenbezogenen Daten ist nach Art. 4 Nr. 2 DS-GVO ein eigenständiger Verarbeitungsvorgang. Eine solche Speicherung umfasst die Aufbewahrung personenbezogener Daten in verkörperter Form auf einem Datenträger (wie zB einer Festplatte, einem Server, USB-Stick etc) mit dem Ziel, die Daten zu einem späteren Zeitpunkt weiterverarbeiten zu können[3].

Merkposten:

6 Der datenschutzrechtliche Begriff der „Speicherung" ist generell weit zu verstehen und umfasst prinzipiell alle Formen der (digitalen) Aufbewahrung von Daten. Lediglich im Falle einer schlichten **„Lagerung" von Akten,** könnte eine Anwendung der DS-GVO verneint werden: Nach einer Entscheidung des OVG Hamburg stelle die bloße Lagerung von Patientenakten (als Zustand) in den Räumen eines ehemaligen Krankenhauses keine Speicherung als Unterfall einer Datenverarbeitung im Sinne der DS-GVO dar, weil dies eine Handlung bzw. die Veränderung eines Zustands voraussetze, die hier nicht vorliege[4].

---

[1] European Archives Group, Guidance on Data Protection for Archive Services, Oktober 2018, S. 5.
[2] Kühling/Buchner/Buchner/Tinnefeld DS-GVO Art. 89 Rn. 10.
[3] OVG Hamburg 15.10.2020 – 5 Bs 152/20, NZI 2021, 191 Rn. 19.
[4] OVG Hamburg 15.10.2020 – 5 Bs 152/20, NZI 2021, 191 Rn. 20.

c) Sicherungskopie

Neben den Begriffen der Speicherung, Aufbewahrung und Archivierung ist noch der Begriff der **Sicherungskopie** zu nennen. Auch dieser Begriff wird durch die DS-GVO nicht verwendet, sodass für deren datenschutzrechtliche Bewertung im Grundsatz wiederum an den Begriff der Speicherung anzuknüpfen ist. Die Besonderheit der Speicherung in Form einer Sicherheitskopie ergibt sich aus der speziellen Zwecksetzung; hier in der Regel der Datensicherheit, indem die Daten mittels einer Sicherungskopie vor unbeabsichtigtem Verlust geschützt werden sollen. 7

Merkposten:
Die Aufbewahrung und Archivierung von Daten und auch die Erstellung von Sicherungskopien stellen im datenschutzrechtlichen Sprachgebrauch allesamt Speicherungen von Daten dar (die jeweils nur zu unterschiedlichen Zwecken erfolgen) und müssen insoweit den Anforderungen der DS-GVO genügen. Für die Rechtmäßigkeit der **Speicherdauer** ist es im Ausgangspunkt unerheblich, welcher Begriff unternehmensintern verwendet wird. Die jeweilige Zwecksetzung wird sich aber im Regelfall sehr wohl auf die zulässige Aufbewahrungsdauer auswirken; auf diese ist also aus datenschutzrechtlicher Sicht besonderes Augenmerk zu richten. 8

Bei der Aufbewahrung von Daten ohne Personenbezug gilt die DS-GVO nicht, sodass **anonyme Daten** ohne zeitliche Einschränkungen und ohne sonstige datenschutzrechtliche Restriktionen aufbewahrt werden können. 9

2. Datenschutzgrundsätze

Jegliche Aufbewahrung personenbezogener Daten hat sich an den **Grundsätzen der Speicherbegrenzung** (Art. 5 Abs. 1 lit. e DS-GVO), der **Zweckbindung** (Art. 5 Abs. 1 lit. b DS-GVO) und der **Datenminimierung** (Art. 5 Abs. 1 lit. c DS-GVO) auszurichten, welche der Aufbewahrung Grenzen setzen im Hinblick auf: 10

- die Dauer der Aufbewahrung;
- den Gegenstand der Aufbewahrung (also die Daten an sich) und
- die Zwecke der Aufbewahrung.

a) Grundsatz der Speicherbegrenzung

Der Grundsatz der Speicherbegrenzung ist in Art. 5 Abs. 1 lit. e DS-GVO verankert. Danach müssen personenbezogenen Daten in einer Form gespeichert werden, die die Identifizierung der betroffenen Personen nur so lange ermöglicht, wie es für die Zwecke, für die sie verarbeitet werden, erforderlich ist. Mit anderen Worten ist danach eine Aufbewahrung von personenbezogenen Daten nur so lange zulässig, wie sie für die Erfüllung des Aufbewahrungszwecks erforderlich ist. Der **Grundsatz der Speicherbegrenzung** setzt der Aufbewahrung von personenbezogenen Daten also in zeitlicher Hinsicht ein Limit. Art. 5 Abs. 1 lit. e DS-GVO verlangt also, dass die Aufbewahrung von personenbezogenen Daten enden muss, wenn sie nicht mehr notwendig ist. Erwgr. 39 DS-GVO ergänzt in klaren Worten, dass personenbezogene Daten nicht länger als nötig gespeichert werden sollen und dass die **Speicherfrist** auf das unbedingt erforderliche Mindestmaß beschränkt werden muss. 11

aa) Bestimmung der Erforderlichkeit. Wie lange eine Aufbewahrung erforderlich ist, kann nicht pauschal beantwortet werden, sondern richtet sich nach dem Zweck, der mit der Aufbewahrung erfüllt werden soll. Soll mit der Aufbewahrung beispielsweise eine gesetzlich geregelte **Aufbewahrungspflicht** erfüllt werden, dann ist die Aufbewahrung erforderlich, 12 bis die gesetzliche Frist zur Aufbewahrung abgelaufen ist. Allerdings ist zu beachten, dass gesetzliche Aufbewahrungspflichten zumeist nur eine **Mindestdauer** für die verpflichtende Aufbewahrung vorschreiben, sodass im Einzelfall die Aufbewahrung auch nach Ablauf der gesetzlichen Aufbewahrungsfrist noch erforderlich sein kann, wenn mit der Aufbewahrung eben noch ein anderer, weiter andauernder Zweck verfolgt wird.

Speicherung von Daten zur Vertragsdurchführung

13 Erfolgt die Aufbewahrung von personenbezogenen Daten zB zum Zweck der **Durchführung eines Vertrages,** dann muss im Einzelfall eingeschätzt werden, wie lange die Aufbewahrung der Daten notwendig ist, um diesen Zweck zu erreichen. Spätestens mit dem Ende des Vertrages wird die Aufbewahrung der Daten zu dessen Durchführung nicht mehr erforderlich sein. Das bedeutet aber nicht zwangsläufig, dass die Daten in dem Zeitpunkt dann auch vollständig zu löschen wären, denn auch über das Vertragsende hinaus können legitime Zwecke bestehen, die eine weitere Aufbewahrung rechtfertigen, beispielsweise um nachweisen zu können, dass der Vertrag bestanden hat, für Zwecke der Werbung, etc.

14 Auch hierbei hat aber wiederum eine strenge **Erforderlichkeitsprüfung** unter Zugrundelegung des neuen Zwecks zu erfolgen. Der EuGH hat zB bereits entschieden, dass es Art. 5 Abs. 1 lit. e DS-GVO einem Verantwortlichen verwehrt, in einer zu Testzwecken und zur Behebung von Fehlern eingerichteten Datenbank personenbezogene Daten, die zuvor für andere Zwecke erhoben worden waren, länger zu speichern als für die Durchführung dieser Tests und die Behebung dieser Fehler erforderlich ist[5].

15 Der **zeitlichen Komponente** kommt bei der Prüfung der „Erforderlichkeit" somit eine wichtige Bedeutung zu: Selbst eine ursprünglich zulässige Verarbeitung von Daten kann im Laufe der Zeit unzulässig werden, wenn diese Daten für die Erreichung solcher Zwecke nicht mehr erforderlich sind[6], so dass die Daten gelöscht werden müssen, wenn diese Zwecke erreicht sind[7].

16 Schwierig wird es in der Praxis deshalb häufig, wenn mit der Aufbewahrung Zwecke verfolgt werden, für die keine festgeschriebene Aufbewahrungspflicht besteht und bei denen aus den Umständen der erforderliche Zeitraum nicht einfach erkennbar ist. Ein Beispiel kann die Speicherung für **Beweissicherungszwecke** sein. Hier ist die erforderliche Zeitdauer meist nicht anhand äußerer Umstände ablesbar. In solchen Fällen sollte sich bewusst gemacht werden, dass der Grundsatz der Speicherbegrenzung eine möglichst kurze Speicherdauer vorgibt. Denn je länger die Speicherdauer, desto schwerer wiegt prinzipiell der Eingriff in die Rechte und Freiheiten der betroffene Personen. Eine längere Speicherdauer geht immer mit einem höherem Begründungsaufwand hinsichtlich der Erforderlichkeit der Aufbewahrung einher[8].

17 **bb) Ende der Aufbewahrung.** Ist die Speicherung von personenbezogenen Daten nicht länger erforderlich, dürfen diese nicht weiter in einer personenbezogenen Form aufbewahrt werden. Diese Vorgabe kann prinzipiell auf zweierlei Weise erfüllt werden:

- durch eine **Löschung der Daten** oder
- durch eine **Anonymisierung** der Daten.

18 Laut Erwgr. 39 DS-GVO soll der Verantwortliche Fristen für die Löschung der personenbezogenen Daten oder dessen regelmäßige Überprüfung vorsehen. Zudem gewährt Art. 17 Abs. 1 lit. a DS-GVO den Betroffenen einen **Anspruch auf Löschung** der Daten gegen den Verantwortlichen, wenn die Speicherung der Daten für den Verarbeitungszweck nicht weiter erforderlich ist.

---

5 EuGH 20.10.2022 – C-77/21, ZD 2023, 31.
6 EuGH 24.9.2019 – C-136/17, ZD 2020, 36 Rn. 74.
7 EuGH 7.5.2009 – C-553/07, EuZW 2009, 546 Rn. 33 – Rijkeboer.
8 DSK, Orientierungshilfe Videoüberwachung durch nicht-öffentliche Stellen, Juli 2020, S. 23; EuGH 4.10.2024 – C-446/21, NJW 2025, 207 Rn. 52–53.

19 Allerdings ist die Löschung der Daten keine zwingende Folge von dem Ablauf der Aufbewahrungsfrist, da sich der Grundsatz der Speicherbegrenzung explizit auf die **Identifizierungsmöglichkeit** von Personen bezieht. Wird der Personenbezug der Daten nach Ablauf der Aufbewahrungsfrist durch Anonymisierung aufgehoben, dann liegen keine personenbezogenen Daten mehr vor und die Begrenzung der Speicherdauer gilt für diese Daten nicht mehr[9].

20 Ist die Aufbewahrung von personenbezogenen Daten nicht mehr erforderlich, muss entweder eine Löschung oder eine Anonymisierung der Daten vorgenommen werden.

21 **cc) Ausnahmen vom Grundsatz der Speicherbegrenzung.** Der Grundsatz der Speicherbegrenzung gilt nicht umfassend. Nach Art. 5 lit. e Hs. 2 DS-GVO dürfen personenbezogene Daten länger gespeichert werden, soweit die personenbezogenen Daten ausschließlich für im öffentlichen Interesse liegende **Archivzwecke** oder für wissenschaftliche und historische **Forschungszwecke** oder für **statistische Zwecke** gem. Artikel 89 Absatz 1 verarbeitet werden.

22 Diese Ausnahmen vom Grundsatz der Speicherbegrenzung besagen, dass Daten für diese explizit genannten (Sekundär-)Zwecke weiter aufbewahrt werden dürfen, auch wenn dies für das Erreichen des ursprünglichen (Primär-)Zwecks nicht mehr erforderlich ist. Sie gestatten mithin nur eine **zweckändernde weitere Aufbewahrung**[10] – auch diese allerdings nicht grenzenlos. Sollte die Aufbewahrung der Daten auch für diese Sekundärzwecke nicht mehr erforderlich sein, hat auch dann eine Löschung oder Anonymisierung zu erfolgen[11].

23 Allerdings setzt diese Privilegierung die Durchführung geeigneter technischer und organisatorischer Maßnahmen voraus. Folglich kann auch die Aufbewahrung zu diesen privilegierten Zwecken nicht nach Belieben erfolgen, sondern muss den in Art. 89 DS-GVO aufgestellten Anforderungen genügen. Im Anwendungsbereich des BDSG sind diese Maßnahmen in § 22 Abs. 2 S. 2 BDSG näher definiert. Insbesondere ist hiernach verlangt, dass Verantwortliche prüfen müssen, ob der verfolgte Zweck ebenso durch die Speicherung von Daten ohne Personenbezug oder in **pseudonymisierter Form** erreicht werden könnte.

24 **i) Öffentliche Archivzwecke.** Nach § 28 Abs. 1 BDSG ist die Verarbeitung besonderer Kategorien personenbezogener Daten iSv Art. 9 DS-GVO zulässig, wenn sie für im **öffentlichen Interesse** liegende **Archivzwecke** erforderlich ist. § 28 Abs. 1 BDSG macht Gebrauch von der Öffnungsklausel in Art. 9 Abs. 2 lit. j DS-GVO, wonach nationale Rechtsgrundlagen für die Verarbeitung solcher Daten für im öffentlichen Interesse liegenden Archivzwecke von den Mitgliedsstaaten erlassen werden dürfen.

25 Die Aufbewahrung zu öffentlichen Archivzwecken stellt eine enge Ausnahmeregelung dar, sodass Unternehmensarchive oder Familienarchive in der Regel nicht darunterfallen[12]. Erwgr. 158 der DS-GVO spricht insofern von „Aufzeichnungen von bleibendem Wert für das allgemeine öffentliche Interesse“. Durch die Auflistung der konkreten Beispiele (politisches Verhalten unter ehemaligen totalitären Regimen, Völkermord, Verbrechen gegen die Menschlichkeit und Kriegsverbrechen) wird deutlich, dass der Gesetzgeber eine hohe Schwelle für die Privilegierung setzen wollte[13]. Zudem sollen Archive durch nationales oder Unionsrecht dazu verpflichtet sein, einen Bewertungs- und Auswahlprozess für die zu archivierenden Daten aufzustellen, sowie Zugang zu den Aufzeichnungen zu gewähren. Dies wird auf **Unternehmensarchive** nur in seltenen Fällen zutreffen, so dass die Ausnahme

[9] NK-DatenschutzR/Roßnagel Rn. 155.
[10] Simitis/Hornung/Spiecker gen. Döhmann/Roßnagel Rn. 162.
[11] Simitis/Hornung/Spiecker gen. Döhmann/Roßnagel Rn. 162.
[12] Kühling/Buchner/Buchner/Tinnefeld DS-GVO Art. 89 Rn. 9b.
[13] Kühling/Buchner/Buchner/Tinnefeld DS-GVO Art. 89 Rn. 9b.

im Unternehmensalltag geringe Bedeutung hat. Nichtdestotrotz dürfen auch private Stellen Aufzeichnungen von öffentlichem Interesse führen[14], sodass Unternehmensarchive von der Privilegierung auch nicht ausgeschlossen sind.

26 **ii) Wissenschaftliche oder historische Forschungszwecke.** Nach § 27 Abs. 1 S. 1 BDSG ist die Verarbeitung besonderer Kategorien personenbezogener Daten iSv Art. 9 Abs. 1 DS-GVO auch ohne Einwilligung für **wissenschaftliche oder historische Forschungszwecke** oder für statistische Zwecke zulässig, wenn die Verarbeitung zu diesen Zwecken erforderlich ist und die Interessen des Verantwortlichen an der Verarbeitung die Interessen der betroffenen Person an einem Ausschluss der Verarbeitung erheblich überwiegen.

27 Wissenschaftliche Forschungszwecke sind nach Erwgr. 159 DS-GVO weit auszulegen, sodass auch die Aufbewahrung zur **Forschung an technologischen Entwicklungen, Grundlagenforschung** und die **privat finanzierte Forschung** umfasst ist. Maßgeblich für die Privilegierung ist jedoch, dass die Aufbewahrung vorher definierten wissenschaftlichen Zwecken dient[15]. Die Nutzung einer wissenschaftlichen Methode zur Aufbereitung oder Analyse von Daten ist allein nicht ausreichend, um wissenschaftliche Forschungszwecke zu begründen[16]. Nach Einschätzung des Europäischen Datenschutzausschusses (EDSA) müssen wissenschaftliche Forschungszwecke das primäre Ziel haben, zu dem gesellschaftlichen Wissen beizutragen, was nicht der Fall ist, wenn Unternehmen mit ihrer Forschung vorrangig unternehmensinterne Interessen verfolgen[17].

28 **iii) Statistische Zwecke.** Unter dem Begriff statistische Zwecke versteht die DS-GVO die Erhebung und Verarbeitung personenbezogener Daten zur **statistischen Untersuchung** und die Erstellung von **statistischen Ergebnissen**[18]. Voraussetzung für die Erhebung zu statistischen Zwecken ist jedoch, dass die Ergebnisse keine personenbezogenen Daten mehr enthalten und die Ergebnisse nicht für Maßnahmen und Entscheidungen gegenüber natürlichen Personen verwendet werden[19]. Sollen personenbezogene Daten gespeichert werden, um die Daten statistisch aufzubereiten und diese Ergebnisse beispielsweise für personalisierte Werbung verwenden zu können, dann greift die Privilegierung folglich nicht.

29 Ähnlich wie bei den wissenschaftlichen Forschungszwecken kommt eine privilegierte Aufbewahrung dann nicht mehr in Betracht kommt, wenn die statistischen durch kommerzielle Zwecksetzungen überlagert werden, wenn also statistische Untersuchungen vorrangig darauf ausgerichtet sind, eine Datenbasis für **Direktmarketing, Markt- und Meinungsforschung,** wirtschaftliche Risikobewertungen oder **personalisierte Angebote** zu schaffen.[20]

b) Grundsatz der Datenminimierung

30 Neben dem Grundsatz der Speicherbegrenzung und der Rechtmäßigkeit der Datenverarbeitung nach Art. 6 Abs. 1 DSVGO wird die rechtmäßige Aufbewahrung von personenbezogenen Daten maßgeblich durch den **Datenminimierungsgrundsatz** aus Art. 5 Abs. 1 lit. c DS-GVO begrenzt. Hiernach muss jede Datenverarbeitung dem Zweck angemessen und erheblich sein, zudem muss sie auf das für die Zwecke der Verarbeitung notwendige Maß beschränkt sein. Wie bei dem Grundsatz der Speicherbegrenzung ist somit der Zweck der Aufbewahrung maßgeblich, um die Angemessenheit und Erheblichkeit der Aufbewah-

[14] Erwgr. 158.
[15] Spindler/Schuster/Spindler/Horváth, 4. Aufl. 2019, DS-GVO Art. 89 Rn. 6.
[16] EDSA, A Preliminary Opinion on data protection and scientific research, Januar 2020, S. 11–12.
[17] EDSA, A Preliminary Opinion on data protection and scientific research, Januar 2020, S. 11–12.
[18] Erwgr. 162 S. 4 DS-GVO.
[19] Erwgr. 162 S. 5 DS-GVO.
[20] Kühling/Buchner/Buchner/Tinnefeld DS-GVO Art. 89 Rn. 15a.

rung zu bewerten. Der Grundsatz der Datenminimierung ergänzt ebenfalls den Grundsatz der Zwecksetzung aus Art. 5 Abs. 1 lit. b DSVGO.

aa) Ausprägung der Minimierungspflicht. Der Datenminimierungsgrundsatz verlangt 31 in Abhängigkeit des Zwecks der Aufbewahrung eine Verringerung der Anzahl der gespeicherten personenbezogenen Daten und bezieht sich somit auf die Art und Menge der aufbewahrten Daten. Daten, die neben der Hauptdatenbank noch in Nebendatenbanken oder **„Schattendatenbanken"** aufbewahrt werden, müssen aufgrund der Minimierungspflicht kritisch auf ihre Notwendigkeit überprüft werden, da die Aufbewahrung in der Hauptdatenbank oftmals ausreichen würde, um die verfolgten Zwecke zu erfüllen[21].

Neben der Verringerung der Datenmenge dient es der Datenminimierung, wenn die 32 Anzahl der Betroffenen reduziert oder die **Vervielfältigungsmöglichkeit** der Daten begrenzt wird[22]. Auch die Aggregation von Daten kann dem Datenminimierungsgrundsatz zuträglich sein, wenn dadurch weniger individuelle Datenpunkte existieren[23]. Zugleich verpflichtet der Grundsatz der Datenminimierung nicht zu einer absoluten Verringerung der Datenmenge, da auch große Mengen an Daten gespeichert werden dürfen, wenn der Zweck der Speicherung nicht anders erreicht werden kann[24]. Folglich stehen auch sog. **Big Data-Analysen** nicht im Widerspruch zum Grundsatz der Datenminimierung. Allerdings müssen bei der Aufbewahrung großer Mengen an Daten die Angemessenheit, Erheblichkeit und Notwendigkeit besonders nachvollziehbar dargelegt werden können.

Der Datenminimierungsgrundsatz setzt voraus, dass die Zwecke der Datenverarbeitung 33 bereits im Zeitpunkt der Erhebung festgelegt sein müssen und nur unter den Voraussetzungen des Art. 6 Abs. 4 DS-GVO nachträglich geändert werden dürfen[25]. Denn das „notwendige Maß" lässt sich nur anhand des verfolgten Zwecks bestimmten. Folglich ist die **Vorratsspeicherung** für zukünftige noch unbekannte Zwecke nicht mit dem Grundsatz der Datenminimierung vereinbar[26].

Ähnlich wie bei dem Grundsatz der Speicherbegrenzung sollte im Rahmen des Grund- 34 satzes der Datenminimierung bedacht werden, ob der Aufbewahrungszweck auch mit **anonymisierten Daten** erreicht werden kann. Ist dies möglich wäre eine Aufbewahrung von personenbezogenen Daten nicht mehr notwendig.

bb) Ausprägung des Verhältnismäßigkeitsprinzips. Indem Art. 5 Abs. 1 lit. c DS- 35 GVO die Verarbeitung an die Angemessenheit, die Erheblichkeit und die Notwendigkeit knüpft, verankert der Grundsatz der Datenminimierung quasi ein **Verhältnismäßigkeitsprinzip**[27]. Allerdings müssen Verantwortliche deshalb keine umfassende Interessenabwägung vornehmen, um dem Grundsatz der Datenminimierung gerecht zu werden. Denn die Interessen der Betroffenen werden durch die zwingende Begrenzung auf das unbedingt notwendige Maß bereits berücksichtigt. Dies bedeutet jedoch auch, dass die Begrenzung der Verarbeitung auf das für die Zweckerreichung notwendige Maß ernst genommen werden sollte. Mit anderen Worten dürfen personenbezogene Daten nur dann verarbeitet werden, wenn keine oder keine zumutbaren alternativen Mittel bestehen, um den verfolgten Zweck zu erreichen[28]. Allerdings ergibt sich aus dem Datenminimierungsgrundsatz auch nicht, dass er eine Aufbewahrung von Daten nur noch dann gestatten würde, wenn sie „unerlässlich" wäre. Der EuGH scheint dem Verantwortlichen einen gewissen (wenn auch gerichtlich überprüfbaren) Bewertungsspielraum zu belassen, innerhalb dessen er unter Berücksichti-

[21] Taeger/Gabel/Voigt DS-GVO Art. 5 Rn. 28.
[22] Gola/Heckmann/Pötters DS-GVO Art. 5 Rn. 23.
[23] EDSA, Leitlinien 4/2019 zu Artikel 25, Oktober 2020, Rn. 49.
[24] Kühling/Buchner/Herbst DS-GVO Art. 5 Rn. 56.
[25] Ehmann/Selmayr/Heberlein DS-GVO Art. 5 Rn. 30.
[26] BeckOK IT-Recht/Steinrötter, 15. Ed. 1.1.2023, DS-GVO Art. 5 Rn. 28.
[27] EuGH 4.10.2024 – C-446/21, NJW 2025, 207, Rn. 50; 22.6.2021 – C-439/19, ZGI 2021, 16 Rn. 98 – Latvijas Republikas Saeima.
[28] Ehmann/Selmayr/Heberlein DS-GVO Art. 5 Rn. 29.

gung der konkreten Umstände der Datenverarbeitung sowie des Datenminimierungsgrundsatzes entscheiden kann, welche Datenspeicherung er vernünftigerweise noch als zur Erreichung des jeweils verfolgten Interesses erforderlich erachtet[29].

36 In der jüngeren Rechtsprechung misst der EuGH dem Grundsatz der Datenminimierung aber insgesamt große Bedeutung bei und lässt Datenverarbeitungen wegen eines Verstoßes gegen diesen Grundsatz scheitern, selbst wenn die Verarbeitung nach Art. 6 Abs. 1 DS-GVO rechtmäßig ist[30]. Der EuGH hat deshalb jüngst auch gerade eine **unbegrenzte Speicherdauer** als unverhältnismäßig und mit dem Datenminimierungsgrundsatz unvereinbar angesehen[31].

37 Aus den Kriterien der Angemessenheit, Erheblichkeit und Notwendigkeit lässt sich ablesen, dass die aufbewahrten personenbezogene Daten nützlich für die Zweckerreichung sein müssen, also tatsächlich für die Erreichung des verfolgten Zwecks gebraucht werden. Zudem ist der **Umfang der aufbewahrten Daten** auf das für die Zweckerreichung notwendige Maß zu begrenzen. Die Notwendigkeit gleicht damit der Erforderlichkeit aus dem Grundsatz der Speicherbegrenzung.

II. Anforderungen an die Aufbewahrung/Archivierung

1. Datenschutzrechtliche Anforderungen

38 Die Aufbewahrung von personenbezogenen Daten stellt im Sprachgebrauch der DS-GVO eine Speicherung von Daten dar und ist ein eigenständiger **Verarbeitungsvorgang.** Das bedeutet, dass für eine datenschutzkonforme Aufbewahrung die Anforderungen der DS-GVO an eine rechtmäßige Datenverarbeitung gewahrt sein müssen.

a) Rechtmäßigkeit der Verarbeitung (Art. 6 Abs. 1 DS-GVO)

39 Art. 6 Abs. 1 DS-GVO legt fest, dass eine Verarbeitung von personenbezogenen Daten nur dann erlaubt ist, wenn mindestens eine der abschließend aufgelisteten Voraussetzungen erfüllt ist. Liegt keiner der **Erlaubnistatbestände** vor, ist eine Verarbeitung von personenbezogenen Daten nicht zulässig.

40 Sollen personenbezogene Daten aufbewahrt werden, muss also geprüft werden, ob zumindest einer der Erlaubnistatbestände des Art. 6 Abs. 1 lit. a–f DS-GVO vorliegt. Es ist möglich, dass eine Datenverarbeitung durch mehrere **Erlaubnisnormen** nebeneinander gerechtfertigt ist. Relevant wird dieses Nebeneinander beispielweise, wenn eine Aufbewahrung von personenbezogenen Daten sowohl durch eine **Einwilligung** (Art. 6 Abs. 1 lit. a DS-GVO) als auch durch **berechtigte Interessen** des Unternehmens (Art. 6 Abs. 1 lit. f DS-GVO) gerechtfertigt ist. Selbst wenn in einem solchen Fall die Einwilligung von der betroffenen Person nachträglich widerrufen würde, wäre es prinzipiell denkbar, dass die weitere Speicherung der Daten trotz der widerrufenen Einwilligung noch aufgrund von Art. 6 Abs. 1 lit. f DS-GVO rechtmäßig bleibt, sodass eine Löschung der Daten nicht erfolgen muss. Aus diesem Grund macht es Sinn, sich aller möglichen Erlaubnistatbestände gewahr zu sein, um die Aufbewahrung ggf. durch mehrere Erlaubnisnormen rechtfertigen zu können.

41 Auch wenn die verschiedenen Erlaubnistatbestände durch die Nummerierung von lit. a–f in einer bestimmten Reihenfolge im Gesetz aufgelistet sind, so folgt daraus keine Rangfolge

[29] EuGH 4.7.2023 – C-252/21, GRUR 2023, 1131 Rn. 108 – Meta Platforms ua.
[30] EuGH 12.9.2024 – C-17/22 und C-18/22, NJW 2024, 3637 Rn. 52.
[31] EuGH 4.10.2024 – C-446/21, NJW 2025, 207 Rn. 65.

der Erlaubnistatbestände[32]. Die einzelnen Erlaubnistatbestände stehen gleichberechtigt nebeneinander. Die vom EuGH hierzu missverständlich gebrauchte Formulierung, dass die in Art. 6 Abs. 1 UAbs. 1 lit. b–f DS-GVO verankerten Rechtfertigungsgründe „eng auszulegen" seien, weil sie eine Verarbeitung trotz fehlender Einwilligung gestatten könnten[33], stellt nur eine besondere Betonung des **Erforderlichkeitsgrundsatzes** dar.

Mit Ausnahme der Einwilligung (Art. 6 Abs. 1 lit. a DS-GVO) stellen alle anderen Erlaubnistatbestände (lit. b–f) eben diese **Erforderlichkeit der Datenverarbeitung** als Voraussetzung auf. Die Erforderlichkeit kann damit als übergeordnetes Prinzip der Rechtmäßigkeit der Datenverarbeitung verstanden werden. Eine Datenverarbeitung ist nur erforderlich, wenn ein bestimmter Zweck ohne die Verarbeitung von personenbezogenen Daten nicht oder nicht in zumutbarer Weise erfüllt werden könnte[34]. **42**

aa) Aufbewahrungsdauer im Einzelnen. Die rechtmäßige **Aufbewahrungsdauer** von personenbezogenen Daten hängt von dem mit der Aufbewahrung verfolgten Zweck ab und ist daher im **Einzelfall** von dem Verantwortlichen selbst zu bestimmen. Es existieren keine starren gesetzlichen Löschfristen. Die präzise Festlegung von Verarbeitungszwecken ist somit Voraussetzung, um die zulässige Speicherdauer zu ermitteln; denn diese ergibt sich abstrakt eben daraus, wie lange die Daten für die Zweckerreichung gebraucht werden. **43**

Zunächst kann hierbei eine Orientierung an den **gesetzliche Aufbewahrungspflichten** erfolgen. Diese sind den zahlreichen spezialgesetzlichen Vorschriften des Handels-, Steuer-, Arbeits-, Banken- und Sozialversicherungsrechts und weiterer Rechtsbereiche zu entnehmen. Die Länge der gesetzlichen Aufbewahrungspflichten variieren hierbei sehr stark von 2 Jahre (§ 16 Abs. 2 ArbZG) über 10 Jahre (§ 257 Abs. 1 Nr. 1 u. 4 HGB) bis hin zu über 30 Jahren (§ 85 Abs. 2 Nr. 1 StrlschG). Diese Fristen stellen im Regelfall eine **Mindest-Speicherdauer** dar, sodass auch eine darüber hinausgehende Aufbewahrung von personenbezogenen Daten rechtmäßig sein kann. Dies setzt jedoch voraus, dass die längere Aufbewahrung für die Zweckverfolgung erforderlich ist – sprich, mit einer kürzeren Speicherdauer der verfolgte Zweck nicht mehr (zumutbar) erreicht werden kann. Eine über die gesetzliche Aufbewahrungsfrist hinausgehende Speicherdauer muss deshalb begründet werden können. Andersherum gibt es auch gesetzliche Aufbewahrungsfristen die als maximale Speicherfristen formuliert sind (zB § 10 Abs. 2 S. 2 TDDDG), sodass im Einzelfall auch eine darunter liegende Speicherfrist datenschutzrechtlich erforderlich sein kann[35]. **44**

Speicherung von Daten zur Verteidigung gegen oder Durchsetzung von Rechtsansprüchen

Einen in der Praxis üblichen und zulässigen Aufbewahrungszweck von personenbezogenen Daten stellt die **Beweissicherung** für die Geltendmachung, Ausübung oder Verteidigung von Rechtsansprüchen dar. Art. 17 Abs. 3 lit. e DS-GVO stellt ausdrücklich klar, dass eine Aufbewahrung zu diesen Zwecken zulässig ist. Erfolgt die Aufbewahrung von personenbezogenen Daten zum Zweck der Verteidigung gegen oder der Durchsetzung von Rechtsansprüchen, ergeben sich regelmäßig dann keine Schwierigkeiten, eine Aufbewahrung zu rechtfertigen, wenn solche Ansprüche bereits erhoben wurden. Oftmals ist dies aber noch nicht sofort absehbar und auch nach Abschluss eines Geschäfts kann es noch Jahre dauern, bis Ansprüche bekannt werden. In einem Beschluss zu Übermittlungen von Daten im Rahmen von Unternehmensverkäufen[36] hat sich die DSK jüngst auf den Standpunkt gestellt, dass Daten regelmäßig so lange für diese Zwecke aufbewahrt werden dürfen, wie **gesetzliche Verjährungs- oder vertragliche Garantiefristen** nicht abgelaufen sind. Allerdings kann daraus nicht geschlussfolgert werden, dass eine Aufbewahrung von personenbezogenen Daten immer so lange zulässig ist, wie Rechtsansprüche maximal geltend gemacht werden **45**

[32] Taeger/Gabel/Taeger DS-GVO Art. 6 Rn. 24.
[33] EuGH 4.7.2023 – C-252/21, GRUR 2023, 1131 Rn. 93 – Meta Platforms ua.
[34] Taeger/Gabel/Taeger DS-GVO Art. 6 Rn. 23.
[35] BfDI, Leitfaden des BfDI für eine datenschutzgerechte Speicherung von Verkehrsdaten, S. 1.
[36] DSK, Beschluss vom 11.9.2024 zu Übermittlungen personenbezogener Daten an die Erwerberin oder den Erwerber eines Unternehmens im Rahmen eines Asset Deals, S. 2 f.

können, also für die Dauer der Verjährungsfrist. Denn auch Art. 17 Abs. 3 lit. e gibt vor, dass eine Löschung nicht notwendig ist, wenn die Aufbewahrung für die Geltendmachung, Ausübung oder Verteidigung von Rechtsansprüchen erforderlich ist. Aus der Erforderlichkeit folgt, dass es hinreichend wahrscheinlich sein muss, dass die gespeicherten Daten für die Verfolgung von oder Verteidigung gegen die Rechtsansprüche benötigt werden.[37]

46 Vorgehensweise zur Bestimmung der zulässigen Aufbewahrungsdauer:

- **Aufbewahrungszweck festlegen:** Stelle sicher, dass die Aufbewahrung von personenbezogenen Daten einem bestimmten Zweck dient, der klar definiert ist. Lösche oder anonymisiere Daten, wenn der Zweck erreicht ist oder auch ohne personenbezogene Daten erreicht werden kann. Daten dürfen nicht „für alle Fälle" aufbewahrt werden.
- **Gesetzliche Aufbewahrungspflichten prüfen:** Beachte gesetzlichen Aufbewahrungspflichten gelten (zB Steuerrecht oder Handelsrecht). Prüfe, welche Datenkategorien wirklich der Aufbewahrungspflicht unterliegen und damit zur Erfüllung der Pflicht auch wirklich erforderlich sind.
- **Erforderlichkeit (ggf. über gesetzliche Fristen hinaus):** Prüfe, ob Daten auch nach Ablauf der gesetzlichen Aufbewahrungspflichten noch für bestimmte Zwecke (zB zur Verfolgung von Rechtsansprüchen) benötigt werden. Je länger die Daten gespeichert werden, desto höher ist der Begründungsaufwand hinsichtlich der Erforderlichkeit.
- **Leitlinien und Industriestandards beachten:** Informiere dich über Leitlinien oder Industriestandards zur Aufbewahrungsdauer und analysiere deren Relevanz für die eigenen Zwecke.

47 **bb) Beispiele für praxisrelevante Aufbewahrungsszenarien.** Nachfolgend werden beispielhaft einige in der Praxis besonders relevante **Sonderkonstellationen** für Aufbewahrungsszenarien dargestellt, die anschaulich belegen, dass allzu pauschale Betrachtungen zu vermeiden sind:

Speicherung von Aufzeichnungen aus Videoüberwachungsanlagen zu Beweiszwecken

48 Der Europäische Datenschutzausschuss und die deutschen Datenschutzbehörden stehen auf dem Standpunkt, dass eine **Speicherung von Videoaufnahmen** zB an einer Tankstelle oder im Supermarkt zu **Beweissicherungszwecken** lediglich für eine Dauer von 48 Stunden bis maximal 72 Stunden zulässig sei[38]. Es sei möglich, innerhalb von ein bis zwei Tagen Vandalismus oder Beschädigungen zu erkennen und das Videomaterial daraufhin zu sichten. Eine darüberhinausgehende Speicherdauer sei deshalb nicht erforderlich. Für Feiertagsabwesenheiten könne im Ausnahmefall eine längere Speicherdauer zulässig sein. Erst wenn aufgrund der Auswertung des Videomaterials innerhalb von 72 Stunden ein Tatvorgang entdeckt würde, sei eine darüberhinausgehende Speicherung zur Ausübung von Rechtsansprüchen zulässig. Diese Ansicht ist nach der Rechtsprechung hingegen deutlich zu eng: Die Rechtsprechung hat teilweise sogar erheblich längere Speicherfristen für angemessen erachtet, wenn dies in der Sache begründet war[39]. In einem viel beachteten Urteil hat das BAG sogar „*wochen- oder sogar monatelange Speicherintervalle*" für DS-GVO-konform gehalten, wenn Straftaten oder erhebliche Pflichtverletzungen dies erforderlich werden ließen[40].

37 Taeger/Gabel/Meents/Hinzpeter DS-GVO Art. 17 Rn. 133.
38 EDSA, Leitlinien 3/2019 Version 2.0, Januar 2020, S. 30; DSK, Kurzpapier Nr. 15, Dezember 2018, S. 3.
39 ZB OVG Münster 23.9.2022 – 5 B 303/21, NVwZ-RR 2023, 237 (245): 14 Tage bei Kriminalitätsschwerpunkten.
40 BAG 23.8.2018 – 2 AZR 133/18, NZA 2018, 1329 Rn. 33.

Speicherung von Daten abgelehnter Bewerber

Wird ein Bewerber nach Durchführung eines **Bewerbungsverfahrens** abgelehnt, entfällt regelmäßig die Erforderlichkeit für die **Speicherung der Bewerbungsunterlagen,** weil der Zweck entfallen ist. Es wird dennoch eine weitere Aufbewahrung der Bewerbungsunterlagen des abgelehnten Bewerbers für sechs Monate für zulässig erachtet[41]. Zur Rechtfertigung wird hierbei abgestellt auf die zweimonatige Ausschlussfrist zur Geltendmachung von Ansprüchen nach § 15 Abs. 4 AGG im Verbund mit der dreimonatigen Klagefrist nach § 61b Abs. 1 ArbGG und quasi einem einmonatigen Puffer. Auch der Berliner Beauftragte für Datenschutz und Informationssicherheit hält eine Aufbewahrung der Bewerbungsunterlagen von bis zu 6 Monate nach der Ablehnung noch für erforderlich, um sicherzugehen, dass keine Rechtsstreitigkeiten entstehen[42]. 49

Speicherung von Internet Log files

Wie lange **Internet-Logfiles** gespeichert werden dürfen, ist nicht pauschal bestimmbar, sondern hängt von der Erforderlichkeit zur Zweckerfüllung ab. Häufig findet man eine Festlegung in den einschlägigen Internet-Datenschutzerklärungen, dass die Daten noch 7 Tage zur Erkennung und Bekämpfung von Missbrauchsfällen aufbewahrt werden. Hiermit sind Verwendungen gemeint, die den Zweck haben, einen Missbrauch des Dienstes zu erkennen und zu verfolgen (zB die Einschleusung von Viren, DDoS-Attacken, etc). Die 7-Tagesfrist geht zurück auf ein älteres Urteil des BGH, wonach jedenfalls eine „auf sieben Tage begrenzte Speicherung der jeweils genutzten IP-Adressen die Verhältnismäßigkeit wahrt"[43]. Durch die Entscheidung ist freilich nicht ausgeschlossen, dass auch eine längere Frist noch rechtskonform ist – im vom BGH entschiedenen Fall hatte der Provider die Daten aber eben nur 7 Tage gespeichert. Die französische Datenschutzbehörde hält sogar eine Speicherdauer von maximal 6 Monaten für möglich[44]. 50

Keine zeitlich unbegrenzte Speicherung für Werbezwecke

Wenig überraschend hat der EuGH in einer aktuellen Entscheidung vom 4.10.2024 – C-446/21, NJW 2025, 207 Rn. 58 entschieden, dass eine zeitlich unbegrenzte Aufbewahrung von personenbezogenen Daten zu Zwecken der **zielgerichteten Werbung** auf **sozialen Netzwerken** unverhältnismäßig und damit unzulässig ist. 51

b) Informationspflicht und Dokumentation der Aufbewahrungsfristen

Neben der Rechtmäßigkeit der Aufbewahrung von personenbezogenen Daten nach Art. 6 Abs. 1 DS-GVO und der damit einhergehenden Berücksichtigung der Datenschutzgrundsätze aus Art. 5 DS-GVO, verlangt die DS-GVO zusätzlich noch die Beachtung der **Rechte der Betroffenen** aus den Art. 12–22 DS-GVO. 52

Art. 13 Abs. 2 lit. a DS-GVO fordert, dass der Betroffene bereits zum Zeitpunkt der Erhebung personenbezogener Daten über die **Speicherdauer** informiert wird oder zumindest über die Kriterien, anhand derer die Speicherdauer bestimmt wird. Der Verantwortliche muss sich deshalb bereits vor der Erhebung der Daten überlegen, wie er die rechtmäßige Speicherdauer ermittelt. Diese hängt wie bereits ausgeführt von dem verfolgten Zweck ab und muss auf das zur Zweckerreichung erforderliche Minimum reduziert werden. Auch wenn die personenbezogenen Daten durch einen Dritten erhoben wurden und nun durch den Verantwortlichen aufbewahrt werden, müssen die Betroffenen nach Art. 14 Abs. 2 lit. a DS-GVO über die Speicherdauer informiert werden. Diese Information erfolgt üblicherweise im Rahmen der **Datenschutzerklärungen,** welche den Betroffenen leicht zugänglich, in einfacher Sprache zur Verfügung gestellt werden müssen. 53

---

41 Faas/Henseler BB 2018, 2292 (2296).
42 BBfDI, Jahresbericht 2022, S. 76.
43 BGH 13.1.2011 – III ZR 146/10, NJW 2011, 1509 Rn. 28.
44 https://www.cnil.fr/en/sheet-ndeg14-define-data-retention-period.

54 Ist ein Verantwortlicher nach Art. 30 DS-GVO verpflichtet, ein **Verarbeitungsverzeichnis** zu führen, dann erstreckt sich die Dokumentationspflicht gem. Art. 30 Abs. 1 lit. f DS-GVO ausdrücklich auch auf die Fristen für die Löschung der verschiedenen Datenkategorien.

c) Einführung und Umsetzung eines Löschkonzepts

55 Da die Aufbewahrung von Daten nach dem Grundsatz der Speicherbegrenzung und dem Datenminimierungsgrundsatz nicht länger als nötig andauern darf, besteht auch unabhängig von einem Antrag auf Löschung durch den Betroffenen nach Art. 17 Abs. 1 DS-GVO, eine **Löschpflicht** für den Verantwortlichen[45].

56 Zur Einhaltung der Löschpflicht legt Erwgr. 39 S. 8 DS-GVO fest, dass der Verantwortliche Löschfristen oder die regelmäßige **Überprüfung der Speicherdauer** vorsehen sollte, um die rechtmäßige Aufbewahrungsdauer nicht zu überschreiten.

57 Hierbei ist auch zu beachten, dass der Verantwortliche gemäß dem **Grundsatz der Rechenschaftspflicht** auch in der Lage sein muss nachzuweisen, dass die personenbezogenen Daten nur so lange gespeichert werden, wie es für die Erreichung der Zwecke, für die sie erhoben oder weiterverarbeitet wurden, erforderlich ist[46]. Bei umfangreicher Aufbewahrung von personenbezogenen Daten ist die Einhaltung der Löschpflicht und deren Nachweis meist nur durch die Festlegung eines **Löschkonzepts** und die Einführung eines (automatisierten) Löschsystems durchführbar.

58 Verschiedene Arten von personenbezogenen Daten sollten hierbei nach ihrer zulässigen Aufbewahrungsdauer kategorisiert werden, um daraus **automatisierte Löschregeln** festzulegen und umzusetzen. Für detaillierte Informationen zur Löschpflicht → Rn. 17 ff..

2. Technische und organisatorische Schutzmaßnahmen

59 Für eine datenschutzkonforme Aufbewahrung personenbezogener Daten muss nicht nur die Rechtmäßigkeit der Aufbewahrung gewährleistet sein, sondern auch der **faktische Schutz** der aufbewahrten Daten. Rechtliche Vorgaben zur Datensicherheit finden sich in Art. 24, 25 und 32 DS-GVO, aber auch in zahlreichen spezialgesetzlichen Vorschriften[47].

60 Art. 24 DS-GVO stellt eine Generalnorm[48] für die Pflichten des Verantwortlichen über den gesamten Verarbeitungszyklus dar, wobei Art. 25 und Art. 32 DS-GVO die Pflichten des Verantwortlichen um Vorgaben zur Datensicherheit durch die Implementierung von geeigneten technischen und organisatorischen Maßnahmen (TOMs) konkretisieren. Im Unterschied zu Art. 32 DS-GVO hat Art. 25 DS-GVO nicht nur die **Sicherheit der Verarbeitung** im Sinne eines Missbrauchsschutzes und eines Schutzes vor unberechtigtem Zugang und unberechtigter Nutzung zum Ziel, sondern bezweckt die Einhaltung aller Datenschutzgrundsätze durch die Einführung geeigneter TOMs. **Technische und organisatorische Maßnahmen** sollen also dabei unterstützen, einer gegen die DS-GVO verstoßende Verarbeitung vorzubeugen[49].

61 Auch können TOMs dazu dienen, die Einhaltung der DS-GVO nachzuweisen[50]. Deshalb sollte der Verantwortliche über eine **Dokumentation** der umgesetzten technischen und organisatorischen Maßnahmen verfügen. Wichtig ist außerdem, dass die Gewährleistung der Datensicherheit nicht mit der Einführung der TOMs endet, sondern über den gesamten

45 Ehmann/Selmayr/Heberlein Rn. 27.

46 EuGH 20.10.2022 – C-77/21, ZD 2023, 31 Rn. 31.

47 Insbesondere Betreiber von kritischen Infrastrukturen müssen neben den Vorschriften aus der DS-GVO diverse Rechtsakte zur Stärkung der Resilienz und Cybersicherheit beachten wie etwa die Nis-2-Richtlinie, die CER-Richtlinie, oder das KRITIS-Dachgesetz (wobei letzteres die CER-Richtlinie in deutsches Recht umsetzen soll, derzeit aber nur im Entwurfsstadium vorliegt).

48 Taeger/Gabel/Lang DS-GVO Art. 24 Rn. 2.

49 Gola/Heckmann/Piltz DS-GVO Art. 32 Rn. 3.

50 EDSA, Leitlinien 4/2019 zu Artikel 25, Oktober 2020, S. 5.

Lebenszyklus erhalten werden muss. Demnach ergeben sich folgende vier Phasen, die für die Einhaltung der Art. 24, 25 und 32 DS-GVO durchlaufen werden müssen[51]:

1.	Planungsphase **(Plan):**	Planen, Spezifizieren und Dokumentieren der TOMs
2.	Einführungsphase **(Do):**	Implementieren und Protokollieren der TOMs
3.	Kontrollphase **(Check):**	Überprüfen und Beurteilen der TOMs hinsichtlich ihrer Wirksamkeit
4.	Anpassungsphase **(Act):**	Vornahme von Verbesserungen und Anpassungen

a) Art. 25 DS-GVO

Art. 25 Abs. 1 DS-GVO sieht vor, dass der Verantwortliche die Einhaltung der **Datenschutzgrundsätze** durch geeignete technische und organisatorische Maßnahmen sicherzustellen hat. Die Regelung zielt darauf ab, dass der Verantwortliche zu einem möglichst frühen Zeitpunkt – nämlich bereits bei der **Auswahl, Konzeption und Einrichtung von Datenverarbeitungssystemen** – die datenschutzrechtlichen Vorgaben in den Blick nimmt. 62

Die Norm verpflichtet also datenschutzrechtliche Vorgaben in die **technische Ausgestaltung der Datenverarbeitung** miteinzubeziehen und gleichfalls organisatorische Maßnahmen zu implementieren. Die TOMs sollen die Menge der erhobenen personenbezogenen Daten, den Umfang ihrer Verarbeitung, ihre Speicherfrist und ihre Zugänglichkeit miteinbeziehen. Allerdings nennt Art. 25 DS-GVO außer der **Pseudonymisierung** keine konkreten Maßnahmen, um die Einhaltung der Datenschutzgrundsätze sicherzustellen. Der Verantwortliche ist somit in der Auswahl an Maßnahmen weitgehend frei, muss jedoch die Geeignetheit der Maßnahmen sicherstellen. 63

b) Art. 32 DS-GVO

Art. 32 DS-GVO verpflichtet den Verantwortlichen und den Auftragsverarbeiter dazu, geeignete TOMs zu treffen, um die Sicherheit der Verarbeitung zu gewährleisten. Art. 32 DS-GVO fordert also den faktischen Schutz der personenbezogenen Daten während der Verarbeitung und verpflichtet damit zur Einhaltung von **IT-Sorgfaltspflichten**[52]. Insbesondere bei der Aufbewahrung von personenbezogenen Daten sind Maßnahmen zur **Datensicherheit** zwingend erforderlich. Denn die Aufbewahrung kann je nach Aufbewahrungszweck über mehrere Jahre andauern, sodass das Risiken aus mangelnder Datensicherheit über einen langen Zeitraum bestehen. 64

Art. 32 DS-GVO benennt die Vertraulichkeit, Integrität, Verfügbarkeit und die Belastbarkeit der Systeme und Dienste als konkrete **Schutzziele.** Es empfiehlt sich, auf etablierte Standards und Zertifizierungsverfahren für IT-Sicherheit zurückzugreifen, welche bei der Einführung von TOMs unterstützen können[53]. 65

c) Geeignete Maßnahmen

Welche Maßnahmen im konkreten Fall geeignet sind, bestimmt sich nach den **Abwägungskriterien,** die sowohl in Art. 25 DS-GVO als auch in Art. 32 DS-GVO gleichlautend aufgelistet sind: Dem **Stand der Technik,** den **Implementierungskosten** und den mit der Datenverarbeitung verbundenen **Risiken für die Rechte und Freiheiten der Betroffenen,** wobei Art, Umfang, Umstände und Zweck der Verarbeitung berücksichtigt werden sollen. Für Zwecke der Datensicherheit soll zudem das Risiko von Vernichtung, Verlust 66

[51] Anlehnung an PDCA-Zyklus für Informationssicherheit aufgegriffen durch DSK; Das Standard-Datenschutzmodell, Version 2.0, S. 53.

[52] Moos/Schefzig/Arning, Praxishandbuch DS-GVO, 2. Aufl. 2021, Kapitel 13 Rn. 2.

[53] Beispielsweise kann die ISO-Norm ISO/IEC 27701:2019 für Management der Sicherheit von personenbezogenen Daten oder das Standard-Datenschutzmodell der Datenschutzkonferenz (Version 2.0) eine Hilfreiche Orientierung bieten.

oder unbefugten Zugang der personenbezogenen Daten für die Beurteilung der geeigneten Maßnahmen herangezogen werden. Dies bedeutet, dass nicht immer zwingend die besten oder sichersten Maßnahmen umgesetzt werden müssen, sondern nur solche, die nach einer Abwägung der unterschiedlichen Faktoren angemessen sind[54].

67 Damit sind geeignete Maßnahmen im Kern wirksame und verhältnismäßige Maßnahmen.

d) Abwägungskriterien

68 **aa) Stand der Technik.** Das Kriterium **„Stand der Technik"** gilt sowohl für technische als auch für organisatorische Maßnahmen. Dies erklärt sich damit, dass technische Maßnahmen meist nur in Verbindung mit organisatorischen Maßnahmen die erzielte Wirkung entfalten. Der Verantwortliche muss den derzeitigen technischen Fortschritt kennen und sein Wissen diesbezüglich auf dem Laufenden halten[55]. Klar ist, dass der Verantwortliche nicht jede technische Neuheit inklusive ihrer Chancen und Risiken kennen muss. Vielmehr geht es um **gesicherte technische Erkenntnisse,** die im jeweiligen Sektor üblicherweise erwartet werden können[56]. Gibt es allerdings gesicherte Kenntnisse über eine neue Technik, dann sollten gerade die Risiken bekannt sein, die von der Technik für die Rechte und Freiheiten der Betroffenen ausgehen können. Aktuelle Empfehlungen und Leitlinien der Aufsichtsbehörden sind in jedem Fall heranzuziehen.

69 **bb) Implementierungskosten.** Neben dem Stand der Technik sind auch die **Implementierungskosten** der TOMs in die Bewertung von geeigneten Maßnahmen miteinzubeziehen. Es sind sämtliche Kosten umfasst, die mit der Einführung, Überprüfung und Anpassung der Maßnahmen verbunden sind[57]. Das umfasst laut EDSA ausdrücklich auch den Zeitaufwand und die Personalkosten[58]. Durch das Kriterium der Implementierungskosten soll sichergestellt werden, dass solche Maßnahmen nicht eingeführt werden, die nur eine geringe Wirksamkeit für den Schutz der Betroffenen aufweisen, jedoch einen großen Ressourcenaufwand für den Verantwortlichen bedeuten. Wann Kosten als unverhältnismäßig hoch gelten, hängt von den individuellen Möglichkeiten des Unternehmens ab, sodass von umsatzstarken Unternehmen größere Investitionen in die Einführung von TOMs erwartet werden können als von weniger finanzkräftigen Unternehmen[59]. Im Ergebnis werden die Implementierungskosten dazu dienen, zwischen verschiedenen ähnlich wirksamen Maßnahmen zu wählen.

70 **cc) Risiko für die Rechte und Freiheiten der Betroffenen.** Weil die Einführung der TOMs den wirksamen Schutz der Rechte und Freiheiten der Betroffenen zum Ziel haben, muss der Verantwortliche die Risiken ermitteln, die mit der Aufbewahrung von personenbezogenen Daten verbunden sind. Dabei sind die Art, Umfang, Umstände und Zweck der Verarbeitung zu berücksichtigen. Zudem muss die Eintrittswahrscheinlichkeit und die Schwere der Risiken in die Risikoprognose miteinfließen. Diese Kriterien verdeutlichen, dass der Verantwortliche eine individuelle **Risikoanalyse** für den konkreten Verarbeitungsvorgang – hier als die Datenspeicherung/-aufbewahrung – durchführen muss. Erst durch solch eine Risikoanalyse können geeignete, risikominimierende Maßnahmen ausgewählt werden, die dann wiederum im Verhältnis zu den Implementierungskosten und dem Stand der Technik gesetzt werden.

---

54 Kühling/Buchner/Hartung DS-GVO Art. 25 Rn. 19.
55 EDSA, Leitlinien 4/2019 zu Artikel 25, Rn. 19.
56 Kühling/Buchner/Hartung DS-GVO Art. 25 Rn. 21.
57 Taeger/Gabel/Lang DS-GVO Art. 25 Rn. 59.
58 EDSA, Leitlinien 4/2019 zu Artikel 25, Oktober 2020, S. 10.
59 Taeger/Gabel/Lang DS-GVO Art. 25 Rn. 60.

1. Risikoanalyse: 71
   - Welche Risiken können bei der Aufbewahrung der personenbezogenen Daten für die Rechte und Freiheiten der Betroffenen auftreten und wodurch?
   - Wie schwer sind die möglichen Schäden für die Betroffenen?
   - Wie hoch ist die Eintrittswahrscheinlichkeit der Schäden?
   - Ergebnis der Risikoanalyse
2. Abwägungsprozess:
   - Bestimmung von wirksamen Maßnahmen, die das ermittelte Risiko minimieren
   - Abwägung der wirksamen Maßnahmen mit dem Implementierungskosten und Berücksichtigung des Stands der Technik
   - Ergebnis: Geeignete Maßnahmen

e) Beispiele für technische und organisatorische Maßnahmen

Die Leitlinien 4/2019 des EDSA zu Art. 25 DSVGO, die **IT-Grundschutzkataloge** des 72 Bundesamts für Sicherheit in der Informationstechnik (BSI), **das Standard-Datenschutzmodell** der Datenschutzkonferenz oder die Best Practices zur IT-Sicherheit der International Organization of Standardization (ISO) geben diverse Beispiele für technische und organisatorische Maßnahmen, die bei der Umsetzung des Art. 25 und Art. 32 DS-GVO hilfreich sein können. Im Folgenden sind Beispiele aufgelistet, die insbesondere in der Phase der Aufbewahrung von personenbezogenen Daten relevant werden können. Jedoch ist die Liste nicht abschließend und die Geeignetheit der Maßnahmen muss anhand der konkreten Aufbewahrung im Einzelfall überprüft werden.

Organisatorische Maßnahmen

- Festlegung und Dokumentation der Aufbewahrungszwecke für konkrete Datenkategorien 73
- Schaffung von Transparenz über die Aufbewahrung von Daten inklusive der festgelegten Aufbewahrungsfristen
- Beschränkung der Weiterverarbeitung der aufbewahrten Daten
- Rollen und Berechtigungskonzepte für den Zugriff auf die aufbewahrten Daten
- Physische Zugangs- und Zutrittsbeschränkungen zu Datenspeichern/Cloud-Diensten sowie dessen Kontrolle
- Erarbeitung eines Löschkonzepts

Technische Maßnahmen

- Auswahl sicherer Speichermedien/Aufbewahrungsorte 74
- Anonymisierung oder Pseudonymisierung von Daten und Überprüfung der Wirksamkeit der Anonymisierung/Pseudonymisierung
- Verschlüsselung von Daten während der Speicherung (encryption at rest)
- Einrichtung von Firewalls, um unerlaubte Zugriffe über das Netzwerk zu verhindern
- Protokollierung von Zugriffen auf die Daten
- Automatisierte Löschung und Überprüfung ihrer Wirksamkeit durch Tests
- Wirksame Backups unter gleichzeitiger Vermeidung nicht notwendiger Kopien der Daten
- Technische Beschränkung der Weiterverarbeitung der aufbewahrten Daten
- Nutzerauthentifizierungen und Passwortbeschränkungen als technische Umsetzung der Zugangsbeschränkungen

Kapitel 18. Handels- und steuerrechtliche Aufbewahrungsanforderungen

Siehe zu diesem Themenkomplex auch
– Steuerrecht → Kap. 16 Rn. 1 ff.
– Vernichtung/Löschung → Kap. 20 Rn. 1 ff.

1 Die **Pflicht** zur geordneten **Aufbewahrung geschäftlicher Unterlagen** ist ein zentraler Bestandteil der handels- und steuerrechtlichen Ordnungsvorgaben für Unternehmen in Deutschland. Sie dient der Sicherstellung der Nachvollziehbarkeit wirtschaftlicher Vorgänge sowohl für interne Zwecke als auch für externe Prüfungen durch Finanzbehörden und andere Stellen. Die maßgeblichen gesetzlichen Grundlagen finden sich im HGB und in der AO.

2 Während das Handelsrecht vorrangig auf die Rechenschaftspflicht und die Dokumentation der Geschäftstätigkeit zielt, steht im Steuerrecht die **Sicherstellung einer zutreffenden Besteuerung** im Vordergrund. Die Aufbewahrungspflichten beider Rechtsgebiete greifen dabei inhaltlich vielfach ineinander, sind jedoch eigenständig zu prüfen und zu erfüllen. Die folgenden Ausführungen zeigen die systematischen Grundlagen, den sachlichen und zeitlichen Umfang sowie praktische Herausforderungen der Aufbewahrungspflichten im Überblick auf. Durch das Vierte Bürokratieentlastungsgesetz vom 23.10.2024, BGBl. 2024 I Nr. 323 wurden die 10-jährigen Aufbewahrungspflichten grundsätzlich auf 8 Jahre verkürzt. Dies gilt sowohl für die Aufbewahrungspflicht nach § 257 Abs. 4 HGB als auch § 147 Abs. 3 AO.

I. Handelsrechtliche Aufbewahrungspflichten und Anforderungen

3 Die handelsrechtlichen Anforderungen an die Aufbewahrung von Unterlagen finden ihre **zentrale Grundlage** in § 257 HGB. Die Vorschrift verpflichtet Kaufleute zur geordneten und nachvollziehbaren Dokumentation ihrer Geschäftstätigkeit über einen gesetzlich bestimmten Zeitraum hinweg. **Zweck** dieser Pflicht ist die Sicherstellung einer ordnungsgemäßen Buchführung sowie die Ermöglichung nachträglicher betriebswirtschaftlicher und rechtlicher Überprüfungen, etwa im Rahmen von Jahresabschlussprüfungen oder zivilrechtlichen Auseinandersetzungen[1].

4 Nach § 257 Abs. 1 HGB sind unter anderem Handelsbücher, Inventare, Eröffnungsbilanzen, Jahresabschlüsse, Lageberichte, Buchungsbelege sowie empfangene und abgesandte Handelsbriefe aufzubewahren. Die Aufbewahrungspflicht bezieht sich damit **nicht nur auf klassische Buchführungsunterlagen,** sondern auch auf geschäftliche Kommunikation, soweit sie für die Nachvollziehbarkeit der Geschäftsvorfälle bedeutsam ist (vgl. § 257 Abs. 1 und Abs. 2 HGB).

5 Die **Dauer** der Aufbewahrungspflicht richtet sich nach § 257 Abs. 4 HGB. Danach beträgt sie zehn Jahre für Bücher, Inventare, Bilanzen und Buchungsbelege, während Handelsbriefe und sonstige Unterlagen, soweit sie für die Buchführung von Bedeutung sind, sechs Jahre aufzubewahren sind. Diese Fristen beginnen mit dem Schluss des Kalenderjahres, in dem die jeweilige Unterlage entstanden ist oder zuletzt bearbeitet wurde.

6 Mit dem Vierte Bürokratieentlastungsgesetz vom 23.10.2024 wurde die Aufbewahrungspflicht für Belege für Buchungen in den nach § 238 Abs. 1 zu führenden Büchern (Buchungsbelege) auf 8 Jahre verkürzt. Die Regelung ist am 1.1.2025 in Kraft getreten.

---

[1] Vgl. Baumbach/Hopt HGB § 257 Rn. 1; Schmidt HandelsR § 257 Rn. 2.

Nach § 257 Abs. 3 HGB ist die Aufbewahrung in **elektronischer Form** zulässig, sofern sichergestellt ist, dass die Unterlagen den Grundsätzen ordnungsmäßiger Buchführung (GoB) entsprechen und während der gesamten Aufbewahrungsfrist verfügbar, lesbar und maschinell auswertbar bleiben[2]. Hieraus ergeben sich insbesondere Anforderungen an die Integrität, Vollständigkeit und Revisionssicherheit digital archivierter Dokumente. Die handelsrechtliche Erlaubnis zur **elektronischen Archivierung** ist dabei eng mit den steuerlichen Vorgaben nach den GoBD verknüpft. 7

Im **Verhältnis zum Steuerrecht** ist zu beachten, dass handelsrechtliche und steuerrechtliche Aufbewahrungspflichten grundsätzlich nebeneinander gelten und sich gegenseitig nicht aufheben. Kürzere Fristen nach außersteuerlichen Normen, etwa datenschutzrechtliche Löschungspflichten, haben keinen Einfluss auf die Mindestaufbewahrungsfristen nach § 257 HGB. 8

II. Steuerrechtliche Aspekte der Aufbewahrung und Archivierung von Daten

Im Zuge der fortschreitenden Digitalisierung gewinnen Fragen der **Datenaufbewahrung** zunehmend an Relevanz – auch im Steuerrecht. Unternehmen sind verpflichtet, eine Vielzahl steuerlich relevanter Unterlagen über Jahre hinweg vorzuhalten. Diese Pflicht steht in engem Zusammenhang mit dem Datenrecht, insbesondere im Spannungsfeld zwischen steuerlichen Aufbewahrungsinteressen des Staates und den Rechten der Steuerpflichtigen auf Datenschutz und informationelle Selbstbestimmung. Der folgende Beitrag beleuchtet die zentralen steuerrechtlichen Anforderungen an die Datenarchivierung und zeigt deren praktische und rechtliche Auswirkungen auf. 9

1. Rechtsgrundlagen der Aufbewahrungspflichten im Steuerrecht

Die **steuerliche Aufbewahrungspflicht** ist in § 147 AO geregelt. Danach sind ua Bücher, Aufzeichnungen, Buchungsbelege, Inventare, Jahresabschlüsse und empfangene sowie abgesandte Handels- und Geschäftsbriefe für sechs oder zehn Jahre aufzubewahren. Daneben gelten die handelsrechtlichen Vorschriften des § 257 HGB, die durch die GoBD („Grundsätze zur ordnungsmäßigen Führung und Aufbewahrung von Büchern, Aufzeichnungen und Unterlagen in elektronischer Form sowie zum Datenzugriff") konkretisiert werden. Die Länge der Aufbewahrungsfrist hängt von der Art des Dokuments ab – beispielsweise zehn Jahre für Buchungsbelege (§ 147 Abs. 3 AO) und sechs Jahre für empfangene Geschäftsbriefe. 10

Durch das Vierte Bürokratieentlastungsgesetz vom 23.10.2024 wurde die **Aufbewahrungspflicht** für Buchungsbelege auf acht Jahr **verkürzt.** Damit wurden die steuerrechtlichen Aufbewahrungspflichten an die handelsrechtlichen Vorschriften nach § 257 HGB **angeglichen.** 11

2. Form der Aufbewahrung

Die steuerrechtlichen Vorschriften erlauben grundsätzlich die **elektronische Aufbewahrung** von Unterlagen – auch für ursprünglich in Papierform erhaltene Dokumente, sofern diese ordnungsgemäß digitalisiert wurden (zB durch ersetzendes Scannen). Dabei sind Anforderungen an Lesbarkeit, Vollständigkeit, Unveränderbarkeit und jederzeitigen Zugriff einzuhalten. Die GoBD geben hierzu technische und organisatorische Vorgaben. Besonders relevant sind dabei Regelungen zur Verfahrensdokumentation, zur Nachvollziehbarkeit von 12

[2] Benno L'habitant Ubg 2019, 626.

Änderungen sowie zur Sicherstellung der maschinellen Auswertbarkeit bei digitalen Belegen.

3. Zugriffsrechte der Finanzverwaltung

13 Nach § 147 Abs. 6 AO stehen der Finanzverwaltung im Rahmen einer Außenprüfung drei **Zugriffsarten** auf elektronische Daten zur Verfügung: der unmittelbare Lesezugriff (Z1), der mittelbare Zugriff über das System des Steuerpflichtigen (Z2) und die Datenträgerüberlassung (Z3). Voraussetzung ist, dass die Daten ordnungsgemäß aufbewahrt wurden und maschinell auswertbar sind. Die Zugriffsrechte sind auf steuerlich relevante Daten beschränkt, was zu einer Abgrenzung gegenüber der DS-GVO führen kann – insbesondere hinsichtlich personenbezogener Daten von Beschäftigten oder Geschäftspartnern.

III. Verstöße und Sanktionen

14 Wer seinen Aufbewahrungspflichten nicht ordnungsgemäß nachkommt, riskiert weitreichende steuerliche **Konsequenzen.** Fehlen Unterlagen, darf die Finanzverwaltung die Besteuerungsgrundlagen schätzen (§ 162 AO). Hinzu können steuerstrafrechtliche Sanktionen treten – etwa wegen leichtfertiger Steuerverkürzung oder Steuerhinterziehung (§§ 370, 378 AO). Auch Ordnungswidrigkeiten (§ 379 AO) kommen in Betracht. Die Dokumentation der ordnungsgemäßen Archivierung gewinnt damit auch im Lichte der Selbstschutzfunktion für Steuerpflichtige erhebliche Bedeutung.

Kapitel 19. Data Escrow

Übersicht

I. Definition und praxisbezogene Bedeutung von Data Escrow im Kontext des übergeordneten Digital Escrow

Siehe zu diesem Themenkomplex auch
- Überlassung auf Zeit → Kap. 11 Rn. 122 ff.
- Klauselkontrolle → Kap. 11 Rn. 311 ff.
- Insolvenzrecht → Kap. 24 Rn. 1 ff.

Unter Data Escrow versteht man ein seit vielen Jahren im Wirtschaftsbereich digitaler Güter 1 eingeführtes und üblich gewordenes **Sicherungsinstrument für jegliche Art von Daten** als eine sich aus den primären Hinterlegungsgegenständen ergebende, kategorisierte Komponente des übergeordneten und mittlerweile generalisierten Oberbegriffs Digital Escrow, anstelle dessen im klassischen Sinne häufig auch die Rede von (Software) Escrow ist.[1]

Die wirtschaftliche Bedeutung von Escrow im Sinne einer Hinterlegung von Software und 2 anderen digitalen Wirtschaftsgütern hat durch die Digitalisierung stark zugenommen. Escrow hat sich gegenwärtig von der klassischen Quellcode-Hinterlegung zum Digital Escrow entwickelt und die Nachfrage nach innovativen Escrow-Geschäftsmodellen wie beispielsweise den nachfolgend erläuterten Datentreuhandmodellen wächst zunehmend, was darüber hinaus einerseits dadurch begünstigt, dass Daten inzwischen fast überall die Rolle als „Game Changer" der digitalen Ökonomie zuerkannt wird und andererseits begünstigt durch die zunehmende Kommerzialisierung von personenbezogenen Daten dazu führt, dass der Bedarf nach einem Ausgleich verschiedener Interessen von Inhabern und Nutzern dieser digitalen Wirtschaftsgüter und einem transparenten und fairen Zugang zu Daten immer weiter steigt, wobei Escrow, insbesondere auch Data Escrow, eine wichtige Mittler-Funktion zukommt. Für die Unternehmenspraxis ist Data Escrow insofern von Bedeutung, als dass es Unternehmen eine gewisse **Sicherheitsschicht in Bezug auf die Gewährleistung des Zugangs zu wichtigen Daten in kritischen Situationen** bietet und gleichzeitig diesbezügliche rechtliche, operative und finanzielle Risiken minimiert. Auch mit Blick auf die Zukunft dürften sich für die Anwendung von Data Escrow viele weitere potenzielle Einsatzgebiete eröffnen, die unter anderem an die Bereiche IoT, autonomes Fahren und flankierend dazu KI anknüpfen, wobei es jeweils vordergründig darum geht, dass zunächst proprietäre Daten mit anderen Marktteilnehmern geteilt und anschließend ausgewertet werden sollen – zum Vorteil der Beteiligten oder sogar der Allgemeinheit.[2]

II. Begriffsherkunft

Den reinen Wortlaut betrachtend, entstammt „Escrow" aus dem Altfranzösischen („escroe"), 3 was übersetzt Schriftrolle heißt und seinerzeit als Hinterlegungsgegenstand eine an einen unabhängigen Dritten, der nicht Partei eines Vertrages war, gesiegelte und übergebene Urkunde umfasste, die bei Eintritt bestimmter Bedingungen im Verhältnis zwischen den Vertragsparteien herausgegeben und anschließend rechtliche Wirkung entfalten sollte.[3]

[1] Taeger/Pohle ComputerR-HdB/Kast 32.11 Rn. 1.
[2] Remmertz/Kast/Peters Digital Escrow S. 446.
[3] Auer-Reinsdorff/Conrad IT- und DatenschutzR-HdB/Auer-Reinsdorff/Kast/Dressler § 38 Rn. 58.

III. Konstrukt und Beteiligte eines Escrow-Vertrages

4 Um das sich bereits aus dem historischen Kontext erschließende Vertragskonstrukt von Escrow-Verträgen näher zu definieren, kann auf das sich zuvorderst etablierte Modell des **Software Escrow** zurückgegriffen werden, bei dem ein Quellcode einer näher bestimmten Software im Rahmen eines Vertragsverhältnisses zwischen einem Lizenzgeber und einem Lizenznehmer bei einem Dritten zwecks Abdeckung vertraglich näher zu bestimmender Einzelfälle aufbewahrt wird.

5 Als ein Beteiligter des Escrow-Vertrages ist der **Lizenzgeber** derjenige, der zur Überlassung und Hinterlegung des digitalen Inhalts verpflichtet ist, wobei der **Lizenznehmer** – teilweise auch als Anwender bezeichnet – als weiterer Beteiligter als der zur Nutzung des digitalen Inhalts und der aus dem Escrow-Vertrag Berechtigte anzusehen ist.[4] Der Dritte, zumeist als **Escrow-Agent** respektive Escrow-Agentur bezeichnet, gibt den Hinterlegungsgegenstand bei Eintritt vertraglich festgelegter Ereignisse wie etwa der Einstellung von Pflegeleistungen oder der Insolvenz des Anbieters an den Anwender heraus.[5]

6 Man kann einen Escrow-Vertrag insofern als **Vereinbarung über die treuhänderische Hinterlegung von digitalen Wirtschaftsgütern im Rahmen einer Art Dreiecksbeziehung** ansehen. Meist tritt mit diesem, der dabei gesondert als eigenes Dokument abgeschlossen wird, eine variierend große Anzahl von Verträgen beispielsweise in Form von Lizenz-, Implementierungs- oder Pflegeverträgen in Interaktion.[6]

1. Klassische Vertragssituation

7 Im Grundsatz besteht bei einem Escrow-Vertrag die Wahlmöglichkeit zwischen verschieden ausgestalten vertraglichen Modellen: Die in Teilen der Literatur aufgezeigte „klassische Vertragssituation" sieht vor, dass der Escrow-Agent direkte Vertragsbeziehungen sowohl mit dem Lizenzgeber als auch mit dem Lizenznehmer im Sinne eines dann üblicherweise dreiseitigen Hinterlegungsvertrages eingeht.[7] Hierbei entsteht entweder ein **zwei- oder dreiseitiges Treuhandverhältnis,** wobei im praktisch relevanteren letzten Fall der Hinterleger dem Escrow-Agenten neben dem Hinterlegungsgegenstand auch bestimmte Rechte überträgt. Dies erfolgt zumeist unter der Grundbedingung einer höchstvertraulichen Behandlung des Hinterlegungsgegenstands, dessen Herausgabe in bestimmten vorher festgelegten Fällen an den Lizenznehmer oder die Rückgabe im Falle einer Vertragsbeendigung an den Lizenzgeber eingeschlossen.[8]

2. Multi-Lizenznehmer-Verträge

8 Als Besonderheit bei Escrow-Verträgen in der „klassischen" Vertragssituation hat sich in der Praxis der „Multi-Lizenznehmer-Vertrag" herausgebildet. Bei diesem stehen auf Seiten des Lizenznehmers mehrere Vertragsparteien, sodass die **Hinterlegung durch den Lizenzgeber für eine Vielzahl möglicher Vertragspartner auf Lizenznehmerseite** erfolgt, was ihm den Vorteil bietet, dass er standardisiert die Hinterlegung für all seine Lizenznehmer anbieten kann und diese Absicherung entweder in seinen Standard-Lizenzverträgen aufnimmt oder jeweils auf Nachfrage eines Lizenznehmers anbietet. In Relation zur „klassischen Vertragssituation" sind die Vertragsbeziehungen bei einem „Multi-Lizenznehmer-Vertrag" vergleichbar mit der Ausnahme, dass jeder der Vertragspartner, der als Berechtigter

[4] Taeger/Pohle ComputerR-HdB/Kast 32.11 Rn. 16.
[5] Auer-Reinsdorff/Conrad IT- und DatenschutzR-HdB/Auer-Reinsdorff/Kast/Dressler § 38 Rn. 59.
[6] Remmertz/Kast/Schneider Digital Escrow S. 10.
[7] Auer-Reinsdorff/Conrad IT- und DatenschutzR-HdB/Auer-Reinsdorff/Kast/Dressler § 38 Rn. 97.
[8] Auer-Reinsdorff/Conrad IT- und DatenschutzR-HdB/Auer-Reinsdorff/Kast/Dressler § 38 Rn. 98.

dem Escow-Vertrag beitritt, durch eine entsprechende Vereinbarung den Regelungen des ja bereits bestehenden Escrow-Vertrages beitritt und diese gegen sich gelten lässt.

3. Zweiseitiges Vertragsmodell

Im Rahmen eines weiteren potenziell möglichen Vertragsmodells, dem „Zweiseitigen Vertragsmodell" übergibt der Lizenzgeber dem Escrow-Agenten den Hinterlegungsgegenstand, schließt auch nur mit diesem einen Vertrag über die Hinterlegung ab und ermächtigt ihn gleichermaßen den Hinterlegungsgegenstand an solche Lizenznehmer, die vertraglich eine Option zur Herausgabe dessen haben und dies auch nachweisen können, in bestimmten vorher festgelegten Fällen herauszugeben. Hierbei schließen zum einen Lizenzgeber und Escrow-Agent und zum anderen Lizenzgeber und Lizenznehmer einen Vertrag.[9] **9**

IV. Der Data Escrow-Vertrag

Obgleich Escrow-Verträge insbesondere aufgrund der oben beschriebenen Hinterlegung eines Quellcodes als auf vertraglicher Grundlage vereinbarte Maßnahme zur Absicherung eines digitalen Guts in Form des Hinterlegungsgegenstands vordergründig datenschutzneutral erscheinen, ist aufgrund der Weite der Definition des Personenbezugs von Daten ein Bezug zum Datenschutz im Zweifel nicht auszuschließen, was zumeist dann der Fall ist, wenn etwaige **Entwicklungsumgebungen, Testdatenbanken oder anderweitige Informationen zu beteiligten Entwicklern** Gegenstand des Hinterlegungsguts sind, was in der Konsequenz bedeutet, dass den Parteien dann anzuraten wäre, datenschutzrechtliche Verträge abzuschließen.[10] Auch anderweitige Datenmengen in Form von Input- bzw. Output-Daten aus IT-technischen Systemen oder Daten als Basis für statistische Auswertungen, etwa im Rahmen der Bildung von sog. Data Lakes, die nachfolgend als Grundlage von Big Data Analysen eingesetzt werden, können Teile des Hinterlegungsgegenstands darstellen, dabei sowohl strukturiert als auch unstrukturiert häufig als „zweiter Datenstrom" neben dem eigentlichen Hauptsystem entweder synchron in der Hinterlegungsumgebung oder dann jeweils als Block gespeichert vorliegen und die Einhaltung von Datenschutzvorgaben erforderlich machen.[11] **10**

Die übergeordnete Faustregel ist, dass, sofern eine Verarbeitung personenbezogener Daten iSd Art. 4 Nr. 1 und 2 DS-GVO (in der Regel durch Hinterlegung des Materials in Form einer Übermittlung und Speicherung des Hinterlegungsgegenstands) mit der Wirkung der Anwendbarkeit der Datenschutzgrundverordnung stattfindet, ein Escrow-Vertrag datenschutzrechtlichen Vorgaben unterfällt.[12] Dies ist wiederum dann auszuschließen, wenn eine den Hinterlegungszweck tangierende Verarbeitung personenbezogener Daten nicht vorliegt. Ein Beispiel hierfür stellt das sog. **Key-Escrow** dar, dessen primärer Hinterlegungsgegenstand aus (kryptografischen) Schlüsseln, Passwörtern oder anderen allgemeinen Zugangsdaten besteht.[13] Dabei wird das verschlüsselte Material an den Anwender bzw. Lizenznehmer übergeben und der Escrow-Agent erhält das dazugehörige Passwort oder andere Schlüssel zur Entschlüsselung, die in der Regel keinen Personenbezug aufweisen und daher datenschutzrechtliche Vereinbarungen zur Auftragsvereinbarung im Verhältnis zum Escrow-Agenten obsolet machen. **11**

---

9 Auer-Reinsdorff/Conrad IT- und DatenschutzR-HdB/Auer-Reinsdorff/Kast/Dressler § 38 Rn. 99 f.
10 Aßhoff CR 2023, 269 (271).
11 Tager/Pohle ComputerR-HdB/Kast 32.11 Rn. 102.
12 Aßhoff CR 2023, 269 (272).
13 Leupold/Wiebe/Glossner IT-R/Peters Teil 12. Rn. 115.

12 Um die Frage der Anwendbarkeit der Datenschutzgrundverordnung zu bewerten, empfiehlt es sich daher in der Praxis bereits bei der Definition des Hinterlegungsmaterials darauf zu achten, in welchen Bereichen sich personenbezogene Daten befinden.[14]

13 Sofern der allgemeine Anwendungsbereich der Datenschutzgrundverordnung eröffnet ist, stellen sich weitere datenschutzrechtliche Fragen wie beispielsweise die der **Verarbeitungsbefugnis** iSd Art. 6 DS-GVO, die auch im Rahmen von Escrow-Verträgen Berücksichtigung findet. Die Vorschrift listet die Voraussetzungen für die rechtmäßige Verarbeitung personenbezogener Daten abschließend auf und erlaubt das Vornehmen einer Datenverarbeitung nur dann, wenn mindestens einer der in ihr enthaltenen Zulässigkeitstatbestände einschlägig ist.[15] Die Hinterlegung stellt aus datenschutzrechtlicher Sicht für den Lizenzgeber und den Lizenznehmer einen eigenen Verarbeitungszweck dar, soll zuvorderst den Schutz des Lizenznehmers vor definierten Störungen in der Leistungserbringung fördern und bedarf ebenso wie die Speicherung und Herausgabe des Hinterlegungsgegenstands einer datenschutzrechtlichen Rechtsgrundlage, die sich im Zweifel weder aus dem Escrow-Vertrag direkt noch aus einer vertraglichen (Haupt-)Vereinbarung mit der betroffenen Person iSd Art. 6 Abs. 1 S. 1 lit. b DS-GVO ergibt. Insofern kommt als Verarbeitungsgrundlage eher ein **berechtigtes Interesse des Lizenznehmers** iSd Art. 6 Abs. 1 S. 1 lit. f DS-GVO in Betracht.[16] Der Tatbestand des berechtigten Interesses erfordert eine Interessensabwägung, die tatbestandlich voraussetzt, dass die Verarbeitung zur Wahrung berechtigter Interessen des Verantwortlichen oder Dritten erfolgt, sie ferner für die Verfolgung der Interessen erforderlich ist und die Interessen oder Grundrechte und Grundfreiheiten der betroffenen Person demgegenüber nicht überwiegen. Das Vorliegen des berechtigten Interesses stellt eine Wertungsfrage dar und kann im Grundsatz jedem rechtlichen, wirtschaftlichen oder ideellen Interesse entstammen, wobei Escrow-Verträge in der Hinsicht dem Investitionsschutz für betriebswirtschaftliche Güter und dem Interesse des Lizenznehmers bezüglich eines Schutzes vor dem Ausfall des Lizenzgebers im Falle dessen Insolvenz dienen.[17] Als zur Wahrung der berechtigten Interessen erforderlich erweist sich die Verarbeitung dann, wenn sie zur Erreichung des Zwecks objektiv tauglich ist und eine für die betroffene Person weniger invasive Alternative nicht vorliegt oder für den Verantwortlichen nicht zumutbar ist.[18] Für die Praxis empfiehlt es sich daher, das Ergebnis einer positiven Interessenabwägung gerade bei besonders schutzbedürftig erscheinenden personenbezogenen Daten zu dokumentieren, wodurch zum einen der **Rechenschaftspflicht** nach Art. 5 Abs. 2 DS-GVO Rechnung getragen wird und zum anderen eine gewisse Argumentationshilfe für den Fall einer abweichenden aufsichtsbehördlichen Bewertung geschaffen wird.[19]

14 Darüber hinaus finden weitere Prinzipien der DS-GVO im Rahmen von Data Escrow-Verträgen Anwendung, wobei zuvorderst das **Prinzip der Datenminimierung** des Art. 5 Abs. 1 lit. c DS-GVO und das **Prinzip der Datensparsamkeit**/Speicherbegrenzung des Art. 5 Abs. 1 lit. e DS-GVO zu nennen sind. Ersteres sagt dabei aus, dass jede Datenverarbeitung dem Zweck angemessen und erheblich sein und zudem auf das für die Verarbeitungszwecke notwendige Maß beschränkt sein muss, was zum einen aus einer Verringerung der Anzahl der verarbeiteten Daten und zum anderen auch aus einer Reduktion der Anzahl der Nutzung von Daten resultieren soll.[20] Letzteres sagt aus, dass personenbezogene Daten in einer Form gespeichert werden müssen, die eine Identifizierung betroffener Personen nur so lange ermöglicht, wie es für die Verarbeitungszwecke auch erforderlich ist.[21]

[14] Remmertz/Kast/Schmid/Piper Digital Escrow S. 211.
[15] Gola/Heckmann/Schulz DS-GVO Art. 6 Rn. 1.
[16] Aßhoff CR 2023, 269 (272).
[17] Gola/Heckmann/Schulz DS-GVO Art. 6 Rn. 61.
[18] Gola/Heckmann/Schulz DS-GVO Art. 6 Rn. 20.
[19] Remmertz/Kast/Schmid/Piper, Digital Escrow, S. 215.
[20] Gola/Heckmann/Schulz DS-GVO Art. 6 Rn. 22 f.
[21] Gola/Heckmann/Schulz DS-GVO Art. 6 Rn. 26.

Auf Data Escrow-Verträge übertragen empfiehlt sich zur Wahrung dieser Grundsätze daher eine datenschutzrechtliche Validierung des Hinterlegungsgegenstands dahingehend, ob die hinterlegten personenbezogenen Daten für die vertraglich verfolgten Zwecke notwendig bzw. erforderlich sind oder ob andere datenschutzrechtliche Gründe einer Hinterlegung der Daten im Wege steht, was zur Folge hätte, dass der Sicherungszweck des Treuhandverhältnisses und damit zusammenhängend auch das zuvor beschriebene berechtigte Interesse des Lizenznehmers gefährdet wäre.[22]

Sofern Daten beispielsweise dennoch im Rahmen eines Treuhandverhältnisses trotz **15** Wegfalls des Zwecks, für die sie erhoben wurden und folglich entgegen des Prinzips der Datensparsamkeit hinterlegt werden, kann dies weiterführende Ansprüche des Lizenznehmers bedingen, wobei unter anderem der Art. 17 DS-GVO zu nennen ist.[23]

Aus den bereits gemachten Ausführungen resultiert insofern das neben vielfältigen **16** Gründen für einen Abschluss von Data Escrow Verträgen stehende Hauptziel, die neben der in Softwares ohnehin generierten und gespeicherten Daten auch selbst in der Hinterlegung zu haben, sofern diese nicht in einem System vorgehalten werden, das beim Anwender vor Ort gehostet wird, um eine zusätzliche Sicherung dieser Daten in einer besonders geschützten Umgebung zu gewährleisten.[24] So kann beispielsweise einem Verlust von Daten durch eine Beschädigung des eigentlichen Rechenzentrums vorgebeugt werden, was Data Escrow zu einer Maßnahme macht, die im Rahmen einer Business-Continuity bzw. Desaster-Recovery-Strategie bedacht und im Rahmen der IT-Compliance und IT-Sicherheit umgesetzt werden sollte, da der wirtschaftliche Verlust infolge von Ausfällen von IT-Systemen erheblich sein kann.

V. Weitere Aspekte der Vertragsgestaltung

Basierend auf den bisherigen Ausführungen kann in Bezug auf mögliche Aspekte der **17** Vertragsgestaltung einer Escrow-Vereinbarung zwischensubsumiert werden, dass insbesondere ein Augenmerk auf das in Einklang bringen der Anforderungen hinsichtlich einer sicheren Verwahrung des Sicherungsguts einerseits und den datenschutzrechtlichen Anforderungen inklusive der praktischen Umsetzung datenschutzrechtlicher Vereinbarungen andererseits gelegt werden sollte, um im Ergebnis das Gewährleistungsziel der treuhändischen Hinterlegung nicht zu beeinträchtigen. Nachfolgend werden nochmals einzelne Aspekte der Vertragsgestaltung beleuchtet, die gewährleisten sollen, dass der gesamte „Work-Flow“ von der Hinterlegung bis zur Herausgabe vollständig abgebildet wird und deren Umsetzung in der Praxis anzuraten ist.

1. Wahl der Hinterlegungsstelle

Eine gesondert verhandelte Vorfrage der Vereinbarung des Escrow-Vertrags ist die Auswahl **18** der Hinterlegungsstelle in der Praxis meist nicht. Häufig wird der Vorschlag für einen bestimmten Escrow-Agenten vom Lizenznehmer kommen, da die Hinterlegung in erster Linie dessen Interesse befriedigt.[25] Als Escrow-Agent kann jede rechtsfähige Person auftreten, da der Betrieb einer Hinterlegungsstelle in Deutschland nicht reguliert ist, jedoch ist bei dessen Auswahl auf das Erfordernis eines **ausreichenden praktischen und rechtlichen Fachwissens** ebenso zu achten wie auf dessen **Betrieb eines aktiven Vertragsmanagements in rechtlicher, technischer sowie tatsächlicher Hinsicht.**[26] Internationale

[22] Aßhoff CR 2023, 269 (272).
[23] Aßhoff CR 2023, 269 (273).
[24] Tager/Pohle ComputerR-HdB/Kast 32.11 Rn. 103.
[25] Remmertz/Kast/Süss/Kimmich Digital Escrow S. 344.
[26] Auer-Reinsdorff/Conrad IT- und DatenschutzR-HdB/Auer-Reinsdorff/Kast/Dressler § 38 Rn. 106.

Richtlinien für die Bewertung von Hinterlegungsstellen existieren nicht, jedoch haben sich in der Praxis bestimmte Anforderungen an Hinterlegungsstellen gefestigt. Kriterien zur Auswahl der Hinterlegungsstelle könnten daher sein:

- technische Verifikation der Hinterlegungsstelle
- Sicherheitsaspekte, Auditierung und Aufrechterhaltung von Zertifizierungen nach anerkannten Normen
- Kosten der Hinterlegung, dh Vergütung der Hinterlegungsstelle
- Ermöglichung unterschiedlicher Hinterlegungsorte[27]

2. Verhältnis zwischen Lizenznehmer und Lizenzgeber

19 Durch das Aufzeigen der beiden Vertragsmodelle in einem vorherigen Abschnitt lässt sich ferner feststellen, dass Lizenzgeber und Lizenznehmer in der Regel – mit Ausnahme des beschriebenen Key-Escrow – keine Daten direkt miteinander austauschen, sondern eine im Interesse beider Parteien agierende Hinterlegungsstelle in Form des Escrow-Agenten zwischenschalten, die die Daten erst bei Eintritt eines Herausgabefalls an den Lizenznehmer übermittelt, der insofern ab diesem Zeitpunkt vertragsgemäßen Zugriff auf die Daten erhält, ohne Einflussnahme des Lizenzgebers über diese verfügen und in diesem Rahmen auch über Mittel und Zwecke der Verarbeitung der personenbezogenen Daten bestimmen kann.[28] Daraus lässt sich die Frage ableiten, ob Lizenznehmer und Lizenzgeber einen (zusätzlichen) **Vertrag über eine gemeinsame Verantwortung** gem. Art. 26 DS-GVO abschließen müssen oder nicht, wobei benannte Norm keine konkrete Zuteilung der Verantwortlichkeit und Haftung vorsieht, sondern die beteiligten Parteien im Sinne einer Art regulierten Selbstregulierung lediglich zur Klärung etwaiger Fragen in diesem Zusammenhang beauftragt.[29] Wohingegen sich die Literatur zuvorderst gegen einen solchen Vertrag ausspricht, kann anhand der Rechtsprechung des EuGH gegenteiliges angenommen werden. Dafür spricht unter anderem, dass Lizenznehmer und Lizenzgeber gemeinsam über die Verarbeitungszwecke und insbesondere die Verarbeitung beim Escrow-Agenten disponieren können und es ferner auch keines eigenen Zugriffs auf Daten bedarf, um eine gemeinsame Verantwortung erforderlich zu machen.[30] Ferner liegt es im Rahmen eines Escrow-Sachverhalts mit Blick auf die Tatsache, dass die zugrunde liegende Struktur mit dem gemeinsamen Ziel einer insolvenzfesten Gestaltung des Lizenzvertrages aufgesetzt wurde, durchaus nahe von einem einheitlichen Zweck auszugehen.[31] Insofern ist in der Praxis eher von der Notwendigkeit des Abschlusses eines Vertrages über eine gemeinsame Verantwortung iSd Art. 26 DS-GVO auszugehen. Sofern das Verhältnis zwischen Lizenznehmer und Lizenzgeber fehlerhaft als unabhängige Verantwortliche eingestuft wird, kann ein Bußgeld wegen Verstoßes gegen die Pflichten aus Art. 26 DS-GVO – unter anderem derjenigen, die gegenseitigen Rechte und Pflichten vertraglich zu fixieren – drohen. Dieses **Risiko** kann in der Praxis **minimiert** werden, indem Lizenznehmer und Lizenzgeber einen „Controller to Controller"-Vertrag abschließen, der eine Auseinandersetzung der beiden Parteien mit diesem Thema dokumentiert.[32]

3. Ausgestaltung vertraglicher Regelungspunkte

20 In Escrow-Verträgen allgemein und somit auch in Data Escrow-Verträgen sind bestenfalls eine Vielzahl von Regelungspunkten abzudecken, welche unter anderem die **Einräumung**

---

27 Remmertz/Kast/Süss/Kimmich Digital Escrow S. 345.
28 Remmertz/Kast/Süss/Kimmich Digital Escrow S. 215.
29 Simitis/Hornung/Spiecker gen. Döhmann/Petri DS-GVO Art. 26 Rn. 4.
30 EuGH 5.6.2018 – C-210-16, EuZW 2018, 534 – Unabhängiges Landeszentrum für Datenschutz Schleswig-Holstein/Wirtschaftsakademie Schleswig-Holstein GmbH.
31 Remmertz/Kast/Schmid/Piper Digital Escrow S. 215.
32 Remmertz/Kast/Schmid/Piper Digital Escrow S. 215.

von Nutzungsrechten gegenüber dem Escrow-Agenten im Hinblick auf die Einlagerung, Vervielfältigung zum Zwecke der Hinterlegung und weitere technische Dienstleistungen betreffen.[33] Die technischen und organisatorischen Maßnahmen des Escrow-Agenten betreffend sind insbesondere neben Fristen, Terminen und der Art und Weise der Übergabe des Hinterlegungsgegenstands auch Vereinbarungen zur Art und Weise dessen Kontrolle und Prüfung zu erfassen.[34] Im Rahmen der zu treffenden Maßnahmen definiert die Datenschutzgrundverordnung in Art. 5 DS-GVO insofern insbesondere die Integrität, die Verfügbarkeit/Belastbarkeit und die Vertraulichkeit als Schutzziele des technischen Datenschutzes. Bei einer Konkretisierung der zu treffenden Maßnahmen wären beispielsweise daher nachfolgende Kontrollen seitens des Escrow-Agenten zu berücksichtigen und entsprechende Maßnahmen zu treffen: Im Rahmen der **Transport-/Weitergabekontrolle** sollte festgelegt werden, wie entsprechende Datenbestände sicher übertragen werden können (zB durch den Einsatz von Verschlüsselung von Datenträgern). Die **Verfügbarkeitskontrolle** sollte Konzepte in Gestalt von IT-Sicherheitskonzepten, Konzepten für die Datensicherung oÄ enthalten, um die Datensicherheit durch hohe Verfügbarkeit und Belastbarkeit gewährleisten zu können. Typische Maßnahmen hierzu sind der Aufbau redundanter Speichersysteme oder die Beachtung von organisatorischen Maßnahmen wie Ausfallschutz durch Gebäudesicherheit, wobei all diese technisch-organisatorischen Maßnahmen vor dem Hintergrund der in Art. 5 DS-GVO normierten Rechenschaftspflicht ausreichend seitens des Escrow-Agenten zu dokumentieren sind.[35]

Hinsichtlich der **Art und Weise** der Prüfung des Escrow-Agenten, sollte eine erste **21** Prüfung dabei bereits vor der Einlagerung des Hinterlegungsguts durchgeführt werden, um die Vertragstreue des Lizenzgebers zu gewährleisten, da ansonsten für den Lizenznehmer nicht ausreichend sichergestellt sein dürfte, dass das Hinterlegungsgut auch tatsächlich die vereinbarten Hinterlegungsmaterialien enthält. Für die Praxis ist dem Escrow-Agenten daher anzuraten, in seinen Verträgen standardmäßig zumindest eine minimale Eingangsprüfung aufzunehmen und hierbei gerade Unternehmen mit geringem technischem Know-how im Sinne eines Wissensgefälles zu beraten.[36]

Da – wie bereits geschildert – Escrow-Verträge insbesondere für den Lizenznehmer einen **22** zukünftigen Zugriff auf ein lauffähiges System darstellen sollen, kommt der **Evaluierung und Validierung der Reproduzierbarkeit des Systems** eine gewichtige Bedeutung zu und Veränderungen des Hinterlegungsgegenstands sind in diesem Zusammenhang bestenfalls auszuschließen.[37] Diesem Ausschluss der Unveränderlichkeit des Hinterlegungsgegenstands können im Rahmen von Data-Escrow insbesondere datenschutzrechtliche Anforderungen entgegenstehen, wobei zuvorderst an Löschroutinen oder Löschbegehren gem. Art. 17 DS-GVO, die während der Auftragsvereinbarung durch den Escrow-Agenten vorgenommen werden könnten, zu denken ist, was unmittelbare Auswirkungen auf die Informationen in Datenbanken und den hinterlegten Daten haben könnte.[38]

Ferner sollte vertraglich festgelegt sein, welche Pflichten der Mitwirkung Lizenzgeber und **23** Lizenznehmer erbringen sollten, wobei sich diese bei Ersterem aus der **Auferlegung von Auskunfts- und Informationspflichten** und bei Letzterem aus **Bestätigungspflichten** zwecks vereinbarter Vertragsgemäßheit des Hinterlegungsgegenstands samt möglicher Durchführung von regelmäßigen Überprüfungstests ergeben kann.[39]

---

[33] Auer-Reinsdorff/Conrad IT- und DatenschutzR-HdB/Auer-Reinsdorff/Kast/Dressler § 38 Rn. 123.
[34] Auer-Reinsdorff/Conrad IT- und DatenschutzR-HdB/Auer-Reinsdorff/Kast/Dressler § 38 Rn. 124.
[35] Remmertz/Kast/Aßhoff Digital Escrow S. 237.
[36] Remmertz/Kast/Aßhoff Digital Escrow S. 91.
[37] Aßhoff CR 2023, 269 (276).
[38] Aßhoff CR 2023, 269 (276).
[39] Auer-Reinsdorff/Conrad IT- und DatenschutzR-HdB/Auer-Reinsdorff/Kast/Dressler § 38 Rn. 123.

4. Haftung der Beteiligten

24 Für eine potenzielle Haftung und mögliche Schadensersatzansprüche des Lizenzgebers, des Lizenznehmers oder des Escrow-Agenten gelten die **allgemeinen gesetzlichen Regelungen** des BGB, sofern nicht urheberrechtliche oder strafrechtliche Ansprüche bestehen. Ein vertraglicher Schadensersatzanspruch ergibt sich im Falle einer schuldhaften Pflichtverletzung insofern aus §§ 280 Abs. 1, 249 ff. BGB iVm der Hinterlegungsvereinbarung, wobei auch deliktische Ansprüche aus §§ 823 Abs. 1, 823 Abs. 2 BGB iVm § 263 StGB neben den vertraglichen Schadensersatzansprüchen ebenso bestehen können wie etwaige Ansprüche aus dem Bereicherungsrecht nach §§ 812 ff. BGB.[40]

25 Die Haftung des Lizenzgebers gegenüber dem Lizenznehmer aus der Hinterlegungsvereinbarung als gegenseitigem Vertrag aus einem Schuldverhältnis iSv § 241 BGB umfasst die ordnungsgemäße Hinterlegung des Hinterlegungsgegenstands entsprechend der vertraglichen Vereinbarungen, jedoch haftet der Lizenznehmer nicht dafür, dass der vom Lizenznehmer gewünschte Erfolg nach Eintritt eines Herausgabefalls auch wirklich eintritt. Das **Haftungsrisiko des Lizenznehmers** verwirklicht sich in erster Linie, wenn er in unberechtigter Weise die Herausgabe des Hinterlegungsgegenstands verlangt und es ihm dadurch gelingt, im Falle von Data Escrow Zugriff auf personenbezogene Daten zu erhalten. Der Escrow-Agent haftet dem Lizenzgeber sowie dem Lizenznehmer im Falle der Verletzung der vertraglichen Pflichten zur ordnungsgemäßen Durchführung der Hinterlegung für sämtliche hieraus entstehenden Schäden, wobei dessen Haftungsrisiken in Abhängigkeit seiner jeweiligen Verpflichtungen bereits ab der Entgegennahme des Hinterlegungsgegenstands und den hierbei geltenden Pflichten zur Überprüfung, gegebenenfalls Verifikation und sicheren Aufbewahrung, aber auch während der Durchführung (zB bei Aktualisierungspflichten und der hierzu vereinbarten Kommunikation mit den Beteiligten, aber auch im Zusammenhang mit der Prüfung eines behaupteten Herausgabefalls) bestehen.[41]

5. Herausgabe und Insolvenz

26 Besonders relevant in der Gestaltung von Escrow-Verträgen ist die Wahl der richtigen Fallgestaltungen der Herausgabeansprüche, die nachstehend erläutert werden sollen.

a) Insolvenz/Betriebseinstellung

27 In vielen Verträgen dürfte sich im Hinblick auf diesen Herausgabefall eine mittels Implementierung vertraglicher Regelungen ergebende direkte Anknüpfung an den Tatbestand der Insolvenzeröffnung oder zumindest denjenigen der „drohenden Insolvenz" widerfinden, die jedoch dann problematisch sein könnten, falls sie die Rechte des Insolvenzverwalters nach den §§ 103–118 InsO – zuvorderst sein **Insolvenzverwalterwahlrecht** nach § 103 InsO – einschränken, da solche vertragliche Regelungen gem. § 119 InsO unwirksam sind. Die Notwendigkeit einer solchen Bindung an den potenziellen Eintritt des Insolvenzfalls besteht in der Praxis indes gar nicht, da die Ziele des Lizenznehmers insbesondere in Ausgestalt des Erhalts der mangelfreien Nutzung des Hinterlegungsguts auch ohne diese Bindung ausreichend berücksichtigt werden können, zumal aufgrund des mittlerweile vorrangigen Ziels der Insolvenzordnung in Form der sanierenden Insolvenz häufig im Fall der Sanierung des Unternehmens im Rahmen der Insolvenz gerade keine Unterbrechung der Leistungserbringung auftritt. In der Praxis ist es insofern **nicht unüblich,** dass bereits im vorläufigen Insolvenzverfahren unter Beibehaltung der Leistungserbringung ein Übernehmer für das betroffene Unternehmen gefunden wird und der Insolvenzverwalter für den Fortbestand der laufenden Leistungsbeziehungen ein gestiegenes Interesse daran hat, das Hinterlegungsgut gerade nicht herauszugeben was ihm immer dann gelingen dürfte, wenn die Herausgabe-

[40] Remmertz/Kast/Czarnetzki Digital Escrow S. 264.
[41] Remmertz/Kast/Czarnetzki Digital Escrow S. 264 ff.

klausel auf den Insolvenzfall abgestellt ist. Im beschriebenen Fall wäre dann zumeist aus Sicht des Lizenznehmers keine Unterbrechung der Leistung eingetreten und dessen Interesse folglich gewahrt.[42]

b) Schlechtleistung

Da der Herausgabegrund der **Schlechtleistung** aufgrund der im Rahmen der Feststellung, ob eine solche vorliegt, üblicherweise bestehenden unterschiedlichen Ansichten der Parteien des Überlassungsvertrages nicht klar durch Dokumente zu beweisen ist, empfiehlt es sich in der Praxis, abhängig von der konkreten Situation und dem jeweilige Hinterlegungsgut klare Definitionen in den Vertrag aufzunehmen, wann eine zur Herausgabe an den Lizenznehmer berechtigende Schlechtleistung vorliegt.[43] **28**

c) Sonstige Fälle

Als ein sonstiger Fall ist insbesondere die Zustimmung des Lizenzgebers zu nennen. Da der Escrow-Agent hierbei formal die Herausgabe durchführen muss, empfiehlt es sich daher, diesen Fall ausdrücklich vertraglich aufzuführen.[44] **29**

[42] Remmertz/Kast/Czarnetzki Digital Escrow S. 98.
[43] Remmertz/Kast/Czarnetzki Digital Escrow S. 98.
[44] Remmertz/Kast/Czarnetzki Digital Escrow S. 99.

Teil F. Vernichtung und Löschung von Daten

Kapitel 20. Vernichtung und Löschung von Daten

Übersicht

Siehe zu diesem Themenkomplex auch
- Strafrecht → Kap. 10 Rn. 240 ff.
- Datenschutz und Informationssicherheit → Kap. 17 Rn. 1 ff.
- Handels- und steuerrechtliche Aufbewahrungsanforderungen → Kap. 17 Rn. 44

I. Pflichten zur Löschung personenbezogener Daten

Pflichten zur Löschung von Daten ergeben sich aus dem Datenschutzrecht. Diese greifen, wie generell das Datenschutzrecht, wenn es um **Daten mit Personenbezug** geht. Die Pflicht zur Löschung personenbezogener Daten ist ein zentrales Element des Datenschutzes und dient dem Schutz der Privatsphäre und der Rechte der betroffenen Personen. Für die 1

Pflicht zur Löschung personenbezogener Daten finden sich in der DS-GVO mehrere Anknüpfungspunkte:

- Art. 5 Abs. 1 lit. e DS-GVO normiert den **Grundsatz der Speicherbegrenzung.** Dieser besagt, dass Daten nur so lange in personenbezogener Form gespeichert werden dürfen, wie es für die Zwecke, für die sie verarbeitet werden, erforderlich ist.
- Art. 6 Abs. 1 lit. b–f DS-GVO knüpfen die Rechtmäßigkeit der Verarbeitung personenbezogener Daten an das Kriterium der **Erforderlichkeit,** welches auch eine zeitliche Komponente hat und somit auch der Speicherdauer eine Grenze setzt[1].
- Schließlich statuiert Art. 17 Abs. 1 DS-GVO neben einem **Recht auf Löschung** und einer **Pflicht zur Löschung** personenbezogener Daten einzelne Gründe, die jeweils zur Löschung von Daten führen müssen.

1. Die Löschpflicht auslösende Ereignisse

2 Art. 17 Abs. 1 DS-GVO besagt, dass betroffene Personen das Recht haben, von dem Verantwortlichen die Löschung ihrer personenbezogenen Daten zu verlangen, wenn einer der folgenden in Art. 17 Abs. 1 DS-GVO genannten **Löschgründe** vorliegt:

a) Die personenbezogenen Daten sind für die Zwecke, für die sie erhoben oder auf sonstige Weise verarbeitet wurden, nicht mehr notwendig;
b) Die betroffene Person widerruft ihre Einwilligung, auf die sich die Verarbeitung gemäß Artikel 6 Abs. 1 lit. a oder Art. 9 Abs. 2 lit. a DS-GVO stützte, und es fehlt an einer anderweitigen Rechtsgrundlage für die Verarbeitung;
c) Die betroffene Person legt gem. Art. 21 Abs. 1 DS-GVO Widerspruch gegen die Verarbeitung ein und es liegen keine vorrangigen berechtigten Gründe für die Verarbeitung vor, oder die betroffene Person legt gem. Art. 21 Abs. 2 DS-GVO Widerspruch gegen die Verarbeitung ein;
d) Die personenbezogenen Daten wurden unrechtmäßig verarbeitet;
e) Die Löschung der personenbezogenen Daten ist zur Erfüllung einer rechtlichen Verpflichtung nach dem Unionsrecht oder dem Recht der Mitgliedstaaten erforderlich, dem der Verantwortliche unterliegt;
f) Die personenbezogenen Daten wurden in Bezug auf angebotene Dienste der Informationsgesellschaft gem. Art. 8 Abs. 1 DS-GVO erhoben.

a) Löschanspruch und Löschpflicht

3 Art. 17 Abs. 1 DS-GVO normiert ein **subjektives Recht** der betroffenen Person, die Löschung ihrer Daten zu verlangen.

4 Nach ganz überwiegender und vorzugswürdiger Ansicht korrespondiert hiermit zugleich eine **objektive Löschpflicht,** die den datenschutzrechtlich Verantwortlichen auch unabhängig von einem entsprechenden Löschantrag der betroffenen Person trifft[2], wenn einer der in Art. 17 Abs. 1 DS-GVO im einzelnen normierten Löschgründe vorliegt[3]. Diese Pflicht besteht dem Grundsatz nach also, ohne dass die betroffen Person eine Löschung konkret beantragt.[4] Eine Löschung muss deshalb auch unabhängig davon stattfinden, ob die betroffene Person Kenntnis von den etwaigen Löschgründen erlangt. Solche Kenntnis wird in der Praxis häufig durch Zufälle erlangt werden oder auch gar nicht. Somit sollen die Rechte der betroffenen Person auch geschützt sein, wenn die betroffene Person die Situation der Datenverarbeitung nicht selbstständig erkennt. Dem Verantwortlichen ist dies auch

---

1 BeckOK DatenschutzR/Worms DS-GVO Art. 17 Rn. 23.
2 BeckOK DatenschutzR/Albers/Veit DS-GVO Art. 6 Rn. 18.
3 vgl. „…und der Verantwortliche ist verpflichtet…“.; EuGH 14.3.2024 – C-46/23, EuZW 2024, 570 Rn. 46.
4 HK-DS-GVO/BDSG/Peuker DS-GVO Art. 17 Rn. 43.

zuzumuten, da er es selbst in der Hand hat, unrechtmäßige Datenverarbeitungen zu erkennen.

Demnach ist der Verantwortliche gem. Art. 17 Abs. 1 DS-GVO verpflichtet, eigenständig die Daten von sich aus ohne Begehren der betroffenen Person zu löschen, sobald eine der Tatbestandsalternativen vorliegt. Dabei hat der Verantwortliche auch zu prüfen, ob eine mögliche **Ausnahme von der Löschpflicht** vorliegt und die Daten möglicherweise gar nicht gelöscht werden dürfen. **5**

Die generelle, **antragsunabhängige Löschpflicht** des Verantwortlichen wird in der Literatur teilweise kritisch betrachtet.[5] Es wird vertreten, dass die antragsunabhängige Löschpflicht des Verantwortlichen zu unsachgemäßen Ergebnissen führen kann, zB wenn das Wahlrecht der betroffenen Person (ob die personenbezogenen Daten gelöscht werden sollen) schützenswert ist, oder der Löschung Interessen der betroffenen Person entgegenstehen.[6] **6**

So steht den betroffenen Personen etwa im Zusammenhang mit den Löschgründen nach Art. 17 Abs. 1 lit. a und d DS-GVO ein Wahlrecht zu. Dieses **Wahlrecht** umfasst einerseits die Löschung und andererseits die Einschränkung der Verarbeitung gem. Art. 18 Abs. 1 DS-GVO. Dieses Wahlrecht kann von der betroffenen Person nur geltend gemacht werden, wenn sie Kenntnis über die ihr zustehenden Rechte hat. Sollte der Verantwortliche die Daten unverzüglich nach Kenntnis löschen, ohne die betroffene Person zu informieren wäre das Wahlrecht de facto nicht vorhanden.[7] Um dem Wahlrecht der betroffenen Person Rechnung zu tragen, muss der Verantwortlichen bei fehlender Äußerung die Person deshalb informieren, sodass die Person ihr Recht auf Einschränkung der Verarbeitung geltend machen kann.[8] Das Bestehen eines Wahlrechts bei diesem spezifischen Löschgrund kann somit individuell adressiert werden; es bedarf hierfür aber keiner generellen Ablehnung einer antragsunabhängigen Löschpflicht des Verantwortlichen. **7**

b) Die einzelnen Löschgründe

Nachfolgend werden die einzelnen **Löschgründe** des Art. 17 Abs. 1 DS-GVO näher erläutert. **8**

aa) Wegfall des Verarbeitungszwecks. Ein Löschgrund ist nach Art. 17 Abs. 1 lit. a DS-GVO gegeben, wenn der Verarbeitungszweck weggefallen ist. Dieser Löschgrund ist eine Manifestation der **Grundsätze der Datenminimierung** und **Speicherbegrenzung** aus Art. 5 Abs. 1 lit. c und e.[9] Die Feststellung, ob der Zweck der Verarbeitung weggefallen ist, hat einzelfallbezogen zu erfolgen.[10] **9**

Daten einer betroffenen Person wurden für die Durchführung eines Gewinnspiels erhoben. Das **Gewinnspiel** ist abgeschlossen und die Preise an die Gewinner ausgegeben. Der Zweck ist erreicht und damit entfallen. **10**

Sollte sich ergeben, dass der Zweck weggefallen ist, sind die Daten **unverzüglich** zu löschen. **11**

---

5 So zB Simitis/Hornung/Spiecker gen. Döhmann/Dix DS-GVO Art. 17 Rn. 8; Kühling/Buchner/Herbst DS-GVO Art. 17 Rn. 9 ff.

6 So zB Simitis/Hornung/Spiecker gen. Döhmann/Dix DS-GVO Art. 17 Rn. 8; Kühling/Buchner/Herbst DS-GVO Art. 17 Rn. 9 ff.; BeckOK DatenschutzR/Worms, 50. Ed. 1.11.2024, DS-GVO Art. 17 Rn. 23; aA Gola/Heckmann/Nolte/Werkmeister DS-GVO Art. 17 Rn. 9. HK-DS-GVO/BDSG/Peuker Art. 17 Rn. 43.

7 Simitis/Hornung/Spiecker gen. Döhmann/Dix DS-GVO Art. 17 Rn. 8.

8 Kühling/Buchner/Herbst DS-GVO Art. 17 Rn. 14.

9 Taeger/Gabel/Meents/Hinzpeter DS-GVO Art. 17 Rn. 33.

10 Ehmann/Selmayr/Kamann/Braun DS-GVO Art. 17 Rn. 22.

12 Die Pflicht zur Löschung gilt aber dann nicht, wenn der Verantwortliche die Daten entweder im Einklang mit Art. 6 Abs. 4 DS-GVO für einen anderen als den ursprünglichen Zweck **weiterverarbeitet,** oder aber, wenn die Daten von vornherein für mehrere Zwecke erhoben wurden, von denen aber bisher nur einer erledigt ist.

13 Ein Unternehmen erhebt die Daten seiner Kunden von vornherein sowohl für Zwecke der Durchführung der abgeschlossenen Kaufverträge, als auch für **Werbezwecke.** Auch wenn der Vertrag erfüllt und etwaige Ansprüche daraus verjährt sind, so dass der Zweck der Vertragsdurchführung weggefallen ist, muss deshalb nicht zwangsläufig eine Löschung der Kundendaten nach Art. 17 Abs. 1 lit. a DS-GVO erfolgen, weil der Zweck der Werbung vermutlich fortbesteht und nicht auch automatisch zeitgleich wegfällt.

14 **bb) Widerruf der Einwilligung/Entfall der Rechtsgrundlage.** Ein weiterer Löschgrund ist gegeben, wenn die betroffene Person ihre Einwilligung, auf die sich die Verarbeitung ihrer personenbezogenen Daten gem. Art. 6 Abs. 1 lit. a DS-GVO oder Art. 9 Abs. 2 lit. a DS-GVO stützt, **widerruft** und es an einer anderweitigen Rechtsgrundlage für die Verarbeitung fehlt.

15 Letztlich beruht dieser Löschgrund auf dem Erfordernis, dass es für die Rechtmäßigkeit der Verarbeitung personenbezogener Daten immer eines **Erlaubnistatbestandes** iSv Art. 6 Abs. 1 DS-GVO bedarf. Ist eine solche Rechtsgrundlage nicht mehr gegeben – hier insbesondere, weil die Einwilligung widerrufen wurde und auch kein anderer Erlaubnistatbestand eingreift, ist die weitere Verarbeitung unzulässig und die Datenlöschung die notwendige Folge.

16 **cc) Widerspruch gegen die Verarbeitung.** Die dritte Tatbestandsalternative greift, wenn die betroffene Person Widerspruch nach Art. 21 DS-GVO gegen die Datenverarbeitung eingelegt hat. Hierbei sind zwei Fallkonstellationen zu unterscheiden:

- die Einlegung eines **Werbewiderspruchs** gem. Art. 21 Abs. 2 DS-GVO und
- die Einlegung eines Widerspruchs aus Gründen, die sich aus der besonderen Situation der betroffenen Person ergeben.

17 **i) Widerspruch aus Gründen der besonderen Situation des Betroffenen.** Werden Daten entweder aufgrund von Art. 6 Abs. 1 lit. e DS-GVO, also zur Wahrnehmung einer Aufgabe im öffentlichen Interesse oder in Ausübung öffentlicher Gewalt, oder aufgrund von Art. 6 Abs. 1 lit. f DS-GVO, also im **überwiegenden Interesse des Verantwortlichen** oder eines Dritten erhoben, besitzt die betroffene Person ein Recht, der Verarbeitung aus Gründen zu widersprechen, die sich aus ihrer besonderen Situation ergeben.

18 Wird das Widerspruchsrecht ausgeübt, ist eine weitere Datenverarbeitung nur zulässig, wenn der Verantwortliche **zwingende schutzwürdige Gründe** nachweist, die die Interessen, Freiheiten und Rechte der betroffenen Person überwiegen.[11] Sollten solche Gründe nicht vorliegen, ist die weitere Verarbeitung gem. Art. 21. Abs. 1 DS-GVO ausgeschlossen. Nach dem Wortlaut des Art. 17 Abs. 1 lit. c DS-GVO führt dies allerdings nicht automatisch zu einer Pflicht des Verantwortlichen, die Daten zu löschen. Denn die Pflicht die personenbezogenen Daten zu löschen entfällt, „wenn vorrangige berechtigte Gründe" für die fortgesetzte Datenverarbeitung vorliegen.[12]

19 Die Gewichtung der gegenüberstehenden Interessen ist im Rahmen einer einzelfallbezogenen **Interessenabwägung** vorzunehmen.[13] Berücksichtigungsfähige Kriterien sind

[11] Gola/Heckmann/Nolte/Werkmeister DS-GVO Art. 17 Rn. 18.
[12] Gola/Heckmann/Nolte/Werkmeister DS-GVO Art. 17 Rn. 18.
[13] Taeger/Gabel/Meents/Hinzpeter DS-GVO Art. 17 Rn. 46.

unter anderem die Art der betreffenden Information, deren Sensibilität für das Privatleben der betroffenen Person sowie das Interesse der Öffentlichkeit am Zugang zu der Information, das je nach der Rolle, die die Person im öffentlichen Leben spielt, variieren kann.[14]

ii) Werbewiderspruch. Das Recht, einer Verarbeitung personenbezogener Daten für Zwecke der **Direktwerbung** zu widersprechen, ist an keine weiteren Voraussetzungen geknüpft. Es ist deshalb folgerichtig, dass der Verantwortliche bei einem erfolgten **Werbewiderspruch** gem. Art. 21 Abs. 2 DS-GVO die betreffenden Daten löschen muss. 20

Nicht eindeutig ist der Wortlaut jedoch dahingehend, ob die Daten auch dann gelöscht werden müssen, wenn die Daten nicht nur zu dem Zweck der Direktwerbung verarbeitet wurden, sondern auch zu anderen Zwecken. Richtigerweise muss eine Datenlöschung nur dann erfolgen, wenn kein anderer Zweck die weitere Speicherung der Daten rechtfertigen kann.[15] Dafür spricht insbesondere der Wortlaut des Art. 21 Abs. 3 DS-GVO, der im Falle eines Werbewiderspruchs eben nur eine weitere Verarbeitung für genau diese **Direktwerbezwecke** ausschließt, aber nicht für andere Zwecke. 21

dd) Unrechtmäßige Verarbeitung. Ein weiterer Löschgrund ist gegeben, wenn die personenbezogenen Daten unrechtmäßig verarbeitet wurden. Eine unrechtmäßige Verarbeitung der Daten liegt vor, wenn es an einer **Rechtsgrundlage** für die Datenverarbeitung gem. Art. 6 Abs. 1 DS-GVO fehlt.[16] Folgende Anwendungsfälle sind hiervon insbesondere erfasst: 22

- für die Verarbeitung der personenbezogenen Daten fehlt es von vornherein an einer Rechtsgrundlage, zB weil eine etwa erforderliche Einwilligung nicht eingeholt wurde oder unwirksam ist;
- die verarbeiteten Daten sind unrichtig, so dass ihre Verarbeitung aufgrund der Unrichtigkeit nicht gerechtfertigt werden kann.[17]

ee) Löschpflichten nach nationalem Recht/EU-Recht. Art. 17 Abs. 1 lit. e DS-GVO enthält eine **Öffnungsklausel** zugunsten spezieller Löschpflichten im Recht der Mitgliedstatten oder in speziellem EU-Recht. 23

Eine spezialgesetzliche Löschpflicht im sonstigen EU-Recht findet sich in Art. 6 Abs. 1 S. 2 DVO, wonach ein Dritter (auch personenbezogenen) Daten, die er auf Geheiß eines Nutzers vom Dateninhaber erhalten hat, löschen muss, sobald er sie für den vereinbarten Zweck nicht mehr benötigt. Diese spezielle **Löschpflicht im Data Act** ist strenger als Art. 17 DS-GVO, weil sie keine Ausnahme von der Löschpflicht für den Fall vorsieht, dass die Daten ggf. rechtmäßig noch für andere Zwecke verarbeitet werden könnten. 24

Die anderweitig normierte Löschpflicht muss sich dabei nicht zwingend direkt aus einer Rechtsvorschrift ergeben. Es reicht zB auch aus, wenn das Löscherfordernis im Wege der **Auslegung** durch die Rechtsprechung vorgegeben ist. 25

Nach der Rechtsprechung des BAG hat ein Arbeitnehmer einen aus §§ 242, 1004 Abs. 1 BGB abgeleiteten Anspruch auf **Entfernung** einer zu Unrecht erteilten **Abmahnung** aus der 26

[14] EuGH 13.5.2014 – C-131/12, ECLI:EU:C:2014:317 = NJW 2014, 2257 Rn. 81; vgl. BVerfG 6.11.2019 – 1 BvR 16/13, NJW 2020, 300.
[15] Ehmann/Selmayr/Kamann/Braun DS-GVO Art. 17 Rn. 22; Taeger/Gabel/Meents/Hinzpeter DS-GVO Art. 17 Rn. 55, 56; aA Kühling/Buchner/Herbst DS-GVO Art. 17 Rn. 27.
[16] EuGH 7.12.2023 – C-26/22 und C.64/22, GRUR-RS 2023, 34945 Rn. 108; EDSA-Leitlinien 5/2029 Rn. 35.
[17] Gola/Heckmann/Nolte/Werkmeister DS-GVO Art. 17 Rn. 25.

Personalakte[18]. Für den Fall, dass die Personalakte elektronisch geführt wird, handelt es sich hierbei um einen spezialgesetzlichen Löschanspruch im nationalen Recht iSv Art. 17 Abs. 1 lit. e DS-GVO[19].

27 **ff) Daten über Kinder bei Dienst der Informationsgesellschaft.** Der letzte Löschgrund nach Art. 17 Abs. 1 lit. f DS-GVO gilt für personenbezogene Daten, die für Zwecke des Angebots eines **Dienstes der Informationsgesellschaft** von **Kindern** nach genauerer Maßgabe von Art. 8 Abs. 1 DS-GVO erhoben wurden.

28 Dieser spezielle Löschgrund erklärt sich nach Erwgr. 65 DS-GVO daraus, dass Personen besonders schützenswert sind, wenn sie ihre Einwilligung im **nicht volljährigen Alter** erteilt haben. Ihnen soll ermöglicht werden, ihre Daten löschen zu lassen, insbesondere weil sie Risiken in Bezug auf die Weitergabe personenbezogener Daten im Kindesalter nicht in vollem Umfang absehen können.[20]

29 Die Löschpflicht ist an keine weiteren Voraussetzungen gebunden. Der Löschungsgrund besteht also auch dann, wenn die Datenverarbeitung in jeder Hinsicht rechtmäßig und zulässig war[21]. Sie setzt deshalb aber auch zwangsläufig voraus, dass die betroffene Person, ggf. vertreten durch ihre gesetzlichen Vertreter, die Löschung **beantragt,** was formlos möglich ist.[22] In diesem Sonderfall besteht somit keine antragsunabhängige Löschpflicht.

2. Recht auf Vergessenwerden

30 Art. 17 Abs. 2 DS-GVO normiert als Weiterung der Löschpflicht aus Art. 17 Abs. 1 DS-GVO das sog. **Recht auf Vergessenwerden.**[23] Das Recht auf Vergessenwerden greift, wenn der Verantwortliche die zu löschenden personenbezogenen Daten öffentlich gemacht hat und eine Löschpflicht gem. Art. 17 Abs. 1 lit. a DS-GVO besteht. Ist dies der Fall trifft den Verantwortlichen gem. Art. 17 Abs. 2 DS-GVO die Pflicht, andere Verantwortliche im Rahmen des Zumutbaren darüber zu informieren, dass eine betroffene Person die Löschung von Links zu diesen personenbezogenen Daten oder von Kopien verlangt hat.

31 Für die Zwecke dieses Beitrages bedarf es keiner vertieften Erörterung: Das Recht auf Vergessenwerden stellt dem Grunde nach nur eine weitergehende **Informationspflicht** des Verantwortlichen dar.[24] Hierbei ist auch kein (Lösch-)Erfolg geschuldet. Der Verantwortliche ist gem. Art. 17 Abs. 2 DS-GVO lediglich zur Information verpflichtet und nicht zur Sicherstellung der Löschung durch andere Verantwortliche.[25]

3. Ausnahmen von der Löschpflicht

32 Art. 17 Abs. 3 DS-GVO beinhaltet **Ausnahmen** von der Löschpflicht gem. Art. 17 Abs. 1 und Art. 17 Abs. 2 DS-GVO. Die Löschpflicht gilt nicht, soweit die Verarbeitung erforderlich ist:

a) zur Ausübung des **Rechts auf freie Meinungsäußerung** und Information.
b) zur **Erfüllung einer rechtlichen Verpflichtung,** die die Verarbeitung nach dem Recht der Union oder der Mitgliedstaaten, dem der Verantwortliche unterliegt, erfordert, oder zur Wahrnehmung einer Aufgabe, die im öffentlichen Interesse liegt oder in Ausübung öffentlicher Gewalt erfolgt, die dem Verantwortlichen übertragen wurde.

---

18 BAG 19.7.2012 – 2 AZR 782/11, NJW 2013, 808 (809).
19 Kühling/Buchner/Herbst DS-GVO Art. 17 Rn. 30.
20 Kühling/Buchner/Herbst DS-GVO Art. 17 Rn. 31.
21 Kühling/Buchner/Herbst DS-GVO Art. 17 Rn. 36.
22 Paal/Pauly/Paal, 3. Aufl. 2021, DS-GVO Art. 17 Rn. 28.
23 Ehmann/Selmayr/Kamann/Braun DS-GVO Art. 17 Rn. 43.
24 Laue/Nink/Kremer, Datenschutzrecht in der betrieblichen Praxis, § 7 Rn. 15.
25 Ehmann/Selmayr/Kamann/Braun DS-GVO Art. 17 Rn. 52.

c) aus Gründen des öffentlichen Interesses im Bereich der **öffentlichen Gesundheit** gemäß Artikel 9 Absatz 2 Buchstaben h und i sowie Artikel 9 Absatz 3 DS-GVO.
d) für im öffentlichen Interesse liegende **Archivzwecke, wissenschaftliche oder historische Forschungszwecke** oder für **statistische Zwecke** gemäß Artikel 89 Absatz 1 DS-GVO, soweit das in Absatz 1 genannte Recht voraussichtlich die Verwirklichung der Ziele dieser Verarbeitung unmöglich macht oder ernsthaft beeinträchtigt.
e) zur Geltendmachung, Ausübung oder Verteidigung von **Rechtsansprüchen.**

Liegt einer der genannten **Ausnahmetatbestände** vor ist der Verantwortliche ausnahmsweise nicht zur Löschung verpflichtet. **33**

a) Recht auf freie Meinungsäußerung und Information

Art. 17 Abs. 3 lit. a DS-GVO gestattet eine fortdauernde Aufbewahrung von Daten, wenn dies zur Ausübung des Rechts auf freie Meinungsäußerung und Information erforderlich ist. Im Rahmen dieses Ausnahmetatbestands sind somit das **Datenschutzgrundrecht** gem. Art. 8 Grundrechtecharta (GRCh) und die Grundrechtsverbürgung in Art. 11 GRCh[26] in Einklang zu bringen. Maßgeblich sind dabei die unionsrechtlichen Grundrechtsmaßstäbe.[27] **34**

Im Rahmen von Art. 17 Abs. 3 lit. a DS-GVO sind die **Meinungs- und Informationsfreiheit** auf der einen Seite mit dem Datenschutz auf der anderen Seite abzuwägen.[28] Neben der Meinungsfreiheit des Verantwortlichen kann auch die Meinungs- und Informationsfreiheit etwaiger Dritter den Ausnahmetatbestand begründen.[29] **35**

In Fällen, in denen betroffene Personen von dem Betreiber einer **Internet-Suchmaschine** die Löschung (in der Form der **Auslistung**) einer sie betreffenden Information verlangen, wendet der EuGH Art. 17 Abs. 3 lit. a DS-GVO an und nimmt eine Abwägung mit der Meinungs- und Informationsfreiheit der Internet-Nutzer vor[30]. **36**

b) Erfüllung einer rechtlichen Verpflichtung und Wahrnehmung öffentlicher Aufgaben

Gem. Art. 17 Abs. 3 lit. b DS-GVO besteht eine Ausnahme von der Löschpflicht auch, wenn eine Verarbeitung zur **Erfüllung einer rechtlichen Verpflichtung** erforderlich ist, die die Verarbeitung nach dem Recht der Union oder eines Mitgliedstaates erfordert, oder zur Wahrnehmung einer Aufgabe im öffentlichen Interesse oder in Ausübung öffentlicher Gewalt erfolgt. **37**

aa) Erfüllung einer rechtlichen Verpflichtung. Die erste Alternative nach Art. 17 Abs. 3 lit. b Alt. 1 DS-GVO **(„Erfüllung einer rechtlichen Verpflichtung")** stellt auf das Bestehen von mitgliedsstaatlichen oder unionsrechtlichen Rechtspflichten ab.[31] **38**

Zu den Rechtspflichten nach deutschem Recht zählen die zahlreichen **gesetzlichen Aufbewahrungspflichten,** wie zB § 147 Abgabenordnung (AO) und § 257 Handelsgesetzbuch (HGB)[32]. Die Aufbewahrung solcher Unterlagen geht regelmäßig einher mit einer fortgesetzten Speicherung personenbezogener Daten, zB solcher, die in einer aufzubewahrenden **Rechnungskopie** enthalten sind. **39**

bb) Aufgabe im öffentlichen Interesse. Art. 17 Abs. 3 lit. b Alt. 2 DS-GVO verankert eine Ausnahme für den Fall, dass die zur Löschung anstehenden Daten noch zur Wahr- **40**

---

[26] Freiheit der Meinungsäußerung und Informationsfreiheit.
[27] Taeger/Gabel/Meents/Hinzpeter DS-GVO Art. 17 Rn. 119.
[28] Kühling/Buchner/Herbst DS-GVO Art. 17 Rn. 73.
[29] Kühling/Buchner/Herbst DS-GVO Art. 17 Rn. 71; ebenso OVG Hamburg 7.10.2019 – 5 Bf 279/17, NordÖR 2020, 285 (292).
[30] EuGH 8.12.2022 – C-460/20, NJW 2023, 747 Rn. 54 ff. – TU, RE/Google LLC.
[31] Kühling/Buchner/Herbst DS-GVO Art. 17 Rn. 75.
[32] Hierzu → Kap. 18 Rn. 1 ff.

nehmung einer **im öffentlichen Interesse liegenden Aufgabe** erforderlich sind. Die Ausnahme greift in der Regel bei Datenverarbeitungen, die nach Art. 6 Abs. 1 lit. e DS-GVO rechtmäßig sind.[33]

41 Unter Verweis auf diese Vorschrift kann zB die weitere Vorhaltung von Daten über ausgeschiedene Gesellschafter einer GmbH in einer im **Handelsregister** gespeicherten **Gesellschafterliste** gerechtfertigt sein: Dem Verlangen eines ausgeschiedenen Gesellschafters, seine Anschrift aus einer solchen Gesellschafterliste zu löschen, kann deshalb mit Erfolg entgegen gehalten werden, dass die Gewährleistung der Transparenz- und Beweisfunktion des Handelsregisters eine im öffentlichen Interesse liegende Aufgabe iSv Art. 17 Abs. 3 lit. b DS-GVO darstellt, die eine Ausnahme von der Löschung rechtfertigt[34].

c) Öffentliche Gesundheit

42 Gemäß Art. 17. Abs. 3 lit. c DS-GVO besteht eine weitere Ausnahme von der Löschpflicht, sofern eine Verarbeitung aus Gründen des öffentlichen Interesses im Bereich der **öffentlichen Gesundheit** nach Art. 9 Abs. 2 lit. h und i sowie Art. 9 Abs. 3 DS-GVO erfolgt. Durch die Bezugnahme auf letztgenannte Vorschrift ist klargestellt, dass auch Verarbeitungen zu den Zwecken der **Gesundheitsvorsorge,** der **Arbeitsmedizin,** der **medizinischen Diagnostik** etc die Löschpflicht entfallen lassen können. Zudem ist zu beachten, dass der in Bezug genommene Art. 9 Abs. 3 DS-GVO eine Öffnungsklausel zugunsten der Mitleidstaaten enthält, so dass auch die von den nationalen Gesetzgebern auf dieser Basis ggf. verabschiedeten Vorschriften Ausnahmen von der Löschpflicht begründen können.

43 Ein Fall des Art. 9 Abs. 2 lit. h DS-GVO ist die **ärztliche Dokumentationspflicht,** nach der Ärzte **Patientenakten** für eine bestimmte Zeit aufzubewahren haben[35].

44 Die Ausnahme beschränkt das Recht auf Löschung im Ergebnis auf spezifische Bereiche des **Gesundheitsschutzes** im öffentlichen Interesse.[36]

d) Archivzwecke, Forschungs- und statistische Zwecke

45 Art. 17 Abs. 3 lit. d DS-GVO lässt die Löschpflichten entfallen, wenn die Datenverarbeitung für im öffentlichen Interesse liegende **Archivzwecke, wissenschaftliche oder historische Forschungszwecke** oder für **statistische Zwecke** erforderlich ist, soweit die Löschung dieser Daten die Verwirklichung der genannten Ziele ernsthaft beeinträchtigen oder gar unmöglich machen würde.[37]

46 Die Verarbeitung von personenbezogenen Daten für die **Archivzwecke,** wissenschaftliche oder historische Forschungszwecke oder für statistische Zwecke wird in Art. 89 DS-GVO geregelt. Zu beachten ist, dass das Vorliegen eines öffentlichen Interesses nur bei den Archivzwecke verlangt ist.[38] Diese Voraussetzung gilt für die anderen genannten Zwecke nicht.[39]

47 Diese Ausnahmeregelung steht im Zusammenhang mit der Öffnungsklausel in Art. 9 Abs. 2 lit. j DS-GVO, wonach nationale Rechtsgrundlagen für die Verarbeitung solcher Daten für im öffentlichen Interesse liegenden Archivzwecke, für wissenschaftliche oder historische Forschungszwecke oder für statistische Zwecke gemäß Artikel 89 Absatz 1 DS-

---

33 Ehmann/Selmayr/Kamann/Braun DS-GVO Art. 17 Rn. 63.
34 OLG München 25.4.2024 – 34 Wx 90/24e, BeckRS 2024, 9252 Rn. 11.
35 Simitis/Hornung/Spiecker gen. Döhmann/Dix DS-GVO Art. 17 Rn. 43.
36 Ehmann/Selmayr/Kamann/Braun DS-GVO Art. 17 Rn. 65.
37 Gola/Heckmann/Nolte/Werkmeister DS-GVO Art. 17 Rn. 47.
38 Simitis/Hornung/Spiecker gen. Döhmann/Dix DS-GVO Art. 17 Rn. 44.
39 Simitis/Hornung/Spiecker gen. Döhmann/Dix DS-GVO Art. 17 Rn. 44.

GVO von den Mitgliedsstaaten erlassen werden dürfen. Der deutsche Gesetzgeber hat davon in §§ 27, 28 Abs. 1 BDSG Gebrauch gemacht.

- Unter die im öffentlichen Interesse liegenden **Archivzwecke** fasst Erwgr. 158 DS-GVO *„Aufzeichnungen von bleibendem Wert für das allgemeine öffentliche Interesse"*.
- Wie sich bereits aus § 27 Abs. 4 BDSG unmittelbar ergibt, ordnet der Gesetzgeber *„Darstellungen von Forschungsergebnissen über Ereignisse der Zeitgeschichte"* dem Bereich der **historischen Forschung** zu.
- Gemäß Erwgr. 162 DS-GVO ist unter dem Begriff **statistische Zwecke** *„jeder für die Durchführung statistischer Untersuchungen und die Erstellung statistischer Ergebnisse erforderliche Vorgang der Erhebung und Verarbeitung personenbezogener Daten"* zu verstehen.

Diese Ausnahmen könnten zB auch für Daten in **Unternehmensarchiven** Geltung beanspru- **48** chen. So könnten etwa im Rahmen von Sponsorings Fotos und Korrespondenz mit bedeutenden Sportlern der Zeitgeschichte angefertigt worden sein, die ggf. sogar in ein Archiv des Unternehmens aufgenommen worden sind.

Die erhöhten Voraussetzungen für einen **Ausnahmetatbestand** (ernsthafte Beeinträch- **49** tigung oder Unmöglichkeit der Verarbeitung) werden durch die Garantie technischer und organisatorischer Maßnahmen aus Art. 89 Abs. 1 DS-GVO noch zusätzlich ergänzt. Damit sollen Betroffenenrechte und -freiheiten gesichert werden.[40]

e) Geltendmachung, Ausübung oder Verteidigung von Rechtsansprüchen

Eine Löschung von Daten muss letztlich gem. Art. 17 Abs. 3 lit. e DS-GVO auch dann nicht **50** erfolgen, wenn die fortgesetzte Verarbeitung der Daten zur **Geltendmachung, Ausübung oder Verteidigung von Rechtsansprüchen** erforderlich ist.[41]

Durch diese Regelung soll verhindert werden, dass die betroffene Person die Löschung **51** ihrer Daten betreibt, um dem Verantwortlichen die **Rechtsverfolgung** zu erschweren oder unmöglich zu machen.[42] Die Ausnahme greift deshalb insbesondere während laufender Verfahren aber auch schon, wenn Streitverfahren absehbar sind, um den Verantwortlichen davor zu schützen, seine Rechte und Ansprüche mangels verfügbarer Daten nicht mehr nachvollziehen, beziffern oder belegen zu können.[43]

Wann vom Vorliegen dieser Voraussetzung auszugehen ist, ist umstritten. Es besteht **52** Streit darüber, wie hoch die Anforderungen an die Wahrscheinlichkeit sein müssen, mit der entsprechende Ansprüche geltend gemacht werden. Teilweise wird eine konkrete Wahrscheinlichkeit gefordert, dass Rechtsansprüche geltend gemacht werden, woraus der Schluss gezogen wird, dass es unzulässig sei, die Daten in jedem Fall bis zum Ende der **Verjährungsfrist** etwaiger Ansprüche aufzubewahren.[44] Ob der Verantwortliche die betreffenden Daten bei einem absehbaren Verfahren (welches nicht näher konkretisiert ist) vorhalten darf, sei dann durch eine Interessenabwägung nach Art. 6 Abs. 1 lit. f DS-GVO zu bestimmen.[45]

Diese Ansicht ist abzulehnen, weil sie zu einer nicht begründbaren **Verkürzung des** **53** **Rechtsschutzes** des Verantwortlichen führt. Denn häufig werden Ansprüche tatsächlich erst sehr spät und ausdrücklich mit dem Ziel, eine alsbald eintretende Verjährung zu hemmen, geltend gemacht, ohne dass dies lange vorher absehbar war. Auch wenn eine vollkommen abstrakte Wahrscheinlichkeit einer Rechtsverfolgung auch nicht ausreichend

---

[40] Sydow/Marsch DS-GVO/BDSG/Peuker, DS GVO Art. 17 Rn. 67.
[41] Taeger/Gabel/Meents/Hinzpeter DS-GVO Art. 17 Rn. 130.
[42] BeckOK DatenschutzR/Worms, 50. Ed. 1.11.2024, DS-GVO Art. 17 Rn. 87.
[43] BeckOK DatenschutzR/Worms, 50. Ed. 1.11.2024, DS-GVO Art. 17 Rn. 87.
[44] Simitis/Hornung/Spiecker gen. Döhmann/Dix DS-GVO Art. 17 Rn. 49.
[45] BeckOK DatenschutzR/Worms, 50. Ed. 1.11.2024, DS-GVO Art. 17 Rn. 87.

ist[46], dürfen die Anforderungen an die Wahrscheinlichkeit deshalb nicht zu hoch angesetzt werden.

54 Als zulässig ist es anzusehen, Daten, die für die Durchführung von **Vertragsverhältnisses** verarbeitet werden, für Zwecke einer etwaigen Geltendmachung von oder Verteidigung gegen Ansprüche undifferenziert jedenfalls bis zum **Eintritt der Verjährung** aufzubewahren.[47] Für diese Auslegung spricht auch die Position der DSK in ihrem Beschluss zu Datenübermittlungen im Rahmen von sog. **Asset Deals.** Darin bringen die Aufsichtsbehörden für die Konstellation einer Vertragsbeziehung zum Ausdruck, dass sie eine noch laufende vertragliche Beziehung zwischen Verantwortlichem und betroffener Person annehmen, bis die gesetzlichen Verjährungsfristen abgelaufen sind[48]. Es besteht mithin bis zum Eintritt der Verjährung eine Rechtfertigung zur Verarbeitung der Daten zwecks Durchführung des Vertragsverhältnisses, weshalb es einer früheren Löschung regelmäßig nicht bedarf.

55 Eine rein **theoretische Gefahr** ist jedenfalls aber nicht ausreichend, um eine Ausnahme von der Löschpflicht zu rechtfertigen[49].

II. Anforderungen an die Löschung

56 Liegt ein Löschgrund des Art. 17 Abs. 1 DS-GVO vor und greift auch keine Ausnahme nach Abs. 3, muss der Verantwortliche die personenbezogenen Daten löschen.

1. Frist für Löschung

57 Sollte ein Löschantrag der betroffenen Person vorliegen oder auch ohne Antrag ein Löschgrund gegeben sein, muss der Verantwortliche die Daten **unverzüglich** löschen.[50] Unverzüglich bedeutet dabei ohne schuldhaftes Zögern.[51] Dem Verantwortlichen ist es gestattet, mit zumutbarem Aufwand die Voraussetzungen des Anspruchs zu überprüfen, sodass die dafür benötigte Zeit noch kein schuldhaftes Zögern begründet.[52]

58 Für den Fall, dass eine betroffene Person einen Antrag auf Löschung gestellt hat, muss nach Art. 12 Abs. 3 S. 1 DS-GVO prinzipiell eine Bearbeitung innerhalb von einem Monat ab **Antragseingang** erfolgen.

2. Art und Weise der Löschung

59 Der Begriff „Löschen" wird in der DS-GVO nicht näher definiert. Das Löschen wird im Rahmen der Legaldefinition der Verarbeitung in Art. 4 Abs. 2 Nr. 2 DS-GVO im Zusammenhang mit der Vernichtung erwähnt („[…] das Löschen oder die Vernichtung;"). Aus diesem Nebeneinander der Begriffe wird deutlich, dass Löschen nicht mit **Vernichtung** gleichzusetzen ist. Vernichtung meint wohl eher die (physische) Zerstörung der Daten – also des Datenträgers, auf dem sie sich befinden[53]. In Abgrenzung zur Einschränkung der Verarbeitung iSv Art. 18 DS-GVO, was ein Weniger als „Löschen" darstellt, erfordert eine Löschung demgegenüber mehr als das reine Kennzeichen der Daten als „gelöscht".[54]

---

[46] OLG Karlsruhe 15.1.2025 – 14 U 150/23, GRUR-RS 2025, 354 Rn. 62.

[47] vgl. dazu Paal/Pauly, DS-GVO BDSG, 3. Auflage 2021, DSVO Art. 17 Rn. 46.

[48] DSK, Beschluss vom 11.9.2024, S. 3; abrufbar unter https://www.datenschutzkonferenz-online.de/media/dskb/2024-09-11_Beschluss%20DSK_%20Asset_Deals.pdf.

[49] OLG Karlsruhe 15.1.2025 – 14 U 150/23, GRUR-RS 2025, 354 Rn. 65.

[50] Taeger/Gabel/Meents/Hinzpeter DS-GVO Art. 17 Rn. 79.

[51] Ehmann/Selmayr/Kamann/Braun DS-GVO Art. 17 Rn. 42.

[52] Kühling/Buchner/Herbst DS-GVO Art. 17 Rn. 45.

[53] Taeger/Gabel/Meents/Hinzpeter DS-GVO Art. 17 Rn. 72.

[54] Taeger/Gabel/Meents/Hinzpeter DS-GVO Art. 17 Rn. 72.

a) Unkenntlichmachung von Daten

Die Löschung lässt sich positiv als eine **Unkenntlichmachung** von Daten definieren.[55] Entscheidend ist dabei, dass die Löschung prinzipiell nicht mehr Rückgängig gemacht werden kann, sie also irreversibel ist.[56] Ausreichend dafür ist es, wenn die Daten in ihrer ursprünglichen Form (vor der Löschung) nicht mehr nutzbar sind.[57] Demnach darf es niemandem ohne unverhältnismäßigen Aufwand mehr möglich sein, die gelöschten Daten zu erkennen oder wiederherzustellen.[58] **60**

Die **Unkenntlichmachung personenbezogener Daten** kann auf unterschiedliche Art und Weise erreicht werden. Der Verantwortliche kann die Art und Weise der Löschung selbst bestimmen, solange sie zum Löscherfolg führt.[59] Als denkbare **Löschhandlungen** kommen folgende in Betracht: **61**

1. **Physische Löschung:**
   Die **physische Entfernung** ist eine übliche Maßnahme, Daten wirksam zu löschen. Darunter fallen ua das Entfernen oder das **Überschreiben der Informationen auf einem Datenträger** (zB auf einer Festplatte oder einem USB-Stick).[60] **62**

> Bei Festpatten reicht ein Löschbefehl häufig nicht aus. In solchen Fällen empfiehlt sich der Einsatz von spezieller **Löschsoftware.**[61] **63**

2. **Mechanische Maßnahmen:**
   Des Weiteren sind **mechanische Maßnahmen** möglich. Dies ist häufig die Zerstörung des Datenträgers (vgl. „Vernichten") oder auch das Zertrümmern, Zerkratzen oder das chemische Zerstören von Datenträgern.[62] **64**
3. **Vernichtung von Entschlüsselungseinrichtungen**
   Eine weitere Möglichkeit, den Personenbezug von Daten aufzuheben ist im Falle von verschlüsselt gespeicherter Daten die **Vernichtung von Entschlüsselungseinrichtungen,** wodurch der Zugang auf die Daten unmöglich gemacht wird.[63] Hierdurch werden die Daten zwar nicht selbst gelöscht, sofern die Kenntnisnahme der Daten aber ausschließlich mittels des Entschlüsselungscodes möglich ist, wird auch hierdurch der Personenbezug aufgehoben. **65**

b) Anonymisierung

Eine Alternative zur Löschung personenbezogener Daten ist die **Anonymisierung.** Anonyme Daten weisen keinen Personenbezug mehr auf.[64] Entscheidend für das Vorliegen von Anonymität ist die fehlende Möglichkeit, die natürliche Person zu identifizieren, auf die sich die Daten beziehen.[65] Die Anonymisierung ist nicht separat in der DS-GVO legaldefiniert, wird allerdings in einer Vorschrift der DS-GVO umschrieben[66] und in Erwgr. 26 S. 5[67] und 6 DS-GVO wie folgt spezifiziert: **66**

[55] Ehmann/Selmayr/Kamann/Braun DS-GVO Art. 17 Rn. 35.
[56] Ehmann/Selmayr/Kamann/Braun DS-GVO Art. 17 Rn. 35.
[57] Ehmann/Selmayr/Kamann/Braun DS-GVO Art. 17 Rn. 35.
[58] Kühling/Buchner/Herbst DS-GVO Art. 17 Rn. 37.
[59] Ehmann/Selmayr/Kamann/Braun DS-GVO Art. 17 Rn. 40.
[60] Ehmann/Selmayr/Kamann/Braun DS-GVO Art. 17 Rn. 40.
[61] Kühling/Buchner/Herbst DS-GVO Art. 17 Rn. 38.
[62] Ehmann/Selmayr/Kamann/Braun DS-GVO Art. 17 Rn. 40.
[63] Ehmann/Selmayr/Kamann/Braun DS-GVO Art. 17 Rn. 40.
[64] Kühling/Buchner/Klar/Kühling DS-GVO Art. 4 Nr. 1 Rn. 31.
[65] Gola/Heckmann/Gola DS-GVO Art. 4 Rn. 51.
[66] vgl. Art. 89 Abs. 1 S. 4 DS-GVO.
[67] Roßnagel ZD 2021, 188 (190).

67 *„Die Grundsätze des Datenschutzes sollten daher nicht für* ***anonyme Informationen*** *gelten, d. h. für Informationen, die sich nicht auf eine identifizierte oder identifizierbare natürliche Person beziehen, oder personenbezogene Daten, die in einer Weise anonymisiert worden sind, dass die betroffene Person nicht oder nicht mehr identifiziert werden kann."*

68 Der Begriff der **„personenbezogenen Daten"** stellt die Kehrseite zum Begriff der anonymen Daten dar und das Nicht-Vorliegen eines Personenbezugs von Daten ist somit maßgeblich, um zu beurteilen, wann Daten anonym bzw. anonymisiert im Sinne der DS-GVO sind[68]. Erwgr. 26, S. 2 und 3 DS-GVO beschreiben, wann eine solche Anonymität erreicht ist:

69 *„Um festzustellen, ob eine natürliche Person identifizierbar ist, sollten alle* ***Mittel*** *berücksichtigt werden,* ***die*** *von dem Verantwortlichen oder einer anderen Person* ***nach allgemeinem Ermessen wahrscheinlich genutzt werden,*** *um die natürliche Person direkt oder indirekt zu identifizieren, wie beispielsweise das Aussondern. Bei der Feststellung, ob Mittel nach allgemeinem Ermessen wahrscheinlich zur Identifizierung der natürlichen Person genutzt werden, sollten* ***alle objektiven Faktoren,*** *wie die Kosten der Identifizierung und der dafür erforderliche Zeitaufwand, herangezogen werden, wobei die zum Zeitpunkt der Verarbeitung verfügbare Technologie und technologische Entwicklungen zu berücksichtigen sind."*

70 **Anonymisieren** bedeutet somit das Verändern personenbezogener Daten derart, dass die Einzelangaben über persönliche oder sachliche Verhältnisse nicht mehr oder nur mit einem unverhältnismäßigen Aufwand an Zeit, Kosten und Arbeitskraft einer bestimmten oder bestimmbaren natürlichen Person zugeordnet werden können.[69] Nach Maßgabe von Erwgr. 26 DS-GVO sind hierbei alle Mittel zu berücksichtigen, die von dem Verantwortlichen oder einer anderen Person nach allgemeinem Ermessen wahrscheinlich genutzt werden, wobei insbesondere die Kosten der Identifizierung und der dafür erforderliche Zeitaufwand zu berücksichtigen sind.[70]

71 **aa) De-Facto Anonymisierung.** Aufgrund der Abstraktheit der Definition in Art. 4 Nr. 1 DS-GVO im Hinblick auf die **Identifizierbarkeit** natürlicher Personen, gibt es auch zur Bestimmung der Personenbezogenheit eines Datums unterschiedliche Ansätze – sowohl in der Wissenschaft als auch in der aufsichtsbehördlichen Praxis sind Einzelheiten hierzu umstritten. Aus der Breyer-Entscheidung des EuGH[71] ergibt sich jedoch, dass die Frage des **Personenbezugs relativ** und nicht absolut zu beurteilen ist und eine **faktische Anonymisierung** personenbezogener Daten ausreicht. Das heißt einerseits, dass es bei der Beurteilung der Personenbezogenheit eines Datums auf die Perspektive einer konkreten datenverarbeitenden Stelle ankommt und beurteilt werden muss, ob es gerade für diese Stelle (und nicht für jedermann) unmöglich ist, einen Personenbezug herzustellen. Andererseits genügt für die Unmöglichkeit der (Re-)Identifizierbarkeit einer Person, der ein Datum ursprünglich zugeordnet war, dass eine (Re-)Identifizierung vernünftigerweise ausgeschlossen ist und theoretisch denkbare, aber bei realitätsnaher Betrachtung nicht erwartbare Szenarien und Mittel im Rahmen der Bewertung der Identifizierungsmöglichkeiten außer Acht gelassen werden können.

72 Der EuGH stellt entsprechend der **relativen Theorie** auf eine bestimmte datenverarbeitende Stelle ab und schränkt die relative Theorie gleichzeitig aber ein, als dass zu den Mitteln dieser Stelle zur Identifizierung auch Zusatzinformationen Dritter gehören können, soweit deren Inanspruchnahme vernünftigerweise erwartet werden kann[72]. Bestätigt wird der relative Ansatz des EuGH in jüngeren Urteilen des EuG und des LG

---

[68] Vgl. Taeger/Gabel/Arning/Rothkegel DS-GVO Art. 4 Rn. 47.
[69] Roßnagel ZD 2021, 188 (190).
[70] Kühling/Buchner/Klar/Kühling DS-GVO Art. 4 Nr. 1 Rn. 32.
[71] EuGH 19.10.2016 – C-582/14, BeckRS 2016, 82520.
[72] EuGH 19.10.2016 – C-582/14, BeckRS 2016, 82520 Rn. 45.

Hannover, in welchen die Gerichte es für möglich halten, dass die von einer übermittelnden Stelle pseudonymisierten Daten für einen Empfänger der Daten ohne Möglichkeit zur Auflösung der Pseudonymisierung als anonym gelten können[73]. Danach ist es also möglich, dass ein und derselbe Datensatz für die eine Stelle pseudonym und damit personenbezogen sein kann, während er für eine andere Stelle gleichzeitig anonym sein kann.

Bei der Beurteilung, ob Daten für einen Verantwortlichen personenbezogen sind, muss daher geprüft werden, ob der Verantwortliche über eigene Mittel verfügt oder Mittel Dritter vorhanden sind, die eine **(Re-)Identifizierung** erlauben und deren Einsatz vernünftigerweise erwartet werden kann. Das Wort vernünftigerweise bedeutet dabei, dass nur Mittel in Betracht kommen, deren Einsatz auch realistisch ist – ein absoluter Ausschluss der Einsatzmöglichkeit ist nicht gefordert.[74] **73**

In welchen Fällen eine (Re-)Identifizierung nicht vernünftigerweise erwartet werden kann, spezifiziert der EuGH weiter in der Rechtssache Breyer: Der Einsatz eines Mittels kann weder vernünftigerweise erwartet werden, wenn der Einsatz **gesetzlich verboten** ist, noch wenn der Einsatz **unpraktikabel** ist, zB weil es einen unverhältnismäßigen Aufwand an Zeit, Kosten und Arbeitskräften erfordern würde, sodass das Risiko einer Identifizierung de facto vernachlässigbar ist[75]. **74**

Weitere Faktoren, die dazu beitragen, dass eine (Re-)Identifizierung vernünftigerweise nicht erwartet werden kann, sind **organisatorische, technische und vertragliche Maßnahmen,** die ergriffen wurden, um den Einsatz von Mitteln zur Identifizierung auszuschließen.[76] Beispielsweise können vertragliche Verbote der Re-Identifizierung gekoppelt mit **Vertragsstrafen** praktisch von der Nutzung theoretisch möglicher Mittel zur Re-Identifizierung abhalten (insofern besteht eine Parallele zum vom EuGH explizit genannten gesetzlichen Verbot, das auch nur einen rechtlichen Zwang begründet, jedoch kein faktisches Hindernis darstellt). **75**

Technisch-organisatorisch ist insbesondere eine **Separierung von Zugriffsrechten** zwischen verschiedenen Entitäten denkbar, die verhindert, dass die eine auf identifizierende Zusatzinformationen der anderen zugreifen kann. Einfluss auf die Wahrscheinlichkeit einer (Re-)Identifizierung durch den Verantwortlichen hat auch die Frage danach, ob eine Identifizierung für ihn von Vorteil wäre, was insbesondere im Hinblick auf den konkreten Verarbeitungszweck hin zu beurteilen ist[77]. **76**

Zu berücksichtigen ist andererseits jedoch auch der **technische Fortschritt** und inwiefern neue Verarbeitungsmöglichkeiten eine Identifizierung von bis dahin nicht-personenbezogenen Daten für einen Verantwortlichen ermöglichen.[78] Daher ist die Überprüfung der Anonymisierung auf ihre Effektivität und ob sie noch ausreichend unter den Anforderungen der DS-GVO ist, eine fortwährende Aufgabe des jeweiligen Verantwortlichen.[79] **77**

bb) Anonymisierungstechniken. Erwgr. 26 DS-GVO statuiert ebenfalls, dass das eingesetzte Verfahren zumindest dem **aktuellen Stand der Technik** entsprechen muss.[80] **78**

---

[73] EuG 26.4.2023 – T-557/20, BeckRS 2023, 8240 Rn. 104 f.; LG Hannover 26.2.2025 – 128 OWiLG 1/24, BeckRS 2025, 3463.

[74] Taeger/Gabel/Arning/Rothkegel DS-GVO Art. 4 Rn. 31.

[75] EuGH 19.10.2016 – C-582/14, BeckRS 2016, 82520 Rn. 46.

[76] Taeger/Gabel/Arning/Rothkegel DS-GVO Art. 4 Rn. 31.

[77] Taeger/Gabel/Arning/Rothkegel DS-GVO Art. 4 Rn. 31; Sydow/Marsch DS-GVO/BDSG/Ziebarth, DS-GVO Art. 4 Rn. 23; uneinheitlich insofern Art. 29 Datenschutzgruppe, Stellungnahme 5/2014 zu Anonymisierungstechniken, S. 11 und S. 30.

[78] BeckOK IT-Recht/Borges, 7. Ed. 1.7.2021, DS-GVO Art. 4 Rn. 21.

[79] Art. 29 Datenschutzgruppe, Stellungnahme 5/2014 zu Anonymisierungstechniken, S. 4.

[80] Gola/Heckmann/Gola DS-GVO Art. 4 Rn. 51.

79 Mögliche Maßnahmen zur Erreichung einer **De-facto-Anonymisierung** sind: Löschen von identifizierenden Merkmalen, Aggregation von Daten, Bildung von Gruppen, Nutzen von Zufallsfehlern.[81]

80 Die Anonymisierung stellt grundsätzlich eine geeignete Maßnahme dar, um dem Löschanspruch nachzukommen.[82] Dabei muss das Ergebnis der Anonymisierung mit dem Ergebnis des tatsächlichen Löschens gleichgesetzt werden können.[83] Folglich ist die einzelne **Anonymisierungstechnik** zu analysieren, um festzustellen, ob ein vergleichbar geringes Re-**Identifikationsrisiko** besteht. Wird bei der Anonymisierung der Personenbezug aufgehoben und kann die Identifizierung der natürlichen Person nicht ohne unverhältnismäßig hohen Aufwand wiederhergestellt werden, stellt die Anonymisierung eine taugliche Alternative zur Löschung dar. Um zu einem aussagekräftigen Urteil darüber zu gelangen, ob diese Maßnahmen eine Identifizierung vernünftigerweise ausschließen, ist eine wertende Gesamtschau vorzunehmen.

81 Die Löschpflicht erstreckt sich prinzipiell (soweit keine Ausnahmen greifen) auf sämtliche **Kopien und Replikationen.**

3. Vernichtung von Datenträgern

82 Soll eine **Datenlöschung mittels Vernichtung von Datenträgern** erfolgen, ist die DIN 66399 (Büro und Datentechnik – Vernichtung von Datenträgern) zu beachten. Diese Norm besteht aus drei Teilen:

- DIN 66399-1 befasst sich mit Grundlagen und Begriffen,
- DIN 66399-2 enthält Anforderungen an Maschinen zur Vernichtung von Datenträgern und
- DIN SPEC 66399-3 stellt den Prozess der Datenträgervernichtung dar.[84]

83 In Teil 1 werden die zentralen Begriffe der **Datenträgervernichtung** festgelegt. Innerhalb dessen wird die Vernichtung von Datenträgern definiert als „Vorgang, bei dem Form oder Zustand von Datenträgern in der Regel durch Zerkleinern, Auflösen, Schmelzen, Erhitzen oder Verbrennen verändert werden, wodurch die Wiederherstellung von Informationen erschwert oder unmöglich wird."[85] Damit geht die körperliche Zerstörung der Datenträger einher.[86]

84 Es werden in DIN 66399-1 drei **Schutzklassen** und sieben **Sicherheitsstufen** definiert, für die jeweils unterschiedliche Anforderungen an eine Löschung/Vernichtung bestimmt werden. Die drei Schutzklassen sind die Folgenden:

- **Schutzklasse 1:**

85 Schutzklasse 1 beschreibt den normalen Schutzbedarf für **interne** Daten.[87]

86 Dies sind solche internen Daten, die bei einer potenziellen Weitergabe eine Rechtsverletzung von **geringem Ausmaß** bewirken würden. Diese stellt keine Gefahr für Leib oder Leben dar und hat ebenso keine Auswirkungen auf die wirtschaftliche Lage oder das gesellschaftliche Ansehen der Person.[88]

---

[81] Kühling/Buchner/Klar/Kühling DS-GVO Art. 4 Nr. 1 Rn. 32.
[82] Moosmayer/Lösler Corporate Compliance/Zech/Räther, Kap. 3 Rn. 79.
[83] Gierschmann ZD 2021, 482 (485).
[84] Leeb/Lorenz ZD 2018, 573 (576).
[85] Koreng/Lachenmann DatenschutzR-FormHdB/Wehrmann, 3. Aufl. 2021, Form. D. IV. 2. Anm. 6.
[86] Forgó/Helfrich/Schneider Betr. Datenschutz-HdB/Scheja/Quae/Conrad/Hausen Teil IV Kap. 1 Rn. 8 ff.
[87] Leeb/Lorenz ZD 2018, 573 (576).
[88] Koreng/Lachenmann DatenschutzR-FormHdB/Wehrmann, 3. Aufl. 2021, Form. D. IV. 2. Anm. 6.

Telefonlisten, allgemeine **Kundenlisten** oder **Adressdatenbanken** 87

- **Schutzklasse 2:**
  Schutzklasse 2 bringt einen **höheren Schutzbedarf** mit sich und umfasst vertrauliche Daten.[89] 88
  Die Weitergabe vertraulicher Daten kann eine **erhebliche Rechtsverletzung** darstellen. 89 Diese hätte Einfluss auf das gesellschaftliche Ansehen oder die wirtschaftliche Lage. Zudem kann auch eine Gefahr für Leib oder Leben bestehen.[90]

Ermittlungs-, Prozess-, **Personalakten,** Daten zu Online-Einkäufen, Finanzdaten 90

- **Schutzklasse 3:**
  Schutzklasse 3 hat den **höchsten Schutzbedarf** und umfasst besonders vertrauliche und 91 geheime Daten.[91]
  Die Schadensauswirkungen können die **wirtschaftliche Existenz** bedrohen oder sich auf 92 **Leib oder Leben** auswirken.[92]

Gesundheitsdaten, Forschungsdokumente, **Strafakten, Kreditauskünfte,** Bank, und Ver- 93 mögensdaten, Steuerdaten, besondere Kategorien personenbezogener Daten iSv Art. 9 DS-GVO

Die sieben **Sicherheitsstufen** geben den Aufwand an, der für eine Wiederherstellung der 94 Daten notwendig ist.[93] (1 = Allgemeine Daten; 2 = Interne Daten; 3 = Sensible Daten; 4 = Besonders sensible Daten; 5 = Geheim zu haltende Daten; 6 = Geheime Hochsicherheitsdaten; 7 = Top Secret Hochsicherheitsdaten).[94]

Anhand dieser **Schutzklassen** und Sicherheitsstufen wird festgelegt, welche Maßnahmen 95 geboten sind, um die jeweiligen Daten zu löschen (bzw. die sie enthaltenden Datenträger zu vernichten).

Datenträger mit personenbezogenen Daten müssen mindestens auf **Sicherheitsstufe 3** 96 vernichtet werden. Datenträger mit besonderer Kategorie personenbezogener Daten iSv Art. 9 DS-GVO müssen mindestens auf **Sicherheitsstufe 4** vernichtet werden.

4. Umsetzung der Löschung bei Auftragsverarbeitern

Weil dem datenschutzrechtlich Verantwortlichen sämtliche auf seine Weisung erfolgenden 97 Verarbeitungen eines Auftragsverarbeiters iSv Art. 28 DS-GVO voll zuzurechnen sind, hat der Verantwortliche dafür einzustehen, dass Löschpflichten auch bei seinen **Auftragsverarbeitern** umgesetzt werden. Regelmäßig wird er hierzu Vorgaben im Auftragsverarbeitungsvertrag machen.

In Abhängigkeit von den konkreten vertraglichen Vereinbarungen mit dem Auftrags- 98 verarbeiter kann für den Verantwortlichen jedenfalls bei Beendigung der Auftragsverarbeitung eine Pflicht bestehen, die **Löschung der Daten beim Auftragsverarbeiter** zu kontrollieren[95]. Hiernach kann es – ja nach den vertraglichen Festlegungen – zB geboten sein, von dem Auftragsverarbeiter eine ausdrückliche, schriftliche Bestätigung einer tatsächlich erfolgten Löschung zu verlangen. Wird eine solche **Löschbestätigung**

[89] Leeb/Lorenz ZD 2018, 573 (576).
[90] Koreng/Lachenmann DatenschutzR-FormHdB/Wehrmann, 3. Aufl. 2021, Form. D. IV. 2. Anm. 6.
[91] Leeb/Lorenz ZD 2018, 573 (576).
[92] Koreng/Lachenmann DatenschutzR-FormHdB/Wehrmann, 3. Aufl. 2021, Form. D. IV. 2. Anm. 6.
[93] Leeb/Lorenz ZD 2018, 573 (576).
[94] Leeb/Lorenz ZD 2018, 573 (576).
[95] OLG Dresden 5.11.2024 – 4 U 729/24, GRUR-RS 2024, 37190.

pflichtwidrig nicht vorgelegt, kann der Verantwortliche sogar zu einer diesbezüglichen **Vor-Ort-Kontrolle** verpflichtet sein.

III. Umsetzung durch Löschkonzept

99 Um seiner Löschpflicht aus Art. 17 Abs. 1 DS-GVO nachzukommen, hat der Verantwortliche alle geeigneten und erforderlichen **technischen und organisatorischen Maßnahmen** zu ergreifen.[96] Dies ist gem. Art. 24 Abs. 1 und Art. 25 Abs. 2 DS-GVO zu gewährleisten.[97] Aus Art. 5 Abs. 2 DS-GVO ergibt sich diesbezüglich auch eine Rechenschaftspflicht des Verantwortlichen, kraft der er die Löschung auch nachweisen können muss.[98] Folglich muss dieser seine angewendeten Maßnahmen dokumentieren.[99]

100 In der Praxis erfolgt dies durch Erarbeitung und Umsetzung eines **Löschkonzepts.** In diesem Löschkonzept sollten die jeweils der Löschung unterliegenden Datenbestände, die Löschfristen und deren Berechnungsmethoden, sowie die Löschprozesse selbst und die dafür bestehenden Verantwortlichkeiten im Unternehmen (für das Löschkonzept und die Löschung selbst) beschrieben sein.[100] Typischerweise gliedert sich ein Löschkonzept auf in eine **Löschrichtlinie,** in der ausdifferenzierte Regelungen zur Datenlöschung enthalten sind, und eine **Löschmatrix,** in der zumeist in Tabellenform die konkreten inhaltlichen Löschvorgaben – einschließlich der geltenden Aufbewahrungs- bzw. Löschfristen – enthalten sind.

101 Für die Erstellung des Löschkonzepts bietet die **DIN 66398** eine gute Orientierung. Hierbei handelt es sich um eine **Leitlinie zur Entwicklung eines Löschkonzepts** mit Ableitung von Löschfristen für personenbezogene Daten.[101] Diese Leitlinie kann ein Unternehmen heranziehen um die Herangehensweise an die Erstellung des Löschkonzepts festzulegen, wobei eigene Anpassungen und Ergänzungen notwendig sind.[102]

1. Gegenstand des Löschkonzepts

102 Zunächst sollte festgelegt werden, was der **Gegenstand des Löschkonzepts** ist.[103] Hierzu gehört maßgeblich, es den Anwendungsbereich festzulegen, also vor allem auf welche Daten bzw. Datenverarbeitungsverfahren sich das Konzept beziehen soll. In der Praxis kann zB eine Differenzierung deshalb geboten sein, weil bestimmte **Softwaresysteme** oder **Datenbanken** eigene **Löschroutinen** mit sich bringen, denen sinnvollerweise gefolgt wird.

2. Rechtliche Rahmenbedingungen

103 Es bietet sich auch an, die rechtlichen Rahmenbedingungen anzugeben und zu erläutern, an denen sich das Löschkonzept ausrichtet. Hier geht es vornehmlich einerseits um die etwaigen gesetzlichen **Aufbewahrungspflichten,** andererseits um die **Löschpflichten** und die geltenden Ausnahmen – wie oben dargestellt.

---

96 Laue/Nink/Kremer, Datenschutzrecht in der betrieblichen Praxis, § 7 Rn. 26.
97 Laue/Nink/Kremer, Datenschutzrecht in der betrieblichen Praxis, § 7 Rn. 26.
98 Taeger/Gabel/Voigt DS-GVO Art. 5 Rn. 41.
99 Taeger/Gabel/Voigt DS-GVO Art. 5 Rn. 41.
100 Koreng/Lachenmann DatenschutzR-FormHdB/Wehrmann, 3. Aufl. 2021, Form. D. IV. 2. Anm. 1 ff.
101 Dazu Hammer DuD 2016, 528.
102 Jandt/Steidle Datenschutz-HdB/Volker Hammer, VI. Rn. 212.
103 Koreng/Lachenmann DatenschutzR-FormHdB/Wehrmann, 3. Aufl. 2021, Form. D. IV. 2. Anm. 1.

3. Zuständigkeiten

Im Löschkonzept ist es wichtig festzulegen, wer für die Datenlöschung, die Dokumentation der Löschung und die Kontrolle der Löschung in welchen Fällen zuständig ist.[104] Hierbei kann danach differenziert werden, ob es sich um standardmäßige Routinelöschungen handelt, oder ob es um ein individuelles Löschverlangen geht. Letzteres wird häufig von der **Datenschutzabteilung** geprüft werden. **104**

4. Löschverfahren

Von hervorgehobener Bedeutung ist die Festlegung, wie konkret die Löschung erfolgen soll. Hier können sich je nach betroffenen Systemen und Datenarten ganz unterschiedliche Verfahren anbieten. Löschungen in **strukturierten Datenbanken** können häufig recht einfach automatisiert werden. Es müssen nur Löschregeln und Löschzeitpunkte definiert werden, so dass der **Löschprozess** selbst häufig weitgehend automatisiert werden kann. **105**

Bei **Microsoft 365** kann eine automatische Löschung elektronischer Daten mithilfe der Funktion **Data Lifecycle Management** des Programms **Microsoft Purview Information Protection** erfolgen. Dieses ermöglicht die Erstellung technischer Aufbewahrungsrichtlinien für eine Reihe von Speicherorten (zB Postfächer, Share Point, Teams-Chats, etc,). Neben den allgemeinen Aufbewahrungsrichtlinien, die sich auf eine übergeordnete Speicherebene beziehen, können mithilfe des Tools auch sog. Retention Labels erstellt werden, die Nutzer auf einzelne Elemente (zB E-Mail, Word-Dokument) innerhalb einer Speicherebene anwenden können, um im Einzelfall eine abweichende Aufbewahrung für ein Dokument vorsehen zu können oder eine Erinnerung zur manuellen Löschung nach Ablauf der Aufbewahrungsfrist (zB wenn eine E-Mail, die grundsätzlich nach 6 Jahren gelöscht wird, noch für einen andauernden Rechtsstreit relevant ist und deshalb nicht gelöscht werden soll). **106**

Schwieriger ist das bei **unstrukturierten Datensammlungen,** wie zB bei **Mailboxen.** Denn darin sind typischerweise ganz unterschiedliche Arten von Daten enthalten, die zu verschiedenen Zwecken verarbeitet werden, weshalb ganz unterschiedliche rechtliche Vorgaben gelten für deren Aufbewahrung und Löschung; zB weil sie unterschiedlichen Verjährungsfristen unterliegen. Die Schwierigkeit besteht hier zumeist darin festzustellen, welchem Löschregime ein bestimmter Datensatz (im Beispiel der Mailbox also eine bestimmte E-Mail) unterliegt. Im typischen Unternehmensverkehr mischen sich hier häufig E-Mails an Kunden mit rein internen Mails (zB in internen Personalangelegenheiten). In solchen Fällen ist eine vollständig automatisierte Löschung häufig schwer zu realisieren und es bedarf mindestens teilweise einer manuellen Handhabung (etwa durch Verschieben eines elektronischen Dokuments in den **virtuellen Papierkorb** und dessen anschließende Entleerung). **107**

5. Spezifizierung in Löschmatrix

Die Umsetzung der in der Löschrichtlinie enthaltenen Anforderungen erfolgt typischerweise im Zusammenspiel mit einer Tabelle, in der ganz konkrete Vorgaben zur Aufbewahrung und Löschung für spezifizierte Datenkategorien und Systeme gemacht werden; eine solche wird häufig auch als **Löschmatrix** bezeichnet. **108**

a) Speicherorte

Damit gewährleistet werden kann, dass zu löschende Daten nicht übersehen werden, ist es sinnvoll, die **Orte der Speicherung** und die Orte an denen sich Datenträger (einschließlich **109**

[104] Koreng/Lachenmann DatenschutzR-FormHdB/Wehrmann, 3. Aufl. 2021, Form. D. IV. 2. Anm. 3; Laue/Nink/Kremer, Datenschutzrecht in der betrieblichen Praxis, § 7 Rn. 34.

Sicherungsdateien) befinden, in der Löschmatrix zu benennen; vor allem, soweit eine händische Löschung erfolgen muss.[105]

b) Datenarten

110 Damit die Löschung wirksam umgesetzt werden kann, ist es wichtig, auch die **Datenarten** so genau zu beschreiben, dass der zu löschende Datenbestand korrekt und vollständig identifiziert werden kann.

6. Löschregel

111 Schließlich ist die Festlegung der **Löschregel** selbst elementar für ein funktionierendes Löschkonzept. Aus der Löschregel ergibt sich, wann konkret ein bestimmtes Datum/Dokument zu löschen ist. Das Auslösen der Datenlöschung hängt dabei in der Regel von drei Faktoren ab:

1. den geltenden **gesetzlichen Regelungen** (insbesondere Aufbewahrungspflichten[106], Verjährungsfristen, teilweise konkret vorgegebenen Löschpflichten);
2. den daraus abgeleitete und unternehmensintern festgelegten **Regellöschfristen** für die jeweilige Datenkategorie und den verfolgten Zweck; und
3. dem **auslösenden Ereignis für die Berechnung der Frist** (zB der Beginn der Speicherung, der Schluss des Kalenderjahres, in dem eine Aufbewahrungsfrist endet oder auch der Zeitpunkt der Beendigung eines Vertrages, für dessen Zwecke die Daten verarbeitet werden).

7. Dokumentation und Kontrolle

112 Die Dokumentation der Löschung ist Teil der Rechenschaftspflicht aus Art. 5 Abs. 2 DS-GVO und ist daher von dem Verantwortlichen zu erfüllen. Das bedeutet, dass mindestens gegenüber einer Aufsichtsbehörde auf Anforderung darzulegen und zu beweisen ist, dass eine behauptete Löschung erfolgt ist.[107] Die Dokumentation kann mithilfe von **„Löschjournalen“** durchgeführt werden.[108]

113 Diese sollten für einen ordnungsgemäße Nachweis idealerweise folgende Informationen enthalten:[109]

- konkreter Zeitpunkt der Löschung (Timestamp);
- Person, die die Löschung veranlasst hat;
- Art und Weise der Löschung;
- Umfang der Löschung;
- Speichermedium, aus dem die Daten gelöscht wurden;
- Bezeichnungen der gelöschten Dateien oder anderweitige Spezifizierung des Löschgegenstandes.

114 Die pauschale Angabe, eine Löschung sei durch „Markierung [der Daten] und Löschbefehl“ erfolgt, ist in der Regel nicht ausreichend.[110] Zusätzlich sollte angegeben werden können, ob noch Backups vorhanden sind oder wie mit solchen **Backups** bei der Löschung umgegangen wurde.

115 Die **Kontrolle der Löschung** ist eine weitere technische und organisatorische Maßnahme iSd Art. 24 Abs. 1 und Art. 25 Abs. 1 DS-GVO.[111] Sinn und Zweck dahinter ist es die

[105] Koreng/Lachenmann DatenschutzR-FormHdB/Wehrmann, 3. Aufl. 2021, Form. D. IV. 2. Anm. 4.
[106] → Kap. 18 Rn. 1 ff.
[107] VG Bremen 17.12.2024 – 4 K 2298/23, BeckRS 2024, 36618 Rn. 54.
[108] Laue/Nink/Kremer, Datenschutzrecht in der betrieblichen Praxis, § 7 Rn. 40.
[109] VG Bremen 17.12.2024 – 4 K 2298/23, BeckRS 2024, 36618 Rn. 54.
[110] VG Bremen 17.12.2024 – 4 K 2298/23, BeckRS 2024, 36618 Rn. 54.
[111] Laue/Nink/Kremer, Datenschutzrecht in der betrieblichen Praxis, § 7 Rn. 41.

Prozesse, die während des Löschens stattfinden zu beaufsichtigen und damit eine ordnungsgemäße Löschung sicherzustellen. Folglich unterliegt der gesamte Prozess der Löschung der Kontrolle. Die Kontrolle der Löschung durch den Verantwortlichen ist ebenfalls, aufgrund der Rechenschaftspflicht zu dokumentieren.[112]

8. Checkliste

Checkliste zur Erstellung, Umsetzung und Anwendung eines Löschkonzepts:

1. Erstellen eines **Dateninventars:** Erfassen und dokumentieren Sie alle personenbezogenen Daten, die das Unternehmen verarbeitet, einschließlich der Speicherorte. **116**
2. **Klassifizierung** der Daten: Kategorisieren Sie die Daten nach Art, Sensibilität und Verarbeitungszweck.
3. Festlegung der **Rechtsgrundlagen:** Legen Sie für alle verarbeiteten Daten fest, auf welcher Rechtsgrundlage gemäß Artikel 6 Abs. 1 DS-GVO die Verarbeitung erfolgt.
4. Ermittlung der einschlägigen **Aufbewahrungspflichten:** Ermitteln Sie sämtliche für verschiedene Datenkategorien geltenden gesetzlichen Aufbewahrungspflichten
5. Ermittlung gesetzlicher **Löschpflichten:** Stellen Sie fest, welche konkreten gesetzlichen Pflichten zur Löschung von Daten für die jeweiligen Datenkategorien bzw. Verarbeitungszwecke gelten
6. Entwurf der **Löschregeln:** Leiten Sie hieraus die anzuwendenden Löschregeln ab und erstellen eine Löschmatrix – ggf. separat für einzelne Bereiche oder Systeme;
7. Definition des **Löschverfahrens:** Prüfen Sie, welche Möglichkeiten einer Automatisierung der Löschung bestehen (und welche Tools eingesetzt werden können), und beschreiben Sie die Löschverfahren;
8. Sichere **Löschmethoden:** Verwenden Sie sichere Methoden zur Datenlöschung, um sicherzustellen, dass die Daten nicht wiederhergestellt werden können;
9. **Zugriffskontrollen:** Implementieren Sie Zugriffskontrollen, um sicherzustellen, dass nur autorisierte Personen Daten löschen können
10. Verabschiedung einer **Löschrichtlinie:** Legen Sie die anzuwendenden Löschregeln du die die Mitarbeiter treffenden Pflichten in einer Löschrichtlinie fest;
11. Prozesse für **Löschanfragen:** Implementieren Sie Prozesse, um Anträge auf Löschung personenbezogener Daten gemäß Artikel 17 Abs. 1 und Abs. 2 DS-GVO bearbeiten zu können;
12. Sicherstellung der Löschung bei Dienstleistern: Stellen Sie sicher, dass Verträge mit **Auftragsverarbeitern** klare Regelungen zur Datenlöschung enthalten und überprüfen Sie regelmäßig, dass Auftragsverarbeiter die Datenlöschung gemäß den vertraglichen Vereinbarungen durchführen.
13. **Schulung** der Mitarbeiter: Schulen Sie Ihre Mitarbeiter regelmäßig zu den Anforderungen der DS-GVO und den internen Löschprozessen;
14. **Dokumentation** der Löschprozesse: Dokumentieren Sie alle Löschprozesse und -maßnahmen, um den Rechenschaftspflichten der DS-GVO nachzukommen;
15. Regelmäßige **Audits:** Führen Sie regelmäßige Audits durch, um die Wirksamkeit der Löschprozesse zu überprüfen und kontinuierlich zu verbessern.

[112] Laue/Nink/Kremer, Datenschutzrecht in der betrieblichen Praxis, § 7 Rn. 41.

Teil G. Sonderthemen

Kapitel 21. IT- und Informationssicherheit

Übersicht

Siehe zu diesem Themenkomplex auch
- Daten als Gut → Kap. 2 Rn. 1 ff.
- Strafrecht → Kap. 10 Rn. 240 ff.
- Datenschutz und Informationssicherheit → Kap. 17 Rn. 1 ff.

I. Einführung

1 Die IT- bzw. Cybersicherheit[1] ist für das Funktionieren von Wirtschaft, Gesellschaft und Demokratie insgesamt unverzichtbar[2]; sie ist die „Achillesferse der Informationsgesellschaft"[3]. Angriffe auf informationstechnische Systeme bedrohen nicht nur die Wirtschaft,

[1] Zu den Begrifflichkeiten und einer möglichen Abgrenzung → Rn. 7 ff., 16 ff., 29 f.

[2] Wischmeyer S. 5; vgl. auch Die Cybersicherheitsstrategie der EU für die digitale Dekade (JOIN(2020) 18 final), S. 1; BSI, IT-Sicherheitskongress ist zentrales Forum für Zusammenarbeit im Bereich Cybersicherheit v. 4.2.2022: „zentrale Bedeutung der Informationssicherheit für die Funktionsfähigkeit von Staat, Wirtschaft und Gesellschaft", abrufbar unter www.bsi.bund.de/DE/Service-Navi/Presse/Alle-Meldungen-News/Meldungen/IT-Sicherheitskongress_2022_040222.html; vgl. auch BT-Drs. 21/1501, 1; Erwgr. 24 S. 1 CRA „Ein sicheres Internet ist […] für die Gesellschaft insgesamt unverzichtbar" (Anm.: Kürz. d. d. Verfasser); BVerfG 24.6.2025 – 1 BvR 2466/19, NVwZ 2025, 1809 (1816) „IT-Systeme haben heute eine für die persönliche Lebensführung unverzichtbare Bedeutung"; vgl. idS auch BVerfG 8.6.2021 – 1 BvR 2771/18, NJW 2021, 3033 (3035); s. auch → Rn. 5.

[3] Referentenentwurf des BMJ eines Gesetzes zur Änderung des Strafgesetzbuches – Modernisierung des Computerstrafrechts v. 4.11.2024, S. 1, abrufbar unter www.bmjv.de/SharedDocs/Gesetzgebungsarchiv/2024_ComputerStrafR.html (Archiv).

sondern auch die Demokratie sowie die Sicherheit und Gesundheit von Menschen.[4] Ziel der **IT-Sicherheit** ist der **Schutz der Vertraulichkeit, Integrität und Verfügbarkeit** von informationstechnischen Systemen und der dort verarbeiteten[5] Informationen (im engl. auch **CIA-Triad** genannt).[6]

Die Entwicklung des **IT-Sicherheitsrechts** verlief – in allen Facetten (→ Rn. 6) – nicht linear.[7] So konstatierte der Unionsgesetzgeber kürzlich das Entstehen eines „legislative[n] Flickenteppich[s] innerhalb des Binnenmarkts [...], der zu einer größeren Rechtsunsicherheit [...] und zu einer größeren unnötigen Belastung der Unternehmen und Organisationen führt".[8] Diese Bestandsaufnahme in Erwgr. 4 CRA lässt sich ohne Weiteres auf sonstige Bereiche des IT-/Cybersicherheitsrechts – auch auf nationalstaatlicher Ebene – übertragen.[9] **2**

So existiert bis heute[10] „kein ‚systemprägendes' Gesetz".[11] Stattdessen finden sich sowohl auf EU- als auch auf nationalstaatlicher Ebene unzählige Rechtsnormen, die den Bereich der IT-Sicherheit und der Datensicherheit betreffen.[12] Sie zielen – direkt oder mittelbar – auf den **Schutz von Informationen,** auf den **Schutz von Daten** oder auf den **Schutz von Informationssystemen** ab. In anderen Normen ist der Schutz der Information bzw. der Daten eine Voraussetzung, um (straf)rechtlichen Schutz zu erlangen.[13] Vorschriften mit IT-sicherheitsrechtlichem Bezug finden sich im **Zivilrecht,** dem **Strafrecht** und im **öffentlichen Recht.**[14] Adressaten sind etwa **Anwender, Betreiber,**[15] **Hersteller**[16] und/oder **Angreifer**[17]**.** **3**

Mit Wischmeyer lassen sich grob **drei Schichten** unterscheiden, die reguliert werden (können)[18]: **4**

– System- und Netzwerkschutz (Nutzer und Betreiber informationstechnischer Systeme und Netzwerke)

---

4 Erwgr. 1 CRA.

5 „verarbeitet" in einem weit verstandenen Sinn.

6 Vgl. zum Ganzen etwa BT-Drs. 18/4096, 1 f.; Wiebe InTeR 2021, 66; Rockstroh/Kunkel MMR 2017, 77 (78) mwN; BeckOK Produktrecht/Weiß/Rockstroh GPSR Art. 6 Rn. 55 mwN; jetzt auch Schmidt RDi 2024, 550 (553); BT-Drs. 20/13184, 122; BT-Drs. 21/1501, 130; CIA = confidentiality, integrity, availability; vgl. auch → Rn. 8 f. und → Rn. 20 f.

7 Raabe/Schallbruch/Steinbrück CR 2018, 706; Rockstroh DuD 2023, 332; Wischmeyer spricht von „einem von Versuch und Irrtum geprägten Verfahren", Wischmeyer S. 6; Siglmüller ZfPC 2023, 221 (224).

8 Erwgr. 4 CRA (Anm.: Kürz. d. d. Verfasser); hierzu schon Rockstroh DuD 2023, 332; vgl. auch Siglmüller ZfPC 2023, 221 (224).

9 Wischmeyer S. 184 „patchwork of confusion" bzw. „Regulierungsmosaik"; Siglmüller ZfPC 2023, 221 (224); vgl. schon Bräutigam/Klindt NJW 2015, 1137 (1141): „(fragmentarische) Gemengenlage".

10 Eine gewisse Systematisierung in den „Schichten" (→ Rn. 4) findet derzeit aber insbes. über europäische Rechtsakte statt (vgl. → Rn. 5 ff.; NIS-2-RL → Rn. 55; CRA → Rn. 138); wie dieses Kapitel zeigt, ist die Materie aber noch immer so weit gestreut und die Regelungen sind – in Details – terminologisch und inhaltlich so inkonsistent, das (wohl) noch nicht von einer „Systemprägung" gesprochen werden kann; vgl. aber auch die Nachweise (auch zur aA) in der folgenden Fn.

11 So Wischmeyer S. 184; vgl. Raabe/Schallbruch/Steinbrück CR 2018, 706 (707) mwN; so schon konstatiert von Bräutigam/Klindt NJW 2015, 1137 (1141); offener Hornung/Schallbruch IT-SicherheitsR-HdB/Jandt § 17 Rn. 7 zum BSIG.

12 Vgl. etwa Raabe/Schallbruch/Steinbrück CR 2018, 706; Wischmeyer S. 21, Fn. 17 weist auf § 2 des Hessischen Datenschutzgesetzes v. 7.10.1970 (GVBl. I 625) hin, das bereits Regelungen zum Schutz vor „Unbefugte[n] [...] durch geeignete personelle und technische Vorkehrungen" enthielt (Anm.: Änd. und Kürz. d. d. Verfasser); s. auch Wischmeyer S. 184 f.; schon Bräutigam/Klindt NJW 2015, 1137 (1141) „(fragmentarische) Gemengenlage"; Rockstroh DuD 2023, 332.

13 Vgl. § 2 Nr. 1 lit. b GeschGehG.

14 Wischmeyer S. 184; vgl. hierzu die Ausführungen in → Rn. 40 ff.

15 Vgl. § 30 BSIG iVm Art. 21 NIS-2-RL.

16 Vgl. VO (EU) 2024/2847 (CRA) → Rn. 138, der aber auch sonstige „Wirtschaftsakteure" adressiert.

17 ZB §§ 202a ff., 303a f. StGB → Rn. 206 ff.

18 Schichtenmodell nach Wischmeyer S. 191 f.

– Komponentensicherheit (zB Hersteller, siehe aber auch die Verantwortlichkeit von Verkäufern → Rn. 80 ff. und nach dem New Legislativ Framework etwa → Rn. 122) und
– der Schutz der Kommunikationsarchitekturen (insbes. des Internets, aber auch sonst. Netze).[19]

Der Gesetzgeber muss hierbei im Blick haben, dass IT-/Cybersicherheit **ganzheitlich**[20] zu denken ist.[21]

5 Die **Cybersicherheitsstrategie** der EU für die digitale Dekade ist ein Schlüsselelement für die Gestaltung der digitalen Zukunft Europas.[22] Die **Regulierung der IT-/Cybersicherheit** ist dabei ein zentrales Thema.[23] So hat der Unionsgesetzgeber inzwischen spezifische IT-/cybersicherheitsrechtliche Vorschriften für **Betreiber informationstechnischer Systeme und Netzwerke,** wie in der RL (EU) 2022/2555 (NIS-2-RL) (→ Rn. 55), und für **Produkte und Komponenten,** wie in der VO (EU) 2024/2847 (CRA) (→ Rn. 138), geschaffen und zusätzliche IT-/cybersicherheitsrechtliche Anforderungen im **Vertragsrecht** nach der RL (EU) 2019/770 (DIRL) und RL (EU) 2019/771 (WKRL) (→ Rn. 81), im **Produktsicherheitsrecht** in der VO (EU) 2023/988 (GPSR) (→ Rn. 91) oder im **Produkthaftungsrecht** in der RL (EU) 2024/2853 (ProdHaftRL) (→ Rn. 122) aufgenommen. In der Anwendung und der Umsetzung dieser Rechtsakte findet eine gewisse Konsolidierung und damit eine teilweise **Systematisierung** des IT-Sicherheitsrechts statt.[24] Es bedarf allerdings noch einiger Anstrengung und Veränderung, bis der Flickenteppich Struktur bekommt.[25]

6 Diesem Kapitel ist die Erläuterung einiger im Informationssicherheitsrecht typischerweise genutzter **Begrifflichkeiten** vorangestellt (→ Rn. 7). Im Anschluss werden **verfassungsrechtliche Aspekte** erörtert (→ Rn. 35). Im weiteren Verlauf werden **Anforderungen an Nutzer und Betreiber informationstechnischer Systeme und Netzwerke** dargelegt (→ Rn. 40). Solche Anforderungen können sich etwa aus dem **Gesellschaftsrecht** (→ Rn. 41), aus dem **BSIG** und der **NIS-2-RL** (→ Rn. 55), aus **bereichsspezifischen Vorschriften** (→ Rn. 73) oder aus der VO (EU) 2016/679 **(DS-GVO)** (→ Rn. 71 und → Kap. 17 Rn. 1 ff.) ergeben. Im nächsten Abschnitt werden mögliche **Anforderungen an Produkte und Komponenten** behandelt (→ Rn. 80). Solche Anforderungen können sich etwa aus dem **Vertragsrecht** (insbes. §§ 434, 475b BGB, §§ 327e, f BGB; → Rn. 81), dem **Produktsicherheitsrecht** (→ Rn. 91), dem **Produkthaftungsrecht** (→ Rn. 110), dem **Cyber Resilience Act** (CRA; → Rn. 138) oder der **KI-Verordnung** (VO (EU) 2024/1689 (KI-VO); → Rn. 178) ergeben. Im **Data Act** regelt der Unionsgesetzgeber Aspekte der Informationssicherheit in Bezug auf die Durchsetzung von Ansprüchen (→ Rn. 189). Im Anschluss daran wird insbes. am Beispiel des **GeschGehG** dargelegt, wie das Ergreifen von Informationssicherheitsmaßnahmen die Grundlage für die Gewährung gesetzlichen Schutzes bildet (→ Rn. 197). Das Kapitel wird mit dem **Strafrecht** (→ Rn. 207) abgeschlossen. Die dargestellten Rechtsakte bzw. -normen sind im Einzelfall zu prüfen. Für Zwecke des Handbuchs ist lediglich ein stark vereinfachter, grober Überblick zu einzelnen Aspekten vorgesehen, um den Aspekt „Informationssicherheit“ im Lebenszyklus von Daten darzustellen.

---

19 Wischmeyer S. 191 f.
20 Sog. „holistic approach“.
21 Wischmeyer S. 191 f.; so sollen zB die Vorgaben des CRA den wichtigen und wesentlichen Einrichtungen die Einhaltung der Vorgaben der NIS-2-RL erleichtern (→ Rn. 70).
22 Die Cybersicherheitsstrategie der EU für die digitale Dekade (JOIN(2020) 18 final), S. 5.
23 Die Cybersicherheitsstrategie der EU für die digitale Dekade (JOIN(2020) 18 final), S. 5; vgl. auch Rockstroh DuD 2023, 332.
24 Dies zeigt sich auch am (neuen) BSIG → Rn. 55.
25 S. hierzu Rockstroh DuD 2023, 332 und oben → Rn. 2 sowie Fn. 8.

II. Begrifflichkeiten

7 Der Bereich – des Rechts – der Informationssicherheit hat seine ganz eigene Terminologie. Um sich dem Thema zu nähern und einen ersten Überblick zu geben, sollen im Folgenden die Begriffe der Informationssicherheit (→ Rn. 8), der Informationstechnik (→ Rn. 15), der IT-Sicherheit (→ Rn. 16), des Datenschutzes (→ Rn. 27), der Datensicherheit (→ Rn. 28), der Cybersicherheit (→ Rn. 29), der Produktsicherheit (→ Rn. 32) und der Cybersafety (→ Rn. 34) kurz skizziert werden. Eine einheitliche oder standardisierte Definition der Begrifflichkeiten ist aufgrund der Vielzahl der unterschiedlichen Kontexte und Gebrauchsweisen jedoch nicht möglich.[26]

1. Informationssicherheit

8 Die für die System- und Netzwerksicherheit besonders relevante ISO/IEC 27000-Reihe definiert den Begriff **„Informationssicherheit“** ganz allgemein als die Bewahrung der Vertraulichkeit, Integrität und Verfügbarkeit von Informationen.[27] § 2 Nr. 17 BSIG lehnt sich hieran an: „‚Informationssicherheit‘ [ist] der angemessene Schutz der Vertraulichkeit, Integrität und Verfügbarkeit von Informationen“.[28] **„Vertraulichkeit“** meint in diesem Zusammenhang den Schutz vor unbefugter Preisgabe von Informationen.[29] **„Integrität“** meint die Sicherstellung der Korrektheit (Unversehrtheit) von Informationen.[30] **„Verfügbarkeit“** meint die Nutzbarkeit von Informationen.[31]

9 Vertraulichkeit, Integrität und Verfügbarkeit ist die **klassische Schutzziele-Trias** der Informationssicherheit, die auch für die IT-/Cybersicherheit (→ Rn. 16 ff.) essenziell ist.[32]

10 Zudem können andere Eigenschaften[33], wie die Authentizität, die Nichtabstreitbarkeit und die Zuverlässigkeit relevant sein.[34]

11 Die Informationssicherheit zielt zunächst auf den **Schutz aller Informationen**[35], unabhängig davon, ob die Informationen „auf Papier, in IT-Systemen oder auch in Köpfen gespeichert“ sind.[36] Zur IT-Sicherheit → Rn. 19. Umfasst ist insbes. der Schutz durch **technische und organisatorische Maßnahmen.**[37]

---

26 So zutreffend Wischmeyer S. 26 ff., insbes. S. 29; nicht nur die Gesetzgeber, sondern auch das BSI oder die – in diesem Bereich inzwischen stark angeschwollene – juristische Literatur verwenden die Begrifflichkeiten uneinheitlich.

27 Nr. 3.28 ISO/IEC 27000:2020.

28 Anm.: Einf. d. d. Verfasser.

29 Begriff „Vertraulichkeit“ in BSI, Glossar zum IT-Grundschutz-Kompendium (Stand Februar 2023), S. 8.

30 Verkürzt zum Begriff „Integrität“ nach BSI, Glossar zum IT-Grundschutz-Kompendium (Stand Februar 2023), S. 4.

31 Verkürzt zum Begriff „Verfügbarkeit“ nach BSI, Glossar zum IT-Grundschutz-Kompendium (Stand Februar 2023), S. 8.

32 Vgl. etwa Schmidt RDi 2024, 550 (553); BT-Drs. 21/1501, 130.

33 Das BSI spricht von „Grundwerten“ vgl. zum Begriff „Informationssicherheit“ im Glossar zum IT-Grundschutz-Kompendium (Stand Februar 2023), häufig wird von „Schutzzielen“ gesprochen.

34 Nr. 3.28 ISO/IEC 27000:2020.

35 Vgl. → Rn. 8, Fn. 27.

36 BSI zu „Informationssicherheit“ im Glossar zum IT-Grundschutz-Kompendium (Stand Februar 2023).

37 Vgl. § 30 BSIG oder Art. 32 DS-GVO; Art. 21 NIS-2-RL spricht zudem von „operativen“ Maßnahmen; erfasst sein dürften aber etwa auch mechanische Maßnahmen.

12 Die Informationssicherheit umfasst den Schutz von Informationen allgemein, unabhängig von der Art der Information und unabhängig von der Art und Weise der Verarbeitung.

13 Obwohl die **IT-Sicherheit** lediglich eine Teilmenge der Informationssicherheit ist (→ Rn. 16), werden die Begriffe häufig synonym verwendet; das ist zu Recht kritisiert worden.[38] Gleichwohl ist zu konstatieren, dass die **IT-/Cybersicherheit** durch die fortschreitende Digitalisierung immer mehr die Oberhand gewinnt. Demzufolge betreffen auch in diesem Kapitel nahezu alle Ausführungen die IT-/Cybersicherheit.

14 In jüngster Zeit liegt der Schwerpunkt der IT-/Cybersicherheitsgesetzgebung zudem weniger auf dem *Schutz verarbeiteter Informationen,* sondern darauf, zu gewährleisten, dass die *Systeme* (ordnungsgemäß) *funktionieren* (vgl. auch → Rn. 20). Dies ist etwa beim Schutz Kritischer Infrastrukturen[39] oder bei den produktsicherheitsrechtlichen Vorschriften der Fall[40].

2. Informationstechnik

15 **Informationstechnik** ist in § 2 Nr. 18 BSIG definiert als „ein technisches Mittel zur Verarbeitung von Informationen". Der Begriff ist weit gefasst und erfasst auch Hard- und Software.[41] Die zentrale Definition von „Netz- und Informationssystem" in Art. 6 Nr. 1 NIS-2-RL umfasst neben elektronischen Kommunikationsnetzten (lit. a) und Geräten (lit. b) auch die hierüber verarbeiteten *digitalen Daten* (lit. c; → Rn. 18).

3. IT-Sicherheit

16 Die „Sicherheit der Informationstechnik" oder **„IT-Sicherheit"** lässt sich als eine Teilmenge der Informationssicherheit[42] oder als einen Aspekt der Informationstechnik[43] verstehen; je nachdem, ob man den Schutz der mittels der Systeme verarbeiteten Informationen oder den Schutz der Systeme in den Vordergrund stellt. Letztlich ist sie für beide relevant.

17 Eine einheitliche Terminologie hat sich bisher weder in der Informatik noch in der Rechtswissenschaft herausgebildet.[44] § 2 Nr. 39 BSIG versteht unter

„‚Sicherheit in der Informationstechnik' die Einhaltung bestimmter Sicherheitsstandards, die die Verfügbarkeit, Integrität oder Vertraulichkeit von Informationen betreffen, durch Sicherheitsvorkehrungen a) in informationstechnischen Systemen, Komponenten oder Prozessen oder b) bei der Anwendung informationstechnischer Systeme, Komponenten oder Prozesse".[45]

---

[38] Hierzu Wischmeyer S. 27, der die weitgehende Gleichsetzung von Informationssicherheit und IT-Sicherheit kritisiert.

[39] Vgl. § 31 Abs. 1 S. 1 BSIG „für die informationstechnischen Systeme, Komponenten und Prozesse, die für die Funktionsfähigkeit der von ihnen betriebenen kritischen Anlagen maßgeblich sind" (Anm.: Herv. d. d. Verfasser); die Cybersicherheitsstrategie der EU für die digitale Dekade (JOIN(2020) 18 final), S. 1 nennt etwa die Versorgung mit Strom.

[40] Zur VO (EU) 2023/988 (GPSR) → Rn. 91.

[41] BT-Drs. 11/7029, 7; Kipker/Reusch/Ritter/Ritter, BSIG § 2 Rn. 2; Hornung/Schallbruch IT-SicherheitsR-HdB/Hornung/Schallbruch § 1 Rn. 11.

[42] Hornung/Schallbruch IT-SicherheitsR-HdB/Hornung/Schallbruch § 1 Rn. 16; Hornung/Schallbruch IT-SicherheitsR-HdB/Schallbruch § 5 Rn. 2; Hornung/Schallbruch IT-SicherheitsR-HdB/Jandt § 17 Rn. 2.

[43] Hornung/Schallbruch IT-SicherheitsR-HdB/Poscher/Lassahn § 7 Rn. 11.

[44] Hornung/Schallbruch IT-SicherheitsR-HdB/Hornung/Schallbruch § 1 Rn. 10.

[45] Vgl. schon § 2 Abs. 2 S. 4 BSIG aF.

Art. 6 Nr. 2 NIS-2-RL definiert „Sicherheit von Netz- und Informationssystemen" als 18

„die Fähigkeit von Netz- und Informationssystemen, auf einem bestimmten Vertrauensniveau alle Ereignisse abzuwehren, die die Verfügbarkeit, Authentizität, Integrität oder Vertraulichkeit gespeicherter oder übermittelter oder verarbeiteter Daten oder der Dienste, die über diese Netz- und Informationssysteme angeboten werden bzw. zugänglich sind, beeinträchtigen können".[46]

Diese Definitionen stellen auf den Schutz der **Verfügbarkeit, Integrität** und **Vertraulichkeit**[47] von Informationen bzw. Daten ab[48], die über eine gewisse „Resilienz"[49] der entsprechenden Systeme (und Prozesse) erreicht werden soll. Dabei will die IT-Sicherheit – anders als der Datenschutz[50] – (technisch verarbeitete[51]) Informationen bzw. Daten aller Art schützen. 19

Insbesondere im deutschen Recht beziehen sich die eigentlichen gesetzlichen (Schutz) Verpflichtungen dann aber auf die „Verfügbarkeit, Integrität und Vertraulichkeit der informationstechnischen Systeme, Komponenten und Prozesse, die sie für die Erbringung ihrer Dienste nutzen" (§ 30 Abs. 1 S. 1 BSIG)[52] und eben nicht spezifisch auf den Schutz der dort verarbeiteten Informationen oder Daten. Das BSIG unterscheidet sogar stets zwischen den informationstechnischen Systemen und den hierüber verarbeiteten Daten (vgl. § 2 Nr. 1 BSIG) bzw. Informationen (vgl. § 2 Nr. 39 BSIG).[53] 20

Vertraulichkeit, Integrität und Verfügbarkeit ist (auch) die klassische **Schutzziele**-Trias der IT-Sicherheit (im engl. **CIA-Triad**).[54] 21

Zu möglichen weiteren Eigenschaften → Rn. 10. 22

Die IT-Sicherheit hat mithin das Ziel, informationsverarbeitende Systeme[55] sowie die dort verarbeiteten Informationen (Daten) zu schützen, insbes. *vor* (unbefugten) Einflüssen von außen.[56] 23

---

46 Der deutsche Gesetzgeber hat die Definition im BSIG nicht angepasst (§ 2 Nr. 39 BSIG).

47 Erweitert im Falle der NIS-2-RL um die „Authentizität".

48 Hornung/Schallbruch IT-SicherheitsR-HdB/Schallbruch § 5 Rn. 2 „dahinterliegende Schutzziel" sind „die mit den Systemen verarbeiteten Informationen".

49 Bräutigam/Klindt NJW 2015, 1137 (1141): „Sabotagefestigkeit – also Resilienz – von Produkten"; so auch Schucht NVwZ 2021, 532; Reusch BB 2021, 1218 (1219); Wiebe spricht auch von „Widerstandsfähigkeit (Resilienz)", vgl. HK-GPSR/Wiebe EU-Produktsicherheits-VO Art. 6 Rn. 33; zum jedoch fehlenden „klaren Inhalt" des Begriffs „Resilienz" s. umfassend Hornung/Pfeiffer/Zurawski ZfDR 2026, 75.

50 Vgl. zu dem Begriff „Daten" sowie den unterschiedlichen Datenbegriffen in der Datenökonomie und im Datenschutz Rockstroh/Katko ZdiW 2023, 101 (102 f.) sowie umfangreich Rockstroh in Czychowski/Lettl/Steinrötter DA Art. 5 Rn. 288 ff.

51 Zur Informationssicherheit → Rn. 11.

52 Art. 21 Abs. 1 UAbs. 1 NIS-2-RL schützt „Daten" über die Definition von „Netz- und Informationssystem" mit (Art. 6 Nr. 1 lit. c NIS-2-RL).

53 Der fehlende Bezug auf die „Informationen" oder „Daten" im BSIG könnte ein Umsetzungsfehler sein.

54 Vgl. etwa Schmidt RDi 2024, 550 (553); BT-Drs. 21/1501, 130; Nolte/Streitmüller MPR 2024, 20 (23).

55 Hornung/Schallbruch IT-SicherheitsR-HdB/Poscher/Lassahn § 7 Rn. 8; Hornung/Schallbruch IT-SicherheitsR-HdB/Schallbruch § 5 Rn. 1.

56 Hornung/Schallbruch IT-SicherheitsR-HdB/Hornung/Schallbruch § 1 Rn. 12; Hornung/Schallbruch IT-SicherheitsR-HdB/Schallbruch § 5 Rn. 1 f.; Schucht NVwZ 2021, 532; Wiebe InTer 2021, 66; Reusch BB 2021, 1218 (1219); Rockstroh/Kunkel MMR 2017, 77 (78 f.) mwN; Rockstroh DSRITB 2016, 279 (285); BeckOK Produktrecht/Weiß/Rockstroh GPSR Art. 6 Rn. 55 mwN; Heckmann/Paschke/Felk CRA Art. 7 Rn. 46; vgl. insbes. Art. 6 Abs. 1 lit. g GPSR „Cybersicherheitsmerkmale, die erforderlich sind, um das Produkt vor äußeren Einflüssen, einschließlich böswilliger Dritter, zu schützen"; vgl. auch Erwgr. 76 KI-VO iVm Art. 15 Abs. 5 UAbs. 1: „widerstandsfähig gegenüber Versuchen böswilliger Dritter sind, unter Ausnutzung der Schwachstellen der Systeme deren Verwendung, Verhalten, Leistung zu verändern oder ihre Sicherheitsmerkmale zu beeinträchtigen" (→ Rn. 182 f.); vgl. auch Kapoor/Klindt BB 2023, 67 (68), die von „Abschirmungsfehlern" sprechen und in diese Richtung auch BVerfG 24.6.2025 – 1 BvR 2466/19, NVwZ 2025, 1809 (1816): „technische Abschirmung".

24 Das erforderliche Maß an Sicherheit der Informationstechnik bzw. Netz- und Informationssysteme ist nicht absolut[57], sondern bezieht sich auf „die Einhaltung bestimmter Sicherheitsstandards" (→ Rn. 17) bzw. ein „bestimmte[s] Vertrauensniveau"[58] (→ Rn. 18). So heißt es etwa im Gesetzesentwurf zum BSI-Errichtungsgesetz:

„Mit Sicherheit in der Informationstechnik ist kein absoluter, sondern lediglich ein relativer Sicherheitsbegriff vorgegeben. Welche Sicherheit im Einzelfall erreicht werden muß, um von ‚Sicherheit in der Informationstechnik' ausgehen zu können, hängt von den jeweiligen Sicherheitserfordernissen ab. Daher ist in der Definition von der ‚Einhaltung bestimmter Sicherheitsstandards' die Rede."[59]

25 Im Bereich der IT-/Cybersicherheit gilt grds. ein **risikobasierter Ansatz.** Die Gesetzgeber verpflichten Hersteller, Anbieter und Betreiber zur Umsetzung von Schutzmaßnahmen, die dem jeweils bestehenden Risiko angemessen sind. So müssen etwa wichtige und wesentliche Einrichtungen „ein Sicherheitsniveau der Netz- und Informationssysteme gewährleisten, das dem bestehenden Risiko angemessen ist"[60] und Produkte mit digitalen Elementen müssen „angesichts der Risiken ein angemessenes Cybersicherheitsniveau" gewährleisten[61]. **„Risiko"** meint dabei das Potenzial für Verluste oder Störungen, die durch einen Sicherheitsvorfall verursacht werden. Dieses Potenzial wird als eine Kombination des Ausmaßes eines solchen Verlusts oder einer solchen Störung und der Wahrscheinlichkeit des Eintretens des Sicherheitsvorfalls zum Ausdruck gebracht, vgl. Art. 6 Nr. 9 NIS-2-RL und Art. 3 Nr. 37 CRA. Der erste Schritt ist mithin stets die Risikoanalyse.[62] In anderen Rechtsakten ist die IT-/Cybersicherheit nur ein Teilaspekt, der zB im Rahmen der Risikoanalyse von Produktsicherheitsrisiken *(safety)*[63] zu berücksichtigen ist.[64]

26 Die IT-Sicherheit will Software und Hardware gleichermaßen schützen.[65] Umfasst ist insbes. der Schutz durch **technische und organisatorische Maßnahmen.**[66]

4. Datenschutz

27 **Datenschutz** meint zunächst – ganz allgemein – den Schutz personenbezogener Daten.[67] Der Datenschutz – insbes. die Datensicherheit – und die IT-Sicherheit weisen Schnittmengen auf.[68] Der Datenschutz erfasst jedoch nur personenbezogene Daten iSv Art. 4 Nr. 1 DS-GVO; diese müssen aber nicht zwingend von IT-Systemen verarbeitet werden.[69]

---

57 Rockstroh/Kunkel MMR 2017, 77 (78); vgl. Kipker/Reusch/Ritter/Ritter BSIG § 2 Rn. 5.

58 Anm.: Änd. d. d. Verfasser.

59 BT-Drs. 11/7029, 7; Kipker/Reusch/Ritter/Ritter BSIG § 2 Rn. 5; „Sicherheitsstandard" dürfte dabei allgemein zu verstehen sein und neben Standards wie DIN und ISO etwa auch „Best Practices" umfassen; vgl. auch Kipker/Reusch/Ritter/Ritter BSIG § 2 Rn. 7, wonach nicht nur „Standards […], die von Standardisierungs- oder Normungsgremien (wie zB DIN und ISO) beschlossen werden" umfasst sind, sondern „auch verwaltungsinterne Standards" (Anm.: Kürz. d. d. Verfasser).

60 Art. 21 Abs. 1 UAbs. 2 NIS-2-RL.

61 Anhang I Teil I Nr. 1 CRA.

62 Vgl. etwa → Rn. 51 f.; → Rn. 75; → zum BSIG → Rn. 65, 67; zur GPSR → Rn. 102; zum CRA → 158 f.; zur KI-VO → Rn. 183.

63 Vgl. → Rn. 32 f.

64 Vgl. etwa die Berücksichtigung der IT-/Cybersicherheitsrisiken im Rahmen der GPSR → Rn. 103 ff. oder der KI-VO → Rn. 182 ff.; zur „Cybersafety" → Rn. 31 ff.

65 Hornung/Schallbruch IT-SicherheitsR-HdB/Poscher/Lassahn § 7 Rn. 10; vgl. → Rn. 15.

66 Vgl. § 30 BSIG oder Art. 32 DS-GVO; Art. 21 NIS-2-RL spricht zudem von „operativen" Maßnahmen; erfasst sein dürften aber etwa auch mechanische Maßnahmen.

67 Vgl. etwa Art. 8 GRCh; Art. 1 Abs. 1 DS-GVO.

68 Hornung/Schallbruch IT-SicherheitsR-HdB/Poscher/Lassahn § 7 Rn. 12.

69 Hornung/Schallbruch IT-SicherheitsR-HdB/Poscher/Lassahn § 7 Rn. 12; vgl. auch Hornung/Schallbruch IT-SicherheitsR-HdB/Jandt § 17 Rn. 1 ff. sowie VerfGH Sachsen 23.4.2021 – 137-IV-20, BeckRS 2021, 10002 Rn. 15: „Die […] papiergebundene Sammlung personenbezogener Daten […] fällt in den Anwendungsbereich der […] DSGVO" (Anm.: Kürz. d. d. Verfasser).

5. Datensicherheit

Die **„Datensicherheit"** und der Datenschutz sind eng verbunden.[70] Die Datensicherheit wird daher weithin als Teilbereich des Datenschutzes verstanden und bezeichnet den faktischen Schutz von personenbezogenen Daten.[71] Insofern gibt es umfangreiche Überschneidungen mit der IT-Sicherheit.[72] **28**

6. Cybersicherheit

Seit einigen Jahren wird insbes. in Unionsrechtsakten der Begriff der **„Cybersicherheit"** verwendet.[73] Nach Art. 6 Abs. 1 lit. g GPSR sind im Rahmen der Produktbewertung „angemessene Cybersicherheitsmerkmale" zu berücksichtigen.[74] Art. 6 lit. a CRA fordert die Einhaltung von „wesentlichen Cybersicherheitsanforderungen". Technische Lösungen zur Gewährleistung der Cybersicherheit von Hochrisiko-KI-Systemen müssen den jeweiligen Umständen und Risiken angemessen sein, Art. 15 Abs. 5 UAbs. 2 KI-VO.[75] Art. 21 NIS-2-RL verpflichtet betroffene Einrichtungen zu „Risikomanagementmaßnahmen im Bereich der Cybersicherheit". Die VO (EU) 2019/881 (CSA) ist der „Rechtsakt zur Cybersicherheit".[76] **29**

Der Begriff ist bisher nicht fest konturiert.[77] Er wird oft synonym mit dem Begriff der „IT-Sicherheit" verwendet.[78] Einigen gilt Cybersicherheit als Oberbegriff.[79] Art. 2 Nr. 1 der VO (EU) 2019/881 (CSA) definiert „Cybersicherheit" als alle Tätigkeiten, die notwendig sind, um Netz- und Informationssysteme, die Nutzer solcher Systeme und andere von Cyberbedrohungen betroffene Personen zu schützen; Art. 6 Nr. 3 NIS-2-RL verweist hierauf.[80] ZT wird Cybersicherheit als Sicherheit der vernetzten Informationstechnik verstanden.[81] **30**

---

70 Vgl. Wischmeyer S. 26 f.

71 Gola/Heckmann/Piltz DS-GVO Art. 32 Rn. 5 f. mit Verweis auf EuGH 8.4.2014 – C-293/12, C-594/12, NJW 2014, 2169 (2173); idS wohl auch Hornung/Schallbruch IT-SicherheitsR-HdB/Jandt § 17 Rn. 3 f. und Wischmeyer S. 26 f.; Hornung/Schallbruch IT-SicherheitsR-HdB/Poscher/Lassahn § 7 Rn. 12 f. verstehen „Datensicherheit" jedoch weitergehend dahingehend, dass auch nicht-personenbezogene Daten umfasst sind; vgl. auch Hornung/Schallbruch IT-SicherheitsR-HdB/Hornung/Schallbruch § 1 Rn. 16 f. und nachstehende Fn.

72 Hornung/Schallbruch IT-SicherheitsR-HdB/Hornung/Schallbruch § 1 Rn. 16 f. sprechen im Rahmen des Datenschutzes von „IT-Sicherheit" und nicht von „Datensicherheit"; vgl. schon → Rn. 27 mit den dortigen Nachweisen.

73 Wischmeyer S. 28; Hornung/Schallbruch IT-SicherheitsR-HdB/Hornung/Schallbruch § 1 Rn. 14; Hornung/Schallbruch IT-SicherheitsR-HdB/Schallbruch § 5 Rn. 6.

74 Zum Folgenden BeckOK Produktrecht/Weiß/Rockstroh GPSR Art. 6 Rn. 63 ff.

75 → Rn. 182. ff.

76 Hierzu BeckOK Produktrecht/Weiß/Rockstroh GPSR Art. 6 Rn. 65 f.

77 Wiebe ZRP 2023, 73; HK-GPSR/Wiebe EU-Produktsicherheits-VO Art. 5 Rn. 32; BeckOK Produktrecht/Weiß/Rockstroh GPSR Art. 6 Rn. 65; aA wohl Wischmeyer S. 28 „im internationalen und unionsrechtlichen Diskurs heute fest etablierten Begriff der Cybersicherheit" sowie Nolte/Schreitmüller MPR 2024, 20 (23) „durchgesetzt und etabliert" mit Verweis auf Wischmeyer.

78 BeckOK Produktrecht/Weiß/Rockstroh GPSR Art. 6 Rn. 65 mwN; HK-GPSR/Wiebe EU-Produktsicherheits-VO Art. 5 Rn. 32; Glugla RDi 2024, 421; Hornung/Pfeiffer/Zurawski ZfDR 2026, 75 Fn. 30; Hornung/Schallbruch IT-SicherheitsR-HdB/Hornung/Schallbruch § 1 Rn. 14; Hornung/Schallbruch IT-SicherheitsR-HdB/Schallbruch § 5 Rn. 7.

79 BeckOK Produktrecht/Weiß/Rockstroh GPSR Art. 6 Rn. 65 mwN; Nolte/Schreitmüller MPR 2024, 20 (23) „umfasst alle Themenbereiche von IT-Sicherheit, Informationssicherheit, Datensicherheit und Datenschutz".

80 BeckOK Produktrecht/Weiß/Rockstroh GPSR Art. 6 Rn. 66.

81 Wischmeyer S. 28; während der CRA tatsächlich nur „vernetzte" Produkte umfasst (→ Rn. 148), ist das in der NIS-2-RL nicht zwingend; Hornung/Schallbruch IT-SicherheitsR-HdB/Schallbruch § 5 Rn. 7: „digitalen Raum oder Cyberraum" sowie „Security in cyberspace" (mwN); hierauf verweisend Heckmann/Paschke/Ziegler CRA Art. 3 Rn. 23.

7. Cybersafety – Cyber-/IT-Sicherheit im Rahmen der Produktsicherheit

31 Wie bereits unter → Rn. 23 dargestellt, wird der Schutz von informationsverarbeitenden Systemen[82] sowie der dort verarbeiteten Informationen/Daten, insbes. *vor* (unbefugten) Einflüssen von außen, als „IT-/Cybersicherheit" bezeichnet.[83]

32 Der Schutz insbes. der Sicherheit und Gesundheit von Personen **vor produktbedingten Gefahren** wird als **Produktsicherheit** *(safety)*[84] bezeichnet.[85]

33 Die Produktsicherheit *(safety)* zielt mithin – stark verkürzt – auf den **Schutz vor dem Produkt** und die IT-/Cybersicherheit *(security)* zielt auf den **Schutz des Produkts** und **der darauf verarbeiteten Informationen,** insbes. vor (unbefugten) Einflüssen von außen.[86]

34 Die IT- bzw. **Cybersicherheit** kann sich auf die Sicherheit des Produkts auswirken, zB wenn Unbefugte (zB Hacker) auf das Produkt einwirken und dadurch die Sicherheit und Gesundheit von Verbrauchern gefährdet wird.[87] Insofern wird teilweise der Begriff **„Cybersafety"**[88] genutzt. Die Diskussion um die Cybersafety steht noch am Anfang.[89] Der Unionsgesetzgeber hat die produktsicherheitsrechtlichen (VO (EU) 2023/988 (GPSR)) und die produkthaftungsrechtlichen Vorschriften (RL (EU) 2024/2853 (ProdHaftRL)) jedoch bereits um Anforderungen an die Cybersafety erweitert.[90]

[82] Hornung/Schallbruch IT-SicherheitsR-HdB/Poscher/Lassahn § 7 Rn. 8.

[83] BeckOK Produktrecht/Weiß/Rockstroh GPSR Art. 6 Rn. 55 mwN sowie → Rn. 23 und die weiteren Nachweise in Fn. 56.

[84] Zu „Safety" und „Security" s. etwa Wiebe InTeR 2021, 66; Schucht NVwZ 2021, 532; Kapoor/Klindt BB 2023, 67 (68) oder Riehm/Leithäuser/Brenner in Raue, Digitale Resilienz, S. 5 (6).

[85] Schucht NVwZ 2021, 532; Kapoor/Klindt BB 2023, 67 (68); BeckOK Produktrecht/Weiß/Rockstroh GPSR Art. 6 Rn. 55 mwN; Hornung/Schallbruch IT-SicherheitsR-HdB/Hornung/Schallbruch § 1 Rn. 12; Heckmann/Paschke/Felk CRA Art. 7 Rn. 46; Riehm/Leithäuser/Brenner in Raue, Digitale Resilienz, S. 5 (6).

[86] Schucht NVwZ 2021, 532; Wiebe InTer 2021, 66; Hartmann/Klindt ZfPC 2022, 73; Kapoor/Klindt BB 2023, 67 (68); BeckOK Produktrecht/Weiß/Rockstroh GPSR Art. 6 Rn. 56 mwN; Riehm/Leithäuser/Brenner in Raue, Digitale Resilienz, S. 5 (6); Wiebe Der neue CRA/Wiebe § 4 Rn. 49; HK-GPSR/Wiebe EU-Produktsicherheits-VO Art. 5 Rn. 32.

[87] Schucht NVwZ 2021, 532; Wiebe InTer 2021, 66 (67); Reusch BB 2021, 1218 (1219 f.); BeckOK Produktrecht/Weiß/Rockstroh GPSR Art. 6 Rn. 57; Rockstroh/Kunkel MMR 2017, 77 (78 f.) mwN; Hornung/Schallbruch IT-SicherheitsR-HdB/Hornung/Schallbruch § 1 Rn. 12; Riehm/Leithäuser/Brenner in Raue, Digitale Resilienz, S. 5 (6 f.); jetzt auch Wiebe Der neue CRA/Wiebe § 9 Rn. 191; kritisch Hartmann/Klindt ZfPC 2022, 73 f.; vgl. schon Bräutigam/Klindt NJW 2015, 1137 (1140): „Die IT-Sicherheit und die Produktsicherheit treffen sich hier – erstmals – zu einem gemeinsamen zu entwickelnden Schutzkonzept"; vgl. in diesem Zusammenhang auch die Diskussionen in → Rn. 97 und → Rn. 120.

[88] Zu diesem Begriff s. die Opinion of the sub-group on artificial intelligence (ai), connected products and other new challenges in product safety to the consumer safety network v. Dezember 2020, S. 6; vgl. auch BeckOK Produktrecht/Weiß/Rockstroh GPSR Art. 6 Rn. 57, 69; HK-GPSR/Wiebe EU-Produktsicherheits-VO Art. 5 Rn. 32 spricht allgemeiner von „Product Security"; jetzt aber auch zur Cybersafety Wiebe Der neue CRA/Wiebe § 9 Rn. 191.

[89] Klindt, DAR 2023, 7 (9) „Haftungsrechtlich […] alles andere als ausdiskutiert. Denn der Cyber-Angriff ist IT-Vandalismus" (Anm.: Kürz. d. d. Verfasser); es sei mit Hartmann/Klindt ZfPC 2022, 73 f. „noch nicht annähernd ausreichend erforscht, inwieweit das etablierte Regelungsregime rund um Safety nolens volens auf Herausforderungen der Security angewendet werden kann" mwN; vgl. umfangreich BeckOK Produktrecht/Weiß/Rockstroh GPSR Art. 6 Rn. 55 ff. mwN und auch zur Annäherung der IT-Sicherheit an die Produktsicherheit.

[90] Felk weist zudem zu Recht darauf hin, dass der (Unions)Gesetzgeber insbes. über weit definierte Schutzgüter/-ziele, zB im CRA, den Anwendungsbereich der Cybersicherheit (zumindest partiell) um den Bereich der Produktsicherheit erweitert, Heckmann/Paschke/Felk CRA Art. 7 Rn. 46 mwN, insbes. mit Verweis auf Art. 11 iVm Erwgr. 50 CRA; vgl. → Rn. 142.

III. Verfassungsrechtliche Grundlagen

Das Informationssicherheits*recht* hat (auch) ein grundrechtliches Fundament.[91] Im Mittelpunkt der bisherigen (verfassungsrechtlichen) Diskussion zur Daten- bzw. Informationssicherheit stehen die Grundrechte **auf informationelle Selbstbestimmung** und **auf Gewährleistung der Integrität und Vertraulichkeit informationstechnischer Systeme.**[92] Es handelt sich jeweils um eine eigenständige Ausprägung des allgemeinen Persönlichkeitsrechts (Art. 2 Abs. 1 iVm Art. 1 Abs. 1 GG).[93] Die informationelle Selbstbestimmung gewährleistet die Befugnis des Einzelnen, grundsätzlich selbst über die Preisgabe und Verwendung seiner persönlichen Daten zu bestimmen.[94] Der Datenschutz schließt dabei die Datensicherheit mit ein.[95] Das Recht auf Gewährleistung der Integrität und Vertraulichkeit informationstechnischer Systeme gewährleistet – als IT-System-Grundrecht[96] – Schutz für das „gesamte informationstechnische System und seinen Datenbestand“[97]. 35

Das IT-System-Grundrecht schütze die „Vertraulichkeit der Daten“[98] und – dem vorgelagert – die „Vertraulichkeit und Integrität des vom Schutzbereich erfassten IT-Systems“.[99] Denn es entstehe bereits mit dem Zugriff auf ein IT-System „eine besondere Gefährdungslage für die dort erzeugten, verarbeiteten und gespeicherten oder von dort aus zugänglichen Daten“.[100] Der Gewährleistungsbereich erfasse, dass „sich Unberechtigte Zugriff auf das IT-System verschaffen und dadurch potenziell Daten abgreifen können – ohne dass dies auch tatsächlich geschehen muss“.[101] Auf den dafür nötigen Aufwand komme es nicht an.[102] 36

Von besonderer Relevanz ist daneben[103] das von Art. 10 Abs. 1 GG geschützte Fernmeldegeheimnis, das insbes. den Schutz vor Zugriffen auf Inhalte und Umstände der laufenden Telekommunikation betrifft.[104] IT-Sicherheit ist zudem kein Selbstzweck, sondern dient immer dem Schutz eines IT-Systems, das in einem spezifischen Lebens- 37

[91] Hornung/Schallbruch IT-SicherheitsR-HdB/Poscher/Lassahn § 7 Rn. 22 ff.

[92] Vgl. zuletzt BVerfG 24.6.2025 – 1 BvR 2466/19, NVwZ 2025, 1809; BVerfG 24.6.2025 – 1 BvR 180/23, NVwZ 2025, 1821; vgl. hierzu das Recht auf Achtung der Privatsphäre und auf Datenschutz aus Art. 7 und 8 GRCh sowie Art. 8 EMRK (Wischmeyer S. 140); Hornung/Schallbruch IT-SicherheitsR-HdB/Poscher/Lassahn § 7 Rn. 25 „IT-Sicherheit für beinahe jedes Grundrecht relevant“, Rn. 26.

[93] BVerfG 24.6.2025 – 1 BvR 2466/19, NVwZ 2025, 1809 (1815 f.); BVerfG 24.6.2025 – 1 BvR 180/23, NVwZ 2025, 1821 (1823) (1829); BVerfG 1.10.2024 – 1 BvR 1160/19, NVwZ 2024, 1736 (1739); BVerfG 6.11.2019 – 1 BvR 16/13, NJW 2020, 300 (307); BVerfG 27.2.2008 – 1 BvR 370/07, 1 BvR 595/07, NJW 2008, 822; BVerfG 13.6.2007 – 1 BvR 1550/03, NJW 2007, 2464 (2465); Hornung/Schallbruch IT-SicherheitsR-HdB/Poscher/Lassahn § 7 Rn. 26.

[94] BVerfG 1.10.2024 – 1 BvR 1160/19, NVwZ 2024, 1736 (1739).

[95] Vgl. etwa EuGH 8.4.2014 – C-293/12, C-594/12, NJW 2014, 2169 (2173).

[96] BVerfG 24.6.2025 – 1 BvR 2466/19, NVwZ 2025, 1809 (1814); BVerfG 24.6.2025 – 1 BvR 180/23, NVwZ 2025, 1821 (1823).

[97] BVerfG 8.6.2021 – 1 BvR 2771/18, NJW 2021, 3033 (3035); in BVerfG 24.6.2025 – 1 BvR 180/23, NVwZ 2025, 1821 (1823) heißt es, „[d]as IT-Grundrecht schützt […] vor Zugriffen auf IT-Systeme in ihrer ganzen Breite“ und „[g]rundrechtlich gewährleistet ist die Vertraulichkeit und Integrität des geschützten IT-Systems“ (Anm.: Änd. und Kürz. d. d. Verfasser).

[98] Das BVerfG betont dabei häufig den Bezug zum Persönlichkeitsrecht, vgl. etwa „Einblick in wesentliche Teile der Lebensgestaltung einer Person“ oder „aussagekräftiges Bild der Persönlichkeit zu erhalten“, „Schutz personenbezogener Daten“, BVerfG 24.6.2025 – 1 BvR 2466/19, NVwZ 2025, 1809 (1814).

[99] BVerfG 24.6.2025 – 1 BvR 2466/19, NVwZ 2025, 1809 (1814).

[100] BVerfG 24.6.2025 – 1 BvR 2466/19, NVwZ 2025, 1809 (1814).

[101] BVerfG 24.6.2025 – 1 BvR 2466/19, NVwZ 2025, 1809 (1814).

[102] BVerfG 24.6.2025 – 1 BvR 2466/19, NVwZ 2025, 1809 (1814).

[103] BVerfG 24.6.2025 – 1 BvR 2466/19, NVwZ 2025, 1809 (1815 ff.).

[104] BVerfG 8.6.2021 – 1 BvR 2771/18, NJW 2021, 3033 (3035); umfangreich BVerfG 24.6.2025 – 1 BvR 2466/19, NVwZ 2025, 1809 (1812 ff.); BVerfG 24.6.2025 – 1 BvR 180/23, NVwZ 2025, 1821 (1823), auch umfassend zur Abgrenzung zum IT-System-Grundrecht.

bereich wirkt.[105] Es hängt mithin von dem IT-System und dem jeweils betroffenen Lebensbereich ab, welches Grundrecht einschlägig sein kann.[106] Je nach Fallgestaltung können das Recht auf Leben und körperliche Unversehrtheit (Art. 2 Abs. 2 GG; Art. 2, 3 GRCh), die Meinungs- und Informationsfreiheit (Art. 5 Abs. 1 GG; Art. 11 GRCh) oder eben andere Grundrechte betroffen sein.[107]

38 Der Gewährleistungsgehalt von Grundrechten enthält „eine objektive Wertentscheidung der Verfassung, die **staatliche Schutzpflichten** begründen kann".[108] So treffe den Staat **eine Pflicht,** dazu **beizutragen,** dass die **Integrität und Vertraulichkeit informationstechnischer Systeme gegen Angriffe durch Dritte geschützt** wird.[109] Die Aufstellung und normative Umsetzung eines **Schutzkonzepts** sei dann eine Aufgabe des Gesetzgebers, dem grds. ein Einschätzungs-, Wertungs- und Gestaltungsspielraum zukomme.[110]

39 Die diversen gesetzlichen Vorgaben zur IT-/Informationssicherheit dienen im gewissen Maße auch der **Umsetzung dieses Schutzauftrags.** Soweit der Gesetzgeber mit den Vorgaben auch in die Grundrechte der jeweiligen Normadressaten eingreift, ist dieser Eingriff in Einklang mit diesen Grundrechten zu bringen.[111]

IV. Anforderungen an Nutzer und Betreiber von informationstechnischen Systemen und Netzwerken

40 Anforderungen an die IT-/Informationssicherheit können sich aus dem Gesellschaftsrecht (→ Rn. 41), aus den Buchführungspflichten (→ Rn. 53), aus bereichsspezifischen Vorschriften (→ Rn. 73), aus dem BSIG/der NIS-2-RL (→ Rn. 55) oder aus der DS-GVO (→ Rn. 71 und Kap. 17 Rn. 1 ff.) ergeben.[112]

1. Gesellschaftsrechtliche Vorgaben/die Geschäftsleitungsverantwortung und -haftung

41 Inzwischen gibt es diverse Gesetze, die Vorgaben zur IT-/Cybersicherheit für Betreiber informationstechnischer Systeme und Netzwerke und damit für „Unternehmen" machen.[113] Eine **IT-sicherheitsrechtliche Pflicht,** die sich direkt und ausdrücklich an die

---

105 Hornung/Schallbruch IT-SicherheitsR-HdB/Poscher/Lassahn § 7 Rn. 7, 37; Wischmeyer S. 153; in BVerfG 24.6.2025 – 1 BvR 2466/19, NVwZ 2025, 1809 (1814) heißt es bzgl. des IT-System-Grundrechts, der Schutzbereich sei „daher stets vom IT-System her zu definieren und auf ein auf dieses System insgesamt bezogenes Gefährdungspotenzial ausgelegt".

106 Hornung/Schallbruch IT-SicherheitsR-HdB/Poscher/Lassahn § 7 Rn. 37; Wischmeyer S. 153.

107 Zu den genannten Beispielen s. Wischmeyer S. 5.

108 StRspr BVerfG 15.1.1958 – 1 BvR 400/57, NJW 1958, 257; BVerfG 25.2.1975 – 1 BvF 1 – 6/74, NJW 1975, 573 (575); BVerfG 8.6.2021 – 1 BvR 2771/18, NVwZ 2021, 1361 (1363).

109 BVerfG 8.6.2021 – 1 BvR 2771/18, NJW 2021, 3033 (3035).

110 BVerfG 8.6.2021 – 1 BvR 2771/18, NJW 2021, 3033 (3037); BVerfG v. 30.6.2022 – 2 BvR 737/20, NVwZ 2022, 1722 (1725) zur Verzinsung; BVerfG v. 3.2.2026 – 2 BvR 1626/25, NVwZ 2026, 495 (497) zum Außenwirtschaftsrecht.

111 Wischmeyer S. 123 ff.; Hornung/Schallbruch IT-SicherheitsR-HdB/Poscher/Lassahn § 7 Rn. 46; vgl. etwa Teichmann NVwZ 2025, 1662 (1666 ff.) zum CRA, der allerdings nicht auf das IT-System-Grundrecht abstellt (NVwZ 2025, 1662 (1669)).

112 Für Zwecke des Handbuchs ist jeweils lediglich ein stark vereinfachter, grober Überblick über einzelne Aspekte vorgesehen, um den Aspekt „Informationssicherheit" im Lebenszyklus der Daten darzustellen. Es wird insoweit auf die einschl. Literatur verwiesen.

113 S. etwa → Rn. 3; → Rn. 55 ff.; → Rn. 71; → Rn. 73 ff.; für Zwecke des Handbuchs ist lediglich ein stark vereinfachter, grober Überblick über einzelne Aspekte vorgesehen, um den Aspekt „Informationssicherheit" im Lebenszyklus der Daten darzustellen. Es wird insoweit auf die einschl. Literatur verwiesen.

Geschäftsleitung richtet, gab es – soweit ersichtlich – bisher nicht.[114] Eine solche **Verantwortung der Geschäftsleitung** kann sich jedoch aus den allgemeinen gesellschaftsrechtlichen Sorgfaltspflicht- und Haftungsnormen der **§§ 76 Abs. 1, 91 Abs. 2, 93 Abs. 1 S. 1, Abs. 2 S. 1 AktG** bzw. **§ 43 Abs. 1, Abs. 2 GmbHG** und den aus ihnen abgeleiteten **Sorgfalts-**[115] und **Treuepflichten** ergeben.[116] In **§ 38 BSIG** hat der deutsche Gesetzgeber nunmehr auch ausdrückliche Pflichten in Bezug auf die IT-Sicherheit für **Geschäftsleitungen** sowie eine entsprechende Haftung bei Verstößen eingeführt.[117] Art. 5 Abs. 2 VO (EU) 2022/2554 (DORA) enthält vergleichbare Vorschriften.[118]

Vorstandsmitglieder einer Aktiengesellschaft haben bei ihrer Geschäftsführung gem. 42
§ 93 Abs. 1 S. 1 AktG die Sorgfalt eines ordentlichen und gewissenhaften Geschäftsleiters und **Geschäftsführer** einer GmbH haben gem. § 43 Abs. 1 GmbHG in den Angelegenheiten der Gesellschaft die Sorgfalt eines ordentlichen Geschäftsmannes anzuwenden.

Geschäftsleiter unterliegen innerhalb der Gesellschaft der **Sorgfaltspflicht** und der 43
Treuepflicht[119], wobei sich die **Sorgfaltsplicht** weiter in die vier Pflichtenkreise der **Legalitäts-**, **Sorgfalts- (ieS)**, **Überwachungs-** und **Compliance-Pflicht** unterteilt.[120] Verletzen sie ihre Pflichten bzw. Obliegenheiten, haften sie der Gesellschaft für den daraus entstandenen Schaden, vgl. § 93 Abs. 2 S. 1 AktG, § 43 Abs. 2 GmbHG. Die Organhaftung dient insbes. der Verhaltenssteuerung und damit auch der Schadensprävention.[121] Im Folgenden sollen zwei Fallgestaltungen unterschieden werden: Es besteht eine gesetzliche Verpflichtung zur Implementierung und Aufrechterhaltung von IT-Sicherheitsmaßnahmen (→ Rn. 44) und es besteht keine solche gesetzliche Verpflichtung (→ Rn. 49). Die Sorgfaltspflicht des Geschäftsleiters kann auch umfassen, dass im Unternehmen IT-Sicherheitsmaßnahmen zu ergreifen sind, wenn keine diesbez. ausdrücklichen gesetzlichen Vorgaben für das Unternehmen bestehen (→ Rn. 49 ff.).

a) Es besteht eine gesetzliche Verpflichtung

Der **Geschäftsleiter** hat sich **gesetzestreu** zu **verhalten (Legalitätspflicht):** Er muss 44
sämtliche Rechtsvorschriften beachten, die ihn persönlich und die das Unternehmen im

[114] Versteyl/El-Taki NJW 2023, 1548 (1549); vgl. jetzt § 38 BSIG; Grosmann/Gerecke/Aschenbrenner CR 2024, 665 (668 f.); Kipker/Emmerich kes, 3/2025, 19 ff.

[115] Die sich wiederum in die Legalitätspflicht, Sorgfaltspflicht im engeren Sinne, Überwachungspflicht und Compliance-Pflicht unterteilen (Fleischer NZG 2024, 1639 (1642)).

[116] Blum/Adelberg CB 2024, 145 (149) mwN; zur Personengesellschaft Fleischer NZG 2024, 1639 (1642); für die GmbH MüKoGmbHG/Fleischer GmbHG § 43 Rn. 12, 21 ff.; Kipker/Emmerich kes 3/2025, 20.

[117] „Geschäftsleitung" ist nach § 2 Nr. 13 BSIG eine natürliche Person, die nach Gesetz, Satzung oder Gesellschaftsvertrag zur Führung der Geschäfte und zur Vertretung einer besonders wichtigen Einrichtung oder wichtigen Einrichtung berufen ist; Leiterinnen und Leiter von Einrichtungen der Bundesverwaltung nach § 29 gelten nicht als Geschäftsleitung; auch für den Gesetzgeber ist „unklar, wer im Unternehmen konkret zu den Geschäftsleitern zählt", BT-Drs. 21/1501, 113; die Binnenhaftung des Geschäftsleitungsorgans bei Verletzung von Pflichten nach dem BSI-Gesetz" soll sich „grundsätzlich aus den allgemeinen Grundsätzen (bspw. § 93 AktG)" ergeben; nur wenn solche Regelungen nicht bestehen, ergibt sich die „Binnenhaftung" aus § 38 Abs. 2 BSIG", BT-Drs. 21/1501, 154.

[118] Schreiber/Brinke BB 2024, 2696 (2697), auch zu § 20 KRITISDachG.

[119] Zuletzt Fleischer NZG 2024, 1639 (1642); MüKoGmbHG/Fleischer GmbHG § 43 Rn. 6, 21 ff., 204 ff.; BeckOGK/Fleischer AktG § 93 Rn. 11, 19 ff., 147 ff.

[120] Zuletzt Fleischer NZG 2024, 1639 (1642 ff.); MüKoGmbHG/Fleischer GmbHG § 43 Rn. 12, 21 ff.; vgl. auch OLG Zweibrücken 7.10.2022 – 4 U 198/21, BeckRS 2022, 40648 Rn. 32.

[121] BeckOGK/Fleischer AktG § 93 Rn. 2 f. mwN, Organmitglieder sollen zu größerer Sorgfalt angehalten werden; die NIS-2-RL will über die Leiterhaftung ebenfalls „ein hohes Maß an Verantwortung für die Risikomanagementmaßnahmen […] sicher[…]stellen" (Erwgr. 137 NIS-2-RL; Anm.: Kürz. d. d. Verfasser).

Außenverhältnis treffen.[122] Den Geschäftsleiter trifft zudem eine Überwachungspflicht, aus der sich wiederum eine **Compliance-Pflicht** entwickelt hat[123]: Den Geschäftsleiter trifft insofern auch die Pflicht, dafür Sorge zu tragen, dass sich die nachgeordneten Mitarbeiter **regelgetreu verhalten (Legalitätskontrollpflicht).**[124] Der Geschäftsleiter hat bei entsprechender Risikolage geeignete und zumutbare organisatorische Maßnahmen zur Schadensprävention und Risikokontrolle zu implementieren.[125]

45 So regelt der Grundsatz 5 des Deutschen Corporate Governance Kodex (DCGK)[126], dass der Vorstand für die Einhaltung der gesetzlichen Bestimmungen und der internen Richtlinien zu sorgen hat und auf deren Beachtung im Unternehmen hinwirkt (Compliance). Es bedarf „eines angemessenen und wirksamen internen Kontrollsystems und Risikomanagementsystems". Der Vorstand muss ein Compliance Management System einrichten.[127]

46 IT-Sicherheitspflichten finden sich derzeit va in bereichsspezifischen Vorschriften (umfangreich → Rn. 73 ff.). Auch die in Art. 5 Abs. 1 lit. f DS-GVO iVm Art. 24, 25 und 32 DS-GVO geregelte Verpflichtung zur Datensicherheit gehört hierher.[128] Mit der Umsetzung der Art. 20 ff. NIS-2-RL in den §§ 30 ff., 38 BSIG (→ Rn. 55 ff.) wird erneut eine größere Zahl von Unternehmen und damit deren Geschäftsleiter betroffen sein. In der Gesetzesbegründung zum BSIG heißt es dann auch, dass sich

„[d]ie Binnenhaftung des Geschäftsleitungsorgans bei Verletzung von Pflichten nach dem BSI-Gesetz […] grundsätzlich aus den allgemeinen Grundsätzen (bspw. § 93 AktG)"

ergibt.[129]

47 Dem Geschäftsleiter wird grds. ein **breiter unternehmerischer Ermessensspielraum** bei der Umsetzung der Maßnahmen zugestanden (vgl. umfangreich zur **Business Judgment Rule** → Rn. 52).[130] Dieser Handlungsspielraum sei jedoch durch die **gesetzli-**

---

122 BGH 27.8.2010 – 2 StR 111/09, NJW 2010, 3458 (3460); BGH 10.7.2012 – VI ZR 341/10, NJW 2012, 3439 (3441); OLG Zweibrücken 7.10.2022 – 4 U 198/21, BeckRS 2022, 40648 Rn. 32; OLG Düsseldorf 27.7.2023 – 6 U 1/22, NZG 2023, 1279 (1281); LG München 10.12.2013 – 5 HK O 1387/10, NZG 2014, 345; MüKoGmbHG/Fleischer GmbHG § 43 Rn. 12, 21; Fleischer NZG 2024, 1639 (1643) zur Personengesellschaft; MüKoAktG/Spindler AktG § 93 Rn. 89 f.; BeckOGK/Fleischer AktG § 93 Rn. 19 ff., 28; Korch/Chatard AG 2019, 551 (554) zur DS-GVO; Grosmann/Gerecke/Aschenbrenner CR 2024, 665 (668).

123 Die Compliance Pflicht soll sich „mit der überwiegenden Lehre […] aus der allgemeinen Leitungssorgfalt der Vorstandsmitglieder gem. § 76 Abs. 1 AktG, § 93 Abs. 1 AktG" ableiten (BeckOGK/Fleischer AktG § 91 Rn. 65 mit umfassender Übersicht zu den einzelnen Meinungen) (Anm.: Kürz. d. d. Verfasser); MüKoGmbHG/Fleischer GmbHG § 43 Rn. 12, 186; OLG Zweibrücken 7.10.2022 – 4 U 198/21, BeckRS 2022, 40648 Rn. 32; LG München 10.12.2013 – 5 HK O 1387/10, NZG 2014, 345.

124 Zuletzt Fleischer NZG 2024, 1639 (1644); BeckOGK/Fleischer AktG § 93 Rn. 146 und BeckOGK/Fleischer AktG § 91 Rn. 62 ff.; MüKoGmbHG/Fleischer GmbHG § 43 Rn. 186, auch zum Zusammenfallen insoweit mit der Überwachungspflicht; Schreiber/Brinke BB 2024, 2696 (2701); Grosmann/Gerecke/Aschenbrenner CR 2024, 665 (668) zu §§ 30, 38 BSIG-E; Korch/Chatard AG 2019, 551 (554) zur DS-GVO; vgl. auch OLG München 31.7.2024 – 7 U 351/23e, NZG 2024, 1461 (1467); OLG Zweibrücken 7.10.2022 – 4 U 198/21, BeckRS 2022, 40648 Rn. 32; LG München 10.12.2013 – 5 HK O 1387/10, NZG 2014, 345.

125 Fleischer NZG 2024, 1639 (1644); LG München 10.12.2013 – 5 HK O 1387/10, NZG 2014, 345 f.; vgl. umfangreich BeckOGK/Fleischer AktG § 91 Rn. 68 ff.

126 Dafür, dass vom DCGK keine haftungsverschärfenden Auswirkungen ausgehen: BeckOGK/Fleischer AktG § 93 Rn. 62 mwN.

127 Hornung/Schallbruch IT-SicherheitsR-HdB/Thalhofer § 16 Rn. 9; Grosmann/Gerecke/Aschenbrenner CR 2024, 665 (668).

128 Hornung/Schallbruch IT-SicherheitsR-HdB/Thalhofer § 16 Rn. 53 ff.; Grosmann/Gerecke/Aschenbrenner CR 2024, 665 (669); umfangreich Korch/Chatard AG 2019, 551.

129 BT-Drs. 21/1501, 154 (Anm.: Kürz. d. d. Verfasser).

130 BeckOGK/Fleischer AktG § 76 Rn. 68 mit Verweis auf BGH 21.12.2005 – 3 StR 470/04, NJW 2006, 522 (523); MüKoGmbHG/Fleischer GmbHG § 43 Rn. 79; Fleischer NZG 2024, 1639 (1643 f.) mwN auch zur aA; Kipker/Emmerich kes 3/2025, 21; Grosmann/Gerecke/Aschenbrenner CR 2024, 665 (669); Korch/Chatard AG 2019, 551 (554) „Auswahl und Gestaltungsermessen".

chen Vorschriften begrenzt.[131] Die Vorgaben der §§ 30 ff., 38 BSIG[132] (→ Rn. 59 ff.) „überformen" daher die allgemeinen Sorgfaltspflichten in § 93 Abs. 1 AktG und § 43 Abs. 1 GmbHG (→ Rn. 49 ff.) und geben den verbindlichen Rahmen vor, innerhalb dessen ein Ermessen möglich bleibt.[133] Den Geschäftsleiter trifft mithin bereits die Legalitäts- und die Legalitätskontrollpflicht (→ Rn. 44) in Bezug auf die Einhaltung der §§ 30 ff. BSIG (→ Rn. 59 ff.).[134] An dieser Stelle wird entscheidend, welche Verpflichtung sich für den Geschäftsleiter aus § 38 Abs. 1 BGB (zusätzlich) ergeben soll. Er ist hiernach verpflichtet, „die von diesen Einrichtungen nach § 30 zu ergreifenden Risikomanagementmaßnahmen umzusetzen und ihre Umsetzung zu überwachen". Die Pflicht zur Überwachung der Umsetzung könnte sich mit den Überwachungspflichten (→ Rn. 44) decken. Der Geschäftsleiter wird die Maßnahmen aber kaum selbst „umsetzen" können. Es wäre daher davon auszugehen, dass er diese Pflicht delegieren kann, woraufhin ihn wieder eine Überwachungspflicht treffen würde.[135] Art. 20 Abs. 1 NIS-2-RL fordert hingegen – wie die deutsche Gesetzesbegründung[136] –, dass der Geschäftsleiter die Maßnahmen „billigen" soll.[137] Die Vorschrift bleibt zunächst unklar.

Der Anspruch nach § 93 Abs. 2 AktG oder § 43 Abs. 2 GmbHG setzt ein Verschulden des **48**
Geschäftsleiters voraus, wobei ein „typisierter Verschuldensmaßstab" gelte.[138] Der Geschäftsleiter haftet nur für eigenes Verschulden.[139] Er haftet insbes. nicht für Fehlverhalten nachgeordneter Unternehmensangehöriger, wobei ihn jedoch ein eigenes Auswahl-, Einweisungs- oder Überwachungsverschulden treffen kann.[140] Auch hier ist wieder der Pflichtenumfang (→ Rn. 47) entscheidend.

b) Es besteht keine gesetzliche Verpflichtung

Doch wie ist mit Fällen umzugehen, in denen kein gesetzlicher IT-sicherheitsrechtlicher **49**
Pflichtenrahmen besteht?[141] In der Literatur scheint Einigkeit darüber zu bestehen, dass die Errichtung und Aufrechterhaltung von IT-Sicherheit(smaßnahmen) grds. Aufgabe der

[131] BGH NJW 2011, 88 (92); BT-Drs. 15/5092, 11: „Für illegales Verhalten gibt es keinen ‚sicheren Hafen' im Sinne einer haftungstatbestandlichen Freistellung, es kann hier im Einzelfall aber am Verschulden fehlen"; Korch/Chatard AG 2019, 551 (554) zur DS-GVO „Nach überwiegender Ansicht" mwN und der Darstellung der Gegenansicht; idS auch Grosmann/Gerecke/Aschenbrenner CR 2024, 665 (668); BeckOGK/Fleischer AktG § 93 Rn. 52 f. „hM"; zu Handeln in unklarer Rechtslage s. BeckOGK/Fleischer AktG § 93 Rn. 38 ff. und Rn. 44 ff.; zu weiteren Grenzen des Geschäftsleiterermessens Fleischer NZG 2024, 1639 (1644).

[132] Oder etwa die Vorgaben aus Art. 32 DS-GVO.

[133] BeckOGK/Fleischer AktG § 93 Rn. 53: „Law-as-Limit"-Theorie, auch mit der Gegenmeinung insbes. für „nützliche Pflichtverletzungen"; umfassend zur „‚Law-as-Price'-Theorie versus ‚Law-as-Limit'-Theorie" s. Fleischer ZIP 2005, 141 (147); vgl. auch Grosmann/Gerecke/Aschenbrenner CR 2024, 665 (669 f.); Korch/Chatard AG 2019, 551 (554) zur DS-GVO.

[134] Vgl. zur DS-GVO etwa Korch/Chatard AG 2019, 551 (554 ff.).

[135] BT-Drs. 21/1501, 154 spricht von der Einschaltung von Hilfspersonen, wobei das „Leitungsorgan letztverantwortlich" bleibe; der Referentenentwurf v. 3.7.2023 sah zudem in § 38 Abs. 1 S. 2 BSIG-E noch vor, dass die Einschaltung eines Dritten zur Erfüllung der Pflicht nicht zulässig ist, die einzelnen Entwürfe sind abrufbar unter www.openkritis.de/it-sicherheitsgesetz/nis2-umsetzung-gesetz-cybersicherheit.html; Korch/Chatard AG 2019, 551 (557) gehen zur DS-GVO davon aus, dass der Vorstand nur „einzelne Kontroll- und Implementierungsaufgaben" delegieren könne, er aber in „Gesamtverantwortung" bleibe; ähnlich Schreiber/Brinke BB 2024, 2696 (2699), die Geschäftsleitung bleibe aber „zur Überwachung der beauftragten Person verpflichtet".

[136] BT-Drs. 21/1501, 110, 154.

[137] Schreiber/Brinke BB 2024, 2696 (2699) gehen daher davon aus, dass die Geschäftsleitung „die Maßnahmen als geeignet zu billigen haben" iS einer Genehmigung.

[138] Fleischer NZG 2024, 1639 (1645); MüKoGmbHG/Fleischer GmbHG § 43 Rn. 318.

[139] BeckOGK/Fleischer AktG § 93 Rn. 250.

[140] BeckOGK/Fleischer AktG § 93 Rn. 250; Korch/Chatard AG 2019, 551 (554) „Organisations- und Überwachungspflichten".

[141] Bzw. bis zur Umsetzung der NIS-2-RL nicht existierten.

Geschäftsleitung ist.[142] Diese Stimmen stellen dabei zT auf die Compliance-Pflicht ab.[143] Die Compliance-Pflicht bezieht sich aber insbes. auf die Sicherstellung, dass gesetzliche Vorgaben im Unternehmen eingehalten werden (→ Rn. 44).

50 Es bestehen neben der Legalitätspflicht weitere Sorgfaltspflichten, die auch als **Sorgfaltspflichten im engeren Sinne** bezeichnet werden.[144] Aus der Verpflichtung zur sorgfältigen Geschäftsleitung lassen sich zahlreiche einzelne Verhaltensanforderungen ableiten.[145] Diese sind einer Vielzahl von Faktoren unterworfen und variieren von Fall zu Fall.[146] So setzt etwa die Einstufung einer Information als Geschäftsgeheimnis iSv § 2 Nr. 1 GeschGehG das Ergreifen von „den Umständen nach angemessenen Geheimhaltungsmaßnahmen" voraus. Es handelt sich aus Sicht des Unternehmens um eine Obliegenheit – und keine Pflicht[147]. Fleischer leitet die Pflicht des Geschäftsleiters zur Einrichtung eines Geheimnismanagements aus der organschaftlichen Vermögensverantwortung und der generellen Vorstandspflicht ab, Schäden von der Gesellschaft abzuwenden.[148] Diese Gedanken ließen sich auf die Pflicht zum Einrichten und Aufrechterhalten von IT-Sicherheitsmaßnahmen übertragen.[149] Unternehmen sind – in unterschiedlichem Maße – abhängig von ihren IT-Systemen und den dort gespeicherten und verarbeiteten Daten.

51 Der Vorstand kann **Leitungsentscheidungen im eigenen Ermessen** treffen.[150] Ihm wird ein **breiter unternehmerischer Ermessensspielraum** zugestanden, „der nicht nur das bewusste Eingehen geschäftlicher Risiken, sondern auch die Gefahr von Fehlbeurteilungen und Fehleinschätzungen einschließt".[151] Dieser Grundsatz findet seinen Ausdruck in der in § 93 Abs. 1 S. 2 AktG kodifizierten **Business Judgment Rule,** wonach eine Pflichtverletzung nicht vorliegt, wenn das Vorstandsmitglied bei einer unternehmerischen Entscheidung vernünftigerweise annehmen durfte, auf der Grundlage angemessener Information zum Wohle der Gesellschaft zu handeln.[152] Bei der Einrichtung und Aufrechterhaltung von IT-/Cybersicherheitsmaßnahmen dürfte es sich um eine unternehmerische Entscheidung handeln.[153] Das Vorstandsmitglied müsste diesbezüglich auf der Grundlage angemessener Information, ohne Sonderinteressen und sachfremde Einflüsse, zum Wohl der Gesellschaft und in gutem Glauben handeln.[154]

52 Es schließt sich die Frage an, welche Maßnahmen konkret zu treffen sind. In der IT-/Cybersicherheit gilt grds. ein **risikobasierter Ansatz** (→ Rn. 25). **„Risiko"** meint in diesem Zusammenhang das Potenzial für Verluste oder Störungen, die durch einen Sicherheitsvorfall verursacht werden, das als eine Kombination des Ausmaßes eines solchen Verlusts oder einer

---

[142] Vgl. etwa Versteyl/El-Taki NJW 2023, 1548 (1549); für die Aktiengesellschaft: Moosmayer/Lösler Corporate Compliance/Schmidl Kap. 3 Rn. 47; vgl. auch Godzierz Compliance-Checklisten § 12. Rn. 4.

[143] Vgl. etwa Versteyl/El-Taki NJW 2023, 1548 (1549); anders wohl Moosmayer/Lösler Corporate Compliance/Schmidl Kap. 3 Rn. 48 („ übliche Sorgfalt"); jetzt Grosmann/Gerecke/Aschenbrenner CR 2024, 665 (668 f.) sowie Kipker/Emmerich kes 3/2025, 19 ff.

[144] BeckOGK/Fleischer AktG § 93 Rn. 57 ff.; MüKoGmbHG/Fleischer GmbHG § 43 Rn. 60.

[145] BeckOGK/Fleischer AktG § 93 Rn. 57; MüKoGmbHG/Fleischer GmbHG § 43 Rn. 60.

[146] BeckOGK/Fleischer AktG § 93 Rn. 57; MüKoGmbHG/Fleischer GmbHG § 43 Rn. 60.

[147] OLG Düsseldorf 11.3.2021 – 15 U 6/20, MMR 2022, 68 (70) und (71); Harte-Bavendamm/Ohly/Kalbfus/Harte-Bavendamm GeschGehG § 2 Rn. 40; BeckOK GeschGehG/Fuhlrott GeschGehG § 2 Rn. 20; BeckOGK/Fleischer AktG § 93 Rn. 124.

[148] BeckOGK/Fleischer AktG § 93 Rn. 124.

[149] Wenn keine gesetzlichen Pflichten bestehen, andernfalls → Rn. 47; wie hier wohl auch Grosmann/Gerecke/Aschenbrenner CR 2024, 665 (668 f.) sowie Kipker/Emmerich kes 3/2025, 19 ff.

[150] BeckOGK/Fleischer AktG § 76 Rn. 68; MüKoGmbHG/Fleischer GmbHG § 43 Rn. 7979; Fleischer NZG 2024, 1639 (1643 f.) mwN auch zur aA.

[151] BeckOGK/Fleischer AktG § 76 Rn. 68 mit Verweis auf BGH 21.12.2005 – 3 StR 470/04, NJW 2006, 522 (523); MüKoGmbHG/Fleischer GmbHG § 43 Rn. 79; Kipker/Emmerich kes 3/2025, 21.

[152] BeckOGK/Fleischer AktG § 93 Rn. 79: „Mit dieser Bestimmung hat der Gesetzgeber im Jahre 2005 die ungeschriebene Figur des Geschäftsleiterermessens in das geschriebene Aktienrecht übernommen"; Grosmann/Gerecke/Aschenbrenner CR 2024, 665 (668); Kipker/Emmerich kes 3/2025, 21.

[153] So ausdrücklich Kipker/Emmerich kes 3/2025, 21; zur Begrenzung durch gesetzlich verbindliche Vorgaben s. → Rn. 47.

[154] S. die umfangreichen Ausführungen bei BeckOGK/Fleischer AktG § 93 Rn. 87 ff.; Grosmann/Gerecke/Aschenbrenner CR 2024, 665 (668;); umfangreich Kipker/Emmerich kes 3/2025, 21 f.

solchen Störung und der Wahrscheinlichkeit des Eintretens des Sicherheitsvorfalls zum Ausdruck gebracht wird, vgl. Art. 6 Nr. 9 NIS-2-RL.[155] Es ist mithin zunächst eine Risikoanalyse und -bewertung durchzuführen.[156] Bei der Bewertung können etwa die Art und Größe des Unternehmens, dessen Risikoexposition, die Art, der Umfang und die Kritikalität der verarbeiteten Daten, die Abhängigkeit – von bestimmten Teilen – des Unternehmens von den IT-Systemen, mögliche Schadensszenarien, deren Eintrittswahrscheinlichkeit und die Kosten der Schadensbeseitigung, aber auch die Umsetzungskosten zu berücksichtigen sein.[157] Hilfe bei der praktischen Umsetzung können Richtlinien und Standards, wie etwa die Reihe ISO/IEC 27000 ff., der IT-Grundschutz und sog. „Best Practices" geben.[158]

2. Buchführungspflichten

Im Falle der elektronischen **Buchführung** muss insbes. sichergestellt sein, dass während der Dauer der Aufbewahrungsfrist die Daten jederzeit verfügbar sind und unverzüglich lesbar gemacht werden können, § 146 Abs. 5 S. 2 AO, § 239 Abs. 4 S. 2 HGB. Aus diesen Vorgaben folgt (auch), dass bei EDV-gestützter Buchführung die eingesetzte IT *sicher* sein muss.[159] **53**

Die Sicherungspflichten sind in den Grundsätzen zur ordnungsmäßigen Führung und Aufbewahrung von Büchern, Aufzeichnungen und Unterlagen in elektronischer Form sowie zum Datenzugriff **(GoBD)** konkretisiert.[160] Nach Ziff. 7 GoBD hat der Steuerpflichtige sein DV-System gegen Verlust (zB Unauffindbarkeit, Vernichtung, Untergang und Diebstahl) zu sichern und gegen unberechtigte Eingaben und Veränderungen (zB durch Zugangs- und Zugriffskontrollen) zu schützen. Werden die Daten, Datensätze, elektronischen Dokumente und elektronischen Unterlagen nicht ausreichend geschützt und können deswegen nicht mehr vorgelegt werden, so ist die Buchführung formell nicht mehr ordnungsmäßig, Ziff. 7 Abs. 2 GoBD. **54**

3. Das BSIG, das NIS2UmsG und die RL (EU) 2022/2555 (NIS-2-RL)

Am 16.1.2023 ist die RL (EU) 2022/2555 **(NIS-2-RL)** in Kraft getreten. Sie aktualisiert, erweitert und ersetzt die RL (EU) 2016/1148 (NIS). Die NIS-2-RL sieht im Wesentlichen eine erhebliche Erweiterung der betroffenen Sektoren und Unternehmen, der IT-Sicherheitsanforderungen und der Sanktionen vor.[161] **55**

Die NIS-2-RL ist in nationalstaatliches Recht umzusetzen. Im November 2024 hat die EU-Kommission ein Vertragsverletzungsverfahren gegen Deutschland und weitere 22 Mitgliedstaaten eingeleitet, weil sie die NIS-2-RL nicht vollständig bis zum 17.10.2024 umgesetzt haben.[162] **56**

Das Gesetz zur Umsetzung der RL (EU) 2022/2555 über die Netz- und Informationssicherheit (NIS-2-Umsetzungsgesetz (NIS2UmsG)) wurde schließlich am 5.12.2025 im **57**

---

155 Vgl. schon Kiefner/Happ BB 2020, 2051 (2052) mit Verweis auf den „vom Weltwirtschaftsforum im Jahr 2017 entwickelten Ordnungsrahmen".

156 Vgl. etwa Korch/Chatard AG 2019, 551 (554) zur DS-GVO; BeckOGK/Fleischer AktG § 91 Rn. 70 mwN; Koch AktG § 91 Rn. 35; Grosmann/Gerecke/Aschenbrenner CR 2024, 665 (669); mit umfangreicher Darstellung Kiefner/Happ BB 2020, 2051 (2052 ff.).

157 Vgl. etwa Grosmann/Gerecke/Aschenbrenner CR 2024, 665 (669); Korch/Chatard AG 2019, 551 (554) zur DS-GVO; allgemein zu Verhaltensmaßstäben vgl. etwa BeckOGK/Fleischer AktG § 93 Rn. 57; vgl. auch zu Art. 30 BSIG → Rn. 65.

158 Vgl. etwa Kipker/Emmerich kes 3/2025, 22 f.; Versteyl/El-Taki NJW 2023, 1548 (1549 f.).

159 Kipker Cybersecurity-HdB/Von dem Bussche Kap. 6 Rn. 57.

160 Abrufbar unter: www.ao.bundesfinanzministerium.de/ao/2023/Anhaenge/BMF-Schreiben-und-gleichlautende-Laendererlasse/Anhang-64/inhalt.html; Kipker Cybersecurity-HdB/Von dem Bussche Kap. 6 Rn. 57.

161 Hornung/Schallbruch IT-SicherheitsR-HdB/Fischer § 13 Rn. 70; Grosmann/Gerecke/Aschenbrenner CR 2024, 665 f.; s. hierzu und im Folgenden zur NIS-2-RL bereits Rockstroh DuD 2023, 332 (334 f.).

162 Pressemitteilung der EU-Kommission „Entscheidungen in Vertragsverletzungsverfahren" v. 28.11.2024, abrufbar unter www.ec.europa.eu/commission/presscorner/detail/de/inf_24_5988.

Bundesgesetzblatt veröffentlicht und trat am Tag darauf in Kraft, Art. 30 NIS2UmsG.[163] Das NIS2UmsG ist ein Artikelgesetz, mit dem die Anforderungen der NIS-2-RL in diverse deutsche Gesetze, darunter das BSIG, überführt werden. Im Folgenden sollen Regelungen des NIS2UmsG und insbes. des geänderten BSIG dargestellt werden, soweit sie für dieses Handbuch relevant sind.[164]

a) Erfasste Unternehmen

58 Die Umsetzung der NIS-2-RL in ua dem BSIG, dem EnWG oder dem TKG konstituiert für knapp 25.000 Unternehmen in Deutschland vollständig neue gesetzliche IT-Sicherheitspflichten.[165] Es werden grds.[166] Unternehmen[167] erfasst, die mehr als **50 Mitarbeiter** haben oder einen Jahresumsatz und eine Jahresbilanzsumme von jeweils über 10 Millionen Euro aufweisen und die einer der in den **Anlagen 1**[168] oder **2**[169] **bestimmten Einrichtungsarten** zuzuordnen sind.[170] Das BSIG erfasst auch Betreiber kritischer Anlagen.

b) Pflichten

59 Nach § 30 Abs. 1 BSIG sind **besonders wichtige Einrichtungen** und **wichtige Einrichtungen** verpflichtet,

„geeignete, verhältnismäßige und wirksame technische und organisatorische Maßnahmen, die in Absatz 2 konkretisiert werden, zu ergreifen, um Störungen der Verfügbarkeit, Integrität und Vertraulichkeit der informationstechnischen Systeme, Komponenten und Prozesse, die sie für die Erbringung ihrer Dienste nutzen, zu vermeiden und Auswirkungen von Sicherheitsvorfällen möglichst gering zu halten".

60 Art. 21 NIS-2-RL hingegen fordert den Schutz von „Netz- und Informationssystemen". „Netz- und Informationssystem" meint gem. Art. 6 Nr. 1 NIS-2-RL jedoch neben elektronischen Kommunikationsnetzen (lit. a) und Geräten (lit. b) *auch*

„c) ***digitale Daten,*** *die von den – in den Buchstaben a und b genannten – Elementen zum Zwecke ihres Betriebs, ihrer Nutzung, ihres Schutzes und ihrer Pflege gespeichert, verarbeitet, abgerufen oder übertragen werden".*[171]

61 Der deutsche Gesetzgeber fordert im BSIG lediglich den **Schutz von** „informationstechnischen Systemen, Komponenten und Prozessen". **Daten oder Informationen werden nicht genannt.** Das BSIG unterscheidet sogar stets zwischen den informationstechnischen

[163] Gesetz zur Umsetzung der RL (EU) 2022/2555 über die Netz- und Informationssicherheit (NIS-2-Umsetzungsgesetz) v. 5.12.2025, BGBl. 2025 I Nr. 301.

[164] Für Zwecke des Handbuchs ist lediglich ein stark vereinfachter, grober Überblick über einzelne Aspekte vorgesehen, um den Aspekt „Informationssicherheit" im Lebenszyklus der Daten darzustellen. Es wird im Übrigen auf die einschl. Literatur verwiesen.

[165] So die Berechnung in BT-Drs. 21/1501, 110 f.; in Deutschland gab es im Jahre 2022 78.412 mittlere Unternehmen und 20.681 Großunternehmen. Statistisches Bundesamt – Genesis Online Code: 48121-0001; vgl. auch Grosmann/Gerecke/Aschenbrenner CR 2024, 665 (666); IT-Sicherheitsanforderungen konnten sich bereits (indirekt) aus der Geschäftsleiterverantwortung (→ Rn. 49 ff.) ergeben.

[166] Bestimmte Unternehmen sind unabhängig von der Größe und Zugehörigkeit zu einem Sektor erfasst, vgl. § 28 BSIG. Dies betrifft etwa (qualifizierte) Vertrauensdiensteanbieter, Top Level Domain Name Registries oder DNS-Diensteanbieter, Anbieter öffentlich zugänglicher Telekommunikationsdienste, Betreiber öffentlicher Telekommunikationsnetze oder Betreiber kritischer Anlagen. Zudem existieren Ausnahmen.

[167] § 28 Abs. 1 Nr. 4 und 2 Nr. 3 BSIG sprechen von „natürliche oder juristische Personen oder rechtlich unselbstständige Organisationseinheiten einer Gebietskörperschaft, die anderen natürlichen oder juristischen Personen entgeltlich Waren oder Dienstleistungen anbieten".

[168] Energie, Transport und Verkehr, Finanzwesen, Gesundheit, Wasser, Digitale Infrastruktur und Weltraum.

[169] Transport und Verkehr, Abfallbewirtschaftung, Produktion, Herstellung und Handel mit chemischen Stoffen, Produktion, Verarbeitung und Vertrieb von Lebensmitteln, Verarbeitendes Gewerbe/Herstellung von Waren, Anbieter digitaler Dienste und Forschung.

[170] § 28 BSIG; vgl. zum Ganzen Schmidt RDi 2024, 550; allg. Grosmann/Gerecke/Aschenbrenner CR 2024, 665 f.

[171] Anm.: Herv. d. d. Verfasser.

Systemen und den hierüber verarbeiteten Daten (vgl. § 2 Nr. 1 BSIG) bzw. Informationen (vgl. § 2 Nr. 39 BSIG). Es ist unklar, ob es sich um einen Umsetzungsfehler handelt. Die NIS-2-RL spezifiziert nicht weiter, was **„digitale Daten"** meint.[172]

Art. 6 Nr. 2 NIS-2-RL enthält zudem das Schutzziel der „Authentizität". Der deutsche Gesetzgeber hat hierauf verzichtet. Der Begriff stelle im deutschen Recht einen Unterfall der Integrität dar und müsse nicht genannt werden.[173] **62**

Der Begriff „Erbringung ihrer Dienste" sei weit gefasst und erfasse sämtliche Aktivitäten der Einrichtung, für die IT-Systeme eingesetzt werden, einschl. der Büro-IT.[174] **63**

Die Maßnahmen müssen **geeignet, verhältnismäßig** und **wirksam**[175] sein. Der Gesetzgeber verfolgt auch hier einen **risikobasierten Ansatz** (→ Rn. 25). **„Risiko"** dürfte dabei iSv Art. 6 Nr. 9 NIS-2-RL verstanden werden als das Potenzial für Verluste oder Störungen, die durch einen Sicherheitsvorfall verursacht werden, das als eine Kombination des Ausmaßes eines solchen Verlusts oder einer solchen Störung und der Wahrscheinlichkeit des Eintretens des Sicherheitsvorfalls zum Ausdruck gebracht wird.[176] **64**

Die Risikomanagementmaßnahmen sollen in einem **angemessenen Verhältnis** zu den **Risiken** stehen, denen das betroffene Netz- und Informationssystem ausgesetzt wird.[177] Im Rahmen der Bewertung der Angemessenheit und Verhältnismäßigkeit der Maßnahmen sind verschiedene Faktoren zu berücksichtigten, wie das **Ausmaß der Risikoexposition,** die **Größe und die Art der Einrichtung** (wichtig, besonders wichtig, kritische Anlage), die **Umsetzungskosten** oder **die Eintrittswahrscheinlichkeit und Schwere von Sicherheitsvorfällen** sowie ihre **gesellschaftlichen und wirtschaftlichen Auswirkungen,** § 30 Abs. 1 S. 2 BSIG.[178] Desweiteren sei der zwingende betriebliche Zusammenhang zwischen dem zu schützenden Dienst und den Waren oder Dienstleistungen, die zu einer Zuordnung zu einer der in Anlage 1 oder 2 bestimmten Einrichtungsarten geführt haben, zu berücksichtigen.[179] Die Maßnahmen müssen auf einem gefahrenübergreifenden Ansatz beruhen, § 30 Abs. 2 BSIG. Gleichzeitig müssen die Maßnahmen „wirksam" und „geeignet" sein, die Schutzziele und die – spezifischen (vgl. etwa → Rn. 66 f.) – Anforderungen zu erfüllen. **65**

Gem. § 30 Abs. 2 S. 1 BSIG sollen die Maßnahmen den **Stand der Technik einhalten.**[180] **66**

Die Anforderungen sind damit zT weitergehender als die der NIS-2-RL, wo der Stand der Technik „nur" zu berücksichtigen ist.[181] Berücksichtigen meint keine strikte Pflicht zur Beachtung, Befolgung und Umsetzung, sondern eine Pflicht zur Ermittlung, Bewertung und Abwägung.[182] Der deutsche Gesetzgeber hat sich allerdings am Wortlaut von § 8a Abs. 1 BSIG aF orientiert; wohl, weil er kritische Anlagen mitregeln wollte.[183] Die NIS-2-RL bezweckt nur eine Mindestharmonisierung; nach Art. 5 NIS-2-RL sind Bestimmungen möglich, die ein höheres Cybersicherheitsniveau gewährleisten.

---

172 Vgl. zum Datenbegriff umfassend Rockstroh/Katko ZdiW 2023, 102 f.
173 BT-Drs. 21/1501, 130; kritisch hierzu Schmidt RDi 2024, 550 (553).
174 BT-Drs. 21/1501, 147.
175 Art. 21 Abs. 1 NIS-2-RL nennt das Merkmal „wirksam" nicht, vgl. nur Art. 21 Abs. 2 lit. f.
176 BT-Drs. 21/1501, 148; vgl. auch Art. 3 Nr. 37 CRA; → Rn. 158.
177 Erwgr. 81 f. NIS-2-RL.
178 Vgl. auch BT-Drs. 21/1501, 148.
179 BT-Drs. 21/1501, 148.
180 Zum Stand der Technik: Handreichung „Stand der Technik" vom Teletrust, abrufbar unter: www.teletrust.de/publikationen/broschueren/stand-der-technik/; Kipker Cybersecurity-HdB/Ekrot/Fischer Kap. 4 Rn. 1; es ist allerdings zu beachten, dass der Begriff „Stand der Technik" autonom und damit EU-weit einheitlich auszulegen ist (zur DS-GVO: Simitis/Hornung/Spiecker gen. Döhmann DS-GVO Art. 32 Rn. 27); vgl. auch Seibel NJW 2013, 3000 und zum Vertragsrecht Rockstroh/Peschel NJW 2020, 3345 (3347).
181 Zur Verpflichtung auf den „Stand der Technik" in anderen deutschen Gesetzen → Rn. 73 ff., wobei dieser idR nur zu „berücksichtigen" ist.
182 Wilrich NJW 2023, 1400; s. auch BeckOK Produktrecht/Weiß/Rockstroh GPSR Art. 6 Rn. 10.
183 Vgl. auch BT-Drs. 21/1501, 147 f.

67 Zudem sind einschlägige europäische und internationale Normen zu berücksichtigen, § 30 Abs. 2 S. 1 BSIG. § 30 Abs. 2 S. 2 BSIG legt bestimmte Mindeststandards fest. Hiernach müssen die Maßnahmen zumindest Folgendes umfassen:

1. Konzepte in Bezug auf die Risikoanalyse und auf die Sicherheit in der Informationstechnik,
2. Bewältigung von Sicherheitsvorfällen,
3. Aufrechterhaltung des Betriebs, wie Backup-Management und Wiederherstellung nach einem Notfall, und Krisenmanagement,
4. Sicherheit der Lieferkette einschließlich sicherheitsbezogener Aspekte der Beziehungen zu unmittelbaren Anbietern oder Diensteanbietern,
5. Sicherheitsmaßnahmen bei Erwerb, Entwicklung und Wartung von informationstechnischen Systemen, Komponenten und Prozessen, einschließlich Management und Offenlegung von Schwachstellen,
6. Konzepte und Verfahren zur Bewertung der Wirksamkeit von Risikomanagementmaßnahmen im Bereich der Sicherheit in der Informationstechnik,
7. grundlegende Schulungen und Sensibilisierungsmaßnahmen im Bereich der Sicherheit in der Informationstechnik,
8. Konzepte und Prozesse für den Einsatz von kryptographischen Verfahren,
9. Erstellung von Konzepten für die Sicherheit des Personals, die Zugriffskontrolle und für die Verwaltung von IKT-Systemen, -Produkten und -Prozessen,
10. Verwendung von Lösungen zur Multi-Faktor-Authentifizierung oder kontinuierlichen Authentifizierung, gesicherte Sprach-, Video- und Textkommunikation sowie gegebenenfalls gesicherte Notfallkommunikationssysteme innerhalb der Einrichtung.

68 Die Einhaltung der Verpflichtung ist durch die Einrichtungen zu dokumentieren, was insbes. die Nachweispflicht gem. § 61 Abs. 3 BSIG ermöglichen soll.[184] Zu solchen Dokumentationen gehören interne Richtlinien, Handlungsanweisungen, Checklisten, Mitarbeiterschulungen, Vereinbarungen, Merkblätter oÄ, aber auch Auditberichte, Zertifizierungen oder Prüfungen.[185]

69 Daneben bestehen weitere Pflichten, wie die Registrierungspflichten[186], Melde-, Unterrichtungs- und Auskunftspflichten[187] oder Schulungspflichten[188].

70 Die **NIS-2-RL** und die VO (EU) 2024/2847 **(CRA)** haben dabei eine **besondere Beziehung.** Der CRA zielt darauf ab, betroffenen Einrichtungen die Einhaltung der NIS-2-RL zu erleichtern, indem sichergestellt werden soll, dass die Produkte mit digitalen Elementen, die sie für die Erbringung ihrer Dienste verwenden, auf sichere Weise entwickelt werden und dass sie rechtzeitig Sicherheitsaktualisierungen für solche Produkte erhalten.[189]

4. Art. 5 Abs. 1 lit. f iVm Art. 24, 25 und 32 VO (EU) 2016/679 (DS-GVO)

71 Nach Art. 5 Abs. 1 lit. f VO (EU) 2016/679 (DS-GVO) müssen **personenbezogene Daten** in einer Weise verarbeitet werden, die eine angemessene Sicherheit der personenbezogenen Daten gewährleistet, einschließlich Schutz vor unbefugter oder unrechtmäßiger Verarbeitung und vor unbeabsichtigtem Verlust, unbeabsichtigter Zerstörung oder unbeabsichtigter Schädigung durch geeignete technische und organisatorische Maßnahmen („Integrität und Vertraulichkeit“).

72 Art. 5 Abs. 1 lit. f DS-GVO schreibt geeignete technische und organisatorische Maßnahmen zum Schutz vor den genannten Risiken vor. Konkretisierende Regelungen hierzu

184 BT-Drs. 21/1501, 148.
185 BT-Drs. 21/1501, 148.
186 §§ 33, 34 BSIG.
187 §§ 32, 35 und etwa §§ 33 Abs. 4, 40 Abs. 5 BSIG.
188 § 38 Abs. 3 BSIG, § 30 Abs. 2 Nr. 7 BSIG.
189 Erwgr. 24 CRA.

findet sich insbes. in Art. 32 DS-GVO.[190] Art. 32 DS-GVO verpflichtet sowohl den Verantwortlichen als auch den Auftragsverarbeiter, technische und organisatorische Maßnahmen zur Gewährleistung der **Datensicherheit** zu ergreifen,[191] vgl. auch → Kap. 17 Rn. 1 ff.

5. Anforderungen an Unternehmen in bestimmten Bereichen und Branchen

Daneben existieren inzwischen unzählige **branchen- und bereichsspezifische Normen,** die Anforderungen insbes. an die IT-Sicherheit stellen.[192] 73

Betreiber Kritischer Infrastrukturen waren verpflichtet, **angemessene organisatorische** und **technische Vorkehrungen** zur Vermeidung von Störungen der Verfügbarkeit, Integrität, Authentizität und Vertraulichkeit ihrer informationstechnischen Systeme, Komponenten oder Prozesse zu treffen, die für die Funktionsfähigkeit der von ihnen betriebenen Kritischen Infrastrukturen maßgeblich waren, § 8a Abs. 1 S. 1 BSIG aF. Dabei sollte der **Stand der Technik eingehalten** werden, § 8a Abs. 1 S. 2 BSIG aF.[193] Anbieter digitaler Dienste hatten **geeignete** und **verhältnismäßige technische** und **organisatorische Maßnahmen** zu treffen, um Risiken für die Sicherheit der Netz- und Informationssysteme zu bewältigen. Dabei war der **Stand der Technik** zu **berücksichtigen,** § 8c Abs. 1 BSIG aF. Die Verpflichtungen sind in die §§ 30 ff. BSIG überführt[194] (→ Rn. 59 ff.); die „Anbieter digitaler Dienste“ gehen in den neuen Einrichtungsarten auf[195]. 74

Anbieter von digitalen Diensten haben, soweit dies technisch möglich und wirtschaftlich zumutbar ist, im Rahmen ihrer jeweiligen Verantwortlichkeit für geschäftsmäßig angebotene digitale Dienste durch **technische** und **organisatorische Vorkehrungen sicherzustellen,** dass 1. kein unerlaubter Zugriff auf die technischen Einrichtungen, die sie für das Angebot ihrer digitalen Dienste nutzen, möglich ist und 2. die technischen Einrichtungen nach Nr. 1 gesichert sind gegen Störungen, auch gegen solche, die durch äußere Angriffe bedingt sind, § 19 Abs. 4 S. 1 TDDDG.[196] Diese Vorkehrungen müssen den **Stand der Technik berücksichtigen,** § 19 Abs. 4 S. 2 TDDDG. Wer **Telekommunikationsdienste** erbringt oder daran mitwirkt, hat **angemessene technische Vorkehrungen** und **sonstige Maßnahmen** zu treffen 1. zum Schutz des Fernmeldegeheimnisses und 2. gegen die Verletzung des Schutzes personenbezogener Daten, § 165 Abs. 1 TKG. Technische Vorkehrungen und sonstige Schutzmaßnahmen sind angemessen, wenn der dafür erforderliche technische und wirtschaftliche Aufwand nicht außer Verhältnis zur Bedeutung der zu schützenden Telekommunikationsnetze oder -dienste steht, § 165 Abs. 6 TKG. Es ist jeweils eine Risikobewertung durchzuführen.[197] Das Ergebnis der Bewertung und der **Stand der Technik** sind bei der Umsetzung der Vorkehrungen und Maßnahmen zu **berücksichtigen.**[198] 75

Der Betrieb eines sicheren **Energieversorgungsnetzes** umfasst insbes. auch einen angemessenen Schutz gegen Bedrohungen für Telekommunikations- und elektronische Datenverarbeitungssysteme, § 11 Abs. 1a EnWG. 76

[190] Kühling/Buchner/Herbst DS-GVO Art. 5 Rn. 76; Kühling/Buchner/Jandt DS-GVO Art. 32 Rn. 1.
[191] Kühling/Buchner/Jandt DS-GVO Art. 32 Rn. 1.
[192] Für Zwecke des Handbuchs ist lediglich ein stark vereinfachter, grober Überblick über einzelne Aspekte vorgesehen, um den Aspekt „Informationssicherheit“ im Lebenszyklus der Daten darzustellen. Es wird im Übrigen auf die einschl. Literatur verwiesen.
[193] Vgl. BT-Drs. 21/1501, 147.
[194] S. etwa BT-Drs. 21/1501, 115, 147.
[195] Vgl. etwa BT-Drs. 21/1501, 115.
[196] Zum unklaren Verhältnis zu § 8c Abs. 1 S. 1 BSIG aF s. Kipker/Reusch/Ritter/Zwerschke TTDSG § 19 Abs. 4 Rn. 7.
[197] Hornung/Schallbruch IT-SicherheitsR-HdB/Hornung/Schindler § 21 Rn. 105 ff.; Kipker/Reusch/Ritter/Hessel TKG § 165 Rn. 14 sprechen von „Gefahrenprognose“.
[198] Zu § 165 TKG umfassend: Kipker/Reusch/Ritter/Hessel TKG § 165 Rn. 4 ff.; zu § 19 Abs. 4 TDDDG umfassend: Hornung/Schallbruch IT-SicherheitsR-HdB/Hornung/Schindler § 21 Rn. 108.

77 Die EU hat mit der VO (EU) 2022/2554 über die digitale operationale Resilienz im Finanzsektor (Digital Operational Resilience Act – **DORA**) eine finanzsektorweite Regulierung ua für das Thema Cybersicherheit geschaffen.

78 Daneben bestehen eine Vielzahl weiterer **spezifischer oder allgemeiner Regelungen** für besondere Bereiche, wie § 26 Abs. 1 S. 1 VAG iVm VAIT[199] oder § 5 Abs. 4 Nr. 2, 3 BörsG.

6. § 130 OWiG

79 Zudem kann § 130 OWiG anwendbar sein.[200] Hiernach handelt der Inhaber eines Betriebes oder Unternehmens ordnungswidrig, wenn er vorsätzlich oder fahrlässig die Aufsichtsmaßnahmen unterlässt, die erforderlich sind, um in dem Betrieb oder Unternehmen Zuwiderhandlungen gegen Pflichten zu verhindern, die ihn als Inhaber treffen und deren Verletzung mit Strafe oder Geldbuße bedroht ist, wenn eine solche Zuwiderhandlung begangen wird, die durch gehörige Aufsicht verhindert oder wesentlich erschwert worden wäre, § 130 OWiG.

V. Anforderungen an Produkte/Komponenten (einschl. zugehöriger Dienste)

80 Anforderungen an die **Informationssicherheit** von **Produkten** bzw. **Komponenten** ergeben sich aus dem **Vertragsrecht** (insbes. §§ 434, 475b BGB, §§ 327e, f BGB; → Rn. 81 ff.), dem Produktsicherheitsrecht (→ Rn. 91 ff.), dem Produkthaftungsrecht (→ Rn. 110 ff.), dem Cyber Resilience Act (VO (EU) 2024/2847 (CRA); → Rn. 138 ff.) oder der KI-Verordnung (VO (EU) 2024/1689 (KI-VO); → Rn. 177). Im Folgenden werden zu jedem Rechtsakt zunächst die erfassten Produkte, einschließlich der zugehörigen Dienste, und anschließend die spezifischen Anforderungen an die Informationssicherheit überblicksartig dargestellt.[201]

1. Vertragliche Haftung, insbes. §§ 434, 475b BGB, §§ 327e, f BGB – RL (EU) 2019/771 und RL (EU) 2019/770

81 Über die Umsetzungsgesetze zur RL (EU) 2019/770 (DIRL)[202] und zur RL (EU) 2019/771 (WKRL)[203] fanden spezifische Regelungen zur vertraglichen Haftung für Aspekte der Cyber-/IT-Sicherheit Einzug in das deutsche BGB.[204]

a) Von §§ 434, 475b BGB und §§ 327e, f BGB erfasste Produkte (einschl. zugehöriger Dienste)

82 Anforderungen an die (IT-/Cyber-)Sicherheit[205] finden sich in § 327e Abs. 3 Nr. 2 BGB. § 327e BGB gilt für **digitale Produkte** iSv § 327 Abs. 2 BGB, die im BGB wiederum in **digitale Inhalte** und **digitale Dienstleistungen** unterteilt sind. **Digitale Inhalte** sind

---

199 Hierzu Hornung/Schallbruch IT-SicherheitsR-HdB/Thalhofer § 16 Rn. 49 ff.

200 So etwa Moosmayer/Lösler Corporate Compliance/Schmidl Kap. 3 Rn. 149; Kipker Cybersecurity-HdB/Brodowski Kap. 17 Rn. 78.

201 Vgl. zum Nachstehenden insbes. schon Rockstroh DuD 2023, 332; vgl. auch Rockstroh/Peschel NJW 2020, 3345; Rockstroh/Kunkel MMR 2017, 77 sowie Rockstroh DSRITB 2016, 279.

202 BGBl. 2021 I 2123.

203 BGBl. 2021 I 2133.

204 Rockstroh DuD 2023, 332 f.; Rockstroh/Peschel NJW 2020, 3345.

205 Für Zwecke des Handbuchs ist lediglich ein stark vereinfachter, grober Überblick über einzelne Aspekte vorgesehen, um den Aspekt „Informationssicherheit" im Lebenszyklus der Daten darzustellen. Es wird im Übrigen auf die einschl. Literatur verwiesen.

Daten, die in digitaler Form erstellt und bereitgestellt werden, § 327 Abs. 2 S. 1 BGB. Es soll nach der Gesetzesbegründung ausschließlich darauf ankommen, wie die Daten reproduzierbar festgehalten werden (in digitaler Form); der Inhalt – also die semantische Ebene[206] – sei nicht ausschlaggebend.[207] Die Erwägungsgründe der DIRL und WKRL sowie die deutsche Gesetzesbegründung nennen beispielhaft **Computerprogramme, Anwendungen** und **andere Software, Videodateien** oder **elektronische Bücher.**[208] **Digitale Dienstleistungen** sind Dienstleistungen, die dem Verbraucher die Erstellung, die Verarbeitung oder die Speicherung von Daten in digitaler Form oder den Zugang zu solchen Daten ermöglichen, oder die gemeinsame Nutzung der vom Verbraucher oder von anderen Nutzern der entsprechenden Dienstleistung in digitaler Form hochgeladenen oder erstellten Daten oder sonstige Interaktionen mit diesen Daten ermöglichen, § 327 Abs. 2 S. 2 BGB. Es sollen ua Software-as-a-Service[209], die fortlaufende Bereitstellung von Verkehrsdaten in einem Navigationssystem oder die fortlaufende Bereitstellung von individuell angepassten Trainingsplänen im Falle einer intelligenten Armbanduhr erfasst werden.[210]

Der deutsche Gesetzgeber hat zudem Anforderungen an die Sicherheit in § 434 Abs. 3 S. 2 **83**
BGB aufgenommen. Die Regelung gilt für **alle Sachen,** einschließlich von **Waren mit digitalen Elementen** nach §§ 475b Abs. 4, 327a Abs. 3 S. 1 BGB. „Waren mit digitalen Elementen" sind Waren, die in einer Weise digitale Produkte enthalten oder mit ihnen verbunden sind, dass die Waren ihre Funktionen ohne diese digitalen Produkte nicht erfüllen können (funktionales Kriterium), § 327a Abs. 3 S. 1 BGB. Zusätzlich muss die Bereitstellung des digitalen Elements vertraglich geschuldet sein.[211] Erfasst sind etwa Smartphones oder Tablets mit den darauf installierten Betriebssystemen.[212] Die Gesetzesbegründung nennt zudem Spielkonsolen mit Cloud-Anbindung oder intelligente Armbanduhren (Smartwatch) mit Smartphone-App zur Nutzung verschiedener Funktionen, soweit die digitalen Produkte zur Funktionsfähigkeit benötigt werden.[213]

b) Anforderungen an die Informationssicherheit

Die Vertragsparteien können eine spezifische Beschaffenheit hinsichtlich der Informations- **84**
sicherheit des Produkts vereinbaren[214]; erfüllt das Produkt die Anforderungen nicht, ist es mangelhaft, § 434 Abs. 1, 2 Nr. 1 BGB.[215]

Nach § 434 Abs. 3 Nr. 2 iVm S. 2 BGB entspricht eine Sache den **objektiven An- 85**
forderungen, wenn sie

„eine Beschaffenheit aufweist, die bei Sachen derselben Art üblich ist und die der Käufer erwarten kann […]. Zu der üblichen Beschaffenheit […] gehören […] sonstige Merkmale der Sache, einschließlich ihrer […] Sicherheit".[216]

[206] → Kap. 2 Rn. 4; → Kap. 11 Rn. 5.
[207] BT-Drs. 19/27653, 38; → Kap. 11 Rn. 279; vgl. Schulze/Staudenmayer, EU Digital Law, Richtlinie (EU) 2019/770 Art. 8 Rn. 43: „It needs to be emphasised that the quality criterion relates to the digital content or the digital service. It does not relate to its content".
[208] Erwgr. 14 WKRL; Erwgr. 19 DIRL; BT-Drs. 19/27653, 39; vgl. auch Rockstroh DuD 2023, 332 sowie → Kap. 11 Rn. 281.
[209] Erwgr. 19 DIRL; Erwgr. 14 WKRL; BT-Drs. 19/27653, 39.
[210] Erwgr. 14 WKRL.
[211] BT-Drs. 19/27653, 47; Erwgr. 21 DIRL; Rockstroh DuD 2023, 332 (333); BeckOGK/Fries BGB § 327a Rn. 20; umfangreich Wiesemann MMR 2022, 343.
[212] BeckOGK/Fries BGB § 327a Rn. 17; Wiesemann MMR 2022, 343.
[213] BT-Drs. 19/27424, 34 f.
[214] BT-Drs. 19/27424, 23: „ausdrücklich als auch konkludent"; zur sog. „negativen Beschaffenheitsvereinbarung" s. MüKoBGB/Maultzsch § 434 Rn. 13; BeckOK BGB/Faust BGB § 434 Rn. 2, 7 ff., 64 f. auch zum „Gleichrang" der Anforderungen, vgl. hierzu auch BT-Drs. 19/27424, 23 f.; vgl. Rockstroh/Kunkel MMR 2017, 77 (78) und Rockstroh/Peschel NJW 2020, 3345 (3346), jeweils zu § 434 BGB aF.
[215] MüKoBGB/Maultzsch § 434 Rn. 18, 54; vgl. Rockstroh/Kunkel MMR 2017, 77 (78); Rockstroh DSRITB 2016, 279 (282 f.); Rockstroh/Peschel NJW 2020, 3345 (3346).
[216] Anm.: Kürz. d. d. Verfasser.

§ 475b Abs. 4 Nr. 1 BGB verweist hierauf. § 327e Abs. 3 Nr. 2 BGB enthält eine vergleichbare Regelung.

86 Weder das BGB noch die WKRL/DIRL enthalten eine Definition des Begriffs **„Sicherheit“.**[217] In der Literatur wird dessen Auslegung intensiv diskutiert.[218] Die englischen Sprachfassungen der WKRL und der DIRL verwenden den Begriff *„security“*; gemeint ist also die IT-/Cybersicherheit.[219] Die Aufzählung der Merkmale ist jedoch nicht abschließend[220], sodass die Nennung der Sicherheit *(security)* die Produktsicherheit nicht ausschließt.[221]

87 Für die Auslegung des Merkmals **„Sicherheit“** kann auf die Definition von **„Sicherheit von Netz- und Informationssystemen“** in Art. 6 Nr. 2 NIS-2-RL zurückgegriffen werden.[222] Das Merkmal „Sicherheit“ soll sich dabei ganz allg. auf den **Schutz des digitalen Produkts** oder der **digitalen Umgebung des Käufers**[223] vor Cyberangriffen, aber auch auf **spezifische Risiken,** wie etwa den hiermit verbundenen Schutz seiner personenbezogenen Daten beziehen.[224] Unklar ist, ob sich das Merkmal „Sicherheit“ in den §§ 327e, 434 Abs. 3 S. 2 BGB auf den gesamten **Lebenszyklus** des Produkts bezieht und damit die grundsätzliche Fähigkeit der Sache, der Ware oder des digitalen Produkts einschließen muss, dass Sicherheitslücken behoben werden können[225] oder ob sich dies erst – indirekt – aus §§ 327e Abs. 3 Nr. 5 iVm § 327f BGB und § 475b Abs. 4 Nr. 2 BGB ergibt.

88 Die Frage der üblichen und erwartbaren *Sicherheit* ist nicht neu.[226] Das OLG Köln entschied in einem wettbewerbsrechtlichen Kontext, dass **Sicherheitslücken** im Betriebssystem eines Smartphones „üblich und erwartbar“ seien, da „der Verbraucher von Sicherheitslücken ausgeht“.[227] Diese Entscheidung wurde heftig kritisiert.[228] Ein Teil der Literatur war und ist der Auffassung, dass selbst wenn Sicherheitslücken üblich wären, der Käufer „nach der Art der Sache“ erwarten könne, dass keine – bekannten und unbekannten – Sicherheitslücken bestehen.[229] Dieser Ansicht ist – ebenso wie der zu pauschalen Entscheidung des OLG Köln[230] – entgegenzutreten. Die berechtigte (objektive) Erwartung eines vernünftigen Durchschnittskäufers orientiert sich „in Ermangelung abweichender Anhaltspunkte jedenfalls im Regelfall an der üblichen Beschaffenheit

---

217 Rockstroh DuD 2023, 332 (333); MüKoBGB/Metzger BGB § 327e Rn. 38.

218 Zur Übersicht vgl. etwa Schmidt-Kessel ZfPC 2022, 117 (118 f.); hierzu schon Rockstroh DuD 2023, 332 (333).

219 MüKoBGB/Metzger § 327e Rn. 38; Kipker/Walkusz RDi 2021, 30 (32); Schulze/Staudenmayer, EU Digital Law, Richtlinie (EU) 2019/770 Art. 8 Rn. 56: „general cybersecurity dimension“; vgl. aber auch Schulze/Staudenmayer, EU Digital Law, Richtlinie (EU) 2019/770 Art. 8 Rn. 116: „security updates which are needed to ensure a continued secure and safe use of the digital content or digital service“; Rockstroh DuD 2023, 332 (333); aA Auer-Reinsdorff MMR 2023, 6 (7); Schmidt-Kessel ZfPC 2022, 117 (118); MüKoBGB/Maultzsch BGB § 434 Rn. 54 *(safety)*.

220 Schmidt-Kessel ZfPC 2022, 117 (118) „in offenen Listen“; Rockstroh DuD 2023, 332 (333).

221 Rockstroh DuD 2023, 332 (333) mwN; so zutreffend Riehm/Leithäuser/Brenner in Raue, Digitale Resilienz, S. 13 f., die dennoch die Produktsicherheit vom Begriff „Sicherheit“ umfasst wissen wollen; vgl. auch Schulze/Staudenmayer, EU Digital Law, Richtlinie (EU) 2019/770 Art. 8 Rn. 116: „security updates which are needed to ensure a continued secure and safe use of the digital content or digital service“ (Anm.: Herv. d. d.Verfasser).

222 Vgl. schon Rockstroh DuD 2023, 332 (333); vgl. schon Rockstroh/Peschel NJW 2020, 3345 Fn. 50; MüKoBGB/Metzger BGB § 327e Rn. 38 will stattdessen auf § 2 Abs. 2 BSIG aF zurückgreifen, wobei die Definitionen sehr ähnlich sind.

223 BT-Drs. 19/27653, 60 spricht von „Gefahren für die digitale Umgebung des Verbrauchers“.

224 Schulze/Staudenmayer, EU Digital Law, Richtlinie (EU) 2019/770 Art. 8 Rn. 56; HK-BGB/Schulze BGB § 327e Rn. 22; BeckOK IT-Recht/Föhlisch BGB § 327e Rn. 28.

225 Die sog. Updatefähigkeit; vgl. etwa Anhang I Teil I Nr. 2 lit. c CRA.

226 Rockstroh/Peschel NJW 2020, 3345 (3348); anders wohl Auer-Reinsdorff MMR 2023, 6 (7).

227 Rockstroh/Peschel NJW 2020, 3345 ff.

228 Statt aller Riehm/Meier MMR 2020, 250 f.; BeckOK IT-Recht/Hilber BGB § 434 Rn. 7; kritisch auch Rockstroh/Peschel NJW 2020, 3345, jedoch mit anderem Ansatz.

229 Riehm/Meier MMR 2020, 250 f.; BeckOK IT-Recht/Hilber BGB § 434 Rn. 7; Riehm/Leithäuser/Brenner in Raue, Digitale Resilienz, S. 16 f.

230 Die Entscheidung des OLG Köln und der Beitrag von Riehm/Meier basieren auf § 434 BGB aF. An der Rechtslage bzgl. der konkreten Fragestellung dürfte sich unter der neuen Fassung des § 434 BGB aber nichts geändert haben.

gleichartiger Sachen".[231] Welche Beschaffenheit bei Sachen der gleichen Art üblich ist, hängt von den jeweiligen Umständen des Einzelfalls ab.[232] Da es keine Vergleichsprodukte gibt, die Software enthalten und dabei frei von Sicherheitslücken sind[233], kann der Käufer auch nicht verlangen, dass „keine Sicherheitslücken bestehen".[234] Die (reine) Gefahr des Vorliegens von Sicherheitslücken dürfte zunächst ein von „jedem Käufer hinzunehmende [s] und allgemein bekannte[s] Technologierisiko" sein.[235] Auch die VO (EU) 2024/2847 (CRA) fordert „lediglich", dass Produkte mit digitalen Elementen „ohne bekannte ausnutzbare Schwachstellen auf dem Markt bereitgestellt werden".[236] Gegen die pauschale

[231] BGH 7.2.2007 – VIII ZR 266/06, NJW 2007, 1351 (1353); BGH 4.3.2009 – VIII ZR 160/08, NJW 2009, 2056 (2057); BGH 29.6.2016 – VIII ZR 191/15, NJW 2016, 3015 (3019); zuletzt OLG Celle 11.2.2026 – 7 U 46/25, BeckRS 2026, 1973 Rn. 16; vgl. auch Peschel/Rockstroh NJW 2020, 3345 (3347); BeckOK BGB/Faust BGB § 434 Rn. 102; MüKoBGB/Maultzsch BGB § 434 Rn. 55; HK-BGB/Saenger BGB § 434 Rn. 25; aA BeckOK IT-Recht/Hilber BGB § 434 Rn. 7, Riehm/Meier MMR 2020, 248 (250) und Riehm/Leithäuser/Brenner in Raue, Digitale Resilienz, S. 15 f., die jeweils zwischen üblicher und erwartbarer Beschaffenheit trennen wollen; § 327e Abs. 3 S. 2 BGB versteht die „erwartbare" wohl als Unterfall der „üblichen Beschaffenheit"; die Erwartung bzgl. einer bestimmten Beschaffenheit kann aber auch durch öffentlichen Äußerungen nach § 434 Abs. 3 Nr. 2 lit. b BGB, § 327e Abs. 3 S. 2 BGB beeinflusst werden.

[232] BGH 7.2.2007 – VIII ZR 266/06, NJW 2007, 1351 (1353); BGH 4.3.2009 – VIII ZR 160/08, NJW 2009, 2056 (2057); BGH 29.6.2016 – VIII ZR 191/15, NJW 2016, 3015 (3019); zuletzt OLG Celle 11.2.2026 – 7 U 46/25, BeckRS 2026, 1973 Rn. 16; Peschel/Rockstroh NJW 2020, 3345 (3347); zu „abweichenden Anhaltspunkten" s. BeckOK BGB/Faust BGB § 434 Rn. 102.

[233] Umfangreich aus technischer Sicht: Witte, Testmanagement und Softwaretest, S. 110 f.; vgl. auch Rockstroh/Peschel NJW 2020, 3345 mwN; Staudinger/Oechsler ProdHaftG § 3 Rn. 126 „ab einer gewissen Komplexität"; Sassenberg/Faber Industrie 4.0 und Internet-HdB/Wende § 4 Rn. 108 „nach aktuell wohl allgemeiner Ansicht technisch unmöglich, komplexere Software fehlerfrei herzustellen"; Wiesemann/Mattheis/Wende MMR 2020, 139 „komplexere Software"; so auch Riehm/Leithäuser/Brenner in Raue, Digitale Resilienz, S. 15, 17; vgl. auch Erwgr. 10 VO (EU) 2019/881 (CSA): „Allerdings bietet kein IKT-Produkt oder -dienst hundertprozentige Cybersicherheit weshalb grundlegenden Prinzipien der Cyberhygiene verbreitet werden sollten und ihnen Vorrang eingeräumt werden sollte".

[234] So aber BeckOK IT-Recht/Hilber BGB § 434 Rn. 7 und Riehm/Meier MMR 2020, 248 (250); wie hier schon Peschel/Rockstroh NJW 2020, 3345 (3347); Riehm/Leithäuser/Brenner in Raue, Digitale Resilienz, S. 18 gehen davon aus, dass „jedenfalls die Einhaltung des Stands der Technik in Bezug auf sichere Softwareentwicklung als berechtigterweise erwartbare Beschaffenheit geschuldet ist". Sicherheitslücken, die hiernach vermieden worden wären, entsprächen nicht mehr der erwartbaren Beschaffenheit. Zum Stand der Technik → Rn. 66 und dort Fn. 180 und → Rn. 89 und dort Fn. 239.

[235] So das OLG Düsseldorf 4.7.2025 – 10 U 265/24, DAR 2026, 73 (74) oder das OLG Brandenburg 4.12.2025 – 12 U 17/25, BeckRS 2025, 33830 Rn. 24 zu dem „Technologierisiko […], welches durch die Gefahr des Auftretens von Bränden beim Einsatz von Lithium-Ionen-Zellen besteht" (OLG Brandenburg, Anm.: Änd. und Kürz. jeweils d. d. Verfasser)); zustimmend Jaensch DAR 2026, 61 (63 f.); s. jetzt auch OLG Koblenz 19.3.2026 – 1 U 613/25, BeckRS 2026, 4993 Rn. 37 ff.; ablehnend OLG Hamm 11.4.2025 – 2 U 5/25 (Hinweisbeschluss), BeckRS 2025, 14268 Rn. 15, da es sich um „das Vorliegen eines Risikos iSd § 2 Nr. 22 ProdSG" handele; zum Technologierisiko zutreffend Riehm/Leithäuser/Brenner in Raue, Digitale Resilienz, S. 17, die dennoch vom „Fehlen jeglicher Sicherheitslücken als berechtigterweise erwartbare Beschaffenheit" ausgehen (Riehm/Leithäuser/Brenner in Raue, Digitale Resilienz, S. 15 ff.); das Produkt muss aber selbstverständlich die Voraussetzungen in → Rn. 89 erfüllen, dh treten Sicherheitslücken (später) auf, ist zu fragen, ob das Produkt zum Zeitpunkt des Gefahrübergangs die in → Rn. 89 dargelegten Anforderungen erfüllt hat, bejaht man dies, kann die (später auftretende) Sicherheitslücke die Vertragskonformität nachträglich „stören", sodass eine Aktualisierung zum „Erhalt der Vertragsmäßigkeit" (→ Rn. 90) erforderlich wird; vgl. in diesem Zusammenhang auch Erwgr. 10 VO (EU) 2019/881 (CSA, → Fn. 261).

[236] → Rn. 160; als Ziel des CRA wird angegeben, dass Hardware- und Softwareprodukte **mit weniger Schwachstellen** in den Verkehr gebracht werden, Erwgr. 2 S. 1 CRA (Anm.: Herv. d. d. Verfasser); es ist ferner darauf hinzuweisen, dass „ausnutzbare Schwachstelle" in Art. 3 Nr. 41 CRA definiert wird als „eine Schwachstelle, die von einem unbefugten Dritten unter praktischen Betriebsbedingungen wirksam genutzt werden kann"; in den EU-KOM FAQ heißt es dann, Anforderung des CRA sei kein schwachstellenfreies Produkt, vielmehr sei basierend auf einer Bewertung der Cybersicherheitsrisiken gemäß Art. 13 Abs. 2 CRA sicherzustellen, dass keine bekannten ausnutzbaren Schwachstellen vorhanden seien; in einem Fallbeispiel erläutert die EU-Kommission, dass selbst *theoretisch* ausnutzbare Schwachstellen nicht als „ausnutzbar" iSv Art. 3 Nr. 41 CRA gelten sollen, wenn der Hersteller im Rahmen der Risikobewertung zu dem Ergebnis kommt, dass die Schwachstelle „could not reasonably be exploited in practical operational conditions" (EU-KOM FAQ – CRA implementation (EN) v1.2 v. 16.1.2026, S. 35); → Rn. 138 ff.

Ansicht, alle – und damit auch unbekannte und nicht-ausnutzbare[237] – Sicherheitslücken führten zur Mangelhaftigkeit des Produkts zum Zeitpunkt des Gefahrübergangs, sprechen zudem die Pflichten zur Bereitstellung von Sicherheitsaktualisierungen nach §§ 327e Abs. 3 Nr. 5, 327f und § 475b Abs. 4 Nr. 2 BGB (→ Rn. 90).

89 Die **übliche** und **erwartbare Beschaffenheit**[238] hinsichtlich der „Sicherheit" dürfte sich vielmehr am Vorliegen verschiedener Sicherheitsmerkmale oder ganz allgemein an der Einhaltung bestimmter Sicherheitsstandards bei Produkten der Vergleichsgruppe orientieren.[239] Gesetzliche Verpflichtungen, wie die Vorgaben der VO (EU) 2024/2847 (CRA), werden die berechtigte Erwartung maßgeblich prägen.[240] In Anlehnung an Anhang I Teil I Nr. 1 CRA lässt sich von einem „angesichts der Risiken […] **angemessene[n] Cybersicherheitsniveau**"[241] sprechen. Es dürfte grds. der in der IT-/Cybersicherheit übliche **risikobasierte Ansatz** (→ Rn. 25) gelten.[242]

90 Der Verkäufer hat sicherzustellen, dass dem Verbraucher während des **Bereitstellungszeitraums** (§ 327f Abs. 1 S. 3 Nr. 1 BGB)[243] und sonst während des erwartbaren Zeitraums (§ 327f Abs. 1 S. 3 Nr. 2 BGB; § 475b Abs. 4 Nr. 2 BGB),[244] Aktualisierungen bereitgestellt werden, die erforderlich sind, um die Vertragsmäßigkeit zu erhalten. Hierzu gehören nach § 327f Abs. 1 S. 2 BGB ausdrücklich **Sicherheitsaktualisierungen**[245], die sogar im Vordergrund der gesetzlichen Überlegungen gestanden haben sollen.[246] Produkte, die zu einem bestimmten Zeitpunkt als vertragsgemäß bewertet wurden, sollen für einen bestimmten

[237] BeckOK IT-Recht/Hilber BGB § 434 Rn. 7.

[238] Soweit sie nicht durch öffentliche Aussagen beeinflusst wurde → Rn. 88 und dort Fn. 231.

[239] Zum Aufstellen einer Vergleichsgruppe s. Peschel/Rockstroh NJW 2020, 3345 (3347 f.); ähnlich wohl MüKoBGB/Metzger BGB § 327e Rn. 38; aA Riehm/Meier MMR 2020, 250 f.; BeckOK IT-Recht/Hilber BGB § 434 Rn. 7; Riehm/Leithäuser/Brenner in Raue, Digitale Resilienz, S. 15 ff., insbes. 18. In der Gesetzesbegründung zur Umsetzung der WKRL heißt es, der Unternehmer sei verpflichtet, „insbesondere die Schutzmaßnahmen zu treffen, die nach dem Stand der Technik geeignet und erforderlich sind, um die digitalen Elemente vor einem unberechtigten Zugriff Dritter auf Daten oder Funktionen zu schützen" (BT-Drs. 19/27424, 33); die Anforderung „Stand der Technik" findet sich jedoch weder in der WKRL/DIRL noch im BGB (vgl. schon Rockstroh/Peschel NJW 2020, 3345 Fn. 45); dafür, dass der Stand der Technik als „Obergrenze" (BGH 4.3.2009 – VIII ZR 160/08, NJW 2009, 2056 (2057)), sonst aber gerade nicht maßgeblich ist, s. Rockstroh/Peschel NJW 2020, 3345 (3347), zu § 434 BGB aF; in der VO (EU) 2024/2847 (CRA) findet sich der „Stand der Technik" nur in Annex I Teil I Nr. 2 lit. e („confidentiality") und in Erwgr. 55 CRA wird ein Fall beschrieben, in dem gerade „Sicherheitsmerkmale" verwendet werden, die „nicht mehr dem Stand der Technik entsprechen" (aA wohl Wiebe Der neue CRA/Wiebe § 9 Rn. 191: „der CRA bildet die Mindestanforderungen und damit den Stand der Technik ab"); in Art. 21 Abs. 1 UAbs. 2 NIS-2-RL ist der Stand der Technik „nur" zu berücksichtigen → Rn. 66 und dort auch Fn. 205.

[240] Ähnlich Ruttloff/Wagner/Stilz BB 2024, 1603 (1607 f.); Wiebe Der neue CRA/Sörup/Wolf § 9 Rn. 100 sehen im Verstoß gegen den CRA stets einen Mangel. Bemerkenswert ist in diesem Zusammenhang das Folgende: Die WKRL nennt „Sicherheit" ausdrücklich als Merkmal der üblichen und erwartbaren Beschaffenheit in Art. 7 Abs. 1 lit. d WKRL. Die WKRL will bestehendes Unionsrecht, nationales Recht, technische Normen etc jedoch ausdrücklich nur bei der Verwendungseignung in Art. 7 Abs. 1 lit. a WKRL berücksichtigt wissen. Der deutsche Gesetzgeber hat auf diese Aufzählung bei der Verwendungseignung verzichtet, da davon auszugehen sei, dass „die Rechtsprechung zukünftig, wie bereits nach geltender Rechtslage, rechtliche Vorschriften, technische Normen und Verhaltenskodizes bei der Beurteilung der gewöhnlichen Verwendungseignung einer Sache angemessen berücksichtigen wird" (hierauf hinweisend BeckOK BGB/Faust BGB § 434 Rn. 73).

[241] Anm.: Änd. und Kürz. d. d. Verfasser.

[242] Soweit ersichtlich nimmt keine der in diesem Abschnitt genannten Fundstellen hierauf Bezug; es bleibt die weitere Entwicklung abzuwarten.

[243] § 327f Abs. 1 S. 2 Nr. 1 BGB: „bei einem Vertrag über die dauerhafte Bereitstellung eines digitalen Produkts der Bereitstellungszeitraum".

[244] § 475b Abs. 4 Nr. 2 BGB: „während des Zeitraums, den er aufgrund der Art und des Zwecks der Ware und ihrer digitalen Elemente sowie unter Berücksichtigung der Umstände und der Art des Vertrags erwarten kann"; § 327f Abs. 1 S. 2 Nr. 2 BGB: „Zeitraum, den der Verbraucher aufgrund der Art und des Zwecks des digitalen Produkts und unter Berücksichtigung der Umstände und der Art des Vertrags erwarten kann".

[245] Vgl. schon Rockstroh DuD 2023, 332 (333); BT-Drs. 19/27424, 33: „insbesondere auch Sicherheitsupdates" mit Verweis auf die WKRL (dort Art. 7 Abs. 3 S. 1 iVm Erwgr. 30 WKRL).

[246] Schulze/Staudenmayer, EU Digital Law, Richtlinie (EU) 2019/770 Art. 8 Rn. 116.

Zeitraum konform bleiben, auch wenn sich die digitale Welt verändert.[247] Es müssen Aktualisierungen bereitgestellt werden, die für den „Erhalt der Vertragsmäßigkeit" erforderlich sind; für die Bewertung der Vertragsmäßigkeit dürften die Ausführungen in → Rn. 87 bis 89 entsprechend gelten.[248] Nach Erwgr. 47 DIRL und Erwgr. 31 WKRL könnte der erwartbare Zeitraum „dem Gewährleistungszeitraum für Vertragswidrigkeit entsprechen"; er könnte aber auch länger sein, was insbes. bei Sicherheitsaktualisierungen der Fall sein kann.[249]

2. Anforderungen der Produktsicherheit, insbes. neue EU-Produktsicherheitsverordnung (VO (EU) 2023/988 – GPSR)

Die europäischen **Produktsicherheitsvorschriften**[250] haben insbes. das Ziel, „die Ge- 91
sundheit und Sicherheit der Verbraucher und das Funktionieren des Binnenmarkts im Hinblick auf Produkte, die für Verbraucher bestimmt sind" zu gewährleisten.[251] Im Mittelpunkt steht die Verpflichtung, nur sichere Produkte in Verkehr zu bringen oder auf dem Markt bereitzustellen.[252] Es existieren etliche **sektorspezifische Rechtsvorschriften** (→ Rn. 93).[253] Soweit für Verbraucherprodukte in **sektorspezifischen Rechtsvorschriften** bisher keine spezifischen Sicherheitsanforderungen festgelegt waren, konnte das Produkt in den Anwendungsbereich der RL 2001/95/EG (sog. allgemeine Produktsicherheitsrichtlinie) fallen.[254] Die **allgemeine Produktsicherheitsrichtlinie** war im ProdSG (aF) umgesetzt (→ Rn. 95 ff.).[255] Seit dem 13.12.2024 gilt die **Verordnung über die allgemeine Produktsicherheit** ((EU) 2023/988 – **GPSR**) für Verbraucherprodukte, welche die allgemeine Produktsicherheitsrichtlinie ersetzt (→ Rn. 98 ff.).[256] Die GPSR nimmt – wie zuvor die allgemeine Produktsicherheitsrichtlinie – im Bereich der Verbraucherprodukte eine Auffangfunktion ein.[257] Das ProdSG wurde inzwischen angepasst.[258]

---

[247] Schulze/Staudenmayer, EU Digital Law, Richtlinie (EU) 2019/770 Art. 8 Rn. 113; Erwgr. 31 S. 2, 3 WKRL; BT-Drs. 19/27424, 31 f.

[248] IdS könnte auch Annex I Teil I Nr. 2 CRA zu verstehen sein, wonach Schwachstellen „im Hinblick auf die Risiken im Zusammenhang mit den Produkten mit digitalen Elementen" zu behandeln und zu beheben sind (Anm.: Herv d. d. Verfasser). Dies könnte dahingehend verstanden werden, dass Schwachstellen zu beheben sind, wenn „angesichts der Risiken" kein „angemessenes Cybersicherheitsniveau" gem. Annex I Teil I Nr. 1 CRA (→ Rn. 157 ff.) mehr besteht, dh die Schwachstelle bekannt und ausnutzbar ist und sich dies „auf die Sicherheit dieser Produkte auswirken könnte", vgl. → Rn. 160 und insbes. Fn. 433; Wiebe Der neue CRA/Jossen § 5 Rn. 129 spricht diesen Punkt nicht gesondert an. Hier bleibt die weitere Entwicklung abzuwarten.

[249] Erwgr. 47 DIRL sowie Erwgr. 31 WKRL „Zeitraum […], in dem der Verkäufer für Vertragswidrigkeiten haftet" (Anm.: Kürz. d. d. Verfasser); Rockstroh DuD 2023, 332 (333); dies klingt nach einem Regel-(Gewährleistungszeitraum)-Ausnahme-(darüber hinausgehend)-Verhältnis, während der deutsche Gesetzgeber den Zeitraum gerade „nicht auf die Dauer der Gewährleistungsfrist beschränkt" wissen will (BT-Drs. 19/27653, 59); die offene Formulierung führe zu einer „praktisch unkalkulierbaren Rechtslage" (Kühner/Piltz CR 2021, 1 (6)).

[250] Für Zwecke des Handbuchs ist lediglich ein stark vereinfachter, grober Überblick über einzelne Aspekte vorgesehen, um den Aspekt „Informationssicherheit" im Lebenszyklus der Daten darzustellen. Es wird im Übrigen auf die einschl. Literatur verwiesen.

[251] Erwgr. 5 GPSR; vgl. schon Erwgr. 2 ff. RL 2001/95/EG.

[252] Vgl. Art. 5 GPSR; Art. 1 Abs. 1 und Art. 3 Abs. 1 RL 2001/95/EG; § 3 Abs. 2 ProdSG (aF); zur GPSR-E s. Rockstroh DuD 2023, 332 (335).

[253] Vgl. Anhang I MÜVO, VO (EU) 2019/1020; Rockstroh DuD 2023, 332 (335).

[254] Art. 1 Abs. 2 UAbs. 1 S. 2 und UAbs. 2 RL 2001/95/EG; § 1 Abs. 4 ProdSG; umfangreich Klindt ProdSG/Schucht ProdSG § 1 Rn. 79 ff.; Rockstroh DuD 2023, 332 (335).

[255] Rockstroh DuD 2023, 332 (335); HK-GPSR/Reusch EU-Produktsicherheits-VO Art. 1 Rn. 2.

[256] HK-GPSR/Reusch EU-Produktsicherheits-VO Art. 1 Rn. 7; Schucht GewArch 2022, 394; Hartmann/Klindt ZfPC 2022, 73; Ackermann/Golling ZfPC 2022, 67; Reusch BB 2021, 1218.

[257] Art. 2 Abs. 1 GPSR; Erwgr. 6 ff. GPSR; Schucht GewArch 2022, 394 (396 f.); BeckOK Produktrecht/Piroth GPSR Art. 2 Rn. 8 ff., 13 f.; HK-GPSR/Wiebe EU-Produktsicherheits-VO Art. 6 Rn. 35; zum ProdSG aF Klindt ProdSG/Schucht ProdSG § 1 Rn. 81.

[258] Art. 6 des Gesetzes zur Änderung des Produktsicherheitsgesetzes und weiterer produktsicherheitsrechtlicher Vorschriften v. 3.2.2026, BGBl. 2026 I Nr. 29 v. 5.2.2026; die Ausführungen in diesem Abschnitt beziehen sich daher auf das ProdSG aF.

92 Wie bereits an anderer Stelle dargestellt (→ Rn. 31 ff.), betrifft die **Produktsicherheit** insbes. den Schutz der Sicherheit und Gesundheit von Personen *vor* produktbedingten Gefahren.[259] Die IT-/Cybersicherheit hingegen bezweckt den **Schutz des Produkts** und der darauf gespeicherten und verarbeiteten Informationen, insbes. *vor* (unbefugten) Einflüssen von außen.[260] Die IT-/Cybersicherheit kann sich auf die Sicherheit des Produkts auswirken.[261] Insofern wird teilweise von **Cybersafety** gesprochen (→ Rn. 34 mwN).

a) Sektorspezifische Rechtsvorschriften

93 Es existieren inzwischen einige **sektorale Produktsicherheitsvorschriften,** die die Cyber-/IT-Sicherheit von Produkten berücksichtigen.[262]

94 Die VO (EU) 2017/745 **(Medizinprodukte)** enthält etwa Vorgaben zur „Informationssicherheit" (engl. *information security;* Anhang I Abschnitt 17.2)[263] und zu „IT-Sicherheitsmaßnahmen" (engl. *IT security measures;* Anhang I Abschnitt 17.4).[264] Die **neue EU-Maschinenverordnung** (VO (EU) 2023/1230) legt in Abschnitt 1.1.9. des Anhangs III fest, dass sowohl Hardware-Bauteile, die Signale oder Daten übertragen, als auch die Software und die Daten selbst angemessen gegen **unbeabsichtigte oder vorsätzliche Korrumpierung** geschützt sein müssen, sofern sie für die Konformität der Maschine oder des dazugehörigen Produkts mit den einschlägigen Sicherheits- und Gesundheitsschutzanforderungen von entscheidender Bedeutung sind. Darüber hinaus müssen Maschinensteuerungen gemäß Abschnitt 1.2.1 so ausgelegt und beschaffen sein, dass sie, wenn den Umständen und Risiken angemessen, den beabsichtigten und unbeabsichtigten Fremdeinflüssen, einschließlich vernünftigerweise vorhersehbare böswillige Versuche Dritter, die zu einer Gefährdungssituation führen, standhalten können.[265] Daneben bestehen zB Regelungen in der VO (EU) 2017/746 **(In-vitro-Diagnostika)** oder in der VO (EU) 2018/1139 **(Flugsicherheit)**[266]**.**

b) ProdSG aF

95 Ein Produkt durfte unter der Geltung des ProdSG aF grds. nur auf dem Markt bereitgestellt werden, wenn es bei bestimmungsgemäßer oder vorhersehbarer Verwendung die Sicherheit und Gesundheit von Personen nicht gefährdet, § 3 Abs. 2 ProdSG aF. § 3 Abs. 2 ProdSG aF galt für den nicht-harmonisierten Bereich.[267]

96 **aa) Vom ProdSG aF erfasste Produkte (einschl. zugehöriger Dienste). „Produkt"** war gem. § 2 Nr. 21 ProdSG aF eine Ware, ein Stoff oder ein Gemisch, das durch einen Fertigungsprozess hergestellt worden ist. **Hardware** fiel unter den Produktbegriff des

---

[259] Schucht NVwZ 2021, 532; BeckOK Produktrecht/Weiß/Rockstroh GPSR Art. 6 Rn. 55 mwN sowie → Rn. 32 und dort die weiteren Nachweise in Fn. 85.

[260] Vgl. Schucht NVwZ 2021, 532; BeckOK Produktrecht/Weiß/Rockstroh GPSR Art. 6 Rn. 55 sowie → Rn. 23 und dort die weiteren Nachweise in Fn. 56.

[261] Wiebe InTer 2021, 66 (67); BeckOK Produktrecht/Weiß/Rockstroh GPSR Art. 6 Rn. 57 sowie → Rn. 34 und dort die weiteren Nachweise in Fn. 87.

[262] Zum Folgenden vgl. BeckOK Produktrecht/Weiß/Rockstroh GPSR Art. 6 Rn. 61 ff.

[263] „Bei Produkten, zu deren Bestandteilen Software gehört, oder bei Produkten in Form einer Software wird die Software entsprechend dem Stand der Technik entwickelt und hergestellt, wobei die Grundsätze des Software-Lebenszyklus, des Risikomanagements einschließlich der Informationssicherheit, der Verifizierung und der Validierung zu berücksichtigen sind".

[264] „Die Hersteller legen Mindestanforderungen bezüglich Hardware, Eigenschaften von IT-Netzen und IT-Sicherheitsmaßnahmen einschließlich des Schutzes vor unbefugtem Zugriff fest, die für den bestimmungsgemäßen Einsatz der Software erforderlich sind"; hierzu auch BeckOK Produktrecht/Weiß/Rockstroh GPSR Art. 6 Rn. 62.

[265] BeckOK Produktrecht/Weiß/Rockstroh GPSR Art. 6 Rn. 62; vgl. auch Kittelmann/Mössner ARP 2023, 322 (327).

[266] Vgl. etwa Anhang II Abschnitt 1 S. 1, Abschnitt 1.3.5., Anhang V Abschnitt 6.6, Abschnitt 8.5 f.

[267] Klindt ProdSG/Klindt ProdSG § 3 Rn. 17.

ProdSG aF.[268] **Integrierte (embedded) Software** galt als Teil des Produkts.[269] Die Anwendung des ProdSG aF auf **Software in sonst verkörperter Form** war unklar.[270] Zur parallelen Diskussion im ProdHaftG → Rn. 115).

97 **bb) Anforderungen an die Informationssicherheit.** Es wurde kontrovers diskutiert, ob und in welcher Weise der Hersteller unter dem ProdSG aF für die **Gewährleistung der Informationssicherheit** seines Produkts verantwortlich ist.[271] Nach § 3 Abs. 2 S. 1 ProdSG aF durfte die Sicherheit und Gesundheit von Personen bei bestimmungsgemäßer Verwendung[272] und bei vorhersehbarer Verwendung[273] nicht gefährdet werden. Die unvorhersehbare Verwendungen bzw. der Produktmissbrauch fiel hingegen nicht in die Verantwortungssphäre des Herstellers.[274] Die Produktsicherheit gewährt Schutz vor Gefahren, die von dem Produkt ausgehen.[275] Die Gefahr ergibt sich im Rahmen der Informationssicherheit aber regelmäßig aus dem vorsätzlich rechtswidrigen Eingreifen eines Dritten.[276] Im Kommissions-Entwurf zur GPSR[277] heißt es an mehreren Stellen, dass der Begriff „Sicherheit" *(safety)* auf (Cyber)Sicherheitsaspekte *erweitert* werden soll.[278] Dies könnte dafür sprechen, dass die EU-Kommission davon ausging, dass die Cyber-/IT-Sicherheit von der allgemeinen Produktsicherheitsrichtlinie nicht erfasst war. Im Safety Gateway der EU finden sich gleichwohl Einträge zu Software-Sicherheitslücken in Fahrzeugen[279] und zu Sicherheitslücken in einer Smart Watch für Kinder.[280] In jedem Fall dürfte es sich nur um Merkmale der Informationssicherheit handeln, die sich auf die Sicherheit *(safety)* des Produkts auswirken können (sog. Cybersafety → Rn. 31 ff.).

c) EU-Produktsicherheitsverordnung (VO (EU) 2023/988 – GPSR)

98 Nach Art. 5 GPSR dürfen Wirtschaftsakteure nur sichere Produkte (engl. *safe products*) in Verkehr bringen oder auf dem Markt bereitstellen. Wenn Hersteller ihre Produkte in Verkehr bringen, gewährleisten sie, dass diese Produkte im Einklang mit diesem allgemeinen Sicherheitsgebot entworfen und hergestellt wurden, Art. 9 Abs. 1 GPSR.

---

[268] Klindt ProdSG/Klindt/Schucht ProdSG § 2 Rn. 168; Rockstroh/Kunkel MMR 2017, 77 (81).

[269] Rockstroh/Kunkel MMR 2017, 77 (81 f.); Impact Assessment Report (SWD(2021) 168 final), S. 39; Wiebe BB 2022, 899; Klindt ProdSG/Klindt/Schucht ProdSG § 2 Rn. 160 f. (164 ff.); Wiebe/Daelen EuZW 2023, 257 (258) mwN; zum GPSR-E: Rockstroh DuD 2023, 332 (335).

[270] Klindt ProdSG/Klindt/Schucht ProdSG § 2 Rn. 164 ff.; vgl. hierzu Impact Assessment Report (SWD (2021) 168 final), S. 39: „The definition of product in the GPSD would not be changed, so that safety risks stemming from software are only covered if the software is integrated in a product at the time of its placing on the market (as is currently the case)"; zum GPSR-E: Rockstroh DuD 2023, 332 (335).

[271] Schucht NVwZ 2021, 532 (534 f.); Wiebe InTer 2021, 66 (67); zu § 823 Abs. 1 BGB: Rockstroh/Kunkel MMR 2017, 77 (79); zum Meinungsstand im Rahmen der Produkthaftung: Riehm/Leithäuser/Brenner in Raue, Digitale Resilienz, S. 5 f.

[272] § 2 Nr. 5 ProdSG aF.

[273] § 2 Nr. 27 ProdSG aF.

[274] Schucht NVwZ 2021, 532 (534); Klindt ProdSG/Klindt/Schucht ProdSG § 2 Rn. 224, 228; vgl. schon Bräutigam/Klindt NJW 2015, 1137 (1141 f.) mwN.

[275] Vgl. hierzu schon → Rn. 32 mwN.

[276] Schucht NVwZ 2021, 532 (535): „Ausdehnung der Verantwortungssphäre des Herstellers […], die de lege lata keinesfalls zwingend ist", vgl. dort S. 534 f. auch die Ausführungen zum AfPS-Beschluss vom 21.11.2019 zur GS-Zeichen-Fähigkeit von Produkten mit RED Bauteilen (Anm.: Kürz. d. d. Verfasser); vgl. Kapoor/Klindt BB 2023, 67 (68) zur VO (EU) 2024/2853 (ProdHaftRL): „Aus Sicht der Verf. ist es unverständlich, einen rechtstreu handelnden Hersteller in die Haftung zu nehmen, weil ein dem Hersteller unbekannter Dritter den Schaden verursacht hat"; Kapoor ProdHaftG § 3 Rn. 81 zum ProdHaftG sowie Klindt DAR, 2023, 7 (9) und Hartmann/Klindt ZfPC 2022, 73 (74) „IT-Vandalismus".

[277] COM(2021) 346 final.

[278] COM(2021) 346 final, S. 9: „expanding the definition of 'safety' to include (cyber)security aspects that have an impact on safety"; S. 14: „The extended coverage of risks from new technologies (e. g. cybersecurity risks that have an impact on safety)"; vgl. auch Rockstroh DuD 2023, 332 (335).

[279] Nummer der Meldung: A12/1671/15.

[280] Nummer der Meldung A12/0157/19; die Beispiele finden sich auch bei Reusch BB 2021, 1218 (1220) und bei Opinion of the sub-group on artificial intelligence (ai), connected products and other new challenges in product safety to the consumer safety network v. Dezember 2020, S. 6 f.

99 **aa) Von der GPSR erfasste Produkte (einschl. zugehöriger Dienste). „Produkt“** ist jeder Gegenstand, der für sich allein oder in Verbindung mit anderen Gegenständen entgeltlich oder unentgeltlich – auch im Rahmen der Erbringung einer Dienstleistung – geliefert oder bereitgestellt wird und für Verbraucher bestimmt ist oder unter vernünftigerweise vorhersehbaren Bedingungen wahrscheinlich von Verbrauchern benutzt wird, selbst wenn er nicht für diese bestimmt ist, Art. 3 Nr. 1 GPSR.

100 Die GPSR klärt die Frage der Anwendbarkeit der Produktsicherheitsvorschriften auf **Software** nicht auf den ersten Blick (zum Diskussionsstand beim ProdSG aF → Rn. 96)[281]. **Embedded Software** ist – weiterhin – als Teil des Produkts erfasst.[282] Es wird jedoch nicht ausdrücklich geregelt, ob eigenständige Software unter den Produktbegriff der GPSR fällt; dies wird größtenteils verneint.[283] Die EU-Kommission ist hingegen der Auffassung, dass die Definition des Begriffs „Produkt“ in der GPSR weit genug gefasst ist, „um ‚jeden Gegenstand‘ einzuschließen, unabhängig davon, ob es sich um ein körperliches oder unkörperliches Produkt oder ein Produkt gemischter Natur handelt“.[284] Dies schließe „Anwendungen und Softwareprodukte ein“.[285]

101 Während **Dienstleistungen** nicht in den Anwendungsbereich der GPSR fallen[286], werden Produkte, die Verbrauchern im Zusammenhang mit der Erbringung von Dienstleistungen geliefert oder bereitgestellt werden oder denen Verbraucher während der *Erbringung einer Dienstleistung* direkt ausgesetzt sind, erfasst.[287] Unklar ist in diesem Zusammenhang, ob der Unionsgesetzgeber – auch – (verbundene) digitale Dienstleistungen iSv § 327a iVm § 327 Abs. 2 BGB[288] erfassen will, die sich etwa in abgewandelter Form als „verbundener Dienst“ in § 4 Abs. 2 ProdHaftG-E[289] oder als „Datenfernverarbeitungslösung“ in Art. 3 Nr. 2 CRA[290] finden.[291]

102 **bb) Anforderungen an die Informationssicherheit.** Die Wirtschaftsakteure dürfen nur sichere Produkte in Verkehr bringen oder auf dem Markt bereitstellen, Art. 5 GPSR. Wenn Hersteller ihre Produkte in Verkehr bringen, gewährleisten sie, dass diese Produkte im Einklang mit diesem allgemeinen Sicherheitsgebot entworfen und hergestellt wurden, Art. 9 Abs. 1 GPSR. Ein **„sicheres Produkt“** ist jedes Produkt, das bei normaler oder vernünftigerweise vorhersehbarer Verwendung, was auch die tatsächliche Gebrauchsdauer einschließt, **keine oder nur geringe** mit seiner **Verwendung zu vereinbarende,** als **annehmbar erachtete** und mit einem **hohen Schutzniveau** für die Gesundheit und

---

281 BeckOK Produktrecht/Reusch GPSR Art. 3 Nr. 1 Rn. 1; zum GPSR-E Ackermann/Golling ZfPC 2022, 67 f.; Rockstroh DuD 2023, 332 (335).

282 HK-GPSR/Wilrich EU-Produktsicherheits-VO Art. 3 Rn. 9; Schucht/Wiebe Die neue GPSR § 3 Rn. 12 (Anwendungsbereich); zum GPSR-E Rockstroh DuD 2023, 332 (335).

283 HK-GPSR/Wilrich EU-Produktsicherheits-VO Art. 3 Rn. 10, Schucht/Wiebe Die neue GPSR § 3 Rn. 12 (Anwendungsbereich); HdB-VerbraucherR/Hess § 11 Rn. 114; Wittbrodt ZfPC 2025, 8 (9); offenlassend BeckOK Produktrecht/Reusch GPSR Art. 3 Nr. 1 Rn. 1; s. schon die Argumente bei Rockstroh DuD 2023, 332 (335); s. auch Art. 15 Abs. 3 lit. a GPSR, wo nur von „Software, […] die in das Produkt eingebettet ist“, die Rede ist (Anm.: Kürz. d. d. Verfasser); anders wohl Mattheis CCZ 2024, 325 (326): „digitale Produkte wie Software“.

284 Bekanntmachung der Kommission. Leitlinien zur Anwendung des EU-Rechtsrahmens für die allgemeine Produktsicherheit durch Unternehmen v. 21.11.2025 (C/2025/6233), Abschnitt 2.1, S. 6.

285 Bekanntmachung der Kommission. Leitlinien zur Anwendung des EU-Rechtsrahmens für die allgemeine Produktsicherheit durch Unternehmen v. 21.11.2025 (C/2025/6233), Abschnitt 2.1, S. 6; ablehnend Schucht CCZ 2026, 53 (55) mwN; Rohrsen/Spiegel ZVertriebsR 2026, 72.

286 Erwgr. 17 GPSR.

287 Art. 3 Nr. 1 iVm Erwgr. 17 GPSR; zum GPSR-E Rockstroh DuD 2023, 332 (335).

288 → Rn. 82 f.

289 → Rn. 127.

290 → Rn. 145 f.

291 Die Ausführungen der EU-Kommission zu „Dienstleistungen“ sprechen hiergegen, Bekanntmachung der Kommission. Leitlinien zur Anwendung des EU-Rechtsrahmens für die allgemeine Produktsicherheit durch Unternehmen v. 21.11.2025 (C/2025/6233), Abschnitt 3, S. 8; vgl. etwa HK-GPSR/Wilrich EU-Produktsicherheits-VO Art. 3 Rn. 11; vgl. zum GPSR-E Rockstroh DuD 2023, 332 (335); gemeint sein könnten Fälle wie EuGH 10.5.2001 –C-203/99, NJW 2001, 2781.

Sicherheit der Verbraucher **vereinbare Risiken** birgt, Art. 3 Nr. 2 GPSR. **„Risiko"** meint das Verhältnis zwischen der Eintrittswahrscheinlichkeit einer Gefahr, die einen Schaden verursacht, und der Schwere des Schadens, Art. 3 Nr. 4 GPSR. Der Hersteller hat eine interne **Risikoanalyse** durchzuführen, Art. 9 Abs. 2 GPSR. Er hat mögliche Gefahren und potenzielle Schäden zu ermitteln und zu bewerten[292], wobei insbes. die in Art. 6 Abs. 1 GPSR gelisteten Aspekte zu berücksichtigen sind.[293]

Bei der Bewertung, ob es sich um ein sicheres Produkt iSd Art. Art. 3 Nr. 2 GPSR handelt, sind nach Art. 6 Abs. 1 lit. g GPSR „sofern aufgrund der Art des Produkts erforderlich, die angemessenen Cybersicherheitsmerkmale, die erforderlich sind, um das Produkt vor äußeren Einflüssen, einschließlich böswilliger Dritter, zu schützen, sofern sich ein solcher Einfluss auf die Sicherheit des Produkts auswirken könnte, einschließlich eines möglichen Ausfalls der Verbindung" zu berücksichtigen.[294] **103**

Was „Cybersicherheitsmerkmale" meint, wird nicht spezifiziert. Weder der Begriff „Cybersicherheit"[295] noch der Begriff „Cybersicherheitsmerkmal" ist definiert.[296] Das ist misslich, denn der Begriff der Cybersicherheit ist bisher nicht fest konturiert.[297] Er wird häufig synonym mit dem Begriff der „IT-Sicherheit" verwendet.[298] Der Begriff bleibt (auch) im Rahmen der GPSR unklar.[299] Es muss sich um „angemessene[n] Cybersicherheitsmerkmale" handeln, „die erforderlich sind, um das Produkt vor äußeren Einflüssen, einschließlich böswilliger Dritter, zu schützen", Art. 6 Abs. 1 lit. g GPSR. In Anlehnung an die Definition von **„Sicherheit von Netz- und Informationssystemen"** in Art. 6 Nr. 2 NIS-2-RL könnten mithin die Eigenschaften gemeint sein, die sich auf die Fähigkeit eines Produktes beziehen, auf einem bestimmten Vertrauensniveau alle Ereignisse abzuwehren, welche die Verfügbarkeit, Authentizität, Integrität oder Vertraulichkeit des Produkts, der hierüber verarbeiteten Daten oder der hierüber erbrachten Dienste beeinträchtigen könnten.[300] **104**

Der Cybersicherheitsbegriff ist dabei relativ (→ Rn. 30); welche Eigenschaften und damit welches Maß an Cybersicherheit im Einzelfall *angemessen* und *erforderlich* ist, hängt von den jeweiligen Sicherheitserfordernissen ab.[301] Anhang I Teil I Nr. 1 CRA spricht von einem „angemessene[n] Cybersicherheitsniveau".[302] **105**

Im Bereich der Cybersicherheit wird analysiert und bewertet, wie sich Ereignisse auswirken, die die **Verfügbarkeit, Authentizität, Integrität** oder **Vertraulichkeit** des Produkts, der hierüber verarbeiteten Daten oder hierüber erbrachter Dienste beeinträchtigen könnten (siehe etwa → Rn. 158 f.). Im Rahmen der GPSR sind jedoch nur solche angemessenen und erforderlichen Cybersicherheitsmerkmale zu berücksichtigen, die das Produkt vor äußeren Einflüssen schützen, „sofern sich ein solcher Einfluss auf die Sicherheit des Produkts auswirken könnte", Art. 6 Abs. 1 lit. g GPSR.[303] Es sollen nur **106**

---

[292] HK-GPSR EU-Produktsicherheits-VO Art. 9 Rn. 18.

[293] HK-GPSR/Wiebe EU-Produktsicherheits-VO Art. 6 Rn. 7; HK-GPSR/Piovano EU-Produktsicherheits-VO Art. 9 Rn. 20 „orientiert an den Bewertungskriterien in Art. 6 Abs. 1".1"; zum risikobasierten Ansatz in der IT-Sicherheit → Rn. 25, zur Cybersafety → Rn. 31 ff.

[294] BeckOK Produktrecht/Weiß/Rockstroh GPSR Art. 6 Rn. 53 ff.; zum GPSR-E: Rockstroh DuD 2023, 332 (335).

[295] → Rn. 29 f.

[296] BeckOK Produktrecht/Weiß/Rockstroh GPSR Art. 6 Rn. 64.

[297] Vgl. etwa Wiebe ZRP 2023, 73; HK-GPSR/Wiebe EU-Produktsicherheits-VO Art. 5 Rn. 32; BeckOK Produktrecht/Weiß/Rockstroh GPSR Art. 6 Rn. 65; vgl. schon → Rn. 30 und Fn. 77 auch mit der Gegenansicht und entspr. Nachweisen.

[298] BeckOK Produktrecht/Weiß/Rockstroh GPSR Art. 6 Rn. 65 mwN sowie → Rn. 30 und Fn. 78 mit entspr. Nachweisen.

[299] Vgl. umfangreich BeckOK Produktrecht/Weiß/Rockstroh GPSR Art. 6 Rn. 66 ff.

[300] BeckOK Produktrecht/Weiß/Rockstroh GPSR Art. 6 Rn. 68; ähnlich, aber offener HK-GPSR/Wiebe EU-Produktsicherheits-VO Art. 6 Rn. 33.

[301] BeckOK Produktrecht/Weiß/Rockstroh GPSR Art. 6 Rn. 69 mwN.

[302] Anm.: Änd. d. d. Verfasser.

[303] BeckOK Produktrecht/Weiß/Rockstroh GPSR Art. 6 Rn. 72.

solche Fälle erfasst werden, in denen das Fehlen von Cybersicherheitsmerkmalen zu einem physischen Zwischenfall führen und den Verbraucher schädigen könnte (sog. **„Cybersafety“** → Rn. 31 ff.[304]);[305] Risiken für die Datensicherheit hingegen nicht.[306] Diese Aspekte fließen nun in die Risikoanalyse und die Bewertung der **Produktsicherheit** nach → Rn. 102 ein.

107 Es können bei der Bewertung der Cybersicherheitsmerkmale auch die Sicherheitsziele in Art. 51 VO 2019/881 (CSA) oder der Anhang I CRA zu berücksichtigen sein, soweit nach Art. 8 GPSR nicht bereits besondere Normen zu berücksichtigen sind[307]. Es besteht jedoch keine zwingende Bindung.[308]

108 Zu den Cybersicherheitsmerkmalen dürfte auch gehören, dass das Produkt so konzipiert, entwickelt und hergestellt ist, dass Sicherheitslücken behoben werden können.[309]

109 Das Bereitstellen von Sicherheitsaktualisierungen soll über Art. 5 und 6 nicht geschuldet sein[310], kann sich aber aus Art. 37 Abs. 2 lit. a, Abs. 3 GPSR ergeben[311].[312]

3. Produkthaftung, insbes. neue Produkthaftungsrichtlinie (RL (EU) 2024/2853 – ProdHaftRL) und ProdHaftG-E

110 Die Produkthaftung[313] ist in Deutschland im **ProdHaftG** geregelt, das auf der RL 85/374/EWG beruht. Die RL 85/374/EWG wird mit Wirkung vom 9.12.2026 aufgehoben.[314] Sie wird ersetzt durch die neue Produkthaftungsrichtlinie (RL (EU) 2024/2853 – [neue] ProdHaftRL), die am 8.12.2024 in Kraft getreten und von den Mitgliedstaaten bis zum 9.12.2026 umzusetzen ist. Die Ausführungen zur Umsetzung der ProdHaftRL in diesem Abschnitt beziehen sich auf den „Entwurf eines Gesetzes zur Modernisierung des Produkthaftungsrechts“ der Bundesregierung vom 25.2.2026 (im Folgenden „ProdHaftG-E“).[315] Das ProdHaftG (aF) wird für Produkte, die bis zum 8.12.2026 in Verkehr gebracht wurden, weiterhin Anwendung finden, § 23 ProdHaftG-E.[316]

111 Hierneben besteht in Deutschland die deliktische – verschuldensabhängige – Produkthaftung auf Grundlage von § 823 Abs. 1 BGB.[317] Es handelt sich um eine spezifische

---

304 S. dort auch entsprechende Nachweise.

305 BeckOK Produktrecht/Weiß/Rockstroh GPSR Art. 6 Rn. 69; Impact Assessment Report v. 30.6.2021, SWD(2021) 168 final, 27 (39).

306 So der Impact Assessment Report v. 30.6.2021, SWD(2021) 168 final, 27 (39): „would not regulate cybersecurity aspects in general, as that entails different issues such as privacy or data protection“; Ackermann/Golling ZfPC 2022, 67; BeckOK Produktrecht/Weiß/Rockstroh GPSR Art. 6 Rn. 73 mwN; HK-GPSR/Wiebe EU-Produktsicherheits-VO Art. 5 Rn. 19.

307 Und die Anwendbarkeit der GPSR nicht ohnehin durch spezifischere Regelungen verdrängt wird, hierzu HK-GPSR/Wiebe EU-Produktsicherheits-VO Art. 6 Rn. 35; vgl. Erwgr. 26 GPSR.

308 BeckOK Produktrecht/Weiß/Rockstroh GPSR Art. 6 Rn. 70 mwN; HK-GPSR/Wiebe EU-Produktsicherheits-VO Art. 6 Rn. 33 möchte „Anleihen“ beim CRA nehmen.

309 BeckOK Produktrecht/Weiß/Rockstroh GPSR Art. 6 Rn. 68; vgl. Erwgr. 23 GPSR: „Bei der Bewertung der Sicherheit sämtlicher Produkte sollte berücksichtigt werden, dass das Produkt über seine gesamte Lebensdauer sicher sein muss“; zum GPSR-E Rockstroh DuD 2023, 332 (336).

310 HK-GPSR/Wiebe EU-Produktsicherheits-VO Art. 6 Rn. 34.

311 HK-GPSR/Wiebe EU-Produktsicherheits-VO Art. 6 Rn. 34; vgl. Art. 37 Abs. 3 S. 2 GPSR „Software-Aktualisierungen“; Niermeier NJW 2024, 1463 (1467).

312 BeckOK Produktrecht/Weiß/Rockstroh GPSR Art. 6 Rn. 75.

313 Für Zwecke des Handbuchs ist lediglich ein stark vereinfachter, grober Überblick über einzelne Aspekte vorgesehen, um den Aspekt „Informationssicherheit“ im Lebenszyklus der Daten darzustellen. Es wird im Übrigen auf die einschl. Literatur verwiesen.

314 Sie gilt jedoch weiterhin für Produkte, die vor diesem Zeitpunkt in Verkehr gebracht oder in Betrieb genommen wurden, Art. 21 ProdHaftRL.

315 BT-Drs. 21/4297.

316 „Entwurf eines Gesetzes zur Modernisierung des Produkthaftungsrechts“ der Bundesregierung v. 25.2.2026 (im Folgenden „ProdHaftG-E“), BT-Drs. 21/4297.

317 Instruktiv Wagner AcP 217 (2017), 707 (711).

Ausprägung und Weiterentwicklung der allgemeinen Verkehrssicherungspflicht durch die Rechtsprechung.[318] Auf die Deliktshaftung wird nachfolgend nur vereinzelt eingegangen.

Einflüsse von außen (IT-/Cybersicherheit) können sich auf die Produktsicherheit auswirken (sog. **Cybersafety** → Rn. 31 ff.).[319] 112

a) ProdHaftG (aF)

Wird durch den Fehler eines Produkts jemand getötet, sein Körper oder seine Gesundheit verletzt oder eine Sache beschädigt, so ist der Hersteller des Produkts verpflichtet, dem Geschädigten den daraus entstehenden Schaden zu ersetzen, Art. 1 Abs. 1 S. 1 ProdHaftG (aF). 113

aa) Vom ProdHaftG (aF) erfasste Produkte (einschl. zugehöriger Dienste). Produkt iSd § 2 ProdHaftG (aF) ist jede bewegliche Sache, auch wenn sie einen Teil einer anderen beweglichen Sache oder einer unbeweglichen Sache bildet, sowie Elektrizität. **Hardware** fällt als bewegliche Sache unter diesen Produktbegriff.[320] 114

Im Folgenden meint „Software" mit Zech **funktionale Daten.**[321] Die in ein Produkt **integrierte (embedded) Software** kann dessen Fehlerhaftigkeit beeinflussen.[322] Die Anwendung des ProdHaftG (aF) auf **Software,** die sonst auf einem Datenträger **verkörpert** ist[323], ist ebenso umstritten, wie die Anwendung auf **nicht verkörperte Software.**[324] Es geht in diesem Zusammenhang vor allem um die Frage, ob nachträglich in ein Produkt 115

---

[318] BeckOK BGB/Förster § 823 Rn. 677 mit Verweis auf BT-Drs. 11/2447, 7 f.; Rockstroh/Kunkel MMR 2017, 77 (79).

[319] Wiebe InTer 2021, 66 (67); BeckOK Produktrecht/Weiß/Rockstroh GPSR Art. 6 Rn. 57 sowie → Rn. 34 und dort die Nachweise in Fn. 87.

[320] Rockstroh/Kunkel MMR 2017, 77 (82) mwN; s. die Beispiele bei NK-ProdR/Jürgen Taeger ProdHaftG § 2 Rn. 52; vgl. Impact Assessment Report SWD(2022) 316 final, S. 12: „principally hardware manufacturers".

[321] Zech S. 32, „also Information zur Steuerung informationsverarbeitender Maschinen"; vgl. auch Piovano/Hess, ProdHaftRL/Piovano/Hess § 3 Rn. 6; vgl. aber auch Grützmacher zur Unterscheidung von Computerprogramm, Software und reinen Daten in den §§ 69a ff. UrhG in Wandtke/Bullinger/Grützmacher UrhG § 69a Rn. 2 f., 17 f.; Art. 3 Nr. 4 CRA definiert „Software" jetzt als den Teil eines elektronischen Informationssystems, der aus Computercode besteht (→ Rn. 144); vgl. hierzu auch → Kap. 14 Rn. 102.

[322] Riehm/Meier EuCML 2019, 161 (162) mwN; MüKoBGB/Wagner ProdHaftG § 2 Rn. 24, § 3 Rn. 33; Wagner JZ 2023, 1 (4) mwN; Wagner AcP 217 (2017), 706 (713 ff.); NK-ProdR/Jürgen Taeger ProdHaftG § 2 Rn. 20 mwN; Rockstroh/Kunkel MMR 2017, 77 (81); Wendehorst EuZW 2024, 876 mwN.

[323] MüKoBGB/Wagner ProdHaftG § 2 Rn. 23 weist zutreffend darauf hin, dass „[i]n Übereinstimmung mit der ‚Krone'-Entscheidung […] die bloße Verkörperung der Software auf einem gegenständlichen Datenträger […] die Qualifikation des Computerprogramms als Produkt nicht zu tragen vermag", der Standardsoftware dennoch von § 2 ProdHaftG umfasst ansieht; der Generalanwalt beim EuGH Schlussantrag v. 15.4.2021 – C-65/20, GRUR-RS 2021, 7667 Rn. 24 stellt ab auf die „Herstellung körperlicher Gegenstände und […] Schaden, der von einem physischen Defekt eines solchen Produkts herrührt"; BeckOK BGB/Förster ProdHaftG § 2 Rn. 22 und BeckOGK/Rebin ProdHaftG § 2 Rn. 56 ff.; vgl. etwa Rockstroh DuD 2023, 332 (336) mwN; Weiler/Bell/Wilkens RIW 2025, 1 (2) mwN (Anm.: Änd. und Kürz. d. d. Verfasser).

[324] Bejahend und zum Meinungsstand: MüKoBGB/Wagner ProdHaftG § 2 Rn. 21 ff., insbes. Rn. 25 mwN; Wagner AcP 217 (2017), 706 (716 ff.); s. aber auchWagner JZ 2023, 1 (4): mit „der Entscheidung in Sachen Krone" habe „sich die Argumentationslast für den Einschluss von Software nochmals erhöht" und „Zweifel gesät", sowie Wagner NJW 2023, 1313 (1317): „Begründungslast für die Einbeziehung von Software […] erschwert"; offener auch Wagner VersR 2025, 129 (133); Riehm/Meier EuCML 2019, 161 (162): „prevailing opinion"; nach Foerste/Graf v. Westphalen ProdHaft-HdB/McGuire § 58 Rn. 44 geht die „inzwischen wohl herrschende Lehre […] davon aus, dass Software unabhängig von der Verkörperung auf einem Datenträger ein Produkt darstellt und der Anwendungsbereich des ProdHaftG eröffnet ist"; so auch Kapoor ProdHaftG § 2 Rn. 48 mit umfangreicher Begründung sowie NK-ProdR/Jürgen Taeger ProdHaftG § 2 Rn. 21 ff.; anders etwa Finkelmeier NJW 2021, 2015 (2017); Rockstroh/Kunkel MMR 2017, 77 (82); Rockstroh DuD 2023, 332 (336); zur Übersicht auch Wendehorst EuZW 2024, 876 f. mwN; vgl. auch Impact Assessment Report SWD(2022) 314 final S. 14: „lack of clear liability for software providers" und S. 15 f.: „In neither case could the software manufacturer currently be held liable under the PLD" (Anm.: Kürz. d. d. Verfasser).

integrierte Software umfasst ist und ob der Zulieferer für die Software als Teil"produkt" haftet.[325] Die Deliktshaftung hingegen ist nicht auf „Produkte" beschränkt.[326]

116 **(Reine) Informationen** bzw. **rein kommunikative (Teile von) Daten**[327] wurden bisher wohl überwiegend **nicht als Produkt** iSd ProdHaftG betrachtet[328]; auch nicht in verkörperter Form.[329] Die Produkthaftungsvorschriften sollen daher nicht für (falsche) Gesundheitsratschläge in einer Zeitung gelten.[330] In der Literatur wird zT konstatiert, dass „die **Schädigung** durch einen **semantischen Informationsgehalt** […] dem **Produkthaftungsrecht zu entziehen**" ist.[331] Auch entsprechende **Datensätze** sollen hiernach nicht als Produkt gelten.[332] ZT wird aber vertreten, dass Informationen bzw. Daten, die sich in einer spezifischen Funktion des Produkts niederschlagen, an dessen Produkteigenschaft teilnehmen können.[333] Das Thema wird kontrovers diskutiert.[334] Zu Informationen/Daten als Produkt umfangreich → Kap. 14 Rn. 100 ff.

117 Es wird vertreten, dass fehlerhafte Daten (Informationen) von der deliktsrechtlichen Haftung nach § 823 Abs. 1 BGB erfasst sein können.[335] Es sei dann im Einzelfall die Erfüllung der Verkehrssicherungspflicht zu prüfen.[336]

118 **bb) Anforderungen an die Informationssicherheit.** Der **„Fehler eines Produkts"** muss die Rechtsgutsverletzung herbeigeführt haben. Ein Produkt hat gem. § 3 Abs. 1 ProdHaftG (aF) einen Fehler, wenn es nicht die Sicherheit bietet, die unter Berücksichtigung aller Umstände[337] berechtigterweise erwartet werden kann. Entscheidend ist, dass das Produkt diejenige Sicherheit bietet, die die in dem entsprechenden Bereich **herrschende Verkehrsauffassung für erforderlich hält**[338], sowie der Aufwand, der dem

325 Wagner AcP 217 (2017), 707 (716); Wagner MüKoBGB/Wagner ProdHaftG § 2 Rn. 24; Foerste/Graf v. Westphalen ProdHaft-HdB/McGuire § 58 Rn. 46.

326 Wagner AcP 217 (2017), 707 (714); BeckOK BGB/Förster BGB § 823 Rn. 687; BeckOGK/T. Voigt BGB § 823 Rn. 752; MüKoBGB/Wagner § 823 Rn. 1085; → Kap. 14 Rn. 39 ff.

327 Der „semantische" Gehalt.

328 Vgl. etwa MüKoBGB/Wagner ProdHaftG § 2 Rn. 18: „nach allgemeiner Meinung"; BeckOGK/Rebin ProdHaftG § 2 Rn. 45.

329 BeckOGK/Rebin ProdHaftG § 2 Rn. 52 f.; krit. auch BeckOK BGB/Förster ProdHaftG § 2 Rn. 19 f.; umfassend MüKoBGB/Wagner ProdHaftG § 2 Rn. 20; Borges/Keil Big Data/Borges § 7 Rn. 185, jeweils mit Verweis auf EuGH 10.6.2021 – C-65/20, NJW 2021, 2015 (2016 f.); vgl. nun auch Erwgr. 13 S. 5 ProdHaftRL: „Informationen sind jedoch nicht als Produkt zu betrachten"; weitgehend Kapoor ProdHaftG § 2 Rn. 40 f., wonach Informationen – anders als digitalen und analogen Informationsgütern – die Verkehrsfähigkeit fehle; krit. auch BeckOK BGB/Förster ProdHaftG § 2 Rn. 19; Zech NJW 2022, 502 (505) zitiert insoweit Günther (Produkthaftung für Informationsgüter, Verlagserzeugnisse, Software und Multimedia im deutschen und US-amerikanischen Produkthaftungsrecht, 2001, S. 647), wonach „das ‚Leitbild' der Produkthaftung die ‚direkte, physikalische Schädigung […] durch industrielle Waren'" ist.

330 EuGH 10.6.2021 – C-65/20, NJW 2021, 2015; vgl. zum Vertragsrecht Schulze/Staudenmayer, EU Digital Law, Richtlinie (EU) 2019/770 Art. 8 Rn. 43: „It needs to be emphasised that the quality criterion relates to the digital content or the digital service. It does not relate to its content", s. auch → Rn. 82.

331 Zech NJW 2022, 502 (506) (Anm.: Kürz. d. d. Verfasser).

332 Zech NJW 2022, 502 (505 f.).

333 Borges/Keil Big Data/Borges § 7 Rn. 194; Günther will – zu Recht – zwischen kommunikativen und funktionalen Informationsgütern unterscheiden, Günther EuZW 2021, 763 (765 f.).

334 Vgl. etwa die Darstellung bei Staudinger/Oechsler ProdHaftG § 2 Rn. 77 ff.; Wiebe InTer 2021, 66 (68) zu § 823 Abs. 1 BGB.

335 Zech NJW 2022, 502 (506); Wagner AcP 217 (2017), 707 (714); NK-BGB/Christian Katzenmeier BGB § 823 Rn. 298: „Körperlichkeit" und „str." (mwN); → Kap. 14 Rn. 39 ff.

336 Eingehend Zech NJW 2022, 502 (506 f.).

337 § 3 Abs. 1 ProdHaftG (aF) zählt hier insbes. die Darbietung (a), den Gebrauch, mit dem billigerweise gerechnet werden kann (b) und den Zeitpunkt, in dem es in den Verkehr gebracht wurde (c) auf.

338 BGH 16.6.2009 – VI ZR 107/08, NJW 2009, 2952 (2953); BGH 5.2.2013 – VI ZR 1/12, NJW 2013, 1302 (1303); BGH 1.8.2023 – VI ZR 82/22, NJW 2023, 3159 (3161); BeckOGK/Goehl ProdHaftG § 3 Rn. 17 ff. mit umfangreicher Darstellung.

Hersteller nach objektiven Maßstäben zumutbar ist.[339] Die Verkehrssicherungspflichten des Herstellers im Rahmen der deliktischen Haftung gem. § 823 Abs. 1 BGB beurteilen sich grds. nach denselben objektiven Maßstäben wie die nach § 3 Abs. 1 ProdHaftG (aF) maßgeblichen Sicherheitserwartungen.[340] Es wird unterschieden in Fabrikations-, Konstruktions- und Instruktionsfehler.[341]

Art und Umfang der Herstellerpflichten bestimmen sich insbes. auch nach dem Sicher- **119**
heitsniveau, das nach dem im Zeitpunkt des Inverkehrbringens des Produkts vorhandenen neuesten Stand der Wissenschaft und Technik konstruktiv möglich ist und als geeignet und genügend erscheint, um Schäden zu verhindern.[342] Ob eine (Produkt)Sicherungsmaßnahme nach objektiven Maßstäben zumutbar ist, ist unter Berücksichtigung sämtlicher Umstände des Einzelfalls zu beurteilen[343], wobei insbes. die vom Produkt ausgehende Größe der Gefahr für die in § 1 Abs. 1 ProdHaftG (aF) genannten Rechtsgüter *(safety)*[344], aber auch wirtschaftliche Auswirkungen der Sicherungsmaßnahme[345] und der Nutzen des Produkts[346] maßgeblich sein sollen.[347] Bestimmte Risiken sind als sozialadäquat hinzunehmen.[348]

Es ist nicht abschließend geklärt, ob und in welchem Umfang der Hersteller eines Produkts **120**
unter dem (bisher) geltenden ProdHaftG für Angriffe Dritter als „IT-Vandalismus"[349] verantwortlich gemacht werden kann.[350] So ist unklar, ob der unberechtigte Eingriff des Dritten überhaupt ein Gebrauch ist, „mit dem billigerweise gerechnet werden kann" (§ 3 Abs. 1 lit. b ProdHaftG)[351] und ob hierdurch nicht die Kausalität unterbrochen wird.[352] Der europäische Gesetzgeber sah sich jedenfalls veranlasst, sowohl die sicherheitsrelevanten Cybersicherheitsanforderungen in den Katalog der bei der Fehlerbeurteilung zu berücksichtigenden Kriterien aufzunehmen (→ Rn. 130), als auch die Haftung des Herstellers trotz Eingreifen eines Hackers klarzustellen (→ Rn. 133).

cc) Vernichtung und Beschädigung von Daten. Die **Vernichtung und Beschädi-** **121**
gung von Daten selbst dürfte nicht von § 1 Abs. 1 S. 1 ProdHaftG erfasst sein (zur

---

339 BGH 16.6.2009 – VI ZR 107/08, NJW 2009, 2952 (2953 f.); BGH 5.2.2013 – VI ZR 1/12, NJW 2013, 1302 (1303); BGH 1.8.2023 – VI ZR 82/22, NJW 2023, 3159 (3162 f.); vgl. schon Rockstroh/Kunkel MMR 2017, 77 (80).

340 BGH 16.6.2009 – VI ZR 107/08, NJW 2009, 2952 (2953); BGH 1.8.2023 – VI ZR 82/22, NJW 2023, 3159 (3161); BeckOK BGB/Förster BGB § 823 Rn. 685; Wagner AcP 217 (2017), 707 (711 f.).

341 BGH 16.6.2009 – VI ZR 107/08, NJW 2009, 2952 (2953); BGH 1.8.2023 – VI ZR 82/22, NJW 2023, 3159 (3161); BT-Drs. 11/2447, 7; MüKoBGB/Wagner § 823 Rn. 1089 ff. und § 3 Rn. 43 ff.; BeckOK BGB/Förster § 823 Rn. 703 ff. und § 3 Rn. 29 ff.; Leupold/Wiebe/Glossner/Kreutz IT-R/Wiesner/Rockstroh, 5. Aufl. 2026, Teil 10.6 im Erscheinen; vgl. Rockstroh/Kunkel MMR 2017, 77 (80).

342 BGH 16.6.2009 – VI ZR 107/08, NJW 2009, 2952 (2953); BGH 5.2.2013 – VI ZR 1/12, NJW 2013, 1302 (1303); BGH 1.8.2023 – VI ZR 82/22, NJW 2023, 3159 (3162); BeckOK BGB/Förster BGB § 823 Rn. 707; BeckOGK/Goehl ProdHaftG § 3 Rn. 37; Rockstroh/Kunkel MMR 2017, 77 (80).

343 BGH 16.6.2009 – VI ZR 107/08, NJW 2009, 2952 (2953).

344 BGH 16.6.2009 – VI ZR 107/08, NJW 2009, 2952 (2953 f.); BGH 5.2.2013 – VI ZR 1/12, NJW 2013, 1302 (1303); BGH 1.8.2023 – VI ZR 82/22, NJW 2023, 3159 (3163).

345 BGH 16.6.2009 – VI ZR 107/08, NJW 2009, 2952 (2954).

346 BGH 1.8.2023 – VI ZR 82/22, NJW 2023, 3159 (3162).

347 Vgl. auch Leupold/Wiebe/Glossner/Kreutz IT-R/Wiesner/Rockstroh, 5. Aufl. 2026, Teil 10.6 im Erscheinen; BeckOGK/T. Voigt BGB § 823 Rn. 653; Rockstroh/Kunkel MMR 2017, 77 (80).

348 Umfangreich BeckOGK/Goehl ProdHaftG § 3 Rn. 38 ff.; das OLG Düsseldorf 4.7.2025 (10 U 265/24), DAR 2026, 73 (75) sieht im gewissen Umfang in der Gefahr des Auftretens von Bränden beim Einsatz von Lithium-Ionen-Zellen in Batteriespeichern ein hinzunehmendes „Technologierisiko als Unterfall des allgemeinen Lebensrisikos", s. schon umfangreich → Rn. 88 und Fn. 235 mwN.

349 Klindt DAR, 2023, 7 (9); Hartmann/Klindt ZfPC 2022, 73 (74).

350 Vgl. etwa im Rahmen des ProdSG Schucht NVwZ 2021, 532 (534 f.); zum Meinungsstand Riehm/Leithäuser/Brenner in Raue, Digitale Resilienz, S. 6 f.

351 Zum ProdSG Schucht NVwZ 2021, 532 (535); vgl. schon Bräutigam/Klindt NJW 2015, 1137 (1141 f.) mwN; zur parallel geführten Diskussion im ProdSG → Rn. 97.

352 Rockstroh/Kunkel MMR 2017, 77 (81); Hartmann/Klindt ZfPC 2022, 73 (74).

verschuldensabhängigen deliktischen Haftung → Kap. 14 Rn. 4 ff.). Denn neben den Rechtsgütern Leben, Körper und Gesundheit sind lediglich Sachen geschützt. Die englische Sprachfassung der RL 85/374/EWG spricht von „item of property“. Daten dürften keine Sachen in diesem Sinne sein.[353] ZT behalf man sich damit, die Änderung oder Löschung von Daten als Beschädigung des Eigentums am Speichermedium einzustufen.[354]

b) Die neue Produkthaftungsrichtlinie (RL (EU) 2024/2853 – ProdHaftRL) und der ProdHaftG-E

122 Die **neue Produkthaftungsrichtlinie** (RL (EU) 2024/2853 – ProdHaftRL) wurde am 18.11.2024 im Amtsblatt veröffentlicht und trat am 8.12.2024 in Kraft. Sie ist durch die Mitgliedstaaten bis zum 9.12.2026 umzusetzen. Die Ausführungen zur Umsetzung der ProdHaftRL in diesem Abschnitt beziehen sich auf den ProdHaftG-E (→ Rn. 110).[355] Die ProdHaftRL und der ProdHaftG-E adressieren, dem Konzept des **New Legislativ Frameworks**[356] folgend, Hersteller eines Produkts oder einer Komponente, Anbieter eines verbundenen Dienstes, Bevollmächtigte, Importeure, Fulfilment-Dienstleister und Lieferanten, Art. 4 Nr. 15 ProdHaftRL.

123 Nach § 1 Abs. 1 ProdHaftG-E hat jede natürliche Person Anspruch auf Schadensersatz, die einen durch ein fehlerhaftes Produkt verursachten Schaden an einem der in § 1 Abs. 1 Nr. 1 bis 3 ProdHaftG-E genannten Rechtsgüter erleidet.

124 **aa) Von der neuen ProdHaftRL und dem ProdHaftG-E erfasste Produkte (einschl. zugehöriger Dienste). „Produkte“** sind 1. alle beweglichen Sachen, einschließlich Rohstoffen, 2. Elektrizität, 3. Software mit Ausnahme von freier und Open-Source-Software, die außerhalb einer Geschäftstätigkeit entwickelt oder bereitgestellt wird, und 4. digitale Versionen oder digitale Vorlagen einer beweglichen Sache, die die funktionalen Informationen enthalten, die zur Herstellung der Sache erforderlich sind, weil sie die automatische Steuerung von Maschinen oder Werkzeugen ermöglichen (digitale Konstruktionsunterlagen; § 2 Abs. 1 ProdHaftG-E), wobei unerheblich ist, ob das Produkt in ein anderes Produkt oder in eine unbewegliche Sache integriert oder damit verbunden ist (§ 2 Abs. 2 ProdHaftG-E). § 2 Abs. 1 Nr. 3 ProdHaftG-E[357] nennt **Software** nun ausdrücklich als Produkt.[358] Auf eine Definition des Begriffs wird verzichtet, damit er „offen für

---

[353] Becker/Bell/Meyer NJW 2024, 3745 (3746); Impact Assessment Report SWD(2022) 316 final, S. 10: „damages to digital property are not covered“, s. auch Impact Assessment Report SWD(2022) 316 final, S. 16 Fn. 77; OLG Rostock 21.12.2021 – 2 U 27/21, BeckRS 2021, 42957 Rn. 5 zu einem „digitalen Datensatz“ eines Rezepts; Riehm/Meier EuCML 2019, 161 (164): „unklar“; Foerste/Graf v. Westphalen ProdHaft-HdB/Oster § 57 Rn. 17 will eine „eine Analogie zum Begriff des Eigentums in § 823 Abs. 1 BGB zu bilden“; Fries versteht die digitalen Inhalte iSd § 327 Abs. 2 BGB (= Daten, die in digitaler Form erstellt und bereitgestellt werden) als eine Art „Komplementärbegriff zur Sache iSd § 90“ (BeckOGK/Fries BGB § 327 Rn. 7).

[354] Zu § 823 Abs. 1 BGB: OLG Karlsruhe 7.11.1995 – 3 U 15/95, NJW 1996, 200 (201); OLG Oldenburg 24.11.2011 – 2 U 98/11, ZD 2012, 177; zum Ganzen s. MüKoBGB/Wagner BGB § 823 Rn. 285 ff. und Rn. 378 ff.; Riehm/Meier EuCML 2019, 161 (163 f.); Wagner AcP 217 (2017), 706 (717); Zech AcP 219 (2019), 488 (584 f.); Wendehorst, Liability for Pure Data Loss, S. 255 ff.; Wagner hat diese Konstruktion als „Krücke“ bezeichnet, um „in Wahrheit unkörperliche Gegenstände in den Schutzbereich der auf das Eigentum bezogenen Tatbestände einzubeziehen“, MüKoBGB/Wagner BGB § 823 Rn. 287; vgl. auch → Kap. 14 Rn. 6 f.

[355] BT-Drs. 21/4297; zur Weitergeltung des ProdHaftG (aF) → Rn. 110.

[356] S. hierzu Europäische Kommission, Leitfaden für die Umsetzung der Produktvorschriften der EU 2022 („Blue Guide“), 2022/C 247/01, S. 9 ff., insbes. S. 10 und S. 34 ff.; Kapoor/Klindt BB 2023, 67; Teil 2 des ProdHaftG-E spricht vom Hersteller und von „sonstigen Akteuren“; die ProdHaftRL spricht insg. von Wirtschaftsakteuren, vgl. Art. 4 Nr. 15 ProdHaftRL.

[357] Art. 4 Abs. 1 Hs. 2 ProdHaftRL.

[358] Zum ProdHaftRL-E: Rockstroh DuD 2023, 332 (336).

künftige technische Entwicklungen" ist.[359] **Weder die Verkörperung**[360] noch die **Art der Bereitstellung** sei entscheidend[361]: Beispielhaft genannt werden Betriebssysteme, Computerprogramme, Anwendungen oder KI-Systeme[362].[363] Freie und Open-Source-Software, die außerhalb einer Geschäftstätigkeit entwickelt oder bereitgestellt wird, ist vom Anwendungsbereich des ProdHaftG-E ausgenommen, § 2 Abs. 1 Nr. 3 ProdHaftG-E.[364]

Erfasst werden zudem **digitale Konstruktionsunterlagen,** dh digitale Versionen oder digitale Vorlagen einer beweglichen Sache, die die **funktionalen Informationen** enthalten, die zur Herstellung der Sache erforderlich sind, weil sie die automatische Steuerung von Maschinen oder Werkzeugen ermöglichen, § 2 Abs. 1 Nr. 4 ProdHaftG-E.[365] Solche digitalen Dateien sollen als Produkte betrachtet werden, um den Schutz natürlicher Personen in Fällen zu gewährleisten, in denen sie fehlerhaft sind.[366] 125

Informationen sind weiterhin kein „Produkt" iSd ProdHaftRL bzw. des ProdHaftG-E.[367] Die Produkthaftungsvorschriften sollen daher nicht für den Inhalt digitaler Dateien wie Mediendateien oder E-Books gelten.[368] 126

Dienstleistungen bzw. Dienste sind ebenfalls kein „Produkt" iSd **neuen ProdHaftRL** und des **ProdHaftG-E.**[369] Es sollen aber künftig solche **digitalen Dienste** als „Komponente" vom ProdHaftG-E erfasst werden, die so in ein Produkt integriert oder so mit ihm verbunden sind, dass das Produkt ohne ihn eine oder mehrere seiner Funktionen nicht ausführen könnte, § 4 Abs. 1 S. 1 iVm Abs. 2 S. 1 und S. 2 ProdHaftG-E. Solche Dienste sind für die Sicherheit des Produkts genauso wichtig, wie physische Produkte oder Software.[370] Die ProdHaftRL und der ProdHaftG-E sprechen von **„verbundenen Diensten",** die der „Kontrolle des Herstellers" unterliegen.[371] Als Beispiel für einen verbundenen Dienst nennt die Gesetzesbegründung die kontinuierliche Bereitstellung von Verkehrsdaten für das Navigationssystem[372] „eines autonomen Fahrzeugs".[373] Es ist unklar, ob der Unionsgesetzgeber auch (letztlich) nicht-steuernde Daten zum Gegenstand des Produkthaftungsrechts machen wollte. Denn ein (normales) Navigationssystem steuert nicht das Fahrzeug; 127

---

359 BT-Drs. 21/4297, 18, 26; Art. 3 Nr. 4 CRA definiert „Software" jetzt als den Teil eines elektronischen Informationssystems, der aus Computercode besteht (→ Rn. 144); die ProdHaftRL und der ProdHaftG-E grenzen „Software" von „digitalen Konstruktionsunterlagen", die „funktionale Informationen enthalten" (→ Rn. 125) und von (reinen) „Informationen" (→ Rn. 126), die nicht unter die ProdHaftRL und den ProdHaftG-E fallen, ab, sodass evtl. (auch) unter der ProdHaftRL eine Abgrenzung von „funktionalen Daten" und „kommunikativen Daten" (→ Rn. 115 f.) in Betracht kommt, vgl. → Kap. 14 Rn. 105 ff.

360 Erwgr. 13 ProdHaftRL: Im digitalen Zeitalter können Produkte körperlicher oder nicht-körperlicher Art sein; vgl. auch BT-Drs. 21/4297, 18, 26; vgl. hierzu zum ProdHaftRL-E Rockstroh DuD 2023, 332 (336 f.).

361 Vgl. BT-Drs. 21/4297, (1), 26: „auf einem Gerät gespeichert oder zum Beispiel über Kommunikationsnetzwerke, Cloud-Technologien oder „Software-as-a-Service"-Modelle abgerufen".

362 BT-Drs. 21/4297, 1, 18, 26 mit Verweis auf Erwgr. 13 ProdHaftRL.

363 S. die Nachweise in vorstehenden Fn.; vgl. auch Thöne MMR 2025, 408 (409).

364 Vgl. § 2 Abs. 1 Nr. 3 ProdHaftG-E, § 4 Abs. 1 S. 3 iVm BT-Drs. 21/4297, 1, 18, 26, 28.

365 Art. 4 Nr. 2 iVm Erwgr. 16 ProdHaftRL; nach Wagner hätte es der Klarstellung nicht gebraucht, da es sich um Software handelt, Wagner JZ 2023, 1 (4); vgl. auch BT-Drs. 21/4297, 18, 26 f.

366 Erwgr. 16 ProdHaftRL.

367 Erwgr. 13 ProdHaftRL; BT-Drs. 21/4297, 26: „Nicht erfasst vom Begriff der Software sind Informationen".

368 Erwgr. 13 ProdHaftRL; BT-Drs. 21/4297, 26; vgl. zum Vertragsrecht → Rn. 82; vgl. umfangreich Kap. 14 Rn. 107 ff.

369 Erwgr. 17 ProdHaftRL; BT-Drs. 21/4297, 28 „Dienste"; zum ProdHaftRL-E: Rockstroh DuD 2023, 332 (336).

370 Erwgr. 17 ProdHaftRL; BT-Drs. 21/4297, 28; Wagner VersR 2025, 129 (134) weist ausdrücklich auf diesen Punkt hin; vgl. auch Linardatos CR 2025, 595 (597) und zum ProdHaftRL-E Spindler CR 2022, 689 (691).

371 „durch den Hersteller des Produkts oder mit dessen Einverständnis"; Erwgr. 17 f. ProdHaftRL; BT-Drs. 21/4297, 27; vgl. zum ProdHaftRL-E schon Rockstroh DuD 2023, 323 (336 f.); hierzu auch Brenner/Kapoor ZfPC 2026, 43 (44).

372 Erwgr. 17 ProdHaftRL; auch BT-Drs. 21/4297, 18, 28.

373 BT-Drs. 21/4297, 18.

der Fahrer muss die entsprechenden Informationen **aufnehmen, verarbeiten** und **handeln.**[374]

128 Der Hersteller einer Komponente – wozu auch Software oder verbundene Dienste gehören – kann für Schäden haftbar gemacht werden, wenn die Fehlerhaftigkeit des Produkts auf die fehlerhafte Komponente zurückzuführen ist, § 4 Abs. 1 ProdHaftG-E[375]. Produkt- und Komponentenhersteller sollen grds. gesamtschuldnerisch haften, § 15 ProdHaftG-E.[376]

129 **bb) Anforderungen an die Informationssicherheit.** Ein Produkt ist nach § 7 S. 1 ProdHaftG-E zukünftig fehlerhaft, wenn es nicht die Sicherheit bietet, die nach deutschem Recht oder nach dem Recht der Europäischen Union vorgeschrieben ist[377] oder die erwartet werden darf.[378] Es soll auf die Sicherheit ankommen, „die die breite Öffentlichkeit erwarten darf".[379] Die **Sicherheit** sollte unter anderem unter Berücksichtigung der in § 7 ProdHaftG-E genannten Kriterien, einschl. der Aufmachung und der Merkmale des Produkts, des vernünftigerweise vorhersehbaren Gebrauchs oder der spezifischen Bedürfnisse der Nutzergruppe, für deren Gebrauch das Produkt bestimmt ist, beurteilt werden.[380]

130 Es wurde diskutiert, ob der unbefugte Eingriff eines Dritten überhaupt iSv § 3 Abs. 1 lit. b ProdHaftG (aF) als „Gebrauch" anzusehen ist, „mit dem billigerweise gerechnet werden kann" (→ Rn. 120[381]). Der Gesetzgeber stellt in § 7 Nr. 5 ProdHaftG-E[382] nunmehr ausdrücklich klar, dass bei der Beurteilung der **Fehlerhaftigkeit** eines Produkts auch „die einschlägigen Anforderungen an die Produktsicherheit, einschließlich **sicherheitsrelevanter Cybersicherheitsanforderungen**" zu berücksichtigen sind.[383] In der englischen Sprachfassung der ProdHaftRL heißt es: „relevant product safety requirements, including safety-relevant cybersecurity requirements". Ein Produkt könne aufgrund einer Sicherheitslücke fehlerhaft sein[384], denn Sicherheitslücken können von Dritten ausgenutzt werden und die Sicherheit des Produkts beeinträchtigen (zur Cybersafety → Rn. 34 mwN).[385]

131 Die Norm verweist nach zutreffender Ansicht auf bestehende produktsicherheitsrechtliche Anforderungen.[386] Diese sind entsprechend zu berücksichtigen. Es stellt sich mithin die Frage, ob die jeweilige Anforderung (auch) produktsicherheitsrechtlicher Natur ist. So

---

374 Dagegen spricht auch der ProdHaftRL-E (COM(2022) 495 final, 5, der nur Bezug nimmt auf „software providers and providers of digital services that affect how the product works (such as a navigation service in an autonomous vehicle)"; vgl. auch Piovano/Schucht/Wiebe, Quick Guide: Produktbeobachtung in der Digitalisierung, 2023, S. 85 machen das Beispiel eines über eine Cloud operierenden Navigationssystems, das ein autonom fahrendes Fahrzeug auf die Gegenfahrbahn leitet oder das Bremssystems blockiert; vgl. auch HK-GPSR/Wiebe EU-Produktsicherheits-VO Art. 6 Rn. 20; vgl. nun auch BT-Drs. 21/4297, 18 „eines autonomen Fahrzeugs"; s. schon Zech NJW 2022, 502 (506) zur „Wirkung erst durch Dazwischentreten eines menschlichen Rezipienten"; vgl. umfangreich → Kap. 14 Rn. 110 ff.

375 Art. 8 Abs. 1 lit. b ProdHaftRL.

376 Art. 12 Abs. 1 iVm Erwgr. 53 ProdHaftRL; zum ProdHaftRL-E Rockstroh DuD 2023, 332 (337); BT-Drs. 21/4297, 37.

377 S. hierzu Wagner VersR 2025, 129 (136 f.).

378 Vgl. zum Fehlerbegriff in der neuen ProdHaftRL Wagner VersR 2025, 129 (132 f.), der wohl aber davon ausgeht, dass die Fehlerkategorien und damit grds. die oben dargestellten Grundsätze (→ Rn. 118 f.) weiter gelten; ähnlich Thöne RDi 2024, 318 (323).

379 Erwgr. 30 f. ProdHaftRL.

380 Zu den weiteren Kriterien s. § 7 ProdHaftG-E sowie Art. 7 Abs. 2 iVm Erwgr. 30 ProdHaftRL.

381 S. die entsprechenden Fundstellen in → Rn. 120.

382 Art. 7 Abs. 2 lit. f ProdHaftRL.

383 Vgl. auch Erwgr. 32, 34 (51) ProdHaftRL; kritisch Kapoor/Klindt BB 2023, 67 (68).

384 BT-Drs. 21/4297, 30; ErwG 32 ProdHaftRL.

385 BT-Drs. 21/4297, 30 mit Verweis auf Erwgr. 32, 51 und 55 ProdHaftRL.

386 Spindler CR 2022, 689 (693); unklar: Piovano/Hess, ProdHaftRL/Piovano/Hess § 5 Rn. 29 ff. und Brenner/Kapoor ZfPC 2026, 43 (45); die Gesetzesbegründung verweist auf das BSI, das Cybersicherheitsanforderungen für Produkte festlege (BT-Drs. 21/4297, 30).

nimmt Erwgr. 31 CRA ausdrücklich Bezug auf die ProdHaftRL[387] und Erwgr. 9 KI-VO nimmt (noch) Bezug auf die RL 85/374/EWG. Art. 5 iVm Art. 6 Abs. 1 lit. g GPSR dient als Auffangnetz.[388]

Der Hersteller soll nach § 9 Abs. 2 S. 2 ProdHaftG-E zukünftig auch für Fehler haften, die **132** nach dem Inverkehrbringen oder der Inbetriebnahme auftreten, wenn er nach dem Inverkehrbringen oder der Inbetriebnahme gem. § 8 Abs. 2 ProdHaftG-E die „Kontrolle über das Produkt" behält und der Fehler etwa auf Software, einschließlich Software-Updates oder Software-Upgrades oder das Fehlen von Software-Updates oder Software-Upgrades, die zur Aufrechterhaltung der Sicherheit erforderlich sind, zurückzuführen ist. Dies umfasst auch Updates oder Upgrades, die als Reaktion auf sich wandelnde Cybersicherheitsrisiken erforderlich werden.[389] Die Anforderungen sollen grds. für die voraussichtliche Nutzungsdauer des Produkts gelten und grds. zehn Jahre[390] nach Inverkehrbringen oder Inbetriebnahme enden.[391]

Ferner war bisher fraglich, ob das vorsätzlich schädigende Eingreifen des Hackers nicht die **133** Kausalität durchbricht (→ Rn. 120). § 14 Abs. 2 S. 2 ProdHaftG-E stellt nunmehr klar, dass das Eingreifen des Dritten (des Hackers) die Haftung des Ersatzpflichtigen nicht mindert, wenn das Produkt – zB aufgrund einer Sicherheitslücke – fehlerhaft ist.[392] Die Haftung des Ersatzpflichtigen kann aber gemindert sein oder entfallen, wenn die geschädigten Personen selbst schuldhaft zur Ursache des Schadens beigetragen haben, zB wenn sie bereitgestellte Updates oder Upgrades nicht installiert haben, § 14 Abs. 2 S. 1 ProdHaftG-E[393].

Da Produkte altern und im Zuge des Fortschritts höhere Sicherheitsstandards entwickelt **134** werden, sieht § 17 Abs. 1 S. 1 ProdHaftG-E grds. eine **Ausschlussfrist** für die Haftung von zehn Jahre nach dem Inverkehrbringen oder der Inbetriebnahme des Produkts vor.[394]

cc) Vernichtung und Beschädigung von Daten. Es ist – zumindest – unklar, ob die **135** **Vernichtung und Beschädigung von Daten** von § 1 Abs. 1 S. 1 ProdHaftG (aF) erfasst ist (→ Rn. 121 f.).

Die **neue ProdHaftRL und damit der ProdHaftG-E erweitern** den Kreis der **136** **geschützten Rechtsgüter.** Das Recht auf Schadensersatz gilt zukünftig auch für die Vernichtung oder Beschädigung von Daten, die nicht für berufliche Zwecke verwendet werden, § 1 Abs. 1 Nr. 3 ProdHaftG-E[395]. Der Begriff „Daten" meint gem. § 1 Abs. 2 ProdHaftG-E[396] jede digitale Darstellung von Handlungen, Tatsachen oder Informationen sowie jede Zusammenstellung solcher Handlungen, Tatsachen oder Informationen auch in Form von Ton-, Bild- oder audiovisuellem Material.

Daten werden nur dann als Schadensart vom ProdHaftG-E erfasst, wenn sie **ausschließlich für nicht berufliche Zwecke** genutzt werden, § 1 Abs. 1 Nr. 3 ProdHaftG-E. **137**

---

[387] Zum zumindest mittelbaren Ziel der Produktsicherheit im CRA → Rn. 142; so wohl auch Ruttloff/Wagner/Stilz BB 2024, 1603 (1608).

[388] Art. 2 Abs. 1 GPSR; Erwgr. 6 ff. GPSR; HK-GPSR/Wiebe EU-Produktsicherheits-VO Art. 6 Rn. 35; → Rn. 91.

[389] Erwgr. 51 ProdHaftRL; vgl. den ProdHaftRL-E: Rockstroh DuD 2023, 332 (337).

[390] S. → Rn. 134.

[391] So Thöne MMR 2025, 408 (410) auch mit Verweis auf Art. 13 Abs. 8 CRA und mit Verweis auf weitere Ausnahmen.

[392] BT-Drs. 21/4297, 37; Art. 13 Abs. 1 iVm Erwgr. 55 ProdHaftRL; zum ProdHaftRL-E Rockstroh DuD 2023, 332 (337); Spindler CR 2022, 689 (698).

[393] Die Regelung ist an dieser Stelle misslungen, vgl. aber BT-Drs. 21/4297, 36 f. und Art. 13 Abs. 2 iVm Erwgr. 55 ProdHaftRL.

[394] Art. 17 Abs. 1 lit. a iVm Erwgr. 57 ProdHaftRL; es gibt Sonderregelungen für „wesentliche Änderungen" in Art. 17 Abs. 1 lit. b und bei einer Latenzzeit wegen Körperverletzung in Abs. 2 ProdHaftRL; vgl. hierzu § 17 Abs. 2, 3 ProdHaftG-E.

[395] Art. 6 Abs. 1 lit. c ProdHaftRL.

[396] Art. 4 Nr. 6 ProdHaftRL, jeweils unter Verweis auf Art. 2 Nr. 1 VO (EU) 2022/868 (DGA) und im Einklang mit Art. 2 Nr. 1 VO (EU) 2023/2854 (Data Act).

Daten, die sowohl im beruflichen als auch im nicht beruflichen Umfeld genutzt werden (sog. dual use), sind nicht umfasst.[397]

4. Cyber Resilience Act (VO (EU) 2024/2847 – CRA)

138 Am 20.11.2024 wurde die VO (EU) 2024/2847 über horizontale Cybersicherheitsanforderungen für Produkte mit digitalen Elementen (Cyberresilienz-Verordnung – CRA) im Amtsblatt der europäischen Union veröffentlicht. Der CRA trat am 10.12.2024 in Kraft. Er gilt – mit wenigen Ausnahmen – ab dem 11.12.2027, Art. 71 Abs. 2 CRA.[398]

139 Ziel des **CRA** ist die Erhöhung des Gesamtniveaus der Cybersicherheit aller im Binnenmarkt in den Verkehr gebrachten Produkte mit digitalen Elementen.[399] Der Unionsgesetzgeber will **Rahmenbedingungen für die Entwicklung sicherer Produkte mit digitalen Elementen** schaffen.[400] Es sollen Hardware- und Softwareprodukte mit weniger Schwachstellen in den Verkehr gebracht werden und Hersteller sollen sich während des **gesamten Lebenszyklus** eines Produkts um die Sicherheit kümmern.[401] Der CRA will zudem **mehr Transparenz** hinsichtlich der Cybersicherheit von Produkten mit digitalen Elementen schaffen, sodass Nutzer diese bei deren Auswahl und Verwendung berücksichtigen können.[402]

140 Der CRA adressiert „Wirtschaftsakteure" → Rn. 153.

141 Der CRA soll die Cybersicherheitsanforderungen für Produkte mit digitalen Elementen harmonisieren. Die Mitgliedstaaten können daher keine zusätzlichen Cybersicherheitsanforderungen für die Bereitstellung von Produkten mit digitalen Elementen auf dem Markt vorschreiben.[403]

142 Der CRA adressiert gezielt **Cybersicherheitsrisiken** (→ Rn. 158), soll jedoch (mittelbar) auch Produktsicherheitsrisiken betreffen.[404] Produktsicherheitsrisiken, die nicht mit der Cybersicherheit zusammenhängen, sich aber aus einer Sicherheitsverletzung ergeben können, sollen weiterhin durch die einschlägigen Harmonisierungsrechtsvorschriften der Union geregelt werden.[405] Wenn keine anderen Harmonisierungsrechtsvorschriften der Union als der CRA anwendbar sind, sollen die Sicherheitsrisiken, die nicht unter den CRA fallen, der VO (EU) 2023/988 **(GPSR)**[406] unterliegen, Art. 11 iVm Erwgr. 50 S. 4 ff. CRA.[407]

---

[397] BT-Drs. 21/4297, 25; vgl. zur ProdHaftRL Becker/Bell/Meyer NJW 2024, 3745 (3746); Höll EuZW 2025, 12 (16); Piovano/Hess, ProdHaftRL/Piovano/Hess § 5 Rn. 47.

[398] S. zum CRA-E (COM(2022) 454 final) bereits Rockstroh DuD 2023, 332 (333 f.).

[399] Erwgr. 8 CRA.

[400] Erwgr. 2 CRA.

[401] Erwgr. 2 CRA.

[402] Erwgr. 8 CRA.

[403] Erwgr. 13 CRA; Teichmann NVwZ 2025, 1662 (1665).

[404] Erwgr. 50 S. 1 CRA; vgl. auch Erwgr. 31 S. 4, 5 CRA; vgl. etwa Heckmann/Paschke/Felk CRA Art. 7 Rn. 46 mwN und Art. 11 Rn. 7; Wiebe/Daelen EuZW 2023, 257 (259) verstehen die Produktsicherheit als mittelbares Ziel; so auch Wiebe Der neue CRA/Wolf § 3 Rn. 21; die EU-KOM trennt in ihren FAQ in „cybersecurity requirements" (CRA) und „safety requirements for products" (GPSR – EU-KOM FAQ – CRA implementation (EN) v1.2 v. 16.1.2026, S. 18).

[405] Erwgr. 50 S. 2 CRA; idS auch Heckmann/Paschke/Felk CRA Art. 11 Rn. 9; vgl. etwa umfangreich zur MaschinenVO ((EU) 2023/1230) s. EU-KOM FAQ – CRA implementation (EN) v1.2 v. 16.1.2026, S. 16 ff. Die Cybersicherheitsanforderungen der jeweiligen Verordnung seien solcher Art *(nature)*, dass die jeweiligen Anforderungen vollständig zu erfüllen seien; nur dort, wo sie ähnliche Risiken abdecken, könnte die Einhaltung des CRA die Einhaltung der in der MaschinenVO festgelegten Anforderungen erleichtern (S. 17), s. auch Erwgr. 50 mit Verweis auf Anhang III Abschn. 1.1.9 und 1.2.1 → Rn. 94.

[406] Abweichend von Art. 2 Abs. 1 UAbs. 3 lit. b GPSR sollen Kap. III Abschn. 1, Kap. V und VII sowie die Kap. IX bis XI gelten.

[407] Teichmann NVwZ 2025, 1662 (1665) geht davon aus, dass ein Produkt, das die CRA-Vorgaben erfüllt „sicher" iSv § 3 ProdSG (aF) ist; umfangreich EU-KOM FAQ – CRA implementation (EN) v1.2 v. 16.1.2026, S. 18. Die Abgrenzung ist komplex und nicht trennscharf, vgl. Heckmann/Paschke/Felk CRA Art. 11 Rn. 11.

a) Vom CRA erfasste Produkte (einschl. zugehöriger Dienste)

Der CRA erfasst „Produkte mit digitalen Elementen“. Definiert sind diese in Art. 3 Nr. 1 CRA als „Software- oder Hardwareprodukt und dessen Datenfernverarbeitungslösungen, einschließlich Software- oder Hardwarekomponenten, die getrennt in den Verkehr gebracht werden“. **143**

Der Begriff **„Hardware“** bezeichnet ein physisches elektronisches Informationssystem, das digitale Daten verarbeiten, speichern oder übertragen kann, oder Teile eines solchen Systems, Art. 3 Nr. 5 CRA. Der Begriff **„Software“** bezeichnet den Teil eines elektronischen Informationssystems, der aus Computercode besteht, Art. 3 Nr. 4 CRA. Drittkomponenten, die vom Hersteller in das Produkt eingebaut wurden, sind ebenfalls erfasst; grds. auch, wenn es sich um Open-Source-Software handelt.[408] **144**

Der Begriff **„Datenfernverarbeitung“** bezeichnet eine entfernt stattfindende Datenverarbeitung, für die eine Software vom Hersteller selbst oder unter dessen Verantwortung konzipiert und entwickelt wird und ohne die das Produkt mit digitalen Elementen eine seiner Funktionen nicht erfüllen könnte, Art. 3 Nr. 2 iVm Erwgr. 11 CRA. Erwgr. 12 CRA nennt als Beispiel „vom Hersteller von intelligenten Haushaltsgeräten angebotene Cloud-Funktionen, die es den Nutzern ermöglichen, das Gerät aus der Ferne zu steuern“.[409] **145**

Nicht vom CRA erfasst sind Anbieter eigenständiger Dienste, wie Software-as-a-Service.[410] Insoweit gilt die NIS-2-RL.[411] Bietet ein Unternehmen eine Datenfernverarbeitungslösung an und fällt unter die NIS-2-RL, müssen die Anforderungen zusammengebracht werden. **146**

Erfasst sind reine Hard- und Softwareprodukte und solche mit Datenfernverarbeitungslösung.[412] **147**

Der CRA gilt jedoch nur für solche **Produkte mit digitalen Elementen,** deren bestimmungsgemäßer Zweck oder vernünftigerweise vorhersehbare Verwendung eine **direkte oder indirekte logische oder physische Datenverbindung mit einem Gerät oder Netz** einschließt, Art. 2 Abs. 1 CRA.[413] Erwgr. 9 CRA nennt physische Verbindungen über Hardware-Schnittstellen und logische Verbindungen, „z. B. über Netzwerksockets, Pipes, Dateien, Anwendungsprogrammierschnittstellen oder andere Arten von Software-Schnittstellen“.[414] Auf die technische Realisierung der Datenverbindung komme es nicht an.[415] **148**

---

408 Schöttle MMR 2024, 741 (742); zu dem abgestuften Konzept für OSS siehe Biendl/Füllsack CR 2024, 376 (378).

409 Es bestehen Parallelen zur Definition der „digitalen Elemente“ iSd WKRL (→ Rn. 83 iVm Rn. 82) und der verbundenen Dienste iSd ProdHaftG-E (→ Rn. 127); vgl. zum CRA-E schon Rockstroh DuD 2023, 332 (334).

410 Erwgr. 12 CRA; zum CRA-E Rockstroh DuD 2023, 332 (334); EU-KOM FAQ – CRA implementation (EN) v1.2 v. 16.1.2026, S. 8; die für den SaaS genutzte Software könnte wiederum als „Produkt“ erfasst sein.

411 Schöttle MMR 2024, 741 (742); Biendl/Füllsack CR 2024, 376 (379); Ruttloff/Wagner/Stilz BB 2024, 1603 (1604); zum CRA-E Rockstroh DuD 2023, 332 (334).

412 AA Schöttle MMR 2024, 741 f.; der CRA will aber selbst wenig kritisch geltende Soft- und Hardware erfassen, denn diese „können unter bestimmten Umständen böswilligen Akteuren als Angriffsvektor dienen“, wenn sie „in ein größeres elektronisches Informationssystem integriert oder mit ihm verbunden sind“ (Erwgr. 9 CRA). Entscheidend ist mithin nicht die Datenfernverarbeitungslösung, sondern die mögliche Datenverbindung mit einem Gerät oder Netz, Art. 2 Abs. 1 CRA.

413 Schöttle MMR 2024, 742; zum CRA-E: Rockstroh DuD 2023, 332 (334).

414 Erwgr. 9 CRA.

415 Biendl/Füllsack CR 2024, 376 (378); vgl. hierzu EU-KOM FAQ – CRA implementation (EN) v1.2 v. 16.1.2026, S. 9 f. auch mit Beispielen, die nicht unter den CRA fallen.

149 Erfasst werden sämtliche Soft- und Hardwareprodukte, die mit einem anderen Gerät oder einem Netz verbunden werden können und somit in ein größeres elektronisches Informationssystem integriert oder mit einem solchen verbunden werden können und deren Datenfernverarbeitungslösungen.[416] Anhang III listet **wichtige Produkte** mit digitalen Elementen und nennt beispielsweise Betriebssysteme, Router, Mikroprozessoren, Chipkarten oder anwendungsspezifische integrierte Schaltungen (ASIC).[417] Die EU-Kommission nennt in ihren FAQs zB Software *standalone*, zur Integration vorgesehen oder *embedded*, sowie Smartphones, Laptops, intelligente Kühlschränke oder (I)IoT-Geräte.[418]

150 In Art. 2 Abs. 2 ff. CRA sind eine Reihe von **Ausnahmen** geregelt, wie etwa für Produkte mit digitalen Elementen, die in den Anwendungsbereich der VO (EU) 2017/745 (Medizinprodukte), der VO (EU) 2017/746 (In-vitro-Diagnostika) oder der VO (EU) 2019/2144 (Typgenehmigung von Kraftfahrzeugen) fallen. Es gibt zudem Überschneidungen/Wechselwirkungen ua mit der RL 2014/53/EU (Funkanlagen)[419], der RL (EU) 2024/2853 (ProdHaftRL) oder der VO (EU) 2024/1689 (KI-VO).[420]

151 Die Regelung des CRA gelten auch für Produkte, die vor dem 11.12.2027 in den Verkehr gebracht wurden, wenn sie nach diesem Zeitpunkt einer wesentlichen Änderung unterliegen, Art. 69 Abs. 2 CRA.[421]

b) Anforderungen an die Informationssicherheit

152 Produkte mit digitalen Elementen dürfen nur dann auf dem Markt bereitgestellt werden, wenn (a) sie den **grundlegenden Cybersicherheitsanforderungen** in Anhang I Teil I genügen und unter der Bedingung, dass sie **ordnungsgemäß installiert, gewartet und bestimmungsgemäß oder unter vernünftigerweise vorhersehbaren Umständen verwendet werden** sowie gegebenenfalls die **erforderlichen Sicherheitsaktualisierungen** installiert wurden und (b) die vom Hersteller **festgelegten Verfahren** den grundlegenden Cybersicherheitsanforderungen in Anhang I Teil II entsprechen, Art. 6 CRA.[422]

153 Der CRA erlegt den **„Wirtschaftsakteuren"** in den Art. 13 ff. CRA abgestufte Pflichten auf. Der Begriff „Wirtschaftsakteur" meint, dem Konzept des **New Legislativ Frameworks**[423] folgend, den Hersteller, den Bevollmächtigten, den Einführer, den Händler oder jede andere natürliche oder juristische Person, die Verpflichtungen im Zusammenhang mit der Herstellung von Produkten mit digitalen Elementen oder der Bereitstellung auf dem Markt von Produkten mit digitalen Elementen im Einklang mit dieser Verordnung unterliegt, Art. 3 Nr. 12 CRA.[424] Die wesentlichen Pflichten treffen die Hersteller, da diese

---

416 Art. 3 Nr. 1, Nr. 2 iVm Art. 2 Abs. 1 und Erwgr. 9 CRA; Dittrich/Heinelt RDi 2023, 309; wohl weiter Ruttloff/Wagner/Stilz BB 2024, 1603: „jegliche Hard- und Software, die digitale Daten verarbeiten, speichern oder übertragen können" mit Verweis auf Wiebe/Daelen EuZW 2023, 257 (258).

417 Anhang III.

418 EU-KOM FAQ – CRA implementation (EN) v1.2 v. 16.1.2026, S. 8.

419 Vgl. Erwgr. 30 CRA; vgl. hierzu umfangreich EU-KOM FAQ – CRA implementation (EN) v1.2 v. 16.1.2026, S. 19.

420 Umfangreich zum CRA-E Rockstroh DuD 2023, 332 (304); zu diesen und weiteren Ausnahmen vgl. Ruttloff/Wagner/Stilz BB 2024, 1603 (1604), Schöttle MMR 2024, 741 (743) sowie EU-KOM FAQ – CRA implementation (EN) v1.2 v. 16.1.2026, S. 14 ff.

421 Vgl. EU-KOM FAQ – CRA implementation (EN) v1.2 v. 16.1.2026, S. 10.

422 Zu den Produktanforderungen des CRA umfangreich Wiebe Der neue CRA/Wiebe § 5 Rn. 1 ff. und Wiebe Der neue CRA/Jossen § 5 Rn. 4 ff. Die Regelungen sind zT äußerst detailliert und im Einzelfall zu prüfen. Für Zwecke des Handbuchs sollen lediglich einzelne Aspekte in Bezug auf Herstellerpflichten und insbes. in Bezug auf „Daten" herausgegriffen und kurz dargestellt werden. Es wird im Übrigen auf die einschl. Literatur verwiesen.

423 S. hierzu Europäische Kommission, Leitfaden für die Umsetzung der Produktvorschriften der EU 2022 („Blue Guide"), 2022/C 247/01, S. 9 ff., insbes. S. 10 und S. 34 ff.

424 Biendl/Füllsack CR 2024, 376 (379).

die Produkte konzipieren und herstellen. Nach Art. 22 CRA gilt auch jede natürliche oder juristische Person, die eine wesentliche Änderung an dem Produkt mit digitalen Elementen vornimmt, als Hersteller.

Im Folgenden werden daher insbes. die Pflichten für Hersteller dargestellt.[425] **154**

Die Cybersicherheitsanforderungen für Hersteller lassen sich grob in vier Pflichtenkreise gliedern: **155**
- Konzeption, Entwicklung und Herstellung → Rn. 157 ff.
- Schwachstellenmanagement → Rn. 165 ff.
- Meldungen → Rn. 172.
- Dokumentation → Rn. 168.

Die Dokumentationspflichten werden mit den übrigen Verpflichtungen dargestellt, da sie deren Umsetzung dokumentieren sollen. Hersteller sind zudem verpflichtet, ein Konformitätsbewertungsverfahren durchzuführen bzw. durchführen zu lassen, anschließend die Konformitätserklärung auszustellen und die CE-Kennzeichnung am Produkt anzubringen (→ Rn. 170). Die Regelungen sind zT äußerst detailliert und im Einzelfall zu prüfen. Für die Zwecke des Handbuchs sollen lediglich einzelne Aspekte, insbes. mit Datenbezug, herausgegriffen werden. **156**

aa) Bestimmte Pflichten bei der Konzeption, Entwicklung und Herstellung der Produkte. Hersteller gewährleisten mit dem Inverkehrbringen eines Produkts, dass dieses gem. den **grundlegenden Cybersicherheitsanforderungen** in **Anhang I Teil I CRA konzipiert, entwickelt und hergestellt** worden ist, Art. 13 Abs. 1 CRA. Die Produkte müssen ein – angesichts der Risiken – **angemessenes Cybersicherheitsniveau** gewährleisten.[426] Auf der **Grundlage der Bewertung der Cybersicherheitsrisiken** gem. Art. 13 Abs. 2 CRA müssen Produkte mit digitalen Elementen, soweit zutreffend, die in Anhang I Teil I Nr. 2 spezifizierten grundlegenden Cybersicherheitsanforderungen erfüllen (→ Rn. 160 f.). **157**

Es gilt mithin der für das IT-/Cybersicherheitsrecht typische **risikobasierte Ansatz** (→ Rn. 25). Er fordert die Umsetzung von Schutzmaßnahmen, die dem jeweils bestehenden *Risiko* angemessen sind.[427] **„Cybersicherheitsrisiko"** meint dabei das Potenzial für Verluste oder Störungen, die durch einen Sicherheitsvorfall verursacht werden, das als eine Kombination des Ausmaßes eines solchen Verlusts oder einer solchen Störung und der Wahrscheinlichkeit des Eintretens des Sicherheitsvorfalls zum Ausdruck gebracht wird, Art. 3 Nr. 37 CRA.[428] Ein Sicherheitsvorfall ist nach Art. 3 Nr. 43 CRA iVm Art. 3 Nr. 6 NIS-2-RL „ein Ereignis, das die Verfügbarkeit, Authentizität, Integrität oder Vertraulichkeit gespeicherter, übermittelter oder verarbeiteter Daten oder der Dienste, die über Netz- und Informationssysteme angeboten werden bzw. zugänglich sind, beeinträchtigt". **158**

Ein primäres (Schutz)Ziel[429] ist folglich der Schutz informationsverarbeitender Systeme (Produkte mit digitalen Elementen) sowie der dort verarbeiteten Informationen (Da-

[425] Zu den Pflichten des Herstellers nach Art. 13 CRA s. Heckmann/Paschke/Paschke CRA Art. 13 Rn. 1 ff. und umfangreich zu den Pflichten der Wirtschaftsakteure Wiebe Der neue CRA/Wiebe § 6 Rn. 1 ff.

[426] Anhang I Teil I Nr. 1.

[427] Ähnlich Art. 15 Abs. 5 UAbs. 2 VO (EU) 2024/1689 (KI-VO): „technischen Lösungen zur Gewährleistung der Cybersicherheit von Hochrisiko-KI-Systemen müssen den jeweiligen Umständen und Risiken angemessen sein" oder Art. 21 Abs. 1 UAbs. 2 NIS-2-RL: „Maßnahmen müssen […] ein Sicherheitsniveau der Netz- und Informationssysteme gewährleisten, das dem bestehenden Risiko angemessen ist" (Anm.: Kürz. d. d. Verfasser).

[428] Art. 15 Abs. 5 UAbs. 2 VO (EU) 2024/1689 (KI-VO).

[429] Zu weiteren Schutzgütern und Zielen s. etwa Wiebe Der neue CRA/Wolf § 3 Rn. 6 ff.

ten), insbes. *vor* (unbefugten) Einflüssen von außen (→ Rn. 23).[430] Vgl. aber auch → Rn. 142.

159 Die Hersteller haben zunächst eine **Bewertung der Cybersicherheitsrisiken** durchzuführen, die das Produkt birgt, Art. 13 Abs. 2 CRA. Diese umfasst mindestens eine Analyse auf der Grundlage der Zweckbestimmung und der vernünftigerweise vorhersehbaren Verwendung des Produkts, wobei die voraussichtliche Nutzungsdauer des Produkts zu berücksichtigen ist, Art. 13 Abs. 3 S. 2 CRA. Das Ergebnis der Risikobewertung ist in der Planungs-, Konzeptions-, Entwicklungs-, Herstellungs-, Liefer- und Wartungsphase des Produkts zu berücksichtigen, um die Cybersicherheitsrisiken zu minimieren, Sicherheitsvorfälle zu verhindern und die Auswirkungen solcher Sicherheitsvorfälle so gering wie möglich zu halten, Art. 13 Abs. 2 CRA.

160 Auf Grundlage dieser Bewertung müssen die Produkte, soweit zutreffend, insbes.[431]:

- ohne bekannte[432] ausnutzbare Schwachstellen auf dem Markt bereitgestellt werden[433];
- grds. mit einer sicheren Standardkonfiguration auf dem Markt bereitgestellt werden;
- sicherstellen, dass Schwachstellen durch Sicherheitsaktualisierungen behoben werden können;
- durch geeignete Kontrollmechanismen Schutz vor unbefugtem Zugriff bieten;

- die Vertraulichkeit gespeicherter, übermittelter oder anderweitig verarbeiteter personenbezogener oder sonstiger Daten schützen;
- die Integrität gespeicherter, übermittelter oder anderweitig verarbeiteter Daten, ob personenbezogener oder sonstiger Daten, Befehle, Programme und Konfigurationen vor einer vom Nutzer nicht genehmigten Manipulation oder Veränderung schützen und deren Beschädigung melden;
- die Verarbeitung personenbezogener oder sonstiger Daten auf solche, die angemessen und von Bedeutung sind, und auf das für die Zweckbestimmung des Produkts mit digitalen Elementen erforderliche Maß beschränken („Datenminimierung")

- die Verfügbarkeit wesentlicher und grundlegender Funktionen, auch nach einem Sicherheitsvorfall sicherstellen;
- die negativen Auswirkungen von den Produkten selbst oder von vernetzten Geräten auf die Verfügbarkeit der von anderen Geräten oder Netzen bereitgestellten Dienste minimieren;

---

430 Ähnlich Heckmann/Paschke/Ziegler CRA Art. 3 Rn. 23.

431 Es folgt eine verknappte Darstellung der Pflichten nach Anhang I Teil I Nr. 2; vgl. umfangreich Wiebe Der neue CRA/Jossen § 5 Rn. 127 ff.

432 In Erwgr. 34 S. 2 CRA scheint der Unionsgesetzgeber für „von Dritten bezogene Komponenten" zumindest teilweise zu spezifizieren, was er unter „bekannt" versteht, indem er eine „Überprüfung" fordert, „ob eine Komponente frei von den Schwachstellen ist, die in der gemäß Art. 12 Abs. 2 der Richtlinie (EU) 2022/2555 eingerichteten europäischen Schwachstellendatenbank oder anderen öffentlich zugänglichen Schwachstellendatenbanken registriert sind, oder Durchführung zusätzlicher Sicherheitsprüfungen".

433 Kritisch zu diesem Kriterium im CRA-E Siglmüller ZfPC 2023, 221 (222); „ausnutzbare Schwachstelle" ist in Art. 3 Nr. 41 CRA definiert als „eine Schwachstelle, die von einem unbefugten Dritten unter praktischen Betriebsbedingungen wirksam genutzt werden kann"; in den EU-KOM FAQ heißt es, basierend auf einer Bewertung der Cybersicherheitsrisiken gem. Art. 13 Abs. 2 CRA sei sicherzustellen, dass keine bekannten ausnutzbaren Schwachstellen vorhanden seien; in einem Fallbeispiel erläutert die EU-Kommission dann, dass selbst *theoretisch* ausnutzbare Schwachstellen nicht als „ausnutzbar" iSv Art. 3 Nr. 41 CRA gelten sollen, wenn der Hersteller im Rahmen der Risikobewertung zu dem Ergebnis kommt, dass diese Schwachstelle „could not reasonably be exploited in practical operational conditions" (EU-KOM FAQ – CRA implementation (EN) v1.2 v. 16.1.2026, S. 35); in Erwgr. 54 S. 3 CRA heißt es idS auch „bekannte ausnutzbare Schwachstellen […], die sich auf die Sicherheit dieser Produkte auswirken könnten" (Anm.: Kürz. d. d. Verfasser).

- so konzipiert, entwickelt und hergestellt werden, dass sie – auch bei externen Schnittstellen – möglichst geringe Angriffsflächen bieten;
- so konzipiert, entwickelt und hergestellt werden, dass die Auswirkungen eines Sicherheitsvorfalls durch geeignete Mechanismen und Techniken zur Minderung der möglichen Ausnutzung verringert werden;
- sicherheitsbezogene Informationen durch Aufzeichnung und/oder Überwachung einschlägiger interner Vorgänge bereitstellen und den Nutzern einen Opt-out-Mechanismus zur Verfügung stellen;
- den Nutzern die Möglichkeit bieten, alle Daten und Einstellungen dauerhaft sicher und einfach zu löschen.

Grundsätzlich dienen sämtliche der oben angesprochenen Maßnahmen zumindest auch dem Schutz von Daten bzw. Informationen. In dem hervorgehobenen Bereich ist der Schutz von Daten ausdrücklich genannt. **161**

Der Hersteller hat in der Bewertung anzugeben, ob und gegebenenfalls in welcher Weise die o. g. Sicherheitsanforderungen gem. Anhang I Teil I Nr. 2 CRA auf das einschlägige Produkt anwendbar sind und wie diese Anforderungen auf der Grundlage der Bewertung des Cybersicherheitsrisikos umgesetzt werden. Er hat zudem anzugeben, wie er Anhang I Teil I Nr. 1 anzuwenden hat und welche Anforderungen an die Behandlung von Schwachstellen in Anhang I Teil II festgelegt sind, Art. 13 Abs. 3 S. 3 und 4 CRA. **162**

Bei Inverkehrbringen ist die Bewertung in die **technische Dokumentation** des Produkts aufzunehmen, einschl. einer Begründung, warum bestimmte Cybersicherheitsanforderungen nicht anwendbar sind, Art. 13 Abs. 5 CRA. Der CRA regelt weitere, sehr umfassende **Dokumentationspflichten** für Hersteller zB in Art. 13 Abs. 3 S. 1, Abs. 4 S. 1, 3, Abs. 7, Abs. 8 UAbs. 5, Abs. 12 UAbs. 1, Abs. 13, Art. 31 CRA (vgl. auch → Rn. 168). **163**

Bei der **Integration von Drittkomponenten,** einschl. freier und quelloffener Software, hat der Hersteller „die gebotene Sorgfalt walten" zu lassen, sodass solche Komponenten die Cybersicherheit des Produkts nicht beeinträchtigen, Art. 13 Abs. 5 CRA. In solchen Komponenten festgestellte Schwachstellen sind demjenigen, der die Komponente herstellt oder wartet, zu melden. Die Schwachstelle ist gemäß den in Anhang I Teil II festgelegten Anforderungen zu behandeln und zu beheben, Art. 13 Abs. 6 S. 1 CRA. **164**

bb) Schwachstellenmanagement. Hersteller haben während der erwarteten Produktlebensdauer und des Unterstützungszeitraums sicherzustellen, dass Schwachstellen dieses Produkts, einschließlich seiner Komponenten, wirksam und im Einklang mit den grundlegenden Cybersicherheitsanforderungen in Anhang I Teil II behandelt werden, Art. 13 Abs. 8 CRA. **165**

Der **Unterstützungszeitraum** soll grds. **mindestens fünf Jahre betragen,** Art. 13 Abs. 8 UAbs. 3 S. 1 CRA. Er richtet sich aber nach der voraussichtlichen Nutzungsdauer und kann nach oben oder unten abweichen, Art. 13 Abs. 8 UAbs. 2 und UAbs. 3 S. 2 CRA. Jeder Hersteller hat den Unterstützungszeitraum festzulegen, wobei insbes. angemessenen Erwartungen der Nutzer, der Art des Produkts, einschließlich seiner Zweckbestimmung, sowie den einschlägigen Rechtsvorschriften der Union zur Festlegung der **Lebensdauer von Produkten** mit digitalen Elementen Rechnung zu tragen sind.[434] Die berücksichtigten Informationen sind in die technische Dokumentation aufzunehmen, Art. 13 Abs. 8 UAbs. 5 CRA. Das Enddatum des Unterstützungszeitraums ist zum Zeitpunkt des Kaufs in leicht zugänglicher Weise und sofern zutreffend auf dem Produkt, seiner Verpackung oder mit digitalen Mitteln klar und verständlich – mindestens mit Monat und Jahr – anzugeben, Art. 13 Abs. 19 CRA. **166**

Hersteller haben nach Anhang I Teil II CRA[435] **167**

---

[434] Weitere Aspekte, die berücksichtigt werden können, finden sich in Art. 13 Abs. 8 UAbs. 2 S. 2 CRA.
[435] Es folgt eine verknappte Darstellung der Pflichten nach Anhang I Teil II.

- Schwachstellen und Komponenten der Produkte mit digitalen Elementen zu ermitteln und zu dokumentieren, ua durch Erstellung einer Software-Stückliste in einem gängigen maschinenlesbaren Format;
- im Hinblick auf die Risiken im Zusammenhang mit den Produkten mit digitalen Elementen unverzüglich Schwachstellen zu behandeln und zu beheben, unter anderem durch Bereitstellung von Sicherheitsaktualisierungen;
- die Sicherheit des Produkts mit digitalen Elementen regelmäßig und wirksam zu testen und zu überprüfen;
- sobald eine Sicherheitsaktualisierung bereitgestellt worden ist, Informationen über beseitigte Schwachstellen zu teilen und zu veröffentlichen sowie eindeutige und verständliche Informationen, die den Nutzern helfen, die Schwachstellen zu beheben;
- eine Strategie für die koordinierte Offenlegung von Schwachstellen aufzustellen und umzusetzen[436];
- Maßnahmen zu ergreifen, um den Austausch von Informationen über mögliche Schwachstellen in ihrem Produkt mit digitalen Elementen und darin enthaltenen Komponenten Dritter zu erleichtern, und dazu ua eine Kontaktadresse für die Meldung der in dem Produkt mit digitalen Elementen entdeckten Schwachstellen anzugeben;
- Mechanismen für die sichere Verbreitung von Aktualisierungen für Produkte mit digitalen Elementen bereitzustellen;
- dafür sorgen, dass Sicherheitsaktualisierungen, die zur Bewältigung festgestellter Sicherheitsprobleme zur Verfügung stehen, unverzüglich und grds. kostenlos verbreitet werden. Diese Sicherheitsaktualisierungen müssen nach ihrer Bereitstellung für mindestens zehn Jahre oder für die verbleibende Dauer des Unterstützungszeitraums, je nachdem, welcher Zeitraum länger ist, verfügbar bleiben, Art. 13 Abs. 9 CRA.

168 **cc) Dokumentation, Information und Transparenz.** Hersteller haben die in Art. 31 CRA genannte **technische Dokumentation** vor Inverkehrbringen zu erstellen[437] und nach dem Inverkehrbringen des Produkts mit digitalen Elementen mindestens zehn Jahre lang oder für die Dauer des Unterstützungszeitraums, je nachdem, welcher Zeitraum länger ist, für die Marktüberwachungsbehörden aufzubewahren, Art. 13 Abs. 13 CRA.

169 Daneben bestehen bestimmte **Informations- und Transparenzpflichten,** wie die Pflicht zur Angabe eines Identifikationskennzeichens, wie Typen-, Chargen- oder Seriennummer[438] sowie von Namen und Kontaktangaben[439] oder der **Benennung einer zentralen Anlaufstelle.**[440] Den Produkten sind die in Anhang II genannten Informationen und Anleitungen beizufügen.[441]

170 **dd) Konformitätserklärung.** Hersteller sind verpflichtet, ein **Konformitätsbewertungsverfahren** gem. Art. 32 CRA durchzuführen bzw. durchführen zu lassen, anschließend die Konformitätserklärung gem. Art. 28 CRA auszustellen, sie grds. dem Produkt als Kopie beizufügen[442] und die CE-Kennzeichnung gem. Art. 30 CRA anzubringen.[443] Bei einer Serienproduktion ist die Konformität fortlaufend sicherzustellen, Art. 13 Abs. 18 CRA.

171 Der Hersteller führt eine **Konformitätsbewertung** des Produkts mit digitalen Elementen und der vom Hersteller festgelegten Verfahren durch, um festzustellen, ob die grundlegenden Cybersicherheitsanforderungen in Anhang I erfüllt sind, Art. 32 Abs. 1 CRA. Insbes. an dieser Stelle unterscheidet der CRA die Produkte mit digitalen Elementen in drei

436 V3/2025gl. auch Art. 13 Abs. 8 UAbs. 6 CRA.
437 Art. 13 Abs. 12 UAbs. 1 CRA.
438 Art. 13 Abs. 15 CRA.
439 Art. 13 Abs. 16 CRA.
440 Art. 13 Abs. 17 CRA.
441 Art. 13 Abs. 18 CRA.
442 Art. 13 Abs. 20 CRA.
443 Art. 13 Abs. 12 CRA.

Kritikalitätsstufen: **Produkte, wichtige Produkte** und **kritische Produkte** mit digitalen Elementen.[444]

172 **ee) Meldepflichten.** Der Hersteller unterliegt diversen Informations- bzw. **Meldepflichten.**[445]

173 Der Hersteller hat festgestellte Schwachstellen in integrierten Drittkomponenten demjenigen zu melden, der die Komponente herstellt oder wartet, Art. 13 Abs. 6 S. 1 CRA.

174 Ganz grundsätzlich sind Hersteller verpflichtet, aktiv ausgenutzten Schwachstellen und schwerwiegende Cybersicherheitsvorfälle, die sich auf die Sicherheit des Produkts auswirken über die nach Art. 16 CRA eingerichtete Meldeplattform an den als Koordinator benannte CSIRT und die ENISA zu melden,[446] und zwar innerhalb der in Art. 14 CRA genannten Fristen.[447]

175 Schließlich hat der Hersteller aktiv ausgenutzte Schwachstellen oder einen schwerwiegenden Sicherheitsvorfalls auch an betroffene Nutzer oder ggf. alle Nutzer des Produktes „rechtzeitig“ zu melden und erforderlichenfalls über jegliche Risikominderungsmaßnahmen und Korrekturmaßnahmen, die die Nutzer ergreifen können, um die Auswirkungen dieser Schwachstellen oder Sicherheitsvorfälle zu mindern, zu informieren, Art. 14 Abs. 8 CRA.

176 Daneben besteht die Möglichkeit freiwilliger Meldungen. Meldet ein Dritter eine aktiv ausgenutzte Schwachstelle oder einen schwerwiegenden Sicherheitsvorfall, so unterrichtet das als Koordinator benannte CSIRT den Hersteller unverzüglich, Art. 15 CRA.

5. Cybersicherheitsanforderungen nach der KI-Verordnung (VO (EU) 2024/1689 – KI-VO)

177 Die VO (EU) 2024/1689 (KI-VO) trat am 1.8.2024 in Kraft.[448] Die hier relevanten Pflichten gelten ab dem 2.8.2026, vgl. Art. 113 UAbs. 1 und UAbs. 2 KI-VO.

a) Art. 15 KI-VO – Robustheit und Cybersicherheit

178 **KI-Systeme weisen spezifische Herausforderungen** für die Informationssicherheit **auf.**[449] Folglich enthält die KI-VO in Art. 15 spezifische Anforderungen an die „Genauigkeit, Robustheit und Cybersicherheit“. Die Vorgaben gehören zum Herzstück der Verordnung[450], gelten aber nur für Hochrisiko-KI-Systeme iSv Art. 6 KI-VO.[451] Anbieter von Hochrisiko-KI-Systemen müssen gem. Art. 16 lit. a KI-VO sicherstellen, dass ihre Hochrisiko-KI-Systeme auch die Anforderungen nach Art. 15 KI-VO erfüllen.

179 Nach Art. 15 Abs. 1 KI-VO sind **Hochrisiko-KI-Systeme** so zu konzipieren und zu entwickeln, dass sie ein angemessenes Maß an **Genauigkeit, Robustheit** und **Cybersicherheit** erreichen und in dieser Hinsicht während ihres gesamten Lebenszyklus beständig funktionieren. Hochrisiko-KI-Systeme sollen „ein angemessenes Maß an Genauigkeit,

[444] Zur Konformitätsbewertung s. etwa Biendl/Füllsack CR 2024, 376 (380 f.) sowie umfassend Wiebe Der neue CRA/Jossen § 5 Rn. 4 ff.

[445] Es folgt eine stark verkürzte, nur bestimmte Aspekte betreffende Zusammenfassung.

[446] Kritisch zu dieser „hochsensible[n] Sammlung an Angriffsmöglichkeiten auf die Europäische Union“ Siglmüller ZfPC 2023, 221 (222) (Anm.: Änd. d. d. Verfasser).

[447] Die Meldepflichten in Art. 14 CRA gelten auch für Produkte, die vor dem 11.12.2027 in Verkehr gebracht wurden, Art. 69 Abs. 3 CRA, s. EU-KOM FAQ – CRA implementation (EN) v1.2 v. 16.1.2026, S. 11.

[448] Für Zwecke des Handbuchs ist lediglich ein stark vereinfachter, grober Überblick über einzelne Aspekte vorgesehen, um den Aspekt „Informationssicherheit“ im Lebenszyklus der Daten darzustellen. Es wird im Übrigen auf die einschl. Literatur verwiesen.

[449] Nolte/Streitmüller MPR 2024, 20 (21) mit Beispielen; Glugla RDi 2024, 421 mwN.

[450] Glugla RDi 2024, 421.

[451] Martini/Wendehorst/Martini KI-VO Art. 15 Rn. 5; gem. Art. 55 Abs. 1 lit. d KI-VO haben aber Anbieter von KI-Modellen mit allgemeinem Verwendungszweck mit systemischem Risiko ein angemessenes Maß an Cybersicherheit für die KI-Modelle mit allgemeinem Verwendungszweck mit systemischem Risiko und die physische Infrastruktur des Modells zu gewährleisten.

Robustheit und Cybersicherheit angesichts ihrer Zweckbestimmung und entsprechend dem allgemein anerkannten Stand der Technik aufweisen“[452].

180 Weder im Verordnungstext noch in den Erwägungsgründen findet sich eine Definition der Begrifflichkeiten „Cybersicherheit“[453], „angemessenes Maß“ oder der Sicherheitsziele.[454]

181 aa) **Robustheit. Robustheit** meint die **Widerstandsfähigkeit** gegenüber **Fehlern, Störungen** oder **Unstimmigkeiten**[455], die innerhalb des Systems oder der Umgebung, in der das System betrieben wird, auftreten können, Art. 15 Abs. 4 KI-VO[456]. Hochrisiko-KI-Systeme müssen dabei „so widerstandsfähig wie möglich“ sein, Art. 15 Abs. 4 KI-VO. Der Unionsgesetzgeber hat hier va Risiken für die Gesundheit, Sicherheit und Grundrechte im Blick.[457] Es sind technische und organisatorische Maßnahmen zu ergreifen, um **schädliches** oder **anderweitig unerwünschtes Verhalten** zu **verhindern** oder zu **minimieren,** Art. 15 Abs. 4 S. 2 KI-VO.[458] Die Robustheit von Hochrisiko-KI-Systemen kann etwa durch technische Redundanz erreicht werden, Art. 15 Abs. 4 UAbs. 2 KI-VO.

182 bb) **Cybersicherheit. Cybersicherheit** meint die Widerstandsfähigkeit des KI-Systems gegen Versuche unbefugter Dritter, ihre Verwendung, Ausgaben oder Leistung durch Ausnutzung von Systemschwachstellen zu verändern, Art. 15 Abs. 5 UAbs. 1 iVm Erwgr. 76 KI-VO.[459] Anbieter müssen daher technische Lösungen zur Gewährleistung der Cybersicherheit von Hochrisiko-KI-Systemen implementieren, die den **jeweiligen Umständen und Risiken angemessen** sind, Art. 15 Abs. 5 UAbs. 2 KI-VO.[460] Es gilt mithin auch hier ein **risikobasierter Ansatz** (→ Rn. 25).[461]

183 **„Risiko“** meint nach Art. 3 Nr. 2 KI-VO – im produktsicherheitsrechtlichen Sinne[462] – „die Kombination aus der Wahrscheinlichkeit des Auftretens eines Schadens und der Schwere dieses Schadens“. Im Rahmen eines Risikomanagementsystems[463] sind nach einer Ermittlungs- und Analysephase (Art. 9 Abs. 2 lit. a KI-VO), die Risiken, die entstehen können, wenn das Hochrisiko-KI-System entsprechend seiner Zweckbestimmung oder im Rahmen einer vernünftigerweise vorhersehbaren Fehlanwendung verwendet wird, entsprechend abzuschätzen und zu bewerten (Art. 9 Abs. 2 lit. b KI-VO) und geeignete und gezielte Risikomanagementmaßnahmen zur Bewältigung der ermittelten Risiken umzusetzen (Art. 9 Abs. 2 lit. d KI-VO).[464] Als geschützte Rechtsgüter nennt Art. 9 Abs. 2 lit. a KI-VO die „Gesundheit, Sicherheit oder Grundrechte“ (engl. „health, safety or fundamental

---

[452] Erwgr. 74 KI-VO.

[453] Ehtechami/Gilch ZfPC 2024, 206; Martini/Wendehorst/Martini KI-VO Art. 15 Rn. 60 verweisen auf Art. 2 Nr. 1 VO (EU) 2019/881; in diesem Sinne auch Bomhard/Pieper/Wende/Moritz KI-VO Art. 15 Rn. 40 und BeckOK KI-Recht/Buchner KI-VO Art. 15 Rn. 36 ff.

[454] Glugla RDi 2024, 421 (422); Martini/Wendehorst/Martini KI-VO Art. 15 Rn. 60 verweisen auf die Schutzziele-Trias „Verfügbarkeit, Vertraulichkeit und Integrität“ (vgl. → Rn. 9, 21); s. zur Cybersicherheit → Rn. 182.

[455] Zu den einzelnen Begriffen etwa Bomhard/Pieper/Wende/Moritz KI-VO Art. 15 Rn. 53 ff.

[456] IVm Erwgr. 75 KI-VO; Bomhard/Pieper/Wende/Moritz KI-VO Art. 15 Rn. 52 f.

[457] Vgl. Art. 1 Abs. 1 iVm Erwgr. 1 KI-VO, Art. 9 Abs. 2 lit. a KI-VO; Erwgr. 75 KI-VO letzter Satz; Martini/Wendehorst/Martini KI-VO Art. 15 Rn. 30; BeckOK KI-Recht/Buchner KI-VO Art. 15 Rn. 7.

[458] IVm Erwgr. 75 KI-VO.

[459] BeckOK KI-Recht/Buchner KI-VO Art. 15 Rn. 36 ff., 54; Bomhard/Pieper/Wende/Moritz KI-VO Art. 15 Rn. 60.

[460] Martini/Wendehorst/Martini KI-VO Art. 15 Rn. 66; BeckOK KI-Recht/Buchner KI-VO Art. 15 Rn. 57.

[461] Junklewitz et al, S. 9.

[462] Vgl. etwa Art. 3 Nr. 4 GPSR; zum IT-sicherheitsrechtlichen Risiko → Rn. 25; zur „Cybersafety“ → Rn. 31 ff.

[463] Art. 9 Abs. 2 S. 1 KI-VO: „Das Risikomanagementsystem versteht sich als ein kontinuierlicher iterativer Prozess“.

[464] Nolte/Schreitmüller MPR 2024, 20 (25); BeckOK KI-Recht/Buchner KI-VO Art. 15 Rn. 58; vgl. auch Junklewitz et al, S. 9; Hessel/Prgomet ZfPC 2025, 106 (109): „Einrichtung eines Risikomanagementsystems ist ein zentraler Schritt“.

rights"). Die Bewertung ist (etwas) anders gelagert als im (reinen) Produktsicherheitsrecht (Art. 9 Abs. 2 GPSR iVm Art. 3 Nr. 2, Nr. 4, Art. 5, 6 GPSR[465]) oder im (reinen) IT-/ Cybersicherheitsrecht (Art. 13 Abs. 2, 3 iVm Abs. 1, Art. 3 Nr. 37 CRA[466]). Die Risikomanagementmaßnahmen werden so gestaltet, dass jedes mit einer bestimmten Gefahr verbundene relevante Restrisiko sowie das Gesamtrestrisiko der Hochrisiko-KI-Systeme als vertretbar beurteilt wird, Art. 9 Abs. 5 KI-VO. Nach Martini sollte das „Cybersicherheitskonzept der Anbieter von Hochrisiko-KI-Systemen […] einer Kosten-Nutzen-Abwägung standhalten, die das potenzielle Schadensausmaß und die Schadenswahrscheinlichkeit berücksichtigt".[467] Der Anbieter habe „keinen unzumutbaren Aufwand [zu] betreiben".[468] Erwgr. 74 KI-VO fordert dann, dass die Hochrisiko-KI „ein angemessenes Maß an […] Cybersicherheit […] angesichts ihrer Zweckbestimmung und entsprechend dem allgemein anerkannten Stand der Technik aufweisen" soll."[469]

Die technischen Lösungen sollen Maßnahmen gegen spezifisch aufgeführte KI-Schwach- **184**
stellen umfassen.[470] Genannt werden die Manipulation des Trainingsdatensatzes („data poisoning") oder vortrainierter Komponenten, die beim Training verwendet werden („model poisoning"), die gezielte Eingabe von Daten, die das KI-Modell zu Fehlern verleiten sollen („adversarial examples" oder „model evasions") sowie Angriffe auf vertrauliche Daten oder Modellmängel. Erwgr. 76 KI-VO spricht von einem „den Risiken angemessene[n] Cybersicherheitsniveau".[471] Die Anbieter von Hochrisiko-KI-Systemen sollen „geeignete Maßnahmen, etwa Sicherheitskontrollen, ergreifen, wobei gegebenenfalls auch die zugrunde liegende IKT-Infrastruktur zu berücksichtigen ist".[472]

Die Widerstandsfähigkeit gegen Einflüsse von außen **(Cybersicherheit)** und die Wider- **185**
standsfähigkeit von innen **(Robustheit)** sind **miteinander verknüpft**[473]**;** beide Aspekte tragen zur Gesamtstabilität und Sicherheit eines KI-Systems bei.[474]

cc) Leitlinien der Kommission. Die EU-Kommission wird gem. Art. 96 Abs. 1 lit. a KI- **186**
VO Leitlinien für die praktische Umsetzung und Anwendung der in Art. 15 KI-VO genannten Anforderungen und Pflichten erarbeiten. Die EU-Kommission hat einen Normungsauftrag erteilt, der auch die Cybersicherheit von KI-Systemen umfasst.[475]

b) Konformität

Anbieter von Hochrisiko-KI-Systemen müssen sicherstellen, dass das System dem betreffen- **187**
den **Konformitätsbewertungsverfahren** gem. Art. 43 KI-VO unterzogen wird, bevor es in Verkehr gebracht oder in Betrieb genommen wird, eine EU-Konformitätserklärung gem. Art. 47 KI-VO ausstellen und die CE-Kennzeichnung anbringen, Art. 16 lit. f, g und h KI-

---

465 Zur Risikoanalyse nach Art. 9 GPSR s. HK-GPSR/Piovano EU-Produktsicherheits-VO Art. 9 Rn. 17 ff.

466 Zur Bewertung des Cybersicherheitsrisikos im CRA s. Heckmann/Paschke/Paschke CRA Art. 13 Rn. 20 ff.

467 Martini/Wendehorst/Martini KI-VO Art. 15 Rn. 67; zur „marginalisierten Learned Hand-Formel" s. umfangreich Leupold/Wiebe/Glossner IT-R/Leupold/Wiesner, 4. Aufl. 2021, Teil 9.6.4 Rn. 16 (Anm.: Kürz. d. d. Verfasser).

468 Martini/Wendehorst/Martini KI-VO Art. 15 Rn. 67 (Anm.: Änd. und Kürz. d. d. Verfasser).

469 Vgl. Art. 8 Abs. 1 KI-VO; zum „allgemein anerkannten Stand der Technik" s. etwa Bomhard/Pieper/Wende/König KI-VO Art. 8 Rn. 21 f.; Martini/Wendehorst/Braun Binder/Egli KI-VO Art. 8 Rn. 28; BeckOK KI-Recht/Gerdemann KI-VO Art. 8 Rn. 11 (Anm.: Kürz. d. d. Verfasser).

470 Vgl. etwa BeckOK KI-Recht/Buchner KI-VO Art. 15 Rn. 59.

471 Anm.: Änd. d. d. Verfasser.

472 Erwgr. 76 KI-VO; vgl. Ehtechami/Gilch ZfPC 2024, 206 (208) zum Multilayer Framework for Good Cybersecurity Practices for AI (FAICP) der ENISA.

473 IdS auch Bomhard/Pieper/Wende/Moritz KI-VO Art. 15 Rn. 37, 52.

474 Ehtechami/Gilch ZfPC 2024, 206.

475 Durchführungsbeschluss der Kommission über einen Normungsauftrag an das Europäische Komitee für Normung und das Europäische Komitee für elektrotechnische Normung zur Unterstützung der Unionspolitik im Bereich der künstlichen Intelligenz v. 22.5.2023, C(2023)3215, dort Nr. 8 und Ziff. 2.8 Anhang 1; hierzu Hessel/Prgomet ZfPC 2025, 106 (111).

VO. Es bestehen Wechselwirkungen und Vermutungswirkungen in Bezug auf die VO (EU) 2019/881 (CSA)[476] und die VO (EU) 2024/2847 (CRA)[477].

c) Sonstige Bezüge zur Cybersicherheit

188 Die Cybersicherheit wird zudem an diversen anderen Stellen der KI-VO relevant. So sollen etwa nach Art. 13 Abs. 3 lit. b ii KI-VO Ausführungen zur Cybersicherheit bei Hochrisiko-KI-Systemen in der Betriebsanleitung sowie nach Art. 11 KI-VO iVm Annex IV Nr. 2 (g) KI-VO auch in detaillierten Transparenzdokumentationen enthalten sein. Maßnahmen zur Gewährleistung der Cybersicherheit sollen im Qualitätsmanagement-System nach Art. 17 KI-VO Berücksichtigung finden. Cybersicherheitsvorfälle sind gem. Art. 73 Abs. 1 KI-VO meldepflichtig[478].

VI. Der Data Act – Technische Schutzmaßnahmen und ihre Grenzen sowie das Verbot des Hackings

189 Wie in diesem Kapitel 21 gezeigt, verpflichten die Gesetzgeber Nutzer und Betreiber von Netz- und Informationssystemen zu deren Schutz und dem Schutz hierüber verarbeiteter Daten. Der Gesetzgeber ist zuletzt aber auch dazu übergegangen, Aspekte der Informationssicherheit in Bezug auf die Durchsetzung von Ansprüchen zu regeln. Ein gutes Beispiel ist die VO (EU) 2023/2854 (Data Act). Der **Data Act** regelt in Kapitel II und III insbes. Datenzugangs-, Datennutzungs- und Datenweitergabeansprüche des sog. Nutzers eines vernetzten Produkts gegen den sog. Dateninhaber. Der Data Act enthält aber auch Regelungen zur Informationssicherheit. Nutzer haben nach Art. 3 ff. DA Anspruch auf einen „sicheren" Zugang zu Daten (→ Rn. 190). Art. 4 Abs. 11 und Art. 5 Abs. 5 DA untersagen dem Nutzer und dem Dritten, die Infrastruktur des Dateninhabers zu hacken, um Zugang zu den Daten zu erlangen (→ Rn. 191 f.). Art. 11 Abs. 1 S. 1 DA gewährt dem Dateninhaber die Möglichkeit, technische Schutzmaßnahmen anzuwenden und schränkt deren Auswahl und Ausgestaltung wieder ein, um den Datenzugang des Nutzers nicht zu gefährden (→ Rn. 193 ff.).[479]

1. „Sicherer" Zugang zu Daten

190 Vernetzte Produkte werden so konzipiert und hergestellt und verbundene Dienste werden so konzipiert und erbracht, dass die Produktdaten und verbundenen Dienstdaten für den Nutzer **„sicher"** zugänglich sind, Art. 3 Abs. 1 DA. Der Dateninhaber stellt die Daten nach Art. 4 Abs. 1 DA dem Nutzer und nach Art. 5 Abs. 1 DA dem Dritten **„sicher"** bereit. Gemeint ist die **IT-/Cybersicherheit** (engl. ***security***), also der Schutz der Vertraulichkeit, Integrität und Verfügbarkeit der informationsverarbeitenden Systeme sowie der dort verarbeiteten Informationen (Daten) vor (unbefugten) Einflüssen von außen (→ Rn. 16 ff.).[480]

---

[476] Art. 42 Abs. 2 KI-VO.

[477] Art. 12 iVm Erwgr. 51 CRA iVm Erwgr. 77 f. KI-VO; Junklewitz et al, S. 7.

[478] Glugla RDi 2024, 421 (424); vgl. auch Nolte/Schreitmüller MPR 2024, 20 (26).

[479] Für Zwecke des Handbuchs ist lediglich ein stark vereinfachter, grober Überblick über einzelne Aspekte vorgesehen, um den Aspekt „Informationssicherheit" im Lebenszyklus der Daten darzustellen. Es wird insoweit auf die einschl. Literatur verwiesen.

[480] Czychowski/Lettl/Steinrötter/Rockstroh VO (EU) 2023/2854 Art. 5 Rn. 104; Czychowski/Lettl/Steinrötter/Steinrötter VO (EU) 2023/2854 Art. 3 Rn. 33; idS wohl auch EU-KOM FAQ v1.4 v. 22.1.2026 – Data Act, Frage 22a, S. 20; Paschke/Schumacher/Hartl/Wentzel VO (EU) 2023/2854 Art. 5 Rn. 56; BeckOK DatenschutzR/Raue DA Art. 5 Rn. 17; aA Bomhard/Schmidt-Kessel/Schmidt-Kessel VO (EU) 2023/2854 Art. 4 Rn. 110: „product safety" und „IT security".

Der Zugang zu den Daten darf die Sicherheit des vernetzten Produkts und verbundenen Dienstes nicht gefährden und die Kommunikation zwischen den Parteien muss sicher sein.[481] Das „Maß" an Sicherheit regelt der Data Act nicht.[482]

2. Keine Rechtsdurchsetzung mittels „Hacking"

Der Dritte[483] und der Nutzer[484] dürfen keine **Lücken** in der zum Schutz der Daten bestehenden **technischen Infrastruktur des Dateninhabers** ausnutzen, um Zugang zu Daten zu erlangen.[485] Der Unionsgesetzgeber will einen geordneten Datenzugang sicherstellen,[486] indem ein **„right to hack" ausgeschlossen** wird.[487] Dies gelte auch dann, wenn der Datenzugang unberechtigt verhindert wird; dem Nutzer und dem Dritten bleibt nur der Rechtsweg.[488] **191**

Der Dateninhaber kann gegen den Dritten die Ansprüche nach Art. 11 Abs. 2 DA geltend machen, wenn dieser zwecks Erlangung der Daten Lücken in der zum Schutz der Daten bestehenden technischen Infrastruktur der Daten missbraucht hat, Art. 11 Abs. 3 lit. a DA. Dazu gehören Korrektur- oder Abhilfemaßnahmen, einschließlich von Vernichtungs-, Lösch- und Schadensersatzansprüche, Art. 11 Abs. 2 lit. a, b und d DA.[489] **192**

3. Technische Schutzmaßnahmen und ihre Grenzen nach Art. 11 DA

Nach Art. 11 Abs. 1 S. 1 DA kann ein Dateninhaber **geeignete technische Schutzmaßnahmen,** einschließlich intelligenter Verträge und Verschlüsselung[490], anwenden, um den **unbefugten Zugang zu Daten,** einschließlich Metadaten, zu verhindern und die **Einhaltung der Art. 5[491], 6, 8 und 9 DA** sowie der für die **Datenbereitstellung vereinbarten Mustervertragsklauseln**[492] sicherzustellen. Bei solchen technischen Schutzmaßnahmen dürfen weder **Datenempfänger unterschiedlich behandelt** werden noch dürfen **Nutzer** an der **Ausübung ihres Rechts,** eine Kopie der Daten zu erhalten, Daten abzurufen, zu verwenden oder auf diese zuzugreifen oder Dritten nach Art. 5 DA Daten bereitzustellen, oder **Dritte an der Ausübung ihrer Rechte gehindert** werden, Art. 11 Abs. 1 S. 2 DA. **193**

---

481 Czychowski/Lettl/Steinrötter/Rockstroh VO (EU) 2023/2854 Art. 5 Rn. 105; Czychowski/Lettl/Steinrötter/Steinrötter VO (EU) 2023/2854 Art. 3 Rn. 33 stellt hingegen (auch) auf IT-sicherheitsrechtliche Vorgaben außerhalb des DA ab.

482 Die EU-Kommission spricht in ihren FAQ von „industry standards and relevant legal frameworks, such as those related to cybersecurity" EU-KOM FAQ v1.4 v. 22.1.2026 – Data Act, Frage 22a, S. 20; EU-KOM FAQ – CRA implementation (EN) v1.2 v. 16.1.2026, S. 10.

483 Art. 5 Abs. 5 DA.

484 Art. 4 Abs. 11 DA.

485 Vgl. zu Art. 5 Abs. 5 DA Czychowski/Lettl/Steinrötter/Rockstroh VO (EU) 2023/2854 Art. 5 Rn. 209 ff.; zu Art. 4 Abs. 11 DA s. Czychowski/Lettl/Steinrötter/Steinrötter VO (EU) 2023/2854 Art. 4 Rn. 60.

486 Ehlen/Sebulke CR 2024, 84 (85); Czychowski/Lettl/Steinrötter/Rockstroh VO (EU) 2023/2854 Art. 5 Rn. 211.

487 Specht-Riemenschneider MMR 2022, 809 (821); Bomhard/Schmidt-Kessel/Steege VO (EU) 2023/2854 Art. 11 Rn. 13; Czychowski/Lettl/Steinrötter/Rockstroh VO (EU) 2023/2854 Art. 5 Rn. 211.

488 Steege MMR 2024, 91 (93); Czychowski/Lettl/Steinrötter/Rockstroh VO (EU) 2023/2854 Art. 5 Rn. 211.

489 Czychowski/Lettl/Steinrötter/Rockstroh VO (EU) 2023/2854 Art. 5 Rn. 212.

490 Diese Aufzählung ist nicht abschließend („einschließlich"), vgl. Bomhard/Schmidt-Kessel/Steege VO (EU) 2023/2854 Art. 11 Rn. 31.

491 Art. 4 wird in der deutschen Sprachfassung nicht genannt, was weitläufig als Übertragungsfehler eingeordnet wird, so etwa Czychowski/Lettl/Steinrötter/Pfeiffer VO (EU) 2023/2854 Art. 11 Rn. 5, 11; umfangreich Bomhard/Schmidt-Kessel/Steege VO (EU) 2023/2854 Art. 11 Rn. 50, 72; Antoine CR 2024, 73 (77); in der Berichtigung des DA (ABl. L, 2025/90691) gab es jedoch keine Anpassung.

492 Gemeint sind wohl die Vertragsbedingungen zwischen den Parteien (Czychowski/Lettl/Steinrötter/Pfeiffer VO (EU) 2023/2854 Art. 11 Rn. 12, 25); s. die engl. Sprachfassung „contractual terms"; zu den Vertragsbedingungen s. Specht-Riemenschneider MMR 2022, 809 (822).

194 Der Regelungsgehalt von Art. 11 Abs. 1 DA ist **schwer zu greifen.** Der Begriff **„technische Schutzmaßnahmen“** kann sich etwa auf die IT-/Cybersicherheit (→ Rn. 16 ff., 29 f. und 40 ff.)[493], auf die Datensicherheit iRd DS-GVO (→ Rn. 28 und 71 f.), auf Maßnahmen zum Schutz der Vertraulichkeit von Informationen (zum Geschäftsgeheimnisschutz → Rn. 197 ff.)[494] oder auf „technische Maßnahmen“ iSv etwa Art. 6 Abs. 3 InfoSoc-RL[495], § 95a Abs. 2 UrhG oder die „technischen Programmschutzmechanismen“ iSv Art. 7 Abs. 1 lit. c Computerprogramm-RL[496], § 69f Abs. 2 UrhG, die allein der (technischen) Rechtedurchsetzung des Rechteinhabers dienen (im Folgenden verallgemeinernd „TPM“), beziehen. Mit Blick auf die IT-/Cybersicherheit, die Datensicherheit oder Geheimhaltungsmaßnahmen wäre Art. 11 Abs. 1 S. 1 DA jedoch nur deklaratorischer Natur.[497] Der Schutz der Vertraulichkeit, Integrität und Verfügbarkeit der informationsverarbeitenden Systeme sowie der dort verarbeiteten Informationen (Daten) vor (unbefugten) Einflüssen von außen (→ Rn. 16 ff.) ist meist gesetzlich vorgegeben, wie etwa in Art. 3, 4 und 5 DA („sicher“ → Rn. 190), in der RL (EU) 2024/2847 (CRA → Rn. 138 ff.) oder etwa in der RL (EU) 2022/2555 (NIS-2-RL → Rn. 55 ff.), die Datensicherheit ist insbes. in Art. 32 DS-GVO (→ Rn. 71 f.; → Kap. 17 Rn. 1 ff.) festgeschrieben und Maßnahmen zum Schutz der Vertraulichkeit erfolgen im Eigeninteresse des Informationsinhabers (zum Geschäftsgeheimnisschutz vgl. → Rn. 197 ff., insb. Rn. 199 ff.).[498] „Ob“ solche IT-/Cyber- oder Datensicherheitsmaßnahmen ergriffen werden, steht mithin nicht im Ermessen des Dateninhabers.[499] Der Unionsgesetzgeber trennt im Data Act auch sauber zwischen den vorgenannten Bereichen. Der Data Act regelt den **Schutz der Infrastruktur** des Dateninhabers etwa über das „Verbot des Hackings“ in Art. 5 Abs. 5 Hs 2 DA (→ Rn. 191); der Verstoß wird über Art. 11 Abs. 3 lit. a Hs 2 DA sanktioniert. Der Verstoß gegen das Verbot der Missachtung der nach Art. 5 Abs. 9 DA vereinbarten **angemessenen technischen und organisatorischen Maßnahmen zur Wahrung der Vertraulichkeit** in Art. 6 Abs. 2 lit. g DA wird in Art. 11 Abs. 3 lit. d DA sanktioniert.[500] Der Datenschutz – und damit die **Datensicherheit** – richtet sich insbes. nach der DS-GVO (→ Rn. 71 f.).[501] Die Anwendung von „technischen Schutzmaßnahmen“ ist in Art. 11 Abs. 1 S. 1, 2 DA gesondert geregelt. Nutzer, Dritte und Datenempfänger dürfen diese nach S. 3 nicht ohne die Zustimmung des Dateninhabers „ändern oder aufheben“[502]; der Verstoß wird – wiederum getrennt – in Art. 11 Abs. 3 lit. e DA sanktioniert. Es liegt mithin der Schluss nahe, dass der Unionsgesetzgeber in Art. 11 Abs. 1 S. 1 DA **ausschließlich TPMs**

---

[493] In diese Richtung etwa Etzkorn in Schuster/Grützmacher IT-Recht Art. 11 Rn. 8, 16; Paschke/Schumacher/Hartl/Wentzel VO (EU) 2023/2854 Art. 11 Rn. 5, 30, 32, 37 ff.; Czychowski/Lettl/Steinrötter/Pfeiffer VO (EU) 2023/2854 Art. 11 stellt zunächst nur auf TPMs ab, vermischt dann in Rn. 18, 20 f. die IT-/Cybersicherheit mit Anforderungen an TPMs.

[494] Hierauf (auch vorgehende Fn.) abstellend Paschke/Schumacher/Hartl/Wentzel VO (EU) 2023/2854 Art. 11 Rn. 1, 5; Wiebe GRUR 2023, 227 (236); hierfür spricht der Wortlaut „unbefugte Offenlegung“ bzw. in der engl. Sprachfassung „unlawful disclosure“ in Erwgr. 57 DA und in der Überschrift von Art. 11 DA (wo es im Engl. allerdings „unauthorised“ heißt), vgl. RL (EU) 2016/943 „unlawful acquisition, use and disclosure“.

[495] Richtlinie 2001/29/EG des Europäischen Parlaments und des Rates vom 22.5.2001 zur Harmonisierung bestimmter Aspekte des Urheberrechts und der verwandten Schutzrechte in der Informationsgesellschaft, ABl. 2001 L 167, 10.

[496] Richtlinie 2009/24/EG des Europäischen Parlaments und des Rates vom 23.4.2009 über den Rechtsschutz von Computerprogrammen, ABl. 2009 L 111, 16.

[497] So etwa Etzkorn in: Schuster/Grützmacher IT-Recht Art. 11 Rn. 8, 21; Paschke/Schumacher/Hartl/Wentzel VO (EU) 2023/2854 Art. 11 Rn. 24.

[498] In diese Richtung etwa auch Bomhard/Schmidt-Kessel/Steege VO (EU) 2023/2854 Art. 11 Rn. 50.

[499] Art. 11 Abs. 1 S. 1 DA spricht jedoch von „kann“; so auch Paschke/Schumacher/Hartl/Wentzel VO (EU) 2023/2854 Art. 11 Rn. 24; wohl auch Steege MMR 2024, 91 (92 f.).

[500] Hierauf weist Bomhard/Schmidt-Kessel/Steege VO (EU) 2023/2854 Art. 11 Rn. 51 zu Recht hin; Czychowski/Lettl/Steinrötter/Pfeiffer VO (EU) 2023/2854 Art. 11 Rn. 16 weist zudem darauf hin, dass die TPMs vom Dateninhaber (einseitig) angewandt werden, während die Geschäftsgeheimnismaßnahmen „vereinbart“ werden.

[501] Vgl. Art. 1 Abs. 5 DA.

[502] Das „Ändern oder Aufheben“ von TPMs wäre stets auch ein „Missachten“ von technischen Geheimhaltungsmaßnahmen nach Art. 6 Abs. 2 lit. g DA und damit bereits von dieser Norm erfasst.

geregelt hat.[503] Die Genese bestätigt dieses Ergebnis. Im Rahmen der öffentlichen Konsultation der EU-Kommission[504] heißt es im Fragebogen unter III: Smart contracts könnten eine wichtige Rolle für automatisierte Datentransfers spielen, „by triggering payments for data transfers and for guaranteeing the implementation of conditions linked to a data transfer".[505] Der Unionsgesetzgeber scheint mithin vorrangig die technische Absicherung etwa der Zweck- und Nutzungsbeschränkung in Art. 6 Abs. 1 S. 1 DA oder in Art. 8 Abs. 1 DA[506] sowie der Weitergabebeschränkung in Art. 6 Abs. 2 lit. c DA oder der Gegenleistungsansprüche in Art. 5 Abs. 1 iVm Art. 9 DA im Sinn gehabt zu haben.[507] Dies würde auch den Regelungsgehalt von Art. 11 Abs. 1 S. 1 DA erklären. Während IT-/Cybersicherheitsmaßnahmen verpflichtend sind[508], sind TPMs optional. Auch wenn an Informationen/Daten, soweit nicht besondere Voraussetzungen erfüllt sind[509], keine Ausschließlichkeitsrechte bestehen[510], so versteht der Unionsgesetzgeber IoT-Gerätedaten als vom Hersteller und Nutzer „co-generiert".[511] Es ist mithin nicht ausgeschlossen, dass Art. 11 Abs. 1 S. 1 DA dem Dateninhaber – im Verhältnis zum Nutzer – erst das Recht einräumen soll, „technische Schutzmaßnahmen" iSv TPMs *auf die Daten* anzuwenden[512], sodass diese auch in der Sphäre des Nutzers und Dritter/Datenempfänger wirken.[513] Der Dateninhaber „kann"[514] und „darf" mithin TPMs auf die Daten anwenden, jedoch nur für die in S. 1 genannten Zwecke.[515] Wendet der Dateninhaber insofern TPMs auf die Daten an, dürfen nach S. 2 Datenempfänger nicht unterschiedlich behandelt und Nutzer und Dritte nicht an der Ausübung der in S. 2 genannten Rechte gehindert werden. Art. 11 Abs. 1 S. 1, 2 DA betrifft damit ausschließlich die Befugnis des Dateninhabers, „technische Schutzmaßnahmen" iSv TPMs auf die Daten

---

503 Wie hier wohl auch Moscon, Data Access Rules, Copyright and Protection of Technological Protection Measures in the EU. A Wave of Propertisation of Information (July 20, 2023). Max Planck Institute for Innovation & Competition Research Paper No. 23-14, S. 16, ssrn.com/abstract=4515815; Margoni/Ducuing/Schirru, Data Property, Data Governance and Common European Data Spaces, Computerrecht: Tijdschrift voor Informatica, Telecommunicatie en Recht, 2023, ssrn.com/abstract=4428364; Drexl et al, Rn. 116 ff.; Metzger/Schweitzer ZEuP 2023, 42 (54), (72); Leistner/Antoine, IPR and the use of open data and data sharing initiatives by public and private actors, 2022, S. 60 referenzieren auf den UsedSoft-Fall des EuGH, in dem technische Schutzmaßnahmen zur Kontrolle der digitalen Kopien der Software als zulässig angesehen wurden; in diesem Sinne wohl auch Specht-Riemenschneider MMR 2022, 809 (822); vgl. auch → Kap. 11 Rn. 39; aA wohl Paschke/Schumacher/Hartl/Wentzel VO (EU) 2023/2854 Art. 11, insbes. Rn. 1, 5, 30, 32, 37 ff.

504 Public Consultation on the Data Act: Summary Report, abrufbar unter: www.digital-strategy.ec.europa.eu/de/library/public-consultation-data-act-summary-report.

505 The questionnaire, abrufbar auf der Kommissionsseite „Public Consultation on the Data Act" unter: www.digital-strategy.ec.europa.eu/de/library/public-consultation-data-act-summary-report.

506 In diesem Sinne auch Czychowski/Lettl/Steinrötter/Pfeiffer VO (EU) 2023/2854 Art. 11 Rn. 33.

507 Specht-Riemenschneider MMR 2022, 809 (822): „im Falle einer unberechtigten Weitergabe von Daten eine automatisierte Löschung der Daten beim Dateninhaber".

508 „Kann" iSv Art. 11 Abs. 1 S. 1 DA passt daher nicht.

509 Etwa der Schutz nach dem UrhG → Kap. 1 Rn. 11; → Kap. 2 Rn. 33.

510 So zutreffend Paschke/Schumacher/Hartl/Wentzel VO (EU) 2023/2854 Art. 11 Rn. 8, 24.

511 Czychowski/Lettl/Steinrötter/Rockstroh VO (EU) 2023/2854 Art. 5 Rn. 1 mit umfangreichen Nachweisen; vgl. auch Lohsse/Schulze/Staudenmeyer Private Law and the Data Act/Zech S. 45 (56 f.).

512 AA Specht-Riemenschneider MMR 2022, 809 (823) „Dateninhaber ist grds. frei, dies zu tun"; Paschke/Schumacher/Hartl/Wentzel VO (EU) 2023/2854 Art. 11 Rn. 8, 24 „in Ermangelung absoluter Rechtspositionen an diesen Daten"; Czychowski/Lettl/Steinrötter/Pfeiffer VO (EU) 2023/2854 Art. 11 Rn. 2, 17; die EU-Kommission spricht in ihrer Public Consultation aber ausdrücklich von „co-generierten" Daten im Zusammenhang mit smart contracts, Public Consultation on the Data Act: Summary Report, abrufbar unter: www.digital-strategy.ec.europa.eu/de/library/public-consultation-data-act-summary-report.

513 Bomhard/Schmidt-Kessel/Steege VO (EU) 2023/2854 Art. 11 Rn. 50, 52 f.

514 Czychowski/Lettl/Steinrötter/Pfeiffer VO (EU) 2023/2854 Art. 11 Rn. 17 mwN: „Option"; Paschke/Schumacher/Hartl/Wentzel VO (EU) 2023/2854 Art. 11 Rn. 24: „Ermessen"; HK-DatenR/Denga DA Art. 11 Rn. 1; Bomhard/Schmidt-Kessel/Steege VO (EU) 2023/2854 Art. 11 Rn. 9 („Ermessen"), Rn. 11; vgl. auch Hennemann/Steinrötter NJW 2024, 1 (5); Steege MMR 2024, 91 (92).

515 So zutreffend Czychowski/Lettl/Steinrötter/Pfeiffer VO (EU) 2023/2854 Art. 11 Rn. 18, 19 ff.; wie hier wohl auch Schmidt-Kessel GPR 2025, 230 (233); aA wohl Paschke/Schumacher/Hartl/Wentzel VO (EU) 2023/2854 Art. 11 Rn. 32, 35 ff., wonach die „Eignung und Zweckbindung" erst im Rahmen von Art. 11 Abs. 1 S. 2 DA relevant wird.

anzuwenden und deren Reichweite. Auch die InfoSoc-RL sieht die Grenze von „technischen Maßnahmen" dort, wo sie „den normalen Betrieb elektronischer Geräte und deren technische Entwicklung [...] behindern".[516] Der Gesetzgeber hat den Begriff der „technischen Schutzmaßnahmen" nicht definiert, evtl. um technologieoffen zu bleiben.[517]

195 Die klare Trennung im Data Act in IT-/Cybersicherheitsmaßnahmen, Maßnahmen zum Geschäftsgeheimnisschutz und TPMs muss konsequenterweise auch dazu führen, dass die Einschränkungen in Art. 11 Abs. 1 S. 2 DA nur für TPMs gelten und gerade nicht für den IT-/Cyber- und Geschäftsgeheimnisschutz. Dies ergibt sich daraus, dass sich S. 2 („Bei solchen") klar auf die TPMs in S. 1 bezieht.[518] Dieses Ergebnis wird auch durch die Systematik des Data Act im Übrigen bestätigt. So erlaubt Art. 4 Abs. 2 DA ausdrücklich die Beschränkung des Zugangs, der Nutzung oder der erneuten Weitergabe von Daten bei Vorliegen von IT-/Cybersicherheitsbedenken. Ferner können sich IT-Sicherheitsmaßnahmen mit der EU-Kommission (negativ) auf die „Unverzüglichkeit" der Datenbereitstellung nach Art. 4 Abs. 1 und Art. 5 Abs. 1 DA[519] und mit Steinrötter auf die „Einfachheit" des Datenzugangs nach Art. 3 DA[520] auswirken. Die Abgrenzung, ob es sich um eine nach Abs. 1 Abs. 1 S. 1 DA zulässige TPM oder um sonstige IT-/Cybersicherheits- und/oder um Geschäftsgeheimnisschutzmaßnahmen handelt, wird im Einzelfall nicht einfach sein.

VII. Informationssicherheitsmaßnahmen als Grundlage für rechtlichen Schutz

196 Informationssicherheitsrechtliche Vorschriften dienen nicht immer nur primär dem Schutz der Daten bzw. einer Information. Informationssicherheitsmaßnahmen können auch konstitutiv für gesetzlichen Schutz sein. So wird eine Information gem. § 2 Nr. 1 GeschGehG (nur) dann zum geschützten Geschäftsgeheimnis iSd GeschGehG, wenn sie Gegenstand von „den Umständen nach angemessenen Geheimhaltungsmaßnahmen durch ihren rechtmäßigen Inhaber" ist, § 2 Nr. 1 lit. b GeschGehG. Daten genießen strafrechtlichen Schutz nach § 202a StGB, wenn sie „gegen unberechtigten Zugang besonders gesichert sind" (→ Rn. 206).[521]

1. Geschäftsgeheimnisgesetz (GeschGehG)

197 Das GeschGehG dient dem **Schutz von Geschäftsgeheimnissen** vor unerlaubter Erlangung, Nutzung und Offenlegung, § 1 Abs. 1 GeschGehG. Geschäftsgeheimnisinhaber haben etwa Ansprüche auf Beseitigung und Unterlassung (§ 6 GeschGehG), Vernichtung (§ 7 GeschGehG) oder Schadensersatz (§ 10 GeschGehG). Bestimmte Handlungen unterliegen strafrechtlichen Sanktionen (§ 23 GeschGehG).

a) Geschäftsgeheimnis

198 Anspruchsvoraussetzung ist stets, dass ein „Geschäftsgeheimnis" betroffen ist. Ein **Geschäftsgeheimnis** ist gem. § 2 Nr. 1 GeschGehG eine Information, die weder insgesamt noch in der genauen Anordnung und Zusammensetzung ihrer Bestandteile den Personen in den Kreisen, die üblicherweise mit dieser Art von Informationen umgehen, allgemein

---

516 Erwgr. 48 InfoSoc-RL (Anm.: Kürz. d. d. Verfasser).

517 Vgl. den Vorschlag von Specht-Riemenschneider MMR 2022, 809 (822).

518 Paschke/Schumacher/Hartl/Wentzel VO (EU) 2023/2854 Art. 11 Rn. 38 ff. verengen den Anwendungsbereich über eine „den Telos und allgemeine IT-sicherheitsrechtliche Überlegungen geprägte Lesart" (Rn. 40).

519 EU-KOM FAQ v1.4 v. 22.1.2026 – Data Act S. 20: „Delays can be justified based on security".

520 Czychowski/Lettl/Steinrötter/Steinrötter VO (EU) 2023/2854 Art. 3 Rn. 33 und der Verweis hierauf in Art. 4 Rn. 28.

521 Für Zwecke des Handbuchs ist lediglich ein grober Überblick vorgesehen, um den Aspekt „Informationssicherheit" im Lebenszyklus der Daten darzustellen.

bekannt oder ohne Weiteres zugänglich ist und daher von wirtschaftlichem Wert ist (lit. a) und die **Gegenstand von den Umständen nach angemessenen Geheimhaltungsmaßnahmen** durch ihren rechtmäßigen Inhaber ist (lit. b) und bei der ein berechtigtes Interesse an der Geheimhaltung besteht (lit. c).

Eine Information wird mithin (nur) dann zum geschützten Geschäftsgeheimnis iSd GeschGehG, wenn sie Gegenstand von „den Umständen nach angemessenen Geheimhaltungsmaßnahmen durch ihren rechtmäßigen Inhaber" ist, § 2 Nr. 1 lit. b GeschGehG. Die Informationssicherheitsmaßnahmen sind keine gesetzliche Verpflichtung, sondern wirken konstitutiv für die Annahme eines Geschäftsgeheimnisses.[522] Es handelt sich um eine **Obliegenheit des Geheimnisinhabers.**[523] Ergreift er nicht das erforderliche Maß an Schutz, so verliert er für die Information den Geheimnisschutz.[524] **199**

aa) Geschäftsgeheimnisinhaber. Inhaber eines Geschäftsgeheimnisses ist gem. § 2 Nr. 2 GeschGehG jede natürliche oder juristische Person, die die rechtmäßige Kontrolle über ein Geschäftsgeheimnis hat. „Kontrolle" hat, wer den Zugang zum Geschäftsgeheimnis bestimmen, beschränken oder ausschließen kann.[525] Die Kontrolle ist rechtmäßig, wenn das Geschäftsgeheimnis im Unternehmen des Inhabers entwickelt wurde oder vertraglich vom bisherigen Inhaber abgeleitet wird.[526] **200**

bb) Geheimhaltungsmaßnahmen. Geheimhaltungsmaßnahmen sind alle Mittel, die dazu geeignet und bestimmt sind, die unbefugte Erlangung, Nutzung oder Offenlegung der geheimen Informationen zu verhindern oder zu erschweren.[527] Schutzmaßnahmen können **organisatorischer, technischer** oder **rechtlicher Art** sein.[528] Die Gesetzesbegründung zum GeschGehG führt beispielhaft physische und technische Zugangsbeschränkungen und Vorkehrungen, vertragliche Sicherungsmechanismen, allgemeine interne Richtlinien und Anweisungen oder arbeitsrechtliche Vorgaben auf.[529] „Technische Zugangshürden" sind technische und organisatorische Maßnahmen wie Zugangskonzepte, Passwörter, Einsatz von Authentifizierungsmaßnahmen oder sonstige Maßnahmen der Informationssicherheit.[530] „Allgemeine interne Richtlinien und Anweisungen" meint etwa das „Need-to-Know-Prinzip", Sicherheitsüberprüfungen, Verpflichtungen zur Vertraulichkeit, das Einsetzen eines Sicherheitsverantwortlichen oder regelmäßige Mitarbeiterschulungen.[531] **201**

cc) Den Umständen nach angemessen. Die Geheimhaltungsmaßnahmen nach § 2 Nr. 1 lit. b GeschGehG müssen **den Umständen nach angemessen** sein; die Angemessenheit ist mithin abhängig von den jeweiligen Umständen und dem Wert des Geheimnisses zu bestimmen[532]: Je wertvoller die Information, desto höher der Schutzbedarf.[533] **202**

[522] BeckOK GeschGehG/Fuhlrott GeschGehG § 2 Rn. 20.
[523] Harte-Bavendamm/Ohly/Kalbfus/Harte-Bavendamm GeschGehG § 2 Rn. 40; BeckOK GeschGehG/Fuhlrott GeschGehG § 2 Rn. 20; OLG Stuttgart 19.11.2020 – 2 U 575/19, GRUR-RS 2020, 35613 Rn. 168; OLG Düsseldorf 11.3.2021 – 15 U 6/20, MMR 2022, 68 (70) und (71); vgl. schon oben → Rn. 50.
[524] Harte-Bavendamm/Ohly/Kalbfus/Harte-Bavendamm GeschGehG § 2 Rn. 40 mwN; BeckOK GeschGehG/Fuhlrott GeschGehG § 2 Rn. 21 mwN.
[525] ÖOHG 10.12.2020 – 4 Ob 182/20y, MMR 2021, 549 (550); Czychowski/Lettl/Steinrötter/Rockstroh VO (EU) 2023/2854 Art. 5 Rn. 235.
[526] ÖOHG 10.12.2020 – 4 Ob 182/20y, MMR 2021, 549 (550); Czychowski/Lettl/Steinrötter/Rockstroh VO (EU) 2023/2854 Art. 5 Rn. 235.
[527] LAG Baden-Württemberg 22.9.2023 – 7 Ta 1/22, BeckRS 2023, 26430 Rn. 10 mwN; Czychowski/Lettl/Steinrötter/Rockstroh VO (EU) 2023/2854 Art. 5 Rn. 247.
[528] LAG Baden-Württemberg 22.9.2023 – 7 Ta 1/22, BeckRS 2023, 26430 Rn. 10; Czychowski/Lettl/Steinrötter/Rockstroh VO (EU) 2023/2854 Art. 5 Rn. 247.
[529] BT-Drs. 19/4724, 24 f.; Czychowski/Lettl/Steinrötter/Rockstroh VO (EU) 2023/2854 Art. 5 Rn. 247.
[530] BeckOK GeschGehG/Fuhlrott GeschGehG § 2 Rn. 35.
[531] BeckOK GeschGehG/Fuhlrott GeschGehG § 2 Rn. 37 mit weiteren Beispielen.
[532] LAG Baden-Württemberg 22.9.2023 – 7 Ta 1/22, BeckRS 2023, 26430 Rn. 10; BT-Drs. 19/4724, 24 f.
[533] BT-Drs. 19/4724, 25; OLG Düsseldorf 11.3.2021 – 15 U 6/20, GRUR-RS 2021, 17483 Rn. 38; Köhler/Feddersen/Alexander GeschGehG § 2 Rn. 67; Czychowski/Lettl/Steinrötter/Rockstroh VO (EU) 2023/2854 Art. 5 Rn. 248.

203 **Geheimhaltungsmaßnahmen** sind angemessen, wenn ein verständiger Geheimnisinhaber objektiv davon ausgehen durfte, dass die ergriffenen Schutzmaßnahmen nach dem normalen Lauf der Dinge ausreichend sind, die Geheimhaltung der konkreten Information sicher zu stellen.[534] Eine einheitliche Linie, wann Geheimhaltungsmaßnahmen „den Umständen nach angemessen" sind, hat sich bisher nicht herausgebildet.[535] Der **Einzelfallcharakter** wird betont.[536] Es müsse keine „extreme Sicherheit erreicht werden".[537] Ein „optimale[r] Schutz" sei nicht erforderlich.[538] Es genüge aber auch nicht, „die Maßnahmen […] auf ein Minimum zu beschränken".[539] Das OLG Dresden fordert, dass der Geschäftsgeheimnisinhaber die Informationen aktiv durch **spezifische Schutzkonzepte** und **Schutzstrategien** vor einem rechtswidrigen Erlangen, Nutzen und Offenlegen schützt.[540] Es bedürfe eines **strukturierten Geschäftsgeheimnis-Managements.**[541] Das OLG Stuttgart fordert „sinnvolle und effiziente Maßnahmen […], um die Informationen zu schützen" und legt Geschäftsgeheimnisinhabern indirekt nahe, besser strengere Maßnahmen zu ergreifen, „[s]olange es hierzu keine gefestigte Judikatur" gibt.[542]

b) Darlegungs- und Beweislast

204 Das GeschGehG setzt die RL (EU) 2016/943 (Geheimnisschutz-RL) um. Nach Art. 11 Abs. 1 lit. a Geheimnisschutz-RL stellen die Mitgliedstaaten sicher, dass die zuständigen Gerichte befugt sind, dem Antragsteller aufzuerlegen, „alle vernünftigerweise verfügbaren Beweise vorzulegen, um sich mit ausreichender Sicherheit davon überzeugen zu können, dass tatsächlich ein Geschäftsgeheimnis vorliegt".[543] Nach der Gesetzesbegründung „handelt es sich […] um eine objektive Voraussetzung, für die der Inhaber im Streitfall beweisbelastet ist".[544] ZT wird davon ausgegangen, dass der Inhaber des Geschäftsgeheimnisses bereits darlegungspflichtig ist.[545]

205 Um den Schutz des GeschGehG in Anspruch nehmen zu können, muss der Inhaber der Information diese durch **angemessene Geheimhaltungsmaßnahmen** schützen. Die Bewertung und die Maßnahmen sind zu dokumentieren und im Streitfall nachzuweisen.

---

[534] LAG Baden-Württemberg 22.9.2023 – 7 Ta 1/22, BeckRS 2023, 26430 Rn. 10; Keller/Schönknecht/Glinke/Schönknecht GeschGehG § 2 Rn. 76; Czychowski/Lettl/Steinrötter/Rockstroh VO (EU) 2023/2854 Art. 5 Rn. 249.

[535] OLG Schleswig 28.4.2022 – 6 U 39/21, GRUR-RS 2022, 9007 Rn. 52; BeckOK GeschGehG/Fuhlrott GeschGehG § 2 Rn. 20; Czychowski/Lettl/Steinrötter/Rockstroh VO (EU) 2023/2854 Art. 5 Rn. 246 mwN.

[536] Leistner WRP 2021, 835 (837); Czychowski/Lettl/Steinrötter/Rockstroh VO (EU) 2023/2854 Art. 5 Rn. 246.

[537] OLG Stuttgart 19.11.2020 – 2 U 575/19, GRUR-RS 2020, 35613 Rn. 167.

[538] OLG Dresden 16.7.2021 – 14 U 319/21, GRUR-RS 2021, 55389 Rn. 21 (Anm.: Änd. d. d. Verfasser).

[539] OLG Dresden 16.7.2021 – 14 U 319/21, GRUR-RS 2021, 55389 Rn. 21 (Anm.: Kürz. d. d. Verfasser).

[540] OLG Dresden 14.3.2023 – 4 U 1377/22, GRUR-RS 2023, 6302 Rn. 24; Köhler/Feddersen/Alexander GeschGehG § 2 Rn. 53.

[541] Köhler/Feddersen/Alexander GeschGehG § 2 Rn. 53 mwN.

[542] OLG Stuttgart 19.11.2020 – 2 U 575/19, GRUR-RS 2020, 35613 Rn. 168 (Anm.: Änd. und Kürz. d. d. Verfasser); zum Vorstehenden umfangreich Czychowski/Lettl/Steinrötter/Rockstroh VO (EU) 2023/2854 Art. 5 Rn. 246 ff.

[543] BeckOK GeschGehG/Fuhlrott GeschGehG § 2 Rn. 66.1.

[544] BT-Drs. 19/4724, 24; OLG Stuttgart 19.11.2020 – 2 U 575/19, GRUR-RS 2020, 35613 Rn. 167 (Anm.: Kürz. d. d. Verfasser).

[545] OLG Dresden 16.7.2021 – 14 U 319/21, GRUR-RS 2021, 55389 Rn. 20 f.; BeckOK GeschGehG/Fuhlrott GeschGehG § 2 Rn. 67.

2. § 202a StGB

Daten genießen strafrechtlichen Schutz nach **§ 202a StGB,** wenn sie „gegen unberechtigten Zugang besonders gesichert sind". Der Gesetzgeber knüpft hier die Strafbarkeit des Angreifers an die Tatsache, dass der Berechtigte durch eine Zugangssicherung sein spezielles Interesse an der Geheimhaltung der Daten dokumentieren hat. Die Einzelheiten sind unter → Rn. 207 ff. dargestellt; siehe auch → Kap. 10 Rn. 245. 206

VIII. Strafrecht

In dem gesetzgeberischen Bestreben, die Informationssicherheit zu erhöhen, wurde früh- 207
zeitig auch das **Strafrecht** bemüht.[546] Mit dem 2. WiKG vom 15.5.1986[547] entstanden die §§ 202a, 263a, 269, 270, 303a und 303b StGB.[548] Die Strafbarkeit der Cyberkriminalität wurde mit dem 41. StrÄndG vom 7.8.2007[549] signifikant erweitert, ua mit Änderungen in den §§ 202a, 303a und 303b StGB oder der Aufnahme der §§ 202b, 202c StGB.[550] Völker- und unionsrechtliche Vorgaben hatten maßgeblichen Einfluss.[551] Allerdings ist die Effektivität strafrechtlicher Sanktionen bis heute fraglich.[552]

Dem IT- bzw. Cyberstrafrecht mangelt es, wie dem Informationssicherheitsrecht an sich 208
(→ Rn. 5), gegenwärtig an Systematik und Struktur.[553] Es verteilt sich auf eine Vielzahl von Einzelnormen[554], die unterschiedliche Schutzgüter betreffen können.[555] Im Folgenden werden die Tatbestandsvoraussetzungen von § 202a StGB (→ Rn. 209 ff.), § 303a StGB (→ Rn. 224 ff.), § 23 Abs. 1 Nr. 1 GeschGehG (→ Rn. 230 ff.) und § 42 Abs. 2 Nr. 1 BDSG (→ Rn. 235 ff.) überblicksartig mit dem Fokus auf den (IT-)Schutz von „Daten" vorgestellt.[556] Im Anschluss wird gezeigt, dass die offenen Straftatbestände auch erwünschte oder gar notwendige Handlungen, wie das Penetrationstesten, erfassen können (→ Rn. 238).

1. § 202a StGB

Nach § 202a Abs. 1 StGB macht sich strafbar, wer unbefugt sich oder einem anderen Zugang 209
zu Daten, die nicht für ihn bestimmt und **die gegen unberechtigten Zugang besonders gesichert** sind, unter Überwindung der Zugangssicherung verschafft.[557]

---

[546] Zum Folgenden Wischmeyer S. 272 ff.; vgl. auch Kipker/Rockstroh ZRP 2022, 240 und Kipker/Rockstroh MMR 2023, 866 (868 f.), jeweils zu Penetrationstests.

[547] Zweites Gesetz zur Bekämpfung der Wirtschaftskriminalität, BGBl. 1986 I 721.

[548] Wischmeyer S. 272.

[549] Einundvierzigstes Strafrechtsänderungsgesetz zur Bekämpfung der Computerkriminalität, BGBl. 2007 I 1786.

[550] Wischmeyer S. 272.

[551] Vgl. insbes. Cybercrime Convention des Europarates vom 23.11.2001 sowie den EU-Rahmenbeschluss 2005/222/JI vom 24.2.2005 über Angriffe auf Informationssysteme; Wischmeyer S. 272.

[552] Zum Vorstehenden auch Wischmeyer S. 109 f. und S. 272 f.; für Zwecke des Handbuchs ist lediglich ein grober Überblick vorgesehen, um den Aspekt „Informationssicherheit" im Lebenszyklus der Daten darzustellen.

[553] Hornung/Schallbruch IT-SicherheitsR-HdB/Singelnstein/Zech § 20 Rn. 4: „kein kohärentes dogmatisches System".

[554] Hornung/Schallbruch IT-SicherheitsR-HdB/Singelnstein/Zech § 20 Rn. 4 und Rn. 5 ff., 37 ff.

[555] Hornung/Schallbruch IT-SicherheitsR-HdB/Singelnstein/Zech § 20 Rn. 9 ff.; vgl. auch die Unterteilung in Rn. 37 ff.

[556] Vgl. auch die Übersicht bei Kipker Cybersecurity-HdB/Brodowski Kap. 17 Rn. 52.

[557] Die folgenden Ausführungen basieren auch auf Kipker/Rockstroh ZRP 2022, 240 und Kipker/Rockstroh MMR 2023, 866 (868 f.).

a) Schutzgut

210 § 202a StGB schützt nach der hM das formelle Geheimhaltungsinteresse des Verfügungsberechtigten an seinen Daten[558], und damit zumindest reflexartig[559] die Integrität des IT-Systems.[560]

b) Daten

211 **§ 202a StGB** schützt „Daten“. Der Datenbegriff ist nicht näher bestimmt.[561] Der BGH hat ein sehr weites Verständnis von „Daten“.[562] Nach § 202a Abs. 2 StGB erfasst Abs. 1 aber nur solche Daten, die elektronisch, magnetisch oder sonst nicht unmittelbar wahrnehmbar gespeichert sind oder übermittelt werden.[563] Es sei auf die syntaktische Ebene abzustellen.[564]

212 Die Daten dürfen nicht für den Täter bestimmt sein. Für die wohl hM ist regelmäßig derjenige verfügungsbefugt, der die Daten berechtigterweise – selbst oder durch einen Beauftragten – gespeichert (Skripturakt) und gesichert hat[565], wobei es auf die Besitz- oder Eigentumsverhältnisse am Datenträger nicht ankommen soll.[566]

213 Der Arbeitgeber soll etwa verfügungsbefugt an den Daten sein, die Arbeitnehmer im Rahmen des Arbeitsverhältnisses auf seinen Systemen speichern; nicht verfügungsberechtigt sei er an privat erstellten und gespeicherten Daten.[567]

214 Daher wird empfohlen, die private Nutzung auszuschließen.[568]

215 Teilweise wird sogar vertreten, dass der Arbeitgeber an weisungswidrig von Arbeitnehmern auf seinen Systemen gespeicherten Daten nicht verfügungsbefugt sein soll.[569] Die Frage kann immer dann relevant werden, wenn der Arbeitgeber auf geschützte Daten in seinen

---

558 BT-Drs. 16/3656, 9; BT-Drs. 10/5058, 29; BGH 27.7.2017 – 1 StR 412/16, BeckRS 2017, 145251 Rn. 38 mwN; BGH 13.5.2020 – 5 StR 614/19, MMR 2021, 411 (412) mwN; LG Aachen 4.11.2024 – 74 NBs 34/24, BeckRS 2024, 42950 Rn. 27; OLG Braunschweig 18.9.2024 – 1 Ws 185/24, MMR 2025, 647 (648); vgl. auch MüKoStGB/Graf StGB § 202a Rn. 2, 61; BeckOK StGB/Weidemann StGB § 202a Rn. 2 mwN; BT-Drs. 16/3656, 10; Kipker/Rockstroh ZRP 2022, 240 (241); Hornung/Schallbruch IT-SicherheitsR-HdB/Singelnstein/Zech § 20 Rn. 12, 38; Wabnitz/Janovsky/Schmitt WirtschaftsStrafR-HdB/Bär Kap. 15 Rn. 72: „Verfügungsrecht des Besitzers von Informationen jeglicher Art“.

559 So BeckOK StGB/Weidemann StGB § 202a Rn. 3.1: „lediglich um einen Schutzreflex der Norm“.

560 BT-Drs. 16/3656, 9: „In jedem Falle werde die ‚formale Geheimsphäre‘ oder die Integrität des betreffenden Computersystems beeinträchtigt“; das BVerfG hat zuletzt entschieden, dass der Gewährleistungsbereich des „IT-System Grundrechts“ bereits dann berührt sei, „wenn sich Unberechtigte Zugriff auf das IT-System verschaffen und dadurch potenziell Daten abgreifen können – ohne dass dies auch tatsächlich geschehen muss“ (BVerfG 24.6.2025 – 1 BvR 2466/19, NVwZ 2025, 1809 (1814) → Rn. 35 ff.).

561 BT-Drs. 10/5058, 29; MüKoStGB/Graf § 202a Rn. 12; Graf/Jäger/Wittig/Valerius StGB § 202a Rn. 7; Kipker/Rockstroh ZRP 2022, 240.

562 BGH 27.7.2017 – 1 StR 412/16, BeckRS 2017, 145251 Rn. 31; MüKoStGB/Graf StGB § 202a Rn. 12 mwN; TK-StGB/Eisele StGB § 202a Rn. 3; Kipker/Rockstroh ZRP 2022, 240 mwN; so auch Heine NStZ 2016, 441 (443); Gottwald/Ohrloff CCZ 2022, 253 f.

563 Vgl. schon BT-Drs. 10/5058, 29.

564 Graf/Jäger/Wittig/Valerius StGB § 202a Rn. 10 mwN; NK-StGB/Kargl StGB § 202a Rn. 14.

565 Vgl. BayObLG 24.6.1993 – 5St RR 5/93, BeckRS 1993, 4160 Rn. 24; OLG Naumburg 27.8.2014 – 6 U 3/14, BeckRS 2014, 19058 Rn. 21; MüKoStGB/Graf StGB § 202a Rn. 21; Wabnitz/Janovsky/Schmitt WirtschaftsStrafR-HdB/Bär Kap. 15 Rn. 77.

566 Kipker/Rockstroh ZRP 2022, 240 f. mit Verweis auf Welp JurPC 1988, 443; vgl. auch MüKoStGB/Graf StGB § 202a Rn. 22; LPK-StGB/Kindhäuser/Hilgendorf StGB § 202a Rn. 3; BeckOK StGB/Weidemann StGB § 202a Rn. 9; TK-StGB/Eisele StGB § 202a Rn. 9; Brodowski in Golla/Brodowski IT-Sicherheitsforschung und IT-Strafrecht, S. 37 (42 ff.), auch zu vertraglichen Beschränkungen (S. 43 f.); Wabnitz/Janovsky/Schmitt WirtschaftsStrafR-HdB/Bär Kap. 15 Rn. 77 mwN.

567 Umfangreich Gottwald/Ohrloff CCZ 2022, 253 (254 f.); TK-StGB/Eisele StGB § 202a Rn. 9; Kipker/Rockstroh ZRP 2022, 240 (241).

568 Gottwald/Ohrloff CCZ 2022, 253 ff.

569 TK-StGB/Eisele StGB § 202a Rn. 9 mwN; Kipker/Rockstroh ZRP 2022, 240 (241) mwN; ablehnend Gottwald/Ohrloff CCZ 2022, 253 f. mwN.

Systemen zugreifen will; sei es im Rahmen von Sicherheitstests (→ Rn. 238) oder im Rahmen von internen Untersuchungen.[570]

c) Zugangssicherung

§ 202a StGB schützt nur Daten, die „gegen unberechtigten Zugang besonders gesichert sind". **216**

Eine solche besondere **Zugangssicherung** liegt vor, wenn Vorkehrungen vorhanden **217** sind, den Zugriff auf die Daten auszuschließen oder wenigstens nicht unerheblich zu erschweren.[571] Die Zugangssicherung muss das spezielle Interesse des Berechtigten an der Geheimhaltung der Daten dokumentieren.[572]

Die Zugangssicherung kann mechanisch (physisch) oder technisch erfolgen.[573] Typische **218** Sicherungen sind (standardisierte) **Verschlüsselungen, Firewalls**[574]**, Passwörter** oder **Schreib- und Leseberechtigungen** sowie **Schlösser** oder Versiegelungen.[575] Allein das Vorliegen von Software im Objektcode stellt keine besondere Sicherung dar, denn das Kompilieren dient der Herstellung eines ausführbaren Programms[576], nicht dem Schutz des Quellcodes.[577]

Der Täter muss eine Zugangssicherung *überwunden* haben, dh die jeweilige Sicherung **219** ausschalten oder umgehen.[578] Er muss zu einer Zugangsart gezwungen sein, die der Verfügungsberechtigte erkennbar verhindern wollte[579], wobei die Anforderungen zum Schutz technischer Laien nicht zu hoch anzusetzen seien.[580] Auszuschließen seien neben Bagatelltaten lediglich solche Fälle, in denen die Durchbrechung des Schutzes für jedermann ohne Weiteres möglich ist.[581]

Der Schutzbereich erfasse insbes. solche Fälle nicht, „in denen das Opfer selbst nachlässig **220** mit den eigenen Daten umgeht und eine sehr leicht ausschaltbare Sicherung wählt".[582] Werkseitig standardisierte Logins und Passwörter (zB Ziffernfolge 0000 bei allen Geräten) sind nicht ausreichend.[583] Ferner genügen bloße Verbote, Genehmigungsvorbehalte, Regis-

---

[570] Gottwald/Ohrloff CCZ 2022, 253 ff.; TK-StGB/Eisele StGB § 202a Rn. 9 mwN; Kipker/Rockstroh ZRP 2022, 240 (241) mwN.

[571] BT-Drs. 16/3656, 10; BGH 13.5.2020 – 5 StR 614/19, BeckRS 2020, 12264 Rn. 19; BGH 21.7.2015 – 1 StR 16/15, NJW 2015, 3463 (3464) mwN; TK-StGB/Eisele StGB § 202a Rn. 14 mwN; MüKoStGB/Graf StGB § 202a Rn. 39; Eisele/Nolte CR 2020, 488.

[572] BT-Drs. 16/3656, 10; BGH 13.5.2020 – 5 StR 614/19, BeckRS 2020, 12264 Rn. 19 mwN; BGH 21.7.2015 – 1 StR 16/15, NJW 2015, 3463 (3464); LG Aachen 4.11.2024 – 74 NBs 34/24, BeckRS 2024, 42950 Rn. 22 mwN; Kipker/Rockstroh ZRP 2022, 240.

[573] BeckOK StGB/Weidemann StGB § 202a Rn. 15; LG Aachen 4.11.2024 – 74 NBs 34/24, BeckRS 2024, 42950 Rn. 22; MüKoStGB/Graf StGB § 202a Rn. 40 ff.; Kipker/Rockstroh ZRP 2022, 240 mwN.

[574] Kritisch hierzu TK-StGB/Eisele StGB § 202a Rn. 14; mit umfangreichen Nachweisen BeckOK StGB/Weidemann StGB § 202a Rn. 15.

[575] Eisele/Nolte CR 2020, 488 (489); TK-StGB/Eisele StGB § 202a Rn. 14 mwN; BeckOK StGB/Weidemann § 202a Rn. 15; MüKoStGB/Graf StGB § 202a Rn. 41 ff. mit umfangreichen Beispielen; Kipker/Rockstroh ZRP 2022, 240 (241).

[576] Kipker/Rockstroh ZRP 2022, 240 (241) mwN.

[577] Kipker/Rockstroh MMR 2023, 866 (869); auf die Möglichkeit der Übersetzung in den Quellcode mittels gängiger Hilfsprogramme abstellend: MüKoStGB/Graf § 202a Rn. 34; jetzt auch LG Aachen 4.11.2024 – 74 NBs 34/24, BeckRS 2024, 42950 Rn. 24 f.; ebenso TK-StGB/Eisele StGB § 202a Rn. 14a.

[578] BGH 13.5.2020 – 5 StR 614/19, BeckRS 2020, 12264 Rn. 24; Kipker/Rockstroh ZRP 2022, 240 (241).

[579] BT-Drs. 16/3656, 10; BGH 13.5.2020 – 5 StR 614/19, BeckRS 2020, 12264 Rn. 23.

[580] TK-StGB/Eisele StGB § 202a Rn. 14a mwN; NK-StGB/Kargl StGB § 202a Rn. 26 mwN.

[581] BGH 13.5.2020 – 5 StR 614/19, BeckRS 2020, 12264 Rn. 23 f. unter Verweis auf BT-Drs. 16/3656, 10; LG Aachen 27.7.2023 – 60 Qs 16/23, MMR 2023, 866 (867); OLG Braunschweig 18.9.2024 – 1 Ws 185/24, MMR 2025, 647 (648); LG Aachen 4.11.2024 – 74 NBs 34/24, BeckRS 2024, 42950 Rn. 27.

[582] LG Aachen 27.7.2023 – 60 Qs 16/23, MMR 2023, 866 (867); so schon NK-StGB/Kargl StGB § 202a Rn. 4 mwN; Graf/Jäger/Wittig/Valerius StGB § 202a Rn. 19; krit. zu den zu niedrig angesetzten Anforderungen Brodowski in Golla/Brodowski IT-Sicherheitsforschung und IT-Strafrecht, S. 37 (47).

[583] TK-StGB/Eisele StGB § 202a Rn. 14a; LG Aachen 27.7.2023 – 60 Qs 16/23, MMR 2023, 866 (867) mwN; LG Aachen 4.11.2024 – 74 NBs 34/24, BeckRS 2024, 42950 Rn. 28 f., auch zur Frage, ob „ein im Quellcode hinterlegtes Passwort im konkreten Fall […] nachlässig gewesen" ist (Anm.: Kürz. d. d. Verfasser); Kipker/Rockstroh MMR 2023, 866 (869).

trierungspflichten oder das Verstecken einer Datei durch Abspeicherung unter einem anderen Namen nicht.[584]

221 Um den Schutz von § 202a StGB zu genießen, muss der Berechtigte seine Daten aktiv gegen unbefugten Zugang durch angemessene Maßnahmen, wie etwa Verschlüsselungen, Firewalls, Passwörter oder Schreib- und Leseberechtigungen schützen und hierdurch sein spezielles Interesse an der Geheimhaltung der Daten dokumentieren. **Handelt er nachlässig, verliert er den Schutz.**

222 Der Täter muss sich die Daten „verschafft" haben. § 202a StGB erfasst ausdrücklich das sog. Hacking, dh das bloße Eindringen in ein Computersystem, ohne dass eine Kenntnisnahme bzw. ein Betrachten der Daten erforderlich ist.[585]

d) Unbefugt

223 Schließlich muss der Täter **unbefugt** handeln. Diesem Merkmal kommt eine Doppelfunktion zu: Ein Einverständnis lässt die Tatbestandsmäßigkeit entfallen, da die Daten zur Kenntnis des Täters bestimmt waren.[586] Sonst ist „unbefugt" Tatbestandsmerkmal der Rechtswidrigkeit.[587]

2. § 303a StGB

224 Nach § 303a StGB macht sich strafbar, wer rechtswidrig Daten (§ 202a Abs. 2) löscht, unterdrückt, unbrauchbar macht oder verändert.

225 Der Tatbestand schützt – ähnlich wie bei § 202a StGB – die formelle Verfügungsbefugnis über die Daten → Rn. 227.[588] Die Schaffung einer Zugangssicherung ist jedoch kein Tatbestandsmerkmal.

a) Daten

226 § 303a StGB schützt **„Daten"** iSd § 202a Abs. 2 StGB (→ Rn. 211). Eine nähere Bestimmung des Datenbegriffs fehlt; das „Daten"verständnis des BGH ist weit. Es kommt weder auf den Inhalt der Daten noch auf deren ökonomischen, wissenschaftlichen oder ideellen Wert an.[589]

---

[584] TK-StGB/Eisele StGB § 202a Rn. 15; Graf/Jäger/Wittig/Valerius StGB § 202a Rn. 25; MüKoStGB/Graf StGB § 202a Rn. 39.

[585] BT-Drs. 16/3656, 9; LPK-StGB/Kindhäuser/Hilgendorf § 202a Rn. 5; BeckOK StGB/Weidemann StGB § 202a Rn. 17 f.; MüKoStGB/Graf StGB § 202a Rn. 56 f. sowie MüKoStGB/Graf StGB § 202a Rn. 66 ff. zur Historie; NK-StGB/Kargl StGB § 202a Rn. 2; vgl. auch LG Aachen 4.11.2024 – 74 NBs 34/24, BeckRS 2024, 42950 Rn. 19 f.; LG Aachen 27.7.2023 – 60 Qs 16/23, MMR 2023, 866 (867); Kipker/Rockstroh ZRP 2022, 240 (241).

[586] MüKoStGB/Graf § 202a Rn. 65; TK-StGB/Eisele StGB § 202a Rn. 24; Kipker/Rockstroh ZRP 2022, 240 (241).

[587] MüKoStGB/Graf § 202a Rn. 65; TK-StGB/Eisele StGB § 202a Rn. 24; Kipker/Rockstroh ZRP 2022, 240 (241).

[588] Vgl. NK-StGB/Kargl StGB § 303a Rn. 3, 6; vgl. auch BGH 27.7.2017 – 1 StR 412/16, BeckRS 2017, 145251 Rn. 29 mwN; OLG Nürnberg 23.1.2013 – 1 Ws 445/12, BeckRS 2013, 3553; TK-StGB/Hecker StGB § 303a Rn. 1; Lackner/Kühl/Heger/Heger StGB § 303a Rn. 1, jeweils: Schutz des Interesses an der „unversehrte Verwendbarkeit von Daten".

[589] NK-StGB/Kargl § 303a Rn. 3 mwN.

b) Schutzgut

§ 303a StGB soll vor dem Missbrauch von Daten schützen.[590] Die Vorschrift dient dem Schutz des Interesses des Verfügungsberechtigten an der unversehrten Verwendbarkeit von Daten.[591] 227

c) Voraussetzungen/Schutzumfang

Durch die Aufnahme verschiedener, sich teilweise überschneidender Tathandlungen sollte erreicht werden, dass alle rechtswidrigen Beeinträchtigungen der Verwendbarkeit von Daten erfasst werden.[592] Die Rechtswidrigkeit soll sich sowohl aus der Verletzung des Verfügungsrechts des Speichernden als auch aus der Verletzung von Interessen des vom Inhalt der Daten Betroffenen ergeben.[593] 228

Das **Löschen** von Daten, macht diese unwiederbringlich vollständig unkenntlich; die Tathandlung entspricht dem Zerstören einer Sache in § 303 StGB.[594] Hierunter fällt beispielswiese das Entfernen der Daten mittels Löschtaste, das Überschreiben der Daten oder die Zerstörung des Datenträgers.[595] Ein **Unterdrücken** von Daten liegt vor, wenn sie dem Zugriff des Berechtigten (vorübergehend[596]) entzogen und deshalb nicht mehr verwendet werden können; § 303a StGB geht insoweit über § 303 StGB hinaus.[597] Daten sind als **unbrauchbar** zu bezeichnen, wenn ihre Gebrauchsfähigkeit derart beeinträchtigt wird, dass eine ordnungsgemäße Verwendung nicht mehr möglich ist und sie folglich ihren Zweck nicht mehr erfüllen können.[598] Ein **Verändern** liegt vor bei einem Herbeiführen von Funktionsbeeinträchtigungen der Daten, die eine Änderung ihres Informationsgehalts oder des Aussagewerts zur Folge haben.[599] 229

3. §§ 23 Abs. 1 Nr. 1 iVm § 4 Abs. 1 Nr. 1 GeschGehG

§ 23 Abs. 1 Nr. 1 iVm § 4 Abs. 1 Nr. 1 **GeschGehG** stellt unter bestimmten Voraussetzungen das Erlangen eines **Geschäftsgeheimnisses**[600] in Form eines unbefugten Zugangs zu, der unbefugten Aneignung oder dem unbefugten Kopieren von bestimmten Informationsträgern[601], wie etwa Dokumenten oder elektronischen Dateien, die Geschäftsgeheimnisse enthalten oder aus denen sich ein Geschäftsgeheimnis ableiten lässt, unter Strafe. Das Merkmal des „Erlangens“ soll nach den Vorstellungen des Gesetzgebers die zuvor genutzten Begriffe des „Sicherverschaffens“ und des „Sicherns“ ersetzen, ohne dass es zu inhaltlichen Änderungen kommt.[602] 230

---

590 BT-Drs. 10/5058, 34; NK-StGB/Kargl § 303a Rn. 1.

591 BGH 27.7.2017 – 1 StR 412/16, BeckRS 2017, 145251 Rn. 29 mwN; OLG Nürnberg 23.1.2013 – 1 Ws 445/12, BeckRS 2013, 3553; NK-StGB/Kargl StGB § 303a Rn. 3, 6; TK-StGB/Hecker StGB § 303a Rn. 1; Lackner/Kühl/Heger/Heger StGB § 303a Rn. 1; vgl. auch BT-Drs. 10/5058, 34.

592 BT-Drs. 10/5058, 34; NK-StGB/Kargl StGB § 303a Rn. 8 mwN.

593 BT-Drs. 10/5058, 34; NK-StGB/Kargl StGB § 303a Rn. 8.

594 BT-Drs. 10/5058, 34.

595 NK-StGB/Kargl StGB § 303a Rn. 9.

596 NK-StGB/Kargl StGB § 303a Rn. 10 mwN.

597 BT-Drs. 10/5058, 34 f.

598 BT-Drs. 10/5058, 35.

599 BT-Drs. 10/5058, 35; BGH 27.7.2017 – 1 StR 412/16, BeckRS 2017, 145251 Rn. 33 mwN.

600 Weitere Strafvorschriften, die Geschäftsgeheimnisse schützen, finden sich etwa in §§ 203, 204 Abs. 1, 355 Abs. 1 Nr. 2 StGB oder in § 85 GmbHG, § 333 HGB, § 404 AktG und § 120 BetrVG; hierzu und weitergehend Brockhaus ZIS 2020, 102 (119).

601 ZT wird auf eine Verkörperung des Geschäftsgeheimnisses abgestellt (BeckOK GeschGehG/Hiéramente GeschGehG § 4 Rn. 6), zT soll es auf die Körperlichkeit nicht ankommen (Köhler/Feddersen/Alexander GeschGehG § 4 Rn. 12).

602 BT-Drs. 19/4724, 40; BeckOK GeschGehG/Hiéramente GeschGehG § 4 Rn. 12.

a) Schutzgut

231 § 23 GeschGehG **ähnelt § 202a StGB**[603]**, schützt** aber spezifisch das **Geschäftsgeheimnis** als Teil des Vermögens des Geschäftsgeheimnisinhabers.[604]

b) Voraussetzungen/Schutzumfang

232 § 23 Abs. 1 Nr. 1 GeschGehG schützt **Geschäftsgeheimnisse.** Der Inhaber der Information muss mithin zunächst „angemessene Geheimhaltungsmaßnahmen" iSd § 2 Nr. 1 lit. b GeschGehG ergreifen, damit die Information überhaupt als Geschäftsgeheimnis iSd GeschGehG qualifiziert werden kann (→ Rn. 201 ff.).

233 Der Täter muss sich „unbefugten Zugang" zu einem Informationsträger verschafft haben, der das Geschäftsgeheimnis enthält oder aus dem es sich ableiten lässt. Ein Handeln ist unbefugt, wenn es ohne Zustimmung des Inhabers des Geschäftsgeheimnisses erfolgt.[605] Zugang meint zunächst die Eröffnung eines Weges, um die Daten zur Kenntnis zu nehmen.[606] **Umstritten** ist, ob ein „unbefugter Zugang" zusätzliche die **Überwindung einer Zugangssicherung** erfordert.[607] Der Wortlaut des § 23 Abs. 1 Nr. 1 iVm § 4 Abs. 1 Nr. 1 GeschGehG verlangt lediglich den „unbefugten Zugang". Weitere Voraussetzungen, etwa dass die Daten „gegen unberechtigten Zugang besonders gesichert sind", wie es etwa § 202a StGB verlangt, kennt § 23 Abs. 1 Nr. 1 iVm § 4 Abs. 1 Nr. 1 GeschGehG gerade nicht. Die Rspr. fordert allerdings ein „aktives Element"; das reine Empfangen einer E-Mail soll zB nicht ausreichen.[608] Auf eine Kenntnisnahme oder ein Kenntnisverschaffen vom Geschäftsgeheimnis soll es hingegen nicht ankommen.[609]

234 Um den Schutz des GeschGehG in Anspruch nehmen zu können, muss der Inhaber der Information diese durch angemessene Geheimhaltungsmaßnahmen schützen (→ Rn. 201 ff.). Die Maßnahmen sind zu dokumentieren.

4. § 42 Abs. 2 Nr. 1 BDSG

235 Nach § 42 Abs. 2 Nr. 1 BDSG ist es ua strafbar, **personenbezogene Daten,** die nicht allgemein zugänglich sind, zu verarbeiten, ohne hierzu berechtigt zu sein und dies gegen Entgelt oder in der Absicht zu tun, sich oder einen anderen zu bereichern oder einen anderen zu schädigen.[610]

---

603 Hornung/Schallbruch IT-SicherheitsR-HdB/Singelnstein/Zech § 20 Rn. 59; vgl. etwa unbefugter/unberechtigter Zugang, „Sicherverschaffen" → Rn. 230.

604 Köhler/Feddersen/Alexander GeschGehG § 23 Rn. 15; Hornung/Schallbruch IT-SicherheitsR-HdB/Singelnstein/Zech § 20 Rn. 59.

605 Köhler/Feddersen/Alexander GeschGehG § 4 Rn. 21; BeckOK GeschGehG/Hiéramente GeschGehG § 4 Rn. 20; jeweils mit Verweis auf Art. 4 Abs. 2 RL (EU) 2016/943.

606 So zu Art. 20 Abs. 1a GWB Immenga/Mestmäcker/Podszun GWB § 20 Rn. 124; ähnlich Köhler/Feddersen/Alexander GeschGehG § 4 Rn. 16 „Möglichkeit […], auf das Geschäftsgeheimnis oder einen Geheimnisträger zuzugreifen" (Anm.: Kürz. d. d. Verfasser).

607 Dafür Köhler/Feddersen/Alexander GeschGehG § 4 Rn. 16 mwN; dagegen BeckOK GeschGehG/Hiéramente GeschGehG § 4 Rn. 15 mwN; das Schutzerfordernis ergibt sich bereits aus § 2 Nr. 1 lit. b GeschGehG.

608 OLG Frankfurt a. M. 27.11.2020 – 6 W 113/20, GRUR-RS 2020, 38662 Rn. 32; BeckOK GeschGehG/Hiéramente GeschGehG § 4 Rn. 12; Köhler/Feddersen/Alexander GeschGehG § 4 Rn. 16; aA MüKoStGB/O. Hohmann GeschGehG § 23 Rn. 44.

609 Köhler/Feddersen/Alexander GeschGehG § 4 Rn. 16 mwN, auch auf diff. Ansichten.

610 Zu § 42 Abs. 2 BDSG im Rahmen von Penetrationstests s. Kipker/Rockstroh ZRP 2022, 240 (242).

a) Schutzgut

§ 42 BDSG schützt personenbezogene Daten, die nicht allgemein zugänglich sind.[611] **236**

b) Voraussetzungen/Schutzumfang

§ 42 Abs. 2 BDSG erfasst jede Verarbeitung von personenbezogenen Daten, die nicht **237** allgemein zugänglich sind, ohne hierzu berechtigt zu sein und wenn hierbei gegen Entgelt oder in der Absicht gehandelt wird, sich oder einen anderen zu bereichern oder einen anderen zu schädigen.[612] Daten sind „allgemein zugänglich, wenn sie einer nicht beschränkten Zahl von Personen bekannt sind oder wenn sie jeder vernünftigen Person ohne besondere Voraussetzungen oder Anstrengungen zugänglich sind".[613] Nicht allgemein zugänglich sind personenbezogene Daten, zu denen der Zugang technisch, faktisch oder rechtlich beschränkt ist.[614]

5. Die Kehrseite der Medaille – Gefahr der Strafbarkeit von IT-Sicherheitstestern

Die **Strafbewehrung** wirkt **auch kontraproduktiv.**[615] Denn Penetrations- oder IT- **238** Sicherheitstests leisten einen wichtigen Beitrag zur Erhöhung der IT-/Cybersicherheit.[616] Das Penetrationstesten kann aber – wie das Hacking – von etlichen Straftatbeständen erfasst sein, wie etwa §§ 202a, 202b, 202c, 263a, 303a, 303b StGB, §§ 23, 3, 4 GeschGehG oder §§ 106, 69c UrhG.[617] Sicherheitstester sind bis heute einem Strafbarkeitsrisiko ausgesetzt.[618]

§ 202a StGB will ausdrücklich das sog. Hacking erfassen, dh das bloße Eindringen in ein **239** Computersystem, ohne dass eine Kenntnisnahme bzw. ein Betrachten der Daten erforderlich ist (→ Rn. 222).[619] Dem Eigentümer eines Datenträgers kann aber in bestimmten Fällen die Verfügungsbefugnis an sich darauf befindlichen Daten fehlen, etwa bezüglich des Quellcodes eingesetzter Standardsoftware.[620] Die weiten Anwendungsbereiche der o. g. Straftatbestände, insbes. der §§ 202a, 303a StGB können auch Handlungen im Rahmen von IT-Sicherheitstests und damit „gesellschaftlich erwünschtes Verhalten" erfassen.[621]

---

[611] BeckOK DatenschutzR/Brodowski BDSG § 42 Rn. 6, 44; KG 30.11.2023 – 2 ORs 31/23 – 121 Ss 130/23, ZD 2024, 402 (403).

[612] Vgl. BeckOK DatenschutzR/Brodowski § 42 Rn. 45 mwN; Hornung/Schallbruch IT-SicherheitsR-HdB/Singelnstein/Zech § 20 Rn. 55.

[613] Gola/Heckmann/Ehmann BDSG § 42 Rn. 11; hierauf Bezug nehmend BT-Drs. 19/28777, 7; vgl. auch KG 30.11.2023 – 2 ORs 31/23 – 121 Ss 130/23, ZD 2024, 402 (403) und BGH 4.6.2013 – 1 StR 32/13, NJW 2013, 2530 (2533).

[614] BT-Drs. 19/28777, 7; BeckOK DatenschutzR/Brodowski BDSG § 42 Rn. 27.

[615] Referentenentwurf des BMJ eines Gesetzes zur Änderung des Strafgesetzbuches – Modernisierung des Computerstrafrechts v. 4.11.2024, S. 1, abrufbar unter www.bmjv.de/SharedDocs/Gesetzgebungsarchiv/2024_ComputerStrafR.html (Archiv).

[616] Kipker/Rockstroh ZRP 2022, 240 (242) mit Verweis auf Sowa/Duscha/Schreiber IT-Revision, IT-Audit und IT-Compliance/Schreiber S. 123 ff., insbes. S. 125 f.; vgl. auch BSI Praxis-Leitfaden: IT-Sicherheitspenetrationstest, abrufbar unter www.bsi.bund.de/SharedDocs/Downloads/DE/BSI/Sicherheitsberatung/Pentest_Webcheck/Leitfaden_Penetrationstest.html.

[617] Vgl. umfangreich Kipker/Rockstroh ZRP 2022, 240.

[618] Vgl. Wischmeyer S. 273, insbes. zu § 202c StGB; vgl. auch Wagner PinG 2020, 66; umfangreich Kipker/Rockstroh ZRP 2022, 240.

[619] BT-Drs. 16/3656, 9; LPK-StGB/Kindhäuser/Hilgendorf § 202a Rn. 5; BeckOK StGB/Weidemann StGB § 202a Rn. 17 f.; MüKoStGB/Graf StGB § 202a Rn. 56 f. sowie MüKoStGB/Graf StGB § 202a Rn. 66 ff. zur Historie; vgl. auch LG Aachen 4.11.2024 – 74 NBs 34/24, BeckRS 2024, 42950 Rn. 19 f.; LG Aachen 27.7.2023 – 60 Qs 16/23, MMR 2023, 866 (867); Kipker/Rockstroh ZRP 2022, 240 (241).

[620] Kipker/Rockstroh ZRP 2022, 240 f., mit Verweis auf MüKoStGB/Graf StGB § 202a Rn. 34, vgl. schon → Rn. 212 mwN.

[621] So ausdrücklich der Referentenentwurf des BMJ eines Gesetzes zur Änderung des Strafgesetzbuches – Modernisierung des Computerstrafrechts v. 4.11.2024, S. 1, abrufbar unter www.bmjv.de/SharedDocs/Gesetzgebungsarchiv/2024_ComputerStrafR.html (Archiv); vgl. zum Ganzen Kipker/Rockstroh ZRP 2022, 240.

240 Penetrations- oder sonstige Sicherheitstests sollten stets nachvollziehbar dokumentiert werden. Hierzu gehört auch die Dokumentation der Berechtigung zur Durchführung der entsprechenden Maßnahme. Sind Dritte betroffen, muss geprüft werden, was rechtlich möglich ist und ob evtl. eine Einwilligung eingeholt werden muss oder ob auf bestimmte Maßnahmen verzichtet wird.

241 Der Unionsgesetzgeber hat das Problem der potenziellen Strafbarkeit von Penetrationstestern ebenfalls erkannt. In Erwgr. 60 NIS-2-RL heißt es deshalb: „Die Mitgliedstaaten sollten im Rahmen ihrer nationalen Strategien im Einklang mit den nationalen Rechtsvorschriften so weit wie möglich die Herausforderungen angehen, mit denen Forscher, die sich mit Schwachstellen befassen, konfrontiert sind, wozu auch deren potenzielle strafrechtliche Haftung gehört".

242 Das Bundesministerium der Justiz hatte daher eine **Anpassung** des **§ 202a StGB** vorgeschlagen. Nach einem ersten Entwurf vom 4.11.2024[622] sollte eine Handlung nach § 202a Abs. 1 StGB dann nicht mehr als „unbefugt" gelten, wenn

„1. sie in der Absicht erfolgt, eine Schwachstelle oder ein anderes Sicherheitsrisiko eines informationstechnischen Systems (Sicherheitslücke) festzustellen und die für das informationstechnische System Verantwortlichen, den betreibenden Dienstleister des jeweiligen Systems, den Hersteller der betroffenen IT-Anwendung oder das Bundesamt für Sicherheit in der Informationstechnik über die festgestellte Sicherheitslücke zu unterrichten und 2. sie zur Feststellung der Sicherheitslücke erforderlich ist."

Die Regelung sollte bei **§ 202b StGB** und **§ 303a StGB entsprechend** gelten. Der Entwurf wurde nicht weiterverfolgt.

243 Die ENISA[623] und der Unionsgesetzgeber[624] setzen zudem auf sog. Richtlinien zur koordinierten Offenlegung von Sicherheitslücken, bekannt als Coordinated Vulnerability Disclosure Policy (CVD), sowie auf sog. **Bug Bounty** Programme. Die ENISA ist dabei der Auffassung, dass eine veröffentlichte CVD-Richtlinie als Einverständniserklärung für einen Produkt- oder Systemtest angesehen werden könne.[625] Der Zugang durch Forscher sei legitim, solange die in der CVD festgelegten Regeln befolgt werden; gleichfalls wird die Einführung spezifischerer strafrechtlicher Vorschriften empfohlen.[626] Der europäische Gesetzgeber hat daher CVDs und **Bug Bounty** Programme in seinen Rechtsakten verankert (vgl. Erwgr. 60 NIS-2-RL[627] oder Erwgr. 76 CRA). Dieser Ansatz **weist Defizite auf.** Die strafrechtlichen Vorschriften sind zwingend zu beachten. Eine Einwilligung reicht nur so weit, wie die Einrichtung selbst über die entsprechende Berechtigung verfügt.

---

622 Referentenentwurf des BMJ eines Gesetzes zur Änderung des Strafgesetzbuches – Modernisierung des Computerstrafrechts v. 4.11.2024, abrufbar unter www.bmjv.de/SharedDocs/Gesetzgebungsarchiv/2024_ComputerStrafR.html (Archiv).

623 Vgl. etwa: ENISA, „Coordinated Vulnerability Disclosure Policies in the EU" v. April 2022, abrufbar unter www.enisa.europa.eu/publications/coordinated-vulnerability-disclosure-policies-in-the-eu.

624 Vgl. etwa Erwgr. 76 CRA; Erwgr. 58 NIS-2-RL.

625 ENISA, „Coordinated Vulnerability Disclosure Policies in the EU" v. April 2022, S. 64 f., abrufbar unter www.enisa.europa.eu/publications/coordinated-vulnerability-disclosure-policies-in-the-eu.

626 ENISA, „Coordinated Vulnerability Disclosure Policies in the EU" v. April 2022, S. 64 f.; Kipker/Rockstroh MMR 2023, 866 (869).

627 Kipker/Rockstroh MMR 2023, 866 (869).

Kapitel 22. Internationales

Übersicht

Siehe zu diesem Themenkomplex auch
– Prozessuales → Kap. 23 Rn. 1 ff.

I. Daten im internationalen Privat- und Verfahrensrecht

Das (europäische) Datenrecht begründet Rechte und Pflichten, aus denen sich jeweils im Verhältnis zwischen Herstellern, Dateninhabern, Nutzern, Datenempfängern und sonstigen Dritten („Vierten") konkrete **vertragliche oder gesetzliche Ansprüche** ergeben können. Ebensolche können sich auch in Folge von rechtsgeschäftlichen Vereinbarungen ergeben. Für alle diese Ansprüche stellt sich die Frage, nach welchem Recht sie zu beurteilen sind und vor welchen Gerichten allfällige Streitigkeiten auszutragen sind. Angesprochen ist damit einerseits das **Internationale Privatrecht (IPR),** nach dessen Regeln das anwendbare materielle Recht zu bestimmen ist, andererseits das **internationale Zivilverfahrensrecht (IZVR),** das die internationale Zuständigkeit für privatrechtliche Streitigkeiten zwischen den Gerichten der Staaten verteilt, die einen Bezug zu dem Streitfall aufweisen. 1

Für beides – internationale Zuständigkeit und anwendbares Recht – gibt es mit der Brüssel I-VO sowie den Rom I- und Rom II-VO inzwischen eine gut etablierte europäische Infrastruktur. Bei der konkreten Prüfung sind die beiden Fragen – anwendbares Recht und internationale Zuständigkeit – nicht nur strikt zu trennen, sondern auch in **umgekehrter Reihenfolge** zu beantworten. Denn das sog. „Internationale Privatrecht" ist kein internationales Einheitsrecht, sondern nationales (oder europäisches) Recht für internationale Sachverhalte. Folglich hängt schon die Frage, nach welchem IPR das anwendbare materielle Recht bestimmt wird, davon ab, welches Gericht für diese Bestimmung zuständig ist, sodass stets zunächst die internationale Zuständigkeit zu bestimmen ist. Zu prüfen ist also, welchen Gerichten die Kompetenz zugewiesen wird, über den Sachverhalt eine anerkennungsfähige Entscheidung in der Sache zu treffen. Erst auf dieser Basis lässt sich das anwendbare IPR und in Folge das anwendbare materielle Recht bestimmen. 2

Da es sich bei Streitigkeiten über vertragliche und gesetzliche Ansprüche wegen des Zugangs zu sowie der Nutzung, Weitergabe oder Übertragung von Daten um **Zivil- und** 3

Handelssachen iSv Art. 1 Abs. 1 Brüssel I-VO handelt, bestimmt sich die internationale Zuständigkeit aller Gerichte der Mitgliedstaaten der EU nach den Normen der Europäischen Gerichtsstands- und Vollstreckungsverordnung (Brüssel I-VO). Diese geht auf ein Übereinkommen aus 1968 zurück und wurde seither mehrfach angepasst, um der Rechtsprechung des EuGH Rechnung zu tragen, eine inhaltliche Modernisierung ist jedoch nicht erfolgt. Die Brüssel I-VO sieht daher keine spezifischen Regelungen für digitale Güter vor.[1] Sieht man von der Sonderregelung für die Entscheidung über Bestand und Nichtigkeit registrierter Schutzrechte ab, folgen auch zivilrechtliche Streitigkeiten über **immaterielle Güter und Immaterialgüterrechte** den allgemeinen Regeln (dazu → Rn. 9 ff.).

4 Sofern der Anwendungsbereich der Brüssel I-VO nicht eröffnet ist,[2] ist nach dem Grundsatz der **Doppelfunktionalität** auf das **nationale Zivilprozessrecht** zurückzugreifen. Auch hier fehlen aber spezifische Vorschriften für digitale Güter, sodass – wie nach der Brüssel I-VO – die Zuständigkeit jedenfalls auf eine Gerichtsstandsvereinbarung (§ 38 ZPO) oder den allgemeinen Gerichtsstand (§ 12 ZPO) gestützt werden kann und als besondere Gerichtsstände des Erfüllungsorts (§ 29 ZPO) oder Deliktsgerichtsstand (§ 32 ZPO) eröffnet sein kann. Als Auffangzuständigkeit kommt ggf. auch der Vermögensgerichtsstand in Betracht (§ 23 ZPO).

5 Für das **internationale Privatrecht** ist die Ausgangslage etwas komplexer, weil es mehrere **Rechtsquellen** gibt, deren Anwendung in Betracht gezogen werden muss. Zunächst ist zu klären, ob es anwendbare Regeln des internationalen Einheitsrechts gibt, die die Prüfung des anwendbaren Rechts entbehrlich machen würden.

6 Hier ist an das **UN-Kaufrecht** (→ Rn. 26) zu denken, das ohne Zweifel auch auf vernetzte Produkte Anwendung findet. Demgegenüber stößt die Anwendung des UN-Kaufrechts auf Verträge über die Nutzung von Daten oder anderen Immaterialgüter(rechte) n nicht nur auf das Hindernis, dass das UN-Kaufrecht auf bewegliche, körperliche Sachen begrenzt ist, sondern vor allem auch auf seine Beschränkung auf Kaufverträge (dazu → Rn. 30).

7 Soweit das UN-Kaufrecht nicht anwendbar ist, ist das anwendbare Recht nach den Kollisionsnormen des europäischen Internationalen Privatrechts zu bestimmen. Hier ist vor der Anwendung der Verordnungen über vertragliche Schuldverhältnisse **(Rom I-VO)** und über außervertragliche Schuldverhältnisse **(Rom II-VO)** zu prüfen (→ Rn. 64), ob die aktuellen Rechtsakte zum europäischen Datenrecht vorrangige Sonderkollisionsnormen enthalten. Dies wird insbesondere für die DS-GVO sowie den Data Act vertreten (→ Rn. 42 ff.). Vorzugswürdig ist jedoch, auch insoweit das allgemeine Kollisionsrecht anzuwenden.[3]

II. Internationale Zuständigkeit nach der Brüssel I-VO

8 Vertragliche oder gesetzliche Ansprüche über den Zugang zu und die Nutzung und Weitergabe von Daten sowie vertragliche Vereinbarungen über solche sind zivilrechtliche Ansprüche iSv Art. 1 Abs. 1 der **Europäischen Gerichtsstands- und Vollstreckungsverordnung,** die Vorrang vor dem nationalen Zuständigkeitsrecht beansprucht (Art. 6 Brüssel I-VO). Die Art. 4 ff. Brüssel I-VO sind daher im Kontext des europäischen Daten-

---

[1] Zu diesem Defizit und Lösungsmöglichkeiten Herzog, Die internationale Zuständigkeit bei digitalen Gütern, (2025).

[2] Zu beachten ist, dass bei Bezügen zu Drittstaaten die EuGVO nur anwendbar ist, wenn eine ausschließliche Zuständigkeit begründet wird. Ist der Anwendungsbereich nicht eröffnet, ist die internationale Zuständigkeit subsidiär nach nationalem Recht, hier § 15 Abs. 2 GeschGehG zu beurteilen. Demgegenüber ist das europäische Kollisionsrecht universell anwendbar und kann auch zur Anwendung des materiellen Rechts eines Drittstaates führen. Zuständigkeit und anwendbares Recht laufen folglich häufig, aber nicht notwendig parallel.

[3] Ausf. hierzu McGuire RabelsZ 2026, 157 ff.

rechts die primäre Quelle für die Bestimmung der internationalen Zuständigkeit. Hervorzuheben ist, dass sie – anders als die parallele Regelung zum anwendbaren Recht – keine generelle Ausnahme für Persönlichkeitsrechtsverletzungen vorsieht. Zwar unterliegen Streitigkeiten über zivilrechtliche Ansprüche aus der Verletzung des Datenschutzrechts, die häufig eine persönlichkeitsrechtliche Komponente aufweisen, der Zuständigkeit nach Art. 79 DS-GVO. Diese tritt jedoch nicht an die Stelle der Zuständigkeitsregeln der Brüssel I-VO, sondern ergänzt diese.[4]

Die Brüssel I-VO beruht auf einem **System der festen Zuständigkeiten.** Ist der 9
Anwendungsbereich eröffnet, so kann der Kläger grundsätzlich zwischen allen eröffneten Zuständigkeiten wählen. Von dieser Grundregel bestehen nur zwei Ausnahmen, nämlich die (für Daten nicht einschlägige) ausschließliche Zuständigkeit für Registerschutzrechte nach Art. 24 Nr. 4 Brüssel I-VO sowie die Gerichtsstandsvereinbarung nach Art. 25 Brüssel I-VO.

Nach Art. 25 Brüssel I-VO können die Parteien unabhängig von ihrem Wohnsitz für 10
Streitigkeiten mit einem grenzüberschreitenden Bezug eine **Gerichtsstandsvereinbarung** treffen. Hierfür ist nach dem Wortlaut lediglich eine nachweisbare Einigung erforderlich, die Schriftform aber üblich und dringend zu empfehlen. Zweckmäßig ist neben der konkreten Bestimmung des (auch örtlich und sachlich) zuständigen Gerichts auch eine Klarstellung, ob es sich um eine ausschließliche Vereinbarung handelt oder nur um einen zusätzlichen Gerichtsstand. Für Streitigkeiten zwischen Verbrauchern und Unternehmern sind die Sonderregelungen in Art. 17 ff. Brüssel I-VO zu beachten. Haben die Parteien keine (ausschließliche) Gerichtsstandsvereinbarung getroffen, können mehrere Gerichte international zuständig sein.

Haben die Parteien keine Gerichtsstandsvereinbarung getroffen, ist die Zuständigkeit nach 11
objektiven Kriterien zu beurteilen. In der Regel gewährt die Brüssel I-VO dem Kläger bei grenzüberschreitenden Streitigkeiten ein **Wahlrecht zwischen dem allgemeinen Gerichtsstand** am Sitz des Beklagten (Art. 4 Brüssel I-VO) und einem **besonderen Gerichtsstand** des Erfüllungsortes (Art. 7 Nr. 1 Brüssel I-VO) oder der unerlaubten Handlung am Handlungs- oder Erfolgsort (Art. 7 Nr. 2 Brüssel I-VO).

Bei der Auswahl zwischen Art. 4 Brüssel I-VO und Art. 7 Nr. 1 bzw. 2 Brüssel I-VO ist 12
auch der **Umfang der Kognitionsbefugnis** zu beachten. Denn das Merkmal für die Eröffnung der Zuständigkeit – Wohnsitz oder Erfüllungs- bzw. Schadensort – begrenzt nach der Rechtsprechung des EuGH auch die territoriale Reichweite der Entscheidungsbefugnis.[5] Während das Gericht am Sitz des Beklagten also über alle Ansprüche gegen diesen Beklagten entscheiden kann, ist die Zuständigkeit nach Art. 7 Nr. 1 Brüssel I-VO auf Ansprüche aus Vertrag, die Zuständigkeit aus Art. 7 Nr. 2 Brüssel I-VO auf Ansprüche aus unerlaubter Handlung begrenzt. Betrifft ein Rechtsstreit die rechtswidrige Nutzung von Daten, die sowohl den Tatbestand der Vertragsverletzung (bspw. eines Vertrags nach Art. 4 Abs. 13 Data Act) erfüllt als auch als gesetzlicher Verstoß (bspw. gegen §§ 4 Abs. 2 Nr. 2 GeschGehG) anzusehen ist und gegebenenfalls unterschiedliche Ansprüche (bspw. Art. 11 Data Act und § 6 GeschGehG) begründet, kann dieser Streit folglich weder im Vertrags- noch im Deliktsgerichtsstand umfassend geklärt werden.[6]

Hat der Beklagte seinen Sitz in einem Mitgliedstaat der EU, wird in diesem Staat ein 13
allgemeiner Gerichtsstand eröffnet, wobei sich der Wohnsitz natürlicher Personen nach dem Recht des Staates richtet, in dem der angenommene Wohnsitz liegt (Art. 62 Brüssel I-VO), während für Unternehmen unmittelbar auf Basis der Verordnung der satzungsmäßige Sitz, die Hauptverwaltung oder eine Niederlassung maßgeblich sind (Art. 63 Brüssel I-VO).

Hat der Beklagte seinen Sitz in einem Mitgliedstaat der EU, kommen neben dem 14
allgemeinen Gerichtsstand (Art. 4 Brüssel I-VO) alternativ der **Vertrags- und der Delikts-**

---

[4] Vgl. Erwgr. 147 DS-GVO; Hess FS Geimer, 2017, 255 (258 f.).
[5] Leible in Rauscher, EuZPR/EuIPR, 2020, Brüssel Art. 7 Rn. 5.
[6] Geimer in Zöller ZPO, 36. Aufl. 2024, EuGVVO Art. 7 Rn. 28, 34.

gerichtsstand (Art. 7 Brüssel I-VO) in Betracht. Dabei ist zu berücksichtigen, dass diese sich nach ständiger Rechtsprechung des EuGH wechselseitig ausschließen[7] und ihr Anwendungsbereich – sieht man von der Bereichsausnahme für Persönlichkeitsrechtsverletzungen ab – jeweils mit dem der Rom I- bzw. Rom II-VO parallel läuft.[8]

15 Für **vertragliche Ansprüche** über die Nutzung, Weitergabe und Offenbarung von Daten (zB Lizenzverträge, Datennutzungsverträge, Datenverarbeitungsverträge) kommt der Vertragsgerichtsstand dann in Betracht, wenn zwischen Kläger und Beklagtem ein Vertragsverhältnis besteht und der geltend gemachte Anspruch sich (auch) aus diesem ergibt. Grundlage für den Anspruch kann dabei auch eine Nebenpflichtverletzung aus einem beliebigen Vertrag, insbesondere aus dem Kauf-, Miet- oder Leasingvertrag über das vernetzte Produkt sein. Dasselbe gilt, wenn es sich um einen gesonderten Vertrag über die Nutzung von maschinengenerierten Daten, die Einwilligung in die Nutzung personenbezogener Daten, eine Lizenz an einem urheberrechtlich geschützten Werk, einer Datenbank oder einem Geschäftsgeheimnis handelt. Auch vertragliche Ansprüche aus einem Non Disclosure Agreement oder einer Geheimnisschutzvereinbarung (→ Kap. 6 Rn. 288) kommen in Betracht.

16 Ist an dem Vertrag ein **Verbraucher** beteiligt, ist der Schutzgerichtsstand des Art. 18 Brüssel I-VO zu Gunsten des Verbrauchers zu beachten. Dieser ist idR dann eröffnet, wenn der Unternehmer seine Tätigkeit auf den Sitzstaat ausgerichtet hat (Art. 17 Abs. 1 lit. c Brüssel I-VO). Dies gilt etwa in dem Fall, in dem ein Verbraucher ein vernetztes Produkt kauft und der Unternehmer die in diesem Zuge angegebenen persönlichen Daten unbefugt an einen Dritten weitergibt. Die Klage des Vertragspartners kann nur am Sitz des Verbrauchers erhoben werden; für den Verbraucher wird ein Klägergerichtsstand eröffnet. Demgegenüber liegt bei unerlaubter Weitergabe ohne vertragliche Weitergabe eine unerlaubte Handlung vor, sodass die allgemeinen Regeln (Art. 4, Art. 7 Nr. 2 Brüssel I-VO) Anwendung finden.

17 Nach der **Entscheidung in der Rechtssache *Brogsitter***[9] soll der Vertragsgerichtstand auch dann eröffnet sein, wenn ein und dieselbe Handlung sowohl eine Vertragsverletzung als auch einen Verstoß gegen ein gesetzliches Handlungsverbot darstellt. Dieser Vorrang mag insbesondere für Streitigkeiten im arbeitsrechtlichen Kontext den Vorteil haben, dass dadurch die zuständigkeitsrechtliche Privilegierung von Arbeitnehmern erhalten bleibt. Letztlich spiegelt sich hier also der Streit wider, der auch beim Verhältnis zwischen Art. 20 und Art. 7 Nr. 2 EuGVO noch nicht abschließend gelöst ist.[10]

18 Da der Leitsatz[11] als allgemeine Regel formuliert ist, hätte dies weitreichende **Konsequenzen auch für das Datenrecht.** Denn sowohl bei der Einwilligung nach Art. 6 DS-GVO als auch der Zustimmung nach Art. 4 Abs. 13 Data Act werden Verstöße gegen den Umfang der vertraglichen Vereinbarung (vertragsüberschreitender Gebrauch, dazu → Kap. 6 Rn. 56; → Kap. 10 Rn. 159) idR auch gesetzliche Ansprüche (bspw. nach Art. 82 DS-GVO, Art. 11 Data Act) begründen. Dasselbe gilt für den Fall des Geheimnisbruchs, der zugleich eine Verletzung nach § 4 Abs. 2 Nr. 2 GeschGehG begründet. So lange der EuGH trotz der vehementen Kritik[12] an der weiten Auslegung des Vertragsgerichtsstands zu Lasten des Deliktsgerichtsstands festhält, ist daher von einer vorrangigen Zuständigkeit am Vertrags-

7 Dazu McGuire WRP 2019, 679 ff.

8 Vgl. Erwgr. 7 Rom-I-VO, Erwgr. 7 Rom-II-VO.

9 EuGH 13.3.2014 – C-548/12, NJW 2014, 168 – Brogsitter.

10 MüKoBGB/Junker Rom-II-VO Art. 9 Rn. 18.

11 Klagen wegen zivilrechtlicher Haftung wie die des Ausgangsverfahrens, die nach nationalem Recht deliktsrechtlicher Natur sind, knüpfen gleichwohl an einen „Vertrag oder Ansprüche aus einem Vertrag" iSv Art. 5 Nr. 1 Buchst. a der Verordnung (EG) Nr. 44/2001 des Rates vom 22.12.2000 über die gerichtliche Zuständigkeit und die Anerkennung und Vollstreckung von Entscheidungen in Zivil- und Handelssachen an, wenn das vorgeworfene Verhalten als Verstoß gegen die vertraglichen Verpflichtungen angesehen werden kann, wie sie sich anhand des Vertragsgegenstands ermitteln lassen.

12 Vgl. Mansel/Thorn/Wagner IPRax 2015, 1 (16); Pfeiffer IPRax 106, 14.

gerichtsstand auch dann auszugehen, wenn konkurrierende außervertragliche Ansprüche bestehen.

Anders zu beurteilen ist demgegenüber der Fall, dass nicht ein Anspruch aus Vertrag geltend gemacht wird, sondern die **Vertragsverletzung lediglich Tatbestandsvoraussetzung** für einen Verstoß gegen eine gesetzliche Vorschrift ist, die den geltend gemachten Anspruch auf Unterlassung, Beseitigung oder Schadensersatz vorsieht.[13] Zwar könnte bei strikter Anwendung der *Brogsitter*-Kriterien, dass die Erforderlichkeit der Auslegung des Vertrags zu einer Qualifikation als vertraglich führt, auch hier Art. 7 Nr. 1 Brüssel I-VO eingreifen. Allerdings würde dadurch nicht nur der Gleichlauf mit der Abgrenzung zwischen der Rom I- und Rom II-VO erheblich gestört,[14] sondern auch der im europäischen Immaterialgüterrecht anerkannte Grundsatz unterlaufen, dass der vertragsüberschreitende Gebrauch eine Schutzrechtsverletzung ist und folglich unstreitig den Deliktsgerichtsstand eröffnet.[15] Diese Konzeption findet sich auch im Data Act: Ist die Nutzung nicht von einer Zustimmung nach Art. 4 Abs. 13 Data Act gedeckt, liegt ein unberechtigter Eingriff vor, sodass dem Dateninhaber und Nutzer gegenüber dem Dritten die Rechtsbehelfe nach Art. 11 Data Act zur Verfügung stehen.[16] Die besseren Gründe sprechen daher dafür, Ansprüche auf Unterlassung, Beseitigung und Schadensersatz deliktisch zu qualifizieren. 19

Bei **außervertraglichen Ansprüchen** ist zu beachten, dass Art. 79 Abs. 2 DS-GVO eine Sonderregelung über die internationale Zuständigkeit für **Datenschutzrechtsverstöße** vorsieht und dem Betroffenen einen weiteren Gerichtsstand in der EU eröffnet. Danach sind für Klagen gegen einen Verantwortlichen oder gegen einen Auftragsverarbeiter (sofern es sich nicht um eine Behörde handelt) sowohl die Gerichte des Mitgliedstaats zuständig, in dem der Verantwortliche oder der Auftragsverarbeiter eine Niederlassung hat als auch die Gerichte des Mitgliedstaats, in dem die betroffene Person ihren gewöhnlichen Aufenthaltsort hat. Zum Teil wird angenommen, es handelt sich um eine *lex specialis* im Verhältnis zur Brüssel I-VO.[17] Da der Verordnungsgeber in Erwgr. 147 aber umgekehrt klargestellt hat, dass die Brüssel I-VO der Regelung des Art. 79 Abs. 2 DS-GVO „nicht entgegensteht" und für die Beschränkung des Verbrauchergerichtsstand nach Art. 18 Brüssel I-VO auch keine Rechtfertigung ersichtlich ist, sprechen die besseren Gründe dafür, dass Art. 79 DS-GVO lediglich einen zusätzlichen Gerichtsstand eröffnet.[18] 20

Ist der **Anwendungsbereich von Art. 7 Nr. 2 Brüssel I-VO** eröffnet, werden davon das allgemeine Deliktsrecht, unlautere Handlungen[19] und Immaterialgüterrechtsverletzungen umfasst,[20] sodass das im Datenrecht virulente Problem der Einordnung in das allgemeine Zivilrecht bei der Auswahl der Zuständigkeitsnorm scheinbar nicht auftritt. 21

Nach ständiger Rechtsprechung des EuGH ist als **Ort der unerlaubten Handlung** nach Art. 7 Nr. 2 EuGVO sowohl der Handlungs- als auch der Erfolgsort anzusehen.[21] Während der Handlungsort zwar häufig faktisch schwer feststellbar ist, ist er rechtlich leicht zu determinieren. Es ist der Ort, an dem der Verletzer die angeblich rechtswidrige Handlung vorgenommen hat, also bspw. die Daten unzulässig erlangt, genutzt oder offenbart oder das Geheimnis ausgespäht hat. Demgegenüber ist für die Bestimmung des Erfolgsorts die Art des verletzten Rechts maßgeblich. Auf dieser Ebene ist eine konzise Bestimmung des Rechtsguts folglich doch unerlässlich. Denn während für das allgemeine Deliktsrecht der Ort der 22

---

13 Ausführlich hierzu BeckOK BGB/Poelzig/Windorfer/Bauermeister Rom-II-VO Art. 6 Rn. 23 mwN.
14 Vgl. Leible in Rauscher, EUZPR/EuIPR, 2020, EuGVO Art. 7 Rn. 25, 33, 34 der für den Umfang der von Art. 7 Nr. 1 EuGVO umfassten Sekundäransprüche auf Art. 12 Rom-I-VO verweist.
15 Vgl. exemplarisch Art. 25 Abs. 2 UMVO, wonach die Überschreitung der Lizenz im Hinblick auf Dauer, Gebiet, Qualität etc Ansprüche aus Markenrechtsverletzung begründet. Für diese Verletzungen sind nach Art. 124 die Unionsmarkengerichte ausschließlich zuständig.
16 Ausführlich dazu McGuire/Schulte-Nölke ZdiW 2024, 79 ff.
17 Vgl. Oster ZEuP 2023, 275 (276 f.) mwN.
18 So auch Hess FS Geimer, 2017, 255 (262).
19 Vgl. dazu Erwgr. 19 sowie die Legaldefinition in Art. 6 Abs. 1 Rom-II-VO.
20 Vgl. die Überschrift zu Kapitel II Rom-II-VO: „unerlaubte Handlungen (Art. 4–9)".
21 Leible in Rauscher, EUZPR/EuIPR, 2020, EuGVO Art. 7 Rn. 25.

unmittelbaren Rechtsgutsverletzung – bspw. des Eigentums oder der körperlichen Unversehrtheit – entscheidend ist, ist bei Lauterkeitsrechtsverstößen der Marktort und bei Immaterialgüterrechten jeweils das Schutzland maßgeblich (→ Rn. 68).

23 Da sich der EuGH zu der Frage, wie die **rechtswidrige Nutzung fremder Daten** einzuordnen ist, noch nicht äußern konnte, könnten die Überlegungen zu dem ähnlich gelagerten Fall der Geheimnisschutzverletzung herangezogen werden. In diesem Kontext wird darauf hingewiesen, dass die unberechtigte Veröffentlichung Ähnlichkeiten mit der Persönlichkeitsrechtsverletzung aufweise, der Vertrieb von Waren dagegen eher mit einem Lauterkeitsverstoß bzw. der Schutzrechtsverletzung vergleichbar sei.[22] Auf dieser Basis wird vorgeschlagen, die Festlegung an Hand der **Zuständigkeitsinteressen der Parteien** zu treffen.[23] Dabei ist allerdings zu beachten, dass man ein immaterielles Gut nur dort verletzen kann, wo es von der jeweiligen Rechtsordnung anerkannt wird und tatsächlich besteht, weil die Handlung nur ebendort rechtswidrig ist. Daraus folgt, dass für Verletzungen der Rechte aus der DS-GVO, dem Data Act, dem UrhG oder GeschGehG der Erfolgsort in der EU bzw. in dem jeweiligen Schutzland liegen muss (→ Rn. 69 f.).

24 Wird die Klage abweichend von den vorstehenden Normen vor einem unzuständigen Gericht erhoben, kann der Beklagte sich **rügelos einlassen** (Art. 26 Brüssel I-VO) oder im Prozess die fehlende Zuständigkeit rügen. Letztere ist in Verbrauchersachen vom Gericht in jeder Lage des Verfahrens von Amts wegen zu prüfen.

25 Das international zuständige Gericht bestimmt das anzuwendende Recht nach den Regeln des eigenen Internationalen Privatrechts ***(lex fori)***. Dazu zählen neben den Vorschriften des autonomen nationalen Internationalen Privatrechts insbesondere die vorrangigen Regeln des europäischen Kollisionsrecht (Rom I-VO und Rom II-VO). Eine solche kollisionsrechtliche Prüfung ist indes entbehrlich, wenn für die zu klärende Rechtsfrage **vorrangiges Einheitsrecht** besteht, das – vorbehaltlich eines opt out –ohne Willen und Wissen der Vertragspartner zu Anwendung kommt. Im vorliegenden Kontext kommt als solches das UN-Kaufrecht in Betracht.[24] Soweit dieses nicht anwendbar ist, sind die Rom I- und II-VO einschlägig. Soweit auch diese nicht eingreifen, das autonome IPR, für Deutschland also das EGBGB, in Österreich das IPRG.

III. Anwendung des UN-Kaufrechts

26 Ausgangspunkt für die Bestimmung des Anwendungsbereichs des **Übereinkommens über Verträge über den internationalen Warenkauf (CISG, UN-Kaufrecht)** sind Art. 1 und 2 UN-Kaufrecht, die den sachlichen, räumlichen und persönlichen Anwendungsbereich bestimmen.

27 Das UN-Kaufrecht kommt nach Art. 1 UN-Kaufrecht auf Verträge über den internationalen, dh **grenzüberschreitenden Kauf von Waren,** zur Anwendung, wenn die Staaten, in denen die Parteien ihren Sitz haben, Vertragsstaaten sind oder die im konkreten Fall anwendbaren Kollisionsregeln auf das Recht eines Vertragsstaates verweisen (räumlicher Anwendungsbereich). Hinzuweisen ist darauf, dass 24 der 27 EU-Mitgliedstaaten (außer Irland, Malta und Zypern) auch Vertragsstaaten des UN-Kaufrechts sind.

28 Wenngleich der Anwendungsbereich formal nicht auf **Verträge zwischen Unternehmen** beschränkt ist, ergibt sich eine im Wesentlichen gleichlaufende Differenzierung zwischen B2B-Verträgen (UN-Kaufrecht) und B2C (nach den Regeln des europäischen IPR bestimmtes nationales Vertragsrecht) aus dem in Art. 2 lit. a UN-Kaufrecht vorgesehe-

[22] Harte-Bavendamm/Ohly/Kalbfus GeschGehG Einl. A Rn. 246.
[23] Harte-Bavendamm/Ohly/Kalbfus GeschGehG Einl. A Rn. 246.
[24] Schulze in Ferrari/Kieninger/Mankowski, Internationales Vertragsrecht, 3. Aufl. 2018, Rom I-VO Art. 25 Rn. 4.

nen Ausschluss von Waren für den persönlichen Gebrauch (persönlicher Anwendungsbereich).

Die Bestimmung des **sachlichen Anwendungsbereichs** macht eine Differenzierung zwischen „reinen" Kaufverträgen und gemischten Verträgen erforderlich. **29**

Nach Art. 1 Abs. 1 UN-Kaufrecht ist dieses zunächst auf **Warenkaufverträge** anwendbar. Der **Begriff des Kaufvertrags** wird im Normtext nicht definiert, ergibt sich aber mittelbar aus den vorgesehenen Rechten und Pflichten.[25] Entsprechend ist anerkannt, dass ein Kaufvertrag iSv Art. 1 Abs. 1 UN-Kaufrecht (nur) vorliegt, wenn die Parteien den endgültigen Austausch von Waren und Geld vereinbaren. Unter Waren sind **bewegliche, körperliche Sachen**[26] zu verstehen. **30**

Kontrovers diskutiert wird, ob dieser Begriff auch **auf unkörperliche Güter auszuweiten** ist. Im Schrifttum wird für eine Erweiterung des Anwendungsbereichs des UN-Kaufrechts auf digitale Inhalte plädiert und dies mit der steigenden Bedeutung digitaler Inhalte und immaterieller Güter begründet; andernfalls vor einem Bedeutungsverlust des UN-Kaufrechts gewarnt.[27] Allerdings ist darauf hinzuweisen, dass die Beschränkung auf körperliche Sachen nicht nur im **Begriff der Ware** angelegt ist, sondern das UN-Kaufrecht auch konzeptionell auf körperliche Güter ausgerichtet ist. Denn die Regelungen spiegeln die traditionellen Kauf- und Liefermechanismen eines physischen Produkts. Das legt nahe, eine mögliche Erweiterung auf digitale Güter nur insoweit zuzulassen, als es ein digitales Pendant zu einer Ware gibt, nämlich eine Kopie bzw. ein Werkstück.[28] Ist Gegenstand des Vertrags die dauerhafte Bereitstellung von Software zur eigenen Nutzung, sollte die Einordnung als Kaufvertrag nicht davon abhängen, ob ein digitaler Inhalt auf einem Datenträger oder über eine Cloud zur Verfügung gestellt wird, sofern durch die Bereitstellung zum Download und die Zahlung des Entgelts der Vertrag vollständig erfüllt ist. Es liegt nahe, das Buch und die Daten zum Download auf den digitalen Reader gleich zu behandeln. **31**

Soweit Gegenstand des Vertrags die **Berechtigung zur Ausübung eines Rechts** ist, sei es einer Software (→ Rn. 34) oder von Daten (→ Rn. 34), ist die Anwendung des UN-Kaufrechts dagegen abzulehnen. Ist Gegenstand des Vertrags das Recht, einen digitalen Inhalt zeitlich befristet, sei es zum eigenen Gebrauch oder zur wirtschaftlichen Verwertung zu nutzen, wäre dies auch bei einem analogen Pendant nicht als Kaufvertrag, sondern als Dauerschuldverhältnis (idR Miete, Pacht oder Lizenz) einzuordnen. Dasselbe gilt, wenn statt einer Möglichkeit zum Download die dauerhafte Abrufbarkeit einer Datenbank geschuldet ist.[29] Für diese Unterscheidung spricht auch, dass dem Normgeber Existenz und Bedeutung von Schutzrechten ausweislich der Regelung über entgegenstehende Rechte Dritter (Art. 42 UN-Kaufrecht) durchaus geläufig waren. Sie wurden jedoch wegen der Territorialität und der unterschiedlichen Schutzvoraussetzungen vom Anwendungsbereich ausgeschlossen.[30] Die parallele Problematik bei unvollkommenen Immaterialgüterrechten (bspw. Geschäftsgeheimnissen) und sonstigen Immaterialgütern (bspw. Daten) spricht dafür, diese Grundsätze auch auf solche Gegenstände zu übertragen, sodass auch diese aus dem Anwendungsbereich grundsätzlich ausscheiden.[31] **32**

---

[25] BeckOGK/Wagner, Edition 2025, CISG Art. 1 Rn. 5.

[26] BeckOGK/Wagner, Edition 2025, CISG Art. 1 Rn. 9; Schlechtriem/Schwenzer/Ferrari, 8. Aufl. 2025, Art. 1 Rn. 34 f.

[27] Scheuch ZVglRWiss 2019, 376 (385).

[28] Vgl. Hachem in Schlechtriem/Schwenzer/Schroeter, 8. Aufl. 2025, Art. 1 Rn. 10. Diese Unterscheidung liegt auch der Entscheidung des EuGH 3.7.2012 – C-128/11, BeckRS 2012, 81351 – Used Soft zu Grunde. Ähnlich Schlechtriem/Schwenzer/Ferrari, 8. Aufl. 2025, Art. 1 Rn. 38, wonach Know-How nur erfasst werden soll, wenn es ein körperliches Medium gibt.

[29] Schmitz MMR 2000, 256.

[30] CISG Advisory Council zu Art. 42. unter Hinweis auf die Territorialität (Note 2.5. und 6.16) sowie vorbestehende Übereinkommen (dort Fn. 19).

[31] So die hM für Know-how BeckOGK/Wagner, Edition 2025, CISG Art. 1 Rn. 10; Schlechtriem/Schwenzer/Ferrari, 8. Aufl. 2025, Art. 1 Rn. 35.

33 Auch Immaterialgüterrechte und sonstige Immaterialgüter können aber dann vom Anwendungsbereich des UN-Kaufrechts erfasst werden, wenn sie **mit einem Kaufvertrag über eine Ware verbunden** sind, bspw. eine Kopie bzw. ein Werkstück dauerhaft überlassen und damit auch das Recht zur Nutzung desselben verschafft wird. Handelt es sich um einen **gemischten Vertrag,** ist entscheidend, dass die kaufrechtliche Komponente überwiegt (Art. 3 Abs. 2 UN-Kaufrecht). Ist dies der Fall, so ist das UN-Kaufrecht auf den gesamten Vertrag anwendbar. Soweit sich daraus für den nicht-kaufrechtlichen Teil Lücken ergeben ist – nach der allgemeinen Regel – zwischen internen und externen Lücken zu differenzieren. Für interne Lücken gilt Art. 7 Abs. 2 UN-Kaufrecht. Bei externen Lücken ist dagegen auf das nach kollisionsrechtlichen Regelungen (innerhalb der EU daher nach Rom I-VO, → Rn. 64) zu bestimmende nationale Recht zurückzugreifen.

34 Die aktuelle Diskussion, ob und unter welchen Voraussetzungen auch **Verträge über Daten** in den Anwendungsbereich des UN-Kaufrecht fallen können, erinnert an die zu Beginn der 90er Jahre und bis heute nicht abgeschlossene Diskussion, ob **Software als Vertragsgegenstand** von Art. 1 UN-Kaufrecht erfasst wird. Wenngleich die Kontroverse um die Einbeziehung von Software anhält, besteht doch Einigkeit darüber, dass für die Lösung drei Fragen zu klären sind und der Anwendungsbereich nur dann eröffnet ist, wenn alle drei positiv beantwortet werden können. Dieses „Prüfungsschema“ wird bisher auch auf andere unkörperliche Güter, bspw. Know-how angewendet.[32] Wendet man diesen Maßstab auf Daten an, lässt sich auch für Verträge über Daten eine sinnvolle Lösung erzielen.[33]

35 – Erstens ist maßgeblich, ob **Gegenstand des Vertrags eine Ware** ist. Dies wird von der herrschenden Lehre und Rechtsprechung jedenfalls dann angenommen, wenn die Software auf einem Datenträger verkörpert ist.[34] Eine im Vordringen befindliche Ansicht bejaht dies unabhängig von Speicherformat.[35] Zum Teil wird abweichend zwischen Standardsoftware und Individualsoftware unterschieden.[36]

36 – Zweitens muss es sich um einen Kaufvertrag handeln, also eine Vereinbarung, die auf eine **endgültige Überlassung** abzielt. Dies ist nur dann der Fall, wenn eine Kopie dauerhaft überlassen wird, nicht dagegen, wenn der Vertragspartner nur ein zeitlich befristetes Recht (Nutzungsrecht oder Lizenz) erlangt.[37] Denn ein Kauf begründet grundsätzlich eine Pflicht zur Übereignung und nicht nur zur Gebrauchsüberlassung auf Zeit. Dabei kommt es auf die Bezeichnung durch die Parteien nicht an. Auch wenn die Parteien einen „Kauf“ von Software vereinbaren, liegt häufig ein Lizenzvertrag vor; sei es, weil die Übertragung des Urheberrechts entweder rechtlich unmöglich oder von den Parteien nicht gewollt ist. Einen Anhaltspunkt für die Abgrenzung kann auch die Art und Weise der Gegenleistung bieten.[38]

37 – Drittens muss für die Übertragung **eine Gegenleistung geschuldet** sein, wobei diese grundsätzlich in Geld erfolgt;[39] umstritten ist, ob auch Tauschverträge erfasst werden.[40]

---

32 Vgl. MüKoBGB/Huber CISG Art. 1 Rn. 23; BeckOGK/Wagner, Edition 2025, CISG Art. 1 Rn. 10.

33 So auch MüKoBGB/Huber CISG Art. 1 Rn. 23 sowie Hachem in Schlechtriem/Schwenzer/Schroeter, 8. Aufl. 2025, Art. 1 Rn. 10.

34 Vgl. OGH 21.6.2005 – OGH 5 Ob 45/05m, IHR 2005, 195; HG Zürich 17.2.2000 – HG 980472, CISG Online Nr. 637; LG München I 8.2.1995 – 8 HKO 24667/93, BeckRS 1995, 125316. Zur Rechtsprechung in weiteren anderen Vertragsstaaten vgl. Sono FS Kritzer, 2008, 512 (513 f.).

35 BeckOGK/Wagner, Edition 2025, CISG Art. 1 Rn. 13 mwN. Dafür schon Sono FS Kritzer, 2008, 512 (513 f.); vgl. auch Niggemann IWRZ 2023, 99 (100) mwN.

36 Schlechtriem/Schwenzer/Ferrari, 8. Aufl. 2025, Art. 1 Rn. 38; auf den Einzelfall abstellen will BeckOGK/Wagner CISG Art. 1 Rn. 14.

37 BeckOGK/Wagner, Edition 2025, CISG Art. 1 Rn. 12; Schlechtriem/Schwenzer/Ferrari, 8. Aufl. 2025, Art. 1 Rn. 38. Ausführlich Sono FS Kritzer, 2008, 512 (517 f.).

38 Vgl. BGH 4.11.1997 – IVa ZR 158/86, BGHZ 102, 135, wonach die Vereinbarung eines einmaligen Entgelts für das Vorliegen eines Kaufs sprechen kann; ein laufendes, von Dauer und/oder Nutzungsumfang abhängiges Entgelt, für eine Lizenz.

39 Hachem in Schlechtriem/Schwenzer/Schroeter, 8. Aufl. 2025, Art. 1 Rn. 15.

40 Vgl. Mohs in Schlechtriem/Schwenzer/Schroeter, 8. Aufl. 2025, Art. 53 Rn. 28.

Immer erforderlich ist aber, dass irgendeine Gegenleistung erbracht wird. Entsprechend unterfallen bspw. Verträge zur Überlassung von Freeware nicht dem CISG.

Daraus folgt, dass das UN-Kaufrecht im vorliegenden Kontext insbesondere dann einschlägig ist, wenn es sich um **internationale Kaufverträge über vernetzte Produkte**[41] handelt, bei denen die vertraglichen Bestimmungen über die Datennutzung lediglich eine Nebenabrede darstellen. Zwar regelt das CISG als Hauptleistungspflichten nur die Lieferung der Ware durch den Verkäufer und die Zahlungspflicht des Käufers, sodass hinsichtlich der die Daten betreffenden Nebenpflichten – bspw. Art und Umfang der auf Gewährung des Zugangs oder die Einhaltung von TOM (dazu → Kap. 10 Rn. 226) – eine externe Lücke vorliegt. Ob und in welchem Umfang solche Pflichten wirksam begründet wurden, ist daher nach dem konkret anwendbaren Recht eines Vertragsstaats zu beurteilen. Soweit es sich bei dem subsidiär anwendbaren Recht um das Recht eines EU-Mitgliedstaates handelt, kommt neben den nationalen Normen natürlich auch das Unionsrecht (bspw. DS-GVO und Data Act, dazu → Rn. 42) zur Anwendung. Trotzdem unterliegt der Vertrag insgesamt dem CISG, sodass sich auch die Folgen von Pflichtverstößen nach den Regeln des CISG bestimmen. 38

Soweit es dagegen um **Verträge über die Erhebung, Nutzung, Weitergabe oder Offenbarung** von immateriellen Gütern (bspw. personenbezogene oder maschinengenerierte Daten) und Immaterialgüterrechten (bspw. Urheberrecht, Datenbankherstellerrecht) einschließlich Geschäftsgeheimnissen handelt, ist das UN-Kaufrecht nach hM nicht anwendbar.[42] Denn die Anwendung des UN-Kaufrechts auf **Verträge über Verwendung von fremden Daten,** dh die Einwilligung in die Nutzung, Datenlizenzverträge, Datenverarbeitungsverträge, Geschäftsgeheimnisschutzvereinbarungen sowie Non Disclosure Agreements (dazu → Kap. 10 Rn. 231) scheitert jedenfalls daran, dass es sich nicht um Kaufverträge, dh einen einmaligen Leistungsaustausch, sondern Verträge über die Nutzung bzw. die Pflicht zur Vertraulichkeit handelt, die einen Dauerschuldcharakter aufweisen. Bei einer Vereinbarung über die Nutzung personenbezogener Daten kommt hinzu, dass es häufig an einer Gegenleistung fehlen wird. Für den spezifischen Regelungsbedarf von Dauerschuldverhältnissen, bspw. die Anpassung der Leistungspflichten oder Widerruf bzw. Kündigung, hält das UN-Kaufrecht ohnehin keine Vorschriften parat.[43] 39

IV. Internationales Privatrecht

1. Überblick

Trotz der umfassenden Diskussion über das neue europäische Datenwirtschaftsrecht ist bislang die Vorfrage, nach welchem materiellen Recht sich Ansprüche wegen Erlangung, Nutzung, Weitergabe und Offenbarung von Daten beurteilen, noch wenig diskutiert, geschweige denn geklärt. Möglicherweise hat die Tatsache, dass das materielle Recht gerade unionsweit – ganz überwiegend durch Verordnungen – harmonisiert wurde, die (Fehl-) Vorstellung genährt, die Unterschiede seien ohnedies nur noch marginal. 40

Für alle Rechtsakte gilt aber einerseits, dass die Abgrenzung zwischen dem **Geltungsbereich des Unionsrechts und dem Recht von Drittstaaten** weiterhin erforderlich bleibt. Allerdings enthalten die einzelnen Rechtsakte nur unvollständige Regelungen, sodass auch bei Anwendbarkeit des Unionsrechts die Bestimmung des **konkreten nationalen Rechts eines EU-Mitgliedstaates** nicht entbehrlich ist. Tatsächlich gibt es für die Einordnung von Daten in das System des internationalen Privatrechts bislang keine explizite Regelung. 41

---

[41] Vgl. Niggemann IWRZ 2023, 99 (103 f.).
[42] So insbesondere auch für Daten Scheuch ZfVglRWiss 2019, 376 (392 ff.).
[43] Ausführlich Niggemann IWRZ 2023, 99 (106). Zu einer möglichen Weiterentwicklung vgl. Hayward USNW 2021, 44(3), 878; für eine Regelung de lege ferenda, Corley Brook J INt L 2016, 41 (2), 721 ff.

2. Das Verhältnis des europäischen Datenrechts zur Rom I- und Rom II-VO

42 Nach dem neuen europäischen Datenrecht setzt die rechtskonforme Nutzung personenbezogener und maschinengenerierter Daten regelmäßig eine **Vereinbarung zwischen den Parteien** voraus. Art. 6 DS-GVO gibt für die Wirksamkeit einer solchen Einwilligung konkrete Anforderungen vor. Art. 4 Abs. 13 Data Act fordert eine vertragliche Zustimmung und legt neben dem notwendigen Inhalt solcher Datennutzungsverträge mit der Inhaltskontrolle nach Art. 13 Data Act für B2B-Verträge Grenzen fest. Zur Erfüllung von Zugangsansprüchen und der Weitergabe maschinengenerierter Daten an Datenempfänger und Dritte sind Datenbereitstellungsvereinbarungen zu treffen. Nach Art. 8 Data Act gilt Art. 13 Data Act auch für diese Verträge zwischen Dateninhabern und dritten Unternehmen. Für B2C-Verträge greift die Klausel-RL ein. Für den Fall der Unwirksamkeit des Vertrags oder eines Verstoßes gegen den vereinbarten Nutzungsumfang oder -zweck ist die Nutzung der Daten rechtswidrig und kann Ansprüche auf **Unterlassung, Beseitigung bzw. Löschung und Schadensersatz** begründen (vgl. Art. 82 DS-GVO, Art. 11 Data Act).

43 Sowohl der Geltungsbereich dieser Vorgaben als auch der den Parteien verbleibende Gestaltungsspielraum hängen von der Antwort auf die zentrale Frage ab, ob Art. 3 DS-GVO und Art. 1 Abs. 3 Data Act nur den sachlichen Anwendungsbereich der Verordnungen bestimmen oder als Kollisionsnormen zu lesen sind, die **Vorrang vor der Rom I-VO**[44] **und Rom II-VO**[45] beanspruchen. Praktische Unterschiede zwischen den beiden Ansichten ergeben sich insbesondere für die Zulässigkeit der Rechtswahl sowie für das Ausmaß, in dem DS-GVO und Data Act auch für Rechtsverhältnisse mit Bezug zu einem Drittstaat Geltung beanspruchen.[46]

3. Datenschutzrecht (DS-GVO)

44 Für die DS-GVO wird nach wohl überwiegender Ansicht vertreten, dass sich der internationale Anwendungsbereich **unmittelbar aus Art. 3 DS-GVO** bestimme.

45 Die DS-GVO regelt den **Schutz natürlicher Personen** bei der Verarbeitung personenbezogener Daten sowie den freien Verkehr dieser Daten (Art. 1 DS-GVO). Zu diesem Zweck legt sie eine Reihe von Grundsätzen für die Erhebung, Nutzung und Weitergabe von personenbezogenen Daten fest, die – wie Rechtmäßigkeit, Zweckbindung, Datenminimierung, Begrenzung der Speicherung und Integrität – die gewährleisteten Grundrechte als konkrete Handlungspflichten ausformen (Art. 5 ff. DS-GVO). Den Rechten der Betroffenen (Art. 12 ff. DS-GVO) werden die verantwortlichen Personen (Art. 24 ff. DS-GVO) sowie die für die Überwachung zuständigen Behörden gegenübergestellt (Art. 60 ff. DS-GVO). Als Rechtsbehelfe gegen Verstöße sind primär die Beschwerde bei Aufsichtsbehörden, ein Schadensersatzanspruch und die Verhängung von Geldbußen vorgesehen (Art. 77 DS-GVO). Im Übrigen werden die Sanktionen den Mitgliedstaaten überlassen (Art. 84 DS-GVO).

46 Der **räumliche Anwendungsbereich** dieser Regelungen wird durch Art. 3 DS-GVO bestimmt. Aus Art. 3 Abs. 1 DS-GVO ergibt sich zunächst der Anspruch, dass die DS-GVO zur Anwendung kommt, wenn die Verarbeitung personenbezogener Daten im Rahmen einer Tätigkeit eines Verantwortlichen in der EU erfolgt. Nach Art. 3 Abs. 2 DS-GVO ist die DS-GVO außerdem anwendbar, wenn der Betroffene sich in der EU befindet und die Waren und Dienstleistungen in der EU angeboten werden (a) oder das Verhalten einer Person in der EU „beobachtet", dh bspw. im Internet getrackt, wird (b). Art. 3 Abs. 3 DS-GVO dehnt die Anwendung auf Territorien aus, die nicht der EU angehören, aber nach den Normen des Völkerrechts einem Recht eines Mitgliedstaates unterliegen.

---

[44] Verordnung (EG) Nr. 593/2008.
[45] Verordnung (EG) Nr. 864/2007.
[46] McGuire RabelsZ 2026, 157 (158).

Auch wenn der Wortlaut der Norm keinen Zweifel daran lässt, dass der Gesetzgeber damit (auch) den internationalen Anwendungsbereich bestimmen wollte, ist zu beachten, dass die DS-GVO primär Regelungsbereiche umfasst, die traditionell dem **öffentlichen Interesse dienen.** Im Zentrum steht der Schutz personenbezogener Daten und damit der Wahrung der Privatsphäre sowie der Grundrechte der Bürger (Art. 8 EuGrCH). Zu diesem Zweck werden Gebote und Verbote angeordnet, die durch staatliche Aufsichtsbehörden überwacht und durchgesetzt werden. Entsprechend handelt es sich primär um öffentliches Recht,[47] während privatrechtliche Normen nur eine untergeordnete Rolle spielen. Die einzige im Kern zivilrechtliche Regelung findet sich in Art. 82 Abs. 1 DS-GVO, der für den Fall des Verstoßes gegen Art. 6 f. DS-GVO einen Schadensersatzanspruch vorsieht.[48] Allerdings zeichnet Art. 82 DS-GVO nur den Bestand eines Anspruchs auf (im)materiellen Schaden sowie die potentiellen Anspruchsgegner vor, überlässt die Bestimmung der Rechtsfolgen aber dem jeweils anwendbaren Recht der Mitgliedstaaten.[49] **47**

Für die Bestimmung der maßgeblichen Kollisionsnormen sowie des danach anzuwendenden Rechts kommen **zwei unterschiedliche Prüfreihenfolgen** in Betracht, die auch zu unterschiedlichen Ergebnissen führen. **48**

Eine Meinung nimmt an, dass es sich bei **Art. 3 DS-GVO um eine Sonderkollisionsnorm** handelt, die Vorrang vor der Rom II-VO hat. Art. 3 DS-GVO sei als einseitige Kollisionsnorm gegenüber den Rom-Verordnungen *lex specialis* und zugleich *lex posterior.*[50] Immer dann, wenn der räumliche Anwendungsbereich nach Art. 3 DS-GVO eröffnet ist, soll sich ein möglicher Schadensersatzanspruch nach Art. 82 DS-GVO richten. Ist ein solcher Anspruch anzunehmen, ist für die dann zu füllenden Lücken das anwendbare nationale Recht nach den Regeln des IPR zu bestimmen. Die Annahme, Art. 3 DS-GVO sei eine „versteckte" Kollisionsnorm, macht also die Prüfung des anwendbaren Rechts nicht entbehrlich, sondern schaltet sie der üblichen Prüfung nur vor. Die Regelung über die internationale Zuständigkeit nach Art. 79 Abs. 2 DS-GVO bestimmt ein Forum in der EU. Das angerufene Gericht eines Mitgliedstaates bestimmt das anwendbare Recht für materielle Schäden nach der Rom II-VO, für immaterielle Schäden – wegen der Bereichsausnahme in Art. 1 Abs. 2 lit. g Rom II-VO – nach nationalem IPR. **49**

Alternativ kommt in Betracht, auch das auf Ansprüche wegen rechtswidriger Datenverarbeitung anwendbare Recht nach den **allgemeinen Regeln des IPR,** dh unmittelbar nach der Rom II-VO bzw. – soweit ein Anspruch wegen Persönlichkeitsrechtsverletzung geltend gemacht wird – nach nationalem IPR zu bestimmen. Bei den Ansprüchen auf materiellen und immateriellen Schadensersatz handelt es sich in beiden Fällen kollisionsrechtlich um eine unerlaubte Handlung. Ob an den Handlungsort, den Erfolgsort oder alternativ anzuknüpfen ist, kann aber mangels europaweiter Harmonisierung zwischen den Mitgliedstaaten variieren. Wenn nach den kollisionsrechtlichen Regeln der lex fori das Recht eines Mitgliedstaates der EU zur Anwendung berufen wird (Deliktsstatut), zählt hierzu selbstredend auch Art. 82 DS-GVO. **50**

Der wesentliche Unterschied zwischen diesen beiden Ansichten besteht einerseits in der **Begrenzung des territorialen Anwendungsbereichs.** Werden die Rom II-VO bzw. das nationale Kollisionsrecht zuerst geprüft, müssen erst deren Anknüpfungsmerkmale – in der Regel der Handlungs- und/oder Erfolgsort – zur Anwendbarkeit des Rechts eines Mitgliedstaates führen. Erst in einem zweiten Schritt ist der räumlich-sachliche Anwendungsbereich des europäischen Datenschutzrechts nach Art. 3 DS-GVO zu prüfen. Der Anwendungsbereich wird also potentiell eingeengt – und damit der Kritik an der ausgreifenden Regelung[51] – besser Rechnung getragen. Andererseits ergibt sich ein praktischer Unter- **51**

[47] So auch Oster ZEuP 2021, 275 (276 f.). Vgl. auch das parallele Argument bei Drexl et al., MPI Position Statement, 2022, Rn. 310 ff.
[48] Spindler/Schuster/Kaesling/Spindler/Horváth DS-GVO Art. 82 Rn. 1 f.
[49] Spindler/Schuster/Kaesling/Spindler/Horváth DS-GVO Art. 82 Rn. 3.
[50] Oster ZEuP 2021, 275 (281).
[51] Segger-Piening in Duden (Hrsg.), IPR für eine bessere Welt (2022), 107, 108.

schied aus der **kollisionsrechtlichen Systematik.** Denn die vorrangige Anwendung der Rom II-VO auf materielle Schadensersatzansprüche würde auch deren autonome Auslegung sowie alternative Anknüpfungen (bspw. die Zulässigkeit einer nachträglichen Rechtswahl) eröffnen. Dasselbe gilt für alternative Anknüpfungen und Hilfsnormen nach nationalem IPR für immaterielle Ersatzansprüche.

52 Für die zuletzt genannte Ansicht spricht zunächst der Wortlaut der Norm. Art. 3 DS-GVO weist **keine Elemente einer Kollisionsnorm** auf. Er setzt keinen grenzüberschreitenden Bezug voraus und trifft keine Auswahl zwischen mehreren in Betracht kommenden Rechtsordnungen. Art. 3 DS-GVO legt also kein „Datenschutzstatut" fest, sondern bestimmt lediglich, dass die Normen der DS-GVO räumlich anwendbar sind. Als Kollisionsnorm gelesen wäre die Regelung also nicht nur einseitig, sondern auch unvollständig.[52] Hinzu kommt, dass auch die systematische und historische Auslegung wenig Anhaltspunkte für einen entsprechenden Regelungswillen erkennen lassen. Wie sich aus Erwgr. 147 und Art. 79 DS-GVO ergibt, war dem Normgeber die Regelungsbedürftigkeit grenzüberschreitender Sachverhalte bewusst. Das „Fehlen" einer entsprechenden Regelung zum IPR spricht dafür, dass er eine solche für entbehrlich hielt. Die besseren Argumente sprechen daher dafür, Art. 3 DS-GVO als selbstbegrenzende Sachnorm und nicht als Kollisionsnorm auszulegen.[53]

4. Datennutzung, -bereitstellung und -weitergabe (Data Act)

53 Genau dasselbe Problem stellt sich auch beim Data Act. Auch hier wird – in Anlehnung an Art. 3 DS-GVO – teils angenommen, dass Art. 1 Data Act nicht nur den **Gegenstand und den Anwendungsbereich** der Verordnung festlegt, sondern auch eine Sonderkollisionsnorm ist. Allerdings stößt diese Annahme wegen des viel breiteren Privatrechtsbezugs auf noch größere Schwierigkeiten.

54 Nach Art. 1 Abs. 3 lit. a–d Data Act gelten die Regelungen über die **Nutzung, Bereitstellung und Weitergabe von Daten zwischen Privaten** (Kapitel 2–4 Data Act) für Hersteller vernetzter Produkte, die in der EU in Verkehr gebracht werden, sowie für Anbieter verbundener Dienste (lit. a), für die Nutzer der unter lit. a genannten vernetzten Produkte und verbundenen Dienste in der EU (lit. b), für Dateninhaber, die Datenempfängern in der EU Daten bereitstellen (lit. c) und für Datenempfänger in der EU, denen Daten bereitgestellt werden (lit. d). Für Hersteller, Diensteanbieter und Dateninhaber wird jeweils klargestellt, dass es unerheblich ist, ob diese ihre Niederlassung innerhalb der EU haben.

55 Nach einer **kollisionsrechtlichen Lesart**[54] handelt es sich bei den lit. a–d jeweils um gesonderte Kollisionsnormen, sodass das Vorliegen eines der Anknüpfungsmerkmale die Anwendung der entsprechenden Normen des Data Act auf diesen Akteur zur Folge hätte. Daraus würde sich etwa ergeben, dass der Data Act immer dann Geltung beansprucht, wenn das Produkt in der EU in Verkehr gebracht würde. Die Verpflichtung nach Art. 3 Data Act würde aber dem Wortlaut nach auch dann bestehen, wenn das vernetzte Produkt nicht vom Hersteller in der EU in Verkehr gebracht wurde, sondern von einem Dritten oder von dem Nutzer (später) importiert wurde. Erfasst würden also insbesondere auch Parteien in Drittstaaten, die – wegen des (späteren, nicht notwendig erkennbaren) Verbringens des vernetzten Produkts in die EU – als Hersteller oder Dateninhaber anzusprechen sind. Der Anwendungsbereich des Data Act würde damit weit über die EU hinausgreifen.

56 Bestimmte Pflichten nach dem Data Act sind davon abhängig, dass das vernetzte Produkt (später) in der EU genutzt wird. Für einen Hersteller, der Produkte in einem Drittstaat

---

[52] Vgl. ausführlich zu den Nachteilen einseitiger Kollisionsnormen im Datenrecht Drexl et al., MPI Position Statement, 2022, Rn. 310 ff.

[53] McGuire RabelsZ 2026, 157 (178).

[54] Lieberknecht ZdiW 2024, 79 (80); Segger-Piening in Duden, IPR für eine bessere Welt (2022), 107 ff.

herstellt und diese nicht in die EU exportiert, besteht kein Anlass, sich an die ***access by design*-Pflichten** nach Art. 3 Data Act zu halten. Auch eine Pflicht zur Bereitstellung der Daten an den Nutzer nach Art. 4 Data Act kann sich sinnvollerweise erst ergeben, wenn das Produkt in der EU genutzt wird. In beiden Fällen setzt die **Vorhersehbarkeit** der Rechte und Pflichten daher entweder voraus, dass der Pflichtunterworfene das (spätere) Inverkehrbringen in der EU vorhersieht oder eine zeitliche Zäsur, sodass der Data Act erst ab diesem Zeitpunkt Geltung beansprucht. Beides ist in Art. 1 Abs. 3 Data Act nicht vorgesehen.

Bei strikter Anwendung des Wortlauts würde auch der Vertrag zwischen zwei **Angehörigen von Drittstaaten** in den Anwendungsbereich des Data Act fallen, wenn das Produkt später in die EU verbracht oder dort genutzt wird. Eine so **ausufernde Geltung des Data Act** ist aber für die Erreichung der in Art. 1 Abs. 1 Data Act genannten Ziele gar nicht erforderlich. Ausreichend ist vielmehr, dass die Vereinbarung mit einem Nutzer in der EU dem Unionsrecht unterliegt. Auch Verträge zwischen Angehörigen von Drittstaaten dem Unionsrecht zu unterwerfen, schießt über das Ziel, einen europäischen Datenraum zu schaffen, weit hinaus. 57

Die Gegenansicht nimmt an, dass es sich bei **Art. 1 Abs. 3 Data Act** lediglich um eine materiell-rechtliche Regelung des **räumlichen Anwendungsbereichs** handelt, die nur dann zur Anwendung kommt, wenn die allgemeinen Regeln des IPR auf das Recht eines Mitgliedstaats der EU verweisen.[55] Für diese Lesart sprechen einerseits die schon zur DS-GVO angeführten Argumente sowie eine Reihe von Argumenten, die letztlich aus der Systematik des IPR herrühren, insbesondere die für eine Kollisionsnorm unübliche Formulierung, die fehlende Festlegung des maßgeblichen Zeitpunkts sowie der daraus folgende ausufernde internationale Anwendungsbereich des Data Act.[56] 58

Unabhängig von dieser Diskussion steht außer Frage, dass es sich bei Art. 1 Abs. 3 Data Act nur um eine **einseitige Kollisionsnorm** handeln könnte.[57] Denn der Data Act trifft keine Aussage darüber, welches fremde Recht ggf. auf die Zuordnung von Rechten an Daten oder ein daraus entstehendes vertragliches oder außervertragliches Schuldverhältnis anzuwenden sind. Während für Sachverhalte mit Bezug zur EU der Einstieg in die kollisionsrechtliche Prüfung bei Art. 1 Abs. 3 Data Act beginnen müsste, würde es für alle Sachverhalte außerhalb des Anwendungsbereichs des Data Act bei der Maßgeblichkeit von Rom I- bzw. Rom II-VO bleiben. Als **Sonderkollisionsnorm** müsste Art. 1 Abs. 3 Data Act dann stets vorrangig auf seine Anwendung geprüft und ggf. auch die sachrechtlichen Regelungen des Data Act vorrangig zur Anwendung gebracht werden. Erst wenn der Data Act nicht anwendbar ist oder Lücken auftreten, wäre auf die Rom I- und Rom II-VO zurückzugreifen.[58] 59

Folgt man diesem Ansatz, erhöht dies die **Komplexität der Bestimmung** des anwendbaren Rechts erheblich. Denn der Data Act enthält – anders als die DS-GVO – eine Reihe von unstreitig privatrechtlichen Regelungen.[59] Die vorrangige Anwendung des Data Act und nachgelagerte Bestimmung des nationalen Rechts widerspricht aber auch der inneren Systematik des Data Act. Besonders deutlich wird dieser Funktionsverlust einer zweistufigen Vorgangsweise bei der Inhaltskontrolle sichtbar. So ist etwa nach Art. 13 Abs. 2 Data Act eine einseitig gestellte Klausel dann nicht missbräuchlich, wenn sie der Regelung entspricht, die das dispositive Recht vorsehen würde. Die Inhaltskontrolle nach dem Data Act lässt sich also ohne vorherige Bestimmung des anwendbaren nationalen bzw. Unionsrechts gar nicht durchführen. Eine Anknüpfung nach Art. 1 Abs. 3 Data Act würde also bestenfalls den Vorrang des Data Act absichern, die kollisionsrechtliche Prüfung aber nicht ersetzen. 60

Eine bloß **subsidiäre Anwendung** der allgemeinen kollisionsrechtlichen Normen stößt aber in Folge der vorausgegangenen Anwendung des Data Act an Grenzen, die die Funk- 61

[55] Hennemann/Steinrötter NJW 2024, 1 (7 f.); Drexl et al., MPI Position Statement, 2022, Rn. 320 ff.
[56] So insbesondere Drexl Studie Rn. 310 ff.
[57] BeckOK DatenschutzR/Raue DA Art. 4 Rn. 2.
[58] So bspw. Lieberknecht ZdiW 2024, 79 (82).
[59] Staudenmayer EuZW 2022, 596.

tionsfähigkeit und Sachgerechtigkeit der privatrechtlichen Regelungen des Data Acts in Fragen stellen.

- Fraglich ist etwa, welche Auswirkung die nach Art. 3 Rom I-VO zulässige Rechtswahl auf die zuvor festgestellte Anwendbarkeit der Art. 8 und 13 Data Act hätte.
- Dasselbe gilt für das Verhältnis von Ansprüchen auf Unterlassung, Beseitigung und Schadensersatz nach Art. 11 Abs. 2 Data Act, deren zwingende Geltung einer nachträglichen Rechtswahl nach Art. 14 Rom II-VO entgegenstehen könnte, obwohl eine solche gerade für die zahlreichen Lücken des Data Act hilfreich wäre.
- Auch die objektive Anknüpfung nach Art. 4 Rom I-VO würde durch die vorrangige Anwendung des Data Act teils gesperrt, so bspw. die nach Abs. 3 naheliegende akzessorische Anknüpfung des Datennutzungsvertrags an den Vertrag über den Kauf (Abs. 1 lit. a) oder die Überlassung (Abs. 2) des vernetzten Produkts oder die digitale Dienstleistung (Abs. 1 lit. b)
- Problematisch erscheint, dass die wettbewerbsrechtlichen Regelungen in Art. 4 Abs. 10, 5 Abs. 8 und Art. 11 Abs. 1 S. 2 Data Act in Widerspruch zur Bestimmung des Wettbewerbsstatuts nach Art. 6 Rom II-VO stehen können.

62 Sieht man von der **vorschnellen Parallele** zu Art. 3 DS-GVO ab, gibt es keinen Anhaltspunkt dafür, dass der europäische Gesetzgeber mit Art. 1 Abs. 3 Data Act entgegen der amtlichen Überschrift nicht bloß den Anwendungsbereich bestimmen, sondern eine Sonderkollisionsnorm schaffen wollte. Wortlaut, Systematik und Zielsetzung sprechen vielmehr gegen eine solche Qualifikation.[60]

63 Als Festlegung des anwendbaren Rechts ist die **Regelung ungeeignet,** weil für Akteure in Drittstaaten im Handlungszeitpunkt, bspw. Herstellung oder Vertragsschluss, nicht absehbar ist, wo die Produkte in Folge weiterer Dispositionen genutzt werden. Aber auch für Sachverhalte mit Bezug zur EU hält Art. 1 Abs. 3 Data Act keine zweckmäßige Regelung bereit, weil sie die allgemeinen kollisionsrechtlichen Regelungen bestenfalls ergänzen, aber nicht ersetzen kann. Vorzugswürdig ist daher, das auf Daten anwendbare Recht nach allgemeinen Regeln (Rom I-VO und Rom II-VO) zu bestimmen.

5. Die Anwendung der Rom I-VO und Rom II-VO im Datenrecht

a) Überblick

64 Folgt man der **Systematik des europäischen IPR** ist schlicht zwischen vertraglichen und außervertraglichen Schuldverhältnissen zu unterscheiden. Dass Ansprüche aus Verträgen über personenbezogene und maschinengenerierte Daten in den Anwendungsbereich der Rom I-VO fallen ist – sieht man von der Ansicht, Art. 1 Abs. 3 Data Act sei eine Sonderkollisionsnorm, ab – unstreitig.[61] Auch an der Qualifikation von Ansprüchen wegen unberechtigter Nutzung als außervertraglich besteht kein Zweifel.[62] Lehnt man die Lehre von der Sonderkollisionsnorm ab, sind folglich die Rom I- und Rom II-VO anwendbar. Nur für Persönlichkeitsrechtsverletzungen muss wegen der Bereichsausnahme nach Art. 1 Abs. 2 lit. g Rom II-VO auf das jeweilige nationale IPR abgestellt werden.

65 Für beide Konstellationen, dh vertragliche und außervertragliche Schuldverhältnisse, stellt sich zudem die **Vorfrage, ob es überhaupt ein Rechtsgut** gibt. Sie muss für vertragliche und außervertragliche Schuldverhältnisse notwendig einheitlich beantwortet werden, weil über ein nicht existierendes Recht nicht wirksam vertraglich disponiert werden kann, eine wirksame vertragliche Disposition aber die Rechtswidrigkeit eines Eingriffs ausschließt.

---

60 So im Ergebnis auch Hennemann/Steinrötter NJW 2024, 1 (8); Drexl et al., MPI Position Statement, 2022, Rn. 320 ff.; Wiebe CR 2023, 777 (783 f.).

61 BeckOGK/Paulus Rom I-VO Art. 1 Rn. 45 ff; Wurmnest/Pillin ZEuP 2026, 39 (46).

62 Schwamberger MMR 2024, 96 (98); Ausführlich zum Meinungsstand McGuire/Schulte-Nölke ZdiW 2024, 79 ff.

Besonders deutlich zeigt sich dieser Zusammenhang beim sogenannten **vertragsüberschreitenden Gebrauch** eines Schutzrechts. Die Nutzung eines fremden Urheber-, Marken- oder Patentrechts ist im Geltungsbereich der Lizenz eine Ausübung des vertraglichen Nutzungsrechts, außerhalb des Geltungsbereichs der Lizenz dagegen eine reguläre Schutzrechtsverletzung.[63] Wie das Beispiel des Art. 4 Abs. 13 Data Act eindrücklich zeigt, besteht derselbe Zusammenhang für **Rechte an maschinengenerierten Daten.** Eine Zustimmung nach Art. 4 Abs. 13 Data Act ist nur für Daten erforderlich, die in den Anwendungsbereich des Data Act fallen. Die Nutzung eben dieser Daten ohne Zustimmung ist rechtswidrig und kann als Rechtsfolge Unterlassungs-, Beseitigungs- und Schadensersatzansprüche auslösen.[64] 66

Fraglich ist folglich mangels europäischer Harmonisierung des „Sachenrechts", welche **Kollisionsnorm für die Bestimmung der Zuordnung von Daten** heranzuziehen ist. Für (körperliche) Sachen ist international die *lex rei sitae* anerkannt (vgl. Art. 43 EGBGB). Für unkörperliche Sachen fehlt es oft an einer geschriebenen Kollisionsnorm; auch das EGBGB schweigt zur Anknüpfung von Persönlichkeits- oder Immaterialgüterrechten. 67

Diese Lücke wird durch das auf **europäischer Ebene anerkannte Schutzlandprinzip** für Immaterialgüter(rechte) gefüllt. Neben der Erwähnung in Erwgr. 26[65] der Rom II-VO ergibt sich das insbesondere aus Art. 8, 14 Rom II-VO sowie der GeschGeh-RL, die stets Geltung für das gesamte Gebiet der EU beanspruchen. Rechtfertigung für das Schutzlandprinzip ist, dass die Gewährung von Rechten an unkörperlichen Gütern eine *policy*-Entscheidung des jeweiligen nationalen oder europäischen Gesetzgebers ist, der vorbehaltlich internationaler Übereinkommen frei über das *„Ob"* der Gewährung und den Umfang solcher Rechte entscheidet.[66] Dies ist bei Rechten, die durch Anmeldung und Registrierung, dh Verwaltungsakt, entstehen, besonders offenkundig, gilt aber auch für Immaterialgüterrechte, die wie das Urheberrecht *ipso iure* entstehen.[67] Auch für Persönlichkeitsrechte gilt, dass sie in der jeweiligen Jurisdiktion vom Gesetzgeber oder durch die Rechtsprechung anerkannt sein müssen. Das Schutzlandprinzip ist also nichts anderes als das kollisionsrechtliche Pendant zum **(öffentlich-rechtlichen) Territorialitätsprinzip.**[68] 68

Für Daten kann nichts anderes gelten: DS-GVO und Data Act sind bewusst als Vorreiterregelung ausgestaltet, mit der der europäische Gesetzgeber die faktische Herrschaft der Dateninhaber aufbrechen und die Datennutzung von der Einwilligung (Art. 6 Abs. 1 DSGVO) bzw. Zustimmung des Nutzers (Art. 4 Abs. 13 DA) abhängig machen will. Die **territoriale Begrenzung der Zuordnung von Rechten und Pflichten** an Daten wird durch die Regelung über den räumlichen Anwendungsbereich in Art. 3 DS-GVO und Art. 1 Abs. 3 Data Act bestätigt. Erst durch die Verarbeitung personenbezogener Daten oder Nutzung eines vernetzten Produkts in der EU entsteht das Recht des Betroffenen bzw. Nutzers, über die Nutzung der Daten zu bestimmen. Die Nutzung von Daten in der EU ohne Einwilligung des Betroffenen bzw. Zustimmung des Nutzers ist rechtswidrig. 69

---

[63] Vgl. exemplarisch die wortgleichen Regelungen in Art. 25 UMVO, Art. 8 Markenrechts-RL und § 30 Abs. 2 MarkenG: Der Inhaber einer Marke kann die Rechte aus der (Unions)Marke gegen einen Lizenznehmer geltend machen, der hinsichtlich
1. der Dauer der Lizenz,
2. der von der Eintragung erfaßten Form, in der die Marke benutzt werden darf,
3. der Art der Waren oder Dienstleistungen, für die die Lizenz erteilt wurde,
4. des Gebiets, in dem die Marke angebracht werden darf, oder
5. der Qualität der von ihm hergestellten Waren oder der von ihm erbrachten Dienstleistungen

gegen eine Bestimmung des Lizenzvertrages verstößt.

[64] McGuire/Schulte-Nölke ZdiW 2024, 79.

[65] Erwgr. 26: „Bei einer Verletzung von Rechten des geistigen Eigentums gilt es, den allgemein anerkannten Grundsatz der lex loci protectionis zu wahren. Im Sinne dieser Verordnung sollte der Ausdruck ‚Rechte des geistigen Eigentums' dahin interpretiert werden, dass er beispielsweise Urheberrechte, verwandte Schutzrechte, das Schutzrecht sui generis für Datenbanken und gewerbliche Schutzrechte umfasst".

[66] MüKoBGB/Drexl Rom II-VO Art. 8 Rn. 19.

[67] BeckOGK/McGuire Rom II-VO Art. 8 Rn. 55.

[68] MüKoBGB/Drexl Rom II-VO Art. 8 Rn. 14.

70 Dies spricht dafür, auch für das Datenkollisionsrecht das für andere immaterielle Güter, bspw. Schutzrechte, Persönlichkeitsrecht und Namensrecht, anerkannte Kollisionsrecht der *lex loci protectionis* anzuwenden. Nicht umsonst wurde schon mehrfach die **Nähe zwischen Daten und Schutzrechten** konstatiert.[69] Ein Vorzug dieser Einordnung ist, dass sich dann auch für Daten zwischen Zuordnung, Vertrag und Delikt unterscheiden lässt, sodass für Anknüpfungsregeln und Umfang der Verweisung auf die anerkannten Grundsätze und Regeln des IPR zurückgegriffen werden kann.

b) Zuordnung von Rechten an Daten

71 Die Frage der Zuordnung bereitet auf den ersten Blick Schwierigkeiten, weil sich der europäische Gesetzgeber gegen ein **„Dateneigentum"**[70], dh ein Schutzrecht an Daten, ausgesprochen hat.[71] Stattdessen weisen DS-GVO und Data Act den Betroffenen, Nutzern und sonstigen Akteuren ein Bündel von Rechten und Pflichten zu.[72] Nur soweit keine solchen Rechte und Pflichten mit Bezug auf Daten bestehen, bleiben die Daten gemeinfrei. Zentraler **„Rechteinhaber"** ist also der Betroffene bzw. der Nutzer.[73]

72 Die **Ähnlichkeit der Position des Nutzers** eines vernetzten Produkts mit der eines **Schutzrechtsinhabers** liegt auf der Hand.[74] Denn auch ein absolutes Schutzrecht umfasst im Kern nur das Recht zur eigenen Nutzung, zur vertraglichen Verwertung und das Recht, die unrechtmäßige Nutzung durch Dritte zu unterbinden. Diese drei Befugnisse sind eng miteinander verflochten. Denn ein Vertragspartner ist nur deshalb zum Vertragsschluss bereit, wenn und soweit der Rechteinhaber die Nutzung andernfalls unterbinden könnte. Genau dieses Ziel – durch die Zuordnung einen Anreiz für den Vertragsschluss zu setzen – verfolgt auch der Data Act.[75] Trotz der programmatischen Deklaration, dass der Data Act kein Ausschließlichkeitsrecht zu Gunsten der Dateninhaber schaffen will, handelt es sich jedenfalls aus kollisionsrechtlicher Perspektive doch um eine **Frage der Güterzuordnung** (→ Kap. 6 Rn. 58).

73 Durch die Regelung, welche Rechte an Daten nach der DS-GVO und Data Act bestehen, hat der europäische Gesetzgeber für das Gebiet der EU von dieser Zuordnungsbefugnis Gebrauch gemacht. Die Anwendung des Schutzlandprinzips führt daher zu dem Ergebnis, dass die personenbezogenen Daten von Betroffenen in der EU und die von Nutzern in der EU generierten Maschinendaten vom Schutz erfasst werden. Die ***lex loci protectionis*** **und der räumliche Anwendungsbereich** von DS-GVO und Data Act stimmen überein.

74 Aus der *lex loci protectionis* ergibt sich, ob es sich um personenbezogene Daten handelt und ob die von einem Nutzer generierten Daten geschützt sind, sowie welche Rechte dem Betroffenen bzw. dem Nutzer in Bezug auf diese Daten zugewiesen werden. Zur *lex loci protectionis* gehören aber nicht die gesamten Verordnungen, sondern nur die Bestimmungen, die einem Akteur **Rechte unmittelbar an den Daten** zuweisen. Von der DS-GVO oder dem Data Act geforderte vertragliche Vereinbarungen setzen die Anwendung der DS-GVO und des Data Act als Teil des Vertragsstatuts, Ansprüche wegen rechtswidriger Verarbeitung oder Nutzung eine Anwendung als Teil des Deliktsstatuts voraus.

75 Die **Einwilligung bzw. Zustimmung** erfolgt durch Rechtsgeschäft, das darauf anwendbare Recht richtet sich nach der Rom I-VO (Vertragsstatut). Eine Nutzung im Geltungsbereich der DS-GVO bzw. des Data Act ohne Zustimmung ist rechtswidrig und begründet ein außervertragliches Schuldverhältnis (Deliktsstatut), sodass die **Rechtsfolgen des Ein-**

---

[69] → Kap. 6 Rn. 58.

[70] Vgl. zu dieser Diskussion Zech, Daten als Schutzgegenstand, (2012); Specht-Riemenschneider MMR 2022, 809 (810).

[71] Nach Erwgr. 6 ist ein „allgemeiner Ansatz für die Zuweisung von Rechten für den Datenzugang und die Datennutzung der Gewährung ausschließlicher Zugangs- und Nutzungsrechte vorzuziehen.".

[72] Podszun/Pfeifer GRUR 2022, 953 (955 f.).

[73] Erwgr. 15 DA; Wiebe GRUR 2023, 1569 (1570).

[74] Vgl. dazu schon Schur GRUR 2029, 1142 (1144).

[75] Erwgr. 2 DA.

griffs grundsätzlich nach der Rom II-VO zu bestimmen sind. Soweit in der rechtswidrigen Datenverarbeitung eine Persönlichkeitsrechtsverletzung liegt, ist das nationale IPR heranzuziehen. Soweit Zugangsansprüche Dritter sowie die wettbewerbsrechtliche Begrenzung der Nutzung betroffen sind, ist das anwendbare Wettbewerbsrecht nach Art. 6 Rom II-VO gesondert zu bestimmen (Wettbewerbsstatut).

Für alle **drei Statute – Vertrag, Delikt und Wettbewerb** – gilt, dass sich der Umfang aus Art. 12 Rom I-VO bzw. Art. 15 Rom II-VO ergibt und dabei die Vorgaben der ***lex loci protectionis* als Vorfrage** zu berücksichtigen sind. Dazu zählt etwa, dass Daten nicht übertragen, sondern nur geteilt werden können.[76] Es handelt sich – wie bei der Unübertragbarkeit von Urheberrechten nach § 29 UrhG – um zwingendes Recht. Eine Nutzung nach Widerruf der Einwilligung bzw. Beendigung des Nutzungsrechts ist als rechtswidrig zu beurteilen. Ob der darin liegende Eingriff Rechtsfolgen nach Delikts- oder Bereicherungsrecht auslöst, richtet sich nach dem grds. nach der Rom II-VO zu bestimmenden Statut für außervertragliche Schuldverhältnisse (Delikts-, Bereicherungs- oder Wettbewerbsrecht). 76

c) Datennutzungs- und Bereitstellungsverträge

Nach Art. 6 DS-GVO sowie Art. 4 Abs. 13 Data Act setzt die rechtskonforme Nutzung von Daten die Einwilligung bzw. Zustimmung zur Nutzung voraus. Unabhängig davon, ob diese durch einseitige Erklärung oder im Rahmen eines gegenseitigen Vertrags erteilt wird, handelt es sich dabei um ein **vertragliches Schuldverhältnis iSd Art. 1 Abs. 1 Rom I-VO.**[77] 77

Daraus folgt, dass das anwendbare Recht vorrangig nach einer von den Parteien getroffenen **Rechtswahl** zu bestimmen ist, die allerdings für B2B-Sachverhalte durch Art. 3 Abs. 3 und 4 Rom I-VO beschränkt ist. Für Verträge im Verhältnis B2C ist zusätzlich die Begrenzung nach Art. 6 Abs. 2 Rom I-VO zu beachten. **Mangels Rechtswahl** ist das anwendbare Recht im B2B-Verhältnis nach Art. 4 Rom I-VO, im B2C-Verhältnis nach Art. 6 Rom I-VO zu bestimmen. Durch die nach Abs. 2 vorgesehene Beschränkung der Rechtswahl wird zugleich die Anwendung von DS-GVO und Data Act abgesichert. 78

Für Vereinbarungen nach Art. 4 Abs. 13 Data Act ist bedeutsam, dass die Zustimmung zur Datennutzung nach Art. 4 Abs. 13 Data Act häufig zwischen denselben Parteien erfolgen wird, die auch den Vertrag über die **Übertragung oder Überlassung des vernetzten Produkts** schließen, sodass eine akzessorische Anknüpfung an diesen Kauf-, Miet- oder Leasingvertrag nach Art. 4 Abs. 3 Rom I-VO nahe liegt. 79

Mit Blick auf **Verbraucherverträge** ist außerdem zu beachten, dass Art. 6 Rom I-VO nicht *per se* auf alle Verbraucherverträge anzuwenden ist, sondern die Anwendung dieser spezielleren Kollisionsnorm – zum Schutz der Vorhersehbarkeit – voraussetzt, dass der Unternehmer seine Tätigkeit auf den Wohnsitzstaat des Nutzers ausrichtet. 80

Immer dann, wenn aufgrund der freien Rechtswahl (Art. 3 Rom I-VO) oder der objektiven Anknüpfung (Art. 4 bzw. 6 Rom I-VO) das **Recht eines Mitgliedstaates der EU** zur Anwendung berufen ist, sind die (vertragsrechtlichen) Regeln des Data Act, insbesondere die Inhaltskontrolle (Art. 13 DA), für B2B-Verhältnisse anzuwenden. Im Verhältnis B2C richtet sich die Inhaltskontrolle nach der Klausel-RL.[78] Soweit vertreten wird, dass alle Vorschriften der Kapitel 2 und 3 Data Act wegen Art. 1 Abs. 3 Data Act international zwingend seien und sich als Eingriffsnormen gegenüber dem gewählten Recht durchsetzen müssen,[79] scheint Zurückhaltung geboten. 81

---

[76] Wiebe GRUR 2023, 1569 (1573).

[77] Vgl. MüKoBGB/Martiny Rom I-VO Art. 1 Rn. 8, 27.

[78] Art. 1 Abs. 9 Data Act; Erwgr. 9 und 28 Data Act; Staudenmayer EuZW 2022, 596 (597); Schwamberger MMR 2024, 96 (98).

[79] So Lieberknecht ZdiW 2024, 79 (82) mwN.

d) Rechtswidrige Datennutzung

82 Ausgangspunkt für die Beurteilung möglicher Ansprüche aus außervertraglichen Schuldverhältnissen ist, dass mangels anderweitiger gesetzlicher Bestimmung eine Nutzung **ohne Einwilligung bzw. Zustimmung** potentiell rechtswidrig ist. Dabei ist zu beachten, dass nicht jegliche Vereinbarung ausreicht, sondern die Vereinbarung auch die konkrete Art und Weise der Nutzung decken muss.[80] Werden Daten für eine andere als die von der Einwilligung gedeckte bzw. vertraglich vereinbarte Art genutzt, fehlt also insoweit die Berechtigung, ist die Nutzung rechtswidrig. Das ist etwa der Fall, wenn maschinengenerierte Daten für andere als die nach Art. 4 Abs. 13 Data Act vereinbarten Zwecke oder entgegen Art. 6 Abs. 2 Data Act zur Ausforschung der wirtschaftlichen Lage des Nutzers genutzt oder unautorisiert an Dritte weitergegeben werden. Dasselbe gilt aber auch, wenn das vernetzte Produkt vom Nutzer einem Dritten überlassen wurde, sodass keine Zustimmung des aktuellen[81] Nutzers vorliegt.[82]

83 Welche **Rechtsfolgen** sich daran knüpfen, ist grds. nach dem nach der Rom II-VO anwendbaren Recht zu bestimmen. Dieses knüpft nach Art. 4 Abs. 1 Rom II-VO an den Ort des Schadenseintritts an, der per definitionem nur dort erfolgen kann, wo die Daten auch geschützt sind. Denn ohne Zuordnung der Daten fehlt es bereits an einem Eingriff, der Anlass zur Frage nach einer Haftung gibt. Daraus folgt zugleich, dass die in Art. 4 Rom II-VO vorgesehenen **alternativen Anknüpfungen an das Recht eines Nicht-EU-Mitgliedstaates,** insbesondere die Anwendung eines gemeinsamen Aufenthaltsstatuts nach Art. 4 Abs. 2 Rom II-VO oder die Anknüpfung an eine offensichtlich engere Verbindung nach Art. 4 Abs. 3 Rom II-VO ebenso ausscheiden müssen, wie eine nachträgliche Rechtswahl nach Art. 14 Rom II-VO.

84 Die Einsicht, dass das Schutzland und das Statut für eine außervertragliche Haftung aus zwingenden Gründen übereinstimmen müssen, ist zugleich der Grund, warum Art. 8 Rom II-VO das Deliktsstatut für **Rechte des Geistigen Eigentums** zwingend stellt und weder eine Rechtswahl noch eine Ausweichklausel vorsieht.

85 Da Rechte an Daten zwar eine Zuordnungsfunktion haben, aber kein Dateneigentum etablieren, stellt sich die Frage, wie dieser **Gleichlauf zwischen Schutz und Eingriff** auch für das Datenrecht abgesichert werden kann. In Betracht käme eine analoge Anwendung von Art. 8 Abs. 1 und 3 Rom II-VO mit der Begründung, dass der europäische Gesetzgeber bei der Abfassung der Rom II-VO andere immaterielle Güter, die nicht als Rechte des Geistigen Eigentums anerkannt sind, noch nicht berücksichtigt hat. Dies gilt nicht nur für Daten, sondern auch für Geschäftsgeheimnisse.[83] Alternativ ließe sich die Unanwendbarkeit von Art. 4 Abs. 2 und 3 Rom II-VO auf Basis einer teleologischen Reduktion begründen.[84] Rechtfertigung für diese ist, dass die Anwendung der Ausweichklauseln zu Gunsten des Rechts eines Drittstaates aufgrund der Abweichung zum Schutzland stets zu sinnwidrigen Ergebnissen führt.

86 Beide Lösungswege haben für maschinengenerierte Daten zur Folge, dass der **„Schaden"** in dem Eingriff durch die **zuordnungswidrige Nutzung** liegt, sodass für die außervertragliche Haftung das Recht des Staates zur Anwendung kommt, in dem die Nutzung

[80] Metzger/Schweitzer ZEuP 2023, 42 (54).

[81] Erwgr. 18 DA spricht von „befristeten Rechten".

[82] Ausführlich zum vertragsüberschreitenden Gebrauch McGuire/Schulte-Nölke ZdiW 2024, 79 ff.

[83] BeckOGK/McGuire Rom I-VO Art. 8 Rn. 125 ff.

[84] Vgl. exemplarisch die wortgleichen Regelungen in Art. 25 UMVO, Art. 8 Markenrechts-RL und § 30 Abs. 2 MarkenG: Der Inhaber einer Marke kann die Rechte aus der (Union-s)Marke gegen einen Lizenznehmer geltend machen, der hinsichtlich

1. der Dauer der Lizenz,
2. der von der Eintragung erfaßten Form, in der die Marke benutzt werden darf,
3. der Art der Waren oder Dienstleistungen, für die die Lizenz erteilt wurde,
4. des Gebiets, in dem die Marke angebracht werden darf, oder
5. der Qualität der von ihm hergestellten Waren oder der von ihm erbrachten Dienstleistungen

gegen eine Bestimmung des Lizenzvertrages verstößt.

erfolgt. Da die vom Data Act als Recht des Schutzlandes vorgenommene Zuordnung nur in der EU besteht, wird nach den Regeln der Rom II-VO stets das Recht eines Mitgliedstaates als Deliktsstatut berufen. Zu diesem nationalen Recht gehören auch die materiell-rechtlichen Regeln des Data Act. Ob sich mögliche Haftungsfolgen unmittelbar aus dem Data Act oder subsidiär aus dem nationalen Zivilrecht ergeben, ist dann eine Frage der Anwendung des materiellen Rechts.[85]

Dasselbe gilt soweit die unzulässige Verarbeitung oder Weitergabe **personenbezogener** 87 **Daten** einen materiellen Schaden verursacht. Für Ansprüche aus Persönlichkeitsrechtsverletzung bleibt es dagegen bei der Anwendung des nationalen IPR. Da nach Art. 79 Abs. 2 DS-GVO die Zuständigkeit eines Gerichts in einem EU-Mitgliedstaat gesichert ist und das nationale IPR bei Verletzung der Rechte einer Person mit Sitz in der EU zumindest auch[86] das Recht eben dieses Staates zur Anwendung beruft, ist die Anwendung der DS-GVO einschließlich des Art. 82 DS-GVO gesichert.

V. Gerichtsstands- und Rechtswahl

Angesichts der aufgezeigten Komplexität und Unwägbarkeit bei der Anwendung des 88 europäischen IZVR und IPR wird den Parteien regelmäßig empfohlen, durch Gerichtsstandswahl und Rechtswahl Vorsorge zu treffen. Bei Daten, Immaterialgütern und Immaterialgüterrechten ist allerdings zwischen IZVR und IPR zu differenzieren.

Auf der Ebene des IZVR erscheint eine **Gerichtsstandswahl** (Art. 25 Brüssel I-VO, 89 → Rn. 10) eine gute Lösung. Sie kommt zwar in der Regel nur dann in Betracht, wenn die Parteien einen Vertrag geschlossen haben. Ist sie entsprechend weit gefasst, kann sie dann hier aber das Problem lösen, dass eine einheitliche Klage aus Vertrag, vertragsüberschreitendem Gebrauch und unerlaubter Handlung andernfalls nur im allgemeinen Gerichtsstand möglich ist. Hier kann eine Gerichtsstandsvereinbarung eine umfassende Streitbeilegung ermöglichen.

Auf der Ebene des IPR ist demgegenüber zu berücksichtigen, dass eine **Rechtswahl** 90 (Art. 3 Rom I-VO, Art. 14 Rom II-VO) die Bestimmung des anwendbaren Rechts nicht notwendig vereinfacht. Denn eine Rechtswahl ist nur für vertragliche Schuldverhältnisse zulässig ist, während das Deliktsstatut für Schutzrechte (Urheberrechte, Datenbankherstellerrecht) und – nach hier vertretener Auffassung – Geschäftsgeheimnisse – nach Art. 8 Abs. 3 Rom II-VO rechtswahlfest ist. In grenzüberschreitenden Sachverhalten lässt sich das Auseinanderfallen von einheitlichem Vertragsstatut und gespaltenen Schutzländern also nicht auflösen.

Eine Rechtswahl kann sich aber dann empfehlen, wenn (i) die Rechtssicherheit dadurch 91 gestärkt wird, bspw. wenn es weniger zwingende Regelungen (AGB-Kontrolle, Unübertragbarkeit) enthält, (ii) wenn potentielle Handlungen nur in einem bestimmten Staat zu erwarten sind, bspw. weil sich dort der Sitz des Datenverarbeiters oder Nutzers findet, sodass die Rechtswahl zu einem **Gleichlauf mit dem Deliktsstatut** führt oder (iii) wenn ein Rückgriff auf das Deliktsrecht wegen einer konzisen Vertragsstrafenregelung (→ Kap. 10 Rn. 180) ohnedies von untergeordneter Bedeutung ist.

---

[85] Vgl. dazu Schwammberger InTer 2023, 168 (170 f.); Schwammberger MMR 2024, 96 (100); Steinrötter GRUR 2023, 216 (225); Podszun/Pfeifer GRUR 2022, 953 (960) sowie McGuire/Schulte-Nölke ZdiW 2024, 74 ff.

[86] Soweit die nationalen IPR-Normen, wie Art. 40 EGBGB, ein Wahlrecht zwischen Handlungs- und Erfolgsort vorsehen, kann der Betroffene die Anwendung dieses Rechts sicherstellen.

Kapitel 23. Prozessuales

Übersicht

Siehe zu diesem Themenkomplex auch
– Internationales → Kap. 22 Rn. 1 ff.

1 Im vorliegenden Kapitel wird zum einen die **gerichtliche Durchsetzung** von Ansprüchen im Zusammenhang mit Daten und Informationen im Zivilrechtsweg angesprochen, zum anderen soll die besondere Bedeutung von Daten – insbesondere ihre Bereitstellung und des Zugangs zu ihnen– für die gerichtliche Rechtsdurchsetzung, Prozessführung, auch im Rahmen von Ermittlungs- und Strafverfahren dargestellt werden. Hinsichtlich des zweiten Aspekts stehen vor allem Fragen der Erlangung, Verwertung und/oder Bereitstellung von Daten als Beweismittel im Mittelpunkt. Abhängig vom jeweiligen Verfahrensrecht (Zivilprozess, Verwaltungsprozess oder Strafverfahren) bestehen hier teilweise unterschiedliche Anforderungen und Regelungen.

I. Gerichtliche Geltendmachung/Durchsetzung von Ansprüchen im Zusammenhang mit Daten

Mögliche Ansprüche und Anspruchsgrundlagen im Zusammenhang mit dem Zugang zu bzw. der Bereitstellung von Daten und Informationen als Wirtschaftsgut sind **vielfältig.** In der Praxis kommt insbesondere der Frage ihrer gerichtlichen Durchsetzung zentrale Bedeutung zu. Abhängig von der jeweiligen Anspruchsgrundlage und dem Ziel der Rechtsverfolgung bestehen unterschiedliche gerichtliche Durchsetzungsmöglichkeiten. Nachfolgend soll daher ein Überblick über die wesentlichen Aspekte der gerichtlichen Geltendmachung im Zivilrechtsweg gegeben werden; auf materiell-rechtliche Anforderungen/Voraussetzungen einzelner Anspruchsgrundlagen wird nicht im Detail eingegangen. **2**

Im **Zivilprozessrecht** (und nicht nur dort) werden herkömmlicher Weise drei Grundtypen von Klagen unterschieden, Leistungs-, Feststellungs- und Gestaltungsklage.[1] Sämtliche in der Praxis vorkommenden Klagen lassen sich regelmäßig diesen Typen zuordnen. In Bezug auf Daten/Informationen ist es dabei sinnvoll, eine weitere Ausdifferenzierung unter Berücksichtigung der vorgenannten (Grund-)Klagearten vorzunehmen. Zivilprozessual sind typischerweise folgende Konstellationen in den Blick zu nehmen:

- Leistungsklage
- Feststellungsklage
- Gestaltungsklage
- Beseitigung und Unterlassen
- Schadensersatz
- einstweiliger Rechtsschutz

1. Leistungsklage

Mit der Leistungsklage werden Ansprüche, auch solche auf Unterlassung (vgl. § 259 ZPO) und auf Duldung der Zwangsvollstreckung (Haftungsklagen), geltend gemacht.[2] Sie ist das Standardmittel zur Durchsetzung materiell-rechtlicher Ansprüche jedes beliebigen (und rechtlich zulässigen) Inhalts[3]. Im Falle einer Verurteilung kann das angestrebte Rechtsschutzziel im Wege der Zwangsvollstreckung durchgesetzt werden. **3**

Zivilprozessuale Leistungsklagen kommen typischerweise bei folgenden Ansprüchen im Bereich Daten/Informationen in Betracht, wobei die möglichen Anspruchsgrundlagen vielfältig sind:

- Herausgabe von Daten, an denen entsprechende Rechte des Anspruchstellers/Klägers bestehen;
- Durchsetzung von Ansprüchen auf Datenübertragung/Datenbereitstellung (zB Art. 20 DS-GVO oder Art. 4, 5 Data Act);
- Durchsetzung von Wechselrechten bei Datenverarbeitungsdiensten (zB Art. 23, 25 DS-GVO);
- Herausgabe von Geschäfts- und Betriebsgeheimnissen;
- Abschluss eines Datenlieferungsvertrages (zB Art. 8 ff. Data Act).

Bei einer klageweisen Geltendmachung von Ansprüchen in Bezug auf Daten und Informationen kann vor allem die Stellung eines **hinreichend bestimmten Antrags** (§ 253 Abs. 2 Nr. 2 ZPO) in der Praxis eine Herausforderung darstellen. Um einen vollstreckungsfähigen Titel zu erreichen, sind die herauszugebenden bzw. bereitzustellenden Daten möglichst präzise zu bezeichnen (Beschreibung der Art der Daten, Speicherort, Zuordnungskriterien, Zugangsberechtigungen und Ähnliches). **4**

---

1 MüKoZPO/Becker-Eberhard Vor § 253 Rn. 20–22.
2 MüKoZPO/Becker-Eberhard Vor § 253 Rn. 23–25.
3 BeckOK ZPO/Bacher § 253 Rn. 3.

Nach der Rechtsprechung des BGH ist ein Klageantrag dann hinreichend bestimmt, wenn er den erhobenen Antrag konkret bezeichnet und dadurch den Rahmen der gerichtlichen Entscheidungsbefugnis (§ 308 ZPO) absteckt, Inhalt und Umfang der begehrten Entscheidung (§ 322 ZPO) erkennen lässt, das Risiko eines Unterliegens des Klägers nicht durch vermeidbare Ungenauigkeiten auf den Beklagten abwälzt und schließlich eine Zwangsvollstreckung aus dem Urteil ohne eine Fortsetzung des Streits im Vollstreckungsverfahren erwarten lässt. Welche Anforderungen an die Konkretisierung des Streitgegenstands zu stellen sind, hängt dabei ferner von den Besonderheiten des anzuwendenden materiellen Rechts und den Umständen des Einzelfalles ab; dabei sind das Interesse des Beklagten, sich gegen die Klage erschöpfend zu verteidigen, sowie sein Interesse an Rechtsklarheit und Rechtssicherheit hinsichtlich der Entscheidungswirkungen mit dem Interesse des Klägers an einem wirksamen Rechtsschutz abzuwägen.[4]

In Bezug auf die Herausgabe/Bereitstellung von Dokumenten, Daten und Unterlagen können die Anforderungen an die Bestimmtheit von Klageanträgen wie folgt zusammengefasst werden:

- Zulässig ist ein Antrag auf Herausgabe aller Unterlagen zu einem näher bezeichneten Vorgang, etwa zu bestimmten Kapitalerhöhungen einer Gesellschaft.[5]
- Zulässig ist auch ein Antrag auf Herausgabe aller Unterlagen, in denen personenbezogene Daten des Klägers enthalten sind, sofern kein Streit darüber besteht, welche Angaben als personenbezogene Daten in diesem Sinne anzusehen sind.[6]
- Ebenfalls zulässig ist ein Antrag auf Rückgabe von übergebenen Dokumenten und auf Herausgabe von allen daraus abgeleiteten Verkörperungen, in die Informationen aus diesen Dokumenten eingeflossen sind.[7] In solchen Fällen soll die genaue Bezeichnung der übergebenen Dokumente ausreichend sein;[8] dass die Vollstreckung hinsichtlich abgeleiteter Dokumente mit praktischen Schwierigkeiten verbunden sein kann, ist unschädlich.
- Nicht zulässig ist der Antrag auf Herausgabe von allen Belegen, aus denen sich die Richtigkeit einer bestimmten Auskunft ergeben kann.[9]
- Nicht zulässig ist der Antrag auf Überlassung einer Datenkopie von allen E-Mails, in denen eine bestimmte Person namentlich erwähnt ist.[10]

5 Bestehen prozessuale Unsicherheiten in Bezug auf die Bestimmtheit von Anträgen, kann ein Vorgehen im Wege einer **Stufenklage (§ 254 ZPO)** sinnvoll sein. Die Stufenklage trägt der häufig vorkommenden Situation Rechnung, dass der Gläubiger eines Anspruchs auf Zahlung oder Herausgabe bestimmter Gegenstände den Schuldner zunächst auf Auskunft oder Rechnungslegung in Anspruch nehmen muss, damit er seinen Anspruch beziffern oder in sonstiger Weise näher bestimmen kann, um den Anforderungen des § 253 Abs. 2 Nr. 2 ZPO für eine Leistungsklage gerecht zu werden.[11] Eine Stufenklage kommt nicht nur in Betracht, wenn in der letzten Stufe ein Zahlungsanspruch steht, dessen Bezifferung die vorangegangenen Stufen dienen. Die Auskunftsklage kann aber auch auf Herausgabe von Gegenständen wie Daten gerichtet sein, deren Identität dem Kläger noch nicht bekannt sind und die mit den ersten Klagestufen geklärt werden soll[12].

6 Die **Darlegungs- und Beweislast** richtet sich nach den allgemeinen zivilprozessualen Grundsätzen. Hiernach gilt, dass die Partei die für sie günstigen Tatsachen vortragen und im Fall des Bestreitens durch die Gegenseite beweisen muss (nachfolgend auch → Rn. 22 ff.).

---

4 MüKoZPO/Becker-Eberhard § 253 Rn. 88–93 mwN.
5 BGH 30.11.1989 – III ZR 112/88, NJW 1990, 510.
6 BGH 5.3.2024 – VI ZR 330/21, MMR 2024, 673 Rn. 10 ff.
7 BGH 21.12.2023 – IX ZR 238/22, GRUR 2024, 404 Rn. 13.
8 BGH 21.12.2023 – IX ZR 238/22, GRUR 2024, 404 Rn. 20.
9 BGH 26.1.1983 – IV b ZR 355/81, NJW 1983, 1056.
10 BAG 27.4.2021 – 2 AZR 342/20, NJW 2021, 2379 Rn. 20.
11 BeckOK ZPO/Bacher § 254 Rn. 1.
12 Zur Stufenklage siehe im Einzelnen MüKoZPO/Becker-Eberhard § 254 Rn. 1 ff.; Musielak/Voit/Foerste ZPO § 254 Rn. 1 ff.; BeckOK ZPO/Bacher § 254 Rn. 1 ff.

Der allgemeine Darlegungs- und Beweislastgrundsatz kann durch die **Grundsätze der sekundären Darlegungs- und Beweislast** durchbrochen werden.

Sekundäre Darlegungs- und Beweislast bedeutet, dass der Anspruchsgegner der an sich behauptungs- und beweisbelasteten Partei eine sekundäre Behauptungs- und Erklärungslast trifft, wenn die an sich darlegungspflichtige Partei außerhalb des von ihr darzulegenden Geschehensablaufes steht, keine nähere Kenntnis der maßgebenden Tatsachen besitzt und sich diese auch nicht verschaffen kann. In dieser Situation ist ihr ein nur pauschaler Tatsachenvortrag erlaubt, während vom Prozessgegner – der nähere Kenntnis hat und dem nähere Angaben zumutbar sind – ausführlicher Gegenvortrag erwartet wird.[13] Kann der Prozessgegner seine sekundäre Darlegungslast nicht entsprechen, weil er nicht oder nicht ausreichend Substantiiertes vorträgt oder sich sein Vortrag später als falsch herausstellt, gelten die Behauptungen der an sich darlegungs- und beweisbelasteten Partei als **zugestanden.**[14] Der Grad der Substantiierung ist nach der Rspr. aufgrund eines „Wechselspiels von Vortrag und Gegenvortrag" zu bestimmen, wobei die beweisbelastete Partei zunächst „vorlegen" muss.[15] 7

2. Feststellungsklage

Die Feststellungsklage (§ 256 ZPO) ist auf die **Feststellung** eines Rechtsverhältnisses oder sonstiger Umstände gerichtet. Das Gesetz vertraut darauf, dass die Parteien den Richterspruch respektieren und dadurch Befriedung erreicht wird. In diesem Sinne ist die Feststellungsklage nach herkömmlicher Ansicht ein **rein prozessrechtliches Institut,** das der Sicherung des Rechtsfriedens und der Behebung von Rechtsunsicherheit dient.[16] Das Feststellungsurteil ist nach seinem Wirkungsgrad die schwächste Form des Rechtsschutzes. Es ist weder Grundlage der Zwangsvollstreckung in der Hauptsache (abgesehen von der Kostenentscheidung), noch gestaltet es die Rechtslage. Eine rechtskräftig getroffene Feststellung ist für die Parteien in einem nachfolgenden Prozess allerdings bindend.[17] 8

Zu beachten ist dabei die grundsätzliche **Subsidiarität der Feststellungklage** gegenüber der Leistungsklage: Mangels Vollstreckbarkeit des Feststellungsurteils in der Hauptsache fehlt das **Feststellungsinteresse** in der Regel (Ausnahmen im gewerblichen Rechtsschutz und Urheberrecht[18]), falls der Kläger sein Leistungsziel genau benennen und deshalb direkt auf Leistung oder Unterlassung klagen kann,[19] und sei es auch nur im Wege der (ebenfalls als Leistungsklage einzuordnenden[20]) Stufenklage. 9

---

[13] MüKoZPO/Fritsche § 138 Rn. 24 mwN.

[14] Musielak/Voit/Stadler ZPO § 138 Rn. 10a mwN.

[15] S. zB BGH 25.3.2014 – VI ZR 271/13, NJW-RR 2014, 830 Rn. 7; BGH 3.2.1999 – VIII ZR 14/98, NJW 1999, 1404; OLG München 22.9.2020 – 18 U 5151/19, BeckRS 2020, 47674 Rn. 33; OLG Düsseldorf 9.12.2021 – I-2 U 1/21, GRUR-RS 2021, 39600 mit hohen Anforderungen bei Vorliegen eines Privatgutachtens (Gegner muss ggf. eigene Untersuchung veranlassen, um substantiiert zu bestreiten, Rn. 71).

[16] MüKoZPO/Becker-Eberhard § 256 Rn. 1.

[17] BeckOK ZPO/Bacher § 253 Rn. 4.

[18] MüKoZPO/Becker-Eberhard § 256 Rn. 55.

[19] BGH 3.5.1983 – VI ZR 79/80, LM ZPO § 256 Nr. 102; BGH 9.6.1983 – III ZR 74/82, BB 1974, 1184; BGH 9.6.1983 – III ZR 74/82, NJW 1984, 1118 (1119); BGH 19.3.1986 – 1 StE 4/85, StB 2, 3/86, NJW 1986, 1815 (1816); BGH 3.11.1995 – V ZR 182/94, NJW 1996, 452 (453); BGH 21.1.2000 – V ZR 387/98, NJW 2000, 1256 (1257); BGH 4.10.2000 – VIII ZR 289/99, NJW 2001, 445 (447); BGH 12.7.2005 – VI ZR 83/04, NJW 2006, 1271 (1275 f.); BGH 2.3.2012 – V ZR 159/11, NJW-RR 2012, 1223 Rn. 14; 23.1.2014 – III ZR 37/13, NJW 2014, 939 Rn. 32, 53 f.; BGH 18.2.2015 – XII ZR 199/13, BeckRS 2015, 04832 Rn. 32; BGH 24.1.2017 – XI ZR 183/15, NJW-RR 2017, 815 Rn. 11 ff.; BGH 21.2.2017 – XI ZR 467/15, NJW 2017, 1823 Rn. 13 ff.; BGH 16.5.2017 – XI ZR 586/15, NJW 2017, 2340 Rn. 16; BGH 10.10.2017 – XI ZR 456/16, NJW 2018, 227 Rn. 12 mwN; BGH 2.9.2021 – VII ZR 124/20, BeckRS 2021, 30903 = NJOZ 2022, 537 Rn. 37; BGH BGH 5.10.2021 – VI ZR 136/20, NJW-RR 2022, 23 Rn. 15; BGH 9.11.2022 – VIII ZR 272/20, NJW 2023, 1567 Rn. 30; 2.6.2022 – VII ZR 160/21, NJOZ 2023, 815 = BeckRS 2022, 16868 Rn. 11; BAG 26.10.2010 – 3 AZR 496/08, NJW 2011, 701.

[20] BGH 8.6.1994 – VIII ZR 178/93, NJW 1994, 2896 (2897) mwN.

Etwas anderes kann in Schadensfällen gelten. Hier kommt es entscheidend darauf an, ob der Kläger die Schadenshöhe bereits endgültig beziffern kann, was ihm nicht nur bei sich noch entwickelnden Schäden, sondern auch dann unmöglich sein dürfte, wenn die Schädigung bereits abgeschlossen ist. Umfängliche Begutachtungen zur Schadensberechnung können nicht verlangt werden. Ist eine endgültige Schadensbezifferung nicht möglich – auch nur in Teilen – kann die Feststellung einer grundsätzlichen Pflicht zur Leistung von Schadensersatz per Feststellungsklage verfolgt werden.

10 Festzuhalten ist: Besteht für den Anspruchsteller/Kläger die Möglichkeit, seinen Anspruch bzw. das begehrte Leistungsziel genau zu benennen/zu beziffern, ist eine Durchsetzung im Wege der Leistungsklage vorzugswürdig, um das **Risiko eines fehlenden Feststellungsinteresses** zu vermeiden. Ein Feststellungsantrag kann gleichwohl als (echter) Hilfsantrag als Fallback in den Prozess eingeführt werden.

3. Gestaltungsklagen

11 Gestaltungsklagen sind auf die **Änderung eines Rechtsverhältnisses durch richterliche Entscheidung** gerichtet. Wie bei Feststellungsurteilen bedarf es auch bei Gestaltungsurteilen keiner Zwangsvollstreckung in der Hauptsache. Die angestrebte Rechtsänderung tritt mit Rechtskraft der Entscheidung ohne Weiteres ein und wirkt grundsätzlich gegenüber jedermann.

12 Gestaltungsklagen bedürfen allerdings einer speziellen gesetzlichen Grundlage.[21] Sie sind **nicht generell statthaft,** sondern auf gesetzlich ausdrücklich geregelte Gestaltungstatbestände beschränkt. Gesetzliche Bestimmungen über die Zulässigkeit von Gestaltungsklagen sind dabei in der Regel außerhalb der Zivilprozessordnung zu finden.[22] Wird eine Gestaltungsklage erhoben, wo sie gesetzlich nicht vorgesehen ist, fehlt es an der erforderlichen Klagenorm; eine solche Gestaltungsklage ist unstatthaft. Ebenso ist die Gestaltungsklage unstatthaft, wenn zwar eine Gestaltungsklagenorm existiert, ihre Voraussetzungen aber nicht vorliegen.[23]

4. Beseitigung und Unterlassen (Abwehr von Beeinträchtigungen)

13 Im Rahmen von Leistungsklagen können auch Beseitigungs- und Unterlassungsansprüche gerichtlich geltend gemacht werden. Derartige Ansprüche kommen vor allem zur Abwehr von Rechtsbeeinträchtigungen zum Tragen.

Beseitigung betrifft die Abwehr von gegenwärtigen Beeinträchtigungen und bezieht sich auf deren Abstellung in der Zukunft. Ein Anspruch ist nur gegeben, wenn die Beeinträchtigung fortwirkt. Die Herstellung des früheren Zustandes, der als Folge der Beeinträchtigung eingetreten ist, kann nicht verlangt werden, sondern muss als Schadensersatzanspruch geltend gemacht werden. Die Kosten der Beseitigung hat der verursachende Anspruchsgegner zu tragen.[24]

Der **Unterlassungsanspruch** dient der Abwehr künftiger Beeinträchtigungen. Er greift ein, wenn aufgrund einer vorangegangenen Beeinträchtigung die Gefahr künftiger Wiederholungen besteht. Die vorangegangene rechtswidrige Beeinträchtigung begründet in der Regel die tatsächliche Vermutung für eine Wiederholungsgefahr. Der Anspruchsgegner schuldet die künftige Untätigkeit sowie ein Verhalten, welches den Nichteintritt der drohenden Beeinträchtigung bewirkt.[25]

---

21 BeckOK ZPO/Bacher § 253 Rn. 5–6.5.
22 Siehe hierzu MüKoZPO/Becker-Eberhard Vor § 253 Rn. 28.
23 MüKoZPO/Becker-Eberhard Vor § 253 Rn. 28–31.
24 BeckOK BGB/Fritzsche § 1004 Rn. 55–57.
25 BeckOK BGB/Fritzsche § 1004 Rn. 86–106.

Typische Ansprüche auf Beseitigung und Unterlassen folgen zB aus dem UWG zur Abwehr von unzulässigen geschäftlichen Handlungen (Verstöße gegen § 3 oder § 7 UWG)[26], aus dem Urheberrecht (§ 97 UrhG)[27], aus dem Geschäftsgeheimnisgesetz (§ 6 GeschGehG)[28] oder können als quasi-negatorische Ansprüche aus §§ 1004, 823 BGB (analog)[29] abgeleitet werden. Im Bereich Daten/Informationen kommen Beseitigung und Unterlassen insbesondere bei Rechtsbeeinträchtigungen in Betracht, die die Verfügbarkeit, den Zugang zu oder Rechte an Daten betreffen (zB Urheberrechte, Geheimnisschutz oder sonstige Rechte im Bereich des gewerblichen Rechtsschutzes). Auch in Bezug auf Beseitigungs- und Unterlassungsansprüche sind die möglichen Anspruchsgrundlagen in Bezug auf Daten vielfältig. 14

5. Schadensersatz

Ansprüche auf Schadensersatz sind grundsätzlich im Rahmen von Leistungsklagen gerichtlich geltend zu machen, es sei denn, der Schaden kann noch nicht genau beziffert werden. In diesem Fall kommt auch eine Feststellungsklage in Betracht (siehe oben). Die möglichen Anspruchsgrundlagen sind auch hier vielfältig. Ansprüche können sich zum Beispiel aus der DS-GVO (Art. 82 DS-GVO)[30], dem Urheberrecht (§ 97 UrhG)[31], dem UWG – insbesondere aus dem Gesichtspunkt Vorteil durch Rechtsbruch (§ 9 UWG iVm § 3a UwG)[32], dem Zivilrecht (§ 823 Abs. 1 und Abs. 2 BGB)[33], dem Geheimnisschutzgesetz (§ 10 GeschGehG)[34] oder anderen Anspruchsgrundlagen ergeben. Im Rahmen der Geltendmachung von Schadensersatz sind vor allem die Anspruch begründenden Tatsachen sowie die konkrete Schadenshöhe kausal darzulegen und im Streitfall zu beweisen. Zu Darlegungs- und Beweislastfragen nachfolgend unter → Rn. 21. In Bezug auf immaterielle Schäden zB nach DS-GVO kommt eine Schadensschätzung im Rahmen freier Beweiswürdigung (§ 287 ZPO) in Betracht.[35] Angesichts der Vielzahl möglicher Anspruchsgrundlagen wird von einer detaillierten Darstellung abgesehen. 15

6. Einstweiliger Rechtsschutz

Neben einer Durchsetzung von Ansprüchen in gerichtlichen Hauptsacheverfahren, kommen zivilprozessual ferner einstweilige Rechtsschutzmöglichkeiten nach der ZPO in Betracht, vgl. §§ 916–945b ZPO. Die ZPO kennt im Kern zwei vorläufige Rechtsschutzmittel, den **Arrest** und die **einstweilige Verfügung.** Der Arrest bezieht sich auf die Sicherung der Zwangsvollstreckung in das bewegliche oder unbewegliche Vermögen wegen einer Geldforderung oder wegen eines Anspruchs, der in eine Geldforderung übergehen kann, vgl. § 916 ZPO. Einstweilige Verfügungen sind in Bezug auf den Streitgegenstand möglich, wenn zu besorgen ist, dass durch eine Veränderung des bestehenden Zustandes die Verwirklichung des Rechts einer Partei vereitelt oder wesentlich erschwert werden könnte, vgl. § 935 ZPO. Einstweilige Verfügungen kommen grds. immer dann in Betracht, wenn es 16

---

26 Zu Beseitigungs-/Unterlassungsansprüchen nach dem UWG siehe Köhler/Feddersen/Bornkamm/Feddersen UWG § 8 Rn. 1 ff.

27 Zu Beseitigungs-/Unterlassungsansprüchen nach dem UrhG Dreier/Schulze/Specht-Riemenschneider/Raue UrhG § 97 Rn. 1 ff.

28 Zu Beseitigungs-/Unterlassungsansprüchen nach dem GeschGehG siehe Köhler/Feddersen/Alexander GeschGehG § 6 Rn. 1 ff.; BeckOK GeschGehG/Spieker § 6 Rn. 1 ff.

29 Siehe BeckOK BGB/Förster § 823 Rn. 50–52.

30 Siehe Kühling/Buchner/Bergt DS-GVO Art. 82 Rn. 1 ff.; Gola/Heckmann/Gola/Piltz DS-GVO Art. 82 Rn. 1 ff.

31 Zu Beseitigungs-/Unterlassungsansprüchen nach dem UrhG Dreier/Schulze/Specht-Riemenschneider/Raue UrhG § 97 Rn. 1 ff.

32 Köhler/Feddersen/Köhler/Odörfer UWG § 3a Rn. 1 ff.; Köhler/Feddersen/Köhler UWG § 9 Rn. 1 ff.

33 Siehe MüKoBGB/Wagner § 823 Rn. 1 ff.

34 Siehe Köhler/Feddersen/Alexander GeschGehG § 10 Rn 1 ff.

35 Siehe MüKoZPO/Prütting § 287 Rn. 1 ff.

nicht um die Sicherung von Geldforderungen für die Zwecke der Zwangsvollstreckung geht.

17 Der Erlass einer einstweiligen Verfügung setzt zunächst einen **Verfügungsanspruch** voraus. Es darf sich nicht um eine Geldforderung oder einen Anspruch handeln, der in eine Geldforderung übergehen kann (hierfür wäre allein der Arrest das richtige Sicherungsmittel). Beim Verfügungsanspruch handelt es sich insoweit um den materiell-rechtlichen Anspruch, der mittels einer einstweiligen Verfügung nach den §§ 935, 940 ZPO gesichert werden soll.[36]

18 Weitere Voraussetzung ist das Vorliegen eines **Verfügungsgrundes.** Dieser ist gegeben, wenn die objektiv begründete Gefahr besteht, dass durch Veränderung des status quo die Rechtsverwirklichung des Antragstellers mittels eines im Hauptsacheprozess erlangten Urteils einschließlich dessen Vollstreckung vereitelt oder erschwert werden könnte.[37]

19 Verfügungsanspruch und Verfügungsgrund bedürfen der **Glaubhaftmachung** durch den Antragsteller, vgl. §§ 936, 920 Abs. 2 ZPO. Für die **Art der Glaubhaftmachung** gilt insoweit § 294 ZPO. Danach ist statthaft zB eidesstattliche Versicherung des Antragstellers oder Dritter, anwaltliche Versicherung, schriftliche Zeugenaussagen, Privatgutachten, oder Verweisung auf die Hauptsacheakten. Bei **unzureichender** Glaubhaftmachung ist, sofern nicht nach § 921 ZPO verfahren wird, dem Gläubiger Gelegenheit zur Nachbesserung zu geben bzw. mündliche Verhandlung anzuberaumen; entsprechendes gilt beim Vorliegen einer **Schutzschrift** (vgl. §§ 937, 945a ZPO), welche die Glaubhaftmachung erschüttert. **Keiner** Glaubhaftmachung bedürfen, wie im Hauptsacherechtsstreit, offenkundige (§ 291 ZPO) und vermutete (§ 292 ZPO) sowie vom Schuldner bei seiner Anhörung zugestandene (§ 288 ZPO) oder nicht bestrittene (§ 138 Abs. 3 ZPO) Tatsachen bzw. bei Verzicht darauf (zB nach § 917 Abs. 2 S. 2 ZPO).

Ist der Antrag auf Erlass einer einstweiligen Verfügung begründet, bestimmt das Gericht nach freiem Ermessen (§ 938 ZPO), welche Anordnungen zur Erreichung des Sicherungszwecks zu treffen sind. Folgende Arten von Verfügungen werden in der Regel unterschieden: (i) Sicherungsverfügung, (ii) Regelungsverfügung und (iii) Leistungsverfügung, wobei diese Unterscheidung lediglich unterschiedliche, mögliche Regelungsinhalte im Rahmen eines einstweiligen Verfügungsverfahrens adressieren.[38]

20 In der Praxis sind Gerichte vor allem bei **Leistungsverfügung** zurückhaltend, da hiermit in der Regel eine **Vorwegnahme der Hauptsache** verbunden ist. Grundsätzlich soll eine einstweilige Verfügung nur der Sicherung eines Anspruchs dienen und nicht die Erfüllung des Anspruches vorwegnehmen. Eine Vorwegnahme der Hauptsache ist daher in der Regel unzulässig, es sei denn, es liegen besondere Umstände vor, die eine Ausnahme rechtfertigen.

Gerade die Herausgabe bzw. Bereitstellung von Daten und Informationen (Anspruch auf Datenübertragung nach Art. 20 DS-GVO oder die Herausgabe von Daten iRd Art. 28 DS-GVO) ist dabei häufig von einer gewissen Dringlichkeit geprägt – zB zur Aufrechterhaltung oder Weiterführung des Geschäftsbetriebs, so dass ein Zuwarten bis zum Abschluss eines gerichtlichen Hauptsacheverfahrens nicht zumutbar ist. In diesen Fällen dürften auch Leistungsverfügungen im Sinne einer Vorwegnahme der Hauptsache zulässig sein, sofern einer der nachfolgenden, besonderen Umstände durchgreift:

- **Existenzielle Bedeutung:** Der Antragsteller muss auf die sofortige Erfüllung des Anspruchs angewiesen sein, um wesentliche Nachteile abzuwenden.[39]
- **Unzumutbare Nachteile:** Ohne die einstweilige Verfügung drohen dem Antragsteller unzumutbare Nachteile, die durch eine spätere Entscheidung in der Hauptsache nicht mehr ausgeglichen werden können.

---

36 Zum Verfügungsanspruch siehe Musielak/Voit/Braun ZPO § 935 Rn. 12.
37 Zum Verfügungsgrund siehe Musielak/Voit/Braun ZPO § 935 Rn. 13, 14.
38 MüKoZPO/Drescher § 935 Rn. 5.
39 OLG Hamm 29.11.1991 – 26 W 15/91, NJW-RR 1992, 640.

- **Hohe Wahrscheinlichkeit des Erfolgs:** Es muss eine überwiegende Wahrscheinlichkeit bestehen, dass der Antragsteller im Hauptsacheverfahren obsiegen wird.
- **Verhältnismäßigkeit:** Die Entscheidung muss verhältnismäßig sein und die durch die einstweilige Verfügung eintretenden irreversiblen oder irreparablen Zustände müssen unter dem Gesichtspunkt der Verhältnismäßigkeit hingenommen werden können.[40]

Für die Praxis bedeutet dies, dass eine **einstweilige Verfügung iS einer Vorwegnahme der Hauptsache** nur in **Ausnahmefällen Aussicht auf Erfolg** hat, soweit die vorgenannten Bedingungen erfüllt sind und der Antragsteller die entsprechenden, besonderen Umstände und Ausnahmen glaubhaft gemacht hat.[41]

II. Verwendung von Daten/Zugang zu Daten im Zivilprozess

Im Zivilprozess steht die Frage der Bereitstellung von bzw. eine Zugangsgewährung zu Daten vor allem mit Beweismittelfragen im Zusammenhang. Im Prozess werden Daten häufig im Rahmen der prozessualen Darlegungs- und Beweislastregeln von den Parteien zur Geltendmachung/Durchsetzung zivilrechtlicher Ansprüche bereitgestellt bzw. zugänglich gemacht. Hierbei kann es sich um personenbezogene Daten (zB Namen, Adressen etc) sowie nicht-personenbezogene Daten (zB Lieferdaten, Quellcode, Maschinendaten etc) handeln. Die Bereitstellung/Zugangsgewährung erfolgt im Rahmen des Prozessvortrags gegenüber dem Gericht, der/den gegnerischen Partei(en) sowie etwaigen weiteren Beteiligten am Prozess (Streitverkündeten, Nebenintervenienten, Sachverständige etc). Bleibt der Parteivortrag strittig, ist über den strittigen Parteivortrag einschl. der darin vorgetragenen bzw. behaupteten Daten – soweit entscheidungserheblich – Beweis zu erheben. Wie eine solche Beweiserhebung in Bezug auf Daten zivilprozessual erfolgen kann, soll nachfolgend kursorisch dargestellt werden. **21**

Auf die Verarbeitung/Bereitstellung von Daten zu Parteien, Zeugen und sonstigen Prozessbeteiligten durch die Justiz im Rahmen der Durchführung von Zivilverfahren soll in diesem Zusammenhang nicht näher eingegangen werden. **22**

1. Zivilprozessualer Beibringungsgrundsatz/Darlegungs- und Beweislast

Ausgangspunkt für die Bereitstellung von Daten und Informationen im Zivilprozess sind der zivilprozessuale Beibringungsgrundsatz (auch Verhandlungsmaxime oder Verhandlungsgrundsatz) sowie Aspekte der Darlegungs- und Beweislast. **23**

Der zivilprozessuale **Beibringungsgrundsatz** besagt, dass im Zivilprozess nur die Tatsachen Grundlage einer gerichtlichen Entscheidung sein können, die von den Parteien auch vorgetragen bzw. in den Prozess – zB durch mündlichen Vortrag oder vorbereitende Schriftsätze – eingeführt wurden. Das Gericht ist an den Vortrag der Parteien gebunden und darf nur die vorgebrachten Tatsachen verwerten, dh zur Grundlage eines Urteils machen.[42] **24**

Der Beibringungsgrundsatz erfährt durch verschiedene Regelungen der ZPO Ergänzungen und Modifizierungen. So hat das Gericht darauf hinzuwirken, dass sich die Parteien rechtzeitig und vollständig erklären (§ 139 Abs. 1 S. 2 ZPO). In der mündlichen Verhandlung hat der Vorsitzende dafür Sorge zu tragen, dass die Sache erschöpfend erörtert wird (§ 136 Abs. 3 ZPO). Das Gericht hat bei Bedarf den Parteien Fragen zu stellen und Hinweis zu geben (§ 139 Abs. 1 ZPO). Dass die in § 139 ZPO getroffene Regelung den Verhandlungsgrundsatz zwar ergänzt, ihn aber nicht aufhebt, zeigt sich bereits darin, dass es Sache der Parteien bleibt, aus den Hinweisen des Gerichts Folgerungen zu ziehen und ihren Vortrag **25**

[40] Vgl. BeckOK SozR/Cantzler SGG § 86b Rn. 78–84.
[41] Vgl. BVerfG 2.9.2022 – 2 BvR 1532/22, NJW 2023, 148.
[42] Musielak/Voit/Voit ZPO Einleitung Rn. 37 f.; Jäckel Das Beweisrecht der ZPO Rn. 12 ff.

entsprechend zu korrigieren.[43] Das Gericht hat die Pflicht, darauf hinzuwirken, dass die Parteien sich rechtzeitig und vollständig über alle erheblichen Tatsachen erklären, ungenügende Angaben ergänzen, Beweismittel bezeichnen und sachdienliche Anträge stellen.

26 Zusammenfassend ist der Beibringungsgrundsatz zentraler Bestandteil des Zivilprozesses, der die Verantwortung für die Beschaffung der erforderlichen Sachverhaltsgrundlage für eine Entscheidung des angerufenen Zivilgerichts den Parteien überträgt, während das Gericht eine unterstützende Rolle bei der Klärung und Ergänzung des Sachverhalts einnimmt.[44]

27 Bei der Frage der **Darlegungs- und Beweislast** wiederum handelt es sich um zwei weitere Komponenten des Beibringungsgrundsatzes, die ineinander übergehen und gelegentlich auch begrifflich gemeinsam gebraucht werden.[45]

28 Bei der **Darlegungslast** geht es um die Frage, welche Partei verpflichtet ist, die jeweils relevanten Tatsachen für den geltend gemachten Anspruch vorzutragen. Die Darlegungslast folgt im Grundsatz den Beweislastregeln. Im Zivilprozess muss grundsätzlich der Kläger die für ihn günstigen Tatsachen vortragen und darlegen, die seinen Anspruch begründen. Der Beklagte wiederum muss die für ihn günstigen Tatsachen vortragen und darlegen, die den Anspruch beseitigen (Einwendungen, Einreden).[46]

29 Die Frage der **Beweislast** ist hingegen bedeutsam für die Frage, wer von den Parteien für den Beweis einer entscheidungserheblichen Tatsache verantwortlich ist bzw. den diesbezüglichen Beweis antreten muss. Unterschieden wird dabei zwischen objektiver und subjektiver Beweislast.

30 Die **objektive Beweislast** (auch materielle Beweislast oder Feststellungslast) weist einer Partei das Risiko zu, dass ein beweisbedürftiger Tatsachenvortrag/eine beweisbedürftige Behauptung – trotz Ausschöpfung aller zulässigen Beweismittel – bis zum Ende der mündlichen Verhandlung unerweislich bleibt (sog. non liquet, lat: „nicht klar") und infolgedessen zu ihrem Nachteil vom angerufenen Gericht entschieden wird.[47]

31 Die **subjektive Beweislast** (auch formelle Beweislast oder abstrakte Beweisführungslast) bestimmt im Bereich des Beibringungsgrundsatzes, welche Partei einen Beweis antreten darf und muss, wenn sie einen prozessualen Nachteil vermeiden will. Nur wenn die beweisbelastete Partei Beweis antritt, darf auch ein angebotener Gegenbeweis erhoben werden.[48]

32 Beweisbedürftig sind entscheidungserhebliche Tatsachen allerdings nur, wenn sie von der Gegenseite im Prozess (substantiiert) bestritten werden. Die Frage der Darlegungs- und Beweislastverteilung stellt sich somit regelmäßig erst im Fall eines erheblichen Bestreitens von Tatsachen durch die Gegenseite.

33 Im Rahmen des zivilprozessualen Tatsachenvortrags werden regelmäßig – im Rahmen des Beibringungsgrundsatzes sowie der Darlegungs- und Beweislast – diverse Daten und Informationen zur Verfügung gestellt bzw. von der insoweit darlegungs- und beweisbelasteten Partei in den Prozess eingebracht. Dies kann sowohl bloße Tatsachenschilderungen umfassen, aber auch die Bereitstellung von konkreten Daten und Informationen, wie zB technische Daten, Prüf- oder Messergebnisse, Objekt- und Quellcode im Softwarebereich, Geschäfts- und Betriebsgeheimnisse (im Rahmen zB eines „In-Camera-Verfahrens"[49]) und Ähnliches. Der mögliche Tatsachenvortrag sowie die Bereitstellung von diesbezüglichen Daten und Informationen ist – abhängig vom jeweils geltend gemachten Anspruch und der jeweiligen Verteidigung – denkbar weit.

34 Ist entsprechender Tatsachenvortag von der jeweiligen Gegenseite (substantiiert) bestritten, – gleich ob es sich um anspruchsbegründenden Vortrag der Klägerseite oder Vortrag zu Einwendungen/Einreden der Beklagtenseite handelt – ist nach ZPO Beweis zu erheben,

---

43 Musielak/Voit/Voit ZPO Einleitung Rn. 39 f.
44 Ähnlich Musielak/Voit/Voit ZPO Einleitung Rn. 39 f.
45 Jäckel Das Beweisrecht der ZPO Rn. 17.
46 Jäckel Das Beweisrecht der ZPO Rn. 19–22.
47 HK-ZPO/Saenger ZPO § 286 Rn. 53.
48 HK-ZPO/Saenger ZPO § 286 Rn. 54.
49 Siehe hierzu MüKoZPO/Prütting § 285 Rn. 11–17.

soweit der jeweilige Tatsachenvortrag entscheidungserheblich ist. Dies gilt auch für die im Rahmen des Tatsachenvortrags eingeführten Daten und Informationen. Die Frage und das Verfahren der Beweiserhebung richtet sich dabei nach dem Beweismittelrecht der ZPO, geregelt in den §§ 355–455 ZPO.

2. Übersicht der Beweismittel in der ZPO

Die nach der ZPO zulässigen Beweismittel sind abschließend geregelt. Neben den allgemeinen Vorschriften zur Durchführung einer Beweisaufnahme (§§ 355–370 ZPO), sind grds. nur folgende Beweismittel im Sinne des sog. Strengbeweises[50] zulässig: **35**

- Beweis durch Augenschein (§§ 371–372a ZPO)
- Beweis durch Zeugenbeweis (§§ 373–401 ZPO)
- Beweis durch Sachverständige (§§ 402–414 ZPO)
- Beweis durch Urkunden (§§ 415–444 ZPO)
- Beweis durch Parteivernehmung (§§ 445–455 ZPO).

In Bezug auf die Bereitstellung/Zugangsgewährung zu elektronischen Daten kommen in der Praxis typischerweise nur folgende Beweismittel in Betracht: (i.) Augenscheinbeweis, (ii.) Sachverständigenbeweis und (iii.) Urkundenbeweis. Der Zeugenbeweis und die Parteivernehmung (die ohnehin Einschränkungen unterliegt) ermöglichen in Bezug auf den Beweis elektronischer Daten allenfalls eine mittelbare Wahrnehmung. Dies hat einen geringeren Beweiswert als zB die direkte Wahrnehmung von (elektronischen) Daten per Augenschein, Urkunde oder deren Begutachtung durch einen Sachverständigen. **36**

Die einzelnen Beweismittel werden auf Grund des jeweiligen Beweisantritts durch die beweisbelastete Partei vom Gericht herangezogen. Zudem können alle Beweismittel – ausgenommen der Zeugenbeweis – auch **von Amts wegen** durch das Gericht eingesetzt werden (vgl. §§ 142 Abs. 1, 144 Abs. 1, 448 ZPO). Im Rahmen von Beweisanträgen der Parteien müssen die zugrundeliegenden Tatsachenbehauptungen unter Berücksichtigung von § 138 Abs. 1 ZPO je nach Einzelfall und des generischen Vortrags substantiiert werden.[51] **37**

Nachfolgend sollen die einzelnen Beweismittel (Strengbeweis) in Bezug auf eine Bereitstellung von Daten/Informationen im Prozess kurz kursorisch dargestellt werden, einschließlich ihres jeweiligen Beweiswertes bzw. ihrer jeweiligen Beweiskraft in Bezug auf beweisbedürftige Daten und Informationen. Auf den Beweis durch Parteivernehmung soll angesichts des engen Anwendungsbereichs dieses Beweismittels[52] dabei nicht näher eingegangen werden.[53] **38**

3. Bereitstellung/Zugang zu Daten durch Augenscheinbeweis

Als erstes gesetzliches Beweismittel nennt die ZPO den **Augenscheinbeweis** (§§ 371–372a ZPO). Er kann durch jede **unmittelbare Sinneswahrnehmung des Richters** erfolgen, insbesondere also durch Sehen, Hören, Fühlen, Schmecken oder Riechen. Insoweit geht es nur um die äußerliche Wahrnehmung.[54] Das heißt, das Studium einer Urkunde durch den Richter ist Urkundenbeweis, wenn er den Inhalt der Urkunde erfassen will. Dagegen ist das Studium einer Urkunde Augenscheinbeweis, wenn er die Schriftzeichen im Hinblick auf den Aussteller mit einer Schriftprobe vergleicht. Augenscheinobjekt kann jede Person und jede Sache sein. Der Augenschein kann auch durch lediglich mittelbare Wahrnehmung zB **39**

---

[50] Musielak/Voit/Foerste ZPO § 284 Rn. 8; MüKoZPO/Prütting § 284 Rn. 49 ff.

[51] Zum Ablauf einer Beweisaufnahme siehe zusammenfassend MüKoZPO/Prütting § 284 Rn. 1 ff.

[52] Siehe hierzu Musielak/Voit/Röß ZPO § 445 Rn. 2–6.

[53] Zur Parteivernehmung als Beweismittel siehe zusammenfassend bei MüKoZPO/Schreiber § 445 Rn. 1 ff.; Musielak/Voit/Röß ZPO §§ 445 ff.

[54] Siehe MüKoZPO/Zimmermann § 371 Rn. 2.

mithilfe eines Fotos oder Videos erfolgen[55], die einer unmittelbaren Sinneswahrnehmung durch das Gericht zugänglich ist (zB Dashcam-Aufzeichnung[56]). Ein als Online-Printout vorgelegtes Papier ist kein elektronisches Dokument gem. § 371 Abs. 1 S. 2 ZPO, sondern normales Augenscheinobjekt.[57]

40 **Mittels Augenscheines** als äußerliche Wahrnehmung kann grds. **keine inhaltliche Erfassung bzw. Bewertung** der im Zivilprozess vorgelegten bzw. eingeführten Daten und Informationen durch das Gericht erfolgen.[58] Eine inhaltliche Bewertung bzgl. zB (mathematischer) Richtigkeit, Aussagekraft/Aussagewert der vorgelegten Daten für bestimmte Tatsachen ist durch Augenschein nicht möglich; dies ist in der Regel dem Sachverständigenbeweis vorbehalten (siehe unten).

4. Bereitstellung/Zugang zu Daten durch Zeugenbeweis

41 Der **Beweis durch Zeugen** ist in den §§ 373–401 ZPO geregelt. Beim Zeugenbeweis geht es um die Wahrnehmung (nicht um Rückschlüsse oder Folgerungen) einer dritten Person (also nicht der Parteien) über Tatsachen (nicht über Erfahrungssätze und Rechtssätze) und deren (mittelbare) inhaltliche Erfassung durch den Richter. Es kommt jede Art der Wahrnehmung in Betracht. So ist zB auch der Zeuge des Hörensagens grds. ein taugliches Beweismittel, auch wenn seine Aussage aufgrund einer bloß mittelbaren Wahrnehmung im Rahmen der Beweiswürdigung objektiv weniger glaubwürdig sein dürfte als ein Zeuge, der eine unmittelbare Wahrnehmung der (strittigen) Tatsache hatte. Zeugnisfähig ist jede Person, auch Kinder, Gebrechliche oder Geisteskranke. Nicht Zeuge sein können die Parteien des Prozesses.

42 **Mittels Zeugenbeweises** können – ähnlich dem Augenscheinbeweis – nur **äußerliche Wahrnehmungen des Zeugen** in einen Prozess als Beweismittel eingeführt werden. **Gegenstand des Zeugenbeweises sind aber nicht Werturteile, Rechtsbegriffe oder Schlussfolgerungen,** auch wenn eine Tatsachenschilderung im Einzelfall zwangsläufig mit einer Wertung verbunden sein kann.[59] Während es beim Augenscheinbeweis um die äußerliche Wahrnehmung durch das Gericht geht, geht es beim Zeugenbeweis um die äußerliche Wahrnehmung dritter Personen (siehe oben), die per Beweisaufnahme in den Prozess eingeführt werden (soweit ein entscheidungserheblicher Tatsachenvortrag strittig bleibt). Der Zeugenbeweis erfordert dabei einen ausdrücklichen Beweisantritt durch die beweisbelastete Partei durch Benennung des Zeugen (vgl. § 373 ZPO); die übrigen Beweismittel der ZPO können zudem auch von Amts wegen durch das Gericht veranlasst werden (siehe oben). Wie beim Augenscheinbeweis (siehe oben) kann grds. keine inhaltliche Erfassung, Schlussfolgerung oder Bewertung der im Zivilprozess vorgelegten bzw. eingeführten Daten und Informationen durch Zeugenbeweis erfolgen; dies ist dem Sachverständigenbeweis vorbehalten, soweit das Gericht über keine eigene diesbezügliche Expertise verfügen sollte.

43 Die Bewertung der Aussage eines Zeugen erfolgt im Rahmen der freien Beweiswürdigung (§ 286 ZPO) und richtet sich nach der Glaubhaftigkeit (objektives Element) und Glaubwürdigkeit (subjektives Element) des Zeugen.[60]

5. Bereitstellung/Zugang zu Daten durch Sachverständigenbeweis

44 Ein **Sachverständiger** ist eine Person, die dem Richter fehlendes Wissen von Rechtsnormen, Erfahrungssätzen, Schlussfolgerungen aus Tatsachen, aber auch über die Tatsachen-

55 Musielak/Voit/Röß ZPO § 371 Rn. 3.
56 MüKoZPO/Prütting § 284 Rn. 79.
57 OLG Jena 27.12.2024 – 4 U 868/22, EWiR 2019, 319.
58 Musielak/Voit/Röß ZPO § 371 Rn. 3, 4.
59 Musielak/Voit/Röß ZPO § 373 Rn. 2.
60 Musielak/Voit/Röß ZPO § 373 Rn. 15 f.

feststellung selbst vermittelt (§§ 402–414 ZPO).[61] Der Sachverständige wird vom Gericht nach dessen freier Auswahl hinzugezogen (vgl. § 404 ZPO). Auf die beantragte und erforderliche Einholung eines Sachverständigengutachtens darf das Gericht nur verzichten, wenn es über eigene besondere Sachkunde verfügt. Will der Richter vom Gutachten abweichen, so muss er das und die eigene Sachkunde begründen. Die Parteien sind hierauf hinzuweisen. Liegt neben einem gerichtlichen Sachverständigengutachten ein divergierendes Privatgutachten vor, muss das Gericht sich damit auseinandersetzen und auf weitere Aufklärung hinwirken.[62]

Mittels Sachverständigenbeweis kann das Gericht in Bezug auf die im Prozess vorgelegten **45** Daten und Informationen eine weitergehende inhaltliche Bewertung durch einen externen Experten vornehmen lassen. Dies betrifft insbesondere die Vorlage von Daten und Informationen im Rahmen des Tatsachenvortrags zu technischen, mathematischen oder medizinischen Sachverhalten und Aspekten, zB Bewertung von Quellcodes, Verfahrens- und Ablauffragen, Vortrag zu technischen Umständen sowie technischen Gegebenheiten (zB Patente, Gebrauchsmuster, Urheberrechte oder technische Mängel, Konstruktionsfehler etc). In diesen Fällen erfolgt eine inhaltliche Erfassung einschl. Bewertung der Daten und Informationen durch den gerichtlich bestellten Sachverständigen in Bezug auf ein konkretes Beweisthema.

Sachverständigengutachten unterliegen ebenfalls der freien Beweiswürdigung (§ 286 **46** ZPO).[63] Der Tatrichter muss das Gutachten eines gerichtlich bestellten Sachverständigen sorgfältig und kritisch würdigen.[64]

6. Bereitstellung/Zugang zu Daten durch Urkundenbeweis

Strittige Daten und Informationen, die in Urkunden verkörpert sind, können im Zivilprozess **47** im Wege des **Urkundenbeweises** eingebracht werden. Zentral für den Prozess sind dabei die unterschiedlichen Beweiskraftregelungen der ZPO für Urkunden. Diese sind – abhängig von der jeweiligen Art und Qualität der Urkunde – unterschiedlich ausgestaltet.

Urkunde iSd Zivilprozesses ist nur die durch Schriftzeichen verkörperte Gedanken- **48** äußerung bzw. Gedankenerklärung, die dem Rechtsverkehr zu dienen geeignet ist und den Aussteller erkennen lässt. Deshalb sind (anders als im Strafrecht) keine Urkunden: Beweiszeichen (zB Fahrzeugnummern), Zeichnungen, Pläne, Tonbänder, Schallplatten, Fotographien, EDV-Datenträger usw. Diese sind im Zivilprozess Augenscheinobjekte. Dagegen kann ein Telefax eine Urkunde sein.

Je nach Aussteller unterscheidet die ZPO zwischen **öffentlichen Urkunden** **49** (§§ 415, 417, 418 ZPO) und **Privaturkunden** (§ 416 ZPO). Beide Arten von Urkunden haben, soweit sie echt sind, die im Gesetz geregelte formelle Beweiskraft (siehe hierzu sogleich). Ein Urkundenbeweis kann auch durch Beiziehung von Ermittlungs- und Strafakten geführt werden (§ 432 Abs. 1 ZPO iVm §§ 474 Abs. 1[65], 479 Abs. 4[66] StPO).

Abhängig von Art und Qualität der Urkunde enthält die ZPO folgende Beweiskraftrege- **50** lungen für Urkunden:

- Beweiskraft öffentlicher Urkunden über Erklärungen (§ 415 ZPO)
- Beweiskraft von Privaturkunden (§ 416 ZPO)
- Beweiskraft des Ausdrucks eines öffentlichen elektronischen Dokuments (§ 416a ZPO)

---

61 Siehe hierzu ausführlich Bayerlein/Bleutge/Rößner Praxishandbuch Sachverständigenrecht.

62 Zu weiteren Einzelheiten des Sachverständigenbeweises siehe Musielak/Voit/Röß ZPO §§ 402–414.

63 Musielak/Voit/Röß ZPO § 402 Rn. 12, 13; ausf. Schneider Beweis Rn. 1481 ff. Vgl. auch RSG ZivilProzR § 122 Rn. 67 ff.; Musielak/Stadler BeweisR Rn. 156.

64 Zu den Kriterien einer Überprüfung/Bewertung von Sachverständigengutachten durch das erkennende Gericht siehe Musielak/Voit/Röß ZPO § 402 Rn. 13.

65 Hierzu nachfolgend → Rn. 50.

66 Hierzu nachfolgend → Rn. 52.

- Beweiskraft öffentlicher Urkunden über amtliche Anordnung, Verfügung oder Entscheidung (§ 417 ZPO)
- Beweiskraft öffentlicher Urkunden mit anderem Inhalt (§ 418 ZPO)
- Beweiskraft mangelbehafteter Urkunden (§ 419 ZPO).

Systematisch ist dabei zwischen Beweiskraftregelungen in Bezug auf öffentliche Urkunden sowie Privaturkunden zu differenzieren.

51 **Beweiskraft öffentlicher Urkunden:** Öffentliche Urkunden sind Urkunden, die von einer öffentlichen Behörde innerhalb der Grenzen ihrer Amtsbefugnisse oder von einer mit öffentlichem Glauben versehenen Person (zB Notare) innerhalb des ihr zugewiesenen Geschäftskreises in der vorgeschriebenen Form aufgenommen sind (öffentliche Urkunden). Öffentliche Urkunden begründen, wenn sie über eine vor der Behörde oder der Urkundsperson abgegebene Erklärung errichtet sind, gem. § 415 ZPO **vollen Beweis des durch die Behörde oder die Urkundsperson beurkundeten Vorganges.**

52 Soweit eine öffentliche Urkunde elektronisch verfasst ist, ist zudem § 416a ZPO **(Beweiskraft des Ausdrucks eines öffentlichen elektronischen Dokuments)** zu berücksichtigen. Für den Ausdruck eines öffentlichen, elektronischen Dokuments als Urkunde gilt: Der mit einem Beglaubigungsvermerk versehene Ausdruck eines öffentlichen elektronischen Dokuments gem. § 371a Abs. 3 ZPO, den eine öffentliche Behörde innerhalb der Grenzen ihrer Amtsbefugnisse oder eine mit öffentlichem Glauben versehene Person innerhalb des ihr zugewiesenen Geschäftskreises in der vorgeschriebenen Form erstellt hat, sowie der Ausdruck eines gerichtlichen elektronischen Dokuments, der einen Vermerk des zuständigen Gerichts gem. § 298 Abs. 3 ZPO enthält, stehen einer öffentlichen Urkunde in beglaubigter Abschrift gleich.

53 Öffentliche Urkunden in Bezug auf die darin enthaltenen amtlichen Anordnungen, Verfügungen oder Entscheidungen (zB gerichtliche Urteile, Verwaltungsakte uÄ) haben nach § 417 ZPO folgende **Beweiskraft:** Die von einer Behörde ausgestellten, eine amtliche Anordnung, Verfügung oder Entscheidung enthaltenden öffentlichen Urkunden begründen vollen Beweis für ihren Inhalt. Für **öffentliche Urkunden, die einen anderen als den in den §§ 415, 417 ZPO angesprochenen Inhalt** haben, gilt gem. § 418 ZPO ebenfalls, dass sie vollen Beweis der darin bezeugten Tatsachen begründen.

54 **Beweiskraft Privaturkunden:** Privaturkunden begründen, sofern sie von den Ausstellern unterschrieben oder mittels notariell beglaubigten Handzeichens unterzeichnet sind, gem. § 416 ZPO vollen Beweis dafür, dass die in ihnen enthaltenen Erklärungen von den Ausstellern abgegeben sind.

55 **Beweisantritt im Urkundenbeweis:** Der Beweisantritt erfolgt durch Vorlage der Urkunde durch den Beweisführer bzw. die beweisbelastete Partei, § 429 ZPO. Sollten die als Beweismittel erforderlichen Urkunden nicht der beweisbelasteten Partei vorliegen (sondern zB dem Gegner oder einem Dritten), besteht die Möglichkeit, die Vorlage der Urkunde durch den Gegner (§§ 421–427 ZPO) oder durch den Dritten (§§ 428–431 ZPO) zu beantragen. Befindet sich die Urkunde in den Händen einer öffentlichen Behörde oder eines öffentlichen Beamten, kann auch die Vorlage durch die Behörde oder den Beamten (§§ 432 ZPO) beantragt werden. Die Anordnung der Urkundenvorlage durch das Gericht richtet sich sodann nach § 142 ZPO. Hinsichtlich weiterer Einzelheiten zu Vorlagefragen im Rahmen des Urkundenbeweises sowie der Echtheitsprüfung von Urkunden (§§ 437–444 ZPO) wird im Übrigen auf die einschlägigen Vorschriften und die diesbezügliche Kommentarliteratur Bezug genommen.[67]

56 **Elektronische Daten als Beweismittel:** Sind elektronische Daten als Dokumente mit einer qualifizierten elektronischen Signatur versehen, unterfallen sie nach § 371a ZPO dem Urkundenbeweis. Gleiches gilt für gescannte öffentliche Urkunden (§ 371b ZPO). Sind Daten in einem elektronischen Dokument enthalten, so ist das elektronische Dokument als Augenscheinobjekt vorzulegen (vgl. § 371 Abs. 1 S. 2 ZPO). Es unterliegt damit der freien

67 Siehe zB bei Musielak/Voit/Röß ZPO § 437 Rn. 1–3, § 438 Rn. 1 ff.

Beweiswürdigung (§ 286 ZPO). Daten als solche sind allerdings unkörperlich. Ihre Einbringung in den Prozess hängt somit vom jeweiligen Datenträger ab. Für die Behandlung elektronischer Daten ohne physischen Datenträger besteht in der ZPO derzeit eine Regelungslücke im Bereich des Augenscheinbeweises; dh, eine Einbeziehung kommt allenfalls per Sachverständigenbeweis in Betracht. Insoweit wird eine klarstellende gesetzliche Regelung gefordert.[68]

Abhängig von der jeweiligen Urkunde („öffentlich oder privat") besteht mittels des 57 Urkundenbeweises die Möglichkeit, über den in der Urkunde enthaltenen Vorgang/Inhalt einschl. der dort aufgeführten Daten und Informationen Beweis zu erbringen, wobei die vorgenannten, unterschiedlichen Beweiskraftwirkungen zu berücksichtigen sind. In Bezug auf Daten und Informationen zu technischen Gesichtspunkten bzw. zu technischen Inhalten dürften typischerweise öffentliche Urkunden von Behörden von Relevanz sein, die sich auf Patente, Gebrauchsmuster, Marken, technische Verfahren, Bauartzulassungen, Verfahrensgenehmigungen und Ähnliches beziehen. Im Übrigen verbleibt es dabei, dass eine weitergehende inhaltliche Bewertung und Interpretation von vorgelegten Daten und Informationen in der Regel durch Sachverständigenbeweis zu erbringen ist.

7. Beiziehung von Akten

Ein Sonderfall im Zivilprozess stellt die **Beiziehung von Akten** (als Beweismittel) dar, 58 gleich, ob es um behördliche Akten oder Akten aus einem Strafverfahren geht. Im Rahmen der Beiziehung kann eine (mittelbare) Bereitstellung und/oder eine Zugangsgewährung zu Daten und Informationen erfolgen, die für den Prozess relevant sind. Besonders plastisch wird dies bei der Beziehung von Strafregisterauszügen, zB in zivilrechtlichen Schadensersatzverfahren.

Gemäß § 273 Abs. 2 Nr. 2 ZPO kann das Gericht zur Vorbereitung des Verhandlungs- 59 termins Behörden oder Träger eines öffentlichen Amtes um Mitteilung von Urkunden oder um Erteilung amtlicher Auskünfte ersuchen[69] oder gem. § 273 Abs. 2 Nr. 5 ZPO iVm § 142 ZPO eine Urkundenvorlegung – auch in Bezug auf Urkunden und Akten anderer Behörden durch die Parteien – anordnen.[70] Zudem kann nach § 432 ZPO eine Partei durch Antrag auf Beiziehung öffentlicher Urkunden Beweis antreten.[71] Sowohl die Aktenbeiziehung nach § 273 ZPO, als auch nach § 432 ZPO setzen aber voraus, dass sich eine Partei in ihrem Prozessvortrag auf eine behördliche Akte zu mindestens mittelbar bezogen hat, § 142 ZPO. Dies muss nicht ausdrücklich erfolgen, allerdings ist wenigstens ein (implizites) Ansprechen des behördlichen Vorgangs im Parteivortrag erforderlich.[72]

Nicht zulässig ist also, dass das Gericht – wie in der Praxis häufig – von Amts wegen Akten 60 beizieht, auf die sich keine der Parteien – auch nicht mittelbar – berufen hat, und deren Inhalt zur Grundlage seiner Entscheidung macht.

8. Datenschutzrechtliche Aspekte

Werden im Rahmen des Prozessvortrags personenbezogene Daten von den Parteien 61 vorgetragen bzw. in den Prozess eingebracht, stellt dies eine (Daten-)Verarbeitung im Sinne der DS-GVO dar. Es stellt sich dann die Frage, auf welcher Rechtsgrundlage eine solche Verarbeitung datenschutzrechtlich zulässig bzw. möglich ist.

---

68 Vgl. Arbeitsgruppe der OLG-Präsidentinnen und Präsidenten AnwBl 2021, 280; Dickert AnwBl 2021, 282; Horn AnwBl 2021, 292; Koppel/Geisser ZInsO 2023, 768.
69 MüKoZPO/Prütting § 273 Rn. 22, 23.
70 MüKoZPO/Prütting § 273 Rn. 27.
71 S. MüKoZPO/Schreiber § 432 Rn. 1.
72 Musielak/Voit/Foerste ZPO § 273 Rn. 11, 12; MüKoZPO/Fritsche §§ 142–144 Rn. 3.

62 Der EuGH hat hierzu inzwischen festgestellt, dass auch im Zivilprozess die Gerichte bei der Verwendung von Dokumenten, die personenbezogene Daten beinhalten, die DS-GVO beachten müssen.[73] Rechtsgrundlage für die Datenverarbeitung durch Gerichte im Prozess soll hierbei regelmäßig Art. 6 Abs. 1 lit. e iVm Abs. 3 DS-GVO sein.

63 Die Einbringung/Verarbeitung personenbezogener Daten in den Prozess zum Zwecke der Rechtsdurchsetzung (Klägerseite) bzw. Rechtsverteidigung (Beklagtenseite) – sei es im Rahmen des Tatsachenvortrags oder von Beweisangeboten – wird von den Prozessparteien regelmäßig auf Art. 6 Abs. 1 lit. f DS-GVO (berechtigte Interessen) gestützt werden können. Insoweit misst der Unionsgesetzgeber – ebenso wie der nationale Gesetzgeber (vgl. § 24 Abs. 1 Nr. 2 BDSG[74]) – der Datenverarbeitung zur Geltendmachung, Ausübung und Verteidigung von Rechtsansprüchen einen hohen Stellenwert zu.[75] Dies zeigt sich neben Art. 9 Abs. 2 lit. f, Art. 17 Abs. 3 lit. e und Art. 18 Abs. 2 DS-GVO besonders deutlich in Art. 21 Abs. 1 S. 2 DS-GVO. Danach ist gegen die Verarbeitung zum Zwecke der Rechtsdurchsetzung/Rechtsverteidigung kein Widerspruch möglich; sogar eine Abwägung findet nicht statt.[76]

64 Für die Zulässigkeit der Datenverarbeitung durch die Parteien ist dabei entscheidend, welche Maßnahmen zur Rechtsdurchsetzung/Rechtsverteidigung im Einzelfall erforderlich sind. Zweifellos gerechtfertigt sind Maßnahmen des Verantwortlichen zur **Geltendmachung von Ansprüchen** bei Gerichten, die **Information von Rechtsanwälten** über den Sachverhalt oder die Anfertigung von Expertisen durch Gutachter. Auch die Verarbeitung von Daten zu Zwecken der **Beweissicherung,** sobald ein greifbarer Anlass besteht, dass es zu einem Rechtsstreit kommen könnte, ist zulässig.[77]

III. Verwendung von/Zugang zu Daten/Informationen im Verwaltungsprozess

65 Im Verwaltungsgerichtsverfahren gilt – anders als im Zivilprozess – nicht der **Beibringungsgrundsatz,** sondern nach § 86 **VwGO** der **Amtsermittlungsgrundsatz,** auch als Untersuchungsgrundsatz bezeichnet. Das Gericht erforscht danach unter Heranziehung der Beteiligten den Sachverhalt von Amts wegen (S. 1); es ist dabei an das Vorbringen und die Beweisanträge der Beteiligten nicht gebunden (S. 2). Allerdings haben auch die Beteiligten **Mitwirkungspflichten,** wie sich aus § 86 S. 1 Hs. 2 VwGO ergibt. **Dem Untersuchungsgrundsatz kommt aber gegenüber diesen Mitwirkungspflichten der Vorrang zu** (wie S. 2 deutlich macht). Damit trägt das Verwaltungsgericht als Tatsachengericht die Letztverantwortung für die Aufklärung des Sachverhalts.[78]

66 Damit das Gericht seiner Pflicht zur umfassenden Sachverhaltsermittlung von Amts wegen gerecht werden kann, bietet das Gesetz verschiedene Möglichkeiten. So kann das Gericht den Beteiligten aufgeben, sich zu den aufklärungsbedürftigen Umständen schriftsätzlich zu äußern (§§ 86 Abs. 3, 87 Abs. 1 S. 2 Nr. 2 VwGO) oder Urkunden und sonstige Gegenstände vorzulegen, die geeignet sind, den Sachverhalt aufzuklären (§§ 87 Abs. 1 S. 2 Nr. 2, 87 Abs. 1 S. 2 Nr. 4 VwGO). Hinzu kommt die Möglichkeit, Akten von Verwaltungsbehörden beizuziehen (vgl. § 99 Abs. 1 S. 1 VwGO).

---

73 Vgl. EuGH 2.3.2023 – C-268/21, BeckRS 2023, 2998, s. auch ZD 2023, 396; Volltext abrufbar unter BeckRS 2023, 2998.

74 Simitis/Hornung/Spiecker gen. Döhmann/Roßnagel BDSG § 17 Rn. 17 f.

75 Zur Anerkennung des Interesses der Rechtsdurchsetzung s. bereits EuGH 4.5.2017 – C-13/16, ZD 2017, 324 Rn. 29, noch zu Art. 7 lit. f DSRL; EuGH 17.6.2021 – C-597/19, MMR 2022, 30 Rn. 108 – M. I. C.M.

76 Simitis/Hornung/Spiecker gen. Döhmann/Schantz DS-GVO Art. 6 Abs. 1 Rn. 126.

77 Hinsichtlich weiterer Einzelheiten siehe Simitis/Hornung/Spiecker gen. Döhmann/Schantz DS-GVO Art. 6 Abs. 1 Rn. 126 ff.; Kühling/Buchner/Buchner/Petri DS-GVO Art. 6 Rn. 177a–177c.

78 BeckOK VwGO/Breunig § 86 Rn. 1 ff.

Führen diese Maßnahmen nach Überzeugung des Gerichts noch nicht zu einer vollständigen Aufklärung des entscheidungserheblichen Sachverhalts, bedarf es ggf. der **Beweisaufnahme,** § 96 VwGO.[79] Der VwGO-Gesetzgeber hat auf eine Normierung des verwaltungsprozessualen Beweisrechts verzichtet und stattdessen in § 98 VwGO eine Reihe von Vorschriften der ZPO für entsprechend anwendbar erklärt.[80] Bezüglich der einzelnen Beweismittel wird insoweit auf die Ausführungen in → Rn 34 ff. zum Zivilprozess verwiesen; Entsprechendes gilt für die Beiziehung von Akten.[81] **67**

Zugang zu Daten wird ferner auch durch die Vorschrift des § 100 VwGO **(Akteneinsichtsrecht)** ermöglicht. Nach dieser Vorschrift können die Beteiligten die Gerichtsakten und die dem Gericht vorgelegten Akten einsehen. Beteiligte können sich auf ihre Kosten durch die Geschäftsstelle Ausfertigungen, Auszüge, Ausdrucke und Abschriften erteilen lassen. Werden die Prozessakten elektronisch geführt, wird nach § 100 Abs. 2 VwGO Akteneinsicht durch Bereitstellung des Inhalts der Akten zum Abruf oder durch Übermittlung des Inhalts der Akten auf einem sicheren Übermittlungsweg gewährt. Werden die Prozessakten in Papierform geführt, wird Akteneinsicht durch Einsichtnahme in die Akten in den Diensträumen gewährt (vgl. § 100 Abs. 3 VwGO). **68**

IV. Verwendung von/Zugang zu Daten im Ermittlungs-/Strafverfahren

Für das **Strafverfahren bzw. den Strafprozess** enthält die **StPO** zentrale Regelungen bezüglich des Schutzes und der Verwendung von Daten. Diese Regelungen finden sich im Achten Buch der StPO, in den §§ 474–500 StPO. Von Relevanz im Strafverfahren/Strafprozess ist zudem die sog. E-Evidence-Verordnung (VO (EU) 2023/1543)[82], die den grenzüberschreitenden digitalen Austausch von elektronischen Beweismitteln zwischen Gerichten, Behörden und Telekommunikationsdienstleistern (Service-Providern) regelt. Über die vorgenannten Regelungen soll nachfolgend ein kursorischer Überblick gegeben werden. **69**

1. Schutz und Verwendung von Daten im Strafprozess (StPO)

Regelungen zum Schutz und zur Verwendung von Daten im Strafprozess finden sich im Achten Buch der StPO. Das Achte Buch regelt in den §§ 474 bis 500 StPO die Datenverarbeitung im Strafverfahren, die zunehmend technikbasiert und automatisiert erfolgt. Die Regelungen dienen gleichzeitig der Umsetzung verfassungsrechtlicher Vorgaben, insbesondere dem Recht auf informationelle Selbstbestimmung aus Art. 2 Abs. 1 iVm Art. 1 Abs. 1 GG sowie Art. 10 und 13 GG bezüglich personenbezogener Daten (§ 46 Nr. 1 BDSG). Die Materie befindet sich damit an der Schnittstelle zwischen Strafverfahrens-, Verfassungs- und Datenschutzrecht; zugleich weist sie erhebliche Bezüge zu anderen Bereichen staatlicher Datenverarbeitung auf, insbesondere zum Polizeirecht. **70**

Das Achte Buch ist in folgende Regelungsbereiche gegliedert: **71**

- Abschnitt 1 – Erteilung von Auskünften und Akteneinsicht, sonstige Verwendung von Daten für verfahrensübergreifende Zwecke
- Abschnitt 2 – Regelungen über die Datenverarbeitung
- Abschnitt 3 – Länderübergreifendes staatsanwaltschaftliches Verfahrensregister

---

[79] BeckOK VwGO/Garloff § 96 Rn. 1–16.

[80] Zum Anwendungsumfang der Vorschriften der ZPO zu Beweismitteln im Verwaltungsprozess siehe BeckOK VwGO/Garloff § 98 Rn. 4–21.7; Schoch/Schneider/Rudisile/Ulrich VwGO § 98 Rn. 1 ff.

[81] Siehe ausführlich BeckOK VwGO/Posser § 99 Rn. 1–55.

[82] Verordnung (EU) 2023/1543 des Europäischen Parlaments und des Rates vom 12.7.2023 über Europäische Herausgabeanordnungen und Europäische Sicherungsanordnungen für elektronische Beweismittel in Strafverfahren und für die Vollstreckung von Freiheitsstrafen nach Strafverfahren.

– Abschnitt 4 – Schutz personenbezogener Daten in einer elektronischen Akte; Verwendung personenbezogener Daten aus elektronischen Akten
– Abschnitt 5 – Anwendbarkeit des Bundesdatenschutzgesetzes.

Ergänzend finden zudem die Vorschriften des dritten Teils des BDSG Anwendung, die der Umsetzung der Richtlinie (EU) 2016/680 zum Schutz natürlicher Personen bei der Verarbeitung personenbezogener Daten durch die zuständigen Behörden zum Zwecke der Verhütung, Ermittlung, Aufdeckung oder Verfolgung von Straftaten oder der Strafvollstreckung sowie zum freien Datenverkehr und zur Aufhebung des Rahmenbeschlusses 2008/977/JI des Rates dient (→ Rn. 99 f.).

a) Abschnitt 1: Erteilung von Auskünften und Akteneinsicht, sonstige Verwendung von Daten für verfahrensübergreifende Zwecke (§§ 474–482 StPO)

72 Der Abschnitt 1 (§§ 474–482 StPO) enthält Regelungen zur Zweckumwidmung und Übermittlungsvorschriften einschließlich diesbezüglicher Übermittlungsverbote und Verwendungsbeschränkungen. Justizbehörden, Gerichte, andere öffentliche Stellen, nicht am Verfahren beteiligte Privatpersonen sowie sonstige Stellen erhalten im Rahmen der Regelungen die Möglichkeit, Zugang zu Daten und Informationen – die in Strafverfahren erhoben wurden – zu erhalten, unter Berücksichtigung der in den jeweiligen Normen vorgesehenen Grenzen und Tatbestandsvoraussetzungen.

73 Der Abschnitt 1 gliedert sich im Wesentlichen in folgende Regelungsbereiche:
– Auskunfts- und Akteneinsichtsrechte (§§ 474–476 StPO)
– Datenübermittlungen von Amts wegen (§ 477 StPO)
– Form, Übermittlungsverbote und Verwendungsbeschränkungen sowie Verfahrensvorschriften (§§ 478–480 StPO)
– Verwendung personenbezogener Daten für polizeiliche Zwecke (§§ 481, 482 StPO).

74 **Auskunfts- und Akteneinsichtsrechte:** § 474 StPO regelt, unter welchen Voraussetzungen in einem Strafverfahren erhobene personenbezogene Daten im Wege der Gewährung von Akteneinsicht oder der Auskunftserteilung an Justizbehörden (Gericht, Staatsanwaltschaft) oder sonstige öffentliche Stellen für „verfahrensübergreifende" („verfahrensexterne", „verfahrensfremde") Zwecke (also für einen anderen als den ursprünglichen Erhebungszweck) übermittelt werden dürfen.

75 Die Regelung bildet damit ein Gegenstück zu den §§ 161 Abs. 1, 163 Abs. 1 S. 2 StPO. Während diese die Befugnis für die Übermittlung von Daten in das Strafverfahren – **Import in das Strafverfahren** – enthalten, regelt § 474 StPO die Befugnis für den **Export aus dem Strafverfahren** für die Verwendung zu sonstigen Zwecken.[83]

76 **§ 475 StPO** bestimmt die Voraussetzungen und Grenzen der Übermittlung personenbezogener Daten an einem nicht am Verfahren beteiligten privaten Dritten und sonstige Stellen, die nicht unter § 474 StPO fallen. Voraussetzung für eine Auskunft nach dieser Vorschrift ist, dass eine konkrete Interessenabwägung im Einzelfall ergibt, dass das Informationsinteresse des Antragstellers das Geheimhaltungsinteresse der betroffenen Person überwiegt. Unter den Voraussetzungen des **§ 476 StPO** dürfen personenbezogene Daten in den Akten eines Strafverfahrens auch zu Forschungszwecken an bestimmte wissenschaftliche Institutionen übermittelt und von diesen verwendet werden.

77 **Datenübermittlungen von Amts wegen:** Im Gegensatz zur Übermittlung personenbezogener Daten auf Ersuchen (§§ 474–476 StPO) regelt **§ 477 StPO** die Befugnis zur Übermittlung von Amts wegen. Eine solche Übermittlung ist grundsätzlich zulässig, wenn die Daten nach Auffassung der übermittelnden Behörde für die in der Vorschrift genannten Zwecke erforderlich sind. Abs. 1 nennt insofern die Strafverfolgung und auch die Verfolgung von OWi, während Abs. 2 sonstige Zwecke der Strafrechtspflege betrifft.

[83] MüKoStPO/Singelnstein § 474 Rn. 1.

Form, Übermittlungsverbote und Verwendungsbeschränkungen sowie Verfahrensvorschriften: § 478 StPO stellt klar, dass Auskünfte nach den §§ 474–476 StPO und Datenübermittlungen von Amts wegen (§ 477 StPO) auch durch Überlassung von Kopien aus den Akten erfolgen können. **§ 479 StPO** normiert insbes. die für die Akteneinsicht, Auskunftserteilung und Datenübermittlung von Amts wegen geltenden Übermittlungsverbote und Verwendungsbeschränkungen (§§ 474–477 StPO). Im Einzelnen enthält die Norm 78

- Abs. 1: Das Verbot einer Übermittlung, wenn Zwecke des Strafverfahrens oder bundesgesetzliche bzw. landesgesetzliche Verwendungsregelungen entgegenstehen.
- Abs. 2: Eine allg. Regelung für die Verwendung von Daten aus Maßnahmen, die nur bei Verdacht bestimmter Straftaten zulässig sind.
- Abs. 3: Beschränkt die Erteilung von Akteneinsicht und Auskünften aus Akten an nichtöffentliche Stellen in Fällen, in den der Angeklagte zB freigesprochen wurde oder die Verurteilung nicht in ein Behördenführungszeugnis aufgenommen wird.
- Abs. 4: Die Verantwortung für die Zulässigkeit der Übermittlung.
- Abs. 5: Eine in § 32f Abs. 5 S. 2 und 3 StPO modifizierende Verwendungsregelung.

§ 480 StPO enthält Verfahrensvorschriften hinsichtlich der Akteneinsicht bzw. der Erteilung von Auskünften und der Übermittlung personenbezogener Daten von Amts wegen gem. §§ 474–477 StPO, insbes. zur Zuständigkeit (Abs. 1) und zur Anfechtbarkeit von Entscheidungen (Abs. 3). 79

Verwendung personenbezogener Daten für polizeiliche Zwecke: § 481 StPO regelt die Befugnis der Polizeibehörden zur Verwendung personenbezogener Daten aus Strafverfahren für polizeirechtliche, also präventive Zwecke sowie die Befugnis der Strafverfolgungsbehörden und Gerichte zur Übermittlung solcher Daten an Polizeibehörden oder zur Gewährung von Akteneinsicht zu polizeirechtlichen Zwecken. Abs. 2 betont dabei den Vorrang spezieller Verwendungsregelungen, soweit diese einer Verwendung zur Gefahrenabwehr entgegenstehen. Der Abs. 3 verweist für das Verfahren bei Zweifeln über die Zulässigkeit auf § 480 Abs. 1 S. 1 und 2 StPO. § 482 StPO regelt lediglich eine verfahrensinterne Nachberichtspflicht gegenüber der vorbefassten Polizeibehörde. 80

b) Abschnitt 2: Regelungen über die Datenverarbeitung (§§ 483–491 StPO)

Die in Abschnitt 2 (§§ 483–491 StPO) zusammengefassten Regelungen über die Datenverarbeitung betreffen den Umgang mit personenbezogenen Daten bei der Nutzung moderner Informationstechnik als internes Hilfs- und Arbeitsmittel auf dem Gebiet der Strafrechtspflege. 81

Der Abschnitt 2 gliedert sich im Wesentlichen in folgende Regelungsbereiche:

- Datenverarbeitung im Strafverfahren in (automatisierten) Dateisystemen (§§ 483–486, 490 StPO)
- Übermittlung gespeicherter Daten, Auskunft (§§ 487–488 StPO)
- Löschung und Einschränkung der Verarbeitung (§ 489 StPO)
- Auskunft an betroffene Personen (§ 491 StPO)

Datenverarbeitung in (automatisierten) Dateisystemen: Die **Generalklausel in § 483 Abs. 1 StPO** regelt die Befugnis zur Verarbeitung erhobener personenbezogener Daten in Dateisystemen, soweit dies für Zwecke eines bestimmten Strafverfahrens erforderlich ist. Abs. 2 erlaubt die Nutzung dieser Daten insbes. auch für andere Strafverfahren. Gem. Abs. 3 ist bei sog. Mischdateien das Polizeirecht maßgeblich. 82

§ 484 StPO regelt die Zulässigkeit und den Umfang der (vorsorglichen) Verarbeitung personenbezogener Daten aus Strafverfahren durch Strafverfolgungsbehörden für die Zwecke künftiger Strafverfahren und damit eine **Zweckumwandlung (Umwidmung,** da die Strafverfolgungsvorsorge einen anderen Zweck darstellt als die Strafverfolgung). Die Norm verfolgt ein abgestuftes Regelungskonzept. Nach Abs. 1 können die dort abschließend aufgezählten Grunddaten, sog. Basisdatensatz, gespeichert und genutzt werden. Für darüber hinaus gehende Daten gelten die besonderen Voraussetzungen der Abs. 2, 3. 83

84 **§ 485 StPO** regelt die Verarbeitung von Daten zur Vorgangsverwaltung in Dateisystemen. Sie gestattet mithin keine Datenerhebung. Die Befugnis erstreckt sich auf die gleichen Stellen wie bei § 483 StPO.

85 **§ 486 StPO** ermöglicht den in §§ 483–485 StPO bezeichneten Stellen, Dateisysteme zu den in diesen Vorschriften jeweils genannten Zwecken auch gemeinsam zu betreiben.

86 **§ 490 StPO** sieht vor, dass für automatisierte Strafverfahrensdateien grundsätzlich eine **Errichtungsanordnung** zu erlassen ist, die **grundlegende Festlegungen hinsichtlich der jeweiligen Datei bestimmt und transparent macht.** Die Errichtungsanordnung dient sowohl der Eigenkontrolle der Stelle, die ein Dateisystem errichtet, als auch der externen Kontrolle, etwa durch die aufsichtführenden Stellen und den Datenschutzbeauftragten.[84] In der Errichtungsanordnung sind die in S. 1 Nr. 1–7 genannten Mindestfestlegungen zu treffen. Dies gilt nicht für Kurzzeitdateien (dh Daten, die nur vorübergehend vorgehalten und innerhalb von drei Monaten nach ihrer Erstellung gelöscht werden) sowie für (polizeiliche) Informationssysteme iSd § 483 Abs. 1 S. 2 StPO.

87 **Übermittlung gespeicherter Daten, Auskunft: § 487 StPO** bestimmt die **Zulässigkeit und Grenzen der Übermittlung der nach §§ 483–485 StPO gespeicherten Daten** durch die speichernde Stelle für die in diesen Vorschriften genannten Zwecke, für Zwecke eines Gnadenverfahrens, den Vollzug von freiheitsentziehenden Maßnahmen oder der internationalen Rechtshilfe in Strafsachen sowie die Übermittlung personenbezogener Daten durch Bewährungshelfer und Führungsaufsichtsstellen.

§ 488 StPO normiert die Möglichkeit der Einrichtung automatisierter Übermittlungsverfahren für den Datenaustausch iSv § 487 Abs. 1 StPO zwischen den in § 483 Abs. 1 StPO genannten Stellen. Die Regelung bestimmt sowohl die Voraussetzungen, unter denen solche Verfahren eingeführt werden können, als auch die Anforderungen, die an die Einrichtung und den Betrieb bestehen.

88 **Löschung und Einschränkung der Verarbeitung: § 489 StPO** regelt für alle Arten von Strafverfahrensdateien (§§ 483–485 StPO) spezielle Regelungen zur Löschung und Einschränkung der Verarbeitung personenbezogener Daten, die die allgemeinen Vorschriften zur Berichtigung, Löschung und Einschränkung der Verarbeitung in §§ 75, 58 BDSG ergänzen. Diese Bestimmungen sind im Hinblick auf das Recht auf informationelle Selbstbestimmung als Verfahrenssicherungen verfassungsrechtlich erforderlich: Denn eine Speicherung unrichtiger Daten ist ebenso unzulässig wie eine rechtswidrige oder unbefristete Speicherung richtiger Daten.[85]

89 **Auskunft an betroffene Personen: § 491 StPO** gewährt Betroffenen einer Speicherung von Daten in Strafverfahrensdateien einen Auskunftsanspruch; sie verweist im Wesentlichen auf § 57 BDSG. Die umfassende Kenntnis von der Erhebung und Verarbeitung personenbezogener Daten stellen für die betroffene Person eine notwendige Voraussetzung dar, um Rechtsschutz und sonstige Kontrollrechte wahrnehmen zu können.

c) Abschnitt 3: Länderübergreifendes staatsanwaltschaftliches Verfahrensregister

90 Der Abschnitt 3 (§§ 492–495 StPO) enthält im Wesentlichen Regelungen des staatsanwaltschaftlichen Verfahrensregisters. **§ 492 StPO** schafft die rechtliche Grundlage für das „länderübergreifende" und insoweit zentrale staatsanwaltschaftliche Verfahrensregister (ZStV) beim Bundesamt für Justiz (BfJ). Das BfJ speichert für strafrechtliche Ermittlungsverfahren einen festgelegten Bestand an Daten (§ 492 Abs. 2 StPO).

91 Geschaffen wurde das Register mit der Begründung, dass die Strafverfolgungsbehörden andernfalls nicht erkennen könnten, wenn gegen einen Beschuldigten in verschiedenen Bundesländern Ermittlungsverfahren geführt werden, was insbesondere für Entscheidungen

---

[84] BeckOK StPO/Wittig § 490 Rn. 1.
[85] BeckOK StPO/Wittig § 489 Rn. 1.

von Staatsanwaltschaft und Gericht sowie zur Verfahrenskonzentration und im Rahmen der Strafvollstreckung relevant sei.[86]

92 Die Datenübermittlung findet nach **§ 493 StPO** grundsätzlich in automatischen Abrufverfahren oder Anfrage- und Auskunftsverfahren statt.

93 **§ 494 StPO** beinhaltet zwei voneinander unabhängige Regelungskomplexe. Zum einen werden in den Abs. 1–3 – ähnlich wie in § 489 StPO für Strafverfahrensdateien – gewisse Betroffenenrechte gewährt (Berichtigung, Löschung und Einschränkung der Verarbeitung von Daten im Register). Zum anderen enthält Abs. 4 eine Verordnungsermächtigung für eine detailliertere Regelung des Betriebs des Verfahrensregisters.

94 **§ 495 StPO** gewährt der betroffenen Person auf Antrag einen umfassenden Anspruch auf Auskunft aus dem ZStV hinsichtlich der sie betreffenden Eintragungen im ZStV entsprechend § 57 BDSG. Nach S. 1 Hs. 2 gilt § 491 Abs. 2 StPO entsprechend, der für den Auskunftsanspruch betroffener Personen klarstellt, dass § 57 BDSG Anwendung findet. Das Verfahren richtet sich nach § 59 BDSG.

d) Abschnitt 4: Schutz personenbezogener Daten in einer elektronischen Akte; Verwendung personenbezogener Daten aus elektronischen Akten

95 Die §§ 496–499 StPO, die den Vierten Abschnitt des Achten Buches bilden, enthalten Vorschriften zu Datenschutz und Datenverarbeitung bei elektronischen Akten. Die §§ 496 ff. StPO sollen in Ergänzung zu den Regelungen des allgemeinen Datenschutzrechts nach BDSG insbesondere dem Umstand Rechnung tragen, dass die elektronische Akte und elektronische Aktenkopien einen wesentlich intensiveren Eingriff in das Recht auf informationelle Selbstbestimmung der betroffenen Person bedeuten als die Papierakte.[87]

96 **§ 496 StPO** regelt in Abs. 1 die Voraussetzungen für die verfahrensinterne Verarbeitung und Nutzung personenbezogener Daten in elektronischen Akten im Strafverfahren. Abs. 2 regelt zentrale Vorgaben für Datenschutz und Datensicherheit. Neben diesen bereichsspezifischen Regelungen bleiben allgemeine datenschutzrechtliche Bestimmungen anwendbar. Abs. 3 stellt klar, dass elektronische Akten und elektronische Aktenkopien keine Strafverfahrensdateisysteme darstellen, sondern vielmehr wie herkömmliche Akten zu behandeln sind.

97 **§ 497 StPO** enthält bereichsspezifische Regelungen zur Sicherstellung der Datenherrschaft für den Fall, dass nicht die aktenführende Stelle selbst die Daten verarbeitet, sondern eine andere, nichtöffentliche Stelle beauftragt wird, dies zu übernehmen.

98 **§ 498 StPO** normiert weitergehende Möglichkeiten der Verarbeitung und Nutzung personenbezogener Daten, die sich in elektronischen Strafverfahrensakten befinden. Nachdem § 496 StPO nur das Führen der Akte und die einfache verfahrensinterne Nutzung für das jeweilige Strafverfahren gestattet und § 497 StPO eine diesbezügliche Datenverarbeitung im Auftrag regelt, bestimmt allein § 498 StPO, wann personenbezogene Daten aus elektronischen Akten auch darüber hinaus verarbeitet und genutzt werden dürfen. Abs. 1 regelt die verfahrensexterne Verwendung und verweist dafür auf bereits bestehende Zweckumwidmungsvorschriften. Abs. 2 bestimmt, unter welchen Voraussetzungen ausnahmsweise ein maschineller Abgleich einschlägiger Daten zulässig ist. **§ 499 StPO** sieht die Löschungspflicht elektronischer Aktenkopien vor.

e) Abschnitt 5: Anwendbarkeit des Bundesdatenschutzgesetzes

99 Soweit öffentliche Stellen der Länder im Anwendungsbereich der StPO personenbezogene Daten verarbeiten, gilt nach § 500 StPO im Übrigen der Teil 3 des BDSG (§§ 45 ff. BDSG) entsprechend. Das heißt, landesgesetzliche Datenschutzvorschriften finden grundsätzlich keine Anwendung, wenn öffentliche Stellen der Länder (Gerichte, Justizbehörden, Ermitt-

[86] KK-StPO/Gieg vor § 492 Rn. 4.
[87] BeckOK StPO/von Häfen § 496 Rn. 2.

lungsbehörden) im Anwendungsbereich der StPO tätig werden. Dies gilt nach Abs. 2 indes nur, soweit im Rahmen der StPO nicht etwas anderes bestimmt ist und nur mit der Maßgabe, dass die Landesbeauftragte oder der Landesbeauftragte an die Stelle der oder des Bundesbeauftragten tritt.

100 Nach § 1 Abs. 1 Nr. 2 BDSG finden auf öffentliche Stellen der Länder grundsätzlich die jeweiligen Landesdatenschutzgesetze Anwendung, welche insofern dem BDSG vorgehen. Zugleich räumt die JI-Richtlinie den (Landes-)Gesetzgebern einen Umsetzungsspielraum ein, der zu einer unterschiedlichen Ausgestaltung des Datenschutzes im Strafverfahren hätte führen können. Da der Bundesgesetzgeber eine bundesweit einheitliche Ausgestaltung des Datenschutzrechts für das Strafverfahren gewährleisten wollte, hat er in § 500 Abs. 1 StPO die Datenverarbeitung durch öffentliche Stellen der Länder im Bereich des Strafverfahrens ebenfalls den §§ 45 ff. BDSG unterstellt, um so eine umfassende Geltung dieser Regelungen im Strafverfahren zu erreichen.[88]

2. Exkurs: E-Evidence-Verordnung – VO (EU) 2023/1543

101 Am 28.7.2023 ist die sog. E-Evidence-Verordnung (VO EU 2023/1543) in Kraft getreten.[89] Sie verpflichtet die EU-Mitgliedstaaten, den grenzüberschreitenden digitalen Austausch elektronischer Beweismittel zwischen Gerichten, Behörden und Telekommunikationsdienstleistern (Service-Providern) sicherzustellen. Bis spätestens August 2026 muss Deutschland ein sicheres Kommunikationssystem auf Basis des bewährten e-CODEX-Systems[90] einrichten. Dieses System soll nicht nur den Austausch zwischen Justiz und Polizei ermöglichen, sondern auch eine Anbindung an private Dienstanbieter gewährleisten. Die E-Justiz-Koordinierungsstelle Europa (EKE), die beim Justizministerium Nordrhein-Westfalen eingerichtet wurde, ist mit der Planung und Umsetzung dieses Systems beauftragt und nutzt hierfür Mittel aus der Digitalisierungsinitiative für die Justiz.

102 Die Verordnung (VO EU 2023/1543)[91] sowie die begleitende Richtlinie (RL EU 2023/1544)[92] regeln insoweit den digitalen Austausch von Beweismitteldokumenten, wie etwa E-Mails oder Chatnachrichten, die zur Strafverfolgung benötigt werden. Ziel ist es, den Zugriff auf solche Daten zu beschleunigen. Justizbehörden sollen künftig in der Lage sein, relevante Informationen direkt bei Kommunikationsanbietern mit Sitz in einem anderen EU-Mitgliedstaat anzufordern.

103 Die Verordnung verpflichtet die Mitgliedstaaten insbesondere, einen sogenannten interoperablen Zugangspunkt zu schaffen (vgl. Art. 23, Art. 25 VO EU 2023(1543)). Dieser Zugangspunkt dient dem sicheren Informationsaustausch über Telekommunikationsnetze und verknüpft die beteiligten IT-Systeme und Portale innerhalb eines „dezentralen IT-Systems". So soll die europaweite Zusammenarbeit effizienter und sicherer gestaltet werden. Die Umsetzung der begleitenden Richtlinie für die Bundesrepublik Deutschland steht noch aus, ein erster Referentenentwurf zur Umsetzung wurde vom BMJ Ende Oktober 2024 veröffentlicht.[93]

---

88 MüKoStPO/Singelnstein § 500 Rn. 2; KK-StPO/Graf § 500 Rn. 4.

89 Verordnung (EU) 2023/1543 des Europäischen Parlaments und des Rates vom 12.7.2023 über Europäische Herausgabeanordnungen und Europäische Sicherungsanordnungen für elektronische Beweismittel in Strafverfahren und für die Vollstreckung von Freiheitsstrafen nach Strafverfahren.

90 Das e-CODEX-System (e-Justice Communication via Online Data Exchange) ist ein seit 2010 entwickeltes, EU-kofinanziertes IT-System zur sicheren, grenzüberschreitenden digitalen Kommunikation zwischen Justizbehörden. Es ermöglicht den zuverlässigen Austausch von Dokumenten, Beweismitteln und Informationen und bildet unter der Verordnung (EU) 2022/850 den technischen Rahmen für interoperablen Datentransfer innerhalb Europas.

91 Siehe MüKoZPO/Prütting § 287 Rn. 1 ff.

92 Richtlinie (EU) 2023/1544 des Europäischen Parlaments und des Rates vom 12.7.2023 zur Festlegung einheitlicher Regeln für die Benennung von benannten Niederlassungen und die Bestellung von Vertretern zu Zwecken der Erhebung elektronischer Beweismittel in Strafverfahren.

93 Siehe https://www.bmj.de/SharedDocs/Gesetzgebungsverfahren/DE/2024_E_Evidence.html.

Kapitel 24. Insolvenzrecht

Übersicht

Siehe zu diesem Themenkomplex auch
– Daten als Gut → Kap. 2 Rn. 23 ff., → Kap. 9 Rn. 27 ff.

I. Einleitung

1 Die Eröffnung des Insolvenzverfahrens über das Vermögen des Schuldners stellt ökonomisch betrachtet einen Wechsel des **wirtschaftlichen Eigentümers** der Insolvenzmasse im Allgemeinen und des **schuldnerischen Unternehmens** im Speziellen dar.[1] Der vorherige **Unternehmensträger** (gleich ob eine natürliche oder juristische Person) trägt nicht mehr die Chancen und Risiken[2] des Unternehmens, sondern vielmehr dessen Gläubiger. Juristisch abgebildet wird dieser Wechsel dadurch, dass die Verwaltungs- und Verfügungsbefugnis über das zur **Insolvenzmasse** (§ 35 InsO) gehörende Vermögen auf den Insolvenzverwalter übergeht, § 80 Abs. 1 InsO. Dieser hat die Aufgabe, die Insolvenzmasse bzw. das schuldnerische Unternehmen im Sinne der Gläubiger zu **verwalten** und zu deren Gunsten im weiteren Sinne zu **verwerten,** sei es im Zuge einer Einzelveräußerung der Vermögensgegenstände (sogenannte Verwertung im engeren Sinne), einer Gesamtveräußerung (sogenannte übertragende Sanierung) oder eines den Rechtsträger erhaltenden Insolvenzplans (sogenannte Eigensanierung), § 1 InsO.

2 Zur **Insolvenzmasse** bzw. zum schuldnerischen Unternehmen gehören unzweifelhaft auch Daten und zwar unabhängig davon, ob sie als **Produktionsfaktoren** zur Wertschöpfung beitragen oder nicht. Dies wirft die Frage auf, welche dieser Daten wann zur Insolvenzmasse gehören und ob die **Verwaltungs- und Verfügungsbefugnis** hinsichtlich dieser Daten auf den Insolvenzverwalter **übergeht** (→ Rn. 3 ff.). Besonderes Augenmerk verdient hierbei die Frage, welche Auswirkungen die Eröffnung des Insolvenzverfahrens auf die Rechtmäßigkeit der Verarbeitung von **personenbezogenen Daten** hat und ob und unter welchen Voraussetzungen der Insolvenzverwalter in der Insolvenz in Bezug auf die vorhandenen Daten eine vergleichbare Rolle einnimmt, wie vormals der Schuldner. Insbesondere ist zu untersuchen, ob er zum **„Verantwortlichen"** für eine Datenverarbeitung wird (→ Rn. 18, 20) und ob er sich dieser Stellung durch die sogenannte **Freigabe** auch wieder entledigen kann (→ Rn. 23, 26). Weiter stellt sich die Frage, ob die vorgefundene **Ist-Masse** im Wege des Insolvenzverwalterwahlrechts, der Aussonderung und der Insolvenzanfechtung um bestimmte Datenbestände zu erweitern oder um diese zu beschränken ist (→ Rn. 28 ff.) Abschließend wird der Frage nachgegangen, was der Insolvenzverwalter hinsichtlich der Daten bei einer **Verwertung** des Unternehmens beachten muss (→ Rn. 63).

II. Daten als Teil der Insolvenzmasse

1. Ausgangspunkt: Die Insolvenzmasse nach § 35 InsO

3 Die Insolvenzmasse umfasst nach § 35 Abs. 1 InsO das gesamte Vermögen, das dem Schuldner zur Zeit der Eröffnung des Verfahrens gehört oder was er später hinzuerlangt. **„Vermögen"** in diesem Sinne meint genauer **„vermögenswerte Rechte".**[3]

---

[1] Schmidt, Ökonomische Analyse des Insolvenzrechts, 1980, S. 63 ff.; Eidenmüller Unternehmenssanierung S. 18; Eidenmüller ZGR 2001, 680 (688); Jungmann ZRI 2021, 209; U. Becker, Insolvenzverwalterhaftung bei Unternehmensfortführung, 2016, S. 14 f.

[2] Zu dieser Definition von Eigentum im wirtschaftlichen Sinne Mankiw/Taylor Grundzüge der Volkswirtschaftslehre, 8. Aufl. 2020, Kap. 9.5 S. 344.

[3] MüKoInsO/Peters InsO § 35 Rn. 16.

a) Rechte an Daten als Teil der Insolvenzmasse bei Vorliegen von Verkörperung oder absolutem Schutzrecht

Unzweifelhaft stellt **Eigentum** iSv § 903 BGB ein Recht iSd § 35 InsO dar.[4] Allerdings kann Eigentum grundsätzlich nur an „Sachen" bestehen, also körperlichen Gegenständen, § 90 BGB.[5] Dies bereitet keine Probleme, insofern Daten physisch gespeichert werden, etwa in Aktenordnern oder auf Datenträgern aller Art (USB-Stick, Festplatte etc). Erfasst sind außerdem alle Fälle, in denen Daten oder Datenansammlungen nach normativer Wertung ein dingliches (absolutes) Recht bilden. Dies ist etwa dann der Fall, wenn an den Daten ein **Urheberrecht** begründet werden kann (§ 31 UrhG, §§ 97 ff. UrhG, jedenfalls soweit die notwendige Einwilligung nach §§ 112 ff. UrhG erteilt wurde → Rn. 17), ein anderes geistiges Schutzrecht erreicht wird (insbes. **Marken,** §§ 4, 14 MarkG; **Patente,** §§ 139 ff. PatG; **Designs,** §§ 42 ff. DesignG), ein **Geschäftsgeheimnis** besteht (§ 2 Nr. 1, §§ 6 ff. GeschGehG, jedenfalls solange der Schutz vom Insolvenzverwalter aufrechterhalten wird, → Rn. 5) oder der Datensatz den **Namen** enthält (§ 12 BGB). Gleiches gilt für Ansammlungen von Daten in Form von **Sammelwerken** und **Datenbankwerken,** die für sich genommen Urheberschutz genießen, § 4 Abs. 1, 2 UrhG, sowie für das Schutzrecht sui generis des Herstellers einer Datenbank, §§ 87a ff. UrhG (zu der Behandlung von **Lizenzen** an diesen Schutzrechten → Rn. 33 ff., 46 ff.). 4

Ein der Insolvenzmasse unterfallendes Recht kann auch bestehen, wenn ein **Geschäftsgeheimnis** des Schuldners (zu Geschäftsgeheimnissen Dritter → Rn. 55) gegeben ist, § 2 Nr. 1, §§ 6 ff. GeschGehG. Allerdings endet dieser Schutz faktisch dann, wenn die Voraussetzungen des § 2 Nr. 1 GeschGehG nicht mehr gegeben sind, insbesondere, wenn keine angemessenen **Geheimhaltungsmaßnahmen** iSv § 2 Nr. 1 lit. b GeschGehG durch den Insolvenzverwalter getroffen werden. Gegen die Gewährleistung dieses Schutzes scheint zu sprechen, dass **Gläubigerausschuss** nach § 69 InsO und **Gläubigerversammlung** nach § 79 S. 1 InsO umfassende Auskunftsrechte gegen den Insolvenzverwalter innehaben und sogar der einzelne Insolvenzgläubiger nach § 4 InsO iVm § 299 ZPO, § 15a AktO Auskünfte, zB zum Stand der Masse, verlangen kann.[6] Im Fall der **Einzelzwangsvollstreckung** wird das Problem durch § 19 Abs. 3, §§ 16 ff. GeschGehG auch durchaus adressiert, das zuständige Landgericht kann in **Geschäftsgeheimnisstreitsachen** bestimmte Informationen als geheimhaltungsbedürftig einstufen, mit der Konsequenz, dass die Inhaber eines Akteneinsichtsrechts nur entsprechend geschwärzte Unterlagen ausgehändigt bekommen, § 16 Abs. 3 GeschGehG. Ferner kann es diejenigen, die mit den geheimhaltungsbedürftigen Daten in Berührung kommen, zur Vertraulichkeit verpflichten, § 16 Abs. 2 GeschGehG, auch über das Ende des Verfahrens hinaus, § 18 S. 1 GeschGehG. Eine **analoge Anwendung** auf andere als Geschäftsgeheimnisstreitsachen wird jedoch mangels planwidriger Regelungslücke **verneint.**[7] Gleiches muss auch für den Fall der Insolvenz gelten. Erkennt man, dass die Insolvenzgläubiger die wirtschaftlich Berechtigten an der Insolvenzmasse sind,[8] so haben sie dasselbe berechtigte Interesse an einer Auskunft wie auch etwa die Gesellschafter einer werbenden Gesellschaft. Auch dem **Auskunftsanspruch** aus § 51a GmbHG kann der Geschäftsführer ohne allseitigen Verzicht der Gesellschafter keine Vertraulichkeitsabrede entgegensetzen.[9] Etwas anderes gilt zwar bei der AG, wenn die Schwelle des § 131 Abs. 3 S. 1 Nr. 1 AktG überschritten wird.[10] Die wohl hM nimmt allerdings für §§ 69, 79 S. 1 InsO 5

[4] Andres/Leithaus/Leithaus InsO § 35 Rn. 3 ff.
[5] BeckOK BGB/Fritzsche BGB § 903 Rn. 4.
[6] Zu diesen ausführlich U. Becker, Insolvenzverwalterhaftung bei Unternehmensfortführung, 2016, S. 49 ff.
[7] OLG Karlsruhe 13.10.2023 – 1 W 70/22, NZA 2024, 1446 Rn. 20 ff.
[8] Zu dieser Parallele ausführlich U. Becker, Insolvenzverwalterhaftung bei Unternehmensfortführung, 2016, S. 13 ff.
[9] Altmeppen GmbHG § 51a Rn. 44; Michalski/Heidinger/Leible/Schmidt/Römermann GmbHG § 51a Rn. 221 f.
[10] BGH 16.2.2009 – II ZR 185/07, NJW 2009, 2207 Rn. 42; 14.1.2014 – II ZB 5/12, NZG 2014, 423 Rn. 45.

nur eine sehr viel enger gezogene **Missbrauchskontrolle** an.[11] Konsequenterweise sollte daher jenseits von allseitigen Verzichtsvereinbarungen eine Information der **Gläubigerorgane** zugelassen werden. Ihnen gegenüber gibt es (anders als in der Einzelzwangsvollstreckung) kein schützenswertes Interesse des Schuldners. Im Fall der Insolvenz fehlt es daher für eine analoge Anwendung der §§ 16 ff. GeschGehG nicht nur an einer planwidrigen Regelungslücke, sondern auch an einer vergleichbaren Interessenlage.

6 Werden die unter → Rn. 4, 5 dargelegten Hürden genommen, so ergibt sich auch keine Beschränkung aus § 36 Abs. 1 InsO (hierzu noch ausführlich → Rn. 11 ff.). Nach dieser Norm unterfallen Gegenstände, die nicht der Zwangsvollstreckung unterliegen, auch nicht der Insolvenzmasse. Keine Probleme bereitet dieser Ausschluss bei verkörperten Daten, der zugrundeliegende Datenträger kann ohne weiteres nach §§ 808 ff. ZPO nach den Vorschriften über die **Zwangsvollstreckung in körperliche Gegenstände** gepfändet werden.[12] Steht dem Schuldner nur ein Herausgabeanspruch auf solche Gegenstände zu, so können diese nach den Vorschriften über die Forderungspfändung verwertet werden, §§ 828 ff. ZPO. Gleiches gilt bei den genannten absoluten Rechten, für diese ist eine Vollstreckung als „sonstiges Recht" nach § 857 ZPO entsprechend den Vorschriften über die Anspruchspfändung nach §§ 828 ff. ZPO anerkannt.[13]

b) Rechte an Daten als Teil der Insolvenzmasse bei Nichtvorliegen von Verkörperung oder absolutem Schutzrecht

7 Die Frage, ob hierüber hinaus de lege lata auch an Daten Eigentum bestehen kann oder ob ein dem Eigentum vergleichbares dinglich wirkendes Recht an Daten de lege ferenda geschaffen werden sollte, wird derzeit intensiv diskutiert (→ Kap. 2 Rn. 44). Für diesen Schutz lässt sich insbesondere anführen, dass andernfalls etwa die Reichweite des deliktischen Schutzes von der fast zufällig anmutenden Frage abhinge, wem der Server gehört, auf dem die Daten momentan gespeichert sind.[14]

8 Das gleiche Problem stellt sich bei der Frage nach der Pfändbarkeit von Daten als sonstiges Recht nach § 857 ZPO: Es sollte nicht vom Zufall abhängen, ob Daten gepfändet werden können und damit Teil der Insolvenzmasse werden (so im Falle ihrer **Verkörperung**) oder beim Schuldner verbleiben (etwa bei der bloßen Speicherung bei einem Dritten, insbesondere auf dem Server eines Cloudanbieters).[15] Entscheidend aber dürfte sein, dass bei einer Speicherung von Daten bei einem Dritten der **Herausgabeanspruch** des Schuldners als taugliches Pfändungsobjekt besteht. Dieser Herausgabeanspruch, etwa gegen einen Cloudanbieter, besteht unabhängig davon, wie man den Vertrag schuldrechtlich einordnet.[16] Hiergegen scheint zu sprechen, dass der Herausgabeanspruch entsprechend § 851 Abs. 2 ZPO nicht gepfändet werden kann, wenn auch der Gegenstand, auf den er gerichtet ist, nicht pfändbar wäre. Diese Unpfändbarkeit ist bei Daten allerdings nicht alleine deshalb gegeben, weil sie jenseits von Verkörperung und Schutzrechten keinen absoluten Schutz genießen.[17] Dies zeigt schon die Möglichkeit der Pfändung von Internetdomains als Konglomerat von Daten und Ansprüchen.[18] Insbesondere aber ist anerkannt, dass auch Ansprüche auf nur relative Rechte, wie etwa die Erbringungen von Werk- und Dienst-

---

11 MüKoInsO/Ehricke/Ahrens InsO § 79 Rn. 10.
12 Musielak/Voit/Flockenhaus ZPO § 808 Rn. 24.
13 MüKoZPO/Smid ZPO § 857 Rn. 16.
14 MüKoBGB/Wagner BGB § 823 Rn. 378; vgl. auch Wiebe GRUR-Int 2016, 877 (881 ff.).
15 Zutreffend und mit ausführlicher Begründung für die Anwendung des § 857 ZPO, Jacobs/Arndt FS K. Schmidt, 2019, Band I, 559 (560 ff.); vgl. auch Jülicher ZIP 2015, 2063 (2065).
16 Offenbar andere Ansicht Seegel CR 2024, 688 (690); zu der Aussonderungskraft dieser Ansprüche → Rn. 53.
17 So aber BeckOF IT-R/Hermann 3.22.1 Anm. 4 aE.
18 BGH 5.7.2005 – VII ZB 5/05, BB 2005, 2658 ff.; eine Übertragung dieser Grundsätze auf Daten allgemein befürwortend Steinrötter/Bohlsen ZZP 2020, 459 (466 ff.).

leistungen, der Pfändung unterliegen.[19] Konsequenterweise geht die wohl hM auch davon aus, dass Herausgabeansprüche auf Daten in Form von **Kryptowährungen** und diese Rechte selbst gepfändet werden können, auch wenn diesen (jedenfalls außerhalb der Fiktion des § 2 Abs. 3 eWpG für Kryptowertpapiere[20]) kein absoluter Schutz zukommt, vielmehr reicht aus, dass sie gehandelt werden können.[21] An dieser **Handelbarkeit** auch von Daten kann jedenfalls in Zukunft aufgrund der Datenverordnung zum 12.9.2025[22] kein Zweifel mehr bestehen, Art. 4, Art. 5–6, Art. 6 Abs. 1 Datenverordnung setzen die Handelbarkeit des Datenzugriffsrechts und damit zumindest mittelbar der Daten selbst voraus (zu der Behandlung von Lizenzen an Daten → Rn. 33 ff.).

c) Vermögenswert von Rechten an Daten

Dass den vorgenannten Rechten an Daten auch **„Vermögenswert"** zukommt (wie es § 35 **9**
InsO verlangt), kann nicht zweifelhaft sein;[23] nicht nur wird dies durch den Handel mit Daten bewiesen, sondern letztlich auch durch die neuere gesetzgeberische Entwicklung, die in § 327 Abs. 3 BGB, § 312 Abs. 1a BGB ausdrücklich die Praxis eines **„Bezahlens" mit der Überlassung von Daten** anerkennt.[24]

d) Fazit

Die soeben geschilderte kontroverse Diskussion für das Recht der Einzelzwangsvollstre- **10**
ckung wird in der insolvenzrechtlichen Literatur nachvollzogen, es wird überwiegend von einer Zugehörigkeit der Rechte an Daten zur Insolvenzmasse ausgegangen.[25]

2. Beschränkungen der Insolvenzmasse nach § 36 InsO

Wie bereits erwähnt wird die Reichweite der Insolvenzmasse durch § 36 Abs. 1 InsO **11**
beschränkt, insofern ein Gegenstand nicht der **Zwangsvollstreckung** unterliegt. Neben der grundsätzlichen Frage inwieweit dieser Ausschluss für Daten gilt (→ Rn. 6), sind im Kontext von Daten einige besondere Vollstreckungsverbote zu beachten, die einschlägig sein können.

a) Gegenstände für eine bescheidene Lebens- und Haushaltsführung, § 811 Abs. 1 Nr. 1 lit. a ZPO

§ 811 Abs. 1 Nr. 1 lit. a ZPO verbietet die Zwangsvollstreckung in **Gegenstände des** **12**
Hausrats. Mindestens in analoger Anwendung[26] schließt dies auch Daten in diesem Bereich ein, insbesondere, wenn diese in Form von gebräuchlicher Software vorliegen. Ferner dürften Rezepte oder sonstige private Datensammlungen hierunter fallen.

---

[19] Stein/Jonas/Würdinger ZPO § 857 Rn. 80; MüKo ZPO/Smid ZPO § 857 Rn. 45.

[20] Vgl. hierzu etwa Hoeren/Sieber/Holznagel MultimediaR-HdB/Möllenkamp Teil 13.6 Rn. 69.

[21] Skauradszun WM 2020, 1229 (1234), Handelbarkeit genügt; d'Avoine/Hamacher ZIP 2022, 6 (9); mit umfassenden weiteren Nachweisen Keller ZwangsVollstrR-HdB/Schrandt Kap. IX Rn. 1368a; aA wohl BeckOK ZPO/Riedel ZPO § 857 Rn. 95; vgl. auch OLG Köln 26.6.2024 – 11 W 15/24, BKR 2024, 859 Rn. 19, wo es allerdings um die Vollstreckung einer Herausgabe von Kryptowährungen und nicht in Kryptowährungen ging.

[22] VO (EU) 2023/2854 (Datenverordnung).

[23] Vgl. d'Avoine/Hamacher Krypto-Assets Rn. 80; für „Know How" Ann/Loschelder/Grosch Know-how-Schutz-HdB/Hauck Kap. 8 Rn. 6 ff.

[24] Ausführlich zum „Bezahlen mit Daten" Specht-Riemenschneider/Werry/Werry DatenR/Bidler/Steudner/Schumann/Widjaja § 3 Rn. 6 ff.

[25] Paulus/Berg ZIP 2019, 2133 (2135); KPB/Holzer InsO § 36 Rn. 7; BeckOK InsO/Platzer Datenschutz in der Insolvenz Rn. 92; BeckOK InsO/Kirchner InsO § 35 Rn. 37c, § 36 Rn. 20d; Berberich/Kanschik NZI 2017, 1 (1 ff.); von Dreusche, Datenverträge in der Insolvenz, S. 167 ff.

[26] Koch/Sander DGVZ 2022, 97 (99).

b) Unterlagen nach § 811 Abs. 1 Nr. 4 ZPO

13 Auch kann sich ein **Pfändungsverbot** aus § 811 Abs. 1 Nr. 4 ZPO ergeben. Hiernach sind Unterlagen, zu deren Aufbewahrung eine gesetzliche Verpflichtung besteht oder die zu Buchführungs- und Dokumentationszwecken benötigt werden, der Pfändung nicht unterworfen. Hintergrund ist, dass diese Daten zwar dem die Einzelzwangsvollstreckung betreibenden Gläubiger vorenthalten werden sollen, da dieser an ihnen kein wirtschaftliches Interesse hat. Hingegen hat der die Insolvenzmasse verwaltende Insolvenzverwalter, insbesondere dann, wenn er das schuldnerische Unternehmen fortführt, sehr wohl ein Interesse an diesen Daten.[27] Daher ordnet § 36 Abs. 2 Nr. 1 InsO an, dass sie der Insolvenzmasse unterfallen. Die hiervon umfassten Daten sind nicht notwendigerweise personenbezogen, wie etwa eine Steuererklärung, sie können es aber sein, wie zB eine Lohnliste oder eine Kundenkartei. Es können sogar besondere Kategorien personenbezogener Daten nach § 9 DS-GVO betroffen sein, wie etwa bei Patientenakten.

c) Private Aufzeichnungen, § 811 Abs. 1 Nr. 5 ZPO

14 Nach § 811 Abs. 1 Nr. 5 ZPO unterliegen **private Aufzeichnungen** nicht der Insolvenzmasse. Dies gilt, entsprechend der oben iRd § 35 InsO vorgenommenen Einordnung, unabhängig davon, ob solche Daten auf einem Datenträger physisch vorhanden sind oder zB mittels eines Clouddienstes verwahrt werden.[28] Was genau zu den privaten Aufzeichnungen zählt, ist eine Frage des Einzelfalls und lässt sich kaum abstrakt umschreiben.[29]

d) Unübertragbarkeit von Daten als Pfändungsausschluss, § 857 Abs. 3 ZPO, § 851 ZPO

15 Auf den ersten Blick einschlägig könnte auch ein **Pfändungsverbot** nach § 851 ZPO sein. Hiernach sind Forderungen nicht der Pfändung unterworfen, soweit sie nicht übertragbar sind. Da gerade im Bereich von Daten häufig Ansprüche auf deren Auskehr gegeben sind, etwa gegen einen Cloudbetreiber, ist der Anwendungsbereich grundsätzlich eröffnet. Auch bei einer direkten Pfändung von Daten ist der Anwendungsbereich eröffnet, da § 857 Abs. 1 ZPO auf § 851 ZPO verweist. Die für das Eingreifen des Verbots notwendige fehlende Übertragbarkeit ist im Kontext von Daten oft gegeben: So ist die Übertragbarkeit **besonderer Kategorien personenbezogener Daten** nach Art. 9 DS-GVO regelmäßig an die Einwilligung der Betroffenen geknüpft, Art. 9 Abs. 2 lit. a DS-GVO. Auch bei „gewöhnlichen" personenbezogenen Daten bildet die Einwilligung einen möglichen Rechtfertigungsgrund zur Datenverarbeitung, Art. 6 Abs. 1 UAbs. 1 lit. a DS-GVO, so dass deren Fehlen zu einer unzulässigen Verarbeitung in Form der Übertragung der Daten führen kann. Auch Daten, die in Form von Software aggregiert wurden, sind oftmals nicht übertragbar.[30]

16 Gleichwohl greift § 851 ZPO hier nicht ein, da sich das Verbot nur auf Forderungen (und mittelbar über § 857 ZPO auf Rechte an Daten) bezieht, die per se dem Rechtsverkehr entzogen sind, nicht aber auf Forderungen und Rechte, die bei vorliegender Zustimmung eines Berechtigten verkehrsfähig sind (vgl. § 857 Abs. 3 ZPO). Sie fallen daher in die Insolvenzmasse; ob sie auch zugunsten der Gläubiger verwertet werden können, ist eine andere Frage (→ Rn. 66 ff.).

17 Anders ist die Rechtslage nach hM, wenn ein urheberrechtlicher Schutz an den Daten besteht: Das **Urheberrecht** selbst ist dem Rechtsverkehr entzogen, daher unpfändbar (§§ 857, 851 ZPO, § 29 UrhG, § 400 BGB) und damit auch nicht Teil der Insolvenzmasse.[31]

27 Vgl. MüKoInsO/Paulus InsO § 36 Rn. 103.
28 BeckOK ZPO/Uhl ZPO § 811 Rn. 36.
29 Vgl. etwa die Aufzählung bei Musielak/Voigt/Flockenhaus ZPO § 811 Rn. 24a.
30 Koch/Sander DGVZ 2022, 97 (99 f.).
31 Uhlenbruck/Hirte/Praß InsO § 35 Rn. 248.

Das **Urhebernutzungsrecht** kann zwar gepfändet werden, allerdings nur mit Zustimmung des Berechtigten, §§ 112 ff. UrhG. Anders als bei Forderungen geht die hM allerdings davon aus, dass die fehlende Einwilligung schon die Zugehörigkeit zur Insolvenzmasse hindert, nicht erst die Verwertbarkeit.[32] Der Unterschied besteht darin, dass das Recht in diesem Fall beim Schuldner verbleibt und diesem nicht (wenn auch für die Gläubiger ggf. unverwertbar) entzogen ist; auch stellt das Urhebernutzungsrecht bei erteilter Einwilligung **Neuerwerb** iSv § 35 Abs. 1 Var. 2 InsO dar.[33]

III. Stellung des Insolvenzverwalters in Bezug auf diese Daten

1. Nicht personenbezogene Daten: Übergang der Verwaltungs- und Verfügungsbefugnis, Inbesitznahme durch den Insolvenzverwalter

Nach § 148 Abs. 1 InsO hat der Insolvenzverwalter das gesamte zur Insolvenzmasse **18** gehörende Vermögen in **Besitz und Verwaltung** zu nehmen. Hiermit wird dem Insolvenzverwalter ein materieller Herausgabeanspruch gegen den Schuldner eingeräumt.[34] Ohne weiteres lässt sich die Norm auf verkörperte Daten anwenden, da an diesen „Besitz" im technischen Sinne nach § 854 BGB bestehen kann.[35] In diesem Fall kann der Insolvenzverwalter auf die Herausgabevollstreckung nach § 883 ZPO zurückgreifen.

Man ist sich im Ergebnis jedoch einig, dass das wirtschaftliche Ergebnis des § 148 InsO, die **19** umfassende Herausgabe massezugehöriger Gegenstände an den Insolvenzverwalter, auch auf Rechte, insbesondere Ansprüche erstreckt werden muss, nur der dogmatische Weg der Herleitung ist umstritten.[36] Da der Herausgabeanspruch gegenständlich begrenzt ist, wird man ihn gerade bei Daten als auf eine **unvertretbare Handlung** gerichtet ansehen müssen, etwa wenn die Herausgabe eines Passwortes in Bezug auf Daten in Rede steht.[37] Paradebeispiel hierfür wäre ein zu einer mit einer **Kryptowährungen** bestückten **„Wallet"** führender, nur dem Schuldner bekannte **„Privat Key"**[38] oder ein passwortgeschützter Zugang zu einem Account, hinter dem sich die Daten verbergen. In diesen Fällen ist nach § 888 ZPO zu vollstrecken, also per **Zwangsgeld** oder **Zwangshaft.**[39] Der Verwalter ist damit sowohl rechtlich als auch faktisch in der Lage, auf die zur Insolvenzmasse zugehörigen Daten umfassend zugreifen zu können.

2. Personenbezogene Daten: Übergang der Verwaltungs- und Verfügungsbefugnis modifiziert durch den Begriff des „Verantwortlichen" nach Art. 4 Nr. 7 DS-GVO

Fraglich ist, ob diese Grundsätze auch dann eingreifen, wenn **personenbezogene Daten** **20** betroffen sind. Der Umgang mit diesen Daten wird durch die DS-GVO gesondert geregelt. Diese knüpft die Rechte und Pflichten allerdings nicht alleine an die faktische Inhaberschaft iSv § 148 InsO an, sondern an den Begriff des **„Verantwortlichen"** iSv Art. 4 Nr. 7 DS-GVO. Diese Anknüpfung ist auch im Fall der Insolvenz maßgeblich, wie es etwa auch für das

[32] Berger/Tunze ZIP 2020, 52 (55); BeckOK UrhR/Rudolph Insolvenz Rn. 11; Uhlenbruck/Hirte/Praß InsO § 35 Rn. 248; aA etwa noch Möhring/Nicolini/Lütje, 2. Aufl. 2000, UrhG § 112 Rn. 10.
[33] BeckOK UrhR/Rudolph Insolvenz Rn. 11.
[34] MüKoInsO/Jaffé InsO § 148 Rn. 60.
[35] MüKoInsO/Jaffé InsO § 148 Rn. 11.
[36] Vgl. zu den verschiedenen dogmatischen Herleitungen KPB/Holzer InsO § 148 Rn. 12 (§ 28 Abs. 3 InsO); MüKoInsO/Jaffé InsO § 148 Rn. 11 (es wird zwar kein Besitz an Rechten begründet, doch sie werden „verwaltet"); Kießling NZI 2006, 440 (auch Rechte seien in Besitz zu nehmen); d'Avoine/Hamacher Krypto-Assets Rn. 95 (Mitwirkungspflichten nach §§ 97, 98 InsO geben Herausgabeanspruch).
[37] Uhlenbruck/Sinz InsO § 148 Rn. 37; OLG Köln 26.6.2024 – 11 W 15/24, BKR 2024, 859 Rn. 18.
[38] Vgl. zu den Begrifflichkeiten prägnant d'Avoine/Hamacher Krypto-Assets Rn. 26, 28.
[39] Hiervon streng zu unterscheiden ist eine Vollstreckung in Kryptowährungen aufgrund einer Geldforderung, vgl. ausführlich Jacobs/Arndt FS K. Schmidt, 2019, Band I, 559 (565 ff.).

Ordnungsrecht anerkannt ist[40] und was auch für die DS-GVO gelten muss. Der Insolvenzverwalter wäre als „Verantwortlicher" anzusehen, wenn er einen **Datenverarbeitungsvorgang** nach Art. 4 Nr. 2 DS-GVO verantworten würde. Dies ist von Bearbeitungsvorgang zu Bearbeitungsvorgang einzeln zu entscheiden.

a) In der Vergangenheit liegende, abgeschlossene Datenverarbeitungen

21 Der Insolvenzverwalter kann nicht als **Verantwortlicher** für in der Vergangenheit liegende, **abgeschlossene Vorgänge** angesehen werden, wie beispielsweise eine bereits durch den Schuldner erfolgte Datenerhebung oder die Anlage eines Ordnungssystems.[41] Dies folgt allerdings nicht bereits aus der **Bereichsausnahme** des Art. 2 lit. a DS-GVO, nach welcher die Stellung des Verantwortlichen nicht durch eine Tätigkeit begründet werden kann, die nicht dem Anwendungsbereich des Unionsrechts unterfällt.[42] Diese Ausnahme mag für einzelne Vorgänge eingreifen,[43] kann jedoch nicht pauschal für jede Tätigkeit des Insolvenzverwalters mit der Begründung in Anspruch genommen werden, dass dessen Tätigkeit als eigenes Berufsbild anerkannt sei.[44] Allerdings entscheidet der Insolvenzverwalter bei solchen Vorgängen nicht über die Zwecke und Mittel der Verarbeitung von personenbezogenen Daten im Sinne des Tatbestands des Art. 4 Nr. 7 DS-GVO, so dass seine Verantwortlichkeit ausscheiden muss.[45]

b) Vom Insolvenzverwalter selbst initiierte Datenverarbeitungen

22 Anders ist dies, wenn der Insolvenzverwalter einen **Datenverarbeitungsvorgang** selbst initiiert, also zB selbst Daten erhebt oder löscht.[46] Hierzu wurde vertreten, dass der Insolvenzverwalter wie ein Organ des Schuldners auftrete und der Schuldner damit der für den Datenverarbeitungsvorgang Verantwortliche bleibe.[47] Dieser Ansicht ist zu widersprechen: Der Insolvenzverwalter ist letztlich ein **Verwalter fremden Vermögens.**[48] Die Sachgesamtheit „schuldnerisches Vermögen" wird nach Eröffnung des Insolvenzverfahrens dem Insolvenzverwalter als Partei kraft Amtes zugeordnet (§ 80 InsO, sogenannte Amtstheorie). Dies bringt es mit sich, dass der Insolvenzverwalter selbst **Verantwortlicher** iSv Art. 4 Nr. 7 DS-GVO sein kann, da er selbst das Zuordnungssubjekt für die Verarbeitungsvorgänge darstellt.[49] Die eigentliche Subsumtion unter Art. 4 Nr. 7 DS-GVO ist bei vom Insolvenzverwalter selbst initiierten Verarbeitungen unproblematisch, bei einem eher tätig-

---

[40] BVerwG 23.9.2004 – 7 C 22/02, NVwZ 2004, 1505 (1506): „Allein das Ordnungsrecht regelt, unter welchen Voraussetzungen eine Störung der öffentlichen Sicherheit (Gefahr) vorliegt, wie dieser Störung zu begegnen ist und wer dafür in Anspruch genommen werden kann. Deshalb ist auch die Frage, ob allein die dem Übergang der Verwaltungs- und Verfügungsbefugnis folgende Inbesitznahme der Masse durch den Insolvenzverwalter nach § 148 Absatz 1 InsO eine Ordnungspflicht für von der Masse ausgehende Störungen begründet, ausschließlich nach den Tatbestandsmerkmalen des jeweils einschlägigen Ordnungsrechts zu beurteilen.".

[41] Gola/Heckmann/Franck DS-GVO Art. 15 Rn. 29.

[42] So aber AG Hamburg 15.11.2021 – 11 C 75/21, NZI 2022, 197 Rn. 8 ff.

[43] In diesem Sinne Berg ZIP 2019, 247 (253).

[44] Unzutreffend daher die Abgrenzung bei AG Hamburg 15.11.2021 – 11 C 75/21, NZI 2022, 197 Rn. 9 ff. zu BGH 15.7.2021 – V ZB 53/20, NZI 2021, 1032 Rn. 11, in welchem der Zwangsverwalter als Datenverantwortlicher anerkannt wird. Denn sowohl der Zwangsverwalter als auch der Insolvenzverwalter sind letztlich Verwalter fremden Vermögens, so dass deren Gleichbehandlung geboten ist; in diesem Sinne auch.
BeckOK DatenschutzR/Schild DS-GVO Art. 4 Rn. 89; BeckOK InsO/Riewe/Kaubisch InsO § 80 Rn. 53.4; scharfe, aber berechtigte Kritik („europarechtswidriges Wunschdenken") auch bei Brägelmann/Reisener RDi 2022, 255 ff.

[45] Nur iErg richtig daher AG Hamburg 15.11.2021 – 11 C 75/21, NZI 2022, 197 Rn. 18, 20; insoweit zustimmend Gola/Heckmann/Franck DS-GVO Art. 15 Rn. 29.

[46] Gola/Heckmann/Franck DS-GVO Art. 15 Rn. 22.

[47] Weiß/Reisener ZInsO 2017, 416 (418) im Anschluss an Hartung ZInsO 2011, 1225 (1230).

[48] Ausführlich mwN U. Becker, Insolvenzverwalterhaftung bei Unternehmensfortführung, S. 38.

[49] Thole ZIP 2018, 1001 (1004); BeckOK InsO/Platzer Datenschutz im Insolvenzverfahren Rn. 19.

keitsbezogenen Verarbeitungsvorgang wie etwa einer selbst vorgenommenen Datenerhebung oder Datenlöschung wird sich immer sicher sagen lassen, wer sie veranlasst hat. Noch unproblematischer ist dies bei Vorgängen, die noch nicht einmal theoretisch vom Schuldner ausgehen und nur den Insolvenzverwalter treffen können. Hierzu gehört beispielsweise das Vorhalten und Führen eines elektronischen **Gläubigerinformationssystems** nach § 5 Abs. 5 InsO im Regelverfahren (nur in der Eigenverwaltung kann der Schuldner selbst hierzu verpflichtet sein, § 5 Abs. 4 InsO). Hinsichtlich dieses auf Art. 6 Abs. 1 UAbs. 1 lit. c DS-GVO gestützten Vorgangs[50] ist der Insolvenzverwalter als Verantwortlicher anzusehen.[51]

c) Vom Insolvenzverwalter fortgeführte Datenverarbeitungen

Unter Zugrundelegung der vorstehenden Einteilung können auch **Datenverarbeitungen** beurteilt werden, welche der Insolvenzverwalter bei Inbesitznahme der Insolvenzmasse vorfindet und aktiv fortführt oder doch zumindest duldet. Erfüllt der Insolvenzverwalter die Anforderungen des Art. 4 Nr. 7 DS-GVO, so löst er den Schuldner hinsichtlich dieser Vorgänge ab. Insbesondere besteht **keine gemeinsame Verantwortlichkeit** zwischen Insolvenzschuldner und Insolvenzverwalter nach Art. 26 Abs. 1 DS-GVO, nur weil der Schuldner früher einmal über Zwecke und Mittel der Verarbeitung iSd Art. 4 Nr. 7 DS-GVO entschieden hat. Allerdings ist die Subsumtion unter Art. 4 Nr. 7 DS-GVO bei eher zustandsbezogenen Verarbeitungsvorgängen, wie insbesondere einer Speicherung von Daten, schwieriger. Ein Teil der insolvenzrechtlichen Literatur lässt es für die Übernahme der Verantwortlichkeit für solche Vorgänge vom Schuldner genügen, wenn die Verwaltungs- und Verfügungsbefugnis hinsichtlich der Insolvenzmasse und damit auch hinsichtlich der gespeicherten Daten auf den Insolvenzverwalter nach § 80 InsO übergeht.[52] Die ganz hM in der datenschutzrechtlichen Literatur pflichtet dem bei, da eine „Speicherung" kein willensgetragenes Element voraussetze.[53] Eine Gegenauffassung verlangt, dass der Insolvenzverwalter nicht nur die Verwaltungs- und Verfügungsbefugnis über den Verarbeitungsprozess inne hat, sondern darüber hinaus auch den Besitz an den Daten nach § 148 InsO.[54] Jedenfalls dann, wenn man mit der ganz hM die Möglichkeit einer **Freigabe** von Gegenständen aus der Insolvenzmasse an den Schuldner anerkennt,[55] ist dieser Ansicht zuzustimmen. Wenn sich der Insolvenzverwalter nicht bewusst dafür entscheidet die Daten für die Insolvenzmasse zu nutzen und damit die aus ihnen erwachsenden Vorteile vereinnahmt (etwa im Rahmen einer Unternehmensfortführung), so ist kein Grund dafür ersichtlich, ihn für die aus den Daten erwachsenden Nachteile einstehen zu lassen. Es kann hierbei keinen Unterschied machen, ob der Insolvenzverwalter von vorneherein keinen Besitz an den Daten begründet (also etwa die Räume mit den Aktenordnern verschlossen lässt oder die digitalen Daten überhaupt nicht aufruft bzw. sich nicht das Passwort geben lässt) oder diese unmittelbar aus der Masse freigibt: In beiden Fällen ist der Schuldner der eigentliche Initiator des Datenverarbeitungsvorgangs und damit für diesen verantwortlich. Es ist also (wie im Ordnungsrecht nach richtiger Ansicht auch[56]) danach zu fragen, wo der **Schwerpunkt der die Verantwortlichkeit begründenden Verarbeitung** liegt. Wollte man dies anders sehen, so müsste man das Institut der Freigabe selbst in Frage stellen bzw. seine Vereinbarkeit mit der DS-GVO diskutieren. Dieser Grundsatzfrage kann hier nicht vertieft nachgegangen 23

---

50 BT-Drs. 20/10943, 64.
51 Vgl. Ahrens NJW-Spezial 2024, 725 (725 f.).
52 BeckOK InsO/Platzer Datenschutz in der Insolvenz Rn. 19.
53 BeckOK DatenschutzR/Schild DS-GVO Art. 4 Nr. 42a; Gola/Heckmann/Franck DS-GVO Art. 15 Rn. 22.
54 Thole ZIP 2018, 1001 (1006).
55 BGH 18.4.2002 – IX ZR 161/01, NZI 2002, 425; MüKoInsO/Peters InsO § 35 Rn. 127; konkret für Daten:
MüKoInsO/Vuia InsO § 80 Rn. 144e; vgl. aber die nicht von der Hand zu weisende Grundsatzkritik bei K. Schmidt InsR Unternehmen S. 73 ff.
56 MüKoInsO/Vuia InsO § 80 Rn. 139 mwN.

werden, so dass für eine Verantwortlichkeit des Insolvenzverwalters bei fortgeführten Datenverarbeitungen unter Zugrundelegung der eine Freigabe bejahenden hM eine bewusste Entscheidung des Insolvenzverwalters für den Verarbeitungsvorgang durch eine Inbesitznahme der Daten zu verlangen ist.

d) Konsequenz für Betroffenenrechte

24 Eine von einem Verarbeitungsvorgang betroffene Person hat diverse Rechte als Betroffener, etwa ein Recht auf **Information** (Art. 15 DS-GVO), ein Recht auf **Berichtigung und Löschung** (Art. 16, 17 DS-GVO), **Einschränkung der Verarbeitung** (Art. 18 DS-GVO), **Übertragung der Daten** (Art. 20 DS-GVO) und **Widerspruch** (Art. 6 Abs. 1 UAbs. 1 lit. f, Art. 21 DS-GVO). Kann der Insolvenzverwalter nach der soeben vorgenommenen Einordnung (→ Rn. 21 ff.) als Verantwortlicher für einen bestimmten Verarbeitungsvorgang angesehen werden, so sind die aus dieser Verarbeitung resultierenden Betroffenenrechte zur **Aussonderung** der Daten als „Gegenstände" berechtigend, § 47 InsO.[57] Ein darüberhinausgehendes Recht auf Herausgabe der Daten oÄ ist demgegenüber nicht anzuerkennen,[58] da § 47 InsO keinen eigenen Anspruch verschafft, sondern auf die Ansprüche außerhalb der Insolvenz verweist.[59] Vom Insolvenzverwalter verursachte **Schadensersatzansprüche** aufgrund Art. 82 DS-GVO sind demgegenüber (nur) als Masseverbindlichkeiten anzusehen, §§ 53 Var. 2, 55 Abs. 1 Nr. 1 InsO. In der Konsequenz bedeutet dies, dass sie bei einer angezeigten **Masseunzulänglichkeit** (§ 208 InsO) nur im Rang des § 209 Abs. 1 Nr. 3 InsO befriedigt werden können. Gleiches gilt für **Bußgelder** nach Art. 83 DS-GVO. Für eine weitergehende Privilegierung besteht kein Anlass.

25 Ist der **Verarbeitungsvorgang** hingegen beim Schuldner anzusiedeln, so sind die **Betroffenenrechte** allein gegen ihn geltend zu machen; § 87 InsO steht nicht entgegen, da die Norm nur die Durchsetzung von Insolvenzforderungen nach § 38 InsO sperrt. Der Schuldner als weiterhin Verantwortlicher wird aus finanziellen Gründen oft seinen öffentlich-rechtlichen Pflichten nicht nachkommen, also etwa eine Anordnung zur Sicherung der Daten nicht erfüllen können.[60] Es verbleibt dann nur, diesen Zustand als **Gefahr** im öffentlich-rechtlichen Sinne zu erkennen, für dessen Beseitigung die Allgemeinheit aufzukommen hat.[61] Vom Schuldner vor Verfahrenseröffnung verursachte Schadensersatzansprüche aus Art. 82 DS-GVO können demgegenüber nur als **Insolvenzforderungen** geltend gemacht werden, § 38 InsO. Gegen den Schuldner vor Verfahrenseröffnung verhängte **Bußgelder** nach Art. 83 DS-GVO können nur als **nachrangige Insolvenzforderung** geltend gemacht werden, § 39 Abs. 1 S. 1 Nr. 3 InsO.

IV. Stellung von vorläufigem Insolvenzverwalter und (vorläufigem) Sachwalter in Bezug auf diese Daten

1. Stellung des vorläufigen Insolvenzverwalters mit Verfügungsbefugnis

26 Die oben genannten Grundsätze zum Insolvenzverwalter lassen sich auf den **vorläufigen Insolvenzverwalter** übertragen, falls diesem bereits die Verfügungsbefugnis über das schuldnerische Unternehmen nach § 21 Abs. 1 Nr. 1, 2, § 21 Abs. 2 eingeräumt wird. Er

57 Blunk Verwertbarkeit S. 55; BeckOK InsO/Haneke InsO § 47 Rn. 82; Bultmann ZInsO 2011, 992 (995); aA MüKoInsO/Vuia InsO § 80 Rn. 144e (nur Masseverbindlichkeiten).

58 BeckOK InsO/Haneke InsO § 47 Rn. 83; iErg wohl auch BeckOK InsO/Platzer InsO § 47 Rn. 93; missverständlich K. Schmidt InsO/Thole InsO § 47 Rn. 8.

59 KPB/Prütting InsO § 47 Rn. 6.

60 Vgl. OVG Hamburg 15.10.2020 – 5 Bs 152/20, NZI 2021, 191.

61 So die wirtschaftliche Konsequenz von OVG Hamburg 15.10.2020 – 5 Bs 152/20, NZI 2021, 191.

hat die gleichen Zugriffsmöglichkeiten und damit auch die gleichen Rechte und Pflichten.[62] Je nach Vorgang kann er **Verantwortlicher** sein oder nicht. Dies bringt es mit sich, dass auch er sich von einer Verantwortlichkeit durch unterlassene Inbesitznahme oder Freigabe befreien können muss.[63]

2. Stellung des vorläufigen Insolvenzverwalters ohne Verfügungsbefugnis und des Sachwalters

27 Auch der **schwache vorläufige Insolvenzverwalter** (§ 21 Abs. 1 Nr. 1, § 22 Abs. 2 InsO) kann je nach Vorgang theoretisch **Verantwortlicher** sein, wird es aber in den meisten Fällen nicht sein, da der Schuldner weiterhin die Verwaltungs- und Verfügungsbefugnis behält und damit verantwortlich bleibt.[64] Selbst eine **Einzelermächtigung** nach § 22 Abs. 2 S. 1 InsO soll nach hM keine Verantwortlichkeit des schwachen vorläufigen Insolvenzverwalters begründen.[65] Entsprechendes gilt für den **Sachwalter** in der Eigenverwaltung, da auch auf ihn keine Verfügungsbefugnis übergeht.[66]

V. Daten im Übergang von der Ist-Masse zur Soll-Masse

28 Das vom Insolvenzverwalter vorgefundene Vermögen stellt die sogenannte **Ist-Masse** dar. Allerdings ist dieses Vermögen in mehreren Schritten zu vermindern und zu ergänzen, so dass die zur Verteilung zur Verfügung stehende **Soll-Masse** entsteht.[67] Bei vielen dieser Schritte wirft die Behandlung von Daten Besonderheiten auf, denen nachzugehen ist.

1. Verträge über Daten als Gegenstand des Insolvenzverwalterwahlrechts

29 Das Schicksal von vom Insolvenzschuldner eingegangenen Verträgen wird durch die §§ 103 ff. InsO geregelt. Es bestimmt sich nach Verfahrenseröffnung in Abhängigkeit vom jeweiligen Vertragstypus, so dass typische Verträge betreffend Daten separat betrachtet werden müssen. In den §§ 104 ff. InsO werden Spezialregelungen aufgeführt, während § 103 InsO eine **Grundnorm** für gegenseitige Verträge bildet.

a) § 103 InsO als Grundtatbestand

30 Nach § 103 InsO kann der Insolvenzverwalter **wählen,** ob er zum Zeitpunkt der Eröffnung des Verfahrens **beidseitig noch nicht voll erfüllte gegenseitige Verträge** erfüllen möchte oder nicht. Findet sich in §§ 104 ff. InsO keine spezielle Anordnung, so kommt diese Generalklausel zum Tragen. Entscheidet sich der Insolvenzverwalter bei einem gegenseitigen, von keiner Seite vollständig erfüllten Vertrag gegen die Erfüllung, so lässt dies zwar den **materiellen Bestand** der gegenseitigen Ansprüche **unberührt.** Allerdings sind diese bereits mit Verfahrenseröffnung undurchsetzbar geworden (§ 320 BGB), woran die unterlassene Erfüllungswahl nichts ändert. Da der Vertragspartner die Gegenleistung anbieten müsste, um die Einrede zu verhindern, sein Vergütungsanspruch als Insolvenzforderung aber trotzdem nur quotal zu befriedigen wäre, bleibt ihm wirtschaftlich betrachtet nur die Option,

[62] BeckOK InsO/Platzer Datenschutz in der Insolvenz Rn. 24; Thole ZIP 2018, 1001 (1009).
[63] Zutreffend Thole ZIP 2018, 1001 (1009); Theurich/Degenhardt NZI 2018, 870 (872); Bornheimer/Park NZI 2018, 877 (878); insoweit aA BeckOK InsO/Platzer Datenschutz in der Insolvenz Rn. 26.
[64] Bornheimer/Park NZI 2018, 877 (879); BeckOK InsO/Platzer Datenschutz in der Insolvenz Rn. 27 ff.
[65] BeckOK InsO/Platzer Datenschutz in der Insolvenz Rn. 29; Thole ZIP 2018, 1001 (1010), der allerdings maßgeblich auf Praktikabilitätserwägungen abstellt.
[66] AG Hamburg 15.11.2021 – 11 C 75/21, NZI 2022, 197 Rn. 3.
[67] Hierzu ausführlich MüKoInsO/Peters § 35 Rn. 19 f.; BeckOK InsO/Kirchner InsO § 35 Rn. 4.

seinen **Schadensersatzanspruch wegen Nichterfüllung** des Vertrags zur Tabelle anzumelden.[68]

31 Entscheidet sich der Insolvenzverwalter hingegen für eine Erfüllung des Vertrags, so wäre die Gegenleistung als **Masseverbindlichkeit** zu erbringen, § 55 Abs. 1 Nr. 2 InsO. Grundsätzlich würde dieser Rang auch für vertragliche Herausgabepflichten gelten (→ Rn. 50, 53 ff.). Für die Pflicht zur Herausgabe von überlassenen Datenbeständen würde dies jedoch bedeuten, dass diese schlechter gestellt wäre als im Fall der Nichterfüllungswahl, in welchem sie **ausgesondert** werden könnten (zu dieser zweiten Option ausführlich → Rn. 50, 53 ff.). Dieser Widerspruch ist dadurch aufzulösen, dass die Anordnung in § 55 Abs. 1 Nr. 2 InsO nicht verhindert, aus dem Vertrag resultierenden Ansprüchen Aussonderungskraft zuzugestehen.[69] Allerdings können diese Ansprüche nur nach Maßgabe des fortbestehenden schuldrechtlichen Vertrags geltend gemacht werden, was sich primär nach den vertraglichen Abreden richtet (beispielsweise wäre bei einer **Auftragsverarbeitung** nach Art. 28 Abs. 3 lit. g DS-GVO eine Herausgabepflicht bei Ende der Verarbeitungsleistungen zwingend zu vereinbaren, die Kautelarpraxis geht hier jedoch meist weiter und vereinbart einen jederzeitigen Herausgabeanspruch unter Ausschluss des Zurückbehaltungsrechts[70]; auch damit ein **Finanzunternehmen** die Vorgaben nach Art. 30 Abs. 2 lit. d DORA[71] durch vertragliche Vereinbarung mit einem **IKT-Drittdienstleister** erfüllen kann, müsste eine solche Regelung vereinbart werden), im Übrigen aber eines gesetzlichen Beendigungstatbestands bedarf.

32 **aa) Erfasste Vertragstypen im Allgemeinen.** Da Verträge in Bezug auf Daten äußerst vielgestaltig sind, ist eine abschließende Darstellung des Anwendungsbereichs nicht möglich; unter § 103 InsO fallende und für Daten relevante typische Fälle sind etwa **Kaufverträge über Daten** oder **Mietverträge über Daten.** Oft wird es jedoch so sein, dass die Überlassung der Daten auf Zeit oder permanent nicht den eigentlichen Gegenstand des Vertrags bildet, sondern nur eine **Nebenleistung,** wie etwa bei einer Softwareüberlassung **(Software as a Service, SaaS).**[72]

33 **bb) Lizenzverträge im Besonderen.** Wesentlicher Bestandteil einer wie auch immer gearteten Nutzungsüberlassung von Daten auf Zeit wird die Einräumung einer **Lizenz** an den Daten sein. Unabhängig davon, ob man diese Überlassung als Rechtspacht[73] oder Vertrag sui generis[74] auffasst, unterfällt dieser Vertrag(steil) § 103 InsO. Die Auswirkungen der Verweigerung der Erfüllung nach § 103 InsO auf solche Verträge ist hoch umstritten und steht in Abhängigkeit davon, ob der **Lizenzgeber** oder der **Lizenznehmer** insolvent werden und ob eine dinglich wirkende oder eine nur **schuldrechtlich wirkende Lizenz** an den Daten eingeräumt wurde. Diese Probleme stellen sich auch im Kontext von Daten, da an ihnen mindestens gleich einer Lizenz ein Nutzungsrecht vergeben werden kann.[75] Ob darüberhinausgehend auch eine **dingliche Lizenz** möglich ist, hängt von der Anerkennung von Dateneigentum ab (→ Rn. 7 ff.).

34 **i) Insolvenz des Lizenzgebers bei (nur) schuldrechtlich wirkender Lizenz.** Wird über das Vermögen des **Lizenzgebers** das Insolvenzverfahren eröffnet, so droht eine Entscheidung gegen die Erfüllung des Lizenzvertrags nach § 103 InsO dem **Lizenznehmer**

---

68 K. Schmidt InsO/Ringstmeier InsO § 103 Rn. 54.

69 Skauradszun/Schweizer/Kümpel ZIP 2022, 2101 (2107).

70 Vgl. zB BeckOF IT-R/Hofmann 2.19 (Auftragverarbeitungsvertrag) § 10, § 12.

71 VO (EU) 2022/2554 (VO über die digitale operationale Resilienz im Finanzsektor).

72 So der BGH für das vor allem früher vorherrschende ASP (Application Service Provider) Modell, BGH 15.11.2006 – XII ZR 120/04, NJW 2007, 2394 Rn. 12 ff.; vgl. auch mwN Auer-Reinsdorff/Conrad IT- und DatenschutzR-HdB/Strittmatter § 22 Rn. 29 ff.

73 Pahlow WM 2008, 2041 (2043).

74 BGH 17.11.2005 – IX ZR 162/04, NJW 2006, 915 Rn. 21; 21.10.2015 – I ZR 173/14, NZI 2016, 97 Rn. 43; BeckOK PatR/Loth/Hauck PatG § 15 Rn. 40; Schur GRUR 2020, 1142 (1151).

75 Schur GRUR 2020, 1142 (1144), der bei Know-how und Daten von „unechten" Lizenzen spricht.

das Recht zur Nutzung der lizensierten Daten zu nehmen (zu Lösungen der Praxis, um dieses Problem zu vermeiden → Rn. 46 ff.). Bei einer (nur) schuldrechtlich wirkenden Lizenz ergibt sich diese Rechtsfolge unmittelbar aus § 103 InsO (dazu allgemein bereits → Rn. 30 ff.): Der (nicht insolvente) Vertragspartner kann nur noch einen **Anspruch wegen Nichterfüllung** hinsichtlich der weiteren Nutzungsüberlassung der Daten zur Tabelle anmelden, da der Primäranspruch dauernd einredebehaftet ist; erst recht findet keine Befriedigung in Natur statt. Bei einer **Datenlizenz** sind diese Grundsätze in jedem Fall anzuerkennen, wenn man ein **Dateneigentum** ablehnt.[76] Nimmt man es hingegen an, so stellt sich die Frage, wann auch bei Daten eine Lizenz dinglich wirken und damit insolvenzfest sein kann (→ Rn. 35).

ii) Insolvenz des Lizenzgebers bei dinglich wirkender Lizenz. Ein gegenüber der 35
schuldrechtlichen Lizenz anderes Bild ergibt sich, wenn man den **Lizenzvertrag** nur als **Verpflichtungsgeschäft** begreift, welches durch **Verfügung** erfüllt wird. Jedenfalls bei einer **ausschließlichen Lizenz** wird dies rechtsgebietsübergreifend angenommen, da der Lizenzgeber einen Teil der ihm zustehenden Rechtsmacht konstitutiv auf den Vertragspartner überträgt, §§ 398, 413 BGB.[77] Jedenfalls unter Annahme eines **Dateneigentums** (→ Rn. 7 ff.) wird man dieses Modell auch auf Daten übertragen können. In manchen Bereichen des Immaterialgüterrechts werden sogar **nicht ausschließliche Lizenzen** als in diesem Sinne dinglich wirkend angesehen.[78] Unabhängig davon, ob die Gegenleistung als Einmalbetrag oder wiederkehrend geschuldet ist, erscheint der Vertrag mit der Übertragung als von einer Seite **vollständig erfüllt,** so dass die **Nichterfüllungswahl** nach § 103 InsO **ausgeschlossen** ist.[79] Allerdings wird die Überlassung von Daten zur Nutzung nur in den seltensten Fällen alleiniger Vertragsgegenstand sein, vielmehr können weitere vertragliche Ansprüche bei Verfahrenseröffnung noch offen sein. Eine unerfüllte (selbst bedeutende) **Nebenleistung** schadet nach neuerer Rechtsprechung nicht.[80] Wenn aber die Überlassung von Daten selbst die Nebenleistung ist, etwa als Annex zu einem Softwareüberlassungsvertrag, so kann die **synallagmatische Hauptleistung** noch offen sein und § 103 InsO wäre unzweifelhaft anwendbar. Ist dies der Fall, so stellt sich die Frage nach der Rechtsfolge. Nach einer Ansicht sollte § 9 VerlG analog zur Anwendung kommen. Das dort normierte **Kausalprinzip** besagt, dass mit dem Erlöschen des Verpflichtungsgeschäfts auch der im Rahmen des Verfügungsgeschäfts hingegebene Gegenstand, hier also das Nutzungsrecht, automatisch zurückfällt.[81] Die ganz herrschende Meinung begreift § 9 VerlG hingegen als nicht analogiefähige Spezialregelung und belässt es bei der Geltung des **Abstraktionsprinzips,** das vom Lizenzgeber übertragene Recht verbleibt also beim Lizenznehmer.[82] Die dinglich wirkende Lizenz ist daher in dem Sinne als insolvenzfest anzusehen, dass sie gegen (weitere) Zahlung des Entgelts weitergenutzt werden kann. Das Konzept der Dinglichkeit einer Lizenz steht und fällt bei der **Datenlizenz** jedoch mit der Annahme von Daten-

---

76 Specht-Riemenschneider/Werry/Werry DatenR/Apel/Brechtel § 10 Rn. 72 f.; Ann/Loschelder/Grosch Know-how-Schutz-HdB/Hauck Kap. 8 Rn. 46.

77 Ganz hM, MüKoInsO/Huber InsO § 103 Rn. 76; Pahlow WM 2008, 2041 (2043); Hölder/Schmoll GRUR 2004, 830 (833); aA McGuire GRUR 2009, 13 (17).

78 MwN für das Patent-, Urheber- und Markenrecht BeckOK InsO/Berberich InsO § 108 Rn. 76.2.

79 BGH 21.10.2015 – I ZR 173/14, NZI 2016, 97 Rn. 45.

80 BGH 16.5.2019 – IX ZR 44/18, NZI 2019, 587 Rn. 13 ff.; aA MüKoInsO/Huber InsO § 103 Rn. 123 mwN zur älteren Rspr.

81 OLG Hamburg 15.3.2001 – 3 U 57/99, GRUR 2002, 335 (336); LG Mannheim 27.6.2003 – 7 O 127/03, ZIP 2004, 576 (578); Wallner NZI 2002, 70 (73); die Darstellung dieser Ansicht als „herrschende Meinung" bei Seegel CR 2024, 688 (Fn. 44) dürfte nicht zutreffen.

82 Wolff, Urheberrechtliche Lizenzen in der Insolvenz von Film- und Fernsehunternehmen, 2007, S. 195; Adolphsen DZWiR 2003, 228 (231); Koehler/Ludwig NZI 2007, 79 (84); Srocke GRUR 2008, 867 (871); selbst im originären Anwendungsbereich des § 9 VerlG bestehen erhebliche Zweifel, ob Verfahrenseröffnung und (deklaratorische) Nichterfüllungswahl einer Vertragsbeendigung gleichgesetzt werden können, da die Forderungen ja gerade fortbestehen, vgl. BeckOK InsO/Berberich InsO § 108 Rn. 80; auch insoweit unzutreffend Seegel CR 2024, 688 (Fn. 44).

eigentum. Verneint man dieses, so ist für eine dingliche Lizenz kein Raum, da keine Rechtsmacht nach §§ 398, 413 BGB übertragen werden könnte, und es bliebe bei den Grundsätzen über die schuldrechtliche Lizenz (→ Rn. 34).[83]

36 **iii) Insolvenz des Lizenznehmers bei (nur) schuldrechtlich wirkender Lizenz.** Auch in der Insolvenz des Lizenznehmers ist die Rechtsfolge bei Nichterfüllungswahl oder nicht erfolgter Wahl nach § 103 Abs. 2 S. 2 InsO eindeutig: Das dem Lizenznehmer zustehende **schuldrechtliche Nutzungsrecht** kann ohne Anbieten der Gegenleistung nicht mehr durchgesetzt werden (§ 320 Abs. 1 BGB, → Rn. 30).

37 **iv) Insolvenz des Lizenznehmers bei dinglich wirkender Lizenz.** Im wirtschaftlichen Ergebnis sollte auch bei einer dinglich wirkenden Lizenz das Nutzungsrecht nicht auf den insolventen Lizenznehmer übergehen. Zwar wurde (bei Annahme von **Dateneigentum**) das Nutzungsrecht nach §§ 398, 413 BGB auf den Lizenznehmer übertragen, jedoch wurden die Pflichten aus dem Kausalgeschäft suspendiert. Missliche Konsequenz wäre, dass der Lizenznehmer vom Nutzungsrecht weiterhin Gebrauch machen könnte, hierzu aber keine schuldrechtliche Befugnis hätte.[84] Über die Notwendigkeit der Beseitigung dieses Zustands ist man sich einig, es werden lediglich verschiedene dogmatische Wege diskutiert, etwa die oben bereits diskutierte analoge Anwendung des **Kausalprinzips** nach § 9 VerlG, die **Kündigung** des nicht mehr gelebten Vertrags, so dass dieser keinen Rechtsgrund mehr bilden kann und das Nutzungsrecht herauszugewähren ist,[85] oder die **Aussonderung** des Nutzungsrechts nach § 47 InsO durch den Lizenzgeber[86] (→ Rn. 50) stehen zur Auswahl. In jedem Fall kann das dingliche Nutzungsrecht an den Daten nicht ohne (weitere) Zahlung der Vergütung behalten werden. Auch hier steht und fällt die Anwendung dieser Grundsätze über die dingliche Lizenz mit der Anerkennung von Dateneigentum.

38 **v) Lizenzketten.** Nimmt man ein **Aussonderungsrecht** auf die **Datenlizenz** bei erfolgter Nichterfüllungswahl an (→ Rn. 33 ff.), so stellt sich der Lizensierung von Daten in abgemilderter Form noch ein weiteres Problem: Falls der Lizenznehmer eine dinglich wirkende **Unterlizenz** vergibt, geht das Aussonderungsrecht teilweise ins Leere, da die **Hauptlizenz** nur belastet mit der Unterlizenz herausgegeben werden kann. Allerdings geht die wohl hM davon aus, dass selbst eine dinglich wirkende Lizenz über Daten (sofern sie überhaupt existieren kann → Rn. 35) nicht zur Unterlizenzvergabe berechtigt.[87] Wird eine Unterlizenz gleichwohl unberechtigt vergeben, so gewährt § 48 InsO ein Ersatzaussonderungsrecht auf die vom Lizenznehmer erhaltene Gegenleistung.

b) Geschäftsbesorgungsvertrag, Auftrag, §§ 115, 116 InsO

39 Bei der Überlassung von Daten sind durchaus Verträge denkbar, denen **Geschäftsbesorgungscharakter** zukommt. Dies nahm etwa das OLG Düsseldorf für einen Vertrag an, der die technische Abwicklung eines Newsletters für einen Unternehmer zum Gegenstand hatte und in dessen Zuge dem Abwickler vom Unternehmen personenbezogene Daten der

---

[83] Entgegen Ann/Loschelder/Grosch Know-how-Schutz-HdB/Hauck Kap. 8 Rn. 47 dürfte eine dinglich wirkende Lizenz ohne Anerkennung eines Dateneigentums nicht wirksam vereinbart werden können; sie kann wohl kaum weiterreichen als das (dann ja nicht vorhandene) Stammrecht. Hiervon zu unterscheiden ist die Übertragung und Handelbarkeit der Lizenz selbst, vgl. Schur GRUR 2020, 1142 (1149).

[84] McGuire GRUR 2012, 657 (660), mit nicht berechtigter Kritik bei MüKoInsO/J. F. Hoffmann InsO § 108 Rn. 190.

[85] Wolff, Urheberrechtliche Lizenzen in der Insolvenz von Film- und Fernsehunternehmen, 2007, S. 214 ff.; diese Konstruktion steht allerdings in einem Spannungsverhältnis zur neueren Rechtsprechung des BGH, da der Lizenzgeber Geldleistungsgläubiger ist, vgl. → Rn. 43 ff.; wendet man entgegen der hM § 108 Abs. 1 S. 1 InsO auf Lizenzverträge des Schuldners als Lizenznehmer an, kann auch § 112 InsO tangiert sein, vgl. Adolphsen DZWiR 2003, 228 (230); Stickelbrock WM 2004, 549 (560 f.).

[86] Adolphsen DZWiR 2003, 228 (230); Stickelbrock WM 2004, 549 (560 f.).

[87] Ann/Loschelder/Grosch Know-how-Schutz-HdB/Maaßen/Wuttke Kap. 5 Rn. 89.

Newsletterabonnenten zur Verfügung gestellt wurden.[88] Auch geht die ganz hM davon aus, dass die Verwahrung von Daten durch einen **Kryptoverwahrer** („Kryptoverwahrvertrag“) einen Geschäftsbesorgungsvertrag darstellt.[89] Bisweilen wird auch das **Cloudcomputing** hierunter subsumiert.[90]

Aufträge und Geschäftsbesorgungsverträge enden nach Eröffnung des Insolvenzverfahren über das Vermögen *des **Auftraggebers*** automatisch nach Maßgabe von §§ 115, 116 InsO, so dass der Herausgabeanspruch nach § 667 Var. 1 BGB (mit Aussonderungskraft → Rn. 53, 54) fällig wird[91] und der Herausgabe nichts mehr im Wege steht. **40**

Kein Fall von §§ 115, 116 InsO, jedoch von § 103 InsO ist nach ganz hM die Insolvenz des ***Auftragnehmers,*** so dass auf die Ausführungen unter → Rn. 30 ff. verwiesen werden kann.[92] **41**

c) Strategien zur Vermeidung des Insolvenzverwalterwahlrechts

Konsequenz des Insolvenzverwalterwahlrechts ist es, dass der Insolvenzverwalter als nicht beteiligter Dritter in die ursprüngliche Abrede zwischen Insolvenzschuldner und Vertragspartner eingreifen kann. Die ursprünglichen Vertragsparteien haben daher Anreize, Gegenmaßnahmen zu ergreifen. **42**

aa) Versuche zur Meidung des Insolvenzverwalterwahlrechts im Allgemeinen. In manchen Fällen wird der Vertragspartner des Insolvenzschuldners kein Interesse daran haben den einmal abgeschlossenen Vertrag mit dem Insolvenzverwalter (und damit wirtschaftlich betrachtet mit dem fortgeführten Unternehmen) fortzusetzen. Er wird daher eine **Kündigungsmöglichkeit** auf den Insolvenzfall oder eine **automatische Vertragsbeendigung** vereinbaren wollen. Der Insolvenzschuldner wird sie ihm immer einräumen, da er die Nachteile dieser Klausel nicht tragen muss.[93] Daher wurde breit diskutiert, ob solche Klauseln nach § 119 InsO unwirksam sind, die Norm verbietet ein Abbedingen der §§ 103 ff. InsO. Schlusspunkt dieser Diskussion bildet die neuere Rechtsprechung des BGH,[94] welche differenziert: Ist der Vertragspartner **Geldleistungsgläubiger,** so sind insolvenzabhängige Lösungsklauseln regelmäßig unwirksam. Bei einem **Sach- oder Dienstleistungsgläubiger** ist hingegen typisierend danach zu fragen, ob es sachliche Gründe für die Vertragsauflösung aus Anlass der Insolvenz gibt. Bei einer Überlassung von Daten ist dies aufgrund der Vielgestaltigkeit der Überlassungssituationen differenziert zu betrachten. **43**

i) Besonderes Vertrauen in eine persönliche Leistungserbringung. Ein typisierter Sachgrund kann grundsätzlich darin liegen, dass an der **Durchführung** des Vertrags gerade **durch den Insolvenzschuldner** ein besonderes Interesse besteht.[95] Bei der isolierten Überlassung von nicht personenbezogenen Daten ist dies kaum vorstellbar, da die Person des Leistenden keine Rolle spielt. Hingegen ist bei einer Zurverfügungstellung von **personenbezogenen Daten** ein sorgsamer Umgang des Schuldners mit den Daten durchaus entscheidend (Art. 24 Abs. 1, Art. 28 Abs. 1 DS-GVO). Allerdings sind die zu verlangenden geeigneten **technischen organisatorischen Maßnahmen** derart verobjektiviert, dass nicht nur der Schuldner sie erfüllen kann, sondern auch ein Dritter. Erfüllt daher der Insolvenzverwalter die im Einzelfall notwendigen Anforderungen, so besteht kein Grund **44**

---

[88] OLG Düsseldorf 27.9.2012 – I-6 U 241/11, NZI 2012, 887 (888).

[89] Skauradzun/Schweizer/Kümpel ZIP 2022, 2101 (2107); d'Avoine/Hamacher ZIP 2022, 2214 (2217).

[90] Vgl. den umfassenden Überblick bei von Dreusche, Datenverträge in der Insolvenz, S. 38 ff.

[91] MüKoBGB/F. Schäfer BGB § 667 Rn. 27.

[92] BeckOK InsO/Berberich InsO § 115 Rn. 6; MüKoInsO/Vuia InsO § 116 Rn. 21; KPB/Titelnot InsO §§ 115, 116 Rn. 133 ff.; aA wohl nur Nerlich/Römermann/Andres InsO § 47 Rn. 37, allerdings ohne Auseinandersetzung mit dem entgegenstehenden Wortlaut der §§ 115, 116 InsO.

[93] U. Becker ZInsO 2018, 1881 (1886).

[94] BGH 27.10.2022 – IX ZR 213/21, NZI 2023, 603; dazu U. Becker NZI 2023, 690 ff.; U. Becker NZI 2024, 955 ff.

[95] BGH 27.10.2022 – IX ZR 213/21, NZI 2023, 603 Rn. 50.

aus Anlass der Insolvenz eine Vertragsbeendigung zuzulassen. Werden Daten hingegen als Teil eines anderen Vertrags überlassen, so ist danach zu fragen, ob die im Rahmen dieses Vertrags geschuldeten Leistungen ein **besonderes Vertrauensverhältnis** voraussetzen, was für den Einzelfall zu beurteilen ist und etwa bei bestimmten Pfadabhängigkeiten im Rahmen einer **Softwareüberlassung** zu bejahen sein kann.[96]

45 **ii) Gewährleistungsansprüche und Wartungsleistungen.** Auch das in der Insolvenz gesteigerte Risiko mit späteren **Gewährleistungsansprüchen** oder Ansprüchen auf **Wartungsleistungen** gegen den Schuldner auszufallen, kann einen Sachgrund zur Rechtfertigung einer insolvenzabhängigen Lösungsklausel darstellen.[97] Allerdings sollte man dieses Risiko nicht pauschal bejahen, sondern es sollte **konkret dargelegt** werden müssen. Auch muss dem Insolvenzverwalter Gelegenheit gegeben werden, dieses Risiko abzuwenden, etwa durch Sicherheitsleistung. Bei der Überlassung von Daten sind solche Gewährleistungsansprüche durchaus denkbar (dazu ausführlich → Kap. 12 Rn. 43 ff.). Auch kann eine nachlaufende Betreuung isoliert überlassener Daten notwendig sein. Erst recht gilt dies, wenn Daten im Rahmen eines Vertrags zur Verfügung gestellt werden, dessen Hauptleistung eine Wartung beinhaltet, etwa ein Softwareüberlassungsvertrag.

46 **bb) Versuche zum Schutz des Lizenznehmers in der Lizenzgeberinsolvenz im Besonderen.** Das Bedürfnis nach einer Meidung der §§ 103 ff. InsO stellt sich in etwas abgewandelter Form in der Insolvenz des Lizenzgebers. Das unter → Rn. 34 gefundene Ergebnis, die **fehlende Insolvenzfestigkeit** insbesondere der (nur) schuldrechtlich wirkenden Lizenz, wird von der Praxis als misslich empfunden. In der Vergangenheit gab es bereits mehrere gesetzgeberische Versuche, den Lizenznehmer in der Insolvenz des Lizenzgebers oder als Glied in einer Lizenzkette vor dem Entfallen der Lizenz zu schützen, die Einführung eines neuen § 108a InsO scheiterte jedoch 2007 und 2012.[98] Vor diesem Hintergrund helfen de lege lata nur vorkehrende Vereinbarungen der Parteien weiter.

47 **i) Bestellung nur von dinglichen Lizenzen.** Eine pragmatische Lösung, um Lizenzen insolvenzfest zu gestalten, stellt die ausdrückliche Bestellung einer **dinglich wirkenden Lizenz** dar,[99] denn ohne analoge Anwendung von § 9 VerlG sind diese nach ganz hM als insolvenzfest anzusehen (→ Rn. 35). Die Parteien haben dies bei Abschluss des Vertrags zwar grundsätzlich in der Hand,[100] ohne allgemeine Anerkennung eines **Dateneigentums** verbleiben jedoch erhebliche Unsicherheiten (→ Rn. 7 ff., 35).

48 **ii) Bestellung von Sicherheiten am Stammrecht.** Ein anderer diskutierter Weg ist die Bestellung einer **Sicherheit am Stammrecht,** um die Lizenz zu verdinglichen. **Sicherungsübereignung** und **Verpfändung** sind schon deswegen ungeeignet, weil sie als Absonderungsrecht nur einen vermögensmäßigen Zugriff auf die Lizenz im Insolvenzfall vermitteln würden, §§ 50 Abs. 1, 51 Nr. 1, 170 InsO. Der Emulierung einer dinglichen Lizenz am nächsten kommt ein **Sicherungsnießbrauch.**[101] Allerdings ist umstritten, ob der dingliche Umfang des Nießbrauchs nach § 1030 Abs. 2 BGB an die schuldrechtlich vorgesehene Nutzungsmöglichkeit angeglichen werden kann.[102]

49 **iii) Kündigung des Lizenzvertrags, Hinterlegungs- und Treuhandkonstruktionen.** Hinsichtlich der **Kündigung** des Lizenzvertrags kann auf die Ausführungen unter

[96] Vgl. BeckOK InsO/Berberich InsO § 119 Rn. 30.
[97] BGH 27.10.2022 – IX ZR 213/21, NZI 2023, 603 Rn. 50.
[98] BeckOK InsO/Berberich InsO § 108 Rn. 88.
[99] BeckOK InsO/Berberich InsO § 108 Rn. 87.4.
[100] BeckOK InsO/Berberich InsO § 108 Rn. 79.1.
[101] Rektorschek/Nauta BB 2016, 264 (268) im Anschluss an Berger GRUR 2004, 20 ff.; Plath CR 2005, 613 ff.
[102] Dagegen Fischer WM 2013, 821 (826); dafür Berger GRUR 2004, 20 (23).

→ Rn. 42 ff. verwiesen werden. Schließlich sind (wiederum nur bei Anerkennung eines **Dateneigentums**) **Hinterlegungs- und Treuhandkonstruktionen** denkbar.[103]

2. Daten als Aussonderungsgut

a) Grundsätzliche Möglichkeit der Aussonderung

Gemäß § 47 InsO ist die Insolvenzmasse um Gegenstände zu bereinigen, die nicht zur Insolvenzmasse gehören. Voraussetzung ist, dass ein **dinglicher oder persönlicher Anspruch** auf Herausgabe besteht. Bei verkörperten Daten kommt als Archetyp des dinglichen Rechts das **Eigentum** als ein solches **Aussonderungsrecht** in Betracht,[104] so dass etwa ein beim Schuldner vorhandener USB-Stick mit Daten vom Eigentümer herausverlangt werden kann, § 47 InsO, § 985 BGB. Erkennt man ein Dateneigentum an (→ Rn. 8), so wäre auch dieses zur Aussonderung berechtigend. Darüber hinaus berechtigen zur Aussonderung gewisse schuldrechtliche Ansprüche. Hier ist zu unterscheiden: Ein **Anspruch auf Verschaffung,** der also eine neue wirtschaftliche Zuordnung zu einem Rechtssubjekt begründen soll, kann kein Aussonderungsrecht begründen.[105] Nur ein **Anspruch auf Herausgabe,** der den Status quo einer wirtschaftlichen Zuordnung wiederherstellen soll, berechtigt zur Aussonderung.[106] Ein solcher Anspruch kann ohne jeden Zweifel auch auf die Herausgabe von Daten bestehen,[107] jedenfalls dann, wenn man die Aussonderung als Mittel zur Zuordnung wirtschaftlichen Eigentums interpretiert und sie nicht auf die Zuordnung absoluter Rechte beschränkt.[108] Trotzdem wird verbreitet angenommen, dass eine Aussonderung von Daten unterhalb der Schwelle eines **Schutzrechts** nicht möglich sei, da diese zwar einen Vermögenswert darstellten, aber nicht verdinglicht seien.[109] Vorzugswürdig ist es, die Frage nach der **Aussonderungsfähigkeit nicht von der Verdinglichung** abhängig zu machen.[110] Denn hier, wie auch bei der Frage nach der Zugehörigkeit von Daten zur Insolvenzmasse (→ Rn. 8), hinge das rechtliche Schicksal der Daten sonst vom Zufall ihrer Verkörperung ab: Der Insolvenzverwalter könnte sich glücklich schätzen, wenn Daten zB bei einem Cloudanbieter vorgehalten werden und nicht physisch auf einem USB-Stick oder einer Festplatte.[111] 50

Die von § 47 S. 2 InsO vorausgesetzten materiellen Ansprüche sind **nicht zwingend Herausgabeansprüche.** Dies wird insbesondere bei personenbezogenen Daten virulent, bei denen sich die Rechte der **Betroffenen** nach Art. 13 ff. DS-GVO richten. § 47 InsO kreiert keinen darüber hinausgehenden Anspruch.[112] 51

b) Aussonderung im Einzelfall

Ob ein zur **Aussonderung** befähigender Anspruch auf **Daten** gegeben ist, muss differenziert betrachtet werden. Nimmt der Schuldner die Datensammlung selbst vor, so ist ein solcher Anspruch nicht gegeben. Die Daten „gehören" dem Schuldner und fallen konsequenterweise in die **Insolvenzmasse** (→ Rn. 7 ff.). 52

Falls die Datensammlung hingegen von einem Dritten angelegt und dem Schuldner im Rahmen eines Vertragsverhältnisses überlassen wurde, stellt sich die Situation anders dar. 53

[103] Vgl. ausführlich Vossius-Köbel in Taeger, Die Macht der Daten und der Algorithmen, S. 609 ff.
[104] K. Schmidt InsO/Thole InsO § 47 Rn. 16.
[105] Braun/Bäuerle InsO § 47 Rn. 64.
[106] Andres/Leithaus/Leithaus InsO § 47 Rn. 10.
[107] Hierüber besteht Einigkeit, vgl. Zurth/Lersch ZfDR 2021, 175 (179); Maaßen/Schrempf GRUR-Prax 2023, 623 (624).
[108] Sog. „haftungsrechtliche" Interpretation, vgl. mwN Brinkmann KTS 2024, 1 (10 f.).
[109] MüKoInsO/Ganter § 47 Rn. 339q; Maaßen/Schrempf GRUR-Prax 2023, 623 (624).
[110] Uhlenbruck/Brinkmann InsO § 47 Rn. 8; Zurth/Lersch ZfDR 2021, 175 (179).
[111] Völlig zu Recht auf die Praxisferne dieses Ergebnisses hinweisend Brinkmann KTS 2024, 1 (10 f.).
[112] BeckOK InsO/Platzer Datenschutz in der Insolvenz Rn. 93; aA offenbar MüKoInsO/Vuia InsO § 80 Rn. 144e, der von bloßen Masseforderungen nach § 55 Abs. 1 Nr. 1 InsO ausgeht.

Unabhängig davon, ob es sich um **personenbezogene Daten** handelt (etwa eine Kundenliste) oder **nicht personenbezogene Daten** (etwa eine Zahlenansammlung) besteht hier ein **Aussonderungsrecht,** da die Daten wirtschaftlich dem Vermögen des Datenerstellers zuzuordnen sind, was durch einen (vertraglichen) **Herausgabeanspruch** zum Ausdruck gebracht wird. Bei einer Datenüberlassung, insbesondere auch im Rahmen des Cloudcomputing, wird ein solcher Anspruch immer bestehen, es ist unerheblich, ob man eine Verwahrung in einer Cloud als Geschäftsbesorgungsvertrag (§ 667 BGB),[113] als Mietvertrag (§ 546 BGB), als Verwahrvertrag[114] (§ 695 BGB) oder als Werkvertrag (ungeschriebener Herausgabeanspruch[115]) ansieht[116] oder daneben einen **dinglichen Herausgabeanspruch** aus § 1004 BGB analog annimmt[117].

54 Hierher gehören auch Daten, die einem **Auftragsverarbeiter** oder einem **IKT-Drittdienstleister** (Art. 30 Abs. 2 lit. d DORA) überlassen wurden, aufgrund des meist vorliegenden **Geschäftsbesorgungsvertrags** sind diese nach § 667 Var. 1 BGB aussonderungsfähig. Anders ist dies bei Datensammlungen, die der Auftragsverarbeiter selbst erstellt hat. Auf deren Herausgabe besteht zwar nach § 667 Var. 2 BGB ein Anspruch, allerdings handelt es sich um einen bloßen Verschaffungsanspruch, der nicht zur **Aussonderung** berechtigt.[118] Es ist nicht geboten, von dieser Wertung im Falle einer Auftragsverarbeitung abzuweichen. Weder Art. 28 Abs. 3 lit. g DS-GVO noch Art. 30 Abs. 2 lit. d DORA verlangen eine Besserstellung des Verantwortlichen gegenüber allen anderen Gläubigern des Auftragsverarbeiters oder IKT-Drittdienstleisters, so dass hier insbesondere nicht mit der Einheit der Rechtsordnung argumentiert werden kann.[119] Das weitere Schicksal der beim Auftragsverarbeiter bzw. dem IKT-Drittdienstleister verbleibenden Daten hängt daher von der Ausübung des **Insolvenzverwalterwahlrechts** ab (→ Rn. 29 ff.). Unberührt bleiben selbstverständlich zumindest bei personenbezogenen Daten die **Betroffenenrechte** (→ Rn. 24), die nach Maßgabe der unter → Rn. 20 ff. genannten Grundsätze gegen den Insolvenzverwalter geltend gemacht werden können.

55 Ein **Aussonderungsrecht** steht auch all denen zu, welche eines der unter → Rn. 4 genannten absoluten Rechte in Bezug auf Daten geltend machen können. Ihre Ansprüche bestimmen sich nach dem materiellen Recht, stehen also insbesondere in Abhängigkeit zu den getroffenen vertraglichen Vereinbarungen. Nichts anderes gilt bei **Geschäftsgeheimnissen.** Insbesondere stellt die Kenntnisnahme durch den Insolvenzverwalter, zu welcher dieser nach § 148, § 97 InsO sogar verpflichtet ist, keine **rechtswidrige Erlangung** nach § 4 Abs. 1 GeschGehG oder **rechtswidrige Nutzung** nach § 4 Abs. 2 GeschGehG dar.[120] Dies gilt selbst bei einer vom Schuldner abgeschlossenen **Geheimhaltungsvereinbarung,** da der Insolvenzverwalter deren Nichterfüllung nach § 103 InsO wählen kann (→ Rn. 29 ff.).[121] Bei der Verwertung des Geschäftsgeheimnisses unterliegt der Insolvenzverwalter keinen anderen vertraglichen Grenzen als der Schuldner selbst. Entscheidet er sich nach Maßgabe der §§ 103 ff. InsO gegen die Erfüllung oder überschreitet er die Grenzen der vertraglichen Vereinbarung, so ist er Ansprüchen aus §§ 6 ff. GeschGehG ausgesetzt, denen konsequenterweise auch Aussonderungskraft zukommen muss.

---

113 So für eine Datenverwahrung OLG Düsseldorf 27.9.2012 – I-6 U 241/11, NZI 2012, 887 (888), mit der Konsequenz der Bejahung eines Aussonderungsrechts nach § 47 InsO.

114 von Dreusche, Datenverträge in der Insolvenz, S. 195.

115 MüKoBGB/Busche § 648 Rn. 15.

116 AA Seegel CR 2024, 688 (690), die für den Fall der Nichteinordnung als Geschäftsbesorgungsvertrag unnötigen Folgefragen nachgeht.

117 So Jülicher ZIP 2015, 2063 (2065).

118 Ganz hM, vgl. MüKoInsO/Ganter InsO § 47 Rn. 341; Uhlenbruck/Brinkmann InsO § 47 Rn. 62a; aA Bultmann ZInsO 2011, 992 (994).

119 So aber Bultmann ZInsO 2011, 992 (995); Leupold/Wiebe/Glossner IT-R/Hartung/Berjasevic Teil 11.4.1 Rn. 31.

120 Köhler/Bornkamm/Feddersen/Alexander GeschGehG § 1 Rn. 22.

121 Schuster/Tobuschat GRUR-Prax 2019, 248 (250).

Der Aussonderung unterfallen schließlich auch **dingliche Lizenzen** an Daten, falls sie nicht ohnehin bereits übertragen worden sind (→ Rn. 35). 56

Ein weiterer Fall der Aussonderung von Daten ist bei **Kryptowährungen** in der Insolvenz des **Kryptoverwahrers** zu sehen. In jedem Fall besteht ein Aussonderungsrecht, wenn der Kunde selbst über einen **„Private Key"** auf die ihm zugeordneten Stücke seiner Kryptowährung zugreifen kann. Selbst wenn die Stücke von einem Kryptoverwahrer verwahrt werden, welcher im Besitz des „Private Key" ist, bereitet eine Aussonderung keine Schwierigkeiten, wenn jedem Kunden individuell eine Wallet zugeordnet ist **(Segregated Wallet).**[122] Erst dann, wenn die Stücke für alle Kunden auf einer Sammelwallet **(Omnibus Wallet)** hinterlegt sind, musste eine für die Aussonderung notwendige Zuordnung bislang scheitern.[123] Dieses Modell bildet jedoch den Regelfall,[124] so dass eine wirtschaftliche Betrachtungsweise hinter die faktischen Schwierigkeiten nach hM zurücktrat. Abhilfe verspricht hier der auf die MiCAR[125] zurückgehende § 46i KWG, der eine **ausdrückliche Zuordnung** anordnet.[126] 57

Demgegenüber unterfallen personenbezogenen Daten zwar grundsätzlich auch der Insolvenzmasse, jedoch kann der Betroffene nach Maßgabe der Art. 13 ff. DS-GVO als Aussonderungsrechts auf sie einwirken; das zugrundeliegende persönliche Recht ist das **allgemeine Persönlichkeitsrecht.**[127] 58

3. Daten als Gegenstand der Insolvenzanfechtung

Nach §§ 129 ff. InsO kann der Insolvenzverwalter eingetretene Masseverkürzungen rückgängig machen, wenn einer der in §§ 130 ff. InsO genannten Gründe vorliegt. Im Zusammenhang mit Daten können sich hierbei spezifische Probleme ergeben, die im Folgenden darzustellen sind. 59

a) Gläubigerbenachteiligende Rechtshandlung

Grundvoraussetzung jeder **Insolvenzanfechtung** ist eine eingetretene **Gläubigerbenachteiligung.** Bei einer Weggabe von Daten durch den Schuldner steht der Anfechtung nur scheinbar der Grundsatz entgegen, dass ein mit einem Aussonderungsrecht belasteter Gegenstand ohne Gläubigerbenachteiligung weggegeben werden kann.[128] Die **Betroffenenrechte** nach der DS-GVO unterfallen zwar § 47 InsO (→ Rn. 24, 58), allerdings bedeutet dies nur, dass ihre Erfüllung durch den Schuldner zu keiner Gläubigerbenachteiligung führt;[129] alles was darüber hinausgeht, wie insbesondere eine datenschutzrechtlich erlaubte Weggabe von Daten bei (noch) nicht geltend gemachten Betroffenenrechten, kann hingegen grundsätzlich zu einer Gläubigerbenachteiligung führen, da die Daten als verwertbares Vermögensgut den Gläubigern nicht mehr zur Verfügung stehen (→ Rn. 64 ff.). Eine Gläubigerbenachteiligung kann auch dadurch eintreten, dass die Daten auf Zeit einem Dritten gegen zu geringes oder gar kein Entgelt **überlassen** wurden. In diesem Fall ist aber die Frage zu stellen, ob die beim Dritten unter Verwertung der Daten erzielten Erlöse auch vom Schuldner hätten erzielt werden können. Dies steht in Abhängigkeit vom **Geschäftsmodell** des Schuldners und lässt sich nicht pauschal beantworten. Allerdings ist es durchaus 60

[122] Skauradszun/Schweizer/Kümpel ZIP 2022, 2101 (2109); d'Avoine/Hamacher Krypto-Assets Rn. 182.
[123] d'Avoine/Hamacher Krypto-Assets Rn. 185; aA Skauradszun/Schweizer/Kümpel ZIP 2022, 2101 (2110) unter Verweis auf eine ähnliche Rechtslage nach § 22j KWG; allerdings wird im Kontext des § 22j KWG erheblicher Aufwand betrieben, um die Bestimmbarkeit herzustellen, vgl. nur § 22l KWG, dazu Beck/Samm/Kokemoor/U. Becker KWG § 22l Rn. 8 ff.
[124] d'Avoine/Hamacher Krypto-Assets Rn. 185 ff.
[125] VO (EU) 2023/1114.
[126] Vgl. d'Avoine/Hamacher ZRI 2024, 49 (49 ff.).
[127] Brinkmann KTS 2024, 1 (6); aA MüKoInsO/Vuia InsO § 80 Rn. 144e.
[128] KPB/Bartels InsO § 129 Rn. 189.
[129] Genauer MüKoInsO/Kayser/Freudenberg InsO § 129 Rn. 110.

denkbar, dass bei dem Betrieb eines Unternehmens Datenbestände entstehen, deren wirtschaftliche Verwertung möglich, mit dem gewählten Geschäftsmodell aber nicht vereinbar ist. Sollte in diesen Fällen die Gegenleistung für die Weggabe geringer sein als der durch eine Eigenverwertung theoretisch erzielbare Erlös, so liegt **keine Gläubigerbenachteiligung** vor. Wieder anders ist der Fall gelagert, wenn die Weggabe von Daten nicht erlaubt ist und gleichwohl vorgenommen wird. Falls die Masse mit **Schadensersatzansprüchen** belastet wird, so verkürzt dies die Befriedigungsaussichten der Gläubiger; eine Gläubigerbenachteiligung ist dann gegeben.

61 Wieder anders liegen die Dinge, wenn der Schuldner selbst Betroffener ist. Eine Weggabe von **personenbezogenen Daten** kann nicht zu einer **Gläubigerbenachteiligung** führen, da die Stellung als Betroffener iSv Art. 4 Nr. 1 DS-GVO aufgrund des **höchstpersönlichen Charakters** nicht auf den Insolvenzverwalter übergeht.[130] Dem Schuldner steht es daher frei, seine **Betroffenenrechte** weiterhin geltend zu machen. Konsequenterweise kann er auch nicht gezwungen werden, seine personenbezogenen Daten einzusetzen, um eine (vermögenswerte) Gegenleistung zu empfangen (§ 327 Abs. 3 BGB, § 312 Abs. 1a BGB). Hat eine solche Transaktion trotzdem stattgefunden, so unterfällt auch die empfangene Gegenleistung nicht der Insolvenzmasse, sondern als Surrogat alleine dem Vermögen des Schuldners.[131]

b) Einzelne Anfechtungstatbestände

62 Zusätzlich zu den allgemeinen Voraussetzungen einer Anfechtung nach § 129 InsO müssen die Voraussetzungen eines der Tatbestände nach §§ 130 ff. InsO gegeben sein. Erfüllungshandlungen können nach §§ 143, 130, 131 InsO rückabgewickelt werden und zwar unter erleichterten Voraussetzungen des § 131 InsO, wenn der Insolvenzgläubiger sie nicht oder nicht in der Art oder nicht zu der Zeit zu beanspruchen hatte **(inkongruente Deckung),** im Übrigen nur unter den engen Voraussetzungen des § 130 InsO **(kongruente Deckung).** Ist die Überlassung von (nicht personenbezogenen → Rn. 60) Daten geschuldet, dürfte in der Regel eine kongruente Deckung vorliegen, da kein gesteigertes Risiko des Anbietens einer alternativen Leistung, die der Gläubiger nicht annehmen muss,[132] zu erkennen ist. Anders liegt dies aber, wenn ein Anspruch auf Geldzahlung besteht und nunmehr mit einer **Kryptowährung** gezahlt werden soll. Kryptowährungen sind nicht als Geld oder als elektronisches Geld (E-Geld) iSv § 1 Abs. 2 S. 3 ZAG, Art. 2 Nr. 2 RL 2009/110/EG anzusehen, für letztere fehlt es am Leistungsversprechen des Emittenten.[133] Werden sie auf eine Geldschuld hin geleistet, so liegt nur eine **Leistung an Erfüllungs statt** vor.[134] Konsequenterweise ist dann eine inkongruente Deckung gegeben, welche nach § 131 InsO zu beurteilen ist.[135] Wieder anderes gilt für E-Geld-Token iSv Art. 3 Abs. 1 Nr. 7 MiCAR,[136] da diese nach Art. 48 Abs. 2 MiCAR E-Geld iSv Art. 3 Abs. 1 Nr. 44 MiCAR, Art. 2 Nr. 2 RL 2009/110/EG darstellen, so dass mit ihnen eine Geldschuld nach § 362 Abs. 1 BGB erfüllt werden kann; eine kongruente Deckung iSv § 130 InsO wäre dann gegeben.

---

130 BVerwG 16.9.2020 – 6 C 10/19, NVwZ 2021, 80 Rn. 16 ff.; aA jedenfalls für Steuerunterlagen Büttner ZVI 2024, 162 (166 f.).
131 MüKoInsO/Peters InsO § 35 Rn. 117.
132 Kongruenz liegt hingegen vor bei Wahlschuld oder Ersetzungsbefugnis, vgl. KPB/Schoppmeyer InsO § 131 Rn. 43.
133 Birne RDi 2024, 521 (524).
134 MüKoBGB/Fetzer BGB § 362 Rn. 36.
135 MüKoInsO/Kayser/Freudenberg InsO § 131 Rn. 32.
136 VO (EU) 2023/1114.

VI. Daten in der Verwertungsentscheidung

63 Im Folgenden wird abschließend die Verwertung von Daten in der Insolvenz dargestellt. Der Insolvenzverwalter hat die Aufgabe unter Zugrundelegung des Entscheids der Gläubigerversammlung (§ 157 InsO) das schuldnerische Vermögen einzeln oder als Gesamtheit zu verwerten oder in einem Insolvenzplan eine abweichende Regelung insbesondere zum Erhalt des Unternehmens zu treffen, § 1 S. 1 InsO.

1. Verwertung von Daten im Allgemeinen

64 Schuldnereigene Daten hat der Insolvenzverwalter durch Abschluss eines geeigneten **Verpflichtungsvertrags** und anschließender Übertragung der Daten nach §§ 398, 413 BGB oder durch **Realakt** zu verwerten. Der Erlös ist dann an nach Maßgabe der §§ 187 ff. InsO zu verteilen. Sollten Daten einem Gläubiger zur exklusiven Befriedigung zugeordnet sein, namentlich im Wege eines **Absonderungsrechts** (§§ 50, 51 InsO), so stellt sich die Frage, ob es bei der Verwertungskompetenz des Insolvenzverwalters (mit Verpflichtung zur anschließenden Erlösauskehr an den bevorrechtigten Gläubiger, § 170 InsO) bleibt oder ob der Gläubiger selbst verwerten darf, § 173 Abs. 1 InsO. § 166 Abs. 1 InsO weist das **Verwertungsrecht** für im Besitz des Insolvenzverwalters befindliche bewegliche Sachen ausdrücklich dem Insolvenzverwalter zu. Da dies nach § 90 BGB nur körperliche Gegenstände sind, scheidet die direkte Anwendung auf **Daten** aus, sofern kein körperlicher Datenträger betroffen ist (→ Rn. 4). Eine analoge Anwendung auf „sonstige Rechte" wird vom BGH im Wesentlichen auf systematische und historische Argumente gestützt verneint.[137] Die herrschende Literatur lehnt diese Rechtsprechung ab.[138] Jedenfalls in Bezug auf Daten ist diese Kritik berechtigt: Das Modell des § 166 Abs. 1 InsO, das Verwertungsrecht vom Besitz des Insolvenzverwalters abhängig zu machen, ist beispielsweise bei **Kryptowährungen** durchaus praktikabel, der Insolvenzverwalter wird viel eher auf den Schuldner einwirken können, um beispielsweise an den **„Privat Key"** zu gelangen als ein Gläubiger[139] und auch im Übrigen drohen zufällige Ergebnisse, je nachdem, ob die Daten verkörpert sind oder nicht (→ Rn. 7 ff.).[140]

2. Verwertung von personenbezogenen Daten im Besonderen

a) Eigensanierung, Veräußerung von Unternehmensbeteiligungen

65 Besondere Probleme wirft hierbei die Verwertung von **personenbezogenen Daten** auf. Nicht nur muss ein geeigneter Käufer gefunden werden, sondern es müssen auch die Rechte der Betroffenen gewahrt werden. Noch unproblematisch ist dies bei der Veräußerung der Anteile am Schuldner im Rahmen eines Insolvenzplans (§§ 225a Abs. 1, Abs. 3 Var. 2 InsO) oder der Veräußerung von vom Schuldner gehaltenen Gesellschaftsanteilen. Der für die Datenverarbeitung Verantwortliche ändert sich bei solchen **„share deals"** nicht, so dass auch keine Betroffenenrechte tangiert werden.[141] Zu beachten ist jedoch, dass weder eine Investition in den Schuldner noch ein Erwerb der von ihm gehaltenen Beteiligungen ohne eine **„due diligence"** Prüfung auskommen wird. Die an diese zu stellenden datenschutz-

[137] BGH 27.10.2022 – IX ZR 145/21, NZI 2023, 74 Rn. 13 ff.
[138] Uhlenbruck/Brinckmann InsO § 166 Rn. 36; BeckOK InsO/Lütcke InsO § 166 Rn. 48.
[139] Überzeugend BeckOK InsO/Lütcke InsO § 166 Rn. 50a.
[140] Da Gesetze Standardverträge darstellen sollten, ist es mit dem Hinweis des BGH auf die Möglichkeit (ggf. mit Transaktionskosten belasteter) alternativer Verwertungsvereinbarungen nicht getan, BGH 27.10.2022 – IX ZR 145/21, NZI 2023, 74 Rn. 27.
[141] Beschluss der DSK vom 11.9.2024, „Übermittlung personenbezogener Daten an die Erwerberin oder den Erwerber eines Unternehmens im Rahmen eines Asset-Deals", S. 1; BeckOK InsO/Platzer Datenschutz in der Insolvenz Rn. 98.

rechtlichen Anforderungen sind auch in diesem Kontext einzuhalten. Doppelt unverständlich wirkt daher die Empfehlung der Datenschutzkonferenz (DSK) vom 11.9.2024,[142] wo davon ausgegangen wird, eine „due diligence" Prüfung finde nur bei **„asset deals"** statt, und weiter davon ausgegangen wird, eine Übermittlung personenbezogener Daten sei in diesem Rahmen grundsätzlich nur mit Einwilligung bzw. bei nicht erklärtem Widerspruch möglich. Dies wird den Geheimhaltungsinteressen solcher Transaktionen nicht gerecht. Auch ist die vorgesehene Widerspruchsfrist von sechs Wochen wirklichkeitsfern.

b) Übertragende Sanierung, Zerschlagung

66 Regelfall ist in der Insolvenz jedoch die Einzelübertragung der zur Insolvenzmasse gehörenden Vermögensgüter **(Zerschlagung)** oder deren Veräußerung als Gesamtheit **(übertragende Sanierung).** Insbesondere im Hinblick auf Kundendaten bereitet dies Probleme. Bei einer isolierten Übertragung soll die **Einwilligung** des Kunden notwendig sein. Eine **Widerspruchslösung** soll nach Empfehlung der DSK nur möglich sein, wenn ein **Kleinstunternehmen** (weniger als 10 Beschäftigte) oder ein **Kleinunternehmen** (weniger als 50 Beschäftigte und ein Jahresumsatz von höchstens 10 Mio. EUR) seine wirtschaftliche Tätigkeit beendet und nur die Postadressen weitergibt.[143] Diese Ausnahme mutet auch im Angesicht des Erwgr. 13 S. 4 DS-GVO willkürlich an.

67 Bei einer Übertragung von Daten im Rahmen des Erwerbs der Sachgesamtheit **„Unternehmen"** soll nach Empfehlung der DSK zu differenzieren sein.[144] Eine Übertragung von Kunden- oder Beschäftigtendaten im Rahmen einer **„due diligence"** soll grundsätzlich nur aufgrund einer **Einwilligung** möglich sein und nur im „Einzelfall" aufgrund eines **berechtigten Interesses.** Dies läuft den Geheimhaltungsinteressen und auch dem typischerweise zeitlich eng getakteten Ablauf solcher Verhandlungen (gerade in Sanierungssituationen) offenkundig entgegen.[145]

68 Kommt ein Vertrag zwischen Veräußerer und Erwerber zustande, so soll eine Übertragung von **Kundendaten** nach Art. 6 Abs. 1 UAbs. 1 lit. f DS-GVO zulässig sein und dem Kunden „nur" ein Widerspruchsrecht eingeräumt werden müssen, falls sich zwischen Veräußerer und Kunde bislang nur eine **Vertragsanbahnung** ergeben hat.[146] Bei einer bestehenden Vertragsverbindung zwischen Veräußerer und Kunde dürfte in der Regel eine Einwilligung vorliegen, da für die Übertragung des Vertrags beim **„asset deal"** ohnehin seine Einwilligung notwendig ist, § 415 BGB. Daten von Kunden ohne laufende Vertragsbeziehungen sollen hingegen nur zu **Aufbewahrungszwecken** übermittelt werden dürfen, eine Nutzung zu eigenen Zwecken des Veräußerers soll nur bei wirksamer Einwilligung der Kunden möglich sein;[147] bislang wurde davon ausgegangen, dass auch insoweit mit einer **Widerspruchslösung** gearbeitet werden kann.[148] **Beschäftigtendaten** wiederum sollen regelmäßig auf § 26 Abs. 1, 3 BDSG gestützt verarbeitet werden können.[149]

---

142 DSK, „Übermittlung personenbezogener Daten an die Erwerberin oder den Erwerber eines Unternehmens im Rahmen eines Asset-Deals", S. 2.

143 DSK, „Übermittlung personenbezogener Daten an die Erwerberin oder den Erwerber eines Unternehmens im Rahmen eines Asset-Deals", S. 7.

144 DSK, „Übermittlung personenbezogener Daten an die Erwerberin oder den Erwerber eines Unternehmens im Rahmen eines Asset-Deals", S. 2.

145 Völlig berechtigt die Kritik bei Reisener NZI 2024, 915 (915 ff.).

146 DSK, „Übermittlung personenbezogener Daten an die Erwerberin oder den Erwerber eines Unternehmens im Rahmen eines Asset-Deals", S. 2.

147 DSK, „Übermittlung personenbezogener Daten an die Erwerberin oder den Erwerber eines Unternehmens im Rahmen eines Asset-Deals", S. 3.

148 Beschluss der DSK vom 24.5.2019, „Asset Deal – Katalog von Fallgruppen", S. 2; Wahedi/Schmidt ZRI 2023, 804 (807); BeckOK InsO/Platzer Datenschutz in der Insolvenz Rn. 105.

149 DSK, „Übermittlung personenbezogener Daten an die Erwerberin oder den Erwerber eines Unternehmens im Rahmen eines Asset-Deals", S. 5.

Stichwortverzeichnis

Fette Zahlen bezeichnen die Kapitel, magere Zahlen die Randnummern.